Ostendorf

Internationale Wirtschaftsverträge

Internationale Wirtschaftsverträge

Exportkontrolle, Kartellrecht, Freistellung, Haftungsbeschränkung, Abtretungsverbote, Rechtswahl, Vertragsbeendigung, Streitbeilegung, Versicherung, internationale Liefer- und Anlagenbauverträge, Vertriebs- und Lizenzvereinbarungen uvm

Herausgegeben von

Prof. Dr. Patrick Ostendorf, LL. M. (London)

Bearbeitet von

Dr. Holger Blask, LL. M. (UNSW), Dr. Julius Böckmann, Dr. Anselm Grün, Dr. Gary Klaft, Dr. Jan Lischek, Volker Mahnken, Dr. Bastian Mehle, Dr. Philipp Mels, Dr. Marc Menrath, Dr. Christian Meyer, Timo Nossek, Prof. Dr. Patrick Ostendorf, LL. M. (London), Dr. Elisabeth Sauthoff, Ralph-Andreas Surma, Dr. Maximilian Teichler, Dr. Frank Wältermann

3. Auflage 2023

C.H.BECK

Zitiervorschlag:
Ostendorf Int. Wirtschaftsverträge/Grün/Steffens § 10 Rn. 1

www.beck.de

ISBN 978 3 406 77875 9

Wilhelmstraße 9, 80801 München
Druck und Bindung: Westermann Druck Zwickau GmbH
Crimmitschauer Straße 43, 08058 Zwickau

Satz: 3w+p GmbH, Rimpar
Umschlaggestaltung: Druckerei C.H.Beck Nördlingen

CO_2 neutral
chbeck.de/nachhaltig

Gedruckt auf säurefreiem, alterungsbeständigem Papier
(hergestellt aus chlorfrei gebleichtem Zellstoff)

Vorwort zur 3. Auflage

Die vorliegende 3. Auflage der Internationalen Wirtschaftsverträge erscheint rund fünf Jahre nach der Vorauflage. Seit 2017 haben sich in fast allen für das vorliegende Werk maßgeblichen Bereichen rechtliche Rahmenbedingungen so weit geändert, dass eine Neuauflage erforderlich war: Beispielhaft können auf unionsrechtlicher Ebene etwa für das auch im Rahmen der Vertragsgestaltung relevante Kartell- und Exportkontrollrecht die neue Vertikal-GVO (EU) 2022/720 (nebst dazugehörenden Vertikal-Leitlinien) und die neue Dual-Use-VO (EU) 2021/821 genannt werden. Aber auch der deutsche Gesetzgeber hat mit Art. 8 EGBGB das Internationale Stellvertretungsrecht teilweise kodifiziert und mit der (erneuten) Reform des Schuldrechts 2022, dem Erlass des neuen Lieferkettensorgfaltspflichtengesetzes sowie dem Gesetz zum Schutz von Geschäftsgeheimnissen Regelungen geschaffen, die (auch) für internationale Wirtschaftsverträge, namentlich für Liefer- und Vertraulichkeitsvereinbarungen größere Bedeutung haben und Anpassungsbedarf bei der Vertragsgestaltung auslösen.

Mindestens ebenso relevant sind die Neuerscheinungen zahlreicher für internationale Wirtschaftsverträge relevanter Handelsklauseln und Bedingungswerke, namentlich etwa die Incoterms 2020, die 2017 erschienene Neuauflage der FIDIC-Musterverträge (Rainbow-Suite) für den internationalen Anlagenbau sowie Schiedsordnungen zentraler Schiedsinstitutionen (etwa die ICC-SchiedsO 2021). Auch Änderungen in zentralen ausländischen Rechtsordnungen wie etwa im französischen Zivil- sowie im Schweizer Verjährungsrecht waren für die Neuauflage genauso zu berücksichtigen wie höchstrichterliche englische Entscheidungen mit gewichtigen Rechtsfolgen beispielsweise für Schriftformklauseln, PLD-Klauseln und Haftungsbestimmungen. Zuletzt haben auch die durch den Brexit, die COVID19-Pandemie und den Angriffskrieg Russlands gegen die Ukraine ausgelösten großen globalen Krisen und Verwerfungen der letzten Jahre ihren Tribut bei der Ausgestaltung internationaler Transaktionen gefordert und etwa Force Majeure- und Streitbeilegungsklauseln eine neue Renaissance beschert.

Den Autorinnen und Autoren sowie dem bisherigen Mitherausgeber, die mit der Neuauflage aus der weiteren Mitarbeit an diesem Werk ausgeschieden sind, möchte ich für ihr Engagement in der Vergangenheit danken. Als Bearbeiter neu hinzugekommen ist Herr Dr. Marc Menrath, der als Co-Autor das Kapitel zu Internationalen Anlagenbauverträgen mitverantwortet (§ 21).

Für kritische Hinweise bleibe ich wie immer dankbar (patrick.ostendorf@htw-berlin.de). Ein herzlicher Dank gebührt erneut Herrn Dr. Frank Lang vom C.H. Beck Verlag für die gute Zusammenarbeit und die Geduld bei der Fertigstellung der überarbeiteten Manuskripte.

Berlin, im Dezember 2022 *Patrick Ostendorf*

Inhaltsübersicht

Inhaltsverzeichnis

§ 6 Vertragsstrafen und Schadenspauschalierungen (penalties and liquidated damages)

§ 12 Abtretungsverbote (non-assignment clauses)

§ 13 Rechtswahlklauseln (choice of law provisions)

§ 14 Streitbeilegungsklauseln (dispute resolution and arbitration clauses)

§ 15 Versicherungsklauseln (insurance provisions)

§ 16 Lösungsklauseln (termination clauses)

§ 17 Vorfeldvereinbarungen (pre-contractual documents)

§ 18 Lieferverträge (sales contracts)

§ 20 Instrumente zur Zahlungssicherung

§ 21 Industrieanlagenverträge

Abkürzungen

A. 2d	Atlantic Series, Second Edition
AAA	American Arbitration Association
aaO	am angegebenen Ort
ABA	American Bar Association
ABGB	Allgemeines Bürgerliches Gesetzbuch (Österreich)
ABl.	Amtsblatt (Europäische Union)
Abs.	Absatz
AC	Advisory Council (CISG)
A.C.	Appeal Cases
ACCLJ	Journal of the American College of Construction Lawyers
AcP	Archiv für die civilistische Praxis
Adj. L.R.	Adjudication Law Reports
ADR	Alternative Dispute Resolution
aE	am Ende
AEO	Authorized Economic Operator
AEUV	Vertrag über die Arbeitsweise der Europäischen Union
aF	alter Fassung
AG	Aktiengesellschaft
AGB	Allgemeine Geschäftsbedingungen
AHB	Allgemeine Versicherungsbedingungen für die Haftpflicht-Versicherung
AIA	American Institute of Architects
AIntArbJ	Asian International Arbitration Journal
AJIL	American Journal of International Law
AJP	Aktuelle Juristische Praxis
AL	Ausfuhrliste (Deutschland)
Alberta L. Rev.	Alberta Law Review
All ER	All England Law Reports
ALQ	Arab Law Quarterly
Am. Bus.L.J.	American Business Law Journal
Am.J. Comp. L.	The American Journal of Comparative Law
Am. Rev. Int'l Arb.	American Review of International Arbitration
Anh.	Anhang
Anm.	Anmerkung
Antitrust L.J.	Antitrust Law Journal
AnwBl	Anwaltsblatt
APA	Asset Purchase Agreement
Arb. Int'l	Arbitration International
Arbitration	Arbitration: The Journal of International Arbitration, Mediation, and Dispute Management
ARGE	Arbeitsgemeinschaft
Ariz. L. Rev.	Arizona Law Review
Art.	Artikel
ASA Bull	ASA (Swiss Arbitration Association) Bulletin
Asia Pac. L. Rev.	Asia Pacific Law Review
Aufl.	Auflage
Australian Bus.L. Rev.	Australian Business Law Review

AVB	Allgemeine Versicherungsbedingungen
AWG	Außenwirtschaftsgesetz (Deutschland)
AW-Prax	Außenwirtschaftsrechtliche Praxis – Zeitschrift für Außenwirtschaft in Recht und Praxis
AWV	Außenwirtschaftsverordnung (Deutschland)
Az.	Aktenzeichen
B2B	Business to Business
BAFA	Bundesamt für Wirtschaft und Ausfuhrkontrolle (Deutschland)
BAG	Bundesarbeitsgericht (Deutschland)
BauR	Baurecht
BB	Der Betriebsberater
BBl.	Bundesblatt (Schweiz)
BC	Zeitschrift für Bilanzierung, Rechnungswesen und Controlling
BCL	Building and Construction Law
BCLC	Butterworths Company Law Cases
Bd.	Band
BDSG	Bundesdatenschutzgesetz (Deutschland)
BeckOGK	beck.online Großkommentar zum Zivilrecht
BeckOK	Beck'scher Online-Kommentar
BeckRS	Beck Rechtsprechung (Online Datenbank)
ber.	berichtigt
Berkely J. Int'l. L.	Berkely Journal of International Law
Beschl.	Beschluss
BFH	Bundesfinanzhof (Deutschland)
BG	Bundesgericht (Schweiz)
BGB	Bürgerliches Gesetzbuch (Deutschland)
BGBl.	Bundesgesetzblatt (Deutschland)
BGE	Entscheidungen des Schweizerischen Bundesgerichts
BGH	Bundesgerichtshof (Deutschland)
BGHSt	Entscheidungen des Bundesgerichtshofs in Strafsachen
BGHZ	Entscheidungen des Bundesgerichtshofs in Zivilsachen
BIS	Bureau of International Trade and Security (USA)
BK	Berner Kommentar
BKartA	Bundeskartellamt (Deutschland)
B.L.R.	Building Law Reports
BMJV	Bundesministerium für Justiz und Verbraucherschutz (Deutschland)
BMWi	Bundesministerium für Wirtschaft (Deutschland)
BORA	Berufsordnung für Rechtsanwälte
BR/DC	Baurecht/Droit de la Construction
BRAO	Bundesrechtsanwaltsordnung (Deutschland)
Brook. J. Int'l L.	Brooklyn Journal of International Law
B. & S.	Best & Smith's Queen's Bench Reports
BSK	Basler Kommentar
BT-Drs.	Drucksache des Deutschen Bundestages
Bull. Civ.	Bulletin civil de la Cour de cassation
Bus. Law.	The Business Lawyer
Bus.L. Int'l	Business Law International
Bus.L. Rev.	Business Law Review
B.W.	Burgerlijk Wetboek (Niederlande)
bzw.	beziehungsweise
CA	Court of Appeal (England & Wales)
CAD	Cash against documents

Cal.	California Reports
Cal. App.	California Appellate Reports
Cal. Rptr. 2d	California Reporter, Second Series
Campbell L. Rev	Campbell Law Review
Can. Bus.L.J.	Canadian Business Law Journal
CAR	Construction All Risks Insurance
CAR 1993	Commercial Agency Regulations 1993 (Großbritannien)
Cardozo L. Rev.	Cardozo Law Review
CB	Compliance Berater
CC	Code civil (Frankreich)
CCCL Journal	Journal of the Canadian College of Construction Lawyers
CCL	Commerce Control List (USA)
CCZ	Corporate Compliance Zeitschrift
CDB	Combined Dispute Board
CEDR	Centre for Effective Dispute Resolution
CESL	Common European Sales Law
CGL	Commercial General Liability
Ch	Chancery Division, High Court (England & Wales)
Ch.	Law Reports, Chancery Division, 1890 ff.
Ch.D.	Law Reports, Chancery Division (1875–1890)
CHK	Handkommentar zum Schweizer Privatrecht
c.i.c.	culpa in contrahendo
CIETAC	China International Economic and Trade Arbitration Commission
CIF	Cost, Freight, Insurance (Incoterms, ICC)
CILL	Construction Industry Law Letter
Cir.	Circuit
CISG	United Nations Convention on Contracts for the International Sale of Goods
CISG-AC	Advisory Council of the CISG
CISG-online	Internetdatenbank Gerichtsentscheidungen zum UN-Kaufrecht, Universität Basel
CJCS	Cambridge Journal of China Studies
CLJ	The Cambridge Law Journal
CLP	Current Legal Problems
CMLJ	Capital Markets Law Journal
CML Rev.	Common Market Law Review
CMNI	Budapester Übereinkommen über den Vertrag über die Güterbeförderung in der Binnenschifffahrt
CMR	Übereinkommen über den Beförderungsvertrag im internationalen Straßengüterverkehr
CoC	Change of Control
COD	Cash on Delivery
Colum. J. Transnat'l L.	Columbia Journal of Transnational Law
Com. Cas.	Commercial Cases
Comm	Commercial Division, High Court (England & Wales)
Const. L. Int'l	Construction Law International
Const. L.J.	Construction Law Journal
Constr. Law.	The Construction Lawyer
Cornell Int'l L.J.	Cornell International Law Journal
Corp. & Bus. L.J...	Corporate and Business Law Journal
COTIF	Übereinkommen über den internationalen Eisenbahnverkehr

CPC	Codigo de Processo Civil (Brasilien)
C.P.L.R.	Civil Practice Law and Rules (New York)
CPR	International Institute for Conflict Prevention and Resolution
CR	Computer und Recht
CRI	Computer Law Review International
CRTC	Canadian Radio-Television and Telecommunications Commission (Kanada)
CSOH	Court of Session, Outer House (Schottland)
DAB	Dispute Adjudication Board
DAT	Delivered at Terminal (Incoterms, ICC)
DB	Der Betrieb
DCFR	Draft Common Frame of Reference
DePaul Bus. & Com. L.J.	DePaul Business and Commercial Law Journal
Ders.	Derselbe
DGRI	Deutsche Gesellschaft für Recht und Informatik e.V.
DIAC	Dubai International Arbitration Centre
Dick. L. Rev.	Dickinson Law Review
Dies.	Dieselbe(n)
DIS	Deutsche Institution für Schiedsgerichtsbarkeit e.V.
DIS-AVO	DIS-Verfahrensordnung für Adjudikation
DIS-GO	DIS-Gutachtensordnung
DIS-KMO	DIS-Konfliktmanagementordnung
DIS-SchGO	DIS-Schiedsgutachtensordnung
DIS-SchO	DIS-Schiedsgerichtsordnung
D.L.R.	Dominion Law Reports
D. Md.	United States District Court of Maryland
DNotZ	Deutsche Notarzeitschrift
DOCDEX	Documentary Credit Resolution Expertise (ICC)
DOJ	Department of Justice (USA)
DRB	Dispute Resolution Board; Dispute Review Board
DRJ	Dispute Resolution Journal
Dual-Use VO	Verordnung (EU) Nr. 2021/821 des Rates vom 20.5.2021 über eine Unionsregelung für die Kontrolle der Ausfuhr, der Verbringung, der Vermittlung, der technischen Unterstützung der Durchfuhr und der Verbrindung betreffend Güter mit doppeltem Verwendungszweck
DSRI	Deutsche Stiftung für Recht und Informatik
DSRITB	DSRI-Tagungsband
DStR	Der Steuerberater
DZWIR	Deutsche Zeitschrift für Wirtschafts- und Insolvenzrecht
E.	Erwägung
EAA	Export Administration Act (USA)
EAR	Export Administration Regulations (USA)
E&B	Ellis & Blackburn's Queen's Bench Reports
EBLR	European Business Law Review
E.C.C.	European Commercial Cases
ECCN	Export Control Classification Number (USA)
ECB	European Central Bank
E.C.L.R.	European Competition Law Review
E.D.	Eastern District
E.D. Pa.	United States District Court, Eastern District of Pennsylvania (USA)
Ed.	Edition

Edin. L.R.	Edinburgh Law Review
EDV	Elektronische Datenverarbeitung
EFTA	European Free Trade Association
EG	Vertrag zur Gründung der Europäischen Gemeinschaften
EGBGB	Einführungsgesetz zum Bürgerlichen Gesetzbuch (Deutschland)
EG-InsVO	Verordnung (EG) Nr. 1346/2000 des Rates vom 29.5.2000 über Insolvenzverfahren
EGMR	Europäischer Gerichtshof für Menschenrechte
Einl.	Einleitung
EJCL	Electronic Journal of Comparative Law
EJLR	European Journal of Law Reform
EJLS	European Journal of Legal Studies
EMRK	Europäische Menschenrechtskonvention
EPÜ	Europäisches Patentübereinkommen
E.R.	English Reports
ERA	Einheitliche Richtlinien und Gebräuche für Dokumenten-Akkreditive (ICC)
ERCL	European Review of Contract Law
ERPL	European Review of Private Law
Erw.	Erwägungsgründe
EStG	Einkommenssteuergesetz (Deutschland)
EU	Europäische Union
EuCML	Journal of European Consumer and Market Law
eucon	Europäisches Institut für Conflict Management e.V.
EuG	Gericht der Europäischen Union
EuGH	Europäischer Gerichtshof
EuGRZ	Europäische Grundrechte Zeitschrift
EuGVÜ	Übereinkommen über die gerichtliche Zuständigkeit und die Vollstreckung gerichtlicher Entscheidungen in Zivil- und Handelssachen vom 27.9.1968
EuGVVO	Verordnung (EU) Nr. 1215/2012 des Europäischen Parlaments und des Rates über die gerichtliche Zuständigkeit und die Anerkennung und Vollstreckung von Entscheidungen in Zivil- und Handelssachen
EU-InsVO	Verordnung (EU) Nr. 2015/848 des Europäischen Parlaments und des Rates vom 20.5.2015 über Insolvenzverfahren
EuLF	The European Legal Forum
EuÜ	Europäisches Übereinkommen über die internationale Handelsschiedsgerichtsbarkeit
EuZPR/EuIPR	Europäisches Zivilprozess- und Kollisionsrecht
EuZW	Europäische Zeitschrift für Wirtschaftsrecht
EVÜ	Europäisches Schuldvertragsübereinkommen
EWCA	Court of Appeal (England & Wales)
EWCA Civ	Entscheidungen der Civil Division, Court of Appeal (England & Wales)
EWG	Europäische Wirtschaftsgemeinschaft
EWHC	Entscheidungen des High Court (England & Wales)
EWiR	Entscheidungen zum Wirtschaftsrecht
EWR	Europäischer Wirtschaftsraum
EWS	Europäisches Wirtschafts- und Steuerrecht
EXW	Ex Works (Incoterms, ICC)

f.	folgende
F.2d	Federal Reporter, Second Series
F.3d	Federal Reporter, Third Series
FactÜ	Unidroit Übereinkommen über das internationale Factoring
FAZ	Frankfurter Allgemeine Zeitung
FCPA	Foreign Corrupt Practices Act (USA)
FCR	Federal Court Reporter
F&E	Forschung und Entwicklung
F&E-GVO	Verordnung (EU) Nr. 1217/2010 der Kommission vom 14.12.2010 über die Anwendung von Artikel 101 Abs. 3 des Vertrages über die Arbeitsweise der Europäischen Union auf bestimmte Gruppen von Vereinbarungen über Forschung und Entwicklung
Fed. Cir.	Federal Circuit
ff.	fortfolgende
FG	Festgabe
FIDIC	Fédération Internationale des Ingénieurs Conseils
FKVO	Verordnung (EG) Nr. 139/2004 des Rates vom 20.1.2004 über die Kontrolle von Unternehmenszusammenschlüssen
Fn.	Fußnote
FOB	Free on Board (Incoterms, ICC)
Form.	Formular
Franchise-GVO	Verordnung (EWG) Nr. 4087/88 vom 30.11.1988 über die Anwendung von Artikel 85 Absatz 3 des Vertrags auf Gruppen von Franchisevereinbarungen
Franchise L.J.	Franchise Law Journal
FS	Festschrift
F. Supp.	Federal Supplement
F. Supp. 2d	Federal Supplement, Second Series
FTC	Federal Trade Commission (USA)
FuR	Familie und Recht
GAFTA	Grain and Feed Trade Association
Ga.J. Int'l & Comp. L.	Georgia Journal of International and Comparative Law
GbR	Gesellschaft bürgerlichen Rechts
GDV	Gesamtverband der deutschen Versicherungswirtschaft
GEKR	Gemeinsames Europäisches Kaufrecht
Geo. J. Int'l L.	Georgetown Journal of International Law
Geo. Wash. Int'l L. Rev.	George Washington International Law Review
GeschGehG	Gesetz zum Schutz von Geschäftsgeheimnissen
GewArch	Gewerbearchiv
GmbHG	Gesetz betreffend die Gesellschaften mit beschränkter Haftung (Deutschland)
GNotKG	Gerichts- und Notarkostengesetz (Deutschland)
GPL	General Public License
GPR	Zeitschrift für Gemeinschaftsprivatrecht
GRUR	Gewerblicher Rechtsschutz und Urheberrecht
GRUR Int.	Gewerblicher Rechtsschutz und Urheberrecht International
GRUR-Prax	Gewerblicher Rechtsschutz und Urheberrecht. Praxis im Immaterialgüter- und Wettbewerbsrecht
GRUR-RR	Gewerblicher Rechtsschutz und Urheberrecht Rechtsprechungs-Report

GVO	Gruppenfreistellungsverordnung
GWB	Gesetz gegen Wettbewerbsbeschränkungen (Deutschland)
GWR	Gesellschafts- und Wirtschaftsrecht
HADDEX	Handbuch der deutschen Exportkontrolle
HAVE/REAS	Haftung und Versicherung / Responsabilité et Assurances
HCA	High Court of Australia (Australien)
Hdb.	Handbuch
HG	Handelsgericht (Schweiz)
HGB	Handelsgesetzbuch (Deutschland)
HGCRA	Housing Grants, Construction and Regeneration Act 1996 (Vereinigtes Königreich)
HGÜ	Haager Übereinkommen über Gerichtsstandsvereinbarungen vom 30.6.2005
HL	House of Lords (Vereinigtes Königreich)
hM	herrschende Meinung
Hong Kong L.J.	Hong Kong Law Journal
Horizontal-LL	Leitlinien zur Anwendbarkeit von Art. 101 des Vertrages über die Arbeitsweise der Europäischen Union auf Vereinbarungen über horizontale Zusammenarbeit
Hous. Bus. & Tax. L.J.	Houston Business & Tax Law Journal
Hrsg.	Herausgeber
HVR	Richtlinie 86/653/EWG des Rates vom 18.12.1986 zur Koordinierung der Rechtsvorschriften der Mitgliedstaaten betreffend die selbständigen Handelsvertreter
IBA	International Bar Association
IBLR	International Business Law Review
IBR	Immobilien- und Baurecht
ICC	International Chamber of Commerce
ICCA	International Council for Commercial Arbitration
I.C.C.L.R.	International Company and Commercial Law Review
ICDR	International Centre for Dispute Resolution
ICE	Institution of Civil Engineers
ICLQ	International & Comparative Law Quarterly
ICLR	International Construction Law Review
I.C.R.	Industrial Court Reports
Idaho App.	Idaho Court of Appeals Report
I.E.L.R.	International Energy Law Review
IFLR	International Financial Law Review
ifrOSS	Institut für Rechtsfragen der Freien und Open Source Software
IHR	Zeitschrift für Internationales Handelsrecht
IIC	International Review of Intellectual Property and Competition Law
Ill. App. 3d	Illinois Appellate Court Reports, Third Series
IMF	International Monetary Fund
Incoterms	International Commercial Terms (ICC)
Ind. J. Global Legal Stud.	Indiana Journal of Global Legal Studies
Ind. L.J.	Indiana Law Journal
InsO	Insolvenzordnung (Deutschland)
IntALR	International Arbitration Law Review
InTeR	Zeitschrift zum Innovations- und Technikrecht
Int'l Bus. Law.	International Business Lawyer

Int'l Bus.L.J. .... International Business Law Journal
Int'l Fin. L. Rev. .... International Financial Law Review
Int'l L. Rev. .... International Law Review
Int'l Law. .... The International Lawyer
Int'l Trade & Bus. L. Ann. .... International Trade and Business Law Annual
Int'l Trade & Bus. L. Rev. .... International Trade & Business Law Review
IntVertrVerfR .... Verfahrensrecht für internationale Verträge
IPR .... Internationales Privatrecht
IPRax .... Praxis des Internationalen Privat- und Verfahrensrechts
IPRG .... Bundesgesetz über das Internationale Privatrecht (Schweiz)
IPRspr .... Die deutsche Rechtsprechung auf dem Gebiete des Internationalen Privatrechts
IPTV .... Internet Protocol Television
ISO .... Insurance Services Office, Inc.
ISP .... International Standby Practices (ICC)
IStR .... Internationales Steuerrecht
IT .... Informationstechnik
ITBR .... IT-Rechtsberater
IWRZ .... Zeitschrift für Internationales Wirtschaftsrecht
IZPR .... Internationales Zivilprozessrecht
IZVR .... Internationales Zivilverfahrensrecht

JahrBBauR .... Jahrbuch des Baurechts
James Cook U.L. Rev. .... James Cook University Law Review
J. Afr. L. .... Journal of African Law
J. Bus.L. .... Journal of Business Law
J.C.L. .... Journal of Contract Law
J. Corp. L .... Journal of Corporation Law
JCT .... Joint Contracts Tribunal
J. Droit Int'l. .... Journal du Droit International Prive
J.I.B.F.L. .... Journal of International Banking and Finance Law
J.I.B.L.R. .... Journal of International Banking Law and Regulation
JICLT .... Journal of International Commercial Law and Technology
J. Int'l Arb. .... Journal of International Arbitration
J. Int'l. Inv. .... The Journal of International Investment
J. Int'l L. .... Journal of International Law
JIPITEC .... Journal of Intellectual Property, Information Technology and E-Commerce Law
J.L. & Com. .... Journal of Law and Commerce
J. Mar. L. & Com... .... Journal of Maritime Law and Commerce
JPIL .... Journal of Private International Law
J.S. Afr. L. .... Journal of South African Law
Jura .... Juristische Ausbildung
jurisPR-ITR .... juris Praxisreport IT-Recht
JuS .... Juristische Schulung
JW .... Juristische Woche
JZ .... Juristenzeitung

Kap. .... Kapitel
KB .... Law Reports, King's Bench Division

Kfz	Kraftfahrzeug
Kfz-GVO	Verordnung (EU) Nr. 461/2010 der Kommission vom 27.5.2010 über die Anwendung von Artikel 101 Absatz 3 des Vertrags über die Arbeitsweise der Europäischen Union auf Gruppen von vertikalen Vereinbarungen und abgestimmten Verhaltensweisen im Kraftfahrzeugsektor
Kfz-LL	Leitlinien für vertikale Beschränkungen in Vereinbarungen über den Verkauf und die Instandsetzung von Kraftfahrzeugen und den Vertrieb von Kraftfahrzeugersatzteilen
KommJur	Zeitschrift Kommunaljurist
KrWaffKontrG	Kriegswaffenkontrollgesetz (Deutschland)
KUKO	Kurzkommentar Schweizer Obligationenrecht
KultgSchG	Gesetz zum Schutz deutschen Kulturgutes gegen Abwanderung (Deutschland)
L. & Bus. Rev. Am.	The Law & Business Review of the Americas
LCIA	London Court of International Arbitration
L. Ed.	United States Supreme Court Reports, Lawyers' Edition
LG	Landgericht (Deutschland)
LkSG	Gesetz über die unternehmerischen Sorgfaltspflichten zur Vermeidung von Menschenrechtsverletzungen in Lieferketten (Deutschland)
LL	Leitlinien
Lloyd's Rep.	Lloyd's Law Reports
LMCLQ	Lloyd's Maritime and Commercial Law Quarterly
Loy. L.A.L. Rev	Loyola University of Los Angeles Law Review
L.Q.R.	Law Quarterly Review
LR	Law Reports
LR CP	Law Reports, Common Pleas
L.R.A. (N.S.)	Lawyers' Reports, Annotated, New Series
L.R.C.P.	Law Reports, Common Pleas Division
Ltd	Limited
LugÜ	Übereinkommen über die gerichtliche Zuständigkeit und die Anerkennung und Vollstreckung von Entscheidungen in Zivil- und Handelssachen vom 30.10.2007 (Lugano-Übereinkommen)
M&A	Mergers & Acquisitions
MAH	Münchener Anwaltshandbuch
MarkenG	Markengesetz (Deutschland)
Marq. L. Rev.	Marquette Law Review
Mass.	Massachusetts Reports
McGill L.J.	McGill Law Journal
M.D.	Middle District
Md. App.	Maryland Appellate Reports
MDR	Monatsschrift für deutsches Recht
MediationsG	Mediationsgesetz (Deutschland)
Misc. 2d	Miscellaneous Reports, Second Series – New York
MJDR	McGill Journal of Dispute Resolution
MMA	Madrider Abkommen über die internationale Registrierung von Marken
MMR	Multimedia und Recht
MMVO	Verordnung (EU) Nr. 596/2014 des Europäischen Parlaments und des Rates vom 16.4.2014 über Marktmissbrauch

Mo. App.	Missouri Appeal Reports
ModellG	UNCITRAL Modellgesetz für die internationale Handelsschiedsgerichtsbarkeit
MÜ	Montrealer Übereinkommen zur Vereinheitlichung bestimmter Vorschriften über die Beförderung im internationalen Luftverkehr
MüKo	Münchener Kommentar
MVH	Münchener Vertragshandbuch
M & W	Meeson & Welsby's Exchequer Reports
mwN	mit weiteren Nachweisen
NCPC	Noveau code de procédure civil (Frankreich)
N.D.	Northern District
N.E.	North Eastern Reporter
N.E. 2d	North Eastern Reporter, Second Series
Neb.	Nebraska Reports
NJOZ	Neue Juristische Online-Zeitschrift
N.J. Super.	Superior Court of New Jersey
NJW	Neue Juristische Wochenschrift
NJW-RR	Neue Juristische Wochenschrift – Rechtsprechungsreport
No.	Number
NOM-clause	No oral modification clause
Notre Dame L. Rev.	Notre Dame Law Review
NStZ	Neue Zeitschrift für Strafrecht
Nw. J. Int'l L. & Bus	Northwestern Journal of International Law & Business
N.W. 2d	North Western Reporter, Second Series
N.Y.	New York Reports
N.Y. 2d	New York Reports, Second Edition
N.Y.C.P.L.R...	New York Civil Practice Law and Rules
N.Y.S. 2d	New York Supplement, Second Edition
NZA	Neue Zeitschrift für Arbeitsrecht
NZBau	Neue Zeitschrift für Baurecht und Vergaberecht
NZG	Neue Zeitschrift für Gesellschaftsrecht
NZI	Neue Zeitschrift für Insolvenzrecht
NZM	Neue Zeitschrift für Mietrecht
NZWiSt	Neue Zeitschrift für Wirtschafts-, Steuer- und Unternehmensstrafrecht
ODR	Online Dispute Resolution
OECD	Organisation for Economic Co-Operation and Development
OECD-MA	OECD-Musterabkommen zur Vermeidung der Doppelbesteuerung auf dem Gebiet der Steuern vom Einkommen und vom Vermögen
OFAC	Office of Foreign Assets Control (USA)
OGH	Oberster Gerichtshof (Österreich)
O.J.L.S.	Oxford Journal of Legal Studies
OLG	Oberlandesgericht (Deutschland/Österreich)
OLGR	OLG Report
OMPI	Organisation mondiale de la propriété intellectuelle
OR	Obligationenrecht (Schweiz)
Orgalime	Organisme de Liason des Industries Métalliques Europèenes
OSCE	Organization for Security and Cooperation in Europe
OSI	Open Source Initiative
OWiG	Gesetz über Ordnungswidrigkeiten (Deutschland)

P. 2d	Pacific Reporter, Second Series
Pace Int'l L. Rev.	Pace International Law Review
Pat	Patents Court (England & Wales)
PatG	Patentgesetz (Deutschland)
PC	Privy Council
PCT	Patent Cooperation Treaty
PECL	Principles of European Contract Law
Penn St. Int'l L. Rev.	Penn State International Law Review
Penn. St. J.L. & Int'l Aff.	Penn State Journal of Law & International Affairs
PHi	Haftpflicht international – Recht & Versicherung
P&I	Protection & Indemnity
PICC	Principles of International Commercial Contracts
Pld	Penalty & liquidated damages
PMMA	Protokoll zum Madrider Abkommen über die internationale Registrierung von Marken
PrKlG	Preisklauselgesetz (Deutschland)
ProdHB	Produkthaftpflichtversicherungsmodell
PVÜ	Pariser Verbandsübereinkunft zum Schutze des gewerblichen Eigentums
QB	Law Reports, Queen's Bench Division
QBD	Queen's Bench Division
QM	Qualitätsmanagement
QS	Qualitätssicherung
QSC	Supreme Court of Queensland (Australien)
RabelsZ	Rabels Zeitschrift für ausländisches und internationales Privatrecht
RAG	Gesetz Nr. 78 über die allgemeinen Regeln über die Anwendung von Gesetzen vom 21.6.2006 (Japan)
RBÜ	Revidierte Berner Übereinkunft zum Schutz von Werken der Literatur und Kunst
RDi	Recht Digital
RdTW	Recht der Transportwirtschaft
RGZ	Entscheidung des Reichsgerichts in Zivilsachen (Deutschland)
RIW	Recht der Internationalen Wirtschaft
RL	Richtlinie
Rn.	Randnummer
Rom I-VO	Verordnung (EG) Nr. 593/2008 des Europäischen Parlaments und des Rates vom 17.6.2008 über das auf vertragliche Schuldverhältnisse anzuwendende Recht
Rom II-VO	Verordnung (EG) Nr. 864/2007 des Europäischen Parlaments und des Rates vom 11.7.2007 über das auf außervertragliche Schuldverhältnisse anzuwendende Recht
r+s	Recht und Schaden
Rs.	Rechtssache
Rutgers Computer & Tech. L.J.	Rutgers Computer and Technology Law Journal
s.	section
Santa Clara L. Rev.	Santa Clara Law Review

SC	Supreme Court (Vereinigtes Königreich)
SCC	Stockholm Chamber of Commerce
SchiedsVZ	Die neue Zeitschrift für Schiedsverfahren
SchlHA	Schleswig-Holsteinische Anzeigen
S. Ct.	Supreme Court Reporter
S.D.N.Y.	Southern District of New York
sec.	Section
SGA	Sale of Goods Act 1979 (Vereinigtes Königreich)
SGB VII	Siebtes Buch Sozialgesetzbuch – Gesetzliche Unfallversicherung (Deutschland)
SGHC	Singapore High Court
S.I.	Statutory Instrument (Vereinigtes Königreich)
SIA	Schweizerischer Ingenieur- und Architektenverein
SIAC	Singapore International Arbitration Centre
SIAR	Stockholm International Arbitration Review
Sing. J. Legal Stud.	Singapore Journal of Legal Studies
SIR	Self-insured Retention
SJZ	Schweizerische Juristen-Zeitung
Slg.	Amtliche Sammlung der Entscheidungen des Europäischen Gerichtshofes bzw. des Gerichts der Europäischen Union
S.L.R.	Sydney Law Review
SMU L. Rev.	Southern Methodist University Law Review
Spez-GVO	Verordnung (EU) Nr. 1218/2010 der Kommission vom 14.12.2010 über die Anwendung von Art. 101 Abs. 3 des Vertrages über die Arbeitsweise der Europäischen Union auf bestimmte Gruppen von Spezialisierungsvereinbarungen
SpA	società per azioni (Italien)
SPA	Share Purchase Agreement
SpV	Spektrum für Versicherungsrecht
SRIEL	Swiss Review of International and European Law
SSNIP	Small, but Significant Non-transitory Increase in Price
Stan. L. Rev.	Stanford Law Review
Statute Law Rev.	Statute Law Review
Stock. Int'l Arb. J.	Stockholm International Arbitration Journal
str.	strittig
S.W. 2d	South Western Reporter, Second Series
Sw. J.L. & Trade Am.	Southwestern Journal of Law and Trade in the Americas
SW.L.J.	South Western Law Journal
Syracuse L. Rev.	Syracuse Law Review
SZIER	Schweizerische Zeitschrift für Internationales und Europäisches Recht
SZW	Schweizerische Zeitschrift für Wirtschaftsrecht
TCC	Technology and Construction Court (High Court, England & Wales)
Tenn. J. Bus.	The Tennessee Journal of Business Law
Tex. Tech L. Rev	Texas Tech Law Review
Trade Cas.	Trade Cases
TranspR	Zeitschrift für Transportrecht
TRIPS	Agreement on Trade-Related Aspects of Intellectual Property Rights

TT-GVO	Verordnung (EU) Nr. 316/2014 der Kommission vom 21.3.2014 über die Anwendung von Artikel 101 Absatz 3 des Vertrages über die Arbeitsweise der Europäischen Union auf Gruppen von Technologietransfer-Vereinbarungen
TT-LL	Leitlinien zur Anwendung von Artikel 81 EG-Vertrag auf TechnologietransferVereinbarungen
Tul. L. Rev.	Tulane Law Review
Uabs.	Unterabsatz
UCC	Uniform Commercial Code (USA)
UCP 600	Uniform Customs and Practice for Documentary Credits (ICC)
UCTA	Unfair Contract Terms Act 1977 (Vereinigtes Königreich)
UDPR	Uniform Domain-Name Dispute-Resolution Policy
UGB	Unternehmensgesetzbuch (Österreich)
UK	United Kingdom
UKHL	Entscheidungen des House of Lords (Vereinigtes Königreich)
UKSC	Entscheidungen des Supreme Court (Vereinigtes Königreich)
ULR	Uniform Law Review
UMV	Verordnung (EU) 2017/1001 des Europäischen Parlaments und des Rates vom 14.6.2017 über die Unionsmarke
UmwG	Umwandlungsgesetz (Deutschland)
UN	United Nations
UNCARIT	United Nations Convention on the Assignment of Receivables in International Trade
UNCITRAL	United Nations Commission on International Trade Law
UNIDO	United Nations Industry Development Organization
UNIDROIT	Institut International pour l'Unification du Droit Prive
Unif. L. Rev.	Uniform Law Review
UNÜ	UN-Übereinkommen über die Anerkennung und Vollstreckung ausländischer Schiedssprüche von 1958 (New Yorker Übereinkommen)
U. Pa.J. Int'l Bus. L	University of Pennsylvania Journal of International Business Law
U. Pa.J. Int'l Econ	University of Pennsylvania Journal of International Economic Law
URDG	Uniform Rules for Demand Guarantees (ICC)
UrhG	Urhebergesetz (Deutschland)
Urt.	Urteil
U.S.	United States Supreme Court Reporter
USA	United States of America
USC	United States Code
U.S.C.A.	United States Code Annotated
UStG	Umsatzsteuergesetz (Deutschland)
UWG	Bundesgesetz gegen den unlauteren Wettbewerb (Deutschland/ Schweiz)
Va. L. & Bus. Rev.	Virginia Law & Business Review
Va.L. Rev.	Virginia Law Review
VDA	Verband der Automobilindustrie
verb.	verbundene
VerlG	Gesetz über das Verlagsrecht (Deutschland)
Vers-GVO	Verordnung (EU) Nr. 267/2010 der Kommission vom 24.3.2010 über die Anwendung von Artikel 101 Absatz 3 des Vertrags über die Arbeitsweise der Europäischen Union auf Gruppen von

	Vereinbarungen, Beschlüssen und abgestimmten Verhaltensweisen im Versicherungssektor
VersR	Versicherungsrecht
Vertikal-GVO	Verordnung (EU) Nr. 2022/720 der Kommission vom 10.5.2022 über die Anwendung des Art. 101 Abs. 3 des Vertrages über die Arbeitsweise der Europäischen Union auf Gruppen von vertikalen Vereinbarungen und abgestimmten Verhaltensweisen
Vertikal-LL	Leitlinien für vertikale Beschränkungen
VertragsG	Gesetz zu dem Übereinkommen der Vereinten Nationen vom 11.4.1980 über Verträge über den internationalen Warenkauf sowie zur Änderung des Gesetzes zu dem Übereinkommen vom 19.5.1956 über den Beförderungsvertrag im internationalen Straßengüterverkehr (CMR) (Deutschland)
vgl.	vergleiche
VIAC	Vienna International Arbitral Centre
Vict. U. Well. L. Rev.	Victoria University of Wellington Law Review
VJ	The Vindobona Journal of International Commercial Law and Arbitration
VO	Verordnung
VOB/A	Verdingungsordnung für Bauleistungen, Teil A
VOB/B	Verdingungsordnung für Bauleistungen, Teil B
Vol.	Volume
Vorbem.	Vorbemerkungen
VSC	Victoria Supreme Court (Australien)
VSCA	Victoria Supreme Court of Appeal (Australien)
VVG	Gesetz über den Versicherungsvertrag/ Versicherungsvertragsgesetz (Deutschland)
VW	Versicherungswirtschaft
WASC	Supreme Court of Western Australia
WCT	WIPO Copyright Treaty
W.D.N.C.	Western District of North Carolina (USA)
W.D. Pa.	United States District Court for the Western District of Pennsylvania (USA)
WIPO	World Intellectual Property Organization
WiRO	Wirtschaft und Recht in Osteuropa
wistra	Zeitschrift für Wirtschafts- und Steuerstrafrecht
W.L.R.	Weekly Law Reports
WM	Wertpapier-Mitteilungen
Wm. & Mary Bus. L. Rev.	William & Mary Business Law Review
WpHG	Wertpapierhandelsgesetz (Deutschland)
WPPT	WIPO Performances and Phonograms Treaty
WRP	Wettbewerb in Recht und Praxis
WUA	Welturheberrechtsübereinkommen
WuW	Wirtschaft und Wettbewerb
WuW/E	Wirtschaft und Wettbewerb – Entscheidungssammlung
WuW/E BGH	Wirtschaft und Wettbewerb – Entscheidungen des Bundesgerichtshofs
WuW/E DE-R	Wirtschaft und Wettbewerb – Entscheidungssammlung – Deutschland Rechtsprechung

WuW/E KRInt	Wirtschaft und Wettbewerb – Entscheidungssammlung internationales Kartellrecht
YPIL	Yearbook of Private International Law
ZAP	Zeitschrift für die Anwaltspraxis
ZBB	Zeitschrift für Bankrecht
ZBJV	Zeitschrift des Bernischen Juristenvereins
ZD	Zeitschrift für Datenschutz
ZdiW	Zeitschrift für das Recht der digitalen Wirtschaft
ZEuP	Zeitschrift für Europäisches Privatrecht
ZfBR	Zeitschrift für deutsches und internationales Baurecht
ZfPW	Zeitschrift für die gesamte Privatrechtswissenschaft
ZfVR	Zeitschrift für Rechtsvergleichung, internationales Privatrecht und Europarecht
ZfZ	Zeitschrift für Zölle und Verbrauchssteuern
ZGB	Zivilgesetzbuch (Schweiz)
ZGR	Zeitschrift für Unternehmens- und Gesellschaftsrecht
ZGS	Zeitschrift für das gesamte Schuldrecht
ZHR	Zeitschrift für das gesamte Handelsrecht und Wirtschaftsrecht
ZIP	Zeitschrift für Wirtschaftsrecht
ZIS	Zeitschrift für internationale Strafrechtsdogmatik
ZJS	Zeitschrift für das juristische Studium
ZK-DVO	Zollkodex-Durchführungsverordnung (Deutschland)
ZKM	Zeitschrift für Konfliktmanagement
ZPO	Zivilprozessordnung (Deutschland)
ZRP	Zeitschrift für Rechtspolitik
ZSR	Zeitschrift für Schweizerisches Recht
ZUM	Zeitschrift für Urheber- und Medienrecht
ZUM-RD	Zeitschrift für Urheber- und Medienrecht – Rechtsprechungsdienst
ZVertriebsR	Zeitschrift für Vertriebsrecht
ZVglRWiss	Zeitschrift für vergleichende Rechtswissenschaften
ZWeR	Zeitschrift für Wettbewerbsrecht
ZZP	Zeitschrift für Zivilprozess

Literatur

Abrahamczik, Jürgen Der Handelsvertretervertrag, 3. Aufl. 2007

Achilles, Wilhelm-Albrecht Zur Rechtsmängelhaftung des Verkäufers bei Schutzrechtsverwarnungen und Berechtigungsanfragen, in: Festschrift für Ingeborg Schwenzer zum 60. Geburtstag, herausgegeben von Büchel, Andrea/Müller-Chen, Markus, 2011, S. 1 ff.

Adams, Kenneth A Manual of Style for Contract Drafting, 4. Aufl. 2017

Adolphsen, Jens/Nolte, Martin/Lehner, Michael/Gerlinger, Michael (Hrsg.) Sportrecht in der Praxis, 2011

Albaric, Cristelle/Dickstein, Marianne (Hrsg.) International Commercial Agency and Distribution Agreements, 1. Aufl. 2011

Amereller, Florian ua Das Recht der Handelsvertreter und Vertragshändler in der MENA-Region, 2007

American Arbitration Association (AAA) Drafting Dispute Resolution Clauses. A Practical Guide, 2013, abrufbar unter https://www.adr.org/Clauses

American Bar Association (ABA) Antitrust Law Developments, 7. Aufl. 2012

Amstutz, Marc ua (Hrsg.) Handkommentar zum Schweizer Privatrecht, 3. Aufl. 2016

Anders, Monika/Gehle, Burkhard (Hrsg.) Zivilprozessordnung, 80. Aufl. 2022

Anderson, Eugene/Stanzler, Jordan/Masters, Lorelie Insurance Coverage Litigation, 2. Aufl. 2009

Anderson, Mark/Warner, Victor A-Z Guide to Boilerplate and Commercial Clauses, 4. Aufl. 2017

Dies. Drafting and Negotiating Commercial Contracts, 3. Aufl. 2012

Ann, Christoph/Loschelder, Michael/Grosch, Marcus (Hrsg.) Praxishandbuch Know-how-Schutz, 2010

Arcesati, Rebecca/Meinhardt, Caroline China's Open-Source Tech Development – Insights into a growing ecosystem, Mai 2021 (abrufbar unter https://merics.org)

Areeda, Phillip/Hovenkamp, Herbert Antitrust Law – An Analysis of Antitrust Principles and Their Application (Last Supplement Mai 2022)

Arnold, Arnd Verjährung und Nacherfüllung, in: Festschrift für Christoph Eggert zum 65. Geburtstag, herausgegeben von Ernst, Hans-Günter ua, 2008, S. 41 ff.

Assman, Heinz-Dieter/Schneider, Uwe H./Mülbert, Peter O. (Hrsg.) Wertpapierhandelsgesetz, 7. Aufl. 2019

Auer-Reinsdorff, Astrid/Conrad, Isabell (Hrsg.) Handbuch IT- und Datenschutzrecht, 3. Aufl. 2019

Bacher, Klaus Rechte und Ansprüche aus Patenten als Rechtsmangel im Sinne von Art. 42 CISG, in: Festschrift für Ingeborg Schwenzer zum 60. Geburtstag, herausgegeben von Büchel, Andrea/Müller-Chen, Markus, 2011, S. 115 ff.

Balthasar, Stephan (Hrsg.) International Commercial Arbitration, 2. Aufl. 2021

v. Bar, Christian/Mankowski, Peter Internationales Privatrecht, Band II: Besonderer Teil, 2. Aufl. 2019

Basedow, Jürgen Zuständigkeitsderogation, Eingriffsnormen und ordre public, in: Festschrift für Ulrich Magnus zum 70. Geburtstag, herausgegeben von Mankowski, Peter/Wurmnest, Wolfgang, 2014, S. 337 ff.

Basler Kommentar Art. 1–529 OR. Obligationenrecht I, herausgegeben von Widmer Lüchinger, Corinne/Oser, David, 7. Aufl. 2020; Internationales Privatrecht, herausgegeben von Grolimund, Pascal/Loacker, Leander D./Schnyder, Anton K., 4. Aufl. 2021

Bechtold, Rainer/Bosch, Wolfgang/Brinker, Ingo EU-Kartellrecht – Kommentar, 3. Aufl. 2014

beck.online Grosskommentar (BeckOGK) zum Zivilrecht, herausgegeben von Gsell, Beate/Krüger, Wolfgang/Lorenz, Stephan/Reymann, Christoph

Beckmann, Roland Michael/Matusche-Beckmann, Annemarie (Hrsg.) Versicherungsrechtshandbuch, 3. Aufl. 2015

Beck'sches Formularbuch Bürgerliches, Handels- und Wirtschaftsrecht, herausgegeben von Gebele, Alexander, 14. Aufl. 2022

Beck'sches Formularbuch Sportrecht, herausgegeben von Schimke, Martin, 2021

Beck'sches Formularbuch Zivil-, Wirtschafts- und Unternehmensrecht, Deutsch-Englisch, herausgegeben von Walz, Robert, 5. Aufl. 2022

Beck'scher Online Kommentar Außenwirtschaftsrecht, herausgegeben von Niestedt, Marian, 1. Edition 2021, Stand 1.6.2022

Beck'scher Online-Kommentar BGB, herausgegeben von Hau, Wolfgang/Poseck, Roman, 62. Edition, Stand 1.5.2022

Beck'scher Online-Kommentar Markenrecht, herausgegeben von Kur, Annette/von Bomhard, Verena/Albrecht, Friedrich, 31. Edition, Stand 1.10.2022

Beck'scher Online-Kommentar Urheberrecht, herausgegeben von Ahlberg, Hartwig/Götting, Horst-Peter/Lauber-Rönsberg, Anne, 35. Edition, Stand 15.7.2022

Beck'scher Online-Kommentar ZPO, herausgegeben von Vorwerk, Volkert/Wolf, Christian, 45. Edition, Stand 1.7.2022

Behrens, Peter Connecting factors for the determination of the proper law of companies, in: Festschrift für Ulrich Magnus zum 70. Geburtstag, herausgegeben von Mankowski, Peter/Wurmnest, Wolfgang, 2014, S. 353 ff.

Bender, Achim Unionsmarke, 5. Aufl. 2022

Benjamin's Sale of Goods, herausgegeben von Bridge, Michael, 9. Aufl. 2014

Benkard, Georg (Begr.) Patentgesetz, 11. Aufl. 2015

Berger, Bernhard Allgemeines Schuldrecht, 3. Aufl. 2018

Berger, Bernhard/Kellerhals, Franz International and Domestic Arbitration in Switzerland, 2. Aufl. 2010

Berger, Klaus Peter/Scholl, Bernd Das Konkurrenzverhältnis der Rechte des Käufers wegen Vertragsverletzung durch den Verkäufer nach UN-Kaufrecht, in: Festschrift für Ingeborg Schwenzer zum 60. Geburtstag, herausgegeben von Büchel, Andrea/Müller-Chen, Markus, 2011, S. 159 ff.

Berner Kommentar Obligationenrecht. Allgemeine Bestimmungen: Art. 1–18 OR mit allgemeiner Einleitung in das Schweizerische Obligationenrecht, verfasst von Müller, Christoph, 2018; Obligationenrecht. Allgemeine Bestimmungen: Die Folgen der Nichterfüllung, Art. 97–109 OR, verfasst von Weber, Rolf H./Emmenegger, Susan, 2. Aufl. 2020; Obligationenrecht. Allgemeine Bestimmungen: Die Verjährung Art. 127–142 OR, verfasst von Wildhaber Isabelle/Dede, Sevda, 2021

Blackaby, Nigel/Partasides, Constantine/Redfern, Alan/Hunter, Martin Redfern & Hunter on International Arbitration, 6. Aufl. 2015

Blask, Holger Die Anwendbarkeit der Single-Entity-Theorie im professionellen Fußball, 2005

Bock, Yves/Zons, Jörg (Hrsg.) Rechtshandbuch Anlagenbau, 2. Aufl. 2021

Böckstiegel, Karl-Heinz/Kröll, Stefan/Nacimiento, Patricia (Hrsg.) Arbitration in Germany: The Model Law in Practice, 2. Aufl. 2014

Böckstiegel, Karl-Heinz/Berger, Klaus Peter/Bredow, Jens (Hrsg.) Schiedsgutachten versus Schiedsgerichtsbarkeit, 2007

Böer, Jürgen/Groba, Alexander/Hohmann, Harald Praxis der US-(Re-)Exportkontrolle, 6. Aufl. 2021

Born, Gary B. International Arbitration and Forum Selection Agreements – Drafting and Enforcing, 6. Aufl. 2021

Ders. International Commercial Arbitration, 3. Aufl. 2021

Bortolotti, Fabio Drafting and Negotiating International Commercial Contracts, 3. Aufl. 2017

Bowstead & Reynolds on Agency, herausgegeben von Watts, Peter G., 20. Aufl. 2014

Brande, Ywein van den/Coughlan, Shane/Jaeger, Till The International Free and Open Source Software Law Book, 1. Aufl. 2011
Bräutigam, Peter (Hrsg.) IT-Outsourcing und Cloud-Computing, 4. Aufl. 2019
Brennan, Daniel The Construction Contracts Book: How to Find Common Ground in Negotiating the 2007 Industry Form Contract Documents, 2. Aufl. 2008
Bridge, Michael The International Sale of Goods, 3. Aufl. 2013
Ders. The Sale of Goods, 3. Aufl. 2014
Ders. Curing a Seller's Defective Tender or Delivery of Goods in Commercial Sales, in: Festschrift für Ingeborg Schwenzer zum 60. Geburtstag, herausgegeben von Büchel, Andrea/Müller-Chen, Markus, 2011, S. 221 ff.
Ders. The CISG from the Common Lawyer's Point of View, in: Festschrift für Ulrich Magnus zum 70. Geburtstag, herausgegeben von Mankowski, Peter/Wurmnest, Wolfgang, 2014, S. 161 ff.
Briggs, Adrian Agreements on Jurisdiction and Choice of Law, 2009
Ders. Private International Law in English Courts, 2014
Brödermann, Eckart Zustandekommen von Rechtswahl-, Gerichtsstands- und Schiedsvereinbarungen, in: Festschrift für Dieter Martiny zum 70. Geburtstag, herausgegeben von Witzleb, Normann ua, 2014, S. 1045 ff.
Brunner, Christoph Force Majeure and Hardship under General Contract Principles: Exemption for Non-Performance in International Arbitration, 2008
Ders. UN-Kaufrecht – CISG: Kommentar zum Übereinkommen der Vereinten Nationen über Verträge über den internationalen Warenkauf von 1980. Unter Berücksichtigung der Schnittstellen zum internen Schweizer Recht, 2. Aufl. 2014
Ders./Gottlieb, Benjamin Commentary on the UN Sales Law (CISG), 2019
Bucher, Eugen Der Ausschluss dispositiven Gesetzesrechts durch vertragliche Absprachen, in: Festgabe für Henri Deschenaux zum 70. Geburtstag, herausgegeben von der Rechts-, Wirtschafts- und Sozialwissenschaftlichen Fakultät der Universität Freiburg, Schweiz, 1977, S. 249 ff.
Ders. Schweizerisches Obligationenrecht, Allgemeiner Teil, 2. Aufl. 1988
Bugg, Stewart G. Contracts in English, 4. Aufl. 2020
Bühler, Michael/Webster, Thomas Handbook of ICC Arbitration, 5. Aufl. 2021
Bühring-Uhle, Christian/Kirchhoff, Lars/Scherer, Gabriele Arbitration and Mediation in International Business, 2. Aufl. 2006
Bürkle, Jürgen (Hrsg.) Compliance für Versicherungsunternehmen, 3. Aufl. 2020
Burr, Andrew ua International Contractual and Statutory Adjudication, 2021
Burrows, Andrew (Hrsg.) English Private Law, 3. Aufl. 2013
Ders. A Restatement of the English Law of Contract, 2. Aufl. 2020
Calliess, Christian/Ruffert, Matthias (Hrsg.) EUV/AEUV Kommentar, 6. Aufl. 2022
Cameron, John A Practitioner's Guide to Construction Law with 2009 Cumulative Supplement, 2010
Canaris, Claus-Wilhelm Die Rechtsfolgen rechtsgeschäftlicher Abtretungsverbote, in: Festschrift für Rolf Serick zum 70. Geburtstag, herausgegeben von Huber, Ulrich ua, 1992, S. 9 ff.
Carter, John W. Carter's Breach of Contract, 2012
Carter, John W./Stannard John E. Termination, in: Furmston, Michael (Hrsg.), The Law of Contract, 5. Aufl. 2015
Chitty on Contracts, herausgegeben von Beale, Hugh, Volume 1: General Principles; Volume 2: Specific Contracts, 34. Aufl. 2021
Christou, Richard International Agency, Distribution and Licensing Agreements, 6. Aufl. 2011
Cohausz, Helge B./Wupper, Horst Gewerblicher Rechtsschutz und angrenzende Gebiete, 2. Aufl. 2014

Cordero Moss, Guiditta (Hrsg.) Boilerplate Clauses, International Commercial Contracts and the Applicable Law, 2011

Dies. International Commercial Contracts, 2014

Courtney, Wayne Contractual Indemnities, 2014

Czernich, Dietmar/Geimer, Reinhold Streitbeilegungsklauseln im internationalen Vertragsrecht, 2017

Dahme, Gudrun Terrorismusbekämpfung durch Wirtschaftssanktionen, 2007

Dauner-Lieb, Barbara/Khan, Asim Betriebsausfallschäden als Gestaltungsproblem, in: Festschrift für Friedrich Graf von Westphalen zum 70. Geburtstag, herausgegeben von Genzow, Christian ua, 2010, S. 55 ff.

Dauner-Lieb, Barbara/Langen, Werner (Hrsg.) Bürgerliches Gesetzbuch. Kommentar Band 2/1: Schuldrecht §§ 241–487; Band 2/2: Schuldrecht §§ 611–853, 4. Aufl. 2021

Debevoise & Plimpton Annotated Model Arbitration Clause for International Contracts, 2006

Deister, Jochen/Meyer-Spasche, Georg Anwaltsstrategien im Software-Recht, 2010

Derleder, Peter/Knops, Kai-Oliver/Bamberger, Heinz G. (Hrsg.) Handbuch zum deutschen und europäischen Bankrecht, 2. Aufl. 2009

Detzer, Klaus/Zwernemann, Dieter Ausländisches Recht der Handelsvertreter und Vertragshändler, 1997

Dicey, Morris & Collins on the Conflict of Laws, hrsg. von Briggs, Adrian, 15. Aufl. 2012

Diller, Martin Berufshaftpflichtversicherung der Rechtsanwälte. Kommentar zu den Allgemeinen Versicherungsbedingungen, 2017

DiMatteo, Larry A. International Contracting: Law and Practice, 3. Aufl. 2013

Dolan, John The Law of Letters of Credit, 4. Aufl. 2007

Döser, Wulf Vertragsgestaltung im internationalen Wirtschaftsrecht, 2001

Dreier, Thomas/Schulze, Gernot Urheberrechtsgesetz, 7. Aufl. 2022

Droste, Thomas Der Begriff der „zwingenden Bestimmung“ in den Art. 27 ff. EGBGB, 1991

Dünnweber, Inge Vertrag zur Erstellung einer schlüsselfertigen Industrieanlage im internationalen Wirtschaftsverkehr, 1984

Ebenroth, Carsten Thomas/Boujong, Karlheinz/Joost, Detlev/Strohn, Lutz (Begr. und Hrsg.) Handelsgesetzbuch Band 1, §§ 1–342e; Band 2: §§ 343–475 h, 4. Aufl. 2020

Eckert, Hans-Werner/Maifeld, Jan/Matthiessen, Michael Handbuch des Kaufrechts, 2. Aufl. 2014

Eggleston, Brian Liquidated Damages and Extensions of Time in Construction Contracts, 3. Aufl. 2009

Ehrecke, Thomas Robert Die Haftung wegen Abbruchs der Vertragsverhandlungen im grenzüberschreitenden Rechtsverkehr, 2006

Ehrlich, Wolfgang Technologietransfer als Ausfuhr und technische Unterstützung – Inhalt und Grenzen, in: Recht der Exportkontrolle – zugleich Festgabe für Dr. Arnold Wallraff zum 65. Geburtstag, herausgegeben von Ehlers, Dirk/Wolffgang, Hans-Michael, 2015, S. 491 ff.

Einsele, Dorothee Bank- und Kapitalmarktrecht, 4. Aufl. 2018

Ellenberger, Jürgen/Bunte, Hermann-Josef Bankrechts-Handbuch, Band II, 6. Aufl. 2022

Emmenegger, Susan Kreditsicherheiten, 2008

Emmenegger, Susanne ua Für Hilfspersonen wird nicht gehaftet – oder doch?, in: Brücken bauen, Festschrift für Thomas Koller, herausgegeben von Emmenegger, Susanne ua 2018, S. 177 ff.

Emmenegger, Susanne/Döbeli, Thirza, in: Gedenkschrift für Claire Huguenin, herausgegeben von Portmann, Wolfgang ua, 2020, S. 99 ff.

Emmerich, Volker/Lange, Knut Werner Kartellrecht, 15. Aufl. 2021

Encyclopedia of Forms and Precedents, Vol. 4 (3): Boilerplate and Commercial Clauses, herausgegeben von Millet, Peter, 5. Aufl. 2008

Englert, Klaus/Grauvogel, Josef/Maurer, Michael Handbuch des Baugrund- und Tiefbaurechts, 4. Aufl. 2011
Ensthaler, Jürgen/Weidert, Stefan (Hrsg.) Handbuch Urheberrecht und Internet, 3. Aufl. 2017
Erdmann, Willi/Rojahn, Sabine/Sosnitza, Olaf Handbuch des Fachanwalts Gewerblicher Rechtsschutz, 3. Aufl. 2018
Erman BGB, Handkommentar in 2 Bänden, herausgegeben von Grunewald, Barbara/Maier-Reimer, Georg/Westermann, Harm Peter, 16. Aufl. 2020
Ferrari, Franco ua Internationales Vertragsrecht, 3. Aufl. 2018
Fezer, Karl-Heinz Markenrecht, 4. Aufl. 2009
Ders. (Hrsg.) Handbuch der Markenpraxis, 3. Aufl. 2016
Flechtner, Harry/Brand, Ronald/Walter, Mark (Hrsg.) Drafting Contracts under the CISG, 2008
Flessner, Axel Rechtswahl im internationalen Sachenrecht – neue Anstöße aus Europa, in: Festschrift für Helmut Koziol zum 70. Geburtstag, herausgegeben von Apathy, Peter ua, 2011, S. 125 ff.
Fontaine, Marcel/De Ly, Filip Drafting International Contracts – An Analysis of Contract Clauses, 2009
Formularbuch Recht und Steuern, bearbeitet von Alvermann, Jörg ua, 10. Aufl. 2021
Freitag, Robert Halbseitig ausschließliche Gerichtsstandsvereinbarungen unter der Brüssel I-VO, in: Festschrift für Ulrich Magnus zum 70. Geburtstag, herausgegeben von Mankowski, Peter/Wurmnest, Wolfgang, 2014, S. 419 ff.
Freyer, Walter Sport-Marketing, Modernes Marketing-Management für die Sportwirtschaft, 5. Aufl. 2018
Friedland, Paul D. Arbitration Clauses for International Contracts, 2. Aufl. 2007
Fromm, Friedrich/Nordemann Wilhelm (Begr.) Urheberrecht, 12. Aufl. 2018
Furmston, Michael Cheshire, Fifoot & Furmston's Law of Contract, 16. Aufl. 2012
Ganzer, Felix Internationale Versicherungsprogramme, 1. Aufl. 2012
Gauch, Peter Das unerschöpfliche Vertragsrecht, in: Baurechtstagung Freiburg 1999, S. 3 ff.
Ders. Der Werkvertrag, 6. Aufl. 2019
Gauch, Peter/Schluep, Walter R./Schmid, Jörg/Emmenegger, Susan Schweizerisches Obligationenrecht. Allgemeiner Teil, Band II, 11. Aufl. 2020
Gebauer, Martin Das Prorogationsstatut im Europäischen Zivilprozessrecht, in: Festschrift für Bernd von Hoffmann zum 70. Geburtstag, herausgegeben von Kronke, Herbert/Thorn, Karsten, 2011, S. 577 ff.
Geimer, Reinhold Internationales Zivilprozessrecht, 8. Aufl. 2019
Geimer, Reinhold/Schütze, Rolf A. Europäisches Zivilverfahrensrecht, 4. Aufl. 2020
Dies. (Hrsg.) Internationaler Rechtsverkehr in Zivil- und Handelssachen, 64. Aufl. 2022
Girsberger, Daniel/Kadner Graziano, Thomas/Neels, Jan Choice of Law in International Commercial Contracts, 2021
Godwin, William The 2017 FIDIC Contracts, 2020
Goode, Roy Legal Problems of Credit and Security, 5. Aufl. 2013
Grau, Carsten/Markwardt, Karsten Internationale Wirtschaftsverträge, 2011
Greger, Reinhard/Stubbe, Christian Schiedsgutachten, 2007
Groß, Michael Handbuch Technologietransfer, 2010
Ders. IP-/IT-Mediation, 3. Aufl. 2018
Ders. Der Lizenzvertrag, 12. Aufl. 2020
Großfeld, Bernhard Internationales und Europäisches Unternehmensrecht, 2. Aufl. 1995
Grubbs, Shelby R. International Civil Procedure, 2003
Grüneberg, Christian (Koord.) Bürgerliches Gesetzbuch, 81. Aufl. 2022
Grunewald, Barbara Handbuch des Schuldrechts, Band 6: Kaufrecht, 2006
Gsell, Beate „Kettengewährleistung" – Mängelrechte des Käufers im Anschluss an ein Nacherfüllungsbemühen des Verkäufers, in: Festschrift für Peter Derleder zum 75. Ge-

burtstag, herausgegeben von Knops, Kai-Oliver/Bamberger, Heinz Georg/Hölzle, Gerrit, 2015, S. 135 ff.
Guinomet, Pascal Break fee-Vereinbarungen, 2002
Habel, Oliver/Rauch, Max Technologieverträge – Maschinen- und Anlagenbau, Logistik, Informationstechnologie, 2. Aufl. 2005
Häberle, Siegfried Georg Handbuch für Kaufrecht, Rechtsdurchsetzung und Zahlungssicherung im Außenhandel, 2002
Hachem, Pascal Agreed Sums Payable upon Breach of an Obligation: Rethinking penalty and liquidated damages clauses, 2011
Hadding, Walther/Schneider, Uwe Die Forderungsabtretung, insbesondere zur Kreditsicherung, in ausländischen Rechtsordnungen, 1999
Haggard, Thomas R. Contract Law From a Drafting Perspective, 2003
Handorn, Boris Das Sonderkollisionsrecht der deutschen internationalen Schiedsgerichtsbarkeit, 2005
Harries, Heinrich Die Parteiautonomie in internationalen Kreditverträgen als Instrument der Vertragsgestaltung, in: Festschrift für Theodor Heinsius zum 65. Geburtstag, herausgegeben von Kübler, Friedrich ua, 1991, S. 201 ff.
Hartley, Trevor C. International Commercial Litigation, 3. Aufl. 2020
Harte-Bavendamm, Henning/Henning-Bodewig, Frauke (Hrsg.) Gesetz gegen den unlauteren Wettbewerb (UWG), 5. Aufl. 2021
Hasselblatt, Gordian (Hrsg.) Münchener Anwaltshandbuch Gewerblicher Rechtsschutz, 5. Aufl. 2017
Hautkappe, Bernhard Unternehmereinsatzformen im Industrieanlagenbau, 1986
Havighurst, Harold C. The Nature of Private Contract, 1961
Hay, Peter/Borchers, Patrick J./Symeonides, Symeon C. Conflict of Laws, 5. Aufl. 2010
Heinz, Nina Das Vollmachtstatut – eine einheitliche Kollisionsnorm für Europa, 2011
Herrlein, Jürgen/Kandelhard, Ronald Mietrecht 4. Aufl. 2010
Heussen, Benno/Pischel, Gerhard (Hrsg.) Handbuch Vertragsverhandlung und Vertragsmanagement, 4. Aufl. 2014
Hilgers, Marc Oliver/Kaminsky, Stephan (Hrsg.) Anlagenbau im In- und Ausland, 2013
Hillig, Jan-Bertram Die Mängelhaftung des Bauunternehmers im deutschen und englischen Recht, 2008
Hilty, Reto M./Henning-Bodewig, Frauke Leistungsschutzrecht für Sportveranstalter?, 2007
Hocke, Ernst/Sachs, Bärbel/Pelz, Christian (Hrsg.) Außenwirtschaftsrecht, 2. Aufl. 2020
Hodges, Christopher/Vogenauer, Stefan/Tulibacka, Magdalena The Costs and Funding of Civil Litigation, 2011
Hoelscher, Miriam Trademark Licensing Guide – Procedures, requirements and effectiveness in over 130 jurisdictions, SMD Group, 2012
Hoffbauer, Christiane Der Rahmenvertrag in der Lieferbeziehung, 2010
Hohmann, Harald Mittelbare Bereitstellung im Iran-Embargo: Von der „mittelbaren Personenlistung“ zur „mittelbaren Güterlistung“, in: Recht der Exportkontrolle – zugleich Festgabe für Dr. Arnold Wallraff zum 65. Geburtstag, herausgegeben von Ehlers, Dirk/Wolffgang, Hans-Michael, 2015, S. 217 ff.
Hohmann, Harald/John, Klaus (Hrsg.) Ausfuhrrecht-Kommentar, 2002
Hök, Götz-Sebastian Handbuch des internationalen und ausländischen Baurechts, 2. Aufl. 2012
Höra, Knut (Hrsg.) Münchener Anwaltshandbuch Versicherungsrecht, 4. Aufl. 2017
Honnold, John O. Uniform Law for International Sales under the 1980 United Nations Convention, 3. Aufl. 1999
Honsell, Heinrich (Hrsg.) Kommentar zum UN-Kaufrecht: Übereinkommen der Vereinten Nationen über Verträge über den internationalen Warenkauf, 2. Aufl. 2010
Ders. (Hrsg.) Kurzkommentar zum OR – Art. 1–529, 2008

Hooley, Richard Express Termination Clauses, in: Commercial Remedies: Resolving Controversies, herausgegeben von Virgo, Graham/Worthington, Sarah, 2017, S. 343 ff.

Hopt, Klaus J. (Hrsg.) Handelsgesetzbuch, 41. Aufl. 2022

Horn, Norbert Die UN-Konvention über Forderungsabtretungen als Einheitsrecht, in: Festschrift für Wolfgang Wiegand, herausgegeben von Honsell, Heinrich ua, 2005, S. 373 ff.

Huber, Ulrich Die Haftung des Verkäufers nach dem Kaufrechtsübereinkommen der Vereinten Nationen und nach deutschem Recht, 1991

Hughes, Kelvin Understanding NEC3: Engineering and Construction Short Contract – A Practical Handbook, 2014

Huguenin, Claire Obligationenrecht, Allgemeiner und Besonderer Teil, 3. Aufl. 2019

IBA Guidelines for Drafting of International Arbitration Clauses, 2010, abrufbar unter http://www.ibanet.org/Publications/publications_IBA_guides_and_free_materials.aspx

Immenga, Ulrich/Mestmäcker, Ernst-Joachim (Hrsg.) Wettbewerbsrecht, Band 1: EU. Kommentar zum Europäischen Kartellrecht, 6. Aufl. 2019, Band 3: Fusionskontrolle, 6. Aufl. 2020

Ingenstau, Heinz/Korbion, Herrmann/Vygen, Klaus/Kratzenberg, Rüdiger (Begr. und Hrsg.) VOB, Teile A und B, Kommentar, 19. Aufl. 2015

Ingerl, Reinhard/Rohnke, Christian Markengesetz, 3. Aufl. 2010

International Chamber of Commerce The ICC Model Confidentiality Agreement, ICC Product No. 664, 2006

International Chamber of Commerce The ICC Model International Sale Contract, Art. No. No. 811E, 2020

Intveen, Michael/Gennen, Klaus/Karger, Michael (Hrsg.) Handbuch des Softwarerechts, 1. Aufl. 2018

Jack, Adrian English Law and Standard Terms, 2005

Jacob, Andreas/Brauns, Christian Der Industrieanlagen-Konsortialvertrag, 2006

Jaeger, Axel-Volkmar/Hök, Götz-Sebastian FIDIC – A Guide for Practitioners, 2010

Jaeger, Till Kommerzielle Applikationen für Open Source Software und deutsches Urheberrecht, abrufbar unter http://www.ifross.org/ifross_html/HoffmannLeible_Beitrag%20Jaeger.pdf

Jaeger, Till/Metzger, Axel Open Source Software, 5. Aufl. 2020

Jaeger, Till/Schulz, Carsten Gutachten zu ausgewählten rechtlichen Aspekten der Open Source Software, Februar 2005, abrufbar unter http://www.ifross.org/ifross_html/art47.pdf

Jahn, Holger Der Letter of Intent, 2000

Jauernig, Othmar (Begr.) Bürgerliches Gesetzbuch. Kommentar, 18. Aufl. 2021

Jenkins International Construction Arbitration Law, 3. Aufl. 2021

Jocquel, Grégoire Les licences libres en droit français, 2004; abrufbar unter http://juriscom.net/wp-content/documents/log20041222.pdf

Joussen, Peter Der Industrieanlagen-Vertrag, 2. Aufl. 1996

Junker, Abbo Deutsche Schiedsgerichte und Internationales Privatrecht (§ 1051 ZPO), in: Festschrift für Otto Sandrock zum 70. Geburtstag, herausgegeben von Berger, Peter ua, 2000, S. 443 ff.

Juris PraxisKommentar BGB, herausgegeben von Herberger, Maximilian/Martinek, Michael/Rüssmann, Helmut/Weth, Stephan/Würdinger, Markus, Band 2: Schuldrecht; Band 6: Internationales Privatrecht, 9. Aufl. 2020

Kadner Graziano, Thomas Freedom to Choose the Applicable Law in Tort – Articles 14 and 4 (3) of the Rome II Regulation, in: The Rome II Regulation on the Law Applicable to Non-Contractual Obligations, herausgegeben von Ahern, John/Binchy, William, 2009, S. 113 ff.

Ders. Solving the Riddle of Conflicting Choice of Law Clauses in Battle of Forms Situations: The Hague Solution, YPIL 2012/2013, S. 71 ff.

Kapellmann, Klaus/Schiffers, Karl-Heinz Vergütung, Nachträge und Behinderungsfolgen beim Bauvertrag, Band 1: Der Einheitspreisvertrag, 6. Aufl. 2011; Band 2: Pauschalvertrag, 5. Aufl. 2011

Kapellmann, Klaus/Messerschmidt, Burkhard (Hrsg.) VOB Teile A und B, 7. Aufll. 2020

Kästle, Florian/Oberbracht, Dirk Unternehmenskauf – Share Purchase Agreement, 2. Aufl. 2010

Katzman, Kenneth Iran Sanctions (Januar 2016), abrufbar unter: http://www.fas.org/sgp/crs/mideast/RS20871.pdf

Kegel, Gerhard/Schurig, Klaus Internationales Privatrecht, 9. Aufl. 2004

Keller-Stoltenhoff, Elisabeth/Ehmann, Eugen/Keller, Max-Lion Lexikon für das IT-Recht, 2. Aufl. 2010

Kieninger, Eva-Maria Wettbewerb der Privatrechtsordnungen im Europäischen Binnenmarkt, 2002

Dies. AGB-Kontrolle von grenzüberschreitenden Geschäften im unternehmerischen Verkehr, in: Festschrift für Uwe Blaurock zum 70. Geburtstag, herausgegeben von Jung, Peter ua, 2013, S. 177 ff.

Dies. Rechtswahlfreiheit im Sachenrecht?, in: Festschrift für Dieter Martiny zum 70. Geburtstag, herausgegeben von Witzleb, Normann ua, 2014, S. 391 ff.

Klaft, Gary Die Bauhandwerkersicherung nach § 648a BGB, 1998

Klawitter, Christian/Lübbig, Thomas Lizenzverträge und Kartellrecht, 2009

Klein, Rebecca Vertragliche Abtretungsverbote im multilateralen Rechtsvergleich, 2022

Klotz, James International Sales Agreements. An Annotated Drafting and Negotiating Guide, 2. Aufl. 2008

Kniffka, Rolf/Koeble, Wolfgang/Jurgeleit, Andreas/Sacher, Dagmar Kompendium des Baurechts, 5. Aufl. 2020

Knudson, Robert FIDIC: An Analysis of International Construction Contracts, 2005

Koch, Harald/Magnus, Ulrich/Winkler von Mohrenfels, Peter IPR und Rechtsvergleichung, 4. Aufl. 2010

Koch, Jens Die Patronatserklärung, 2005

Koch, Robert/Werber, Manfred/Winter, Gerrit (Hrsg.) Der Forschung – der Lehre – der Bildung: 100 Jahre Hamburger Seminar für Versicherungswissenschaft und Versicherungswissenschaftlicher Verein in Hamburg e.V., 2016

Kodek, Georg Praktische und theoretische Anforderungen an die Rechtswahl, in: Verschraegen, Bea (Hrsg.), Rechtswahl. Grenzen und Chancen, 2010, S. 85 ff.

Kohout, Dagobert Patronatserklärungen, 1984

Koller, Alfred OR AT: Schweizerisches Obligationenrecht Allgemeiner Teil, 4. Aufl. 2017

Korfsmeyer, Jochem Betriebliche Versicherungen in M&A-Transaktionen, 2011

Kosche, Kevin Contra proferentem und das Transparenzgebot im Common Law und Civil Law. Eine rechtsvergleichende, rechtshistorische und rechtsökonomische Analyse, 2011

Kötz, Hein Der Einfluss des Common Law auf die internationale Vertragspraxis, in: Festschrift für Andreas Heldrich zum 70. Geburtstag, herausgegeben von Lorenz, Stephan ua, 2015, S. 771 ff.

Krauß, Hans-Frieder/Weise, Stefan (Hrsg.) Beck'sche Online-Formulare, Vertragsrecht, 32. Edition 2015

Kreindler, Richard/Schäfer, Jan K./Wolff, Reinmar Schiedsgerichtsbarkeit – Kompendium für die Praxis, 2006

Krenzler, Horst Günter/Herrmann, Christoph/Niestedt, Marian EU-Außenwirtschafts- und Zollrecht, 19. Aufl. 2022

Kritzer, Albert H./Vanto, Jarno/Vanto, Jessica/Eiselen, Sieg (Hrsg.) International Contract Manual, 2008

Kroiß, Ludwig (Hrsg.) Klauselbuch Schuldrecht, 2003

Kröll, Stefan/Mistelis, Loukas/Perales Viscasillas, Pilar (Hrsg.) UN Convention on Contracts for the International Sale of Goods (CISG), 2. Aufl. 2018

Kröll, Stefan/Mistelis, Loukas/Perales Viscasillas, Pilar/Rogers, Vikki (Hrsg.) International Arbitration and International Commercial Law: Synergy, Convergence and Evolution, Part II: International Sales Law Commercial Law, 2011

Kropholler, Jan Internationales Privatrecht, 6. Aufl. 2006

Kropholler, Jan/von Hein, Jan Europäisches Zivilprozessrecht, 9. Aufl. 2011

Kull, Michael/Wildhaber, Christoph (Hrsg.) Schweizer Vertriebsrecht, 2008

Kurz, Peter Vertraulichkeitsvereinbarungen, 4. Aufl. 2019

Landry, Klaus Exportkontrolle und Terrorismusbekämpfung, in: Festschrift für Friedrich Graf von Westphalen, herausgegeben von Schulte-Nölke, Hans/Genzow, Christian F./ Grunewald, Barbara, 2010, S. 453 ff.

Lange, Hermann/Schiemann, Gottfried Schadensersatz, 4. Aufl. 2021

Lange, Paul (Hrsg.) Internationales Handbuch des Marken- und Kennzeichenrechts, 2009

Ders. (Hrsg.) International Trade Mark and Signs Protection, 2010

Langen, Eugen/Bunte, Hermann-Josef (Hrsg.) Kommentar zum deutschen und europäischen Kartellrecht, 14. Aufl. 2021

Langheid, Theo/Rixecker, Roland (Hrsg.) Versicherungsvertragsgesetz, 7. Aufl. 2022

Laurent, Andrew Understanding Open Source and Free Software Licensing, 2004

Lawson, Richard Exclusion Clauses and Unfair Contract Terms, 11. Aufl. 2014

Lee, Steve H. Open Source Software Licensing, 1999, abrufbar unter http://cyber.law.harvard.edu/openlaw/gpl.pdf

Lehmann, Michael Lizenzverträge und Immaterialgüterrechte in Schiedsverfahren, DGRI Jahrbuch 2019/2020, 2021, 55 ff.

Lehmann, Michael/Meents, Jan Geert (Hrsg.) Handbuch des Fachanwalts. Informationstechnologierecht, 2. Aufl. 2011

Leinemann, Ralf (Hrsg.) VOB/B Kommentar, 5. Aufl. 2013

Lendvai, Tomas/Rebel, Dieter Gewerbliche Schutzrechte, 7. Aufl. 2017

Leßmann, Herbert/Würtenberger, Gert Deutsches und europäisches Sortenschutzrecht, 2. Aufl. 2009

Leuschner, Lars AGB-Recht für Verträge zwischen Unternehmen – unter besonderer Berücksichtigung von Haftungsbeschränkungen, Abschlussbericht v. 30.9.2014 zum Forschungsprojekt im Auftrag des BMJV, abrufbar unter https://www.bmj.de/SharedDocs/Downloads/DE/Fachinformationen/Abschlussbericht-AGB-Forschungsprojekt.pdf?__blob=publicationFile&v=4

Ders. (Hrsg.) AGB-Recht im unternehmerischen Rechtsverkehr, 2021

Lew, Julian D.M./Mistelis, Loukas A./Kröll, Stefan Comparative International Commercial Arbitration, 2003

Limper, Josef/Musiol, Christian (Hrsg.) Handbuch des Fachanwalts. Urheber- und Medienrecht, 2. Aufl. 2017

Lindacher, Walter F. Schadensersatzpauschalen: Kontrolle und Korrektur, in: Festschrift für Rolf Birk zum 70. Geburtstag, herausgegeben von Konzen, Horst ua, 2008, S. 515 ff.

Lindemann, Hans Jürgen (Hrsg.) Kartellrecht, 4. Aufl. 2020

Lionnet, Klaus/Lionnet, Annette Handbuch der internationalen und nationalen Schiedsgerichtsbarkeit: Systematische Darstellung der privaten Handelsschiedsgerichtsbarkeit für die Praxis der Parteien, 3. Aufl. 2005

Loewenheim, Ulrich (Hrsg.) Handbuch des Urheberrechts, 3. Aufl. 2021

Loewenheim, Ulrich/Meessen, Karl M./Riesenkampff, Alexander/Kersting, Christian/ Meyer-Looschelders, Dirk/Pohlmann, Petra Versicherungsvertragsgesetz (VVG), 3. Aufl. 2016

Lörcher, Torsten/Pendell, Guy/Wilson, Jeremy CMS Guide to Arbitration, Volume I, 4. Aufl. 2012

Lutter, Marcus Der Letter of Intent, 3. Aufl. 1998

Lutter, Marcus/Winter, Martin (Hrsg.) Umwandlungsgesetz, Band I (§§ 1–134), 5. Aufl. 2014

Lutter, Marcus/Hommelhoff, Peter (Hrsg.) GmbH-Gesetz, 21. Aufl. 2022
Mäger, Thorsten (Hrsg.) Europäisches Kartellrecht, 2. Aufl. 2011
Magnus, Ulrich Gerichtsstandsvereinbarungen unter der reformierten EuGVO, in: Festschrift für Dieter Martiny zum 70. Geburtstag, herausgegeben von Witzleb, Normann ua, 2014, S. 785 ff.
Mahnke, Alexander/Rohlfs, Torsten (Hrsg.) Betriebliches Risikomanagement und Industrieversicherung, 2020
Malecki, Donald/Ligeros, Pete/Gibson, Jack The Additional Insured Book, 6. Aufl. 2011
Mallmann, Roman Bau- und Anlagenbauverträge nach den FIDIC-Standardbedingungen, 2002
Mankowski, Peter Seerechtliche Vertragsverhältnisse im Internationalen Privatrecht, 1995
Ders. Dépeçage unter der Rom I-VO, in: Festschrift für Ulrich Spellenberg zum 70. Geburtstag, herausgegeben von Bernreuther, Jörn ua, 2010, S. 261 ff.
Ders. Besondere Arten der Rechtswahl in Verträgen, in: Festschrift für Dieter Martiny zum 70. Geburtstag, herausgegeben von Witzleb, Normann ua, 2014, S. 449 ff.
Ders. Artikel 6 CISG und Abbedingung der CISG, in: Festschrift für Ulrich Magnus zum 70. Geburtstag, herausgegeben von Mankowski, Peter/Wurmnest, Wolfgang, 2014, S. 255 ff.
Marchand, Sylvain/Chappuis, Christine/Hirsch, Laurent (Hrsg.) Recueil de contrats commerciaux, 2013
Martin, Anton/Reusch, Peter/Schimikowski, Peter/Wandt, Manfred (Begr. und Hrsg.) Sachversicherung, 4. Aufl. 2022
Martinek, Michael/Semler, Franz-Jörg/Flohr, Eckhard (Hrsg.) Handbuch des Vertriebsrechts, 4. Aufl. 2016
McGee, Andrew Limitation Periods, 8. Aufl. 2020
McGregor, Harvey McGregor on Damages, 19. Aufl. 2014
McIlwrath, Michael/Savage, John International Arbitration and Mediation: A Practical Guide, 2010
McKendrick, Ewan (Hrsg.) Contract Law. Text, Cases and Materials, 6. Aufl. 2014
Ders. Force Majeure and Frustration of Contract, 2. Aufl. 2014
Ders. Contract Law, 11. Aufl. 2015
Ders. Goode and McKendrick on Commercial Law, 6. Aufl. 2020
McMeel, Gerard McMeel on the Construction of Contracts, 3. Aufl. 2017
McParland, Michael The Rome I Regulation on the Law Applicable to Contractual Obligations, 2015
Menges, Moritz Verjährungsfolgen der kaufrechtlichen Nacherfüllung, 2008
Mes, Peter Patentgesetz, Gebrauchsmustergesetz, 5. Aufl. 2020
Messerschmidt, Burkhard/Voit, Wolfgang Privates Baurecht, 4. Aufl. 2022
Metzger, Axel (Hrsg.) Free and Open Source Software (FOSS) and other Alternative License Models: A Comparative Analysis, 2016
Michaelis de Vasconcellos, Harald Garantieklauseln und Risikoverteilung im internationalen Anlagenvertrag 1988
Michalski, Lutz/Boxberger, Carolina Gestaltungsformen und Zulässigkeitsschranken bei Ersetzungsklauseln, in: Festschrift für Harm Peter Westermann zum 70. Geburtstag, herausgegeben von Aderhold, Lutz ua, 2008, S. 459 ff.
Miethaner, Tobias AGB-Kontrolle versus Individualvereinbarung, 2010
Mills, Alex Party Autonomy in Private International Law, 2018
Moos, Flemming (Hrsg.) Datenschutz und Datennutzung, 3. Aufl. 2021
Moses, Margaret L. The Principles and Practice of International Commercial Arbitration, 2. Aufl. 2012
Mugasha, Agasha The Law of Letters of Credit and Bank Guarantees, 2003

Müller-Chen, Markus Abtretungsverbote im internationalen Rechts- und Handelsverkehr, in: Festschrift für Peter Schlechtriem zum 70. Geburtstag, herausgegeben von Schwenzer, Ingeborg/Hager, Günter, 2003, S. 903 ff.

Müller-Glöge, Rudi/Preis, Ulrich/Schmidt, Ingrid (Hrsg.) Erfurter Kommentar zum Arbeitsrecht, 15. Aufl. 2015

Münchener Kommentar zum BGB, herausgegeben von Limperg, Bettina/Oetker, Hartmut/Rixecker, Roland/Säcker, Franz-Jürgen, Band 1: Allgemeiner Teil §§ 1–240 BGB, AllgPersönlR, ProstG, AGG, 9. Aufl. 2021; Band 2: Schuldrecht – Allgemeiner Teil I §§ 241–310, 9. Aufl. 2022; Band 3: Schuldrecht – Allgemeiner Teil II §§ 311–432, 9. Aufl. 2022; Band 4 Schuldrecht – Besonderer Teil I §§ 433–534, Finanzierungsleasing, CISG, 8. Aufl. 2019; Band 5: Schuldrecht – Besonderer Teil II

§§ 535–630 h, BetrKV, HeizkostenV, WärmeLV, EFZG, TzBfG, KSchG, MiLoG, 8. Aufl. 2020; Band 7: Schuldrecht – Besonderer Teil IV §§ 705–853, 8. Aufl. 2020; Band 12: Internationales Privatrecht I, Europäisches Kollisionsrecht, Einführungsgesetz zum Bürgerlichen Gesetzbuche (Art. 1–26), 8. Aufl. 2020; Band 13: Internationales Privatrecht II, Internationales Wirtschaftsrecht, Einführungsgesetz zum Bürgerlichen Gesetzbuche (Art. 50–253), 8. Aufl. 2021

Münchener Kommentar zum HGB, herausgegeben von Schmidt, Karsten, Band 1: Erstes Buch. Handelsstand, §§ 1–104a, 5. Aufl. 2021; Band 5: Erster Abschnitt. Allgemeine Vorschriften. Zweiter Abschnitt. Handelskauf. Dritter Abschnitt. Kommissionsgeschäft §§ 343–406. Wiener UN-Übereinkommen über Verträge über den internationalen Warenkauf – CISG, 5. Aufl. 2021; Band 6: Bankvertragsrecht. Recht des Zahlungsverkehrs, Emissionsgeschäft, Anlageberatung, Effektengeschäft, Depotgeschäft, Ottawa Übereinkommen über Internationales Factoring, 4. Aufl. 2019

Münchener Kommentar Europäisches und Deutsches Wettbewerbsrecht, herausgegeben von Bornkamm, Joachim/Montag, Frank/Säcker, Franz-Jürgen, Band 1: Europäisches Wettbewerbsrecht, 2. Aufl. 2015

Münchener Kommentar zum VVG, herausgegeben von Langheid, Theo/Wandt, Manfred, Band 1: §§ 1–99 VVG, 3. Aufl. 2022; Band 2: §§ 100–216 VVG, 2. Aufl. 2017; Band 3: Nebengesetze, 2. Aufl. 2017

Münchener Kommentar zur Zivilprozessordnung, herausgegeben von Krüger, Wolfgang/Rauscher, Thomas, Band 1: §§ 1–354; Band 3: §§ 946–1117, EGZPO, GVG, EGGVG, UKlaG, Internationales und Europäisches Zivilprozessrecht, 6. Aufl. 2020

Münchener Vertragshandbuch, herausgegeben von Schütze, Rolf A./Weipert, Lutz/Rieder, Markus S. (Hrsg.), Band 2, Wirtschaftsrecht I, 8. Aufl. 2020; Band 4, Wirtschaftsrecht III, 8. Aufl. 2018

Murdoch, John/Hughes, Will Construction Contracts: Law and Management, 5. Aufl. 2015

Murray, Carole/Holloway, David/Timson-Hunt, Daren Schmitthoff: The Law and Practice of International Trade, 12. Aufl. 2012

Musielak, Hans-Joachim/Voit, Wolfgang (Hrsg.) Kommentar zur Zivilprozessordnung, 19. Aufl. 2022

Neumann, Nicola C. Internationale Handelsembargos und privatrechtliche Verträge, 2001

Newman, Lawrence W. /Hanessian, Grant (Hrsg.) International Arbitration Checklists, 3. Aufl. 2016

Nicholas, Barry Prerequisites and extent of liability for breach of contract under the U.N. Convention, in: Einheitliches Kaufrecht und nationales Obligationenrecht, herausgegeben von Schlechtriem Peter, 1987, S. 283 ff.

Nicklisch, Fritz (Hrsg.) Der Experte im Verfahren, 2006

Nickel, Friedhelm/Nickel-Fiedler, Anke Produkt-Haftpflichtversicherungsrecht – Kommentar, 4. Aufl. 2014

Dies. AHB – Allgemeine Haftpflichtversicherungsbedingungen – Kommentar zu Teil I – Ziffer 1 bis 7 – Unter besonderer Berücksichtigung der Betriebs-Haftpflichtversicherung, 2012
Nielsen, Jens Richtlinien für Dokumentenakkreditive, 3. Aufl. 2008
Oakley, John B./Amar, Vikram D. American Civil Procedure: A Guide to Civil Adjudication in US Courts, 2009
Obergfell, Eva Inés/Hauck, Ronny Lizenzvertragsrecht, 2. Aufl. 2020
Oelsner, Tobias Dispute Boards – Verfahren zum projektbegleitenden Streitmanagement, 2014
Oetker, Hartmut (Hrsg.) Kommentar zum Handelsgesetzbuch, 7. Aufl. 2021
Oetker, Hartmut/Maultzsch, Felix Vertragliche Schuldverhältnisse, 5. Aufl. 2018
Oschmann, Friedrich Faktische Grenzen der Rechtswahl, in: Festgabe für Otto Sandrock zum 65. Geburtstag, herausgegeben von Stiefel, Ernst C. ua, 1995, S. 25 ff.
Ostendorf, Patrick International Sales Terms, 4. Aufl. 2022
Osterrieth, Christian Patentrecht, 6. Aufl. 2021
Pagenberg, Jochen/Beier, Dietrich Lizenzverträge, 6. Aufl. 2008
Partikel, Andrea M. Formularbuch für Sportverträge, 2006
Paschke, Marian/Graf, Christian/Olbrisch, Arne (Hrsg.) Hamburger Handbuch des Exportrechts, 2. Aufl. 2014
Paulsson, Jan/Rawding, Nigel/Reed, Lucy The Freshfields Guide to Arbitration and ADR Clauses in International Contracts, 3. Aufl. 2010
Paulus, Christoph G. Europäische Insolvenzverordnung, 4. Aufl. 2013
Peel, Edwin Treitel. The Law of Contract, 15. Aufl 2020
Perillo, Joseph M. Contracts, 7. Aufl. 2014
Petry, Jan Kartellrechtliches Risikomanagement im System der Legalausnahme, 2008
Pfaff, Dieter/Osterrieth, Christian (Hrsg.) Lizenzverträge, 4. Aufl. 2018
Pfeiffer, Thomas Flucht ins schweizerische Recht? Zu den AGB-rechtlichen Folgen der Wahl schweizerischen Rechts, in: Festschrift für Friedrich Graf von Westphalen zum 70. Geburtstag, herausgegeben von Genzow, Christian ua, 2010, S. 555 ff.
Ders. Die Haager Prinzipien des internationalen Vertragsrechts – Ausgewählte Aspekte aus der Sicht der Rom I-VO, in: Festschrift für Ulrich Magnus zum 70. Geburtstag, herausgegeben von Mankowski, Peter/Wurmnest, Wolfgang, 2014, S. 501 ff.
Ders. Die Unwirksamkeit insolvenzbedingter Lösungsklauseln im Internationalen Privat- und Verfahrensrecht, in: Festschrift für Rolf A. Schütze zum 80. Geburtstag, herausgegeben von Geimer, Reinhold/Kaissis, Athanassios/Thümmel, Roderich C., 2015, S. 421 ff.
Pfeil, Julia/Mertgen, Bettina Compliance im Außenwirtschaftsrecht, 2016
Plate, Tobias Force Majeure und Hardship in grenzüberschreitenden Langzeitverträgen, 2005
Plender, Richard/Wilderspin, Michael The European Private International Law of Obligations, 5. Aufl. 2019
Piltz, Burghard Internationales Kaufrecht, 2. Aufl. 2008
Ders. (Hrsg.) Münchener Anwaltshandbuch Internationales Wirtschaftsrecht, 2017
Piltz, Burghard/Bredow, Jens Incoterms. Kommentar, 2016
Pörnbacher, Karl/Zahn, Bastian Die Wahl deutschen Rechts unter Ausschluss der AGB-Kontrolle: Lösungsansätze für die Praxis aus der schiedsrechtlichen Perspektive, in: Gebauer, Martin ua (Hrsg.), Festschrift für Roderich C. Thümmel zum 65. Geburtstag, S. 617 ff.
Poser, Ulrich/Backes, Bettina Sponsoringvertrag, 4. Aufl. 2010
Pottmeyer, Klaus Der Ausfuhrverantwortliche, 5. Aufl. 2014
Prieß, Hans-Joachim/Schaper, Martin Erfüllung oder Nichterfüllung – Zur Durchsetzbarkeit vertraglicher Ansprüche bei entgegenstehendem ausländischem Embargorecht, in:

Recht der Exportkontrolle – zugleich Festgabe für Dr. Arnold Wallraff zum 65. Geburtstag, herausgegeben von Ehlers, Dirk/Wolffgang, Hans-Michael, 2015, S. 267 ff.
v. Priester, Hans-Joachim/Mayer, Dieter/Wicke, Hartmut (Hrsg.) Münchener Handbuch des Gesellschaftsrechts, Band 3: Gesellschaft mit beschränkter Haftung, 5. Aufl. 2018
Prölss, Erich/Martin, Anton (Begr. und Hrsg.) Versicherungsvertragsgesetz, 31. Aufl. 2021
Puschke, Marcus/Hohmann, Harald Basiswissen Sanktionslisten, 2. Aufl. 2012
Radin, Margaret Jane Boilerplate, 2013
Raeschke-Kessler, Hilmar/Berger, Klaus P. Recht und Praxis des Schiedsverfahrens, 4. Aufl. 2011
Rauscher, Thomas (Hrsg.) Europäisches Zivilprozess- und Kollisionsrecht, Band I, Brüssel Ia-VO, 5. Aufl. 2022
Ders. (Hrsg.) Europäisches Zivilprozess- und Kollisionsrecht, Band III, Rom I-VO, Rom II-VO, 4. Aufl. 2016
Rawley, Dominique/Martinez, Merissa/Williams, Kate/Land, Peter Construction Adjudication and Payments Handbook, 2013
Rayermann, Marcus Der internationale Konsortialvertrag, 2002
Redeker, Helmut IT-Recht, 7. Aufl. 2020
Reimann, Mathias W. Einführung in das US-amerikanische Privatrecht, 2. Aufl. 2004
Reimann, Mathias W./Zimmermann, Reinhard (Hrsg.) The Oxford Handbook of Comparative Law, 2008
Reinicke, Dietrich/Tiedtke, Klaus Kaufrecht, 8. Aufl. 2009
Reithmann, Christoph/Martiny, Dieter (Hrsg.) Internationales Vertragsrecht, 9. Aufl. 2021
Risse, Jörg Wirtschaftsmediation, 2003
Rödder, Thomas/Hötzel, Oliver/Mueller-Thuns, Thomas Unternehmenskauf, Unternehmensverkauf, 2003
Rödl&Partner (Hrsg.) Handbuch internationales Handelsvertreterrecht, 2. Aufl. 2013
Roquette, Andreas/Schweiger, Daniel (Hrsg.) Vertragsbuch Privates Baurecht, 3. Aufl. 2020
Roth, Wulf-Henning Handelsvertretervertrag und Rom I-Verordnung – Eine Skizze, in: Festschrift für Ulrich Spellenberg zum 70. Geburtstag, herausgegeben von Bernreuther, Jörn ua, 2010, S. 309 ff.
Royce, Darryl Adjudication in Construction Law, 1. Aufl. 2016
Rühl, Giesela Party Autonomy in the Private International Law of Contracts. Transatlantic Convergence and Economic Efficiency, in: Conflict of Laws in a Globalized World, herausgegeben von Gottschalk, Eckart ua, 2007, S. 153 ff.
Dies. Rechtswahlfreiheit im europäischen Kollisionsrecht, in: Festschrift für Jan Kropholler zum 70. Geburtstag, 2008, S. 187 ff.
Saenger, Ingo Herabsetzung des Schadensersatzes und Befreiung von Vertragspflichten bei beiderseitiger Mitverursachung nach CISG, in: Festschrift für Ulrich Magnus zum 70. Geburtstag, herausgegeben von Mankowski, Peter/Wurmnest, Wolfgang, 2014, S. 291 ff.
Saidov, Djakhongir The Law of Damages in International Sales, 2. Aufl. 2021
Salger, Hanns-Christian/Trittmann, Rolf Internationale Schiedsverfahren, 2019
Salembier, Paul Legal and Legislative Drafting, 2009
Samtleben, Jürgen „Sandwich und Salat" – Zur Inhaltskontrolle von Schiedsvereinbarungen, in: Festschrift für Bernd von Hoffmann zum 70. Geburtstag, herausgegeben von Kronke, Herbert/Thorn, Karsten, 2011, S. 1066 ff.
Sandrock, Otto (Hrsg.) Handbuch der Internationalen Vertragsgestaltung, Band 1, 1980
Ders. „Versteinerungsklauseln" in Rechtswahlvereinbarungen für internationale Handelsverträge, in: Festschrift für Stefan Riesenfeld aus Anlass seines 75. Geburtstages, herausgegeben von Jayme, Erik ua, 1983, S. 211 ff.
Sauthoff, Elisabeth Die Annäherung der Schadensersatzhaftung für Lieferung mangelhafter Ware an das UN-Kaufrecht, 2007

Schack, Haimo Internationales Zivilverfahrensrecht, 7. Aufl. 2021
Ders. Sonderkollisionsrecht für private Schiedsgerichte?, in: Festschrift für Rolf Schütze zum 80. Geburtstag, herausgegeben von Geimer, Reinhold ua, 2015, S. 511 ff.
Schäfer, Frank A./Hamann, Uwe (Hrsg.) Kapitalmarktgesetze, 2. Aufl. Stand 2013
Schlechtriem, Peter/Schwenzer, Ingeborg/Schroeter, Ulrich G. (Begr. und Hrsg.) Kommentar zum Einheitlichen UN-Kaufrecht, 7. Aufl. 2019
Schlöpke, Stephen Interdependenzen von Haftung und Versicherung, 2005
Schlosser, Peter F./Hess, Burkhard EU-Zivilprozessrecht, 5. Aufl. 2021
Schmittat, Karl-Oscar Einführung in die Vertragsgestaltung, 4. Aufl. 2015
Schneider, Jochen (Hrsg.) Handbuch EDV-Recht, 5. Aufl. 2017
Schrey, Joachim/Kugler, Tobias IT Agreements in Germany, 2011
Schricker, Gerhard Verlagsrecht, 3. Aufl. 2001
Schricker, Gerhard/Loewenheim, Ulrich/Leistner Matthias/Ohly, Ansgar (Begr. und Hrsg.) Urheberrecht, 6. Aufl. 2020
Schuhmann, Ralph Handbuch des Anlagenvertrages – Ein Leitfaden zur Prüfung und Verhandlung, 2001
Schulte, Knut/Schwindt, Karl-Heinz/Kuhn, Christian Joint-Ventures, 2009
Schultze, Jörg-Martin/Pautke, Stephanie/Wagener, Dominique S. Vertikal-GVO – Praxiskommentar, 4. Aufl. 2018
Schultze, Jörg-Martin/Wauschkuhn, Ulrich/Spenner, Katharina/Dau, Carsten/Kübler, Johanna Der Vertragshändlervertrag, 5. Aufl. 2016
Schulze, Reiner ua (Hrsg.) Bürgerliches Gesetzbuch: Handkommentar, 11. Aufl. 2021
Schur, Nico B., Die Lizenzierung von Daten, 2020
Schütze, Rolf A./Vorpeil, Klaus Das Dokumentenakkreditiv im internationalen Handelsverkehr, 7. Aufl. 2016
Ders. Rechtsverfolgung im Ausland – Prozessführung vor ausländischen Gerichten und Schiedsgerichten, 5. Aufl. 2016
Ders. Institutionelle Schiedsgerichtsbarkeit, 2. Aufl. 2011
Schwab, Martin AGB-Recht, 3. Aufl. 2019
Schwendinger, Gerd Das sanktionsrechtliche mittelbar Bereitstellungsverbot, in: Recht der Exportkontrolle – zugleich Festgabe für Dr. Arnold Wallraff zum 65. Geburtstag, herausgegeben von Ehlers, Dirk/Wolffgang, Hans-Michael, 2015, S. 333 ff.
Schwenzer, Ingeborg/Fountoulakis, Christiana Schweizerisches Obligationenrecht, Allgemeiner Teil, 8. Aufl. 2020
Schwenzer, Ingeborg/Hachem, Pascal/Kee, Christopher Global Sales and Contract Law, 2012
Sédallian, Valérie Garanties et responsabilités dans les logiciels libres, Paris 2002; abrufbar unter http://cndwebzine.hcp.ma/IMG/pdf/da20020901.pdf
Seibt, H. Christoph (Hrsg.) Beck'sches Formularbuch Mergers & Acquisitions, 3. Aufl. 2018
Siehr, Kurt Die Parteiautonomie im Internationalen Privatrecht, in: Festschrift für Max Keller zum 65. Geburtstag, herausgegeben von Forstmoser, Peter ua, 1989, S. 485 ff.
Siewicz, Krzysztof Scope of copyleft clause under Polish law; abrufbar unter http://www.gwiw.pl/files/common/pdfy/siewicz_copyleft_scope_2006.pdf
Sigman, Harry/Kieninger, Eva-Maria Cross-border security over receivables, 2009
Soergel Hans Theodor (Begr.) Bürgerliches Gesetzbuch mit Einführungsgesetz und Nebengesetzen, Band 2: Allgemeiner Teil 2. §§ 104–240 BGB, 13. Aufl. 1999; Band 5/3: Schuldrecht 3/3 (§§ 328–432 BGB), 13. Aufl. 2010; Band 10: Einführungsgesetz, 12. Aufl. 1996
Späte, Bernd/Schimikowski, Peter (Begr. und Hrsg.) Haftpflichtversicherung: Kommentar zu den AHB und weiteren Haftpflichtversicherungsbedingungen, 2. Aufl. 2015
Spindler, Gerald Rechtsfragen bei Open Source, 2004
Spindler, Gerald/Schuster, Fabian (Hrsg.) Recht der elektronischen Medien, 4. Aufl. 2019

Stannard, John E./Capper, David Termination for Contract Breach, 2014
Stark, Tina (Hrsg.) Negotiating and Drafting Contract Boilerplates, 2003
Staub HGB, herausgegeben von Grundmann, Stefan/Habersack, Matthias/Schäfer, Carsten, Band 2/1: §§ 84–88a; Band 2/2: §§ 89–104, 6. Aufl. 2021
Staudinger, Julius v. (Begr.) Kommentar zum Bürgerlichen Gesetzbuch mit Einführungsgesetz und Nebengesetzen: BGB. Buch 1. Allgemeiner Teil: §§ 125–129; BeurkG (Beurkundung), Neubearbeitung 2017; §§ 139–163, Neubearbeitung 2020; §§ 164–240, Neubearbeitung 2019; BGB. Buch 2. Recht der Schuldverhältnisse: §§ 255–305 (Leistungsstörungsrecht 1), Neubearbeitung 2019; §§ 305–310; UKlaG (Recht der Allgemeinen Geschäftsbedingungen), Neubearbeitung 2019; §§ 311, 311a-c, Neubearbeitung 2018; §§ 315–326 (Leistungsstörungsrecht 2), Neubearbeitung 2020; §§ 328–345 (Vertrag zugunsten Dritter, Draufgabe, Vertragsstrafe), Neubearbeitung 2020; §§ 397–432 (Erlass, Abtretung, Schuldübernahme, Schuldner- und Gläubigermehrheit), Neubearbeitung 2022; Wiener UN-Kaufrecht (CISG), Neubearbeitung 2018; §§ 631–651 (Werkvertragsrecht), Neubearbeitung 2019; Internationales Privatrecht (Einleitung zum IPR), Neubearbeitung 2018; Artikel 43–46 (Internationales Sachenrecht), Neubearbeitung 2015; EGBGB/IPR. Einführungsgesetz zum Bürgerlichen Gesetzbuche/IPR: Einleitung zur Rom I-VO, Art. 1–10 Rom I-VO (Internationales Vertragsrecht 1), Neubearbeitung 2021; Art. 11–29 Rom I-VO, EG 46b-d (Internationales Vertragsrecht 2), Neubearbeitung 2021; Internationales Wirtschaftsrecht, Neubearbeitung 2019
Stawowy, Johannes Vorfeldvereinbarungen und Vertragsverhandlungen beim Unternehmenskauf, 2001
Stein, Friedrich/Jonas, Martin (Hrsg.) Kommentar zur Zivilprozessordnung: ZPO. Band 10: §§ 1025–1066, 23. Aufl. 2014
Stempel, Jeffrey Law of Insurance Contract Disputes, 2. Aufl. 2004
Stoffels, Markus AGB-Recht, 4. Aufl. 2021
Stoll, Hans Kollisionsrechtliche Aspekte des Übereinkommens der Vereinten Nationen über Abtretungen im internationalen Handel, in: Privatrecht in Europa. Festschrift für Hans Jürgen Sonnenberger zum 70. Geburtstag, herausgegeben von Coester, Michael ua, 2004, S. 695 ff.
Ders. Inhalt und Grenzen der Schadensersatzpflicht sowie Befreiung von der Haftung im UN-Kaufrecht im Vergleich zu EKG und BGB, in: Schlechtriem, Peter (Hrsg.), Einheitliches Kaufrecht und nationales Obligationenrecht, 1987, S. 257 ff.
Stopper, Martin/Lentze, Gregor (Hrsg.) Handbuch Fußball-Recht, 2. Aufl. 2018
Streit, Thilo Das Verbot von Boykotterklärungen nach § 7 AWV, in: Recht der Exportkontrolle – zugleich Festgabe für Dr. Arnold Wallraff zum 65. Geburtstag, herausgegeben von Ehlers, Dirk/Wolffgang, Hans-Michael, 2015, S. 361 ff.
Ströbl, Albin Änderungsvorbehalte in KFZ-Händlerverträgen, 2. Aufl. 2006
Sullivan, Lawrence/Grimes, Warren/Sagers, Christopher The Law of Antitrust – An Integrated
Handbook, 3. Aufl. 2016
Symeonides, Symeon Choice of Law, 2016
Taeger, Juergen/Pohle, Jan (Hrsg.) Computerrechts-Handbuch, 36. Ergänzungslieferung Februar 2021
Terhechte, Jörg Philipp (Hrsg.) Internationales Kartell- und Fusionskontrollverfahrensrecht, 2008
Tervooren, Michael Der Ausführerbegriff in der Exportkontrolle, 2007
Teupen, Christian „Copyleft“ im deutschen Urheberrecht, 2007
Thiede, Thomas Die Rechtswahl in den Römischen Verordnungen, in: Rechtswahl. Grenzen und Chancen, herausgegeben von Verschraegen, Bea, 2010, S. 51 ff.
Thorn, Karsten/Thon, Marian Der Auslandsbezug im IPR, in: Huber, Stefan/Benicke, Christoph (Hrsg.), Festschrift für Herbert Kronke, 2020, S. 557 ff.
Thürmann, Dagmar/Kettler, Christian Produkthaftpflichtversicherung, 7. Aufl. 2019

Tiong Min, Yeo The Rise of Party Autonomy in Commercial Conflict of Laws, in: Douglas, Michael ua (Hrsg.), Commercial Issues in Private International Law: A Common Law Perspective, 2019, S. 257 ff.
Turner, Robert/Winegarten, J.I./Kershaw, Michael Atkins Court Forms, 2. Aufl. (Stand Juli 2022)
Uff, John Construction Law – Law and Practice Relating to the Construction Industry, 13. Aufl. 2021
Uhlenbruck, Wilhelm/Hirte, Heribert/Vallender, Heinz (Hrsg.) Insolvenzordnung, 14. Aufl. 2015
Ullrich, Hanns/Lejeune, Mathias Der internationale Softwarevertrag, 2. Aufl. 2006
Ulmer, Peter/Brandner, Hans E./Hensen, Horst-Dieter (Hrsg.) AGB-Recht, 13. Aufl. 2022
Ulmer-Eilfort, Constanze/Schmoll, Andrea Technologietransfer, 2. Aufl. 2016
Veith, Jürgen/Gräfe, Jürgen/Gebert, Yvonne Der Versicherungsprozess, 4. Aufl. 2020
Vischer, Frank/Huber, Lucius/Oser, David Internationales Vertragsrecht, 2. Aufl. 2000
Vogel, Klaus/Lehner, Moris (Begr. und Hrsg.) Doppelbesteuerungsabkommen: DBA, 7. Aufl. 2021
Vogeler, Andreas Die freie Rechtswahl im Kollisionsrecht der außervertraglichen Schuldverhältnisse, 2013
Vogenauer, Stefan (Hrsg.) Commentary on the UNIDROIT Principles of International Commercial Contracts (PICC), 2. Aufl. 2015
Wagner, Eberhard Vertragliche Abtretungsverbote im System zivilrechtlicher Verfügungshindernisse, 1994
Wais, Hannes/Pfeiffer, Thomas (Hrsg.) Judicial Review of Commercial Contracts, 2022
Ders. (Hrsg.) Das ADR-Formularbuch, 2. Aufl. 2017
Wandtke, Artur-Axel/Bullinger, Winfried Urheberrecht, 6. Aufl. 2022
Wauschkuhn, Ulf Der Vertragshändlervertrag, 3. Aufl. 2009
Weintraub, Russell J. Commentary on the Conflict of Laws, 6. Aufl. 2010
Wenner, Christian Rechtswahlblüten, in: Festschrift für Ulrich Werner zum 65. Geburtstag, herausgegeben von Siegburg, Frank, 2005, S. 39 ff.
Westermann, Ingo Handbuch Know-how-Schutz, 2007
von Westphalen, Graf Friedrich Rechtsprobleme der Exportfinanzierung, 3. Aufl. 1987
Ders. Allgemeine Verkaufsbedingungen, 8. Aufl. 2016
Ders. Allgemeine Einkaufsbedingungen, 7. Aufl. 2018
von Westphalen, Graf Friedrich/Thüsing, Gregor (Hrsg.) Vertragsrecht und AGB-Klauselwerke, 47. Ergänzungslieferung August 2021
von Westphalen, Graf Friedrich/Zöchling-Jud, Britta (Hrsg.) Die Bankgarantie im internationalen Handelsverkehr, 4. Aufl. 2014
Whincup, Michael H. Contract Law and Practice: The English System with Scottish, Commonwealth and Continental Comparisons, 2006
White, James J./Summers, Robert S. Uniform Commercial Code, 6. Aufl. 2010
Wiedemann, Gerhard (Hrsg.) Handbuch des Kartellrechts, 4. Aufl. 2020
Wilmot-Smith, Richard Construction Contracts, 4. Aufl. 2021
Winzer, Wolfgang Forschungs- und Entwicklungsverträge, 2. Aufl. 2011
Ders. Der Lizenzvertrag, 2014
Witz, Wolfgang/Salger, Hanns-Christian/Lorenz, Manuel International Einheitliches Kaufrecht, 2. Aufl. 2016
Wolf, Manfred/Lindacher, Walter F./Pfeiffer, Thomas (Hrsg.) AGB-Recht, 7. Aufl. 2020
Wolffgang, Hans-Michael/Simonsen, Olaf/Rogmann, Achim/Pietsch, Georg (Hrsg.) AWR Kommentar. Kommentar für das gesamte Außenwirtschaftsrecht, Loseblattwerk mit 74. Aktualisierung 2022
Wood, Philip R. International Loans, Bonds, Guarantees, Legal Opinions, 2. Aufl. 2007

Wurzer, Lorenz/Kaiser, Alexander Handbuch Internationaler Know-how-Schutz, 2. Aufl. 2011

Worthington, Sarah Equity, 2. Aufl. 2006

Yang, Sophia Juan Force Majeure and Hardship in Chinese Contract Law – The Latest Development in Theory and Practice, in: Festschrift für Ingeborg Schwenzer zum 60. Geburtstag, herausgegeben von Büchel, Andrea/Müller-Chen, Markus, 2011, S. 1809 ff.

Zahn, Johannes/Ehrlich, Dietmar/Haas, Gregor Zahlung und Zahlungssicherung im Außenhandel, 8. Aufl. 2010

Zimmermann, Reinhard The Law of Obligations, 1996

Ders. Agreed Payment for Non-Performance in European Contract Law, in: Studies in Canon Law and Common Law in Honor of R.H. Helmholz, herausgegeben von Harris, Troy, 2015, S. 355 ff.

Zöller, Richard (Begr.) Zivilprozessordnung, 34. Aufl. 2022

Zweigert, Konrad/Kötz, Hein Einführung in die Rechtsvergleichung, 3. Aufl. 1996

Bearbeiter der dritten Auflage

Dr. Holger Blask, LL. M. (UNSW), Rechtsanwalt, Managing Director Marketing and Sales, DFB GmbH & Co. KG, Frankfurt
Dr. Julius Böckmann, Rechtsanwalt, Partner Orth Kluth Rechtsanwälte, Düsseldorf
Dr. Anselm Grün, Rechtsanwalt, Partner Orth Kluth Rechtsanwälte, Berlin
Dr. Gary Klaft, Rechtsanwalt, Partner Orth Kluth Rechtsanwälte, Düsseldorf
Dr. Jan Lischek, Rechtsanwalt, General Counsel Central Europe, Middle East and Africa (East), Siemens Healthcare GmbH, Nürnberg
Volker Mahnken, Rechtsanwalt, Mahnken CCRM, Neu-Isenburg
Dr. Bastian Mehle, Rechtsanwalt, Partner Orth Kluth Rechtsanwälte, Berlin
Dr. Philipp Mels, Rechtsanwalt, Partner Orth Kluth Rechtsanwälte, Düsseldorf
Dr. Marc Menrath, Rechtsanwalt, Orth Kluth Rechtsanwälte, Düsseldorf
Dr. Christian Meyer, Rechtsanwalt, Partner Orth Kluth Rechtsanwälte, Düsseldorf
Timo Nossek, Rechtsanwalt, Partner Orth Kluth Rechtsanwälte, Düsseldorf
Prof. Dr. Patrick Ostendorf, LL. M. (London), Professor für Wirtschaftsrecht, HTW Berlin
Dr. Elisabeth Sauthoff, Richterin am LG, Oberlandesgericht Köln
Ralph-Andreas Surma, M. St. (Oxford), Rechtsanwalt, Vice President Legal Affairs, SMS group GmbH, Mönchengladbach
Dr. Maximilian Teichler, Rechtsanwalt, Kanzlei für Versicherungsmanagement, Hamburg
Dr. Frank Wältermann, Rechtsanwalt, Partner Orth Kluth Rechtsanwälte, Düsseldorf

§ 1 Grundlegende Hinweise für die Gestaltung internationaler Wirtschaftsverträge

Übersicht

Rn.

Schrifttum:

Bortolotti, Drafting and Negotiating International Commercial Contracts, 3. Aufl. 2017; *Brödermann,* Risikomanagement in der internationalen Vertragsgestaltung, NJW 2012, 971 ff.; *Cordero-Moss,* International Commercial Contracts, 2014; *Döser,* Vertragsgestaltung im internationalen Wirtschaftsrecht, 2001; *Ehle/Brunschweiler,* Schweizer AGB-Recht im Umbruch, RIW 2012, 262 ff.; *Finkelmeier,* Über die (Un-)Möglichkeit der Haftungsbegrenzung im internationalen Handel – § 307 Abs. 1 BGB als faktische Grenze der Vertragsfreiheit, ZIP 2022, 563 ff.; *Giesen/Mader,* Third Party Legal Opinions, RIW 2012, 21 ff.; *Graf von Westphalen,* Der ICC-Muster-Kaufvertrag und die zweifelhafte Wirksamkeit der dort vorgesehenen Haftungshöchstgrenzen, BB 2020, 67 ff.; *Grau/Markwardt,* Internationale Verträge, 2011; *Heussen/Pischel* (Hrsg.), Handbuch Vertragsverhandlung und Vertragsmanagement, 5. Aufl. 2021; *Hök,* Zur Vertragsredaktion und -auslegung im grenzüberschreitenden Geschäft, ZAP 2007, 211 ff.; *Koch,* Haftungsbeschränkungen bei der Abgabe von Third Party Legal Opinions, WM 2005, 1208 ff.; *Kieninger,* AGB-Kontrolle von grenzüberschreitenden Geschäften im unternehmerischen Verkehr, in: FS Blaurock, 2013, 177 ff.; *King/Segain,* Cross Border Negotiated Deals: Why Culture Matters?, ECFR 2007, 126 ff.; *Kollmann,* AGB: Nicht nur theoretische Probleme (in) der Praxis, NJOZ 2011, 625 ff.; *Landbrecht,* Ein Sonderprivatrecht für internationale Verträge – Section 27 (1) des englischen Unfair Contract Terms Act als Vorbild?, RIW 2011, 91 ff.; *McKendrick,* Goode and McKendrick on Commercial Law, 6. Aufl. 2020; *Müller,* Der Rechtsanwalt und die Globalisierung, AnwBl 2006, 278 ff.; *Paschke/Graf/Olbrisch* (Hrsg.), Hamburger Handbuch des Exportrechts, 2. Aufl. 2014; *Pfeiffer,* Die Abwahl des deutschen AGB-Rechts in Inlandsfällen bei Vereinbarung eines Schiedsverfahrens, NJW 2012, 1169 ff.; *Piltz* (Hrsg.), Internationales Wirtschaftsrecht, 2017; *Pörnbacher/Zahn,* Die Wahl deutschen Rechts unter Ausschluss der AGB-Inhaltskontrolle: Lösungsansätze für die Praxis aus der schiedsrechtlichen Perspektive, in: FS Thümmel, 2020, 617 ff.; *Reithmann/Martiny* (Hrsg.), Internationales Vertragsrecht, 9. Aufl. 2022; *Sommerfeld,* Wie sinnvoll ist eine Rechtsflucht ins Schweizer Recht vor der deutschen AGB-Kontrolle in Handelsverträgen?, IWRZ 2022, 164 ff.; Spindler, Der Vorschlag einer EU-Lieferketten-Richtlinie, ZIP 2022, 765 ff.; *Voser/Boog,* Die Wahl des Schweizer Rechts – was man wissen sollte, RIW 2009, 126 ff.; *Wagner/Ruttloff,* Das Lieferkettensorgfaltspflichtengesetz – Eine erste Einordnung, NJW 2021, 2145 ff.

A. Die Besonderheiten internationaler Wirtschaftsverträge

Die Gestaltung internationaler Wirtschaftsverträge stellt die beteiligten Vertragsjuristen vor 1 besondere Herausforderungen. Das zeigt sich schon bei der Ermittlung des für die beabsichtigte internationale Transaktion einschlägigen **Rechtsrahmens,** der neben ausländischem oder international vereinheitlichtem Vertragsrecht unter anderem Berührungspunkte zu ausländischem Sachenrecht, Stellvertretungsrecht, Gesellschaftsrecht, Insolvenzrecht, IP-Recht oder Deliktsrecht aufweisen kann. Die Beschaffung der für eine zweckmäßige und rechtssichere Vertragsgestaltung notwendigen Informationen über das einschlägige Regelungsumfeld ist in der Folge daher häufig mit hohem Aufwand und der Notwendigkeit verbunden, externe Berater einzuschalten.

2 Neben die besonderen **rechtlichen Herausforderungen** treten **faktische Schwierigkeiten:** Probleme können durch Sprach- und Mentalitätsunterschiede bedingte Missverständnisse zwischen den häufig aus verschiedenen Kulturkreisen stammenden Vertragsparteien bereiten. Ebenso bestehen tatsächliche Hürden bei der Vertragsdurchführung, die bei **inländischen Transaktionen** nicht oder zumindest nicht in vergleichbarer Form auftreten.

3 Unabhängig von den unmittelbaren **vertraglichen Haftungsrisiken** führen internationale Transaktionen zuletzt zu einem auch in den letzten Jahren weiter erhöhten Gefahrenpotential mit Blick auf mögliche Verstöße gegen in- und ausländische **öffentlich-rechtliche Vorgaben** und daraus folgende rechtliche Konsequenzen wie die Verhängung von Bußgeldern oder strafrechtlichen Folgen für die handelnden Personen. Von zentraler Bedeutung bei der Verhandlung, dem Abschluss und der Durchführung internationaler Wirtschaftsverträge sind etwa rechtliche Vorgaben im in- und ausländischen Recht (mit teilweise extraterritorialer Wirkung) zur Exportkontrolle und spezifischen Wirtschaftssanktionen,[1] der Verhinderung von Wettbewerbsbeschränkungen[2] und der Korruption[3] sowie der Einhaltung von Menschen- und Umweltrechten[4] auch und gerade in Vertragsbeziehungen mit ausländischen Geschäftspartnern. Internationales und ausländisches Steuerrecht und die damit unter anderem verbundene Problematik einer möglichen Doppelbesteuerung kann wiederum die Kalkulationsgrundlagen der Transaktion durchkreuzen, wenn entsprechende Risiken nicht eingepreist oder auf den Vertragspartner übergewälzt werden. Die Komplexität der Gestaltung und Durchführung internationaler Wirtschaftsverträge macht daher im Ergebnis ein besonderes **Risikomanagement** notwendig.[5]

I. Multipler Rechtsrahmen

4 Die Berührungspunkte eines internationalen Wirtschaftsvertrages zu ausländischen Rechtsordnungen beschränken sich nicht nur auf die Frage nach dem auf den Vertrag unmittelbar anwendbaren Recht, dem so genannten **Vertragsstatut,** das von den Parteien im Grundsatz **frei gewählt** und damit gesteuert werden kann.[6] Ausländisches Recht kann beispiels-

[1] Dazu mit Blick auf Europäisches und US-amerikanisches Exportkontrollrecht → § 4.

[2] Zu den maßgeblichen Vorgaben insbesondere des Europäischen Wettbewerbsrechts und des US-amerikanischen Kartellrechts → § 5.

[3] So kann beispielsweise auch für deutsche Unternehmen der Bribery Act 2010 (UK) sowie der Foreign Corrupt Practices Act (USA) einschlägig sein; zur möglichen Relevanz des Bribery Act 2010 für deutsche Unternehmen etwa Walther/Zimmer RIW 2011, 199 ff. Zur Problematik der sog. facilitation payments Teicke/Mohsseni BB 2012, 911 ff. Verstöße gegen den US-amerikanischen Foreign Corrupt Practices Act führten beispielsweise zur Strafzahlung der Siemens AG an die US-amerikanischen Justizbehörden in Höhe von rund USD 800 Mio.; dazu Tassilo-Böhm WM 2009, 1923 ff. Zur Verschärfung des deutschen Korruptionsstrafrechts im internationalen Bereich durch das Gesetz zur Bekämpfung der Korruption (BGBl. I 2015, 2025) Dann NJW 2016, 203 ff.

[4] Etwa durch das deutsche Gesetz über die unternehmerischen Sorgfaltspflichten in Lieferketten, (Lieferkettensorgfaltspflichtgesetz) v. 16.7.2021, BGBl. 2021 I Nr. 46, 2959 ff.; einführend dazu Wagner/Ruttloff NJW 2021, 2145 ff. Im Fall eines Inkrafttretens der gegenwärtig geplanten Europäischen Richtlinie über Nachhaltigkeitspflichten, die in Art. 22 eine als Eingriffsnorm ausgestaltete zivilrechtliche Haftung von Unternehmen vorsieht (dazu Spindler ZIP 2022, 765 (774 ff.)), dürften sich das Lieferkettensorgfaltspflichtgesetz und die daraus resultierenden Haftungsrisiken noch einmal deutlich verschärfen, vgl. Proposal for a Directive on corporate sustainability due diligence and annex v. 23.2.2022, COM (2022) 71 final.

[5] Brödermann NJW 2012, 971 (972).

[6] Zu der Bedeutung der Parteiautonomie in verschiedenen Kollisionsrechtsordnungen → § 3 Rn. 42.

weise auch für die einer Rechtswahl weitestgehend entzogenen Fragen relevant werden, ob und wann das Eigentum am Vertragsgegenstand übergeht, dingliche Sicherungsmittel (wie Sicherungseigentum oder Eigentumsvorbehalt) auch nach der Verbringung des Sicherungsgegenstandes ins Ausland rechtswirksam bleiben oder die Vertragsparteien beim Vertragsschluss überhaupt wirksam vertreten wurden.[7] Ebenso können ausländische Eingriffsnormen im Einzelfall zur Unwirksamkeit des Vertrages oder einzelner seiner Bestimmungen führen[8] und Zoll- und Steuerbestimmungen am ausländischen Erfüllungsort erhebliche Mehraufwendungen verursachen.

Auf verfahrensrechtlicher Ebene gehört die **erfolgreiche Durchsetzung** vertraglicher 5
Ansprüche gegenüber der anderen Vertragspartei zu den klassischen Problemfeldern. Innerhalb der EU/dem EWR können staatliche Urteile in Zivil- und Handelssachen aus anderen Mitgliedsstaaten auf Grundlage der Verordnung (EU) Nr. 1215/2012[9] und des Luganer Übereinkommens[10] vergleichsweise einfach anerkannt und vollstreckt werden.[11] Im Fall von Vertragspartnern mit Sitz außerhalb der EU/dem EWR, darunter seit dem Brexit und dem Ablauf der Übergangsphase auf Grundlage des Austrittsabkommens am 31.12.2020 auch dem Vereinigten Königreich, sind die **Rechtsverfolgungsrisiken** dagegen deutlich höher. Wenn ein Zivilurteil im außereuropäischen Ausland nach den jeweils maßgeblichen nationalen Bestimmungen[12] nicht anerkannt wird oder die Führung ausländischer Gerichtsverfahren durch eine übermäßig lange Dauer[13] nicht praktikabel ist, kann die Rechtsdurchsetzung **faktisch unmöglich** sein. Auch dieser Umstand setzt eine **vorausschauende Vertragsgestaltung** durch geeignete Streitbeilegungsklauseln (etwa Schiedsvereinbarungen)[14] sowie den Einsatz von Sicherungsinstrumenten voraus, die eine mühsame Rechtsverfolgung im Ausland nach Möglichkeit schon im Ansatz entbehrlich machen. Das ist letztlich auch eine Kostenfrage, muss doch bei der Rechtsverfolgung im Ausland regelmäßig mit teilweise erheblich höheren Kosten als bei reinen Inlandsfällen gerechnet werden.[15]

II. Sprachprobleme

Internationale Transaktionen bringen es mit sich, dass bei dem Entwurf eigener bzw. der 6
Kommentierung fremder Vertragsbedingungen regelmäßig nicht die eigene Muttersprache verwendet werden kann. Unabdingbar sind vor allem gute **englische Sprachkenntnisse,** da sich der Siegeszug der englischen Sprache als internationaler Handels- und Vertragssprache ungebremst fortsetzt. Allgemeine Kenntnisse der englischen Sprache reichen dabei

[7] Dazu im Einzelnen → § 3 Rn. 87ff.
[8] Zur Bedeutung von Eingriffsnormen → § 3 Rn. 154ff.
[9] ABl. EU 2012 L 351/1.
[10] ABl. EU 2007 L 339/3.
[11] Die Ausnahme bildet (mangels Mitgliedschaft im LugÜ und der Verbürgung der Gegenseitigkeit gem. § 328 Abs. 1 Nr. 5 ZPO) weiterhin Liechtenstein, zuletzt OLG Stuttgart BB 2014, 2433.
[12] Eine völkerrechtliche Verpflichtung zur Anerkennung und Vollstreckung deutscher Gerichtsurteile in Zivil- und Handelssachen im außereuropäischen Ausland besteht nach Maßgabe entsprechender bilateraler Staatsverträge nur in Israel und der Tunesischen Republik, dazu Schütze Rechtsverfolgung S. 15f. Das Haager Übereinkommen von 2005 über Gerichtsstandsvereinbarungen gilt (vorbehaltlich eines zwischen den Parteien vereinbarten ausschließlichen Gerichtsstands in einem Mitgliedsstaat des Übereinkommens) bislang nur im Rechtsverkehr zwischen der EU, dem Vereinigten Königreich, Singapur, Mexiko und Montenegro → § 3 Rn. 144.
[13] Berüchtigt ist etwa die Verfahrensdauer (unter anderem) für Zivilverfahren in Italien, das auch im aktuellen (und letzten) Doing Business Report der Weltbank in der Kategorie „Enforcing Contracts" lediglich den 122. Rang belegt, World Bank Group, Doing Business 2020, Comparing Business Regulation in 190 Economies, Economy Profile Italy; abrufbar unter https://archive.doingbusiness.org/content/dam/doingBusiness/country/i/italy/ITA.pdf.
[14] Dazu → § 14.
[15] Umfassend rechtsvergleichend zu den Kosten für Zivilverfahren in verschiedenen Jurisdiktionen etwa Hodges/Vogenauer/Tulibacka The Costs and Funding of Civil Litigation 2011.

nicht aus: Auch die Rechtsterminologie des **common law** sollte bekannt sein, um Missverständnisse über den Bedeutungsgehalt einzelner Vertragsklauseln zu verhindern, die vor allem dann entstehen können, wenn unreflektiert spezifische Rechtsbegriffe des angloamerikanischen Rechts in Vertragswerken verwendet werden.[16]

III. Mentalitätsunterschiede

7 Vertragsverhandlungen und die Bedeutung von Vertragsabschlüssen werden auch von den Mentalitäten der Parteien geprägt. Die Problematik von *cross culture* Verhandlungen ist seit langem ein eigenes Forschungsfeld. Auch wenn stereotype Annahmen über die Besonderheiten bestimmter nationaler oder regionaler Kulturen gerade im Zeitalter der Globalisierung den Realitäten häufig nicht (mehr) gerecht werden, sind signifikante Unterschiede im **Verhandlungsstil** doch immer noch unverkennbar.[17] Sie können etwa die Körpersprache, die Art der Kommunikation (direkt oder indirekt), die Bedeutung bestimmter Formalitäten, das für Vertragsverhandlungen als angemessen angesehene Zeitfenster oder die Bedeutung betreffen, die der privaten Beziehungsebene zwischen den Verhandlungspartnern beigemessen wird.[18] Unterscheiden kann sich auch die Erwartungshaltung in Bezug auf geschlossene Vertragswerke: Was sich aus US-amerikanischer und westeuropäischer Perspektive als abschließend und verbindlich darstellt, mag in anderen Kulturkreisen eher als ein Zwischenstand der laufenden Geschäftsbeziehungen angesehen werden, der Anpassungen bei geänderten Gesamtumständen auch ohne formale Vertragsänderungen zulassen soll.[19]

IV. Rechtstatsächliche Herausforderungen

8 Internationale Transaktionen müssen nicht nur rechtliche und sprachliche Hürden überwinden. Auch die tatsächlichen Herausforderungen bei der Vertragsdurchführung sind regelmäßig größer und verlangen daher eine vertragliche Risikovorsorge. Angesichts längerer **Transportwege** und der Gefahr von Verzögerungen durch Import- und Exportbeschränkungen und einer ggf. notwendigen Verzollung gewinnen etwa Lieferbedingungen, Regelungen zur Verzugshaftung, zum Gefahrübergang, dem Abschluss von geeigneten Transportversicherungen oder Haftungsbefreiungen im Fall von höherer Gewalt gegenüber nationalen Transaktionen deutlich an Bedeutung. **Währungsrisiken** müssen etwa durch hedging abgefedert werden, falls die Gefahr von Wechselkursschwankungen nicht durch eine Währungsklausel oder die Vereinbarung der eigenen Währung als (ausschließlicher) Schuldwährung auf die andere Partei abgewälzt werden kann.[20] In der Folge einer möglicherweise wieder aufflammenden Eurokrise können zusätzliche Risiken entstehen, wenn der Vertragspartner aus einem EU-Mitgliedsstaat stammt (oder der Zahlungsort in einem solchen Mitgliedsstaat belegen ist), dessen Ausstieg aus der Euro-Zone droht und (international) zwingendes Recht[21] dem Schuldner für diesen Fall das Recht einräumt, vertragliche Zahlungsansprüche in der neuen (und abgewerteten) Währung zu begleichen.[22]

---

[16] Vertiefend → § 2 Rn. 48 ff.

[17] Siehe zu verschiedenen Verhandlungsstilen in einzelnen Ländern etwa King/Segain ECFR 2007, 126 (144 ff.).

[18] Kritzer/Vanto/Vanto/Eiselen International Contract Manual § 26:43.

[19] So mit Verweis auf asiatische Rechtskulturen etwa King/Segain ECFR 2007, 126 (150); DiMatteo International Contracting S. 148 f.

[20] → § 18 Rn. 80.

[21] Das könnte nationales Eingriffsrecht oder Unionsrecht sein, Albrecht ZIP 2012, 1059 (1060).

[22] Dazu Kindler NJW 2012, 1617 ff. Zu vertraglichen Gestaltungsmöglichkeiten auch Albrecht ZIP 2012, 1059 ff.

B. Chancen und Risiken bei der Gestaltung internationaler Wirtschaftsverträge mit Blick auf das Vertragsstatut

Abgesehen von den zwingenden Berührungspunkten zu ausländischem Recht, die der Rechtswahl entzogen sind, führt bei internationalen Wirtschaftsverträgen häufig bereits ein ausländisches Vertragsstatut zu erhöhten Risiken, weil sich die Vertragsparteien über die resultierenden Rechtsfolgen nicht immer ausreichend im Klaren sind. Vor allem deutsche Unternehmen sollten sich allerdings auch der Chancen bewusst sein, die sich durch internationale Bezugspunkte eines Wirtschaftsvertrages ergeben können. Insbesondere besteht die bereits von einer Vielzahl deutscher Exportunternehmen genutzte Möglichkeit, die **Fesseln des deutschen AGB-Rechts** bei der Gestaltung von Standardverträgen[23] dadurch abzustreifen, dass eine ausländische Rechtsordnung gewählt wird, der eine vergleichbar strenge Inhaltskontrolle von Standardverträgen fremd ist.[24] Eine in der Praxis (teilweise sogar bei fehlendem Auslandsbezug) immer häufiger genutzte Alternative ist darüber hinaus die **Wahl deutschen Rechts unter Ausschluss der §§ 305 ff. BGB** in Kombination mit einer Schiedsvereinbarung (und Schiedsort im Ausland), da das für Schiedsgerichte anwendbare Kollisionsrecht regelmäßig auch die Wahl nicht-staatlichen Rechts gestattet.[25] 9

I. Chancen

Aus Sicht deutscher Unternehmen kann der internationale Charakter eines Vertrages zu Spielräumen bei der Vertragsgestaltung genutzt werden, die auf nationaler Ebene nicht (mehr) bestehen. Freiräume werden insbesondere durch die **Abwahl deutschen Rechts** zugunsten einer Rechtsordnung eröffnet, die wie das Schweizer oder das englische Recht auch im Fall nicht ausgehandelter Verträge oder einzelner Vertragsbestimmungen der Privatautonomie der Vertragsparteien ein deutlich höheres Gewicht beimessen. 10

1. AGB-Inhaltskontrolle im deutschen Recht

Wesentlicher Grund für die mangelnde Attraktivität des deutschen Rechts für internationale Wirtschaftstransaktionen ist die AGB-Inhaltskontrolle[26], die auch im unternehmerischen Geschäftsverkehr mittels der weitreichenden Ausstrahlungswirkungen der §§ 308, 309 BGB sowie der in § 307 BGB normierten Generalklausel einer „unangemessenen Benachteiligung" Abweichungen vom dispositiven Recht nur noch in engen Grenzen zulässt.[27] Da kaum ein Unternehmen auf die Verwendung vorformulierter Vertragsbedingungen verzichten kann und die Schwelle einer **ausgehandelten Individualvereinbarung** bekannter Weise hoch ist,[28] kommt der Inhaltskontrolle und den daraus resultierenden Restriktionen eine hohe praktische Relevanz zu. Besonders augenfällig wird das bei vorformulierten vertraglichen Haftungsbeschränkungen, die nach deutschem Recht anders als in den meisten ausländischen Rechtsordnungen selbst mit Blick auf reine Vermögensschäden 11

[23] Zu dieser Problematik zuletzt am Beispiel von Haftungsklauseln deutlich Finkelmeier ZIP 2022, 563 (564 f.).

[24] Lischek/Mahnken ZIP 2007, 158; Müller/Schilling BB 2012, 2319.

[25] Sehr kritisch dazu Graf von Westphalen ZIP 2022, 245 ff.; ebenso (zumindest bei reinen Inlandssachverhalten) Ulmer/Brandner/Hensen/Schmidt AGB-Recht Schiedsklauseln Rn. 6; für unproblematisch (zumindest bei Wahl eines Schiedsortes außerhalb der EU) möglich halten diese Gestaltungsvariante dagegen Pörnbacher/Zahn FS Thümmel S. 617 ff.; zum Ganzen auch Ostendorf ZIP 2022, 730 ff.

[26] Zweifelnd Sommerfeld RIW 2018, 741 (743 f.), da es keinen Wettbewerb der Rechtsordnungen im Vertragsrecht gäbe und das AGB-Recht angesichts einer Fülle weiterer Push- und Pullfaktoren kein zentraler Faktor sei.

[27] Kieninger AnwBl 2012, 301 mwN; Müller BB 2013, 1355 (1356); kritisch zu einer nicht ausreichenden Differenzierung zwischen B2B und B2C Geschäften auch Oetker AcP 212 (2012), 202 (224 ff.).

[28] Miethaner NJW 2010, 3121 ff.

kaum noch wirksam vereinbart werden können.[29] Im Fall einer Verletzung wesentlicher Vertragspflichten („Kardinalpflichten") soll eine Haftungsbeschränkung nun sogar mit Blick auf die ausnahmsweise verschuldensunabhängige Vertragshaftung in Mietverträgen (§ 536a BGB) nicht (mehr) zulässig sein.[30]

12 Die Restriktionen der AGB-Inhaltskontrolle sind allerdings keineswegs auf **Haftungsklauseln** beschränkt:[31] Vielmehr stellen die §§ 307 ff. BGB in der Anwendung durch die Rechtsprechung auch die Wirksamkeit von vereinbarten Vertragsstrafen und Schadenspauschalierungen, der vertraglichen Wegbedingung von Rüge- und Untersuchungsobliegenheiten,[32] der Einräumung einseitiger Änderungsrechte wie Preisanpassungsklauseln,[33] der Verlängerung oder Verkürzung von Verjährungsfristen,[34] der Beschränkung von Mängelhaftungsrechten, Abrufmechanismen in Rahmenlieferverträgen[35] und einer Vielzahl anderer relevanter Regelungspunkte in Wirtschaftsverträgen in Frage. Die Rechtsprechung verschärft die Inhaltskontrolle auch im unternehmerischen Geschäftsverkehr gleichzeitig laufend weiter. Beispiele sind vorformulierte Aufrechnungsverbote, sog. „Bring" bzw. „Take or Pay"-Verpflichtungen[36] und die Vereinbarung von Vertragsstrafen im Fall von Verstößen gegen Unterlassungspflichten: So ist nach einem jüngeren Urteil des BGH ein **vorformuliertes Aufrechnungsverbot** selbst dann unwirksam, wenn es im Einklang mit § 309 Nr. 3 BGB rechtskräftige und unstreitige Forderungen aus seinem Anwendungsbereich ausklammert.[37] Bei einer vorformulierten Vertragsstrafe für den Fall der Verletzung einer Vertragspflicht verlangen die Gerichte wiederum nicht nur eine **absolute Obergrenze** für alle möglichen Verstöße,[38] sondern halten auch die Festlegung einer einheitlichen Vertragsstrafe für verschiedene Begehungsformen bzw. Arten einer Pflichtverletzung regelmäßig für nicht zulässig.[39] Rechtssicher können Vertragsstrafen in Vertriebs- und Vertraulichkeitsvereinbarungen damit aber kaum noch vereinbart werden, weil die genannten Vorgaben in der Kautelarpraxis nur schwer umsetzbar sind.[40] Die Klausel des Betreibers einer Müllverbrennungsanlage, die den Kunden auch bei Anlieferung einer geringeren als der vereinbarten Mindestmüllmenge zur Zahlung des vollen Entgelts verpflichtete, hat der BGH wiederum gem. § 307 Abs. 1 BGB für unwirksam gehalten, obwohl der Vertrag nach längeren Verhandlungen und intensiver juristischer Prüfung durch den gewerblichen Kunden abgeschlossen worden war.[41]

13 Die Dringlichkeit der Problematik zeigt sich nicht zuletzt an der seit mehreren Jahren intensiv und selbst in der Tagespresse geführten Debatte[42] über den Reformbedarf des

---

[29] Kollmann NJOZ 2011, 625; zuletzt Heydn BB 2021, 1420 (1423 f.).
[30] OLG Frankfurt BB 2022, 974.
[31] Stellungnahme des Zivilrechtsausschusses des Deutschen Anwaltsvereins Nr. 39/2015.
[32] OLG Rostock BauR 2010, 1223.
[33] Großzügiger bei einer Spannungsklausel im unternehmerischen Geschäftsverkehr unter ausdrücklichem Verweis auf die im Handelsverkehr geltenden Gewohnheiten (§ 310 Abs. 1 S. 2 BGB) allerdings BGH NJW 2014, 3508 (3510).
[34] Zum Fall einer unzulässigen Verlängerung BGH NJW 2006, 47 (50); zu unwirksamen Verkürzungen von Mängelhaftungsfristen in AGB BGH NJW 2007, 3774 (3775) sowie zuletzt BGH NZG 2016, 31 (33).
[35] Budde/Geks ZVertriebsR 2012, 37 (40) mwN.
[36] BGH NJW 2013, 856 (858); dazu auch Buchwitz/Schütt ZVertriebsR 2022, 90 (100 ff.).
[37] BGH NJW 2011, 1729 (1730). Der BGH ist der Auffassung, dass ein Aufrechnungsverbot gegenüber Werklohnansprüchen (im zugrundeliegenden Fall ging es um einen Architektenvertrag) insbesondere dann eine unangemessene Benachteiligung darstellt, wenn davon auch die im Gegenseitigkeitsverhältnis stehenden Mängelbeseitigungsansprüche betroffen sind. Auf Lieferverträge dürfte die Rechtsprechung letztlich übertragbar sein, so zu Recht Eckhoff GWR 2011, 446 und ausdrücklich auch OLG Nürnberg NJOZ 2014, 1882 (1884 f.).
[38] LG Erfurt BB 2011, 2516.
[39] OLG München BB 2010, 2987.
[40] Dazu auch → § 6 Rn. 28 sowie Leuschner ZIP 2021, 1471 ff. mwN zur Rechtsprechung.
[41] BGH NJW 2013, 856 (858); kritisch zu dieser Entscheidung ua Dauner-Lieb AnwBl 2013, 845 (846 f.).
[42] Jahn FAZ v. 7.2.2012. Aus der Fachliteratur etwa die Reformvorschläge von Becker JZ 2010, 1098 (1104 f.) sowie Leuschner ZIP 2015, 1045 (1047); kritisch dazu v. Westphalen ZIP 2015, 1316 ff. Innerhalb der Wirtschaft wird die Notwendigkeit einer Reform des AGB-Rechts ebenfalls kontrovers diskutiert; da-

AGB-Rechts unter anderem mit Blick auf die Wettbewerbsfähigkeit des deutschen Rechts im internationalen Rechtsverkehr, was auch ein im Auftrag das Bundesministeriums für Justiz und Verbraucherschutz erstelltes Rechtsgutachten bestätigt hat.[43] Zwar legen deutsche Gerichte vor dem Hintergrund der faktischen Besonderheiten des grenzüberschreitenden Handels bei internationalen Vertragswerken teilweise einen großzügigeren Maßstab bei der Inhaltskontrolle an: Beispielsweise hat das Landgericht Stuttgart die Übernahme einer formularmäßig vereinbarten **Konzerngarantie auf erstes Anfordern** durch ein ausländisches Unternehmen für wirksam gehalten, weil die Schwierigkeiten der grenzüberschreitenden Rechtsverfolgung ein sachliches Bedürfnis für eine entsprechende Absicherung darstellten.[44] Ein verlässlicher Rahmen für die Gestaltung internationaler Wirtschaftsverträge folgt aus solchen Einzelentscheidungen in der Judikatur freilich nicht. Deutsches Recht ist daher regelmäßig auch keine geeignete Rechtswahl, wenn international verbreitete Standardverträge wie beispielsweise die im Anlagenbau genutzten FIDIC-Conditions bzw. die ICC Model Contracts genutzt werden.[45]

2. Abwahl des deutschen Rechts

Im Rahmen nationaler Wirtschaftsverträge ohne genuin internationale Bezüge können die Vertragsparteien der deutschen AGB-Inhaltskontrolle grundsätzlich nicht entkommen, da die (einfach) zwingenden Normen des deutschen Rechts in diesem Fall nach Europäischem Kollisionsrecht zwingend angewendet werden müssen, Art. 3 Abs. 3 Rom I-VO. Dies gilt zumindest im Fall einer Zuständigkeit **staatlicher Gerichte** innerhalb der EU. Ob im Fall einer Schiedsvereinbarung die Parteiautonomie bei einem Sachverhalt ohne genuinen Auslandsbezug (auch) bei einem Schiedsort in Deutschland weiterreicht, ist bislang nicht abschließend geklärt.[46] 14

Unabhängig von den möglichen Vorteilen einer **Abwahl** des deutschen Rechts müssen deutsche Exporteure von Waren und Dienstleistungen ohnehin damit rechnen, dass sich deutsches Recht als Vertragsstatut **nicht durchsetzen** lässt. Auf der Beliebtheitsskala der in internationalen Wirtschaftsverträgen gewählten Rechtsordnungen rangiert deutsches Recht auf einem hinteren Platz. Dagegen belegen diverse Untersuchungen, die zu dieser Fragestellung vorliegen, die große Beliebtheit insbesondere von englischem und Schweizer Vertragsrecht sowie (vor allem wohl mit Blick auf internationale Bankgeschäfte) dem Recht von New York.[47] In einer Studie der Queen Mary University[48] in Zusammenarbeit mit der internationalen Rechtsanwaltssozietät White & Case haben beispielsweise 40 % der befragten Unternehmen **englisches Recht** als die am häufigsten gewählte Rechtsordnung genannt, gefolgt vom **Recht von New York** (17 %) sowie dem Schweizer Recht (8 %). 15

für etwa die vom VDMA und dem ZVEI unterstützte Initiative für eine Reform des AGB-Rechts; dagegen eine immerhin von 30 Wirtschaftsverbänden getragene Initiative (www.pro-agb-recht.de).

43 Leuschner/Meyer Forschungsprojekt im Auftrag des Bundesministeriums für Justiz und Verbraucherschutz: AGB-Recht für Verträge zwischen Unternehmen. Abschlussbericht vom 30.9.2014, abrufbar unter https://www.bmj.de/SharedDocs/Downloads/DE/Fachinformationen/Abschlussbericht-AGB-Forschungsprojekt.pdf?__blob=publicationFile&v=4.

44 LG Stuttgart WM 2010, 1499 (1501), bestätigt durch OLG Stuttgart WM 2011, 691.

45 Zur möglichen Unwirksamkeit vieler Klauseln der FIDIC Books im Fall einer Anwendbarkeit der deutschen AGB-Inhaltskontrolle etwa Bonke/Stumpf NZBau 2018, 449 ff.; zur ähnlichen Problematik mit Blick auf den ICC Model Sales Contract Graf v Westphalen BB 2020, 67 ff.

46 Dafür (Zulässigkeit einer Abwahl deutschen Rechts bei deutschem Schiedsort) etwa Kondring RIW 2010, 184 ff. Weitergehender noch Pfeiffer NJW 2012, 1169 ff., der im Fall der Vereinbarung eines Schiedsverfahrens auch bei einem Schiedsort in Deutschland und reinem Inlandssachverhalt die isolierte Abwahl der §§ 305 ff. BGB (bei ansonsten weiterbestehender Anwendung deutschen Rechts) für zulässig hält.

47 Das Recht von New York gehört auch im inneramerikanischen Rechtsverkehr noch vor dem Recht von Delaware zu den beliebtesten Rechtsordnungen, dazu Eisenberg/Miller Cardozo L. Rev. 2008–2009, 1475 (1478).

48 2010 International Arbitration Survey: Choices in International Arbitration, abrufbar unter http://www.arbitrationonline.org/research/2010/index.html.

Bei den im Jahr 2020 durchgeführten ICC-Schiedsverfahren war ebenfalls englisches Recht gefolgt von US-amerikanischem Recht und **Schweizer Recht** die beliebteste Wahl.[49] Auch andere Untersuchungen kommen zu ähnlichen Ergebnissen.[50] Die große Popularität beider Rechtsordnungen dürfte insbesondere mit dem hohen Maß an Gestaltungsfreiheit zusammenhängen: Weder das Schweizer[51] noch das englische[52] Recht kennen – zumindest für einen Großteil internationaler Wirtschaftsverträge – eine dem deutschen AGB-Recht auch nur im Ansatz vergleichbare Inhaltskontrolle von vorformulierten Vertragsbedingungen. Der Schweizer Gesetzgeber hat sich dazu entschieden, eine generelle Inhaltskontrolle von Allgemeinen Geschäftsbedingungen durch eine Änderung von § 8 des Gesetzes gegen den unlauteren Wettbewerb (UWG) ausdrücklich auf **Verbraucherverträge** zu beschränken.[53] Im englischen Recht besteht mit dem Unfair Contract Terms Act 1977 (UCTA) zwar eine gesetzliche Grundlage für die Inhaltskontrolle vorformulierter Vertragsbedingungen (auch) im unternehmerischen Geschäftsverkehr. Internationale Lieferverträge sowie sonstige Wirtschaftsverträge, die allein aufgrund einer Rechtswahl dem englischen Recht unterliegen, sind vom Anwendungsbereich des UCTA aber grundsätzlich ausgenommen (s. 26, 27 UCTA).[54] Mit diesen weitreichenden Bereichsausnahmen für internationale Wirtschaftsverträge verschafft sich das englische Recht einen erheblichen Wettbewerbsvorteil. Es überrascht daher wenig, dass eine vergleichbare Regelung bereits auch für das deutsche Recht gefordert worden ist.[55]

II. Risiken bei der Wahl ausländischer Rechtsordnungen

1. Nachteilige Regelungen des Vertragsstatuts am Beispiel Schweizer und englischen Rechts

16 Die Wahl bzw. Akzeptanz ausländischen Rechts als Vertragsstatut führt allerdings auch zu nicht unerheblichen Risiken, weil sich Unternehmen über die **„Nebenwirkungen“** des anwendbaren ausländischen Vertragsrechts – insbesondere in Form von zwingenden Bestimmungen (mandatory provisions) und Auffangregelungen (default rules) im Fall von Vertragslücken – nicht ausreichend bewusst sind und diese im Rahmen der Vertragsgestaltung daher oft nicht hinreichend berücksichtigen. Auch bei der Wahl so beliebter ausländischer Rechtsordnungen wie dem Schweizer oder dem englischen Recht müssen sich die Parteien aber darüber im Klaren sein, dass der **Zugewinn an Privatautonomie** teilweise mit der Geltung von dispositiven Auffangregelungen erkauft wird, die in der eigenen

[49] 2020 ICC Dispute Resolution Statistics, ICC Publication Nr. DRS895 ENG: Danach entfielen bei allen Verträgen, die eine Rechtswahlklausel enthielten, 13% auf englisches Recht, 11% auf US-amerikanisches Recht (davon rund die Hälfte auf das Recht von New York) und 7% auf Schweizer Recht.

[50] Cuniberti Nw. J. Int'l L. & Bus. 2014, 455 (472): Englisches und Schweizer Recht waren nach dieser Untersuchung allerdings durchschnittlich mehr als dreimal so attraktiv wie US-Rechtsordnungen; zu einer Übersicht über weitere Untersuchungen mit vergleichbaren Ergebnissen auch Vogenauer ERPL 2013, 13 (37ff.).

[51] Anderer Auffassung mit Blick auf die Wirksamkeitsgrenzen von Haftungsausschlussklauseln in AGB etwa Sommerfeld IWRZ 2022, 64 (70), die allerdings übersieht, dass die wesentlichen Restriktionen für Haftungsklauseln im deutschen AGB-Recht nicht aus § 309 Nr. 7 BGB, sondern der vom BGH aus § 307 Abs. 2 Nr. 2 BGB abgeleiteten Kardinalpflichtenrechtsprechung (die im Schweizer Recht keine Entsprechung findet) stammen.

[52] So zum englischen Recht etwa prägnant Davies CLP 2019, 253 (254): *„Freedom of contract is a fundamental principle of English law. In Prime Sight Ltd v Lavarello, Lord Toulson observed that ‚[p]arties are ordinarily free to contract on whatever terms they choose and the court's role is to enforce them'. This is an attractive feature of English law. Business people choose English law because it is certain, holds parties to their bargains, and affords full respect to the principle of party autonomy“.*

[53] Wildhaber SJZ 2011, 537 (538). Zu jüngeren parlamentarischen Initiativen für eine Ausweitung auf den unternehmerischen Geschäftsverkehr allerdings Frei/Jung EuCML 2015, 165 (166).

[54] Eine ähnliche Regelung findet sich mit Art. 6:247 Abs. 2 B.W. im niederländischen Recht; dazu Kieninger FS Blaurock S. 177 (181ff.), der zufolge aber beide Regelwerke gegen die Rom I-VO verstoßen.

[55] Landbrecht RIW 2011, 291 (294).

Rechtsordnung gänzlich anders aussehen und/oder den jeweiligen Parteiinteressen im Einzelfall zuwiderlaufen können. Hinzu kommen wie bei jeder lebenden Rechtsordnung laufende Änderungen durch den Gesetzgeber und/oder die Rechtsprechung, die – für aus Sicht der gewählten Rechtsordnung – ausländische Unternehmen naturgemäß nur schwer nachzuhalten sind.

Auch wenn etwa das **Schweizer Kauf- und Werkvertragsrecht** in vielen Regelungs- 17
punkten dem deutschen Recht vor der Schuldrechtsreform aus dem Jahr 2002 entspricht,[56] wird sich der deutsche Exporteur doch im Zweifel daran stoßen, dass bei Anwendung von (unvereinheitlichtem) Schweizer Kaufrecht auf einen internationalen Liefervertrag die im deutschen Recht längst überwundene Unterscheidung zwischen *aliud* und *peius* Lieferung mit den damit verbundenen Abgrenzungsproblemen noch von Bedeutung ist,[57] der Verkäufer bei Mängeln für sog. direkte Schäden[58] verschuldensunabhängig haftet[59] und die Möglichkeit einer Anfechtung des Kaufvertrages wegen eines so genannten Grundlagenirrtums durch die Gewährleistungshaftung nicht verdrängt wird.[60] Umgekehrt muss sich der Käufer – da gesetzlich nicht vorgesehen – zumindest beim Stückkauf[61] ein Nachbesserungsrecht vertraglich einräumen lassen und auf eine von der gesetzlichen Regelung abweichende Vereinbarung über den Gefahrübergang pochen, da das Risiko des zufälligen Untergangs oder der Beschädigung des Vertragsgegenstandes ansonsten bereits bei Vertragsschluss auf ihn übergeht.[62] Auch die im deutschen Recht vorgesehene Kumulationsmöglichkeit von Rücktritt und Schadensersatz statt der Leistung (§ 325 BGB) kennt das Schweizer Recht zumindest für die Fälle der Leistungsverzögerung nicht: Hier kann im Fall eines Rücktritts zusätzlich zu Rückgewähransprüchen nur noch das negative Interesse verlangt werden.[63]

Im **englischen Recht** muss sich der Verkäufer wiederum beispielsweise mit Blick auf 18
die Mängelhaftung mit langen Verjährungsfristen,[64] einer verschuldensunabhängigen Haftung,[65] der Nichtexistenz von Rüge- und Untersuchungsobliegenheiten des Käufers selbst im kaufmännischen Geschäftsverkehr,[66] den insbesondere gegenüber dem deutschen Recht deutlich ausgeweiteten Möglichkeiten des Käufers zur Vertragsbeendigung im Fall einer Schlecht- oder Spätleistung[67] und dem (wohl) fehlenden Recht der zweiten Andienung

[56] Instruktiv zu den Besonderheiten des Schweizer (Kauf-)Rechts aus dem Blickwinkel deutscher Juristen Voser/Boog RIW 2009, 126 ff.; zu einer kritischen Bestandsaufnahme auch Atamer/Eggen ZBJV 2017, 731 ff.; zum Schweizer Werkvertragsrecht Boog/Stark-Traber RIW 2012, 817 ff.

[57] BGE 121 III 453; kritisch dazu Bauer/Rusch recht 2013, 209 (220). Zu nachteiligen verjährungsrechtlichen Konsequenzen → § 9 Rn. 35.

[58] Zu der für deutsche Juristen überraschenden Abgrenzung zwischen direkten Schäden (die nach Schweizer Rechtsprechung auch Mangelfolgeschäden umfassen können) und indirekten Schäden Honsell recht 2007, 154 ff. sowie Pichonnaz RabelsZ 76 (2012), 819 (822 ff.).

[59] Art. 208 Abs. 2 Obligationenrecht (OR).

[60] Zur Problematik der Anwendung von Art. 24 Abs. 1 Nr. 4 OR (Grundlagenirrtum) neben dem Gewährleistungsrecht insbesondere Honsell SJZ 2007, 137 ff.

[61] Beim Gattungskauf hat der Käufer im Mangelfall zumindest einen Anspruch auf Ersatzlieferung, Art. 206 Abs. 1 OR, Atamer/Eggen ZBJV 2017, 731 (766).

[62] Art. 185 Abs. 1 OR. Zur Kritik an dieser Regelung und Möglichkeiten der „Entschärfung" BSK/Koller OR I Art. 185 Rn. 46.

[63] Art. 109 Abs. 2 OR; dazu auch BSK/Wiegand OR I Art. 109 Rn. 8. Anders als bei einer Wandelung des Kaufvertrages im Fall einer Schlechtleistung: Hier stehen dem Käufer auch auf das Erfüllungsinteresse gerichtete Schadensersatzansprüche zu, Art. 208 Abs. 2 und Abs. 3 OR.

[64] Gewährleistungsansprüche verjähren nach englischem Verjährungsrecht innerhalb von sechs Jahren nach Lieferung, im Fall eines als „deed" abgeschlossenen Vertrages sogar erst nach 12 Jahren; zu den maßgeblichen Regelungen im Limitation Act 1980 → § 9 Rn. 41.

[65] Für Vertragsverletzungen wird im englischen Recht nach traditionellen Grundsätzen des common law grundsätzlich verschuldensunabhängig gehaftet (strict liability), McKendrick Commercial Law Rn. 3.104 f., sofern die Vertragspflichten nicht wie im Werkvertragsrecht auf Sorgfaltspflichten („to take reasonable care or exercise reasonable skill") beschränkt sind.

[66] Dazu etwa Ostendorf/Kluth IHR 2006, 21 (24).

[67] Ein Recht zur termination besteht nach englischem Recht grundsätzlich im Fall der Verletzung einer sog. condition, während ein breach of warranty lediglich zu Schadensersatzansprüchen berechtigt. Allerdings

(right to cure) auseinandersetzen. Wenig bekannt ist auch, dass falsche vorvertragliche Tatsachenangaben (misrepresentations) ua in Bezug auf die Beschaffenheit des Vertragsgegenstandes, die die andere Vertragspartei zum Vertragsabschluss veranlasst haben, neben den regulären vertraglichen Ansprüchen ein Recht zur Vertragsaufhebung mit Wirkung extunc (rescission) oder Schadensersatzansprüche zur Folge haben können.[68] Gewöhnungsbedürftig sind zuletzt die Auslegungsgrundsätze sowie das teilweise nur schwer zu durchschauende Nebeneinander von statutory law, equity und common law im engeren Sinne als maßgeblicher Rechtsquellen im englischen Vertragsrecht. Aus Käufer- bzw. Bestellersicht mag demgegenüber etwa die im Vergleich zu civil law Rechtsordnungen deutlich reduzierte Palette der Rechtsbehelfe ebenso ein Problem darstellen wie die Tatsache, dass eine Vertragsaufhebung (termination) nach einer acceptance der Ware grundsätzlich nicht mehr möglich ist.[69]

19 Nahezu alle der angesprochenen Beispiele können vertraglich abweichend geregelt werden. Das ändert aber nichts daran, dass den Parteien die Notwendigkeit einer vertraglichen Regelung überhaupt bewusst sein muss.

2. Risikobewältigung

a) Nutzung angepasster Standardverträge für internationale Transaktionen

20 Zur Senkung von Transaktionskosten und bestehenden Rechtsunsicherheiten sind Unternehmen gut beraten, für internationale Vertragsabschlüsse spezielle Musterverträge zu konzipieren und nicht auf die für **inländische Geschäfte** genutzten Standardmuster zurückzugreifen. Das hat verschiedene Gründe: Zum einen entsteht bei internationalen Transaktionen regelmäßig ein anderer Regelungsbedarf als bei rein nationalen Verträgen. Zum anderen können Unternehmen bestehende Spielräume für die Vertragsgestaltung nicht ausschöpfen, wenn die für rein inländische Geschäfte konzipierten Vertragswerke auch für internationale Transaktionen verwendet werden, da für internationale Verträge die Wahl einer ausländischen Rechtsordnung (und ein auf die gewählte Rechtsordnung abgestimmtes Vertragswerk) durchaus eine erwägenswerte Option darstellen kann.[70] Im Einzelfall besteht mehr Gestaltungsfreiheit aber auch dann, wenn für internationale Transaktionen **deutsches Recht** zur Anwendung kommen soll: So gestattet etwa § 92c HGB im Fall von Handelsvertreterverträgen (und durch analoge Anwendung dieser Vorschrift auch im Fall von Händlerverträgen) bei einem Vertragsgebiet außerhalb der EU/EWR selbst bei deutschem Vertragsstatut die Abweichung von Bestimmungen der §§ 84ff. HGB (insbesondere dem Ausgleichsanspruch gem. § 89b HGB), die bei einem Vertragsgebiet innerhalb der EU/EWR **zwingende Wirkung** entfalten.[71]

b) Verwendung von Musterverträgen internationaler Verbände

21 Für die bei internationalen Transaktionen häufig genutzten Vertragstypen haben internationale Verbände zahlreiche Musterverträge entwickelt, auf die bei der Vertragsgestaltung

---

besteht eine Tendenz, die Einhaltung von vertraglich vereinbarten Lieferterminen generell als condition anzusehen, McKendrick Commercial Law Rn. 3.144. Für die Schlechtleistung folgt eine vergleichbare Problematik im Kaufrecht bereits daraus, dass ua die implied terms einer satisfactory quality bzw. einer fitness for particular purpose als condition anzusehen sind, s. 14 Abs. 6 SGA 1979 – auch wenn im Fall von unwesentlichen Vertragsverletzungen nunmehr gem. s. 15A SGA 1979 Einschränkungen bestehen; ähnliches gilt auch im Fall von (selbst geringfügigen) Zuviel- bzw. Zuweniglieferungen, s. 30 SGA 1979.

[68] Zur Haftung aus misrepresentation neben der regulären Gewährleistungshaftung Benjamin's Sale of Goods Rn. 12–003; allgemein auch → § 11 Rn. 19ff.

[69] Schwenzer/Hachem/Kee Global Sales Rn. 47.85.

[70] Oben → Rn. 10ff.

[71] So kann etwa nach der Rechtsprechung der Ausgleichsanspruch gem. § 89b HGB auch in AGB ausgeschlossen werden, wenn das Vertragsgebiet nicht in der EU/EWR belegen ist, vgl. OLG München RIW 2002, 305. Im Einzelnen → § 19 Rn. 154.

zurückgegriffen werden kann. Beispielsweise stellt die International Chamber of Commerce (ICC) nicht nur zahlreiche Muster für Vertriebsverträge (Handelsvertreter-, Handelsmakler-, Händler- und Franchiseverträge), sondern auch Vertraulichkeitsvereinbarungen, Warenliefer-, Anlagenbau- und Unternehmenskaufverträge zur Verfügung.[72] Von der Federation Internationale des Ingenieures Conseils (FIDIC) stammen in der Praxis weit verbreitete Musteranlagenbauverträge.[73]

Wie auch bei rein inländischen Transaktionen können diese Musterverträge eine wertvolle Hilfestellung bei der Vertragsgestaltung bieten und zugleich eine **Checkliste** dafür bereitstellen, welche regelungsbedürftigen Punkte bei der jeweiligen Transaktion grundsätzlich bedacht werden sollten. Vor einer undifferenzierten Übernahme kann trotzdem nur gewarnt werden. Zum einen können Musterverträge naturgemäß nicht auf alle in Betracht kommenden Rechtsordnungen zugeschnitten sein und machen daher Anpassungen an das im Einzelfall geltende Vertragsstatut häufig zwingend erforderlich. Auch sind viele der genannten Vertragswerke mehr oder weniger aus einer bestimmten Parteienperspektive heraus verfasst und können daher nicht immer als ausgewogenes Regelwerk betrachtet werden. 22

c) Reduzierung der rechtlichen Komplexität

Mit den Mitteln der Vertragsgestaltung können die Vertragsparteien die rechtliche Komplexität internationaler Wirtschaftsverträge reduzieren und damit unnötige Risiken vermeiden. Das schließt beispielsweise die Rechtswahl einer Rechtsordnung ein, bei der die **Rechtsermittlungskosten** vergleichsweise niedrig sind. Auch aus diesem Grund ist die Abwahl internationalen Einheitsrechts – wie etwa das UN-Kaufrecht im Fall internationaler Lieferverträge – nur bedingt zu empfehlen, da die Rechtsermittlungskosten hier regelmäßig deutlich niedriger sind als bei ausländischem Recht, das als Kompromisslösung zuweilen beiden Vertragsparteien kaum bekannt ist. 23

Auch außerhalb des Anwendungsbereichs des Vertragsstatuts können die Parteien den Einfluss ausländischen Rechts auf die Transaktion, das an dieser Stelle regelmäßig zwingend zur Anwendung kommt,[74] zumindest begrenzen. So sind Rechtsauskünfte zur Wirksamkeit dinglicher Sicherungsmittel wie dem Eigentumsvorbehalt oder Sicherungseigentum nach ausländischem Sachenrecht etwa dann nicht mehr erforderlich, wenn sich die Parteien auf andere Möglichkeiten der Zahlungssicherung – wie Akkreditive oder Bankgarantien – verständigen können. Ebenso wird die schwierige Prüfung, ob mögliche vertragliche Ansprüche auch im Ausland durchsetzbar sind, weitgehend entbehrlich, wenn sich die Parteien auf eine Schiedsvereinbarung einigen, da in diesem Fall auf Grundlage des New Yorker Übereinkommens über die internationale Schiedsgerichtsbarkeit weitestgehend sichergestellt ist, dass ausländische Gerichte nicht nur die ausschließliche Zuständigkeit des Schiedsgerichts akzeptieren, sondern auch den Schiedsspruch anerkennen und für vollstreckbar erklären werden.[75] 24

C. Informationsbeschaffung

Die oben skizzierten möglichen Berührungspunkte machen beim Abschluss internationaler Wirtschaftsverträge regelmäßig die Beschaffung von Informationen über ausländische Rechtsordnungen erforderlich. 25

[72] Zu einer Übersicht über die ICC-Vertragswerke Bortolotti Drafting International Commercial Contracts S. 134ff.
[73] Zu den FIDIC-Bestimmungen detailliert → § 21.
[74] Dazu → § 3 Rn. 87ff.
[75] → § 3 Rn. 135.

I. Informationsquellen zum internationalen Vertragsrecht

26 Informationen über ausländisches und internationales Wirtschaftsrecht sind dank einer Vielzahl mittlerweile kaum noch überschaubarer Informationsquellen **deutlich leichter** zu beschaffen als noch vor einigen Jahren. Insbesondere online sind umfangreiche Datenbanken verfügbar, auf denen nicht nur ausländische Gesetzgebung und Rechtsprechung, sondern auch eine Vielzahl einschlägiger Fachpublikationen zu ausländischen Rechtsordnungen und einzelnen Fragen der Vertragsgestaltung kostenfrei abgerufen werden können.

Wichtige Online-Datenbanken

A. Übergreifendes[76]	
– World Legal Information Institute [Meta-Datenbank mit Verlinkungen zu nationalen Rechtsdatenbanken weltweit]	http://www.worldlii.org
– Doing Business Projekt der Weltbank-Gruppe[77]	https://archive.doingbusiness.org/en/doingbusiness
– Trans-Lex [Datenbank für ausländisches und internationales Wirtschaftsprivatrecht]	http://translex.uni-koeln.de
– Germany Trade and Invest mbH [Rechtsauskünfte zu ausländischem Wirtschaftsrecht]	https://www.gtai.de/de/trade
– Conflict of Laws [Expertenblog zum Internationalen Privat- und Zivilverfahrensrecht]	https://conflictoflaws.net
– United Nations Commission on International Trade Law [ua Texte von UNCITRAL-Übereinkommen; Clout-Datenbank]	https://uncitral.un.org
– International Institute for the Unification of Private Law [ua Texte von UNIDROIT-Übereinkommen]	https://www.unidroit.org
– International Chamber of Commerce	https://iccwbo.org
– Social Science Research Network (SSRN) [Datenbank mit juristischen Fachveröffentlichungen (auch) zum ausländischen und internationalen Wirtschaftsprivatrecht]	https://www.ssrn.com/index.cfm/en/lsn/
– Institut für internationales und ausländisches Privatrecht der Universität Köln	https://ipr.uni-koeln.de
– Bundesamt für Wirtschaft und Ausfuhrkontrolle (BAFA) [Informationen zum Europäischen und deutschen Exportkontrollrecht]	https://www.bafa.de/DE/Home/home_node.html
– Bureau of Industry and Security (BIS) [Informationen zum US-amerikanischen Exportkontrollrecht]	https://www.bis.doc.gov

[76] Für Datenbanken speziell zum UN-Kaufrecht → § 18 Rn. 3.

[77] Im September 2021 hat die Weltbank entschieden, die Doing Business reports aufgrund von Unregelmäßigkeiten und möglichen Manipulationen bei der Datenerhebung in der Vergangenheit einzustellen; die in der Vergangenheit erstellten (teilweise berichtigten) reports sind aber weiter online verfügbar.

B. Einzelne nationale Rechtsordnungen

Vereinigtes Königreich

– Gesetzgebung	https://www.legislation.gov.uk
– Rechtsprechung	https://www.bailii.org https://caselaw.nationalarchives.gov.uk[78]

Schweiz

– Gesetzgebung	https://www.admin.ch/gov/de/start.html
– Rechtsprechung Schweizer Bundesgericht	https://www.bger.ch/index.htm
– Expertenblog Kommentierung aktueller Rechtsprechung zu Schweizer Handelsverträgen (Rechtsfakultät Uni Genf)	https://swisscontract.law
– Online-Kommentar ua zum Schweizer Obligationenrecht (im Aufbau)	https://onlinekommentar.ch/kommentare/

USA

– Gesetzgebung (Legal Information Institute, Cornell Law School)	https://www.law.cornell.edu
– Rechtsprechung New Yorker Court of Appeals	https://www.nycourts.gov/ctapps/

Frankreich

– Gesetzgebung (auch in englischer Sprache)	https://www.legifrance.gouv.fr

Einen **kostenpflichtigen Zugriff** auf eine Vielzahl von Fachveröffentlichungen und Rechtsprechung aus dem anglo-amerikanischen Rechtsraum ermöglichen die Datenbanken HeinOnline,[79] Westlaw[80] und LexisNexis;[81] für das Schweizer Recht ist swisslex die größte Datenbank.[82] Ausländische Standardliteratur zu maßgeblichen Rechtsordnungen ist mittlerweile in vielen deutschen Universitäts- und Staatsbibliotheken sowie in einschlägigen Fachbuchhandlungen verfügbar. Vermehrt werden auch Werke in deutscher Sprache veröffentlicht, die über eine allgemeine Einführung in die jeweils behandelte ausländische Rechtsordnung hinausgehen. Auch deutschsprachige juristische Fachzeitschriften wie die RIW (Recht der internationalen Wirtschaft), die IPrax (Praxis des Internationalen Privat- und Verfahrensrechts) oder die RabelsZ (Rabels Zeitschrift für ausländisches und internationales Privatrecht) setzen sich regelmäßig mit Einzelfragen des internationalen Wirtschaftsrechts auseinander und sind damit eine wertvolle Informationsquelle. Der Deutsche Anwaltverein (DAV) unterhält eine eigene Arbeitsgemeinschaft für den internationalen Rechtsverkehr, die sich im Rahmen zahlreicher Veranstaltungen und Seminare ua intensiv mit dem internationalen Vertragsrecht beschäftigt und mit der Zeitschrift für internationales Wirtschaftsrecht (IWRZ) eine eigene Zeitschrift herausgibt.[83] Auch **soziale Netzwerke** gewinnen als Informationsquelle zunehmend an Bedeutung: So beschäftigt sich etwa die Gruppe „Drafting Contracts" mit fast 60.000 Mitgliedern innerhalb des beruflichen Netzwerks LinkedIn exklusiv mit Fragen der Gestaltung (internationaler) Verträge.[84] Auch wenn die Qualität der Beiträge hier sehr unterschiedlich ausfällt, bietet diese Gruppe doch 27

[78] Seit April 2022 sind englische Gerichtsurteile nicht nur auf der Webseite des British and Irish Legal Information Institute (BAILII), sondern zusätzlich auch in einer neuen Datenbank verfügbar, die von The National Archives, dem staatlichen britischen Nationalarchiv vorgehalten wird.

[79] https://home.heinonline.org.

[80] https://www.westlawinternational.com.

[81] https://www.lexisnexis.com.

[82] https://www.swisslex.ch/de/.

[83] https://dav-iwr.de.

[84] https://www.linkedin.com/groups/4036673/.

die einzigartige Möglichkeit des Austausches mit Juristen aus einer Vielzahl verschiedener Jurisdiktionen.

Standardliteratur zu zentralen ausländischen Rechtsordnungen (Auswahl)

Englisches Recht
- Chitty on Contracts (2-bdg.), hrsg. von Hugh Beale, General Principles and Special Contracts, 34. Aufl. 2021
- McKendrick, Goode and McKendrick on Commercial Law, 6. Aufl. 2020
- Oxford Principles of English Law, English Private Law, hrsg. von Andrew Burrows, 3. Aufl. 2017
- Vogenauer (Hrsg.), Englisches Handels- und Wirtschaftsrecht, 4. Aufl. 2022 (im Erscheinen)

Schweizer Recht
- Honsell, Obligationenrecht. Besonderer Teil, 10. Aufl. 2017
- Huguenin, Obligationenrecht. Allgemeiner und Besonderer Teil, 3. Aufl. 2019
- Schwenzer/Fountoulakis, Obligationenrecht. Allgemeiner Teil, 8. Aufl. 2020
- Widmer Lüchinger/Oser (Hrsg.), Basler Kommentar, Obligationenrecht I: Art. 1–529 OR, 7. Aufl. 2020

US-amerikanisches Recht
- Lord, Willinston on Contracts, 4. Aufl. 2011 (Loseblattsammlung)
- Perillo, Contracts, 7. Aufl. 2014
- White/Summers, Uniform Commercial Code, 6. Aufl. 2010

28 Für die Vertragsgestaltung hilfreich sind weiter Vertragshandbücher, die **Musterformulare** für internationale Wirtschaftsverträge bereitstellen. Für ihre Nutzung gelten die grundsätzlichen Hinweise bei der Verwendung von Mustervertragswerken: Abzuraten ist von einer pauschalen Übernahme, da stets die Besonderheiten des Einzelfalls und die jeweilige Parteienperspektive angemessen berücksichtigt werden müssen.

Handbücher und Online-Editionen zur Vertragsgestaltung (Auswahl)
- Anderson/Warner, Drafting and Negotiating Commercial Contracts, 4. Aufl. 2016 (Englisches Recht)
- Bortolotti, Drafting and Negotiating International Commercial Contracts, 3. Aufl. 2017 (insbes. Abdruck zahlreicher ICC-Musterverträge)
- Fontaine/de Ly, Drafting International Contracts, 2009
- Fosbrook/Laing, The A-Z of Contract Clauses, 7. Aufl. 2022 (Englisches Recht)
- Münch/Kasper Lehne/Probst, Schweizer Vertragshandbuch, 3. Aufl. 2018 (Schweizer Recht)
- Ostendorf, Englisches Recht in der Vertragsgestaltung, 2021
- Piltz/Lewis (Hrsg.), Beck'sche Online Formulare Internationales Handels- und Vertriebsrecht, 3. Edition 2022
- Schütze/Weipert/Rieder (Hrsg.), Münchener Vertragshandbuch, Band 4, Wirtschaftsrecht III, 8. Aufl. 2017
- Stark (Hrsg.), Negotiating and Drafting Contract Boilerplates, 2003 (US-amerikanisches Recht)

II. Die Einschaltung ausländischer Rechtsberater

29 Angesichts der zwangsläufigen Berührung internationaler Wirtschaftsverträge mit ausländischen Rechtsordnungen stellt sich bei der Vertragsgestaltung und -verhandlung stets auch die Frage nach einer Einschaltung ausländischer Berater mit Expertise in einer für den

Vertragsabschluss oder die Vertragsdurchführung maßgeblichen **ausländischen Rechtsordnung.** Das betrifft nicht nur den aus Sicht deutscher Exportunternehmen häufigen Anwendungsfall, dass das maßgebliche **Vertragsstatut** ausländisches Recht ist, da ausländisches Recht auch außerhalb des Anwendungsbereichs des Vertragsstatuts relevant werden kann.[85]

Für bestimmte Transaktionen und einen überschaubaren Bereich rechtlicher Fragestellungen im Zusammenhang mit internationalen Verträgen hat sich mit der third party legal opinion eine **standardisierte Form** der Auskunftserteilung über im Einzelfall maßgebliches ausländisches Recht herausgebildet. Davon abgesehen bleibt die Frage, ob und in welchem Umfang ausländische Rechtsberater in die Transaktion eingeschaltet werden sollen, eine häufig nur schwer zu beantwortende Frage des Einzelfalls. 30

1. Die (third party) legal opinion

Eine in der internationalen Transaktionspraxis weitgehend standardisierte Form der Einschaltung ausländischer Anwälte besteht in der Einholung einer so genannten „third party legal opinion",[86] die insbesondere beim Abschluss internationaler Finanzierungs- und Sicherungsverträge verbreitet ist.[87] Die third party legal opinion wird typischerweise von den Anwälten einer Vertragspartei in deren Auftrag gegenüber der anderen Vertragspartei abgegeben, wodurch zwischen dem Adressaten der Stellungnahme und den sie verfassenden Anwälten daher meist **keine unmittelbare Mandatsbeziehung** besteht. Haftungsansprüche des Adressaten gegenüber den verfassenden Anwälten im Fall einer unrichtigen legal opinion kommen daher (zumindest bei Anwendbarkeit deutschen Rechts) in erster Linie unter dem Gesichtspunkt der **vorvertraglichen bzw. Expertenhaftung** aus § 311 Abs. 3 S. 2 in Verbindung mit §§ 241 Abs. 2, 280 Abs. 1 BGB, alternativ aber auch aus der Verletzung eines ggf. konkludent abgeschlossenen selbstständigen Auskunftsvertrages oder aber mit Blick auf den zwischen Anwalt und Auftraggeber abgeschlossenen Beratungsvertrag nach den Grundsätzen einer Haftung aus einem Vertrag zugunsten bzw. mit Schutzwirkung zugunsten Dritter in Betracht. Nicht ausgeschlossen werden können auch deliktische Haftungsansprüche.[88] 31

Aussagen über die Auslegung und Rechtswirkung einzelner Vertragsbestimmungen trifft die third party legal opinion üblicherweise nicht. Vielmehr ist sie regelmäßig (nur) mit Rechtsfragen befasst, die nicht in den Anwendungsbereich des Vertragsstatuts fallen und daher auch keine detaillierte Sachverhaltsaufklärung notwendig machen. Dazu gehören etwa die Bestätigung der Rechtsfähigkeit einer Vertragspartei und der Stellvertretungsmacht der für sie handelnden Personen (capacity opinion).[89] Häufig verlangt werden auch Stellungnahmen zur Wirksamkeit von Gerichtsstandsvereinbarung und Rechtswahl nach einer maßgeblichen ausländischen Rechtsordnung (validity opinion) sowie der Möglich- 32

[85] Dazu umfassend → § 3.
[86] Dazu und mit Formulierungsbeispielen typischer Elemente einer third party legal opinion etwa Giesen/Mader RIW 2012, 21 ff.
[87] Giesen/Mader RIW 2012, 21 mwN.
[88] Die wohl hL sieht den Haftungsgrund bei unzutreffenden Auskünften in der third party legal opinion in einer vorvertraglichen Vertrauenshaftung nach Maßgabe von §§ 241 Abs. 2, 280 Abs. 1, 311 Abs. 3 S. 2 BGB. Nach Auffassung des BGH kommt allerdings der konkludente Abschluss eines rechtsverbindlichen Auskunftsvertrages bzw. ein Vertrag mit Schutzwirkung zugunsten Dritter in Betracht; kritisch zu dieser Rechtsprechung Koch WM 2005, 1208 (1211) mwN. Im US-amerikanischen Recht wird die Haftung der die Stellungnahme abgebenden Experten gegenüber dem Adressaten dagegen wohl deliktisch begründet, Giesen/Mader RIW 2012, 21 (22); *Fortress Credit Corp. v. Dechert LLP,* 19 N.Y.3d 805. Auch im englischen Recht dürfte die Haftung gegenüber dem nicht vertraglich mit dem Verfasser verbundenen Adressaten einer falschen legal opinion (nur) aus einem tort of negligent misstatement folgen; grundlegend dazu die Entscheidung *Hedley Byrne & Co Ltd v Heller & Partners Ltd* [1964] AC 465.
[89] Maier-Reimer NJW 2014, 2613 (2614).

keit, vertragliche Ansprüche in dieser Jurisdiktion zwangsweise durchsetzen zu können (enforceability opinion).[90]

32a Üblicherweise ist die meist in Form eines **Anschreibens** an ihren Adressaten gekleidete legal opinion dabei wie folgt aufgebaut:

- Kurze Einführung in die Hintergründe der Transaktion und den Grund für die erbetene Stellungnahme
- Auflistung der (ausschließlich) für die **Prüfung herangezogenen Dokumente**
- Umfang der opinion **(scope)** insbesondere mit Blick auf die geprüfte Rechtsordnung
- Auflistung aller der opinion zugrundeliegenden (und vom Aussteller ausdrücklich nicht überprüften!) Annahmen **(assumptions)**
- Die eigentliche gutachterliche Stellungnahme/Bestätigung **(opinion)** zu den maßgeblichen Fragestellungen
- Allfällige Einschränkungen **(qualifications)** der getroffenen Bestätigungen
- Üblich sind zuletzt auch **Rechtswahl-** und **Gerichtsstandsklauseln,** deren Wirksamkeit allerdings schon deswegen zweifelhaft ist, weil in der Entgegennahme des opinion letter durch den Adressaten regelmäßig keine Annahme eines korrespondierenden Angebots auf Abschluss eines Verweisungs- bzw. Prozessvertrages gesehen werden kann. Daraus folgt mit Blick auf das **anwendbare Haftungsstatut** (das dann ggf. objektiv nach dem Kollisionsrecht eines zuständigen nationalen Gerichts und dessen Verständnis von der maßgeblichen Qualifikation möglicher Haftungsansprüche angeknüpft werden muss) eine insbesondere für den Aussteller erhebliche Rechtsunsicherheit.[91]

Muster Gerüst (Third Party) Legal Opinion

LEGAL OPINION IN RELATION TO (…)

Ladies and Gentlemen,

We have been asked by […] to review […] (hereinafter the „Opinion Documents") for the sole purpose of rendering the opinion („Opinion") set out below.

The Opinion is addressed to you and given for your sole benefit for the purpose of […] only and may not be disclosed or relied upon by any other person without our prior written consent in each specific case.

1. Documents examined

1. This Opinion is solely based on the Opinion Documents as well as the following documents (collectively „Documents") and we have not made any further investigations or searches of facts other than obtaining the Documents:

[…]

2. Assumptions[92]

For the purpose of rendering the Opinion set out below in clause 4, we have without any further inquiry in that regard assumed:

(a) the genuineness of all signatures on the Documents;

(b) the authenticity, completeness and accuracy of all Documents submitted to us as originals;

(c) the completeness and conformity to the originals of all copies of Documents submitted to us (and including the authenticity, completeness and accuracy of the related originals);

(d) the legal capacity of all natural persons involved;

---

[90] Zum Ganzen Giesen/Mader RIW 2012, 21 (28 ff.).

[91] Auf die dadurch entstehenden Risiken weist zu Recht Reithmann/Martiny/Knöfel Internationales Vertragsrecht Rn. 10.37 hin.

[92] Die assumptions bedürfen vor dem Hintergrund der Umstände der konkreten Transaktion natürlich ggf. der Anpassung und/oder Erweiterung.

(e) the capacity, power and authority of each of the parties (other than [...]) to enter into the Opinion Documents and the due execution and delivery of [...] by such parties (other than [...]);
(f) the lack of bad faith and absence of fraud, duress, mistake or undue influence on the part of any of the parties to the Opinion Documents, the respective directors, employees, agents and advisors;
(g) that insofar as any obligation under the Opinion Documents has to be performed in any jurisdiction outside Germany, its performance will not be illegal or ineffective by virtue of the laws of that jurisdiction;
(h) that no entry has been made in any commercial register which is not yet reflected in the commercial register extracts referred to in the Documents and that no respective resolution has been passed in the meantime;
(i) that all factual statements made in the Documents are correct and complete;

[...]

3. Scope of Opinion

This opinion speaks only as of its date and is confined to the laws of Germany as currently in effect and we accordingly express no opinion on any matter so far as it may be affected by the law of any country other than Germany.

4. Opinion[93]

Based solely on the foregoing paragraphs of this letter, we are of the opinion that:

[...]

5. Qualifications

The opinion set out above in clause 4 is subject to the following qualifications:

[...]

6. Governing Law and Jurisdiction

This Opinion is governed by German law and any disputes arising out of or in connection with this Opinion shall be subject to the exclusive jurisdiction of the courts of (...), Germany.

Angesichts der betroffenen Rechtsfragen setzt die third party legal opinion regelmäßig nicht die Prüfung des Vertragswerks im Einzelnen voraus. Dadurch stellt sie im Ergebnis regelmäßig eine (vergleichbar) kostengünstige Alternative für diejenige Vertragspartei dar, die ein ihr bekanntes Vertragsstatut durchsetzen kann und bereits aus diesem Grund nur ein begrenztes Beratungsinteresse hat. 33

2. Weitergehende Einholung von externem Rechtsrat

Allgemeingültige Antworten auf die Frage, ob, wann und vor allem auch in welchem Umfang die Einschaltung ausländischer Rechtsberater außerhalb des klassischen Anwendungsbereichs von third party legal opinions sinnvoll oder sogar geboten ist, kann es angesichts der Vielgestaltigkeit internationaler Transaktionen, den hierbei auftretenden Rechtsfragen und sonstiger Umstände des Einzelfalls nicht geben. Grundsätzlich kann die Einschaltung sachkundiger externer Berater immer dann notwendig werden, wenn der intendierte Vertrag von größerer wirtschaftlicher Bedeutung ist, voraussichtlich einem **ausländischen Vertragsstatut** unterliegen wird und die mit der Vertragskommentierung und -verhandlung beauftragte Sozietät bzw. die interne Rechtsabteilung nicht selbst über die notwendige Expertise in der einschlägigen ausländischen Rechtsordnung verfügt. Aber 34

[93] Die eigentliche „opinion“ sowie allfällige „qualifications“ können sinnvoller Weise erst auf Basis der individuellen Umstände des Einzelfalls erstellt werden.

auch die nicht dem Vertragsstatut unterfallenden Rechtsfragen im Zusammenhang mit der geplanten Transaktion können im Einzelfall die Einschaltung ausländischer Rechtsberater erforderlich machen – beispielsweise, wenn die Einhaltung einschlägiger ausländischer kartellrechtlicher oder exportkontrollrechtlicher Vorschriften sichergestellt werden muss.

35 Aus Sicht deutscher Anwälte ist darüber hinaus zu bedenken, dass eigene Beratungsleistungen im ausländischen Recht (auch) im Rahmen der Vertragsgestaltung und -verhandlung nach Maßgabe von § 51 Abs. 3 Nr. 3 BRAO nur dann vom Pflichtumfang der **Berufshaftpflichtversicherung** abgedeckt sind, soweit es sich um eine **europäische Rechtsordnung** handelt.[94] Bei Beratungsleistungen zum außereuropäischen Recht empfiehlt sich daher dringend die Erweiterung des Versicherungsschutzes durch entsprechende besondere Vereinbarung mit dem Haftpflichtversicherer. Das gilt letztlich selbst für den Fall, dass **mit Einverständnis** des Mandanten ein Korrespondenzanwalt im außereuropäischen Ausland eingeschaltet wird, da der deutsche Anwalt den eingeschalteten ausländischen Kollegen grundsätzlich zwar nicht inhaltlich überwachen und sich dessen Verschulden auch nicht zurechnen lassen muss, gegenüber dem Mandanten auf Grundlage von § 664 Abs. 1 S. 2 BGB auch in diesem Fall aber zumindest eine potentiell haftungsträchtige **Plausibilitätskontrolle** der eingeholten Rechtsauskünfte schuldet.[95] § 29b BORA statuiert zudem die berufsrechtliche Pflicht deutscher Anwälte, eingeschaltete Korrespondenzanwälte darüber zu informieren, wenn eine eigene Verbindlichkeit oder Haftung für Honorar, Kosten und Auslagen nicht übernommen werden soll.[96]

36 Offensichtliche Nachteile der Einschaltung **ausländischer Rechtsberater** sind zum einen die dadurch verursachten und teilweise **erheblichen** Mehrkosten. Die Stundenhonorare englischer solicitors (und insbesondere auch der im Fall einer streitigen Auseinandersetzung zusätzlich erforderlichen barristers)[97] sowie US-amerikanischer Anwälte liegen beispielsweise im Durchschnitt signifikant über den Kostensätzen deutscher Anwälte. Auch die durch die Einschaltung ausländischer Rechtsberater verursachten zeitlichen Verzögerungen für den Abschluss der jeweiligen Transaktion müssen bedacht werden. Zuletzt ist die **Qualitätssicherung** schwierig: Es liegt in der Natur der Sache, dass Auskünfte und Empfehlungen ausländischer Rechtsberater im Ergebnis nur einer Plausibilitätskontrolle unterzogen werden können und eine spätere Auswechslung des hinzugezogenen Beraters bei Unzufriedenheit über die Dauer und/oder Qualität der Bearbeitung der übertragenen Aufgabenstellung durch die dadurch verursachten zusätzlichen Kosten nur im Ausnahmefall eine denkbare Option darstellt.

37 All diese Erwägungen machen es erforderlich, ausländische Rechtsberater sorgfältig auszuwählen sowie ihren Einsatz präzise zu steuern und laufend zu überwachen. Gelingen kann dies nur, wenn vor der Beauftragung die Aufgabenstellung so eindeutig wie möglich

---

[94] Bei einer Beratung in außereuropäischen Rechtsordnungen ist die Deckung in den marktüblichen Haftpflichtversicherungsbedingungen daher regelmäßig ausgeschlossen, Ziff. A. § 4.1 AVB in Verbindung mit A 2.1 BBR-RA der Allgemeinen und Besonderen Vertragsbedingungen sowie Risikobeschreibungen zur Vermögensschaden-Haftpflichtversicherung für Rechtsanwälte und Patentanwälte, Steuerberater, Wirtschaftsprüfer und vereidigte Buchprüfer (AVB-RSW). Der Begriff „europäisch" ist dabei geographisch und nicht politisch zu verstehen; nicht „außereuropäisch" sind aus diesem Grund etwa auch die Rechtsordnungen der Türkei und von Russland, die geografisch betrachtet teilweise in Europa und teilweise in Asien liegen, Diller Berufshaftpflicht BBR-RA A.2 Rn. 13.

[95] Reithmann/Martiny/Knöfel Internationales Vertragsrecht Rn. 10.69; Müller AnwBl 2006, 278 (279).

[96] Eine Anspruchsgrundlage auf Zahlung des Honorars gegenüber dem beauftragenden Anwalt ist § 29b BORA dagegen nicht, OLG Hamburg NJW-RR 2017, 1465 (1468).

[97] Ein sicherlich extremes Beispiel sind die kürzlich in einem wirtschaftsrechtlichen Verfahren vor englischen Gerichten angefallenen Anwaltskosten, vgl. *The Public Institution for Social Security v Banque Pictet & Cie SA & Ors* [2022] EWCA Civ 29 Rn. 12. Allein für die (am Ende erfolgreiche) Rüge der Unzuständigkeit und die damit zusammenhängenden Fragen (insbes. Wirksamkeit und Auslegung von Gerichtsstandsvereinbarungen nach Art. 23 des Luganer Übereinkommens sowie dem Gerichtsstand der Streitgenossenschaft nach Art. 6 LugÜ) fielen (wenn auch für insgesamt 8 Beklagte) rund 13,5 Mio. Pfund an (von denen der englische High Court immerhin noch knapp 7 Mio. Pfund als erstattungsfähig angesehen hat) – und das nur für die erste Instanz!

identifiziert und eine klare Verständigung über den zu veranschlagenden **Zeit- und Kostenaufwand** gefunden wird. Es versteht sich von selbst, dass Grundkenntnisse in der einschlägigen ausländischen Rechtsordnung äußerst hilfreich sind, um überhaupt etwaigen Beratungsbedarf zu identifizieren, inhaltlich zu präzisieren sowie das Arbeitsergebnis der erforderlichen Plausibilitätskontrolle unterziehen zu können.

Auch mit Blick auf die effiziente Einschaltung ausländischer Berater empfiehlt sich zuletzt, eine Einigung über das anwendbare **Vertragsstatut** nach Möglichkeit zu **Beginn** (und nicht wie häufig in der Praxis erst am Ende) der Vertragsverhandlungen zu erzielen. Der in einer maßgeblichen ausländischen Rechtsordnung kompetente Korrespondenzanwalt kann dann bei Bedarf bereits zu Beginn der Verhandlungen oder für punktuell während der Verhandlungsphase auftretende Rechtsfragen eingebunden werden. 38

§ 2 Vertragsaufbau und Vertragssprache von internationalen Wirtschaftsverträgen

Übersicht

Schrifttum:

Adams, A Manual of Style for Contract Drafting, 4. Aufl. 2017; *Anderson/Warner,* Drafting and Negotiating Commercial Contracts, 3. Aufl. 2012; *Bugg,* Contracts in English, 4. Aufl. 2020; *Burnham,* Transactional Skills Training: Contract Drafting – Beyond the Basics, Tenn. J. Bus. 2009, 253 ff.; *Butt,* Modern Legal Drafting, Statute Law Rev. 2002, 12 ff.; *Daigneault,* Drafting International Agreements in Legal English, 3. Aufl. 2022; *Döser,* Anglo-amerikanische Vertragsstrukturen in deutschen Vertriebs-, Lizenz- und sonstigen Vertikalverträgen, NJW 2000, 1451 ff.; *Ders.,* Vertragsgestaltung im internationalen Wirtschaftsrecht, 2001; *Farnsworth,* The Interpretation of International Contracts and the Use of Preambles, Int'l Bus. L.J. 2002, 271 ff.; *Fontaine/de Ly,* Drafting International Contracts, 2009; *Haggard,* Contract Law From a Drafting Perspective, 2003; *Hök,* Zur Vertragsredaktion und -auslegung im grenzüberschreitenden Geschäft, ZAP 2007, 211 ff.; *Johnson,* Say the Magic Word: A Rhetorical Analysis of Contract Drafting Choices, Syracuse L. Rev. 2015, 451 ff.; *Kötz,* Der Einfluss des Common Law auf die internationale Vertragspraxis, in: FS Heldrich, 2005, S. 771 ff.; *Künnecke,* English as Common Legal Language: Its Expansion and the Effects on Civil Law and Common Law Lawyers, ERPL 2016, 733 ff.; *Maier-Reimer,* Vertragssprache und Sprache des anwendbaren Rechts, NJW 2010, 2545 ff.; *Salembier,* Legal & Legislative Drafting, 2009; *Sefton-Green,* How far can we go when using the English language for private law in the EU?, ERCL 2012, 30 ff.; *Stark,* Negotiating and Drafting Contract Boilerplates, 2003; *Triebel/Balthasar,* Auslegung englischer Vertragstexte unter deutschem Vertragsstatut – Fallstricke des Art. 32 I Nr. 1 EGBGB, NJW 2004, 2189 ff.; *Triebel/Vogenauer,* Englisch als Vertragssprache, 2018; *Watson-Brown,* Defining ‚Plain English' as an Aid to Legal Drafting, Statute Law Rev. 2009, 85 ff.

A. Der Aufbau internationaler Wirtschaftsverträge

1 Der Aufbau eines internationalen Wirtschaftsvertrages folgt keinen zwingenden Regeln. Es bleibt den Parteien überlassen, wie sie vertragliche Absprachen im Vertragstext gliedern wollen. Für eine übersichtliche, logisch aufgebaute und an internationalen Standards orientierte Vertragsstruktur spricht allerdings nicht nur die bessere Verständlichkeit und Nachvollziehbarkeit der vertraglichen Absprachen für die Vertragsparteien und mögliche externe Leser der Vertragsdokumente wie den zur Entscheidung vertraglicher Streitigkeiten berufenen (Schieds-)Gerichten oder die Transaktion finanzierende Banken. Insbesondere in Standardverträgen kann durch eine in sich stimmige und transparente Vertragsgestaltung auch der Gefahr vorgebeugt werden, dass einzelne Klauseln mangels zumutbarer **Möglichkeit der Kenntnisnahme** durch die andere Vertragspartei kein Vertragsbestandteil werden: Im deutschen Recht etwa scheitert (auch) im unternehmerischen Geschäftsverkehr die wirksame Einbeziehung überraschender Klauseln in Allgemeinen Geschäftsbedingungen an § 305c Abs. 1 BGB. Denn überraschend in diesem Sinne kann eine Klausel unabhängig von ihrem Inhalt auch dann sein, wenn sie im Vertrag an einer Stelle geregelt ist, an der sie der Vertragspartner nicht zu erwarten braucht.[1] Vergleichbare Grundsätze gelten im Schweizer Recht durch die gewohnheitsrechtlich anerkannte Ungewöhnlichkeitsregel,[2] im Österreichischen Recht (§ 864a ABGB) und im UN-Kaufrecht (CISG).[3] Im US-amerikanischen Recht kann insbesondere die Einschränkung der gesetzlich implizierten Gewährleistungspflichten in Kaufverträgen (implied warranties) unwirksam sein, wenn angesichts ihrer Darstellungsweise im Vertrag vernünftigerweise nicht mit Kenntnisnahme durch die andere Vertragspartei zu rechnen war.[4] Auch im englischen Recht werden sog. „onerous or unusual terms" in übersandten Vertragsbedingungen selbst im unternehmerischen Geschäftsverkehr nur dann Vertragsbestandteil, wenn der Ersteller die andere Vertragspartei hinreichend deutlich auf sie hingewiesen hatte (sog. **„red hand rule"**).[5] Streitig ist lediglich, ob dies im Einzelfall auch bei Vertragsdokumenten gilt, die von beiden Parteien unterschrieben wurden.[6]

---

[1] BeckOGK/Bonin, 1.3.2022, § 305c BGB Rn. 38. Für ein Beispiel aus der Rechtsprechung BGH NJW 2010, 3152 (3154): Den in einer Klausel über Aufrechnungs- und Zurückbehaltungsrechte geregelten Ausschluss der Garantiehaftung für anfängliche Mängel (§ 536a BGB) in einem Gewerbemietraumvertrag hat der BGH hier als überraschend angesehen, da zwar nicht der Ausschluss der Garantiehaftung als solcher, dafür aber seine Stellung im Vertragswerk (fehlender systematischer Zusammenhang mit der Aufrechnungsklausel) überraschend sei; in die gleiche Richtung BAG NZA-RR 2013, 327 (330).

[2] BGE 109 II 452 (456 ff.); zur Evolution der Ungewöhnlichkeitsregel in der Rechtsprechung Klett/Hurni recht 2012, 80 (82 ff.).

[3] Schlechtriem/Schwenzer/Schroeter/Schmidt-Kessel CISG Art. 8 Rn. 57. Anderer Auffassung etwa Staudinger/Magnus BGB Art. 4 CISG Rn. 25, der die Problematik überraschender Klauseln dem Bereich der nicht mehr vom CISG erfassten Inhaltskontrolle nach ergänzendem (nationalen) Vertragsstatut zuordnen will.

[4] § 2–316 Abs. 2 UCC: *„(2) Subject to subsection (3), to exclude or modify the implied warranty of merchantability or any part of it the language must mention merchantability and in case of a writing must be conspicuous, and to exclude or modify any implied warranty of fitness the exclusion must be by a writing and conspicuous. Language to exclude all implied warranties of fitness is sufficient if it states, for example, that „There are no warranties which extend beyond the description on the face hereof".*

[5] Chitty on Contracts General Principles Rn. 15–012.

[6] Grundsätzlich tritt in einem solchen Fall nach englischem Vertragsrecht unabhängig von der Kenntnis der Parteien über einzelne Inhalte eine Bindung an alle Klauseln ein, grundlegend *L'Estrange v Graucob Ltd* [1934] 2 K.B. 394; Chitty on Contracts General Principles Rn. 15–005 ff. mwN. Allerdings muss dafür das von den Parteien unterschriebene Dokument auch im unternehmerischen Geschäftsverkehr die Klauseln unmittelbar selbst (und nicht nur im Wege eines Verweises auf gesonderte AGB) enthalten, *Blu-Sky Solutions Ltd v Be Caring Ltd* [2021] EWHC 2619 (Comm) Rn. 93 ff. Einzelne Entscheidungen deuten darüber hinaus an, dass eine Einbeziehung einzelner Klauseln in Extremfällen auch in dieser Konstellation (von beiden Parteien unterschriebenes Vertragswerk) scheitern kann, *Ocean Chemical Transport Inc v Exnor Craggs Ltd* [1999] EWCA Civ 3040 Rn. 49: „(…) *in some extreme circumstances, even a signature might not be enough.*"

I. Die Grobstruktur

In der Praxis internationaler Wirtschaftsverträge hat sich ein typischer Vertragsaufbau herausgebildet, der stark von der anglo-amerikanischen Kautelarpraxis beeinflusst ist. Der Grund dafür ist im Zweifel weniger die besondere Eignung des common law für internationale Wirtschaftsverträge, sondern die unangefochtene Rolle der **englischen Sprache** als lingua franca des internationalen Vertragsrechts.[7] Das wiederum verführt dazu, dass zum Teil zu unreflektiert Vertragsklauseln oder gar ganze Musterverträge verwendet werden, die als englischsprachige Texte ursprünglich von **anglo-amerikanischen Kautelarjuristen** stammen. Die Folge sind Vertragswerke, die nicht nur detailverliebte transaktionstypische Klauseln, sondern auch Standardklauseln (sog. „boilerplates"), Präambeln und dem Vertrag vorangestellte umfassende Definitionskataloge enthalten,[8] bei denen sich die Vertragsparteien häufig selbst nicht ausreichend über ihren Sinn mit Blick auf die konkrete Transaktion und ihre rechtliche Wirkung (unter Berücksichtigung des auf den Vertrag jeweils anwendbaren Rechts) im Klaren sind. Damit soll indes nicht einer Ablehnung der üblichen Gestaltungspraxis internationaler Wirtschaftsverträge das Wort geredet werden. Der Vertragsgestalter sollte sich aber immer fragen, welcher Vertragsklauseln es tatsächlich bedarf und welche Modifikationen ggf. im Einzelfall erforderlich sind, um die mit dem Vertrag vorgesehenen Ziele zu erreichen. 2

Typische Vertragsbestandteile internationaler Wirtschaftsverträge

– Title	[Vertragsbezeichnung]
– Names and Addresses	[Vertragsrubrum]
– Preamble/Recitals	[Präambel, Erwägungsgründe]
– Definitions	[Definitionskatalog]
– Subject Matter; Main Contractual Duties	[Vertragsgegenstand und Hauptleistungspflichten]
– Remedies	[Rechtsbehelfe bei Vertragsverletzungen]
– Limitation of Liability and Limitation of Actions	[Haftungsbeschränkungen, Verjährungsregelungen]
– Miscellaneous:	[Sonstige allgemeine Vertragsbestimmungen]
– Written Form Requirement/ NOM[9]-Clause	[Schriftformklausel]
– Severability Clause	[Salvatorische Klausel]
– Merger/Entire Agreement Clause	[Vollständigkeitsklausel]
– Non-Assignment-Clause	[Abtretungsverbot]
– Term and Termination	[Vertragslaufzeit und Vertragsbeendigung]
– Ggf. Condition Precedents	[Rechtsbedingungen]
– Notice Clause	[Vertragliche Benachrichtigungen]
– Governing Law and Dispute Resolution	[Rechtswahl und Streitbeilegungsklausel]
– Signature Section	[Unterschriftenzeile]
– Schedules	[Vertragsanlagen]

[7] Zu wirtschaftlichen Hintergründen für die Dominanz von Musterverträgen aus dem anglo-amerikanischen Bereich auch Cordero Moss/Vetesse Boilerplate Clauses S. 20 sowie für M&A Transaktionen Künnecke ERPL 2016, 733 (737f.).

[8] Dazu (und auch den Motiven anglo-amerikanischer Kautelarjuristen, möglichst umfassende Vertragswerke zu konzipieren) Kötz FS Heldrich S. 771 (773f.).

[9] No-oral modification clause.

II. Einzelne typische Vertragselemente

1. Vertragsbezeichnung (Title)

3 Eine passende Bezeichnung des Vertrages erleichtert die schnelle rechtliche Einordnung und kann zugleich als Auslegungshilfe dafür dienen, welchen **Vertragstyp** die Parteien wählen wollten. Ob der Vertrag dabei als „Contract" oder „Agreement" überschrieben wird, spielt im Ergebnis keine Rolle.[10] Vorsicht bei der Vertragsbezeichnung ist allerdings im Fall der wörtlichen Übersetzung spezifischer Rechtsbegriffe der eigenen Rechtssprache geboten: Während beispielsweise die Bezeichnung als (Bank-)Garantie im deutschen Recht auf ein nichtakzessorisches Sicherungsmittel hindeutet, versteht zumindest das englische Recht unter einer guarantee grundsätzlich ein akzessorisches Sicherungsinstrument, mit dem (funktional vergleichbar mit einer Bürgschaft) lediglich eine akzessorische „secondary obligation" und keine selbstständige „primary obligation" des Garantiegebers übernommen wird.[11] Die Titulierung als (bank) bond bzw. demand guarantee ist daher zumindest passender, wenn ein nicht akzessorisches Sicherungsmittel vereinbart werden soll.

Ausgewählte Typen internationaler Wirtschaftsverträge

I. Vorfeldvereinbarungen	
– Letter of Intent/Memorandum of Understanding	[Absichtserklärungen]
– Non-Disclosure Agreement (NDA)/ Confidentiality Agreement/Confidential Disclosure Agreement (CDA)	[Vertraulichkeitsvereinbarungen]
II. Sicherungsmittel	
– Documentary Letter of Credit	[Dokumentenakkreditiv]
– Bank Bond	[Bankgarantie]
– Suretyship/Guarantee	[Bürgschaftserklärung]
– Comfort Letter	[Patronatserklärung]
III. Besondere Vertragstypen	
– Sales/Purchase/Supply Agreement	[Kaufvertrag]
– Framework Supply Agreement	[Rahmenliefervertrag]
– Lease Agreement	[Mietvertrag]
– Service Agreement	[Dienstleistungsvertrag]
– Construction Contract	[Bauvertrag]
– EPC-Contract/Turnkey-Contract[12]	[Anlagenbauvertrag]
– Commercial Agency/ Sales Representative Agreement	[Handelsvertretervertrag]
– Dealership/Distributorship Agreement[13]	[Vertragshändlervertrag]
– Franchise Agreement	[Franchisevertrag]
– Commercial Broker Contract[14]	[Handelsmaklervertrag]

---

[10] So im Ergebnis auch Adams Contract Drafting Rn. 2.11.

[11] Aufschlussreich zum Unterschied im englischen Recht zwischen akzessorischen „klassischen" guarantees auf der einen sowie nicht-akzessorischen indemnities und bonds/demand guarantees auf der anderen Seite Bethell-Jones J.I.B.L.R. 2006, 156ff. Entscheidend ist am Ende allerdings auch hier nicht die Bezeichnung, sondern der Inhalt der Vereinbarung, *Vossloh Aktiengesellschaft v Alpha Trains* (UK) Ltd. [2010] EWHC 2443 (Ch) Rn. 22.

[12] EPC steht für „Engineering, Procurement and Construction".

[13] Die Bezeichnung als „Dealership Agreement" deutet dabei zumindest nach US-amerikanischem Verständnis regelmäßig auf eine engere Eingliederung in die Vertriebsorganisation des Lieferanten hin als dies typischer Weise im Fall eines „Distributorship Agreement" der Fall ist, Church/Bales ZVertriebsR 2012, 26.

[14] Die ICC verwendet für einen entsprechenden Mustervertrag die Bezeichnung „Occasional Intermediary Contract", The ICC Model Occasional Intermediary Contract ICC-Publ. Nr. 619 E.

– Cooperation Agreement	[Kooperationsvertrag]
– Consultancy Agreement	[Beratungsvertrag]
– Joint-Venture Agreement	[Joint-Venture Vertrag]
– Share Purchase Agreement (SPA)	[Anteilskaufvertrag]
– Asset Purchase Agreement (APA)	[Kaufvertrag über Vermögenswerte]
– License Agreement	[Lizenzvertrag]
IV. Sonstiges	
– Mutual Release and Settlement Agreement	[Vergleichsvereinbarung]
– Amendment Contract	[Änderungsvertrag]
– Novation Agreement	[Vertragsübernahmevertrag]
– Contract of Assignment	[Abtretungsvertrag]

2. Vertragsrubrum (Names and Addresses)

Das Vertragsrubrum dient der klaren **Identifizierung** der beteiligten Vertragsparteien. In internationalen Wirtschaftsverträgen enthält das Rubrum häufig auch die Angabe der Rechtsordnung, nach der die Gesellschaft gegründet wurde, sowie etwaige Registernummern oder die Angabe des Geschäftssitzes, unter dem die Gesellschaft registriert ist. Zwingend sind diese zusätzlichen Angaben nicht. Das Vertragsrubrum muss aber eine eindeutige Feststellung ermöglichen, **wer Vertragspartei** werden soll. Sorgfalt ist daher insbesondere bei der Bezeichnung von Vertragsparteien geboten, die zu einem Konzern gehören, da Konzerngesellschaften häufig unter ähnlichen Namen firmieren. 4

Regelmäßig definiert das Vertragsrubrum auch Kurzbezeichnungen der Vertragsparteien, die im weiteren Vertragstext anstelle der vollen Firmierung verwendet werden können. 5

Beispiel Vertragsrubrum

This [•] agreement (hereinafter referred to as the „Agreement") is entered into by the following two parties:

(1) [•], a company incorporated in [•], having its registered office at [•] (hereinafter referred to as „[•]");

and

(2) [•], a company incorporated in [•], having its registered office at [•] (hereinafter referred to as „[•]").

As the context may require, [•] and [•] hereinafter also collectively referred to as „Parties" and individually referred to as a „Party".

3. Die Präambel („Whereas"-clauses/Preamble/Recitals)

In umfangreicheren Vertragswerken stellen die Parteien dem eigentlichen Vertragstext regelmäßig eine Präambel voran, deren einzelne Abschnitte nach anglo-amerikanischem Vorbild traditionell mit Konjunktionen wie „Whereas" bzw. „Considering that"[15] eingeleitet werden. Modernere Verträge aus dem englischen Rechtsraum verzichten mittlerweile darauf, jedem Absatz der Präambel erneut ein Whereas voranzustellen und verwenden stattdessen zur Gliederung der Präambel (in Abgrenzung zur Nummerierung der Vertragsklauseln im operativen Teil des Vertrages) alphabetisch gegliederte Absätze.[16] 6

---

[15] Döser Vertragsgestaltung S. 30.

[16] Encyclopedia of Forms and Precedents Vol 4 (3) Boilerplate and Commercial Clauses Rn. 13ff.; Anderson/Warner Drafting S. 38; für einen vollständigen Verzicht von „Whereas" plädiert Adams Contract Drafting Rn. 2.143 („archaic").

Beispiel für eine Vertragspräambel

Background

(A) The Employer wishes to develop [•] for use in [•] and the Contractor has agreed to provide [•] as part of a pilot project on the terms set out in this Master Agreement.

(B) If the pilot project proves to be a success, it is the Employer's current intention to deploy [•], with the intention that the Employer's affiliates will purchase new [•] directly from the Contractor pursuant to the terms of this Master Agreement.

(C) Accordingly, the Contractor and the Employer have entered into this Master Agreement in order to agree on the overriding and master terms governing the supply of [•] to the Employer and its affiliates.

7 Typischerweise enthält die Präambel Angaben zu den **Hintergründen** des Vertragsschlusses (context recitals), den **Zielvorstellungen** der Parteien (purpose recitals) und eine stark geraffte Zusammenfassung der wesentlichen Vertragsinhalte. Sie dient damit in erster Linie dazu, den Vertrag auch für externe Personen, die erst zu einem späteren Zeitpunkt mit dem Vertrag in Berührung kommen, leichter verständlich zu machen. Bedeutung hat diese **Verständnisfunktion**[17] der Präambel allerdings nur bei komplexeren Verträgen: Bei Standardtransaktionen, die überdies lediglich einen einmaligen Leistungsaustausch zum Gegenstand haben, bleiben vorangestellte Erwägungsgründe regelmäßig funktionslos und sollten daher auch nur im Ausnahmefall in den Vertragstext mit aufgenommen werden.

8 Problematischer ist die Frage nach den **Rechtswirkungen** einer Präambel. Auf Grundlage der traditionellen Unterscheidung zwischen Präambel und operativem Vertragsteil spricht nach vielen Rechtsordnungen eine **Vermutung** dafür, dass die Präambel **keine Rechte und Pflichten** der Parteien oder sonstige unmittelbar rechtsverbindliche Regelungen enthält.[18] Den Parteien bleibt es natürlich unbenommen, Vertragspflichten bereits in der Präambel zu vereinbaren.[19] Empfehlenswert ist das aber nicht, weil angesichts der entgegenstehenden Vermutung in diesem Fall nicht nur Zweifel bezüglich der Rechtsverbindlichkeit entsprechender Vereinbarungen verbleiben, sondern auch Widersprüche zu den im operativen Vertragsteil geregelten Rechten und Pflichten der Parteien auftreten können. Im Ergebnis sollten in die Präambel daher weder Vertragspflichten noch sonstige rechtsverbindliche Regelungen (wie etwa auch Definitionen) aufgenommen werden. Wenn Vertragspflichten der Parteien in der Präambel überhaupt erwähnt werden, sollte eine ausdrückliche Bezugnahme auf die nähere Ausgestaltung im eigentlichen Vertragstext erfolgen.[20]

9 Die wünschenswerte klare **Trennung** zwischen Präambel und **operativem Vertragsteil** kann im Rahmen der Vertragsgestaltung durch einen **Abschlusssatz** (sog. „Lead in"[21]) am Ende der Präambel herausgestrichen werden, der zum operativen Vertragsteil überleitet und dadurch zugleich der Klarstellung dient, dass die unmittelbar rechtsverbindlichen Regelungen erst noch folgen.

Beispiel für eine Lead in-Klausel als Abschluss der Präambel

The Parties therefore agree on the following Agreement:

10 Die Abwesenheit unmittelbar rechtsverbindlicher Regelungen bedeutet allerdings nicht, dass die Präambel rechtlich irrelevant ist. So kann sie bei Geltung deutschen Rechts etwa

[17] Zu dieser Verständnisfunktion Schmittat Vertragsgestaltung S. 148.
[18] So deutlich etwa der Auslegungsgrundsatz im englischen Recht, Chitty on Contracts General Principles Rn. 13–68.
[19] Beispiele für Präambeln mit unmittelbar rechtsverbindlichen Inhalten finden sich etwa bei Fontaine/de Ley Drafting S. 76ff.
[20] Fontaine/de Ley Drafting S. 102; in die gleiche Richtung auch Adams Contract Drafting Rn. 2.154.
[21] Zu diesem Begriff Schrey/Kugler IT Agreements S. 12.

die **Geschäftsgrundlage des Vertrages** skizzieren[22] oder Anhaltspunkte für eine ergänzende Vertragsauslegung enthalten. In nahezu allen Rechtsordnungen beeinflusst sie darüber hinaus die **Auslegung** der Vertragsbestimmungen.[23] Die Bedeutung als Auslegungshilfe erklärt die Funktion der Präambel gerade in anglo-amerikanischen Verträgen, wo sie letztlich einer Aufweichung der traditionellen Beschränkung der Vertragsauslegung auf den Wortlaut der operativen Klauseln dienen soll.[24]

Darüber hinaus bietet die Präambel aber auch die Möglichkeit, die **Kenntnis oder Unkenntnis** der Vertragsparteien von bestimmten tatsächlichen oder rechtlichen Umständen zu Beweiszwecken zu **dokumentieren.** Das kann im Einzelfall zum Wegfall von vertraglichen Gewährleistungs- oder sonstigen Haftungsansprüchen führen.[25] Andererseits kann die Haftung aber auch ausgeweitet werden – etwa, wenn der vertragliche Pflichtenumfang mittelbar dadurch erweitert wird, dass ein **besonderer Verwendungszweck** des Vertragsgegenstandes[26] oder besondere Fähigkeiten eines Vertragspartners in der Präambel genannt werden. Stellt die Schadensersatzhaftung nach dem maßgeblichen Vertragsstatut für die Ersatzfähigkeit von Schäden auf ihre Vorhersehbarkeit zum Zeitpunkt des Vertragsschlusses ab,[27] können in die Präambel beispielsweise auch Hinweise auf untypische und daher objektiv nicht vorhersehbare Schadensrisiken im Fall bestimmter Vertragsverletzungen aufgenommen werden. In der Folge werden diese Schadenspositionen dann zumindest subjektiv vorhersehbar. 11

4. Definitionen

Ein weiterer typischer Bestandteil internationaler Wirtschaftsverträge, der ebenfalls auf die anglo-amerikanische Kautelarpraxis zurückgeht und auch die Gesetzgebungstechnik der EU inspiriert hat,[28] sind vorangestellte Definitionen für im Vertragswerk (zumeist mehrfach) verwendete **Schlüsselbegriffe.** Ähnlich wie bei der Präambel gilt auch hier, dass ein Definitionskatalog in aller Regel nur bei komplexeren und längeren Vertragswerken sinnvoll ist. In diesem Fall kann diese Regelungstechnik allerdings erheblich zu einer übersichtlicheren Vertragsgestaltung beitragen, weil Wiederholungen zum Verständnis mehrfach verwendeter Schlüsselbegriffe im Vertragstext entbehrlich werden. Allerdings zwingt die Verwendung von Definitionen auch zu einer besonderen Sorgfalt, da sich Fehler an dieser Stelle naturgemäß vervielfältigen. 12

Die Verwendung von Definitionen macht im Ergebnis immer dann Sinn, wenn für ein bestimmtes vertragliches Regelungskonzept **kein anerkannter Begriff** existiert (stipulative definition) oder die herkömmliche grammatikalische oder rechtliche Bedeutung eines Begriffs präzisiert, erweitert oder reduziert werden soll.[29] Vermieden werden sollten dagegen zirkelschlüssige oder (angesichts eines ohnehin klaren Bedeutungsgehaltes) schlicht überflüssige Definitionen. Ebenfalls nicht empfehlenswert (weil Verwirrung verursachend) ist die Verwendung von Definitionen, die sprachlich keinen oder einen nur geringen inhaltlichen Bezug zu der definierten Materie aufweisen (sog. „Humpty Dumpty definiti- 13

[22] BGH NJW 1995, 1425 (1428).
[23] So insbesondere die gefestigte englische Rechtsprechung, dazu McMeel Construction Rn. 4.26.
[24] Kästle/Oberbracht Unternehmenskauf S. 30.
[25] Vgl. Art. 35 Abs. 3 CISG bzw. § 442 BGB.
[26] So schuldet der Verkäufer im Fall einer Anwendbarkeit der CISG sowie im anglo-amerikanischen Kaufrecht die Eignung des Vertragsgegenstandes für einen besonderen Verwendungszweck im Grundsatz etwa auch dann, wenn ihn der Käufer auf diesen Verwendungszweck hingewiesen hat; eine (vertragliche) Vereinbarung über die Verwendungseignung ist dafür anders als (wohl) im deutschen unvereinheitlichten Recht im Rahmen der subjektiven Anforderungen an den Vertragsgegenstand (§ 434 Abs. 2 Nr. 2 BGB: „vertraglich vorausgesetzte Verwendung“) nicht erforderlich, Art. 35 Abs. 2 lit. b) CISG sowie § 2–315 UCC und s. 14 Abs. 3 SGA 1979.
[27] Art. 74 S. 2 CISG; ähnlich die „contemplation rule“ im anglo-amerikanischen Recht, dazu → § 8 Rn. 4.
[28] Döser Vertragsgestaltung S. 31 mit Verweis auf die üblichen Definitionskataloge zu Beginn eines EU-Sekundärrechtsaktes.
[29] Haggard Contract Drafting S. 51 f.

ons").[30] Nicht in den Definitionskatalog gehört zuletzt die Vereinbarung von Vertragspflichten, weil dies ihrer systematischen Stellung im Vertragsgefüge widerspricht und damit zu Auslegungsproblemen führen kann.[31]

14 In englischsprachigen Verträgen werden Definitionen im Vertragstext regelmäßig durch **Großschreibung** des definierten Wortes kenntlich gemacht.[32] Die in deutschsprachigen Verträgen zuweilen zu beobachtende Gestaltungstechnik, definierte Begriffe durch **Sperrschrift** oder Fettdruck besonders hervorzuheben, sollte dagegen aus optischen Gründen nicht übernommen werden, da sie den Lesefluss erheblich behindert.[33]

Klauselbeispiel für einen Definitionskatalog

Definitions[34]

Whenever used in this Agreement, the following capitalized terms shall have the following respective meanings:

- **„Affiliate"** of a Party means an entity which is directly or indirectly controlling such Party; which is under the same direct or indirect ownership or control as such Party; or which is directly or indirectly owned or controlled by such Party. For these purposes, an entity shall be treated as being controlled by another if that other entity has fifty percent (50 %) or more of votes in such entity [...].
- **„Intellectual Property Rights"** means patents (including utility models), design patents, designs (whether or not capable of registration), copyrights, trademarks and any other form of statutory protection of any kind and any applications for any of the foregoing as well as any trade secrets and know how.
- [...]

5. Beschreibung des Vertragsgegenstandes/Leistungspflichten der Parteien (Subject Matter)

15 Die Beschreibung des Vertragsgegenstandes und damit korrespondierende Hauptleistungspflichten der Parteien sind für einen rechtsverbindlichen Vertrag üblicherweise **konstitutive Regelungen.** Regelmäßig werden technische und kommerzielle Einzelheiten (etwa technische Spezifikationen des Vertragsgegenstandes, Zuschnitt eines Vertragsgebietes, Preislisten und Provisionsstaffeln sowie Vertragsprodukte im Fall von Vertriebsverträgen, Lizenzbedingungen bei Lizenzverträgen, etc) in Vertragsanlagen verlagert, damit der Hauptvertrag nicht unübersichtlich wird.

16 Generell definieren die vertraglichen Regelungen über Vertragsgegenstand und Hauptleistungspflichten das maßgebliche **Pflichtenprogramm** der Parteien. Insofern kommt diesen Bestimmungen auch eine zentrale Bedeutung für den Umfang der vertraglichen Haftungsrisiken zu: Was bereits nicht zum Leistungsumfang einer Partei gehört, kann später auch keinen Haftungsfall verursachen. Soweit dispositives Recht einen bestimmten Leistungsumfang bei einzelnen Vertragstypen (nur) als gesetzlichen Auffangtatbestand normiert, haben die Parteien daher im Grundsatz auch die Möglichkeit, durch ausdrückliche vertragliche Leistungsbeschreibung den gesetzlich ansonsten geschuldeten Standard zu unterschreiten (negative Beschaffenheitsvereinbarung).

---

[30] Haggard Contract Drafting S. 48, mit dem folgenden schönen Beispiel für eine solche Definition: „'Refrigerator' means the first Thursday in June."

[31] Dazu auch McMeel Construction Rn. 4.33.

[32] Anderson/Warner Drafting S. 42.

[33] So zu Recht Kästle/Oberbracht Unternehmenskauf S. 30.

[34] Üblich und sinnvoll ist die alphabetische Sortierung der Definitionen, Anderson/Warner Drafting S. 42.

6. Rechtsfolgen bei Vertragsverletzungen (Remedies)

17 Rechtsfolgen bei Vertragsverletzungen werden im Fall fehlender vertraglicher Regelungen durch das Vertragsstatut vorgegeben und sind damit kein für die Wirksamkeit des Vertrages konstitutiver Bestandteil. Schriftliche Verträge dienen typischerweise aber gerade dazu, die Auffangregelungen (default rules) des maßgeblichen Vertragsstatuts im Interesse einer oder beider Vertragsparteien zu **modifizieren** bzw. durch vertragliche Rechtsbehelfe zu ergänzen oder zu **ersetzen.** Abhängig vom jeweiligen Parteiinteresse (und in den Grenzen zwingender Bestimmungen des Vertragsstatuts) können vertraglich etwa zusätzliche Rechtsbehelfe wie Nacherfüllungsansprüche oder Freistellungsverpflichtungen eingeführt, gesetzlich vorgesehene Rechtsbehelfe abbedungen oder ihre Tatbestandsvoraussetzungen gegenüber der gesetzlichen Ausgangslage erleichtert oder erschwert werden. So kann der Gläubiger wie im Fall sog. Pld-Klauseln[35] etwa vom Nachweis entstandener Schäden, im Rahmen von Rücktrittsrechten von dem Erfordernis von Nachfristsetzungen oder dem Nachweis wesentlicher Vertragsverletzungen entbunden werden. Erschwert werden Rechtsbehelfe beispielsweise durch die Einführung eines gesetzlich nicht vorgesehenen Verschuldensprinzips als Tatbestandsvoraussetzung oder anderweitige gegenständliche bzw. zeitliche Beschränkungen entsprechender Ansprüche. In diesen Kontext gehören auch die für internationale Wirtschaftsverträge typischen Haftungsbeschränkungen (limitations of liability) und Force-Majeure Klauseln.

7. Allgemeine Bestimmungen (Miscellaneous)

18 Zu den allgemeinen Vertragsbestimmungen (gewissermaßen den boilerplates im engeren Sinne) zählen die Vollständigkeitsklausel (entire agreement/merger clause), eine Schriftformvereinbarung (no oral modification clause/written form requirement), die salvatorische Klausel (severability clause/reformation clause) sowie Abtretungsverbote (non-assignment clause). In der Vertragspraxis schenken die Parteien kaum einem anderen Bereich des Vertrags so wenig Aufmerksamkeit wie diesen Bestimmungen, die als **klassische Standardklauseln** häufig sogar in Gänze überlesen werden. Die dadurch zum Ausdruck kommende Geringschätzung ist allerdings nicht gerechtfertigt, da sich die genannten Bestimmungen maßgeblich auf die Rechtspositionen der Parteien auswirken können. Zugleich machen sich mit Blick auf Notwendigkeit und Rechtswirkung dieser Klauseln auch hier die Unterschiede der einzelnen Rechtsordnungen bemerkbar.[36]

8. Regelungen zur Laufzeit (Term and Termination)

19 Regelungen über die Laufzeit eines Vertrages[37] werden regelmäßig nur im Rahmen von **Dauerschuldverhältnissen** wie beispielsweise Vertriebsverträgen, Rahmenlieferverträgen, Mietverträgen, Kooperations- oder Lizenzvereinbarungen relevant. Entsprechende Vertragsklauseln enthalten üblicherweise Angaben zur Vertragslaufzeit, Kündigungsmöglichkeiten und Kündigungsfristen sowie Formerfordernisse für Kündigungsschreiben.[38]

20 In internationalen Wirtschaftsverträgen sind Laufzeitregelungen eine **notorische Fehlerquelle.** Das hängt häufig damit zusammen, dass sie unnötig kompliziert ausgestaltet sind. Gerade anglo-amerikanische Vertragsmuster tendieren dazu, in Dauerschuldverhältnissen keine unbefristete Laufzeit, sondern alternativ auf ein Jahr oder auch länger befristete contract terms vorzusehen, die sich mangels Kündigung vor Ablauf eines term jeweils automatisch um meist den gleichen Zeitraum verlängern. Vorteile dieser Rege-

[35] Penalty and liquidated damages clauses; zu dieser Begriffsbildung → § 6 Rn. 1.
[36] Dazu → § 11.
[37] Abzugrenzen sind die hier besprochenen Laufzeitregelungen daher von „termination clauses" im Fall einer Vertragsverletzung, die auch bei einmaligen Leistungsaustäuschen relevant sind.
[38] Dazu im Einzelnen → § 16.

lungstechnik bestehen meistens nicht.[39] Vielmehr kann sie sich nachteilig auswirken, wenn nicht klar ist, ob die vertraglich geregelten Kündigungsmöglichkeiten und -fristen eine Kündigung nur zum Ende des jeweils laufenden contract term oder auch zu einem anderen Zeitpunkt zulassen. Berühmtes und vielzitiertes jüngeres Beispiel aus der Vertragspraxis ist der von der kanadischen Regulierungsbehörde, der Canadian Radio-Television and Telecommunications Commission (CRTC), entschiedene Fall *Rogers Cable Communications Inc. v Aliant Telecom*. Die CRTC hatte in diesem Fall darüber zu entscheiden, ob durch eine vertragliche Regelung über die Vertragslaufzeit und Kündigung mit dem Inhalt „[This Contract] *shall continue in force for a period of five (5) years from the date it is made, and thereafter for successive five (5) year terms, unless and until terminated by one year prior notice in writing by either Party*" ein ordentliches Kündigungsrecht mit einjähriger Kündigungsfrist nur zum Ende des jeweiligen fünfjährigen term eingeräumt werden oder eine Kündigung unter Beachtung der Frist auch während eines laufenden contract term möglich sein sollte. Mit Blick auf das Komma vor „*unless and until terminated* [...]" hat sich die CRTC zunächst für ein unbegrenztes Kündigungsrecht auch während eines laufenden term ausgesprochen, diese Auffassung im Widerspruchsverfahren aber nach zusätzlicher Würdigung einer französischen Sprachfassung des zugrunde liegenden Infrastrukturnutzungsvertrages revidiert.[40]

21 Vorzugswürdig, weil deutlich weniger fehleranfällig dürfte daher in den meisten Fällen die Vereinbarung einer **unbefristeten Vertragslaufzeit** unter gleichzeitiger Regelung einer ordentlichen Kündigungsfrist sein.

9. Notice Clauses

21a Eine echte Besonderheit anglo-amerikanischer (und damit regelmäßig auch internationaler) Wirtschaftsverträge sind sog. notice clauses, die nicht nur die zulässigen Übermittlungswege für (einseitige) vertragliche Willens-, insbesondere Gestaltungserklärungen (notices) festlegen, sondern – aus deutschrechtlicher Sicht ungewöhnlich – häufig auch **Zugangsfiktionen** enthalten, die bei Anwendung deutschen Rechts und der AGB-Inhaltskontrolle regelmäßig an § 308 Nr. 6 BGB scheitern würden.[41] Hintergrund dafür ist, dass das anglo-amerikanische common law keine mit § 130 BGB[42] vergleichbare klare Dogmatik über den Zugang von Willenserklärungen entwickelt hat[43] und die Parteien daher bei Anwendbarkeit einer **common law Rechtsordnung** aus Gründen der Rechtssicherheit gut beraten sind, maßgebliche Voraussetzungen für den Zugang vertraglich klar zu definieren. Bei der Vertragsgestaltung bzw. -kommentierung bleibt zu prüfen, ob und inwieweit Zugangsfiktionen (soweit sie das gewählte Vertragsstatut zulässt) akzeptiert wer-

[39] Insbesondere können so auch nicht zwingende gesetzliche Kündigungsfristen (die sich in Abhängigkeit von der Vertragsdauer verlängern) umgangen werden, da die Rechtsprechung in den meisten Jurisdiktionen in diesen Fällen von einem einheitlichen Kettenvertrag ausgehen wird; zu dieser und der generellen Problematik von Laufzeitregelungen in Vertriebsverträgen → § 19 Rn. 147 ff.

[40] Siehe Entscheidungen der CRTC in Form der Telecom Decision CRTC 2006–45 sowie der Telecom Decision CRTC 2007–75 (Appeal Decision), abzurufen unter www.crtc.gc.ca; dazu auch Burnham Tenn. J. Bus. 2009, 253 (261).

[41] So auch für den unternehmerischen Geschäftsverkehr Staudinger/Coester-Waltjen BGB § 308 Nr. 6 Rn. 9; großzügiger (zumindest für widerlegbare Zugangsvermutungen) Wolf/Lindacher/Pfeiffer/Dammann AGB-Recht § 308 Nr. 6 Rn. 31.

[42] Mit § 130 BGB grundsätzlich vergleichbar ist die Rechtslage im Schweizer Recht; allerdings reicht hier für den Zugang bereits aus, dass die Erklärung im Bereich des Empfängers eingetroffen ist, BSK/Zellweger-Gutknecht OR I Art. 5 Rn. 25; BGE 137 III 208 (213): „*S'agissant d'un pli ordinaire communiqué par la poste, la manifestation de volonté est reçue lorsqu'elle est déposée dans la boîte aux.*"

[43] Vogenauer/Triebel Vertragssprache Rn. 657; auch mit Blick auf die unterschiedlichen Auffassungen der an dem Verfahren beteiligten Richter aufschlussreich *Newcastle upon Tyne Hospitals NHS Foundation Trust v Haywood* [2018] UKSC 22.

den können. Darüber hinaus empfiehlt sich mit Blick auf die vorgelagerte Frage zulässiger Übermittlungswege die Klarstellung, ob die Klausel abschließend sein soll oder nicht.[44]

Klauselbeispiel Notice Clause

[•] Notices

Any notice given under this Agreement shall be in writing and shall *(solely)* be served either by delivering it personally or sending it by pre-paid recorded delivery or registered post to the address set out at the head of this Agreement (or such other address as notified by that Party hereunder) or sent by Email; Email notifications will be sent by (Party A) to the (Party B) to *[Email-Address]* and by the (Party B) to the (Party A) to *[Email Address].*
Any such notice shall be deemed to have been received:

- if delivered personally at the time of delivery; and
- in the case of pre-paid recorded delivery or registered post 48 hours from date of posting; provided that if deemed receipt occurs before 9:00 am on a Business Day the notice shall be deemed to have been received at 9:00 am on that day, and if deemed receipt occurs after 5:00 pm on a Business Day or on a day that is not a Business Day the notice shall be deemed to have been received at 9:00 am on the next Business Day. For the purpose of this clause „Business Day" means any day which is not a Saturday, Sunday or a public holiday in the place to which the notice is sent or delivered; and
- in the case of an Email, on receipt of an automated delivery receipt, confirmation of receipt from the relevant server or a reply email acknowledging receipt.

10. Rechtswahlvereinbarung und Streitbeilegungsklausel (Choice of Law and Dispute Resolution Clause)

Rechtswahlklausel und Gerichtsstands- bzw. Schiedsvereinbarung sind von herausragender 22
Bedeutung in internationalen Wirtschaftsverträgen, weil sie zentrale Bestandteile des **maßgeblichen Rechtsrahmens** des Vertrages determinieren. Mit der Rechtswahlvereinbarung bestimmen die Parteien im Rahmen ihrer Parteiautonomie weitgehend selbst das auf den Vertrag anwendbare materielle Recht, das unter anderem für die Vertragsauslegung, die Lückenfüllung durch dispositives Vertragsrecht, aber auch die bestehenden Grenzen der Vertragsfreiheit durch zwingende Rechtssätze maßgeblich ist.[45]

Die Rechtswahlvereinbarung steht dabei mit einer Gerichtsstandsvereinbarung oder 23
Schiedsabrede in untrennbarem Zusammenhang: Mit der Streitbeilegungsklausel entscheiden die Parteien nicht nur, welches Gericht oder Schiedsgericht (international) zur **Streitentscheidung** berufen sein soll, sondern bestimmen dadurch mittelbar auch das anwendbare (Sonder-)Kollisionsrecht, das wiederum die bestehenden Spielräume der Parteiautonomie vorgibt.[46]

11. Unterschriftenzeile (Signature Section)

Der Hauptteil des Vertrages schließt mit der Unterschriftenzeile ab, aus der sich meistens 24
auch die Datierung des Vertragsabschlusses[47] ergibt. Ob die Personen, die den Vertrag unterzeichnen, das Unternehmen rechtsgeschäftlich überhaupt wirksam vertreten können, beurteilt sich nach dem kollisionsrechtlich zu ermittelnden **Vollmachtsstatut** bzw. im Fall einer organschaftlichen Vertretung nach dem **Gesellschaftsstatut.**[48]

[44] Für die Vermutung einer nicht-ausschließlichen Wirkung mangels ausdrücklicher vertraglicher Vereinbarung im englischen Recht etwa *Ener-G Holdings Plc v Hormell* [2012] EWCA Civ 1059 Rn. 25 ff.
[45] Dazu umfassend → § 3.
[46] Zu den Einzelheiten bzgl. Wirkung solcher Klauseln und Gestaltungshinweisen → § 13 und → § 14.
[47] Alternativ kann das Vertragsdatum auch bereits bei der Vertragsüberschrift eingefügt werden („This Agreement is made on [•]"), dazu Anderson/Warner Drafting S. 29.
[48] Siehe → § 3 Rn. 101 ff.

25 Aus Sicht kontinentaleuropäischer Juristen überraschende und schwer einzuordnende Formulierungen finden sich zuweilen in der Unterschriftenzeile von internationalen Wirtschaftsverträgen, die englischem Recht unterliegen: Sie sind mitunter als sog. **deed** ausgestaltet.[49] Bei einem deed handelt es sich um einen in besonderer Form[50] geschlossenen Vertrag, der nach englischem Recht zwingende Wirksamkeitsvoraussetzung im Fall bestimmter Grundstückstransaktionen[51] ist, zum anderen aber auch bei einseitig verpflichtenden Verträgen zum Einsatz kommt, die keine Gegenleistung (consideration) der anderen Vertragspartei vorsehen: In diesem Fall wäre ein regulärer Vertrag (simple contract) nach common law mangels consideration grundsätzlich unwirksam,[52] während er als deed wirksam vereinbart werden kann.

26 Diese Ausgangslage macht auf den ersten Blick wenig verständlich, warum Vertragsdokumente häufig auch dann als deed ausgestaltet werden, wenn es sich – wie bei Kauf- oder (Anlagen-)Bauverträgen – um beiderseitig verpflichtende Transaktionen handelt. Der Grund dafür ist in diesen Fällen denn auch keineswegs die Sorge vor einer möglichen Vertragsunwirksamkeit, da eine consideration hier jeweils unzweifelhaft vorliegt. Vielmehr können Auftraggeber bzw. Käufer durch Ausgestaltung als deed eine Verdoppelung der **Verjährungsfristen** für Ansprüche wegen Vertragsverletzungen erzielen, weil nach englischem Verjährungsrecht entsprechende Ansprüche aus einem deed grundsätzlich erst nach zwölf und nicht – wie beim simple contract – innerhalb von sechs Jahren verjähren.[53] Dieser Gesichtspunkt sollte in die Überlegungen einbezogen werden, bevor ein Vertrag (bei Anwendbarkeit englischen Rechts) aus Sicht des Auftragnehmers in der Ausgestaltung als deed akzeptiert wird.

12. Vertragsanlagen (Schedules)[54]

27 Vertragsanhänge dienen der Entlastung des Hauptvertrages. Neben der näheren Umschreibung des Vertragsgegenstandes (etwa durch technische Spezifikationen) enthalten sie häufig auch Mustertextierungen für zusätzliche Verträge (etwa Bankgarantien etc), die im Zusammenhang mit dem Hauptvertrag abgeschlossen werden sollen.

28 Da die Anlagen dem Hauptvertrag üblicherweise erst nach der Unterschriftenzeile angefügt werden, sollten sie innerhalb des Hauptvertrages ausdrücklich als **Vertragsbestandteile** benannt werden. Üblich und empfehlenswert ist zudem die Regelung einer Geltungsrangfolge für den Fall widersprüchlicher Regeln im Hauptteil des Vertrages einerseits und in den Vertragsanlagen andererseits.

Klauselbeispiel für eine Einbeziehungsklausel hinsichtlich Vertragsanlagen

[•] Schedules

(1) The following schedules form an integral part of this contract:
- Schedule 1
- Schedule 2
- [...]

---

[49] Für ein typisches Formulierungsbeispiel Encyclopedia of Forms and Precedents Vol 4 (3) Boilerplate and Commercial Clauses Rn. 816: „IN WITNESS of which this Agreement has been duly executed as a deed and delivered [...]".

[50] Die ursprünglich erforderlichen Wirksamkeitsvoraussetzungen „signed, sealed and delivered" sind mittlerweile merklich abgeschwächt worden; insbesondere die Verwendung eines Unternehmenssiegels ist nicht mehr notwendig. Zu den Einzelheiten Chitty on Contracts General Principles Rn. 1–114 ff. sowie Anderson/Warner Drafting S. 7 ff.

[51] Insbes. s. 52 Abs. 1 Law of Property Act 1925 sowie s. 18, 21, und 25 Abs. 1 Land Registration Act 2002.

[52] Zum Erfordernis der consideration im Vertragsrecht des common law umfassend Bucher ZVglRWiss 2005, 164 ff.

[53] S. 5 (simple contracts) und s. 8 (specialties) Limitation Act 1980.

[54] Alternativ werden Vertragsanlagen auch als Appendices, Annexes, Attachments oder Exhibits bezeichnet, dazu Anderson/Warner Drafting S. 45.

(2) In the event of any ambiguity or discrepancy between the provisions of any of the contract documents, the order of priority shall be as follows: […]

B. Vertragssprache

I. Die Bedeutung der Vertragssprache

Es liegt auf der Hand, dass der Verhandlungs- und Vertragssprache in internationalen Wirtschaftsverträgen eine zentrale Bedeutung zukommt. Da sie regelmäßig nicht die Muttersprache zumindest einer, wenn nicht gar beider Vertragsparteien ist, besteht die große Gefahr von **Verständnisproblemen** oder gar Irrtümern über den Vertragsinhalt. Das Sprachrisiko, das sich nach dem Vertragsstatut beurteilt, liegt dabei regelmäßig bei derjenigen Partei, die sich über den Bedeutungsgehalt irrt.[55] Umfassende Kenntnisse zumindest der englischen Rechtssprache sind für die Gestaltung internationaler Wirtschaftsverträge daher unabdingbar. 29

Die Vertragssprache wird teilweise durch eine Klausel im Vertrag selbst ausdrücklich festgelegt, was insbesondere in Bezug auf die künftige Korrespondenz der Parteien im Zusammenhang mit dem Vertragsschluss sinnvoll sein kann. 30

Klauselbeispiel für die Regelung der Vertragssprache

[•] Contract Language

The governing language of this agreement and any correspondence between the Parties arising out of or related to this agreement is English.

Sofern der Vertrag in zwei Sprachfassungen abgefasst wird, empfiehlt sich dringend eine vertragliche Regelung, die entweder klarstellt, dass eine der beiden Sprachfassungen lediglich eine **unverbindliche Übersetzung** darstellt (s. erste Alternative der nachstehenden Musterformulierung) oder aber alternativ zumindest eine klare **Vorrangregelung** im Fall widersprüchlicher Regelungen bereitstellt, falls im Grundsatz beide Sprachfassungen verbindlich bleiben sollen (zweite Alternative der nachstehenden Musterformulierung).[56] Das babylonische Sprachengewirr, das die Auslegung etwa von Unionsrecht wegen der hier (wie auch bei vielen völkerrechtlichen Übereinkommen) geltenden Gleichrangigkeit aller Sprachfassungen nachhaltig erschwert, sollte Abschreckung genug sein, um dieses Regelungsmodell nicht auf privatrechtliche Verträge zu übertragen.[57] 31

Klauselbeispiel für die Regelung des Vorranges einer Sprachfassung

[•] Contract Language

Alternative 1

The [•] version of this contract has solely been made for [•]'s convenience. Accordingly, only the version of this contract in the English language is authoritative.

Alternative 2

This agreement is executed in both the English and the [•] language. In the event of any discrepancy, however, the English text of this agreement shall prevail.

---

[55] Reithmann/Martiny/Martiny Internationales Vertragsrecht Rn. 3.24 ff.

[56] So auch Döser Vertragsgestaltung S. 58.

[57] Bezeichnend etwa die Entscheidung des EuGH ZEuP 2012, 644 ff. zur Auslegung der Verbrauchsgüterkaufrichtlinie und des hier maßgeblichen Begriffs der *Nachlieferung,* die nach Auffassung des EuGH in anderen amtlichen Sprachen der Union auch den Ausbau eingebauter mangelhafter bzw. den erneuten Einbau mangelfreier Vertragsgegenstände erfassen soll. Zu Recht kritisch zu dieser Entscheidung Lorenz NJW 2011, 2241 ff.

II. Besonderheiten der englischen Rechtssprache

32 Ganz überwiegend werden internationale Wirtschaftsverträge in **englischer Sprache** verfasst. Die häufige Folge ist die Verwendung von Musterformulierungen, die aus dem anglo-amerikanischen Rechtskreis stammen, bei einem davon abweichenden Vertragsstatut aber nur bedingt oder gar nicht passen.[58] Gleichzeitig sind Missverständnisse über die Bedeutung einzelner Begriffe der englischen Sprache mit teilweise gravierenden Folgen an der Tagesordnung, wenn Nicht-Muttersprachler englische Vertragsentwürfe verwenden, kommentieren oder selbst entwerfen. Auf einige zentrale Probleme der englischen Rechtssprache soll daher im Folgenden ohne Anspruch auf Vollständigkeit eingegangen werden.

1. Allgemeines

33 Bei der Verwendung der englischen Sprache für die Gestaltung von Verträgen gelten zunächst die allgemein gültigen Grundsätze für eine gute Vertragsgestaltung: Verträge sollten so einfach, verständlich und konsistent wie möglich abgefasst werden. Fremdwörter und anachronistische Fachbegriffe, die gerade in der traditionellen englischen Rechtssprache weit verbreitet sind (sog. „legalese“[59]), sind tunlichst zu vermeiden.

34 Kurze Sätze sind nicht nur einfacher zu lesen und zu verstehen als verschachtelte Bandwurmsätze;[60] sie tragen auch zur Vermeidung von potentiell gefährlichen Ambivalenzen bei der Vertragsauslegung bei. Der **Aktivstil** ist gegenüber dem Passivstil gerade bei der Vereinbarung von Vertragspflichten vorzugswürdig: Aktivstil ist nicht nur kürzer und leichter verständlich. Er zwingt vor allem auch dazu, die verpflichtete Vertragspartei als Subjekt des Satzes im Vertrag ausdrücklich zu benennen,[61] was beim Passivstil grammatikalisch nicht zwingend notwendig ist (Beispiel: „*Seller shall deliver the Goods until* […]“ anstelle von „*The Goods shall be delivered until* […]“).

35 Darüber hinaus muss sich der Vertragsersteller darum bemühen, **missverständliche** und **widersprüchliche Klauseln** zu vermeiden.[62] Neben der Verwendung falscher bzw. nicht passender Terminologie (semantic ambiguity) gehören Widersprüche einer Klausel mit anderen Bestimmungen im Vertrag (contextual ambiguity) zu den klassischen Problemfeldern. Gleiches gilt für die sog. „ambiguity of modification“:[63] Sie entsteht dann, wenn bei mehreren, nacheinander aufgeführten alternativen Tatbestandsvoraussetzungen einer Klausel die letzte Alternative durch eine weitere Voraussetzung qualifiziert wird. Dann stellt sich zwangsläufig die Frage, ob diese weitere Voraussetzung nur für die letzte oder auch für alle vorangegangenen Alternativen gelten soll.[64]

36 Das folgende Praxisbeispiel aus einer Kündigungsregelung in einem Händlervertrag macht dieses Problem deutlich: In der nachstehend wiedergegebenen Klausel bleibt unklar, ob sich die am Ende normierte Voraussetzung einer Beeinträchtigung der Interessen der kündigenden Partei im Einzelfall („if the interests of the terminating Party are thereby negatively affected“) nur auf den letzten Kündigungsgrund einer wesentlichen Änderung der finanziellen Verhältnisse oder auch auf die davor geregelten Kündigungstatbestände der Änderung der Rechtsform, der Geschäftsführung oder der Gesellschafterstruktur bezieht.

---

[58] Umfassend zu diesem Problem Cordero Moss Boilerplate Clauses 2011.

[59] Beispiele von legalese etwa bei Bugg Contracts S. 45 f.

[60] Zu abschreckenden Beispielen Butt Statute Law Rev. 2002, 12 (13 f.).

[61] Anderson/Warner Drafting S. 59 f.; Adams Contract Drafting Rn. 3.11 ff.

[62] Zu teilweise bewusst eingesetzten oder tolerierten Ambivalenzen im Vertragstext (sog. „constructive ambiguities“) Anderson/Warner Drafting S. 130 f.

[63] Zum Ganzen Haggard Contract Drafting S. 39 ff.; Adams Contract Drafting Rn. 12.2 ff.

[64] Sehr instruktiv zu einem solchen Fall (hier Auslegung einer contractual indemnity) auch die Entscheidung des englischen Court of Appeal in *Wood v Sureterm Direct Ltd & Capita Insurance Services Ltd* [2015] EWCA Civ 839.

Negativbeispiel einer ambiguity of modification

Either Party may terminate the Agreement for good cause with immediate effect. A good cause does, inter alia, exist in case of a substantial change in the legal form, the management board, the shareholder structure or the financial standing of the respective other Party if the interests of the terminating Party are thereby negatively affected.

Diese für beide Parteien problematische **Rechtsunsicherheit** kann bei der Vertragsgestaltung mit einfachen Mitteln verhindert werden, wie die beiden folgenden Musterformulierungen zeigen: In der ersten Alternative bezieht sich die Modifizierung nur auf den letzten Kündigungsgrund, was durch eine Trennung der verschiedenen Kündigungsgründe im Wege selbstständiger Aufzählung klargestellt wird. 37

Alternative 1: Modifizierung bezieht sich nur auf den letzten Kündigungsgrund

Either Party may terminate the Agreement with immediate effect for good cause. A good cause does, inter alia, exist in case of a substantial change in relation to the respective other Party with regard to either
a) the legal form,
b) the management board,
c) the shareholder structure,
or
d) the financial standing, if the interests of the terminating Party are thereby negatively affected.

Soll sich die Modifizierung dagegen gleichermaßen auf alle Kündigungsgründe beziehen, kann dies am Ende der Klausel ausdrücklich als gewünschte Rechtsfolge festgelegt werden. 38

Alternative 2

Either Party may terminate the Agreement with immediate effect for good cause. A good cause does inter alia exist in case of a substantial change in relation to the other Party with regard to the legal form, the management board, the shareholder structure or the financial standing of the respective other Party, provided that the interests of the terminating Party are in each of the foregoing alternatives negatively affected thereby.

2. Vereinbarung von Vertragspflichten: Will, shall und must

Eine klassische (auch unter anglo-amerikanischen Vertragsjuristen ausgetragene) Kontroverse[65] bei der Gestaltung englischsprachiger Verträge betrifft die Frage nach dem richtigen Hilfsverb, mit dem die Vereinbarung einer Vertragspflicht am besten zum Ausdruck gebracht werden kann. Für die Vereinbarung von Vertragspflichten stellt die englische Sprache grundsätzlich mehrere **Hilfsverben** zur Verfügung. In Betracht kommen insbesondere *shall, will* oder *must.* Da „will" als typisches Hilfsverb zur Bildung des Futurs verwendet wird, ist die Verwendung von „shall" für die Formulierung von Vertragspflichten vorzugswürdig.[66] Shall ist ebenso gut auch für die Vereinbarung von vertraglichen Unterlassungspflichten („Party A shall not […]") geeignet. 39

Mit Blick auf das Hilfsverb „must" empfiehlt die Literatur teilweise eine eingeschränkte Verwendung ausschließlich für die Vereinbarung von echten **Rechtsbedingungen** (sog. 40

---

[65] Stark Drafting S. 15; umfassend zu der Kontroverse Adams Contract Drafting Rn. 3.50ff.

[66] Haggard Contract Drafting S. 55; Adams Contract Drafting Rn. 3.46 mit der Empfehlung „shall" ausschließlich für die Regelung von Vertragspflichten zu verwenden. Zwar kann auch „shall" als Hilfsverb für die Bildung des Futurs verwendet werden. Allerdings ist die Verwendung im Zusammenhang mit der Normierung von Vertragspflichten weit verbreitet, Anderson/Warner Drafting S. 58; Adams Contract Drafting Rn. 3.101.

„condition precedents").[67] Dagegen ist nichts einzuwenden, sofern diese Rechtsfolge zusätzlich eindeutig im Vertrag geregelt wird. Ein gutes Beispiel für den alternativen Einsatz von „must" und „shall" in diesem Zusammenhang ist etwa die in Force Majeure Klauseln regelmäßig vereinbarte Pflicht derjenigen Vertragspartei, die sich auf einen Fall höherer Gewalt berufen will, die andere Vertragspartei unverzüglich darüber zu informieren.[68] Als Rechtsfolge einer unterlassenen Mitteilung kommen unterschiedliche Ausgestaltungen in Betracht: Zum einen kann die fehlende Mitteilung eine Berufung auf den Force Majeure Fall (und die damit zusammenhängende Befreiung von der betroffenen Leistungspflicht) gänzlich ausschließen. Alternativ kommen Schadensersatzansprüche (nur) für durch die unterlassene Mitteilung kausal verursachten Schäden in Betracht. Welche Variante gewollt wird, sollte vertraglich **ausdrücklich** geregelt werden.

Alternative 1 [Wirkung als Rechtsbedingung]

The Party whose performance is affected by a Force Majeure Event **must** notify the other Party (as a condition precedent for invoking a release from its performance obligations) immediately that there will be a delay or non-delivery.

Alternative 2 [Wirkung als reguläre Vertragspflichtverletzung]

The respective Party invoking a Force Majeure Event **shall** promptly notify the other Party of the same. Failing such immediate notification, the Party invoking the Force Majeure Event shall be liable for damages resulting from this omission.[69]

41 Unabhängig von der geschilderten Kontroverse, welches Hilfsverb im Ergebnis am besten für die Normierung von Vertragspflichten geeignet ist, empfiehlt es sich in jedem Fall, das am Ende gewählte Hilfsverb im Vertrag **durchgängig** zu verwenden, um Inkonsistenzen zu vermeiden.

3. Vereinbarung von vertraglichen Rechten der Parteien

42 Vertragliche Rechte einer Partei (rights), denen spiegelbildliche Pflichten der anderen Partei gegenüberstehen, können mit der Wendung „is entitled to" eingeleitet werden. Letztlich ist es eine Frage der persönlichen Vorliebe, ob anstelle von Vertragspflichten die dazu **korrespondierenden Ansprüche** der anderen Partei im Vertrag geregelt werden.

Klauselbeispiel für die Vereinbarung von vertraglichen Ansprüchen mit spiegelbildlichen Vertragspflichten der anderen Vertragspartei

If Buyer is in delay with payment, Seller is entitled to the payment of interest at a rate of seven (7) percentage points above the base interest rate [...].

43 Für ein vertragliches Recht, dem keine korrespondierende Verpflichtung gegenübersteht (sog. „privileges"), passt das Hilfsverb „may" am besten. Beispiele für privileges sind zum einen Gestaltungsrechte, zum anderen aber auch vertragliche Wahlrechte – etwa bezüglich der Art und Weise der Vertragserfüllung. Für Unterlassenspflichten („may not") ist may dagegen **nicht geeignet.**[70]

Klauselbeispiele für die Vereinbarung von privileges

The Buyer may terminate the Contract if the Seller is in delay with delivery by more than [...].

[67] Haggard Contract Drafting S. 55.

[68] Dazu Stark Drafting S. 342. Zu Informationspflichten im Zusammenhang mit Force Majeure Klauseln auch → § 10 Rn. 54 ff.

[69] So auch die vergleichbare Regelung in Art. 79 Abs. 4 CISG, die hier allerdings das Hilfsverb *must* verwendet.

[70] Maier-Reimer NJW 2010, 2545 (2547).

The Seller may cure defects either by way of repair or delivery of substitute goods.

Die Verwendung von *shall* sollte bei der Formulierung vertraglicher Rechte grundsätzlich unterbleiben. Imperativform und die Vereinbarung von Rechten passen als sog. false imperative[71] sprachlich nicht zusammen (Negativbeispiel: „Buyer shall be entitled to terminate the Contract if [...]"). 44

4. Vereinbarung sonstiger Vertragsbestimmungen

Sonstige Vertragsbestimmungen, die keine Rechte oder Pflichten der Parteien begründen, werden am besten in **Präsensform** ausgedrückt (Beispiel: „The contract is governed by English law"). Die Verwendung von „shall" ist als „falscher Imperativ" mangels Verpflichtung eines Rechtssubjektes sprachlich falsch (Negativbeispiel: „The contract shall be governed by English law"). Das gleiche gilt regelmäßig für die Verwendung von „will", da dadurch strenggenommen der Eindruck erweckt wird, die in der Klausel angeordnete Rechtsfolge gelte erst für einen (zudem noch unbestimmten) Zeitpunkt in der Zukunft (Negativbeispiel: „The contract will be governed by English law").[72] 45

5. Vor- oder Nachrangigkeit einzelner Vertragsbestimmungen: „Notwithstanding" und „Subject to"

Geradezu notorisch und auch nach eigenen Erfahrungen des Verfassers gefährlich sind Verwechslungen bei der Wahl der richtigen Begriffe, mit denen die **Vor- bzw. Nachrangigkeit** einer Klausel im Verhältnis zu anderen Vertragsbestimmungen festgelegt werden soll.[73] Der englische Begriff „notwithstanding" muss wörtlich mit „ungeachtet" (und nicht mit „unbeschadet")[74] übersetzt werden und kann sinnvoller Weise daher nur bei einer Vertragsklausel eingesetzt werden, die **Vorrang** vor allen anderen (ggf. damit nicht in Einklang stehenden) Vertragsbestimmungen haben soll. Ist dagegen beabsichtigt, dass eine bestimmte Vertragsklausel andere Vertragsbestimmungen unberührt lassen (und gegenüber diesen zurücktreten) soll, kann das mit der Formulierung „subject to" oder „without prejudice to" klargestellt werden. 46

In der Literatur wird zum Teil empfohlen, die Kennzeichnung der Vorrangigkeit einzelner Klauseln mit Hilfe von „notwithstanding" nach Möglichkeit zu unterlassen und stattdessen nachrangige Klauseln mit „subject to" bzw. „without prejudice" (unter ausdrücklichem Verweis auf die vorrangige Regelung) einzuleiten.[75] Dafür spricht zwar, dass nachrangige Klauseln durch den Zusatz „subject to" gezielt auf die vorrangige Klausel hinweisen, während die einmalige Regelung des Vorrangs durch „notwithstanding" möglicherweise überlesen wird. Zumindest für die Gestaltung von Verträgen verbleiben aber bei dieser Regelungsvariante **erhebliche Risiken:** Insbesondere besteht die Gefahr, dass eine oder mehrere nachrangige Klauseln übersehen und daher nicht mit dem Zusatz „subject to" versehen werden, was bei der Vertragsauslegung durch ein Gericht zwangsläufig die Frage aufwerfen wird, ob dieser Unterlassung letztlich ein bewusster Parteiwille zugrunde liegt. Dagegen reicht die einmalige Verwendung von „notwithstanding" an der entscheidenden Stelle aus, um den Vorrang eindeutig klarzustellen – etwa bei einer Haftungsbeschränkungsklausel, wenn der Vertrag diverse andere Bestimmungen enthält, die im Fall bestimmter Vertragsverletzungen grundsätzlich eine unbeschränkte Haftung anordnen. 47

---

[71] Haggard Contract Drafting S. 56; Stark Drafting S. 15.
[72] Stark Drafting S. 15.
[73] Zur Verwechslungsgefahr hier auch Maier-Reimer NJW 2010, 2545 (2547) sowie Anderson/Warner Drafting S. 224 f.
[74] Zu vergleichbaren Verwechslungen auch in deutschsprachigen Rechtstexten bei den Begriffen „unbeschadet" und „ungeachtet" Wolff JZ 2011, 31 ff.
[75] So allgemein Salembier Drafting S. 525; Adams Contract Drafting Rn. 13.601 ff.

III. Auseinanderfallen von Vertragssprache und Vertragsstatut

48 Vertragssprache und Vertragsstatut können auseinanderfallen. Da die ganz überwiegende Zahl internationaler Wirtschaftsverträge in **englischer Sprache** abgefasst wird, ist eine solche Spaltung auch keinesfalls die Ausnahme, sondern eher der Regelfall.[76] Zu besonderen Problemen kommt es regelmäßig dann, wenn sich die Parteien (wie nahezu immer) solcher Rechtsbegriffe bedienen, die in common law Jurisdiktionen eine spezifische Bedeutung haben. Dann nämlich stellt sich die Frage, ob die Parteien mit der Verwendung des jeweiligen Rechtsbegriffs auch das im common law herrschende **Begriffsverständnis** übernehmen wollten oder nicht.

1. Folgen für die Vertragsauslegung

49 Die Vertragsauslegung ist zwar grundsätzlich nach den Regeln des Vertragsstatuts vorzunehmen: Das bestimmt etwa das Europäische Kollisionsrecht ausdrücklich in Art. 12 Abs. 1 lit. a) Rom I-VO.[77] Allerdings führt die Zugehörigkeit der Vertragsauslegung zum Vertragsstatut nur dazu, dass die **Auslegungsregeln** diesem Statut zu entnehmen sind. Offen bleibt dagegen, ob auch das **Rechtsverständnis** dieses Statuts hinsichtlich einzelner Rechtsbegriffe maßgeblich sein soll oder nicht.[78] So kann etwa im Fall eines deutschen Vertragsstatuts (und der dann maßgeblichen Anwendung von §§ 133,157 BGB für Fragen der Auslegung) zwar durchaus bezweifelt werden, dass sich die Parteien bei der Verwendung typischer Rechtsbegriffe des englischen Rechts bzw. der Verwendung von Musterverträgen, die erkennbar am englischen Recht ausgerichtet sind,[79] zugleich auch am Rechtsverständnis des englischen Rechts orientieren wollten.[80] Die deutsche Rechtsprechung ist allerdings wiederholt zu diesem Auslegungsergebnis gelangt.[81]

2. Typische Beispiele aus der Vertragspraxis

a) Warranties

50 Die Verwendung des Rechtsbegriffs der warranty in Bezug auf Vereinbarungen über die geschuldete Beschaffenheit des Vertragsgegenstandes findet sich in der ganz überwiegenden Anzahl internationaler Lieferverträge, die in englischer Sprache abgefasst sind. Die Übersetzung von warranty als **Gewährleistungsverpflichtung** ist dabei allerdings gegenüber dem Verständnis dieses Rechtsinstituts im anglo-amerikanischen Recht allenfalls ein Näherungswert.[82] Aus Sicht des Verkäufers bzw. Werkunternehmers ist insbesondere problematisch, dass die Verletzung von express oder implied warranties nach anglo-amerikanischem Recht grundsätzlich zu einer verschuldensunabhängigen Schadensersatzhaftung (strict liability) führt.[83] Unterliegt der Vertrag kontinentaleuropäischem Recht, stellt sich damit die Frage, ob die Parteien mit den vertraglich vereinbarten warranties lediglich Beschaffenheitsvereinbarungen regeln oder aber darüber hinausgehende Beschaffenheitsgarantien ab-

[76] Maier-Reimer NJW 2010, 2545 (2546).
[77] Verordnung Nr. 593/2008 des Europäischen Parlaments und des Rates vom 17.6.2008 über das auf vertragliche Schuldverhältnisse anzuwendende Recht (Rom I), ABl. EU 2008 L 177/6; berichtigt durch ABl. EU 2009 L 309/87.
[78] Triebel/Balthasar NJW 2004, 2189.
[79] Zu diesem Fall Hök ZfBR 2005, 332 (333).
[80] Kritisch dazu etwa Triebel/Balthasar NJW 2004, 2189 (2193).
[81] BGH NJW-RR 1992, 423 (425); OLG Hamburg TranspR 1995, 214 (215).
[82] S. dazu etwa Reimann Einführung S. 64.
[83] Zum Grundsatz der strict liability im anglo-amerikanischen Recht Riesenhuber ERCL 2008, 119ff.

geben wollten. Abzugrenzen sind warranties zuletzt auch von sog. representations, die keine Leistungsversprechen, sondern Tatsachenbehauptungen darstellen.[84]

b) Liquidated Damages

Das Rechtsinstitut der liquidated damages hat im anglo-amerikanischen Recht eine spezifische Bedeutung, die eine treffende Übersetzung in die deutsche Sprache letztlich kaum möglich macht. Das im deutschen und Schweizer Recht anerkannte Rechtsinstitut des pauschalierten Schadensersatzes kommt den liquidated damages anglo-amerikanischer Prägung zwar nahe, weicht in Einzelheiten der Auslegung aber davon ab.[85] Darüber hinaus kann fraglich sein, ob die Parteien bei der Vereinbarung von liquidated damages überhaupt eine Schadenspauschalierung, oder nicht vielmehr eine Vertragsstrafe vereinbaren wollten, die anders als im anglo-amerikanischen Recht nach den meisten kontinentaleuropäischen Rechtsordnungen durchaus zulässig ist.[86] 51

c) Termination/Rescission

Im anglo-amerikanischen Recht ist mit einer termination grundsätzlich die Vertragsbeendigung mit **Wirkung für die Zukunft** gemeint. Bei einer „rescission (ab initio)" kommt es dagegen vergleichbar mit einer Anfechtung im deutschen Recht (§ 142 Abs. 1 BGB) zu einer Vertragsaufhebung mit Wirkung ex tunc.[87] Komplex sind auch die Rechtsfolgen der termination: Trotz der ex-nunc Wirkung sind hier alternativ zu Schadensersatzansprüchen Rückgewähransprüche (restitutionary claims) zumindest dann möglich, wenn **überhaupt keine Gegenleistung** erbracht wurde (sog. „total failure of consideration").[88] Eine adäquate Übersetzung der in kontinentaleuropäischen Rechtsordnungen anerkannten Rechtsinstitute der Kündigung und des Rücktritts in die englische Sprache bereitet daher Schwierigkeiten, weil die termination im englischen Recht gleichsam einen Zwitter dieser beiden Rechtsinstitute darstellt. 52

d) Conditions

Wenige Begriffe der englischen Rechtssprache sind so ambivalent wie der der condition. Die wörtliche Übersetzung lässt vermuten, dass damit eine Rechtsbedingung (im deutschen Recht etwa im Sinne von § 158 BGB) gemeint sein soll. Das englische Vertragsrecht versteht unter einer condition allerdings (auch) eine **besonders wichtige Vertragspflicht,** deren Verletzung anders als etwa ein breach of warranty grundsätzlich zur Terminierung des Vertrages und nicht nur zum Schadensersatz berechtigt.[89] 53

Für die Vereinbarung einer **Rechtsbedingung** in englischsprachigen Verträgen sollte daher der Begriff der „condition precedent" (für die aufschiebende Bedingung) verwendet werden. Problematischer ist die auflösende Bedingung, für die der Begriff condition subsequent nach teilweise vertretener Auffassung nicht geeignet ist.[90] 54

---

84 Zur allerdings auch in der anglo-amerikanischen Vertragspraxis häufig anzutreffenden Vermischung beider Begriffe im Rahmen der typischen Formulierung „represents and warrants" und den dadurch verursachten Auslegungsproblemen Adams Tenn. J. Bus. 2015, 203 ff.

85 → § 6 Rn. 44 ff.

86 → § 6 Rn. 20.

87 Chitty on Contracts General Principles Rn. 24–049. Allerdings ist die Verwendung insbesondere des Begriffs der rescission auch in der englischen Rechtsprechung und Literatur teilweise inkonsistent, dazu Stannard/Capper Termination Rn. 106 ff.

88 McKendrick Contract Law S. 347 f.

89 Chitty on Contracts General Principles Rn. 13–019.

90 So Maier-Reimer NJW 2010, 2545 (2549), der von diesem Begriff nur Bedingungen als erfasst ansieht, die nach Vertragsschluss gerade eintreten müssen, um die Wirksamkeit des Vertrages zu erhalten und für die auflösende Bedingung daher Formulierungen wie „resolutive condition" oder „dissolutive condition" vorschlägt; anders Encyclopedia of Forms and Precedents Vol 4 (3) Boilerplate and Commercial Clauses Rn. 840 sowie Anderson/Warner Drafting S. 43.

e) Gross Negligence

55 Während etwa im deutschen und Schweizer Recht der Begriff der **groben Fahrlässigkeit** (gross negligence) wegen der bereits gesetzlich vorgesehenen Differenzierung verschiedener Grade der Fahrlässigkeit[91] vergleichsweise klar konturiert ist, ergibt sich nach Auffassung der englischen Rechtsprechung aus der Verwendung des Begriffs der gross negligence im Vertragstext keineswegs zwangsläufig ein über die einfache negligence hinausgehender Bedeutungsgehalt.[92] Zumindest für den Fall, dass englisches Recht das maßgebliche Vertragsstatut ist, empfiehlt sich daher dringend eine vertragliche Definition dieses Rechtsbegriffs – falls er im Vertragstext überhaupt verwendet werden soll.

3. Konsequenzen für die Vertragsgestaltung

56 Bei der Vertragsgestaltung bestehen mehrere Möglichkeiten, die angesprochenen Auslegungsrisiken im Fall einer Spaltung von Vertragsstatut und Vertragssprache zu entschärfen.

a) Neutrale Rechtsbegriffe

57 Möglich ist zunächst die Verwendung **neutraler Begriffe,** die keiner spezifischen Rechtsordnung zugeordnet werden können. Diesen Weg beschreiten teilweise auch internationale Konventionen wie das UN-Kaufrecht (CISG) und private Vereinheitlichungsprojekte wie die Unidroit Principles of International Commercial Contracts 2016.[93] Unterliegt der Vertrag etwa der CISG, empfiehlt sich daher auch, bei der Vertragsgestaltung auf die Terminologie der CISG zurückzugreifen und beispielsweise Regelungen zur Vertragsaufhebung im Fall von Vertragsverletzungen als „avoidance of the contract" und nicht als „termination" zu bezeichnen.

b) Zusätzliche Nennung der gewünschten Begriffe in der Sprache des Vertragsstatuts

58 Alternativ können die maßgeblichen Rechtsbegriffe des Vertragsstatuts in der Originalsprache (als Klammerzusatz) hinter den englischen Vertragstext gesetzt werden. In der nachfolgenden Beispielsformulierung soll etwa klargestellt werden, dass im Vertrag geregelte „warranties" lediglich **Beschaffenheitsvereinbarungen** gem. § 434 Abs. 2 Nr. 1 BGB darstellen und keine verschuldensunabhängige Garantieverpflichtung des Verkäufers (Beschaffenheitsgarantien) begründen.

Klauselbeispiel im Fall vertraglich vereinbarter warranties in einem deutschen Recht unterliegenden Kaufvertrag

For the avoidance of doubt, any and all warranties stipulated in this contract are merely defining the applicable conformity standard of the goods agreed by the Parties *[Beschaffenheitsvereinbarung]* and do not constitute guarantees as to the properties or the duration of the goods *[keine Beschaffenheits- oder Haltbarkeitsgarantien].*

---

[91] Art. 100 Abs. 1 OR (Schweizer Recht) und § 277 BGB (Deutsches Recht).

[92] Siehe nur *Tradigrain SA & Ors v Intertek Testing Services (ITS) Canada Ltd & Anor* [2007] EWCA Civ 154 Rn. 23: *„The term ‚gross negligence', although often found in commercial documents, has never been accepted by English civil law as a concept distinct from simple negligence, witness the assent of several judges to the assertion that gross negligence is „ordinary negligence with a vituperative epithet"*; ähnlich *Sucden Financial Ltd v Fluxo-Cane Overseas Ltd* [2010] EWHC 2133 (Comm) Rn. 54: *„However, I found to be more persuasive (…) that ‚gross negligence' is not a term of art at common law, and that such a standard may amount to little more in practice than simple negligence"*; einschränkend allerdings *Camerata Property Inc v Credit Suisse Securities (Europe) Ltd* [2011] EWHC 479 (Comm) Rn. 161. Anders auch die US-amerikanische Rechtsprechung, zum Recht von New York → § 8 Rn. 87.

[93] Zu diesem Vorgang eines de-legalise von Rechtsbegriffen in europäischen Vereinheitlichungsprojekten Sefton-Green ERCL 2012, 30 (40).

c) Begriffsdefinition und Festlegung von Rechtsfolgen

Eine weitere (und wahrscheinlich die beste) Möglichkeit zur Vermeidung von Rechtsunsicherheiten besteht darin, den verwendeten Rechtsbegriff bzw. die in diesem Zusammenhang gewünschten Rechtsfolgen schlicht **ausdrücklich im Vertrag** selbst zu umschreiben. Letztlich können die Parteien damit auch Auslegungsprobleme ausschließen, die unabhängig vom Vorliegen einer Spaltung zwischen Vertragssprache und Vertragsstatut auftreten können. Vereinbaren die Parteien beispielsweise in einem deutschen Recht unterliegenden Vertrag die Zahlung sog. liquidated damages im Fall eines Leistungsverzugs, bleiben (ohne vertragliche Klarstellung) Zweifel, ob weitergehende allgemeine Schadensersatzansprüche geltend gemacht werden können oder nicht, auch dann bestehen, wenn der Vertrag klarstellt, dass mit liquidated damages die Vereinbarung eines pauschalierten Schadensersatzes gewollt war.[94] 59

[94] Umfassend dazu → § 6 Rn. 31.

§ 3 Der rechtliche Rahmen internationaler Wirtschaftsverträge

Übersicht

Schrifttum:

Albornoz/Martin, Towards the uniform application of party autonomy for choice of law in international commercial contracts, JPIL 2016, 437ff.; *Basedow,* Theorie der Rechtswahl oder Parteiautonomie als Grundlage des Internationalen Privatrechts, RabelsZ 75 (2011), 32ff.; *Ders.,* Zuständigkeitsderogation, Eingriffsnormen und ordre public, in: FS Magnus, 2014, S. 337ff.; *Beheshti,* The absence of choice of law in commercial contracts: problems and solutions, Unif. L. Rev. 2019, 497ff.; *Beyer,* Patentlizenzverträge und die Rom I-Verordnung, GRUR 2021, 1008ff.; *Bonell,* The law governing international commercial contracts and the actual role of the UNIDROIT Principles, Unif. L. Rev. 2018, 15ff.; *Bornheim,* Die Wirkung relativ dinglicher Rechte nach deutschem internationalen Sachenrecht, RabelsZ 79 (2015), 37ff.; *Bornsdorf/Finkelmeier,* Allgemeine Geschäftsbedingungen im internationalen Handel, RIW 2021, 350ff.; *Borris,* Die UNIDROIT Principles of International Commercial Contracts in der Praxis internationaler Schiedsgerichte, FS Thümmel, 2020, S. 53ff.; *Briggs,* Private International Law in English Courts, 2014; *Cammerer,* Das reformierte IPR der VR China, RIW 2011, 230ff.; *Coester-Waltjen,* Himmel und Hölle: Einige Überlegungen zur internationalen Zuständigkeit, RabelsZ 79 (2015), 471ff.; *Cordero-Moss* (Hrsg.), Boilerplate Clauses, International Commercial Contracts and the Applicable Law, 2011; *Dies.,* International Arbitration and the Quest for the Applicable Law, Global Jurist 2008, 1ff.; *Dies.,* International Commercial Contracts, 2014; *Czernich/Geimer,* Streitbeilegungsklauseln im internationalen Vertragsrecht, 2017; *Dickinson,* Realignment of the Planets – Brexit and European Private International Law, IPrax 2021, 213ff.; *Ebke,* Das Internationale Devisenrecht im Spannungsfeld völkerrechtlicher Vorgaben, nationaler Interessen und parteiautonomer Gestaltungsfreiheit, ZVglRWiss 2001, 365ff.; *Flessner,* Rechtswahl im internationalen Sachenrecht – neue Anstöße aus Europa, FS Koziol, 2010, S. 125ff.; *Freitag,* Ausländische Eingriffsnormen vor deutschen Gerichten, NJW 2018, 430ff.; *Girsberger/Kadner Graziano/Neels* (Hrsg.), Choice of Law in International Commercial Contracts, 2021; *Geimer,* Internationales Zivilprozessrecht, 8. Aufl. 2020; *Harder,* Convergence and Divergence in Private International Law, JPIL 2011, 649ff.; *Hartenstein,* Das IPR der Schiedsgerichte (§ 1051 ZPO), TransportR 2010, 261ff.; *Hartley,* International Commercial Litigation, 3. Aufl. 2020; *Ders.,* Basic Principles of Jurisdiction in Private International Law: The European Union, the United States and England, ICLQ 2022, 1ff.; *Hay,* Forum Selection Clauses – Procedural Tools or Contractual Obligations?, IPrax 2020, 505ff.; *Herber,* „Lex Mercatoria“ und „Principles“ – gefährliche Irrlichter im internationalen Kaufrecht, IHR 2003, 1ff.; *Horn,* Zwingendes Recht in der internationalen Schiedsgerichtsbarkeit, SchiedsVZ 2008, 209ff.; *Hübner,* Die Drittwirkungen der Abtretung im IPR, ZEuP 2019, 41ff.; *Jansen/Zimmermann* (Hrsg.), Commentaries on European Contract Laws, 2018; *Kieninger,* Die Forderungsabtretung im Internationalen Privatrecht, IPrax 2005, 200ff.; *Dies.,* Perspektiven für ein Europäisches Mobiliarkreditsicherungsrecht, ZEuP 2016, 201ff.; *Kleinheisterkamp,* Overriding Mandatory Laws in International Arbitration, ICLQ 2018, 903ff.; *Koops/Nickel,* Die kollisionsrechtliche Anknüpfung der Schiedsvereinbarung, RIW 2021, 711ff.; *Kröll,* Schiedsklauseln in internationalen Kaufverträgen: Fragen des anwendbaren Rechts, IHR 2021, 177ff.; *Landbrecht,* Ein Sonderprivatrecht für internationale Verträge, RIW 2011, 291ff.; *Lando/Nielsen,* The Rome I Regulation, CMLR 2008, 1687ff.; *Leible,* Rechtswahl im IPR der außervertraglichen Schuldverhältnisse nach der Rom II-Verordnung, RIW 2008, 257ff.; *Lieder,* Die Aufrechnung im Internationalen Privat- und Verfahrensrecht, RabelsZ 78 (2014), 809ff.; *Lüttringhaus,* Das internationale Privatrecht der culpa in contrahendo nach den EG-Verordnungen „Rom I“ und „Rom II“, RIW 2008, 193ff.; *R. Magnus,* Der grenzüberschreitende Bezug als Anwendungsvoraussetzung im europäischen Zuständigkeits- und Kollisionsrecht, ZEuP 2018, 507ff.; *U. Magnus,* Sonderkollisionsnorm für das Statut von Gerichtsstands- und Schiedsgerichtsvereinbarungen, IPrax 2016, 521ff.; *Mankowski,* Schiedsgerichte und die Rom I-VO, RIW 2018, 1ff.; *Ders.,* Das neue Internationale Kartellrecht des Art. 6 Abs. 3 der Rom II-Verordnung, RIW 2008, 177ff.; *Martiny,* Die Haager *Principles on Choice of Law in International Commercial Contracts,* RabelsZ 79 (2015), 624ff.; *Ders.,* Europäisches Internationales Schuldrecht – Rom I- und Rom II-Verordnungen in der Bewährung, ZEuP 2015, 838ff.; *Maultzsch,* Forumsfremde Eingriffsnormen im Schuldvertragsrecht zwischen Macht- und Wertedenken, in: Benicke/Huber, Festschrift für Herbert Kronke, 2020, S. 363ff.; *Mayer/Breig,* Das internationale Privatrecht im Zivilgesetzbuch der Russischen Föderation, ZEuP 2006, 829ff.; *McParland,* The Rome I Regulation on the Law Applicable to Contractual Obligations, 2015; *Mills,* Party Autonomy in Private International Law, 2018; *Pfeiffer,* Die Abwahl des deutschen AGB-Rechts in Inlandsfällen bei Vereinbarung eines Schiedsverfahrens, NJW 2012, 1169ff.; *Pika,* Schiedsvereinbarungsstatut und konkludente Rechtswahl, IPRax 2021, 508ff.; *Piltz* (Hrsg.), Internationales Wirtschaftsrecht, 2017; *Reithmann/Martiny,* Internationales Vertragsrecht, 9. Aufl. 2022; *Reszczyk-Król,* Law Applicable to Voluntary Representation in Some European Legal Systems, JPIL 2014, 265ff.; *Rieländer,* Der Schutz von Geschäftsgeheimnissen im europäischen Kollisionsrecht, ZVglRWiss 2020, 339ff.; *Ders.,* Zur Qualifikation außervertraglicher Ansprüche zwischen Vertragsparteien im europäischen IZVR und IPR, RIW 2021, 103ff.; *Roth,* Öffentliche Interessen im internationalen Privatrechtsverkehr, AcP 220 (2020), 458ff.; *Rühl,* The Problem of International Transactions: Conflict of Laws

Revisited, JPIL 2010, 59ff.; *Sakurada/Schwittek,* Die Reform des japanischen Internationalen Privatrechts, RabelsZ 76 (2012), 76ff.; *Schacherreiter,* Der missglückte Legal Transplant des Art. 9 Abs. 3 Rom I-VO – Eine Kritik an der Regelung fremder Eingriffsnormen im europäischen internationalen Vertragsrecht, ZEuP 2015, 497ff.; *Schack,* Internationales Zivilverfahrensrecht, 8. Aufl. 2021; *Schilling,* Materielles Einheitsrecht und Europäisches Schuldvertrags-IPR, EuZW 2011, 776ff.; *Schwarz,* Das Internationale Stellvertretungsrecht im Spiegel nationaler und internationaler Kodifikationen, RabelsZ 71 (2007), 729ff.; *Spickhoff,* Kodifikation des Internationalen Privatrechts der Stellvertretung, RabelsZ 80 (2016), 481ff.; *Stefer,* Drittwirkung der Abtretung – Kein Fall für Rom I, IPrax 2021, 155ff.; *Stürner/Wendelstein,* Das Schiedsvereinbarungsstatut bei vertraglichen Streitigkeiten, IPrax 2014, 473ff.; *Symeonides,* Choice of Law, 2016; *Ders.,* Choice of Law in the American Courts in 2020: Thirty-Fourth Annual Survey, Am. J. Comp. L. 2021, 177ff.; *Tang,* The Interrelationship of European Jurisdiction and Choice of Law in Contract, JPIL 2008, 35ff.; *Thöne,* Die Vollmacht im Internationalen Privatrecht, IHR 2017, 141ff.; *Torremans,* Licenses and Assignments of Intellectual Property Rights under the Rome I Regulation, JPIL 2008, 397ff.; *Tu/Xu,* Contractual Conflicts in the People's Republic of China: The Applicable Law in The Absence of Choice, JPIL 2011, 179ff.; *Würdinger,* Das Prinzip der Einheit der Schuldrechtsverordnungen im Europäischen Internationalen Privat- und Verfahrensrecht, RabelsZ 75 (2011), 102ff.; *v. Bar/Mankowski,* Internationales Privatrecht. Band II: Besonderer Teil, 2. Aufl. 2019; *Weller,* Das autonome Unternehmenskollisionsrecht, IPrax 2017, 167ff.; *Ders.,* Choice of court agreements under Brussels Ia and under the Hague convention: coherence and clashes, JPIL 2017, 91ff.

A. Überblick

Jeder Vertrag, gleich ob national oder international, unterliegt einer **Rechtsordnung.** Das auf den Vertrag anwendbare Recht schließt vertragliche **Regelungslücken,** setzt der Privatautonomie der Vertragsparteien durch **zwingende Bestimmungen** Grenzen und stellt die maßgeblichen Rechtsgrundsätze für die **Vertragsauslegung** bereit. Nur mit der Einbettung in eine Rechtsordnung können im Übrigen die Voraussetzungen für ein wirksames **Zustandekommen** von Verträgen identifiziert und ihre Rechtsverbindlichkeit erklärt werden.[1] Der keinem Recht unterliegende (internationale) Vertrag ist damit genauso fiktional[2] wie sein mitunter postuliertes verfahrensrechtliches Gegenstück eines keiner Rechtsordnung unterworfenen internationalen Schiedsspruchs (sog. stateless award). 1

Anders als im Fall rein inländischer Transaktionen erschließt sich der für internationale Wirtschaftsverträge geltende Rechtsrahmen aber nicht ohne weiteres. Internationale Wirtschaftsverträge haben definitionsgemäß objektive (oder doch zumindest subjektive) **Berührungspunkte** zu **mehr als einer nationalen Rechtsordnung.**[3] Im konkreten Anwendungsfall wirft das zwangsläufig die Frage auf, *welche* dieser Rechtsordnungen maßgeblich ist. Die Antwort darauf gibt das Internationale Privatrecht, das man treffender auch als **Kollisionsrecht**[4] oder Verweisungsrecht bezeichnen kann[5]: Es löst die Kollision verschiedener Rechtsordnungen im Zusammenhang mit internationalen Verträgen durch Verweisungsregeln auf, die das jeweils anwendbare **materielle Recht** (governing law) bestimmen.[6] 2

Da sich die in den einzelnen Staaten geltenden Kollisionsregeln durchaus voneinander unterscheiden können, setzt dieser Vorgang allerdings die vorgeschaltete Prüfung voraus, welche **Gerichte** international zur Entscheidung über Streitigkeiten aus oder im Zusammenhang mit dem Vertrag **berufen sind** bzw. in welcher Jurisdiktion sich im Fall einer 3

[1] Cordero-Moss International Commercial Contracts S. 74; Highet Tul. L. Rev. 1989, 613 (614); Reithmann/Martiny/Martiny Internationales Vertragsrecht Rn. 2.63; McParland Rome I Regulation Rn. 1.11; aus rechtspraktischer Sicht de Ly Int'l Bus. L.J. 2002, 461 (463).

[2] Cordero-Moss Global Jurist 2008, 1 (3); Bonell Unif. L. Rev. 2018, 15 (18).

[3] Rühl JPIL 2010, 59 (63).

[4] In common law Jurisdiktionen umfasst der Begriff des conflict of laws bzw. private international law dagegen traditionell nicht nur Verweisungsnormen zur Ermittlung des anwendbaren Sachrechts (choice of law), sondern auch Fragen der internationalen Zuständigkeit (international jurisdiction) sowie der Anerkennung und Vollstreckung ausländischer Gerichtsentscheidungen (judgment recognition and enforcement), s. Symeonides Choice of Law S. 1; Hartley International Commercial Litigation S. 4.

[5] Mankowski ZEuP 2020, 522.

[6] MüKoBGB/v. Hein Einl. IPR Rn. 2.

Schiedsvereinbarung als Alternative zur staatlichen Gerichtsbarkeit der maßgebliche **Schiedsort** befindet. Soweit die Parteien nicht durch eine Vereinbarung geeigneter Streitbeilegungsklauseln im Vertrag eine im Einzelfall denkbare parallele Zuständigkeit staatlicher Gerichte verschiedener Staaten wirksam ausgeschlossen haben, folgt daraus auch, dass bedingt durch unterschiedliche Kollisionsregeln der in Betracht kommenden Gerichtsstaaten **unterschiedliche Sachnormen** bei der Streitentscheidung zur Anwendung kommen können. Dieser **Mehrdimensionalität** bei der Ermittlung des maßgeblichen Rechtsrahmens (die unter anderem auch das so genannte *forum shopping*[7] begünstigt), und des sich hieraus ergebenden engen **Zusammenhangs** zwischen **materiell-rechtlichem Rechtsrahmen** einerseits und **internationaler Zuständigkeit** andererseits, müssen sich die im internationalen Vertragsrecht tätigen Kautelarjuristen immer bewusst sein.

4 Zentraler Bestandteil des Rechtsrahmens ist das primär auf den Vertrag anzuwendende Recht, das so genannte **Vertragsstatut.** Außerhalb seines Geltungsbereichs kommen allerdings weitere Rechtsbereiche hinzu, die ebenfalls die Wirksamkeit des Vertrags, die Vertragsdurchführung und den Haftungsumfang der Parteien entscheidend beeinflussen können. Solche nicht genuin vertragliche, aber dennoch im Zusammenhang mit dem Vertragsschluss oder der Vertragsdurchführung stehende Rechtsbereiche sind insbesondere vor- und außervertragliche Schuldverhältnisse, sachenrechtliche, gesellschaftsrechtliche oder insolvenzrechtliche Fragestellungen aber auch das Stellvertretungsrecht, die kollisionsrechtlich betrachtet regelmäßig **selbstständig angeknüpft** werden müssen und daher nicht (zumindest nicht unmittelbar) den Bestimmungen des Vertragsstatuts unterliegen.

5 Da der Vertragsschluss und einzelne Vertragsbestimmungen auch **öffentliche Interessen** berühren können, die über einen reinen Interessenausgleich der Vertragsparteien untereinander hinausgehen, ist zuletzt eine partielle Überlagerung des auf den Vertrag anwendbaren Rechts durch in- und ausländische **Eingriffsnormen** möglich. Verwandt mit den Eingriffsnormen ist der ***ordre public*** des Forums, der im Einzelfall zu einer Nichtanwendbarkeit einzelner Bestimmungen des grundsätzlich einschlägigen Sachrechts führen kann.

6 Diese Gemengelage und im Einzelfall schwierige Abgrenzungsfragen bei der **Qualifikation** rechtlicher Fragestellungen im Zusammenhang mit dem Vertrag und damit dem Geltungsbereich der verschiedenen Statuten wie etwa dem Vertragsstatut, Deliktstatut, Gesellschaftsstatut, Sachstatut oder Vollmachtstatut führen im Ergebnis nicht nur dazu, dass bereits die Ermittlung des für einen internationalen Wirtschaftsvertrag einschlägigen Rechtsrahmens aufwendig ist: Auch die Vertragsgestaltung gewinnt durch den möglichen Geltungsanspruch verschiedener Rechtsordnungen deutlich an Komplexität.

7 Zwar ist mittlerweile zumindest die **Wahl** des Vertragsstatuts durch die Vertragsparteien selbst nach den meisten nationalen Kollisionsrechtsordnungen zulässig, wodurch die Vertragsparteien einen wesentlichen Bestandteil des für ihren Vertrag geltenden Rechtsrahmens selbst festlegen und die Vertragsgestaltung darauf abstimmen können.[8] Unter anderem mit Blick auf die einschlägigen **Rechtsmaterien außerhalb** des **Vertragsstatuts,** die einer Rechtswahl nicht oder jedenfalls nur eingeschränkt offenstehen,[9] entsteht aber häufig zusätzlicher Regelungsbedarf. Daraus folgt, dass die Vertragsgestaltung auch die außerhalb des Vertragsstatuts stehenden relevanten Rechtsbereiche und die kollisionsrechtliche Bestimmung der für sie einschlägigen Rechtsordnung in den Blick nehmen muss. So nützt beispielsweise ein nach dem Vertragsstatut wirksam vereinbarter Eigentumsvorbehalt dem Verkäufer nichts, wenn die allein maßgeblichen sachenrechtlichen Bestimmungen des Staates, in den der Vertragsgegenstand geliefert werden soll, diesem Vorbehalt die dingliche

[7] Geimer Internationales Zivilprozessrecht Rn. 1099.

[8] Rühl ERCL 2013, 61 (65). Bestätigung für diesen Trend sind auch die 2015 publizierten (allerdings nicht rechtsverbindlichen) *Principles on Choice of Law in International Commercial Contracts* der Haager Konferenz für Internationales Privatrecht, die in Art. 2 die Rechtswahl für internationale Wirtschaftsverträge in weitem Umfang zulassen; s. dazu Girsberger/Kadner Graziano/Neels Choice of Law Rn. 1.115 ff.

[9] Zu einer internationalen Tendenz, die Rechtswahl zunehmend auch für außerhalb des Vertragsstatuts stehende Rechtsbereiche zuzulassen allerdings Basedow RabelsZ 75 (2011), 32 (33).

Rechtswirkung versagen. In diesem Fall ist es Aufgabe der Vertragsgestaltung, alternative Möglichkeiten der Zahlungssicherung (etwa die Stellung von Personalsicherheiten oder die Zahlung per Akkreditiv) vertraglich zu regeln. Ebenso müssen die Vertragsparteien etwa einschlägige **devisen-, kartell- oder exportkontrollrechtliche** Vorschriften auch dann beachten, wenn diese Vorgaben nicht dem Vertragsstatut entstammen: Andernfalls drohen neben öffentlich-rechtlichen Folgen wie Bußgeldern und möglichen strafrechtlichen Konsequenzen für einzelne handelnde Personen auch die Unwirksamkeit oder Undurchführbarkeit des Vertrages oder einzelner seiner Bestimmungen.

Mit der folgenden Darstellung sollen die **Grundzüge** der Ermittlung des auf interna- 8
tionale Wirtschaftsverträge insgesamt anwendbaren Rechtsrahmens erläutert werden. Für Einzelfragen zu dieser hochkomplexen Thematik muss auf die Spezialliteratur verwiesen werden.[10]

B. Das Vertragsstatut

Das Vertragsstatut bildet den **Kern** des Rechtsrahmens internationaler Wirtschaftsverträge. 9
Die Gestaltung internationaler Wirtschaftsverträge erfordert daher grundlegende Kenntnisse darüber, ob und in welchem Umfang das Vertragsstatut von den Vertragsparteien selbst gewählt werden kann bzw. wie es bei Fehlen einer wirksamen Rechtswahl ermittelt wird, aus welchen Rechtsquellen es fließt und welche Rolle die internationale Zuständigkeit staatlicher Gerichte bzw. Schiedsgerichte in diesem Zusammenhang spielt. Wie die oben genannten Beispiele zeigen, ist aber auch ein grundlegendes Verständnis über die **Grenzen seines Anwendungsbereichs** notwendig, weil bei der Vertragsgestaltung ansonsten nicht hinreichend berücksichtigt werden kann, welche Regelungsziele von einer vertraglichen Vereinbarung auf Grundlage des gewählten Vertragsrechts gar nicht (mehr) erfasst werden können und daher gegebenenfalls durch andere Handlungsoptionen ersetzt werden müssen.

I. Die Bestimmung des Vertragsstatuts

Die Bestimmung des Vertragsstatuts muss nach dem am Ort des jeweils international zu- 10
ständigen Gerichts geltenden **Internationalen Privatrecht** (IPR) bzw. den von einem Schiedsgericht im Einzelfall anzuwendenden kollisionsrechtlichen Regeln ermittelt werden, wenn und soweit nicht vorrangiges **vereinheitlichtes Sachrecht** in Form von Staatsverträgen (wie etwa das UN-Kaufrecht) eingreift. Daraus folgt zugleich der **innere Zusammenhang** zwischen internationaler Zuständigkeit und anwendbarem Sachrecht: Erst wenn der Gerichtsort feststeht, steht auch das anwendbare Kollisionsrecht fest, das wiederum die Ermittlung des anwendbaren materiellen (Vertrags-)Rechts determiniert. Die internationale Zuständigkeit bestimmt sich nach dem am Ort des angerufenen Gerichts geltenden **Internationalen Zivilverfahrensrecht (IZVR).** Auch das IZVR ist regelmäßig nationales Recht, soweit keine vorrangigen internationalen Konventionen[11] oder supranationale Regelungen wie die Verordnung (EU) Nr. 1215/2012 des Europäischen Parlaments und des Rates über die gerichtliche Zuständigkeit und die Anerkennung und

---

[10] Für das aus Sicht deutscher Gerichte maßgebliche Kollisionsrecht im Zusammenhang mit internationalen Verträgen insbesondere Reithmann/Martiny (Hrsg.), Internationales Vertragsrecht, 9. Aufl. 2022. Zum Internationalen Verfahrensrecht umfassend Geimer, Internationales Zivilprozessrecht, 8. Aufl. 2020.

[11] Vorrangige Regelungen zur internationalen Zuständigkeit (Art. 71 Abs. 1 EuGVVO) enthalten insbesondere transportrechtliche Konventionen wie das Genfer Übereinkommen über den Beförderungsvertrag im internationalen Straßenverkehr (CMR), BGBl. 1961 II, S. 1120 sowie das Montrealer Übereinkommen zur Vereinheitlichung bestimmter Vorschriften über die Beförderung im internationalen Luftverkehr (MA), BGBl. 2004 II, S. 459. Regelungen über die internationale Zuständigkeit in diesen Konventionen enthalten etwa Art. 31 CMR bzw. Art. 33, 34, 45, 46 und 49 MA.

Vollstreckung von Entscheidungen in Zivil- und Handelssachen (EuGVVO)[12] eingreifen, die innerhalb ihres Anwendungsbereichs die **internationale Zuständigkeit** staatlicher Gerichte unter Verdrängung nationalen Verfahrensrechts abschließend regeln.[13]

11 Wenn und soweit Kollisionsrecht international nicht vereinheitlicht ist, folgt daraus, dass der Gerichtsort (vermittelt durch das am Gerichtsort geltende Kollisionsrecht) bei Streitigkeiten aus internationalen Wirtschaftsverträgen insbesondere bei Fehlen einer Rechtswahl durch die Parteien mittelbar das anwendbare Sachrecht determiniert. Diesen Einfluss der internationalen Zuständigkeit auf das anwendbare Sachrecht beseitigt auch eine vertragliche Rechtswahl nicht vollständig, weil das Kollisionsrecht des Forums nicht nur darüber entscheidet, ob eine Rechtswahl durch die Vertragsparteien **überhaupt zulässig** ist, sondern im Wege der **Qualifikation** zugleich auch den Geltungsbereich des Vertragsstatuts absteckt.

12 Weniger eindeutig ist die Bestimmung des Vertragsstatuts im Fall einer zwischen den Vertragsparteien getroffenen Schiedsvereinbarung. Eine Bindung des Schiedsgerichts an das für staatliche Gerichte geltende allgemeine Kollisionsrecht des Schiedsortes besteht regelmäßig nicht,[14] auch wenn diese Auffassung zumindest für Schiedsgerichte mit Sitz in der EU zunehmend in Zweifel gezogen wird.[15] Allerdings haben viele Staaten Sonderkollisionsrecht für die Schiedsgerichtsbarkeit erlassen, das von den **Schiedsgerichten** bei einem Schiedsort innerhalb dieser Jurisdiktionen als Teil der *lex loci arbitri* grundsätzlich auch zwingend zu beachten ist.[16]

1. International und supranational vereinheitlichtes Sachrecht

a) Internationale Konventionen

13 Wenn und soweit der Anwendungsbereich von international vereinheitlichtem Sachrecht in Form von **Staatsverträgen** eröffnet ist und der Forumstaat zu den Mitgliedsstaaten der maßgeblichen Konvention gehört, muss zur Ermittlung des Vertragsstatuts grundsätzlich nicht mehr auf kollisionsrechtliche Vorschriften zurückgegriffen werden.[17] Staatsvertragliches Einheitsprivatrecht bestimmt seine Anwendungsvoraussetzungen regelmäßig **autonom.** Kommt es zum Zuge, kann auch nicht mehr von einer **Kollision** verschiedener Rechtsordnungen die Rede sein. Nicht entschieden[18] werden braucht daher auch der Streit, ob sich der Vorrang unmittelbar aus dem jeweiligen Staatsvertrag selbst oder aber erst durch eine entsprechende Vorrangregel innerhalb des Kollisionsrechts des Forums – bei Anwendbarkeit des Europäischen Kollisionsrechtes insbesondere aus Art. 25 der **Verordnung (EG) Nr. 593/2008** des Europäischen Parlaments und des Rates über das auf vertragliche Schuldverhältnisse anzuwendende Recht (Rom I-VO)[19] – ergibt.[20]

---

[12] ABl. EU 2012 L 351/1.

[13] Bspw. Art. 5 EuGVVO.

[14] So sind etwa Schiedsgerichte mit Sitz in der EU nach überwiegender (wenngleich zunehmend umstrittener) Auffassung nicht an die für staatliche Gerichte verbindlichen regulären Kollisionsregeln, insbesondere (bei Schiedsort in der EU) die Verordnung (EU) Nr. 593/2008 über das auf vertragliche Schuldverhältnisse anwendbare Recht (Rom I-VO), gebunden, s. nur Babić JPIL 2017, 71 ff.; Pfeiffer NJW 2012, 1169 (1170); Kondring RIW 2010, 184 (190 f.); Musielak/Voit ZPO § 1051 Rn. 3; Stein/Jonas/Schlosser ZPO § 1051Rn. 6; Schack FS Schütze S. 511 (515); Nueber SchiedsVZ 2014, 186 ff.; Grimm SchiedsVZ 2012, 189 (190).

[15] McGuire SchiedsVZ 2011, 257 ff.; Mankowski RIW 2018, 1 ff.; Yüksel JPIL 2011, 149 (164); BeckOGK/Lehmann-Richter, 1.6.2022, § 305 BGB Rn. 34.4.

[16] Mankowski RIW 2018, 1 (6) mwN.; Schack FS Schütze S. 511. Grundlegend zur Rolle der *lex loci arbitri Goode* Arb. Int'l 2001, 19 ff.

[17] Reithmann/Martiny/Martiny Internationales Vertragsrecht Rn. 1.142.

[18] So zu Recht Magnus IPRax 2010, 27 (32).

[19] ABl. EU 2008 L 177/6; berichtigt durch ABl. EU 2009 L 309/87.

[20] Nach überwiegender Auffassung ist dafür ausreichend, dass staatsvertragliches Einheitsprivatrecht zumindest Kollisionsregeln bzgl. seines eigenen Anwendungsbereichs enthält, so dass die Vorrangregelung des Art. 25 Rom I-VO einschlägig ist, s. nur Pfeiffer EuZW 2008, 622 (624) mit Bezug auf das CISG. Kritisch dazu allerdings Schilling EuZW 2011, 776 (778 ff.), für den das Kollisionsrecht im Fall der Anwendbarkeit eines Staatsvertrages schon mangels Kollision mehrerer Rechtsordnungen tatbestandlich nicht einschlägig ist. Für

Für internationale Wirtschaftsverträge relevantes international vereinheitlichtes Sachrecht ist allerdings rar gesät. Zwar entwickeln die einschlägigen internationalen Organisationen,[21] die sich eine internationale Vereinheitlichung des Wirtschaftsprivatrechts zum Ziel gesetzt haben, laufend Vorschläge für neue **Übereinkommen** in nahezu allen relevanten Rechtsbereichen des internationalen Wirtschaftsprivatrechts. Eine kritische Masse an Mitgliedsstaaten erreichen bislang aber nur wenige der zur Annahme vorgeschlagenen Übereinkommen. Durchgesetzt haben sich in erster Linie internationale Übereinkommen im **Transportrecht,** namentlich das Übereinkommen über den Beförderungsvertrag im internationalen Straßenverkehr (CMR),[22] das Übereinkommen über den internationalen Eisenbahnverkehr (COTIF), das Montrealer Übereinkommen über den internationalen Luftverkehr (MA)[23] sowie internationale Konventionen im Seefrachtbereich.[24] Darüber hinaus kommt dem auf internationale Kaufverträge anwendbaren **UN-Kaufrecht** (CISG)[25] eine ständig wachsende Bedeutung zu. 14

Selbst bei Geltung von staatsvertraglichem **Einheitsprivatrecht** ist das allgemeine Kollisionsrecht des Forums aber häufig nicht gänzlich entbehrlich: Zum einen gestatten die einschlägigen Staatsverträge den Vertragsparteien teilweise, ihre Anwendung zugunsten von unvereinheitlichtem nationalen Recht **auszuschließen.**[26] Darüber hinaus müssen die in vielen Übereinkommen verbliebenen **Regelungslücken** regelmäßig mit Hilfe eines nach allgemeinen kollisionsrechtlichen Regeln ermittelten (nationalen) Vertragsstatuts gefüllt werden.[27] 15

b) Europäisches Vertragsrecht

Nach ganz überwiegender Auffassung legen primäres Unionsrecht und EU-Verordnungen ihren räumlichen Anwendungsbereich **autonom** fest und müssen zumindest von Gerichten mit Sitz in der EU (für Verordnungen auf Grundlage von Art. 288 Abs. 2 AEUV) daher unabhängig von einer vorgeschalteten kollisionsrechtlichen Prüfung unmittelbar angewendet werden.[28] Auch wenn diese Auffassung zumindest in ihrer Absolutheit bezweifelt werden kann, handelt es sich doch zumindest zum gegenwärtigen Zeitpunkt eher um ein **akademisches Problem:** Auf Ebene des Europäischen Primärrechts enthält letztlich nur Art. 101 Abs. 2 AEUV, der die zivilrechtliche Unwirksamkeit kartellrechtswidriger Vertragsbestimmungen anordnet, unmittelbar vertragsrechtliche Regelungen. In Form von EU-Verordnungen existiert materielles Vertragsrecht bislang ebenfalls nur in sehr geringem Umfang. Zu unmittelbaren Auswirkungen auf Vertragsbeziehungen führen neben den in erster Linie für Verbraucher relevanten zwingenden Bestimmungen über Ausgleichs- und Unterstützungsleistungen im Fall der Nichtbeförderung, Annullierung und Verspätung im 16

diese Auffassung spricht nicht zuletzt, dass die Begründung des Vorrangs über Art. 25 Rom I-VO keine Konventionen erfassen kann, die nach dem Inkrafttreten der Rom I-VO abgeschlossen worden sind.

[21] Insbesondere die United Nations Commission on International Trade Law (UNCITRAL), das Institut International pour L'Unification du Droit Privé (UNIDROIT) sowie die Haager Privatrechtskonferenz.

[22] S. Nachweise oben Fn. 11.

[23] S. Nachweise oben Fn. 11.

[24] Zuletzt die (mit Stand 1.7.2022 allerdings noch nicht in Kraft getretene) United Nations Convention on Contracts for the International Carriage of Goods Wholly or Partly by Sea (Rotterdam Rules); bislang maßgeblich noch die Hague-Visby Rules sowie die Hamburg Rules, die von der Bundesrepublik Deutschland zwar nicht ratifiziert, teilweise aber trotz fehlender völkerrechtlicher Verpflichtung in deutsches Seehandelsrecht übernommen worden sind; zum Ganzen Staudinger/Magnus Art. 5 Rom I-VO Rn. 86ff. Für die Binnenschifffahrt vgl. das Budapester Übereinkommen über den Vertrag über die Güterbeförderung in der Binnenschifffahrt (CMNI), BGBl. 2007 II, S. 298ff.

[25] Übereinkommen der Vereinten Nationen über Verträge über den internationalen Warenkauf, BGBl. 1989 II, S. 588ff.; zur wachsenden Bedeutung des UN-Kaufrechts Meyer RabelsZ 85 (2021), 357 (375ff.).

[26] S. insbes. Art. 6 CISG. Die Wirksamkeit eines Ausschlusses ist allerdings noch nach den im Staatsvertrag über den Vertragsschluss getroffenen Regelungen zu beurteilen, so mit Blick auf das CISG zu Recht etwa Piltz IHR 2004, 133 (136).

[27] Dazu Ferrari RIW 2002, 169 (172).

[28] Schilling EuZW 2011, 776 (781); Roth EWS 2011, 314 (321).

Luft- bzw. See- und Binnenschiffsverkehr nach Maßgabe der Verordnung (EG) Nr. 261/2004 (Fluggastrechte-VO) und (EU) Nr. 1177/2010 (Fahrgastrechte-Verordnung)[29] etwa die in EU-Verordnungen über Finanzsanktionen und Embargos gegen bestimmte Länder, Organisationen und Personen enthaltenen Erfüllungsverbote.[30]

17 Die für den unternehmerischen Geschäftsverkehr maßgeblichen **EU-Richtlinien** wie die Handelsvertreterrichtlinie 86/653/EWG sowie die Zahlungsverzugsrichtlinie 2011/7/EU[31] sind dagegen nicht unmittelbar anwendbar. Ihre im Einzelfall auch (international) zwingende Wirkung[32] folgt daher erst aus den nach allgemeinen kollisionsrechtlichen Grundsätzen anzuknüpfenden einzelstaatlichen Umsetzungsakten. Sofern Richtlinien im Ausnahmefall allerdings selbst kollisionsrechtliche Regelungen enthalten, gehen diese dem allgemeinen Kollisionsrecht gem. Art. 23 Rom I-VO[33] vor.

18 Nachdem die Europäische Kommission den Entwurf für das ursprünglich geplante **Gemeinsame Europäische Kaufrecht (GEKR)** in Form einer Verordnung auf Grund massiver Widerstände der Mitgliedsstaaten zurückgezogen hat,[34] bleibt abzuwarten, ob unmittelbar anwendbares Vertragsrecht der EU (auch) für den unternehmerischen Geschäftsverkehr in der Zukunft eine Rolle spielen wird.

c) Die Bedeutung von „soft law" und „lex mercatoria"

19 Neben völkerrechtlichen Übereinkommen haben internationale Organisationen, aber auch private Initiativen nach dem Vorbild der vom American Law Institute erarbeiteten so genannten restatements of law (einer gebündelten Zusammenstellung von gemeinsamen Grundsätzen des common law der einzelnen US-Bundesstaaten)[35] sog. „soft law"[36] in Form von Zusammenstellungen allgemeiner Rechtsgrundsätze für internationale Wirtschaftsverträge entwickelt. Maßgebliche Beispiele sind die **Unidroit Principles of International Commercial Contracts 2016** (PICC 2016), die Principles of European Contract Law (PECL) sowie der Draft Common Framework of Reference (DCFR). Ob die zuweilen euphorischen Kommentare[37] zu diesen Instrumenten und ihrer Bedeutung für die internationale Rechtsvereinheitlichung berechtigt sind, muss aus Praktikersicht wohl eher bezweifelt werden. Das liegt aber nicht an einer mangelnden konzeptionellen Qualität der genannten Regelwerke, sondern viel mehr daran, dass Rechtsprechung und damit Berechenbarkeit bei der Auslegung bislang Mangelware sind, weil diese Instrumente nur in einem sehr geringen Umfang von den Parteien kollisionsrechtlich gewählt bzw. im Wege einer materiell-rechtlichen Verweisung in den Vertrag inkorporiert werden.[38] Hinzu kommt, dass jedenfalls staatliche Gerichte die Wahl von „soft law" in der Regel bislang nicht als echte kollisionsrechtliche Rechtswahl anerkennen, sondern allenfalls als materiell-

---

[29] ABl. EU 2004 L 46/1; ABl. EU 2010 L 334/1; zum Ganzen BeckOGK/Schulze, 1.6.2022, Art. 23 Rom I-VO Rn. 10f.

[30] Dazu → Rn. 179 sowie generell → § 4.

[31] ABl. EG 1986 L 382/17 (Handelsvertreterrichtlinie); ABl. EU 2011 L 48/1 (Zahlungsverzugsrichtlinie).

[32] Dazu Schulze/Staudinger BGB Art. 3 Rom I-VO Rn. 8.

[33] Für eine restriktive Auslegung dieser Vorschrift allerdings zu Recht Schulze/Staudinger BGB Art. 23 Rom I-VO Rn. 1; aA dagegen wohl Roth EWS 2011, 314 (327) insbesondere mit Blick auf die Handelsvertreterrichtlinie.

[34] Arbeitsprogramm der Kommission für 2015, COM (2014) 910 final, Annex 2, Nr. 60.

[35] Zur Rechtsnatur und den Hintergründen der restatements Jansen/Zimmermann NJW 2009, 3401 (3402).

[36] Kritisch zu diesem Begriff Mankowski RIW 2011, 30 (42) unter Verweis auf die fehlende demokratische Legitimation der Ersteller der genannten Regelwerke; zum beschränkten Nutzen der Unidroit Principles für „Nischenfälle" auch in internationalen Schiedsverfahren Borris FS Thümmel S. 53 (61).

[37] Stellvertretend Bonell Unif. L. Rev. 2018, 15 (24f.).

[38] Eine praxisrelevante Ausnahme stellen insofern die Rechtswahlklauseln zugunsten der PICC in den Mustervertriebsverträgen der ICC (ICC Model Commercial Agency Contract/ICC Model Distributorship Contract) dar, abgedruckt bei Bortolotti Drafting International Commercial Contracts S. 189ff.; dazu auch → § 19 Rn. 104.

rechtliche Verweisung und damit letztlich als reine Vertragsbedingungen[39] beachten dürfen. Darüber hinaus ist aber auch die Möglichkeit einer kollisionsrechtlichen Rechtswahl im Fall eines Schiedsverfahrens (in Abhängigkeit vom gewählten Schiedsort) nicht zweifelsfrei.[40] Diese Einschränkungen drückt Art. 1.4 PICC 2016 letztlich auch selbst ausdrücklich aus.[41]

Im Übrigen macht selbst eine **zulässige kollisionsrechtliche Wahl** von „soft law" ein ergänzendes staatliches Vertragsstatut regelmäßig nicht entbehrlich: So enthalten etwa die PICC 2016 keine Regelungen für einzelne Vertragstypen, sondern nur allgemeines Vertragsrecht. Weil damit auch in diesem Fall zumindest ergänzend nationales Recht herangezogen werden muss, entsteht ein *law mix* und dadurch ein Verlust an Übersichtlichkeit und Rechtssicherheit. 20

Noch weniger als die genannten privaten „soft law" Kodifikationen kann schließlich die so genannte „lex mercatoria", die für den internationalen Handel einschlägiges **transnationales Gewohnheitsrecht**[42] darstellen soll, eine Rechtsvereinheitlichung gewährleisten. Zu Recht sind nicht nur Rechtscharakter und Fassbarkeit der „lex mercatoria", sondern sogar ihre Existenz in Zweifel gezogen worden.[43] Von einer entsprechenden Rechtswahl kann daher auch nur dringend abgeraten werden.[44] 21

d) Die Rolle von Handelsklauseln und Standardbedingungen für die Rechtsvereinheitlichung

Faktisch rechtsvereinheitlichende Wirkungen haben auch von privaten Organisationen entwickelte Bedingungswerke und Handelsklauseln. Vorreiterin ist die **International Chamber of Commerce** (ICC) mit Sitz in Paris. Mit den Incoterms (gegenwärtig aktuellste Fassung: Incoterms © 2020), den Einheitlichen Richtlinien für Akkreditive (gegenwärtig aktuelle Fassung UCP 600) sowie den Einheitlichen Richtlinien für Bankgarantien (gegenwärtig aktuellste Fassung URDG ICC-Publication Nr. 758) hat die ICC Bedingungswerke entwickelt, die mittels freiwilliger vertraglicher Inkorporation durch die beteiligten Vertragsparteien zu einer zumindest partiellen Standardisierung internationaler Vertragsbedingungen geführt haben. So finden namentlich die UCP 600 auf nahezu alle international für die Zahlungsabwicklung genutzten Akkreditive Anwendung, weil sie von den Geschäftsbanken durchgehend in die Akkreditivbedingungen einbezogen werden.[45] Auch die Incoterms sind im internationalen Handel weit verbreitet. Für die jüngere Überarbeitung der Einheitlichen Richtlinien für Bankgarantien bleibt dagegen noch abzuwarten, ob sie zu einer vergleichbaren Erfolgsgeschichte werden können.[46] 22

Der Erfolg der genannten Bedingungswerke und Handelsklauseln kann allerdings nicht darüber hinwegtäuschen, dass sie im Ausgangspunkt lediglich **Vertragsbedingungen** darstellen, deren Einbeziehung von einem entsprechenden Parteiwillen abhängig ist[47] und die 23

---

[39] Für die Nützlichkeit der PICC durch materiell-rechtliche Inkorporation in internationale Wirtschaftsverträge, insbesondere aber auch als „Allgemeiner Teil" eines transnationalen Vertragsrechts dagegen Michaels RabelsZ 75 (2011), 866 (870).

[40] So etwa im Fall eines Schiedsortes in der EU nach der Auffassung, die in diesem Fall eine Bindung von Schiedsgerichten an die Rom I-VO annimmt, s. nur Mankowski RIW 2018, 1 (11) mwN.

[41] Vgl. den Wortlaut von Art. 1.4 PICC 2016: *„Nothing in these Principles shall restrict the application of mandatory rules, whether of national, international or supranational origin, which are applicable in accordance with the relevant rules of private international law"*.

[42] Zu dieser Begriffsbildung MüKoBGB/Martiny Art. 3 Rom I-VO Rn. 36.

[43] Herber IHR 2003, 1 (5); aA etwa Berger RIW 2002, 256 ff.

[44] In diese Richtung überzeugend auch Mankowski RIW 2018, 1 (12).

[45] Dazu auch → § 18 Rn. 87.

[46] Zur mangelnden Akzeptanz der Vorgängerversion etwa Vorpeil RIW 2011, Editorial Heft 12.

[47] Zum angenommenen Rechtscharakter der UCP als Vertragsbedingungen (die von den Parteien ausdrücklich oder konkludent in den Vertrag einbezogen werden müssen) im englischen Recht sowie abweichenden Auffassungen in anderen Rechtsordnungen McKendrick Commercial Law S. 1091 f. Die Einordnung als allgemeine Vertragsbedingungen schließt indes nicht aus, dass einzelne Bestandteile allgemein anerkannte Handelsbräuche darstellen.

zugleich nur **partiell** an die Stelle dispositiven nationalen Vertragsrechts treten können. So regeln die Incoterms etwa ausschließlich Pflichten der Parteien im Zusammenhang mit der Lieferung des Vertragsgegenstandes. Die Festlegung der einschlägigen Rechtsfolgen im Fall einer Verletzung dieser Pflichten bleibt dagegen dem jeweils anwendbaren nationalen bzw. international vereinheitlichten Vertragsstatut überlassen.[48] Der Charakter als Vertragsbedingungen führt auch dazu, dass sich die genannten Bedingungswerke nicht über **zwingende Bestimmungen** des jeweiligen Vertragsstatuts hinwegsetzen können. So ist etwa bei einzelnen Bestimmungen der UCP 600 fraglich, ob sie einer AGB-Inhaltskontrolle standhalten können, wenn deutsches Recht als Vertragsstatut berufen ist.[49] Eine vergleichbare Bereichsausnahme von der AGB-Inhaltskontrolle, wie sie etwa im Fall einer unveränderten Übernahme der VOB/B im deutschen Recht gem. § 310 Abs. 1 S. 3 BGB für den unternehmerischen Geschäftsverkehr vorgesehen ist, existiert für internationale Bedingungswerke nicht.

24 Weitergehende Probleme treten bei von privaten Organisationen entwickelten **Standardverträgen** auf, die über eine partielle Regelung einzelner Vertragsbestandteile hinausgehen. Solche Vertragswerke, wie die insbesondere im internationalen Anlagenbau weit verbreiteten **FIDIC-Vertragsbedingungen,** sind häufig vor dem Hintergrund einer speziellen Rechtsordnung entwickelt worden und können daher Auslegungsprobleme verursachen, wenn sie einem davon abweichenden Vertragsstatut unterliegen. Hinzu kommt, dass entsprechende Standardverträge mitunter nur bedingt ausgewogene Vertragskonditionen enthalten, weil sie meistens aus dem Blickwinkel einer bestimmten Vertragsseite entwickelt wurden: Während die FIDIC-Bedingungen etwa tendenziell eher die Interessen des **Auftraggebers** widerspiegeln dürften, sind die Standardlieferbedingungen von Orgalime (Orgalime S 2012) aus Sicht des Lieferanten konzipiert.[50] Auch hier kommt mangels gesetzlicher Anordnung keine Freistellung von einer Inhaltskontrolle nach Maßgabe des Vertragsstatuts in Betracht[51], obwohl dies etwa bei Anwendung deutschen Rechts vergleichbar mit der Behandlung der VOB/B in der Literatur teilweise gefordert wird.[52] Das dürfte auch der Grund dafür sein, warum deutsches Recht bei Verwendung der FIDIC-Musterverträge in der Praxis kaum jemals als Vertragsstatut gewählt wird.[53]

2. Die Bedeutung des Internationalen Privatrechts (IPR)

25 Staatliche Gerichte und Schiedsgerichte wenden im Fall einer internationalen vertragsrechtlichen Streitigkeit nicht automatisch das materielle Vertragsrecht der *lex fori* an. Vielmehr muss[54] grundsätzlich eine kollisionsrechtliche Prüfung nach Maßgabe des meist nationalen Internationalen Privatrechts (IPR) der *lex fori* vorgeschaltet werden, um das im Einzelfall anwendbare Sachrecht zu ermitteln. Da mittlerweile nahezu alle Staaten über IPR verfügen, bleibt es ein rein akademisches Problem, ob und inwieweit auch eine völkerrechtliche Verpflichtung der Staaten besteht, den eigenen Gerichten bei der Beurtei-

[48] Rühl JPIL 2010, 59 (85 f.).

[49] Nielsen TransportR 2008, 269 (270).

[50] Zu den für internationale Lieferverträge genutzten Mustervertragswerken → § 18 Rn. 43 ff.

[51] Gegen eine analoge Anwendung von § 310 Abs. 1 S. 3 BGB zu Recht auch Bonke/Stumpf NZBau 2018, 449 (451 f.).

[52] So für die FIDIC-Vertragsmuster etwa Atzpodien/Müller RIW 2006, 331 (337).

[53] S. Roquette/Schweiger/Ritter/Schätzlein Vertragsbuch Privates Baurecht E. II, Rn. 57, die wegen der strengen AGB-Inhaltskontrolle bei Verwendung der FIDIC-Vertragsmuster vor deutschem Recht als Vertragsstatut warnen; ähnlich auch Bock/Zons/Zons Anlagenbau S. 5.

[54] Zur zwingenden Anwendbarkeit des Kollisionsrechts durch deutsche staatliche Gerichte etwa BGH RIW 2008, 707 (708); abweichend davon wenden etwa englische Gerichte das aufgrund kollisionsrechtlicher Grundsätze eigentlich anwendbare ausländische Sachrecht nur an, wenn sich eine Partei darauf beruft, *GDE LLC & Anor v Anglia Autoflow Ltd* [2020] EWHC 105 (Comm) Rn. 26: „(…) *even though the Rome Convention applies as a matter of law, on the orthodox common law approach it is not the function of a judge to apply the Convention ex officio.*“

lung internationaler Sachverhalte die Beachtung ausländischen Sachrechts nach Maßgabe einer vorgeschalteten kollisionsrechtlichen Prüfung aufzugeben.[55]

a) Das Wechselspiel von internationaler Zuständigkeit und anwendbarem Sachrecht

26 Das **Vertragsstatut** als maßgeblicher materiell-rechtlicher Rechtsrahmen eines internationalen Wirtschaftsvertrages auf der einen Seite und die **internationale Zuständigkeit** staatlicher Gerichte oder Schiedsgerichte für die Streitentscheidung als verfahrensrechtliche Frage auf der anderen Seite werden in der Vertragspraxis häufig miteinander verwechselt.[56] Begünstigt wird dieser Umstand durch die weitverbreitete Technik bei der Gestaltung internationaler Wirtschaftsverträge, Rechtswahl- und Gerichtsstandsvereinbarungen in einer gemeinsamen Klausel zusammenzufassen, obwohl es sich sowohl bei Rechtswahlklauseln[57] auf der einen, als auch bei Gerichtsstands-[58] und Schiedsvereinbarungen[59] auf der anderen Seite (unabhängig von ihrem auch ansonsten unterschiedlichen Gehalt) dogmatisch betrachtet um jeweils **eigenständige Verträge** (Prozessvertrag bzw. Rechtswahl-/Verweisungsvertrag) handelt.

27 Auch wenn die Parteien durch korrespondierende Wahl von Gerichtsstand und Sachrecht einen Gleichlauf zwischen internationaler Zuständigkeit und anwendbarem Sachrecht herstellen können (und sollten), lässt die internationale Zuständigkeit keineswegs regelmäßig den Rückschluss auf ein gleichlaufendes Vertragsstatut zu.[60] Selbst innerhalb der EU, in der nicht nur vertragliches und außervertragliches Kollisionsrecht, sondern durch die EuGVVO (bzw. im Verhältnis zur Schweiz, Norwegen und Island das Luganer Übereinkommen) auch das Internationale Zivilverfahrensrecht weitgehend harmonisiert ist und beide Rechtsmaterien bewusst aufeinander abgestimmt wurden, kommt es nicht notwendiger Weise zu einem **Gleichklang.** Zwar begründet eine **ausschließliche Gerichtsstandsvereinbarung** eine Vermutung für eine stillschweigende Rechtswahlvereinbarung zugunsten des Rechts am Gerichtsort.[61] Schon bei einer Schiedsvereinbarung ist eine entsprechende Indizwirkung aber weitaus zweifelhafter.[62] Davon abgesehen bleibt es den Parteien unbenommen, ein vom Recht des Gerichts- oder Schiedsortes abweichendes Vertragsstatut zu wählen. Fehlt eine Gerichtsstandsvereinbarung, fallen internationale Zuständigkeit und anwendbares Sachrecht auch deswegen häufig auseinander, weil die Anknüpfungspunkte im IZVR vor dem Hintergrund unterschiedlicher rechtspolitischer Zielsetzungen andere sind als im Kollisionsrecht: Während das IZVR zum Schutz des Beklagten etwa regelmäßig die internationale Zuständigkeit der Gerichte an dessen Wohnsitz anordnet (Prinzip des *actor sequitur forum rei*),[63] knüpft das Kollisionsrecht meist an den Ort der Vertragspartei an, die (unabhängig von ihrer Stellung als Kläger oder Beklagter im konkreten Verfahren) die **vertragstypische Leistung** erbringt.[64]

---

[55] Dazu Staudinger/Sturm/Sturm BGB Einl IPR Rn. 363 ff. Zur faktischen Durchsetzung des *lex causae* gegenüber dem *lex fori* Prinzip in Bezug auf das auf einen Vertrag anwendbare Sachrecht aus rechtshistorischer Sicht Rühl Berkeley J. Int'l. L. 2006, 801 (804 ff.).

[56] Bortolotti Drafting International Commercial Contracts S. 20.

[57] Der Charakter der Rechtswahlvereinbarung als eigenständiger Verweisungsvertrag folgt etwa ausdrücklich aus Art. 3 Abs. 5 Rom I-VO.

[58] Tang JPIL 2008, 35 (48). Ausdrücklich auch Art. 25 Abs. 5 EuGVVO: *„Eine Gerichtsstandsvereinbarung, die Teil eines Vertrags ist, ist als eine von den übrigen Vertragsbestimmungen unabhängige Vereinbarung zu behandeln"*; ebenso Art. Art. 3 lit. d) HGÜ 2005.

[59] Zum deutschen Recht insbes. § 1040 Abs. 1 S. 2 ZPO; s. dazu auch Musielak/Voit ZPO § 1040 Rn. 4. Zur international verbreiteten Qualifizierung einer Schiedsvereinbarung als gegenüber dem Hauptvertrag selbstständigen Vertrag Balthasar International Commercial Arbitration S. 12.

[60] Würdinger RabelsZ 75 (2011), 102 (103), der hierfür den Begriff des Trennungsprinzips prägt.

[61] 12. Erwägungsgrund Rom I-VO; Staudinger/Magnus BGB Art. 3 Rom I-VO Rn. 75 f.

[62] Grüneberg/Thorn BGB Art. 3 Rom I-VO Rn. 7; MüKoBGB/Martiny Art. 3 Rom I-VO Rn. 52; Dicey, Morris & Collins Rn. 32-064; aA Staudinger/Magnus BGB Art. 3 Rom I-VO Rn. 80 mwN.; BeckOGK/Wendland, 1.6.2022, Art. 3 Rom I-VO Rn. 150.

[63] Würdinger RabelsZ 75 (2011), 102 (105).

[64] Unten → Rn. 39, 45.

28 Dass die internationale Zuständigkeit auf der einen und das auf den Vertrag anwendbare Sachrecht auf der anderen Seite streng auseinandergehalten werden müssen, bedeutet aber nicht, dass beide Rechtsmaterien beziehungslos nebeneinander stünden. Vielmehr setzt die Ermittlung des auf einen internationalen Wirtschaftsvertrag anwendbaren Sachrechts zwingend voraus, dass die internationale Zuständigkeit feststeht: Erst in diesem Fall besteht Klarheit darüber, welches Kollisionsrecht zur Anwendung kommen wird, da ein staatliches Gericht grundsätzlich stets das IPR der lex fori anwenden muss.[65] Dieser über das Kollisionsrecht vermittelte **Zusammenhang** zwischen internationaler Zuständigkeit und anwendbarem Sachrecht besteht selbst im Fall einer Rechtswahlvereinbarung im Vertrag: Denn zum einen bestimmt das (Sonder-)kollisionsrecht des Gerichtsstaates bzw. des Schiedsortes, ob eine solche Rechtswahl **überhaupt zulässig** ist. Zum anderen legt das Kollisionsrecht die Reichweite des Vertragsstatuts und damit mittelbar meist auch die Grenzen der Parteiautonomie fest. Ist beispielsweise für eine vertragsrechtliche Streitigkeit das Gericht eines Staates zuständig, nach dessen Kollisionsrecht Verjährungsfragen nicht zum materiellen Recht, sondern zum Verfahrensrecht zählen, kommt das Verjährungsrecht des Gerichtsstaates selbst dann zwingend zur Anwendung, wenn die Parteien das Sachrecht eines anderen Staates gewählt haben: Verfahrensrecht ist im Gegensatz zu Sachrecht regelmäßig nicht frei wählbar.[66]

29 Für die **Vertragsgestaltung** folgt daraus, dass die Parteien die Wirksamkeit einer vertraglichen Rechtswahl durch eine geeignete Gerichtsstands- bzw. Schiedsvereinbarung absichern müssen. Dabei reicht regelmäßig die ausschließliche Wahl eines Gerichtsstandes in einem Staat, dessen Kollisionsrecht Rechtswahlfreiheit gewährt, (noch) nicht aus: Vielmehr müssen sich die Parteien auch darum bemühen, eine mögliche internationale Zuständigkeit der Gerichte solcher Staaten auszuschließen, deren Kollisionsrecht eine vergleichbare Parteiautonomie nicht gewährleistet, weil ansonsten eine **hinkende Rechtswahl**[67] droht.

30 Ob die von den Parteien bei Vertragsschluss intendierte Prorogation und/oder Derogation von den ausgewählten oder abgewählten Gerichten der betroffenen Staaten allerdings auch akzeptiert wird, steht auf einem anderen Blatt.[68] Mangels internationaler Konventionen (das Haager Übereinkommen über Gerichtsstandsvereinbarungen von 2005 gilt mit Stand 1.7.2022 nur im Rechtsverkehr zwischen der EU, Singapur, dem Vereinigten Königreich, Montenegro und Mexiko) richten sich die prozessualen Wirkungen einer Gerichtsstandsvereinbarung nach dem IZVR des angerufenen Forums mit meist nationalem Ursprung. Auch wenn mittlerweile viele Staaten ihr IZVR liberalisiert haben,[69] kann daher nicht ausgeschlossen werden, dass insbesondere die Derogationswirkung einer ausschließlichen Gerichtsstandsvereinbarung in manchen Jurisdiktionen außerhalb der EU nicht anerkannt und die internationale Zuständigkeit zudem auf aus deutscher Sicht **ungewöhnliche Anknüpfungspunkte** (exorbitante Gerichtsstände) wie beispielsweise den Ort des Entstehens der Verbindlichkeit oder den Zustellungsort einer Klage (so die berühmt-berüchtigte *tag jurisdiction* im US-amerikanischen Zivilverfahrensrecht)[70] gestützt

[65] S. bereits oben → Rn. 3.

[66] Das gilt jedenfalls für Verfahren vor staatlichen Gerichten; gegen die kollisionsrechtliche Möglichkeit, das Schiedsverfahrensrecht im Fall eines Schiedsorts in Deutschland zu wählen Staudinger/Hausmann IntVertrVerfR Rn. 572; aA Musielak/Voit ZPO § 1025 Rn. 3 (Bindung nur des staatlichen Richters, der mit einem Schiedsverfahren befasst wird).

[67] Zu diesem Begriff Mankowski RIW 2003, 2 (6).

[68] Siehe aber Geimer Internationales Zivilprozessrecht Rn. 1599, der im Fall einer ausschließlichen Gerichtsstandsvereinbarung von einer weitgehenden Beseitigung, zumindest aber einer Abmilderung von Rechtsunsicherheiten bei der Zuständigkeitsprognose ausgeht.

[69] So erkennt etwa das brasilianische IZVR die Derogation brasilianischer Gerichte durch eine Gerichtsstandsvereinbarung in internationalen Wirtschaftsverträgen seit einer Reform der brasilianischen Zivilprozessordnung in 2015 mittlerweile an; darüber hinaus können ausländische Entscheidungen seitdem im Grundsatz auch in Brasilien anerkannt und vollstreckt werden, s. Samtleben RIW 2015, 339 (340).

[70] Geimer Internationales Zivilprozessrecht Rn. 1578 ff. mit diesen und weiteren Beispielen. Für „corporate defendants“ ist allerdings auch im US-amerikanischen Zivilprozessrecht anerkannt, dass nur die Gerichte des Bundesstaates „general jurisdiction“ besitzen, an dem die beklagte Gesellschaft ihren Hauptgeschäftssitz

wird. Zwar ist das Urteil eines Gerichts außerhalb der EU, das seine internationale Zuständigkeit trotz abweichender (aus deutschrechtlicher Sicht wirksamer) ausschließlicher Gerichtsstandsvereinbarung bejaht hat, in Deutschland nicht vollstreckbar, weil es an der **Anerkennungszuständigkeit** gem. § 328 Abs. 1 Nr. 1 ZPO fehlt. Das hilft dem Beklagten freilich nichts, wenn in Vermögensgegenstände im Ausland vollstreckt werden kann.

Da die gewünschte Derogationswirkung ausschließlicher Gerichtsstandsvereinbarungen 31 außerhalb der EU damit nicht abschließend sichergestellt[71] werden kann, ist bei Verträgen mit Bezügen außerhalb der EU eine **Schiedsvereinbarung** zumindest regelmäßig die bessere Wahl.[72] Absolute Sicherheit gibt es aber auch bei Schiedsvereinbarungen nicht.[73]

b) Harmonisierungsbestrebungen im IPR

aa) Vereinheitlichtes Kollisionsrecht. Internationale Harmonisierungsbestrebungen gibt 32 es auch im Kollisionsrecht: So haben die Rom I-VO[74] und die Rom II-VO[75] einen Großteil des Kollisionsrechts der EU-Mitgliedsstaaten (mit Ausnahme Dänemarks[76]) für vertragliche und außervertragliche Schuldverhältnisse vereinheitlicht. Versuche der Harmonisierung des Kollisionsrechts durch **internationale Konventionen** sind dagegen bislang deutlich weniger erfolgreich. Im Bereich des Internationalen Schuldvertragsrechts existiert etwa das Haager Kauf-IPR-Übereinkommen von 1955, das Kollisionsregeln zur Ermittlung des auf einen internationalen Kaufvertrag anwendbaren Rechts zur Verfügung stellt.[77] Angesichts der materiell-rechtlichen Harmonisierung des internationalen Kaufrechts durch das CISG ist die Bedeutung des Übereinkommens aber gering; auch Deutschland ist kein Mitgliedsstaat. Die am 19.3.2015 angenommenen **Principles on Choice of Law in International Commercial Contracts** der Haager Privatrechtskonferenz wiederum sind nicht rechtsverbindlich. Da diese Grundprinzipien aber von einer Arbeitsgruppe mit Vertretern aus nahezu allen wichtigen Rechtskreisen entwickelt wurden,[78] besteht die Chance, dass sie (wie in der Präambel vorgesehen) tatsächlich als Blaupause nationaler Novellierungen des Kollisionsrechts[79], aber auch als Auslegungshilfe dienen sowie – zumindest vor Schiedsgerichten – ggf. sogar unmittelbar angewendet werden könnten.[80]

bb) Gemeinsame Prinzipien nationaler Kollisionsrechtsordnungen. Im Internatio- 33 nalen Schuldvertragsrecht als Teilbereich des Kollisionsrechts haben sich unabhängig von formaler Rechtsvereinheitlichung durch staatsvertragliches Kollisionsrecht zwei Grundprinzipien herausgebildet, die sich – bei in den Einzelheiten unterschiedlichen Ausprägungen – in der überwiegenden Zahl der nationalen Kollisionsrechtsordnungen nachweisen

---

(principal place of business) oder Gründungsort (place of incorporation) hat und eine „special jurisdiction" sowohl bei vertraglichen als auch bei deliktischen Ansprüchen (etwa aus Produkthaftung) „minimum contacts" des Beklagten zum Gerichtsort (sowie einen, wenn auch nicht zwingend kausalen Zusammenhang des geltend gemachten Anspruchs mit diesen Kontakten) voraussetzt, für die etwa ein vertraglicher Erfüllungsort bzw. deliktischer Erfolgsort am Forum anders als im Europäischen Zivilverfahrensrecht als solche grundsätzlich nicht ausreichen; zum Ganzen (und weiterreichenden Regelungen im englischen Recht) Hartley ICLQ 2021, 211 (214f.) sowie *Ford Motor Co. v. Montana Eighth Judicial District Court,* 592 U.S. (2021).

[71] Vergleichbar mit dem Siegeszug der Parteiautonomie bei der Wahl des anwendbaren Sachrechts tendiert das IZVR vieler Staaten zunehmend dazu, die Derogation der internationalen Zuständigkeit der eigenen Gerichte durch Parteivereinbarungen zu akzeptieren; s. dazu unten → Rn. 147.

[72] In diese Richtung auch Born Forum Selection Agreements S. 9f.

[73] Dazu unten → Rn. 138.

[74] S. oben → Fn. 19.

[75] Verordnung (EG) Nr. 864/2007 des Europäischen Parlaments und des Rates vom 11.7.2007 über das auf außervertragliche Schuldverhältnisse anzuwendende Recht, ABl. 2007 L 199/401.

[76] Dänemark ist allerdings Mitgliedsstaat des Römischen EWG-Übereinkommens über das auf vertragliche Schuldverhältnisse anzuwendende Recht, BGBl. 2006 II, S. 348.

[77] BeckOGK/Schulze, 1.6.2022, Art. 25 Rom I-VO Rn. 6.

[78] Martiny RabelsZ 79 (2015), 624 (626).

[79] So wohl bereits in Paraguay und Uruguay, s. Mankowski IHR 2022, 43 (44).

[80] Dazu auch Pfeiffer FS Magnus S. 501 (512).

lassen:[81] Zum einen ermöglicht das Prinzip der **Parteiautonomie** den Parteien eines internationalen Wirtschaftsvertrages, das auf den Vertrag anwendbare Recht grundsätzlich selbst zu wählen. Fehlt eine (wirksame) Rechtswahl, ist wiederum nach den meisten Kollisionsrechtsordnungen im Wege der objektiven Anknüpfung grundsätzlich das Recht desjenigen Staates anzuwenden, zu dem der Vertrag die **engsten Beziehungen** aufweist.[82]

c) Grundbegriffe des IPR

34 Die Anwendung des Kollisionsrechts setzt voraus, dass die jeweilige rechtliche Fragestellung (der sog. Anknüpfungsgegenstand) im Wege der **Qualifikation** (characterization)[83] unter die zutreffende Kollisionsnorm subsumiert wird. Das Internationale Schuldvertragsrecht ist immer dann einschlägig, wenn der **Anknüpfungsgegenstand** in einem vertraglichen Schuldverhältnis besteht. Nach der im Europäischen Kollisionsrecht maßgeblichen autonomen Auslegung des Vertragsbegriffs[84] ist dafür entscheidend, dass eine freiwillige, privatautonome Selbstbindung vorliegt.[85] In der Praxis ist die Qualifikation eines Lebenssachverhaltes als vertragsrechtliche Streitigkeit in Abgrenzung etwa zu außervertraglichen oder sachenrechtlichen Fragestellungen allerdings nur selten problematisch. Qualifikationsprobleme sind typischerweise eine Domäne des Internationalen Familien- und Erbrechts; im privaten internationalen Wirtschaftsrecht treten sie nur selten auf.[86] Das schließt freilich nicht aus, dass die Qualifikation im Einzelfall auch bei einer internationalen Transaktion entscheidende Bedeutung haben kann: Beispielsweise kann von der Subsumtion des § 174 BGB unter das Vollmachts-, Vertrags- oder Formstatut abhängen, ob diese Norm überhaupt anwendbar ist oder nicht.[87]

35 Ist durch die Qualifikation die maßgebliche Kollisionsnorm ermittelt worden, erfolgt die Bestimmung des auf die Rechtsfrage anwendbaren Sachrechts mit Hilfe des sog. **Anknüpfungspunktes:** Das kann bei Qualifizierung als vertragliches Schuldverhältnis eine **Rechtswahl** der Parteien oder aber auch der Ort derjenigen Partei sein, welche die vertragstypische Leistung erbringt. Andere Kollisionsrechtsordnungen stellen etwa auf den Ort der Vertragsunterzeichnung oder der Vertragserfüllung ab.[88]

36 Im Europäischen Kollisionsrecht ist die Verweisung nach Maßgabe von Art. 20 Rom I-VO (vertragliche Schuldverhältnisse) und Art. 24 Rom II-VO (außervertragliche Schuldverhältnisse) grundsätzlich eine reine **Sachverweisung.**[89] Damit kommt anders als etwa im deutschen Internationalen Sachen- und Gesellschaftsrecht (Art. 4 Abs. 1 EGBGB) keine Weiterverweisung oder Rückverweisung (renvoi) auf andere Rechtsordnungen in Betracht, weil das Kollisionsrecht derjenigen Rechtsordnung, auf die verwiesen wird, gerade nicht von der Sachverweisung umfasst ist.

---

[81] Völkerrechtliche Vorgaben für die nähere Ausgestaltung des Kollisionsrechts sind den Staaten nach herrschender Meinung aber nicht vorgegeben, s. Grüneberg/Thorn BGB Einl. EGBGB Rn. 9 mwN.

[82] Dazu unten → Rn. 45.

[83] Alternativ wird auch der Begriff der *classification* verwendet, s. etwa Cordero-Moss Global Jurist 2008, 1 (8).

[84] Grundsätzlich richtet sich die Qualifikation nach herrschender Meinung nach dem Rechtsverständnis der *lex fori,* wobei allerdings die Methode einer funktional-teleologischen Qualifikation anzuwenden ist, s. MüKoBGB/v. Hein Einl. IPR Rn. 115, 118 mwN.

[85] Reithmann/Martiny/Martiny Internationales Vertragsrecht Rn. 1.67.

[86] So zu Recht Cordero-Moss Global Jurist 2008, 1 (8). Zur Problematik der Qualifikation von Verjährungsregeln allerdings → Rn. 78.

[87] Dazu (für die Maßgeblichkeit des Geschäfts- bzw. Vertragsstatuts) Ostendorf RIW 2014, 93 ff.; in diese Richtung auch BAG NJW 2016, 345 (347).

[88] So etwa im IPR der Vereinigten Arabischen Emirate, s. Elhawary ALQ 2013, 1 (24).

[89] So etwa auch das russische (Art. 1190 Abs. 1 ZGB), chinesische (Art. 9 Chinesisches IPR-Gesetz, s. unten Fn. 96) und Schweizer Internationale Schuldvertragsrecht (Art. 14 Abs. 1, 116 IPRG).

3. Die kollisionsrechtliche Ermittlung des Vertragsstatuts

a) Ausgangspunkt im Europäischen IPR

Soweit ein staatliches Gericht mit Sitz in einem EU-Mitgliedsstaat (mit Ausnahme Dänemarks) einen Rechtsstreit aus oder im Zusammenhang mit einem **internationalen Vertrag** entscheiden muss, hat es (vorbehaltlich vorrangiger Staatsverträge oder speziellerem Unionskollisionsrecht,[90] s. Art. 23 und Art. 25 Rom I-VO) grundsätzlich die Rom I-VO heranzuziehen, um das auf den Vertrag anwendbare Sachrecht zu ermitteln. 37

Vorrang hat nach Art. 3 Abs. 1 Rom I-VO und dem hier verankerten Grundprinzip der **Parteiautonomie** das von den Parteien selbst ausdrücklich oder stillschweigend gewählte staatliche[91] Recht. Eine sachliche Verbindung zwischen Vertrag und gewähltem Recht ist dabei nicht erforderlich.[92] Eingeschränkt wird die Rechtswahl abgesehen von den in Art. 5 bis Art. 8 Rom I-VO normierten Restriktionen für einzelne (im unternehmerischen Geschäftsverkehr im Wesentlichen nicht einschlägige) Vertragstypen nur durch das Erfordernis eines **genuin internationalen** Sachverhalts, Art. 3 Abs. 3 Rom I-VO. Fehlt dieser, bleiben sämtliche zwingenden Normen des Staates, mit dem der Sachverhalt ausschließlich verbunden ist (sog. Einbettungsstatut), auch bei Wahl einer anderen Rechtsordnung weiter anwendbar. Gleiches gilt im Fall eines Sachverhaltes, der ausschließlich mit der Europäischen Union verbunden ist: In diesem Fall muss zwingendes Unionsrecht auch dann angewendet werden, wenn die Parteien ein außereuropäisches Vertragsstatut gewählt haben.[93] 38

Im Fall einer unterlassenen oder unzulässigen Rechtswahl muss dagegen **objektiv angeknüpft** werden. Da für internationale Wirtschaftsverträge die vorrangigen Sonderbestimmungen für Verbraucher-, Individualarbeits-, Transport- und Versicherungsverträge (Art. 5 bis Art. 8 Rom I-VO) ganz überwiegend nicht einschlägig sind, ist regelmäßig der in Art. 4 Rom I-VO normierte Auffangtatbestand maßgeblich. Art. 4 Abs. 1 Rom I-VO sieht zunächst **konkrete Kollisionsnormen**[94] für einzelne aufgelistete Vertragstypen vor. Lässt sich der Vertrag keinem (oder aber mehreren) der aufgeführten Vertragstypen zuordnen, bleibt nur der Rückgriff auf das in Art. 4 Abs. 2 Rom I-VO geregelte Grundprinzip, das letztlich auch die konkreten Kollisionsnormen in Art. 4 Abs. 1 Rom I-VO prägt: Maßgeblich ist das Recht am Ort derjenigen Vertragspartei (zum Zeitpunkt des Vertragsschlusses), die die **vertragstypische Leistung** erbringt. 39

In beiden Fällen bleibt abschließend noch zu prüfen, ob die in Art. 4 Abs. 3 Rom I-VO geregelte **Ausweichklausel** eingreift: Abweichend von Art. 4 Abs. 1 und 2 Rom I-VO kommt im Ausnahmefall ein anderes Recht zur Anwendung, wenn zu dieser Rechtsordnung **offensichtlich** engere Beziehungen bestehen. Schon der Wortlaut der Ausweichklausel macht deutlich, dass Art. 4 Abs. 3 Rom I-VO nur in absoluten Ausnahmefällen eingreifen kann.[95] Für eine offensichtlich engere Beziehung des Vertrages zu einer anderen Rechtsordnung reicht etwa der Erfüllungsort (auch bei einem Werkvertrag) meist nicht aus. Auch bei Sicherungsverträgen wie Garantien, Bürgschaften und selbst Schuldbeitritten[96] kann trotz ihres Zusammenhangs mit dem Hauptvertrag grundsätzlich nicht davon 40

---

[90] Spezielleres Unionskollisionsrecht existiert im Wesentlichen nur in Form von Richtlinien zur Vereinheitlichung von Verbrauchervertragsrecht, Ferrari/Kieninger/Mankowski/Kieninger Internationales Vertragsrecht Art. 23 Rom I-VO Rn. 4. Nicht überzeugend ist insbesondere die Auffassung, weiteren Richtlinien, insbesondere der Handelsvertreterrichtlinie (verstecktes) Kollisionsrecht zu entnehmen, das am Vorrang des Art. 23 Rom I-VO teilnimmt; befürwortend aber Roth FS Spellenberg S. 309 (321 ff.).

[91] Im Anwendungsbereich des Europäischen Kollisionsrechts kann nur staatliches Recht gewählt werden, s. dazu vertiefend → § 13 Rn. 23.

[92] McParland Rome I Regulation Rn. 9.12; BeckOGK/Wendland, 1.6.2022, Art. 3 Rom I VO Rn. 64 mwN.

[93] Zu den Einzelheiten der Rechtswahl nach der Rom I-VO und ihren Grenzen → § 13 Rn. 21 ff.

[94] Wagner IPrax 2008, 377 (381).

[95] S. Magnus IPrax 2010, 27 (37): Verbindung zu der anderen Rechtsordnung muss so eindeutig sein, dass sie *„mit den Händen zu greifen ist"*.

[96] BGH NJW-RR 2011, 130 (131) noch zu Art. 28 Abs. 5 EGBGB, bei dem schon eine „engere Verbindung" ausreichte.

ausgegangen werden, dass zu dem auf den Hauptvertrag anwendbaren Recht eine offensichtlich engere Beziehung besteht.

41 Kann eine auf eine Vertragspartei beschränkte **vertragstypische Leistung** wie beispielsweise bei Kooperations- oder Tauschverträgen schlussendlich gar nicht identifiziert werden, ist auf den Vertrag gem. Art. 4 Abs. 4 Rom I-VO das Recht des Staates anwendbar, zu dem die engsten Verbindungen bestehen. Enge Beziehungen können sich dabei etwa aus einem gemeinsamen Aufenthalt der Parteien, dem Verhandlungs- oder Abschlussort des Vertrages oder der Vertragssprache ergeben.[97] Erhebliche Rechtsunsicherheiten bleiben dabei naturgemäß nicht aus.

Checkliste: Prüfung des anwendbaren Rechts nach der Rom I-VO

I. Anwendbarkeit der Rom I-VO

- Internationale Zuständigkeit eines **staatlichen Gerichts** in einem EU-Mitgliedsstaat mit Ausnahme von Dänemark (str. bei **Schiedsgerichten** mit Schiedsort innerhalb der EU)
- Kein vorrangiger (kollisionsrechtlicher) Staatsvertrag (Art. 25 Rom I-VO) oder spezielles Kollisionsrecht der EU (Art. 23 Rom I-VO). Im unternehmerischen Geschäftsverkehr sind insbes. relevant:
  - CISG
  - Transportrechtliche Konventionen (CMR, MA etc.)
- Zivil- oder Handelssache, Art. 1 Abs. 1 Rom I-VO
- Vertragliches Schuldverhältnis, Art. 1 Abs. 1 Rom I-VO
- Verbindung zum Recht verschiedener Staaten, Art. 1 Abs. 1 Rom I-VO
- Kein Ausschluss nach Art. 1 Abs. 2 Rom I-VO
- Zeitlicher Anwendungsbereich, Art. 28 Rom I-VO [Vertragsschluss am oder nach dem 17.12.2009 – relevant für Dauerschuldverhältnisse!]

II. Anwendung der Rom I-VO

- Vorrangig: Rechtswahl der Parteien nach Art. 3 Abs. 1 Rom I-VO (ausdrücklich oder stillschweigend)
  - Bei reinen Inlandssachverhalten ohne genuinen internationalen Bezug keine Abweichung von zwingendem Recht des Einbettungsstatuts möglich, Art. 3 Abs. 3 Rom I-VO
  - Bei reinen EU-Sachverhalten keine Abweichung von zwingendem Unionsrecht möglich, Art. 3 Abs. 4 Rom I-VO
  - Nur eingeschränkte Wahlmöglichkeit bei Personenbeförderungsverträgen, Art. 5 Abs. 2 UAbs. 2 Rom I-VO
  - Nur eingeschränkte Wahlmöglichkeit bei Versicherungsverträgen, Art. 7 Abs. 3 Rom I-VO
  - Weitergeltung zwingender Vorschriften am Tätigkeitsort bei Individualarbeitsverträgen, Art. 8 Abs. 1 Rom I-VO (Günstigkeitsprinzip)
  - Weitergeltung zwingender Vorschriften am Aufenthaltsort bei Verbraucherverträgen, Art. 6 Abs. 2 Rom I-VO (Günstigkeitsprinzip)
- Bei fehlender oder unzulässiger Rechtswahl:
  - Vorrangige Regelungen in Art. 5–8 Rom I-VO für Transport-, Arbeits-, Verbraucher- und Versicherungsverträge
  - Auffangtatbestand für nicht von Art. 5–8 Rom I-VO erfasste Verträge in Art. 4 Rom I-VO:
  - Vertragstyp nach Art. 4 Abs. 1 lit. a) bis h) Rom I-VO, ggf. Korrektur nach Art. 4 Abs. 3 Rom I-VO, wenn aufgrund der Gesamtheit der Umstände eine offensichtlich engere Verbindung zum Recht eines anderen Staates besteht

[97] Zu einzelnen Indizien MüKoBGB/Martiny Art. 4 Rom I-VO Rn. 322ff.

- Sonst Art. 4 Abs. 2 Rom I-VO, ggf. Korrektur nach Art 4 Abs. 3 Rom I-VO
- Falls weder Art. 4 Abs. 1 noch Art. 4 Abs. 2 Rom I-VO einschlägig sind: Recht des Staates maßgeblich, mit dem der Vertrag die engsten Verbindungen aufweist, Art. 4 Abs. 4 Rom I-VO

b) Anknüpfungspunkte ausländischer Kollisionsrechtsordnungen außerhalb der EU

aa) Parteiautonomie. Die Parteiautonomie und die damit verbundene Möglichkeit der Parteien, das auf einen internationalen Vertrag anwendbare Recht zumindest im **unternehmerischen Geschäftsverkehr** selbst frei zu wählen, hat sich international weitgehend durchgesetzt.[98] Nach wie vor unterscheiden sich die Kollisionsrechtsordnungen der verschiedenen Staaten aber bei der Reichweite der gewährten Wahlfreiheit. Holzschnittartig können **drei Gruppen von Staaten** unterschieden werden: Am liberalsten sind nationale (bzw. supranationale) Kollisionsrechtsordnungen, die eine Wahl des Vertragsstatuts in internationalen Wirtschaftsverträgen zumindest im unternehmerischen Geschäftsverkehr unabhängig davon erlauben, ob das gewählte Recht einen **sachlichen Zusammenhang** mit dem Vertrag bzw. den Vertragsparteien aufweist, und damit auch die Wahl einer (zumindest aus Perspektive der Parteien) „neutralen" Rechtsordnung ermöglichen. Zentrale Beispiele für eine entsprechend weitgespannte Privatautonomie sind neben EU-Recht (in Form der Rom I-VO) etwa das Kollisionsrecht in der Schweiz,[99] UK[100], Kanada, China, Hongkong, Singapur, Russland, Japan, Südafrika, Argentinien und Mexiko.[101] Gleichsam in der Mitte stehen die Rechtsordnungen, deren Kollisionsrecht eine Rechtswahl des Vertragsstatuts durch die Vertragsparteien zwar grundsätzlich zulässt, ihre Wirksamkeit im Einzelfall aber davon abhängig macht, ob das gewählte Recht einen **sachlichen Zusammenhang** mit dem betroffenen Vertragsverhältnis aufweist. Zentraler Vertreter dieser Gruppe sind neben der großen Mehrheit der arabischen Staaten die USA, verlangt der von den meisten US-Bundesstaaten in Landesrecht übernommene § 1–105 UCC sowie der vom American Law Institute ausgearbeitete und in der Rechtsprechung viel beachtete § 187 Abs. 2 lit. a) Restatement (Second) of Conflict of Laws doch eine „reasonable relation" bzw. „substantial relationship" des gewählten Rechts zum Vertrag.[102] Zwar werden diese Bestimmungen von US-amerikanischen Gerichten vergleichsweise großzügig ausgelegt.[103] Ob der für internationale Wirtschaftsverträge sehr praxisrelevante Fall der Wahl eines „neutralen" Rechts, das mit dem Vertrag keinerlei Berührungspunkte aufweist und von den Parteien in erster Linie als Kompromiss vereinbart wurde, diesen Kriterien genügt, dürfte aber zumindest zweifelhaft sein.[104] Großzügiger ist traditionell der **Bundesstaat New York** nach Maßgabe von § 5–1401 New York General Obligations Law zumindest dann, wenn sein eigenes Recht gewählt wird („inbound choice of law clauses"): Liegt der Streitwert über USD 250.000,–, akzeptieren New Yorker Gerichte die Wahl 42

[98] Basedow RabelsZ 75 (2011), 32 (33); BeckOGK/Wendland Art. 3 Rom I-VO Rn. 19 mwN.
[99] Zur vergleichbar umfassenden Rechtswahlfreiheit im Schweizer Kollisionsrecht BSK/Amstutz/Wang/Silvan Gohari Art. 116 IPRG Rn. 12.
[100] Vgl. The Law Applicable to Contractual Obligations and Non-Contractual Obligations (Amendment etc.) (EU Exit) Regulations 2019; im Ergebnis gelten (mit unerheblichen Modifikationen) die Rom I und die Rom II-Verordnung als sog. Retained EU Law (in nationales Recht überführtes EU-Recht) im Vereinigten Königreich weiter; zum Ganzen Dickinson IPrax 2021, 213 (218).
[101] Zum Ganzen (und zahlreichen weiteren Beispielen für diese Staatengruppe) Girsberger/Kadner Graziano/Neels Choice of Law Rn. 1.121 ff. mwN.
[102] Zu (noch) strengeren, aber auch großzügigeren kollisionsrechtlichen Bestimmungen einzelner US-Bundesstaaten Symeonides Am. J. Comp. L. 2021, 177 (216 ff.).
[103] Rühl ZfRV 2006, 175 (177 ff.) mit Verweis auf die in § 187 Abs. 2 lit. a) Restatement (Second) of Conflict of Laws enthaltene *reasonable-basis* Doktrin, die eine Heilung einer fehlenden Verbindung zum gewählten Recht durch Vorliegen einer anderen *reasonable basis* erlaubt; ebenso Symeonides Choice of Law S. 371 mwN. zur Rechtsprechung.
[104] S. Göthel ZVglRWiss 2002, 328 (340) mit Nachweisen zur US-amerikanischen Rechtsprechung.

New Yorker Rechts[105] gänzlich unabhängig davon, ob der Vertrag bzw. die Parteien irgendeinen objektiven Bezug zu New York hat oder nicht.[106]

43 Zur dritten und restriktivsten Gruppe gehören Staaten, die eine Rechtswahl auch in internationalen Wirtschaftsverträgen entweder gar nicht oder nur in bestimmten Fallkonstellationen zulassen. Hierzu zählen insbesondere einzelne Staaten in **Südamerika** (ua Bolivien, Chile und Kolumbien)[107] sowie der Iran.[108] Dagegen wendet die Rechtsprechung in Brasilien die Rechtswahl in internationalen Wirtschaftsverträgen mittlerweile zu, obwohl es an einer gesetzlichen Verankerung dafür im brasilianischen Kollisionsrecht weiterhin (noch) fehlt.[109]

44 Durch diese Grobeinteilung darf freilich nicht übersehen werden, dass Unterschiede der verschiedenen Rechtsordnungen nicht nur bei der Frage der **Qualifikation** vertraglicher Fragen und damit dem Anwendungsbereich des Vertragsstatuts, sondern auch mit Blick auf Existenz und Regelungsdichte von **Eingriffsnormen** bestehen, die das an und für sich einschlägige Vertragsstatut überspielen können. Zwei einfache Beispiele mögen das verdeutlichen: Schließen etwa ein US-amerikanisches Unternehmen und ein innerhalb der EU tätiger Handelsvertreter einen Vertriebsvertrag, der die Anwendung des Rechts eines US-Bundesstaates vorsieht, wird ein in der EU ansässiges Gericht diese Rechtswahl zwar akzeptieren, dem Handelsvertreter nach Vertragsbeendigung einen aus Sicht des EU-Rechts international zwingenden Ausgleichsanspruch aber auch dann zubilligen, wenn das Vertragsstatut einen solchen Anspruch überhaupt nicht vorsieht.[110] Wählen die Parteien umgekehrt das Heimatrecht des Vertreters als anwendbares Vertragsstatut, dürfte ein US-Gericht im Fall seiner internationalen Zuständigkeit diese Rechtswahl zwar ebenfalls respektieren. Stellen sich Fragen nach der Verjährung des geltend gemachten Anspruchs, wird das US-Gericht im Zweifel aber die Verjährungsregeln der eigenen *lex fori* und nicht die des Vertragsstatuts anwenden, da Verjährungsrecht in vielen US-Bundesstaaten prozessrechtlich qualifiziert und daher nicht dem Vertragsstatut zugerechnet wird.[111]

45 **bb) Objektive Anknüpfung.** Auch bei der im Fall einer fehlenden oder unwirksamen Rechtswahl notwendigen objektiven Anknüpfung sind Annäherungen der verschiedenen Kollisionsrechtsordnungen nicht zu übersehen. Die jüngeren IPR-Kodifikationen folgen dem ursprünglich aus dem Schweizer Kollisionsrecht[112] stammenden und auch in Art. 4 Abs. 1 und 2 Rom I-VO enthaltenen Grundprinzip der Anknüpfung an den Ort derjenigen Vertragspartei, welche die **vertragstypische Leistung** erbringt.[113] Das gilt etwa für das chinesische IPR, auch wenn hier noch ungeklärte Fragen bestehen.[114] Auch das russische IPR knüpft objektiv an das Recht an, zu dem der Vertrag die engsten Beziehungen aufweist, wobei (von einigen Ausnahmen abgesehen) vermutet wird, dass die engsten Beziehungen zu der Rechtsordnung am Sitz derjenigen Vertragspartei bestehen, die die ver-

---

[105] Eine Prorogation New Yorker Gerichte im Wege einer (ausschließlichen) Gerichtsstandsvereinbarung ist wiederum immer möglich, wenn der Streitwert USD 1 Mio. übersteigt, s. § 5–1402 New York General Obligations Law.

[106] Vergleichbare Regelungen existieren mittlerweile auch in Kalifornien, Delaware, Florida, Illinois und Texas; s. zum Ganzen Symeonides Am. J. Comp. L. 2021, 177 (219).

[107] Albornoz JPIL 2010, 23 (43 ff.).

[108] Girsberger/Kadner Graziano/Neels Choice of Law Rn. 1.149 ff. mwN.

[109] Insbesondere hat der brasilianische Superior Court of Justice eine Rechtswahl entgegen dem engeren Wortlaut von Art. 9 des brasilianischen Einführungsgesetzes zum Zivilgesetzbuch in der jüngeren Vergangenheit anerkannt; zum Ganzen Girsberger/Kadner Graziano/Neels Choice of Law Rn. 56.01 ff.

[110] Exemplarisch OLG München IPRax 2007, 322 ff.

[111] Schwenzer/Manner Arb. Int'l 2007, 293 (297).

[112] Art. 117 Abs. 2 Schweizer IPRG.

[113] S. Harder JPIL 2011, 649 (654).

[114] Tu/Xu JPIL 2011, 179 (186) mit Verweis auf den Wortlaut von Art. 41 S. 2 des chinesischen IPR-Gesetzes über die Rechtsanwendung auf Zivilrechtsbeziehungen mit Auslandsberührung (abgedruckt in RIW 2011, 235 ff.), der (ohne Vorrangregelung) im Fall einer fehlenden Rechtswahl entweder an das Recht am Ort der Partei, die die vertragstypische Leistung *oder* aber an das Recht, mit dem der Vertrag die engste Verbindung aufweist, anknüpft.

tragstypische Leistung erbringt.[115] Gleiches gilt für das japanische Kollisionsrecht.[116] Andere Faktoren sind dagegen im **US-amerikanischen Kollisionsrecht** maßgeblich: Zwar soll im Fall einer fehlenden Rechtswahl nach § 188 Abs. 1 Restatement (Second) of Conflict of Laws ebenfalls das materielle Recht desjenigen Staates zur Anwendung kommen, das mit dem Vertrag und den Parteien die engste Beziehung aufweist. Berücksichtigt werden hier allerdings in erster Linie Abschluss- und Erfüllungsort des Vertrages, Belegenheitsort des Vertragsgegenstandes sowie Aufenthalt, Nationalität bzw. Gründungsort der Parteien, § 188 Abs. 2 Restatement (Second) of Conflict of Laws.

4. Die Bestimmung des Vertragsstatuts in der Schiedsgerichtsbarkeit

Längst haben Schiedsgerichte die staatliche Gerichtsbarkeit bei der Entscheidung über Streitigkeiten aus oder im Zusammenhang mit internationalen Wirtschaftsverträgen überholt. Schätzungen gehen davon aus, dass rund 90% aller internationalen Wirtschaftsverträge eine Schiedsvereinbarung enthalten und die Zuständigkeit staatlicher Gerichte zumindest für das Erkenntnisverfahren damit ausschließen.[117] Zwar beklagen Unternehmen und ihre Prozessvertreter zunehmend kostspielige und zeitaufwändige Schiedsverfahren.[118] Das führt bislang aber nicht zu einer Rückbesinnung auf die staatlichen Gerichte, sondern meist zur Vereinbarung vorgelagerter alternativer Streitbeilegungsmethoden.[119] 46

a) Maßgebliches Kollisionsrecht für Schiedsgerichte

Das für ein Schiedsgericht maßgebliche Kollisionsrecht zur Ermittlung des Vertragsstatuts ist schwieriger zu bestimmen. Zuweilen wird vertreten, Schiedsgerichte seien bei der Ermittlung des anwendbaren Rechts überhaupt nicht an das Internationale Privatrecht ihres Schiedsortes gebunden, weil Schiedsgerichte anders als staatliche Gerichte über keine *lex fori* verfügten.[120] Das ist allerdings nicht in der Begründung, sondern bestenfalls im Ergebnis zutreffend, wenn und soweit damit das von staatlichen Gerichten zwingend[121] anzuwendende **reguläre Internationale Privatrecht** des Staates gemeint ist, in dem sich der Schiedsort befindet, und dieses Kollisionsrecht keinen Anwendungsbefehl für Schiedsgerichte enthält. Letzteres ist in einzelnen Jurisdiktionen aber durchaus streitig: Nicht abschließend geklärt ist bislang etwa, ob Schiedsgerichte mit **Sitz in der EU** an die Rom I-VO und die Rom II-VO gebunden sind oder nicht.[122] Die herrschende Meinung lehnt dies (nach hier vertretener Auffassung zutreffend) ab, auch wenn dies zum Teil wenig überzeugend mit der in Art. 1 Abs. 2 lit. e) Rom I-VO enthaltenen Bereichsausnahme für 47

[115] Art. 1211 Abs. 2 und 3 russisches ZGB, s. dazu auch Mayer/Breig ZEuP 2006, 829 (845). Zu den Ausnahmen vgl. Art. 1211 Abs. 4 ZGB: Maßgeblich ist insbesondere der Bauvertrag, bei dem nicht auf das Recht am Sitz des Werkunternehmers, sondern auf den Belegenheitsort des Bauwerks abgestellt wird.

[116] Art. 8 Abs. 2 des Gesetzes Nr. 78 über die allgemeinen Regeln über die Anwendung von Gesetzen vom 21.6.2006 (abgedruckt in RabelsZ (76) 2012, 170ff.).

[117] Berger RIW 1994, 12 (80–90%); Böckstiegel SchiedsVZ 2009, 3: „[...] *fast ausschließlich gewähltes Streiterledigungssystem*"; nach einer 2015 publizierten Untersuchung der Queen Mary University und der Kanzlei White Case haben 90% der Befragten Schiedsverfahren als die präferierte Streitbeilegungsmethode angegeben, vgl. 2015 International Arbitration Survey: Improvements and Innovations in International Arbitration, S. 5.

[118] Für Anlagenbauverträge etwa Hobeck/Mahnken/Koebke SchiedsVZ 2007, 225ff.; für Vertriebsverträge Risse/Spehl ZVertriebsR 2012, 151 (152).

[119] Dazu → § 14 Rn. 34ff.

[120] Zu Recht ablehnend Stein/Jonas/Schlosser ZPO § 1051 Rn. 1; Mankowski RIW 2018, 1 (6); Schack FS Schütze S. 511 jeweils mit zahlreichen Nachweisen zu dieser teilweise vertretenen Auffassung.

[121] So für das deutsche IPR (EGBGB) im Fall einer Auslandsberührung des Sachverhalts ausdrücklich BGH NJW 1996, 54.

[122] S. dazu Fn. 14 und 15 oben.

Schiedsvereinbarungen begründet wird.[123] Zumindest im Anwendungsbereich des Europäischen Übereinkommens über die Handelsschiedsgerichtsbarkeit (EÜ) aus dem Jahr 1961 dürfte dieser Streit von geringerer Relevanz sein, da dem EÜ selbst bei unterstellter Anwendbarkeit der Rom I/II-VO gem. Art. 25 Rom I-VO bzw. Art. 28 Rom II-VO der Vorrang zukommt. Soweit die Parteien eine Rechtswahlvereinbarung getroffen haben, bedarf es daher zumindest keines Rückgriffs auf Art. 3 Rom I-VO bzw. Art. 14 Rom II-VO mehr, weil Art. VII Abs. 1 S. 1 EÜ die Rechtswahlfreiheit ausdrücklich und uneingeschränkt zulässt. Da die Schiedsgerichte im Fall einer fehlenden Rechtswahl gem. Art. VII Abs. 1 S. 2 EÜ überdies ermächtigt sind, „*das Recht anzuwenden, auf das die Kollisionsnormen hinweisen, von denen auszugehen das Schiedsgericht jeweils für richtig erachtet* (sic)", könnten auch Schiedsgerichte einer Anwendung des Europäischen Kollisionsrechts selbst bei eingeschränkter Auslegung des Art. VII Abs. 1 EÜ[124] zumindest dann entkommen, wenn der Sachverhalt Bezüge zu einer Rechtsordnung außerhalb der EU aufweist und sich das Schiedsgericht für die Anwendung des Kollisionsrechts dieser Rechtsordnung entscheidet.

48 Unabhängig von dem oben skizzierten Meinungsstreit über die Anwendbarkeit von regulärem Kollisionsrecht auf Schiedsverfahren bleibt aber zu beachten, dass eine Vielzahl von Staaten **Sonderkollisionsrecht für Schiedsgerichte**[125] als Teil der zwingenden ***lex loci arbitri*** erlassen hat. Das Sonderkollisionsrecht des Schiedsortes muss von den Schiedsgerichten angewendet werden, da ansonsten die Gefahr einer Aufhebung[126] des Schiedsspruchs oder die Verweigerung seiner Anerkennung und Vollstreckung droht. Allerdings räumt das einschlägige Sonderkollisionsrecht sowohl den Parteien als auch den Schiedsgerichten regelmäßig **weitergehende Spielräume** ein als das reguläre, für staatliche Gerichte geltende Kollisionsrecht.

b) Möglichkeit der Rechtswahl

49 Art. VII Abs. 1 EÜ erlaubt den Parteien im Anwendungsbereich des Übereinkommens ausdrücklich die freie Rechtswahl ohne weitere Einschränkungen. Außerhalb des Anwendungsbereichs des EÜ (sowie im Fall des Verweises des EÜ auf – nach hier vertretener Auffassung – nationales Sonderkollisionsrecht) kommen die nationalen Schiedsgesetze zu vergleichbaren Ergebnissen: Nach ihrem Wortlaut enthalten beispielsweise weder § 1051 ZPO noch Art. 187 IPRG dem Art. 3 Abs. 3 und Abs. 4 Rom I-VO bzw. dem Art. 116 IPRG[127] vergleichbare Einschränkungen der Parteiautonomie für den Fall, dass der Vertrag keinen genuinen Auslandsbezug[128] aufweist.

50 Großzügiger ist das nationale Sonderkollisionsrecht für Schiedsgerichte häufig auch in Jurisdiktionen, die im Fall einer internationalen Zuständigkeit ihrer staatlichen Gerichte Rechtswahlvereinbarungen überhaupt nicht oder nur sehr eingeschränkt zulassen. Vereinbaren die Parteien die Zuständigkeit eines Schiedsgerichts mit Sitz in diesen (insbesondere südamerikanischen) Staaten, ist nach den nationalen Schiedsgesetzen eine Rechtswahl

---

[123] Art. 1 Abs. 2 lit. e) Rom I-VO bezieht sich nach seinem Wortlaut richtigerweise nur auf das Schiedsverfahrens- sowie das Schiedsvereinbarungsstatut, nicht aber auf das vom Schiedsgericht auf den Hauptvertrag anzuwendende materielle Recht.

[124] Diese Vorschrift wird meist im Sinn eines eingeschränkten Wahlrechts des Schiedsgerichts zwischen denjenigen staatlichen Kollisionsregeln angesehen, zu denen ein substantieller Bezug besteht, s. Mankowski RIW 2011, 30 (33) mwN.

[125] S. generell Born International Commercial Arbitration S. 2631 ff.; Goode Pace Int'l L. Rev. 2007, 53 (56).

[126] Eine (zumindest bewusste) Missachtung der Anwendung des gem. § 1051 ZPO maßgeblichen Rechts kann als Verstoß gegen Verfahrensgrundsätze gem. § 1059 Abs. 2 Nr. 1 lit. d) ZPO zur Aufhebung führen, Musielak/Voit ZPO § 1059 Rn. 18; Reithmann/Martiny/Hausmann Internationales Vertragsrecht Rn. 7.449.

[127] Zur Notwendigkeit eines über Rechtswahl und Gerichtsstandsvereinbarung hinausgehenden Auslandsbezugs für eine kollisionsrechtliche Rechtswahl durch entsprechende teleologische Reduktion von Art. 116 IPRG auch Loacker/Capaul Swiss Rev Int'l & Eur L 2020, 453 (465 ff.).

[128] Reithmann/Martiny/Hausmann Internationales Vertragsrecht Rn. 7.461; Schack FS Schütze 511 (512); Kondring RIW 2010, 184 (187 ff.); Ostendorf SchiedsVZ 2010, 234 (240); für eine entsprechende Einschränkung aber etwa Handorn Sonderkollisionsrecht S. 166 und MüKoZPO/Münch § 1051 Rn. 23.

meist abweichend von den Beschränkungen des für staatliche Gerichte geltenden allgemeinen Internationalen Privatrechts zulässig. Das gilt namentlich bei Schiedsorten in Brasilien, Bolivien und Kolumbien.[129]

Auch im Schiedsverfahren führt die Rechtswahl aber grundsätzlich dazu, dass das Schiedsgericht zwingende Regeln der gewählten Rechtsordnung anwenden muss.[130] 51

c) Objektive Anknüpfung bei Fehlen einer Rechtswahl

Mehr Spielraum als nationale Gerichte besitzen Schiedsgerichte regelmäßig auch für den Fall, dass die Parteien **keine Rechtswahl** vereinbart haben: In diesem Fall müssen Schiedsgerichte nach dem Sonderkollisionsrecht einzelner Staaten, wie beispielsweise in Deutschland (§ 1051 Abs. 2 ZPO) und der Schweiz (§ 187 Abs. 2 IPRG) das Recht anwenden, mit dem der Sachverhalt die **engste Verbindung** aufweist. Mangels näherer gesetzlicher Vorgaben bleibt es allerdings den Schiedsgerichten überlassen, das unbestimmte Tatbestandsmerkmal der „engsten Verbindung" näher auszufüllen. 52

Noch weitergehender gestatten das in seinem Anwendungsbereich vorrangige Europäische Übereinkommen (Art. VII Abs. 1 EÜ) und ihm folgend einzelne nationale Sonderkollisionsrechtsordnungen nach dem Vorbild des von UNCITRAL entworfenen Model Law on International Commercial Arbitration (etwa England und die USA)[131] den Schiedsgerichten sogar, das auf den Sachverhalt anwendbare Kollisionsrecht entweder selbst zu bestimmen bzw. wie im französischen Schiedsrecht (Art. 1496 NCPC) das Vertragsstatut im Wege der so genannten *voie directe* sogar ohne vorgeschaltete kollisionsrechtliche Prüfung festzulegen. Vergleichbare Freiheiten räumen auch die Schiedsordnungen einiger Schiedsinstitutionen ein: Art. 21 Abs. 1 S. 2 der ICC Rules of Arbitration 2021 erlaubt dem Schiedsgericht ebenfalls die direkte Anwendung der „rules of law", die es selbst für angemessen hält.[132] Zwar kann die Schiedsordnung einer privaten Schiedsinstitution nicht das am Schiedsort geltende zwingende Schiedsverfahrensrecht überspielen: Harmonisieren lässt sich die in Art. 21 Abs. 1 S. 2 ICC-Schiedsordnung vorgesehene *voie directe* mit den restriktiveren Vorgaben in § 1051 ZPO bzw. Art. 187 Schweizer IPRG aber zumindest dann, wenn diese Option als zulässige **indirekte Rechtswahl** angesehen wird.[133] 53

5. Checkliste: Bestimmung des Vertragsstatuts

Schema Ermittlung des Vertragsstatuts in internationalen Wirtschaftsverträgen 54

I. Vorfrage: Klärung der internationalen Zuständigkeit
- Existiert eine (ausschließliche) vertragliche Gerichtsstandsvereinbarung? Falls ja:
  - Ist die Gerichtsstandsvereinbarung nach dem IZVR des prorogierten Gerichts prozessual wirksam?

129 Ausführlich dazu Albornoz JPIL 2010, 23 (43 ff.).

130 Horn SchiedsVZ 2008, 209 (213). Zum Ganzen auch Born International Commercial Arbitration S. 2706 f. AA Pfeiffer NJW 2012, 1169 (1170) mit Blick auf § 1051 ZPO, da diese Vorschrift auch die Wahl von „Rechtsvorschriften" zulasse und die Parteien damit nicht auf die vollständige Wahl einer Rechtsordnung (unter Einschluss sämtlicher zwingender Bestimmungen) beschränkt seien.

131 Zum ganzen Born International Commercial Arbitration S. 2620 ff. ua mit Verweis auf Art. VII Abs. 1 EÜ, s. § 46 Abs. 3 des englischen Arbitration Act 1996 sowie der US-amerikanischen Rechtsprechung zum Federal Arbitration Act.

132 So (anders noch Art. 23 Abs. 2 DIS-Schiedsordnung 1998) jetzt auch Art. 24 Abs. 2 der Schiedsordnung der Deutschen Institution für Schiedsgerichtsbarkeit (DIS) 2018. Anders (in Anlehnung an Art. 187 IPRG) dagegen noch Art. 35 Abs. 1 der Swiss Rules of International Arbitration 2021: „*Das Schiedsgericht entscheidet (...) bei Fehlen einer Rechtswahl, nach den Rechtsregeln, mit denen die Streitsache am engsten zusammenhängt.*"

133 Stein/Jonas/Schlosser ZPO § 1051 Rn. 11; Reithmann/Martiny/Hausmann Internationales Vertragsrecht Rn. 7.452; aA MüKoZPO/Münch § 1051 Rn. 18.

- Ermittlung des maßgeblichen IZVR: Aus Sicht deutscher Gerichte sind in angegebener Rangfolge maßgeblich a) internationale Konventionen [CMR, MA, HGÜ über GSV von 2005[134]] b) EuGVVO/LugÜ c) §§ 38, 40 ZPO
- Ggf. Prüfung der materiellen Wirksamkeit der Gerichtsstandsvereinbarung nach Prorogationsstatut
- Kommt (bei Ausblendung der Gerichtsstandsvereinbarung) eine internationale Zuständigkeit von Gerichten anderer Staaten in Betracht? Falls ja, erkennt das IZVR dieser Staaten die Derogation durch eine ausschließliche Gerichtsstandsvereinbarung an?
- Falls nein:
  - Welche Gerichte der in Betracht kommenden Staaten sind international nach ihrem jeweiligen IZVR zuständig?
- Alternativ: Existenz von Schiedsvereinbarungen?
  - Wirksamkeit der Schiedsvereinbarung nach maßgeblichem Schiedsvereinbarungsstatut
    - Ermittlung des Schiedsvereinbarungsstatuts durch internationales Sonderkollisionsrecht [Art. V Abs. 1 lit. a) UNÜ] bei ausländischem Schiedsort oder bei Schiedsort in Deutschland durch nationales Schiedsverfahrensrecht [§ 1059 Abs. 2 Nr. 1 lit. a) ZPO jeweils in analoger Anwendung], str.
    - Einhaltung allfälliger Formvorschriften

II. Vorrang internationalen Sachrechts mit autonomer Bestimmung seines Anwendungsbereichs

- Existiert vorrangiges vereinheitlichtes Sachrecht, das von den gem. I. ermittelten Gerichten angewendet werden muss?
  - Praxisrelevant insbesondere das CISG und transportrechtliche Konventionen [CMR, MA]
- Falls nein, ist das am Gerichtsort/Schiedsort geltende Kollisionsrecht bzw. Sonderkollisionsrecht heranzuziehen, um das Vertragsstatut zu ermitteln (III.)

III. Ermittlung des einschlägigen Kollisionsrechts

- Existiert vorrangiges vereinheitlichtes internationales Kollisionsrecht, das von dem unter I. ermittelten Gericht bzw. Schiedsgericht angewendet werden muss?
  - Falls nein, Anwendung des allgemeinen (nationalen) Kollisionsrechts
- Bei Schiedsvereinbarungen: Existenz von Sonderkollisionsrecht für Schiedsgerichte?
  - Falls nein, ggf. Anwendung des allgemeinen Kollisionsrechts des Schiedsortes

IV. Ermittlung des Vertragsstatuts

- Haben die Parteien eine ausdrückliche oder stillschweigende Rechtswahl getroffen? Falls ja,
  - Ist die Rechtswahl nach dem IPR der lex fori/dem am Schiedsort gültigen Sonderkollisionsrecht für Schiedsgerichte zulässig?
- Falls nein, Anwendung der kollisionsrechtlichen Regelungen der lex fori/des einschlägigen Sonderkollisionsrechts über eine objektive Anknüpfung
  - Regelmäßig Recht am Ort der Vertragspartei, die die vertragstypische Leistung erbringt
  - Ggf. nach einschlägiger Kollisionsrechtsordnung aber auch andere Anknüpfungskriterien wie Verhandlungs-, Abschluss- oder Erfüllungsort etc.

[134] Zum Verhältnis des HGÜ zur EuGVVO Art. 26 Abs. 6 HGÜ: Art. 25 EuGVVO ist danach grs. nur einschlägig, wenn beide Parteien in EU-Mitgliedsstaaten niedergelassen sind.

II. Bedeutung und Geltungsbereich des Vertragsstatuts im Europäischen Kollisionsrecht

Das Vertragsstatut erfüllt mit Blick auf das auf vertragliche Beziehungen anwendbare Recht mehrere **zentrale Aufgaben.** Vorfeldwirkungen entfaltet es für die Frage nach dem **Zustandekommen** von Verträgen und einer möglichen **vorvertraglichen Haftung.** Damit zusammenhängend ist das Vertragsstatut auch für die Beurteilung der materiellen Wirksamkeit und der Rechtsfolgen im Fall der Unwirksamkeit von Verträgen oder einzelner Vertragsbestimmungen maßgeblich. Weiter füllt das Vertragsstatut durch dispositives Recht (default rules) die **Regelungslücken,** die von den Vertragsparteien selbst bei der Ausarbeitung umfassender Vertragswerke etwa nach anglo-amerikanischem Vorbild hinterlassen werden: Ein Vertrag, der alle im Rahmen der Vertragsabwicklung möglicherweise auftretenden Rechtsfragen abschließend regelt, bleibt ein Ideal, dem die Parteien meist nicht einmal nahekommen. 55

Das Vertragsstatut definiert aber auch die **Grenzen der Vertragsfreiheit:** Zwar können die Parteien internationaler Wirtschaftsverträge im Rahmen der Parteiautonomie das anwendbare Vertragsstatut weitestgehend selbst bestimmen und (einfach) zwingenden Bestimmungen einer Rechtsordnung dadurch entkommen, dass die Rechtsordnung im Ganzen abgewählt wird. Dagegen umfasst die Rechtswahl grundsätzlich auch sämtliche **zwingenden Bestimmungen** der gewählten Rechtsordnung. Mit der in Ausübung bestehender Parteiautonomie getroffenen Wahl gelten daher auch wieder die Grenzen der **Privatautonomie** auf Grundlage der gewählten Rechtsordnung.[135] 56

Maßgeblich ist das Vertragsstatut zuletzt für die **Auslegung** des Vertrags. Auch hier können unterschiedliche Auslegungsgrundsätze und -methoden einzelner nationaler Rechtsordnungen die Rechtsposition der Parteien entscheidend beeinflussen. 57

Die genannten Funktionen des Vertragsstatuts beantworten allerdings noch nicht die Frage nach seiner **Reichweite und Abgrenzung** in Bezug auf angrenzende Rechtsmaterien. Diese Festlegung nimmt im Fall der internationalen Zuständigkeit staatlicher Gerichte grundsätzlich das Kollisionsrecht des Forums vor. Die Rom I-VO regelt den Anwendungsbereich des Vertragsstatuts ausdrücklich, wenn auch nicht abschließend[136] in Art. 10 (Zustandekommen und materielle Wirksamkeit), Art. 12 (Auslegung, Erfüllung, Folgen von Vertragsverletzungen, Erlöschen von Vertragsansprüchen etc.) und Art. 18 Rom I-VO (materiell-rechtliche Beweisfragen). 58

1. Zwingende Regeln

Das Vertragsstatut enthält zwingende Regeln, von denen die Parteien vertraglich nicht abweichen können. Abgesehen von der zumindest im Europäischen Kollisionsrecht zulässigen **Teilrechtswahl** (sog. *dépecage*) im Hinblick auf inhaltlich **selbstständige Teile** des Vertragsstatuts (Art. 3 Abs. 1 S. 3 Rom I-VO)[137] erstreckt sich daher auch eine Rechtswahl auf alle zum Vertragsstatut gehörenden Bestimmungen: Wählen die Parteien eine Rechtsordnung, wählen sie damit stets die (auch einfach) zwingenden Bestimmungen dieser Rechtsordnung mit. Ein „Rosinenpicken“, mit dem bestimmte zwingende Vorschriften des Vertragsstatuts von der Rechtswahl ausgeschlossen werden, lässt die Parteiautonomie daher zumindest im Fall einer Zuständigkeit staatlicher Gerichte nicht zu.[138] Zwingende 59

---

135 Staudinger/Magnus BGB Art. 3 Rom I-VO Rn. 38; BeckOGK/Wendland, 1.6.2022, Art. 3 Rom I-VO Rn. 49.

136 BeckOGK/Weller Art. 12 Rom I-VO Rn. 2.

137 Zum maßgeblichen Kriterium der „Abspaltbarkeit“ in diesem Zusammenhang BeckOGK/Wendland, 1.6.2022, Art. 3 Rom I-VO Rn. 197 ff.

138 Weitergehend im Fall von Schiedsvereinbarungen (selbst bei rein nationalen Transaktionen) Pfeiffer NJW 2012, 1169 (1170); das beruht letztlich darauf, dass das Sonderkollisionsrecht für Schiedsgerichte auch die Wahl nicht staatlicher Regelungswerke und daher (wohl) auch die Wahl einer „modifizierten“ staatlichen

Regeln des Vertragsstatuts gehen entgegenstehenden vertraglichen Absprachen der Parteien damit immer vor. Dies gilt selbst dann, wenn die Rechtswahl die Unwirksamkeit des Vertrages bewirkt.[139]

60 An ihre Grenzen stößt die Privatautonomie in den meisten Rechtsordnungen etwa bei der für die Vertragspraxis relevanten vertraglichen **Beschränkung der Haftung** oder der Einschränkung sonstiger Rechtsbehelfe im Fall einer Vertragsverletzung. Zwingende Regeln finden sich aber auch in **anderen Regelungsbereichen,** die in den Anwendungsbereich des Vertragsstatuts fallen, wie beispielsweise dem Zustandekommen, der materiellen Wirksamkeit, dem Inhalt von Vertragspflichten oder der Auslegung.

2. Vorfeldwirkungen

a) Zustandekommen des Vertrages

61 **aa) Hauptvertrag.** Das Vertragsstatut entscheidet im Europäischen Kollisionsrecht bereits über die Frage, ob überhaupt ein Vertrag zustande gekommen ist. Nach Maßgabe von Art. 10 Abs. 1 Rom I-VO müssen insbesondere die **Vertragsabschlussregeln** demjenigen Sachrecht entnommen werden, das gelten würde, wenn der Vertrag wirksam wäre. Davon umfasst sind sämtliche Komponenten der **vertraglichen Einigung** (sog. äußerer Konsens) wie etwa Angebot, Annahme, Abgabe, Zugang und Dissens.[140]

62 Die kollisionsrechtliche Ermittlung des für Fragen des Vertragsabschlusses maßgeblichen Vertragsrechts ist im Einzelfall bedeutsam, weil die Vertragsabschlussregeln der verschiedenen Rechtsordnungen divergieren: Zwar sind zwei (nach objektivem Empfängerhorizont auszulegende) übereinstimmende Willenserklärungen eine universal akzeptierte Ingredienz des Vertragsschlusses. Das ändert aber nichts daran, dass einzelne Rechtsordnungen den bindenden Abschluss von Verträgen an zusätzliche Bedingungen knüpfen: So verlangt etwa das englische Recht mit der sog. **consideration**[141] zusätzlich zu deckungsgleichen Willenserklärungen (meeting of the minds) das Versprechen einer Gegenleistung seitens des Versprechensempfängers. Einseitig begünstigende Verträge sind mangels consideration damit grundsätzlich nur wirksam, wenn sie nicht als simple contract, sondern in der besonderen Form eines sog. deed abgeschlossen werden.[142] Aus der Notwendigkeit einer consideration folgt auch, dass **Vertragsangebote** mangels consideration des Angebotsempfängers anders als beispielsweise im deutschen und Schweizer Recht[143] grundsätzlich jederzeit widerruflich sind und zwar selbst dann, wenn das Angebot ausdrücklich eine Bindungsfrist enthält.[144] Bei englischem Recht unterstehenden internationalen Ausschreibungsverfahren wird den Bietern deswegen teilweise auch eine monetäre Gegenleistung als consideration für eine im Angebot enthaltene Bindungsfrist eingeräumt.

63 Ergibt sich nach dem hypothetischen Vertragsstatut eine vertragliche Einigung, kann sich eine Partei gem. **Art. 10 Abs. 2 Rom I-VO** allerdings ausnahmsweise auf das eigene

---

Rechtsordnung (wie etwa deutsches Recht unter Ausschluss der §§ 305ff. BGB) gestattet, zum Ganzen Ostendorf ZIP 2022, 730ff.

[139] Behr J.L. & Com. 2010–2011, 233 (244) als Beispiel für eine kollisionsrechtlich wirksame „bad choice".

[140] BeckOGK/Weller, 1.6.2022, Art. 10 Rom I-VO Rn. 16.

[141] Allerdings wird die *consideration* kollisionsrechtlich teilweise auch als Formvorschrift qualifiziert, die unter Art. 11 Rom I-VO subsumiert werden muss, s. zum Meinungsstreit BeckOGK/Weller, 1.6.2022, Art. 10 Rom I-VO Rn. 23 mwN.

[142] Chitty on Contracts General Principles Rn. 6-001.

[143] Schwenzer/Fountoulakis Allgemeines Schuldrecht Rn. 28.16. Im deutschen Recht § 145 BGB.

[144] McKendrick Commercial Law Rn. 3.28. Anders dagegen im US-amerikanischen Kaufrecht, das eine Bindung von Kaufleuten an schriftliche Vertragsangebote auch ohne consideration vorsieht, sofern diese einen entsprechenden Vertrauenstatbestand gegenüber dem Angebotsempfänger enthalten, s. § 2–205 UCC. Im Gegenzug wird der Vertrag im englischen Recht auf Grundlage der sog. posting rule aber schon bei Abgabe und nicht erst bei Zugang der (postalisch versandten) Annahmeerklärung wirksam, sofern der Postversand der Annahmeerklärung als „reasonable" angesehen werden kann, Chitty on Contracts General Principles Rn. 4-064ff.; *Brownlie v Four Seasons Holdings Inc* [2017] UKSC 80 Rn. 16.

Aufenthaltsrecht berufen, wenn es nicht gerechtfertigt wäre, die Wirkung ihres Verhaltens nach dem hypothetischen Vertragsstatut zu bestimmen. Ob die Sonderanknüpfung in Art. 10 Abs. 2 Rom I-VO zum Tragen kommt, hängt von einer umfassenden Interessenabwägung ab.[145] Eine Berufung auf Art. 10 Abs. 2 Rom I-VO kommt insbesondere in Betracht, wenn das hypothetische Vertragsstatut Schweigen einer Vertragspartei (etwa im Fall von § 362 HGB bzw. nach Maßgabe der Grundsätze des kaufmännischen Bestätigungsschreibens im deutschen Recht) im Gegensatz zu ihrem eigenen Heimatrecht als Willenserklärung betrachtet. Im kaufmännischen Geschäftsverkehr, insbesondere bei bewusster Aufnahme internationaler Vertragsverhandlungen durch die betroffene Vertragspartei, ist die Schutzbedürftigkeit aber in der Interessenabwägung entsprechend niedriger zu bewerten.[146]

bb) Rechtswahlvertrag. Gleiche Grundsätze gelten gem. Art. 3 Abs. 5 Rom I-VO für 64 den **Rechtswahlvertrag:** Auch hier beantwortet das **hypothetische Vertragsstatut** die Frage, ob der Verweisungsvertrag überhaupt zustande gekommen ist. Probleme bereitet die Ermittlung des hypothetischen Vertragsstatuts allerdings im Fall von (meist in Allgemeinen Geschäftsbedingungen enthaltenen) kollidierenden Rechtswahlklauseln. Anders als im Fall einseitiger Rechtswahlklauseln[147] spricht hier nicht zuletzt auch aus pragmatischen Gründen vieles dafür, das hypothetische Vertragsstatut **objektiv** anzuknüpfen, da in diesem Fall nicht einmal der Rechtsschein einer Rechtswahl vorliegt.[148]

b) Vorvertragliche Haftung

Zumindest im Europäischen Kollisionsrecht ist das Vertragsstatut auch maßgeblich für eine 65 mögliche vorvertragliche Haftung der Parteien. Anders als das deutsche Recht qualifiziert das Europäische Kollisionsrecht die vorvertragliche Haftung zwar als außervertragliches Schuldverhältnis, das vom Anwendungsbereich der Rom I-VO **ausdrücklich ausgenommen** ist.[149] Mit Ausnahme einer Verletzung des Integritätsinteresses bzw. durch Verletzung allgemeiner Sorgfaltspflichten im Vorfeld eines Vertrags (allgemeine Obhuts- und Erhaltungspflichten) verursachte Schäden, für die das auf Grundlage von Art. 4 Rom II-VO ermittelte **Deliktstatut** einschlägig ist,[150] verweist Art. 12 Abs. 1 Rom II-VO aber wieder auf das Recht zurück, das auf den Vertrag anzuwenden ist bzw. anzuwenden gewesen wäre, wenn der Vertrag zustande gekommen wäre.[151] Für die Ermittlung des hypothetischen Vertragsstatuts ist dann wieder die Rom I-VO heranzuziehen. Einschlägig ist Art. 12 Rom II-VO – und damit das (hypothetische) Vertragsstatut – in erster Linie bei der Verletzung von Aufklärungs- und Beratungspflichten sowie im Fall eines Abbruchs von Vertragsverhandlungen.[152]

3. Materielle Wirksamkeit des Vertrages und Rechtsfolgen der Unwirksamkeit

a) Materielle Wirksamkeit des Vertrages

aa) Hauptvertrag. Ebenso wie für das Zustandekommen ist das hypothetische Vertrags- 66 statut auch für die daran angrenzende Frage der materiellen Vertragswirksamkeit entschei-

[145] Staudinger/Hausmann BGB Art. 10 Rom I-VO Rn. 61.
[146] OLG Hamburg SchiedsVZ 2003, 284 (287).
[147] Auf das gewählte Recht ist auch dann abzustellen, wenn nur eine Vertragspartei eine Rechtswahl in ihre Erklärung aufgenommen hat, Staudinger/Hausmann BGB Art. 10 Rom I-VO Rn. 36.
[148] S. dazu vertieft → § 13 Rn. 31.
[149] Lüttringhaus RIW 2008, 193 (196).
[150] Lüttringhaus RIW 2008, 193 (197); MüKoBGB/Juncker Art. 12 Rom II VO Rn. 33.
[151] Erst wenn das anwendbare Recht nicht im Wege der akzessorischen Anknüpfung an das (hypothetische) Vertragsstatut ermittelt werden kann, kommen Art. 12 Abs. 2 Rom II-VO und die hier vorgesehenen Anknüpfungsregeln zum Tragen.
[152] Reithmann/Martiny/Martiny Internationales Vertragsrecht Rn. 4.41.

dend, Art. 10 Abs. 1 Rom I-VO.[153] Erfasst werden etwa (teilweise zwingende) Bestimmungen, die wie §§ 119, 123 BGB im deutschen Recht oder die rescission im Fall einer misrepresentation im anglo-amerikanischen Recht den Vertrag im Fall der Störung der Willensbildung anfechtbar (voidable) machen oder wie im Fall der Sittenwidrigkeit oder des Verstoßes gegen Verbotsgesetze im deutschen Recht (§§ 134, 138 BGB) bzw. einer illegality im common law bereits von Gesetzes wegen dazu führen, dass der Vertrag nichtig (void) ist. Ebenso gehört die **Inhaltskontrolle** von Vertragsbestimmungen durch zwingende Bestimmungen des Vertragsstatuts zu den Wirksamkeitsfragen.[154]

67 Auch hier machen sich Unterschiede in den Rechtsordnungen bemerkbar: Während im deutschen Recht sowohl die Anfechtung wegen eines Eigenschaftsirrtums gem. § 119 Abs. 2 BGB als auch die Rückabwicklung des Vertrages aus *culpa in contrahendo* gem. § 311 Abs. 2 in Verbindung mit §§ 280 Abs. 1, 241 Abs. 2 BGB (mit Ausnahme von Arglist) grundsätzlich durch die **Mängelhaftung** verdrängt wird, lassen andere Rechtsordnungen – wie insbesondere das anglo-amerikanische Recht im Fall einer falschen vorvertraglichen Tatsachenbehauptung (misrepresentation) oder das Schweizer Recht im Fall des so genannten Grundlagenirrtums (Art. 24 OR) – die Anfechtung aus diesen Rechtsinstrumenten neben der vertraglichen Gewährleistungshaftung zu.[155] Das kann für die Vertragsparteien zu unerwarteten Rechtsfolgen führen, wenn die Risiken im Fall falscher Tatsachenangaben, die vor Vertragsschluss gemacht wurden, nicht bedacht und innerhalb des Vertrages daher – etwa durch den Ausschluss von Anfechtungsrechten oder die Vereinbarung sog. non-reliance clauses[156] – nicht ausreichend adressiert wurden. In der Praxis noch wichtiger sind die teilweise erheblichen Unterschiede verschiedener Rechtsordnungen bei der **Inhaltskontrolle** vertraglicher Bestimmungen durch zwingende Bestimmungen des Vertragsstatuts. Nicht zuletzt wird das deutsche Recht international auch deswegen als so unattraktiv empfunden, weil es in Standardverträgen kaum noch spürbare Abweichungen vom Gesetzesrecht zulässt, während andere Rechtsordnungen wie das Schweizer Recht eine vergleichbare Inhaltskontrolle im unternehmerischen Geschäftsverkehr entweder gar nicht kennen oder wie das englische Recht internationale Wirtschaftsverträge weitgehend aus dem Anwendungsbereich einer gesetzlich vorgesehenen Inhaltskontrolle ausklammern.[157]

68 **bb) Rechtswahlvertrag.** Das hypothetische Vertragsstatut ist im Grundsatz auch für die materielle Wirksamkeit des Rechtswahlvertrages zuständig. Richtigerweise kommt eine **Inhaltskontrolle** nach dem Vertragsstatut anders als eine Einbeziehungskontrolle hier aber schon deswegen nicht in Betracht, weil das Kollisionsrecht selbst abschließend die Zulässigkeitsvoraussetzungen der Rechtswahl regelt.[158]

b) Rechtsfolgen der Unwirksamkeit

69 Auch die Folgen der Nichtigkeit des Vertrages richten sich gem. Art. 12 Abs. 1 lit. e) Rom I-VO nach dem Vertragsstatut, das damit Art und Weise der Rückabwicklung bereits ausgetauschter Leistungen auch dann erfasst, wenn korrespondierende Rückgewähransprü-

---

[153] Dagegen kommt Art. 10 Abs. 2 Rom I-VO hier nicht zur Anwendung, Schulze/Staudinger BGB Art. 10 Rom I-VO Rn. 8.

[154] Staudinger/Hausmann BGB Art. 10 Rom I-VO Rn. 30.

[155] Für eine vollständige Verdrängung der Haftung aus c.i.c. durch die Mängelhaftungsvorschriften (mit Ausnahme von Arglist) im deutschen Recht BGH NJW 2009, 2120. Zur Verdrängung von § 119 Abs. 2 BGB durch das Mängelhaftungsrecht Huber AcP 209 (2009), 143 ff. Zur abweichenden Rechtslage im anglo-amerikanischen und Schweizer Recht Schlechtriem/Schwenzer/Schroeter/Schwenzer CISG Art. 35 Rn. 45.

[156] Dazu vertieft → § 11 Rn. 23.

[157] S. zum Ganzen → § 1 Rn. 15.

[158] Ganz überwiegende Meinung, s. etwa MüKoBGB/Spellenberg Art. 10 Rom I-VO Rn. 166 mwN.; Leible RIW 2008, 257 (260); BeckOGK/Wendland, 1.6.2022, Art. 3 Rom I-VO Rn. 289; Martiny ZEuP 2015, 838 (845). AA (noch zum EVÜ) Heiss RabelsZ 65 (2001), 634 (638).

che in einzelnen Sachrechtsordnungen als außervertragliche Schuldverhältnisse eingestuft werden. Art. 10 Rom II-VO, der für die Anknüpfung bereicherungsrechtlicher Schuldverhältnisse maßgeblich ist, tritt insofern hinter die Rom I-VO zurück.[159]

Ebenso entscheidet das Vertragsstatut über die Rechtsfolgen im Fall der Unwirksamkeit 70
einzelner vertraglicher Bestimmungen. Maßgeblich ist das Vertragsstatut damit etwa für die Frage, wie sich die Unwirksamkeit einer einzelnen Klausel auf den Restvertrag auswirkt, ob also etwa eine Vermutung für die Unwirksamkeit[160] oder aber die Wirksamkeit[161] des (Rest-)Vertrages besteht. Gleiches gilt für die Frage, ob eine geltungserhaltende Reduktion einer gegen zwingendes Recht verstoßenden Vertragsklausel auf das zulässige Maß denkbar ist oder die von der unwirksamen Klausel hinterlassenen Lücken durch das dispositive Vertragsrecht des Vertragsstatuts geschlossen werden müssen.[162]

4. Vertragsauslegung

Auf Grundlage von Art. 12 Abs. 1 lit. a) Rom I-VO stellt das Vertragsstatut auch die maß- 71
geblichen Regeln für die Auslegung des (Haupt-)Vertrages zur Verfügung. Ein naheliegendes Beispiel für die Auswirkungen verschiedener nationaler Rechtsordnungen in diesem Zusammenhang sind die Unterschiede zwischen civil law und common law Jurisdiktionen mit Blick auf die Frage, inwieweit der Vertrag in erster Linie objektiv auf Basis des Wortlauts der schriftlichen Vertragsurkunde ausgelegt oder aber verstärkt der **tatsächliche Parteiwille** unter Heranziehung von Umständen **außerhalb des schriftlichen Vertragstextes** in den Blick genommen werden muss. Auch wenn etwa die Unterschiede zwischen civil law und common law Jurisdiktionen mit Blick auf die Grundsätze der Vertragsauslegung entgegen landläufiger Behauptungen tatsächlich gar nicht so gravierend sind,[163] können sich bestehende Unterschiede im Einzelfall doch entscheidend auswirken: So erlaubt etwa das englische Recht durchaus die Heranziehung externer Umstände bei der Vertragsauslegung (extrinsic evidence) – und zwar selbst dann, wenn der Wortlaut der maßgeblichen Vertragsklausel als solcher nicht ambivalent ist.[164] Im Rahmen der sog. exclusionary rule dürfen aber insbesondere **vorvertragliche Verhandlungen** grundsätzlich nicht für Auslegungszwecke verwendet werden.[165] Darüber hinaus lässt sich in der jüngeren englischen Rechtsprechung auch wieder eine verstärkte Tendenz zur Wortlauttreue bei der Vertragsauslegung feststellen – selbst wenn das auf dieser Grundlage gewonnene Auslegungsergebnis dem „commercial common sense" widerspricht.[166] Neben allgemeinen Auslegungsprinzipien können aber auch Einzelfragen der Auslegung von Vertragsklauseln bedeutsam werden.

Für die Auslegung des **Rechtswahlvertrages** muss angesichts der begrenzten Verwei- 72
sung durch Art. 3 Abs. 5 Rom I-VO dagegen wohl unmittelbar auf das Kollisionsrecht selbst (Art. 3 Rom I-VO) zurückgegriffen werden.[167]

---

[159] Staudinger/Magnus BGB Art. 12 Rom I-VO Rn. 76.

[160] So das deutsche Recht im Fall von Individualverträgen, s. § 139 BGB.

[161] So beispielsweise das Schweizer Recht, s. Art. 20 Abs. 2 OR.

[162] Staudinger/Hausmann BGB Art. 10 Rom I-VO Rn. 31 unter Verweis auf BGH NJW 1997, 3309 (3310).

[163] Kötz ZEuP 2013, 777 (778).

[164] *Chartbrook v Persimmon Homes* [2009] A.C. 1101 (1119).

[165] *Investors Compensation Scheme Ltd v West Bromwich Building Society* [1998] 1 W.L.R. 896 (913). Kritisch zur *exclusionary rule* ua Nicholls L.Q.R. 2005, 577 (578); zu ihrer umstrittenen kollisionsrechtlichen Qualifikation Ostendorf JPIL 2015, 163 ff.

[166] Instruktiv *Arnold v Britton and others* [2015] UKSC 36, Rn. 17: *„First, the reliance placed in some cases on commercial common sense and surrounding circumstances should not be invoked to undervalue the importance of the language of the provision which is to be construed"*. Kritisch zu diesem neueren restriktiven Trend *McLauchlan* L.M.C.L.Q. 2015, 406 ff.

[167] Für die Entwicklung einheitlicher Auslegungsmaßstäbe aus der Rom I-VO selbst heraus auch Staudinger/Magnus BGB Art. 3 Rom I-VO Rn. 66; BeckOGK/Wendland, 1.6.2022, Art. 3 Rom I-VO Rn. 126 mwN. zu Gegenauffassungen; in common law Jurisdiktionen wird dagegen überwiegend auf das gewählte Recht abgestellt, Born/Kalelioglu Ga. J. Int'l & Comp. L. 2021, 44 (117) mwN.

5. Füllung verbleibender Regelungslücken

a) Vertragsinhalt

73 Die Festlegung des Vertragsinhalts durch (meist dispositives) Recht, insbesondere in Form einschlägiger Leistungspflichten, Nebenpflichten und Obliegenheiten der Parteien, die nicht bereits ausdrücklich vertraglich vereinbart wurden, gehört zum Kernbereich des Vertragsstatuts. Im Europäischen Kollisionsrecht legt Art. 12 Abs. 1 lit. b) Rom I-VO ausdrücklich die Maßgeblichkeit des Vertragsstatuts für die Erfüllung der durch den Vertrag begründeten Verpflichtungen, womit die Gesamtheit der gegenseitigen **vertraglichen Pflichten** gemeint ist,[168] fest. Erfasst werden etwa Leistungsgegenstand, Leistungszeit und Leistungsort, bei denen die verschiedenen Sachrechtsordnungen durchaus auch zu unterschiedlichen Ergebnissen gelangen. So kennen etwa sowohl kontinentaleuropäische Rechtsordnungen als auch das anglo-amerikanische Recht Auffangtatbestände über die geschuldete Qualität des Leistungsgegenstandes in Kauf- und Werkverträgen, etwa in Form des objektiven Fehlerbegriffs bzw. in Gestalt so genannter implied terms im anglo-amerikanischen Recht. Sie unterscheiden sich aber nicht nur in ihrem objektiven Gehalt, sondern auch in ihrem Verhältnis zu ausdrücklichen vertraglichen Vereinbarungen.[169] Zu praktischen Konsequenzen, nicht zuletzt für mögliche internationale Gerichtsstände,[170] führen beispielsweise auch Unterschiede beim Erfüllungsort: So ist (mangels abweichender vertraglicher Vereinbarung) Erfüllungsort für Zahlungsansprüche nach deutschem Recht in der Regel der Wohnsitz des Schuldners, im englischen Recht dagegen der Wohnsitz des Gläubigers.[171]

74 Das Vertragsstatut[172] bestimmt darüber hinaus etwa auch, in welcher **Währung** eine Zahlungsverpflichtung geschuldet ist, ob die Parteien die geschuldete Währung selbst vertraglich frei vereinbaren können und ggf. (wie auf Grundlage von § 244 BGB) Wahlmöglichkeiten bei der Schuldtilgung bestehen. Das schließt indes nicht aus, dass nationale oder supranationale Eingriffsnormen vom Währungsstatut abweichende Regelungen treffen können, wie es für den Fall eines Ausstiegs einzelner Staaten aus der Euro-Zone diskutiert wird.[173]

75 In der Praxis weniger bekannt ist zuletzt die Vorschrift des **Art. 12 Abs. 2 Rom I-VO,**[174] nach der *„in Bezug auf die Art und Weise der Erfüllung und die vom Gläubiger im Fall mangelhafter Erfüllung zu treffenden Maßnahmen das Recht des Staates, in dem die Erfüllung erfolgt, zu berücksichtigen"* ist. Größere Bedeutung hat die Vorschrift ebenso wie die wortgleichen Vorgängervorschriften im EVÜ und im EGBGB bislang nicht erlangt, was neben dem unklaren Wortlaut auch daran liegen mag, dass Besonderheiten des (tatsächlichen)[175] Erfüllungsorts zum einen bereits durch das Vertragsstatut berücksichtigt werden

---

[168] Staudinger/Magnus BGB Art. 12 Rom I-VO Rn. 33.

[169] Dazu vertiefend → § 18 Rn. 128ff.

[170] Das gilt nicht, falls das einschlägige Internationale Verfahrensrecht den Begriff des Erfüllungsorts für die Zwecke eines Erfüllungsortsgerichtsstandes autonom definiert, so etwa Art. 7 Nr. 1 lit. b) EuGVVO. Das ist aber außerhalb von Kauf- und Dienstleistungsverträgen auch im Rahmen der EuGVVO nicht der Fall (Art. 7 Nr. 1 lit. a) EuGVVO); auch im Rahmen des ausnahmsweise noch im internationalen Rechtsverkehr anzuwendenden § 29 ZPO bedarf es einer Ermittlung des Erfüllungsortes auf Grundlage des anwendbaren Vertragsrechts, s. OLG Frankfurt BeckRS 2021, 43447.

[171] §§ 269 Abs. 1, 270 Abs. 4 BGB; zum englischen Recht Chitty on Contracts General Principles Rn. 24-053.

[172] Reithmann/Martiny/Martiny Internationales Vertragsrecht Rn. 3.126: Das Vertragsstatut verweist damit durch seine materiell-rechtlichen Regelungen auf das Währungsrecht des eigenen oder eines fremden Staates.

[173] Dazu Kindler NJW 2012, 1617 (1619).

[174] Wortgleich bereits Art. 10 Abs. 2 EVÜ sowie im deutschen Kollisionsrecht der mittlerweile aufgehobene Art. 32 Abs. 2 EGBGB.

[175] Staudinger/Magnus BGB Art. 12 Rom I-VO Rn. 82.

können[176] und die Vorschrift zum anderen zumindest die Substanz der Vertragspflichten gar nicht erfassen soll.[177] Ungefährlich ist die Vorschrift für die Parteien internationaler Wirtschaftsverträge allerdings dennoch nicht: Mögliche relevante Anwendungsfälle folgen zumindest aus den *„vom Gläubiger zu treffenden Maßnahmen"*. Davon können in erster Linie **Rüge- und Untersuchungsobliegenheiten**[178] nach dem Recht des tatsächlichen Erfüllungsortes mit der Folge erfasst werden, dass dem Gläubiger Rechtsnachteile drohen, falls diese Obliegenheiten – selbst wenn sie nach dem Vertragsstatut gar nicht oder zumindest nicht in gleichwertiger Form existieren – nicht eingehalten werden. Ebenso denkbar ist der umgekehrte Fall, dass Rüge- und Untersuchungsobliegenheiten am tatsächlichen Erfüllungsort gar nicht oder zumindest nicht in einer dem Vertragsstatut vergleichbaren Form existieren. Wollen die Parteien solche zumindest für eine Partei unerfreulichen Überraschungen vermeiden, empfiehlt sich eine ausdrückliche Rechtswahlvereinbarung, die im Zweifel als zulässige **Abbedingung** der Sonderanknüpfung des Art. 12 Abs. 2 Rom I-VO angesehen wird.[179] Um verbleibende Zweifel restlos auszuräumen, kommt auch eine ausdrückliche Abbedingung des Art. 12 Abs. 2 Rom I-VO innerhalb der Rechtswahlklausel in Betracht.[180]

b) Leistungsstörungen

76 Das Vertragsstatut bestimmt die im Fall einer Vertragsverletzung bestehenden Rechtsbehelfe, Art. 12 Abs. 1 lit. c) Rom I-VO. Dazu gehört nicht nur die Frage, welche **Rechtsbehelfe** (remedies) in diesem Fall überhaupt verfügbar sind, sondern auch, welchen Voraussetzungen sie unterliegen und in welchem Verhältnis sie zueinanderstehen. So ist etwa die im anglo-amerikanischen Recht verfügbare Bandbreite an Rechtsbehelfen gegenüber kontinentaleuropäischen Rechtsordnungen begrenzt, da von Ausnahmen abgesehen weder (Nach-)Erfüllung (specific performance) noch eine Preisminderung verlangt werden kann und damit im Wesentlichen nur Schadensersatzansprüche (damages) bzw. die Option der Vertragsbeendigung (termination) zur Verfügung stehen. Auf der anderen Seite sind vertragliche Schadensersatzansprüche im common law aber verschuldensunabhängig. Auch die Vertragsbeendigung ist tendenziell leichter – insbesondere ohne vorherige Setzung einer Nachfrist – möglich.[181]

c) Erlöschen des Vertrages

77 Das Vertragsstatut regelt auch die Voraussetzungen, unter denen ein vertraglicher Anspruch oder der gesamte Vertrag erlischt – etwa durch Erfüllung, Unmöglichkeit oder Vertragsbeendigung im Fall von Rücktritt, Kündigung oder Anfechtung (Art. 12 Abs. 1 lit. d) Rom I-VO).

d) Verjährung

78 Sofern kein vorrangiges internationales **Übereinkommen** einschlägig ist,[182] unterliegt insbesondere die Verjährung vertraglicher Ansprüche ebenfalls dem Vertragsstatut, Art. 12 Abs. 1 lit. d) Rom I-VO. Zur Verjährung zählen nicht nur Bestimmungen über Fristbe-

---

176 Rauscher/Freitag EuZPR/EuIPR Art 12 Rom I-VO Rn. 11, der die Vorschrift als spezielle Sachnorm für internationale Sachverhalte einordnet.

177 BGH NJW-RR 2006, 1694 (1695).

178 Staudinger/Magnus BGB Art. 12 Rom I-VO Rn. 88, 94ff., der grds. in Bezug auf Pflichten und Obliegenheiten von einer zwingenden Anwendung des Rechts am Erfüllungsort ausgeht, bei Rüge- und Untersuchungsobliegenheiten aber differenzieren will.

179 Zur Abdingbarkeit von Art. 12 Abs. 2 Rom I-VO Staudinger/Magnus BGB Art. 12 Rom I-VO Rn. 98.

180 S. dazu auch → § 13 Rn. 77; Ostendorf IHR 2012, 177 (179).

181 Zum Ganzen Reimann/Zimmermann/Farnsworth Comparative Law S. 899 (922ff.).

182 Insbes. das UN-Übereinkommen über die Verjährung beim internationalen Warenkauf vom 14.6.1974 (in der Fassung vom 11.4.1980).

ginn und Fristlänge, die sich in vielen Rechtsordnungen zum Teil erheblich unterscheiden, sondern auch mögliche Hemmungs- und Unterbrechungstatbestände.[183] Das unterscheidet die Rom I-VO auch von der noch in einigen common law Jurisdiktionen vertretenen (allerdings rückläufigen) Auffassung, nach der Fragen der Verjährung zum Prozessrecht und damit zur *lex fori* zu rechnen sind.[184] Daraus folgt auch, dass die Parteiautonomie (auch) in Bezug auf die anwendbaren Verjährungsfristen nur wirksam ausgeübt werden kann, wenn erfolgreich die internationale Zuständigkeit eines Gerichts abgewehrt wird, dessen Kollisionsrecht Verjährungsfragen zum Prozessrecht zieht.

6. Sonstige Rechtsfragen mit Berührungspunkten zum Vertragsstatut

a) Formfragen

79 Für eine eventuelle Formbedürftigkeit **schuldrechtlicher** Wirtschaftsverträge ist grundsätzlich das Vertragsstatut maßgeblich.[185] Allerdings statuiert Art. 11 Rom I-VO ein Meistbegünstigungsprinzip („*favor negotii*“[186]): Formwirksam ist der Vertrag gem. Art. 11 Abs. 1 Rom-VO auch dann, wenn er zwar nicht die Formvorschriften des Vertragsstatuts, dafür aber die am **Abschlussort** geltenden Formvorschriften erfüllt. Noch großzügiger ist die alternative Anknüpfung gem. Art. 11 Abs. 2 Rom I-VO im Fall von Vertragsparteien (bzw. ihrer Vertreter), die sich zum Zeitpunkt des Vertragsschlusses in verschiedenen Staaten aufhalten (Distanzgeschäfte): Hier reicht schon aus, wenn die Formvorschriften eines Staates eingehalten werden, in dem sich entweder eine der beiden Vertragsparteien oder einer ihrer Vertreter zum Zeitpunkt des Vertragsschlusses befindet oder in dem sich eine der Vertragsparteien zum Zeitpunkt des Vertragsschlusses **gewöhnlich aufhält.** Eine strengere Sonderregel gilt dagegen für (schuldrechtliche) Verträge, die ein dingliches Recht an einer unbeweglichen Sache oder die Miete oder Pacht einer unbeweglichen Sache zum Gegenstand haben (Art. 11 Abs. 5 Rom I-VO): Hier sind trotz Wahl eines anderen Vertragsstatuts die Formschriften des Staates maßgeblich, in dem die Sache belegen ist, sofern diese nach Willen des jeweiligen nationalen Gesetzgebers international zwingend ausgestaltet sind. Aus deutschrechtlicher Sicht ist das etwa bei der in § 550 BGB vorgesehenen Schriftform für Wohnraummietverträge der Fall, nicht dagegen bei der von § 311b BGB vorgesehenen notariellen Beurkundung.[187]

80 Da das Gros der internationalen Wirtschaftsverträge nach den meisten Rechtsordnungen nicht formbedürftig ist,[188] sind Probleme mit einer Verletzung von Formvorschriften und daraus folgenden rechtlichen Konsequenzen in der Praxis außerhalb von Grundstücksgeschäften, gesellschaftsrechtlichen Verträgen oder den (einer gesonderten Anknüpfung unterliegenden) **Gerichtsstands- und Schiedsvereinbarungen** selten. Vereinzelt sehen ausländische Rechtsordnungen aber auch für allgemeine Wirtschaftsverträge Formerfordernisse vor. Beispiele sind das russische und das US-amerikanische Recht.[189]

81 Für die Form **dinglicher Rechtsgeschäfte** bleibt nationales Kollisionsrecht der Mitgliedsstaaten anwendbar, in Deutschland Art. 11 EGBGB.

---

[183] Reithmann/Martiny/Martiny Internationales Vertragsrecht Rn. 3.239.

[184] Zur Rechtslage in den einzelnen US-Bundesstaaten detailliert Symeonides Am. J. Comp. L. 2021, 177 (233 ff.).

[185] Verfügungsgeschäfte unterfallen dagegen auch mit Blick auf Formerfordernisse nicht der Rom I-VO, s. Reithmann/Martiny/Reithmann/Stelmaszczyk Internationales Vertragsrecht Rn. 5.270.

[186] Rauscher/v. Hein EuZPR/EuIPR Art. 11 Rom I-VO Rn. 1.

[187] BeckOGK/Gebauer, 1.6.2022, Art. 11 Rom I-VO Rn. 149.

[188] S. auch Art. 11 CISG für internationale Lieferverträge.

[189] Etwa § 2–201 Abs. 1 UCC (Schriftform notwendig bei Kaufverträgen und einem Vertragswert von USD 5.000,– oder mehr) sowie Art. 162 Abs. 3 (zwingende Schriftform für internationale Verträge) und Art. 1232 Abs. 2 russisches ZGB (international zwingende Registrierungspflicht von Lizenzverträgen).

b) Aufrechnung

Das Vertragsstatut der Hauptforderung entscheidet nach Art. 17 Rom I-VO auch darüber, ob und unter welchen Voraussetzungen eine Gegenforderung mit dieser Forderung aufgerechnet werden kann. Damit bestimmt das Vertragsstatut der Hauptforderung unter anderem, ob die Aufrechnung gegenüber der anderen Partei erklärt werden muss, ob sie *ex tunc* (etwa im deutschen und Schweizer Recht gem. § 389 BGB bzw. Art. 124 Abs. 2 OR) oder *ex nunc* (so wohl in den skandinavischen Rechtsordnungen)[190] wirkt oder gar – wie unter anderem im französischen, belgischen, spanischen und italienischen Recht – ohne weiteres Zutun der Vertragsparteien automatisch vollzogen wird.[191] Das Vertragsstatut der Hauptforderung ist darüber hinaus auch für die Wirksamkeit eines vertraglich vereinbarten Aufrechnungsverbots maßgeblich.[192] 82

c) Forderungsübertragung

Art. 14 Abs. 2 Rom I-VO ordnet aus Gründen des Schuldnerschutzes an, dass das Recht, dem die übertragene Forderung unterliegt, auch für ihre Übertragbarkeit maßgeblich sein soll. Handelt es sich bei der Forderung um eine vertragliche Forderung, ist das auf diese Forderung anwendbare Vertragsstatut damit auch für die Modalitäten ihrer Übertragbarkeit einschlägig. Eines der im Europäischen Kollisionsrecht umstrittensten Probleme betrifft allerdings die Frage, ob die Rom I-VO auch die **Verfügungswirkungen** einer Forderungsabtretung umfasst. Für die Gestaltung internationaler Wirtschaftsverträge ist dieser Aspekt unter anderem im Zusammenhang mit der Wirkung vertraglicher **Abtretungsverbote** relevant, da das auf die Verfügungswirkungen anwendbare Recht letztlich auch darüber entscheidet, ob ein vertragliches Abtretungsverbot zu einer (dinglichen) Unwirksamkeit der Abtretung gegenüber dem Schuldner führt oder nicht.[193] 83

Mit Blick auf die **Drittwirkung** einer Zession (insbesondere die Problematik einer Mehrfachabtretung) hat der EuGH mittlerweile entschieden, dass diese Frage weder direkt noch analog von Art. 14 Rom I-VO erfasst wird und damit ein Rückgriff auf nationales Kollisionsrecht notwendig ist.[194] Unklar geblieben ist dagegen, ob Art. 14 Abs. 1 oder Abs. 2 Rom I-VO für die Anknüpfung möglicher (relativer) dinglicher Wirkungen von Abtretungsverboten gegenüber dem Zessionar einschlägig sind oder diese Frage ebenfalls von der Rom I-VO gar nicht erfasst wird.[195]

III. Abgrenzung des Vertragsstatuts in der Schiedsgerichtsbarkeit

Mangels hinreichender normativer Verankerung wenig geklärt ist die Frage der Reichweite und der Abgrenzung des Vertragsstatuts in Schiedsverfahren, da das einschlägige Sonderkollisionsrecht für Schiedsgerichte (sofern es denn überhaupt existiert) regelmäßig auch nicht annähernd die gleiche Regelungsdichte aufweist wie das für staatliche Gerichte geltende allgemeine Internationale Privatrecht. Meist fehlt es schon an einer dem allgemeinen Kollisionsrecht vergleichbaren Trennung zwischen verschiedenen Statuten:[196] Normen des Sonderkollisionsrechts für Schiedsgerichte wie Art. VII EÜ, § 1051 ZPO oder Art. 187 Schweizer IPRG beziehen sich im Einklang mit dem von UNCITRAL entwi- 84

[190] Lieder RabelsZ 78 (2014), 809 (814) mwN.
[191] Lieder RabelsZ 78 (2014), 809 (813).
[192] MüKoBGB/Spellenberg Art. 17 Rom I-VO Rn. 19.
[193] Kieninger IPRax 2005, 200 (206). Für eine Anwendung des Abtretungsstatuts und nicht des Forderungsstatuts auf die Frage, ob einem Abtretungsverbot dingliche Wirkung zukommt etwa Flessner IPRax 2009, 35 (42).
[194] EuGH NJW 2019, 3368; dazu Stefer IPRax 2021, 155 ff.
[195] Umfassend dazu → § 12 Rn. 12.
[196] Anders dagegen die Auffassung, die eine Anwendbarkeit etwa des Europäischen Kollisionsrechts auf Schiedsgerichte mit Sitz in der EU bejaht, s. dazu Fn. 15 oben.

ckelten Musterschiedsverfahrensgesetz[197] regelmäßig auf das **auf den Rechtsstreit** insgesamt anwendbare Recht, ohne näher zwischen vertraglichen und außervertraglichen Sachverhalten zu differenzieren. Immerhin ist bei der kollisionsrechtlich problematischen Frage nach der Qualifikation von Verjährungsregeln für vertragliche Ansprüche anerkannt, dass das von den Parteien gewählte bzw. vom Schiedsgericht objektiv angeknüpfte Vertragsstatut zur Anwendung kommt.[198]

85 Da die **Parteiautonomie** im Schiedsverfahren weiter reicht als im Fall der Streitentscheidung durch staatliche Gerichte,[199] ist der Versuch einer trennscharfen Bestimmung der unter das Vertragsstatut fallenden Rechtsbereiche im Schiedsverfahren weniger bedeutend, wenn die Parteien eine entsprechend weite Rechtswahl- und Schiedsvereinbarung getroffen haben.

86 Auf einem anderen Blatt steht freilich, inwieweit das auf sachen-, insolvenz- und gesellschaftsrechtliche Sachverhalte anwendbare Recht von Parteien oder Schiedsgerichten frei bestimmt werden kann.[200] Hier ist schon fraglich, ob diese Anknüpfung überhaupt noch in den Anwendungsbereich des liberaleren Sonderkollisionsrechts fällt.[201]

C. Maßgebliche Rechtsbereiche außerhalb des Vertragsstatuts

87 Die für internationale Wirtschaftsverträge relevanten Rechtsbereiche, die vom Vertragsstatut nicht erfasst werden, sind primär **sachenrechtliche, gesellschaftsrechtliche** und **insolvenzrechtliche** Sachverhalte, konkurrierende deliktische Ansprüche sowie das auf die **Stellvertretung** beim Vertragsschluss anwendbare Sachrecht.[202] Diese Rechtsmaterien werden kollisionsrechtlich im Grundsatz gesondert angeknüpft, was nicht zuletzt daran liegt, dass hier neben den Vertragsparteien regelmäßig auch die Interessen Dritter betroffen sind.

88 Während das Internationale Sachen- und Insolvenzrecht der meisten Rechtsordnungen zumindest in den Grundzügen Ähnlichkeiten aufweist, sind die Differenzen zwischen den Kollisionsregeln einzelner Staaten mit Blick auf das auf die rechtsgeschäftliche Stellvertretung sowie auf außervertragliche Schuldverhältnisse anwendbare Recht größer. Einen durchschlagenden Erfolg für eine **Rechtsvereinheitlichung** des Kollisionsrechts können auch die hier einschlägigen Staatsverträge nicht vorweisen: Das Haager Übereinkommen über das auf Vertreterverträge und die Stellvertretung anwendbare Recht vom 14.3.1978,[203] mit dem das Kollisionsrecht der rechtsgeschäftlichen Stellvertretung vereinheitlicht werden

---

[197] Art. 28 UNCITRAL Model Law on International Commercial Arbitration; ebenso etwa auch das englische und französische Schiedsverfahrensrecht, s. Art. 1496 NCPC (Frankreich) und S. 46 Abs. 1 Arbitration Act 1996 (England); s. zum Ganzen auch Born International Commercial Arbitration S. 2631 ff. Für eine immanente Beschränkung des § 1051 ZPO auf vertragliche Sachverhalte aber MüKoZPO/Münch § 1051 Rn. 16f.

[198] Born International Commercial Arbitration S. 2668; ebenso (zumindest bei einer ausdrücklichen Rechtswahl) Schwenzer/Manner Arb. Int'l 2007, 293 (303f.).

[199] So insbesondere auch Musielak/Voit ZPO § 1051 Rn. 3.

[200] Dazu unten → Rn. 151 ff.

[201] Dazu Stein/Jonas/Schlosser ZPO § 1051 ZPO Rn. 7, 11, der den Anwendungsbereich von § 1051 ZPO auf Rechtsregeln oder Rechtsordnungen beschränken will, die auch ansonsten durch Parteivereinbarung festgelegt werden können.

[202] Folgerichtig schließt Art. 1 Abs. 2 lit. f) und g) Rom I-VO unter anderem das auf die Stellvertretung anwendbare Recht sowie gesellschaftsrechtliche Fragen ausdrücklich vom Anwendungsbereich der Verordnung aus. Der Ausschluss sachenrechtlicher und außervertraglicher Rechtsverhältnisse ergibt sich bereits im Rückschluss aus Art. 1 Abs. 1 Rom I-VO, da vertragliche (und damit relative) Rechtsverhältnisse neben außervertraglichen Schuldverhältnissen insbesondere von dinglichen und anderen absoluten Rechtsverhältnissen (wie auch Immaterialgüterrechten) abgegrenzt werden müssen, Staudinger/Magnus BGB Art. 1 Rom I-VO Rn. 28f.

[203] Abgedruckt in RabelsZ 43 (1979), 176 ff.

sollte, ist von gerade einmal vier Staaten ratifiziert worden.[204] Auch das Haager Übereinkommen über das auf die Produkthaftung anwendbare Recht vom 2.10.1973 ist nur unwesentlich erfolgreicher.[205]

Zuletzt gelten auch für **Gerichts- und Schiedsvereinbarungen** besondere Regeln: 89
Ihre prozessuale Wirkung und eine etwaige Formbedürftigkeit beurteilen sich nach dem einschlägigen IZVR des Forums bzw. international vereinheitlichten Konventionen.

I. Sachenrechtliche Fragen

1. Relevanz für internationale Wirtschaftsverträge

Sachenrechtliche Fragen spielen in internationalen Wirtschaftsverträgen zum einen unmit- 90
telbar bei der Vertragserfüllung eine Rolle, wenn – wie etwa im Fall von Kaufverträgen – die Übertragung dinglicher Rechte einen maßgeblichen Bestandteil der vertraglichen Leistungspflichten darstellt. Davon abgesehen ist das Sachenrecht vor allem bei der Sicherung vertraglicher Zahlungsansprüche relevant. Das gilt in erster Linie für den **Eigentumsvorbehalt,** der den Zahlungsanspruch des Verkäufers als Realsicherheit im Vergleich zu anderen gängigen Sicherungsinstrumenten preiswerter absichern kann, weil anders als bei Personalsicherheiten kein externer Sicherungsgeber mit den damit verbundenen Transaktionskosten (wie Avalgebühren bei Bankgarantien, Bankbürgschaften und Akkreditiven) benötigt wird. Auch eine Übertragung oder Einräumung dinglicher Rechte zur Besicherung sonstiger vertraglicher Ansprüche kann aber eine Auseinandersetzung mit dem Internationalen Sachenrecht und (im Fall einer entsprechenden Verweisung) mit ausländischem Sachenrecht erforderlich machen.

Ausländische Sachenrechtsordnungen erkennen im deutschen Recht gängige Siche- 91
rungsmittel wie das besitzlose Sicherungseigentum[206] oder einen Eigentumsvorbehalt häufig nicht an. Anders als im deutschen Recht ist insbesondere ein vertraglich vereinbarter Eigentumsvorbehalt in vielen ausländischen Jurisdiktionen entweder gar nicht oder nur im Fall der Erfüllung besonderer formaler Voraussetzungen wirksam.[207] Ein deutscher Verkäufer kann sich insbesondere nicht darauf verlassen, dass die im deutschen Recht anerkannten Varianten des **verlängerten** bzw. **erweiterten** Eigentumsvorbehalts im Ausland anerkannt werden. Diese Einschränkungen gelten selbst innerhalb der EU: Zwar verlangt Art. 9 Abs. 1 der **Zahlungsverzugsrichtlinie** 2011/7/EU[208] von den EU-Mitgliedsstaaten die grundsätzliche Anerkennung eines vertraglich vereinbarten (einfachen) Eigentumsvorbehaltes.[209] Allerdings überlässt die Richtlinie die nähere Ausgestaltung und Wirksamkeitsvoraussetzungen weiter den nationalen Rechtsordnungen.[210] Die Mitgliedsstaaten sind nach Auffassung des EuGH durch die Zahlungsverzugsrichtlinie auch nicht gehindert, bestehende formelle Anforderungen an die Wirksamkeit von Eigentumsvorbehalten beizubehalten oder künftig einzuführen.[211]

---

[204] Namentlich Argentinien, Frankreich, Niederlande und Portugal, s. zum Ratifizierungsstand https://www.hcch.net/en/instruments/conventions/full-text/?cid=89.

[205] Der Mitgliederstatus kann unter http://www.hcch.net abgerufen werden. Auch im Verhältnis der Mitgliedsstaaten untereinander, die zugleich EU-Mitgliedsstaaten sind, geht das Übereinkommen der Anwendung der Rom II-VO vor, da auch Nichtmitgliedsstaaten der EU dem Übereinkommen beigetreten sind, s. Art. 28 Abs. 2 Rom II-VO.

[206] Reithmann/Martiny/Martiny Internationales Vertragsrecht Rn. 25.163; speziell für das europäische Ausland Kieninger ZEuP 2016, 201 (209).

[207] Reithmann/Martiny/Martiny Internationales Vertragsrecht Rn. 25.155ff. mit Hinweisen zu einzelnen Jurisdiktionen.

[208] Richtlinie 2011/7/EU des Europäischen Parlaments und des Rates zur Bekämpfung von Zahlungsverzug im Geschäftsverkehr, ABl. EU 2011 L 48/1.

[209] Staudinger/Mansel BGB Art. 43 EGBGB Rn. 265.

[210] S. Kieninger AcP 208 (2008), 182 (185).

[211] EuGH EWS 2006, 575.

92 Der Wert dinglicher Sicherungsrechte zeigt sich regelmäßig erst im **Insolvenzfall.** Da nach Internationalem Insolvenzrecht grundsätzlich das Insolvenzrecht des Staates anwendbar ist, in dem das Insolvenzverfahren eröffnet wurde *(lex loci concursus)*, ergeben sich kollisionsrechtlich keine Besonderheiten, wenn der Gegenstand, an dem Sicherungsrechte bestehen, im Eröffnungsstaat belegen ist. Auf materiell-rechtlicher Ebene können insolvenzrechtliche Vorschriften dingliche Rechte durch bestehende Anfechtungs- und Wahlrechte des Insolvenzverwalters allerdings überlagern. Befindet sich die Sache nicht im Eröffnungsstaat des Insolvenzverfahrens, sondern in einem anderen Staat, lässt das Insolvenzverfahren dingliche Sicherungsrechte, die nach dem jeweils maßgeblichen Sachenrecht wirksam bestehen, nach Maßgabe der Europäischen Insolvenzverordnung[212] unberührt, s. Art. 8 und 10 EU-InsVO. Die herrschende Meinung folgert daraus, dass in diesem Fall auch nicht das Insolvenzrecht des Belegenheitsstaates angewendet werden kann, sondern die Sache von dem im Eröffnungsstaat laufenden Insolvenzverfahren gänzlich **unangetastet** bleibt.[213]

2. Allgemeine Grundsätze des Internationalen Sachenrechts

a) Die Situs-Regel

93 Das Internationale Sachenrecht (Kollisionsrecht) stellt ebenso wie das materielle Sachenrecht[214] bislang weitgehend unvereinheitlichtes und daher nationales Recht dar. International hat sich aber zumindest der kollisionsrechtliche Grundsatz weitgehend durchgesetzt, dass auf sachenrechtliche Fragen das Recht am **Ort der belegenen Sache** (sog. „Situs-Regel“) anwendbar ist.[215] Im deutschen Kollisionsrecht folgt die Situs-Regel aus Art. 43 Abs. 1 EGBGB.

94 Nach Art. 43 Abs. 1 EGBGB unterliegen die Rechte an einer Sache dem Recht des Staates, in dem sich die Sache befindet. Maßgeblich ist diese Rechtsordnung (das Sachstatut) für die Entstehung, den Untergang sowie Inhalt, Wirkungen und Übertragung dinglicher Rechte.[216] Das Sachstatut ist daher unter anderem auch einschlägig für die Frage, ob für den Eigentumserwerb wie im deutschen Recht grundsätzlich dingliche Einigung und Übergabe (§ 929 BGB) erforderlich sind oder bereits die Übergabe des Vertragsgegenstandes[217] bzw. sogar lediglich der Abschluss eines schuldrechtlichen Vertrages[218] ausreichen.

95 In absoluten Ausnahmefällen[219] kann nach der in Art. 46 EGBGB normierten Ausweichklausel auch ein anderes Recht als das des Belegenheitsortes maßgeblich sein, wenn zu diesem Recht eine wesentlich engere Verbindung besteht. Durchbrochen wird die Situs-Regel im deutschen Kollisionsrecht schließlich im Fall von Rechten an Schiffen, Flugzeugen und Schienenfahrzeugen, für die gem. Art. 45 EGBGB das Sachenrecht des **Herkunftsstaates** maßgeblich ist. Dagegen können die Parteien eines internationalen Wirtschaftsvertrages der objektiven Anknüpfung sachenrechtlicher Vorgänge an den Lageort der Sache nicht durch eine abweichende **Rechtswahl** entkommen, da diese aus

[212] Verordnung (EU) Nr. 2015/848 des Europäischen Parlamentes und des Rates vom 20.5.2015 über Insolvenzverfahren, ABl. EU 2015 L 141/19.

[213] Reithmann/Martiny/Martiny Internationales Vertragsrecht Rn. 6.701; Reinhart IPrax 2012, 417 (419).

[214] Zu einzelnen Vereinheitlichungsbestrebungen Reithmann/Martiny/Martiny Internationales Vertragsrecht Rn. 25.140.

[215] Staudinger/Mansel BGB Art. 43 EGBGB Rn. 90.

[216] BeckOGK/Prütting, 1.6.2022, Art. 43 EGBGB Rn. 101 ff.

[217] So das schweizerische Recht, Art. 714 ZGB.

[218] So das französische Recht, s. Art. 1583 CC. Eine Einigung über den Eigentumsübergang ist ua auch im englischen Recht ausreichend, s. 17 SGA 1979; zum Konsensualprinzip im englischen Recht Bornheim RabelsZ 79 (2015), 36 (47). In beiden Fällen ist im Fall von Gattungsschulden allerdings eine vorangegangene Aussonderung erforderlich (Art. 1585 CC bzw. s. 16 SGA 1979).

[219] S. MüKoBGB/Wendehorst Art. 46 EGBGB Rn. 2: *„extreme Ausnahmefälle“*.

Gründen des Verkehrsschutzes bislang ganz überwiegend nicht zugelassen wird.[220] Zwar erkennen einzelne Rechtsordnungen, namentlich das schweizerische, chinesische und das niederländische Internationale Sachenrecht die Möglichkeit einer (eingeschränkten) Rechtswahl des Sachstatuts an.[221] Da die Rechtswahl aber auch in diesen Fällen häufig nur *inter partes* und daher nicht gegenüber Dritten wirkt,[222] bleibt ihre praktische Bedeutung gering.

Die kollisionsrechtliche Verweisung schließt gem. Art. 4 Abs. 1 EGBGB zumindest nach deutschem Internationalen Sachenrecht anders als im Internationalen Schuldvertragsrecht das Kollisionsrecht und damit die Möglichkeit einer Rück- oder Weiterverweisung mit ein.[223] Vor dem Hintergrund der international weit verbreiteten Situs-Regel bleibt eine Rück- oder Weiterverweisung aber meist aus. 96

b) Statutenwechsel

Aus der Maßgeblichkeit des Lageortes folgt, dass im Fall eines Lageortwechsels (insbesondere bei der Lieferung einer beweglichen Sache von einem Staat in einen anderen) zugleich auch das maßgebliche Sachstatut wechselt (sog. „Statutenwechsel"). Lediglich das Recht des Durchgangslandes soll bei im Transport befindlichen Sachen unbeachtet bleiben.[224] 97

Die meisten Rechtsordnungen erkennen dabei die im Erststaat **abschließend** begründeten Sachenrechte an **(einfacher Statutenwechsel):** Im deutschen Internationalen Sachenrecht folgt dieser Grundsatz aus Art. 43 Abs. 2 EGBGB. Allerdings entscheidet auch im Fall des einfachen Statutenwechsels das Recht des Zweitstaates über den Inhalt und die Wirkungen der im Erststaat erworbenen Sachenrechte. Das schließt nicht aus, dass ein im Erststaat begründetes Sachenrecht im Zweitstaat vollständig unbekannt ist und daher auch nicht in ein funktionsäquivalentes Sicherungsrecht dieser Rechtsordnung transponiert werden kann.[225] Ein zentrales Beispiel dafür ist das außerhalb von Deutschland nahezu unbekannte Sicherungseigentum zur Sicherung von Forderungen: Gelangt es ins EU-Ausland, gehen die nach deutschem Recht bestehenden Eigentumsrechte aller Wahrscheinlichkeit nach unter.[226] 98

Ist der Erwerb des jeweiligen dinglichen Rechts bei Grenzübertritt nach dem Recht des Erststaates noch nicht abgeschlossen **(qualifizierter Statutenwechsel),** werden die im Erststaat bereits vollzogenen Erwerbsakte im deutschen Kollisionsrecht wie inländische berücksichtigt, Art. 43 Abs. 3 EGBGB. Durchbrochen wird dieser Grundsatz (nach überwiegender Meinung wiederum gestützt auf Art. 43 Abs. 3 EGBGB) im Ergebnis aber im Fall eines vertraglichen Eigentumsvorbehaltes, der nach dem Recht des Herkunftslandes keine oder nur schuldrechtliche Wirkungen hat: In dieser Fallkonstellation wird der Eigentumsvorbehalt rückwirkend dinglich wirksam, wenn der Vertragsgegenstand in das Bundesgebiet überführt wird.[227] 99

---

[220] Kieninger FS Martiny S. 391; für das deutsche Recht Grüneberg/Thorn BGB Vorbem Art. 43 EGBGB Rn. 2.

[221] Art. 104 Abs. 1 Schweizer IPRG; zur eingeschränkten Möglichkeit einer Rechtswahl im niederländischen Recht Flessner FS Koziol S. 125 (129). Auch das chinesische Kollisionsrecht (oben Fn. 114) sieht in § 37 die Möglichkeit einer Rechtswahl mit Blick auf das Sachstatut beweglicher Sachen vor; dazu auch Long IPrax 2012, 273 (276).

[222] So etwa im Schweizer IPR, s. Art. 104 Abs. 2 IPRG.

[223] BeckOGK/Prütting, 1.6.2022, Art. 43 EGBGB Rn. 2.

[224] Dazu unter Berufung auf Art. 46 EGBGB MüKoBGB/Wendehorst Art. 46 EGBGB Rn. 42.

[225] Staudinger/Sturm/Sturm BGB Einl IPR Rn. 254.

[226] Kieninger AcP 208 (2008), 182 (188).

[227] MüKoBGB/Wendehorst Art. 43 EGBGB Rn. 167; diese Konstellation lag auch der berühmten „Strickmaschinen"-Entscheidung des BGH zugrunde, s. BGHZ 95, 45. Bestritten wird dieses Ergebnis allerdings teilweise, soweit dadurch bereits abgeschlossene Eigentumserwerbstatbestände im Herkunftsland negiert werden; s. etwa Koch/Magnus/Winkler von Mohrenfels Rechtsvergleichung S. 189.

3. Schlussfolgerungen für die Vertragspraxis

100 Da sich die Möglichkeit einer **Rechtswahl** im Internationalen Sachenrecht bislang mit Ausnahme einer weniger Rechtsordnungen[228] nicht durchgesetzt hat, können die Parteien sachenrechtliche Fragen im Rahmen der Vertragsdurchführung nur im Einklang mit dem Recht am **Ort der belegenen Sache** regeln. Erkennt die maßgebliche ausländische Sachenrechtsordnung einen einfachen (bzw. einen im Einzelfall gewünschten verlängerten oder erweiterten) Eigentumsvorbehalt bzw. publizitätsloses Sicherungseigentum nicht an, verbleibt nur die Möglichkeit, entweder ein in der maßgeblichen Jurisdiktion anerkanntes **dingliches Sicherungsrecht** zu vereinbaren, oder aber auf andere Sicherungsmechanismen (insbes. Personalsicherheiten) zurückzugreifen, die nicht von sachenrechtlichen Restriktionen ausländischer Rechtsordnungen beeinflusst werden. Der letztere Weg ist meist empfehlenswerter, da die Einräumung dinglicher Sicherungsrechte im Ausland häufig mit erheblichem Zeit- und Kostenaufwand verbunden ist.

II. Stellvertretung beim Vertragsschluss

101 Das auf die Stellvertretung anwendbare Statut entscheidet unter anderem über Zustandekommen, Reichweite und Erlöschen der Stellvertretungsmacht, darüber hinaus aber etwa auch über die Auslegung einer **Vollmacht** sowie die Existenz und den Umfang von Rechtsscheinsvollmachten.[229] Die Unterschiede im materiellen Stellvertretungsrecht[230] verschiedener Rechtsordnungen sind erheblich. So setzt etwa das englische Recht anders als das deutsche Recht für die Vollmachtserteilung eine entsprechende Einigung zwischen Vertreter und Vertretenem voraus[231], ermöglicht auf der anderen Seite eine wirksame Stellvertretung aber auch dann, wenn diese gegenüber dem Dritten **nicht offengelegt** wird (undisclosed agency).[232] Zentrale Unterschiede bestehen auch beim Umfang und Auslegung der Vollmacht,[233] bei Erlöschenstatbeständen sowie hinsichtlich der Existenz möglicher Rechtsscheinsvollmachten, die in einigen osteuropäischen Rechtsordnungen anders als in den meisten westeuropäischen Jurisdiktionen offenbar nicht anerkannt werden.[234]

102 Auch der Umfang der Rechtsfähigkeit und **organschaftlicher Vertretungsmacht** divergiert: Während nach deutschem Gesellschaftsrecht die Vertretungsmacht der Gesellschafter von Personenhandelsgesellschaften (§§ 125, 126 HGB) bzw. der Geschäftsführer der Gesellschaft mit beschränkter Haftung (§§ 35, 37 Abs. 2 GmbHG) oder des Vorstandes der Aktiengesellschaft (§§ 78 Abs. 1, 82 Abs. 1 AktG) im Außenverhältnis grundsätzlich unbeschränkt und unbeschränkbar ist, war zumindest die traditionelle **ultra vires doctrine** im anglo-amerikanischen Recht erheblich restriktiver, da nach dieser Auffassung der in der Gründungsurkunde festgelegte Gesellschaftszweck nicht nur Vertretungsmacht der Organe, sondern zugleich die Rechtsfähigkeit der Gesellschaft als solche beschränken konnte.[235]

---

[228] Dazu oben Fn. 221.

[229] Schulze/Staudinger BGB Anh. I zu Art. 7 EGBGB Rn. 4.

[230] S. dazu und der unterschiedlichen Regelung des Stellvertretungsrechts in einzelnen Rechtsordnungen insbesondere mit Blick auf Zustandekommen und Umfang einer Vollmacht Schwarz RabelsZ 71 (2007), 729 (736 f.).

[231] Die Einigung muss aber kein Vertrag im Rechtssinne darstellen, s. Peel Law of Contract Rn. 16-002.

[232] Peel Law of Contract Rn. 16–065.

[233] Schwarz RabelsZ 71 (2007), 729 (737).

[234] Schwarz RabelsZ 71 (2007), 729 (738).

[235] Dazu und zum Rückzug der ultra vires Doktrin im englischen Gesellschaftsrecht insbes. durch s. 39 Abs. 1 Companies Act 2006 Reithmann/Martiny/Hausmann Rn. 7.204 ff. Zur weitgehenden Abschaffung der ultra vires doctrine in den USA und anderen *common law* Jurisdiktionen auch Leacock DePaul Bus. & Com. L.J. 2006, 67 (94 ff.).

Die kollisionsrechtliche Ermittlung des auf die Wirksamkeit einer Stellvertretung einschlägigen materiellen Rechts bei einem internationalen Sachverhalt ist daher von zentraler Bedeutung, da sie letztlich darüber entscheiden kann, ob der von einem Vertreter abgeschlossene Vertrag **überhaupt wirksam zustande gekommen** ist. Auch hier kann relevant werden, welche Gerichte im Streitfall international zuständig sind: Die einzelnen Rechtsordnungen unterscheiden sich nämlich nicht nur bei dem auf die Stellvertretung anzuwendenden materiellen Recht, sondern auch beim Kollisionsrecht, mit dem das auf die Stellvertretung anwendbare Statut überhaupt erst ermittelt werden muss. 103

1. Anwendbares Kollisionsrecht

Da weder das auf eine gesetzliche bzw. organschaftliche Stellvertretung noch das auf eine Vollmacht anwendbare Recht mit Hilfe der Rom I-VO ermittelt werden kann,[236] müssen selbst innerhalb der EU ansässige staatliche Gerichte auf ihr jeweiliges nationales Kollisionsrecht zurückgreifen. Das Haager Stellvertretungsübereinkommen vom 14.3.1978 als international vereinheitlichtes Kollisionsrecht für die **rechtsgeschäftliche Stellvertretung** gilt lediglich in den vier Vertragsstaaten Argentinien, Frankreich, Portugal und den Niederlanden[237] und ist daher von Gerichten außerhalb dieser Vertragsstaaten nicht anzuwenden. 104

a) Organschaftliche Stellvertretung

Für die Frage, welches Recht auf eine organschaftliche Stellvertretung anzuwenden ist, hat sich international die Anknüpfung an das **Gesellschaftsstatut** (→ Rn. 112f.) durchgesetzt. Allerdings stehen sich bei der kollisionsrechtlichen Ermittlung des Gesellschaftsstatuts international zwei Lager gegenüber: Während nach einigen kontinentaleuropäischen Kollisionsrechtsordnungen zum Schutz der Gläubiger traditionell das Recht des Staates zur Anwendung kommen soll, in dem die Gesellschaft ihren tatsächlichen Verwaltungssitz hat (Sitztheorie), knüpft unter anderem das Kollisionsrecht in vielen common law Jurisdiktionen an das Recht an, nach dem die Gesellschaft erkennbar gegründet worden ist (Gründungstheorie).[238] Zwingendes Unionsrecht in seiner Auslegung durch den EuGH hat allerdings dazu geführt, dass an der Sitztheorie auch aus Sicht deutscher Gerichte nicht mehr länger festgehalten werden kann, wenn ein Unternehmen mit effektivem Verwaltungssitz im Inland nach dem Recht eines ausländischen EU-Mitgliedsstaates oder eines Mitgliedsstaates des EWR-Vertrages (Norwegen, Island und Liechtenstein)[239] gegründet worden ist. Hier muss aus Gründen der im Unionsrecht verankerten Niederlassungsfreiheit (Art. 49 AEUV; mit Blick auf Mitgliedsstaaten des EWR Art. 31, 34 EWR-Vertrag) die im EU/EWR-Ausland wirksam gegründete Gesellschaft auch dann als (ausländische) Rechtsperson anerkannt werden, wenn sie ihren Sitz im Inland hat.[240] Für in Nichtmitgliedsstaaten (und damit als Folge des Brexit auch in UK) gegründete Gesellschaften hält die deutsche Rechtsprechung dagegen weiter an der (milden) Sitztheorie fest: Mangels Eintragung im deutschen Handelsregister kommt daher jedenfalls keine Anerkennung als Kapitalgesellschaft, sondern vorbehaltlich der tatsächlichen Ausgestaltung (und jeweils mit 105

[236] Art. 1 Abs. 2 lit. g) Rom I-VO.

[237] Heinz Vollmachtsstatut S. 61. Allerdings orientiert sich beispielsweise auch das Schweizer IPR am Haager Übereinkommen, s. Art. 126 IPRG.

[238] Reithmann/Martiny/Hausmann Internationales Vertragsrecht BGB Rn. 7.6f.

[239] Weller IPrax 2017, 167 (168).

[240] Reithmann/Martiny/Hausmann Internationales Vertragsrecht Rn. 7.34ff. Gleiches gilt (eingeschränkt) für in den USA gegründete Gesellschaften auf Grundlage des bilateralen Freundschafts-, Handels- und Schifffahrtsvertrages zwischen der Bundesrepublik Deutschland und den Vereinigten Staaten von Amerika vom 29.10.1954, BGBl. II 1956, 487.

der Folge der vollständigen Haftung der Gesellschafter) als GbR, OHG oder einzelkaufmännisches Unternehmen in Betracht.[241]

b) Vollmachtsstatut

106 Ein Vergleich der Lösungsansätze verschiedener Kollisionsrechtsordnungen zeigt, dass für das auf eine Vollmacht anwendbare Sachrecht ganz überwiegend weder eine akzessorische Anknüpfung an das auf den (zwischen Vertreter und Drittem abgeschlossenen) Hauptvertrag anwendbare Recht, noch an das auf das Innenverhältnis zwischen Vertreter und Vertretenem geltende Recht als sachgerecht angesehen wird. Hintergrund dafür ist die Erkenntnis, dass ansonsten entweder Vertreter und Dritter mittels Rechtswahlvereinbarung im Hauptvertrag auch das Vollmachtstatut bestimmen könnten oder aber – im Fall einer Anknüpfung an das Innenverhältnis zwischen Vertreter und Vertretenem – der Dritte nicht ausreichend geschützt wäre.[242] Prominente Ausnahme ist das englische Recht, das zumindest bei einer Rechtsscheinsvollmacht grundsätzlich das auf den Hauptvertrag anwendbare Recht heranzieht.[243]

2. Ermittlung des Vollmachtsstatuts im deutschen Kollisionsrecht

107 Das auf eine gewillkürte Stellvertretung anwendbare Recht wird aus den dargelegten Gründen auch im deutschen Kollisionsrecht gesondert angeknüpft. Für Vollmachten, die ab dem 17.6.2017 ausgestellt wurden, kommen dabei allerdings nicht mehr die von der Rechtsprechung entwickelten ungeschriebenen Prinzipien, sondern die im Juni 2017 durch Art. 8 EGBGB kodifizierten Kollisionsregeln zur Anwendung.[244] In den Anwendungsbereich von Art. 8 EGBGB fallen auch Vollmachten mit gesetzlich festgelegtem (und im Außenverhältnis ggf. zwingenden) Inhalt wie insbesondere die Prokura im deutschen Recht sowie Rechtsscheinsvollmachten.[245] Auch mit Blick auf das Vollmachtsstatut gilt der Grundsatz der Parteiautonomie: Der Vollmachtgeber kann das anwendbare Recht *vor* Ausübung der Vollmacht wirksam einseitig wählen, wenn Bevollmächtigtem und Dritten diese **Wahl bekannt** ist (bloße Erkennbarkeit reicht nicht). Überflügelt (Art. 8 Abs. 1 S. 3 EGBGB) wird die einseitige Wahl durch eine **Rechtswahlvereinbarung aller drei Beteiligten** (Vollmachtgeber, Bevollmächtigter, Dritter), die im Gegensatz zur einseitigen Festlegung jederzeit (also sowohl vor als auch nach Ausübung der Vollmacht) erfolgen kann, Art. 8 Abs. 1 S. 2 EGBGB. Gewählt werden kann jedes (staatliche) Recht unabhängig davon, ob es mit den Beteiligten bzw. dem Vertragsgegenstand irgendeine sachliche Beziehung aufweist oder nicht. Fehlt es an einer Rechtswahl, ist die Anknüpfung des Vollmachtsstatuts davon abhängig, ob der Vertreter im Rahmen einer selbstständigen unternehmerischen Tätigkeit handelt, Arbeitnehmer des Vollmachtgebers ist oder (ohne Arbeitnehmer oder selbstständiger Unternehmer zu sein) dauerhaft mit der Vertretung beauftragt wurde. Im ersteren Fall (unternehmerische Tätigkeit) ist der gewöhnliche Aufenthaltsort[246] des Vertreters (Art. 8 Abs. 2 EGBGB), bei abhängiger Beschäftigung des Vertreters dagegen

---

[241] BGH NJW 2009, 28 (293 f.) im Fall einer nach Schweizer Recht gegründeten Aktiengesellschaft mit effektivem Verwaltungssitz in Deutschland; für die Anwendung der Sitztheorie und damit von deutschem Gesellschaftsrecht auf nach englischem Recht gegründete Gesellschaften mit effektivem Verwaltungssitz in Deutschland nach dem Brexit ausdrücklich OLG München EuZW 2021, 955 (957).

[242] Schwarz RabelsZ 71 (2007), 729 (742 ff.).

[243] *Rimpacific Navigation Inc v Daehan Shipbuilding Co Ltd* [2011] EWHC 2618 Rn. 10; zuletzt *Wallis Trading Inc v. Air Tanzania Company Limited* [2020] EWHC 339 (Comm) Rn. 102: *"The issue of ostensible authority is governed by the governing law of the contract."* Dagegen wird eine nach Maßgabe des auf das bestehende Vertragsverhältnis zwischen Vertreter und Vertretenem anwendbaren Rechts wirksame Vollmacht auch nach diesem Recht beurteilt; *PEC Ltd v Asia Golden Rice Co Ltd* [2014] EWHC 1583 (Comm) Rn. 4.

[244] Staudinger/Magnus Art 8 EGBGB Rn. 52.

[245] Staudinger/Magnus Art 8 EGBGB Rn. 38 f.

[246] Für die Bestimmung des gewöhnlichen Aufenthaltsortes verweist Art. 8 Abs. 8 EGBGB auf die Legaldefinition in Art. 19 Abs. 1 und Abs. 2 Rom I-VO.

der des Vollmachtgebers (Art. 8 Abs. 3 EGBGB) maßgeblich. In der dritten Alternative kommt es auf den gewöhnlichen Gebrauchsort der Vollmacht an (Art. 8 Abs. 4 EGBGB). Alle drei Alternativen stehen unter dem Vorbehalt der Erkennbarkeit des jeweils maßgeblichen Anknüpfungsortes für den Dritten. Fehlt sie oder sind Art. 8 Abs. 2–4 EGBGB aus anderen Gründen nicht einschlägig, rekurriert Art. 8 Abs. 5 EGBGB als subsidiäre Auffangregel auf den bestimmungsgemäßen Gebrauchsort, sofern Dritter und Bevollmächtigter wissen mussten, dass von der Vollmacht nur an diesem Ort Gebrauch gemacht werden sollte, Art. 8 Abs. 5 S. 2 EGBGB. Ansonsten ist der tatsächliche Gebrauchsort (Art. 8 Abs. 5 S. 1 EGBGB) bzw. – falls dieser wiederum für den Dritten nicht erkennbar war – der gewöhnliche Aufenthaltsort des Vollmachtgebers entscheidend, Art. 8 Abs. 5 S. 3 EGBGB. Gebrauchsort bezeichnet dabei jeweils den Ort, an welchem der Bevollmächtigte die Erklärung abgibt und nicht etwa den Ort des Zugangs.[247]

Nach Maßgabe von Art. 8 Abs. 6 EGBGB **gesondert angeknüpft** wird die Vollmacht 108
zur Verfügung über Grundstücke oder Immobiliarsachenrechte; sie richtet sich durch den Verweis auf Art. 43 Abs. 1 und Art. 46 EGBGB grundsätzlich nach dem Recht des Belegenheitsorts.[248] Für Formfragen bleibt in allen Fällen das nach Art. 11 EGBGB zu ermittelnde Formstatut maßgeblich.

Checkliste: Ermittlung des Vollmachtsstatuts nach Art. 8 EGBGB 109

I. Anwendbarkeit von Art. 8 EGBGB

1. Internationale Zuständigkeit eines deutschen Gerichts
2. Internationaler Sachverhalt, Art. 3 EGBGB
3. Sachlicher Anwendungsbereich: Möglichkeit, dass eine Person durch ihre Erklärung oder Verhalten für eine andere Person deren rechtsgeschäftliche Bindung gegenüber Dritten erzeugen kann; dabei Notwendigkeit zur Abgrenzung des nach der vorrangig anwendbaren Rom I-VO zu ermittelten Geschäfts- sowie ggf. Formstatuts (Art. 1 Abs. 2 lit. g) Rom I-VO)
4. Kein Ausschluss nach Art. 8 Abs. 7 EGBGB (Börsengeschäfte und Versteigerungen)
5. Zeitlicher Anwendungsbereich, Art. 229 § 41 EGBGB: Vollmacht wurde am 17.6.2017 oder später erteilt (ansonsten gewohnheitsrechtliche Grundsätze der Rechtsprechung)

II. Anwendung von Art. 8 EGBGB

1. **Vorrangig: Rechtswahl** nach Art. 8 Abs. 1 EGBGB
   - Vorrangig: **Dreiseitige Rechtswahl** durch Vollmachtgeber, Vertreter und Drittem, Art. 8 Abs. 1 S. 2 EGBGB (gleich ob vor oder nach Ausübung der Vollmacht)
   - Nachrangig: **Einseitige Rechtswahl durch Vollmachtgeber vor Ausübung** der Vollmacht, sofern **Kenntnis** von Bevollmächtigtem und Dritten von der Rechtswahl vorliegt, Art. 8 Abs. 1 S. 1 EGBGB
2. Bei fehlender Rechtswahl und **Handeln des Vertreters** in Ausübung selbstständiger **unternehmerischer Tätigkeit**: Stellvertretungsrecht des Staates, in dem Vertreter bei Ausübung der Vollmacht gewöhnlichen Aufenthalt hat, es sei denn dieser Ort war für Dritten nicht erkennbar (Art. 8 Abs. 2 EGBGB)
3. Bei fehlender Rechtswahl und **Handeln des Vertreters als Arbeitnehmer** des Vollmachtgebers: Stellvertretungsrecht des Staates, in dem Vollmachtgeber bei Ausübung der Vollmacht gewöhnlichen Aufenthalt hat, es sei denn dieser Ort war für Dritten nicht erkennbar (Art. 8 Abs. 3 EGBGB)
4. Bei fehlender Rechtswahl und Dauervollmacht, sofern Bevollmächtigter weder als Arbeitnehmer noch als Unternehmer handelt: Stellvertretungsrecht des Staates, in

[247] v Bar/Mankowski Internationales Privatrecht II § 1 Rn. 1037.
[248] Reithmann/Martiny/Hausmann Internationales Privatrecht Rn. 7.397.

dem Vollmachtgeber bei Ausübung der Vollmacht gewöhnlichen Aufenthalt hat, es sei denn dieser Ort war für Dritten nicht erkennbar (Art. 8 Abs. 4 EGBGB)

5. Auffangregel in **allen anderen** (nicht von Art. 8 Abs. 1–5 EGBGB erfassten) **Fällen: Bestimmungsgemäßer** (exklusiver) Gebrauchsort der Vollmacht, sofern Vertreter und Dritter davon Kenntnis haben mussten, Art. 8 Abs. 5 S. 2 EGBGB, ansonsten Recht am tatsächlichen Gebrauchsort (Art. 8 Abs. 5 S. 1 EGBGB) und – falls dieser für den Dritten nicht erkennbar war – Recht am gewöhnlichen Aufenthaltsort des Vollmachtgebers

3. Schlussfolgerungen für die Vertragsverhandlungen

110 Abschließende Sicherheit über das Bestehen der Vertretungsmacht der handelnden Personen setzt Kenntnisse über die Vertretungsverhältnisse bei der anderen Partei voraus. In einer Vielzahl von Jurisdiktionen kann der Nachweis der organschaftlichen Vertretungsmacht bei ausländischen Handelsgesellschaften durch Einblick in öffentliche Register erfolgen, die häufig auch über das Internet zugänglich sind.[249] Die Praxis behilft sich bei bedeutsameren Vertragsabschlüssen (insbesondere im Rahmen von Finanzierungs- und Sicherungsverträgen) auch mit der Einholung einer sog. legal opinion (bzw. im Fall einer Beauftragung durch die Vertragsgegenseite einer sog. third party legal opinion): Sie dient unter anderem dazu, eine Bestätigung der Vertretungsmacht handelnder Personen durch einen in der jeweils maßgeblichen Rechtsordnung sachkundigen Anwalt einzuholen.[250]

111 Ansonsten empfiehlt es sich aus Sicht beider Parteien, im Fall einer Vertretung durch nicht organschaftliche Vertreter eine **Rechtswahlklausel** in eine auszustellende Vollmachtsurkunde mit aufzunehmen, um Rechtsunsicherheiten über das anwendbare Vollmachtstatut zu begrenzen. Freilich setzt das voraus, dass das Kollisionsrecht des Forums eine Rechtswahl (wie nach Art. 8 Abs. 1 EGBGB) überhaupt für zulässig hält.

III. Gesellschaftsrechtliche Fragen

112 Das nach jeweils maßgeblichem Kollisionsrecht im Wesentlichen entweder durch Sitz- oder Gründungstheorie ermittelte **Gesellschaftsstatut**[251] ist im Rahmen internationaler Wirtschaftsverträge nicht nur relevant für Fragen der organschaftlichen Stellvertretung beim Vertragsschluss. Eine maßgebliche Rolle spielt es auch beim Unternehmenskauf und internationalen Joint-Venture Verträgen. So bestimmt das Gesellschaftsstatut beim Unternehmenskauf im Wege des **share deal** etwa, welche Voraussetzungen für die Übertragung von Gesellschaftsanteilen auf den Käufer erfüllt sein müssen und wie sie übertragen werden.[252] Gleiches gilt für mögliche Übertragungsbeschränkungen oder -verbote.[253]

113 Im Fall von Joint Ventures, die sich nicht in einer rein schuldrechtlichen Zusammenarbeit der Vertragsparteien (sog. contractual joint venture)[254] erschöpfen, sondern das Kooperationsziel zusätzlich durch Gründung einer selbstständigen **Projektgesellschaft** verwirklichen wollen, ist das Gesellschaftsstatut insbesondere maßgeblich für das auf die Projektgesellschaft anwendbare Recht, also insbesondere Entstehung, Rechtsfähigkeit, Bezie-

---

[249] S. umfassend zur organschaftlichen Vertretung bei ausländischen Handelsgesellschaften (innerhalb und außerhalb der EU) sowie korrespondierenden Recherchemöglichkeiten Reithmann/Martiny/Hausmann Internationales Vertragsrecht Rn. 7.178 ff.; rechtsvergleichend zu den verschiedenen Anknüpfungstheorien im Internationalen Gesellschaftsrecht Behrens FS Magnus S. 353 (359 ff.).

[250] Giesen/Mader RIW 2012, 21 (22). Zu third party legal opinions auch → § 1 Rn. 31 ff.

[251] S. oben → Rn. 105.

[252] Zur strittigen und komplexen Abgrenzung zum Formstatut dabei BeckOK BGB/Mäsch, 1.8.2022, Art. 11 EGBGB Rn. 65.

[253] Reithmann/Martiny/Göthel Internationales Vertragsrecht Rn. 6.2499.

[254] Schulte/Schwindt/Kuhn Joint-Ventures Rn. 1.

hungen der Gesellschafter zur Projektgesellschaft und untereinander, Haftung und Auflösung bzw. Beendigung der Gesellschaft. Eine abweichende **Rechtswahl** ist hier nicht möglich.[255]

IV. Konkurrierende außervertragliche Haftung

1. Bedeutung für internationale Wirtschaftsverträge

In vielen Rechtsordnungen können deliktische Ansprüche im Wege der **Anspruchskonkurrenz** neben vertragliche Schadensersatzansprüche treten. Das gilt neben dem deutschen und Schweizer Recht etwa auch für das englische und US-amerikanische Recht.[256] Eine prominente Ausnahme ist das französische Recht, das durch das *non cumul* Verbot keine konkurrierende deliktische Haftung neben der vertraglichen Haftung zulässt.[257] 114

Insbesondere bei der Lieferung mangelhafter Ware muss der Verkäufer daher damit rechnen, dass er auch gegenüber seinem Vertragspartner aus Delikt haften kann, sofern nicht lediglich reine Vermögensschäden (pure economic loss) in Rede stehen, die in den meisten Rechtsordnungen nicht von der deliktischen Haftung erfasst werden.[258] 115

Das Deliktstatut entscheidet in diesem Fall nicht nur über die Tatbestandsvoraussetzungen von Haftungsansprüchen, sondern auch über die Wirksamkeit von vertraglichen Haftungsbeschränkungen, wenn und soweit sich diese (auch) auf die außervertragliche Haftung erstrecken.[259] 116

Für die Abgrenzung zwischen Delikts- und Vertragsstatut, aber auch für die Beurteilung und Bewältigung vertraglicher Haftungsrisiken bereiten Rechtsinstitute solcher Rechtsordnungen besondere Probleme, die eine Ausweitung der vertraglichen Haftung auf Dritte vorsehen. Neben der im unternehmerischen Geschäftsverkehr weniger wichtigen Rechtsfigur des Vertrags mit Schutzwirkung zugunsten Dritter spielt hier insbesondere die französische *action directe* eine maßgebliche Rolle, die Käufern vertragsrechtliche Ansprüche gegen den ersten Hersteller bzw. Lieferanten in der Lieferkette unter Überspringung der einzelnen Vertragsglieder zubilligt.[260] 117

2. Anknüpfung im Europäischen Kollisionsrecht

Das für die Bestimmung des auf außervertragliche Schuldverhältnisse anwendbaren Sachrechts maßgebliche Kollisionsrecht ist auf Europäischer Ebene weitgehend durch die **Rom II-VO**[261] harmonisiert worden. Anwendbar ist die Rom II-VO (vorbehaltlich vorrangigem staatsvertraglichen oder spezielleren unionsrechtlichen Kollisionsrecht und der in Art. 1 Abs. 2 Rom II-VO normierten Ausschlüsse vom Anwendungsbereich) auf außervertragliche Schuldverhältnisse, sofern das jeweils schadensbegründende Ereignis am oder nach dem 11.1.2009 eingetreten ist.[262] 118

---

255 Göthel RIW 1999, 566 (567).

256 Zum Schweizer Recht Huguenin Obligationenrecht Rn. 908. Zum anglo-amerikanischen Recht White/Summers Code S. 394.

257 Ungeklärt ist bislang die kollisionsrechtliche Frage, welches Statut (Vertrags- oder Deliktstatut) für die Frage maßgeblich ist, ob konkurrierende deliktische Ansprüche neben vertraglichen Ansprüchen überhaupt zulässig sind, s. dazu Czepelak JPIL 2011, 393 ff.

258 Schwenzer/Hachem/Kee Global Sales Rn. 49.33 ff.

259 Zutreffend Seibl IPRax 2010, 347 (350).

260 Niggemann/Jonglez de Linge RIW 2011, 295 (296, 300), auch zur bislang ungeklärten Frage der Qualifikation der *action directe* im Europäischen Kollisionsrecht.

261 Verordnung (EG) Nr. 864/2007 des Europäischen Parlaments und des Rates über das auf außervertragliche Schuldverhältnisse anzuwendende Recht, ABl. EU 2007 L 199/40. Zu den Anwendungsvoraussetzungen der Verordnung im Einzelnen → § 13 Rn. 47 ff.

262 Klarstellend zur Auslegung von Art. 31 und 32 Rom II-VO EuGH NJW 2012, 441.

a) Rechtswahl[263]

119 Art. 14 Abs. 1 lit. b) Rom II-VO erlaubt zumindest im unternehmerischen Geschäftsverkehr erstmals[264] eine ex-ante Rechtswahl für außervertragliche Schuldverhältnisse. Das für die Frage eines Zustandekommens dieses Rechtswahlvertrages maßgebliche Recht muss dabei gem. Art. 3 Abs. 5 Rom I-VO in Verbindung mit Art. 10 Rom I-VO analog ermittelt werden.[265]

120 Für die kollisionsrechtlichen Grenzen der Rechtswahl gelten bei außervertraglichen Schuldverhältnissen gem. Art. 14 Abs. 2 und Abs. 3 Rom II-VO zunächst vergleichbare Einschränkungen wie bei der Wahl des Vertragsstatuts. Eine Rechtswahl ex-ante (vor dem schadensbegründenden Ereignis) setzt nach Art. 14 Abs. 1 lit. b) Rom II-VO allerdings zusätzlich voraus, dass die beteiligten Parteien einer kommerziellen Tätigkeit nachgehen und die Rechtswahl im Rahmen einer frei ausgehandelten Vereinbarung erfolgt ist. Die kommerzielle Tätigkeit verlangt die Unternehmereigenschaft der Vertragsparteien und einen inhaltlichen Zusammenhang zwischen dieser Tätigkeit und dem Schuldverhältnis, für das die Rechtswahl gelten soll.[266] Problematischer ist dagegen die Voraussetzung einer **frei ausgehandelten** Vereinbarung. Bislang ist insbesondere umstritten, ob durch dieses Tatbestandsmerkmal eine Vereinbarung des Deliktstatuts in Allgemeinen Geschäftsbedingungen überhaupt möglich ist. Nach wohl überwiegender Auffassung ist dies trotz des anderslautenden Wortlauts grundsätzlich zu bejahen.[267] Andere Stimmen halten die Vereinbarung einer Rechtswahl in AGB dagegen für ausgeschlossen.[268]

121 Unzweifelhaft nicht zulässig ist die Rechtswahl im Bereich außervertraglicher Schuldverhältnisse in Bezug auf Ansprüche, die auf unlauterem Wettbewerbsverhalten, kartellrechtlichen Verstößen oder der Verletzung geistiger Eigentumsrechte beruhen, Art. 6 Abs. 4 und Art. 8 Abs. 3 Rom II-VO. In der Kautelarpraxis sollten diese zwingenden Grenzen bei der Rechtswahl berücksichtigt werden, um eine mögliche Unwirksamkeit der gesamten Klausel zu vermeiden.[269]

b) Objektive Anknüpfung

122 **aa) Spezielle Tatbestände.** Sofern keine bzw. keine wirksame Rechtswahlvereinbarung getroffen wurde, muss der streitgegenständliche außervertragliche Anspruch im Wege der Qualifikation einem der in Art. 5 bis 12 Rom II-VO normierten Typen außervertraglicher Schuldverhältnisse zugeordnet werden. Auslegungsprobleme wirft dabei unter anderem der für internationale Wirtschaftsverträge wahrscheinlich praxisrelevanteste, weil für die Anknüpfung der **Produkthaftung** maßgebliche Art. 5 Rom II-VO auf. Nach der hier vorgesehenen Anknüpfungsleiter ist (unbeschadet der vorrangigen Geltung des Aufenthaltsrechts bei gleichem Aufenthaltsort der Parteien, Art. 5 Abs. 1 S. 1 Rom II-VO in Verbindung mit Art. 4 Abs. 2 Rom II-VO) primär das am **Aufenthaltsort** geltende Recht des Geschädigten maßgeblich, sofern das Produkt hier in den Verkehr gebracht wurde. Ist dies nicht der Fall, kommt nachrangig das Recht am Erwerbsort und – falls das Produkt

---

[263] Dazu auch → § 13 Rn. 58ff.

[264] Unklar ist die Möglichkeit einer Rechtswahl etwa im US-amerikanischen Kollisionsrecht, s. dazu Hay/Borchers/Symeonides Conflict of Laws S. 1142f.

[265] Nach zutreffender Auffassung kommt aber keine Inhaltskontrolle der Rechtswahlklausel nach diesem Statut in Betracht, da die Zulässigkeit einer Rechtswahl wie auch bei vertraglichen Schuldverhältnissen abschließend im Kollisionsrecht selbst geregelt ist, Leible RIW 2008, 257 (260). AA etwa Schulze/Dörner BGB Art. 14 Rom II-VO Rn. 2.

[266] Wagner IPRax 2008, 1 (13); Grüneberg/Thorn BGB Art. 14 Rom II-VO Rn. 8.

[267] MüKoBGB/Junker Art. 14 Rom II-VO Rn. 36: *„Wortgeklingel ohne eigenständige Bedeutung"*; Reithmann/Martiny/Martiny Internationales Vertragsrecht Rn. 4.8; Wagner IPrax 2008, 1 (13); in diese Richtung auch Dicey, Morris & Collins Rn. 34-045; aA v. Hein ZEuP 2009, 6 (20); Leible RIW 2008, 257 (260). Für eine Einzelfallprüfung Grüneberg/Thorn BGB Art. 14 Rom II-VO Rn. 9.

[268] Mankowski IPRax 2010, 389 (400ff.); Leible RIW 2008, 257 (260).

[269] Dazu → § 13 Rn. 77.

auch hier nicht in den Verkehr gebracht wurde – schlussendlich das Recht am Ort des Schadenseintritts zur Anwendung. Trotz des unklaren Wortlauts dürfte sich das Tatbestandsmerkmal des in den Verkehr gebrachten Produktes dabei richtigerweise nicht nur auf das konkrete Produkt, das den Schadensfall verursacht hat, sondern auch gleichartige Produkte beziehen, da das in Art. 5 Abs. 1 S. 1 Rom II-VO vorgesehene Kaskadensystem sonst weitestgehend leerliefe.[270]

War das **Inverkehrbringen** (das nicht notwendiger Weise durch den Haftpflichtigen selbst erfolgt sein muss[271]) in allen Varianten für den Haftpflichtigen (insbesondere den Hersteller) nicht vorhersehbar, greift subsidiär sein eigenes Aufenthaltsrecht ein, Art. 5 Abs. 1 S. 2 Rom II-VO. Mangels anderer Anknüpfungsmöglichkeiten dürfte dies in analoger Anwendung der Vorschrift auch dann gelten, wenn die Anknüpfungsleiter in Art. 5 Abs. 1 S. 1 Rom II-VO schon mangels eines Inverkehrbringens in den einschlägigen Jurisdiktionen nicht zur Anwendung kommt.[272] 123

bb) Der Auffangtatbestand. Greifen die in Art. 5 bis 12 Rom II-VO normierten speziellen Anknüpfungsregeln nicht ein, bleibt nur der **Rückgriff** auf den in Art. 4 Rom II-VO normierten Auffangtatbestand. Danach ist vorrangig das Recht am gemeinsamen Aufenthaltsort anzuwenden, Art. 4 Abs. 2 Rom II-VO. Fehlt es daran, ist das Recht am Ort des Schadenseintritts (das ist der Ort der Rechtsgutverletzung bzw. der ersten Vermögensschädigung im Fall von Vermögensdelikten[273]) maßgeblich. 124

cc) Die Ausweichklausel. Sowohl im Fall der Produkthaftung, als auch beim Auffangtatbestand muss nach Maßgabe der gleichlautenden **Ausweichklauseln** in Art. 4 Abs. 3 Rom II-VO bzw. Art. 5 Abs. 2 Rom II-VO das ermittelte Deliktstatut einem Recht weichen, das offensichtlich enger mit dem außervertraglichen Schuldverhältnis verbunden ist.[274] Nach dem Wortlaut der Ausweichklausel ist das insbesondere dann der Fall, wenn die deliktischen Ansprüche im Zusammenhang mit vertraglichen Ansprüchen stehen. Durch diese regelmäßig akzessorische Anknüpfung deliktischer (Produkt-)Haftungsansprüche an das Recht, dem konkurrierende vertragliche (Mängelhaftungs-)Ansprüche unterstehen, verliert auch die Bedeutung einer Rechtswahl für konkurrierende deliktische Ansprüche innerhalb des Vertrages an Gewicht. 125

Checkliste: Anwendbarkeit und Anwendung der Rom II-VO

I. Anwendbarkeit der Rom II-VO

1. Internationale Zuständigkeit eines staatlichen Gerichts in einem EU-Mitgliedstaat [Ausnahme Dänemark, Art. 1 Abs. 4 Rom II-VO] oder (sehr str.) eines Schiedsgerichts bei einem Schiedsort innerhalb der EU
2. Keine vorrangige Staatenkonvention (Art. 28 Rom II-VO) oder spezielleres Unionskollisionsrecht (Art. 27 Rom II-VO)
3. Zivil- oder Handelssache, Art. 1 Abs. 1 Rom II-VO
4. Außervertragliches Schuldverhältnis, Art. 1 Abs. 1 Rom II-VO
5. Verbindung zum Recht verschiedener Staaten, Art. 1 Abs. 1 Rom II-VO
6. Kein Ausschluss nach Art. 1 Abs. 2 Rom II-VO
7. Zeitlicher Anwendungsbereich, Art. 31, 32 Rom II-VO (Schadensereignis am oder nach dem 11.1.2009)

[270] Illmer RabelsZ 73 (2009), 269 (292f.).
[271] Leible/Lehmann RIW 2007, 721 (728).
[272] Grüneberg/Thorn BGB Art. 5 Rom II-VO Rn. 11; v. Hein ZEuP 2009, 6 (28); für eine Anwendung von Art. 4 Rom II-VO dagegen Hartley ICLQ 2008, 899 (905).
[273] Schulze/Dörner BGB Art. 4 Rom II-VO Rn. 5.
[274] Darüber hinaus greift die Ausweichklausel auch bei bilateralen Wettbewerbsverstößen gem. Art. 6 Abs. 2 Rom II-VO. Auf alle sonstigen speziellen Tatbestände der Art. 6 bis 12 Rom II-VO ist sie dagegen nicht anwendbar, s. v. Hein ZEuP 2009, 6 (18).

II. Anwendung der Rom II-VO

1. Vorrangig: Rechtswahl der Parteien nach Art. 14 Rom II-VO (ausdrücklich oder konkludent)
   - Rechtswahl nach Eintritt des schadensbegründenden Ereignisses, Art. 14 Abs. 1 lit. a) Rom II-VO
   - Rechtswahl vor Eintritt des schadensbegründenden Ereignisses durch frei ausgehandelte Vereinbarung zwischen Unternehmern (problematisch in AGB), Art. 14 Abs. 1 lit. b) Rom II-VO
   - Rechtswahl nicht zulässig bei außervertraglichen Schuldverhältnissen, die auf unlauterem Wettbewerb bzw. Wettbewerbsbeeinträchtigung (Art. 6 Abs. 4 Rom II-VO) oder der Verletzung geistiger Eigentumsrechte (Art. 8 Abs. 3 Rom II-VO) beruhen
   - Keine Abweichung durch Rechtswahl möglich von zwingendem Recht eines Staates bei reinen Inlandssachverhalten, Art 14 Abs. 2 Rom II-VO
   - Keine Abweichung durch Rechtswahl möglich von zwingendem Unionsrecht bei reinen EU-Sachverhalten, Art. 14 Abs. 3 Rom II-VO
2. Bei fehlender oder unzulässiger Rechtswahl
   - Produkthaftung (Art. 5 Rom II-VO)
   - Unlauterer Wettbewerb (Art. 6 Abs. 1 Rom II-VO)
   - Wettbewerbsbeeinträchtigung (Art. 6 Abs. 2 Rom II-VO)
   - Umweltschädigung (Art. 7 Rom II-VO)
   - Verletzung geistiger Eigentumsrechte (Art. 8 Rom II-VO)
   - Arbeitskampfmaßnahmen (Art. 9 Rom II-VO)
   - Ungerechtfertigte Bereicherung (Art. 10 Rom II-VO)
   - Geschäftsführung ohne Auftrag (Art. 11 Rom II-VO)
   - Verschulden bei Vertragsverhandlungen (Art. 12 Rom II-VO)
3. Auffangtatbestand für sonstige unerlaubte Handlungen nach Art. 4 Rom II-VO
   - Recht des Staates, in dem beide Parteien ihren gemeinsamen gewöhnlichen Aufenthalt haben (Art. 4 Abs. 2 Rom II-VO), ggf. Korrektur nach Art. 4 Abs. 3 Rom II-VO, wenn aufgrund der Gesamtheit der Umstände eine offensichtlich engere Verbindung zum Recht eines anderen Staates besteht
   - Ansonsten: Recht am Ort des Schadenseintritts maßgeblich, Art. 4 Abs. 1 Rom II-VO, ggf. Korrektur nach Art. 4 Abs. 3 Rom II-VO

V. Insolvenzrechtliche Fragen

1. Relevanz für internationale Wirtschaftsverträge

126 Insolvenzrecht kann vor allem durch gesetzliche Wahlmöglichkeiten des Insolvenzverwalters in Bezug auf die weitere Vertragsdurchführung noch **unerfüllter Verträge** unmittelbar auf internationale Wirtschaftsverträge einwirken. Insbesondere bei Dauerschuldverhältnissen, die nicht auf einen einmaligen (und im Insolvenzfall bereits abgeschlossenen) Leistungsaustausch gerichtet sind, droht dem Vertragspartner der insolventen Partei – wie etwa im deutschen Insolvenzrecht auf Grundlage von § 103 InsO – der Verlust seiner Erfüllungsansprüche, falls sich der Insolvenzverwalter gegen die weitere Vertragserfüllung entscheidet. Keinen angemessenen Ausgleich bieten dann die (wiederum dem Vertragsstatut unterstehenden) wirtschaftlich meist wertlosen Schadensersatzansprüche (s. etwa § 103 Abs. 2 InsO), die als einfache Insolvenzforderung zur Tabelle angemeldet werden müssen. Für internationale Wirtschaftsverträge ist diese Problematik auch mit Blick auf die in vie-

len Insolvenzrechtsordnungen nach wie vor äußerst streitige Frage nach der Insolvenzfestigkeit einer **erteilten Lizenz** praxisrelevant.[275]

2. Maßgebliche Anknüpfungspunkte

Soweit sich aus der Insolvenzsituation eine entsprechende Modifikation der Vertragsbeziehung ergibt, ist nicht mehr das Vertragsstatut, sondern das gesondert angeknüpfte Insolvenzstatut maßgeblich.[276] Das gilt auch und gerade für die Abwicklung schwebender Vertragsgeschäfte.[277] 127

Ermittelt wird das Insolvenzstatut bei grenzüberschreitenden Sachverhalten durch staatliche Gerichte mit Sitz in der EU (mit Ausnahme Dänemarks) durch vereinheitlichtes Kollisionsrecht in Form der **Europäischen Insolvenzverordnung Nr. 2015/848 (EU-InsVO),**[278] die immer dann anwendbar ist, wenn der Mittelpunkt der hauptsächlichen Interessen des Schuldners[279] in einem Mitgliedsstaat der EU liegt und Bezug zu einem weiteren Staat besteht.[280] Neben dem maßgeblichen Kollisionsrecht regelt die EU-InsVO als sog. *convention double* auch die internationale Zuständigkeit nationaler Gerichte in den Mitgliedsstaaten für Insolvenzverfahren sowie die Anerkennung ausländischer Insolvenzverfahren.[281] Außerhalb ihres Anwendungsbereichs kommt nationales Kollisionsrecht zum Tragen, in Deutschland etwa die §§ 335 ff. InsO. Nach den Bestimmungen sowohl des Europäischen als auch des deutschen Internationalen Insolvenzrechts ist die sog. ***lex fori concursus,*** also das Recht des Staates, in dem das Insolvenzverfahren eröffnet wird, das maßgebliche Insolvenzstatut, s. Art. 4 EU-InsVO sowie im deutschen Recht § 335 ff. InsO.[282] Auf Grundlage des geltenden Universalitätsprinzips (Art. 3 Abs. 1, 19 Eu-InsVO; § 343 InsO) legt das Insolvenzstatut auch abschließend fest, ob ausländisches Vermögen des Insolvenzschuldners von der Insolvenzmasse erfasst wird.[283] Gesondert angeknüpft werden dagegen dingliche Sicherungsrechte der Gläubiger: Für sie bleibt regelmäßig das Sachstatut *(lex rei sitae)* maßgeblich, sofern der maßgebliche Vermögensgegenstand nicht im Eröffnungsstaat belegen ist, s. Art. 8 Abs. 1, Art. 10 Abs. 1 EU-InsVO.[284] 128

3. Schlussfolgerungen für die Vertragspraxis

Mit den Mitteln der Vertragsgestaltung können die Eingriffsmöglichkeiten des Insolvenzverwalters auf einen bestehenden Wirtschaftsvertrag grundsätzlich weder materiell, noch verfahrensrechtlich eingeschränkt werden:[285] Die nach dem jeweils einschlägigen **Insolvenzstatut** bestehenden spezifisch insolvenzrechtlichen Ermächtigungen stehen nicht zur Disposition der Vertragsparteien. Sie können auch nicht mit Hilfe einer Schiedsvereinbarung umgangen werden: Zwar ist der Insolvenzverwalter im Grundsatz durchaus an eine 129

---

275 Zum ausländischen und insbes. US-amerikanischen Recht etwa Esser IIC 2011, 156 (163) und Wimmer ZIP 2012, 545 (547); zum deutschen Recht Berger GRUR 2013, 321 ff.

276 S. insbes. Art. 7 Abs. 2 S. 2 lit. e) EU-InsVO sowie § 335 InsO.

277 Reithmann/Martiny/Hausmann Internationales Vertragsrecht Rn. 7.641.

278 Art. 92 Abs. 2 EU-InsVO.

279 Das ist der Ort, *„an dem der Schuldner gewöhnlich der Verwaltung seiner Interessen nachgeht und der für Dritte feststellbar ist"*, Art. 3 Abs. 1 S. 2 EU-InsVO.

280 Reithmann/Martiny/Hausmann Internationales Vertragsrecht Rn. 7.479. Ein grenzüberschreitender Bezug zu einem weiteren EU-Mitgliedsstaat ist dagegen nicht erforderlich, s. EuGH NZI 2014, 106.

281 Schack Internationales Zivilverfahrensrecht Rn. 1230.

282 Zur Geltung der *lex fori concursus* im US-amerikanischen Recht (US Bankruptcy Code) Esser IIC 2011, 156 (163).

283 Paulus Einl. EG-InsVO Rn. 24.

284 Zu den Einzelheiten und Einschränkungen Reithmann/Martiny/Hausmann Internationales Vertragsrecht Rn. 7.631 ff.

285 Zu der Problematik vertragsrechtlicher Konstruktionen, mit denen im Einklang mit deutschem Insolvenzrecht die Insolvenzfestigkeit einer Lizenz erreicht werden soll, Wimmer ZIP 2012, 545 (548) sowie Berger GRUR 2013, 312 (327 ff.).

zwischen den Vertragsparteien geschlossene Schiedsabrede gebunden.[286] Deren Reichweite erstreckt sich aber im Regelfall nicht auf die spezifisch insolvenzrechtlichen Modifikationsmöglichkeiten des Insolvenzverwalters, zu der im deutschen Recht insbesondere die Möglichkeit des Insolvenzverwalters aus § 103 InsO gehört, sich für oder gegen die Vertragserfüllung zu entscheiden.[287]

VI. Rechte des geistigen Eigentums

1. Geltung des Vertragsstatuts für schuldrechtliche Verträge

130 Verträge über Rechte am Geistigen Eigentum, die auf die **Vollübertragung** oder wie im Fall von Patent-, Urheber- oder Markenlizenzverträgen zumindest auf die **Nutzung** des entsprechenden **Schutzrechts** im Wege einer Lizenzerteilung durch den jeweiligen Lizenznehmer gerichtet sind, unterliegen im Ausgangspunkt zunächst dem nach allgemeinen kollisionsrechtlichen Regeln ermittelten Vertragsstatut.[288] Bei der Gestaltung internationaler Lizenzverträge ist eine **Rechtswahl** dabei besonders empfehlenswert, weil die objektive kollisionsrechtliche Anknüpfung traditionell und auch im Europäischen Kollisionsrecht Schwierigkeiten bereitet. Da ein Lizenzvertrag nicht als Dienstleistungsvertrag eingestuft werden kann[289], muss bei der Anknüpfung an die charakteristische Leistung (Art. 4 Abs. 2 Rom I-VO) angeknüpft werden. Hier wird schon streitig diskutiert, ob das Niederlassungsrecht des Lizenzgebers oder das Recht des Schutzlandes (engere Verbindung nach Maßgabe der Ausweichklausel aus Art. 4 Abs. 3 Rom I-VO) maßgeblich ist.[290] Zusätzliche Probleme treten bei Lizenzverträgen auf, die eine Verpflichtung des Lizenznehmers zur Lizenznutzung vorsehen (und damit die Identifizierung derjenigen Partei, die die vertragstypische Leistung erbringt, erschweren[291]) oder eine Lizenz für mehrere Länder gewähren. In der letzteren Fallkonstellation tendiert die hM anders als bei der für nur ein Land gewährten Lizenz zur Anknüpfung an das Niederlassungsrecht des Lizenzgebers, um eine Spaltung der verschiedenenen Vertragsteile in verschiedene Schutzlandsrechtsordnungen zu vermeiden.[292]

2. Die Spaltungstheorie: Das Immaterialgüterstatut

131 Davon abgesehen muss bei Verträgen über die Übertragung oder Lizensierung von Schutzrechten aber ebenso wie bei der Übertragung von Sacheigentum und der Forderungsübertragung die **dingliche Ebene** kollisionsrechtlich von der schuldrechtlichen Ebene getrennt betrachtet werden. Die Verfügung über geistiges Eigentum unterliegt nach herrschender **Spaltungstheorie** nicht dem Vertragsstatut, sondern dem sogenannten **Immaterialgüterstatut,** das auch für die Entstehung, das Erlöschen, den Bestand und die Lizensierbarkeit von geistigen Schutzrechten maßgeblich ist.[293] Da (von den auf Unionsebene geschaffenen Schutzrechten abgesehen) nach internationalem Immaterialgüterrecht geistige Schutzrechte in ihrer Wirkung grundsätzlich auf das Territorium des Staates begrenzt sind, in dem sie von diesem Staat erteilt und anerkannt werden (Territorialprinzip), muss nach überwiegender Meinung auch das Immaterialgüterstatut für alle Schutzrechte

[286] BGH NJW-RR 2008, 558.
[287] Dazu BGH SchiedsVZ 2011, 634 (636).
[288] Torremans JPIL 2008, 397.
[289] Beyer GRUR 2021, 1008 (1021) mwN zur Rechtsprechung.
[290] Reithmann/Martiny/Hiestand Internationales Vertragsrecht Rn. 29.25 ff.
[291] S. dazu Stimmel GruR Int. 2010, 783 (786); für das Recht des Lizenzgebers als maßgeblicher Rechtsordnung auch in dieser Konstellation Reithmann/Martiny/Hiestand Internationales Vertragsrecht Rn. 29.30; aA BeckOGK/Köhler, 1.6.2022, Art. 4 Rom I-VO Rn. 343.
[292] Beyer GRUR 2021, 1008 (1014); Reithmann/Martiny/Hiestand Internationales Vertragsrecht Rn. 29.28, 29.32.
[293] Stimmel GRUR Int. 2010, 783 (789); BeckOGK/Köhler Art. 4 Rom I-VO Rn. 348.

an das Recht des Schutzlandes angeknüpft werden **(Schutzlandprinzip).**[294] Daraus folgt auch, dass es notwendiger Weise zu einer Zersplitterung des Immaterialgüterstatuts kommt, wenn Rechte an einem Schutzrecht für mehrere Staaten verliehen werden sollen. Eine abweichende **Rechtswahl** des Immaterialgüterstatuts durch die Parteien ist wie beim Sachstatut nicht zulässig.[295]

An das Schutzlandprinzip knüpft auch das Recht an, das auf die **Verletzung** von Rech- 132
ten am Geistigen Eigentum und daraus folgenden außervertraglichen Ansprüchen anwendbar ist, s. Art. 8 Abs. 1 Rom II-VO.[296] Eine Rechtswahl der Parteien ist an dieser Stelle ebenfalls nicht zulässig, Art. 8 Abs. 3 Rom II-VO.

VII. Prozessverträge: Schieds- und Gerichtsstandsvereinbarungen

1. Rechtsnatur als Prozessverträge

Streitbeilegungsklauseln in Form von Schieds- (arbitration agreeements) oder Gerichts- 133
standsvereinbarungen (jurisdiction agreements/forum selection clauses) sind ein zentrales Element internationaler Wirtschaftsverträge. Von besonderer Bedeutung sind sie unter anderem auch deswegen, weil Gerichtsstand bzw. Schiedsort mittelbar durch die am Forum bzw. Schiedsort geltenden (Sonder-)kollisionsregeln (und die hier weiterhin bestehenden Unterschiede) die **Bestimmung** des anwendbaren **materiellen Rechtsrahmens** beeinflussen können.[297] Außerdem richten sich die maßgeblichen Verfahrensregeln bei einer (schieds-)gerichtlichen Auseinandersetzung wie etwa die Zustellung, Beweisaufnahme und Kostentragung grundsätzlich nach dem Prozessrecht der *lex fori* bzw. (wenn auch in deutlich eingeschränkterer Weise) nach dem am Schiedsort geltenden (zwingenden) Schiedsverfahrensrecht *(lex loci arbitri)*.[298]

Schieds- und Gerichtsstandsvereinbarungen sind rechtlich betrachtet (wie auch die 134
Rechtswahlvereinbarung) **eigenständige Verträge**[299] und damit nicht lediglich unselbstständige Bestandteile des Hauptvertrages. Für diese Einordnung macht es auch keinen Unterschied, ob die Schieds- oder Gerichtsstandsvereinbarung (wie üblicher Weise in internationalen Wirtschaftsverträgen) formal betrachtet Vertragsklauseln des Hauptvertrages darstellen oder (wie insbesondere beim sog. Schiedsvertrag) als vom Hauptvertrag auch formal getrennte Vereinbarung abgeschlossen werden.[300] Diese Unabhängigkeit vom Hauptvertrag verhindert insbesondere, dass Gerichtsstands- bzw. Schiedsvereinbarungen bei einer Unwirksamkeit des Hauptvertrages automatisch ebenfalls als unwirksam eingestuft werden. Sie führt mit Blick auf die Ermittlung des anwendbaren materiellen Rechts darüber hinaus aber auch zu einer selbstständigen und in der Praxis kontrovers diskutierten kollisionsrechtlichen Anknüpfung.

Sowohl Schieds- als auch Gerichtsstandsvereinbarungen werden zumindest in der Lite- 135
ratur überwiegend als **Prozessverträge** qualifiziert.[301] Unabhängig von der Frage ihrer materiell-rechtlichen Wirksamkeit entscheidet daher vor allem das Prozessrecht des ange-

---

[294] Reithmann/Martiny/Hiestand Internationales Vertragsrecht Rn. 29.34ff.

[295] BGH MDR 1992, 1043. Zur vergleichbaren Rechtslage im Schweizer IPR (Art. 110 Abs. 1 einerseits und Art. 122 Abs. 2 IPRG andererseits) Vischer GRUR Int. 1987, 670 (680).

[296] Art. 8 Rom II-VO ist nach ganz überwiegender Meinung aber nicht einschlägig für die Anknüpfung des Immaterialgüterstatuts, BeckOK BGB/Spickhoff, 1.5.2022, Art. 8 Rom II-VO Rn. 3 mwN; Reithmann/Martiny/Hiestand Internationales Vertragsrecht Rn. 29.36.

[297] S. oben → Rn. 3.

[298] MüKoZPO/Münch § 1025 ZPO Rn. 13f.

[299] Tang JPIL 2008, 35 (48); s. zum deutschen Schiedsverfahrensrecht auch § 1040 Abs. 1 S. 2 ZPO sowie (im Europäischen Zivilverfahrensrecht) Art. 25 Abs. 5 EuGVVO.

[300] S. oben → Rn. 26.

[301] Staudinger/Hausmann BGB IntVertrVerfR, Rn. 426, 520a mwN. (Gerichtsstandsvereinbarungen) sowie Reithmann/Martiny/Hausmann Internationales Vertragsrecht Rn. 7.206 (Schiedsvereinbarungen); anders die ständige deutsche Rechtsprechung jedenfalls mit Blick auf Gerichtsstandsvereinbarungen (materiellrechtlicher Vertrag über prozessrechtliche Beziehungen), s. etwa zuletzt BGH NJW 2020, 399 (401).

rufenen Gerichts darüber, ob und welche Wirkung die jeweilige Streitbeilegungsklausel überhaupt entfalten kann. Davon abgesehen besteht ein zentraler Unterschied allerdings darin, dass wirksam abgeschlossene Schiedsvereinbarungen weltweit nach Maßgabe des **New Yorker Schiedsgerichtsübereinkommens** von 1958 (UNÜ) auch dann beachtet werden müssen, wenn eine ansonsten bestehende internationale Zuständigkeit staatlicher Gerichte dadurch ausgeschlossen werden soll.[302] Bei Gerichtsstandsvereinbarungen besteht diese völkerrechtliche Bindung auf Grundlage des Haager Übereinkommens von 2005 jedenfalls bislang erst im Rechtsverkehr zwischen den vergleichsweise wenigen Mitgliedsstaaten bzw. -organisationen dieses Übereinkommens. Damit bleibt es den Staaten weitgehend selbst überlassen, ob und unter welchen Voraussetzungen sie eine Prorogation oder Derogation der internationalen Zuständigkeit ihrer staatlichen Gerichte durch Gerichtsstandsvereinbarungen auf Grundlage ihres nationalen IZVR überhaupt akzeptieren.

2. Schiedsvereinbarungen

a) Grundlagen zum anwendbaren Rechtsrahmen

136 Für die Frage des maßgeblichen Rechtsrahmens für Schiedsvereinbarungen ist die nicht abschließend geklärte Qualifizierung als Prozess- bzw. materiell-rechtlicher Vertrag[303] nicht von ausschlaggebender Bedeutung. **Prozessuale Wirkungen** (insbesondere der wirksame Ausschluss der staatlichen Gerichtsbarkeit) und Formvorschriften werden bei (aus Sicht eines staatlichen Gerichts) ausländischen Schiedsorten von internationalen Konventionen – namentlich dem **New Yorker Schiedsgerichtsübereinkommen von 1958 (UNÜ)** – festgelegt; bei inländischen Schiedsorten kommt das nationale Schiedsverfahrensrecht (in Deutschland die §§ 1025 ff. ZPO) zum Tragen. Die **Formwirksamkeit** einer Schiedsvereinbarung regelt das UNÜ im Fall seiner Anwendbarkeit unmittelbar in Art. II UNÜ, der wie die nationale Parallelnorm bei inländischen Schiedsverfahren in § 1031 Abs. 1 ZPO (s. hier aber die Erleichterungen in § 1031 Abs. 2 ZPO) grundsätzlich **Schriftform** verlangt (die Mitgliedsstaaten können hier aber auf Grundlage der in Art. VII enthaltenen Meistbegünstigungsregel Schiedsvereinbarungen sowohl im Einrede-, als auch im Anerkenntnis- und Vollstreckungsverfahren als formgültig behandeln, wenn sie zwar nicht die Anforderungen von Art. II UNÜ aber die Formerfordernisse des anwendbaren nationalen Rechts erfüllen[304]). Das **Schiedsvereinbarungsstatut** – also das auf die Schiedsvereinbarung anwendbare Vertragsrecht – bleibt dagegen maßgeblich für die Frage ihre materiellen Wirksamkeit.[305]

b) Das Schiedsvereinbarungsstatut

137 **aa) Praxisrelevanz des Schiedsvereinbarungsstatuts.** Das Schiedsvereinbarungsstatut entscheidet unter anderem über das Zustandekommen, die materielle Wirksamkeit, die Auslegung aber auch die Bestimmung der persönlichen Reichweite der Schiedsvereinbarung.[306] Praxisrelevant ist das Schiedsvereinbarungsstatut insbesondere auch mit Blick auf eine mögliche **Missbrauchskontrolle,** aus deutscher Sicht insbesondere einer Inhaltskontrolle am Maßstab von § 307 Abs. 1 BGB:[307] Eine Schiedsvereinbarung stellt zwar

---

302 Das New Yorker Schiedsgerichtsübereinkommen verzeichnet gegenwärtig rund 169 Mitgliedsstaaten (Stand Juli 2022) und hat daher einen nahezu universellen Geltungsbereich.

303 Dazu Reithmann/Martiny/Hausmann Internationales Vertragsrecht Rn. 7.206.

304 BGH NJW-RR 2011, 569 (571).

305 Samtleben FS Hoffmann S. 1066 (1068).

306 MüKoZPO/Münch § 1029 ZPO Rn. 43; Kröll IHR 2021, 177; Zur Bestimmung der persönlichen Reichweite nach dem Schiedsvereinbarungsstatut etwa BGH SchiedsVZ 2019, 355 (356).

307 Dagegen wird zumindest im Anwendungsbereich des UNÜ eine Abschlusskontrolle (§ 305c Abs. 1) durch Art. II UNÜ gesperrt; eine Inhaltskontrolle ist aber anders als Art. 25 EuGVVO unterliegenden Gerichtsstandsvereinbarungen auch hier möglich, s. zutreffend Schack Internationales Zivilverfahrensrecht Rn. 1425.

gerade im internationalen Handelsverkehr keinesfalls per se eine unangemessene Benachteiligung der anderen Vertragspartei dar.[308] Letztere kann sich aber aus zusätzlichen Umständen des Einzelfalls ergeben: So haben etwa unter anderem das OLG Bremen und das OLG Dresden die in einem internationalen Franchisevertrag vereinbarte Schiedsklausel mit Schiedsort in New York auf Grundlage des anwendbaren Schiedsvereinbarungsstatuts (hier allerdings Liechtensteiner Recht) als unangemessene Benachteiligung des deutschen Franchisenehmers angesehen, da die Durchführung eines Schiedsverfahrens in New York für den Franchisenehmer unzumutbar sei.[309]

Für die Vertragsgestaltung folgt daraus, dass mit einer ausdrücklichen Wahl eines geeig- 138
neten Schiedsvereinbarungsstatuts auch das Ausmaß einer Inhaltskontrolle der Schiedsvereinbarung kontrolliert werden kann. Das Schweizer Recht kennt beispielsweise keine mit den meisten kontinentaleuropäischen Rechtsordnungen vergleichbare Inhaltskontrolle im unternehmerischen Geschäftsverkehr.[310] Davon abgesehen verbleibt allerdings unabhängig vom gewählten Schiedsvereinbarungsstatut ein Restrisiko, dass die Schiedsvereinbarung durch staatliche Gerichte schon im Einredeverfahren als unwirksam bewertet wird, wenn im Einzelfall die dringende Gefahr besteht, dass die Entscheidung des Schiedsgerichts im Ergebnis zu einer Verletzung des inländischen *ordre public* führt.[311]

bb) Anwendbares Kollisionsrecht. Bei einem **inländischen Schiedsort** entscheiden 139
nach zutreffender Auffassung die Kollisionsregeln der sog. *lex loci arbitri,* also des am Schiedsort geltenden Rechts, welches (Vertrags-)Recht auf eine Schiedsvereinbarung anzuwenden ist. Da die Rom I-VO nach Maßgabe des ausdrücklichen Ausschlusses in Art. 1 Abs. 2 lit. e) Rom I-VO an dieser Stelle weder direkt noch analog angewendet werden kann,[312] ist § 1059 Abs. 2 Nr. 1 lit. a ZPO (analog) in Verbindung mit § 1060 ZPO bei einem Schiedsort in Deutschland sowohl aus Sicht deutscher staatlicher Gerichte als auch des Schiedsgerichts selbst die maßgebliche Kollisionsnorm zur Ermittlung des Schiedsvereinbarungsstatuts.[313] Richtigerweise ist dieses **Sonderkollisionsrecht** für Schiedsvereinbarungen mit Blick auf staatliche (deutsche) Gerichte nicht erst im Anerkennungs- und Vollstreckungsverfahren, sondern in analoger Anwendung bereits im Einrede- bzw. Feststellungsverfahren (§ 1032 Abs. 1 und 2 ZPO) maßgeblich.[314] Bei einem in der Praxis sehr beliebten Schiedsort in der Schweiz käme dagegen aus Sicht des Schiedsgerichts sowie staatlicher Schweizer Gerichte Art. 178 Abs. 2 IPRG als maßgebliche Sonderkollisionsnorm zum Tragen: Anders als Art. V Abs. 1 lit. a UNÜ bzw. § 1059 Abs. 2 Nr. 1 lit. a) ZPO ist nach der in dieser Vorschrift vorgesehenen alternativen Anknüpfung[315] eine Schiedsvereinbarung immer schon dann gültig, wenn sie entweder dem von den Parteien gewählten, dem auf die Streitsache (sprich den Hauptvertrag) anwendbaren oder aber dem schweizerischen Recht entspricht.

Bei einem **ausländischen Schiedsort** ist das Schiedsvereinbarungsstatut durch staatli- 140
che Gerichte eines Mitgliedsstaates des UNÜ zumindest im Anerkenntnis- und Vollstre-

---

[308] So (auch für den inländischen unternehmerischen Rechtsverkehr) etwa BGH NJW-RR 2007, 1466 (1467).

[309] OLG Dresden IHR 2008, 119 (120). Zu diesem und weiteren Parallelverfahren Schulz/Niedermaier SchiedsVZ 2009, 196 ff. Zur Inhaltskontrolle von deutschem Recht unterliegenden Schiedsvereinbarungen und hier maßgeblichen Fallgruppen im Einzelnen Hanefeld/Wittinghofer SchiedsVZ 2005, 217 ff.

[310] Dazu → § 1 Rn. 15.

[311] OLG München IPRax 2007, 322 ff.

[312] Gegen eine analoge Anwendung jetzt auch BGH SchiedsVZ 2021, 97 (102).

[313] Reithmann/Martiny/Hausmann Internationales Vertragsrecht Rn. 7.275, 7.291; MüKoZPO/Münch § 1029 ZPO Rn. 34; Zöller/Geimer ZPO § 1029 Rn. 17. Für eine (entsprechende) Anwendung von Art. 27 ff. EGBGB dagegen Schack Internationales Zivilverfahrensrecht Rn. 1420; für eine analoge Anwendung der Rom I-VO Schütze SchiedsVZ 2014, 274 (275). Für die Entwicklung einer eigenen Kollisionsnorm (Anknüpfung an Statut des Hauptvertrages) wiederum Stürner/Wendelstein IPrax 2014, 473 (477 ff.).

[314] Geimer IPRax 2006, 233.

[315] BSK/Gränicher IPRG Art 178 Rn. 45.

ckungsverfahren grundsätzlich nach den Kollisionsregeln des New Yorker Übereinkommens über die internationale Schiedsgerichtsbarkeit von 1958 (UNÜ)[316] zu bestimmen.[317] Die Anwendbarkeit des UNÜ setzt dabei keinen genuin internationalen Sachverhalt voraus: Gem. Art. I Abs. 1 ist das UNÜ bereits dann anwendbar, wenn sich der Schiedsspruch aus Sicht des staatlichen Gerichts als ausländischer Schiedsspruch darstellt, wofür wiederum ein von den Parteien gewählter Schiedsort im Ausland ausreicht.

141 Auch die in Art. V Abs. 1 lit. a) UNÜ enthaltene Kollisionsregel ist nach zutreffender und mittlerweile wohl herrschender Auffassung, der sich kürzlich ausdrücklich auch der BGH angeschlossen hat, nicht nur im Anerkenntnis- und Vollstreckungsverfahren, sondern (analog) bereits im Einrede- bzw. Feststellungsverfahren anzuwenden.[318]

142 Auf Grundlage von Art. V Abs. 1 lit. a) UNÜ ist ebenso wie nach Maßgabe von § 1059 Abs. 2 Nr. 1 lit. a) ZPO das von den **Parteien gewählte Recht,** im Fall einer fehlenden Rechtswahl das Recht des **Schiedsortes** maßgebliches Schiedsvereinbarungsstatut. Mit Blick auf eine ausdrückliche Rechtswahl unterliegen die Parteien, soweit sie jedenfalls staatliches Recht wählen, keinen weiteren Grenzen: Weder muss das gewählte Recht einen objektiven Bezug zu der Transaktion haben, noch ist eine Übereinstimmung mit dem einschlägigen Schiedsverfahrensrecht notwendig.[319] Insbesondere setzt auch die auf Art. V Abs. 1 lit. a) UNÜ gestützte Rechtswahl wie auch der Anwendungsbereich des UNÜ insgesamt (s. oben) keinen über die Wahl des Schiedsortes hinausgehenden Auslandsbezug voraus.

142a Fehlt es (wie in der Praxis meist) an einer ausdrücklichen Wahl des Schiedsvereinbarungsstatuts, stellt sich zunächst die auch international sehr kontrovers diskutierte Frage[320], ob eine Rechtswahlklausel (nur) im Hauptvertrag zugleich auch als **(stillschweigende) Wahl des Schiedsvereinbarungsstatuts** angesehen werden muss. Die mittlerweile überwiegende Auffassung, der sich vor kurzem in einer viel beachteten Entscheidung auch der UK Supreme Court angeschlossen hat, bejaht das, da nicht zuletzt durch die meist nicht vorhandene Kenntnis der Parteien über den Rechtscharakter einer Schiedsabrede als eigenständigem Vertrag regelmäßig davon ausgegangen werden müsse, dass die Rechtswahlklausel nach dem Willen der Parteien auch die Schiedsvereinbarung erfassen sollte.[321] Haben die Parteien auch das auf den Hauptvertrag anwendbare Recht nicht gewählt, soll dagegen im Einklang mit den Kollisionsregeln in Art. V Abs. 1 lit. a) UNÜ auch nach Auffassung des UK Supreme Court (jedenfalls des Mehrheitsvotums) das Recht am Schiedsort mit der Schiedsvereinbarung eine engere Verbindung aufweisen als das durch objektive Anknüpfung ermittelte Vertragsstatut des Hauptvertrages.[322] Für die Vertragsgestaltung empfiehlt sich zur Vermeidung verbleibender Rechtsunsicherheiten die ausdrück-

---

[316] BGBl. 1961 II, S. 121. Unzutreffend daher OLG München SchiedsVZ 2015, 40 (42).

[317] König SchiedsVZ 2012, 129 (132).

[318] BGH SchiedsVZ 2021, 97 (102): *„Bei internationalen Schiedsvereinbarungen ist das Schiedsvereinbarungsstatut in (analoger) Anwendung von Art. V Abs. 1 Buchst. a UNÜ zu ermitteln“;* Reithmann/Martiny/Hausmann Internationales Vertragsrecht Rn. 7.263.

[319] Reithmann/Martiny/Hausmann Internationales Vertragsrecht Rn. 7.265.

[320] Koops/Nickel RIW 2021, 711: *„eine der ewigen Streitfragen des internationalen Schiedsverfahrensrechts“;* s. zu den unterschiedlichen Ansätzen in verschiedenen Jurisdiktionen auch Scherer/Jensen IPrax 2021, 177 (185 f.).

[321] *Enka v Chubb* [2020] UKSC 38 (unter Anwendung des common law Kollisionsrechts, da gewählter Schiedsort im streitgegenständlichen Sachverhalt in England belegen war) Rn. 53, 170: *„Where the law applicable to the arbitration agreement is not specified, a choice of governing law for the contract will generally apply to an arbitration agreement which forms part of the contract“;* ebenso bei Anwendung von Art. V Abs. 1 lit. a) UNÜ (hier aus Sicht englischer Gerichte ausländischer Schiedsort) im Anerkennungsverfahren, s. *Kabab-Ji SAL v Kout Food Group* [2021] UKSC 48 Rn. 35; aA Reithmann/Martiny/Hausmann Internationales Vertragsrecht Rn. 7.281, für den die wünschenswerte Harmonisierung von Schiedsvereinbarungs- und Schiedsverfahrensstatut nahelegt, dass die Bestimmung des (vom Vertragsstatut des Hauptvertrages abweichenden) Schiedsorts zugleich als stillschweigende Wahl des dort geltenden Rechts für die Beurteilung der Schiedsvereinbarung zu werten sei; ebenso Schlosser IPrax 2020, 222 (224).

[322] *Enka v Chubb* [2020] UKSC 38 Rn. 156.

liche Wahl des Schiedsvereinbarungsstatuts daher zumindest immer dann, wenn Schiedsort und auf den Hauptvertrag anwendbares materielles Recht auseinanderfallen.

3. Gerichtsstandsvereinbarungen

a) Prozessrechtliche Wirkungen

Bei Gerichtsstandsvereinbarungen macht sich der Charakter als Prozessvertrag besonders bemerkbar: Das **Verfahrensrecht** der jeweiligen ***lex fori*** des von einer Partei angerufenen staatlichen Gerichts legt die prozessualen Wirkungen einer Gerichtsstandsvereinbarung fest und entscheidet damit insbesondere auch, ob die von den Parteien gewünschte prorogierende oder derogierende Wirkung überhaupt eintritt.[323] Auch für eventuelle **Formerfordernisse** ist das Verfahrensrecht des angerufenen Gerichts – aus Sicht deutscher Gerichte vorrangig Art. 25 EuGVVO (Art. 23 LugÜ) bzw. Art. 3 lit. c) HGÜ und subsidiär §§ 38, 40 ZPO – maßgeblich.[324] 143

Anders als bei Schiedsvereinbarungen haben sich (mit Ausnahme einiger transportrechtlicher Konventionen)[325] nur wenige Staaten völkerrechtlich verpflichtet, der in einer Gerichtsstandsvereinbarung geregelten Prorogation oder Derogation der internationalen Zuständigkeit ihrer staatlichen Gerichte Wirkung zu verleihen: Ein dem New Yorker Schiedsgerichtsübereinkommen von 1958 funktional vergleichbares völkerrechtliches Übereinkommen für internationale Gerichtsstandsvereinbarungen existiert zwar durch das von der Haager Konferenz für Internationales Privatrecht erarbeitete und am 1.10.2015[326] in Kraft getretene **Haager Übereinkommen von 2005** über internationale Gerichtsstandsvereinbarungen (HGÜ).[327] Die Konvention verpflichtet ihre Mitgliedsstaaten im Grundsatz zur Anerkennung von ausschließlichen[328] Gerichtsstandsvereinbarungen in Zivil- und Handelssachen und einer damit verbundenen Pro- oder Derogation ihrer Gerichte (Art. 5 Abs. 1, Art. 6 HGÜ). Bislang sind aber erst Mexiko, Singapur, Montenegro, das Vereinigte Königreich sowie die EU der Konvention beigetreten. Ein Beitritt insbesondere der USA, das die Konvention unterzeichnet, aber bislang nicht ratifiziert hat,[329] ist mittlerweile unwahrscheinlich geworden. 144

Eine Gerichtsstandsvereinbarung, die in den Anwendungsbereich der EuGVVO[330] (bzw. des Luganer Übereinkommens[331]) fällt und die Voraussetzungen von Art. 25 EuGVVO bzw. Art. 23 LugÜ (insbesondere die hier vorgesehene Schriftform) erfüllt, muss von allen staatlichen Gerichten mit Sitz in der EU/EWR (mit Ausnahme von Liechtenstein) respektiert werden.[332] Das nationale Verfahrensrecht (aus Sicht deutscher Gerichte sind nach dem 145

---

[323] Schack Internationales Zivilverfahrensrecht Rn. 543.

[324] Staudinger/Hausmann BGB IntVertrVerfR Rn. 260.

[325] S. Art. 31 CMR (nur Prorogation, s. BGH NJW-RR 2004, 762); restriktiver dagegen Art. 33, 34 und 49 MA (vor Schadenseintritt keine Gerichts-, sondern nur Schiedsvereinbarung zulässig).

[326] Art. 31 HGÜ; s. zum Zeitpunkt des Inkrafttretens Antomo NJW 2015, 2919.

[327] Übereinkommen über Gerichtsstandsvereinbarungen vom 30.6.2005. Zum Verhältnis von EuGVVO und HGÜ Rauscher/Mankowski EuZPR/EuIPR Art. 25 EuGVVO Rn. 431ff.

[328] Asymmetrische bzw. halb-ausschließliche Gerichtsstandsvereinbarungen dürften daher nicht in den Anwendungsbereich des HGÜ fallen, so im Ergebnis auch BGH ZRI 2021, 628 (634); *Etihad Airways PJSC v. Flöther* [2020] EWCA Civ 1707 Rn. 85.

[329] S. https://www.hcch.net/de/instruments/conventions/status-table/?cid=98 (Stand Juli 2022).

[330] Art. 1 EuGVVO (Zivil- oder Handelssache). Art. 25 EuGVVO verlangt seit der Neufassung der EuGVVO nicht mehr, dass mindestens eine der beiden Vertragsparteien zum Zeitpunkt des Vertragsabschlusses ihren Wohnsitz in der EU hat. Nach wohl hM (in Übereinstimmung mit dem Wortlaut) ist Art. 25 EuGVVO selbst dann anwendbar, wenn die in ein und demselben Mitgliedsstaat ansässigen Parteien die Zuständigkeit der Gerichte eines anderen Mitgliedsstaates wählen; ein darüber hinaus gehender Auslandsbezug ist (im Gegensatz etwa zu Art. 3 Abs. 3 Rom I-VO bzw. Art. 1 Abs. 2 HGÜ) nicht erforderlich, Schack Internationales Zivilverfahrensrecht Rn. 579; Reithmann/Martiny/Hausmann Internationales Vertragsrecht Rn. 7.20, 7.35 mwN auch zu abweichenden Stimmen.

[331] Übereinkommen über die gerichtliche Zuständigkeit und die Anerkennung und Vollstreckung von Entscheidungen in Zivil- und Handelssachen, ABl. EU 2007 L 339/3.

[332] Stein/Jonas/Wagner ZPO Art. 23 EuGVVO Rn. 32, 34ff.

Grundsatz der Doppelfunktionalität[333] §§ 38, 40 ZPO anwendbar) regelt die prozessuale Wirkung internationaler Gerichtsstandsvereinbarungen damit im Wesentlichen nur noch dann, wenn durch die Vereinbarung die internationale Zuständigkeit **sämtlicher staatlicher Gerichte** in der EU zugunsten des Gerichts eines Staates derogiert werden soll, der kein Mitgliedsstaat des Haager Übereinkommens ist. Über die Wirksamkeit einer solchen Derogation entscheidet das entgegen der Vereinbarung angerufene staatliche Gericht innerhalb der EU daher nach seinem autonomen Verfahrensrecht.[334]

146 Durch die in Art. 25 EuGVVO getroffene Regelung ist zumindest mit Blick auf in der EU ansässige Gerichte die prozessuale Wirksamkeit einer formgerechten Gerichtsstandsvereinbarung sichergestellt. Insbesondere schließt Art. 25 EuGVVO zumindest im unternehmerischen Geschäftsverkehr[335] auch eine Missbrauchskontrolle der Vereinbarung nach nationalem Recht (bei deutschem Prorogationsstatut etwa nach Maßgabe von § 138 BGB oder § 307 BGB) aus, woran auch die Neufassung der Vorschrift nichts geändert haben dürfte.[336] Auch international zwingende Bestimmungen des nationalen Rechts können sich darüber nicht hinwegsetzen.[337] Dagegen kann eine Derogation der Zuständigkeit sämtlicher in der EU ansässiger Gerichte unwirksam sein, wenn ansonsten international zwingende Bestimmungen nicht zur Anwendung kämen.[338]

b) Ausländisches Verfahrensrecht

147 Auf einem anderen Blatt steht, ob die Prorogation, vor allem aber die Derogation der internationalen Zuständigkeit von staatlichen Gerichten **außerhalb der EU** akzeptiert wird. Vergleichbar mit der Parteiautonomie im IPR werden die Spielräume in vielen nationalen IZVR aber immerhin größer. Beispielsweise erlaubte das brasilianische Prozessrecht lange keine Derogation der internationalen Zuständigkeit seiner staatlichen Gerichte durch ausschließliche Gerichtsstandsvereinbarungen.[339] Mit Inkrafttreten der neuen Prozessordnung im März 2016 hat sich dies grundlegend geändert.[340] Schwierigkeiten bestehen dagegen weiterhin etwa in China.[341] US-amerikanische Bundesgerichte (und wohl ganz überwiegend auch Gerichte der Einzelstaaten)[342] wiederum erkennen Gerichtsstandsvereinbarungen zwar im Grundsatz an. Ihnen kann aber auf Basis der auch hier einschlägigen flexiblen forum non conveniens doctrine im Einzelfall die Wirksamkeit versagt werden, wenn sie sich als „unreasonable" darstellen.[343]

---

[333] Musielak/Voit/Heinrich ZPO § 40 Rn. 7.

[334] Basedow FS Magnus, S. 337 (345); Domej RabelsZ 78 (2014), 508, 525 f.; für eine analoge Anwendung der EuGVVO dagegen etwa Schack Internationales Zivilverfahrensrecht Rn. 580.

[335] Bei Verbraucherverträgen soll eine Missbrauchskontrolle am Maßstab der Klauselrichtlinie demgegenüber zulässig sein, EuGH EuZW 2021, 398 (401) – *RyanAir.*

[336] Magnus FS Martiny S. 785 (801); ebenso Freitag FS Magnus S. 419 (429 f.); Schack Internationales Zivilverfahrensrecht Rn. 588; zur alten Fassung ebenso OLG Frankfurt BeckRS 2015, 09133; aA Wais RabelsZ 81 (2017), 816 (845 ff.).

[337] Reithmann/Martiny/Hausmann Internationales Vertragsrecht Rn. 7.39. Eine Umgehung von zwingendem Unionsrecht wiederum ist im Anwendungsbereich von Art. 25 EuGVVO ohnehin nicht möglich, da die EuGVVO nicht den Fall einer Derogation sämtlicher Gerichtsstände in der EU erfasst.

[338] S. OLG München IPRax 2007, 322. Diese Konstellation betraf gerade einen Anwendungsfall, der nicht in den Anwendungsbereich von Art. 23 EuGVVO fiel; dies verkennend MüKoZPO/Gottwald Art. 25 EUGVVO Rn. 73.

[339] Stringer Colum. J. Transnat'l L. 2006, 959 (960).

[340] Samtleben RIW 2015, 339 (340) zur grundsätzlichen Zulässigkeit von Gerichtsstandsvereinbarungen gem. Art. 25 CPC, sofern keine ausschließliche Zuständigkeit brasilianischer Gerichte begründet und die Vereinbarung nicht missbräuchlich ist.

[341] Tang ICLQ 2012, 459 (460).

[342] S. dazu Eichel RIW 2009, 289 (293).

[343] S. dazu und der im US-amerikanischen Recht problematischen Frage der Qualifikation einer Gerichtsstandsvereinbarung Ochsenfeld RIW 1995, 633 (635 f.). Eine Vereinbarung kann insbesondere dann *unreasonable* sein, wenn das gewählte Forum aus Sicht des angerufenen US-amerikanischen Gerichts für den Kläger unzumutbar oder ungeeignet ist, s. grundlegend den U.S. Supreme Court in der Rechtssache *M/S Bremen and Unterweser Reederei GmbH v. Zapata Off-Shore Co.*, 407 U.S. 1, 12 u. 16 ff. (1972). Zur neueren

c) Verbleibender Anwendungsbereich für das Prorogationsstatut und kollisionsrechtliche Bestimmung

Für das auf eine Gerichtsstandsvereinbarung anwendbare materielle Recht (das sog. Prorogationsstatut) verbleibt daher nur noch Raum, wenn und soweit das Prozessrecht keine Regelungen bereithält.[344] Bedeutung entfaltet das Prorogationsstatut damit im Wesentlichen für Zustandekommen, Auslegung und **materielle Wirksamkeit** einer Gerichtsstandsvereinbarung.[345] Auch eine AGB-Inhaltskontrolle am Maßstab von §§ 307 ff. BGB kann bei einem deutschen Prorogationsstatut (im unternehmerischen Geschäftsverkehr allerdings nur außerhalb des Anwendungsbereichs von Art. 25 EuGVVO, s. oben) zu einer Unwirksamkeit einer internationalen Gerichtsstandsvereinbarung führen. Darüber hinaus entscheidet das Prorogationsstatut auch darüber, ob ein vertraglicher Schadensersatzanspruch in Betracht kommt, wenn eine Vertragspartei abredewidrig an einem anderen als dem vereinbarten Forum klagt.[346] 148

Auch Art. 25 EuGVVO stellt ausdrücklich klar, dass ein Rückgriff auf das Prorogationsstatut für Fragen der **materiellen Wirksamkeit** (für die nach dem Wortlaut von Art 25 Abs. 1 S. 1 EuGVVO allerdings eine Vermutung streitet) notwendig werden kann: Anders als noch die Vorgängerfassung bringt die Vorschrift zum Ausdruck, dass die materielle Wirksamkeit einer Gerichtsstandsvereinbarung nach dem Prorogationsstatut und nicht der EuGVVO selbst beurteilt werden muss.[347] Das gilt nicht nur für das in der (mutmaßlichen) Gerichtsstandsvereinbarung gewählte Gericht: Auch ein derogiertes Gericht mit Sitz in der EU, das entgegen der Gerichtsstandsvereinbarung von einer Vertragspartei angerufen wird, muss die materielle Wirksamkeit nach dem im Land des prorogierten Gerichts geltenden (Kollisions-)Recht beurteilen.[348] Die Praxisrelevanz des Prorogationsstatuts bleibt hier allerdings begrenzt: Da nicht nur die Einhaltung der Form, sondern auch das **Zustandekommen der Vereinbarung** nach Rechtsprechung des EuGH grundsätzlich autonom aus Art. 25 EuGVO heraus zu bestimmen[349] und eine Inhaltskontrolle nach nationalem Recht wie bereits angesprochen im unternehmerischen Geschäftsverkehr nicht zulässig ist, muss auf das Prorogationsstatut daher in erster Linie mit Blick auf Voraussetzungen und Folgen von Willensmängeln zurückgegriffen werden. 149

Für die kollisionsrechtliche Ermittlung des Prorogationsstatutes ist sowohl nach Maßgabe von Art. 25 EuGVVO als auch Art. 5 Abs. 1 HGÜ jeweils im Wege einer **Gesamtverweisung**[350] (also unter Einschluss des Kollisionsrechts) auf das Recht des Staates abzustellen, dessen Gerichte durch die Gerichtsstandsvereinbarung prorogiert werden. Das bereitet nicht unerhebliche Probleme für in der EU ansässige Gerichte, da die Rom I-VO Gerichts- und Schiedsvereinbarungen gem. Art. 1 Abs. 2 lit. e) Rom I-VO ausdrücklich von ihrem Anwendungsbereich ausnimmt. Aus Sicht deutscher Gerichte kann damit wohl nur 150

dogmatischen Begründung für die Verweigerung der Durchsetzung einer Gerichtsstandsvereinbarung Eichel/Niehoff RIW 2014, 329 (331).

344 Schack Internationales Zivilverfahrensrecht Rn. 550.

345 Staudinger/Hausmann BGB IntVertrVerfR, Rn. 263 f.

346 Im englischen Recht wurde ein solcher (verschuldensunabhängiger) Schadensersatzanspruch auch vor dem Brexit schon immer anerkannt; s. dazu Rieländer RabelsZ 84 (2020), 548 (444) unter Verweis auf *Starlight Shipping Company v Allianz Maritime&Aviation Versicherungs AG* EWCA [2014] 1010 Rn. 15 ff. Kürzlich hat aber auch der BGH bei Anwendung deutschen Rechts Raum für einen Schadensersatzanspruch aus § 280 BGB (auch) im Fall der Verletzung einer in den Anwendungsbereich der EuGVVO fallenden Gerichtsstandsvereinbarung dann gesehen, wenn das abredewidrig angerufene Gericht seine Zuständigkeit bei Kenntnis aller Umstände abgelehnt hat, BGH NJW 2020, 399 (402).

347 Zum Streitstand Tang JPIL 2008, 35 (46).

348 Magnus IPRax 2016, 521 (525).

349 EuGH EuZW 2016, 635 (637) – *Hőszig/Alstom Power Thermal Services;* zur Übertragbarkeit auf die neue Fassung der EuGVVO Reithmann/Martiny/Hausmann Internationales Vertragsrecht Rn. 7.52.

350 Erwägungsgrund 20 EuGVVO. Zum Charakter von Art. 5 HGÜ als Gesamtverweisung Wagner RabelsZ 73 (2009), 100 (119).

auf die (mittlerweile aufgehobenen) Art. 27 ff. EGBGB zurückgegriffen werden,[351] wobei bei einer Rechtswahl im Vertrag eine Vermutung dafür streitet, dass auch das Prorogationsstatut dieser Rechtsordnung unterstehen soll.[352] Vertretbar erscheint aber auch die (soweit ersichtlich noch nicht vertretene) Auffassung, dass im Fall der Wahl eines deutschen Gerichtsstandes die Gesamtverweisung schlicht ins Leere läuft, da kein einschlägiges Kollisionsrecht existiert und daher deutsches Vertragsrecht als Prorogationsstatut berufen ist.

VIII. Die Bestimmung des außerhalb des Vertragsstatuts maßgeblichen Rechts in der Schiedsgerichtsbarkeit

151 Angesichts der exorbitanten Bedeutung der Schiedsgerichtsbarkeit für die Entscheidung von Streitigkeiten aus internationalen Wirtschaftsverträgen überrascht, dass die Bestimmung des anwendbaren Rechts durch Schiedsgerichte **außerhalb originär vertragsrechtlicher** Bereiche bislang wenig geklärt ist.[353] Das gilt insbesondere auch für die damit zusammenhängende Frage nach dem Umfang der **Privatautonomie** im Schiedsverfahren mit Blick auf Rechtsbereiche, die nach staatlichem Kollisionsrecht nicht mehr zum Vertragsstatut gehören und einer Rechtswahl daher regelmäßig gar nicht oder jedenfalls nur eingeschränkt offen stehen.

152 Da das für staatliche Gerichte geltende allgemeine Kollisionsrecht nach überwiegender Auffassung grundsätzlich nicht von Schiedsgerichten angewendet werden muss,[354] steht als rechtlicher Maßstab nur das von einigen Staaten speziell für Schiedsgerichte erlassene Kollisionsrecht (Sonderkollisionsrecht) zur Verfügung. Allerdings regelt das Sonderkollisionsrecht meist nur, dass Schiedsgerichte das von den Parteien gewählte Recht anwenden bzw. bei Fehlen einer Rechtswahl auf das Recht des Staates zurückgreifen müssen, mit dem der Gegenstand des Verfahrens die engsten Verbindungen aufweist.[355] Für die Reichweite dieser Anknüpfung, insbesondere die Erstreckung auf konkurrierende deliktische Haftung, sachen-, gesellschafts-, stellvertretungs- oder insolvenzrechtliche Rechtsfragen, die im Schiedsverfahren eine Rolle spielen können, gibt das Sonderkollisionsrecht nichts her. Gleiches gilt für Fragen der Qualifikation.

153 Im Ergebnis spricht gerade auch angesichts der weiten Formulierungen vieler Sonderkollisionsrechtsordnungen vieles dafür, dass eine Rechtswahl zumindest mit Blick auf eine mögliche konkurrierende deliktische Haftung möglich sein muss und dabei insbesondere nicht den Beschränkungen unterworfen ist, wie sie das für staatliche Gerichte geltende Kollisionsrecht – insbesondere Art. 14 Abs. 1 lit. b) Rom II-VO – regelmäßig vorsieht.[356] Problematischer sind die anderen genannten Rechtsbereiche. Letztlich dürfte die Frage nach der Parteiautonomie hier aber ohnehin nur begrenzt relevant werden: Denn sicher ist jedenfalls, dass etwa die Wahl des auf sachen- oder insolvenzrechtliche Sachverhalte anwendbaren Rechts in Verbindung mit einer Schiedsvereinbarung für Dritte ohnehin keine Rechtswirkung entfalten kann.[357]

---

[351] Zutreffend Schack Internationales Zivilverfahrensrecht Rn. 557; für eine analoge Anwendung der Rom I-VO dagegen die wohl hM, s. ua Gebauer FS Hoffmann S. 577 (580); Magnus FS Martiny S. 785 (794); Musielak/Voit/Stadler ZPO Art. 25 EuGVVO Rn. 5; v. Hein RIW 2013, 97 (105); für eine eigenständige Anknüpfung (nach wohl ungeschriebenen Regeln) Reithmann/Martiny/Hausmann Internationales Vertragsrecht 7.50: Fehle es an einer spezifisch für die Gerichtsstandsvereinbarung getroffenen Rechtswahl, bestehe die engste Verbindung zu dem Recht des Staates, dessen Gerichte als zuständig vereinbart worden sind.

[352] So wohl Schack Internationales Zivilverfahrensrecht Rn. 557.

[353] Grundlegend Cordero-Moss Global Jurist 2008, 1 ff.

[354] Musielak/Voit ZPO § 1051 Rn. 3; Moller NZG 2000, 57 (67); aA MüKoZPO/Münch § 1051 Rn. 13 ff.

[355] Zu entsprechenden Vorschriften des Sonderkollisionsrechts neben § 1051 Abs. 1 und 2 ZPO auch in zahlreichen ausländischen Schiedsverfahrensgesetzen s. oben → Rn. 52.

[356] Für § 1051 ZPO etwa Stein/Jonas/Schlosser ZPO § 1051 Rn. 11.

[357] Für das Insolvenzrecht etwa BGH SchiedsVZ 2011, 634 (636): Keine Bindung des Insolvenzverwalters an die Schiedsvereinbarung, soweit spezifische insolvenzrechtliche Rechte des Verwalters betroffen sind.

D. Eingriffsnormen und ordre public

Die Anwendung (insbesondere) des Vertragsstatuts stößt an ihre Grenzen, wenn nach dem IPR der *lex fori* des für eine Streitigkeit aus dem Vertrag international zuständigen Gerichts vorrangig Eingriffsnormen bzw. so genannte **international zwingende Bestimmungen** (overriding mandatory provisions) angewendet werden müssen oder (im Fall ausländischer Eingriffsnormen) nach Ermessen des Gerichts zumindest berücksichtigt werden können. Auch an dieser Stelle wirkt sich die internationale Zuständigkeit damit auf das anzuwendende Sachrecht aus, da die *lex fori* des international zuständigen Gerichts nicht nur die Frage beantwortet, unter welchen Voraussetzungen sich Eingriffsnormen über das Vertragsstatut hinwegsetzen können, sondern auch entscheidet, welche Normen der eigenen Rechtsordnung überhaupt als Eingriffsnormen einzustufen sind.[358] 154

Unterschiede können sich trotz Harmonisierung des Kollisionsrechts in Einzelfällen selbst **innerhalb der EU** ergeben, wie die beiden nachstehenden **Praxisbeispiele** verdeutlichen sollen: Akzeptiert etwa ein deutscher Verfrachter in dem mit einem englischen Frachtführer abgeschlossenen vorformulierten Frachtvertrag, der allein in Deutschland erfüllt wird (Ort der Übernahme und Ort der Ablieferung des Transportgutes befindet sich in Deutschland), die Wahl englischen Rechts sowie weitgehende (nach englischem Recht wirksame) Haftungsbeschränkungen, ist die internationale Zuständigkeit deutscher oder englischer Gerichte für die Frage, ob sich der Frachtführer im Haftungsfall auf die vorformulierten **Haftungsbeschränkungen** berufen kann, trotz Anwendung der Rom I-VO durch die Gerichte beider Staaten entscheidend: Ein deutsches Gericht muss die Wahl englischen Rechts gem. Art. 3 Abs. 1 Rom I-VO zwar akzeptieren, wird die vertraglichen Haftungsbeschränkungen aber im Ergebnis nicht anwenden, soweit sie den in 449 Abs. 1 und Abs. 2 HGB normierten **Mindestumfang der Haftung** unterschreiten, da es sich hierbei nach Maßgabe von § 449 Abs. 4 HGB[359] um zwingend anzuwendende inländische Eingriffsnormen handelt. Aus Sicht englischer Gerichte stellt § 449 HGB dagegen eine ausländische Eingriffsnorm dar, die nur unter den erheblich engeren Voraussetzungen des Art. 9 Abs. 3 Rom I-VO (die hier zumindest nach dem Wortlaut der Vorschrift nicht vorliegen[360]) angewendet werden kann. 155

Schließt ein deutscher Unternehmer wiederum etwa mit einem belgischen Händler einen Vertriebsvertrag, der einem Recht unterliegt, das (wie englisches Recht) keinen zwingenden **Ausgleichsanspruch** bei Vertragsbeendigung vorsieht, wird der Händler bei Kündigung des Vertrages durch den Prinzipal bei Zuständigkeit belgischer Gerichte gestützt auf Art. 9 Abs. 2 Rom I-VO und die international zwingenden Vorschriften des belgischen Handelsgesetzbuches[361] gleichwohl einen Ausgleich erhalten. Sind dagegen deutsche Gerichte zuständig, dürfte Art. 9 Abs. 3 Rom I-VO auch in dieser Fallkonstellation einer Berücksichtigung der belgischen Eingriffsnormen entgegenstehen. 156

---

358 Das gilt grds. auch im Anwendungsbereich des Europäischen Kollisionsrechts, Schulze/Staudinger BGB Art. 9 BGB Rom I-VO Rn. 4. Für eine entsprechende Einschätzungsprärogative der Mitgliedsstaaten, die lediglich durch eine Missbrauchskontrolle durch den EuGH eingeschränkt ist auch Grüneberg/Thorn BGB Art. 9 Rom I-VO Rn. 5.

359 Auf Grundlage von § 449 Abs. 4 HGB kommt dem in den § 449 Abs. 1 und Abs. 2 HGB normierten Minimalumfang der Haftung des Frachtführers international zwingende Wirkung auch dann zu, wenn kein Verbraucher am Transportvertrag beteiligt ist und abweichende Bestimmungen in vorformulierten Vertragsbedingungen enthalten sind; Ebenroth/Boujong/Joost/Strohn/Schaffert HGB § 449 Rn. 38.

360 Die Tatbestandsvoraussetzungen des Art. 9 Abs. 3 Rom I-VO liegen in diesem Fall zumindest nach ihrem Wortlaut nicht vor, da § 449 HGB nicht zur Unrechtmäßigkeit der Vertragserfüllung, sondern lediglich zur Unwirksamkeit der vertraglichen Haftungsbeschränkungsklauseln führen würde.

361 S. dazu unten → Fn. 416 sowie → § 19 Rn. 30.

I. Regelungen im Europäischen Kollisionsrecht

157 Nach **Europäischem Kollisionsrecht** kann sowohl das aufgrund subjektiver (Rechtswahl) oder objektiver Anknüpfung anwendbare Vertragsstatut von gesondert anzuknüpfenden in- oder ausländischen Eingriffsnormen verdrängt werden oder aufgrund der Wertungen des inländischen **ordre public** im Einzelfall unbeachtlich sein, wenn seine Anwendung zu einem mit den wesentlichen Grundsätzen des inländischen Rechts unvereinbaren Ergebnis führen würde.[362] Weitgehend parallele Regeln finden sich auch in der Rom II-VO mit Blick auf außervertragliche Schuldverhältnisse.[363] Für die nicht in den Anwendungsbereich des Europäischen Kollisionsrechts fallenden Rechtsbereiche regelt auch nationales Kollisionsrecht (im deutschen Kollisionsrecht Art. 6 EGBGB) einen *ordre public* Einwand.

158 Eingriffsnormen (Art. 9 Rom I-VO, Art. 16 Rom II-VO) und *ordre public* (Art. 21 Rom I-VO, Art. 26 Rom II-VO) weisen materiell-rechtlich gesehen große Schnittmengen auf. Unterschiede bestehen in ihrer Stoßrichtung: Während Eingriffsnormen ihre **aktive Anwendung** anstelle der ansonsten maßgeblichen Vorschriften des Vertragsstatuts verlangen, führt der im internationalen Vertragsrecht weniger relevante *ordre public* Vorbehalt lediglich dazu, dass Bestimmungen des Vertragsstatuts nicht angewendet werden dürfen, wenn dies im **Ergebnis** den grundlegenden Wertungen des Forums widerspräche.[364] Letzteres kann beispielsweise dann der Fall sein, wenn das anwendbare Vertrags- oder Deliktsstatut die Zahlung von Strafschadensersatz (punitive damages) vorsieht.[365]

1. Eingriffsnormen des Forums

159 Staatliche Gerichte sind nach Maßgabe der *lex fori* verpflichtet, Eingriffsnormen **ihrer eigenen Rechtsordnung** vorrangig vor dem kollisionsrechtlich ermittelten Vertragsstatut anzuwenden. Art. 9 Abs. 2 Rom I-VO stellt daher klar, dass Europäisches Kollisionsrecht die Anwendung der Eingriffsnormen des Rechts des angerufenen Gerichts unberührt lässt. Auf Grundlage der einer EuGH-Entscheidung nachgebildeten Definition in Art. 9 Abs. 1 Rom I-VO sind Rechtsvorschriften dann als Eingriffsnormen anzusehen, wenn sie einen zwingenden Charakter aufweisen, übergeordneten staatlichen Interessen dienen und vor diesem Hintergrund sowie eines hinreichend starken **Inlandsbezugs** auch dann ihre Anwendung beanspruchen, wenn der Vertrag einer anderen Rechtsordnung unterliegt.[366] Privatrechtliche Vorschriften, die in erster Linie dem Interessenausgleich der Vertragsparteien dienen, erfüllen diese Voraussetzungen regelmäßig nicht: So können etwa die Vorschriften der **AGB-Inhaltskontrolle** nach ganz überwiegender Meinung nicht als Eingriffsnormen

---

[362] Schulze/Dörner BGB Art. 26 Rom II-VO Rn. 1.

[363] Allerdings sieht Art. 16 Rom II-VO keine Möglichkeit zur Berücksichtigung ausländischer Eingriffsnormen vor. Umstritten ist daher, ob ausländische Eingriffsnormen gar nicht angewendet werden können oder diese Frage den Mitgliedsstaaten überlassen bleibt, s. zum Streitstand Junker RIW 2010, 257 (268).

[364] Rauscher/Thorn EuZPR/EuIPR Art. 9 Rom I-VO Rn. 31.

[365] Meist geht es in diesem Zusammenhang aber um den anerkennungsrechtlichen *ordre public* (§ 328 Nr. 5 ZPO), der eine Anerkennung und Vollstreckung insbes. US-amerikanischer Urteile verhindern kann; zum Ganzen und zu neueren Entwickungen Klode NJOZ 2009, 1762 ff.

[366] Staudinger/Magnus BGB Art. 9 Rom I-VO Rn. 46; zu den restriktiven Voraussetzungen im Fall von Art. 16 Rom II-VO und der Frage nach einem möglichen Charakter von Verjährungsvorschriften als Eingriffsnormen etwa EuGH EuZW 2019, 134 (136) „(…) *eine nationale Rechtsvorschrift wie die im Ausgangsverfahren in Rede stehende, die eine dreijährige Verjährungsfrist für die Klage auf Ersatz der aus einem Schadensereignis resultierenden Schäden vorsieht, nicht als Eingriffsnorm im Sinne dieser Bestimmung angesehen werden kann, es sei denn, das angerufene Gericht stellt auf der Grundlage einer ausführlichen Analyse des Wortlauts, der allgemeinen Systematik, des Telos sowie des Entstehungszusammenhangs dieser Vorschrift fest, dass ihr in der innerstaatlichen Rechtsordnung eine derartige Bedeutung zukommt.*“.

angesehen werden, da sie dem Individualschutz der schwächeren Vertragspartei, nicht aber einem überragenden öffentlichen Allgemeingut dienen sollen.[367]

2. Ausländische Eingriffsnormen

a) Ausgangspunkt

Die Berücksichtigung ausländischer Eingriffsnormen war bereits in Art. 7 Abs. 2 EVÜ vorgesehen. Durch die im EVÜ vorgesehene Vorbehaltsmöglichkeit[368] haben wichtige Mitgliedsstaaten, darunter insbesondere Deutschland und das Vereinigte Königreich, Art. 7 Abs. 2 EVÜ aber nicht in nationales Kollisionsrecht umgesetzt. Ausländische Eingriffsnormen wurden von der deutschen Rechtsprechung daher in der Vergangenheit auch nicht im Wege einer kollisionsrechtlichen Sonderanknüpfung, sondern materiell-rechtlich im Rahmen der Anwendung von Generalklauseln wie §§ 138, 242 und 826 BGB berücksichtigt.[369] 160

Mit Art. 9 Abs. 3 Rom I-VO sieht das europäische Internationale Schuldvertragsrecht eine generelle Regelung für die Sonderanknüpfung forumsfremder Eingriffsnormen vor,[370] die allerdings äußerst **restriktiv** gefasst ist. Dass die Anwendung ausländischer Eingriffsnormen durch staatliche Gerichte in der EU daher über wenige Ausnahmefälle hinaus Bedeutung erlangen wird, kann mit Recht bezweifelt werden. 161

Art. 9 Abs. 3 Rom I-VO hat **abschließende Wirkung:** Die Anwendung von ausländischen Eingriffsnormen als Rechtsvorschriften ist nicht zulässig, wenn und soweit die Tatbestandsvoraussetzungen von Art. 9 Abs. 3 Rom I-VO nicht vorliegen.[371] Ihre materiellrechtliche Berücksichtigung wird nach Auffassung des EuGH dagegen grundsätzlich nicht von der Sperrwirkung erfasst. Demgegenüber muss nach herrschender Auffassung in der Literatur auch eine materiell-rechtliche Berücksichtigung außerhalb des Anwendungsbereichs von Art. 9 Abs. 3 Rom I-VO auf rein faktische Wirkungen einer Eingriffsnorm (insbesondere bei realer Hinderung der Vertragserfüllung nach Maßgabe von § 275 BGB) begrenzt bleiben.[372] 162

b) Eingriffsnormen des Erfüllungsorts

Berücksichtigungsfähig sind nach Art. 9 Abs. 3 Rom I-VO zum einen nur Eingriffsnormen eines Staates, in dem der jeweilige Vertrag erfüllt werden soll. Der Begriff des Erfüllungsortes ist nach wohl überwiegender Auffassung autonom auszulegen: Maßgeblich dürfte derjenige Ort sein, an dem die jeweils maßgebliche Vertragspflicht **tatsächlich erbracht** wird bzw. erbracht werden soll.[373] Streitig diskutiert wird dabei die Frage, inwiefern **Eingriffsnormen des Vertragsstatuts** *(lex causae)* bereits durch dessen kollisionsrechtliche Bestimmung automatisch mit berufen sind (sog. Schuldstatutstheorie) oder aber nur unter den Voraussetzungen des Art. 9 Abs. 3 Rom I-VO berücksichtigt werden können.[374] Zumindest für Eingriffsnormen in Form von (international) zwingendem Vertrags- 163

---

[367] Staudinger/Magnus BGB Art. 9 Rom I-VO Rn. 155; Reithmann/Martiny/Martiny Internationales Vertragsrecht Rn. 2.137; Kieninger FS Blaurock S. 177 (184f.). Auch die Qualifizierung von § 138 BGB als Eingriffsnorm (zumindest im Fall eines möglichen Wuchergeschäfts) hat das LG Frankfurt kürzlich abgelehnt, s. LG Frankfurt IPrax 2022, 52 (55); kritisch dazu Hess/Wille IPrax 2022, 164 (165) mwN.

[368] Art. 22 EVÜ.

[369] Busse ZVglRWiss 1996, 386.

[370] Anders dagegen Art. 16 Rom II-VO für außervertragliche Schuldverhältnisse, der auf die Berücksichtigung inländischer Eingriffsnormen beschränkt ist.

[371] EuGH, NJW 2017, 141 – *Nikiforidis.*

[372] Für einen entsprechenden Anwendungsfall aus der Praxis vgl. OLG Frankfurt NJW 2018, 3591 (3593).

[373] Reithmann/Martiny/Zwickel Internationales Vertragsrecht Rn. 5.134; Grüneberg/Thorn BGB Art. 9 Rom I-VO Rn. 12.

[374] Für letzteres Reithmann/Martiny/Zwickel Internationales Vertragsrecht Rn. 5.23f.; v. Bar/Mankowski Internationales Privatrecht II § 1 Rn. 963f.

recht überzeugt die erstere Auffassung[375] mehr: Ansonsten wäre das wertungsmäßig wenig nachvollziehbare Ergebnis, dass einfach zwingende Vorschriften des ausländischen Vertragsstatuts von inländischen Gerichten ohne weiteres beachtet werden würden, international zwingende Vorgaben trotz ihrer höheren Bedeutung dagegen nur unter den restriktiven Voraussetzungen des Art. 9 Abs. 3 Rom I-VO. Ob bei genuin hoheitlichen Regelungen wie beispielsweise kartell- oder exportkontrollrechtlichen Regelungen etwas anderes gelten soll,[376] kann regelmäßig offenbleiben, da insbesondere das Unionskartellrecht unabhängig von den Voraussetzungen des Art. 9 Abs. 3 Rom I-VO Geltungsvorrang beansprucht.

c) Unrechtmäßigkeit der Vertragserfüllung

164 Darüber hinaus muss die Vertragserfüllung auf Grundlage der Eingriffsnormen des Erfüllungsortes **unrechtmäßig** sein. Seinem Wortlaut nach erfasst Art. 9 Abs. 3 Rom I-VO damit insbesondere nicht den Fall, dass die betreffenden Eingriffsnormen zwingende **Ansprüche** einer Vertragspartei oder bestimmte Mindeststandards der Leistung (beispielsweise auch Fälle zwingender Haftung im Fall von Vertragsverletzungen) vorsehen. Ob hier eine über den Wortlaut hinausgehende Erstreckung der Norm auch auf Eingriffsnormen in Betracht kommt, die keine Unrechtmäßigkeit der Vertragserfüllung bewirken würden, wird letztlich der EuGH entscheiden müssen.[377] Zumindest die Entstehungsgeschichte der Norm lässt eine weite Auslegung von Art. 9 Abs. 3 Rom I-VO aber als fragwürdig erscheinen.[378]

165 Bis zu einer höchstrichterlichen Klärung des Anwendungsbereichs bleibt es für Vertragsparteien daher auch risikoreich, ausländische Gerichtsstände und Rechtswahlvereinbarungen in der Hoffnung zu akzeptieren, dass sich **inländische Eingriffsnormen** vermittelt über Art. 9 Abs. 3 Rom I-VO auch vor Gerichten im EU-Ausland gegenüber dem Vertragsstatut durchsetzen werden.

d) Ermessensentscheidung

166 Zuletzt steht die Anwendung der ausländischen Eingriffsnormen nach Wortlaut und überwiegender Auffassung im **Ermessen** des zuständigen Gerichts.[379]

3. Zentrale Beispiele für relevante Eingriffsnormen im internationalen Vertragsrecht

167 Eingriffsnormen finden sich in verschiedenen Bereichen des Wirtschaftsrechts,[380] darunter im Transport- und Vertriebsrecht,[381] im Recht der freien Berufe,[382] im Arbeits- und Wettbewerbsrecht sowie im Außenwirtschaftsrecht. Trotzdem ist ihre Bedeutung für internationale Wirtschaftsverträge in der Regel begrenzt. Auswirkungen auf die Wirksamkeit des Vertrages oder einzelner seiner Bestimmungen können aber insbesondere exportkontroll-,

---

[375] Insbes. Maultzsch RabelsZ 75 (2011), 60 (95).

[376] Maultzsch RabelsZ 75 (2011), 60 (95f.) mwN.

[377] Zur Ungeklärtheit dieser und anderer offener Fragen auch Roth IPrax 2018, 177 (181ff.).

[378] MüKoBGB/Martiny Art. 9 Rom I-VO Rn. 119; zur Entstehungsgeschichte Dicey, Morris & Collins Rn. 32-096ff. AA Schacherreiter ZEuP 2015, 497 (511); BeckOGK/Maultzsch, 1.6.2022, Art. 9 Rom I-VO Rn. 128: „(...) *betrifft nicht nur kassatorisch-verbietende, sondern auch konstitutiv-gebietende Vorschriften*".

[379] Magnus IPrax 2010, 27 (41).

[380] Zu einer Übersicht zu Eingriffsnormen im deutschen Recht etwa Staudinger/Magnus Art. 9 Rom I-VO Rn. 147ff. sowie Ferrari/Kieninger/Mankowski/Staudinger Internationales Vertragsrecht Art. 9 Rom I-VO Rn. 25ff.

[381] S. unten → Rn. 181.

[382] Zum international zwingenden Charakter etwa des eingeschränkten Verbots von Erfolgshonoraren für Rechtsanwälte und Steuerberater (§ 49b Abs. 2 BRAO), nicht mehr dagegen der Honorarordnung für Architekten und Ingenieure Reithmann/Martiny/Zwickel Internationales Vertragsrecht Rn. 5.83 und Rn. 5.86.

kartell- und devisenrechtliche Vorschriften haben, die damit zugleich die drei wohl wichtigsten Anwendungsfelder von Eingriffsnormen darstellen. Aus diesem Grund werden die Grundsätze des Kartell- und Exportkontrollrechts der Europäischen Union sowie (in den Grundzügen) der USA in zwei gesonderten Kapiteln des vorliegenden Werkes ausführlicher erörtert.[383]

a) Kartellrecht

Kartellrecht soll nicht nur individuell Betroffene, sondern vor allem die Allgemeinheit vor 168 den nachteiligen Auswirkungen **wettbewerbsbeschränkender Absprachen** zwischen verschiedenen Unternehmen, einer missbräuchlichen Ausnutzung marktbeherrschender Stellungen sowie der Entstehung von Marktbeherrschung durch Zusammenschlüsse vormals selbstständiger Unternehmen schützen. Da die Durchsetzung dieser wirtschaftspolitischen Zwecke über den bloßen Interessenausgleich zwischen Privatpersonen hinausgeht, sind kartellrechtliche Vorschriften **international zwingende** Vorschriften.[384] Im Kontext internationaler Wirtschaftsverträge spielt das Kartellrecht dabei typischerweise im Zusammenhang mit Dauerschuldverhältnissen wie Rahmenlieferverträgen, Vertriebs- oder Lizenzverträgen eine Rolle, die häufig vertikale Wettbewerbsbeschränkungen wie Wettbewerbsverbote, Alleinbelieferungspflichten sowie Gebiets- und Kundenbeschränkungen enthalten. Insbesondere im Fall von Joint-Venture-, Forschungs- und Entwicklungsverträgen sowie Vertriebs- und Einkaufskooperationen können aber auch horizontale Wettbewerbsbeschränkungen sowie fusionskontrollrechtliche Bestimmungen relevant werden.

Neben den öffentlich-rechtlichen Folgen bei Verstößen gegen das Kartellverbot, die 169 unter anderem in der **Verhängung von Bußgeldern** gegen die Kartellanten bestehen können, kommen zivilrechtliche Folgen vor allem in Form von Schadensersatz-, Beseitigungs- und/oder Unterlassungsansprüchen der Betroffenen aus gesetzlichem Schuldverhältnis in Betracht. Kartellrecht hat allerdings auch unmittelbare Auswirkungen auf die **Wirksamkeit** internationaler **Wirtschaftsverträge:** Vertragsklauseln, die gegen das in Art. 101 Abs. 1 AEUV normierte Kartellverbot verstoßen und nicht die Voraussetzungen einer Freistellung erfüllen, sind auf Grundlage dieser unmittelbar von Art. 101 Abs. 2 AEUV angeordneten Rechtsfolge **nichtig.** Auch der gesellschaftsrechtliche Vollzug eines Zusammenschlusses von Unternehmen kann bedingt durch die Verletzung des fusionskontrollrechtlichen Vollzugsverbotes (schwebend) unwirksam sein.[385]

Behörden wenden grundsätzlich (nur) das im eigenen Staat geltende Kartellrecht an, 170 soweit die wettbewerbsbeschränkende Absprache bzw. missbräuchliche Ausnutzung einer marktbeherrschenden Stellung Auswirkungen auf diesen Markt hat.[386] Das **Auswirkungsprinzip,**[387] das im deutschen Kartellrecht in § 185 Abs. 2 GWB normiert ist und für die Bestimmung des Anwendungsbereichs des Europäischen Kartellrechts auch von der Rechtsprechung des EuGH und der Entscheidungspraxis der EU-Kommission herangezogen wird, gilt aber auch im Bereich des Kartellprivatrechts: Gerichte mit Sitz in der EU müssen etwa Art. 101 Abs. 2 AEUV auch im Fall eines internationalen Wirtschaftsvertrages anwenden, sofern Auswirkungen der wettbewerbsbeschränkenden Abrede auf den EU-Raum möglich sind. Das Vertragsstatut bleibt lediglich maßgeblich für die Frage, wie sich die Unwirksamkeit einer vertraglichen Klausel auf den Restvertrag auswirkt.[388] Das folgt beim Europäischen Kartellrecht letztlich unabhängig von der Qualifizierung als Ein-

---

[383] S. dazu → § 4 (Exportkontrollrecht) und → § 5 (Kartellrecht).

[384] MüKoBGB/Martiny Art. 9 Rom I-VO Rn. 72.

[385] BGH NKartZ 2018, 51 (72) mit Blick auf § 41 Abs. 1 S. 2 GWB; zum Europäischen Kartellrecht s. Immenga/Mestmäcker/Körber Wettbewerbsrecht Art. 7 FKVO Rn. 46.

[386] Die behördliche Anwendung von Kartellrecht ist von einer kollisionsrechtlichen Vorprüfung des anwendbaren Kartellrechts ohnehin nicht betroffen, da die Behörden kein ausländisches Kartellrecht anwenden, s. Mankowski RIW 2008, 177 (180).

[387] Grundlegend zum (auch international verbreiteten) Auswirkungsprinzip Kling RIW 2020, 245 (246 ff.).

[388] Mäger Europäisches Kartellrecht S. 503.

griffsnorm im Sinne von Art. 9 Rom I-VO aus dem **Anwendungsvorrang** von primärem zwingenden Unionsrecht.[389] Der Charakter des Kartellrechts als Eingriffsnorm kann allerdings dazu führen, dass europäische Gerichte auch nationales Kartellrecht gem. Art. 9 Abs. 2 Rom I-VO unabhängig vom Vertragsstatut anwenden müssen bzw. ausländisches Kartellrecht nach eigenem Ermessen nach Maßgabe von Art. 9 Abs. 3 Rom I-VO berücksichtigen können.[390]

171 Die kollisionsrechtliche Anknüpfung von außervertraglichen Haftungsansprüchen wegen kartellrechtlichen Verstößen richtet sich gem. Art. 6 Abs. 3 der Rom II-VO ebenfalls nach dem Auswirkungsprinzip. Bedingt durch den **allseitigen Charakter** von Art. 6 Abs. 3 Rom II-VO muss ein Gericht im Unterschied zu Kartellbehörden im Einzelfall auch ausländisches Kartellrecht (auch das eines Nicht-EU Mitgliedsstaates) anwenden,[391] wenn sich die Wettbewerbsbeschränkung in dieser Jurisdiktion auswirkt. Eine von Art. 6 Abs. 3 Rom II-VO abweichende Rechtswahl ist gem. Art. 6 Abs. 4 Rom II-VO nicht zulässig.[392]

b) Devisenkontrollrecht

172 Art. VIII Abs. 2 lit. b)[393] des Übereinkommens über den **Internationalen Währungsfonds** verpflichtet die Mitgliedsstaaten dazu, Ansprüchen aus sog. *exchange contracts,* welche die Währung eines Mitgliedsstaates berühren und gegen dessen **übereinkommenskonforme** devisenrechtliche Bestimmungen verstoßen, unabhängig vom jeweils maßgeblichen Vertragsstatut nicht zur Durchsetzung zu verhelfen.[394] Da das Abkommen auch kollisionsrechtliche Regelungen enthält,[395] ergibt sich seine vorrangige Anwendung aus Sicht staatlicher Gerichte innerhalb der EU letztlich schon aus Art. 25 Rom I-VO und nicht (erst) aus der Qualifizierung als Eingriffsnorm im Sinne von Art. 9 Abs. 2 Rom I-VO.[396]

173 **aa) Exchange contracts.** Problematisch ist die unterschiedliche Auslegung von Art. VIII Abs. 2 lit. b) IMF in der internationalen Rechtsprechung: Während englische und US-amerikanische Gerichte den Begriff der exchange contracts äußerst eng auslegen und Art. VIII Abs. 2 lit. b) IMF damit seiner Wirkung faktisch **weitgehend beraubt** haben,[397] fallen nach deutscher Rechtsprechung im Grundsatz alle Verträge in den Anwendungsbereich der Vorschrift, die sich in irgendeiner Weise auf die Zahlungsbilanz des Erlassstaates auswirken. Zu exchange contracts zählen also zumindest nach Lesart der deutschen Rechtsprechung keineswegs nur klassische Devisengeschäfte wie Währungstauschverträge, sondern insbesondere auch Warenliefer-, Lizenz-, Dienstleistungs- und (nicht langfristige) Kreditverträge.[398] Ausgenommen sind nach Auffassung des BGH lediglich **Geschäfte des**

[389] Ferrari/Kieninger/Mankowski/Staudinger Internationales Vertragsrecht Art. 9 Rom I-VO Rn. 13; BeckOGK/Maultzsch, 1.6.2022, Art. 9 Rom I-VO Rn. 204.

[390] Mankowski RIW 2008, 177 (182).

[391] Und zwar sowohl Kartelldeliktsrecht als auch Kartellverbotsnormen (str.), s. Lühmann RIW 2019, 7 (18). Auch der allseitige Charakter von Art. 6 Abs. 3 lit. a) Rom II-VO ist allerdings nicht unumstritten, s. dazu Pineau JPIL 2009, 311 (320).

[392] Mankowski RIW 2008, 177 (192).

[393] Bretton Woods Abkommen über den Internationalen Währungsfonds v. 1.–22.7.1944, BGBl. 1952 II S. 637. Der Wortlaut von Art. VIII Abs. 2 lit. b) IMF lautet wie folgt: *„Exchange contracts which involve the currency of any member and which are contrary to the exchange control regulations of that member maintained or imposed consistently with this Agrement shall be unenforceable in the territories of any member."*

[394] Einsele Kapitalmarktrecht S. 126.

[395] Staudinger/Ebke BGB Anh Art. 9 Rom I-VO Rn. 16 mwN auch zu abweichenden Meinungen.

[396] Art. 9 Rom I-VO kann daher nur für in- und ausländische devisenkontrollrechtliche Bestimmungen relevant bleiben, die nicht bereits in den Anwendungsbereich von Art. VIII Abs. 2 lit. b) IMF fallen.

[397] Reithmann/Martiny/Thode Internationales Vertragsrecht Rn. 5.160 mwN; Staudinger/Ebke BGB Anh zu Art. 9 Rom I-VO Rn. 23.

[398] Staudinger/Ebke BGB Anh Art. 9 Rom I-VO Rn. 28 mwN.

Kapitalverkehrs – also insbesondere Auslandsinvestitionen, die eine langfristige Kapitalanlage und nicht Zahlungen für laufende Transaktionen darstellen.[399]

bb) Berührung der Währung. Die Währung des Erlassstaates ist berührt, wenn sich die vereinbarte Transaktion auf die Zahlungsbilanz eines IWF-Mitgliedstaates **positiv oder negativ auswirkt.** Unerheblich ist dabei, in welcher Währung vertragliche Zahlungspflichten geschuldet werden. 174

cc) Devisenkontrollvorschriften. Unter Devisenkontrollvorschriften im Sinne der Vorschrift sind alle staatlichen Maßnahmen zu verstehen, die eine Beschränkung der allgemeinen Verfügbarkeit oder der konkreten Verwendung von Devisen beinhalten.[400] 175

dd) Übereinkommenskonformität. Rein faktisch bereitet die Frage Probleme, ob die jeweils relevanten Devisenkontrollvorschriften eines Mitgliedsstaates auch übereinkommenskonform sind. Letzteres verlangt bei Beschränkungen für laufende Zahlungen insbesondere eine Zustimmung des IWF. Allerdings führt der IWF keine öffentlich zugängliche Liste mit genehmigten nationalen Devisenkontrollbestimmungen. 176

ee) Rechtsfolgen. Unabhängig von der weiterhin streitigen Frage, ob Art. VIII Abs. 2 lit. b) IMF mit Blick auf einen gegen beachtliche Devisenvorschriften verstoßenden Anspruch ein von Amts wegen zu beachtendes Prozesshindernis oder eine **materiell-rechtliche Einrede** in Form einer unvollkommenen Verbindlichkeit begründet, besteht jedenfalls kein Zweifel daran, dass der Anspruch als solcher rechtswirksam bleibt.[401] Die gegen devisenrechtliche Bestimmungen verstoßende Erfüllung vertraglicher Ansprüche kann daher auch nicht bereicherungsrechtlich rückabgewickelt werden. Für die Vertragsgestaltung folgt daraus einmal mehr, dass eine vertragliche Verpflichtung zur Vorleistung der Sachleistung nach Möglichkeit verhindert werden muss. 177

c) Export- und Importkontrollrecht[402]

aa) Zielsetzungen und Rechtsquellen. Staatliche Ein- und Ausfuhrbeschränkungen als Teil des **Außenwirtschaftsrechts** verfolgen neben versorgungs- und gesundheitspolitischen vor allem außen- und sicherheitspolitische Interessen.[403] Nach allgemeiner Meinung erfüllen nationale und europäische Aus- und Einfuhrbeschränkungen daher auch idealtypischer Weise die Definition von Eingriffsnormen.[404] Maßgebliche Bestimmungen im deutschen Recht sind das Außenwirtschaftsgesetz (AWG), die Außenwirtschaftsverordnung (AWV) sowie das Kriegswaffenkontrollgesetz (KWKG). Sie werden überlagert von der Europäischen Dual-Use Verordnung sowie spezifischen EU-Verordnungen, die meist von der UN beschlossene Sanktionen gegen einzelne Staaten, Institutionen oder auch Einzelpersonen umsetzen. 178

bb) Vertragsrechtliche Auswirkungen. Über das jeweilige Vertragsstatut setzen sich insbesondere die im Außenwirtschaftsrecht geregelten **Auswirkungen** auf die Wirksamkeit eines schuldrechtlichen Vertrages hinweg, dessen Erfüllung gegen Ein- oder Ausfuhrverbote verstoßen würde: Der aus Sicht deutscher Gerichte kollisionsrechtlich nach Art. 9 Abs. 2 Rom I-VO zu beachtende **§ 15 Abs. 1 AWG** ordnet an, dass Rechtsgeschäfte, zu deren Durchführung eine Aus- oder Einfuhrbewilligung erforderlich ist, bis zur Genehmigungserteilung schwebend unwirksam und bei Genehmigungsverweigerung nichtig sind. Eine ähnliche Stoßrichtung, die letztlich auch dem Schutz des Lieferanten vor vertragli- 179

---

[399] BGH RIW 1994, 151 (152).

[400] Reithmann/Martiny/Thode Internationales Vertragsrecht Rn. 5.176 f.; zu weiteren streitigen Fragen in diesem Zusammenhang s. Staudinger/Ebke BGB Anh Art. 9 Rom I-VO Rn. 42 ff.

[401] Zum Streitstand Reithmann/Martiny/Thode Internationales Vertragsrecht Rn. 5.182 ff.

[402] Siehe dazu im Einzelnen → § 4.

[403] Remien RabelsZ 54 (1990), 431 (434).

[404] Reithmann/Martiny/Zwickel Internationales Vertragsrecht Rn. 5.65 mwN.

chen Haftungsansprüchen dient, verfolgen die in EU-Verordnungen enthaltenen Finanzsanktionen und Embargos gegen Staaten, Personen und Organisationen: So können etwa durch das in Art. 11 der **Verordnung (EU) Nr. 833/2014**[405] über restriktive Maßnahmen angesichts der Handlungen Russlands, die die Lage in der Ukraine destabilisieren sowie Art. 38 der **Verordnung (EU) Nr. 267/2012**[406] über restriktive Maßnahmen gegen Iran angeordnete Erfüllungsverbot seitens der russischen bzw. iranischen Vertragspartner zivilrechtlich weder Erfüllungs- noch Sekundäransprüche im Zusammenhang mit Verträgen und Transaktionen geltend gemacht werden, deren Durchführung von den mit der Embargo-Verordnung verhängten Maßnahmen betroffen wäre. Die in den Europäischen Verordnungen angeordneten Erfüllungsverbote sind von Gerichten mit Sitz in der EU unmittelbar anwendbar; eines Rückgriffs auf Art. 9 Rom I-VO bedarf es daher auch an dieser Stelle nicht.

180 Problematischer ist die Frage nach der Berücksichtigungsfähigkeit ausländischen Exportkontrollrechts gem. Art. 9 Abs. 3 Rom I-VO. Das gilt insbesondere für **US-amerikanisches Exportkontrollrecht,** das teilweise extraterritoriale Anwendung[407] beansprucht und Gegenmaßnahmen der EU in Form der Verordnung (EG) Nr. 2271/96[408] provoziert hat, die betroffenen Unternehmen mit Sitz in der EU die Einhaltung bestimmter US-amerikanischer Bestimmungen explizit untersagen[409] und damit auch einer Berücksichtigung dieser Bestimmungen durch Gerichte mit Sitz in der EU auf Grundlage von Art. 9 Abs. 3 Rom I-VO entgegenstehen.[410]

d) Vertriebsrecht

181 Von hoher praktischer Relevanz für internationale Wirtschaftsverträge sind Eingriffsnormen im Vertriebsrecht: Wichtigster Anwendungsfall ist der aus der Handelsvertreterrichtlinie folgende Ausgleichsanspruch des Handelsvertreters, der auf Grundlage der Ingmar- sowie der Unamar-Entscheidung des EuGH[411] von der überwiegenden Meinung[412] als international zwingende Norm angesehen wird. Andere Auffassungen wollen der Handelsvertreterrichtlinie versteckte Kollisionsregeln entnehmen, die einen Anwendungsvorrang gem. Art. 23 Rom I-VO begründen.[413] Vereinzelt wird auch vertreten, dass die Ingmar-Rechtsprechung durch Art. 3 Abs. 4 Rom I-VO kodifiziert worden ist und zwingende Ausgleichsansprüche

[405] Verordnung (EU) Nr. 833/2014 des Rates vom 31.7.2014 über restriktive Maßnahmen angesichts der Handlungen Russlands, die die Lage in der Ukraine destabilisieren, ABl. EU 2014 L 229/1. Die Verordnung wird vor dem Hintergrund des von der Russischen Föderation gegen die Ukraine geführten Ukraine laufend geändert, s. https://eur-lex.europa.eu/legal-content/EN/TXT/?uri=CELEX%3A32014R0833.

[406] Verordnung (EU) Nr. 267/2012 des Rates über restriktive Maßnahmen gegen Iran und zur Aufhebung der Verordnung (EU) Nr. 961/2010, ABl. EU 2012 L 88/1.

[407] Zu jüngeren Einschränkungen der extraterritorialen Anwendung von US-Recht generell allerdings Lehmann RIW 2010, 841 ff.

[408] Verordnung (EG) Nr. 2271/96 des Rates zum Schutz vor den Auswirkungen der extraterritorialen Anwendung von einem Drittland erlassener Rechtsakte, ABl. EG 1996 L 309/1; zuletzt geändert durch die Verordnung (EU) Nr. 37/2014 vom 15.1.2014 zur Änderung bestimmter Verordnungen zur gemeinsamen Handelspolitik hinsichtlich der Verfahren für die Annahme bestimmter Maßnahmen, ABl. EU 2014 L 18/1 sowie die Delegierte Verordnung (EU) 2018/1100 der Kommission vom 6.6.2018 zur Änderung des Anhangs der Verordnung (EG) Nr. 2271/96 des Rates zum Schutz vor den Auswirkungen der extraterritorialen Anwendung von einem Drittland erlassener Rechtsakte sowie von darauf beruhenden oder sich daraus ergebenden Maßnahmen, ABl. EU 2018 L 199 I/1.

[409] Unzulässig ist daher etwa auch die Kündigung eines Vertrages mit einem Geschäftspartner, die von dessen „Listing" nach US-amerikanischem Exportkontrollrecht motiviert ist, EuGH RIW 2022, 117 ff. – Melli Iran v Telekom Deuschland GmbH (m. Anmerkung von Kilian Bälz).

[410] Für eine Unbeachtlichkeit US-amerikanischer Exportkontrollvorschriften auch LG Hamburg RIW 2015, 458, das diese Problematik allerdings nur auf sachrechtlicher Ebene (§§ 134, 138, 313 BGB) diskutiert.

[411] EuGH NJW 2001, 2007 ff. – Ingmar; EuGH EuZW 2013, 956 ff. – Unamar.

[412] Staudinger/Magnus BGB Art. 9 Rom I-VO Rn. 42, 164; Grüneberg/Thorn BGB Art. 9 Rom I-VO Rn. 5 mwN.; ebenso wohl auch Martiny ZEuP 2015, 838 (858); kritisch MüKoBGB/v. Hein Art. 3 EGBGB Rn. 87. S. zum Ganzen auch → § 19 Rn. 11.

[413] BeckOGK/Maulzsch, 1.6.2022, Art. 9 Rom I-VO Rn. 33.1; ebenso *Roth* EWS 2011, 314 (327), dem zufolge Unionsrecht niemals „Eingriffsrecht" im Sinne von Art. 9 Rom I-VO darstellen könne.

(unabhängig von der Rechtswahl) daher nur bei reinen Binnenmarktsachverhalten zum Tragen kommen können.[414]

Soweit der Ausgleichsanspruch des Handelsvertreters in einzelnen Rechtsordnungen (wie insbesondere auch im deutschen Recht) bei Erfüllung bestimmter Voraussetzungen in analoger Anwendung auch von Vertragshändlern oder anderen Vertriebsmittlern geltend gemacht werden kann, kommt ihm grundsätzlich keine international zwingende Wirkung zu.[415] Allerdings normiert etwa das **belgische Vertriebsrecht** ausdrücklich einen **international zwingenden Ausgleichsanspruch** auch für Händler.[416] Aufgrund einer einzelnen Entscheidung des Obersten Gerichtshofs wird teilweise auch der analogen Anwendung des Ausgleichsanspruchs im österreichischen Recht (§ 24 Handelsvertretergesetz) ein international zwingender Charakter zugeschrieben.[417] 182

II. Die Bedeutung von Eingriffsnormen in ausländischen Kollisionsrechtsordnungen

Die Möglichkeit einer (zumindest partiellen) Verdrängung des Vertragsstatuts durch Eingriffsnormen sehen auch Kollisionsrechtsordnungen anderer Staaten vor. Im Wesentlichen vergleichbar mit Europäischem Kollisionsrecht regelt etwa das **Schweizer Internationale Privatrecht,** dass Eingriffsnormen des Schweizer Rechts von staatlichen Schweizer Gerichten immer beachtet werden müssen (Art. 18 IPRG),[418] ausländische Eingriffsnormen dagegen (im Ermessen international zuständiger Schweizer Gerichte) nur dann, wenn nach schweizerischer Rechtsauffassung schützenswerte und offensichtlich überwiegende Interessen einer Partei es gebieten und der Sachverhalt mit dieser Rechtsordnung einen engen Zusammenhang aufweist, Art. 19 IRPG. 183

Im **US-amerikanischen Kollisionsrecht** wird eine Rechtswahl nach der in § 187 Abs. 2 lit. b) Restatement (Second) of Conflict of Laws[419] niedergelegten fundamental public policy doctrine sogar als **gänzlich unwirksam** angesehen, wenn sie gegen die fundamental public policy eines US-Bundesstaates verstößt, dessen Recht bei objektiver Anknüpfung anwendbar gewesen wäre und der zugleich an der Entscheidung des Sachverhaltes ein größeres Interesse hat als der Staat des gewählten Rechts.[420] 184

Im chinesischen Kollisionsrecht sieht Art. 4 des Gesetzes der **Volksrepublik China** zur Anwendung des Rechts auf zivilrechtliche Beziehungen mit Außenberührung[421] die direkte Anwendung von international zwingendem chinesischen Recht ungeachtet einer anderweitigen Rechtswahl der Parteien vor. Vergleichbar ordnet auch das **russische Kollisionsrecht** in Art. 1192 ZGB die Anwendung zwingender Regelungen des russischen Rechts unabhängig vom ansonsten anwendbaren Vertragsstatut an, sofern es sich um **Re-** 185

[414] Schilling ZEuP 2014, 843 (855ff.).

[415] So jedenfalls mit Blick auf § 89b HGB analog zu Recht MüKoHGB/Ströbl § 89b HGB Rn. 253; Staudinger/Magnus BGB Art. 9 Rom I-VO Rn. 43; aA allerdings Fabig IHR 2019, 1ff.

[416] Art. X.37 und Art. X.39 *Code de droit économique.*

[417] So wohl OGH IHR 2017, 123ff.; für eine entsprechende Interpretation etwa Moritz ZVertriebsR 2017, 402 (403).

[418] Eine Anwendung ausländischen Rechts kann zudem am Schweizer *ordre public* scheitern, s. Art. 17 IPRG.

[419] S. § 187 Abs. 2 lit. b) *Restatement (Second) of Conflict of Laws: „The law of the state chosen by the parties to govern their contractual rights and duties will be applied, even if the particular issue is one which the parties could not have resolved by an explicit provision in their agreement directed to that issue, unless either (a) […] or (b) application of the law of the chosen state would be contrary to a fundamental policy of a state which has a materially greater interest than the chosen state in the determination of the particular issue and which, under the rule of s 188, would be the state of the applicable law in the absence of an effective choice of law by the parties.“* Zur Berücksichtigung inländischer Eingriffsnormen bei objektiver Anknüpfung des Vertragsstatuts sowie der Zurückhaltung US-amerikanischer Gerichte gegenüber der Anwendung ausländischer Eingriffsnormen Göthel ZVglRWiss 2002, 329 (358f.).

[420] Rühl ZfVR 2006, 175 (181); Borchers Tul. L. Rev. 2008, 1645 (1651f.).

[421] S. oben → Rn. 42. Zur Begriffsbestimmung Dong CJCS 2017, 55 (57ff.). Die Berücksichtigung ausländischer Eingriffsnormen ist dagegen nicht vorgesehen, dazu Huo ICLQ 2011, 1065 (1073).

gelungen von besonderer Bedeutung, insbesondere für die Gewährleistung der Rechte und der gesetzlich geschützten Interessen von Teilnehmern des bürgerlichen Rechtsverkehrs handelt.[422] Im Ermessen russischer Gerichte steht schließlich (vergleichbar mit Art. 9 Abs. 3 Rom I-VO) die Anwendung ausländischer Eingriffsnormen, Art. 1192 Pkt. 2 ZGB.

III. Die Berücksichtigung von Eingriffsnormen in der internationalen Schiedsgerichtsbarkeit

186 Dass auch Schiedsgerichte Eingriffsnormen nicht ignorieren können, unterliegt mittlerweile keinem grundlegenden Zweifel mehr. Man mag das als Kehrseite davon begreifen, dass eine Vielzahl von Staaten mittlerweile die objektive Schiedsfähigkeit von Rechtsstreitigkeiten auch dann anerkennt, wenn neben dem Interessenausgleich zwischen den betroffenen Parteien zugleich – wie etwa im Kartellrecht – öffentliche Interessen berührt sind.[423]

187 Weitgehend ungeklärt ist dagegen die **Reichweite** dieser Verpflichtung. Nach wie vor umstritten ist etwa, ob **Eingriffsnormen des Schiedsortes** für das Schiedsgericht maßgeblich sind und ob bzw. in welchem Umfang Eingriffsnormen ausländischer Jurisdiktionen im Schiedsverfahren Beachtung finden müssen. Erschwert wird die Problematik dadurch, dass einschlägige kollisionsrechtliche Normen für Schiedsgerichte zur Beantwortung dieser Fragestellung regelmäßig nicht zur Verfügung stehen: Die von einzelnen Staaten erlassenen Sonderkollisionsnormen für Schiedsgerichte enthalten typischerweise **keine Vorgaben** über die Beachtung von Eingriffsnormen. Die für staatliche Gerichte geltenden Vorschriften über die Anwendung von in- und ausländischen Eingriffsnormen (etwa Art. 9 Rom I-VO bzw. Art. 18 und Art. 19 Schweizer IPRG) sind nach überwiegender Auffassung für Schiedsgerichte **nicht maßgeblich.**[424] Für die Berücksichtigung von Eingriffsnormen fehlt damit regelmäßig nicht nur ein normativer Anknüpfungspunkt: Eingriffsnormen verursachen für die Schiedsrichter auch deswegen ein Dilemma, weil sich ihre Berücksichtigung als Missachtung der Rechtswahl durch die das Schiedsverfahren überhaupt erst legitimierende Parteivereinbarung darstellen kann.[425]

1. Die Bedeutung der transnational public policy

188 Nach häufig vertretener Auffassung sollen Eingriffsnormen von Schiedsgerichten daher grundsätzlich auch nur dann zwingend zu beachten sein, wenn sie der sog. *transnational public policy* zugeordnet werden können.[426] Deren vager materiell-rechtlicher Gehalt umfasst etwa das Verbot von Korruption, Schmuggel, Menschenhandel, Drogenhandel oder illegalem Waffenhandel.[427] Aber auch Art. VIII Abs. 2 lit. b) IMF soll in internationalen Schiedsverfahren stets beachtlich sein.[428]

---

[422] Zu der (bei verbleibenden Unsicherheiten) tendenziell weiteren Auslegung des Rechtsbegriffs der „Regelungen mit besonderer Bedeutung" gegenüber dem Verständnis von Eingriffsnormen im Europäischen Kollisionsrecht Mayer/Breig ZEuP 2006, 829 (836).

[423] Grundlegend etwa die Entscheidung des U.S. Supreme Court in der Rechtssache *Mitsubishi Motors Corp. v. Soler Chrysler Plymouth,* Inc. 473 U.S. 614; dazu Kleinheisterkamp RabelsZ 73 (2009), 818 (819).

[424] BeckOGK/Maulzsch, 1.6.2022, Art. 9 Rom I-VO Rn. 220. Zur Diskussion um die Anwendbarkeit der Rom I-VO und Rom II-VO auf Schiedsgerichte s. bereits oben Fn. 14 und 15. Zum Schweizer IPR etwa BSK/Berger IPRG Art. 187 Rn. 159f.

[425] Dazu Cordero-Moss SIAR 2005, 1 (8), die jedenfalls im Ergebnis aber keine Gefahr einer Pflichtenkollision sieht.

[426] S. etwa Kreindler J. Int'l. Inv. 2003, 239 (244); Voser Am. Rev. Int'l Arb. 1996, 319 (357); zum Schweizer Recht BSK/Berger IPRG Art. 187 Rn. 135; differenzierter Horn SchiedsVZ 2008, 209 (213) unter Verweis auf die Schwierigkeit, diese Verpflichtung normativ (insbesondere rechtsquellentheoretisch) zu begründen und die pragmatische Notwendigkeit, auch Eingriffsnormen unterhalb dieser Schwelle zu berücksichtigen.

[427] Horn SchiedsVZ 2008, 209 (213); Commandeur/Gößling SchiedsVZ 2014, 12 (18).

[428] Sandrock Int'l Law. 1989, 933 (939); Staudinger/Ebke BGB Anh Art. 9 Rom I-VO Rn. 21.

2. Weitergehende Beachtung von Eingriffsnormen

Letztlich greift die Beschränkung auf die Berücksichtigung von Rechtssätzen, die einer wie auch immer gearteten *transnational public policy* zugeordnet werden können, aber zu kurz. Unbestritten ist, dass Schiedsgerichte **mit Sitz in der EU** nach der maßgeblichen EuGH-Rechtsprechung[429] auch international zwingendes EU-Recht[430] beachten müssen. Relevant wird letzteres im Rahmen internationaler Wirtschaftsverträge vor allem in Form zwingender Vorgaben des EU-Kartellrechts und Handelsvertreterrechts (zwingender Ausgleichsanspruch des Handelsvertreters nach Maßgabe der Europäischen Handelsvertreterrichtlinie), die keineswegs zwangsläufig zur transnational public policy zu zählen sind.[431] 189

Für Schiedsgerichte sind Eingriffsnormen unterhalb der Schwelle der transnational public policy im Übrigen aber auch deswegen relevant, weil ihre Nichtbeachtung sowohl den Bestand als auch die Durchsetzbarkeit des Schiedsspruchs gefährden können. Zum einen droht die **Aufhebung** des Schiedsspruchs durch die Gerichte am Sitzort des Schiedsgerichts, wenn die Nichtbeachtung inländischer Eingriffsnormen zu einem mit dem inländischen *ordre public* nicht zu vereinbarenden Ergebnis führen würde.[432] Zum anderen kommt die Verweigerung der Anerkennung und Vollstreckung in anderen Staaten in Betracht, falls sich die Nichtbeachtung der im jeweiligen Vollstreckungsstaat maßgeblichen Eingriffsnormen zugleich als ein Verstoß gegen den in dieser Jurisdiktion maßgeblichen **anerkennungsrechtlichen ordre public** darstellt (Art. V Abs. 2 lit. b) UNÜ). Das kann im Einzelfall sogar dazu führen, dass Schiedsgerichte ausländische Eingriffsnormen in größerem Umfang beachten als (etwa auf Basis des restriktiven Art. 9 Abs. 3 Rom I-VO) staatliche Gerichte.[433] 190

Mitunter realisiert sich diese Problematik schon im Vorfeld von Schiedsverfahren, wenn ein trotz Schiedsvereinbarung angerufenes staatliches Gericht über die vom Beklagten erhobene Einrede der entgegenstehenden Schiedsabrede befinden muss. So hat etwa das OLG München einer zwischen einem kalifornischen Unternehmen und einem deutschen Handelsvertreter getroffenen Schiedsvereinbarung im Einredeverfahren die Wirksamkeit versagt, weil davon auszugehen sei, dass das kalifornische Schiedsgericht den nach Maßgabe der Ingmar-Entscheidung des EuGH als international zwingend eingestuften Ausgleichsanspruch des Handelsvertreters nach Vertragsbeendigung nicht beachten werde.[434] 191

---

[429] Grundlegend zur Verpflichtung von Schiedsgerichten mit Schiedsort in der EU, EU-Kartellrecht *ex officio* anzuwenden EuGH NJW 1999, 3549 ff. – *Eco Swiss China Time Ltd v. Benetton International NV;* nach Auffassung der höchstrichterlichen Schweizer Rechtsprechung ist ein Schiedsgericht mit Schiedsort in der Schweiz dagegen auch dann nicht verpflichtet, EU-Kartellrecht anzuwenden, wenn Auswirkungen auf den Unionsmarkt zu besorgen sind, BGE 132 III 389 (396 ff.).

[430] Mankowski RIW 2011, 30 (36); Horn SchiedsVZ 2008, 209 (215); zur vergleichbaren Rechtslage in den USA (zwingende Beachtung von US-Kartellrecht durch Schiedsgerichte) Stein/Jonas/Schlosser ZPO § 1051 Rn. 8.

[431] Beim unionsrechtlich zwingenden Ausgleichsanspruch eines Handelsvertreters versteht sich ohnehin von selbst, dass er nicht zur transnational public policy gezählt werden kann.

[432] Völkerrechtlich sind Staaten (gestützt auf den in Art. VII UNÜ normierten Meistbegünstigungsgrundsatz) allerdings nach herrschender Meinung nicht gehindert, auch aufgehobene Schiedssprüche anzuerkennen und zu vollstrecken, s. dazu (unter Verweis auf die beiden maßgeblichen Rechtssachen *Hilmarton* und *Chromalloy*) Brazil-David J. Int'l Arb. 2011, 445 (460).

[433] Mankowski RIW 2011, 30 (43).

[434] OLG München IPRax 2007, 322 ff.; BGH IHR 2013, 35 (hier mit Blick auf eine ausschließliche Gerichtsstandsvereinbarung zugunsten US-amerikanischer Gerichte in einem Handelsvertretervertrag); ähnliche Entscheidungen haben auch englische und österreichische Gerichte gefällt, s. nur *Accentuate Limited v ASIGRA Inc* [2009] EWHC 2655 (QB) Rn. 88: *„The decision in Ingmar requires this court to give effect to the mandatory provisions of EU law, notwithstanding any expression to the contrary on the part of the contracting parties. In my judgment* ***this must apply as much to an arbitration clause providing for both a place and a law other than a law that would give effect to the Directive, as it does to the simple choice of law clause*** *that was under consideration in Ingmar"* (Hervorhebung durch Verf.) sowie OGH IHR 2017, 123 (126): *„Die Versagung der Anerkennung der Schiedsklausel verbleibt einzig als Möglichkeit, den international zwingenden Anwendungsbereich der Art 17 und 18 der HandelsvertreterRL zugunsten des Handelsvertreters abzusichern, dessen Schutz die genannten Richtlinienbestimmungen und der in deren Umsetzung ergangenen § 24 HVertrG bezweckt."* Kritisch zur Ent-

Diese viel kritisierte Entscheidung zeigt zugleich, dass sich auch mit Hilfe einer Schiedsvereinbarung in einem internationalen **Wirtschaftsvertrag keine Immunisierung** gegenüber ausländischen Eingriffsnormen sicherstellen lässt. Nach überwiegender Auffassung können die Gründe für eine Verweigerung der Anerkennung und Vollstreckung von Schiedssprüchen in Art. V UNÜ über den Wortlaut der Vorschrift hinaus bereits im **Einredeverfahren** berücksichtigt werden und daher zur Unwirksamkeit der Schiedsvereinbarung führen.[435]

192 Als Ergebnis bleibt die Erkenntnis, dass Eingriffsnormen auch im Schiedsverfahren relevant sind. Allerdings dürfte die Intensität möglicher Einwirkungen im Grundsatz geringer als in staatlichen Gerichtsverfahren sein. Denn letztlich setzen sowohl die Invalidierung einer Schiedsvereinbarung als auch die Aufhebung bzw. Verweigerung der Anerkennung und Vollstreckung eines Schiedsspruchs durch staatliche Gerichte nicht nur voraus, dass maßgebliche Eingriffsnormen nicht beachtet wurden. Der **anerkennungsrechtliche ordre public** arbeitet ergebnisorientiert. Nur wenn die Nichtanwendung maßgeblicher zwingender Rechtssätze auch im Ergebnis zu einem untragbaren Ergebnis führt, ist diese Schwelle überschritten.[436]

---

scheidung des OLG München (allerdings wegen fehlender Offenkundigkeit einer Nichtanwendung des Ausgleichsanspruchs durch das Schiedsgericht) Rühl IPrax 2007, 294 ff. sowie Quinke SchiedsVZ 2007, 246 (249). Zu einer differenzierten verfahrensrechtlichen Lösung Kleinheisterkamp RabelsZ 73 (2009), 818 (837 ff.).

[435] Reithmann/Martiny/Hausmann Internationales Vertragsrecht Rn. 7.389 mwN mit Blick auf Art. V Abs. 2 lit. b) UNÜ; die bloße Möglichkeit einer Nichtbeachtung von Eingriffsnormen durch das Schiedsgericht soll dafür aber nicht ausreichen.

[436] Quinke SchiedsVZ 2007, 246 (248).

§ 4 Internationale Wirtschaftsverträge und Exportkontrollrecht

Übersicht

Schrifttum:

Ahmad, Aktuelle Entwicklungen bei den Embargos der EU und USA, AW-Prax 2012, 129 ff.; *Ahmad/Hohmann,* Extraterritoriale Wirkungen des deutsch-europäischen Exportrechts, AW-Prax 2009, 229 ff.; *Angersbach,* Durchfuhrkontrolle, AW-Prax 2009, 289 ff.; *Bachem-Niedermeier,* Das US-(Re-)Exportkontrollrecht – Zentrale Themen aus deutscher Sicht, AW-Prax 2011, 165 ff.; *Bachmann,* Außenwirtschaftsrechtliche Beschränkungen der Ausfuhr (Teil 1 und Teil 2), AW-Prax 2007, 81 ff., 126 ff.; *Bälz,* Ausländische Wirtschaftssanktionen als Leistungshindernis in internationalen Verträgen, NJW 2020, 878 ff.; *Ders.,* OLG Hamburg: Zur Auslegung des „Befolgungsverbots“ in Art. 5 Abs. 1 der Verordnung (EG) Nr. 2271/96 („Blocking-VO“), IWRZ 2020, 183 ff.; *BAFA,* Praxis der Exportkontrolle, 5. Aufl. 2022; *Berndt,* Die Ausfuhrkontrolle von Know-how – Internationaler Wissenstransfer unter besonderer Berücksichtigung des deutschen Exportkontrollrechts, 2008; *Bieneck,* Catch-All im Strafrecht, wistra 2008, 208 ff.; *Bittner,* Die Auswirkungen des Irak-Embargos für Warenlieferungsverträge, RIW 1994, 458 ff.; *Böer/Groba/Hohmann,* Praxis der US-(Re-)Exportkontrolle, 3. Aufl. 2016; *Breckheimer/Karrenbrock,* Wirtschaftssanktionen und politische Krisen – Auswirkungen im grenzüberschreitenden Geschäft und Möglichkeiten der vertraglichen Risikobegrenzung, BB 2014, 3011 ff.; *Bürkle,* Compliance für Versicherungsunternehmen, 3. Aufl. 2020; *Burkert-Basler,* US-Reexportrecht: Was muss ein deutscher Reexporteur zu seinem Schutz wissen?, AW-Prax 2009, 13 ff.; *Burkert-Basler/Nawrotzki,* Technische Unterstützung und sonstiger Technologietransfer: Aktuelle Entwicklungen und praktische Beispiele, AW-Prax 2015, 311 ff.; *Dahme,* Terrorismusbekämpfung durch Wirtschaftssanktionen, 2007; *Darweshi,* Die Boykotterklärung im Sinne von § 7 AWV, Der Zoll-Profi 2016, 9 ff.; *Denga,* Völkerrechtswidrige Wirtschaftssanktionen im deutschen Vertragsrecht, RIW 2022, 93 ff.; *Ehlers/Wolffgang* (Hrsg.), Recht der Exportkontrolle – Bestandsaufnahme und Perspektiven, 2015; *Faßold,* Prüfsoftware für Sanktionslisten, AW-Prax 2009, 370 ff.; *Funk/Zeifang,* US-Exportkontrollrecht und dessen Erstreckung auf deutsche Softwareverträge, CR 2004, 11 ff.; *Großfeld,* Internationales und Europäisches Unternehmensrecht, 2. Aufl. 1995; *Haellmigk,* Vertragliche Absicherung des Exportunternehmens bei Exportgeschäften, AW-Prax 2016, 7 ff.; *Ders.,* Die US-Sanktionslisten und ihre Bedeutung für europäische Unternehmen – Eine systematische

Darstellung zu ihrem Inhalt, Umfang und ihrer Reichweite, CCZ 2020, 147 ff.; *Harings,* Die EU-Blocking-Verordnung in der Rechtsprechung, RdTW 2020, 442 ff.; *Harings/Loets,* Auswirkungen personenbezogener Sanktionen auf privatrechtliche Verträge, RdTW 2015, 321 ff.; *Heinisch,* Die praktische Umsetzung von Sanktionen in der (Rück-) Versicherungswirtschaft, CCZ 2012, 136 ff.; *Hirschhorn/Egan/Krauland,* U.S. Export Controls and Economic Sanctions, 4. Aufl. 2022; *Hohmann,* Extraterritoriale Wirkungen der US- Embargos: Neue Herausforderungen, AW-Prax 2009, 356 ff.; *Ders.,* Iran-Embargo: Neue Anforderungen und neue Beratungsfälle, AW-Prax 2010, 364 ff.; *Ders.,* Iran-Embargo (EU/USA): Risiken und Steuerungsmöglichkeiten, AW-Prax 2012, 95 ff.; *Hölscher,* Die Neufassung der Dual Use-Verordnung, RIW 2009, 524 ff.; *Huck,* Extraterritorialität US-amerikanischen Rechts im Spannungsverhältnis zu nationalen, supranationalen und internationalen Bestimmungen, NJOZ 2015, 993 ff.; *Johnson,* Kündigung von Geschäftsbeziehungen im Lichte der EU-Blocking-Verordnung, CB 2022, 76 ff.; *Kollmann,* Das „Gesetz zur Modernisierung des Außenwirtschaftsrechts", AW-Prax 2013, 267 ff.; *Dies.,* Die Novellierung der Außenwirtschaftsverordnung, AW-Prax 2013, 381 ff.; *Landry,* Exportkontrolle und Terrorismusbekämpfung: Auswirkungen auf internationale Verträge, in: FS für Graf von Westphalen 2010, 453 ff.; *List,* Technologiekontrolle I, AW-Prax 2009, 187 f.; *Ders.,* Technologietransfer (neue Rechtslage nach der VO (EG) Nr. 428/2009) AW-Prax 2009, 291 ff.; *Mayer/Albrecht,* Bankvertrag und Finanzsanktionen: Leistungsverweigerungsrecht bei drohendem Verstoß gegen US-Verordnungen?, WM 2015, 1226 ff.; *B. Mehle/V. Mehle,* Notwendigkeit zur Einhaltung von EU-Embargoregelungen durch Unternehmen mit Sitz in Drittstaaten – am Beispiel der Embargomaßnahmen gegen Iran und Russland, RIW 2015, 397 ff.; *B. Mehle,* Das Deutsche Bundesrecht, AWG, 1394. EL Juli 2022; *Monreal,* Der Ausführerbegriff in der Exportkontrolle, AW-Prax 1999, 95 ff.; *Ders.,* Rechtsprobleme der Ausfuhrliste (Teil I bis IV, AW-Prax 2001), 154 ff., 234 ff., 354 ff., 473 ff.; *Neumann,* Internationale Handelsembargos und privatrechtliche Verträge, 2001; *Oehmichen,* Die Modernisierung des Außenwirtschaftsstrafrechts, NZWiSt 2013, 339 ff.; *Otto/Lampe,* Terrorabwehr im Spannungsfeld von Mitbestimmung und Datenschutz, NZA 2011, 1134 ff.; *Paschke/Graf/Olbrisch* (Hrsg.), Hamburger Handbuch des Exportrechts, 2. Aufl. 2014; *Pottmeyer,* Der Ausfuhrverantwortliche, 6. Aufl. 2018; *Puschke/Hohmann,* Basiswissen Sanktionslisten, 2. Aufl., 2012; *Rensmann,* Extraterritoriale Exportkontrolle und Völkerrecht, AW-Prax 2011, 154 ff.; *Schmitz,* Die Reform des Exportkontrollrechts in den USA und deren Auswirkung auf deutsche Unternehmen, GewArch 2011, 431 ff.; *Schöppner,* Wirtschaftssanktionen durch Bereitstellungsverbote, 2013; *Schwampe,* Gesetzeskonforme Vertragsgestaltung im internationalen Rückversicherungsgeschäft im Lichte des deutschen Außenwirtschaftsrechts am Beispiel der Iran-Sanktionen, RdTW 2015, 161 ff.; *Stein/Thoms,* Das Bereitstellungsverbot im Sanktionsrecht, ZfZ 2014, 158 ff.; *Tervooren,* Der Ausführerbegriff in der Exportkontrolle, 2005; *Voigtländer/Haellmigk,* Technologietransfer im Außenwirtschaftsrecht, AW-Prax 2011, 208 ff.; *Walter,* Das neue Außenwirtschaftsgesetz 2013, RIW 2013, 205 ff.; *Ders.,* Die neue Außenwirtschaftsverordnung 2013, RIW 2013, 847 ff.; *Wandt,* Versicherungsverbote im Rahmen von Embargomaßnahmen, VersR 2013, 257 ff.; *Werder/Kießler,* Brokering-Kontrollen in der novellierten Dual-Use-Verordnung, AW-Prax 2009, 285 ff.; *Wilhelm,* Compliance-Klauseln im unternehmerischen Geschäftsverkehr, AcP 221 (2021), 657 ff.; *Wolffgang/Simonson/Rogmann/Pietsch* (Hrsg.), Kommentar für das gesamte Außenwirtschaftsrecht, 74. Aktualisierung 2022.

A. Einführung

1 Das (deutsche) Exportkontrollrecht soll das friedliche Zusammenleben der Völker sicherstellen sowie die Sicherheit und die auswärtigen Beziehungen der Bundesrepublik Deutschland schützen, vgl. § 4 Abs. 1 AWG. Es enthält insbesondere Vorgaben zu länder- und personenbezogenen **Embargos** und sogenannten **Dual-Use-Gütern** (also solchen Gütern, die sowohl zivil als auch militärisch genutzt werden können). Diese Regelungsbereiche sollen im Folgenden dargestellt werden.[1] Dabei ist zu beachten, dass exportkontrollrechtliche Beschränkungen nicht nur bei Geschäften mit dem Ausland Geltung beanspruchen, sondern auch reine Inlandsgeschäfte betreffen können.

2 Exportkontrollrechtliche Beschränkungen ergeben sich aus dem EU-Recht sowie nationalen Bestimmungen; in Deutschland folgen sie insbesondere aus dem AWG sowie der Außenwirtschaftsverordnung (AWV).[2] Die „Aufteilung" des Außenwirtschaftsrechts zwischen der EU und ihren Mitgliedstaaten richtet sich nach der **Kompetenzverteilung** zwischen den beiden Ebenen. Insoweit können die Mitgliedstaaten insbesondere Fragen

[1] Daneben bestehen weitergehende exportkontrollrechtliche Anforderungen ua für Waffen- und Rüstungsgüter sowie für Chemikalien und Abfall, vgl. dazu Paschke/Graf/Olbrisch/Bender ExportR-HdB Abschnitt 37 Rn. 1 ff.; Pfeil/Mertgen Compliance S. 37 ff.; auch in anderen Regelungsbereichen können sich Beschränkungen ergeben, vgl. zB die Genehmigungspflicht nach §§ 1 Abs. 4, 10 Abs. 1 S. 2 KultgSchG.

[2] Vgl. Bachmann AW-Prax 2007, 81 ff., 126 ff.

des Exports von Kriegswaffen und Rüstungsgütern regeln (vgl. Art. 346 Abs. 1 lit. b) AEUV). Hingegen hat die Europäische Union insbesondere die Kompetenz, Fragen des Exports von Dual-Use-Gütern zu regeln.[3] Der Export von Dual-Use-Gütern wird maßgeblich durch die Vorgaben der Verordnung (EU) 2021/821 des Europäischen Parlaments und des Rates vom 20.5.2021 über eine Unionsregelung für die Kontrolle der Ausfuhr, der Vermittlung, der technischen Unterstützung der Durchfuhr und der Verbringung betreffend Güter mit doppeltem Verwendungszweck – Neufassung **(„Dual-Use-VO")** bestimmt. Gleichzeitig enthält die Dual-Use-VO jedoch auch Öffnungsklauseln, wonach die Mitgliedstaaten bestimmte Fragen betreffend Dual-Use-Gütern eigenständig regulieren dürfen (vgl. zB Art. 6 Abs. 3, Art. 8 Abs. 4 Dual-Use-VO). Dies erfolgt in Deutschland maßgeblich durch die AWV.

Wie wichtig es für Unternehmen ist, das Exportkontrollrecht einzuhalten, erschließt 3
sich auch vor dem Hintergrund der **Folgen** seiner Nichtbeachtung, die sowohl die handelnden Mitarbeiter, als auch deren Vorgesetzte sowie das Unternehmen selbst treffen können. Insoweit kommen insbesondere in Betracht:[4]
- Geld-/Freiheitsstrafe für die Mitarbeiter/Vorgesetzten, vgl. §§ 17 f. AWG;
- Bußgelder für die Mitarbeiter/Vorgesetzten sowie für das Unternehmen, vgl. § 19 AWG, §§ 81 f. AWV (daneben auch auf Grundlage der §§ 9, 14, 30, 130 OWiG iVm einem Bußgeld- oder Straftatbestand);
- (Dritt-)Einziehung von Gegenständen, die zu ihrer Begehung/Vorbereitung benutzt wurden (insbesondere die Transportmittel, mit welchen eine verbotene Ausfuhr durchgeführt wurde) oder Einziehung sogenannter „Beziehungsgegenstände" (insbesondere die illegal ausgeführte Ware), vgl. § 20 AWG, §§ 74 ff. StGB, §§ 22 ff. OWiG;
- der (Dritt-)Einziehung von Taterträgen (also insbesondere des (Brutto-)Kaufpreiserlöses bei Verstoß gegen ein embargobezogenes Lieferverbot[5], vgl. § 20 AWG, §§ 73 ff. StGB, § 29a OWiG).

Neben den Vorgaben des deutschen und EU-Rechts können auch exportkontrollrechtliche Bestimmungen von Dritt-Ländern zu beachten sein. Daher wird im Folgenden zusätzlich das – auch für deutsche Unternehmen wichtige – **US-(Re-)exportkontrollrecht** auszugsweise dargestellt.

B. Embargoregelungen

Insbesondere aus dem EU-Recht, aber auch aus dem deutschen Recht können Embargo- 4
regelungen folgen. Sie sind in ihrer Reichweite unterschiedlich ausgestaltet. Zu unterscheiden ist zwischen länder- (dazu unter I.) und personenbezogenen Embargos (dazu unter II.). Ein länderbezogenes Totalembargo (welches den gesamten geschäftlichen Verkehr mit einem Land verbietet), existiert derzeit weder im EU-Recht noch im deutschen Recht.[6] Der **Geltungsbereich** der EU-Embargoregelungen ist mitunter nicht leicht zu

[3] Regelungskompetenz im Bereich der gemeinsamen Handelspolitik (Art. 207 AEUV); vgl. dazu BGHSt 54, 275 ff.

[4] Vgl. dazu den Überblick bei B. Mehle Das Deutsche Bundesrecht Vor §§ 17 ff. AWG Rn. 39 ff.; Pfeil/Mertgen Compliance S. 196 ff., 260 ff.

[5] Vgl. dazu Wolffgang/Simonson/Rogmann/Pietsch/Morweiser Außenwirtschaftsrecht § 20 AWG Rn. 26 ff.; ferner die neuere Rechtsprechung des 3. Strafsenats für den Fall der ungenehmigten Ausfuhr (die genehmigungsfähig gewesen wäre): NZWiSt 2021, 478 ff.; dazu: Bittmann NZWiSt 2021, 464 ff.

[6] Das BAFA veröffentlicht regelmäßig eine Übersicht zu den länderbezogenen Embargos, vgl. zuletzt die Übersicht vom 21.3.2022 (unter: https://www.bafa.de/SharedDocs/Downloads/DE/Aussenwirtschaft/afk_embargo_uebersicht_laenderbezogene_embargos.html).

bestimmen. Dies gilt gerade für die Frage, ob EU-Embargoregelungen für eine in einem Drittland ansässige Tochtergesellschaft eines EU-Mutterunternehmens einschlägig sind.[7]

5 Selbst wenn keine Beschränkungen aus einer Embargoregelung folgen sollten, sind daneben jedoch stets die **allgemeinen Anforderungen** des Exportkontrollrechts zu beachten.

I. Länderbezogene Embargoregelungen

6 Die entsprechenden Embargoregelungen statuieren insbesondere **Verbote** des Verkaufs und des Exports von Waffen, von technischer Unterstützung oder finanzieller Hilfe in Bezug auf bestimmte Güter, des Imports bestimmter Güter oder der Gewährung von Geldern/wirtschaftlichen Ressourcen an bestimmte Personen. Als „Kuriosum" enthalten die Embargos vereinzelt auch sogenannte „Luxusgüterverbote". So verbietet zB Art. 10 Verordnung (EU) 2017/1509 des Rates vom 30.8.2017 über restriktive Maßnahmen gegen die Demokratische Volksrepublik Korea und zur Aufhebung der Verordnung (EG) Nr. 329/2007 die in Anhang VIII dieser Verordnung aufgeführten Luxuswaren unmittelbar oder mittelbar an Nordkorea zu verkaufen, zu liefern, weiterzugeben oder auszuführen. Zu solchen Luxuswaren gehören unter anderem reinrassige Pferde, Kaviar und Kaviarersatz, Trüffel und Zubereitungen daraus, elektronische Geräte für Haushaltszwecke der oberen Preisklasse, Sportartikel und -ausrüstung für Ski-/Golf-/Tauch- und Wassersport oder Artikel und Ausrüstung für Billardspiele und automatische Kegelanlagen (zB Bowlingbahnen).

7 Ein weiteres (leider sehr) aktuelles Beispiel für ein länderbezogenes Embargo sind derzeit die Beschränkungen gegenüber **Russland.** Insoweit besteht nach nationalem deutschen Recht ein Waffenembargo (vgl. §§ 74ff. AWV). Daneben sind auf der EU-Ebene mehrere Beschränkungen in Kraft, die sich vor allem aus der Verordnung (EU) Nr. 833/2014 des Rates vom 31.7.2014 über restriktive Maßnahmen angesichts der Handlungen Russlands, die die Lage in der Ukraine destabilisieren (im Folgenden: **Russland-Embargo-VO**) ergeben.

II. Rein personenbezogene Embargoregelungen (Sanktionslisten)

8 Rein personenbezogene Embargoregelungen ergeben sich insbesondere aus den Verordnungen (EG) Nr. 2580/2001 vom 27.12.2001 über spezifische, gegen bestimmte Personen und Organisationen gerichtete restriktive Maßnahmen zur Bekämpfung des Terrorismus, sowie (EG) Nr. 881/2002 vom 27.5.2002 über die Anwendung bestimmter spezifischer restriktiver Maßnahmen gegen bestimmte Personen und Organisationen, die mit den ISIL (Da'esh)- und Al-Qaida-Organisationen in Verbindung stehen. Die genannten Verordnungen geben insbesondere vor, den dort aufgeführten natürlichen und juristischen Personen, Organisationen, Einrichtungen und Vereinigungen weder unmittelbar noch mittelbar (direkt oder indirekt) Gelder oder wirtschaftliche Ressourcen zur Verfügung zu stellen oder zugute kommen zu lassen. Weitere personenbezogene Beschränkungen können sich auch aus den bereits erwähnten **länderbezogenen** Embargos ergeben, die ebenfalls verbieten können, bestimmten gelisteten Personen Gelder oder wirtschaftliche Ressourcen zur Verfügung zu stellen.

9 Die Begriffe **„Gelder"** und **„wirtschaftliche Ressourcen"** sind in den jeweiligen Verordnungen legaldefiniert. Zu Geldern zählen insbesondere auch Akkreditive und Konnossemente. „Wirtschaftliche Ressourcen" sind Vermögenswerte jeder Art (unabhängig davon, ob sie materiell oder immateriell, beweglich oder unbeweglich sind), die keine

[7] Vgl. dazu umfassend B. Mehle/V. Mehle RIW 2015, 397ff. (mwN); ferner BeckOK AußenWirtschaftsR/Schwendinger, 1.3.2022, § 17 AWG Rn. 68; Paschke/Graf/Olbrisch/Schwendinger/Bender ExportR-HdB Abschnitt 35 Rn. 66; Bürkle/Heinisch Compliance § 16 Rn. 25; Harings/Schwendinger AW-Prax 2010, 19f.

Gelder sind, aber für den Erwerb von Geldern, Waren oder Dienstleistungen verwendet werden können.

Grundsätzlich ist das erwähnte **Bereitstellungsverbot** weit auszulegen.[8] Der EuGH bejaht ein *mittelbares* Bereitstellen dann, wenn „die betreffende Person oder Einrichtung im Namen, unter der Kontrolle oder auf Weisung" einer gelisteten Person gehandelt hat.[9] Nach der Rechtsprechung des BGH[10] liegt ein mittelbares Bereitstellen jedenfalls in folgenden Fällen vor: Die nicht gelistete Person/Einrichtung/Organisation, welcher Gelder/wirtschaftliche Ressourcen zur Verfügung gestellt werden, (a) handelt auf Weisung oder unter der Kontrolle einer gelisteten Person/Einrichtung/Organisation[11], oder (b) ist zur Weitergabe der Gelder/wirtschaftlichen Ressourcen an eine gelistete Person/Einrichtung/Organisation bereit.[12] 10

Das BAFA führt zu dieser Problematik in seinen Merkblättern aus[13]:

– *„Eine verbotene mittelbare Bereitstellung ist jedenfalls dann anzunehmen, wenn eine Güterlieferung an ein nicht gelistetes Unternehmen erfolgt, an dem ein gelistetes Unternehmen 50 % oder mehr der Geschäftsanteile hält oder auf Grund anderweitiger Sonderrechte ein beherrschender Einfluss des gelisteten auf das nicht gelistete Unternehmen wie ein Mehrheitsgesellschafter anzunehmen ist."*[14]
– *„Ein indirektes zur Verfügung stellen von Vermögenswerten liegt dann vor, wenn die Zuwendung nicht unmittelbar an die gelistete Person, sondern an einen Dritten erfolgt, aber als weitere Folge zu einer Begünstigung dieser Person führt."*[15]

Weitere (wenn auch nicht für nationale Behörden bzw. Gerichte rechtlich verbindliche) Anhaltspunkte für eine Auslegung des Verbots der mittelbaren Bereitstellung von Geldern und/oder wirtschaftlichen Ressourcen ergeben sich aus den **Leitlinien des Europäischen Rates** zur Umsetzung und Evaluierung restriktiver Maßnahmen (Sanktionen) im Rahmen der Gemeinsamen Außen- und Sicherheitspolitik der EU.[16] Die Leitlinien sind erlassen worden, um die (verbotene) mittelbare Bereitstellung von Geldern/wirtschaftlichen Ressourcen an gelistete Personen, Einrichtungen und Organisationen näher zu konkretisieren und innerhalb der EU ein vergleichbares Niveau hinsichtlich der Auslegung des 11

---

[8] Vgl. EuGH NJW 2010, 2413 ff. zu Art. 2 Abs. 3 Verordnung (EG) Nr. 881/2002; B. Mehle Das Deutsche Bundesrecht § 18 AWG Rn. 10 ff.; vgl. dazu umfassend: Dahme Wirtschaftssanktionen S. 100 ff.; Dies. AW-Prax 2007, 451 ff.; Schöppner, Wirtschaftssanktionen durch Bereitstellungsverbote, 2013; zur Übertragbarkeit der EuGH-Vorgaben auf § 18 Abs. 1 Nr. 1a StGB vgl. Becker wistra 2022, 276 ff.

[9] EuGH, Beschl. vom 21.11.2012, Rs. C-72/11 – Afrasiabi ua, Rn. 51 ff.

[10] Das OLG Hamburg hat (weitergehend) entschieden, dass allein die Wertsteigerung von Gesellschaftsanteilen genügt, sofern eine gelistete Person diese Gesellschaftsanteile hält (IPRspr 2011, Nr. 168, 407 = BeckRS 2011, 16888); vgl. zu dem Fall: Hellmann/Sachs EuZW 2012, 527 (529); ferner: Harings/Scheel RdTW 2013, 185 (187, 189) mit dem Hinweis, dass nach derzeitigen Leitlinien des Europäischen Rates ein Verstoß gegen das mittelbare Bereitstellungsverbot (in der vom OLG Hamburg angenommenen Weise) *nicht* begründet werden könne (vgl. Aktualisierung der vorbildlichen Verfahren der EU für die wirksame Umsetzung restriktiver Maßnahmen vom 27.6.2018, Nr. 10572/22, dort Rn. 67); vgl. jedoch ferner Hocke/Sachs/Pelz/Voght/Ahrend Außenwirtschaftsrecht IV. Sanktionen und Embargos Rn. 124 (mit dem Hinweis, dass dies lediglich für Minderheitsgesellschafter gelten könne).

[11] BGH Beschl. v. 4.1.2013 – StB 10/12, StB 11/12, StB 14/12, StB 15/12 (= BeckRS 2013, 01450).

[12] BGHSt 55, 94 ff.

[13] Die Deutsche Bundesbank hat sich im Rahmen des Dokuments „Häufig gestellte Fragen zum Thema Finanzsanktionen" (Stand 3.6.2022; abrufbar unter: https://www.bundesbank.de/resource/blob/886614/d9b38d8cae7892270d6fbe57a7e018df/mL/faq-finanzsanktionen-data.pdf), zu einzelnen Aspekten eines mittelbaren Bereitstellungsverbots geäußert.

[14] Auszug aus dem Merkblatt „Entwicklungen des Iran-Embargos" (alte Fassung; Stand: 4.7.2012) S. 11.

[15] Auszug aus dem Merkblatt „Länderunabhängige Embargomaßnahmen zur Terrorismusbekämpfung" (Stand: 28.8.2009) S. 5 f.

[16] Leitlinien zur Umsetzung und Evaluierung restriktiver Maßnahmen (Sanktionen) iR der Gemeinsamen Außen- und Sicherheitspolitik der EU vom 4.5.2018, Ratsdokument Nr. 5664/18 einschließlich Annex; Aktualisierung der vorbildlichen Verfahren der EU für die wirksame Umsetzung restriktiver Maßnahmen vom 27.6.2018, Nr. 10572/22, dort Rn. 62 ff.

mittelbaren Bereitstellungsverbots zu schaffen.[17] Nach den Leitlinien wird bei Vorliegen gewisser Voraussetzungen angenommen, dass eine nicht gelistete Person im Eigentum einer gelisteten Person steht oder von dieser kontrolliert wird und damit ein mittelbares Bereitstellen an eine gelistete Person anzunehmen wäre.[18] Im Eigentum einer gelisteten Person steht eine nicht gelistete Person nach den Leitlinien, sofern die gelistete Person mehr als 50% der Eigentumsrechte an der nicht gelisteten Person besitzt bzw. eine Mehrheitsbeteiligung an ihr hält. Daneben gehen die Leitlinien davon aus, dass eine nicht gelistete Person von einer gleichsam „dahinterstehenden" gelisteten Person insbesondere in folgenden Konstellationen kontrolliert wird:

- das Recht, die Mehrheit der Mitglieder des Verwaltungs-, Leitungs- oder Aufsichtsorgans zu bestellen oder abzuberufen,
- die alleinige Verfügungsmöglichkeit über die Mehrheit der Stimmrechte der Teilhaber einer Gesellschaft,
- Recht der gelisteten Person, einen beherrschenden Einfluss auf die nicht gelistete Person auszuüben (zB aufgrund einer Vereinbarung mit anderen Gesellschaftern),
- Recht der gelisteten Person, zumindest einen Teil der Vermögenswerte der nicht gelisteten Person zu verwenden,
- die Führung einer Gesellschaft auf einer einheitlichen Grundlage mit Erstellung eines konsolidierten Abschlusses,
- gesamtschuldnerische Haftung der gelisteten Person für die Verbindlichkeiten der nicht gelisteten Person oder das Bürgen für diese.

Auf der anderen Seite betonen die Leitlinien, dass der Grundsatz der vorstehenden formalen Betrachtung auch durchbrochen werden kann. Eine solche Einschätzung ist auf eine Einzelfallwürdigung zu stützen.[19]

C. Ausfuhr/Verbringung von Dual-Use-Gütern

12 Die maßgeblichen Vorschriften auf EU-Ebene befinden sich in der Dual-Use-VO. Im deutschen Recht ergeben sie sich aus §§ 8 ff. AWV.

I. Definition von (gelisteten) Dual-Use-Gütern

13 Dual-Use-Güter sind solche Güter, die sowohl für zivile als auch militärische Zwecke genutzt werden können. Güter sind Waren einschließlich **Software** und **Technologie** (Art. 2 Nr. 1 Dual-Use-VO; § 4 Abs. 2 Nr. 3 AWG). „Gelistet" sind sie dann, wenn sie im **Anhang I/IV zur Dual-Use-VO** oder in Teil I Abschnitt B der Ausfuhrliste zur **AWV (Teil I/B AL)** aufgeführt sind. Anhang I/IV der Dual-Use-VO und die AL sind nach einem fünfstelligen Nummerierungssystem aufgebaut, das aus drei Elementen besteht. Die erste Stelle (Zahlen 0 bis 9) bezeichnet die technische Kategorie,[20] die zweite Stelle (Buchstaben A bis E) die technische Gattung innerhalb jeder Kategorie[21] und die drei letzten Stellen die Kennung innerhalb der Gattung.

---

[17] Dazu Ehlers/Wolffgang/Hohmann Exportkontrolle S. 217, 220 ff.; Ehlers/Wolffgang/Schwendinger Exportkontrolle S. 333 ff.; Schwendinger AW-Prax 2013, 103 ff.; Stein/Thoms ZfZ 2014, 158 (162 ff.).

[18] Vgl. ferner Art. 1 Ziffer 5 und 6 Verordnung (EG) Nr. 2580/2001.

[19] Leitlinien v. 4.5.2018 (Ratsdokument 5664/18) Rn. 55c.

[20] Kategorien: 0 (= Kerntechnische Materialien, Anlagen und Ausrüstung), 1 (= Besondere Werkstoffe und Materialien und zugehörige Ausrüstung), 2 (= Werkstoffbearbeitung), 3 (= Allgemeine Elektronik), 4 (= Rechner), 5 (= Telekommunikation und „Informationssicherheit"), 6 (= Sensoren und Laser), 7 (= Luftfahrtelektronik und Navigation), 8 (= Meeres- und Schiffstechnik), 9 (= Luftfahrt, Raumfahrt und Antriebe).

[21] Folgende Gattungen existieren: A (= Systeme, Ausrüstung und Bestandteile), B (= Prüf-, Test- und Herstellungseinrichtungen), C (= Werkstoffe und Materialien), D (= Datenverarbeitungsprogramme [Software]), E (= Technologie).

1. Bestandteilsregelung

Ob die Vorgaben, die nach EU- oder deutschem Recht für ein gelistetes Gut (im Folgenden: **Einbaugut**) auch dann gelten, wenn es mit einem anderen (jedoch *nicht* gelisteten) Gut (im Folgenden: **Gesamtgut**) verbunden (zB in dieses Gut eingebaut) wird, beurteilt sich nach der sogenannten Bestandteilsregelung. Die Bestandteilsregelung soll verhindern, dass ein gelistetes Einbaugut durch „einfache" Verbindung mit einem nicht gelisteten Gesamtgut den reduzierten Anforderungen für nicht gelistete Güter unterfällt. Andererseits kann sich die Regelung jedoch auch „günstig" auswirken und zu eingeschränkten exportkontrollrechtlichen Anforderungen führen, wenn das Einbaugut in einem Gesamtgut gleichsam „untergeht". 14

Die Bestandteilsregelung liest sich wie folgt: *„Der Zweck der […] angegebenen Kontrollen darf nicht dadurch unterlaufen werden, dass nicht erfasste Güter (einschließlich Anlagen) mit einem oder mehreren erfassten Bestandteilen ausgeführt werden, wenn das (die) erfasste(n) Bestandteil(e) ein* ***Hauptelement*** *des Ausfuhrgutes ist (sind) und* ***leicht entfernt*** *oder für andere Zwecke verwendet werden kann (können)"* (Hervorhebungen durch Verfasser).[22] 15

Aus der Bestandteilsregelung folgt, dass die rechtlichen Vorgaben für das Einbaugut weitergelten, wenn es 16

- kein „Bestandteil" (des Gesamtguts) darstellt, sondern (weiterhin) als Einzelgut zu werten ist, *oder*
- zwar als „Bestandteil" gilt, aber (a) **Hauptelement** des Gesamtguts ist *und* (b) **leicht entfernt** oder für andere Zwecke verwendet werden kann.

Im Umkehrschluss bedeutet dies, dass ein als Bestandteil zu wertendes Einbaugut nicht mehr erfasst ist, wenn es durch seine Verbindung mit einem nicht gelisteten Gesamtgut „untergeht": Ist das Einbaugut also kein Hauptelement des Gesamtguts *oder* kann es nur schwer entfernt bzw. nicht für andere Zwecke verwendet werden, sind die Vorgaben für das Einbaugut nicht (mehr) einschlägig. 17

Voraussetzung für die Anwendung der Bestandteilsregelung ist zunächst, dass es sich bei dem Einbaugut überhaupt um ein „Bestandteil" handelt. Bestandteile sind Sachen, die durch die geplante Verbindung mit der Hauptsache ihre Selbständigkeit verlieren, wie zB Maschinenteile eines Kfz. Davon abzugrenzen ist das **Zubehör,** was zwar auch einer übergeordneten Sache dient, jedoch nicht seine Selbständigkeit verliert (zB Treibstoff für eine Rakete).[23] Beurteilungskriterien sind die Art und beabsichtigte Dauer der **Verbindung,** der Grad der Anpassung des Einbaugutes und der wirtschaftliche Zusammenhang mit der Hauptsache. Die Entfernung des Einbauguts muss regelmäßig dazu führen, dass das Gesamtgut nicht mehr funktionsfähig ist.[24] 18

Ist das Einbaugut als Bestandteil zu werten, so findet die Bestandteilsregelung Anwendung und es kommt auf deren weitere Voraussetzungen (Hauptelementscharakter/leichte Entfernbarkeit) an. 19

Zum Zwecke der Beurteilung darüber, ob das Einbaugut ein Hauptelement bildet, müssen insbesondere **Menge, Wert** und eingesetztes technologisches **Know-how** berücksichtigt werden.[25] Dabei kann ein einzelnes Kriterium (zB der Wert des Bestandteils) den Ausschlag geben oder aber auch eine Gesamtschau der Kriterien. Eine genaue Wert- bzw. Know-how-Grenze, ab welcher ein Hauptelement vorliegt, gibt es insoweit nicht. 20

Leicht entfernbar ist ein Bestandteil dann, wenn ein objektiver Dritter den Ausbau des Bestandteils und dessen alternative Verwendbarkeit für technisch machbar und unter Berücksichtigung der Interessenlage/der Verhältnisse des Güterempfängers für wirtschaft- 21

[22] Allgemeine Anmerkungen zu Anhang I der Dual-Use-VO und AL/Teil I (dort jeweils unter Ziffer 2).

[23] So das Beispiel von Monreal AW-Prax 2001, 154 (157); BeckOK AußenWirtschaftsR/Niestedt, 1.6.2022, § 74 AWV Rn. 25.

[24] Monreal AW-Prax 2001, 154 (157).

[25] Allgemeine Anmerkungen zu Anhang I der Dual-Use-VO und zur AL/Teil I (dort jeweils unter Ziffer 2).

lich nachvollziehbar und sinnvoll hält.[26] Dies dürfte zB anzunehmen sein für einfache Steck- und Schraubverbindungen.

22 Liegen die Voraussetzungen der Bestandteilsregelung vor (wie dies zB bei eingebauten Dichtungen, Ventilen oder Pumpen der Fall sein kann), so ist allerdings zu beachten, dass im Fall der separaten Lieferung von gelisteten Ersatzteilen die Bestandteilsregelung nicht einschlägig ist und daher weiter die strengeren Anforderungen für gelistete Dual-Use-Güter gelten.[27]

2. „Bausatztheorie"

23 Nach der Rechtsprechung des BGH zum Kriegswaffenkontrollgesetz (die auch für Dual-Use-Güter herangezogen werden kann) ist zu beachten, dass die Erfassung eines gelisteten Gutes nicht dadurch unterlaufen werden darf, dass nicht gelistete **Einzelteile** geliefert werden. Können sie leicht wieder zu einem gelisteten Gut zusammengefügt werden,[28] ist ihre Lieferung als genehmigungspflichtige Lieferung eines gelisteten Gutes zu werten (sogenannte „Bausatztheorie"). Diese Theorie ergänzt die Bestandteilsregelung.

II. Definition von Ausfuhr/Verbringung

24 Als Ausfuhr gilt die Lieferung von Gütern in Gebiete außerhalb der EU.[29] Erfasst ist auch die nicht-gegenständliche Übermittlung von Software und Technologie durch elektronische Medien (zB per Telefax, Internet oder E-Mail). Auch die mündliche Weitergabe von Technologie ist erfasst, wenn die Technologie am Telefon beschrieben wird.[30]

25 Verbringung ist die Lieferung von Gütern in einen anderen Mitgliedsstaat der EU.[31] Auch die nicht-gegenständliche Übermittlung von Software und Technologie ist, wie bei der Ausfuhr, erfasst.

III. Vorgaben des EU-Rechts

26 Auf der EU-Ebene ergibt sich folgendes Fazit für Genehmigungspflichten betreffend Dual-Use-Güter:

- Die *Ausfuhr* von gelisteten Dual-Use-Gütern ist nach der Dual-Use-VO stets genehmigungspflichtig, von *nicht* gelisteten Dual-Use-Gütern hingegen nur, wenn ein bestimmter, kritischer Verwendungszweck damit verbunden ist.
- Die *Verbringung* – ohne (oder mit) anschließende(r) Ausfuhr – ist nach der Dual-Use-VO lediglich hinsichtlich bestimmter gelisteter (besonders sensitiver) Dual-Use-Güter genehmigungspflichtig. Die Verbringung von *nicht* gelisteten Gütern ist nicht genehmigungspflichtig.

---

[26] Monreal AW-Prax 2001, 354 (356).

[27] Monreal AW-Prax 2001, 154 (157).

[28] Vgl. die Ausführungen des BGH NStZ 1986, 157: „*Das ist jedenfalls zu bejahen, wenn (…) die Teile mit allgemein gebräuchlichen Werkzeugen ohne großen Aufwand zusammengesetzt werden können (…)*"; dazu auch Monreal AW-Prax 2001, 354 f.

[29] Die Dual-Use-VO stellt insoweit allgemein darauf ab, ob aus dem Gebiet der EU geliefert wird; das deutsche Recht stellt auf die Lieferung aus dem (deutschen) Inland ab (vgl. § 2 Abs. 3 AWG).

[30] Um die mündliche Weitergabe als Ausfuhr begreifen zu können, ist eine gewisse Detailgenauigkeit erforderlich, so List AW-Prax 2009, 291 (292); anderer Auffassung wohl Wolffgang/Simonsen/Rogmann/Tervooren/Mrozek Außenwirtschaftsrecht Art. 2 Dual-Use-VO aF Rn. 35.

[31] Auch hier stellt die Dual-Use-VO allgemein darauf ab, ob aus dem Gebiet der EU geliefert wird. Das deutsche Recht stellt darauf ab, ob die Lieferung aus dem (deutschen) Inland erfolgt (vgl. § 2 Abs. 21 Nr. 1 AWG) bzw. in das (deutsche) Inland erfolgt (vgl. § 2 Abs. 21 Nr. 2 AWG).

1. Ausfuhr von gelisteten und nicht gelisteten Dual-Use-Gütern

Nach Art. 3 Abs. 1 Dual-Use-VO ist die Ausfuhr von Gütern, die in Anhang I der Verordnung aufgeführt sind, stets genehmigungspflichtig. 27

Die Ausfuhr von *nicht* gelisteten Dual-Use-Gütern ist es lediglich dann, wenn ein bestimmter (kritischer) Verwendungszweck vorliegt. Folgende Genehmigungspflichten ergeben sich grds. für die Ausfuhr *nicht* gelisteter Dual-Use-Güter: 28

- Eine Ausfuhr ist genehmigungspflichtig, wenn der Ausführer von den zuständigen Behörden des Mitgliedstaats, in dem er niedergelassen ist (in Deutschland: vom BAFA), davon unterrichtet worden ist, dass diese Güter ganz oder teilweise bestimmt sind oder bestimmt sein können zur Verwendung im Zusammenhang mit **ABC-Waffen** oder mit Flugkörpern für derartige Waffen (Art. 4 Abs. 1 lit. a] Dual-Use-VO). Der Genehmigungstatbestand ist nicht auf bestimmte Zielländer begrenzt.[32] 29
- Eine Genehmigungspflicht ergibt sich ferner, wenn gegen das Käuferland oder das Bestimmungsland ein Waffenembargo[33] verhängt wurde und der Ausführer von den zuständigen Behörden davon unterrichtet worden ist, dass diese Güter ganz oder teilweise für eine (konventionelle) **militärische Endverwendung**[34] bestimmt sind oder bestimmt sein können (Art. 4 Abs. 2 lit. b] Dual-Use-VO). 30
- In selteneren Fällen kann sich eine Genehmigungspflicht auch unter folgenden Voraussetzungen ergeben: Der Ausführer wurde von den zuständigen Behörden davon unterrichtet, dass die Güter ganz oder teilweise für die Verwendung als Bestandteile von militärischen Gütern bestimmt sind oder bestimmt sein können, die in der nationalen Militärliste aufgeführt sind (in Deutschland: in Teil I/A AL) und aus dem Hoheitsgebiet dieses Mitgliedstaats ohne Genehmigung oder unter Verstoß gegen eine aufgrund innerstaatlicher Rechtsvorschriften dieses Mitgliedstaats erteilte Genehmigung ausgeführt wurden (Art. 4 Abs. 1 lit. c] Dual-Use-VO). Der Genehmigungstatbestand ist nicht auf bestimmte Zielländer begrenzt. 31
- Ist einem Ausführer **bekannt,** dass nicht gelistete Dual-Use-Güter, die er ausführen möchte, ganz oder teilweise für eine der vorgenannten Verwendungen (im Zusammenhang mit ABC-Waffen (bzw. Flugkörpern hierfür), militärischer Endverwendung oder illegaler Ausfuhr von Rüstungsgütern) bestimmt sind, muss er die zuständigen Behörden davon **unterrichten;** diese entscheiden, ob die Ausfuhr dieser Güter genehmigungspflichtig ist. Es ergibt sich für den Ausführer also eine Pflicht, mit der Ausfuhr zuzuwarten, bis die zuständige Behörde über die Genehmigungspflichtigkeit entschieden hat (vgl. Art. 4 Abs. 2 Dual-Use-VO). 32

Der Begriff des *Ausführers* wird in Art. 2 Ziffer 3 Dual-Use-VO gesetzlich definiert.[35] 33
Dies ist grds. derjenige, der als Geschäftsherr die Abwicklung aufgrund eigener wirtschaftlicher und rechtlicher Beziehungen zu dem ausländischen Abnehmer steuert (vgl. Art. 2 Ziffer 3 Dual-Use-VO).[36] In der Regel ist dies der Vertragspartner des ausländischen Kunden. So kommen als Ausführer insbesondere *nicht* in Betracht: Der Vermittler eines Geschäfts oder die Transportperson (Spediteur/Frachtführer – auch wenn sie die zollrechtliche Ausfuhranmeldung abgeben). Teilweise kann jedoch der Vertragspartner nicht als Geschäftsherr anzusehen sein, sondern ein Dritter, zB. im Fall eines Strohmannverhältnisses, oder der Abwicklung der Ausfuhr/exportkontrollrechtlichen Prüfung durch ein selb-

---

[32] In Bezug auf ABC-Waffen statuieren die deutschen Vorschriften der §§ 17, 18 KrWaffKontrG zusätzliche nationale Verbote, die zu beachten sind (insbesondere ein Förderungsverbot).

[33] Dies sind solche der EU, der Organisation für Sicherheit und Zusammenarbeit in Europa (OSZE) oder der Vereinten Nationen (vgl. Art. 2 Nr. 19 Dual-Use-VO). Eine Übersicht zu den (Waffen-)Embargostaaten wird durch das BAFA regelmäßig veröffentlicht (vgl. zuletzt die Übersicht vom 21.3.2022).

[34] Als „militärische Endverwendung" gilt insbesondere der *Einbau* in militärische Güter, die in der Militärliste der Mitgliedstaaten (in Deutschland: Teil I/A der AL) aufgeführt sind, vgl. Art. 4 Abs. 1 lit. b) Ziff. i) Dual-Use-VO.

[35] Vgl. zum deutschen Recht: § 2 Abs. 2 AWG.

[36] Dazu Wolffgang/Simonson/Rogmann/Pietsch/Mrozek Außenwirtschaftsrecht § 2 AWG Rn. 7ff.

ständiges Tochterunternehmen des Vertragspartners.[37] Die Dual-Use-VO geht ferner davon aus, dass trotz dieser Geschäftsherrntheorie ein Dritter Ausführer ist, wenn nach den allgemeinen Regeln eigentlich ein Unionsfremder Ausführer wäre, jedoch an dem Ausfuhrvertrag ein Unionsansässiger beteiligt ist.[38]

34 Soweit eine **Kenntnis** des Ausführers erforderlich ist, um eine Genehmigungspflicht zu begründen, ist von Folgendem auszugehen.[39] Erforderlich ist eine positive Kenntnis des Ausführers von den das Unterrichtungserfordernis auslösenden Tatsachen im Zeitpunkt der Ausfuhr. Insbesondere muss er von dem kritischen Verwendungszweck wissen. Kenntnis von einer Tatsache kann lediglich eine natürliche Person erlangen. Die Kenntnis eines Unternehmens ergibt sich aus der Kenntnis der vertretungsberechtigten Personen sowie der für den Export zuständigen Mitarbeiter.[40] Es muss sichergestellt sein, dass die für die Exportkontrolle zuständigen Mitarbeiter alle zum Zwecke der Beurteilung erforderlichen exportrelevanten Tatsachen erhalten. Eine allgemeine **Nachforschungspflicht** obliegt den Unternehmensangehörigen jedoch nicht. Allerdings kann sich ein „Wissen" schon daraus ergeben, dass eine kritische Endverwendung im Einzelfall nach allgemeiner Lebenserfahrung naheliegt oder sich geradezu aufdrängt. Die Betroffenen dürfen also ihre Augen nicht vor entsprechenden Anzeichen verschließen.[41]

35 Ob nach diesem Maßstab eine kritische Endverwendung zu erwarten ist, ist vor dem Hintergrund aller bekannten Einzelumstände und Indizien zu würdigen. Dazu zählen unter anderem:

- Umstände des Geschäfts, wie Auftragsunterlagen, Gespräche mit dem Kunden, Homepage des Kunden, Besichtigung des Kundenbetriebes,
- spezifische Anforderungen an die Güter,
- ungewöhnliche Auffälligkeiten (wie Transportweg, Lieferadresse für die Güter, Markierung der Packstücke),
- „Strohmann"-Konstellationen, oder
- Frühwarnschreiben der Bundesregierung.

2. Verbringung von gelisteten und nicht gelisteten Dual-Use-Gütern

36 Sollen Dual-Use Güter (mit oder ohne nachfolgende Ausfuhr) verbracht werden, so ergibt sich nach der Dual-Use-VO lediglich insoweit eine Genehmigungspflicht, als diese Güter in deren **Anhang IV** aufgeführt sind (Art. 11 Abs. 1 Satz 1 Dual-Use-VO).

37 Hinzuweisen ist in diesem Zusammenhang jedoch auf folgende **Unterrichtungspflichten,** die den Lieferanten bei Verbringungen treffen (vgl. Art. 11 Abs. 9 Dual-Use-VO). Die Vorschrift bestimmt: *„In den einschlägigen Geschäftspapieren in Bezug auf die Verbringung der in Anhang I aufgeführten Güter mit doppeltem Verwendungszweck innerhalb der Uni-*

---

[37] Vgl. zu weiteren Konstellationen Wolffgang/Simonson/Rogmann/Pietsch/Tervooren/Mrozek Außenwirtschaftsrecht Art. 2 Dual-Use-VO aF Rn. 62f.; Tervooren Ausführerbegriff S. 71ff. und 145ff.; Monreal AW-Prax 1999, 95ff.

[38] Vgl. zum deutschen Recht im Falle eines *Ausländers* (zur Begriffsdefinition: § 2 Abs. 5 AWG) als Geschäftsherrn, wenn an dem Ausfuhrvertrag ein *Inländer* (zur Begriffsdefinition: § 2 Abs. 15 AWG) beteiligt ist: § 2 Abs. 2 S. 2 AWG.

[39] HADDEX Band I, Stand: September 2021, Rn. 236; Wolffgang/Simonson/Rogmann/Pietsch/Pietsch Außenwirtschaftsrecht Art. 4 Dual-Use-VO aF Rn. 50ff.; Hohmann/John/Schörner Ausfuhrrecht § 5c AWV aF Rn. 30ff. sowie § 5d AWV aF Rn. 14f.; Bieneck wistra 2008, 208 (210ff.); Friedrich ZfZ 1991, 247 (249); zu weiteren Einzelheiten: Runderlass Außenwirtschaft Nummer 4/91 (Bundesanzeiger Nr. 50 vom 13.3.1991, S. 1728), Bekanntmachung BAFA über die Ausfuhrgenehmigungspflicht gemäß § 5c AWV aF (Bundesanzeiger Nr. 155 vom 21.8.1991, S. 5630), Bekanntmachung BAFA über die Ausfuhrgenehmigungspflicht gemäß § 5d AWV aF (Bundesanzeiger Nr. 69 vom 8.4.1992, S. 2998).

[40] HADDEX Band I, Rn. 236, Stand: September 2021; B. Mehle Das Deutsche Bundesrecht § 18 AWG Rn. 27.

[41] Wolffgang/Simonson/Rogmann/Pietsch/Simonsen Außenwirtschaftsrecht § 8 AWV Rn. 39ff.; Hocke/Sachs/Pelz/Pelz Außenwirtschaftsrecht § 18 AWG Rn. 38; ferner: Bachmann AW-Prax 2003, 154 (155ff.) mwN; Kreuzer AW-Prax 1997, 29f.; Ders. AW-Prax 1998, 27ff.

on ist ausdrücklich zu vermerken, dass diese Güter bei der Ausfuhr aus dem Zollgebiet der Union einer Kontrolle unterliegen. Zu diesen Papieren zählen insbesondere Kaufverträge, Auftragsbestätigungen, Rechnungen oder Versandanzeigen.“

Verbringungen von *nicht* gelisteten Gütern bedürfen keiner Genehmigung aufgrund der Dual-Use-VO. 38

IV. Vorgaben des deutschen Rechts

Auf der nationalen Ebene ergibt sich folgendes Fazit für Genehmigungspflichten betreffend Dual-Use-Güter: 39

Die *Ausfuhr* (sowie die Verbringung mit nachfolgender Ausfuhr) von national gelisteten Dual-Use-Gütern ist genehmigungspflichtig, von national *nicht* gelisteten Dual-Use-Gütern hingegen nur, wenn ein bestimmter, kritischer Verwendungszweck damit verbunden ist.

Die *Verbringung* (ohne nachfolgende Ausfuhr) von national *nicht* gelisteten Dual-Use-Gütern ist nach deutschem Recht nicht genehmigungspflichtig.

In Bezug auf **ABC-Waffen** sowie Antipersonenminen und Streumunition statuieren die §§ 17, 18, 18a KrWaffKontrG zusätzliche Beschränkungen, die zu beachten sind (insbesondere ein Förderungsverbot). 40

Die Ausfuhr von Dual-Use-Gütern, die in **Teil I/B AL** genannt sind, ist genehmigungspflichtig (§ 8 Abs. 1 AWV). Die Verbringung mit bekannter nachfolgender Ausfuhr der in Teil I/B AL genannten Güter ist ebenfalls genehmigungspflichtig (vgl. § 11 Abs. 2 AWV). 41

Die Ausfuhr sowie die Verbringung mit nachfolgender Ausfuhr von *nicht* in Teil I/B AL gelisteten Dual-Use-Gütern ist lediglich dann genehmigungspflichtig, wenn ein bestimmter (kritischer) **Verwendungszweck** bezogen auf ein spezifisches Bestimmungsland vorliegt.

Eine solche Genehmigungspflicht ergibt sich im Fall der Ausfuhr von nicht gelisteten Gütern, wenn der Ausführer vom BAFA unterrichtet worden ist, dass diese Güter ganz oder teilweise für die Errichtung, den Betrieb oder zum Einbau in eine (zivile) Anlage für **kerntechnische Zwecke** im Sinne der Kategorie 0 des Anhangs I der Dual-Use-VO bestimmt sind oder bestimmt sein können und das Bestimmungsland Algerien, Irak, Iran, Israel, Jordanien, Libyen, Nordkorea, Pakistan oder Syrien ist (vgl. § 9 Abs. 1 Nr. 2 AWV). Im Fall der Verbringung mit nachfolgender Ausfuhr ergibt sich eine entsprechende Genehmigungspflicht nach § 11 Abs. 3 AWV. 42

Ist einem Ausführer bzw. Verbringer **bekannt**[42], dass nicht gelistete Dual-Use-Güter, die er ausführen möchte, ganz oder teilweise für die vorgenannte Verwendung bestimmt sind (= zivile Nutzung von Kernenergie bezogen auf spezifische Bestimmungsländer), so hat er das BAFA davon zu unterrichten; dieses entscheidet, ob die Ausfuhr bzw. die Verbringung mit nachfolgender Ausfuhr genehmigungspflichtig ist. Die Güter dürfen erst ausgeführt bzw. verbracht werden, wenn das BAFA eine Genehmigung erteilt oder entschieden hat, dass es einer Genehmigung nicht bedarf (§§ 9 Abs. 2, 11 Abs. 4 AWV). 43

Eine den Ausführungen des BAFA entlehnte[43] Tabelle soll einen zusammenfassenden Überblick über das Vorliegen einer Unterrichtungs-/Genehmigungspflicht betreffend die Ausfuhr/Verbringung von Dual-Use-Gütern geben.[44] 44

---

[42] Insoweit gelten die Ausführungen zur Kenntnis im Rahmen der Ausfuhr nicht gelisteter Güter entsprechend (vgl. vorstehend zu den Vorgaben des EU-Rechts).

[43] HADDEX Band I, Stand: September 2021, Rn. 69.

[44] In Bezug auf ABC-Waffen sowie Antipersonenminen und Streumunition können aus den §§ 17, 18, 18a KrWaffKontrG (für gelistete wie auch für nicht gelistete Dual-Use-Güter) darüber hinausgehende Beschränkungen folgen, die zu beachten sind (insbesondere ein Förderungsverbot).

Gelistete Dual-Use-Güter			
Gut	Ausfuhr	Verbringung mit Endverbleib außerhalb EU	Verbringung mit Endverbleib innerhalb EU
Gut nach Anhang I bzw. IV Dual-Use-VO	Gut nach *Anhang I* (≥ Anhang IV): Art. 3 Dual-Use-VO	Gut nach *Anhang IV:* Art. 11 Abs. 1 Dual-Use-VO	Gut nach *Anhang IV:* Art. 11 Abs. 1 Dual-Use-VO
Gut nach Teil I/B AL	§ 8 Abs. 1 AWV	§ 11 Abs. 2 AWV	KEINE Genehmigungspflicht

Nicht gelistete Dual-Use-Güter („Catch all"-Tatbestände)			
Verwendung	Ausfuhr	Verbringung mit Endverbleib außerhalb EU	Verbringung mit Endverbleib innerhalb EU
ABC-Waffen/Flugkörper	Art. 4 Abs. 1 lit. a) Dual-Use-VO	KEINE Genehmigungspflicht	KEINE Genehmigungspflicht
Militärische Verwendung	Art. 4 Abs. 1 lit. b) Dual-Use-VO (Waffenembargoländer)	KEINE Genehmigungspflicht	KEINE Genehmigungspflicht
Illegal gelieferte Rüstungsgüter	Art. 4 Abs. 1 lit. c) Dual-Use-VO (keine Länderbeschränkung)	KEINE Genehmigungspflicht	KEINE Genehmigungspflicht
(Zivile) kerntechnische Anlagen	§ 9 Abs. 1/Abs. 2 AWV (für bestimmte Länder)	§ 11 Abs. 3/Abs. 4 AWV (für bestimmte Länder)	KEINE Genehmigungspflicht

D. Durchfuhren

45 Nach Art. 7 Dual-Use-VO kann eine Durchfuhr[45] von Gütern des Anhangs I der Dual-Use-VO im **Einzelfall** untersagt werden, wenn die Güter für eine Verwendung im Zusammenhang mit ABC-Waffen bzw. entsprechender Trägertechnologie bestimmt sind bzw. bestimmt sein können. Die zuständige Behörde informiert über den genannten Verwendungszweck und erlässt zugleich den Untersagungsbescheid. Das Verfahren ergibt sich in Deutschland aus einer Zusammenarbeit von Zoll und BAFA (vgl. §§ 44f. AWV).

46 Unabhängig davon können sich zusätzliche Beschränkungen für Durchfuhren ergeben (vgl. zB für länderbezogene Embargos § 74 Abs. 1 AWV[46]).

E. Vermittlungstätigkeiten

47 Beschränkungen für Vermittlungstätigkeiten können sich sowohl aus dem EU-Recht als auch dem nationalen deutschen Recht ergeben. Unabhängig von den nachstehend dargestellten allgemeinen Beschränkungen können sich zusätzliche Beschränkungen ergeben, zB

[45] Zur Begriffsdefinition der „Durchfuhr" vgl. Art. 2 Nr. 11 Dual-Use-VO. Sie liegt grds. vor im Fall der *„Beförderung von Nicht-Unionsgütern mit doppeltem Verwendungszweck in und durch das Zollgebiet der Union zu einem Bestimmungsziel außerhalb des Zollgebiets der Union".*

[46] Vgl. dazu die Begriffsdefinition der Durchfuhr in § 2 Abs. 9 AWG.

im Fall von länderbezogenen Embargos (vgl. Art. 4 Abs. 3 Russland-Embargo-VO oder § 75 Abs. 1 AWV).

I. Vorgaben des EU-Rechts

Die Dual-Use-VO sieht Genehmigungs- und Unterrichtungspflichten für *bestimmte* Vermittlungstätigkeiten vor. Vermittlungstätigkeiten[47] betreffend die im Anhang I der Dual-Use-VO gelisteten Dual-Use-Güter bedürfen einer Genehmigung, wenn der Vermittler von der zuständigen Behörde darüber **unterrichtet** wurde, dass die Güter ganz oder teilweise für einen in Art. 4 Abs. 1 Dual-Use-VO genannten kritischen Verwendungszweck bestimmt sind oder bestimmt sein können (Art. 6 Abs. 1 Dual-Use-VO). 48

Ist einem Vermittler **bekannt,** dass die in Anhang I Dual-Use-VO aufgeführten Güter, für die er Vermittlungstätigkeiten anbietet, ganz oder teilweise für einen der in Art. 4 Abs. 1 genannten kritischen Verwendungszwecke bestimmt sind, so hat er die zuständige Behörde (in Deutschland: das BAFA) davon zu unterrichten; diese entscheidet, ob die Erbringung dieser Vermittlungstätigkeiten genehmigungspflichtig ist (Art. 6 Abs. 2 Dual-Use-VO). Die Entscheidung der Behörde über die Genehmigungspflicht oder den Antrag ist abzuwarten, bevor Vermittlungstätigkeiten vorgenommen werden können. 49

Vermittlungstätigkeiten sind also nicht stets unterrichtungs- bzw. genehmigungspflichtig. Dies ist vielmehr **güter- und verwendungsbezogen** zu beurteilen. Ferner ist lediglich die Vermittlungstätigkeit für Lieferungen von gelisteten Gütern zwischen zwei *Drittländern* erfasst (dh von einem Nicht-EU-Land in ein weiteres Nicht-EU-Land).[48] 50

Art. 2 Ziffer 7 Dual-Use-VO definiert „Vermittlungstätigkeiten" wie folgt: 51
- die Aushandlung oder das Herbeiführen von Transaktionen zum Kauf, zum Verkauf oder zur Lieferung von Gütern mit doppeltem Verwendungszweck von einem Drittland in ein anderes Drittland, oder
- der Verkauf oder Kauf von Gütern mit doppeltem Verwendungszweck, die sich in Drittländern befinden zwecks Verbringung in ein anderes Drittland.

Nicht erfasst sind dagegen reine Hilfsleistungen in Gestalt von Beförderung, Finanzdienstleistungen, Versicherung oder Rückversicherung sowie allgemeiner Werbung oder Verkaufsförderung. 52

Nach Art. 2 Ziffer 8 Dual-Use-VO werden lediglich solche „Vermittler" erfasst, die vom Zollgebiet der EU aus Vermittlungstätigkeiten vornehmen. 53

II. Vorgaben des deutschen Rechts

Allgemeine Beschränkungen für Handels- und Vermittlungsgeschäfte[49] (Genehmigungs- und Unterrichtungspflichten) ergeben sich im deutschen Recht insbesondere nach den §§ 46 ff. AWV.[50] 54

[47] Dazu Werder/Kießler AW-Prax 2009, 285 ff.

[48] Andere Rechtsakte, welche zusätzliche Beschränkungen vorsehen (zB Embargoverordnungen) solchen Drittlandsbezug ggf. nicht fordern.

[49] Die Definition des Handels- und Vermittlungsgeschäfts für die Genehmigungspflichten nach der AWV findet sich in § 2 Abs. 14 AWG (vgl. dazu: HADDEX Band I, Stand: September 2021, Rn. 630 ff.). Auch insoweit ist zu beachten, dass ein Drittlandsbezug nicht per Definition gefordert wird; dies ist zB relevant für ein Vermittlungsgeschäft, welches nach § 75 AWV (in Bezug auf nach Teil I/Abschnitt A der Ausfuhrliste gelisteten Gütern verboten ist; insoweit ist ein Drittlandsbezug nicht erforderlich.

[50] Vgl. ferner die Vorschriften der §§ 17, 18, 18a KrWaffKontrG, aus denen sich insbesondere ein Verbot für die Förderung von Tätigkeiten im Zusammenhang mit atomaren, biologischen oder chemischen Waffen sowie Antipersonenminen und Streumunition ergibt.

Handels- und Vermittlungsgeschäfte über Güter nach Teil I/A AL (Waffen, Munition und Rüstungsgüter)[51] sind unter den Voraussetzungen des § 46 AWV genehmigungspflichtig.[52]

55 § 47 Abs. 2 und Abs. 3 AWV erweitern für Dual-Use-Güter den Anwendungsbereich des Art. 6 Abs. 1 Dual-Use-VO um **„Auslandssachverhalte"**. Danach unterfallen **Vermittlungstätigkeiten** der nationalen deutschen Kontrolle, wenn ein gebietsansässiger Deutscher sie in einem **Drittland** (also Nicht-EU-Land) vornimmt und sie die in Anhang I Dual-Use-VO genannten Güter betreffen, sofern diese Güter für ABC-Waffen oder entsprechende Trägertechnologie bestimmt sind oder bestimmt sein können.[53]

F. Technische Unterstützung

56 Auch für die Erbringung von technischer Unterstützung können sich exportkontrollrechtliche Beschränkungen ergeben – sowohl aus dem EU-Recht als auch aus dem nationalen deutschen Recht. Technische Unterstützung erfasst nach der Definition des deutschen Gesetzgebers (vgl. § 2 Abs. 16 AWG) jede technische Hilfe in Verbindung mit der Reparatur, der Entwicklung, der Herstellung, der Montage, der Erprobung, der Wartung oder jeder anderen technischen Dienstleistung. Die technische Unterstützung kann in Form von Unterweisung, Ausbildung, Weitergabe von praktischen Kenntnissen oder Fähigkeiten oder in Form von **Beratungsleistungen** erfolgen. Sie erfasst auch mündliche, fernmündliche und elektronische Formen der Unterstützung. Als technische Unterstützung gilt ua die Übergabe von schriftlichen Unterlagen im Inland oder aber auch die bloße Gewährung von **Akteneinsicht.** Auch die Dual-Use-VO sieht nun in ihrer Neufassung Beschränkungen für die Erbringung technischer Unterstützung vor (vgl. Art. 8 Dual-Use-VO).[54]

I. Vorrangige Beschränkungen (Ausfuhr/Verbringung sowie EU-Recht)

57 Liegt eine Ausfuhr/Verbringung vor, sind bereits die Genehmigungspflichten aus den entsprechenden **Ausfuhr- und Verbringungstatbeständen** nach der Dual-Use-VO und der AWV zu beachten[55] (Beispiel: die Versendung von Technologie per Post oder E-Mail ins Ausland, aber auch deren Bereitstellung auf einem Server, auf den vom Ausland aus zugegriffen werden kann). Sie gehen den allgemeinen Genehmigungspflichten betreffend die technische Unterstützung vor.[56] Liegt eine Ausfuhr/Verbringung mit anschließender technischer Unterstützung vor, sind die Verbote/Genehmigungserfordernisse für beide Sachverhalte zu prüfen.

Das EU-Recht enthält ebenfalls Beschränkungen für die Erbringung von technischer Unterstützung (so können Vorgaben aus Embargoverordnungen[57] folgen, wie zB Art. 2a Abs. 2 lit. a) iVm Art. 1 lit. c) Russland-Embargo-VO).

---

[51] Für Kriegswaffen findet sich eine Genehmigungspflicht in § 4a KrWaffKontrG, vgl. ferner § 47 Abs. 1 AWV.

[52] Gemäß § 47 Abs. 1 AWV unterfallen auch solche Vermittlungstätigkeiten der nationalen deutschen Kontrolle, die ein gebietsansässiger Deutscher in einem Drittland (also Nicht-EU-Land) vornimmt.

[53] Vgl. ferner die Vorschriften der §§ 17, 18 KrWaffKontrG, aus denen sich insbesondere ein Verbot für die Förderung von Tätigkeiten im Zusammenhang mit ABC-Waffen ergibt.

[54] Vgl. zur Neufassung der Dual-Use-VO Ossenkropp AW-Prax 2022, 208 ff. mit einem Überblick.

[55] Ehlers/Wolffgang/Ehrlich Exportkontrolle S. 491, 496 f.; Burkert-Basler/Nawrotzki AW-Prax 2015, 311 (312 ff.) – dort auch zur Frage der mündlichen Weitergabe der Technologie als Ausfuhrtatbestand; List AW-Prax 2009, 187 f.

[56] Voigtländer/Haellmigk AW-Prax 2011, 208 (209 ff.).

[57] Dort wird die technische Unterstützung teilweise auch als „technische Hilfe" bezeichnet. Insoweit findet sich eine nahezu wortgleiche Definition auf EU-Ebene (vgl. Paschke/Graf/Olbrisch/Schwendinger/Bender ExportR-HdB Abschnitt 35 Rn. 32). Die Begriffe sind – bereits ausweislich ihrer gesetzlichen Definiti-

II. Beschränkungen nach deutschem und EU-Recht

Allgemeine Beschränkungen (Genehmigungs- und Unterrichtungspflichten) für eine technische Unterstützung ergeben aus dem nationalen deutschen Recht und sind insbesondere in den §§ 49ff. AWV geregelt.[58] 58

Voraussetzung für eine Genehmigungs- oder Unterrichtungspflicht ist (vergleichbar den Vorgaben für die Ausfuhr von nicht gelisteten Dual-Use-Gütern), dass die technische Unterstützung im Zusammenhang mit einem **kritischen Verwendungszweck** (also im Zusammenhang mit ABC-Waffen bzw. entsprechender Trägertechnologie, mit militärischer oder ziviler kerntechnischer Endverwendung in bestimmten Ländern) steht und dass der Erbringer der Dienstleistung vom BAFA darüber informiert worden ist oder ihm ein solcher Verwendungszusammenhang bekannt ist. Ferner kommt es auf den Ort der Erbringung und den Empfänger an. Darüber hinaus können nach §§ 52a, 52b AWV Genehmigungs- oder Unterrichtungspflichten für eine technische Unterstützung einschlägig sein, sofern die technische Unterstützung im Zusammenhang mit bestimmten auf Anhang I der Dual-Use-VO oder in Teil I/B der Ausfuhrliste gelisteten Gütern der Kommunikationsüberwachung steht. Nach der vorrangig zu prüfenden Dual-Use-VO (vgl. § 53 Nr. 2 AWV) kommt eine Genehmigungspflicht in Betracht, wenn die technische Unterstützung im Zusammenhang mit nach Anhang I Dual-Use-VO gelisteten Gütern steht und der Erbringer der technischen Unterstützung von der zuständigen Behörde (in Deutschland: dem BAFA) darüber unterrichtet worden ist, dass die Güter für eine Verwendung nach Art. 4 Abs. 1 Dual-Use-VO bestimmt sind/bestimmt sein können oder dem Erbringer bekannt ist, dass die Güter für eine solche Verwendung bestimmt sind (vgl. Art. 8 Abs. 1 und Abs. 2 Dual-Use-VO). 59

Ausnahmen von einer Genehmigungspflicht ergeben sich insbesondere (vgl. den jeweiligen Absatz 3 der §§ 49–52 AWV sowie § 53 AWV) für die mündliche Weitergabe von Technologie (es sei denn, sie betrifft bestimmte in Teil I/A AL aufgeführte Technologie). 60

G. Grundzüge des US-(Re-)Exportkontrollrechts

Wie auf europäischer und deutscher Ebene bestehen auch im US-(Re-)Exportkontrollrecht allgemeine güter-, verwendungs-, länder- und personenbezogene Exportbeschränkungen. Zuständige Exportkontrollbehörden sind insbesondere das Bureau of International Trade and Security **(BIS)** und das Office of Foreign Assets Control **(OFAC).** Die US-Exportbestimmungen haben einen weiten Anwendungsbereich; sie erheben teilweise auch **extra-territorialen Geltungsanspruch.** Sie beziehen daher vielfach Unternehmen ein, die nicht in den USA ihren Geschäftssitz haben. Insoweit bedient sich das Exportkontrollrecht sowohl eines personen- als auch eines güterbezogenen Ansatzes. Davon künden Entscheidungen der US-Behörden, welche auch gegen deutsche Unternehmen Bußgelder verhängt oder den Unternehmen Exportprivilegien entzogen haben.[59] 61

Der **personenbezogene** Ansatz stellt darauf ab, ob ein Unternehmen bzw. eine Person als „US-Person" anzusehen ist.[60] Sind die personenbezogenen Merkmale zu bejahen, so sind die für US-Personen anwendbaren exportkontrollrechtlichen US-Regelungen zu be- 62

---

on (vgl. § 2 Abs. 16 AWG sowie die jeweiligen Definitionen in den EU-Embargoverordnungen) letztlich gleich zu verstehen.

[58] Vgl. ferner die Vorschriften der §§ 17, 18, 18a KrWaffKontrG, aus denen sich insbesondere ein Verbot für die Förderung von Tätigkeiten im Zusammenhang mit atomaren, biologischen oder chemischen Waffen sowie Antipersonenminen und Streumunition ergibt.

[59] Vgl. insoweit insbesondere die Darstellung des BIS von Juli 2022 (abrufbar unter https://www.bis.doc.gov/index.php/documents/enforcement/1005-don-t-let-this-happen-to-you-1/file).

[60] Vgl. zum „Schutz" natürlicher US-Personen im Unternehmen: Hohmann AW-Prax 2008, 294 (295f.).

achten. Der personenbezogene Ansatz kann dabei von Regelung zu Regelung in seiner Reichweite **unterschiedlich ausfallen.**[61]

63 Unabhängig von dem personenbezogenen Ansatz gelten güterbezogene Anwendungsbereiche für US-(re-)exportkontrollrechtliche Beschränkungen. Im Folgenden sollen daher auch die Beschränkungen für (US-)Dual-Use-Güter im Überblick dargestellt werden.[62]

I. Beschränkungen für Dual-Use-Güter

64 Auf Basis des Export Administration Act **(EAA)** sind die Export Administration Regulations **(EAR)** erlassen worden. § 734 EAR bezeichnet die Güter und Tätigkeiten, welche von den EAR erfasst sind. § 736 EAR benennt 10 Verbote (sogenannte **„General Prohibitions“**), die zu beachten sind. Ausnahmen zu diesen Verboten sind in § 740 EAR geregelt.[63]

1. Anwendbarkeit der Export Administration Regulations

65 Für die Anwendung bestimmter Verbote ist es erforderlich, dass die **Güter** den EAR unterfallen. Erst dann kommen diese Verbote überhaupt in Betracht. Erfasst werden insbesondere folgende Güter:

- alle Güter in den USA (auch wenn sie nur durchgeführt werden sollen);
- alle Güter (a) mit US-Ursprung oder (b) in welche bzw. mit welchen Güter mit US-Ursprung eingebaut bzw. verbunden werden, sofern der Anteil dieser US-Güter oberhalb einer „De-Minimis-Schwelle“ liegt;
- bestimmte Güter, welche direkt unter Einsatz von bestimmter US-amerikanischer Software oder Technologie hergestellt worden sind – sogenannte „foreign made direct products“.[64]

2. Beachtung der zehn Verbote der Export Administration Regulations

66 Die Verbote ergeben sich aus den 10 General Prohibitions (§ 736.2 (b) EAR). Die General Prohibitions 1 bis 3 enthalten dabei Beschränkungen für bestimmte gelistete Güter.

General Prohibition 1 (Genehmigungspflicht für US-Güter): Die Genehmigungspflicht für den (Re-)Export ergibt sich aus der Export Control Classification Number (ECCN) für das zu (re-)exportierende Gut, welche sich auf der **Commerce Control List** (CCL) findet. Die ECCN nennt dabei den Grund, warum das Gut kontrolliert werden soll, zB aufgrund von Crime Control (CC) oder Anti-Terrorism (AT). Das sogenannte Commerce Country Chart bestimmt, wann bei einem (Re-)Export welcher Kontrollzweck für welches Zielland eine Genehmigung erfordert (vgl. § 738 EAR). Insoweit wird also der Kontrollzweck des zu (re-)exportierenden Gutes mit dem **Commerce Country Chart** abgeglichen, um festzustellen, ob eine Genehmigungspflicht eingreift.

67 Ein **Export** liegt grds. vor, wenn Güter, die sich in den USA befinden, in das Ausland geliefert werden sollen (vgl. § 734.13 EAR). Ein **Reexport** hingegen ist (aus Sicht der USA) grds. die Lieferung von Gütern von einem ausländischen Staat in einen anderen ausländischen Staat (vgl. § 734.14).[65] Die EAR gehen jedoch von einem Export aus,

---

[61] Dazu: Hohmann AW-Prax 2008, 294 (295).

[62] Vgl. zu weiteren Beschränkungen: Böer/Groba/Hohmann Exportkontrolle S. 119 ff. (zu Rüstungsgütern).

[63] Einen Überblick zu den „General Prohibitions“ geben Hocke/Sachs/Pelz/Barker Außenwirtschaftsrecht US-Exportkontroll- und Sanktionsrecht Rn. 90 ff.; Pfeil/Mertgen Compliance S. 60 ff.; Burkert-Basler AW-Prax 2009, 13 ff.; Hohmann AW-Prax 2007, 115 ff.

[64] Der Begriff „direct“ product wird in den EAR definiert (vgl. § 734.3 (a) (4)): *„The immediate product (including processes and services) produced directly by the use of technology or software.“*

[65] Hocke/Sachs/Pelz/Barker Außenwirtschaftsrecht US-Exportkontroll- und Sanktionsrecht Rn. 80; Hohmann AW-Prax 2007, 115 (116).

wenn das Gut von vornherein zur Weiterlieferung bestimmt ist (vgl. § 734.2 (b) (6) EAR).[66] Erfasst von den EAR ist ebenfalls der sogenannte deemed (re-)export: Danach wird von den EAR auch schon die Weitergabe von Technologie oder Software an Ausländer **innerhalb der USA** oder innerhalb eines ausländischen Staates erfasst (vgl. § 734.13 (a) (2)/§ 734.14 (a) (2) EAR).[67]

General Prohibition 2 (Genehmigungspflicht für Nicht-US-Güter (sogenannte „foreign made products"), die aber US-Güter enthalten bzw. mit solchen verbunden sind): Insoweit ist zu klären, ob eine „De-Minimis-Schwelle" überschritten ist; bejahendenfalls führt dies dazu, dass das foreign made product den EAR unterfällt. Nach der **De-Mimimis-Rule** gilt vereinfacht ausgedrückt: Die EAR erfassen solche **Waren** nicht, die US-Waren enthalten, sofern der US-Anteil an der Gesamtware nicht mehr als 25% beträgt.[68] Allerdings kann der Anteil, ab welcher die De-Minimis-Rule eingreift, (je nach Destination) auch geringer sein. Für besonders sensible US-Waren, die in ein Gesamtprodukt einfließen, finden die EAR sogar unabhängig von einem Schwellenwert Anwendung.[69] 68

Das foreign made product ist dann mit der CCL abzugleichen, um zu prüfen, ob es einer ECCN zuzuordnen ist. Ist dies der Fall, wird – wie bei der General Prohibition 1 – geklärt, ob eine Genehmigung erforderlich ist: Es wird wiederum geprüft, ob nach dem Commerce Country Chart und dem Kontrollzweck des Gutes, in welches bzw. mit welchem Güter mit US-Ursprung eingebaut bzw. verbunden worden sind, eine Genehmigung für den (Re-)Export erforderlich ist. 69

General Prohibition 3 (Genehmigungspflicht für Nicht-US-Güter, die „direct products" amerikanischer Software/Technologie sind): Diese Genehmigungspflicht bezieht sich grds. auf den (Re-)Export in **bestimmte Zielländer.** Voraussetzung für eine Genehmigungspflicht ist insbesondere, dass bestimmte gelistete US-Technologie oder -Software zu dessen Herstellung eingesetzt worden ist.[70] 70

Neben den bereits dargestellten ersten drei General Prohibitions können sich weitere Verbote nach den EAR und zwar den General Prohibitions 4–10 ergeben. Diese können auch dann eingreifen, wenn das Gut den EAR unterfällt, aber nicht auf der CCL gelistet ist (sogenanntes „EAR 99"-Gut). 71

So bestehen insbesondere Beschränkungen im Umgang mit
- als **Denied Persons** gelisteten Personen (General Prohibition 4),
- gelisteten Endverwendern oder mit Gütern für gewisse **Verwendungszwecke** (wie zB eine Verwendung für ABC-Waffen – General Prohibition 5), oder
- **Embargoländern** (General Prohibition 6).[71]

Zudem ist darauf zu achten, dass nach der General Prohibition 7 eine US-Person[72] (auch wenn sie in einem deutschen Unternehmen arbeitet[73]) nicht an bestimmten Tätigkeiten beteiligt sein darf, insbesondere sofern diese im Zusammenhang mit proliferationsrelevanten Aktivitäten oder ABC-Waffen stehen (vgl. § 744.6 EAR). 72

Neben den allgemeinen EAR-Vorschriften existieren spezielle **länderbezogene** Embargovorschriften, die zu beachten sind.[74] Diese erlässt das OFAC. Je nach Ausgestaltung der Regelung sind auch ausländische Gesellschaften verpflichtet, das Embargo zu beachten. 73

---

[66] Dazu: Bachem-Niedermeier AW-Prax 2011, 165 (166f.).
[67] Dazu: HADDEX Band I, Stand: September 2021, Teil 12/1.1 und 1.2 jeweils Ziffer VI.; ferner: Hocke/Sachs/Pelz/Barker Außenwirtschaftsrecht US-Exportkontroll- und Sanktionsrecht, Rn. 83.
[68] Vgl. dazu Hocke/Sachs/Pelz/Barker Außenwirtschaftsrecht US-Exportkontroll- und Sanktionsrecht, Rn. 123ff.
[69] Vgl. zur *De-Minimis-Rule* (einschließlich der Frage, wie sich der entsprechende Anteil berechnet): Burkert AW-Prax 2008, 338ff.
[70] Vgl. dazu Hocke/Sachs/Pelz/Barker Außenwirtschaftsrecht US-Exportkontroll- und Sanktionsrecht Rn. 143ff.
[71] Neben den EAR sind insoweit auch vom OFAC erlassene Verordnungen zu den Embargoländern zu beachten.
[72] Zur Begriffsdefinition Haellmigk CCZ 2020, 147 (150).
[73] Schmitz GewArch 2011, 431 (432).
[74] Sie beziehen sich insbesondere auf Irak, Nordkorea, Russland und Syrien.

Dies kommt zB dann in Betracht, wenn **US-Staatsbürger** als Entscheidungsträger in die Exportvorgänge der ausländischen Gesellschaft eingebunden sind.[75]

II. Sanktionslisten

74 Rechtsgeschäfte mit bestimmten Personen sind nach dem US-(Re-)Exportkontrollrecht unabhängig davon, in welchem Land sich diese Personen befinden oder welche Güter (re-)exportiert werden, verboten oder genehmigungspflichtig. Die US-Vorschriften wählen auch hier einen extraterritorialen Ansatz, indem sich ihr Anwendungsbereich insbesondere auch auf US-Personen im Ausland erstreckt.

75 Insbesondere folgende **Sanktionslisten** sind zu beachten:[76]

- **Denied Persons List:** Personen werden auf dieser Liste geführt, wenn gegen sie eine Verbotsverfügung verhängt worden ist (sogenannte Denial Order), weil sie gegen US-Exportvorschriften verstoßen haben.
- **Entity List:** Diese Liste enthält Personen, die im Zusammenhang mit Proliferationsaktivitäten von Massenvernichtungswaffen stehen. Hier kann eine Lieferung an eine gelistete Person eine Genehmigungspflicht nach sich ziehen.
- **Specially Designated Nationals and Blocked Persons List:** In dieser Liste sind solche Personen aufgeführt, die von Wirtschaftssanktionen betroffen sind, die das OFAC verhängt hat.
- **Unverified List:** In dieser Liste werden Personen aufgeführt, welche an Transaktionen beteiligt waren, bei denen das BIS keine Überprüfungen hat durchführen können, weil diese Personen außerhalb ihrer Einflusssphäre lagen. Wollen Unternehmen an auf dieser Liste geführte Personen Güter liefern, müssen sie die näheren Umstände des Geschäfts überprüfen; die Listung gilt als **red flag,** also als Warnsignal, welches Nachforschungspflichten statuiert.
- **Debarred Persons List:** Hier sind insbesondere solche Personen aufgeführt, die gerichtlich verurteilt sind wegen eines Verstoßes gegen den Arms Export Control Act (AECA).

III. Widersprüche/Kollision zwischen deutschem/EU- und ausländischem Recht

76 Insoweit ist zu unterscheiden zwischen sogenannten „counter-measures", welche zum Schutz der einheimischen Unternehmen vor der extraterritorialen Geltung der US-Exportkontrollvorschriften erlassen wurden, sowie dem Verbot der Abgabe sogenannter Boykotterklärungen, die sich auf die Einhaltung ausländischen Exportkontrollrechts bezieht.

Da das US-Exportkontrollrecht extraterritoriale Geltung beansprucht, verwundert es nicht, dass andere Staaten versuchen, die in ihrem Staat angesiedelten Unternehmen davor zu schützen, indem sie **counter-measures** erlassen.[77] Dies hat zB die EU durch den Erlass der Verordnung (EG) Nr. 2271/96 getan.[78] Art. 5 Abs. 1 VO (EG) Nr. 2271/96 lautet: *„Keine Person im Sinne des Artikels 11 darf selbst oder durch einen Vertreter oder einen anderen*

[75] Zu weiteren Fallgestaltungen einer Erstreckung der US-Exportkontrollvorschriften Hocke/Sachs/Pelz/Barker Außenwirtschaftsrecht US-Exportkontroll- und Sanktionsrecht, Rn. 200 ff., 217 ff.; Hohmann AW-Prax 2009, 356 ff.; Ders. AW-Prax 2008, 294 ff.

[76] Vgl. Puschke/Hohmann Sanktionslisten S. 45 ff.; Böer/Groba/Hohmann Exportkontrolle S. 42 ff.; Haellmigk CCZ 2020, 147 ff. (dort auch zur Relevanz für EU-Unternehmen); Burkert-Basler AW-Prax 2019, 234 (235 ff.).

[77] Vgl. zu unilateralen Wirtschaftssanktionen gegen ausländische Unternehmen allgemein Schmalenbach JZ 2021, 269 ff.

[78] Vgl. zu weiteren Ländern, die Gegenmaßnahmen getroffen haben (wie zB Kanada oder Mexiko) die Darstellung bei Hocke/Sachs/Pelz/Vogt/Arend Außenwirtschaftsrecht § 7 AWV Rn. 56; Rathbone/Jeydel/Lentz Geo. J. Int'l L. 2013, 1055 (1091 ff.); Clark J. Int'l L. 2004, 455 ff.

Vermittler aktiv oder durch bewusste Unterlassung Forderungen oder Verboten, einschließlich Aufforderungen ausländischer Gerichte, nachkommen, die direkt oder indirekt auf den im Anhang aufgeführten Gesetzen oder den darauf beruhenden oder sich daraus ergebenden Maßnahmen beruhen oder sich daraus ergeben." Im Anhang zur VO (EG) Nr. 2271/96 wird insbesondere der Iran and Libya Sanctions Act of 1996 aufgeführt. Mit der delegierten VO (EU) Nr. 2018/1100 hat die EU diese sogenannte „Blocking Verordnung" aus ihrem „Dornröschenschlaf" befreit und weitere Rechtsakte in ihren Anhang aufgenommen.[79] Die Verweise auf das US-Recht im Anhang zur Blocking Verordnung sind statischer Natur.

In einem Vorlageverfahren nach Art. 267 AEUV hat der EuGH (vgl. Urt. v. 21.12.2021 – C-124/20) insbesondere zu einzelnen Tatbestandsmerkmalen des Art. 5 Abs. 1 VO (EG) Nr. 2271/96 Stellung genommen.[80] Das Verfahren beruhte auf einem Beschluss des OLG Hamburg vom 2.3.2020 (11 U 257/18)[81], dem eine (ordentliche) Kündigung eines Rahmenvertrages durch die Deutsche Telekom zugrunde lag. Insoweit berief sich die Deutsche Telekom auf ausländisches Sanktionsrecht (konkret US-amerikanische Sekundärsanktionen), welches sie zur (ordentlichen) Kündigung des Rahmenvertrages zwinge. Der Vertragspartner berief sich auf Art. 5 Abs. 1 VO (EG) Nr. 2271/96. Insoweit stellte der EuGH insbesondere fest, dass die Vorschrift schon die Befolgung der (in ihrem Anhang genannten) abstrakt-generellen Rechtsakte verbiete; deren Konkretisierung durch Verwaltungsakt bzw. Urteil sei nicht erforderlich.[82]

Eine Vertragsklausel, welche gegen diese Vorschrift verstößt, ist nach § 134 BGB nichtig.[83] Zugleich gewährt Artikel 6 VO (EG) Nr. 2271/96 Unternehmen oder natürlichen Personen einen zivilrechtlichen Anspruch auf Schadensersatz gegenüber den Unternehmen/natürlichen Personen, welche gegen Art. 5 VO (EG) Nr. 2271/96 verstoßen.[84] Darüber hinaus ist ein Verstoß bußgeldbewehrt: Nach § 82 Abs. 4 AWV iVm § 19 Abs. 4 AWG handelt **ordnungswidrig** „*wer vorsätzlich oder fahrlässig entgegen Artikel 5 Abs. 1 VO 2271/96* (...) *einer dort genannten Forderung oder einem dort genannten Verbot nachkommt.*" Es besteht die Möglichkeit der bußgeldbefreienden Selbstanzeige nach § 22 Abs. 4 AWG im Falle fahrlässiger Begehung. Unabhängig davon gibt es für staatliche Stellen die Möglichkeit, ein Bußgeldverfahren nach § 47 OWiG einzustellen, vgl. § 22 Abs. 4 S. 3 AWG.

Da die im Anhang genannten Gesetze extraterritoriale Geltung beanspruchen, stellt sich 77
für Unternehmen (für welche die VO (EG) Nr. 2271/96 gilt – vgl. deren Art. 11) die Frage, wie die Behörden/Gerichte das Spannungsverhältnis zwischen § 82 Abs. 4 AWV und diesen US-Gesetzen einschätzen bzw. auflösen. Denn die Unternehmen müssen sich an die US-Gesetze halten, wollen sie deren Sanktionen vermeiden. Andererseits verbietet ihnen § 82 Abs. 4 AWV wiederum, eben diese US-Gesetze zu befolgen.[85] In der Literatur wird auf ein **Understanding** hingewiesen, welches zwischen den USA und der EU im Jahr 1998 getroffen wurde.[86] Danach würden die Sanktionen im Verhältnis zu Staatsange-

[79] Vgl. dazu und zu den Neuerungen: B. Mehle/Hagemann RIW 2018, Heft 18, Umschlagteil I; Bälz EuZW 2020, 416ff.; Burkert-Basler AW-Prax 2018, 357ff.

[80] EuGH NJW 2022, 2383ff.; vgl. zum Urteil und den weiteren Gegenständen der Entscheidung (wie zB der Beweislastumkehr): Lippert/Ghassabeh BB 2022, 329ff.; Schöffski CCZ 2022, 74ff.; Wackernagel/Sattler AW-Prax 2022, 131ff.; Schwendinger/Rehle AW-Prax 2022, 135 (136ff.).

[81] OLG Hamburg EuZW 2020, 390ff., vgl. dazu die Anmerkungen von Plath EuZW 2020, 375ff.; Bälz IWRZ 2020, 183ff.

[82] So (noch) die Annahme des OLG Köln BeckRS 2020, 4132; vgl. dazu Pitsch EWiR 2020, 589f.; Harings RdTW 2020, 442 (447).

[83] So die hM, vgl. die Nachweise bei Wilhelm AcP (2021) 221, 657 (671); ferner Schwampe RdTW 2015, 161 (167) mwN; zur allgemeinen Wirkung der Nichtberücksichtigung der aufgelisteten US-Sanktionen (im Sinne eines „Befolgungsverbots") Bälz NJW 2020, 878 (881ff.) mwN.

[84] Vgl. auch Entscheidung des OLG Frankfurt IHR 2022, 65 (68) zur Erstattungsfähigkeit vorgerichtlicher Anwaltskosten.

[85] Hohmann AW-Prax 2009, 356 (360).

[86] Rensmann AW-Prax 2011, 154; Smis/van der Borght AJIL 1999, 227, (231ff.).

hörigen aus der Europäischen Union suspendiert.[87] Zwar könnte man argumentieren, dass EU-Unternehmen nun doch „nach Belieben" gegen die in der VO (EG) Nr. 2271/96 genannten *Gesetze* verstoßen könnten. Ob dies allerdings zu empfehlen ist, ist mehr als fraglich.[88] Diese Zweifel verstärken sich, wenn das EU-Unternehmen unter der Kontrolle einer US-Muttergesellschaft steht oder über Vermögenswerte in den USA verfügt. Um diesen Konflikt von vornherein zu vermeiden, kann es sich anbieten, den Vertrieb so zu strukturieren, dass **Anfragen** für die von der VO (EG) Nr. 2271/96 betroffenen Länder nicht durch ein EU-(Tochter-)Unternehmen bearbeitet werden, sondern durch die US-Muttergesellschaft, die zulässigerweise eine Anfrage aufgrund der Verbote der US-Exportkontrollvorschriften ablehnen darf.[89] Auch könnte das Unternehmen den Kontakt zur EU-Kommission (vgl. Art. 2 Abs. 1 und Art. 5 Abs. 2 VO (EG) Nr. 2271/96) oder den US-Behörden suchen.[90]

78 Ferner sehen sich die Unternehmen folgender weiterer Kollision zwischen deutschem/EU-Recht und ausländischem Recht gegenüber, und zwar in Gestalt des Verbots, sogenannte Boykotterklärungen abzugeben (vgl. § 7 AWV). Nach § 7 Satz 1 AWV gilt: *„Die Abgabe einer Erklärung im Außenwirtschaftsverkehr, durch die sich ein Inländer an einem Boykott gegen einen anderen Staat beteiligt (Boykott-Erklärung), ist verboten."* Der durch die 12. Änderungsverordnung zur Außenwirtschaftsverordnung (mit Wirkung zum 29.12.2018) neu eingeführte § 7 Satz 2 AWV nimmt hiervon wiederum bestimmte Erklärungen aus.[91] Ein Verstoß gegen § 7 Satz 1 AWV ist bußgeldbewehrt (vgl. § 81 Abs. 1 Nr. 1 AWV iVm § 19 Abs. 3 Nr. 1 lit. a AWG); es besteht die Möglichkeit der bußgeldbefreienden Selbstanzeige nach § 22 Abs. 4 AWG im Falle fahrlässiger Begehung. Zivilrechtlich gilt: Verstößt eine Vertragsklausel gegen § 7 AWV ist sie gemäß § 134 BGB nichtig[92] – und kann gemäß § 139 BGB die Nichtigkeit des gesamten Vertrages nach sich ziehen. Ein Anspruch auf Schadensersatz wegen Beteiligung an einem Boykott ist nicht – wie in Artikel 6 VO (EG) Nr. 2271/96 – ausdrücklich vorgesehen. Ein Rückgriff auf § 823 Abs. 2 BGB wird mit der Begründung verneint, dass § 7 Satz 1 AWV keine drittschützende Norm im Sinne der Vorschrift ist.[93]

79 Vor dem Hintergrund der beschriebenen Normen stellt sich insbesondere die Frage, inwieweit ein Unternehmen eine von seinem Vertragspartner verlangte Erklärung abgeben darf, wonach die Güter keine bestimmten Bezugspunkte zu einem gewissen Land aufweisen (zB Zulieferteile nicht aus einem bestimmten Land stammen).[94] Die Zulässigkeit einer (zumindest inhaltlich beschränkten) Abgabe solcher Bestätigungserklärungen ist im Einzelfall zu prüfen. Gleiches gilt im Rahmen der Vertragsgestaltung hinsichtlich der Bestätigung der Einhaltung (bestimmter) ausländischer exportkontrollrechtlicher Normen.[95]

---

[87] Insoweit hat die US-Regierung am 18.5.1998 auf Sanktionen verzichtet, welche EU-Unternehmen durch eine Projektbeteiligung an dem iranischen Gasfeld „South Pars" verwirkt hatten. Die US-Regierung gab zu verstehen, dass auch in zukünftigen ähnlich gelagerten Fällen ein Verzicht auf Sanktionen in Betracht käme, wenn die EU auch weiterhin die USA im Kampf gegen terroristische und proliferationsrelevante Aktivitäten des Irans unterstütze (vgl. dazu: Katzman „Iran Sanctions", Dokument vom 22.2.2022, S. 87, abrufbar unter http://www.fas.org/sgp/crs/mideast/RS20871.pdf).

[88] Vgl. zur Haftung eines Finanzdienstleisters unter US-Exportkontrollrecht, dessen europäische Niederlassung sich an die VO (EG) Nr. 2271/96 gehalten hatte: Ahmad AW-Prax – Service Guide 2014, 36 (37).

[89] Vgl. zu weiteren Möglichkeiten, den Konflikt zwischen US- und EU-Recht zu entschärfen Clark J. Int'l L. 2004, 455 ff.

[90] Mayer/Albrecht WM 2015, 1226 (1229, 1232).

[91] Vgl. dazu BMWi Runderlass Außenwirtschaft Nr. 3/2018 vom 19.12.2018, Banz AT 28.12.2018 B1; Hoffmann AW-Prax 2019, 88 ff.; Jungkind/Winkler AW-Prax 2019, 354 ff.

[92] So die hM: Hocke/Sachs/Pelz/Vogt/Arend Außenwirtschaftsrecht § 7 AWV Rn. 38 f. mwN.; Ehlers/Wolffgang/Streit Exportkontrolle S. 361 (372 f.); Hoffmann EuZW 2019, 315 (320); vgl. ferner die Nachweise bei Wilhelm AcP 221 (2021), 657 (671).

[93] Ehlers/Wolffgang/Streit Exportkontrolle S. 361 (373).

[94] Krumpholz NJW 1993, 113 f.; Hohmann/Hagemann Export-Manager, Ausgabe 9 (2014), 20 f.

[95] Dazu: Ehlers/Wolffgang/Streit Exportkontrolle S. 361 (373 ff.); Schwampe RdTW 2015, 161 ff.

H. Vertragsgestaltung

80 Im Rahmen der Vertragsgestaltung sind die Risiken zu berücksichtigen, welche sich aus den dargestellten exportkontrollrechtlichen Vorschriften ergeben können.[96] Dies sind:

- Verbot der **Durchführung** einer Transaktion, insbesondere die Erfassung einer Transaktion durch ein länder- oder personenbezogenes Embargo;
- Nicht-Erteilung oder Verzögerung der für eine **Lieferung/Leistung** erforderlichen **Genehmigung,** insbesondere aufgrund einer Listung eines Gutes (auf der AL, in den Anhängen I und IV der Dual-Use-VO und/oder der CCL) oder aufgrund eines kritischen Verwendungszwecks der Güter/Leistung (ABC-Waffen, konventionelle Rüstungsgüter, zivile kerntechnische Anlagen).

81 Wie wichtig es ist, diese Risiken vertraglich zu erfassen, soll anhand von zwei Konstellationen beschrieben werden: Die möglichen Auswirkungen sowohl von Verboten (dazu unter I.) als auch Genehmigungspflichten (dazu unter II.) auf Rechtsgeschäfte.

I. Rechtsgeschäfte und Verbote

82 Wird ein Rechtsgeschäft abgeschlossen, *nachdem* oder *bevor* die Embargoregelungen mit einem Verbot in Kraft getreten sind, sollten zunächst die Vorschriften des jeweiligen Embargos dahingehend überprüft werden, ob sie für diesen Fall spezifische Regelungen treffen. So sieht zB Art. 11 Abs. 2 Russland-Embargo-VO vor, dass in Verfahren zur Durchsetzung eines Anspruchs die Person, die den Anspruch geltend macht, die Beweislast dafür trägt, dass die *Erfüllung* des Anspruchs nicht durch Art. 11 Abs. 1 Russland-Embargo-VO verboten ist. Die Vorschrift ordnet insoweit an: *„Ansprüche im Zusammenhang mit Verträgen oder Geschäften, deren Erfüllung bzw. Durchführung von den mit dieser Verordnung verhängten Maßnahmen unmittelbar oder mittelbar, ganz oder teilweise berührt wird, einschließlich Schadensersatzansprüchen und ähnlichen Ansprüchen, wie etwa Entschädigungsansprüche oder Garantieansprüche, vor allem Ansprüche auf Verlängerung oder Zahlung einer Schuldverschreibung, einer Garantie oder eines Schadensersatzanspruchs, insbesondere einer finanziellen Garantie oder eines finanziellen Schadensersatzanspruchs in jeglicher Form, werden nicht erfüllt, sofern sie von einer der folgenden natürlichen oder juristischen Personen, Einrichtungen oder Organisationen geltend gemacht werden: a) in den Anhängen dieser Verordnung aufgeführten juristischen Personen, Organisationen und Einrichtungen oder juristischen Personen, Organisationen und Einrichtungen, die außerhalb der Union niedergelassen sind und deren Anteile zu über 50% unmittelbar oder mittelbar von ihnen gehalten werden, b) jedweder sonstigen russischen Person, Organisation oder Einrichtung, c) sonstigen Personen, Organisationen und Einrichtungen, die über eine der unter den Buchstaben a und b dieses Absatzes genannten Personen, Organisationen oder Einrichtungen oder in deren Namen handeln.“*

83 Art. 11 Abs. 1 Russland-Embargo-VO erfasst danach zunächst Sekundäransprüche.[97] Zudem ließe sich argumentieren, dass die Vorschrift sich auch auf *Primäransprüche* (also zB auf den Anspruch des russischen Geschäftspartners auf eine Warenlieferung) bezieht. Dafür spricht schon die weite Formulierung in Art. 11 Abs. 1 Russland-Embargo-VO sowie Art. 11 Abs. 3 Russland-Embargo-VO. Dieser Artikel legt fest, dass die gerichtliche Überprüfung der Rechtmäßigkeit der „Nichterfüllung vertraglicher Pflichten“ unberührt bleibt. Für dieses Ergebnis streitet ferner der Zweck der Embargoverordnungen: Wären lediglich Sekundäransprüche erfasst, so gälte die Beweislastumkehr gerade nicht für die Verteidigung

[96] Vgl. dazu: Landry FS Westphalen S. 453 ff.; Funk/Zeifang CR 2004, 11 ff.

[97] HADDEX Band I (Stand: September 2021) Rn. 104; ferner: Dokument „COMMISSION CONSOLIDATED FAQs on the implementation of Council Regulation No 833/2014 and Council Regulation No 269/2014“, S. 16 f. (Stand: 10.8.2022; abrufbar unter: https://ec.europa.eu/info/sites/default/files/business_economy_euro/banking_and_finance/documents/faqs-sanctions-russia-consolidated_en.pdf); dazu: Ehlers/Wolffgang/Burkert-Basler Exportkontrolle S. 173 ff.

im Rahmen von Klagen auf Primäransprüche, obwohl die Abwehr gerade (auch) dieser Ansprüche dem Zweck der Embargoverordnungen entspricht.[98]

84 **Zivilrechtlich** wirken deutsche und EU-Embargoregelungen bei anwendbarem deutschen Recht darüber hinaus wie folgt: Rechtsgeschäfte, die unter Verstoß gegen ein nach deutscher Rechtsordnung bereits bestehendes Embargo abgeschlossen werden, sind nach § 134 BGB **nichtig,** weil sie gegen ein (deutsches) gesetzliches Verbot verstoßen.[99] Tritt eine solche Embargoregelung erst nach Abschluss des Rechtsgeschäfts (Verpflichtungsgeschäfts) in Kraft, kann sich eine (nachträgliche) **Unmöglichkeit** der Leistungserbringung nach § 275 BGB oder ein **Wegfall der Geschäftsgrundlage** nach § 313 BGB ergeben.[100] Insbesondere vor dem Hintergrund, dass der Zeitraum des Bestehens von Handels-/Unterstützungsverboten ungewiss sein kann, kommt auch eine endgültige (und nicht nur vorübergehende[101]) Unmöglichkeit in Betracht.[102] Insoweit ist zu beachten, dass auch der BGH davon ausgeht, der Warenhandel disponiere kurzfristig.[103] Jedenfalls ist im Falle des Embargos zumindest von einer vorübergehenden Unmöglichkeit für die Dauer der Anwendbarkeit der einschlägigen Vorschrift auszugehen, mit der Folge, dass eine etwaige Klage des Geschäftspartners als „zurzeit unbegründet" abzuweisen wäre.[104]

85 Auch staatliche Eingriffsnormen des ***ausländischen*** **Rechts** (insbesondere Handels- und Unterstützungsverbote) und nicht nur des deutschen/EU-Rechts können für das Rechtsgeschäft zu beachten sein, selbst wenn die Anwendung deutschen Rechts anzunehmen ist. Nach deutschem Recht ist anerkannt, dass auch staatliche Eingriffsnormen des ausländischen Rechts aufgrund ihrer **tatsächlichen Auswirkung** im Rahmen von zivilrechtlichen Generalklauseln zu berücksichtigen sind und so insbesondere zur Sittenwidrigkeit eines Rechtsgeschäftes oder (im Falle eines *vor* Inkrafttreten der Embargoregelung bereits abgeschlossenen Rechtsgeschäfts) zur (nachträglichen) Unmöglichkeit der Leistungserbringung bzw. Wegfall der Geschäftsgrundlage oder aber auch zur Kündigung eines Dauerschuldverhältnisses aus „wichtigem Grund" (nach § 314 Abs. 1 BGB) führen *können.*[105] Dies gilt insbesondere dann, wenn diese Verbote strafbewehrt sind. So hat das Reichsgericht in Bezug auf ein **englisches „Feindhandelsverbot"** entschieden, dass dieses die Erbringung der Leistungsverpflichtung verhindere und sie unmöglich mache. Denn das englische Gesetz enthielt schwere Strafandrohungen für jeden Verstoß und sah strenge Kontrollmaßnahmen vor.[106] Das Reichsgericht befand, dass dem Schuldner nicht zuzumuten sei, „Schleichwege" zu gehen, mit deren Notwendigkeit bei Abschluss des Vertrages

---

[98] Um auf diese Weise insbesondere umfassend die Unterstützung von Personen zu verhindern, gegen welche ein Bereitstellungsverbot besteht; vgl. auch Pfeil/Mertgen Compliance S. 94f.; ferner Bittner ZVglRWiss 1994, 268 (273); Oeter IPrax 1996, 73 (76f.); anderer Auffassung Neumann Handelsembargos S. 383ff. (mwN).

[99] Krenzler/Herrmann/Niestedt Zollrecht V. Embargo- und Sanktionsmaßnahmen Rn. 92 mwN; Wandt VersR 2013, 257 (262).

[100] Vgl. dazu Dahme Wirtschaftssanktionen S. 118 Fn. 559; Neumann Handelsembargos S. 297ff. (mwN); Bernardi RIW 2022, 181 (182f.); Breckheimer/Karrenbrock BB 2014, 3011ff.; Richter AW-Prax 2009, 3 (5); Oeter IPrax 1996, 73 (76f.); Bittner RIW 1994, 458ff.

[101] Vgl. zu Gesichtspunkten der Abgrenzung einer vorübergehenden von einer dauerhaften Unmöglichkeit Harings/Loets RdTW 2015, 321 (323).

[102] Krenzler/Herrmann/Niestedt Zollrecht V. Embargo- und Sanktionsmaßnahmen Rn. 94 mwN; Paschke/Graf/Olbrisch/Schwendinger/Bender ExportR-HdB Abschnitt 35 Rn. 107ff. mwN.

[103] BGHZ 83, 197ff.

[104] RGZ 151, 35 (38); MüKoBGB/Ernst § 275 Rn. 137; Harings/Loets RdTW 2015, 321 (323) mwN.

[105] Allgemein: Ehlers/Wolffgang/Prieß/Schaper Exportkontrolle S. 267, 281ff.; Mankowski RIW 2015, 405f.; vgl. zur Sittenwidrigkeit: BGHZ 59, 82 (85); BGH NJW 1962, 1436ff.; Cichy/Cziupka BB 2014, 1482ff.; zur Unmöglichkeit/Wegfall der Geschäftsgrundlage BGH WM 1965, 267 (270); RGZ 93, 182 (184f.); Bittner RIW 1994, 458ff.; Freitag NJW 2018, 430 (433ff.); zur Frage, inwieweit Art. 5 VO (EG) 2271/1996 eine Berufung auf § 275 BGB ausschließt (in diesem Sinne wohl: MüKoBGB/Ernst § 275 Rn. 54) Bälz NJW 2020, 878 (881f.9), der eine tatsächliche Berücksichtigung der US-Sanktionen für möglich hält; vgl. auch Denga RIW 2022, 93 (96); ferner die Entscheidung des OLG Frankfurt IHR 2022, 65ff. (dazu auch Johnson CCZ 2022, 79, (81)), nach welcher eine SDN-Listung aufgrund der Wertung der VO (EG) Nr. 2271/1996 dem Risikobereich der anderen Partei zuzuordnen war.

[106] RGZ 93, 182ff.

nicht zu rechnen war. Allerdings ist das Vorliegen eines Leistungshindernisses aufgrund von ausländischen Embargovorschriften in der Rechtsprechung auch schon anders beurteilt worden, wie folgender Entscheidung des Landgerichts Krefeld[107] zu entnehmen ist: Die deutsche Tochtergesellschaft einer amerikanischen Muttergesellschaft weigerte sich aufgrund des Iran-Embargos der USA, einen Vertrag über die Lieferung von 10 Generatoren zu erfüllen. Das Deutsche Bundesamt für gewerbliche Wirtschaft (so die damalige Bezeichnung des BAFA) hatte die Ausfuhr genehmigt. Das Landgericht Krefeld gab der Leistungsklage des iranischen Geschäftspartners statt, und zwar mit folgender – knapper, und nicht differenzierender – Begründung: *„Wie die Beklagte selbst hervorhebt, handelt es sich bei ihr um eine GmbH Deutschen Rechts. Daraus folgt, dass die Beklagte sich in ihrer Eigenschaft als eine Gesellschaft Deutschen Rechts nicht mit Erfolg auf das in den Vereinigten Staaten verhängte Iran Embargo berufen kann."*

In der jüngeren Zeit hat sich das OLG Frankfurt a. M. mit der Wirkung ausländischer Eingriffsnormen (hier einer Executive-Order des Präsidenten der USA) auf ein Vertragsverhältnis befasst und verneinte eine Auswirkung im zu entscheidenden Fall.[108] Unter Berücksichtigung von Zumutbarkeitserwägungen urteilte es: *„Befinden sich die im Transfervorgang angehaltenen Gelder auf dem Konto einer in der Europäischen Union gelegenen Niederlassung einer in den USA ansässigen Bank, kann diese sich nicht mit Erfolg darauf berufen, dass sie an die Exekutiv-Order des Präsidenten der USA gebunden sei."* Hinzugetreten zur Problematik der Berücksichtigung ausländischen Sanktionsrechts sind neuere Entscheidungen[109] des LG Hamburg vom 3.12.2014[110], des LG Dortmund vom 15.1.2016[111], des LG Frankfurt a. M. vom 16.11.2017[112]/OLG Frankfurt a. M. vom 25.9.2018[113] sowie des LG Hamburg vom 15.10.2018.[114] Die Entscheidungen befassen sich überwiegend mit der Frage der Berücksichtigungsfähigkeit US-amerikanischen Sanktionsrechts.[115]

Für Verträge, welche ab dem 17.12.2009 abgeschlossen wurden und unter die 86
Rom I-VO fallen, bestimmt **Art. 9 Abs. 3 Rom I-VO** eine unmittelbare Wirkung von **ausländischen Eingriffsnormen,** ohne dass auf die tatsächliche Auswirkung ausländischer Verbote im Rahmen von Generalklauseln abgestellt werden muss. Die Vorschrift lautet: *„Den Eingriffsnormen des Staates, in dem die durch den Vertrag begründeten Verpflichtungen erfüllt werden sollen oder erfüllt worden sind, kann Wirkung verliehen werden, soweit diese Eingriffsnormen die Erfüllung des Vertrags unrechtmäßig werden lassen. Bei der Entscheidung, ob diesen Eingriffsnormen Wirkung zu verleihen ist, werden Art und Zweck dieser Normen sowie die Folgen berücksichtigt, die sich aus ihrer Anwendung oder Nichtanwendung ergeben würden."*

Insoweit ist jedoch zu beachten, dass Art. 9 Abs. 3 Rom I-VO zwar eine Sonderan- 87
knüpfung zulässt, aber restriktiv ausgestaltet ist. Im Einzelnen ist umstritten, welche Sperrwirkung die Vorschrift entfaltet, sofern Sachverhalte nicht ihrem Anwendungsbereich unterfallen (also der Erfüllungsort nicht in demjenigen Staat liegt, dessen Eingriffsnorm betroffen ist).[116]

---

[107] Unveröffentlichte Entscheidung, zitiert nach Großfeld Unternehmensrecht S. 198 Fn. 39.

[108] OLG Frankfurt a. M. ZIP 2011, 1354 ff.; vgl. dazu: Huck NJOZ 2015, 993 (998 f.); Mayer/Albrecht WM 2015, 1226 ff.

[109] Zur weiteren Entwicklung der Rechtsprechung zur Berücksichtigung ausländischen Sanktionsrechts vgl. insbesondere Harings RdTW 2020, 483 ff.; Bälz NJW 2020, 378 ff.; Ders. EuZW 2020, 416 ff.

[110] LG Hamburg RdTW 2015, 192 ff.

[111] LG Dortmund BeckRS 2016, 3046; vgl. ferner die Anmerkung von Podszun GWR 2016, 211.

[112] LG Frankfurt NJOZ 2018, 196; vgl. ferner die Anmerkung von: Mankowski TranspR 2018, 104; Freitag NJW 2018, 430 ff.

[113] OLG Frankfurt NJW 2018, 3591 ff.; vgl. ferner die Anmerkung von: Tonner NJW 2018, 3595 f.

[114] LG Hamburg BeckRS 2018, 31002.

[115] Vgl. ferner: Urteil des Handelsgerichts des Kantons Zürich vom 16.11.2020 – HG180215-O sowie – in der Beschwerdeinstanz – Urteil des Bundesgerichts vom 6.8.2021 – 4 A_659/2020, welche ausländisches Sanktionsrecht im Rahmen der vertraglichen Abwicklung zwischen einer Bank und ihrem Kunden berücksichtigten.

[116] Vgl. MüKoBGB/Martiny Art. 9 Rom I-VO Rn. 112 ff. mwN.; ferner Ehlers/Wolffgang/Prieß/Schaper Exportkontrolle S. 267, 271 ff. mwN; Freitag NJW 2018, 430 (432).

II. Rechtsgeschäfte und Genehmigungspflichten

88 § 15 Abs. 1 AWG bestimmt, wie sich Genehmigungspflichten auf Rechtsgeschäfte auswirken. Die Vorschrift lautet: „*Ein Rechtsgeschäft, das ohne die erforderliche Genehmigung vorgenommen wird, ist unwirksam. Es wird vom Zeitpunkt seiner Vornahme an wirksam, wenn es nachträglich genehmigt wird oder das Genehmigungserfordernis nachträglich entfällt.* (...)".

89 Die Vorschrift bezieht sich auf *außenwirtschaftsrechtliche* Genehmigungspflichten nach deutschem Recht. Dies schließt unmittelbar geltendes Recht der EU mit ein[117] und gilt – zumindest sofern deutsche Gerichte angerufen werden – auch dann, wenn nicht deutsches, sondern das Recht eines anderen Staates vereinbart worden ist.[118]

90 Die Vorschrift erfasst lediglich den Fall, dass das Rechtsgeschäft selbst genehmigungspflichtig ist, nicht jedoch den **Vertrag** über eine (nach deutschem Recht) genehmigungspflichtige Handlung (Bsp.: Ausfuhr/Verbringung), die als Realakt nicht § 15 AWG unterfällt.[119]

91 Erforderliche, jedoch (noch) nicht erteilte Genehmigungen nach *ausländischem* Recht werden in der Regel als Leistungshindernisse im Rahmen des jeweils anwendbaren Vertragsrechts berücksichtigt.[120] Für Verträge, welche ab dem 17.12.2009 abgeschlossen wurden, bestimmt Art. 9 Abs. 3 Rom I-VO – wie oben beschrieben – unter bestimmten Voraussetzungen eine unmittelbare Wirkung auch von *ausländischen* Eingriffsnormen.

I. Exportkontrollklauseln

92 Im Folgenden werden Anregungen für Exportkontrollklauseln dargestellt.[121] Nach kurzer Beschreibung des jeweiligen Regelungsziels wird ein Formulierungsvorschlag unterbreitet. Sofern zweckmäßig, folgt eine vertiefende Erläuterung.

93 Die folgende Klausel gewährt dem Schuldner ausdrücklich ein Leistungsverweigerungsrecht für den Fall, dass seine Leistungserbringung gegen exportkontrollrechtliche Vorschriften verstoßen würde.

Klauselbeispiel für das Recht zur Leistungsverweigerung aufgrund exportkontrollrechtlicher Beschränkungen

[•] Foreign trade law

(1) Supplier and Recipient may refuse to fulfil their obligations under this agreement insofar as the fulfilment is prohibited or impaired by applicable foreign trade law (especially export control and/or customs regulations) imposed by [•][122] (including embargos). Also, Supplier and Recipient may refuse to fulfil their obligations under this agreement insofar as the fulfilment is prohibited or impaired by *other* foreign trade law that is (in accordance with this law) applicable to this contract.

---

[117] BeckOK AußenwirtschaftsR/Niestedt, 1.6.2022, § 15 AWG Rn. 6.

[118] Wolffgang/Simonson/Rogmann/Pietsch/Mankowski Außenwirtschaftsrecht § 15 AWG Rn. 59 ff.

[119] Wolffgang/Simonson/Rogmann/Pietsch/Mankowski Außenwirtschaftsrecht § 15 AWG Rn. 20; Hocke/Sachs/Pelz/Sachs Außenwirtschaftsrecht § 15 AWG Rn. 3; B. Mehle Das Deutsche Bundesrecht § 15 AWG Rn. 4. In Betracht kommt insoweit eine rechtliche Unmöglichkeit nach § 275 BGB im Hinblick auf das Verpflichtungsgeschäft (vgl. BeckOK AußenwirtschaftsR/Schwendinger, 1.6.2022, § 17 AWG Rn. 125).

[120] Wolffgang/Simonson/Rogmann/Pietsch/Mankowski Außenwirtschaftsrecht§ 15 AWG Rn. 17 f.

[121] Die nachstehenden Klauseln gehen von der Anwendbarkeit deutschen Rechts aus.

[122] Hier ist das jeweilige Land anzugeben, in welchem der Sitz der Vertragsparteien liegt. Sofern dieser Sitz (auch) in Deutschland liegt, sollte die Klausel (auch) auf das Recht der Bundesrepublik Deutschland und der Europäischen Union verweisen. Im Fall der ausdrücklichen Nennung von Rechtsnormen eines ausländischen Staates ist zu prüfen, ob im Hinblick auf die Widersprüche/Kollision zwischen deutschem/EU- und ausländischem Recht eine „Konflikt"-Klausel aufzunehmen ist (vgl. dazu den entsprechenden Klauselvorschlag am Ende).

(2) The reason for such refusal shall be communicated to the other Party without undue delay.

(3) Claims for damages by the respective other Party based on the abovementioned prohibitions or impairments are excluded insofar as such restrictions have not been negligently caused by the Party refusing to fulfil its obligations.

94 **Anmerkung:** Die Klausel erfasst gerade auch den Fall, dass eine erforderliche exportkontrollrechtliche Genehmigung *nicht* erteilt wird. Damit wird insbesondere eine Haftung auf Schadensersatz wegen Nichtlieferung verhindert.[123] Die Klausel stellt auf die jeweils *anwendbaren* Vorschriften ab. Die Einbeziehung von *nicht* anwendbaren exportkontrollrechtlichen Vorschriften ist (zumindest) AGB-rechtlich bedenklich[124]; dies könnte eine unangemessene Benachteiligung des jeweiligen Vertragspartners darstellen (vgl. § 307 Abs. 1 BGB). Der zweite Satz soll als Auffangtatbestand dienen. Auch wenn sein Umfang AGB-rechtlich angreifbar sein kann, würde so das Risiko reduziert, dass seine Unwirksamkeit auch den ersten Satz erfasst. Durch den Bezugspunkt der Anwendbarkeit auf den Vertrag per Gesetz wird verdeutlicht, dass eine von den Vertragsparteien (zB in internen Richtlinien) freiwillige, weil selbstgewählte Beachtung bestimmter Exportkontrollregime von vornherein nicht zu berücksichtigen ist.[125] Insbesondere dann, wenn Vertragsparteien Konzerne sind, die mehrere Niederlassungen/Tochtergesellschaften weltweit haben, kann es sich anbieten, die im ersten Satz der Klausel genannten Exportkontrollregime weiter zu definieren.[126] Dies sorgt ebenfalls für mehr Transparenz.[127] Die Klausel bezieht auch zollrechtliche Vorgaben mit ein. Diese Einbeziehung könnte insbesondere insoweit relevant werden, als die Zollstellen einen sogenannten „Nullbescheid" des BAFA verlangen könnten (wie teilweise in Bezug auf bestimmte EU-Embargoverordnungen).

95 Die in Absatz 2 statuierte Pflicht, dem anderen Teil die Tatsachen mitzuteilen, auf welche ein Leistungsverweigerungsrecht gestützt wird, wurde in Anlehnung an § 308 Nr. 3 und Nr. 8 lit. a) BGB aufgenommen. Allgemein ist zu berücksichtigen, dass die rechtzeitige Benachrichtigung des Vertragspartners über das Vorliegen eines Leistungshindernisses bereits eine vertragliche Nebenpflicht nach § 241 Abs. 2 BGB sein kann.[128]

96 Es ist zweifelhaft, ob der Lieferant allgemein für Lieferverbote (zB wegen bereits bestehender/nachträglich eintretender Embargoregelungen) einstehen muss. Eine solche Einstandspflicht wird in der Literatur vereinzelt damit begründet, dass den Lieferanten Hinweis-/Aufklärungspflichten hinsichtlich eines etwaigen Lieferverbots träfen, weil ein solches Verbot in den Verantwortungsbereich des Lieferanten falle.[129] Vor diesem Hintergrund sieht der dritte Absatz – in klarstellender Weise – einen ausdrücklichen Ausschluss der Haftung für Schadensersatz vor; zugleich enthält er eine Rückausnahme für den Fall, dass das Leistungsverweigerungsrecht zumindest fahrlässig (mit-)verursacht wurde (zB wenn der Lieferant aufgrund früheren exportkontrollrechtswidrigen Verhaltens von den Exportkontrollbehörden nicht mehr als „zuverlässig" eingestuft wird, vgl. § 8 Abs. 2 AWG). Dies berücksichtigt die Interessenlage der Parteien und hilft, einem Verstoß gegen § 305c Abs. 1 BGB (überraschen-

[123] Burkert-Basler/Dreyer AW-Prax 2009, 319 (320f.); Harings/Loets RdTW 2015, 321ff.

[124] Kritisch zur Einbeziehung von ausländischen Rechtsvorschriften, welche – wie das US-Recht – unübersichtlich seien Bälz NJW 2020, 878 (883), verbunden mit dem Vorschlag, im Vertrag Gestaltungsrechte zu vereinbaren, welche an die tatsächlichen Auswirkungen der betreffenden ausländischen Sanktionen anknüpfen. In diesem Sinne ist die vorliegende Klausel auch insoweit gestaltet, dass neben dem Verbot („prohibited") auch die faktische Beeinträchtigung („impaired") erfasst wird.

[125] Dazu Heinisch CCZ 2012, 136 (138).

[126] Vgl. auch Bälz NJW 2020, 878 (883).

[127] Vgl. Heinisch CCZ 2012, 136 (138).

[128] Bernardi RIW 2022, 182 (184); vgl. auch die Entscheidung des LG Hamburg RdTW 2015, 192ff., wonach dem Kunden eines Versicherers Schadensersatz zugesprochen wurde (aufgrund der Verletzung einer vertraglichen Nebenpflicht), weil der Versicherer es versäumt hatte, dem Kunden mitzuteilen, dass er sich einem US-Konzern angegliedert hatte, ohne den Kunden darauf aufmerksam zu machen, dass sich daraus nach Auffassung des Versicherers Konsequenzen für den bestehenden Versicherungsvertrag ergeben.

[129] Haellmigk AW-Prax 2016, 7 (8f.).

de Klausel) sowie gegen § 307 Abs. 1 BGB vorzubeugen. Der in diesem Zusammenhang für eine Unwirksamkeit eines solchen Haftungsausschlusses vorgetragene Hinweis auf die Rechtsprechung zu Selbstbelieferungsvorbehalten, nach welcher der Lieferant mithilfe der Vertragsgestaltung (in Bezug auf „seinen" Verkäufer) „sicherstellen" muss, dass er der Pflicht zur Lieferung an seinen Kunden nachkommen kann[130], verfängt allerdings nicht. Denn wie soll der Lieferant sicherstellen, dass keine „Lieferengpässe" aufgrund von künftigen Genehmigungs-/Verbotsvorschriften entstehen werden? Auch sind Beschränkungen in Form von Genehmigungs-/Verbotsvorschriften als *rechtliche* Beschränkungen von anderer Qualität als tatsächliche Lieferengpässe. Rechtliche Lieferbeschränkungen kann der Abnehmer selbst nachvollziehen, tatsächliche Lieferengpässe aufgrund der „Vorbelieferungssituation" hingegen nicht. Der Abnehmer ist also bei rechtlichen Lieferbeschränkungen nicht in gleichem Maße schutzbedürftig wie im Vergleich zu tatsächlichen Lieferbeschränkungen.

97 Zu beachten ist, dass die vorstehende Klausel dem Schuldner ein Leistungsverweigerungsrecht gewährt. Die Klausel hilft nicht, Verstöße gegen eine „Verkaufsbeschränkung" zu verhindern, denn sie hindert nicht die Verbindlichkeit eines Verkaufsangebots. Dh Beschränkungen, die sich auf den Abschluss eines schuldrechtlichen (Kauf-)Vertrages beziehen (zB nach § 75 AWV (Handels- und Vermittlungsgeschäfte für in Teil I/A AL erfasste Güter oder nach Art. 2 Abs. 1 Russland-Embargo-VO) müssen im Vorfeld zur Abgabe eines verbindlichen Angebotes[131] auf Abschluss eines Vertrages geprüft werden.[132] Dies gilt auch im Hinblick auf das (mittelbare) Bereitstellungsverbot. Auch wenn der BGH den Anspruch auf Lieferung einer Ware noch nicht als Verstoß gegen das Bereitstellungsverbot wertet[133], gilt es zu vermeiden, gelisteten Personen (verbindliche) Angebote zu unterbreiten. Denn aufgrund eines – wenn auch nach deutschem Recht – unwirksamen Vertrages kann eine gelistete Person bereits Gelder bzw. wirtschaftliche Ressourcen von einem Dritten erhalten.[134]

98 Sofern gewünscht, kann vorstehende Regelung im Hinblick auf das mittelbare Bereitstellungsverbot nach den EU-Embargoregelungen weiter präzisiert werden. Dies soll die nachstehende Klausel (vgl. dort Absatz 2) verdeutlichen.

Erweitertes Klauselbeispiel für das Recht zur Leistungsverweigerung aufgrund exportkontrollrechtlicher Beschränkungen

[•] Foreign trade law

(1) Supplier and Recipient may refuse to fulfil their obligations under this agreement insofar as the fulfilment is prohibited or impaired by applicable foreign trade law (especially export control and/or customs regulations) imposed by [•][135] (including embargos). Also, Supplier and Recipient may refuse to fulfil their obligations under this agreement insofar as the fulfilment is prohibited or impaired by other foreign trade law that is (in accordance with this law) applicable to this contract.

(2) If a Party refuses to fulfil its obligations on the grounds of a prohibition to directly/indirectly provide funds or economic resources and the other Party contests such refusal, the respective Party shall – insofar as legally possible – apply for a confirmation by the

---

[130] Haellmigk AW-Prax 2016, 7 (9).

[131] Vgl. zu Musterklauseln für eine aufschiebende Bedingung betreffend das Zustandekommen eines Vertrages: Merkblatt des BAFA „Entwicklungen des Iran-Embargos" (Stand 2017), S. 20f.; zu dennoch bestehenden etwaigen Risiken vgl. B. Mehle, Das Deutsche Bundesrecht § 18 AWG Rn. 9 mwN.

[132] Zum Verkaufsverbot: B. Mehle Das Deutsche Bundesrecht § 18 AWG Rn. 9; Haellmigk AW-Prax 2016, 7 (8).

[133] BGH NJW 2010, 2370 (2372): „[...] *da der bloße vertragliche Anspruch auf Auslieferung des erworbenen Gegenstands, dessen Erfüllung dem Dritten untersagt ist, noch keinen materiellen Vorteil für den gelisteten Empfänger* [...] *bedeutet.*"; dazu im Einzelnen B. Mehle Das Deutsche Bundesrecht § 18 Rn. 11 mwN.

[134] So zu Recht Pfeil/Mertgen Compliance S. 89.

[135] Hier ist das jeweilige Land anzugeben, in welchem der Sitz der Vertragsparteien liegt. Sofern dieser Sitz (auch) in Deutschland liegt, sollte die Klausel (auch) auf das Recht der Bundesrepublik Deutschland und der Europäischen Union verweisen.

competent authority that Party does not violate foreign trade law when fulfilling its obligations. If such confirmation is not issued within a period of 4 months, it shall be deemed that Party has the aforementioned right of refusal. However, if it is not legally possible to apply for such confirmation in the first place, a right of refusal exists if Party shows that objective criteria justify the assumption that fulfilling its obligations infringes on aforementioned prohibition.

(3) The reason for such refusal shall be communicated to the other Party without undue delay.

(4) Claims for damages by the respective other Party based on the abovementioned prohibitions or impairments are excluded insofar as such restrictions have not been negligently caused by the Party refusing to fulfil its obligations.

Anmerkung: Die vorstehende Klausel löst die Unsicherheit, die aus der „Weite" des mittelbaren Bereitstellungsverbots folgt,[136] zugunsten einer behördlichen Empfängerauskunft.

Die nachstehende Regelung stellt klar, welchem Zweck die vertragliche Leistung die- 99
nen soll.

Klauselbeispiel für die Festlegung des Zwecks, für den der Abnehmer die Leistung verwendet

[•] Intended purpose of the contractual goods [and works/services]

It is the Parties' understanding that the contractual goods [and works/services][137] provided by Supplier are intended to serve the following purpose(s): [•].

[*Anstelle der vorangegangen Klausel könnte auch folgende Kenntnismitteilung verwendet werden:*

To the knowledge of Recipient the contractual goods [and the results of the works/services][138] will not be used by end-customer in connection with any of the following goods/technologies:
- armaments/weapons and/or
- missiles capable of delivering weapons and/or
- nuclear technology.]

Anmerkung: Der Zweck ist insbesondere relevant für die Prüfung von Genehmi- 100
gungspflichten für die Lieferung *nicht* gelisteter Güter nach der Dual-Use-VO (zB im Falle einer militärischen Endverwendung).

Da nicht stets abgeschätzt werden kann, wie lange die behördliche Bearbeitung von 101
(möglicherweise) erforderlichen Genehmigungen dauert, sollte dies nicht zu Lasten nur *einer* Partei gehen. Die folgende Vorschrift stellt dies klar.

Klauselbeispiel für den Umgang mit Verzögerungen aufgrund erforderlicher Genehmigungen bzw. Nachfrage

[•] Delays caused by acts of authorities

(1) In case of delay with the fulfilment of the Parties' obligations under this contract caused by licensing requirements, confirmation requirements or similar requirements or

[136] Vgl. zu diesem Problem Harings/Loets RdTW 2015, 321 (326).
[137] Sofern Arbeiten bzw. Dienstleistungen Teil der vertraglichen Verpflichtung sind, sollten sie ebenfalls erwähnt werden.
[138] Sofern Arbeiten bzw. Dienstleistungen Teil der vertraglichen Verpflichtung sind, sollten sie ebenfalls erwähnt werden.

procedures of the foreign trade law imposed by [•][139], the time of performance for such obligations is extended accordingly.

(2) Claims for damages by a Party based on such delays are excluded insofar as the delay has not been negligently caused by the other Party.

(3) This paragraph [•] shall apply mutatis mutandis to other foreign trade law that is (in accordance with this law) applicable to this contract.

102 **Anmerkung:** Die in der Klausel erwähnten Bestätigungen beziehen sich insbesondere auf einen von einer Zollstelle geforderten „Nullbescheid" des BAFA. Es ist zweifelhaft, ob in einem Fall, in welchem der Lieferant für die Einholung der Genehmigung verantwortlich ist, auch eine Einstandspflicht für Verzögerungen der Exportkontrollbehörden besteht. Eine solche Einstandspflicht wird in der Literatur vereinzelt damit begründet, dass den Lieferanten Hinweis-/Aufklärungspflichten hinsichtlich eines etwaigen Lieferverbots träfen, weil ein solches Verbot in den Verantwortungsbereich des Lieferanten falle; dies gelte auch für das temporäre Hindernis wegen verzögerter Genehmigung.[140] Für diesen Fall sieht der zweite Absatz (klarstellend, weil ja schon der erste Absatz eine Haftung beschränken würde) einen ausdrücklichen Ausschluss der Haftung für Schadensersatz vor; zugleich enthält er eine Rückausnahme für den Fall, dass die Verzögerung zumindest fahrlässig vom Lieferanten (mit-)verursacht wurde. Dies berücksichtigt die Interessenlage der Parteien und hilft, einem Verstoß gegen § 305c Abs. 1 BGB sowie gegen § 307 Abs. 1 BGB vorzubeugen. Der in diesem Zusammenhang für eine Unwirksamkeit einer solchen Klausel vorgetragene Hinweis auf die Rechtsprechung zu Selbstbelieferungsvorbehalten, nach welcher der Lieferant mithilfe der Vertragsgestaltung (in Bezug auf „seinen" Verkäufer) „sicherstellen" muss, dass er der Pflicht zur Lieferung an seinen Kunden nachkommen kann[141], verfängt im Hinblick auf verzögerte Genehmigungserteilungen von vornherein nicht. Denn der Lieferant kann sich nicht absichern gegen Lieferhindernisse, die aufgrund von verzögerten Genehmigungserteilungen ausgehen. Er hat keinen Anspruch auf Erteilung einer Genehmigung innerhalb einer konkreten Zeitspanne. Eine unzumutbare Beeinträchtigung des Vertragspartners ist dadurch nicht zu vergegenwärtigen: Denn geht der Lieferant von einer übertrieben kurzen Bearbeitungsdauer der Exportkontrollbehörden aus und versäumt es daher, den Antrag auf Genehmigungserteilung rechtzeitig zu stellen, bleibt eine Haftung nach der in der Klausel vorgesehenen Rückausnahme bestehen. Der dritte Absatz beruht auf der im ersten Paragraphen niedergelegten Unterscheidung zwischen dem jeweils anwendbaren Recht.

103 Werden in Anhang I Dual-Use-VO gelistete Waren innerhalb der EU verbracht, so muss das liefernde Unternehmen dem Vertragspartner nach Art. 11 Abs. 9 Dual-Use-VO mitteilen, dass die Ware in Anhang I gelistet ist. Diesen Gedanken übernimmt die nachstehende Klausel und weitet ihn zu einer generellen Mitteilungspflicht aus.

Klauselbeispiel für eine Informationspflicht durch den Lieferanten

[•] Information by Supplier regarding listing of the contractual goods

(1) The Supplier has to inform Recipient without prior request within a period of two weeks after [•][142] whether the contractual goods are listed (a) in the Export Control List (Annex „AL" to the German Foreign Trade Ordinance Act *[Außenwirtschaftsverordnung]*) and/or (b) in Annex I of Regulation (EU) No. 2021/821 as amended (Dual-Use-Regu-

[139] Hier ist das jeweilige Land anzugeben, in welchem der Sitz der Vertragsparteien liegt. Sofern dieser Sitz (auch) in Deutschland liegt, sollte die Klausel (auch) auf das Recht der Bundesrepublik Deutschland und der Europäischen Union verweisen.

[140] Haellmigk AW-Prax 2016, 7 (8 f.).

[141] Haellmigk AW-Prax 2016, 7 (9).

[142] Hier ist ein Zeitpunkt zu wählen, zB die Bestellung durch den Abnehmer.

lation) and/or (c) in Annex IV Dual-Use-Regulation.[143] If the contractual goods are listed, Supplier must provide Recipient within the same time period with the corresponding classification number of the contractual goods. In all cases of doubt whether the contractual goods are listed, Supplier will inform Recipient accordingly within the abovementioned time period.

(2) Also, Supplier will provide Recipient with the CN-Code of the contractual goods within a period of two weeks after [•][144].

[Anstelle der vorangegangen Klauseln könnte auch folgende Beschaffenheitsangabe verwendet werden:

Supplier warrants that the contractual goods are not listed (a) in the Export Control List (Annex „AL" to the German Foreign Trade Ordinance Act *[Außenwirtschaftsverordnung]*) and/or (b) in Annex I of Regulation (EU) No. 2021/821 as amended (Dual-Use-Regulation) and/or (c) in Annex IV Dual-Use-Regulation.][145]

Anmerkung: Obwohl der Empfänger (im Falle einer Weiterlieferung) für die Einstufung der Güter zwecks Evaluierung der exportkontrollrechtlichen Beschränkungen eigenständig verantwortlich ist, verschafft ihm ein ausdrücklicher Auskunftsanspruch gegenüber dem Lieferanten mehr Rechtssicherheit. Die Zusatzregelung im Fall von Zweifelsfragen rundet die Klausel ab. 104

Anstelle einer Informationspflicht könnte auch eine *Zusage* (in Form einer Beschaffenheitsangabe) vereinbart werden, wonach das Gut nicht gelistet ist.[146] Dies ist in der vorstehenden, als Alternative formulierten Lösung, vorgesehen. Eine Beschaffenheitsvereinbarung gewährt möglicherweise einen höheren Anspruch auf Schadensersatz. Denn insoweit haftet der andere Teil auf das Erfüllungsinteresse, dh der Abnehmer ist so zu stellen, wie er stünde, wenn ordnungsgemäß erfüllt worden wäre. Unter eine Haftung auf das Erfüllungsinteresse würde zB auch stets der entgangene Gewinn aufgrund fehlender/eingeschränkter Weiterverkaufsmöglichkeit des Vertragsprodukts wegen Verbots/Genehmigungspflicht fallen. Zusagen über die fehlende *Ausfuhrgenehmigungspflicht* nach deutschem oder EU-Recht sollten hingegen unterbleiben. Denn diese Beurteilung liegt gerade in den Fällen der Genehmigungspflicht für *nicht* gelistete Güter außerhalb der Sphäre des Lieferanten; eine solche Zusage dürfte einer AGB-rechtlichen Kontrolle nicht standhalten, weil sie den Lieferanten unangemessen benachteiligt (vgl. § 307 Abs. 1 BGB).[147]

Die nachstehend aufgeführten Klauseln sind der Problematik geschuldet, dass das US-(Re-)Exportkontrollrecht extraterritoriale Wirkung entfalten kann. Seine Anwendbarkeit kann aber lediglich bei entsprechender Kenntnis eruiert werden. 105

Klauselbeispiel für US-amerikanische (Re-)Exportbeschränkungen

[•] US-(re-)export control regulations

(1) Supplier has to inform Recipient without request within a period of two weeks after [•][148] whether the contractual goods

- incorporate US-origin commodities, or
- are ‚bundled'/commingled with US-origin software and/or with US-origin technology,

and whether the value of the commodities/software/technology exceeds 5 % or 20 % of the total value of the contractual goods.

---

143 Hier könnten auch weitere Güterlisten genannt werden (zB „Annex I of Regulation (EU) No. 258/2012" und/oder Listen aus Embargoverordnungen).

144 Hier ist ein Zeitpunkt zu wählen, zB die Bestellung durch den Abnehmer.

145 Hier könnten auch weitere Güterlisten genannt werden (zB „Annex I Regulation (EU) No. 258/2012" und/oder Listen aus Embargoverordnungen).

146 Landry FS Westphalen, 2010, 453 (463f.).

147 So überzeugend Landry FS Westphalen, 2010, 453 (462f.).

148 Hier ist ein Zeitpunkt zu wählen, zB die Bestellung durch den Abnehmer.

If the contractual goods exceed the quantities listed above, Supplier must provide Recipient within the same time period with the corresponding classification number (ECCN) of the contractual goods.

(2) Furthermore, Supplier has to inform Recipient without request within a period of two weeks after [•][149] whether the contractual goods are „subject to the EAR" for reasons other than those relating to the abovementioned value of the goods. If this is the case, Supplier must provide Recipient within the same time period with the corresponding classification number (ECCN) of the contractual goods.

[*Anstelle der vorangegangen Klausel könnte auch folgende Beschaffenheitsangabe verwendet werden:*

Supplier warrants that the contractual goods
- neither incorporate US-origin commodities,
- nor are ‚bundled'/commingled with US-origin software nor with US-origin technology in such a way that US-(re-)export control law is applicable.

Furthermore, Supplier warrants that the contractual goods are not „subject to the EAR" for reasons other than those relating to the value of the contractual goods.]

106 **Anmerkung:** Die Klauseln verpflichten den Lieferanten (da er das Produkt und seine Eigenschaften kennt), dem Abnehmer mitzuteilen, ob das Gut den EAR unterliegt. Da die „De-Minimis-Regel" nicht auf einen einheitlichen Wert abstellt, sondern insbesondere danach unterscheidet, in welches Land das Gut (re-)exportiert wird, der Weiterverkauf jedoch durch den Abnehmer erfolgt, werden die Angaben zu dieser Regel als gesonderte Mitteilungspflicht festgelegt. Um Ungenauigkeiten bei der Berechnung des US-Anteils wenigstens teilweise auffangen zu können, stellt die Klausel auf „De-Minimis-Werte" ab, die niedriger sind als die gesetzlichen (5% statt 10% bzw. 20% statt 25%). Sie schafft damit mehr Sicherheit für den Abnehmer. Anhand der Mitteilung kann der Abnehmer dann die Genehmigungspflichten zumindest nach den rein *güter*bezogenen General Prohibitions 1 bis 3 der EAR einschätzen.

107 Der Alternativvorschlag beruht auf nachstehenden Erwägungen: Da auch Zusagen über die fehlende *Ausfuhrgenehmigungspflicht* nach dem deutschen oder EU-Recht unwirksam sein können, sollte erst Recht eine Zusage vermieden werden, die sich auf die fehlende Genehmigungspflicht nach *ausländischen* Rechtsordnungen bezieht. Deshalb wird hier eine Beschaffenheitsangabe eingeführt (vergleichbar der bereits vorgeschlagenen Beschaffenheitsangabe zur (Nicht-)Listung des Gutes auf der AL zur AWV bzw. den Anhängen I/IV zur Dual-Use-VO). Um von vornherein einem Verdacht eines Verstoßes gegen das Boykottverbot nach § 7 AWV entgegenzuwirken[150], verweist die Beschaffenheitsangabe im Alternativvorschlag nicht generell darauf, dass keine US-(Re-)Exportkontrollvorschriften anwendbar sind. Sie verweist lediglich insoweit darauf, als der Lieferant erklärt, dass die Vertragswaren keinen US-Warenanteil enthalten, der die Anwendbarkeit des US-(Re-)Exportkontrollrechts auslöst.

108 Die wichtigsten Informationen muss der Lieferant nach dem Vertrag schon von sich aus mitteilen (vgl. die vorstehenden Klauselbeispiele). Die folgende Klausel soll eine allgemeine Informationspflicht der Parteien im Sinne einer gegenseitigen Unterstützung sicherstellen und zugleich Risiken durch Embargoregelungen reduzieren helfen.

Klauselbeispiel für eine generelle Informationspflicht

[•] Information obligation

(1) Notwithstanding other information obligations stipulated in this contract, each Party shall support the other Party to obtain all information and documents necessary to abide

[149] Hier ist ein Zeitpunkt zu wählen, zB die Bestellung durch den Abnehmer.
[150] Vgl. dazu die „Konflikt"-Klausel am Ende.

by the applicable foreign trade law imposed by [•][151] or all information requested by authorities in that regard. Such obligation may especially include information on the end customer, the destination and the intended use of the contractual goods [works/services].[152]

(2) In addition to subparagraph (1) each Party shall inform other Party separately in writing, if itself, any of its affiliated companies or its or their representatives is/are listed according to a sanctions list based on applicable foreign trade law imposed by [•].[153] [To that regard Parties will cross check the following databases: [•].][154] Furthermore, Recipient is obliged to inform Supplier separately in writing if Recipient intends to use the contractual goods [and/or the results of works/services][155] in a country or with reference to a country against which applicable foreign trade law imposed by [•][156] has issued embargo regulations; this applies without limitation in particular to embargo regulations issued against the following countries [•].[157] This duty to inform must be discharged immediately and lasts until the complete fulfillment of the contractual obligations by the Parties.

(3) This paragraph [•] shall apply mutatis mutandis to other foreign trade law that is (in accordance with this law) applicable to this contract.

Anmerkung: Die ausdrückliche Verpflichtung zur Unterstützung erspart es den Vertragspartnern, auf ungeschriebene Nebenpflichten aus einem Vertragsverhältnis rekurrieren zu müssen (vgl. §§ 311, 241 Abs. 2, 242 BGB). Unter anderem verpflichtet die Klausel den Abnehmer dazu, einen erforderlichen Endverwendungsnachweis beizubringen. Zudem enthält sie weitere Informationspflichten betreffend Sanktionslisten sowie die Verwendung des Vertragsgegenstands in Bezug auf ein Embargoland. Der dritte Absatz beruht auf der im ersten Paragraphen niedergelegten Unterscheidung zwischen dem jeweils anwendbaren Recht. 109

Unter den Voraussetzungen der nachfolgenden Klausel können die Parteien vom Vertrag zurücktreten. 110

Klauselbeispiel für eine Beendigung des Vertrages

[•] Termination of the Agreement

(1) Each Party may declare the avoidance of the contract *(Rücktritt)* or terminate the contract without notice *(Recht zur fristlosen Kündigung)* if the other Party does not provide

[151] Hier ist das jeweilige Land anzugeben, in welchem der Sitz der Vertragsparteien liegt. Sofern dieser Sitz (auch) in Deutschland liegt, sollte die Klausel (auch) auf das Recht der Bundesrepublik Deutschland und der Europäischen Union verweisen.

[152] Sofern Arbeiten bzw. Dienstleistungen Teil der vertraglichen Verpflichtung sind, sollten sie ebenfalls erwähnt werden.

[153] Hier ist das jeweilige Land anzugeben, in welchem der Sitz der Vertragsparteien liegt. Sofern dieser Sitz (auch) in Deutschland liegt, sollte die Klausel (auch) auf das Recht der Bundesrepublik Deutschland und der Europäischen Union verweisen.

[154] Die in Klammern aufgeführte Klausel kann klarstellend aufgenommen werden. Hier sind die Datenbanken anzugeben, welche sich auf Basis des Sitzes der Vertragsparteien ergeben. Sofern der Sitz der Vertragsparteien (auch) in Deutschland liegt, sollte die Klausel einen Hinweis auf die „EU Sanctions Map" (https://www.sanctionsmap.eu/#/main) und die „Finanz-Sanktionsliste" (https://www.finanz-sanktionsliste.de/fisalis/) enthalten. Zusätzlich können ausländische Datenbanken angegeben werden (zB „Consolidated Screening List" des US-Department of Commerce, State and the Treasury (https://www.export.gov/csl-search).

[155] Sofern Arbeiten bzw. Dienstleistungen Teil der vertraglichen Verpflichtung sind, sollten sie ebenfalls erwähnt werden.

[156] Hier ist das jeweilige Land anzugeben, in welchem der Sitz der Vertragsparteien liegt. Sofern dieser Sitz (auch) in Deutschland liegt, sollte die Klausel (auch) auf das Recht der Bundesrepublik Deutschland und der Europäischen Union verweisen.

[157] An dieser Stelle können dann bestimmte Länder angeführt werden, welche (zB angesichts der räumlichen Nähe einer der Vertragsparteien) besonders berücksichtigenswert sind. Damit erfüllt die Klausel zugleich auch eine entsprechende Warnfunktion für beide Parteien und reduziert so zusätzlich Unwirksamkeitsrisiken.

the information under clause[s] [•][158] within the stipulated time period. A termination is excluded (a) after a lapse of two weeks from the end of the stipulated time period or (b) if the other Party has not acted negligently.

(2) If applicable foreign trade law imposed by [•][159] necessitates a licence or a confirmation by authorities due to the Parties' obligations under the contract for an act by a Party and such licence/confirmation is (a) denied or (b) not issued by the competent authority within a period of [•][160] months after [•],[161] each Party may declare the avoidance of the contract or terminate the contract without notice *(Recht zur fristlosen Kündigung)* insofar as the act requires a licence/confirmation. However, a Party is not entitled to such right if such Party is to be held solely or predominantly responsible for the circumstances leading to the denial or delay.

(3) Each Party may declare the avoidance of the contract or terminate the contract without notice *(Recht zur fristlosen Kündigung)* insofar as the fulfilment of the obligation under the contract is prohibited or impaired by applicable foreign trade law imposed by [•][162] for reasons other than those mentioned in subparagraph 2 above.

(4) If only a part of the obligation is affected by reasons mentioned in one of the subparagraphs (1) to (3) each Party may declare avoidance of the whole contract or terminate the whole contract without notice (Recht zur fristlosen Kündigung) if the respective Party has no interest in part performance.

(5) If a Party declares the avoidance of the contract or terminates the contract without notice for a reason mentioned in one of the subparagraphs (1) to (4) above other Party shall have no right to claim damages. This shall not apply insofar as the reason has been negligently caused by Party.

(6) This paragraph [•] shall apply mutatis mutandis to other foreign trade law that is (in accordance with this law) applicable to this contract.

(7) The aforementioned provisions shall be without prejudice to the termination of the contract for reasons other than those described above.

111 **Anmerkung:** Die Klausel verleiht zunächst den Informationspflichten mehr Nachdruck, indem sie unter bestimmten Umständen ein Rücktrittsrecht gewährt. Daneben hilft sie, den Zustand der Rechtsunsicherheit zu vermeiden, ab welchem Zeitpunkt die Verzögerung der Genehmigungserteilung zu einem Rücktrittsgrund (insbesondere nach Unmöglichkeitsrecht, vgl. § 326 Abs. 5 BGB, oder aufgrund des Wegfalls der Geschäftsgrundlage nach § 313 Abs. 2 BGB) führt. Die Ausschlussgründe für ein Recht zur Beendigung der Vereinbarung dienen dem Interessenausgleich. So wird insbesondere der Fall ausgeschlossen, dass der Lieferant nach Auffassung der Behörden nicht (mehr) die erforderliche Zuverlässigkeit als Ausführer besitzt (vgl. § 8 Abs. 2 AWG) oder wenn der Lieferant als Ausführer – einfach – keinen Antrag auf Genehmigung stellt (Rechtsgedanke aus § 162 Abs. 2 BGB). In ihrem dritten Absatz erfasst die Klausel Beschränkungen außerhalb von

[158] Die Klausel kann insbesondere auf das „Klauselbeispiel für eine Informationspflicht durch den Lieferanten" (vgl. → Rn. 103 ff.) sowie auf das „Klauselbeispiel für US-amerikanische (Re-)Exportbeschränkungen" (vgl. → Rn. 105 ff.) bezogen werden. Zusätzlich kann sie auch auf das Klauselbeispiel für eine generelle Informationspflicht" (vgl. → Rn. 108 ff.) erstreckt werden – zumindest auf die für den Vertragspartner äußerst risikobehaftete Situation der Sanktionslistung sowie des Embargobezugs.

[159] Hier ist das jeweilige Land anzugeben, in welchem der Sitz der Vertragsparteien liegt. Sofern dieser Sitz (auch) in Deutschland liegt, sollte die Klausel (auch) auf das Recht der Bundesrepublik Deutschland und der Europäischen Union verweisen.

[160] Hier ist ein Zeitraum einzutragen, der sowohl die realistischen behördlichen Bearbeitungszeiten als auch die Wünsche der Parteien berücksichtigt.

[161] Hier ist ein Zeitpunkt einzufügen, zB „delivery date" *oder* „8 months after the respective application".

[162] Hier ist das jeweilige Land anzugeben, in welchem der Sitz der Vertragsparteien liegt. Sofern dieser Sitz (auch) in Deutschland liegt, sollte die Klausel (auch) auf das Recht der Bundesrepublik Deutschland und der Europäischen Union verweisen.

Genehmigungspflichten (also im Fall von Verboten). Darüber hinaus enthält die Klausel im vierten Absatz den Rechtsgedanken aus § 323 Abs. 5 BGB (Unmöglichkeit bei Teillieferungen). So wird verhindert, dass die Klausel den Lieferanten oder Abnehmer unverhältnismäßig beeinträchtigt. Der fünfte Absatz soll Schadensersatzforderungen der anderen Partei vorbeugen. Der sechste Absatz beruht auf der im ersten Paragraphen niedergelegten Unterscheidung zwischen dem jeweils anwendbaren Recht. Der siebte Absatz ist klarstellender Natur.

Die folgende Klausel soll auf ein Wohlverhalten des Abnehmers hinwirken. Insbesondere im Falle von Weiterlieferungen an Dritte soll er das jeweils anwendbare Exportkontrollrecht einhalten; dadurch soll einer (straf-/ordnungswidrigkeitsrechtlichen) Haftung des Lieferanten vorgebeugt werden. 112

Klauselbeispiel für die Einhaltung exportkontrollrechtlicher Vorschriften bei Weiterlieferung

[•] Transfer of contractual goods by Recipient [or of the results of works and services performed by Supplier][163]

(1) If Recipient transfers contractual goods delivered by Supplier [or the results of works and services performed by Supplier][164] to a third person (hereinafter: transfer) Recipient warrants to abide by the applicable foreign trade law imposed by [•].[165] Also, and considering the likewise illegal *indirect* provision of economic resources due to Embargo regulations, Recipient will only engage in such transfer if – hypothetically – a [•][166]-Embargo regulation did not hinder the Supplier to provide funds or economic resources to the third party in Recipient's stead. [To that regard Recipient will cross check the third party against the following databases: [•].[167] Likewise, Recipient will cross check all individuals, groups, organisations and/or entities which – to the knowledge of Recipient – control the third party (which is especially the case when they hold the majority of shares in the third party) or on whose behalf the Recipient is acting.][168]

(2) Furthermore, Recipient shall especially warrant that before entering into a contractual obligation of such transfer or brokering such contractual obligation or entering into a contractual obligation of such brokering (in this paragraph [•]: acts) Recipient's acts will not infringe upon foreign trade law applicable to his acts imposed by [•].[169] Also, and considering the likewise illegal *indirect* provision of economic resources due to Embargo regulations, Recipient will only engage in such acts if – hypothetically – a [•][170]-Embargo regulation did not hinder the Supplier to provide funds or economic resources to the third party in Recipient's stead. [To that regard Recipient will cross check the third party against the

---

[163] Sofern Arbeiten bzw. Dienstleistungen Teil der vertraglichen Verpflichtung sind, sollten sie ebenfalls erwähnt werden.

[164] Sofern Arbeiten bzw. Dienstleistungen Teil der vertraglichen Verpflichtung sind, sollten sie ebenfalls erwähnt werden.

[165] Hier ist das jeweilige Land anzugeben, in welchem der Sitz des *Abnehmers* liegt. Sofern dieser Sitz (auch) in Deutschland liegt, sollte die Klausel (auch) auf das Recht der Bundesrepublik Deutschland und der Europäischen Union verweisen.

[166] Hier ist die Nationalität des *Lieferanten* anzugeben. Sofern der Sitz des Lieferanten (auch) in Deutschland liegt, sollte die Klausel (auch) auf deutsche und EU-Vorschriften verweisen.

[167] Hier sind die Datenbanken anzugeben, welche sich auf Basis des Sitzes des Lieferanten ergeben. Sofern der Sitz des Lieferanten (auch) in Deutschland liegt, sollte die Klausel einen Hinweis auf die „EU Sanctions Map" (https://www.sanctionsmap.eu/#/main) und die „Finanz-Sanktionsliste" (https://www.finanz-sanktionsliste.de/fisalis/) enthalten. Zusätzlich können ausländische Datenbanken angegeben werden (zB „Consolidated Screening List" des US-Department of Commerce, State and the Treasury (https://www.export.gov/csl-search).

[168] Die in Klammern aufgeführte Klausel kann klarstellend aufgenommen werden.

[169] Hier ist das jeweilige Land anzugeben, in welchem der Sitz des *Abnehmers* liegt. Sofern dieser Sitz (auch) in Deutschland liegt, sollte die Klausel (auch) auf das Recht der Bundesrepublik Deutschland und der Europäischen Union verweisen.

[170] Hier ist die Nationalität des Lieferanten anzugeben. Sofern der Sitz des *Lieferanten* (auch) in Deutschland liegt, sollte die Klausel (auch) auf deutsche und EU-Vorschriften verweisen.

following databases: [•].[171] Likewise, Recipient will cross check all individuals, groups, organisations and/or entities which – to the knowledge of Recipient – control the third party (which is especially the case when they hold the majority of shares in the third party) or on whose behalf the Recipient is acting.][172]

(3) Recipient warrants that such transfer or acts is or are not intended to support a use or a use in connection with the development, production, handling, operation, maintenance, storage, detection, identification or dissemination of any of the following: a) armaments, weapons, and/or missiles capable of delivering weapons, and/or b) nuclear technology.

(4) This paragraph [•] shall apply mutatis mutandis to other foreign trade law that is (in accordance with this law) applicable to this contract.

(5) If and to the extent that Supplier has reasonable cause to suspect that Recipient has violated one of aforementioned subparagraphs Supplier may declare the avoidance of the contract *(Rücktritt)* or terminate the contract without notice *(Recht zur fristlosen Kündigung)*. However, the exercise of Supplier's aforementioned rights in this subparagraph is subject to: a) providing in writing sufficiently detailed information to Recipient as to the factual and legal grounds of the violation and b) Recipient's not being able to rebut the cause within a reasonable time period once such information has been obtained.

113 **Anmerkung:** Der erste Absatz deckt insbesondere die Fallgestaltung ab, in welcher der Abnehmer die Güter an Personen liefern möchte, die in einem EU-Embargo aufgeführt sind.[173] Hier könnte dann gegenüber dem in der EU ansässigen Lieferanten der Verdacht entstehen, er habe verbotenerweise mittelbar ein Gut an eine gelistete Person geliefert (verbotene *mittelbare* Bereitstellung von wirtschaftlichen Ressourcen an gelistete Personen). Der zweite Absatz der Klausel erweitert den Anwendungsbereich des im ersten Absatz beschriebenen Verhaltens des Abnehmers um Handels- und Vermittlungsgeschäfte. Ferner bezieht er korrespondierende *vertragliche* Verpflichtungen mit ein. Der dritte Absatz soll eine Haftung des Lieferanten reduzieren helfen, indem bestimmte Teilbereiche von einer Weiterleitung der Güter durch den Abnehmer ausgeschlossen sind.[174] Der vierte Absatz beruht auf der im ersten Absatz niedergelegten Unterscheidung zwischen dem jeweils anwendbaren Recht. Häufig finden sich in Verträgen (gerade mit großen internationalen Lieferantenunternehmen) auch Formulierungen, wonach *pauschal* sämtliche Vorgaben des US-(Re-)Exportkontrollrechts bei einer Weiterlieferung durch den Abnehmer ebenfalls beachtet werden sollen. Dies ist teilweise auch dem Umstand geschuldet, dass der Lieferant dazu (gesetzlich/behördlich) verpflichtet ist. Eine solche pauschale Einbeziehung des ausländischen Rechts (ohne nähere Erläuterungen) unabhängig davon, ob das ausländische Recht im konkreten Fall tatsächlich anwendbar ist, wird als bedenklich angesehen.[175] Diese Bedenken sind zum einen dann berechtigt, wenn die ausländischen Vorgaben im konkreten Fall *nicht* anwendbar sein sollten. Eine Einbeziehung von Vorgaben ausländischer Staaten sollte daher unterbleiben, wenn diese nicht für die Weiterlieferung (auch nicht mittelbar – wie im Falle der oben dargestellten verbotenen mittelbaren Bereitstellung) in Frage kommen. Falls eine solche Vorgabe trotzdem formuliert werden soll, insbesondere um eine gewisse „Abschreckungswirkung" zu erreichen (oder Vorgaben ausländischer (Exportkontroll-)Behörden umzusetzen), sollte sie in einem separaten Satz erfolgen, um das

[171] Hier sind die Datenbanken anzugeben, welche sich auf Basis des Sitzes des Lieferanten ergeben. Sofern der Sitz des Lieferanten (auch) in Deutschland liegt, sollte die Klausel einen Hinweis auf die „EU Sanctions Map" (https://www.sanctionsmap.eu/#/main) und die „Finanz-Sanktionsliste" (https://www.finanz-sanktionsliste.de/fisalis/) enthalten. Zusätzlich können ausländische Datenbanken angegeben werden (zB „Consolidated Screening List" des US-Department of Commerce, State and the Treasury (https://www.export.gov/csl-search).

[172] Die in Klammern aufgeführte Klausel kann klarstellend aufgenommen werden.

[173] Burkert-Basler/Dreyer AW-Prax 2009, 319 (321 f.).

[174] Burkert-Basler/Dreyer AW-Prax 2009, 319 f.

[175] Funk/Zeifang CR 2004, 11 (14 ff.).

Risiko einer Unwirksamkeit auch der vorangehenden Klausel zu reduzieren. Zum anderen besteht bei einer expliziten Einbeziehung von bestimmten ausländischen Vorgaben das Risiko eines Verstoßes gegen § 7 AWV bzw. VO (EG) Nr. 2271/96 (vgl. dazu die „Konflikt"-Klausel am Ende dieses Kapitels).

Die nachstehende Klausel soll vor den finanziellen Folgen eines exportkontrollrechtlichen Fehlverhaltens des Vertragspartners schützen. 114

Klauselbeispiel für eine Haftungsfreistellung

[•] Indemnification

(1) Each Party (hereinafter: indemnitor) shall indemnify and hold the other Party (hereinafter: indemnitee) harmless from and against any and all liability, claims, proceedings, actions, fines, losses, costs, expenses and damages arising out of, connected with or resulting from indemnitor's infringing (by act or omission) upon applicable foreign trade law imposed by [•].[176] Such costs and expenses include but are not limited to (a) investigation expenses, (b) fines imposed by the authorities or (c) fees for legal advice sought because of the infringement.

(2) This provision shall not apply insofar as (a) the indemnitor has not acted negligently when infringing upon the applicable foreign trade law or (b) the infringement was caused by indemnitee's negligence.

(3) This paragraph [•] shall apply mutatis mutandis to other foreign trade law that is (in accordance with this law) applicable to this contract.

Anmerkung: Ein exportkontrollrechtliches Fehlverhalten könnte zB darin liegen, dass der Vertragspartner die andere Vertragspartei falsch oder unvollständig informiert oder nicht die erforderliche Genehmigung beantragt hat. Es erfolgt eine umfassende Freistellung des Vertragspartners, es sei denn, die andere Vertragspartei kann darlegen und beweisen, dass sie (a) nicht fahrlässig gehandelt hat oder (b) der Verstoß zumindest auch auf die Fahrlässigkeit des Vertragspartners zurückzuführen ist. Diese Einschränkung erfolgt, um Risiken einer Unwirksamkeit der Klausel nach § 307 Abs. 1 BGB zu begegnen. Der dritte Absatz beruht auf der im ersten Paragraphen niedergelegten Unterscheidung zwischen dem jeweils anwendbaren Recht. 115

Die vorgenannten Klauseln nehmen Bezug auf bestimmtes ausländisches Exportkontrollrecht. Die nachfolgende Klausel soll helfen, den beschriebenen Konflikt zwischen der Einhaltung anwendbarer ausländischer Vorgaben des Exportkontrollrechts (insbesondere solcher des US-(Re-)Exportkontrollrechts) und der VO (EG) Nr. 2271/96 sowie § 7 AWV zugunsten letzterer Vorschriften zu lösen und damit helfen, das Risiko einer unangemessenen Benachteiligung durch (Einbeziehung ausländischen Rechts) weiter zu reduzieren.[177] 116

Beispiel für eine „Konflikt"-Klausel (zu Verordnung (EG) Nr. 2271/96 sowie § 7 AWV)

[•] Conflicting laws

Aforementioned obligations and/or rights are only valid insofar as they do not infringe upon or are in conflict with EU law (see Council Regulation (EC) No 2271/96 of 22 November 1996 protecting against the effects of the extra-territorial application of legislation adopted by a third country, and actions based thereon or resulting therefrom – as amended) and/or German law (see section 7 Foreign Trade and Payments Ordinance – as amended) and/or any similar applicable anti-boycott law or regulation.

---

[176] Hier ist das jeweilige Land anzugeben, in welchem der Sitz des *Abnehmers* liegt. Sofern dieser Sitz (auch) in Deutschland liegt, sollte die Klausel (auch) auf das Recht der Bundesrepublik Deutschland und der Europäischen Union verweisen.

[177] Wilhelm AcP 221 (2021), 657 (670ff., 684f.).

117 **Anmerkung:** Die angeführte „Konflikt"-Klausel[178] dürfte allerdings lediglich dann erforderlich sein, sofern im Rahmen der vorstehenden Klauseln explizit auf spezifisches ausländisches Exportkontrollrecht verwiesen wird (zB auf das „US-(Re-)Exportkontrollrecht").[179] Andernfalls gebietet eine am Wortlaut orientierte Auslegung einer allgemeinen Verweisklausel (Verweis auf die „jeweils anwendbaren" Vorschriften ausländischen Exportkontrollrechts), dass sie lediglich die Vorschriften erfasst, welche letztlich die Einhaltung des geltenden Rechts beschreiben und nicht gegen VO (EG) Nr. 2271/96 sowie § 7 AWV verstoßen.[180]

Unabhängig davon bleibt aber der Konflikt als solcher bestehen. Selbst wenn also die vorgenannte Klausel die Wirksamkeit der vertraglichen Verpflichtungen (zugunsten des EU- und deutschen Rechts) bewahrt, sieht sich das Unternehmen immer noch den divergierenden Normbefehlen ausgesetzt. Das Unternehmen kann versuchen, den weiter bestehenden Konflikt – wie oben beschrieben – zumindest dadurch aufzulösen, dass es den Kontakt zur EU-Kommission und/oder den US-Behörden sucht.

118 Ferner kann das Unternehmen auch die „am wenigsten schlechte" Option wählen – welche im Zweifel darin besteht, das anwendbare US-(Re-)Exportkontrollrecht zu beachten. So kommt zB nach deutschem Recht lediglich die Verhängung eines Bußgeldes in Betracht, und gerade keine Strafe, wie sie das US-Recht im Falle der Nichtbeachtung seiner Vorgaben vorsieht.

119 Als Alternative zu vorgenannten Lösungen kann sich auch folgende Vorgehensweise anbieten: Die vorstehende Klausel bezieht sich auf sämtliche vertragliche Verpflichtungen und Rechte (insbesondere das Leistungsverweigerungsrecht durch den Lieferanten). Nun könnte es sich anbieten (unter anderem je nach Gewichtung der vom Unternehmen eingeschätzten Risiken), im Hinblick auf die *Rechte des Lieferanten* auf eine „Konflikt"-Klausel zu verzichten, und sie lediglich auf die *Verpflichtung des Abnehmers* im Fall der Weitergabe zu beziehen. Denn der Lieferant steht im Fall der Lieferung bzw. Erbringung der Dienstleistung an seinen bzw. gegenüber seinem Abnehmer (Erstabnehmer) unmittelbar im Fokus möglicher Verletzungen des jeweils anwendbaren (ausländischen) Exportkontrollrechts, welches strafrechtliche Folgen nach sich ziehen kann. Im Fall der Weitergabe durch den Erstabnehmer kann sich ein anderes Bild ergeben: In diesem Fall ist in erster Linie der Erstabnehmer verantwortlich, auch wenn dem Lieferanten in dieser Konstellation – zumindest bei entsprechender Kenntnis – ebenfalls vorgeworfen werden könnte, er habe selbst exportkontrollrechtliche Vorschriften verletzt. Dieses Risiko dürfte jedoch geringer einzuschätzen sein als das Risiko im Fall der eigenen Lieferung an den Erstabnehmer.

[178] Vgl. zu alternativen Formulierungen: Heinisch CCZ 2012, 136 (138), der zur Klausel LMA 3100 ua folgenden Zusatz vorschlägt: „(…) *unless such laws or regulations of the United Kingdom or United States of America would contravene a blocking statute or blocking law, applicable to a party*"; *Ders.* RdTW 2014, 309 (315); vgl. ferner die vom GDV verwendete Musterklausel (abrufbar unter: https://www.gdv.de/resource/blob/59054/a9b0fcc45d64f1030afc83b72bfd0388/aktuelle-muster-sanktionsklausel-data.pdf); zur GDV-Musterklausel: Wandt VersR 2013, 257 (263 ff.).

[179] Vgl.: Ehlers/Wolffgang/Streit Exportkontrolle S. 361 (374 f.); Wilhelm AcP 221 (2021), 657 (670 ff., 683 f.).

[180] Vgl. auch Wilhelm AcP 221 (2021), 657 (683 ff.).

§ 5 Internationale Wirtschaftsverträge und Kartellrecht

Übersicht

Schrifttum:

Bauer/Rahlmeyer/Schöner, Handbuch Vertriebskartellrecht, 2020; *Bauer/Rahlmeyer/Schöner,* Zu den Entwürfen der EU-Kommission für die Reform des Vertriebskartellrechts, WuW 2021, 606ff.; *Beninca/Gebauer,* Die kartellrechtliche Zulässigkeit von Arbeitsgemeinschaften, WuW 2018, 451ff.; *Bechtold,* Umfang und Grenzen der kartellrechtlichen Nichtigkeitssanktion, NZKart 2020, 459ff.; *Bechtold/Brinker/Bosch,* EU-Kartellrecht, 3. Aufl. 2014; *Bien/Bernhard,* More inter-channel competition, please! – Zur Neubewertung von Doppelpreissystemen im Entwurf der Vertikal-Leitlinien, NZKart 2021, 641ff.; *Bechtold/Denzel,* Weiterverkaufs- und Verwendungsbeschränkungen in Vertikalverträgen, WuW 2008, 1272ff.; *Bernhard,* Nützlichkeit oder Notwendigkeit? – Zum Prüfungsmaßstab für notwendige Nebenabreden, NZKart 2019, 577ff.; *Besenc/Slobodenjuk,* Die neue Gruppenfreistellungsverordnung für Forschungs- und Entwicklungsvereinbarungen, GRUR 2011, 300ff.; *Billing/Metzlaff,* Zum Rechtsrahmen für Werbegebühren und Höchstpreisbindungen in Franchisesystemen – Zugleich eine Besprechung der „King des Monats"-Entscheidung des OLG München vom 7.11.2019 (29 U 4165/18 Kart), ZVertriebsR 2020, 165; *Brömmelmeyer,* Selektive Vertriebssysteme und Marktplatzverbote für Luxusartikel – Anmerkungen zur EuGH-Entscheidung in Sachen Coty, NZKart 2018, 62ff.; *Bundeskartellamt,* Wettbewerbsbeschränkungen im Internetvertrieb nach Coty und Asics – wie geht es weiter? Schriftenreihe „Wettbewerb und Verbraucherschutz in der digitalen Wirtschaft", Oktober 2018, abrufbar unter https://www.bundeskartellamt.de; *Dreyer/Ahlenstiel,* Plattformverbote außerhalb selektiver Vertriebssysteme, NZKart 2019, 130ff.; *Emde,* Qualitativ-selektive Vertriebssysteme und Internetvertrieb – mehr als ein Jahr nach „Coty", ZVertriebsR 2019, 69ff.; *Fiedler/Serafimova,* Wer suchet, der findet (wenn er kann): Preisvergleichsmaschinenverbot im selektiven Vertriebssystem nach „ASICS", NZKart 2018, 252ff.; *Gey/Kamann,* The assessment of minimum resale price maintenance in Europe in the aftermath of Leegin, ZWeR 2008, 208ff.; *Goßler/Wentzel,* Der Entwurf der neuen Vertikal-GVO im Lichte des Entwurfs der neuen Vertikal-Leitlinien, ZVertriebsR 2021, 341ff.; *Grafunder/Peters,* Wenn der Hersteller zweimal klingelt: Der kombinierte Händler-/Handelsvertretervertrieb in den neuen Vertikalleitlinien, WuW 2022, 302ff.; *Grimes,* The Path forward after Leegin: Seeking Consensus Reform of the Antitrust Law of Vertical Restraints, Antitrust L.J. 2008/2009, 467ff.; *Haag/Linsmeier,* Selektive Vertriebssysteme: Mehr Klarheit dank des Coty-Urteils, WuW 2018, 54ff.; *Haberer/Fries,* Entwurf der neuen Vertikal-GVO – Abschied vom „sicheren Hafen"?, NZKart 2021, 444ff.; *Herrlinger/Biria,* Wettbewerbsverbote für nicht mehr kontrollierende Gründer, „Macher" und andere Minderheitsgesellschafter, WuW 2020, 580ff.; *Hossenfelder,* Bookings enge Bestpreisklauseln sind abschließend als kartellrechtlich unzulässig bewertet, WuW 2021, 497ff.; *Immenga/Mestmäcker* (Hrsg.), Wettbewerbsrecht, Band 1 EU/Teil 1 und Band 1 EU/Teil 2, 6. Aufl. 2019; *Langen/Bunte,* Kommentar zum deutschen und europäischen Kartellrecht, Band 2 Europäisches Kartellrecht, 14. Aufl. 2021; *Kühling/Ceni-Hulek/Engelbracht,* Alles wieder auf Anfang – Zur kartellrechtlichen Bewertung enger Bestpreisklauseln auf Hotelportalen, NZKart 2021, 7ff.; *Lettl,* Art. 101 Abs. 1 AEUV (sowie § 1 GWB) und Verkaufsverbote auf (digitalen) Drittplattformen – Zugleich Besprechung von EuGH, Urt. v. 6.12.2017, C-230/16, Coty Germany/Parfümerie Akzente –, WuW 2018, 114ff.; *Leupold,* Onlinebeschränkungen und die anstehende Reform der Vertikal-GVO – Klarstellung dringend erforderlich!, NZKart 2019, 520ff.; *Laitenberger/Kaiser,* Vertragliche Beschränkungen des Verkaufs über Drittplattformen im Online-Handel – wo stehen wir nach der Sektoruntersuchung der Europäischen Kommission und dem „Coty"-Urteil des EuGH?, NZKart 2018, 329ff.; *Loewenheim/Meessen/Riesenkampff/Kersting/Meyer-Lindemann* (Hrsg.), Kartellrecht, 4. Aufl. 2020; *Mehle/Mehle,* Beschlagnahmefreiheit von Verteidigungsunterlagen – insbesondere in Kartellbußgeldverfahren, NJW 2011, 1639ff.; *Metzlaff/Brösamle,* Novellierung der Vertikal-GVO und Leitlinien: Informationsaustausch im Rahmen dualer Vertriebssysteme, ZVertriebsR 2022, 134; *Metzlaff/Dohm,* 60 Jahre Europäisches Vertriebskartellrecht – ein Rückblick, ZVertriebsR 2022, 15ff.; *Metzlaff/Schaper,* Der Online-Vertrieb von Markenartikeln über Drittplattformen nach dem Coty-Urteil des EuGH, ZVertriebsR 2018, 1ff.; *Mey,* Drittplattformverbote nach der Coty-Entscheidung – Was sind Luxuswaren?, WuW 2019, 83ff.; *Müller-Feldhammer,* Die Bieter- und Arbeitsgemeinschaft – kartellrechtlich ein Auslaufmodell?, NZKart 2019, 463ff.; *Mundt,* Wettbewerbsbeschränkungen im Internetvertrieb nach Coty und Asics – wie geht es weiter?, ZVertriebsR 2018, 273ff.; *Niemeyer/Fritz,* Problemkreise bei der Novellierung der Vertikal-GVO – Ein Überblick, NZKart 2020, 158ff.; *Petry,* Kartellrechtliches Risikomanagement, 2008; *Pfaff/Osterrieth,* Lizenzverträge, 4. Aufl. 2018; *Picht/Leitz,* Vertikal-dual-digital: Der Entwurf der neuen Vertikal-GVO und -Leitlinien, NZKart 2021, 480ff.; *Reimers/Brack/Modest,* Kartellrechtliche Compliance in Zeiten der Digitalisierung, NZKart 2018, 453ff.; *Rohrßen,* Internetvertrieb nach Coty – Von Markenware, Beauty und Luxus: Plattformverbote, Preisvergleichsmaschinen und Geoblocking, ZVertriebsR 2018, 277ff.; *Ders.,* Vertriebsvorgaben im E-Commerce 2018: Praxisüberblick und Folgen des „Coty"-Urteils des EuGH, GRUR-Prax 2018, 39; *Ders.,* Internetvertrieb 2019/20 – Vertriebsvorgaben, (Best-)Preise & Platform-to-Business-Verordnung, ZVertriebsR 2019, 341ff.; *Ders.,* Online-Vertrieb in der EU – Vertriebskartellrecht: Die neue Vertikal-GVO 2022, ZVertriebsR 2021, 293ff.; *Rudowicz,* Beschränkungen des Onlinevertriebs weiter im Fokus: Bundeskartellamt positioniert sich zum „Coty"-Urteil des EuGH, GRUR-Prax 2018, 565ff.; *Säcker/Mohr,* Die Beurteilung von Einkaufskooperationen gemäß Art. 101 Abs. 1 und 3 AEUV, WRP 2011, 793ff.; *Schultze/Pautke/Wagener,* Vertikal-GVO – Praxiskommentar, 4. Aufl. 2018; *Schultze/Pautke/Wagener,* Vertikal-GVO: Die Reformentwürfe aus Praxissicht, BB 2021, 2627ff.; *Schultze/Pautke/Wagener,* TT-GVO, 2. Aufl. 2022; *Schwintowski/Klaue,* Kartellrechtliche und gesellschaftsrechtliche Konsequenzen des Systems der Legalausnahme für die Kooperationspraxis der Unternehmen, WuW 2005, 370ff.; *Stancke,* EuGH: Verbotsgrund und Vermutungswirkungen „bezweckter" Wettbewerbsbeschränkungen, NZKart 2020, 308ff.; *Terhechte* (Hrsg.), Internationales Kartell- und Fusionskontrollverfahrensrecht, 2008; *von Wallenberg,* Verbot der engen Bestpreisklausel: Das Beste, BB 2021, 2499ff.; *Wiedemann* (Hrsg.), Handbuch des Kartellrechts, 4. Aufl. 2020; *Wolf-Posch,* Anpassung der Vertikal-GVO an die Anforderungen des Online-Handels, NZKart 2019, 209ff.; *Wolf-Posch/Samek,* Aktuelle kartellrechtliche Fragen beim Internetvertrieb von Franchise-Produkten, ZVertriebsR 2018, 302ff.; *Wünschmann/Brock-Wenzek,* Interbankenentgelte: EuGH erklärt bezweckte und bewirkte Wettbewerbsbeschränkung, WuW 2020ff.

A. Grundlagen des für die Vertragsgestaltung relevanten Kartellrechts

1 Kartellrechtsordnungen stellen zwingende Anforderungen an die Gestaltung internationaler Wirtschaftsverträge. Die beiden wichtigsten Kartellrechtsordnungen sind dabei die der Europäischen Union und der USA. Das nationale Kartellrecht der EU-Mitgliedstaaten hat dagegen für den Bereich der Vertragsgestaltung kaum noch praktische Bedeutung, da es (soweit der zwischenstaatliche Handel hinreichend betroffen ist) keine strengeren Anforderungen an Vereinbarungen stellen darf als das Unionskartellrecht.[1] Daher liegt der Schwerpunkt der folgenden Darstellung auf dem Unionskartellrecht, wobei, soweit angebracht, auch auf das nicht immer parallellaufende US-Recht hingewiesen wird. Vor der Darstellung der konkreten Anforderungen des Kartellrechts an die Vertragsgestaltung soll zunächst ein knapper Überblick über die allgemeinen Strukturprinzipien des Kartellrechts sowie die für die Vertragsgestaltung relevanten Rechtsgrundlagen des Unions-, des US- sowie des deutschen Kartellrechts gegeben werden.

B. Zielsetzung und Konzeption von Kartellrechtsordnungen

2 Ziel des Kartellrechts ist es, den Wettbewerb vor verfälschenden Maßnahmen der Unternehmen zu schützen.[2] Wettbewerb zwingt Unternehmen zu hoher Qualität, angemessenen Preisen, Service und Innovationen. Um diesem vom Wettbewerb ausgehenden Druck zu entgehen, haben Unternehmen die inhärente Motivation, den Wettbewerb durch **Vereinbarungen** untereinander (partiell) zu verfälschen, etwa indem sie ihre Preise, Absatzgebiete, Kunden oder Absatzquoten absprechen. Sie können aber auch ihre bestehende **Marktmacht ausnutzen,** um aufkommendem Wettbewerb bereits in der Entstehung entgegenzuwirken. Darüber hinaus können sie sich mit anderen Unternehmen (insbesondere Wettbewerbern oder wichtigen Lieferanten oder Abnehmern) **zusammenschließen.** Das Kartellrecht reagiert darauf mit einem Verbot wettbewerbsbeschränkender Vereinbarungen, einem Verbot des Missbrauchs einer marktbeherrschenden Stellung sowie der Kontrolle von Unternehmenszusammenschlüssen.

3 Für die Vertragsgestaltung sind in erster Linie das Verbot wettbewerbsbeschränkender Vereinbarungen sowie teilweise auch das Verbot des Missbrauchs einer marktbeherrschenden Stellung zu beachten.

C. Internationale Geltung von Kartellrechtsordnungen

I. Auswirkungsprinzip als sinnvoller Anknüpfungspunkt

4 Vereinbarungen mit wettbewerbsbeschränkenden Abreden haben vielfach Wirkungen auf Märkten in verschiedenen Rechtsordnungen (zB internationale Vertriebssysteme) oder auf Märkten anderer Rechtsordnungen als der des Heimatlandes der beteiligten Unternehmen

---

[1] Vgl. Art. 3 Abs. 2 Satz 1 der Verordnung (EG) Nr. 1/2003 des Rates vom 16.12.2002 zur Durchführung der in den Artikeln 81 und 82 des Vertrags niedergelegten Wettbewerbsregeln, ABl. EG 2003 L 1/1 (im Folgenden: Verordnung (EG) Nr. 1/2003).

[2] Über die hinter diesem Ziel liegende Legitimation des Kartellrechts – Wettbewerbsschutz an sich, Konsumentenwohlfahrt, Effizienz der Märkte, Schutz kleiner und mittlerer Unternehmen – herrscht in der internationalen Diskussion sowie in den verschiedenen zeitlichen Perioden der Wettbewerbstheorie Uneinigkeit, dazu MüKo WettbewerbsR/Säcker 1. Teil Grundlagen Rn. 3 ff. Das Ziel eines unverfälschten Wettbewerbs ist aufgrund politischer Vorbehalte allerdings aus dem Zielkatalog in Art. 3 Abs. 3 EUV in ein (ebenso verbindliches) „Protokoll" zum EUV verschoben worden, Immenga/Mestmäcker Bd. 1 EU/Teil 1 Einl EU A Rn. 20.

(zB Liefervereinbarungen zwischen zwei in der EU ansässigen Unternehmen zur Belieferung in den USA). In derartigen Fällen stellt sich die Frage, welche Kartellrechtsordnung Anwendung findet. Völkerrechtlich sind die Staaten verpflichtet, für die Geltung ihrer Kartellrechtsordnungen das „Prinzip des sinnvollen Anknüpfungspunktes" zu beachten.[3] Vielfach etabliert, wenn auch nicht flächendeckend angewandt, ist das **Auswirkungsprinzip**[4]. Danach werden von einer Kartellrechtsordnung alle solchen wettbewerbsbeschränkenden Maßnahmen (zB Vereinbarungen) erfasst, die Auswirkungen in ihrem Geltungsbereich haben, auch wenn sie ganz oder teilweise von Drittstaaten aus veranlasst werden. Umgekehrt werden Maßnahmen, die vom eigenen Territorium aus veranlasst sind, dann nicht erfasst, wenn sie dort keine Auswirkungen haben.

Im Fall wettbewerbsbeschränkender Vereinbarungen mit Berührung zu Ländern außerhalb der Union lässt sich als Faustregel festhalten, dass Vereinbarungen, die sich allein auf Drittländer oder auf **Exporte aus der Union heraus** beziehen, grundsätzlich keine Auswirkungen auf den Binnenmarkt haben (und damit nicht dem Unionskartellrecht unterliegen), während Vereinbarungen, die sich jedenfalls (auch) auf Mitgliedstaaten und/oder auf **Importe in die Union** beziehen, grundsätzlich zu solchen Auswirkungen führen und damit in den Anwendungsbereich des Unionskartellrechts fallen. Die Grenzen sind hier jedoch fließend. So kann eine Vereinbarung, die sich ausschließlich auf den Export von Produkten aus der Europäischen Union bezieht, auch mittelbar Rückwirkungen auf den Binnenmarkt zeitigen, wenn hierdurch der Re-Import in die Europäische Union verhindert wird. Im Einzelfall ist dann zu prüfen, ob mit der fraglichen Vereinbarung eine spürbare Beeinträchtigung des Handels zwischen den Mitgliedstaaten bezweckt oder bewirkt wird.[5] So beinhaltete im Fall **Javico**[6] zwar die Einräumung eines ausschließlichen Gebietes an einen Händler außerhalb der Union (im konkreten Fall: Ukraine und Russland) einschließlich des Verbots, die Vertragsprodukte außerhalb dieses Gebietes zu verkaufen, mittelbar ein Re-Importverbot in die Union, bezweckte dies aber nicht. Ob durch ein solches mittelbares Re-Importverbot Rückwirkungen auf den Binnenmarkt bewirkt werden, muss anhand der tatsächlichen Gegebenheiten festgestellt werden. In den Fällen **Campari, Junghans** und **SABA** bezweckte das Verbot des Exports in Drittstaaten gegenüber Händlern in der Union lediglich den Schutz der Händler in den Drittstaaten, nicht aber eine Wettbewerbsbeschränkung in der Union. Es verhinderte zwar mittelbar einen Re-Import in die Union, da Händler aus Drittstaaten nicht die Möglichkeit hatten, von den in der EU ansässigen Händlern Mengen zu erwerben, die sie wieder in die Union hätten einführen können. Angesichts der ausreichenden Verfügbarkeit der Produkte für die Händler in der Union sowie der im Fall des Re-Importes auftretenden kumulierten Handelsspannen und doppelt anfallenden Zöllen (einmal bei der Einfuhr im Drittland, und dann wieder beim Re-Import in die Union) wäre aber der Re-Import ohnehin nicht wirtschaftlich gewesen, so dass eine bewirkte Binnenmarktauswirkung zu verneinen war.[7] In den Fällen **CRAM** und **Rheinzink** hatte umgekehrt die Verpflichtung zur Ausfuhr bezogener Waren aus der Union Auswirkungen auf den Binnenmarkt, weil sie dazu diente, diese Waren dem Wettbewerb in der Union zu entziehen.[8] Im **Intel**-Fall hat der EuGH bejaht, dass bestimmte Geschäftspraktiken (Rabatte, Verzögerungszahlungen etc.), die der US-amerikanische Chiphersteller Intel auf in Taiwan und China ansässige Computerhersteller ange- 5

[3] Immenga/Mestmäcker/Rehbinder Bd. 1 EU/Teil 1 IntWbR Rn. 15.
[4] Immenga/Mestmäcker/Rehbinder Bd. 1 EU/Teil 1 IntWbR Rn. 15.
[5] Vgl. etwa EuGH 28.4.1998 – Rs. C-306/96, Slg. 1998, 1983 ff. Rn. 15 – *Javico.*
[6] Vgl. EuGH 28.4.1998 – Rs. C-306/96, Slg. 1998, 1983 ff. Rn. 18 f. – *Javico.*
[7] Vgl. etwa Kommission Entscheidung vom 23.12.1977 IV/171 ua ABl. EG 1978 L 70/69 – *Campari;* Entscheidung v. 21.12.1976 IV/24 510 ABl. 1977 L 30/10 – *Junghans.*
[8] EuGH 28.3.1984 – verb. Rs. 29/83 und 30/83 Slg. 1984, 1679 ff. Rn. 24 ff. – *CRAM und Rheinzink.*

wendet hatte, den Wettbewerb im europäischen Markt verfälschten, so dass EU-Kartellrecht zur Anwendung kommt.[9]

II. Extraterritoriale Durchsetzung des Kartellrechts

6 Das Auswirkungsprinzip bestimmt lediglich die materielle Anwendbarkeit von Kartellrechtsordnungen, trifft aber keine Aussage zur Durchsetzung (insbesondere Vollstreckung) der materiellen Bestimmungen mit hoheitlichen Mitteln (zB Bußgeldern). Diese ist völkerrechtlich grundsätzlich nur gegenüber Unternehmen mit Sitz in dem jeweiligen Territorium zulässig, sofern der Drittstaat nicht einwilligt.[10] Im Einzelfall kann dabei schon eine Tochtergesellschaft im jeweiligen Hoheitsgebiet ausreichen.[11]

7 Vor diesem Hintergrund kann bei der Vertragsgestaltung auch das Risiko in den Blick genommen werden, ob überhaupt Sanktionen im Fall einer etwaig einschlägigen ausländischen Kartellrechtsordnung zu erwarten sind. Dessen ungeachtet muss allerdings bedacht werden, dass Gerichte innerhalb der EU bei der Prüfung möglicher Ansprüche auf Schadensersatz oder Unterlassung wegen kartellrechtlicher Verstöße nach Maßgabe der allseitigen Kollisionsnorm des Art. 6 Abs. 3 lit. a) Rom II-VO ebenfalls das Auswirkungsprinzip zu beachten haben und daher im Einzelfall durchaus auch ausländisches Kartellrecht anwenden müssen.[12]

D. Überblick über das Kartellrecht der Europäischen Union

8 Auf Unionsebene sind das Verbot wettbewerbsbeschränkender Vereinbarungen (dazu unter I.) sowie das Verbot des Missbrauchs einer marktbeherrschenden Stellung (dazu unter II.) in den Art. 101 und 102 des **Vertrags über die Arbeitsweise der Europäischen Union** (AEUV)[13] geregelt. Die Möglichkeit der Freistellung vom Verbot wettbewerbsbeschränkender Vereinbarungen regelt Art. 101 Abs. 3 AEUV. Diese Freistellungsregelung wird durch die von der Kommission erlassenen **Gruppenfreistellungsverordnungen** konkretisiert. Die behördliche Durchsetzung des Unionskartellrechts ist maßgeblich in der Verordnung (EG) Nr. 1/2003 geregelt, die zivilrechtliche im mitgliedstaatlichen Recht (dazu unter III.). Daneben hat die Kommission zahlreiche **Bekanntmachungen, Mitteilungen und Leitlinien** veröffentlicht, die zwar jenseits einer Selbstbindung der Kommission keine rechtliche Bindungswirkung entfalten, aber die Rechtsanwendung in erheblichem Maße prägen.

I. Das Verbot wettbewerbsbeschränkender Vereinbarungen nach Art. 101 AEUV

9 Wettbewerbsbeschränkende Vereinbarungen sind grundsätzlich verboten (dazu unter 1.), können aber vom Verbot freigestellt sein (dazu unter 2.).

---

[9] EuGH 6.9.2017 – Rs. C-413/14 P, Rn. 49, 51, 54–58 – *Intel;* der Fall bezog sich auf Art. 102 AEUV, die Rechtsprechung lässt sich aber auf Art. 101 AEUV übertragen, vgl. MüKo EuWettbR/Wagner-von Papp/Wurmnest 1. Teil Grundlagen Rn. 1378.

[10] Immenga/Mestmäcker/Rehbinder Bd. 1 EU/Teil 1 IntWbR Rn. 80 (zur Zustellung von Beschlüssen) und Rn. 91 (zur Vollstreckung).

[11] Immenga/Mestmäcker/Rehbinder Bd. 1 EU/Teil 1 IntWbR Rn. 81, 91.

[12] MüKoBGB/Wurmnest Art. 6 Rom II-VO Rn. 234.

[13] ABl. EU 2008 C 115/47.

1. Verbotstatbestand

Nach Art. 101 Abs. 1 AEUV sind alle Vereinbarungen zwischen Unternehmen, Beschlüsse von Unternehmensvereinigungen und aufeinander abgestimmte Verhaltensweisen, welche den Handel zwischen den Mitgliedstaaten zu beeinträchtigen geeignet sind und eine Verhinderung, Einschränkung oder Verfälschung des Wettbewerbs bezwecken oder bewirken, mit dem Binnenmarkt unvereinbar und verboten. Analysiert man die Grundstruktur des Verbots, lassen sich folgende Tatbestandsmerkmale ausmachen: 10

a) Unternehmen und Unternehmensvereinigung

Adressat des Verbots sind Unternehmen und Unternehmensvereinigungen. Ein „Unternehmen" ist jede eine (selbstständige) wirtschaftliche Tätigkeit ausübende Einheit, unabhängig von ihrer Rechtsform und der Art ihrer Finanzierung **(funktionaler Unternehmensbegriff).**[14] Dazu kann etwa auch der (fiskalisch handelnde) **Staat** oder auch eine natürliche Person gehören.[15] Unter einer Unternehmensvereinigung im Sinne des Art. 101 Abs. 1 AEUV versteht man jeden beliebig strukturierten Zusammenschluss mehrere Unternehmen, dessen Zweck unter anderem darin besteht, die Interessen seiner Mitglieder wahrzunehmen.[16] Zweck der Einbeziehung von Unternehmensvereinigungen in den Kreis der Normadressaten ist es, eine im Einzelfall ansonsten denkbare Umgehung des Kartellverbotes auszuschließen. 11

b) Maßnahmen

Zu den Tathandlungen gehören **Vereinbarungen** wie Verträge, aber auch unverbindliche Abreden. Die Abgrenzung zum nicht verbotenen Parallelverhalten mehrerer Unternehmen gelingt theoretisch über die Frage nach einem eigenständigen oder gemeinsamen Willensentschlusses, kann in der Praxis aber schwerfallen. Als Auffangtatbestand fungiert die **aufeinander abgestimmte Verhaltensweise,** bei der Unternehmen ihr Verhalten bewusst, aber ohne entsprechende Abrede, koordinieren. Entsprechend der Ausweitung des Adressatenkreises auf Unternehmensvereinigungen werden auch **Beschlüsse von Unternehmensvereinigungen** vom Tatbestand des Art. 101 Abs. 1 AEUV erfasst. Zusammengefasst werden alle drei Tathandlungen im Folgenden als **„Maßnahmen"** bezeichnet. 12

c) Wettbewerbsbeschränkung; Konzernprivileg

Die vorgenannten Maßnahmen sind nur verboten, wenn sie eine Verhinderung, Einschränkung oder Verfälschung des Wettbewerbs bezwecken oder bewirken. Diese drei Tatbestandsmerkmale sind nicht trennscharf abzugrenzen und können zum Merkmal der **„Wettbewerbsbeschränkung"** zusammengefasst werden.[17] Was dabei genau unter einer Wettbewerbsbeschränkung zu verstehen ist, lässt sich angesichts der Vielgestaltigkeit wettbewerblicher Erscheinungsbilder nicht abschließend im Vorhinein festlegen. Grundsätzlich gilt aber, dass eine Wettbewerbsbeschränkung immer dann anzunehmen ist, wenn ein Unternehmen an dem autonomen Einsatz wettbewerblicher Aktionsparameter (wie etwa der Bestimmung des Preises, der Qualität, der Quantität, der Werbung, der Forschung oder der Verwendung von Forschungsergebnissen) gehindert wird.[18] Denn Aufgabe des Kartellrechts ist es, die wettbewerbliche Entschließungs- und Handlungsfreiheit der Unternehmen zu erhalten (sog. Selbstständigkeitspostulat).[19] Die Auslegung des Begriffs Wettbe- 13

[14] Vgl. etwa EuGH Urt. v. 11.12.1997 – Rs. C-55/96, Slg. 1997 I-7119 Rn. 21 – *Job Centre.*
[15] Immenga/Mestmäcker/Zimmer Bd. 1 EU/Teil 1 Art. 101 Abs. 1 AEUV Rn. 18, 48.
[16] Loewenheim/Meessen/Riesenkampff/Kersting/Meyer-Lindemann/Grave/Nyberg Kartellrecht Art. 101 Abs. 1 AEUV Rn. 185.
[17] Immenga/Mestmäcker/Zimmer Bd. 1 EU/Teil 1 Art. 101 Abs. 1 AEUV Rn. 123f.
[18] Immenga/Mestmäcker/Zimmer Bd. 1, EU/Teil 1 Art. 101 Abs. 1 AEUV, Rn. 127.
[19] Ständige Rspr, vgl. etwa EuGH Urt. v. 4.6.2009 – Rs. C-8/08, Rn. 33, 41 – *T-Mobile Netherlands/NMa.*

werbsbeschränkung wird durch zahlreiche Fallgruppen erleichtert. Dazu gehören nach Art. 101 Abs. 1 AEUV insbesondere Preisfestsetzungen, Produktions- und Absatzbeschränkungen, Marktaufteilungen, Diskriminierungen gegenüber Handelspartnern und Koppelungen von zwei oder mehr Produkten. Diese Aufzählung ist aber bei weitem nicht abschließend und hat in der Praxis zahlreiche Erweiterungen erfahren.

14 Systematisch lassen sich dabei im Horizontalverhältnis und im Vertikalverhältnis bewirkte Wettbewerbsbeschränkungen unterscheiden. **„Horizontal"** bezeichnet das Verhältnis eines Unternehmens zu seinen Wettbewerbern.[20] Zu den Wettbewerbern gehören dabei tatsächliche und potentielle Wettbewerber.[21] **Tatsächliche Wettbewerber** sind Unternehmen, die auf denselben relevanten Märkten anbieten oder einkaufen. **Potentielle Wettbewerber** sind Unternehmen, bei denen wahrscheinlich ist, dass sie im Falle eines geringen, aber anhaltenden Anstiegs der relativen Preise innerhalb kurzer Zeit die zusätzlichen Investitionen tätigen oder sonstigen Umstellungskosten auf sich nehmen würden, die erforderlich wären, um in den relevanten Markt einzutreten.[22] Im Horizontalverhältnis bewirkte Wettbewerbsbeschränkungen stellen etwa Vereinbarungen zu Preisen, Gebieten, Kunden oder Absatzquoten zwischen aktuellen oder potentiellen Wettbewerbern dar.

15 **„Vertikal"** bezeichnet das Verhältnis von Unternehmen, die nach Art der Geschäftsbeziehung im konkreten Einzelfall[23] auf unterschiedlichen Stufen der Produktions- oder Vertriebskette tätig sind (zB Hersteller – Händler).[24] Im Vertikalverhältnis bewirkte Wettbewerbsbeschränkungen können entweder den Wettbewerb um den Verkauf der Produkte ein und desselben Herstellers **(intra-brand-Wettbewerb)** oder den Wettbewerb um die Produkte konkurrierender Hersteller betreffen **(inter-brand-Wettbewerb).** Der intra-brand-Wettbewerb ist etwa im Fall einer Preisbindung der zweiten Hand, die ein Hersteller seinen Händlern vorschreibt oder einer Gebiets- oder Kundengruppenaufteilung, die ein Hersteller in seinem Händlernetz vornimmt, betroffen. Der inter-brand-Wettbewerb wird dagegen etwa im Falle eines Wettbewerbsverbots, bei dem ein Hersteller dem Händler den Verkauf konkurrierender Produkte verbietet, berührt.

16 Da die wettbewerbliche Handlungsfreiheit eines Unternehmens den primären Anknüpfungspunkt für das Vorliegen einer Wettbewerbsbeschränkung bildet, ist es konsequenterweise erforderlich, dass überhaupt eine schützenswerte Entscheidungsautonomie bei dem vermeintlich in seiner Handlungsfreiheit beschränkten Unternehmen vorliegt. Dies ist dann nicht der Fall, wenn das verpflichtete Unternehmen etwa als Tochtergesellschaft sowieso der Weisungsbefugnis des verpflichtenden Unternehmens unterliegt und es ihm deshalb an einer autonomen Entscheidungsbefugnis mangelt. Konzerninterne Absprachen stellen insoweit grundsätzlich keine Wettbewerbsbeschränkung im Sinne des Art. 101 Abs. 1 AEUV dar (sog. **Konzernprivileg**). Teilweise wird in solchen Fällen auch verneint, dass es sich um zwei getrennte Unternehmen handelt. Ob tatsächlich keine Entscheidungsautonomie besteht, richtet sich nach den Umständen des Einzelfalls. Entscheidend ist in erster Linie die Höhe der Beteiligung, darüber hinaus aber auch das Vorliegen etwaiger personeller Verflechtungen, besonderer Stimmrechte oder das Bestehen von Beherrschungsverträgen.[25]

---

[20] Loewenheim/Meessen/Riesenkampff/Kersting/Meyer-Lindemann/Grave/Nyberg Kartellrecht Art. 101 Abs. 1 AEUV Rn. 225.

[21] Immenga/Mestmäcker/Zimmer Bd. 1 EU/Teil 1 Art. 101 Abs. 1 AEUV Rn. 108.

[22] So die Formel der EU-Kommission, vgl. Immenga/Mestmäcker/Zimmer Bd. 1 EU/Teil 1 Art. 101 Abs. 1 AEUV Rn. 108.

[23] Daher kann eine vertikale Vereinbarung durchaus auch zwischen solchen Unternehmen abgeschlossen werden, die nach ihrem Gesamtcharakter als Wettbewerber einzustufen sind.

[24] Loewenheim/Meessen/Riesenkampff/Kersting/Meyer-Lindemann/Grave/Nyberg Kartellrecht Art. 101 Abs. 1 AEUV Rn. 225.

[25] Immenga/Mestmäcker/Zimmer Bd. 1 EU/Teil 1 Art. 101 Abs. 1 AEUV, Rn. 109 ff.

d) Bezwecken und Bewirken; Kernbeschränkungen, more economic approach

Die durch die Maßnahme erfolgte Wettbewerbsbeschränkung muss bezweckt oder bewirkt sein. Das Merkmal des **„Bezweckens“** erfasst Vereinbarungen, die eine konkrete Eignung zu Wettbewerbsbeschränkungen aufweisen; dabei handelt es sich in der Regel auch um die besonders kritisch bewerteten **„Kernbeschränkungen“.**[26] Dazu gehören im Horizontalverhältnis insbesondere die echten **(Hardcore-)Kartelle** wie Vereinbarungen zu Preisen, Gebieten, Kunden oder Absatzquoten. Aber auch im Vertikalverhältnis gibt es Kernbeschränkungen wie Preisbindungen der zweiten Hand oder Gebiets- oder Kundenkreisbeschränkungen. Im Falle bezweckter Wettbewerbsbeschränkungen müssen die konkreten Wirkungen nicht nachgewiesen und damit analysiert werden.[27] 17

Das Merkmal des **„Bewirkens“** erfasst die faktischen Auswirkungen einer Vereinbarung (wobei die Eignung zur Wettbewerbsbeschränkung ausreicht). Dabei sind die (potenziellen) Auswirkungen der Vereinbarung auf die bestehenden wirtschaftlichen, rechtlichen und tatsächlichen Markt- und Wettbewerbsverhältnisse zu untersuchen.[28] 18

e) Spürbarkeit der Wettbewerbsbeschränkung

Ungeschriebenes Tatbestandsmerkmal ist die **Spürbarkeit der Wettbewerbsbeschränkung.** Zweck dieses Tatbestandsmerkmals ist letztlich die Aussonderung von Bagatellfällen. Nach der De minimis-Bekanntmachung der Kommission[29] sind **Kernbeschränkungen ebenso wie bezweckte Wettbewerbsbeschränkungen stets als spürbar** anzusehen, während bewirkte Wettbewerbsbeschränkungen jedenfalls dann nicht spürbar sind, wenn der **Marktanteil** der Parteien **bei Wettbewerbern zusammen 10 %** und bei **Nicht-Wettbewerbern jeweils 15 %** nicht übersteigt.[30] Ob oberhalb dieser Schwellen eine Spürbarkeit gegeben ist, muss durch Analyse der konkreten Auswirkungen der Vereinbarung festgestellt werden.[31] 19

f) Spürbare Beeinträchtigung des Handels zwischen den Mitgliedstaaten

Art. 101 Abs. 1 AEUV greift nur ein, sofern die Wettbewerbsbeschränkung den „**Handel zwischen den Mitgliedstaaten zu beeinträchtigen geeignet** ist, und zwar (dies ist ein eigenes und wiederum ungeschriebenes Merkmal) **in spürbarer Weise.** Diese Merkmale dienen der Abgrenzung des Art. 101 AEUV zu den Kartellrechtsordnungen der Mitgliedstaaten.[32] Zu ihrer Auslegung hat die Kommission ausführliche Leitlinien erlassen, welche auch den Stand der Rechtsprechung reflektieren sollen.[33] Als Faustformel lässt sich dabei festhalten: Wenn eine Vereinbarung unionsintern grenzüberschreitend wirkt, oder zumin- 20

---

[26] Zur Abgrenzung von „Bezwecken“ und „Bewirken“ EuGH Urt. v. 2.4.2020 – Rs. C-228/18 – *Visa und Mastercard Ungarn,* NZKart 2020, 246; dazu Stancke NZKart 2020, 308 und Wünschmann/Brock-Wenzek WuW 2020, 261; siehe auch EuGH Urt. v. 18.11.2021 – Rs. C-306/20 – *Visma Enterprise/SIA,* WuW 2022, 24.

[27] BGH NZKart 2018, 52, vgl. zum Vorstehenden insgesamt Immenga/Mestmäcker/Zimmer Bd. 1 EU/Teil 1 Art. 101 Abs. 1 AEUV Rn. 129, 130.

[28] Immenga/Mestmäcker/Zimmer Bd. 1 EU/Teil 1 Art. 101 Abs. 1 AEUV Rn. 132.

[29] Bekanntmachung über Vereinbarungen von geringer Bedeutung, die im Sinne des Artikels 101 Absatz 1 des Vertrags über die Arbeitsweise der Europäischen Union den Wettbewerb nicht spürbar beschränken (De-minimis-Bekanntmachung), ABl. EU 2014 C 291/01 (im Folgenden: De minimis Bekanntmachung). Das Bundeskartellamt, das ebenfalls für die Anwendung des Unionskartellrechts zuständig ist, hat eine eigene Bagatellbekanntmachung (Bekanntmachung Nr. 18/2007 vom 13.3.2007, abrufbar über die Website des Amtes) veröffentlicht, die sich nicht vollständig mit derjenigen der Kommission deckt.

[30] Bei Überschreitungen gelten gewisse Toleranzen (vgl. Rn. 9 der De minimis-Bekanntmachung). Im Falle der kumulativen Wirkung nebeneinander bestehender Netze von Vereinbarungen liegt die Spürbarkeitsschwelle bei lediglich 5 % (vgl. ebenda Rn. 8).

[31] De minimis-Bekanntmachung Rn. 2.

[32] EuGH Urt. v. 13.7.1966 – Rs. C-56 und C-58/64, Slg. 1966, 325 (389) – *Consten & Grundig.*

[33] Leitlinien über den Begriff der Beeinträchtigung des zwischenstaatlichen Handels in den Artikeln 81 und 82 des Vertrages, ABl. EU 2004 C 101/81 (im Folgenden: Leitlinien zwischenstaatlicher Handel).

dest einen bedeutsamen Teil des Territoriums eines Mitgliedstaates erfasst, wird sie vielfach auch die Eignung zur Handelsbeeinträchtigung haben. Weist eine Maßnahme demgegenüber in erster Linie ausschließlich Drittstaatenbezug auf, ist im Zweifel davon auszugehen, dass es jedenfalls an einer spürbaren Beeinträchtigung des Handels zwischen den Mitgliedstaaten mangelt.

2. Freistellung vom Verbot

21 Liegen die vorstehenden Voraussetzungen vor, verstößt die fragliche Maßnahme gegen Artikel 101 Abs. 1 AEUV. Ob sie indessen auch kartellrechtswidrig ist, erfordert die weitere Prüfung, ob sie nicht über Art. 101 Abs. 3 AEUV freigestellt ist. Denn nicht jede Wettbewerbsbeschränkung wird als schädlich angesehen, weshalb Freistellungen vom Verbot möglich sind. Prüfungstechnisch ist dabei zwischen (a) Freistellungen in Anwendung der sogenannten Gruppenfreistellungsverordnungen, welche die in Art. 101 Abs. 3 AEUV genannten Voraussetzungen konkretisieren und (b) Freistellungen in unmittelbarer Anwendung der Freistellung in Art. 101 Abs. 3 AEUV zu differenzieren. Grundsätzlich bietet es sich dabei an, immer erst das Eingreifen einer Gruppenfreistellungsverordnung und sodann eine Freistellung in unmittelbarer Anwendung von Art. 101 Abs. 3 AEUV zu prüfen.

a) Gruppenfreistellung

22 Auch nach dem Umstieg auf das System der Legalausnahme mit der Verordnung (EG) Nr. 1/2003 hat die Kommission daran festgehalten, bestimmte Gruppen von Vereinbarungen unter näheren Voraussetzungen im Verordnungswege durch sogenannte Gruppenfreistellungsverordnungen vom Verbot des Art. 101 Abs. 1 AEUV freizustellen. Die Gruppenfreistellungsverordnungen konkretisieren dabei die abstrakt gehaltene Freistellung in Art. 101 Abs. 3 AEUV und sind daher vor einer möglichen Freistellung nach Art. 101 Abs. 3 AEUV in direkter Anwendung zu prüfen. Liegen die Voraussetzungen einer Gruppenfreistellungsverordnung vor, ist die betreffende Vereinbarung vom Verbot wettbewerbsbeschränkender Vereinbarungen freigestellt, ohne dass es einer Prüfung der Voraussetzungen des Art. 101 Abs. 3 AEUV bedarf. Relevante Gruppenfreistellungsverordnungen bestehen für

- Vertikalvereinbarungen: die am 1.6.2022 in Kraft getretene Verordnung (EU) Nr. 2022/720 **(„Vertikal-GVO“),**[34] welche die bis dahin geltende Vorgängerversion Verordnung (EU) Nr. 330/2010 abgelöst hat und die nun bis zum 31.5.2034 in Kraft ist,
- Technologietransfer-Vereinbarungen: Verordnung (EU) Nr. 316/2014; noch in Kraft bis zum 30.4.2026 **(„TT-GVO“),**[35]
- Forschungs- und Entwicklungsvereinbarungen: Verordnung (EU) Nr. 1217/2010 **(„F&E-GVO“),**[36] die allerdings nur noch bis zum 31.12.2022 in Kraft ist; zum Zeitpunkt des Redaktionsschlusses lag der Entwurf einer Nachfolgerversion aus der Konsultationsphase vom 1.3.2022 bis 26.4.2022 vor (nachfolgend: **„F&E-GVO-E“**),[37]

---

[34] Verordnung (EU) Nr. 2022/720 der Kommission vom 10.5.2022 über die Anwendung von Artikel 101 Absatz 3 des Vertrags über die Arbeitsweise der Europäischen Union auf Gruppen von vertikalen Vereinbarungen und abgestimmten Verhaltensweisen, ABl. EU L 134/4.

[35] Verordnung (EU) Nr. 316/2014 der Kommission vom 21.3.2014 über die Anwendung von Artikel 101 Absatz 3 des Vertrags über die Arbeitsweise der Europäischen Union auf Gruppen von Technologietransfer-Vereinbarungen, ABl. EU 2014 L 93/17.

[36] Verordnung (EU) Nr. 1217/2010 der Kommission vom 14.12.2010 über die Anwendung von Artikel 101 Absatz 3 des Vertrags über die Arbeitsweise der Europäischen Union auf bestimmte Gruppen von Vereinbarungen über Forschung und Entwicklung, ABl. EU 2010 L 335/36.

[37] Abrufbar unter https://competition-policy.ec.europa.eu/public-consultations/2022-hbers_en (zuletzt abgerufen am 26.8.2022).

- Spezialisierungsvereinbarungen: Verordnung (EU) Nr. 1218/2010 **(„Spez-GVO")**,[38] auch deren Geltung läuft am 31.12.2022 aus; hier liegt ebenfalls eine Nachfolgeversion aus der vorbenannten Konsultationsphase vor (nachfolgend: **„Spez-GVO-E"**),[39]
- und den Kraftfahrzeugsektor: Verordnung (EU) Nr. 461/2010 **(„Kfz-GVO")**[40] sowie für Sachverhalte bis zum 31.5.2013 noch die Verordnung (EG) Nr. 1400/2002 **(„Kfz-GVO 2002")**.[41]

Die Gruppenfreistellungsverordnungen werden durch sog. Leitlinien der Kommission näher erläutert. Relevant sind hier insbesondere: 23

- Leitlinien für vertikale Beschränkungen **(„Vertikal-LL")**,[42] die mit Neufassung der Vertikal-GVO zum 1.6.2022 in Kraft getreten sind und die Vorgängerversion abgelöst haben,
- Leitlinien zur Anwendbarkeit von Artikel 101 des Vertrags über die Arbeitsweise der Europäischen Union auf Vereinbarungen über horizontale Zusammenarbeit **(„Horizontal-LL")**;[43] die Horizontal-LL werden mit Auslaufen der F&E-GVO und der Spez-GVO zum 31.12.2022 ihre Gültigkeit verlieren; zum Zeitpunkt des Redaktionsschlusses lag der Entwurf einer Nachfolgerversion aus der Konsultationsphase vom 1.3.2022 bis 26.4.2022 vor (nachfolgend: **„Horizontal-LL-E"**),
- Leitlinien zur Anwendung von Artikel 101 des Vertrags über die Arbeitsweise der Europäischen Union auf Technologietransfer-Vereinbarungen **(„TT-LL")**.[44]

Gruppenfreistellungsverordnungen sind überwiegend **nach demselben Schema** aufgebaut: Zentral ist die **pauschale („gruppenweise") Freistellung** eines bestimmten Typs von Vereinbarungen (zB F&E- oder Vertikal-Vereinbarungen).[45] Dabei werden bestimmte und wenige **Voraussetzungen** aufgestellt, um in den Genuss der Gruppenfreistellung zu gelangen. Erforderlich ist zunächst, dass der **sachliche Anwendungsbereich** der fraglichen Gruppenfreistellungsverordnung eröffnet ist. Der sachliche Anwendungsbereich wird grundsätzlich durch die Freistellungsnorm selbst festgelegt. So bestimmt etwa Art. 2 Abs. 1 Vertikal-GVO dass die Freistellung nur für vertikale Vereinbarungen gilt. Was dabei unter einer vertikalen Vereinbarung zu verstehen ist, wird in den allgemeinen Begriffsbestimmungen in Art. 1 der Vertikal-GVO ausgeführt. Liegt danach eine vertikale Vereinbarung vor, ist der sachliche Anwendungsbereich – soweit hieran keine weiteren Voraussetzungen geknüpft sind[46] – eröffnet. Des Weiteren wird die Freistellung grundsätzlich an die Einhaltung gewisser **Marktanteilsschwellen** geknüpft. Die Einhaltung der Marktanteilsschwellen muss dabei nach vorgegebenen Berechnungsmethoden ermittelt werden (vgl. etwa Art. 3 und Art. 8 der Vertikal-GVO). Letzte Voraussetzung für das Eingreifen einer Gruppenfreistellungsverordnung ist zudem, dass die fragliche Vereinbarung **keine Kernbeschränkungen** (wie etwa das Verbot der Aufteilung von Märkten oder Kundengruppen in der Vertikal-GVO) enthält (vgl. Art. 4 Vertikal-GVO). Liegen diese Voraussetzungen vor, unterfällt die fragliche Vereinbarung grundsätzlich der Gruppenfreistellungsverord-

[38] Verordnung (EU) Nr. 1218/2010 der Kommission vom 14.12.2010 über die Anwendung von Artikel 101 Absatz 3 des Vertrags über die Arbeitsweise der Europäischen Union auf bestimmte Gruppen von Spezialisierungsvereinbarungen, ABl. EU 2010 L 335/43.

[39] Abrufbar unter https://competition-policy.ec.europa.eu/public-consultations/2022-hbers_en (zuletzt abgerufen am 26.8.2022).

[40] Verordnung (EU) Nr. 461/2010 der Kommission vom 27.5.2010 über die Anwendung von Artikel 101 Absatz 3 des Vertrags über die Arbeitsweise der Europäischen Union auf Gruppen von vertikalen Vereinbarungen und abgestimmten Verhaltensweisen im Kraftfahrzugsektor, ABl. EU 2010 L 129/52.

[41] Verordnung (EG) Nr. 1400/2002 der Kommission vom 31.7.2002 über die Anwendung von Artikel 81 Absatz 3 des Vertrags auf Gruppen von vertikalen Vereinbarungen und aufeinander abgestimmten Verhaltensweisen im Kraftfahrzeugsektor, ABl. EG 2002 L 203/30.

[42] Leitlinien für vertikale Beschränkungen (2022/C 248/01), ABl. EU C 248/1.

[43] Leitlinien zur Anwendung von Art. 81 Abs. 3 EG-Vertrag, ABl. EG 2004 C 101/97.

[44] Leitlinien zur Anwendung von Artikel 101 des Vertrags über die Arbeitsweise der Europäischen Union auf Technologietransfer-Vereinbarungen, ABl. EU C 89/3.

[45] Vgl. etwa beispielhaft Art. 2 Abs. 1 Vertikal-GVO; Art. 2 Abs. 1 TT-GVO.

[46] Vgl. im Falle der Vertikal-GVO etwa Art. 2 Abs. 4 Vertikal-GVO.

nung und ist damit vom Verbot des Art. 101 Abs. 1 AEUV freigestellt. Dies gilt allerdings nicht für solche Klauseln, die in den Gruppenfreistellungsverordnungen als sogenannte **„graue Klauseln"** oder **„nicht freigestellte Beschränkungen"** normiert sind. Sie hindern das Eingreifen der Gruppenfreistellung zwar nicht im Hinblick auf die Vereinbarung als Ganzes, nehmen jedoch nicht an der gruppenweisen Freistellung teil (vgl. etwa Art. 5 Vertikal-GVO). Zu beachten ist schließlich, dass Gruppenfreistellungsverordnungen ausnahmslos in ihrem zeitlichen Anwendungsbereich beschränkt sind (vgl. etwa Art. 11 Vertikal-GVO).

b) Einzelfreistellung

24 Ist keine Gruppenfreistellungsverordnung einschlägig oder eine grundsätzlich einschlägige Gruppenfreistellungsverordnung mangels Vorliegen ihrer Voraussetzungen nicht anwendbar, ist zu prüfen, ob eine Freistellung in unmittelbarer Anwendung von Art. 101 Abs. 3 AEUV in Betracht kommt. Dies erfordert grundsätzlich eine sorgfältige Prüfung des Einzelfalls. Hilfestellung bieten hier in gewissem Umfang die von der Kommission veröffentlichten Vertikal-/Horizontal- und TT-Leitlinien, sowie, in etwas abstrakterer Form, die bereits älteren Leitlinien zur Anwendung von Art. 81 Abs. 3 EG.[47] Für eine Freistellung in unmittelbarer Anwendbarkeit von Art. 101 Abs. 3 AEUV ist es erforderlich, dass die fragliche Vereinbarung (i) zur Verbesserung der Warenerzeugung oder -verteilung oder zur Förderung des technischen oder wirtschaftlichen Fortschritts beiträgt (kurz: Effizienzen erzeugt[48]), und (ii) die Verbraucher (das sind allgemein die nachgelagerten Marktstufen) an dem entstehenden Gewinn angemessen beteiligt werden (die Effizienzgewinne also zumindest partiell weitergegeben werden[49]), ohne dass den beteiligten Unternehmen (iii) Beschränkungen auferlegt werden, die für die Verwirklichung dieser Ziele nicht unerlässlich sind (es gilt also das Gebot der Wahl des mildesten Mittels[50]) und ihnen keine (iv) Möglichkeiten eröffnet werden, für einen wesentlichen Teil der betreffenden Waren den Wettbewerb auszuschalten (was um so eher der Fall ist, je geringer bereits der vorhandene Wettbewerb auf den betroffenen Märkten ist[51]).

II. Das Verbot des Missbrauchs einer marktbeherrschenden Stellung nach Art. 102 AEUV

25 Art. 102 Satz 1 AEUV verbietet die missbräuchliche Ausnutzung einer beherrschenden Stellung auf dem Binnenmarkt oder auf einem wesentlichen Teil desselben durch ein oder mehrere Unternehmen, soweit dies dazu führen kann, den Handel zwischen den Mitgliedstaaten zu beeinträchtigen. Dieses Verbot ist neben dem Verbot des Art. 101 AEUV anwendbar und unabhängig davon zu bewerten. Eine Freistellung wie bei Art. 101 AEUV ist bei Art. 102 AEUV nicht möglich. Soweit die Tatbestandsmerkmale des Art. 102 AEUV mit denen des Art. 101 AEUV übereinstimmen, kann auf die Darstellung zu Art. 101 AEUV verwiesen werden. Zentral sind im Übrigen die Merkmale der Marktbeherrschung (dazu unter 1.) und des Missbrauchs (dazu unter 2.).

1. Marktbeherrschende Stellung

26 Marktbeherrschung muss stets im Hinblick auf konkrete Märkte festgestellt werden. Wichtigstes Kriterium für Marktbeherrschung ist der Marktanteil, wobei zusätzlich weitere Kriterien von Relevanz sind. Die Begriffe „Markt", Marktanteil" und „Marktbeherrschung"

[47] Leitlinien zur Anwendung von Artikel 81 Absatz 3 EG-Vertrag (2004/C 101/08), ABl. C 101/987.
[48] Leitlinien Artikel 81 Abs. 3 EG Rn. 48 ff.
[49] Leitlinien Artikel 81 Abs. 3 EG Rn. 83 ff.
[50] Leitlinien Artikel 81 Abs. 3 EG Rn. 73 ff.
[51] Leitlinien Artikel 81 Abs. 3 EG Rn. 105 ff.

wie nachfolgend dargestellt, finden in dieser Form im Übrigen auch im Rahmen des Verbots wettbewerbsbeschränkender Vereinbarungen Anwendung.

a) Relevanter Markt

Über das Konzept des „relevanten Marktes" werden die miteinander im Wettbewerb stehenden Waren und Dienstleistungen (Produkte) erfasst, um den Grad des bestehenden Wettbewerbs messen zu können. Der Markt wird dabei **sachlich** (welche Produkte stehen miteinander im Wettbewerb?), **räumlich** (in welchem geografischen Radius stehen diese Produkte miteinander im Wettbewerb?) und in Einzelfällen auch zeitlich abgegrenzt.[52] Zu diesem Zweck wird im Rahmen der sachlichen Abgrenzung von Angebotsmärkten[53] danach gefragt, welche Produkte aus Sicht der Nachfrager im Hinblick auf Zweck, Funktionalität, Beschaffenheit und Preiskategorie als untereinander **austauschbar oder substituierbar** angesehen werden (sog. Bedarfsmarktkonzept). Zur Unterstützung arbeiten Kommission und Bundeskartellamt mit dem **SSNIP-Test,** wonach im Zweifel alle Produkte als Substitut angesehen werden, zu denen die Nachfrager bei einer geringen, aber noch spürbaren und nicht bloß vorübergehenden Preiserhöhung (5–10%) ausweichen würden.[54] Um im Falle individualisiert hergestellter Produkte, die nicht austauschbar sind, zersplitterte Kleinstmärkte zu vermeiden, wird ergänzend nach der **Angebotssubstituierbarkeit** gefragt.[55] Danach gehören auch solche Unternehmen dem sachlich relevanten Markt an, die ihr Angebot kurzfristig ohne wesentliche Umstellungskosten auf das in Frage stehende Produkt umstellen könnten. 27

Der räumliche Markt umfasst das Gebiet, in dem die beteiligten Unternehmen die relevanten Produkte anbieten, in dem die Wettbewerbsbedingungen hinreichend homogen sind und das sich von benachbarten Gebieten durch spürbar unterschiedliche Wettbewerbsbedingungen unterscheidet.[56] Hier spielen Fragen der Transportkosten, von Einfuhrzöllen, landesspezifischer Regulierung oder der Notwendigkeit eines Vor-Ort-Services eine wichtige Rolle. Typischerweise lassen sich räumlich regionale, nationale, unionsweite und weltweite Märkte unterscheiden. 28

b) Marktanteil

Der „Marktanteil" erfasst quantitativ die Stellung eines Unternehmens auf einem definierten Markt. Das Verhältnis zum Gesamtmarkt wird **in Prozent** ausgedrückt, wobei regelmäßig auf die in dem jeweiligen Markt erzeugten **Umsätze** abgestellt wird.[57] Denkbar ist aber auch eine Ermittlung des Marktanteils über die Anzahl abgesetzter **Einheiten.**[58] Regelmäßig wird als Bezugsgröße das letzte Kalenderjahr gewählt. Die konkrete Berechnung des Marktanteils sollte dabei in drei Schritten erfolgen: 29

Im ersten Schritt gilt es, den **sachlich und räumlich relevanten Markt** zu definieren. Dabei sollte nach Möglichkeit auf die Marktdefinitionen in veröffentlichten Entscheidungen zurückgegriffen werden.[59] Insbesondere Fusionskontrollentscheidungen bieten hier erste Anhaltspunkte.[60] Freilich sind diese auf Aktualität und Übertragbarkeit auf den konkreten Fall zu prüfen. Finden sich keine einschlägigen Entscheidungen, sollte der Markt 30

---

[52] Ihre Vorgehensweise bei der Marktabgrenzung stellt die Kommission in ihrer Bekanntmachung über die Definition des relevanten Marktes dar, ABl. EG 1997 C 372/5 (im Folgenden: Bekanntmachung relevanter Markt).
[53] Bei Nachfragemärkten wird spiegelbildlich verfahren.
[54] Bekanntmachung relevanter Markt Rn. 17; BKartA, 30.9.2005, WUW/E-DEV 1113 – *Railion/RBH*.
[55] Bekanntmachung relevanter Markt Rn. 20f.
[56] Bekanntmachung relevanter Markt Rn. 8.
[57] So etwa die Vorgaben in den Gruppenfreistellungsverordnungen, vgl. etwa Art. 8 lit. a) Vertikal-GVO.
[58] Bekanntmachung relevanter Markt Rn. 55.
[59] Petry Risikomanagement S. 186.
[60] Vgl. insoweit die sehr hilfreiche Übersicht bei Immenga/Mestmäcker/Körber Bd. 3 Fusionskontrolle Art. 2 FKVO Rn. 76ff.

zunächst vorsorglich eng abgrenzt werden, indem lediglich das konkret in Rede stehende Produkt dem sachlichen Markt zugeordnet wird. Sofern die Marktanteile selbst in diesem Fall noch unter den relevanten Schwellen liegen, dürfte die Annahme einer marktbeherrschenden Stellung fernliegend sein. Eine weitergehende Prüfung erübrigt sich in diesem Fall. Werden die relevanten Schwellen demgegenüber überschritten, ist weiter zu prüfen, ob belastbare Anhaltspunkte für die Erweiterung des Marktes um eines oder mehrere Substitutionsprodukte in sachlicher Hinsicht oder ein oder mehrere Märkte in räumlicher Hinsicht vorliegen. Je nach dem Grad der Unsicherheit über die Marktabgrenzung wird man dabei gegebenenfalls eine wissenschaftlich abgesicherte Marktabgrenzung bei einem entsprechend spezialisierten Dienstleister (Marktforschungsunternehmen) in Auftrag geben müssen.[61]

31 In einem zweiten Schritt ist sodann das **Gesamtmarktvolumen** (regelmäßig auf Umsatzbasis) im letzten Kalenderjahr zu beziffern. Soweit möglich, sollte dabei auf veröffentlichte neutrale Daten, etwa des statistischen Bundesamtes oder von Studien der Branchenverbände, zurückgegriffen werden. Sind derartige Veröffentlichungen nicht verfügbar, können auch fundierte Schätzungen als Grundlage herangezogen werden. Auch hier kann jedoch stattdessen die Beauftragung eines entsprechend spezialisierten Dienstleisters geboten sein.[62]

32 Im dritten Schritt muss sodann der **eigene Umsatz auf dem relevanten Markt** in das Verhältnis zur Gesamtmarktgröße gesetzt werden.

c) Marktbeherrschung

33 „Marktbeherrschend" ist ein Unternehmen,[63] wenn es über eine wirtschaftliche Machtstellung verfügt, die es in die Lage versetzt, die Aufrechterhaltung eines wirksamen Wettbewerbs auf dem relevanten Markt zu verhindern, indem sie ihm die Möglichkeit verschafft, sich seinen Wettbewerbern, seinen Abnehmern und schließlich den Verbrauchern gegenüber in einem nennenswerten Umfang unabhängig zu verhalten.[64] Indikator für Marktbeherrschung sind in erster Linie die Marktanteile, wobei der Befund durch weitere Kriterien zu überprüfen ist. Ab einem **Marktanteil von 40 %** besteht nach Unionskartellrecht eine starke **Indizwirkung für Marktbeherrschung.**[65] Weitere Kriterien sind unter anderem die relative **Größe der Wettbewerber,** die **Verhandlungsstärke der Abnehmer** und Lieferanten, **Marktzutrittsschranken** und die **Finanzkraft** des Unternehmens.[66]

2. Missbrauch

34 Das Merkmal der **missbräuchlichen Ausnutzung** der marktbeherrschenden Stellung konkretisiert die Rechtspraxis durch zahlreiche **Fallgruppen,** von denen Art. 102 Satz 2 AEUV einige wichtige beispielhaft nennt. Systematisch lassen sich die Fallgruppen in solche des Ausbeutungs- und solche des Behinderungsmissbrauchs einteilen.

---

[61] Petry Risikomanagement S. 192.

[62] Petry Risikomanagement S. 191 f.

[63] Neben der hier dargestellten Einzelmarktbeherrschung wird vom Kartellrecht auch die Kollektivmarktbeherrschung durch mehrere Unternehmen erfasst, siehe zum deutschen Recht § 18 Abs. 5 und Abs. 6 GWB, zum Unionskartellrecht Art. 102 Satz 1 AEUV.

[64] Vgl. EuGH Urt. v. 14.2.1978 – Rs. 27/76, Slg. 1978, 207 ff. Rn. 65 f. – *United Brands/Kommission (Chiquita).*

[65] Immenga/Mestmäcker/Fuchs Bd. 1 EU/Teil 1 Art. 102 AEUV Rn. 91; ebenso auch im deutschen Kartellrecht, § 18 Abs. 4 GWB.

[66] Horizontal-LL Rn. 39 ff.

a) Ausbeutungsmissbrauch

Der Ausbeutungsmissbrauch **richtet sich gegen die Abnehmer** (im Fall marktbeherrschender Nachfragestellung gegen die Lieferanten) und liegt dann vor, wenn unangemessene Preise oder Konditionen verlangt werden, die bei funktionierendem Wettbewerb nicht durchsetzbar wären (Art. 102 Satz 2 lit. a) AEUV). Auch künstliche Verknappungen des Angebots und die verzögerte Einführung von Innovationen können dazu gehören (Art. 102 Satz 2 lit. b) AEUV). In der Praxis lässt sich der Ausbeutungsmissbrauch nur schwer nachweisen und spielt eine deutlich untergeordnete Rolle.[67] 35

b) Behinderungsmissbrauch

Der Behinderungsmissbrauch hat die Eignung, andere Unternehmen, insbesondere Wettbewerber des Marktbeherrschers, an ihrem wettbewerblichen Fortkommen zu hindern. Klassische Fälle des Behinderungsmissbrauchs sind exklusive Kundenbindungen und Treuerabatte, die Wettbewerbern den „Zugang" zu den gebundenen Kunden erschweren **(Marktabschottung).** Auch der gekoppelte Verkauf von solchen Produkten, bei denen keine Marktbeherrschung besteht mit solchen, bei denen dies der Fall ist, so dass die Marktmacht von dem einen auf das andere Produkt übertragen wird (Art. 102 Satz 2 lit. d) AEUV), die Diskriminierung nachgelagerter Handelspartner (Art. 102 Satz 2 lit. c) AEUV, zB der belieferten Händler) oder Dumpingpreise gehören in diese Kategorie. 36

Während die bisherige Rechtspraxis beim Behinderungsmissbrauch mit fest umrissenen Fallgruppen arbeitete, bei deren Einschlägigkeit ein Missbrauch anzunehmen war, hat sich die Kommission mittlerweile auch hier zu einem mehr wirkungsbasierten Ansatz **(more economic approach)** bekannt, veröffentlicht in einer Mitteilung über ihre **„Durchsetzungsprioritäten".**[68] Danach sollen erst die Auswirkungen einer Maßnahme sowie mögliche Rechtfertigungen aufgrund von Effizienzgewinnen ermittelt werden, bevor das Verdikt des Missbrauchs gefällt wird. Die Vorgehensweise erinnert an die wirkungsbasierte Anwendung des Art. 101 AEUV und führt mit dem Effizienzkriterium einen der Freistellung nach Art. 101 Abs. 3 AEUV vergleichbaren Prüfungsschritt ein, obwohl Art. 102 AEUV eine Freistellung gerade nicht vorsieht. 37

III. Durchsetzung des Unionskartellrechts

Relevant für die Durchsetzung des Unionskartellrechts in der Praxis ist seine unmittelbare Anwendbarkeit (1.), die gesetzlich vorgesehenen Rechtsfolgen im Fall einer Verletzung (2.) Fragen der Beweislast (3.) sowie die tatsächlich geübte Praxis der Kartellrechtsverfolgung (4.). 38

1. Unmittelbare Anwendbarkeit

Art. 101 und 102 AEUV sowie die die Voraussetzungen des Art. 101 Abs. 3 AEUV konkretisierenden Gruppenfreistellungsverordnungen sind in allen Mitgliedstaaten sowohl im Verhältnis der Unternehmen untereinander als auch gegenüber staatlichen Stellen unmittelbar anwendbar. Dies gilt nicht nur für den Verbotstatbestand, sondern auch für den Freistellungstatbestand des Art. 101 Abs. 3 AEUV einschließlich seiner Konkretisierung in den Gruppenfreistellungsverordnungen: Sie gelten ex lege und hängen nicht von einer 39

---

[67] Ausbeutungsmissbrauch spielt in der Praxis vor allem bei Infrastruktur- und Versorgungspreisen eine Rolle, vgl. etwa OLG Düsseldorf NZKart 2018, 235 und nachfolgend BGH GRUR 2022, 333 sowie OLG Koblenz, NZKart 2018, 585; BGH NZKart 2013, 34.

[68] Mitteilung der Kommission – Erläuterungen zu den Prioritäten der Kommission bei der Anwendung von Artikel 82 des EG-Vertrages auf Fälle von Behinderungsmissbrauch durch marktbeherrschende Unternehmen ABl. EU 2009 C 45/7.

(behördlichen) Entscheidung ab.[69] Damit müssen die Unternehmen in eigener Verantwortung prüfen, ob die Voraussetzungen für eine Freistellung gegeben sind und tragen damit auch das Risiko von Fehleinschätzungen **(System der Legalausnahme).**

2. Rechtsfolgen einer Verletzung

40 Zu unterscheiden sind zivilrechtliche Rechtsfolgen einer Verletzung des Unionskartellrechts von möglichen behördlichen Befugnissen.

a) Zivilrechtliche Rechtsfolgen

41 Folge einer Verletzung des Art. 101 AEUV ist zunächst die **Nichtigkeit** der entgegenstehenden vertraglichen Bestimmungen (Art. 101 Abs. 2 AEUV); die Wirksamkeit des Vertrages im Übrigen richtet sich dann nach nationalem Recht. Für das deutsche Recht relevant ist insofern § 139 BGB, wonach im Zweifel auch die übrigen Bestimmungen des Vertrages unwirksam sind. Eine salvatorische Klausel kehrt diese Vermutungswirkung im Regelfall nur um, führt aber nicht zur Abbedingung dieser Vorschrift, es sei denn, die Parteien vereinbaren dies ausdrücklich.[70]

42 Darüber hinaus ist es bereits primärrechtlich geboten, dass die Mitgliedstaaten Verletzungen der Art. 101 und 102 AEUV mit **Schadensersatzansprüchen** sanktionieren, und zwar auch im Verhältnis der an der Vereinbarung beteiligten Unternehmen zueinander.[71] Sekundärrechtlich macht die Richtlinie 2014/104/EU[72] Vorgaben für die zivilrechtliche Durchsetzung von Schadensersatzklagen nach nationalem Recht, welche mit der 9. GWB-Novelle in den §§ 33a-h und 89a-e GWB umgesetzt wurde.

43 **Branchenverbände** von Wettbewerbern haben nach dem GWB einen Unterlassungs- und Vorteilsabschöpfungsanspruch (zu Gunsten des Bundeshaushalts, §§ 33 Abs. 4, 34a GWB).

b) Behördliche Befugnisse

44 Behördlicherseits sind **Untersagungs- und Abstellungsentscheidungen**[73] und solche zur nachträglichen **Feststellung von Zuwiderhandlungen**[74] und **Bußgeldentscheidungen**[75] möglich. Auch **einstweilige Maßnahmen**[76] sowie die vergleichsweise Beilegung eines kartellbehördlichen Verfahrens durch **Verpflichtungszusagen**[77] kommen in Betracht. Zur Sachverhaltsermittlung stehen hoheitliche Ermittlungsbefugnisse zur Verfügung (wie insbesondere Nachprüfungen in den Räumlichkeiten von Unternehmen und Privatpersonen), die Möglichkeit, Auskunftsverlangen zu stellen und Befragungen durchzuführen.[78] Zur Durchsetzung der europäischen Wettbewerbsregeln sind sowohl die Kommission als auch die nationalen Wettbewerbsbehörden und Gerichte zuständig.[79] Die kar-

[69] Vgl. Art. 1 VO (EG) Nr. 1/2003. Dies war bis zum Systemwechsel am 1.5.2005 teilweise anders. Zwar waren der Tatbestand des Verbots wettbewerbsbeschränkender Vereinbarungen sowie die Gruppenfreistellungen ebenfalls unmittelbar anwendbar; über eine Einzelfreistellung konnte aber nur die Kommission entscheiden.

[70] BGH WuW/E DE-R 1031 – *Tennishallenpacht;* ausführlich zur Nichtigkeit kartellrechtwidriger Verträge und ihrer Reichweite Bechtold NZKart 2020, 459.

[71] EuGH 20.9.2001 – Rs. 453/99, Slg. 2001, I-6297 ff. – *Courage und Crehan.*

[72] Richtlinie 2014/104/EU des Europäischen Parlaments und des Rates vom 26.11.2014 über bestimmte Vorschriften für Schadensersatzklagen nach nationalem Recht wegen Zuwiderhandlungen gegen wettbewerbsrechtliche Bestimmungen der Mitgliedstaaten und der Europäischen Union, ABl. 2014 L 349/1.

[73] Art. 7 Abs. 1 S. 1 und S. 2 Verordnung (EG) Nr. 1/2003.

[74] Art. 7 Abs. 1 S. 3 VO (EG) Nr. 1/2003.

[75] Art. 23 VO (EG) Nr. 1/2003.

[76] Art. 8 VO (EG) Nr. 1/2003.

[77] Art. 9 VO (EG) Nr. 1/2003.

[78] Vgl. zu den Ermittlungsbefugnissen der Kommission Art. 17–22 VO (EG) Nr. 1/2003.

[79] Vgl. Artt. 5 und 6 VO (EG) Nr. 1/2003.

tellbehördlichen Ermittlungs- und Sanktionsbefugnisse richten sich in diesem Fall nach nationalem Recht.

3. Beweislast

Insgesamt gilt, dass derjenige, der sich auf eine Verletzung des Art. 101 und des Art. 102 AEUV beruft, die Beweislast dafür trägt, während die Beweislast für eine Freistellung vom Verbot des Art. 101 Abs. 1 AEUV denjenigen trifft, der sie in Anspruch nehmen will.[80] Hält etwa ein gebundener Händler ein Wettbewerbsverbot für unwirksam, muss er die Verletzung des Verbots wettbewerbsbeschränkender Vereinbarungen, und insbesondere, da es sich um keine bezweckte Wettbewerbsbeschränkung handelt, dessen Spürbarkeit, darlegen und beweisen. Gelingt ihm dies, muss der bindende Lieferant die Freistellung, etwa die Voraussetzungen der Vertikal-GVO darlegen und beweisen.[81] 45

4. Praxis der Kartellrechtsverfolgung

In der **Praxis** konzentrieren sich die Kartellbehörden in ihrer **Bußgeldpraxis** bei Anwendung der Art. 101, 102 AEUV auf Kernbeschränkungen, und dort insbesondere auf **Hardcore-Kartelle und Missbrauchssachverhalte,** wobei nach wie vor eine Tendenz zu ansteigenden Bußgeldern zu beobachten ist. Bußgelder, aber auch Abstellungsentscheidungen außerhalb von Kernbeschränkungen sind hingegen äußerst selten. Hier, wie auch im Falle des Missbrauchs einer marktbeherrschenden Stellung, ist in der Regel die Verpflichtungszusageentscheidung das Instrument der Wahl. 46

Die zivilgerichtliche Verfolgung von **Schadensersatzansprüchen** führte lange Zeit eine untergeordnete Bedeutung, hat inzwischen aber deutlich zugenommen. Sie beschränkt sich weitgehend noch auf **Verletzungen von Hardcore-Kartellen,** die zuvor durch behördliche Entscheidung (bestandskräftig) festgestellt wurden (in diesem Fall besteht für die Zivilgerichte eine Bindungswirkung, § 33b GWB). Im Übrigen liegt der Schwerpunkt der (veröffentlichten) Fallpraxis der Zivilgerichte im Bereich des vertragsrelevanten Kartellrechts auf Fragen der (Un-)Wirksamkeit von Vereinbarungen sowie auf Liefer- und Leistungsansprüchen unter dem Gesichtspunkt von Marktmacht. 47

IV. Verhältnis zum Recht der Mitgliedstaaten

In Bezug auf wettbewerbsbeschränkende Vereinbarungen dürfen die Mitgliedstaaten keine Vorschriften erlassen, die strenger sind als das Unionsrecht.[82] Sofern eine Vereinbarung in den Anwendungsbereich des Unionskartellrechts fällt, erübrigt sich daher die Prüfung nationaler Rechtsordnungen der Mitgliedstaaten. In Bezug auf den Missbrauch einer marktbeherrschenden Stellung darf das mitgliedstaatliche Recht jedoch strenger sein,[83] wovon etwa Deutschland auch Gebrauch macht. 48

[80] Art. 2 VO (EG) Nr. 1/2003.
[81] Zur Darlegungs- und Beweislast für die Einhaltung der Marktanteilsschwelle nach der Vertikal-GVO vgl. BGH NZKart 2021, 574.
[82] Art. 3 Abs. 2 Satz 1 VO (EG) Nr. 1/2003.
[83] Art. 3 Abs. 2 Satz 2 VO (EG) Nr. 1/2003.

E. Überblick zum deutschen Kartellrecht

I. Materielles Recht

49 Das deutsche Kartellrecht ist geregelt im Gesetz gegen Wettbewerbsbeschränkungen (GWB). Das **Verbot wettbewerbsbeschränkender Vereinbarungen** findet sich in den §§ 1 und 2 GWB in **vollständiger Parallele zu Art. 101 AEUV,** freilich ohne das Merkmal des Binnenmarktbezugs und der Zwischenstaatlichkeitsklausel. Auch § 1 GWB greift nur ein, wenn eine Wettbewerbsbeschränkung spürbar ist.[84] Die Gruppenfreistellungsverordnungen werden im Wege eines dynamischen Verweises in § 2 Abs. 2 GWB für anwendbar erklärt. Auf diese Weise wird sichergestellt, dass im Anwendungsbereich des Unionskartellrechts die dort gezogenen Grenzen nicht überschritten werden; gleichzeitig wird eine Zweigleisigkeit der Rechtsanwendung oberhalb und unterhalb der Schwelle des Binnenmarktbezugs vermieden. Eine Ausnahme stellen die nach § 3 GWB freigestellten **„Mittelstandskartelle“** dar, die Rationalisierungen zugunsten kleiner und mittlerer Unternehmen außerhalb des Anwendungsbereichs des Unionskartellrechts freistellen.

50 Das Verbot des **Missbrauchs einer marktbeherrschenden Stellung** ist in den §§ 18 bis 21 GWB geregelt. Hier macht der Gesetzgeber von der Möglichkeit strengerer Vorschriften Gebrauch, in dem er den Anwendungsbereich des Verbots **auf zusätzliche Normadressaten erweitert.** Dies sind marktstarke Unternehmen mit relativer Marktmacht (§ 20 Abs. 1 GWB). Das **Boykottverbot** des § 21 Abs. 1 GWB richtet sich sogar ohne weitere Einschränkungen des Adressatenkreises an alle Unternehmen und deren Vereinigungen.

II. Durchsetzung des deutschen Kartellrechts

51 Die **Rechtsfolgen** bei einer Verletzung der §§ 1ff., §§ 18–21 GWB entsprechen weitgehend denjenigen einer Verletzung des Unionskartellrechts, so dass auf die diesbezüglichen Ausführungen verwiesen werden kann. Die Nichtigkeitsanordnung folgt hier allerdings (bei deutschem Vertragsstatut) aus § 134 BGB. Zuständige Behörden sind das **Bundeskartellamt** mit Sitz in Bonn, wenn die Wirkung des wettbewerbsbeschränkenden Verhaltens über das Gebiet eines Bundeslandes hinausreicht, im Übrigen die jeweiligen **(Kartell-) Behörden** des betroffenen Bundeslandes (§ 48 Abs. 2 GWB). Diese verfügen bei der Durchsetzung des deutschen wie des europäischen Kartellrechts über weitgehende Ermittlungs-, Entscheidungs- und Sanktionsbefugnisse vergleichbar den Befugnissen der Kommission.[85]

F. Überblick zum US-Kartellrecht

I. Materielles Recht

52 Das materielle Kartellrecht (Antitrust-Recht) der USA ist auf Bundesebene[86] im Wesentlichen im Sherman Act, sowie für bestimmte, dort nicht erfasste Wettbewerbsbeschränkungen, im Clayton Act und im Federal Trade Commission Act (FTC-Act) geregelt.

53 S. 1 des Sherman Act, strukturell dem in Art. 101 AEUV geregelten Verbot wettbewerbsbeschränkender Vereinbarungen vergleichbar, regelt die „erste Säule“ des Kartell-

[84] Vgl. zuletzt BGH NZKart 2018, 372.
[85] Vgl. §§ 32ff., 57ff.; 81 GWB iVm § 46 OWiG.
[86] Daneben verfügen die einzelnen Bundesstaaten auch über eigene Kartellrechtsvorschriften, die teilweise dem Bundesrecht entsprechen, teilweise aber auch nicht unerheblich hiervon abweichen.

rechts, während s. 2 Sherman Act strukturell dem in Art. 102 AEUV geregelten Verbot des Missbrauchs einer marktbeherrschenden Stellung vergleichbar, die „zweite Säule" des Kartellrechts darstellt.

1. Section 1 Sherman Act

Verboten sind nach s. 1 Sherman Act Verträge („every contract"), Zusammenschlüsse („combinations in the form of trust or otherwise") oder Vereinbarungen („conspiracy"), die den Handel beeinträchtigen („in restraint of trade"). Das Verbot erfasst sowohl **horizontale** als auch **vertikale Beschränkungen.** In beiden Fällen wird traditionellerweise unterschieden zwischen per se-Verstößen und Verstößen, die der sog. Rule of Reason unterfallen. 54

a) Per se-Verstöße gelten herkömmlicherweise ohne weiteres als wettbewerbswidrig; auf die konkreten Auswirkungen im Einzelfall kommt es nicht an. Per se-Verstöße sind (vergleichbar den Kernbeschränkungen im Europäischen Kartellrecht) insbesondere Absprachen zwischen Wettbewerbern wie Gebiets-, Quoten- und Preisabsprachen und Kundenaufteilungen; zudem Kollektivboykotte und bestimmte Koppelungspraktiken. Im Vertikalverhältnis galten zudem Absprachen über Mindestpreise beim Weiterverkauf lange Zeit als per se-Verstoß; diese Sichtweise hat der Supreme Court im Jahre 2007 in seiner Leegin-Entscheidung[87] allerdings aufgegeben.[88] 55

b) Rule of Reason-Verstöße erfordern (vergleichbar der Regelung in Art. 101 Abs. 3 AEUV) demgegenüber die Prüfung, ob etwaige Effizienzen oder sonstige Vorteile die wettbewerblich negativen Wirkungen aufwiegen. 56

c) Die **Abgrenzung zwischen per se- und Rule of Reason-Verstößen** ist nicht immer ganz einfach und wird zunehmend zugunsten einer einzelfallbezogenen Betrachtung der jeweiligen Wettbewerbsbeschränkung aufgelöst.[89] 57

2. Section 2 Sherman Act

Verboten sind nach s. 2 Sherman Act das Ausnutzen oder das versuchte Ausnutzen einer Monopolstellung („monopolize or attempt to monopolize") und die gemeinsame Absprache mit Dritten, eine Monopolstellung auszunutzen („conspire […] to monopolize"). 58

Das Verbot ist einschlägig, wenn ein Unternehmen eine marktbeherrschende Stellung hält und diese Stellung vorsätzlich beibehält oder ausbaut, oder wenn ein Unternehmen (versucht), eine marktbeherrschende Stellung zu erlangen, und zwar jeweils mit Hilfe bewusst wettbewerbswidriger Verhaltensweisen (die abzugrenzen sind von aggressiven, aber wettbewerbskonformen Verhaltensweisen).[90] Marktbeherrschend ist ein Unternehmen, wenn es die Möglichkeit besitzt, Preise zu kontrollieren und Wettbewerb zu verhindern.[91] 59

II. Durchsetzung des US-Kartellrechts[92]

Verstöße gegen den Sherman Act können zivil- und strafrechtlich verfolgt werden. Zuständige Behörden auf Bundesebene sind die **Antitrust Division** des **Department of Justice** (DOJ) und die **Federal Trade Commission** (FTC). Das Verfahren der Antitrust Division sieht dabei sowohl eine zivilrechtliche als auch eine strafrechtliche Durchsetzung 60

---

87 U.S. Supreme Court 551 U.S. 877 (2007); 127 S. Ct. 2705 (2007) – *Leegin Crative Leather Products Inc. v. PSKS Inc;* hierzu Kasten RIW 2007, 419 ff.; Gey/Kamann ZWeR 2008, 208 ff.

88 Zum Vorstehenden vgl. Areeda/Hovenkamp Antitrust Law Ch. 15.

89 Areeda/Hovenkamp Antitrust Law Ch. 1511.

90 Areeda/Hovenkamp Antitrust Law Ch. 605 ff.

91 Areeda/Hovenkamp Antitrust Law Ch. 501.

92 Zum Folgenden siehe mit weiteren Nachweisen auch Terhechte/Kovacic/Calkins/Ludwin/Bär-Bouyssière Fusionskontrollverfahrensrecht § 46 Rn. 46.75 ff.

des Kartellrechts vor. In beiden Fällen bedarf es der Anrufung eines Gerichts. Die Antitrust Division des DOJ selbst ist nicht berechtigt, eigenständige Anordnungen gegenüber den Unternehmen zu erlassen. Die **strafrechtliche Verfolgung,** die nur dem DOJ zusteht, beschränkt sich in der Praxis auf per se-Verstöße, die geheim und in dem Bewusstsein der Illegalität vorgenommen werden. Sie sieht Geldbußen und, für natürliche Personen, auch Freiheitsstrafen vor. Das Verfahren der FTC ist demgegenüber verwaltungsrechtlich ausgestaltet. Die FTC ist berechtigt, eigenständige Entscheidungen gegenüber den Unternehmen zu erlassen.

61 Neben der behördlichen Durchsetzung spielt darüber hinaus die private Kartellrechtsdurchsetzung – insbesondere in Sammelklagen **(class actions)** – eine weit größere Bedeutung als in Europa. Sie ermöglicht betroffenen Dritten die Verfolgung von Unterlassungs- und Schadensersatzansprüchen, wobei letztere Strafschadensersatz in dreifacher Höhe **(treble damages)** vorsehen können.

G. Allgemeine Grundsätze und Prüfungsschema

62 Aufgrund der drohenden Rechtsfolgen bei Kartellrechtsverstößen sollten Unternehmen sowohl bei der anfänglichen Vertragsgestaltung als auch später während der Laufzeit eines Vertrages stets auf dessen Vereinbarkeit mit den kartellrechtlichen Bestimmungen bedacht sein. Im Folgenden werden hierzu in einem knappen Überblick allgemeine Prüfungsgrundsätze aufgestellt, um sodann auf die Anforderungen konkreter Vereinbarungstypen, die regelmäßig eine Wettbewerbsbeschränkung beinhalten, im Detail einzugehen.

I. Prüfung vor Abschluss des Vertrages

63 Vor Abschluss eines Vertrages ist in einem ersten Schritt zu prüfen, ob der zu schließende Vertrag überhaupt **Wettbewerbsbeschränkungen** im Sinne einer Einschränkung der wettbewerblichen Handlungsfreiheit einer der Vertragsparteien (wie zB Wettbewerbsverbote) oder Dritter enthalten soll.[93]

64 Ist dies zu bejahen, sollte in einem nächsten Schritt geprüft werden, ob der Anwendungsbereich einer Kartellrechtsordnung eröffnet ist. Da nahezu alle Kartellrechtsordnungen jedenfalls im Ergebnis auf das Auswirkungsprinzip abstellen, ist folglich zu prüfen, auf welchem Hoheitsgebiet die Vereinbarung Auswirkungen zeitigt. Für das europäische Recht bedeutet dies etwa, dass zu prüfen ist, ob relevante **Auswirkungen auf den europäischen Binnenmarkt** zu erwarten sind (was zB bei einem vereinbarten Verbot von Exporten aus der EU vielfach nicht der Fall sein wird). Soweit Auswirkungen auf Drittstaaten zu befürchten sind, sollte die Vereinbarung durch spezialisierte Juristen vor Ort auf ihre Vereinbarkeit mit der entsprechenden Rechtsordnung geprüft werden.

65 Sind Auswirkungen auf den Binnenmarkt zu erwarten und findet folglich europäisches Kartellrecht Anwendung, ist in einem nächsten Schritt zu prüfen, ob die Vereinbarung unter die de minimis-Bekanntmachung[94] der Kommission fällt und europäisches Kartellrecht aus diesem Grunde keine Anwendung findet. Ist dies zu verneinen, ist im nächsten Schritt zu prüfen, ob die Vereinbarung in den Anwendungsbereich einer **Gruppenfreistellungsverordnung** fällt. Ist dies zu bejahen, sollte die Vereinbarung nach Möglichkeit

[93] Ein abstraktes Prüfschema für Wettbewerbsbeschränkungen geben die Leitlinien zur Anwendung des Art. 81 Abs. 3 EG-Vertrag vor (dort Rn. 17ff.); im Regelfall wird aber eine anerkannte Fallgruppe einer Wettbewerbsbeschränkung vorliegen, etwa ein Wettbewerbsverbot, so dass sich die unsichere Prüfung anhand der abstrakten Maßstäbe erübrigt.

[94] Bekanntmachung über Vereinbarungen von geringer Bedeutung, die im Sinne des Art. 101 Abs. 1 des Vertrags über die Arbeitsweise der Europäischen Union den Wettbewerb nicht nicht spürbar beschränken, ABl. 2014 C 291/1 (im Folgenden: de minimis-Bekanntmachung).

entlang der darin gesetzten Vorgaben unter Zuhilfenahme der entsprechenden Leitlinien der Kommission entworfen werden. Vertragskombinationen, die die Vereinbarung aus dem Anwendungsbereich einer Gruppenfreistellungsverordnung herausfallen lassen (zB Lizenzen in einem Liefervertrag[95]), sollten durch Aufteilung in separate Verträge vermieden werden.

Ist der Anwendungsbereich einer Gruppenfreistellungsverordnung grundsätzlich eröffnet, soll aber inhaltlich **über die Gruppenfreistellungen hinausgegangen** werden, ist zu unterscheiden: Wollen die Parteien eine **„graue Klausel"** bzw. eine **„nicht freigestellte Beschränkung"** vereinbaren, die zwar eine Anwendung der Gruppenfreistellungsverordnung im Übrigen nicht ausschließt, für die die Gruppenfreistellung aber nicht gilt (zB ein Wettbewerbsverbot über die Dauer von fünf Jahren hinaus, vgl. Art. 5 Abs. 1 lit. a) Vertikal-GVO), sollte zuerst geprüft werden, ob die Kriterien für **Spürbarkeit** vorliegen (Marktstellung der Parteien und der Wettbewerber, Stärke der Nachfrager oder Anbieter, Verbreitung der Art von Wettbewerbsbeschränkung in dem Markt, Handelsstufe, etc.). Ist die Spürbarkeit zu bejahen, sollte weiter geprüft werden, ob eine von den anwendbaren Leitlinien oder der Rechtsprechung anerkannte Fallgruppe für eine Einzelfallfreistellung erfüllt ist. Ist dies nicht der Fall, muss das Unternehmen selbstständig prüfen, ob die Voraussetzungen für die Einzelfreistellung gleichwohl erfüllt sind. Wollen die Parteien demgegenüber eine **Kernbeschränkung** vereinbaren (vgl. etwa Art. 4 Vertikal-GVO), was aufgrund des damit verbundenen Verlusts der Gruppenfreistellung grundsätzlich zu vermeiden ist, müssen sie vertieft und belastbar prüfen, ob ausnahmsweise eine Einzelfreistellung der gesamten Vereinbarung und insbesondere der Kernbeschränkung in Betracht kommt. 66

Sofern der **Anwendungsbereich keiner Gruppenfreistellungsverordnung** eröffnet ist, müssen die Parteien prüfen, ob es für die von ihnen intendierte Wettbewerbsbeschränkung Aussagen in der Rechtsprechung oder den Leitlinien zur Frage der Spürbarkeit und der Einzelfreistellungsfähigkeit gibt. Wenn dies der Fall ist, sollten sie ihre Vertragsgestaltung daran orientieren. Ist dies nicht der Fall, müssen sie, unter Inkaufnahme erheblicher Rechtsunsicherheit, die Spürbarkeit und eine mögliche Einzelfreistellung selbstständig prüfen. 67

II. Überprüfung während der Vertragslaufzeit

Auch während seiner Laufzeit muss ein Vertrag in regelmäßigen Abständen daraufhin überwacht werden, ob die Voraussetzungen der Kartellrechtskonformität noch vorliegen, da es im Kartellrecht nur im begrenzten Umfang **„Bestandsschutz"** gibt. Dies gilt zum einen im Hinblick auf die **Marktanteile,** soweit die Kartellrechtskonformität aus der Anwendung einer Gruppenfreistellungsverordnung abgeleitet wird. Da die Gruppenfreistellungsverordnungen insoweit bestimmte Toleranzen vorsehen,[96] muss der „Marktanteils-Check" vielfach nur alle ein bis zwei Jahre durchgeführt werden. Die Berechnung der Marktanteile sollte dabei in den drei, bereits im Rahmen der Darstellung zu Art. 102 AEUV erörterten Schritten erfolgen. Da anders als bei der Marktanteilsermittlung im Rahmen von Art. 102 AEUV hier allerdings die Marktanteile *beider* Vertragsparteien zu überprüfen sind, sollte die insoweit vorzunehmende gemeinsame Ermittlung der jeweiligen Marktanteile gegebenenfalls über einen zur Verschwiegenheit verpflichteten Dritten erfolgen, der den Parteien die Marktanteile der jeweils anderen Seite nur in Bandbreiten zur Verfügung stellt. Denn im Einzelfall und insbesondere im Falle einer Vereinbarung zwischen Wettbewerbern kann der Informationsaustausch zwischen den Vertragsparteien über derartige Unternehmensinterna kartellrechtlich bedenklich sein. Da jede Partei auf die Umsatzangaben der anderen Partei vertrauen muss, kann es zudem sinnvoll sein, eine vertragliche Zusicherung darüber aufzunehmen, verbunden mit einer Verpflichtung zur Mitteilung über Änderungen.[97] Eine solche Klausel könnte wie folgt lauten: 68

---

[95] Siehe Art. 2 Abs. 3 Vertikal-GVO.
[96] Vgl. etwa Art. 8 lit. d) Vertikal-GVO.
[97] Petry Risikomanagement S. 191.

Klauselbeispiel für Unterrichtungspflichten über Marktanteilsentwicklungen

[•] Mutual reporting obligations regarding the development of relevant market shares

Each Party warrants that (i) its relevant market share (supplier: the market on which it sells the contract goods, buyer: the market on which it purchases the contract goods) does not exceed 30 % at the time of entering into this agreement, (ii) it will re-assess its respective market share on its own account at least once a calendar year and (iii) it will notify to the other Party in writing without undue delay once its market share exceeds 30 %, indicating the then applicable market share.

69 Leitet sich die Kartellrechtskonformität einer Vereinbarung aus einer Gruppenfreistellungsverordnung ab, ist zu beachten, dass neben den Marktanteilen auch die sonstigen **Voraussetzungen einer Gruppenfreistellungsverordnung nachträglich wegfallen** können, etwa wenn im Falle der bisherigen Anwendbarkeit der Vertikal-GVO die Parteien zu (potentiellen) Wettbewerbern werden.

70 Da die **Gruppenfreistellungsverordnungen nur zeitlich befristet** gelten, muss zudem geprüft werden, ob aus ihrem Wegfall oder dem Inkrafttreten von (geänderten) Folgeversionen (die teilweise nur begrenzte Übergangszeiträume vorsehen) Konsequenzen zu ziehen sind.

71 Bewegen sich die Parteien außerhalb einer Gruppenfreistellungsverordnung, müssen die angenommenen Voraussetzungen zur (fehlenden) Spürbarkeit oder zur Einzelfreistellung stets überprüft werden. Der Vertrag sollte für die etwaig notwendigen Anpassungen eine **Anpassungsklausel** vorsehen, die etwa wie folgt lauten könnte:

Klauselbeispiel für eine Anpassungsklausel

[•] Prevention of anticompetitive conduct

(1) The Parties will assess the provisions of this agreement and their conduct thereunder at the latest until the lapse of the first half year of any calendar year in order to verify whether the contractual provisions still comply with the requirements of the Commission Regulation 316/2014 (the „TT-BER"). The Parties will allocate the necessary works under such assessment on a case to case basis whereas each Party bears its own internal costs connected with such assessment and any external costs incurred for such assessment, which have to be agreed upon in advance in writing, shall be shared equally. If the Parties identify a lack of compliance, the Parties will, without undue delay, adapt this agreement and/or their conduct thereunder in a manner that restores compliance with the TT-BER and reflects the commercial meaning of the provisions/the conduct to be amended as close as possible.

(2) If the Parties cannot agree on the required adaptations or if compliance with the requirements of the TT-BER cannot be restored by reasonable means, each Party has the right to terminate the agreement with a notice period of four weeks to the end of a calendar month.

III. Dokumentation der Prüfung

72 Das Ergebnis aller Prüfungen sollte sorgfältig dokumentiert werden. Wollen die Parteien verhindern, dass die Dokumentation im Rahmen von Ermittlungen der Kartellbehörden **beschlagnahmt** wird, sollten sie sie durch einen Rechtsanwalt erstellen und auch nur von ihm aufbewahren lassen.[98]

[98] Dokumente der präventiven Beratung (also vor Einleitung repressiver Ermittlungen der Kartellbehörden) unterliegen bei dem Unternehmen selber wohl keinem Beschlagnahmeschutz, siehe vertiefend Mehle/Mehle NJW 2011, 1639 ff.

H. Liefervereinbarungen

I. Allgemeine Anforderungen an Liefervereinbarungen im Vertikalverhältnis – die Vertikal-GVO

Der kartellrechtliche Rahmen von Liefervereinbarungen im Vertikalverhältnis wird bestimmt durch die Vertikal-GVO und die Vertikal-LL (siehe dazu → Rn. 22, 23). 73

1. Anwendungsbereich der Vertikal-GVO

a) Vertikale Vereinbarungen

Die Gruppenfreistellung nach der Vertikal-GVO gilt für „vertikale Vereinbarungen"[99] und 74 damit für alle Vereinbarungen zwischen Unternehmen, bei denen die Parteien zwecks Durchführung der Vereinbarung auf einer anderen Ebene der **Produktions- oder Vertriebskette** tätig sind (Anbieter und Abnehmer) und die die Bedingungen betreffen, zu denen die beteiligten Unternehmen Waren oder Dienstleistungen beziehen, verkaufen oder weiterverkaufen dürfen.[100] Ihre Geltung erfasst damit branchenübergreifend insbesondere Lieferverträge auf allen Wirtschaftsstufen (vom Erzeuger über Zulieferer, Hersteller des Endprodukts zu Großhändlern und Einzelhändlern).

b) (Kein) Wettbewerbsverhältnis

Die Freistellung gilt **nicht** für vertikale Vereinbarungen **zwischen Wettbewerbern,**[101] 75 was auch ein potentielles Wettbewerbsverhältnis einschließt.[102] Damit gilt sie etwa dann nicht, wenn ein Hersteller einen anderen Hersteller von Wettbewerbsprodukten beliefert, wenn ein Hersteller von einem Zulieferer bezieht, obwohl er die Komponenten auch selber fertigen könnte oder im Verhältnis eines Händlers (zB des unionsweit einzigen Exporteurs) zu den nachgelagerten Händlerstufen (die zB in den einzelnen Mitgliedstaaten eingesetzt sind), wenn beide auch auf der Ebene des jeweils anderen tätig werden könnten.

Die Freistellung gilt jedoch für Wettbewerber in Fällen des **zweigleisigen Vertriebs** 76 (also des parallelen Direktvertriebs und des Händlervertriebs, sog. „dual distribution"), sofern die Parteien eine nicht gegenseitige vertikale Vereinbarung treffen, also nur eine Seite als Anbieter und die andere nur als Abnehmer auftritt.[103] Mit Bezug zu Waren gilt dies, wenn der Anbieter zugleich Hersteller und Händler der Waren, der Abnehmer dagegen nur Händler, nicht aber Wettbewerber auf der Herstellungsebene ist. Mit Bezug zu Dienstleistungen greift die Ausnahme dann ein, wenn der Anbieter ein auf mehreren Handelsstufen tätiger Dienstleister ist, der Abnehmer dagegen Waren oder Dienstleistungen auf der Einzelhandelsstufe anbietet und auf der Handelsstufe, auf der er die Vertragsleistungen bezieht, kein Wettbewerber ist; erfasst wird etwa das Verhältnis zwischen Reiseveranstalter und Reisebüro oder zwischen Franchisegeber und Franchisenehmer.[104]

c) (Keine) Rechte des geistigen Eigentums

Enthält die Vereinbarung Regelungen zur Übertragung oder zur Einräumung von Nut- 77 zungsrechten an Rechten des geistigen Eigentums zugunsten des Abnehmers, gilt die Freistellung nur dann, wenn sich die Vereinbarung unmittelbar auf die Nutzung, den Verkauf oder den Weiterverkauf von Produkten durch den Abnehmer oder seine Kunden bezieht

[99] Art. 2 Abs. 1 Vertikal-GVO.
[100] So die Definition in Art. 1 Abs. 1 lit. a) Vertikal-GVO.
[101] Art. 2 Abs. 4 S. 1 Vertikal-GVO.
[102] Art. 1 Abs. 1 lit. c) Vertikal-GVO.
[103] Art. 2 Abs. 4 Satz 2 Vertikal-GVO.
[104] Immenga/Mestmäcker/Ellger Bd. 1. EU Art. 2 Vertikal-GVO Rn. 116.

und die Übertragung von Rechten des geistigen Eigentums oder Nutzungsrechte daran nicht den Hauptgegenstand der Vereinbarung bildet.[105] Erfasst werden etwa notwendige Verfahrenspatente oder Markenrechte. Stellt die Übertragung von Rechten des geistigen Eigentums hingegen den Hauptgegenstand der Vereinbarung dar, ist vorrangig die TT-GVO anzuwenden.[106] Räumt der Abnehmer dem Lieferanten Rechte ein, ist dies im Umkehrschluss **freistellungsschädlich;** dies betrifft etwa den Fall, in dem ein Hersteller einem Zulieferer eine Herstellungslizenz für die zu liefernden Komponenten erteilt.[107]

d) Marktanteilsschwelle

78 Die Freistellung gilt nur, wenn sowohl der Anteil des Anbieters an dem relevanten Markt, auf dem er die Vertragsprodukte anbietet **(Absatzmarkt),** als auch der Anteil des Abnehmers an dem relevanten Markt, auf dem er die Vertragsprodukte bezieht **(Bezugsmarkt),** jeweils **nicht mehr als 30 %** beträgt.[108] Nicht erfasst wird der Marktanteil des Abnehmers auf seinem nachgelagerten (Absatz-)Markt, so dass auch etwa der Bezug durch marktbeherrschende Anbieter freigestellt sein kann.

79 Bei der sachlichen Marktabgrenzung ist zu berücksichtigen, dass sich beim **Bezug von Endprodukten,** die vom Abnehmer unverändert an Endkunden weiterverkauft werden, die Marktabgrenzung im Zweifel nach den Präferenzen der Endkunden richtet, die insofern auch das Verhältnis des Händlers zu seinem Lieferanten bestimmen.[109] Anders ist dies bei **Vorprodukten,** die vom Abnehmer in sein Endprodukt eingebaut werden: Hier richtet sich die Marktabgrenzung im Zweifel nach den Anforderungen des Abnehmers selbst.[110] Beim **Bezug von Reparatur- oder Ersatzteilen** ist zu prüfen, ob diese einen eigenen (Anschluss-)Markt darstellen oder einen einheitlichen Markt mit der Erstausrüstung bilden; für letzteres spricht, wenn die Kaufentscheidung auch von den anfallenden Kosten für Reparatur- oder Ersatzteile („total cost of ownership") bestimmt wird.[111]

2. Kernbeschränkungen und graue Klauseln

80 Zu den Kernbeschränkungen, die eine Anwendung der Vertikal-GVO ausschließen, gehören **Preisbindungen** des Abnehmers,[112] **Gebiets- und Kundengruppenbeschränkungen** (hier gelten indes vier freigestellte Ausnahmen),[113] Beschränkungen in **selektiven Vertriebssystemen**[114] sowie, als einzige Beschränkung des Anbieters, solche, die den **Ersatzteilhandel** betreffen.[115] Im Übrigen unterfallen Beschränkungen des Anbieters keinen Ausnahmen von der Freistellung, so dass etwa Verbote von Drittverkäufen freigestellt sind. Nur in begrenztem Umfang freigestellt sind als graue Klauseln **Wettbewerbsverbote** und vergleichbare Beschränkungen des Abnehmers.[116]

---

[105] Art. 2 Abs. 3 Vertikal-GVO. Die Lizenzbedingungen oder die Vollrechtsübertragung dürfen zudem für die Vertragsprodukte keine Bestimmung enthalten, die als vertragliche Beschränkung durch die Vertikal-GVO nicht freigestellt wären.
[106] Art. 2 Abs. 5 Vertikal-GVO.
[107] Vertikal-LL Rn. 34.
[108] Art. 3 Abs. 1 Vertikal-GVO. Abs. 2 enthält Marktanteilsschwellen für die praktisch seltenen Mehrparteien-Lieferketten. Für die Berechnung der Marktanteile (einschließlich Toleranzen) gibt Art. 7 Vertikal-GVO detaillierte Vorgaben.
[109] Vertikal-LL Rn. 90.
[110] Vertikal-LL Rn. 90.
[111] Vertikal-LL Rn. 91.
[112] Art. 4 lit. a) Vertikal-GVO.
[113] Art. 4 lit. b) Vertikal-GVO.
[114] Art. 4 lit. c) und d) Vertikal-GVO.
[115] Art. 4 lit. e) Vertikal-GVO.
[116] Art. 5 Vertikal-GVO.

II. Häufige Wettbewerbsbeschränkungen in Lieferverträgen im Vertikalverhältnis und ihre Bewertung

1. Alleinbezugsbindungen und ähnliche Verpflichtungen

Abnehmerbindungen im Hinblick auf den Bezug von Waren gehören sicherlich zu den am meisten verbreiteten Wettbewerbsbeschränkungen in Lieferverträgen im Vertikalverhältnis. Sie sind auf allen Ebenen der Lieferkette anzutreffen, insbesondere im Verhältnis des Zulieferers zum Hersteller und des Herstellers zum Händler. 81

a) Begrifflichkeiten, Erscheinungsformen und Wettbewerbsrelevanz

Abnehmerbindungen im Hinblick auf den Bezug von Waren zeichnen sich durch vertragliche Verpflichtungen oder Anreize aus, mit denen ein Anbieter seine Abnehmer an sich bindet, um zu verhindern, dass diese ganz oder teilweise das **vertragsgegenständliche Produkt sowie dessen Konkurrenzprodukte bei konkurrierenden Anbietern beziehen.** Wettbewerbsschädigendes Potential haben Abnehmerbindungen, die die wettbewerbliche Handlungsfreiheit des Abnehmers im Hinblick auf seine Bezugswahl einschränken, im Verhältnis des bindenden Anbieters zu seinen Wettbewerbern, denen die Belieferung der gebundenen Abnehmer unmöglich gemacht oder erschwert werden kann und die insofern von der Marktnachfrage abgeschnitten werden können (marktabschottende Wirkung). Zudem können sie im Einzelfall Absprachen zwischen Anbietern erleichtern oder, bei Einzelhändlern, zu einem Verlust des Markenwettbewerbs in den Verkaufsstätten führen.[117] 82

Als „Grundmuster" der Abnehmerbindung stellt sich die **Alleinbezugspflicht** als die Verpflichtung des Abnehmers dar, seinen gesamten Bedarf an einem Produkt ausschließlich bei einem Anbieter zu beziehen. Werden die Produkte nur für den eigenen Bedarf bezogen, und nicht für den Weiterverkauf, spricht man auch von einer **Gesamtbedarfsdeckungsverpflichtung.**[118] Ebenfalls erfasst sind Verpflichtungen des Abnehmers, zumindest einen Teil seines Bedarfs ausschließlich bei einem Anbieter zu beziehen **(„Mindestabnahmepflicht").** Eine weitere Form der faktischen Abnehmerbindung im Hinblick auf den Bezug von Waren sind Preisgestaltungen, die dem Abnehmer Anreize setzen, ausschließlich oder überwiegend bei einem Anbieter zu beziehen. Die Kommission nennt hier die „nichtlineare Preisfestsetzung" wie bedingte Rabatte oder zweiteilige Tarife (Grundgebühr und variable Preiskomponente).[119] **Mengenrabatte,** die ausschließlich auf die Abnahmemenge abstellen und für alle Abnehmer gleichermaßen gelten (lineare Tarife), stellen grundsätzlich keine Abnehmerbindung dar. Etwas anderes gilt jedoch, wenn Abnahmemenge oder Referenzzeitraum so gewählt werden, dass sie treuebelohnende Funktion erlangen.[120] 83

b) Bewertung nach der Vertikal-GVO; Wettbewerbsverbot

Alleinbezugsbindungen, sog. Markenzwang, sind unter der Vertikal-GVO grundsätzlich freigestellt. Anderes gilt nur dann, wenn sie die Schwelle zum **Wettbewerbsverbot** erreichen. In diesem Fall sind die Voraussetzungen des Art. 5 Abs. 1 lit. a) Vertikal-GVO zu beachten, da es sich insoweit dann um eine graue Klausel handelt. 84

Eine Abnehmerbindung ist als Wettbewerbsverbot einzuordnen, wenn sie sich als unmittelbare oder mittelbare Verpflichtung des Abnehmers darstellt, keine Produkte herzustellen, zu beziehen, zu verkaufen oder weiterzuverkaufen, die mit den Vertragswaren im 85

---

[117] Vertikal-LL Rn. 299.

[118] Die Vertikal-LL führen ergänzend als Tatbestand noch „Auflagen für die Vorratshaltung" auf, vgl. Rn. 66.

[119] Vertikal-LL Rn. 298.

[120] Zu den Treuerabatten vgl, instruktiv EuGH Urt. v. 6.10.2015 – Rs. C-23/14 – *Post Danmark/Bring Citymail Danmark,* EuZW 2015, 958 mAnm Seitz.

Wettbewerb stehen oder **mehr als 80 % seines Gesamtbedarfs** an Vertragswaren oder ihren Substituten vom bindenden Anbieter oder einem von diesem benannten Unternehmen zu beziehen.[121]

86 Wettbewerbsverbote sind nur unter der Voraussetzung freigestellt, dass sie **nicht auf unbestimmte Dauer und nicht für eine Dauer von mehr als fünf Jahren** vereinbart werden.[122] Ein zeitlich „überschießendes" Wettbewerbsverbot kann nach vielfach vertretener Ansicht auch nicht im Wege einer „geltungserhaltenden Reduktion" zumindest für fünf Jahre als freigestellt bewertet werden.[123]

87 Wettbewerbsverbote, deren Dauer sich über einen Zeitraum von fünf Jahren hinaus **stillschweigend verlängert,** sind nach den Vertikal-LL dann freigestellt, wenn der Abnehmer „die Vereinbarung" mit angemessener Frist **kündigen** kann und somit effektiv in der Lage wäre, nach Ablauf von fünf Jahren den Anbieter zu wechseln.[124] Voraussetzung ist allerdings, dass dem Abnehmer mit dem Anbieterwechsel dann keine unangemessenen Kosten entstehen.[125] Nicht ganz einsichtig ist es, warum die Leitlinien gleich die Kündigung der gesamten Vereinbarung verlangen. Schon nach der früheren (strengeren) Rechtslage, nach der eine stillschweigende Verlängerung des Wettbewerbsverbots freistellungsschädlich war, war es anerkannt, dass die Laufzeit von Wettbewerbsverboten von derjenigen des übrigen Vertrages ohne Gefährdung der Freistellung entkoppelt werden konnte.[126] Es sollte daher auch weiterhin möglich sein, in einem Vertrag über längere Laufzeiten oder mit automatischer Verlängerung oder über unbestimmte Dauer ein jeweils nach Ablauf von (max.) fünf Jahre **isoliert kündbares Wettbewerbsverbot** aufzunehmen. Ebenfalls sollte es möglich sein, für den Zeitraum nach Kündigung (oder Ablauf) des Wettbewerbsverbotes eine Abnehmerbindung unterhalb der Schwelle eines Wettbewerbsverbots zu vereinbaren (zB eine Mindestbezugspflicht von maximal 80 % des Bedarfs).[127]

88 Wenn die mit einem Wettbewerbsverbot einhergehenden Beschränkungen vermieden werden sollen, kann es sinnvoll sein, vertraglich vorzusorgen, dass eine Abnehmerbindung keine Verpflichtungen oberhalb der 80 %-Schwelle begründet. Denkbar wäre etwa folgende Formulierung:

Klauselbeispiel für ein vertragliches Wettbewerbsverbot mit prozentualer Obergrenze

[•] Non-compete obligation

Buyer is obliged to purchase the contract goods and all goods that compete with the contract goods solely from the Supplier. However, the Buyer is not obliged to purchase more than 80 % of the Buyer's total purchases of the contract goods and their substitutes, calculated on the basis of the value of its purchases in the preceding calendar year.

c) Bewertung außerhalb der Vertikal-GVO

89 **aa) Kriterien der Spürbarkeit im Einzelfall.** Liegt der Marktanteil mindestens einer der Parteien oberhalb der 30 %-Marktanteilsschwelle oder werden die freigestellten zeitlichen Grenzen eines Wettbewerbsverbots überschritten, erfolgt keine Freistellung nach der Vertikal-GVO. In diesem Fall muss ermittelt werden, ob eine **spürbare Wettbewerbsbeschränkung** insbesondere in Form einer Marktabschottung von der Abnehmerbindung ausgeht.[128]

---

[121] Art. 1 Abs. 1 lit. f) Vertikal-GVO.
[122] Art. 5 Abs. 1 lit. a) Vertikal-GVO.
[123] Bechtold/Bosch/Brinker EU-Kartellrecht Art. 5 VO 330/2010 Rn. 7.
[124] Vertikal-LL, Rn. 248. Hierin liegt eine Neuerung gegenüber der Vorgängerversion der Vertikal-GVO, nach der eine stillschweigende Verlängerung freistellungsschädlich war.
[125] Vertikal-LL Rn. 48 mit Beispielen.
[126] Immenga/Mestmäcker/Ellger Bd. 1. EU Art. 5 Vertikal-GVO Rn. 19.
[127] Bechtold/Bosch/Brinker EU-Kartellrecht Art. 5 VO 330/2010 Rn. 7 mwN.
[128] Vgl. etwa BGH NZKart 2020, 383; OLG Düsseldorf WuW 2018, 49.

Im Ausgangspunkt für die Prüfung der Spürbarkeit der von Abnehmerbindungen ausgehenden Wettbewerbsbeschränkungen gilt: Je höher der Marktanteil des Anbieters und je länger die Dauer der Abnehmerbindung, umso eher ist eine Spürbarkeit zu bejahen.[129] Die Vertikal-LL nennen zwar leider in Bezug auf die zeitliche Dauer keinen, dafür aber in Bezug auf die hier relevanten Marktanteile einen Richtwert: Wenn der Marktanteil des größten Anbieters weniger als 30% beträgt und die fünf größten Anbieter zusammen weniger als 50% des Marktes abdecken, sind spürbare Wettbewerbsbeschränkungen unwahrscheinlich.[130] Weiter gelten folgende „Faustregeln“: 90

- Bei Zwischenprodukten ist nicht von einer spürbaren Wirkung auszugehen, wenn der Anbieter nicht marktbeherrschend ist und wenn nicht mehr als 50% des Marktes durch vergleichbare Abnehmerbindungen (anderer Anbieter) gebunden sind.[131]
- Bei Endprodukten auf Großhandelsebene sind spürbare Wirkungen unwahrscheinlich, wenn ohne größere Zutrittsschranken konkurrierende Großhandelssysteme aufgebaut werden können.[132]
- Bei Endprodukten ist eine Spürbarkeit auf der Einzelhandelsstufe wahrscheinlicher als auf anderen Handelsstufen.[133]

bb) Kriterien für eine Einzelfreistellung. Ist das Vorliegen einer spürbaren Wettbewerbsbeschränkung zu bejahen, muss sodann geprüft werden, ob eine Freistellung in unmittelbarer Anwendung von Art. 101 Abs. 3 AEUV in Betracht kommt. Dies kann insbesondere aus den folgenden Gründen gerechtfertigt sein; allerdings kaum, wenn seitens des Anbieters die Grenze zur Marktbeherrschung überschritten wird: 91

Lösung des **Trittbrettfahrer-Problems,**[134] bei dem andere Anbieter von den Verkaufsförderungsanstrengungen des Anbieters profitieren: Eine Abnehmerbindung im Hinblick auf den (ausschließlichen oder überwiegenden) Bezug von Produkten des Anbieters kann erforderlich sein, wenn anderenfalls der Anbieter nicht in verkaufsfördernde Maßnahmen oder Serviceanforderungen investieren würde, weil davon auch Kunden profitieren werden, die Produkte konkurrierender Anbieter kaufen. Ein Beispiel ist etwa die Investition in Räumlichkeiten des Abnehmers auf der Einzelhandelsebene. Freistellungsfähig ist danach in erster Linie eine Mindestabnahmepflicht; nur wenn diese ausnahmsweise nicht ausreicht, kann auch ein Wettbewerbsverbot freigestellt sein. Investitionen in gesondert vergütete After-Sales-Services können jedoch keine Abnehmerbindungen zur Lösung des Trittbrettfahrer-Problems mehr rechtfertigen.[135] 92

Lösung des **Hold-up-Problems:**[136] Wenn der Anbieter (i) „vertragsspezifische Investitionen“ im Hinblick auf einen (potentiellen) Abnehmer tätigt, die er für die Bedienung anderer Vertragspartner nicht verwenden kann und (ii) die nicht mehr rückgängig gemacht werden können („sunk costs“) und (iii) wenn der Abnehmer seinerseits keine spezifischen Investitionen tätigt („asymmetrische Investition“),[137] ist der Anbieter dem Risiko eines opportunistischen Verhaltens des Abnehmers ausgesetzt und wird deshalb die Investition ohne verbindliche Zusage unterlassen. Als Beispiel sei die Errichtung einer Logistikeinrichtung neben der Produktionshalle eines zu bedienenden Industrieunternehmens genannt. In einer solchen Situation kann eine Abnehmerbindung **für die Dauer der Abschreibung der Investition**[138] freigestellt sein. Dabei ist allerdings auch hier zu prüfen, 93

[129] Vertikal-LL Rn. 302.
[130] Vertikal-LL Rn. 304.
[131] Vertikal-LL Rn. 307.
[132] Vertikal-LL Rn. 308.
[133] Vgl. zu Einzelheiten zum Vertrieb von Endprodukten über den Einzelhandel Vertikal-LL Rn. 309–312.
[134] Vertikal-LL Rn. 16 lit. b) und Rn. 313.
[135] Vertikal-LL Rn. 16 b).
[136] Vertikal-LL Rn. 16 lit. e) und Rn. 315.
[137] Liegen symmetrische vertragsspezifische Investitionen auf beiden Seiten vor, sind die Parteien aufeinander angewiesen („Lock-in Effekt“) und es besteht keine Gefahr opportunistischen Verhaltens durch eine Seite.
[138] Eine kritische Grenze, deren Überschreitung sich nur durch „sehr umfangreiche Investitionen“ rechtfertigt, sehen die Vertikal-LL hier bei fünf Jahren, vgl. Vertikal-LL Rn. 315.

ob dieses Ziel mit dem milderen Mittel einer einfachen Mengenvorgabe erreicht werden kann, bevor ein Wettbewerbsverbot vereinbart wird.

94 Schutz übertragenen **Know-hows:**[139] Überträgt der Anbieter an den Abnehmer Know-how (was insbesondere bei Franchiseverträgen regelmäßig der Fall sein wird), muss er verhindern können, dass der Abnehmer dieses Know-how zu Gunsten konkurrierender Lieferanten verwendet, andernfalls würde er die Know-how-Übertragung unterlassen. In einer solchen Situation kann ein Wettbewerbsverbot **für die gesamte Dauer der Lieferbeziehung** freigestellt sein.

d) Bewertung bei marktbeherrschendem Anbieter

95 Abnehmerbindungen durch marktbeherrschende Lieferanten werden nach dem herkömmlichen Ansatz **grundsätzlich als Machtmissbrauch** bewertet.[140] Dies gilt in besonderem Maße für Alleinbezugspflichten von nicht nur unerheblicher Dauer sowie für Rabatte mit Sogwirkung,[141] aber auch für Mindestabnahmepflichten, wenn diese einen beachtlichen Teil des Volumens des Abnehmers oder eine hohe Bindungsquote aufweisen.[142] Eine allgemein verbindliche Schwelle lässt sich insoweit nicht identifizieren. Die Einschätzung als Machtmissbrauch trifft auch sog. **englische Klauseln,** die die Bindung des Abnehmers noch verschärfen, weil dieser verpflichtet wird, konkurrierende günstigere Angebote dem Anbieter zu melden. Die Verwendung englischer Klauseln durch Unternehmen in marktbeherrschender Stellung wird überdies auch deshalb als besonders schädlich angesehen, weil sie dem Marktbeherrscher Transparenz über die Wettbewerbspreise ermöglichen.[143] Dabei macht es keinen Unterschied, ob die Abnehmerbindung auf Wunsch des Abnehmers aufgenommen wird.[144]

96 Allerdings stellt die Kommission in ihren Durchsetzungsprioritäten für Rabatte mit Bindungswirkung nach ihrem neuen wirkungsbasierten Ansatz ein differenziertes und äußerst komplexes Schema zur Bewertung von Rabatten auf, das den Unternehmen deutlich größeren Spielraum lässt.[145]

e) Sonderfall Direktbezugsbindungen

97 Von den herkömmlichen Abnehmerbindungen zu unterscheiden sind Direktbezugsbindungen, die den Abnehmer verpflichten, lediglich die Produkte eines bestimmten Herstellers beim Anbieter direkt zu beziehen, dabei aber keine Beschränkungen im Hinblick auf konkurrierende Produkte auferlegen. Während Alleinbezugsbindungen den Inter-Brand-Wettbewerb betreffen, beschränken Direktbezugsbindungen den Intra-Brand-Wettbewerb. Unter der Vertikal-GVO sind sie ohne Einschränkung, insbesondere auch ohne Einschränkungen hinsichtlich ihrer Laufzeit, freigestellt, da sie begrifflich kein Wettbewerbsverbot

---

[139] Siehe hierzu Vertikal-LL Rn. 16 lit. f) und Rn. 314.

[140] Überblick bei Immenga/Mestmäcker/Fuchs Bd. 1 EU Art. 102 AEUV Rn. 214–216.

[141] Überblick bei Immenga/Mestmäcker/Fuchs Bd. 1 EU Art. 102 AEUV Rn. 249–273a; vgl. auch zuletzt die instruktive Entscheidung EuGH Urt. v. 6.10.2015 – Rs. C-23/14 – *Post Danmark/Bring Citymail Danmark,* EuZW 2015, 958 mAnm Seitz.

[142] Im Fall *Hoffman-La Roche* (EuGH Urt. v. 13.2.1979 – Rs. C-85/76, Slg. 1979, 461 ff. – *Hoffman-La Roche*) begann das Abnahmeziel bei 75%. Im Fall *Van den Bergh Foods* wurde eine Bindung von 40% als zu hoch angesehen, vgl. EuGH Urt. v. 23.10.2003 – Rs. T-65/98 Slg. 2003 II-4653 Rn. 160 – *Van den Bergh Foods;* bestätigt durch den EuGH Urt. v. 28.9.2006 – Rs. T-552/03, Slg. 2006 I-9091. Siehe auch die detaillierte Regelung in der Zusagenentscheidung im Fall *Distrigaz,* die ua eine Bindungsquote von maximal 30% festschreibt, Kommission, Entscheidung v. 11.10.2007, COMP/37.966 – *Distrigaz.*

[143] EuGH Urt. v. 13.2.1979 – Rs. 85/76, Slg. 1979, 461 Rn. 102–108 – *Hoffman-La Roche;* siehe auch Vertikal-LL Rn. 298.

[144] EuGH Urt. v. 13.2.1979 – Rs. 85/76, Slg. 1979, 461 Rn. 89 – *Hoffman-La Roche.*

[145] Mitteilung der Kommission – Erläuterungen zu den Prioritäten der Kommission bei der Anwendung von Artikel 82 des EG-Vertrages auf Fälle von Behinderungsmissbrauch durch marktbeherrschende Unternehmen, ABl. EU 2009 C 45/7.

darstellen.[146] Im Rahmen eines Selektivvertriebs können sie aber als Verbot von Querlieferungen als Kernbeschränkung anzusehen sein.[147] Für eine Bewertung derartiger Direktbezugsbindungen stellen die Vertikal-LL keine Aussagen bereit. Hier werden außerhalb des Anwendungsbereichs der Vertikal-GVO die Wettbewerbsverhältnisse im intra-brand-Wettbewerb untersucht werden müssen.

f) Bewertung nach US-Kartellrecht

„Exclusive Dealings", die den Anbieter verpflichten, bei Dritten keine mit den Vertragswaren im Wettbewerb stehende Produkte zu beziehen, können gegen s. 1 und s. 2 Sherman Act sowie gegen s. 3 Clayton Act und s. 5 FTC Act verstoßen. 98

Dabei werden exclusive dealings ebenso wie Praktiken, die mittelbar auf ein de facto exclusive dealing hinauslaufen (etwa Rabattgestaltungen) heute zumeist unter Anwendung der Rule of Reason gewürdigt.[148] Von Bedeutung ist dabei ua, ob durch das exclusive dealing Marktmacht gestärkt oder begründet wird, wobei insbesondere die Laufzeit der Vereinbarung, etwaige Kündigungsmöglichkeiten des gebundenen Abnehmers, der Marktanteil des Herstellers sowie das Bestehen von Marktzutrittsschranken und die Möglichkeit alternativer Vertriebswege gewürdigt werden. Positive Wirkungen sind bei exclusive dealings insbesondere insoweit möglich, als hiermit die Verkaufsbemühungen des Handels verstärkt werden können und dass exclusive dealings zur Vermeidung von Trittbrettfahrern sowie im Falle eines neuen Markteintritts mit erheblichen Investitionskosten (die nur getätigt werden, wenn eine Absatzgarantie besteht) helfen können.[149]

2. Alleinbelieferungsverpflichtung und ähnliche Verpflichtungen

a) Begrifflichkeiten, Erscheinungsformen und Wettbewerbsrelevanz

Alleinbelieferungsverpflichtungen zeichnen sich durch die Verpflichtung oder den Anreiz des Anbieters aus, die Vertragsprodukte hauptsächlich oder sogar ausschließlich an einen Abnehmer zu verkaufen. Dies kann in Form einer **„Alleinbelieferungsklausel"** erfolgen, die den Lieferanten generell dazu verpflichtet, für die Zwecke des Weiterverkaufs oder für einen bestimmten Verwendungsweck nur an einen Abnehmer zu verkaufen. Denkbar ist aber auch die Vorgabe einer gewissen Menge **(Mengenvorgabe)** für den Anbieter oder einer **„Kapazitätsreservierung"** durch den Abnehmer oder die Gewährung von (monetären) Anreizen. Ebenfalls erfasst ist ein **right of first refusal,** wonach der Anbieter erst dann an Dritte verkaufen darf, wenn der Abnehmer eine angebotene Leistung abgelehnt hat. 99

Wettbewerbsschädigendes Potential haben Alleinbelieferungsverpflichtungen, die die wettbewerbliche Handlungsfreiheit des Anbieters einschränken, im Verhältnis des bindenden Abnehmers zu seinen Wettbewerbern, denen der Bezug von dem gebundenen Anbieter unmöglich gemacht oder erschwert wird. Je nach Marktstellung des Lieferanten, nach Einkaufsmarktstellung des Abnehmers, nach dem Umfang des von dem Abnehmer insgesamt exklusiv gebundenen Volumens und nach der Marktstellung des Abnehmers auf dem nachgelagerten Markt können Alleinbelieferungsverpflichtungen zudem marktabschottende Wirkung zeitigen.[150] 100

---

[146] Immenga/Mestmäcker/Ellger Bd. 1 EU Art. 5 Vertikal-GVO Rdn. 7.
[147] Dazu → Rn. 166.
[148] Areeda/Hovenkamp Antitrust Law Ch. 1820B.
[149] Areeda/Hovenkamp Antitrust Law Ch. 1820B ff.
[150] Vertikal-LL Rn. 194.

b) Bewertung nach der Vertikal-GVO; Ersatzteile

101 Alleinbelieferungsverpflichtungen sind im Anwendungsbereich der Vertikal-GVO grundsätzlich **ohne weitere Einschränkungen** (etwa im Hinblick auf die Laufzeit) **freigestellt,** und zwar auch dann, wenn eine Vereinbarung zugleich auch ein Wettbewerbsverbot enthält.[151]

102 Davon gibt es jedoch eine Ausnahme: Die Beschränkung der Möglichkeit des Anbieters, Teile als **Ersatzteile** an Endnutzer oder an Reparaturbetriebe oder andere Dienstleister zu verkaufen, die der Abnehmer nicht mit der Wartung seiner Waren betraut hat, wird als **Kernbeschränkung** von der Gruppenfreistellung ausgenommen.[152] Enthält eine Alleinbelieferungsverpflichtung mit Bezug zu Teilen, die als Ersatzteile in Betracht kommen, nicht eine entsprechende Öffnung, verliert die gesamte Vereinbarung daher ihre Gruppenfreistellung. Im Vertrag sollte daher vorsorglich formuliert werden:

Klauselbeispiel für eine Alleinbelieferungsverpflichtung

[•] Exclusive supply obligation

Supplier is, for the duration of this agreement, obliged to supply the contract goods solely to the Buyer. However, Supplier is not restricted to sell the contract goods as spare parts to end-users or to repairers or other service providers not entrusted by the Buyer with the repair or servicing of its good.

c) Bewertung außerhalb der Vertikal-GVO

103 **aa) Kriterien der Spürbarkeit im Einzelfall.** Liegt der Marktanteil mindestens einer der Parteien oberhalb der 30%-Marktanteilsschwelle, muss im Einzelfall ermittelt werden, ob die Alleinbelieferungsverpflichtung eine **spürbare Wettbewerbsbeschränkung** darstellt.

104 Ausschlaggebend ist hierfür in erster Linie die Marktstellung des Abnehmers. Hierbei sind sowohl seine Marktstellung im vorgelagerten Beschaffungs- als auch im nachgelagerten Verkaufsmarkt in den Blick zu nehmen. Verfügt der Abnehmer über Marktmacht im vorgelagerten Beschaffungsmarkt (ab 30% Marktanteil), stellt sich die Frage, ob die Alleinbelieferungsverpflichtung geeignet ist, konkurrierenden Abnehmern den Zugang zu dem betreffenden Produkt zu verschließen. Eine noch höhere Sensibilität ist geboten, wenn der Abnehmer (auch oder nur) über Marktmacht im nachgelagerten Verkaufsmarkt verfügt.

Auch die **Bindungsquote**[153] und Bindungsdauer sind von Relevanz. Beträgt die Bindung weniger als fünf Jahre und ist der bindende Abnehmer nicht marktbeherrschend, ist eine sorgfältige Gegenüberstellung der wettbewerbsfördernden und -schädigenden Auswirkungen erforderlich. Beträgt die Bindung mehr als fünf Jahre, ist nicht nur von einer spürbaren Wettbewerbsbeschränkung auszugehen, es ist auch die Einzelfreistellungsfähigkeit anzuzweifeln.[154] Weitere Faktoren sind die **Stellung konkurrierender Abnehmer** im vorgelagerten Markt,[155] das Vorliegen von **Marktzutrittsschranken,**[156] die **Gegenmacht von Anbietern**[157] und die **Handelsstufe** sowie die **Beschaffenheit des Produktes,**[158] da bei Zwischenprodukten und bei homogenen Produkten die Gefahr einer Marktabschottung in der Regel geringer einzustufen ist als bei Endprodukten sowie bei heterogenen Produkten.

[151] Vertikal-LL Rn. 322.
[152] Art. 4 lit. f) Vertikal-GVO.
[153] Zum Begriff → Rn. 92.
[154] Vertikal-LL Rn. 324.
[155] Vertikal-LL Rn. 325.
[156] Vertikal-LL Rn. 326.
[157] Vertikal-LL Rn. 327.
[158] Vertikal-LL Rn. 328.

bb) Kriterien für eine Einzelfreistellung. Die Vertikal-Leitlinien nennen als mögliche Begründung für eine Einzelfreistellung lediglich die **Lösung von Hold-up Problemen,** und zwar eher bei Zwischen- als bei Endprodukten. Eine Einzelfreistellung kommt damit insbesondere dann in Betracht, wenn der Abnehmer ohne eine entsprechende Alleinbelieferungsverpflichtung vertragsspezifische Investitionen nicht tätigen würde.[159] Die Freistellung ist dann allerdings auf die Zeit beschränkt, die nötig ist, um die Investition abzuschreiben. Als milderes Mittel sind immer Mengenvorgaben wie Mindestliefermengen zu prüfen.[160] 105

Durch Alleinbelieferungsverpflichtungen zu erzielende **Effizienzgewinne anderer Art** (und damit andere Rechtfertigungsgründe für eine Einzelfreistellung) sind nach den Vertikal-Leitlinien **unwahrscheinlich.**[161]

cc) Weitergehende Beschränkungen von Zulieferern. Nach der Zulieferbekanntmachung der Kommission[162] können **„Zulieferer"** unter bestimmten Voraussetzungen ohne Beachtung von Marktanteilsschwellen zur **alleinigen Belieferung des Auftraggebers** verpflichtet werden. Voraussetzung ist, dass ein Auftraggeber einen „Zulieferer" beauftragt, nach seinen Weisungen Produkte herzustellen, die für den Auftraggeber bestimmt sind und der Zulieferer zu diesem Zweck gewerbliche Schutzrechte oder geheimes Know-how des Auftraggebers oder dessen Entwürfe, Pläne oder sonstige Unterlagen benutzt. Dies gilt auch im Falle der Bereitstellung von „Stanzen, Formen oder Werkzeugen" durch den Auftraggeber, mit deren Hilfe der Zulieferer ein Erzeugnis herstellt, das sich nach Form, Funktion oder Zusammensetzung von anderen auf dem Markt befindlichen Erzeugnissen unterscheidet. In diesen Fällen darf der Auftraggeber dem Zulieferer insbesondere vorschreiben, die damit hergestellten Produkte nur für den Auftraggeber zu verwenden. 106

3. Paritätsverpflichtungen (Meistbegünstigungsverpflichtungen)

a) Begrifflichkeiten, Erscheinungsformen und Wettbewerbsrelevanz

Paritätsverpflichtungen (herkömmlich auch „Meistbegünstigungsverpflichtungen" genannt) verpflichten den Anbieter, Dritten (insbesondere Wettbewerbern des Abnehmers) die Vertragsprodukte nicht zu besseren Bedingungen anzubieten. Die Bedingungen können zB Preise, Bestand, Verfügbarkeit betreffen. Dabei kann der Anbieter über eine unmittelbare Vertragsverpflichtung oder indirekt (zB über preisliche Anreize) zur Meistbegünstigung des Abnehmers veranlasst werden.[163] 107

b) Bewertung nach der Vertikal-GVO

Eine besondere Regelung enthält die Vertikal-GVO für sog. „plattformübergreifende Einzelhandels-Paritätsverpflichtungen": Nach Art. 5 Abs. 1 lit. d) sind, im Sinne einer „grauen Klausel", solche Verpflichtungen nicht gruppenfreigestellt, die einen Abnehmer von sog. Online-Vermittlungsdiensten[164] veranlassen, Endverbrauchern die Produkte nicht über konkurrierende Online-Vermittlungsdienste zu günstigeren Bedingungen anzubieten, zu verkaufen oder weiterzuverkaufen. Zusammengefasst dürfen Online-Vermittlungsdienste (wie etwa Marktplätze) damit den über sie anbietenden Händlern im B2C-Bereich nicht verbieten, ihre Produkte bei anderen Online-Verkaufsplattformen zu besseren Bedingungen anzubieten. 108

[159] Vertikal-LL Rn. 329.
[160] Vertikal-LL Rn. 329.
[161] Vertikal-LL Rn. 329.
[162] Bekanntmachung der Kommission vom 18.12.1978 über die Beurteilung von Zuliefererverträgen nach Artikel 85 Absatz 1 des Vertrages zur Gründung der Europäischen Wirtschaftsgemeinschaft, ABl. 1979 C 1/2; ihre auch heute noch bestehende Geltung wird bestätigt in Vertikal-LL Rn. 47.
[163] Vertikal-LL Rn. 356.
[164] Zur Definition vgl. Art. 1 Abs. 1 lit. e) Vertikal-GVO.

Im Übrigen sind im Anwendungsbereich der Vertikal-GVO Paritätsverpflichtungen aber **gruppenfreigestellt.**[165] Dies gilt insbesondere für herkömmliche Meistbegünstigungsverpflichtungen im Verhältnis von Herstellern, Groß- und Einzelhändlern.

Nicht freigestellt sind jedoch Meistbegünstigungsklauseln, die dem Abnehmer für Verkäufe gegenüber seinen Kunden auferlegt werden. Derartige Klauseln wirken mittelbar wie eine Preisbindung des Abnehmers und stellen folglich eine Kernbeschränkung nach Art. 4 Abs. 1 lit. a) Vertikal-GVO dar.[166]

c) Bewertung außerhalb der Vertikal-GVO

109 Herkömmliche Meistbegünstigungsverpflichtungen im Verhältnis von Herstellern, Groß- oder Einzelhändlern können im Einzelfall das Preisniveau für Vorleistungsprodukte erhöhen (weil der Anbieter nicht günstiger anbieten darf) und damit eine spürbare Wettbewerbsbeschränkung bewirken. Relevante Faktoren für die Beurteilung, ob ein solcher Effekt eintreten kann, sind ua die relative Größe und Marktmacht von Anbieter und Abnehmer, der Anteil des Marktes, der von vergleichbaren Bindungen erfasst wird und die Kosten der betreffenden Vorleistung im Verhältnis zu den Gesamtkosten des Abnehmers.[167]

Gleichzeitig können herkömmliche Meistbegünstigungsverpflichtungen aber auch zu Effizienzgewinnen führen und damit einzelfreistellungsfähig sein. Die Vertikal-LL nennen hier ua die Senkung von Transaktionskosten in langfristigen Lieferbeziehungen, wohl im Hinblick darauf, dass der begünstigte Abnehmer die Prüfung von Preisverbesserungspotentialen erspart. Als weiterer möglicher Effizienzgewinn von Meistbegünstigungsklauseln wird der Fall genannt, dass ein Abnehmer in neue Produkte investiert und befürchten muss, dass der Anbieter einer Vorleistung deren Preis gegenüber späteren Abnehmern senken könnte.[168]

Davon abweichend und relativ ausführlich würdigen die Vertikal-LL sog. Einzelhandels-Paritätsverpflichtungen (im B2C-Bereich), wie sie insbesondere Anbieter von Online-Vermittlungsdiensten (wie Online-Marktplätze oder Preisvergleichsdienste) den Abnehmern ihrer Vermittlungsdienste (insbesondere Unternehmen, die über die Vermittlungsplattform Verkäufe tätigen) anbieten[169] sowie, in Anlehnung daran, Paritätsverpflichtungen im reinen B2B-Bereich, der über Online-Vermittlungsdienste stattfindet.[170] Aufgrund der Besonderheit dieser Vertriebskanäle sei hier von einer Darstellung abgesehen und auf die Ausführungen in den Vertikal-LL verwiesen.

In der **Entscheidung Booking.com** entschied der BGH zu sog. **engen Bestpreisklauseln.**[171] Eine solche verbietet dem anbietenden Hotel, seine Zimmer im Direktvertrieb zu niedrigeren Preisen als auf einem Hotelportal, für das eine solche Klausel gilt, zu vertreiben. Für die Zulässigkeit solcher Klauseln wurde geltend gemacht, dass sie sich als notwendige Nebenabreden zu einem kartellrechtsneutralen Vertrag darstellen mit der Folge, dass es bereits an einem tatbestandlichen Verhalten im Sinne des Art. 101 Abs. 1 AEUV fehle. Die Klauseln würden ein sog. Trittbrettfahren der Hotels verhindern, welche die Kunden anderenfalls mittels des Hotelportals sowie niedrigerer Preise auf ihre eigenen Buchungskanäle umlenken und dort die Zahlung der Vermittlungsprovision sparen würden.[172] Der BGH hingegen entschied gegen die Zulässigkeit derartiger Klauseln. Die Wettbewerbswirkung der engen Bestpreisklausel sei grundsätzlich vergleichbar mit einer Mindestpreisvorgabe, und damit einer Kernbeschränkung ähnlich. Die mit der Bekämp-

---

[165] Vertikal-LL Rn. 254.
[166] Vgl. Schultze/Pautke/WagenerArt. 4 lit. a) Vertikal-GVO Rn. 582.
[167] Vertikal-LL Rn. 377.
[168] Vertikal-LL Rn. 377.
[169] Vertikal-LL Rn. 356–375.
[170] Vertikal-LL Rn. 376.
[171] BGH NZKart 2021, 499; dazu von Wallenberg, BB 2021, 2499; zuvor schon Kühling/Ceni-Hulek/Engelbracht, NZKart 2021, 76.
[172] So das OLG Düsseldorf in der Vorinstanz, NZKart 2021, 76.

fung des Trittbrettfahrens verbundenen Vorteile würden die wettbewerbsbeschränkenden Wirkungen in Form der erheblichen Behinderung des plattformunabhängigen Online-Eigenvertriebs der Hotels jedenfalls nicht ausgleichen.

d) Bewertung nach US-Kartellrecht

110 Im US-Kartellrecht werden Meistbegünstigungsklauseln (most-favored nation clauses) normalerweise nach der Rule-of-Reason bewertet. In wettbewerblichen Märkten werden sie als unschädlich und sogar käuferfreundlich angesehen. In vermachteten Märkten werden sie vergleichbar mit Wettbewerbsverboten angesehen, wenn auch ihre Wirkung weniger abschottend ist.[173]

4. Kundenschutzklauseln

111 Ein Händler oder Dienstleister würde keinen Zulieferer oder Subunternehmer mit der direkten Bedienung des Endkunden beauftragen, wenn er Sorge haben müsste, dass dieser ihm die Endkunden abwerben dürfte. Der BGH bejaht in einer solchen Konstellation daher die kartellrechtliche Zulässigkeit auch nachvertraglicher Kundenschutzvereinbarungen.[174] Diese müssen aber **auf das sachlich, zeitlich und räumlich notwendige Maß beschränkt** sein.[175] Eine nachvertragliche Dauer von bis zu einem Jahr dürfte regelmäßig angemessen, von über drei Jahren vielfach unangemessen sein. Eine geltungserhaltende Reduktion auf das zulässige Maß kommt allenfalls bei einer Überschreitung in zeitlicher, nicht jedoch in sachlicher oder räumlicher Hinsicht in Betracht. Eine Kundenschutzklausel könnte etwa so formuliert sein:

Klauselbeispiel für eine Kundenschutzklausel

[•] Customer protection

For the duration of this agreement plus further twelve months thereafter, Supplier agrees not to render any services competing with the contractual services on its own account towards customers of the buyer to the exception of such customers that have already been served by Supplier before the conclusion of this agreement.

5. Verwendungsbeschränkungen[176]

a) Begrifflichkeiten, Erscheinungsformen und Wettbewerbsrelevanz

112 Zu den Verwendungsbeschränkungen zählen in erster Linie **Weiterverarbeitungsregelungen** sowie **Beschränkungen auf den Eigenbedarf.** Bei ersteren sind vollständige und partielle Weiterverarbeitungs**verbote** und Weiterverarbeitungs**gebote** zu unterscheiden. Ein **vollständiges Weiterverarbeitungsverbot** verbietet dem Abnehmer, das Produkt vor dem Weiterverkauf zu verarbeiten (insbesondere weil der Anbieter sich vor der Konkurrenz des Abnehmers auf dem Markt des weiterverarbeiteten Produkts schützen will). Ein **partielles Weiterverarbeitungsverbot** verbietet dem Abnehmer lediglich die Weiterverarbeitung in ein bestimmtes Folgeprodukt, während die Weiterverarbeitung in weitere Folgeprodukte freisteht. **Weiterverarbeitungsgebote** verbieten dem Abnehmer einen Weiterverkauf der Vertragsprodukte ohne vorherige Weiterverarbeitung. Eine Beschränkung auf den Eigenbedarf sieht demgegenüber vor, dass der Abnehmer das Produkt lediglich für den eigenen Bedarf verwenden darf.

---

[173] Areeda/Hovenkamp Antitrust Law Ch. 1870B1.
[174] BGH Urt. v. 10.12.2008 – KZR 54/08 – *Subunternehmervertrag II.*
[175] Vertiefend Bauer/Rahlmeyer/Schöner VertriebsKartellR-HdB § 27 Kundenschutz Rn. 12.
[176] Siehe zum nachfolgenden Bechtold/Denzel WuW 2008, 1272f.

b) Bewertung nach der Vertikal-GVO

113 Im Anwendungsbereich der Vertikal-GVO sind sowohl vollständige als auch partielle Weiterverarbeitungsverbote **freigestellt.**[177] Weiterverarbeitungsgebote und Beschränkungen auf den Eigenbedarf schützen demgegenüber den Lieferanten vor der Konkurrenz des Abnehmers auf dem Markt für die unverarbeiteten Produkte.[178] Derartige Klauseln sind daher als Weiterverkaufsverbote grundsätzlich **Kernbeschränkungen** nach Art. 4 lit. b Vertikal-GVO. Eine Ausnahme hiervon gilt, wenn ein Weiterverarbeitungsgebot die Voraussetzungen nach Art. 4 lit. b) lit. v) (bzw. lit. c lit. i) Nr. 5 bzw. lit. d) lit. v) Vertikal-GVO für Zulieferverträge erfüllt.[179]

c) Bewertung außerhalb der Vertikal-GVO

114 Außerhalb des Anwendungsbereichs der Vertikal-GVO sind Verwendungsbeschränkungen nach Art. 101 Abs. 3 AEUV zu beurteilen. Im Zweifel wird es hier nur schwer gelingen, Effizienzgewinne plausibel darzulegen. Denkbar wäre allenfalls eine Rechtfertigung unter dem Aspekt der Gefahrenabwehr oder der Gesundheitsgefährdung.

d) Bewertung nach US-Kartellrecht

115 Verwendungsbeschränkungen (field-of-use restrictions) werden in der US-kartellrechtlichen Literatur kaum gewürdigt und düften wie vertikale Wettbewerbsbeschränkungen grundsätzlich nach der Rule of Reason beurteilt werden.

6. Koppelungen

a) Begrifflichkeiten, Erscheinungsformen und Wettbewerbsrelevanz

116 Bei der Koppelung bietet der Anbieter das „gekoppelte Produkt" nur zusammen mit dem „koppelnden" Produkt an oder setzt **Anreize für den gekoppelten Erwerb,** etwa „Paketrabatte" oder Garantien, die nur im Fall der Abnahme im Paket gelten. Ein solches Vorgehen kann, insbesondere wenn es durch ein marktbeherrschendes Unternehmen praktiziert wird, dazu führen, dass Marktmacht auf dem Markt des koppelnden Produktes im Wege einer „Hebelwirkung" auf den Markt des gekoppelten Produkts übertragen wird mit der Folge, dass auch auf dem Markt des gekoppelten Produktes Abschottungseffekte auftreten. Im industriellen Bereich werden Koppelungen nicht selten **zur Reservierung des After-Sales-Service** eingesetzt, etwa indem der Verkauf des Industrieprodukts von dem Abschluss eines Wartungsvertrages abhängig gemacht wird.

b) Bewertung nach der Vertikal-GVO

117 Im Anwendungsbereich der **Vertikal-GVO** ist die Koppelung ohne weitere Einschränkungen **freigestellt.**[180]

c) Bewertung außerhalb der Vertikal-GVO

118 Liegen die Marktanteile oberhalb der Schwellen der Vertikal-GVO ist eine spürbare Wettbewerbsbeschränkung nur dann anzunehmen, wenn die Koppelung dazu führt, dass der Abnehmer seinen gesamten oder seinen überwiegenden Bedarf an dem gekoppelten Produkt bei dem Lieferanten deckt. Insofern sind für die Frage der Spürbarkeit die **Kriterien für Abnehmerbindungen** heranzuziehen.[181]

---

[177] Diese werden weder von Art. 4 (insbesondere lit. b) noch von 5 Vertikal-GVO erfasst.
[178] Kommission, Entscheidung v. 10.12.1982, IV/30.077, ABl. 1982 L 360/31 – *Cafeteros de Colombia.*
[179] Dazu Vertikal-LL Rn. 226.
[180] Vertikal-LL Rn. 393.
[181] Vertikal-LL Rn. 391.

d) Bewertung im Fall von Marktbeherrschung

Im Falle von Marktbeherrschung waren Koppelungen bislang grundsätzlich als **Missbrauch** anzusehen.[182] Mittlerweile geht die Kommission aber auch hier nach dem wirkungsbasierten Ansatz vor, so dass die negativen und positiven Wirkungen der Koppelung gegeneinander abzuwägen sind.[183] Im Ergebnis wird dabei gleichwohl im Regelfall von einem Marktmissbrauch auszugehen sein, da die möglichen Rechtfertigungsgründe einer Kopplung in der Praxis äußerst restriktiv gehandhabt[184] werden. 119

e) Bewertung nach US-Kartellrecht

Während Koppelungen im US-Kartellrecht früher ohne Weiteres als per se-Verstoß qualifiziert wurden, ist mittlerweile eine Tendenz der Rechtsprechung dahingehend zu erkennen, Kopplungen auch wettbewerbsfördernde Wirkungen zuzusprechen, wodurch mittlerweile ein der Rule of Reason vergleichbarer Ansatz angewendet wird; die Entwicklung ist aber noch nicht abgeschlossen.[185] 120

7. Preisbindungen

a) Begrifflichkeiten, Erscheinungsformen und Wettbewerbsrelevanz

Als Preisbindung sind alle unmittelbaren oder mittelbaren Maßnahmen zu qualifizieren, mit denen ein Abnehmer im Hinblick auf seinen Weiterverkaufspreis beschränkt wird. Die Preisbindung schaltet den **intra-brand-Preis-Wettbewerb** aus und ermöglicht aufgrund ihrer Preistransparenz Kollusionen sowohl auf Ebene der Anbieter als auch der Händler. Sie nimmt zudem den Anbietern den Anreiz zu Preissenkungen, da sich diese aufgrund der festgelegten Weiterverkaufspreise nicht in höheren Verkaufszahlen niederschlagen. Grundsätzlich zu unterscheiden sind bei den unmittelbaren Maßnahmen Festpreise, Mindestpreise, Höchstpreise und unverbindliche Preisempfehlungen. Mit einem Festpreis wird der Abnehmer verpflichtet, das gekaufte Produkt zu einem festen Preis weiter zu veräußern. Mit Höchst- und Mindestpreisen wird dem Abnehmer demgegenüber nur ein Mindest- bzw. Höchstbetrag vorgeschrieben, zu dem er das Produkt weiterveräußern darf. Unverbindliche Preisempfehlungen geben schließlich nur eine Empfehlung für den Weiterverkaufspreis an den Abnehmer ab, ohne dass dieser verpflichtet wäre, sich danach zu richten.[186] Als mittelbare Preisbindung sind alle Vorgaben eines Anbieters gegenüber einem Abnehmer zu qualifizieren, die mittelbar den Preis beeinflussen, zu dem der Abnehmer das Produkt weiterveräußern darf. Dazu zählen etwa Abmachungen über Absatzspannen, über maximal zulässige Nachlässe des Händlers, die Verknüpfung von Nachlässen des Anbieters mit der Einhaltung eines Preisniveaus durch den Händler oder die Bindung von Weiterverkaufspreisen an diejenigen von Wettbewerbern.[187] 121

b) Bewertung nach der Vertikal-GVO

Als Kernbeschränkung nicht gruppenfreigestellt sind grundsätzlich alle Vorgaben, mit denen der Anbieter einem Abnehmer Fest- oder Mindestpreise vorgibt.[188] Zu den verbotenen Preisbindungen gehören nicht nur unmittelbare Verpflichtungen des Händlers, sondern auch **indirekte Maßnahmen.** 122

---

182 Siehe etwa EuGH Urt. v. 12.12.1991 – Rs. T-30/89 Slg. 1991, II-1439ff. Rn. 99f. – *Hilti/Kommission.*
183 Kommission Prioritätenmitteilung Rn. 47ff.
184 Vgl. hierzu Immenga/Mestmäcker/Fuchs Bd. 1. EU Art. 102 AEUV Rn. 274ff.
185 Areeda/Hovenkamp Antitrust Law Ch. 1701.
186 Zur faktischen Preisbindung durch eine öffentliche Preisaktion des Franchisegebers vgl. OLG München NZKart 2020, 396; dazu Billing/Metzlaff ZVertriebsR 2020, 165.
187 Vgl zu vorstehendem insgesamt Vertikal-LL Rn. 185–187.
188 Art. 4 lit. a) Vertikal-GVO.

123 Ob Höchstpreisbindungen und unverbindliche Preisempfehlungen (UVP) überhaupt als Wettbewerbsbeschränkungen anzusehen sind, ist streitig, muss aber im Hinblick auf die formale Bindung des Abnehmers im ersten Falle sowie der Gefahr einer faktischen Preisangleichung auf Händlerebene in beiden Fällen wohl bejaht werden. Die Vertikal-GVO und die Vertikal-LL sehen beide Maßnahmen jedenfalls als Wettbewerbsbeschränkungen an, die jedoch gruppenfreigestellt sind, sofern sie sich nicht infolge der **Ausübung von Druck oder der Gewährung von Anreizen** wie Fest- oder Mindestpreise auswirken.[189]

c) Bewertung außerhalb der Vertikal-GVO

124 Preisbindungen gelten als **„Hardcore"-Kartell der Vertikalbeziehungen.** Gleichwohl kommen auch Gründe für eine Einzelfreistellung in Betracht. Die Vertikal-LL nennen insgesamt vier Beispiele:[190] So können Preisbindungen in der Markteinführungsphase für ein neues Produkt freigestellt sein, da diese den Händlern Anreize für Verkaufsbemühungen setzen können.[191] Zudem können Preisbindungen in einem Franchise- oder vergleichbaren Vertriebssystem freigestellt sein, wenn sie dazu dienen, kurzfristige (zwei bis sechs Wochen lange) Sonderangebotskampagnen zu koordinieren. Weiter können Preisbindungen freigestellt sein, wenn sie verhindern sollen, dass ein Händler das Produkt eines Anbieters in imageschädigender Weise als Lockvogelangebot bepreist. Schließlich kann eine Preisbindung gerechtfertigt sein, um in einem beratungsintensiven Geschäft die Händler vor günstigeren Trittbrettfahrern ohne Beratungsleistungen zu schützen.

d) Bewertung nach US-Kartellrecht

125 In den USA wurden Preisbindungen (resale price maintenance oder vertical price fixing) sowohl in Form von Festpreisen als auch in Form von Mindestpreisen und Höchstpreisen lange Zeit als per se-Verstoß qualifiziert. Hiervon rückte der U.S. Supreme Court im Hinblick auf Höchstpreisbindungen in seiner Entscheidung *State Oil Co. v. Khan*[192] aus dem Jahr 1997 und im Hinblick auf Mindestpreisbindung in seiner Leegin-Entscheidung[193] aus dem Jahr 2007 ab. Seitdem werden Preisbindungen – jedenfalls auf Bundesebene – unter der Rule of Reason beurteilt. Positiv zu berücksichtigen sei dabei insbesondere, dass durch die Mindestpreisbindung zum einen der Interbrand-Wettbewerb gestärkt werden könne, da sich die Anbieter durch die Ausschaltung des Intrabrand-Wettbewerbs verstärkt auf andere Wettbewerbsparameter wie etwa Service und Werbung konzentrieren würden. Ein anderer positiver Effekt der Mindestpreisbindung bestehe zudem darin, dass durch sie die Trittbrettfahrerproblematik gelöst werden und im Einzelfall eine Preisbindung daher erforderlich sein könne, um ein neues Produkt oder eine neue Marke zu etablieren.[194]

8. Besonderheiten im Kraftfahrzeug-Sektor

126 Im Kraftfahrzeugsektor gelten, in Abhängigkeit davon, ob der Neuwagenvertrieb (auf dem intensiver Wettbewerb angenommen wird) oder der Kundendienst (bei dem nach wie vor Wettbewerbsprobleme gesehen werden) betroffen ist, unterschiedliche Regime:[195]

---

[189] Art. 4 Abs. 1 lit. a) Vertikal-GVO.
[190] Vertikal-LL Rn. 197.
[191] Dazu LG München I ZVertriebsR 2021, 405.
[192] U.S. Supreme Court 522 U.S. 3 (1997) – *State Oil Co. v. Khan.*
[193] U.S. Supreme Court 551 U.S. 877 (2007) – *Leegin Creative Leather Products Inc. v. PSKS Inc.,* abgedruckt in WuW/E KRInt 185.
[194] Zu vorstehendem vertiefend Areeda/Hoverkamp Antitrust Law Ch. 16B.
[195] Siehe vertiefend Schumacher/Erdmann WuW 2011, 462 ff.

Für den **Bezug, Verkauf oder Weiterverkauf neuer Kraftfahrzeuge** gelten seit dem 1.6.2013 nur noch die Vorgaben der Vertikal-GVO. Allerdings gelten nach wie vor eigene Leitlinien,[196] die durch die Vertikal-LL aber ergänzt werden. 127

Für den **Bezug, Verkauf oder Weiterverkauf von Kraftfahrzeugersatzteilen** sowie für vertikale Vereinbarungen, die die Bedingungen betreffen, unter denen die Parteien **Instandsetzungs- und Wartungsdienstleistungen für Kraftfahrzeuge** erbringen dürfen, gelten seit dem 1.6.2010 zwar ebenfalls die Vorgaben der Vertikal-GVO,[197] allerdings mit folgenden zusätzlichen **Kernbeschränkungen der Kfz-GVO**[198]**,** die bereits unter der Kfz-GVO 2002[199] galten und der Öffnung der After-Sales-Märkte dienen sollen: Mitglieder eines selektiven Vertriebssystems dürfen nicht darin beschränkt werden, Ersatzteile[200] an unabhängige Werkstätten, die diese für die Instandsetzung und Wartung von Kfz verwenden, zu verkaufen;[201] Anbieter von Ersatzteilen, Instandsetzungsgeräten sowie von Diagnose- oder Ausrüstungsgegenständen dürfen in einem Vertrag mit einem Kfz-Hersteller nicht darin beschränkt werden, diese Waren an zugelassene oder unabhängige Händler oder Werkstätten oder an Endverbraucher zu verkaufen.[202] Zuletzt darf ein Anbieter von Bauteilen für die Erstmontage von Kfz in einem Vertrag mit einem Kfz-Hersteller, der diese Bauteile verwendet, nicht darin beschränkt werden, sein Waren- oder Firmenzeichen auf diesen Teilen „effektiv und gut sichtbar" anzubringen.[203] 128

I. Vertriebssysteme

Das Kartellrecht stellt nicht nur Anforderungen an die inhaltliche Ausgestaltung der dem Vertrieb zugrundeliegenden Liefervereinbarungen, sondern auch an die Ausgestaltung der Vertriebsorganisation als solche. Gleichzeitig gelten in einzelnen Formen von Vertriebsorganisationen die kartellrechtlichen Beschränkungen an die Ausgestaltung der Vereinbarungen gar nicht oder nur begrenzt. Die nachfolgende Darstellung soll dazu einen Überblick geben. 129

I. Eigenvertrieb

Für Unternehmen, die ihren Vertrieb selber, zB über Tochtergesellschaften oder Niederlassungen durchführen, bestehen im Verhältnis zu diesen keine kartellrechtlichen Beschränkungen, da insoweit sowohl im europäischen als auch im US-amerikanischen Kartellrecht das **„Konzernprivileg"** gilt, wonach unternehmens- oder unternehmensgruppeninterne 130

---

196 Leitlinien für vertikale Beschränkungen in Vereinbarungen über den Verkauf und die Instandsetzung von Kraftfahrzeugen und den Vertrieb von Kraftfahrzeugersatzteilen, ABl. EU 2010 C 138/16 (im Folgenden: Kfz-LL).

197 Art. 4 Kfz-GVO.

198 Verordnung (EU) Nr. 461/2010 der Kommission vom 27.5.2010 über die Anwendung von Artikel 101 Abs. 3 des Vertrags über die Arbeitsweise der Europäischen Union auf Gruppen von vertikalen Vereinbarungen und abgestimmten Verhaltensweisen im Kraftfahrzeugsektor, ABl. EU 2010 L 129/52 (im Folgenden: **Kfz-GVO**). Die Kfz-GVO gilt nur noch bis zum 31.5.2023. Die Kommission hat inzwischen das Konsultationsverfahren zur möglichen Verlängerung der Kfz-GVO (ohne inhaltliche Änderungen) bis zum 31.5.2028 eröffnet. Dementsprechend sollen auch die KfZ-LL verlängert werden (mit einigen punktuellen Änderungen).

199 Verordnung (EG) Nr. 1400/2002 der Kommission vom 31.7.2002 über die Anwendung von Artikel 81 Absatz 3 des Vertrags auf Gruppen von vertikalen Vereinbarungen und aufeinander abgestimmten Verhaltensweisen im Kraftfahrzeugsektor, ABl. 2002 L 203/30.

200 Zum Begriff: Art. 1 Abs. 1 lit. h) Kfz-GVO.

201 Art. 5 lit. a) Kfz-GVO.

202 Art. 5 lit. b) Vertikal-GVO.

203 Art. 5 lit. c) Kfz-GVO.

Vorgänge „kartellrechtsfrei" sind. Insofern sind etwa Gebiets- oder Kundengruppenbeschränkungen, Preisvorgaben oder Exklusivitätsabreden ohne Einschränkungen möglich.

II. Vertrieb über Handelsvertreter und gleichgestellte Absatzmittler

1. Allgemeines; Begriff des Handelsvertreters im kartellrechtlichen Sinn

131 Für den Vertrieb über Handelsvertreter im kartellrechtlichen Sinn gelten demgegenüber Besonderheiten, die auf beachtliche kartellrechtliche Lockerungen im Hinblick auf die klassischen Beschränkungen hinauslaufen. Handelsvertreter im kartellrechtlichen Sinn ist, wer mit Blick auf abgeschlossene oder vermittelte Geschäfte **kein eigenes finanzielles oder geschäftliches Risiko** trägt, wobei die Kommission drei Arten von Risiken unterscheidet:[204] **Vertragsspezifische Risiken** sind solche, die unmittelbar mit den Verträgen zusammenhängen, die der Absatzmittler für den Prinzipal geschlossen oder ausgehandelt hat. Dazu gehören etwa die Übernahme von Kosten der Leistungserbringung (wie Transportkosten), Lagerhaltungsrisiken, Produkthaftung, Einstandspflicht für die Vertragserfüllung durch den Kunden oder Investitionen in verkaufsfördernde Maßnahmen wie Werbung. Zu den **„marktspezifischen Risiken"** gehören Investitionen in marktspezifische Ausrüstungen, Räumlichkeiten oder Mitarbeiterschulungen, die nur im Hinblick auf diesen Prinzipal verwendet werden können (zB spezielle Software für Versicherungspolicen oder Mitarbeiterkleidung mit der Marke des Prinzipals).[205]

132 Zu den Handelsvertretern im kartellrechtlichen Sinne können nicht nur **Handelsvertreter** im Sinne des § 84 HGB gehören, sondern auch **Kommissionäre** (§ 383 HGB) soweit sie die soeben genannten Kriterien erfüllen.

2. Bewertung nach europäischem Kartellrecht

133 Bei der kartellrechtlichen Bewertung des Verhältnisses des Prinzipals zum Handelsvertreter sind zunächst die **Beschränkungen** in den Blick zu nehmen, die dem Handelsvertreter hinsichtlich des **Inhalts** der von ihm **vermittelten Verträge** sowie der Wahl der **Vertragspartner** gemacht werden. Dazu gehören etwa Preisvorgaben oder Gebiets- oder Kundenkreisbeschränkungen.[206] Handelt es sich um einen Handelsvertreter im Sinne des Kartellrechts und übernimmt der Handelsvertreter damit kein eigenes finanzielles oder geschäftliches Risiko im Hinblick auf diese Geschäfte, fallen derartige Beschränkungen nicht unter das Verbot wettbewerbsbeschränkender Vereinbarungen, weil allein der Prinzipal die entsprechenden unternehmerischen Risiken trägt. Trägt der Handelsvertreter demgegenüber ein eigenes finanzielles und/oder geschäftliches Risiko (davon auszunehmen ist das dem Handelsvertreterverhältnis immanente Provisionsrisiko), beurteilen sich derartige Beschränkungen nach den allgemeinen Kriterien für im Vertikalverhältnis bewirkte Wettbewerbsbeschränkungen.[207]

134 Beschränkungen, die die **Absatzmittlungsleistungen** des Handelsvertreters und damit seine Leistung auf dem Markt, auf welchem er seine Vermittlungstätigkeit anbietet, betreffen, beurteilen sich hingegen nach allgemeinen Grundsätzen.[208] Ausschließlichkeitsbindungen zu Lasten des Prinzipals etwa, also die Verpflichtung des Prinzipals, in einem bestimmten Gebiet oder für eine Kundengruppe keine weiteren Handelsvertreter einzusetzen, sind nach Ansicht der Kommission grundsätzlich unbedenklich. Ausschließlichkeitsbindungen zu Lasten des Handelsvertreters, der keine konkurrierenden Produkte vertreiben darf, kön-

[204] Vertikal-LL Rn. 31.
[205] Zum Vorstehenden insgesamt Vertikal-LL Rn. 33ff.; zur Bewertung eines kombinierten Händler-/Handelsvertretervertriebs nach den neuen Vertikalleitlinien vgl. Grafunder/Peters WuW 2022, S. 302.
[206] Vertikal-LL Rn. 41.
[207] Vertikal-LL Rn. 42.
[208] Vertikal-LL Rn. 43.

nen hingegen dann dem Verbot wettbewerbsbeschränkender Vereinbarungen unterfallen, wenn dadurch für konkurrierende Hersteller der Marktzugang versperrt wird, insbesondere weil der Handelsvertreter eine starke Stellung innehat.[209] Insoweit gelten entsprechende Grundsätze wie bei Alleinbezugs- und Alleinbelieferungsbindungen.

3. Bewertung nach US-Kartellrecht

Auch das US-Kartellrecht unterscheidet grundsätzlich zwischen Beschränkungen hinsichtlich der vom Handelsvertreter für den Prinzipal ausgeübten Tätigkeit und Beschränkungen, die das Angebot seiner Vermittlungstätigkeit auf dem Markt für Handelsvertreterleistungen betreffen. Wie im europäischen Kartellrecht unterliegen erstere dabei – soweit der Handelsvertreter nicht das geschäftliche Risiko trägt und damit wie ein verlängerter Arm des Prinzipals auftritt – nicht dem Anwendungsbereich des Kartellverbotes.[210] 135

III. Vertrieb über unabhängige Händler

Das Verhältnis des Prinzipals zu unabhängigen Absatzmittlern, insbesondere Händlern, unterliegt sowohl nach europäischem als auch nach US-Kartellrecht in vollem Umfang den allgemeinen kartellrechtlichen Beschränkungen, zu denen auch und gerade die bereits oben dargestellten Abreden (wie etwa Wettbewerbsverbote oder Preisbindungen) gehören. Nachfolgend sollen die wichtigsten Anforderungen des Kartellrechts an die Ausgestaltung ausgewählter Vertriebsarten dargestellt werden. 136

1. Alleinvertrieb

Im Grundsatz sind **Beschränkungen des Gebiets oder der Kundengruppe,** in das oder an die ein Abnehmer Vertragsprodukte verkaufen darf, als Kernbeschränkungen zu werten (Art. 4 lit. b) Vertikal-GVO), da sie den markeninternen Wettbewerb (intra-brand-Wettbewerb) einschränken oder sogar ausschalten. Allerdings können **„Alleinvertriebssysteme“,**[211] bei denen den erfassten Händlern Exklusivität für ein bestimmtes Gebiet oder einen bestimmten Kundenkreis zugewiesen wird, ihnen aber auch untersagt wird, außerhalb ihres Gebietes oder Kundenkreises zu verkaufen, gruppenfreigestellt sein. 137

a) Grundsätzliches Verbot der Gebiets- und Kundengruppenbeschränkungen

Von dem grundsätzlichen Verbot der Gebiets- und Kundengruppenbeschränkungen erfasst werden zum einen direkte Verpflichtungen wie etwa vereinbarte **Verkaufsverbote** oder Verpflichtungen, **Anfragen** aus bestimmten Gebieten oder Kundengruppen an andere Händler **weiterzuleiten.**[212] Erfasst werden aber auch **indirekte Maßnahmen** bei Lieferungen außerhalb des Vertragsgebietes bzw. der Kundengruppe wie etwa Vorgaben, in diesem Fall die Genehmigung des Anbieters einzuholen, die Verweigerung von Preisnachlässen bzw. Berechnung höherer Preise (oder umgekehrt finanzielle Anreize, nicht zu liefern), Liefereinstellungen oder -beschränkungen, Androhung der Vertragsbeendigung, Hinderung des Abnehmers an der Verwendung zusätzlicher Sprachen im Vertrieb, Gewinnabführungen an den Anbieter bzw. Gewinnausgleiche unter Händlern, Beschränkung der unionsweiten Abnehmergarantie auf Verkäufe an die zugewiesenen Kunden oder Gebiete.[213] 138

---

209 Vertikal-LL Rn. 43.
210 Areeda/Hovenkamp Antitrust Law Ch. 1800d.
211 Zur Definition vgl. Art. 1 Abs. 1 lit. h) Vertikal-GVO.
212 Vertikal-LL Rn. 204.
213 Vertikal-LL Rn. 204; zu einer unzulässigen Kundengruppenbeschränkung in einem selektiven Vertriebssystem vgl. BGH NZKart 2021, 574.

139 **Qualitätsvorgaben hinsichtlich des Vertriebs** stellen als solche jedoch noch keine Verkaufsbeschränkungen dar. So sind zB Anforderungen an die Größe oder Ausstattung der Ladenlokale oder der Produktpräsentation freigestellt.[214] Auch **Maßnahmen zur Überprüfung des Bestimmungsorts** der Produkte (etwa Seriennummern, Audits) stellen als solche noch keine Verkaufsbeschränkung dar, wenn sie nicht zu diesem Zweck oder in Kombination mit einer Verkaufsbeschränkung vorgenommen werden.[215]

140 Beschränkungen hinsichtlich des **Online-Verkaufs** können sich als direkte oder indirekte Gebiets- oder Kundengruppenbeschränkungen darstellen (Art. 4 lit. e) Vertikal-GVO).[216] Dazu gehört zum einen das direkte Verbot des Verkaufs über das Internet. Zu den indirekten Beschränkungen gehören ua Vorgaben zu Einschränkungen des Online-Zugangs aus bestimmten Gebieten oder die Weiterleitung auf die Internet-Seiten der anderen Abnehmer, Beendigung der Online-Transaktion bei Kreditkarten mit Adressangaben aus bestimmten Ländern, Beschränkungen des Verkaufs auf physische Räume, Genehmigungsvorbehalt für Online-Verkäufe, Verbot der Verwendung von Markennamen des Anbieters auf der Website des Abnehmers, Verbot der Einrichtung von Online-Shops, Einschränkungen bei der Nutzung bestimmter Online-Werbekanäle wie Suchmaschinen oder Preisvergleichsdienste.[217]

Allerdings gibt es auch **freigestellte Beschränkungen des Online-Vertriebs,** wenn diese nicht die Beschränkungen von Gebieten oder Kundengruppen bewirken (Art. 4 lit. e) i) Vertikal-GVO). Die Unterscheidung dürfte im Einzelfall nicht immer leicht zu ziehen sein. In erster Linie zählen dazu Qualitätsanforderungen an den Online-Vertrieb (etwa betreffend das Erscheinungsbild des Online-Shops oder der Produktpräsentation), die Verpflichtung, parallel auch physische Verkaufsstätten oder Ausstellungsräume zu betreiben und die Verpflichtung, in bestimmten Mengen Produkte auch offline zu verkaufen.[218] Auch **Beschränkungen für Online-Werbung** können freigestellt sein, wenn sie nicht darauf abzielen, die Nutzung eine ganzen Werbekanals zu verhindern (Art. 4 lit. e) ii) Vertikal-GVO). Zu den freigestellten Online-Werbebeschränkungen zählen die Leitlinien ua Qualitäts- und Informationsanforderungen an die Werbung und Verzicht auf Werbedienste, die vorgegebene Qualitätsstandards nicht einhalten sowie das Verbot, den Markennamen des Anbieters in der Domain zu führen.[219]

Zu den Möglichkeiten und Grenzen der Beschränkungen des Online-Vertriebs in selektiven Vertriebssystemen → Rn. 166.

Doppelpreissysteme, bei denen der Abnehmer dem Anbieter für die zum Online-Vertrieb bestimmten Produkte einen höheren Preis als für offline zu vertreibende Produkte zahlt, können freigestellt sein, wenn sie nicht den Online-Vertrieb beschränken sollen, sondern die höhere Kostenstruktur des Offline-Vertriebs ausgleichen.[220]

141 **Standortbindungen** hingegen, die dem Abnehmer Verkäufe von bestimmten Standorten oder die Gründung von Niederlassungen untersagen, sind nach der Vertikal-GVO gruppenfreigestellt (vgl. Art. 4 lit. b) iii) für den Alleinvertrieb bzw. lit. c) i) Nr. 3 für den selektiven Vertrieb bzw. lit. d) iii) Vertikal-GVO, wenn der Anbieter weder ein Alleinvertriebssystem noch ein selektives Vertriebssystem betreibt).

b) Zulässiger Alleinvertrieb

142 Kern eines freigestellten Alleinvertriebssystems ist die Ausgestaltung als „geschlossenes System“:

---

[214] Vertikal-LL Rn. 207.
[215] Vertikal-LL Rn. 205.
[216] Hierzu kritisch Leupold NZKart 2019, 520; Überblick bei Rohrßen ZVertriebsR 2019, 341; Ders. ZVertriebsR 2021, 293.
[217] Vertikal-LL, Rn. 206.
[218] Vertikal-LL Rn. 208.
[219] Vertikal-LL Rn. 210.
[220] Vertikal-LL Rn. 209; Bien/Bernhard NZKart 2021, 641; Fiedler/Serafimova NZKart 2018, 252.

aa) Notwendigkeit eines „geschlossenen Systems". Nach Art. 4 lit. b) i) Vertikal-GVO ist ein Alleinvertriebssystem nur insofern freigestellt, als einem Händler und dessen direkten Abnehmern der Verkauf in solche Gebiete oder Kundengruppen verboten werden darf, die **(bis zu fünf) anderen Alleinvertriebshändlern** exklusiv zugewiesen sind oder die sich der **Anbieter selber vorbehalten** hat. Exklusivzuweisungen (oder Selbstvorbehalte) und Weiterverkaufsverbote gegenüber den jeweiligen Händlern bedingen sich damit gegenseitig. Weiterverkaufsverbote in **„weiße Flecken"**, die weder exklusiv zugewiesen noch selbst vorbehalten sind, führen hingegen zu einem Verlust der Gruppenfreistellung. 143

bb) Folgerungen für die Vertragspraxis. Alleinvertriebsvereinbarungen lassen sich grundsätzlich negativ und positiv formulieren. Eine **negative Formulierung** der Art: 144

Klauselbeispiel Exklusivvertrieb (negative Formulierung)

[•] Exclusive distribution rights

Manufacturer herewith grants Distributor the exclusive distribution right for the contractual products in the territory of [•]. Distributor is not entitled to actively distribute the contract products outside the territory of [•].

birgt die hohe Gefahr, überschießend auch solche Gebiete (oder Kundengruppen) zu erfassen, die weder anderen Händlern exklusiv zugewiesen sind noch ausschließlich dem Lieferanten selbst vorbehalten sind. Insbesondere wenn Gebiete (oder Kundengruppen) im Laufe einer längeren Vertragsbeziehung frei werden, kann das umfassend formulierte Weiterverkaufsverbot seine möglicherweise anfänglich gegebene Freistellung verlieren. 145

Etwas sicherer ist daher eine erweiterte negative Formulierung der Art: 146

Klauselbeispiel Exklusivvertrieb (negative Formulierung)

[•] Exclusive distribution rights

Manufacturer herewith grants Distributor the exclusive distribution rights for the contract products in the territory of [•]. Distributor is not entitled to actively distribute the contract products outside the territory of [•] to the exception of the territories listed in the Annex.

In der Anlage werden dann die Gebiete (oder Kundengruppen) benannt, die keinem anderen Händler exklusiv zugewiesen oder die sich der Lieferant nicht selbst vorbehalten hat. Allerdings verbleibt das Risiko, dass ein Gebiet (oder eine Kundengruppe) nicht erfasst werden, sei es, weil nachvertragliche Anpassungen versäumt wurden, sei es, weil sie schlicht übersehen werden. 147

Empfehlenswerter dürfte es daher sein, Alleinvertriebsvereinbarungen **positiv** nach folgender Struktur zu formulieren: 148

Klauselbeispiel Exklusivvertrieb (positive Formulierung)

[•] Exclusive distribution rights

Manufacturer herewith grants Distributor the exclusive distribution rights for the contractual products in the territory of [•]. Distributor is entitled to actively distribute the contract products in all further territories to the exception of the territories listed in the Annex.

In der Anlage werden dann die Länder benannt, die anderen Händlern exklusiv zugewiesen sind oder die sich der Lieferant selbst vorbehalten hat. Das Risiko, dass bei einer solchen Aufzählung der gesperrten Gebiete oder Kundengruppen einige übersehen werden, dürfte deutlich geringer sein als bei der umgekehrten Formulierung. 149

Die Liste der gesperrten, oder, je nach Formulierung, der freien Gebiete oder Kundengruppen muss bei jeder Änderung im Vertriebsnetz angepasst werden (etwa wenn bislang freie Gebiete exklusiv vergeben werden oder umgekehrt, wenn bislang exklusive Gebiete frei werden). Da die Freistellung der Alleinvertriebsvereinbarungen mit der rechtzeitigen 150

Anpassung steht und fällt, sollte sich der Lieferant tunlichst ein einseitiges Anpassungsrecht einräumen.

151 Eine **offene Formulierung** der folgenden Art hat den Charme, dass die Gefahr einer „Überschüssigkeit" des Weiterverkaufsverbots praktisch nicht besteht und auch nachträgliche Anpassungen entbehrlich werden. Sie hat jedoch den Nachteil fehlender Präzision, so dass nicht nur Unsicherheiten bei den Vertragsparteien entstehen können, wie weit das Verkaufsverbot reicht, sondern auch, dass das geschlossene System durch faktische Aushöhlung von Exklusivitäten (aus Unkenntnis über deren Reichweite) löchrig wird und damit die Freistellung insgesamt verloren geht:

Musterformulierung Exklusivvertrieb (offene Formulierung)

[•] Exclusive distribution rights

Manufacturer herewith grants Distributor the exclusive distribution rights for the contract products in the territory of [•]. Distributor is not entitled to actively distribute the contract products outside the territory of [•] to the exception of such territories for which Manufacturer does not dispose of exclusive distributorship agreements.

152 **cc) Anforderungen an einen Selbstvorbehalt.** Schwierig einzugrenzen sind die Anforderungen an einen Selbstvorbehalt. Unproblematisch liegt ein Selbstvorbehalt vor, wenn ein Anbieter ein Gebiet oder einen Kundenkreis tatsächlich beliefert bzw. konkret einem oder weiteren (bis zu fünf)[221] Exklusivhändlern zugewiesen hat. Weitgehend unstreitig, bislang aber nicht durch Rechtsprechung abgesichert, ist, dass ein Selbstvorbehalt auch schon dann besteht, wenn der Lieferant die **konkrete Absicht** hat, ein Gebiet oder eine Kundengruppe künftig selbst zu beliefern. Wie sich das erforderliche Maß „konkreter Absicht" rechtlich und tatsächlich genauer bestimmen lässt, ist im Übrigen aber mit erheblicher Unsicherheit behaftet.[222]

153 **dd) Möglichkeiten einer Dual-Distribution.** Nicht freistellungsschädlich dürfte es wohl auch sein, wenn der Anbieter ein Gebiet oder eine Kundengruppe zwar exklusiv bis zu fünf Händlern zugewiesen hat, sich selber aber weiterhin die **Direktbelieferung** der Kunden vorbehält (Dual-Distribution).[223]

154 **ee) Notwendigkeit einer Zulassung des „passiven Verkaufs".** Gruppenfreigestellt sind die vorbenannten Beschränkungen nur mit Bezug zum „aktiven", nicht aber mit Bezug zum „passiven" Verkauf. „Aktiver Verkauf" ist die gezielte **Ansprache von Kunden,** „passiver Verkauf" ist ein auf unaufgeforderte Anfragen einzelner Kunden zurückgehender Verkauf (Art. 1 Abs. 1 lit. l) und m) Vertikal-GVO). Zum passiven Verkauf zählen dabei auch die Teilnahme an öffentlichen Vergabeverfahren oder privaten Aufforderungen zur Interessenbekundung,[224] die Einrichtung eines Online-Shops oder allgemeine Suchmaschinenoptimierungen.[225] Zum aktiven Verkauf hingegen zählen ua das Angebot spezifischer (nicht-englischer) Sprachoptionen in Online-Shops, länderspezifischer Top-Level-Domains oder spezifische Suchmaschinenoptimierung für bestimmte Gebiete oder Kundengruppen.[226] Die Vertikal-Leitlinien geben weitere Kriterien zur Abgrenzung an die Hand.[227]

155 Bei der Vertragsgestaltung darf daher nicht vergessen werden, den passiven Verkauf von dem Weiterverkaufsverbot auszunehmen, da andernfalls der Verlust der Gruppenfreistel-

---

[221] In der Möglichkeit, bis zu fünf Exklusivhändler ohne Verlust der Freistellung einem Gebiet oder einer Kundengruppe zuzuweisen, liegt eine Neuerung der 2022 geänderten Vertikal-GVO (vgl. Art. 4 lit. b) i)).

[222] Vgl. Immenga/Mestmäcker/Ellger Bd. 1. EU Art. 4 Vertikal-GVO Rn. 65; Pautke/Schultze BB 2001, 317 (320), nennen einen Zeitraum von sechs bis 24 Monaten, innerhalb derer der Lieferant mit dem Beginn eines Vertriebs beginnen muss.

[223] Aus dem Wortlaut von Art. 4 lit. b) i) Vertikal-GVO ergibt sich das allerdings nicht eindeutig.

[224] Art. 1 Abs. 1 lit. m) Vertikal-GVO.

[225] Vertikal-LL Rn. 212.

[226] Vertikal-LL Rn. 213, 214.

[227] Vertikal-LL Rn. 211–215.

lung droht. Eine über die Bezugnahme auf die gesetzliche Definition hinausgehende Konkretisierung der Merkmale „aktiv" und „passiv" sollte man aber tunlichst vermeiden, um den Umfang der notwendig zugelassenen Passivverkäufe nicht über die jeweils herrschende Interpretation (bzw. gesetzliche Definition) hinaus einzuschränken und so die Gruppenfreistellung zu gefährden.

ff) Beschränkung der nachgelagerten Wirtschaftsstufen. Wie Art. 4 lit. b) i) Vertikal-GVO explizit klarstellt, darf auch der Verkauf durch die Direktkunden des Abnehmers beschränkt werden. Damit ist es zulässig, in mehrstufigen Vertriebssystemen die Weiterverkaufsverbote auf die unmittelbar nachgelagerte Wirtschaftsstufe zu erstrecken. Hat etwa ein Hersteller seinen Großhändlern exklusive Gebiete zugewiesen, kann er ihnen vorzuschreiben, dass sie die nachgelagerte Stufe der Einzelhändler entsprechend auf Verkäufe in diesen Gebieten beschränken. Leidglich für die daran anschließenden weiter nachgelagerten Vertriebsstufen darf der Anbieter keine Beschränkungen mehr auferlegen.[228] 156

gg) Kombination mit weiteren Wettbewerbsbeschränkungen. Alleinvertriebsvereinbarungen treten häufig in Kombination mit anderen Wettbewerbsbeschränkungen wie Wettbewerbsverboten, Mengenvorgaben oder Alleinbezugsverpflichtungen auf. Eine solche Kombination gefährdet die **Gruppenfreistellung** nicht. Darüber hinaus ist es auch zulässig, Kundenkreis- und Gebietsbeschränkungen miteinander zu kombinieren.[229] 157

c) Bewertung nach US-Kartellrecht

Im US-Kartellrecht werden Gebiets- und Kundenbeschränkungen in Vertikalverträgen (vertical geographic and customer restrictions) ebenso wie Vertriebskanalbeschränkungen (channel restrictions) mittlerweile nicht mehr als per se-Verstoß angesehen, sondern nach der Rule of Reason beurteilt. Dabei sind insbesondere die negativen Auswirkungen auf den intrabrand-Wettbewerb mit den positiven Auswirkungen auf den interbrand-Wettbewerb abzuwägen. Es findet vielfach eine Einzelfallprüfung unter Berücksichtigung der Marktanteile und konkreten wettbewerblichen Auswirkungen statt.[230] 158

2. Selektiver Vertrieb

a) Begrifflichkeiten, Erscheinungsformen und Wettbewerbsrelevanz

Ein „selektives Vertriebssystem" ist ein Vertriebssystem, in dem sich der Anbieter verpflichtet, die Vertragsprodukte nur an **Händler** zu verkaufen, die anhand **festgelegter Merkmale** ausgewählt werden und in denen sich diese Händler verpflichten, die Vertragsprodukte nicht an Händler zu verkaufen, die vom Anbieter innerhalb des erfassten Gebietes nicht zum System zugelassen sind (Systemaußenseiter).[231] Selektiver Vertrieb wird in der Regel bei hochwertigen Gütern gewählt, deren Verkauf eine besondere Beratung durch geschulte Verkäufer oder in speziell ausgestatten Verkaufsstätten erfordert oder bei hochwertigen Markenprodukten, die zur Wahrung des Luxusimages gerade nicht über „Billig-Vertriebswege" vertrieben werden sollen. Nach Art der Auswahlkriterien, die ein Lieferant an systemgebundene Händler stellt, kann zwischen qualitativem und quantitativem Selektivvertrieb unterschieden werden.[232] Beim **qualitativen Selektivvertrieb** werden objektive Kriterien entsprechend der Eigenschaft des Produktes an die Händler gestellt, wie etwa geschultes Personal, Vorhalt von Werkstätten und geeignete oder repräsentative Verkaufsräume.[233] Beim **quantitativen Selektivvertrieb** werden Kriterien ge- 159

[228] Vertikal-LL Rn. 220.
[229] Vertikal-LL Rn. 221.
[230] Areeda/Hovenkamp Antitrust Law Ch. 1641.
[231] Vgl. die Legaldefinition in Art. 1 Abs. 1 lit. g) Vertikal-GVO.
[232] Dazu Vertikal-LL Rn. 235.
[233] Dieser Form der Selektion wird teilweise als „einfache Fachhandelsbindung" bezeichnet.

wählt, die die Zahl der Händler begrenzen, etwa in Form von Vorgaben für Mindest- oder Höchstumsatz oder eine ausdrücklich beschränkte Händleranzahl. Häufig werden diese quantitativen Kriterien mit qualitativen Kriterien verbunden. Ein rein quantitativer Selektivvertrieb ohne objektive Kriterien und ohne eine produktbezogene Notwendigkeit für die Selektion dient vielfach dazu, den Kreis der Händler klein und die Produkte (meist hochpreisige Markenartikel) hochpreisig zu halten. Damit wird der markeninterne Wettbewerb geschwächt.

b) Bewertung nach der Vertikal-GVO

160 Die Vertikal-GVO ermöglicht selektive Vertriebssysteme, indem sie das **Verbot** der belieferten Händler des selektiven Vertriebssystems, an **Systemaußenseiter** zu verkaufen, vom Kartellverbot **freistellt,** und zwar sowohl hinsichtlich des aktiven als auch des passiven Verkaufs.[234] Da es zum konstitutiven Merkmal der freigestellten Selektivvertriebssysteme gehört, dass der Anbieter sich verpflichtet, allein an systemgebundene Händler zu liefern (siehe die Definition in Art. 1 Abs. 1 lit. g) Vertikal-GVO), ist es ihm nicht möglich, parallel einen **nicht systemgebundenen Vertrieb** zu unterhalten (etwa einen reinen Alleinvertrieb).[235] Zulässig ist aber der **eigene Direktvertrieb** (dual distribution) sowie die Beschränkung des Selektivvertriebs auf bestimmte Märkte, während andere Märkte über **alternative Vertriebssysteme** bedient werden.[236] Ohnehin erstreckt sich die Verpflichtung des Händlers zum konsequenten Selektivvertrieb nur auf die von ihm für den Selektivvertrieb ausgewählten Gebiete;[237] in anderen Gebieten kann er unproblematisch alternative Vertriebssysteme wählen. Umgekehrt darf sich auch das händlerseitige Verbot der Belieferung von Systemaußenseitern nur auf das Gebiet beziehen, in dem das selektive Vertriebssystem praktiziert wird;[238] außerhalb dieses Gebietes müssen den Händlern Verkäufe damit freistehen. Als **Kernbeschränkung** gilt hingegen das **Verbot von Querlieferungen** zwischen Händlern innerhalb eines selektiven Vertriebssystems, auch wenn diese auf verschiedenen Handelsstufen stehen.[239] Unzulässig sind daher Direktbezugsbindungen sowie Gebiets- oder Kundenkreisbeschränkungen innerhalb des Systems. Zulässig hingegen ist das Verbot des Erwerbs von Systemaußenseitern.

In seiner **„Asics"-Entscheidung** hat der BGH im Ergebnis die Beurteilung des Bundeskartellamts bestätigt, dass das Verbot der Nutzung von Preisvergleichsmaschinen eine verbotene Kernbeschränkung darstellt. Der Fall betraf mehrere kombinierte Beschränkungen des Onlinevertriebs, ua das Verbot der Nutzung von Preissuchmaschinen, von Drittplattformen sowie Suchmaschinenwerbung unter Verwendung der Markenzeichen des Herstellers.[240]

In seiner vielbeachteten **Coty-Entscheidung** hat der EuGH entschieden, dass Hersteller von Luxuswaren Händlern im Rahmen eines selektiven Vertriebssystems den Verkauf über sog. Drittplattformen (zB „amazon.de" oder „ebay.de") verbieten dürfen, um das Luxusimage ihrer Waren zu schützen, da es sich insoweit nicht um eine Kernbeschränkung handele.[241] Das Bundeskartellamt sieht die Aussagen des EuGH auf Luxusprodukte beschränkt und will sie nicht ohne weiteres auf den selektiven Vertrieb anderer (hochwertige) Markenprodukte übertragen. Das Bundeskartellamt zweifelt zudem an, ob die vom

---

[234] Art. 4 lit. c) i) Nr. 2 Vertikal-GVO.
[235] Ein solcher paralleler Alternativvertrieb würde nicht nur den systemgebundenen Händlern den Trittbrettfahrerschutz nehmen, sondern auch die Notwendigkeit eines Selektivvertriebs in Frage stellen.
[236] Schultze/Pautke/Wagner BB 2009, 2266 (2268).
[237] Siehe die Definition in Art. 1 Abs. 1 lit. g) Vertikal-GVO.
[238] Art. 4 lit. c) i) Nr. 2Vertikal-GVO.
[239] Art. 4 lit. c) ii) Vertikal-GVO.
[240] BGH NZKart 2018, 96.
[241] EuGH Urt. v. 6.12.2017 – Rs. C-230/16 – *Depotkosmetik III,* NZKart 2018, 36; dazu etwa Brömmelmeyer NZKart 2018, 62; Laitenberger/Kaiser NZKart 2018, 329; Metzlaff/Schaper ZVertriebsR 2018, 1; Rohrßen GRUR-Prax 2018, 39; Haag/Linsmeier WuW 2018, 54; Lettl WuW 2018, 114.

EuGH vorgenommene großzügige Beurteilung von Plattformverboten unter der Vertikal-GVO auch dann eingreifen kann, wenn Online-Plattformen der wichtigste Absatzkanal von Händlern sind.[242]

Ebenfalls als **Kernbeschränkung** zu qualifizieren ist das **Verbot des Verkaufs an Endverbraucher** gegenüber Händlern auf der Einzelhandelsstufe.[243] Dies schließt die Kombination eines Alleinvertriebs mit einem selektiven Vertriebssystem auf Einzelhandelsstufe aus. Auf Groß- und Zwischenhändlerstufe wäre eine solche Kombination hingegen möglich. Die Unzulässigkeit eines Alleinvertriebs im selektiven Vertrieb auf Ebene der Einzelhandelsstufe wird für den Bereich des typischen standortgebundenen Verkaufs allerdings dadurch wieder ausgeglichen, dass der Lieferant den Händlern vorschreiben darf, von welchem Standort aus sie allein vertreiben dürfen.[244] Als Verbot des Verkaufs an Endverbraucher zählt im Übrigen grundsätzlich auch das unmittelbare oder mittelbare Verbot des Internetvertriebs.[245] Mitglieder eines selektiven Vertriebssystems zu veranlassen, Marken bestimmter (also individualisierter) konkurrierender Anbieter nicht zu verkaufen, ist im Wege einer grauen Klausel der Gruppenfreistellung entzogen.[246] Damit soll verhindert werden, dass führende Lieferanten durch Schaffung eines **„Clubs ausgewählter Marken“** bestimmte Konkurrenten vom Markt ausschließen. Ein allgemeines Wettbewerbsverbot, wonach der Händler ausschließlich die Marke des Lieferanten führen darf, bleibt aber nach den dafür geltenden Regeln gruppenfreigestellt.[247] 161

c) Bewertung außerhalb der Vertikal-GVO

Außerhalb der Vertikal-GVO ist zwischen qualitativem und selektivem Vertrieb zu unterscheiden. Da eine rein qualitative Selektion die mögliche Zahl der Händler nicht begrenzt, wird sie grundsätzlich schon nicht als Wettbewerbsbeschränkung angesehen. Dies gilt jedoch nur dann, wenn die sog. „Metro-Kriterien“ erfüllt sind, dh *erstens* die Beschaffenheit des fraglichen Produktes einen selektiven Vertrieb bedingt und damit entweder ein rechtmäßiges Erfordernis zur Wahrung der Qualität und/oder zur Gewährleistung des richtigen Gebrauchs des betreffenden Produkts darstellt. *Zweitens* müssen die objektiven Kriterien ausschließlich qualitativer Art sein und einheitlich festgelegt und unterschiedslos gegenüber allen Wiederverkäufern angewendet und potentiellen Wiederverkäufern zur Verfügung gestellt werden. Und *drittens* dürfen die aufgestellten Kriterien nicht über das hinausgehen, was erforderlich ist.[248] 162

Liegen die Metro-Kriterien nicht vor oder findet neben den qualitativen Kriterien auch eine quantitative Begrenzung statt, ist umso eher von einer spürbaren Wettbewerbsbeschränkung auszugehen, je höher der Marktanteil des Anbieters über der Schwelle von 30% liegt und je mehr seiner Wettbewerber ebenfalls selektive Vertriebssysteme betreiben (Frage nach der kumulativen Wirkung), wobei es auch darauf ankommt, wie hoch deren Marktanteile sind.[249] Einzelfreistellungen nach Art. 101 Abs. 3 AEUV kommen in Betracht zur Lösung des Trittbrettfahrerproblems bei komplexen, beratungsintensiven Produkten oder zur Wahrung des Markenimages. Die Verknüpfung von selektivem Vertrieb mit einer Standortklausel, welche den Händler vor Konkurrenzgeschäften in der Nähe schützt, kann zum Schutz erheblicher vertragsspezifischer Investitionen des Händlers freistellungsfähig 163

---

[242] Bundeskartellamt, Wettbewerbsbeschränkungen im Internetvertrieb nach Coty und Asics – wie geht es weiter? abrufbar unter https://www.bundeskartellamt.de; abgedruckt bei Mundt ZVertriebsR 2018, 273; hierzu Rudowicz GRUR-Prax 2018, 565.
[243] Art. 4 lit. c) iii) Vertikal-GVO.
[244] Art. 4 lit. c) i) Nr. 3; iii) Vertikal-GVO.
[245] EuGH Urt. v. 13.10.2011 – Rs. C-439/09 Rn. 54 – *Pierre Fabre;* siehe dazu etwa Oest/Wagener RIW 2012, 35 ff.
[246] Art. 5 Abs. 1 lit. c) Vertikal-GVO.
[247] Vertikal-LL Rn. 252.
[248] EuGH Urt. v. 25.10.1977 – Rs. C-26/76 – *Metro/Kommission;* vgl. Vertikal-LL Rn. 149; hierzu auch OLG Hamburg NZKart 2018, 590; KG WuW 2020, 155.
[249] Vertikal-LL Rn. 153; dazu OLG Stuttgart ZVertriebsR 2020, 326.

sein.[250] Die Wahrscheinlichkeit einer Einzelfreistellung ist jedoch geringer, wenn die Anwendung der Selektionskriterien neue günstigere Händler (Discounter, reine Online-Händler) von dem Zugang zu den Produkten des Anbieters ausschließt, obwohl diese Händler den Erfordernissen des Produktes ebenso genügen würden wie die arrivierten Händler.[251]

d) Bewertung nach US-Kartellrecht

164 Anders als dem europäischen Recht ist dem US-Kartellrecht eine rechtliche Sonderstellung des selektiven Vertriebs fremd. Ob ein selektiver Vertrieb kartellrechtlich zulässig ist, richtet sich damit danach, ob die jeweiligen Vertragsbestimmungen, mit denen der selektive Vertrieb vereinbart wird (wie insbesondere Gebietsbeschränkungen) unter der Rule of Reason gerechtfertigt sind. Hierbei gelten die gleichen Grundsätze wie beim Alleinvertrieb, so dass an dieser Stelle auf die dortigen Ausführungen verwiesen werden kann.

3. Franchisevertrieb

a) Begrifflichkeiten, Erscheinungsformen und Wettbewerbsrelevanz

165 Unter einer Franchise ist im Allgemeinen der arbeitsteilige Vertrieb eines Produktes zu verstehen, bei dem ein Franchisegeber einem unabhängigen Franchisenehmer das Recht zum Vertrieb seines Produktes unter Nutzung seiner Geschäftsbezeichnung und seiner Geschäftsmethoden gegen eine Franchisegebühr[252] einräumt. Je nachdem ob es sich beim Gegenstand der Franchise um ein körperliches Produkt oder eine Dienstleistung handelt, spricht man von **Vertriebsfranchising** oder **Dienstleistungsfranchising.** Beim **Produktions- oder Herstellungsfranchising** stellt demgegenüber der Franchisenehmer selber das Produkt her und vertreibt dieses. Der Vorteil für den Franchisegeber liegt darin, mit begrenztem Investitionsaufwand ein Vertriebsnetz aufbauen zu können; für den Franchisenehmer ist es wiederum vorteilhaft, mit begrenztem Aufwand und Risiken unter Nutzung eines bereits etablierten Geschäftsmodells unternehmerisch am Markt tätig werden zu können. Wettbewerblich ist der Franchisevertrieb daher grundsätzlich positiv zu bewerten, da der Franchisegeber ohne eine Franchise im Zweifel nicht in der Lage wäre, ein derart umfangreiches Vertriebssystem mit eigenen Mitteln aufzubauen und der Franchisenehmer ohne die Nutzung des fremden Geschäftsmodells im Zweifel gar nicht am Markt tätig werden würde.

b) Vorliegen einer Wettbewerbsbeschränkung im Sinne von Art. 101 Abs. 1 AEUV

166 **aa) Grundsatz.** Aufgrund der wettbewerblich positiven Wirkung von Franchisesystemen, stellt die Vereinbarung einer Franchise an sich nach der grundlegenden Pronuptia-Entscheidung des EuGH[253] schon gar keine Wettbewerbsbeschränkung dar. Dies gilt aufgrund des Immanenzgedankens auch für solche Vertragsbestimmungen, die zwar an sich eine Einschränkung der wirtschaftlichen Handlungsfreiheit des Franchisenehmers mit sich bringen, die aber notwendig für das Funktionieren eines Franchisesystems sind.

167 **bb) Beschränkungen des Franchisenehmers zum Schutz des Know-how.** Damit sind innerhalb einer Franchisevereinbarung zunächst solche Beschränkungen der wettbewerblichen Handlungsfreiheit des Franchisenehmers dem Anwendungsbereich des Art. 101 Abs. 1 AEUV entzogen, mit denen der Franchisegeber in die Lage versetzt wird, dem Franchisenehmer sein Know-how zu vermitteln und die für die Anwendung seiner Ge-

---

[250] Vertikal-LL Rn. 162.
[251] Vertikal-LL Rn. 156.
[252] Meist in Form eines Eintrittsgeldes und einer prozentualen Beteiligung am Umsatz.
[253] EuGH 28.1.1986 – Rs. 161/84, Slg. 1986, 353ff. Rn. 16 – *Pronuptia.*

schäftsmethoden erforderliche Unterstützung zukommen zu lassen, ohne Gefahr zu laufen, dass beides der Konkurrenz zu Gute kommt.[254] Keine Anwendung findet Art. 101 Abs. 1 AEUV daher auf die Vereinbarung von Geheimhaltungspflichten und Verwendungsbeschränkungen bezüglich des geheimen Know-how sowie Verpflichtungen des Franchisenehmers, weder unmittelbar noch mittelbar in einem **ähnlichen Geschäftsbereich** tätig zu werden, keine **Anteile an einem Wettbewerber** zu erwerben, die ihm Einflussmöglichkeiten auf diesen gewähren würden, sein Unternehmen nicht ohne **Zustimmung des Franchisegebers** auf Dritte zu übertragen, dem Franchisegeber alle bei der Nutzung des Know-how gewonnen **Erfahrungen** mitzuteilen und ihm ein **Nutzungsrecht** zur Weitergabe auch an andere Franchisenehmer einzuräumen, dem Franchisegeber **Verletzungen lizenzierter Schutzrechte** mitzuteilen und gegen **Rechtsverletzer** vorzugehen oder den Franchisegeber hierbei zu unterstützen.

cc) Beschränkungen des Franchisenehmers zum Identitätsschutz. Darüber hinaus muss der Franchisegeber die Maßnahmen ergreifen können, die zum Schutz der Identität und des Namens der durch die Geschäftsbezeichnung symbolisierten Vertriebsorganisation angezeigt sind.[255] Davon erfasst sind insbesondere Verpflichtungen des Franchisenehmers, die vertragsgegenständlichen Geschäftsmethoden anzuwenden und das Know-how einzusetzen, die Vertragswaren nur in dem nach den Anweisungen des Franchisegebers eingerichteten und ausgestatteten Ladengeschäft zu verkaufen und ein einheitliches Erscheinungsbild zu gewährleisten, das bestimmten Anforderungen genügt, Vorgaben zur Lage des Geschäftes zu beachten und dieses nicht ohne Zustimmung zu verlegen, die Rechte und Pflichten aus dem Vertrag nicht ohne Zustimmung des Franchisegebers zu verkaufen und für jede Werbemaßnahme die Zustimmung des Franchisegebers einzuholen. Sofern die Art der Waren dies erfordert (zB Modeartikel) darf der Franchisegeber auch (objektive) Qualitätsnormen aufstellen; sollte die Überwachung insofern zu aufwändig sein, darf er dem Franchisegeber auch vorschreiben, **nur Waren des Franchisegebers** oder der von ihm ausgewählten Lieferanten zu beziehen. Keinesfalls darf der Franchisenehmer aber daran gehindert werden, diese Waren von anderen Franchisenehmern zu beziehen. Auch **Wettbewerbsverbote** im Hinblick auf die vom Franchisenehmer erworbenen Waren oder Dienstleistungen für die Dauer der Franchisevereinbarung können dafür erforderlich sein.[256] 168

c) Bewertung nach der Vertikal-GVO

Beschränkungen, die nicht dem Schutz des Know-How oder der Identität des Franchisegebers dienen, unterliegen als wettbewerbsbeschränkende Vereinbarungen den allgemeinen Regeln. Dazu können etwa **Gebiets- oder Kundenzuweisungen und Selektivvertrieb,** aber auch **Wettbewerbsverbote** oder Direktbezugsbindungen gehören. Ihre kartellrechtliche Zulässigkeit richtet sich damit im Anwendungsbereich der Vertikal-GVO nach den dortigen Regelungen, wobei insbesondere die Kernbeschränkungen zu beachten sind. Auf das Vertriebs- und Dienstleistungsfranchising ist die Vertikal-GVO anwendbar, wenn sich dieses auf den Bezug, Verkauf oder Weiterverkauf von Waren oder Dienstleistungen bezieht und die Einräumung von Lizenzen im Rahmen des Art. 2 Abs. 3 Vertikal-GVO bleibt. Nach Auffassung der Vertikal-LL ist dies bei den meisten Franchiseverträgen der Fall, so dass die darin enthaltenen Wettbewerbsbeschränkungen nach den entsprechenden Regeln gruppenfreigestellt sein können.[257] Sofern eine Franchisevereinbarung ausschließlich oder überwiegend die Vergabe von Schutzrechtslizenzen enthält, fällt diese 169

[254] Siehe hierzu und zum Folgenden: EuGH Urt. v. 28.1.1986 – Rs. 161/84, Slg. 1986, 353 ff. Rn. 16 – *Pronuptia* und Vertikal-LL Rn. 165.
[255] Siehe hierzu und zum Folgenden: EuGH Urt. v. 28.1.1986 – Rs. 161/84, Slg. 1986, 353 ff. Rn. 17–22 – *Pronuptia*.
[256] Vertikal-LL Rn. 166.
[257] Vertikal-LL Rn. 86.

zwar nicht unter die Vertikal-GVO, die Kommission wird deren Grundsätze sowie die der Vertikal-LL aber auch auf solche Vereinbarungen anwenden.[258]

d) Bewertung außerhalb der Vertikal-GVO

170 Außerhalb des Anwendungsbereichs der Vertikal-GVO geben die Vertikal-Leitlinien der Kommission teilweise Hilfestellung je nach Beschränkung die vereinbart werden soll.[259] Ergänzend kann auch auf die obigen Ausführungen zu den einzelnen im Vertikalverhältnis bewirkten Wettbewerbsbeschränkungen zurückgegriffen werden.

e) Bewertung nach US-Kartellrecht

171 Auch im US-Kartellrecht ist anerkannt, dass Franchisevereinbarungen grundsätzlich positive Wirkungen auf den Wettbewerb ausüben können. Letztlich ist für jede Abrede gesondert unter der Rule of Reason zu prüfen, ob deren positive Wirkungen für den Wettbewerb die von der fraglichen Klausel ausgehenden wettbewerbswidrigen Wirkungen aufwiegen.

J. Lizenzvereinbarungen

I. Allgemeines

172 Bei der Beurteilung von Lizenzvereinbarungen, mit denen Rechte an Immaterialgüterrechten eingeräumt werden, ist zu beachten, dass Immaterialgüterrechte an sich ihrem Inhaber bereits **ausschließliche Rechte** einräumen und ihnen damit eine Eignung zur Beschränkung des Wettbewerbs immanent ist. Zudem bestimmt Art. 345 AEUV, dass das Unionsrecht die Eigentumsordnungen der Mitgliedstaaten (zu denen auch die Rechte des geistigen Eigentums zählen) grundsätzlich unberührt lässt. Damit herrscht zwischen gewerblichen Schutzrechten, die den Wettbewerb beschränken, und dem Kartellrecht, welches Wettbewerb schaffen und erhalten soll, ein gewisses Spannungsverhältnis. Dieses Spannungsverhältnis ist nach überwiegender Auffassung dahingehend aufzulösen, dass das Kartellrecht immer dann zurücktritt, wenn es um Wettbewerbsbeschränkungen geht, die sich aus dem **spezifischen Gegenstand eines Schutzrechtes** ergeben.[260] Was dabei zum spezifischen Gegenstand eines Schutzrechts gehört, lässt sich nicht allgemeingültig definieren. Die Antwort ist vielmehr zum einen von der jeweiligen Schutzrechtsart abhängig; zum anderen wird dem spezifischen Gegenstand eines Schutzrechts auch durch das Unionsrecht Grenzen gezogen, da aufgrund dessen Vorrangs der spezifische Gegenstand eines Schutzrechts nach einheitlichen Kriterien innerhalb der EU bestimmt werden muss.[261] Einigkeit besteht jedenfalls darin, dass sich der spezifische Gegenstand eines Schutzrechts mit dessen **Erschöpfung** erledigt.[262] Von Erschöpfung spricht man dabei dann, wenn ein Erzeugnis, in welches das Schutzrecht eingeflossen ist, vom Inhaber oder mit dessen Zustimmung innerhalb des EWR in den Verkehr gebracht worden ist.[263] Vertriebsbeschränkungen, die nach Erschöpfung eines Schutzrechtes wirken, sind folglich nicht mehr vom spezifischen Gegenstand des Schutzrechtes erfasst und unterliegen damit der vollen kartell-

---

[258] Vertikal-LL Rn. 86.

[259] Vertikal-LL Rn. 168.

[260] EuGH Urt. v. 25.2.1986 – Rs. 193/83, Slg. 1986, 643 (655f.) – *Windsurfing International;* Urt. v. 12.5.1989 – Rs. 320/87, Slg. 1989, 1177 (1198f.) – *Ottung/Klee;* Urt. v. 28.4.1998 – Rs. C-200/96 Slg. 1998, I-1953ff. Rn. 14 – *Metronome Musik/Music Point Hokamp;* der EuGH hat in diesen Urteilen seine frühere Rechtsprechung aufgegeben, in der er noch zwischen dem Bestand und der Ausübung des Schutzrechts differenzierte, siehe dazu EuGH Urt. v. 13.7.1966 – Rs. 56/64 und 58/64, Slg. 1966, 322ff. (394) – *Grundig/Consten.*

[261] Rechtsprechungsübersicht bei Immenga/Mestmäcker/Fuchs Bd. 1 EU vor Art. 1 TT-GVO Rn. 3 Fn. 12.

[262] Immenga/Mestmäcker/Fuchs Bd. 1 EU vor Art. 1 TT-GVO Rn. 4.

[263] TT-LL Rn. 6ff.; EuGH Urt. v. 8.6.1982 – Rs. 258/78, Slg. 1982, 2015 (2069) – *Nungesser/Kommission.*

rechtlichen Kontrolle. Im Übrigen bestehen im Einzelfall Rechtsunsicherheiten, welche Vertragsgestaltungen in Lizenzverträgen noch zum spezifischen Schutzgegenstand gehören und welche nicht mehr.

II. Die Technologietransfer-GVO

1. Anwendungsbereich

a) Sachlicher Anwendungsbereich, Begriff der Technologietransfer-Vereinbarung

Für die Lizenzierung technischer Schutzrechte, Softwarelizenzverträge und Know-how zum Zweck der Herstellung von Waren oder Dienstleistungen bieten die TT-GVO und die TT-LL den Bewertungsrahmen für die kartellrechtliche Prüfung (siehe dazu → Rn. 22, 23). 173

Die TT-GVO gilt für „Technologietransfer-Vereinbarungen" **(„TT-Vereinbarungen").**[264] Dies sind Lizenzvereinbarungen, mit denen ein Lizenzgeber einem Lizenznehmer gestattet, die lizenzierte Technologie zur **Produktion von Waren oder Dienstleistungen** („Vertragsprodukte") zu nutzen.[265] Reine Vertriebs- oder Nutzungslizenzen, F&E-Lizenzen oder Sublizenzverträge werden hingegen vom Anwendungsbereich der TT-GVO nicht erfasst.[266]

In den Anwendungsbereich der TT-GVO fallen Lizenzvereinbarungen zudem nur dann, wenn sie, einzeln oder in Kombination, **technische Schutzrechte,**[267] **Geschmacksmuster** oder **Software-Rechte** (in der Regel Urheberrechte) oder **Know-how** zum Gegenstand haben. Nicht in den Anwendungsbereich der TT-GVO fallen damit insbesondere Marken- und allgemeine Urheberrechtslizenzvereinbarungen. 174

Damit nicht jede irrelevante Vermittlung von Wissen zum Anlass für eine gruppenfreigestellte Vereinbarung wird, beschränkt sich der Begriff des **Know-how** (wie auch in den anderen Gruppenfreistellungsverordnungen) auf solches, das **„geheim"** (dh nicht allgemein bekannt und leicht zugänglich), **„wesentlich"** (dh für die Produktion der Vertragsprodukte von Bedeutung und nützlich) und **„identifiziert"** ist (dh so umfassend beschrieben ist, dass überprüft werden kann, ob die ersten beiden Merkmale erfüllt sind). Bei der Vertragsgestaltung ist daher insbesondere darauf zu achten, nur dokumentiertes Know-how, das der Geheimhaltung unterliegt, zum Gegenstand der Vereinbarung zu machen. 175

Vollrechtsübertragungen werden als „TT-Vereinbarungen" nur dann von der TT-GVO erfasst, wenn das mit der Verwertung verbundene Risiko (zum Teil) beim Veräußerer verbleibt, etwa weil der Kaufpreis von dem mit den Vertragsprodukten erzielten Umsatz oder der Anzahl der produzierten Einheiten bzw. der Arbeitsvorgänge abhängt.[268] 176

b) Persönlicher Anwendungsbereich. Marktanteilsschwellen, Märkte, Wettbewerber

Die TT-GVO gilt nur für Vereinbarungen zwischen **zwei Unternehmen**[269] (an denen jedoch mehr als zwei Gesellschaften eines Konzerns beteiligt sein können[270]). Ihre Wertun- 177

---

264 Zur Definition siehe Art. 1 Abs. 1 lit. c) TT-GVO.

265 Erwägungsgrund 7 der TT-GVO; siehe auch die Definition in Art. 1 Abs. 1 lit. g) TT-GVO und die Reichweite der Freistellung in Art. 2 TT-GVO. Dies gilt unabhängig davon, ob die lizenzierte Technologie lediglich im Produktionsprozess verwendet wird oder auch Eingang in das Vertragsprodukt selbst findet, TT-LL Rn. 58.

266 Siehe auch Erwägungsgrund 7 der TT-GVO.

267 Dazu gehören Patente oder Gebrauchsmuster und ihre jeweiligen Anmeldungen, Geschmacksmuster, Halbleitertopographien, ergänzende Schutzzertifikate für Arzneimittel oder andere Produkte, für die solche Zertifikate erlangt werden können und Sortenschutzrechte.

268 Art. 1 Abs. 1 lit. c) ii) TT-GVO.

269 Und zwar deshalb, weil die der TT-GVO zugrundeliegende Ermächtigungsgrundlage nur für Zwei-Parteien-Vereinbarungen gilt, siehe TT-LL Fn. 39.

270 Der Unternehmensbegriff schließt nämlich verbundene Unternehmen ein, siehe Art. 1 Abs. 2 TT-GVO.

gen können aber auf Vereinbarungen mit mehr Unternehmen entsprechend angewandt werden.[271]

178 Damit der Anwendungsbereich der TT-GVO eröffnet ist, dürfen die Parteien zudem bestimmte Marktanteilsschwellen nicht überschreiten. Die Freistellung gilt insoweit im Falle von **Wettbewerbern**[272] nur, sofern der **gemeinsame Marktanteil** der Parteien auf dem betroffenen Technologie- und Produktmarkt **20% nicht überschreitet.**[273] Handelt es sich um **Nicht-Wettbewerber,** gilt die Freistellung bis zu einem **individuellen Marktanteil von jeweils 30%** auf dem betroffenen Technologie- und Produktmarkt.[274] Dabei gilt: Auf den Technologiemärkten werden die lizenzierten Technologien und ihre Substitute angeboten.[275] Auf den Produktmärkten werden die Waren und Dienstleistungen angeboten, für deren Herstellung die Technologien genutzt werden.[276] Die Parteien einer TT-Vereinbarung sind auf diesen Märkten Wettbewerber, wenn sie ohne die TT-Vereinbarung und ohne Verletzung der geistigen Eigentumsrechte der jeweils anderen Partei Lizenzen für austauschbare Technologien vergeben (Technologiemarkt) beziehungsweise auf Basis derselben oder miteinander austauschbarer Technologien konkurrierende Produkte anbieten (Produktmarkt). Ein potentielles Wettbewerbsverhältnis wird von der TT-GVO nur auf dem Produktmarkt, nicht auf dem Technologiemarkt dem tatsächlichen Wettbewerbsverhältnis gleichgestellt.[277]

2. Die Freistellung und ihre Dauer

179 Die in Art. 2 TT-GVO statuierte Gruppenfreistellung gilt so lange, wie die Rechte an der lizenzierten Technologie bestehen oder das Know-how geheim bleibt.[278]

3. Kernbeschränkungen

180 Art. 4 TT-GVO differenziert hinsichtlich der Kernbeschränkungen zwischen solchen, die von Wettbewerbern (Abs. 1) und solchen, die von Nicht-Wettbewerbern (Abs. 2) geschlossen werden. Werden die Parteien erst während der Laufzeit der Vereinbarung zu Wettbewerbern, sind sie grundsätzlich als Nicht-Wettbewerber zu behandeln (Abs. 3).

a) Kernbeschränkungen zwischen Wettbewerbern

181 Freistellungsschädlich wirkt zwischen Wettbewerbern nach Art. 4 Abs. 1 lit. a) TT-GVO zunächst die Beschränkung der Möglichkeit einer Partei, den Preis, zu dem sie ihre Produkte an Dritte verkauft, selbst festzulegen. Dazu gehören etwa Vereinbarungen über Festpreise, Mindestpreise, Höchstpreise, Preisempfehlungen oder Rabatte. Aber auch indirekte Maßnahmen, wie Abschreckungsmaßnahmen für den Fall eines Abweichens von einem festgelegten Preisniveau fallen hierunter.[279] Einer Freistellung stehen nach Art. 4 Abs. 1 lit. b) TT-GVO zudem die praktisch relativ seltenen **Produktions- oder Absatzbe-**

---

[271] TT-LL Rn. 57.

[272] Die TT-GVO spricht von „konkurrierenden Unternehmen", die TT-LL von „Wettbewerbern", ohne dass damit sachliche Unterschiede verbunden wären. Hier wird einheitlich der Begriff „Wettbewerber" verwendet.

[273] Art. 3 Abs. 1 TT-GVO.

[274] Art. 3 Abs. 2 TT-GVO. Zur Berechnung der Marktanteile sowie zu Toleranzen siehe Art. 8 TT-GVO, speziell zu den Technologiemärkten siehe Art. 8 lit. d) TT-GVO.

[275] TT-LL Rn. 22.

[276] TT-LL Rn. 20.

[277] Art. 1 Abs. 1 lit. n) TT-GVO; TT-LL Rn. 27ff.

[278] Wird das Know-how infolge eines Verhaltens des Lizenznehmers offenkundig, gilt die Gruppenfreistellung für die Dauer der Vereinbarung; andernfalls hätte es der Lizenznehmer in der Hand durch (im Zweifel vertragswidriges) Offenbaren des Know-how die Kartellrechtswidrigkeit der (ihn möglicherweise beschränkenden) Technologietransfer-Vereinbarung herbeizuführen.

[279] TT-LL Rn. 99.

schränkungen in wechselseitigen Vereinbarungen (die wie ein Mengenkartell wirken) oder entsprechende, dem Lizenzgeber auferlegte Beschränkungen (für die es keine vernünftige Rechtfertigung gibt) entgegen. Die dritte Kernbeschränkung in Art. 4 Abs. 1 lit. c) TT-GVO ist sehr weit formuliert und erfasst zunächst jede **„Zuweisung von Märkten oder Kunden“.** Davon gibt es jedoch insgesamt vier Ausnahmen,[280] so dass vom eigentlichen Tatbestand weitgehend nur die kartellgleiche Aufteilung von Gebieten, Kundengruppen, Anwendungsbereichen oder Produktmärkten in wechselseitigen Vereinbarungen erfasst werden.[281] Nach Art. 4 Abs. 1 lit. d, 1. Alt TT-GVO darf schließlich der Lizenznehmer auch nicht darin beschränkt werden, seine **eigene Technologie** zu verwerten[282] (sofern er dabei nicht die lizenzierte Technologie nutzt[283]). Die fünfte und letzte Kernbeschränkung verbietet schließlich die Beschränkung des **Rechts der Parteien, F&E-Arbeiten durchzuführen,** es sei denn, dies ist erforderlich, um die Preisgabe des lizenzierten Know-hows zu verhindern.[284] Dies ist aber dann nicht der Fall, wenn sich wirksamer Know-how-Schutz durch Geheimhaltungsabreden mit Vertragsstrafenregelungen oder andere Maßnahmen erreichen lässt.[285]

b) Kernbeschränkungen zwischen Nicht-Wettbewerbern

Zwischen Nicht-Wettbewerbern existieren lediglich drei Kernbeschränkungen. Die erste Kernbeschränkung in Art. 4 Abs. 2 lit. a) TT-GVO verbietet vergleichbar Art. 4 Abs. 1 lit. a) TT-GVO die Beschränkung einer Partei, den **Preis,** zu dem sie ihre Produkte verkauft, selbst festzusetzen. Anders als bei Art. 4 Abs. 1 lit. a) TT-GVO können Höchstverkaufspreise jedoch festgesetzt werden; auch Preisempfehlungen dürfen ausgesprochen werden. Beide Maßnahmen dürfen sich aber nicht durch die Ausübung von Druck oder Anreizen wie Fest- oder Mindestpreisvorgaben auswirken. 182

Die zweite Kernbeschränkung erklärt Beschränkungen des **passiven Verkaufs in Gebiete oder Kundenkreise** für unvereinbar mit einer Freistellung, wobei es hierzu **fünf Ausnahmen** gibt.[286] Im Umkehrschluss sind Beschränkungen des aktiven Verkaufs (und zwar ohne Begrenzung auf „zugewiesene“ Gebiete) sowie Produktionsbeschränkungen und alle entsprechenden Beschränkungen des Lizenzgebers vollumfänglich freigestellt.[287] Von der Kernbeschränkung erfasst sind sowohl direkte Verpflichtungen (zB das Gebot, Bestellung aus einem Land an den dort „eingesetzten“ Lizenznehmer weiterzuleiten), als auch mittelbare Verpflichtungen durch finanzielle Anreize, die Einrichtung von Überwachungssystemen oder auch Mengenbeschränkungen.[288] 183

Die dritte Kernbeschränkung erfasst den **aktiven oder passiven Verkauf an Endverbraucher** (dh jeden Endkunden), soweit diese Beschränkungen Lizenznehmern auferlegt werden, die einem **selektiven Vertriebssystem** angehören und auf der **Einzelhandelsstufe** tätig sind. Freigestellt bleibt jedoch die Möglichkeit, Mitgliedern des Systems zu verbieten, Geschäfte von nicht zugelassenen Niederlassungen aus zu betreiben. 184

---

280 Auf diese wird im Rahmen der Erörterung typischer Vertragsklauseln unter III. eingegangen, soweit dort von Relevanz.

281 TT-LL Rn. 105.

282 Im Verhältnis zwischen nicht konkurrierenden Unternehmen ist eine entsprechende Vereinbarung nicht freigestellt, Art. 5 Abs. 2, 1. Alt. TT-GVO.

283 TT-LL Rn. 116.

284 Im Verhältnis zwischen nicht konkurrierenden Unternehmen ist eine entsprechende Vereinbarung nicht freigestellt, Art. 5 Abs. 2, 2. Alt. TT-GVO.

285 TT-LL Rn. 115.

286 Auf diese wird im Rahmen der Erörterung typischer Vertragsklauseln unter III. eingegangen, soweit dort von Relevanz.

287 Zur Begründung siehe TT-LL Rn. 120.

288 TT-LL Rn. 119.

4. Nicht freigestellte Beschränkungen

185 Als graue Klauseln nicht freigestellt sind nach Art. 5 Abs. 1 lit. a) TT-GVO Verpflichtungen des Lizenznehmers, **eigene abtrennbare Verbesserungen** an der lizenzierten Technologie oder **neue Anwendungen** davon dem Lizenzgeber oder einem von ihm bestimmten Dritten exklusiv zu lizenzieren oder zu übertragen.

Nichtangriffsabreden, wonach der Lizenznehmer Rechte des geistigen Eigentums des Lizenzgebers im Binnenmarkt nicht angreifen darf (und zwar auch solche, die nicht Gegenstand der Lizenz sind), sind nach Art. 5 Abs. 1 lit. b) TT-GVO ebenfalls nicht freigestellt, da ungültige Schutzrechte die Innovation hemmen und im Wettbewerbsinteresse aufgehoben gehören. Allerdings darf die Vereinbarung für den Angriffsfall die Möglichkeit der Beendigung vorsehen. Nichtangriffsabreden, die sich ausschließlich auf Know-how beziehen, sind hingegen vollumfänglich freigestellt, da ansonsten eine restriktive Vergabe von Know-how-Lizenzen zu befürchten wäre.[289]

186 Im Verhältnis zwischen Nicht-Wettbewerbern nicht freigestellt ist nach Art. 5 Abs. 2 zudem die im Verhältnis von Wettbewerbern als Kernbeschränkung eingestufte Beschränkung des Lizenznehmers, seine **eigene Technologie** zu verwerten sowie die Beschränkung beider Parteien, **F&E-Arbeiten** durchzuführen.

5. Anwendbarkeit der TT-GVO über ihren Anwendungsbereich hinaus, „4-Plus-Test"

187 Werden die Marktanteile der TT-GVO überschritten, ist das Kartellverbot nicht automatisch verletzt; erforderlich ist vielmehr eine Einzelfallprüfung. Außerhalb der Kernbeschränkungen ist eine Verletzung des Kartellverbots unwahrscheinlich, wenn es neben den von den Vertragsparteien kontrollierten Technologien vier oder mehr von Dritten kontrollierte konkurrierende Technologien gibt **(„4-Plus-Test").**[290] Werden die Marktanteilsschwellen überschritten, geben die TT-LL einen analytischen Rahmen für die Bewertung, es bleibt aber Rechtsunsicherheit.

III. Bewertung typischer Vertragsklauseln

1. Lizenzgebühren

a) Allgemeines

188 Im Grundsatz steht es den Vertragspartnern einer Lizenzvereinbarung sowohl nach europäischem als auch nach US-amerikanischem Kartellrecht frei, ohne Verstoß gegen das Kartellverbot die vom Lizenznehmer zu zahlenden Lizenzgebühren und die Zahlungsmodalitäten festzulegen.[291] Zu verbreiteten und wettbewerbskonformen Lizenzgebührengestaltungen gehören **Pauschalzahlungen** (etwa ein Festbetrag, der eine unbegrenzte Zahl von Nutzungen abdeckt), Abgaben in Form eines Prozentsatzes vom Verkaufspreis **(Umsatzlizenzen)** oder feste Beträge für jedes mit der Lizenz produzierte Produkt **(Stücklizenz).** Kommt die lizenzierte Technologie in einem Vorprodukt zum Einsatz, kann die Lizenzgebühr auch auf Grundlage des Preises des Endproduktes berechnet werden. Bei Softwarelizenzen können die Gebühren auch nach Anzahl der Nutzer und Geräte berechnet werden.

[289] TT-LL Rn. 140.
[290] TT-LL Rn. 157.
[291] TT-LL Rn. 184.

b) Bewertung nach europäischem Kartellrecht

In Lizenzvereinbarungen zwischen Wettbewerbern können Lizenzgebühren unzulässig sein, wenn sie als Preisfestsetzung zu werten sind. Allerdings ist eine Mindestlizenzgebühr als solche grundsätzlich noch nicht als Preisfestsetzung zu bewerten.[292] Dagegen stellen Lizenzgebühren, die auf Grundlage aller Produktverkäufe und unabhängig davon berechnet werden, ob die lizenzierte Technologie genutzt wird, grundsätzlich eine unzulässige Preisfestsetzung dar.[293] Lizenzgebühren auf der Grundlage des Verkaufs von Produkten, die die lizenzierte Technologie beinhalten, sind aber grundsätzlich nicht als Preisfestsetzung anzusehen, auch wenn sie Einfluss auf die Produktpreise haben. Sie dürfen allerdings nicht als verschleiertes Preiskartell genutzt werden, was die Kommission insbesondere bei wechselseitigen Lizenzvereinbarungen ohne erkennbare Wertschöpfung annehmen wird.[294] Steigende Lizenzgebühren (oder andere Abschreckungsmaßnahmen) für den Fall eines Abweichens von einem festgelegten Preisniveau sind unzulässige Preisfestsetzungen.[295] 189

In Lizenzvereinbarungen **zwischen Nicht-Wettbewerbern** können Lizenzgebühren, die nicht nur im Hinblick auf die Vertragsprodukte, sondern auch dann anfallen, wenn konkurrierende Technologien zur Herstellung von Produkten genutzt werden, oberhalb der Marktanteilsschwellen abschottende Wirkung haben, da sie die Nutzung der konkurrierenden Technologie verteuern und so Anreize setzen, nicht darauf zurückzugreifen.[296] 190

Lizenzgebühren, die auch dann anfallen, **wenn die eigene Technologie genutzt wird,** sind sowohl unter Wettbewerbern als auch unter Nicht-Wettbewerbern nicht freigestellt.[297] Oberhalb der Marktanteilsschwellen der TT-GVO können Lizenzgebühren zudem dem Kartellverbot unterfallen, wenn Wettbewerber sich wechselseitig Lizenzen einräumen und dafür Lizenzgebühren verlangen, die im Verhältnis zum üblichen Marktniveau unverhältnismäßig hoch sind. Eine Einzelfreistellung kommt dann kaum in Betracht.[298] Nach europäischem Kartellrecht stellen zudem auch **Lizenzgebühren über die zeitliche Gültigkeit des Schutzrechts** hinaus regelmäßig keinen Kartellrechtsverstoß dar, obwohl die TT-GVO in diesem Fall nicht (mehr) gilt. Denn durch die frei gewordene Technologie entsteht im Zweifel ausreichend Wettbewerbsdruck.[299] 191

2. Exklusivlizenzen; Alleinlizenzen, Verkaufsbeschränkungen des Lizenzgebers

a) Allgemeines

Ausschließliche oder Exklusivlizenzen sind nach dem Verständnis der Vertragspraxis solche, die den Lizenzgeber von der Nutzung der Schutzrechte im Umfang der Lizenz vollständig ausschließen. Das unterscheidet sie von der **Alleinlizenz,** bei der der Lizenzgeber im Geltungsbereich der Lizenz selber noch tätig werden und lediglich keine Drittlizenzen erteilen darf. In der **Begrifflichkeit der TT-LL** sind Exklusiv- und Alleinlizenz allerdings auf das Recht des Lizenznehmers zur **ausschließlichen Produktion** beschränkt. Davon separat würdigen die TT-LL **„Verkaufsbeschränkungen"** zu Lasten des Lizenzgebers. 192

b) Bewertung nach europäischem Kartellrecht

aa) Lizenzvereinbarungen zwischen Nicht-Wettbewerbern. In Lizenzvereinbarungen zwischen Nicht-Wettbewerbern werden Exklusiv- und Alleinlizenzen sowohl im Sinne 193

[292] TT-LL Rn. 99.
[293] TT-LL Rn. 101.
[294] TT-LL Rn. 100.
[295] TT-LL Rn. 99.
[296] TT-LL Rn. 188.
[297] Art. 4 Abs. 1 lit. d) bzw. Art. 5 Abs. 2 TT-GVO.
[298] TT-LL Rn. 186.
[299] TT-LL Rn. 187.

der Vertragspraxis als auch in der Diktion der TT-LL (einschließlich der „Verkaufsbeschränkungen") im Geltungsbereich der TT-GVO ohne Einschränkung **freigestellt.**[300] Oberhalb der Marktanteilsschwellen der TT-GVO erachten die TT-LL sie ebenfalls regelmäßig als unproblematisch.[301] Ungeachtet der Frage, ob das Kartellverbot berührt ist, hält die Kommission sie jedenfalls für einzelfreigestellt, da sie dem Lizenznehmer Anreize für Investitionen in die lizenzierte Technologie und deren Vermarktung setzen. Etwas anderes gilt nur dann, wenn (i) der Lizenznehmer marktbeherrschend ist, (ii) Markeintrittsbarrieren für den Technologiemarkt bestehen, und (iii) der Lizenznehmer zudem noch weitere konkurrierende Technologien exklusiv lizenziert hat.[302]

194 **bb) Lizenzvereinbarungen zwischen Wettbewerbern.** Exklusiv- und Alleinlizenzen sowie Verkaufsbeschränkungen werden in Lizenzvereinbarungen zwischen Wettbewerbern unter der TT-GVO **nicht pauschal freigestellt,** da für sie zunächst die Ausnahme Kernbeschränkung der nicht freigestellten „Zuweisung von Märkten oder Kunden" gilt (Art. 4 Abs. 1 lit. c). Über die Rückausnahmen der Bestimmungen des Art. 4 Abs. 1 lit. c), i) bis iv) Vertikal-GVO gelingt jedoch auch hier eine **teilweise Gruppenfreistellung.** Da diese Bestimmungen aber nicht auf Exklusiv- und Alleinlizenzen im Sinne der Vertragspraxis zugeschnitten sind, erfolgt die Freistellung insofern nicht „nahtlos". Ziffer i) stellt in einer nicht wechselseitigen Vereinbarung die Beschränkung des Lizenzgebers und/oder des Lizenznehmers frei, in dem Exklusivgebiet, dass der anderen Partei vorbehalten ist, nicht selber zu produzieren und/oder in das Exklusivgebiet oder an die der anderen Partei vorbehaltene Exklusivkundengruppe nicht aktiv und/oder passiv zu verkaufen. Ziffer ii) stellt in einer nicht wechselseitigen Vereinbarung die Beschränkung des Lizenznehmers frei, in dem Exklusivgebiet oder an die Exklusivkundengruppe, das bzw. die vom Lizenzgeber einem anderen Lizenznehmer zugewiesen worden ist, nicht aktiv zu verkaufen. Ermöglicht werden damit (i) gebietsbezogene Exklusivlizenzen betreffend die Produktion und gebiets- und kundenbezogene Exklusivlizenzen betreffend den Verkauf in nicht wechselseitigen Vereinbarungen, und (ii) gebiets- und kundenbezogene Verkaufsbeschränkungen in nicht wechselseitigen Vereinbarungen. Beschränkungen des passiven Verkaufs dürfen dabei allerdings nur für solche Exklusivgebiete oder -kunden auferlegt werden, die der jeweils anderen Vertragspartei vorbehalten sind (arg. ex. Art. 4 Abs. 1 lit. c ii). Nicht erfasst von dieser Rückausnahme sind hingegen Exklusivlizenzen (sowohl im Hinblick auf Produktion als auch Vertrieb) in wechselseitigen Vereinbarungen. Im Hinblick auf Alleinlizenzen geht die Kommission davon aus, dass derartige Beschränkungen des Lizenzgebers schon keine Kernbeschränkung nach Art. 4 Abs. 1 lit. c TT-GVO darstellen und zwar unabhängig davon, ob die Vereinbarung wechselseitig ist oder nicht.[303] Anderes kann nur dann gelten, wenn hierdurch der Zugang zu einem Industriestandard beschränkt wird.[304]

3. Beschränkungen in Bezug auf den räumlichen Geltungsbereich, Anwendungsbereiche, Kundengruppen und Produktmärkte

a) Allgemeines

195 Beschränkungen der Lizenz in Bezug auf Anwendungsbereiche, Kundengruppen oder Produktmärkte werden in der Vertragspraxis auch **„field-of-use"-Beschränkungen** genannt. Beschränkungen des räumlichen Geltungsbereichs können sich auf Teile des Landes beziehen, in dem die lizenzierten Schutzrechte bestehen. Jede der vorbenannten Beschränkungen kann sich auf einzelne oder alle Nutzungsarten beziehen (zB Nutzung, Herstellung, Verkauf).

[300] TT-LL Rn. 194, 201.
[301] TT-LL Rn. 194, 201 f.
[302] TT-LL Rn. 195 und 202.
[303] TT-LL Rn. 109, 192.
[304] TT-LL 196.

b) Bewertung nach europäischem Kartellrecht

aa) Nicht-Wettbewerber. Zwischen Nicht-Wettbewerbern kann eine Lizenz grundsätzlich für **alle Nutzungsarten** (außer dem passiven Verkauf) in räumlicher Hinsicht sowie in Bezug auf Anwendungsbereiche, Kundengruppen und Produktmärkte beschränkt werden. Der **passive Verkauf** hingegen darf nur für solche „Exklusivgebiete" oder „Exklusivkundengruppen" beschränkt werden, die der Lizenzgeber sich selbst vorbehalten hat. Eine Beschränkung des passiven Verkaufs in Exklusivgebiete oder an Exklusivkundengruppen, die der Lizenzgeber einem anderen Lizenznehmer zugewiesen hat ist anders als noch unter der Vorgängerregelung, wo eine solche Beschränkung für die ersten zwei Jahre möglich war, unzulässig. 196

bb) Wettbewerber. Im Verhältnis zwischen Wettbewerbern stellen Beschränkungen im Hinblick auf den räumlichen Geltungsbereich sowie in Bezug auf Kundengruppen grundsätzlich Kernbeschränkungen nach Art. 4 Abs. 1 lit. c) dar. Einige **Ausnahmen** eröffnen jedoch Spielraum. In nicht wechselseitigen Vereinbarungen kann der Lizenznehmer etwa verpflichtet werden, nicht in solchen „Exklusivgebieten" zu produzieren, die dem Lizenzgeber vorbehalten sind.[305] Auch kann dem Lizenznehmer der aktive und passive Verkauf in solche Exklusivgebiete oder an solche Exklusivkundengruppen verboten werden, die sich der Lizenzgeber selber vorbehalten hat.[306] Bezüglich solcher Gebiete und Kundengruppen, die der Lizenzgeber einem anderen Lizenznehmer zugewiesen hat, kann der aktive (nicht aber der passive) Verkauf verboten werden, wenn es sich bei dem anderen Lizenznehmer nicht um einen Wettbewerber des Lizenzgebers handelt.[307] Beschränkungen im Hinblick auf Anwendungsbereiche und/oder Produktmärkte sind im Anwendungsbereich der TT-GVO demgegenüber grundsätzlich freigestellt.[308] 197

4. Beschränkungen auf den Eigenbedarf

Beschränkungen der Lizenz auf den Eigenbedarf sind im europäischen Kartellrecht sowohl im Verhältnis zwischen Wettbewerbern als auch zwischen Nicht-Wettbewerbern **freigestellt,** sofern der Lizenznehmer nicht im aktiven und passiven Verkauf der Vertragsprodukte als **Ersatzteile** für seine eigenen Produkte beschränkt wird.[309] Außerhalb des Anwendungsbereichs der Gruppenfreistellungsverordnung sind Beschränkungen auf den Eigenbedarf nach Art. 101 Abs. 3 AEUV zu beurteilen. Zwischen Wettbewerbern ist dabei in erster Linie von Bedeutung über welchen Grad an Marktmacht der Lizenzgeber verfügt.[310] Zwischen Nicht-Wettbewerbern ist demgegenüber zu prüfen, ob die Beschränkung auf den Eigenbedarf notwendig ist, um die Verbreitung der fraglichen Technologie zu fördern. Dies ist grundsätzlich dann der Fall, wenn ohne die Beschränkung auf den Eigenbedarf der Lizenzgeber keine oder nur zu wesentlich ungünstigeren Konditionen eine Lizenz erteilen würde.[311] Auch hier ist für eine Anwendung von Art. 101 Abs. 3 AEUV aber zwingende Voraussetzung, dass der Lizenznehmer nicht im Verkauf der Vertragsprodukte als **Ersatzteile** für seine eigenen Produkte beschränkt wird.[312] 198

---

305 Art. 4 Abs. 1 lit. c) i) TT-GVO.
306 Art. 4 Abs. 1 lit. c) i) TT-GVO.
307 Art. 4 Abs. 1 lit. c) ii) TT-GVO.
308 TT-LL Rn. 213.
309 Art. 4 Abs. 1 lit. c) iii) und Abs. 2 lit. b) ii) TT-GVO.
310 TT-LL Rn. 216.
311 Vgl. hierzu TT-LL Rn. 218f.
312 TT-LL Rn. 219.

5. Wettbewerbsverbote

199 Wettbewerbsverbote, nach denen der Lizenznehmer keine **konkurrierenden Technologien** nutzen darf, sind unter der Geltung der TT-GVO gruppenweise freigestellt. Oberhalb der Marktanteilsschwellen sind die wettbewerbsfördernden Wirkungen von Wettbewerbsverboten (Anreize in Investitionen, Notwendigkeit einer Kontrollierbarkeit der Verwendung und damit der Lizenzgebührenberechnung) und die nachteiligen marktabschottenden Wirkungen zu analysieren.[313]

6. Koppelungs- und Paketvereinbarungen

200 Koppelungs- und Paketvereinbarungen, bei denen der Lizenzgeber die Vergabe seiner Technologie davon abhängig macht, dass der Lizenznehmer auch eine andere Technologie oder ein Produkt von ihm abnimmt **(Koppelung)** bzw. er beide nur im Paket anbietet **(Paketvereinbarung)** sind unter der TT-GVO **freigestellt.** Oberhalb der Marktanteilsschwellen müssen die nachteiligen marktabschottenden Wirkungen (insbesondere bei Marktmacht des Lizenzgebers beim Koppelungsprodukt) und mögliche Effizienzen der Koppelung (insbes. Sicherstellung einer technisch befriedigenden Anwendung oder eines Qualitätsstandards) analysiert werden.[314]

7. Weitere Beschränkungen

201 Folgende weitere Beschränkungen in TT-Vereinbarungen sind nach europäischem Recht **regelmäßig gruppenfreigestellt** und auch oberhalb der Marktanteilsschwelle der TT-GVO unkritisch: Unterlizenzierungs- und Lizenzübertragungsverbote, Geheimhaltungspflichten (insbesondere bezüglich des Know-how), Mitwirkungspflichten des Lizenznehmers bei der Durchsetzung der lizenzierten Rechte im Streitfall und die Pflicht des Lizenznehmers, Marke oder Name des Lizenzgebers auf den Vertragsprodukten anzubringen.[315]

202 Folgende Beschränkungen in TT-Vereinbarungen unterliegen nach europäischem Recht einer differenzierten Betrachtung: Die Verpflichtung des Lizenznehmers zur Beachtung von Qualitätsvorschriften ist jedenfalls unbedenklich, wenn diese der technisch einwandfreien Nutzung der Technologie oder Sicherung von Mindest-Qualitätsstandards dienen. Das gleiche gilt für Bezugsverpflichtungen (etwa bezüglich Roh- und Hilfsstoffen), die im Übrigen nach der Vertikal-GVO zu beurteilen sind.[316] Meistbegünstigungsverpflichtungen, wonach der Lizenzgeber dem Lizenznehmer stets die günstigsten Lizenzbedingungen einräumen muss, sind von der TT-GVO freigestellt; oberhalb ihrer Marktanteilsschwellen können sie kritisch sein, wenn sie den Lizenzgeber von der Vergabe von Lizenzen abhalten. Meistbegünstigungsklauseln, die sich auf den Verkauf der Vertragsprodukte beziehen, sind hingegen nicht freigestellt.[317] Klauseln, wonach sich die TT-Vereinbarung verlängert, wenn der Lizenzgeber dem Lizenznehmer Verbesserungen der lizenzierten Technologie mitteilt, sind gruppenfreigestellt; teilweise wird jedoch gefordert, der Lizenznehmer müsse das Recht haben, die Verbesserung abzulehnen oder die Vereinbarung zu kündigen (und zwar in der Regel spätestens nach drei Jahren nach Ablauf der ursprünglichen Laufzeit).

---

313 TT-LL Rn. 226 ff.
314 TT-LL Rn. 221 ff.
315 TT-Leitlinien Rn. 183; Mäger/Gering Kartellrecht S. 258 Rn. 98.
316 Vgl. hierzu auch Immenga/Mestmäcker/Fuchs Bd. 1 EU Allgemeines TT-GVO Rn. 83 f.; Mäger/Gering Kartellrecht S. 258 Rn. 99.
317 Immenga/Mestmäcker/Fuchs Bd. 1 EU Art. 4 TT-GVO Rn. 14, 15.

IV. Marken- und Urheberrechtslizenzvereinbarungen

Marken- und Urheberrechtslizenzvereinbarungen sind (mit Ausnahme von Softwarelizenzen) im europäischen Recht weder von der TT-GVO noch den TT-LL erfasst, so dass sich die Bewertung unmittelbar am Maßstab des spezifischen Gegenstandes des Schutzrechtes sowie des Kartellverbots und der Einzelfreistellung orientieren muss. Eine derartige Differenzierung ist dem US-amerikanischen Kartellrecht demgegenüber fremd. Die Bewertung von Marken- und Urheberrechtslizenzvereinbarung folgt damit grundsätzlich den bereits im Zusammenhang mit der Erörterung der TT-GVO herausgearbeiteten Grundsätzen des US-amerikanischen Kartellrechts. 203

1. Markenlizenzvereinbarungen

Zum **spezifischen Schutzgegenstand** der Marke gehört das Recht des Inhabers, unter seinem Zeichen Waren in den Verkehr zu bringen und dadurch die Identität der Warenerzeugung mit seinem Unternehmen zu belegen.[318] **Unionsweite Erschöpfung** tritt ein, wenn die mit der Marke versehenen Waren vom Inhaber oder mit dessen Zustimmung in den Verkehr gebracht werden.[319] Dementsprechend unterfallen auf die Waren bezogene Vertriebsbeschränkungen wie insbesondere Gebietsbeschränkungen nicht mehr dem spezifischen Gegenstand und sind am Kartellverbot zu messen (und regelmäßig in Markenlizenzverträgen unzulässig).[320] Durchaus zum spezifischen Gegenstand gehören jedoch die insoweit kartellrechtsfreien Beschaffenheits- und Qualitätsvereinbarungen bezüglich der unter der Marke vertriebenen Ware, die dem Schutz des Markenimages dienen (zB Qualitäts- und Produktspezifikationen, Kontrollen der Fertigungsstätten oder Bezugsbindungen für Roh- und Hilfsstoffe).[321] Sie sind insoweit dem Anwendungsbereich des Kartellrechts entzogen. Ebenfalls zum spezifischen Gegenstand gehören verpflichtende Lizenzvermerke (Hinweis auf den Lizenzgeber) sowie Absatzförderungspflichten.[322] Exklusivlizenzen gehören wohl nicht zum spezifischen Gegenstand, sollen aber in Anlehnung an die TT-GVO und TT-LL zu bewerten sein.[323] 204

2. Urheberrechtslizenzvereinbarungen

Zum spezifischen Gegenstand des Urheberrechts gehören das **Urheberpersönlichkeitsrecht** und die **Verwertungsrechte.**[324] Ersteres beinhaltet etwa das Veröffentlichungsrecht, den Anspruch auf Anerkennung der Urheberschaft und Abwehrrechte gegen die Entstellung des Werkes.[325] Letzteres beinhaltet das Vervielfältigungsrecht, das Verbreitungsrecht und das Ausstellungsrecht sowie das Recht der öffentlichen Wiedergabe.[326] Das Vervielfältigungsrecht ist unionsweit erschöpft, wenn die Erzeugnisse durch den Rechtsinhaber selbst oder mit dessen Zustimmung im Binnenmarkt in den Verkehr ge- 205

[318] EuGH Urt. v. 31.10.1974 – Rs. 16/74, Slg. 1974, 1183 (1195) – *Centrafarm/Winthrop;* Urt. v. 22.6.1976 – Rs. 119/75 Slg. 1976, 1039 (1062) – *Terrapin/Terranova;* Urt. v. 23.5.1978 Rs. 102/77 Slg. 1978, 1139 (1165) – *Hoffmann LaRoche/Centafarm.*

[319] Vgl. hierzu auch Immenga/Mestmäcker/Fuchs Bd. 1 EU Allgemeines TT-GVO Rn. 83f.; Mäger/Gering Kartellrecht S. 265 Rn. 128 mwN.

[320] EuGH Urt. v. 3.7.1974 – Rs. 192/73 Slg. 1974, 731ff. Rn. 14f. – *Van Zuylen/Hag 1;* Urt. v. 20.6.1978 – Rs. 28/77, Slg. 1978, 1391 (1412) – *Tepea/Kommission;* Urt. v. 11.7.1996 – verb. Rs. C-427/93, C-429/93, C-436/93, Slg. 1996, I-3457 (3552) – *Brisol-Myers Squibb/Paranova;* BKartA, 14.2.2008 – B 1 165/01 WuW/E DE-V 1584 – *KS Quattro.*

[321] Immenga/Mestmäcker/Fuchs Bd. 1 EU vor Allgemeines TT-GVO Rn. 84.

[322] Immenga/Mestmäcker/Fuchs Bd. 1 EU vor Allgemeines TT-GVO Rn. 84.

[323] Mäger/Gering Kartellrecht S. 267 Rn. 134.

[324] EuGH Urt. v. 20.10.1993 verb. – Rs. C-92/92 und C-326/96, Slg. 1993 I-5145 (5179) – *Collins und Patricia Im- und Export/Imtrat und Emi Electrola.*

[325] §§ 12–14 UrhG.

[326] §§ 15ff. UrhG.

bracht werden.[327] Deshalb sind Gebietsbeschränkungen beim Vertrieb von Produkten mit urheberrechtlichem Inhalt vollumfänglich nach dem Kartellrecht zu bewerten.[328] Ebenfalls nicht zum spezifischen Gegenstand sollen Exklusivlizenzen gehören.[329] Auch Mengenbeschränkungen, die Vorgabe von Mindestmengen und die Verpflichtung zur gebührenpflichtigen Nutzung der Rechte bei der Weiterentwicklung von Produkten gehören nicht zum spezifischen Gegenstand, weshalb bei der Vertragsgestaltung eine Orientierung an den Grundsätzen der TT-GVO und der TT-LL empfehlenswert ist.[330]

K. Forschungs- und Entwicklungsvereinbarungen

I. Begriffsbestimmungen, Erscheinungsformen, Wettbewerbsrelevanz

206 Forschungs- und Entwicklungsvereinbarungen (F&E-Vereinbarungen) zeichnen sich dadurch aus, dass zwei oder mehr Unternehmen **gemeinsame F&E** erbringen oder ein Unternehmen für ein anderes im **Auftragsverhältnis F&E** leistet, jeweils mit oder ohne gemeinsame Verwertung der gefundenen Ergebnisse. Erfasst werden so verschiedene Sachverhalte wie die Zusammenlegung von F&E-Kapazitäten zweier Wettbewerber, die F&E-Zusammenarbeit zwischen Hersteller und Zulieferer zur Verbesserung von Komponenten des Zulieferers, der Auftrag zur Erforschung einer konkreten Fragestellung, die ein Industrieunternehmen einer Hochschule erteilt oder das F&E-Outsourcing an einen spezialisierten Dienstleister.

207 Handelt es sich bei den Parteien nicht um **Wettbewerber,** ist eine reine F&E-Zusammenarbeit regelmäßig schon nicht von kartellrechtlicher Relevanz. Haben sie auch Abreden über die anschließende Verwertung der Erfindung getroffen, können diese jedoch wettbewerbsbeschränkend sein, wenn sie marktverschließend wirken, etwa wenn sie die ausschließliche Verwertung der Ergebnisse betreffen und mindestens eine der Parteien bei einer Schlüsseltechnologie über einen erheblichen Grad an Marktmacht verfügt (der nicht auf Marktbeherrschung hinauslaufen muss).[331]

208 Handelt es sich bei den Parteien um **Wettbewerber,** kann die F&E-Zusammenarbeit je nach Art der Kooperation und der Marktstellung der Parteien in den von ihr betroffenen Märkten den Innovationswettbewerb abschwächen.[332] Im Fall einer angestrebten Verbesserung bestehender Produkte oder Technologien hängt die Bewertung davon ab, ob die Parteien eine gemeinsame starke Stellung haben, der Marktzutritt schwierig ist und ob auf den betroffenen Märkten nur wenige Innovationsanstrengungen unternommen werden.[333] Betrifft die gemeinsame F&E völlig neue Produkte oder Technologien, für die ein neuer Markt entsteht, sind wettbewerbsbeschränkende Auswirkungen ebenfalls unwahrscheinlich, solange in ausreichendem Maße auch konkurrierende F&E-Anstrengungen verbleiben.[334]

209 Enthält eine F&E-Vereinbarung zwischen Wettbewerbern auch Abreden über die Verwertung, ist diese kritischer und schwieriger zu beurteilen.[335] Hier bietet sich im europäischen Recht an, den sicheren Hafen der F&E-GVO[336] aufzusuchen.

---

[327] EuGH Urt. v. 16.12.1999 – Rs. T-198/98, Slg. 1999, II-3989ff. Rn. 34 – *Micro Leader/Kommission.*
[328] Vertiefend: Mäger/Gering Kartellrecht S. 262 Rn. 117.
[329] Mäger/Gering Kartellrecht S. 263 Rn. 119 mwN.
[330] Mäger/Gering Kartellrecht S. 263 Rn. 122.
[331] Horizontal-LL Rn. 130 Fn 1 (Horizontal-LL-E Rn. 68).
[332] Horizontal-LL Rn. 132 (Horizontal-LL-E Rn. 67).
[333] Horizontal-LL Rn. 136 (Horizontal-LL-E Rn. 81f.).
[334] Horizontal-LL Rn. 136 (Horizontal-LL-E Rn. 88).
[335] Horizontal-LL-E Rn. 83.
[336] Verordnung (EU) Nr. 1217/2010 der Kommission vom 14.12.2010 über die Anwendung von Artikel 101 Absatz 3 des Vertrags über die Arbeitsweise der Europäischen Union auf bestimmte Gruppen von Vereinbarungen über Forschung und Entwicklung, ABl. EU 2010 Nr. L 335/36.

II. Bewertung nach europäischem Recht – die F&E-GVO

1. Anwendungsbereich der F&E-GVO

a) Freigestellte Aktivitäten

aa) F&E-Vereinbarung. Für die F&E-Zusammenarbeit der Unternehmen bieten die F&E-GVO und die Horizontal-LL den Bewertungsrahmen für die kartellrechtliche Prüfung (siehe dazu → Rn. 22, 23). 210

Die Gruppenfreistellung in Art. 2 Abs. 1 F&E-GVO gilt für „F&E-Vereinbarungen". Diese setzen zunächst voraus, dass die Parteien **„F&E"** durchführen, definiert als der Erwerb von Know-how über Produkte, Technologien oder Verfahren.[337] Damit erfasst die F&E-GVO nur solche F&E, die unmittelbar anwendungsorientiert ist, nicht aber die – wettbewerbsrechtlich zumeist ohnehin unbedenkliche – Grundlagenforschung.

Eine F&E-Vereinbarung setzt zudem voraus, dass „gemeinsame" F&E oder „Auftrags-F&E" vereinbart ist.[338] **Auftrags-F&E** ist gegeben, wenn eine Partei die F&E-Arbeiten alleine durchführt und die andere Partei diese finanziert.[339] **„Gemeinsame F&E"** liegt zunächst vor, wenn die Parteien diese in einem gemeinsamen Team ausüben, in dem Mitarbeiter jeder Partei bei der Lösung einer gemeinsamen Fragestellung zusammen arbeiten.[340] Sie liegt aber auch vor bei der Ausübung in einer gemeinsamen Organisation oder einem gemeinsamen Unternehmen (insbesondere einem F&E-Joint Venture).[341] Ebenfalls ist gemeinsame F&E gegeben, wenn diese durch einen gemeinsam bestimmten Dritten ausgeübt wird, etwa im Fall der Beauftragung eines universitären Instituts.[342] Zuletzt liegt „gemeinsame F&E" im Fall einer Aufteilung der F&E-Arbeiten in einer Form vor, die nach Ansicht der Parteien am zweckmäßigsten ist („Spezialisierung im Rahmen der F&E").[343] In dieser Variante können die Parteien die F&E-Arbeiten aufteilen und diese Teile jeweils selbständig durchführen. 211

bb) Gemeinsame Verwertung. Die F&E-GVO stellt, in Grenzen, auch die gemeinsame Verwertung durch die Parteien frei. Sie ist sogar auf reine **Verwertungsvereinbarungen** anwendbar, wenn diesen eine gemeinsame F&E oder Auftrags-F&E vorausgegangen ist.[344] 212

α) Begriff der „Verwertung". Zum Begriff der „Verwertung" zählen zunächst Produktion und **Vertrieb der Vertragsprodukte.**[345] Die nachfolgende Darstellung beschränkt sich auf diese für die Praxis wichtigen Fallgruppen. Zur „Verwertung" zählen aber auch die Anwendung der Vertragstechnologie (etwa im Fall von Verfahrenspatenten) sowie die Erteilung von Lizenzen an den F&E-Ergebnissen oder dessen Übertragung (etwa durch spezialisierte IP-Anbieter). 213

β) Geschützte Ergebnisse als Voraussetzung. Eine gemeinsame Verwertung ist nur insoweit freigestellt, als sie Ergebnisse betrifft, die durch Rechte des geistigen Eigentums geschützt sind oder **Know-how** darstellen und jeweils für die Herstellung der Vertragsprodukte oder die Anwendung der Vertragstechnologien unerlässlich sind.[346] Ist bei Abschluss der Vereinbarung noch nicht absehbar, welche Rechte später einmal unerlässlich sein wer- 214

[337] Vgl. die vollständige, etwas umfangreichere Definition in Art. 1 Abs. 1 lit. c) F&E-GVO bzw. Art. 1 Abs. 1 Nr. 3 F&E-GVOE.
[338] Art. 1 Abs. 1 lit. a) F&E-GVO bzw. Art. 1 Abs. 1 Nr. 1 lit. a) und b) F&E-GVO-E.
[339] Art. 1 Abs. 1 lit. p) F&E-GVO bzw. Art. 1 Abs. 1 Nr. 15 F&E-GVO-E.
[340] Art. 1 Abs. 1 lit. m) i) F&E-GVO bzw. Art. 1 Abs. 1 Nr. 12 lit. a) F&E-GVO-E.
[341] Art. 1 Abs. 1 lit. m) i) F&E-GVO bzw. Art. 1 Abs. 1 Nr. 12 lit. a) F&E-GVO-E.
[342] Art. 1 Abs. 1 lit. m) ii) F&E-GVO bzw. Art. 1 Abs. 1 Nr. 12 lit. b) F&E-GVO-E.
[343] Art. 1 Abs. 1 lit. m) iii) iVm lit. n) F&E-GVO bzw. Art. 1 Abs. 1 Nr. 12 lit. c) F&E-GVO-E.
[344] Art. 1 Abs. 1 lit. a) ii) und v) F&E-GVO bzw. Art. 1 Abs. 1 Nr. 1 lit. c) und d) F&E-GVO-E.
[345] Art. 1 Abs. 1 lit. g) F&E-GVO bzw. Art. 1 Abs. 1 Nr. 9 F&E-GVO-E.
[346] Art. 3 Abs. 4 F&E-GVO bzw. Art. 5 Abs. 1 F&E-GVO-E.

den, kommt auch eine zeitlich gestaffelte Verwertung auf getrennter vertraglicher Basis in Betracht.[347]

215 γ) Formen der freigestellten Verwertung. Freigestellt ist eine **„gemeinsame"** Verwertung, was wiederum, wie bei der gemeinsamen F&E, die Tätigkeit in einem gemeinsamen Team (etwa durch Vertriebsmitarbeiter jeder Seite), in einer gemeinsamen Organisation oder einem gemeinsamen Unternehmen (zB Produktions-Joint Venture), durch einen gemeinsam bestimmten Dritten (zB Handelsvertreter, Lohnfertiger) erfolgen kann oder aber im Wege der „Spezialisierung der Verwertung".[348]

216 Als eine Variante der gemeinsamen Verwertung freigestellt ist die gemeinsame Herstellung der Vertragsprodukte. Dabei ist auch die Festlegung von Produktionszielen zulässig.[349]

217 In Ergänzung zur gemeinsamen Herstellung, aber auch bei separater Herstellung, können die Parteien auch einen gemeinsamen Vertrieb vereinbaren. Dabei ist sowohl die **Festlegung von Absatzzielen** als auch der **Verkaufspreise für direkte Abnehmer** (nicht aber der Weiterverkaufspreise) zulässig.[350]

218 Als eine weitere Variante freigestellt ist die „Spezialisierung im Rahmen der Verwertung" durch Zuordnung einzelner Aufgaben wie Herstellung und Vertrieb.[351] So kann zum einen vereinbart werden, dass die **Herstellung nur durch eine Partei** erfolgt.[352] Bezüglich des Vertriebs kann dann vereinbart werden, dass dieser entweder in Zusammenarbeit, separat durch jede Partei oder nur durch die andere Partei durchgeführt wird. In den beiden letztbenannten Fällen muss die F&E-Vereinbarung die Verpflichtung der herstellenden Seite vorsehen, die andere Partei mit den Vertragsprodukten zu beliefern, damit diese im Vertrieb nicht blockiert werden kann.[353] Auch die **Aufgabe des Vertriebs** darf zulässigerweise einer Partei zugewiesen werden. Die andere Seite darf dann nicht selber vertreiben, ist aber auch nicht an dem Vertrieb beteiligt. Folgerichtig ist in diesem Fall weder die Festlegung von Absatzzielen noch der Verkaufspreise zulässig.[354] Die Herstellung kann in dieser Variante der anderen Seite zugewiesen sein, in Zusammenarbeit oder separat erfolgen.

219 Ebenfalls zulässig im Rahmen der „Spezialisierung der Verwertung" ist die Auferlegung von Beschränkungen hinsichtlich der Ergebnisse unter den Parteien. Dazu gehören **Beschränkungen in Bezug auf Gebiete, Kunden oder Anwendungsbereiche.**[355] Dementsprechend ist es möglich, dass sich die Parteien derartige Segmente gegenseitig zuweisen und insofern ungestört von der Konkurrenz durch die anderen Parteien herstellen und vertreiben. Nicht ausgeschlossen werden darf jedoch mit Bezug zu Gebieten und Kundengruppen der **passive Verkauf** in die der anderen Partei vorbehaltene Domäne; mit Bezug zu Anwendungsbereichen darf sogar der passive Verkauf verboten werden.[356]

220 Von den zulässigen Beschränkungen im Rahmen der „Spezialisierung der Verwertung" erfasst ist auch der Fall, in dem einer Seite ausschließlich Herstellung und Vertrieb zugewiesen sind.[357] Der Beitrag der anderen Partei beschränkt sich damit allein auf die gemeinsame F&E. Dies ist insbesondere in Fällen interessant, in denen auf der einen Seite ein reines F&E-Unternehmen tätig ist, etwa ein F&E-Dienstleister im Falle des F&E-Outsourcings.

---

[347] Besen/Slobodenjuk GRUR 2011, 300 (303).
[348] Art. 1 Abs. 1 lit.) F&E-GVO bzw. Art. 1 Abs. 1 Nr. 12 F&E-GVO-E.
[349] Art. 5 lit. b) i) F&E-GVO bzw. Art. 8 Abs. 2 lit. a) F&E-GVO-E.
[350] Art. 5 lit. b) ii) und lit. c) F&E-GVO bzw. Art. 8 Abs. 2 lit. b), Abs. 3 F&E-GVO-E.
[351] Art. 1 Abs. 1 lit. a) i), ii) F&E-GVO bzw. Art. 1 Abs. 1 Nr. 1 lit. a) ii), lit. b), ii F&E-GVO-E.
[352] Art. 1 Abs. 1 lit. o) F&E-GVO bzw. Art. 1 Abs. 1 Nr. 14 F&E-GVO-E.
[353] Art. 3 Abs. 5 F&E-GVO bzw. Art. 5 Abs. 2 F&E-GVO-E.
[354] Dies folgt aus Art. 5 lit. b) ii) und lit. c) F&E-GVO bzw. Art. 8 Nr. 2 lit. b), Nr. 3 F&E-GVO-E.
[355] Art. 1 Abs. 1 lit. o) F&E-GVO bzw. Art. 1 Abs. 1 Nr. 14 F&E-GVO-E.
[356] Art. 5 lit. d) F&E-GVO bzw. Art. 8 Nr. 4 F&E-GVO-E.
[357] Art. 1 Abs. 1 lit. o) F&E-GVO bzw. Art. 1 Abs. 1 Nr. 14 F&E-GVO-E.

b) Zugang zu Ergebnissen und Background-Rechten

221 Die Freistellung gilt nur, wenn alle Parteien sowohl für die Zwecke weiterer F&E als zum Zweck der Verwertung uneingeschränkten Zugang zu den **Endergebnissen der F&E** erhalten, sobald diese vorliegen, und zwar einschließlich daraus erwachsender Rechte des geistigen Eigentums (insbesondere Patente) und Know-how. Allerdings kann für den Fall einer vereinbarten Beschränkung in Bezug auf **Gebiete, Kunden oder Anwendungsbereiche** im Rahmen einer Spezialisierung der Verwertung eine entsprechende Beschränkung beim Rechtezugang vorgesehen werden. Auch kann die Rechtezuordnung entsprechend der Zuordnung von Herstellung und Vertrieb allein zu einer Partei vorgenommen werden.[358]

222 In F&E-Vereinbarungen mit **Hochschulen, Forschungsinstituten** und Unternehmern, die F&E-Leistungen in Form gewerblicher Dienste erbringen (etwa im Falle des F&E-Outsourcings) und sich üblicherweise nicht mit der Verwertung befassen, kann vereinbart werden, dass diese **keine Verwertungsrechte** an den Ergebnissen der F&E erhalten.[359]

223 Sofern die Parteien keine gemeinsame Verwertung vereinbart haben, muss die F&E-Vereinbarung vorsehen, dass jeder Partei auch **Zugang zum vorhandenen Know-how** der anderen Partei gewährt wird, sofern dieses Know-how für die Verwertung der Ergebnisse durch die Partei unerlässlich ist. Für vorhandene Rechte des geistigen Eigentums gilt eine solche Zugangspflicht nicht. Zulässig ist es, den Rechtezugang von der **Zahlung einer Vergütung** abhängig zu machen, die jedoch nicht prohibitiv hoch sein darf.[360]

c) Marktanteilsschwellen und Freistellungsdauer

224 **aa) Nicht-Wettbewerber.** Sind die Parteien **keine Wettbewerber,** gilt die Freistellung **marktanteilsunabhängig** für die gesamte Dauer der F&E. Haben die Parteien auch die **gemeinsame Verwertung** vereinbart, gilt die Freistellung, weiterhin marktanteilsunabhängig, für einen **Zeitraum von sieben Jahren** ab dem Tag des erstmaligen Inverkehrbringens der Vertragsprodukte im Binnenmarkt.[361] Nach Ablauf dieses Zeitraums gilt die Freistellung solange weiter, wie der gemeinsame Anteil der Parteien an den relevanten Produkt- und Technologiemärkten höchstens 25% beträgt.[362]

225 **bb) Wettbewerber.** Sind die Parteien **Wettbewerber,** greift die Freistellung im Falle einer gemeinsamen F&E nur, wenn der gemeinsame Anteil der Parteien an den relevanten Produkt- und Technologiemärkten **höchstens 25%** beträgt. In diesem Fall gilt die Freistellung für die Dauer der gemeinsamen F&E sowie im Fall der gemeinsamen Verwertung für einen Zeitraum von sieben Jahren ab dem Tag des erstmaligen Inverkehrbringens der Vertragsprodukte im Binnenmarkt.[363] Nach Ablauf dieses Zeitraums gilt die Freistellung solange weiter, wie der gemeinsame Anteil der Parteien an den relevanten Produkt- und Technologiemärkten höchstens 25% beträgt.[364]

226 Im Falle der **Auftrags-F&E** sind bei Berechnung der Marktanteile auch die **Marktanteile anderer Unternehmen** einzubeziehen, mit denen die finanzierende Partei F&E-Vereinbarungen über dieselben Vertragsprodukte oder -technologien geschlossen hat.[365]

---

[358] Art. 3 Abs. 2 F&E-GVO bzw. Art. 3Abs. 1, Abs. 4 F&E-GVO-E.
[359] Art. 2 Abs. 2 Satz 3 F&E-GVO bzw. Art. 3 Abs. 3 F&E-GVO.
[360] Art. 3 Abs. 3 F&E-GVO bzw. Art. 4 F&E-GVO-E.
[361] Art. 4 Abs. 1 F&E-GVO bzw. Art. 6 Abs. 1, Abs. 3 F&E-GVO.
[362] Art. 4 Abs. 3 F&E-GVO; wobei Art. 7 lit. d) und e) F&E-GVO hier Toleranzen zulässt; Art. 6 Abs. 5 F&E-GVO-E.
[363] Art. 4 Abs. 2 lit. a) F&E-GVO bzw. Art. 6 Abs. 2 lit. a), Abs. 4, Abs. 5 F&E-GVO-E.
[364] Art. 4 Abs. 3 F&E-GVO.
[365] Art. 4 Abs. 3 lit. b F&E-GVO bzw. Art. 6 Abs. 2 lit. b) F&E-GVO.

2. Kernbeschränkungen

a) Beschränkungen bei weiterer F&E

227 Während der Laufzeit der gemeinsamen F&E dürfen die Parteien sich darin beschränken, selber oder mit Dritten **konkurrierende F&E** zu betreiben. Für die Zeit nach Abschluss der F&E dürfen sich die Parteien jedoch nicht mehr entsprechend beschränken, so dass dann ein alleiniges Tätigwerden oder eine Zusammenarbeit mit Dritten möglich sein muss. In keinem Fall vereinbart werden darf eine Beschränkung der Parteien im Hinblick auf F&E, die mit dem Gegenstand der F&E-Vereinbarung nicht zusammenhängt.[366]

b) Weitere Kernbeschränkungen

228 Weitere Kernbeschränkungen betreffen Produktion und Absatz, die Preisfestsetzung, den Verkauf in Gebiete und an Kundengruppen. Davon ausgenommen sind die dargestellten Gestaltungsmöglichkeiten im Rahmen der gemeinsamen Verwertung.[367]

3. Nicht freigestellte Klauseln

229 Im Falle intendierter Nichtangriffsverpflichtungen und des Verbots der Erteilung von Drittlizenzen sind bei der Vertragsgestaltung zwei graue Klauseln der F&E-GVO zu beachten.

a) Nichtangriffsverpflichtungen

230 Freigestellt ist ein vertragliches Verbot, für die Dauer der F&E-Arbeiten die **Schutzrechte** der Parteien, die für diese Arbeiten von Bedeutung sind, **nicht anzufechten.** Ebenfalls freigestellt ist ein vertragliches Verbot, während der Laufzeit der gesamten F&E-Vereinbarung die Schutzrechte, welche die Ergebnisse der F&E schützen, nicht anzugreifen. Auf die Zeit nach Abschluss der F&E-Arbeiten beziehungsweise nach Ablauf der F&E-Vereinbarung darf dieses Verbot, soweit es Schutzrechte in der Union betrifft, aber nicht erstreckt werden; zulässig bleibt für diesen Fall aber das Recht zur Kündigung der F&E-Vereinbarung (sofern diese dann noch besteht).[368]

b) Verbot von Drittlizenzen

231 Sofern in der F&E-Vereinbarung vorgesehen ist, dass mindestens eine der Parteien die Ergebnisse verwertet und diese Verwertung im Binnenmarkt auch tatsächlich erfolgt, ist ein vertragliches Verbot der Erteilung von Lizenzen an Dritte zur Herstellung der Vertragsprodukte oder Anwendung der Vertragstechnologien freigestellt; im Übrigen aber nicht.[369] Auf diese Weise soll verhindert werden, dass die F&E-Ergebnisse zurückgehalten werden.

L. Kooperationen unter Wettbewerbern

I. Produktionskooperationen

1. Begrifflichkeiten, Erscheinungsformen, Wettbewerbsrelevanz

232 Produktionskooperationen zwischen Unternehmen, die zumindest auf den gleichen sachlichen Märkten Wettbewerber sind, können vorsehen, (i) dass eine Partei auf die Produktion

[366] Art. 5 lit. a) F&E-GVO bzw. Art. 8 Abs. 1 F&E-GVO-E.
[367] Art. 5 lit. b)–g) F&E-GVO bzw. Art. 8 Abs. 3–7 F&E-GVO-E.
[368] Art. 6 lit. a F&E-GVO bzw. Art. 9 Abs. 1 lit. a) F&E-GVO-E.
[369] Art. 6 lit. b F&E-GVO bzw. Art. 9 Abs, 1 lit. b) F&E-GVO.

bestimmter Produkte ganz verzichtet und diese von der anderen Partei bezieht, die sich zur Belieferung verpflichtet **(„einseitige Spezialisierung"),** (ii) dass zwei oder mehr Parteien gegenseitig vereinbaren, jeweils auf die Produktion bestimmter, aber jeweils anderer Produkte zu verzichten und diese von den jeweils anderen Parteien zu beziehen, die sich zur Belieferung verpflichten **(„gegenseitige Spezialisierung"),** oder (iii) dass zwei oder mehr Parteien eine **gemeinsame Produktion** vereinbaren.[370]

Derartige Produktionskooperationen können **Effizienzgewinne** ua durch Kosteneinsparungen (Wegfall mehrfacher Produktionskapazitäten, Erzielung von Größen- oder Mengenvorteilen) oder durch Verbesserung der Produktionstechniken (bei sich ergänzenden Fertigungskenntnissen) erzielen.[371] Bei vorhandenem Wettbewerbsdruck werden diese Effizienzgewinne im Zweifel auch (partiell) an die Nachfrager weitergegeben. Gleichzeitig bestehen aber auch, besonders bei höheren Marktanteilen der Parteien und Konzentration im Markt, **Wettbewerbsgefahren,** wie die Gefahr der Angleichung von Preisen (wenn sich die Gestehungskosten angleichen oder die Unternehmen vertrauliche Informationen über ihre Kostengrundlagen austauschen müssen), Produktionsmengen, der Produktqualität, der Produktvielfalt und der Innovationen (insbesondere wenn die Produktion den Schwerpunkt der wettbewerblichen Tätigkeit bildet), sowie der Marktverschließung gegenüber Dritten, die auf die erfassten Produkte angewiesen sind.[372] 233

2. Bewertung nach europäischem Kartellrecht

a) Bewertung nach der Spez-GVO

Für Produktionskooperationen bieten die Spez-GVO und die Horizontal-LL den Bewertungsrahmen für die kartellrechtliche Prüfung (siehe dazu → Rn. 22, 23). Nach der Spez-GVO sind die einseitige und die gegenseitige Spezialisierung sowie die gemeinsame Produktion gruppenfreigestellt.[373] Dies erfasst auch den Fall, dass die Produktion im Wege von Unteraufträgen vergeben wird.[374] 234

Bei der Vertragsgestaltung ist zu beachten, dass die produzierende Partei strikte Produktions- und Lieferpflichten gegenüber der anderen Partei trifft, und die andere Partei auch weiterhin mit diesen Produkten am Markt aktiv bleiben beziehungsweise diese als Vorprodukte in ihre eigenen Produkte einsetzen muss, da andernfalls die Gefahr eines **unzulässigen Marktaustrittskartells** besteht. 235

Voraussetzung der Freistellung ist, dass der gemeinsame Anteil der Parteien auf jedem relevanten Markt **höchstens 20%** beträgt.[375] In die Betrachtung einbezogen werden zum einen die sachlich und räumlich relevanten Märkte, zu denen die vertragsgegenständlichen Produkte gehören. Handelt es sich bei diesen um Zwischenprodukte, die eine oder mehrere Parteien auch intern für die Herstellung „nachgelagerter" und am Markt angebotener Produkte verwenden, sind auch deren sachlich und räumlich relevanten Märkte einzubeziehen.[376] 236

Von der Freistellung erfasst ist auch eine **Alleinbezugsverpflichtung,** wonach die beziehende Partei die erfassten Produkte nicht bei Dritten erwerben darf[377] (dies sichert die Auslastung der Produktionskapazitäten der produzierenden Partei) sowie eine **Alleinbelieferungsverpflichtung,** wonach die produzierende Partei nicht an dritte Wettbewerber 237

[370] Horizontal-LL Rn. 152 bzw. Horizontal-LL-E Rn. 254ff.
[371] Horizontal-LL Rn. 183 bzw. Horizontal-LL-E Rn. 288.
[372] Horizontal-LL Rn. 157 bis 167 bzw. Horizontal-LL-E Rn. 212ff.
[373] Art. 2 Abs. 1 iVm Art. 1 Abs. 1 lit. a) bis d) Spez-GVO bzw. Art. 2 Abs. 1 iVm Art. 1 Avbs. 1 lit. a) Spez-GVO-E.
[374] Art. 1 Abs. 1 lit. g) Spez-GVO bzw. Art. 1 Abs. 1 lit. d) Spez-GVO-E.
[375] Art. 3, Art. 5 Spez-GVO bzw. Art. 3, Art. 4 Abs. 4 Spez-GVO-E.
[376] Art. 1 Abs. 1 lit. i) Spez-GVO.
[377] Art. 2 Abs. 3 lit. a) iVm Art. 1 Abs. 1 lit. o) Spez-GVO bzw. Art. 2 Abs. 4 lit. a) Spez-GVO-E.

liefern darf; der Verkauf an sonstige Abnehmer muss freilich gestattet sein.[378] In Vereinbarungen über eine einseitige oder gegenseitige Spezialisierung sind auch Bestimmungen über die Festlegung von **Produktmengen,** in Vereinbarungen über die gemeinsame Produktion sind Festlegungen von **Kapazitäten und Produktionsvolumina** freigestellt.[379]

238 Freigestellt ist auch eine Regelung, wonach die Parteien die „Spezialisierungsprodukte"[380] **gemeinsam vertreiben,**[381] sei es über ein „gemeinsames Team", eine gemeinsame Organisation oder ein gemeinsames Unternehmen oder einen Dritten als Vertriebshändler, der allerdings kein Wettbewerber sein darf.[382] In diesem Fall dürfen sie die **Verkaufspreise für direkte Abnehmer** gemeinsam festsetzen[383] sowie **Absatzziele festlegen.**[384]

239 Im Übrigen sind die Beschränkung von Produktion und Absatz, die Zuweisung von Märkten oder Kunden sowie die Festsetzung der Verkaufspreise als Kernbeschränkungen nicht freigestellt.[385]

b) Bewertung jenseits der Spez-GVO

240 Werden die Marktanteilsschwellen der Spez-GVO überschritten, so ist das Vorliegen einer **Wettbewerbsbeschränkung** im Einzelfall zu prüfen, wird aber vielfach anzunehmen sein. Sie kann ggf. verneint werden, wenn die Marktanteilsschwellen nur geringfügig überschritten werden und der Markt nicht konzentriert ist[386] oder auf dynamischen Märkten mit geringen Marktzutrittsschranken und häufig wechselnden Marktanteilen.[387] Im Übrigen bedarf es der nachvollziehbaren Identifizierung etwaiger Effizienzgewinne.

II. Vermarktungsvereinbarungen

1. Begrifflichkeiten, Erscheinungsformen, Wettbewerbsrelevanz

241 Unter „Vermarktungsvereinbarungen" werden Vereinbarungen verstanden, die den **gemeinsamen Verkauf,** den **Vertrieb** oder die **Verkaufsförderung** bezüglich im Wettbewerb stehender Produkte regeln. Dies erfasst so unterschiedliche Fallgestaltungen wie eine gemeinsame Verkaufsvereinbarung mit einem Abnehmer oder die gemeinsame Durchführung bestimmter Vermarktungsfunktionen (wie etwa Vertrieb, Kundendienst oder Werbung).[388]

242 Eine Vermarktungsvereinbarung ist in der Regel dann wettbewerblich unbedenklich, wenn sie objektiv erforderlich ist, um einer Partei den Eintritt in einen Markt zu ermöglichen, auf dem sie sich anders nicht hätte behaupten können oder wenn zwei oder mehr Parteien nur auf Grund der Vermarktungsvereinbarung in den Markt eintreten können (Arbeitsgemeinschaftsgedanke).[389] Im Übrigen begegnen Vermarktungsvereinbarungen zwischen Wettbewerbern erheblichen **kartellrechtliche Bedenken;** vielfach bewegen sie sich nahe am „Hardcore"-Kartell: Sie begründen die Gefahr der Preisfestsetzung, der Marktaufteilung sowie des Austauschs sensibler Informationen, die ein Kollusionsergebnis

---

[378] Art. 2 Abs. 3 lit. a) iVm Art. 1 Abs. 1 lit. p) Spez-GVO bzw. Art. 2 Abs. 4 lit. a) Spez-GVO-E.
[379] Art. 4 lit. b) i) Spez-GVO bzw. Art. 5 Abs. 2 lit. b) Spez-GVO-E.
[380] Zum Begriff siehe Art. 1 Abs. 1 lit. j) Spez-GVO bzw. Art. 1 Abs. 1 lit. f) Spez-GVO.
[381] Art. 2 Abs. 3 lit. b) Spez-GVO bzw. Art. 2 Abs. 4 lit. b) Spez-GVO.
[382] Art. 1 Abs. 1 lit. q) Spez-GVO bzw. Art. 1 Abs. 1 lit. l) Nr. 2 Spez-GVO-E.
[383] Art. 4 lit. a) Spez-GVO bzw. Art. 5 Abs. 1 Spez-GVO-E.
[384] Art. 4 lit. b) ii) Spez-GVO bzw. Art. 5 Abs. 2 lit. c) Spez-GVO.
[385] Art. 4 Spez-GVO bzw. Art. 5 Spez-GVO-E.
[386] Horizontal-LL Rn. 170 bzw. Horizontal-LL-E Rn. 233–235.
[387] Horizontal-LL-E Rn. 236.
[388] Horizontal-LL Rn. 225 f. bzw. Horizontal-LL Rn. 355 f.
[389] In diesem Fall sind die Parteien schon nicht als potentielle Wettbewerber anzusehen, siehe Horizontal-LL Rn. 237 bzw. Horizontal-LL-E Rn. 372.

ermöglichen.[390] In der Praxis ist vor diesem Hintergrund zu großer Vorsicht beim Abschluss von Vermarktungsvereinbarungen zu raten.

2. Bewertung nach europäischem Kartellrecht

Ein gemeinsamer Vertrieb kann im Rahmen einer Produktionskooperation oder im Anschluss an eine gemeinsame oder Auftrags-F&E nach der Spez-GVO oder der TT-GVO freigestellt sein. Insofern wird auf die jeweils einschlägigen Ausführungen verwiesen. Nachfolgend werden daher nur Vermarktungsvereinbarungen zwischen Wettbewerbern behandelt, die nicht im Zusammenhang mit einer Produktionskooperation oder einer gemeinsamen oder Auftrags-F&E stehen. Für solche ist grundsätzlich, mangels Anwendbarkeit einer Gruppenfreistellungsverordnung, nur eine Freistellung in unmittelbarer Anwendung von Art. 101 Abs. 3 AEUV denkbar. So sollen nicht bezweckte, sondern lediglich bewirkte Wettbewerbsbeschränkungen bis zu einem **gemeinsamen Marktanteil von 15 %** im Zweifel freigestellt sein.[391] Im Übrigen können mit Vermarktungsvereinbarungen zwar „erhebliche Effizienzgewinne"[392] erzielt werden, doch müssen diese, um zu einer Einzelfreistellungsfähigkeit gelangen zu können, aus der gemeinsamen Vermarktung selber hervorgehen (zB Größen- und Verbundvorteile), und dürfen nicht auf dem Wegfall des Wettbewerbs beruhen (zB geringere Transportkosten aufgrund einer Gebietsaufteilung). 243

Sofern das „Ob" der kartellrechtlichen Zulässigkeit der gemeinsamen Vermarktung bejaht werden kann, muss in einem zweiten Schritt geprüft werden, ob die Vermarktungsvereinbarung typische vertikale Wettbewerbsbeschränkungen enthält, die dann nach den dafür geltenden Grundsätzen zu bewerten sind.[393] 244

III. Einkaufskooperationen

1. Begrifflichkeiten, Erscheinungsformen, Wettbewerbsrelevanz

Ziel von Einkaufskooperationen ist es in der Regel, Nachfragemacht zu schaffen, insbesondere um zu niedrigeren Einkaufspreisen zu gelangen.[394] 245

Wenn die beteiligten Parteien keine Wettbewerber auf den **nachgelagerten Angebotsmärkten** sind, führen Einkaufskooperationen nur dann zu Wettbewerbsbeschränkungen, wenn sie eine so große Nachfragemacht bündeln (die nicht auf Marktbeherrschung hinauslaufen muss), dass die Anbieter aufgrund der ausgehandelten Preise gezwungen sind, Angebotspalette, Qualität oder Innovationen ihrer Produkte zu drosseln[395] oder die beteiligten Unternehmen ihre Stellung auf dem Einkaufsmarkt ausnutzen können, um ihre Wettbewerber auf den jeweils nachgelagerten Verkaufsmärkten zu beeinträchtigen[396] (etwa in dem diesen der Zugang zu von der Einkaufskooperation erfassten wichtigen Vorprodukten verwehrt wird). 246

2. Bewertung nach europäischem Kartellrecht

Sind die Parteien der Einkaufsgemeinschaft keine Wettbewerber auf einem nachgelagerten Markt, ist bis zu einem gemeinsamen **Marktanteil von 15 %** der Parteien auf dem Nachfragemarkt der Einkaufsgemeinschaft von der grundsätzlichen kartellrechtlichen Zulässig- 247

---

[390] Horizontal-LL Rn. 230ff. bzw. Horinzontal-LL-E Rn. 360ff.
[391] Horizontal-LL Rn. 240 bzw. Horizontal-LL-E Rn. 378.
[392] Horizontal-LL Rn. 246 bzw. Horizontal-LL-E Rn. 380.
[393] Horizontal-LL Rn. 277 bzw. Horizontal.LL-E Rn. 356.
[394] Siehe vertiefend Säcker/Mohr WRP 2011, 793ff.
[395] Horizontal-LL Rn. 202 bzw. Horizontal-LL-E Rn. 331.
[396] Horizontal-LL Rn. 212 bzw. Horizontal-LL Rn. 334.

keit der Einkaufsgemeinschaft auszugehen.[397] Bei einem Marktanteil darüber hinaus ist im Einzelfall zu prüfen, ob im Sinne der obigen Ausführungen negative wettbewerbliche Wirkungen von der Einkaufsgemeinschaft ausgehen. Die Horizontal-Leitlinien der Kommission geben hier eine sehr gute Hilfestellung.[398]

248 Wenn die beteiligten Parteien Wettbewerber auf den **nachgelagerten Angebotsmärkten** sind, darf die Einkaufskooperation selbstverständlich nicht als verschleiertes Kartell auf Angebotsseite genutzt werden.[399] Im Übrigen ist zu berücksichtigen, ob die Einkaufskooperation zu Kollusionsergebnissen auf Angebotsseite führen kann, etwa zu einer Preisangleichung aufgrund Kostenangleichung oder aufgrund Austauschs sensibler Informationen. Dies ist jedoch unwahrscheinlich, solange sowohl der Einkaufsmarktanteil der Kooperation als auch der gemeinsame Marktanteil auf den nachgelagerten Angebotsmärkten unter 15% liegt.[400]

249 Sofern das „Ob" der kartellrechtlichen Zulässigkeit der Einkaufskooperation zu bejahen ist, muss in einem zweiten Schritt geprüft werden, ob im Verhältnis ihrer Mitglieder untereinander oder im Verhältnis zu den Anbietern typische **vertikale Wettbewerbsbeschränkungen** vereinbart werden, die dann nach den dafür geltenden Grundsätzen zu bewerten sind.[401]

IV. Arbeits- und Bietergemeinschaften

250 Arbeitsgemeinschaften zeichnen sich dadurch aus, dass mehrere Unternehmen, vielfach Wettbewerber, regelmäßig zur Bewältigung eines konkreten Projektes (zB eines Bauauftrages) gemeinsam am Markt auftreten. Geben Unternehmen ein gemeinsames Angebot in einem Vergabeverfahren ab, spricht man von einer Bietergemeinschaft. Grundlage der Zusammenarbeit sind regelmäßig Konsortial- oder ARGE-Verträge, aber auch Joint Venture-Gesellschaften. Da Arbeitsgemeinschaften die Zahl der am Markt unabhängig tätigen Wettbewerber reduzieren, sind sie kartellrechtlich zumindest kritisch. Kartellrechtlich unzulässigen Bietergemeinschaften droht der Ausschluss vom Vergabeverfahren. Dieses Verdikt gilt allerdings nicht, wenn die teilnehmenden Unternehmen für sich alleine objektiv nicht in der Lage wären, das konkrete Projekt zu stemmen, etwa aufgrund begrenzter technischer Möglichkeiten, Kapazitäten oder fehlenden Know-hows (**fehlende Marktfähigkeit**[402]). In einem solchen Fall führt erst die Bildung der Arbeitsgemeinschaft zur Anbieterstellung der Unternehmen und ist damit wettbewerblich zu begrüßen.[403]

M. Joint Ventures

I. Allgemeines

251 Gründen zwei oder mehr Unternehmen zur Durchführung gemeinsamer Aufgaben (zB F&E, Arbeitsgemeinschaft oder gemeinsamer Vertrieb) ein gemeinsames Unternehmen (Joint-Venture), kann dies der Fusionskontrolle unterliegen. Fusionskontrollrechtlich spricht

---

[397] Horizontal-LL Rn. 208 bzw. Horizontal-LL-E Rn. 329.
[398] Horizontal-LL Rn. 202ff. bzw. Horizontal-LL-E Rn. 344ff.
[399] Horizontal-LL Rn. 205.
[400] Horizontal-LL Rn. 208.
[401] Horizontal-LL Rn. 277 bzw. Horizontal-LL-E Rn. 314.
[402] Koenig/Kühling/Müller WuW 2005, 126ff.
[403] Kommission, Entscheidung v. 13.12.1994 IV, 32.490 ABl. EG 1994 L 354/66 Rn. 38 – *Eurotunnel;* Entscheidung v. 13.7.1990 IV/32.009, ABl. EG 1990 L 179/15 Rn. 24 – *Elopak/Metail Box – Odin;* Entscheidung v. 27.7.1990 IV/32.688, ABl. EG 1990 L 228/31 (34) – *Konsortium ECR 900;* BGH WuW/E BGH 2050 – *Bauvorhaben Schramberg;* Müller-Feldhammer NZKart 2019, 463; Beninca/Gebauer WuW 2018, S. 451.

man von einem **Gemeinschaftsunternehmen** („GU"). Kennzeichnend für ein GU nach deutschem Fusionskontrollrecht ist die Beteiligung von zwei oder mehr Unternehmen mit einem Anteil von jeweils 25 % des Kapitals oder der Stimmrechte.[404] Im Fusionskontrollrecht der Europäischen Union wird ein GU durch die gemeinsame Kontrolle durch zwei oder mehr Unternehmen definiert.[405] Im Rahmen der Vertragsgestaltung stellt sich in beiden Fällen die Frage nach dem Verhältnis von Fusionskontrolle zum allgemeinen Kartellrecht, insbesondere dem Verbot wettbewerbsbeschränkender Vereinbarungen. Gründen zwei Wettbewerber etwa ein F&E-Joint Venture, das der Fusionskontrolle unterliegt, stellt sich die Frage, ob sie ihre Zusammenarbeit zusätzlich noch am Maßstab der F&E-GVO bewerten müssen.

II. Bewertung nach deutschem Kartellrecht

Im deutschen Recht gilt: Eine fusionskontrollrechtliche Freigabe befreit grundsätzlich nicht von einer Prüfung des Verbots wettbewerbsbeschränkender Vereinbarungen im Verhältnis der Gesellschafter des GU untereinander. Dies ist insbesondere dann relevant, wenn das GU **keine selbständige Einheit** darstellt und eine Verhaltenskoordination der Gesellschafter erwarten lässt.[406] Insbesondere für den Fall, dass nur einzelne Aufgaben in das GU überführt werden sollen (zB F&E), bleibt also das Verbot wettbewerbsbeschränkender Vereinbarungen auf Ebene der Gesellschafter im Hinblick auf die im GU ausgeübten Tätigkeiten weiterhin neben der Fusionskontrolle einschlägig **(Zwei-Schranken-Theorie).** Aber auch im Verhältnis der Gesellschafter zum GU selber kann das Verbot wettbewerbsbeschränkender Vereinbarungen weiterhin anwendbar sein, wenn lediglich eine Minderheitsbeteiligung ohne weitergehende Kontrollrechte vorliegt und somit das Konzernprivileg nicht eingreift.[407] 252

III. Bewertung nach europäischem Kartellrecht

Auf Ebene der EU-Fusionskontrolle ist zunächst zu berücksichtigen, dass ein Gemeinschaftsunternehmen nur dann der Fusionskontrolle unterliegt, wenn es auf Dauer alle Funktionen einer wirtschaftlich selbstständigen Einheit erfüllt **(„Vollfunktions-GU"),**[408] was insbesondere auch einen eigenen Marktauftritt und Umsätze mit Drittunternehmen in relevantem Umfang voraussetzt. Bei derartigen GU, zu denen etwa die Auslagerung der eigenen F&E in ein gemeinsames Joint-Venture im Zweifel nicht gehört, ist grundsätzlich die Gefahr einer Verhaltensabstimmung seiner Gesellschafter geringer. Sofern ein solches GU aber gleichwohl die Koordinierung des Wettbewerbsverhaltens seiner unabhängig bleibenden Gesellschafter bezweckt oder bewirkt **(„kooperatives Vollfunktions-GU"),** wird diese Koordinierung der Gesellschafter untereinander (so genannte „spill over"-Effekte) ebenfalls parallel am Verbot wettbewerbsbeschränkender Vereinbarungen gemessen.[409] Die Fusionskontrolle wirkt allerdings insoweit privilegierend im Hinblick auf die anzulegenden Maßstäbe, als Art. 2 Abs. 5 der EU-Fusionskontrollverordnung den Tatbestand des Art. 101 AEUV inhaltlich einschränkt. Verfahrensrechtlich tritt als weitere Privilegierung hinzu, dass die Prüfung anders als im deutschen Recht innerhalb des Fusionskontrollver- 253

[404] § 37 Abs. 1 Nr. 3 Satz 3 GWB.
[405] Konsolidierte Mitteilung der Kommission zu Zuständigkeitsfragen gemäß der Verordnung (EG) Nr. 139/2004 des Rates über die Kontrolle von Unternehmenszusammenschlüssen, Rn. 91.
[406] Grundlegend BGH WuW/E BGH 2169 ff., 2170 – *Mischwerke.*
[407] Thomas ZWeR 2005, 237 ff.
[408] Art. 3 Abs. 4 Verordnung (EU) Nr. 139/2004, ABl. EU 2003 C 20/4.
[409] Art. 2 Abs. 4 Verordnung (EU) Nr. 139/2004, ABl. EU 2003 C 20/4; zu Anforderungen an die inhaltliche Prüfung siehe Art. 2 Abs. 5.

fahren durchgeführt werden muss, so dass auch die engen gesetzlichen Fristen gelten. Zudem erstreckt sich eine fusionskontrollrechtliche Freigabe auch auf die erfasste Verhaltenskoordinierung der Gesellschafter untereinander und hat damit legalisierende Wirkung.

§ 6 Vertragsstrafen und Schadenspauschalierungen (penalties and liquidated damages)

Übersicht

Schrifttum:

Bell, Liquidated Damages and the Doctrine of Penalties: Rethinking the War on Terrorem, ICLR 2012, 386 ff.; *Berger,* Vertragsstrafen und Schadenspauschalierungen im Internationalen Wirtschaftsvertragsrecht, RIW 1999, 401 ff.; *Davie,* The proper scope of liquidated damages clauses, LMCLQ 2020, 626 ff.; *Day,* A Pyrrhic victory for the doctrine against penalties: Makdessi v Cavendish Square Holding BV, J. Bus. L. 2016, 115 ff.; *Derlin,* Vertragsstrafen und AGB-rechtliche Inhaltskontrolle, MDR 2009, 597 ff.; *DiMatteo,* Behavioural Case for Contractual Penalties under the Common Law, ERPL 2015, 327 ff.; *Doralt,* Penalty Clauses in Commercial Contracts, Graz Law Working Paper Series, Working Paper No 03–2021; *Eggleston,* Liquidated Damages and Extensions of Time in Construction Contracts, 3. Aufl. 2009; *Faust,* Contractual Penalties in German Law, ERPL 2015, 285 ff.; *Fritzemeyer/Kriechbaumer,* Vertragsstrafen und pauschalierter Schadensersatz im angelsächsischen Rechtskreis, RIW 2017, 777 ff.; *Garcia,* Enforcement of Penalty Clauses in Civil and Common Law: A Puzzle to be solved by the Contracting Parties, EJLS 2015, 81 ff.; *Graf von Westphalen,* Was bleibt von Vertragsstrafeklauseln und Schadenspauschalen in Bestellbedingungen?, BB 2018, 323 ff.; *Hachem,* Rethinking Penalty and Liquidated Damages Clauses in International Commercial Contracts, 2011; *Halson,* Liquidated Damages and Penalty Clauses, 2018; *Kronke,* Vertragsstrafe, pauschalierter Schadensersatz und Verwandtes im transnationalen Vertragsrecht, in: Hau/Schmidt (Hrsg.), Trierer Festschrift für Walter F. Lindacher zum 80. Geburtstag, 2017, S. 253 ff.; *Leuschner,* Vertragsstrafenhöhe und AGB-rechtliche Inhaltskontrolle, ZIP 2021, 1471 ff.; *Lindacher,* Schadensersatzpauschalen: Kontrolle und Korrektur, FS für Rolf Birk, 2008, S. 515 ff.; *Nodoushani,* Die „verdeckte“ Vertragsstrafe – Zur Abgrenzung von Schadensersatzpauschale und Vertragsstrafe, ZGS 2005, 330 ff.; *Ders.,* Liquidated Damages im amerikanischen Recht, VersR

2005, 1623 ff.; *Ostendorf,* Vertragsstrafe und pauschalierter Schadensersatz als Instrumente der Vertragsgestaltung, JuS 2015, 977 ff.; *Ders.,* Die Neujustierung der penalty rule im englischen Vertragsrecht – Abschreckung schadet nicht (mehr), ZEuP 2017, 165 ff:, *Pasa,* The European Law of Contractual Penalties, ERPL 2015, 355 ff.; *Peel,* The rule against penalties, L.Q.R. 2013, 152 ff.; *Pendl/Prantl,* Mäßigung einer Vertragsstrafe durch das Schiedsgericht, SchiedsVZ 2019, 266 ff.; *Schelhaas,* Vertragsstrafe und vertraglich vereinbarte Schadenspauschale – Rechtsvergleichung der Lösungen in einigen europäischen Rechtsordnungen, ZEuP 2004, 388 ff.; *Schmitt-Gaedke/Arz,* Die Vertragsstrafe: Fallstricke bei Vereinbarung und Durchsetzung, WRP 2015, 1196 ff.; *Zimmermann,* Agreed Payment for Non-Performance in European Contract Law, in: Harris (Hrsg.), Studies in Canon Law and Common Law, 2015, S. 355 ff.

A. Überblick

I. Hintergründe für die Verwendung von Pld-Klauseln in internationalen Wirtschaftsverträgen

1 Die Gründe für die vertragliche Vereinbarung von Vertragsstrafen (contractual penalties) oder Schadenspauschalierungen (liquidated damages) für den Fall von Vertragsverletzungen sind vielfältig. Aus Sicht des Gläubigers besteht der maßgebliche Vorteil in erster Linie darin, dass Pld-Klauseln[1] eine Darlegung und den Nachweis der durch die Verletzung der pönalisierten Vertragspflicht verursachten Schäden sowie die damit verbundenen **Probleme der Schadenszurechnung** grundsätzlich entbehrlich machen und dadurch auch die Wahrscheinlichkeit steigt, dass kein streitiges Gerichts- oder Schiedsverfahren durchgeführt werden muss.[2] Insbesondere bei der Vereinbarung von Vertragsstrafen tritt maßgeblich noch der Gesichtspunkt der **Präventionswirkung** hinzu: Die vertragliche Androhung der Strafe soll den Schuldner dazu anhalten, die pönalisierte Vertragsverletzung erst gar nicht zu begehen.[3]

2 Bisweilen wird allerdings übersehen, dass die Vereinbarung von Pld-Klauseln auch eine **gegenläufige Tendenz** verfolgen kann: Je nach vertraglicher Ausgestaltung bzw. den maßgeblichen Vorgaben des einschlägigen Vertragsstatuts können Pld-Klauseln auch eine **haftungsbeschränkende Wirkung** haben. In diesem Fall ist die Vereinbarung einer Pld-Klausel letztlich ein vertraglicher Kompromiss mit gegenüber der gesetzlichen Ausgangslage gewichtigen Vorteilen für beide Parteien:[4] Der Gläubiger kann im Fall einer einschlägigen Vertragsverletzung die vereinbarte Pauschalsumme verlangen, ohne den Eintritt tatsächlicher und kausal auf der Vertragsverletzung beruhender Schäden nachweisen zu müssen. Für den Schuldner wiederum besteht Gewissheit, dass er für tatsächliche Schäden, die über die vertraglich fixierte Summe hinausgehen, **nicht haften** muss.[5]

3 Pld-Klauseln sind allerdings auch ein gutes Beispiel dafür, dass nur eine sorgfältige Vertragsredaktion, die den durch das anwendbare Vertragsstatut vorgegebenen Rechtsrahmen berücksichtigt, das gewünschte Regelungsziel erreichen kann. Dabei ist zum einen zu be-

[1] In Anlehnung an Berger RIW 1999, 401 ff. wird im Folgenden der Oberbegriff der Pld-Klausel (penalty or liquidated damages) verwendet, auch wenn die international weit verbreitete Bezeichnung „agreed sum payable upon breach of obligation" aufgrund ihrer Neutralität gegenüber spezifischen Rechtsbegriffen einzelner nationaler Rechtsordnungen als Oberbegriff noch besser geeignet sein mag; dazu Hachem Penalty and Liquidated Damages S. 27; Zimmermann Agreed Payments S. 358 f.

[2] DiMatteo IHR 2010, 193 (193).

[3] Letztlich hat aber auch der pauschalierte Schadensersatz eine gewisse Druck- und die Vertragsstrafe umgekehrt eine Kompensationsfunktion; so zur Vertragsstrafe auch Faust ERPL 2016, 285 (287); Knütel/Rieger NZBau 2010, 285 (287), die eine Differenzierung der beiden Rechtsinstitute im deutschen Recht daher objektiv nicht für möglich halten.

[4] Andere Auffassung insbesondere bei Bauverträgen etwa Thompson Const. L.J. 2006, 289 (296), der die Vereinbarung von liquidated damages grundsätzlich als einseitig von den Interessen des Auftraggebers determiniert ansieht.

[5] Beispielhaft der dem OLG Schleswig BeckRS 2012, 15884 zugrundeliegende Sachverhalt: Vereinbarung einer Schadenspauschale für den Fall einer Unterschreitung vertraglich vereinbarter Verfügbarkeiten einer Windkraftanlage unter Ausschluss weitergehender Schadensersatzansprüche.

denken, dass viele Rechtsordnungen wegen der befürchteten Verletzung des **Kompensationsprinzips** im Schadensrecht Pld-Klauseln trotz ihrer unbestrittenen transaktionsökonomischen Vorzüge **misstrauisch gegenüberstehen.** Das zeigt sich etwa im deutschen Recht an der strengen AGB-Inhaltskontrolle, der in einer Vielzahl nationaler Rechtsordnungen vorgesehenen Möglichkeit für die zur Streitentscheidung berufenen (Schieds-)Gerichte, als überhöht angesehene Pauschalsummen selbst im unternehmerischen Geschäftsverkehr herabzusetzen[6] sowie der im anglo-amerikanischen Recht (das ansonsten für weitgespannte Vertragsfreiheit bekannt ist) geltenden **penalty rule,** nach der sogar individuell ausgehandelte contractual penalties gänzlich unwirksam sind.[7] Zum anderen divergieren die verschiedenen Rechtsordnungen teilweise stark bei Tatbestandsvoraussetzungen und Rechtsfolgen von Pld-Klauseln. Der Teufel steckt auch hier im Detail: Bei der Vertragsgestaltung müssen daher nicht nur zwingende Grenzen des Vertragsstatuts ausgelotet, sondern auch dessen dispositive Regelungen daraufhin untersucht werden, ob sie eine von den Parteien gewünschte Lösung bereitstellen. Risiken können die Vertragsparteien minimieren, wenn sie Tatbestandsvoraussetzungen und Rechtsfolgen (hier in erster Linie das Verhältnis der Pld-Klausel zu sonstigen möglichen Rechtsbehelfen) selbst ausdrücklich im Vertrag regeln.

II. Typische Einsatzgebiete in der internationalen Vertragspraxis

In internationalen Wirtschaftsverträgen werden Pld-Klauseln typischerweise im Fall von **Liefer- und Leistungsverzögerungen** (Kauf- und Werkverträge), bei der Verfehlung sog. **technischer Garantien** (insbesondere bei Anlagenbauverträgen), im Fall von Verstößen gegen vertraglich vereinbarte **Wettbewerbsverbote** (insbesondere in Vertriebsverträgen) sowie bei einer Verletzung von **Geheimhaltungsvereinbarungen** eingesetzt. Zunehmend beliebter wird ihr Einsatz auch zur Pauschalierung von Kartellschadensersatz für den Fall, dass sich der Vertragspartner an Submissionsabsprachen oder anderen horizontalen wettbewerbsbeschränkenden Absprachen (Preis- und Gebietsabsprachen etc.), beteiligt hat.[8] Die genannten, keinesfalls abschließenden Fallgruppen weisen die Gemeinsamkeit auf, dass der durch die Verletzung der jeweiligen Vertragspflicht tatsächlich eingetretene Schaden hier typischer Weise nur schwer dargelegt und bewiesen werden kann und für Pld-Klauseln daher ein besonderes praktisches Bedürfnis besteht. 4

Allerdings hängt der Grad der Verbreitung von Pld-Klauseln in der internationalen Vertragspraxis nicht nur mit Darlegungs- und Beweisproblemen zusammen. Das zeigt sich etwa bei internationalen **Geheimhaltungsvereinbarungen** (non-disclosure agreement), bei denen Pld-Klauseln erfahrungsgemäß schwerer durchsetzbar sind, obwohl Darlegung und Nachweis von Schäden bzw. entsprechender Anknüpfungstatsachen im Fall von Vertraulichkeitsverletzungen in aller Regel besondere Schwierigkeiten bereiten dürften.[9] 5

---

[6] Den zwingenden Herabsetzungsmöglichkeiten wird teilweise sogar der Charakter von Eingriffsnormen bzw. dem ordre public zugehörenden Normen zuerkannt, die sich gegen ein anderes Vertragsstatut durchsetzen; aus deutschrechtlicher Sicht für § 343 BGB etwa Reithmann/Martiny/Martiny Internationales Vertragsrecht Rn. 3.175; aA sowohl mit Blick auf Art. 9 als auch Art. 21 Rom I-VO BeckOGK/Ulrici, 1.9.2021, BGB § 343 Rn. 91 f.; zurückhaltend auch LG Frankfurt BeckRS 2021, 42953. Zu Herabsetzungsmöglichkeiten durch die zuständigen Gerichte in verschiedenen Rechtsordnungen aus rechtsvergleichender Sicht Hachem Penalty and Liquidated Damages S. 33 sowie die Leitentscheidung des UK Supreme Court in *Cavendish Square Holding BV v Talal El Makdessi & ParkingEye Limited v Beavis* [2015] UKSC 67 Rn. 37; zu Herabsetzungsbefugnissen von Schiedsgerichten Pendl/Prantl SchiedsVZ 2019, 266 ff.

[7] Ostendorf ZEuP 2017, 165 (173) mwN.

[8] Zur Zulässigkeit in AGB, sofern der vereinbarte Pauschalbetrag *„den zu erwartenden Schaden in einer Höhe pauschaliert, die nach dem typischerweise zu erwartenden hypothetischen Marktpreis, der sich ohne die Kartellabsprache eingestellt hätte, eine Unter- und eine Überkompensation des Schadens gleichermaßen wahrscheinlich erscheinen lässt, und dem Schädiger die Möglichkeit verbleibt, einen geringeren oder fehlenden Schaden nachzuweisen"*, BGH NZBau 2021, 404 (409).

[9] Dazu unten → Rn. 15.

1. Liefer- und Leistungsverzögerungen

6 Liefer- und Leistungsverzögerungen im Rahmen internationaler Kauf- und (Anlagen-)Bauverträge sind das klassische Einsatzgebiet von Pld-Klauseln. Die hier gängigen Vertragsmuster sehen regelmäßig die Zahlung von liquidated damages für den Fall der Liefer- bzw. Leistungsverzögerung vor. Prominente Beispiele sind die General Conditions for the Supply of Mechanical, Electrical and Electronical Products – „ORGALIME S 2012",[10] der von der ICC herausgegebene Model International Sale Contract[11] sowie die von der FIDIC entwickelten Musterverträge[12] für den internationalen (Groß-)Anlagenbau. Typischerweise beläuft sich der Umfang der Pönale dabei auf einen Fixbetrag von 0,5% pro Woche Verzögerung bis zu einem Maximalbetrag zwischen 5% und 10% des Auftragswertes. Weiterer (allgemeiner oder pauschalierter) Schadensersatz kann überwiegend (nur) für den Fall geltend gemacht werden, dass der Vertrag wegen der Leistungsverzögerung schlussendlich terminiert wird. Eine solche Lösung dürfte auch interessengerecht sein, weil im Fall einer endgültigen Vertragsbeendigung regelmäßig zusätzliche Schadenspositionen anfallen – etwa dann, wenn ein Deckungsgeschäft getätigt werden muss, dessen Kosten den vereinbarten Vertragspreis überschreiten.

7 In der Vertragspraxis lässt sich allerdings beobachten, dass das Verhältnis von vereinbarten liquidated damages zu **weitergehenden Schadensersatzansprüchen** anders als in den oben genannten Musterverträgen häufig **nicht geregelt** ist und mitunter auch durch das zugrundeliegende Vertragsstatut nicht zweifelsfrei ermittelt werden kann. An der dadurch entstehenden Rechtsunsicherheit ändert auch die vertragliche Vereinbarung einer Kappungsgrenze für die insgesamt zu zahlenden liquidated damages nichts. Zwar kann eine solche Regelung regelmäßig so ausgelegt werden, dass für den pönalisierten Zeitraum keine über die vereinbarten Pauschalbeträge hinausgehenden allgemeinen Schadensersatzansprüche geltend gemacht werden können. Damit ist aber noch nichts darüber ausgesagt, ob **nach Erreichen** der Kappungsgrenze weitergehende allgemeine Schadensersatzansprüche ausgeschlossen sind oder nicht. Unabhängig von den Besonderheiten des jeweils anwendbaren Vertragsstatuts könnte für die letztere Auffassung unter anderem sprechen, dass die nach Erreichen der Höchstgrenze andauernde Leistungsverzögerung gar nicht mehr in den Anwendungsbereich der Pld-Klausel fällt. Für die Vertragsgestaltung empfiehlt sich daher dringend eine Klarstellung, ob weitergehende allgemeine Schadensersatzansprüche wegen der Leistungsverzögerung vorbehalten bleiben oder ausgeschlossen werden sollen. Diese Klarstellung sollte insbesondere auch Schadensersatzansprüche umfassen, die **nach einer (vorzeitigen) Beendigung des Vertrages** entstehen können.[13]

---

[10] Art. 14–16 Orgalime S 2012.

[11] Art. 10.2 The ICC Model International Sale Contract, ICC Publication No. 811E (2020 Edition).

[12] Insbesondere die „Conditions of Contract for Construction for Building and Engineering Works designed by the Employer" (Red Book, Second Edition 2017), die „Conditions of Contract for Plant and Design Built for Electrical and Mechanical Plant, and for Building and Engineering Works designed by the Contractor" (Yellow Book, Second Edition 2017) sowie die „Conditions of Contract for EPC/Turnkey Projects" (Silver Book, Second Edition 2017), jeweils Art. 8.7 General Conditions. Für eine Übersicht über die genannten Vertragswerke Rupa ZfBR 2020, 219ff.; detailliert zu den Regelungen der FIDIC-Musterverträge auch → § 21 Rn. 50ff.

[13] Zum englischen Recht etwa die Entscheidung *Bovis Construction Ltd v Whatlings Construction* [1994] B.L.R. 25 (45): Trotz des im englischen Recht anerkannten Grundsatzes, dass liquidated damages weitergehende Schadensersatzansprüche für die pönalisierte Vertragsverletzung ausschließen, gilt dies mangels anderweitiger Vereinbarung im Zweifel nicht für allgemeine Schäden, die nach einer termination des Vertrages wegen Liefer- oder Leistungsverzug eintreten. Ähnlich auch *Stocznia Gdynia S.A. v Gearbulk Holdings Ltd* [2009] EWCA Civ 75 Rn. 25 sowie (zum vergleichbaren Singapurer Recht) *LW Infrastructure Pte Ltd v Lim Chin San Contractors Pte Ltd* [2011] SGHC 16 Rn. 13; klarstellend jetzt auch *Triple Point Technology, Inc v PTT Public Company Ltd* [2021] UKSC 29 Rn. 35: „*Parties agree a liquidated damages clause so as to provide a remedy that is predictable and certain for a particular event (here, as often, that event is a delay in completion). The employer does not then have to quantify its loss, which may be difficult and time-consuming for it to do. Parties must be taken to know the general law, namely that the accrual of liquidated damages comes to an end on termination of the contract (…). After that event, the parties' contract is at an end and the parties must seek damages for breach of contract under the general law.*"

Eine andere Frage ist das Verhältnis der vereinbarten liquidated damages zu sonstigen Rechtsbehelfen. Zwar wird in Vertragsmustern zuweilen die Zahlung von liquidated damages als die „sole and exclusive remedy in case of delay“ vereinbart.[14] Ein wörtliches Verständnis dieser Formulierung dürfte aber schon deswegen problematisch sein, weil der Vertragspartner im Fall einer andauernden Leistungsverzögerung letztlich irgendwann die Möglichkeit zur Beendigung des nicht erfüllten Vertrages haben muss. Daher lassen die nachfolgenden Formulierungsbeispiele Erfüllungsansprüche und die Möglichkeit der Vertragsbeendigung unberührt. Die folgende erste Klauselvariante schließt aber zumindest sämtliche sonstigen Schadensersatzansprüche im Zusammenhang mit der Lieferverzögerung aus, die über den vereinbarten Pauschalbetrag hinausgehen. 8

Klauselbeispiel für eine LD-Klausel bei Lieferverzögerung unter Ausschluss weitergehender Schadensersatzansprüche auch im Fall der Vertragsbeendigung

[•] Delay with Delivery

(1) In case of any delay with delivery that is attributable to the Seller, the Seller shall pay as liquidated damages and not as a penalty[15] an amount of 0.5 % of the Contract Price[16] (net) for each complete week of delay.

(2) The total amount of all liquidated damages payable by the Seller to the Buyer under this contract for delay with delivery shall in the aggregate be limited to 5 % of the Contract Price (net) to the exclusion of any further liability for damages (including but not limited to damages in lieu of performance).

(3) For the avoidance of doubt, no further damages (whether liquidated or general) shall be payable by the Seller in the event of a termination of this contract due to any delay.[17]

Vorteilhafter für den Käufer/Auftraggeber ist die bereits beschriebene Differenzierung zwischen einfachen Verzögerungsschäden und weiteren Schäden, die nach einer Terminierung des Vertrages aus Gründen der Leistungsverzögerung anfallen. Das folgende Klauselbeispiel erlaubt für diese Schäden die Geltendmachung weitergehender allgemeiner Schadensersatzansprüche bis zu einer definierten Kappungsgrenze. 9

Klauselbeispiel für eine LD-Klausel bei Lieferverzögerung mit Differenzierung zwischen einfachem Verzögerungsschaden und weiteren Schäden im Fall einer Vertragsbeendigung unter Ausschluss über die Zusatzkappung hinausgehender allgemeiner Schadensersatzansprüche

[•] Delay with Delivery

(1) In case of any delay with delivery that is attributable to the Seller, the Seller shall pay as liquidated damages and not as a penalty an amount of 0.2 % of the Contract Price (net) for each working day of delay up to a maximum amount of 5 % of the Contract Price (net).

(2) In case of a termination of this contract based on delay, the Purchaser is [**optional:** *without prejudice to the restitution of any advance payments of the Contract Price rendered by the Purchaser*[18]] entitled to claim further proven general damages in excess of the liquidated damages up to a maximum amount of 10 % of the Contract Price (net).

---

[14] S. etwa Klotz International Sales Agreements S. 239.

[15] Diese Formulierung entstammt dem anglo-amerikanischen Vertragsrecht, in dem Vertragsstrafen unzulässig sind (s. u.). Allerdings kann die formale Bezeichnung allenfalls ein (schwaches) Indiz dafür darstellen, dass im Ergebnis keine (unzulässige) Vertragsstrafe vorliegt.

[16] Im Fall von Teillieferungen kann insofern statt auf den gesamten Vertragspreis auch auf den Vertragswert der in Verzug befindlichen Teillieferung abgestellt werden.

[17] Die Zulässigkeit des Haftungsausschlusses richtet sich nach dem anwendbaren Vertragsstatut; insbesondere einer AGB-Inhaltskontrolle nach deutschem Recht dürfte diese Klausel nicht standhalten, vertiefend → § 8 Rn. 38.

[18] Dieser Zusatz empfiehlt sich aus Sicht des Gläubigers im Fall geleisteter Anzahlungen insbesondere dann, wenn das Vertragsstatut im Fall der Lieferverzögerung keine kumulative Geltendmachung von selbst-

(3) Liquidated and general damages as set forth in [•] (1) and (2) above shall constitute the sole and exclusive compensation of the Purchaser for delay to the exclusion of any further liability for damages (including but not limited to damages in lieu of performance).

10 Alternativ könnte selbstverständlich auch diese Schadensposition (Schäden nach Vertragsbeendigung) pauschaliert werden bzw. dem Käufer – bei Zulässigkeit nach anwendbarem Vertragsstatut[19] – generell die Geltendmachung von über die Pauschale(n) hinausgehenden Schadensersatzansprüchen zugestanden werden.

11 Im nachstehenden Klauselbeispiel behält der Käufer so etwa die Möglichkeit, bei einer Vertragsbeendigung unbegrenzt weitergehenden allgemeinen Schadensersatz geltend zu machen. Allerdings wird die Möglichkeit zur Vertragsbeendigung im Fall der Leistungsverzögerung zeitlich an das Erreichen der Maximalkappung der liquidated damages angeknüpft und dem Käufer die Ausübung dieses Rechtsbehelfs damit zumindest erschwert.[20]

Klauselbeispiel für eine LD-Klausel bei Lieferverzögerung mit Differenzierung zwischen einfachem Verzögerungsschaden und der Möglichkeit der unbegrenzten Geltendmachung weiterer Schäden im Fall einer Vertragsbeendigung

[•] Delay with Delivery

(1) In case of any delay with delivery that is attributable to the Seller, the Seller shall pay as liquidated damages and not as a penalty an amount of 0.2 % of the Contract Price (net) for each working day of delay up to a maximum amount of 5 % („Maximum Cap") of the Contract Price (net).

(2) The payment of liquidated damages shall be the exclusive compensation for any delay with delivery of the Contractual Products. However, when the Maximum Cap is reached, the Purchaser may [**optional:** *subject to a final and reasonable grace period of at least* [•] *days set thereafter*] terminate this contract. In case of a termination, the Purchaser is entitled to recover from the Seller all further general damages incurred after the termination of the Contract.

2. Nichteinhaltung technischer Leistungsgarantien im Anlagenbau (performance guarantees)

12 In internationalen Anlagenbauverträgen vereinbaren die Parteien typischerweise die Zahlung von Pauschalbeträgen für den Fall, dass bestimmte **Leistungsparameter** der gelieferten Anlage in einem definierten punktuellen oder länger andauernden Leistungstest unterschritten werden. Auch hier liegen die Pauschalzahlungen zunächst im Interesse des Auftraggebers, da kausal auf die Beschaffenheit der Anlage rückführbare Schäden im Fall eines Verfehlens der vereinbarten Leistungsparameter häufig nur schwer dargelegt werden können.[21]

13 Zugleich schließen Pld-Klauseln im internationalen Anlagenbau typischerweise aber auch weitergehende Schadensersatzansprüche und ggf. andere Rechtsbehelfe aus, falls die Leistungsparameter während des Leistungstests nicht erfüllt werden.[22] Vergleichbar mit der Regelung bei Verzugspönalen greifen die vereinbarten Pauschalbeträge bei einer Verfehlung der vertraglich vereinbarten Leistungsparameter im Fall sog. Minderleistungen aber

ständigen Rückgewähr- und Schadensersatzansprüchen zulässt. So verhält es sich etwa im Schweizer Recht, wo gem. Art. 107 Abs. 2, 109 Abs. 2 OR zusätzlich zum Rücktritt und daraus folgenden Rückgewähransprüchen nur das negative Interesse gefordert werden kann, dazu BSK/Wiegand OR I Art. 109 Rn. 8 und BG Urt. v. 30.3.2015 – 4 A_232/2014, 4 A_610/2014, Rn. 14.2.

[19] Zu Zulässigkeitsbedenken etwa im US-amerikanischen Recht („have the cake and eat it, too") unten → Rn. 57.

[20] So insbes. Art. 10.3 ICC Model International Sale Contract 2020.

[21] Ostendorf JZ 2011, 822 (825); zu entsprechenden Regelungen in internationalen Anlagenbauverträgen generell → § 21 Rn. 181 ff.

[22] Vasconcellos NZBau 2003, 121 (123).

regelmäßig nur bis zu einer definierten **Untergrenze** (bzw. Maximalkappung der Pönalen). Für noch unter dieser Grenze liegende Leistungswerte (sog. Unterleistungen[23]) stellt sich (wie im Fall eines Lieferverzugs, bei dem die Kappungsgrenze der Pld-Klausel erreicht ist) damit die Frage, ob weitergehende Schadensersatzansprüche und/oder andere Rechtsbehelfe (etwa Nachbesserungsrechte bzw. Rückabwicklungsmöglichkeiten) geltend gemacht werden können oder nicht. Auch dieser Punkt sollte vertraglich **unbedingt ausdrücklich geregelt** werden, um Rechtsunsicherheiten zu vermeiden.

Klauselbeispiel Pld-Klausel bei Verfehlung von Leistungsparametern in einem internationalen Anlagenbauvertrag

[•] Breach of Performance Objectives

(1) The Contractor undertakes that the Plant will meet the Availability Objectives set forth in [•] during the Test Period. The Test Period shall commence after Taking Over of the Plant and shall continue for a period of [•] thereafter.

(2) If the Availability Objectives are not met on average over the entire Test Period, the Employer may claim liquidated damages in accordance with Tables [•] below up to an overall maximum of 5 % of the Contract Price. If the availability of the Plant within the Test Period falls short of 90 % in the aggregate, the Employer is entitled to terminate the Contract and to recover all sums paid to the Contractor in respect of the Plant.

(3) Subject to the right of termination (and corresponding restitutionary claims) as set forth above, any liquidated damages paid pursuant to this clause shall be the sole and exclusive remedy of the Employer in respect of any failure to achieve the Availability Objectives.

3. Verstoß gegen Wettbewerbsverbote

Die Nichteinhaltung vertraglicher und nachvertraglicher Wettbewerbsverbote in Vertriebs- 14
verträgen (Händler- und Handelsvertreterverträge) wird häufig mit Vertragsstrafen bzw. Schadenspauschalen sanktioniert. Voraussetzung einer wirksamen Pld-Klausel ist selbstverständlich, dass das Wettbewerbsverbot als solches überhaupt zulässig ist. Dabei müssen insbesondere die einschlägigen **kartellrechtlichen Grenzen** bedacht werden, die regelmäßig nur ein **zeitlich befristetes** vertragliches Wettbewerbsverbot zulassen.[24] Ähnlich wie im Fall von Geheimhaltungsvereinbarungen bleibt das Problem, dass ein einheitlicher Pauschalbetrag eine Vielzahl unterschiedlich schwerwiegender Verstöße gegen das Wettbewerbsverbot abdecken muss und aus diesem Grund eine Unwirksamkeit der Pld-Klausel in einzelnen Rechtsordnungen nicht ausgeschlossen werden kann.[25]

Klauselbeispiel Pld-Klausel bei Verletzung Wettbewerbsverbot in einem Vertriebsvertrag

[•] Non-compete obligations; Liquidated damages

(1) In case of any breach of the non-compete obligation pursuant to Clause [•], Distributor shall pay liquidated damages amounting to [•] (in words: [•]). The payment of liquidated damages shall not release Distributor from future compliance with the non-compete obligation.

(2) The parties agree that Company is entitled to claim additional general damages if and to the extent that such proven damages exceed the level of liquidated damages payable.[26]

[23] Zu dieser Terminologie Lotz BauR 2011, 746 (752).

[24] Dazu im Einzelnen → § 5 Rn. 82ff. **Nachvertragliche** Wettbewerbsverbote sind (zumindest im EU-Kartellrecht) demgegenüber regelmäßig nur bei Handelsvertretern und nicht bei Händlern möglich, zum Ganzen von Dietze/Janssen Kartellrecht Rn. 289ff.; generell zur Wirksamkeit von Wettbewerbsverboten in internationalen Wirtschaftsverträgen in verschiedenen Rechtsordnungen de Ly Int'l Bus. L.J. 2006, 441ff.

[25] Dazu → Rn. 28, 47.

[26] Zu der Problematik dieses Vorbehalts bei Geltung US-amerikanischen Rechts → Rn. 57.

4. Verletzung von Geheimhaltungsvereinbarungen

15 Im Fall von Geheimhaltungsvereinbarungen ist der Einsatz von Pld-Klauseln nach weit verbreiteter Auffassung nicht nur hilfreich, sondern letztlich sogar dringend geboten, um Verstöße gegen die vereinbarte Vertraulichkeit bzw. Verwendungsverbote hinsichtlich der überlassenen vertraulichen Informationen überhaupt wirksam sanktionieren zu können.[27] In der Tat liegt es auf der Hand, dass der Nachweis tatsächlich entstandener Schäden – und insbesondere der damit zusammenhängende Nachweis der Kausalität zwischen Pflichtverletzung und eingetretenen Schäden – im Fall von Verletzungen vereinbarter Geheimhaltungspflichten **besonders schwer** zu führen ist. Diese Tatsache ändert allerdings nichts an dem rechtstatsächlichen Befund, dass Pld-Klauseln in internationalen Geheimhaltungsvereinbarungen auch nach eigenen Erfahrungen des Verfassers gerade im Rechtsverkehr mit anglo-amerikanischen Unternehmen kaum durchsetzbar sind.[28] Das spiegelt sich auch in Mustervertragswerken wider: So verweist etwa das Model Confidentiality Agreement der ICC[29] nur auf allgemeine Schadensersatz- und Unterlassungsansprüche: Eine Pld-Klausel für den Fall einer Verletzung der Vertraulichkeitsverpflichtung ist dagegen nicht vorgesehen.

16 Ein Grund für die zurückhaltende Anwendung von Pld-Klauseln in Geheimhaltungsvereinbarungen dürfte möglicherweise auch darin zu sehen sein, dass sich das anglo-amerikanische Rechtsinstitut der liquidated damages für die Verwendung in Vertraulichkeitsvereinbarungen nur bedingt eignet: Zum einen muss der Verwender die Unwirksamkeit einer entsprechenden Regelung befürchten, da ein einzelner Pauschalbetrag nicht die – in Abgrenzung zu der im anglo-amerikanischen Recht unzulässigen Vertragsstrafe (penalty) – regelmäßig erforderliche Differenzierung nach dem Schweregrad der jeweiligen Vertragsverletzung[30] aufweist. Auf der anderen Seite besteht die Gefahr, dass der vereinbarte Betrag die im Einzelfall tatsächlich entstandenen Schäden nicht ausreichend abdeckt, weitergehende Schadensersatzansprüche nach anglo-amerikanischem Recht in diesem Fall aber grundsätzlich nicht mehr geltend gemacht werden können.

17 Für die Vertragsgestaltung ist eine Pld-Klausel aus Sicht derjenigen Partei, die vertrauliche Informationen zur Verfügung stellt, aber nur dann empfehlenswert, wenn die festgelegte Pauschale ausdrücklich als **Mindestschaden** qualifiziert wird und die Geltendmachung weitergehender Schadensersatzansprüche im Einzelfall damit offenbleibt. Mit der Vereinbarung einer Vertragsstrafe lässt sich dieses Ziel zumindest im deutschen Recht besser erreichen. Die nachstehende Beispielsklausel unterstellt daher deutsches Recht als Vertragsstatut. Dabei werden auch die AGB-rechtlich gebotenen Schranken berücksichtigt. **Problematisch** bleibt wegen der Gefahr einer unangemessenen Benachteiligung der Gegenseite die Festlegung der **Höhe der Vertragsstrafe,** da Verletzungen von Vertraulichkeitsvereinbarungen und die dadurch verursachten Schäden naturgemäß eine große Spannbreite aufweisen können. Insofern sieht der dritte Absatz abweichend von der im kaufmännischen Rechtsverkehr geltenden gesetzlichen Regelung die Möglichkeit zur Herabsetzung der Vertragsstrafe durch das zuständige Gericht bzw. Schiedsgericht vor.[31]

---

[27] MVH/Chrocziel IV Form. I.2, S. 27.

[28] So für die M&A Praxis auch von Werder/Kost BB 2010, 2903 (2910).

[29] Art. 12 ICC Model Confidentiality Agreement, ICC Publication No. 664.

[30] Immerhin wird man insbesondere im englischen Recht aber zumindest damit argumentieren können, dass es sich letztlich um eine „single obligation" handelt, auch wenn diese auf verschiedene Art und Weise verletzt werden kann, dazu McGregor on Damages Rn. 15-039f. Hinzu kommt, dass die jüngere höchstrichterliche Rechtsprechung die Schwelle für die Anwendung der penalty rule im englischen Recht soweit angehoben hat, das teilweise schon ihr faktisches (wenn nicht auch rechtliches) Ende prognostiziert wird, s. Day J. Bus. L. 2016, 115.

[31] Ob dies die AGB-rechtlichen Bedenken beseitigen kann, ist schon deswegen zweifelhaft, weil nach wohl überwiegender Meinung eine richterliche Herabsetzung gem. § 343 BGB im Fall von AGB aufgrund des hier geltenden Verbots der geltungserhaltenden Reduktion generell nicht in Betracht kommen soll; dagegen mit guten Argumenten und mwN zur hM BeckOGK/Ulrici, 1.9.2021, BGB § 343 Rn. 32.2. Zum Ganzen auch unten → Rn. 28.

Alternativ (und AGB-rechtlich im Zweifel deutlich sicherer) wäre auch die Vereinbarung des so genannten **neuen Hamburger Brauchs** möglich.[32] Diese vor allem aus dem **Wettbewerbsrecht** (bei Aufforderung zur Abgabe strafbewehrter Unterlassungserklärungen) bekannte Gestaltungstechnik sieht vor, dass der Gläubiger die Höhe der Vertragsstrafe nach einer Verletzung einseitig nach billigem Ermessen festsetzen kann; dem Schuldner verbleibt dann die Möglichkeit einer gerichtlichen Überprüfung gem. § 315 Abs. 3 S. 2 BGB.[33]

Klauselbeispiel für die Vereinbarung einer Vertragsstrafe im Fall einer Verletzung von Geheimhaltungspflichten (bei deutschem Vertragsstatut und Verwendung in Standardverträgen)

[•] Contractual Penalties

(1) In case of any breach of the confidentiality undertakings stipulated in clause [•], the receiving party shall pay to the disclosing party a contractual penalty amounting to EUR [•] (in words: [•]) for each individual breach [**optional:** *up to an overall maximum amount of* EUR [•] *in the aggregate*].[34] The penalty shall not become due if the breach has not been culpably caused by the receiving party.

(2) The payment of the penalty shall not operate to release the receiving party from future compliance with any and all confidentiality undertakings pursuant to this Non-Disclosure Agreement. Contractual penalties can be demanded as the minimum amount of damage due on account of the same violation of obligations. The assertion of further damages is not precluded whereas any paid contractual penalties must, however, be deducted.

(3) The parties agree that the competent court (or arbitral tribunal respectively) is in explicit deviation from section 348 of the German Commercial Code (HGB) entitled to reduce the penalty to a reasonable amount pursuant to section 343 German Civil Code (BGB) if and to the extent that the payable penalty is disproportionately high in the individual case.

Klauselbeispiel neuer Hamburger Brauch (bei deutschem Vertragsstatut und Verwendung in Standardverträgen)

[•] Contractual Penalties

(1) In case of any breach of the confidentiality undertakings stipulated in clause [•], the receiving party shall pay to the disclosing party an appropriate contractual penalty whereas the amount of such penalty shall be determined by the disclosing party at its reasonable discretion *(nach billigem Ermessen)* in each individual case; such determination may be reviewed by the competent court in the event of a dispute in accordance with section 315 (3) of the German Civil Code (BGB). The penalty shall not become due if the breach has not been culpably caused by the receiving party.

(2) The payment of the penalty shall not operate to release the receiving party from future compliance with any and all confidentiality undertakings pursuant to this Non-Disclosure Agreement. Contractual penalties can be demanded as the minimum amount of damage due on account of the same violation of obligations. The assertion of further damages is not precluded whereas any paid contractual penalties must, however, be deducted.

---

[32] Dazu unten → Rn. 28 sowie mit entsprechenden Klauselvorschlägen auch Ostendorf JuS 2015, 977 (980).

[33] Leuschner ZIP 2021, 1471 (1477).

[34] Nach einer Auffassung in der Rechtsprechung soll eine absolute Obergrenze auch bei mehreren Verstößen gegen Unterlassungspflichten AGB-rechtlich zwingend geboten sein, in diese Richtung etwa LG Erfurt BB 2011, 2516 (in Bezug auf ein pönalisiertes Wettbewerbsverbot); dagegen zu Recht Staudinger/Rieble BGB § 339 Rn. 150; Leuschner ZIP 2021, 1471 (1477).

B. Rechtlicher Rahmen

18 Das auf vertraglich vereinbarte Pld-Klauseln anwendbare Recht richtet sich nach dem **Vertragsstatut der Hauptverpflichtung,** das nach den kollisionsrechtlichen Regeln des Forums[35] ermittelt werden muss. International vereinheitlichtes materielles Recht existiert bislang nicht. Die von der United Nations Commission on International Trade (UNCITRAL) entworfenen Uniform Rules on Contract Clauses for an Agreed Sum due upon Failure of Performance aus dem Jahr 1983[36] haben nationale Gesetzgeber zwar inspiriert, sind ansonsten aber reines „soft law" geblieben: Insbesondere hat sich das geplante Vorhaben, die Uniform Rules als internationale Konvention in eine rechtsverbindliche Form zu gießen, als nicht durchsetzbar erwiesen. Auch das UN-Kaufrecht (CISG) trifft nach ganz überwiegender Auffassung keine Bestimmungen über Pld-Klauseln.[37] Selbst wenn das CISG im Fall internationaler Lieferverträge vorrangig anwendbares Vertragsstatut ist, bleibt dem ergänzend heranzuziehenden nationalen Vertragsstatut daher nicht nur die Frage überlassen, ob und in welcher Form vertragliche Vereinbarungen von Pld-Klauseln zulässig sind und welchen Regeln sie unterliegen, sondern auch, wie sich vereinbarte Pld-Klauseln zu gesetzlichen Rechtsbehelfen – insbesondere allgemeinen Schadensersatzansprüchen auf Grundlage von Art. 45 in Verbindung mit Art. 74 ff. CISG – verhalten.[38]

I. Überblick über Gemeinsamkeiten und Unterschiede in einzelnen Rechtsordnungen

19 Bei erster rechtsvergleichender Betrachtung lassen sich in den einzelnen Rechtsordnungen zwei verschiedene Regelungsmodelle identifizieren: Auf der einen Seite steht das traditionelle **Trennungsprinzip,** das zwischen Vertragsstrafen auf der einen und Schadenspauschalierungen auf der anderen Seite unterscheidet. Ihm folgen etwa das deutsche, das schweizerische, aber auch das englische und das US-amerikanische Recht. Jüngere Kodifikationen, etwa das holländische,[39] französische[40] und chinesische[41] Recht, haben nach dem Vorbild der Uniform Rules der UNCITRAL dagegen die Differenzierung zwischen Vertragsstrafen und Schadenspauschalen aufgegeben und ein einheitliches Rechtsinstitut geschaffen („Einheitsprinzip"). Das hat den großen Vorteil, dass die schwierige und zuweilen willkürliche Abgrenzung zwischen penalties und liquidated damages entfallen kann. Dem **Einheitsprinzip** folgen überwiegend auch die bekannteren „soft law" Kodifikationen wie die Unidroit Principles of International Commercial Contracts 2016 und die Principles of European Contract Law aus dem Jahr 2004.[42] Die Rechtsordnungen, die zum Einheitsmodell übergegangen sind, sehen meistens (zumindest im Verhältnis zu allgemeinen Schadensersatzansprüchen) eine **abschließende Wirkung** der vertraglich vereinbarten Pönale vor. Allerdings können die Gerichte hier teilweise nicht nur übermäßig hohe Pönalen herabsetzen, sondern auch im Verhältnis zum tatsächlich entstandenen Schaden deutlich zu geringe Pönalen heraufsetzen.[43] Meist ist die Herabsetzungs-, teilweise aber auch die Her-

---

[35] Reithmann/Martiny/Martiny Internationales Vertragsrecht Rn. 3.173 f.
[36] Abrufbar unter www.uncitral.org.
[37] Hachem Penalty and Liquidated Damages S. 41 mwN.
[38] Anderer Auffassung Saidov Law of Damages S. 50; Hachem Penalties and Liquidated Damages S. 172 ff.
[39] S. Art. 6:91 B.W.; zu den Einzelheiten der Regelung im niederländischen Zivilrecht Berger RIW 1999, 401 (407 ff.).
[40] Art. 1231–5 Code Civil (2016). Die „clause penale" kann durch die Gerichte nach unten oder oben korrigiert werden, wenn sie „manifestement excessive" oder „derisoire" ist, dazu auch Staudinger/Rieble BGB Vorb. zu §§ 339 ff. Rn. 143 sowie Cannarsa ERPL 2015, 297 (302 f.).
[41] Art. 585 Chinesisches ZGB (2021).
[42] Art. 7.4.13 PICC 2016; Art. 9.509 PECL; zum Ganzen auch Pasa ERPL 2015, 355 (371).
[43] Zimmermann Agreed Payments S. 370.

aufsetzungsmöglichkeit als zwingendes Recht ausgestaltet.[44] Das erweist sich zuweilen aber auch als **Nachteil des Einheitsmodells,** da die Flexibilität bei der Vertragsgestaltung (etwa hinsichtlich eines intendierten abschließenden Charakters der Pld-Klausel) so verloren geht.

II. Vertragsstrafen und pauschalierter Schadensersatz im deutschen und Schweizer Recht

Der rechtliche Rahmen für Pld-Klauseln im deutschen und Schweizer Recht ähnelt sich in nahezu allen wichtigen Regelungspunkten stark. Beide Rechtsordnungen folgen nicht nur dem Trennungsprinzip, sondern lassen anders als das anglo-amerikanische Recht sowohl die Vereinbarung von Schadenspauschalierungen als auch von Vertragsstrafen zu. Das eröffnet den Vertragsparteien eine **Wahlmöglichkeit,** die gerade angesichts der schwierigen objektiven Abgrenzung zwischen beiden Rechtsinstituten bedeutsam ist: Zwar ist die **Bezeichnung** im Vertrag grundsätzlich nicht das entscheidende Kriterium für die Abgrenzung. Bei industrieüblichen Pld-Klauseln, wie etwa der Pönale im Fall des Liefer- oder Leistungsverzugs, kommt ihr aber letztlich eine maßgebliche Rolle zu. 20

Große Unterschiede zwischen beiden Rechtsordnungen bestehen dagegen in der Reichweite der **Vertragsfreiheit:** Zumindest bei nicht ausverhandelten Standardverträgen setzt das deutsche Recht mit der AGB-Inhaltskontrolle und hier insbesondere der Generalklausel in § 307 BGB **deutlich engere Grenzen** als das Schweizer Recht, dem eine offene AGB-Inhaltskontrolle im unternehmerischen Geschäftsverkehr fremd ist.[45] Dagegen sieht das Schweizer Recht im Gegensatz zu § 348 HGB auch im unternehmerischen Geschäftsverkehr auf Antrag des Schuldners eine zwingende Herabsetzungsmöglichkeit der vereinbarten (übermäßigen) Pauschalsumme durch die zuständigen (Schieds-)Gerichte vor.[46] 21

1. Vertragsstrafe und pauschalierter Schadensersatz im BGB

a) Abgrenzung Vertragsstrafe und pauschalierter Schadensersatz

Das deutsche Recht unterscheidet zwar zwischen Vertragsstrafen und pauschaliertem Schadensersatz, regelt aber nur die Vertragsstrafe näher im BGB. Gesetzliche Regelungen zum pauschalierten Schadensersatz finden sich lediglich bei den Vorschriften zur **AGB-Inhaltskontrolle.** Ob die hier geregelten Grundsätze auch für die Auslegung von Vereinbarungen über Schadenspauschalierungen in **Individualverträgen** herangezogen werden können, ist dabei genauso umstritten wie die Frage, ob die für die Vertragsstrafe geltenden Bestimmungen in den §§ 339ff. BGB zumindest teilweise analog auf Schadenspauschalierungen anwendbar sind.[47] Weitere ungeklärte Fragen verlangen daher insbesondere bei der Vereinbarung von Schadenspauschalierungen in Verträgen eine möglichst umfassende vertragliche Regelung. Aber auch im Fall der Vereinbarung von Vertragsstrafen ist zumindest im Rahmen von Standardverträgen besondere Umsicht geboten, da die AGB-Inhaltskon- 22

---

[44] S. zum ersteren Art. 7, 8 und 9 Uniform Rules (UNCITRAL), die dem Gläubiger (als dispositive Regelung) die Geltendmachung weitergehender Schadensersatzansprüche offenlassen, wenn der tatsächliche Schaden erheblich höher als die Pönale ist. Eine zwingende Heraufsetzungsmöglichkeit sieht dagegen das französische Recht vor, Art. 1231–5 Code Civil (2016) sowie oben → Fn. 40.

[45] Frei/Jung EuCML 2015, 165 (166).

[46] Art. 163 Abs. 3 OR.

[47] Dafür etwa Knütel/Rieger NZBau 2010, 285 (286). Anders dagegen die hM, vgl. Ebenroth/Boujong/Joost § 348 HGB Rn. 45 mwN; BeckOGK/Ulrici, 1.9.2021, BGB § 339 Rn. 88; Staudinger/Rieble BGB Vorbem. zu §§ 339ff. Rn. 66f.; Ostendorf JuS 2015, 977; zum Exklusivitätsverhältnis zwischen beiden Instituten auch Leuschner ZIP 2021, 1471 (1472).

trolle enge Grenzen setzt und das Verbot der geltungserhaltenden Reduktion von der Rechtsprechung hier bisweilen äußerst extensiv angewandt wird.[48]

23 Für die Abgrenzung zwischen beiden Rechtsinstituten kommt es nach der Rechtsprechung nicht primär auf die von den Parteien gewählte Bezeichnung an.[49] Vielmehr ist zumindest in Individualverträgen der **Parteiwille** maßgeblich. Danach ist die Vereinbarung einer Vertragsstrafe immer dann anzunehmen, wenn die Zahlung des vereinbarten Fixbetrages in erster Linie die ordnungsgemäße Erfüllung der geschuldeten Leistung sichern und auf den Vertragspartner einen entsprechenden, möglichst wirkungsvollen Druck ausüben soll, während die Schadenspauschale der vereinfachten Durchsetzung eines als bestehend vorausgesetzten Schadensersatzanspruchs dient und sich die Höhe infolgedessen an dem geschätzten Ausmaß des für die Verletzung der maßgeblichen Vertragspflicht typischerweise entstehenden Schadens orientiert.[50] Angesichts der offensichtlichen Schwierigkeiten dieser Abgrenzung in der praktischen Anwendung und der Annäherung beider Rechtsinstitute insbesondere durch die nur in engen Grenzen akzeptierte Druckfunktion der Vertragsstrafe in Allgemeinen Geschäftsbedingungen ist allerdings nicht zu verkennen, dass die Parteien die Einordnung durch die **Bezeichnung** im Vertrag durchaus präjudizieren können.

b) Regelung der Vertragsstrafe

24 § 339 BGB knüpft die Fälligkeit einer Vertragsstrafe, die für den Fall einer nicht oder nicht in gehöriger Weise erbrachten Hauptverpflichtung vereinbart wurde, an den Verzug des Schuldners mit der Hauptverpflichtung (als der maßgeblichen aufschiebenden Bedingung) an. Aus dieser Bezugnahme ergibt sich nicht nur die Akzessorietät der Vertragsstrafe gegenüber der pönalisierten Vertragspflichtverletzung (siehe auch § 344 BGB), sondern auch ihre **Verschuldensabhängigkeit,** da Verzug im deutschen Recht Verschulden voraussetzt (§ 286 Abs. 4 BGB). Entgegen dem Gesetzeswortlaut (§ 339 S. 2 BGB) ist Verschulden aber auch notwendige Tatbestandsvoraussetzung für den Anspruch auf Zahlung einer Vertragsstrafe, die für den Fall der Verletzung einer Unterlassungspflicht vereinbart wurde.[51]

25 Sowohl bei für eine Nichterfüllung (§ 340 BGB) als auch für eine nicht gehörige Erfüllung (§ 341 BGB) vereinbarten Vertragsstrafen können zusätzlich weitergehende **Schadensersatzansprüche** unter Anrechnung der Vertragsstrafe[52] geltend gemacht werden, §§ 340 Abs. 2, 341 Abs. 2 BGB. Differenziert wird dagegen beim Verhältnis der Vertragsstrafe zum Erfüllungsanspruch. Die für den Fall der Nichterfüllung vereinbarte Vertragsstrafe steht zum Erfüllungsanspruch in einem Alternativverhältnis (§ 340 Abs. 1 S. 1 BGB): Wird sie geltend gemacht, entfällt der Erfüllungsanspruch (§ 340 Abs. 1 S. 2 BGB).[53] Umgekehrt erlischt der Anspruch auf die Vertragsstrafe, wenn der Primäranspruch durch Er-

[48] S. OLG Düsseldorf NJW-RR 2001, 1387 (1389): Hier wurde vor dem Hintergrund einer unzulässigen Abbedingung des Vorbehaltserfordernisses und einer fehlenden ausdrücklichen Anrechnung weitergehender Schadensersatzansprüche die Unwirksamkeit der gesamten Vereinbarung einer Vertragsstrafe angenommen, da es sich um eine einheitliche Regelung gehandelt habe; ähnlich auch OLG Frankfurt IBR 2011, 323. Mit Recht kritisch dazu Staudinger/Rieble BGB § 341 Rn. 14; Wolf/Lindacher/Pfeiffer/Dammann AGB-Recht § 309 Nr. 6 BGB Rn. 92ff.

[49] MüKoBGB/Gottwald Vorb. zu §§ 339ff. Rn. 35.

[50] OLG Düsseldorf NJOZ 2008, 411ff.; Ulmer/Brandner/Hensen/Fuchs AGB-Recht § 309 Nr. 5 BGB Rn. 11; jeweils mit weiteren Rechtsprechungsnachweisen.

[51] BGH NJW 1972, 1893; Grüneberg/Grüneberg BGB § 339 Rn. 15.

[52] Eine Anrechnung ist allerdings nur erforderlich, wenn zwischen Strafe und Schadensersatz Interessenidentität besteht, Staudinger/Rieble BGB § 340 Rn. 63.

[53] Das gilt allerdings nicht, wenn die Strafe – wie insbesondere bei Unterlassenspflichten – nicht den gesamten Erfüllungsanspruch erfasst: Hier tritt die Strafe nur an die Stelle des mit Blick auf den konkreten Verstoß unmöglich gewordenen Unterlassungsanspruchs und lässt Unterlassungspflichten mit Blick auf die Zukunft unberührt, instruktiv dazu Staudinger/Rieble BGB § 340 Rn. 17ff.

füllung untergeht.[54] Bei einer Vertragsstrafe wegen nicht gehöriger Erfüllung (insbesondere einer Spätleistung) kann der Gläubiger dagegen Strafe und Erfüllung kumulativ verlangen, § 341 Abs. 1 BGB. Verloren geht der Anspruch auf Vertragsstrafe hier nur, wenn sich der Gläubiger die Geltendmachung der Vertragsstrafe bei Vertragserfüllung (insbes. bei Ablieferung bzw. Abnahme des Vertragsgegenstandes) nicht ausdrücklich **vorbehält** (§ 341 Abs. 3 BGB). Die Rechtsprechung ist streng: Eine Vorbehaltserklärung vor oder nach der Erfüllung reicht grundsätzlich nicht aus.[55] Entbehrlich ist ein Vorbehalt allerdings, wenn der Gläubiger bereits vor der Erfüllungshandlung die Aufrechnung mit einem fälligen Strafanspruch erklärt hat und der Anspruch auf die Strafe deswegen vollständig erloschen ist.[56]

Enge Grenzen für die Gestaltung von Standardverträgen setzt die **AGB-Inhaltskon-** 26
trolle. Auch wenn § 309 Nr. 6 BGB im unternehmerischen Geschäftsverkehr keine Leitbildfunktion zukommt,[57] begrenzt § 307 BGB den bestehenden Gestaltungsspielraum doch beträchtlich. AGB-rechtlich zwingend ist etwa das Verschuldensprinzip[58] (sofern eine verschuldensunabhängige Vertragsstrafe nicht ausnahmsweise als interessengerecht angesehen werden kann[59]) und die gesetzlich vorgesehene Anrechnung der Vertragsstrafe auf weitergehende Schadensersatzansprüche.[60] Weiterhin setzt die wirksame Vereinbarung einer Vertragsstrafe in Allgemeinen Geschäftsbedingungen zumindest für den Fall der von einer Pflichtverletzung ausgelösten Dauerstrafe[61] **zwingend** die Festlegung einer **angemessenen Obergrenze** voraus. Für den Fall des Leistungsverzuges bei Bauverträgen liegt diese Grenze nach mittlerweile ständiger Rechtsprechung bei Tagessätzen (pro Werktag!)[62] von maximal 0,3 % und einem Höchstbetrag von insgesamt 5 % des Auftragswertes.[63] Werden neben dem Schlusstermin zusätzlich Zwischentermine pönalisiert, ist die Vertragsstrafe nach Auffassung einiger Oberlandesgerichte unwirksam, wenn die fälligen Vertragsstrafen kumuliert werden.[64]

---

[54] Das Erfüllungsverlangen alleine führt dagegen auch nach Verwirkung der Strafe noch nicht zum Anspruchsuntergang, Staudinger/Rieble BGB § 340 Rn. 48.

[55] BGH NJW 1983, 384 (385); BeckOGK/Ulrici, 1.9.2021, BGB § 341 Rn. 47 ff.: Gläubiger steht Zeitfenster zur Verfügung, das mit *„Beginn der finalen Handlung zur realen Leistungsbewirkung"* beginnt und unmittelbar nach Abschluss der realen Leistungsbewirkung endet. Großzügiger OLG Düsseldorf NJW-RR 2000, 1688 (1689): „Zeitnaher" Vorbehalt soll ausreichen (im streitgegenständlichen Fall zwei Tage vor der tatsächlich erfolgten Abnahme eines Werkes).

[56] BGH NJW 2016, 634 (635).

[57] BGH NJW 2003, 2158; Staudinger/Coester-Waltjen BGB § 309 Nr. 6 Rn. 28.

[58] Grüneberg/Grüneberg BGB § 309 Rn. 39; Staudinger/Rieble BGB § 339 Rn. 136, 397 f. hält das Verschuldensprinzip darüber hinaus auch in Individualverträgen für nicht abdingbar.

[59] Zu der hier einschlägige Rechtsprechung Ulmer/Brandner/Hensen/Fuchs/Zimmermann AGB-Recht § 309 Nr. 6 BGB Rn. 37.

[60] Grüneberg/Grüneberg BGB § 309 Rn. 39; Ulmer/Brandner/Hensen/Fuchs/Zimmermann AGB-Recht § 309 Nr. 6 BGB Rn. 30; eine ausdrückliche Klarstellung der Anrechnungsmöglichkeit ist aber nicht erforderlich, OLG Zweibrücken IBR 2021, 403. Dagegen kann eine Kumulierung der Vertragsstrafe mit dem Erfüllungsanspruch auch in AGB zulässigerweise dadurch erzielt werden, dass der Verwender selbst das von der Vertragsstrafe abgedeckte Interesse bestimmt, Staudinger/Rieble BGB § 340 Rn. 12.

[61] Zu dieser Einschränkung zutreffend Staudinger/Rieble BGB § 339 Rn. 150. Anders aber etwa LG Erfurt BB 2011, 2516, nach dem auch im Fall eines Verstoßes gegen Unterlassungspflichten (in diesem Fall die Einhaltung eines Wettbewerbsverbotes) eine generelle Obergrenze für den Fall mehrerer Verstöße AGB-rechtlich zwingend sein soll.

[62] OLG Dresden BeckRS 2001, 31387236: 0,3 % *pro Kalendertag* unzulässig, da dies einen Satz von 0,42 % pro *Arbeitstag* bedeute und die Kappungsgrenze damit schon nach 11 Arbeitstagen erreicht sei. Zulässig sein soll aber auch eine Pönale von 1 % pro angefangener Kalenderwoche (bei Begrenzung der Gesamthöhe auf 5 %, so jedenfalls OLG Hamm NJW 2018, 1026 (1027).

[63] BGH BauR 2008, 508. Bei der Pönalisierung von Zwischenfristen im Rahmen von Bauverträgen ist eine Vertragsstrafe allerdings auch dann unwirksam, wenn sich die Kappungsgrenze von 5 % auf die *Gesamtauftragssumme* bezieht und diese auch für Leistungen erwirtschaftet wird, die erst nach dem Zwischentermin erbracht werden, BGH NJW 2013, 1362 (1364).

[64] OLG Jena NJOZ 2002, 2639 (2641); OLG Nürnberg NZBau 2010, 566 (567). Großzügiger BGH NZBau 2014, 100 (101), falls die Vertragsstrafe für die Überschreitung des Fertigstellungstermins nach der Vertragsgestaltung eine eigenständige Regelung darstellt, die inhaltlich, optisch und sprachlich von der Vertragsstrafe für die Überschreitung sonstiger Termine getrennt ist und daher einer eigenständigen Inhaltskontrolle unterzogen werden kann.

27 Ob diese Rechtsprechung nicht nur dem Grunde nach, sondern auch mit Bezug auf die konkret zulässigen Höchstsätze auf **andere Vertragstypen** übertragen werden kann, ist bislang nicht abschließend geklärt. Zweifel daran sind durchaus berechtigt: So sind etwa 5% des Lieferwertes bei Verzug mit der Lieferung einer geringwertigen, für den Käufer aber entscheidenden Komponente kaum geeignet, die einer Vertragsstrafe immanente „Druckfunktion" auszuüben. Um Risiken der Unwirksamkeit zu minimieren, bleibt dem Klauselverwender im Ergebnis aber kaum etwas anderes übrig, als sich auch im Rahmen von Lieferverträgen an diesen Werten zu orientieren.

28 Unabhängig von der Problematik einer angemessenen Obergrenze bereitet die AGB-Kontrolle aber auch bei der Einzelstrafhöhe Probleme. Die Rechtsprechung verlangt die Festsetzung einer Summe, die sich trotz der anerkannten **Druckfunktion** der Vertragsstrafe an den in Betracht kommenden Auswirkungen orientiert und sich „innerhalb voraussichtlicher Schadensbeträge hält".[65] Das gilt insbesondere für den Fall pönalisierter Neben- bzw. Unterlassungspflichten, die im Einzelfall naturgemäß einen **unterschiedlichen Schweregrad** aufweisen können. So hat etwa das OLG München die Vereinbarung einer Vertragsstrafe in einem Handelsvertretervertrag für Verstöße gegen ein nachvertragliches Wettbewerbsverbot für unwirksam gehalten, da die Strafe in Höhe von 25.000 EUR für jede Begehungsform, insbesondere bei fahrlässiger Begehungsweise und jeder denkbaren Art eines Wettbewerbsverstoßes fällig wurde.[66] Auch der BGH geht in ständiger Rechtsprechung davon aus, dass eine Vertragsstrafenklausel in AGB, die im Fall von Vertragsverletzungen von erheblich unterschiedlichem Gewicht einen einheitlichen Betrag festlegt, nur wirksam ist, wenn der festgesetzte Betrag auch angesichts des typischerweise geringsten Vertragsverstoßes noch angemessen ist.[67] Auf dieser Grundlage lässt sich kaum noch abschätzen, wie eine wirksame Klausel ausgestaltet werden kann. Eine Möglichkeit könnte die aus dem Wettbewerbsrecht bekannte Regelungstechnik des sog. **neuen Hamburger Brauches** sein, bei dem die Festlegung der Höhe der verwirkten Strafe für jeden Fall eines Verstoßes (ggf. bis zu einer festgesetzten Maximalhöhe) in das billige (und damit gerichtlich überprüfbare) Ermessen (§ 315 BGB) der anderen Vertragspartei gestellt wird.[68]

29 Auch das in § 341 Abs. 3 BGB vorgesehene **Vorbehaltserfordernis,** dem nach der Rechtsprechung ein beträchtlicher Gerechtigkeitsgehalt zukommen soll, kann in AGB nicht vollständig abbedungen, sondern nur modifiziert werden: Spätestens bei der Schlusszahlung muss der Vorbehalt erfolgen.[69]

Klauselbeispiel für die Vereinbarung einer Vertragsstrafe im Fall von Lieferverzug nach deutschem Recht und der Verwendung von Standardbedingungen

[•] Delay in Delivery

(1) In the event of any delay in delivery, the Seller shall pay a contractual penalty [*Vertragsstrafe*] in the amount of 0.3 % of the net price of the respective delivery per working day up to a maximum amount of 5 % of the net price of the respective delivery. The penalty shall not become due if the delay has not been culpably caused by the Seller.

(2) The contractual penalty remains payable even if a corresponding reservation has not been declared at the time of performance. The contractual penalty can only be claimed,

---

[65] OLG München BeckRS 2010, 20437.

[66] OLG München BeckRS 2010, 20437. Großzügiger für den Fall „wettbewerbs- oder schutzrechtlich veranlasster" Vertragsstrafen BGH MMR 2015, 30 (31).

[67] BGH NZM 2016, 214 (216); BGH NJW 2017, 3145 (3147): *„Danach stellt sich die formularmäßige Vereinbarung der Vertragsstrafe iHv 2500 Euro in Nr. 20 der Allgemeinen Geschäftsbedingungen der Kl. bereits deshalb als unangemessene Benachteiligung des Bekl. gem. § 307 I 1 BGB dar, weil sie ohne Differenzierung unterschiedlich gewichtige Vertragspflichten erfasst";* kritisch zu dieser restriktiven Lesart mit Blick auf die Druckfunktion einer Vertragsstrafe Leuschner ZIP 2021, 1471 (1474).

[68] Dazu mit Klauselvorschlägen Ostendorf JuS 2015, 977 (980) sowie oben → Rn. 17.

[69] BGH BauR 1984, 643; zu Recht kritisch dazu Staudinger/Rieble BGB § 339 Rn. 16.

however, if the Buyer reserves the right thereto at the latest at the time of the final payment for the respective delivery.[70]

(3) Any contractual penalties can be claimed as the minimum amount of damage due on account of the same violation of obligations. The assertion of further damages is not precluded, any contractual penalties paid must, however, be deducted.[71]

c) Schadenspauschalierung

Die Schadenspauschalierung setzt auf einen zumindest dem Grunde nach bestehenden Schadensersatzanspruch auf.[72] Folgerichtig verlangt die Geltendmachung einer Schadenspauschale auch, dass (mit Ausnahme eines nachgewiesenen Schadens in der pauschalierten Höhe) die Tatbestandsvoraussetzungen des jeweiligen **Schadensersatzanspruchs** erfüllt sind. Aus der Anknüpfung der Schadenspauschale an einen ansonsten bestehenden Schadensersatzanspruch folgt zwanglos auch das Verhältnis von Schadenspauschalen zu Erfüllungsansprüchen: Soll Schadensersatz statt der Leistung pauschaliert werden, kommen Erfüllungsansprüche gem. § 281 Abs. 4 BGB nicht mehr in Betracht; ansonsten bleiben sie von der Pauschalierung unberührt. 30

Nicht analog angewendet werden können nach herrschender Meinung die gesetzlichen Regelungen zur Vertragsstrafe.[73] Damit verbleibt als gesetzlicher Anknüpfungspunkt lediglich der auch im unternehmerischen Geschäftsverkehr zu berücksichtigende[74] **§ 309 Nr. 5 BGB,** nach dem die Schadenspauschalierung in Allgemeinen Geschäftsbedingungen unwirksam ist, wenn a) die Pauschale den in den geregelten Fällen nach dem gewöhnlichen Lauf der Dinge zu erwartenden Schaden übersteigt oder b) dem anderen Vertragsteil nicht ausdrücklich der Nachweis gestattet wird, ein **Schaden sei überhaupt nicht entstanden oder wesentlich niedriger** als die Pauschale. Bei Lichte betrachtet regelt § 309 Nr. 5 lit. a) BGB allerdings schon gar nicht die Schadenspauschalierung, sondern die so genannte „verdeckte" Vertragsstrafe, da eine Pauschale, die von § 309 Nr. 5 lit. a) BGB erfasst wird, nach den gängigen Abgrenzungskriterien als Vertragsstrafe eingeordnet werden muss.[75] Anders verhält es sich dagegen mit § 309 Nr. 5 lit. b) BGB. Die Möglichkeit, im Fall einer Schadenspauschalierung den Einwand eines tatsächlich nicht bestehenden oder wesentlich geringeren tatsächlichen Schadens zu erheben, wird über die AGB-rechtlichen Anforderungen hinaus[76] von der wohl herrschenden Meinung als gesetzliches Leitbild der Schadenspauschale angesehen, das mangels ausdrücklich abweichender vertraglicher Vereinbarung damit auch bei Individualverträgen zur Anwendung kommt.[77] Letztlich bleiben hier 31

---

[70] Mit diesem Absatz wird das in § 341 Abs. 3 BGB normierte Vorbehaltserfordernis in den nach ständiger Rechtsprechung zu beachtenden Grenzen abgeschwächt.

[71] Der letzte Absatz ist im Wesentlichen eine Wiedergabe der gesetzlichen Regelung, die ausschließlich aus Klarstellungsgründen aufgenommen wurde. Wird ein Vorbehalt weitergehender Schadensersatzansprüche in der Klausel geregelt, muss zwingend auch die Anrechnung angeordnet werden, da sonst die Unwirksamkeit der gesamten Klausel droht, s. OLG Düsseldorf NJW-RR 2001, 1387 (1389); für eine Gesamtunwirksamkeit der Vertragsstrafe bei fehlender ausdrücklicher Anrechnungsregelung auch OLG Frankfurt IBR 2011, 323.

[72] BGH NJW 2005, 1645.

[73] Andere Auffassung Knütel/Rieger NZBau 2010, 328ff.

[74] Grüneberg/Grüneberg BGB § 309 Rn. 32.

[75] Nodoushani ZGS 2005, 330ff. Eine Umdeutung in eine „reguläre" Vertragsstrafe kommt nicht in Betracht, Jauernig/Stadler BGB § 309 Nr. 5 Rn. 11.

[76] Gegenüber Verbrauchern muss diese Nachweismöglichkeit ausdrücklich in der Klausel selbst geregelt werden; eine wörtliche Übernahme der Vorschrift in den Vertragstext verlangt die höchstrichterliche Rechtsprechung aber nicht, s. BGH NJW 2010, 2122 (2123). Im unternehmerischen Geschäftsverkehr bedarf es dagegen keiner ausdrücklichen Aufnahme der Nachweismöglichkeit in den Vertragstext, BGH NJW-RR 2003, 1056 (1059).

[77] OLG Schleswig DNotZ 1985, 310 (312); Grüneberg/Grüneberg BGB § 276 Rn. 26; kritisch dazu Knütel/Rieger NZBau 2010, 285 (287). Für die im Wege der Vertragsauslegung gewonnene Vermutung einer „weichen" Pauschalierungsvereinbarung auch im kaufmännischen Verkehr, die den Nachweis fehlenden bzw. erheblich niedrigeren Effektivschadens offenhält dagegen Lindacher FS Birk S. 515 (518) mwN.

aber die gleichen Rechtsunsicherheiten wie bei der spiegelbildlichen Frage, ob über die Pauschale **hinausgehende tatsächliche Schäden** geltend gemacht werden können. Einen entsprechenden Vorbehalt zum Nachweis eines höheren Schadens kann der Verwender nach höchstrichterlicher Rechtsprechung zwar auch in Allgemeinen Geschäftsbedingungen vereinbaren.[78] Ob aus der AGB-rechtlichen Anforderung, den gewünschten Vorbehalt unzweifelhaft zum Ausdruck zu bringen, allerdings der Rückschluss auf eine auch in Individualverträgen geltende Vermutung zugunsten „harter“ Schadenspauschalen gezogen werden kann, erscheint zumindest fraglich. Daher ist dringend zu empfehlen, **ausdrücklich im Vertrag** zu regeln, ob mit Wirkung nach oben und nach unten eine „weiche“ oder „harte“ Schadenspauschalierung[79] gewollt ist.

32 Zuletzt ist auch zweifelhaft, ob die Geltendmachung von pauschaliertem Schadensersatz zumindest den Nachweis voraussetzt, dass dem Gläubiger **irgendein Schaden** entstanden ist.[80] Ein gesetzlicher Anhaltspunkt dafür ist nicht ersichtlich.[81] Erblickt man (wie die wohl hM) in § 309 Nr. 5 lit. b) BGB ein über die AGB-Inhaltskontrolle hinausgehendes Leitbild der Schadenspauschale, spricht eher einiges dafür, dass der Gläubiger einen derartigen Nachweis nicht führen muss. Andernfalls wäre nämlich nicht verständlich, warum dem Schuldner der Nachweis offenbleiben soll, dass dem Gläubiger ein wesentlich geringerer oder gar kein (!) Schaden entstanden ist.[82]

d) Hinweise für die Vertragsgestaltung

33

Checkliste bei der Gestaltung von Pld-Klauseln nach deutschem Recht

A. Vereinbarung einer Vertragsstrafe

Aus Sicht des Gläubigers

- Beachtung der einschlägigen AGB-rechtlichen Grenzen bei Standardverträgen [insbes. Verschuldensprinzip, Kumulationsverbote, Beachtung zulässiger Maximalhöhen von Einzelstrafen und maximale Obergrenze (zumindest) bei Dauerstrafen]
- Vereinbarung einer Kumulierung von Vertragsstrafe und Erfüllungsanspruch
- Abbedingung des Vorbehaltserfordernisses (in vorformulierten Klauseln zumindest Aufschub bis zur Schlussrechnung)

Aus Sicht des Schuldners

- Ausschluss weitergehender Schadensersatzansprüche
- Ggf. Abbedingung Beweislastumkehr bzgl. Verschulden (Individualverträge)

B. Vereinbarung einer Schadenspauschalierung

Aus Sicht des Gläubigers

- Beachtung der einschlägigen AGB-rechtlichen Grenzen bei Standardverträgen; insbes. § 309 Nr. 5 BGB
- Ausdrücklicher Vorbehalt weitergehender Schadensersatzansprüche im Fall der Verletzung der pönalisierten Vertragspflicht

---

[78] BGH NJW 1982, 2316f.; Wolf/Lindacher/Pfeiffer/Dammann AGB-Recht § 309 Nr. 5 BGB Rn. 100 mwN. Andere Auffassung (sofern der Vorbehalt nicht auf einen im Einzelfall ungewöhnlich hohen Schaden beschränkt wird) Ulmer/Brandner/Hensen/Fuchs/Zimmermann AGB-Recht § 309 Nr. 5 BGB Rn. 31.

[79] Zur möglichen Subsumtion beider Formen unter den Oberbegriff der Schadenspauschalierung Soergel/Lindacher BGB Vor § 339 Rn. 24.

[80] So wohl MüKoBGB/Gottwald Vorb. § 339 Rn. 34; anderer Auffassung ist dagegen (auch unter Verweis auf rechtsvergleichende Überlegungen) zu Recht Soergel/Lindacher BGB Vor § 339 Rn. 24.

[81] Allenfalls könnte diese Auffassung damit begründet werden, dass die Pauschale auf einen bestehenden Schadensersatzanspruch aufsetzt und tatsächlich entstandene Schäden im deutschen Recht eine Tatbestandsvoraussetzung für einen Schadensersatzanspruch darstellen.

[82] Ostendorf JuS 2015, 977 (980).

- Individualvertraglich ggf. Ausschluss von Nachweismöglichkeiten des Schuldners, dass tatsächlicher Schaden geringer als die vereinbarte Pauschale ist

Aus Sicht des Schuldners
- Ausdrücklicher Ausschluss weitergehender Schadensersatzansprüche
- Ausdrückliche Nachweismöglichkeit bzgl. geringerer oder gar nicht eingetretener Schäden
- Ggf. ausdrückliche Regelung, der zu Folge Gläubiger zumindest den Nachweis dafür erbringen muss, dass ihm überhaupt Schäden entstanden sind

2. Konventionalstrafe und pauschalierter Schadensersatz im Schweizer Obligationenrecht

Die Ähnlichkeiten zwischen dem deutschen und dem Schweizer Recht bei der Behandlung von Pld-Klauseln fallen ins Auge. Auch das Schweizer Recht unterscheidet zwischen Vertragsstrafen (die das Schweizer Obligationenrecht terminologisch als Konventionalstrafen bezeichnet) und Schadenspauschalierungen. Letztere sind wie im deutschen Recht als Rechtsinstitut anerkannt, obwohl eine gesetzliche Regelung dazu fehlt. Bei der **Konventionalstrafe** sehen Art. 160 bis 163 Schweizer Obligationenrecht (OR) Regelungen zum Verhältnis zu Erfüllungsansprüchen und weitergehenden Schadensersatzansprüchen, Vorbehaltserfordernissen sowie richterlichen Herabsetzungsmöglichkeiten vor, die den §§ 339ff. BGB weitgehend, wenn auch nicht vollständig entsprechen. 34

Neben einzelnen Details erweist sich allerdings einmal mehr das Fehlen einer offenen **AGB-Inhaltskontrolle** im unternehmerischen Geschäftsverkehr als maßgeblicher Unterschied der beiden Rechtsordnungen: Die im deutschen Recht auf Grundlage von § 309 Nr. 5 lit. a) und lit. b) BGB sowie § 307 BGB bestehenden Rechtsunsicherheiten und erheblichen Restriktionen im Fall von Standardverträgen (insbesondere bei Pld-Klauseln, die einen einheitlichen Betrag für Vertragsverletzungen mit unterschiedlichem Schweregrad vorsehen) können damit weitgehend vermieden werden, wenn Schweizer Recht das anwendbare Vertragsstatut ist. Das entbindet bei der Vertragsgestaltung allerdings nicht davon, präzise Klauseln zu entwerfen, um die auch im Schweizer Recht bestehenden Auslegungsschwierigkeiten bei der Verwendung von Pld-Klauseln beherrschbar zu machen. 35

a) Abgrenzungsfragen

Weitgehend identisch mit dem deutschen Recht und im Ergebnis vergleichbar vage ist die von der Rechtsprechung entwickelte Trennungslinie zwischen Konventionalstrafen und Schadenspauschalen. Auch im Schweizer Recht ist die maßgebliche Frage, ob die Parteien ein Druckmittel zur Vertragserfüllung einsetzen oder aber lediglich den Nachweis über Eintritt und Umfang des Schadens erleichtern wollten.[83] 36

b) Die Konventionalstrafe

aa) Verhältnis der Konventionalstrafe zum Erfüllungsanspruch. Der gesetzliche Regelfall ist die **Alternativität** zwischen Vertragsstrafe und Erfüllungsanspruch.[84] Soweit vertraglich nichts anderes vereinbart wird,[85] kann die Vertragsstrafe gem. Art. 160 Abs. 1 OR daher nur an Stelle des Erfüllungsanspruchs verlangt werden. Eine Kumulation ist dagegen bereits von Gesetzes wegen vorgesehen, wenn die Strafe für die Nichteinhaltung der Erfüllungszeit oder des Erfüllungsortes versprochen wurde, Art. 160 Abs. 2 OR. Das ent- 37

[83] Gauch/Schluep/Schmid/Emmenegger OR AT II Rn. 3851.
[84] Gauch/Schluep/Schmid/Emmenegger OR AT II Rn. 3799.
[85] Eine von den Parteien gewollte Kumulation von Erfüllungsanspruch und Vertragsstrafe kann sich dabei auch aus den Umständen ergeben, BGE 122 III 424.

spricht trotz engerem Wortlaut des Art. 160 Abs. 2 OR weitgehend der Differenzierung zwischen Nichterfüllung und nicht gehöriger Erfüllung gem. §§ 340, 341 BGB, da auch die in § 341 BGB geregelte Fallgruppe der nicht gehörigen Erfüllung im Wesentlichen den Fall der Liefer- und Leistungsverzögerung im Blick hat.[86]

38 **bb) Verhältnis der Konventionalstrafe zu (weitergehenden) Schadensersatzansprüchen.** Entsprechend dem Wesen der Konventionalstrafe kann sie unabhängig davon verlangt werden, ob ein Schaden tatsächlich eingetreten ist, Art. 161 Abs. 1 OR. Im Übrigen bleibt (den §§ 340 Abs. 2, 341 Abs. 2 BGB vergleichbar) die Geltendmachung **weitergehender allgemeiner Schadensersatzansprüche** (unter Anrechnung allfälliger Konventionalstrafen) unberührt. Erschwert wird die Geltendmachung weiterer Schäden allerdings durch Art. 161 Abs. 2 OR, der dem Gläubiger in diesem Fall entgegen der sonst auch im Schweizer Recht geregelten Beweislastumkehr[87] den **Nachweis eines Schuldnerverschuldens** abverlangt.[88] Die Vorschrift ist allerdings – etwa nach Maßgabe des folgenden Klauselvorschlages – vertraglich abdingbar.

Klauselbeispiel Vorbehalt weitergehender Schadensersatzansprüche unter Abbedingung der Beweislastregel in Art. 161 Abs. 2 OR

(1) Any contractual penalties can be claimed as the minimum amount of damage due on account of the same violation of obligations. The assertion of further damages is not precluded; any contractual penalties paid must, however, be deducted.

(2) Further damages shall not become payable if and when the delay has not been culpably caused by [•]. For the avoidance of doubt, the burden of proof that the delay has not been culpably caused, shall [in express deviation of Art. 161 Abs. 2 Swiss Code of Obligations] rest with the breaching party.[89]

39 **cc) Verschuldenserfordernis.** Auf Grundlage von Art. 163 Abs. 2 OR kann eine Konventionalstrafe vorbehaltlich abweichender vertraglicher Abreden **nicht verlangt** werden, wenn die Erfüllung der pönalisierten Verpflichtung durch einen vom Schuldner **nicht zu vertretenen** Umstand **unmöglich** geworden ist. Nach ganz überwiegender Auffassung soll ein Verschulden über den Wortlaut von Art. 163 Abs. 2 OR hinaus aber nicht nur in Fällen der Unmöglichkeit, sondern auch bei einer Spät- bzw. Schlechtleistung erforderlich sein.[90] Eine höchstrichterliche Klärung dazu steht bislang (soweit ersichtlich) noch aus.

40 **dd) Herabsetzung und Untergang bei unterlassenem Vorbehalt.** Art. 163 Abs. 1 OR lässt den Parteien die Freiheit, die Konventionalstrafe in beliebiger Höhe festzusetzen. Allerdings kann der Richter (bzw. Schiedsrichter) eine übermäßig hohe Konventionalstrafe nach seinem Ermessen herabsetzen, Art. 163 Abs. 3 OR.[91] Art. 163 Abs. 3 gilt auch im unternehmerischen bzw. kaufmännischen Geschäftsverkehr und ist zugleich die einzige **zwingende Vorschrift** der Art. 160ff. OR.

41 Besonders praxisrelevant ist schließlich der Untergang[92] des Anspruchs auf Zahlung einer für den Fall der Nichteinhaltung der Erfüllungszeit oder des Erfüllungsorts vereinbarten Konventionalstrafe, wenn sich der Gläubiger die Strafe bei Erfüllung nicht ausdrück-

---

[86] MüKoBGB/Gottwald § 341 Rn. 2.

[87] Art. 97 Abs. 1 OR. Die hier vorgesehene Beweislastumkehr kann analog auch bei der Konventionalstrafe angewendet werden, BSK/Ehrat/Widmer/Costantini OR I Art. 160 Rn. 14.

[88] Kritisch daher BSK/Ehrat/Widmer/Costantini OR I Art. 161 Rn. 6.

[89] Aus Sicht des Gläubigers sollte dieser Absatz allerdings unterbleiben, wenn vorrangig das CISG anwendbar ist, da in diesem Fall ohnehin eine verschuldensunabhängige Haftung besteht, dazu → § 18 Rn. 18.

[90] Huguenin Obligationenrecht Rn. 1262; BSK/Ehrat/Widmer/Costantini OR I Art. 160 Rn. 14.

[91] Voraussetzung ist allerdings ein krasses Missverhältnis zwischen Höhe der Strafe und dem Interesse des Gläubigers an der Erfüllung der pönalisierten Vertragspflicht, BGE 82 II 146.

[92] Wie im deutschen Recht führt der unterlassene Vorbehalt zum Untergang des Anspruchs auf Zahlung der Strafe und nicht nur zu einer (widerleglichen) Vermutung eines Verzichts auf die Geltendmachung, s. BGE 97 II 352.

lich **vorbehält,** Art. 160 Abs. 2 OR. Vermutlich dürfte die Schweizer Rechtsprechung hier vergleichbar strenge Maßstäbe wie die einschlägige deutsche höchstrichterliche Rechtsprechung anlegen. Aus Sicht des Gläubigers ist daher eine vollständige Abbedingung des Vorbehaltserfordernisses sinnvoll, die anders als im deutschen Recht wegen der fehlenden AGB-Inhaltskontrolle auch in Standardverträgen wirksam sein dürfte.

c) Schadenspauschalierung

Mangels gesetzlicher Regelung und einschlägiger Rechtsprechung ist die Auslegung von Schadenspauschalierungsklauseln mit ähnlichen Unsicherheiten behaftet wie im deutschen Recht. Nach herrschender Meinung setzt der Anspruch auf die Pauschale aber wohl voraus, dass dem Gläubiger **überhaupt ein Schaden** entstanden ist.[93] Bei unverhältnismäßiger Höhe der Pauschale (aus einer ex post Betrachtung) soll wiederum eine analoge Anwendung von Art. 163 Abs. 3 OR und damit eine richterliche Herabsetzung des Pauschalbetrages in Betracht kommen.[94] Im Übrigen verbleiben die vom deutschen Recht bekannten Zweifelsfragen, ob mangels ausdrücklicher vertraglicher Regelung eine Vermutung für eine „weiche" bzw. eine „harte" Schadenspauschalierung streiten soll.[95] 42

d) Hinweise für die Vertragsgestaltung.

Checkliste bei der Gestaltung von Pld-Klauseln nach Schweizer Recht 43

A. Vereinbarung einer Konventionalstrafe

Aus Sicht des Gläubigers
- Vereinbarung einer Kumulation von Konventionalstrafe und Erfüllungsanspruch auch außerhalb des Anwendungsbereichs von Art. 160 Abs. 2 OR
- Abbedingung des Vorbehaltserfordernisses
- Wiederherstellung der Beweislastumkehr beim Verschulden im Fall weitergehender Schadensersatzansprüche durch Abbedingung von Art. 161 Abs. 2 OR
- Ggf.: Abbedingung Verschuldenserfordernis

Aus Sicht des Schuldners
- Ausschluss weitergehender Schadensersatzansprüche
- Aus Klarstellungsgründen Aufnahme eines ausdrücklichen Verschuldenserfordernisses als Tatbestandsvoraussetzung der Konventionalstrafe

B. Vereinbarung einer Schadenspauschale

Aus Sicht des Gläubigers
- Offenhaltung weitergehender Schadensersatzansprüche wegen der pönalisierten Vertragsverletzung
- Mit Ausnahme der zwingenden Herabsetzungsmöglichkeit gem. Art. 163 OR analog Ausschluss weitergehender Nachweismöglichkeiten für den Schuldner hinsichtlich in Wirklichkeit geringerer tatsächlicher Schäden

Aus Sicht des Schuldners
- Ausdrücklicher Ausschluss weitergehender Schadensersatzansprüche wg. pönalisierter Vertragspflicht
- Möglichkeit des Nachweises geringerer oder gar nicht eingetretener Schäden
- Ggf. ausdrückliche Regelung, dass Gläubiger zumindest Nachweis dafür erbringen muss, dass überhaupt Schäden entstanden sind

---

[93] Hachem Penalty and Liquidated Damages S. 120 mwN; Huguenin Obligationenrecht Rn. 1256.

[94] Schwenzer/Fountoulakis Allgemeiner Teil Rn. 71.17; BG, Urt. v. 19.4.2016, Az. 4 A_601/2015.

[95] Für letzteres wohl Huguenin Obligationenrecht Rn. 1256: Vereinbarte Pauschalsumme stelle regelmäßig eine Haftungsbeschränkung dar; ähnlich mwN auch Gauch/Schluep/Schmid/Emmenegger OR AT II Rn. 3851: Pauschale soll *„in der Regel den geschuldeten Ersatz nach oben begrenzen."*

III. Pld-Klauseln im anglo-amerikanischen Rechtskreis

1. Verbot von Vertragsstrafen (penalties) als gemeinsamer Ausgangspunkt

44 Auch im anglo-amerikanischen Recht wird zwischen Vertragsstrafen (contractual penalties) und Schadenspauschalierungen (liquidated damages) unterschieden, soweit die Vertragsparteien die Zahlung von Pauschalsummen im Fall einer Vertragsverletzung[96] vereinbaren. Die Vereinbarung von **Vertragsstrafen** ist auf Grundlage der so genannten penalty rule im anglo-amerikanischem Recht anders als sog. liquidated damages aber unwirksam bzw. nicht durchsetzbar.[97] Damit rückt die Frage nach den maßgeblichen Abgrenzungskriterien zwischen beiden Rechtsinstituten in den Vordergrund. Hinzu treten Besonderheiten im Verhältnis vertraglich vereinbarter liquidated damages zu allgemeinen Rechtsbehelfen, die eine besondere Sorgfalt bei der Vertragsgestaltung verlangen.

45 Trotz des gemeinsamen Ausgangspunktes weisen englisches und US-amerikanisches Recht bei der Behandlung von Pld-Klauseln auch signifikante Unterschiede auf. Zwar ist in beiden Rechtsordnungen für die Abgrenzung zwischen Vertragsstrafen und Pauschalierungen maßgeblich, ob der festgesetzte Betrag in einer angemessenen Beziehung zu dem zu erwartenden tatsächlichen Schaden steht. Allerdings stellt das englische Recht hierbei ausschließlich auf die Erwartungen zum Zeitpunkt des Vertragsschlusses ab, während das US-amerikanische Recht auch die tatsächlich eingetretenen Schäden und damit die ex post Perspektive mit in die Wertung einbezieht. Letzteres führt im Ergebnis dazu, dass das US-amerikanische Recht tendenziell einen **strengeren Maßstab** an die Wirksamkeit von Pld-Klauseln anlegt. Das gilt insbesondere vor dem Hintergrund der jüngsten Entwicklungen in der höchstrichterlichen englischen Rechtsprechung.

2. Pld-Klauseln im englischen common law

46 Anders als im US-amerikanischen Recht sind die für Pld-Klauseln einschlägigen Rechtsprinzipien im englischen Recht nicht kodifiziert und müssen daher ausschließlich dem common law entnommen werden.

a) Abgrenzungsfragen

47 Bis zu der am 4.11.2015 ergangenen Leitentscheidung des UK Supreme Court in den verbundenen Rechtssachen ***Cavendish Square Holding BV v Talal El Makdessi*** und ***ParkingEye Limited v Beavis***[98] war die Entscheidung des House of Lords in der Rechtssache ***Dunlop Pneumatic Tyre Co Ltd v New Garage & Motor Co Ltd.*** aus dem Jahr 1914 Dreh- und Angelpunkt einer als notwendig erachteten Abgrenzung zwischen nicht durchsetzbaren contractual penalties und zulässigen liquidated damages.[99] Auf Grundlage dieser Entscheidung und einer Vielzahl danach ergangener Urteile der Instanzgerichte sind liquidated damages (vergleichbar den Abgrenzungskriterien im deutschen und Schweizer Recht) durch ein (allerdings vorrangig objektiv festzustellendes[100]) Bemühen der Vertragsparteien gekennzeichnet, den möglichen Schaden im Fall der pönalisierten Vertragspflicht bei Vertragsabschluss vorab zu schätzen (genuine covenanted pre-estimate), während penalties bereits die Vertragsverletzung als solche verhindern und daher „in terrorem" bzw. nach neue-

---

[96] Zahlungen, die nicht an den Fall einer Vertragsverletzung anknüpfen, stellen grds. keine Pld-Klauseln dar und unterfallen daher auch nicht dem Verbot von penalties; Chitty on Contracts General Principles Rn. 26–195 sowie unten → Fn. 105.

[97] Zu den rechtshistorischen Ursprüngen dieser Doktrin des common law in den sog. penal bonds McGregor on Damages Rn. 15-003.

[98] *Cavendish Square Holding BV v Talal El Makdessi & ParkingEye Limited v Beavis* [2015] UKSC 67.

[99] *Dunlop Pneumatic Tyre Co Ltd v New Garage & Motor Co Ltd* [1915] AC 79 (HL).

[100] *Alfred McAlpine Capital Projects Ltd v Tilebox Ltd* [2005] B.L.R. 271 (TCC).

rer Terminologie als „deterrent“[101] der verpflichteten Partei wirken sollen. Eine penalty wurde daher grundsätzlich dann angenommen, wenn die vereinbarte Pauschalsumme deutlich höher als der höchste aus ex-ante Perspektive tatsächlich anzunehmende Schaden war. Schon in der Vergangenheit hatte die Rechtsprechung allerdings anerkannt, dass ein nur schwer abzuschätzender Schaden den Ermessensspielraum der Parteien erhöht[102] und im Fall ausgeglichener Verhandlungsmacht der Parteien vor dem Hintergrund der Bedeutung der Vertragsfreiheit im englischen Recht generell ein **großzügiger Maßstab** angelegt werden muss.[103]

Die 2015 erlassene Leitentscheidung des UK Supreme Court in der Rechtssache *Cavendish Square Holding BV v Talal El Makdessi & ParkingEye Limited v Beavis* hat die Schwelle für eine Anwendung der penalty rule noch einmal deutlich angehoben.[104] Zum einen stellt diese Entscheidung klar, dass der Anwendungsbereich der penalty rule überhaupt nur eröffnet ist, wenn die Zahlungsverpflichtung **für den Fall der Verletzung einer Vertragspflicht** vereinbart wurde.[105] In Cavendish v Makdessi geht der UK Supreme Court aber noch darüber hinaus: Obwohl in dem hier zugrundeliegenden Sachverhalt die Verletzung eines vertraglich vereinbarten Wettbewerbsverbotes durch den Verkäufer einer Werbeagentur Bedingung für den Wegfall des Anspruchs auf die letzten beiden Raten des Kaufpreises war, kam die penalty rule nach Auffassung des Gerichts schon deswegen nicht zur Anwendung, weil es sich bei den streitgegenständlichen Vertragsbestimmungen um Preisanpassungsklauseln gehandelt habe, die lediglich die „primary obligation“ der Kaufpreiszahlung modifizierten. Die penalty rule könne aber nur bei der Vereinbarung **sekundärer Ansprüche** (secondary obligations) für den Fall der **Verletzung primärer Vertragspflichten** einschlägig sein.[106] Bereits diese formale Bestimmung des Anwendungsbereichs eröffnet reichlich vertragliche Gestaltungsmöglichkeiten, um der penalty rule zu entgehen. Darüber hinaus hat der UK Supreme Court aber auch einen **neuen Test** für die Abgrenzung zwischen unzulässigen penalties und zulässigen Vertragsregelungen, die nicht bereits auf der ersten Stufe aus dem Anwendungsbereich der penalty rule fallen, entwickelt. Entscheidend ist dabei, dass auch eine von der Klausel primär beabsichtigte **Abschreckungswirkung** neuerdings nicht mehr notwendiger Weise zur Einstufung als unzulässige penalty führen muss. Gegen die penalty rule verstößt vielmehr nur noch ein vertraglich vereinbarter Nachteil, der außerhalb jedes angemessenen Verhältnisses zu einem legitimen Interesse des Gläubigers an der Erfüllung der pönalisierten Primärpflicht steht.[107] Kann kein legitimes Interesse des Gläubigers identifiziert werden, dürfte es bei der Anwendung der „Dunlop“-Formel bleiben. 48

[101] *Lordsvale Finance Plc v Bank of Zambia* [1996] 3 W.L.R. 688 (762) (QBD).

[102] McGregor on Damages Rn. 15-037 mwN zur Rechtsprechung.

[103] *Edgeworth Capital (Luxembourg) SARL & Anor v Ramblas Investments BV* [2015] EWHC 150 Rn. 65: *„Even if it is not a genuine pre-estimate of loss it will not be a penalty where it is commercially justifiable and it can be shown that its predominant function is not deterrence“; Indian Airlines Ltd v GIA International Ltd* [2002] EWHC 2361 (Comm) Rn. 83: *„To strike down this agreement made between two substantial parties operating in the international aviation market would indeed be a blatant interference with freedom of contract“;* ähnlich bereits *Philips Hong Kong v Attorney General of Hong Kong* (1993) 61 BLR 49 (59) (PC).

[104] Day J. Bus. L. 2016, 115.

[105] *Cavendish Square Holding BV v Talal El Makdessi* [2015] UKSC 67 Rn. 14. Zur Voraussetzung einer verletzten Vertragspflicht grundlegend schon die Entscheidung des House of Lords in der Rechtssache *Export Credits Guarantee Department v Universal Oil Products Co* [1983] 1 W.L.R. 399.

[106] *Cavendish Square Holding BV v Talal El Makdessi* [2015] UKSC 67 Rn. 74: *„The clause is in reality a price adjustment clause. Although the occasion for its operation is a breach of contract, it is in no sense a secondary provision. […] Clause 5.1 belongs […] among the provisions which determine Cavendish's primary obligations, ie those which fix the price, the manner in which the price is calculated and the conditions on which different parts of the price are payable. Its effect is that the Sellers earn the consideration for their shares not only by transferring them to Cavendish, but by observing the restrictive covenants. […].“*

[107] *Cavendish Square Holding BV (Appellant) v Talal El Makdessi* [2015] UKSC 67 Rn. 32: *„The* ***true test is*** *whether the impugned provision* ***is a secondary obligation*** *which* ***imposes a detriment on the contract-breaker out of all proportion to any legitimate interest of the innocent party in the enforcement of the primary obligation.*** *The innocent party can have no proper interest in simply punishing the defaulter.“* (Hervorhebungen durch Verf.).

49 Nach der jüngsten Rechtsprechung eher theoretischer Natur ist zuletzt die Frage, ob auch eine gegenüber dem tatsächlichen Schaden zu niedrig angesetzte Pauschalsumme als penalty eingestuft werden kann. Das ist im Ausnahmefall dann zu bejahen, wenn jedenfalls zum Zeitpunkt des Vertragsschlusses (noch) die Kriterien für eine unzulässige penalty erfüllt waren.[108] Anders liegt es, wenn die Parteien bereits ex ante bewusst eine Pauschalsumme gewählt haben, die **niedriger** als der zu erwartende tatsächliche Schaden ist. Da in dieser Konstellation unzweifelhaft keine penalty vorliegt,[109] kann sich hier nur die Frage stellen, ob die Pld-Klausel als Haftungsbeschränkung bewertet werden muss und daher den hierfür maßgeblichen Einschränkungen – insbesondere dem Unfair Contract Terms Act 1977 – unterliegt. Die Rechtsprechung hat diese Frage bislang nicht beantwortet.[110] Da der Unfair Contract Terms Act 1977 auf internationale Wirtschaftsverträge regelmäßig nicht anwendbar[111] ist, sind die vertraglichen Risiken einer Unwirksamkeit an dieser Stelle aber überschaubar.

b) Rechtsfolgen einer Einstufung als penalty

50 Eine als penalty eingestufte vertragliche Regelung ist jedenfalls vom Gläubiger nicht durchsetzbar.[112] Nach englischem Recht besteht auch keine Möglichkeit für streitentscheidende (Schieds-)Gerichte, die vereinbarte Summe auf einen angemessenen Betrag herabzusetzen bzw. die Klausel immerhin mit Bezug zu solchen Vertragsverletzungen aufrechtzuerhalten, bei denen sie sich als angemessener Betrag erweist.[113] Nicht eindeutig geklärt ist bislang allerdings, ob die Pönaleklausel darüber hinaus in Gänze unwirksam ist. Relevant ist das insbesondere für die Frage, ob eine als unzulässige penalty eingestufte Klausel aus Sicht des Schuldners **zumindest als Haftungsbegrenzung** fungieren kann. Nach jüngster Rechtsprechung ist das in Abhängigkeit von der Auslegung der Klausel im Einzelnen grundsätzlich der Fall.[114] Da höchstrichterliche Entscheidungen zu dieser speziellen Problematik noch nicht existieren, empfiehlt sich im Rahmen der Vertragsgestaltung allerdings (zumindest aus Sicht des potentiellen Schuldners), über den festgelegten Betrag hinausgehende allgemeine Schadensersatzersatzansprüche explizit auszuschließen.

c) Rechtsfolgen einer wirksamen liquidated damages Klausel

51 Die Vereinbarung von liquidated damages hat grundsätzlich abschließende Wirkung: Soweit die Voraussetzungen einer zulässigen liquidated damages Klausel nach den oben diskutierten Kriterien erfüllt sind, besteht auf die vereinbarte Summe daher auch dann ein Anspruch, wenn durch die Vertragsverletzung **überhaupt kein** oder ein **nur erheblich niedrigerer tatsächlicher Schaden** entstanden ist.[115] Die im US-amerikanischen Recht teilweise diskutierte **„no-injury defense"** kennt das englische Recht nicht. Grundsätzlich

---

[108] McGregor on Damages Rn. 15-095.

[109] *Cellulose Acetate Silk Co Ltd v Widnes Foundry Ltd* [1933] A.C. 20 (25 f.) (HL).

[110] Dagegen in der Tendenz aber Chitty on Contracts General Principles Rn. 29–206; Halson Liquidated Damages Rn. 3.15; Peel Law of Contract Rn. 7-044.

[111] Dazu → § 8 Rn. 50.

[112] In diese Richtung *Cavendish Square Holding BV (Appellant) v Talal El Makdessi* [2015] UKSC 67 Rn. 9, 87; anders noch *Jobson v Johnson* [1989] 1 W.L.R. 1026 (1041).

[113] McGregor on Damages Rn. 15-026; *Cavendish Square Holding BV (Appellant) v Talal El Makdessi* [2015] UKSC 67 Rn. 9.

[114] *Eco World – Ballymore Embassy Gardens Company Limited v Dobler UK Limited* [2021] EWHC 2207 (TCC) Rn. 111: *„However, it does not follow that such provision will have no contractual effect; even where a liquidated damages clause is found to be wholly unenforceable as a penalty, it may on a true construction be found to operate as a limitation of liability provision."* Anders noch *Steria Ltd v Sigma Wireless Communications Ltd* [2007] EWHC 3454 (TCC) Rn. 114: „ […] *If I had needed to decide the point, I would have inclined to the view that if the liquidated damages provision is held to be penal, then it prevents either party from relying on it, so that the cap also disappears*".

[115] *Group of Companies Ltd v DCB Integration Systems Ltd.* [1987] CILL 328; ebenso McGregor on Damages Rn. 15-022 unter Verweis auf *Abrahams v Performing Right Society* [1995] I.C.R. 1028 (CA).

dürfte aber auch nichts dagegen sprechen, ein solches Instrument vertraglich ausdrücklich zu vereinbaren.

Umgekehrt können sich liquidated damages (insbesondere auch ohne entsprechende vertragliche Klarstellung) **haftungsbegrenzend** auswirken: Weitergehender allgemeiner Schadensersatz wegen der pönalisierten Vertragspflicht kann grundsätzlich **nicht mehr geltend** gemacht werden.[116] Aus Sicht des Schuldners ist es wegen der theoretisch möglichen Einstufung der Klausel als aus ex-ante Perspektive nicht durchsetzbarer penalty empfehlenswert, den Ausschluss weitergehender Schadensersatzansprüche ausdrücklich im Vertrag zu regeln. Umgekehrt dürfte es allerdings auch zulässig sein, wenn sich der Gläubiger weitergehende allgemeine Schadensersatzansprüche ausdrücklich vorbehält.[117] Zwar muss eine entsprechende Regelung wohl als penalty eingestuft werden, wenn allgemeine Schadensersatzansprüche kumulativ zu dem vereinbarten Pauschalbetrag geltend gemacht werden können. Soweit dagegen eine Anrechnung der liquidated damages auf die **alternativ** geltend gemachten allgemeinen Schadensersatzansprüche vorgesehen ist, greift dieser Einwand nicht durch. Anders als im US-amerikanischen Recht existieren soweit ersichtlich hierzu im englischen Recht auch keine anderslautenden Gerichtsentscheidungen. 52

3. Pld-Klauseln im US-amerikanischen Recht

Im Vergleich zum englischen Recht ist die Rechtslage im US-amerikanischen Recht deutlich schwerer überschaubar. Das liegt in erster Linie daran, dass einheitliches Bundesrecht (wie überwiegend im Zivilrecht) in den USA weder als statutory law noch als common law[118] existiert. Letztlich muss die Rechtslage daher immer für den **einzelnen US-Bundesstaat** und die hier ergangene einschlägige Rechtsprechung gesondert festgestellt werden. Durch das von nahezu allen US-Bundesstaaten umgesetzte Mustergesetz des Uniform Commercial Code (UCC) können gemeinsame Rechtsgrundsätze aber zumindest bei der Verwendung von Pld-Klauseln **in Kauf- und Mietverträgen** identifiziert werden. Ebenso sind durch die vom American Law Institute herausgegebenen sog. restatements of law einheitliche Rechtsprinzipien herausgearbeitet worden. Allerdings werden auch diese vereinheitlichten Regelungen von den Gerichten in den verschiedenen Bundesstaaten teilweise unterschiedlich ausgelegt: Dies gilt namentlich für die in nahezu allen Bundesstaaten übernommene Vorschrift des § 2–718 UCC. 53

a) Gesetzliche Definitionen im UCC

Die Voraussetzungen für die wirksame Vereinbarung von liquidated damages findet sich im UCC an zwei Stellen:[119] Pld-Klauseln in Kaufverträgen sind auf Grundlage von § 2–718 Abs. 1 UCC zulässig, sofern der für die jeweilige Vertragsverletzung festgelegte Pauschalbetrag im Licht des antizipierten oder tatsächlich eingetretenen Schadens, den Schwierigkeiten bei der Schadensdarlegung im konkreten Fall sowie mangels adäquater sonstiger Rechtsbehelfe als angemessen erscheint.[120] Die für Mietverträge über bewegliche Sachen 54

---

[116] Grundlegend die Entscheidung des *House of Lords* in der Rechtssache *Cellulose Acetate Silk Co Ltd v Widnes Foundry (1925) Ltd* [1933] AC 20 (25 f.); *Biffa Waste v Ernst Hese Maschinenfabrik GmbH* [2008] EWHC 6 (TCC) Rn. 108; Thompson Const L.J. 2006, 289 (298 f.). Anders liegt es im Zweifel für allgemeine Schäden, die nach einer Vertragsbeendigung wegen der maßgeblichen Vertragsverletzung anfallen, s. Fn. 13 oben.

[117] So ausdrücklich Whincup Contract Law Rn. 13.34 unter Verweis auf das Urteil des kanadischen Ontario Court of Appeal in der Rechtssache *Raymer v Stratton Woods* aus dem Jahr 1988.

[118] So die vom U.S. Supreme Court in der Rechtssache *Erie Railroad Co v Tompkins* 304 US 64 (78) (1938) entwickelte *„Erie-Doctrine“*: *„There is no federal general common law“*.

[119] Vgl. DiMatteo IHR 2010, 193 (197).

[120] § 2–718 Abs. 1 UCC: *„Damages for breach by either party may be liquidated in the agreement but only at an amount which is reasonable in light of the anticipated or actual harm caused by the breach, the difficulties of proof of loss, and the inconvenience or nonfeasibility of otherwise obtaining an adequate remedy. A term fixing unreasonably large liquidated damages is void as a penalty.“* Eine vergleichbare Formel findet sich in § 356 Restatement

(personal property) einschlägige Regelung in § 2A–504 UCC ist dagegen deutlich weniger komplex: Nach § 2A–504 Abs. 1 UCC sind liquidated damages grundsätzlich zulässig, wenn sie vor dem Hintergrund des bei Vertragsschluss antizipierten Schadens als angemessene Festlegung betrachtet werden können.[121] Anders als mittlerweile im englischen Recht dürfte eine vorrangig intendierte Abschreckungswirkung der Klausel aber wohl in beiden Fällen zur Einstufung als penalty führen.[122]

55 Ein weiterer wichtiger Unterschied gegenüber dem englischen Recht folgt zumindest bei § 2–718 UCC sowie § 356 Restatement (Second) of Contracts aus dem für die Beurteilung der Angemessenheit der Pauschalsumme **relevanten Zeitpunkt:** Maßgeblich ist nach § 2–718 UCC nicht nur die antizipierte Schadenshöhe, sondern auch der tatsächlich entstandene Schaden. Zwar folgt aus dem Wortlaut der Vorschrift, dass sich die Angemessenheit der festgelegten Pauschale *entweder* aus dem antizipierten *oder* aber dem tatsächlichen Schaden ergeben und so eine Pld-Klausel auch dann zulässig sein kann, wenn zwar der tatsächliche Schaden, nicht aber der bei Vertragsschluss antizipierte Schaden überschritten wird (oder umgekehrt).[123] Dem folgen aber nicht alle US-Gerichte. Vielmehr wird die Angemessenheit der Pauschale in Bezug auf die tatsächlich entstandenen Schäden zumindest teilweise als **zusätzlich notwendige Voraussetzung** angesehen.[124] Zum gleichen Ergebnis kommt die Auffassung, die aus dem zweiten in §§ 2–718 UCC genannten Kriterium für die Angemessenheit der Pauschale („difficulties to proof actual damages") folgert, die vereinbarten liquidated damages könnten jedenfalls dann nicht verlangt werden, wenn tatsächlich gar kein oder ein niedrigerer Schaden entstanden ist. Zumindest die überwiegende Auffassung scheint diese „no injury defense" für den US-amerikanischen Rechtsraum aber abzulehnen.[125]

b) Rechtsfolgen einer wirksamen Pld-Klausel: Harte vs. weiche Pauschalierung

56 **aa) Haftungsbeschränkende Wirkung.** Während die Möglichkeit für den Schuldner, sich auf tatsächlich niedrigere oder gar überhaupt nicht existente reale Schäden zu berufen, streitig ist, führt die Vereinbarung von liquidated damages auch nach US-amerikanischem Recht grundsätzlich dazu, dass weitergehende allgemeine Schadensersatzansprüche wegen der pönalisierten Vertragsverletzung **nicht mehr geltend gemacht** werden können.[126] Pld-Klauseln, die a priori einen deutlich niedrigeren Betrag als den zu erwartenden Schaden festsetzen, können allerdings als unangemessene Haftungsbeschränkung bewertet und aus diesem Grund unwirksam (unconscionable) sein.[127]

(Second) of Contracts. Zu den daraus folgenden Auslegungsschwierigkeiten DiMatteo ERPL 2015, 327 (336 f.). Die Neufassung des UCC im Jahr 2003, die von den US-Bundesstaaten allerdings nicht umgesetzt wurde, sieht mittlerweile einen großzügigeren Maßstab vor, s. dazu Kritzer/Vanto/Vanto/Eiselen/Henschel International Contract Manual § 7.2.

[121] Art. 2A–504 UCC: „*Damages (…) may be liquidated in the lease agreement but only at an amount or by a formula that is reasonable in light of the then anticipated harm caused by the default or other act or omission.*"

[122] S. etwa U.S. Court of Appeals (9th circuit, 2014), *Pinon v Bank of America* 41 F.3d 1022 (1026): „*A liquidated damages provision in a contract is enforceable if the damages flowing from the breach are likely to be difficult to ascertain or prove at the time of the agreement, and* ***the liquidated sum represents a good faith effort by the parties to appraise the benefit of the bargain.*** *A penalty, on the other hand, is a contract provision wherein a party agrees to pay a sum in the event of a breach, but which is designed not to estimate probable actual damages but to punish the breaching party* ***or coerce his performance.***" (Hervorhebung durch Verf.).

[123] So im Ergebnis auch DiMatteo ERPL 2015, 327 (337); Anderson SW. L.J. 1988, 1083 (1095).

[124] Dazu Pressmann Va. L. & Bus. Rev. 2013, 652 (658) mwN zur Rechtsprechung.

[125] So Calleros Brook. J. Int'l L. 2006, 67 (74); umfassend zur no-injury defence Weisfield Wash. L. Rev. 1990, 977 ff.; anders Hachem Penalty and Liquidated Damages S. 80, der die „second look doctrine" als die mittlerweile in den USA vorherrschende Ansicht ansieht.

[126] Garcia EJLS 2015, 81 (93); jeweils mwN.

[127] Anderson SW. L.J. 1988, 1083 (1106).

bb) Vorbehalt weitergehender Schadensersatzansprüche. Anders als nach englischem Recht[128] ist die Wirksamkeit eines vertraglichen Vorbehalts weitergehender Schadensersatzansprüche keinesfalls zweifelsfrei. US-amerikanische Gerichte haben solche in der Literatur als „Have Your Cake and Eat It Too" bezeichnete Klauseln[129] in der Vergangenheit teilweise mit der Folge als insgesamt unwirksam bewertet, dass überhaupt keine liquidated damages mehr (dafür aber unter den normalen Voraussetzungen allgemeine Schadensersatzansprüche) geltend gemacht werden konnten. Diese Rechtsfolge scheint nicht auf den Fall beschränkt zu sein, dass die Vertragsklausel keine Anrechnung vorsieht und damit eine kumulative Wirkung von liquidated und general damages zu besorgen ist.[130] Auch ein vertraglich vereinbartes Wahlrecht des Gläubigers zwischen der Zahlung festgelegter liquidated damages oder der alternativen Geltendmachung von general damages nach allgemeinen Prinzipien hat die Rechtsprechung als unzulässig erachtet.[131] 57

4. Leistungsverzögerung und liquidated damages: Das „time at large" Szenario

Das anglo-amerikanische Recht folgt bei der Vertragshaftung grundsätzlich dem Prinzip der **strict liability** und ermöglicht es dem Schuldner daher nicht, sich mit Verweis auf mangelndes Verschulden zu entlasten. Das führt im Fall der Vereinbarung von Pld-Klauseln zu der Problematik, dass die vereinbarten Pauschalsummen grundsätzlich auch dann fällig werden, wenn der Grund für die Vertragsverletzung **nicht aus der Sphäre des Schuldners** stammt. Allerdings lässt zumindest das englische Recht auf Grundlage des **prevention principle**[132] den Schuldner zumindest dann nicht haften, wenn die Ursache der Leistungs- oder Lieferverzögerung aus der Gläubigersphäre stammt – entweder, weil sich der Gläubiger vertragswidrig verhält oder aber von vertraglichen Rechten (etwa Änderungsrechten in Bezug auf den Vertragsgegenstand) Gebrauch macht, die zeitliche Verzögerungen nach sich ziehen.[133] Für die Vertragsgestaltung bedeutet dies, dass Pld-Klauseln für Liefer- oder Leistungsverzögerungen insbesondere in Werkverträgen grundsätzlich einen Vertragsmechanismus vorsehen sollten, der eine Verschiebung des Fertigstellungs- bzw. 58

---

128 Dazu oben → Rn. 52. Zu undifferenziert Hachem Penalty and Liquidated Damages S. 163, der die Problematik von vertraglichen Vorbehalten weitergehender Schadensersatzansprüche auf das anglo-amerikanische Recht insgesamt übertragen will.

129 Anderson SW. L.J. 1988, 1083 (1110); Perillo Contracts S. 562; jeweils mit weiteren Nachweisen zur US-amerikanischen Rechtsprechung.

130 Zum Recht von New York in diese Richtung etwa *Jarro Bldg. Indus. Corp v Schwartz,* 54 Misc. 2d 13, 281 NYS 2d 420, 426 (1967).

131 So zum Recht von New York etwa *Comprehensive Mfg. Assocs. v. Supplycore, Inc.*, 3:15-CV-835 (N.D.N.Y. Aug. 23, 2016): *„In this case, (…) gives CMA a choice between accepting actual damages or 25% of the contract price. (…) The question here is not whether the 25% floor is a reasonable prediction of damages—it very well might be—but rather whether the choice afforded to CMA to choose between liquidated or actual damages is too indefinite to satisfy the basic purpose of liquidated damages. Liquidated damages fix the damages owed in the event of a breach. Courts generally uphold liquidated damages negotiated between sophisticated parties who choose to contract away future disputes over damages. Here, CMA's liquidated damages clause provides CMA a choice between collecting fixed damages (25% of total purchase order) or pursuing litigation to determine damages.A liquidated damages clause is designed to dispense with such actions. The clause here allows CMA to pursue actual damages if 25% of the contract price is insufficient. (…) The existence of such a choice and CMA's ability to ‚have its cake and eat it' defeats the purpose of a liquidated damages clause, and as such, is unenforceable under New York law"*.

132 Umfassend Eggleston Liquidated Damages S. 133 ff. Zu dieser Problematik auch → § 21 Rn. 161 ff. Nach Auffassung der Rechtsprechung ist das prevention principle allerdings kein zwingendes Rechtsprinzip, sondern kann als implied term von den Parteien durch ausdrückliche Regelung auch in Gänze abbedungen werden, North Midland Building Ltd v Cyden Homes Ltd [2018] EWCA Civ 1744 Rn. 30: „(…) *the prevention principle is not an overriding rule of public or legal policy.*"

133 Komplexe Rechtsfragen stellen sich, wenn sich Handlungen beider Parteien auf den konkreten Verspätungszeitraum ausgewirkt haben (concurrent delay). Nach jüngerer Rechtsprechung kommt das prevention principle in diesem Fall zumindest dann nicht zur Anwendung, wenn das Verhalten des Auftraggebers im Sinne einer hypothetischen Kausalität lediglich zu einem späteren Zeitpunkt (bei Hinwegdenken der aus der Sphäre des Werkunternehmers stammenden Umstände) ebenfalls (einen Teil) der aufgetretenen Verzögerungen verursacht hätte, *Saga Cruises BDF Ltd v Fincantieri SPA* [2016] EWHC 1875 (Comm) Rn. 249.

Lieferdatums auf Antrag des Schuldners ermöglicht, falls sich entsprechende Verzögerungen aus der Gläubigersphäre ergeben (sog. „extensions of time (EOT-)clauses"). Fehlen solche Regelungen im Vertrag bzw. sind sie nicht ausreichend oder nicht operationalisierbar, ist der vertraglich vereinbarte Fälligkeitszeitpunkt ebenso wie die Vereinbarung über die Zahlung von liquidated damages nicht länger durchsetzbar. Stattdessen gilt der Grundsatz **„time at large"** und die (nun nicht länger pönalisierte) Verpflichtung zur Lieferung bzw. Fertigstellung muss lediglich innerhalb einer „reasonable time" erfolgen.[134]

5. Hinweise für die Vertragsgestaltung

59 **Checkliste Gestaltung von Pönalen im anglo-amerikanischen Recht**

A. Aus Sicht beider Parteien

- Vermeidung der Vereinbarung unwirksamer contractual penalties. Insbesondere im Fall der gewünschten Pönalisierung verschiedener Vertragspflichtverletzungen sollten nach Möglichkeit auch verschieden hohe Pauschalbeträge ausgeworfen werden!

B. Aus Sicht des Schuldners

- Aus Klarstellungsgründen: Ausschluss weitergehender Schadensersatzansprüche (ggf. auch im Fall einer Vertragsbeendigung) und ggf. sonstiger Rechtsbehelfe
- Aufnahme eines ausdrücklichen Verschuldenserfordernisses; alternativ Regelung von Ausnahmetatbeständen
- Ggf. Verankerung einer vertraglichen „no injury defence"

C. Aus Sicht des Gläubigers

- Im englischen Recht ggf. formale Ausgestaltung etwa als Preisanpassungsklausel (primary obligation), um dem Anwendungsbereich der penalty rule zu entgehen
- Ausdrückliche Offenhaltung weitergehender Schadensersatzansprüche bzw. weiterer Rechtsbehelfe wegen der pönalisierten Vertragsverletzung [problematisch im US-amerikanischen Recht!]
- Bei Verzugspönalen Aufnahme von Ausnahmetatbeständen, falls die Verzögerung aus der Sphäre des Auftraggebers herrührt, um ein „time at large" Szenario zu vermeiden

C. Die Gestaltung von Pld-Klauseln

I. Genereller Regelungsbedarf

60 Die verschiedenen Rechtsordnungen unterscheiden sich wie dargelegt zum Teil erheblich bei der Frage der Wirksamkeit, den tatbestandlichen Voraussetzungen sowie den rechtlichen Wirkungen von Pld-Klauseln. Umso wichtiger ist die **vertragliche Ausgestaltung,** da sich die Vertragsparteien innerhalb der **zwingenden Grenzen** des anwendbaren Rechts durch eine sorgfältige Gestaltung der Pld-Klausel von den nicht immer gewünschten dispositiven Auffangregelungen (default rules) des jeweiligen Vertragsstatuts emanzipieren können. Eine gelungene Pld-Klausel sollte selbst die Frage beantworten, ob sie einen exklusiven Rechtsbehelf für den Fall der pönalisierten Vertragspflichtverletzung darstellt oder allgemeine Schadensersatzansprüche und/oder sonstige Rechtsbehelfe unberührt lässt. Geregelt werden sollten darüber hinaus auch die einzelnen Tatbestandsvoraussetzungen sowie (im Fall von Schadenspauschalierungen) das Bestehen oder Nichtbestehen von Verteidigungsmöglichkeiten des Schuldners gegen ihre Geltendmachung mit Blick auf einen tatsächlich (nicht) entstandenen Schaden.

[134] Cowan/Bellhouse Const. L.J. 2007, 592 (593).

II. Einzelne Elemente der Klauselgestaltung

1. Tatbestandsvoraussetzungen

a) Verletzung von Vertragspflichten

Pld-Klauseln knüpfen grundsätzlich an die Verletzung von Vertragspflichten[135] an. Für die Vertragsgestaltung ist die genaue Definition der pönalisierten Vertragspflicht und der im Fall der Verletzung anfallenden Pönale entscheidend. Bleiben pönalisierte Vertragspflichten oder die Berechnung der Höhe fälliger Pönalen im Fall ihrer Verletzung unklar, kann das den Bestand der Klausel gefährden.[136] Ein praxisrelevantes Beispiel ist die Berechnung von Verzugspönalen, die üblicherweise für jeden Tag bzw. jede Woche Verzögerung berechnet werden: Um Unklarheiten zu vermeiden, sollte hier neben der Bezugnahme auf den Fälligkeitszeitpunkt als pönalisierter Fertigstellungstermin etwa auch vertraglich festgelegt werden, ob sich die festgelegten Beträge auf Werk- oder Kalendertage, angebrochene oder vollendete Wochen beziehen. 61

b) Verschuldensprinzip oder Garantiehaftung

Zentrale Frage bei den weiteren Tatbestandsvoraussetzungen einer Pld-Klausel ist, ob die Haftung ein **Verschulden** des Schuldners voraussetzt oder nicht. Das hängt wie dargestellt in erster Linie davon ab, ob das zugrundeliegende Vertragsstatut den Grundsatz der „fault based liability" oder aber der „strict liability" anwendet. Grundsätzlich steht es den Parteien frei, ein bestehendes Verschuldensprinzip abzubedingen oder eine gesetzlich vorgesehene strict liability durch ein vertraglich verankertes Verschuldensprinzip zu ersetzen. Ausnahme bildet wie so oft das deutsche Recht, das in Allgemeinen Geschäftsbedingungen grundsätzlich keine Abbedingung des Verschuldensprinzips[137] gestattet. 62

Sofern aus Klarstellungsgründen am gesetzlich vorgesehenen Verschuldensprinzip festgehalten oder dieses konstitutiv durch vertragliche Regelung eingeführt werden soll, empfiehlt sich auch eine ausdrückliche Regelung zur **Darlegungs- und Beweislast.** Aus Sicht des Gläubigers sollte insbesondere bei Vereinbarung einer Vertragsstrafe darauf geachtet werden, dass eine gesetzlich angeordnete Beweislastumkehr (§ 286 Abs. 4 BGB, Art. 97 Abs. 1 OR analog) durch die Klauselformulierung nicht – wie sich in der Vertragspraxis häufig beobachten lässt – (versehentlich) abgeändert wird. Das kann etwa durch eine Formulierung wie im folgenden Klauselbeispiel geschehen. 63

Klauselbeispiel Verschuldensprinzip unter Beibehaltung der Beweislastumkehr

The penalty [liquidated damages] shall not become due if and when the corresponding breach of contract has not been culpably caused by [respective Party]. For the avoidance of doubt, the burden of proof for the latter shall rest with the breaching party.

c) Ausnahmen von der Haftung

Unterliegt die Pld-Klausel einer Rechtsordnung, die kein Verschuldensprinzip vorsieht, stellt sich zumindest die Frage, ob die für allgemeine Schadensersatzansprüche geltenden Haftungsbefreiungen eingreifen. In Betracht kommen insbesondere Fälle von höherer Ge- 64

[135] Knüpft die Zahlung nicht an eine Vertragsverletzung an, handelt es sich nicht mehr um Vertragsstrafen bzw. Schadenspauschalierungen, sondern um vertragliche Regelungen *sui generis,* die in manchen Rechtsordnungen nicht den zwingenden Vorschriften von Pld-Klauseln unterliegen; dazu umfassend rechtsvergleichend Hachem Penalty and Liquidated Damages S. 97 ff.

[136] Zum englischen Recht etwa *Arnhold & Co Limited v Attorney General of Hong Kong* (1989) 47 BLR 129: Unwirksamkeit einer Pld-Klausel wegen unklarer Berechnungsmöglichkeit der tageweise zu berechnenden Verzugspönale.

[137] Oben → Rn. 26.

walt, aber auch eine Haftungsbefreiung für den Fall, dass die Vertragsverletzung nicht aus der Sphäre des Schuldners herrührt.

Klauselbeispiel Einschränkung der Haftung im Fall höherer Gewalt

The liquidated damages shall not become due if and when the delay is attributable to a Force Majeure Event as stipulated in this contract or the non-performance of [respective Party] is otherwise excused pursuant to this contract or the applicable law.

d) Verhältnis zur allgemeinen Haftungsbeschränkungsklausel

65 Klärungsbedarf besteht auch hinsichtlich des Verhältnisses einer Pld-Klausel zu der in internationalen Wirtschaftsverträgen üblichen allgemeinen Haftungsbeschränkungsklausel. Das betrifft nicht nur einen möglicherweise abweichenden Verschuldensmaßstab in der allgemeinen Haftungsbeschränkungsklausel,[138] sondern auch die Problematik, ob von einem vollständigen Ausschluss bestimmter Schadensarten wie Produktionsausfall oder entgangener Gewinn die an anderer Stelle geregelte Pld-Klausel betroffen sein kann.[139] Empfehlenswert ist daher, das Verhältnis der beiden Klauseln zueinander (üblicherweise in der allgemeinen Haftungsbeschränkungsklausel) ausdrücklich zu regeln.[140]

2. Vorbehalt oder Ausschluss weitergehender Rechtsbehelfe

66 Die wahrscheinlich wichtigste Gestaltungsaufgabe bei vertraglichen Pld-Klauseln besteht in der Klärung der Frage, ob und in welcher Form **weitergehende Rechtsbehelfe** für die pönalisierte Vertragsverletzung vorbehalten bleiben. Hier ist Präzision bei der Vertragsgestaltung notwendig, die Vertragsklauseln in der Praxis häufig vermissen lassen. Im Vordergrund steht die Frage, ob und in welchem Umfang die Liquidierung weitergehender tatsächlicher Schäden möglich bleiben soll, letztlich also eine „harte" oder eine „weiche" Pauschalierung gewollt ist. Daneben bedarf im Einzelfall aber auch der Klärung, inwieweit andere Rechtsbehelfe (insbesondere Erfüllungsansprüche und Rücktrittsrechte) durch die Zahlung der Pauschalsumme abbedungen werden sollen oder nicht.

a) Verhältnis zu allgemeinen Schadensersatzansprüchen

67 Will sich der Gläubiger weitergehende Schadensersatzansprüche vorbehalten, ist eine entsprechende Regelung insbesondere bei der Vereinbarung von Schadenspauschalierungen notwendig, da ansonsten die in vielen Rechtsordnungen bestehende Vermutung einer „harten" Pauschalierung greifen kann. Im US-amerikanischen Recht kann ein entsprechender Vorbehalt allerdings zur Unwirksamkeit der Pld-Klausel führen. In jedem Fall empfiehlt sich die ausdrückliche Klarstellung, dass **keine Kumulation** von Pauschale und weitergehendem Schadensersatz gewollt ist: Eine solche Überkompensation dürfte von der großen Mehrheit der Rechtsordnungen nicht akzeptiert werden.

Klauselbeispiel Vorbehalt weitergehender Schadensersatzansprüche

The Parties agree that [respective Party] is entitled to claim additional general damages to the extent that such proven damages exceed the level of liquidated damages [penalties] payable.

68 Umgekehrt können weitergehende Schadensersatzansprüche innerhalb der Pld-Klausel auch ausgeschlossen werden. Bislang kaum geklärt ist dabei die Frage, ob für einen solchen Ausschluss in einer Pld-Klausel die gleichen Grundsätze wie für **vertragliche Haftungs-**

---

[138] Dazu Hachem Penalty and Liquidated Damages S. 136.

[139] Ein gutes Beispiel für eine ambivalente Vertragsgestaltung findet sich in der Rechtssache OLG Hamburg IBR 2010, 254.

[140] Dazu → § 8 Rn. 8.

beschränkungen gelten.[141] Für die Vertragsgestaltung ist das bedeutsam, da in Haftungsbeschränkungsklauseln regelmäßig Rückausnahmen (carve outs) aufgenommen werden (müssen), um hier geltende zwingende Grenzen (etwa im Fall von Vorsatz und grober Fahrlässigkeit) nicht zu überschreiten. Letztlich dürfte für diese Frage auch relevant sein, ob die Parteien bereits zum Zeitpunkt des Vertragsschlusses einen Pauschalbetrag vereinbaren, der offensichtlich geringer ist als der voraussichtlich zu erwartende Schaden (so genannte „underliquidated damages").[142] In diesem Fall ist die Anwendung der gesetzlichen Vorschriften über vertragliche Haftungsbeschränkungen naheliegend, bei einer genuinen Pld-Klausel dagegen nicht.

Klauselbeispiel Ausschluss weitergehender Schadensersatzansprüche

The total amount of all liquidated damages [penalties] payable shall in the aggregate be limited to [•]. Any further liability for damages in relation to the contractual breach for which liquidated damages [penalties] may become due shall be explicitly excluded.

b) Verhältnis zu sonstigen Rechtsbehelfen

Das Verhältnis der Pld-Klauseln zu Erfüllungsansprüchen hängt bei den oben näher skizzierten Rechtsordnungen im Wesentlichen davon ab, ob die Pauschale an die Stelle des Erfüllungsinteresses treten soll oder nicht.[143] Ob das der Fall ist, können die Vertragsparteien grundsätzlich aber selbst festlegen. Damit dürfte auch eine Regelung nicht zu beanstanden sein, nach der sich der Gläubiger neben der Zahlung der Pönale generell Erfüllungsansprüche offenhält.[144] 69

Klauselbeispiel Vorbehalt Erfüllungsanspruch

The payment of any such penalty [any such liquidated damages] shall not operate to release the Contractor from performance of the respective contractual obligation.

Aus Sicht des Schuldners kommt umgekehrt eine Regelung in Betracht, nach der durch die Zahlung der Pönale sämtliche sonstigen Rechtsbehelfe wegen der pönalisierten Vertragspflichtverletzung ausgeschlossen sind. 70

Klauselbeispiel Ausschluss sonstiger Rechtsbehelfe

Any liquidated damages [penalties] paid pursuant to this clause shall be the sole and exclusive remedy in respect of any such breach of contract.

Eine vermittelnde Lösung schließt nur weitergehende Schadensersatzansprüche aus, während sonstige Rechtsbehelfe ausdrücklich vorbehalten bleiben. Nach den meisten Rechtsordnungen hat diese Regelung in erster Linie klarstellende Bedeutung. 71

---

[141] Instruktiv insofern OLG Schleswig BeckRS 2012, 15884, das die Vorteile einer Schadenspauschale im Fall einer Verletzung von Verfügbarkeitsgarantien für den Gläubiger als maßgeblichen Grund für die Wirksamkeit weitergehender Haftungsausschlüsse in AGB angesehen hat: *„Mit Blick auf die damit anstehende Abwägung der beiderseitigen Interessen der Vertragspartner ist sodann festzuhalten, dass die betragsmäßige Beschränkung der Haftung für Mangelfolgeschäden im untrennbaren inhaltlichen Zusammenhang mit der Pauschalierung des Schadensersatzes und mit nachhaltigen Beweiserleichterungen für die Erwerberseite steht."* Zu dieser Entscheidung auch Cloppenburg/Mahnken NZBau 2014, 743 (744 ff.).

[142] Für eine generelle Wirksamkeit von „underliquidated damages" spricht sich grundsätzlich aber die hL aus, → Fn. 110. Im US-amerikanischen Recht können unverhältnismäßige underliquidated damages als unconscionable eingestuft werden und aus diesem Grund unwirksam sein, Perillo Contracts S. 561.

[143] Hachem Penalty and Liquidated Damages S. 156 f. Im anglo-amerikanischen Recht kommt dieser Frage ohnehin nur geringe Bedeutung zu, da der Rechtsbehelf der specific performance hier nur in Ausnahmefällen besteht, Zweigert/Kötz Rechtsvergleichung S. 480 ff.

[144] Richtigerweise gilt dies selbst bei in Allgemeinen Geschäftsbedingungen normierten Vertragsstrafen im deutschen Recht, Staudinger/Rieble BGB § 340 Rn. 12.

Klauselbeispiel Vorbehalt sonstige Rechtsbehelfe

[Respective Party's] right to claim liquidated damages [penalties] is (subject to any claims for general damages which shall be explicitly excluded) without prejudice to any and all [Respective Party's] obligations and [Respective Party's] other rights and remedies as set forth in this agreement.

3. Nachweismöglichkeit eines nicht entstandenen bzw. (erheblich) niedrigeren Schadens bei Schadenspauschalierungen

72 Im Fall der Vereinbarung von liquidated damages bzw. Schadenspauschalierungen stellt sich auch die Frage, ob der Schuldner gegen die Inanspruchnahme einwenden kann, dass in Wirklichkeit gar kein oder nur ein (erheblich) geringerer Schaden entstanden ist. Das Fehlen vertraglicher Bestimmungen führt in einigen Rechtsordnungen zu Rechtsunsicherheiten oder Vermutungsregelungen bei der Auslegung, die dem Parteiwillen zum Zeitpunkt des Vertragsschlusses möglicherweise nicht entsprechen. Daher kann es empfehlenswert sein, diesen Punkt (sofern das Vertragsstatut eine entsprechende Regelung zulässt[145]) ausdrücklich innerhalb einer Schadenspauschalierungsklausel zu regeln. Im Fall der Vereinbarung einer Vertragsstrafe ist das dagegen entbehrlich: Eine vertraglich verankerte Einwendungsmöglichkeit für den Schuldner, dass ein Schaden in Wirklichkeit gar nicht angefallen oder zumindest erheblich niedriger ist, führt unabhängig von der Bezeichnung der Klausel zumindest im deutschen Recht dazu, dass der Charakter als Vertragsstrafe verloren geht.[146]

Klauselbeispiel für den Ausschluss von Nachweismöglichkeiten des Schuldners

The liquidated damages shall become due regardless whether the actual damages for the breach in question are lower than the liquidated damages amount or no actual damages have been incurred at all in the individual case.

Klauselbeispiel für die ausdrückliche Einräumung entsprechender Nachweismöglichkeiten des Schuldners

[Respective Party] may defend a claim for liquidated damages by showing that no actual damages were incurred or the actual damages incurred are lower than the agreed liquidated damages.

4. Regelung zur Darlegungslast des Gläubigers hinsichtlich tatsächlich entstandener Schäden bei Schadenspauschalierungen

73 Ebenso kann auch ausdrücklich geregelt werden, ob der Gläubiger bei Inanspruchnahme von vertraglich vereinbarten Schadenspauschalen zumindest darlegen und beweisen muss, dass überhaupt **irgendein Schaden** entstanden ist oder aber umgekehrt von einer solchen Darlegungs- und Beweislast befreit ist. Hintergrund dafür ist die zumindest im deutschen und Schweizer Recht bestehende Rechtsunsicherheit darüber, ob eine Schadenspauschalierung die Existenz zumindest irgendeines Schadens voraussetzt.[147] Gegen die Wirksamkeit einer ausdrücklichen vertraglichen Klarstellung in die eine oder andere Richtung bestehen keine durchschlagenden Bedenken. Bei der Vereinbarung von Vertragsstrafen ist eine vertragliche Regelung dagegen entbehrlich, da Vertragsstrafen wesensmäßig keinen tatsächlich entstandenen Schaden voraussetzen.

---

[145] Im Fall einer Anwendbarkeit deutschen Rechts darf gem. § 309 Nr. 5 lit. b) BGB in Verbindung mit § 307 BGB (Ausstrahlungswirkung) diese Nachweismöglichkeit auch im unternehmerischen Geschäftsverkehr nicht ausgeschlossen werden, BGH NJW-RR 2003, 1056 (1059).

[146] Ulmer/Brandner/Hensen/Fuchs/Zimmermann AGB-Recht § 309 Nr. 5 BGB Rn. 12.

[147] Oben → Rn. 32, 42.

Klauselbeispiel für den expliziten Ausschluss einer entsprechenden Darlegungslast des Gläubigers

[Respective Party] is not obliged to show evidence of any actual damage in order to claim the agreed liquidated damages.

Klauselbeispiel für die vertragliche Einführung bzw. Bestätigung einer entsprechenden Darlegungslast des Gläubigers

The liquidated damages shall only become payable if and when [respective Party] can show evidence that he has suffered some loss at all.

5. Verfahrensrechtliche Aspekte

Ansprüche auf Zahlung von Schadenspauschalen und Vertragsstrafen können im Einzelfall 74
davon abhängen, ob der Gläubiger rechtzeitig einen erforderlichen Vorbehalt erklärt bzw. sie innerhalb einer definierten Ausschlussfrist geltend gemacht hat.[148] Für die Vertragsgestaltung stellt sich im Wesentlichen die Frage, ob nach dem anwendbaren Vertragsstatut bestehende gesetzliche Vorbehaltserfordernisse abbedungen oder modifiziert bzw. entsprechende Anforderungen konstitutiv durch vertragliche Regelung begründet werden sollen.

a) Abbedingung gesetzlicher Voraussetzungen der Geltendmachung

Aus Sicht des Gläubigers ist dringend zu empfehlen, die im deutschen und Schweizer 75
Recht existierenden gesetzlichen **Vorbehaltserfordernisse** im Fall von Vertragsstrafen entweder gänzlich abzubedingen oder aber wenigstens zu entschärfen, da die erfolgreiche Durchsetzung von Pönalen in der Praxis häufig an einem unterbliebenen Vorbehalt scheitert. In Individualverträgen bzw. im Fall der Anwendbarkeit Schweizer Rechts spricht aus Sicht des Gläubigers nichts dagegen, das Vorbehaltserfordernis gänzlich zu streichen.

Klauselbeispiel für eine vollständige Abbedingung von Vorbehaltserfordernissen

The penalty shall become payable even if [respective Party] has not declared a corresponding reservation at the time of delivery respectively performance.

Vorformulierte Vertragsklauseln, die dem deutschen Recht unterliegen, müssen dagegen 76
die durch die AGB-Inhaltskontrolle etablierten Grenzen der Abdingbarkeit beachten.

Klauselbeispiel für eine Modifizierung gesetzlicher Vorbehaltserfordernisse nach Maßgabe der deutsch-rechtlichen AGB-Inhaltskontrolle

The contractual penalty may be claimed by [respective Party] regardless whether reservations are expressed at the time of performance. The contractual penalty can only be claimed, however, if [respective Party] reserves the right thereto at the latest at the time of the final payment.

b) Einführung zusätzlicher Anforderungen durch Vertrag

Teilweise werden Ansprüche auf Zahlung von Pönalen auch von der Einhaltung weiterer 77
vertraglich vereinbarter formeller Voraussetzungen abhängig gemacht. Ein Beispiel stellt die in den Orgalime S 2012 vorgesehene **Ausschlussfrist**[149] dar, nach der die Verzugspönalen innerhalb von sechs Monaten nach dem Liefertermin schriftlich gegenüber dem Lieferanten geltend gemacht werden müssen.

[148] Das Vorbehaltserfordernis zum Erfüllungszeitpunkt gilt in erster Linie für Vertragsstrafen wegen Lieferverzug, die deutschem (§ 341 Abs. 3 BGB) oder Schweizer Recht (Art. 160 Abs. 2 OR) unterliegen.

[149] Vgl. § 14 Abs. 5 Orgalime S 2012: *„The Purchaser shall forfeit his right to liquidated damages if he has not lodged a claim in writing for such damages within six months after the time when delivery should have taken place."*

78 Solche Regelungen sind insbesondere dann problematisch, wenn mit der Pld-Klausel weitergehender Schadensersatz wegen Verletzung der pönalisierten Vertragspflicht vollständig ausgeschlossen wird. In diesem Fall wirkt eine knappe Ausschlussfrist als (zeitlicher) Haftungsausschluss und begegnet den damit verbundenen Wirksamkeitsbedenken. Gesonderte Ausschluss- bzw. Verjährungsfristen für Ansprüche auf Pönalen in Verträgen sind damit nur bedingt zu empfehlen.

§ 7 Freistellungsklauseln (indemnities)

Übersicht

Schrifttum:

Berg, Rethinking Indemnities, J.I.B.F.L. 2002, 360ff. (Part I), 403ff. (Part II); *Bischoff,* Der Befreiungsanspruch – materielle und prozessuale Probleme, ZZP 2007, 237ff.; *Carter/Courtney,* Indemnities against Breach of Contract as Agreed Damages Clauses, J. Bus. L. 2012, 555ff.; *Courtney,* Contractual Indemnities, 2014; *D'Angelo,* The Indemnity: It's All in the Drafting, Australian Bus. L. Rev. 2007, 103ff.; *Görmer,* Der Befreiungsanspruch, JuS 2009, 7ff.; *Hilgard,* Der Freistellungsanspruch beim Unternehmenskauf, BB 2016, 1218ff.; *Jagersberger,* Die Verjährung von Freistellungsansprüchen, NZG 2010, 136ff.; *Link,* Die Verjährung von Freistellungsansprüchen – Auswirkungen auf die M&A Praxis, BB 2012, 856ff.; *Mayer,* Zur Leistungs- und Abwehrkomponente des Anspruchs auf Befreiung von einer Verbindlichkeit, ZfPW 2015, 226ff.; *Muthorst,* Der Anspruch auf Befreiung von der Eventualverbindlichkeit, AcP 209 (2009), 212ff.; *Ostendorf,* Vertragliche Freistellungsansprüche für den Fall möglicher Vertragsverletzungen des Freistellungsschuldners im deutsch-englischen Rechtsvergleich, JZ 2013, 654ff.; *Patterson,* Care needed with indemnity clauses, Const. L.J. 2011, 17ff.; *Rohlfing,* Wirksamkeit und Umfang von Freistellungsverpflichtungen, MDR 2012, 257ff.; *Rusch,* Schadensabwälzungsklauseln in der Inhaltskontrolle, SZW 2012, 439ff.; *Schütt,* Streitigkeiten über Freistellungsansprüche in Unternehmenskaufverträgen, NJW 2016, 980ff.; *Schweer/Todorow,* Freistellungsansprüche bei streitiger Hauptforderung, NJW 2013, 2072ff.; *Dies.,* Prozessuale Durchsetzung von Freistellungsansprüchen, NJW 2013, 3004ff.; *Stein/Sato,* Advanced Analysis of Contract Risk-Shifting Provisions – Are Indemnities

Still Relevant?, The Construction Lawyer 2007, 5 ff.; *Uguwanyi,* Examining the exclusionary nature of oil and gas contract mutual indemnity hold harmless clauses, I.E.L.R. 2012, 136 ff.; *Wiesbrock/Frank,* Vertragliche Freistellungsansprüche im Unternehmenskauf, BB 2018, 3014 ff.; *Youngblood/Flocos,* Drafting And Enforcing Complex Indemnification Provisions, The Practical Lawyer 2010, 21 ff.; *Zahn,* Freistellungsklage und Klage auf Feststellung der Freistellungsverpflichtung, ZfBR 2007, 627 ff.; *Zakrzewski,* The Nature of a Claim on an Indemnity, J.C.L. 2006, 54 ff.

A. Überblick

I. Begriffsbestimmung und Erscheinungsformen

1 Freistellungsklauseln (contractual indemnities)[1] gehören zu den wichtigsten, allerdings auch zu den **rätselhaftesten Vertragsbestimmungen**[2] internationaler Wirtschaftsverträge.[3] Gerade für kontinentaleuropäische Vertragsjuristen ist nur schwer nachvollziehbar, warum nach anglo-amerikanischem Vorbild gestaltete Wirtschaftsverträge trotz der bestehenden vertraglichen (und ggf. konkurrierenden deliktischen) Schadensersatzhaftung, die auch **Regressansprüche** des Gläubigers bei einer Inanspruchnahme durch Dritte umfassen kann,[4] vertragliche Freistellungsansprüche einer oder auch beider Vertragsparteien vorsehen. Das führt zu einem Unbehagen mit Blick auf den eigentlichen Sinn und Zweck sowie mögliche Risiken solcher Klauseln, das häufig auch berechtigt ist: Denn mit Hilfe von Freistellungsklauseln kann nicht nur das vertragliche bzw. gesetzliche Haftungsregime bestätigt oder **präzisiert,** sondern eine bestehende Haftung in gegenständlicher und zeitlicher Hinsicht auch deutlich **verschärft** oder ganz auf eine Vertragspartei **übergewälzt** werden.[5] Falls die Freistellungsklausel wiederum sonstige Ansprüche aus Vertrag oder Gesetz ausschließt oder eine Freistellung des Klauselbegünstigten von ansonsten ihm selbst gegenüber bestehenden Haftungsansprüchen des Freistellungsschuldners (!) verlangt,[6] hat

---

[1] Die Übersetzung eines Freistellungs- bzw. Befreiungsanspruchs im deutsch-rechtlichen Sinne mit einer indemnity als spezifischem Rechtsbegriff des common law ist angesichts des nicht notwendigerweise deckungsgleichen Anspruchsinhalts allerdings problematisch; insbesondere muss eine indemnity im anglo-amerikanischen Recht mit Blick auf eine Abwehrpflicht gegenüber unberechtigten Ansprüchen nicht zwangsläufig einen Anspruch auf Befreiung bzw. Freistellung im Sinne des deutschen Rechts beinhalten, dazu auch Hilgard BB 2016, 1218 (1228 f.). Im anglo-amerikanischen Rechtsraum wird anstelle einer indemnity teilweise auch von einer indemnification gesprochen, s. etwa Bugg Contracts in English S. 107.

[2] Treffend Zakrzewski J.C.L. 2006, 54: „*Thousands of indemnity undertakings are given each day. Yet despite this, their legal nature and effect are surprisingly nebulous*".

[3] Die folgenden Ausführungen beschränken sich auf Freistellungsklauseln bzw. contractual indemnities außerhalb des Versicherungssektors.

[4] Im deutschen Recht kann ein durch eine Vertragsverletzung oder unerlaubte Handlung entstandener Schaden auch in der Belastung mit einer Verbindlichkeit gegenüber Dritten bestehen; der hieraus folgende Anspruch auf Freistellung (§ 249 BGB) kann dabei unter den Voraussetzungen des § 250 BGB auch vor Zahlung an den Dritten in einen Geldanspruch übergehen, Grüneberg/Grüneberg BGB § 249 Rn. 4. Auch im englischen Recht sind zumindest an Dritte bezahlte Beträge im Rahmen von Schadensersatzansprüchen erstattungsfähig, McGregor on Damages Rn. 4–023 mwN; teilweise wird auch bereits das Bestehen der Verbindlichkeit als ersatzfähige Schadensposition eingeordnet, dazu etwa *Total Liban SA v Vitol Energy SA* [1999] EWHC (Comm) Rn. 6: „*A legal liability owed by B to C, consequent upon and not too remote from A's breach of its contract with B, is capable of constituting recoverable loss entitling B to substantial damages from A. There is no rule of law, requiring B first to have paid.*" Auch im UN-Kaufrecht sind berechtigte Ansprüche Dritter als Resultat einer Vertragsverletzung grs. eine (meist auch vorhersehbare und damit ersatzfähige) Schadensposition gem. Art. 74 CISG, Schlechtriem/Schwenzer/Schroeter/Schwenzer CISG Art. 74 Rn. 32. Schadensersatzansprüche im CISG begründen wie im common law aber keinen Anspruch auf Naturalrestitution und damit grundsätzlich auch keine echten Freistellungsansprüche im Fall einer Inanspruchnahme durch Dritte, MüKoHGB/Mankowski Art. 74 CISG Rn. 18.

[5] Zu einer solchen Fallkonstellation etwa die vom House of Lords entschiedene Rechtssache *EE Caledonia Ltd v Orbit Valve Co Ltd* [1994] 1 W.L.R. 1515.

[6] Die australische Rechtsprechung hat diese Ausgestaltung einer indemnity etwa als „*slightly absurd*" bezeichnet, dazu mit Nachweisen Courtney Sydney Law School, Legal Studies Research Paper No. 11/41 (2011) S. 2; zur Verwendung von indemnities als Haftungsbeschränkungen auch Courtney J.I.B.F.L. 2012, 146 ff. Für einen Beispielsfall eines als indemnity ausgestalteten (wechselseitigen) Haftungsausschlusses aus der jün-

sie umgekehrt eine haftungsbeschränkende Wirkung. Angesichts dieser vielseitigen rechtlichen Wirkungsmöglichkeiten gehen Verträge aus dem anglo-amerikanischen Rechtsraum neueren Datums daher teilweise auch dazu über, die Verteilung von Haftungsrisiken aus oder im Zusammenhang mit dem Vertrag ausschließlich über indemnities zu steuern.[7]

Zu der generellen Unsicherheit im Umgang mit Freistellungsklauseln trägt bei, dass der rechtliche Gehalt dieser Klauseln häufig nicht eindeutig identifiziert werden kann und sich auch die Rechtsprechung bei der Auslegung schwertut. Allgemein lässt sich für die Praxis internationaler Wirtschaftsverträge sagen, dass eine vertragliche indemnity die Verpflichtung einer Partei (des „indemnitor" bzw.der „indemnifying party") begründet, die andere Partei und damit den Klauselbegünstigten (den „indemnitee" bzw. die „indemnified party") vor einer Haftung bzw. einem bestimmten Schaden zu bewahren.[8] Davon abgesehen ist es aber stets eine Frage des **Wortlautes** der vertraglichen Klausel und ihrer Auslegung im Einzelfall, unter welchen Voraussetzungen und mit welchen Rechtsfolgen die Freistellungsverpflichtung eingreifen soll. 2

Allerdings lassen sich die in der internationalen Vertragspraxis vereinbarten indemnities zumindest nach verschiedenen typischen **Erscheinungsformen** klassifizieren. Ein **erstes Unterscheidungsmerkmal** bezieht sich dabei auf die Frage, ob die indemnity nur (näher bestimmte) **Ansprüche Dritter** erfasst, die gegen die aus der Klausel berechtigte Vertragspartei geltend gemacht werden, oder auch die Freihaltung von Schäden oder Aufwendungen beabsichtigt, die **unmittelbar selbst** bei der freistellungsberechtigten Partei entstehen. Die erste genannte Variante ist die klassische „third party indemnity", die den Regelfall einer indemnity-Klausel darstellt. Gerade in Verträgen aus dem anglo-amerikanischen Rechtsraum findet sich zunehmend aber auch die zweite Variante, die als sog. „party to party indemnity"[9] Schäden einschließt, die unabhängig von Ansprüchen Dritter unmittelbar beim Freistellungsgläubiger selbst entstehen. Selbstverständlich können beide Arten auch miteinander kombiniert werden. 3

Ein **zweites Unterscheidungsmerkmal** hängt mit dem Anwendungsbereich (scope) der Freistellungsklausel zusammen: Hier stellt sich neben der Problematik, mit Blick auf welche Schäden bzw. welche Ansprüche Dritter eine Freistellung erfolgen soll, insbesondere die Frage, ob tatbestandlich als Auslöser der Freistellungspflichten (triggering event) eine Vertragsverletzung oder deliktische Handlung des Freistellungsschuldners vorausgesetzt oder aber eine Freistellung auch im Fall vertraglich näher definierter Haftungs- bzw. Schadensfälle verlangt wird, die **unabhängig von einer kausalen Pflichtverletzung** des Freistellungsschuldners eintreten können bzw. sogar durch (schuldhaftes) Verhalten des Freistellungsgläubigers selbst verursacht werden (sog „reverse indemnities").[10] Knüpft die Klausel an eine Pflichtverletzung des Freistellungsschuldners an, stellt sich auch die Frage, ob und in welcher Form sie über die ohnehin bestehende Haftung aus Vertrag oder Gesetz hinausgeht.[11] In der oben genannten zweiten Fallkonstellation bewirkt die Freistellungsklausel dagegen eine **originäre Haftungsverschiebung,** die für den Freistellungsschuldner besonders problematisch ist, weil er für Ansprüche Dritter oder Schäden beim Freistellungs- 4

---

geren englischen Rechtsprechung *Transocean Drilling U.K. v Providence Resources Plc* [2016] EWCA Civ 372 Rn. 8: *„Clause 20 [...] contained mutual undertakings by the company and the contractor to indemnify each other against, and hold each other harmless from, its own consequential loss, as defined in that clause. Although couched in the form of an indemnity, [...] its effect was to exclude liability for losses of that kind."*

7 In diese Richtung auch Kangles ua Alberta L. Rev. 2011, 339.

8 Courtney Sydney Law School, Legal Studies Research Paper No. 11/41 (2011) S. 1; Parker/Slavich SW.L.J. 1990–1991, 1349 (1351). Zum Verständnis des Freistellungsanspruchs im deutschen Recht unten → Rn. 13.

9 Zu diesem Begriff Carter/Courtney J. Bus. L 2012, 555 (556).

10 D'Angelo Australian Bus. L. Rev. 2007, 93 (95) prägt für diesen Typ auch die alternative Bezeichnung als reflexive indemnity.

11 Im anglo-amerikanischen Recht ist etwa fraglich, ob die eine Schadensersatzhaftung beschränkenden Grundsätze der „remoteness rule" bzw. des „mitigation principle" auch im Fall vertraglich vereinbarter indemnities zum Tragen kommen, dazu → Rn. 35.

gläubiger einzustehen hat, für die er ansonsten weder aus Gesetz, noch aus Vertrag haftbar wäre.

5 Zuletzt stellt sich bei third party indemnities die Frage, ob der Freistellungsanspruch einen **tatsächlich bestehenden** Drittanspruch voraussetzt oder aber eine **Eventualverbindlichkeit** genügen lässt. Damit hängt die Problematik zusammen, ob die Freistellung (wie regelmäßig im deutschen Recht) eine **aktive Abwehr** (auch) gegenüber unbegründeten Ansprüchen oder lediglich die Verhinderung der erfolgreichen Inanspruchnahme durch den Drittgläubiger (und widrigenfalls die Erstattung der tatsächlich an den Dritten geleisteten Zahlungen) verlangt.[12] Diese Unterscheidung ist nicht zuletzt auch für die Frage des maßgeblichen **Verjährungsbeginns** von zentraler Bedeutung.

6 Im Rahmen der Vertragsgestaltung muss schließlich geklärt werden, ob vertraglich vereinbarte indemnities innerhalb ihres Anwendungsbereichs ein **abschließendes Haftungsregime** darstellen oder ansonsten bestehende Rechtsbehelfe lediglich ergänzen sollen. Auch muss der Klauselgestalter bedenken, dass Freistellungsklauseln in vielen Rechtsordnungen vergleichbar mit Haftungsklauseln **eng ausgelegt** werden und sich angesichts ihrer mitunter einschneidenden Rechtsfolgen auch **Wirksamkeitsfragen** stellen können: Das gilt nicht nur bei Anwendbarkeit der deutschen AGB-Inhaltskontrolle, sondern etwa auch nach dem Recht einzelner US-Bundesstaaten, das zu weitreichenden indemnities gestützt auf Schranken der public policy teilweise die rechtliche Wirkung versagt.

II. Typische Einsatzgebiete in der internationalen Vertragspraxis

7 Die Einsatzgebiete für Freistellungsklauseln in internationalen Wirtschaftsverträgen sind vielfältig: Indemnities sind etwa in **Unternehmenskaufverträgen** zu finden, und zwar sowohl im Fall einer Übertragung der Gesamtheit der Wirtschaftsgüter eines Unternehmens im Wege eines asset purchase agreement (APA) als auch bei einer Strukturierung der Transaktion als Anteils- bzw. Beteiligungserwerb auf Grundlage eines share purchase agreement (SPA).[13] Beispielsweise kann sich der Verkäufer verpflichten, den Käufer bzw. das Kaufobjekt (target) von allen Inanspruchnahmen, Aufwendungen oder Schäden freizustellen, die sich aus der Verletzung der von dem Verkäufer übernommenen „representations & warranties" oder aber aus der Realisierung von Risiken im Zusammenhang mit dem verkauften Unternehmen ergeben, die den Vertragsparteien dem Grunde nach bereits **bei Vertragsschluss** bekannt sind.[14] Eine weitere Fallgruppe steht im Zusammenhang mit dem in APA's regelmäßig vorgesehenen Eintritt des Käufers in die vom Zielunternehmen abgeschlossenen Verträge: Eine **Vertragsübertragung** auf den Käufer bedarf zu ihrer Wirksamkeit grundsätzlich der Zustimmung des Dritten. Neben der Regelung, dass der Käufer die von dem zu erwerbenden Unternehmen geschlossenen Verträge im Wege der schuldbefreienden Vertragsübernahme übernimmt, wird daher regelmäßig vereinbart, dass der Käufer den Verkäufer von allen Ansprüchen und Verpflichtungen aus oder im Zusammenhang mit den übernommenen Verträgen freistellt.[15]

8 Typische Anwendungsfelder von Freistellungsklauseln sind auch **Liefer-, Vertriebs-,**[16] **Anlagenbau-**[17] und **Lizenzverträge.**[18] In Liefer- und Werkverträgen sind insbesondere

[12] Allerdings kann die Abwehr von Verbindlichkeiten bereits vor Befriedigung des Drittgläubigers durch den Freistellungsgläubiger auch bei Freistellungsansprüchen geschuldet sein, die ansonsten eine tatsächlich bestehende Verbindlichkeit voraussetzen; so insbesondere im deutschen Recht → Rn. 16.

[13] Hilgard BB 2016, 1218 (1220).

[14] Im letzteren Fall kommt eine sonstige Einstandspflicht des Verkäufers angesichts der Realisierung der dem Käufer bereits bei Vertragsschluss bekannten Risiken regelmäßig nicht in Betracht, s. Kästle/Oberbracht Unternehmenskauf S. 244.

[15] Zur Bedeutung von Freistellungsklauseln in M&A Verträgen generell auch Link BB 2012, 856 ff. sowie Schütt NJW 2016, 980 ff.

[16] Zu Freistellungsklauseln in Vertriebsverträgen → § 19 Rn. 192 ff.

[17] Zu Freistellungsklauseln in Anlagenbauverträgen → § 21 Rn. 231 ff.

die bei Sachmängeln drohenden Ansprüche eines Dritten gegen eine Partei Gegenstand einer Freistellungsvereinbarung. Häufig verpflichtet sich etwa der **Lieferant,** den Besteller von Ansprüchen Dritter auf Grund von Produktmängeln des Liefergegenstandes freizustellen. Die drohenden Drittansprüche können in diesem Zusammenhang vertraglicher (zB Mängelhaftungsansprüche, Ansprüche auf Vertragsstrafen von Kunden des Bestellers innerhalb der Lieferkette etc) oder deliktischer Art (zB Ansprüche aus Produkt-/Produzentenhaftung) sein. Häufig werden indemnities aber auch mit Blick auf Ansprüche Dritter wegen möglichen **Schutzrechtsverletzungen** im Fall der Nutzung des Vertragsgegenstandes durch den Käufer/Besteller vereinbart (IP indemnities).[19]

Freistellungsvereinbarungen in der internationalen Vertragspraxis finden sich als so genannte „reverse indemnities" jedoch auch in umgekehrter Rollensituation, wenn der Freistellungsschuldner die Freistellungsverpflichtungen für solche Umstände übernimmt, die aus der **Verantwortungssphäre des Freistellungsgläubigers** stammen. So liegt es etwa, wenn nicht der **Lieferant** den Besteller, sondern der **Besteller** den Lieferanten von Ansprüchen Dritter wegen eines mangelhaften Vertragsgegenstandes freistellt, denen der Lieferant im Rahmen seiner deliktischen (Produkt-)Haftung ausgesetzt ist.[20] Hat der Lieferant die Haftung gegenüber dem Besteller vertraglich auf einen bestimmten Betrag beschränkt oder die Haftung für bestimmte Schäden ausgeschlossen, dienen indemnities häufig auch der Absicherung dieser Haftungsbeschränkung: Beide Klauseln können dadurch miteinander verzahnt werden, dass der Besteller den Lieferanten von der Haftung gegenüber Dritten in dem gleichen Umfang freistellen muss, in dem sich der Lieferant gegenüber dem Besteller von der Haftung vertraglich freigezeichnet hat.[21] Ähnlich verhält es sich im Fall von **Mietverträgen,** die vom Mieter eine Freihaltung des Vermieters von (insbesondere) deliktischen Ansprüchen Dritter verlangen, falls der Mietgegenstand oder das vom Vermieter zusätzlich gestellte Bedienungspersonal Körper- oder Sachschäden verursachen.[22] 9

Ein ursprünglich aus der Öl- und Gasindustrie stammender weiterer spezieller Anwendungsfall einer (wechselseitigen) **reverse indemnity** ist die sog. **„knock for knock indemnity":**[23] Sie führt ebenfalls zu einer originären Haftungsverschiebung, weil sie eine gegenseitige Freistellung der Vertragsparteien mit Blick auf Ansprüche und Schäden bewirken soll, die jeweils aus der Sphäre des Freistellungsschuldners stammen – und zwar häufig selbst dann, wenn diese vom Freistellungsgläubiger (fahrlässig) verursacht worden sind.[24] 10

---

[18] Zu Freistellungsklauseln in Lizenzverträgen → § 22 Rn. 117 ff.

[19] Zu einem Anwendungsfall aus der jüngeren deutschen Rechtsprechung etwa BGH NJW-RR 2011, 479 ff.; aus der englischen Rechtsprechung etwa *Codemasters Software Co Ltd v Automobile Club de L'Ouest* [2009] EWHC 2361.

[20] Für ein Beispiel aus der Rechtsprechungspraxis *Berry v. V. Ponte & Sons* 166 N.J. Super. 513 (1979) 400 A. 2d 114. Die Freistellungsklausel zugunsten des Herstellers (*„Buyer agrees to indemnify the seller from liability arising from injury or damage to property or person, caused in any manner by the possession, use, or operation of the machine"*) hat der Superior Court of New Jersey trotz der damit verbundenen Verlagerung der originären Produkthaftung auf den (gewerblichen) Käufer für zulässig gehalten; ähnlich auch die Entscheidung des Court of Appeals of Texas in der Rechtssache *Valero Energy Corp. v. M.W. Kellogg Constr. Co.* 866 S.W.2d 252 (258). In der internationalen Vertragspraxis findet sich ein Beispiel für eine vergleichbare „reverse indemnity" etwa in Ziff. 40 Orgalime S 2012: *„The Supplier shall not be liable for any damage to property caused by the Product after it has been delivered and whilst it is in the possession of the Purchaser. Nor shall the Supplier be liable for any damage to products manufactured by the Purchaser, or to products of which the Purchaser's products form a part. If the Supplier incurs liability towards any third party for such damage to property as described in the preceding paragraph, the Purchaser shall indemnify, defend and hold the Supplier harmless."*

[21] Für ein solches Beispiel in einem internationalen Händlervertrag etwa Döser Vertragsgestaltung S. 72: *„To the extent that Principal disclaims responsibility for warranties and liability for damages hereunder, Distributor shall indemnify Principal from, and hold it harmless against, all claims by third parties based upon Products supplied by the Principal to Distributor* [...]".

[22] Zu einer solchen Fallkonstellation (Vermietung von Baumaschinen nebst Überlassung von Bedienpersonal) etwa die Entscheidung des australischen Supreme Court of Queensland in der Rechtssache *Samways v* WorkCover Queensland & Ors [2010] QSC 127.

[23] Dazu Ugwuanyi I.E.L.R. 2012, 136 ff.

[24] Zu knock for knock indemnities unten → Rn. 60 ff.

B. Freistellungsansprüche in einzelnen Rechtsordnungen

I. Deutsches Recht

1. Gesetzliche und vertragliche Freistellungsansprüche

11 Gesetzliche Freistellungsansprüche entstehen im deutschen Recht gem. § 257 BGB insbesondere dann, wenn **Aufwendungen,** für die der Gläubiger auf vertraglicher oder gesetzlicher Grundlage Ersatz verlangen kann, die Eingehung einer Verbindlichkeit gegenüber einem Dritten umfassen.[25] Weitere Fälle gesetzlicher Freistellungsansprüche sind § 415 Abs. 3, § 738 Abs. 1 S. 2, § 426 Abs. 1[26] und § 775 BGB.[27] Nach dem Grundsatz der Naturalrestitution (§ 249 BGB) kann im deutschen Recht – anders als etwa im common law[28] – die Befreiung von einer Verbindlichkeit aber auch im Rahmen eines gesetzlichen oder vertraglichen **Schadensersatzanspruchs** verlangt werden.[29]

12 Unabhängig von den gesetzlich normierten Fällen steht es den Parteien im Rahmen der Privatautonomie frei, weitergehende **vertragliche Freistellungspflichten** zu vereinbaren. In der Regel handelt es sich bei diesen Pflichten um verschuldensunabhängige Einstandspflichten,[30] deren Verletzung zu Schadensersatzansprüchen führen kann. Grenzen mit Blick auf ihre Wirksamkeit ergeben sich bei vorformulierten Freistellungsklauseln allerdings durch die AGB-Inhaltskontrolle (§ 307 BGB).

2. Inhalt und Erfüllung von Freistellungsansprüchen

13 Nach Rechtsprechung und Literatur ist der Freistellungsgläubiger im deutschen Recht dann erfolgreich von einer Verbindlichkeit gegenüber einem Dritten freigestellt, wenn die Verbindlichkeit nicht (mehr) besteht. Auf **welche Weise** der Freistellungsschuldner dies bewerkstelligt, ist gleichgültig, soweit nur der geschuldete **Leistungserfolg,** das Erlöschen des Drittanspruchs, eintritt. Daraus folgt, dass der Freistellungsgläubiger vorbehaltlich einer abweichenden vertraglichen Vereinbarung zunächst weder Zahlung an sich, noch Zahlung des zur Begleichung seiner Schuld gegenüber dem Dritten erforderlichen Geldbetrages an den Drittgläubiger verlangen kann.[31] Zahlung an sich soll der Freistellungsgläubiger erst beanspruchen können, nachdem er den Drittgläubiger befriedigt und sich der Freistellungsanspruch damit im Zweifel in einen Zahlungsanspruch umgewandelt hat.[32] Anders als

---

[25] Staudinger/Bittner/Kolbe BGB § 257 Rn. 2ff. § 257 BGB ist allerdings nicht anwendbar, wenn sich ein Freistellungsanspruch bereits aus Gesetz oder Vertrag ergibt, Bischoff ZZP 2007, 237 (239).

[26] BGH NJW 2010, 60 (61).

[27] Link BB 2012, 856; für eine generelle Übersicht Staudinger/Bittner/Kolbe BGB § 257 Rn. 23ff., die terminologisch zwischen (allerdings im Grundsatz funktionsäquivalenten) gesetzlichen Befreiungs- und vertraglichen Freistellungsansprüchen unterscheidet.

[28] Der tatsächlich bestehende Anspruch des Drittgläubigers kann aber eine nach allgemeinem Schadensersatzrecht ersatzfähige Schadensposition darstellen, dazu oben → Fn. 4.

[29] Im deutschen Recht kann ein nach allgemeinem Schadensrecht zu kompensierender Schaden aus der Belastung mit einer Verbindlichkeit resultieren. In diesem Fall geht der Ersatzanspruch des Geschädigten nach § 249 S. 1 BGB grundsätzlich zunächst nicht auf Zahlung, sondern auf Befreiung von der Verbindlichkeit, vgl. BGH NJW-RR 1987, 43 (44).

[30] BGH NJW-RR 2011, 479 (480). Die aus der Verletzung der Freistellungspflicht folgenden Schadensersatzansprüche sind dagegen grundsätzlich verschuldensabhängig. Bezugspunkt des Verschuldens ist hier aber nicht die Verursachung des Drittanspruchs, sondern die Nichterfüllung der Freistellungsverpflichtung. Vgl. aber auch Ayad/Schell BB 2011, 1747, die eine davon abweichende Auslegung eines vertraglich vereinbarten Freistellungsanspruchs als Ausprägung eines im Wege der Naturalrestitution zu erfüllenden (verschuldensabhängigen) Schadensersatzanspruchs regelmäßig für naheliegend halten.

[31] BGH NJW-RR 2011, 910 (912); MüKoBGB/Krüger § 257 Rn. 4; Staudinger/Bittner/Kolbe BGB § 257 Rn. 7; Görmer JuS 2009, 7 (9). In der Literatur wird der Freistellungsanspruch vor diesem Hintergrund als Herstellungsanspruch bezeichnet, vgl. Muthorst AcP 209 (2009), 212 (214); Wilhelm FuR 2000, 353.

[32] BGH NJW 2000, 1643 (1644); Bischoff ZZP 2007, 237 (238); Staudinger/Bittner/Kolbe BGB § 257 Rn. 9. Eine weitere Fallgruppe, in der sich der Freistellungsanspruch in einen Zahlungsanspruch umwan-

bei indemnities im common law ist damit für das Wesen des Freistellungsanspruchs im deutschen Recht gerade charakteristisch, dass der Anspruch des Drittgläubigers **noch nicht erfüllt** ist.

a) Modalitäten der Erfüllung

14 Der Freistellungsschuldner darf **wählen, wie** er die **Freistellung bewirken** will. Er kann den geschuldeten Geldbetrag an den Drittgläubiger zahlen oder – soweit Gegenstand der Freistellung keine Zahlungsforderung ist – die sonst geforderte Leistungshandlung als Dritter gem. § 267 BGB vornehmen. Weitere – in der Praxis eher selten in Betracht kommende – Erfüllungsmodalitäten[33] sind der Abschluss eines Schuldübernahmevertrages nach §§ 414, 415 BGB, eines Erlass- oder Aufrechnungsvertrages[34] sowie eines pactum de non petendo mit dem Drittgläubiger.

b) Erfassung (auch) von Eventualverbindlichkeiten

15 Sowohl vertraglich vereinbarte als auch gesetzliche Freistellungsansprüche bedingen grundsätzlich eine **Prognoseentscheidung**[35] über das Bestehen oder Nichtbestehen des Drittanspruchs. Daher stellt sich auch die Frage, wer das Risiko des Bestehens oder Nichtbestehens des von dem Dritten geltend gemachten Anspruchs trägt. Nach Auffassung des BGH erfasst eine **Freistellungsverpflichtung** grundsätzlich auch sog. Eventualverbindlichkeiten, weil *„zum Wesen der Freistellung […] nicht nur die Befriedigung begründeter Ansprüche, die Dritte gegen den Freizustellenden erheben, sondern auch die Abwehr unbegründeter Ansprüche, die Dritte geltend machen"* gehöre.[36]

16 Dem BGH ist darin zuzustimmen, dass eine **vertraglich vereinbarte Freistellungsklausel,** soweit keine Anhaltspunkte für einen gegenteiligen Parteiwillen ersichtlich sind, auch die **Abwehr unbegründeter Ansprüche** umfasst. Es entspricht dem Interesse des an einer vertraglichen Freistellungsverpflichtung beteiligten Gläubigers, sich nicht nur von begründeten Ansprüchen Dritter bei dem Freistellungsschuldner schadlos halten zu können, sondern auch von ggf. unbegründeten Ansprüchen, wenn und soweit diese in den Anwendungsbereich der vereinbarten Freistellungsklausel fallen. Dieses Interesse des Freistellungsgläubigers dürfte der Freistellungsvereinbarung das **wesentliche Gepräge** geben[37] und daher auch etwaig widerstreitende Interessen des Freistellungsschuldners überwiegen. Ob diese Grundsätze auch für gesetzliche Befreiungsansprüche gelten, wird von der Rechtsprechung nicht einheitlich beantwortet. Einerseits soll ein auf Befreiung nach § 249 Absatz 1 BGB gerichteter Schadensersatzanspruch wegen Belastung mit einer Verbindlichkeit voraussetzen, dass der Gläubiger tatsächlich mit dieser Verbindlichkeit belastet ist, mit-

---

deln soll, liegt bei Abtretung des Freistellungsanspruchs an den Drittgläubiger vor, vgl. BGH NJW 2011, 2351 (2352). Teilweise wird darüber hinaus – entgegen BGH NJW 2000, 1643 (1644) – vertreten, dass der Freistellungsgläubiger ausnahmsweise bereits dann Zahlung an sich verlangen kann, wenn seine Inanspruchnahme durch den Drittgläubiger mit Sicherheit feststeht, vgl. RGZ 78, 26 (34); OLG Schleswig SchlHA 1998, 212; MüKoBGB/Krüger § 257 Rn. 5. Zu Einschränkungen der Umwandlung in Zahlungsansprüche bei vertraglichen Freistellungspflichten aber unten → Rn. 17.

[33] Zum Ganzen ausführlich Muthorst AcP 209 (2009), 212 (227 ff.).

[34] Gegen die Möglichkeit eines Erlassvertrages mit Verfügungswirkung zugunsten eines Dritten allerdings Staudinger/Bittner/Kolbe BGB § 257 Rn. 8 mwN; Muthorst AcP 209 (2009), 212 (228).

[35] Muthorst AcP 209 (2009), 212 (216).

[36] BGH NJW 1970, 1594 ff. unter Bezugnahme auf den Freistellungsanspruch des Versicherungsnehmers gegen den Haftpflichtversicherer; m. Anm. Reinhardt NJW 1970, 2288; BGH NJW 2002, 2382; BGH BeckRS 2014, 01945; zu einer vertraglichen Freistellungsklausel BGH NJW-RR 2011, 479 (480). Kritisch dazu Zahn ZfBR 2007, 627 (631), der eine Pflicht zur Abwehr unbegründeter Ansprüche nur anerkennen will, wenn sich dies im Einzelfall aus der Auslegung der Klausel ergibt; ebenso für Freistellungsklauseln in Unternehmenskaufverträgen auch Schütt NJW 2016, 980 (982 f.).

[37] In der Vielzahl der Fälle könnten die Parteien ansonsten schlicht auf Schadensersatzansprüche zurückgreifen; in diese Richtung mit Blick auf Unternehmenskaufverträge auch Wiesbrock/Frank BB 2018, 3014 (3018).

hin der Drittanspruch besteht.[38] Andererseits hat der BGH die Pflicht des Freistellungsschuldners zur Abwehr unbegründeter Ansprüche auch auf den gesetzlichen Befreiungsanspruch eines Gesamtschuldners aus § 426 Abs. 1 BGB erstreckt.[39] Indes setzt ein aus dem Gesetz resultierender Befreiungsanspruch immer voraus, dass der Drittanspruch, von dem freizustellen ist, begründet ist. Hierfür trägt der Anspruchsteller die Beweislast. Ohne das Bestehen der Verbindlichkeit gegenüber dem Dritten kann kein Schaden nach § 249 Abs. 1 BGB entstanden, keine Verbindlichkeit nach § 257 BGB und keine gesamtschuldnerische Haftung nach § 426 Abs. 1 BGB begründet worden sein.[40] Der wesentliche Mehrwert eines vertraglich vereinbarten Freistellungsanspruchs gegenüber einer aus dem Gesetz resultierenden Freistellungspflicht besteht daher darin, dass der Gläubiger dem Risiko, die Begründetheit des Drittanspruchs beweisen zu müssen, enthoben ist. Er kann – unter den Voraussetzungen der Freistellungsvereinbarung – die Freistellung von der Inanspruchnahme durch einen Dritten unabhängig davon verlangen, ob der geltend gemachte Drittanspruch besteht oder nicht.

c) Schadensersatzanspruch wegen Verletzung der Freistellungspflicht

17 Nach höchstrichterlicher Rechtsprechung kann (auch) die **Nichterfüllung** der vertraglich vereinbarten Abwehrpflicht einen Schadensersatzanspruch zur Folge haben. Dem Freistellungsschuldner muss aber zunächst ausreichend Gelegenheit zur Freistellung – auch in Form einer Abwehr – gegeben werden. Allein eine zeitweilige Untätigkeit des Schuldners, der vertraglich eine Freistellungspflicht übernommen hat, führt daher noch nicht dazu, dass der Gläubiger selbst die Schuldnerleistung erbringen und dem Schuldner die dadurch entstehenden Kosten aufbürden darf. Seit der Schuldrechtsreform ergibt sich dieser Gesichtspunkt ausdrücklich aus §§ 280 Abs. 1, Abs. 3, 281 Abs. 1 BGB und der hiernach erforderlichen **Nachfristsetzung.**[41] Liegen die Voraussetzungen eines Schadensersatzanspruchs vor, etwa weil der Freistellungsschuldner die geschuldete Abwehr einer Eventualverbindlichkeit innerhalb einer gesetzten angemessenen Frist nicht vornimmt oder sie ernsthaft und endgültig verweigert, ist dem Freistellungsschuldner allerdings der Einwand abgeschnitten, der Drittanspruch bestehe gar nicht.[42] Der Freistellungsgläubiger kann dann den Dritten befriedigen und von dem Freistellungsschuldner Ersatz in Geld verlangen, ohne prüfen und beweisen zu müssen, ob der Drittanspruch tatsächlich berechtigt war. Wenig geklärt ist dabei aber das zentrale Problem, **welche Maßnahmen** zur Abwehr des Drittanspruchs konkret ergriffen werden müssen.[43] Da dem Freistellungsschuldner nicht zugemutet werden kann, auf eine seiner Auffassung nach gar nicht bestehende Forderung zu leisten, muss es richtigerweise genügen, wenn sich der Freistellungsschuldner nach Auf-

---

[38] BGH NJW-RR 2011, 910 (912); BGH BeckRS 2014, 01945.

[39] BGH JZ 2008, 362 ff. Undifferenziert weit auch BGH NJW-RR 2011, 479 (480): *„Es entspricht einer gefestigten Rechtsprechung des BGH, dass zum Wesen einer auf gesetzlicher oder vertraglicher Grundlage bestehenden Freistellungspflicht nicht nur die Befriedigung begründeter Ansprüche gehört, die Dritte gegen den Freizustellenden erheben. Vielmehr gehört zu einer Freistellungspflicht nach der hierbei bestehenden Interessenlage grundsätzlich auch die Pflicht zur Abwehr unbegründeter Ansprüche Dritter“.*

[40] Differenzierend nach der Interessenlage der Parteien eines gesetzlichen Befreiungsanspruchs Muthorst AcP 209 (2009), 212 (222 ff.). Für eine generelle Pflicht zur Abwehr unbegründeter Ansprüche auch bei gesetzlichen Befreiungsansprüchen dagegen Mayer ZfPW 2015, 226 (233).

[41] BGH NJW 2011, 479 (480) geht davon aus, dass Zahlungsansprüche wegen Verletzung der Freistellungspflicht Schadensersatzansprüche statt der Leistung darstellen. Im streitgegenständlichen Fall war die Nachfristsetzung wegen Erfüllungsverweigerung allerdings entbehrlich.

[42] BGH NJW 1983, 1729 (1730); BGH NJW 2011, 479 (480); (lediglich) für den Fall einer leichtfertig oder fahrlässig erfolgten Befriedigung des Gläubigers offenlassend BGH NJW 1970, 1594 (1596). Nicht widerspruchsfrei BGH NJW 2002, 2382: In Leitsatz und Urteilsgründen wird zum einen festgestellt, dass die vertragliche Verpflichtung zur Freistellung auch die Verpflichtung umfasse, unbegründete Ansprüche Dritter abzuwehren. An andere Stelle führt die Entscheidung aber aus, das Berufungsgericht sei fehlerfrei davon ausgegangen, dass von der Freistellungsverpflichtung nur begründete Ansprüche umfasst seien. Anderer Auffassung etwa auch Muthorst AcP 209 (2009), 212 (237).

[43] So zu Recht Schütt NJW 2016, 980 (981).

forderung am Rechtsstreit mit dem Dritten beteiligt und dem Freistellungsgläubiger die Auseinandersetzung – soweit rechtlich und tatsächlich möglich – inhaltlich und finanziell abnimmt.[44]

Räumt der Freistellungsgläubiger dem Freistellungsschuldner nicht ausreichend Gelegenheit zur Abwehr ein, kann er dagegen nicht – zumindest nicht gestützt auf eine Verletzung der **vertraglichen Freistellungsverpflichtung** – von dem Freistellungsschuldner **(Geld-)Ersatz** des von ihm an den Dritten gezahlten Betrages oder sonstiger von ihm getragener Aufwendungen im Zusammenhang mit dem geltend gemachten Drittanspruch verlangen. Denn der Schuldner einer Freistellungsvereinbarung kann, soweit nicht abweichend vereinbart, frei **wählen,** ob er den von dem Dritten geltend gemachten Anspruch erfüllt, eine sonstige Vereinbarung mit dem Dritten schließt, die den Freistellungsgläubiger von dem Drittanspruch freistellt oder den Drittanspruch abwehrt. Er kann auch unbegründete Drittansprüche erfüllen oder begründete Ansprüche abwehren.[45] Entscheidend ist nur, dass der Freistellungserfolg eintritt.[46] Befriedigt der Freistellungsgläubiger den Drittgläubiger, ohne dem Freistellungsschuldner ausreichend Gelegenheit zur Freistellung einzuräumen, können daher allenfalls Aufwendungsersatz- oder Bereicherungsansprüche wegen berechtigter oder unberechtigter Geschäftsführung ohne Auftrag in Betracht kommen. In diesem Fall muss dann aber wiederum der Freistellungsgläubiger beweisen, dass der Drittanspruch begründet ist, weil nur insoweit dessen Tilgung dem mutmaßlichen Willen des Freistellungsschuldners entspricht.[47] 18

Etwas anderes gilt für den **gesetzlichen Freistellungsanspruch:** Zahlt der Freistellungsgläubiger in diesem Fall auf die (tatsächlich bestehende) Verbindlichkeit, soll sich der Freistellungsanspruch automatisch in einen Zahlungsanspruch umwandeln, ohne dass der Freistellungsgläubiger eine Frist gesetzt oder der Freistellungsschuldner die Leistung ernsthaft und endgültig verweigert haben muss.[48] Eine Besonderheit gilt dabei für den aus dem Grundsatz der Naturalrestitution (§ 249 BGB) bei gesetzlichen oder vertraglichen Schadensersatzansprüchen folgenden Freistellungsanspruch. Nach § 250 Satz 1 BGB geht der auf Befreiung gerichtete Schadensersatzanspruch bereits dann in einen Geldanspruch über, wenn der Freistellungsgläubiger erfolglos eine Frist zur Befreiung mit Ablehnungsandrohung gesetzt hat, ohne dass der Freistellungsgläubiger den Drittanspruch befriedigt haben muss. Gleiches gilt, wenn der Freistellungsschuldner die Befreiung ernsthaft und endgültig verweigert.[49] 19

---

[44] Schweer/Todorow NJW 2013, 2072 (2076); Ostendorf JZ 2013, 654 (659).

[45] Daraus folgt auch, dass der Freistellungsgläubiger dem Freistellungsschuldner die Regulierung des Drittanspruchs überlassen muss. Insoweit sind Freistellungsklauseln mit dem Haftpflichtversicherungsanspruch des Versicherungsnehmers gegen den Versicherer vergleichbar, unterscheiden sich nach der hier vertretenen Auffassung allerdings insoweit, als dass nach dem reformierten VVG der Versicherungsnehmer den Haftpflichtversicherungsanspruch gegen den Versicherer behält, wenn er den Haftpflichtanspruch gegenüber dem Dritten anerkennt, soweit der Haftpflichtanspruch begründet war, vgl. § 106 VVG.

[46] Befriedigt der Freistellungsschuldner einen unbegründeten Anspruch des Drittgläubigers (in der Regel gem. § 267 BGB), ist letzterer zwar ggf. ungerechtfertigt bereichert. Im Verhältnis zum Freistellungsgläubiger kann der Drittgläubiger jedenfalls wegen der „Erfüllung" durch den Freistellungsschuldner aber keine Leistung mehr verlangen. Der Freistellungsgläubiger ist deswegen auch bei Befriedigung eines unbegründeten Anspruchs erfolgreich freigestellt.

[47] BGH NJW 2002, 2382.

[48] BGH NJW 2010, 60 (61) für § 426 Abs. 1 BGB; Bischof ZIP 1984, 1444 (1447). Zu Recht kritisch Muthorst AcP 209 (2009), 212 (236) und MüKoBGB/Krüger § 257 BGB Rn. 5. Dass der Freistellungsgläubiger einen Zahlungsanspruch besitzt, wenn er an den Drittgläubiger geleistet hat, ist nicht Folge einer Umwandlung des Befreiungsanspruchs in einen Zahlungsanspruch, sondern folgt aus dem Gesetz, so aus § 249 Abs. 1 BGB bei einem gesetzlichen oder vertraglichen Schadensersatzanspruch, aus dem ursprünglichen Aufwendungsersatzanspruch bei § 257 BGB, aus § 426 Abs. 2 BGB mit Blick auf § 426 Abs. 1 BGB sowie aus § 774 BGB im Fall von § 775 BGB. Lediglich bei § 738 Abs. 1 S. 2 BGB statuiert das Gesetz keinen Zahlungsanspruch für den Fall der Befriedigung des Gläubigers durch den ausscheidenden Gesellschafter.

[49] BGH NJW-RR 1987, 43 (44); BGH NJW-RR 2011, 910 (912). In jedem Fall ist aber Voraussetzung für einen solchen auf Zahlung gerichteten Schadensersatzanspruch, dass der Freistellungsgläubiger tatsächlich mit der Verbindlichkeit gegenüber dem Drittgläubiger belastet ist.

d) Zusammenfassung

20 Zusammenfassend ergeben sich für die **Auslegung** und den **Inhalt** vertraglicher Freistellungsansprüche nach deutschem Recht damit die folgenden Kernaussagen: Das Wesen des Freistellungsanspruchs besteht darin, dass er als **Herstellungsanspruch** die erfolgreiche Befreiung von einer Verbindlichkeit verlangt und damit vor einer Zahlung des Freistellungsgläubigers an den Drittgläubiger eingreift.[50] Art und Weise der Erfüllung der Freistellungsverpflichtung darf der Freistellungsschuldner selbst wählen, solange der geschuldete Erfolg eintritt. Ein vertraglicher Freistellungsanspruch beinhaltet nach herrschender Auffassung auch die Abwehr von unbegründeten Ansprüchen. Der Freistellungsschuldner erfüllt seine Freistellungspflicht auch dann, wenn er begründete Ansprüche abwehrt oder unbegründete Ansprüche erfüllt. Im Fall einer Verletzung der vertraglichen Freistellungspflicht kommen als **Schadensersatzansprüche** statt der Leistung an den Drittgläubiger gezahlte Beträge, sowie die zur Abwehr des Drittanspruchs aufgewendeten Verfahrenskosten unabhängig vom tatsächlichen Bestehen der Drittforderung in Betracht, wenn und soweit dem Freistellungsschuldner vorab ausreichende Gelegenheit zur Freistellung gegeben wurde.[51]

3. Verjährung

a) Verjährungsbeginn

21 Die Besonderheit von Freistellungsklauseln liegt in der Regel darin, dass sich die Freistellungsverpflichtung auf (drohende) Drittansprüche bezieht, deren **Entstehung, Höhe und Fälligkeit** im Zeitpunkt der Vereinbarung der Freistellung noch ungewiss sind. Damit stellt sich zwangsläufig die für den Beginn der **Verjährungsfrist** zentrale Frage, zu welchem Zeitpunkt der vertraglich vereinbarte Freistellungsanspruch fällig wird.[52]

22 Für den aus § 257 Satz 1 BGB resultierenden **gesetzlichen Freistellungsanspruch** soll es nach Auffassung des BGH für den Beginn der regelmäßigen Verjährungsfrist gemäß § 199 Abs. 1 Nr. 1 BGB nicht auf den Schluss des Jahres ankommen, in dem der Freistellungsanspruch selbst fällig geworden ist (das ist nach allgemeiner Meinung mit Blick auf § 257 S. 2 BGB bereits mit *Eingehung* der ggf. selbst noch gar nicht fälligen Drittforderung der Fall[53]), sondern in dem die **Drittforderung** selbst fällig wird.[54] Begründet wird das damit, dass die Verkürzung der regelmäßigen Verjährungsfrist von 30 auf drei Jahre ansonsten zu dem wenig sinnvollen Ergebnis führe, dass der Freistellungsgläubiger seinen Befreiungsanspruch schon zu einem Zeitpunkt verliere, zu dem die Drittforderung noch (längst) nicht fällig sei.[55]

23 Der **Ausgleichsanspruch der Gesamtschuldner** nach § 426 Abs. 1 BGB, der zunächst als Mitwirkungs- und Befreiungsanspruch besteht und sich nach Befriedigung des Gläubigers in einen Zahlungsanspruch umwandelt, entsteht nach gefestigter Rechtsprechung dagegen bereits mit der Begründung der Gesamtschuld. Unabhängig von seiner je-

---

[50] Die Zwangsvollstreckung eines Freistellungsanspruchs erfolgt dabei nach ganz überwiegender Meinung auch bei Geldschulden, von denen befreit werden muss, nach § 887 ZPO, Bischoff ZZP 2007, 237 (242f.) mwN.

[51] Zur Ersatzfähigkeit der Verfahrenskosten etwa BGH NJW-RR 2011, 479 (480).

[52] Zur Fälligkeit als maßgeblichem Zeitpunkt für das Entstehen des Anspruchs im Sinne von § 199 BGB Staudinger/Peters/Jacoby BGB § 199 Rn. 4f.

[53] BGH NJW 2018, 1873 (1874).

[54] BGH NJW 2010, 2197 (2199); BGH NJW 2018, 1873 (1875). Für eine Übertragbarkeit dieses Rechtsgedankens auf die Auslegung vertraglicher Freistellungsansprüche Link BB 2012, 856 (858). Weitergehender OLG Karlsruhe NZG 2010, 151 (153), das eine einheitliche verjährungsrechtliche Lösung für sämtliche Freistellungsansprüche (gesetzlich und vertraglich) befürwortet, nach der die kenntnisabhängige Verjährungsfrist des § 195 BGB bei Freistellungsansprüchen, die sich auf eine noch nicht fällige Verbindlichkeit beziehen, gem. § 199 BGB erst mit dem Schluss des Jahres beginnt, in dem (auch) diese Verbindlichkeit fällig wird; zu dieser Entscheidung auch Jagersberger NZG 2010, 136ff.

[55] BGH NJW-RR 2010, 333 (334f.); BGH NJW 2011, 2351 (2354).

weiligen Gestalt unterliegt der Ausgleichanspruch einer einheitlichen Verjährung, die jeweils mit Begründung der Gesamtschuld gemäß § 199 BGB entsteht.[56]

24 Für den Fall einer **vertraglichen Freistellungsklausel** hat der BGH entschieden, dass die den jeweiligen Umständen angemessene Regelung der Fälligkeit des Freistellungsanspruchs, soweit sich dieser auch auf künftige oder ungewisse, jedenfalls aber noch nicht fällige Forderungen bezieht, der Disposition der Parteien überlassen bleibt. Erst bei Fehlen einer ausdrücklichen oder aus den Umständen des Einzelfalls zu folgernden stillschweigenden **Parteivereinbarung** sei nach § 271 Abs. 1 BGB von der **sofortigen Fälligkeit** des Freistellungsanspruchs auszugehen.[57] In der vorgenannten Entscheidung hat der BGH jedoch allein begründete, wenn auch in ihrer Entstehung noch ungewisse Ansprüche der Drittgläubiger im Blick gehabt. Vor dem Hintergrund der zu § 257 BGB ergangenen neueren Rechtsprechung werden die vertraglichen Vereinbarungen (die im Grundsatz auch Eventualverbindlichkeiten erfassen) aber – soweit keine vorrangige Parteivereinbarung oder sonstige abweichende Anhaltspunkte für einen entsprechenden Parteiwillen vorliegen – regelmäßig in der Weise auszulegen sein, dass die Verjährungsfrist erst mit der Fälligkeit des Drittanspruchs zu laufen beginnt. Eine andere Auffassung will dagegen auf den Zeitpunkt der berechtigten oder auch unberechtigten **Inanspruchnahme** des Freistellungsgläubigers durch den Dritten als maßgeblichen Zeitpunkt abstellen,[58] was vor dem Hintergrund der dem Freistellungsanspruch immanenten Pflicht zur Abwehr (auch) von Eventualverbindlichkeiten noch mehr überzeugt.

b) Verjährungsfrist

25 Vertraglich vereinbarte Freistellungsansprüche unterfallen, soweit die Parteien nichts Abweichendes vereinbart haben, der **regelmäßigen Verjährungsfrist** nach §§ 195, 199 BGB. Für die Kenntnis der anspruchsbegründenden Tatsachen im Sinne von § 199 BGB dürfte erforderlich sein, dass der Freistellungsgläubiger Kenntnis bzw. grob fahrlässige Unkenntnis von der Inanspruchnahme durch den Drittgläubiger hat.

4. Rechtliche Grenzen: AGB-Inhaltskontrolle

26 Vorformulierte und von einer Partei gestellte Freistellungsklauseln, die nicht im Einzelnen zwischen den Parteien ausgehandelt werden, unterliegen der AGB-Inhaltskontrolle.[59] Ob sie sich im Ergebnis als **unangemessene Benachteiligung** (§ 307 BGB) des Freistellungsschuldners oder gar als überraschende Regelung (§ 305c BGB) darstellen, hängt von der im Einzelfall gewählten Ausgestaltung ab.[60]

27 Vielfach werden Freistellungsklauseln bereits dann unwirksam sein, wenn sie (wie regelmäßig) die Freistellungsverpflichtung **unabhängig vom Verschulden** des Freistellungsschuldners anordnen.[61] Der Verschuldensgrundsatz als wesentlicher Grundgedanke der gesetzlichen Regelung im Sinne von § 307 Abs. 2 Nr. 1 BGB findet auf formularmäßig vereinbarte Schadensersatzansprüche und darüber hinaus generell auf die verschuldensunabhängige Übernahme von Haftungsrisiken Anwendung.[62] Vor diesem Hintergrund dürf-

---

[56] BGH NJW 2010, 60 (61).

[57] BGH NJW 1984, 2151 (2153). Zur Nichtübertragbarkeit der aus den §§ 257 S. 2, 738 Abs. 1 S. 3 und 775 Abs. 2 BGB folgenden sofortigen Fälligkeit des Befreiungsanspruchs auf vertragliche Freistellungsansprüche auch BGH NJW-RR 2006, 1718; BGH NJW 2010, 333.

[58] Staudinger/Bittner/Kolbe BGB § 257 Rn. 26; Mayer ZfPW 2015, 226 (241); zum Ganzen mwN Link BB 2012, 856 (858).

[59] BGH DNotZ 2004, 457.

[60] Zur Gefahr einer Unwirksamkeit von zu weit von der gesetzlichen Risikoverteilung abweichenden Freistellungsklauseln im Fall der Produkthaftung etwa Graf von Westphalen Allgemeine Einkaufsbedingungen S. 192f.

[61] Rohlfing MDR 2012, 257 (259).

[62] Vgl. BGH NJW 1997, 1700 (1702); BGH NJW 1991, 1886 (1888). Zur grundsätzlichen Unabdingbarkeit des Verschuldensprinzips durch AGB BGH NJW 2006, 47 (49f.).

ten Freistellungsklauseln, die eine verschuldensunabhängige Einstandspflicht des Vertragspartners des Verwenders für Mängel, Schäden oder für nicht aus seiner Sphäre liegende Umstände begründen, der Inhaltskontrolle nicht standhalten.[63] Darüber hinaus dürfte die in einer vertraglichen Freistellungsvereinbarung liegende Pflicht zur **Abwehr unbegründeter Ansprüche** zu Lasten des Freistellungsschuldners von wesentlichen Grundgedanken der §§ 280ff. BGB iVm 249 Abs. 1 BGB – wie auch der sonstigen gesetzlichen Befreiungsansprüche – abweichen.

28 Die unangemessene Benachteiligung kann sich auch aus der **Verjährungsproblematik** ergeben: Letzteres gilt etwa dann, wenn vertragliche Freistellungsansprüche für den Fall mangelhafter Lieferung oder Leistung vereinbart werden, weil in diesem Fall der ansonsten geltende objektive Beginn der Verjährungsfrist (§§ 438, 634a BGB) gem. § 199 BGB erheblich nach hinten verschoben wird. Kauf- und werkvertragliche Mängelrechte knüpfen an den festen Zeitpunkt der Ablieferung bzw. Abnahme für den Beginn der Verjährungsfrist an. Die regelmäßige Verjährungsfrist, die hinsichtlich des Fristbeginns auf die Entstehung des Anspruchs und Kenntnis bzw. grob fahrlässige Unkenntnis der anspruchsbegründenden Tatsachen abstellt, kann daher wohl nicht wirksam in AGB vereinbart werden.[64]

29 Im Übrigen liegt es nahe, dass auch eine **originäre Haftungsverschiebung** durch Freistellungsklauseln (wie etwa im Fall der im internationalen Vertragsrecht verbreiteten reverse indemnities) in AGB nicht zulässig ist.

II. Englisches Recht

1. Contractual indemnities

30 Im englischen Recht sind Freistellungsansprüche in erster Linie vertraglicher Natur (contractual indemnity).[65] Ihre Erscheinungsformen sind vielfältig.[66] Angesichts der auch hier komplexen rechtlichen Fragestellungen können rechtliche Wirkungen und einschlägige Auslegungsgrundsätze im Folgenden nur in ihren Grundzügen dargestellt werden.

31 Zumindest im Fall ihrer Verwendung als Sicherheit muss eine indemnity zunächst von einer **guarantee** abgegrenzt werden,[67] die anders als eine indemnity keine „primary obligation", sondern vergleichbar mit einer Bürgschaft im deutschen Recht lediglich eine akzessorische Verpflichtung des Garanten im Fall der Nichterfüllung einer Verbindlichkeit eines Hauptschuldners begründet und damit eine sog. „secondary obligation" darstellt.[68] Weil die indemnity keineswegs zwingend eine gemeinsame Haftung (joint liability) der Parteien gegenüber einem Dritten voraussetzt, ist sie darüber hinaus von der sog. **contribution** zu unterscheiden, die funktional mit dem Gesamtschuldnerausgleich im deutschen Recht vergleichbar ist und sich im englischen Recht insbesondere aus dem Civil Liability (Contribution) Act 1978 ergibt.[69]

---

[63] Dauner-Lieb/Langen/Kollmann BGB § 307 Rn. 104. Zur Problematik verschuldensunabhängiger Freistellungspflichten in AGB auch Ayad/Schnell BB 2011, 1747.

[64] Dauner-Lieb/Langen/Kollmann BGB § 307 Rn. 117.

[65] Eine indemnity-Verpflichtung kann sich darüber hinaus auch im englischen Recht außerhalb von vertraglichen Vereinbarungen ergeben, dazu Zakrzewski J.C.L. 2006, 54. Non-contractual indemnities werden im Folgenden aber nicht weiter vertieft.

[66] Vgl. etwa den Definitionsversuch von Parker/Slavich SW.L.J. 1990–1991, 1349 (1351): *„An indemnity can be described generally as a contract between two parties whereby one agrees to cover any liability, loss or damage sustained by the other from some contemplated act or condition, or damage resulting from a claim or demand of a third party."*

[67] Anders als eine indemnity ist eine guarantee grundsätzlich formbedürftig, s. 4 Statute of Frauds 1677.

[68] Chitty on Contracts Specific Contracts Rn. 47–008; *Marubeni Hong Kong & South China Ltd v Mongolia* [2005] EWCA Civ 395 Rn. 20.

[69] Anders als § 426 Abs. 1 BGB dürfte eine contribution nach dem Civil Liability (Contribution) Act 1978 allerdings voraussetzen, dass der Gesamtschuldner die gemeinsame Verbindlichkeit gegenüber dem Gläubiger erfüllt hat, s. 1 (1) Civil Liability (Contribution) Act 1978: *„Subject to the following provisions of this section, any person liable in respect of any damage suffered by another person may* ***recover*** *contribution from any other person liable in respect of the same damage (whether jointly with him or otherwise)."* [Hervorhebungen durch Verf.].

Anders als bei Freistellungspflichten im deutschen Recht führt die vertraglich vereinbarte indemnity zumindest nach den Grundsätzen des common law erst dann zu einem durchsetzbaren Anspruch, wenn der Schaden beim Freistellungsgläubiger tatsächlich eingetreten ist. Im Fall einer third party indemnity setzt das grundsätzlich die Erfüllung des Drittanspruchs durch den Freistellungsgläubiger (indemnitee) voraus. Zwar ist die Zahlung an den Drittgläubiger bei der regelmäßig vereinbarten „preventive indemnity" (indemnity against liability)[70] **keine Rechtsbedingung** für die Verpflichtung zur Freistellung, weil diese Pflicht auch im englischen Recht (insofern vergleichbar mit der Rechtslage im deutschen Recht) darin besteht, den indemnitee bereits präventiv vor einer Inanspruchnahme zu bewahren. Allerdings können Erfüllungsansprüche aus der indemnity **vor der Befriedigung** des Drittgläubigers durch den Freistellungsgläubiger nur aus dem Billigkeitsrecht der equity abgeleitet werden, weil dem common law Erfüllungsansprüche (specific performance) grundsätzlich fremd sind.[71] Auf Zahlung gerichtete Schadensersatzansprüche entstehen wiederum erst im Fall einer **Verletzung** der Freistellungsverpflichtung, die nur bei einer erfolgreichen Inanspruchnahme durch den Drittgläubiger vorliegen soll.[72] 32

Nicht zur Anwendung kommen Erfüllungsansprüche aus **equity** auf Herstellung der Befreiung im Übrigen, wenn die Parteien bereits keine preventive indemnity, sondern lediglich eine compensatory indemnity vereinbart haben. Das ist insbesondere bei einer sog „pay to be paid" Klausel der Fall:[73] Denn in diesem Fall besteht eine **vertragliche Verpflichtung** des Schuldners zur Zahlung (nicht als regulärer Schadensersatzanspruch (damage claim), sondern als so genannter debt claim[74]) überhaupt erst dann, wenn der Gläubiger seinerseits an den Dritten **geleistet** hat. Daher verbietet sich hier auch eine abweichende Wertung durch Billigkeitsrecht: Dessen Aufgabe kann es nämlich nicht sein, sich über einen ausdrücklichen Parteiwillen hinwegzusetzen.[75] 33

2. Anspruchsinhalt

Im Fall der Vereinbarung einer compensatory indemnity ist die vertragliche Verpflichtung des indemnitor und damit der Anspruchsinhalt a priori auf die **Erstattung** des an den Drittgläubiger gezahlten Betrages beschränkt. Bei der preventive indemnity steht es dem indemnitor dagegen vergleichbar wie im deutschen Recht frei, wie er die geschuldete Freistellung bewirken will, solange nur das geschuldete Ergebnis – die Abwendung der Inanspruchnahme – erreicht wird.[76] Da nur die Befriedigung des Drittgläubigers durch den Freistellungsgläubiger zu einer Verletzung des indemnity contract führen soll, können Zahlungsansprüche in Form von Schadensersatz anders als im deutschen Recht (§ 250 34

[70] Zakrzewski J.C.L. 2006, 54 (56) spricht vergleichbar von einer „prevent loss indemnity" im Unterschied zu einer „redress loss indemnity".

[71] Die Gewährung von Ansprüchen aus equity steht (anders als common law Rechtsbehelfe) allerdings grundsätzlich im Ermessen der Gerichte, s. dazu Worthington Equity S. 303f.

[72] *Firma C-Trade S.A. v Newcastle Protection and Indemnity Association (The „Fanti")* Lloyd's Rep. 1990, 191 (202): *„First of all, I am unable to accept the submission that a condition of prior payment is, at common law, implicit in a contract of indemnity. I accept that, at common law, a contract of indemnity gives rise to an action for unliquidated damages, arising from the failure of the indemnifier to prevent the indemnified person from suffering damage, for example, by having to pay a third party. I also accept that, at common law, the cause of action does not (unless the contract provide otherwise) arise until the indemnified person can show actual loss."*

[73] *Firma C-Trade S.A. v Newcastle Protection and Indemnity Association (The „Fanti")* Lloyd's Rep. 1990, 191 in Bezug auf die indemnity clause eines P&I Clubs, der sich vertraglich verpflichtet hatte *„to protect and indemnify Members in respect of losses or claims which they as Owners of the entered vessel shall have become liable to pay and shall have in fact paid* [...]".

[74] Zakrzewski J.C.L. 2006, 54 (65).

[75] *Firma C-Trade S.A. v Newcastle Protection and Indemnity Association (The „Fanti")* Lloyd's Rep. 1990, 191 (202): *„As I have already stressed, if the condition is in sufficiently clear terms, it would be contrary to principle that equity should grant specific performance of the contract inconsistently with the terms of the contract. In the present cases, the condition of prior payment is perfectly clear."*

[76] Courtney Contractual Indemnities Rn. 7–5.

BGB) grundsätzlich auch erst zu diesem Zeitpunkt entstehen.[77] Ein Anspruch auf Erfüllung der Freistellung in natura ist anders als im deutschen Recht nur unter den Voraussetzungen der equity möglich.[78] Mangels abweichender Vereinbarung setzen Ansprüche aus einer indemnity regelmäßig auch voraus, dass das Bestehen des Drittanspruchs feststeht:[79] Anders als im deutschen Recht werden Eventualverbindlichkeiten damit grundsätzlich nicht erfasst, wenn sich aus der Auslegung der Klausel nichts anderes ergibt.[80]

35 Sehr umstritten ist ansonsten, ob die Höhe des aus einer indemnity folgenden Zahlungsanspruchs von den allgemeinen **Grundsätzen** des **Schadensersatzrechts** beeinflusst wird oder nicht. Fraglich ist damit insbesondere, ob die sog. remoteness rule, mit der die Schadensersatzhaftung im englischen Recht auf den für den Schuldner objektiv oder subjektiv **vorhersehbaren Schaden** beschränkt ist,[81] sowie die auch im englischen Recht anerkannten Schadensminderungspflichten (mitigation principle) des Gläubigers anwendbar sind. Für compensatory indemnities liegt das bei streng dogmatischer Betrachtung zunächst fern, weil die hier entstehenden Zahlungsansprüche keine claims for damages, sondern „claims in debt" darstellen.[82] Dagegen führt die Verletzung von preventive indemnities zwar zu einem Schadensersatzanspruch, für den grundsätzlich die allgemeinen Prinzipien des Schadensersatzrechts gelten müssen. Die Notwendigkeit der Vorhersehbarkeit des entstandenen Schadens kann sich konsequenter Weise allerdings nur auf die **Verletzung der Freistellungspflicht** und nicht auf die mögliche Verletzung der Pflicht beziehen, die überhaupt erst den Anspruch des Drittgläubigers ausgelöst hat. Insofern ist der an den Drittgläubiger bezahlte Betrag, soweit er überhaupt in den Anwendungsbereich der indemnity fällt, auch immer vorhersehbar.[83] Die Rechtsprechung folgt diesem Befund allerdings nur bedingt: Teilweise wird die Anwendung der allgemeinen Regeln des Schadensersatzrechts generell (und zwar wohl für alle Arten von indemnities) abgelehnt.[84] Andere Entscheidungen halten die remoteness rule dagegen auf Basis eines unterstellten entsprechenden Parteiwillens generell für einschlägig, wenn die indemnities an eine **Vertragsverletzung** des Freistellungsschuldners anknüpfen.[85]

36 Die bestehende Rechtsunsicherheit legt es nahe, die Geltung bzw. Nichtgeltung der genannten Prinzipien des Schadensersatzrechts **vertraglich ausdrücklich** zu regeln.

3. Zentrale Auslegungsprobleme

37 Zentrales Auslegungsproblem bei Freistellungsklauseln im englischen Recht ist vor allem die Frage, ob eine offen formulierte indemnity, mit der die Haftung einer Vertragspartei

---

[77] Zakrzewski J.C.L. 2006, 54 (59); Courtney Contractual Indemnities Rn. 6–23.

[78] Das prozessuale Mittel dazu ist etwa eine sog. quia timet injunction, s. dazu Carter/Courtney J. Bus. L. 2012, 555 (560). Die principles of equity werden aber verdrängt, wenn sich die Parteien gerade nicht auf eine preventive indemnity geeinigt haben, s. oben → Fn. 73.

[79] *Telfair Shipping Corp v. Inersea Carriers SA* [1984] 2 Lloyd's Rep. 466 (474): „*If, however, the indemnity is a general indemnity* [...] *then time will not begin to run against (A) for the purpose of pursuing his indemnity against (C) until (A)'s liability to (B) has been established and ascertained.*"

[80] Courtney Contractual Indemnities Rn. 6–36f. zur Auslegung relevanter Vertragsbegriffe in diesem Zusammenhang.

[81] Dazu → § 8 Rn. 4.

[82] So im Ausgangspunkt auch Zakrzewski J.C.L. 2006, 54 (68f.), der die Anwendbarkeit der Prinzipien der remoteness und der mitigation aus übergeordneten Gründen aber dennoch für zutreffend hält.

[83] Zu dieser Auffassung Courtney Sydney Law School, Legal Studies Research Paper No. 11/41, S. 15.

[84] S. nur *Caledonia North Sea Limited v. British Telecommunications Plc (Scotland) and Others* [2002] UKHL 4 Rn. 100; mit anderer Begründung Carter/Courtney J. Bus. L. 2012, 555 (573), die die Nichtanwendbarkeit darauf stützen wollen, dass es sich bei einer indemnity in Wahrheit um die Vereinbarung eines alternativen Rechtsbehelfs (secondary obligation) in Form einer „agreed damage clause" handele.

[85] *Total Transport Corporation v Arcadia Petroleum Ltd* [1998] 1 Lloyd's Rep. 351 (361): „*No authority is cited for the proposition that remoteness is always irrelevant to an indemnity obligation. I remain of the view that it was not the intention of the parties to provide* [...] *that a particular kind of breach of contract by the owners should attract liability even for unforeseeable consequences, while in the case of all other breaches of contract the ordinary rule of remoteness would apply.*"

auf die andere verlagert werden soll, selbst bei Schäden oder Ansprüchen eingreift, die durch den indemnitee selbst **fahrlässig (mit-)verursacht** wurden. Maßgebliche Auslegungsgrundsätze zu dieser Frage hat die vom Privy Council erlassene Entscheidung Canada Steamship[86] in Form der sogenannten **„Canada SS Rules"** geprägt. Danach umfasst eine vertragliche indemnity auf der Grundlage des contra proferentem Grundsatzes (dem zu Folge verbleibende Zweifel bei der Auslegung zu Lasten des Klauselbegünstigten gehen) Fälle fahrlässigen Handelns (negligence) des indemnitee im Grundsatz nur dann, wenn sich dies ausdrücklich aus der Klausel ergibt. Ist das nicht der Fall, wird fahrlässiges Verhalten nur dann erfasst, wenn die Klausel ansonsten keinen Anwendungsbereich mehr hätte, weil andere Haftungstatbestände (etwa aus strict liability) realistischer Weise nicht in Betracht kommen.[87]

Gerichte anderer common law Jurisdiktionen sind bei der Auslegung zuweilen **großzügiger.** So halten etwa australische Gerichte zwar am Grundsatz der engen Auslegung fest, haben im Einzelfall Verpflichtungen aus einer contractual indemnity aber trotz fehlender ausdrücklicher Regelung auf Fälle der fahrlässigen Verursachung des Haftungsfalls durch den Freistellungsgläubiger bzw. dessen Erfüllungsgehilfen erstreckt.[88] 38

4. Verjährungsfragen

Vergleichbare Probleme wie im deutschen Recht stellen sich auch bei der Frage der Verjährung von Ansprüchen aus einer indemnity. Zentral dürfte wiederum die **Vertragsauslegung** sein: Begründet die Klausel wie im Fall der „pay to be paid" Abreden nur eine Verpflichtung des Schuldners, die bereits vom Freistellungsgläubiger an den Drittgläubiger gezahlten Beträge zu erstatten, beginnt auch der nach dem Limitation Act 1980 maßgebliche Lauf der Verjährungsfrist (accrual of the cause of action) von **sechs Jahren** (s. 5 Limitation Act 1980) erst mit dem Zeitpunkt der Erfüllung der Verbindlichkeit gegenüber dem Drittgläubiger.[89] 39

Problematischer ist der üblichere Fall der Vereinbarung einer **preventive indemnity:** Hier stellt sich nämlich die Frage, ob auf die common law Prinzipien abzustellen ist,[90] nach denen einen durchsetzbarer Anspruch grundsätzlich erst im Fall einer Befriedigung des Drittgläubigers entsteht, oder aber die Möglichkeit eines Anspruchs auf specific performance der indemnity auf Grundlage der equity-Prinzipien zu einem früheren Verjährungsbeginn führen muss. Vorbehaltlich einer abweichenden vertraglichen Regelung geht die Rechtsprechung wohl überwiegend davon aus, dass die Verjährungsfrist in diesem Fall zwar nicht erst mit Zahlung an den Drittgläubiger zu laufen beginnt, der Verjährungsbeginn auf der anderen Seite aber voraussetzt, dass die Haftung des Freistellungsschuldners durch (Schieds-)urteil bzw. Vergleichsvereinbarung **feststeht.**[91] 40

[86] *Canada Steamship Lines Ltd. v. The King* [1952] A.C. 192 (PC).

[87] *Canada Steamship Lines Ltd. v. The King* [1952] A.C. 192 (208) (PC); bestätigt durch *Smith and others vs South Wales Switchgear Ltd* [1978] 1 W.L.R. 165 (167) (HL). Die Canada SS Rules wurden auch in der Entscheidung des House of Lords in der Rechtssache *EE Caledonia Ltd v Orbit Valve Co Ltd* [1994] 1 W.L.R. 1515 (1522) angewandt – allerdings mit dem Hinweis, die dritte Voraussetzung der Canada SS Rules dürfe nicht schematisch, sondern müsse vielmehr flexibel und bezogen auf den Einzelfall angewendet werden.

[88] *Samways v WorkCover Queensland & Ors* [2010] QSC 127. Die hier maßgebliche Klausel lautete wie folgt: *„The Hirer shall fully and completely indemnify the Contractor in respect of all claims by any person or party whatsoever for injury to any person or persons and/or property caused by or in connection with or arising out of the use of the plant and in respect of all costs and charges in connection therewith whether arising under statute or common law."*

[89] Chitty on Contracts General Principles Rn. 31–049.

[90] S. zum Ganzen mit Rechtsprechungsnachweisen McGee Limitation Rn. 10.034 ff.

[91] *Telfair Shipping Corp v. Inersea Carriers SA* [1985] 1 W.L.R. 552 (556); Chitty on Contracts General Principles Rn. 31-049 mwN.

5. Rechtliche Grenzen

41 Rechtlichen Grenzen unterliegen die Parteien internationaler Wirtschaftsverträge bei Anwendung englischen Rechts auch bei der Vereinbarung von Freistellungsklauseln kaum. Zwar sieht der englische Unfair Contract Terms Act 1977 (UCTA) für vertraglich vereinbarte indemnities eine Inhaltskontrolle am Maßstab der reasonableness vor. Anwendbar ist diese Bestimmung aber nur bei einer Verwendung der Klausel gegenüber **Verbrauchern.**[92]

42 Indemnities im unternehmerischen Geschäftsverkehr unterfallen damit nur dann der Inhaltskontrolle des UCTA 1977, wenn sie sich funktional zugleich (auch) als **Haftungsbeschränkung** (exclusion clause) darstellen, im Ergebnis also (auch) die Beschränkung oder den Ausschluss einer anderweitig bestehenden vertraglichen oder gesetzlichen Haftung des indemnitee zum Ziel haben.[93] Da der UCTA 1977 **internationale Wirtschaftsverträge** aber ganz weitgehend aus seinem Anwendungsbereich ausklammert,[94] verbleiben regelmäßig nur die allgemeinen Wirksamkeitsgrenzen des common law: Sie sind in Form einer illegality etwa dann erreicht, wenn die Freistellung auch im Fall von „fraud" auf Seiten des Freistellungsgläubigers eingreifen soll.[95]

III. US-amerikanisches Recht

43 In ihren Grundzügen lassen sich die Ausführungen zum englischen Recht auch auf contractual indemnities übertragen, die US-amerikanischem Recht (bzw. genauer dem Recht eines US-Bundesstaates) unterliegen.[96] Ein zentraler Unterschied gegenüber dem englischen Recht besteht allerdings darin, dass die **Vertragsfreiheit** bei der Ausgestaltung von indemnities im Recht vieler US-Bundesstaaten **deutlich eingeschränkter** ist: Grund dafür sind Restriktionen des common law sowie der von nahezu allen US-Bundesstaaten für einzelne Branchen[97] erlassenen sog. **anti-indemnity statutes** aus Gründen der public policy, nach denen indemnities etwa dann unwirksam sein können, wenn sie auch für Haftungsfälle eingreifen sollen, die ausschließlich (sole negligence) oder aber zumindest auch durch fahrlässiges Verhalten des indemnitee verursacht wurden. Beispielsweise erklärt § 5–322.1 New Yorker General Obligations Law im Fall von Bauverträgen eine Verlagerung der Haftung des Generalunternehmers auf einen Subunternehmer mit Blick auf Körper- und Sachschäden mittels einer indemnity dann für unwirksam, wenn der Haftungsfall zumindest auch aus fahrlässigem Verhalten (contributory negligence) des Generalunternehmers resultiert.[98] Bei der Vertragsgestaltung müssen daher die zwingenden Grenzen des Rechts des jeweils einschlägigen US-Bundesstaates beachtet werden, da ansonsten die **Unwirksamkeit** der gesamten Klausel droht.

---

[92] S. 4 UCTA 1977.

[93] Zu einer solchen Fallkonstellation etwa *Thompson v T Lohan (Plant Hire) Ltd* [1987] W.L.R. 649 (CA); zum Ganzen auch Cordero-Moss/Peel Boilerplate Clauses S. 169.

[94] S. 26, 27 UCTA 1977.

[95] *Brown Jenkinson & Co Percy Dalton* (London) Ltd [1957] 2 QB 621 (635) (CA).

[96] Zur parallelen Abgrenzung der indemnity von der guarantee bzw. einer contribution etwa Stark Drafting S. 249. Zu ähnlichen Grundsätzen bei der Auslegung (strict construction) insbesondere in den Fällen fahrlässiger Haftungsverursachung durch den indemnitee, dem Beginn der maßgeblichen Verjährungsfristen sowie der (Nicht-)Anwendung der allgemeinen Prinzipien des Schadensersatzrechts vgl. Parker/Slavich SW.L.J. 1990–1991, 1349 (1351 ff.).

[97] Betroffen sind in erster Linie Bauverträge (construction contracts); einzelne Staaten haben anti-indemnity statutes auch für andere Branchen erlassen, siehe etwa den für die Ölindustrie relevanten Texas Oilfield Anti-Indemnity Act (s. 127.003 Civil Practice and Remedies Code). Außerhalb dieser Sonderfälle ist aber auch die Rechtsprechung der US-Gerichte deutlich großzügiger, dazu etwa die oben → Fn. 20 genannten Entscheidungen.

[98] Dazu und anderen anti-indemnity statutes Stark Drafting S. 254.

C. Klauselgestaltung

I. Zentrale auslegungsbedürftige Klauselbestandteile von indemnities

1. „Hold harmless" und „duty to defend"

Nach dem Wortlaut vieler indemnities in internationalen Wirtschaftsverträgen ist die Verpflichtung des Freistellungsschuldners nicht nur auf ein „to indemnify" des Freistellungsgläubigers gegenüber den in den Anwendungsbereich der Klausel fallenden Schäden und Ansprüchen beschränkt. Geschuldet wird häufig auch ein „to hold harmless" sowie eine „duty to defend" („Supplier shall **defend, indemnify** and **hold** Purchaser **harmless** from and against [•]"). Das wirft die Frage auf, ob diese beiden zusätzlichen Verpflichtungen einen weitergehenden rechtlichen **Bedeutungsgehalt** aufweisen oder reine Synonyme der Grundverpflichtung „to indemnify" darstellen. 44

Nach wohl überwiegender Auffassung in der Literatur und der Rechtsprechung zumindest vieler common law Jurisdiktionen kommt der Formel „to hold harmless" grundsätzlich kein entscheidender, über die Verpflichtung „to indemnify" hinausgehender Bedeutungsgehalt zu.[99] Allerdings hat die englische Rechtsprechung diesen Zusatz im Einzelfall zugunsten der Auslegung der Klausel als preventive indemnity[100] bzw. (im Fall einer sog. reverse indemnity) als **Haftungsausschluss** mit Blick auf Regressansprüche des Freistellungsschuldners gegen den Freistellungsgläubiger herangezogen.[101] 45

Anders liegt es bei einer **„duty to defend":** Diese Abrede soll grundsätzlich eine über die indemnification hinausgehende eigenständige Verpflichtung zur **aktiven Abwehr** von Ansprüchen Dritter, die in den Anwendungsbereich der Klausel fallen, begründen.[102] Relevanz entfaltet das insbesondere für **Eventualverbindlichkeiten** und damit auch mit Blick auf Kosten, die für die Verteidigung gegenüber einem im Ergebnis unbegründeten Anspruch anfallen, da diese im anglo-amerikanischen Recht anders als im deutschen Recht nicht ohne weiteres von einer indemnity erfasst werden.[103] 46

---

[99] Courtney Sydney Law School, Legal Studies Research Paper No. 11/41 (2011), S. 4; Stark Drafting S. 262; Youngblood/Flocos The Practical Lawyer 2010, 21 (28), jeweils mwN zur Rechtsprechung.

[100] *Warwick v Richardson* (1842) 10 M & W 284 (288): *„To restore a party to his former state, after suffering him to receive harm, is not to save him harmless."*

[101] Dazu *Farstad Supply AS v Enviroco Ltd and another (The Far Service)* [2010] UKSC 18 Rn. 24: *„The natural meaning of that expression is that, since the owner must hold ASCO harmless from a claim by the owner in respect of damage to the vessel caused by ASCO's negligence, ASCO cannot be liable to the owner in respect of such damage."* Letztlich dürfte dieser Aspekt (worauf die an der Entscheidung beteiligten Richter selbst hinweisen) aber auch bereits aus der Verpflichtung „to indemnify" folgen: Sofern die Freistellungsverpflichtung (wie im Ausgangsfall) auch Haftungsansprüche des Freistellungsschuldners gegen den Freistellungsgläubiger erfasst, kann der Freistellungsgläubiger dem Haftungsanspruch die Freistellungsverpflichtung entgegenhalten, weil es ansonsten zu einem Haftungskreisel käme (avoidance of circuity of action), dazu Courtney L.M.C.L.Q. 2012, 339 (342).

[102] In diese Richtung etwa Youngblood/Flocos The Practical Lawyer 2010, 21 (28); Scheer Tex. Tech L. Rev 1986, 845 (878); einschränkend auch *Codemasters Software Co Ltd v Automobile Club de L'Ouest* [2009] EWHC 2361 Rn. 41: „[…] *Read in context, while again it is not happily worded, it seems to me that the word „defend" is being used merely in the rather general sense of „protect from". At most, it may give Codemasters, as the indemnified party, the right to request that ACO take over the defence of any proceedings brought against it.*

[103] Zum englischen Recht etwa *Telfair Shipping Corp v. Inersea Carriers SA* [1984] 2 Lloyd's Rep. 466 (474). Auch in der Mehrheit der US-Bundesstaaten umfasst eine indemnity ohne eine zusätzlich vertraglich vereinbarte „duty to defend" grs. nicht die Pflicht zur Abwehr von Eventualverbindlichkeiten. Ausnahmen sind durch abweichendes statutory law etwa das Recht von Kalifornien, Montana, North Dakota, Oklahoma und South Dakota, zum Ganzen die Übersicht bei Riecken Santa Clara L. Rev. 2010, 825, (874 ff.). Allerdings kann ein anderes Ergebnis im Einzelfall auch ohne ausdrückliche Vereinbarung einer „duty of defend" aus der Auslegung der Klausel folgen, dazu unten → Rn. 66.

2. Freistellungsverpflichtung „auf erstes Anfordern" (on first demand)

47 Auch die in der Vertragspraxis anzutreffende Vereinbarung einer Freistellung „auf erstes Anfordern" (on first demand) wirft Auslegungsprobleme auf. Rechtsprechung zur Auslegung dieser Formel liegt – soweit ersichtlich – jedenfalls im Kontext von Freistellungsvereinbarungen bislang nicht vor.[104] Naheliegend ist auf den ersten Blick die Parallele zur **Bankgarantie auf erstes Anfordern,** bei der diese Verpflichtung der Klarstellung dient, dass dem Garanten keinerlei Einwendungen und Einreden aus dem Grundgeschäft zustehen sollen.[105] Allerdings wäre damit auch die Bedeutung einer Freistellung „auf erstes Anfordern" im Wesentlichen rein deklaratorisch: Denn zum einen wird zumindest nach deutscher Rechtsprechung eine Eventualverbindlichkeit ohnehin von der vertraglichen Freistellungsverpflichtung erfasst und die Akzessorietät damit gelockert.[106] Zum anderen kann aber auch die Verpflichtung zur Freistellung „auf erstes Anfordern" die Akzessorietät zutreffender Weise nicht vollständig aufheben, da anders als bei der Garantie nicht originär die Zahlung eines (durch Angabe eines Höchstbetrages gedeckelten) Geldbetrags, sondern eben Freistellung von einer (wenn auch ggf. nur mutmaßlich) bestehenden Forderung geschuldet ist, die zumindest in den Anwendungsbereich der Klausel fallen muss.

48 Eine andere mögliche Auslegung einer Freistellungsverpflichtung „auf erstes Anfordern" könnte zumindest bei Anwendbarkeit deutschen Rechts darin bestehen, dass eine **Nachfristsetzung** zur Bewirkung der Freistellung als Voraussetzung eines Schadensersatzanspruchs statt der Leistung wegen Verletzung dieser Pflicht nicht notwendig sein soll.

49 Angesichts des unklaren Bedeutungsgehaltes spricht im Ergebnis vieles dafür, keine Freistellung „auf erstes Anfordern" zu vereinbaren, sondern Anwendungsbereich und Wirkungsweise der Freistellungsverpflichtung vielmehr ausdrücklich vertraglich zu regeln.

II. Tatbestandlicher Anwendungsbereich

50 Kernbestandteil jeder Freistellungsklausel ist die Festlegung ihres tatbestandlichen Anwendungsbereichs. Hier legen die Parteien fest, für welche Schäden und Ansprüche bzw. für welche der ihnen zugrundeliegenden **Ursachen** überhaupt Verpflichtungen aus der indemnity begründet werden sollen. Die Gestaltungsspielräume sind dabei – vorbehaltlich zwingender Grenzen des anwendbaren Rechts – nahezu grenzenlos: Die indemnity kann parallel zur vertraglichen Schadensersatzhaftung die Verletzung einer vertraglichen Pflicht des Freistellungsschuldners voraussetzen. Weitergehend kann sie aber auch Schäden bzw. Ansprüche erfassen, für die der Freistellungsschuldner ohne die Klausel ansonsten weder vertraglich noch außervertraglich (bzw. umgekehrt sogar der Freistellungsgläubiger selbst) originär verantwortlich wäre.

51 Zum tatbestandlichen Anwendungsbereich gehört auch die Frage, ob eine klassische third party indemnity vereinbart werden oder (auch) unmittelbar beim Berechtigten selbst entstandener Schaden erfasst werden soll.

---

[104] Eine Auffassung in der englischen Literatur will die Formel so auslegen, dass der „demand" eine Vorbedingung für einen Klagegrund (cause of action) aus der indemnity ist, s. Berg J.I.B.F.L. 2002, 360 (369); nach anderer Ansicht spricht die Abrede einer indemnity on demand wiederum dafür, dass es sich um eine compensatory indemnity handelt, Zakrzewski J.C.L. 2006, 54 (68).

[105] Dafür etwa auch Wiesbrock/Frank BB 2018, 3014 (3018); zur deutschen Rechtslage bei Garantien auf erstes Anfordern Graf von Westphalen/Zöchling-Jud Bankgarantie S. 39. Auch im englischen Recht ist anerkannt, dass die Vereinbarung einer „demand guarantee" (in Abweichung von der herkömmlichen (akzessorischen) guarantee) ein nicht-akzessorisches Sicherungsmittel begründet, *WS Tankship II BV v The Kwangju Bank Ltd & Anor* [2011] EWHC 3103 (Comm) Rn. 109ff.

[106] Muthorst AcP 209 (2009), 212 (218).

1. Third party indemnities

a) Anknüpfung an vertragliche Pflichtverletzungen

52 Häufig knüpft eine vertraglich vereinbarte **third party indemnity** tatbestandlich an eine Vertragsverletzung des indemnitor bzw. dessen deliktische Haftung an. Auf den ersten Blick ist in dieser Konstellation daher auch zweifelhaft, ob und welchen **Mehrwert** die Klausel für den Gläubiger gegenüber der regulären Haftung aus Vertrag oder Gesetz hat. Je nach Wortlaut der Klausel bzw. dem anwendbaren Vertrags- und Deliktstatut können **gewichtige Vorteile** des Freistellungsgläubigers (und für den Schuldner korrespondierende Nachteile[107]) gegenüber der ansonsten bestehenden Haftung allerdings aus der verschuldensunabhängigen Einstandspflicht, der Erfassung von Eventualverbindlichkeiten,[108] längeren Verjährungsfristen sowie der möglichen Nichtanwendung von haftungsbegrenzenden Grundsätzen des Schadensersatzrechts folgen.[109]

53 Klassische Anwendungsfälle einer third party indemnity sind etwa Ansprüche Dritter, die gegen den Käufer bzw. Besteller als Folge von **Sachmängeln** des Vertragsgegenstandes und dadurch verursachter Sach- und Köperschäden[110] oder der **Verletzung gewerblicher Schutzrechte** durch die Nutzung des Vertragsgegenstandes erhoben werden. Das folgende Klauselbeispiel für die letztere Fallkonstellation stellt dabei zu Gunsten des Freistellungsgläubigers die oben genannten möglichen Vorteile einer indemnity gegenüber der regulären vertraglichen Haftung sicher, weil hier ausdrücklich eine **verschuldensunabhängige Einstandspflicht** des Freistellungsschuldners auch mit Blick auf Eventualverbindlichkeiten vorgesehen ist.

Klauselbeispiel für eine third party indemnity in einem Liefervertrag für den Fall der Verletzung von Schutzrechten durch den Gebrauch des Vertragsgegenstandes

[•] Indemnification in case of alleged infringements of intellectual property rights
The Seller shall *[regardless of its fault]*[111] indemnify, defend and hold the Buyer harmless from and against all claims, proceedings, damages, costs, expenses (including reasonable attorneys' fees) arising out of or related to the allegation of any third party that the use, sale or other disposal of the Contractual Products constitutes an infringement of industrial or intellectual property rights (including but not limited to patents, utility models, design rights, copyrights and trademarks) or an unauthorized use of know-how, trade secrets or other proprietary rights.

54 Aus Sicht des Freistellungsschuldners kann sich empfehlen, die indemnity im Fall ihrer Anknüpfung an vertragliche oder gesetzliche Haftungstatbestände auf den Fall zu beschränken, dass der Drittgläubiger **ohnehin unmittelbare (deliktische) Ansprüche** gegen ihn geltend machen könnte. Das folgende Klauselbeispiel für eine Freistellungsverpflichtung des Lieferanten mit Bezug auf (hier als tatsächlich bestehend vorausgesetzten) Ansprüche Dritter im Fall von durch die Vertragsgegenstände verursachten Sach- und Körperverletzungen geht tatbestandlich nicht über die ohnehin bestehende Haftung hinaus: Zum einen sind die Freistellungspflichten vom Bestehen eines Direktanspruchs des Drittgläubigers gegen den Freistellungsschuldner abhängig. Zum anderen werden sie im

[107] Für den Schuldner als vorteilhaft kann sich allerdings erweisen, wenn die Haftung aus der indemnity beschränkt ist und diese gleichzeitig den ausschließlichen Rechtsbehelf für die in ihren Anwendungsbereich fallenden Schäden und Ansprüche darstellen soll, dazu unten → Rn. 83 ff.

[108] So etwa im deutschen Recht gegenüber der ansonsten bestehenden Haftungssituation BGH NJW-RR 2011, 479.

[109] Dazu (für das englische Recht) oben → Rn. 35.

[110] Ein entsprechendes Beispiel für eine „mutual indemnity" aus der internationalen Vertragspraxis findet sich etwa in § 17.4 und § 17.5 der FIDIC-Mustervertragsbedingungen (Conditions of Contract for Plant & Design Build – „Yellow Book" 2017).

[111] Dieser Zusatz dient letztlich lediglich der Klarstellung der verschuldensunabhängigen Einstandspflicht und ist daher nicht zwingend.

Umfang auf den (Mit-)verursachungsanteil des Freistellungsschuldners im Innenverhältnis zum Freistellungsgläubiger beschränkt.

Klauselbeispiel für eine eingeschränkte third party indemnity für den Fall von durch Produktmängel verursachten Körperverletzungen oder Sachschäden

[•] Product liability; Third party claims
The Seller shall indemnify the Buyer from and against all actual damages incurred and claimed by third parties with respect to personal injury and property damage caused by the Contractual Products, provided however that i) Seller would also be directly liable vis a vis the respective third party pursuant to the applicable tort and product liability laws and ii) any obligation arising out of this indemnity shall not exceed the extent to which the Seller is responsible for the damages in question.

b) Weitergehende third party indemnities

55 Für den Freistellungsgläubiger besonders nachteilig, wenn auch in der internationalen Vertragspraxis nicht ungewöhnlich sind third party indemnities, die generell eine Freistellung im Zusammenhang mit Ansprüchen Dritter verlangen, die im Zusammenhang mit der Vertragsdurchführung entstehen. Gefährlich weit sind hier (wie im folgenden Beispiel) häufig nicht nur die erfassten Schadensarten, sondern auch die Schadensursachen, die in den Anwendungsbereich der Klausel fallen können.

56 Der Freistellungsschuldner sollte eine entsprechende Klausel (wenn überhaupt) nur akzeptieren, wenn sie an die Verletzung seiner vertraglichen Pflichten bzw. seine Fahrlässigkeit anknüpft und zudem Fälle schuldhafter Verursachung durch die andere Vertragspartei ausdrücklich ausklammert.

Klauselbeispiel für eine weitgefasste third party indemnity

The Contractor shall indemnify, defend and hold the Employer harmless from and against all claims, suits or proceedings, damages, costs, expenses (including reasonable attorneys' fees) in relation to third party claims that are directly or indirectly arising out of or related to the conduct, operations or performance of the Contractor in relation to this contract *[provided they are in each case attributable to any negligence, wilful misconduct or breach of contract on part of the Contractor and not due to the Employer's sole or contributory negligence].*

57 Noch weiter gehen **reverse indemnities,** die dem Freistellungsschuldner auch die Freistellung von solchen Ansprüchen Dritter aufbürden, die auf einer (möglicherweise gar schuldhaften) Verursachung des Haftungsfalls durch den Freistellungsgläubiger beruhen. Anders als im deutschen AGB-Recht und (eingeschränkt) im Recht vieler US-Bundesstaaten sind diese Klauseln zumindest im **englischen Recht** grundsätzlich zulässig.[112] Angesichts der restriktiven Auslegung durch die Rechtsprechung müssen sie aber entsprechend **eindeutig formuliert** werden. In diesem Fall stellen sie nicht nur Freistellungsverpflichtungen gegenüber Ansprüchen Dritter, sondern auch Haftungsausschlüsse bezüglich möglicher Ansprüche des Freistellungsschuldners gegenüber dem Freistellungsgläubiger dar.

Klauselbeispiel für eine indemnity zugunsten des Auftraggebers, die auch im Fall von Fahrlässigkeit des Auftraggebers eingreift

The Contractor shall indemnify, defend and hold the Employer harmless from and against any and all claims and damages of every kind in relation to [•] even if caused by the fault or negligence (whether sole or concurrent) of the Employer.

---

[112] Aubin/Portwood Int'l Bus. L.J. 2001, 671 (680).

2. Party to party indemnities

58 Soll die indemnity entgegen der traditionellen Ausrichtung auf Ansprüche Dritter (auch) Schäden erfassen, die unmittelbar beim indemnitee selbst entstehen, sollte sich das grundsätzlich hinreichend klar aus der Klausel selbst ergeben.[113]

Klauselbeispiel für eine kombinierte third party/party to party indemnity

The Contractor shall indemnify, defend and hold the Employer harmless from and against any and all liability, proceedings, claims, losses, cost and damages of every kind in relation to [•], whether brought against the Employer by any third party or suffered directly by the Employer.

59 Für den ansonsten einschlägigen tatbestandlichen Anwendungsbereich der party to party indemnity gelten die oben zur third party indemnity gemachten Ausführungen in gleicher Weise.

3. Knock for knock indemnities

60 Der Gebrauch von so genannten „knock for knock" indemnities, die aus der Öl- und Gasindustrie stammen, wird zumindest in der anglo-amerikanischen Vertragspraxis auch jenseits dieses speziellen Anwendungsfeldes immer gebräuchlicher. Besonderheit dieses Typs einer indemnity-Klausel ist nicht nur, dass sie **wechselseitige Verpflichtungen** begründet. Zentral ist vielmehr, dass die jeweiligen Freistellungsansprüche nicht an eine Pflichtverletzung der jeweils anderen Partei anknüpfen, sondern die Haftung nach Sphären verteilen: Jede Partei stellt die andere Partei von Ansprüchen und Schäden frei, die in der jeweils **eigenen Sphäre** (etwa durch Beschädigung des Eigentums (property loss) des Freistellungsschuldners oder Körperverletzungen (bodily injury) von Angestellten des Freistellungsschuldners) verortet werden müssen. Daraus folgt auch, dass knock for knock Klauseln zugleich als wechselseitige Haftungsbeschränkungen angesehen werden können.[114]

61 Unzweifelhaft **problematisch** an knock for knock Klauseln ist, dass sie die Parteien für Schäden und Ansprüche verantwortlich machen können, die die Gegenseite (möglicherweise selbst fahrlässig) verursacht hat. Das weckt auch Befürchtungen, eine Vertragspartei könnte beim Umgang mit dem Sacheigentum bzw. der körperlichen Unversehrtheit der Angestellten der anderen Vertragspartei schon deswegen die notwendige Sorgfalt nicht beachten, weil sie sich auf die Freistellungsverpflichtung verlässt. Darüber hinaus kann eine knock for knock Klausel trotz der wechselseitigen Ausgestaltung auch dann **unausgewogen** sein, wenn im Rahmen der Vertragsdurchführung vor allem eine Partei mit den Rechtsgütern der anderen Partei in Berührung kommt.

62 Auf der anderen Seite hat die knock for knock Klausel den Vorteil, dass sie eine nähere Untersuchung von Verantwortlichkeiten und Verursachungsbeiträgen der Parteien für einen Haftungsfall **entbehrlich** macht.

63 Soweit eine knock for knock Klausel (wie etwa im englischen Recht) überhaupt rechtswirksam vereinbart werden kann, müssen bei der Vertragsgestaltung die restriktiven Auslegungsgrundsätze beachtet werden: Fälle fahrlässigen Handelns des Freistellungsgläubigers werden grundsätzlich nur dann erfasst, wenn die Klausel dies **ausdrücklich** vorsieht.[115]

---

[113] So etwa Kangles ua Alberta L. Rev. 2011, 339 (346) unter Verweis auf kanadische Rechtsprechung, in der die Erstreckung der indemnity auf unmittelbar selbst beim indemnitor angefallene Schäden zweifelhaft war, durch die Formulierung „suffered by" aber im Ergebnis bejaht wurde.

[114] *Farstad Supply A/S v Enviroco Ltd and another (The Far Service)* [2010] UKSC 18 Rn. 27.

[115] So insbes. im englischen Recht, *EE Caledonia Ltd v Orbit Valve Co Ltd* [1994] 1 W.L.R. 1515 (1522).

Klauselbeispiel für eine knock for knock indemnity

[•] Mutual Indemnification

(1) The Contractor is responsible for and shall indemnify, defend and hold the Employer harmless from and against all claims, losses, damages, costs (including legal fees), expenses and liabilities in respect of any loss of or damage to the property of the Contractor and personal injury including death or disease to any person employed by the Contractor arising from or relating to the performance of the Contract.

(2) The Employer is responsible for and shall indemnify, defend and hold the Contractor harmless from and against any claims, losses, damages, costs (including legal fees), expenses and liabilities in respect of all loss of or damage to the property of the Employer and personal injury including death or disease to any person employed by the Employer arising from or relating to the performance of the Contract.

(3) The indemnities contained in this provision will apply irrespective of cause and notwithstanding the negligence of the indemnified party. However, the indemnities contained in this Article shall not cover fraud of the indemnified party.

III. Wirkungsweise

1. Preventive und compensatory indemnity

64 Bei der gewünschten Wirkungsweise einer (third party) indemnity stellt sich insbesondere im anglo-amerikanischen Recht die Frage, ob die Parteien (wie wohl im Regelfall) eine sog. preventive indemnity vereinbaren wollen, die zumindest im Grundsatz vergleichbar mit dem deutschrechtlichen Freistellungsanspruch eine Verpflichtung begründet, den Klauselberechtigten bereits im Vorfeld vor Schäden und Inanspruchnahmen zu bewahren. Zweifel lassen sich durch eine eindeutige Formulierung der Klausel beseitigen.[116]

65 **Alternativ** können die Parteien vereinbaren, dass Pflichten aus der indemnity überhaupt nur dann entstehen sollen, wenn der Anspruch des Drittgläubigers (soweit er in den tatbestandlichen Anwendungsbereich der Klausel fällt) vom Freistellungsgläubiger erfüllt worden ist.[117]

Klauselbeispiel für eine compensatory indemnity

The Contractor shall indemnify the Company from and against any claims by third parties arising by reason of [•] subject to Company's prior discharge of such claim.

2. Erstreckung auf Eventualverbindlichkeiten

66 Anders als nach der herrschenden Meinung im deutschen Recht dürften vertraglich vereinbarte third party indemnities im anglo-amerikanischen Recht auch im Fall einer preventive indemnity nicht ohne weiteres die Verpflichtung zur Abwehr von nur **möglicherweise bestehenden Ansprüchen** Dritter umfassen.[118] Den Parteien steht es aber frei, eine solche Verpflichtung ausdrücklich vertraglich zu vereinbaren. Typischer Weise geschieht das durch die Aufnahme einer zusätzlichen „duty to defend" bzw. der Erstreckung des tatbestandlichen Anwendungsbereichs über „actual claims" hinaus auch auf „alleged claims".[119] Unabhängig davon kann sich aber auch aus der Auslegung der Klausel im Einzelfall eine Erstreckung auf Eventualverbindlichkeiten ergeben.[120]

---

[116] Klauselbeispiele unter → Rn. 53.

[117] Eine solche Ausgestaltung empfiehlt etwa D'Angelo Australian Bus. L. Rev. 2007, 103 (111).

[118] Dazu (und allfälligen Ausnahmen) bereits oben → Fn. 103.

[119] *Codemasters Software Co Ltd v Automobile Club de L'Ouest* [2009] EWHC 2361 Rn. 37: „*The lesser point is what is meant by ‚alleged breach'? Counsel for ACO submitted that a mere allegation was not sufficient and that there had to be some justification. He sought to interpret the words ‚alleged breach' as meaning a breach which was presently*

In der Rechtsfolge führt die Erstreckung auf Eventualverbindlichkeiten grundsätzlich dazu, dass der Freistellungsschuldner bei unterlassener Freistellung auch verpflichtet sein kann, die trotz erfolgreicher Abwehr des Drittanspruchs angefallenen Verfahrenskosten des Freistellungsgläubigers zu tragen. Ebenso kann der Freistellungsschuldner im Fall eines Vergleichs zwischen Freistellungsgläubiger und Drittgläubiger nicht die Erstattung der Vergleichssumme unter Berufung darauf verweigern, dass der Drittanspruch in Wirklichkeit nicht bestehe. 67

Für die Vertragsgestaltung gilt erneut die Empfehlung, die Freistellungsklausel auch mit Blick auf die Erstreckung oder Ausklammerung von Eventualverbindlichkeiten möglichst **eindeutig abzufassen,** um Rechtsunsicherheit zu vermeiden. 68

Klauselbeispiel für eine Erstreckung auf Eventualverbindlichkeiten[121]

The Contractor shall indemnify, defend and hold the Company harmless from and against any actual or alleged claim, demand, cause of action, liability, loss, expense (including the cost of litigation) or damage arising by reason of [•].

IV. Beschränkungen

1. Anwendbarkeit allgemeiner Grenzen der Schadensersatzhaftung

Angesichts der im anglo-amerikanischen Recht streitigen Frage, ob bei einer vertraglichen indemnity die allgemeinen Beschränkungen der Schadensersatzhaftung in Form der **remoteness rule** (Beschränkung auf vorhersehbare Schäden) bzw. der Pflicht zur **mitigation** (Schadensminderungspflicht) eingreifen oder nicht, kann dieser Gesichtspunkt zugunsten des Freistellungsschuldners ausdrücklich in der Klausel verankert werden. Relevant ist dieser Aspekt insbesondere für Freistellungsklauseln, die an die Verletzung einer vertraglichen Pflicht durch den Freistellungsschuldner anknüpfen. 69

Klauselbeispiel für eine ausdrückliche Anordnung der Anwendbarkeit allgemeiner haftungsbegrenzender Prinzipien des Schadensersatzrechts (bei Anwendbarkeit anglo-amerikanischen Rechts)

Notwithstanding the foregoing, the indemnitor is under no duty to indemnify or otherwise hold the indemnitee harmless from any losses, damages, costs, claims or expenses which the indemnitor did not have reason to foresee as a probable result of the breach when the contract was entered into. The same shall apply if and to the extent such losses, damages, claims or expenses could have been avoided by the indemnitee without undue risk or burden.

Aus Sicht des Freistellungsgläubigers ist umgekehrt eine Regelung denkbar, die eine Anwendung der einschränkenden allgemeinen Grundsätze des common law im Schadensersatzrecht (zumindest der remoteness rule) ausdrücklich ausschließt. 70

Klauselbeispiel für einen ausdrücklichen Ausschluss haftungsbegrenzender Prinzipien des Schadensersatzrechts (bei Anwendbarkeit anglo-amerikanischen Rechts)

The duty to indemnify or otherwise hold the indemnitee harmless from any claims, losses, damages, costs or expenses shall apply regardless of whether the indemnitor did or did not

---

alleged and, in due course, established. In my judgment, that is an untenable interpretation of the words ‚alleged breach' since it effectively reduces those words to the same meaning as ‚breach'.“

[120] S. etwa *Rust Consulting v PB* [2012] EWCA 1070 Rn. 22, bei der (entgegen der Auffassung der Vorinstanz) die Verpflichtung „*to indemnify against proceedings, claims and demands in respect of all liabilities* […]“ nach Auffassung der Richter auch „*bona fide settlements*“ und Verfahrenskosten zur Abwehr unbegründeter Drittansprüche umfasste. Besonderheit des Falles war allerdings, dass der Freistellungsschuldner der Vergleichsvereinbarung zwischen Freistellungsgläubiger und Drittgläubiger ausdrücklich zugestimmt hatte.

[121] Für ein Klauselbeispiel, das Eventualverbindlichkeiten ausdrücklich ausklammert → Rn. 54.

have reason to foresee the same as a probable result of the breach when this contract was entered into.

2. Haftungsbeschränkungen (caps)

71 Abgesehen von der ausdrücklichen Verankerung gesetzlicher Beschränkungen der Schadensersatzhaftung kommt auch eine **summenmäßige Begrenzung** für Zahlungspflichten aus der indemnity (cap) in Betracht.

Klauselbeispiel für eine Beschränkung der Haftung aus der indemnity

The overall liability of the indemnitor under this indemnity shall in no event exceed the amount of EUR [•].

72 Ebenso können einzelne Schadensarten ausdrücklich aus der indemnity ausgeklammert werden oder aber einschränkend auf den Vorrang einer **vertraglichen Haftungsbeschränkung** an anderer Stelle des Vertrages verwiesen werden. Wenig glücklich ist dabei aber ein in der Praxis häufig vorkommender allgemeiner Ausschluss von sog. Folgeschäden (consequential loss),[122] weil dieser Begriff in den meisten Rechtsordnungen mangels gesetzlicher Verankerung eine Vielzahl von **Auslegungsproblemen** auslöst.[123]

Klauselbeispiel für eine Beschränkung der Haftung aus der indemnity nach Maßgabe der allgemeinen vertraglichen Haftungsbeschränkungen und für bestimmte Schadensarten

Without prejudice to any further limitation of liability stipulated in this contract, this indemnity shall not apply in relation to [•].

73 Eine Beschränkung der Haftung aus der Freistellungsverpflichtung kann **sonstige Ansprüche aus Vertrag oder Gesetz** allerdings unberührt lassen, wenn sich nicht aus der Auslegung der Klausel ergibt, dass weitergehende vertragliche oder gesetzliche Ansprüche **ausgeschlossen** werden sollen. Wegen der typischen Probleme bei der Auslegung, ob die indemnity einen exklusiven Rechtsbehelf darstellt oder nicht, sollte dies im Vertrag ausdrücklich geregelt werden.[124]

3. Freibeträge (baskets)

74 Gerade in Unternehmenskaufverträgen sind Vereinbarungen nicht unüblich, nach denen die indemnity erst ab Überschreiten eines vertraglich definierten Freibetrages (basket) eingreifen soll. In diesem Fall ist regelungsbedürftig, ob es sich bei dem basket um einen echten **Selbstbehalt** (deductible) handeln soll oder ob bei Überschreiten der maßgeblichen Schwelle sämtliche in den Anwendungsbereich der indemnity fallenden Schäden zu ersetzen sind.

Klauselbeispiel für die Vereinbarung eines Selbstbehalts (deductible)[125]

The indemnitor shall not be liable to indemnify and hold the indemnitee harmless with respect to any damages falling within the scope of this indemnity, until the indemnitee has first incurred aggregate losses relating to such matters in excess of EUR [•] (the „Deductible Amount"), at which point the indemnitor will be liable to indemnify the indemnitee

---

[122] Ein Beispiel aus der Vertragspraxis: *„The Supplier agrees to indemnify the Purchaser, and hold it harmless against any claims, costs, damages and liabilities caused by the or resulting from the acts or omissions of the Supplier, excluding consequential loss."*

[123] Dazu rechtsvergleichend Ostendorf/Kluth RIW 2009, 428 ff.

[124] Dazu unten → Rn. 83 ff.

[125] Modifizierte Version der von Youngblood/Flocos The Practical Lawyer 2010, 21 (31) vorgeschlagenen Klausel.

and hold it harmless from and against all such damages in excess of the Deductible Amount.

Alternativ kann eine vertragliche Regelung auch vorsehen, dass bei Überschreiten des Mindestbetrages der Gesamtbetrag bezahlt werden muss und in diesem Fall folgerichtig kein vom indemnitee zu tragender Selbstbehalt verbleibt. 75

Klauselbeispiel[126]

The indemnitee is entitled to seek indemnification under this provision only when its indemnifiable losses and damages exceed in the aggregate EUR [•]. In this case the indemnitor shall indemnify the indemnitee pursuant to this provision from the first Euro of the indemnifiable loss.

Nicht belegt. 76

V. Zeitliche Dauer der Verpflichtungen

Für den Freistellungsschuldner kann die Verpflichtung aus der indemnity insbesondere im Vergleich zu vertraglichen Mängelhaftungsansprüchen eine **erhebliche Ausweitung** seiner Haftung (auch) in **zeitlicher Hinsicht** darstellen. Die folgende Musterklausel beschränkt die Freistellungspflichten daher auf tatbestandliche Anwendungsfälle, die innerhalb der vertraglichen Mängelhaftungsfrist aufgetreten sind, und sieht zugleich eine Befristung der Verjährung auf ein weiteres Jahr nach Ablauf dieses Zeitraums vor. 77

Klauselbeispiel für eine zeitliche Beschränkung der Freistellungspflicht

(1) This indemnity obligation shall only apply in relation to losses or damages to property or bodily injury occurring prior to the expiration of the defects notification period stipulated in § [•].

(2) Any claims arising under this indemnity shall become time-barred one year after the expiry of the defects notification period.

Denkbar ist auch, Ansprüche aus der indemnity nur innerhalb einer vertraglich definierten Ausschlussfrist (cut off period) zu gestatten. 78

Klauselbeispiel für eine Ausschlussfrist für die Geltendmachung von Ansprüchen aus der indemnity

The indemnitor shall not be liable pursuant to this indemnity unless the indemnitee has given the indemnitor notice of the respective damage or claim falling in the scope of this indemnity no later than [•] months from the date of contract conclusion.

Aus Sicht des Freistellungsgläubigers ist dagegen ein später Verjährungsbeginn wünschenswert. So kann in der Freistellungsklausel etwa ausdrücklich vereinbart werden, dass die Verjährungsfrist für Ansprüche aus der indemnity erst mit Geltendmachung des Drittanspruchs bzw. sogar erst mit Feststehen dieses Anspruchs beginnt. 79

Klauselbeispiel für eine Regelung zum Verjährungsbeginn ab Geltendmachung

The limitation period in relation to any claims arising out of or related to this indemnity shall not start to run before [•].

[126] Modifizierte Version der von Youngblood/Flocos The Practical Lawyer 2010, 21 (31) vorgeschlagenen Klausel.

VI. Dritte als Anspruchsberechtigte

80 Indemnities können bei entsprechender Gestaltung auch **Ansprüche Dritter** begründen, die keine Vertragsparteien sind. Im deutschen Recht liegt in diesem Fall ein echter Vertrag zugunsten Dritter vor, § 328 Abs. 1 BGB. Das common law lässt traditionell zwar keine vertraglichen Ansprüche von nicht unmittelbar am Vertrag beteiligten Personen zu (privity of contract).[127] Im englischen Recht ist diese Einschränkung allerdings durch den Contracts (Rights of Third Parties) Act 1999 weitgehend überholt.[128] Auch im US-amerikanischen Recht ist (ohne eine dem englischen Recht vergleichbare ausdrückliche Kodifizierung) anerkannt, dass Dritte als sog. third party beneficiaries Ansprüche aus einem Vertrag insbesondere dann herleiten können, wenn die Vertragsparteien einen solchen Anspruch ausdrücklich begründen wollten (intended beneficiary).[129] Andere common law Jurisdiktionen erkennen vertragliche Ansprüche Dritter dagegen nur in Einzelfällen an.[130]

Klauselbeispiel für eine indemnity zugunsten Dritter

The Seller shall indemnify, defend and hold the Buyer as well as its employees, agents, officers, directors, affiliates and subsidiaries harmless from and against any [•]. For the avoidance of doubt, Buyer's employees, agents, officers, directors, affiliates and subsidiaries shall in this respect constitute third party beneficiaries of this contract.

VII. Mitwirkungspflichten des Freistellungsgläubigers

81 Freistellungsklauseln können auch detaillierte Regelungen über **Mitwirkungspflichten** des Freistellungsgläubigers enthalten,[131] die insbesondere dann relevant werden, wenn der Freistellungsschuldner auch zur **Abwehr von Eventualverbindlichkeiten** verpflichtet ist. So wird häufig vereinbart, dass der Freistellungsgläubiger dem Freistellungsschuldner unverzüglich die Inanspruchnahme durch den Drittgläubiger anzeigen muss und nicht dazu berechtigt ist, ohne Zustimmung des Freistellungsschuldners einen Vergleich mit dem Dritten zu schließen oder den Drittanspruch anzuerkennen. Je nach anwendbarer Rechtsordnung können sich diese Pflichten zumindest partiell auch ohne ausdrückliche vertragliche Festlegung ergeben, sofern – wie etwa im deutschen Recht – Schadensersatzansprüche wegen der Verletzung der Freistellungs- bzw. Abwehrpflicht grundsätzlich voraussetzen, dass dem Freistellungsschuldner vorab ausreichende Gelegenheit zur Erbringung der Befreiung bzw. Abwehr einzuräumen ist. Vertragliche Regelungen sind daher vor allem dann bedeutsam, wenn das anwendbare Recht auf der einen Seite keine eindeutigen Obliegenheiten des Freistellungsgläubigers vorsieht, die Freistellungsklausel auf der anderen Seite aber auch eine Abwehrpflicht gegenüber Eventualverbindlichkeiten umfasst.

82 Die nachstehende Klausel normiert eine ausdrückliche Obliegenheit des Freistellungsgläubigers, den Freistellungsschuldners unverzüglich über geltend gemachte Drittansprüche zu informieren. Weiterhin ist vorgesehen, dass der Freistellungsschuldner die Verfahrenshoheit zur Abwehr des Drittanspruchs besitzen und sich der Freistellungsgläubiger daher sämtlicher präjudizieller Handlungen (insbesondere der Abgabe von Schuldanerkenntnissen) mit Blick auf diesen Anspruch enthalten soll.

---

[127] Müller RabelsZ 67 (2003), 140 (142).

[128] S. 1 (1) Contracts (Rights of Third Parties) Act 1999: *„Subject to the provisions of this Act, a person who is not a party to a contract (a ‚hird party') may in his own right enforce a term of the contract if (a) the contract expressly provides that he may, or (b) subject to subsection (2), the term purports to confer a benefit on him."*

[129] § 302 Restatement of Contracts (Second).

[130] So etwa im kanadischen Recht, Kangles ua Alberta L. Rev. 2011, 339 (353 ff.) mwN.

[131] Vertiefend dazu Stark Drafting S. 290 ff.

Klauselbeispiel für die Festlegung von Mitwirkungspflichten des Freistellungsgläubigers

The indemnitor is only obliged to indemnify, defend and hold the indemnitee harmless if the indemnitee has given the indemnitor prompt written notice of any claims, full and exclusive authority to defend and settle such claims and has submitted such reasonable assistance and information as may be requested by the indemnitor in the individual case. The indemnitee shall not make any admission which may be prejudicial to the indemnitor, unless the indemnitor fails to take over the conduct of any negotiations, litigation or arbitration within a reasonable amount of time after having been informed about the respective claim.

VIII. Verhältnis der indemnity zu sonstigen Rechtsbehelfen

Letztlich ist es eine Frage der Vertragsauslegung, ob die indemnity zumindest innerhalb ihres tatbestandlichen Anwendungsbereichs sonstige vertragliche und gesetzliche Rechtsbehelfe **ausschließen** oder aber nur **ergänzen** soll. Ob dabei zumindest eine Vermutung für den Charakter der indemnity als ausschließlicher Rechtsbehelf (exclusive remedy) streitet, bleibt auf Basis der existierenden Rechtsprechung und Literatur zweifelhaft.[132] Daher empfiehlt sich dringend eine eindeutige vertragliche Klarstellung. 83

Der Freistellungsschuldner hat naturgemäß ein Interesse daran, die indemnity zumindest innerhalb ihres Anwendungsbereichs als **ausschließlichen Rechtsbehelf** auszugestalten, da andernfalls tatbestandliche Voraussetzungen und Beschränkungen der Freistellungsverpflichtung auf Rechtsfolgenseite entwertet werden können. 84

Klauselbeispiel für die Ausgestaltung einer indemnity als exklusiver Rechtsbehelf

The indemnity obligations contained in this contract shall with respect to the subject matter indemnified constitute the sole right and remedy of the indemnitee to the explicit exclusion of any other rights and remedies provided under this contract or the applicable law.[133]

Aus Sicht des Freistellungsgläubigers liegt es dagegen auf der Hand, sich weitergehende vertragliche oder gesetzliche Rechtsbehelfe ausdrücklich vorzubehalten. 85

Klauselbeispiel für die Ausgestaltung der indemnity als lediglich ergänzender Rechtsbehelf

The indemnity shall with respect to its subject matter or otherwise not prejudice any other rights and remedies available to the indemnitee in accordance with this contract or the applicable law.

---

[132] Dafür im englischen Recht etwa Carter/Courtney J. Bus. L. 2012, 555 (577).
[133] Angelehnt an den Klauselvorschlag bei Stark Drafting S. 313.

§ 8 Haftungsbeschränkungs- und Haftungsausschlussklauseln (limitation of liability/exclusion clauses)

Übersicht

Schrifttum:

Atamer/Küng, Haftungsbegrenzung bei kaufvertraglicher Sachgewährleistung, AJP 2021, 193 ff.; *Cloppenburg/Mahnken,* Haftungsbeschränkungen im Anlagenbau und AGB-Recht, NZBau 2014, 743 ff.; *Foxton,* The status of the special rules of construction of exemption clauses in commercial contracts, JBL 2021, 205 ff.; *Freudenberg,* Haftung für „indirect and consequential damages" im deutschen Recht, ZIP 2015, 2354 ff.; *Graf von Westphalen,* Der ICC-Muster-Kaufvertrag und die zweifelhafte Wirksamkeit der dort vorgesehenen Haftungshöchstgrenzen, BB 2020, 67 ff.; *Grieger,* Rechtliche Grenzen vertraglicher Haftungsausschlüsse und -begrenzungen in B2B-Exportverträgen, 2021; *Hellner,* Consequential Loss and Exemption Clauses, O.J.L.S. 1981, 13 ff.; *Heydn,* Die AGB-Inhaltskontrolle im unternehmerischen Geschäftsverkehr – ein Hindernis für die Digitalisierung, BB 2021, 1420 ff.; *Hochstrasser,* Freizeichnung von der Haftung für Personenschäden, AJP 2016, 910 ff.; *Finkelmeier,* Über die (Un-)Möglichkeit der Haftungsbegrenzung im internationalen Handel – § 307 Abs. 1 BGB als faktische Grenze der Vertragsfreiheit, ZIP 2022, 563 ff.; *Lawson,* Exclusion Clauses and

Unfair Contract Terms, 12. Aufl. 2017; *Leuschner,* Grenzen der Vertragsfreiheit im Rechtsvergleich: Eine rechtsvergleichende Untersuchung der Grenzen der Vertragsfreiheit am Beispiel haftungsbeschränkender Vertragsklauseln im deutschen, französischen, englischen, österreichischen und schweizerischen Recht, ZEuP 2017, 335 ff.; *Lewis,* How to Negotiate Liability Clauses, Int'l Fin. L. Rev. 2008, 49 ff.; *Niggemann/Jonglez de Ligne,* Zulässigkeit und Grenzen von Haftungsbeschränkungen im französischen Recht, RIW 2011, 351 ff.; *Odry,* Exclusion of Consequential Damages: Write What You Mean, ICLR 2012, 142 ff.; *Ostendorf,* Zur Wirksamkeit von Haftungsbeschränkungen in Standardverträgen nach der jüngeren Rechtsprechung des BGH – Auswirkungen auf die Vertragsgestaltung, ZGS 2006, 458 ff.; *Ders.,* Die Auslegung von Folgeschadenausschlussklauseln nach dem Recht von New York, RIW 2014, 570 ff.; *Ostendorf/Kluth,* Die Auslegung von Folgeschadenausschlussklauseln im internationalen Vertragsrecht, RIW 2009, 435 ff.; *Peter,* Haftungsklauseln in Allgemeinen Geschäftsbedingungen, Jura 2015, 121 ff.; *Rajski,* Limitation of Liability and Exclusion Clauses in International Contracts, Int'l Bus. L.J. 2002, 321 ff.; *Rehmann,* Grenzen der vertraglichen Haftungsbeschränkungen, SJZ 2017, 129 ff.; *Schwenzer/Whitebread,* International B2B Contracts – Freedom Unchained?, Penn. St. J.L. & Int'l Aff. 2015, 33 ff.; *Siegenthaler/Griffiths,* Indirect and Consequential Loss Clauses under Swiss Law, ICLR 2003, 446 ff.; *Sidnell/Casgrain,* Consequential Damages: Are Exclusions of Consequential Damages Inconsequential?, CCCL Journal 2010, 106 ff.; *Sommerfeld,* Wie sinnvoll ist eine Rechtsflucht ins Schweizer Recht vor der deutschen AGB-Kontrolle in Handelsverträgen? Rechtsvergleich der Kontrolle von Haftungsbeschränkungsklauseln im unternehmerischen Rechtsverkehr im Schweizer und deutschen Recht, IWRZ 2022, 64 ff.; *Tofaris,* Commercial Construction of Exemption Clauses, LMCLQ 2019, 270 ff.; *Wais/Pfeiffer* (Hrsg.), Judicial Review of Commercial Contracts, 2022.

A. Überblick

1 Vertragliche Haftungsbegrenzungen sind in internationalen Wirtschaftsverträgen weit verbreitet und in vielen Branchen **industrieüblich.**[1] Das zeigt sich auch daran, dass selbst verbreitete Mustervertragsbedingungen, die tendenziell (auch) aus der Perspektive der Auftraggeber von Lieferungen und Leistungen und in Bezug auf vertragliche Haftungsrisiken damit aus Sicht möglicher Gläubiger von Schadensersatzansprüchen konzipiert wurden, häufig Haftungsbegrenzungen zugunsten des Auftragnehmers enthalten.[2]

2 Auf der anderen Seite gehört zumindest die konkrete Ausgestaltung vertraglicher Haftungsbegrenzungen zu den kontroversesten Punkten in Vertragsverhandlungen. Der Schuldner (typischerweise der Schuldner der Sachleistung)[3] will mit ihrer Hilfe in erster Linie verhindern, mit schwer zu kalkulierenden **wirtschaftlichen Risiken** der anderen Vertragspartei, wie insbesondere entgangenen Gewinnen und Produktionsausfallschäden, belastet zu werden, die ein Vielfaches des Vertragswertes erreichen können und vom bestehenden Haftpflicht-Versicherungsschutz regelmäßig nicht abgedeckt sind. Dem Gläubiger ist wiederum daran gelegen, für Erfüllungsschäden (performance interest) ebenso wie bei Schäden, die das Integritätsinteresse (indemnity interest) berühren, eine möglichst **weitgehende Kompensation** zu erhalten. Tragfähige Kompromisse zwischen beiden gegensätzlichen Interessenlagen sind nicht einfach zu finden.

3 Aus Sicht der Vertragsgestaltung kommt dazu, dass die Abfassung einer Haftungsbeschränkungsklausel (limitation of liability clause) bzw. einer Haftungsausschlussklausel (exclusion clause)[4] für den Klauselersteller eine besondere **Herausforderung** darstellt. Zum einen können **zwingende Bestimmungen** des maßgeblichen Vertrags- bzw. De-

---

[1] Heydn BB 2021, 1420 (1422).

[2] So bspw. Art. 1.15 der FIDIC-Bedingungen (Second Edition 2017, Yellow und Red Book), der (allerdings vorbehaltlich einer Reihe durchaus weitreichender Rückausnahmen) neben einem Folgeschadenausschluss auch eine von den Parteien individuell festzulegende Haftungshöchstgrenze (cap) für alle Schadensarten vorsieht.

[3] Beim Schuldner der Zahlungsverpflichtung ergibt sich demgegenüber regelmäßig schon eine immanente Begrenzung der Haftung auf den Vertragspreis, s. Hellner O.J. L.S. 1981, 13 (19).

[4] Die Terminologie ist nicht immer einheitlich. Insbesondere im englischen Recht wird der Begriff der exemption clause als Oberbegriff für Haftungsbeschränkungen (limitation of liability clauses) und Haftungsausschlüsse (exclusion clauses) gebraucht, siehe etwa McMeel Construction Rn. 21–02 ff. Teilweise wird unter einer exemption clause dagegen auch eine Haftungsausschlussklausel verstanden, so bspw. Fontaine/de Ly Drafting S. 358.

liktsstatuts zu einer **Unwirksamkeit** der gesamten Klausel führen, wenn die Haftungsbegrenzung bestehende zwingende gesetzliche Grenzen nicht oder nicht ausreichend durch entsprechende Rückausnahmen (carve outs) von ihrem Anwendungsbereich berücksichtigt und eine geltungserhaltende Reduktion nach Maßgabe des anwendbaren Rechts nicht zulässig ist. Zum anderen werden Haftungsbegrenzungen in den meisten Rechtsordnungen **restriktiv** ausgelegt. Auslegungszweifel – insbesondere in Bezug auf den Anwendungsbereich einer Haftungsklausel – gehen unter anderem nach dem verbreiteten contra proferentem Grundsatz[5] zu Lasten des Klauselerstellers bzw. des Klauselbegünstigten und können die intendierte Rechtswirkung der Klausel entscheidend reduzieren. Sowohl zwingende Schranken als auch die Auslegungsgrundsätze des anwendbaren Rechts verlangen bei der Gestaltung vertraglicher Haftungsbegrenzungen daher besondere Sorgfalt.

I. Hintergründe für vertragliche Haftungsbegrenzungen

1. Haftungsrisiken

Die meisten Rechtsordnungen sehen für den Fall einer Vertragsverletzung eine prinzipiell 4
unbegrenzte Haftung für alle Schäden vor, die kausal auf der Pflichtverletzung beruhen.[6] Ausgangspunkt ist das **Kompensationsprinzip:**[7] Die geschädigte Vertragspartei soll wirtschaftlich so gestellt werden, wie sie ohne Vertragspflichtverletzung stünde. Zwar wird im Rahmen einer normativen Schadenszurechnung in vielen Rechtsordnungen der Haftungsumfang über Rechtsinstitute wie den Schutzzweck der verletzten Vertragspflicht[8] oder die im anglo-amerikanischen Recht angewendete und vergleichbar auch im CISG zu findende **contemplation rule**[9] eingeschränkt. Eine für den Haftungsschuldner spürbare Risikobegrenzung ist damit aber nur selten verbunden. So unterfallen etwa die bei der Verletzung vertraglicher **Leistungspflichten** entstandenen Schäden in Austauschverträgen in aller Regel auch dem **Schutzzweck** der verletzten Vertragspflicht.[10] Anders als bei der Verletzung von Beratungs- und Aufklärungspflichten, bei denen häufig ein eingeschränkter Schutzzweck identifiziert werden kann, fehlt es hier nur im Ausnahmefall am notwendigen inneren Zusammenhang zwischen Pflichtverletzung und Schaden.[11] Bei den Rechtsordnungen, die wie das anglo-amerikanische Recht und (mit Unterschieden im Einzelnen) das UN-Kaufrecht (CISG)[12] oder das französische Recht[13] eine Erstattungsfähigkeit nur für bereits bei Vertragsschluss objektiv oder subjektiv **vorhersehbare Schäden** vorse-

[5] Einschränkend allerdings in den letzten Jahren insbes. die englische Rechtsprechung, hier mit Blick auf Ausschlüsse in Haftpflichtversicherungen zuletzt etwa *Burnett or Grant v International Insurance Company of Hanover Ltd* [2021] UKSC 12 Rn. 29: „*The doctrine of interpretation contra proferentem* ***is only relevant in a case of genuine ambiguity or real doubt as to the meaning of the words*** *used*" (Hervorhebung durch Verf.); generell auch mit Blick auf die Beschränkung vertraglicher bzw. deliktischer Haftung *Transocean Drilling U.K. Ltd v Providence Resources Plc* [2016] EWCA Civ 372 Rn. 20.

[6] Einschränkungen bestehen dagegen in einigen arabischen Rechtsordnungen, bei denen aufgrund des Einflusses der Scharīa auf das Privatrecht entgangener Gewinn teilweise nicht ersatzfähig ist, Saleh ALQ 1989, 269 (280).

[7] Im deutschen Recht §§ 249ff. BGB; zum Schweizer Recht Schwenzer/Fountoulakis Allgemeiner Teil Rn. 68.06. Zum Prinzip der Schadenskompensation im englischen Recht McGregor on Damages Rn. 2–001. Zum CISG BeckOGK/Bach, 1.2.2022, CISG Art. 74 Rn. 4.

[8] So etwa im deutschen und Schweizer Recht. Zum deutschen Recht eingehend Schack JZ 1986, 305ff.; zum Schweizer Recht und dem hier erforderlichen Pflichtwidrigkeitszusammenhang Koller OR AT Rn. 48.81ff.

[9] Lookofsky Pace Int'l L. Rev. 2007, 63 (64).

[10] Schack JZ 1986, 305 (313).

[11] Zu einem solchen Ausnahmefall etwa OLG Frankfurt BeckRS 2011, 14474: Entgangener Gewinn fällt nicht in den Schutzzweck der verletzten Vertragspflicht, wenn der Vertragsgegenstand grundsätzlich nicht kommerziell genutzt werden sollte.

[12] Art. 74 S. 2 CISG.

[13] Art. 1231-3 Code Civil. Anders als im englischen Recht gilt die Begrenzung auf vorhersehbare Schäden im französischen Recht aber nicht im Fall von Vorsatz und grober Fahrlässigkeit (dol), Zimmermann Edin. L.R. 2014, 194 (208f.).

hen, verhält es sich ähnlich: Insbesondere für den Schuldner gefährliche, da nicht versicherte bzw. kaum versicherbare Schäden wie entgangener Gewinn und Produktionsausfall sind regelmäßig vorhersehbar, wenn der Vertragsgegenstand zu Produktionszwecken bestimmt ist.[14] Hinzu kommt, dass sich die Vorhersehbarkeit in den einschlägigen Rechtsordnungen teilweise nur auf die *Art,* nicht aber auf die *Höhe* des eingetretenen Schadens beziehen muss.[15]

5 Eine interessante und tendenziell haftungsbegrenzende Interpretation der contemplation rule im englischen Recht hat das Appellate Committee of the House of Lords (seit 2009 abgelöst durch den UK Supreme Court) zwar in der viel diskutierten Entscheidung *The Achilleas*[16] entwickelt, in der die Vorhersehbarkeit geltend gemachter Schäden als Haftungsvoraussetzung nicht nur als tatsächliche, sondern als **rechtliche Vorhersehbarkeit** interpretiert worden ist: Voraussetzung ist danach, dass der Schuldner zum Zeitpunkt des Vertragsschlusses (zumindest bei objektiver Vertragsauslegung) auch einer Haftungsübernahme in Bezug auf die konkret geltend gemachten Schäden zugestimmt hat (assumption of responsibility). Jüngere Entscheidungen lassen allerdings vermuten, dass sich dieser Rechtsgedanke, der in der Literatur zum Teil stark kritisiert worden ist,[17] bereits wieder auf dem Rückzug[18] befindet. Darüber hinaus kann der „assumption of responsibility test" im Einzelfall die Haftung auch erweitern statt zu reduzieren.[19] Auf andere Rechtsordnungen dürfte er jedenfalls regelmäßig nicht übertragbar sein.

2. Grenzen des Versicherungsschutzes

6 Vertragliche Haftungsrisiken können die Parteien über den insbesondere im Rahmen einer Betriebshaftpflicht- und/oder Produkthaftpflichtversicherung bestehenden Versicherungsschutz zwar minimieren. Dieser Versicherungsschutz umfasst aber in aller Regel keine **Erfüllungsansprüche** und ihre Substitute.[20] Ungedeckt sind damit beispielsweise meist nicht nur Mängelbeseitigungskosten, Verzugsschäden oder die Kompensation für den Minderwert eines mangelhaften Vertragsgegenstandes, sondern auch Schadensersatz für Nutzungsausfall, entgangenen Gewinn und sonstige Ansprüche, die den entgangenen Nutzen des geschuldeten Gegenstandes kompensieren sollen.[21] Selbst Weiterfresserschäden am Vertragsgegenstand, die nach ständiger Rechtsprechung des BGH im deutschen Recht im Gegensatz zu anderen Rechtsordnungen als Eigentumsverletzung betrachtet werden kön-

---

[14] Zum CISG etwa Staudinger/Magnus CISG Art. 74 Rn. 40; zum englischen Recht eingängig etwa die Entscheidung *Deepak Fertilisers & Petrochemical Corporation v Davy McKee (London) Ltd & Anor* [1998] EWCA Civ 1753 Rn. 90: *„Wasted overheads incurred during the reconstruction of the plant, as well as profits lost during that period, are no more remote as losses than the cost of reconstruction."*

[15] So für das englische Recht etwa *Parsons (Livestock) Ltd v Uttley Ingham & Co* [1978] QB 791 (804); in die gleiche Richtung *AG General of the Virgin Islands v Global Water Associations Ltd* [2020] UKPC 18 Rn. 32: „(...) *To be recoverable, the type of loss must have been reasonably contemplated by the parties*"; anders dagegen anscheinend das französische Recht, das die für die Ersatzfähigkeit notwendige Vorhersehbarkeit der Schäden auch auf die Schadenshöhe erstreckt, s. dazu Fofaria Int'l Bus. L.J. 2006, 597 (606).

[16] *Transfield Shipping Inc v Mercator Shipping Inc (The Achilleas)* [2008] UKHL 48.

[17] Robertson Legal Studies 2008, 172 (178 ff.); McGregor on Damages Rn. 8–170.

[18] Zurückhaltender bereits der High Court in *Sylvia Shipping Co Limited v Progress Bulk Carriers Limited* [2010] EWHC 542 (Comm) Rn. 40.

[19] Zu der potentiell auch haftungserweiternden Wirkung einer normativ aufgeladenen contemplation rule *Siemens Building Technologies FE Ltd v Supershield* [2010] EWCA 7 Rn. 41: *„But logically the same principle may have an inclusionary effect. If, on the proper analysis of the contract against its commercial background, the loss was within the scope of the duty, it cannot be regarded as too remote, even if it would not have occurred in ordinary circumstances."*

[20] Zum grundsätzlichen Ausschluss des Leistungsinteresses in der Haftpflichtversicherung etwa Schimikowski r+s 2012, 105 (106).

[21] So bspw. Art. 6.1 des Produkthaftpflichtversicherungsmodells (ProdHB); ähnlich bereits Art. 1.1 und Art. 1.2 der Allgemeinen Versicherungsbedingungen für die Haftpflichtversicherung (AHB).

nen,[22] sind nach überwiegender Auffassung auf Grundlage von Art. 7.8 der Allgemeinen Bedingungen für die Haftpflichtversicherung (AHB) von der Deckung ausgeschlossen.[23]

Werden durch den Versicherungsnehmer nicht zusätzliche Bausteine eingekauft, decken die am Markt verfügbaren Haftpflichtversicherungen damit im Regelfall nur vom Versicherungsnehmer verursachte Sach- und Körperschäden und darauf beruhende Vermögensschäden (sog. Vermögensfolgeschäden bzw. consequential economic loss), dagegen **keine reinen Vermögensschäden** (pure economic loss) ab. Dieses Bild prägt die typische Versicherungsdeckung auf internationaler Ebene in gleicher Weise: Die von Versicherern aus dem anglo-amerikanischen Raum angebotene commercial general liability insurance bzw. product liability insurance hat einen im Wesentlichen vergleichbaren Deckungsumfang.[24] 7

II. Zentrale Einsatzgebiete in der internationalen Vertragspraxis

1. Haftung für Spätleistung

Die Haftung für eine Spätleistung umfasst regelmäßig den Ersatz reiner (und damit typischerweise nicht vom Versicherungsschutz des Schuldners abgedeckter) **Vermögensschäden.** Es überrascht daher wenig, dass diese Fälle einen zentralen Einsatzbereich für vertragliche Haftungsbegrenzungen darstellen. Haftungsbegrenzungen für Spätleistungen werden regelmäßig gesondert und damit zusätzlich zu der üblichen allgemeinen vertraglichen Haftungsbegrenzung vertraglich vereinbart. Daher empfiehlt sich die ausdrückliche vertragliche Klarstellung, in welchem Verhältnis beide Klauseln zueinanderstehen. Naheliegend ist regelmäßig der Vorrang der Haftungsbegrenzung für Fälle der Spätleistung als der spezielleren Regelung. 8

Eine gelungene Haftungsklausel für den Fall einer Liefer- oder Leistungsverzögerung zeichnet sich auch durch die **Klarstellung** aus, ob ihr Anwendungsbereich nur Verzögerungsschäden oder aber auch solche Schäden erfassen soll, die erst dann anfallen, wenn der Vertrag aufgrund der Verzögerung gar nicht mehr durchgeführt wird, und die damit **an die Stelle des (gesamten) Leistungsinteresses** treten:[25] Verbleibende Auslegungszweifel gehen auch hier zu Lasten des Klauselerstellers.[26] Bei der Vertragsgestaltung kann etwa eine zweistufige Regelung sinnvoll sein, die einen niedrigeren Haftungsdeckel für Verzögerungsschäden (die neben dem Erfüllungsanspruch geltend gemacht werden können) und eine höhere Kappungsgrenze für die Geltendmachung der nach einer vorzeitigen Vertragsbeendigung entstandenen Schäden vorsieht.[27] Im Interesse des Haftungsgläubigers kann darüber hinaus (wie durch den optionalen Zusatz im nachfolgenden Klauselbeispiel) vereinbart werden, dass eine Rückforderung bereits geleisteter **Anzahlungen des Vertragspreises** in diesem Fall **zusätzlich** (entweder im Rahmen von Rückgewähransprüchen oder als Teil der Schadensberechnung im Rahmen des Schadensersatzanspruchs) gefordert werden kann. Letzteres trägt der Tatsache Rechnung, dass auf das Erfüllungsinteresse gerichteter Schadensersatz (insbesondere im Fall von Deckungskäufen) nach manchen Rechts- 9

---

[22] Schwenzer/Hachem/Kee Global Sales Rn. 49.38 mwN zur deutschen und ausländischen Rechtsprechung.

[23] Höra/Stempfle MAH Versicherungsrecht § 15 Rn. 70f.

[24] S. dazu Abraham Va. L. Rev. 2001, 85 (106).

[25] Im deutschen Recht etwa im Fall eines Schadensersatzverlangens statt der Leistung gem. §§ 280 Abs. 1, Abs. 3, 281 Abs. 1 BGB (siehe auch § 281 Abs. 4 BGB), das zusätzlich zu einem Rücktritt vom Vertrag oder aber auch isoliert erfolgen kann, § 325 BGB.

[26] Aus der englischen Rechtsprechung etwa anschaulich die Entscheidung *Bovis Construction Ltd v Whatlings Construction* [1994] B.L.R. 25 (45), in der nach Auffassung des Gerichts Schadensersatzansprüche für Schäden, die erst nach der aufgrund der Verzögerung erklärten Vertragsbeendigung anfielen, nicht vom Anwendungsbereich einer vertraglichen Haftungsbeschränkung für Leistungsverzug erfasst waren; klarstellend (mit Blick auf das Verhältnis vereinbarter liquidated damages für Verzug und der in diesem Fall fortbestehenden Möglichkeit der Geltendmachung allgemeiner Schadensersatzansprüche nach vorzeitiger Vertragsbeendigung) kürzlich auch *Triple Point Technology, Inc v PTT Public Company Ltd* [2021] UKSC 29 Rn. 35.

[27] Dazu auch die Klauselbeispiele unter → § 6 Rn. 9.

ordnungen zwar (unter entsprechender Anrechnung) **kumulativ** zum Rücktritt und der Geltendmachung von Rückgewähransprüchen,[28] nach anderen Rechtsordnungen aber nur **alternativ** an Stelle des Rücktritts/einer Vertragsbeendigung bzw. daraus folgender Rückgewähransprüche[29] (restitutionary claims) möglich ist. Ansonsten besteht für den Haftungsgläubiger die Gefahr, dass er insbesondere bei einer vollständigen Vorauszahlung des Kaufpreises auf Rückgewähransprüche beschränkt ist, da er bei einer nur alternativ möglichen Wahl von Schadensersatzansprüchen lediglich einen begrenzten Betrag (entsprechend der vertraglich vereinbarten Haftungsdeckelung) liquidieren könnte, der im Zweifel nur einen Bruchteil des bereits geleisteten Kaufpreises umfasst.

Klauselbeispiel für eine Haftungsbeschränkung bei Liefer- und Leistungsverzögerungen

[•] Limitation of liability in case of delay with performance

(1) [•]'s liability in the event of any delay with performance shall be limited to an amount of [•]% of the Contract Price for each commenced week of delay up to a maximum amount of [•]% of the Contract Price (net) in the aggregate. In case of a termination of the contract due to delay, respectively in case of a claim for damages in lieu of performance based on delay, [•] is [*optional:* without prejudice and in addition to a refund of any advance payments of the Contract Price (if any)] entitled to claim further damages up to an overall cap of liability amounting to [•]% of the Contract Price (net) in the aggregate.

(2) This limitation of liability shall not apply in the event of [•].[30]

2. Haftung für Schlechtleistung

10 Die vertragliche Schlechtleistung stellt einen zweiten zentralen Anwendungsfall einer Haftungsbegrenzung dar. Keine Seltenheit sind daher spezielle vertragliche Haftungsausschlüsse oder -beschränkungen für den Fall der mangelhaften Lieferung oder Leistung. Im internationalen Vertragsrecht sind insbesondere Klauseln weit verbreitet, die bei Mängeln des Vertragsgegenstandes Nacherfüllungspflichten (repair or replacement remedies) als **ausschließlichen Rechtsbehelf** (exclusive remedy) vorsehen und damit zugleich (auch) die Haftung auf Schadensersatz für diese Pflichtverletzung vollständig ausschließen.[31]

11 In den meisten Rechtsordnungen führt eine solche Regelung allerdings zu Problemen, wenn die Nacherfüllung im Mangelfall entweder gar **nicht erbracht** wird oder **misslingt.** Unterbleibt die Nacherfüllung vorsätzlich, kommt die Berufung auf eine (selbst in-

[28] So § 325 BGB. Im CISG wird im Fall von Ansprüchen auf Ersatz für im Rahmen von Deckungskäufen bzw. -verkäufen erlittenen Schäden die vorangegangene Vertragsaufhebung sogar explizit vorausgesetzt, Art. 75, 76 CISG.

[29] So im Schweizer Recht, das im Fall des Verzugs alternativ entweder nur i) Erfüllung und Liquidierung von Verzögerungsschaden, ii) auf das Erfüllungsinteresse gerichteten Schadensersatz *oder* iii) Rücktritt und Rückgewähr nebst auf das negative Interesse gerichteten Schadensersatz zulässt, s. Art. 107 Abs. 2 OR (*„Wird auch bis zum Ablaufe dieser Frist nicht erfüllt, so kann der Gläubiger immer noch auf Erfüllung nebst Schadenersatz wegen Verspätung klagen, statt dessen aber auch, wenn er es unverzüglich erklärt, auf die nachträgliche Leistung verzichten und entweder Ersatz des aus der Nichterfüllung entstandenen Schadens verlangen oder vom Vertrage zurücktreten"*) sowie Art. 109 Abs. 2 OR (*„Überdies hat er Anspruch auf Ersatz des aus dem Dahinfallen des Vertrages erwachsenen Schadens, sofern der Schuldner nicht nachweist, dass ihm keinerlei Verschulden zur Last falle"*); eine Ausdehnung des Art. 109 Abs. 2 OR auf das positive Interesse lehnt das Schweizer Bundesgericht ab, BG Urt. v. 30.3.2015 – 4 A_232/2014, 4 A_610/2014, Rn. 14.2; kritisch dazu Atamer/Eggen ZBJV 2017, 731 (755).

[30] An dieser Stelle kann ein Verweis auf die Rückausnahmen (carve outs) erfolgen, wie sie vor dem Hintergrund zwingender Vorgaben der jeweils einschlägigen Rechtsordnung regelmäßig in der allgemeinen Haftungsklausel geregelt sind, dazu unten → Rn. 80ff.

[31] So beispielsweise die in der Rechtssache *Goodlife Foods Ltd v Hall Fire Protection Ltd* [2018] EWCA Civ 1371 streitgegenständliche Klausel mit dem folgenden Inhalt: *„We exclude all liability, loss, damage or expense consequential or otherwise caused to your property, goods, persons or the like, directly or indirectly resulting from our negligence or delay or failure or malfunction of the systems or components provided by HFS for whatever reason. In the case of faulty components, we include only for the replacement, free of charge, of those defective parts."*

dividualvertraglich vereinbarte) Haftungsbegrenzung im deutschen Recht schon wegen § 276 Abs. 3 BGB nicht in Betracht, da die Verletzung der Nacherfüllungspflicht eine eigenständige neue Pflichtverletzung darstellt.[32] Zu vergleichbaren Ergebnissen gelangen auch andere Rechtsordnungen im Fall einer vorsätzlichen Unterlassung vertraglich geschuldeter Nacherfüllungspflichten.[33]

Im US-amerikanischen Kaufrecht, das in der Tradition des common law eine gesetzli- 12
che Nacherfüllungspflicht grundsätzlich nicht kennt und einen (Nach-)Erfüllungsanspruch daher als vertraglich vereinbarte remedy[34] einstuft, leben darüber hinaus andere Rechtsbehelfe[35] grundsätzlich wieder auf, wenn die repair and replacement Verpflichtung scheitert, § 2–719 Abs. 2 UCC. Die englische Rechtsprechung wiederum hat einen Haftungsausschluss teilweise zumindest dann für „unreasonable" und bei Anwendbarkeit des Unfair Contract Terms Act 1977 für unwirksam gehalten,[36] wenn die vertraglich als ausschließlicher Rechtsbehelf vereinbarten Nachbesserungspflichten nicht erfüllt werden und der Käufer dem Verkäufer in diesem Fall daher nicht einmal Kosten einer Ersatzvornahme weiterbelasten kann. Nach deutschem Recht ist eine entsprechende Verengung der Rechtsbehelfe im Mangelfall ohnehin unwirksam, wenn sie in Allgemeinen Geschäftsbedingungen enthalten ist.[37]

Vorbehaltlich weiterer notwendiger Einschränkungen nach dem jeweiligen Vertragssta- 13
tut empfiehlt sich daher in jedem Fall, zusätzliche Rechtsbehelfe zumindest für den Fall vorzusehen, dass die **Nacherfüllung** unterbleibt oder misslingt.[38] Die folgende Musterklausel sieht entsprechend (begrenzte) Schadensersatzansprüche für den Fall vor, dass die vertragliche Verpflichtung zur Nacherfüllung nicht innerhalb einer angemessenen Zeit erfüllt wird.

Klauselbeispiel für die Vereinbarung einer „exclusive repair and replacement remedy"

[•] Exclusive remedy in case of defects

(1) [•]'s obligation to make good any defect pursuant to [•] above shall constitute [•]' sole remedy in case of any quality defect to the exclusion of any and all other rights and remedies, including but not limited to any claim for damages.

(2) If [•] has failed to perform his remedial obligations to make good defects within a reasonable period of time, [•] remains entitled to claim damages caused by such failure. Sub-

---

[32] Tettinger AcP 205 (2005), 1 (18).

[33] Anschaulich etwa die Entscheidung des Supreme Judicial Court Massachusetts in der Rechtsache *Canal Elec. Co. v. Westinghouse Elec. Corp* 548 N.E.2.d 182.

[34] Erstmals sahen die 2003 vorgeschlagenen Änderungen für den UCC ausdrücklich die Möglichkeit der vertraglichen Vereinbarung eines remedial promise vor, s. § 1–103 Abs. 1 lit. n) UCC (2003). Von den einzelnen US-Bundesstaaten ist diese Revision des UCC aber nicht umgesetzt worden; die Neufassungen wurden von der Uniform Law Commission 2011 zurückgezogen.

[35] Äußerst umstritten ist insbesondere, ob davon auch ein vertraglicher Ausschluss von Folgeschäden betroffen sein kann. Richtigerweise ist das abzulehnen, weil der Folgeschadenausschluss insofern (§ 2–719 Abs. 3 UCC) eine selbstständige Regelung darstellt, dazu Jenkins Loy. L.A.L. Rev. 2006–2007, 401 (437) mit zahlreichen Rechtsprechungsnachweisen.

[36] *Lobster Group Ltd v Heidelberg Graphic Equipment Ltd & Another* [2009] EWHC 1919 (TCC) Rn. 128f.: *„In such circumstances, where HGL undertook a limited obligation to replace or repair defective parts then I do not consider that there is anything unreasonable about HGL excluding any liability other than the obligations to remedy defects under clause 10. Nor do I consider that the exclusion of liability under clause 12 in respect of matters arising from LPL's incompetence or negligence is in any way unreasonable. I do however consider that the exclusion in clause 10 (c) of damages for ‚immediate loss' is unreasonable as is the exclusion of liability for any increased costs or expenses and direct damage in clause 13. If, for instance, HGL fails to replace or repair a defective part then, at the very least, I consider that it is unreasonable that LPL should not be able to recover damages for breach of contract to cover the ‚immediate loss' or ‚increased costs or expenses' or ‚direct damage' suffered in paying others to remedy the defects"*; anders dagegen *Goodlife Foods Ltd v Hall Fire Protection Ltd* [2018] EWCA Civ 1371 Rn. 73ff. (allerdings vor dem Hintergrund einer vom Lieferanten angebotenen Haftungserweiterung im Gegenzug zur Übernahme korrespondierender Deckungskosten für eine Zusatzversicherung); dazu auch unten → Rn. 50.

[37] Dazu im Einzelnen etwa Stoffels AGB-Recht Rn. 937ff.

[38] Siehe etwa auch die Regelung in Art. 11 des ICC Model International Sale Contract (2020).

ject to wilful misconduct, any claim for damages shall in this case however be limited to an overall amount of [•] in the aggregate.

III. Verhältnis und Abgrenzung zu anderen Vertragsklauseln mit ähnlicher Wirkung

14 Mittelbar oder unmittelbar haftungsbegrenzende Wirkungen können nicht nur durch Haftungsklauseln im engeren Sinne, sondern auch durch andere gängige Vertragsklauseln erzielt werden. Dabei stellt sich insbesondere die Frage, ob und inwieweit auf solche verwandten Vertragsbestimmungen die für die klassischen Haftungsklauseln geltenden zwingenden Grenzen und Auslegungsgrundsätze zur Anwendung kommen.[39]

1. Einschränkung von Leistungspflichten

15 Eine naheliegende Möglichkeit der Risikovorsorge mit Blick auf eine mögliche Haftung ist die Einschränkung von Vertragspflichten: Werden keine Vertragspflichten verletzt, kann ein **Haftungsrisiko** gar nicht erst entstehen. In Bezug auf die haftungsrechtlich besonders relevante Sachmängelhaftung unterscheidet daher etwa auch das anglo-amerikanische Recht anschaulich zwischen einem **disclaimer of warranties** (Einschränkung der Gewährleistungspflichten) auf der einen und einer **limitation of liabilities** (Haftungsbeschränkungen für die Verletzung bestehender Vertragspflichten) auf der anderen Seite.[40]

16 Zuweilen verwischen allerdings die Grenzen zwischen Einschränkungen von Vertragspflichten und Haftungsbegrenzungen für den Fall ihrer Verletzungen. Einzelne Rechtsordnungen stehen insbesondere der Wegbedingung **gesetzlich implizierter Vertragspflichten** (implied terms in law) ebenso kritisch gegenüber wie (unmittelbaren) Haftungsbegrenzungen. So ist etwa auf Grundlage von s. 6 Abs. 1A in Verbindung mit s. 13 Abs. 1 des englischen Unfair Contract Terms Act 1977 (UCTA) die Einschränkung der ua bei Kaufverträgen gesetzlich implizierten Gewährleistungsverpflichtungen mit Blick auf die Sachmangelfreiheit der Sache auch im unternehmerischen Geschäftsverkehr unwirksam, sofern sie nicht als „reasonable" angesehen werden kann.[41] Ähnlich unterliegen im US-amerikanischen Recht nach überwiegender Auffassung Einschränkungen von implied warranties im Kaufrecht nicht nur einer Einbeziehungs-, sondern auch einer (eingeschränkten) Inhaltskontrolle.[42] Auch deutsche Gerichte haben den Versuch einer vertraglichen Einschränkung von Leistungspflichten mitunter als **verhüllte Haftungsbeschränkung**[43] eingestuft. Anschaulich ist der vom Landgericht Karlsruhe entschiedene Fall einer vorformulierten Klausel in einem Webhosting-Vertrag, mit der eine zeitliche Erreichbarkeit der website in einem Umfang von (nur) 99 % im Jahresmittel gewährleistet werden sollte: Das Landgericht hat die Klausel als Haftungsbeschränkung eingestuft, die bereits deswegen unwirksam sei, weil weder die in § 309 Nr. 7 BGB geregelten Einschränkungen, noch die Verletzung wesentlicher Vertragspflichten als Rückausnahmen vorgesehen worden waren.[44] Mit Blick auf den neuen (seit 1.1.2022 geltenden) Sachmangelbegriff in § 434 BGB stellt sich überdies die Frage, ob die insbesondere im

---

[39] Fontaine/de Ly Drafting S. 355 f.

[40] Jenkins Loy. L.A.L. Rev. 2006, 401 (411).

[41] Chitty on Contracts General Principles Rn. 17–081. Einschränkungen der implizierten Gewährleistungspflichten mit Blick auf die Rechtsmängelfreiheit sind im Fall einer Anwendbarkeit des UCTA gem. s. 6 Abs. 1 in Verbindung mit s. 13 Abs. 1 (am Ende) UCTA generell unzulässig.

[42] Zur generellen Anwendbarkeit der unconscionability doctrine auf B2B-Verträge Perillo Contracts S. 353.

[43] Dazu mit weiteren Beispielen aus der Rechtsprechung auch Peter Jura 2015, 121 (122).

[44] LG Karlsruhe BeckRS 2007, 10 541. Da die Erreichbarkeit der Webseite nach Einschätzung des Gerichts eine wesentliche Vertragspflicht darstellte, wäre eine wirksame Haftungsbeschränkung für die geltend gemachten Schäden im Ergebnis aber wohl auch gar nicht möglich gewesen; vergleichbar auch BGH NJW 2001, 751 (753) mit Blick auf zeitliche Einschränkungen beim Online-Banking.

unternehmerischen Geschäftsverkehr grundsätzlich zulässige Abbedingung der nach gesetzlicher Konzeption mit subjektiven (sprich vertraglich vereinbarten) Anforderungen nunmehr auf gleicher Stufe stehenden **objektiven Anforderungen an die Kaufsache** im Einzelfall an einer AGB-Inhaltskontrolle scheitern kann.

2. Force Majeure-Klausel

Mit Hilfe einer Force Majeure-Klausel[45] soll eine Haftung der Parteien für den Fall vermieden werden, dass die geschuldete Leistung aufgrund eines vertraglich definierten Force Majeure Event temporär oder endgültig nicht mehr erbracht werden kann. Üblicherweise ist der Anwendungsbereich der Klausel dabei auf **nicht vorhersehbare Ereignisse** höherer Gewalt **außerhalb des Einflussbereichs der Parteien** beschränkt.[46] In die Nähe einer Haftungsbegrenzung im engeren Sinne rückt die Force Majeure-Klausel zumindest bei diesem Verständnis daher auch nur dann, wenn das zugrundeliegende Vertragsstatut dem strict liability Prinzip folgt. Soweit – wie im deutschen Recht – die Schadensersatzhaftung dagegen von einem Verschulden abhängig ist, kommt eine Haftung im Fall von Force Majeure ohnehin regelmäßig nicht in Betracht.[47] Hier dient die Force Majeure-Klausel dann auch nicht einer Befreiung von Schadensersatzansprüchen, sondern einer zeitlich meist limitierten Suspendierung von Rücktritts- bzw. Kündigungsmöglichkeiten der anderen Vertragspartei während der Dauer der höheren Gewalt. 17

In common law Jurisdiktionen werden Force Majeure-Klauseln dagegen teilweise als exemption clauses eingestuft, die etwa im englischen Recht im Fall einer Anwendbarkeit des UCTA daher auch einer Inhaltskontrolle am Maßstab der „reasonableness" unterliegen.[48] Da mit der Force Majeure Klausel gegenüber den Befreiungstatbeständen der „frustration" im englischen bzw. der „impracticability" im US-amerikanischen Recht eine weitergehende Haftungsbefreiung erzielt werden soll, erscheint das dogmatisch auch folgerichtig. Eine herkömmliche Force Majeure Klausel dürfte aber regelmäßig als angemessen und daher wirksam bewertet werden.[49] 18

3. Vollständigkeitsklausel (entire agreement clause)

Zweck der Vollständigkeitsklausel ist der Schutz der Integrität des schriftlichen Vertragsdokuments: Den hier enthaltenen Vereinbarungen soll unter Verdrängung möglicher (mündlicher) Nebenabreden vor oder bei Vertragsabschluss **abschließende Wirkung** zukommen. Abgesehen von der begrenzten rechtlichen Wirkung (insbesondere) einer vorformulierten Vollständigkeitsklausel in einigen Rechtsordnungen[50] ist diese Zielsetzung haftungsrechtlich betrachtet zunächst neutral, weil die unerwünschten Nebenabreden letztlich sowohl haftungserweiternde als auch haftungsbeschränkende Vereinbarungen enthalten können. 19

Vollständigkeitsklauseln in anglo-amerikanischen Vertragsmustern enthalten allerdings häufig eine über den traditionellen Gehalt hinausgehende Regelung, die mittelbar der Haftungsbeschränkung dient: Da nach anglo-amerikanischem Recht eine Vertragspartei, die sich erst aufgrund falscher Tatsachenbehauptungen der Gegenseite zum Abschluss des Vertrages entschlossen hat, Rechte wegen einer sog. **misrepresentation** geltend machen 20

---

[45] Einzelheiten zur Force-Majeure Klausel unter → § 10.

[46] Plate RIW 2007, 42.

[47] So zumindest im Ausgangspunkt auch Weick ZEuP 2014, 281 (283).

[48] Differenzierend McMeel Construction Rn. 22.35 ff.

[49] *Target Rich International Limited v Forex Capital Markets Limited* [2020] EWHC 1544 (Comm) Rn. 133: *„Finally, it was common ground that the clause would need to satisfy the reasonableness test under the Unfair Contract Terms Act. There is no reason in principle why a force majeure clause engaged by an exceptional market event is inherently unreasonable."*

[50] Dazu → § 11 Rn. 6 ff.

kann, dient die **non-reliance clause** (vergleichbar mit der Einschränkung implizierter Gewährleistungspflichten auf vertraglicher Ebene) dazu, bereits die **Entstehung** einer Haftung aus misrepresentation im Ansatz zu verhindern. Dies geschieht durch die ausdrückliche Vereinbarung, dass sich die Parteien beim Vertragsschluss nicht auf vorvertragliche Tatsachenangaben der anderen Partei verlassen haben.[51] Sofern eine non-reliance clause hinreichend vom tatsächlichen Einbeziehungswillen beider Parteien gedeckt ist, dürfte mit ihr grundsätzlich auch die gewünschte Wirkung erzielt werden.[52] Die englische Rechtsprechung ordnet sie aber gleichwohl als Haftungsbeschränkung ein, die im Einzelfall auch an einer Inhaltskontrolle scheitern kann.[53]

4. Freistellungsklauseln (contractual indemnities)

21 Freistellungsklauseln[54] dienen zumindest im Ausgangspunkt nicht der Haftungsbeschränkung, sondern der **Haftungsverlagerung:** Mit ihrer Hilfe sollen in erster Linie Ansprüche Dritter, die sich gegen eine Vertragspartei richten (den Freistellungsgläubiger oder indemnitee), auf die andere Vertragspartei (den Freistellungsschuldner oder indemnifier) übergewälzt werden.

22 Wenn die Freistellung für den Fall der Verletzung von Vertragspflichten der freistellungspflichtigen Partei eingreift, können damit die ohnehin gegenüber dieser Partei bestehenden Haftungsansprüche **erweitert** werden.[55] Umgekehrt dienen Freistellungsverpflichtungen teilweise aber auch der **Absicherung** vertraglicher Haftungsbegrenzungen. Das ist etwa dann der Fall, wenn die Freistellungsverpflichtung nicht an eine Vertragsverletzung des Freistellungsschuldners, sondern die originäre Haftung des Freistellungsgläubigers gegenüber Dritten anknüpft. Ein Beispiel für eine solche Klausel ist die Überwälzung der Produkthaftung des Herstellers auf einen Vertragshändler: Sofern der Hersteller mit dem Händler eine Haftungsbegrenzung im Fall von Produktmängeln vereinbart, entbindet ihn das nicht von dem Risiko **außervertraglicher Haftungsansprüche Dritter** aus Produkthaftung. Um auch dieses Risiko zu begrenzen, müsste der Hersteller dem Händler zusätzlich die Verpflichtung auferlegen, ihn von Ansprüchen Dritter wegen der in das Vertragsgebiet gelieferten mangelhaften Produkte freizustellen.[56]

23 Zuletzt kann eine Freistellungsverpflichtung auch als Haftungsbeschränkung wirken, wenn sie die Klarstellung enthält, dass eine über die Freistellungsverpflichtung hinausgehende Haftung des Freistellungsschuldners nicht bestehen soll oder sogar die Freistellung des Freistellungsgläubigers von Haftungsansprüchen des Freistellungsschuldners gegen den Freistellungsgläubiger selbst (!) vorsieht.[57] In der Tat lässt sich in internationalen Wirtschaftsverträgen eine Tendenz beobachten, das vertragliche Haftungsregime abschließend durch wechselseitige indemnities zu regeln.

[51] Zu Vollständigkeitsklauseln umfassend → § 11.

[52] Zu der im Einzelnen äußerst streitigen Frage und möglichen Rückausnahmen insbesondere im Fall einer fraudulent misrepresentation für das englische Recht McMeel CMLJ 2007, 58 ff. sowie für das US-amerikanische Recht West/Lewis Bus. Law. 2008–2009, 999 ff.

[53] → § 11 Rn. 23.

[54] Zu Freistellungsklauseln→ § 7.

[55] So kann ein vertraglicher Schadensersatzanspruch nach deutschem Recht unter dem Gesichtspunkt der Naturalrestitution (§ 249 Abs. 1 BGB) auch die Freistellung von Verbindlichkeiten gegenüber Dritten erfassen, BGH NJW 1993, 2232 (2233). Andere Rechtsordnungen (wie etwa die CISG) kennen im Schadensersatzrecht dagegen teilweise keine Naturalrestitution, Staudinger/Magnus CISG Art. 74 Rn. 24.

[56] Zu einer solche Klausel Döser Vertragsgestaltung S. 72; eine ähnliche Regelung (innerhalb eines Liefervertrages) findet sich auch in Art. 40 Orgalime S 2012.

[57] *Farstad Supply A/S v Enviroco Ltd* [2010] UKSC 18 Rn. 24: *„The natural meaning of that expression is that, since the owner must hold ASCO harmless from a claim by the owner in respect of damage to the vessel caused by ASCO's negligence, ASCO cannot be liable to the owner in respect of such damage".*

5. Schadenspauschalierungen und Vertragsstrafen (Pld-Klauseln)

24 So genannte Pld-Klauseln (penalties and liquidated damages) legen die Höhe von Zahlungsansprüchen im Fall bestimmter Vertragsverletzungen unabhängig davon fest, ob und in welcher Höhe ein tatsächlicher Schaden entstanden ist. Sie können je nach vertraglicher Ausgestaltung bzw. dem anwendbaren Vertragsstatut auch eine **haftungsbeschränkende Wirkung** haben. In vielen Rechtsordnungen ist aber nicht abschließend geklärt, inwieweit eine Pld-Klausel, die eine Geltendmachung weitergehender Schadensersatzansprüche wegen Verletzung der pönalisierten Vertragspflicht ausschließt, zugleich den für vertragliche Haftungsbegrenzungen maßgeblichen Einschränkungen unterworfen ist. Naheliegend erscheint zumindest, Pld-Klauseln (nur) dann als Haftungsbeschränkung zu behandeln, wenn der vereinbarte Pauschalbetrag aus ex-ante Perspektive und damit bereits bei Vertragsabschluss hinter dem typischerweise zu erwartenden Schaden zurückbleibt.[58]

6. Zeitliche Beschränkungen

25 Haftungsbegrenzungen haben nicht nur eine gegenständliche, sondern auch eine **zeitliche Dimension.** In den meisten Rechtsordnungen unterliegen Verkürzungen der einschlägigen Verjährungsfristen bzw. die Aufnahme vertraglicher Ausschlussfristen für die Geltendmachung vertraglicher Schadensersatzansprüche daher den gleichen oder doch zumindest ähnlichen Einschränkungen wie gegenständlichen Haftungsbegrenzungen. So ist etwa im deutschen Recht im Fall einer vorsätzlichen Pflichtverletzung die gegenständliche Haftungsbeschränkung gem. § 276 Abs. 3 BGB ebenso unzulässig wie die Verkürzung der maßgeblichen Verjährungsfristen, § 202 Abs. 1 BGB. In Standardverträgen gelten bei Verkürzungen einschlägiger Verjährungsfristen vergleichbare Einschränkungen wie bei gegenständliche Haftungsbegrenzungen.[59] Ausländische Rechtsordnungen kommen zumeist zu einer ähnlichen Beurteilung.[60]

B. Rechtlicher Rahmen

26 Den rechtlichen Rahmen für die Zulässigkeit und die Auslegung von vertraglichen Haftungsbegrenzungen steckt in erster Linie das Vertragsstatut und damit meist **nationales Recht** ab. Insbesondere die CISG als staatsvertragliches Einheitsprivatrecht enthält keine rechtlichen Maßstäbe für die Zulässigkeit und Wirksamkeit von Haftungsklauseln, sondern überlässt diese Frage gem. Art. 4 lit. a) CISG dem ergänzend heranzuziehendem nationalen Vertragsstatut.[61] Vorrangige Sonderbestimmungen über Zulässigkeit von Haftungsbegrenzungen enthalten lediglich einige transportrechtliche Konventionen wie beispielsweise die CMR.[62]

27 Sofern sich die Haftungsbegrenzung nicht nur auf die vertragliche, sondern (wie regel- und zweckmäßig) auch auf eine möglicherweise konkurrierende deliktische Haftung erstreckt, muss für die Frage der Wirksamkeit dieser Begrenzung im Ergebnis das **Deliktsstatut** herangezogen werden.[63] Auch aus diesem Grund empfiehlt sich daher, im Rahmen

---

[58] In diese Richtung zum englischen Recht Chitty on Contracts General Principles Rn. 26–193; Peel Law of Contract Rn. 7–044. Zum US-amerikanischen Recht Anderson SW L.J. 1987, 1083 (1106).

[59] Zuletzt BGH NZG 2016, 31 (33).

[60] Einzelheiten zum zeitlichen Umfang der Haftung insbesondere in Fällen der Schlechtleistung und korrespondierende Vertragsklauseln in internationalen Wirtschaftsverträgen unter → § 9.

[61] Anderer Auffassung offenbar Schwenzer/Whitebread Penn. St. J.L. & Int'l Aff. 2015, 33 (44), die die Wirksamkeit von Haftungsklauseln in den der CISG unterliegenden Verträgen gestützt auf Art. 7 Abs. 2 CISG am Maßstab der „reasonableness" messen wollen.

[62] So etwa Art. 29 CMR.

[63] So zutreffend Schulze/Dörner BGB Art. 15 Rom II-VO Rn. 3; zu einer differenzierenden Betrachtung Seibl IPRax 2010, 347 (350).

der Rechtswahlklausel einen Gleichklang zwischen Vertrags- und Deliktsstatut sicherzustellen.

I. Übergreifende Grundsätze

28 Die meisten Rechtsordnungen stehen vertraglichen Haftungsbegrenzungen zumindest misstrauisch gegenüber. Wohl bei kaum einer anderen Vertragsklausel zeigt sich daher auch die besondere Bedeutung, die dem Vertragsstatut in internationalen Wirtschaftsverträgen zukommt: Zum einen legt **zwingendes Recht** des Vertragsstatuts (bzw. Deliktstatuts) die **Grenzen** zulässiger Haftungsbegrenzungen fest. Zum anderen können **Auslegungsgrundsätze** des anwendbaren Rechts die Reichweite der Klausel erheblich beeinträchtigen, wenn es dem Klauselersteller nicht gelingt, mögliche Ambivalenzen vollständig auszuräumen.

1. Grenzen durch zwingendes Recht

29 Kaum eine Rechtsordnung belässt den Parteien **vollständige Vertragsfreiheit** bei der Vereinbarung von Haftungsbegrenzungen.[64] Das kann aber nicht darüber hinwegtäuschen, dass Art und Umfang zwingender Grenzen in den einzelnen Rechtsordnungen stark divergieren. Die Wirksamkeit von Haftungsbegrenzungen in nicht individuell ausgehandelten Standardverträgen ist ein gutes Beispiel: Während (zulässige) Haftungsbegrenzungen in Allgemeinen Geschäftsbedingungen im deutschen Recht kaum mehr Wirkung entfalten können,[65] sind ausländische Rechtsordnungen zumindest im unternehmerischen Geschäftsverkehr regelmäßig deutlich großzügiger.

30 Auch ein zuweilen behaupteter internationaler Grundsatz, wonach eine Beschränkung der Haftung im Fall von **Vorsatz oder grober Fahrlässigkeit** nicht möglich sei[66], existiert in dieser Form nicht. Zwar lassen zahlreiche Rechtsordnungen eine Begrenzung (auch) der Vertragshaftung in diesen Fällen nicht zu.[67] Auf der anderen Seite ist etwa im anglo-amerikanischen Recht für die Frage der Wirksamkeit einer Haftungsklausel (zumindest im Bereich der Vertragshaftung[68]) aber weniger die Verschuldensform, sondern vielmehr Art und Umfang der ausgeschlossenen Schäden entscheidend. Letztlich ist das folgerichtig: Wenn auf der einen Seite die Vertragshaftung als Garantiehaftung (strict liability) nicht vom Verschulden abhängt, liegt es umgekehrt nahe, dass die Verschuldensform zumindest nicht der zentrale Parameter bei der Bewertung der Zulässigkeit von Haftungsbegrenzungen sein kann. Die Berücksichtigung des Grads des Verschuldens bei der Inhaltskontrolle von Haftungsbegrenzungen ist für anglo-amerikanische Juristen daher auch eher ein typisches Beispiel für den *„civil law moralist approach“*.[69]

31 Gemeinsam ist vielen Rechtsordnungen dagegen der Grundsatz, dass eine Vertragspartei ihre Haftung für **vorsätzlich** begangene Pflichtverletzungen[70] sowie **Körperverletzun-**

[64] Schwenzer/Whitebread Penn. St. J.L. & Int'l Aff. 2015, 33 (39).

[65] Siehe nur Lischek/Mahnken ZIP 2008, 158 ff.; Leuschner ZEuP 2017, 335 (345): „(...) *ist es Unternehmen letztlich nicht mehr möglich, wirkungsvolle Haftungsausschlüsse zu vereinbaren.*“

[66] So beispielsweise Schlechtriem/Schwenzer/Schroeter/Schwenzer CISG Art. 74 Rn. 60, die daraus auch eine im CISG verankerte immanente Grenze für Haftungsbegrenzungen konstruieren will.

[67] Schweiz: Art. 100 Abs. 1 OR, Deutschland: (allerdings beschränkt auf AGB) § 309 Nr. 7 lit. b) BGB; China: (für Schäden des Sacheigentums beim Vertragspartner) Art. 506 Abs. 2 Zivilgesetzbuch (2021); Italien: Art. 1229 italienischer Codice Civile.

[68] Dagegen spielt das Ausmaß des Verschuldens für die Wirksamkeit der Beschränkung der tort liability durchaus eine zentrale Rolle, § 195 Restatement of Contracts (Second).

[69] So Tallon Am. J. Comp. L. 1992, 675 (680).

[70] Deutschland: § 276 Abs. 3 BGB; Schweiz: Art. 100 Abs. 1 OR; Italien: Art. 1229 Codice Civile; China (mit Blick auf Sachschäden): Art. 506 Abs. 2 Zivilgesetzbuch (2021); Frankreich: Art. 1231-3 Code Civil, Russland: Art. 441 Abs. 4 ZGB.

gen[71] nicht ausschließen kann. Gleiches gilt für den fundamentalen Rechtsgedanken, dass eine Haftungsklausel nicht dazu führen darf, dass der anderen Vertragspartei kein oder nur ein völlig unzureichender Rechtsbehelf verbleibt, da ansonsten die **Verbindlichkeit des Vertrages** im Ganzen entscheidend unterminiert würde. Bei der Bewertung einer Haftungsklausel muss daher letztlich immer in den Blick genommen werden, welche Rechtsbehelfe dem Gläubiger nach dem anwendbaren Recht neben Schadensersatzansprüchen (noch) zur Verfügung stehen.

2. Auslegung von vertraglichen Haftungsbegrenzungen

Der international weit verbreitete contra proferentem Grundsatz, nach dem die Auslegung von Vertragsklauseln zu Lasten des proferens, also des Klauselerstellers erfolgt, kommt bei Haftungsbegrenzungen verschärft zur Anwendung. In manchen Rechtsordnungen werden vertragliche Haftungsbegrenzungen entgegen dem Ausgangspunkt dieser Regel im Einzelfall sogar dann zu Lasten des von der Haftungsbegrenzung Begünstigten ausgelegt, wenn dieser die Klausel gar nicht selbst in den Vertrag eingeführt hatte.[72] Erkennbar – insbesondere traditionell im englischen Recht – dienen **restriktive Auslegungsgrundsätze** zuweilen als Ersatz einer im jeweils anwendbaren Vertragsstatut nicht existenten oder jedenfalls unterentwickelten Inhaltskontrolle, was zu einer manchmal spitzfindig anmutenden Gestaltung von Haftungsbegrenzungen führt.[73] Dabei unterliegen Haftungsausschlüsse regelmäßig einer noch restriktiveren Auslegung als bloße Haftungsbeschränkungen. 32

II. Wirksamkeit und Auslegung von Haftungsbegrenzungen in einzelnen Rechtsordnungen

1. Deutsches Recht und AGB-Inhaltskontrolle

In Bezug auf die Wirksamkeit von Haftungsbeschränkungen und -ausschlüssen führt die Anwendbarkeit von deutschem Recht zu einem anderen Rechtsordnungen zumindest in dieser Form unbekannten Wertungsgefälle zwischen **Individualvereinbarungen** auf der einen und **Allgemeinen Geschäftsbedingungen** auf der anderen Seite: Während in Individualverträgen die Vertragsfreiheit weitgehend unbeschränkt ist, sind bei der Verwendung von vorformulierten Vertragsbedingungen auch im unternehmerischen Geschäftsverkehr kaum Abweichungen vom gesetzlichen Haftungsumfang möglich. Von der häufig am sprichwörtlich seidenen Faden hängenden Frage, ob die Parteien eine Haftungsklausel *ausgehandelt* haben oder nicht, kann daher abhängen, ob für Schäden in Millionenhöhe gehaftet werden muss oder nicht.[74] Die Voraussetzungen einer Individualvereinbarung sind durch das dafür notwendige **Aushandeln** bekanntlich nur schwer zu erreichen. Die 33

---

[71] Deutschland: Art. 309 Nr. 7 lit. a) BGB; Schweiz (allerdings zunehmend bestritten): Art. 20 OR; China: Art. 506 Abs. 1 Zivilgesetzbuch der VR China (2021); England: s. 2 UCTA, Italien: Art. 1229 Codice Civile; USA: § 2–719 Abs. 3 UCC.

[72] Ambivalent insofern BGH NJW 1978, 261 und teilweise auch die englische Rechtsprechung, dazu McMeel Construction Rn. 8.07 ff.

[73] Allerdings bemühen sich jüngere englische Urteile zunehmend um eine Auslegung (auch) von Haftungsklauseln, die dem „business common sense" entspricht und drängen die Bedeutung des contra-proferentem Prinzips für Haftungsklauseln tendenziell zurück, *Transocean Drilling UK Ltd v Providence Resources* plc [2016] EWCA Civ 372 Rn. 20; *Persimmon Homes Ltd v Ove Arup & Partners Ltd* [2017] EWCA Civ 373 Rn. 52: *„In relation to commercial contracts, negotiated between parties of equal bargaining power, that rule now has a very limited role"*; generell gegen einen speziell für Haftungsklauseln geltenden Grundsatz einer engen Auslegung auch *McGee Group Ltd v Galliford Try Building Ltd* [2017] EWHC 87 (TCC) Rn. 25.

[74] Exemplarisch (und ergebnisorientiert) OLG Hamburg IBR 2010, 254: Die hier streitgegenständliche, mehrfach verwendete Haftungsbeschränkung konnte den geltend gemachten Anspruch auf Ersatz von Produktionsausfallschäden in Höhe von rund 27,5 Mio. EUR nach Auffassung des Gerichts wirksam ausschließen, da es an einer Mehrfachverwendungsabsicht gefehlt habe und im Übrigen von einer Aushandlung der Klausel ausgegangen werden müsse.

Rechtsprechung verlangt weiterhin, dass der wesentliche Klauselgehalt ernsthaft zur Disposition gestellt wird. Intensives Verhandeln über die Klausel oder die Bereitschaft, der anderen Vertragspartei an anderer Stelle entgegenzukommen, reicht grundsätzlich nicht aus.[75]

a) Zulässigkeit von individualvertraglich vereinbarten Haftungsbegrenzungen

34 Individualvertraglich wird die Gestaltungsfreiheit der Parteien im Wesentlichen nur durch § 276 Abs. 3 BGB eingeschränkt, der einen im Voraus vereinbarten Haftungsausschluss oder eine Haftungsbeschränkung im Fall einer **vorsätzlich begangenen** Pflichtverletzung einer Partei nicht zulässt. Bei einer Vertragsverletzung durch einfache Erfüllungsgehilfen ist grundsätzlich sogar ein Ausschluss bei vorsätzlichem Handeln möglich, da § 276 Abs. 3 BGB in diesem Fall keine Anwendung findet (§ 278 S. 2 BGB). Lässt die Vertragsklausel die in § 276 Abs. 3 BGB enthaltene zwingende Grenze unberücksichtigt, kann sie nach ganz überwiegender Auffassung im Wege der (ergänzenden) Vertragsauslegung bzw. gestützt auf eine direkte oder analoge Anwendung von § 139 BGB **geltungserhaltend reduziert** werden.[76] Sie ist damit im Fall einer vorsätzlichen Pflichtverletzung lediglich nicht anwendbar, behält ansonsten aber ihre volle Wirksamkeit.

35 Eine weitere Einschränkung gilt gem. §§ 444 und 639 BGB im Fall vertraglich gewährter (unselbstständiger[77]) **Garantien.** Spätestens nach der durch eine Gesetzesänderung im Jahr 2004 erfolgten Einfügung des Wortes „soweit" in beide Vorschriften ist aber ganz überwiegend anerkannt, dass inhaltliche Begrenzungen einer Garantie sowohl hinsichtlich der Höhe als auch des zeitlichen Rahmens der Haftung möglich bleiben. Ausweislich der Gesetzesbegründung war nämlich beabsichtigt, die in Unternehmenskaufverträgen praktizierte Vertragsgestaltung nicht zu gefährden, bei der anstelle des gesetzlichen Gewährleistungssystems Garantien vereinbart werden, die (unter Ausschluss weiterer gesetzlicher Rechtsbehelfe) summenmäßig, zeitlich oder hinsichtlich der Rechtsfolgen begrenzt werden. Zielsetzung der §§ 444, 639 BGB ist damit im Ergebnis lediglich eine Verhinderung widersprüchlichen Verhaltens durch Übernahme einer Garantie, die nachträglich in intransparenter oder überraschender Weise wieder beschränkt wird.[78]

36 In gleichem Umfang können individualvertraglich auch konkurrierende deliktische Ansprüche eingeschränkt werden. Nicht antastbar ist lediglich die Haftung aus dem **Produkthaftungsgesetz,** § 14 ProdHaftG. Im unternehmerischen Geschäftsverkehr spielt sie zumindest im Fall von Sachbeschädigungen allerdings ohnehin kaum eine Rolle.[79]

---

[75] S. dazu umfassend Miethaner AGB-Kontrolle S. 136 ff. Großzügiger teilweise die Schiedsgerichtsbarkeit, Berger FS Westphalen S. 13 (17 ff.); auf Grundlage einer empirischen Untersuchung auch Leuschner Abschlussbericht S. 6: *„Etwa 3/4 der Befragten gaben an, intensive Verhandlungen über den Vertrag als Ganzes würden die Schiedsgerichte ausreichen lassen, um eine Klausel als Individualvereinbarung zu qualifizieren."* Zu großzügigeren OLG-Entscheidungen aus jüngerer Zeit mit Blick auf Anlagenbauverträge, die bislang aber vereinzelt geblieben sind Cloppenburg/Mahnken NZBau 2014, 743 (744).

[76] Speziell zur geltungserhaltenden Reduktion im Fall einer den § 276 Abs. 3 BGB nicht berücksichtigenden Haftungsbeschränkungsklausel (mit unterschiedlichen dogmatischen Begründungen) BGH NJOZ 2019, 1338 (1339): *„Da nicht angenommen werden kann, dass die Parteien eine gegen diese zwingende gesetzliche Regelung verstoßende Vereinbarung treffen wollten, ist die Schwundklausel dahin auszulegen, dass die Parteien damit eine Haftung der Kl. für vorsätzliches Verhalten nicht ausschließen wollten"*; im Ergebnis ebenso auch OLG Köln NJW-RR 2001, 1302 (1303); Staudinger/Roth BGB § 139 Rn. 14.

[77] Auf selbstständige Garantien, die nicht (mehr) an die Beschaffenheit des Vertragsgegenstandes anknüpfen, sind die §§ 444, 639 BGB nicht anwendbar, s. BeckOGK/Stöber, 1.6.2021, § 444 Rn. 85 ff.; Staudinger/Peters BGB § 639 Rn. 19.

[78] BeckOGK/Stöber, 1.6.2021, § 444 BGB Rn. 92 f.

[79] Anders dagegen bei durch mangelhafte Produkte verursachten Körperverletzungen, s. § 1 Abs. 1 ProdHaftG.

Klauselbeispiel für einen individualvertraglich vereinbarten Haftungsausschluss bei deutschem Vertrags- und Deliktsstatut

[•] Exclusion of Liability

[•] shall, irrespective of the legal basis (breach of pre-contractual or contractual duties, tort or otherwise), not be liable for any damages *(Schäden)* or expenditures *(Aufwendungen)* arising out of or related to the performance or non-performance of this contract. This exclusion of liability does not apply in case of intentional misconduct *(Vorsatz)* or in case of any liability incurred pursuant to the provisions of the German Product Liability Act *(Produkthaftungsgesetz)*.

b) Haftungsbegrenzungen in AGB

Massiv eingeschränkt ist der Spielraum für wirksame Haftungsbegrenzungen dagegen in Allgemeinen Geschäftsbedingungen. Die auch im unternehmerischen Geschäftsverkehr über § 307 BGB zu berücksichtigende Ausstrahlungswirkung von § 309 Nr. 7a) und b) BGB[80] verbietet im Ausgangspunkt den Ausschluss oder die Einschränkung der Haftung auch bei grober Fahrlässigkeit sowie einer Verletzung des Lebens, des Körpers oder der Gesundheit. Streitig ist lediglich, ob bei einer Pflichtverletzung durch einfache Erfüllungsgehilfen (außerhalb von Körperverletzungen) weitergehende Haftungsbegrenzungen auch im Fall von grober Fahrlässigkeit zulässig sind. Ein **Ausschluss** wird für diese Fälle (wenn überhaupt) aber nur in Betracht kommen, wenn keine Verletzung einer wesentlichen Vertragspflicht in Rede steht.[81] Dagegen soll eine bloße **Beschränkung** auf den vorhersehbaren Schaden grundsätzlich sogar im Fall der grob fahrlässigen Verletzung wesentlicher Vertragspflichten durch (einfache) Erfüllungsgehilfen möglich sein.[82] Viel gewonnen ist damit nicht.[83] 37

Das Hauptproblem ergibt sich aus der sog. **Kardinalpflichtenrechtsprechung** des BGH, die mittlerweile eine bereits seit Jahrzehnten andauernde Kontroverse über die Notwendigkeit einer Änderung der Rechtsprechung bzw. der gesetzlichen Rahmenbedingungen ausgelöst hat.[84] Aus dieser auf § 307 Abs. 2 Nr. 2 BGB gestützten Rechtsprechung folgt, dass auch im Bereich einfacher Fahrlässigkeit ein Haftungsausschluss nur zulässig ist, wenn keine **Kardinalpflichten** bzw. wesentlichen Vertragspflichten verletzt worden sind.[85] Andernfalls kommt lediglich eine Beschränkung auf den vorhersehbaren und vertragstypischen Schaden in Betracht. Da Hauptleistungspflichten (insbesondere also die rechtzeitige und mangelfreie Leistungserbringung) nach Auffassung der Rechtsprechung grundsätzlich wesentliche Vertragspflichten darstellen,[86] liegt es auf der Hand, dass Haftungsbegrenzungen in Allgemeinen Geschäftsbedingungen eine spürbare Risikobegrenzung nicht gewährleisten können: Denn die Verletzung von **Hauptleistungspflichten** (insbesondere die 38

[80] Stoffels AGB-Recht Rn. 979ff. mwN.

[81] Für die Wirksamkeit Peter Jura 2015, 121 (127); dagegen unter Berufung auf BGH NJW 2007, 3774 (3775) Ulmer/Brandner/Hensen/Christensen AGB-Recht § 309 Nr. 7 BGB Rn. 45; OLG Celle BeckRS 2017, 113113, Rn. 22; kritisch auch Stoffels AGB-Recht Rn. 983 sowie Wolf/Lindacher/Pfeiffer/Dammann AGB-Recht § 309 Nr. 7 BGB Rn. 163, die in dieser Konstellation eine besondere Rechtfertigung für notwendig erachten.

[82] Wolf/Lindacher/Pfeiffer/Dammann AGB-Recht § 309 Nr. 7 BGB Rn. 164 unter Verweis auf BGH NJW-RR 2006, 267 (270); andere Auffassung Ulmer/Brandner/Hensen/Christensen AGB-Recht § 309 Nr. 7 BGB Rn. 45; zu einer anschaulichen Matrix der bestehenden Freizeichnungsverbote und der hier insbes. mit Blick auf die Haftung für einfache Erfüllungsgehilfen weiterhin nicht geklärten Fragen Leuschner AGB-Recht Freizeichnungsklauseln Rn. 116.

[83] So auch Leuschner Abschlussbericht S. 29: *„Angesichts der geringen Wirkung, die eine der Vorhersehbarkeitsformel genügende Haftungsbeschränkung entfaltet, erscheint die Frage indes wenig praxisrelevant"*; plastisch auch Finkelmeyer ZIP 2022, 563 (567 f.).

[84] Aus jüngerer Zeit etwa Finkelmeyer ZIP 2022, 563 (565 f.): *„entscheidender Knackpunkt"*; Heydn BB 2021, 1420ff.; Müller IWRZ 2018, 153ff.; Maier-Reimer NJW 2017, 1ff.

[85] Ulmer/Brandner/Hensen/Christensen AGB-Recht § 309 Nr. 7 BGB Rn. 43; Grüneberg/Grüneberg BGB § 309 Rn. 55 jeweils mwN zur Rechtsprechung.

[86] S. nur BGH NJW 2002, 673 (674); für die Charakterisierung der termingerechten Fertigstellung eines Wohnhauses als wesentliche Vertragspflicht etwa OLG München IBR 2012, 330.

Schlecht- oder Spätleistung) stellt gerade das zentrale Haftungsrisiko in Wirtschaftsverträgen dar.[87] Wenig hilfreich ist dabei die Möglichkeit der Beschränkung der Haftung auf den vorhersehbaren Schaden: Gerade die in Wirtschaftsverträgen gefürchteten Betriebsausfallschäden sind nahezu immer vorhersehbar.[88] Angesichts der skizzierten Grenzen kommt auch die Vereinbarung einer Haftungshöchstsumme in AGB regelmäßig nicht in Betracht. Sie wäre (im Fall der Verletzung wesentlicher Vertragspflichten) nur dann wirksam, wenn sie den vorhersehbaren Schaden auch tatsächlich abdeckt.[89] Lediglich im Bereich der Verzugshaftung hat der BGH eine Haftungsbeschränkung auf 5% des Vertragspreises akzeptiert, sofern von der Klausel nur Schadensersatzansprüche neben der Leistung wegen Leistungsverzögerung (§§ 280 Abs. 1, Abs. 2, 286 BGB) und nicht Schadensersatzansprüche statt der Leistung erfasst werden: Denn in diesem Fall habe es der Kunde selbst in der Hand, mit Hilfe einer Nachfristsetzung und anschließender Vertragsaufhebung Verzugsschäden gering zu halten.[90] Über die restriktive Haltung des BGH sogar noch hinaus geht ein kürzlich ergangenes Urteil des OLG Frankfurt, das selbst einen Ausschluss der **verschuldensunabhängigen (!) Haftung** des Vermieters aus § 536a BGB in AGB für unzulässig gehalten hat, wenn und soweit eine Verletzung von Kardinalpflichten in Rede steht.[91]

39 Für die Vertragsgestaltung ist zu beachten, dass der BGH aus dem Transparenzgebot des § 307 Abs. 1 S. 2 BGB auch ableitet, dass der Begriff der Kardinalpflicht zumindest abstrakt umschrieben werden muss.[92] Für den äquivalenten Begriff der „wesentlichen Vertragspflicht" hat die Rechtsprechung das gleichermaßen verlangt.[93]

Klauselbeispiel für eine allgemeine Haftungsbeschränkung in Allgemeinen Geschäftsbedingungen bei deutschem Vertragsstatut

[•] Limitation of Liability

(1) [•] shall be liable in accordance with the applicable law in case of i) intent, ii) gross negligence, iii) loss of life, bodily injury or damage to health as well as iv) in case of claims based on the German Product Liability Act *(Produkthaftungsgesetz)*.[94]

(2) In all other cases, [•] shall only be liable if [•] has infringed fundamental contractual obligations *(wesentliche Vertragspflichten)*. Fundamental contractual obligations are duties which must be complied with in order to ensure the proper performance of this contract and upon the performance of which [•] relied or could be reasonably expected to rely on. In this event, the liability shall however be limited to the foreseeable, typical damage.

2. Vertragliche Haftungsbegrenzungen im Schweizer Recht

40 Angesichts der restriktiven AGB-Inhaltskontrolle im deutschen Recht ist das Schweizer Recht gerade für deutsche Unternehmen in den letzten Jahrzehnten ein **beliebter**

---

[87] Kritisch zur Kardinalpflichtenrechtsprechung vor dem Hintergrund der von § 307 Abs. 2 Nr. 2 BGB verlangten Gefährdung des Vertragszwecks Tettinger AcP 205 (2005), 1 (17f.), der zu Recht darauf hinweist, dass die Gleichsetzung von Haftungsbeschränkungen im Fall der Verletzung wesentlicher Vertragspflichtverletzungen mit einer Vertragszweckgefährdung nicht gerechtfertigt ist; befürwortend dagegen etwa Ulmer/Brandner/Hensen/Christensen AGB-Recht § 309 Nr. 7 BGB Rn. 43.

[88] Ostendorf ZGS 2006, 222 (225); Dauner-Lieb/Khan FS Westphalen S. 55 (64); Dauner-Lieb/Kollmann BGB § 307 Rn. 51: „(…) *sollte man sich bei dieser Begrenzung keinen allzu großen Hoffnungen hingeben*".

[89] Schwab AGB-Recht S. 232.

[90] BGH NJW 2001, 292 (295).

[91] OLG Frankfurt Urt. v. 30.12.2021 – 2 U 28/21, BeckRS 2021, 43481.

[92] BGH NJW-RR 2005, 1496 (1505); am Mehrwert für den Vertragspartner zu Recht zweifelnd Peter Jura 2015, 121 (124f.).

[93] OLG Celle BB 2009, 129.

[94] Die Klausel beginnt mit der positiven Darstellung des bestehenbleibenden Haftungsumfangs, um eine Unwirksamkeit aufgrund einer Beweislastverschlechterung (§ 309 Nr. 12 BGB) zu vermeiden, s. dazu Thamm BB 1996, 653 (654).

Fluchthafen geworden, wenn angesichts eines genuin internationalen Vertragselements kollisionsrechtlich die Möglichkeit zur Abwahl des deutschen Rechts eröffnet ist.[95] Aus Sicht deutscher Unternehmen ist dabei insbesondere attraktiv, dass das Schweizer Recht im unternehmerischen Geschäftsverkehr bislang keine reguläre Inhaltskontrolle von Standardbedingungen kennt und die Rechtsermittlungskosten durch die sprachliche und auch rechtshistorisch bedingte Nähe zum deutschen Recht zugleich deutlich geringer ausfallen als bei anderen Rechtsordnungen. Unbegrenzt sind die Möglichkeiten vertraglicher Haftungsbegrenzungen freilich auch im Schweizer Recht nicht. Bei Individualverträgen ist Schweizer Recht sogar restriktiver als das deutsche Recht.

a) Grenzen der Art. 100 und Art. 101 Obligationenrecht

Haftungsausschlüsse oder Haftungsbeschränkungen sind gem. Art. 100 Abs. 1 OR weder 41 in vorformulierten Standardbedingungen noch in Individualverträgen zulässig, wenn die korrespondierende Pflichtverletzung auf **Vorsatz oder grober Fahrlässigkeit** beruht. Für durch einfache Erfüllungsgehilfen verursachte Pflichtverletzungen ist gem. Art. 101 Abs. 1 OR (vergleichbar mit § 278 S. 2 BGB) dagegen grundsätzlich ein vollständiger Ausschluss der Haftung möglich.[96] Abzugrenzen sind Erfüllungsgehilfen in weiter Auslegung von Art. 55 ZGB (vergleichbar der Auslegung von § 31 BGB durch die deutsche Rechtsprechung) dabei sowohl von den Organen der Gesellschaft als auch von leitenden Angestellten, die den Organen vergleichbare Funktionen im Unternehmen wahrnehmen.[97]

Im Bereich der **Gewährleistungshaftung im Kaufrecht** ist durch das Schweizer Bun- 42 desgericht bislang nicht abschließend geklärt worden,[98] ob ein weitergehender Ausschluss auch für Fälle der groben Fahrlässigkeit in Betracht kommt, da Art. 199 OR[99] eine Beschränkung der Gewährspflicht mit Ausnahme (nur) von Arglist zulässt. Umgekehrt werden in Rechtsprechung und Literatur über Art. 100 OR hinaus zwei weitere Schranken für Haftungsbegrenzungen diskutiert: Nach (allerdings zunehmend umstrittener) Auffassung[100] verstoßen Haftungsbegrenzungen im Fall von **Körperverletzungen** auch im Bereich einfacher Fahrlässigkeit gegen die guten Sitten und sind daher gem. Art. 20 OR nichtig; Rechtsprechung insbesondere des Schweizer Bundesgerichts dazu besteht aller-

---

[95] S. etwa Voser/Boog RIW 2009, 126; zur Wahl Schweizer Rechts in Kombination mit einer Schiedsvereinbarung bei inländischen Sachverhalten zuletzt Ostendorf ZIP 2022, 730 ff.

[96] Art. 101 OR: *„Wer die Erfüllung einer Schuldpflicht oder die Ausübung eines Rechtes aus einem Schuldverhältnis, wenn auch befugterweise, durch eine Hilfsperson, wie Hausgenossen oder Arbeitnehmer vornehmen lässt, hat dem andern den Schaden zu ersetzen, den die Hilfsperson in Ausübung ihrer Verrichtungen verursacht. Diese Haftung kann durch eine zum voraus getroffene Verabredung beschränkt oder aufgehoben werden. Steht aber der Verzichtende im Dienst des andern oder folgt die Verantwortlichkeit aus dem Betriebe eines obrigkeitlich konzessionierten Gewerbes, so darf die Haftung höchstens für leichtes Verschulden wegbedungen werden.“* Ein Haftungsausschluss in AGB für vorsätzliches oder grob fahrlässiges Verhalten von Hilfspersonen soll nach teilweise vertretener Auffassung aber an der Ungewöhnlichkeitsregel scheitern, so jedenfalls Emmenegger/Jegher/Graf FS Thomas Koller S. 177 (192).

[97] BGE 128 III 92 (93).

[98] Allerdings hält das Schweizer Bundesgericht eine Haftungsbeschränkung zumindest im Fall einer grobfahrlässigen Unkenntnis des Verkäufers über den Mangel für zulässig, BG Urt. v. 3.5.2021 – 4 A_38/2021 Rn. 7.1: *„Weiss der Verkäufer nicht um den Mangel, scheidet Arglist dagegen aus, selbst wenn die Unkenntnis aus der eigenen (selbst groben) Nachlässigkeit folgt. (Grob-) fahrlässige Unkenntnis eines Mangels führt mithin nicht zur Ungültigkeit einer Freizeichnungsklausel“.*

[99] Art. 199 OR: *„Eine Vereinbarung über die Aufhebung oder Beschränkung der Gewährspflicht ist ungültig, wenn der Verkäufer dem Käufer die Gewährsmängel arglistig verschwiegen hat.“* Für einen Vorrang von Art. 199 OR BSK/Honsell OR I Art. 199 Rn. 1; dagegen BK/Weber/Emmenegger OR Art. 100 Rn. 39 mwN; differenzierend (ausschließliche Anwendung von Art. 199 OR (nur) in Fällen, in denen das Verschulden Kenntnis bzw. grobfahrlässige Unkenntnis vom Mangel (nicht dagegen die Mangelverursachung selbst) betrifft Atamer/Küng AJP 2021, 1093 (1102).

[100] Dafür insbes. Schwenzer/Fountoulakis Allgemeiner Teil Rn. 24.14; dagegen (entgegen der Vorauflage) insbesondere Gauch/Schluep/Schmid/Emmenegger Allgemeiner Teil Rn. 3094; BSK/Widmer Lüchinger/Wiegand OR I Art. 100 Rn. 4, die eine Qualifizierung eines Haftungsausschlusses für Körperschäden als per se sittenwidrig für fragwürdig halten; ebenso Koller OR AT Rn. 60.20 ff.; umfassend zum Streitstand Hochstrasser AJP 2016, 910 ff.

dings nach wie vor nicht. Vereinzelt werden Haftungsbegrenzungen darüber hinaus im Auftragsrecht (die Schweizer Terminologie für Dienstleistungsverträge) als unwirksam angesehen.[101]

b) Weitergehende Inhaltskontrolle von vorformulierten Klauseln?

43 Das Schweizer Recht kennt bislang kaum Regelungen für eine Inhaltskontrolle vorformulierter Klauseln. Kodifizierte Grenzen bei der Gestaltung von **Allgemeinen Geschäftsbedingungen** existieren (mit Ausnahme von speziellen Vorgaben für Miet- und Pachtverträge)[102] lediglich im Wettbewerbsrecht: Nach § 8 des Bundesgesetzes gegen den unlauteren Wettbewerb (UWG) handelt unlauter, wer AGB verwendet, die in Treu und Glauben verletzender Weise zum Nachteil der Konsumenten ein erhebliches und ungerechtfertigtes Missverhältnis zwischen den vertraglichen Rechten und Pflichten vorsehen. Durch die seit 2012 geltende Neufassung des § 8 UWG ist zwar einer **Irreführung** des Vertragspartners nicht länger notwendige Tatbestandsvoraussetzung dieser Norm. Allerdings fallen Verträge im **unternehmerischen Geschäftsverkehr** nach der Gesetzesänderung ausdrücklich **nicht mehr in den Anwendungsbereich** von § 8 UWG.[103]

44 Gewohnheitsrechtlich hat die Schweizer Rechtsprechung allerdings die sog. Ungewöhnlichkeitsregel und die Unklarheitenregel entwickelt, die auch im unternehmerischen Geschäftsverkehr zur Anwendung kommen. Die **Unklarheitenregel** deckt sich im Wesentlichen mit dem auch in anderen Rechtsordnungen anerkannten contra proferentem Grundsatz, dem zu Folge verbleibende Zweifel bei der Auslegung von Haftungsklauseln zu Lasten des Verwenders gehen.[104] Die **Ungewöhnlichkeitsregel** ist dagegen funktional mit § 305c Abs. 1 BGB vergleichbar:[105] Sie führt zu der Nichteinbeziehung einer Klausel, wenn diese einen geschäftsfremden Inhalt aufweist (objektive Ungewöhnlichkeit) *und* die andere Vertragspartei auf diese Regelung auch nicht gesondert hingewiesen worden ist (subjektive Ungewöhnlichkeit).[106] Zuletzt sollen Haftungsbeschränkungen in AGB nach verbreiteter Auffassung im Zweifel **generell eng ausgelegt** werden **(Regel der restriktiven Auslegung).**[107]

45 Eine darüber hinausgehende (offene) **Inhaltskontrolle** von Haftungsbegrenzungen in Standardverträgen hat die höchstrichterliche Rechtsprechung dagegen bislang abgelehnt.[108] Insbesondere existieren keine mit der Kardinalpflichtenrechtsprechung des BGH vergleichbaren Restriktionen für Haftungsbeschränkungen im Fall einfach fahrlässiger Verletzungen wesentlicher Vertragspflichten.[109] In der Literatur wird eine über Art. 100 OR hinausgehende Inhaltskontrolle unter Berufung auf Art. 19 OR (öffentliche Ordnung), Art. 21 OR (Übervorteilung) sowie Art. 2 ZGB (Treu und Glauben) zwar teilweise gefordert.[110] Wie-

---

[101] Zum Diskussionsstand BK/Weber/Emmenegger OR Art. 100 Rn. 43; BSK/Widmer Lüchinger/Wiegand OR I Art. 100 Rn. 6.

[102] Art. 256 Abs. 2 lit. a OR und Art. 288 Abs. 2 lit. a OR.

[103] Wildhaber SJZ 2011, 537 (538).

[104] BSK/Meise/Huguenin OR I Art. 19/20 Rn. 27 mit Rechtsprechungsnachweisen.

[105] Pfeiffer FS Westphalen S. 555 (560).

[106] Dazu mit zahlreichen Rechtsprechungsnachweisen Koller AJP/PJA 2008, 943 ff.

[107] BK/Weber/Emmenegger OR Art. 100 Rn. 81.

[108] BG Urt. v. 7.11.2007 – B 160/06 Rn. 6.2; BG Urt. v. 22.8.2011 – 4 A 272/2011 Rn. 2.2: *„Eine von der dispositiven Regelung abweichende Freizeichnungsklausel bleibt zulässig, selbst wenn sie standardmässig verwendet werden sollte."* Die Ausklammerung von B2B-Verträgen aus dem Anwendungsbereich von § 8 UWG dürfte diese Position zumindest für den unternehmerischen Geschäftsverkehr nachhaltig bestätigt haben, so auch Stöckli BR/DC 2011, 184 (185); Roberto/Walker recht 2014, 49 (52).

[109] Das übersieht Sommerfeld IWRZ 2022, 64 (70), der zu Folge sich die Wirksamkeitsgrenzen von Haftungsausschlussklauseln in AGB im unternehmerischen Verkehr im Schweizer Recht angeblich „nur um Nuancen" vom deutschen Recht unterscheiden sollen.

[110] Insbes. Schwenzer/Fountoulakis Allgemeiner Teil Rn. 24.08 und Rn. 32.45; für die Möglichkeit einer Inhaltskontrolle auch im unternehmerischen Geschäftsverkehr selbst nach der Neufassung von § 8 UWG auch Schmid ZBJV 2012, 1 (18); zumindest de lege ferenda Atamer/Küng AJP 2021, 1093 (1111) sowie

derholte Gesetzesinitiativen, die eine AGB-Inhaltskontrolle über die Einfügung einer (§ 307 BGB vergleichbaren) Generalklausel im Obligationenrecht einführen wollten, sind in der Vergangenheit aber gescheitert.[111] Nach der bewussten Verengung des § 8 UWG auf Verbraucherverträge erscheint es weiterhin als unwahrscheinlich, dass die offene Inhaltskontrolle kurz- oder mittelfristig auf B2B-Verträge ausgeweitet werden wird.[112]

Traditionell existiert im Schweizer Recht auch **kein Verbot der geltungserhaltenden Reduktion.** Das gilt nicht nur für Haftungsklauseln in Individualverträgen, sondern auch für in Allgemeinen Geschäftsbedingungen enthaltene Regelungen.[113] Ausnahmen davon macht die jüngere Rechtsprechung im Fall von Formularklauseln, die erheblich von der zum **Schutz einer schwächeren Vertragspartei** bestehenden Vorschrift (im Regelfall einem Verbraucher) abweichen.[114] Einzelne Stimmen gehen allerdings davon aus, dass diese Rechtsprechung auch auf den unternehmerischen Geschäftsverkehr übertragen werden kann.[115] 46

c) Auslegungsgrundsätze für Haftungsbegrenzungen im Schweizer Recht

Eine **restriktive Auslegung** von Haftungsbegrenzungen lässt sich auch in der Schweizer Rechtsprechung beobachten.[116] In einer Entscheidung aus dem Jahr 2004 hat das Schweizer Bundesgericht etwa entschieden, dass eine allgemeine Haftungsklausel bei objektiver Auslegung nicht die Haftung für gänzlich **unerwartete Mängel** erfasst, die den wirtschaftlichen Zweck des Geschäfts **erheblich beeinträchtigen** können. Unerwartet in diesem Sinne kann dabei nicht nur der Mangel als solcher, sondern auch das Ausmaß des Schadens sein, der durch ihn verursacht wird.[117] Einer Vertragsklausel in einem Standardvertrag des Schweizerischen Ingenieur- und Architektenvereins (SIA), die eine Haftung des ausführenden Architekten für „unmittelbare Schäden“ vorsah, hat das Schweizer Bundesgericht wiederum nur die deklaratorische Klarstellung entnommen, dass zwischen Vertragsverletzung des Architekten und dem geltend gemachten Schaden ein adäquater Kau- 47

Jentsch recht 2020, 73 (86), der allerdings explizit auf die Gefahr hinweist, dass durch einen solchen Schritt ein wichtiger Wettbewerbsvorteil des Schweizer Rechts aufgegeben würde.

[111] Zu den Reformvorhaben Koller AJP 2008, 943ff.

[112] Zu erfolglos gebliebenen parlamentarischen Initiativen einzelner Nationalratsabgeordneter zugunsten einer Ausweitung des Anwendungsbereichs von § 8 UWG auf den unternehmerischen Geschäftsverkehr Frei/Jung EuCML 2015, 165 (166).

[113] So zumindest für den unternehmerischen Geschäftsverkehr BSK/Widmer Lüchinger/Wiegand OR I Art. 100 Rn. 14; vgl. auch BK/Weber/Emmenegger OR Art. 100 Rn. 156 mwN auch zu abweichenden Auffassungen im Schrifttum.

[114] S. Pfeiffer FS Westphalen S. 555 (561) unter Verweis auf BG Urt. v. 18.12.2008 – 4 A_404/2008 Rn. 5.6.3.2.1; für eine Beschränkung auf B2C-Verträge Boog/Eschment RIW 2015, 245 (254).

[115] Ehle/Brunschweiler RIW 2012, 262 (269); so wohl auch Rusch AJP 2014, 203 (206f.).

[116] Zum geltenden Restriktionsprinzip im Fall einer Abweichung vom dispositiven Gesetzesrecht Rusch AJP 2014, 203 (205).

[117] BGE 130 III 686 Rn. 4.3.1ff.: *„Nach der bundesgerichtlichen Rechtsprechung fällt ein Mangel bei objektivierter Auslegung dann nicht unter den Gewährleistungsausschluss, wenn er gänzlich außerhalb dessen lag, womit ein Käufer vernünftigerweise rechnen musste. Dabei hängt von den konkreten Umständen des Einzelfalls ab, womit ein Käufer zu rechnen hat […]. Für die Beurteilung der Frage, ob ein bestimmter Mangel unter den Gewährleistungsausschluss fällt oder nicht, ist deshalb auf den wirtschaftlichen Zweck des Kaufvertrages abzustellen […]. Dementsprechend hat das Bundesgericht […] bei der Beurteilung der Frage, ob ein Mangel gänzlich außerhalb dessen lag, womit der Käufer vernünftigerweise rechnen musste, auch das Ausmaß des Schadens berücksichtigt. Damit ein Mangel von einer allgemein formulierten Freizeichnungsklausel nicht erfasst wird, genügt es nicht, dass er unerwartet ist; er muss auch den wirtschaftlichen Zweck des Geschäfts erheblich beeinträchtigen. Dies heisst allerdings nicht, dass zunächst ohne Rücksicht auf das Ausmaß des Mangels zu beurteilen ist, ob er seiner Art nach gänzlich außerhalb von dem liegt, womit vernünftigerweise zu rechnen ist, und erst, wenn dies bejaht wurde, in einem zweiten Schritt zu prüfen wäre, ob der wirtschaftliche Zweck des Vertrages im Sinne einer kumulativen Voraussetzung erheblich beeinträchtigt wird. Vielmehr ist im Rahmen einer einheitlichen gesamthaften Beurteilung festzustellen, ob der Käufer mit den Mängeln einer bestimmten Art im vorhandenen Ausmaß rechnen musste.“* Bestätigt durch BG Urt. v. 19.3.2014 – 4 A_538/2013 Rn. 85.

salzusammenhang bestehen müsse und eine haftungsbeschränkende Wirkung der Klausel damit vollständig abgelehnt.[118]

48 Unter grober Fahrlässigkeit versteht das Schweizer Recht vergleichbar mit dem deutschen Recht *„ein Verhalten, das gegen die elementarsten Vorsichtsgebote verstößt, deren Beachtung jedem verständigen Menschen in gleicher Lage und unter den gleichen Umständen hätte einleuchten müssen."*[119] Wie in anderen Rechtsordnungen besteht aus Sicht des Haftungsschuldners aber auch im Schweizer Recht das Risiko, dass die Rechtsprechung im Einzelfall eine Neigung verspüren kann, Pflichtverletzungen als grob fahrlässig einzustufen, damit aus **Billigkeitsgründen** eine vertragliche Haftungsbegrenzung gestützt auf Art. 100 Abs. 1 OR nicht berücksichtigt werden muss.[120]

3. Vertragliche Haftungsbegrenzungen im anglo-amerikanischen Rechtskreis

a) Englisches Recht: Unfair Contract Terms Act 1977 und common law

49 Zwingende Grenzen für Haftungsbegrenzungen im englischen Recht entspringen in erster Linie dem (auch) auf „commercial contracts" anwendbaren **Unfair Contract Terms Act 1977.** Seit dem Inkrafttreten des Consumer Act 2015, der verbraucherschützende Vorschriften auch mit Blick auf eine Einbeziehungs- und Inhaltskontrolle von Vertragsklauseln enthält, ist der UCTA mittlerweile sogar nur noch im unternehmerischen Geschäftsverkehr anwendbar.[121]

S. 2 UCTA erfasst zunächst Beschränkungen der **verschuldensabhängigen Haftung** aus **negligence,** mit der auf Grundlage der entsprechenden Definition in s. 1 Abs. 1 lit. a) und b) UCTA zum einen die funktional mit § 823 Abs. 1 BGB vergleichbare Deliktshaftung aus dem allgemeinen common law Tatbestand des tort in negligence, darüber hinaus aber auch die Verletzung vertraglicher Sorgfaltspflichten gemeint ist.[122]

- Gänzlich **unwirksam** sind danach Beschränkungen oder -ausschlüsse der Haftung aus negligence für **Tod oder Körperverletzung** (s. 2 Abs. 1 UCTA);
- für alle sonstigen Schäden sind Ausschlüsse oder Beschränkungen der Haftung aus negligence nur möglich, wenn sie im Einzelfall als „reasonable" angesehen werden können (s. 2 Abs. 2 UCTA);[123] die **Darlegungs- und Beweislast** dafür liegt beim Haftungsschuldner, s. 11 Abs. 5 UCTA.

Darüber hinaus unterliegen **Beschränkungen der verschuldensunabhängigen Haftung** (strict liability) im Fall von **Vertragsverletzungen** dem bereits angesprochenen reasonableness test, sofern die Klausel in Allgemeinen Geschäftsbedingungen („on the other written standard terms of business") enthalten ist, s. 3 Abs. 1, Abs. 2 lit. a) UCTA.[124] Der nicht legaldefinierte Begriff der standard terms entspricht dabei weitgehend, wenn auch keineswegs vollständig dem Verständnis im deutschen Recht: Auch standard terms setzen Vertragsbedingungen voraus, die unabhängig vom konkreten Einzelfall für eine **Vielzahl von Abschlüssen** konzipiert und mit der Gegenseite nicht ausgehandelt werden. Anders als im deutschen Recht ist ua bei der Frage der Mehrfachverwendung allerdings nicht auf den Ersteller, sondern den **Verwender** abzustellen: Die nur gelegentliche Verwendung

---

[118] BGE 126 III 388.
[119] BK/Weber/Emmenegger OR Art. 100 Rn. 95.
[120] Hürlimann/Siegenthaler Jusletter 2.2.2004, 12f. unter Verweis auf die Entscheidung BG Urt. v. 19.12.2001 – 4C.149/2001, in der das Berufungsgericht von der Schwere des Mangels zugleich auf die Schwere des Verschuldens geschlossen habe.
[121] Vgl. s. 1 Abs. 3, 2 Abs. 4, 3 Abs. 3, 6 Abs. 5, 7 (4A) UCTA.
[122] S. 1 Abs. 1 lit. b) UCTA „(…) *any obligation, arising from the express or implied terms of a contract, to take reasonable care or exercise reasonable skill in the performance of the contract.*"
[123] S. 2 Abs. 1 und Abs. 2 UCTA.
[124] S. 3 Abs. 1, Abs. 2 lit. a) UCTA.

branchenüblicher Standardbedingungen führt daher nicht zur Qualifizierung als standard terms.[125]

Der gleiche Prüfungsmaßstab kommt zuletzt auch bei einer Einschränkung der Haftung aus einer sog. misrepresentation zur Anwendung, s. 3 Misrepresentation Act 1967.

Für die im Rahmen von s. 2 Abs. 2 und s. 3 UCTA notwendige **Prüfung der Angemessenheit** (reasonableness) kann auf die (allerdings recht zirkelschlüssige) Legaldefinition in s. 11 Abs. 1 UCTA zurückgegriffen werden: Angemessen ist die Haftungsklausel danach (nur), wenn sie unter Berücksichtigung der Umstände, die den Parteien bei Vertragsschluss bekannt waren oder ihnen hätten bekannt sein müssen, **fair und angemessen** ist. Anders als im deutschen Recht spielen bei dieser Frage nicht nur inhaltliche Kriterien eine Rolle: Auf Grundlage der von s. 11 Abs. 2 UCTA in Verbindung mit Schedule 2 UCTA in Bezug genommenen Parameter kommt es hier unter anderem auch auf die relative Verhandlungsmacht der Parteien, die Existenz alternativer Bezugsquellen, die Branchenüblichkeit der Klausel und etwaige für ihre Akzeptanz erhaltene Anreize zugunsten der anderen Vertragspartei an. Mit Blick auf **summenmäßige Haftungsbeschränkungen** ist gem. s. 11 Abs. 4 UCTA neben der finanziellen Leistungsfähigkeit des die Haftung einschränkenden Unternehmens auch zu berücksichtigen, inwieweit (Haftpflicht-)Versicherungsschutz zur Verfügung stand. Da bei der Angemessenheitsprüfung immer die Umstände des jeweiligen Einzelfalls eine entscheidende Rolle spielen, lassen sich aus der Rechtsprechung nur schwer allgemeingültige Aussagen ableiten. Als **„unreasonable"** wurde in jüngerer Zeit wenig überraschend etwa eine Haftungsklausel angesehen, die zugunsten des Lieferanten einen vollständigen Haftungsausschluss für den Fall einer nicht rechtzeitigen Zahlung des Kaufpreises durch den Käufer vorsah.[126] Nicht standhalten konnte der Angemessenheitsprüfung auch eine Freizeichnungsklausel, die die Haftung des Lieferanten von Industrieklebstoffen im Mangelfall auf Nachlieferung bzw. – nach seiner Wahl – einer Rückerstattung des Kaufpreises beschränkte.[127] Eine Haftungsbeschränkung in Höhe von £ 3 Mio. in einem Anwaltsvertrag wiederum wäre nach einer kürzlich ergangenen Entscheidung des High Court jedenfalls dann unangemessen, wenn sie sich auch auf Haftungsansprüche auf Rückzahlung von Honoraren wegen unnötiger Beratungsleistungen (die sich im zugrundeliegenden Sachverhalt auf einen Betrag von £ 11,5 Mio. beliefen) erstrecken würde.[128] 50

Für internationale Wirtschaftsverträge[129] spielt der UCTA allerdings nur eine sehr begrenzte Rolle: Gemäß s. 26 Abs. 1, 2 ist er zum einen nicht auf **internationale Lieferverträge** (international supply contracts) anwendbar. Internationale Lieferverträge sind dabei als Warenkaufverträge oder andere Verträge legaldefiniert, bei denen es zu einem Wechsel von Besitz oder Eigentum an Waren kommt (s. 26 Abs. 3 lit. a) UCTA), wodurch etwa auch Leasingverträge erfasst werden. „International" ist der Liefervertrag wiederum nach der komplexen und wenig anwenderfreundlichen gesetzlichen Begriffsbestimmung dann, wenn die **Parteien ihren Sitz in verschiedenen Staaten** haben (s. 26 Abs. 3 lit. b UCTA), **vorausgesetzt** 51

[125] *African Export-Import Bank v Shebah Exploration and Production Co Ltd* [2017] EWCA Civ 845 Rn. 20: *„The third requirement that the term is part of the other party's standard terms of business means that it has to be shown that that other party habitually uses those terms of business. It is not enough that he sometimes does and sometimes does not. Nor is it enough to show that a model form has, on the particular occasion, been used; the party relying on the Act has to show that such model form is habitually used by the other party."*

[126] *Phoenix Interior Design Ltd v Henley Homes plc* [2021] EWHC 1573 (QB) Rn. 85.

[127] *BA Kitchen Components Ltd v Jowat (UK) Ltd* [2021] NIQB 3 Rn. 47; großzügiger (bedingt allerdings durch die Besonderheiten des hier zugrundeliegenden Sachverhaltes, dazu auch → Rn. 12) *Goodlife Foods Limited v Hall Fire Protection Limited* [2018] EWCA Civ 1371.

[128] Im Ergebnis kam es darauf freilich nicht mehr an, da der maßgebliche Haftungsdeckel im Anwaltsvertrag nach Auffassung des High Court schon nach seinem Wortlaut (*„Losses arising from or in connection with our services in relation to the relevant matter"*) keine Rückzahlungsansprüche für überzahlte Honorare erfasste, *Eurasian Natural Resources Corporation Ltd v Dechert LLP* [2022] EWHC 1138 (Comm) Rn. 1631 ff.

[129] Darüber hinaus sind eine Reihe von Vertragstypen (ua namentlich Versicherungs- und Gesellschaftsverträge sowie Verträge über die Begründung oder Löschung von Rechten an Immobilien und Immaterialgüterrechten) generell vom gegenständlichen Anwendungsbereich ausgenommen, Schedule 1 UCTA.

- der Kaufgegenstand befindet sich zum Zeitpunkt des Vertragsschlusses entweder auf einem grenzüberschreitenden Transport (oder ein solcher Transport wird unabhängig von korrespondierenden Lieferpflichten nach übereinstimmendem Verständnis der Parteien später notwendig), s. 26 Abs. 4 lit. a) UCTA;
- Vertragsangebot und -annahme werden von den Parteien in verschiedenen Staaten abgegeben, s. 26 Abs. 4 lit. b) UCTA;
  oder
- der Vertrag sieht die Lieferung des Vertragsgegenstandes in einen anderen Staat als dem Abschlussort vor, s. 26 Abs. 4 lit. c) UCTA.[130]

Die Bereichsausnahme für internationale Lieferverträge erstreckt sich nach der Rechtsprechung auch auf die deliktisch qualifizierte Haftung wegen einer vorvertraglichen misrepresentation.[131]

S. 27 Abs. 1 UCTA schließt wiederum die Anwendung der maßgeblichen s. 2, 3, 6 & 7 UCTA (anders als s. 26 UCTA dagegen nicht die Inhaltskontrolle vertraglicher Beschränkungen der Haftung wegen einer misrepresentation) auch für **alle sonstigen Vertragstypen** aus, wenn der Vertrag nur wegen einer **Rechtswahl** der Parteien englischem Recht unterliegt.[132] Umgekehrt können die Parteien der Anwendung des UCTA hier aber nicht entkommen, wenn bei objektiver Anknüpfung englisches Recht anwendbar wäre und die Abwahl englischen Rechts zu Umgehungszwecken vorgenommen wurde.[133] Kollisionsrechtlich dürfte daraus folgen, dass der UCTA in der zuletzt geschilderten Fallkonstellation als Eingriffsnorm im Sinne von Art. 9 Rom I-VO eingeordnet werden muss.

52 Da der UCTA auf internationale Wirtschaftsverträge regelmäßig nicht anwendbar ist, verbleiben hier häufig nur die **Grenzen** des **common law,** die einen Haftungsausschluss im Grundsatz bis auf den Fall von auf **„fraud"**[134] des Schuldners gestützten Haftungstatbeständen und damit selbst im Fall einer vorsätzlichen Pflichtverletzung (intentional misconduct)[135] zulassen. Ein wirksamer Ausschluss der Haftung für vorsätzliche Pflichtverletzung setzt dabei im Übrigen nicht einmal mehr voraus, dass die Freizeichnungsklausel dies ausdrücklich vorsieht.[136] Schon seit Anfang der 80er Jahre des letzten Jahrhunderts hat die Rechtsprechung auch die der Kardinalpflichtenrechtsprechung des BGH funktional vergleichbare „fundamental breach doctrine" aufgegeben: Haftungsbegrenzungen bleiben daher auch bei **Verletzung wesentlicher Vertragspflichten** wirksam.[137]

53 Da die Inhaltskontrolle zumindest außerhalb des Anwendungsbereichs des UCTA damit nur sehr schwach ausgeprägt ist, **legt** die englische Rechtsprechung **Freizeichnungsklauseln traditionell eng** aus.[138] In den letzten Jahren lässt sich hier allerdings eine Trendwen-

---

[130] Nicht von der letzten Alternative erfasst war nach Auffassung des Court of Appeal im Gegensatz zur Vorinstanz eine Fallkonstellation, in der die Parteien den Kaufvertrag über ein Flugzeug in Abu Dhabi abgeschlossen, Lieferung (des bereits hier befindlichen Flugzeugs) aber in England erfolgen sollte, *Amiri Flight Authority v BAE Systems plc* [2003] EWCA Civ 1447 Rn. 44.

[131] *Trident Turboprop (Dublin) Limited v First Flight Couriers Limited* [2009] EWCA Civ 290 Rn. 16 ff.; Lawson Exclusion Clauses S. 156 f.

[132] *Deutsche Bank (Suisse) AG v Gulzar Ahmed Khan & Others* [2013] EWHC 482 (Comm) Rn. 356 ff.

[133] S. 27 Abs. 2 lit. a) UCTA, der ausdrücklich auch von Schiedsgerichten berücksichtigt werden soll.

[134] Grundlegend *S Pearson & Son Ltd v Dublin Corp* [1907] A.C. 351 (362). Dagegen ist ein Ausschluss der Haftung bei fraud eines Erfüllungsgehilfen wohl möglich; Voraussetzung ist allerdings eine in dieser Hinsicht unmissverständliche Regelung, Chitty on Contracts General Principles Rn. 17–067 mit weiteren Rechtsprechungsnachweisen.

[135] Chitty on Contracts General Principles Rn. 17–019.

[136] *Mott Macdonald Ltd v Trant Engineering Ltd* [2021] EWHC 754 (TCC) Rn. 64: *„Exemption clauses including those purporting to exclude or limit liability for deliberate and repudiatory breaches are to be construed by reference to the normal principles of contractual construction without the imposition of a presumption and without requiring any particular form of words or level of language to achieve the effect of excluding liability"*; anders noch *Internet Broadcasting Corporation Ltd & others v MAR LLC* [2009] EWHC 844 (Ch) Rn. 32 ff.

[137] *Photo Production Ltd v Securicor Transport Ltd.* [1980] A.C. 827.

[138] Lawson Exclusion Clauses S. 46. Grundlegend (und nach wie vor maßgebliche Leitentscheidung) *Gilbert-Ash (Northern) Ltd v Modern Engineering (Bristol) Ltd* [1974] AC 689 (717): *„(…) one **starts with the pre-***

de beobachten. Jüngere englische Urteile betonen zunehmend, dass für Haftungsklauseln grundsätzlich keine von allgemeinen Auslegungsregeln abweichenden Prinzipien gelten und auch der contra proferentem Grundsatz nur eingreift, wenn nach Anwendung aller regulären Auslegungsmethoden eine echte Ambivalenz verbleibt. Nichtsdestotrotz haben sich vor allem drei Fallgruppen herauskristallisiert, die im Ergebnis (wenn auch zunehmend abgeschwächt) immer noch zu einer einschränkenden Auslegung von Freizeichnungsklauseln führen können[139]:

- Zum einen werden Haftungsklauseln grundsätzlich so ausgelegt, dass sie **nicht** zu einer **vollständigen Befreiung des Schuldners** von den Konsequenzen einer Vertragsverletzung und damit im Ergebnis zu einer weitgehenden Unverbindlichkeit des abgeschlossenen Vertrages („mere declaration of intent") führen können. Die maßgeblichen Urteile betreffen dabei vor allem Fälle der (rechtswidrigen) Vertragsaufsage einer Partei (renunciation), die bei einer wörtlichen Auslegung der maßgeblichen Haftungsklauseln dazu führen würden, dass die andere Partei mit Blick auf ihr Erfüllungsinteresse überhaupt keine Rechtsbehelfe mehr beanspruchen könnte.[140]
- Auf Grundlage der Leitentscheidung **Canada Steamship** des Judicial Committee of the Privy Council aus dem Jahr 1952[141] soll eine Haftungsklausel nur dann Tatbestände der Haftung aus **negligence** (deliktische Haftung aus dem tort of negligence bzw. Verletzung einer vertraglichen Sorgfaltspflicht) miterfassen, wenn sich dies **eindeutig aus der Klausel** ergibt. Letzteres ist im Ausgangspunkt nur dann der Fall, wenn die Klausel i) entweder ausdrücklich den Haftungstatbestand der negligence miteinbezieht oder aber ii) diese Haftungsgrundlage zumindest vom Wortlaut der Klausel umfasst sein kann und gleichzeitig außerhalb von negligence keine anderen Anspruchsgrundlagen ernsthaft in Betracht kommen.[142] Auch hier betont die neuere Rechtsprechung allerdings, dass sich eine schematische Anwendung dieser Grundsätze verbietet. Für die Vertragsgestaltung empfiehlt sich schon aus Gründen der Risikovorsorge allerdings in jedem Fall, den Haftungstatbestand der negligence immer ausdrücklich in den Anwendungsbereich der Haftungsklausel mit aufzunehmen.[143]
- Die ständige Rechtsprechung des englischen Court of Appeal legt sog. vertragliche **Folgeschadenausschlüsse** (indirect and consequential damages) traditionell sehr eng aus: Schäden, die eine typischerweise zu erwartende Folge der Vertragsverletzung darstellen, werden regelmäßig als direkte Schäden eingestuft, die nicht in den Anwendungsbereich einer entsprechenden Klausel fallen.[144]

Die jüngere Rechtsprechung hat (im Gegensatz zur Vorinstanz) mit Blick auf den allgemeinen, aus der Leitentscheidung **Gilbert Ash** abgeleiteten Auslegungsgrundsatz, wonach grundsätzlich eine Vermutung dafür streiten soll, dass eine Vertragspartei nicht ohne weite-

sumption that neither party intends to abandon any remedies for its breach arising by operation of law, and clear words must be used in order to rebut this presumption" (Hervorhebung durch Verf.).

139 Zur Fortgeltung der Fallgruppen auch *CNM Estates (Tolworth Tower) Limited v VeCREF I SARL* [2020] EWHC 1605 (Comm): *„Some commentators (…) have argued that the logical outcome of this progressive assimilation of the applicable principles is the discarding of all of the special principles of construction traditionally deployed when addressing exemption clauses. However, it is clear that that those special principles remain relevant to the court's construction of exemption clauses, not least because, appropriately applied, they assist the court in achieving the outcome at which the general principles of contractual construction are aimed: of ascertaining the intention of the parties by reference to "what a reasonable person having all the background knowledge which would have been available to the parties would have understood them by using the language in the contract to mean"*.

140 *Kudos Catering (UK) Ltd v Manchester Central Convention Complex Ltd* [2013] EWCA Civ 38; *Daniels v Lloyds Bank Plc* [2018] EWHC 660 Rn. 182ff.; zurückhaltender dagegen schon *Motortrak Ltd v FCA Australia Pty Ltd* [2018] EWHC 990 (Comm).

141 *Canada Steamship Lines v The King* [1952] A.C. 192 (208).

142 Obiter dicta etwa *Triple Point Technology Inc v PTT Public Co Ltd* [2021] UKSC 29 Rn. 111: *„To the extent that the process has not been completed already, old and outmoded formulas such as the three-limb test in Canada Steamship Lines Ltd v The King [1952] A.C. 192 (208), and the ‚contra proferentem' rule are steadily losing their last vestiges of independent authority and being subsumed within the wider Gilbert-Ash principle."*

143 McMeel Construction Rn. 21.26ff.

144 Dazu vertieft unten → Rn. 65.

res die ihr zustehenden Ansprüche im Fall einer Vertragsverletzung aufgeben will,[145] aber etwa auch einen Anspruch auf **vergebliche Aufwendungen** (hier in Höhe von rund £ 122 Mio.) **nicht mehr von einer Haftungsklausel als erfasst** angesehen, nach der die Haftung des Lieferanten eines IT-Systems für entgangenen Gewinn, Umsatz sowie indirekte und Folgeschäden ausgeschlossen war.[146]

b) Grenzen im US-amerikanischen Recht

54 Die Ermittlung der maßgeblichen Grundsätze zur Wirksamkeit von Haftungsbegrenzungen im US-amerikanischen Recht wird dadurch erschwert, dass diese Fragestellung in Ermangelung umfassender Bundesgesetzgebung im Privatrecht[147] letztlich für die **einzelnen US-Bundesstaaten** getrennt untersucht werden muss. Maßgebliche Beschränkungen durch federal laws bestehen im Wesentlichen nur für Verbraucherverträge, insbesondere den Morrison Magnus Act. Durch die vom American Law Institute herausgegebenen sog. restatement of laws und Mustergesetze wie den Uniform Commercial Code (UCC), der von den meisten US-Bundesstaaten als Landesrecht übernommen worden ist, können aber immerhin übergreifende Grundsätze identifiziert werden. Wichtigste Norm zur Inhaltskontrolle von Haftungsklauseln in Kaufverträgen ist § 2–302 UCC, der dem Gericht im Fall einer „unconscionability" erlaubt, dem Vertrag oder der betreffenden Klausel ganz oder teilweise die Wirksamkeit zu versagen.[148] Der Begriff der unconscionability, der im UCC nicht näher definiert wird, setzt sich (im weitesten Sinne mit Einbeziehungs- und Inhaltskontrolle vergleichbar) dabei aus einem verfahrensrechtlichen und einem materiellrechtlichen Bestandteil zusammen: Für eine mögliche procedural unconscionability ist die **Art und Weise des Zustandekommens** des Vertrages entscheidend, insbesondere, ob und welche Spielräume die andere Vertragspartei bezogen auf den Vertragsschluss insgesamt und bei der Verhandlung über einzelne Vertragsklauseln hatte. Zu einer substantive unconscionability kann es dagegen kommen, wenn die Vertragsklauseln inhaltlich eine **unangemessene Benachteiligung** der anderen Vertragspartei darstellen.[149] Beide Elemente bedingen einander wechselseitig: Je weniger von einer procedural unconscionability ausgegangen werden kann, umso mehr Spielräume bestehen bei der inhaltlichen Ausgestaltung und umgekehrt. Im unternehmerischen Geschäftsverkehr wird § 2–302 UCC allerdings generell zurückhaltend angewendet.[150]

55 In Bezug insbesondere auf die Mängelhaftung bei Kaufverträgen erlaubt auch § 2–719 Abs. 1 UCC weitreichende Beschränkungen. Ausgeschlossene gesetzliche Rechtsbehelfe (und damit grundsätzlich auch Schadensersatzansprüche) können aber gem. § 2–719 Abs. 2 UCC wieder **vollständig** aufleben, wenn die verbleibenden Rechtsbehelfe ihren **wesentlichen Zweck verfehlen** (failure of essential purpose).[151] In Rechtsprechung und Literatur wird dabei streitig diskutiert, ob ein solcher failure of essential purpose auch die

---

[145] Oben → Fn. 138.

[146] *Soteria Insurance Limited v IBM United Kingdom Limited* [2022] EWCA 440 Rn. 62: „*In my view, in respect of claims for wasted expenditure following repudiation, this exclusion clause does not meet the Gilbert-Ash/Stocznia test, or come anywhere close. The parties cannot be taken to have excluded this obvious and common type of damages in circumstances where they have not made any reference in the relevant clause to wasted expenditure at all*".

[147] Allgemeines common law auf Bundesebene darf es wiederum aus verfassungsrechtlichen Gründen nicht geben, *Erie Railroad Co. v. Tompkins,* 304 U.S. 64 (1938).

[148] § 2–302 UCC: „*If the court as a matter of law finds the contract or any clause of the contract to have been unconscionable at the time it was made the court may refuse to enforce the contract, or it may enforce the remainder of the contract without the unconscionable clause, or it may so limit the application of any unconscionable clause as to avoid any unconscionable result.*"

[149] Radin Boilerplate S. 124 f.

[150] Perillo Contracts S. 353.

[151] Beispielhaft (zum Recht von New York) US District Court, S.D. 467 F.Supp.3d, 158 (168): „(…) *contracting parties may restrict a ‚buyer's remedies to return of the goods and repayment of the price or to repair and replacement of non- conforming goods or parts.' (…) These restrictions are enforceable unless the agreed upon remedy fails of its essential purpose. (…) A remedy fails of its essential purpose if the circumstances existing at the time of the agreement have changed so that enforcement of the limited remedy would essentially leave plaintiff with no remedy at all.*"

Wirksamkeit eines vertraglichen Ausschlusses von Folgeschäden (consequential loss) berühren kann. Da § 2–719 Abs. 3 S. 2 UCC[152] einen solchen Ausschluss – soweit sich dieser auf commercial loss (also insbesondere entgangene Gewinne und Produktionsausfallschäden) bezieht[153] – grundsätzlich für zulässig erklärt, überzeugt diese Auffassung nicht. Dafür spricht letztlich auch, dass Folgeschäden nach dem Willen der Parteien üblicher Weise unabhängig von der Zweckerreichung oder -verfehlung der vertraglich vereinbarten „exclusive or limited remedies" ausgeschlossen werden sollen.[154]

Beim Ausschluss der Haftung für (konkurrierende) **deliktische Ansprüche** (tort liability) ist das US-amerikanische Recht restriktiver. Auf Grundlage von s. 195 Restatement (Second) of Contracts verstößt eine Haftungsbegrenzung zumindest dann gegen die public policy, wenn sie auch für „reckless" bzw. „intentional torts" gelten soll. In einzelnen US-Bundesstaaten – insbesondere dem für internationale Wirtschaftsverträge maßgeblichen Recht von New York – ist eine Haftungsbeschränkung darüber hinaus generell weder für Vorsatz (intentional misconduct) noch für grobe Fahrlässigkeit (gross negligence) möglich.[155] 56

4. Überblick über weitere Rechtsordnungen

a) Französisches Recht

Ein mit Blick auf die Wirksamkeit von Haftungsklauseln **traditionell restriktives** Vertragsstatut ist das französische Recht. Eine Einschränkung der vertraglichen Haftung ist zunächst nicht bei Vorsatz (dol) oder grober/bewusster Fahrlässigkeit (faute lourde) möglich.[156] Aus allgemeinen Rechtsgrundsätzen wird zudem die Unzulässigkeit einer Begrenzung der Haftung für Körperverletzungen gefolgert. Darüber hinaus kann eine Haftungsbegrenzung gem. Art. 1170 CC unwirksam sein, wenn sie **wesentliche Pflichten** des Schuldners ihrer Substanz beraubt.[157] Da der im Rahmen der Reform des Code Civil 2016 geschaffene Art. 1170 CC wohl im Wesentlichen (nur) bereits bestehende Rechtsprechung kodifizieren sollte, dürften wohl auch die einschränkenden Prinzipen weitergelten, die von französischen Gerichten hierzu entwickelt wurden: So soll allein die Verletzung einer wesentlichen Vertragspflicht nicht zur Unwirksamkeit einer Haftungsbeschränkung führen; vielmehr ist im Rahmen einer Gesamtabwägung ua zu würdigen, ob die unter Berücksichtigung der Haftungsklausel verbleibende Haftung offensichtlich unzureichend (dèrisoire) ist. Mit in die Bewertung ist in der Vergangenheit dabei auch eingeflossen, ob die Klausel individualvertraglich vereinbart wurde oder **vorformuliert** war.[158] Weitere mögliche Restriktionen (auch) für Haftungsbeschränkungen ergeben sich aus Art.L 442-1 I No. 2 Code de Commerce (im Fall einer bestehenden Handelsbeziehung zwischen den Parteien) sowie (speziell für AGB) aus Art. 1171 CC; 57

[152] § 2–719 Abs. 3 UCC: *„Consequential losses may be limited or excluded unless the limitation or exclusion is unconscionable. Limitation of consequential damages for injury to the person in the case of consumer goods is prima facie unconscionable but limitation of damages where the loss is commercial is not."*

[153] S. insgesamt zum problematischen Verhältnis von § 2–719 Abs. 2 und Abs. 3 UCC Williams Virginia Law & Business Review 2010, 131 (135 f.).

[154] Überzeugend etwa Williams Virginia Law & Business Review 2010, 131 (169); allerdings mit Verweis auf zahlreiche anderslautende Gerichtsentscheidungen.

[155] S. die Entscheidung des US Court of Appeals (5th Circuit) in der Rechtssache *Apache Bohai Corp. LDC v Texaco BV* 480 F.3d 397 (406), nach der Haftungsbegrenzungen im Fall von „willful or grossly negligent acts" gegen die public policy New Yorker Rechts verstoßen. Zur engen Auslegung des Begriffs der gross negligence im Recht von New York allerdings → Fn. 206 unten.

[156] Schon vor der Reform des Code Civil im Jahr 2016 hatte die Rechtsprechung den Anwendungsbereich des ehemaligen Art. 1150 CC auf Fälle der sog. faute lorde ausgeweitet, die wohl zwischen bedingtem Vorsatz und bewusster Fahrlässigkeit angesiedelt werden muss; dazu sowie der Rückkehr zur subjektiven Auslegung der „faute lorde" Niggemann/Jonglez de Ligne RIW 2011, 351 (353) mwN.

[157] Leuschner Abschlussbericht S. 95 f.

[158] Niggemann/Jonglez de Ligne RIW 2011, 351 (354 f.) unter Verweis auf die Entscheidung des Cour de Cassation v. 29.6.2010 in Sachen Faurecia v Oracle.

beide Vorschriften können generell zur Unwirksamkeit von (Haftungs-)Klauseln führen, die ein „erhebliches Ungleichgewicht" (déséquilibre significatif) zwischen den Rechten und Pflichten der Parteien schaffen.[159]

58 Hinzu kommen **Besonderheiten** des französischen Haftungsrechts im **Kauf- und Bauvertragsrecht,** die in kaum einer anderen westlichen Rechtsordnung eine Entsprechung finden: So kann der gewerbliche Verkäufer seine Schadensersatzhaftung wegen versteckter Mängel (vices cachès) im Ergebnis deswegen nicht wirksam vertraglich ausschließen, weil die Rechtsprechung seine Kenntnis vom Mangel gem. Art. 1645 CC **unwiderleglich vermutet** und die in Art. 1643 CC gesetzlich vorgesehene Möglichkeit zur Haftungsbeschränkung im Fall der Unkenntnis damit leerlaufen lässt.[160] Im Baurecht wiederum können die in den Art. 1792 ff. CC enthaltenen gesetzlichen Garantien vertraglich nicht eingeschränkt werden, Art. 1792 Abs. 5 CC. Das ist für den Bauunternehmer insbesondere in Bezug auf die berüchtigte garantie dècennale belastend, die eine zwingende zehnjährige Haftung für alle Schäden am Bauwerk anordnet, die entweder die Standfestigkeit des Werkes bedrohen oder das Bauwerk für seinen zweckgemäßen Gebrauch unbrauchbar machen. Für deliktische Ansprüche sind Haftungsbegrenzungen schlussendlich wohl überhaupt nicht möglich.[161]

b) Chinesisches Recht

59 Das am 1.1.2021 in Kraft getretene Zivilgesetzbuch der Volksrepublik China lässt eine vertragliche Haftungsbeschränkung grundsätzlich zu. Unzulässig ist sie lediglich in Bezug auf **Körperschäden** (Art. 506 Abs. 1 Zivilgesetzbuch), sowie im Fall von Sachschäden beim Vertragspartner, die durch Vorsatz oder grobe Fahrlässigkeit verursacht wurden (Art. 506 Abs. 2 Chin. ZGB).[162] Aus Art. 496 Chin. ZGB ergibt sich, dass Haftungsbegrenzungen grundsätzlich auch in Allgemeinen Geschäftsbedingungen[163] möglich sind, sofern die andere Vertragspartei darauf hinreichend deutlich hingewiesen wird.[164] Über die in Art. 506 Chin. ZGB vorgesehenen Grenzen hinaus kann sich vergleichbar mit § 307 BGB die Unwirksamkeit der Klausel in diesem Fall aber auch daraus ergeben, dass die Haftungsbeschränkung unangemessen ist oder den Vertragspartner wesentlicher Rechte beraubt, Art. 497 Abs. 2 und Abs. 3 Chin. ZGB. Im Übrigen gehen Auslegungszweifel in AGB zu Lasten des Verwenders, Art. 498 S. 2 Chin. ZGB.[165]

C. Einzelne Elemente der Klauselgestaltung

60 Eine Haftungsklausel kann die Schadensersatzhaftung vollständig ausschließen, auf **bestimmte Schadensarten** begrenzen und/oder eine **Haftungshöchstsumme** für sämtliche Schadensarten vorsehen. In allen Varianten muss unter Berücksichtigung des jeweils anwendbaren Rechts so präzise und eindeutig wie möglich geregelt werden, auf welche Anspruchsgrundlagen sich die Haftungsklausel bezieht und welche Fallkonstellationen nicht in ihren Anwendungsbereich fallen sollen.

---

[159] Zu dem ungeklärten Verhältnis beider Vorschriften zueinander Wais/Pfeiffer/Niggemann Judicial Review S. 107.

[160] Niggemann/Jonglez de Ligne RIW 2011, 351 (357): Die Fiktion der Kenntnis von Mängeln gilt nach der Rechtsprechung aber offenbar nicht, wenn der (gewerbliche) Käufer die gleichen Fachkenntnisse wie der Verkäufer hat.

[161] Seibl IPRax 2010, 347 (349).

[162] Lewis Int'l Fin. L. Rev. 2008, 49 (50), der angesichts der ungeklärten Bedeutung von grober Fahrlässigkeit und Sachschäden zu vertraglichen Definitionen dieser Begriffe rät.

[163] Die Legaldefinition für Standardbedingungen findet sich in Art. 496 Chin. ZGB.

[164] Lewis Int'l Fin. L. Rev. 2008, 49 (50).

[165] Binding/Kurz RIW 2013, 424 (429).

I. Vollständiger Haftungsausschluss

Vollständige Haftungsausschlüsse werden von Gerichten mit Argusaugen betrachtet und unterliegen unabhängig von den zwingenden Grenzen des anwendbaren Vertragsstatuts einer **besonders restriktiven** Auslegung.[166] Bei der Beurteilung ihrer Wirksamkeit ist letztlich immer von zentraler Bedeutung, ob und welche Rechtsbehelfe der anderen Vertragspartei verbleiben. Die Durchsetzung von Maximalpositionen bei der Gestaltung von Haftungsbegrenzungen liegt damit nicht immer im wohlverstandenen Interesse des Haftungsschuldners selbst: Hier ist mit weniger einschneidenden Haftungsklauseln manchmal mehr gewonnen. 61

Klauselbeispiel für einen vollständigen Haftungsausschluss

[•] Exclusion of Liability

Notwithstanding anything to the contrary elsewhere in this contract, [•] shall in no event and irrespective of the legal basis be liable for any and all damages, losses, claims or wasted expenditures arising from or related to the performance or non-performance of this contract. This exclusion of liability applies regardless of whether any such damages, losses, claims or wasted expenditures have been directly caused by [•] or by any of his subcontractors, agents, advisors or employees acting on his behalf.

II. Haftungsbeschränkungen

Haftungsbeschränkungen können insbesondere die Haftungsvoraussetzungen des anwendbaren Rechts verschärfen, bestimmte Schäden von der Haftung ausnehmen oder generelle Kappungsgrenzen festlegen. 62

1. Verschulden als vertraglich vereinbarte Haftungsvorausetzung

In internationalen Wirtschaftsverträgen kommen regelmäßig Rechtsordnungen zur Anwendung, die anders als das deutsche Recht auf dem Grundsatz der **strict liability** beruhen und für eine Haftung auf Schadensersatz im Fall einer Vertragsverletzung überwiegend kein Verschulden voraussetzen. Das gilt neben dem CISG auch für das anglo-amerikanische Recht. Selbst das Schweizer Recht sieht zumindest für direkte Schäden, die nach einer Wandelung des Kaufvertrages verlangt werden, eine verschuldensunabhängige Haftung vor (Art. 208 Abs. 2 OR). Auch wenn die Unterschiede zwischen „fault based liability" und „strict liability" in vielen Fällen geringer sind, als es zunächst den Anschein hat,[167] bleibt das Verschuldensprinzip als haftungsbegrenzender Umstand in bestimmten Fallkonstellationen durchaus relevant.[168] 63

Klauselbeispiel für eine vertragliche Verankerung des Verschuldensprinzips

Without prejudice to any further limitations set forth elsewhere, liability for any breach of contract shall in any event prerequisite negligence or intentional misconduct of the respective party in breach.

---

[166] So etwa deutlich für das englische Recht die Entscheidung *Ailsa Craig Fishing Co Ltd v Malvern Fishing Co Ltd* [1983] 1 All ER 101 (102).

[167] Annäherungen gibt es etwa durch die gesetzliche Beweislastumkehr im deutschen Recht (§ 280 Abs. 1 S. 2 BGB) und den objektiven Verschuldensmaßstab, dazu insbes. Riesenhuber ERCL 2008, 119 ff.

[168] So kann sich insbesondere der Zwischenhändler bei Sachmängeln häufig entlasten, weil ihm ein Verschulden des Herstellers nicht über § 278 BGB zugerechnet wird und ihn selbst im Verhältnis zum Endkunden grundsätzlich keine Untersuchungspflichten treffen, BGH NJW 2008, 2837 (2840); zur Übertragbarkeit dieser Rechtsprechung auf den Werklieferungsvertrag BGH NJW 2014, 2183 (2185).

2. Der Folgeschadenausschluss

64 Anstelle eines vollständigen Haftungsausschlusses vereinbaren die Parteien internationaler Wirtschaftsverträge häufig einen sog. Folgeschadenausschluss, der eine Haftung für „mittelbare und indirekte" Schäden (consequential and indirect damages) vermeiden soll. Problematisch ist daran, dass diese Schadensarten in den meisten Rechtsordnungen **keine klaren Konturen** aufweisen.[169] Schließen die Parteien ohne nähere Präzisierung die Haftung für **mittelbare oder indirekte Schäden** bzw. Folgeschäden vertraglich aus, sind Auslegungsprobleme daher vorprogrammiert. Riskant ist das für beide Parteien, da eine entsprechende Haftungsklausel durch Gerichte oder Schiedsgerichte sehr unterschiedlich ausgelegt werden kann.[170]

a) Die Begriffsbestimmung von „Folgeschäden" in einzelnen Rechtsordnungen

65 Ein Überblick über die hier maßgeblich angesprochenen Rechtsordnungen belegt die **erheblichen Unsicherheiten** bei der Auslegung. Im deutschen Recht, das sich für die Abgrenzung zwischen mittelbaren und unmittelbaren Schäden wohl überwiegend an den **betroffenen Rechtsgütern** orientiert, werden der Wert der ausbleibenden Leistung bzw. ein verbleibender technischer bzw. merkantiler Minderwert, Mehrkosten für ein Deckungsgeschäft sowie Reparaturherstellungskosten regelmäßig als unmittelbarer Schaden eingeordnet, Mangelfolgeschäden (wie insbesondere Sach- und Körperschäden) dagegen als mittelbare Schäden.[171] Problematisch ist allerdings schon die Einstufung von entgangenem Gewinn, der je nach Betrachtungsweise einen zum Erfüllungsinteresse gehörenden direkten Schaden oder ein Vermögensfolgeschaden darstellen kann.[172]

66 Im Schweizer Recht, das zumindest im Kaufrecht eine gesetzliche Differenzierung zwischen unmittelbaren und mittelbaren Schäden kennt (Art. 208 Abs. 2 und Abs. 3 OR),[173] muss die Abgrenzung nach höchstrichterlicher Rechtsprechung auf Basis von Kausalitätserwägungen vorgenommen werden: Für die Einordnung als **unmittelbarer oder mittelbarer Schaden** ist im Wesentlichen die **Länge der Kausalkette** maßgeblich.[174] Als Folge können anders als im deutschen Recht **Mangelfolgeschäden** durchaus **unmittelbare Schäden** darstellen. Daher hat das Schweizer Bundesgericht in der berühmten „Papageien-Entscheidung" auch die Auffassung vertreten, die durch den Verkauf der mit einem Virus infizierten Papageien verursachte Verendung des gesamten Tierbestandes des Käufers (eines Papageienzüchters) sei ein unmittelbarer Schaden, da der Infekt direkt auf den Vogelbestand des Käufers übertragen worden sei und insoweit ein unmittelbarer Kausalzusammenhang vorgelegen habe.[175] Entgangener Gewinn wird dagegen überwiegend als mittelbarer Schaden eingeordnet.[176]

---

[169] Zum deutschen Recht etwa BGH NJW 2011, 3648 Rn. 13: *„Eine gesetzliche, von der Rechtsprechung entwickelte oder in der Literatur anerkannte Definition des Begriffs „mittelbarer Schaden" gibt es nicht, so dass dessen Inhalt im Wege der Auslegung aus dem jeweiligen Vertrag, insbesondere der Haftungsbegrenzungsklausel selbst zu ermitteln ist."*

[170] Ostendorf/Kluth RIW 2009, 428.

[171] Lange/Schiemann Schadensersatz S. 59.

[172] Dazu mwN Ostendorf/Kluth RIW 2009, 428 (429). Einzelne Stimmen in der Literatur gehen bei einem Ausschluss von „indirect and consequential losses" auch in einem deutschen Recht unterliegenden Vertrag davon aus, dass diese Begriffe grundsätzlich nach „angelsächsischem" Verständnis auszulegen seien, so Freudenberg ZIP 2015, 2354 (2358). Dagegen spricht allerdings, dass es sich bei diesen Begriffen letztlich nicht um spezifische Rechtsfiguren anglo-amerikanischen Rechts handelt.

[173] Art. 208 Abs. 3 OR verpflichtet den Verkäufer im Fall mangelhafter Lieferung zum Ersatz sog. weiterer Schäden, sofern er nicht nachweisen kann, dass ihm kein Verschulden zur Last fällt. Für direkte Schäden statuiert Art. 208 Abs. 2 OR dagegen eine verschuldensunabhängige Haftung (nach Schweizer Terminologie „Kausalhaftung").

[174] Siegenthaler/Griffiths ICLR 2003, 446 (450 f.).

[175] BGE 133 II 157 ff. Kritisch dazu Pichonnaz RabelsZ 76 (2012), 819 (827 ff.).

[176] Siegenthaler/Griffiths ICLR 2003, 446 (454); BSK/Honsell OR I Art. 208 Rn. 7. Anders kann es nach Auffassung des Bundesgerichts (BGE 133 II 157) mit Blick auf den bei einem Weiterverkauf der Ware

Besonders restriktiv ist die Auslegung von consequential damages durch die ständige, wenn auch zunehmend kritisch hinterfragte Rechtsprechung[177] des englischen Court of Appeal, die für die Abgrenzung zwischen consequential und direct damages im Ausgangspunkt die beiden limbs der Grundsatzentscheidung Hadley vs Baxendale zur Ersatzfähigkeit von Schäden heranzieht.[178] Soweit der Schaden eine typischerweise zu erwartende Folge der Vertragsverletzung ist, also bereits bei Vertragsschluss für diesen Fall **objektiv vorhersehbar** war, soll er einen unmittelbaren Schaden darstellen. In der Konsequenz hat der Court of Appeal wiederholt entgangenen Gewinn[179] bzw. Produktionsausfallschäden als direkten Schaden eingeordnet, der von einem vertraglichen Ausschluss für Folgeschäden nicht erfasst war. Eine vertragliche Haftungsbeschränkung für consequential damages in Höhe des Lieferwertes (im konkreten Fall rund 100.000 £) hinderte den Käufer so nicht an der Geltendmachung von entgangenem Gewinn und Produktionsausfallschäden in einer Höhe von rund 5 Mio. £, die durch die Lieferung defekter elektronischer Bauteile für ein Kraftwerk angefallen waren.[180] Im Fall der Zerstörung einer Produktionsanlage für die Herstellung von Methanol aufgrund mangelhafter Konstruktionsunterlagen hat der Court of Appeal entgangenen Gewinn sowie den durch den Produktionsausfall nicht amortisierten Gemeinkostenanteil ebenfalls als direct loss eingestuft, der lediglich deswegen nicht liquidierbar war, weil diese Schadenspositionen in einer vertraglichen Haftungsbeschränkung des Know-how-Lizenzvertrages als eigenständige, separate Kategorie neben consequential damages von der Haftung ausgeschlossen worden waren.[181] Die neuere Rechtsprechung hat zwar vereinzelt ein weitergehendes Verständnis von „consequential damages" zugrunde gelegt[182]: Sofern sich aus den Umständen des Einzelfalls dafür aber keine klaren Indizien ergeben, bleibt der etablierte Bedeutungsgehalt weiter maßgeblich.[183] 67

Das US-amerikanische Recht wiederum verwendet den Begriff der consequential damages innerhalb der kaufrechtlichen Bestimmungen des UCC, der von den meisten US-Bundesstaaten in das jeweilige einzelstaatliche Recht übernommen worden ist. Der Wortlaut des § 2–715 Abs. 2 UCC legt dabei nahe, dass zahlreiche Schadenspositionen als consequential damages eingestuft werden können, stellt § 2–715 Abs. 2 UCC doch nicht nur auf klassische Mangelfolgeschäden ab, sondern bezieht auch sämtliche Schäden, die aus besonderen oder allgemeinen Anforderungen des Käufers herrühren, mit ein.[184] Entsprechend subsumiert ein Teil der Literatur sowie der US-Rechtsprechung neben Mangelfolgeschäden (Sach- und Personenschäden) auch Ansprüche Dritter sowie entgangenen Ge- 68

erstrebten Gewinn jedenfalls dann sein, wenn voraussehbar war, dass sich das Interesse des Käufers gerade auf diesen Weiterverkauf erstreckt.

177 Foxton JBL 2021, 205 (215): „*The better interpretation – whether as a matter of language, or legal logic – is that loss is consequential when it is not awarded as a substitute for the right infringed, but for loss which is consequential on that infringement. If any of the old ‚intellectual baggage' of the construction of exemption clauses is to be jettisoned, this looks a prime candidate.*"

178 Für eine umfassende Übersicht vgl. Sidnell CCCL Journal 2010, 109 ff.

179 *Leicester Circuits Ltd v Coates Brothers Plc Ltd* [2003] EWCA Civ 290 Rn. 61; *Regus (UK) Ltd v Epcot Solutions Ltd* [2008] EWCA Civ 361 Rn. 28; Lawson Exclusion Clauses S. 78 ff. mwN.

180 *British Sugar plc v. NEI Power Projects Ltd.* [1998] 14 Const. L.J. 365 (CA).

181 Ostendorf/Kluth RIW 2009, 428 (432); *Deepak Fertilisers & Petrochemical Corporation v Davy McKee (London) Ltd & Anor* [1998] EWCA Civ 1753 Rn. 90.

182 *Star Polaris LLC v HHIC-Phil Inc.* [2016] EWHC 2941 Rn. 39: „*In my judgment therefore, as in the judgment of the Arbitrators, ‚consequential or special losses, damages or expenses' does not mean such losses, damages or expenses as fall within the second limb of Hadley v Baxendale but does have the wider meaning of financial losses caused by guaranteed defects, above and beyond the cost of replacement and repair of physical damage*".

183 *2 Entertain Video Limited and others v Sony DADC* [2020] EWHC 972 (TCC) Rn. 238 f.: „*I accept Mr Quiney's submission that any general understanding of the meaning of ‚indirect or consequential loss' must not override the true construction of that clause when read in context against the other provisions (...) Contrary to the Transocean case, there is no definition of indirect or consequential loss in the Logistics Contract that would indicate a wider meaning than the second limb of Hadley v Baxendale.*"

184 § 2–715 Abs. 2 UCC: „*Consequential damages resulting from the seller's breach include (a) any loss resulting from general or particular requirements and needs of which the seller at the time of contracting had reason to know and which could not reasonably be prevented by cover or otherwise; and (b) injury to person or property proximately resulting from any breach of warranty.*"

winn und Nutzungsausfall unter den Begriff der consequential damages. Zugleich wird unter Berufung auf die klassische Wertung im common law aber auch ein engeres Verständnis von consequential loss vertreten.[185] Entgangener Gewinn kann insbesondere dann einen direct loss darstellen, wenn ein korrespondierender Anspruch auf diese Positionen bereits im Vertrag angelegt ist.[186] Anders als im englischen Recht führt aber zumindest nach dem Recht von New York allein die (objektive) Vorhersehbarkeit des Schadenseintritts noch nicht zur Einstufung als direct damage.[187]

b) Gestaltung von Folgeschadenausschlüssen

69 Aus Sicht des Haftungsschuldners spricht zwar nichts dagegen, auch sog. consequential and indirect damages in einen Haftungsausschluss mit einzubeziehen. Angesichts der geschilderten Rechtsunsicherheiten bei der Auslegung dieser Schadenskategorien empfiehlt sich allerdings dringend, besonders haftungsträchtige Schadensarten **zusätzlich gesondert auszuschließen.** Dabei sollte auch darauf geachtet werden, dass die einzeln aufgelisteten Schadensarten, für die eine Haftung ausgeschlossen werden soll, **nicht als Untergruppe** von consequential und indirect damages (mit der Folge der hier restriktiven Auslegung) eingeordnet werden.[188]

Klauselbeispiel für einen weitreichenden Folgeschadenausschluss unter eigenständiger Einbeziehung besonderer Schadenspositionen

[•] Limitation of Liability

Notwithstanding anything to the contrary elsewhere, [•] shall in no event and irrespective of the legal basis (contract, tort (including negligence), statutory liability, misrepresentation, indemnity or any other area of law) be liable for loss of profit or revenue, loss of use or loss of production, loss of data, cost of capital, cost of substitute goods, property damage external to the contractual products and any damage, wasted expenditure or loss arising out of such damage, any incidental or consequential damages or any of the foregoing suffered by any third party.

70 Aus Sicht des Gläubigers wiederum kann ein Folgeschadenausschluss riskant sein, wenn der Vertrag einer Rechtsordnung unterliegt, die einer **weiten Auslegung** dieses Begriffs folgt. Einen guten Beleg für solche Risiken liefert die Entscheidung eines australischen Gerichts, das sich der restriktiven ständigen Rechtsprechung des englischen Court of Appeal teilweise ausdrücklich nicht angeschlossen hat: So hat der Supreme Court of Victoria in dem Fall der Lieferung eines nicht funktionsfähigen Abgasfilters für eine Produktionsanlage nicht nur zusätzliche Energiekosten (die durch den Weiterbetrieb des alten Filters anfielen), sondern auch Reparaturkosten des neu gelieferten Filters durch Arbeitnehmer des Anlagenbetreibers als consequential loss angesehen, für den die Haftung vertraglich ausgeschlossen worden war.[189] Für den Anwendungsbereich direkter Schäden verbleibt

---

[185] Umfassend zu der unübersichtlichen Rechtslage in den USA West/Duran Bus. Law. 2008, 777 (780).

[186] So zum Recht von New York die Entscheidung des Court of Appeals of New York in der Rechtssache *Biotronik AG Conor Medsystems Ireland* 22 N.Y.3d 799 (808); dazu auch Ostendorf RIW 2014, 570 ff.

[187] Vgl. die Entscheidung des *US District Court for the Southern District of New York* v. 15.12.2014 in der Rechtssache *PNC Bank v. Wolters Kluwer Financial Services, Inc.*, No. 12 Civ. 8570: *„But the distinction between direct and consequential damages does not turn on the foreseeability of downstream damages"*.

[188] Sehr instruktiv zu diesem Risiko die beiden Entscheidungen des High Court in den Rechtssachen *Polypearl Limited v E.on Energy Solutions Limited* [2014] EWHC 3045 (QB) Rn. 65 ff. und *Fujitsu v IBM* [2014] EWHC 752; davor bereits *Ferryways NV v Associated British Ports* [2008] EWHC 225 (Comm) Rn. 78 ff., 84 und *Pegler Ltd v Wang (UK) Ltd* [2000] EWHC Rn. 50: *„The reference by the words in brackets to loss of anticipated profits does not mean that the exclusion effected by this clause includes all loss of profits: it is plain from the context that only loss of profits which are of the character of indirect, special or consequential loss are referred to."*

[189] *Environmental Systems Pty Ltd v Peerless Holdings Pty Ltd* [2008] VSCA 26. Für eine engere Auslegung von consequential loss allerdings wiederum *Regional Power Corporation v Pacific Hydro Group Two Pty Ltd* (No. 2) [2013] WASC 356 Rn. 96.

nach diesem Verständnis letztlich nur noch der mangelbedingte Minderwert der gelieferten Sache.[190]

Besteht die andere Vertragspartei auf einem Folgeschadenausschluss, sollten daher aus Sicht des Gläubigers nach dem Muster der folgenden Klausel zumindest einzelne, besonders relevante Schadensarten ausdrücklich vom Anwendungsbereich des Haftungsausschlusses ausgeklammert werden. 71

Klauselbeispiel für einen gegenseitigen Folgeschadenausschluss mit ausdrücklichen Rückausnahmen zugunsten des (jeweiligen) Gläubigers

[•] Mutual Waiver of Consequential Damages

Neither party shall be liable for indirect and consequential damages. Any damages claimed by third parties as a consequence of any breach of this contract shall however be explicitly exempted from this limitation of liability clause and hence be recoverable. Furthermore, the following damages shall not constitute consequential damages for the purpose of this limitation of liability clause: [•].

Noch weiter kann die Wirkung eines Folgeschadenausschlusses reduziert werden, wenn in Analogie zur Rechtsprechung des englischen Court of Appeal die Haftung letztlich nur für nicht vorhersehbare Schäden ausgeschlossen und damit im Wesentlichen nur der gesetzliche Ausgangspunkt bestätigt wird. 72

Klauselbeispiel für einen wechselseitigen Folgeschadenausschluss mit beschränkter Reichweite

[•] Mutual Waiver of Consequential Damages

Neither party shall be liable for those damages that arise solely from the special circumstances of the respective other party that have not been communicated to the party being in breach, or for any other speculative, remote or unforeseeable damages.

3. Kappungsgrenze für sämtliche Schäden

Üblich und aus Sicht des Schuldners empfehlenswert ist die Regelung einer Haftungshöchstgrenze (cap on liability) für alle denkbaren Schäden zusätzlich zum Ausschluss von Folgeschäden bzw. einzelner genauer spezifizierter Schadensarten. 73

Klauselbeispiel für eine zusätzliche Deckelung der Gesamthaftung

In addition, but without prejudice to any further limitation of liability stipulated elsewhere in this contract, [•]'s overall liability arising out of or related to this contract, irrespective of its legal basis, shall in the aggregate be limited to an amount of EUR [•].

In der Vertragspraxis finden sich auch Klauseln, denen zufolge von der vereinbarten Kappungsgrenze nicht nur geleistete Schadensersatzzahlungen, sondern auch Rückerstattungen des Vertragspreises sowie etwaige Kosten einer Nacherfüllung in Abzug gebracht werden müssen. Letztlich bedarf es einer solchen Regelung (zumindest in Bezug auf geleistete Rückzahlungen des Kaufpreises als Abzugsposten) allerdings dann nicht, wenn weder nach dem Vertragsstatut, noch auf Grundlage abweichender vertraglicher Regelungen Rückgewähransprüche und Schadensersatz **kumulativ geltend** gemacht werden können.[191] Denn in diesem Fall kann der gezahlte Vertragspreis ohnehin entweder nur als Rückgewähranspruch (restitutionary claim) unter Ausschluss weitergehender Schadenser- 74

[190] Zu dieser Entscheidung und der Rechtsprechung diverser common law Gerichte zur Auslegung des Begriffs der consequential and indirect damages Sidnell CCCL Journal 2010, 109 (125).

[191] Unklar im englischen Recht; in diese Richtung McKendrick Contract Law S. 860; Stannard/Capper Termination Rn. 11.03.

satzansprüche oder alternativ als Teil des (durch die Haftungsklausel begrenzten) Schadensersatzanspruchs geltend gemacht werden.

75 Bei Rechtsordnungen, die von einer kumulativen Geltendmachung ausgehen, kann die Anrechnung dagegen dazu führen, dass sich die Haftungskappung zumindest im Fall eines Rücktritts faktisch als vollständiger Haftungsausschluss darstellt, wenn die Kappungsgrenze 100% des Vertragspreises oder weniger beträgt.[192]

Klauselbeispiel für eine Reduzierung der Kappungsgrenze bei Zahlung von einfachem bzw. pauschaliertem Schadensersatz, einer Rückgewähr empfangener Leistungen und getätigten Aufwendungen für eine Nacherfüllung

The aforementioned cap on liability will be reduced by (i) any and all payments made as compensation for damages by [•] including any and all liquidated damages paid to [•] (if any), (ii) a refund of the contract price as well as (iii) any costs incurred as regards making good any defects.

76 Im Rahmen von Dauerschuldverhältnissen wird die Maximalhaftung ähnlich wie in Versicherungsbedingungen teilweise nicht für sämtliche Ansprüche aus dem Vertrag während seines gesamten Bestehens, sondern stattdessen nur zeitlich begrenzt für die Haftungsfälle eines **Vertrags- oder Kalenderjahres** gedeckelt. Bei diesen Klauseln ist besonders darauf zu achten, dass hinreichend klar ist, auf welche Tatbestände sich der Haftungsdeckel genau bezieht. Falls auf Vertragsjahre abgestellt wird, empfiehlt sich darüber hinaus eine Klarstellung, ob und welcher Haftungsdeckel mit Blick auf Haftungsfälle geltend soll, die erst nach Beendigung des Dauerschuldverhältnisses auftreten.

Klauselbeispiel für zeitlich begrenzten Haftungsdeckel bei Dauerschuldverhältnissen

[•]'s overall liability arising out of or related to this contract, irrespective of its legal basis, shall with regard to any and all events occurring within the same calendar year and giving rise to liability, in the aggregate be limited to an amount of EUR [•] per the respective calendar year. This cap on liability shall continue to apply mutatis mutandis with regard to all events giving rise to [•] liability after a termination of this contract.

III. Gegenständliche Reichweite der Klausel

1. Vorrang vor anderen Vertragsbestimmungen

77 Besondere Umsicht bei der Gestaltung von vertraglichen Haftungsbegrenzungen ist auch in Bezug auf ihr Verhältnis zu anderen Vertragsbestimmungen gefordert. In umfangreichen internationalen Wirtschaftsverträgen kommt es immer wieder vor, dass eine Vielzahl einzelner Vertragsbestimmungen für spezifische Vertragspflichtverletzungen ausdrücklich eine unbeschränkte Haftung oder Freistellungsverpflichtung anordnet. Dann stellt sich zwangsläufig die Frage, ob dadurch die allgemeine Haftungsbegrenzung überspielt wird oder nicht. Eine gute Haftungsklausel sollte daher die Klarstellung enthalten, dass sie – mit Ausnahme etwaiger weiterreichender vertraglicher Haftungsbegrenzungen an anderer Stelle – Vorrang vor **sämtlichen** Vertragsregelungen beansprucht.

Klauselbeispiel für die Regelung des Verhältnisses zu anderen vertraglichen Bestimmungen

This limitation of liability shall (solely without prejudice to any further reaching limitations of liability elsewhere) apply notwithstanding anything to the contrary elsewhere in this contract.

---

[192] Zur ähnlichen Problematik bei der Haftungsbegrenzung im Verzugsfall oben → Rn. 9.

2. Geltung für alle denkbaren Anspruchsgrundlagen

Angesichts der restriktiven Auslegungsgrundsätze sollten Haftungsklauseln die ausdrückliche Klarstellung enthalten, dass sie auf alle möglichen Schadensersatz- und Aufwendungsansprüche **gleich aus welchem Rechtsgrund** anwendbar sind. Neben vertraglichen Haftungsansprüchen (und insbes. bei deutschem Vertragsstatut auch einer etwaigen Haftung aus der Verletzung eines vorvertraglichen Schuldverhältnisses) sind insbesondere (konkurrierende) Ansprüche aus Delikt relevant. Sie können im Fall von Sach- und Personenschäden (und daraus resultierenden Vermögensfolgeschäden) in den meisten Rechtsordnungen neben vertraglichen Ansprüchen geltend gemacht werden.[193] Die an dieser Stelle traditionell strenge Auslegungspraxis der englischen Gerichte verlangt grundsätzlich, dass eine Haftung aus negligence gesondert aufgezählt werden muss, wenn sie vom Anwendungsbereich der Haftungsklausel erfasst sein soll.[194] 78

Gleiches gilt für gesetzliche und vertragliche Freistellungsansprüche (indemnities), die bei enger Auslegung nicht zwangsläufig von einer allgemeinen Haftungsklausel erfasst werden und daher bei der Bestimmung des Anwendungsbereichs explizit angesprochen werden müssen. Im anglo-amerikanischen Recht stellt zuletzt auch die misrepresentation eine weitere maßgebliche (deliktische) Haftungsquelle dar.[195] 79

Klauselbeispiel für die Bestimmung des Anwendungsbereichs der Haftungsbegrenzung

The aforementioned limitations shall apply in relation to any liability arising out of or related to this contract and regardless of the legal basis for such liability in the individual case (in particular, but not limited to liability based on any breach of contract *[or pre-contractual obligations]*, tort, *[negligence,]* breach of statutory duty, indemnities or misrepresentations).

IV. Ausgestaltung von Rückausnahmen (carve outs)

Haftungsklauseln enthalten typischer Weise Rückausnahmen von ihrem Anwendungsbereich, die teilweise von der Gegenseite verlangt werden, teilweise aber auch die zwingenden Grenzen des anwendbaren Vertragsstatuts widerspiegeln. 80

1. Die Problematik der geltungserhaltenden Reduktion

In einigen Rechtsordnungen führt die Nichtberücksichtigung zwingender Grenzen durch Anwendung eines **blue pencil test** dazu, dass die Haftungsklausel in Gänze unwirksam ist, wenn nach Streichung des unwirksamen Bestandteils der Klausel kein inhaltlich sinnvoller Klauselrest verbleibt. Ein Verbot der geltungserhaltenden Reduktion existiert nicht nur im deutschen AGB-Recht: Auch US-amerikanische und englische Gerichte wenden den blue-pencil Test im Grundsatz an,[196] wobei in einigen US-Bundesstaaten alternativ 81

---

193 Ausnahme ist etwa das französische Recht, das deliktische Ansprüche neben vertraglichen Gewährleistungsansprüchen grundsätzlich nicht zulässt (non-cumul Prinzip), Zimmermann Law of Obligations S. 906.

194 McMeel Construction Rn. 21.26ff. Großzügiger etwa die Schweizer Rechtsprechung, BGE 120 II 58 (61).

195 Zu dieser Problematik aber auch → § 11 Rn. 19.

196 Zum grds. Verbot der geltungserhaltenden Reduktion im englischen Recht Encyclopedia of Forms and Precedents Vol 4 (3) Boilerplate and Commercial Clauses Rn. 227; zum blue pencil test etwa *Francotyp-Postalia Ltd v Whitehead & Ors* [2011] EWHC 367 (Ch) Rn. 17f. Noch strenger (im Anwendungsbereich des UCTA) St *Stewart Gill v. Horatio Myer* [1992] QB 600 (609): *„Nor does it appear to me to be consistent with the policy and purpose of the Act to permit a contract or to impose a contractual term, which taken as a whole is completely unreasonable to put a blue pencil through the most offensive parts and say that what is left is reasonable and sufficient to exclude or restrict his liability in a manner agreed upon"*. Im US-amerikanischen Recht kommt je

nach Ermessen der zuständigen Gerichte allerdings auch eine geltungserhaltende Reduktion der maßgeblichen Klausel möglich ist.[197] Da eine Ersetzungsklausel im common law regelmäßig an der mangelnden Bestimmtheit scheitert,[198] lässt sich diese Rechtsfolge auch durch entsprechende vertragliche Vereinbarungen kaum auffangen.

82 Dieses Risiko veranlasst den umsichtigen Klauselersteller regelmäßig dazu, die **zwingenden Grenzen** als Rückausnahmen in der Haftungsklausel selbst zu verankern. Dabei müssen aus Sicht des Haftungsschuldners zugleich zu weitreichende Rückausnahmen vermieden werden, weil die Haftungsklausel ansonsten ihren Zweck kaum noch erfüllen kann. Das zeigt sich besonders deutlich in deutschem Recht unterliegenden vorformulierten Haftungsklauseln, bei denen durch die (hier allerdings auch notwendigen) Rückausnahmen kaum noch ein Mehrwert gegenüber der gesetzlichen Haftungslage erzielbar ist.

2. Rückausnahmen bei bestimmten Verschuldensformen, Körperverletzungen und für zwingendes Recht

a) Typische gegenständliche Rückausnahmen

83 Während die Rückausnahme im Fall von Vorsatz (intentional misconduct)[199] und der Haftung für Körperverletzungen durch zahlreiche Rechtsordnungen vorgegeben wird, ist die Rechtslage im Fall **grober Fahrlässigkeit** (gross negligence) weitaus weniger eindeutig.[200] Aus Sicht des Klauselbegünstigten ist eine Rückausnahme für grobe Fahrlässigkeit tendenziell gefährlich, da dadurch ein Einfallstor für Billigkeitserwägungen geöffnet und die Belastbarkeit der Haftungsklausel so entwertet werden kann. Im englischen Recht ist von einer vertraglich vorgesehenen Rückausnahme für grobe Fahrlässigkeit auch deswegen abzuraten, weil die englische Rechtsprechung dem Begriff der gross negligence teilweise keinen über die einfache negligence hinausgehenden Gehalt entnehmen will.[201] Sofern „gross negligence" nicht vertraglich einschränkend definiert wird, besteht daher die nicht unerhebliche Gefahr, dass die Haftungsklausel bereits für Fälle **einfacher Fahrlässigkeit** nicht eingreift.

84 Sofern nach dem einschlägigen Vertragsstatut[202] eine Rückausnahme für grobe Fahrlässigkeit notwendig ist, empfiehlt es sich zumindest aus Sicht des Haftungsschuldners, diese Rückausnahme möglichst eng zu führen. So kann beispielsweise im Schweizer Recht auf Grundlage von Art. 101 OR die **Haftung für Pflichtverletzungen einfacher Erfüllungsgehilfen** (wohl) auch in Standardverträgen **weitergehend ausgeschlossen** werden,

---

nach US-Bundesstaat an Stelle des blue pencil test teilweise auch die sog. „rule of reasonableness" zum Tragen, die dem Gericht eine geltungserhaltende Reduktion ermöglicht; zum Ganzen Stark Boilerplate S. 545 ff.

[197] So insbesondere § 184 Abs. 2 Restatement (Second) of Contracts: „*A court may treat only part of a term as unenforceable under the rule stated in subsection (1) if the party who seeks to enforce the term obtained it in good faith and in accordance with reasonable standards of fair dealing.*" Ähnliches Ermessen räumt auch § 302 Abs. 2 UCC den Gerichten im Fall von Kaufverträgen ein.

[198] Döser NJW 2000, 1451 (1453).

[199] Weitergehend allerdings das englische Recht, Chitty on Contracts General Principles Rn. 17–019: Ein Haftungsausschluss nach common law ist im Grundsatz auch im Fall eines deliberate breach, nicht dagegen bei fraud möglich.

[200] Dazu bereits → § 2 Rn. 55.

[201] Anschaulich die Entscheidung des englischen Court of Appeal in *Tradigrain SA & Ors v Intertek Testing Services (ITS) Canada Ltd & Anor* [2007] EWCA Civ 154: „*The term „gross negligence", although often found in commercial documents, has never been accepted by English civil law as a concept distinct from simple negligence, witness the assent of several judges to the assertion that gross negligence is „ordinary negligence with a vituperative epithet*"; ähnlich *Sucden Financial Ltd v Fluxo-Cane Overseas Ltd* [2010] EWHC 2133 (Comm) Rn. 54: „*However, I found to be more persuasive (…) that ‚gross negligence' is not a term of art at common law, and* ***that such a standard may amount to little more in practice than simple negligence***"; anders dagegen *Camarata Property Inc. v. Credit Suisse Securities (Europe) Ltd* [2011] EWHC 479 (Comm), in der (allerdings bedingt durch die Umstände des Einzelfalls) eine engere Auslegung erfolgte.

[202] Für Klauselvorschläge zum deutschen Recht und der hier notwendigen Differenzierung zwischen Individualverträgen und Allgemeinen Geschäftsbedingungen bereits oben → Rn. 33 ff.

wovon die erste Alternative des folgenden Klauselbeispiels zumindest für grob fahrlässig verursachte Pflichtverletzungen Gebrauch macht. Da der Ausschluss der Haftung für durch einfache Erfüllungsgehilfen vorsätzlich oder grob fahrlässig begangene Vertragsverletzungen in AGB in der Literatur zumindest teilweise als unzulässig (Verstoß gegen die Ungewöhnlichkeitsregel) angesehen[203] wird, kann sich aus Gründen der Risikovorsorge ein weiterreichender carve out für sämtliche den Vertragsparteien zurechenbare und grob fahrlässig oder vorsätzlich begangene Pflichtverletzungen empfehlen.

Klauselbeispiel für carve outs bei Schweizer Vertragsstatut

The aforementioned limitations of liability shall not apply in the event of either
(a) gross negligence or intentional misconduct attributable to [•]'s directors and executive staff as well as intentional misconduct of any other party acting for [•], including without limitation [•]'s subcontractors, agents, advisors and employees and such other persons acting on behalf of [•] with regard to the performance of this contract,
alternativ:
(a) *gross negligence or intentional misconduct attributable to [•]*
(b) bodily injury or death culpably caused by an act or omission attributable to [•]
or
(c) insofar as mandatory product liability laws provide otherwise.

85 Enger ist das folgende Beispiel für einen carve out im Fall einer englischem Recht unterliegenden Haftungsklausel, da die zwingenden Vorgaben durch den UCTA im Fall internationaler Wirtschaftsverträge regelmäßig nicht zur Anwendung kommen und das englische common law im Wesentlichen nur den Haftungsausschluss im Fall von fraud untersagt. Insofern dürfte die in der folgenden Klausel im Klammerzusatz enthaltene Rückausnahme für Körperverletzungen und Vorsatz bzw. bewusste Fahrlässigkeit (wilful misconduct, reckless misconduct) zumindest außerhalb des Anwendungsbereichs des UCTA auch nicht zwingend sein.

86 In der Praxis enthalten englischem Recht unterliegende Verträge (außerhalb des Anwendungsbereichs des UCTA) insbesondere im Rahmen von Folgeschadenausschlüssen häufig nicht einmal eine ausdrückliche Rückausnahme für fraud. Das ist regelmäßig unschädlich. Zwar praktizieren auch die englischen Gerichte grundsätzlich eine strenge Variante des blue pencil Tests, gehen aber gleichzeitig davon aus, dass die Parteien zumindest implizit fraud vom Anwendungsbereich der Haftungsklausel ausnehmen wollten.[204]

Klauselbeispiel für carve outs nach englischem Recht

Neither party excludes or limits its liability arising out of fraud or fraudulent misrepresentation, *[wilful misconduct, death or personal injury arising from its negligence]* or any liability to the extent the latter may not be excluded or limited as a matter of law.

87 Bei der Formulierung der Rückausnahme nach US-amerikanischem Recht kommt auf Grundlage von s. 195 Restatement (Second) of Contracts[205] ein weitergehender carve out zumindest für die deliktische Haftung in Betracht. Zusätzliche rechtliche Anforderungen können im Ergebnis erst durch eine Prüfung des Rechts des jeweils einschlägigen Bundessstaates ermittelt werden. Beispielsweise verstoßen Haftungsbeschränkungen im Fall von Vorsatz und grober Fahrlässigkeit generell gegen die public policy des Rechts von New York.[206]

---

203 Emmenegger/Jegher/Graf FS Thomas Koller S. 177 (192).

204 *HIH Casualty and General Insurance Ltd v Chase Manhattan Bank* [2003] UKHL 6; dies gilt grs. auch bei Anwendbarkeit des UCTA, *Regus (UK) Ltd v Epcot Solutions Ltd* [2008] EWCA Civ 361 Rn. 34 f.

205 *„A term exempting a party from tort liability for harm caused intentionally or recklessly is unenforceable on grounds of public policy."*

206 Allerdings wird der Begriff der gross negligence im Recht von New York durch die Rechtsprechung eng (in Richtung bewusster Fahrlässigkeit) ausgelegt, siehe etwa Court of Appeals of New York in der

Klauselbeispiel für carve outs nach Recht von New York

Neither party excludes or limits its liability for i) wilful misconduct, ii) gross negligence, iii) death or personal injury arising from its negligence or d) insofar as mandatory law provides otherwise.

b) Beweislast

88 Für die Frage einer Haftung kann im Einzelfall die Frage entscheidend sein, ob der Haftungsgläubiger oder der Haftungsschuldner die Beweislast dafür trägt, dass eine der Rückausnahmen von der Haftungsbegrenzung vorliegt. Die englische[207] und Schweizer Rechtsprechung[208] haben die Darlegungs- und Beweislast hier bislang beim Gläubiger verortet. Diese gesetzliche Beweislastverteilung kann aus Klarstellungsgründen in diesen Fällen ausdrücklich im Vertrag verankert werden.

Klauselbeispiel für eine Beweislastregel

The burden of proof with regard to the occurrence of any of the aforementioned carve-outs shall rest with the claimant.

89 Im deutschen Recht verhält es sich dagegen umgekehrt. Eine vertragliche Regelung in Allgemeinen Geschäftsbedingungen sollte nach Möglichkeit sogar die ausdrückliche Klarstellung enthalten, dass die gesetzliche Verteilung der Beweislast unberührt bleibt, da eine **Beweislastverschlechterung** gem. § 309 Nr. 12 lit. a) BGB in Verbindung mit § 307 BGB auch im unternehmerischen Geschäftsverkehr regelmäßig unwirksam ist.[209]

Klauselbeispiel für eine Beweislastregel bei Haftungsklauseln in AGB bei Geltung deutschen Rechts

For the avoidance of doubt, nothing in this clause shall be construed as to alter the allocation of the burden of proof as provided for under the applicable law.

3. Rückausnahme bei Deckung durch Haftpflichtversicherungen

90 Teilweise sehen Haftungsklauseln internationaler Wirtschaftsverträge auch vor, dass eine Haftungsbegrenzung nicht eingreifen soll, wenn und soweit Haftpflichtversicherungsschutz des Schuldners besteht. Aus Sicht des Haftungsschuldners ist in diesem Fall wichtig, dass auf die **konkrete Deckung im Einzelfall** und nicht die generelle Abdeckung durch die Haftpflichtversicherung abgestellt wird. Hintergrund dafür ist, dass der Versicherungsschutz regelmäßig auf eine Höchstsumme pro Jahr und Schadensfall beschränkt ist und durch andere Versicherungsfälle daher im Haftungsfall bereits ganz oder teilweise aufgezehrt worden sein kann.

Rechtssache *Sommer v. Federal Signal Corporation* 79 N.Y.2d 540 (554): *„Conduct that evinces a reckless disregard for the rights of others or „smacks" of intentional wrongdoing"*. Insofern kommt bei der Vertragsgestaltung auch eine klarstellende Definition von „gross negligence" in diesem Sinn in Betracht; generell zu den hier bestehenden Ambivalenzen im US-amerikanischen Recht auch Voinarevich J. Marshall L. Rev. 2015, 471 ff.

[207] Chitty on Contracts General Principles Rn. 17–021 mwN zur Rechtsprechung.

[208] BGE 107 II 161 (167); dagegen (und auch für die Unzulässigkeit einer vertraglichen Regelung, die dem Gläubiger die Beweislast für das Vorliegen von Vorsatz o. grober Fahrlässigkeit aufbürdet allerdings BSK/Widmer Lüchinger/Wiegand OR I Art. 100 Rn. 5.

[209] Thamm BB 1996, 653 (654); Ulmer/Brandner/Hensen/Habersack AGB-Recht § 309 Nr. 12 BGB Rn. 26. Um die Vermutung einer unzulässigen Beweislastumkehr zu vermeiden, kann alternativ der Haftungsumfang zunächst positiv festgestellt werden, dazu auch der Klauselvorschlag oben → Rn. 39.

Klauselbeispiel für einen carve out bei Versicherungsdeckung aus Sicht des Haftungsschuldners

The aforementioned limitations of liability shall not apply up to the full amount of available insurance.

Für den Gläubiger kommt dagegen eine Klausel in Betracht, die über eine vertraglich 91 geregelte Haftungshöchstsumme hinaus den Ersatz höherer Schäden ermöglicht, wenn dieser den generell verfügbaren Deckungsbeitrag der vereinbarten Pflichtversicherung nicht überschreitet.

Klauselbeispiel für einen carve out zugunsten des Haftungsgläubigers bei Versicherungsdeckung

To the extent that [•] is required to maintain insurance pursuant to this Agreement, its liability shall be capped at the greater of (i) the amount of the level of cover agreed upon pursuant to this contract under such insurance and in accordance with the terms of such insurance or (ii) the sum of EUR [•].

V. Erstreckung der Haftungsbegrenzung auf deliktische Ansprüche gegen Erfüllungsgehilfen

Unter Umständen kommen neben Haftungsansprüchen gegen das Unternehmen als Ver- 92 tragspartei auch **deliktische** Haftungsansprüche gegenüber Mitarbeitern, insbesondere leitenden Angestellten in Betracht. Zu ihrem Schutz[210] kann die Haftungsbegrenzung grundsätzlich auch auf diese Ansprüche erstreckt werden. Der Sache nach handelt es sich dann um einen **Vertrag zugunsten (bzw. mit Schutzwirkung zugunsten) Dritter,** der von den meisten Rechtsordnungen mittlerweile auch in der hier diskutierten Fallkonstellation einer Erstreckung von Haftungsbegrenzungen auf Dritte anerkannt ist: Insbesondere haben viele common law Rechtsordnungen die sog. privity rule, der zu Folge sich grundsätzlich nur Vertragsparteien auf vertragliche Bestimmungen berufen können und Verträge (mit Schutzwirkung) zugunsten Dritter daher grundsätzlich nicht möglich waren, aufgegeben oder durch Intervention des Gesetzgebers jedenfalls entscheidend relativiert.[211]

Klauselbeispiel für die Erstreckung der Haftungsbegrenzung auf Dritte

The exclusions and limitations of liability stipulated in this clause shall also apply for the benefit of [•]'s employees, directors, subcontractors, agents and advisors.

---

[210] Insbesondere im Transportrecht wird die Einbeziehung Dritter (etwa Subunternehmer) in den Anwendungsbereich einer vertraglichen Haftungsbegrenzung im internationalen Vertragsrecht auch als „Himalaya clause" bezeichnet, dazu Chitty on Contracts General Principles Rn. 17–50 ff.

[211] Zur Zulässigkeit im deutschen Recht etwa BGH NJW-RR 2004, 780; zum Schweizer Recht Schwenzer/Fountoulakis Allgemeiner Teil Rn. 86.03; im englischen Recht kommt eine Berufung des Dritten (insbes. auch mit Blick auf Himalaya clauses) auf s. 1 Abs. 6 Contracts (Rights of Third Parties) Act 1999 in Betracht, Chitty on Contracts General Principles Rn. 20–93.

§ 9 Vertragliche Regelungen über den zeitlichen Haftungsumfang

Übersicht

Schrifttum:

Arnold, Verjährung und Nacherfüllung, in: FS für Christoph Eggert, 2008, S. 41 ff.; *Auktor/Mönch,* Nacherfüllung – nur noch auf Kulanz?, NJW 2005, 1686 ff.; *Boele-Woelki,* The Limitation of Actions in the International Sale of Goods, ULR 1999, 621 ff.; *Borghetti,* Prescription, ZEuP 2016, 167 ff.; *Cameron,* Construction Warranties: How Long Do They Last? ACCLJ 2012, 21 ff.; *Fellmann,* Das neue Verjährungsrecht. Tagung vom 29.10.2019 in Luzern, 2019; *Gildeggen/Willburger,* Art. 39 Abs. 2 CISG als Problem bei internationalen Einkaufsverträgen, IHR 2016, 1 ff.; *Grützner/Schmidl,* Verjährungsfristen bei Garantieansprüchen, NJW 2007, 3610 ff.; *Gsell,* „Kettengewährleistung“ – Mängelrechte des Käufers im Anschluss an ein Nacherfüllungsbemühen des Verkäufers, in: FS für Peter Derleder, 2015, S. 135 ff.; *Haloush,* Prescription in Arab Civil Codes and the Unidroit Principles of International Commercial Contracts of 2004 – A comparative analysis, James Cook U.L. Rev. 2008, 97 ff.; *Harder,* Statutes of Limitation between Classification and Renvoi – Australian and South African Approaches compared, ICLQ 2011, 659 ff.; *Karaşahin,* Verjährungsverzicht und Vereinbarungen über die Dauer von Verjährungsfristen nach der Revision des Verjährungsrechts, ZBJV 2019, 731 ff.; *Kleinschmidt,* Das neue französische Verjährungsrecht, RIW 2008, 590 ff.; *Klinger,* The Concept of Warranty Duration: A Tangled Web, Dick. L. Rev. 1984–1985, 935 ff.; *A. Koller,* Verjährungsverzicht und Verjährungsverlängerung, ZBJV 2021, 691 ff.; *T. Koller,* Die Verjährung von Ansprüchen aus der Lieferung nicht vertragsgemässer Ware nach UN-Kaufrecht (CISG) – ein Rückschlag für die internationale Attraktivität des schweizerischen Rechts im globalen Wettstreit der Rechtsordnungen?, recht 2009, 179 ff.; *Leisinger,* Some thoughts about Art. 39 (2) CISG, IHR 2006, 76 ff.; *Lichtenstein,* Die zivilrechtliche Verjährung nach dem Recht der VR China, RIW 2009, 824 ff.; *McGee,* Limitation Periods, 8. Aufl. 2018; *Müller,* Anerkenntnis durch Nacherfüllung. Wie der Verkäufer einem Neubeginn der Verjährung entgehen kann, NJOZ 2016, 481 ff.; *Ostendorf,* Die Ermittlung der gesetzlichen und die abweichende vertragliche Gestaltung von zeitlichen Haftungsgrenzen in internationalen Wirtschaftsverträgen, ZVglRWiss 2011, 109 ff.; *Pichonnaz,* Das revidierte Verjährungsrecht: Drei bemerkenswerte Punkte, SJZ 2019, 739 ff.; *Remien* (Hrsg.),Verjährungsrecht in Europa, 2011; *Rühl,* Die Verjährung kaufrechtlicher Gewährleistungsansprüche, AcP 207 (2007), 614 ff.; *Schwenzer/Manner,* „The Claim is Time-Barred“: The Proper Limitation Regime for International Sales Contracts in International Commercial Arbitration: Arb. Int'l 2007, 293 ff.; *Wiedemann,* Thesen zum Neubeginn der Verjährung infolge kaufrechtlicher Nacherfüllung, ZRP 2013, 2 ff.; *Zimmermann,* „ut sit finis litium“ – Grundlagen eines modernen Verjährungsrechts auf rechtsvergleichender Grundlage, JZ 2000, 853 ff.

A. Überblick

I. Die zeitliche Dimension vertraglicher Haftung

1 Vertragliche **Haftungsrisiken** haben auch eine **zeitliche Dimension:** Für die Vertragsparteien ist nicht nur entscheidend, unter welchen Voraussetzungen und in welchem Umfang, sondern auch *wie lange* sie für vertragliche Pflichtverletzungen bzw. damit eventuell konkurrierende deliktische Handlungen haften.[1] Trotzdem tritt die Problematik zeitlicher Haftungsgrenzen bei der Vertragsgestaltung und -verhandlung häufig in den Hintergrund,[2] obwohl diese Frage für das Vertrags- und Gewährleistungsmanagement gerade mit Blick auf (versteckte) **Sachmängel**[3] (latent defects) der geschuldeten Vertragsleistung von zentraler Bedeutung ist: Mit Ablauf der gesetzlichen oder vertraglich (wirksam) vereinbarten Verjährungs- oder Ausschlussfristen entfallen die Haftungsrisiken aus dem Vertrag, können für die Mängelhaftung gebildete Rückstellungen aufgelöst[4] und Mängelhaftungsansprüche allein unter Verweis auf die abgelaufenen Fristen abgewehrt werden.

2 Für die Gestaltung internationaler Wirtschaftsverträge ist aber nicht nur die Ermittlung des einschlägigen Rechtsrahmens eine Herausforderung. Typische Probleme entstehen auch durch **ambivalente Vertragsklauseln** und dadurch verursachte Missverständnisse der Vertragsparteien über die rechtliche Bedeutung von Fristen, die (insbesondere) im Zusammenhang mit der Mängelhaftung vereinbart werden. Für die Vertragsgestaltung folgt daraus, dass Rechtscharakter und Rechtsfolgen von vertraglichen Befristungen zur Vermeidung von Rechtsunsicherheiten möglichst **eindeutig** und **umfassend** geregelt werden müssen.

II. Möglicher Bedeutungsgehalt vertraglich vereinbarter Fristen mit Bezug zur Mängelhaftung

3 Für Vertragsklauseln, die Regelungen im Zusammenhang mit der zeitlichen Dauer der Mängelhaftung enthalten, kommen grundsätzlich mehrere Auslegungsvarianten in Betracht. Insbesondere die Einordnung als vertragliche Modifikation gesetzlicher **Verjährungsfristen** ist nicht zwingend. Unter Berücksichtigung des Wortlauts der Klausel und

[1] Ostendorf ZVglRWiss 2011, 109.
[2] Zur geringen Bedeutung von Verjährungsklauseln in der internationalen Vertragspraxis Schwenzer/Manner Arb. Int'l 2007, 293.
[3] Die folgende Darstellung beschränkt sich auf die in der Praxis wichtigste Frage nach zeitlichen Grenzen der Mängelhaftung, s. für einen rechtsvergleichenden Überblick hierzu auch Schwenzer/Manner Arb. Int'l 2007, 293.
[4] Ostendorf ZVglRWiss 2011, 109.

des anwendbaren Rechts ist alternativ auch eine Auslegung als Ausschlussfrist, Haltbarkeitsgarantie, Beschaffenheitsvereinbarung über die Lebensdauer des Vertragsgegenstandes oder so genannte Garantiewartungsfrist möglich. Das jeweilige Auslegungsergebnis kann dabei zu gänzlich unterschiedlichen Rechtsfolgen führen: Während (vertragliche) Verjährungs- und Ausschlussfristen regelmäßig haftungsbegrenzend wirken, weitet insbesondere die Vereinbarung von Haltbarkeitsgarantien die Haftung (auch) in zeitlicher Hinsicht aus.

In internationalen Wirtschaftsverträgen sind **Auslegungsprobleme** unter anderem deswegen an der Tagesordnung, weil viele der gewählten Begriffe mangels gesetzlicher Verankerung im maßgeblichen Vertragsstatut ambivalent sind. Insbesondere die regelmäßig ohne nähere Festlegung der Rechtsfolgen in Verträgen verwendeten Begriffe der warranty period, defects liability period oder defects notification period haben häufig **keinen eindeutig fassbaren Bedeutungsgehalt.**[5] Das nachfolgende Beispiel verdeutlicht solche für internationale Wirtschaftsverträge typischen Auslegungsprobleme. Aus dem Wortlaut dieser Klausel wird insbesondere nicht ersichtlich, welche Rechtsfolgen durch den Ablauf der hier festgelegten „warranty period" eintreten sollen. 4

Klauselbeispiel für eine ambivalente vertragliche Fristenregelung

All equipment is to be warranted as free from defects in design materials and workmanship. The warranty period amounts to [•].[6]

1. Verjährungsfrist

Unter einer Verjährungsfrist (limitation period/prescription period) wird im Folgenden eine Frist verstanden, innerhalb derer vertragliche oder außervertragliche Ansprüche (schieds-)gerichtlich oder im Wege vergleichbarer Verfahren geltend gemacht werden müssen.[7] Im Unterschied zu einer Ausschlussfrist führt der Ablauf der Verjährungsfrist in den meisten Rechtsordnungen unabhängig von der Qualifizierung als materielles Recht oder Prozessrecht nur zur Entstehung einer **Einrede** und ist nicht von Amts wegen zu beachten, weil der Anspruch durch die Verjährung nicht erlischt, sondern lediglich nicht mehr durchsetzbar ist.[8] Auf der anderen Seite unterliegen Verjährungsfristen aber regelmäßig der **Hemmung** und können in Einzelfällen **neu zu laufen** beginnen. 5

Klauselbeispiel für die vertragliche Regelung von Verjährungsfristen

[•] Limitation of Actions

No action for any lack of conformity of the Contractual Products can be taken by the Purchaser, whether before judicial or arbitral tribunals, after [•] years from handover of the goods.[9]

---

[5] Anschaulich zu der im US-amerikanischen Recht geführten Diskussion über Auslegungsprobleme bei vertraglich vereinbarten warranty periods, die auch auf andere Rechtsordnungen übertragen werden kann Klinger Dick. L. Rev. 1984–1985, 935 (936): *„For example, the statement that a purchaser has a „one year warranty" is, by itself, almost meaningless. Such terms have, occasionally been construed to mean that the subject item will remain in a specified condition for a period of one year; that certain remedies arise when defects appear within one year; that defects appearing after one year are excluded from the warranty; or that any action for breach of warranty must be brought within one year."*

[6] Nachgebildet der in der Entscheidung des englischen Court of Appeal in der Rechtssache *VAI Industries (UK) Ltd. v. Bostock & Bramley* EWCA [2003] Civ 1069 maßgeblichen Vertragsklausel. Drei mögliche Auslegungsvarianten haben die Lordrichter hier diskutiert (Rn. 28 der Entscheidung): „i) [...] a *promissory warranty that each day the equipment would be free from defects in design and in conformity with the specification ii)* [...] *the twenty-four month period simply defines the reasonable time after delivery that the equipment is to continue to be of proper quality iii)* [...] *the two year period serves to limit the duration of the warranty.*"

[7] Für diese Begriffsbildung auch Girsberger J.L. & Com. 2005–2006, 241 (248).

[8] Im deutschen Recht § 214 BGB; im Schweizer Recht Art. 142 OR; zum englischen Recht McGee Limitation Periods Rn. 21.001 mwN zur Rechtsprechung.

[9] Nachgebildet der Verjährungsklausel (Art. 11.6) im ICC Model International Sale Contract, ICC Publication No. 811E (2020).

2. Ausschlussfrist

6 Eine Ausschlussfrist (sog. cut-off period[10]) für vertragliche Ansprüche, die ebenfalls dem **Vertragsstatut**[11] unterliegt, kann an bereits bestehende gesetzliche absolute Rügefristen anknüpfen oder Anzeigeobliegenheiten bei Mängeln[12] des Vertragsgegenstandes in Form vertraglicher Spätestfristen (long stop periods) einführen. Rechtsfolge ist das materiellrechtliche **Erlöschen** der Ansprüche, wenn die Anzeige nicht innerhalb der bezeichneten Frist gegenüber der anderen Vertragspartei erfolgt. Anders als bei Verjährungsfristen muss der Ablauf einer Ausschlussfrist daher regelmäßig auch von Amts wegen beachtet werden.[13] Auch eine Hemmung oder ein Neubeginn kommt vorbehaltlich anderweitiger vertraglicher Regelungen nicht in Betracht. Im Unterschied zu Verjährungsfristen reicht dagegen die Anzeige gegenüber der anderen Vertragspartei zur Fristwahrung aus. Sofern die Parteien nichts Abweichendes vereinbaren, lässt die Ausschlussfrist die einschlägigen Verjährungsfristen unberührt.

7 In internationalen Wirtschaftsverträgen liegt eine Auslegung als Ausschlussfrist insbesondere dann nahe, wenn das einschlägige Sachrecht absolute Rügefristen[14] im Zusammenhang mit **Untersuchungs- und Rügeobliegenheiten** vorsieht.[15] Zentrales Beispiel sind internationale Lieferverträge, die der CISG unterliegen, da Art. 39 Abs. 2 CISG anders als die meisten nationalen Rechtsordnungen eine zweijährige **Spätestfrist** für die Anzeige (auch) versteckter Sachmängel statuiert.[16]

Klauselbeispiel für die vertragliche Regelung einer Ausschlussfrist

[•] Cut-off Period

Any contractual claim or right by the Purchaser arising out of any quality defect of the Contractual Products (including any latent defect) shall extinguish if the Purchaser has not given the Seller notice of the respective defect at the latest [•] months from the date of handover of the Contractual Products to the Purchaser.

3. Haltbarkeitsgarantien

8 Die Vereinbarung einer Haltbarkeitsgarantie bzw. vergleichbare Rechtsinstitute wie die guarantee of durability oder promissory guarantee[17] im englischen bzw. eine warranty extending to future performance nach US-amerikanischem Kaufrecht[18] begründet Ansprüche im Fall von Mängeln der Sache bzw. des Werks, die innerhalb des festgelegten Garantie-

[10] Honnold International Contract Manual § 258.

[11] Reithmann/Martiny/Martiny Internationales Vertragsrecht Rn. 3.240.

[12] Prominentes Beispiel für gesetzliche Ausschlussfristen außerhalb der Gewährleistungshaftung ist die einjährige Ausschlussfrist für die Geltendmachung eines Ausgleichsanspruchs durch den Handelsvertreter gegenüber dem Prinzipal im Europäischen Handelsvertreterrecht, Art. 17 Abs. 5 der Richtlinie 86/653/EWG des Rates vom 18.12.1986 zur Koordinierung der Rechtsvorschriften der Mitgliedstaaten betreffend die selbständigen Handelsvertreter (ABl. EG 1986 L 382/17).

[13] So etwa für Art. 39 Abs. 2 CISG Kröll/Mistelis/Viscasillas/Kröll CISG Art. 39 Rn. 94.

[14] Die vorliegende Darstellung beschränkt sich auf Ausschlussfristen im Sinne von absoluten Anzeigefristen; ausgeklammert sind Rügefristen, die an die Entdeckung bzw. ein Entdecken müssen des Mangels bei ordnungsgemäßer Untersuchung des Vertragsgegenstandes anknüpfen und regelmäßig eine anschließende Mängelanzeige innerhalb kurzer Frist verlangen, für Kaufverträge etwa § 377 Abs. 1 HGB, im Schweizer Recht Art. 201 OR, Art. 39 Abs. 1 CISG sowie im US-amerikanischen Recht § 2–607 Abs. 3 lit. a) UCC. Rechtsvergleichend zu Rügeobliegenheiten und -fristen auch Ostendorf/Kluth IHR 2007, 104 ff.

[15] Zu einer entsprechenden Auslegung einer Vertragsklausel etwa ICC-Schiedsgericht, Schiedsspruch v. 12.8.1994, Nr. 7660/JK.

[16] OGH IHR 2008, 106 (108); Gildeggen/Willburger IHR 2016, 1 (2).

[17] Zu diesem Begriff *VAI Industries (UK) Ltd. v. Bostock & Bramley* EWCA [2003] Civ 1069 Rn. 48.

[18] Das im UCC geregelte Kaufrecht kennt mit der sog. warranty extending to future performance ein Rechtsinstitut, das der deutschen Haltbarkeitsgarantie sehr nahekommt: Nach Maßgabe von § 2–725 Abs. 2 UCC beginnt die Verjährungsfrist für Gewährleistungsansprüche im Fall einer warranty extending to future performance erst mit Entdeckung des Mangels (spätestens jedoch mit Ende der vereinbarten warranty period).

zeitraums und damit möglicherweise erst **nach Ablieferung** oder Abnahme des Vertragsgegenstandes erstmals auftreten.

9 Mittelbar kann die Vereinbarung einer Haltbarkeitsgarantie aber auch zu längeren Verjährungsfristen führen, da die Verjährung von Ansprüchen aus der Haltbarkeitsgarantie regelmäßig erst mit **Eintritt des Garantiefalls** und damit nicht – wie häufig im Rahmen von Verjährungsfristen für gesetzlich vorgesehene Gewährleistungsansprüche – bereits mit **Ablieferung** der Sache bzw. Abnahme des Werkes zu laufen beginnt.

Klauselbeispiel für die vertragliche Vereinbarung einer Haltbarkeitsgarantie

[•] Guarantee of Durability

The Seller guarantees that the Contractual Goods are and will throughout the entire period of [•] months commencing from delivery comply with all agreed technical specifications and remain free from defects in materials, workmanship and design.

4. Definition der Lebensdauer

10 Vertragliche Angaben über die Lebensdauer (life cycle) des Vertragsgegenstandes müssen in erster Linie von einer Haltbarkeitsgarantie abgegrenzt werden. So kann die Auslegung etwa ergeben, dass die Parteien mit einer zeitlichen Angabe zur vorgesehenen Lebensdauer keine Garantie dahingehend vereinbaren wollten, dass der gelieferte Vertragsgegenstand bzw. das erstellte Werk die vertraglich geschuldete **Beschaffenheit** für den gesamten Zeitraum der angegebenen Frist behalten muss, sondern lediglich bei Ablieferung bzw. Abnahme eine Beschaffenheit aufweisen soll, die eine Haltbarkeit für den genannten Zeitraum sicherstellen kann. Daraus folgt auch, dass die vereinbarte Lebensdauer des Vertragsgegenstandes laufende Verjährungsfristen oder eventuell anwendbare Ausschlussfristen unberührt lässt und in zeitlicher Hinsicht auch länger als anwendbare Verjährungs- und Ausschlussfristen sein kann.[19]

11 Im Fall einer Lebensdauerangabe als Teil der **Beschaffenheitsvereinbarung** bleibt es damit bei dem gesetzlich vorgegebenen Gewährleistungssystem, dem zu Folge grundsätzlich der Zeitpunkt der **Ablieferung** bzw. der **Abnahme** der **maßgebliche Zeitpunkt** für das Vorliegen eines gewährleistungsrechtlich relevanten Mangels ist. Da auch die gesetzlichen Auffangtatbestände in Form objektiver Anforderungen regelmäßig die **Tauglichkeit** des Vertragsgegenstandes für eine von den Umständen des Einzelfalls abhängige angemessene Lebensdauer mitumfassen, präzisiert die vertragliche Lebensdauerangabe damit letztlich nur den hier maßgeblichen zeitlichen Rahmen.[20]

---

[19] In diese Richtung etwa der Schiedsspruch des *Arbitration Institute of the Stockholm Chamber of Commerce* 5.6.1998, CISG-online 379: *„It may well be that the representatives of [seller] have indicated or even ‚promised' that the Press would last for at least thirty years. It may certainly be assumed that [purchaser] expected the Press to last for a considerable number of years even in the absence of such a promise, and that [seller] realized this. This obviously has a bearing on the issue of non-conformity as such, but the statements by [seller], if any, or [purchaser's] expectations cannot be construed to set aside or derogate from the limitation periods for examination and notices either under the Contract or under the CISG."* Ähnlich mit Blick auf die Klausel *„The design of the foundations shall ensure a lifetime of 20 years in every aspect without planned replacement"* in einem Vertrag über die Errichtung von Offshore-Windkraftanlagen auch der UK Supreme Court in der Rechtssache *MT Højgaard A/S v E.ON Climate & Renewables UK Robin Rigg East Limited* [2017] UKSC 59 Rn. 30: *„It appears to me that there is a powerful case for saying that, rather than warranting that the foundations would have a lifetime of 20 years, para 3.2.2.2(ii) amounted to an agreement that the design of the foundations was such that they would have a lifetime of 20 years. In other words, read together with clauses 30 and 42.3 of the Contract, para 3.2.2.2(ii)* ***did not guarantee that the foundations would last 20 years without replacement, but that they had been designed to last for 20 years*** *without replacement. That interpretation explains the reference in para 3.2.2.2(ii) to design, and it obviates any tension between the terms of para 3.2.2.2(ii) and the terms of clauses 30 and 42.3.* ***Rather than the 20-year warranty being cut off after 24 months, E.ON had 24 months to discover that the foundations were not, in fact, designed to last for 20 years.*** *"*

[20] Zur Sachmangelfreiheit, für die in den meisten Rechtsordnungen bei Kaufverträgen auf den Zeitpunkt der Ablieferung abzustellen ist, gehört auch die Eignung des Vertragsgegenstandes zur Erreichung einer angemessenen Lebensdauer, die nach den Umständen des Einzelfalls bestimmt werden muss, so im BGB nach

Klauselbeispiel für eine vertragliche Beschaffenheitsvereinbarung über die Lebensdauer des Vertragsgegenstandes

[•] Conformity of the Contractual Goods

(1) The Contractor undertakes that the Contractual Goods shall be suitable in all respects for their reliable and continuous use for a period of not less than [•] years subject to fair wear and tear.

(2) For the avoidance of doubt, this undertaking shall neither constitute a guarantee of durability nor in any way affect the expiry of applicable limitation or cut-off periods stipulated in this contract or by the applicable law.

5. Garantiewartungsfristen

12 Insbesondere in (Anlagen-)Bauverträgen, die anglo-amerikanischem Recht unterliegen, kann eine vertraglich vereinbarte Befristung auch als so genannte Garantiewartungsfrist (maintenance period/correction period) ausgelegt werden, die den Auftragnehmer bzw. Lieferanten innerhalb der Frist zu Nacherfüllungsmaßnahmen verpflichtet, ohne seine Gewährleistungshaftung in zeitlicher Hinsicht – insbesondere für nach Fristablauf auftretende Mängel – ansonsten einzuschränken.[21] So hat beispielsweise der englische Court of Appeal in der Rechtssache *Pearce & High Ltd v. Baxter & Anor* einer entsprechenden Klausel in einem JCT-Standardbauvertrag **keine Ausschlusswirkung** zugebilligt, sondern die Rechtswirkungen der vertraglichen Befristung zugunsten des Auftragnehmers im Wesentlichen darauf beschränkt, dass dieser nicht die vollständigen Kosten einer **Selbstvornahme** durch den Auftraggeber tragen muss, wenn ihm für die während der Frist aufgetretenen Mängel keine Gelegenheit zur Nacherfüllung eingeräumt worden ist.[22] Vom Fristablauf vollständig unberührt bleiben in diesem Fall aber Ansprüche auf Ersatz weiterer Folgeschäden und sonstige Schadensersatzansprüche im Fall versteckter Mängel, die erst nach Ablauf der correction period auftreten. Die correction period statuiert damit lediglich einen partiellen (und befristeten!) vertraglich vereinbarten Vorrang der Nacherfüllung – so wie er weitergehender im deutschen Recht bereits gesetzlich vorgesehen ist.[23]

13 Eine ähnliche Problematik stellt sich beispielsweise auch bei Art. 11 der im internationalen Anlagenbau äußerst praxisrelevanten **FIDIC-Mustervertragsbedingungen,** die vom Auftragnehmer während des Fristlaufs der maßgeblichen „Defects Notification Pe-

der Umsetzung der neuen Verbrauchsgüterkaufrichtlinie (EU) 2019/771 mit Wirkung zum 1.1.2022 jetzt ausdrücklich mit Blick auf die geschuldeten „objektiven Anforderungen" auch § 434 Abs. 3 S. 2: „(…) *einschließlich ihrer Haltbarkeit*"; für das englische Recht stellt die „durability" einen maßgeblichen Faktor bei der Bewertung dar, ob die Kaufsache den implied term der „satisfactory quality" erfüllt, s. 14 Abs. 2B lit. e) SGA 1979. Der für die Frage einer Mangelhaftigkeit maßgebliche Zeitpunkt ändert sich dadurch aber nicht, *KG Bominflot Bunkergesellschaft für Mineralole mbH & Co Petroplus Marketing AG* [2010] EWCA Civ 1145 Rn. 19: „*A prospective warranty however relates only to the time of delivery, but looks prospectively into the future and asks whether the goods as at the time of delivery, were in the condition which the buyer was entitled to expect under his contract. Typical warranties of such a kind are the implied statutory conditions of satisfactory quality and reasonable fitness for purpose.*" Für das UN-Kaufrecht etwa LG München I 27.2.2002, CISG-online 654.

[21] Zur Bedeutung von Garantiewartungsfristen in US-amerikanischen construction contracts und den hier regelmäßig auftretenden Missverständnissen Cameron ACCLJ 2012, 21 ff.

[22] *Pearce & High Ltd v Baxter & Anor* [1999] EWCA Civ 789 Rn. 19: „*In my judgment, the contractor is not liable for the full cost of repairs in those circumstances. The employer cannot recover more than the amount which it would have cost the contractor himself to remedy the defects. Thus, the employer's failure to comply with clause 2.5, whether by refusing to allow the contractor to carry out the repairs or by failing to give notice of the defects, limits the amount of damages which he is entitled to recover. This result is achieved as a matter of legal analysis by permitting the contractor to set off against the employer's damages claim the amount by which he, the contractor, has been disadvantaged by not being able or permitted to carry out the repairs himself, or more simply, by reference to the employer's duty to mitigate his loss* (…)". Bestätigt wird diese Auslegung durch die Entscheidung des High Court in der Rechtssache *Mul v Hutton Construction Ltd* [2014] EWHC 1797 (TCC) Rn. 27 sowie aus jüngerer Zeit (zum Singapurer Recht) *Sandy Island Pte Ltd v Thui Keng Thay* [2020] SGCA 86 Rn. 80.

[23] Das anglo-amerikanische Recht kennt dagegen grundsätzlich keine (Nach-)Erfüllungsansprüche, Merkt ZHR 2007, 490 (499).

riod" die Beseitigung eventuell auftretender und vom Auftraggeber angezeigter Mängel der Anlage auf seine Kosten und Gefahr verlangen: Wie sich aus Ziff. 11.10 des FIDIC Yellow Book bzw. Red Book 2017 ergibt, bleibt der Auftragnehmer auch nach Ablauf der Defects Notification Period[24] im Rahmen der einschlägigen Mängelhaftungsfristen des Vertragsstatuts für sämtliche Mängel der Anlage weiter haftbar; lediglich mit Blick auf Mängel von Maschinen und Geräten („Plant" im Sinne von Ziff. 1.1.65 bzw. 1.1.66 FIDIC Red/Yellow Book) ist die Haftung auf einen Zeitraum von zwei weiteren Jahren nach Ablauf der Defects Notification Period (und im Fall von Arglist, Vorsatz, grober Fahrlässigkeit oder zwingender Regelungen des anwendbaren Rechts auch darüber hinaus) begrenzt.[25]

Klauselbeispiel für die vertragliche Regelung einer Garantiewartungsfrist[26]

[•] Correction Period

Any defects which appear within [•] months of the date of practical completion and are due to materials or workmanship not in accordance with this contract shall be made good by the Contractor entirely at his own cost.

B. Rechtlicher Rahmen

14 Die einschlägigen gesetzlichen Verjährungs- und Ausschlussfristen, Zulässigkeit und Grenzen vertraglicher Fristverlängerungen oder -verkürzungen sowie eine mögliche Hemmung oder ein Neubeginn von Fristläufen richten sich zumindest nach Europäischem Kollisionsrecht nach dem **Recht,** dem der **Anspruch unterliegt.**[27] Damit kommt das Vertragsstatut insbesondere für die Verjährung vertraglicher und das Deliktstatut für die Verjährung konkurrierender deliktischer Ansprüche zur Anwendung. Das Vertragsstatut ist auch maßgeblich für die bereits angesprochene Problematik der **Auslegung** einschlägiger vertraglicher Klauseln.

15 In einzelnen (insbesondere zur common law Familie gehörenden) Rechtsordnungen werden Verjährungsfristen kollisionsrechtlich allerdings nicht als Bestandteil des Vertragsstatuts und damit des materiellen Rechts, sondern als **Teil des Prozessrechts** angesehen.[28] Die Folge ist, dass selbst bei einer zulässigen Rechtswahl nicht zwangsläufig auch das anwendbare Verjährungsregime mit gewählt wird, wenn das Gericht eines Staates international zuständig ist, dessen Kollisionsrecht Fragen der Verjährung nicht dem Vertragsstatut, sondern dem Prozessrecht zuordnet. Ein klassisches kollisionsrechtliches Problem entsteht

---

[24] Hök ZfBR 2021, 3 (7).

[25] Bock/Zons/Calliebe Rechtshandbuch Anlagenbau Teil B Rn. 239; Roquette/Schweiger/Ritter/Schätzlein Privates Baurecht E.II Rn. 251.

[26] Nachgebildet der in der Rechtssache *Pearce & High Ltd v Baxter* [1999] EWCA Civ 789 streitgegenständlichen Klausel.

[27] Zum Vertragsstatut gehört die Verjährung vertraglicher Ansprüche auf Grundlage von Art. 12 Abs. 1 lit. d) Verordnung Nr. 593/2008 des Europäischen Parlaments und des Rates vom 17.6.2008 über das auf vertragliche Schuldverhältnisse anzuwendende Recht (Rom I-VO), ABl. EU 2008 L 177/6; berichtigt durch ABl. EU 2009 L 309/87; für deliktische Ansprüche ist nach Maßgabe von Art. 15 lit. h) Verordnung (EG) Nr. 864/2007 des Europäischen Parlaments und des Rates vom 11.7.2007 über das auf außervertragliche Schuldverhältnisse anzuwendende Recht (Rom II-VO), ABl. 2007 L 199/40, das Deliktsstatut maßgeblich. Ähnlich etwa auch das Schweizer Kollisionsrecht, Art. 148 IPRG. Unabhängig vom Schiedsort ist auch im Fall von Schiedsverfahren grds. davon auszugehen, dass das Schiedsgericht die einschlägigen Verjährungsregeln für vertragliche Ansprüche dem (gewählten) Vertragsstatut zu entnehmen hat, Schwenzer/Manner Arb. Int'l 2007, 293 (301).

[28] Die Qualifikation lege fori nimmt aber auch in Ländern der common law Rechtsfamilie ab. So folgen nach England mittlerweile auch Kanada und weitgehend Südafrika dem lex causae Ansatz, vgl. dazu Harder ICLQ 2011, 659 (661). Uneinheitlich ist die Rechtslage in den USA, wo nur wenige US-Bundesstaaten den Uniform Conflict of Laws – Limitation Act 1982 adaptiert haben, der Verjährungsfristen ebenfalls der lex causae zuschlägt; dazu (mit Übersicht über die Rechtslage in den einzelnen US-Bundesstaaten) Symeonides Am. J. Comp. L. 2021, 178 (233f.).

auch dann, wenn das IPR des zuständigen Forums Verjährungsfristen zwar selbst materiellrechtlich einordnet, zugleich aber auf eine Rechtsordnung verweist, die Verjährungsfristen verfahrensrechtlich qualifiziert.[29] Richtiger Weise sind die Verjährungsvorschriften dieser Rechtsordnung dann unabhängig von ihrer verfahrensrechtlichen Einordnung anzuwenden; insbesondere kommt keine Rückverweisung auf das Recht des Forums in Betracht.[30]

16 Nicht gänzlich ausgeschlossen werden kann allerdings, dass ungewöhnlich lange oder kurze Verjährungsfristen den **ordre public** des Forumstaates berühren (Art. 21 Rom I-VO; Art. 26 Rom II-VO) oder die nach Vertrags- bzw. Deliktsstatut eigentlich einschlägigen Verjährungsregeln durch Eingriffsnormen einer anderen Rechtsordnung überflügelt werden (Art. 9 Rom I-VO; 16 Rom II-VO) überflügelt werden.[31] So wird etwa ein französisches Gericht bei einem in Frankreich errichteten Bauwerk die zehnjährige zwingende Verjährungsfrist (décennale) für Ansprüche wegen Strukturmängeln auch dann anwenden, wenn die Parteien des Bauvertrages ein anderes Vertragsstatut gewählt haben, weil Art. 1792 Code civil als international zwingende Vorschrift betrachtet wird.[32]

I. Internationale Instrumente

17 Angesichts der gravierenden Unterschiede der verschiedenen Rechtsordnungen sind Versuche einer internationalen **Rechtsvereinheitlichung** im Verjährungsrecht – von Randgebieten des Wirtschaftsrechts abgesehen – bislang wenig erfolgreich gewesen.[33] Weitgehende Rechtseinheit besteht lediglich im Wechsel- und Scheckrecht auf Grundlage der beiden international weit verbreiteten Übereinkommen über das Einheitliche Wechselrecht sowie das Einheitliche Scheckrecht von 1930 und 1931[34] (s. Art. 70 sowie Art. 52 der Übereinkommen). Auch transportrechtliche Konventionen sehen teilweise international vereinheitlichte Verjährungsfristen vor; so verdrängt etwa Art. 32 CMR[35] das nationale Verjährungsrecht im Fall von Ansprüchen aus internationalen Straßengütertransportverträgen, die in den Anwendungsbereich des Übereinkommens fallen.[36]

18 Dagegen sind Fragen der Verjährung aus dem Anwendungsbereich des UN-Kaufrechts (CISG)[37] ausgenommen;[38] Art. 39 Abs. 2 CISG regelt lediglich eine zweijährige **Ausschlussfrist.** Zwar besteht mit dem UN-Übereinkommen über die auf internationale Kaufverträge anwendbaren Verjährungsfristen (in der Fassung durch das Änderungsprotokoll von 1980) eine eigenständige Schwesterkonvention zum CISG, die einschlägige Verjährungsfristen zumindest im Rahmen von internationalen Kaufverträgen harmonisieren soll und dafür eine Verjährungsfrist für Gewährleistungsansprüche von vier Jahren (beginnend mit Übergabe der Ware) vorsieht, Art. 8, 10 Abs. 2 Verjährungsübereinkommen.[39]

---

[29] Diese Konstellation lag auch der berühmten Entscheidung im sog. Tennessee-Wechsel Fall zu Grunde, in dem das Reichsgericht den Anspruch aus einem Wechsel fälschlicherweise für unverjährbar gehalten hat, weil das Recht von Tennessee Verjährungsfristen prozessrechtlich einstuft, das deutsche Verjährungsrecht aber nicht anwendbar war, s. RGZ 7, 21 ff.

[30] Reithmann/Martiny/Martiny Internationales Vertragsrecht Rn. 3.238.

[31] Reithmann/Martiny/Martiny Internationales Vertragsrecht Rn. 3.238; Ungerer IPrax 2021, 298 (299). Zu der hohen Schwelle für den ordre public Einwand aber anschaulich OLG Hamm MDR 2019, 993 (994); zur theoretischen (im konkreten Fall allerdings abgelehnten) Möglichkeit einer Einordnung von Verjährungsfristen als Eingriffsnormen EuGH EuZW 2019, 134 ff. – Da Silva Martins.

[32] Hök Handbuch Baurecht § 5 Rn. 31.

[33] Zu Angleichungstendenzen allerdings Borghetti ZEuP 2016, 167 (174 ff.).

[34] Reithmann/Martiny/Freitag Internationales Vertragsrecht Rn. 13.13.

[35] Genfer Übereinkommen über den Beförderungsvertrag im internationalen Straßenverkehr (CMR), BGBl. 1961 II, 1119.

[36] Ferrari ua/Otte Internationales Vertragsrecht Art. 32 CMR Rn. 1.

[37] Übereinkommen der Vereinten Nationen über Verträge über den internationalen Warenkauf, BGBl. 1989 II 588 ff.

[38] Honsell/Siehr CISG Art. 4 Rn. 27.

[39] Die Frist darf vertraglich nicht verkürzt werden, Art. 22 Übereinkommen. Zum Ganzen auch Staudinger/Magnus CISG Anhang II Rn. 19 ff.

Während die CISG mit Stand Juli 2022 rund 94 Mitgliedsstaaten aufweist, verzeichnet das **UN-Verjährungsübereinkommen** in der Ausgangsfassung allerdings gerade einmal 30 Mitgliedsstaaten. Von den für den internationalen Handel maßgeblichen G8-Staaten gehören sieben dem CISG an; nur ein Staat (USA) dagegen dem UN-Verjährungsübereinkommen.[40] Auch Deutschland und die Schweiz sind dem Verjährungsübereinkommen nicht beigetreten.

Regelungen zu Verjährungsfristen enthalten schließlich auch die internationalen Verein- 19
heitlichungsprojekte: Sowohl die Unidroit Principles of International Commercial Contracts 2016 (PICC) als auch der Draft Common Framework of Reference (DCFR) sehen eine Verjährungsfrist von drei Jahren für vertragliche Ansprüche (Art. III.7:201 DCFR; Art. 10.2 PICC) vor, deren Beginn (Art. 10.2 (1) PICC) bzw. Ablauf (Art. III.7:301 DCFR) maßgeblich von der Kenntnis bzw. dem Kennenmüssen des Gläubigers über das Bestehen eines Anspruchs abhängt.

II. Verjährungsfristen für Gewährleistungsansprüche in verschiedenen Rechtsordnungen

Selbst zwischen den verschiedenen westeuropäischen Jurisdiktionen existieren insbesondere 20
außerhalb des Verbrauchsgüterkaufs[41] erhebliche Unterschiede bei **Länge** und **Beginn,**[42] aber auch mit Blick auf die Möglichkeit einer **Abdingbarkeit** von gesetzlichen Verjährungsfristen.[43] Die folgenden Ausführungen beschränken sich daher auf eine Überblicksdarstellung der zentralen Verjährungsfristen für Mängelhaftungsansprüche im Kauf- und Werkvertragsrecht im deutschen, Schweizer und anglo-amerikanischen Recht.

1. Deutsches Recht

a) Wichtige gesetzliche Verjährungsfristen für Mängelhaftungsansprüche im Überblick[44]

§§ 438, 634a BGB regeln die für kauf- und werkvertragliche Mängelhaftungsansprüche 21
einschlägigen Verjährungsfristen.[45] Mängelhaftungsansprüche des Käufers verjähren nach dem in §§ 438 Abs. 1 Nr. 3 BGB, 438 Abs. 2 BGB verankerten **objektiven System**[46] grundsätzlich in zwei Jahren ab Ablieferung. Diese Verjährungsfrist gilt nach überwiegender Auffassung auch für die vertragliche Haftung bei Mangelfolgeschäden, während bei konkurrierenden deliktischen Ansprüchen die allgemeine Verjährungsfrist aus §§ 195, 199

[40] S. zum gegenwärtigen Mitgliederstatus http://www.uncitral.org/uncitral/en/uncitral_texts/sale_goods/1974 Convention_status.html.

[41] Art. 10 Abs. 1 S. 1 RL (EU) 2019/771 (ABl. EU 2019 L 136/28) legt für die in Art. 13ff. der Richtlinie vorgesehenen obligatorischen Abhilfen für Verbraucher (Nachlieferung oder -besserung, Minderung bzw. Vertragsauflösung) eine zwingende Mindesthaftungsdauer von 2 Jahren ab Ablieferung fest, die von den Mitgliedsstaaten allerdings verlängert werden kann, Art. 10 Abs. 3 RL.

[42] Dem objektiven System (Beginn der Verjährungsfrist mit Ablieferung bzw. Abnahme) folgen so für vertragliche Gewährleistungsansprüche etwa das deutsche, das Schweizer, aber auch das anglo-amerikanische Recht. Dagegen knüpfen etwa die Gewährleistungsfristen im französischen und chinesischen Recht an Kenntnis bzw. Kennenmüssen des Mangels an, siehe zum französischen Recht (zweijährige Gewährleistungsfrist, Art. 1648 Code Civil) Kleinschmidt RIW 2008, 590 (593); zum chinesischen Recht (dreijährige Frist (jetzt auch) für Gewährleistungsansprüche im Fall internationaler Lieferverträge) Art. 188 Chinesisches Zivilgesetzbuch (in Kraft seit dem 1.1.2021).

[43] Die Palette für die einschlägigen Verjährungsfristen für die Mängelhaftung im Kaufrecht reicht etwa von einer Frist von sechs Monaten ab Ablieferung im spanischen Recht (Art. 1490 Codigo Civil) bis hin zu sechs Jahren im englischen Recht (s. 5 Limitation Act 1980).

[44] Der folgende Abschnitt zum deutschen Recht beruht wesentlich auf den Ausführungen von Ostendorf ZVglRWiss 2011, 109 (117ff.).

[45] Zur besonderen Verjährungsregelung für Rückgriffsansprüche des Verkäufers gegenüber dem Lieferanten in der Lieferkette (§ 445b Abs. 2 BGB) unten Rn. 24a.

[46] Jauernig/Berger BGB § 438 Rn. 4.

BGB anwendbar bleibt.[47] Beim Verkauf von **Bauwerken** oder **Baumaterialien** beträgt die Verjährungsfrist fünf Jahre ab Ablieferung, § 438 Abs. 1 Nr. 2 BGB. Werden Mängel arglistig verschwiegen, ist – unbeschadet ansonsten geltender längerer Verjährungsfristen – die reguläre Verjährungsfrist gem. §§ 195, 199 BGB anwendbar, § 438 Abs. 3 BGB.

22 Die Verjährungsfrist für Mängelansprüche des Bestellers im Werkvertragsrecht beläuft sich gem. § 634a Abs. 1 BGB ebenfalls auf zwei Jahre für Werke, deren Erfolg in der Herstellung, Wartung oder Veränderung einer Sache liegt oder entsprechende Planungsleistungen betrifft, sowie fünf Jahre für Bauwerke (oder Planungs- und Überwachungsleistungen hierfür); jeweils gerechnet ab Abnahme (§ 640 BGB). Im Fall von unkörperlichen Werkleistungen (etwa erfolgsbezogene Beratungs- oder Transportleistungen) gilt gem. § 634a Abs. 1 Nr. 3 BGB die regelmäßige Verjährungsfrist der §§ 195, 199 BGB. Die Regelung im Fall von Arglist entspricht dem Kaufrecht, vgl. § 634a Abs. 3 BGB. Diese Verjährungsfristen sind wie im Kaufrecht auch auf vertragliche, nicht aber konkurrierende deliktische Ansprüche auf Ersatz von **Mangelfolgeschäden** anwendbar.[48]

23 Da Minderung und Rücktritt als Gestaltungsrechte keiner Verjährung unterliegen, statuieren §§ 438 Abs. 4, 634a Abs. 4 BGB in Verbindung mit § 218 BGB die Unwirksamkeit der Ausübung dieser Rechte, sofern die Verjährungsfrist für einen (ggf. zu unterstellenden) Nacherfüllungsanspruch abgelaufen ist. Von §§ 218, 438 BGB sind nach zutreffender Auffassung allerdings nicht die aus der Ausübung des Gestaltungsrechts folgenden **Rückgewähransprüche** im Fall eines Rücktritts erfasst. Letztere verjähren daher (vorbehaltlich abweichender vertraglicher Gestaltung) innerhalb der allgemeinen Verjährungsfrist gem. §§ 195, 199 BGB.[49] Konsequenter Weise muss dies bei anteiligen Rückgewähransprüchen im Fall der Minderung gem. § 441 Abs. 4 BGB bzw. den korrespondierenden Ansprüchen im Werkvertragsrecht in gleicher Weise gelten.[50]

24 Die Verjährung schließt gem. § 215 BGB die Aufrechnung und Zurückbehaltungsrechte wegen solcher Ansprüche nicht aus, die erstmals bereits zu einem Zeitpunkt hätten geltend gemacht werden können, in dem sie noch nicht verjährt waren. Gleiches gilt für das Leistungsverweigerungsrecht im Fall eines verfristeten Rücktritts- oder Minderungsrechts, § 438 Abs. 4 S. 2, Abs. 5 BGB. Letzteres wird insbesondere dann relevant, wenn im Fall unbehebbarer Mängel ein Leistungsverweigerungsrecht aus § 320 BGB bereits deswegen nicht zum Tragen kommt, weil ein Anspruch auf mangelfreie Lieferung gem. § 275 BGB wegen qualitativer Unmöglichkeit nicht besteht.

24a Zu erheblichen verjährungsrechtlichen Konsequenzen bei neu hergestellten Sachen hat mit Blick auf **Rückgriffsansprüche des Verkäufers** gegenüber seinem **Lieferanten in der Lieferkette** schließlich die mit Wirkung zum 1.1.2022 in Kraft getretene Umsetzung[51] der Richtlinie (EU) 2019/771 über bestimmte Aspekte des Warenkaufs (Warenkauf-RL) geführt. § 445b Abs. 2 BGB sieht für Rückgriffsansprüche des Verkäufers gegen den Lieferanten eine **Ablaufhemmung** vor, der zu Folge für die in § 445a Abs. 1 BGB sowie sämtliche in § 437 BGB bestimmten Ansprüche Verjährung frühestens zwei Monate nach dem Zeitpunkt eintritt, in dem der Verkäufer die Ansprüche des Käufers erfüllt hat. Die **bislang vorgesehene Spätestfrist für die Ablaufhemmung** von fünf Jahren nach Ablieferung der Sache beim Verkäufer ist ersatzlos **entfallen.**[52] Für den Lieferanten ist das zeitliche Ausmaß seiner Mängelhaftung gegenüber dem Verkäufer damit nicht mehr rechtssicher kalkulierbar.

---

[47] Jauernig/Berger BGB § 438 BGB Rn. 3; Grüneberg/Weidenkaff BGB § 438 Rn. 3.
[48] Erman/Schwenker/Rodemann BGB § 634a BGB Rn. 1.
[49] BGH NJW 2007, 674 (677); Grüneberg/Weidenkaff BGB § 438 Rn. 2.
[50] Staudinger/Matusche-Beckmann BGB § 438 Rn. 124; Grüneberg/Weidenkaff BGB § 438 Rn. 2.
[51] Gesetz zur Regelung des Verkaufs von Sachen mit digitalen Elementen und anderer Aspekte des Kaufvertrages vom 25.6.2021, BGBl. 2021 I 2133.
[52] Gem. § 445b Abs. 3 BGB findet § 445b Abs. 2 BGB auch bei den weiteren Regressansprüchen in der Lieferkette entsprechende Anwendung.

b) Vertragliche Abweichungen

25 **aa) Verlängerung von Verjährungsfristen.** Individualvertraglich ist eine Verlängerung der Verjährungsfrist gem. § 202 Abs. 2 BGB[53] bis zu **30 Jahren** ab gesetzlichem Verjährungsbeginn möglich. In Allgemeinen Geschäftsbedingungen kann sie gem. § 307 BGB dagegen eine **unangemessene Benachteiligung** darstellen, wenn kein anzuerkennendes rechtliches Interesse an der Fristverlängerung besteht. Eine Verlängerung der Verjährungsfrist für Mängelhaftungsansprüche von zwei auf drei Jahre dürfte aber generell zulässig sein.[54]

26 **bb) Verkürzung von Verjährungsfristen.** Individualvertraglich können Verjährungsfristen mit Ausnahme der Verjährung für auf **Vorsatz** beruhende Haftungsansprüche gem. § 202 Abs. 1 BGB[55] verkürzt werden. In Allgemeinen Geschäftsbedingungen bestehen dagegen erhebliche Einschränkungen. Mängelhaftungsansprüche im Fall des Kaufs neuer Sachen dürfen nach Maßgabe des auch im unternehmerischen Geschäftsverkehr grundsätzlich beachtlichen § 309 Nr. 8b) ff) BGB[56] **maximal** auf **ein Jahr** verkürzt werden;[57] die fünfjährige Frist bei Bauwerken und Baumaterialien (§§ 438 Abs. 1 Nr. 2, 634a Abs. 1 Nr. 2 BGB) ist AGB-rechtlich nicht antastbar.[58] Bei der Gestaltung vorformulierter Klauseln muss auch bedacht werden, dass eine Verjährungsverkürzung für die in § 438 Abs. 1 Nr. 1 BGB[59] genannten Ansprüche, für den Fall eines Rückgriffs des unternehmerischen Käufers (zumindest wenn der letzte Vertrag in der Lieferkette ein Verbrauchsgüterkauf ist, § 478 Abs. 2 BGB[60]) sowie im Fall von Arglist nicht in Betracht kommt. Mit Blick auf die Verjährung von Schadensersatzansprüchen sind darüber hinaus die Grenzen der § 309 Nr. 7 lit. a) und lit. b) BGB zu beachten, um eine Unwirksamkeit der gesamten Klausel zu verhindern.[61] Nicht gefolgt werden kann allerdings der Auffassung, auch Schadensersatzansprüche wegen schuldhafter Verletzung **wesentlicher Vertragspflichten** müssten ausdrücklich von der Verjährungsverkürzung ausgenommen werden.[62] Die Rechtsprechung hat dies bislang nicht verlangt. Auch aus der Kardinalpflichtenrechtsprechung des BGH

---

[53] Bei selbstständigen Garantieversprechen greift § 202 Abs. 2 BGB nicht ein, BGH NJW 2008, 2995 (2996).

[54] BGH NJW 2006, 42 (47). Dagegen hat der BGH die Verlängerung der Verjährungsfrist auf zehn Jahre für Ansprüche bei Rechtsmängeln als unangemessene Benachteiligung angesehen.

[55] Ob diese Schranke auch im Fall einer Haftung für vorsätzliches Verhalten eines Erfüllungsgehilfen gilt oder aber mit Blick auf § 278 S. 2 BGB einschränkend ausgelegt werden muss, ist bislang nicht geklärt; befürwortend etwa Leuschner/Bach AGB-Recht, Verjährungsklauseln Rn. 19.

[56] BGH NJW 2017, 265 (266).

[57] Ungeklärt in Bezug auf die Verjährungsfrist des § 634a Abs. 1 Nr. 3 BGB (nichtkörperliche Werke), die sich nach der regelmäßigen Frist des §§ 195, 199 BGB richtet. Hier ist die Verkürzung auf ein Jahr ein größerer Einschnitt; für die Unzulässigkeit einer Verkürzung unter zwei Jahre daher Staudinger/Peters/Jacoby BGB § 639 Rn. 51. Beim Kauf von gebrauchten Sachen sind dagegen kürzere Verjährungsfristen zulässig, BGH NJW 2020, 759 (764).

[58] OLG Sachsen-Anhalt WRP 2010, 1286 Rn. 21; Leuschner/Bach AGB-Recht, Verjährungsklauseln Rn. 43.

[59] Vgl. Wolf/Lindacher/Pfeiffer/Dammann AGB-Recht § 309 Nr. 8b) ff.) BGB Rn. 34: „[…] *ist in der Regel unangemessen.*"

[60] Wenn der letzte Vertrag in der Lieferkette kein Verbrauchsgüterkauf ist, dürfte eine Verkürzung der Verjährungsfristen für Rückgriffsansprüche aus § 445a BGB dagegen auch in AGB zulässig sein, wenn die hier generell für eine Verkürzung der Mängelrechte aus § 437 BGB geltenden Grenzen eingehalten werden, BeckOGK/Arnold, 1.4.2022, BGB § 445b Rn. 54; ebenso Bandehzadeh/Röschenkemper BB 2018, 1738 (1743). Fraglich bleibt, ob und in welchem Umfang die in § 445b Abs. 2 BGB vorgesehene Ablaufhemmung in AGB angetastet werden kann.

[61] BGH NZG 2016, 31; BGH Urt. v. 24.3.2022 – III ZR 263/20 Rn. 33 ff.: *„Gemäß § 309 Nr. 7 Buchst. a und b BGB kann in Allgemeinen Geschäftsbedingungen die Verschuldenshaftung für Körper- und Gesundheitsschäden nicht, für sonstige Schäden nur für den Fall einfacher Fahrlässigkeit ausgeschlossen oder begrenzt werden. Eine Begrenzung der Haftung im Sinne dieser Vorschriften ist auch die zeitliche Begrenzung der Durchsetzbarkeit entsprechender Schadensersatzansprüche durch Abkürzung der gesetzlichen Verjährungsfristen (…). Die verbotswidrige Begrenzung der Haftung für die in § 309 Nr. 7 Buchst. a und b BGB aufgeführten Fälle hat zur Folge, dass die Klausel insgesamt unwirksam ist. An ihre Stelle treten gemäß § 306 Abs. 2 BGB die gesetzlichen Regelungen zur Verjährung gemäß § 438 Abs. 1 Nr. 3, Abs. 2 BGB. Eine geltungserhaltene Reduktion kommt nicht in Betracht (…)".*

[62] So etwa Kroiß/Kollmann Klauselbuch Schuldrecht § 1 Rn. 221; dagegen aber wohl auch Ulmer/Brandner/Hensen/Christensen AGB-Recht Teil 2 (50) Verjährungsklauseln Rn. 2.

folgt diese Konsequenz nicht: Insbesondere ist nicht ersichtlich, warum bereits eine moderate Verkürzung von Verjährungsfristen zu einer Vertragszweckgefährdung führen soll. Im Übrigen müssen bestehende Restrisiken an dieser Stelle aber auch deshalb in Kauf genommen werden, weil die Verkürzung der Verjährungsfrist bei Mängelansprüchen ansonsten gar keinen Anwendungsbereich mehr hätte.[63]

27 Die Rechtsprechung hat bislang noch nicht entschieden, ob eine Anpassung der Verjährungsfristen konkurrierender **deliktischer Ansprüche** an die (ggf. vertraglich verkürzte) Verjährung vertraglicher Mängelhaftungsansprüche in AGB zulässig ist. Problematisch ist daran ohne Zweifel, dass in diesem Fall nicht nur die Länge der gesetzlichen Verjährungsfrist deutlich abgekürzt, sondern auch der **Verjährungsbeginn** an Ablieferung bzw. Abnahme angeknüpft wird und deliktische Ansprüche damit verjähren könnten, bevor überhaupt ein Schaden eingetreten ist.[64] Auf der anderen Seite schränken die ohnehin erforderlichen weitreichenden Rückausnahmen den Anwendungsbereich der Verjährungsverkürzung deutlich ein. In die Abwägung muss auch mit einbezogen werden, dass deliktische Ansprüche aufgrund der Rechtsprechung des BGH im Zusammenhang mit so genannten Weiterfresserschäden[65] die bei vertraglichen Mängelhaftungsansprüchen geltenden kürzeren Verjährungsfristen nachhaltig entwerten können. Zumindest im Bereich des Äquivalenzinteresses im weiteren Sinne, also in Bezug auf Schäden, die an der Vertragssache *selbst* entstehen, ist ein sachlicher Grund für eine vertragliche Angleichung der Verjährungsfrist nach hier vertretener Auffassung daher anzuerkennen.

28 Der folgende Klauselvorschlag für eine Verjährungsverkürzung in Allgemeinen Verkaufsbedingungen (die dem deutschen Recht unterliegen) setzt die vorstehenden Überlegungen um. Im letzten Absatz wird zudem eine (nach gesetzlicher Regelung mittlerweile entfallene) **Spätestfrist** mit Blick auf eine mögliche Ablaufhemmung gem. § 445b Abs. 2 BGB eingeführt.

Klauselbeispiel für eine Verjährungsverkürzung mit Blick auf Rechtsbehelfe im Mangelfall in Allgemeinen Verkaufsbedingungen (bei Anwendung deutschen Rechts)

[•] Limitation Periods

(1) The limitation period in relation to claims for repair or substitute delivery *(Nacherfüllung)*, contractual claims for damages in lieu or in addition to performance *(Schadensersatz statt oder neben der Leistung)*, claims for reimbursement of expenses *(Aufwendungsersatzansprüche)* or recourse claims (§ 445a BGB) based on a quality defect *(Sachmangel)* or a defect in title *(Rechtsmangel)* amounts to one (1) year. Furthermore, the right to request a price reduction *(Minderung)* or declare the avoidance of the contract *(Rücktritt)* shall expire after the lapse of this period as well. This limitation period commences in relation to any of the aforesaid claims and remedies based on a quality defect or a defect in title with handover of the goods to the Purchaser, in case of work and labour with acceptance *(Abnahme)* of the works.

(2) The limitation period and its commencement date stipulated in paragraph (1) above shall to the exclusion of claims based on property damage external to the Contractual Products also apply in relation to concurring claims under tort as well as restitutionary claims *(Rückgewähransprüche)* subsequent to any declaration of avoidance respectively price reduction by the Purchaser.

(3) In deviation from paragraphs (1) and (2) above, however, the statutory limitation periods shall apply in relation to i) any claims, rights and remedies of the Purchaser in case of § 438 para. 1 Nr. 1 German Civil Code (BGB), ii) § 438 para. 1 Nr. 2, § 634a para. 1

---

[63] Das gilt insbesondere dann, wenn man wie die überwiegende Auffassung Hauptleistungspflichten (und damit die Verpflichtung zur mangelfreien Leistungserbringung) als wesentliche Vertragspflichten einstuft, dazu Grüneberg/Grüneberg BGB § 307 Rn. 35.

[64] Zum Leitbildcharakter des subjektiven Fristbeginns gem. § 199 Abs. 1 Nr. 2 BGB Ulmer/Brandner/Hensen/Christensen AGB-Recht Teil 2 (50) Verjährungsklauseln Rn. 3.

[65] BGH NJW 2001, 1346 (1347); Jauernig/Teichmann BGB § 823 Rn. 6 mwN.

Nr. 2 BGB, iii) recourse claims in accordance with §§ 445a, 445b BGB whenever the last customer in the supply chain is a consumer (§ 478 BGB) or iv) in the event of any fraudulent concealment of defects. With regard to any claims for damages or claims for reimbursement of expenses, the statutory limitation periods shall additionally also apply in the event of either i) intent, ii) gross negligence or iii) at least negligently caused loss of life, bodily injury or damage to health attributable to the Seller.

(4) Any suspension of applicable limitation periods in accordance with § 445b para. 2 BGB shall at the latest end (...) years after handover of the goods to the Purchaser.

2. Schweizer Recht

29 Im Schweizer Recht wurden die Verjährungsfristen für kauf- und werkvertragliche Gewährleistungsansprüche bei Sachmängeln 2012 angepasst.[66] Durch eine **Verlängerung** von einem auf zwei Jahre entsprechen sie seitdem weitgehend den üblichen internationalen Standards. Mit einer weiteren Reform im Jahr 2018, die mit Wirkung zum 1.1.2020 in Kraft getreten ist, wurden unter anderem die bislang kurze relative Verjährungsfrist im Deliktsrecht verlängert sowie Hemmungs- und Unterbrechungstatbestände modifiziert.[67]

a) Zentrale gesetzliche Verjährungsfristen

30 Sämtliche Gewährleistungsansprüche des Käufers[68] im Fall von **Sachmängeln** verjähren gem. Art. 210 Abs. 1 Obligationenrecht (OR) **innerhalb von zwei Jahren** nach Ablieferung der Kaufsache, soweit keine Arglist des Verkäufers vorliegt.[69] Erfolgt eine Anzeige (nicht aber die gerichtliche Geltendmachung) innerhalb der Verjährungsfrist, kann der Käufer gem. Art. 210 Abs. 5 OR immerhin noch die Wandlungs- und Minderungseinrede geltend machen.[70] Da die Verjährungsfrist bei Lieferung von **Baustoffen** vor der Gesetzesänderung im Jahr 2012 nur ein Jahr betrug und dies zu erheblichen Problemen bei der Durchsetzung von Regressansprüchen des Werkunternehmers gegen seine Lieferanten führen konnte, wurde die Frist bei *„einer Sache, die bestimmungsgemäß in ein unbewegliches Werk integriert worden ist"* und die Mangelhaftigkeit des Bauwerks verursacht hat, auf fünf Jahre verlängert, Art. 210 Abs. 2 OR.[71] Für sonstige Ansprüche aus einem Kaufvertrag, die nicht auf Sachmängeln beruhen (und damit insbesondere auch Haftungsansprüche im Fall von Rechtsmängeln), gilt die **zehnjährige Verjährungsfrist** aus Art. 127 OR.

31 Besonderheiten galten nach altem Recht, falls vorrangig das **CISG** zur Anwendung kam: Hier kollidierte die einjährige Verjährungsfrist nach ganz überwiegender Auffassung mit der in Art. 39 Abs. 2 CISG vorgesehenen zweijährigen Ausschlussfrist für Mängelrügen.[72] Das Schweizer Bundesgericht[73] hielt in diesem Fall wie die Instanzgerichte eine Anpassung der Verjährungsvorschriften für notwendig.[74] Mit der Verlängerung der Gewährleistungsfrist auf zwei Jahre hat sich diese Problematik erledigt.[75]

---

[66] Gauch recht 2012, 124ff.

[67] Fellmann ZBJV 2020, 201 (205ff.).

[68] Umfasst sind davon neben Wandelung und Minderung gem. Art. 205 OR auch der Anspruch auf Nachlieferung im Fall von Gattungsschulden (Art. 206 OR). Auch Schadensersatzansprüche (sowohl der spezifisch kaufrechtliche Anspruch aus Art. 208 OR als auch der allgemeine vertragliche Schadensersatzanspruch aus Art. 97 Abs. 1 OR) unterliegen dieser Verjährungsfrist, Koller recht 2003, 41 (46) sowie BSK/Honsell OR I Art. 210 Rn. 1.

[69] Im Fall von Arglist kommt eine Verjährungseinrede nicht in Betracht, Art. 210 Abs. 6 OR. Längeren Verjährungsfristen unterliegen Gewährleistungsansprüche im Fall des Verkaufs von Grundstücken oder Gebäuden, Art. 219 Abs. 3 OR.

[70] Das ist aus Sicht des Verkäufers bzw. Werkunternehmers günstiger als im deutschen Recht, da § 438 Abs. 4 und 5 BGB keine Anzeige des Käufers/Bestellers zur Rechtswahrung verlangen.

[71] Dazu Gauch recht 2012, 124 (126).

[72] Koller recht 2009, 179 (181).

[73] BG Urt. v. 18.5.2009, CISG-online 1900.

[74] Koller recht 2009, 179 (181).

[75] BSK/Honsell OR I Art. 210 Rn. 8.

32 Im **Werkvertragsrecht** beträgt die gesetzliche Verjährungszeit von Gewährleistungsansprüchen gem. Art. 371 Abs. 1 OR für bewegliche Sachen **ebenfalls zwei Jahre;** die Frist läuft bereits bei Ablieferung. Im Fall von Mängeln an Bauwerken (und damit zusammenhängenden Dienstleistungen von Architekten und Ingenieuren) gilt eine längere Verjährungsfrist von fünf Jahren ab Abnahme des Bauwerks. Die fünfjährige Verjährungsfrist greift auch bei Mängeln beweglicher Werke, die bestimmungsgemäß in ein unbewegliches Werk integriert werden (Art. 371 Abs. 1 S. 2 OR).

33 Mit Wirkung zum 1.1.2020 verlängert wurde die Verjährungsfrist konkurrierender deliktischer Ansprüche. Sie beläuft sich nun auf **drei Jahre** nach **Kenntnis** des Gläubigers über Schaden und Schädiger; längstens jedoch zehn Jahre[76] ab schädigender Handlung, Art. 60 Abs. 1 OR.

34 Mittelbare Auswirkungen auf Verjährungsfristen haben schlussendlich zwei Besonderheiten des Schweizer Rechts:[77] Zum einen kann der Käufer nach Rechtsprechung des Schweizer Bundesgerichts bei einem Mangel den Kaufvertrag anders als im deutschen Recht[78] auch nach Gefahrübergang wegen eines so genannten **Grundlagenirrtums** gem. Art. 24 Abs. 1 S. 4 OR anfechten.[79] Das Anfechtungsrecht unterliegt gem. Art. 31 Abs. 1 OR lediglich einer einjährigen Ausschlussfrist ab Entdeckung des Mangels.[80] Allerdings setzt die Anfechtung voraus, dass bereits bei Vertragsschluss ein wesentlicher Irrtum über die Qualität der Kaufsache bestand und der Käufer den Vertrag ohne entsprechenden Irrtum nicht abgeschlossen hätte. Daraus folgert die überwiegende Auffassung, dass ein Grundlagenirrtum im Fall von Gattungsschulden kaum relevant werden kann, müsste der Mangel doch in diesem Fall bei der gesamten Gattung vorliegen, um einen entsprechenden Irrtum zu begründen.[81]

35 Eine weitere praxisrelevante Besonderheit ergibt sich aus der im Schweizer Recht noch existenten Unterscheidung zwischen **aliud** und **peius** Lieferung: Wird eine **andere** als die geschuldete Sache geliefert, liegt kein Fall der Schlecht-, sondern der **Nichtleistung** vor. Im Fall von Gattungsschulden soll nach höchstrichterlicher Rechtsprechung[82] eine gelieferte Sache schon dann ein aliud darstellen, wenn sie nicht alle vereinbarten Gattungsmerkmale aufweist. Der in diesem Fall fortbestehende Erfüllungsanspruch verjährt dann in der nicht abdingbaren zehnjährigen Frist aus Art. 127 OR.

b) Vertragliche Abweichung von Verjährungsfristen

36 Die Verjährungsfristen für Gewährleistungsansprüche können sowohl im Kauf- als auch im Werkvertragsrecht grundsätzlich verlängert oder verkürzt werden. Neben Einschränkungen bei Verbrauchsgüterkaufverträgen (Art. 210 Abs. 4 OR) und im Fall von Arglist (Art. 210 Abs. 6 OR) greifen aber die gleichen Einschränkungen, die für gegenständliche Haftungsbeschränkungen insbesondere mit Blick auf Art. 100 OR (keine Haftungsbeschränkung im Fall von Vorsatz oder grober Fahrlässigkeit) gelten.[83] Mangels einer offenen AGB-Inhalts-

[76] Bei Tötung eines Menschen oder bei Körperverletzung beträgt die maßgebliche Spätestfrist 20 Jahre, Art. 60 Abs. 1bis OR.

[77] Sofern vorrangig die CISG Anwendung findet, gelten diese Besonderheiten dagegen nicht, Voser/Boog RIW 2009, 126 (137); BGE 145 III 383 (387 ff.).

[78] Schmidt-Räntsch ZJS 2012, 301 (315).

[79] Schlechtriem/Schwenzer/Schroeter/Schwenzer CISG Art. 35 Rn. 45.

[80] Mittelbar ergibt sich eine Spätestfrist von zehn Jahren aber aus der Verjährung des bereicherungsrechtlichen Anspruchs gem. Art. 67 Abs. 1 OR, da der Verjährungsbeginn bei der Anfechtung ebenfalls rückwirkend eintreten soll, Honsell SJZ 2007, 137 (140).

[81] Honsell SJZ 2007, 137 (138) mwN.

[82] Grundlegend BGE 121 III 453 (456): In dieser Entscheidung hat das Bundesgericht die Lieferung eines mit Handgetriebe statt (wie vertraglich vereinbart) mit automatischem Getriebe ausgestatteten Gabelstaplers als Nichterfüllung (aliud), nicht dagegen als mangelhafte Leistung (peius) bewertet. Kritisch zur fortbestehenden Unterscheidung von aliud und peius im Schweizer Recht etwa Bauer/Rusch recht 2013, 209 (220) mwN sowie Atamer/Eggen ZBJV 2017, 731 (762).

[83] Das folgt daraus, dass die Verkürzung von Verjährungsfristen auch im Schweizer Recht als (mittelbare) Haftungsbeschränkung angesehen wird, BK/Wildhaber/Dede OR Art. 129 Rn. 69 ff.

kontrolle im Schweizer Recht hat die Rechtsprechung im unternehmerischen Geschäftsverkehr bislang auch keine weitergehenden Einschränkungen für Verjährungsverkürzungen in **Standardverträgen** entwickelt. Als generelle Schranke gilt aber, dass durch eine Verkürzung der gesetzlichen Verjährungsfristen die Geltendmachung bestehender Gewährleistungsansprüche **nicht unbillig erschwert** werden darf.[84]

Eine vertragliche Verlängerung der Verjährungsfrist ist ebenfalls möglich. Nach der Rechtsprechung des Bundesgerichts darf sie aber die in Art. 127 OR normierte **zehnjährige Verjährungsfrist** nicht überschreiten.[85] 37

Die unter anderem für Ansprüche bei Rechtsmängeln sowie für Erfüllungsansprüche geltende Verjährungsfrist von 10 Jahren ist zwingend und kann daher grundsätzlich nicht vertraglich modifiziert werden, Art. 127, 129 OR. 38

3. Anglo-amerikanisches Recht

Im anglo-amerikanischen Recht betreffen verjährungsrechtliche Probleme bei Gewährleistungsansprüchen in erster Linie **Schadensersatzansprüche,** da das common law traditionell weder Nacherfüllungsansprüche noch Minderungsrechte kennt.[86] Auch Rückgewähransprüche nach einer **termination** werfen verjährungsrechtlich grundsätzlich schon deswegen keine Probleme auf, weil nach einer **acceptance** des Vertragsgegenstandes regelmäßig keine (zumindest vertraglichen) Rückabwicklungsmöglichkeiten mehr bestehen.[87] 39

a) Englisches Recht

aa) Maßgebliche Verjährungsfristen.[88] Verjährungsfristen (limitation of actions) werden im englischen Recht traditionell dem **Prozessrecht** und nicht dem materiellen Recht zugeordnet.[89] Bereits seit Inkrafttreten des Foreign Limitation Periods Act 1984 sind englische Gerichte bei internationalen Vertragsstreitigkeiten allerdings verpflichtet, die Verjährungsfristen des jeweiligen Vertragsstatuts anzuwenden.[90] Bedingt durch die auch nach dem Brexit (noch) fortdauernde Geltung der Rom I-VO und der Rom II-VO als sog. „retained EU law" bleibt es für vertragliche und außervertragliche Ansprüche auch seit dem 1.1.2021 weiterhin bei dieser Rechtslage.[91] 40

Das englische Verjährungsrecht ist durch den **Limitation Act 1980** kodifiziert worden. **Kauf- und werkvertragsrechtliche Schadensersatzansprüche** verjähren gem. s. 5 LA grundsätzlich **sechs Jahre** nach ihrer Entstehung (accrual of the cause of action). Da ein Schadenseintritt keine Voraussetzung für einen Schadensersatzanspruch ist und auch im englischen Kauf- und Werkvertragsrecht der Mangel bei Lieferung bzw. Fertigstellung 41

[84] BGE 108 II 194.
[85] BGE 132 III 226 ff.
[86] Jack Standard Terms S. 86 f.
[87] Zum englischen (Kauf-)Recht Benjamin's Sale of Goods Rn. 12–040. Eine Rückabwicklung kommt dann in der Regel nur noch über das Rechtsinstitut einer sog. misrepresentation in Betracht, dazu § 11 Rn. 21. Das Recht zur termination im englischen Recht unterliegt ansonsten aber auch keiner Verjährung, Burrows Restatement S. 167.
[88] Der folgende Abschnitt zum englischen Recht beruht auf den Ausführungen von Ostendorf ZVglRWiss 2011, 109 (138 ff.).
[89] Der Charakter als prozessuale Klageausschlussfrist folgt bereits aus der Terminologie (limitation of actions) sowie der Bestimmung des Anwendungsbereichs des maßgeblichen statute, s. 1 (1) *Limitation Act* 1980: „*This Act gives the ordinary time limits for bringing actions for the various classes mentioned in the following provisions.*"
[90] Plender/Wilderspin Private International Law Rn. 14–048.
[91] Weitgehend ähnlich war die Rechtslage davor bereits seit 1984 nach Maßgabe des Foreign Limitation Periods Act 1984. Die in s. 2 geregelten Ausnahmen (Anwendung englischen Verjährungsrechts trotz ausländischen Vertragsstatuts ua im Fall einer „unzumutbaren Härte") müssen jetzt wohl als Eingriffsnormen im Sinne von Art. 9 Abs. 1 Rom I-VO verstanden werden.

(practical completion) vorliegen muss,[92] markiert dieser Zeitpunkt vergleichbar mit dem **objektiven System** im deutschen Recht zugleich den Beginn der Verjährungsfrist.[93] Wird der Vertrag „under seal", also in Form eines so genannten **deed** und nicht als simple contract abgeschlossen, beträgt die Verjährungsfrist gem. s. 8 LA **sogar zwölf Jahre.**[94] Das Recht zu einer vorzeitigen Vertragsbeendigung (termination) unterliegt keiner Befristung.[95] Allerdings kann sich die Nichtausübung hier im Einzelfall als (konkludente) Wahl der Fortsetzung des Vertrages (affirmation) und damit im Ergebnis als Verzicht (waiver) auf das Kündigungsrecht darstellen. Keiner Verjährung unterliegen im Übrigen auch die nur ausnahmsweise im Rahmen des Billigkeitsrechts der „equity" gewährten Rechtsbehelfe, namentlich der Erfüllungsanspruch (specific performance) auf Lieferung und Leistung. Mit der „laches" Doktrin kennt das englische Recht an dieser Stelle aber zumindest ein dem Tatbestand der Verwirkung vergleichbares Rechtsinstitut. Wie bei der Verwirkung im deutschen Recht reicht dabei der reine Zeitablauf nicht aus; notwendig ist vielmehr ausgeübtes Vertrauen (detrimental reliance) des Schuldners darauf, dass eine Geltendmachung nicht mehr erfolgen wird.[96]

42 **Deliktische Ansprüche** verjähren gem. s. 2 LA ebenfalls nach **sechs Jahren.** Diese Verjährungsfrist läuft nach ständiger Rechtsprechung allerdings erst mit **Eintritt des Schadens;** eine Kenntnis oder ein „Kennenmüssen" des Schadenseintritts ist dagegen auch hier keine Voraussetzung für den Fristbeginn.[97]

43 Besonderheiten bestehen für Ansprüche bei **fahrlässig verursachten Körperverletzungen** (personal injuries): Diese Ansprüche verjähren unabhängig vom Rechtsgrund (also sowohl bei vertraglicher, als auch deliktischer Haftung) nicht vor dem Ablauf von drei Jahren ab **Kenntnis** des Geschädigten vom Schaden.[98] S. 11 LA geht gem. s. 11 (2) LA in seinem Anwendungsbereich den s. 2,5 und 8 LA vor und verdrängt die hier geregelten Verjährungsfristen auch dann, wenn diese im Einzelfall (insbesondere im Fall eines deed) trotz der rein objektiven Anknüpfung des Fristlaufs zu längeren Verjährungsfristen führen würden. Das kann zu dem rechtspolitisch fragwürdigen Ergebnis führen, dass vertragliche Haftungsansprüche wegen Sachschäden noch nicht verjährt sind, Ansprüche wegen fahrlässiger Körperverletzung dagegen schon.[99]

44 Eine ähnliche Regelung existiert seit Erlass des Latent Damages Act 1986 für fahrlässige Pflichtverletzungen auch außerhalb von Körperverletzungen, sofern es sich um **versteckte Mängel** (latent defects) handelt. Diese aus Sicht von Verkäufern und Werkunternehmern nachteilige Bestimmung in s. 14A LA wird aber zum einen durch eine Spätestfrist (long stop) abgemildert, da Ansprüche spätestens nach 15 Jahren ab schädigender Handlung verjähren, s. 14B LA. Zudem beschränkt die Rechtsprechung den Anwendungsbereich von s. 14A LA auf **deliktische Ansprüche.**[100] Wegen der auch im englischen Recht anerkannten Möglichkeit konkurrierender Ansprüche aus Vertrag und Delikt bleiben die Änderungen durch den Latent Damages Act 1986 aber auch im Zusammenhang mit Wirtschaftsverträgen relevant.[101]

---

[92] McKendrick Commercial Law S. 137 (sales contracts) sowie Wilmot-Smith Construction Contracts Rn. 15.16f. (construction contracts).
[93] McGee Limitation Periods Rn. 10.002.
[94] McGee Limitation Periods Rn. 4.013, 4.036.
[95] Burrows Restatement S. 167.
[96] *Fisher v Brooker* [2009] UKHL 41 Rn. 64.
[97] Vgl. *Pirelli General Cable Works Limited v Oscar Faber & Partners* [1983] 2 AC (HL).
[98] Kenntnis setzt ua auch voraus, dass dem Geschädigten die Identität des Schädigers bekannt ist, s. 14 LA.
[99] Allerdings räumt s. 33 LA den Gerichten die Möglichkeit ein, die Dreijahresfrist zu verlängern, wenn dies im Einzelfall angemessen ist, Hillig Mängelhaftung S. 419.
[100] *Iron and Trade Mutual Insurance Ltd. v JF Buckenham* [1990] 1 All ER 808; McGee Limitation Periods Rn. 4.034.
[101] Zu der Möglichkeit der konkurrierenden Haftung grundlegend *Henderson v Merrett Syndicates* [1994] UKHL 5.

bb) Vertragliche Abweichungen. Der Limitation Act 1980 trifft **keine Regelung** über die **Zulässigkeit** einer vertraglichen **Verlängerung oder Verkürzung** der gesetzlichen Verjährungsfristen. Die **Abdingbarkeit** der gesetzlichen Fristen ist in Literatur und Rechtsprechung aber anerkannt, wobei – ähnlich wie in anderen Rechtsordnungen auch – die Einschränkungen für Haftungsbeschränkungen, im Englischen Recht damit insbesondere die Bestimmungen des Unfair Contract Terms Act (UCTA) 1977 beachtet werden müssen.[102] Kommt der UCTA 1977 wie im Fall internationaler Wirtschaftsverträge regelmäßig nicht zur Anwendung, dürften die (wenigen) Grenzen des common law für gegenständliche Haftungsbeschränkungen entsprechend gelten.[103] 45

b) US-amerikanisches Recht

Angesichts der Rechtszersplitterung in den USA im Privatrecht ist die Ermittlung einschlägiger Verjährungsfristen kaum noch überschaubar. Die einzelnen Bundesstaaten haben teilweise sehr unterschiedliche Verjährungsregeln für vertragliche und deliktische Ansprüche normiert. Auch die Rechtsprechung ist bei der Anwendung von Verjährungsrecht nicht zuletzt wegen der schillernden Grenze zwischen warranty und tort liability uneinheitlich. Immerhin hat der von den meisten US-Bundesstaaten in das jeweilige einzelstaatliche Recht umgesetzte § 2–725 UCC[104] zumindest für **kaufvertragliche** Gewährleistungsansprüche für Rechtsvereinheitlichung gesorgt. Die Gewährleistungsfrist beträgt danach vier Jahre, § 2–725 Abs. 1 UCC. Fristbeginn ist wie im deutschen Recht die **Ablieferung,** auf Kenntnis des Käufers vom Mangel kommt es nicht an, § 2–725 Abs. 2 UCC. Eine vertragliche Verlängerung dieser Frist ist nicht zulässig. Wirksam ist dagegen eine Verkürzung, sofern das zwingende Minimum von einem Jahr nicht unterschritten wird, § 2–725 Abs. 1 S. 2 UCC. 46

Für Gewährleistungsansprüche bei Werkverträgen ist die Frist meist länger; sie beträgt regelmäßig sechs Jahre.[105] Die Verjährungsfristen für deliktische Ansprüche sind in vielen Bundessstaaten mit einer Dauer von häufig zwei bis drei Jahren kürzer;[106] sie beginnen nach der **discovery rule** aber meist erst mit Kenntnis des Geschädigten vom Anspruch.[107] 47

III. Die Problematik der Kettengewährleistung

1. Ausgangspunkt

Bei der Verjährung von Gewährleistungsansprüchen stellt sich auch die Frage, ob Nachbesserungsmaßnahmen oder eine Nachlieferung (bzw. Neuherstellung im Werkvertragsrecht) im Fall von Mängeln des Vertragsgegenstandes Auswirkungen auf die laufenden Verjährungsfristen haben. Beginnt in diesen Fällen bezogen auf die nachgebesserten oder nachgelieferten Vertragsgegenstände eine neue Verjährungsfrist, müssen Verkäufer bzw. 48

---

[102] Chitty on Contracts General Principles Rn. 31–114; *Röhlig (UK) Ltd vs Rock Unique Ltd* [2011] EWCA Civ 18 Rn. 19; *Arab Lawyers Network Company Ltd v Thomson Reuters UK Limited* [2021] EWHC 1728 (Comm) Rn. 44: *„A time bar provision operates similarly to a contractual exclusion or exemption provision in that it removes or restricts a contracting party's entitlement to exercise rights or enforce obligations which otherwise would exist."*

[103] Dazu → § 8 Rn. 51.

[104] S. § 2–725 UCC: *„(1) An action for breach of any contract for sale must be commenced within four years after the cause of action has accrued. By the original agreement the parties may reduce the period of limitation to not less than one year but may not extend it. (2) A cause of action accrues when the breach occurs, regardless of the aggrieved party's lack of knowledge of the breach. A breach of warranty occurs when tender of delivery is made* [...]."

[105] So etwa im Recht von New York (allgemein für vertragliche Ansprüche), § 213 N.Y.C.P.L.R.

[106] So etwa im Recht von New York, § 214 N.Y.C.P.L.R.

[107] Eine andere Regelungstechnik verfolgt das Recht von New York, das mit Ausnahme von Ansprüchen, die dem UCC unterfallen, eine allgemein geltende zusätzliche Zweijahresfrist einräumt, die erst mit discovery bzw. imputed discovery zu laufen beginnt, § 203 lit. g) N.Y.C.P.L.R.

Werkunternehmer eine Kettengewährleistung (evergreen warranty)[108] befürchten, die ohne gesetzliche oder vertraglich vereinbarte **Spätestfrist** eine zeitlich unbegrenzte Haftung auslösen kann.

2. Kettengewährleistung im deutschen und Schweizer Recht

a) Rechtslage im deutschen Recht

49 Im deutschen Recht kommen im Wesentlichen drei Tatbestände in Betracht, die im Fall von Nacherfüllungsmaßnahmen zu einer Hemmung bzw. einem Neubeginn der Verjährung führen können.[109] Da Nacherfüllungsversuche nach ganz überwiegender Auffassung eine direkte oder doch zumindest analoge Anwendung von § 203 BGB rechtfertigen sollen,[110] führen sie nicht nur zur **Verjährungshemmung** für die Dauer ihrer Durchführung, sondern zugleich zur Ablaufhemmung von drei Monaten. Die Hemmung erfasst wegen § 213 BGB grundsätzlich alle Mängelhaftungsansprüche mit Ausnahme des Schadensersatzanspruches neben der Leistung.[111] Allerdings kann die Hemmung zutreffender Weise nur Ansprüche wegen der konkret von der Nacherfüllungsmaßnahme betroffenen Mängel umfassen. Insbesondere für neue Mängel **nachgelieferter Vertragsgegenstände** hilft § 203 BGB dem Käufer bzw. Besteller daher nicht.[112]

50 Eine Nachbesserung oder -lieferung kann unabhängig von einer Hemmung nach § 203 BGB aber auch ein konkludentes **Anerkenntnis** gem. § 212 Nr. 1 BGB darstellen und damit den Lauf einer neuen Verjährungsfrist auslösen. Ob ein konkludentes Anerkenntnis vorliegt, muss unter Berücksichtigung des jeweiligen Einzelfalls, insbesondere mit Blick auf Umfang, Dauer und Kosten der Mängelbeseitigungsmaßnahmen beurteilt werden.[113] Ungeachtet von § 213 BGB ist auch fraglich, ob sich ein konkludentes Anerkenntnis über Nacherfüllungsansprüche hinaus auf weitere Mängelhaftungsansprüche bezieht. In jedem Fall kann es sich nach vorzugswürdiger Auffassung nur auf solche Ansprüche erstrecken, die auf Mängel oder zumindest Mangelerscheinungen zurückzuführen sind, die zu den Nacherfüllungsmaßnahmen geführt haben – nicht dagegen auf neue Mängel, die den Parteien zum Zeitpunkt der Nacherfüllung noch gar nicht bekannt waren.[114]

51 Weiter geht daher die Auffassung, nach der zumindest eine Nach*lieferung* als erneute Ablieferung aufzufassen ist, die eine neue Verjährungsfrist gem. § 438 Abs. 1 Satz 2 BGB für sämtliche aus der Ersatzlieferung folgende Mängel auslösen soll.[115] Da dies zu einer ungerechtfertigten Privilegierung der Nachlieferung gegenüber der Nachbesserung führen würde, wird zum Teil auch ein genereller Neubeginn von Verjährungsfristen durch die Neuentstehung von Gewährleistungsrechten sowohl bei Nachbesserung als auch Nachlie-

---

[108] Zum Begriff der evergreen warranty Kritzer International Contract Manual § 12:11.

[109] Zur Problematik der Kettengewährleistung allgemein MüKoBGB/Westermann § 438 Rn. 41.

[110] Staudinger/Peters/Jacoby BGB § 203 Rn. 16; Gsell FS Derleder S. 135 (154) mwN; OLG Karlsruhe NJW-RR 2018, 689 (690). Im Werkvertrag gilt das gleiche: Nach höchstrichterlicher Rechtsprechung führt hier schon die Prüfung des Werkes auf mögliche Mängel durch den Unternehmer auf Grundlage einer „Prüfungsvereinbarung" zwischen den Parteien zur Hemmung, vgl. BGH NJW 2007, 587.

[111] Arnold FS Eggert S. 41 (44 ff.).

[112] Arnold FS Eggert S. 41 (44 ff.); andere Auffassung dagegen in Bezug auf nachgelieferte Sachen Auktor NJW 2003, 120 (122).

[113] Kein Anerkenntnis liegt jedenfalls vor, wenn der Verkäufer bzw. Werkunternehmer bei der Durchführung von Mängelbeseitigungsarbeiten ausdrücklich erklärt, nur aus Kulanzgründen und ohne Anerkennung einer Rechtspflicht handeln zu wollen, BGH NJW 2014, 3368 (3369).

[114] Arnold FS Eggert S. 41 (46 f.); anders wiederum Auktor NJW 2003, 120 (122) sowie Rusch NJOZ 2011, 1713. Differenzierend zwischen Nachlieferung und Nachbesserung BeckOGK/Arnold, 1.4.2022, BGB § 438 Rn. 161: Anders als bei der Nachbesserung soll sich das Anerkenntnis bei der Nachlieferung auf alle Mängel erstrecken, da dem Verkäufer sonst Verhaltensanreize zur Lieferung minderwertiger Ware gesetzt würden.

[115] Klas/Kleesiek NJOZ 2010, 2148 (2151); Stodolkowitz ZGS 2010, 448 (450); aA Reinicke/Tiedtke Kaufrecht Rn. 719; Bolthausen/Rinker ZGS 2006, 12 ff.; Grunewald Kaufrecht § 10 Rn. 49; Müller NJOZ 2016, 481 (482); Staudinger/Matusche-Beckmann BGB § 438 Rn. 22.

ferung befürwortet.[116] Die Rechtsprechung hat sich dieser Auffassung bislang nicht angeschlossen.[117]

b) Kettengewährleistung im Schweizer Recht

Eine Hemmung durch Verhandlungen zwischen den Parteien ist im Schweizer Recht 52
nicht vorgesehen. Dagegen können Nacherfüllungsmaßnahmen auch im Schweizer Recht ein (konkludentes) Anerkenntnis des Schuldners darstellen[118] und damit zum Neubeginn der anwendbaren Verjährungsfrist führen, Art. 135 Nr. 1 OR. In Rechtsprechung und Literatur wird allerdings bislang kaum diskutiert, inwiefern durch Nacherfüllungsmaßnahmen unabhängig von Art. 135 Nr. 1 OR Gewährleistungsrechte neu entstehen und dadurch einen Neubeginn von Verjährungsfristen auslösen können.[119]

3. „Evergreen warranties" im anglo-amerikanischen Recht

a) Englisches Recht

Englisches Verjährungsrecht kennt grundsätzlich **keine Hemmungstatbestände.**[120] Auch 53
für einen Neubeginn der Verjährungsfrist durch die Annahme eines konkludenten Anerkenntnisses bei Nacherfüllungsmaßnahmen bleibt kein Raum, da grundsätzlich nur ein schriftliches **Anerkenntnis** die Verjährung unterbrechen kann, s. 29 LA.[121]

Das Urteil des Court of Appeal in der Rechtssache *VAI Industries v Bostock & Bramley* 54
verdeutlicht aber, dass sich vertraglich vereinbarte Nachbesserungspflichten des Verkäufers bzw. Werkunternehmers verjährungsverlängernd auswirken können,[122] auch wenn die Rechtswirkung von Nacherfüllungsmaßnahmen insgesamt noch weitgehend ungeklärt ist.[123] Der hier streitgegenständliche Liefervertrag sah nämlich auch die Verpflichtung des Lieferanten vor, versteckte Mängel der Vertragsgegenstände innerhalb eines Zeitraums von drei Jahren nach Abnahme zu beseitigen. Nach einem Austausch mangelhafter Vertragsgegenstände fielen auch die ausgetauschten Teile erneut aus. Der Käufer reichte die Gewährleistungsklage aber erst nach Ablauf der regulären Verjährungsfrist ein. Der Lieferant konnte sich dennoch nicht auf Verjährung berufen: Der Court of Appeal begründet das zum einen mit der Annahme eines implied term innerhalb der dreijährigen Nacherfüllungsverpflichtung, dem zu Folge auch die ausgetauschten Teile die vertraglich vereinbarten Eigenschaften aufweisen müssen und bei neuen Mängeln der ausgetauschten Vertragsgegenstände damit verjährungsrechtlich auch ein neuer „cause of action" ausgelöst wird.[124] Zusätzlich stützt der Court of Appeal seine Auffassung auf die Annahme eines durch die Nachbesserungsarbeiten (konkludent) geschlossenen **neuen Vertrages** zwischen den Parteien, der die Zusage des Lieferanten über die Einhaltung der ursprünglich vereinbarten

---

[116] Arnold FS Eggert S. 41 (44ff.); Gsell FS Derleder S. 135 (162) mit der Ausnahme von Ansprüchen bei anfänglichen Mängeln, die mit der zu den Nacherfüllungsmaßnahmen führenden Mängeln in keinem Zusammenhang stehen.

[117] OLG Celle NJW 2006, 2643 (2655). Auch die Entscheidungsgründe in BGH NJW 2006, 42ff. sprechen dagegen; ebenso BeckOGK/Arnold, 1.4.2022, BGB § 438 Rn. 156.1. Anders Wiedemann ZRP 2013, 1 (2).

[118] S. BSK/Däppen OR I Art. 135 Rn. 3 unter Verweis auf BGE 128 III 416.

[119] Ostendorf ZVglRWiss 2011, 109 (138).

[120] McGee Limitation Periods Rn. 2.018.

[121] Ein wirksames Anerkenntnis setzt überdies voraus, dass der Schuldner sowohl das Bestehen als auch die Durchsetzbarkeit der Forderung anerkennt, vgl. *Cadle Co v Hearly* (2002) 1 Lloyd's Rep 143.

[122] Ostendorf ZVglRWiss 2011, 109 (143).

[123] McKendrick Commercial Law Rn. 11.150ff.

[124] *VAI Industries (UK) Ltd. v. Bostock & Bramley* EWCA [2003] Civ 1069 Rn. 40f.: „*The claim depends next upon an implied term that any replaced goods should meet the contractual conditions imposed for the original equipment. […] the cause of action arises when the replacement parts are delivered or fitted, which is a date well within the limitation period.*" Das ist vergleichbar mit der auch im deutschen Recht vertretenen Auffassung, nach der Gewährleistungsrechte bei Nachlieferung oder Nachbesserung neu entstehen.

Spezifikationen auch durch die ausgetauschten Teile zum Gegenstand hatte. Die im englischen Vertragsrecht für die Vertragsbindung notwendige **consideration** (Versprechen einer Gegenleistung) wurde dabei darin gesehen, dass der Käufer im Gegenzug vorläufig auf die Geltendmachung von Schadensersatzansprüchen verzichtet habe.[125]

b) US-amerikanisches Kaufrecht

55 In der Rechtsprechung zum US-amerikanischen Kaufrecht überwiegen dagegen wohl die Stimmen, die in einer vertraglich vereinbarten Nacherfüllungspflicht (remedial promise) grundsätzlich **keinen Ansatzpunkt** für den **Neubeginn von Verjährungsfristen** sehen. Da ein remedial promise gegenüber der ursprünglich eingeräumten warranty eine eigenständige Vertragsabrede darstellt, entstehen durch die Nacherfüllung grundsätzlich auch keine neuen Gewährleistungsrechte des Käufers. Nach wohl überwiegender Auffassung kann ein Gewährleistungsanspruch damit auch schon vor Ablauf der vertraglichen Befristung eines remedial promise eintreten, da die in § 2–725 UCC geregelte Verjährungsfrist an einen breach of warranty anknüpft.[126] Sehr anschaulich zu dieser Problematik ist die Entscheidung des US Court of Appeals in der Rechtssache *Trans-Spec Truck Service Inc. v Caterpillar Inc.*[127] zur Auslegung des in Massachusetts wortwörtlich umgesetzten § 2–725 UCC. Die im streitgegenständlichen Fall für gelieferte LKW-Motoren eingeräumte (und nicht eingehaltene) 60-monatige repair or replace obligation führte hier nicht zu einem Neubeginn der Verjährung.

56 Die Revision des Kaufrechts im UCC aus dem Jahr 2003, die allerdings von keinem US-Bundesstaat übernommen und mittlerweile zurückgezogen wurde, löste die Problematik durch ausdrückliche Kodifizierung des remedial promise:[128] Nach § 2–725 (2) lit. c) UCC (2003) sollte eine gesonderte Verjährungsfrist ab dem Zeitpunkt zu laufen beginnen, an dem die Nachbesserung bzw. Nachlieferung ordnungsgemäß hätte erfolgen müssen.

IV. Ausschlussfristen (cut-off periods)

57 Absolute Rügefristen im Zusammenhang mit Gewährleistungsansprüchen sehen die meisten nationalen Rechtsordnungen anders als das CISG (Art. 39 Abs. 2 CISG) nicht vor. Zwar schließen etwa das deutsche,[129] das Schweizer[130] und das US-amerikanische Recht[131] Mängelhaftungsansprüche grundsätzlich aus, wenn Mängel nicht innerhalb einer bestimmten Frist, nachdem sie entdeckt wurden bzw. bei ordnungsgemäßer Untersuchung hätten entdeckt werden können, angezeigt werden. Eine Spätestfrist (long stop) für versteckte Mängel (latent defects) ist dagegen in allen genannten Rechtsordnungen nicht vorgesehen.

58 Aus der Vertragsfreiheit folgt, dass die Vertragsparteien absolute Rügefristen aber durch **vertragliche Vereinbarungen** einführen können. Dabei unterliegen sie (wie auch im Fall einer Verkürzung von Verjährungsfristen) aber grundsätzlich den für gegenständliche Haftungsbeschränkungen geltenden Restriktionen. Zum Teil kommen auch die Beschränkungen zur Anwendung, die unmittelbar für eine Verkürzung von Verjährungsfristen gelten. So erlaubt etwa § 309 Nr. 8 lit. b) ee) BGB keine Vereinbarung einer Ausschlussfrist in

---

[125] *VAI Industries (UK) Ltd. v. Bostock & Bramley* EWCA [2003] Civ 1069 Rn. 43.

[126] Im Einzelnen sehr streitig, s. zu dieser Problematik auch Klinger Dick. L. Rev. 1984–1985, 935 (958 ff.).

[127] 524 F.3d 315.

[128] Vgl. die Definition des remedial promise im UCC (2003) in § 2–103 Abs. 1 lit. n): *„Remedial promise means a promise by the seller to repair or replace goods or to refund all or part of the price of goods upon the happening of a specified event."*

[129] § 377 HGB. Rüge- und Untersuchungsobliegenheiten bestehen aber nicht beim Werkvertrag, § 381 HGB.

[130] Im Kaufrecht Art. 201 OR; im Schweizer Recht treffen darüber hinaus aber auch den Besteller von Werkleistungen Rüge- und Untersuchungsobliegenheiten, Art. 371 OR.

[131] § 2–607 Abs. 3 UCC. Dem englischen Recht sind Rüge- und Untersuchungsobliegenheiten des Käufers dagegen grundsätzlich fremd, Jack Standard Terms S. 91.

Allgemeinen Geschäftsbedingungen, die hinter der Mindestverjährungsfrist von einem Jahr zurückbleibt.

V. Die Haltbarkeitsgarantie

1. Haltbarkeitsgarantien im deutschen und Schweizer Recht

59 Die Haltbarkeitsgarantie ist in § 443 Abs. 2 BGB allenfalls rudimentär, im Schweizer Recht dagegen gar nicht geregelt.[132] Ungeachtet dessen besteht ihre anerkannte Bedeutung zunächst darin, dass der Verkäufer bzw. Werkunternehmer für während der **Garantielaufzeit** auftretende Mängel der Vertragssache unabhängig davon haftet, ob der Mangel bereits bei Gefahrübergang vorlag oder nicht. Ausgenommen sind auf Grundlage der Auslegung der Garantie lediglich Mängel, die wie im Fall einer fehlerhaften Benutzung oder Wartung nicht aus der Sphäre des Verkäufers bzw. Unternehmers stammen können.[133] Aus der Vertragsauslegung ergibt sich regelmäßig auch, dass die Haltbarkeitsgarantie mangels abweichender Vereinbarungen in Bezug auf die Rechtsfolgen (Ansprüche aus der Garantie) an das gesetzliche Mängelhaftungsrecht anknüpft.[134]

a) Deutsches Recht

60 In Abgrenzung zu anderen Fristenregelungen geht die Rechtsprechung von der Vereinbarung einer Haltbarkeitsgarantie aus, wenn sich aus dem Wortlaut der Klausel eine Einstandspflicht für eine bestimmte Beschaffenheit während eines definierten Zeitraums ergibt.[135] Regelmäßig führt aber bereits die Vereinbarung einer vertraglichen *Garantiefrist* zu einer Haltbarkeitsgarantie.[136] Deutlich restriktiver ist die Auslegung dagegen im Werkvertragsrecht, wo die Vereinbarung von „Garantiefristen" zumindest bei **Bauverträgen** regelmäßig keine Haltbarkeitsgarantie, sondern lediglich eine Modifizierung gesetzlicher Verjährungsfristen darstellen soll.[137]

61 Im Fall der Vereinbarung einer Haltbarkeitsgarantie beschränkt sich die Pflicht zur mangelfreien Lieferung nicht wie im Rahmen der gesetzlichen Mängelhaftung punktuell auf den Zeitpunkt des Gefahrübergangs, sondern erstreckt sich auf die gesamte Laufzeit der Garantie. Daraus folgt nach überwiegender Auffassung auch, dass Garantielaufzeit und Verjährungsfristen für Ansprüche aus der Garantie grundsätzlich getrennt betrachtet werden müssen.[138] Die Verjährungsfrist für Garantieansprüche soll nach überwiegender Auffassung im Kaufrecht daher auch erst mit dem Zeitpunkt der Entdeckung des Mangels (bzw. dem „Kennenmüssen" des Mangels[139]) beginnen, wobei streitig ist, ob § 438 Abs. 1 BGB

---

[132] Von der Rechtsprechung wird sie allerdings anerkannt, s. etwa BG Urt. v. 5.9.2002 – 4C.258/2001.

[133] Staudinger/Matusche-Beckmann BGB § 443 Rn. 24.

[134] Grüneberg/Weidenkaff BGB § 443 Rn. 13.

[135] Beispiele aus der Rechtsprechung sind etwa die Klauseln *„Verkäufer D... S... gibt auf die röntgenologische Veränderung lt. Sprunggelenk 1 Jahr (30.6.2003) Garantie"* in einem Pferdekaufvertrag, OLG Karlsruhe ZGS 2006, 36. Ausreichend für die Annahme einer Haltbarkeitsgarantie war auch die Angabe „Garantie, 24" in einem Kaufvertrag, AG Eckernförde BeckRS 2010, 17 523. Noch anschaulicher ist die Formulierung *„Wir gewährleisten auf die Dauer von 2 Jahren ab Lieferung für das ... Vollwärmeschutz-System ... folgende Eigenschaften"*, dazu BGH NJW 1979, 645.

[136] Staudinger/Matusche-Beckmann BGB § 438 Rn. 78 mwN.

[137] Kapellmann/Messerschmidt/Weyer § 13 VOB/B Rn. 151; OLG Frankfurt NJW-RR 1992, 280 (282). Für die Auslegung einer Garantiefrist als Haltbarkeitsgarantie allerdings OLG Hamm BauR 2006, 1006.

[138] Eckert/Maifeld/Matthiessen Kaufrecht Rn. 1441, 1458; Staudinger/Matusche-Beckmann BGB § 438 Rn. 78. Die Rechtsprechung hat dies auf der Grundlage des alten Rechts vor der Schuldrechtsreform zumindest dann angenommen, wenn die Garantiefrist länger als die Verjährungsfrist war; vgl. BGH NJW 1979, 645. Zum neuen Recht (§ 443 BGB) existieren soweit ersichtlich noch keine Entscheidungen. Anders Graf v. Westphalen/Thüsing AGB-Klauselwerke, Einkaufsbedingungen Rn. 58: Gleichlauf von Garantie- und Verjährungsfrist.

[139] Grützner/Schmidl NJW 2007, 3610 (3614); MüKoBGB/Westermann § 434 Rn. 22.

analog[140] bzw. die allgemeine Verjährungsfrist gem. §§ 195, 199 BGB[141] anwendbar ist. Wird ein Mangel also beispielsweise erst am Ende der Garantielaufzeit entdeckt (und konnte er in Abwesenheit grober Fahrlässigkeit auch nicht früher entdeckt werden), hat der Käufer nach der überwiegenden Auffassung noch die gesamte allgemeine Verjährungsfrist zur Durchsetzung etwaiger Ansprüche gegen den Verkäufer zur Verfügung.

62 Letztlich stellt sich aber die Frage, ob der Beginn der Verjährungsfristen für Ansprüche und Rechte aus der Haltbarkeitsgarantie nicht **differenzierter** anhand des jeweils einschlägigen Rechtsbehelfs vorgenommen werden muss und insbesondere für Nacherfüllungsansprüche sowie an diese Ansprüche angedockten Gestaltungsrechte ein Verjährungsbeginn erst mit Ablauf der Garantiefrist angenommen werden kann.[142] In einer Entscheidung aus dem Jahr 2010 hat der BGH entschieden, dass der Anspruch des Mieters auf Mangelbeseitigung während der Mietzeit unverjährbar ist und damit die in der Literatur vielfach vertretene Auffassung einer Trennung zwischen unverjährbarem „Stammrecht" auf Gebrauchserhaltung und daraus folgenden (jeweils der Verjährung unterliegenden) konkreten Ansprüchen zurückgewiesen. Der BGH argumentiert dabei mit dem Charakter der Gebrauchserhaltungspflicht des Vermieters als eine in die Zukunft gerichtete Dauerverpflichtung, die mit jedem Tag des Mietverhältnisses erneut verletzt wird, solange der Mangel nicht beseitigt wurde.[143] Dieser Gedanke lässt sich auf Haltbarkeitsgarantien durchaus übertragen. Fehlen Anhaltspunkte für eine anderweitige Anknüpfung der Verjährungsfrist im Vertrag, erscheint es daher naheliegend, dass die Verjährungsfrist für Nacherfüllungsansprüche – und gem. § 218 BGB analog diesen folgenden Gestaltungsrechten (Rücktritt und Minderung) – erst mit Ablauf der Garantiefrist beginnt, während die Verjährungsfrist für Schadensersatzansprüche gem. §§ 195, 199 BGB bereits mit Ende des Jahres anläuft, in dem der Schaden entstanden ist und der Gläubiger davon Kenntnis erhalten hat bzw. hätte erhalten müssen.[144] Eine Klärung dieser Frage durch die Rechtsprechung steht allerdings noch aus.

b) Schweizer Recht

63 Die Schweizer Rechtsprechung ist bei der Auslegung von Fristenregelungen als Haltbarkeitsgarantien soweit ersichtlich noch zurückhaltender als deutsche Gerichte. So wird die Vereinbarung einer Garantiefrist vom Schweizer Bundesgericht regelmäßig nicht als Haltbarkeitsgarantie, sondern im Zweifel als reine (Abänderung der) Verjährungsfrist angesehen.[145] Eine vertraglich vereinbarte Garantiefrist, die hinter der gesetzlichen Verjährungsfrist zurückbleibt, haben die Gerichte zuweilen auch als Verlängerung der gesetzlichen Rügefrist ausgelegt, die im Schweizer Recht nicht nur im Kaufrecht (Art. 201 OR) sondern auch im Werkvertragsrecht (Art. 367, 370 OR) relevant ist.[146] Anders als im deutschen Recht scheint die Schweizer Rechtsprechung auch davon auszugehen, dass die Parteien mit der Vereinbarung einer Haltbarkeitsgarantie bzw. Garantie auf Zeit regelmäßig zugleich auch die Verjährungsfrist regeln wollen.[147]

---

[140] Dafür Oetker/Maultzsch Vertragliche Schuldverhältnisse § 2 Rn. 425, wobei die Verjährungsfrist unabhängig von der Dauer der Haltbarkeitsgarantie mit der Entdeckung des Mangels durch den Käufer zu laufen beginnen soll.

[141] So Grützner/Schmidl NJW 2007, 3610 (3614); Grüneberg/Weidenkaff BGB § 443 Rn. 15; BeckOGK/Arnold, 1.4.2022, BGB § 438 Rn. 51.

[142] Ostendorf ZVglRWiss 2011, 109 (124).

[143] BGH NJW 2010, 1292.

[144] Zu einer vergleichbaren Differenzierung für Gewährleistungsansprüche aus Mietverträgen bereits Herrlein/Kandelhard/Kandelhard Mietrecht § 548 BGB Rn. 67.

[145] Vgl. BGE 63 II 180; kritisch dazu Gauch Werkvertrag Rn. 2518: *„Eine spezielle Auslegungsregel, die im Zweifel für eine bestimmte Bedeutung der vereinbarten Garantiefrist (…) spricht, gibt es nicht"*.

[146] BG Urt. v. 26.10.2004 – 4 C 246/2003. Die gesetzliche Verjährungsfrist bleibt in diesem Fall unberührt.

[147] So zumindest BG Urt. v. 5.9.2002 – 4 C 258/2001: Zehnjährige Haltbarkeitsgarantie auf Flachdächer wurde zugleich als Regelung der Verjährungsfrist eingestuft.

Für Ansprüche aus einer **selbstständigen Garantie,** die insbesondere bei Zusicherungen angenommen wird, die sich auf ein zukünftiges Ereignis beziehen, gilt die allgemeine zehnjährige Verjährungsfrist aus Art. 127 OR.[148] 64

2. „Guarantees of durability" im anglo-amerikanischen Recht

Auch im anglo-amerikanischen Rechtskreis werden für die Vereinbarung einer Haltbarkeitsgarantie von einzelnen Ausnahmen in der Rechtsprechung abgesehen **besondere Voraussetzungen** verlangt. Notwendig ist regelmäßig, dass sich aus der Klausel hinreichend deutlich eine **Dauerverpflichtung** des Verkäufers bzw. Werkunternehmers hinsichtlich der Mängelfreiheit der Vertragsgegenstände ergibt.[149] Der Vertragsklausel *„All equipment is to be warranted as free from defects in Design Materials and Workmanship* [...] *The warranty period is for no longer than 24 months from F.O.B."* fehlte so nach der Auffassung des englischen Court of Appeal in der Rechtssache *VAI Industries (UK) Ltd v. Bostock & Bramley* der notwendige Charakter einer Dauerverpflichtung (continuing obligation).[150] Wird allerdings eine Haltbarkeitsgarantie vereinbart, dürfte nach englischem Rechtsverständnis die Verjährungsfrist (der überwiegenden Auffassung zum deutschen Recht vergleichbar) erst am Ende der Garantiefrist zu laufen beginnen.[151] 65

Auch die US-amerikanischen Gerichte sind zurückhaltend bei der Annahme einer Haltbarkeitsgarantie.[152] Insbesondere wird die vertragliche Vereinbarung eines sog. remedial promise nicht als Haltbarkeitsgarantie (sog. „warranty extending to future performance"), sondern (lediglich) als zusätzliche vertraglich eingeräumte remedy eingestuft, die nach wohl überwiegender Auffassung grundsätzlich auch keiner abweichenden Gewährleistungsfrist unterliegt.[153] Vereinbaren die Parteien dagegen eine warranty extending to future performance in einem Kaufvertrag, beginnt die vierjährige Verjährungsfrist nicht mit Ablieferung, sondern erst mit dem Zeitpunkt an zu laufen, an dem der Käufer vom Mangel Kenntnis erhalten hat oder hätte erhalten müssen.[154] 66

C. Hinweise für die Vertragsgestaltung

I. Allgemeine Erwägungen

Bei der Vertragsgestaltung von Mängelhaftungsfristen ist entscheidend, dass die Vertragsklausel die von den Parteien gewünschten Regelungsziele nicht nur mit Blick auf Fristlänge und Fristbeginn sowie eine etwaige Hemmung oder einen Neubeginn der Frist in den Blick nimmt, sondern auch den gewünschten **Rechtscharakter** der vereinbarten Frist hinreichend deutlich macht. 67

---

[148] BGE 122 III 426; BG Urt. v. 14.1.2013 – 4 A 321/2012 Rn. 4.2.

[149] *VAI Industries (UK) Ltd. v. Bostock & Bramley* EWCA [2003] Civ 1069 Rn. 49.

[150] Vgl. die Ausführungen von Lord Justice Carnwath in Rn. 51 der Entscheidung: „[...] *I belief that clearer words would be needed, certainly in a form of contract provided by the purchaser, to create a continuing obligation such as relied on by the appellant.*"

[151] *VAI Industries (UK) Ltd. v. Bostock & Bramley* EWCA [2003] Civ 1069 Rn. 35 (Lord Justice Ward): *„If the warranty continues for two years it seems to me inevitable that it is a promise that for each day of the two year period the equipment will be free from defect. For every day it continues to have a defect there is a breach* [...]."

[152] Zur restriktiven Anwendung von § 2–725 Abs. 2 UCC Corey Campbell L. Rev. 1991–1992, 323 (339).

[153] Klinger Dick. L. Rev. 1984–85, 935 (958ff.).

[154] § 2–725 Abs. 2 S. 2 UCC: *„A breach of warranty occurs when tender of delivery is made, except that where a warranty explicitly extends to future performance of the goods and discovery of the breach must await the time of such performance the cause of action accrues when the breach is or should have been discovered."*

1. Regelungsziele aus Sicht des Lieferanten/Unternehmers

68 Aus Sicht des Verkäufers bzw. Werkunternehmers ist regelmäßig eine Verkürzung einschlägiger Verjährungsfristen erstrebenswert. Kann sie nicht durchgesetzt werden, kommt alternativ die Regelung einer Ausschlussfrist in Betracht. Denn auch lange Verjährungsfristen sind meist akzeptabel, wenn mit Hilfe einer **absoluten Rügefrist** Rechtssicherheit darüber erzielt werden kann, dass mit Fristablauf sämtliche (zumindest vertragliche) Mängelhaftungsansprüche unter Einschluss versteckter Mängel erlöschen, wenn bis zum Fristende keine Mängelanzeige eingegangen ist. Um die Auslegung als Haltbarkeitsgarantie zu vermeiden, empfiehlt sich aus Sicht des Verkäufers/Werkunternehmers im Übrigen die vertragliche Klarstellung, dass Mängel bereits zum Zeitpunkt der Lieferung bzw. Fertigstellung vorliegen müssen, um Mängelhaftungsansprüche auszulösen.

2. Regelungsziele aus Sicht des Käufers/Bestellers

69 Aus Sicht des Käufers bzw. Bestellers ist neben der Verlängerung einschlägiger Verjährungsfristen bzw. einer Verschiebung des Fristbeginns vor allem die Vereinbarung einer **Haltbarkeitsgarantie** interessant. Sie hilft insbesondere dann weiter, wenn sich nicht mehr im Einzelnen nachvollziehen lässt, ob ein Mangel bereits bei Gefahrübergang bzw. bei Lieferung oder Fertigstellung vorgelegen hat. Darüber hinaus kann sie – was den Vertragsparteien häufig nicht ausreichend bewusst ist – zu einer erheblichen Verlängerung der einschlägigen Verjährungsfristen führen.

70 Die in nahezu allen betrachteten Rechtsordnungen nicht abschließend geklärte Frage eines möglichen Neubeginns der Verjährungsfrist im Fall von Nacherfüllungsmaßnahmen sollte zuletzt aus Sicht beider Parteien zum Anlass einer ausdrücklichen vertraglichen Regelung genommen werden.

II. Verkürzung oder Verlängerung von Verjährungsfristen

1. Verkürzung anwendbarer Verjährungsfristen

71 Sollen die einschlägigen gesetzlichen Verjährungsfristen durch vertragliche Vereinbarung verkürzt werden, empfiehlt sich zunächst die unmissverständliche Klarstellung, dass mit der Vertragsklausel auch eine Regelung von Verjährungsfristen intendiert ist.[155] Dafür ist die Verwendung von Begriffen wie „limitation period" oder „prescription period" besser geeignet als die in internationalen Wirtschaftsverträgen weitverbreitete, aber ambivalente Bezeichnung als „warranty period".

72 Nicht empfehlenswert ist eine Verkürzung der Verjährungsfrist auf weniger als **ein Jahr,** da eine zumindest einjährige Verjährungsfrist in zahlreichen Rechtsordnungen die zwingende Untergrenze markiert. Unzulässig ist eine Verkürzung der Gewährleistungsfrist auf weniger als ein Jahr beispielsweise im deutschen AGB-Recht, im französischen Recht, im US-amerikanischen Kaufrecht sowie (zumindest in Verbrauchsgüterkaufverträgen) im Schweizer Recht.[156]

73 Generell problematisch ist auch die Verkürzung konkurrierender **deliktischer Ansprüche,** und zwar sowohl mit Blick auf Fristlänge als auch Fristbeginn. Um nicht die gesamte Klausel zu gefährden, sollten Verjährungsfristen für konkurrierende Ansprüche aus Delikt

---

[155] Gut gelungen ist etwa die Verjährungsklausel Art. 11.6 des ICC Model International Sale Contract, ICC Publication No. 811E (2020).

[156] Im deutschen Recht § 309 Nr. 8 lit. b) ff.) BGB; im französischen Recht Art. 2254 Abs. 1 Code Civil; im US-amerikanischen Recht § 2–725 Abs. 1 S. 2 UCC. Durch die Gesetzesänderung im Schweizer Verjährungsrecht aus dem Jahr 2012 wurde eine zwingende Mindestfrist von zwei Jahren für Neuwaren sowie einem Jahr für Gebrauchtwaren (nur) für Verbrauchsgüterkaufverträge gesetzlich verankert, Art. 210 Abs. 4 OR.

in einem eigenen Absatz geregelt werden. Der folgende Formulierungsvorschlag nimmt zudem Ansprüche aus dem Anwendungsbereich der Klausel aus, die auf einer Körperverletzung oder (wie häufig im Fall der Produkthaftung) auf einer zwingenden Haftung beruhen. Weitere Rückausnahmen können nach Maßgabe des Vertragsstatuts erforderlich werden.

Klauselbeispiel für die Verkürzung gesetzlicher Verjährungsfristen

[•] Limitation Periods

(1) The Purchaser cannot bring an action based on a quality defect[157] nor plead the existence of any such defect as a defence against any action of the Seller based on the nonperformance by the Purchaser after one (1) year from the handover of the Contractual Products to the Purchaser and regardless of whether the defect has been or ought to have been detected by the Purchaser at that point of time.

(2) Subparagraph (1) shall also apply in relation to any claims of the Purchaser based on concurring claims under tort arising from or related to defects of the Contractual Products. However, claims arising out of or related to bodily injury or due to mandatory liability shall become time-barred pursuant to the respective applicable provisions of the governing law.

(3) The statute of limitations of one year cannot be invoked by the Seller if it can be proven that he wilfully deceived the Purchaser.

2. Verlängerung anwendbarer Verjährungsfristen

Im Rahmen der zulässigen Grenzen des Vertragsstatuts kann die einschlägige Gewährleistungsfrist auch verlängert werden. Letzteres kann insbesondere geboten sein, wenn der Käufer (als Zwischenhändler oder Hersteller des Endprodukts) selbst Gewährleistungsansprüchen von Endkunden ausgesetzt ist und daher gegenüber seinen Zulieferern ein Gleichlauf mit den im Verhältnis zum Endkunden geltenden Verjährungsfristen erzielen will.[158] 74

Klauselbeispiel für die Verlängerung gesetzlicher Verjährungsfristen

[•] Limitation Periods

The applicable limitation period for contractual claims based on quality defects or defects in title amounts to [•] years.

III. Vereinbarungen über Ausschlussfristen

Da die meisten nationalen Rechtsordnungen (anders als Art. 39 Abs. 2 CISG) keine absoluten Anzeigefristen bei Mängeln vorsehen, kann die Vereinbarung einer entsprechenden vertraglichen Ausschlussfrist regelmäßig nicht an eine gesetzliche Regelung andocken. Aus Sicht der Vertragsgestaltung ist daher besonders wichtig, dass die begehrte **Rechtsfolge** – das Erlöschen (zumindest) vertraglicher Mängelhaftungsansprüche nach Ablauf der Frist – klar aus der Klausel hervorgeht, da ansonsten ein abweichendes Verständnis vom Rechtscharakter der Frist durch streitentscheidende (Schieds-)Gerichte nicht ausgeschlossen werden kann. 75

Da eine vertragliche Ausschlussfrist als Haftungsbeschränkung bewertet werden kann, müssen je nach anwendbarem Vertragsstatut ggf. Rückausnahmen (carve outs) in die Klau- 76

[157] Die Klausel bezieht sich nur auf Sachmängel, da die Haftung für Sachmängel in der Praxis zum einen deutlich relevanter als die Rechtsmängelhaftung sein dürfte und zum anderen eine Verkürzung der einschlägigen Fristen für Rechtsmängelhaftungsansprüche in einzelnen Rechtsordnungen nicht zulässig ist.

[158] Im deutschen Recht sieht § 445b Abs. 2 BGB hier allerdings eine Ablaufhemmung ohne Spätestfrist vor, dazu oben → Rn. 24a.

sel aufgenommen werden. Der nachfolgende Formulierungsvorschlag bezieht sich zudem nur auf **vertragliche Haftungsansprüche** wegen Sachmängeln und nimmt auf einer Körperverletzung oder zwingender Haftung beruhende Ansprüche von der Ausschlusswirkung aus. Dem Art. 40 CISG nachgebildet ist schließlich die Rückausnahme für den Fall, dass der Verkäufer (bzw. Unternehmer) den Mangel bei Vertragsschluss kannte oder hätte kennen müssen.

Klauselbeispiel zur Regelung einer Ausschlussfrist

[•] Cut-off Period

(1) Subject to claims arising out of or related to bodily injury or based on mandatory liability, the Seller shall not be liable in respect of any contractual claim or right by the Purchaser arising out of or related to any quality defects of the Contractual Products (including any latent defects) unless the Purchaser has given the Contractor notice of that claim on or before [•] months from the date of taking over of the Contractual Products.

(2) The Seller is not entitled to rely on the expiry of above period if the defect relates to facts that the Seller has been or ought to have been aware of at the time of handover of the Contractual Products and which he did not disclose to the Purchaser.

IV. Regelung von Haltbarkeitsgarantien

77 Soll eine Haltbarkeitsgarantie vereinbart werden, muss die Vertragsklausel unmissverständlich klarstellen, dass die Mangelfreiheit für die **gesamte Dauer** der vereinbarten Frist geschuldet wird.

Klauselbeispiel für die Vereinbarung einer Haltbarkeitsgarantie

[•] Durability Guarantee

(1) [•] guarantees that the Contractual Goods are and will throughout the entire guarantee period stipulated below a) conform to the agreed technical specifications, b) remain free from defects in materials, workmanship and design and c) remain unreservedly suitable and usable for the intended purpose of the Contractual Goods.

(2) The guarantee period amounts to [•] months.

78 Aus Sicht des Lieferanten bzw. Werkunternehmers empfiehlt sich – sofern überhaupt eine Haltbarkeitsgarantie akzeptiert werden muss – eine zusätzliche Regelung, mit der die Verjährungsfristen für Ansprüche aus der Garantie an die allgemeinen **Verjährungsfristen** für Gewährleistungsansprüche **angepasst** werden. Damit wird zumindest verhindert, dass einschlägige Verjährungsfristen erst mit Auftreten des Garantiefalls bzw. möglicherweise sogar erst mit Ablauf der Garantiefrist zu laufen beginnen.

79 Soweit deutsches Recht zur Anwendung kommt und Haltbarkeitsgarantien in Standardverträgen vereinbart werden, ist eine solche Regelung auch aus Sicht des Käufers bzw. Bestellers empfehlenswert. Die AGB-rechtliche Zulässigkeit einer Haltbarkeitsgarantie setzt zumindest voraus, dass die vereinbarten Garantiefristen nicht über die **AGB-rechtlich** zulässige Maximaldauer von Verjährungsfristen hinausgehen. Da nach überwiegender Auffassung sämtliche Ansprüche aus einer Haltbarkeitsgarantie im Regelfall einer gesonderten Verjährungsfrist unterliegen, die nicht vor Eintritt des Garantiefalls beginnt,[159] drohen durch die Kumulation von Garantie- und Verjährungsfristen Fristlängen, die insgesamt das zulässige Maß überschreiten. Zwar haben sich Rechtsprechung und Schrifttum[160] bislang

[159] Oben → Fn. 138.

[160] Im Schrifttum wird die Vereinbarung von Haltbarkeitsgarantien in AGB regelmäßig als wirksam angesehen, wenn die Garantiefristen die für Verjährungsfristen maximal zulässige Länge nicht überschreiten, Graf von Westphalen/Thüsing Vertragsrecht und AGB-Klauselwerke, Einkaufsbedingungen Rn. 57, der allerdings davon ausgeht, dass die Dauer einer vertraglich vereinbarten Haltbarkeitsgarantie regelmäßig zu-

nicht vertieft mit der Inhaltskontrolle von Haltbarkeitsgarantien auseinandergesetzt. Aus Gründen der Risikovorsorge spricht aber viel dafür, die Verjährungsfristen durch vertragliche Regelung ausdrücklich parallel zu den vereinbarten Garantielaufzeiten beginnen und enden zu lassen.

Klauselbeispiel für einen Gleichlauf von Garantie- und Verjährungsfrist

The statutory limitation periods for warranty claims shall apply with regard to any claims arising out of or related to the guarantee of durability stipulated above.

V. Klauseln zur Problematik der Kettengewährleistung

Angesichts der unklaren rechtlichen Ausgangslage in den meisten Rechtsordnungen ist 80 eine ausdrückliche vertragliche Regelung zur Problematik der so genannten Kettengewährleistung in internationalen Kauf- und Werkverträgen empfehlenswert. Das gilt nicht nur im Fall von Verjährungsfristen, sondern auch bei Ausschluss- und Garantiefristen, weil sich hier ebenfalls **Auslegungszweifel** darüber ergeben können, ob Nachlieferungen oder Nachbesserungen am Vertragsgegenstand neue Fristläufe auslösen sollen.

Aus Sicht des Käufers/Bestellers kann – wie in der nachfolgenden Musterklausel – aus- 81 drücklich die Entstehung neuer **Gewährleistungspflichten** nebst Neubeginn der maßgeblichen Mängelhaftungsfristen für nachgebesserte oder nachgelieferte Teile vertraglich vereinbart werden. Eine **Spätestfrist** (long stop period) zugunsten des Auftragnehmers oder Lieferanten dient dabei dem Interessenausgleich, da sie die Haftung in zeitlicher Hinsicht zumindest kalkulierbar macht. Mit dieser Einschränkung sinken zumindest auch die Risiken der Unwirksamkeit einer vorformulierten Klausel im Fall einer Anwendung von deutschem Recht, da der BGH in der Baumarktentscheidung klargestellt hat, dass der in AGB unabhängig vom Einzelfall angeordnete pauschale Neubeginn von Verjährungsfristen im Fall von Nacherfüllungsmaßnahmen als unangemessene Benachteiligung des Verkäufers anzusehen und daher unwirksam ist.[161]

Klauselbeispiel für eine eingeschränkte Kettengewährleistung/Kettengarantie mit Spätestfrist

(1) If defective Contractual Products or parts thereof are repaired or replaced pursuant to Seller's contractual obligations hereunder, the repaired or replaced Contractual Products (or parts thereof as the case may be) shall comply with all conformity standards set forth in this agreement as regards the originally supplied Contractual Products.

(2) Accordingly, any replaced or renewed parts shall be subject to a new [•] period amounting to [•] months from their takeover by the Purchaser. Any renewed [•] period shall however in any event expire no later than [•] months from the handover of the originally delivered Contractual Products.

Umgekehrt kann vertraglich auch vereinbart werden, dass eine Nachbesserung oder 82 Nachlieferung keinen Neubeginn von Verjährungsfristen bzw. Ausschluss- oder Garantiefristen auslösen sollen. Ob damit insbesondere im Fall von Verjährungsfristen ein Neubeginn (vor allem durch die Annahme eines **konkludenten Anerkenntnisses**) zuverlässig ausgeschlossen werden kann, ist bislang nicht abschließend geklärt. Im deutschen Recht kann zumindest in AGB weder § 203 BGB noch § 212 BGB abbedungen werden.[162] Im

---

gleich als Regelung der Verjährungsfrist auszulegen ist. Für die grundsätzliche Zulässigkeit (verschuldensabhängiger, nicht aber verschuldensunabhängiger) Haltbarkeitsgarantien in AGB wohl auch Ulmer/Brandner/Hensen/Christensen AGB-Recht Teil 2 (16) Einkaufsbedingungen Rn. 5.

[161] BGH NJW 2006, 42 (47).

[162] Auktor/Mönch NJW 2005, 1686 (1688); Klas/Kleesiek NJOZ 2010, 2148 (2151) mwN.

Schweizer Recht wird Art. 135 Nr. 1 OR als zwingende Vorschrift betrachtet, die selbst eine individualvertragliche Abbedingung nicht zulässt.[163]

83 Auf einem anderen Blatt steht allerdings, ob dadurch auch vertragliche Vereinbarungen ausscheiden müssen, die – wie in der nachstehenden Musterklausel – Nacherfüllungsmaßnahmen als Kulanzmaßnahmen deklarieren.[164] Für die Zulässigkeit einer solchen Regelung spricht zumindest, dass ein **Anspruch** auf Abgabe eines Anerkenntnisses ohnehin nicht besteht.[165] Auch eine Umgehung der zwingenden Bestimmungen über die Wirkung eines Anerkenntnisses ist darin nicht zu sehen, da ein ausdrückliches Anerkenntnis im Einzelfall nicht mehr (schon wegen des Vorrangs der Individualabrede) in den Anwendungsbereich der Klausel fällt.

Klauselbeispiel für den Ausschluss einer Kettengewährleistung/Kettengarantie

Remedial measures of the Seller in case of any defect, including but not limited to either repair or replacement of the Contractual Products or any parts thereof shall not trigger the commencement of a new [•] period. In particular, any remedial measures by the Seller or any third party acting on his behalf shall neither be deemed to constitute a tacit acknowledgement of debt or liability nor create new warranty obligations on the part of the Seller.

VI. Vertragliche Regelungen zum Fristbeginn

84 Zwischenhändler, die den Vertragsgegenstand nur zum Weiterverkauf erwerben, müssen ebenso wie *assembler,* die einzelne Komponenten von Zulieferern beziehen, sicherstellen, dass mögliche **Regressansprüche** gegenüber ihren Lieferanten nicht bereits verjährt sind, wenn ihre Endkunden Mängelhaftungsansprüche geltend machen, die auf die zugelieferten Gegenstände zurückzuführen sind.

85 Problematisch sind in diesem Fall nicht nur mögliche Unterschiede der jeweils einschlägigen **Fristen,** die unter anderem dann auftreten können, wenn der Hauptvertrag mit dem Endkunden einem anderen Vertragsstatut unterliegt als der Zuliefervertrag. Hinzu kommt das Problem, dass die maßgeblichen Fristen für Mängelhaftungsansprüche gegenüber dem Zulieferer regelmäßig bereits mit **Ablieferung beim Zwischenhändler** bzw. Hersteller des Endprodukts beginnen, während die Frist für korrespondierende Ansprüche des Endkunden erst mit Ablieferung bzw. Abnahme bei diesem anläuft. Diese Problematik kann dadurch abgemildert werden, dass der Fristbeginn gegenüber dem Zulieferer vertraglich auf die Übergabe des (End-)Produkts an den Endkunden verschoben wird. Für Ausschluss- oder Garantiefristen gelten vergleichbare Überlegungen.

86 Auch um Risiken einer Unwirksamkeit der Verschiebung zu reduzieren, ist die Regelung einer **Spätestfrist** empfehlenswert, die mit den maximal zulässigen Fristverlängerungen für Haftungsansprüche gegenüber dem Zulieferer nach Maßgabe des anwendbaren Sachrechts korrespondiert.

Klauselbeispiel für die Verschiebung des Fristbeginns der jeweiligen Mängelhaftungsfrist

The [•] period commences either with the acceptance by Purchaser's customer (end customer) of the final product in which the Contractual Goods have been installed or with the utilization of the final product by the end customer, whatever occurs earlier. The [•] period shall however at the latest expire within [•] months from handover of the Contractual Goods to the Purchaser.

---

[163] BSK/Däppen OR I Art. 135 Rn. 1.

[164] Für die grundsätzliche Zulässigkeit einer solchen Regelung auch in AGB etwa Schwab AGB-Recht Rn. 501; anderer Auffassung Menges Verjährungsfolgen S. 224 ff.; Müller NJOZ 2016, 481 (484) mwN.

[165] OLG Karlsruhe NJOZ 2010, 13; Arnold FS Eggert S. 41 (46). Anders wohl Rusch NJOZ 2011, 1713 (1715).

VII. Vertragliche Hemmungstatbestände

Internationale Liefer- und Anlagenbauverträge regeln häufig auch die Hemmung von Verjährungs-, Ausschluss- oder Garantiefristen für die Zeiträume, in denen der Vertragsgegenstand mangelbedingt nicht bestimmungsgemäß genutzt werden kann. Aus Sicht des Lieferanten bzw. Werkunternehmers ist das problematisch, weil in diesem Fall die maßgeblichen Mängelhaftungszeiträume nur noch schwer kalkulierbar sind. 87

Bei der vertraglichen Vereinbarung eines solchen Hemmungstatbestands sollte daher wie in der nachfolgend abgedruckten Klausel, die sich an der einschlägigen Regelung in einem Mustervertragswerk der FIDIC[166] orientiert, zumindest **eine Obergrenze** für mögliche Hemmungen des Fristablaufs durch mangelbedingten Nutzungsausfall mit aufgenommen werden. 88

Klauselbeispiel für eine Hemmung des Fristablaufs bei mangelbedingtem Nichtgebrauch des Vertragsgegenstandes mit zeitlicher Obergrenze

The [•] period will be extended by a period equal to the period for which the Works cannot be used by reason of a quality defect. If only a part of the Works is affected by such defect, the [•] Period will be extended only for the part in question. In neither case, however, will the [•] period in the aggregate be extended by more than [•] months due to the operation of this clause.

VIII. Verjährungsverzichtserklärungen

Droht die Verjährung eines vertraglichen oder (konkurrierenden) deliktischen Anspruchs, kann die den Lauf der Verjährungsfrist hemmende Einreichung einer Klage regelmäßig nur noch durch die Einholung eines Verjährungsverzichts (standstill agreement) verhindert werden. International sind Verjährungsverzichtserklärungen zwar weniger weit verbreitet als in Deutschland. Allerdings gewinnen sie auch im anglo-amerikanischen Rechtsraum zunehmend an Bedeutung. Wie im deutschen Recht können Verjährungsverzichtserklärungen auch bei Geltung von Schweizer oder englischem Recht[167] allerdings zu Auslegungsproblemen über die durch sie beabsichtigten Rechtswirkungen führen. Insbesondere stellt sich regelmäßig die Frage, ob die laufende Verjährungsfrist während der Dauer des Verzichts gestoppt wird[168] (und daher wie in § 209 BGB für die Hemmung vorgesehen nach Ablauf des Verzichts im Ergebnis um diesen Zeitraum verlängert wird) oder während dieses Zeitraums lediglich eine Berufung auf die Verjährung verwehrt sein soll.[169] Das folgende Muster ordnet daher ausdrücklich eine Hemmungswirkung des Verzichts an. 89

---

[166] Art. 30.4 FIDIC Conditions of Contract for Electrical and Mechanical Works, Third Edition 1987.

[167] Zum englischen Recht etwa instruktiv *Russell v Stone (t/a PSP Consultants)* [2017] EWHC 1555 (TCC) Rn. 38.

[168] Im Schweizer Recht führte ein Verjährungsverzicht nach Rechtsprechung und herrschender Lehre vor der Neufassung von Art. 141 OR anders als im deutschen Recht (unten → Fn. 169) im Zweifel zu einer Verlängerung der Verjährungsfrist und nicht nur zur Entstehung eines bloßen prozessualen Verteidigungsmittels; dazu und für eine Übertragbarkeit auf die neue Rechtslage BK/Wildhaber/Dede Art. 141 OR Rn. 39 mwN. Zu den bestehenden Auslegungsproblemen auch Koller ZBVJ 2021, 691 (694). Rechtsunsicherheiten mit Blick auf Schweizer Recht unterstehenden Verzichtserklärungen ergeben sich aus dem mit Wirkung zum 1.1.2020 neugefassten Art. 141 OR dadurch, dass der Verjährungsverzicht zu seiner Wirksamkeit nicht nur die Einhaltung der Schriftform (dh eigenhändige Unterschrift des Schuldners, Art. 13 OR) voraussetzt, sondern auch individualvertraglich (nicht in AGB des Gläubigers) erfolgen muss (Art. 141 Abs. 1bis OR).

[169] (Nur) die letztere Wirkung nimmt etwa der BGH für das deutsche Recht an, wenn Anhaltspunkte für eine weiterreichende Wirkung (Hemmung o. Neubeginn) fehlen, BGH NJW 2021, 461 (462): „*Nach der Rechtsprechung des BGH wird durch einen vom Schuldner erklärten befristeten Verjährungsverzicht der Ablauf der Verjährung nicht beeinflusst; die Verjährungsvollendung wird nicht hinausgeschoben. Der Verjährungsverzicht hat regelmäßig nur zum Inhalt, dass die Befugnis des Schuldners, die Einrede der Verjährung zu erheben, bis zum Ende des vereinbarten Zeitraums ausgeschlossen wird (…) Erhebt der Gläubiger nicht innerhalb der Frist Klage (wobei Einrei-*

Klauselbeispiel für eine Vereinbarung über einen Verjährungsverzicht mit Hemmungswirkung

Standstill Agreement[170]
between [•] and [•]
The Parties agree as follows:

1. The period during which this Standstill Agreement remains in force in accordance with clause 4 below (the „Standstill Period") shall not be taken into account for the purposes of determining the application to any claim arising out of or connected with [•] of any limitation period prescribed by any applicable statute of limitation or of any other defence based on the passage of time. Accordingly, any limitation period already running at the signature date of this Standstill Agreement shall be deemed to be suspended during the Period, and any limitation period that would (but for this agreement) have started to run during the Period shall not begin to run until the end of the Standstill Period.
2. Any limitation period suspended by operation of clause 1 above shall continue to run once again on the day immediately following the end of the Standstill Period.
3. This Standstill Agreement has no legal effect as regards any time defence available to either party which has already accrued at the signature date of this agreement.
4. The Standstill Period shall commence with the signature date of this Standstill Agreement and shall continue until [•].
5. This Standstill Agreement is governed by the laws of [•].

chung der Klage mit Zustellung ‚demnächst' genügt, § 167 ZPO analog), kann sich der Schuldner direkt nach Ablauf der Frist wieder auf Verjährung berufen und damit die Leistung verweigern (…).".

[170] Mit größeren Modifikationen angelehnt an Turner/Winegarten/Kershaw Atkin's Court Forms Vol 25 (1) Rn. 401.

§ 10 Force Majeure-Klauseln

Übersicht

Schriftttum:

Bearwood, COVID 19 and Force Majeure/Extraordinary Event Clauses: It's Time to Dust Them Off, CRi 2020, 97 ff.; *Berger/Behn,* Force Majeure and Hardship in the Age of Corona: A Historical and Comparative Study, MJDR 2020, 78 ff.; *Bernardi,* Vertragsbindung und Force Majeure in der Gegenwart, RIW 2022, 180 ff.; *Bridge,* Exceptions clauses and contractual frustration clauses, LQR 2020, 1 ff.; *Brunner,* Force Majeure and Hardship under General Contract Principles: Exemption for Non-Performance in International Arbitration, 2009; *Bund,* Force Majeure Clauses: Drafting Advice for the CISG Practitioner, J.L. & Com. 1997–1998, 381 ff.; *Draetta,* Hardship and force majeure clauses in international contracts, Int'l Bus. L.J. 2002, 347 ff.; *Firoozmand/Zamani,* Force majeure in international contracts: current trends and how international arbitration practice is responding Arb Int'l 2017, 395 ff.; *Kiraz/Üstün,* COVID-19 and force majeure clauses: an examination of arbitral tribunal's awards, ULR 2020, 437 ff.; *Konarski,* Force majeure and hardship clauses in international contractual practice, Int'l Bus. L.J. 2003, 405 ff.; *Mahasneh,* Liability Exemption for Failure to Perform under both the Vienna Convention for International Sale of Goods 1980 and Islamic Jurisprudence, ALQ 2010, 73 ff.; *Maskow,* Hardship and Force Majeure, Am. J. Comp. L. 1992, 657 ff.; *Mason,* Rethinking negligence in force majeure clauses: risk allocation, fairness and certainty in commercial contracts, J. Bus. L. 2010, 199 ff.; *McKendrick,* Force Majeure and Frustration of Contract, 2. Aufl. 2013; *Nottage,* Changing Contract Lenses: Unexpected Supervening Events in English, New Zealand, U.S., Japanese, and International Sales Law and Practice, Ind. J. Global Legal Stud. 2007, 385 ff.; *Parker/McKendrick,* Drafting force majeure clauses: some practical considerations, I.C.C.L.R. 2000, 132 ff.; *Plate,* Force Majeure und Hardship in grenzüberschreitenden Langzeitverträgen, 2004; *Ders.,* Die Gestaltung von „force majeure“-Klauseln in internationalen Wirtschaftsverträgen, RIW 2007, 42 ff.; *Reza,* Changed Circumstances and Immutability of Contract: a Comparative Analysis of Force Majeure and Related Doctrines, Bus. L. Int.'l 2007, 161 ff.; *Rimke,* Force majeure and hardship: Application in international trade practice with specific regard to the CISG and the UNIDROIT Principles of International Commercial Contracts, Pace Review of the Convention on Contracts for the International Sale of Goods 1999/2000, 197 ff.; *Rothermel,* Ereignisse (Coronavirus, Brexit, Embargos, Zölle, ua) und höhere Gewalt, Unmöglichkeit, Wegfall der Geschäftsgrundlage, Hardship, Frustration im BGB und in anderen Rechtsordnungen – braucht es eine Klausel?, IHR 2020, 89 ff.; *Schwenzer,* Force Majeure and Hardship in International Sales Contract, Vict. U. Well. L. Rev. 2008–2009, 709 ff.; *Schwenzer/Muñoz,* Duty to Re-negotiate and Contract Adaptation in Case of Hardship, IHR 2020, 150 ff.; *Symons,* Force Majeure and Frustration in Commercial Contracts, 2022; *Vogenauer,* Hardship clauses und verwandte Klauseln in internationalen Handelskäufen (I)–(V), IRWZ 2021, 3 ff.; 57 ff.; 112 ff.; 144 ff.; 209 ff.; *Weick,* Force Majeure, ZEuP 2014, 281 ff.; *Wilkinson,* Force majeure – the devil is in the detail, Cons. L.J. 2012, 26 ff.

A. Einleitung

I. Sinn und Zweck von Force Majeure-Klauseln

1 Gerade internationale Wirtschaftsverträge können in einem besonderen Maß Einflüssen ausgesetzt sein, die nicht von den **Vertragsparteien** kontrolliert werden und daher zu unvorhergesehenen Hindernissen bei der Vertragserfüllung führen können. Klassische Beispielsfälle sind etwa (Bürger-) Kriege und Wirren, Naturkatastrophen, terroristische Anschläge oder Generalstreiks. In den letzten drei Jahren haben die globale **COVID19-Pandemie,** die Havarie eines Containerschiffs im Suez-Kanal und die dadurch bewirkte Sperrung dieser wichtigen internationalen Transportroute für mehrere Monate sowie der Angriffskrieg Russlands gegen die Ukraine für eine ungeahnte Renaissance bei der rechtlichen Würdigung von durch höhere Gewalt verursachten Leistungsstörungen und damit korrespondierenden Vertragsklauseln geführt. Weiter gestiegene Bedeutung haben in diesem Zusammenhang auch Bestimmungen des **Außenwirtschaftsrechts,** die Ausfuhren verhindern oder einschränken. So hat die exportorientierte Industrie der westlichen Industrienationen in der jüngeren Zeit Erfahrungen mit sich teilweise wöchentlich verschärfenden Exportkontrollvorschriften für Ausfuhren in einzelne Staaten machen müssen.[1]

2 Im Fall derartiger Hindernisse außerhalb der Kontrolle der Vertragsparteien spricht man von „höherer Gewalt" oder „Force Majeure". Regelungsbedürftig sind derartige Ereignisse, weil die Frage zu klären ist, welche Partei eines Vertrages das **Risiko ihres Eintritts** trägt und welche **Rechtsfolgen** dadurch bewirkt werden sollen. Wollen die Parteien sich nicht auf das anwendbare (meist nationale) Vertragsrecht verlassen, das den Begriff der Force Majeure regelmäßig schon gar nicht kennt,[2] sondern eigene vertragliche Bestimmungen über Force Majeure und deren Folgen treffen, können sie dies mit Hilfe sog. Force Majeure-Klauseln tun. Sinnvoll erscheint eine Aufnahme von Force Majeure-Klauseln im Rahmen der Vertragsgestaltung insbesondere aus drei Gründen: Zum einen mögen die Vertragsparteien eine Risikoverteilung vornehmen wollen, die von derjenigen des auf den Vertrag anwendbaren Rechts abweicht. Die vertragliche Regelung soll insoweit den Parteiwillen besser abbilden. Zum anderen können die Vertragsparteien ein Interesse an der **Beseitigung von Unklarheiten** haben, die mit der Frage einhergehen, ob in dem (möglicherweise auch nicht immer zweifelsfrei festzustellenden) maßgeblichen Vertragsstatut überhaupt eine angemessene Regelung für den Fall der Leistungsverhinderung durch höhere Gewalt zur Verfügung steht. Die vertragliche Regelung soll insoweit **Klarheit auf Tatbestand- und Rechtsfolgenseite** bringen. Zum dritten können Force Majeure-Klauseln helfen, die **Stabilität und Kontinuität** von Geschäftsbeziehungen zu sichern: Auch in wirtschaftlich schwierig zu bewältigenden Situationen soll eine langjährige Beziehung erhalten werden, indem etwa für die Dauer von Force Majeure aufgrund der Leis-

[1] Angesichts der besonderen Komplexität des Exportkontrollrechts spricht allerdings vieles dafür, hierfür im Vertrag eigene Regelungen vorzusehen. Eingehend zu dieser Problematik und spezifischen Vertragsklauseln daher → § 4 (Exportkontrollrecht).

[2] Eine Ausnahme stellt insbesondere das französische Recht dar, siehe Art. 1218 Abs. 1 (Tatbestand der Force Majeure) und Abs. 2 (Rechtsfolgen) Code Civil (in der Fassung seit 1.10.2016); zum Ganzen rechtsvergleichend auch Weick ZEuP 2014, 281 (284 ff.).

tungsverhinderung eigentlich bestehende Rücktritts- oder Kündigungsrechte suspendiert werden. Vereinzelt wird deshalb auch von „Loyalitätsklauseln" gesprochen.[3]

Nationale Rechtsordnungen regeln den Umgang mit höherer Gewalt und Auswirkungen 3 auf den Vertrag in diesem Zusammenhang unterschiedlich und erfassen etwa tatsächliche Unmöglichkeit und wirtschaftliche Unzumutbarkeit mit divergierenden Rechtsinstituten und Rechtsfolgen. Dabei fällt besonders auf, dass gerade kontinentaleuropäische Rechtsordnungen auf der einen und common law-Rechtsordnungen auf der anderen Seite auch mit Blick auf Fälle der höheren Gewalt zwei grundsätzlich verschiedene Ansätze vertraglicher Haftung verfolgen.[4] Während erstere auf dem **Verschuldensprinzip** beruhen und eine Vertragspartei grundsätzlich nur für ihr eigenes oder ihr zurechenbares fremdes Verschulden haftbar machen, bauen die zum common law gehörenden Rechtsordnungen auf dem Prinzip der verschuldensunabhängigen Garantiehaftung auf, von der im Einzelfall Ausnahmen zu machen sind. Umgekehrt kennen common law-Jurisdiktionen zumindest im Grundsatz **keine Erfüllungsansprüche** und benötigen daher zumindest auf Primärebene regelmäßig schon keinen Befreiungstatbestand für den Fall höherer Gewalt.[5]

Ungeachtet der bestehenden Unterschiede konnte sich aus den oben genannten Grün- 4 den (→ Rn. 2) **im internationalen Wirtschaftsverkehr** das Konzept der Force Majeure als allgemeiner vertraglicher Grundsatz etablieren.[6] Dies zeigt sich in Kodifikationen wie dem UN-Kaufrecht (CISG)[7] oder zahlreichen von internationalen Verbänden und Organisationen entwickelten Mustervertragswerken wie zB den von der **International Chamber of Commerce** (ICC) vorgelegten (2020 in Folge der COVID19-Pandemie überarbeiteten) ICC Force Majeure and Hardship Clauses.[8]

II. Abgrenzung zu Hardship-Klauseln (Unzumutbarkeitsklauseln)

Von der Force Majeure-Klausel abzugrenzen sind Vertragsbestimmungen, die Konstellatio- 5 nen erfassen, in denen dem Schuldner die Leistungserbringung zwar möglich, aufgrund unvorhersehbarer und nicht vermeidbarer Umstände aber unzumutbar wäre.[9] Derartige Risiken werden typischerweise durch „Hardship-Klauseln"[10] abgebildet, die damit zwar ebenfalls veränderte Vertragsumstände erfassen, jedoch auf Rechtsfolgenseite darauf angelegt sind, einzelne Vertragsbedingungen so anzupassen, dass die Leistung unter den geänderten Umständen weiterhin erbracht werden kann. Das korrespondiert mit „Hardship"-Tatbeständen in einigen Vertragsrechtsordnungen[11], die neben der Erschwerung und Entwertung der Leistung auch Fälle des Zweckfortfalls und der Zweckverfehlung erfassen:[12] Anschauliche Beispiele für die letztere Konstellation bieten etwa die vielen jüngeren ge-

[3] Salje NZG 1998, 161 (166).
[4] Schlechtriem/Schwenzer/Schroeter/Schwenzer CISG Art. 79 Rn. 4.
[5] Grundlegend Kötz/Zweigert Rechtsvergleichung S. 479ff. Erfüllungsansprüche werden etwa im englischen Recht nur ausnahmsweise im Rahmen der sog. equity gewährt, wenn und soweit Schadensersatz keine adäquate Alternative darstellt. Bei Kaufverträgen ist das regelmäßig nur bei „unique goods" (Stückschulden) der Fall. Zum Ganzen (und weiteren Restriktionen in diesem Zusammenhang) Burrows Restatement S. 156f.
[6] Brunner Force Majeure S. 108; Weick ZEuP 2014, 281 (295).
[7] Zum CISG umfassend → § 18.
[8] https://iccwbo.org/publication/icc-force-majeure-and-hardship-clauses/.
[9] Vogenauer IWRZ 2021, 57 (58).
[10] Im deutschen Rechtsraum hat sich für diese Klauseln auch die Bezeichnung als „Wirtschaftsklauseln" eingebürgert, Vogenauer IWRZ 2021, 57 (59). Zum Verhältnis von vertraglich vereinbarten Wirtschaftsklauseln zu § 313 BGB BGH NJW 2013, 2745.
[11] Bspw. § 313 BGB im deutschen und (seit der Reform von 2016) Art. 1195 Code Civil im französischen Recht; zu weiteren (meist dem civil law Rechtskreis zugehörigen) einschlägigen Rechtsordnungen Berger/Behn MJDR 2020, 78 (115). Allerdings sehen eine Reihe nationaler Vertragsrechtsordnungen teilweise auch gar keine Möglichkeit für eine Vertragsanpassung im Fall (fundamental) geänderter Umstände vor, was das Bedürfnis nach „hardship"-Klauseln erhöht, Vogenauer IWRZ 2021, 57 (58).
[12] Schlechtriem/Schwenzer/Schroeter/Schwenzer CISG Art. 79 Rn. 4.

richtlichen Auseinandersetzungen um mögliche Ansprüche auf Anpassung der Miete für Gewerberäume, die von den Mietern pandemiebedingt und meist als Folge behördlicher Schließungsverfügungen nicht (mehr) für ihren eigentlichen Zweck genutzt werden konnten.[13]

Beispiel hardship-Klausel

[•] Hardship

(1) If technical, commercial or legal assumptions based on which the contractual provisions (prices and conditions) have been agreed upon undergo subsequent to the conclusion of this Contract a fundamental change and, as a result thereof, one party can no longer be expected to perform the contract because the expectations of the contracting parties aimed at a fair balance of the mutual commercial interests can no longer be deemed fulfilled, this party may request a corresponding amendment of the contractual provisions in line with the changed circumstances.

(2) If the Parties cannot agree on such amendments, the matter shall be resolved by means of expert determination. The expert shall be appointed by agreement between the parties or, if they cannot agree upon an expert within 14 days of the dispute or difference arising, the expert shall be appointed on the application of either party by (...). The appointed expert shall act as an expert and not as an arbitrator. All costs incurred by the expert shall be borne by the parties in equal shares unless the expert determines otherwise, in which case the costs shall be allocated between the parties as the expert determines appropriate. The parties agree that the decision of the expert shall, in the absence of manifest error, be final and binding on the parties.

In den klassischen Force Majeure-Konstellationen müssen hingegen die vertraglichen Weichen für den Fall gestellt werden, dass die Leistung einer Partei tatsächlich und gegebenenfalls auf Dauer ausbleibt.[14] Dabei fällt allerdings eine Abgrenzung nicht nur im Einzelfall schwer, sondern kann zugleich eine **Annäherung** der beiden Rechtsinstitute beobachtet werden.[15] Wird in einem Vertrag neben Force Majeure auch „Hardship" geregelt, ist in jedem Fall das **Verhältnis** beider Klauseln zu regeln, so zB die Frage, inwieweit eine Partei sich ausschließlich auf eine der beiden Klauseln berufen oder diese kumulativ oder wahlweise geltend machen kann.

III. Abgrenzung zu Preisklauseln

6 Von den Fällen der Force Majeure abzugrenzen sind zudem nachvertragliche Veränderungen der preisbestimmenden Faktoren, die das **Äquivalenzverhältnis** zu Lasten einer Partei verschlechtern, ohne aber die Möglichkeit oder Zumutbarkeit der Leistungserbringung in Frage zu stellen. Derartige Preisrisiken unterhalb der Schwelle der Unmöglichkeit oder Unzumutbarkeit werden von Force Majeure-Klauseln oder Hardship-Klauseln typischer Weise nicht erfasst. Der Sicherung des Äquivalenzverhältnisses, gerade in langfristigen Vertragsbeziehungen, dienen vielmehr **Preisanpassungsklauseln,** vereinbarte einseitige Preisbestimmungsrechte oder Preisverhandlungsklauseln. Zu den Preisanpassungsklauseln gehören namentlich Wertsicherungs- und Indexklauseln, die den Preis automatisch in Ab-

[13] Keinen Sachmangel aber einen Anpassungsanspruch aus § 313 BGB wegen Wegfalls der Geschäftsgrundlage hat hier etwa die deutsche Rechtsprechung im Grundsatz bejaht, BGH NZM 2022, 99 (103 ff.); anders die englische Rechtsprechung, die im Fall noch hinreichend langer Restlaufzeiten keine Leistungsbefreiung aufgrund einer (vorübergehenden) „frustration" angenommen hat, *Bank of New York Mellon (International) Ltd v Cine-UK* [2021] EWHC 1013 (QB).

[14] Rimke Pace Review of the Convention on Contracts for the International Sale of Goods 1999/2000, 197 (241).

[15] So Draetta Int'l Bus. L.J. 2002, 347 (348 u. 357); Schlechtriem/Schwenzer/Schroeter/Schwenzer CISG Art. 79 Rn. 4; anders Plate Force Majeure S. 147.

hängigkeit äußerer Umstände (zB definierter Indizes) abändern.[16] Einseitige **Preisbestimmungsrechte,** einschließlich der Verweise auf die „jeweils gültigen (Listen-)Preise", ermöglichen einer Partei oder einem vertraglich bestimmten Dritten, einseitig die Preise anzupassen. Zum Schutz der anderen Partei statuieren die nationalen Rechtsordnungen freilich teilweise Begrenzungen oder Korrekturmechanismen; im deutschen Recht etwa nach Maßgabe von § 315 BGB und § 307 BGB.[17] Verhandlungsklauseln wiederum sehen (Neu-)Verhandlungen der von den Umständen überholten Preise oder im Falle des Auslaufens einer Preisbindungsperiode vor. Da sich beide Parteien aber im Fall der Nichteinigung von dem Vertrag lösen können müssen, stellen Verhandlungsklauseln eine mögliche Sollbruchstelle des Vertrages dar und sind gerade in langlaufenden Festverträgen daher häufig nicht erwünscht.

B. Force Majeure und Gesetzesrecht

Force Majeure-Klauseln können sinnvoll nur unter Berücksichtigung des jeweils anwend- 7
baren Rechts entworfen werden. Nachfolgend soll daher der einschlägige Rechtsrahmen in ausgewählten Rechtsordnungen dargestellt werden, namentlich dem UN-Kaufrecht (CISG), dem deutschen, englischen, dem Schweizer sowie dem US-amerikanischen Recht.[18] Gemeinsam ist diesen Rechtsordnungen, dass sie für Fälle unvorhersehbarer fundamentaler Änderungen von Vertragsumständen Institute zur Regelung des Schicksals der Leistungspflicht und der Haftung der Parteien vorsehen. Vielfach wird der Schuldner ab einem bestimmten Zeitpunkt aus seinen Leistungs- oder Schadensersatzpflichten entlassen.[19] Allerdings unterscheiden sich die einzelnen Rechtsordnungen im Hinblick auf Anwendungsbereich und Rechtsfolgen zum Teil nicht unerheblich.

I. UN-Kaufrecht (CISG)

Maßgebliche Vorschrift der CISG für Fälle von Force Majeure ist Art. 79 CISG. Nach 8
Art. 79 Abs. 1 CISG haftet eine Partei unter bestimmten Voraussetzungen für die Nichterfüllung ihrer Pflichten nicht. Die Vorschrift beschränkt damit die in den Art. 74ff. CISG enthaltene, grundsätzlich verschuldensunabhängige Schadensersatzpflicht im Fall vertraglicher Pflichtverletzungen. Insofern bildet Art. 79 CISG einen Kompromiss zwischen der absoluten Garantiehaftung nach dem common law und der Verschuldenshaftung nach den kontinentaleuropäischen Rechtsordnungen.[20] Voraussetzungen und Rechtsfolgen dieser Vorschrift sollen nachfolgend kurz dargestellt werden.

---

[16] Näher dazu in Abgrenzung zu Force Majeure-Klauseln Plate Force Majeure S. 163f.

[17] Zu hier bestehenden Schranken im englischen Recht Hooley CLJ 2013, 65ff.; zum Schweizer Recht etwa Rusch/Huguenin SZW 2008, 37ff.

[18] Zum südafrikanische Recht Rimke Pace Review of the Convention on Contracts for the International Sale of Goods 1999/2000, 197 (207f.); zum japanischen und neuseeländischen Recht Nottage Ind. J Global Legal Stud. 2007, 385 (389, 398); zur Force Majeure im islamischen Recht Mahasneh ALQ 2010, 73ff.; zum chinesischen Recht Yang FS Schwenzer S. 1809ff.

[19] Vgl. etwa *Lauritzen AS v Wijsmuller BV, The Super Servant Two* [1990] 1 Lloyd's Rep. 1 (8): *„object of the doctrine was to give effect to the demands of justice"*; Nottage Ind. J Global Legal Stud. 2007, 385 (398) mwN; Grüneberg/Grüneberg BGB § 313 Rn. 24: *„Unzumutbarkeit setzt in der Regel voraus, dass das Festhalten am Vertrag zu untragbaren, mit Recht und Gerechtigkeit nicht zu vereinbarenden Ergebnissen führen würde."*

[20] Schlechtriem/Schwenzer/Schroeter/Schwenzer CISG Art. 79 Rn. 1. Zu einer Übersicht über die aktuelle Rechtsprechung zu Art. 79 CISG Eckardt/Magnus/Piltz IHR 2020 140ff.

1. Voraussetzungen des Art. 79 CISG

9 Erstes Tatbestandsmerkmal des Art. 79 CISG ist zunächst die **„Nichterfüllung vertraglicher Pflichten“.** Insofern müssen ganz spezifisch die betroffenen vertraglichen Pflichten identifiziert werden, die sich nicht erfüllen lassen; nur insoweit (und nicht automatisch mit Bezug zu dem gesamten Vertrag) tritt dann in der Rechtsfolge auch die Entlastung ein. Zur „Nichterfüllung“ gehören sowohl die endgültige, vorläufige, vollständige oder teilweise Nichterfüllung als auch das Nichterfüllen von Pflichten aus einem Rückgewährschuldverhältnis.[21]

10 Zentral ist weiterhin die Voraussetzung, dass die Nichterfüllung auf einem **nicht beherrschbaren „Hinderungsgrund“** (impediment) beruhen muss. Erfasst werden von diesem eng auszulegenden Merkmal lediglich objektive Umstände, die außerhalb der Person des Schuldners liegen und von diesem nicht beherrscht werden können, wobei, dem strengen Ausnahmecharakter der Haftungsbefreiung entsprechend, die **beherrschbare Sphäre weit verstanden** wird.[22] Zu den nicht beherrschbaren Hinderungsgründen gehören die klassischen Force Majeure-Fälle wie Krieg, Wirren, Naturkatastrophen, Großunfälle und staatliche Eingriffe wie Exportverbote, Boykotte oder Embargos. Zu der beherrschbaren Sphäre des Schuldners gehört hingegen der von ihm grundsätzlich kontrollierbare Herrschafts- und Organisationsbereich. Typische Ereignisse, die in den Herrschafts- und Organisationsbereich des Schuldners fallen, sind etwa Störungen in seinem Betrieb, zB das Versagen von Produktionsmaschinen oder der IT, eine fehlerhafte Personal- oder Prozessorganisation oder zu geringe Lagerkapazitäten.[23] Auch das Beschaffungsrisiko weist das CISG in den Fällen eines marktbezogenen Gattungskaufes dem Schuldner zu – insbesondere bei steigenden Einkaufspreisen oder unzuverlässigen Lieferanten.[24] Ebenso ist die finanzielle Leistungsfähigkeit grundsätzlich als beherrschbar anzusehen.[25]

11 Auch wenn ein Ereignis nicht dem beherrschbaren Bereich des Schuldners entstammt, kann dieser sich nur auf Art. 79 CISG berufen, wenn das Ereignis **unvorhersehbar** war, wobei, um abwegige Vorhersagen auszuschließen, es darauf ankommt, ob eine vernünftige Person in der Lage des Schuldners bei Vertragsschluss mit dem Eintritt des Ereignisses unter Berücksichtigung der konkreten Umstände rechnen musste (reasonable foreseeability).[26] Zudem muss das Ereignis **unabwendbar** sein, dh es darf nicht mit wirtschaftlich zumutbaren Mitteln zu verhindern oder zu überwinden gewesen sein, wobei ein strenger Maßstab anzulegen ist. Zuletzt muss das Ereignis **ursächlich** sein für die Nichterfüllung der vertraglichen Pflichten.

2. Rechtsfolgen des Art. 79 CISG

12 Die zentrale Wirkung von Art. 79 Abs. 1 CISG liegt in der **Befreiung von Schadensersatzansprüchen** gem. Art. 74ff. CISG, und zwar nur für die Zeit, während der ein Hinderungsgrund besteht (Art. 79 Abs. 3 CISG). Andere Rechtsbehelfe bleiben unberührt

---

[21] Schlechtriem/Schwenzer/Schroeter/Schwenzer CISG Art. 79 Rn. 5; Rimke Pace Review of the Convention on Contracts for the International Sale of Goods 1999/2000, 197 (213).

[22] So konnte sich ein Gebrauchtwagenhändler, der kein Eigentum an einem gestohlenen Wagen verschaffen kann, trotz Erkundigungen nicht auf Art. 79 CISG berufen, OLG München NJW-RR 2008, 1285 (1286); Kröll/Mistelis/Viscasillas/Vatamer CISG Art. 79 Rn. 76f.

[23] Schlechtriem/Schwenzer/Schroeter/Schwenzer CISG Art. 79 Rn. 18.

[24] Schlechtriem/Schwenzer/Schroeter/Schwenzer CISG Art. 79 Rn. 26f. mwN; anders, wenn sich der Verkäufer die Vertragsware aufgrund unvorhergesehener Ereignisse gar nicht mehr oder nur zu ganz unverhältnismäßigen Kosten besorgen kann, OLG Düsseldorf IHR 2020, 175 (176); kritisch zu dieser Entscheidung (bei der die Nichterfüllung auf den Brand im Kühlhaus des Lieferanten des Verkäufers zurückzuführen war) Huber IHR 2020, 137 (139f.).

[25] BeckOGK/Bach, 1.2.2022, Art. 79 CISG Rn. 6.1; Schlechtriem/Schwenzer/Schroeter/Schwenzer CISG Art. 79 Rn. 25: Ausnahme gilt allenfalls, falls die Leistung von staatlicher Seite untersagt wird und es sich nicht um gegen den Schuldner gerichtete Sanktionen handelt.

[26] Schlechtriem/Schwenzer/Schroeter/Schwenzer CISG Art. 79 Rn. 13.

(Art. 79 Abs. 5 CISG). Dazu können etwa Minderung (Art. 50 CISG), Zinsansprüche (Art. 78 CISG) oder Rechte zur Vertragsaufhebung (Art. 45 Abs. 1 lit. a), 49, 51, 61 Abs. 1 lit. a), 64 CISG) gehören. Auch der **Erfüllungsanspruch** bleibt grundsätzlich bestehen.[27] Ist die Befriedigung des Erfüllungsanspruches allerdings unmöglich im engeren Sinne des Wortes geworden, ist davon auszugehen, dass er auch unter dem Regime des CISG untergeht; die dogmatische Begründung dazu ist freilich außerhalb des in der Wirkung auf Schadensersatzansprüche begrenzten Art. 79 CISG zu suchen.[28]

Eine weitere Rechtsfolge des Art. 79 CISG liegt in der Pflicht der verhinderten Partei, 13 der anderen Partei innerhalb angemessener Frist nach Kennenmüssen **den Hinderungsgrund und seine Auswirkungen mitzuteilen** (Art. 79 Abs. 4 S. 1 CISG). Eine Verletzung dieser Pflicht führt zwar nicht zum „Aufleben" der Schadensersatzpflicht für die Nichtleistung, begründet aber eine eigenständige Vertrauenshaftung (Art. 79 Abs. 4 S. 2 CISG). Eine solche haftungsbewehrte Mitteilungspflicht, die in vielen Rechtsordnungen so nicht explizit, sondern allenfalls über Nebenpflichten normiert ist (zB § 241 Abs. 2 BGB), ist gerade auch im Rahmen der Gestaltung vertraglicher Force Majeure-Klauseln ein wichtiger Baustein.

II. Deutsches und Schweizer Recht

Im deutschen und Schweizer Recht findet sich die Entsprechung zum internationalen 14 Grundsatz der Force Majeure im Recht der Unmöglichkeit und teilweise im Recht der Störung der Geschäftsgrundlage.[29] Neben diesen Instituten des allgemeinen Schuldrechts, die das Problem der veränderten Vertragsumstände grundsätzlich regeln, wird der Begriff der höheren Gewalt vereinzelt auch ausdrücklich im BGB verwendet, allerdings stets in vertragsspezifischen Zusammenhängen.[30] Auch das Schweizer Obligationenrecht regelt im Vertragsrecht kein übergreifendes Konzept der höheren Gewalt.

1. Überblick

Das **deutsche Recht** befreit von der primären Pflicht, die Leistung in Natur zu erbrin- 15 gen, wenn diese dem Schuldner oder jedermann **objektiv unmöglich** ist (§ 275 Abs. 1 BGB). Insoweit regelt § 275 BGB die Leistungsgefahr. § 275 BGB gilt sowohl für die vom Schuldner zu vertretende als auch die nicht zu vertretende Unmöglichkeit. Von der Befreiung nicht betroffen sind die **Sekundärpflichten,** also in erster Linie die Pflicht zum Schadensersatz. Dazu bleibt der Schuldner auch bei Wegfall der Leistungspflicht verpflichtet (§§ 280 Abs. 1, Abs. 3, 283 Abs. 1 BGB). Dies gilt auch, wenn die Erbringung der Leistung bereits bei Vertragsschluss unmöglich war (§ 311a Abs. 2 BGB). Die Befreiung von Primär- und Sekundärleistungspflichten ist demnach nicht akzessorisch ausgestaltet.[31] Das in erster Linie auf dem Verschuldensprinzip beruhende Erfordernis des Vertretenmüssens (§ 276 BGB) schränkt die Pflicht zum Schadenersatz gemäß § 280 Abs. 1 S. 2 BGB erst auf einer zweiten Stufe ein. In den klassischen Force Majeure-Fällen liegt indes **kein**

---

[27] Schlechtriem/Schwenzer/Schroeter/Schwenzer CISG Art. 79 Rn. 52; MüKoBGB/Huber Art. 79 CISG Rn. 29.

[28] Die dogmatischen Lösungsvorschläge sind vielgestaltig. Diskutiert wird etwa eine analoge Anwendung des Art. 79 CISG, aber auch eine Lückenfüllung durch allgemeine Grundsätze des CISG nach Maßgabe von Art. 7 Abs. 2 CISG, vgl. etwa MüKoBGB/Huber Art. 79 CISG Rn. 30.

[29] Plate Force Majeure S. 93; näher auch Brunner Force Majeure S. 79ff.

[30] So in § 206 BGB (Hemmung der Verjährung im Falle höherer Gewalt), § 484 Abs. 2 BGB (Änderungsrecht bezüglich vorvertraglicher Informationen bei höherer Gewalt im Fall bestimmter Verbraucherverträge), § 701 Abs. 3 BGB (Haftungsfreistellung des Gastwirts bei höherer Gewalt) und § 651j BGB (Recht zur Kündigung des Reisevertrages im Falle höherer Gewalt); zum Ganzen (Regelungen im BGB und Nebengesetzen) auch Weick ZEuP 2014, 281 (284ff.).

[31] MüKoBGB/Ernst § 275 Rn. 1.

Verschulden vor, so dass im Ergebnis weder Primär- noch Sekundärleistungspflichten bestehen. Zugleich entfällt in diesen Fällen die Pflicht zur Gegenleistung (§ 326 Abs. 1 S. 1. Hs. 1 BGB). Die Rechtslage im **Schweizer Recht** ist damit weitgehend vergleichbar. Wie noch nach deutschem Recht vor der Schuldrechtsreform führt eine anfängliche objektive Unmöglichkeit hier allerdings zu einer Nichtigkeit des Vertrages.

16 Von der Rechtsfolge flexibler – auch die Anpassung des Vertrages ist möglich – und subsidiär zu gesetzlichen und vertraglichen Gefahrtragungsregeln sind die Regelungen über **die Störung der Geschäftsgrundlage** in § 313 BGB bzw. dem vergleichbaren im Schweizer Recht gewohnheitsrechtlich anerkannten Rechtsinstitut der **clausula rebus sic stantibus,** die nur zur Anwendung kommen, wenn die Grundlage des Geschäfts und nicht der Vertragsinhalt selbst gestört ist.

2. Unmöglichkeit

17 § 275 BGB erfasst verschiedene Arten der Unmöglichkeit. Abs. 1 regelt die **„echte" Unmöglichkeit,** die zum einen in der Variante der **„objektiven Unmöglichkeit"** dann gegeben ist, wenn die Leistung von niemandem erbracht werden kann. Dies ist insbesondere im Falle naturgesetzlicher Unmöglichkeit, rechtlicher Unmöglichkeit und Unmöglichkeit durch Zeitablauf gegeben. Klassische Force Majeure-Fälle in diesem Zusammenhang wären zB die Zerstörung der Kaufsache in Bürgerkriegswirren, gesetzliche Exportverbote im Falle eines von allen relevanten Staaten praktizierten Total-Embargos[32] oder die verspätete Anlieferung im Falle eines absoluten Fixgeschäfts etwa aufgrund eines Naturereignisses. Echte Unmöglichkeit in der Variante der **subjektiven Unmöglichkeit** liegt vor, wenn der Schuldner zur Leistung außerstande ist (sogenanntes Unvermögen), nicht aber prinzipiell Jedermann. Ein Beispielsfall für Force Majeure insofern ist etwa der Streik bei wichtigen Zulieferern (zB bei dem Transportunternehmen zur Beförderung der Kaufsache zum Gläubiger). In derartigen Fällen „echter" Unmöglichkeit lässt § 275 Abs. 1 BGB als Einwendung die Leistungspflicht unmittelbar entfallen.

18 Unterhalb der Schwelle echter Unmöglichkeit vermittelt § 275 Abs. 2 BGB dem Schuldner ein Leistungsverweigerungsrecht, wenn die Erbringung der Leistung einen Aufwand erfordert, der unter Beachtung des Inhalts des Schuldverhältnisses und der Gebote von Treu und Glauben in einem **groben Missverhältnis** zu dem Leistungsinteresse des Gläubigers steht, wobei bei der Bestimmung der dem Schuldner zuzumutenden Anstrengungen auch zu berücksichtigen ist, ob er das Leistungshindernis zu vertreten hat. Dabei handelt es sich um eine eng auszulegende und selten anwendbare Sondernorm.[33] Auch hier kann wieder zwischen objektiver und subjektiver Unmöglichkeit unterschieden werden. Beispielsfälle für Force Majeure insofern wären etwa die hoheitliche Sperrung des wichtigsten Transitweges (zB eines Bergpasses), so dass die Kaufsache dem Gläubiger vom Sitz des Schuldners aus praktisch nicht mehr geliefert werden kann.

19 In beiden dargestellten Fällen der Unmöglichkeit[34] kann zudem zwischen dauerhafter oder bloß **vorübergehender Unmöglichkeit** unterschieden werden. Letztere führt nach der Formel des BGH allerdings erst dann zu den Rechtsfolgen des § 275 BGB (Wegfall der Leistungspflicht), wenn der Vertragszweck *„durch die vorübergehende Unmöglichkeit in Frage gestellt wird und deshalb dem Vertragsgegner nach dem Grundsatz von Treu und Glauben unter billiger Abwägung der Belange beider Vertragsteile die Einhaltung des Vertrags nicht zugemutet werden kann"*.[35] Bis dahin müssen Leistungsklagen, sofern nicht die Verurteilung zur zukünfti-

[32] Wie etwa gegenüber dem Irak nach dem Überfall auf Kuwait 1990; bei einem Total-Embargo kann es sich auch um personenbezogene Embargos handeln; so stehen etwa bestimme Terroristen auf den Embargo-Listen aller wesentlichen Industrienationen.
[33] Grüneberg/Grüneberg BGB § 275 BGB Rn. 27.
[34] Auf § 275 Abs. 3 BGB wird hier aufgrund der geringen Relevanz dieser Vorschrift für Force Majeure-Fälle nicht weiter eingegangen.
[35] BGH NJW 2007, 3777 (3779); zuvor bereits BGH NJW 1967, 721 (722) und NJW 1982, 1458 mwN.

gen Leistung begehrt wird, als „zur Zeit unbegründet" abgewiesen werden.[36] Schwierig zu beurteilen ist die Frage nach dem Bestehen von Rücktritts- und Schadensersatzrechten in einer solchen „Schwebelage", wenn noch nicht gewiss ist, ob die vorübergehende Unmöglichkeit zu einer endgültigen Leistungsverhinderung führt. Sofern der Schuldner die „Schwebelage", wie in Fällen der Force Majeure regelmäßig, nicht zu vertreten hat, scheiden Schadensersatzansprüche, insbesondere auch Verzugsschadensersatzansprüche, meist aufgrund fehlenden Verschuldens aus (§§ 280 Abs. 1 S. 2, 286 Abs. 4 BGB). Eine Lösung vom Vertrag auch während der Schwebephase wird indes von der Literatur analog § 323 Abs. 1 BGB zugelassen, da die Interessenlage die gleiche wie bei der unverschuldeten Verspätung der fälligen Leistung sei, aufgrund derer durch Fristsetzung jederzeit ein Rücktrittsrecht begründet werden kann.[37]

Anders als im deutschen Recht (§ 311a Abs. 1 BGB) führt zumindest die **anfängliche, objektive und dauerhafte Unmöglichkeit** im **Schweizer Recht** zur **Nichtigkeit des Vertrages,** Art. 20 Abs. 1 OR.[38] Im Fall der subjektiven anfänglichen sowie der nachträglichen Unmöglichkeit erlischt demgegenüber nur die Leistungspflicht des Schuldners (Art. 119 Abs. 1 OR)[39], der als Folge daraus auch den Anspruch auf die Gegenleistung verliert[40] (Art. 119 Abs. 2 OR) wenn und soweit die Preisgefahr nicht bereits (im Kaufrecht bei Stückschulden etwa gem. Art. 185 Abs. 1 OR bereits bei Vertragsschluss) auf den Gläubiger übergegangen war (Art. 119 Abs. 3 OR). Hat der Schuldner die Unmöglichkeit zu vertreten kommen gem. Art. 97 Abs. 1 OR auf das Erfüllungsinteresse gerichtete Schadensersatzansprüche in Betracht.[41] Wie im deutschen Recht kann auch im Schweizer Recht die Unmöglichkeit auf tatsächlichen, rechtlichen oder wirtschaftlichen Gründen beruhen. Vergleichbare Lösungen werden auch für den Fall der gesetzlich nicht geregelten, nur vorübergehenden Unmöglichkeit vorgeschlagen.[42] 19a

Vor diesem Hintergrund ist eine Force Majeure-Klausel auch bei Anwendbarkeit unvereinheitlichten deutschen und Schweizer Rechts (wie auch bei vorrangiger Geltung des CISG) durchaus sinnvoll: Zwar ist der Schuldner in diesem Fall meist ohnehin von der Erfüllung befreit und haftet mangels Vertretenmüssen auch nicht auf Schadensersatz. Da das Rücktrittsrecht im Fall einer Leistungsverzögerung aber weder im deutschen noch im Schweizer Recht ein Vertretenmüssen verlangt, kann mit Hilfe der Force Majeure-Klausel in der Rechtsfolge zumindest das **Rücktrittsrecht** der anderen Partei für einen definierten Zeitraum suspendiert werden.[43] 20

3. Störung der Geschäftsgrundlage

Das Institut der Störung der Geschäftsgrundlage im deutschen Recht (§ 313 BGB) erfasst **schwerwiegende Äquivalenzstörungen,** die allerdings noch nicht den Grad der Unmöglichkeit nach § 275 Abs. 2 BGB erreichen.[44] Man kann hier von „wirtschaftlicher Un- 21

[36] BGH NZG 2010, 1436 (1439); auch die Verjährung beginnt erst mit dem Wegfall des Hindernisses; MüKoBGB/Ernst § 275 BGB Rn. 137.

[37] MüKoBGB/Ernst § 275 BGB Rn. 146ff. mwN aus der Lit.

[38] Koller OR AT Rn. 13.42ff.

[39] Die Leistungsbefreiung greift nach unkodifizierter Regel auch dann ein, wenn der Schuldner die Unmöglichkeit zu vertreten hat, Koller OR AT Rn. 54.02.

[40] Wurde die Gegenleistung bereits erbracht, muss sie nach Art. 119 Abs. 2 OR zurückgewährt werden; entgegen dem Wortlaut der Vorschrift (der auf Vorschriften der ungerechtfertigten Bereicherung verweist) erfolgt dies nach hM im Rahmen eines vertraglichen Rückabwicklungsschuldverhältnisses, Schwenzer/Fountoulakis OR AT Rn. 64.16.

[41] Alternativ dazu kann der Gläubiger (wie auch im Fall der unverschuldeten Unmöglichkeit) das stellvertretende commodum verlangen, Huguenin Obligationenrecht Rn. 833f.

[42] Schwenzer/Fountoulakis OR AT Rn. 63.10a.

[43] Dazu unten → Rn. 46.

[44] Eine Anpassung vertraglicher Verpflichtungen an die tatsächlichen Umstände gem. § 313 BGB kommt grundsätzlich dann nicht in Betracht, wenn ein Fall der Unmöglichkeit vorliegt, BGH NJW 2022, 2024 (2026).

möglichkeit" sprechen, bei der der Schuldner die Leistung zwar noch erbringen kann, sie ihm aber aufgrund des wirtschaftlichen Schadens, den er damit erleiden würde, nicht mehr zumutbar ist. Die Trennlinie zu den Fällen der Unmöglichkeit nach § 275 Abs. 2 BGB kann im Einzelfall schwer zu ziehen sein. Die Anwendung von § 313 BGB ist jedoch an bestimmte Voraussetzungen gebunden, die im Ergebnis sowohl den international verwendeten Force Majeure-Klauseln, als auch den in anderen Rechtsordnungen ausgestalteten Entlastungen ähneln. So darf die vertragliche Risikoverteilung, die durch Auslegung des Vertrages bestimmt werden muss, von § 313 BGB nicht unterlaufen werden. Der Gesetzgeber hält § 313 BGB lediglich für Fälle fehlender eindeutiger Risikozuordnung, sei es durch die Parteien selbst oder durch das Gesetz, bereit. Das bedeutet auch, dass in der Zuweisung von vertraglichen Risiken durch den Richter oder Schiedsrichter grundsätzlich Zurückhaltung geboten ist, wenn diese nicht eindeutig aus dem vertraglichen Regelwerk hervorgehen.

22 Unterschieden wird grundsätzlich zum einen zwischen der **subjektiven Geschäftsgrundlage** (das sind die von den Vertragsparteien angenommenen Umstände, auf denen der Vertrag aufbaut) und der **objektiven Geschäftsgrundlage** (das sind die tatsächlichen Umstände), zum anderen zwischen der **„kleinen"** und der **„großen Geschäftsgrundlage"**. Letztere bezeichnet die Erwartung, dass sich die wirtschaftlichen, politischen und sozialen Rahmenbedingungen nicht grundlegend ändern und erfasst damit die klassischen Fälle von Force Majeure.[45] Allerdings darf nicht der Fehler gemacht werden, sämtliche Folgen größerer Umwälzungen über das Institut des Wegfalls der Geschäftsgrundlage lösen zu wollen; die Regelung der allgemeinen Folgen muss dem Gesetzgeber überlassen bleiben.[46] Inwiefern etwa die Auswirkungen des Zerfalls einer Währung (Euro?!) über § 313 BGB oder über vom Gesetzgeber zu schaffende Gesetze aufzufangen sind, ist eine schwierige Frage.

23 In der Rechtsfolge gewährt § 313 Abs. 1 BGB primär ein **Recht auf Anpassung des Vertrages** an die veränderten Umstände, und trägt so dem Erhaltungsinteresse der Parteien an dem Vertrag Rechnung. Erst wenn eine Anpassung des Vertrages nicht möglich oder nicht zumutbar ist, kann der benachteiligte Teil nach § 313 Abs. 3 BGB vom Vertrag zurücktreten bzw. bei Dauerschuldverhältnissen kündigen. Einen Automatismus, der wie bei § 275 Abs. 1 BGB die Leistungspflicht entfallen lassen würde, gibt es hier also gerade nicht.

23a Im **Schweizer Recht** ist das Rechtsinstitut der WGG nicht ausdrücklich im Obligationenrecht geregelt.[47] Im Fall des **nachträglichen Wegfalls** der Geschäftsgrundlage kann ein Gericht nach ständiger Rechtsprechung des Schweizer Bundesgerichts gestützt auf die gewohnheitsrechtlich anerkannte Rechtsfigur der **clausula rebus sic stantibus** aber auf Antrag einer Partei den Vertrag anpassen bzw. (falls diese nicht möglich oder der anderen Partei nicht zumutbar ist) aufheben, wenn es durch nachträgliche, bei Vertragsschluss nicht voraussehbare Umstände zu einer gravierenden Äquivalenzstörung kommt und die dadurch beeinträchtigte Partei das Risiko des Eintritts des fraglichen Ereignisses weder ausdrücklich noch konkludent vertraglich übernommen hat.[48] Bei anfänglichem Fehlen der Geschäftsgrundlage kommt (funktional mit § 313 Abs. 2 BGB vergleichbar) eine Anfechtung wegen Grundlagenirrtums nach Art. 24 Abs. 1 Ziff. 4 OR in Betracht.[49]

[45] Grüneberg/Grüneberg BGB § 313 Rn. 5.
[46] Grüneberg/Grüneberg BGB § 313 Rn. 5.
[47] Eine vergleichbare Regelung existiert aber jedenfalls im Werkvertragsrecht, vgl. Art. 373 Abs. 2 Obligationenrecht: *„Falls jedoch ausserordentliche Umstände, die nicht vorausgesehen werden konnten oder die nach den von beiden Beteiligten angenommenen Voraussetzungen ausgeschlossen waren, die Fertigstellung hindern oder übermässig erschweren, so kann der Richter nach seinem Ermessen eine Erhöhung des Preises oder die Auflösung des Vertrages bewilligen."*
[48] BeckOGK/Martens, 1.4.2022, BGB § 313 Rn. 30; Berger Allgemeines Schuldrecht Rn. 1178 ff.
[49] Neben der Vertragsauflösung durch Anfechtung soll beim Grundlagenirrum aber auch eine Fortführung des Vertrages zu geänderten Bedingungen in Betracht kommen, Koller OR AT Rn. 29.16.

III. Englisches Recht

Da das englische Recht (zumindest das common law im engeren Sinne) grundsätzlich **keinen Erfüllungsanspruch** (specific performance) gewährt, ist die Force Majeure-Problematik dort vornehmlich auf der Sekundärebene der **Schadensersatzhaftung** relevant. Allerdings beruht das englische Vertragsrecht nicht auf dem Verschuldensprinzip; die vertragliche Haftung ist vielmehr ganz überwiegend als **Garantiehaftung** ausgestaltet, so dass im Grundsatz Ereignisse, die nach Vertragsschluss die Leistung unmöglich gemacht haben, auch nicht zur Entlastung der belasteten Partei führen können (vgl. etwa die Streitsache *Paradine v. Jane* aus dem Jahr 1647).[50] Vielmehr haben die Parteien an dieser Stelle die Konsequenzen der umfassenden Privatautonomie im englischen Recht zu tragen:[51] Da es den Parteien von Anfang an offen steht, sich gegen bestimmte Risiken vertraglich abzusichern, tragen sie im Grundsatz auch das Risiko, das sich in ihrem Einflussbereich verwirklicht („the losses lie where they fall"). 24

Bei diesen Grundsätzen ist die Entscheidungspraxis freilich nicht stehen geblieben: In der Entscheidung *Taylor v Caldwell*[52] aus dem Jahre 1863 wurde der strenge traditionelle Ansatz erstmalig aufgeweicht und das Rechtsinstitut der **frustration** eingeführt, nach dem die Parteien in Ausnahmefällen von ihrer Leistungspflicht befreit sein können. Die Gerichte orientierten sich bei der dogmatischen Begründung der „doctrine of frustration" zunächst an einem hypothetischen Parteiwillen, indem sie von sog. „implied terms" (stillschweigend vereinbarten Vertragsbedingungen) ausgingen.[53] Im nächsten Schritt hat sich dann in der Rechtsprechung die Erkenntnis durchgesetzt, dass es sich bei der doctrine of frustration um ein vom Parteiwillen unabhängiges Rechtsinstitut des common law handelt.[54] Dabei wird auf **Tatbestandseite** zur Feststellung, ob der Vertrag „frustrated" ist, ein **dreistufiger Test** durchgeführt, den das House of Lords in der Entscheidung *Davis Contractors Ltd. v. Fareham U.D.C.*[55] etabliert hat und mit dem festgestellt werden soll, ob eine fundamentale Änderung der Vertragsumstände und damit auch der vertraglichen Pflichten vorliegt. Auch australische, kanadische und neuseeländische Gerichte folgen diesem Test.[56] Zunächst wird der Inhalt der Leistungspflichten zum Zeitpunkt des Vertragsschlusses durch Auslegung ermittelt. Anschließend stellt das Gericht fest, wie die Leistungspflicht nach Eintritt des störenden Ereignisses beschaffen wäre, wenn der Vertrag auch unter neuen Umständen wirksam bliebe. Im dritten Schritt werden die beiden Verpflichtungsinhalte miteinander verglichen, um festzustellen, ob die **vertraglichen Pflichten** sich **fundamental** und **grundlegend geändert** haben.[57] Stimmen in der Literatur kritisieren diese Lösung als reine Fiktion und verlangen stattdessen, die Reichweite des ursprünglichen Versprechens im Rahmen der Auslegung zu begrenzen.[58] Allerdings greifen englische 25

---

[50] Plate Force Majeure S. 101 ff.

[51] *Paradine v. Jane* [1647] 4 (KB) Rn. 3: „[…] *but when the party by his own contract creates a duty or charge upon himself, he is bound to make it good, if he may, notwithstanding any accident by inevitable necessity, because he might* have *provided against it by the contract.*"

[52] (1863) 3 B. & S. 826: Dort lag ein Fall tatsächlicher Unmöglichkeit vor, nachdem der Vertragsgegenstand aufgrund eines Feuers zerstört worden war.

[53] Chitty on Contracts General Principles Rn. 26–010.

[54] Chitty on Contracts General Principles Rn. 26–011 und 26–016.

[55] [1956] AC (HL) 696 (729): „[…] *frustration occurs whenever the law recognises that without default of either party a contractual obligation has become incapable of being performed because the circumstances in which performance is called for would render it a thing radically different from that which was undertaken by the contract.*"

[56] Brunner Force Majeure S. 89.

[57] *Lauritzen AS v Wijsmuller BV, The Super Servant Two* [1990] 1 Lloyd's Rep. 1 (8): *„The doctrine of frustration depends on a comparison between circumstances as they are or are assumed to be when a contract is made and circumstances as they are when a contract is, or would be, due to be performed. It is trite law that disappointed expectations do not of themselves give rise to frustrated contracts. To frustrate, an event must significantly change the nature (not merely the expense or onerousness) of the outstanding contractual rights and/or obligations from what the parties could reasonably have contemplated at the time of [the contract's] execution."*

[58] Brunner Force Majeure S. 88.

Richter unabhängig von der dogmatischen Begründung der doctrine of frustration ohnehin nur zögerlich in die Risikoverteilung einer Vereinbarung ein: Die Praxis zeigt, dass englische Gerichte die Parteien nur in äußerst seltenen (und extremen) Fällen aufgrund von frustration von ihrer Leistungspflicht freisprechen.[59] Insbesondere kommt eine Berufung auf eine frustration auch dann nicht in Betracht, wenn das maßgebliche Ereignis von der betroffenen Partei **selbst verursacht** wurde („self-induced frustration") oder Gegenstand einer **abschließenden vertraglichen Regelung** ist.[60]

26 Grundsätzlich anerkannte Arten von Ereignissen, die zu einer frustration führen können, sind die tatsächliche Unmöglichkeit wie Untergang des Vertragsgegenstandes, Nichterbringbarkeit der Leistung auf die vorgeschriebene vertragliche Weise, rechtliche Unmöglichkeit und auch die Verfehlung des vertraglichen Zwecks (frustration of purpose), wo die Erbringung der Leistung tatsächlich noch möglich ist.[61] Bloße ökonomische Leistungserschwerungen wie Inflation und Kursschwankungen reichen dagegen grundsätzlich nicht aus.[62] Im Ergebnis überschneidet sich der Anwendungsbereich der doctrine of frustration damit nicht nur mit der Unmöglichkeit, sondern mit Blick auf eine „frustration of purpose" auch mit dem (nachträglichen) Wegfall der Geschäftsgrundlage gem. § 313 BGB im deutschen Recht. Gerade bei der letzten Fallgruppe sind die Anwendungsschwellen im englischen Recht aber deutlich höher als im deutschen Recht.[63]

27 Ist der Vertrag „frustrated", führt dies in der **Rechtsfolge** automatisch zu seiner **Unwirksamkeit ex-nunc;**[64] eine Kündigungserklärung der Parteien ist nicht erforderlich. Eine vorübergehende frustration – ähnlich der vorübergehenden Unmöglichkeit im deutschen Recht – kennt das englische Recht dagegen nicht.[65] Vielmehr finden Fortführung und Beendigung des Vertrages nach dem Alles-oder-nichts-Prinzip statt.[66] Im Falle der Beendigung richtet sich die Rückabwicklung hauptsächlich nach dem **Law Reform (Frustrated Contracts) Act 1943** (LRFCA).[67] Danach können die Parteien (unabhängig von der nach common law für einen Rückgewähranspruch ansonsten erforderlichen „total failure of consideration") bereits vor Vertragsbeendigung fällig gewordene Zahlungen zurückfordern bzw. müssen diese nicht mehr leisten. Dies gilt nach Ermessen des angerufenen Gerichts nur dann nicht, wenn und soweit der Zahlungsempfänger für die Erfüllung des Vertrages bereits Aufwendungen getätigt hatte (s. 1 Abs. 2 LRFCA); diese Aufwendungen können bis zur Höhe der vor Vertragsbeendigung fällig gewordenen Zahlungen gegengerechnet werden. Darüber hinaus kann das Gericht einen Aufwendungsersatzanspruch in angemessener Höhe zusprechen, wenn und soweit eine Partei bereits eine für die ande-

---

[59] McKendrick Force Majeure S. 5.

[60] Burrows Restatement S. 172 ff. mwN.

[61] Die „frustration of purpose" stellte insoweit eine Weiterentwicklung und Aufweichung des engen Anwendungsbereichs der frustration dar, Plate Force Majeure S. 106. Liegen solche Umstände (die auch nicht ausdrücklich oder konkludent vertraglich der Risikosphäre einer Partei zugewiesen wurden) bereits bei Vertragsschluss vor (und ist dies den Parteien irrtümlicherweise nicht bekannt), ist der Vertrag wegen eines „common mistake" nichtig (void), *Associated Japanese Bank (International) Ltd v Credit du Nord SA* [1989] 1 WLR 255 (268): *„(1) The mistake must be substantially shared by both parties and must relate to facts as they existed at the date of the contract. The parties must have had reasonable grounds for their mistaken belief. (2) The mistake must render the subject matter of the contract essentially and radically different from the subject matter which the parties believed to exist. (3) If the contract itself provides for the allocation of risk or the consequences of such a mistake, the contract must be applied to the exclusion of any applicable doctrine."*

[62] Brunner Force Majeure S. 92.

[63] Siehe bereits oben → Fn. 13; vergleichsweise restriktiv auch *Canary Wharf (BP4) T1 Ltd v European Medicines Agency* [2019] EWHC 335 (Ch) Rn. 217 ff. (hier mit Blick auf einen fehlenden ausreichenden „common purpose" im Fall eines Mietvertrages über ein Bürogebäude in London, den die Mieterin (die Europäische Arzneimittel-Agentur) nach dem Brexit in Folge ihres unionsrechtlich gebotenen Umzugs nach Amsterdam als frustriert angesehen hatte.

[64] Ambrose Bus. L. Int.'l 2003, 234 (236); Brunner Force Majeure S. 89.

[65] Plate Force Majeure S. 110.

[66] Plate Force Majeure S. 111.

[67] Brunner Force Majeure S. 89; näher zur Rechtslage nach dem Law Reform (Frustrated Contracts) Act 1943 und der Rückabwicklung McKendrick Contract Law S. 263 ff.

re Partei werthaltige Sachleistung (valuable benefit) erbracht hatte, s. 1 Abs. 3 LRFCA. Dieser Anspruch hilft insbesondere dann weiter, wenn der Schuldner der Sachleistung in Vorleistung gegangen war und s. 1 Abs. 2 LRFCA mangels vor Vertragsbeendigung fälliger Zahlungsansprüche daher nicht eingreift. Geht die Sachleistung durch das maßgebliche Ereignis unter, kommt ein Anspruch aus s. 1 Abs. 2 LRFCA allerdings nicht in Betracht.[68]

Verwenden Parteien in einem Vertrag, der englischem Recht unterliegt, den Begriff der 28
Force Majeure, so können die Richter zwar nicht auf ein englisches Konzept der Force Majeure zurückgreifen;[69] sie legen den Begriff aber vor allem im Zusammenhang mit den restlichen Vertragsbestimmungen aus und nehmen bei ausführlichen Klauseln grundsätzlich eine Verdrängung der doctrine of frustration durch eine von den Parteien selbst gestaltete Force Majeure-Klausel an.[70] Haben die Parteien den Begriff nicht näher definiert, subsumiert die Rechtsprechung unter Force Majeure grundsätzlich Ereignisse, die ein rechtliches oder faktisches Hindernis für die Vertragserfüllung darstellen und für die an der Erfüllung gehinderte Vertragspartei sowohl unvorhergesehen als auch unüberwindbar sind.[71] Anders als im Fall von „Acts of God" kann es sich bei Force Majeure aber auch um ein menschengemachtes Ereignis handeln.[72]

Zusammenfassend ist eine Force Majeure-Klausel bei Geltung englischen Rechts daher 29
sinnvoll, um Fallkonstellationen angemessen zu begegnen, die von den äußerst engen Voraussetzungen einer frustration nicht mehr erfasst werden. Das macht die Leitentscheidung **The Super Servant Two**[73] anschaulich deutlich: In dem hier zugrundeliegenden Sachverhalt hatte sich die Beklagte zum Transport einer Bohrinsel verpflichtet. Das von der Beklagten für den Transport vorgesehene Spezialschiff, die Super Servant Two, war allerdings noch vor der geplanten Durchführung des Seetransports gesunken. Den Vertrag hätte die Beklagte daher nur noch mit einem zweiten Spezialschiff (der Super Servant One) ausführen können, das zum Zeitpunkt des Untergangs allerdings bereits für die Erfüllung eines anderen Transportauftrages vorgesehen war. In diesem Fall konnte sich die Beklagte nach Auffassung des Court of Appeal zwar nicht auf eine frustration berufen, weil durch die Existenz des zweiten Schiffes die Vertragserfüllung letztlich weder „impossible" noch „fundamentally different" gegenüber dem ursprünglich geschuldeten Leistungsumfang gewesen sei. Möglich war dagegen die Berufung auf eine vertraglich vereinbarte Force Majeure-Klausel, die der Beklagten ein Lösungsrecht für den Fall von „perils or danger and accidents of the sea" einräumte.

IV. US-Recht

1. Die „doctrine of excuse"

Im US-amerikanischen Recht[74] werden Fälle der Force Majeure von der „doctrine of 30
excuse" erfasst, die drei verschiedene Konzepte vereint, nämlich das Konzept der „impossibility", der „frustration of purpose" und der „commercial impracticability".[75] Das (heute überholte) Konzept der **impossibility** erfasste lediglich die physische Unmöglichkeit der Leistungserbringung.[76] Die traditionelle Doktrin der impossibility hat sich dabei zwar unter Rückgriff auf englische Quellen wie *Taylor v Caldwell* entwickelt, bediente sich in der

---

[68] Chitty on Contracts General Principles Rn. 26–116.
[69] McKendrick Force Majeure S. 8; *Matsoukis v. Priestman & Co* [1915] 1 K.B. 681 (685).
[70] Chitty on Contracts General Principles Rn. 26–058 mwN zur Rechtsprechung.
[71] *Tandrin Aviation Holdings Ltd v Aero Toy Store LLC* [2010] 2 Lloyd's Rep 668 (675).
[72] Chitty on Contracts General Principles Rn. 26–064.
[73] *Lauritzen AS v Wijsmuller BV, The Super Servant Two* [1990] 1 Lloyd's Rep. 1.
[74] Ein einheitliches US-amerikanisches Privatrecht existiert strenggenommen nicht. Allerdings können gemeinsame Rechtsgrundsätze der US-Bundesstaaten identifiziert werden. Im Übrigen hat der UCC insbesondere für Kaufverträge zu einer weitreichenden Rechtsvereinheitlichung geführt.
[75] Declerq J.L. & Comm. 1995/1996, 213 (215); Bund J.L. & Comm. 1997/1998, 381 (395).
[76] Declerq J.L. & Comm. 1995/1996, 213 (215).

Begründung jedoch nicht der früher im englischen Recht geltenden Annahme stillschweigend vereinbarter Vertragsbestandteile (implied terms), sondern erkannte eine tatsächlich undurchführbare Pflicht auch für rechtlich als undurchführbar an. Mit der Annahme einer **frustration of purpose** wurde die impossibility-Doktrin dann auf solche Fälle erweitert, in der die Leistungserbringung weiterhin möglich, der dem Vertrag zugrundeliegende Zweck jedoch weggefallen ist. Auch in diesen Fällen sollte eine Befreiung von vertraglichen Pflichten möglich sein.[77]

31 Mit der **commercial impracticability** hat die Rechtsprechung Anfang des letzten Jahrhunderts den Anforderungen des Wirtschaftsverkehrs Rechnung getragen und ein Konzept eingeführt,[78] das geringere Anforderungen an die Nichterbringbarkeit der Leistung stellt, indem es auch die noch mögliche und dem Vertragszweck dienende, aber wirtschaftlich sinnlos gewordene Leistung von der Erbringungspflicht freistellt. Die commercial impracticability fand Eingang in § 2–615 des Uniform Commercial Code (UCC)[79], der den Verkäufer von seiner Haftung freistellt, wenn er die Leistung aufgrund eines zufälligen Ereignisses, dessen Nichteintreten die Vertragsparteien angenommen haben („basic assumption on which the contract was made"), nicht oder zu spät erbracht hat. Das Ereignis muss die Leistung nicht erbringbar („impracticable") gemacht haben und es darf sich um keinen Fall der selbstverschuldeten Herbeiführung oder der freiwilligen Risikoübernahme handeln. Das Konzept ist also eng gefasst; die Bezüge zur Force Majeure sind offensichtlich. Neben dem UCC regelt auch § 261 der Restatements (Second) of Contracts[80] die commercial impracticability.

2. Einzelfragen zur commercial impracticability

32 Die Antwort auf die Frage, welche Umstände eine commercial impracticability begründen können, ist mit erheblichen Unsicherheiten behaftet. Um diesen unbestimmten Rechtsbegriff zu konkretisieren, muss zunächst das vertragliche Pflichtenprogramm untersucht werden. Ist die Leistungserbringung genau spezifiziert, wird die Annahme einer commercial impracticability eher gelingen, als wenn der **bloße vertragliche Erfolg** geschuldet ist.[81] Denn solange alternative Wege der Vertragserfüllung bestehen, bleibt die betroffene Partei zur Leistung verpflichtet.[82] Der wirtschaftliche Erschwerungsgrad, der erforderlich ist, um die Leistungserbringung unzumutbar zu machen, lässt sich nur schwer quantifizieren. Abgesehen von Umschreibungen wie „economically unrealistic", „extreme economic hardship", „especially severe and unreasonable" oder „so excessive and unreasonable that it would result in grave injustice"[83] ist man sich nur in Extremfällen einig: So reicht eine Verdoppelung der Kosten der Leistungserbringung im Vergleich zu den bei Vertragsschluss

[77] *Krell v Henry* [1903] 2 KB 740.

[78] *Mineral Park Land Co. v. Howard* 156 P. 458 (Cal. 1916).

[79] § 2–615 UCC: *„Excuse by Failure of Presupposed Conditions. Except so far as a seller may have assumed a greater obligation and subject to the preceding section on substituted performance: (a) Delay in delivery or non-delivery in whole or in part by a seller that complies with paragraphs (b) and (c) is not a breach of his duty under a contract for sale if performance as agreed has been made impracticable by the occurrence of a contingency the non-occurrence of which was a basic assumption on which the contract was made or by compliance in good faith with any applicable foreign or domestic governmental regulation or order whether or not it later proves to be invalid. (b) Where the causes mentioned in paragraph (a) affect only a part of the seller's capacity to perform, he must allocate production and deliveries among his customers but may at his option include regular customers not then under contract as well as his own requirements for further manufacture. He may so allocate in any manner which is fair and reasonable. (c) The seller must notify the buyer seasonably that there will be delay or non-delivery and, when allocation is required under paragraph (b), of the estimated quota thus made available for the buyer."*

[80] *Where after a contract is made, a party's performance is made impracticable without his fault by the occurrence of an event, the non-occurrence of which was a basic assumption in which the contract was made, his duty to render that performance is discharged, unless the language or the circumstances indicate the contrary.*

[81] Vgl. auch Plate Force Majeure S. 131.

[82] Declerq J.L. & Comm. 1995/1996, 213 (222).

[83] Wallach Notre Dame L. Rev. 1979, 203 (215, 217).

angenommenen Kosten für die Annahme von commercial impracticability wohl nicht aus, ihre Verzehnfachung hingegen schon.[84] Denn das wirtschaftliche Risiko einer Kostensteigerung wird gerade durch die Vereinbarung eines festen Leistungspreises zwischen den Parteien verteilt.[85]

Weitere Voraussetzung einer Leistungsbefreiung aufgrund commercial impracticability ist 33
die Annahme („basic assumption"), der Vertrag beruhe auf dem Nichteintreten eines bestimmten Ereignisses. Diese Annahme muss von beiden Parteien geteilt worden sein; einseitige Vorstellungen reichen nicht aus.[86] „Basic assumption" kann zB das Nichteingreifen der Regierung in die Vertragsdurchführung sein, das Weiterleben einer Vertragspartei oder der Fortbestand ihrer Geschäftsfähigkeit.[87] Weiterhin gehen Parteien regelmäßig davon aus, dass eine zur Vertragsdurchführung notwendige Sache nicht untergehen oder unbrauchbar werden wird.[88] Im Übrigen bedienen sich die US-amerikanischen Gerichte eines Vorhersehbarkeitstests (foreseeability test), um zu bestimmen, ob eine der Parteien das Risiko erkennen und Maßnahmen zur Absicherung gegen sein Eintreten hätte ergreifen müssen.[89] Dabei handelt es sich nicht um einen subjektiven Maßstab, sondern um ein objektiv-normatives Auslegungskonzept, das allerdings als solches keine klaren Konturen in der Rechtsprechung besitzt und deshalb erhebliche Rechtsunsicherheit mit sich bringt.[90] Gerade in Verträgen nach US-Recht ist daher eine vertragliche Regelung der Force Majeure-Fälle von besonderer Dringlichkeit.

C. Klauselgestaltung

Vor dem dargestellten Hintergrund sind bei der individuellen Gestaltung von Force Ma- 34
jeure-Klauseln die folgenden zentralen Fragen[91] zu klären:

- Welche **Ereignisse** sollen grundsätzlich als Force Majeure anerkannt werden? (Tatbestandsseite)
- Greift die Klausel nur ein, wenn die **Vertragserfüllung** durch das Force Majeure Event **verhindert** wird oder **reicht auch eine Erschwerung bzw. Verzögerung** der Erfüllung aus? (Tatbestandsseite)
- Welche **Rechtsfolgen** ergeben sich im Fall von Force Majeure? Insbesondere, was sind die Folgen für Erfüllungs- und Schadensersatzansprüche sowie Rücktritts- bzw. Kündigungsrechte? (Rechtsfolgenseite)
- Soll eine **Informations- und Mitteilungspflicht** im Fall von Force Majeure bestehen und wie soll diese ausgestaltet sein? Was sind die Konsequenzen ihrer Nichteinhaltung? (Rechtsfolgenseite)

Auf diese Fragen soll im Folgenden näher eingegangen werden.

Nicht belegt. 35

[84] Wallach Notre Dame L. Rev. 1979, 203 (217). In *Brauer & Co. v. James Clark & Co.* [1952] 2 All ER 497 (499ff.) hat der englische Court of Appeal eine Preissteigerung von 20–30% für das Eingreifen von Force Majeure nicht ausreichen lassen.

[85] *Ford & Sons Ltd v. Henry Leetham & Sons Ltd* 21 Com. Cas. 55 (1915), K.B.D. 5.

[86] Declerq J.L. & Comm. 1995/1996, 213 (219).

[87] § 261–263 Restatement (Second) of Contracts.

[88] § 264 Restatement (Second) on Contracts; *Taylor v. Caldwell* (1863) 3 B. & S. 826.

[89] Declerq J.L. & Comm. 1995/1996, 213 (219) mwN aus der Rechtsprechung.

[90] Declerq J.L. & Comm. 1995/1996, 213, (219f.).

[91] Siehe auch Weick ZEuP 2014, 281 (296), der die drei wesentlichen Bestandteile Tatbestand (Definition von Force Majeure), Verfahrensteil (Informationspflichten) und Regelung der Rechtsfolgen identifiziert.

I. Tatbestand einer Force Majeure-Klausel

36 Der Tatbestand einer Force Majeure-Klausel legt fest, unter welchen Voraussetzungen sich eine Partei auf Force Majeure berufen kann. Dabei sollten die anzuerkennenden Force Majeure-Fälle sinnvollerweise aus der Kombination einer **beispielhaften Aufzählung** und einer ergänzenden **Generalklausel** bestehen.

1. Generalklausel

37 Durch die Verwendung einer Generalklausel wird dem Umstand Rechnung getragen, dass sich nicht alle Fälle anzuerkennender Force Majeure im Vorhinein abschließend aufzählen lassen. Zentrales Merkmal der Generalklausel ist dabei, dass die anzuerkennenden Force Majeure-Fälle **außerhalb des Einflussbereichs** der betroffenen Partei liegen müssen und insbesondere von ihr **nicht verschuldet** sind. Zwar können auch verschuldete Fälle der Nichterbringbarkeit der Leistung bzw. solche innerhalb des Einflussbereichs der verpflichteten Partei den Erfüllungsanspruch entfallen lassen (wie zB im deutschen Recht § 275 Abs. 1 BGB), doch gehören derartige Fälle nicht mehr zum klassischen Anwendungsbereich von Force Majeure, sondern letztlich zum allgemeinen Haftungs- und Leistungsstörungsrecht. Aus vergleichbaren Gründen sollten nur solche Fälle als Force Majeure anerkannt werden, die für die betroffene Partei **nicht vermeidbar** und von ihr **nicht abwendbar** waren.

38 Eng mit dem Vorstehenden zusammen hängt die Frage, ob nur solche Ereignisse als Force Majeure-Fälle anzuerkennen sind, die bei Vertragsschluss **nicht vorhersehbar** waren. Dafür spricht, dass es dem Gedanken einer adäquaten Risikoverteilung widerspricht, einer Partei die Berufung auf Force Majeure in solchen Fällen zuzubilligen, bei der sie den Force Majeure-Fall hätte vorhersehen können, sich aber gleichwohl entschieden hat, ein Leistungsversprechen abzugeben. Dass damit vorhersehbar übernommene Risiko sollte nicht der anderen Partei aufgebürdet werden. Viele Rechtsordnungen, wie etwa Art. 79 Abs. 1 CISG, gewähren deshalb eine Befreiung nur dann, wenn das die Leistungserbringung hindernde Ereignis für die Parteien nicht vorhersehbar war. Gegen den Ausschluss der vorhersehbaren Ereignisse aus den anzuerkennenden Force Majeure-Fällen spricht jedoch die Rechtsunsicherheit die mit der Auslegung des Begriffs der „Vorhersehbarkeit" verbunden sein kann. Es geht dabei ja nicht um die Frage, ob ein Ereignis tatsächlich vorhergesehen wurde, sondern ob es hätte vorhergesehen werden können. Es ist nachvollziehbar, wenn sich Parteien bei der Beurteilung dieser Frage nicht einem schwer im Voraus kalkulierbaren Richterspruch aussetzen wollen. Je nach Interessenlage mag daher eine Partei im Einzelfall darauf dringen, dass die Vorhersehbarkeit die Annahme von Force Majeure nicht hindert.

39 Ein gutes Beispiel (nicht nur) für den Tatbestand einer Generalklausel bildet die Musterklausel der **Internationalen Handelskammer** (ICC).[92] Die nachfolgende Klausel sowie auch weitere der folgenden Klauselbeispiele sind daher in Anlehnung an diese Musterklausel entworfen.

Beispiel einer Generalklausel für die Definition des Force Majeure Event

A Force Majeure Event means an event where a party (the „Nonperforming Party") fails to perform one or more of its contractual duties provided that (i) such party's failure to perform was caused by an impediment beyond its reasonable control, (ii) it could not reasonably have been expected to have taken the occurrence of the impediment into account at

[92] Die ICC hat als Beitrag zur Vereinheitlichung des internationalen Wirtschaftsverkehrs verschiedene Musterverträge und Musterklauseln veröffentlicht. Zu den Force Majeure- und Hardshipklauseln der ICC → Fn. 8.

the time of the conclusion of the contract and (iii) it could not reasonably have avoided or overcome the effects of the impediment.

2. Ergänzende beispielhafte Aufzählung

Durch die ergänzende beispielhafte Aufzählung können die Parteien diejenigen Fälle erfassen, die aus ihrer Sicht und unabhängig von dem jeweils anwendbaren Recht jedenfalls – oder jedenfalls nicht – als Force Majeure anzuerkennen sind. Dabei können die Parteien auch verschärfte Voraussetzungen für die Anerkennung einzelner Ereignisse als Force Majeure vereinbaren bzw. einzelne Ereignisse explizit als Force Majeure-Fälle ausschließen. Vielfach werden in Verträgen etwa **Arbeitskampfmaßnahmen** nur ausnahmsweise als Force Majeure anerkannt, etwa dann, wenn es sich nicht um Arbeitskampfmaßnahmen des eigenen Personals handelt (was zB dann der Fall ist, wenn Zulieferbetriebe bestreikt werden oder ein Generalstreik vorliegt) oder wenn sie über einen längeren Zeitraum andauern und nicht durch Einsatz von Leiharbeitern oder ähnlichem Ersatzpersonal abgewendet werden können. Auch Materialengpässe oder der Ausfall von Zulieferern sollen vielfach nur ausnahmsweise als Fall der Force Majeure anerkannt werden, etwa dann, wenn sie ihrerseits wieder auf Force Majeure-Fällen beruhen. Empfehlenswert ist weiter die Klarstellung, ob bei den **beispielhaft aufgezählten Umständen** die **abstrakt definierten, allgemeinen Voraussetzungen** für einen Force-Majeure Fall **vorliegen müssen oder nicht.**[93] Die folgende Klausel berücksichtigt diese zuletzt genannten Beispiele und lehnt sich im Übrigen an die **ICC-Musterklausel** an: Insbesondere statuiert sie eine (allerdings widerlegliche) Vermutung dafür, dass die aufgezählten Fälle die allgemeinen Voraussetzungen für einen Force Majeure Fall erfüllen. 40

Klausel mit ergänzender beispielhafter Aufzählung solcher Fälle, die einen Force Majeure Event begründen

In the absence of proof to the contrary, in case of the occurrence of one or more of the following impediments, it shall be presumed that the Nonperforming Party's failure to perform was caused by an impediment beyond its reasonable control, the Nonperforming Party could not reasonably have been expected to have taken the occurrence of the impediment into account at the time of the conclusion of the contract and could not reasonably have avoided or overcome the effects of the impediment:

(i) war, armed conflicts and hostilities or the serious threat of the same, as well as civil war, riot, rebellion, revolution, military or usurped power and mob violence,
(ii) act of terrorism, sabotage or piracy,
(iii) act of authority whether lawful or unlawful, compliance with any law or governmental order, rule, regulation or direction,
(iv) plague, epidemic, natural disasters,
(v) explosion, fire, destruction of machines, equipment, factories and of any kind of installation, prolonged break-down of transport, telecommunication or electric current,
(vi) general labour disturbance such as strike and lock-out, go-slow, occupation of factories and premises, and in each case to the exception of disturbances solely at the undertaking of the Nonperforming Party,
(vii) shortage of material in case such shortage of material occurs in general at the market and not only to the Nonperforming Party.

[93] Darauf (und auf die Tatsache, dass diese Klarstellung in der Praxis regelmäßig unterbleibt) weist zu Recht Vogenauer IWRZ 2021, 147 (152) hin.

3. Geforderte Auswirkungen auf die Vertragserfüllung

40a Geregelt werden sollte in der Klausel auch, wie die Auswirkungen (impact) eines Force Majeure Event auf die Vertragserfüllung einer Partei beschaffen sein müssen, um ihre Rechtsfolgen auszulösen. Wird etwa eine Verhinderung („prevention“) verlangt, wird regelmäßig eine (zumindest vorübergehende) tatsächliche oder rechtliche Unmöglichkeit erforderlich sein und eine bloße (wenn auch erhebliche) Leistungserschwerung nicht ausreichen.[94] Dagegen dürfte die Klausel niedrigschwelliger eingreifen, wenn die Leistungserschwerung lediglich behindert („hindered“) bzw. verzögert („delayed“) werden muss. Das folgende Beispiel[95] lässt etwa bereits eine Verzögerung genügen und dürfte damit eine Berufung auf die in der Klausel vorgesehenen Rechtsfolgen bereits dann erlauben, wenn eine Leistungserbringung innerhalb der vereinbarten Leistungszeit grundsätzlich noch möglich wäre.[96]

Neither party shall be liable for its failure or delay in performing any of its obligations hereunder if such failure or delay is caused by a Force Majeure Event (...).

II. Rechtsfolgen einer Force Majeure-Klausel

41 Force Majeure-Klauseln benötigen nicht nur eine klare Begriffsdefinition auf Tatbestandsseite, sondern auch Aussagen über die eintretenden Rechtsfolgen im Fall von Force Majeure.

1. Schicksal der Leistungspflicht; keine Haftung

42 In erster Linie zu regeln ist die Frage, ob die **Leistungspflicht** (wie bei § 275 Abs. 1 BGB) entfallen oder bestehen bleiben soll (wie bei Art. 79 Abs. 1 CISG), oder ob – und wie lange – sie nur suspendiert oder primär ein Anpassungsrecht (wie § 313 Abs. 1 BGB) begründet wird. Jede Lösung hat ihre Vor- und Nachteile, die immer mit Blick auf den konkreten Vertrag zu prüfen sind – eine allgemeingültige Empfehlung verbietet sich daher. Zudem ist die Frage nach der Behandlung der Leistungspflicht auch vor dem Hintergrund des anwendbaren Rechts zu beantworten: Gewährt dieses wie das englische Recht grundsätzlich schon keine Erfüllungsansprüche, müssen auch etwaige Auswirkungen von Force Majeure insoweit nicht thematisiert werden.

43 Im Übrigen gilt: Ein sofortiger Untergang der Leistungspflicht führt zu schnellen, klaren Verhältnissen, gewährt aber auch lediglich eine Alles-oder-nichts-Lösung. Ein Anpassungsrecht ermöglicht Flexibilität im Einzelfall, aber auch Rechtsunsicherheit und potentielles Streitpotential über Art und Umfang der Anpassung. Ein grundsätzliches Bestehenlassen des Erfüllungsanspruchs bei gleichzeitiger Suspension dient dem Erhaltungsinteresse der Parteien an dem Vertrag, ermöglicht aber weder schnelle, klare Lösungen noch Flexibilität im Einzelfall.

44 Klassischer- und sinnvollerweise entfällt die **Schadensersatzhaftung** für die Nichterbringung der Leistung aufgrund von Force Majeure. Das folgt im Fall einer vorgesehenen Suspendierung der primären Leistungspflichten schon daraus, dass in diesem Fall auch keine haftungsbegründende Pflichtverletzung mehr vorliegt.

45 Eine Klausel, die für die Dauer des Force Majeure-Falles sowohl die Leistungspflicht als auch (klarstellend) die Schadensersatzhaftung entfallen lässt, könnte wie folgt lauten:

---

[94] So im englischen Recht etwa *Dunavant Enterprises Inc v Olympia Spinning* [2011] EWHC 2028 (Comm) Rn. 29 ff.; zum ganzen auch Chitty on Contracts General Principles Rn. 26–074 ff.

[95] Nachgebildet der streitgegenständlichen Klausel in der Rechtssache *2 Entertain Video Ltd v Sony DADC Europe Ltd* [2020] EWHC 972 (TCC).

[96] McKendrick ICCLR 2000, 132 (135).

Klauselbeispiel für den Wegfall von Leistungspflicht und Haftung

In case of a Force Majeure Event the Nonperforming Party is, from the time the Force Majeure Event causes the impediment to perform, relieved from (i) its duty to perform its obligations under the contract, (ii) any liability in damages or any other contractual remedy for breach of contract.

Sollen zudem die Auswirkungen einer nur vorübergehenden Force Majeure dergestalt berücksichtigt werden, dass die Vertragspflichten nur zeitweise suspendiert sind, könnte noch folgender Satz hinzugefügt werden: 46

Klauselbeispiel zur zeitlichen Suspension der Leistungspflichten

Where the effect of the impediment by the Force Majeure Event is temporary, such consequences shall apply only insofar, to the extent that and as long as the impediment prevents performance of its contractual duties by the Nonperforming Party.

2. Rücktritts- oder Kündigungsrecht

Eine Leistungsbefreiung bei gleichzeitigem Fortbestehen des Vertrages kann sich nicht ins Unendliche dehnen. Sinnvoll ist daher eine Klausel, die ein **Lösungsrecht** vom Vertrag vorsieht, sofern die Force Majeure über eine definierte Frist hinaus anhält. Besteht allerdings von Anfang an Klarheit darüber, dass die Force Majeure über diese Frist hinaus fortbestehen wird, sollte die Klausel auch die vorzeitige Vertragsauflösung ermöglichen, da ein Abwarten der Frist dann unnötige Förmelei wäre. Dabei kann aus Gründen der Rechtsklarheit mit festen Fristen gearbeitet werden, wie in der folgenden Klausel. 47

Klauselbeispiel für ein Vertragslösungsrecht mit festen Fristen

If the Force Majeure Event continues for a cumulative period of ninety (90) days or more or once it has become evident that it will continue for such a period, either Party may terminate the Contract by written notice to the other Party. Termination shall be effective upon receipt of the notice.

Feste Fristen laufen allerdings Gefahr, nicht auf den Einzelfall zu passen. Unter Inkaufnahme gewisser Rechtsunsicherheiten kann daher eine Lösungsregelung vorzugswürdig sein, wonach der Grund zur Vertragsbeendigung erst dann gegeben ist, wenn für eine oder beide der Vertragsparteien das weitere Festhalten am Vertrag nicht mehr sinnvoll ist und eine im Einzelfall angemessene Frist gewahrt wird. 48

Klauselbeispiel für ein Vertragslösungsrecht mit Einzelfallbetrachtung

Where the duration of the Force Majeure Event has the effect of substantially depriving either or both of the contracting parties of what they were reasonably entitled to expect under the contract, either party has the right to terminate the contract by notification to the other party.

3. Pflicht zur Abwendung der Force Majeure

Da ein Force Majeure-Fall nach den meisten vertraglichen Definitionen nur dann vorliegt, wenn die Leistungshinderung von der behinderten Partei nicht vermieden werden kann, ist eine Klausel, die ihr die Pflicht auferlegt, alles Zumutbare zur Abwendung der Force Majeure zu unternehmen, zwar nur klarstellender Natur, kann aber darüber hinaus einen disziplinierenden Effekt haben. Sie ist freilich nur dann sinnvoll, wenn der Vertrag durch den Force Majeure-Fall nicht beendet wird, sondern die Pflichten lediglich suspendiert werden. In Anlehnung an die ICC-Modellklausel könnte eine solche „Bemühens"-Klausel etwa wie folgt lauten. 49

Klauselbeispiel für die Pflicht zur Abwendung der Force Majeure

The Nonperforming Party is under an obligation to take all reasonable means to limit the effect of the impediment hindering the performance of its contractual duties.

4. Ausgleich für erhaltene Leistungen

50 Weiterhin kann die **Behandlung bereits erbrachter Leistungen** im Falle einer Vertragsauflösung in Force Majeure-Fällen geregelt werden. Eine Vertiefung der möglichen Modelle würde den Rahmen der vorliegenden Darstellung sprengen, da es sich um genuine Kündigungs- bzw. Rücktrittsfolgenregelungen handelt, die in ihren Einzelheiten keinen spezifischen Bezug mehr zu Force Majeure-Fällen aufweisen. Nur beispielhaft kann daher auf die folgende sehr pauschal formulierte Klausel verwiesen werden, die sich wiederum an die ICC-Modellklausel anlehnt; vielfach werden die Parteien freilich differenziertere Lösungen anstreben wollen.

Klauselbeispiel Ausgleich für erhaltene Leistungen

In case either Party terminates this contract in compliance with its stipulations due to a Force Majeure Event and where either Party has, by reason of anything done by the other Party in the performance of the contract, derived a benefit before the termination of the contract, the Party deriving such a benefit shall be under a duty to pay to the other Party a sum of money equivalent to the value of such benefit.

5. Neuverhandlung

51 Bei langfristigen Hindernissen ist im Rahmen von Force Majeure-Klauseln eine Pflicht zur Neuverhandlung nicht unüblich und kann sinnvoll sein, um den Vertrag so anzupassen, dass er trotz der Hindernisse noch vollzogen werden kann.[97] Dabei muss aus der Klausel allerdings klar erkennbar sein, ob lediglich eine **Pflicht zur Neuverhandlung** gewollt ist oder ob bereits ex lege eine einseitige Vertragsanpassung unter Berücksichtigung von Treu und Glauben erfolgt. Sinnvoll kann auch ein gestuftes Vorgehen sein – erst Neuverhandlung, im Falle des Scheiterns dann automatische Vertragsanpassung (die dann im Zweifel durch ein Gericht festzustellen ist). Denn naturgemäß befindet sich immer eine Partei in der schwächeren Lage, so dass die Vertragsgegenseite allein durch das Herauszögern der Verhandlungen einen erheblichen wirtschaftlichen Druck aufbauen kann. Alternativ kann einem solchen Gefälle an Verhandlungsmacht auch entgegengewirkt werden, indem eine Schadensersatzpflicht für den Fall des Scheiterns der Verhandlungen statuiert wird.[98] Es sollte zunächst festgelegt werden, wann die Verhandlungen als gescheitert anzusehen sind, zB nach Ablauf einer bestimmten Frist. Mit Fristablauf müssen sodann weitere Modalitäten entweder zur Vertragsauflösung und einer Rückabwicklung oder der gerichtlichen Anpassung des Vertrages geregelt werden.

6. Verhältnis zu weitergehenden Befreiungstatbeständen

52 Die Force Majeure-Klausel sollte zuletzt eine Klarstellung darüber enthalten, ob im Einzelfall weitergehende Befreiungstatbestände des anwendbaren Rechts unberührt bleiben sollen oder nicht. Meist werden die Parteien vereinbaren wollen, dass weitergehende Befreiungstatbestände im Vertrag bzw. nach anwendbarem Recht von der Force Majeure-Klausel nicht berührt werden.

---

[97] Draetta Int'l Bus. L.J. 2002, 347 (349); Fontaine/De Ly Drafting S. 430 ff.

[98] Vorsicht geboten ist allerdings im englischen Recht: Hier kann eine Neuverhandlungspflicht als Pflicht zur Einigung ausgelegt und für unwirksam erklärt werden, Plate Force Majeure S. 159.

Klauselbeispiel für das Verhältnis zu weitergehenden vertraglichen oder gesetzlichen Bestimmungen

This Force Majeure clause shall not prejudice any further exemption provisions stipulated in this contract or provided by the governing law of this contract.

Alternativ möglich ist die Anordnung der abschließenden Wirkung der Klausel unter Verdrängung weitergehender gesetzlicher Tatbestände für eine Leistungsbefreiung. 53

III. Anzeige- und Informationspflichten

Sinnvoll ist eine **Pflicht zur Anzeige** über den Eintritt des Force Majeure-Falles für diejenige Partei, die sich auf ihn beruft. Das Vertragsrecht hält derartige Pflichten, mit Ausnahme von Art. 79 Abs. 4 CISG, regelmäßig nicht vor.[99] 54

Bei dem Entwurf einer entsprechenden Klausel ist zunächst die Frage zu klären, ob eine Anzeigepflicht **konstitutive Wirkung** für die Möglichkeit der Berufung auf Force Majeure haben soll, so dass Leistungs- und Schadensersatzpflichten erst ab erfolgter Anzeige entfallen. Diesen Weg geht etwa die ICC-Modellklausel. Ein weiteres Beispiel für eine solche Regelung bietet auch die folgende Klausel.[100] 55

Klauselbeispiel für eine Informationspflicht als Bedingung für die Berufung auf die Befreiungswirkung eines Force Majeure Event

The Nonperforming Party is obliged to notify the other party without delay of the Force Majeure Event. The Nonperforming Party's performance of the duty to notify the other Party is a condition precedent to its initial suspension of performance. The suspension of performance shall in this case commence on the date of such notification.

Einen weniger scharfen Weg wählen Klauseln, die in Anlehnung an Art. 79 Abs. 4 CISG die Anzeigepflicht nicht mit dem Recht auf die Berufung auf Force Majeure verknüpfen. Stattdessen wird in derartigen Fällen die unterlassene Anzeigepflicht mit einer **(Vertrauens-)Haftung** sanktioniert. Ein Beispiel für diese Variante enthält die folgende Klausel, die sich an Artikel 7.1.7 Abs. 3 PICC 2016[101] orientiert, der sich seinerseits wieder an Art. 79 Abs. 4 CISG anlehnt. 56

Klauselbeispiel für eine Informationspflicht, deren Verletzung lediglich Ersatzpflichten für die wegen unterlassenen Informationen entstandenen Schäden begründet

The Nonperforming Party must give notice to the other party of the impediment and its effect on its ability to perform. If the notice is not received by the other party within a reasonable time after the Nonperforming Party knew or ought to have known of the impediment, the Nonperforming Party shall be liable for any damages resulting from such non-receipt.

Die dargestellten Anzeigepflichten erfassen zunächst nur den Eintritt eines Force Majeure-Ereignisses. Denkbar sind aber auch **ergänzende Anzeigepflichten über das Ende** des Force Majeure-Ereignisses sowie Informationspflichten, die **fortlaufende Berichte über die Entwicklung** des Hindernisses, seinen Auswirkungen auf den Vertrag und das vorhersehbare Ende enthalten können. In Anlehnung an die ICC-Musterklausel könnte eine Anzeigepflicht über das Ende des Force Majeure-Ereignisses wie folgt formuliert werden. 57

---

[99] Siehe aber etwa Bernardi RIW 2022, 180 (184), der davon ausgeht, dass eine Pflicht zur Notifikation im Sinne einer rechtzeitigen Benachrichtigung über den Force Majeure Fall als vertragliche Nebenpflicht bestehen kann.

[100] In Anlehnung an Stark Boilerplate S. 342.

[101] Abrufbar unter https://www.unidroit.org/instruments/commercial-contracts/unidroit-principles-2016/.

Klauselbeispiel für eine Anzeigepflicht im Fall der Beendigung des Hinderungsgrundes

The Nonperforming Party shall notify the other party as soon as the Force Majeure Event ceases to impede performance of its contractual duties.

§ 11 Vollständigkeitsklausel, Schriftformvereinbarung und salvatorische Klausel (merger clause, written form requirement, severability clause)

Übersicht

Schrifttum:

Beale, Primacy of the Contract Document in English Contract Law, IWRZ 2019, 28ff.; *Blair,* A Matter of Trust: Should No-Reliance Clauses Bar Claims for Fraudulent Inducement of Contract?, Marq. L. Rev. 2009, 423ff.; *Bloching/Ortolf,* Ist die Schriftformklausel ergänzungsbedürftig?, BB 2011, 2571ff.; *Dies.,* Schriftformklauseln in der Rechtsprechung von BGH und BAG – Zukunfts- oder Auslaufmodell, insbesondere beim Schutz gegen betriebliche Übungen?, NJW 2009, 3393ff.; *Bunte,* Die Bedeutung salvatorischer Klauseln in kartellrechtswidrigen Verträgen, GRUR 2004, 301ff.; *Burrows,* Anti-Oral Variation Clauses: Rock-Solid or Rocky?, in: Davies/Raczynska (Hrsg.), Contents of Commercial Contracts: Terms Affecting Freedoms, 2020, S. 35ff.; *Emmenegger/Döbeli,* No Oral Modification Clauses, in: Gedenkschrift für Claire Huguenin, 2020, S. 99ff.; *Ergert-Gillern/von der Groeben,* Sind Schriftformklauseln up to date?, BKR 2022, 29ff.; *Fisch,* Die elektronische Signatur in Theorie und Praxis, ZIP 2019, 1901ff.; *Gabriel,* Formvorbehalt für Vertragsänderungen, SJZ 2010, 533ff.; *Goh,* Non-reliance clauses and contractual estoppel: commercially sensible or anomalous?, J. Bus. L. 2015, 511ff.; *Hillmann,* Article 29 (2) of the United Nations Convention on Contracts for the International Sale of Goods: A New Effort at Clarifying the Legal Effect of ‚No Oral Modification' Clauses, Cornell Int'l L.J. 1988, 449ff.; *Kötz,* Schriftformklauseln, JZ 2018, 988ff.; *Lingemann/Gotham,* Doppelte Schriftformklausel – gar nicht einfach!, NJW 2009, 268ff.; *Loi,* Contractual Estoppel and Non-Reliance Clauses, L.M.C.L.Q. 2015, 346ff.; *Mason,* Precluding liability for pre-contractual misrepresentation: the function and validity of non-reliance clauses, J. Bus. L. 2014, 313ff.; *McLauchlan,* The entire agreement clause: conclusive or a question of weight?, L.Q.R. 2012, 512ff.; *McMeel,* Construction of contracts and the role of ‚entire agreement' clauses, CMLJ 2008, 58ff.; *Meyer,* Die privatautonome Abbedingung der vorvertraglichen Abreden, RabelsZ 72 (2008), 562ff.; *Michalski,* Funktion, Arten und Rechtswirkungen von Ersetzungsklauseln, NZG 1998, 7ff.; *Ders./Boxberger,* Gestaltungsformen und Zulässigkeitsschranken bei Ersetzungsklauseln, FS Westermann, S. 459ff.; *Morgan,* Opting for ‚Documentary Fundamentalism': Respecting Party Choice for Entire Agreement and Non-Reliance Clauses, in: Davies/Raczynska (Hrsg.), Contents of Commercial Contracts: Terms Affecting Freedoms, 2020, S. 239ff.; *Raphael,* Tying your own hands: the Supreme Court's decision in Rock Advertising, L.Q.R. 2022, 138ff.; *Rusch,* Salvatorische Klauseln in AGB, sui generis 2016, 73ff.; *Scriba/Liesegang,* E-Signing im Rahmen von Vertriebssystemen, ZVertriebsR 2021, 348ff.; *Strohe,* Salvatorische Klauseln – Aufgabe der „Pronuptia II"-Rechtsprechung durch den BGH, NJW 2003, 1780ff.; *Wagner-von Papp,* European Contract Law: Are No Oral Modification Clauses Not Worth the Paper They Are Written On?, CLP 2010, 511ff.; *West/Lewis,* Contracting to Avoid Extra-Contractual Liability – Can Your Contractual Deal Ever Really Be the „Entire" Deal?, Bus. Law. 2008–2009, 999ff.

A. Überblick

1 Vollständigkeitsklausel, Schriftformvereinbarung und salvatorische Klausel sind die häufig in einem gemeinsamen Vertragsabschnitt zusammengefassten **„boilerplates"**, die in kaum einem internationalen Wirtschaftsvertrag fehlen. Gemeinsames Ziel aller drei Bestimmungen ist im weiteren Sinne der **Schutz der Integrität** der **Vertragsurkunde:** Mit Hilfe der Vollständigkeitsklausel und der Schriftformvereinbarung wollen die Parteien die schriftlich niedergelegten Vertragsbedingungen vor ihrem eigenen Zugriff mittels abweichender und/oder ergänzender vor- bzw. nachvertraglicher (mündlicher) Bestimmungen abschirmen. Mit der salvatorischen Klausel soll dagegen die Wirksamkeit des (Rest-)Vertrages sichergestellt werden, falls einzelne Vertragsklauseln wegen Verletzung von zwingendem Recht unwirksam sind (Erhaltungsklausel). Darüber hinaus dient die salvatorische Klausel bei Aufnahme einer **Ersetzungsklausel** dazu, anstelle der unwirksamen Klausel eine wirksame (der unwirksamen Klausel möglichst nahekommende) Ersatzbestimmung bereitzustellen.

2 Das auf den Vertrag anwendbare Recht ist für die Frage der Notwendigkeit und die Wirkung aller drei Klauseln von maßgeblicher Bedeutung. Das **Vertragsstatut** entscheidet insbesondere darüber, ob Vollständigkeitsklausel, Schriftformvereinbarung und salvatorische Klausel nur eine widerlegbare Vermutung für die Vollständigkeit der Vertragsurkunde bzw. die Restwirksamkeit des Vertrages im Fall einzelner unwirksamer Bestimmungen begründen oder weitergehende Rechtswirkungen haben können. Bei rechtsvergleichender Betrachtung werden mit Blick auf die rechtliche Wirkung aller drei Klauseln und ihren Grenzen dabei zum Teil **deutliche Unterschiede** zwischen den verschiedenen Rechtsordnungen sichtbar.

B. Vollständigkeitsklausel

3 Kern der Vollständigkeits- bzw. Integrationsklausel (merger clause/entire agreement clause)[1] ist die Regelung, dass das schriftliche Vertragsdokument, in dem die Klausel enthalten ist, die getroffenen vertraglichen Abreden mit Blick auf den jeweiligen Vertragsgegenstand (subject matter) **vollständig wiedergibt** und anderweitige vor oder bei Vertragsschluss getroffene (Neben-)Abreden ihrer Wirkung beraubt. Maßgebliches Ziel der Vollständigkeitsklausel ist damit die Sicherstellung einer verlässlichen, da **abschließenden schriftlichen Dokumentation** der vertraglichen Absprachen durch die Vertragsurkunde. Viele Rechtsordnungen tragen diesem legitimen Bedürfnis mit unterschiedlichen Ausprägungen zwar auch unabhängig von einer vertraglich vereinbarten Vollständigkeitsklausel Rechnung. Allerdings kann die Vollständigkeitsklausel dazu beitragen, gesetzliche Vermutungs-

[1] Im englischen Recht ist die Bezeichnung der Vollständigkeitsklausel als „entire agreement clause" üblicher, dazu Meyer RabelsZ 72 (2008), 562 (577).

wirkungen zugunsten der Vollständigkeit der Vertragsurkunde zu verstärken bzw. den abschließenden Charakter des Vertragsdokuments sogar unwiderleglich festzuschreiben.

Anders als die Schriftformvereinbarung richtet die Vollständigkeitsklausel ihren Blick 4 ausschließlich in die **Vergangenheit.** Mit der Wirksamkeit bzw. Unwirksamkeit formloser Änderungen oder Ergänzungen des Vertragsdokuments **nach Vertragsschluss** ist sie nicht befasst:[2] Diese Problematik fällt in den Anwendungsbereich der Schriftformvereinbarung.

Die Problematik der Haftung wegen einer sog. **„misrepresentation"** im Fall einer 5 Anwendbarkeit des anglo-amerikanischen Rechts[3] zwingt die Vertragsparteien zuletzt dazu, über die Erweiterung der klassischen Vollständigkeitsklausel durch eine sog. **non-reliance clause** nachzudenken, um erhebliche **Haftungsrisiken** wegen möglicherweise unzutreffender **vorvertraglicher Angaben** zu vermeiden. Nicht zuletzt zeigt dieser Aspekt, dass die in der Vertragspraxis verbreitete unreflektierte Einstufung (auch) von Vollständigkeitsklauseln als unwichtige Standardklauseln ihrer tatsächlichen Bedeutung nicht gerecht wird.

I. Rechtlicher Rahmen

1. Internationale Instrumente

a) Das UN-Kaufrecht (CISG)

Anders als in vielen nationalen Rechtsordnungen kann aus der für internationale Kaufver- 6 träge häufig maßgeblichen CISG[4] im Ausgangspunkt **keine gesetzliche Vermutung** für die Vollständigkeit einer schriftlichen Vertragsurkunde abgeleitet werden.[5] Das ergibt sich aus Art. 8 Abs. 3 und Art. 11 CISG, denen zufolge der Inhalt des Kaufvertrages auf jede Weise bewiesen werden kann und für die Ermittlung des Parteiwillens ausdrücklich auch die Verhandlungen zwischen den Parteien, die *„zwischen ihnen entstandenen Gepflogenheiten, die Gebräuche und das spätere Verhalten"* für maßgeblich erklärt werden.

Auch wenn das CISG dazu keine eigenen Regelungen bereithält, ist es auf Grundlage 7 von Art. 6 CISG (und vorbehaltlich der Wirksamkeit nach dem ergänzend heranzuziehenden nationalen Vertragsstatut) aber im Grundsatz möglich, die vertraglichen Abreden mit Hilfe einer Vollständigkeitsklausel auf die in der Vertragsurkunde enthaltenen Regelungen zu limitieren. Allerdings führt die gesetzliche Ausgangslage im CISG nach der einschlägigen Rechtsprechung offensichtlich insbesondere dann zu Rückkoppelungen bei der Bewertung einer Integrationsklausel, wenn diese **formularvertraglich** vereinbart worden ist: So hat etwa auch ein US-amerikanisches Gericht einer formularvertraglich vereinbarten Vollständigkeitsklausel in einem vorrangig dem CISG unterliegenden Liefervertrag die Wirksamkeit versagt, weil diese Klausel nicht vom wirklichen Willen der Parteien gedeckt gewesen sei.[6]

b) Unidroit Principles of International Commercial Contracts (2016)

Für die Rechtssicherheit im unternehmerischen Geschäftsverkehr erfreulich ist dagegen 8 die ausdrückliche Bestätigung der Wirksamkeit vertraglicher Integrationsklauseln in den Unidroit Principles of International Commercial Contracts 2016. Nach Maßgabe von Art. 2.1.17 PICC werden vorvertragliche Erklärungen, Zusicherungen oder Vereinba-

[2] Meyer RabelsZ 72 (2008), 562 (564).
[3] Zur kollisionsrechtlichen Problematik hierzu → § 3 Rn. 65.
[4] Siehe zum Anwendungsbereich und dem Regelungsgehalt der CISG umfassend → § 18 Rn. 4 ff.
[5] Schlechtriem/Schwenzer/Schroeter/Schmidt-Kessel CISG Art. 8 Rn. 34. Einschränkend aber die CISG-AC Opinion No. 3/Hyland IHR 2005, 82 (85), der zufolge einer schriftlichen Vertragsvereinbarung unabhängig von einer Integrationsklausel auch bei Geltung des CISG zumindest eine „special consideration" zukommen muss.
[6] US District Court, South District of New York 26.8.2006, CISG-online 1272.

rungen im Fall der Aufnahme einer Integrationsklausel in die Vertragsurkunde grundsätzlich **nicht Vertragsbestandteil;** für die **Auslegung** der Vertragsurkunde können sie aber auch in diesem Fall **weiter herangezogen** werden. Anders als die europäischen Vereinheitlichungsprojekte differenzieren die PICC dabei auch nicht zwischen individual- und formularvertraglich vereinbarten Klauseln.[7]

2. Deutsches Recht

a) Individualverträge

9 Auch ohne eine Vollständigkeitsklausel greift im deutschen Recht die Beweislastregel, dass ein schriftlicher Vertrag die **Vermutung** der Vollständigkeit vertraglicher Absprachen begründet und damit derjenigen Vertragspartei, die sich auf abweichende oder ergänzende Nebenabreden berufen will, die volle **Darlegungs- und Beweislast** für ihre Existenz auferlegt.[8] Vor diesem Hintergrund will die Rechtsprechung in Vollständigkeitsklauseln allerdings aber grundsätzlich auch nur eine – letztlich deklaratorische – Bestätigung dieser Vermutung erblicken, die durch den Beweis von Nebenabreden durchaus widerlegt werden kann.[9]

10 Nicht abschließend geklärt ist bislang, ob eine individualvertragliche Vollständigkeitsklausel über die Vermutungswirkung hinausgehen und die Vollständigkeit der schriftlichen Vertragsurkunde damit als **unwiderlegliche Tatsache** festschreiben kann. Vertragsrechtstheoretisch ist allerdings nicht einzusehen, warum diese Wirkung individualvertraglich nicht herbeigeführt werden können soll.[10] Insbesondere stellt sich hier nicht die bei der Schriftformvereinbarung auftretende komplexe Frage, ob sich die Parteien auch hinsichtlich **künftiger Vertragsänderungen** selbst binden können. Das schließt nicht aus, dass eine Berufung auf die absolute Wirkung individualvertraglicher Integrationsklauseln im Einzelfall – wie in den anderen Rechtsordnungen auch – am Treu und Glauben Einwand (§ 242 BGB) scheitern kann.

b) Formularvertragliche Vereinbarungen

11 Äußerst begrenzt ist die Wirksamkeit von formularvertraglich vereinbarten Vollständigkeitsklauseln. Denn nach Auffassung der Rechtsprechung bestätigt auch die vorformulierte Vollständigkeitsklausel allenfalls die bereits gesetzlich vorgezeichnete Vermutungswirkung für die Vollständigkeit des schriftlichen Vertragsdokuments; das gilt selbst dann, wenn sich diese Einschränkung aus dem Wortlaut der Klausel nicht ergibt.[11] Den Nachweis entgegenstehender mündlicher Nebenabreden kann die vorformulierte Vollständigkeitsklausel schon wegen des in § 305b BGB zwingend angeordneten **Vorrangs von Individualabreden** nicht ausschließen, da sich der Anwendungsbereich von § 305b BGB nicht nur auf nach-, sondern nach ganz herrschender Meinung auch auf vorvertragliche Individualabre-

---

[7] Vogenauer/Vogenauer PICC Art. 2.1.17 Rn. 6.

[8] BGH NJW 2002, 3164 (3165); BGH NJW-RR 2015, 910 (912).

[9] Staudinger/Hertel BGB § 127 Rn. 20 mit Rechtsprechungsnachweisen; zuletzt BGH NJW-RR 2021, 872 (874): „*Denn so. Vollständigkeitsklauseln (‚Mündliche Nebenabreden bestehen nicht‘, ‚Mündliche Nebenabreden wurden nicht getroffen‘, ‚Mündliche Nebenabreden existieren nicht‘) richten sich – gleich ob sie als AGB in den Vertrag einbezogen oder individuell ausgehandelt sind – auf die Bestätigung der Tatsache, dass der schriftliche Vertrag alle zwischen den Parteien vereinbarten Regelungen bezüglich des Vertragsgegenstands enthält. In der Rechtsprechung des BGH ist geklärt, dass solche Klauseln lediglich die ohnehin eingreifende Vermutung der Vollständigkeit und Richtigkeit der schriftlichen Vertragsurkunde wiedergeben, jedoch dem Vertragspartner, der sich auf eine abweichende mündliche Vereinbarung berufen will, die Führung des Gegenbeweises offenlassen* (…)“.

[10] Zweifelnd aber wohl Meyer RabelsZ 72 (2008), 562 (589); offengelassen durch BGH NJW-RR 2021, 872 (874): „*Einer Vollständigkeitsklausel (…) kann demgegenüber keine unwiderlegbare Vermutung für das Nichtbestehen mündlicher Abreden und auch sonst nicht entnommen werden, dass die Absprachen der Parteien aus dem Stadium der vertragsanbahnenden Verhandlungen keine Geltung mehr beanspruchen dürften. Als AGB wäre eine dies bezweckende Formularklausel mit Blick auf §§ 305b, 307, 309 Nr. 12 BGB ohnehin unwirksam*“.

[11] BGH NJW 1985, 623 (630).

den erstreckt.[12] Eine Klausel, die diese Grenzen nicht respektiert, geht damit nicht nur ins Leere, sondern scheitert als **unangemessene Benachteiligung** des Vertragspartners auch an § 307 BGB, weil sie dem Vertragspartner fälschlicherweise die Unbeachtlichkeit abweichender Individualabreden vor Vertragsschluss suggeriert[13] bzw. gegen § 309 Nr. 12 lit. a) BGB (der auch unwiderlegliche Vermutungen und Fiktionen verbieten soll[14]) verstößt.

3. Schweizer Recht

Die Rechtslage im Schweizer Recht dürfte dem deutschen Recht weitestgehend entsprechen, auch wenn vertiefte Auseinandersetzungen in Rechtsprechung und Literatur zu dieser Problematik bislang nicht vorliegen. Insbesondere sind keine rechtlichen Gesichtspunkte dafür ersichtlich, warum eine individualvertraglich vereinbarte Integrationsklausel die von ihr bezweckte Rechtsfolge – den Ausschluss etwaiger vor oder bei Vertragsschluss getroffener (mündlicher) vertraglicher Nebenabreden – nicht erreichen können sollte. 12

Da auch im Schweizer Recht der **Vorrang der Individualabrede** gegenüber vorformulierten Vertragsbedingungen anerkannt ist,[15] dürfen auf die Rechtswirkungen einer Vollständigkeitsklausel in vorformulierten Vertragsbedingungen dagegen keine gesteigerten Hoffnungen gesetzt werden. 13

4. Anglo-amerikanisches Recht

a) Englisches Recht

Im englischen Recht verbietet die aus dem common law stammende **parol evidence rule** zumindest im Ausgangspunkt traditionell auch ohne vertragliche Vollständigkeitsklausel, dass außervertragliche Beweismittel (sog. extrinsic evidence) wie vorvertragliche Verhandlungen und Willensäußerungen der Parteien die (schriftlichen) vertraglichen Vereinbarungen der Parteien ergänzen, abändern oder sich zu ihnen in Widerspruch setzen können.[16] Das hindert die Gerichte allerdings nicht daran, anhand aller verfügbaren Beweismittel die als „question of fact" eingestufte Frage zu prüfen, ob die Vertragsurkunde nach dem Parteiwillen überhaupt als **abschließende Vereinbarung** gewollt war. Im Ergebnis kommt der parol evidence rule angesichts dieser und einer Vielzahl weiterer Rückausnahmen[17] daher kaum noch eine entscheidende Bedeutung zu;[18] im Ergebnis ähnelt sie weitgehend der im deutschen Recht geltenden (widerleglichen) Vermutung zugunsten der Vollständigkeit einer schriftlichen Vertragsurkunde. 14

Da die **Auslegung** der schriftlichen Vertragsurkunde eine „question of law" darstellt, bleibt es zumindest im **englischen Recht** an dieser Stelle auf Grundlage der **„exclusionary rule"** dagegen beim Verbot, vorvertragliche Verhandlungen oder Willensäußerungen der Parteien zur Auslegung des schriftlichen Vertragsdokuments heranzuziehen.[19] Davon 15

[12] Wolf/Lindacher/Pfeiffer/Lindacher/Hau AGB-Recht § 305b BGB Rn. 51 mwN; MüKoBGB/Basedow § 305b Rn. 5.

[13] So im Ergebnis auch Staudinger/Hertel BGB § 127 Rn. 20 mwN.

[14] Wolf/Lindacher/Pfeiffer/Lindacher/Dammann AGB-Recht § 309 Nr. 12 BGB Rn. 20.

[15] BGE 135 III 410; Koller AJP 2016, 279 (290 f.) mwN zur Rechtsprechung.

[16] McMeel CMLJ 2008, 58 (61).

[17] Dazu McMeel Construction of Contracts Rn. 5.33 ff.

[18] Meyer RabelsZ 72 (2008), 562 (578); Chitty on Contracts General Principles Rn. 13–101 f.

[19] Chitty on Contracts General Principles Rn. 13–122; grundlegend *Chartbrook v Persimmon Homes Ltd* [2009] A.C. 1101 (1120 f.). Kritisch zur exclusionary rule McLauchlan S.L.R. 2009, 5 ff. Mittlerweile hat die Rechtsprechung eine Reihe von Einschränkungen identifiziert: So gilt die exclusionary rule unter anderem nicht im Fall eines Antrags auf Vertragsberichtigung (rectification), für den Fall des Nachweises, dass den Parteien eine bestimmte Tatsache bekannt war oder dass im Vertragstext verwendete Begriffe nach dem Verständnis beider Parteien eine vom allgemeinen Sprachgebrauch abweichende Bedeutung haben sollten („private dictionary principle") sowie bei der Nutzung von „extrinsic evidence" zur näheren Beleuchtung der Genese und grundlegenden Zielsetzung der Transaktion, *Merthyr (South Wales) Limited v Merthyr Tydfil County Borough Council* [2019] EWCA Civ 526 Rn. 52: „(…) *previous documents may be*

abgesehen bemühen sich die englischen Gerichte seit geraumer Zeit allerdings auch bei der Vertragsauslegung um eine pragmatische Sicht der Dinge, indem nicht nur der Wortlaut der Vertragsklauseln, sondern auch die tatsächlichen Umstände des Vertragsschlusses (matrix of fact) mit in den Blick genommen werden[20] und insbesondere im unternehmerischen Geschäftsverkehr die vertraglichen Abreden vor dem Hintergrund eines „business common sense" ausgelegt werden.[21]

16 Für die herkömmliche entire agreement clause verbleibt damit durchaus eine wichtige Funktion: Sie schließt die Wirksamkeit möglicher **vertraglicher Nebenabreden** (insbesondere sog. „collateral terms") grundsätzlich zuverlässig aus, da sie anders als im deutschen Recht **nicht lediglich als (widerlegliche) Vermutung der Vollständigkeit** der schriftlichen Vertragsurkunde ausgelegt wird.[22] Das gilt auch unabhängig davon, ob sie individual- oder formularvertraglich[23] vereinbart worden ist. Dagegen ist sie ein stumpfes Schwert, soweit vorvertragliche representations betroffen sind und eine mögliche Haftung wegen einer misrepresentation in Raum steht:[24] Diese Haftungsquelle kann (wenn überhaupt) nur durch eine weitergehende **non-reliance clause** zum Versiegen gebracht werden, da vorvertragliche Informationen nach ständiger Rechtsprechung bereits nicht in den Anwendungsbereich der regulären (und insoweit eng ausgelegten) entire agreement clause fallen.[25]

b) US-amerikanisches Recht

17 Auch im US-amerikanischen Recht (bzw. präziser dem Recht der meisten US-Bundesstaaten) sorgt die parol evidence rule unabhängig von der Existenz einer vertraglich vereinbarten merger clause dafür, dass der Vertragstext im Grundsatz als abschließend zu verstehen ist.[26] Die merger clause bleibt aber in der Vertragspraxis von erheblicher Bedeutung, weil mit ihr die Anwendung der zahlreichen Ausnahmeregeln der parol evidence rule verhindert werden kann. Denn die parol evidence rule lässt nicht nur selbstständige Nebenabreden (collateral contracts) unberührt: Sie schließt auch den Nachweis von nicht im Vertragstext enthaltenen Nebenabreden zumindest dann nicht aus, wenn sich der Vertrag als nicht in allen Punkten vollständig (partially integrated) darstellt. Zumindest im Kaufrecht stellt § 2–202 lit. b) UCC zudem eine **widerlegliche Vermutung** dafür auf, dass das schriftliche Vertragsdokument in Bezug auf ergänzende (nicht widersprüchliche)

---

looked at to show the surrounding circumstances and, by that means, to explain the commercial or business object of a contract."

[20] Grundlegend die vielzitierte Entscheidung des House of Lords in *Investors Compensation Scheme Ltd v West Bromwich BS* [1998] W.L.R. 896 (912f.): „*Interpretation is the ascertainment of the meaning which the document would convey to a reasonable person having all the background knowledge which would reasonably have been available to the parties in the situation in which they were at the time of the contract*".

[21] Etwa die Entscheidung des UK Supreme Court in *Rainy Sky SA v Kookmin Bank* [2011] UKSC 50 Rn. 21: „[…] *If there are two possible constructions, the court is entitled to prefer the construction which is consistent with business common sense and reject the other.*" Allerdings bleibt ein eindeutiger Wortlaut auch dann von zentraler Bedeutung, wenn er für eine Partei zu wirtschaftlich desaströsen Ergebnissen führt; vgl. dazu die Entscheidung des Supreme Court in *Arnold v Britton and others* [2015] UKSC 36.

[22] *Springwell Navigation Corp v JP Morgan Chase Bank* [2010] EWCA Civ 1221; Beale IWRZ 2019, 28 (30); kritisch dazu McLauchlan L.Q.R. 2012, 521 (530).

[23] In AGB ("standard business terms") enthaltene entire agreement clauses können zwar der Inhaltskontrolle gem. s. 3 Abs. 2 lit. b) (i) UCTA 1977 am Maßstab der Angemessenheit (reasonableness) unterworfen sein; der UCTA 1977 spielt für internationale Wirtschaftsverträge aber nur eine geringe Rolle; zum Ganzen Beale IWRZ 2019, 28 (32f.).

[24] McMeel CMLJ 2008, 58 (66f.) mit Rechtsprechungsnachweisen.

[25] Dazu umfassend unten → Rn. 29ff.

[26] Auf nachvertragliche Änderungen ist die parol evidence rule dagegen nicht anwendbar, White/Summers Uniform Commercial Code S. 91f. Zum Charakter der parol evidence rule als materielles Vertragsrecht (und nicht als prozessuale Beweisregel) Meyer RabelsZ 72 (2008), 562 (568). Dagegen dürfte die „exclusionary rule" nach hier vertretener Auffassung kollisionsrechtlich betrachtet als verfahrensrechtliche Regelung zu qualifizieren sein, Ostendorf JPIL 2015, 163ff., ebenso auch der Singapurer High Court, BQP v BQQ [2018] 4 SLR 1364; anderer Auffassung dagegen etwa Chan/Hang Arb. Int'l 2021, 1 (24).

Vertragsbedingungen **nicht abschließend** sein soll.[27] Mit Hilfe der merger clause können die Parteien daher die Klarstellung erreichen, dass mit dem Vertragsdokument eine vollständige (completely integrated) Aufstellung der Vertragsabsprachen vorliegt.[28] Durchschlagende Bedenken gegen die Wirksamkeit einer merger clause bestehen im US-amerikanischen Recht im Grundsatz nicht.[29] Allerdings mehren sich Stimmen, die der merger clause keine Rechtswirkung zuerkennen wollen, wenn sie nicht individuell zwischen den Parteien ausgehandelt wurde.[30]

Ähnlich wie im englischen Recht ist aber auch bei Geltung US-amerikanischen Rechts 18
regelmäßig eine Erweiterung der merger clause für den Fall notwendig, dass die Parteien die Berufung auf vorvertragliche representations ausschließen wollen.[31]

II. Non-reliance clauses als Erweiterung der klassischen Vollständigkeitsklausel

1. Die Haftung aus misrepresentation im anglo-amerikanischen Recht

Insbesondere bei Geltung anglo-amerikanischen Rechts besteht neben den aus Vertrags- 19
verletzungen (breach of contract) folgenden Haftungsrisiken auch die Gefahr für die Vertragsparteien, wegen falscher **vorvertraglicher Angaben** gegenüber der jeweils anderen Partei (einer sog. misrepresentation) in Anspruch genommen zu werden. Das englische Recht versteht unter einer misrepresentation eine wesentliche, nicht zutreffende vorvertragliche Aussage einer Partei, durch die die andere Vertragspartei zum Vertragsabschluss veranlasst wird.[32] Anders als etwa im deutschen Recht mit Blick auf die Haftung aus culpa in contrahendo[33] wird diese Haftungsquelle auch nicht durch die vertragliche (Mängel-) Haftung verdrängt – und zwar selbst dann nicht, wenn die vorvertragliche representation zugleich Vertragsbestandteil[34] geworden ist. In der Praxis lässt sich beobachten, dass Ansprüche aus misrepresentation häufig geltend gemacht werden, um vertragliche Haftungsbeschränkungen (etwa in Unternehmenskaufverträgen) zu umgehen und damit beträchtliche Haftungsrisiken auslösen können.[35] Ansprüche wegen einer misrepresentation entstammen dem common law, das im englischen Recht durch den **Misrepresentation Act 1967** ergänzt wird. Im US-amerikanischen Recht besteht die Problematik, dass die

[27] § 2–202 lit. b) UCC: *„Terms with respect to which the confirmatory memoranda of the parties agree or which are otherwise set forth in a writing intended by the parties as a final expression of their agreement with respect to such terms as are included therein may not be contradicted by evidence of any prior agreement or of a contemporaneous oral agreement but may be explained or supplemented (a) [...] (b) by evidence of consistent additional terms unless the court finds the writing to have been intended also as a complete and exclusive statement of the terms of the agreement.“*

[28] Meyer RabelsZ 72 (2008), 562 (570).

[29] White/Summers Uniform Commercial Code S. 104; Meyer RabelsZ 72 (2008), 562 (571 f.). Zu den (mangelnden) Rechtswirkungen einer vorrangig der CISG unterliegenden vorformulierten Integrationsklausel siehe aber die deutlich restriktivere Rechtsprechung oben → Fn. 6.

[30] Perillo Contracts S. 129.

[31] Zur Unterscheidung zwischen merger clause und weitergehender non-reliance clause aus Sicht des US-amerikanischen Rechts etwa Masson Colum. L. Rev. 2009, 503 (512, Fn. 58).

[32] Anders als im deutschen Recht bestehen im englischen Recht dagegen grundsätzlich keine Aufklärungspflichten, Chitty on Contracts General Principles Rn. 7–017.

[33] BGH NJW 2009, 2120 (2122), der im Grundsatz – mit Ausnahme bei vorsätzlichem Handeln – von einer Verdrängung der Haftung aus c.i.c durch das vertragliche Mängelhaftungsrecht ausgeht. Durch das Mängelhaftungsrecht unberührt bleibt dagegen auch die Anfechtungsmöglichkeit wegen arglistiger Täuschung gem. § 123 BGB, BGH NJW 2006, 2839.

[34] So ausdrücklich s. 1 lit. a) Misrepresentation Act 1967; dazu Chitty on Contracts General Principles Rn. 7–113. In einigen US-Bundesstaaten scheidet eine Haftung wegen misrepresentation dagegen aus, wenn die representation Vertragsbestandteil geworden ist, dazu mit Verweis auf das Recht von New York West/Lewis Bus. Law. 2008–2009, 999 (1014).

[35] Zu einem jüngeren Fall der englischen Rechtsprechung, in der Ansprüche wegen einer misrepresentation in einer Höhe von rund 8,6 Mio. EUR allerdings an vertraglichen Haftungsausschlüssen scheiterten *Bikam OOD v Adria Cable S.a.r.l.* [2012] EWHC 621 (Comm). Zur US-amerikanischen Gerichtspraxis West/Lewis Bus. Law. 2008–2009, 999.

genaue Rechtslage getrennt für die einzelnen US-Bundesstaaten ermittelt werden muss, da ein föderales common law grundsätzlich nicht existiert. Auch vor diesem Hintergrund können die folgenden Ausführungen letztlich nur ein holzschnittartiges Bild der Rechtslage zeichnen.

20 Voraussetzungen einer entsprechenden Haftung aus misrepresentation, die im angloamerikanischen Recht **deliktisch qualifiziert** wird, ist in den Grundzügen, dass eine Vertragspartei durch unzutreffende vorvertragliche Aussagen der anderen Vertragspartei (die wörtlich oder durch schlüssiges Verhalten erfolgen können[36]) über Tatsachen oder die Rechtslage[37] **zum Vertragsschluss veranlasst** wird.[38] Zumindest im englischen Recht setzt eine misrepresentation allerdings eine ausdrückliche oder konkludente Falschinformation voraus; eine Aufklärungspflicht auch hinsichtlich solcher Umstände, die für den Vertragspartner erkennbar von erheblicher Bedeutung sind, besteht grundsätzlich nicht (wohl aber eine Pflicht zur Berichtigung einer ursprünglich zutreffenden Aussage durch eine Änderung der Umstände noch vor Vertragsschluss).[39]

21 Die Rechtsfolge hängt im **englischen Recht** davon ab, ob die Falschinformation schuldlos (innocent), fahrlässig (negligent) oder arglistig (fraudulent) erfolgt ist. In allen Fällen besteht ein Recht zur Vertragsaufhebung mit ex-tunc Wirkung (rescission of the contract).[40] Im Fall einer schuldhaften misrepresentation können auch (kumulativ) Schadensersatzansprüche geltend gemacht werden,[41] die allerdings grundsätzlich auf das **negative Interesse** (reliance interest) beschränkt sind.

22 Nach dem Recht der meisten US-Bundesstaaten kommt eine Haftung aus misrepresentation dagegen regelmäßig wohl nur bei schuldhafter Fehlinformation (negligence) in Betracht.[42] Das Recht einiger US-Bundesstaaten – darunter insbesondere das **Recht von New York** – schränkt eine Haftung wegen einer negligent misrepresentation sogar auf Fallkonstellationen ein, bei der entweder überragendes Fachwissen oder eine besondere Treuepflicht seitens des Beklagten bestand.[43]

2. Die non-reliance clause als Mittel der Haftungsbeschränkung

23 Um die Haftung wegen einer misrepresentation auszuschließen, hat sich in der Vertragsgestaltung die Verwendung so genannter non-reliance clauses als Ergänzung zur herkömmlichen entire agreement clause eingebürgert.[44] Diese Klauseln zielen darauf ab, das Haftungsrisiko gleichsam bereits mit der Wurzel auszureißen: Durch die ausdrückliche vertragliche Regelung, dass sich die Parteien beim Vertragsschluss auf **keinerlei vorvertragliche Informationen** der jeweils anderen Partei **verlassen haben,** soll schon die Erfüllung der Tatbestandsvoraussetzungen für eine Haftung wegen misrepresentation vermie-

[36] Peel Law of Contract Rn. 9–008.

[37] Zum letzteren *Pankhania v Hackney BC* [2002] EWHC 2441 (Ch).

[38] Streitig ist dabei, inwieweit sich die misrepresentation auch nach objektiven Kriterien als erheblich (material) darstellen muss: Jedenfalls im Fall einer fraudulent misrepresentation dürfte es darauf aber nicht ankommen; zum englischen Recht Chitty on Contracts General Principles Rn. 7–041; zum US-amerikanischen Recht Perillo Contracts S. 309 (materiality nur erforderlich im Fall einer „unintentional misrepresentation").

[39] Dazu sowie den Ausnahmen im Fall bestimmter Vertragsarten und besonderen Treueverhältnissen Peel Law of Contract Rn. 9–157 ff.

[40] Allerdings kann das Gericht (wenn keine fraudulent misrepresentation vorliegt) nach seinem Ermessen die Möglichkeit der Vertragsaufhebung verweigern und den Kläger stattdessen auf Schadensersatz verweisen, s. 2 Abs. 2 Misrepresentation Act 1967.

[41] Im Fall einer innocent misrepresentation bestehen grundsätzlich keine Schadensersatzansprüche. Allerdings kann das Gericht dem Kläger Schadensersatz „in lieu of rescission" auch hier gestützt auf s. 2 Abs. 2 Misrepresention Act 1967 zusprechen, Chitty on Contracts General Principles Rn. 7–102.

[42] Siehe allerdings auch Perillo Contracts S. 308, mit Verweis auf einzelne US-Gerichtsentscheidungen, die eine Haftung sogar im Fall einer innocent misrepresentation angenommen haben.

[43] West/Lewis Bus. Law. 2008–2009, 999 (1016).

[44] Zur „Geburt" dieser Klauseln in der Vertragspraxis Mason EBLR 2008, 623 (624).

den werden. Diese dogmatische Finte hat insbesondere die englische Rechtsprechung allerdings nicht akzeptiert. Sie beurteilt die non-reliance Klausel als Haftungsbeschränkung, die im Fall einer **fraudulent mispresentation gänzlich unzulässig** ist und im Übrigen dem **reasonableness requirement** nach Maßgabe von s. 3 Misrepresentation Act 1967 (in der jetzigen Fassung eingefügt durch s. 8 UCTA 1977) standhalten muss.[45] Für die Angemessenheit ist dabei unter anderem auch von Bedeutung, ob die andere Partei anwaltlich vertreten war und Ausnahmen für schriftlich vor Vertragsschluss erteilte Informationen vorgesehen sind.[46]

Zumindest von der Inhaltskontrolle am Maßstab der Angemessenheit befreit sind allerdings in **internationalen Lieferverträgen** enthaltene non-reliance clauses: Nach jüngerer Rechtsprechung gilt die entsprechende Bereichsausnahme in s. 26 UCTA 1977 umfassend und damit auch für die Haftung wegen einer misrepresentation.[47] Dagegen greift die in s. 27 UCTA 1977 normierte engere Bereichsausnahme von der Inhaltskontrolle zugunsten aller anderen internationalen Wirtschaftsverträge, die nur durch eine Rechtswahl und nicht bereits aufgrund objektiver Anknüpfung englischem Recht unterliegen, für die Haftung aus misrepresentation gerade nicht ein. 23a

Im US-amerikanischen Recht ist die Rechtslage angesichts der unterschiedlichen Positionen der einzelnen Bundesstaaten deutlich schwerer auszumachen. Grundsätzlich kann eine Haftung aus misrepresentation auch hier mit einem sog. reliance waiver begegnet werden. Nach dem Recht einzelner US-Bundesstaaten (darunter das Recht von New York und Delaware) ist dies grundsätzlich wohl sogar im Fall von fraud möglich.[48] Einer Berufung auf die non-reliance clause kann aber im Einzelfall die Wirkung versagt werden, wenn sie sich als vorformulierte Vertragsbedingung darstellt, die nicht ausreichend vom Einbeziehungswillen der anderen Partei abgedeckt ist.[49] 24

III. Vertragsgestaltung

1. Die herkömmliche Vollständigkeitsklausel

Eine Vollständigkeitsklausel sollte zum einen den generellen **Ausschluss** etwaiger vor und bei Vertragsabschluss getroffener Nebenabreden regeln. Das schließt aus Klarstellungsgründen nicht aus, dass – wie im nachstehenden Klauselbeispiel – einzelne Abreden ohne Anspruch auf Vollständigkeit zusätzlich explizit genannt werden. 25

[45] *Government of Zanzibar v British Aerospace* [2000] 1 W.L.R. 2333 (2347f.). Dagegen ist nach neuerer englischer Rechtsprechung gestützt auf die Rechtsfigur des „contractual estoppel" eine Berufung auf eine non-reliance clause nicht mehr darauf beschränkt, dass die äußerst engen Voraussetzungen eines sog. „evidentiary estoppel" vorliegen, Chitty on Contracts General Principles Rn. 9–154; Mason J.B.L. 2014, 313 (314).

[46] *Lloyd v Browning* [2013] EWCA Civ 1637 Rn. 35. Die Wirksamkeit der hier streitgegenständlichen „non-reliance" Klausel in einem Grundstückskaufvertrag wurde vom englischen Court of Appeal allerdings auch unter Verweis auf den formalen Charakter von Grundstückskaufverträgen sowie auf die Tatsache gestützt, dass die Klausel den Käufern ausdrücklich die Möglichkeit eingeräumt hatte, von den Anwälten des Verkäufers schriftliche (und in diesem Fall auch verbindliche) Informationen über den Kaufgegenstand einzuholen. Für unzulässig hat der Court of Appeal daher auch eine non-reliance Klausel in einem Gewerbemietraumvertrag eingestuft *(„The tenant acknowledges that this lease is not being entered into in reliance wholly or partly of any statement or representation made by or on behalf of the landlord")*, die keine Rückausnahme selbst mit Blick auf die Beantwortung der bei Grundstückstransaktionen üblichen formalisierten „pre-contractual inquiries" vorsah, *First Tower Trustees v CDS Superstores* [2018] EWCA CIV 1396.

[47] *Trident Turboprop (Dublin) Limited v First Flight Couriers Limited* [2009] EWCA Civ 290 Rn. 16f.; Chitty on Contracts General Principles Rn. 9.159. Dagegen dürfte die in s. 27 UCTA 1977 normierte Bereichsausnahme nicht für die Haftung aus misrepresentation eingreifen.

[48] So die Entscheidung des Supreme Court of the State of Delaware in der Rechtssache *RAA Management, LLC v. Savage Sports Holdings, Inc.*, 2012 BL 126395: *„The efficient operation of capital markets is dependent upon the uniform interpretation and application of the same language in contracts or other documents. The non-reliance and waiver clauses in the NDA preclude the fraud claims (...). Under New York and Delaware law, the reasonable commercial expectations of the parties, as set forth in the non-reliance disclaimer clauses (...) must be enforced."*

[49] Dazu unten → Rn. 30f.

26 Eine andere Frage ist, ob auch die Nutzung **vorvertraglicher Verhandlungen** zur **Auslegung** der schriftlichen Vertragsurkunde ausgeschlossen werden soll. Unabhängig von der Frage der rechtlichen Zulässigkeit[50] erscheint aber mehr als fraglich, ob eine solche Regelung wirklich zielführend ist. Das folgende Formulierungsbeispiel erlaubt daher ausdrücklich die Nutzung vorvertraglicher Erklärungen der Parteien für die Zwecke der Vertragsauslegung.

Klauselbeispiel für eine Vollständigkeitsklausel unter Ausklammerung der Nutzung für die Vertragsauslegung

[•] Entire agreement

(1) This Agreement supersedes and cancels with regard to its subject matter any previous agreements (in particular, but not limited to the [•] Agreement entered into by the Parties, dated [•]) or understandings, whether oral, written or implied, and contains accordingly the entire agreement between the Parties.

(2) For the avoidance of doubt, this entire agreement clause does not prevent the use of the parties' prior statements for the sole purpose of contract interpretation.

27 Wollen die Parteien auch die Heranziehung vorvertraglicher Erklärungen zu Auslegungszwecken unterbinden, sollten sie dies zumindest dann ausdrücklich regeln, wenn der Vertrag keiner common law Rechtsordnung unterliegt.

Klauselbeispiel für eine Vollständigkeitsklausel unter Einbeziehung der Nutzung zu Auslegungszwecken

[•] Entire agreement

(1) This Agreement supersedes and cancels with regard to its subject matter any previous agreements (in particular, but not limited to the [•] Agreement entered into by and between the Parties, dated [•]) or understandings, whether oral, written or implied, and contains accordingly the entire agreement between the Parties.

(2) For the avoidance of doubt, this entire agreement clause does also expressly prevent the use of the parties' prior statements or previous agreements for the purpose of contract interpretation.

28 Unterliegt der Vertrag dem UN-Kaufrecht, kann durch den ausdrücklichen Ausschluss von Art. 8 Abs. 3 und Art. 11 CISG zumindest der Versuch unternommen werden, die Wirkung der Vollständigkeitsklausel zu verstärken. Diese Vorgehensweise wird insbesondere von US-amerikanischen Juristen empfohlen.[51]

Klauselbeispiel für eine Vollständigkeitsklausel bei einem dem CISG unterliegenden internationalen Kaufvertrag

[•] Merger Clause

This Contract contains the entire understanding between the Parties and fully replaces any other agreements or understandings between the Parties on its subject matter entered into before or at the conclusion of this contract. Accordingly, this provision shall prevail over Articles 8 (3) and 11 CISG.

2. Die Gestaltung einer non-reliance clause

29 Die klassische Vollständigkeitsklausel reicht bei anglo-amerikanischem Recht unterliegenden Wirtschaftsverträgen regelmäßig nicht aus, um die Haftung aus misrepresentation aus-

[50] Zweifelnd insofern bei Verträgen, die civil law Rechtsordnungen unterstehen Meyer RabelsZ 72 (2008), 562 (591).

[51] Flechtner/Brand/Walter Drafting Contracts S. 333.

zuschließen, da diese Haftungsquelle den deliktisch qualifizierten unzutreffenden representations einer Vertragspartei vor Vertragsschluss entspringt. Die anglo-amerikanische Rechtsprechung folgert daraus ganz überwiegend, dass vorvertragliche representations schon vom Anwendungsbereich der entire agreement clause nicht erfasst werden – und zwar selbst dann nicht, wenn die entire agreement clause die abschließende Geltung des Vertragsdokuments explizit auch gegenüber „prior representations" anordnet.[52] Denn auch in diesem Fall soll die Wirkung der Klausel bestenfalls darauf beschränkt sein, dass die prior representations **kein Vertragsbestandteil** werden.[53]

Damit ist insbesondere aus Sicht der Vertragspartei, die die Sachleistung erbringt, nicht 30 nur die Aufnahme einer non-reliance clause in den Vertrag empfehlenswert. Aus Gründen der Transparenz sollte diese Klausel auch als **selbstständige Klausel** und nicht lediglich als weiterer Unterabsatz innerhalb der entire agreement clause in den Vertrag aufgenommen werden. Damit kann auch verhindert werden, dass im Fall einer nicht auszuschließenden Unwirksamkeit der non-reliance clause die reguläre entire agreement clause infiziert wird.[54] Im Fall einer fraudulent misrepresentation kommt zumindest nach englischem Recht allerdings keine Haftungsbeschränkung mit Hilfe einer non-reliance clause in Betracht.[55]

Dagegen erlaubt die Rechtsprechung in einigen US-Bundesstaaten einen umfassenden 31 „reliance waiver".[56] Folgerichtig empfiehlt die Literatur teilweise explizit, in die non-reliance clause keine Rückausnahme für den Fall von fraud aufzunehmen – zumal dieser Rechtsbegriff uneinheitlich ausgelegt und teilweise nicht auf vorsätzliches Handeln beschränkt wird.[57] Auch eine genauere Umschreibung der Tatsachen, auf deren Richtigkeit sich die Parteien nicht verlassen können sollen, kann die Chancen der Wirksamkeit erhöhen. Eine abschließende Garantie für die volle Wirksamkeit gibt es allerdings in beiden Rechtsordnungen nicht. Kommt englisches Recht und der UCTA 1977 zur Anwendung, empfiehlt sich unter Anlehnung an die jüngere Rechtsprechung[58] eine eingeschränktere Variante der Klausel, die eine Rückausnahme für schriftlich bestätigte vorvertragliche Tatsachenbehauptungen enthält. Absolute Sicherheit kann auch damit allerdings nicht erreicht werden.

Klauselbeispiel für eine non-reliance clause (umfassende Variante)

[•] Non-reliance

(1) [Subject to fraud], neither Party relies on and shall accordingly have no claim arising out of or related to any pre-contractual statement of the respective other Party whatsoever. For the purposes of this provision, pre-contractual statements include any undertakings, representations, promises, assurances of any nature whatsoever, whether orally or in writ-

---

[52] *Axa Sun Life Services Plc v Campbell Martin Ltd* [2011] EWCA Civ 133 Rn. 36; *Al-Hasawi v Nottingham Forest Football Club Ltd* [2018] EWHC 2884 (Ch) Rn. 25 ff. Zur Erforderlichkeit gesonderter non-reliance clauses im US-amerikanischen Recht Blair Marq. L. Rev. 2009, 423 (425).

[53] Kritisch dazu Trukhtanov L.Q.R. 2011, 345 (347) unter Verweis auf den im unternehmerischen Geschäftsverkehr anzunehmenden Parteiwillen.

[54] McMeel CMLJ 2008, 58 (64).

[55] Allerdings ist eine ausdrückliche Rückausnahme (carve out) mittlerweile strenggenommen wohl entbehrlich, da die Rechtsprechung eine implizit von den Parteien gewollte Weiterhaftung im Fall von fraud unterstellt, *HIH Casualty and General Insurance Ltd & Ors v Chase Manhattan Bank & Ors* [2003] UKHL Rn. 74 ff.; *Goodlife Foods Ltd v Hall Fire Protection Ltd* [2017] EWHC 767 (TCC) Rn. 48; kritisch dazu McMeel CMLJ 2008, 58 (76).

[56] Teilweise in Abhängigkeit davon, ob es sich um eine individual- oder formularvertragliche Klausel handelt bzw. die ausgeschlossenen representations genauer spezifiziert werden; so wohl insbesondere im Recht von New York, West/Lewis Bus. Law. 2008–2009, 999 (1027); für einen umfassenden Überblick über die unterschiedliche Rechtsprechung in den verschiedenen US-Bundesstaaten Blair Marq. L. Rev. 2009, 423 ff.

[57] Empfohlen wird etwa (falls überhaupt) eine Rückausnahme beschränkt auf den Fall von „intentional fraud committed with actual knowledge", West/Lewis Bus. Law. 2008–2009, 999 (1033).

[58] Lloyd v Browning [2013] EWCA Civ 1637 Rn. 35.

ing, relating to the subject matter of this contract [,in particular, but not by way of limitation in relation to [•],] and made by any person at any time before the date of the conclusion of this contract.

(2) For the avoidance of doubt, this clause does not affect the validity of pre-contractual statements that are expressly repeated in this Agreement and have hence become contractual terms.

Klauselbeispiel für eine non-reliance clause (eingeschränkte Variante)

[•] Non-reliance

(1) [Subject to fraud], neither Party relies on and shall accordingly have no claim arising out of or related to any pre-contractual statement of the respective other Party whatsoever. For the purposes of this provision, pre-contractual statements include any undertakings, representations, promises, assurances of any nature whatsoever, relating to the subject matter of this contract [,in particular, but not by way of limitation in relation to [•],] and made by any person at any time before the date of the conclusion of this contract.

(2) The first paragraph shall not apply in relation to written statements made by either Party before the contract conclusion as a reply to enquiries raised by or on behalf of the respective other Party.

C. Schriftformvereinbarungen

32 Während Vollständigkeitsklauseln von der Vertragsurkunde abweichende oder ergänzende Abreden verdrängen wollen, die **vor oder bei Abschluss** des Vertragsdokumentes vereinbart wurden, richtet die Schriftformklausel ihren Blick in die **Zukunft:** Zumindest eine konstitutive (und nicht nur deklaratorische) Schriftformklausel[59] verfolgt das Ziel, die Wirksamkeit von Vertragsänderungen zu verhindern, die lediglich im Wege mündlicher Absprache erfolgen. Das soll insbesondere bereits im Vorfeld Streitigkeiten der Parteien über Existenz und Inhalt möglicher mündlicher Vertragsänderungen vermeiden.[60] Bedeutung hat eine Schriftformvereinbarung damit vor allem dann, wenn das einschlägige Formstatut[61] – wie bei internationalen Wirtschaftsverträgen im Regelfall – selbst **keine Formerfordernisse** aufstellt.

33 In der internationalen Vertragspraxis gehören sog. no-oral modification clauses (NOM-clauses) bzw. written form requirements zu den Standardklauseln, die fast immer im Vertragstext zu finden sind.[62] Dafür gibt es nachvollziehbare Gründe: Neben der bereits angesprochenen Vermeidung von Streitigkeiten über Existenz und Inhalt mündlicher Vertragsänderungen stellt die Schriftformvereinbarung auch sicher, dass die Parteien zu jedem Zeitpunkt eine vollständige **schriftliche Dokumentation** über den tatsächlichen Vertragsinhalt in den Händen halten, was gerade bei dem Wechsel maßgeblicher Mitarbeiter in Unternehmen von Bedeutung sein kann.[63] Darüber hinaus kann mit ihrer Hilfe auch die Einhaltung der für eine Änderung von Verträgen geltenden **Vertretungsbefugnisse**

---

[59] Zu dieser Differenzierung Bloching/Ortolf NJW 2009, 3393 (3394). Die deklaratorische Schriftformklausel bezweckt nicht die Unwirksamkeit mündlicher Vertragsänderungen, sondern soll lediglich einen Anspruch der Parteien auf Verschriftlichung entsprechender mündlicher Abreden begründen. Sie ist damit den teilweise auch gesetzlich normierten Vorschriften vergleichbar, die einen Anspruch der Vertragsparteien auf schriftliche Niederlegung der Vertragsvereinbarung begründen, siehe etwa § 86 HGB (Handelsvertretervertrag).

[60] Wagner-von Papp CLR 2010, 511 (520).

[61] Zum Formstatut → § 3 Rn. 79.

[62] In US-amerikanischen Wirtschaftsverträgen enthielten bei einer Stichprobe von 1521 Verträgen etwa 80% eine Schriftformklausel, Benoliel DePaul Law Review 2018, 1 (2).

[63] Umfassend zum kommerziellen Bedürfnis nach Schriftformvereinbarungen Wagner-von Papp CLP 2010, 511 (544ff.).

im Unternehmen leichter sichergestellt werden.[64] Stärker als Vollständigkeitsklauseln werfen Schriftformvereinbarungen allerdings auch die Frage auf, ob sie einen (zeitlich später manifestierten) Willen der Parteien zur (formfreien) Vertragsänderung tatsächlich überwinden können: Hier stellt sich die fundamentale rechtstheoretische Frage, inwieweit die Einschränkung der Privatautonomie von der Privatautonomie der Parteien selbst gedeckt ist. Die Antwort der verschiedenen Rechtsordnungen auf diese Frage fällt denkbar unterschiedlich aus.

Leicht übersehen werden kann dabei auch, dass zumindest aus dem Blickwinkel des 33a **Europäischen Kollisionsrechts** vertraglich vereinbarte Formerfordernisse von Art. 11 Rom I-VO erfasst werden, sofern die Parteien nicht im Wege der Rechtswahl ein (formmilderes) Ortsrecht abbedungen haben.[65] In der Folge schlägt daher durch das in Art. 11 Rom I-VO verankerte **favorem validitatis** Prinzip mit Blick auf die *Wirksamkeit* der vertraglich vereinbarten Form zunächst das Recht durch (Vertragsstatut oder einschlägiges Aufenthaltsrecht), das die konkrete Formvereinbarung erlaubt.[66] Wird die (wirksam) vertraglich vereinbarte Form nicht eingehalten, bestimmen sich die daraus resultierenden Rechtsfolgen wiederum nach der **milderen derjenigen Rechtsordnungen,** die das vertragliche Formerfordernis grundsätzlich als wirksam ansehen.[67]

I. Rechtlicher Rahmen

1. Internationale Instrumente

Internationale Vereinheitlichungsprojekte sehen überwiegend die effektive Wirksamkeit 34 von Schriftformvereinbarungen vor.[68]

a) CISG

Insbesondere nach der CISG bleiben mündliche Vertragsänderungen unbeachtlich, wenn 35 die Vertragsparteien eine Schriftformvereinbarung abgeschlossen haben, Art. 29 Abs. 2 CISG. Vereinbaren die Parteien die Schriftform für Vertragsänderungen, kommt daher bei einer nachträglichen mündlichen Änderungsabrede grundsätzlich auch **keine konkludente Abbedingung** der Schriftformklausel in Betracht; eine Ausnahme in Extremfällen wird man nur dann annehmen können, wenn die Parteien im Wege der Vertragsänderung gem. Art. 6 CISG auch Art. 29 Abs. 2 CISG abbedingen wollten.[69] Unerheblich ist insbesondere auch, ob die Schriftformvereinbarung als einfache oder qualifizierte Klausel ausgestaltet bzw. individual- oder formularvertraglich vereinbart wurde.[70]

Probleme bereitet dagegen die nähere Bestimmung, was im Einzelnen unter der 36 Schriftform zu verstehen ist. Der Begriff der Schriftlichkeit umfasst nach Art. 13 CISG die (technisch allerdings längst überholten) Kommunikationsmittel Telegramm und Fernschreiben. Daraus folgt nach wohl herrschender Meinung, dass **Art. 13 CISG analog** auch auf aktuell (noch) genutzte Telekommunikationsformen wie Telefax und E-Mails an-

---

[64] *Rock Advertising Limited v MWB Business Exchange Centres Limited* [2018] UKSC 24 Rn. 16.
[65] Staudinger/Winkler von Mohrenfels BGB Art. 11 Rom I-VO BGB Rn. 42, 102.
[66] MüKoBGB/Spellenberg Art. 11 Rom I-VO Rn. 88; aA OLG Karlsruhe RIW 1993, 505.
[67] MüKoBGB/Spellenberg Art. 11 Rom I-VO Rn. 88.
[68] Siehe dazu sowie der abweichenden Regelung im DCFR (II.–4:105) Wagner-von Papp CLP 2010, 511 (522f.).
[69] So Schlechtriem/Schwenzer/Schlechtriem/Schroeter CISG Art. 29 Rn. 16, die aber an die Ausdrücklichkeit und Ernsthaftigkeit einer theoretisch möglichen formlosen Abbedingung von Art. 29 Abs. 2 CISG *„strengste Anforderungen"* stellen wollen.
[70] Einer Berufung auf die Schriftformvereinbarung kann aber uU der Missbrauchseinwand des Art. 29 Abs. 2 S. 2 CISG entgegengehalten werden, der nach überwiegender Auffassung trotz Art. 6 CISG zwingend ist, Honsell/Gsell CISG Art. 29 Rn. 32 mwN.

gewendet werden kann.[71] Mangels abweichender vertraglicher Vereinbarungen gilt Art. 13 CISG auch für die vertraglich vereinbarte Schriftform.[72]

b) Unidroit Principles of International Commercial Contracts (2016)

37 Nahezu identisch mit der Regelung in Art. 29 Abs. 2 CISG nimmt Art. 2.1.18 PICC im Gegensatz zu vielen nationalen Rechtsordnungen Schriftformklauseln wörtlich: Eine konkludente Abbedingung durch mündliche Änderungsvereinbarung der Parteien kommt damit auch hier grundsätzlich nicht in Betracht.[73]

2. Deutsches Recht

a) Individualverträge

38 Eine individualvertraglich vereinbarte Schriftformklausel führt nach der in § 125 Abs. 1 S. 2 BGB enthaltenen Vermutung *im Zweifel* zur **Unwirksamkeit mündlicher Vertragsänderungen.** Ergibt sich aus der Formulierung der Klausel mit hinreichender Klarheit, dass eine konstitutive und nicht nur deklaratorische Wirkung gewollt ist, kann die gesetzlich vorgezeichnete Vermutung nicht mehr widerlegt werden. Entscheidend eingeschränkt wird die Wirkung von Schriftformklauseln aber dadurch, dass die ständige Rechtsprechung von der Möglichkeit ihrer **konkludenten Abbedingung** durch eine (mündliche) nachvertragliche Änderungsabrede ausgeht. Dafür ist nach wohl überwiegender, wenn auch zunehmend bestrittener Auffassung nicht einmal erforderlich, dass sich die Parteien zum Zeitpunkt der mündlichen Änderungsvereinbarung über die ursprünglich vereinbarte Schriftform bewusst sind: Es reicht bereits aus, wenn sich zweifelsfrei ein Parteiwillen zur Vertragsänderung nachweisen lässt.[74] Im Ergebnis lässt sich daher festhalten, dass zumindest eine **einfache Schriftformklausel** regelmäßig kaum rechtliche Wirkung entfaltet.

39 Anders liegt es dann, wenn die Parteien auch eine Änderung der Schriftformvereinbarung selbst ausdrücklich dem Formerfordernis unterwerfen: Eine doppelte bzw. qualifizierte Schriftformvereinbarung ist nach ständiger Rechtsprechung zumindest dann gegen eine (konkludente) mündliche Aufhebung immun, wenn sie im **kaufmännischen** Geschäftsverkehr erfolgt.[75] Diese Differenzierung mag dogmatisch unbefriedigend sein, führt aber zumindest im kaufmännischen Geschäftsverkehr zu Rechtssicherheit, da die Wirksamkeit von qualifizierten Schriftformklauseln dadurch auch außerhalb von Arbeitsverträgen[76] sichergestellt ist.

b) Formularverträge

40 Formularvertragliche Schriftformvereinbarungen laufen angesichts des Vorrangs der Individualabrede gem. § 305b BGB regelmäßig **ins Leere.** Davon abgesehen können sie aber auch eine unangemessene Benachteiligung gem. § 307 Abs. 1 BGB darstellen und folglich unwirksam sein, wenn sie geeignet sind, bei der anderen Vertragspartei einen Irrtum dar-

---

[71] Staudinger/Magnus BGB Art. 13 CISG Rn. 5; BeckOGK/Thomale/Lindemann, 1.4.2022, Art. 29 CISG Rn. 23; eingeschränkter mit Blick auf E-Mails dagegen etwa Honsell/Melis CISG Art. 13 Rn. 6.

[72] Honsell/Gsell CISG Art. 29 Rn. 21.

[73] Vogenauer/Vogenauer Art. 2.1.18 PICC Rn. 5 f.

[74] MüKoBGB/Einsele § 125 Rn. 70; BAG NZA 2007, 801 (803); abweichend allerdings BGH NJW 2007, 3712 (3713) sowie unter Berufung auf neuere Rechtsprechung auch Staudinger/Hertel BGB § 127 Rn. 61.

[75] Grundlegend BGH NJW 1976, 1395; in jüngerer Zeit BGH MMR 2010, 336 (337); OLG Düsseldorf ZVertriebsR 2015, 249 (253).

[76] Zur Effektivität qualifizierter Schriftformklauseln in (individualvertraglich geschlossenen) Arbeitsverträgen BAG NJW 2003, 3725 (3727).

über auszulösen, dass mündliche Individualvereinbarungen keine Rechtswirkung entfalten. Die Rechtsprechung nimmt dies zumindest bei qualifizierten Schriftformklauseln an.[77]

c) Anforderungen an die gewillkürte Schriftform

41 In der Praxis wird häufig übersehen, dass die Anforderungen an die Einhaltung der gewillkürten Schriftform zumindest nach der gesetzlich normierten Vermutungsregelung hinter der gesetzlichen Schriftform **zurückbleiben.** Zwar gelten gem. § 127 Abs. 1 BGB die Vorschriften der §§ 126, 126a und 126b BGB *im Zweifel* auch für die durch Rechtsgeschäft bestimmte Form. Wesentliche (wenngleich in ihren Einzelheiten weiterhin umstrittene) Erleichterungen normiert aber § 127 Abs. 2 BGB, der die **telekommunikative Übermittlung** und (im Fall eines Vertrages) den Briefwechsel zur Formwahrung genügen lässt, sofern kein abweichender Parteiwille ermittelt werden kann. Nach herrschender Auffassung macht die Möglichkeit der „telekommunikativen Übermittlung" dabei eine **eigenhändige Unterschrift generell entbehrlich;**[78] auch für den Fall eines Briefwechsels wird eine eigenhändige Unterschrift überwiegend nicht mehr gefordert.[79] Nach anderer Ansicht ermöglicht § 127 Abs. 2 BGB dagegen lediglich den **Verzicht auf den Zugang** einer weiterhin eigenhändig zu unterschreibenden Originalurkunde[80]. Eine vermittelnde Meinung hält schließlich eine eigenhändige Unterschrift auf einem verkörperten Ausgangsdokument nur dann für erforderlich, wenn das Original üblicherweise eine eigenhändige Unterschrift trägt.[81] Insbesondere bei einer Übermittlung per E-Mail soll daher eine sog. textliche Unterschrift in Form einer Namensnennung am Ende der E-Mail in jedem Fall genügen.[82]

Haben die Parteien vertraglich die **elektronische Form** vereinbart, genügt (soweit kein abweichender Wille anzunehmen ist) nach § 127 Abs. 3 BGB auch eine andere als die in § 126a BGB bestimmte **(qualifizierte) elektronische Signatur** (etwa eine einfache Signatur durch textliche Unterschrift unter einer E-Mail) sowie ein Austausch von Angebots- und Annahmeerklärung mit jeweils elektronischer Signatur. 41a

Angesichts der verbleibenden, nicht unerheblichen **Rechtsunsicherheiten** empfiehlt sich in jedem Fall, die Anforderungen an die gewillkürte Schriftformklausel **vertraglich genau zu spezifizieren.** 42

3. Schweizer Recht

43 Das Schweizer Recht enthält in Art. 16 Abs. 1 OR eine dem § 125 Abs. 1 S. 2 BGB vergleichbare Regelung, der zu Folge im Fall eines vertraglich vereinbarten Formerfordernisses die **Unwirksamkeit** einer formlosen Vertragsänderung **vermutet** wird und die Schriftformklausel damit im Zweifel **konstitutive Wirkung** haben soll.[83] Über seinen Wortlaut hinaus kommt Art. 16 OR auch auf einseitige Willenserklärungen wie Kündigungs- und Rücktrittserklärungen zur Anwendung.[84]

---

[77] OLG Rostock NJW 2009, 3376: *„Eine Schriftformklausel, die nicht nur für Vertragsänderungen die Schriftform vorschreibt, sondern auch Änderungen der Schriftformklausel ihrerseits der Schriftform unterstellt (sog. doppelte Schriftformklausel), erweckt den Eindruck, als könnte sie nicht durch eine die Schriftform nicht wahrende Vereinbarung abbedungen werden".*

[78] Generell für eine Entbehrlichkeit der eigenhändigen Unterschrift OLG München GWR 2012, 110 (für den Fall einer Kündigungserklärung per E-Mail); OLG Schleswig CuR 2021, 176 (177); MükoBGB/Einsele § 127 Rn. 10; Grüneberg/Ellenberger BGB § 127 Rn. 2; Neuner Allgemeiner Teil § 45 Rn. 87.

[79] MüKoBGB/Einsele § 127 BGB Rn. 11; aA etwa Staudinger/Hertel BGB § 127 Rn. 28.

[80] LG Köln GWR 2010, 68; in diese Richtung auch Ergert-Gillern/von der Groeben BKR 2022, 29 (33), für die sich eine strengere Form als die Textform aber (zumindest bei komplexeren Finanzierungsvereinbarungen) regelmäßig schon aus dem Parteiwillen ergeben dürfte.

[81] Staudinger/Hertel BGB § 127 Rn. 44c; BeckOGK/Wollenschläger, 1.5.2022, § 127 BGB Rn. 57.

[82] BeckOGK/Wollenschläger, 1.5.2022, § 127 BGB Rn. 57.

[83] BGE 100 II 21.

[84] BGE 95 II 43 (46ff.).

44 Die Anforderungen an eine vertraglich nicht näher spezifizierte gewillkürte Schriftform entsprechen gem. Art. 16 Abs. 2 OR dabei den Voraussetzungen der **gesetzlichen Schriftform** in Art. 13–15 OR und setzen daher (anders als nach herrschender Auffassung im deutschen Recht gem. § 127 Abs. 2 BGB → Rn. 41 oben) grundsätzlich eine **eigenhändige Unterschrift** beider Parteien (Art. 13 Abs. 1, Art. 14 Abs. 1 OR) voraus.[85] Nach wohl überwiegender Auffassung muss allerdings das unterschriebene Originaldokument nicht zwingend selbst dem Empfänger zugehen; insbesondere eine Übermittlung der unterschriebenen Originalurkunde per Telefax (und wohl auch einer im Original unterschriebenen und im Anschluss eingescannten Urkunde per Email als Bilddatei bzw. PDF) soll ausreichen.[86] Darüber hinaus wollen Stimmen in der Literatur zumindest eine im **unternehmerischen Geschäftsverkehr** vertraglich vereinbarte Schriftformklausel so auslegen, dass sie auch einen Austausch der Vertragserklärungen rein per Email abdeckt.[87]

45 Auch nach Schweizer Rechtsprechung kann in der formlosen Änderungsvereinbarung allerdings zugleich eine **konkludente Aufhebung der Schriftformvereinbarung** zu sehen sein.[88] Anders als im deutschen Recht dürfte dies wohl selbst für eine **qualifizierte Schriftformklausel** gelten, auch wenn insbesondere in dieser Fallkonstellation eine (konkludente) Aufhebung nicht leichthin anzunehmen sein soll.[89] Nach anderer Ansicht kommt eine konkludente Aufhebung dagegen grundsätzlich nicht in Betracht.[90]

4. Anglo-amerikanisches Recht

a) Englisches Recht

46 Schriftformklauseln haben englische Gerichte lange kaum beschäftigt. Einige wenige Entscheidungen der Instanzgerichte ließen zunächst erkennen, dass eine Schriftformvereinbarung durch eine mündliche Änderungsvereinbarung wohl auch konkludent jederzeit aufgehoben werden kann.[91] Grundlegend geändert hat sich das durch eine **Leitentscheidung des UK Supreme Court** aus dem Jahr 2018, in der dieser zu dem Schluss gelangt ist, dass Schriftformklauseln generell (dh unabhängig davon, ob sie individual- oder formularvertraglich vereinbart bzw. als einfache oder doppelte Schriftformvereinbarung abgeschlossen wurden) **nicht konkludent im Rahmen einer mündlichen Änderungsvereinbarung aufgehoben** werden können.[92] Vergleichbar mit Art. 29 Abs. 2 S. 2 CISG kann sich eine Partei mit Blick auf die vereinbarte Form lediglich dann nicht auf die Unwirksamkeit einer mündlichen Änderungsabrede berufen, wenn sie bei der anderen Partei

---

[85] BSK/Schwenzer/Fountoulakis OR I Art. 16 Rn. 7; die Unterzeichnung durch eine Partei allein reicht nur dann aus, wenn die Änderungsvereinbarung die andere Partei ausschließlich begünstigt, BG Urt. v. 3.9.2018 – 4 A 265/2018 Rn. 2.1.2 Der eigenständigen Unterschrift gleichgestellt ist die mit einem qualifizierten Zeitstempel verbundene qualifizierte elektronische Signatur gem. Bundesgesetz vom 18.3.2016 über die elektronische Signatur (ZertES), Art. 14 Abs. 2bis OR.

[86] BSK/Schwenzer/Fountoulakis OR I Art. 13 Rn. 14b f. mwN; offengelassen bei Koller OR AT Rn. 12.47.

[87] Koller OR AT Rn. 12.155 mwN.

[88] BGE 125 III 263 (268); Emmenegger/Döbeli Gedenkschrift für Claire Huguenin S. 99 (102) mwN zur aktuellen Rechtsprechung; kritisch dazu aber Gabriel SJZ 2010, 533 (536).

[89] BSK/Schwenzer/Fountoulakis OR I Art. 16 Rn. 11; grundsätzlich auch HG Urt. v. 19.11.2019 – HG180221-O, E. 4.4: *„Der vertragliche Formvorbehalt kann jederzeit, auch stillschweigend oder durch konkludentes Handeln, aufgehoben werden. Soweit die Parteien auch die Vertragsänderung einer Form unterstellen, kann eine formfreie Aufhebung nicht leichthin angenommen werden (…). Ein nachträglicher konkludenter Verzicht auf eine vorbehaltene Form wird namentlich angenommen, wenn die Parteien vor der Erfüllung der Form vertragliche Leistungen vorbehaltlos erbringen und entgegennehmen"*.

[90] So (wohl auch für eine einfache Schriftformklausel mit Ausnahme rechtsmissbräuchlicher Konstellationen) Gabriel SJZ 2010, 533 (539); eingeschränkt auf entsprechend „eindeutig" formulierte Schriftformklauseln auch BK/Kramer/Schmidlin Art. 16 OR Rn. 49.

[91] So noch *Westbrook Resources Ltd v. Globe Metallurgical Inc* [2009] EWCA Civ 310 Rn. 13; *World Online Telecom Ltd v I-Way Ltd* [2002] EWCA Civ 413 Rn. 12; *Energy Venture Partners Ltd v Malabu Oil and Gas Ltd* [2013] EWHC 2118 (Comm) Rn. 274.

[92] *Rock Advertising Limited v MWB Business Exchange Centres Limited* [2018] UKSC 24 Rn. 12. Kritisch zu der Entscheidung Raphael L.Q.R. 2022, 299 (302 ff.).

ein schutzwürdiges Vertrauen darüber erzeugt hat, dass sie die Verbindlichkeit der Änderungsvereinbarung nicht wegen Formunwirksamkeit später in Frage stellen werde (sog. „estoppel" Einwand).[93]

Unabhängig davon genügen für die Einhaltung selbst des gesetzlich vorgesehenen Formerfordernisses „in writing" nach Auffassung der englischen Gerichte grundsätzlich auch elektronische Übertragungsmittel wie unter anderem E-Mails; eine **eigenhändige Unterschrift** der Parteien wird überwiegend **nicht gefordert.** Beispielsweise verlangen s. 2 Abs. 1, Abs. 3 Law of Property (Miscellaneous Provisions) Act 1989 sowie s. 4 Statute of Frauds 1677 für die Wirksamkeit bzw. Durchsetzbarkeit von Verpflichtungsverträgen über die Übertragung dinglicher Rechte an Grundstücken bzw. für Bürgschaftserklärungen grundsätzlich sowohl eine Abfassung „in writing" als auch ein „signing" durch beide Parteien. In beiden Fällen hat die Rechtsprechung den Austausch der beiden vertraglichen Willenserklärungen per E-Mail (ohne eine wie auch immer geartete qualifizierte Signatur, sondern lediglich mit Nennung des Absenders am Ende der E-Mail) als ausreichend erachtet.[94] Mangels anderweitiger vertraglicher Vereinbarung dürfte für eine vertraglich vereinbarte Schriftform damit nichts anderes gelten.[95] 47

b) US-amerikanisches Recht

Auch das common law der meisten US-Bundesstaaten geht im Ausgangspunkt ganz überwiegend davon aus, dass Schriftformklauseln der Wirksamkeit einer formlosen Abänderungsvereinbarung nicht entgegenstehen.[96] Praxisrelevante Ausnahmen gelten allerdings im Fall von Kaufverträgen, da § 2–209 Abs. 2 UCC[97] die Wirkung von Schriftformvereinbarungen ausdrücklich anerkennt. Für andere Vertragstypen sehen einzelne US-Bundesstaaten teilweise vergleichbare Regelungen vor: So erkennt insbesondere das für internationale Wirtschaftsverträge besonders relevante Recht von **New York** (§ 15–301 NY General Obligations Law) die volle Wirkung von Schriftformvereinbarungen ausdrücklich an.[98] 48

Die aus dem common law stammenden Rechtsinstitute eines „waiver" bzw. die aus dem equity-Recht stammende Doktrin einer „estoppel" können aber zur Unbeachtlichkeit der Schriftform führen. Eine entsprechende Ausnahme ist auch in § 2–209 Abs. 4 UCC kodifiziert. 49

II. Vertragsgestaltung

1. Konstitutive und doppelte Schriftformklausel

Eine gute Schriftformklausel sollte angesichts der gesetzlich häufig vorgesehenen bloßen Vermutung in diesem Sinne zunächst die Klarstellung enthalten, dass sie als **konstitutive** 50

---

[93] *Rock Advertising Limited v MWB Business Exchange Centres Limited* [2018] UKSC 24 Rn. 16.

[94] *Golden Ocean Group Ltd v Salgaocar Mining Industries* [2012] EWCA Civ 265 Rn. 32; *Neocleous v Rees* [2019] EWHC 2462 (Ch) Rn. 51: *„The Defendant's approach to the meaning of „signed", that it requires a handwritten name (or at least a facsimile of such handwriting), depends, as indicated above, on the alleged meaning of that word to the ordinary person. But herein lies a contradiction (…). the ordinary usage of words has a tendency to develop. This can be demonstrated clearly on the material before the court in this case – the word „signature" is used in a different sense (…) Many an „ordinary person" would consider that what is produced when one stores a name in the Microsoft Outlook „Signature" function with the intent that it is automatically posted on the bottom of every email is indeed a „signature."*

[95] McMeel Construction of Contracts Rn. 26–04 unter Verweis auf Schedule 1 Interpretation Act 1978 und die Interpretation dieser Vorschrift durch die englische Law Commission.

[96] Wagner-von Papp CLR 2010, 511 (525).

[97] § 2–209 UCC: *„An agreement in a signed record which excludes modification or rescission except by a signed record cannot be otherwise modified or rescinded, but except as between merchants such a requirement in a form supplied by the merchant must be separately signed by the other party."*

[98] Wagner-von Papp CLR 2010, 511 (562) mit Rechtsprechungsnachweisen zur Auslegung dieser Bestimmungen.

und nicht nur deklaratorische Formvorschrift gewollt ist. Das lässt sich am besten dadurch erreichen, dass die Rechtsfolge – die Unwirksamkeit der nicht formgerechten Abänderung – wie im folgenden Formulierungsbeispiel in der Klausel ausdrücklich angeordnet wird. Insbesondere bei Geltung deutschen Rechts empfiehlt sich (individualvertraglich!) die Ausgestaltung als doppelte bzw. qualifizierte Schriftformklausel.[99] In anderen Rechtsordnungen bleibt dagegen zweifelhaft, ob mit der Erstreckung des Formerfordernisses auf die Schriftformklausel selbst eine weitergehende Absicherung erreicht werden kann. Ein Versuch ist es jedenfalls wert.

Klauselbeispiel für eine konstitutive doppelte Schriftformklausel

[•] Written form requirement

(1) Any changes, additions or amendments to this contract shall only be valid and come into effect if made in writing.

(2) The same shall apply to any agreement setting aside this written-form requirement.

51 Im Fall von Allgemeinen Geschäftsbedingungen sind einfache Schriftformklauseln grundsätzlich wirkungslos und doppelte Schriftformklauseln sogar unwirksam. Mit dem folgenden Klauselvorschlag kann möglicherweise zumindest das Verdikt einer Unwirksamkeit der Klausel wegen Irreführung verhindert werden. Die Klausel hilft freilich auch nicht weiter, wenn in der mündlichen Abänderung individuell ausgehandelter Klauseln zugleich eine konkludente Abänderung der Schriftformvereinbarung erblickt wird – dann überwindet § 305b BGB auch die (vorformulierte) doppelte Schriftformvereinbarung.

Klauselbeispiel für eine konstitutive doppelte Schriftformklausel in Formularverträgen (deutsches Recht)

§ [•] Written form requirement

(1) Any changes, additions or amendments to this contract shall only be valid and come into effect if made in writing. The same shall apply to any agreement setting aside this written-form requirement.

(2) This written form requirement shall not apply in the event of oral modifications, additions or amendments in relation to contractual clauses constituting general terms and conditions in the meaning of § 305 German Civil Code (BGB).

2. Voraussetzungen der gewillkürten Schriftform im Einzelnen

52 Was genau unter der gewillkürten Schriftform „in writing" zu verstehen ist, kann in den meisten Rechtsordnungen erhebliche **Rechtsunsicherheiten** auslösen, da seit dem Siegeszug der elektronischen Kommunikationsmittel die maßgeblichen Anforderungen in nahezu allen Rechtsordnungen im Fluss sind. Nach § 127 Abs. 2 S. 1 BGB wird anders als bei der gesetzlichen Schriftform das gewillkürte Formerfordernis im Zweifel auch durch eine telekommunikative Übermittlung oder einen Briefwechsel erfüllt.[100] Noch niedriger liegen die Anforderungen im englische Recht.[101] Daraus folgt, dass wirksame Vertragsänderungen durch Telekommunikationsmittel wie E-Mails oder Tele- oder Computerfax regelmäßig möglich sind, ohne dass eine Kopie oder ein Faksimile der Unterschrift unter der jeweiligen Erklärung erforderlich wäre.[102] Wollen die Parteien dies vermeiden, sollte die Schriftformvereinbarung ausdrücklich das Erfordernis einer eigenhändigen Unterschrift anordnen. Umgekehrt empfiehlt sich (insbesondere bei Anwendbarkeit des Schweizer

[99] Schwenzer/Hachem/Kee Global Sales Rn. 14.13, verwenden als englischsprachige Bezeichnung einer doppelten Schriftformvereinbarung den Begriff der *„double barelled no modication clause"*.

[100] → Rn. 41.

[101] → Rn. 47.

[102] Bloching/Ortloff BB 2011, 2571 (2573). Anders dagegen im Schweizer Recht, weil Art. 16 Abs. 2 OR ohne Einschränkung auf die für die gesetzliche Schriftform einschlägigen Formvorschriften verweist.

Rechts) eine entsprechende Klarstellung, wenn eine eigenhändige Unterschrift grundsätzlich nicht notwendig sein soll.

Klauselbeispiel für die Vereinbarung einer strengen Schriftform (eigenhändige Unterschriftsleistung durch die Parteien)

Any modification or amendment of this contract shall only be valid and binding if executed in writing by an amendment contract signed by hand.

Umgekehrt können die Parteien aber auch die Voraussetzungen an die gewillkürte Schriftform absenken bzw. entsprechende gesetzliche Vermutungen hinsichtlich von Formerleichterungen durch Telekommunikationsmittel verbindlich bestätigen. Insbesondere kann – wie im folgenden Klauselbeispiel – auf die eigenhändige Unterzeichnung der jeweiligen Änderungsvereinbarung verzichtet werden. 53

Klauselbeispiel für eine weitreichende Auflockerung der Schriftform

(1) The written form requirement is also deemed complied with in the event of any communications exchanged between the Parties by way of i) fax ii) E-Mail or iii) an exchange of letters.

(2) For the avoidance of doubt, in the event of any of the foregoing means of communication, a signature of the respective party is not required.

Eine Kompromisslösung kann zuletzt darin gefunden werden, dass die Ergänzungsvereinbarung im Original zwar eigenhändig von den Parteien unterschrieben werden muss, eine anschließende Übermittlung der unterschriebenen Urkunde per Fax oder Computerfax bzw. als eingescannte PDF-Datei per E-Mail aber ausreichend ist. 54

Klauselbeispiel für eine Auflockerung der Schriftform (Zulässigkeit der elektronischen Übermittlung der unterzeichneten Vertragsänderung)

§ [•] Written form requirement

(1) Any modification or amendment of this contract is only valid and binding if executed in writing by an amendment contract signed by hand.

(2) Signatures to such an amendment contract transmitted by fax, by E-Mail in portable document format or by any other electronic means intended to preserve the original graphic and pictorial appearance of the signed amendment contract shall however have the same effect as physical delivery of the paper document bearing an original signature.

Denkbar ist schließlich eine Regelung, dass sich die Parteien (auch) im Fall einer Änderungsvereinbarung einer **qualifizierten oder fortgeschrittenen eSignatur** bedienen (müssen), die von privaten Anbietern wie etwa dem dafür gegenwärtig wohl bekanntesten Unternehmen DocuSign[103] bereitgestellt werden. Die eIDAS-Verordnung der EU[104] unterscheidet zwischen der einfachen, der fortgeschrittenen (FES) sowie der qualifizierten elektronischen Signatur (QES). Während es bei der einfachen eSignatur genügt, dass der Empfänger des elektronischen Dokuments die Person des Absenders identifizieren kann (ausreichend ist etwa der unter einer E-Mail eingetippte Name des Absenders),[105] sehen die fortgeschrittene und die qualifizierte eSignatur zusätzliche Anforderungen vor, um Manipulationen zu verhindern. Da die Anforderungen an eine qualifizierte Signatur be- 54a

[103] https://www.docusign.de.

[104] Verordnung (EU) Nr. 910/2014 des Europäischen Parlaments und des Rates vom 23.7.2014 über elektronische Identifizierung und Vertrauensdienste für elektronische Transaktionen im Binnenmarkt und zur Aufhebung der Richtlinie 1999/93/EG, ABl. L 257 v. 28.8.2014, S. 73. Ob Verträge bzw. Vertragsänderungen formbedürftig sind oder nicht, überlässt die eIDAS-Verordnung dem nationalen Recht der Mitgliedsstaaten (Art. 2 Abs. 3).

[105] Fisch ZIP 2019, 1901 (1903).

sonders hoch sind, bietet sich in der Praxis die fortgeschrittene elektronische Signatur an.[106]

Klauselbeispiel für die Vereinbarung elektronischer Form mit fortgeschrittener/qualifizierter eSignatur

[•] Form requirement regarding modifications and amendments of this contract

Any modification or amendment of this contract is only valid and binding if the corresponding declarations of the parties are exchanged between them in electronic form and are each provided with an advanced electronic signature in accordance with Art. 26 Regulation (EU) No 910/2014 (*alternativ:* a qualified electronic signature in accordance with Art. 28 Regulation (EU) No 910/2014) of the European Parliament and of the Council.

3. Schriftformklausel in Bezug auf einseitige Erklärungen

55 Vertraglich kann auch für einseitige Erklärungen, insbesondere die Ausübung von Gestaltungsrechten wie Rücktritt, Anfechtung, Kündigung etc eine bestimmte Form verlangt werden.[107] Auch hier empfiehlt es sich, zur Vermeidung von Rechtsunsicherheiten sowohl den konstitutiven (oder falls gewollt lediglich deklaratorischen) Charakter der Schriftform ausdrücklich zu vereinbaren, als auch die genaueren Anforderungen an die Schriftform in der Klausel selbst festzulegen. Das nachfolgende Klauselbeispiel ordnet so etwa die Schriftform als Wirksamkeitsvoraussetzung einer entsprechenden Gestaltungserklärung an. Die Schriftform setzt dabei eine Unterzeichnung voraus, lässt aber auch die Übermittlung des unterzeichneten Dokuments auf elektronischem Weg zu.

Klauselbeispiel für die Vereinbarung der Schriftform bei Gestaltungserklärungen einer Vertragspartei

[•] Notices

(1) All communications relating to this agreement, including but not limited to any notice of termination, shall be in writing and signed by the respective Party in order to be effective and shall be delivered by hand or sent by registered post or facsimile to the party concerned at the appropriate address shown at the front of this contract or such other address as may be notified from time to time in accordance with clause [•] by the relevant Party.

(2) For the avoidance of doubt, communications transmitted by E-Mail in portable document format or by any other electronic means intended to preserve the original graphic and pictorial appearance of the signed notice shall have the same effect as physical delivery of the paper document bearing an original signature.

D. Salvatorische Klauseln

56 Regelungsziel der salvatorischen Klausel ist zum einen die Erhaltung des (Rest-)Vertrages im Fall der Unwirksamkeit einzelner Vertragsbestimmungen (Erhaltungsklausel – severability clause). Neben der Erhaltungsfunktion dient die um eine **Ersetzungsklausel** (reformation clause) erweiterte salvatorische Klausel aber auch der Füllung der durch die unwirksame Vertragsklausel hinterlassenen Vertragslücke.

---

[106] Zu den Voraussetzungen im Einzelnen Scriba/Liesegang ZVertriebsR 2021, 348 (349 ff.).

[107] Auch bei deutschem Recht als Vertrags- bzw. Formstatut bestehen gegen eine entsprechende Klausel im unternehmerischen Geschäftsverkehr grundsätzlich keine Bedenken; § 309 Nr. 13 lit. b) BGB hat auch keine Ausstrahlungswirkung auf § 307 BGB, Wolf/Lindacher/Pfeiffer/Dammann AGB-Recht § 309 Nr. 13 BGB Rn. 70 ff. mwN.

In der Praxis werden Erhaltungs- und Ersetzungsfunktion insbesondere bei Verstößen von Vertragsbestimmungen gegen zwingendes Vertragsrecht oder Kartellrecht relevant – etwa dann, wenn vertragliche Haftungsbeschränkungen nicht die erforderlichen Rückausnahmen vorsehen oder Wettbewerbsbeschränkungen wie Wettbewerbsverbote, Gebiets- oder Kundenschutzbeschränkungen über das räumlich und zeitlich gerade noch zulässige Maß hinausgehen. 57

Anders als bei Vollständigkeitsklauseln und Schriftformvereinbarungen besteht die Problematik salvatorischer Klauseln nicht darin, dass sie in einem Spannungsverhältnis zu einem zeitlich vor oder nach Vertragsabschluss geäußerten abweichenden Parteiwillen stehen. Insbesondere Ersetzungsklauseln können aber dem **Präventions- und Sanktionsinteresse** von Rechtsordnungen zuwiderlaufen, weil sie die Rechtsfolgen der Unwirksamkeit reduzieren und damit die Vereinbarung rechtswidriger Bestimmungen fördern können. 58

I. Rechtlicher Rahmen

1. Deutsches Recht

a) Individualverträge

Im deutschen Recht ist eine vertragliche **Erhaltungsklausel** schon wegen § 139 BGB sinnvoll, da andernfalls die in dieser Vorschrift normierte (widerlegbare) gesetzliche Vermutung für die Unwirksamkeit des verbleibenden Restvertrages eingreift. Weil § 139 BGB eine dispositive Vorschrift ist,[108] bestehen gegenüber einer individualvertraglichen Erhaltungsklausel keine Wirksamkeitsbedenken. Die ständige höchstrichterliche Rechtsprechung legt die herkömmliche salvatorische Erhaltungsklausel allerdings eng aus: Sie soll im Ergebnis nur eine **Umkehr** der von § 139 BGB angeordneten Vermutung für die Unwirksamkeit des Restvertrages bewirken, nicht aber Darlegung und Beweis für einen Parteiwillen ausschließen, dass aufgrund des Wegfalls der betroffenen Klausel doch der gesamte Vertrag hinfällig sein soll.[109] Letzteres ist dann der Fall, wenn durch die Teilnichtigkeit der Gesamtcharakter des Vertrages verändert würde.[110] Wollen die Vertragsparteien eine über die bloße Umkehr der in § 139 BGB geregelten Darlegungs- und Beweislast hinausgehende Wirkung erzielen, muss sich dies daher eindeutig aus der Klausel selbst ergeben. 59

Auch eine vertragliche **Ersetzungsklausel** ist individualvertraglich grundsätzlich zulässig. Fehlt sie, kann ein vergleichbares Ergebnis allerdings häufig auch schon durch eine direkte oder analoge Anwendung von § 139 BGB bzw. eine **(ergänzende) Vertragsauslegung** erzielt werden: Das gilt etwa für individualvertragliche Haftungsbeschränkungen, die keine Rückausnahme für Vorsatz vorsehen (§ 276 Abs. 3 BGB)[111] oder Wettbewerbsverbote, soweit sie in zeitlicher Hinsicht über das kartellrechtlich zulässige Maß hinausge- 60

[108] Staudinger/Roth BGB § 139 Rn. 22; BGH NJW 2010, 1364.

[109] BGH NJW 2010, 1660 (1661); grundlegend dazu BGH GRUR 2004, 353 (Tennishallenpacht).

[110] BGH NJW-RR 2022, 336 (340).

[111] OLG Köln NJW-RR 2001, 1302; Staudinger/Roth BGB § 139 Rn. 14, für ein entsprechendes Ergebnis bereits im Wege der (einfachen) Auslegung BGH NJOZ 2019, 1338 (1339): *„Eine Haftung des Schuldners für eine eigene vorsätzliche Pflichtverletzung können die Parteien jedoch nicht im Voraus ausschließen (§ 276 III BGB). Da nicht angenommen werden kann, dass die Parteien eine gegen diese zwingende gesetzliche Regelung verstoßende Vereinbarung treffen wollten, ist die Schwundklausel dahin auszulegen, dass die Parteien damit eine Haftung der Kl. für vorsätzliches Verhalten nicht ausschließen wollten. Die Revision macht allerdings ohne Erfolg geltend, die wegen des Verstoßes gegen § 276 III BGB gegebene teilweise Unwirksamkeit der Schwundklausel führe gem. § 139 BGB zur Nichtigkeit der gesamten Schwundklausel. Die Schwundklausel verstößt nicht gegen § 276 III BGB. Sie ist vielmehr im Blick auf § 276 III BGB dahin auszulegen, dass sie die Haftung der Kl. bei vorsätzlichem Verhalten nicht ausschließt.“*

hen.[112] Unabhängig davon, ob die Ersetzungsklausel mit Blick auf eine unwirksame Vertragsbestimmung eine automatische Ersetzung oder eine Ersetzungspflicht der Vertragsparteien durch Neuverhandlungen[113] vorsieht, ist Voraussetzung für ihre Wirksamkeit jedoch, dass sie hinreichend bestimmt genug ist, um den Inhalt der konkreten Ersatzbestimmung durch einfache oder ergänzende Vertragsauslegung festlegen zu können. Das ist regelmäßig der Fall, soweit nichtige Vertragsbestimmungen ersetzt werden müssen – nicht dagegen, wenn eine vertragliche Regelungslücke geschlossen werden soll.[114]

61 Im Einzelfall kann die Ersetzungsklausel aber auch in Individualverträgen wirkungslos bleiben: Das gilt namentlich bei einer Nichtigkeit von Vertragsvereinbarungen aus **kartellrechtlichen** Gründen. Zwar verbietet das Europäische Kartellrecht im Grundsatz selbst weder Erhaltungs-, noch Ersetzungsklauseln, weil die Regelung der zivilrechtlichen Folgen einer Unwirksamkeit gem. Art. 101 Abs. 2 AEUV nach Rechtsprechung des EuGH dem nationalen (Zivil-)Recht überlassen bleiben soll.[115] Da die deutsche Rechtsprechung allerdings die geltungserhaltende Reduktion zuweilen als Verstoß gegen die vom Kartellrecht intendierte Sanktionswirkung ansieht,[116] besteht das Risiko, dass aus den gleichen Gründen auch eine Ersetzungsklausel nicht akzeptiert werden wird – auch wenn diese Auffassung schon deswegen angreifbar ist, weil kartellrechtliche Sanktionen ohnehin unabhängig von der zivilrechtlichen Nichtigkeit der betroffenen Klausel eingreifen können.[117]

b) Formularvertragliche Vereinbarungen

62 In Umkehr der in § 139 BGB enthaltenen Vermutung bleibt der Vertrag trotz des Umstandes, dass Allgemeine Geschäftsbedingungen nicht Vertragsbestandteil geworden oder unwirksam sind, im Übrigen wirksam; § 306 Abs. 1 BGB geht § 139 BGB als *lex specialis* vor.[118] Damit kommt der Erhaltungsklausel in Allgemeinen Geschäftsbedingungen im Wesentlichen eine rein deklaratorische Wirkung zu. AGB-rechtlich unzulässig ist dagegen die Ersetzungsklausel: Sie widerspricht dem **Verbot der geltungserhaltenden Reduktion,** weil mit ihr der Versuch unternommen wird, die unwirksame Klausel entgegen der gesetzlich angeordneten Rechtsfolge auf das gerade noch zulässige Maß zurückzuführen. Nach herrschender Meinung stellt sie daher eine unangemessene Benachteiligung gem. § 307 BGB dar, weil sie vom gesetzlichen Leitbild des § 306 Abs. 2 BGB abweicht.[119]

2. Schweizer Recht

63 Anders als das deutsche Recht geht Art. 20 Abs. 2 OR[120] von der Vermutung der Restwirksamkeit des Vertrages aus (sog. Teilnichtigkeitsregel). Da Art. 20 Abs. 2 OR dispositi-

[112] So bereits BGH NJW 1985, 2693 (2695). Für die weitergehende Zulässigkeit einer geltungserhaltenden räumlichen und gegenständlichen Reduktion einer überschießenden markenrechtlichen Abgrenzungsvereinbarung BGH NJW-RR 2011, 835 (839).

[113] Im ersteren Fall stellt die Ersetzungsklausel dogmatisch eine (bei anfänglicher Unwirksamkeit unechte) Rechtsbedingung im Sinne von § 158 BGB dar. Die Ersetzungsverpflichtung durch die Parteien ist demgegenüber richtigerweise als Vorvertrag einzuordnen, s. zum Ganzen Michalski NZG 1998, 7 (8 ff.).

[114] Michalski NZG 1998, 7 (9).

[115] EuGH RIW 1987, 795 – „V.A.G. France/Magne".

[116] Anders als bei zeitlichen Überschreitungen kommt eine geltungserhaltende Reduktion nach der Rechtsprechung insbesondere bei räumlich überschießenden Wettbewerbsverboten grds. nicht in Betracht, s. zuletzt OLG Düsseldorf BeckRS 2014, 17538 mwN zur ständigen BGH-Rechtsprechung. Zu einer kritischen Würdigung dieser Rechtsprechung Bunte GRUR 2004, 301 (304).

[117] Zu dieser Problematik generell (auch mit Verweis auf den effet utile Grundsatz des Unionsrechts) Loewenheim/Meessen/Riesenkampff/Jaeger Kartellrecht Art. 101 AEUV Rn. 27 ff.

[118] BeckOGK/Bonin, 1.3.2022, § 306 BGB Rn. 1.

[119] BGH NJW 2016, 401 (402); BeckOGK/Bonin, 1.3.2022, § 306 BGB Rn. 74; MüKoBGB/Basedow § 306 Rn. 44.

[120] Art. 20 Abs. 2 OR: *„Betrifft aber der Mangel bloss einzelne Teile des Vertrages, so sind nur diese nichtig, sobald nicht anzunehmen ist, dass er ohne den nichtigen Teil überhaupt nicht geschlossen worden wäre."*

ver Natur[121] ist, dürfte nichts dagegensprechen, dass die Parteien – falls gewünscht – diese positive gesetzliche Vermutung als **unwiderlegliche Rechtsfolge** ausgestalten.

Zugleich folgt bereits aus einer direkten bzw. analogen Anwendung von Art. 20 Abs. 2 64 OR bzw. einer ergänzenden Vertragsauslegung die Möglichkeit einer Ersetzung einzelner unwirksamer Klauseln[122] (insbesondere im Wege der geltungserhaltenden Reduktion), die vom Schweizer Bundesgericht bislang auch im Fall von vorformulierten Vertragsbedingungen durchgeführt wird, sofern nicht – wie im Fall von zwingendem Verbraucherschutzrecht – ein Verstoß gegen eine zwingende Norm zum Schutz einer **schwächeren Vertragspartei** vorliegt.[123]

3. Anglo-amerikanisches Recht

a) Englisches Recht

Vergleichsweise wenig Aufmerksamkeit erfahren salvatorische Klauseln in Rechtsprechung 65 und Literatur zum englischen Recht. Grund dafür dürfte sein, dass die Parteien durch vertragliche Vereinbarungen ohnehin nur sehr eingeschränkt auf die aus dem common law stammende **„doctrine of severance"** Einfluss nehmen können. Im Ausgangspunkt bleiben Verträge im Fall einzelner unwirksamer Klauseln nach dieser Doktrin auch im englischen Recht grundsätzlich wirksam, wenn der verbleibende (abtrennbare) Restvertrag immer noch hinreichend von einer „consideration" der Parteien (gegenseitige Leistungsversprechen) unterstützt wird und mit dem ursprünglichen Vertrag immer noch wesensgleich ist.[124]

Eine geltungserhaltende Reduktion unwirksamer Klauseln im englischen Recht kommt 66 dagegen grundsätzlich nicht in Betracht, da die Gerichte nicht befugt sind, den Vertrag der Parteien umzuschreiben. Nur wenn bei Streichung der unwirksamen Bestimmungen einer Vertragsklausel im Wege des **blue pencil test** ein auch ohne die Streichung selbstständig sinnvoller Rest verbleibt, kann dieser aufrechterhalten werden.[125] Innerhalb einer einheitlichen Klausel soll der **blue pencil test** aus Wertungsgründen allerdings zumindest dann nicht zur Anwendung kommen, wenn und soweit der UCTA 1977 einschlägig ist.[126] Ähnlich wie im deutschen AGB-Recht können diese Schranken auch nicht durch eine automatische Ersetzungsklausel überwunden werden. Eine Ersetzungsklausel, die eine Verhandlungspflicht der Parteien vorsieht, dürfte wiederum voraussichtlich an der nach dem Verständnis des common law **mangelnden Bestimmtheit** einer solchen Abrede scheitern.[127] Insbesondere bei vertraglichen Haftungsbeschränkungen wird diese Problematik allerdings dadurch entscheidend entschärft, dass die Gerichte zwingende Rückausnahmen (carve outs) teilweise (insbesondere für den Fall von fraud) im Wege der Auslegung in die Klausel „hineinlesen" und eine Unwirksamkeit der gesamten Klausel damit abgewendet

---

121 BSK/Meise/Huguenin OR I Art. 19/20 Rn. 68.

122 BSK/Meise/Huguenin OR I Art. 19/20 Rn. 65.

123 Pfeiffer FS Westphalen S. 555 (561) unter Verweis auf BG Urt. v. 18.12.2008 – 4 A_404/2008; für eine weitergehende Relevanz dieser Entscheidung auch für den unternehmerischen Geschäftsverkehr allerdings Ehle/Brunschweiler RIW 2012, 262 (269).

124 *Tillman v Egon Zehnder Ltd* [2019] UKSC 32 Rn. 85 ff.

125 Chitty on Contracts General Principles Rn. 18–255; *Beckett Investment Management Ltd & Ors v Glyn Hall & Ors* [2007] EWCA Civ 613 Rn. 40: „(…) *a contract which contains an unenforceable provision nevertheless remains effective after the removal or severance of that provision if the unenforceable provision is capable of being removed without the necessity of adding to or modifying the wording of what remains*".

126 *St Stewart Gill v. Horatio Myer* [1992] QB 600 (609); *Lobster Group Ltd v Heidelberg Graphic Equipment Ltd & Anor* [2009] EWHC 1919 Rn. 131. Großzügiger allerdings *Goodlife Foods Ltd v Hall Fire Protection Ltd* [2017] EWHC 767 (TCC) Rn. 69: „(…) *where a case seeks to exclude liability for death or personal injury and also liability for other kinds of loss or damage, the former can simply be excised and the remainder upheld as reasonable if appropriate to do so* (…)".

127 Encyclopedia of Forms and Precedents Vol 4 (3) Boilerplate and Commercial Clauses Rn. 231.

werden kann.[128] Diese „Klauselrettung" per Auslegung wird von den Gerichten auch bei Anwendbarkeit des UCTA 1977 praktiziert.[129]

b) US-amerikanisches Recht

67 Im Anwendungsbereich des UCC (Kaufverträge) haben US-amerikanische Gerichte im Fall der unconscionability einer Vertragsklausel grundsätzlich ein weites Ermessen bei der Bestimmung der Rechtsfolgen: Sie können die Durchsetzbarkeit des gesamten Vertrages oder nur der betroffenen Klausel ablehnen oder aber eine **geltungserhaltende Reduktion** vornehmen.[130]

68 Im Übrigen kommt eine Erhaltung des Restvertrages (severance) auch ohne salvatorische Klausel in Betracht, wenn die betroffene Klausel keinen wesentlichen Vertragsteil darstellt.[131] Mit einer Erhaltungsklausel können die Parteien allerdings steuern, welche Vertragspflichten nicht als wesentliche Vertragsbestandteile angesehen werden sollen.[132] Ob eine Ersetzungsklausel zulässig ist, dürfte wiederum davon abhängen, ob das common law des maßgeblichen US-Bundesstaates vergleichbar dem englischen Recht der strengeren „blue-pencil rule" oder aber der liberaleren „rule of reasonableness" folgt.[133]

II. Vertragsgestaltung

1. Die Erhaltungsklausel

69 Die Erhaltungsklausel kann im Grundsatz in allen Rechtsordnungen wirksam vereinbart werden. Bei der konkreten Gestaltung sollte aber die gewollte **Rechtswirkung** präzise formuliert werden. So führt die übliche Formulierung der Erhaltungsklausel wie im folgenden Beispiel bei Geltung deutschen Rechts etwa dazu, dass lediglich die in § 139 BGB angeordnete Vermutungswirkung umgekehrt wird und es den Parteien damit weiter offensteht, die gewollte Unwirksamkeit des gesamten Vertrages im Einzelfall darzulegen und zu beweisen.

Klauselbeispiel für eine herkömmliche salvatorische Klausel [Erhaltungsklausel]

[•] Severability

To the extent one or more provisions of this contract are or become void or unenforceable, the remaining provisions shall remain in effect.

70 Sofern die Parteien bei Geltung deutschen Rechts die Wirksamkeit des (Rest-)Vertrages in allen Fällen sicherstellen wollen, muss dies angesichts der ständigen Rechtsprechung des BGH in der Klausel **ausdrücklich geregelt** werden. Dabei ist aber **kritisch zu überdenken,** ob die Aufrechterhaltung des Vertrages in allen Fällen auch wirklich gewollt ist oder die reine Umkehr der in § 139 BGB vorgesehenen Darlegungs- und Beweislast nicht am Ende die zweckmäßigere Lösung darstellt.

---

[128] *HIH Casualty and General Insurance Ltd v Chase Manhattan Bank* [2003] UKHL 6 Rn. 74ff.

[129] *Regus (UK) Ltd v Epcot Solutions Ltd* [2008] EWCA Civ 361 Rn. 34f.

[130] § 2–302 UCC Abs. 1: *„If the court as a matter of law finds the contract or any clause of the contract to have been unconscionable at the time it was made the court may refuse to enforce the contract, or it may enforce the remainder of the contract without the unconscionable clause, or it may so limit the application of any unconscionable clause as to avoid any unconscionable result."*

[131] § 183 Restatement (Second) of Contracts (1979).

[132] Stark Drafting S. 544 unter Verweis auf § 184 Restatement (Second) of Contracts (1979).

[133] Dazu dazu Stark Drafting S. 545.

Klauselbeispiel für eine salvatorische Klausel, deren Wirkung über eine reine Umkehr der Darlegungs- und Beweislast hinausgehen soll [Ersetzungsklausel]

[•] Severability

To the extent one or more provisions of this contract are or become void or unenforceable, the remaining provisions shall remain in effect. For the avoidance of doubt, this clause does not merely create a rebuttable presumption of the Parties' intention to preserve the remainder of this contract in the event of the invalidity or unenforceability of any contractual provision. Rather, the remainder of this contract shall regardless of the particulars in any given case in any event be preserved if one or more provisions are invalid or unenforceable.

2. Die Ersetzungsklausel (reformation clause)

a) Ersetzungsvarianten

Bei der Formulierung einer Ersetzungsklausel stehen den Parteien im Grundsatz mehrere Regelungsalternativen zur Verfügung. Zum einen kann die Klausel die **automatische Ersetzung** der nichtigen Vertragsklausel anordnen. Das hat den Vorteil, dass die durch eine unwirksame Klausel entstandene Vertragslücke unmittelbar geschlossen wird. 71

Klauselbeispiel für eine automatische Ersetzungsklausel

The invalid provision shall be automatically replaced by a valid provision coming as close as possible to the economic purpose and effect originally intended by the Parties.

Alternativ kommt die Vereinbarung einer **Verhandlungs-** und **Ersetzungspflicht** der Parteien in Betracht. Sie führt nicht zu einer automatischen Ersetzung der unwirksamen Klausel, verpflichtet beide Parteien aber dazu, eine Ersatzregelung im Verhandlungswege nach Maßgabe der in der Klausel enthaltenen **Ersetzungsmaßstäbe** zu finden. Auch wenn die Verhandlungs- und Ersetzungspflicht zumindest im deutschen Recht zwangsweise durchgesetzt werden und eine Verweigerung der Mitwirkung zudem zu Schadensersatzansprüchen führen kann, bleibt bei dieser Variante die Problematik bestehen, dass der Eintritt der Nichtigkeitsfolgen bis zur tatsächlichen Vereinbarung einer Ersatzbestimmung nicht verhindert wird.[134] Auch ist letztlich fraglich, wie sich eine Verhandlungslösung mit einer ansonsten bereits von Gesetzes wegen bewirkten geltungserhaltenden Reduktion einer Klausel verträgt. 72

Auf der anderen Seite mag die Verhandlungslösung möglichen kartellrechtlichen Bedenken tendenziell besser begegnen als die automatische Ersetzungsklausel, bei der die Sanktionswirkung durch die angeordnete automatische geltungserhaltende Reduktion geringer ausfällt. Zugleich widerspricht diese Variante zumindest im englischen Recht nicht dem hier angewendeten blue pencil test – auch wenn sie mangels Bestimmtheit im Zweifel nicht durchgesetzt werden kann. 73

Klauselbeispiel für eine Ersetzungsklausel mit Verhandlungs- und Ersetzungspflichten der Parteien

The Parties shall replace the invalid provision by a valid one with retroactive effect coming as close as possible to the economic purpose and effect intended by the Parties.

Möglich ist es im Grundsatz auch, die Bestimmung der Ersetzungsklausel einer Vertragspartei oder einem von den Parteien bestimmten Dritten zu überlassen.[135] Bei Anwendung deutschen Rechts kommt dann im Fall des **Bestimmungsrechts** einer Partei grundsätzlich § 315 BGB (analog) zur Anwendung. Im Fall der Bestimmung durch einen 74

[134] Staudinger/Roth BGB § 139 Rn. 22; BGH NJW 1996, 773 (774).
[135] Für vorzugswürdig hält dies etwa Michalski NZG 1998, 7 (14).

Dritten sind die Vorschriften über den Schiedsgutachtervertrag gem. §§ 317 ff. BGB (analog) anwendbar.[136]

Klauselbeispiel für eine Ersetzungsbefugnis durch eine Vertragspartei oder einen Dritten

(1) The invalid provision shall be replaced by a valid one coming as close as possible to the economic purpose and effect intended by the Parties.

(2) The Parties agree that the replacement of the invalid provision shall be effected by [•].[137]

b) Einschränkung des Anwendungsbereichs bei Geltung deutschen AGB-Rechts

75 Soweit deutschem Recht unterliegende **vorformulierte** Ersetzungsklauseln verwendet werden, sollte ihr Anwendungsbereich zumindest auf solche Fälle beschränkt werden, in denen sich die Unwirksamkeit der Klausel nicht aus dem AGB-Recht, sondern aus anderen zwingenden Rechtssätzen ergibt. Auch für den Fall einer entsprechenden Einschränkung des Anwendungsbereichs (wie in der nachstehenden Musterklausel) dürfte die Wirksamkeit einer vorformulierten Ersetzungsklausel aber äußerst zweifelhaft bleiben,[138] da die Rechtsprechung das Verbot der geltungserhaltenden Reduktion grundsätzlich auch dann zur Anwendung bringen will, wenn eine Vertragsklausel gegen zwingende spezialgesetzliche Vorgaben außerhalb der §§ 305 ff. BGB verstößt.[139]

Klauselbeispiel zur Einschränkung des Anwendungsbereichs einer Ersetzungsklausel (vorformulierte Klausel bei Anwendung deutschen Rechts)

This reformation clause shall not apply with regard to any contractual provision being invalid due to an infringement of the statutory provisions applicable in relation to standard business terms *(Allgemeine Geschäftsbedingungen)* pursuant to §§ 307 et. seq. German Civil Code (BGB).

---

[136] Michalski NZG 1998, 7 (11).

[137] Für ein Klauselbeispiel mit weiteren Einzelheiten zur Bestimmung des Schiedsgutachters Michalski NZG 1998, 7 (15).

[138] Für eine generelle Unzulässigkeit wohl (auch wegen Verstoß gegen das Transparenzgebot aus § 307 Abs. 1 S. 2 BGB) etwa BeckOGK/Bonin, 1.3.2022, § 306 BGB Rn. 74.

[139] BGH NJW 2015, 1440 (1441); MüKoBGB/Fornasier § 306 Rn. 18.

§ 12 Abtretungsverbote (non-assignment clauses)

Übersicht

Schrifttum:

Armgardt, Die Wirkung vertraglicher Abtretungsverbote im deutschen und ausländischen Privatrecht, RabelsZ 73 (2009), 314ff.; *Blanchard,* The Change of Control Clause as a Stabilisation and Safety Mechanism, Int'l Bus. L.J. 2006, 159ff.; *Bridge,* The nature of assignment and non-assignment clauses, L.Q.R. 2016, 47ff.; *Canaris,* Die Rechtsfolgen rechtsgeschäftlicher Abtretungsverbote, FS Serick, 1992, 9ff.; *Day,* Non-assignment clauses – the statutory solution, L.Q.R. 2019, 205ff.; *Eidenmüller,* Die Dogmatik der Zession vor dem Hintergrund der internationalen Entwicklung, AcP 204 (2004), 457ff.; *Einsele,* Die Forderungsabtretung nach der Rom I-Verordnung, RabelsZ 74 (2010), 91ff.; *Fervers,* Die Drittwirkungen der Forderungsabtretung im Internationalen Privatrecht, RabelsZ 86 (2022), 617ff.; *Flessner,* Die internationale Forderungsabtretung nach der Rom I-Verordnung, IPrax 2009, 35ff.; *Goode,* The assignment of pure intangibles in the conflict of laws, L.M.C.L.Q. 2015, 289ff.; *Gullifer,* Should Clauses Prohibiting Assignment be Overridden by Statute?, Penn. St. J.L. & Int'l Aff. 2015, 47ff.; *Hadding/Schneider,* Die Forderungsabtretung, insbesondere zur Kreditsicherung, in ausländischen Rechtsordnungen, 1999; *Hübner,* Die Drittwirkungen der Abtretung im IPR, ZEuP 2019, 41ff.; *Horn,* Die UN-Konvention über Forderungsabtretung als Einheitsrecht, FS Wiegand, 2005, S. 373ff.; *Klein,* Vertragliche Abtretungsverbote im multilateralen Rechtsvergleich, 2022; *MacMahon,* Rethinking Assignability, CLJ 2020, 288ff.; *Ders.,* Contract Law's Transferability Bias, Ind. L.J. 2020, 485ff.; *Müller-Chen,* Abtretungsverbote im internationalen Rechts- und Handelsverkehr, FS Schlechtriem, 2003, 903ff.; *Sigman/Kieninger* (Hrsg.), Cross-border Security over Receivables, 2009; *Stefer,* Drittwirkung der Abtretung – Kein Fall für Rom I, IPrax 2021, 155ff.; *Stoll,* Kollisionsrechtliche Aspekte des Übereinkommens der Vereinten Nationen über Abtretungen im internationalen Handel, FS Sonnenberger, 2004, S. 695ff.; *Tolhurst/Carter,* Prohibitions on assignment: a choice to be made, CLJ 2014, 405ff.; *Verhagen/van Dongen,* Cross-Border Assignments under Rome I, JPIL 2010, 1ff.; *Wagner,* Vertragliche Abtretungsverbote im System zivilrechtlicher Verfügungshindernisse, 1994; *Ders.,* Absolute Wirkung vertraglicher Abtretungsverbote gleich absolute Unwirksamkeit verbotswidriger Abtretung?, JZ 1994, 227 ff.; *Xu,* A New Solution Concerning Choice of Law For the Assignment of Debts, ICLQ 2021, 665 ff.

A. Überblick

I. Gründe für die Verwendung von Abtretungsverboten in internationalen Wirtschaftsverträgen

1 Mit einem Abtretungsverbot *(pactum de non cedendo)* bindet der Schuldner die gegen ihn gerichteten Ansprüche an einen bestimmten Gläubiger und schränkt dessen Dispositionsmöglichkeiten ein. Zu den Abtretungsverboten werden auch Vereinbarungen gezählt, welche die Abtretbarkeit einer Forderung für den Gläubiger lediglich erschweren, nur beschränkt gestatten (etwa nur an bestimmte Personen) oder an zusätzliche Voraussetzungen knüpfen – wie etwa die Zustimmung des Schuldners oder Formerfordernisse.[1] Ein Abtretungsverbot steht der Verwertung der Forderung und deren Nutzung durch den Gläubiger – vor allem zu Finanzierungs- und Sicherungszwecken – im Wege. Welche Gründe gibt es für derlei Kautelen, die regelmäßig in internationalen Wirtschaftsverträgen,[2] häufig über eine vertragliche Inbezugnahme von Allgemeinen Geschäftsbedingungen,[3] zu finden sind?

2 Der Bedarf nach Abtretungsverboten folgt aus der in den meisten Rechtsordnungen geltenden **Abtretungsfreiheit,** die es dem Gläubiger im Grundsatz erlaubt, Forderungen zu übertragen und statt seiner einen Dritten in die Gläubigerstellung zu bringen. Vor diesem Hintergrund dienen Abtretungsverbote dem **Schuldnerschutz** und belasten den Gläubiger,[4] wobei der Umfang der konkreten Auswirkungen eines Abtretungsverbots maßgeblich vom anwendbaren Recht abhängt.[5] Der Schuldner hat ein Interesse daran, Änderungen in der Gläubigerstellung zu verhindern. Er will sicher sein können, dass er mit schuldbefreiender Wirkung leistet, die Gefahr einer **mehrfachen Inanspruchnahme** will er ausschließen. Zu diesem Zweck ist zwar nicht zwingend nötig, aber jedenfalls von Vorteil zu wissen, wer der richtige Gläubiger ist. Des Weiteren hat der Schuldner ein Interesse, **Gegenrechte** – insbesondere Aufrechnungsmöglichkeiten, Leistungsverweigerungs- und Zurückbehaltungsrechte – zu erhalten und zu verhindern, dass einem neuen Gläubiger solche Gegenrechte nicht entgegengehalten werden können oder dass Gegenrechte infolge der Abtretung gegen den ursprünglichen Gläubiger rechtlich oder praktisch nicht mehr durchsetzbar sind. Mit einer Forderungsabtretung kann zudem der Übergang von (akzessorischen) Sicherheiten einhergehen. Gerade mit Blick auf die **Verwertung von Sicherheiten** wünscht der Schuldner häufig seinen ihm gewogenen Gläubiger zu behalten, zu dem er möglicherweise aufgrund einer jahrelangen Geschäftsbeziehung ein besonderes Vertrauen aufgebaut hat.[6] So ist es etwa in verschiedenen Branchen üblich, über die vereinbarten Zahlungsziele hinaus weitere faktische Lieferantenkredite in Anspruch zu nehmen, ohne dass von Seiten der Lieferanten hierfür zusätzliche Zinsen eingefordert oder gar durchgesetzt werden würden. Der ursprüngliche Gläubiger mag sich mit solchen Usancen abfinden, ein neuer Gläubiger – etwa eine branchenfremde Bank – möglicherweise nicht, so dass mit Abtretungsverboten praktisch auch einer formalen Durchsetzung von Ansprü-

---

[1] MüKoBGB/Kieninger § 399 Rn. 39; BeckOGK/Lieder, 1.11.2021, § 399 BGB Rn. 99; Bridge L.Q.R. 2016, 47 (57).

[2] Vgl. etwa Art. 1.7 der FIDIC-Bedingungen für die „Conditions of Contract for Plant and Design Build (Yellow Book 2017)"; Art. 19 Standard Building Contract des Joint Contracts Tribunal (JCT); Art. 3 des Standardvertrags „for use in works of civil engineering construction" der Institution of Civil Engineers (ICE).

[3] Siehe etwa Art. III Nr. 4 gemäß der Empfehlung des VDA vom 15.9.2015 für Allgemeine Geschäftsbedingungen für den Bezug von Produktionsmaterial und Ersatzteilen, die für das Automobil bestimmt sind.

[4] Dazu Müller-Chen FS Schlechtriem S. 903 (905 f.).

[5] → § 12 Rn. 10 ff.

[6] Zu dieser Motivationslage auch MacMahon Ind. L.J. 2020, 485 (489 f.).

chen durch nicht näher an der Geschäftsbeziehung interessierte Dritte ein Riegel vorgeschoben wird. Abtretungsverbote fördern ferner eine für den Schuldner **einfachere Vertragsabwicklung,** weil die Überwachung und Datenpflege etwaiger Abtretungsanzeigen entfällt. Zudem flankieren Abtretungsverbote den Schutz weiterer Interessen des Schuldners etwa zur Geheimhaltung von Vertragsinhalten sowie zum Wettbewerbsschutz.[7] Durch Abtretungsverbote in Verkaufs- und Lieferbedingungen können schließlich auch vertriebsstrategische Interessen verfolgt werden.

Aus Sicht des Gläubigers besteht grundsätzlich **kein Interesse** an etwaigen Abtretungs- 3
verboten, es sei denn, es ist ein Schutz der Gläubiger des Gläubigers bezweckt, welche die Forderung durch das Abtretungsverbot im Vermögen des Gläubigers halten wollen. Das heißt jedoch nicht, dass Abtretungsverbote in internationalen Wirtschaftsverträgen immer einseitig zugunsten einer Vertragspartei wirken, handelt es sich bei solchen Verträgen in der Regel doch um Austauschverträge, nach denen beide Parteien wechselseitig Gläubiger und Schuldner verschiedener Ansprüche sind. Abtretungsverbote kommen damit zwar in erster Linie dem Schuldner zugute, bei Austauschverträgen – je nach Ausgestaltung – aber beiden Vertragsparteien in ihrer jeweiligen Schuldnerstellung.

II. Einsatzgebiete und Abgrenzung

1. Einsatzgebiete von Abtretungsverboten

Abtretungsverbote tauchen in **unterschiedlichster Ausgestaltung** in einer Vielzahl von 4
internationalen Wirtschaftsverträgen auf. Mit Blick auf Lieferverträge befindet sich regelmäßig der Kunde in einer besseren Verhandlungsposition, da mehrere Lieferanten um die Auftragsvergabe wetteifern und die Vertragsverhandlungen von Vertragsbedingungen ausgehen, die im Sinne des Kunden und der ihn finanzierenden Banken konzipiert sind. Häufig werden dabei den potentiellen Auftragnehmern in Ausschreibungen Musterbedingungen des Kunden vorgegeben, auch um die Angebote auf einer harmonisierten vertraglichen Grundlage besser vergleichen zu können. Es verwundert daher nicht, dass in der Praxis in Lieferverträgen oftmals zu Gunsten des Kunden **einseitig ausgestaltete Abtretungsverbote** zu finden sind, mit denen dem Lieferanten untersagt wird, Zahlungsansprüche gegen den Kunden abzutreten. Anders sieht es in Finanzierungsverträgen aus, in denen Abtretungsverbote zu Lasten des Kunden üblich sind, um den Interessen des Finanzierers nach hinreichender Sicherheit gerecht zu werden. Lizenzverträge sehen in gleicher Weise regelmäßig Abtretungsverbote zu Lasten des Lizenznehmers vor, um die persönliche Bindung der Vertragsparteien zu erhalten und die Verlagerung der Lizenz sowie ihre damit möglicherweise einhergehende Entwertung zu vermeiden.

Das Abtretungsverbot wird vertraglich entweder durch generelle Verbote geregelt oder 5
durch Vereinbarungen, die inhaltliche und formale Erfordernisse vorsehen, welche dem Schuldner die Kontrolle über Abtretungen des Gläubigers verschaffen. Gängig sind Regelungen, welche die Abtretung von einer vorherigen schriftlichen Zustimmung des Schuldners abhängig machen. Ausgefeilte vertragliche Regelungen[8] beinhalten unterschiedliche Ausgestaltungen in Bezug auf einzelne Forderungen, legen eine Reihe von Formerfordernissen fest und bestimmen etwa auch näher, unter welchen Voraussetzungen eine Zustimmung des Schuldners zur Abtretung zu erfolgen hat oder verweigert werden darf. Besonders komplexe Abtretungsverbote differenzieren weiter zwischen den Auswirkungen einer Abtretung auf **Forderungsinhaberschaft, Einziehungsbefugnis** und **Empfangszu-**

---

[7] Abtretungsverbote können auch dazu dienen, prozessuale Nachteile zu verhindern. Nach deutschem Zivilprozessrecht besteht etwa die Möglichkeit, nach einer Abtretung den Zedenten als Zeugen zu hören, um so die anspruchsbegründenden Umstände der vom Zessionar gegen den Schuldner eingeklagten Forderung zu beweisen. Würde der Zedent die Forderung hingegen selbst geltend machen, könnte er nur im Wege der Parteianhörung und der Parteivernehmung gehört werden.

[8] → Rn. 57 ff.; Fontaine/De Ley Drafting S. 550 ff.

ständigkeit. Teilweise werden vertragliche Rechte des Schuldners zur Vertragsbeendigung, insbesondere ein Kündigungsrecht, an einen Verstoß gegen Abtretungsverbote geknüpft. Vertragsstrafen für derartige Verstöße sind hingegen selten vertraglich geregelt.

6 Im Zusammenhang mit Vereinbarungen, die Verbote zur Abtretung von Forderungen beinhalten, werden häufig auch Verbote zur **Vertragsübernahme** sowie zur **Übertragung von Pflichten** geregelt.[9]

2. Abgrenzung zu anderen Vertragsklauseln

a) Vertragsübernahmeklauseln

7 Im Gegensatz zur Abtretung einer Forderung, die nach den meisten Rechtsordnungen ohne Mitwirkung des Schuldners in weitem Umfang zulässig ist, ist eine **vollständige Übertragung des Vertrages** ohne Einwilligung des anderen Vertragspartners regelmäßig nicht wirksam möglich,[10] ebenso wenig wie eine schuldbefreiende Übertragung einzelner oder aller Pflichten aus einem Vertrag. Klauseln, die ein Verbot der Vertragsübertragung insgesamt bzw. der Übertragung vertraglicher Pflichten auf Dritte im Sinne eines Schuldnerwechsels vorsehen, kommt in internationalen Wirtschaftsverträgen daher meist ein rein klarstellender Charakter zu, wenngleich ein Verbot zur Übertragung eines Vertrages auch ein Abtretungsverbot beinhalten kann.[11] Anders ist es hingegen, wenn vertragliche Regelungen spiegelbildlich die Übertragung des Vertrages oder von Pflichten aus dem Vertrag schuldbefreiend gestatten. Vor allem Klauseln, die im Ergebnis eine antizipierte Einwilligung einer Vertragspartei zur möglichen Vertragsübernahme (novation) durch einen Dritten beinhalten, sind gefährlich, weil sie dem Gläubiger einen neuen und möglicherweise nicht ausreichend solventen Schuldner bescheren können. Unabhängig von der Problematik ihrer rechtlichen Wirksamkeit[12] sollten solche Klauseln daher **nur akzeptiert werden,** wenn mögliche Vertragsübernehmer bereits klar identifizierbar sind (wie zB im Fall von Tochter- oder anderen Konzerngesellschaften) und/oder eine Einwilligung zur Vertragsübernahme im Einzelfall erforderlich ist und im Fall vernünftiger Gründe abgelehnt werden kann.

Klauselbeispiel für ein (eingeschränktes) Recht zur Vertragsübertragung auf Tochtergesellschaften

[•] Transfer of Contract

The purchaser shall have the right to assign this contract in its entirety (including any of purchaser's rights and obligations arising out of this contract) to any affiliate of purchaser subject to seller's prior written approval which shall not be unreasonably withheld.

8 Oft geht es den Vertragsparteien inhaltlich aber auch gar nicht um die Übertragung von Verträgen oder Pflichten im Sinne einer Vertrags- oder Schuldübernahme, sondern um Voraussetzungen für die **Einschaltung von Dritten** (Vorlieferanten, Nachunternehmern, Mitarbeitern, etc) zur Erfüllung von Pflichten durch eine Vertragspartei. Solche Inhalte

---

[9] Fontaine/De Ley Drafting S. 545 f.

[10] Gesetzliche Vorschriften zur Übertragung von Verträgen finden sich in der Regel nicht; Ausnahmen sind etwa das italienische Recht (vgl. Art. 1406 bis 1410 Codice Civile) und das niederländische Recht (B.W. Art. 6:159); vgl. auch Kap. 12 PECL und Art. III-5:201 ff. DCFR.

[11] So die Auslegung des Schweizer Bundesgerichts in BGE 117 II 94 (99) E. 5c) zu der Klausel *„neither party shall assign or subcontract this Agreement without prior written permission of the other party"*. Das House of Lords kam bei der Formulierung *„shall not without the written consent [...] assign this Contract"* auf Grundlage des englischen Rechts zu einer vergleichbaren Auslegung in *Linden Gardens Trust v Lenesta Sludge Disposals Ltd* [1994] 1 A.C. 85 (103) (HL).

[12] Vgl. bei Geltung deutschen Rechts etwa § 309 Nr. 10 BGB, der nach teilweise vertretener Auffassung auch Indizwirkung für den unternehmerischen Geschäftsverkehr entfaltet, dazu Wolf/Lindacher/Pfeiffer/Dammann AGB-Recht § 309 Nr. 10 BGB Rn. 60 mwN; anders die hM, siehe BGH NJW 2010, 3708 (3709); Ulmer/Brandner/Hensen/Habersack AGB-Recht § 309 Nr. 10 BGB Rn. 15 mwN.

sollten nicht mit Abtretungsverboten vermengt, sondern in einem eigenen Abschnitt des Vertrages geregelt werden.[13]

b) CoC-Klauseln

Abtretungsverbote sind auch von sogenannten Change of Control-Klauseln (CoC-Klauseln) zu unterscheiden. **CoC-Klauseln** sehen für einen Wechsel in der Kontrolle über eine Vertragspartei – in der Regel für den Fall, dass eine Vertragspartei einen neuen Mehrheitsgesellschafter erhält oder für eine vergleichbare Änderung der Beteiligungsverhältnisse, durch welche eine andere Person einen **beherrschenden Einfluss** erlangt – bestimmte Rechtsfolgen, üblicherweise Informationspflichten und Kündigungsrechte, vor.[14] Durch CoC-Klauseln soll vor allem verhindert werden, dass während der Vertragslaufzeit ein Wettbewerber die Kontrolle bei einem Vertragspartner übernimmt, ohne dass die eigene Vertragspartei davon erfährt oder die Möglichkeit besitzt, den Vertrag beenden zu können, um etwa vertrauliche Informationen zu schützen oder eine Stärkung des Wettbewerbers durch die Fortführung eines für ihn günstigen Vertrages zu verhindern. Im Gegensatz zu Abtretungsverboten geht es also bei CoC-Klauseln nicht um die Verhinderung oder Beschränkung eines Gläubigerwechsels, sondern um Folgen und Auswirkungen aufgrund eines – in der Regel zulässigen – Gesellschafterwechsels beim Gläubiger.[15] CoC-Klauseln haben daher neben Abtretungsverboten einen separaten Anwendungsbereich und verfolgen eigenständige Interessen.[16] Häufig werden sie als ein Sonderfall für ein Recht zur außerordentlichen Kündigung in internationalen Wirtschaftsverträgen vereinbart.[17] 9

Klauselbeispiel für eine CoC-Klausel

[•] Change of Control[18]

(1) The affected party shall notify immediately the respective other party if it undergoes a Change of Control[19] at any time during the term of this contract. For the avoidance of doubt, failure to give such notice will not limit the rights of the other party in respect of the Change of Control.

(2) Where a Change of Control occurs in relation to either party, the respective other party may, by notice in writing to the affected party, terminate this contract.

---

[13] Darin finden sich dann üblicherweise Zustimmungs-/Freigabemechanismen in Bezug auf die Dritten, welche zur Erfüllung der Vertragspflichten des Lieferanten eingeschaltet werden können, sowie spezifische Anforderungen für diese, etwa Zertifizierungen, Erfüllung von QS-/QM- sowie Vertraulichkeitsanforderungen, zu deren Überwachung in der Regel der Lieferant verpflichtet wird. Üblich sind auch Regelungen, nach denen Dritte unter bestimmten Voraussetzungen für die weitere Vertragserfüllung gesperrt werden können. Zu Subunternehmerverträgen im Bau- und Anlagenbau Nicklisch NJW 1985, 2361 ff.

[14] Vgl. beispielhaft zur Auslegung von CoC-Klauseln OLG Koblenz BeckRS 2012, 04144; hier war das Ausscheiden eines Gesellschafters aufgrund eines Kontrollwechsels im Sinne einer CoC-Klausel Gegenstand des Rechtsstreits.

[15] Aus Sicht der belasteten Vertragspartei sind CoC-Klauseln besonders heikel, wenn es sich um börsennotierte Kapitalgesellschaften handelt, bei denen Gläubigerwechsel üblich sind und auch nicht gesteuert werden können.

[16] Müller-Chen FS Schlechtriem S. 903 (906 f.).

[17] Ausführlich mit diversen Klauselvorschlägen für CoC-Klauseln Blanchard Int'l Bus. L.J. 2006, 159 ff.

[18] Nachgebildet dem Beispiel bei Blanchard Int'l Bus. L.J. 2006, 159 (182).

[19] In der Regel bietet es sich an, vertraglich zu definieren, was die Parteien unter einem relevanten change of control genau verstehen.

B. Rechtlicher Rahmen

I. Internationaler Überblick

10 Um Abtretungsverbote in internationalen Wirtschaftsverträgen inhaltlich erfassen und interessengerecht gestalten zu können, ist ein Verständnis über die relevanten Regelungsbereiche des anwendbaren Rechts notwendig. Die verschiedenen Rechtsordnungen beinhalten sehr unterschiedliche Regelungen zu den Anforderungen und Auswirkungen von Abtretungen und Abtretungsverboten. Bei internationalen Wirtschaftsverträgen, deren Vertragsparteien typischerweise aus unterschiedlichen Staaten mit divergierenden Rechtsordnungen stammen, stellt sich zunächst die Frage, welche Rechtsordnung überhaupt anwendbar ist. Üblicher- und sinnvollerweise beinhaltet der Vertrag selbst eine Vereinbarung zum geltenden Recht.[20] Welches Recht kommt jedoch zur Anwendung, wenn eine solche Rechtsauswahl ausnahmsweise fehlt oder für den Bereich der Abtretungen gar nicht erst zum Tragen kommt?

1. Die Rom I-Verordnung

11 Seit dem 17.12.2009 regelt die Verordnung (EG) Nr. 593/2008 des Europäischen Parlaments und des Rates vom 17.6.2008 über das auf vertragliche Schuldverhältnisse anzuwendende Recht **(Rom I-VO)** das auf vertragliche Schuldverhältnisse[21] in Zivil- und Handelssachen, die eine Verbindung zum Recht verschiedener Staaten aufweisen, anwendbare Recht. Nach Art. 1 Abs. 1 und Art. 2 Rom I-VO soll die Verordnung **universell** – nicht nur zwischen Mitgliedstaaten – gelten und das nach ihr maßgebliche Recht auch zur Anwendung kommen, wenn es nicht das Recht eines Mitgliedstaates ist. Im Grundsatz gilt nach Art. 3 Abs. 1 Rom I-VO für den Vertrag das Recht, welches die Parteien vereinbart haben. Fehlt eine **Rechtswahl,** folgt das anwendbare Recht aus den Regelungen der Art. 4 ff. Rom I-VO, wobei Art. 11 Rom I-VO Sonderregelungen für Formerfordernisse enthält. Das für die Übertragung einer Forderung anzuwendende Recht ergibt sich aus den Vorschriften des Art. 14 Rom I-VO.[22]

12 Unter „Übertragung" im Sinne des **Art. 14 Rom I-VO** ist nach dessen Abs. 3 die vollkommene vertragliche[23] Übertragung einer Forderung, die Sicherungszession sowie die Übertragung von Pfandrechten oder anderen Sicherungsrechten an Forderungen zu verstehen. Das Verhältnis[24] zwischen Zedent und Zessionar richtet sich gemäß Art. 14 Abs. 1 Rom I-VO nach dem für den zwischen diesen Parteien abgeschlossenen **Abtretungsvertrag** maßgeblichen Recht (sog. Zessionsgrundstatut). Diese Anknüpfung hat den Vorteil, dass auch bei Abtretung mehrerer unterschiedlicher Forderungen für das **Rechtsverhältnis Zedent und Zessionar** aus der Abtretung nur ein Recht anzuwenden ist.[25] Für den Inhalt der übertragenen Forderung gilt weiterhin das für diese maßgebliche Recht, in der Regel das von Zedent und Schuldner gewählte Vertragsstatut, da die Abtretung zu keiner inhaltlichen Änderung der Forderung führt.[26] Das **Forderungsstatut** bestimmt nach Art. 14 Abs. 2 Rom I-VO auch die **Übertragbarkeit der Forderung,** das Verhältnis zwischen **Zessionar und Schuldner,** namentlich die Einziehungsbefugnis und Emp-

[20] Zu Rechtswahlklauseln → § 13.
[21] ABl. EU 2008 L 177/6, berichtigt durch ABl. EU 2009 L 309/87.
[22] Zum Anwendungsbereich der Rom I-VO vertiefend → § 13 Rn. 15 ff.
[23] Für einen gesetzlichen Forderungsübergang enthält Art. 15 Rom I-VO eine Sondervorschrift.
[24] Diese weite Formulierung soll nach Erwägungsgrund Nr. 38 der Rom I-VO klarstellen, dass nicht nur schuldrechtliche, sondern auch „dingliche Aspekte" des Rechtsverhältnisses zwischen Zedent und Zessionar erfasst werden, wenn die jeweilige Rechtsordnung eine solche Trennung vorsieht, Einsele RabelsZ 74 (2010), 91 (96).
[25] Leible/Lehmann RIW 2008, 528 (540).
[26] Reithmann/Martiny/Martiny Internationales Vertragsrecht Rn. 3.266 mwN.

fangszuständigkeit des Zessionars, die Voraussetzungen, unter denen die Übertragung dem Schuldner entgegengehalten werden kann, und die befreiende Wirkung einer Leistung durch den Schuldner. Durch diese Vorschrift soll sichergestellt werden, dass sich die Position des Schuldners durch die Abtretung nicht unvorhersehbar, auf Grundlage einer vom Forderungsstatut fremden Rechtsordnung verschlechtert.[27] Art. 14 Abs. 2 Rom I-VO regelt dabei nur einen Ausschnitt der Folgen einer Abtretung und beschränkt sich auf das Verhältnis zwischen Zessionar und Schuldner.[28]

Nach welchem Recht hingegen die nicht ausdrücklich in Art. 14 Abs. 1 und 2 Rom I-VO geregelten Bereiche zu beurteilen sind, vor allem etwaige Wirkungen der Abtretung gegenüber Dritten (wie etwa Gläubiger des Zedenten), bleibt nach dem Willen des Unionsgesetzgebers, wie sich aus Art. 27 Abs. 2 Rom I-VO ergibt, bewusst offen: Mittlerweile hat auch der EuGH ausdrücklich bestätigt, dass jedenfalls **Drittwirkungen der Abtretung** (genauer: Die Frage, ob die Übertragung einer Forderung Dritten entgegengehalten werden kann) nicht in den Anwendungsbereich der Rom I-VO fallen.[29] Folglich herrscht über das hierfür anzuwendende Recht (das damit auch innerhalb der EU durch nationales Kollisionsrecht ermittelt werden muss) eine vielfältige Kontroverse.[30] Mit Blick auf eine mögliche dingliche Wirkung von Abtretungsverboten gegenüber dem Zessionar ist damit jedoch nicht notwendigerweise etwas ausgesagt, da als „Dritter" (nur) jeder angesehen wird, der nicht Zedent, Zessionar oder Hauptschuldner ist. Damit dürften sich die Wirkung von **Abtretungsverboten** – jedenfalls hinsichtlich ihrer Auswirkungen auf das Verhältnis zwischen Zessionar und Schuldner[31] – nach Maßgabe von Art. 14 Abs. 2 Rom I-VO nach dem Forderungsstatut richten, zumal die „Übertragbarkeit" ausdrücklich in Art. 14 Abs. 2 Rom I-VO genannt ist.[32] Bedenkt man, das ein vertragliches Abtretungsverbot vornehmlich dem Schutz des Schuldners dient, erscheint es folgerichtig, die Auswirkungen einer Abtretung dem Forderungsstatut zu unterwerfen, da sich der Schuldner auf dieses Recht für die Forderung eingelassen hat und nur die Folgen dieses Rechts für ihn kalkulierbar sein dürften. Wäre ein anderes Recht maßgeblich, stünde zu befürchten, dass Zedent und Zessionar den Schutzweck des Abtretungsverbots ohne Beteiligung des Schuldners aushebeln könnten. 12a

Die **Form** der Forderungsabtretung unterliegt den Vorgaben von Art. 11 Rom I-VO.[33] 13
Publizitätserfordernisse wie etwa eine Abtretungsanzeige werden allerdings überwiegend nicht als Formerfordernisse im Sinne des Art. 11 Abs. 1 Rom I-VO, sondern als Voraussetzungen

[27] Mit Blick auf etwaige Aufrechnungsmöglichkeiten zugunsten des Schuldners ist Art. 17 Rom I-VO zu beachten, wonach für die Aufrechnung das für die Forderung, gegen welche aufgerechnet werden soll, maßgebliche Recht anzuwenden ist.

[28] Dass der Gesamtkomplex der Abtretung nicht in Art. 14 Rom I-VO geregelt worden ist, wird mancherorts bedauert und kritisch betrachtet, vgl. Mankowski IHR 2008, 133 (149).

[29] EuGH NJW 2019, 3368 (3369) – „BGL BNP Paribas SA". Der von der Europäischen Kommission vorgelegte Vorschlag über eine Verordnung über das auf die Drittwirkung von Forderungsübertragungen anzuwendende Recht ist bislang nicht verabschiedet worden, vgl. Vorschlag für eine Verordnung des Europäischen Parlaments und des Rates über das auf die Drittwirkung von Forderungsübertragungen anzuwendende Recht (KOM (2018) 96 final).

[30] Vereinzelt wird für Drittwirkungen an den gewöhnlichen Aufenthalt des Schuldners oder des Zessionars angeknüpft; weiter verbreitet sind Auffassungen, die für Fragen der Drittwirkung entweder die Anwendung des Forderungsstatuts (so etwa OLG Düsseldorf ZIP 2020, 1315 (1319)) bzw. des auf den Vertrag zwischen Zedent und Zessionar anwendbaren Rechts (Zessionsgrundstatuts) präferieren oder (so wohl die hM) auf den gewöhnlichen Aufenthalt des Zedenten abstellen; zu diesem Meinungsstand mwN ausführlich Fervers RabelsZ 86 (2022), 617 (623 ff.).

[31] Ob das Forderungsstatut auch die Übertragbarkeit im Verhältnis Zedent und Zessionar klärt, ist weiter Gegenstand der Diskussion, vgl. Leible/Lehmann RIW 2008, 528 (541); Verhagen/van Dongen JPIL 2010, 1 (20 f.).

[32] Vgl. Einsele RabelsZ 74 (2010), 91 (98); Sigman/Kieninger/Bridge Security S. 175; differenzierend Reithmann/Martiny/Martiny Internationales Vertragsrecht Rn. 3.263 ff. mwN; einschränkend für die dingliche Wirkung auch Flessner IPRax 2009, 35 (42), der für Abtretungshindernisse im öffentlichen Interesse eine Qualifikation als Eingriffsnorm im Sinne von Art. 9 Rom I-VO für möglich hält.

[33] Reithmann/Martiny/Martiny Internationales Vertragsrecht Rn. 3.287.

zungen für die Wirksamkeit der Abtretung eingeordnet, für welche Art. 14 Abs. 2 Rom I-VO – jedenfalls vorrangig gegenüber Art. 11 Rom I-VO – das Forderungsstatut als maßgeblich anordnet.[34]

2. Grundlegende Konzepte

14 Die Konzepte und Einzelheiten zur Abtretung variieren erheblich je nach Rechtsordnung.[35] Die thematischen Regelungsbereiche sind jedoch in weiten Teilen deckungsgleich.

15 Die grundlegendste Weichenstellung betrifft die Frage, ob die jeweilige Rechtsordnung Abtretungen überhaupt wirksam zulässt oder ob Abtretungen per se unwirksam sind. Anders als noch im römischen und germanischen Recht sind nach modernen Rechtsordnungen Forderungen in der Regel nicht mehr untrennbar mit der Person des Gläubigers verbunden, sondern können im Sinne der **Abtretungsfreiheit** grundsätzlich wirksam abgetreten werden. Nach den meisten Rechtsordnungen wird nicht zwischen dem Grundgeschäft und der Abtretung getrennt (Trennungsprinzip),[36] sondern beide Akte stellen einen einheitlichen Vorgang dar. Nach einigen wenigen Rechtsordnungen ist für die Wirksamkeit einer Abtretung stets die Zustimmung des Schuldners nötig. Die meisten Rechtsordnungen ermöglichen hingegen eine wirksame **Abtretung ohne Mitwirkung des Schuldners.** In manchen Rechtsordnungen ist für die Wirksamkeit der Abtretung zwar keine Zustimmung des Schuldners, aber ein **Akt der Publizität** – wie etwa eine Registereintragung, eine Zessionsurkunde oder eine Benachrichtigung an den Schuldner – notwendig.[37] Allerdings knüpfen die meisten Rechtsordnungen an die Bekanntmachung der Abtretung nur Rechtsfolgen hinsichtlich der Durchsetzbarkeit der Forderung – vor allem gegenüber dem Schuldner.[38] In manchen Rechtsordnungen ist für eine wirksame Abtretung die **Schriftform** erforderlich.[39] **Sicherungszessionen** richten sich im Ausgangspunkt regelmäßig nach den gleichen Regelungen wie Abtretungen ohne besonderen Sicherungszweck, hinsichtlich des Umfangs und ihrer Bestimmbarkeit gibt es jedoch gelegentlich zusätzliche Grenzen.[40] Für Forderungen aus Handelsgeschäften existieren teilweise ebenfalls Sonderregelungen.

16 Auch die Auswirkungen vertraglicher Abtretungsverbote hängen maßgeblich von der jeweiligen Rechtsordnung ab. Im Wesentlichen gibt es drei unterschiedliche Konzepte zu den Folgen eines Abtretungsverbots[41], die sich in den Bereichen Forderungsinhaberschaft, Empfangszuständigkeit und Einziehungsbefugnis unterscheiden.

---

[34] Reithmann/Martiny/Martiny Internationales Vertragsrecht Rn. 3.269 mwN.

[35] Vgl. die Überblicke bei Klein Abtretungsverbote S. 46ff., Reithmann/Martiny/Martiny Internationales Vertragsrecht Rn. 3.250f.; MüKoHGB/Brink Art. 6 FactÜ Rn. 20ff.; BSK/Girsberger/Hermann OR I Vorb. Art. 164 Rn. 2ff.

[36] Anders im deutschen Recht, das zwischen dem Verfügungsvertrag der Abtretung und ein ihm zugrundeliegendem kausalen Rechtsverhältnis (Kauf, Schenkung etc) unterscheidet, Staudinger/Busche BGB § 398 Rn. 2.

[37] Dies war vor allem im französischen Recht durch das Erfordernis der förmlichen „signification" für die Wirksamkeit der Abtretung im Außenverhältnis der Fall (Art. 1690 französischer Code civil), vgl. Reithmann/Martiny/Martiny Internationales Vertragsrecht Rn. 3.250; Armgardt RabelsZ 73 (2009), 314 (325ff.). Mit der Schuldrechtsreform aus dem Jahr 2016 wurden die Vorschriften zur Abtretung neu gefasst; verlangt wird jetzt (und auch nur für die Wirksamkeit der Abtretung gegenüber dem Schuldner) lediglich eine formlose Abtretungsanzeige (Art. 1323, 1324 Abs. 1 Code Civil); zum Ganzen Klein Abtretungsverbote S. 123 sowie Sonnenberger ZEuP 2017, 778 (793ff.). Ein Registersystem ist auch im angloamerikanischen Rechtsraum bekannt, das meist jedoch auf Sicherungszessionen beschränkt ist.

[38] Einsele RabelsZ 74 (2010), 91 (103ff.).

[39] Etwa für das statutory assignment nach englischem Recht, vgl. → Rn. 40; Hadding/Schneider/Carl Forderungsabtretung S. 201.

[40] So ist etwa nach dem niederländischen Recht eine Abtretung künftiger Forderungen nicht möglich.

[41] Klein Abtretungsverbote S. 65ff. identifiziert sogar insgesamt fünf Regelungskonzepte mit Blick auf die Wirksamkeit verbotswidriger Abtretungen.

Nach dem **Konzept der absoluten Wirksamkeit** ist eine Abtretung trotz eines Abtretungsverbots uneingeschränkt wirksam.[42] Der Zessionar wird gegenüber jedermann Inhaber der Forderung, ist empfangszuständig und einziehungsberechtigt. Das im Verhältnis zwischen Schuldner und Zedent vereinbarte Abtretungsverbot ist nach diesem Konzept gegenüber dem Zessionar wirkungslos, es verschafft dem Schuldner allenfalls Rechte (möglicherweise etwa Schadensersatzansprüche oder Kündigungsrechte) gegenüber dem Zedenten, soweit sich dieser durch die Abtretung pflichtwidrig verhalten hat.[43] Nach einigen Rechtsordnungen verbleibt dem Schuldner jedoch die Möglichkeit, schuldbefreiend an den Zedenten zu leisten.[44] 17

Dem Vorgenannten steht das **Konzept der absoluten Unwirksamkeit** der Abtretung im Falle eines Abtretungsverbots gegenüber.[45] Danach ist die Abtretung für den Zessionar wirkungslos. Der Zedent bleibt Forderungsinhaber, empfangszuständig und einziehungsberechtigt. Der Zessionar kann allenfalls vom Zedenten ermächtigt werden, die Forderung für diesen geltend zu machen. Zudem lassen einige Rechtsordnungen zu, dass der Schuldner die Abtretung genehmigt und infolgedessen auch schuldbefreiend an den Zessionar leisten kann.[46] Ein gutgläubiger Erwerb der Forderung trotz des Abtretungsverbots kommt nach den meisten Rechtsordnungen, die das Konzept der absoluten Unwirksamkeit zugrunde legen, allenfalls in Ausnahmefällen in Betracht.[47] 18

Zwischen den beiden dargestellten Prinzipien bewegt sich das **Konzept der relativen Unwirksamkeit** der Abtretung im Falle eines Abtretungsverbots.[48] Danach wird der Zessionar materieller Inhaber der Forderung. Mit Ausnahme des Schuldners ist er gegenüber jedermann zur Einziehung berechtigt und empfangszuständig. Nur gegenüber dem Schuldner gilt die Abtretung als unwirksam, so dass gegenüber dem Schuldner allein der Zedent zur Einziehung berechtigt ist und der Schuldner schuldbefreiend an diesen leisten kann. 19

Schließlich sehen einige Rechtsordnungen eine Kombination der vorgenannten Konzepte vor, abhängig davon, ob der Zessionar gutgläubig war oder nicht.[49] 20

Im Folgenden wird auf die Einzelheiten ausgewählter Rechtsordnungen eingegangen. 21

[42] So etwa im US-Recht gemäß § § 9–406 lit. a) UCC; vgl. auch Art. 9 Abs. 1 UNCARIT und Art. 6 Abs. 1 UNIDROIT Übereinkommen über Internationales Factoring; zu weiteren Beispielen Armgardt RabelsZ 73 (2009), 314 (326 ff.).

[43] In einzelnen Rechtsordnungen wirkt ein vertragliches Abtretungsverbot darüber hinaus teilweise noch nicht einmal obligatorisch und begründet im Fall einer Abtretung daher auch keine Schadensersatzansprüche des Schuldners gegenüber dem Zedenten, dazu Klein Abtretungsverbote S. 168 ff. unter Verweis auf das US-amerikanische und französische Handelsrecht.

[44] Vgl. insbes. § 354a HGB.

[45] Dieses Konzept gilt im Grundsatz im deutschen, österreichischen und schweizerischen Recht, Müller-Chen FS Schlechtriem S. 903 (910 ff.). Das niederländische Recht baut auch auf diesem Grundsatz auf, Bruns WM 2000, 505 (506 f.); zu einer Relativierung der dinglichen Wirkung vertraglicher Abtretungsverbote im Wege einschränkender Auslegung vertraglicher Abtretungsverbote durch die jüngere höchstrichterliche niederländische Rechtsprechung allerdings Klein Abtretungsverbote S. 81 f. mwN zur Rechtsprechung.

[46] Müller-Chen FS Schlechtriem S. 903 (912) mwN.

[47] Vgl. § 405 BGB und Art. 164 Abs. 2 OR, wenn der gutgläubige Erwerb auf einen besonderen Rechtsscheinträger gestützt werden kann.

[48] So etwa die hM zum englischen Recht nach gegenwärtig noch geltendem Rechtsstand, → Rn. 43.

[49] So ist nach italienischem Recht (vgl. Art. 1260 Codice Civile) und japanischem Recht ein Abtretungsverbot gegenüber dem Zessionar nur wirksam, wenn er es kennt, Quellennachweise bei Müller-Chen FS Schlechtriem, S. 903 (912 Fn. 44). Auch nach spanischem und portugiesischem Recht wirkt das Abtretungsverbot gegenüber dem Zessionar nur, wenn dieser nicht gutgläubig ist. Die Beweislast für die Bösgläubigkeit liegt im italienischen Recht dabei beim Schuldner, Armgardt RabelsZ 73 (2009), 314 (327) mwN.

II. Deutsches Recht

22 Die dem deutschen Recht zugrunde liegende **Abtretungsfreiheit** ist in § 398 BGB verankert.[50] Danach kann der Gläubiger seine Forderung grundsätzlich[51] wirksam abtreten, ohne dass hierfür eine Mitwirkung des Schuldners erforderlich wäre. Dem Schuldner bleiben auch gegenüber dem Zessionar die Einwendungen erhalten, die zur Zeit der Abtretung gegenüber dem Zedenten begründet waren, § 404 BGB. Im Falle einer wirksamen Abtretung kommen dem Schuldner überdies die §§ 406, 407 BGB zugute. § 406 BGB regelt die Möglichkeit, dass sich der Schuldner auf eine Aufrechnung auch gegenüber dem Zessionar berufen kann, wenn er gutgläubig in die Aufrechnungslage gelangt ist. Soweit der Schuldner gutgläubig ist, muss der Zessionar nach § 407 Abs. 1 BGB auch Leistungen an den bisherigen Gläubiger und Rechtsgeschäfte mit diesem über die Forderung gegen sich gelten lassen. Nach § 407 Abs. 2 BGB gilt Gleiches für gerichtliche Entscheidungen aus Rechtsstreitigkeiten, bei denen der Schuldner zum Zeitpunkt der Rechtshängigkeit gutgläubig war. Da es sich bei §§ 406, 407 BGB um reine **Schuldnerschutzvorschriften** handelt, kann der Schuldner – nach Kenntnis von der Abtretung – auch an den Zessionar schuldbefreiend leisten.

23 Durch ein vertragliches Abtretungsverbot wird der Schutz des Schuldners über die gesetzlichen Regelungen der §§ 406, 407 BGB hinaus verstärkt. Die zentralen Vorschriften des deutschen Rechts zu den Wirkungen eines solchen Abtretungsverbots finden sich in § 399 2. Fall BGB und § 354a HGB.

1. § 399 2. Fall BGB

24 § 399 2. Fall BGB ordnet an, dass eine Forderung nicht abgetreten werden „kann", wenn die Abtretung durch Vereinbarung mit dem Schuldner ausgeschlossen ist. Die hM[52] versteht diese Regelung – auf einer Linie mit dem historischen Willen des Gesetzgebers[53] – so, dass die mit einem **vertraglichen Abtretungsverbot** belegte Forderung nicht mehr verkehrsfähig ist und das Abtretungsverbot zur dinglich gegen jedermann wirkenden **absoluten Unwirksamkeit** der Zession führt. Überwiegend wird dies mit dem Parteiwillen begründet (Immanenztheorie);[54] der BGH hat in diesem Sinne ausgeführt, dass ein Abtre-

[50] § 398 BGB lautet: *„Eine Forderung kann von dem Gläubiger durch Vertrag mit einem anderen auf diesen übertragen werden (Abtretung). Mit dem Abschluss des Vertrages tritt der neue Gläubiger an die Stelle des bisherigen Gläubigers".* Gemäß § 413 BGB gelten die Vorschriften über die Übertragung von Forderungen grundsätzlich entsprechend für die Übertragung sonstiger Rechte, wie etwa von Sachen-, (gewerblichen) Schutz- und Gestaltungsrechten.

[51] Ausnahmen können aufgrund der besonderen Natur des Schuldverhältnisses etwa für höchstpersönliche Forderungen bestehen, vgl. § 399 1. Fall BGB oder aufgrund von Sondervorschriften, vgl. etwa § 49b Abs. 4 BRAO. Aktivposten einer Schlussrechnung können beispielhaft nicht isoliert abgetreten werden, vgl. BGH NJW 1999, 417f. Kein generelles Abtretungsverbot folgt aus der DGSVO oder aus dem Bankgeheimnis, vgl. (noch zum BDSG) BGH NJW 2007, 2106 (2108f.), siehe auch VG Mainz ZD 2020, 376 (377f.). Zahlungs-, Vertragsstrafen- und Mängelhaftungsansprüche sind grundsätzlich abtretbar; für Freistellungsansprüche soll dies nach BGH WM 2004, 422 (423) nicht gelten, MüKoBGB/Kieninger § 399 Rn. 16 mwN. Für in ein Kontokorrent eingestellte Forderungen besteht in der Regel ein (stillschweigendes) Abtretungsverbot, vgl. BGHZ 70, 86 (92). Aus einer Vertraulichkeitsvereinbarung kann sich mittelbar ein Abtretungsverbot bzw. ein Vorbehalt der vorherigen Zustimmung des Schuldners ergeben, wenn die Abtretung der Vertraulichkeit zuwiderliefe, OLG Düsseldorf NJW-RR 1994, 438f.

[52] Ständige Rechtsprechung, vgl. BGHZ 102, 293 (301); BGHZ 108, 172 (176); BGHZ 112, 387 (389f.); ebenso die herrschende Lehre, siehe nur MüKoBGB/Kieninger § 399 Rn. 42; BeckOGK/Lieder, 1.11.2021, § 399 BGB Rn. 102; Grüneberg/Grüneberg BGB § 399 Rn. 12. Anderer Auffassung sind die Vertreter der Verbotstheorie, nach denen argumentativ gestützt vor allem auf § 137 S. 1 BGB und die Wertungen der §§ 135, 136 BGB ein vertragliches Abtretungsverbot nur zu einer relativen Unwirksamkeit der Abtretung führen soll, so Canaris FS Serick, S. 13ff.; Wagner JZ 1994, 227 (229ff.); Armgardt RabelsZ 73 (2009), 314 (319ff., 333f.) mwN; de lege ferenda auch Eidenmüller AcP 204 (2004), 457 (468ff.).

[53] Vgl. Bülow NJW 1993, 901f.

[54] RGZ 136, 395 (399); Piekenbrock NJW 2007, 1247 (1247) mwN.

tungsverbot der Forderung nicht ein ihrem Wesen fremdes Veräußerungsverbot hinzufüge, sondern es lasse *„die Forderung von vorneherein als ein unveräußerliches Recht entstehen."*[55] Infolge des dem deutschen Recht zugrunde liegenden **Trennungsprinzips** ist allerdings zwischen dem im Sinne von § 399 2. Fall BGB dinglich – absolut gegenüber jedermann – wirkenden Abtretungsverbot und einer nur schuldrechtlich zwischen den Vertragsparteien wirkenden Verpflichtung, eine Forderung nicht abzutreten, zu unterscheiden.[56] Die Unterscheidung richtet sich einzelfallabhängig nach dem Parteiwillen und ist in der Regel durch Auslegung zu ermitteln.

Unter Abtretungsverbote nach § 399 2. Fall BGB fallen auch Vereinbarungen, welche 25 die Abtretbarkeit von Forderungen in Teilen einschränken oder an zusätzliche Voraussetzungen binden.[57] Dies gilt vor allem für die Vereinbarung, dass eine wirksame Abtretung von der vorherigen Zustimmung des Schuldners abhängen soll.[58] Befristete Abtretungsverbote werden ebenfalls erfasst. Das Erfordernis einer Abtretungsanzeige für die Wirksamkeit der Abtretung unterfällt nach hM auch § 399 2. Fall BGB.[59]

Im Falle eines Abtretungsverbots im Sinne von § 399 2. Fall BGB verbleibt die For- 26 derung im Vermögen des Zedenten, selbst wenn er die Abtretung an einen Dritten schuldrechtlich wirksam vereinbart.[60] Vorbehaltlich der Sonderregelung des § 405 BGB (Abtretung unter Urkundenvorlegung) kommt dann auch **kein gutgläubiger Forderungserwerb** des Dritten in Betracht. Eine rechtsgeschäftliche Verpfändung der nicht übertragbaren Forderung ist nach § 1274 Abs. 2 BGB ebenfalls ausgeschlossen. Die Forderung kann allerdings von Gläubigern des Zedenten im Wege der Zwangsvollstreckung gepfändet werden. § 851 Abs. 2 ZPO stellt klar, dass ein Abtretungsverbot einer solchen Pfändung nicht entgegensteht. Abgesehen von diesem Sonderfall ist nur der Zedent und ursprüngliche Gläubiger zur Einziehung der Forderung befugt.[61] Der Schuldner kann an diesen schuldbefreiend leisten, eine solche Leistung ist jedoch ebenfalls an den Zessionar möglich, da der Schuldner auf die Wirkungen des zu seinen Gunsten bestehenden Abtretungsverbots verzichten bzw. die Abtretung durch Genehmigung wirksam werden lassen kann.[62] Im Falle einer Insolvenz des Zedenten fällt die Forderung in die Masse.[63]

2. § 354a HGB

Für aus beiderseitigen **Handelsgeschäften** begründete Geldforderungen[64] sowie Geldfor- 27 derungen gegen die öffentliche Hand enthält § 354a Abs. 1 HGB[65] eine für dem deut-

[55] BGHZ 110, 241 (242f.).
[56] BGH NJW 1982, 2768 (2769).
[57] MüKoBGB/Kieninger § 399 Rn. 39 (Form eines „abgeschwächten Abtretungsausschlusses"); BeckOGK/Lieder, 1.11.2021, § 399 BGB Rn. 99.
[58] BGH NJW 1997, 3434 (3435); BGH NJW-RR 2005, 624 (626).
[59] OLG Celle NJW-RR 1999, 618 (619); Staudinger/Busche BGB § 399 Rn. 62 mwN; andere Auffassung OLG Schleswig NJW-RR 2001, 818 (820).
[60] In der Sonderkonstellation einer Verschmelzung nach dem UmwG kann eine Forderung trotz Abtretungsverbots wirksam auf den übernehmenden Rechtsträger übergehen, OLG Düsseldorf DStR 2015, 1321.
[61] Denkbar bleibt eine Geltendmachung der Forderung durch Dritte im Wege der Prozessstandschaft, gerichtet auf Zahlung an den Gläubiger.
[62] BGHZ 40, 156 (161); bei mehreren (unwirksamen) Abtretungen kann der Schuldner so wählen, an wen er aufgrund einer nachträglichen Genehmigung schuldbefreiend leistet, vgl. OLG Koblenz WM 1992, 73ff.; es kommt grundsätzlich nicht auf die Priorität der unwirksamen Abtretungen an. Nach hM wird die Zession mit der Genehmigung ex nunc wirksam, nach anderer Ansicht rückwirkend analog § 185 BGB; zum Meinungsstreit MüKoBGB/Kieninger § 399 Rn. 43; Müller-Chen FS Schlechtriem S. 903 (912) jeweils mwN.
[63] Kritisch zu dieser Wirkung eines Abtretungsverbots als „Zufallsgeschenk" für die ungesicherten Gläubiger im Falle einer Insolvenz Müller-Chen FS Schlechtriem S. 903 (913).
[64] Ausgenommen sind hiervon nach hM in ein Kontokorrent eingestellte Forderungen wegen der spezielleren Regelungen in den §§ 355ff. HGB, BGH NJW 2002, 2865 (2866); Ebenroth/Boujong/Joost/Strohn/Wagner HGB § 354a Rn. 7 mwN. Für Gesellschaften bürgerlichen Rechts ist eine generelle entsprechende

schen Recht unterstehende internationale Wirtschaftsverträge sehr praxisrelevante **Sondervorschrift** und Ausnahme von § 399 2. Fall BGB, nach der eine Abtretung trotz eines Abtretungsverbots im Sinne von § 399 2. Fall BGB **wirksam** ist.[66] Die abgetretene Geldforderung fällt damit in das Vermögen des Zessionars und unterliegt folglich auch dem Zugriff seiner Gläubiger;[67] der Zessionar kann die Forderung – auch klageweise – geltend machen.[68] Er ist allerdings nur **neben dem Zedenten empfangszuständig,** denn der Schuldner darf nach § 354a Abs. 1 S. 2 HGB im Fall eines vereinbarten Abtretungsverbotes weiter an den ursprünglichen Gläubiger leisten, ohne dass es – wie im Rahmen des § 407 BGB – auf eine Gutgläubigkeit des Schuldners ankäme.[69] Dem Schuldner steht also ein **Wahlrecht** zu, ob er an den Zedenten oder den Zessionar leisten möchte, es sei denn, der Schuldner hat ausnahmsweise kein berechtigtes Interesse mehr, an den Zedenten zu leisten.[70] Unter einer solchen Leistung an den ursprünglichen Gläubiger sind auch Erfüllungssurrogate – wie etwa eine Aufrechnung – zu verstehen.[71] Bei Doppel- oder Mehrfachzessionen führt § 354a HGB zur Wirksamkeit der ersten Abtretung, wohingegen dem Zedenten für weitere Abtretungen die Verfügungsbefugnis fehlt; es kommt insofern das *Prioritätsprinzip* zum Tragen.[72]

28 § 354a Abs. 1 HGB soll Unternehmen die Finanzierung durch Forderungsabtretungen erleichtern, indem die Verkehrsfähigkeit von Geldforderungen erhöht wird. Geschützt wird allerdings zugleich der Schuldner, indem er weiterhin an den ursprünglichen Gläubiger leisten kann. Nach § 354a Abs. 2 HGB gilt die Vorschrift jedoch explizit nicht für Darlehensforderungen von Kreditinstituten. § 354a HGB ist nach seinem Abs. 1 S. 3 HGB **insgesamt**[73] **zwingend** und führt zu Ergebnissen, die den Regelungen des Unidroit-Übereinkommens über das internationale Factoring nahekommen.[74] Diese Einschränkung der vertraglichen Dispositionsfreiheit soll auch für Vereinbarungen zu Unterlassungspflichten gelten, welche im Widerspruch zu den Wirkungen des § 354a Abs. 1 S. 1 und 2 HGB stehen.[75] Nach überwiegender Auffassung kann der Schuldner allerdings auf den Schutz des § 354a Abs. 1 HGB nachträglich verzichten und mit dem Zessionar etwa eine Vereinbarung treffen, nach der nur an diesen zu leisten ist.[76] Erklärt der Zedent gegenüber dem Zessionar trotz eines Abtretungsverbots, er sei uneingeschränkt verfügungsberechtigt hinsichtlich der abgetretenen Forderung, verhält er sich pflichtwidrig. Es kommen in diesem

---

Anwendung des § 354a HGB abgelehnt worden, BGH NJW 2006, 3486 (3487); andere Ansicht Piekenbrock NJW 2007, 1247 (1248 f.), der die Kaufmannseigenschaft der Gesellschafter für maßgeblich hält.

[65] Die Vorschrift ist durch Gesetz vom 25.7.1994 in das HGB eingefügt worden.

[66] A majore ad minus gilt dies erst recht, wenn kein generelles Abtretungsverbot vereinbart worden ist, sondern die Abtretung nur der Zustimmung des Schuldners bedarf, OLG Celle NJW-RR 1999, 618 (619).

[67] Ebenroth/Boujong/Joost/Strohn/Wagner HGB § 354a Rn. 24.

[68] Armgardt RabelsZ 73 (2009), 314 (318).

[69] BGH NJW 2018, 2254 (2258); Ebenroth/Boujong/Joost/Strohn/Wagner HGB § 354a Rn. 14; MüKo-BGB/Kieninger § 399 Rn. 49; Hopt/Leyens HGB § 354a Rn. 2; eine Leistung an den bisherigen Gläubiger kann jedoch ausnahmsweise rechtsmissbräuchlich sein, BGH NJW-RR 2004, 1100 (1102); Schmidt NJW 1999, 400 (401), der den Schuldnerschutz des § 354a Abs. 1 S. 2 HGB auf die Zeit bis zur Kenntnis des Schuldners von der Zession beschränken will.

[70] Ebenroth/Boujong/Joost/Strohn/Wagner HGB § 354a Rn. 14 f.; Armgardt RabelsZ 73 (2009), 314 (317).

[71] BGH NJW-RR 2005, 624 (626); MüKoBGB/Kieninger § 399 Rn. 49 mwN. Nach hM kann der Schuldner sogar in Kenntnis der Abtretung eine Forderung gegen den bisherigen Gläubiger erwerben und auf Grundlage von § 354a Abs. 1 S. 2 HGB durch Aufrechnung schuldbefreiend leisten, Hopt/Leyens HGB § 354a Rn. 2 mwN zur Rechtsprechung. § 354a Abs. 1 S. 1 HGB ermöglicht es dem Zedenten aber nicht, noch einen Vergleich über die abgetretene Forderung mit Wirkung für den Zessionar zu schließen, da er mit der wirksamen Abtretung die Forderungsinhaberschaft verliert, BGH NJW 2009, 438 (439 f.); Seggewiße NJW 2008, 3256 (3257).

[72] Ebenroth/Boujong/Joost/Strohn/Wagner HGB § 354a Rn. 21.

[73] Hopt/Leyens HGB § 354a Rn. 3; Ebenroth/Boujong/Joost/Strohn/Wagner HGB § 354a Rn. 4 mwN.

[74] Vgl. → Rn. 54; Armgardt RabelsZ 73 (2009), 314 (318).

[75] Ebenroth/Boujong/Joost/Strohn/Wagner HGB § 354a Rn. 4 mwN.

[76] BGH NJW 2009, 438 (440); Hopt/Leyens HGB § 354a Rn. 3.

Fall Schadensersatzansprüche in Betracht, selbst wenn die Abtretung nach § 354a Abs. 1 S. 1 HGB wirksam ist.[77]

3. AGB-rechtliche Vorgaben für vertragliche Abtretungsverbote, Kollision mit verlängertem Eigentumsvorbehalt

Standardklauseln und -vertragstexte, die zur mehrfachen Verwendung im Sinne von § 305 Abs. 1 S. 1 BGB gedacht sind,[78] müssen sich nach deutschem Recht an den Vorgaben für Allgemeine Geschäftsbedingungen (AGB) messen lassen. Werden die AGB-Vorgaben nicht beachtet, ist die Klausel unwirksam[79] und es kommen insoweit die gesetzlichen Regelungen zur Anwendung, § 306 Abs. 2 BGB. Eine sog. geltungserhaltende Reduktion der unwirksamen Klausel auf das Maß, welches als Klauselinhalt noch zulässig gewesen wäre, findet – auch bei **Geschäften zwischen Unternehmern** – nicht statt.[80] Die AGB-Vorgaben wirken sich in weiten Teilen auch im unternehmerischen Verkehr aus und schränken die Möglichkeiten der Vertragsgestaltung erheblich ein. Für die Beurteilung, ob eine Standardklausel den AGB-Vorgaben entspricht, ist mittels einer generalisierenden und typisierenden Betrachtung in Bezug auf das jeweilige Geschäft zu ermitteln, ob unter Berücksichtigung der typischen Interessen der beteiligten Verkehrskreise eine **unangemessene Benachteiligung** des Vertragspartners des Verwenders der Standardklausel entsteht. Werden AGB für verschiedene Arten von Geschäften oder gegenüber verschiedenen Geschäftskreisen – etwa Unternehmern und Verbrauchern – verwendet, ist nach Vertrags- und Fallgruppen zu differenzieren, die im Einklang mit dem **Verbot** der **geltungserhaltenden Reduktion** zu unterschiedlichen Ergebnisse kommen können.[81] Die inhaltliche Unangemessenheit kann sich überdies im Sinne des **Transparenzgebots** nach § 307 Abs. 1 S. 2 BGB schon allein daraus ergeben, dass die Klausel nicht klar und verständlich ist. Zweifel bei der Auslegung von AGB gehen nach § 305c Abs. 2 BGB zu Lasten des Verwenders; zudem sind überraschende Klauseln unwirksam, § 305c Abs. 1 BGB. 29

Abtretungsverbote verstoßen zumindest im **unternehmerischen Geschäftsverkehr**[82] nicht per se gegen die Vorgaben des deutschen AGB-Rechts. In der Regel sind sie weder unangemessen im Sinne von § 307 BGB[83] noch überraschend im Sinne von § 305c Abs. 1 BGB.[84] Der Verwender hat typischerweise vor allem ein **legitimes Interesse** daran, durch 30

[77] BGH BeckRS 2015, 02354.

[78] Faustregel: Mindestens drei geplante Verwendungen, wobei es sich dann schon bei der ersten Verwendung der Klausel um eine AGB handelt, siehe nur BGH NJW 2002, 138 (139); Grüneberg/Grüneberg BGB § 305 Rn. 9 mwN.

[79] Im Grundsatz ist die Klausel insgesamt unwirksam. Nur wenn neben dem unwirksamen Teil abtrennbare unbedenkliche Klauselteile bestehen und diese allein verständlich und sinnvoll sind, können diese wirksam bleiben. Der BGH orientiert sich dabei am sog. blue pencil-test, vgl. Grüneberg/Grüneberg BGB § 306 Rn. 6f. mwN.

[80] BGHZ 86, 284 (297); Grüneberg/Grüneberg BGB § 306 Rn. 6 mwN.

[81] BGHZ 110, 241 (244).

[82] Gegenüber Verbrauchern ist ein Abtretungsverbot für einen auf Geld gerichteten Anspruch des Vertragspartners gegen den Verwender dagegen seit dem 1.10.2021 generell unwirksam, § 308 Nr. 9 lit. a) BGB (für ein anderes Recht hängt die Wirksamkeit davon ab, dass der Verwender entweder ein schützenswertes Interesse hat oder berechtigte Belange des Vertragspartners an der Abtretbarkeit legitime Interessen des Verwenders nicht überwiegen, § 308 Nr. 9 lit. b) BGB); eine Ausstrahlungswirkung für den unternehmerischen Geschäftsverkehr ergibt sich zumindest aus § 308 Nr. 9 lit. a) BGB aber nicht, BeckOGK/Quantz, 1.12.2021, § 307 BGB Abtretungsklausel Rn. 51; Ulmer/Brandner/Hensen/Schmidt AGB-Recht § 308 Nr. 9 BGB Rn. 21.

[83] BGHZ 102, 293 (300); BGHZ 110, 241 (243); OLG Celle NJW-RR 1999, 618f.; OLG Schleswig NJW-RR 2001, 818 (819); OLG Hamm BeckRS 2014, 07709; Ebenroth/Boujong/Joost/Strohn/Wagner HGB § 354a Rn. 22; differenzierend Ulmer/Brandner/Hensen/Schmidt AGB-Recht § 308 Nr. 9 BGB Rn. 21. In Einzelfällen hielt die deutsche Rechtsprechung jedoch Abtretungsverbote in AGB – mangels eines schützenswerten oder überwiegenden Interesses des Verwenders – auch für unangemessen und unwirksam, etwa ein in AGB eines Reiseveranstalters vorgesehenes Abtretungsverbot, vgl. BGH NJW 2012, 2107 (2107f.).

[84] BGH NJW-RR 1991, 763f.

Abtretungsverbote die Gefahr von Doppelzahlungen zu vermeiden. Dem Verwender ist ferner aus nachvollziehbaren Gründen daran gelegen, Teil- und Mehrfachabtretungen auszuschließen, um eine Vielzahl von Rechtsstreitigkeiten sowie zusätzlichen Aufwand zu verhindern. Auch ein Verbot zur Abtretung des Lieferanspruchs wird in Allgemeinen Verkaufsbedingungen für grundsätzlich zulässig gehalten, jedenfalls wenn die Ware für den eigenen Gebrauch erworben wird.[85] Abtretungsverbote können damit auch in AGB im Grundsatz wirksam vereinbart werden.[86] Erst recht gilt dies für AGB, durch welche Abtretungen (nur) erschwert oder an zusätzliche Voraussetzungen – wie etwa die Zustimmung des Schuldners oder Formerfordernisse – geknüpft werden.[87]

31 Werden Formerfordernisse für Abtretungen in AGB vorgesehen, so ist – jedenfalls bei Verwendung gegenüber Verbrauchern[88] – zusätzlich § 309 Nr. 13 BGB zu beachten. Danach sind Klauseln unwirksam, wenn sie eine strengere Form als die **Textform** oder besondere Zugangserfordernisse enthalten. Das Erfordernis einer schriftlichen Abtretungsanzeige kann jedoch in AGB wirksam vereinbart werden.[89]

32 Auch die regelmäßig in Liefer- und Fertigungsketten auftretende Konstellation, dass ein Abtretungsverbot für einen Vorlieferanten nachteilig sein kann, der sich durch einen **verlängerten Eigentumsvorbehalt** gesichert hat, führte in mehreren BGH-Entscheidungen nicht zur Unangemessenheit eines in AGB enthaltenen Abtretungsverbots.[90] Dies dürfte seit der Geltung des § 354a HGB erst recht gelten, da hierdurch die Wirkungen des Abtretungsverbots in weiten Teilen eingeschränkt werden.[91] Vor der Einführung des § 354a HGB lief der Verwender eines Abtretungsverbots Gefahr, dass er mit Blick auf die Verfügungsmacht seines Lieferanten für bösgläubig gehalten wurde,[92] wenn er davon ausgehen musste, dass der Lieferant die Ware von seinem Vorlieferanten unter verlängertem Eigentumsvorbehalt geliefert bekommen hatte und keine Erkundigung über die Eigentumslage einzog. Eine Veräußerung der unter Eigentumsvorbehalt gelieferten Ware war danach regelmäßig nur im ordnungsgemäßen Geschäftsgang zulässig, wobei eine Veräußerung an einen Abnehmer als dieser Anforderung nicht genügend angesehen wurde, soweit die im Rahmen des verlängerten Eigentumsvorbehalts vorgesehene Sicherungsabtretung der gegen den Abnehmer gerichteten Forderung an einem Abtretungsverbot scheiterte.[93] Es drohten dem Erwerber der Vorbehaltsware daher Schadens- und Wertersatzansprüche, wenn der Vorlieferant nicht befriedigt wurde.[94] In vielen Allgemeinen Einkaufsbedingungen und Standardwerken nach deutschem Recht sind mit Blick auf diese BGH-Recht-

[85] BGH NJW 1981, 117 (118f.).

[86] Für unzulässig mangels berechtigten Interesses hat der BGH etwa eine Klausel in Transportbedingungen des Frachtführers gehalten, wonach die Abtretung eines gegen ihn gerichteten Anspruchs an den Transportversicherer verboten werden sollte, BGH NJW 1976, 672 (672); für eine generelle Vermutung der Unzulässigkeit eines formularmäßigen Abtretungsausschlusses dagegen MüKoBGB/Kieninger § 399 Rn. 40.

[87] BeckOGK/Quantz, 1.12.2021, § 307 BGB Abtretungsklausel Rn. 53; Wolf/Lindacher/Pfeiffer/Dammann AGB-Recht Klauseln Rn. A40; vgl. auch OLG Schleswig NJW-RR 2001, 818 (819).

[88] Ob die Vorgaben auch für Verträge zwischen Unternehmern gelten, wird unterschiedlich beurteilt. Eine generelle entsprechende Anwendung oder Indizwirkung wird überwiegend abgelehnt; vielmehr sollen derartige Klauseln an § 307 BGB gemessen werden, Ulmer/Brandner/Hensen/Habersack AGB-Recht § 309 Nr. 13 BGB Rn. 17; Wolf/Lindacher/Pfeiffer/Dammann AGB-Recht § 309 Nr. 13 BGB Rn. 70. Der Rechtsgedanke des § 309 Nr. 13 BGB wird jedoch teilweise auch auf Verträge zwischen Unternehmern übertragen; so ist eine AGB-Klausel, nach der ein Formblatt für eine Abtretungsanzeige verwendet werden sollte, für unwirksam gehalten worden, OLG Schleswig NJW-RR 2001, 818 (819); vgl. auch OLG Naumburg NZM 2000, 90ff. zu einem Einschreiben als Formerfordernis.

[89] OLG Schleswig NJW-RR 2001, 818 (819).

[90] BGHZ 108, 52 (54f.); BGHZ 108, 172 (174f.); BGH NJW 2006, 3486 (3487).

[91] Ebenroth/Boujong/Joost/Strohn/Wagner HGB § 354a Rn. 22; BGH NJW 2006, 3486 (3487).

[92] BGHZ 77, 274 (279); BGH NJW 1999, 425 (426).

[93] BGHZ 40, 157 (162); BGH NJW 1988, 1210 (1213).

[94] In BGH NJW 1971, 1750 (1750) wurden solche Schadensersatzansprüche allerdings nicht festgestellt.

sprechung Abtretungsverbote nicht aufgenommen worden.[95] Wegen § 354a HGB ist die Abtretung einer Geldforderung aus Handelsgeschäften jedoch inzwischen trotz eines Abtretungsverbots wirksam,[96] so dass eine Veräußerung von unter Eigentumsvorbehalt stehender Ware auf dieser Basis auch als im **ordnungsgemäßen Geschäftsgang** zu qualifizieren ist und die Verwendung eines Abtretungsverbots den Abnehmer nicht bösgläubig macht.[97] Das Abtretungsverbot hat in dieser Konstellation nämlich nur zur Folge, dass der Abnehmer weiter schuldbefreiend an seinen Lieferanten zahlen kann. Mit Blick auf die dem Lieferanten regelmäßig vom Vorlieferanten erteilte Einziehungsbefugnis kann er dies aber ohnehin. Selbst bei Fehlen einer Einziehungsbefugnis ist eine schuldbefreiende Zahlung an den Lieferanten wegen § 407 BGB bis zu einer – nur ausnahmsweise vorkommenden – Offenlegung der Sicherungsabtretung weiter möglich. Die frühere Rechtsprechung des BGH zur Bösgläubigkeit eines Abnehmers wegen Verwendung eines Abtretungsverbots mit Blick auf einen verlängerten Eigentumsvorbehalt von Vorlieferanten dürfte damit – jedenfalls im Anwendungsbereich des § 354a HGB – überholt sein.[98] Die Wirkungen der früheren Rechtsprechung ließen sich allerdings dadurch wiederherstellen, dass die Weiterveräußerungsbefugnis der unter Eigentumsvorbehalt gelieferten Ware nur besteht, soweit mit dem Abnehmer kein Abtretungsverbot vereinbart worden ist. Derartige Klauselgestaltungen zwischen Vorlieferant und Weiterveräußerer wären zwar möglich, sind in der Praxis aber kaum anzutreffen.

III. Schweizer Recht

Im Schweizer Obligationenrecht ordnet Art. 164 Abs. 1 OR an, dass der Gläubiger eine ihm zustehende Forderung grundsätzlich **ohne Einwilligung** des Schuldners an einen anderen abtreten kann. Es gilt im Schweizer Recht damit – vergleichbar dem deutschen Recht – der Grundsatz der **Abtretungsfreiheit.**[99] Die Abtretung wird als **Verfügungsgeschäft** verstanden, durch welches die Forderung vom Zedenten auf den Zessionar übergeht. Dieses Verfügungsgeschäft beruht in der Regel auf einer entsprechenden Verpflichtung zur Abtretung, wobei kontrovers diskutiert wird, ob eine wirksame Abtretung immer ein wirksames Verpflichtungsgeschäft voraussetzt bzw. ob die Unwirksamkeit des Verpflichtungsgeschäfts automatisch die Unwirksamkeit der Abtretung zur Folge hat.[100] Die 33

[95] Burger NJW 1982, 80ff. empfahl aus diesem Grund ausdrücklich auf Abtretungsverbote in Allgemeinen Einkaufsbedingungen zu verzichten.

[96] → Rn. 27.

[97] MüKoBGB/Kieninger § 399 Rn. 45; andere Auffassung Schmidt NJW 1999, 400; Piekenbrock NJW 2007, 1247 (1248).

[98] Andere Auffassung wohl Ulmer/Brandner/Hensen/Schmidt AGB-Recht § 308 Nr. 9 BGB Rn. 9.

[99] BSK/Girsberger/Hermann OR I Art. 164 Rn. 5. Dies umfasst auch Mängelansprüche (etwa auch vertragliche Nachbesserungsansprüche, BGE 145 III 8 (10)); allerdings ist streitig, ob Gestaltungsrechte aufgrund von Mängeln abtretbar sind, vgl. BSK/Girsberger/Hermann OR I Art. 164 OR Rn. 5a; KUKO/Lardelli OR Art. 164 Rn. 13. Nach BGE 94 II 274 (281) E. 5 kommt es darauf an, ob der Schuldner darauf vertrauen durfte, dass das Recht nur dem Gläubiger persönlich eingeräumt wird. Ausnahmen vom Grundsatz der Abtretungsfreiheit kommen nach Art. 164 Abs. 2 OR vor allem aufgrund der Natur des Rechtsverhältnisses in Betracht; dies soll ua für Kauf-, Vorkauf- und Rückkaufrechte hinsichtlich vinkulierter Aktien sowie für die Forderung auf Befreiung von einer Verbindlichkeit gelten. Jedenfalls vertraglich kann die Abtretbarkeit von Gestaltungsrechten jedoch nach überwiegender Auffassung ebenso wie das Recht zu einer Vertragsübernahme durch einen Dritten vereinbart werden, vgl. BGE 48 II 468 E. 4; BGE 94 II 274 (279) E. 3. Auch künftige Forderungen können abgetreten werden, soweit sie hinsichtlich der Person des Schuldners, des Rechtsgrundes und des Inhaltes hinreichend bestimmt oder bestimmbar sind, BGE 57 II 539; 84 II 355 (366) E. 3; wobei strittig ist, inwieweit es zum Durchgangserwerb beim Zedenten kommt, vgl. BSK/Girsberger/Hermann OR I Art. 164 Rn. 47f. mwN. Die Übertragung von Pflichten oder eines Vertrages bedarf grundsätzlich auch der Zustimmung des Gläubigers bzw. der anderen Partei, vgl. Art. 176 OR.

[100] Vgl. BSK/Girsberger/Hermann OR I Art. 164 Rn. 22ff.; KUKO/Lardelli OR Art. 164 Rn. 3 mwN. Im Schweizer Recht wird zwar auch zwischen der schuldrechtlichen Verpflichtung und der dinglichen Verfügung streng unterschieden (Trennungsprinzip), allerdings wird das aus dem deutschen Recht bekannte

Schweizer Rechtsprechung hat es früher für möglich gehalten, dass eine Abtretung auch abstrakt und damit losgelöst von einem wirksamen Verpflichtungsgeschäft wirksam sein kann;[101] in neueren Entscheidungen hat das Schweizerische Bundesgericht diesen Punkt hingegen offen gelassen.[102]

34 Mit der abgetretenen Forderung gehen nach Art. 170 OR Vorzugs- und Nebenrechte – etwa Pfandrechte, Bürgschaften und nach hM auch Rechte aus einem Eigentumsvorbehalt[103] – auf den Zessionar über. Der Schuldner kann nach Art. 169 Abs. 1 OR Einreden, die der abgetretenen Forderung entgegenstanden, auch gegenüber dem Zessionar geltend machen; eine Aufrechnungslage bleibt ebenso erhalten, soweit die zur Aufrechnung gestellte Forderung vor der abgetretenen Forderung fällig wird, Art. 169 Abs. 2 OR. Leistet der Schuldner vor einer Anzeige der Abtretung **gutgläubig** an den Zedenten, ist dies nach Art. 167 OR schuldbefreiend, wenn sich der Schuldner auf diese ihn begünstigende Vorschrift beruft. Der gute Glaube wird zugunsten des Schuldners vermutet; er endet in der Regel mit Erhalt der **Abtretungsanzeige.**[104] Bei mehreren Abtretungen hat die zeitlich frühere Priorität.[105]

35 Nach Art. 165 Abs. 1 OR bedarf die Abtretung als Verfügungsgeschäft der **Schriftform;** die Verpflichtung zur Abtretung kann hingegen nach Art. 165 Abs. 2 OR formlos eingegangen werden. Eine Abtretung, welche dem Schriftformerfordernis nicht genügt, **ist ungültig.**[106] Es genügt der Schriftform, wenn der Zedent die Zessionsurkunde unterzeichnet.[107] Eine Übergabe der Urkunde an den Zessionar ist für die Einhaltung der Schriftform nicht erforderlich.[108] Nebenabreden zur Abtretung können wirksam mündlich getroffen werden. Das angeordnete Schriftformerfordernis soll der **Verkehrssicherheit** mit Blick auf die Forderungsinhaberschaft dienen, Zessionen an Dritte erleichtern und dem Schuldner Klarheit über die Empfangszuständigkeit nach einer entsprechenden Abtretungsanzeige verschaffen.

36 **Art. 164 Abs. 1 OR** unterstellt, dass über die gesetzlichen Einschränkungen hinaus auch Vereinbarungen getroffen werden können, welche der Abtretbarkeit einer Forderung entgegenstehen. Dementsprechend ist die Vereinbarung von Abtretungsverboten auf Basis des Schweizer Rechts wirksam möglich. Ein Abtretungsverbot ist im Grundsatz auch gegenüber Dritten wirksam.[109] Das **Abtretungsverbot** hat so eine **absolute Wirkung** und verhindert die Verkehrsfähigkeit der Forderung: Der Zedent bleibt Forderungsinhaber, er ist allein einziehungsbefugt und empfangszuständig; der Zessionar kann gegenüber dem

---

Abstraktionsprinzip grundsätzlich nicht angewendet, vielmehr gilt – ebenso wie im österreichischen Recht – nach wohl hM das Kausalitätsprinzip, nach dem für ein wirksames Verfügungsgeschäft eine wirksame schuldrechtliche Grundlage vorliegen muss; zum Ganzen ausführlich Walch AJP 2015, 1006 ff.

[101] BGE 67 II 123 (127 f.) E. 4 mwN.

[102] BGE 84 II 355 (363 f.) E. 1; 95 II 109 (112) E. 2b).

[103] BSK/Girsberger/Hermann OR I Art. 170 Rn. 8.

[104] Vgl. BSK/Girsberger/Hermann OR I Art. 167 Rn. 4 f. und 8. Eine Zahlung an einen Dritten ist aber nicht schuldbefreiend, wenn der Schuldner irrtümlich an einen vermeintlichen Zedenten leistet, BGE 95 II 109 (115) E. 4.

[105] BSK/Girsberger/Hermann OR I Art. 164 Rn. 47.

[106] KUKO/Lardelli OR Art. 165 Rn. 3.

[107] Dies wird auf eine analoge Anwendung von Art. 13 OR gestützt, BSK/Girsberger/Hermann OR I Art. 165 Rn. 2 mwN.

[108] BSK/Girsberger/Hermann OR I Art. 165 Rn. 5; Huguenin Obligationenrecht Rn. 1345.

[109] BSK/Girsberger/Hermann OR I Art. 164 OR Rn. 32; KUKO/Lardelli OR Art. 164 Rn. 22; de lege ferenda für relative Unwirksamkeit plädierend Müller-Chen FS Schlechtriem S. 903 (919 f.); ebenso Art. 164 Abs. 1 OR des Entwurfs OR 2020 verschiedener Schweizer Hochschullehrer für einen neuen allgemeinen Teil des schweizerischen Obligationenrechts (www.or2020.ch); dazu auch Huguenin Obligationenrecht Rn. 1360 Fn. 56. Ausnahmen hiervon ergeben sich lediglich aus Art. 164 Abs. 2 OR bei Vertrauen eines gutgläubigen Dritten auf eine Urkunde, welche die abgetretene Forderung belegt und welche keine Anhaltspunkte für ein Abtretungsverbot beinhaltet, sowie aus der Grenze des Rechtsmissbrauchs. Teils wird erwogen, dass ein zu strenges Abtretungsverbot mit der durch Art. 27 Abs. 2 ZGB geschützten Dispositionsfreiheit des Gläubigers kollidieren kann, Schwenzer/Fountoulakis Allgemeiner Teil Rn. 90.24.

Schuldner aus der – infolge des Abtretungsverbots nicht – abgetretenen Forderung keine Rechte geltend machen. Werden künftige Forderungen abgetreten, vereinbart der Zedent aber nachträglich ein Abtretungsverbot, gehen die erst nach dem Abtretungsverbot entstehenden Forderungen nicht auf den Zessionar über.[110] Eine Abtretung ist nach Art. 164 Abs. 2 OR auch unwirksam, soweit zusätzliche Voraussetzungen für die Abtretung vereinbart worden sind – wie etwa die Zustimmung des Schuldners – und diese Voraussetzungen nicht erfüllt wurden.[111] Art. 164 Abs. 2 OR erfasst also nicht nur ein vollständiges Verbot von Abtretungen, sondern – wie im deutschen Recht – ebenfalls deren Einschränkungen und Erschwernisse. Für grenzüberschreitende Verträge wird allerdings eine restriktive Auslegung des Inhalts von Abtretungsverboten gefordert.[112]

37 Abtretungsverbote können auf Basis des Schweizer Rechts auch grundsätzlich wirksam in **AGB** vorgesehen werden.[113] Eine – dem deutschen Recht vergleichbar – strenge Inhaltskontrolle für AGB kennt das Schweizer Recht nicht, vielmehr gilt nach dem Grundsatz von Art. 19 OR Vertragsfreiheit. Die der Inhaltskontrolle von Klauseln dienende Regelung in § 8 des Gesetzes gegen den unlauteren Wettbewerb (UWG) ist auf den Konsumentenschutz beschränkt.[114] Einschränkungen für den unternehmerischen Geschäftsverkehr ergeben sich damit letztlich nur aus der gewohnheitsrechtlich anerkannten **Unklarheitenregel** und der **Ungewöhnlichkeitsregel.** Nach ersterer gehen Unklarheiten zu Lasten des Verwenders von AGB, nach zweiterer sind AGB nicht wirksam, soweit sie Regelungen beinhalten, mit denen der Vertragspartner des Verwenders nicht rechnen musste.[115] Inhaltlich setzen Art. 20 OR und Art. 27 ZGB darüber hinaus Schranken, wenn Regelungen unmöglich, widerrechtlich, übermäßig oder sittenwidrig sind.

38 Der Schuldner hat nach überwiegender Auffassung die Möglichkeit, eine entgegen dem Abtretungsverbot vorgenommene Zession durch seine **Genehmigung** wirksam werden zu lassen.[116] Scheitert die Abtretung an einem Abtretungsverbot, kommt eine Haftung des Zedenten gegenüber dem Zessionar nach Art. 171 Abs. 1 OR in Betracht, da der Zedent für den Bestand der Forderung haftet, worunter auch verstanden wird, dass der Zessionar selbst Gläubiger der Forderung wird.[117]

IV. Englisches Recht

39 Im englischen Recht gilt die doctrine of privity, wonach ein Vertrag Rechte und Pflichten im Grundsatz nur zwischen den Vertragsparteien entstehen lässt. Eine wirksame Abtretung führt allerdings zu einer anerkannten Ausnahme von diesem Grundsatz. Abtretungsfähig ist nach dem Verständnis des englischen Rechts – vorbehaltlich abweichender Vereinbarungen – grundsätzlich nur der benefit aus einem Vertrag.[118] Für die Voraussetzungen und Wirkungen von Abtretungen und Abtretungsverboten ist zwischen common law (im engeren Sinne), statutory law und equity zu unterscheiden.[119]

40 Während das common law im engeren Sinne keine Abtretung zuließ, ordnet statutory law, namentlich s. **136 Law of Property Act 1925** an, dass eine Abtretung in **schriftli-**

[110] BGE 112 II 241 (243) E. 2; vgl. ebenso zum deutschen Recht BGHZ 27, 306 (309).
[111] Sog. „bedingtes Abtretungsverbot“, vgl. BGE 117 II 94 (99) E. 5c).
[112] BSK/Girsberger/Hermann OR I Art. 164 Rn. 32.
[113] Müller-Chen FS Schlechtriem S. 903 (919).
[114] Oetker AcP 212 (2012), 203 (204).
[115] BGE 49 II 185 f.
[116] BSK/Girsberger/Hermann OR I Art. 164 Rn. 52.
[117] BSK/Girsberger/Hermann OR I Art. 171 Rn. 7.
[118] Verpflichtungen können nach englischem Recht grundsätzlich nur mit Zustimmung des Vertragspartners übertragen werden.
[119] Unter assignments werden im englischen Recht teils auch Belastungen eines Rechts verstanden, etwa durch eine charge, durch welche das belastete Recht jedoch materiell nicht übergeht. Hier bleiben solche assignments by way of charge unberücksichtigt. Unterbeauftragungen, die üblicherweise mit „delegation“ bezeichnet werden, sind ebenfalls nicht Gegenstand der Darstellung.

cher Form durch den Gläubiger,[120] über welche der Schuldner ausdrücklich informiert worden ist, mit der **Abtretungsanzeige** wirksam wird und den Zessionar vollumfänglich berechtigt. Dem Schuldner bleiben jedoch auch nach einer solchen wirksamen Abtretung etwaige Einreden und Einwendungen, die gegenüber dem Zedenten bestanden, gegenüber dem Zessionar erhalten („subject to equities").[121] Dies gilt auch im Falle der Gutgläubigkeit des Zessionars.[122] Ein solches **statutory assignment** kann dabei auch wirksam zu Sicherungszwecken erfolgen; es ist jedoch **bedingungsfeindlich** und muss „absolute" sein.[123]

41 Auch auf Grundlage des Billigkeitsrechts der equity ist eine Abtretung grundsätzlich möglich.[124] Für ein **equitable assignment** bestehen jedoch deutlich geringere Anforderungen. Es genügt, den Abtretungsgegenstand zu bestimmen und den **Abtretungswillen** zu **äußern.**[125] Auch künftige Rechte können – jedenfalls auf Grundlage eines bestehenden Vertrages – auf diese Weise im Voraus vom Zedenten abgetreten werden. Schriftform ist im Gegensatz zum statutory assignment grundsätzlich (ausgenommen Grundstücksgeschäfte) nicht erforderlich. Soll jedoch das auf Grundlage eines equitable assignment Erlangte im Wege eines sub-assignment wieder abgetreten werden, bedarf es der Schriftform.[126] Wird eine Abtretung – etwa für eine künftige Forderung – nur obligatorisch versprochen, ist der Grundsatz eines erforderlichen Gegenleistungsversprechens (doctrine of consideration[127]) zu beachten, es sei denn, das obligatorische Versprechen wurde in einer besondere Formvorschriften erfüllenden Urkunde (deed) festgehalten.

42 Auch im englischen Recht sind nicht alle Rechte abtretbar. Es gilt etwa der Grundsatz, dass höchstpersönliche Rechte nicht übertragbar sind bzw. Rechte nicht abgetreten werden können, soweit eine persönliche Leistungserbringung vertraglich vorausgesetzt wurde (personal contracts).[128]

43 Darüber hinaus können im englischen Recht im Ausgangspunkt (vorbehaltlich der jüngeren gesetzlichen Ausnahme → Rn. 43a) auch vertragliche **Abtretungsverbote wirksam** vereinbart werden. Einigkeit besteht, dass ein solches Abtretungsverbot zugunsten des Schuldners wirksam ist, so dass der Zessionar im Verhältnis zum Schuldner keine Rechte durchsetzen kann.[129] Dies gilt wohl selbst dann, wenn die Abtretung unter einem Zustimmungsvorbehalt des Schuldners stand und ohne Zustimmung des Schuldners erfolgte, aber der Schuldner seine Zustimmung zur Abtretung nicht aus sachlichen Gründen hätte ablehnen können.[130] Die Gut- oder Bösgläubigkeit des Zessionars spielt dabei im englischen Recht eine untergeordnete Rolle.[131] In der **Grundsatzentscheidung** *Linden Gardens Trust Ltd v Lenesta Sludge Disposals Ltd and St Martins's Property v Mc Alpine* wurde das vertraglich

---

[120] Die Abtretung muss *„under the hand of the assignor"* erfolgen, es bedarf also grundsätzlich einer eigenhändigen Unterschrift des Zedenten.

[121] Peel Law of Contract Rn. 15.037.

[122] Sigman/Kieninger/Bridge Security S. 149.

[123] Peel Law of Contract Rn. 15.011 ff.; eine Forderungsverpfändung („assignment by way of charge") ist daher im Wege des statutory assignment ebenso wenig möglich wie die Abtretung (nur) eines Teils der Forderung.

[124] *Gorringe v India Rubber etc Works* (1886) 34 Ch.D. 128. Prozessual ist im Fall eines equitable assignment nach traditioneller Auffassung aber erforderlich, dass der Zedent der Klage des Zessionars gegen den Drittschuldner beitritt. Eine Ausnahme davon soll allerdings gelten, wenn die Forderung vollständig abgetreten und der Zedent mithin keinerlei „interest" an der Forderung mehr behalten soll, zum Ganzen Chitty on Contracts General Principles Rn. 22–039.

[125] *Wm Brandt's Sons Et Co v Dunlop Rubber Co Ltd* [1905] A.C. 454 (462) (HL).

[126] Vgl. s. 53 Abs. 1 lit. c) Law of Property Act 1925, wobei Ausnahmen für Finanzgeschäfte bestehen.

[127] *Mc Ardle* [1951] Ch 669; einschränkend mit Blick auf zum Zeitpunkt der Abtretung bereits bestehende Forderungen allerdings Chitty on Contracts General Principles Rn. 22–034.

[128] Chitty on Contracts General Principles Rn. 22–056 f. mwN.

[129] *Linden Gardens Trust v Lenesta Sludge Disposals Ltd* [1994] 1 A.C. 85 (108) (HL). Allerdings ist zweifelhaft, ob ein vertragliches Abtretungsverbot auch ein equitable assignment unterbinden kann, vgl. *First Abu Dhabi Bank PJSC v BP Oil International Ltd* [2018] EWCA Civ 14 Rn. 28 ff.

[130] *Hendry v Chartsearch* [1998] EWCA Civ 1276 Rn. 45.

[131] Sigman/Kieninger/Bridge Security S. 162.

vereinbarte Verbot der Übertragung eines Bauvertrages so ausgelegt, dass es auch ein Verbot zur Abtretung von Forderungen aus dem Bauvertrag umfasste.[132] Unter Verweis auf eine Reihe früherer Entscheidungen hielt das House of Lords an der Rechtsprechung fest, dass Abtretungsverbote grundsätzlich wirksam und zulässig sind.[133] In dieser Entscheidung führte Lord Browne-Wilkinson (Autor der majority opinion) auch ausdrücklich aus, dass ein Abtretungsverbot üblicherweise sämtliche Ansprüche umfasse und dass nicht zwischen zum Zeitpunkt der Abtretung bestehenden und künftigen Ansprüchen zu unterscheiden ist.[134] Offen ist bislang, ob durch das Abtretungsverbot im Sinne einer absoluten Unwirksamkeit das Recht insgesamt nicht auf den Zessionar übergeht oder ob sich die Wirkungen auf das Verhältnis zum Schuldner beschränken, im Übrigen aber der Zessionar Forderungsinhaber wird. Hierzu deutete Lord Browne-Wilkinson an, dass das Abtretungsverbot in der Regel nicht auf das Verhältnis zwischen Zedent und Zessionar durchschlage, so dass in diesem Verhältnis trotz des Abtretungsverbots ein Forderungsübergang wirksam vereinbart werden könnte.[135] Für ein Verständnis zur Wirkung von Abtretungsverboten im Sinne einer **relativen Unwirksamkeit** der Abtretung sprechen sich daher verschiedene Stimmen in der Fachliteratur aus.[136] Die Ausführungen in der vorgenannten Grundsatzentscheidung des House of Lords lassen sich aber auch im Sinne einer absoluten Unwirksamkeit verstehen, zumal in der Entscheidung durchgängig davon ausgegangen wurde, dass der Zedent Forderungsinhaber geblieben ist und der Zessionar aufgrund einer – ausnahmsweise angenommenen – treuhänderischen Befugnis bzw. Drittschadensliquidation einen zu Lasten des Zessionars eingetretenen Schaden selbst geltend machen konnte.[137]

Mit dem Erlass einer Rechtsverordnung, namentlich den **The Business Contract Terms (Assignment of Receivables) Regulations 2018**[138] hat der Gesetzgeber allerdings mittlerweile interveniert[139] und im Ausgangspunkt vergleichbar mit § 354a HGB die **Unwirksamkeit vertraglicher Abtretungsverbote** für **Entgeltansprüche** in nach dem 31.12.2018 geschlossenen Verträgen für die Lieferung von Waren bzw. unkörperlichen Gegenständen sowie der Erbringung von Dienstleistungen statuiert.[140] Gerade für internationale Wirtschaftsverträge ist die Bedeutung dieses statutory instrument allerdings begrenzt: Ua neben Finanzdienstleistungsverträgen und Verträgen, bei denen der **Gläubiger** der Entgeltforderung ein großes Unternehmen[141] oder sog. special purpose vehicle ist 43a

[132] *Linden Gardens Trust v Lenesta Sludge Disposals Ltd* [1994] 1 A.C. 85 (103) (HL): „[…] *clause 17 is unhappily drafted in that it refers to an assignment of ‚the contract'. It is trite law that it is, in any event, impossible to assign ‚the contract' as whole, i. e. including both burden and benefit. The burden of a contract can never be assigned without the consent of the other party to the contract in which event such consent will give rise to a novation.* […] *Accordingly, in my view clause 17(1) of the contract prohibited the assignment by the employer of the benefit of the contract.*"

[133] *Linden Gardens Trust v Lenesta Sludge Disposals Ltd* [1994] 1 A.C. 85 (106 ff.) (HL).

[134] Anders in der Vorinstanz der *Court of Appeal*, vgl. *Linden Gardens Trust v Lenesta Sludge Disposals Ltd* [1994] 1 A.C. 85 (104) (HL).

[135] *Linden Gardens Trust v Lenesta Sludge Disposals Ltd* [1994] 1 A.C. 85 (108) (HL).

[136] Sigman/Kieninger/Bridge Security S. 163; Armgardt RabelsZ 73 (2009), 314 (328) mwN. In verschiedenen Entscheidungen wurde der Zessionar trotz eines Abtretungsverbots zudem für berechtigt gehalten, nicht auf ihn übergegangene Rechte treuhänderisch zugunsten des Berechtigten geltend zu machen, was zu Ergebnissen führt, die einer wirksamen Abtretung nahekommen, dazu Sigman/Kieninger/Bridge Security S. 164.

[137] *Linden Gardens Trust v Lenesta Sludge Disposals Ltd* [1994] 1 A.C. 85 (109) (HL): „*Therefore in my judgement an assignment of contractual rights in breach of a prohibition against such assignment is ineffective to vest the contractual rights in the assignee.*"

[138] Ermächtigungsgrundlage der Rechtsverordnung ist s. 1 und 154 Abs. 2 des Small Business, Enterprise and Employment Contract Act 2015. Zu einer inhaltlichen Auseinandersetzung mit der Reform Gullifer Penn. St. J.L. & Int'l Aff. 2015, 47 ff.

[139] Reg. 2 Abs. 1 in Verbindung mit reg. 1 Abs. 3.

[140] Reg. 2 Abs. 1 Regulations: „*Subject to regulations 3 and 4, a term in a contract has no effect to the extent that it prohibits or imposes a condition, or other restriction, on the assignment of a receivable arising under that contract or any other contract between the same parties* "; MacMahon CLJ 2020, 288 (289).

[141] Großes Unternehmen in diesem Sinne ist eine juristische Person (company oder limited liability partnership), die zum Zeitpunkt der Abtretung kein kleines oder mittelständisches Unternehmen (KMU) ist;

(reg. 3), fallen auch alle sonstigen Verträge aus ihrem Anwendungsbereich heraus, die von den beiden Vertragsparteien nicht im Rahmen einer geschäftlichen Tätigkeit im Vereinigten Königreich geschlossen wurden (reg. 4 lit. d).

44 Tritt der Zedent eine Forderung entgegen einem Abtretungsverbot ab, stehen dem Schuldner Rechte wegen eines breach of contract zu.[142] Es kommen dann vor allem – wie auch im deutschen Recht und im Schweizer Recht – Kündigungsrechte und Schadensersatzansprüche in Betracht. Bei kollidierenden Sicherungsrechten gilt der Grundsatz der Priorität, wobei unklar ist, wonach sich diese bemisst. In einer Entscheidung wurde auf die Anzeige gegenüber dem Schuldner abgestellt.[143]

V. USA, insbes. Uniform Commercial Code

45 Der UCC ist ein unter anderem vom American Law Institute ausgearbeitetes Mustergesetz für ein einheitliches Handelsrecht in den USA. Es ist selbst unverbindlich. Allerdings haben fast alle US-Bundesstaaten[144] auf seiner Grundlage – teils mit Modifikationen – verbindliche Handelsgesetze erlassen. Die Regelungen des UCC werden durch das common law ergänzt.

46 Abtretungen von Rechten sind im Anwendungsbereich des UCC – wie auch nach common law der US-Bundesstaaten, die regelmäßig einen formlosen Abtretungsvertrag (ohne Einwilligung des Schuldners) ausreichen lassen[145] – im Grundsatz **wirksam** möglich. Für den Warenkauf regelt dies ausdrücklich § 2–210 UCC. Die in § 9–203 UCC geregelte **Sicherungsabtretung** muss zu ihrer Wirksamkeit dagegen weitere Voraussetzungen erfüllen.[146] Wie sich etwa aus § 9–204 UCC ergibt, können wirksame Vereinbarungen in Bezug auf Sicherungsabtretungen allerdings auch für künftige Ansprüche getroffen werden. Höchstpersönliche Rechte lassen sich hingegen generell nicht wirksam abtreten.[147] Im Falle einer Vertragsübertragung gehen grundsätzlich auch die vertraglichen Rechte über.[148]

47 § 9–404 lit. a) Abs. 1 UCC stellt klar, dass dem Schuldner etwaige Einwendungen und Einreden aus dem mit dem Zedenten geschlossenen Vertrag auch gegenüber dem Zessionar erhalten bleiben und dass der Schuldner überdies sonstige Rechte gegen den Zedenten, die bis zur Abtretungsanzeige entstehen, auch gegenüber dem Zessionar geltend machen kann. Bis der Schuldner darüber informiert wird, dass eine Forderung abgetreten ist und er an den Zessionar leisten soll, kann er schuldbefreiend an den Zedenten leisten, § 9–406 lit. a) UCC; im Anschluss an eine solche Abtretungsanzeige ist eine schuldbefreiende Leistung in der Regel nur noch an den Zessionar möglich. Wird die abgetretene Forderung nicht hinreichend bestimmt, ist die Abtretungsanzeige allerdings insofern unwirksam. Zudem ist der Schuldner nach § 9–406 lit. c) UCC berechtigt, einen Nachweis für die Abtretung zu verlangen.

---

letzteres ist gem. s. 465 Companies Act 2006 der Fall, wenn mindestens zwei der drei folgenden Schwellenwerte überschritten werden: Umsatz > £ 36 Mio., Bilanzsumme > £ 18 Mio.; Mitarbeiter > 250).

142 Sigman/Kieninger/Bridge Security S. 163.

143 Sigman/Kieninger/Bridge Security S. 168.

144 Louisiana hat den UCC in großen Teilen nicht umgesetzt, da es auf dem französischen Rechtssystem aufbaut.

145 Zum Grundsatz der freien Abtretbarkeit nach dem common law der US-Bundesstaaten Stark Drafting S. 31 ff.; Klein Abtretungsverbote S. 133 sowie § 317 Abs. 2 Restatement (Second) of Contracts.

146 Zur zweistufigen Entstehung des Sicherungsrechts Klein Abtretungsverbote S. 171 ff.

147 MacMahon Ind. L.J. 2020, 485 (506).

148 Hinsichtlich der Pflichten findet bei einer Vertragsübertragung in der Regel eine sog. „delegation“ statt, die mit einer Erfüllungsübernahme vergleichbar sein dürfte, da der Schuldner nicht von seinen eigenen Pflichten frei wird. In einzelnen Bundesstaaten gibt es jedoch abweichende Regelungen zur Vertragsübernahme; nach dem Recht des Bundesstaates New York etwa findet eine „delegation“ der Pflichten nur statt, soweit der Übernehmende diese bestätigt, Benett Const L.J. 2010, 155 (156).

§ 9–406 lit. d) sowie § 9–408 lit. a) UCC ordnen im Fall einer Begründung von Sicherungsrechten an Forderungen bzw. der endgültigen Veräußerung einer Forderung zu Sicherungszwecken die Unwirksamkeit vertraglicher Vereinbarungen an. Wörtlich lautet § 9–406 lit. d) UCC: „(…) *a term in an agreement between an account debtor and an assignor or in a promissory note is ineffective to the extent that it: (1) prohibits, restricts, or requires the consent of the account debtor or person obligated on the promissory note to the assignment or transfer of, or the creation, attachment, perfection, or enforcement of a security interest in, the account, chattel paper, payment intangible, or promissory note* (…).“ Im Anwendungsbereich dieser Vorschriften sind Abtretungsverbote damit vollständig wirkungslos: Sie haben noch nicht einmal schuldrechtliche Wirkung im Verhältnis von Schuldner und Zedent.[149] 48

Außerhalb des Anwendungsbereichs dieser Vorschriften des UCC sind vertragliche Abtretungsverbote grundsätzlich möglich, werden allerdings restriktiv im Sinne einer lediglich schuldrechtlich wirkenden Verpflichtung ohne verfügungshindernde Wirkung ausgelegt.[150] Sofern die Parteien dagegen vertraglich ausdrücklich eine verfügungshindernde Wirkung vereinbaren, steht letztere unter dem Vorbehalt einer gerichtlichen Überprüfung ihrer Verhältnismäßigkeit.[151] 49

Für die Gestaltung von Abtretungsverboten in AGB ist schließlich auch im anglo-amerikanischen Recht das Verbot überraschender Klauseln zu beachten. 50

VI. Internationale Instrumente

Regelungen zu Abtretungsverboten und ihren Folgen finden sich in zahlreichen Regelwerken, die die internationale Rechtsvereinheitlichung verfolgen. Solche harmonisierten Regelwerke dienen in internationalen Wirtschaftsverträgen gelegentlich als Grundlage für Kompromisse, wenn die Vertragsparteien mit den ihnen vertrauten lokalen Rechtsordnungen keinen gemeinsamen Nenner für eine vertragliche Einigung finden. Internationale Gerichte und Schiedsgerichte nutzen solche Regelwerke als Auslegungshilfe und zur Lückenfüllung. Vor diesem Hintergrund lohnt sich ein Blick auf die einschlägigen internationalen Instrumente und ihre Regelungen zu Abtretungsverboten. 51

1. Unidroit Principles of International Commercial Contracts

Die Unidroit Principles of International Commercial Contracts 2016 (PICC) befassen sich in Art. 9.1.9 mit vertraglichen Abtretungsverboten: *„(1) The assignment of a right to the payment of a monetary sum is effective notwithstanding an agreement between the assignor and the obligor limiting or prohibiting such an assignment. However, the assignor may be liable to the obligor for breach of contract. (2) The assignment of a right to other performance is ineffective if it is in contrary to an agreement between the assignor and the obligor limiting or prohibiting the assignment. Nevertheless, the assignment is effective, if the assignee, at the time of the assignment, neither knew nor ought to have known of the agreement. The assignor may then be liable to the obligor for breach of contract.“* Diese Regelung der PICC unterscheidet hinsichtlich der Wirkung von Abtretungsverboten zwischen Zahlungsansprüchen und sonstigen Ansprüchen. Für **Zahlungsansprüche** kommt das Konzept der **absoluten Wirksamkeit** zur Anwendung, so dass die Abtretung von Zahlungsansprüchen trotz eines Abtretungsverbots auch mit Wirkung 52

---

149 Zum Ganzen Klein Abtretungsverbote S. 173 ff.

150 MacMahon Ind. L.J. 2020, 485 (509): *„Under the ‚modern approach‘, however, courts generally construe nonassignment clauses to impose a duty on the promisee not to assign the contract, but will not deprive the promisee of the power to do so“*; vergleichbar auch § 322 Abs. 2 Restatement (Second) of Contracts (1981).

151 Klein Abtretungsverbote S. 136 f. Zur begrenzten Wirkung von Abtretungsverboten in Warenkaufverträgen § 2–210 Abs. 2 UCC S. 2: *„A right to damages for breach of the whole contract or a right arising out of the assignor's due performance of his entire obligation can be assigned despite agreement otherwise.“*

gegenüber dem Schuldner möglich ist.[152] Die Abtretung **sonstiger Ansprüche** ist entgegen einem Abtretungsverbot nur gegenüber dem Schuldner wirksam, wenn der Zessionar das **Abtretungsverbot** nicht wenigstens hätte erkennen müssen. Da der Zessionar in vielen Fällen das Bestehen eines Abtretungsverbots allerdings nicht erkennen kann und gutgläubig ist, werden die praktischen Ergebnisse nach den Regelungen der PICC häufig insgesamt dem Konzept der absoluten Wirksamkeit entsprechen.[153] Die Verkehrsfähigkeit von Forderungen ist nach dem Konzept der PICC vergleichsweise hoch, wohingegen der Schuldnerschutz eingeschränkt ist. Zahlungsansprüche können trotz eines Abtretungsverbots immer wirksam abgetreten werden. Für sonstige Ansprüche kann der Schuldner überdies kaum nachvollziehen, ob es zu einer Abtretung an einen gutgläubigen Zessionar gekommen ist. Um die hieraus resultierende Gefahr von Doppelzahlungen für den Schuldner zu reduzieren, ordnet Art. 9.1.10 PICC an, dass der Schuldner bis zum Erhalt einer Abtretungsanzeige durch den Zedenten oder den Zessionar weiterhin schuldbefreiend an den Zedenten leisten kann;[154] im Anschluss ist eine schuldbefreiende Leistung nur noch an den Zessionar möglich. Einwendungen und Einreden – jedenfalls soweit sie vor Erhalt der Abtretungsanzeige begründet worden sind – bleiben dem Schuldner nach Art. 9.1.13 PICC erhalten.

2. Draft Common Frame of Reference

53 Der von der Acquis Group veröffentlichte Draft Common Frame of Reference (DCFR) sieht nach Art. III.–5:104 im Grundsatz eine **Abtretungsfreiheit** ohne besondere Formerfordernisse vor und enthält in **Art. III.–5:108** eine Regelung zu Abtretungsverboten: *„(1) A contractual prohibition of or restriction on the assignment of a right does not affect the assignability of the right. (2) However, where a right is assigned in breach of such a prohibition or restriction: (a) the debtor may perform in favour of the assignor and is discharged by so doing; and (b) the debtor retains all rights of set-off against the assignor as if the right had not been assigned. (3) Paragraph (2) does not apply if: (a) the debtor has consented to the assignment; (b) the debtor has caused the assignee to believe on reasonable grounds that there were no such prohibition or restriction; or (c) the assigned right is a right to payment for the provision of goods or services.“* Das Konzept dieser Regelung des DCFR sieht im Grundsatz die **absolute Wirksamkeit** einer Abtretung trotz eines Abtretungsverbots vor. Der Zedent bleibt aber weiter empfangsberechtigt bzw. der Schuldner kann ihm gegenüber schuldbefreiend leisten, es sei denn, die in Abs. 3 genannten Ausnahmen greifen, wobei vor allem die letzte **Ausnahme für Zahlungsansprüche** aus Lieferungen und Leistungen praxisrelevant ist. Die Regelung ist im Ergebnis § 354a HGB ähnlich, allerdings gilt sie für Rechtsübertragungen insgesamt und ist um einen gewissen **Gutglaubensschutz des Zessionars** ergänzt.[155] Die Verkehrsfähigkeit der Forderung wird durch den materiellen Übergang auf den Zessionar gestützt und der Schuldnerschutz durch die Möglichkeit einer schuldbefreienden Leistung an den Zedenten. Dieses Konzept dürfte für viele Fälle in internationalen Wirtschaftsverträgen eine taugliche Basis für einen Kompromiss sein. Es sollte allerdings überlegt werden, ob die in Art. III.-5:108 Para. 3 (c) geregelte Ausnahme abbedungen wird. Zudem ist zu beachten, dass mit

---

[152] Eine Abtretungsanzeige oder eine Zustimmung des Schuldners zur Abtretung sind für die Wirksamkeit der Abtretung generell nicht nötig, wie sich aus Art. 9.1.7 PICC ergibt.

[153] Eidenmüller AcP 204 (2004), 458 (471 Fn. 41) zu der ähnlichen Systematik der Principles of European Contract Law (PECL) und Art. 11:301 PECL.

[154] Ausnahmen von dieser Regel sind denkbar, soweit die Leistungserbringung an den Zedenten – etwa in Kenntnis des Schuldners von der Abtretung, aber vor Erhalt einer Abtretungsanzeige gemäß Art. 9.1.9 PICC – rechtmissbräuchlich erscheint. Im Sinne des Schuldnerschutzes darf der Schuldner zudem nach Art. 9.1.12 PICC einen Nachweis der Abtretung vom Zessionar verlangen und die Leistung zurückhalten, bis ein solcher Nachweis in geeigneter Form – etwa durch eine Bestätigung der Abtretung seitens des Zedenten – erfolgt ist.

[155] Armgardt RabelsZ 73 (2009), 314 (331).

der Abtretung einhergehende Zusagen des Zedenten gegenüber dem Zessionar hinsichtlich der abgetretenen Forderungen nach den Regelungen des DCFR weitgehend sind.[156]

3. Unidroit-Übereinkommen über das internationale Factoring

54 Im Unidroit-Übereinkommen über das internationale Factoring vom 28.5.1988 ordnet Art. 6 die Unwirksamkeit von Abtretungsverboten an: *„The assignment of a receivable by the supplier to the factor shall be effective notwithstanding any agreement between the supplier and the debtor prohibiting such assignment.“*[157] Wie in § 9–406 lit. d) UCC ist im Unidroit Übereinkommen also die **absolute Wirksamkeit der Abtretung** trotz eines Abtretungsverbots mit Blick auf das internationale Factoring vorgesehen. Einwendungen und Einreden bleiben dem Schuldner nach Art. 9 auch gegenüber dem Zessionar erhalten. Da für die Factoring-Geschäfte die Verkehrsfähigkeit der Forderung Priorität hat, ist das Konzept in diesem Kontext folgerichtig.[158] Das Unidroit Übereinkommen ist seit dem 1.12.1998 ua zwischen Frankreich, Italien und Deutschland in Kraft.[159]

4. United Nations Convention on the Assignment of Receivables in International Trade

55 Die United Nations Convention on the Assignment of Receivables in International Trade vom 12.12.2001 über Abtretungen von Forderungen im internationalen Handel (UNCARIT) sieht in Art. 9 folgende ua für Liefer-, Miet- und Werkverträge[160] maßgebliche Regelung für Abtretungsverbote vor: *„An assignment of a receivable is effective notwithstanding any agreement between the initial or any subsequent assignor and the debtor or any subsequent assignee limiting in any way the assignor's rights to assign its receivables.“* Nach der UNCARIT gilt damit das Prinzip der **absoluten Wirksamkeit der Abtretung** trotz eines Abtretungsverbots. Etwaige nationale **Formanforderungen** gelten jedoch weiterhin und können zur Unwirksamkeit einer Abtretung führen.[161] Die schuldrechtliche Abrede, welche Schadensersatzansprüche des Schuldners gegen den das Abtretungsverbot verletzenden Zedenten auslösen kann, bleibt wirksam, Art. 9 Abs. 2.[162] Art. 18 stellt klar, dass Einwendungen und Einreden des Schuldners grundsätzlich auch gegenüber dem Zessionar geltend gemacht werden können. Gegenrechte aus dem gleichen Vertrag können nach Art. 18 Abs. 1 ohne Einschränkungen geltend gemacht werden; sonstige Gegenrechte können dem Zessionar nach Art. 18 Abs. 2 nur entgegengehalten werden, soweit sie zur Zeit der Abtretungsanzeige schon bestanden. Bis zur Abtretungsanzeige kann der Schuldner befreiend an den Zedenten leisten, Art. 17 Abs. 1; im Anschluss hat er nach Art. 17 Abs. 2 grundsätzlich an den Zessionar zu leisten.

56 Bislang (Stand Juli 2022) sind nur Liberia und die USA dem UNCARIT beigetreten; das Übereinkommen ist damit noch nicht in Kraft.[163]

---

[156] Vgl. Art. III-5:112 DCFR, ua beinhaltet die Abtretung grundsätzlich das Versprechen des Zedenten, dass der Schuldner keine Einwendungen gegen die Abtretung geltend machen kann und auch nicht zur Aufrechnung berechtigt ist.

[157] Deutschland hat das Übereinkommen ratifiziert, es ist mit Wirkung zum 1.12.1998 für die Bundesrepublik in Kraft getreten. Nach Art. 18 ist ein einzelstaatlicher Vorbehalt vorgesehen, wonach die Mitgliedstaaten die Möglichkeit haben, als Folge eines vertraglichen Abtretungsverbots lediglich eine relative Unwirksamkeit gegenüber dem Schuldner vorzusehen; Frankreich hat hiervon Gebrauch gemacht.

[158] Basedow ZEuP 1997, 615 (638 f.).

[159] Müller-Chen FS Schlechtriem S. 903 (908).

[160] Nach Art. 9 Abs. 3 mit Ausnahme von „financial services".

[161] Stoll FS Sonnenberger S. 695 (698).

[162] Horn FS Wiegand S. 373 (378).

[163] Es müssen mindestens fünf Mitgliedstaaten beigetreten sein, bevor das UNCARIT in Kraft tritt.

C. Einzelne Elemente der Klauselgestaltung und Klauselbeispiele

I. Reichweite des vertraglichen Abtretungsverbots

57 Eine Klausel zur Regelung eines Abtretungsverbots kann vollständig und umfassend jedwede Abtretung von Ansprüchen und Übertragung von Rechten verbieten.[164]

Klauselbeispiel für ein umfassendes generelles Abtretungsverbot (einseitig)

[•] Non-Assignment Clause

The seller is not entitled to assign any rights or claims, irrespective of the legal basis, arising out of or related to this contract to any third party.

58 Je nach anwendbarer Rechtsordnung wird zwischen der schuldrechtlichen Vereinbarung eines Abtretungsverbots und der dinglichen Nichtabtretbarkeit eines Rechts unterschieden. Eine Klarstellung, dass das Abtretungsverbot nicht nur schuldrechtlichen, sondern auch dinglichen Charakter hat, ist daher aus Sicht des Klauselbegünstigten vor allem mit Blick auf Rechtsordnungen empfehlenswert, die als Auslegungsregel im Ausgangspunkt lediglich von einer schuldrechtlichen Wirkung ausgehen.[165]

Klauselbeispiel zur Klarstellung der dinglichen Wirkung des Abtretungsverbots

Without the prior written consent of the purchaser all assignments of the seller – of whatever kind – to any third party shall be null and void.

59 Von einem generellen Abtretungsverbot können konkrete Ausnahmen zugelassen werden. Häufig werden in internationalen Wirtschaftsverträgen trotz eines generellen Abtretungsverbots Abtretungen an konzernverbundene Unternehmen gestattet.

Klauselbeispiel für Abtretungsverbot (wechselseitig) mit konkreten Ausnahmeregelungen für Abtretungen an bestimmte Personen

[•] Non-Assignment Clause

(1) Except as provided in [•] below, neither party is entitled to assign any rights or claims, irrespective of the legal basis, arising out of or related to this contract to any third party.

(2) Either party may assign its rights and claims arising out of or related to this contract only (i) to its parent company or any other of its affiliates (meaning any legal entity that is, directly or indirectly, controlled by, that controls or is under common control with the assignor), (ii) to a person or entity that acquires all or substantially all of the assignor's assets or shares in the assignor, or (iii) to a successor by merger or consolidation.

60 Die vertraglich zugelassenen Ausnahmen vom Abtretungsverbot können sich auch auf **bestimmte Arten von Ansprüchen** beziehen. So werden häufig Ausnahmen für Zahlungsansprüche geregelt, um die Finanzierung zu erleichtern.

Klauselbeispiel für Abtretungsverbot (einseitig) mit konkreten Ausnahmeregelungen für bestimmte Ansprüche

[•] Non-Assignment Clause

The seller is not entitled to assign any rights or claims, irrespective of the legal basis, arising out of or related to this contract whether in whole or in part to any third party, except that

---

[164] Die Wirkungen eines solchen Abtretungsverbots sowie auch anderer Klauselgestaltungen richten sich immer maßgeblich nach dem anwendbaren Recht. Die Klauselgestaltung erfordert daher stets eine sorgfältige Prüfung des anwendbaren Rechts als Rahmen für die Klauselgestaltung. Werden Standardklauseln entworfen, ist eine solche Prüfung umso sorgfältiger vorzunehmen, um auch etwaigen AGB-Vorgaben des anwendbaren Rechts nachzukommen.

[165] Dazu etwa oben → Rn. 49 (US-Recht) sowie Fn. 45 (niederländisches Recht).

seller is entitled to assign (i) claims for payment of any monies due under this contract to any third party, or (ii) any other claims for financing purposes as a security for the benefit of a bank or financial institution.

Das Abtretungsverbot kann **gegenständlich beschränkt** sein, sich etwa nur auf eine Abtretung an bestimmte Personen und Kreise oder nur auf bestimmte Arten von Abtretungen beziehen. 61

Klauselbeispiel für ein Abtretungsverbot nur in Bezug auf bestimmte Personen

[•] Non-Assignment Clause

Neither party is entitled to assign any rights or claims, irrespective of the legal basis, arising out of or related to this contract to any third party which has its place of residence or principal place of business outside Germany.

1. Klauselbeispiel für ein Abtretungsverbot nur in Bezug auf bestimmte Ansprüche

[•] Non-Assignment Clause

Neither party is entitled to assign claims partially to a third party. Either party may accordingly assign a claim only in its entirety.

2. Klauselbeispiel für ein Abtretungsverbot nur in Bezug auf bestimmte Ansprüche

[•] Non-Assignment Clause

The purchaser is not entitled to assign any rights or claims arising out of or related to the warranty given by the seller under this contract to any third party.

Vertragliche Abtretungsverbote können auch **zeitlich befristet** oder **auflösend bedingt** werden. Eine solche Gestaltung bietet sich an, wenn abhängig von einem bestimmten Ereignis oder einer bestimmten Zeitdauer der Grund für das Abtretungsverbot entfällt. 62

Klauselbeispiel für ein zeitlich befristetes, auflösend bedingtes Abtretungsverbot

[•] Non-Assignment Clause

As long as the final acceptance of seller's performance according to the terms and conditions of this contract has not taken place, the seller is not entitled to assign any right or claims, irrespective of their legal basis, arising out of or related to this contract to any third party

II. Vertragliche Voraussetzungen für eine Abtretung

Anstatt eines direkten Abtretungsverbots kann die entsprechende Klausel eine wirksame Abtretung auch lediglich von zusätzlichen Voraussetzungen abhängig machen. Regelmäßig wird die Abtretung an die vorherige Zustimmung des Vertragspartners geknüpft. 63

Klauselbeispiel für Verbot einer Abtretung ohne Zustimmung des Vertragspartners

[•] Non-Assignment Clause

The seller shall not assign any rights or claims, irrespective of their legal basis, arising out of or related to this contract to any third party without the express prior written consent of the purchaser.

Ist eine vorherige Zustimmung für eine wirksame Abtretung erforderlich, bietet es sich an, zusätzlich zu regeln, unter **welchen Voraussetzungen** eine Zustimmung erteilt wird bzw. verweigert werden darf. 64

1. Klauselbeispiel für Regelungen zur Zustimmung zu einer Abtretung

The purchaser is entitled to give or refuse its consent to an assignment of any rights or claims arising out of or related to this contract at its sole discretion.

2. Klauselbeispiel für Regelungen zur Zustimmung zu einer Abtretung

Such consent shall not be unreasonably withheld or delayed by the purchaser but shall not in any way affect the obligations of the seller under this contract.

Klauselbeispiel zur Regelung einer Zustimmungsfiktion

Purchaser's consent shall be deemed given if the purchaser does not notify the seller in writing of its detailed objection within one week after receipt of seller's written request.

Klauselbeispiel zur Einschränkung der Möglichkeit zur Verweigerung einer Zustimmung

The purchaser is entitled to withhold such consent only for good cause.

65 Die Abtretung wird vertraglich häufig von Formerfordernissen abhängig gemacht. Um Unklarheiten zu vermeiden, ist für die Vertragsgestaltung wichtig, deutlich zu formulieren, ob es sich bei den vertraglichen Formerfordernissen um Wirksamkeitsvoraussetzungen handelt.

Klauselbeispiel für Formanforderungen an eine wirksame Abtretung

[•] Requirements for Assignments

To the extent permitted by law, either party is entitled to assign any rights or claims, irrespective of their legal basis, arising out of or related to this contract to any third party. However, any assignment of the seller to any third party shall be subject to the conditions precedent that (i) the assignment was agreed upon between the assignor and assignee in writing, (ii) the assignor notifies the purchaser about the assignment by registered mail and (iii) the purchaser receives a written confirmation of the assignment by the assignee.

66 Ist eine Abtretung von einer Zustimmung des Vertragspartners abhängig, kann auch die Ersetzung der Zustimmung an Formerfordernisse geknüpft werden.

[•] Non-Assignment Clause

The seller shall not assign any rights or claims, irrespective of their legal basis, arising out of or related to this contract to any third party without the prior written consent of the purchaser. Purchaser's consent shall be deemed given provided that (i) the seller notifies the purchaser about its intention to assign a right or claim by registered mail giving adequate information on the intended assignment and (ii) the seller does not receive purchaser's objection to such assignment in writing within two (2) weeks after purchaser's receipt of seller's notice.

III. Vertragliche Zusatzregelungen im Zusammenhang mit Abtretungsverboten

67 Im Zusammenhang mit Abtretungsverboten können **zusätzliche Rechte und Pflichten** der Parteien näher ausgestaltet werden. Üblicherweise bieten sich in internationalen Wirtschaftsverträgen Regelungen an, die den Zedenten im Rahmen einer Abtretung zusätzliche Pflichten auferlegen, welche im Zuge der Abtretung bzw. der dieser zugrundeliegenden schuldrechtlichen Vereinbarung zu beachten sind.

1. Klauselbeispiel für Zusatzverpflichtung des Zedenten im Falle einer Abtretung

The assignor is obliged to inform the assignee in writing about all substantive and procedural defences in connection with the assigned claim which the debtor could have invoked against the assignor.[166]

2. Klauselbeispiel für Zusatzverpflichtung des Zedenten im Falle einer Abtretung

Upon request of the debtor, the assignor shall provide the debtor with reliable evidence of the assignment. Until the request is met, the debtor is entitled to withhold performance.

3. Klauselbeispiel für Zusatzverpflichtung des Zedenten im Falle einer Abtretung

The assignor is obliged to impose on the assignee confidentiality obligations in writing to an extent no less stringent than the confidentiality obligations imposed on the assignor under this contract.

IV. Vertragsübergreifende Regelungen

Die vertraglichen Gestaltungsmöglichkeiten im Zusammenhang mit Abtretungsverboten 68
sind vielfältig und – wie bei anderen Vertragsklauseln auch – auf die Besonderheiten der jeweiligen Vertragskonstellation anzupassen. Entscheidend ist die Einbindung des Abtretungsverbots in ein stimmiges Gesamtvertragskonzept. Mit Blick hierauf sollen einige weitere Regelungsbereiche genannt werden, die im Zusammenhang mit Abtretungsverboten relevant sein können und sich auf andere Vertragsabschnitte in internationalen Wirtschaftsverträgen beziehen.

Vertragsübergreifende Regelungsbereiche für Abtretungsverbote

- Abgrenzung der Regelungen für Abtretungsverbote zu Regelungen betreffend Vertragsübernahme, Schuldübernahme, Unterbeauftragung und Kontrollwechsel (change of control)
- Klarstellung, welche Regelungen im Falle einer Abtretung auch gegenüber dem Zessionar gelten sollen bzw. welche höchstpersönlich an die Person des Zedenten gekoppelt sind.
- Klarstellung, dass sich die Abtretbarkeit von Forderungen und Rechten auch nach dem Vertragsstatut richtet.[167]
- Beachtung von Vertraulichkeits-, Geheimhaltungs- und Datenschutzregelungen im Falle einer zulässigen Abtretung; Verpflichtung des Zedenten, dem Zessionar bestimmte Pflichten im Rahmen der Abtretung aufzuerlegen.
- Eine außerordentliche Beendigungsmöglichkeit (Kündigung, Rücktritt) einer Partei im Falle einer Verletzung des Abtretungsverbots.
- Regelungen zu Schadensersatz, Freistellungen, Schadenspauschalen und/oder Vertragsstrafen im Falle einer Verletzung eines Abtretungsverbots.

[166] Eine solche Klausel bietet vor allem einen Mehrwert, wenn nach dem für die Abtretung maßgeblichen Recht ein gutgläubig lastenfreier Erwerb der abgetretenen Forderung durch den Zessionar möglich wäre, da dann bei einer gemäß der Klausel vereinbarten Information vom Zedenten an den Zessionar die Gutgläubigkeit entfallen kann.

[167] Um die praktische Handhabbarkeit eines Vertragswerks zu erhalten und die Komplexität nicht unnötig zu steigern, ist eine vom Vertragsstatut abweichende Rechtswahl für die Abtretbarkeit von Forderungen und Rechten in der Regel nicht empfehlenswert.

§ 13 Rechtswahlklauseln*
(choice of law provisions)

Übersicht

* Das folgende Kapitel beruht auf der ursprünglich allein von der Autorin Martina Walter für die Erstauflage erstellten Fassung. Für die jetzt vorliegende Fassung ist allein der Autor Ostendorf verantwortlich.

Schrifttum:

Ahmed, The nature and enforcement of choice of law agreements, JPIL 2018, 500ff.; *Albornoz/Martin,* Towards the uniform application of party autonomy for choice of law in international commercial contracts, JPIL 2016, 437ff.; *Basedow,* Theorie der Rechtswahl oder Parteiautonomie als Grundlage des Internationalen Privatrechts, RabelsZ 75 (2011), 32ff.; *Begemann/Nölle,* Rechtswahlklauseln in Unternehmenskaufverträgen und ihre kostenrechtliche Relevanz nach dem Gerichts- und Notarkostengesetz, BB 2016, 137ff.; *Böhle,* Rechtswahl und Inlandsfälle, ZEuP 2019, 72ff.; *Born/Kalelioglu,* Choice-of-Law Agreements in International Contracts, Ga. J. Int'l & Comp. L. 2021, 44ff.; *Cuniberti,* The International Market for Contracts: The Most Attractive Contract Laws, Nw. J. Int'l L. & Bus. 2014, 455f.; *Czernich/Geimer* (Hrsg.), Streitbeilegungsklauseln im internationalen Vertragsrecht, 2017; *Durand-Barthez,* The „governing law" clause: legal and economic consequences of a choice of law in international contracts, I.B.L.J. 2012, 505ff.; *Dutta,* Kollidierende Rechtswahlklauseln in allgemeinen Geschäftsbedingungen, ZVglRWiss 2005, 461ff.; *Girsberger/Kadner Graziano/Neels* (Hrsg.), Choice of Law in International Commercial Contracts, 2021; *Göthel/Graminsky,* Trügerische Sicherheit – die Grenzen der Rechtswahl bei internationalen M&A-Verträgen, BB 2020, 514ff.; *Graf von Westphalen,* Schiedsvereinbarungen und Ausschluss der §§ 305–310 BGB, aber Aufrechterhalten der Geltung des § 242 BGB – was gilt?, ZIP 2022, 245ff.; *Gruson,* Governing Law Clauses Excluding Principles of Conflict of Laws, Int'l Law. 2003, 1023ff.; *Heiss,* Inhaltskontrolle von Rechtswahlklauseln in AGB nach europäischem Internationalem Privatrecht?, RabelsZ 65 (2001), 634ff.; *Howard,* Floating Choice of Law Clauses, LMCLQ 1995, 1ff.; *Jacobs,* Die Notwendigkeit der Wahl des auf außervertragliche Ansprüche anwendbaren Rechts in internationalen Wirtschaftsverträgen, IPRax 2015, 293ff.; *Kadner Graziano,* Solving the Riddle of Conflicting Choice of Law Clauses in Battle of Forms Situations: The Hague Solution, YPIL 2012/2013, 71ff.; *Kodek,* Praktische und theoretische Anforderungen an die Rechtswahl, in: Verschraegen (Hrsg.), Rechtswahl. Grenzen und Chancen, 2010, S. 85ff.; *Kondring,* § 1051 Abs. 1 ZPO und die Abwahl einfach zwingenden Rechts bei Binnensachverhalten, ZIP 2017, 706ff.; *Landbrecht,* Rechtswahl ex ante und das Deliktsstatut nach dem europäischen Kollisionsrecht (Rom I und Rom II), RIW 2010, 783ff.; *Loacker/Capaul,* Gibt es einen „unechten" Auslandsbezug? Zu Fragen ausschließlich rechtswahlbegründeter Internationalität und ihrer Beurteilung nach dem IPRG, SRIEL 2020, 453ff.; *Mallmann,* Rechtswahlklauseln unter Ausschluss des IPR, NJW 2008, 2953ff.; *Mankowski,* Überlegungen zur sach- und interessengerechten Rechtswahl für Verträge des internationalen Wirtschaftsverkehrs, RIW 2003, 2ff.; *Ders.,* Rom I-VO und Schiedsverfahren, RIW 2011, 30ff.; *Ders.,* Besondere Arten der Rechtswahl in Verträgen, in: FS für Dieter Martiny zum 70. Geburtstag, 2014, S. 449ff.; *Maultzsch,* Rechtswahl und ius cogens im Internationalen Schuldvertragsrecht, RabelsZ 75 (2011), 60ff.; *McGuire,* Grenzen der Rechtswahlfreiheit im Schiedsverfahrensrecht? Über das Verhältnis zwischen der Rom-I-VO und § 1051 ZPO, SchiedsVZ 2011, 257ff.; *Merrett/Sommerfeld,* Incentives for Choice of Law and Forum in Commercial Contracts: Predicting the Impact of Brexit, ERPL 2020, 627ff.; *Meyer,* Parteiautonomie bei Mehrrechtsstaaten, RabelsZ 83 (2019), 722f.; *Mills,* Party Autonomy in Private International Law, 2018; *Min,* The Rise of Party Autonomy in Commercial Conflict of Laws, in: Douglas ua (Hrsg.), Commercial Issues in Private International Law: A Common Law Perspective, 2019, S. 257ff.; *Ostendorf,* Wirksame Wahl ausländischen Rechts auch bei fehlendem Auslandsbezug im Fall einer Schiedsgerichtsvereinbarung und ausländischem Schiedsort?, SchiedsVZ 2010, 234ff.; *Ders.,* Die Wahl des auf internationale Wirtschaftsverträge anwendbaren Rechtsrahmens im Europäischen Kollisionsrecht: Rechtswahlklauseln 2.0, IHR 2012, 177ff.; *Ders.,* The choice of foreign law in (predominantly) domestic contracts and the controversial quest for a genuine international element: potential for future judicial conflicts between the UK and the EU? JPIL 2021, 421ff.; *Pörnbacher/Zahn,* Die Wahl deutschen Rechts unter Ausschluss der AGB-Kontrolle: Lösungsansätze für die Praxis aus der schiedsrechtlichen Perspektive, in: FS für Roderich C. Thümmel zum 65. Geburtstag, 2020, S. 421ff.; *Rieländer,* Die Inhalts- und Transparenzkontrolle von Rechtswahlklauseln im EU-Kollisionsrecht, RIW 2017, 28ff.; *Rühl,* Party Autonomy in the Private International Law of Contracts. Transatlantic Convergence and Economic Efficiency, in: Gottschalk ua (Hrsg.), Conflict of Laws in a Globalized World, 2007, S. 153ff.; *Dies.,* Rechtswahlfreiheit im europäischen Kollisionsrecht, in: FS für Jan Kropholler zum 70. Geburtstag, 2008, S. 187ff.; *Sandrock,* „Versteinerungsklauseln" in Rechtswahlvereinbarungen für internationale Handelsverträge, in: FS für Stefan Riesenfeld aus Anlass seines 75. Geburtstages, 1983, S. 211ff.; *Ders.,* „Handcuffs" Clauses in International Commercial Contracts: Basic Reflections on the Autonomy of the Parties to Choose the Proper Law for Their Contracts, Int'l Law. 1997, 1105ff.; *Teichmann/Oltmanns,* Gilt deutsches AGB-Recht für lokale Verträge, die unter einem globalen Rahmenvertrag mit ausländischem Recht abgeschlossen werden?, ZVertriebsR 2020, 184ff.; *Thorn/Thon,* Der Auslandsbezug im IPR, in: FS für Herbert Kronke zum 70. Geburtstag, 2020, S. 569ff.; *Valdini,* Gesetzesreform durch die Hintertür? Die Abwahl zwingenden Rechts durch Schiedsabreden bei Inlandssachverhalten, ZIP 2017, 7ff.; *Vidmar,* Rechtswahlklauseln und deren Formulierung im internationalen Schuldvertragsrecht, ZfRV 2015, 27ff.; *Vogeler,* Die freie Rechtswahl im Kollisionsrecht der außervertraglichen Schuldverhältnisse, 2013; *Wagner,* Rechtswahlfreiheit im Schiedsverfahren: Ein Probierstein für die juristische Methodenlehre, in: FS für Ekkehard Schumann zum 70. Geburtstag, 2001, S. 535ff.; *Weller/Benz/Thomale,* Rechtsgeschäftliche Parteiautonomie, ZEuP 2017, 250ff.

A. Überblick

I. Die Bedeutung von Rechtswahlklauseln

1 Rechtswahlklauseln bilden zusammen mit Gerichtsstands- bzw. Schiedsvereinbarungen das **Fundament** internationaler Wirtschaftsverträge: Mit ihrer Hilfe können die Parteien weitgehend selbst den für ihre Transaktion maßgeblichen materiellen Rechtsrahmen festlegen. Obwohl Rechtswahlklauseln mittlerweile weit verbreitet sind,[1] wird ihre Bedeutung in der Praxis teilweise immer noch verkannt. Ein wesentlicher Grund dafür dürfte sein, dass sich bei vielen internationalen Transaktionen Vertragswerke im anglo-amerikanischen Stil durchgesetzt haben, die das Vertragsverhältnis zwischen den Parteien selbst bereits detailliert regeln.[2] Dadurch wird das anwendbare Recht aber nicht überflüssig: Zum einen gelingt es den Vertragsparteien auch mit umfangreichen Vertragswerken erfahrungsgemäß nicht, sämtliche mit Blick auf spätere Konflikte maßgebliche Regelungspunkte zu antizipieren. Zum anderen dient insbesondere das Vertragsstatut nicht nur der **Füllung** etwaiger **Regelungslücken,** sondern bestimmt durch **zwingende Bestimmungen** auch über die Wirksamkeit getroffener Absprachen und stellt die für die **Vertragsauslegung** maßgeblichen Prinzipien bereit.[3] Der tatsächliche Umfang vertraglicher Rechte und Pflichten und daraus folgende Haftungsrisiken lassen sich daher letztlich nur bei Kenntnis des anwendbaren Rechts umfassend abschätzen.

2 Gegenüber einem Rückgriff auf die objektiven Anknüpfungsregeln des einschlägigen Kollisionsrechts zur Bestimmung des anwendbaren Rechts hat die Rechtswahl, die zumindest für internationale Wirtschaftsverträge mittlerweile von der großen Mehrheit (nationaler) Kollisionsrechtsordnungen gestattet wird[4], zwei entscheidende Vorteile. Zum einen schafft sie eine größere **Rechtssicherheit,** da sie das anwendbare Recht in transparenter und eindeutiger Weise festlegt:[5] Beispiele aus der Rechtsprechung belegen immer wieder, dass die bei internationalen Verträgen im Fall einer fehlenden Rechtswahl notwendige objektive kollisionsrechtliche Anknüpfung im Einzelfall zu erheblichen Schwierigkeiten, Rechtsunsicherheiten und hohen Zusatzkosten für die Parteien führen kann.[6] Zum anderen gibt die Rechtswahl den Parteien die Möglichkeit, das für ihre jeweiligen Zielsetzungen **am besten geeignete Recht**[7] zur Anwendung zu berufen und die vertraglichen Vereinbarungen auf diesen Rechtsrahmen abzustimmen. Vor diesem Hintergrund ist es sinnvoll, die Gestaltungsmöglichkeiten in Bezug auf die Rechtswahl bewusst zu nutzen. **Gegen eine Rechtswahl** sprechen allenfalls **Kostengründe,** wenn der Vertrag in Deutschland **notariell beurkundet** werden muss. So wird für Unternehmenskaufverträge in diesem Fall teilweise der Verzicht auf eine Rechtswahlklausel (zumindest innerhalb der notariellen Urkunde selbst)[8] empfohlen, da ihre Aufnahme in den Vertrag nach Maßgabe des Gerichts- und Notarkostengesetzes den Geschäftswert (auch) bei *share deals* um 30% erhöhen kann (§§ 104 Abs. 3, 111 Nr. 4 GNotKG).[9] Sinnvoll dürfte dies aus Gründen der

---

[1] Mit Verweis auf diverse empirische Untersuchungen etwa Born/Kalelioglu Ga. J. Int'l & Comp. L. 2021, 44 (46f.).

[2] Kondring IPRax 2006, 425 (425).

[3] Kondring IPRax 2006, 425 (426); Mankowski RIW 2003, 2 (3).

[4] Girsberger/Kadner Graziano/Neels Choice of Law Rn. 1.120ff.

[5] Mankowski RIW 2003, 2 (2).

[6] Eindrücklich etwa die Rechtssache *GDE LLC & Anor v Anglia Autoflow Ltd* [2020] EWHC 105 (Comm), in der sich der englische High Court auf nicht weniger als 53 Seiten mit der Frage des auf einen internationalen Handelsvertretervertrag anwendbaren Vertragsstatuts auseinandergesetzt hat. Die hierdurch entstandenen (zusätzlichen) Verfahrenskosten (insbesondere Anwaltskosten) dürften beträchtlich gewesen sein.

[7] Kropholler Internationales Privatrecht S. 296.

[8] Für die Rechtswahl in einer separaten Vereinbarung außerhalb der notariellen Urkunde zur Vermeidung der Kostenfolge etwa Krasauskaite/Schwarz DZWIR 2014, 51 (56).

[9] Bei einem Geschäftswert von mehr als 60 Mio. Euro hat die Aufnahme einer Rechtswahlklausel dagegen keine eigenständige Relevanz (mehr), § 35 Abs. 2 GNotKG.

Rechtssicherheit allerdings nur dann sein, wenn das nach Maßgabe einer objektiven Anknüpfung anwendbare Recht zweifelsfrei ermittelt werden kann.[10]

II. Grundlagen der Rechtswahl

1. Grundbegriffe

3 Die Freiheit der Parteien, das auf einen (internationalen) Sachverhalt anwendbare Recht selbst vertraglich zu vereinbaren, wird als **Parteiautonomie** bezeichnet.[11] Ihre Zulässigkeit, ihr Umfang und ihre Grenzen ergeben sich aus dem **Internationalen Privatrecht** (IPR) des jeweiligen Forumstaates, mit dessen Hilfe in Sachverhalten mit Auslandsbezug das anwendbare Recht ermittelt wird. Fehlt es an einer Rechtswahl oder ist diese unwirksam, wird das anwendbare Recht auf Basis kollisionsrechtlicher Auffangtatbestände bestimmt; man spricht insoweit von einer **objektiven Anknüpfung.** Soweit die Parteiautonomie reicht, sind die Parteien zur Rechtswahl in Gestalt einer **kollisionsrechtlichen Verweisung** berechtigt. Diese führt zur Anwendbarkeit des gewählten und damit ggf. zur Abwahl des nach objektiver Anknüpfung anwendbaren Sachrechts, jeweils einschließlich seiner (einfach) zwingenden Bestimmungen.[12] Das Pendant zur Parteiautonomie ist die **Privatautonomie** in Gestalt der Vertragsfreiheit.[13] Sie ist im **Sachrecht** selbst geregelt, dh in denjenigen Vorschriften, die unmittelbar für die inhaltliche Entscheidung maßgeblich sind.[14] Die Privatautonomie berechtigt die Parteien nur zur **materiell-rechtlichen Verweisung,** die ihre Grenze in den zwingenden Bestimmungen des nach kollisionsrechtlichen Grundsätzen jeweils anwendbaren Rechts findet.[15] Bei dieser Art der Verweisung wird also eine bestimmte Rechtsordnung mittels summarischer Bezugnahme ganz oder teilweise zum Vertragsinhalt gemacht.[16] Die durch das IPR für einen bestimmten Fragenkomplex berufenen Sachnormgruppen werden als **Statuten** bezeichnet.[17] Weiterhin haben sich für die Bezeichnung bestimmter Rechtsordnungen lateinische Begriffe eingebürgert, insbesondere **lex fori** (das Recht am Sitz des Forums) und **lex causae** (das in der Sache anzuwendende Recht).

2. Das Prinzip der Parteiautonomie

4 Das Prinzip der Parteiautonomie als Berechtigung zu einer kollisionsrechtlichen Verweisung war lange Zeit umstritten.[18] Heute ist es jedoch unter Berufung auf verschiedene, wenngleich nicht notwendigerweise immer durchschlagender Argumente[19] – insbesondere den Grundsatz „in dubio pro libertate", den Zusammenhang mit der Privatautonomie sowie pragmatische Gründe (Flexibilität, Rechtssicherheit) – zumindest für das Vertragsstatut praktisch weltweit anerkannt.[20] Einigkeit besteht aber darüber, dass Geltungsgrund der Parteiau-

[10] So auch Begemann/Nölle BB 2016, 137 (141), die im Ergebnis von in der Literatur diskutierten Umgehungsstrategien (konkludente Rechtswahl bzw. Abschluss einer separaten Rechtswahlvereinbarung) abraten.

[11] Kegel/Schurig Internationales Privatrecht S. 652; Diedrich RIW 2009, 378 (379). Im englisch-sprachigen Schrifttum hat Mills dafür den Begriff der *„private international law autonomy"* geprägt, s. Mills Party Autonomy S. 21.

[12] Grüneberg/Thorn BGB Art. 3 Rom I-VO Rn. 2; MüKoBGB/Martiny Art. 3 Rom I-VO Rn. 15.

[13] Harries FS Heinsius S. 201.

[14] Kegel/Schurig Internationales Privatrecht S. 53.

[15] Grüneberg/Thorn BGB Art. 3 Rom I-VO Rn. 2; MüKoBGB/Martiny Art. 3 Rom I-VO Rn. 16; prägnant Loacker/Capaul SRIEL 2020, 453 (458): *„Parteiautonomie kann eben, was Privatautonomie nicht kann"*.

[16] Kropholler Internationales Privatrecht S. 293; Kegel/Schurig Internationales Privatrecht S. 654.

[17] Kegel/Schurig Internationales Privatrecht S. 316.

[18] Dazu ausführlich Vischer/Huber/Oser Internationales Vertragsrecht Rn. 29 ff.

[19] Michaels RabelsZ 85 (2021), 890 (900) verweist nicht zu Unrecht darauf, dass eine grundlegende und überzeugende normative Begründung für die Parteiautonomie letztlich nicht existiert.

[20] Girsberger/Kadner Graziano/Neels Choice of Law Rn. 1.121 ff.; Mankowski FS Martiny S. 449 (450) mwN; vgl. auch → § 3 Rn. 42. Ausdruck des weltweit hohen Stellenwertes der Parteiautonomie sind

tonomie immer eine entsprechende Ermächtigung der Parteien im anwendbaren IPR ist.[21] Solche Regelungen finden sich insbesondere im **Internationalen Vertragsrecht,** wo der Parteiwille heutzutage weltweit das wichtigste Anknüpfungsmoment darstellt.[22] Auch die europäische Rom I-VO erkennt den Grundsatz der Parteiautonomie ausdrücklich an.[23] Darüber hinaus sind in den letzten Jahren im **Internationalen Deliktsrecht** vieler Staaten zunehmend Wahlmöglichkeiten eröffnet worden,[24] etwa durch Art. 14 der Rom II-VO.[25]

3. Unterschiede in einzelnen IPR-Ordnungen

a) Überblick

Trotz der praktisch weltweiten Anerkennung der Parteiautonomie als Anknüpfungsmoment sind Zulässigkeit, Wirkung und Grenzen der Rechtswahl in verschiedenen Rechtsordnungen nicht einheitlich geregelt. An dieser Stelle können nur die für den unternehmerischen Rechtsverkehr wichtigsten Unterschiede beispielhaft skizziert werden.[26] So gibt es zum ersten immer noch einige wenige Rechtsordnungen, die eine **Rechtswahl nicht** bzw. nur sehr eingeschränkt für bestimmte Fallkonstellationen **zulassen.** Dies gilt derzeit beispielsweise etwa noch (zumindest formalgesetzlich) für Brasilien,[27] Bolivien, Chile und Kolumbien (dagegen nicht mehr für Uruguay) sowie wie für einige Staaten im Nahen Osten, namentlich dem Iran.[28] Zum zweiten bestehen **Divergenzen hinsichtlich des Anwendungsbereichs** der Parteiautonomie. Während die Rechtswahl im Internationalen Vertragsrecht ganz überwiegend anerkannt wird, gilt dies etwa im Internationalen Deliktsrecht nicht in gleicher Weise.[29] Die Rom II-VO lässt dort die Rechtswahl unter bestimmten Voraussetzungen grundsätzlich zu, nimmt jedoch bestimmte Bereiche aus. Im US-amerikanischen Recht ist noch nicht abschließend geklärt, ob eine Rechtswahl im Deliktsrecht überhaupt möglich ist, obwohl die Rechtsprechung zur Zulassung der Parteiautonomie in diesem Bereich tendiert.[30] Schließlich sehen die einzelnen Rechtsordnungen für eine Rechtswahl teilweise unterschiedliche **Zulässigkeitsvoraussetzungen und Grenzen** vor. So können die Parteien nach Maßgabe der Rom I und Rom II-VO etwa jedes (staatliche) Recht wählen. Auf Grundlage von § 1–301 des von den meisten US-Bundesstaaten umgesetzten Mustergesetzes des Uniform Commercial Code (UCC) können die Parteien nur das Recht eines Staates wählen, das eine vernünftige Beziehung („reasonable relationship") zu der Transaktion aufweist; eine Revision dieser Bestimmung mit großzügigeren Wahlmöglichkeiten konnte sich nicht durchsetzen und wurde 2008 zurückge- 5

---

auch die 2015 publizierten (allerdings nicht unmittelbar rechtsverbindlichen) Principles on Choice of Law in International Commercial Contracts der Haager Konferenz für Internationales Privatrecht, die in Art. 2 die Rechtswahl in weitem Umfang zulassen. Für eine umfassendere Diskussion theoretischer Begründungsansätze für die Parteiautonomie vgl. Mills Party Autonomy S. 66 ff.

[21] Kropholler Internationales Privatrecht S. 295.

[22] Umfassend dazu mit einer Vielzahl von Länderberichten Girsberger/Kadner Graziano/Neels Choice of Law in International Commercial Contracts 2021.

[23] 11. Erwägungsgrund sowie Art. 3 Abs. 1 der Verordnung (EG) Nr. 593/2008 des Europäischen Parlaments und des Rates vom 17.6.2008 über das auf vertragliche Schuldverhältnisse anzuwendende Recht, ABl. EU 2008 L 177/6, berichtigt durch ABl. EU 2009 L 309/87.

[24] Kadner Graziano The Rome II Regulation S. 113 (114 f.).

[25] Verordnung (EG) Nr. 864/2007 des Europäischen Parlaments und des Rates vom 11.7.2007 über das auf außervertragliche Schuldverhältnisse anzuwendende Recht (ABl. EU 2007 L 199/40).

[26] Für einen rechtsvergleichenden Überblick auch → § 3 Rn. 44.

[27] Allerdings hat der brasilianische Superior Court of Justice eine Rechtswahl entgegen dem engeren Wortlaut von Art. 9 des brasilianischen Einführungsgesetzes zum Zivilgesetzbuch in der jüngeren Vergangenheit anerkannt; in Schiedsverfahren mit Schiedsort in Brasilien lässt das brasilianische Schiedsverfahrensrecht (Art. 2 Arbitration Act No 9307 aus 1996) eine Rechtswahl der Parteien ausdrücklich zu; zum Ganzen Girsberger/Kadner Graziano/Neels Choice of Law Rn. 56.01 ff.

[28] Dazu im Einzelnen Girsberger/Kadner Graziano/Neels Choice of Law Rn. 1.149 ff.

[29] Eine Reihe asiatischer Jurisdiktionen lassen bspw. die Rechtswahl des Deliktsstatuts nur ex post (dh nach Schadenseintritt) zu, Tiong Min Rise of Party Autonomy S. 257 (270 ff.).

[30] Weintraub Conflict of Laws S. 496; Hay/Borchers/Symeonides Conflict of Laws S. 1142 f.

zogen.[31] Ebenso setzt § 187 des Restatement (Second)[32] of Conflict of Laws neben dem über den Wortlaut hinaus zu fordernden Auslandsbezug[33] ausdrücklich eine gewisse Nähebeziehung des gewählten Rechts mit der Transaktion in Form einer „substantial relationship with the contract" oder alternativ einer anderweitigen „reasonable basis" für die Rechtswahl voraus. Obwohl dieses Erfordernis von den US-amerikanischen Gerichten großzügig ausgelegt worden ist,[34] bleiben abweichende Ergebnisse zum europäischen Kollisionsrecht denkbar.

b) Hinkende Rechtsverhältnisse

6 Angesichts der angedeuteten Unterschiede zwischen verschiedenen IPR-Ordnungen besteht die Gefahr, dass die Wirkungen einer Rechtswahlklausel je nach zuständigem Forum variieren. Man spricht in solchen Fällen von einem „hinkenden Rechtsverhältnis".[35] Um das Risiko für ein solches Ergebnis zu minimieren, kann zum einen ein **ausschließlicher Gerichtsstand** in einer Jurisdiktion vereinbart werden, deren Kollisionsrecht die gewünschte Rechtswahl uneingeschränkt zulässt. Nachteilig ist diese Vorgehensweise allerdings, wenn eine Partei ein Urteil in einem anderen als dem Forumstaat vollstrecken möchte. Dies kann häufig zeit- und kostenintensiv und teilweise sogar ganz ausgeschlossen sein. Außerdem besteht die Möglichkeit, dass eine (ausschließliche) Gerichtsstandsklausel und die damit verbundene Abwahl internationaler Gerichtsstände in bestimmten Ländern verfahrensrechtlich nicht akzeptiert wird.[36] Alternativ kann die Rechtswahlklausel so ausgestaltet werden, dass sie mit möglichst vielen der in Betracht kommenden Kollisionsrechtsordnungen **kompatibel** ist. So könnte insbesondere daran gedacht werden, von der Wahl eines nicht mit der Transaktion verbundenen Rechts abzusehen.[37] Abgesehen davon, dass das anwendbare Kollisionsrecht (in Abhängigkeit von der internationalen Zuständigkeit) nicht immer sicher vorhersehbar ist, führt dieser Ansatz allerdings zu einer signifikanten Erhöhung der Rechtsermittlungskosten. Darüber hinaus beschränkt eine Rechtswahlklausel auf Basis des „kleinsten gemeinsamen Nenners" die Gestaltungsmöglichkeiten der Parteien und bietet keine Lösung in den Fällen unauflösbarer Widersprüche zwischen verschiedenen IPR-Ordnungen (etwa, weil ein Staat die Rechtswahl überhaupt nicht anerkennt). Der sinnvollste Weg zur Vermeidung hinkender Rechtsverhältnisse dürfte deshalb regelmäßig in der Verbindung einer Rechtswahl mit einer **Schiedsvereinbarung** liegen. Diese Lösung macht das anwendbare Recht vorhersehbar, führt aber gleichzeitig zu einer weitreichenden Vollstreckbarkeit, da zahlreiche Staaten das New Yorker (UN-) Übereinkommen über die Anerkennung und Vollstreckung ausländischer Schiedssprüche[38] (UNÜ) ratifiziert haben. Darüber hinaus räumt das nationale Sonderkollisionsrecht für Schiedsgerichte den Parteien in den meisten Staaten größere Parteiautonomie als im Fall einer Zuständigkeit staatlicher Gerichte ein. Nicht erforderlich ist die oben beschriebene Vorgehensweise demgegenüber, wenn schon gar kein hinkendes Rechtsverhältnis droht – etwa, weil das in Frage stehende Vertragsverhältnis nur Berührungspunkte zu Mitgliedstaaten der EU aufweist, in denen einheitlich die Rom I-VO gilt.

---

[31] Symeonides Choice of Law S. 366.
[32] Rühl Party Autonomy S. 153 (157).
[33] Rühl Party Autonomy S. 153 (159f.).
[34] Symeonides Choice of Law S. 371 mwN zur Rechtsprechung, unter anderem auch dem Verweis auf die Entscheidung des Supreme Court of Texas in *Exxon Mobil Corp. v. Drennen,* 452 S.W.3d 319 (325): Wahl New Yorker Rechts hier ua deswegen als „reasonable" angesehen, da New Yorker Recht für die in Rede stehende Transaktion nach Auffassung des angerufenen Gerichts besonders geeignet gewesen sei.
[35] Kegel/Schurig Internationales Privatrecht S. 139f.; vgl. auch Mankowski RIW 2003, 2 (6) – *„hinkende Rechtswahl"*.
[36] Zu dieser Problematik auch → § 3 Rn. 147.
[37] So Mankowski RIW 2003, 2 (6).
[38] Übereinkommen vom 10.6.1958 über die Anerkennung und Vollstreckung ausländischer Schiedssprüche; BGBl. 1961 II, S. 121ff.

III. Kriterien für die Rechtswahl

7 Bei Verhandlungen über die Rechtswahlklausel lässt sich regelmäßig ein Beharren der Parteien auf ihren jeweiligen Heimatrechten beobachten.[39] Diese Argumentation auf Basis von Positionen versperrt den Blick auf die zugrundeliegenden Interessen, die durch das Heimwärtsstreben nicht immer optimal verwirklicht werden.[40] Insoweit sollte insbesondere auf die nachfolgenden Kriterien besonderes Augenmerk gelegt werden:

1. Rechtsermittlungs- und Unsicherheitskosten

8 Zunächst sind die Rechtsermittlungskosten zu berücksichtigen, die von der Zugänglichkeit des anwendbaren Rechts für die Parteien abhängen, das heißt von der **Auffindbarkeit und Verständlichkeit** von Gesetzestexten, Urteilen und Sekundärliteratur.[41] Da die Parteien die Vertragsgestaltung häufig nicht selbst übernehmen, dürften jedoch Verfügbarkeit, Kosten und Qualität einer entsprechenden **Rechtsberatung** von noch größerer Bedeutung sein.[42] So bestehen selbst europaweit große Unterschiede in Bezug auf Anwaltshonorare;[43] hinzu kommen gegebenenfalls kostspielige Übersetzungen.

2. Regelungsinhalt des Sachrechts und Stabilität

9 Für eine Entscheidung zwischen verschiedenen Sachrechten ist weiterhin deren jeweiliger Regelungsinhalt relevant, der sich sowohl aus kodifizierten Gesetzen wie auch aus ungeschriebenem Richter- und Gewohnheitsrecht ergeben kann. Von Belang ist dabei erstens die **Vorteilhaftigkeit** der in Betracht kommenden Rechtsordnungen für die eigene **Parteirolle.**[44] Diese ergibt sich zum einen aus der gesetzlich vorgesehenen Verteilung von Rechten und Pflichten. Zwar ist dieses Gefüge regelmäßig in weiten Teilen vertraglich abänderbar. Es stellt jedoch bei Vertragsverhandlungen einen strategischen Vorteil dar, auf Basis eines der eigenen Position entgegenkommenden Rechtes argumentieren zu können. Zum anderen ist das **Maß an Privatautonomie** von zentraler Bedeutung.[45] So dürfte etwa die nach wie vor strenge AGB-Kontrolle in Deutschland auch im unternehmerischen Geschäftsverkehr einer der maßgeblichen Gründe für die mangelnde internationale Wettbewerbsfähigkeit des deutschen Rechts sein.[46] Je nach Parteirolle kann aber auch ein geringes Maß an Privatautonomie von Vorteil sein, wenn das zwingende Recht die eigene Position schützt. Zweitens sind die in Betracht kommenden Rechtsordnungen auf ihre Passgenauigkeit für das **in Frage stehende Geschäft** zu untersuchen. So ist denkbar, dass ein nationales Vertragsrecht für eine bestimmte Transaktion besonders passende Normen bereit hält oder dort im internationalen Geschäftsverkehr führend ist, so dass sich das

---

[39] Vgl. etwa Kondring RIW 2010, 184 (191): *„Die Wahl eines fremden Rechts hat für die betroffene deutsche Partei immer Nachteile."*

[40] Oschmann FG Sandrock S. 25 (31); Harries FS Heinsius S. 201 (206).

[41] Kodek Rechtswahl S. 85 (89).

[42] Harries FS Heinsius S. 201 (207 f.).

[43] Nach dem Doing Business-Report der Weltbank (Stand Juni 2021) belaufen sich die Anwaltshonorare für die Durchsetzung vertraglicher Ansprüche (reguläres Verfahren; erste Instanz) in Deutschland durchschnittlich auf 14,4% des Anspruchswertes, während sie etwa im Vereinigten Königreich durchschnittlich 45,7% des Anspruchswertes betragen (Daten abrufbar unter http://www.doingbusiness.org/data/); Kondring RIW 2010, 184 (191) spricht von den „horrenden Honorarsätzen" insbesondere englischer Kanzleien.

[44] Mankowski RIW 2003, 2 (3).

[45] Cuniberti Nw. J. Int'l L. & Bus. 2014, 455 (501).

[46] Brachert/Dietzel ZGS 2005, 441 ff.; Pfeiffer NJW 2017, 913 (917); Leuschner/Meyer SchiedsVZ 2016, 156 (159 f.) allerdings auch unter Hinweis auf die liberalere Praxis von Schiedsgerichten bei der Anwendung der deutschen AGB-Inhaltskontrolle; für nicht bewiesen hält dies dagegen etwa Sommerfeld RIW 2018, 741 (744 f.).

Recht in diesem Gebiet besonders differenziert entwickeln konnte.[47] Umgekehrt kann es Rechtsordnungen geben, die in bestimmten Bereichen einen Normenmangel aufweisen oder komplexen Transaktionen generell nicht gewachsen sind.[48] Ein weiterer Aspekt ist die **Stabilität der Rechtskultur,** die sich insbesondere aus der politischen Situation im betreffenden Staat, der Bindung des Normgebers an rechtsstaatliche Prinzipien sowie der Offenheit für die Bedürfnisse komplexer internationaler Transaktionen ergibt.[49]

3. Abstimmungsgesichtspunkte

a) Abstimmung zu anderen Teilen eines Rechtsverhältnisses

10 Ein weiteres Kriterium für die Rechtswahl kann das Bestreben sein, alle Teile eines zwischen den Parteien bestehenden Rechtsverhältnisses demselben Recht zu unterstellen. Während für eine Abstimmung zwischen Vertrags- und Deliktsstatut unter der Rom I-VO und der Rom II-VO eine einheitliche Rechtswahl genügt, kann sich das Rechtsverhältnis zwischen den Parteien auch auf Bereiche erstrecken, in denen die Parteiautonomie ausgeschlossen ist. Das gilt etwa für das Internationale Sachenrecht, das mit Blick auf das anwendbare Recht grundsätzlich auf den Belegenheitsort der Sache abstellt (vgl. etwa Art. 43 Abs. 1 EGBGB).[50] Um auch hier einen Gleichlauf herzustellen, wird etwa für dinglich gesicherte Kreditverträge teilweise die Wahl der lex rei sitae empfohlen.[51]

b) Abstimmung zu anderen Rechtsverhältnissen

11 Ein besonders wichtiger Faktor für die Rechtswahl dürfte der **Gleichlauf** des gewählten Rechts mit dem für bestimmte andere Rechtsverhältnisse maßgeblichen Recht sein. Ein praxisrelevantes Beispiel sind internationale Lieferketten, bei denen der Zwischenhändler regelmäßig ein Interesse an der Anwendbarkeit desselben Rechts für Einkaufs- und Verkaufsseite haben wird, um etwaige Regresslücken zu vermeiden. Aber auch in anderen Situationen kann eine Abstimmung zwischen verschiedenen Rechtsverhältnissen sinnvoll sein, etwa im Massengeschäft mit verschiedenen internationalen Lieferanten oder Kunden. Hier erleichtern ein einheitliches Vertrags- und Deliktsstatut das Vertragsmanagement und führen zu Kosteneinsparungen. Gleiches gilt für den Fall der Einschaltung mehrerer Subunternehmer.

c) Abstimmung zur Streitbeilegungsklausel

12 Kaum zu überschätzen sind schließlich die Vorteile einer Abstimmung der Rechtswahl mit der Streitbeilegungsklausel. Ein solcher Gleichlauf ist zwar nicht zwingend vorgeschrieben, spart aber im Fall einer Klage zumindest bei der Zuständigkeit staatlicher Gerichte regelmäßig Zeit und Kosten und erhöht die Wahrscheinlichkeit einer richtigen Entscheidung,[52] da sich die Richter nicht in ein fremdes (Vertrags-)Recht einarbeiten müssen, wenn sich lex fori und lex causae entsprechen. Außerdem erübrigen sich auf diese Weise Abgrenzungsprobleme zwischen prozessualen Fragen, die regelmäßig der lex fori unterstehen, und materiell-rechtlichen Fragen, die sich nach der lex causae richten.[53] Auch ist im Fall einer **Spaltung von Rechtswahl und Gerichtsstand** zu bedenken, dass sowohl die generelle Anwendung von Kollisionsrecht als auch die Ermittlung ausländischen Sachrechts nach dem am gewählten Gerichtsstand geltenden Verfahrensrecht keineswegs zwingend von

[47] Leible ZVglRWiss 1998, 286 (289); Oschmann FG Sandrock S. 25 (27); kritisch Mankowski RIW 2003, 2 (6f.).
[48] Oschmann FG Sandrock S. 25 (28).
[49] Harries FS Heinsius S. 201 (206f.); Mankowski RIW 2003, 2 (3).
[50] Vertiefend hierzu → § 3 Rn. 93.
[51] Harries FS Heinsius S. 201 (209).
[52] Magnus IPRax 2010, 27 (33); Mankowski RIW 2003, 2 (4); Brödermann FS Martiny S. 1045 (1054).
[53] Mankowski RIW 2003, 2 (4).

Amts wegen erfolgen: Im Gegensatz zum deutschen Recht[54] besteht nach englischem Verfahrensrecht etwa keine Pflicht der Gerichte zur Anwendung von Kollisionsrecht von Amts wegen[55] und muss der Inhalt ausländischen Rechts als Tatsachenfrage darüber hinaus im Unterschied zu § 293 ZPO von den Parteien dargelegt und bewiesen werden.[56] Mit Blick auf den dadurch verursachten Kostenaufwand ist daher wenig verwunderlich, dass englische Gerichte regelmäßig englisches Vertrags- und Deliktsrecht auch dann anwenden, wenn kollisionsrechtlich eigentlich ein anderes Statut einschlägig gewesen wäre.[57] Sprechen also bestimmte Erwägungen – wie etwa die Leistungsfähigkeit der Rechtspflege[58] – für die Wahl eines konkreten Forums, kann dies aus Gründen eines erstrebenswerten Gleichlaufs die Rechtswahl mittelbar beeinflussen. Umgekehrt führt die Wahl eines bestimmten Rechts mitunter dazu, dass dadurch (auch ohne ausdrücklich damit korrespondierende Gerichtsstandsvereinbarung) die internationale Zuständigkeit der Gerichte dieser Jurisdiktion begründet wird.[59]

4. Akzeptanz bei Vertragsverhandlungen

Abschließend ist zu erwägen, welche Rechtsordnungen gegenüber der anderen Partei 13
überhaupt durchsetzbar sind. Hier sind zwei verschiedene Szenarien zu unterscheiden. Besteht zwischen den Parteien etwa die **gleiche Verhandlungsstärke,** wird die Durchsetzung eines nur einer Partei vertrauten Rechts regelmäßig nur möglich sein, wenn der anderen Partei im Gegenzug ein Entgegenkommen gewährt wird.[60] Dies kann sich eine Partei zu Nutze machen, indem sie die Anwendbarkeit des fremden Heimatrechts akzeptiert und sich dafür Konzessionen in anderen Bereichen ausbittet oder durch diesen Schritt langfristiges Vertrauen für eine dauernde Geschäftsverbindung erwirbt.[61] Alternativ kann eine Partei auch die Vereinbarung eines nicht mit dem Sachverhalt verbundenen **neutralen Rechts** vorschlagen, wie es im Anwendungsbereich der Rom I- und der Rom II-VO gestattet wird. Das ist insbesondere im Fall von Rechtsordnungen erfolgsversprechend, die – wie das englische und das Schweizer Recht – im internationalen Handelsverkehr besonders beliebt[62] sind. Auf diese Weise wird allerdings kaum vollständige Chancengleichheit hergestellt. Zum einen bedeutet die vorgebliche „Neutralität" des Rechts – auch wenn es von einem politisch neutralen Staat wie etwa der Schweiz erlassen wurde – nicht, dass keine der Parteirollen bevorzugt wird.[63] Zum anderen wird das gewählte Recht häufig mit dem Heimatrecht einer Partei eher verbunden sein als mit dem Heimatrecht der anderen.[64] Eine Alternative, welche die komparativen Vorteile tatsächlich reduziert, liegt im Rückgriff auf international vereinheitlichte Regelwerke. Zwar gestattet das europäische Kollisionsrecht nicht die unmittelbare Wahl nichtstaatlichen Rechts; internationale Konventionen wie das CISG können aber mittelbar zur Anwendung berufen werden. Hat eine Partei deutlich mehr **Verhandlungsmacht** als die andere, kann sie die von ihr präferierte Rechtsordnung häufig durchsetzen, ohne dafür an anderer Stelle Konzessionen

[54] S. Geimer Internationales Zivilprozessrecht Rn. 2570 ff.
[55] *GDE LLC & Anor v Anglia Autoflow Ltd* [2020] EWHC 105 (Comm) Rn. 26.
[56] *Iranian Offshore Engineering and Construction Company v Dean Investment Holdings S.A.* [2018] EWHC 2759 (Comm) Rn. 23.
[57] Ahmed JPIL 2018, 500 (503).
[58] Mankowski RIW 2003, 2 (7).
[59] Dazu (mit Blick auf englisches Recht und die forum (non) conveniens doctrine) etwa Hook ICLQ 2014, 963 (965); Schweizer Gerichte wiederum müssen außerhalb des Anwendungsbereichs des Luganer Übereinkommens ihre Prorogation durch die Vertragsparteien bei wirksamer Wahl Schweizer Rechts grundsätzlich annehmen, Art. 5 Abs. 3 lit. b) IPRG.
[60] Mankowski RIW 2003, 2 (4).
[61] Oschmann, FG Sandrock, S. 25 (31).
[62] Cuniberti Nw. J. Int'l L. & Bus. 2014, 455 (459); unter Auswertung diverser empirischer Studien auch Merrett/Sommerfeld ERPL 2020, 627 (635 f.).
[63] Mankowski RIW 2003, 2 (5); Harries FS Heinsius S. 201 (208).
[64] Mankowski RIW 2003, 2 (5).

machen zu müssen. Das hängt allerdings auch davon ab, wie stark die gewünschte Rechtsordnung den Interessen der anderen Partei zuwiderläuft, etwa in Bezug auf ihre Rechtsermittlungskosten. So wird etwa ein großes US-amerikanisches Unternehmen gegenüber einem deutschen Unternehmen eher die Wahl seines Heimatrechts durchsetzen können als ein großes arabisches Unternehmen. Häufig spielen bei der Verweigerung gegen ein fremdes Recht aber auch irrationale Motive wie Prestigedenken[65] oder die Furcht vor dem fremden Recht[66] eine Rolle.

5. Verhältnis der Kriterien zueinander

14 Obwohl es abstrakt naheliegt, sich bei der Rechtswahl primär am Regelungsinhalt der jeweiligen Sachrechte zu orientieren, ist die Bedeutung dieses Kriteriums in der Praxis eher gering.[67] Grund hierfür sind insbesondere die hohen **Rechtsermittlungskosten,** die für einen Vergleich zwischen mehreren in Betracht kommenden Rechtsordnungen anfallen würden und deren Rentabilität im Voraus nur schwer vorausgesagt werden kann.[68] Umgekehrt sind inhaltliche Aspekte aber durchaus relevant, wie die Bestrebungen der Praxis zeigen, selbst in rein inländischen Sachverhalten ausländisches Recht zu wählen. Im Ergebnis spielt der Regelungsinhalt als positives Auswahlkriterium allerdings nur dann eine Rolle, wenn der Inhalt verschiedener in Betracht kommender Rechtsordnungen bereits ermittelt wurde oder mit relativ geringem Aufwand ermittelt werden kann. Insoweit ist zu berücksichtigen, dass immer mehr Rechtsabteilungen und Rechtsanwälte in Deutschland auch mit einem bestimmten Kreis ausländischer Rechtsordnungen vertraut sind. Dies gilt in besonderem Maße für das **Schweizer Recht,** welches als (auch) deutschsprachige Rechtsordnung für Mandanten und ihre Rechtsberater vergleichsweise gut zugänglich ist.[69] Geringe Rechtsermittlungskosten bestehen weiterhin in den Fällen, in denen eine Partei in der Vergangenheit bereits Erfahrungen mit einer bestimmten Rechtsordnung sammeln konnte. Im Übrigen verbleibt für den Regelungsinhalt des Sachrechts eine Rolle als negatives Auswahlkriterium. Haben sich die Parteien provisorisch auf ein fremdes Recht – etwa das Heimatrecht der anderen Seite – geeinigt, müssen sie dessen Inhalt im Zuge der Vertragsgestaltung ermitteln. Stellt sich dabei heraus, dass das fremde Recht untragbare Regelungen enthält, können die Parteien, soweit sie sich noch nicht gebunden haben, Nachverhandlungen fordern oder vom Vertrag Abstand nehmen. Auch die erwähnten Abstimmungsgesichtspunkte stehen in einer Wechselwirkung zu den Rechtsermittlungskosten der anderen Partei. Die Verteilung der Verhandlungsmacht zwischen den Parteien dürfte regelmäßig als abschließendes Korrektiv fungieren, wenn die Parteien auf Basis der übrigen Kriterien festgestellt haben, welche die aus ihrer jeweiligen Sicht am besten geeignete Rechtsordnung ist.

B. Rechtlicher Rahmen

I. Vertragsstatut

1. Rom I-VO – Überblick und Anwendungsbereich

15 Die Bestimmung des Vertragsstatuts richtet sich aus Sicht deutscher Gerichte primär nach den Vorgaben der Rom I-VO. Die Verordnung hat gemäß ihrem Art. 24 Abs. 1 weitge-

[65] Kodek Rechtswahl S. 85 (88).
[66] Oschmann FG Sandrock S. 25 (27 ff.).
[67] Kieninger Wettbewerb S. 287.
[68] Mankowski RIW 2003, 2 (7).
[69] Kondring RIW 2010, 184 (185).

hend das Römische Schuldrechtsübereinkommen[70] (EVÜ) abgelöst, das Deutschland in Art. 11, 12 und 27 bis 37 EGBGB übernommen hatte. Dabei hat die Rom I-VO auf tiefgreifende Änderungen der bewährten staatsvertraglichen Regelungen verzichtet.[71] Auf die Rechtsprechung und Literatur zum EVÜ kann deshalb größtenteils weiter zurückgegriffen werden.

a) Zeitlicher Anwendungsbereich

Gemäß ihrem Art. 28 wird die Rom I-VO auf Verträge angewandt, die **ab dem 17.12.2009** geschlossen wurden. Relevant bleibt der zeitliche Anwendungsbereich vor allem bei **Dauerschuldverhältnissen,** die vor diesem Datum geschlossen wurden: Sie fallen nur dann in den Anwendungsbereich der Rom I-VO, wenn sie nach dem 17.12.2009 so wesentlich geändert wurden, dass dadurch die Entstehung einer neuen Rechtsbeziehung zwischen den Vertragsparteien angenommen werden muss.[72] 16

b) Sachlicher Anwendungsbereich

Gemäß Art. 1 Abs. 1 Rom I-VO gilt die Verordnung für **vertragliche Schuldverhältnisse in Zivil- und Handelssachen.** Nach der insoweit maßgeblichen Rechtsprechung des EuGH zur EuGVVO[73] (vgl. Erwägungsgrund 7 zur Rom I-VO) sind dies freiwillige Verpflichtungen, die nicht von einem Hoheitsträger in Ausübung hoheitlicher Gewalt eingegangen werden.[74] Art. 1 Abs. 2 und Abs. 3 Rom I-VO nehmen sodann bestimmte Bereiche ausdrücklich vom Anwendungsbereich der Verordnung aus.[75] Hervorzuheben ist Art. 1 Abs. 2 lit. i) Rom I-VO, der klarstellt, dass Ansprüche aus Verhandlungen vor Abschluss eines Vertrages nicht der Rom I-VO unterfallen; sie richten sich insgesamt nach der Rom II-VO. Als zweite Voraussetzung verlangt Art. 1 Abs. 1 Rom I-VO einen **Auslandsbezug** in Form einer Verbindung des Schuldverhältnisses mit dem Recht verschiedener Staaten. Hierbei genügt allerdings, dass überhaupt in Frage steht, welche Rechtsordnung anzuwenden ist.[76] In jedem Fall stellt die Wahl einer ausländischen Rechtsordnung einen für die Eröffnung des Anwendungsbereiches genügenden Auslandsbezug dar, wie ein Rückschluss aus Art. 3 Abs. 3 Rom I-VO zeigt.[77] 17

c) Räumlicher Anwendungsbereich

Die Rom I-VO gilt für alle EU-Mitgliedstaaten mit **Ausnahme von Dänemark,** vgl. Erwägungsgrund 46 zur Rom I-VO. Dementsprechend bestimmt Art. 1 Abs. 4 S. 1 Rom I-VO, dass der Begriff „Mitgliedstaat" in der Verordnung grundsätzlich nur diejenigen Mitgliedstaaten bezeichnet, auf welche die Verordnung Anwendung findet (s. aber die Ausnahme in S. 2). In Form von sog. „Retained EU Law" kommt die Rom I-VO nach Maßgabe von s. 3 European Union (Withdrawal) Act 2018 mit einigen wenigen, inhaltlich nicht entscheidenden Modifikationen aber auch nach dem Brexit (und dem Ablauf 18

[70] Übereinkommen über das auf vertragliche Schuldverhältnisse anzuwendende Recht (BGBl. 1986, S. 809f.).

[71] Prägnanter Überblick bei Grüneberg/Thorn BGB Vorb. Rom I-VO Rn. 6; nähere Ausführungen bei Magnus IPRax 2010, 27 (27ff.).

[72] EuGH NJW 2017, 141 (142) – Griechenland/Nikiforidis.

[73] Verordnung (EU) Nr. 1215/2012 des Rates vom 12.12.2012 über die gerichtliche Zuständigkeit und die Anerkennung und Vollstreckung von Entscheidungen in Zivil- und Handelssachen, ABl. EU 2012 L 351/1.

[74] Hierzu näher Grüneberg/Thorn BGB Art. 1 Rom I-VO Rn. 2ff.; Magnus IPRax 2010, 27 (28f.).

[75] Zu den einzelnen Ausnahmen ausführlich Reithmann/Martiny/Martiny Internationales Vertragsrecht Rn. 1.83ff.

[76] Abgelehnt bspw. im Fall eines Kaufvertrages, der trotz Exportabsichten des Käufers und englischer Vertragssprache zwischen zwei in Deutschland ansässigen Parteien geschlossen worden war und auch ein Erfüllungsort in Deutschland vorsah, OLG Nürnberg RdTW 2017, 218 (220).

[77] MüKoBGB/Martiny Art. 1 Rom I-VO Rn. 21; ähnlich Grüneberg/Thorn BGB Art. 1 Rom I-VO Rn. 5.

der Übergangsphase am 1.1.2021 nach Maßgabe des mit der EU abgeschlossenen Austrittsabkommens) im Vereinigten Königreich weiter zur Anwendung.[78]

d) Universelle Anwendung

19 Nach Art. 2 Rom I-VO ist das nach der Verordnung bezeichnete Recht auch dann anzuwenden, wenn es nicht das Recht eines EU-Mitgliedstaates ist. Aus dem Zusammenspiel der Vorschrift mit Art. 1 Rom I-VO, der nur einen Bezug zu irgendeinem ausländischen Staat fordert, ergibt sich, dass die Verordnung als **loi uniforme** auch Fälle mit Bezug zu Nicht-Mitgliedstaaten regelt.[79] Die Rom I-VO kommt damit beispielsweise auch zur Anwendung, wenn ein deutscher Richter das Statut für einen Vertrag zwischen zwei Unternehmen mit Sitz im US-Bundesstaat New York und in Japan bestimmen muss. Teilweise wird allerdings vertreten, dass die Mitgliedstaaten der Rom I-VO im Verhältnis zu Dänemark weiterhin das EVÜ anwenden müssen.[80]

e) Verhältnis zu anderen Rechtsnormen

20 Als EU-Verordnung ist die Rom I-VO in ihren Mitgliedstaaten unmittelbar anwendbar (Art. 288 Abs. 2 AEUV) und genießt grundsätzlich **Vorrang vor nationalem Recht.**[81] Gemäß Art. 25 Abs. 1 Rom I-VO bleiben allerdings bestehende **internationale Übereinkommen unberührt.** Eine Rückausnahme enthält Art. 25 Abs. 2 Rom I-VO für ausschließlich zwischen Mitgliedstaaten geschlossene Übereinkommen. Erfasst werden von Art. 25 Rom I-VO sowohl Übereinkommen, die nur Regelungen zum IPR enthalten, wie auch solche Übereinkommen, die in erster Linie das Sachrecht vereinheitlichen, deren räumlicher Anwendungsbereich aber die Wirkung einer Kollisionsnorm hat (zum Beispiel die CISG).[82] **Sonstiges EU-Kollisionsrecht** hat mit Ausnahme ihres Art. 7 **Vorrang** vor der Verordnung, vgl. Art. 23 Rom I-VO. Dies betrifft insbesondere die Kollisionsnormen in verschiedenen Verbraucherschutzrichtlinien, die der deutsche Gesetzgeber in Art. 46b EGBGB zusammengefasst hat.

2. Gestattung der freien Rechtswahl

a) Grundsatz

21 Art. 3 Abs. 1 S. 1 Rom I-VO gestattet innerhalb des Anwendungsbereiches der Verordnung die freie Rechtswahl. Ob bzw. inwieweit das gewählte Recht selbst eine Rechtswahl für zulässig hält, ist unerheblich;[83] diese Rechtsordnung spielt nur für die Frage des Zustandekommens und der Wirksamkeit der Rechtswahl eine Rolle.

b) Wirkung

22 Die Rechtswahl nach der Rom I-VO hat, soweit nichts anderes angeordnet wird, die Wirkung einer **kollisionsrechtlichen Verweisung.** Sie führt nach Art. 20 Rom I-VO unmittelbar zur Anwendbarkeit der Sachvorschriften des gewählten Rechts, soweit in der Verordnung nichts anderes bestimmt ist **(Sachnormverweisung).** Nicht zur Anwendung gelangt also das IPR der gewählten Rechtsordnung, sodass eine Rück- oder Weiterver-

---

[78] Dickinson IPrax 2021, 213 (218f.).
[79] Leible/Lehmann RIW 2008, 528 (529); Grüneberg/Thorn BGB Art. 2 Rom I-VO Rn. 1.
[80] So Brödermann NJW 2010, 807 (810) unter Verweis auf völkerrechtliche Vorgaben; ablehnend zu Recht MüKoBGB/Martiny Art. 24 Rom I-VO Rn. 3, 6; Pfeiffer EuZW 2008, 622 (623).
[81] St. Rspr. des EuGH seit Rs. C-6/64 Costa gegen E.N.E..; s. auch Erklärung 17 zur Schlussakte der Regierungskonferenz, ABl. EU 2010 C 83/344.
[82] Grüneberg/Thorn BGB Art. 25 Rom I-VO Rn. 2; zu Gegenauffassungen Reithmann/Martiny/Martiny Internationales Vertragsrecht Rn. 1.142; dazu auch → § 3 Rn. 13.
[83] MüKoBGB/Martiny Art. 3 Rom I-VO Rn. 101.

weisung auf ein anderes Recht nicht in Betracht kommt. Weiterhin kann Art. 20 Rom I-VO entnommen werden, dass das gewählte Recht in seiner jeweils **geltenden Fassung** zur Anwendung gelangt. Ändert sich dieses Recht nach Vertragsschluss, richten sich die Auswirkungen daher nach den dort vorgesehenen Übergangsbestimmungen.[84] Im Einzelfall kann bei gravierenden Änderungen des anwendbaren Rechts allerdings ein Fall der Störung der Geschäftsgrundlage vorliegen.[85] Wird bei **Mehrrechtsstaaten,** in denen (wie etwa in den USA oder dem Vereinigten Königreich) unterschiedliche Vertragsrechte gelten, nicht gemäß Art. 22 Abs. 1 Rom I-VO unmittelbar eine Teilrechtsordnung gewählt, muss im Wege der Auslegung geklärt werden, ob die Parteien mit der Wahl des Mehrrechtsstaates tatsächlich die Wahl einer bestimmten seiner Teilrechtsordnungen beabsichtigten. Lässt sich ein entsprechender Parteiwille zugunsten einer bestimmten Teilrechtsordnung nicht identifizieren, läuft die Rechtswahl nach zutreffender Auffassung ins Leere; das anwendbare Recht muss dann folgerichtig objektiv angeknüpft werden.[86]

c) Wählbare Rechte

Die Parteien können nach der Rom I-VO die ihnen weltweit am besten geeignet erscheinende Rechtsordnung wählen, ohne dass diese einen Bezug zum Sachverhalt aufweisen müsste **(Wahl eines neutralen Rechts).**[87] Von dieser Möglichkeit wird in der Praxis häufig Gebrauch gemacht; in Deutschland ist etwa die Wahl Schweizer Rechts für internationale Verträge verbreitet. Handelt es sich allerdings um einen rein inländischen oder EU-internen Sachverhalt, entfaltet die Wahl eines (neutralen) Drittstaatrechts nur eingeschränkte Wirkungen. Die eingeräumte Rechtswahlfreiheit umfasst weiterhin das Recht, lediglich die Anwendbarkeit des nach objektiver Anknüpfung anwendbaren Rechts auszuschließen **(negative Rechtswahl).** Im Ergebnis ist dann das Recht der zweit- bzw. – falls mehrere Rechtsordnungen ausgeschlossen werden – der nächst-engsten Verbindung maßgeblich, vgl. Art. 4 Abs. 4 Rom I-VO.[88] Die Grenze ist aber jedenfalls dort erreicht, wo jegliche staatliche Rechtsordnung abgewählt und der Vertrag damit entnationalisiert bzw. rechtsordnungslos wird.[89] Weiterhin ist unter der Rom I-VO lediglich die Wahl **staatlichen Rechts** zulässig, während eine kollisionsrechtliche Verweisung auf sonstige Regelwerke oder die „lex mercatoria" ebenso ausgeschlossen ist[90] wie die Wahl religiöser Rechte.[91] Dies ergibt sich indirekt aus dem Wortlaut der Verordnung, die an mehreren Stellen auf das Recht eines Staates abstellt (etwa Art. 3 Abs. 3 und Art. 20 Rom I-VO) sowie aus der Zusammenschau der Erwägungsgründe 13 und 14 und der Entstehungsgeschichte der Norm.[92] Auch die Wahl einer ansonsten nicht anwendbaren internationalen Konvention wie die CISG dürfte damit nach der gegenwärtigen Rechtslage ausgeschlossen sein.[93] Erwägungsgrund 14 zur Rom I-VO zeugt allerdings von der Absicht des europäischen 23

[84] BeckOGK/Wendland, 1.9.2021, Art. 3 Rom I-VO Rn. 111.
[85] MüKoBGB/Martiny Art. 3 Rom I-VO Rn. 25; zur Rechtslage bei Souveränitätswechsel Rn. 28.
[86] Meyer RabelsZ 83 (2019), 721 (732f.) mwN auch zu abweichenden Auffassungen.
[87] MüKoBGB/Martiny Art. 3 Rom I-VO Rn. 22; Mankowski RIW 2003, 2 (4f.).
[88] MüKoBGB/Martiny Art. 3 Rom I-VO Rn. 20.
[89] Grüneberg/Thorn BGB Art. 3 Rom I-VO Rn. 4; Mankowski RIW 2005, 481 (492) mit Hinweis auf ein entsprechendes Urteil des Tribunale di Padova; Vischer/Huber/Oser Internationales Vertragsrecht Rn. 147 halten die negative Rechtswahl schon dann für unbeachtlich, wenn alle für die objektive Anknüpfung relevanten Rechtsordnungen ausgeschaltet werden.
[90] Grüneberg/Thorn BGB Art. 3 Rom I-VO Rn. 4; BeckOGK/Wendland, 1.9.2021, Art. 3 Rom I-VO Rn. 75; McParland Rome I Regulation Rn. 432ff.; aA McGuire SchiedsVZ 2011, 257 (265f.); weitergehende Rechtswahlmöglichkeiten bestehen im Schiedsverfahren, dazu unten → Rn. 74.
[91] Reithmann/Martiny/Martiny Internationales Vertragsrecht Rn. 2.48; ebenso der englische Court of Appeal in *Halpern v Halpern* [2007] EWCA Civ 291 (noch zu Art. 3 EVÜ).
[92] Dazu ausführlich Rühl FS Kropholler S. 187 (190f.).
[93] Str., wie hier MüKoBGB/Martiny Art. 3 Rom I-VO Rn. 32; BeckOGK/Wendland, 1.9.2021, Art. 3 Rom I-VO Rn. 105; Mankowski RIW 2003, 2 (10f.) mwN zur Gegenansicht, insbesondere OLG Jena IPRspr 1999 Nr. 25.

Gesetzgebers, die kollisionsrechtliche Wählbarkeit eines künftigen EU-Vertragsrechts zu gestatten.

24 Weiterhin muss sich die Rechtswahl, wie aus der abschließenden Formulierung von Art. 20 Rom I-VO folgt, auf die Wahl eines **geltenden Rechts** beziehen, darf also insbesondere kein totes Recht zur Anwendung berufen.[94] Inwieweit ein nach diesen Grundsätzen gewähltes Recht in der zum Zeitpunkt des Vertragsschlusses geltenden Fassung festgeschrieben werden darf, ist umstritten.[95] Streitig war schon unter dem EVÜ, ob den Parteien statt der Wahl des materiellen Rechts auch die **Wahl der IPR-Normen** eines Staates offen steht – ob also die Entscheidung über das anwendbare Recht einem fremden Recht überlassen werden darf. Angesichts des klaren Wortlauts von Art. 20 Rom I-VO, der eine Kollisionsnorm-Verweisung nur im Falle einer entsprechenden Bestimmung in der Verordnung selbst vorsieht, dürfte dies zu verneinen sein.[96]

3. Zustandekommen und Wirksamkeit der Rechtswahl

a) Erklärung der Rechtswahl

25 Gemäß Art. 3 Abs. 1 S. 2 Rom I-VO kann die Rechtswahl ausdrücklich oder stillschweigend erfolgen. Der Regelfall dürfte bei internationalen Wirtschaftsverträgen die **ausdrückliche** Rechtswahl sein. Auch eine Rechtswahl mittels AGB oder durch Verweis auf eine Rechtswahlklausel in einem anderen Vertrag ist als ausdrückliche Rechtswahl einzuordnen.[97] Welches Recht für die Auslegung der ausdrücklichen Rechtswahl gilt, ist streitig.[98] In Bezug auf die **stillschweigende Rechtswahl** richten sich die Anforderungen und die Auslegung nach allgemeiner Ansicht nur nach Art. 3 Abs. 1 S. 2 Rom I-VO.[99] Die Vorschrift bestimmt, dass sich die Rechtswahl *„eindeutig aus den Bestimmungen des Vertrags oder aus den Umständen des Falles“* ergeben muss. Art. 3 Abs. 1 S. 2 EVÜ hatte demgegenüber nur von *„hinreichender Sicherheit“* gesprochen. Die Anpassung des Wortlautes stellt klar, dass der hypothetische Parteiwille entgegen einer früher teilweise anzutreffenden Rechtsprechung nicht ausreicht, sondern ein realer Rechtswahlwille der Parteien feststellbar sein muss.[100] Als Anhaltspunkt für eine Rechtswahl nennt Erwägungsgrund 12 zur Rom I-VO explizit die Vereinbarung der ausschließlichen Zuständigkeit der Gerichte eines Mitgliedstaates der Verordnung. Darüber hinaus hat die Rechtsprechung zahlreiche weitere Indizien herausgearbeitet.[101] Insbesondere an die stillschweigende Rechtswahl durch Prozessverhalten dürfte nun erst recht ein strenger Maßstab angelegt werden; keinesfalls genügt hier allein die Argumentation mit dem einheimischen Recht.[102]

b) Zustandekommen und Wirksamkeit des Verweisungsvertrages

26 **aa) Einigung und materielle Wirksamkeit.** Während sich die Zulässigkeit der Rechtswahl allein nach dem IPR des Forums bestimmt, beurteilen sich Einigung und materielle Wirksamkeit der Vereinbarung grundsätzlich nach dem Recht, zugunsten dessen der **An-**

---

[94] Rühl FS Kropholler S. 187 (194); BeckOGK/Wendland, 1.9.2021, Art. 3 Rom I-VO Rn. 67.

[95] Dazu unten → Rn. 93.

[96] BeckOGK/Prinz von Sachsen Gessaphe, 1.3.2022, Art 20 Rom I-VO Rn. 11 mwN zu abweichenden Stimmen.

[97] Ferrari/Ferrari Internationales Vertragsrecht Art. 3 Rom I-VO Rn. 24.

[98] Für die Entwicklung einheitlicher Auslegungsmaßstäbe aus der Rom I-VO selbst heraus Staudinger/Magnus BGB Art. 3 Rom I-VO Rn. 66; BeckOGK/Wendland, 1.9.2021, Art. 3 Rom I-VO Rn. 126 mwN zu Gegenauffassungen; insbesondere in common law Jurisdiktionen wird dagegen überwiegend auf das gewählte Recht abgestellt, Born/Kalelioglu Ga. J. Int'l & Comp. L. 2021, 44 (117) mwN.

[99] Grüneberg/Thorn BGB Art. 3 Rom I-VO Rn. 9; MüKoBGB/Martiny Art. 3 Rom I-VO Rn. 46.

[100] Grüneberg/Thorn BGB Art. 3 Rom I-VO Rn. 6; Wagner IPRax 2008, 377 (378 f.).

[101] S. hierzu ausführlich Grüneberg/Thorn BGB Art. 3 Rom I-VO Rn. 7 f.; Reithmann/Martiny/Martiny Internationales Vertragsrecht Rn. 2.82 ff.

[102] Magnus IPRax 2010, 27 (33).

schein einer Rechtswahl besteht (Art. 3 Abs. 5 iVm Art. 10 Abs. 1 Rom I-VO). Steht beispielsweise die Wirksamkeit einer Rechtswahlklausel zu Gunsten Schweizer Rechts infrage, bestimmt sich diese Frage nach dem Sachrecht der Schweiz. Relevant ist die anscheinende lex causae insbesondere für die Wirksamkeit des Vertragsschlusses, Willensmängel und deren Folgen sowie die Frage der wirksamen Einbeziehung allgemeiner Geschäftsbedingungen.[103] Aus Art. 3 Abs. 5 Rom I-VO iVm Art. 10 Abs. 2 Rom I-VO ergibt sich das Recht jeder Partei, sich gegenüber einer Rechtswahl darauf zu berufen, sie habe ihr nach dem Recht des Staates ihres gewöhnlichen Aufenthaltes **nicht zugestimmt.** Es handelt sich bei der Vorschrift um eine Einrede, dh die betroffene Partei kann über ihre Erhebung (und damit die Wirksamkeit der Rechtswahl) frei entscheiden.[104] Wie der unterschiedliche Wortlaut zeigt, ist Art. 10 Abs. 2 Rom I-VO enger als Absatz 1 und bezieht sich nur auf das Erklärungsverhalten, nicht aber auf die Wirksamkeit des Geschäfts.[105] Die Vorschrift greift nur, wenn sich aus den Umständen ergibt, dass es nicht gerechtfertigt wäre, die Wirkung des Verhaltens dieser Partei nach dem gemäß Art. 10 Abs. 1 Rom I-VO maßgeblichen Recht zu bestimmen.[106] In der Praxis wird Art. 10 Abs. 2 Rom I-VO insbesondere im Falle eines Vertragsschlusses durch AGB oder durch Schweigen auf ein kaufmännisches Bestätigungsschreiben relevant.

bb) Form. Die Rom I-VO sieht selbst keine bestimmte Form für den Verweisungsvertrag vor. Die Frage beurteilt sich nach Art. 3 Abs. 5 iVm Art. 11 Rom I-VO (und nicht nach Art. 10 Rom I-VO), wonach es genügt, wenn die Rechtswahlvereinbarung in formaler Hinsicht alternativ den Anforderungen der lex causae oder dem Recht am Abschlussort entspricht (Art. 11 Abs. 1 Rom I-VO). Bei Distanzgeschäften, dh wenn sich die Parteien bei Vertragsabschluss in verschiedenen Staaten befinden, bestehen sogar noch großzügigere Regelungen (Art. 11 Abs. 2 Rom I-VO). Die Form des Verweisungsvertrages ist somit unabhängig von der Form des Hauptvertrages und muss diese nicht einhalten.[107] 27

cc) Rechts-, Geschäfts- und Handlungsfähigkeit. Die Anknüpfung der Rechts-, Geschäfts- und Handlungsfähigkeit wird in der Rom I-VO nicht geregelt; allerdings enthält Art. 13 Rom I-VO eine diesbezügliche Regelung zum **Verkehrsschutz,** auf die Art. 3 Abs. 5 Rom I-VO verweist. Hintergrund dieser Vorschrift ist, dass sich die Rechts-, Geschäfts- und Handlungsfähigkeit der Parteien in vielen IPR-Ordnungen nicht nach dem Abschlussort richten (so knüpft das deutsche IPR gemäß Art. 7 EGBGB hier etwa an die Staatsangehörigkeit an). Art. 13 Rom I-VO ordnet deshalb an, dass sich Parteien, die nach dem Recht am gemeinsamen Abschlussort des Vertrages rechts-, geschäfts- und handlungsfähig wären, grundsätzlich nicht auf eine abweichende Beurteilung nach dem tatsächlich anwendbaren Recht berufen dürfen. Etwas anderes gilt nur, wenn die andere Partei bei Vertragsschluss die Rechts-, Geschäfts- und Handlungsunfähigkeit kannte oder fahrlässig nicht kannte. 28

dd) Unabhängigkeit von Verweisungs- und Hauptvertrag. Die Beurteilung der (Form-)Wirksamkeit des Verweisungsvertrages ist, wie die obigen Ausführungen zeigen, von der Beurteilung der (Form-)Wirksamkeit des Hauptvertrages unabhängig. Damit kann eine Rechtswahlklausel nach zutreffender Ansicht auch zur Anwendbarkeit einer Rechtsordnung führen, nach der der **Hauptvertrag nichtig** ist.[108] Dies ist selbst bei Kenntnis der 29

[103] Zu den erfassten Fragen ausführlich MüKoBGB/Spellenberg Art. 10 Rom I-VO Rn. 46ff.; zur Einbeziehung von AGB auch OLG Hamm NJW 2015, 1369 (1371).
[104] MüKoBGB/Spellenberg Art. 10 Rom I-VO Rn. 255.
[105] Grüneberg/Thorn BGB Art. 10 Rom I-VO Rn. 5.
[106] Dazu ausführlich MüKoBGB/Spellenberg Art. 10 Rom I-VO Rn. 229ff.
[107] v. Bar/Mankowski Internationales Privatrecht II § 1 Rn. 99f.
[108] BGH NJW 1969, 1760; Kegel/Schurig Internationales Privatrecht S. 657; Grüneberg/Thorn BGB Art. 3 Rom I-VO Rn. 9; MüKoBGB/Martiny Art. 3 Rom I-VO Rn. 106 mwN zur Gegenansicht.

Parteien vom Nichtigkeitsgrund nicht ausgeschlossen, wenn diese auf die Einhaltung der Verpflichtung vertraut haben.[109]

c) Sonderproblem: Rechtswahlklauseln in AGB

30 **aa) AGB-Kontrolle.** Die **Einbeziehungskontrolle** (§§ 305 Abs. 2 bis 306 BGB) von Rechtswahlklauseln, die in Allgemeinen Geschäftsbedingungen (AGB) enthalten sind, ist nach hM zulässig und richtet sich gemäß Art. 3 Abs. 5 iVm Art. 10 Abs. 1 Rom I-VO nach dem anscheinend gewählten Recht.[110] Zur Einbeziehungskontrolle zählt (falls deutsches Recht maßgeblich ist) auch die Unwirksamkeit überraschender Klauseln nach § 305c Abs. 1 BGB, die in einem internationalen Sachverhalt allerdings nur selten in Betracht kommen wird.[111] Darüber hinaus ist die Vorschrift des Art. 3 Abs. 5 iVm Art. 10 Abs. 2 Rom I-VO zu beachten, etwa wenn AGB durch Schweigen der anderen Seite Vertragsbestandteil geworden sind. Allerdings kann die Berufung auf Art. 10 Abs. 2 Rom I-VO in diesen Fällen daran scheitern, dass die Anwendung der anscheinenden lex causae im konkreten Fall gerechtfertigt ist. Dies kann insbesondere dann der Fall sein, wenn schon das Angebot auf die AGB hinwies.[112] Eine **Inhaltskontrolle** von Rechtswahlklauseln sowohl nach den Maßstäben der lex fori als auch der lex causae ist dagegen nach (zutreffender) hM abzulehnen; die Zulässigkeit der Rechtswahl richtet sich abschließend nach kollisionsrechtlichen Maßstäben.[113] Etwas anderes ergibt sich auch nicht aus Art. 3 Abs. 5 iVm Art. 10 Abs. 2 Rom I-VO, da Art. 10 Abs. 2 Rom I-VO nur das Erklärungsverhalten und nicht die inhaltliche Wirksamkeit betrifft.[114]

31 **bb) Kollidierende Rechtswahlklauseln.** Sehr streitig ist die Behandlung der praxisrelevanten Fälle, in denen jede Partei auf ihre eigenen AGB Bezug nimmt, die sich widersprechende Rechtswahlklauseln enthalten. Die Entscheidung dieser Frage ist von Bedeutung, da international wichtige Unterschiede in der Behandlung kollidierender AGB bestehen. So folgen einige Rechtsordnungen der **Theorie des letzten Wortes,** wonach sich grundsätzlich die zuletzt vor dem meist durch konkludentes Erfüllungshandeln bewirkten Vertragsschluss eingebrachten AGB durchsetzen[115], während in anderen Rechtsordnungen die **Restgültigkeitstheorie** gilt, wonach sich widersprechende Bestimmungen nicht Vertragsbestandteil werden[116] (so etwa auch die Rechtsprechung zum deutschen unvereinheitlichten Recht unter Berufung auf §§ 154, 155 BGB).[117] Während aussagekräftige Gerichtsentscheidungen zum EVÜ oder der Rom I-VO fehlen, haben sich in der Literatur verschiedene Lösungsmodelle[118] herausgebildet. Nach wohl (noch) überwiegender und vorzugswürdiger Auffassung fehlt bei kollidierenden Rechtswahlklauseln in AGB bei gebotener Gesamtbetrachtung bereits der nach Art. 3 Abs. 5 iVm Art. 10 Abs. 1 Rom I-VO notwendige **Anschein** einer konsensualen Rechtswahl zwischen den Parteien und ist das

---

[109] BGH NJW 1970, 999; Grüneberg/Thorn BGB Art. 3 Rom I-VO Rn. 9.

[110] MüKoBGB/Spellenberg Art. 10 Rom I-VO Rn. 199.

[111] BGH NJW 1994, 262 (263); Reithmann/Martiny/Martiny Internationales Vertragsrecht Rn. 2.30; OLG Karlsruhe RdTW 2021, 309 (311).

[112] Dazu ausführlich MüKoBGB/Spellenberg Art. 10 Rom I-VO Rn. 256 ff.

[113] v. Bar/Mankowski Internationales Privatrecht II § 1 Rn. 91; MüKoBGB/Spellenberg Art. 10 Rom I-VO Rn. 190; Staudinger/Magnus BGB Art. 3 Rom I-VO Rn. 178; Reithmann/Martiny/Martiny Internationales Vertragsrecht Rn. 2.31; Ostendorf IHR 2012, 177 (179); aA Heiss RabelsZ 65 (2001), 634 ff.

[114] MüKoBGB/Spellenberg Art. 10 Rom I-VO Rn. 198; v. Bar/Mankowski Internationales Privatrecht II § 1 Rn. 91 mwN.

[115] So jedenfalls im Ausgangspunkt etwa das englische Recht, *Tekdata Interconnections Ltd v Amphenol Ltd* [2009] EWCA Civ 1209.

[116] Für eine Übersicht über verschiedene Rechtsordnungen Girsberger/Kadner Graziano/Neels Choice of Law Rn. 1.311 ff.

[117] Grundlegend (jedenfalls bei beiderseitiger Verwendung von Abwehrklauseln) BGH NJW 1973, 2106 (2107); BGH NJW-RR 2001, 484 (485).

[118] Zum Ganzen Kadner Graziano YPIL 2012/2013, 71 (82 ff.), der insgesamt sechs verschiedene in der Literatur vertretene Lösungsansätze herausarbeitet.

auf den Hauptvertrag anwendbare Recht daher im Wege einer objektiven Anknüpfung zu ermitteln.[119] Nach anderer Ansicht (sog. Einzelbetrachtung) muss dagegen zunächst **jede Rechtswahlklausel nach dem jeweils gewählten Recht** auf ihre Wirksamkeit geprüft werden. Sind beide divergierenden Rechtswahlvereinbarungen danach unwirksam bzw. wirksam, soll das Vertragsstatut durch objektive Anknüpfung ermittelt werden.[120] Problematisch bleibt die Lösung nach dieser Auffassung allerdings, wenn nur eine der beiden Rechtswahlvereinbarungen wirksam ist.[121] Der Einzelbetrachtungslehre folgt im Ausgangspunkt auch Art. 6 Abs. 1 lit. b) der 2015 erlassenen Principles on Choice of Law in International Commercial Contracts der Haager Konferenz für Internationales Privatrecht: Führen beide gewählten Rechtsordnungen übereinstimmend zur Geltung (nur) der AGB einer Partei, soll das in diesen AGB gewählte Recht anwendbar sein. In allen anderen Fällen gilt die Rechtswahl als gescheitert und muss das Vertragsstatut objektiv angeknüpft werden.[122] Eine dritte Ansicht schlägt wiederum vor, **beide Rechtswahlvereinbarungen nach beiden gewählten Rechtsordnungen** zu prüfen und ein übereinstimmendes Ergebnis zu akzeptieren, während bei kollidierenden Ergebnissen das objektiv angeknüpfte Recht über die Wirksamkeit der Rechtswahl entscheiden soll.[123]

4. Teilbarkeit der Rechtswahl

Gemäß Art. 3 Abs. 1 S. 3 Rom I-VO können die Parteien die Rechtswahl auf einen Teil 32
des Vertrages beschränken, womit das auf den übrigen Teil des Vertrages anwendbare Recht durch objektive Anknüpfung bestimmt wird. Über diesen Wortlaut hinaus ist anerkannt, dass die Parteien auch für verschiedene Teile ihres Vertrages unterschiedliche Rechte wählen können.[124] Eine Teilrechtswahl kann auch stillschweigend oder nachträglich erfolgen.[125] Sie führt zur **dépeçage** des Vertragsstatuts, dh der Aufspaltung eines vom Gesetz grundsätzlich einheitlich behandelten Anknüpfungsgegenstandes.[126] Eine **Grenze** für die dépeçage sieht die Rom I-VO nicht ausdrücklich vor. Es entspricht allerdings allgemeiner Auffassung, dass die verschiedenen Rechtsordnungen unterstellten Teile des Vertrages zumindest in der Weise abspaltbar sein müssen, dass sich bei der Rechtsanwendung keine unauflöslichen Widersprüche ergeben.[127] Im Übrigen ist der genaue Maßstab für die Abspaltbarkeit umstritten.[128] In jedem Fall dürften aber die in Art. 12 Rom I-VO genannten Bereiche eine genügende Selbstständigkeit für eine Teilrechtswahl besitzen.[129] Daraus ergibt sich insbesondere die Zulässigkeit der großen Vertragsspaltung, dh die Rechtswahl für Vertragsabschluss einerseits und Vertragserfüllung andererseits.[130] Streitig ist demgegenüber die grundsätzliche Zulässigkeit der kleinen Vertragsspaltung, bei der die Pflichten jeder

[119] Grüneberg/Thorn BGB Art. 3 Rom I-VO Rn. 9; Staudinger/Magnus BGB Art. 3 Rom I-VO Rn. 174; BeckOGK/Wendland, 1.9.2021, Art. 3 Rom I-VO Rn. 293.

[120] MüKoBGB/Spellenberg Art. 10 Rom I-VO Rn. 202.

[121] Hier soll sich nach einer Ansicht die wirksame Rechtswahl durchsetzen; nach anderer Ansicht soll über das Zustandekommen einer Rechtswahl das nach objektiver Anknüpfung maßgebliche Recht entscheiden. Für die Durchsetzung der wirksamen Rechtswahl v. Bar/Mankowski Internationales Privatrecht II § 1 Rn. 85; Tiedemann IPRax 1991, 424 (426); Meyer-Sparenberg RIW 1989, 347 (348); für die objektive Anknüpfung MüKoBGB/Spellenberg Art. 10 Rom I-VO Rn. 204.

[122] Art. 6 Abs. 1 lit. b: „(…) *if the parties have used standard terms designating two different laws and under both of these laws the same standard terms prevail, the law designated in the prevailing terms applies; if under these laws different standard terms prevail, or if under one or both of these laws no standard terms prevail, there is no choice of law.*"

[123] Dutta ZVglRWiss 2005, 461 (474 ff.).

[124] Mankowski FS Spellenberg S. 261 (263 f.).

[125] Staudinger/Magnus BGB Art. 3 Rom I-VO Rn. 115.

[126] Mankowski FS Spellenberg S. 261 (262).

[127] MüKoBGB/Martiny Art. 3 Rom I-VO Rn. 69; Mankowski FS Spellenberg S. 261 (264).

[128] MüKoBGB/Martiny Art. 3 Rom I-VO Rn. 70.

[129] MüKoBGB/Martiny Art. 3 Rom I-VO Rn. 69.

[130] Mankowski FS Spellenberg S. 261 (264).

Partei einer unterschiedlichen Rechtsordnung unterstellt werden.[131] Die **Auslegung** einer möglichen Teilrechtswahl muss berücksichtigen, dass die Parteien ihre vertraglichen Beziehungen in der Regel ein und derselben Rechtsordnung unterstellen möchten.[132] Bezieht sich deshalb eine Rechtswahlklausel ihrem Wortlaut nach nur auf einen Teil des Vertrages, ist stets zu prüfen, ob genügende Anhaltspunkte für eine (stillschweigende) Rechtswahl auch im Übrigen vorliegen; ebenso ist bei einer Berufung mehrerer Rechte zu hinterfragen, ob es sich dabei tatsächlich jeweils um kollisionsrechtliche Verweisungen handelt oder um eine kollisionsrechtliche Gesamtrechtswahl nebst materiellen Teilverweisungen.[133]

5. Zeitpunkt der Rechtswahl

a) Grundsatz: Wandelbarkeit des Vertragsstatuts

33 Art. 3 Abs. 2 Rom I-VO bestimmt ausdrücklich, dass die Parteien **jederzeit** das Vertragsstatut verändern können, indem sie nach Vertragsschluss erstmalig eine Rechtswahl vornehmen oder eine bereits getroffene Rechtswahl nachträglich abändern. Auch die Aufhebung einer Rechtswahl[134] und die klarstellende Festschreibung des nach Auffassung der Parteien bereits zum Zeitpunkt des Vertragsschlusses maßgeblichen anwendbaren Rechts[135] sind möglich. Die Zulässigkeit einer nachträglichen Rechtswahl ergibt sich dabei abschließend aus der Rom I-VO.[136] Nationales Prozessrecht bestimmt allerdings darüber, ob und inwieweit eine nachträgliche Rechtswahl im Prozess bewiesen und ordnungsgemäß eingeführt wurde.[137] Die Parteien können den **Geltungszeitpunkt** für das neue Vertragsstatut frei bestimmen; in Betracht kommen der Zeitpunkt der nachträglichen Rechtswahl (Wirkung ex nunc) oder ein früherer Zeitpunkt (Wirkung ex tunc).[138] Im Zweifel wirkt die Rechtswahl nach hM auf den Zeitpunkt des Vertragsschlusses zurück, weil die Parteien in der Regel kein Interesse daran haben, dass ihr Vertrag zwei verschiedenen Rechten untersteht.[139] Die nachträgliche Rechtswahl kann Auswirkungen auf die **Wirksamkeit** des Vertrages haben. So kann ein nach dem ursprünglich anwendbaren Recht unwirksamer Vertrag durch die nachträgliche und rückwirkende Wahl eines großzügigeren Rechts als von Anfang an wirksam anzusehen sein und (vorbehaltlich des Art. 3 Abs. 2 S. 2 Rom I-VO) auch umgekehrt.[140] Erfolgt die nachträgliche Rechtswahl in den vorgenannten Fällen nicht rückwirkend, ändert sich die Wirksamkeit bzw. Unwirksamkeit des Vertrages mit dem Zeitpunkt der Rechtswahl.[141] Im Übrigen folgt die nachträgliche Rechtswahl den Regeln der Rechtswahl bei Abschluss des Hauptvertrages; sie kann somit insbesondere ausdrücklich oder stillschweigend und auch in Gestalt einer Teilrechtswahl erfolgen.[142] Ein besonders praxisrelevanter Fall ist die nachträgliche Rechtswahl im Prozess zu Gunsten der lex fori.

34 Aus der Möglichkeit einer nachträglichen Rechtswahl ergibt sich auch die Zulässigkeit einer Rechtswahl unter einer aufschiebenden oder auflösenden **Bedingung.**[143] Ebenso ist eine Vereinbarung dahingehend, dass das anwendbare Recht durch eine Partei, einen

---

[131] Für die Zulässigkeit etwa MüKoBGB/Martiny Art. 3 Rom I-VO Rn. 69; Kondring IPRax 2006, 425 (428); dagegen für im Gegenseitigkeitsverhältnis stehende Pflichten Mankowski FS Spellenberg S. 261 (266).
[132] MüKoBGB/Martiny Art. 3 Rom I-VO Rn. 71.
[133] MüKoBGB/Martiny Art. 3 Rom I-VO Rn. 71.
[134] Staudinger/Magnus BGB Art. 3 Rom I-VO Rn. 115.
[135] Reithmann/Martiny/Martiny Internationales Vertragsrecht Rn. 2.129.
[136] Staudinger/Magnus BGB Art. 3 Rom I-VO Rn. 119.
[137] Staudinger/Magnus BGB Art. 3 Rom I-VO Rn. 120.
[138] Staudinger/Magnus BGB Art. 3 Rom I-VO Rn. 124; Kropholler Internationales Privatrecht S. 465.
[139] So etwa BGH DB 1997, 773; BeckOGK/Wendland, 1.9.2021, Art. 3 Rom I-VO Rn. 213 (str.).
[140] MüKoBGB/Martiny Art. 3 Rom I-VO Rn. 80.
[141] MüKoBGB/Martiny Art. 3 Rom I-VO Rn. 80.
[142] Staudinger/Magnus BGB Art. 3 Rom I-VO Rn. 116.
[143] BeckOGK/Wendland, 1.9.2021, Art. 3 Rom I-VO Rn. 55.

Dritten oder sogar durch Los[144] bestimmt werden soll, gestattet.[145] Auch in diesen Fällen dürfte die Rechtswahl im Zweifel zurückwirken und Art. 3 Abs. 1 S. 2 Rom I-VO (dazu sogleich) entsprechend anzuwenden sein.[146]

b) Formfragen

Gemäß Art. 3 Abs. 2 S. 2 Rom I-VO wird die Formgültigkeit des (Haupt-) Vertrages durch einen infolge Rechtswahl eintretenden Statutenwechsel nicht berührt. Wird also nach Vertragsschluss ein formstrengeres Vertragsstatut gewählt, hat dies keine Auswirkungen auf eine nach dem ursprünglich anwendbaren Recht bestehende Formgültigkeit. Im umgekehrten Fall der nachträglichen Wahl eines großzügigeren Vertragsstatuts bleibt es hingegen bei den allgemeinen Grundsätzen, sodass eine Heilung etwaiger Formmängel in Betracht kommt. 35

c) Rechte Dritter

Weiterhin bestimmt Art. 3 Abs. 2 S. 2 Rom I-VO, dass Rechte Dritter durch einen infolge nachträglicher Rechtswahl eintretenden Statutenwechsel nicht berührt werden. Erfasst werden dabei sowohl direkt aus dem Hauptvertrag resultierende Rechte (zB Rechte aus einem echten Vertrag zugunsten Dritter) als auch Rechte, die vom Hauptvertrag nur beeinflusst werden (zB Rechte des Bürgen oder Pfandgläubigers).[147] Die Vorschrift des Art. 3 Abs. 2 S. 2 Rom I-VO hat zur Folge, dass die Rechtswahl gegenüber dem Dritten keine Wirkungen entfaltet, wenn das neue Vertragsstatut seine Stellung verschlechtern würde **(relative Wirkung der Rechtswahl).**[148] Ungeklärt ist bislang, wie sich dieser kollisionsrechtliche Schutz des Dritten zu dem Schutz durch das im Verhältnis zum Dritten anwendbare Sachrecht verhält.[149] Bei einer Verbesserung der Rechtsstellung des Dritten entfaltet die nachträgliche Rechtswahl unbeschränkte Wirkung.[150] 36

6. Grenzen der Rechtswahl

a) Binnensachverhalte[151]

Art. 3 Abs. 3 Rom I-VO schränkt die Wirkungen der Rechtswahl ein, wenn **zum Zeitpunkt der Rechtswahl** alle anderen Elemente des Sachverhalts in einem anderen Staat als dem des gewählten Vertragsstatuts belegen sind. Die Vorschrift will eine Umgehung der mit dem Sachverhalt bei Lichte betrachtet allein verbundenen Rechtsordnung (sog. Einbettungsstatut) verhindern.[152] Welche Elemente einen **ausreichenden Auslandsbezug** begründen können, wird in der Verordnung nicht konkretisiert. Aus ihrem Erwägungsgrund 15 lässt sich allerdings schließen, dass allein die Vereinbarung eines ausländischen Gerichtsstands jedenfalls nicht ausreicht. Im Übrigen ist zumindest in der Literatur überwiegend anerkannt, dass nicht jede Verbindung zum Recht verschiedener Staaten genügt, sondern der Auslandsbezug gerade für das infrage stehende Geschäft von kollisi- 37

---

[144] BGH WM 1956, 1432 (1434).
[145] MüKoBGB/Martiny Art. 3 Rom I-VO Rn. 18.
[146] MüKoBGB/Martiny Art. 3 Rom I-VO Rn. 19; Kropholler Internationales Privatrecht S. 463 (beide zum Sonderfall einer floating choice of law).
[147] MüKoBGB/Martiny Art. 3 Rom I-VO Rn. 83.
[148] MüKoBGB/Martiny Art. 3 Rom I-VO Rn. 82.
[149] MüKoBGB/Martiny Art. 3 Rom I-VO Rn. 82.
[150] MüKoBGB/Martiny Art. 3 Rom I-VO Rn. 84; aA unter Verweis auf das Selbstbestimmungsrecht des Dritten BeckOGK/Wendland, 1.9.2021, Art. 3 Rom I-VO Rn. 224 *(„Paternalismus im Namen der Parteiautonomie“).*
[151] Begriff nach Grüneberg/Thorn BGB Art. 3 Rom I-VO Rn. 5.
[152] Staudinger/Magnus BGB Art. 3 Rom I-VO Rn. 130.

onsrechtlicher Bedeutung sein und einiges Gewicht haben muss.[153] Nicht ausreichend soll das bloße Interesse an der Anwendbarkeit eines ausländischen Rechts sein.[154] Weitgehende Einigkeit besteht umgekehrt aber darüber, dass diejenigen Umstände einen Auslandsbezug begründen können, die auch für die **objektive Anknüpfung** nach Art. 4 Rom I-VO[155] und Art. 5 ff. Rom I-VO[156] maßgeblich sind. Hierzu zählen insbesondere der gewöhnliche Aufenthaltsort der Parteien (bzw. der Ort ihrer Verwaltung/Niederlassung, Art. 19 Rom I-VO) sowie der Belegenheitsort eines unbeweglichen Vertragsgegenstandes. Ebenso soll ein ausländischer Leistungs- oder Erfüllungsort der Annahme eines Binnensachverhalts entgegenstehen.[157] Sehr streitig ist, ob ein **ausländischer Abschlussort** einen ausreichenden Auslandsbezug im Sinne des Art. 3 Abs. 3 Rom I-VO begründet.[158] Dies wird teilweise unter dem Hinweis darauf bejaht, dass der Abschlussort im IPR der vertraglichen Schuldverhältnisse nicht völlig irrelevant sei (vgl. Art. 11 Abs. 1 bis 3 Rom I-VO) und eine differenzierende Betrachtung zu Abgrenzungsproblemen führen würde.[159] Andere lehnen die Berücksichtigung eines ausländischen Abschlussorts ab.[160] Ebenso ist streitig, ob die **ausländische Staatsangehörigkeit** einer Partei einen Binnensachverhalt ausschließt.[161] Von großer Bedeutung für internationale Wirtschaftsverträge ist zuletzt die ungeklärte Frage, ob im **Zusammenhang mit einem internationalen Vertrag** ein ausreichender Auslandsbezug zu sehen ist. Dies ist insbesondere bei Lieferketten relevant, zB wenn ein deutscher Zwischenhändler in Deutschland bezogene Waren ins Ausland weiterverkauft. In der Literatur wird der Auslandsbezug überwiegend bejaht, da bei Unzulässigkeit der Rechtswahl Regresslücken drohten.[162] Bei einem Internetauftritt sollen die realen Verhältnisse maßgeblich sein.[163] Sehr weitgehend hat die englische Rechtsprechung schon die Wahl eines internationalen Standardvertrages sowie die Verwendung einer ausländischen Vertragssprache für einen hinreichenden internationalen Bezug als ausreichend angesehen.[164] Liegt ein Binnensachverhalt vor, ordnet Art. 3 Abs. 3 Rom I-VO als Rechtsfolge an, dass eine Rechtswahl die zwingenden Bestimmungen des Einbettungsstatuts unberührt lässt. Eine solche Rechtswahl hat damit, soweit ihr zwingende Bestimmungen des Einbettungsstatuts entgegenstehen, nur die Wirkung einer **materiell-rechtlichen Verweisung.**[165] Die **zwingenden Bestimmungen** umfassen dabei alle Einschränkungen der Privatautonomie, seien sie kodifiziert oder ungeschrieben und privatrechtlicher oder öffentlich-rechtlicher Natur.[166] Im deutschen Recht sind insoweit insbesondere die Regelungen zur AGB-Kontrolle relevant, §§ 305 ff. BGB. Zu be-

[153] MüKoBGB/Martiny Art. 3 Rom I-VO Rn. 91; BeckOGK/Wendland, 1.9.2021, Art. 3 Rom I-VO Rn. 229.

[154] Rauscher/v Hein EuZPR/EuIPR Art. 4 Rom I-VO Rn. 117.

[155] Reithmann/Martiny/Martiny Internationales Vertragsrecht Rn. 2.138.

[156] Hoffmann EWS 2009, 254 (255).

[157] Staudinger/Magnus BGB Art. 3 Rom I-VO Rn. 138.

[158] Reithmann/Martiny/Martiny Internationales Vertragsrecht Rn. 2.139 mwN zur uneinheitlichen Rechtsprechung.

[159] v. Bar/Mankowski Internationales Privatrecht II § 1 Rn. 206; Reithmann/Martiny/Martiny Internationales Vertragsrecht Rn. 2.139.

[160] OLG Frankfurt IPrax 1990, 236.

[161] Dagegen BGH NJW-RR 2005, 929 (931); Grüneberg/Thorn BGB Art. 3 Rom I-VO Rn. 5; differenzierend MüKoBGB/Martiny Art. 3 Rom I-VO Rn. 91.

[162] MüKoBGB/Martiny Art. 3 Rom I-VO Rn. 91; Maultzsch RabelsZ 75 (2011), 60 (72 f.); aA Staudinger/Magnus BGB Art. 3 Rom I-VO Rn. 138. Argumentiert werden kann hier auch damit, dass Art. 3 Abs. 3 Rom I-VO auf „Elemente des Sachverhaltes" und nicht nur des Vertrages abstellt, so etwa der englische High Court in *Caterpillar Financial Services Corp v SNC Passion* [2004] EWHC 569 (noch zu Art. 3 Abs. EVÜ).

[163] MüKoBGB/Martiny Art. 3 Rom I-VO Rn. 91.

[164] *Dexia Crediop SpA v Comune di Prato* [2017] EWCA Civ 428; zustimmend Böhle ZEuP 2019, 72 (78, 90); ablehnend Ostendorf IPrax 2018, 630; Thorn/Thon FS Kronke S. 569 (572 ff.).

[165] v. Bar/Mankowski Internationales Privatrecht II § 1 Rn. 207; für den Charakter einer kollisionsrechtlichen Rechtswahl, soweit keine zwingenden Bestimmungen entgegenstehen, jedoch MüKoBGB/Martiny Art. 3 Rom I-VO Rn. 92.

[166] MüKoBGB/Martiny Art. 3 Rom I-VO Rn. 88.

achten ist, dass Art. 3 Abs. 3 Rom I-VO aufgrund seiner allseitigen Natur nicht auf die Fälle beschränkt ist, in denen lex fori und Einbettungsstatut übereinstimmen. Liegt also beispielsweise ein spanischer Binnensachverhalt vor, in Bezug auf den die Parteien deutsches Recht wählen und einen deutschen Gerichtsstand vereinbaren, hat ein deutscher Richter die zwingenden Bestimmungen des spanischen Rechts anzuwenden.

b) Binnenmarktsachverhalte

Art. 3 Abs. 4 Rom I-VO enthält als Neuerung zum EVÜ eine Parallelregelung zu Abs. 3 38
für die Fälle, in denen zum Zeitpunkt der Wahl des Rechts eines Drittstaats alle anderen Elemente des Sachverhalts in einem oder mehreren Mitgliedstaaten belegen sind. Die Vorschrift dient dem Schutz vor einer Umgehung zwingenden Unionsrechts (in der Verordnung noch: „Gemeinschaftsrechts"). Gemäß Art. 1 Abs. 4 S. 2 Rom I-VO umfasst der Begriff „Mitgliedstaaten" hier ausnahmsweise auch Dänemark. Als Drittstaaten einzuordnen sind jedoch die EWR-Staaten außerhalb der EU, selbst wenn sie einen Großteil der EU-Richtlinien übernommen haben.[167] Der **ausreichende Drittstaatenbezug** ist nach den gleichen Kriterien zu bestimmen wie der Auslandsbezug nach Art. 3 Abs. 3 Rom I-VO.[168] Als Rechtsfolge ordnet Art. 3 Abs. 4 Rom I-VO an, dass die Wahl des Rechts eines Drittstaats bei Binnenmarktsachverhalten nicht die Anwendung der **zwingenden Bestimmungen des Unionsrechts** berührt; diese gelten vorrangig und zusätzlich zu den Bestimmungen des gewählten Vertragsstatuts. Umfasst sind alle nicht-dispositiven Sachvorschriften EU-rechtlichen Ursprungs, soweit es sich nicht um (ohnehin zwingendes) Primärrecht handelt oder die Vorschriften schon nach Art. 23 Rom I-VO Vorrang genießen.[169] Dabei handelt es sich insbesondere um Richtlinien zum Schutz der strukturell schwächeren Partei.[170] Da diese Normen, anders als EU-Verordnungen, durch das nationale Recht der Mitgliedstaaten umzusetzen sind (Art. 288 Abs. 3 AEUV), bestimmt Art. 3 Abs. 4 Rom I-VO, dass insoweit auf die Umsetzung durch die lex fori abgestellt werden soll. Hierfür sprechen Praktikabilitätsgesichtspunkte, da die verschiedenen Umsetzungsnormen als gleichwertig angesehen werden.[171] Eine etwaige überschießende, dh über die Mindestvorgaben der Richtlinie hinausgehende Umsetzung durch die lex fori hat allerdings nach hM außer Betracht zu bleiben.[172] Außerdem greift Art. 3 Abs. 4 Rom I-VO nur bei Wahl eines drittstaatlichen Rechts ein, und nicht, wenn sich die Parteien ein Rechtsgefälle innerhalb der EU zu Nutze machen (zB weil der Mitgliedsstaat, dessen Recht gewählt wurde, eine Richtlinie nur unzureichend umgesetzt hat).[173] Unklar ist, in welchem **Verhältnis Art. 3 Abs. 3 und Abs. 4 Rom I-VO** zueinander stehen. Die Frage ist relevant, da Art. 3 Abs. 3 und Abs. 4 Rom I-VO in Bezug auf zwingendes Richtlinienrecht eine unterschiedliche Rechtsfolge anordnen: Nach Abs. 3 ist die Umsetzung durch den Staat des Einbettungsstatuts maßgeblich; nach Art. 3 Abs. 4 dagegen die Umsetzung durch den Forumstaat.[174] Fraglich ist weiterhin, welche Auswirkungen Art. 3 Abs. 4 Rom I-VO auf die **Ingmar-Rechtsprechung**[175] des EuGH hat. Der Gerichtshof hatte in diesem Fall die Anwendbarkeit von Art. 17 und 18 der Handelsvertre-

[167] Magnus IPRax 2010, 27 (34).
[168] MüKoBGB/Martiny Art. 3 Rom I-VO Rn. 97.
[169] MüKoBGB/Martiny Art. 3 Rom I-VO Rn. 98.
[170] Grüneberg/Thorn BGB Art. 3 Rom I-VO Rn. 5; Hoffmann EWS 2009, 254 (256).
[171] Pfeiffer EuZW 2008, 622 (625).
[172] Grüneberg/Thorn BGB Art. 3 Rom I-VO Rn. 5; MüKoBGB/Martiny Art. 3 Rom I-VO Rn. 102; Pfeiffer EuZW 2008, 622 (625); aA Hoffmann EUW 2009, 254 (257).
[173] Magnus IPRax 2010, 27 (34).
[174] Für einen Vorrang von Art. 3 Abs. 3 Rom I-VO als lex specialis gegenüber der Binnenmarktklausel BeckOGK/Wendland, 1.9.2021, Art. 3 Rom I-VO Rn. 247; anders dagegen mit Bezug auf die Parallelvorschriften in der Rom II-VO (Art. 14 Abs. 2 und 3) wohl v. Hein ZEuP 2009, 6 (22).
[175] EuGH NJW 2001, 2007.

terrichtlinie[176] bejaht, obwohl die Parteien das Recht eines mit dem Sachverhalt verbundenen Drittstaates gewählt hatten. Zur Begründung führte der EuGH aus, der Zweck dieser Richtlinienbestimmungen erfordere es, dass sie bei einem starken Gemeinschaftsbezug unabhängig von einer abweichenden Rechtswahl anwendbar seien.[177] Teilweise wird vertreten, der europäische Gesetzgeber habe diese Rechtsprechung nunmehr in Art. 3 Abs. 4 Rom I-VO verankert und damit gleichzeitig auf reine Binnenmarktsachverhalte ohne jeden Drittstaatenbezug beschränkt (damit wäre die Rechtswahl in Konstellationen wie dem Ingmar-Fall de lege lata unbegrenzt möglich).[178] Andere gehen vom Weiterbestehen der alten Rechtslage aus.[179]

c) Art. 5 ff. Rom I-VO

39 Artikel 5 ff. Rom I-VO schränken für bestimmte Verträge zum **Schutz der typischerweise schwächeren Partei** die freie Rechtswahl bzw. deren Wirkungen ein.[180] Dies gilt namentlich für Personenbeförderungsverträge (Art. 5 Abs. 2 Unterabsatz 2 Rom I-VO), bestimmte Verbraucherverträge (Art. 6 Abs. 2 S. 2 Rom I-VO), bestimmte Versicherungsverträge (Art. 7 Abs. 3 S. 1 Rom I-VO) sowie Individualarbeitsverträge (Art. 8 Abs. 1 S. 2 Rom I-VO). Für internationale Wirtschaftsverträge spielen diese Bestimmungen daher grundsätzlich keine Rolle.

d) Eingriffsnormen

40 Eine faktische Grenze der Rechtswahl ergibt sich aus der in Art. 9 Rom I-VO angeordneten Sonderanknüpfung von Eingriffsnormen. Da diese Normen der positiven Durchsetzung (auch) rechtspolitischer Zielsetzungen dienen – und sich dementsprechend selbst bei objektiver Anknüpfung durchsetzen – handelt es sich hierbei um keine spezifische Beschränkung der Parteiautonomie.[181] Im **Verhältnis zu Art. 3 Abs. 3 Rom I-VO** besteht insoweit eine Überschneidung, als die Eingriffsnormen einen Teilbereich der im Binnensachverhalt zwingenden Bestimmungen bilden.[182] Abgrenzungsprobleme können sich damit immer dann ergeben, wenn die infrage stehenden Eingriffsnormen auch Teil des Einbettungsstatuts sind. Das Vorrangverhältnis ist dabei streitig.[183] Soweit Einbettungsstatut und lex fori übereinstimmen, kann die Abgrenzung allerdings dahinstehen, da beide Vorschriften zum selben Ergebnis führen.[184] Umstritten ist weiterhin, ob die Eingriffsnormen der lex fori Vorrang vor sonstigen durch Sonderanknüpfung berufenen Vorschriften genießen (zu denken ist hier an Art. 9 Abs. 3, 6 Abs. 2, 8 Abs. 1 Rom I-VO und Art. 46b EGBGB).[185]

e) ordre public

41 Eine weitere, ordnungspolitisch motivierte Grenze der Rechtswahl ergibt sich aus dem in Art. 21 Rom I-VO normierten Schutz der öffentlichen Ordnung (ordre public). Anders als Art. 9 Rom I-VO beeinflusst Art. 21 Rom I-VO nicht das anwendbare Recht selbst, sondern korrigiert nur das Anwendungsergebnis, wenn dieses mit dem ordre public des

[176] Richtlinie 86/653/EWG des Rates vom 18.12.1986 zur Koordinierung der Rechtsvorschriften der Mitgliedstaaten betreffend die selbständigen Handelsvertreter, ABl. EG 1986 L 382/17.
[177] Rn. 25 des Urteils.
[178] Hoffmann EWS 2009, 254 (259 ff.).
[179] Freitag IPRax 2009, 109 (112); s. zu dieser Problematik auch → § 3 Rn. 181.
[180] MüKoBGB/Martiny Art. 3 Rom I-VO Rn. 10.
[181] Kondring RIW 2010, 184 (189).
[182] MüKoBGB/Martiny Art. 3 Rom I-VO Rn. 96; vgl. auch Erwägungsgrund 37 S. 2 zur Rom I-VO.
[183] Für einen Vorrang der Binnensachverhaltsklausel noch zum EVÜ Droste Begriff S. 218; dagegen (für die Rom I-VO) Staudinger/Magnus BGB Art. 3 Rom I-VO Rn. 148.
[184] Lorenz RIW 1987, 569 (580).
[185] Einen Vorrang bejahend Grüneberg/Thorn BGB Art. 9 Rom I-VO Rn. 6; differenzierend Lorenz RIW 1987, 569 (580).

Forumstaates ausnahmsweise **offensichtlich unvereinbar** ist. In diesem Fall wird die gegen den ordre public verstoßende Norm außer Betracht gelassen.[186] Die Rechtswahl selbst ist nicht an Art. 21 Rom I-VO zu messen.[187] Die Vorschrift dürfte für den Anwendungsbereich der Rom I-VO von untergeordneter Bedeutung sein.[188]

f) Gesetzesumgehung

Die Gesetzesumgehung (fraus legis) ist eine ungeschriebene Grenze der Rechtswahl.[189] Sie dürfte jedoch angesichts der grundsätzlichen Zulässigkeit der Rechtswahl und ihrer bereits ausdrücklich normierten Grenzen nur in extremen Einzelfällen in Betracht kommen.[190] 42

g) Vorrangiges Kollisionsrecht außerhalb der Rom I-VO

Grenzen der Rechtswahl können sich schließlich auch aus vorrangigem Kollisionsrecht in internationalen Übereinkommen und EU-Rechtsakten ergeben.[191] 43

h) Art und Weise der Erfüllung/Maßnahmen bei mangelhafter Erfüllung

Art. 12 Abs. 2 Rom I-VO sieht vor, dass in Bezug auf die Art und Weise der Erfüllung und die vom Gläubiger im Falle mangelhafter Erfüllung zu treffenden Maßnahmen das Recht am Erfüllungsort zu berücksichtigen ist (zB in Bezug auf Untersuchungs- und Rügepflicht). Die Vorschrift kann damit eine Einschränkung oder Erweiterung der Parteienpflichten zur Folge haben.[192] Gleiches gilt für entsprechende Obliegenheiten. Soweit die Parteien allerdings ausdrücklich ein anderes als das Recht am Erfüllungsort gewählt haben, wird im Zweifel von einer Abbedingung dieser Vorschrift auszugehen sein, da durch eine Rechtswahl regelmäßig die Geltung eines einheitlichen Statuts bezweckt wird.[193] 44

i) Exkurs: Gerichtsstand in einem Drittstaat

Um die Grenzen der Rechtswahl zu vermeiden, könnte an die Vereinbarung eines ausschließlichen Gerichtsstandes in einem Staat gedacht werden, dessen Kollisionsrecht den Parteien eine (noch) weitergehende Parteiautonomie als unter der Rom I-VO einräumt. Allerdings spricht ein obiter dictum des BGH aus dem Jahr 1961 dafür, dass eine solche Gerichtsstandsvereinbarung jedenfalls dann unwirksam wäre, wenn es sich um einen **reinen Binnensachverhalt** handelt und die Parteien mit Umgehungsabsicht gehandelt haben.[194] Diese Grundsätze dürften auch auf die Konstellation des Binnenmarktsachverhalts übertragbar sein. Darüber hinaus hat der BGH entschieden, dass eine ausschließliche Gerichtsstandsklausel unwirksam ist, wenn von einer Nichtbeachtung **deutscher Eingriffsnormen** durch die prorogierten Gerichte auszugehen ist und die Entscheidung in Deutschland wegen des darin liegenden ordre public-Verstoßes nicht anerkannt würde.[195] Diese Rechtsprechung hat das OLG München in einer viel kritisierten Entscheidung noch erweitert, indem es für die Unwirksamkeit der Gerichtsstandsklausel ausreichen lässt, dass *„die nahe liegende Gefahr besteht, dass das Gericht des Drittstaats* [international] *zwingendes deut-* 45

---

[186] MüKoBGB/Martiny Art. 3 Rom I-VO Rn. 115.
[187] BGH NJW 1997, 1697 (1700).
[188] Magnus IPRax 2010, 27 (42); Leible/Lehmann RIW 2008, 528 (543).
[189] MüKoBGB/Martiny Art. 3 Rom I-VO Rn. 11.
[190] MüKoBGB/Martiny Art. 3 Rom I-VO Rn. 11.
[191] Dazu oben → Rn. 20.
[192] Grüneberg/Thorn BGB Art. 12 Rom I-VO Rn. 5.
[193] Staudinger/Magnus BGB Art. 12 Rom I-VO Rn. 98.
[194] BGH NJW 1961, 1061 (1062).
[195] BGH NJW 1984, 2037 (2037); BGH NJW 1984, 2037 (2037); andere Ansichten werden zum Teil in der Literatur vertreten, vgl. hierzu Rühl ERPL 2007, 891 (895 f.) mwN.

sches Recht nicht zur Anwendung bringt.“[196] Zur Vorgängernorm von Art. 8 Rom I-VO hat schließlich das LAG Hessen – ohne Bezugnahme auf die vorgenannte BGH-Rechtsprechung – entschieden, dass die Schranken der Rechtswahl auch auf die Vereinbarung eines Gerichtsstandes durchschlagen müssen, soll nicht der **Arbeitnehmerschutz,** den das IPR gewähren will, im Ergebnis leer laufen.[197] Diese Argumentation dürfte auch für die aus Art. 5, 6 und 7 Rom I-VO resultierenden Rechtswahlbeschränkungen gelten.

II. Deliktsstatut

1. Rom II-VO – Überblick und Anwendungsbereich

46 Die Bestimmung des Deliktsstatuts, welches im Zusammenhang mit internationalen Wirtschaftsverträgen für die konkurrierende außervertragliche Haftung maßgeblich ist, richtet sich aus der Sicht deutscher Gerichte primär nach der Rom II-VO. Die Verordnung hat im Rahmen ihres Anwendungsbereiches Art. 38 bis 42 EGBGB abgelöst; im Übrigen gelten diese Vorschriften weiter.[198] Gerade in Bezug auf das Internationale Deliktsrecht enthält die Verordnung zahlreiche Neuerungen gegenüber dem bisherigen deutschen IPR, einschließlich der erstmaligen Zulassung einer beschränkten vorherigen Rechtswahl.[199] Wegen Erwägungsgrund 7 Rom II-VO, der eine einheitliche Auslegung des Europäischen Kollisionsrechts anordnet, kann in weiten Teilen auf die Ausführungen zur Rom I-VO verwiesen werden. Außerdem können Lücken der Rom II-VO grundsätzlich durch entsprechende Anwendung der Vorschriften der Rom I-VO geschlossen werden.[200]

a) Zeitlicher Anwendungsbereich

47 Die Bestimmung des in Art. 31 und 32 Rom II-VO ambivalent normierten zeitlichen Anwendungsbereichs der Rom II-VO war umstritten, ist im Rahmen eines Vorabentscheidungsersuchens vor dem EuGH aber geklärt worden. Anwendbar ist die Rom II-VO damit erst auf schadensbegründende Ereignisse, die ab dem 11.1.2009 eingetreten sind.[201] Der Begriff des **schadensbegründenden Ereignisses** bezieht sich, wie ein Vergleich mit dem Wortlaut von Art. 4 Abs. 1 Rom II-VO zeigt, auf die Handlung, die zum Primärschaden geführt hat oder – im Falle eines Unterlassungsanspruchs – zu führen droht.[202] Bei der Gefährdungshaftung soll nicht die abstrakte Gefahrenlage, sondern die konkrete Gefahrenverwirklichung maßgeblich sein.[203]

b) Sachlicher Anwendungsbereich

48 Gemäß Art. 1 Abs. 1 Rom II-VO gilt die Verordnung **für außervertragliche Schuldverhältnisse in Zivil- und Handelssachen,** wobei Art. 1 Abs. 2 und 3 Rom II-VO ausgenommene Materien auflisten.[204] Art. 2 Rom II-VO konkretisiert den Anwendungsbereich der Verordnung näher und bestimmt in Abs. 1 ausdrücklich, dass Ansprüche aus unerlaubten Handlungen – ebenso wie solche aus Verschulden bei Vertragsverhandlungen

[196] OLG München IPRax 2006, 322; dazu Rühl ERPL 2007, 891 (896ff.). Ebenso in einer ähnlichen Konstellation (bei der die Nichtbeachtung des Ausgleichsanspruchs aus § 89b HGB als maßgeblicher international zwingender Norm durch die gewählten ausländischen Gerichte von den Parteien allerdings selbst übereinstimmend als sicher vorausgesetzt worden war) OLG Stuttgart IHR 2012, 163; bestätigt durch BGH ZVertriebsR 2013, 89.
[197] LAG Hessen NJOZ 2001, 45 (52).
[198] Grüneberg/Thorn BGB Vorb. Rom II-VO Rn. 1.
[199] Grüneberg/Thorn BGB Vorb. Rom II-VO Rn. 4.
[200] MüKoBGB/Junker Art. 14 Rom II-VO Rn. 11.
[201] EuGH NJW 2012, 441f.
[202] Grüneberg/Thorn BGB Art. 32 Rom II-VO Rn. 1.
[203] v. Hein ZEuP 2009, 6 (11).
[204] Zu den Ausnahmen MüKoBGB/Junker Art. 1 Rom II-VO Rn. 25ff.; Wagner IPRax 2008, 1 (2f.).

(culpa in contrahendo) – vollständig erfasst werden. Dem Erfordernis eines **Auslandsbezuges** in Form einer Verbindung des Schuldverhältnisses zum Recht verschiedener Staaten kommt, ebenso wie im Rahmen der Rom I-VO, keine eigenständige Bedeutung zu;[205] auch hier genügt jedenfalls die Rechtswahl (Rückschluss aus Art. 14 Abs. 2 Rom II-VO).

c) Räumlicher Anwendungsbereich

Die Rom II-VO gilt für alle **EU-Mitgliedstaaten mit Ausnahme von Dänemark** (vgl. 49
Erwägungsgrund 40). Dementsprechend bestimmt Art. 1 Abs. 4 Rom II-VO, dass der Begriff „Mitgliedstaat" in der Verordnung jeden Mitgliedstaat mit Ausnahme Dänemarks erfasst.

d) Universelle Anwendung

Das Zusammenspiel von Art. 2 Rom I-VO mit Art. 1 Abs. 1 S. 1 Rom II-VO zeigt, dass 50
die Rom II-VO wie die Rom I-VO als **loi uniforme** ausgestaltet ist und sowohl unionsinterne als auch Fälle mit Bezug zu Drittstaaten regelt.[206]

e) Verhältnis zu anderen Rechtsnormen

Das Verhältnis zu anderen Rechtsnormen ist parallel zur Rom I-VO geregelt.[207] Der **Vor-** 51
rang bestehender internationaler Abkommen ergibt sich hier aus Art. 28 Abs. 1 Rom II-VO. Dies betrifft unter anderem das Haager Übereinkommen über das auf die Produkthaftpflicht anzuwendende Recht,[208] dem Deutschland allerdings nicht beigetreten ist. Die Rückausnahme für ausschließlich zwischen den Mitgliedstaaten geschlossene Übereinkommen enthält Art. 28 Abs. 2 Rom II-VO. Der **Vorrang sonstigen EU-Kollisionsrechts** ergibt sich aus Art. 27 Rom II-VO.

2. (Eingeschränkte) Gestattung der freien Rechtswahl

a) Grundsatz

Art. 14 Abs. 1 Rom II-VO gestattet für das Deliktsstatut (und sonstige außervertragliche 52
Schuldverhältnisse) grundsätzlich die freie Rechtswahl. Auf deren Zulässigkeit nach dem (ab-)gewählten Recht kommt es nicht an.[209] Allerdings ist eine Rechtswahl für den Bereich des unlauteren Wettbewerbs und der Wettbewerbsbeschränkungen sowie für die Verletzung von Rechten des geistigen Eigentums gemäß Art. 6 Abs. 4 bzw. Art. 8 Abs. 3 Rom II-VO ausdrücklich ausgeschlossen. Grund ist, dass die genannten Materien auch die Interessen der übrigen Marktbeteiligten berühren.[210] Art. 14 Abs. 1 Rom II-VO differenziert für die Zulässigkeit der Rechtswahl danach, ob die Vereinbarung **vor oder nach Eintritt des schadensbegründenden Ereignisses** getroffen wurde. Das praktische Bedürfnis für eine Rechtswahl ex ante wurde angesichts der Möglichkeit einer vertragsakzessorischen Anknüpfung (vgl. nunmehr Art. 4 Abs. 3 Rom II-VO) lange bestritten.[211] Allerdings ist die vertragsakzessorische Anknüpfung nicht zwingend, sodass die Rechtswahl auch bei bereits bestehenden vertraglichen Beziehungen zwischen den Parteien größere Rechtssicherheit schafft.[212] Zum zweiten ist denkbar, dass die Parteien die außervertragli-

---

205 Grüneberg/Thorn BGB Art. 1 Rom II-VO Rn. 8.
206 MüKoBGB/Junker Art. 3 Rom II-VO Rn. 2f.
207 Dazu oben → Rn. 20.
208 Abgedruckt in RabelsZ 37 (1973), 594ff.
209 MüKoBGB/Junker Art. 14 Rom II-VO Rn. 11.
210 Kadner Graziano RabelsZ 73 (2009), 1 (57f.); für eine teleologische Reduktion des Rechtswahlverbots bei bilateralen Wettbewerbsverstößen Grüneberg/Thorn BGB Art. 14 Rom II-VO Rn. 3; kritisch dazu v. Hein ZEuP 2009, 6 (23).
211 Kadner Graziano RabelsZ 73 (2009), 1 (9); zur vertragsakzessorischen Anknüpfung s. unten → Rn. 61.
212 Leible RIW 2008, 257 (258); mit Blick auf die vorvertragliche Haftung Jacobs IPRax 2015, 293 (296).

che Haftung bewusst einer anderen Rechtsordnung als dem Vertragsstatut unterstellen möchten.[213] Schließlich gibt es Fälle, in denen trotz Fehlens vertraglicher Beziehungen im Voraus ein Interesse an der Klärung des anwendbaren Rechts (und des damit verbundenen Haftungsrisikos) besteht. Ein Beispiel hierfür ist die Haftung verschiedener Subunternehmer untereinander im internationalen Anlagenbau.[214]

b) Voraussetzungen der Rechtswahl

53 Art. 14 Abs. 1 S. 1 Rom II-VO gestattet im Anwendungsbereich der Verordnung stets die Rechtswahl ex post (lit. a)), unterstellt die Rechtswahl ex ante allerdings engen Voraussetzungen (lit. b)). Dies dient dem Schutz der schwächeren Partei, vgl. Erwägungsgrund 31 zur Rom II-VO.

54 **aa) Kommerzielle Tätigkeit aller Parteien.** Art. 14 Abs. 1 S. 1 lit. b) Rom II-VO fordert für eine Rechtswahl ex ante, dass alle Parteien einer *„kommerziellen Tätigkeit"* nachgehen. Dieser Begriff entstammt nicht der üblichen Terminologie des EU-Rechts, ist aber nach hM gleichwohl mit dem **Unternehmerbegriff** in den Verbraucherschutzrichtlinien und Art. 6 Abs. 1 Rom I-VO identisch.[215] Danach dürfte auch ein **innerer Zusammenhang** zwischen der Rechtswahl und der unternehmerischen Tätigkeit zu verlangen sein.[216]

55 **bb) Freies Aushandeln.** Weiterhin muss die Rechtswahl ex ante gemäß Art. 14 Abs. 1 lit. b) Rom II-VO eine *„frei ausgehandelte Vereinbarung"* darstellen. Die Bedeutung dieses Erfordernisses ist umstritten. Die wohl hM geht davon aus, dass im Anwendungsbereich der Rom II-VO eine Rechtswahl in AGB generell ausgeschlossen ist.[217] Die Gegenposition misst dem Erfordernis des freien Aushandelns überhaupt keine inhaltliche Bedeutung zu.[218] Daneben werden differenzierende Lösungen vertreten. So soll nach einer Ansicht eine Einzelfallprüfung vorgenommen werden, die insbesondere eine durch Täuschung zustande gekommene Rechtswahl oder eine völlig überraschende Rechtswahlklausel ausschließt.[219] Nach anderer Ansicht soll es genügen, wenn die AGB von der anderen Partei gesondert abgezeichnet werden oder wenn wechselseitige AGB dasselbe Recht berufen.[220] Eine dritte Ansicht möchte Verhandlungen über das „Ob" der Rechtswahl genügen lassen.[221]

c) Wirkung

56 Die Wirkungen der Rechtswahl entsprechen denen unter der Rom I-VO. Dass die Rom II-VO grundsätzlich **Sachnormverweisungen** auf das **geltende Recht** enthält, ergibt sich aus Art. 24 Rom II-VO; die Regelung zu **Mehrrechtsstaaten** findet sich in Art. 25 Abs. 1 Rom II-VO.

d) Wählbare Rechte

57 Unter der Rom II-VO dürften grundsätzlich dieselben Rechtsordnungen wählbar sein wie unter der Rom I-VO. Insbesondere können die Parteien ein nicht mit dem Sachverhalt verbundenes **neutrales Recht** wählen,[222] wobei die Wirkungen der Rechtswahl bei Bin-

---

[213] Grüneberg/Thorn BGB Art. 14 Rom II-VO Rn. 7.
[214] Grüneberg/Thorn BGB Art. 14 Rom II-VO Rn. 7.
[215] MüKoBGB/Junker Art. 14 Rom II-VO Rn. 23; v. Hein ZEuP 2009, 6 (20); Wagner IPRax 2008, 1 (13).
[216] Grüneberg/Thorn BGB Art. 14 Rom II-VO Rn. 8.
[217] v. Hein ZEuP 2009, 6 (20); Leible RIW 2008, 257 (260); mehr als eine Individualvereinbarung verlangt Rugullis IPRax 2008, 319 (322).
[218] Junker RIW 2010, 257 (267).
[219] Grüneberg/Thorn BGB Art. 14 Rom II-VO Rn. 9; ähnlich Wagner IPRax 2008, 1 (14).
[220] Kadner Graziano RabelsZ 73 (2009), 1 (8).
[221] Landbrecht RIW 2010, 783 (783 ff.).
[222] Grüneberg/Thorn BGB Art. 14 Rom II-VO Rn. 5; MüKoBGB/Junker Art. 14 Rom II-VO Rn. 14.

nen- und Binnenmarktsachverhalten auch hier eingeschränkt sind.[223] Auch die **negative Rechtswahl** dürfte zulässig sein, wobei in diesen Fällen das anwendbare Recht analog Art. 4 Abs. 3 Rom II-VO bestimmt werden kann. Schließlich erlaubt Art. 14 Abs. 1 Rom II-VO nach allgemeiner Ansicht nur die Wahl **staatlichen Rechts,** was aus den verschiedenen Bezugnahmen auf das *„Recht eines Staates"* in der Verordnung gefolgert wird (vgl. Art. 14 Abs. 2 und Art. 24 Rom II-VO).[224]

3. Zustandekommen und Wirksamkeit der Rechtswahl

a) Erklärung der Rechtswahl

58 Gemäß Art. 14 Abs. 1 S. 2 Rom II-VO ist sowohl eine **ausdrückliche** als auch eine **stillschweigende** Rechtswahl zulässig. Für die stillschweigende Rechtswahl muss dabei ein tatsächlicher Rechtswahlwille beider Parteien vorliegen; der hypothetische Parteiwille ist nicht ausreichend.[225] Aus dem unterschiedlichen Wortlaut von Art. 14 Abs. 1 S. 2 Rom II-VO *(„mit hinreichender Sicherheit")* und Art. 3 Abs. 1 S. 1 Rom II-VO *(„eindeutig")* wird teilweise auf die Möglichkeit verschiedener Maßstäbe geschlossen.[226] Da der Wortlaut der Rom I-VO allerdings lediglich auf einer Anpassung der verschiedenen Sprachfassungen des EVÜ beruht und keine inhaltliche Änderung bezweckte,[227] dürften die Vorschriften übereinstimmend auszulegen sein. Zu beachten ist, dass auch eine stillschweigende Rechtswahl den Zulässigkeitsvoraussetzungen des Art. 14 Abs. 1 S. 1 lit. b) Rom II-VO unterliegt, wenn sie vor Eintritt des schadensbegründenden Ereignisses erfolgt.[228]

b) Zustandekommen und Wirksamkeit des Verweisungsvertrages

59 Die Rom II-VO regelt nicht, welches Recht auf das Zustandekommen und die Wirksamkeit des Verweisungsvertrages anwendbar ist. Nach der zutreffenden hM sind insoweit Art. 3 Abs. 5 iVm. Art. 10, 11 und 13 Rom I-VO entsprechend anzuwenden.[229]

c) Sonderproblem: Rechtswahlklauseln in AGB

60 Im Anwendungsbereich der Rom II-VO ist eine Rechtswahl ex ante in AGB nach wohl überwiegender Auffassung ausgeschlossen.[230] Für die Rechtswahl ex post dürften sich in Bezug auf die AGB-Kontrolle und kollidierende Rechtswahlklauseln dieselben Fragen stellen wie schon im Rahmen der Rom I-VO. Wird mit der hM vertreten, dass auf das Zustandekommen und die Wirksamkeit des Verweisungsvertrages die Grundsätze der Rom I-VO anzuwenden sind, ergeben sich insoweit dieselben Ergebnisse.[231]

d) Exkurs: Die indirekte Rechtswahl

61 Für die konkurrierende außervertragliche Haftung eröffnen Art. 4 Abs. 3 und Art. 5 Abs. 2 Rom II-VO die Möglichkeit einer indirekten Rechtswahl. Nach diesen Vorschriften angeknüpfte unerlaubte Handlungen werden, wenn sie mit einem Vertrag im Zusam-

[223] S. dazu unten → Rn. 65.
[224] Leible RIW 2008, 257 (261); v. Hein ZEuP 2009, 6 (22).
[225] Grüneberg/Thorn BGB Art. 14 Rom II-VO Rn. 6; MüKoBGB/Junker Art. 14 Rom II-VO Rn. 29; vgl. auch den dritten Satz von Erwägungsgrund 31 zur Rom II-VO.
[226] MüKoBGB/Junker Art. 14 Rom II-VO Rn. 29.
[227] Garcimartín Alférez EuLF 2008, I-61 (I-66).
[228] Leible RIW 2008, 257 (260f.); MüKoBGB/Junker Art. 14 Rom II-VO Rn. 30.
[229] Grüneberg/Thorn BGB Art. 14 Rom II-VO Rn. 11; Erman/Hohloch BGB Art. 14 Rom II-VO Rn. 10; Leible RIW 2008, 257 (260); aA MüKoBGB/Junker Art. 14 Rom II-VO Rn. 26: Maßgeblichkeit der lex fori.
[230] S. dazu oben → Rn. 55.
[231] Zur AGB-Kontrolle ebenso Leible RIW 2008, 257 (260).

menhang stehen, grundsätzlich dem Vertragsstatut unterstellt **(vertragsakzessorische Anknüpfung).** Dieses können die Parteien nach der Rom I-VO wiederum frei wählen. Allerdings steht dem Richter in Bezug auf diese Anknüpfung ein gewisser Auslegungsspielraum zu. Ungeklärt ist, ob und inwieweit die in Art. 14 Abs. 1 S. 1 lit. b) Rom II-VO enthaltenen **Zulässigkeitsvoraussetzungen für die Rechtswahl ex ante** auch die vertragsakzessorische Anknüpfung beschränken.[232] Angesichts des klaren Wortlauts und der Systematik der Rom II-VO dürfte eine solche Beschränkung abzulehnen sein.[233] Hierin liegt kein Widerspruch zu dem von der Rom II-VO intendierten Schutz der schwächeren Partei, denn die vertragsakzessorische Anknüpfung erfolgt nur nach Berücksichtigung aller Umstände des Einzelfalls.[234] Eine etwaige Schutzbedürftigkeit der schwächeren Partei kann somit in diesem Rahmen berücksichtigt werden.[235] Gegen eine teleologische Reduktion spricht auch, dass der deutsche Gesetzgeber die vertragsakzessorische Anknüpfung schon vorsah, als die Rechtswahl ex ante im deutschen IPR noch insgesamt unzulässig war (vgl. Art. 42 S. 1 EGBGB).

4. Teilbarkeit der Rechtswahl

62 In Bezug auf die Teilbarkeit der Rechtswahl enthält die Rom II-VO keine Regelung. Hier wird von der hM eine entsprechende Anwendung von Art. 3 Abs. 1 S. 2 Rom I-VO befürwortet.[236]

5. Zeitpunkt der Rechtswahl

63 Aus Art. 14 Abs. 1 S. 1 lit. a) und b) Rom II-VO ergibt sich, dass die Rechtswahl jederzeit vorgenommen werden kann. Darüber hinaus ist anerkannt, dass die Parteien eine einmal getroffene Rechtswahl jederzeit ändern oder aufheben können, wobei eine solche Änderung im Zweifel ex tunc wirken soll.[237] Art. 3 Abs. 2 Rom I-VO wird entsprechend herangezogen.[238]

6. Grenzen der Rechtswahl

a) Rechte Dritter

64 Art. 14 Abs. 1 S. 2 aE Rom II-VO bestimmt, dass Rechte Dritter von einer Rechtswahl unberührt bleiben. Dritte werden dabei nicht nur vor **materiellen,** sondern auch vor **prozessualen Nachteilen** bewahrt, sodass durch eine Rechtswahl auch kein (ansonsten nicht bestehender) Direktanspruch gegen den Versicherer nach Art. 18 Rom II-VO begründet werden kann.[239] Teilweise wird vorgeschlagen, Art. 14 Abs. 1 S. 2 Rom II-VO auf die Rechtswahl ex post zu beschränken, da Dritte vor Eintritt des schadensbegründenden Ereignisses das nach objektiver Anknüpfung anwendbare Recht ohnehin nicht voraussehen könnten und deshalb nicht schutzwürdig seien.[240]

---

232 Für eine Beschränkung Kadner Graziano, RabelsZ 73 (2009), 1 (21 ff.); Thiede Rechtswahl S. 51 (67).
233 So auch Landbrecht RIW 2010, 783 (787 f.); v. Hein ZEuP 2009, 6 (20 f.).
234 Grüneberg/Thorn BGB Art. 4 Rom II-VO Rn. 10.
235 v. Hein ZEuP 2009, 6 (21).
236 MüKoBGB/Junker Art. 14 Rom II-VO Rn. 37; Leible RIW 2008, 257 (260); etwas enger Grüneberg/Thorn BGB Art. 14 Rom II-VO Rn. 4.
237 Grüneberg/Thorn BGB Art. 14 Rom II-VO Rn. 11; Vogeler Rechtswahl S. 338 ff.
238 MüKoBGB/Junker Art. 14 Rom II-VO Rn. 24.
239 Grüneberg/Thorn BGB Art. 14 Rom II-VO Rn. 12; Leible RIW 2008, 257 (262).
240 Kadner Graziano RabelsZ 73 (2009), 1 (11 f.).

b) Binnensachverhalte[241]

Art. 14 Abs. 2 Rom II-VO schränkt als Parallelbestimmung zu Art. 3 Abs. 3 Rom I-VO die Möglichkeit der Rechtswahl für Binnensachverhalte ein. Ein solcher Binnensachverhalt liegt vor, wenn alle Elemente des Sachverhalts zum Zeitpunkt des Eintritts des schadensbegründenden Ereignisses in einem anderen als demjenigen Staat belegen sind, dessen Recht gewählt wurde. Anders als im Rahmen der Rom I-VO ist also nicht der Zeitpunkt der Rechtswahl entscheidend. Für die Herstellung eines **ausreichenden Auslandsbezugs** dürfte die bloße Vereinbarung eines Gerichtsstandes nicht genügen, obwohl ein ausdrücklicher Hinweis wie in Erwägungsgrund 12 zur Rom I-VO fehlt.[242] Umgekehrt dürften jedenfalls diejenigen Elemente einen ausreichenden Auslandsbezug begründen, die für die **objektive Anknüpfung** im Rahmen der Rom II-VO maßgeblich sind (zB Handlungs- und Erfolgsort, gewöhnlicher Aufenthalt der Parteien, bei Produkthaftung Erwerbsort).[243] Ebenso sind alle Elemente zu berücksichtigen, die im Rahmen der Ausweichklausel des Art. 4 Abs. 3 Rom II-VO eine engere Verbindung begründen können.[244] Eine ausländische **Staatsangehörigkeit** dürfte hingegen für Art. 14 Abs. 2 Rom II-VO irrelevant sein, da dieses Anknüpfungsmoment im Rahmen der Rom II-VO keine Rolle spielt.[245] Bei Vorliegen eines Binnensachverhalts wirkt eine Rechtswahl nur als **materiell-rechtliche Verweisung.**[246] Dabei ist zu beachten, dass das Recht der außervertraglichen Schuldverhältnisse in manchen Staaten in deutlich geringerem Maße dispositiv ist als das Vertragsrecht, sodass die Rechtswahl im Binnensachverhalt unter Umständen faktisch leerlaufen kann.[247] 65

c) Binnenmarktsachverhalte[248]

Art. 14 Abs. 3 Rom II-VO stellt das Pendant zu Art. 3 Abs. 4 Rom I-VO dar. Danach berührt im Fall eines Binnenmarktsachverhalts die Wahl des Rechts eines Drittstaats nicht die Anwendung der zwingenden Bestimmungen des Unionsrechts (in der Verordnung noch „Gemeinschaftsrecht"). Ein Binnenmarktsachverhalt liegt dabei vor, wenn alle Elemente des Sachverhalts zum Zeitpunkt des Eintritts des schadensbegründenden Ereignisses in einem oder mehreren Mitgliedstaaten belegen sind. Unter dem Begriff **„Mitgliedstaat"** ist nach Art. 1 Abs. 4 Rom II-VO jeder EU-Mitgliedstaat mit Ausnahme von Dänemark zu verstehen. Zum **zwingenden Unionsrecht** gehören im Bereich des Deliktsrechts insbesondere die Produkthaftungsrichtlinie[249] und, im Hinblick auf Haftungsfreizeichnungen in AGB, die Klauselrichtlinie.[250] Für solches zwingende Richtlinienrecht ist nach dem Wortlaut von Art. 14 Abs. 3 Rom II-VO die Umsetzung durch die lex fori maßgeblich.[251] Der ausreichende **Drittstaatenbezug** dürfte nach denselben Kriterien zu beurteilen sein wie der Auslandsbezug im Rahmen von Art. 14 Abs. 2 Rom II-VO. 66

Orientiert man sich streng am Wortlaut der Norm, können die Parteien im Anwendungsbereich der Verordnung nicht von zwingendem EU-Recht abweichen, wenn ein Sachverhalt etwa ausschließlich mit Deutschland und Schweden verbunden ist, wohl aber, wenn der ausschließliche Bezug zu Deutschland und Dänemark besteht (obwohl auch in 67

[241] Begriff nach Grüneberg/Thorn BGB Art. 14 Rom II-VO Rn. 13.
[242] Leible RIW 2008, 257 (262); v. Hein ZEuP 2009, 6 (21).
[243] Grüneberg/Thorn BGB Art. 14 Rom II-VO Rn. 13.
[244] MüKoBGB/Junker Art. 14 Rom II-VO Rn. 40.
[245] Grüneberg/Thorn BGB Art. 14 Rom II-VO Rn. 13.
[246] Leible RIW 2008, 257 (262).
[247] Wagner IPRax 2008, 1 (14).
[248] Begriff nach Grüneberg/Thorn BGB Art. 14 Rom II-VO Rn. 14.
[249] Richtlinie 85/374/EWG des Rates vom 25.7.1985 zur Angleichung der Rechts- und Verwaltungsvorschriften der Mitgliedstaaten über die Haftung für fehlerhafte Produkte, (ABl. EG 1985 L 210/29).
[250] Richtlinie 93/13/EWG des Rates vom 5.4.1993 über missbräuchliche Klauseln in Verbraucherverträgen (ABl. EG 1993 L 95/29).
[251] Kritisch hierzu Leible RIW 2008, 257 (263).

Dänemark zwingendes EU-Recht gilt).[252] Außerdem hätte die Wahl dänischen Rechts für einen Sachverhalt mit ausschließlichem Bezug zu Mitgliedstaaten der Rom II-Verordnung zur Folge, dass die Gerichte der Mitgliedstaaten zwingendes Richtlinienrecht in der Umsetzung durch ihr eigenes Recht (statt in der dänischen Umsetzung) anwenden müssten.[253] Vor diesem Hintergrund wird vertreten, Art. 1 Abs. 4 Rom I-VO teleologisch dahingehend zu reduzieren, dass der Begriff Mitgliedstaat in Art. 14 Abs. 3 Rom II-VO auch Dänemark einschließt (vgl. Art. 1 Abs. 4 S. 2 Rom I-VO).[254] Teilweise wird weitergehend vorgeschlagen, den Begriff sogar auf die Mitgliedstaaten des EWR zu erstrecken.[255] Eine dritte Ansicht lehnt jede teleologische Reduktion des Art. 1 Abs. 4 Rom II-VO wegen des eindeutigen Wortlautes ab und nimmt die Konsequenzen in Kauf.[256]

d) Eingriffsnormen

68 Gemäß Artikel 16 Abs. 2 Rom II-VO berührt die Verordnung nicht die Anwendung der Eingriffsnormen der lex fori. Für die Definition der Eingriffsnormen kann auf Art. 9 Abs. 1 Rom I-VO zurückgegriffen werden.[257] Im Vergleich zur Parallelregelung in der Rom I-VO fällt indes auf, dass Art. 16 Rom II-VO **ausländische Eingriffsnormen** nicht erwähnt. Teilweise wird daraus geschlossen, ausländische Eingriffsnormen könnten im Anwendungsbereich der Rom II-VO nicht herangezogen werden.[258] Wohl überwiegend wird jedoch vertreten, dass über deren Behandlung das jeweilige nationale Recht entscheidet.[259] Die praktische Bedeutung der Vorschrift dürfte allerdings gering sein.[260]

e) Ordre public

69 Art. 26 Rom II-VO enthält, ebenso wie Art. 21 Rom I-VO, einen Vorbehalt zu Gunsten des ordre public. Danach kann die Anwendung einer Vorschrift des anwendbaren Rechts versagt werden, wenn sie mit der öffentlichen Ordnung des Forumstaates **offensichtlich unvereinbar** ist. Diese Vorschrift dürfte insbesondere bei der Anordnung von **Schadensersatz mit abschreckender Wirkung** oder **Strafschadensersatz** („exemplary damages" oder „punitive damages") durch ein fremdes Recht relevant werden, vgl. Erwägungsgrund 32 zur Rom II-VO. Die Vorgängernorm des Art. 40 Abs. 3 EGBGB sah in Bezug auf diese Arten des Schadensersatzes einen ausdrücklichen Vorbehalt vor, der als Orientierung weiterhin herangezogen werden kann.[261] Bislang waren die europäischen Gerichte im internationalen Deliktsrecht äußerst zurückhaltend mit der Annahme eines Verstoßes gegen den ordre public.[262]

f) Gesetzesumgehung

70 Eine ungeschriebene Grenze der Rechtswahl bildet wie im Rahmen der Rom I-VO die Gesetzesumgehung (fraus legis), die allerdings nur in Extremfällen relevant werden dürfte.

---

[252] Beispiel angelehnt an Leible RIW 2008, 257 (263).
[253] Beispiel angelehnt an Leible RIW 2008, 257 (263).
[254] Rühl FS Kropholler S. 187 (204, Fn. 70).
[255] Leible RIW 2008, 257 (263); etwas vorsichtiger Grüneberg/Thorn BGB Art. 14 Rom II-VO Rn. 15.
[256] MüKoBGB/Junker Art. 14 Rom II-VO Rn. 43; Thiede Rechtswahl S. 51 (64 f.).
[257] Grüneberg/Thorn BGB Art. 16 Rom II-VO Rn. 4; EuGH EuZW 2019, 134 (135) unter Betonung der Notwendigkeit einer engen Auslegung von Art. 16 Rom II-VO als Ausnahmevorschrift.
[258] So Wagner IPRax 2008, 1 (15).
[259] So Grüneberg/Thorn BGB Art. 16 Rom II-VO Rn. 3; Leible RIW 2008, 257 (263); v. Hein ZEuP 2009, 6 (24 f.); Junker RIW 2010, 257 (268); Kadner Graziano RabelsZ (73) 2009, 1 (72).
[260] Kadner Graziano RabelsZ 73 (2009), 1 (72); Wagner IPRax 2008, 1 (15); Grüneberg/Thorn BGB Art. 16 Rom II-VO Rn. 5 mit Hinweisen zu Einzelfällen.
[261] Grüneberg/Thorn BGB Art. 26 Rom II-VO Rn. 3.
[262] Kadner Graziano RabelsZ 73 (2009), 1 (74).

g) Vorrangiges Kollisionsrecht

Gemäß Art. 27 und 28 Rom II-VO können sich Grenzen der Rechtswahl auch aus internationalen Übereinkommen und vorrangigem EU-Kollisionsrecht ergeben. 71

h) Sicherheits- und Verhaltensregeln

Gemäß Art. 17 Rom II-VO sind bei der Beurteilung des Verhaltens der Person, deren 72 Haftung geltend gemacht wird, faktisch und soweit angemessen die Sicherheits- und Verhaltensregeln zu berücksichtigen, die an dem **Ort und** zu dem **Zeitpunkt des haftungsbegründenden Ereignisses** in Kraft sind (vgl. ebenfalls Erwägungsgrund 34 Rom II-VO). Die Vorschrift soll den Schädiger davor schützen, dass sein Verhalten nach strengeren Maßstäben beurteilt wird als dem des Umweltrechts, auf dessen Geltung er vertraut hat.[263] Die **Sicherheits- und Verhaltensregeln** sind alle Vorschriften, die im Zusammenhang mit Sicherheit und Verhalten stehen, unabhängig davon, ob es sich um kodifizierte Normen, von der Rechtsprechung konkretisierte allgemeine Sorgfaltsmaßstäbe oder gänzlich von der Rechtsprechung entwickelte Normen handelt.[264] Solche existieren beispielsweise im Bereich der Produktsicherheit. Um widersprüchliche Ergebnisse zu vermeiden, ist Art. 17 Abs. 2 Rom II-VO analog auf das Verhalten des Geschädigten anzuwenden, welches für ein mögliches Mitverschulden Bedeutung hat.[265] Seiner Wirkung nach ist Art. 17 Rom II-VO keine eigentliche Grenze der Rechtswahl, da die Vorschrift **keine kollisionsrechtliche Sonderanknüpfung** anordnet. Vielmehr werden die Sicherheits- und Verhaltensregeln im Rahmen des materiellen Rechts auf Tatbestandsebene berücksichtigt.

III. Rechtswahl und Schiedsverfahren

1. Grundsatz der Parteiautonomie

Die Bestimmung des in der Hauptsache anwendbaren Rechts durch Schiedsgerichte bei 73 einem Schiedsort in Deutschland[266] richtet sich vorrangig nach dem Genfer Europäischen Übereinkommen über die internationale Handelsschiedsbarkeit (EuÜ).[267] Dessen Anwendungsbereich ist gemäß Art. I lit. a) EuÜ eröffnet, wenn eine Schiedsvereinbarung Streitigkeiten aus internationalen Handelsgeschäften regeln soll und der gewöhnliche Aufenthaltsort bzw. Sitz der Parteien bei Abschluss der Vereinbarung in verschiedenen Vertragsstaaten liegt. **Art. VII Abs. 1 S. 1 EuÜ** verankert ausdrücklich den Grundsatz der Parteiautonomie. Ist das EuÜ nicht anwendbar, stellt sich die Frage nach dem einschlägigen Kollisionsrecht. Zu Recht hat sich die Auffassung einer umfassenden Befreiung der Schiedsgerichte von dem am Schiedsort geltenden staatlichen Kollisionsrecht nicht durchgesetzt.[268] Mit Blick auf einen Schiedsort innerhalb der EU lehnt die (noch) hM allerdings zumindest eine Bindung von Schiedsgerichten an das Europäische Kollisionsrecht, namentlich die Rom I-VO und die Rom II-VO ab.[269] Dadurch bleibt nationales Sonderkollisionsrecht für Schiedsgerichte (auch) bei einem Schiedsort innerhalb der EU relevant. Bei einem deutschen Schiedsort (vgl. §§ 1025 Abs. 1, 1043 Abs. 1 ZPO) gestattet die Vorschrift des **§ 1051 Abs. 1 S. 1 ZPO** ausdrücklich die Rechtswahl.

---

263 Wagner IPRax 2008, 1 (5).
264 Grüneberg/Thorn BGB Art. 17 Rom II-VO Rn. 1; Wagner IPRax 2008, 1 (6).
265 Grüneberg/Thorn BGB Art. 17 Rom II-VO Rn. 5; Wagner IPRax 2008, 1 (6).
266 S. zur Frage des im Schiedsverfahren anwendbaren Kollisionsrechts auch → § 3 Rn. 47 ff.
267 BGBl. 1964 II, S. 426 ff.
268 Schack FS Schütze S. 511.
269 Schack FS Schütze S. 511 (515); Stein/Jonas/Schlosser ZPO § 1051 Rn. 6; Reithmann/Martiny/Hausmann Internationales Vertragsrecht Rn. 7.446; Nueber SchiedsVZ 2014, 186 ff.; Schilf RIW 2013, 678 ff.; aA Mankowski RIW 2018, 1 ff.; McGuire SchiedsVZ 2011, 257 ff.

Schiedsfähig sind nach der ZPO jedenfalls alle vermögensrechtlichen Ansprüche (§ 1030 Abs. 1 S. 1 ZPO). Für die Modalitäten der Rechtswahl kann man sich weitgehend an Art. 3 Rom I-VO orientieren; diese kann ausdrücklich oder stillschweigend erfolgen.[270] Zustandekommen und Wirksamkeit der Rechtswahl richten sich – wie im Bereich der Rom I und der Rom II-VO – nach dem Recht, für dessen Wahl ein Anschein gesetzt wurde.[271] Wie dort unterliegen Rechtswahlvereinbarungen für das auf die Hauptsache anzuwendende Recht im Schiedsverfahren nur einer Einbeziehungs- und keiner Inhaltskontrolle.[272] Es existieren zahlreiche institutionelle Schiedsordnungen, welche die geltenden gesetzlichen Regelungen aufgreifen und ausgestalten (vgl. zB Art. 24 DIS-Schiedsgerichtsordnung 2018[273]). Zu unterscheiden von der hier erläuterten Wahl des auf die Hauptsache anwendbaren Rechts ist die ebenfalls zulässige Wahl des Schiedsvereinbarungs- und des Schiedsverfahrensstatuts.[274]

2. Reichweite der Parteiautonomie

74 Der Umfang der Parteiautonomie ist weder im EuÜ noch in § 1051 ZPO detaillierter geregelt. Der Wortlaut von § 1051 ZPO, der auf das auf die „Streitigkeit" und nicht nur den Vertrag anwendbare Recht Bezug nimmt, spricht zunächst für eine **weitgespannte Parteiautonomie.** Nach überwiegender Auffassung kann sich die Rechtswahl daher ohne weitere Einschränkungen auf den **Vertrag** sowie **außervertragliche Schuldverhältnisse** erstrecken;[275] außerhalb des Schuldrechts soll eine Rechtswahl dagegen nicht möglich sein.[276] Im Übrigen ist anerkannt, dass sich die Parteien nicht auf die Wahl einer Gesamtrechtsordnung beschränken müssen, sondern auch die Möglichkeit einer Teilrechtswahl haben.[277] Dies wird im deutschen unvereinheitlichten Recht insbesondere aus dem Wortlaut von § 1051 Abs. 1 S. 1 ZPO geschlossen, der die Wahl von *„Rechtsvorschriften"* erlaubt, wobei ungeklärt ist, ob hieraus eine weitergehende Befugnis zur Aufspaltung folgt als nach den Verordnungen Rom I und II.[278] Auch die nachträgliche Rechtswahl dürfte zulässig sein.[279] Ein weiterer Unterschied zu den Verordnungen Rom I und II liegt darin, dass die Parteien im Schiedsverfahren auch eine **nichtstaatliche Rechtsordnung** kollisionsrechtlich wählen dürfen.[280] Daraus folgt letztlich auch die Möglichkeit der Wahl einer durch entsprechende Vereinbarung „modifizierten" Rechtsordnung: In der Praxis sind jedenfalls zunehmend mit Schiedsvereinbarungen kombinierte Rechtswahlklauseln zu beobachten, die etwa das **deutsche Recht unter Ausschluss der §§ 305 ff. BGB** als an-

[270] MüKoZPO/Münch § 1051 Rn. 16; Reithmann/Martiny/Hausmann Internationales Vertragsrecht Rn. 7.453.

[271] MüKoZPO/Münch § 1051 Rn. 18.

[272] Ostendorf SchiedsVZ 2010, 234 (236); aA wohl Valdini ZIP 2017, 7 (9), für den die Rechtswahlfreiheit generell unter dem Vorbehalt (auch) einfach zwingenden Rechts steht; kritisch dazu Kondring ZIP 2017, 706 ff.

[273] Abrufbar unter https://www.disarb.org/fileadmin/user_upload/Werkzeuge_und_Tools/2018_DIS-Schiedsgerichtsordnung.pdf.

[274] Vgl. dazu MüKoZPO/Adolphsen § 1061 Anh. 2 EuÜ Art. VII Rn. 1; MüKoZPO/Münch § 1051 Rn. 12.

[275] Anderer Ansicht (Beachtungen der Beschränkungen der Rom-Verordnungen und des EGBGB) MüKoZPO/Münch § 1051 Rn. 19 ff.

[276] Reithmann/Martiny/Hausmann Internationales Vertragsrecht Rn. 7.450; für eine grundsätzlich uneingeschränkte Rechtswahlmöglichkeit dagegen wohl Musielak/Voit ZPO § 1051 Rn. 3.

[277] Zur ZPO MüKoBGB/Martiny Vorb. zu Art. 1 Rom I-VO Rn. 107.

[278] Solomon RIW 1997, 981 (982); für eine weitergehende Befugnis etwa Musielak/Voit ZPO § 1051 Rn. 2; Junker FS Sandrock S. 443 (460); sehr weitgehend auch Pfeiffer NJW 2012, 1169 (1174); dagegen wohl MüKoZPO/Münch § 1051 Rn. 15.

[279] Kondring IPRax 2006, 425 (430).

[280] Zur ZPO MüKoBGB/Martiny Vorb. Art. 1 Rom I-VO Rn. 108; Stein/Jonas/Schlosser ZPO § 1051 Rn. 13.

wendbares Recht bestimmen.[281] Darüber hinaus sehen EuÜ und ZPO sogar die Möglichkeit einer Entscheidung des Schiedsgerichts nach Billigkeit vor, *„wenn dies dem Willen der Parteien entspricht und wenn das für das schiedsrichterliche Verfahren maßgebende Recht es gestattet“* (Art. VII Abs. 2 EuÜ) bzw. *„nur […] wenn die Parteien es ausdrücklich dazu ermächtigt haben“* (§ 1051 Abs. 3 S. 1 ZPO). Art. VII Abs. 1 S. 2 EuÜ bzw. § 1051 Abs. 4 ZPO bestimmen jeweils, dass das Schiedsgericht die Bestimmungen des Vertrages und die Handelsbräuche zu berücksichtigen hat. Soweit das Schiedsgericht allerdings nach einer nationalen Rechtsordnung zu entscheiden hat, haben deren zwingende Bestimmungen Vorrang.[282]

3. Sonderproblem: Rechtsflucht durch Schiedsvereinbarung bei Binnensachverhalten

Die Kautelarpraxis versucht in jüngerer Zeit die – im Vergleich zum Verfahren vor staatlichen Gerichten – großzügigeren Spielräume im Schiedsverfahren dazu zu nutzen, (auch) in **Binnensachverhalten** entgegen Art. 3 Abs. 3 Rom I-VO bzw. Art. 14 Abs. 2 Rom II-VO das deutsche Einbettungsstatut kollisionsrechtlich abzuwählen.[283] Grund für diese Konstruktion ist der Wunsch, den Beschränkungen des deutschen AGB-Rechts im unternehmerischen Geschäftsverkehr zu entkommen.[284] Teilweise wird dabei die Vereinbarung eines **deutschen Schiedsortes** vorgeschlagen.[285] Hierbei verbleibt allerdings ein Risiko, dass entweder das Schiedsgericht die aus den Verordnungen Rom I und II resultierenden Grenzen anwendet oder der Schiedsspruch vor den staatlichen Gerichten keinen Bestand hat. Bessere Erfolgsaussichten verspricht deshalb die Vereinbarung eines **Schiedsortes außerhalb der EU,** zum Beispiel in der Schweiz, sowie (insbesondere mit Blick auf mögliche Einrede- und Feststellungsverfahren gem. § 1032 ZPO bzw. Anerkennungs- und Vollstreckungsverfahren gem. § 1061 ZPO in Deutschland) die Wahl eines Schiedsvereinbarungsstatuts, dem (wie Schweizer Recht) eine mit § 307 BGB vergleichbare Inhaltskontrolle im unternehmerischen Geschäftsverkehr fremd ist.[286] Nach Maßgabe von Art. 187 IPRG, der maßgeblichen Sonderkollisionsregel für Schiedsgerichte mit Schiedsort in der Schweiz im Fall internationaler Schiedsverfahren[287] gilt ebenfalls der Grundsatz weitreichender Parteiautonomie. Im Gegensatz zu der für staatliche Gerichte geltenden Kollisionsnorm in Art. 116 IPRG wird – soweit ersichtlich – aber keine Beschränkung der 75

[281] Insbesondere in Kombination etwa mit einem Schiedsort in der Schweiz dürfte dies zumindest bei Vorliegen eines genuin internationalen Sachverhalts grundsätzlich auch keinen Wirksamkeitsbedenken begegnen, Pörnbacher/Zahn FS Thümmel S. 617ff.; Ostendorf ZIP 2022, 730 (734). Wird deutsches Recht allerdings (auch) als Schiedsvereinbarungsstatut gewählt, kann im Fall vorformulierter Vertragsbedingungen die Möglichkeit einer Unwirksamkeit der Schiedsvereinbarung (!) gem. § 307 BGB insbesondere bei reinen Binnensachverhalten nach hier vertretener Auffassung nicht rechtssicher ausgeschlossen werden. Für eine Zulässigkeit auch bei deutschem Schiedsort (und wohl auch Schiedsvereinbarungsstatut) sowie reinen Inlandssachverhalten dagegen Pfeiffer NJW 2012, 1169ff.; Zöller/Geimer ZPO § 1051 Rn. 2; Pörnbacher/Zahn FS Thümmel S. 617ff.; Stein/Jonas/Schlosser ZPO § 1051 Rn. 11 (sofern die Parteien eine Ersatzlösung für die §§ 305ff. BGB etwa in Form eines Rechts, das keine Inhaltskontrolle bei B2B-Verträgen kennt, vorsehen); dagegen ua Stoffels AGB-Recht Rn. 1076: *„nicht hinnehmbar“* sowie dezidiert Graf von Westphalen ZIP 2022, 245 (247).

[282] Solomon RIW 1997, 981 (985); zum EuÜ MüKoZPO/Adolphsen Anh. § 1061 Art. VII EuÜ Rn. 9; zur ZPO Musielak/Voit ZPO § 1051 Rn. 8.

[283] Zur Alternative einer Wahl deutschen Rechts unter Ausschluss der §§ 305ff. BGB s. bereits oben → Rn. 74.

[284] Kondring RIW 2010, 184ff.; Ostendorf SchiedsVZ 2010, 234.

[285] Dazu ausführlich Kondring RIW 2010, 184ff.

[286] Dazu ausführlich Ostendorf SchiedsVZ 2010, 234 (234ff.); für die Zulässigkeit bei ausländischem Schiedsort auch Stein/Jonas/Schlosser ZPO § 1051 Rn. 12.

[287] Ein internationales Schiedsverfahren liegt auf Grundlage der in Art. 176 IPRG bestimmten, rein formellen Anwendungsvoraussetzungen für das maßgebliche 12. Kapitel des IPRG über die internationale Schiedsgerichtsbarkeit immer schon dann vor, wenn wenigstens eine Partei bei Abschluss der Schiedsvereinbarung ihren Wohnsitz, gewöhnlichen Aufenthalt oder (Gesellschafts-)Sitz außerhalb der Schweiz hat; eine darüber hinausgehende genuine internationale Dimension des Vertragsverhältnisses verlangt die Vorschrift nicht, BGE 131 IIII 76 (80); BSK/Pfiffner/Hochstrasser IPRG Art. 176 Rn. 36.

Rechtswahl für den Fall eines unzureichenden Auslandsbezuges diskutiert.[288] Auch das Risiko, dass eine Einschränkung der Rechtswahl in Binnensachverhalten indirekt als allgemeiner Rechtsgedanke oder über die Grundsätze der Gesetzesumgehung Anwendung findet, ist wohl beschränkt. Schließlich sprechen gute Argumente dafür, dass ein in der Schweiz entgegen Art. 3 Abs. 3 Rom I-VO bzw. Art. 14 Abs. 2 Rom II-VO ergangener Schiedsspruch vor deutschen Gerichten zumindest dann Bestand haben würde, wenn die Schiedsvereinbarung selbst nicht deutschem Recht (und damit einer Inhaltskontrolle am Maßstab von § 307 BGB) unterliegt.[289] Mit letzter Sicherheit kann jedoch auch in diesem Fall nicht ausgeschlossen werden, dass deutsche Gerichte einen so ergangenen Schiedsspruch für nicht vollstreckbar halten bzw. bereits im Einrede- oder Feststellungsverfahren gem. § 1032 ZPO die Schiedsabrede invalidieren.

C. Klauselgestaltung und Klauselbeispiele

76 Die folgenden Klauseln stellen Vorschläge für internationale Wirtschaftsverträge dar. Sie sind insbesondere für Fälle konzipiert, in denen **(Schieds-)Gerichte** mit Sitz in der EU zur Entscheidung berufen sind.

I. Grundfall und Varianten

Klauselbeispiel Rechtswahlvereinbarung
(bei Anwendbarkeit Europäischen Kollisionsrechts)

[•] Governing Law

(1) This contract is governed by the substantive laws of [•]. Article 12 (2) Rome I Regulation (EC/593/2008) shall not apply.

(2) Except for obligations arising out of an act of unfair competition, the restriction of competition or an infringement of intellectual property rights, this choice of law shall also apply in relation to any non-contractual obligations arising from or related to this contract.

1. Anwendungsbereich

77 Der obenstehende Klauselvorschlag ist für den Standardfall einer Rechtswahl in internationalen Wirtschaftsverträgen konzipiert. Der vor allem aus anglo-amerikanischen Verträgen bekannten Klarstellung, dass die Rechtswahl sowohl für **„construction"** (Auslegung) als auch **„validity"** (Wirksamkeit) Geltung beanspruchen soll,[290] bedarf es nicht, da das Kollisionsrecht des Forums die Reichweite des Vertragsstatuts (vgl. Art. 12 Rom I-VO) selbst festlegt. Um ein einheitliches Statut zweifelsfrei zu garantieren, schließt der Klauselvorschlag im Ergebnis klarstellend auch die Anwendbarkeit des Art. 12 Abs. 2 Rom I-VO aus (auch in den folgenden Klauselvorschlägen verwendbar). Der Klauselvorschlag erstreckt sich ausdrücklich sowohl auf **vertragliche** als auch auf konkurrierende **außervertragliche** Schuldverhältnisse, da es erfahrungsgemäß dem Willen der Parteien entspricht, ihre Rechtsbeziehungen insoweit einem einheitlichen Statut zu unterstellen.[291] Zu beachten ist

---

[288] Für eine mit Art. 3 Abs. 3 Rom I-VO vergleichbare Beschränkung im Rahmen der für staatliche Gerichte geltenden Kollisionsnorm in Art. 116 IPRG (Rechtswahl) votieren dagegen Loacker/Capaul SRIEL 2020, 453 (465f.).

[289] Ostendorf SchiedsVZ 2010, 234 (241f.); Junker FS Sandrock S. 443 (448ff.).

[290] Weintraub Conflict of Laws S. 475.

[291] Mankowski FS Martiny S. 449 (469); Vidmar ZfVR 2015, 219 (224). Zur Notwendigkeit einer Rechtswahl auch für außervertragliche Ansprüche in Wirtschaftsverträgen ua zur Erlangung widerspruchsfreier Ergebnisse und der Vermeidung von Rechtsunsicherheiten Jacobs IPRax 2015, 293 (294).

allerdings, dass nach der Rom II-VO eine Rechtswahl für außervertragliche Schuldverhältnisse vor Eintritt des schadensbegründenden Ereignisses einschränkenden Voraussetzungen unterliegt. Außerdem nimmt die Rom II-VO bestimmte Rechtsbereiche von der Rechtswahl ganz aus. Der obige Klauselvorschlag listet diese Bereiche ausdrücklich auf, da noch ungeklärt ist, nach welchem Recht sich die Behandlung einer zu weitgehenden Rechtswahl richtet und ob in diesen Fällen ein Unwirksamkeitsrisiko besteht.[292] Diese Beschränkung der Rechtswahl kann auch in den folgenden Klauselvorschlägen verwendet werden, sofern Europäisches Kollisionsrecht zur Anwendung kommt.

Ausnahmsweise kann es im Interesse der Parteien liegen, die außervertragliche Haftung 78 einer anderen Rechtsordnung als dem Vertragsstatut zu unterstellen oder die Rechtswahl auf vertragliche Ansprüche zu beschränken. In diesen Fällen kann, in Anlehnung an die Terminologie der Verordnungen Rom I und II zwischen „contractual obligations" und „non-contractual obligations" differenziert werden. Da die Rechtswahl in Bezug auf die außervertragliche Haftung nach Art. 14 Abs. 1 S. 2 Rom II-VO **keine Drittwirkung** hat, sollte sie stets im Voraus mit den etwa Betroffenen, insbesondere mit dem Versicherer, abgestimmt werden.

2. Anwendbares Recht

a) Bezeichnung des gewählten Rechts

Der Platzhalter für das anwendbare Recht ist durch die genaue Bezeichnung der gewähl- 79 ten Rechtsordnung auszufüllen. Bei Mehrrechtsstaaten ist darauf zu achten, dass nur die gewählte Teilrechtsordnung, nicht die Gesamtrechtsordnung in Bezug genommen wird, da die Rechtswahlklausel ansonsten zu Auslegungsproblemen führt oder mangels ausreichender Bestimmtheit sogar gänzlich unwirksam sein kann. Beispiele für solche Mehrrechtsstaaten sind insbesondere die USA, in denen jeder Bundesstaat sein eigenes Recht hat, oder das Vereinigte Königreich mit den Teilrechtsordnungen England/Wales, Schottland und Nordirland.[293] In diesen Fällen wäre also etwa zu formulieren „the laws of the State of New York" oder „the laws of England and Wales".

b) Natur des gewählten Rechts

Die Verordnungen Rom I und II erlauben bislang nur eine Rechtswahl zugunsten staatli- 80 chen Rechts. Auf nichtstaatliches Recht kann also nur materiell-rechtlich verwiesen werden. Großzügiger ist die Rechtslage bei Schiedsverfahren. Dort kommt insbesondere die Wahl der UNIDROIT-Principles of International Commercial Contracts, der Principles of European Contract Law oder der lex mercatoria in Betracht.[294] Allerdings ist auch im Schiedsverfahren derzeit die Wahl staatlichen Rechts oder internationaler Übereinkommen vorzugswürdig, da diese eine größere Rechtssicherheit bieten.[295] So fehlt es in Bezug auf nichtstaatliche Regelwerke regelmäßig an einer gefestigten Rechtsprechung, welche die Ergebnisse voraussehbar macht. In Bezug auf die lex mercatoria ist sogar schon ihr genauer Regelungsinhalt unklar.

In der Praxis werden dagegen immer häufiger Rechtswahlklauseln verwendet, die eine 80a Wahl **deutschen Rechts unter Ausschluss des AGB-Rechts** vorsehen.[296] Bei Anwendbarkeit der Rom I-VO dürfte dies unzulässig sein, da eine solche Wahl letztlich einer Wahl nichtstaatlicher Regelwerke gleichsteht. Wird eine entsprechende Klausel aber mit einer Schiedsvereinbarung kombiniert, ist sie etwa auf Grundlage von § 1051 ZPO oder Art. 187 IPRG im Grundsatz wohl zulässig. Zur Risikominimierung dürfte sich aber auch bei Be-

[292] Ostendorf IHR 2012, 177 (180).
[293] Zu diesen und weiteren Mehrrechtsstaaten Kegel/Schurig Internationales Privatrecht S. 33 ff. mwN.
[294] Zu diesen Regelungen näher MüKoBGB/Martiny Art. 3 Rom I-VO Rn. 32 ff.
[295] Dazu → § 3 Rn. 19.
[296] Dazu bereits oben → Rn. 74.

stehen eines hinreichenden Auslandsbezugs empfehlen, einen Schiedsort im Ausland (etwa in der Schweiz) zu bestimmen und als Schiedsvereinbarungsstatut ein Recht zu wählen, das keine mit den §§ 307 ff. BGB vergleichbare Inhaltskontrolle kennt. Ansonsten (im Fall eines deutschen Schiedsvereinbarungsstatuts und einer vorformulierten Schiedsklausel) lässt sich nicht ausschließen, dass die Schiedsvereinbarung etwa im Einredeverfahren (§ 1032 ZPO) vor einem staatlichen deutschen Gericht gem. § 307 BGB gekippt wird, weil sie der anderen Vertragspartei mittelbar, dh mit Blick auf den Hauptvertrag den Schutz der AGB-Inhaltskontrolle entzieht.

Klauselbeispiel Rechtswahlvereinbarung deutsches Recht unter Ausschluss des AGB-Rechts (bei Verwendung mit Schiedsvereinbarung)

[•] Governing Law

This contract is governed by the substantive laws of Germany, **however to the explicit exclusion of sections 305 through 310 of the German Civil Code (BGB)** and the United Nations Convention on Contracts for the International Sale of Goods (CISG).

(2) This choice of law shall also apply in relation to any non-contractual obligations arising from or related to this contract.

c) Sachnormverweisung

81 Die obenstehende Klausel verweist ausdrücklich auf materielles Recht („the substantive laws"). Dies entspricht der von Art. 20 Rom I-VO, Art. 24 Rom II-VO bzw. § 1051 Abs. 1 S. 2 ZPO ohnehin angeordneten Rechtsfolge, hat also im Anwendungsbereich dieser Vorschriften nur deklaratorische Bedeutung. Die Formulierung hat sich allerdings eingebürgert und kann gegenüber Vertragspartnern mit einem anderen rechtlichen Hintergrund zur Klarstellung dienen. Außerdem wirkt der ausdrückliche Verweis auf das materielle Recht Zweifeln darüber entgegen, ob die Parteien abweichend vom gesetzlichen Regelfall eine Kollisionsnormverweisung vereinbart haben, was allerdings nach hM nur im Schiedsverfahren möglich ist (vgl. § 1051 Abs. 1 S. 2 ZPO). Abzuraten ist demgegenüber von der verbreiteten Formulierung, die Rechtswahl erfolge „unter Ausschluss des IPR" bzw. „without giving effect to any conflict of laws principles".[297] Eine solche Klausel stellt einen Widerspruch in sich dar, da die Rechtswahl gerade erst durch das IPR des Forumstaates rechtlich möglich gemacht wird.[298] Dementsprechend können die Parteien durch eine solche Klausel auch nicht die zwingenden Grenzen der Rechtswahl verändern.[299] Vielmehr kann die Formulierung schädlich sein, weil sie die Gefahr von Auslegungsstreitigkeiten birgt und nach einer Auffassung sogar zur Unwirksamkeit der gesamten Klausel führen kann, wenn sie als unzulässiger Ausschluss der zwingenden IPR-Normen angesehen wird.[300]

d) Teilrechtswahl

82 Mittels einer Teilrechtswahl können einzelne abspaltbare Bereiche des Vertrags- oder des Deliktsstatuts verschiedenen Rechtsordnungen unterstellt werden. Eine solche Vereinbarung ist regelmäßig allerdings nicht empfehlenswert, da sie den Rechtsermittlungsaufwand weiter vergrößert, häufig Rechtsunsicherheit mit sich bringt und die Gefahr von widersprüchlichen Regeln und Regelungslücken erhöht.[301] Je größer die Selbstständigkeit des betroffenen Teilbereichs, desto geringer ist allerdings diese Gefahr. Etabliert hat sich die

---

297 Mankowski RIW 2003, 2 (7 f.); Mallmann NJW 2008, 2953 ff.
298 Mankowski RIW 2003, 2 (8); Gruson Int'l Law. 2003, 1023 (1025).
299 Mallmann NJW 2008, 2953 (2955).
300 Mallmann NJW 2008, 2953 (2958).
301 MüKoBGB/Martiny Art. 3 Rom I-VO Rn. 67.

Teilrechtswahl etwa im Zusammenhang mit dem CISG.[302] Sofern sich die Parteien für eine Teilrechtswahl entscheiden, empfiehlt es sich[303], für das Zustandekommen und die Wirksamkeit der Rechtswahl ein einheitliches Statut etwa durch die folgende Formulierung zu bestimmen:

Klauselbeispiel

The existence and validity of the consent of the Parties as to the choice of the applicable law is governed by the substantive laws of [•].

e) Negative Rechtswahl

Im Falle einer negativen Rechtswahl bestimmt sich das anwendbare Recht nach der (nächst-)engsten Verbindung. Gerade wenn mehrere Rechtsordnungen ausgeschlossen werden, verringert eine solche Rechtswahl die Voraussehbarkeit des anwendbaren Rechts und damit die Rechtssicherheit für die Parteien. In der Regel ist eine positive Rechtswahl deshalb vorzuziehen. Die Grenze der negativen Rechtswahl ist jedenfalls bei Abwahl aller staatlichen Rechte erreicht. 83

3. Vorbehalt zu Gunsten geltender Eingriffsnormen

Entgegen einer teilweise anzutreffenden Praxis verzichtet die obenstehende Klausel auf einen Vorbehalt zu Gunsten von Eingriffsnormen. Im Anwendungsbereich der Verordnungen Rom I und II ergibt sich die vorrangige Geltung der Eingriffsnormen schon aus der in Art. 9 Rom I-VO und Art. 16 Rom II-VO vorgesehenen Sonderanknüpfung dieser Vorschriften. Zwar ist deren Reichweite in Teilen unklar, jedoch sind sie auf kollisionsrechtlicher Ebene ohnehin der Disposition der Parteien entzogen.[304] Eine Bedeutung kann der Vorbehalt im Einzelfall haben, wenn der Vertrag wegen Verstoßes gegen Eingriffsnormen teilnichtig ist, da er den Parteiwillen zum Festhalten am gültigen Teil zum Ausdruck bringt.[305] Diese Funktion wird allerdings auch durch eine salvatorische Klausel erfüllt. Jedenfalls ist von der Formulierung abzuraten, das gewählte Recht sei nur anzuwenden „sofern dem keine zwingenden Rechtsvorschriften entgegenstehen" bzw. „unless mandatory law provides otherwise". Dieser Zusatz ist unklar, da aus ihm nicht ersichtlich ist, welche zwingenden Vorschriften gemeint sind.[306] Denn neben den (international zwingenden) Eingriffsnormen kennen die Verordnungen Rom I und II auch einfach zwingende Bestimmungen, die sich grundsätzlich nach dem Vertragsstatut richten. Grundsätzlich dürfte die Auslegung zwar ergeben, dass sich der Vorbehalt nur auf die Eingriffsnormen erstreckt und die getroffene Rechtswahl im Übrigen nicht eingeschränkt werden soll.[307] Gleichwohl sollte, wenn ein Vorbehalt zu Gunsten von Eingriffsnormen gewünscht wird, zur Sicherheit die Terminologie der Verordnungen Rom I und II aufgegriffen werden, etwa: „[…] unless applicable overriding mandatory laws provide otherwise." 84

4. Behandlung der unzulässigen Rechtswahl

Klauselbeispiel für Rechtsfolgen bei unzulässiger Rechtswahl [keine Aufrechterhaltung als materiell-rechtliche Verweisung]

For the avoidance of doubt: This clause shall constitute a choice of law clause. Notwithstanding anything to the contrary elsewhere, if this clause is invalid as a choice of law

[302] Dazu unten → Rn. 87.
[303] BSK/Amstutz/Wang/Silvan Gohari IPRG Art. 116 Rn. 35: *„Rechtswahl der Rechtswahl"*.
[304] Leible ZVglRWiss 1998, 286 (303).
[305] Reithmann/Martiny/Martiny Internationales Vertragsrecht Rn. 2.44.
[306] Wenner FS Werner S. 39 (43).
[307] MüKoBGB/Martiny Art. 3 Rom I-VO Rn. 77.

clause, however, it shall not be construed or re-interpreted as a mere incorporation of the chosen law by reference.

Klauselbeispiel für Rechtsfolgen bei unzulässiger Rechtswahl [Aufrechterhaltung als materiell-rechtliche Verweisung]

For the avoidance of doubt: This clause shall constitute a choice of law clause. Notwithstanding anything to the contrary elsewhere, if this clause is invalid as a choice of law clause, the chosen law shall be deemed to have been incorporated by reference [as in force at any given point in time] *alternativ* [as in force at the time of the signature of the contract].

85 Grundsätzlich ist eine Vereinbarung der Parteien über die Anwendbarkeit eines bestimmten Rechts als kollisionsrechtliche Verweisung zu verstehen.[308] Ob die Gerichte im Falle einer Unzulässigkeit einer solchen Rechtswahl automatisch von einer **materiell-rechtlichen Verweisung** ausgehen werden, lässt sich allerdings nicht pauschal beantworten. Nur für den Fall des Binnensachverhalts wird dies durch Art. 3 Abs. 3 Rom I-VO bzw. Art. 14 Abs. 2 Rom II-VO ausdrücklich angeordnet. Im Übrigen richtet sich die Behandlung der unzulässigen Rechtswahl nach dem nach objektiver Anknüpfung anwendbaren Recht. Nach deutschem Recht könnte je nach Einzelfall eine Auslegung als materiell-rechtliche Verweisung oder eine Umdeutung gemäß § 140 BGB in Betracht kommen. Durch den obigen Klauselvorschlag können die Parteien demgegenüber ausdrücklich bestimmen, welche Rechtsfolge eine mögliche Unzulässigkeit ihrer Rechtswahlklausel haben soll. Der erste Klauselvorschlag verbietet dabei eine Behandlung der Klausel als materiell-rechtliche Verweisung. Der Zusatz „notwithstanding anything to the contrary elsewhere" soll einen Konflikt dieser Bestimmung mit einer etwa im Vertrag enthaltenen salvatorischen Klausel ausschließen. Der zweite Klauselvorschlag ordnet ausdrücklich an, dass die Klausel im Falle ihrer Unwirksamkeit als materiell-rechtliche Verweisung behandelt werden soll. Diese kann in Form einer dynamischen oder statischen Verweisung angeordnet werden, je nachdem, ob das einbezogene Recht in seiner jeweils geltenden Fassung oder in seiner Fassung bei Vertragsschluss zur Anwendung gelangen soll. Die Formulierung des Klauselvorschlags ist an die Terminologie der Rom I-VO angelehnt (vgl. Erwägungsgrund 13). Was die **Zweckmäßigkeit** einer materiell-rechtlichen Verweisung angeht, ist zu differenzieren. In der Regel dürfte von einer solchen abzuraten sein, wenn sie zu einer Kombination verschiedener nationaler Rechtsordnungen führt.[309] Dies verringert regelmäßig die Rechtssicherheit und birgt die Gefahr von Regelungslücken bzw. -widersprüchen. Umgekehrt sind Versteinerungs- und handcuffs-Klauseln[310] auch als materiell-rechtliche Verweisungen sinnvoll.[311]

II. Rechtswahl und CISG

86 Im internationalen Rechtsverkehr wird sich häufig die Wahl der CISG als Kompromiss gegenüber der Wahl des Heimatrechts einer Partei anbieten. Als **nichtstaatliches Recht** ist die CISG allerdings im Anwendungsbereich der Rom I-VO nach hM nicht kollisionsrechtlich wählbar. Ein unmittelbarer Verweis auf das CISG kommt also nur in Betracht, wenn der internationale Anwendungsbereich des Übereinkommens gemäß Art. 1 Abs. 1 CISG eröffnet ist. Dabei sind zwei Konstellationen zu unterscheiden: Zum ersten kann das CISG zur Anwendung gelangen, weil die Parteien ihre Niederlassungen in verschiedenen

[308] Reithmann/Martiny/Martiny Internationales Vertragsrecht Rn. 2.13.
[309] Zur materiell-rechtlichen Verweisung auf nichtstaatliches Recht Leible/Lehmann RIW 2008, 528 (533): *„So etwas kann bei guter anwaltlicher Beratung eigentlich niemandem empfohlen werden."*
[310] Zu diesen Klauseln → Rn. 95.
[311] Ähnlich Sandrock/Sandrock/Steinschulte Handbuch Abschnitt A Rn. 38 (Versteinerungsklauseln) und Sandrock Int'l Law. 1997, 1105 (1119) (handcuffs-Klauseln).

Vertragsstaaten haben oder Art. 4 Rom I-VO zum Recht eines Vertragsstaates führt (objektive Anknüpfung). Zum zweiten kann sich die internationale Anwendbarkeit des Übereinkommens daraus ergeben, dass die Parteien das Recht eines Vertragsstaates wählen (subjektive Anknüpfung).[312] Das OLG Jena hat allerdings – wohl in Verkennung der Problematik – in der Vergangenheit auch eine direkte Wahl des CISG akzeptiert.[313] Auch bei Anwendbarkeit des CISG kraft objektiver Anknüpfung ist es sinnvoll, die nachrangige Anwendbarkeit eines staatlichen Rechts zu vereinbaren, da das Übereinkommen wichtige Punkte wie etwa die Verjährung oder die außervertragliche Haftung ungeregelt lässt.

1. Anwendbarkeit des CISG kraft objektiver Anknüpfung

Klauselbeispiel für eine Rechtswahlvereinbarung unter Einbeziehung des CISG

[•] Choice of Law

This contract, including any and all disputes arising from or related to this contract, is governed by the United Nations Convention on Contracts for the International Sale of Goods (CISG). The substantive laws of [•] shall apply with regard to all matters that are not governed by the CISG, including but not limited to any concurring claims under tort.

Die obige Klausel kann verwendet werden, wenn das CISG kraft objektiver Anknüp- 87
fung anwendbar ist. Soweit der Anwendungsbereich des CISG reicht, verbleibt es bei der Anwendbarkeit des nach objektiver Anknüpfung anwendbaren Rechts. Nur im Übrigen wird auf ein anderes Recht verwiesen.

2. Anwendbarkeit des CISG kraft subjektiver Anknüpfung

Klauselbeispiel für eine Rechtswahlvereinbarung unter Einbeziehung des CISG [ergänzende Wahl des Rechts eines Mitgliedsstaates]

[•] Choice of Law

This contract, including any and all disputes arising from or related to this contract, is governed by the substantive laws of [Recht eines Vertragsstaates des CISG]. The United Nations Convention on Contracts for the International Sale of Goods (CISG) shall apply.

Klauselbeispiel für eine Rechtswahlvereinbarung unter Einbeziehung des CISG [ergänzende Wahl Recht eines Nicht-Mitgliedsstaates]

[•] Choice of Law

This contract, including any and all disputes arising from or related to this contract, is governed by the substantive laws of Germany regarding all matters that are governed by the United Nations Convention on Contracts for the International Sale of Goods (CISG). The substantive laws of [Recht eines Nicht-Vertragsstaates des CISG] shall apply with regard to all matters that are not governed by the CISG, including but not limited to any concurring claims under tort.

Die obigen Klauselvorschläge sind für den Fall bestimmt, dass das CISG nicht bereits 88
kraft objektiver Anknüpfung anwendbar ist. Der erste Klauselvorschlag betrifft dabei den Fall, dass die Parteien das **Recht des Vertragsstaates auch für die nicht vom CISG umfassten Bereiche** wählen wollen. Aus Sicht der deutschen Rechtsprechung hat dieser Satz allerdings nur klarstellende Bedeutung, denn der Verweis auf das Recht eines Vertragsstaates ohne weitere Konkretisierung wird nicht als stillschweigende Abwahl des Übereinkommens ausgelegt.[314] Der zweite Klauselvorschlag ist für die Fälle konzipiert, in

[312] Dazu im Einzelnen → § 18 Rn. 5ff.
[313] OLG Jena IPRspr 1999 Nr. 25.
[314] BGH NJW 1999, 1259 (1260).

denen die Parteien das **Recht eines Nicht-Vertragsstaates für die nicht vom CISG erfassten Bereiche** wählen wollen. Ein Beispiel wäre die Situation, in der ein Verkäufer mit Sitz in Deutschland und ein Käufer mit Sitz im Vereinigten Königreich die Geltung englischen Rechts vereinbaren möchten (das Vereinigte Königreich ist kein Mitgliedstaat des CISG und gemäß Art. 4 Abs. 1 lit. a) Rom I-VO käme in Ermangelung einer Rechtswahl deutsches Recht zur Anwendung). In einer solchen Konstellation ist eine unmittelbare Wahl des CISG zwar wie ausgeführt nicht möglich. Dasselbe Ergebnis kann aber erreicht werden, wenn die Parteien das Recht eines CISG-Vertragsstaates (im Klauselvorschlag deutsches Recht) insoweit berufen, wie der Anwendungsbereich des Übereinkommens reicht, und im Übrigen die Geltung des Rechts eines Drittstaates vereinbaren.

3. Abwahl des CISG

Klauselbeispiel für eine Rechtswahl unter ausdrücklicher Abwahl des CISG

[•] Choice of Law

This contract, including any and all disputes arising from or related to this contract, whether contractual or non-contractual, is governed by the substantive laws of [•]. The provisions of the United Nations Convention on Contracts for the International Sale of Goods (CISG) are expressly excluded.

89 Diese Klausel ist für die Fälle bestimmt, in denen eine Abwahl des CISG gewünscht wird. Sie kann zur Sicherheit auch in den Fällen verwendet werden, in denen Zweifel über die Anwendbarkeit des CISG bestehen.

III. Nachträgliche Rechtswahl

Klauselbeispiel für eine nachträgliche Rechtswahl (Rückwirkung)

[•] Governing Law

This contract, including any and all disputes arising from or related to this contract, whether contractual or non-contractual, is governed by the substantive laws of [•]. This clause shall have retroactive effect as of [Datum] *alternativ* [the date of the conclusion of the contract]. In relation to the manner of performance and the steps to be taken in the event of defective performance, regard shall be had to the law of [*Rechtsordnung, die vor der Rechtswahl galt*].

Klauselbeispiele für eine nachträgliche Rechtswahl (keine Rückwirkung)

[•] Governing Law

This contract, including any and all disputes arising from or related to this contract, whether contractual or non-contractual, is governed by the substantive laws of [•]. This clause shall be valid from [Datum] forward and shall not have any retroactive effect.

90 Die nachträgliche, dh nach Abschluss des Hauptvertrages erfolgende, Rechtswahl kann auf verschiedenen Gründen beruhen. Ein häufiger Anwendungsfall ist die (stillschweigende) Wahl der lex fori im Prozess. Außerdem wird teilweise vorgeschlagen, eine bedingte nachträgliche Teilrechtswahl für den Fall vorzusehen, dass bestimmte Bestimmungen eines Vertrages nach dem gewählten Recht unwirksam sein sollten.[315] Vereinbaren die Parteien eine nachträgliche Rechtswahl, sollten sie bestimmen, ob und inwieweit diese **Rückwirkung** entfalten soll. Im Regelfall dürfte eine Rückwirkung der Rechtswahl auf den Zeitpunkt des Vertragsschlusses im Interesse der Parteien liegen, da ansonsten sukzessive zwei verschiedene Rechtsordnungen zur Anwendung gelangen und eine Rechtszersplitterung

[315] Kondring IPRax 2006, 425 ff., mit Formulierungsvorschlägen auf S. 431.

eintritt.[316] Dies ist zwar nach hM auch ohne besondere Bestimmung im Zweifel anzunehmen; eine ausdrückliche Regelung minimiert jedoch das Risiko einer anderen Auslegung. Problematisch ist bei Vereinbarung der Rückwirkung allerdings, dass die Parteien regelmäßig ihre Erwartungen und ihr Handeln bis zur nachträglichen Rechtswahl an einer anderen Rechtsordnung ausgerichtet haben und sich aus der Anwendbarkeit eines anderen Bewertungsmaßstabes möglicherweise Nachteile für sie ergeben können. Die Parteien sollten also die Beurteilung ihrer Handlungen und Unterlassungen unter dem neuen Recht genau prüfen, bevor sie sich auf eine rückwirkende nachträgliche Rechtswahl einlassen. Gegebenenfalls können die Parteien sodann einzelne Punkte im Vertrag ausdrücklich abweichend regeln, soweit zwingendes Recht nicht entgegensteht. Es kann insoweit ratsam sein, wie im ersten Klauselvorschlag zumindest für die von Art. 12 Abs. 2 Rom I-VO erfassten Bereiche die Weitergeltung des bislang gewählten Rechts zu vereinbaren.

IV. Floating choice of law-Klauseln

Klauselbeispiel für eine floating choice of law

[•] Jurisdiction and Governing Law

All disputes arising from or related to this contract, regardless of their legal basis (contract, tort or otherwise), shall be submitted to the exclusive jurisdiction of the courts of either [•] or [•]. If one of the Parties brings an action, this contract, including any and all disputes arising from or related to this contract, whether contractual or non-contractual, shall be governed by the substantive laws of the seat of the respective forum. These laws shall apply retroactively as of the date of the conclusion of this contract.

Die Bezeichnung „floating choice of law" (deutsch sinngemäß „schwebende Rechtswahl"[317]) wurde durch eine Serie englischer Gerichtsurteile geprägt, in denen der Hauptvertrag eine nachträgliche Festlegung des auf ihn anwendbaren Rechts vorsah.[318] Nimmt man die Argumentation der englischen Richter zum Ausgangspunkt, dürften von dem Begriff Fälle der nachträglichen und bedingten Rechtswahl ebenso erfasst sein wie Fälle der Bestimmung des anwendbaren Rechts durch die Parteien, einen Dritten oder das Los.[319] Im deutschen Sprachraum wird die Bezeichnung in der Regel für die Fälle einer **einseitigen Bestimmung** des anwendbaren Rechts durch eine Partei verwendet, **häufig verbunden** mit einer **Gerichtsstandsklausel.**[320] Diesem Verständnis wird hier gefolgt. Die englische Rechtsprechung ging früher von der Unwirksamkeit der floating choice of law-Klauseln aus, da der Vertrag bis zur Bestimmung des Rechts nicht rechtsordnungslos sein könne.[321] Diese Annahme trifft allerdings zumindest unter der Rom I-VO nicht zu, da sich der Vertrag bis zu einer anderweitigen Bestimmung nach dem objektiven Vertragsstatut richtet.[322] Die Situation ist im Ergebnis nicht anders, als wenn die Parteien zunächst keine Rechtswahl treffen und sich erst im Anschluss auf das anwendbare Recht einigen,[323] 91

[316] So auch Kropholler Internationales Privatrecht S. 465.

[317] Oder auch „optionale Rechtswahl", dazu v. Bar/Mankowski Internationales Privatrecht II § 1 Rn. 192.

[318] S. zu diesen Danilowicz Int'l Law. 1986, 1005 ff.; Howard LMCLQ 1995, 1 ff.

[319] Vgl. die Definition von Howard LMCLQ 1995, 1 (2): „*[...] clauses which purport to leave the determination of the proper law of a contract to some future event or the exercise of a power of choice, whether vested in one contracting party or both or in some third party.*"

[320] Reithmann/Martiny/Martiny Internationales Vertragsrecht Rn. 2.18; Vischer/Huber/Oser Internationales Vertragsrecht Rn. 144.

[321] So grundlegend der Fall *Armar Shipping Co., Ltd. V. Caisse Algerienne d'Assurance et Reassurance* [1980] 2 Lloyd's Rep. 450, zitiert nach Danilowicz Int'l Law. 1986, 1005 (1006).

[322] Reithmann/Martiny/Martiny Internationales Vertragsrecht Rn. 2.19. Nach Vischer/Huber/Oser Internationales Vertragsrecht Rn. 145 und BSK/Amstutz/Wang/Silvan Gohari IPRG Art. 116 Rn. 15 soll hingegen genügen, wenn die Handlungen der Parteien den Erfordernissen mindestens einer der alternativ gewählten Rechtsordnungen gerecht werden. Diese Ansicht findet jedoch im Gesetz keine Grundlage.

[323] Kropholler Internationales Privatrecht S. 463; Mankowski Vertragsverhältnisse S. 165 f.

was nach Art. 3 Abs. 2 Rom I-VO ausdrücklich gestattet ist. Unter der Rom I-VO sind floating choice of law-Klauseln daher zulässig.[324] In der hier vorgeschlagenen Ausgestaltung – das anwendbare Recht richtet sich danach, vor welchem Forum Ansprüche geltend gemacht werden – vermeidet die floating choice of law-Klausel einseitige Benachteiligungen einer Partei.[325] Ebenso trägt sie zu einem Gleichlauf zwischen anwendbarem Recht und lex fori bei.[326] Die Klausel hat jedoch auch **beachtliche Nachteile.** So verringert sie den internationalen Entscheidungseinklang, da das anwendbare Recht und damit möglicherweise der Ausgang des Rechtsstreits davon abhängen, an welchem Ort geklagt wird. Dies gibt Anlass zum **forum shopping** und kann zum Wettlauf zwischen Leistungsklage und negativer Feststellungsklage führen.[327] Weiterhin stellen sich in Bezug auf die Rückwirkung ähnliche Probleme wie bei der nachträglichen Rechtswahl: Zwar wird eine Rückwirkung von den Parteien regelmäßig gewollt sein, da ansonsten in Bezug auf den Sachverhalt, der zur Klageerhebung geführt hat, das nach objektiver Anknüpfung anwendbare Recht zur Anwendung käme. Dies führt allerdings dazu, dass für die Parteien unklar ist, an welcher Rechtsordnung sie die Gestaltung des Vertrages (auch mit Blick auf möglicherweise zwingende Grenzen des Vertragsstatuts) und ihr nachvertragliches Verhalten orientieren sollen.[328] Im Ergebnis müssten die Parteien deshalb alle in Betracht kommenden Rechtsordnungen beachten. Noch problematischer wird die Situation, wenn unauflösliche Widersprüche zwischen den Rechtsordnungen bestehen. Im Ergebnis ist von der Verwendung einer floating choice of law-Klausel deshalb im Regelfall abzuraten.

V. Versteinerungs- und Stabilisierungsklauseln (freezing and stabilization clauses)

92 Versteinerungs- und Stabilisierungsklauseln begrenzen die Auswirkungen von Änderungen des gewählten Rechts auf einen geschlossenen Vertrag und statuieren damit eine Ausnahme zu dem Grundsatz, dass die Rechtswahl zur Anwendung des gewählten Rechts in seiner jeweils geltenden Fassung führt. Von besonderer Bedeutung sind die Klauseln immer dann, wenn eine Partei der **Kontinuität der gewählten Rechtsordnung** nicht vertraut. Dieses Misstrauen kann insbesondere auf der Erwartung größerer Reformen oder sogar revolutionärer Umwälzungen im Staat des gewählten Rechts beruhen,[329] gerade wenn dort keine (verfassungsrechtlichen) Gewährleistungen für die Schaffung geeigneter Übergangsbestimmungen bestehen. Stehen sich bei einem Vertrag ein privater und ein staatlicher Partner gegenüber, kommt hinzu, dass es die hoheitliche Seite in der Hand hat, ihr Heimatrecht eigenmächtig zu ändern.[330] Die rechtliche Terminologie ist in diesem Bereich uneinheitlich.[331] Im Folgenden wird davon ausgegangen, dass eine Versteinerungsklausel das gewählte Recht in dem Zustand, den es bei der Rechtswahl hatte, festschreibt.[332] Stabilisierungsklauseln beschränken demgegenüber bereits die staatliche Gesetzgebung, indem sie bei Verträgen zwischen einer privaten und einer hoheitlichen Partei bestimmen, dass vertraglich eingeräumte Rechtspositionen von letzterer nicht einseitig verändert werden dürfen bzw. spätere Rechtsänderungen den Vertrag nicht berühren.[333]

---

[324] MüKoBGB/Martiny Art. 3 Rom I-VO Rn. 19; Dicey, Morris & Collins Rn. 32-055; v. Bar/Mankowski Internationales Privatrecht II § 1 Rn. 192; schon vor Geltung der Rom I-VO und des EVÜ bejahte die Wirksamkeit einer floating choice of law-Klausel das OLG München IPRspr. 1974 Nr. 26.
[325] MüKoBGB/Martiny Art. 3 Rom I-VO Rn. 19.
[326] Siehr FS Keller S. 485 (500).
[327] Mankowski RIW 2008, 2 (6, Fn. 63).
[328] Kodek Rechtswahl S. 85 (91).
[329] Sandrock FS Riesenfeld S. 211 (212).
[330] Sandrock FS Riesenfeld S. 211 (216 f.).
[331] Dazu im Einzelnen Reithmann/Martiny/Martiny Internationales Vertragsrecht Rn. 2.66 ff.
[332] MüKoBGB/Martiny Art. 3 Rom I-VO Rn. 27.
[333] MüKoBGB/Martiny Art. 3 Rom I-VO Rn. 26; Dicey, Morris & Collins Rn. 32-051.

1. Versteinerungsklauseln

Klauselbeispiel für eine sog. Versteinerungsklausel

[•] Choice of Law

This contract, including any and all disputes arising out of or related to this contract, whether contractual or non-contractual, is governed by the substantive laws of [•]. These laws shall apply as existent at the time of the signature of this contract. Any changes in these laws, whether codified or not, entering into force after this date, whether by legislation, court rulings or otherwise, shall be disregarded unless applicable overriding mandatory laws provide otherwise. The aforementioned sentence shall apply regardless of whether the changes in the law concern provisions that can be derogated by agreement or not; if this is not permissible, the aforementioned sentence shall only apply to changes in the law concerning provisions that can be derogated by agreement.[334]

Nach allgemeiner Ansicht ist eine Versteinerungsklausel als materiell-rechtliche Verweisung zulässig, dh soweit ihr zwingende Bestimmungen des gewählten Rechts nicht entgegenstehen.[335] Umstritten ist demgegenüber, ob eine solche Vereinbarung unter der Rom I und der Rom II-VO auch mit kollisionsrechtlicher **Wirkung** getroffen werden kann. Dies wird teilweise mit der Begründung bejaht,[336] dass es weder um die Schaffung eines rechtsordnungslosen Vertrages, noch um die Wahl toten Rechts gehe, sondern lediglich um dessen (gerichtliche) Anwendbarkeit, wie sie auch in anderen Bereichen des IPR anerkannt sei.[337] Eine starke Gegenansicht lehnt eine kollisionsrechtliche Wirkung dagegen zu Recht ab[338] und beruft sich darauf, dass die Parteiautonomie nicht die Befugnis umfasse, Teile der gewählten Rechtsordnung auszuschalten.[339] Anders ist die Rechtslage im Schiedsverfahren, in dem Versteinerungsklauseln nach insoweit maßgeblichem Sonderkollisionsrecht für Schiedsgerichte regelmäßig uneingeschränkt zulässig sein dürften. Der Klauselvorschlag ordnet (insbesondere angesichts der möglichen Verwendung in Kombination mit einer Schiedsvereinbarung) in erster Linie eine kollisionsrechtliche Verweisung an, bestimmt aber für den Fall der Unwirksamkeit einer solchen Vereinbarung, dass die Verweisung zumindest materiellrechtlich wirken soll. 93

2. Stabilisierungsklauseln

Klauselbeispiel für eine Stabilisierungsklausel bei Vertragsabschluss mit einer staatlichen Partei

[•] Choice of Law

This contract, including any and all disputes arising out of or related to this contract, whether contractual or non-contractual, is governed by the substantive laws of [•]. [Hoheitliche Partei] undertakes not to unilaterally change any of its rights and obligations resulting from this contract as well as any of the rights and obligations of [private Partei] through the exercise of its public powers without the prior approval of [private Partei]. In case that [hoheitliche Partei] modifies the laws that are relevant for this contract, whether codified or not, without the prior approval of [private Partei], whether by legislation, court rulings or otherwise, these modifications shall be without prejudice to this contract.

---

334 Formulierung teilweise angelehnt an Sandrock FS Riesenfeld S. 211 (212 Fn. 3).

335 MüKoBGB/Martiny Art. 3 Rom I-VO Rn. 27; Kropholler Internationales Privatrecht S. 464.

336 Grüneberg/Thorn BGB Art. 12 Rom I-VO Rn. 3; Sandrock FS Riesenfeld S. 211 (219 ff.); Leible ZVglRWiss 1998, 286 (305 f.); nur für „international business and commercial contracts" Vischer/Huber/Oser Internationales Vertragsrecht Rn. 137.

337 Leible ZVglRWiss 1998, 286 (305 f.); ausführlich Sandrock FS Riesenfeld S. 211 (226 ff.).

338 MüKoBGB/Martiny Art. 3 Rom I-VO Rn. 26; Ferrari/Ferrari Internationales Vertragsrecht Art. 3 Rom I-VO Rn. 17; Briggs Private International Law Rn. 7.99; v. Bar/Mankowski Internationales Privatrecht II § 1 Rn. 201.

339 MüKoBGB/Martiny Art. 3 Rom I-VO Rn. 26; Kropholler Internationales Privatrecht S. 464.

The legal relationship between the Parties shall only be alterable through mutual agreement. Any breach of this clause shall lead to a liability of [hoheitliche Partei] for damages.[340]

94 Auch die Behandlung der Stabilisierungsklauseln ist umstritten. Überwiegend werden diese nicht als zulässige kollisionsrechtliche Verweisungen angesehen, sodass dass über ihre Wirkung die lex causae entscheidet.[341] Ebenso wird vertreten, dass das intertemporale Privatrecht der lex causae über die Zulässigkeit der Verweisung entscheiden soll.[342] Während staatliche Gerichte solche Klauseln in der Regel für unwirksam halten dürften, wurden Stabilisierungsklauseln von internationalen Schiedsgerichten bereits mehrfach als zulässig angesehen.[343] Auch dort bieten sie zwar in der Regel keine Gewähr dafür, dass die hoheitliche Partei die Klausel beachtet, jedoch wurden Verstöße durch eine Verpflichtung zur Entschädigungsleistung bzw. zum Schadensersatz sanktioniert.[344] Eine solche Haftung wird in dem obigen Klauselvorschlag explizit angeordnet. Er wird zwar gegenüber fremden Staaten in dieser Form nur selten durchsetzbar sein,[345] kann jedoch zumindest eine erste Diskussionsgrundlage bilden.

VI. Handcuffs-Klauseln

Klauselbeispiel für eine „handcuffs-clause"

[•] Choice of Law

This contract, including any and all disputes arising out of or related to this contract, whether contractual or non-contractual, is exclusively governed by the provisions contained in this contract itself. The Parties are only entitled to raise any claims in connection with this contract, whether against each other or against a third party, if and insofar as this contract expressly provides for it. Claims, therefore, shall not be raised on the basis of a statutory provision or of any other rule of law not embodied in the contract, unless applicable overriding mandatory laws provide otherwise. This clause shall apply regardless of whether the rules of law not embodied in the contract can be derogated by agreement or not; if this is not permissible, the clause shall only apply to the rules of law not embodied in the contract that can be derogated by agreement.[346]

95 Als „handcuffs"-Klauseln (deutsch „Handschellen-Klauseln") bezeichnet man Vereinbarungen, nach denen das Rechtsverhältnis zwischen den Parteien **ausschließlich** den zwischen ihnen getroffenen Absprachen unterstehen soll, dh Ansprüche nur erhoben werden dürfen, wenn sie sich unmittelbar aus dem Vertrag selbst ergeben.[347] Im Anwendungsbereich der Rom I und der Rom II-VO dürften solche Klauseln als kollisionsrechtliche Verweisungen unzulässig sein, da dies im Ergebnis auf die Anerkennung eines keiner staatlichen Rechtsordnung unterliegenden Vertrags hinauslaufen würde. Vor den staatlichen Gerichten untersteht die Klausel also den Grenzen der Privatautonomie.[348] Weitergehende Wirkungen dürfte die Klausel vor dem Hintergrund meist großzügigerer Bestimmungen

[340] Die Formulierung ist teilweise angelehnt an einen deutschen Klauselvorschlag von Sandrock FS Riesenfeld S. 211 (217).

[341] Reithmann/Martiny/Martiny Internationales Vertragsrecht Rn. 2.70; Staudinger/Magnus BGB Art. 3 Rom I-VO Rn. 52.

[342] Dazu Reithmann/Martiny/Martiny Internationales Vertragsrecht Rn. 2.74.

[343] Reithmann/Martiny/Martiny Internationales Vertragsrecht Rn. 2.71 mwN.

[344] Sandrock FS Riesenfeld S. 211 (218 f.); Vischer/Huber/Oser Internationales Vertragsrecht Rn. 134.

[345] Zur Klausel, an die der Klauselvorschlag angelehnt ist ebenso Sandrock FS Riesenfeld S. 211 (217).

[346] Die Formulierung ist angelehnt an Sandrock Int'l Law. 1997, 1105 (1106).

[347] MüKoBGB/Martiny Art. 3 Rom I-VO Rn. 17; ausführlich Sandrock Int'l Law. 1997, 1105 ff.

[348] MüKoBGB/Martiny Art. 3 Rom I-VO Rn. 17; im Ergebnis wohl auch Sandrock Int'l Law. 1997, 1105 (1105 ff.).

des Sonderkollisionsrechts für Schiedsgerichte demgegenüber regelmäßig in Schiedsverfahren haben.[349] Der obige Vorschlag ordnet in erster Linie eine kollisionsrechtliche und, für den Fall, dass diese unzulässig sein sollte, eine materiell-rechtliche Verweisung an.

[349] Musielak/Voit ZPO § 1051 Rn. 2 mwN.

§ 14 Streitbeilegungsklauseln (dispute resolution and arbitration clauses)

Übersicht

Schrifttum:

Alexander/Alexander, Das „Ökosystem" der Mediation in Singapur – Anregungen für die internationale Mediationslandschaft, IWRZ 2020, 64 ff.; *Alnaber,* Emergency Arbitration: Mere Innovation or Vast Improvement, Arb. Int'l 2019, 441 ff.; *Andrews/Landbrecht,* Schiedsverfahren und Mediation in England, 2015; *Arntz,* Eskalationsklauseln – Recht und Praxis mehrstufiger Streiterledigungsklauseln, 2013; *Arroyo,* Arbitration in Switzerland, The Practitioner's Guide, 2. Aufl. 2018; *Balthasar,* International Commercial Arbitration, 2. Aufl. 2021; *Bassiri/Draye,* Arbitration in Belgium: A Practitioner's Guide, 2016; *Bayerlein/Bleutge/Roeßner,* Praxishandbuch Sachverständigenrecht, 6. Aufl. 2021; *Berger,* Private Dispute Resolution in International Business. Negotiation, Mediation, Arbitration, 3. Aufl. 2015; *Blackaby/Partasides,* Redfern and Hunter on International Arbitration, 6. Aufl. 2015; *Böckstiegel/Berger/Bredow* (Hrsg.), Schiedsgutachten versus Schiedsgerichtsbarkeit, 2007; *Böckstiegel/Kröll/Nacimiento,* Arbitration in Germany: The Model Law in Practice, 2. Aufl. 2014; *Boog,*

The 2018 DIS Rules: New Rules for a Renewed Institution, ASA Bull 2018 10ff.; *Born,* International Arbitration and Forum Selection Agreements: Drafting and Enforcing, 6. Aufl. 2021; *Ders.,* International Commercial Arbitration, 3. Aufl. 2021; *Brekoulakis/Dimitropoulos* (Hrsg.), International Commercial Courts, 2022; *Briggs,* Agreements on Jurisdiction and Choice of Law, 2009; *Bühler,* Die 2021 ICC-Schiedsgerichtsordnung: Zwischen Beständigkeit und Wandel, SchiedsVZ 2021, 230ff.; *Bühring-Uhle/Kirchhoff/Scherer,* Arbitration and Mediation in International Business, 2. Aufl. 2006; *Buchwitz,* Schiedsverfahrensrecht, 2019; *Chern,* Chern on Dispute Boards, Practice and Procedure, 4. Aufl. 2019; *Choi,* Joinder in international commercial arbitration, Arb. Int'l 2019, 29ff.; *Conrad/Münch/Black-Branch,* International Commercial Arbitration, 2013; *Czernich/Geimer,* Streitbeilegungsklauseln im internationalen Vertragsrecht. Rechtswahlvereinbarung, Gerichtsstandsvereinbarung, Schiedsvereinbarung und Mediation in Deutschland, Österreich und der Schweiz, 2017; *Decker,* Das neue beschleunigte Verfahren der Deutschen Institution für Schiedsgerichtsbarkeit, SchiedsVZ 2019, 75ff.; *de Castro/Wollgast/Accornero,* Drafting Effective Mediation and Arbitration Clauses and Submission Agreements for Intellectual Property Disputes, GRUR Int. 2018, 645ff.; *Delvolvé/Pointon/Rouche,* French Arbitration Law and Practice: A Dynamic Civil Law Approach to International Arbitration, 2. Aufl. 2009; *Duggal/Rangachari,* A Challenger Approaches: An Assessment of the Prague Rules on the Efficient Conduct of Proceedings in International Arbitration, J. Int'l Arb. 37 (2020), 27ff.; *Duve/Eidenmüller/Hacke,* Mediation in der Wirtschaft, 3. Aufl. 2019; *Eichel,* Das Haager Übereinkommen über Gerichtsstandsvereinbarungen vom 30.6.2005, RIW 2009, 289ff.; *Esteban,* Hybrid (Institutional) Arbitration Clauses: Party Autonomy Gone Wild, Arb. Int'l 2020, 475ff.; *Flecke-Giammarco/Boog/Elsing/Heckel/Meier* (Hrsg.), The DIS Arbitration Rules, An Article-by-Article Commentary, 2020; *Friedland,* Arbitration Clauses for International Contracts, 2. Aufl. 2007; *Frignani,* Drafting Arbitration Agreements, Arb. Int'l 2008, 561ff.; *Fry/Greenberg/Mazza,* The Secretariat's Guide to ICC Arbitration, 2012; *Geisinger/Voser,* International Arbitration in Switzerland: A Handbook for Practitioners, 2. Aufl. 2013; *Girsberger/Voser,* International Arbitration in Switzerland, 4. Aufl. 2021; *Goski,* Heading Off Litigation in Construction Disputes: Mediation as Another Tool in the Alternative Dispute Resolution Toolbox, DRJ 2021, 155ff.; *Greger/Stubbe,* Schiedsgutachten, 2007; *Haft/von Schlieffen* (Hrsg.), Handbuch Mediation, 3. Aufl. 2016; *Henriques,* The Prague Rules: Competitor, Alternative or Addition to the IBA Rules on the Taking of Evidence in International Arbitration?, ASA Bull 2018, 351ff.; *Hobér,* International Commercial Arbitration in Sweden, 2. Aufl. 2021; *Hoffmann,* The New Arbitration Law of the United Arab Emirates – Two Steps Forward?, SchiedsVZ 2019, 126ff.; *Iwasaki,* Key features of New Japanese Arbitration Law, AIntArbJ 2006, 76ff.; *Jäger/Zavodsky,* Verfahrenssprache im Schiedsverfahren, SchiedsVZ 2019, 175ff.; *Jenkins,* International Construction Arbitration Law, 3. Aufl. 2021; *Kim,* International Arbitration in Korea, 2017; *Kreindler/Schäfer/Wolff,* Schiedsgerichtsbarkeit – Kompendium für die Praxis, 2006; Kreindler/Wolff/Rieder, Commercial Arbitration in Germany, 2016; *Lachmann,* Handbuch für die Schiedsgerichtspraxis, 3. Aufl. 2008; *Lal/Casey/Kaiding/Defranchi,* Multi-Tiered Dispute Resolution Clauses in International Arbitration – The Need for Coherence, ASA Bull 2020, 796ff.; *Lembcke* (Hrsg.), Handbuch Baukonfliktmanagement, 2013; *Lew/Mistelis/Kröll,* Comparative International Commercial Arbitration, 2003; *Lionnet/Lionnet,* Handbuch der internationalen und nationalen Schiedsgerichtsbarkeit, 3. Aufl. 2005; *Mahnken,* Die neuen ICC Dispute Board Rules als Schlussetappe der Überarbeitung der ADR-Verfahrensordnungen der ICC, SchiedsVZ 2016, 30ff.; *Ders.,* On Construction Adjudication, the ICC Dispute Board Rules, and the Dispute Board Provisions of the 2017 FIDIC Conditions of Contract, McGill Journal of Dispute Resolution 2018/2019, Vol. 5, 63ff.; *Marenkov/Menz,* GTAI-Umfrage zur Verwendung von Schiedsklauseln in internationalen Verträgen, SchiedsVZ 2021, 285ff.; *Marghitola,* Document Production in International Arbitration, 2015; *Markert,* Die neue Schiedsgerichtsordnung der JCAA 2019 – Zugleich ein Update zum japanischen Schiedsmarkt, SchiedsVZ 2019, 242ff.; *McIlwrath/Savage,* International Arbitration and Mediation: A Practical Guide, 2010; *Meier/Gerhardt,* Seven Guidelines on Party Representation – The New LCIA Rules, SchiedsVZ 2015,10ff.; *Ming,* Advantages and Benefits of the Revised Swiss Rules of Mediation 2019 – in Light and in Line with the Singapore Convention, ASA Bull 2020, 282ff.; *Mitrovic,* Dealing with the Consequences of Non-Compliance with Mandatory Pre-Arbitral Requirements in Multi-Tiered Dispute Resolution Clauses. The Swiss Approach and a Look Across the Border, ASA Bull 2019, 559ff.; *Nedden/Herzberg,* ICC-SchO/DIS-SchO – Praxiskommentar zu den Schiedsgerichtsordnungen, 2. Aufl. 2022; *Nettlau/O'Dell/Hackstein,* An Examination of the 2020 Revision of the IBA Rules of Evidence, SchiedsVZ 2021, 315ff.; *Newman/Hanessian* (Hrsg.), International Arbitration Checklists, 3. Aufl. 2016; *Nilsson/Bauder,* Das neue schwedische Schiedsverfahrensgesetz, SchiedsVZ 2019, 130ff.; *Nordmeier,* Internationale Gerichtsstandsvereinbarungen nach der EuGVVO nF, RIW 2016, 331ff.; *Nueber,* Handbuch Schiedsgerichtsbarkeit und ADR, 2021; *Oakley/Amar,* American Civil Procedure: A Guide to Civil Adjudication in US Courts, 2009; *Oelsner,* Dispute Boards – Verfahren zum projektbegleitenden Streitmanagement, 2014; *Owen/Totterdill,* Dispute Boards, Procedure and Practice, 2008; *Paulsson/Rawding/Reed,* The Freshfields Guide to Arbitration Clauses in International Contracts, 3. Aufl. 2010; Raeschke-Kessler/Berger, Recht und Praxis des Schiedsverfahrens, 4. Aufl. 2011; *Rangachari/Duggal,* Different but similar? Comparing the IBA Rules on the taking of evidence with the Prague Rules, Arb. Int'l 37 (2021), 631ff.; *Rawley/Williams/Martinez/Land,* Construction Adjudication and Payments Handbook, 2013; *Reeg,* The New Arb-Med-Arb Protocol of the Singapore International Arbitration Centre, IWRZ 2015, 15ff.; *Reithmann/Martiny* (Hrsg.), Internationales Vertragsrecht, 9. Aufl. 2021; *Respondek,* Asia Arbitration Guide, 7. Aufl. 2021; *Risse,* Wirtschaftsmediation, 2003; *Rombach/Shalbanava,* The Prague Rules: A New Era of Procedure in Arbitration or Much Ado about Nothing?, SchiedsVZ 2019, 53ff.; *Roquette,* Am Ende des Regenbogens – Die neuen FIDIC Dispute Adjudication/Avoidance Boards, SchiedsVZ 2018, 233ff.; *Roquette/Schweiger* (Hrsg.), Vertragsbuch Privates Baurecht, 3. Aufl. 2020; *Salger/Trittmann* (Hrsg.), Internationale Schiedsverfahren, 2019; *Saenger/Eberl/Eberl,* Schiedsverfahren: Kommentierung der §§ 1025–1066 ZPO. Muster Erläuterungen, 2018; Schack, Internationales Zivilverfahrensrecht, 8. Aufl. 2021; *Schaper/Eberlein,* Die Behandlung von Drittstaaten-Gerichtsstandsvereinbarungen vor europäischen Gerichten – de lege lata und de lege ferenda, RIW 2012, 43 ff.; *Schardt,* Neue Regelungen der DIS-Schiedsgerichtsordnung zur Steigerung der Verfahrenseffizienz, SchiedsVZ 2019, 28 ff.; *Scherer,* Die Konfliktmanagementordnung der DIS – eine innovative Verfahrenswahl-Verfahrensordnung, SchiedsVZ 2010, 122 ff.; *Scherer/Howe,* The London Court of International Arbitration (LCIA): An Old Institution with New Rules, SchiedsVZ 2020, 299 ff.; *Schultz/Ortino,* The Oxford Handbook of International Arbitration, 2020; *Schütze,* Institutionelle Schiedsgerichtsbarkeit, 3. Aufl. 2017; *Ders.,* Institutional Arbitration, 2. Aufl. 2022; *Ders.,* Kollisionsrechtliche Probleme der Schiedsvereinbarung, insbesondere der Erstreckung ihrer Bindungswirkung auf Dritte, SchiedsVZ 2014, 274 ff.; *Ders.,* Die Bestimmung des schiedsrichterlichen Verfahrens, insbesondere bei Anwendung dem deutschen Prozessrecht unbekannter Beweisformen, SchiedsVZ 2018, 101; *Schütze/Thümmel,* Schiedsgericht und Schiedsverfahren, 7. Aufl. 2021; *Schwab/Walter,* Schiedsgerichtsbarkeit, 7. Aufl. 2005; *Stampa,* The Prague Rules, Arb. Int'l. 2019, 221 ff.; *Steinbrück,* Die Unterstützung ausländischer Schiedsverfahren durch staatliche Gerichte, 2009; *Stubbe,* Konfliktmanagement – bedarfsgerechte Streitbeilegungsinstrumente, SchiedsVZ 2009, 321 ff.; *Sun/Willems,* Arbitration in China, 2015; *Tarawali/Gerardy,* The Law Governing the Arbitration Agreement – A Fresh Look at an Old Debate after the UK Supreme Court's Enka Judgment and Recent Clarification by the German Federal Court of Justice, SchiedsVZ 2021, 208 ff.; *Triebel,* Der Wirtschaftsprüfer als Schiedsgutachter bei M&A-Transaktionen, in: Nicklisch (Hrsg.), Der Experte im Verfahren, Heidelberger Kolloquium Technologie und Recht 2005, 125 ff.; *Trittmann,* The interplay between procedural and substantive law in international arbitration, SchiedsVZ 2016, 7 ff.; *Unberath,* Mediationsklauseln in der Vertragsgestaltung, NJW 2011, 1320 ff.; *Wallin/Ragnwaldh/Magnusson/Franke,* International Arbitration in Sweden: A Practitioner's Guide, 2013; Walz (Hrsg.), Das ADR Formularbuch, 2. Aufl. 2017; *Waters,* Alternative Dispute Resolution and Civil Justice: A Relationship Resolved?, Arbitration 2022, 3 ff.; *Webster/Buhler,* Handbook of ICC Arbitration: Commentary, Precedents, Materials, 5. Aufl. 2021; *Weigand/Baumann* (Hrsg.), Practitioner's Handbook on International Arbitration, 3. Aufl. 2019; *Wolff* (Hrsg.), New York Convention, An Article-by-Article-Commentary, 2. Aufl. 2019.

A. Die besondere Bedeutung von Streitbeilegungsvereinbarungen in internationalen Wirtschaftsverträgen

1 Es ist üblich, in internationalen Wirtschaftsverträgen branchenübergreifend Regelungen zur Streitbeilegung zu treffen. Dieser Tatsache trägt auch eine Vielzahl von Veröffentlichungen zur Streitbeilegung in den vergangenen Jahren Rechnung. Während in der Vergangenheit im Rahmen der Vertragsgestaltung häufig nur die Frage zu beantworten war, ob für die abschließende Entscheidung von Streitigkeiten eine **Gerichtsstands-** oder eine **Schiedsgerichtsvereinbarung** vorgesehen werden solle, werden heute – jedenfalls bei Verträgen mit einer gewissen Bedeutung für die beteiligten Unternehmen - zunehmend häufiger **komplexe mehrstufige Streitbeilegungsregelungen** getroffen. Sie können zB bilaterale Verhandlungen zwischen den Parteien, alternative – teilweise vorläufig bindende – Streitbeilegungsverfahren und in letzter Instanz Gerichtsstands- oder Schiedsgerichtsvereinbarungen vorsehen.[1] Diesem Trend entsprechen viele international geläufige Vertragsmuster. Insbesondere Verträge über einen Leistungsaustausch über einen längeren Zeitraum – zB im Bereich des internationalen Baus und Anlagenbaus oder komplexer Lieferverträge über Investitionsgüter – sehen alternative Streitbeilegungsverfahren mit einer vorläufig verbindlichen Entscheidung in vergleichsweise kurzer Zeit vor, die bei der weiteren Vertragsabwicklung berücksichtigt werden kann.[2] Die steigende Komplexität der von den Parteien vereinbarten Streitbeilegungsverfahren ist auch eine Folge der zunehmenden Komplexität des internationalen Geschäftsverkehrs, die die besondere Anfälligkeit internationaler Wirtschaftsverträge ua für wirtschaftliche, rechtliche, politische aber auch nicht zuletzt zwischenmenschliche und interkulturelle Faktoren stärker hervortreten lässt.[3]

[1] So ua Stubbe SchiedsVZ 2009, 321.
[2] Zu Adjudication und Dispute Boards in diesem Zusammenhang Mahnken McGill Journal of Dispute Resolution 2018/2019, 63.
[3] Bühring-Uhle/Kirchhoff/Scherer Arbitration S. 5–9.

2 Streitbeilegungsvereinbarungen sollte in der Vertragsgestaltung **erhöhte Aufmerksamkeit** geschenkt werden. Idealerweise ist zwar die hierauf verwendete Mühe in Ermangelung von Konflikten bei der Vertragsabwicklung umsonst. Streitbeilegungsklauseln kommen aufgrund der Natur der Sache dann zum Einsatz, wenn das Vertragsverhältnis aus der Sicht von mindestens einer Vertragspartei gestört ist. Finden die Parteien in einer solchen Situation keine einvernehmliche Lösung, droht erfahrungsgemäß eine gravierende Verhärtung der Fronten zwischen den Parteien, was die weitere Abwicklung des Vertragsverhältnisses erheblich erschweren oder unmöglich machen kann. In diesen Fällen soll und kann eine sachgerechte Streitbeilegungsvereinbarung den Parteien den Weg zurück zu einer sachlichen Kooperation zum Zweck der Restabwicklung des Vertragsverhältnisses ebnen. Scheitert dieses Bemühen, muss sie zur Not auch eine zwangsweise Durchsetzung gewährleisten – so gut wie im internationalen Rechtsverkehr möglich. Eine schlechte Streitbeilegungsklausel kann dazu führen, ein ansonsten gut verhandeltes Vertragswerk erheblich zu entwerten, da sich die Parteien hierdurch erpressbar machen.[4] Die Vielzahl international gebräuchlicher ADR-Verfahren und die Vielzahl der Anbieter institutioneller Schiedsgerichtsbarkeit lassen bereits erahnen, dass es auch in Bezug auf Streitbeilegungsklauseln akzeptable Kompromisslösungen für die meisten Anwendungsfälle geben dürfte und damit ein hinreichender Spielraum für Vertragsverhandlungen besteht.

3 Auch wenn im internationalen Rechtsverkehr die Vereinheitlichung in Teilen fortschreitet, gerade im Bereich der Europäischen Union, darf dies nicht darüber hinwegtäuschen, dass in Bezug auf viele, auch für den Außenhandel bedeutsame Staaten die **gerichtliche Durchsetzung** von Ansprüchen nach wie vor langwierig, kostenintensiv und aufwendig ist. Vornehmliche Aufgabe einer Streitbeilegungsklausel ist es daher, den Parteien vor diesem Hintergrund im Streitfall in einem fairen Verfahren einen möglichst einfachen Weg hin zu einem **vollstreckungsfähigen Titel** zu eröffnen. Dieser vollstreckungsfähige Titel muss im Idealfall der erfolgreichen Partei auch den Zugriff auf wesentliches Vermögen der unterlegenen Partei zu dessen Durchsetzung ermöglichen. Die Gestaltung einer Streitbeilegungsklausel muss sich daher im konkreten Einzelfall bewähren; die Anforderungen können für denselben Vertragstyp je nach beteiligten Staaten erheblich variieren. Über die grundsätzlichen unternehmerischen Leitlinien der betreffenden Parteien hinaus sollte den Erfordernissen der betroffenen Rechtsordnungen und deren Anforderungen für die Anerkennung und Vollstreckung ausländischer Urteile oder Schiedssprüche bereits bei der Vertragsgestaltung Rechnung getragen werden.

4 Zur Gestaltung von Streitbeilegungsverfahren steht den Vertragsparteien mittlerweile eine **große Bandbreite** von **Streitbeilegungsinstrumenten** zur Verfügung. Adjudikation, Mediation, Schlichtung oder Schiedsgutachten uÄ stellen bereits im Bereich außergerichtlicher Streitbeilegungsverfahren eine breite Auswahl an Möglichkeiten dar. Dass auch der deutsche Gesetzgeber der außergerichtlichen Streitbeilegung ein erhebliches Gewicht beimisst, zeigt nicht nur das stetig ausgebaute Angebot gerichtsnaher Mediation, sondern auch das 2012 in Kraft getretene Mediationsgesetz, das auf EU-Recht[5] beruht und wesentliche Rahmenbedingungen der Mediation kodifizieren soll.[6] Zugleich muss man allerdings feststellen, dass hiervon bisher für die Praxis keine nennenswerten zusätzlichen Impulse ausgegangen sind.

5 Der **wachsenden Bedeutung von ADR-Verfahren** und der gestiegenen Nachfrage hiernach trägt auch das umfassende Angebot institutioneller Anbieter von Streitbeilegungsverfahren Rechnung. International bieten institutionelle Anbieter von Schiedsgerichtsver-

---

[4] Eine unterhaltsame Übersicht über unbestimmte und fehlerhaft erstellte Schiedsgerichtsklauseln bietet Frignani Arb. Int'l 2008, 561.

[5] Richtlinie 2008/52/EG des Europäischen Parlaments und des Rates vom 21.5.2008 über bestimmte Aspekte der Mediation in Zivil- und Handelssachen; vgl. zur internationalen Umsetzung ua Niggemann SchiedsVZ 2012, 258.

[6] Gesetz zur Förderung der Mediation und anderer Verfahren der außergerichtlichen Konfliktbeilegung vom 21.7.2012, BGBl. 2012 I, 1577.

fahren bereits seit längerer Zeit in Ergänzung zu „klassischen" Schiedsgerichtsverfahren auch ADR-Verfahren an, die ICC zB die Mediation, das Gutachten und Dispute Boards.[7] Während nationale Institutionen der internationalen Entwicklung zu mehr ADR-Verfahren ursprünglich hinterherhinkten und ihr Angebot auf die Schiedsgerichtsbarkeit beschränkten, bietet mittlerweile beispielsweise die DIS neben Schiedsgerichtsverfahren auch Konfliktmanagement, Schlichtung, Mediation, Schiedsgutachten, Gutachten und Adjudikation[8] an. Hiermit hat mit der DIS die national bedeutsamste Institution der internationalen Entwicklung und den Interessen international tätiger Unternehmen an alternativen Streitbeilegungsverfahren Rechnung getragen und dabei auch den Trend zu einem größeren Angebot unterschiedlicher alternativer Streitbeilegungsverfahren aufgegriffen.

Insgesamt erhöhen **mehrstufige Streitbeilegungsklauseln** die Anforderungen für die 6
Vertragsgestaltung erheblich, denn sie sind deutlich umfangreicher als bloße Gerichtsstandsvereinbarungen oder Schiedsgerichtsvereinbarungen. Da jedenfalls für komplexe Streitigkeiten auch Schiedsgerichte keine Gewähr für eine schnelle Entscheidung bieten und darüber hinaus im Streitfall Parteien – je nach dem jeweiligen Streitwert – aus Kostengründen eine Entscheidung des Schiedsgerichts meiden, können sachgerechte Streitbeilegungsregelungen sogar zur Deeskalation des jeweiligen Konflikts beitragen. Gerade bei auf langfristige Kooperation angelegten Projekten – zB großen Infrastruktur- oder Anlagenbauprojekten – oder bei bereits in langjährigen Geschäftsbeziehungen verbundenen Parteien ist eine kurzfristige Befriedung mit einem aus Sicht beider Parteien jedenfalls vertretbaren Ergebnis oftmals bedeutsamer als eine im Rahmen eines komplexen (schieds-) gerichtlichen Verfahrens getroffene, detailliertere und materiell richtigere Entscheidung. Ein ADR-Verfahren lässt nach wie vor Raum für eine endgültige Entscheidung aufgrund eines vielfach – international mehr noch als national – langwierigen Verfahrens vor staatlichen Gerichten oder einem Schiedsgericht. In der internationalen Praxis ist daher festzustellen, dass in einer Vielzahl von Fällen bereits die ADR-Verfahren zu einer **endgültigen Befriedung** der Konflikte führen. Die Anzahl der Konflikte, die im Anschluss an ein solches ADR-Verfahren noch in Ausschöpfung des Rechtsweges zu staatlichen Gerichten oder zu Schiedsgerichten gelangen, ist – sofern man den wenigen empirischen Untersuchungen glauben darf – jedenfalls deutlich geringer als ohne die Vorschaltung des ADR-Verfahrens.[9]

Dass komplexe Streitbeilegungsvereinbarungen bei der Gestaltung internationaler Wirt- 7
schaftsverträge in der Praxis nicht mehr wegzudenken sind, lässt sich auch an international gebräuchlichen Vertragsmustern ablesen. Als Beispiel können die Streitbeilegungsregelungen von FIDIC Red, Yellow und Silver Book 2017 dienen: Diese sehen eine vorläufig verbindliche Entscheidung in einem DAB-Verfahren vor und im Anschluss daran einen weiteren Versuch der Parteien zur Konfliktlösung und abschließend die verbindliche Entscheidung des Konflikts durch ein Schiedsgericht nach den Regeln der ICC, sofern auf der jeweils vorherigen Stufe keine abschließende Streitbeilegung erfolgt ist.[10]

---

[7] Siehe unter https://iccwbo.org/dispute-resolution-services/Das Angebot von ADR-Verfahren der ICC ist hier exemplarisch genannt. Die meisten internationalen Anbieter institutioneller Schiedsgerichtsverfahren bieten neben „klassischen" Schiedsgerichtsverfahren auch ein oder mehrere ADR-Verfahren an.

[8] Siehe unter https://www.disarb.org/werkzeuge-und-tools/dis-regeln. Zur DIS-Verfahrensordnung für Adjudikation Köntges/Mahnken SchiedsVZ 2010, 310; zur DIS-Mediationsordnung Breidenbach/Peres SchiedsVZ 2010, 125; zu DIS-Schiedsgutachtensordnung und DIS-Gutachtensordnung Stubbe SchiedsVZ 2010, 130 und zur DIS-Konfliktmanagementordnung Scherer SchiedsVZ 2010, 122.

[9] Zu Erfahrungen mit der gesetzlich vorgeschriebenen „construction adjudication" in England Teubner Oberheim/Schröder NZBau 2011, 257 und Rawley/Williams/Martinez/Land Construction Adjudication S. 58 ff.; im Allgemeinen zur Entwicklung in Großbritannien Engelhardt ZRP 2004, 233 und zu in weiteren Staaten gesetzlich vorgeschriebener construction adjudication Jenkins International Construction S. 80.

[10] Exemplarisch wird hier auf Art. 21 der von der FIDIC herausgegebenen General Conditions der Conditions of Contract for Plant and Design-Build Bezug genommen. Inhaltlich vergleichbare Regelungen finden sich in vielen ähnlichen Vertragsmustern.

B. Überlegungen zur Gestaltung von Streitbeilegungsvereinbarungen

8 Streitigkeiten sind auch für Unternehmen ein unerwünschtes, wenngleich praktisch – jedenfalls in gewissem Umfang – nahezu unvermeidbares Phänomen, da sie Ressourcen binden und Geld kosten. Positiv ist immerhin der weite Gestaltungsspielraum für das Konfliktmanagement durch Streitbeilegungsvereinbarungen. Will man Streitbeilegungsvereinbarungen sinnvoll gestalten, sollte man sich zuerst Gedanken darüber machen, welche **Ziele** mit Streitbeilegungsverfahren verfolgt werden können und sollten.

I. Ziele von Streitbeilegungsverfahren

9 Im Grunde wird man über die Ziele, denen Streitbeilegungsverfahren dienen sollten, recht schnell Einigkeit finden können – unabhängig davon, ob es sich um Konflikte zwischen Unternehmen oder Privaten handelt. Sie sollten zu einem **plausiblen und fairen Ergebnis** führen. Das **Verfahren** sollte **fair und transparent** sowie **nicht zu teuer und zeitaufwendig** sein. Sofern ein Dritter beteiligt wird, sollte er integer, neutral und unabhängig sein. Ist in dem Streitbeilegungsverfahren der Sachverhalt zu ermitteln, sollte es möglichst zeitnah geschehen. Zu berücksichtigen ist auch der **Grundsatz der Verhältnismäßigkeit:** Bei einem hohen Streitwert und/oder einem komplexen Sachverhalt ist ein aufwendigeres Verfahren eher gerechtfertigt als bei einem niedrigen Streitwert und/oder einem einfachen Sachverhalt.

10 Für Unternehmen ist außerdem wichtig, dass Streitbeilegungsverfahren **bestehende Geschäftsbeziehungen** möglichst wenig belasten. Findet die Streitbeilegung in einem laufenden Projekt statt, stellt es einen großen Vorteil dar, wenn die Ergebnisse schnell genug vorliegen, um noch im Rahmen der weiteren Projektabwicklung berücksichtigt werden zu können.[11]

11 Unternehmen sind – schon wegen der Pflicht zur Rückstellungsbildung und eventueller Publizitätspflichten – ferner an **Planbarkeit** und **Vorhersehbarkeit** auch in Bezug auf Streitbeilegungsverfahren interessiert. Dies gilt nicht nur hinsichtlich des Ergebnisses des Verfahrens, sondern auch in Bezug auf dessen Dauer und die hiermit verbundenen Kosten.

12 Es kann auch in Bezug auf Streitbeilegungsverfahren durchaus zu **Zielkonflikten** kommen: Wer auf Gründlichkeit und Perfektionismus Wert legt, muss in der Regel ein längeres und teureres Verfahren in Kauf nehmen. Ökonomisch betrachtet ist eine solche perfektionistische Lösung nicht erstrebenswert – wie viele Unternehmen wohl bestätigen würden: Lieber eine im Großen und Ganzen zufriedenstellende Lösung in recht kurzer Zeit nach einem summarischen und nicht zu aufwendigen Verfahren, als eine der Perfektion nahe Lösung nach sehr langer Zeit und mit hohem Kostenaufwand. Zudem ist zu beachten, dass Zeitablauf insbesondere die Sachverhaltsermittlung erschwert und deshalb weniger Perfektion zur Folge haben kann.[12]

---

[11] Als Beispiel kann die Errichtung einer Industrieanlage dienen. Entstehen im Projektverlauf Differenzen zwischen den Parteien über den Leistungsumfang oder eine Vergütung von Nachtragsleistungen, geht deren Entscheidung der weiteren Ausführung der beauftragten Leistungen idealerweise voraus. Die Klärung in einem zeitaufwendigen Hauptverfahren kommt dagegen in der Regel zu spät und bedeutet für beide Parteien eine erhebliche wirtschaftliche Belastung und damit im Ergebnis auch eine Verschärfung des Konflikts durch Folgeschäden.

[12] So wäre zB die Erhaltung eines Wirtschaftsguts in dem streitgegenständlichen Zustand bis zur Begutachtung durch einen Sachverständigen im Rahmen eines Verfahrens unwirtschaftlich, maßgebliche Mitarbeiter scheiden aus den betreffenden Unternehmen aus und stehen im Rahmen der Streitigkeit als Wissensträger und Zeugen nicht mehr oder nur noch eingeschränkt zur Verfügung, die Erinnerung der Zeugen schwindet mit der Zeitdauer zwischen Ereignis und Zeugenaussage, etc.

II. Kategorisierung von Streitbeilegungsmechanismen

Mittlerweile gibt es eine Vielzahl von Streitbeilegungsverfahren: Vergleichsverhandlungen 13 zwischen den Parteien, Mediation, Schlichtung, neutrales Gutachten, Schiedsgutachten, Adjudikation, Dispute Board, Mini-Trial, Schiedsgerichtsbarkeit, Gerichtsbarkeit[13] – um nur die Wichtigsten zu nennen. Sie lassen sich nach unterschiedlichen Gesichtspunkten kategorisieren.[14] Als erstes Kriterium kann man anlegen, ob ein **neutraler Dritter** hinzugezogen wird oder nicht. Auf die Hinzuziehung eines neutralen Dritten wird nur bei bilateralen Vergleichsverhandlungen verzichtet; ansonsten ist es typisch, dass ein neutraler Dritter eingebunden ist.

Des Weiteren lassen sich die Verfahren nach der **Funktion** des neutralen Dritten kate- 14 gorisieren. Soll er ein Votum (in der Form einer Empfehlung oder Entscheidung) abgeben oder wird davon abgesehen?[15] Vor allem bei der Mediation erfolgt keine Empfehlung oder Entscheidung des neutralen Dritten, der lediglich durch „Moderation" eine Verhandlungslösung der Parteien ermöglichen soll. Ansonsten laufen die Verfahren auf das Votum eines Dritten hinaus.

Die Verfahren, die auf ein Votum eines Dritten abzielen, können danach unterschieden 15 werden, ob sie eher summarischer Art sind oder ob es eine volle Sachverhaltsaufklärung geben soll. Ersteres ist bei Verfahren der alternativen Streitbeilegung und dem beschleunigten Schiedsverfahren, letzteres bei normalen Schiedsverfahren und Verfahren vor staatlichen Gerichten der Fall.

Spricht der Dritte eine Entscheidung aus, kann sie v**erbindlich** sein – wie zB bei ei- 16 nem Schiedsgutachten nach BGB – oder sie ist nur **vorläufig bindend,** solange nicht eine abweichende Gerichts- oder Schiedsgerichtsentscheidung ergeht – wie bei der Adjudikation oder dem Dispute Adjudication Board. **Nicht bindend** ist sie meistens bei der Schlichtung oder dem neutralen Gutachten.[16] Empfehlungen eines Dispute Review Board und Entscheidungen eines Adjudikators und eines Dispute Adjudication Board werden ferner endgültig bindend, wenn eine „notice of dissatisfaction" nicht oder nicht fristgerecht ergeht. Bei dieser vorläufigen oder endgültigen Bindung handelt es sich um eine vertragliche Bindung. Rechtskraft und Vollstreckbarkeit sind damit noch nicht gegeben. Für Streitbeilegungsverfahren, bei denen ein neutraler Dritter beteiligt ist, die aber nicht zu einer rechtskräftigen und/oder vollstreckbaren Entscheidung führen sollen, wird die Bezeichnung Alternative Dispute Resolution (abgekürzt „ADR") verwendet. Rechtskraft und Vollstreckbarkeit kennzeichnen nur Schiedssprüche und Gerichtsurteile. Die Schiedsgerichtsbarkeit wird deshalb vorliegend nicht als ADR angesehen.[17]

Das Ausmaß der Verbindlichkeit des Votums hat auch Auswirkungen auf die **Anforde-** 17 **rungen,** die an das **Verfahren gestellt** werden sollten. Je verbindlicher das Votum, desto wichtiger ist die Fairness des Verfahrens, insbesondere die Gleichheit der Parteien und angemessenes rechtliches Gehör. Zu beachten ist hier, dass summarische Verfahren mit begrenzter Zeitdauer vor allem den Antragsgegner benachteiligen können, da für den Antragsteller keine Frist für die Antragstellung läuft, er diese also in aller Ruhe vorbereiten kann, während – wegen der Befristung des Verfahrens – der Antragsgegner dann nur eine recht kurze Frist hat, um auf den Antrag zu erwidern. Vor diesem Hintergrund erscheinen die 28 Tage, die Adjudikationsverfahren nach dem englischen Housing Grants, Construction and Regeneration Act 1996[18] dauern, als zu kurz. Schon die 84 Tage, die Dispute

[13] Eingehendere Darstellung unter → Rn. 32f.

[14] Grundlegend Stubbe SchiedsVZ 2009, 321 (323f.) sowie in Bezug auf die Unterscheidung von Mediation und Schlichtung Haft BB 1998, Beilage 10, 15f.

[15] Zu diesem Kriterium grundlegend Greger/Stubbe Schiedsgutachten Rn. 57ff., insbes. Rn. 67ff.

[16] Dazu Greger/Stubbe Schiedsgutachten Rn. 71ff.

[17] So auch Paulsson/Rawding/Reed Freshfields Guide S. 2 u. S. 116.

[18] http://www.adjudication.co.uk.

Adjudication Board[19]-Verfahren nach den FIDIC-Vertragsmustern – s. zB Sub-cl. 21.4.3 FIDIC Yellow Book 2017 – dauern sollen oder die drei Monate des Dispute Board[20]-Verfahrens nach den ICC DB Rules[21] und der beschleunigten Schiedsverfahren nach den entsprechenden Verfahrensordnungen von WIPO[22] und SCC[23] sind sehr knapp knapp bemessen; vier bis fünf Monate erscheinen für diese Verfahren realistischer.[24] Aus praktischer Sicht ist bedeutsam, dass der Anreiz für die Parteien, externe Anwälte einzuschalten desto größer ist, je verbindlicher die Entscheidung im Streitbeilegungsverfahren ist.

18 Eine weitere Unterteilung ist danach möglich, ob die neutralen Dritten von den Parteien oder einer benennenden Stelle ausgewählt werden – so bei ADR und Schiedsgerichtsbarkeit – oder ob es sich um staatliche Richter handelt, die hoheitlich zur Streitbeilegung berufen sind.

19 Es kann ferner danach unterschieden werden, ob der/die neutralen Dritte/n nach Entstehen der Streitigkeit benannt werden – so der Regelfall – oder zuvor (wie vor allem bei projektbegleitenden Dispute Boards).

20 Unterschiedlich kann schließlich auch die Zahl der neutralen Dritten sein. Üblicherweise gibt es einen oder drei neutrale Dritte. Bei der Mediation kann es durchaus auch zwei Mediatoren – Co-Mediation – geben. Denkbar ist auch, dass für bestimmte Verfahren, die auf ein Votum hinauslaufen, zwei neutrale Dritte – mit unterschiedlichem Hintergrund – tätig werden.[25]

21 Auch **gesetzliche Vorgaben** in Bezug auf das Streitbeilegungsverfahren differieren. Sie können zwingend sein oder nur eingeschränkt abdingbar – wie bei Gerichtsverfahren oder typischerweise bei gesetzlich geregelter Adjudikation;[26] die gesetzliche Regelung kann aber auch abdingbar sein wie bei Schiedsgerichtsverfahren oder nur begrenzte Aspekte regeln wie das MediationsG.[27] Für etliche ADR-Verfahren finden sich aber auch keine Regelungen im Gesetzesrecht. Insbesondere in diesen Fällen muss die Streitbeilegungsregelung – gegebenenfalls in Verbindung mit der jeweiligen Verfahrensordnung – alle wesentlichen Aspekte regeln.

21a Üblich ist noch die Unterscheidung danach, ob ein Streitbeilegungsverfahren von einer **Institution administriert** wird. Nicht administrierte Verfahren werden als „ad-hoc-Verfahren" bezeichnet. Es kommt in der Praxis aber auch vor, dass eine Institution eine Verfahrensordnung für Streitbeilegung anbietet, ohne die Verfahren zu administrieren oder nur eine geringfügige Administrierung anzubieten. Für mit internationaler Streitbeilegung nicht sonderlich vertraute Parteien ist es ratsam, Streitbeilegungsverfahren zu vereinbaren, bei denen eine recht weitgehende Administrierung durch eine Institution erfolgt. Das Risiko der Sabotage durch eine Partei ist im Fall der Administrierung des Verfahrens durch eine Institution geringer. Nicht oder nur geringfügig administrierte Verfahren sind auch nicht zwingend kostengünstiger, da sie neutralen Dritten in der Regel größere Flexibilität bei der Vereinbarung von Honoraren bieten.

---

19 Abgekürzt „DAB".
20 Abgekürzt „DB".
21 http://www.iccwbo.org. Art. 22 ICC DB Rules.
22 World Intellectual Property Organization, https://www.wipo.int/amc/en/arbitration/expedited-rules/Art. 58.
23 Stockholm Chamber of Commerce, http://www.sccinstitute.com, Art. 43.
24 Zu berücksichtigen ist hinsichtlich der Verfahrensdauer allerdings, dass sie in den Schiedsgerichtsordnungen regelmäßig nicht bereits ab Eingang des Antrags bei der Institution gerechnet wird.
25 Greger/Stubbe Schiedsgutachten Rn. 77 und Rn. 339 und Stubbe/Wietzorek SchiedsVZ 2011, 328.
26 S. zB der englische Housing Grants, Construction and Regeneration Act 1996 (HGCRA), der in sec. 108 den Parteien im Baubereich ein Recht zur Durchführung eines weitgehend obligatorischen Adjudikationsverfahrens einräumt; http://www.adjudication.co.uk.
27 Gesetz zur Förderung der Mediation und anderer Verfahren der außergerichtlichen Konfliktbeilegung vom 21.7.2012, BGBl. 2012 I, 1577.

III. Wann sollten Streitbeilegungsvereinbarungen geschlossen werden?

Bei der Frage, wann eine Streitbeilegungsvereinbarung am besten geschlossen wird, ob im Zusammenhang mit dem ursprünglichen Vertrag, oder erst, wenn die Streitigkeit entstanden ist, stehen die Parteien vor einem Dilemma: Zum Zeitpunkt des Vertragsschlusses ist in der Regel noch nicht abzusehen, ob es Streitigkeiten geben wird und – falls es sie geben sollte – worüber im Detail gestritten wird. Bei langfristigen Verträgen ist sogar eine Prognose über mehrere Jahre erforderlich. 22

Wartet man, bis die Streitigkeit entstanden ist, sollte es an sich einfacher sein, das optimale Streitbeilegungsinstrument zu finden. Jede Partei hat zu diesem Zeitpunkt aber die eigene strategische und taktische Position bei der konkreten Streitigkeit im Hinterkopf und versucht, diese durch eine entsprechende Streitbeilegungsvereinbarung zu optimieren. Eine Partei, die einen Zahlungsanspruch geltend macht und eine gute Rechtsposition hat, ist an einer möglichst schnellen Entscheidung interessiert. Die Gegenpartei wird dagegen – abhängig von ihrer Liquidität und der Finanzierung des Projektes – versuchen, Zeit zu gewinnen und eher ein Streitbeilegungsinstrument bevorzugen, das langwierig ist oder zu keiner Entscheidung führt. Wegen der Streitigkeit besteht außerdem Misstrauen zwischen den Parteien, denn jede an einer Streitigkeit beteiligte Partei verdächtigt die andere Partei – wie gezeigt, zumindest zum Teil auch zu Recht – mit ihren Vorschlägen vorrangig **taktische Interessen** zu verfolgen. Misstrauen erschwert naturgemäß jede Einigung.[28] In der Praxis ist es deshalb oft sehr mühsam oder gar nicht möglich, sich noch auf Streitbeilegungsvereinbarungen zu einigen, sobald die Streitigkeit erst einmal entstanden ist. 23

Im Allgemeinen ist es deshalb bei internationalen Wirtschaftsverträgen empfehlenswert, die Streitbeilegung zumindest in Bezug auf die zentralen Punkte **im ursprünglichen Vertrag** zu regeln,[29] also zumindest eine funktionsfähige Schiedsgerichts- oder Gerichtsstandsklausel aufzunehmen, auch wenn eventuelle Streitigkeiten konkret noch nicht vorhersehbar sind. 24

IV. Ein- oder mehrstufige Streitbeilegungsvereinbarungen?

Nur Schiedsgerichtsbarkeit oder Gerichtsbarkeit in der Streitbeilegungsvereinbarung vorzusehen, hat den Vorteil, dass die Regelung recht einfach gehalten werden kann und für ihre Formulierung eventuell nicht einmal die Unterstützung von Juristen erforderlich ist, zB wenn auf von Institutionen empfohlene oder gebräuchliche Mustertexte zurückgegriffen wird. Allerdings ist internationale Schiedsgerichtsbarkeit teuer und oft langwierig; für die staatliche Gerichtsbarkeit kann das ebenfalls gelten, insbesondere wenn mehrere Instanzen durchlaufen werden müssen. Das spricht dafür, eine Regelung zu ADR bereits im ursprünglichen Vertrag zu treffen. Ergebnis wäre eine **mehrstufige Streitbeilegungsregelung.** Sie kann einen differenzierten, abgestuften Ansatz ermöglichen. 25

Eine derartige Regelung ist aber nicht ganz einfach zu formulieren.[30] Die Frage ist zB, ob man sich für ein **bestimmtes ADR-Instrument** entscheidet oder nicht. Allerdings gibt es nicht ein bestimmtes ADR-Instrument, das sich für alle Arten von Streitigkeiten eignet. Es gibt Streitigkeiten, bei denen den Parteien mit einer Empfehlung oder Entscheidung eines neutralen Dritten geholfen ist, während bei anderen die Unterstützung von Vergleichsverhandlungen durch einen Dritten aussichtsreicher wäre. Legt man sich in der Streitbeilegungsklausel im ursprünglichen Vertrag auf ein Instrument fest, besteht also das Risiko, dass es sich, sobald es zur Streitigkeit kommt, nicht als das für die Streitigkeit 26

---

[28] Born Forum Selection Agreements S. 35.
[29] Für frühzeitige Vereinbarung auch Paulsson/Rawding/Reed Freshfields Guide S. 1 u. 3.
[30] Zur Vorsicht mahnen auch Born Forum Selection Agreements S. 103 f.; Kreindler/Schäfer/Wolff Schiedsgerichtsbarkeit Rn. 66 u. 72.

ideale Streitbeilegungsmittel erweist. Sollte dieser Fall eintreten, kann die Partei, die das Streitbeilegungsverfahren durchführen will, nicht einfach diese Stufe überspringen.[31]

27 Sofern ein ADR-Instrument gewählt wird, bei dem keine **Hemmung der Verjährung** eintritt,[32] ist dieser Aspekt zusätzlich gegebenenfalls zu regeln. Es sollte bei einer mehrstufigen Streitbeilegungsklausel ferner darauf geachtet werden, dass die vor der Schiedsgerichtsbarkeit liegenden Stufen eine kurze Höchstdauer haben oder von jeder Partei einseitig beendet werden können.[33] Bei bestimmten Streitigkeiten kann es sinnvoll sein, dass nicht sämtliche Stufen durchlaufen werden müssen. Bei der Formulierung derartiger mehrstufiger Streitbeilegungsvereinbarungen sollte deshalb ein mit der Streitbeilegung vertrauter Jurist hinzugezogen werden.

28 Wird ein mehrstufiges Verfahren vereinbart und ein ADR-Verfahren gewählt, das – nach einem summarischen Verfahren – auf ein – nicht endgültig bindendes – Votum eines neutralen Dritten abzielt, bekommen die Parteien auf dieser Stufe die Gelegenheit zu überprüfen, ob sie das Votum akzeptieren können. Sind sie nicht einverstanden, können sie immer noch zum Schiedsgericht oder Gericht gehen; auf diese Art bekommen die Parteien die Möglichkeit, eine „zweite Instanz" einzuschalten.

V. Form und Geltungsbereich von Streitbeilegungsvereinbarungen

29 Wie andere Vertragsregelungen auch, sollte die Streitbeilegungsregelung möglichst **klar formuliert** sein. Insbesondere muss sie erkennen lassen, welches Streitbeilegungsinstrument gewollt ist. Unklare Streitbeilegungsregelungen führen zu Komplikationen und Zeitverlust bei der Streitbeilegung.

30 Unabhängig davon, ob ein **gesetzliches Formerfordernis** gilt – bei ADR-Verfahren ist das zB typischerweise nicht der Fall, ist man in der Praxis gut beraten, bei Streitbeilegungsvereinbarungen Schriftform zu beachten, um den Inhalt der Vereinbarung gegebenenfalls nachweisen zu können.

31 Eine Streitbeilegungsvereinbarung kann in Bezug auf sich ergebende Streitigkeiten weit oder eng gefasst sein. Normalerweise empfiehlt es sich, sie **weit zu fassen** (in Bezug auf „alle Streitigkeiten"), um Abgrenzungs- und Zuständigkeitsprobleme zu vermeiden.[34] Es ist somit zum einen sinnvoll, die Streitbeilegungsvereinbarung auf sämtliche vertraglichen Ansprüche zu beziehen. Darüber hinaus sollten aber auch nicht-vertragliche Ansprüche (zB aufgrund Delikts- oder Bereicherungsrechts) erfasst werden, die im Zusammenhang mit dem konkreten Vertrag stehen.[35] Dabei entspricht es jedenfalls der Auslegungspraxis deutscher Gerichte, Schiedsgerichtsvereinbarungen weit auszulegen[36], auch über vertragliche Ansprüche hinaus, sofern diese alle sich „in Verbindung" mit dem Vertrag ergebenden Streitigkeiten umfasst.[37] Wenn man eine mehrstufige Streitbeilegungsregelung vereinbart, sollten im Grundsatz alle Stufen insoweit denselben Regelungsumfang haben.

---

[31] Hierzu → Rn. 36 ff. mwN.

[32] S. auch Anm. 87 IBA Guidelines for Drafting International Arbitration Clauses, http://www.ibanet.org (zitiert als IBA Guidelines for Drafting).

[33] Anm. 87 IBA Guidelines for Drafting International Arbitration Clauses sowie Regelungsvorschlag in Anm. 96; ferner Paulsson/Rawding/Reed Freshfields Guide S. 155 f.

[34] Siehe auch → Rn. 57 zur Frage, welchen Geltungsbereich Regelungen zu Schiedsgutachten haben sollten.

[35] So auch Guideline 3 IBA Guidelines for Drafting; Born Forum Selection Agreements S. 37 f.

[36] BGH NJOZ 2020, 234 (zu vertraglichen Ansprüchen).

[37] Siehe ua OLG Frankfurt BeckRS 2020, 28050; OLG München SchiedsVZ 2014, 262 (264), jeweils zu *„in Verbindung mit"*; BGH Urt. v. 24.11.1964 – VI ZR 187/63, RG JW 1918, 263 Nr. 8 zu „sich aus dem Vertrag ergebenden Streitigkeiten".

C. Die einzelnen Streitbeilegungsinstrumente

I. Bilaterale Vergleichsverhandlungen

Für Unternehmen ist es normal, dass man Streitigkeiten zuerst bilateral zu lösen versucht. 32
Deshalb ist es schon fraglich, ob eine Regelung zu diesem Punkt überhaupt sinnvoll ist. Immerhin hat eine derartige Regelung einen gewissen **Appellcharakter.** Trifft man sie, ist die Ergänzung sinnvoll, dass jede Partei im Rahmen der Streitbeilegung die Einschaltung einer **höheren Managementebene** verlangen kann,[38] da die Erfahrung zeigt, dass die Hinzuziehung von Personen, die einerseits Entscheidungen treffen können und andererseits noch durch eine gewisse Unbefangenheit in Bezug auf die Streitigkeit gekennzeichnet sind, zur Streitbeilegung beitragen kann. Da Unternehmen und Streitigkeiten unterschiedlich groß sind, ist es andererseits nicht sinnvoll, zu konkrete Vorgaben in Bezug auf die Managementebene zu treffen, die tätig werden soll.

Wichtig ist andererseits eine **klare Regelung** zur **Beendigung** dieser ersten Stufe, zB 33
jederzeit durch schriftliche Erklärung gegenüber der anderen Seite.[39] Eine Regelung über bilaterale Vergleichsverhandlungen[40] könnte folgenden Wortlaut haben:

Klauselbeispiel für bilaterale Vergleichsverhandlungen

[•] Dispute Resolution

If a dispute arises in connection with this contract, the parties shall attempt to settle such dispute amicably. Upon request of any party, a senior management representative of each party shall participate in the negotiations. Each party shall be entitled to terminate these negotiations by written notification to the other party at any time.

II. Alternative Dispute Resolution (ADR)

1. Allgemeines

Bei der Verwendung mehrstufiger Streitbeilegungsklauseln, die als Einstieg bilaterale Ver- 34
gleichsverhandlungen der Parteien vorsehen, sollten die Voraussetzungen für die **Einleitung** des nachfolgenden ADR-Verfahrens vertraglich vereinbart werden. In aller Regel wird auf ein endgültiges Scheitern der bilateralen Vergleichsverhandlungen der Parteien oder einen nicht erfolgten erfolgreichen Abschluss der Vergleichsverhandlungen innerhalb eines bestimmten Zeitrahmens abzustellen sein.

Aufbauend auf dem vorstehenden Klauselvorschlag für die Vergleichsverhandlungen der 35
Parteien kann eine Klausel, die die Voraussetzungen für die Eröffnung eines ADR-Verfahrens definiert, wie folgt aussehen:

Klauselbeispiel für die Einleitung eines ADR-Verfahrens nach vorherigen bilateralen Vergleichsverhandlungen

In the event that any party terminates these negotiations, either party may refer the dispute to [i. e. the selected ADR mechanism] for seeking to settle the dispute or, respectively, further proceedings in accordance with the following rules.

Von grundsätzlicher Bedeutung für die Ausgestaltung und die spätere Anwendung von 36
Streitbeilegungsklauseln ist die Frage, ob die Vereinbarung von ADR-Verfahren im Rahmen mehrstufiger Streitbeilegungsklauseln dahingehend **verbindlich** ist, dass die erfolgrei-

[38] Ähnlich Paulsson/Rawding/Reed Freshfields Guide S. 1.
[39] Ähnlich Paulsson/Rawding/Reed Freshfields Guide S. 117.
[40] Vergleichbare Formulierungsvorschläge in Paulsson/Rawding/Reed Freshfields Guide S. 155; AAA Drafting Dispute Resolution Clauses S. 12; IBA Guidelines for Drafting S. 34.

che Inanspruchnahme von Rechtsschutz durch staatliche Gerichte oder Schiedsgerichte den Parteien grundsätzlich so lange verwehrt ist, bis das jeweilige ADR-Verfahren durchgeführt wurde. Um eine entsprechende Streitbeilegungsklausel nicht zu einem Muster ohne Wert verkommen zu lassen, sollte in der Vertragsgestaltung – und sei es nur deklaratorisch – dafür Sorge getragen werden, dass die ADR-Klausel einen dilatorischen Klageverzicht bis zum Abschluss des ADR-Verfahrens enthält. Hierdurch wird dessen Durchführung zur Prozessvoraussetzung erhoben. Klagt eine Partei ohne die vorherige Durchführung des ADR-Verfahrens, ist die Klage auf Einrede der anderen Partei nach deutschem Recht als zurzeit unzulässig abzuweisen.[41]

37 Die Notwendigkeit einer vertraglichen Regelung verdeutlicht der Blick in die **englische Rechtsprechung:** Vor Einführung der Civil Procedure Rules im Jahr 1999 wurde in der Rechtsprechung die allgemeine Auffassung vertreten, dass Mediationsklauseln nicht durchsetzbar und daher in einem streitigen Verfahren auch nicht zu berücksichtigen seien.[42] Nach englischem Recht wurden Vereinbarungen über Verhandlungen der Parteien („agreements to negotiate") ebenso als nicht durchsetzbar angesehen wie Vereinbarungen der Parteien, sich gütlich zu einigen („agreements to agree"), da ihnen die für eine Durchsetzbarkeit erforderliche rechtliche Bestimmtheit fehle.[43] Auch wenn der High Court in mehreren späteren Entscheidungen diese Auffassung teilweise relativiert hat, bildete sie dennoch die Leitlinie der englischen Rechtsprechung bis zur Einführung der Civil Procedure Rules, mit denen eine erhebliche Stärkung alternativer Streitbeilegungsverfahren verbunden war. Hiermit war in der Vergangenheit auch eine Änderung der Rechtsprechung dahingehend zu verzeichnen, dass jedenfalls die Mehrheit gebräuchlicher Vertragsklauseln über die Durchführung von ADR-Verfahren mittlerweile als durchsetzbar angesehen werden dürfte.[44] Allerdings unterliegt diese Bewertung insofern Einschränkungen, da sie sich auf eine Schiedsgerichtsklauseln ähnliche Ausgestaltung von Streitbeilegungsklauseln bezieht und damit gewisse Anforderungen an den Regelungsgehalt zur Ausgestaltung des ADR-Verfahrens stellt.[45]

38 Nach deutscher höchstrichterlicher Rechtsprechung ist wie dargestellt die Klage auf Einrede der anderen Partei vor einem Zivilgericht unzulässig, solange ein vereinbartes, vorrangig durchzuführendes ADR-Verfahren vor Klageerhebung nicht durchgeführt wurde.[46] Gleichwohl kann die Erhebung der Einrede im Einzelfall dann treuwidrig sein, wenn die andere Partei die Durchführung des ADR-Verfahrens dadurch beeinträchtigt hat, dass sie zB hierfür zu leistende Vorschüsse nicht gezahlt hat.[47]

2. Mediation

39 Mediation wurde in den USA entwickelt und ist bisher vor allem in englischsprachigen Ländern, insbesondere den USA und in England recht weit verbreitet. Sie ist von den in der Praxis verbreiteten ADR-Verfahren das einzige, für das (auch) in Deutschland eine gesetzliche Kodifizierung mit dem Mediationsgesetz erfolgt ist. Mit der Mediationsrichtlinie

---

[41] BGH NJW 1984, 669 (670); BGH NJW 1999, 647; jeweils zu Schlichtungsvereinbarungen, die aber nach herrschender Ansicht für Mediationsvereinbarungen in gleicher Weise anzuwenden sind, Unberath NJW 2011, 1320 (1322f.).

[42] Vgl. zur englischen Rechtsprechung umfassend Friedrich SchiedsVZ 2005, 250 mwN.

[43] In der Entscheidung *Courtney & Fairbairn v Tolaini Brothers (Hotels)* heißt es hierzu instruktiv ua: *„If the law does not recognise a contract to enter into a contract (when there is a fundamental term yet to be agreed) it seems to me it cannot recognise a contract to negotiate. The reason is because it is too uncertain to have any binding force.";* *Courtney & Fairbairn Ltd v Tolaini Brothers (Hotels) Ltd* [1975] 1 W.L.R. 297 (301).

[44] Ausgangspunkt hierfür war die Entscheidung *Cable & Wireless plc v IBM UK Ltd* [2002] EWHC 2059, in der erstmals grundsätzlich die Durchsetzbarkeit von ADR-Klauseln bejaht wurde; diese Rechtsprechung wurde in der Folgezeit weiter fortgeführt und gestärkt.

[45] Insbesondere die Bezugnahme auf institutionelle Mediationsverfahren dürfte diesen Anforderungen aber ausnahmslos genügen.

[46] BGH NJW 1984, 669 (670); NJW 1999, 647; → Fn. 41.

[47] BGH NJW 1999, 647 (648).

der EU[48] ist der nationalen Kodifizierung auf europäischer Ebene bereits eine gesetzliche Regelung von Teilaspekten im Zusammenhang mit dem Mediationsverfahren vorausgegangen.

Mediation ist ein kooperatives, **konsensuales Streitbeilegungsverfahren.** Dieser Tat- 40
sache muss man sich bei der Vertragsgestaltung bewusst sein, da sich daraus auch Nachteile ergeben, die die Eignung des Mediationsverfahrens jedenfalls für eine bei Vertragsschluss zu vereinbarende Streitbeilegungsklausel für verschiedene Vertragstypen als zweifelhaft erscheinen lässt. Im Rahmen eines Mediationsverfahrens versucht mit dem Mediator ein besonders geschulter **neutraler Dritter,** den Parteien eine einvernehmliche Regelung des Streitgegenstandes durch seine neutrale „Moderation" und Strukturierung eines Verfahrens anhand verschiedener, teils interdisziplinärer Methoden zu ermöglichen. Das Konzept besteht darin, die Parteien zu veranlassen, sich von ihren Konfliktpositionen wegzubewegen und ihre zugrundeliegenden Interessen zu betrachten und sodann verschiedene Lösungsoptionen zu entwickeln. Mediation eignet sich deshalb nicht nur für rechtliche, sondern in besonderer Weise auch für nichtjuristische Konflikte. Im Unterschied zu (schieds-)gerichtlichen Verfahren, aber auch zu anderen ADR-Verfahren, hat bei der Mediation der Mediator **keine Entscheidungskompetenz,** den Streit der Parteien auch nur vorläufig verbindlich zu entscheiden; er ist im Prinzip nicht einmal befugt, den Parteien Lösungsvorschläge zu unterbreiten. Bewegen sich die Parteien im Rahmen des Mediationsverfahrens nicht aufeinander zu, so dass eine einvernehmliche Regelung des Streitgegenstandes scheitert, endet das Mediationsverfahren ergebnislos. Damit erscheint die Mediation für die Vertragsverhältnisse ungeeignet, in denen wegen drohender und nicht rückgängig zu machender Veränderungen des Streitgegenstandes sofortige Entscheidungen erforderlich sind. Damit einher geht auch der weitere erhebliche Nachteil, dass das Mediationsverfahren zur Erlangung eines Zahlungsaufschubs instrumentalisiert werden kann, der den Liquiditätserfordernissen der anderen Partei entgegensteht.[49] Zwar sind sämtlichen ADR-Verfahren dadurch gekennzeichnet, dass sie die Einleitung (schieds-)gerichtlicher Verfahren und damit eine endgültige und vollstreckbare Entscheidung zu Gunsten einer Partei hinauszögern. Einige der anderen ADR-Verfahren führen allerdings zu einer jedenfalls vorläufig verbindlichen Entscheidung für die Parteien.

Diese Nachteile des Mediationsverfahrens stehen dessen Eignung zur endgültigen Streit- 41
beilegung der Parteien im Einzelfall allerdings nicht entgegen. Gegenüber starren gerichtlichen Verfahren hat sie den Vorteil, dass sie ein **flexibel gestaltbares** Verfahren mit sich bringt, das unter Ausschluss der Öffentlichkeit unter **Vereinbarung strikter Vertraulichkeit** stattfindet und die über den Streitgegenstand hinausgehenden wirtschaftlichen Interessen der Parteien berücksichtigen kann.[50] Außerdem ist das Verfahren im Vergleich zu (schieds-)gerichtlichen Verfahren in aller Regel schnell und **weniger kostenintensiv** Trotzdem sind Mediationsvereinbarungen in internationalen Wirtschaftsverträgen wohl vergleichsweise selten anzutreffen. Vorbehalte einer der Parteien gegenüber der Bereitschaft der jeweils anderen Partei, angemessen an einer konsensualen Lösung des Streites auch zu ihren Lasten mitzuwirken, stehen der Vereinbarung eines Mediationsverfahrens wohl häufig entgegen. Noch entscheidender ist wohl der Umstand, dass jedenfalls bei auf den dauerhaften oder langfristigen Leistungsaustausch ausgerichteten Vertragsverhältnissen in vielen Fällen die Erlangung einer vorläufig verbindlichen Entscheidung, wie das Vertragsverhält-

---

[48] Richtlinie 2008/52/EG des Europäischen Parlaments und des Rates vom 21.5.2008 über bestimmte Aspekte der Mediation in Zivil- und Handelssachen, ABl. 2008 Nr. L 136/3; vgl. hierzu ua Sujecki EuZW 2010, 7; Wozniewski NZG 2008, 410; Eidenmüller/Prause NJW 2008, 2737.

[49] Vgl. zu den Nachteilen des Mediationsverfahrens im Einzelnen ua Jenkins International Construction S. 145f.

[50] Ausführlich hierzu ua Eidenmüller RIW 2002, 1.

nis weiter abzuwickeln ist, aus Sicht der Parteien unerlässlich ist.[51] Aus diesem Grund bieten sich ggf. für ein bei Vertragsschluss vereinbartes ADR-Verfahren andere, nachfolgend dargestellte Verfahren eher an, die eine vorläufig verbindliche Entscheidung gewährleisten.

42 Die Mediation als erwiesenermaßen zur Streitbeilegung geeignetes Instrument sollten die Parteien aber auch bei Vertragsverhältnissen, die aus den vorgenannten Gründen weniger gut für die Mediation geeignet erscheinen, nicht vollständig aus den Augen verlieren. Bezogen auf den jeweiligen Streitfall kann die ergänzende nachträgliche Vereinbarung einer Mediation im Rahmen der Vertragsabwicklung im Einzelfall – auch in Abweichung von vertraglich vereinbarten ADR-Verfahren – durchaus in Betracht kommen. Alternativ kann auch erwogen werden, die Mediation lediglich optional vorzusehen oder über die Möglichkeit der Durchführung eines Mediationsverfahrens zu verhandeln.[52]

43 Wie für alle Streitbeilegungsklauseln sind bei der Gestaltung von Mediationsklauseln verschiedene Aspekte zu berücksichtigen. Zunächst sind die Voraussetzungen für die Einleitung des Mediationsverfahrens zu regeln. Sofern hierbei auf ein **von einer Institution administriertes** Mediationsverfahren zurückgegriffen wird, sind Regelungen zur Ausgestaltung des Verfahrens und zur Bestellung des Mediators in der Regel entbehrlich, da die jeweiligen Verfahrensordnungen hierzu ausreichende Regelungen vorsehen. Mediationsverfahren werden zB von folgenden Institutionen[53] nach ihren jeweiligen Verfahrensordnungen durchgeführt:

- ICC gemäß den ICC Mediation Rules.[54]
- DIS gemäß DIS-Mediationsordnung;[55]
- Europäisches Institut für Conflict Management e.V. (eucon) gemäß Eucon Mediationsordnung;[56]
- WIPO gemäß den WIPO Mediation Rules;[57]
- Swiss Mediation Rules des Swiss Arbitration Centre;[58] letzteres trat mit Wirkung zum 1.6.2021 an die Stelle des Swiss Chambers' Arbitration Institute;
- Arbitration Institute der Stockholm Chamber of Commerce gemäß den SCC Mediation Rules;[59]
- London Court of International Arbitration gemäß den LCIA Mediation Rules.[60]

44 **Musterklauseln** für die Vereinbarung **institutioneller Mediationsverfahren** lassen sich den Websites der vorgenannten Institutionen entnehmen. Die Bezugnahme auf ein administriertes Mediationsverfahren ist nicht zwingend. Auch Ad-hoc-Mediationsverfahren sind vorstellbar, stellen aber an die Parteien bei der Vertragsgestaltung erhöhte Anforderungen, weil eine Vielzahl von Regelungen[61] der individuellen Gestaltung und Vereinbarung der Parteien bedarf. Dies dürfte nur in Betracht kommen, wenn an der Gestaltung

---

[51] Zu denken ist hier zB an die Frage, ob eine gewählte Konstruktionsart den anerkannten Regeln der Technik entspricht und damit mangelfrei ist oder ob die vertraglichen Voraussetzungen der Fälligkeit eines aus Liquiditätsgründen für den Auftragnehmer erforderlichen Zahlungsanspruchs vorliegen.

[52] Vgl. hierzu mit Formulierungsbeispielen McIlwrath/Savage International Arbitration Rn. 1–198.

[53] Die nachfolgende Aufzählung ist exemplarisch und nicht als abschließend zu verstehen. Grundsätzlich bietet die weit überwiegende Anzahl der Anbieter institutioneller Schiedsgerichtsbarkeit auch Mediationsverfahren an.

[54] https://iccwbo.org/dispute-resolution-services/mediation/mediation-rules/. Dazu Behme/Probst ZKM 2014, 8 und Mahnken SchiedsVZ 2016, 30 (34).

[55] https://www.disarb.org/werkzeuge-und-tools/dis-regeln.

[56] https://www.eucon-institut.de/mediation/mediationsordnung/.

[57] https://www.wipo.int/amc/en/mediation/rules/. Die WIPO Mediation Rules liegen derzeit in einer Fassung vom 1.7.2021 vor.

[58] https://www.swissarbitration.org/centre/mediation/mediation-rules/.

[59] https://sccinstitute.com/our-services/rules/Die SCC Mediation Rules sind in ihrer aktuellen Fassung seit dem 1.1.2014 in Kraft.

[60] https://www.lcia.org/Dispute_Resolution_Services/lcia_mediation_rules_2020.aspx.

[61] Zu denken ist in diesem Zusammenhang zB an die Einleitung des Verfahrens, die Benennung des Mediators uÄ.

der entsprechenden Vereinbarung Personen mit ausreichenden Kenntnissen auf dem Gebiet der Mediation beteiligt sind.

Es empfiehlt sich weiter, eine klare Regelung für die **Beendigung des Mediationsverfahrens,** idealerweise eine **jederzeitige Kündigungsmöglichkeit,** vorzusehen. Hiermit kann Fehlentwicklungen im Rahmen des Verfahrens und insbesondere Versuchen der Gegenseite, das Verfahren zu verzögern, sachgerecht entgegengetreten werden. 45

Durch die im Dezember 2018 im Rahmen der UN angenommene und am 7.8.2019 in Singapur unterzeichnete UN Convention on International Settlement Agreements Resulting from Mediation („Singapore Convention")[62] soll die internationale Vollstreckung von im Rahmen von Mediationen geschlossenen Vergleichen ermöglicht werden. Sie ist am 12.9.2020 in Kraft getreten.[63] Deutschland und die anderen Mitgliedstaaten der EU gehören nicht zu den Unterzeichnerstaaten und sind der Konvention bisher nicht beigetreten. Es bleibt abzuwarten, ob die Singapore Convention die Attraktivität von Mediation erhöht wird.[64] 45a

Es wird diskutiert, Mediation mit Schiedsgerichtsbarkeit in verschiedenen Formen zu verbinden. Ein Ansatz, dem hierbei besondere Bedeutung geschenkt wird, ist **MedArb,** eine Kombination von Mediation mit einer sich bei Scheitern der Mediation hieran unmittelbar anschließenden verbindlichen Entscheidung im Wege eines Schiedsverfahrens.[65] Eine Besonderheit von MedArb ist der Umstand, dass Mediation und Schiedsverfahren durch denselben neutralen Dritten geleitet werden und damit der Mediator erforderlichenfalls auch eine Entscheidung in der Sache trifft.[66] Diese **Doppelfunktion** des neutralen Dritten als Mediator und Schiedsrichter ist allerdings kritisch zu sehen. Sie birgt jedenfalls die Gefahr in sich, dass die Parteien im Wissen über dessen eventuelle spätere verbindliche Entscheidung der Streitigkeit dem Mediator nicht so offen gegenübertreten, wie sie es in einer isolierten Mediation machen würden, und damit letztlich den Erfolg der Mediation gefährden.[67] Bei der Vereinbarung von MedArb erscheint daher Zurückhaltung angebracht. Insbesondere ist es nicht sinnvoll, MedArb bereits in der Streitbeilegungsklausel im ursprünglichen Vertrag vorzusehen. Andere Verknüpfungen von Mediation und Schiedsverfahren – zB die Einbindung von Mediationselementen in das Schiedsgerichtsverfahren selber – dürften vorzugswürdig sein.[68] 46

3. Schlichtung

Bei der Schlichtung handelt es sich um ein **nicht sehr konfrontatives Streitbeilegungsverfahren,** das sich – wie die Mediation – sowohl für juristische als auch für nichtjuristische Konflikte eignet. Die DIS beschreibt beispielsweise in Art. 11 ihrer Schlichtungsordnung[69] die Aufgabe des Schlichters dahingehend, die Parteien in unabhängiger und unparteiischer Weise in ihrem Bemühen, die Streitigkeit einverständlich beizulegen, zu unterstützen und dabei das Verfahren in Abstimmung mit den Parteien festzulegen sowie **Vorschläge** für die Beilegung der Streitigkeit zu machen. Dieses Verständnis wird interna- 47

---

[62] https://uncitral.un.org/en/texts/mediation/conventions/international_settlement_agreements, https://uncitral.un.org/en/07.8.2019.

[63] https://uncitral.un.org/en/texts/mediation/conventions/international_settlement_agreements/status.

[64] Die UNCITRAL hat 2018 außerdem das UNCITRAL Model Law on International Commercial Mediation and International Settlement Agreements Resulting from Mediation verabschiedet, durch das das UNCITRAL Model Law on International Commercial Conciliation von 2002 modifiziert wird.

[65] Vgl. jeweils mit weiterführenden Verweisen ua Dendorfer/Lack SchiedsVZ 2007, 195 f.; Eidenmüller RIW 2002, 1 (10); Hill Arb. Int'l. 1997, 105.

[66] Eidenmüller RIW 2002, 1 (10); hierzu auch Berger RIW 2001, 881.

[67] Kritisch hierzu ua Böckstiegel/Kröll/Nacimiento Arbitration S. 68, die die unterschiedlichen Rollen als Mediator und Schiedsrichter als nicht miteinander vereinbar ansehen; andere Auffassung Trappe SchiedsVZ 2012, 79 (84).

[68] Vgl. zu Alternativen der Verbindung von Mediation und Schiedsgerichtsbarkeit ua Berger RIW 2001, 881 (884 ff.).

[69] DIS-Schlichtungsordnung, www.dis-arb.de.

tional geteilt, wie eine vergleichbare Definition in Art. 7 Abs. 4 UNCITRAL Conciliation Rules[70] verdeutlicht. Der Hauptunterschied zwischen Schlichtung und Mediation ist also, dass bei der Schlichtung der neutrale Dritte die Befugnis hat, den Parteien **Lösungsvorschläge** zu **unterbreiten,** während er sie bei der Mediation im Grundsatz nicht hat.

47a Die UNCITRAL hat ein Schlichtungs-ModellG[71] entwickelt, das 2018 modifiziert und umbenannt worden ist.[72] Das ModellG in der Fassung von 2018 behandelt neben der Mediation weiterhin auch die Schlichtung.[73] Wenig überzeugend ist allerdings, dass es Mediation als diffusen Oberbegriff verwendet und nicht deutlich macht, worin sich Mediation und Schlichtung unterscheiden.

48 Die Schlichtung ist in der Regel sowohl in Bezug auf die Kosten als auch mit Blick auf den Zeitaufwand überschaubar. Wie für fast alle ADR-Verfahren besteht auch für die Schlichtung die Möglichkeit, auf **institutionelle Verfahren** zurückzugreifen. Hierfür kommt zB die DIS-Schlichtungsordnung in Betracht; für ein Ad-hoc-Schlichtungsverfahren bieten sich die UNCITRAL Conciliation Rules an. Während in Deutschland die Schlichtung für verschiedenste Vertragsverhältnisse traditionell eine erhebliche Bedeutung genießt, ist die Schlichtung international gegenüber der Mediation weniger verbreitet.

49 Wie bei einer Mediationsvereinbarung sollte auch bei einer Schlichtungsvereinbarung auf einen Spätesttermin für den Abschluss des Verfahrens oder auf eine jederzeitige Kündigungsmöglichkeit besonderer Wert gelegt werden.

4. Neutrales Gutachten

50 In einem Verfahren mit einem neutralen Gutachter äußert sich der Gutachter zu einer nichtjuristischen oder juristischen Frage, die von den Parteien gemeinsam formuliert wurde und für deren Beantwortung es besonderer Sachkunde bedarf. Die Äußerung des Gutachters ist für die Parteien **nicht bindend.** Insoweit besteht Ähnlichkeit mit der Empfehlung im Rahmen der Schlichtung. Die Äußerung des neutralen Dritten muss auch nicht zwingend zu nichtjuristischen Fragen, zB technischer oder wirtschaftlicher Art, erfolgen, sie kann sich auch auf juristische Fragen beziehen. In letzterem Fall sollte der neutrale Dritte natürlich Jurist sein.

51 Die englische Bezeichnung ist Expert Opinion. Verfahrensordnungen sind zB die ICC Rules for the Administration of Expert Proceedings[74] oder die DIS-Gutachtensordnung.[75] Auch das ICC DOCDEX[76]-Verfahren, in dem ein Gutachten zu bestimmten Dokumenten im Bankenbereich erstattet wird, gehört in diese Kategorie.

52 Ein Gutachtenverfahren lässt sich recht schnell und kostengünstig durchführen; in der Regel wird es nicht erforderlich sein, externe Anwälte einzuschalten. Das Gutachten hat – wie die Erfahrung zeigt – gute Chancen, beachtet zu werden, da der neutrale Dritte von beiden Parteien gemeinsam ausgesucht wurde. Eine überzeugende **schriftliche Begründung** durch den Gutachter erhöht noch die Chance, dass es respektiert wird. Die unterlegene Partei sollte sich nämlich überlegen, ob sie sicher sein kann, in einem nachfolgenden

---

[70] https://uncitral.un.org/en/texts/mediation/contractualtexts/conciliation.

[71] UNCITRAL Model Law on International Commercial Conciliations v. 19.11.2002, https://uncitral.un.org/sites/uncitral.un.org/files/media-documents/uncitral/en/03-90953_ebook.pdf. Nur eine überschaubare Zahl an Staaten hat dieses UNCITRAL-ModellG übernommen und wenn, dann wohl meist nur in erheblich modifizierter Form, zB als Mediationsgesetz. Deutschland hat es nicht übernommen.

[72] UNCITRAL Model Law on International Commercial Mediation and International Settlement Agreements resulting from Mediation, https://uncitral.un.org/sites/uncitral.un.org/files/media-documents/uncitral/en/annex_ii.pdf.

[73] S. Art. 1 Abs. 3 und Art. 7 Abs. 4 UNCITRAL ModellG 2018.

[74] https://iccwbo.org/dispute-resolution-services/experts/administration-experts-proceedings/rules-for-the-administration-of-expert-proceedings/; dazu Mahnken SchiedsVZ 2016, 30 (33 f.).

[75] https://www.disarb.org/werkzeuge-und-tools/dis-regeln; abgekürzt „DIS-GO“; dazu Stubbe SchiedsVZ 2010, 130 (135 f.).

[76] ICC Rules for Documentary Instruments Dispute Resolution Expertise, https://iccwbo.org/publication/icc-docdex-rules-english-version/; dazu Überblick bei Mahnken SchiedsVZ 2016, 30 (33).

Schiedsgerichts- oder Gerichtsverfahren ein anderes Ergebnis als im Gutachtenverfahren zu erzielen, wenn sie den gemeinsam bestellten Gutachter nicht überzeugen konnte.

Es sollte in der Streitbeilegungsregelung auch nicht ausgeschlossen werden, das Gutachten in einem nachfolgenden Schiedsgerichts- oder Gerichtsverfahren zu verwenden. Das Gericht oder Schiedsgericht wäre an das Gutachten nicht gebunden, aber es könnte bei der Entscheidungsfindung helfen. 53

Das Streitbeilegungsverfahren des neutralen Gutachtens ist **nicht sehr konfrontativ.** Vor allem bei guten Geschäftsbeziehungen zwischen den Parteien ist es für Streitigkeiten mit nicht zu hohem Streitwert geeignet, bei denen es den Parteien um die Klärung einer einzelnen definierbaren Frage geht. Musterklauseln finden sich auf den Websites der DIS für die DIS-GO[77] und der ICC für die ICC Rules for the Administration of Expert Proceedings.[78] 54

5. Schiedsgutachten

Bei einem Schiedsgutachten trifft der Schiedsgutachter eine **bindende Entscheidung,** für die es besonderer Sachkunde bedarf, die allerdings nicht wie ein Schiedsspruch rechtskräftig und ohne wesentliche Zwischenschritte vollstreckbar ist. Das BGB regelt das Schiedsgutachten in §§ 317, 319 allerdings nur rudimentär. Nach deutschem Recht kann das Schiedsgutachten folgende Aspekte behandeln[79]: 55

1. anfängliche Leistungsbestimmung,
2. Vertragsanpassung,
3. Konkretisierung objektiv bestimmter Leistungsinhalte,
4. Feststellung von Tatbestandselementen.

Die ersten beiden Varianten werden als Schiedsgutachten im weiteren Sinne oder gestaltende Gutachten bezeichnet,[80] die letzteren beiden als Schiedsgutachten im engeren Sinne oder feststellende Gutachten.[81] Auf Schiedsgutachten im weiteren Sinne sind die §§ 317 ff. BGB unmittelbar, auf die Schiedsgutachten im engeren Sinne analog anwendbar.[82]

Erstaunlicherweise stellt von den bekannten Streitbeilegungsinstitutionen nur die WIPO eine Verfahrensordnung für ein bindendes Schiedsgutachten zur Verfügung.[83] Die DIS-Schiedsgutachtensordnung behandelt dagegen die vorläufig bindende Adjudikation, nicht das endgültig bindende Schiedsgutachten gemäß BGB. 55a

Als besonders wichtige Anwendungsfälle von Schiedsgutachten sind Bewertungsgutachten im Rahmen von M&A-Transaktionen zu nennen.[84] Da Verbindlichkeit beabsichtigt ist, sollte besonderer Wert auf eine Verfahrensordnung gelegt werden, die ein faires Verfahren sicherstellt. Bemerkenswert ist, dass in vielen M&A-Transaktionen die vertraglich vereinbarte Verfahrensordnung aber nicht sehr detailliert ist. Empfehlenswert dürfte angesichts der Tragweite – und der Endgültigkeit – eines derartigen Bewertungsgutachtens sein, das Verfahren in einem Anhang zum Vertrag **detailliert zu regeln** und so die Fairness des Schiedsgutachtenverfahrens sicherzustellen. Orientieren kann man sich bei einer derartigen 56

---

[77] https://www.disarb.org/werkzeuge-und-tools/dis-musterklauseln.

[78] https://iccwbo.org/dispute-resolution-services/experts/administration-experts-proceedings/suggested-clauses-referring-to-the-icc-rules-for-the-administration-of-expert-proceedings/.

[79] MüKoBGB/Würdinger § 317 Rn. 29 ff.; Acker/Konopka SchiedsVZ 2003, 256 (258); Elsing ZVglRWiss 2015, 568 (573 ff.).

[80] RGZ 96, 57 (59 ff.); BGH NJW-RR 2016, 703 (704); BGH NJW 1991, 2761; Grüneberg/Grüneberg BGB § 317 Rn. 5; Greger/Stubbe Schiedsgutachten Rn. 87, S. 36 ff.; Salger/Trittmann/Wittinghofer Internationale Schiedsverfahren § 27 Rn. 6; kritisch zu dieser Unterscheidung Staudinger/Rieble BGB § 317 Rn. 24 ff.

[81] BGH NJW-RR 2014, 492 Rn. 27; Grüneberg/Grüneberg BGB § 317 Rn. 6; Greger/Stubbe Schiedsgutachten Rn. 129; Salger/Trittmann/Wittinghofer Internationale Schiedsverfahren § 27 Rn. 7.

[82] BGHZ 9, 138 ff.

[83] http://www.arbiter.wipo.int.

[84] Dazu zB Böckstiegel/Berger/Bredow/Sessler Schiedsgutachten S. 97 ff.

Verfahrensordnung an den Regelungen der DIS-Schiedsgutachtensordnung und den Expert Determination Rules der WIPO. Zu wünschen ist, dass Streitbeilegungsinstitutionen in der Zukunft eine Verfahrensordnung speziell für Schiedsgutachten im Rahmen von M&A-Transaktionen anbieten, um den Regelungsaufwand für die Parteien zu reduzieren.

57 Häufig wird in Verträgen vereinbart, dass ein Schiedsgutachter nur über bestimmte Arten von Fragen endgültig entscheiden soll, zB über technische Fragen. Derartige Regelungen führen bei Sachverhalten zu Problemen, bei denen technische und nichttechnische – zB juristische oder wirtschaftliche – Aspekte verbunden sind und damit Zweifel über die Reichweite der Entscheidungskompetenz und Bindungswirkung des Gutachtens begründen können. Wegen dieser Probleme raten die Verfasser von einem derartigen Vorgehen ab.

58 Der Vorteil bei einem Schiedsgutachtenverfahren ist, dass es schneller und kostengünstiger ist als ein Schieds- oder Gerichtsverfahren. Das Ergebnis ist aber im Grundsatz auch endgültig und bindend für nachfolgende Gerichts- oder Schiedsverfahren.[85] Sofern das Verfahren nur summarisch ist, besteht ein gewisses Fehlerrisiko. Die Voraussetzungen für die Nichtbeachtung des Schiedsgutachtens nach deutschem Recht – offenkundige Unbilligkeit bei Schiedsgutachten mit gestaltender Wirkung bzw. offenkundige Unrichtigkeit bei Schiedsgutachten mit Feststellungswirkung – sind alles andere als eindeutig.[86]

6. Adjudikation

59 Bei einer Adjudikation trifft ein neutraler Dritter in einem summarischen Verfahren eine **vorläufig bindende Entscheidung.** Sie wird endgültig bindend, falls keine (fristgerechte) notice of dissatisfaction erfolgt. Die Adjudikation steht hinsichtlich der Bindungswirkung damit letztlich zwischen nicht bindendem Gutachten und bindendem Schiedsgutachten.

60 Eingesetzt wird sie vor allem bei Bau- und Anlagenbauprojekten. Der Begriff kommt vom englischen adjudication, was ursprünglich richterliche Entscheidung bedeutete. Seit den 70er Jahren wurde adjudication in der neueren Bedeutung in englischen Bauverträgen vorgesehen.

61 Durch den HGCRA erhielt die Adjudikation in England eine gesetzliche Grundlage im Rahmen von Bauverträgen.[87] Gesetzliche Regelungen der Adjudikation gibt es auch noch in einigen anderen common law-Ländern – Australien,[88] Neuseeland,[89] Singapur,[90] Malaysia[91] und Irland[92]– in Bezug auf Bau- und teilweise auch auf Anlagenbauprojekte. In Kanada hat die Provinz Ontario eine gesetzliche Adjudikation zum 1.10.2019 eingeführt.[93] Der Trend hin zu gesetzlichen Regelungen der Adjudikation könnte sich international zukünftig weiter fortzusetzen.[94] Bei Bau- und ggf. auch bei Anlagenbauprojekten in diesen Ländern sollte man diese Gesetzgebung berücksichtigen, da eine **Abbedingung** oder **Modifikation nur sehr eingeschränkt möglich** ist. Außerdem sind die Adjudikations-

---

[85] Dazu zB aus jüngerer Vergangenheit OLG München SchiedsVZ 2016, 165.

[86] Dazu etwa Acker/Konopka SchiedsVZ 2003, 256 (258 f.) und Greger/Stubbe Schiedsgutachten S. 45 f. und S. 59 ff. jeweils mit Rechtsprechungsnachweisen.

[87] S. 108 des Housing Grants, Construction and Regeneration Act, abgekürzt HGCRA, http://www.adjudication.co.uk; ausführlich dazu Royce Adjudication S. 2 ff., auch zur Rechtslage in Schottland und Nord-Irland; Rawley/Williams/Martinez/Land Construction S. 3 ff.; ferner Überblick dazu bei Burr/Burr Adjudication S. 17 ff.

[88] Royce Adjudication S. 212; Burr/Skaik Adjudication S. 34 ff.

[89] Royce Adjudication S. 249; Burr/Saunders Adjudication S. 250.

[90] Royce Adjudication S. 256; Burr/Magintharam Adjudication S. 280.

[91] Royce Adjudication S. 262; Burr/MagintharamAdjudication S. 219.

[92] Burr/Lyden Adjudication S. 205.

[93] http://www.ontla.on.ca/web/bills/bills_detail.do?locale=en&BillID=4957; Mahnken McGill Journal of Dispute Resolution 2018/2019, 63 (80), https://mjdr-rrdm.ca/articles/v5/.

[94] Derzeit werden anscheinend Regelungen ua in Hong Kong und verschiedenen US-Bundesstaaten erwogen, vgl. Jenkins International Construction S. 80.

verfahren nach diesen gesetzlichen Regelungen innerhalb sehr kurzer Zeiträume durchzuführen.

Durch entsprechende Vertragsgestaltung kann man eine vergleichbare Regelung auch für Projekte außerhalb dieser Länder vorsehen – wie es zB in Südafrika geschieht.[95] Soweit erkennbar, stellen nicht allzu viele Institutionen entsprechende Verfahrensordnungen zur Verfügung. Zu nennen ist das Honkong International Arbitration Centre;[96] außerdem stellt die DIS-Schiedsgutachtensordnung[97] eine Adjudikationsverfahrensordnung dar. 62

Der Vorteil der Adjudikation ist ein schnelles und nicht allzu teures Verfahren. Die Entscheidung ist vorläufig bindend. Beachtet eine Partei sie nicht, verstößt sie gegen vertragliche Pflichten und macht sich schadensersatzpflichtig. Andererseits ist die Entscheidung nicht endgültig, sofern eine der Parteien nicht mit ihr einverstanden ist und fristgerecht eine „notice of dissatisfaction" einlegt. 63

Bei der Vertragsgestaltung sollte darauf geachtet werden, dass die erfolgreiche Partei die Möglichkeit bekommt, die vorläufig bindende Entscheidung auch effektiv durchzusetzen, wenn die unterlegene Partei sie ignoriert. Es ist zB sinnvoll, eine Regelung aufzunehmen, dass in dem nachfolgenden Schiedsverfahren insoweit ein Zwischenschiedsspruch (ähnlich einem Vorbehaltsurteil in einem deutschen Urkundenprozess gemäß § 599 ZPO) ergehen kann.[98] 64

Hinsichtlich einer Klauselempfehlung kann auf die Website der DIS in Bezug auf die DIS-SchGO verwiesen werden.[99] 65

7. Dispute Boards

Der Einsatz von Dispute Boards als Streitbeilegungsmethode stammt ursprünglich aus den USA, wo sie seit einigen Jahrzehnten bei großen Bauprojekten als sogenannte Dispute Review Boards (oder auch Dispute Resolution Boards, abgekürzt „DRB") verwendet werden.[100] Meist handelt es sich um ein Dreiergremium, bei dem Nichtjuristen (Ingenieure, Personen mit baubetrieblichem Hintergrund) zumeist die Mehrheit haben. Sie werden **zu Projektbeginn,** noch bevor es zur ersten Streitigkeit kommt, **eingesetzt** und sind **während des gesamten Projekts** tätig. Falls es zu Meinungsverschiedenheiten oder Streitigkeiten zwischen den Parteien kommt, wird das DRB **informell** zur Streitbeilegung tätig oder es wird ein **formelles Verfahren** durchgeführt, das mit einer **Empfehlung** des DRB endet. Diese Empfehlung wird endgültig bindend, sofern nicht eine (fristgerechte) notice of dissatisfaction seitens einer Partei ergeht. Die DRBs haben keine gesetzliche Grundlage und beruhen allein auf vertraglichen Regelungen und Verfahrensordnungen von Institutionen.[101] 66

In Europa findet man eher Dispute Adjudication Boards. Sie sprechen keine Empfehlungen aus, sondern treffen **vorläufig bindende Entscheidungen** – wie im Rahmen der Adjudikation. Oberbegriff für DRBs und DABs ist Dispute Boards (DBs). Die ICC DB Rules sehen sowohl DRBs als auch DABs vor und zusätzlich – als Mischform – ein Combined Dispute Board (CDB).[102] Nach der DIS AVO ist ein DAB vorgesehen.[103] FIDIC Red, Yellow und Silver Book 2017 sehen Dispute Avoidance/Adjudication Boards – abge- 67

[95] Jenkins International Construction S. 80.
[96] https://www.hkiac.org/adjudication/adjudication-rules.
[97] https://www.disarb.org/schiedsgerichtsbarkeit/schiedsgutachten; dazu Stubbe SchiedsVZ 2010, 130; außerdem Roquette/Schweiger/Mahnken/Aldinger Privates Baurecht G. IV Rn. 41 ff.
[98] Siehe etwa die Klausel 20.9 in den FIDIC Conditions of Contract for Design, Build and Operate Projects, „Gold Book", 2011 und Klausel 21.7 FIDIC Red, Silver und Yellow Book 2017.
[99] https://www.disarb.org/werkzeuge-und-tools/dis-musterklauseln.
[100] Zur Entwicklung Oelsner Dispute Boards S. 48 ff.
[101] Siehe zB die DRB-Verfahrensordnung der AAA unter http://www.adr.org.
[102] https://iccwbo.org/dispute-resolution-services/dispute-boards/; einen offiziellen deutschen Text der ICC DB Rules gibt es bisher nicht. Siehe auch Mahnken SchiedsVZ 2016, 30 ff.
[103] https://www.disarb.org/werkzeuge-und-tools/dis-regeln; dazu Köntges/Mahnken SchiedsVZ 2010, 310.

kürzt DAAB – vor.[104] Durch die Bezeichnung soll deutlich gemacht werden, dass ihre Funktion auch in der Streitvermeidung besteht.

68 Eine derartige **projektbegleitende Streitbeilegung** ist sinnvoll, wenn es während der Projektabwicklung wahrscheinlich zu Streitigkeiten kommen wird. DBs können sehr schnell reagieren, sobald es die Streitigkeit gibt, da sie bereits zu Projektbeginn bestellt werden und sich auch ohne Streitigkeit mit dem Projekt in gewissem Umfang vertraut machen. Das Ergebnis eines DB-Verfahrens kann deshalb in der Regel noch im laufenden Projekt berücksichtigt werden. Zu praktischen Aspekten von DB Verfahren hat die Dispute Resolution Board Foundation (abgekürzt: DRBF) ein Dispute Board Manual veröffentlicht.[105]

69 Allerdings sind DBs nicht ganz billig, da die DB-Mitglieder für ihre Verfügbarkeit und das Kennenlernen des Projektes vergütet werden müssen. Im Anlagenbau haben sie sich deshalb bisher nicht so weitgehend durchgesetzt wie bei Bauprojekten. Auch im Anlagenbau dürften sie in gewissem Umfang allerdings sinnvoll sein, zB bei Kernkraftwerksprojekten oder bei umfangreichen Modernisierungen bestehender Anlagen, da hier Streitigkeiten sehr wahrscheinlich sind.

70 Im **Anlagenbau** kann, sofern ein projektbegleitendes DB nicht gewünscht ist, eine Einsetzung ad hoc – nach Entstehen der Streitigkeit – sinnvoll sein.[106] In dieser Situation ist es auch einfacher zu entscheiden, welche Disziplinen im DB vertreten sein sollten, da der Gegenstand der Streitigkeit bekannt ist.

71 Gute **Verfahrensordnungen** für **projektbegleitende DBs** sind die ICC DB Rules und die DRB Operating Procedures in Verbindung mit den DRB Hearing Rules and Procedures der AAA;[107] eine Musterklausel für die ICC DB Rules findet sich auf der Website der ICC.[108] Will man auf der Basis dieser Verfahrensordnungen in Bezug auf eine Streitigkeit nach deren Entstehen ein Ad-hoc-DB einsetzen, sind allerdings gewisse Anpassungen nötig.[109] Die DIS hält die DIS-AVO für projektbegleitende Adjudikation und die DIS-SchGO für nicht projektbegleitende Adjudikation bereit.[110] Die Regelungen der FIDIC zu DABs bzw. DAABs sollten ferner nur im Rahmen von Verträgen verwendet werden, denen FIDIC Conditions of Contract zu Grunde liegen.[111]

---

[104] Mahnken, McGill Journal of Dispute Resolution, Vol. 5, 2018/2019, 60 (https://mjdr-rrdm.ca/articles/v5/); Roquette/Schweiger/Mahnken/Aldinger Privates Baurecht G. IV Rn. 106 ff.

[105] https://www.drb.org/dispute-board-manual-link.

[106] Dazu Mahnken ICLR 2006, 433.

[107] https://www.icdr.org/Dispute_Resolution_Board_Operating_Procedures?language=zh-hant; https://www.icdr.org/Dispute_Resolution_Board_Hearing_Rules_and_Procedures?language=ko.

[108] https://iccwbo.org/dispute-resolution-services/dispute-boards/standard-clauses/.

[109] ZB den Text der Siemens AG in Hobeck/Mahnken/Koebke SchiedsVZ 2007, 225 (236 f.); außerdem Roquette/Schweiger/Mahnken/Aldinger Privates Baurecht G. IV Rn. 95 ff. und Walz/Mahnken ADR Formularbuch S. 551 ff.

[110] https://www.disarb.org/werkzeuge-und-tools/dis-musterklauseln; Roquette/Schweiger/Mahnken/Aldinger Privates Baurecht G. IV Rn. 56 ff.

[111] Auf der Grundlage der FIDIC DAB-Klauseln haben das Schweizer BG und der englische High Court widersprüchliche Entscheidungen dazu getroffen, ob und unter welchen Voraussetzungen die Parteien an die Durchführung eines DAB-Verfahrens gebunden sind, bevor sie anderweitigen Rechtsschutz durch Anrufung des Schiedsgerichts suchen können; der High Court hat dabei die DAB-Klauseln und damit die Durchführung des Verfahrens vor dem Dispute Adjudication Board als verbindlich und den Abschluss eines Dispute Adjudication Agreement notfalls auch als gerichtlich durchsetzbar erachtet, *Peterborough City Council v Enterprise Managed Services Ltd* [2014] EWHC 3193 (TCC). Demgegenüber hat das BG die Anrufung des Schiedsgerichts jedenfalls nach Scheitern mehrmonatiger Verhandlungen der Parteien über den Abschluss des Dispute Adjudication Agreement, ohne dass einer der Parteien rechtsmissbräuchliches Verhalten vorzuwerfen gewesen wäre, für zulässig erachtet und dabei insbesondere eine Regelung über die Verpflichtung der Parteien zum Abschluss eines Dispute Adjudication Agreement in der DAB-Klausel vermisst; BG Urt. v. 7.7.2014 – 4 A_124/2014. Ist den Parteien an der zwingenden Durchführung des DAB-Verfahrens gelegen, erscheint die Berücksichtigung der Einwendungen des BG bei der Vertragsgestaltung durch die Formulierung eines Anspruchs auf den Abschluss des Dispute Adjudication Agreement ratsam. Andernfalls kann die Regelung von Ausnahmen, die die Verpflichtung zur Durchführung des DAB-Verfahrens entfallen lassen, erwogen werden.

8. Sonstige ADR-Verfahren

Bei der **Early Neutral Evaluation** gibt ein neutraler Dritter eine unverbindliche Einschätzung zu den Positionen der Parteien im Rahmen einer Streitigkeit ab.[112] Eine gewisse Ähnlichkeit mit dem neutralen Gutachten ist zu erkennen; allerdings bezieht sich das Gutachten auf eine bestimmte Fragestellung, während es bei der Early Neutral Evaluation eher um **die Bewertung** der Positionen der Parteien im Rahmen einer Streitigkeit insgesamt geht. 72

Recht verbreitet in den USA ist das sogenannte **Mini-Trial.** Jede Partei entsendet einen Vertreter in das Mini-Trial, in der Regel einen Vertreter aus dem höheren Management, der mit dem Fall nicht vertraut ist. Zusätzlich wird noch ein Neutraler als Vorsitzender bestimmt. Diesem Gremium tragen die Parteien dann ihre Positionen vor. Die von den Parteien benannten Vertreter versuchen anschließend, eine Einigung zu finden; ist das nicht möglich, spricht der neutrale Dritte eine Empfehlung aus.[113] Im Grunde handelt es sich um eine Kombination von Verhandlungen mit Beteiligung des höheren Managements und Schlichtung. Eine brauchbare Verfahrensordnung scheint es in Europa dafür nicht zu geben. 73

9. ADR-Verfahren zur Ermittlung des optimalen Streitbeilegungsverfahrens

Es gibt also eine Vielzahl von ADR-Verfahren, zwischen denen die Parteien auswählen können. Es lässt sich allerdings nicht sagen, dass eines von ihnen sich für jede Streitigkeit eignet. Andererseits sollte sich für nahezu jede Streitigkeit ein einigermaßen passendes ADR-Verfahren finden lassen.[114] 74

Soll bereits im ursprünglichen Vertrag das ADR-Verfahren geregelt werden, besteht ein gewisses Risiko, dass es für eine anschließend auftretende Streitigkeit **nicht optimal** ist. Wenn die Streitigkeit entstanden ist, sind die objektiven Voraussetzungen zwar besser, das für die Streitigkeit optimale ADR-Verfahren zu bestimmen; nur ist es – wie gezeigt – nach Entstehen einer Streitigkeit schwierig, sich zu einigen, da Misstrauen besteht und der Entscheidung einer Partei für ein bestimmtes ADR-Verfahren taktische Gesichtspunkte unterstellt werden. Das DiRect Tool des Round Table Mediation und Konfliktmanagement der deutschen Wirtschaft (RTMKM) soll bei der Auswahl eines geeigneten Streitbeilegungsverfahrens Hilfestellung bieten.[115] 75

Einen anderen Ansatz verfolgt die DIS. Sie bietet ein **Konfliktmanagementverfahren** an, in dem ein neutraler Dritter die Parteien bei der Auswahl des geeigneten Streitbeilegungsverfahrens berät und Empfehlungen aussprechen kann.[116] Auch wenn jetzt englische Versionen der DIS-ADR-Regelungen allgemein und der DIS-KMO im Besonderen vorliegen, so sollte man hinsichtlich der internationalen Verwendung realistisch sein; zum einen sind die englischen Übersetzungen – zumindest teilweise – nicht sehr gelungen; zum anderen dürfte es außerhalb des deutschsprachigen Raums und Europas schwer sein, sich auf die DIS zu einigen, da sie international nicht allzu bekannt ist. 76

Sofern es also nicht ein ADR-Instrument gibt, das typischerweise bei bestimmten Verträgen passt – zB Adjudikation oder DB bei Bau- und Anlagenbauverträgen –, bleibt außerhalb des deutschsprachigen Raums nur ein **agreement to agree** in Bezug auf ADR. 77

---

[112] Risse Wirtschaftsmediation S. 545 f.

[113] Siehe die Mini Trial-Verfahrensordnung des International Institute for Conflict Prevention and Resolution (CPR) unter https://www.cpradr.org/resource-center/rules/international-other/mediation/cpr-minitrial-procedure; siehe auch Paulsson/Rawding/Reed Freshfields Guide S. 118 und Risse Wirtschaftsmediation S. 541 f.

[114] Stubbe SchiedsVZ 2006, 150 (151).

[115] https://www.rtmkm.de/home/direct-2/.

[116] https://www.disarb.org/schiedsgerichtsbarkeit/konfliktmanagement; DIS-Konfliktmanagementordnung (abgekürzt: DIS-KMO).

. keine starke Bindung, hat aber einen gewissen Appellcharakter. Eine derartige .rung könnte folgenden Wortlaut haben:

.selbeispiel für eine Klausel zur Vereinbarung eines geeigneten ADR-Verfahrens

. Dispute Resolution

If a dispute arises in connection with this contract, the parties shall attempt to settle such dispute; if such a settlement cannot be achieved the parties shall attempt to agree on an appropriate ADR proceeding. Upon request of either party, a senior management representative of each party shall participate in the negotiations. Each party shall be entitled to terminate these negotiations by written notification to the other party at any time.

10. Zusammenfassung und Empfehlungen zu ADR

78 – ADR-Verfahren sind **schneller** und **kostengünstiger** als Schieds- und Gerichtsverfahren. Die Erfolgsquote von ADR-Verfahren scheint insgesamt ziemlich gut zu sein. Sie sollten deshalb für die Streitbeilegung ernsthaft in Betracht gezogen werden.

79 – Es gibt mittlerweile eine große Zahl von ADR-Instrumenten. Nicht jedes ADR-Instrument eignet sich für jede Streitigkeit; es gibt auch nicht ein ADR-Instrument, das sich für alle Streitigkeiten eignet, aber es gibt für fast **jede Streitigkeit** ein **passendes ADR-Instrument.**

80 – Will man im ursprünglichen Vertrag bereits eine Regelung zu ADR treffen, sollte man das ADR-Instrument wählen, das für die **Mehrzahl** der zu erwartenden Konflikte am besten passt. Lässt sich ein solches nicht ermitteln, hat man die Möglichkeit, die DIS-KMO zu vereinbaren, um sich gegebenenfalls in einem DIS-Konfliktmanagementverfahren auf ein geeignetes ADR-Verfahren zu einigen. Kommt auch das nicht in Betracht, zB außerhalb des deutschsprachigen Raums, kann man noch ein – nicht sehr stark bindendes – *agreement to agree* treffen, sich im Konfliktfall um die Einigung auf ein ADR-Verfahren zu bemühen oder man trifft zum genannten Zeitpunkt noch keine Regelung zu ADR.

81 – Will man eine Regelung zu einem ADR-Verfahren treffen, sollte man die Musterklausel und die Verfahrensordnung einer **international anerkannten Streitbeilegungsinstitution** zugrunde legen. Man sollte sicherstellen, dass die in der Vereinbarung vorgesehene benennende Stelle zu Benennungen neutraler Dritter im Rahmen des jeweiligen ADR-Verfahrens bereit ist.[117] Davon kann man allerdings ausgehen, wenn eine Streitbeilegungsinstitution eine ADR-Verfahrensordnung anbietet, in deren Rahmen sie Benennungen vornimmt.

III. Schiedsgerichtsvereinbarungen

1. Begriff

82 Eine Schiedsgerichtsvereinbarung ist eine Vereinbarung, nach der eine Streitigkeit der Entscheidung durch ein Schiedsgericht unterworfen wird (§ 1029 ZPO). Ein Schiedsgericht wird von den Parteien oder einer von ihnen bestimmten benennenden Stelle (oder – im vorliegenden Zusammenhang nicht relevant – von einem Verband) bestellt (§§ 1034 ff. ZPO). Es ist – anders als ein Gericht – nicht hoheitlich zur Beilegung von Streitigkeiten eingesetzt. Ein Schiedsgericht entscheidet durch Schiedsspruch (§ 1054 ZPO); Schiedssprüche kommen Endurteilen von Gerichten sehr nahe, da sie rechtskräftig und – nach Vollstreckbarerklärung oder Anerkennung – vollstreckbar sind. Nach § 1026 ZPO und

[117] Guideline 6, Anm. 32, IBA Guidelines for Drafting.

Art. 5 UNCITRAL ModellG sind Gerichte nur sehr eingeschränkt zuständig, soweit Schiedsgerichtsbarkeit vereinbart ist.[118]

2. Vor- und Nachteile gegenüber ADR

83 Anders als Entscheidungen in ADR-Verfahren sind Schiedssprüche **rechtskräftig** und – nach Anerkennung bzw. Vollstreckbarerklärung – **vollstreckbar** (§§ 1055, 1060 und 1061 ZPO). Schiedsgerichtsverfahren sind in der Regel dadurch gekennzeichnet, dass man sich gründlicher mit dem Sachverhalt befasst als in einem ADR-Verfahren. Da meist Juristen als Schiedsrichter benannt werden, ist typischerweise ein ordnungsgemäßes, rechtsstaatliches Verfahren sichergestellt.

84 Schiedsverfahren sind – mittlerweile – allerdings oft **zeitaufwendig.**[119] Die Gründe hierfür sind vielfältiger Art. Da das Schiedsgericht abschließend entscheidet, neigen Parteien dazu, im Zweifel zu viel vorzutragen. Die Zahl der Schriftsatzrunden ist oft zu groß. Das Schiedsgericht will sich nicht dem Vorwurf aussetzen, rechtliches Gehör nicht gewährt zu haben und lässt oft auch spät vorgebrachten Sachvortrag oder spät vorgebrachte Verteidigungsmittel zu. Die Verzögerungstaktik einer Partei hat deshalb häufig den gewünschten Effekt. Die an Schiedsverfahren Beteiligten sind vielbeschäftigt und es ist in der Regel nicht einfach, zeitnahe Termine für mündliche Verhandlungen zu vereinbaren. Ziel der Überarbeitung zahlreicher Verfahrensordnungen in jüngerer Vergangenheit war es deshalb auch, Schiedsverfahren wieder effektiver zu machen; ob dieses Ziel erreicht werden wird, muss sich erst noch erweisen.

85 Ein weiteres Problem sind die in internationalen Schiedsverfahren immer gebräuchlicher werdenden **disclosures of documents** bzw. **document productions.**[120] Eine Partei kann von der anderen Partei die **Herausgabe** für das Verfahren relevanter **– auch elektronischer – Dokumente** verlangen. Dieses Phänomen ist nicht nur bei Schiedsverfahren mit common law-Bezug zu beobachten, sondern mittlerweile **allgemein** bei internationalen Schiedsverfahren. Eine umfangreiche document production ist nicht nur zeitaufwendig und teuer; vielen deutschen Unternehmen leuchtet es nach wie vor nicht ein, wieso sie einer Partei, nur weil sie ein Schiedsverfahren mit ihr führen, bestimmte – zum Teil sehr vertrauliche – Dokumente zur Verfügung stellen sollen. Im Einzelfall kann eine document production aber für eine Partei auch einen Vorteil darstellen, wenn sie auf Dokumente der Gegenseite angewiesen ist.

3. Vor- und Nachteile gegenüber Gerichtsstandsvereinbarungen

86 Wollen Parteien eine Gerichtsstandsvereinbarung treffen, stellt sich die Frage, welche Gerichte überhaupt für die Streitentscheidung im konkreten Fall in Betracht kommen. Sind die Gerichte des Staates einer der Parteien zuständig, wird die andere Partei in der Regel gewisse **Vorbehalte** haben, ob die Gerichte sich **neutral verhalten** werden.[121] Zudem wird die Partei aus dem Land, dessen Gerichte vereinbart werden, in jedem Fall eine größere Vertrautheit mit und deshalb einen leichteren und einfacheren Zugang zu ihnen haben, insbesondere wenn diese Partei, nicht aber die andere Partei, die Gerichtssprache beherrscht. Internationale Schiedsgerichtsbarkeit sollte beiden Parteien dagegen eher den Eindruck vermitteln, dass die Streitbeilegung durch eine neutrale Instanz erfolgt.[122]

---

[118] Siehe auch § 1032 ZPO und Art. 8 UNCITRAL ModellG sowie Kreindler/Schäfer/Wolff Schiedsgerichtsbarkeit Rn. 84 f.

[119] Zu diesem Problem Hobeck/Mahnken/Koebke SchiedsVZ 2007, 225.

[120] Dazu auch Option 2 Anm. 55 IBA Guidelines for Drafting.

[121] Friedland Arbitration Clauses S. 3; Kreindler/Schäfer/Wolff Schiedsgerichtsbarkeit Rn. 15; Paulsson/Rawding/Reed Freshfields Guide S. 4.

[122] Blackaby/Partasides International Arbitration Rn. 1.89 f.

87 Werden Gerichte eines Staates gewählt, dem keine Partei angehört, betrachten sie sich eventuell als international nicht zuständig.[123] Zudem ist auch zu berücksichtigen, dass Zuständigkeit von Gerichten und Rechtswahl einander entsprechen sollten, da Gerichte sich naturgemäß mit der Anwendung ausländischen Rechts schwertun.[124] Zu beachten ist ferner, dass die Gerichte mit der Vertragssprache zurechtkommen müssen.[125]

88 Werden wegen der englischen Vertragssprache Gerichte in **englischsprachigen Ländern** gewählt, können sich **andere Nachteile** ergeben. Gerichtsverfahren in England sind sehr teuer, da die Parteien sich nicht nur von einem solicitor, sondern zusätzlich von einem barrister vertreten lassen. Typisch für die Gerichtsbarkeit in common law-Staaten sind zudem sehr umfangreiche document productions. Für Gerichtsverfahren in den USA ist ferner kennzeichnend, dass wesentliche Fragen zumindest in der ersten Instanz nicht von Richtern, sondern von einer – aus Laien bestehenden – Jury entschieden werden. Neben einer sehr umfangreichen document production – inklusive e-discovery[126]– umfasst die discovery im Rahmen von Gerichtsverfahren in den USA auch noch interrogatories und depositions.[127] Bei den interrogatories geht es darum, dass jede Partei schriftlich Fragen der Gegenseite beantwortet. Die depositions sind – unter Umständen sehr eingehende – Vernehmungen von Personen, die als Zeugen in Betracht kommen, durch die Anwälte der Gegenpartei mit dem Ziel der Informationserlangung, ohne dass das Gericht beteiligt ist. Unternehmen, die Partei eines Gerichtsverfahrens in den USA sind, haben ihre Mitarbeiter für derartige depositions durch die Gegenseite zur Verfügung zu stellen.

89 Die internationale Anerkennung und Vollstreckung von Gerichtsurteilen ist – zumindest außerhalb der EU – nicht einfach, da sie sich meist nach nationalem Recht richtet.[128] Durch das New Yorker Übereinkommen sind **Schiedssprüche** in einer Vielzahl[129] von Staaten **international wesentlich einfacher anzuerkennen** und zu **vollstrecken** als Gerichtsurteile,[130] auch wenn in der Praxis in etlichen Mitgliedsstaaten des New Yorker Übereinkommens die Anerkennung und Vollstreckung im Einzelfall durchaus Probleme bereiten kann.

90 Während das Prozessrecht von Gerichtsverfahren weitgehend zwingend ist, können die Parteien aufgrund der Parteiautonomie[131] den Ablauf eines Schiedsgerichtsverfahrens in großem Umfang gestalten.[132] Zum Beispiel lässt sich die Verfahrenssprache bestimmen. Während Gerichtsverfahren von der Rechtskultur des jeweiligen Landes geprägt sind, können für Schiedsgerichtsverfahren Kompromisse zwischen den verschiedenen Rechtskulturen der Parteien gefunden werden.

91 Bei Schiedsgerichtsverfahren können die Parteien die **Schiedsrichter** in der Regel **auswählen;**[133] sie können deshalb Personen bestimmen, die integer und in besonderem Maße aufgrund ihrer Erfahrung und Spezialisierung für die Entscheidung des konkreten Streitfalles geeignet sind.[134] Schiedsrichter haben – anders als Richter – eine Dienstleistungsmentalität. Sie sind eher dazu bereit, sich auch mit komplizierten Sachverhalten zu beschäftigen. Richter sind dazu – schon aufgrund der Vielzahl der Verfahren, für die sie zuständig sind – faktisch oft nicht in der Lage.

---

[123] Friedland Arbitration Clauses S. 3; Paulsson/Rawding/Reed Freshfields Guide S. 4.
[124] Paulsson/Rawding/Reed Freshfields Guide S. 4.
[125] Paulsson/Rawding/Reed Freshfields Guide S. 4.
[126] S. dazu zB Thole/Gnauck RIW 2012, 417.
[127] Hierzu zB Oakley/Amar Civil Procedure S. 171 ff.
[128] Paulsson/Rawding/Reed Freshfields Guide S. 4.
[129] Stand Juli 2022: 170 Mitgliedsstaaten; siehe https://uncitral.un.org/en/texts/arbitration/conventions/foreign_arbitral_awards/status2.
[130] Dazu Blackaby/Partasides International Arbitration Rn. 1.90 f.; Born Forum Selection Agreements S. 9; Kreindler/Schäfer/Wolff Schiedsgerichtsbarkeit Rn. 14; Paulsson/Rawding/Reed Freshfields Guide S. 5; Lionnet/Lionnet Handbuch S. 76 f.
[131] § 1042 Abs. 3 ZPO; Art. 19 Abs. 1 ModellG, Lionnet/Lionnet Handbuch S. 54 f.
[132] Kreindler/Schäfer/Wolff Schiedsgerichtsbarkeit Rn. 9; Lionnet/Lionnet Handbuch S. 77 f.
[133] Kreindler/Schäfer/Wolff Schiedsgerichtsbarkeit Rn. 8.
[134] Lionnet/Lionnet Handbuch S. 77; ähnlich auch Born Forum Selection Agreements S. 7 f.

Mündliche Verhandlungen im Rahmen von Schiedsverfahren sind **nicht öffentlich,** während mündliche Verhandlungen im Rahmen von Gerichtsverfahren typischerweise öffentlich sind und deshalb auch die Medien Zugang haben. Soll nicht bekannt werden, dass es eine Streitigkeit gibt oder was genau ihr Inhalt ist, wird das durch ein Schiedsgerichtsverfahren in der Regel besser erreicht.[135] Nichtöffentlichkeit bedeutet allerdings nicht Vertraulichkeit[136] und Schiedsverfahren sind deshalb auch nicht per se vertraulich. Etliche Schiedsverfahrensordnungen sehen aber – zumindest in bestimmtem Umfang – Vertraulichkeit vor. Aufgrund der Parteiautonomie können die Parteien außerdem eine weitgehende Vertraulichkeit des Schiedsverfahrens vereinbaren.[137] 92

Da im Schiedsverfahren **keine förmlichen Zustellungen** erforderlich sind, lässt es sich leichter – und schneller – einleiten als ein internationales Gerichtsverfahren. 93

Ein gravierender Nachteil von Schiedsgerichtsverfahren ist, dass sie auf Streitigkeiten zwischen zwei Parteien zugeschnitten sind. Sind mehr als zwei Parteien an der Streitigkeit beteiligt, kommt es häufig zu Schwierigkeiten,[138] insbesondere wenn der Streitigkeit mehr als nur ein Vertrag zugrunde liegt. Die Schiedsgerichtsinstitutionen versuchen zwar Lösungen für **Mehrparteienstreitigkeiten** anzubieten, doch lösen sie nicht alle Probleme. 94

Einen gewissen Nachteil von Schiedsgerichtsverfahren stellt die Tatsache dar, dass den Schiedsrichtern **keine Zwangsmittel** zur Verfügung stehen[139] wie zB die Vorladung von Zeugen. Auch eine Vereidigung von Zeugen durch Schiedsrichter ist nicht zulässig. Insoweit können nationale Verfahrensrechte vorsehen, dass Gerichte Schiedsgerichte unterstützen (s. zB § 1050 ZPO, Art. 27 UNCITRAL ModellG). 95

Das Argument, dass die staatliche Gerichtsbarkeit einen **Instanzenzug** bietet, Schiedsgerichtsbarkeit aber nicht, ist ambivalent.[140] So besteht in der Tat ein Schutz, falls eine Partei mit der erstinstanzlichen Entscheidung nicht zufrieden ist. Allerdings führt der Instanzenzug auch zu zusätzlichem Zeitaufwand und zusätzlichen Kosten. 96

Unklar ist, ob Gerichtsbarkeit oder Schiedsgerichtsbarkeit schneller ist.[141] Theoretisch sollte Schiedsgerichtsbarkeit schneller sein, da es keinen Instanzenzug gibt. Die Tatsache, dass es keinen Instanzenzug gibt, sondern dass der Schiedsspruch abschließend ist, scheint aber gleichzeitig auch eine der Erklärungen dafür zu sein, dass Schiedsverfahren zunehmend **mehr Zeit in Anspruch** nehmen und mehrjährige Verfahrensdauern bei internationalen Schiedsgerichtsverfahren keine Seltenheit sind. Sofern in einem Gerichtsverfahren nur eine Instanz benötigt wird, kann es deshalb sogar schneller sein als ein Schiedsgerichtsverfahren. Die von Schiedsgerichtsinstitutionen in den letzten Jahren eingeführten beschleunigten Schiedsverfahren (expedited proceedings), für die typischerweise eine Höchstdauer von wenigen Monaten gilt und die sich vor allem für kleinere Verfahren eignen, sind in aller Regel aber schneller als ein Gerichtsverfahren. 97

Auch lässt sich nicht ohne weiteres sagen, ob Schiedsgerichts- oder Gerichtsverfahren **kostengünstiger** sind.[142] Die ordentliche Gerichtsbarkeit arbeitet oft nicht kostendeckend und wird deshalb – anders als die Schiedsgerichtsbarkeit – gewissermaßen staatlich subventioniert. Gerichtsbarkeit ist in der Regel für die Parteien günstiger, wenn in der ersten Instanz abschließend entschieden wird. Geht eine Streitigkeit in die zweite oder gar dritte Instanz, ist oft nicht mehr klar, ob Gerichtsbarkeit oder Schiedsgerichtsbarkeit günstiger ist. 98

---

[135] Born Forum Selection Agreements S. 10f.; Paulsson/Rawding/Reed Freshfields Guide S. 4–5.
[136] Friedland Arbitration Clauses S. 10.
[137] Dazu → Rn. 206.
[138] Ebenso Born Forum Selection Agreements S. 10f.; Paulsson/Rawding/Reed Freshfields Guide S. 6f.
[139] Paulsson/Rawding/Reed Freshfields Guide S. 6.
[140] So auch Born Forum Selection Agreements S. 5f.
[141] Born Forum Selection Agreements S. 6f.; Friedland Arbitration Clauses S. 2f.; Paulsson/Rawding/Reed Freshfields Guide S. 6; Lionnet/Lionnet Handbuch S. 78f.; anders Kreindler/Schäfer/Wolff Schiedsgerichtsbarkeit Rn. 11, die der Auffassung sind, Schiedsverfahren seien normalerweise schneller, da es nur eine Instanz gäbe.
[142] Kreindler/Schäfer/Wolff Schiedsgerichtsbarkeit Rn. 12; Lionnet/Lionnet Handbuch S. 80f.

99 Da Schiedsverfahren nicht billig sind, sind sie für Streitigkeiten unterhalb eines gewissen Schwellenwerts meist nicht zielführend. Für kleinere Streitigkeiten können Gerichtsverfahren durchaus noch sinnvoll sein, zumindest wenn sie nicht in besonders teuren Ländern – wie zB England – durchgeführt werden. Auch soweit es um die reine Einziehung von Geldforderungen geht und keine wirkliche Streitigkeit vorliegt, ist Gerichtsbarkeit oft günstiger, insbesondere wenn es Institute wie den Mahnbescheid gibt. Eine andere Alternative für kleine Streitigkeiten ist die Online Dispute Resolution (ODR),[143] für die es bisher allerdings wohl nur in den USA ein erwähnenswertes Angebot gibt und die außerhalb der USA noch in den Kinderschuhen steckt.

100 Auch der Gesichtspunkt der **document productions** ist ambivalent. In der internationalen Schiedsgerichtsbarkeit werden sie wie dargestellt immer gebräuchlicher – auch soweit es keinen common law-Bezug in dem jeweiligen Schiedsverfahren gibt – und sie können eine erhebliche Belastung darstellen. In Gerichtsverfahren in civil law-Ländern gibt es sie nicht, allerdings gibt es sie in Gerichtsverfahren in den meisten common law-Ländern.[144]

101 Ein weiterer Punkt, der lange Zeit eine Schwäche der Schiedsgerichtsbarkeit dargestellt hat, dürfte sich zunehmend erledigen. Mittlerweile haben internationale Schiedsgerichte fast durchweg die Zuständigkeit für **einstweiligen Rechtsschutz.**[145] Durch die Einführung des Eilschiedsrichters durch etliche Streitbeilegungsinstitutionen kann einstweiliger Rechtsschutz jetzt auch oft in der Phase vor Konstituierung des Schiedsgerichts gewährt werden.[146]

101a Ein Nachteil von Schiedsgerichtsverfahren – und von ADR-Verfahren – ist, dass die in ihnen ergangenen Entscheidungen in der Regel **nicht veröffentlicht** werden, so dass sie nicht für die Rechtsfortbildung herangezogen werden können.

102 Obwohl Schiedsgerichtsbarkeit somit durchaus Schwächen hat, ist sie – gegenüber staatlicher Gerichtsbarkeit – in der Regel bei internationalen Verträgen die bessere ultima ratio, wenn die Streitigkeit nicht anders beigelegt werden kann.[147] Das scheint international von vielen Unternehmen so gesehen zu werden, denn sonst wäre das bemerkenswerte Wachstum der Zahl der Schiedsgerichtsverfahren in den letzten Jahren nicht zu erklären.[148] Internationale Schiedsgerichtsbarkeit dürfte vor allem im Bereich von M&A, im Bau und Anlagenbau, im internationalen Liefergeschäft, bei internationalen Vertriebsverträgen, im Bereich des Technologietransfers und im See- und Transportrecht weit verbreitet sein.[149]

4. Form und Zulässigkeit von Schiedsgerichtsvereinbarungen

103 Hinsichtlich einer Schiedsvereinbarung gilt bei einem Schiedsort in Deutschland § 1031 ZPO.[150] Danach reicht eine Form der Nachrichtenübermittlung, die einen **Nachweis der**

---

[143] So zB Kallel J. Int'l Arb. 2008, 345 ff.; Müller/Broscheit SchiedsVZ 2006, 197.
[144] Newman/Hanessian/Jackson/Jarrett Checklists S. 202 f.
[145] Artikel 17 UNCITRAL ModellG.
[146] ZB Art. 29 und Appendix V ICC Schiedsgerichtsordnung 2012.
[147] Dos and Don'ts, Association Suisse de l'Arbitrage, ASA Special Series No. 31, 6. Aufl. 2009, S. 5 f.
[148] Vgl. den 2021 International Arbitration Survey; Adapting arbitration to a changing world des Queen Mary College (University of London) S. 5, https://arbitration.qmul.ac.uk/research/2021-international-arbitration-survey/. Das Queen Mary College (University of London) veröffentlicht regelmäßig Ergebnisse von Umfragen zu Schiedsgerichtsbarkeit und Streitbeilegung. Die Umfragen sind zwar nicht repräsentativ und neigen zur Überbewertung von England, London und common law, sind aber trotzdem instruktiv, www.arbitration.qmul.ac.uk; ferner die – nicht repräsentative – GTAI-Umfrage bei Unternehmen und Wirtschaftsjuristen aus dem deutschsprachigen Raum gemäß Marenkov/Menz SchiedsVZ 2021, 285 f.; siehe auch die Übersicht bei Paulsson/Rawding/Reed Freshfields Guide S. 11.
[149] Siehe zB auch ICC Dispute Resolution Statistics 2020 S. 17, https://iccwbo.org/publication/icc-dispute-resolution-statistics-2020/, zu den Branchen, in denen hauptsächlich Schiedsverfahren geführt wurden.
[150] Nach UNCITRAL ModellG 2006 reicht sogar elektronische Form, Paulsson/Rawding/Reed Freshfields Guide S. 37 f. Das deutsche Schiedsverfahrensrecht beruht auf dem UNCITRAL ModellG 1985, das 2006

Vereinbarung sicherstellt. Art. II UNÜ[151] ist im Gegensatz dazu etwas enger; danach ist eine Vereinbarung in einem Dokument oder im Rahmen von Schriftwechseln ausreichend. Im Zweifel sollte man darauf achten, dass auch die Voraussetzungen von Art. II UNÜ erfüllt sind, um Probleme bei der internationalen Anerkennung und Vollstreckung zu vermeiden. Streitbeilegungsregelungen in Allgemeinen Geschäftsbedingungen können demnach ausreichend sein, es sollte aber darauf geachtet werden, dass nicht jede Partei die eigenen AGBs durchzusetzen versucht und diese einander widersprechende Streitbeilegungsregelungen enthalten, da sonst das Ergebnis sein kann, dass keine dieser Regelungen gilt.

Andererseits verlangt § 1029 ZPO, dass eine Schiedsgerichtsvereinbarung sich nur auf 104
ein **bestimmtes Rechtsverhältnis** beziehen darf.[152] Ein Rahmenvertrag und die auf seiner Basis abgeschlossenen Verträge sind davon noch umfasst, allgemein die Verträge im Rahmen einer Geschäftsbeziehung dagegen nicht.[153]

Nach § 1030 Abs. 1 S. 1 ZPO kann im Grundsatz jeder vermögensrechtliche Anspruch 105
Gegenstand einer Schiedsvereinbarung sein.[154]

Soweit es national oder international gewisse Ausnahmen in Bezug auf die **objektive** 106
Schiedsfähigkeit gibt – zB gegebenenfalls in Bezug auf Wettbewerbsrecht, die Registrierung von gewerblichen Schutzrechten, das Arbeitsrecht und das Insolvenzrecht[155] – sind internationale Wirtschaftsverträge normalerweise nicht betroffen.[156] Eine Ausnahme gilt in Bezug auf Vertriebs- und Vertretungsverträge, für die insbes. in bestimmten arabischen Staaten Beschränkungen im Hinblick auf die Vereinbarung von Schiedsgerichtsbarkeit bestehen.[157]

Etliche Staaten – zB Iran,[158] arabische Staaten[159] sowie einige lateinamerikanische Staa- 107
ten, aber auch der eine oder andere OECD-Staat und gegebenenfalls auch ihre Staatsunternehmen – bedürfen spezieller (interner oder externer – je nachdem, ob es sich um einen Staat oder ein Staatsunternehmen handelt) Freigaben bzw. Genehmigungen, um Schiedsgerichtsbarkeit zu vereinbaren.[160] Die fehlende subjektive Schiedsfähigkeit kann sogar einen Aufhebungsgrund nach § 1059 ZPO darstellen; die ganz herrschende Meinung will es aber zu Recht normalerweise nicht zulassen, dass Staaten unter Berufung auf eigenes Recht ihre **subjektive Schiedsfähigkeit** anzweifeln.[161]

5. Institutionelle oder Ad-hoc-Schiedsgerichtsbarkeit?

Will man Schiedsgerichtsbarkeit vereinbaren, stellt sich zunächst die Frage, ob institutio- 108
nelle oder Ad-hoc-Schiedsgerichtsbarkeit vorzugswürdig ist. Bei institutioneller Schiedsge-

---

in gewissem Umfang modifiziert worden ist; das UNCITRAL ModellG 2006 ist bisher nicht in deutsches Recht umgesetzt worden.

151 Übereinkommen über die Anerkennung und Vollstreckung ausländischer Schiedssprüche vom 10.6.1958, BGBl. 1961 II, 122; http://www.uncitral.org (abgekürzt UNÜ oder auch New Yorker Übereinkommen oder New Yorker Konvention).

152 Entspricht Art. II UNÜ und Art. 7 Abs. 1 UNCITRAL ModellG.

153 RG JW 1908, 458; Kreindler/Schäfer/Wolff Schiedsgerichtsbarkeit Rn. 93 ff.

154 Hierzu Kreindler/Schäfer/Wolff Schiedsgerichtsbarkeit Rn. 124 ff.

155 Ausführlich Blackaby/Partasides International Arbitration Rn. 2.111 ff.; Born International Commercial Arbitration S. 943 ff.; ferner Paulsson/Rawding/Reed Freshfields Guide S. 104.

156 Eingeschränkte Bedeutung auch nach Ansicht von Blackaby/Partasides International Arbitration Rn. 2.144.

157 Hierzu Bälz RIW 2012, 354 (357 f.).

158 Bälz SchiedsVZ 2006, 28.

159 Bälz RIW 2012, 354 (356 f.).

160 Born Forum Selection Agreements S. 91 f.; Born International Commercial Arbitration S. 630 f.; Paulsson/Rawding/Reed Freshfields Guide S. 51.

161 Dazu im Einzelnen Zöller/Geimer ZPO § 1029 Rn. 19; Raeschke-Kessler/Berger Recht und Praxis Rn. 213 ff. unter Verweis auf die Begründung in BT-Drs. 13/5274, 35; Born International Commercial Arbitration S. 632 f.; ausdrücklich so auch Art. 177 Abs. 2 IPRG (Schweiz), dazu BSK/Briner IPRG Art. 177 Rn. 21 ff.

richtsbarkeit wird das Verfahren durch eine Institution **administriert;** sie ist in nennenswertem Umfang am case management beteiligt.

109 Bei der Ad-hoc-Schiedsgerichtsbarkeit ist das gesamte case management von dem Schiedsgericht und den Parteien zu leisten. Ad-hoc-Schiedsgerichtsbarkeit wird zB vereinbart, wenn das Verfahren allein nach einem nationalen Schiedsverfahrensrecht durchgeführt werden soll (zB dem 10. Buch der ZPO in Deutschland). Auch die UNCITRAL Arbitration Rules[162] stellen die Grundlage für ein Ad-hoc-Verfahren dar. Als Argument für Ad-hoc-Verfahren wird in der Praxis auf **geringere Kosten** verwiesen, da keine Institution zu vergüten sei. Dieses Argument greift aber zu kurz, da bei einem Ad-hoc-Verfahren die Vergütung der Schiedsrichter Verhandlungssache ist. Bei institutionellen Verfahren gilt für die Vergütung oft eine Kostentabelle. Bei einem Ad-hoc-Verfahren ist es für die Parteien psychologisch nicht einfach, sich Vergütungswünschen der Schiedsrichter zu widersetzen, da sie Sorge haben müssen, dass ein derartiger Widerspruch Auswirkungen auf den Schiedsspruch haben kann. Eine Kostentabelle und die Mitwirkung der Institution machen es bei institutioneller Schiedsgerichtsbarkeit einfacher, unangemessene Forderungen der Schiedsrichter hinsichtlich der Vergütung zurückzuweisen.[163]

110 Hauptkostentreiber bei internationalen Schiedsverfahren sind zudem weder Institution noch Schiedsrichter, sondern externe Anwälte, Sachverständige[164] sowie interne Kosten, die alle in gleicher Weise auch bei Ad-hoc-Verfahren entstehen würden. Es kann also durchaus sein, dass Ad-hoc-Verfahren letztlich teurer sind als institutionelle Verfahren.

111 Ad-hoc-Verfahren sind zudem weniger dagegen geschützt, dass eine Partei das Verfahren sabotieren will.[165] Bei institutionellen Verfahren achtet eine Institution – in gewissem Umfang – darauf, dass das Verfahren ordnungsgemäß abläuft.[166] Hilfreich ist die Mitwirkung einer Institution insbesondere auch, wenn es zur **Ablehnung eines Schiedsrichters** kommt. Von daher ist in der Regel ein **institutionelles Verfahren empfehlenswerter.**[167] Insbesondere mit Schiedsverfahren weniger vertraute Parteien sollten besonderen Wert auf institutionelle Schiedsgerichtsbarkeit legen.[168] In der Praxis wird der institutionellen Schiedsgerichtsbarkeit wohl in der Regel auch der Vorzug gegeben.[169] Zu beachten ist, dass teilweise Institutionen zwar eine Verfahrensordnung anbieten, aber die Verfahren nicht wirklich administrieren. Auch ihnen gegenüber sind institutionelle Verfahrensordnungen, in denen eine Administrierung erfolgt, vorzugswürdig.

112 Falls man nicht umhin kommt, ein Ad-hoc-Verfahren zu akzeptieren, sollte man die **UNCITRAL Arbitration Rules** vereinbaren, da sie ein gelungenes Regelwerk darstellen.[170] Insbesondere Staaten (und internationale Organisationen) bestehen teilweise auf der Vereinbarung der UNCITRAL Arbitration Rules, da sie einen völkerrechtlichen Hintergrund und die Staaten an ihrer Formulierung mitgewirkt haben. Als benennende Stelle sollte man im Falle der Vereinbarung der UNCITRAL Arbitration Rules eine anerkannte internationale Schiedsgerichtsinstitution – zB ICC,[171] LCIA oder ICDR/AAA[172] – wählen, da sonst das Benennungsverfahren sehr mühsam ist.[173] Nach Art. 6 UNCITRAL Ar-

[162] http://www.uncitral.org.

[163] Born Forum Selection Agreements S. 66.

[164] Hierzu auch Blackaby/Partasides International Arbitration Rn. 1.101.

[165] Paulsson/Rawding/Reed Freshfields Guide S. 59.

[166] Guideline 1, Anm. 5 IBA Guidelines for Drafting.

[167] Born Forum Selection Agreements S. 66; Friedland Arbitration Clauses S. 23f.; Lionnet/Lionnet Handbuch S. 203.

[168] Guideline 1, Anm. 5 IBA Guidelines for Drafting.

[169] Siehe International arbitration: Corporate attitudes and practices 2006, Queen Mary University of London School of International Arbitration, Paulsson/Rawding/Reed Freshfields Guide S. 58.

[170] Ähnlich Born Forum Selection Agreements S. 67f.

[171] Siehe auch Rules of ICC as appointing authority in UNCITRAL or other ad hoc arbitration proceedings vom 1.1.2004, http://www.iccwbo.org/court.

[172] Siehe dazu zB AAA Drafting Dispute Resolution Clauses S. 15.

[173] So auch Paulsson/Rawding/Reed Freshfields Guide S. 9 mit entsprechenden Klauselempfehlungen auf S. 138f.

bitration Rules würde der Secretary General des Permanent Court of Arbitration in Den Haag eine appointing authority festlegen, die wiederum die Benennung der Schiedsrichter übernehmen würde.

6. Welche Schiedsgerichtsinstitutionen sind empfehlenswert und warum?

113 Empfehlenswert ist es, eine international anerkannte Institution zu wählen, die in der Praxis nachgewiesen hat, dass sie zur **effektiven und fairen Administrierung** eines Schiedsverfahrens in der Lage ist.[174] Besondere Bedeutung hat die Funktion der Institution als **benennende Stelle,** wenn die Parteien sich nicht auf den Einzelschiedsrichter oder auf den Vorsitzenden eines Dreierschiedsgerichts einigen können. Die Praxis zeigt, dass dies in einer nennenswerten Zahl von Fällen passiert. Auch ist eine Partei in einer besseren Position bei den Verhandlungen über die Person des Einzelschiedsrichters oder des Vorsitzenden bei einem Dreierschiedsgericht, wenn sie weiß, dass im Fall einer Nichteinigung eine angesehene Institution entscheidet.

114 International anerkannte Schiedsgerichtsinstitutionen sind insbesondere[175]
- ICC,[176]
- LCIA,[177]
- AAA/ICDR,[178]
- AI der SCC,[179]
- VIAC, Internationales Schiedsgericht der Wirtschaftskammer Österreich,[180]
- Swiss Arbitration Centre,[181]
- SIAC,[182]
- DIS,[183]
- WIPO.[184]

a) International Chamber of Commerce (ICC)

115 Die Internationale Handelskammer in Paris wurde 1919 gegründet. 1923 etablierte sie einen Schiedsgerichtshof, der für die Administrierung von Schiedsverfahren tätig sein sollte und der seit 1989 die Bezeichnung „Internationaler Schiedsgerichtshof" (International Court of Arbitration) trägt. 2020 wurden 946 neue Verfahren bei der ICC eingeleitet, von denen sich 929 auf die ICC Rules of Arbitration bezogen.[185] Im Jahr 2021 waren es insgesamt 853 neue Verfahren, von denen 840 nach den ICC Rules of Arbitration geführt werden.[186]

116 Die **ICC Schiedsgerichtsordnung** stellt eine gute und moderne Verfahrensordnung dar. Die aktuelle Fassung trat am 1.1.2021 in Kraft[187] und hat in den vergangenen zehn Jahren mit den Neuregelungen 2012, 2017 und nunmehr 2021 regelmäßige Überarbei-

---

174 Guideline 1 Anm. 6, IBA Guidelines for Drafting.

175 Siehe auch 2021 International Arbitration Survey; Adapting arbitration to a changing world des Queen Mary College (University of London) S. 9 f., https://arbitration.qmul.ac.uk/research/2021-international-arbitration-survey/. Ähnlich auch die GTAI-Umfrage gemäß Marenkov/Menz SchiedsVZ 2021, 287.

176 International Court of Arbitration der International Chamber of Commerce, http://www.iccwbo.org/court.

177 London Court of International Arbitration, http://www.LCIA.org.

178 American Arbitration Association/International Centre for Dispute Resolution, http://www.adr.org.

179 Arbitration Institute der Stockholm Chamber of Commerce, http://www.sccinstitute.com.

180 http://www.viac.eu.

181 Swiss Arbitration Centre, https://www.swissarbitration.org/centre/.

182 Singapore International Arbitration Centre, http://www.siac.org.sg.

183 Deutsche Institution für Schiedsgerichtsbarkeit, https://www.disarb.org/werkzeuge-und-tools/dis-regeln.

184 World Intellectual Property Organization Arbitration and Mediation Center, http://www.arbiter.wipo.int.

185 https://iccwbo.org/media-wall/news-speeches/icc-announces-record-2020-caseloads-in-arbitration-and-adr/.

186 https://iccwbo.org/media-wall/news-speeches/icc-unveils-preliminary-dispute-resolution-figures-for-2021/#:~:text=In%202021%2C%20the%20Secretariat%20of%20the%20ICC%20International,the%20record%20number%20of%20filings%20reported%20in%202020.

187 https://iccwbo.org/publication/arbitration-rules-and-mediation-rules/; dazu zB Bühler SchiedsVZ 2021, 230.

tungen erfahren. Im Vergleich mit weiter zurückliegenden Zeiträumen wurde die Zeitspanne zwischen den einzelnen Überarbeitungen deutlich reduziert, weswegen die Änderungen 2017 und 2021 deutlich punktueller ausfallen konnten als bei der grundlegenden Überarbeitung der im Jahr 2012 bereits seit 1998 geltenden Verfahrensordnung. Die ICC-Schiedsgerichtsordnung ist charakterisiert durch eine recht weitgehende Administrierung seitens des Schiedsgerichtshofs (s. Art. 1 Abs. 2 ICC-Schiedsgerichtsordnung). Typisch für das ICC-Schiedsgerichtsverfahren ist, dass Schiedsgericht und Parteien am Anfang des Verfahrens den sogenannten **Schiedsauftrag** (englisch: Terms of Reference) vereinbaren (s. Art. 23 ICC-Schiedsgerichtsordnung) und dass am Ende des Verfahrens der Entwurf des Schiedsspruchs einer Prüfung (englisch: scrutiny) durch den Schiedsgerichtshof – vor allem in Bezug auf Formalien – unterzogen wird (Art. 34 ICC Schiedsgerichtsordnung). Soweit Schiedsrichter vom Schiedsgerichtshof zu benennen sind, werden in der Regel Nationalkomitees (englisch: National Committees) der ICC um Vorschläge gebeten (Art. 13 Abs. 3 und 4 ICC Schiedsgerichtsordnung). Die ICC arbeitet mit einer Kostentabelle, so dass Kosten der Institution und Vergütung der Schiedsrichter recht gut vorherzusehen sind. Zudem bietet die ICC einen Cost Calculator an, mit dessen Hilfe die voraussichtlichen Kosten eines Schiedsverfahrens geschätzt werden können.[188]

117 ICC-Schiedsverfahren sollen nach Möglichkeit **schnell und effizient** durchgeführt werden (Art. 22 und 24 und Appendix IV). Die Dauer von sechs Monaten, die in Art. 31 ICC Schiedsgerichtsordnung genannt wird, ist allerdings in aller Regel nicht realistisch. Normale ICC-Schiedsverfahren dauern fast immer deutlich länger. Seit einigen Jahren ist ein Eilschiedsrichter (englisch: Emergency Arbitrator, Art. 29 iVm Appendix V) vorgesehen, der für vorläufigen Rechtsschutz bis zur Konstituierung des Schiedsgerichts zuständig ist. Mittlerweile gibt es auch ein beschleunigtes Verfahren, das vor allem für kleinere Streitigkeiten gedacht ist.[189] Es kommt für Streitigkeiten mit einem Streitwert von bis zu US$ 3.000.000 automatisch zur Anwendung, wenn die Schiedsvereinbarung am 1.1.2021 oder später abgeschlossen wird (insoweit „opt-out"). Wurde die Schiedsvereinbarung in der Zeit vom 1.3.2017 – 31.12.2020 abgeschlossen, ist ein Streitwert von bis zu US$ 2.000.000 maßgeblich (Art. 1 Appendix VI).

118 Positiv ist ferner, dass die ICC zahlreiche ADR-Verfahrensordnungen anbietet. Die ICC ist weltweit bekannt und hat zu Recht einen guten Ruf;[190] in Vertragsverhandlungen ist sie deshalb gut durchsetzbar.

119 Haben die Parteien die Zahl der Schiedsrichter nicht festgelegt, benennt der Schiedsgerichtshof einen Einzelschiedsrichter, es sei denn, er ist der Ansicht, ein Dreierschiedsgericht sei angemessener (Art. 12 Abs. 2 ICC Schiedsgerichtsordnung). Wenn die Parteien insoweit Klarheit haben wollen, sollten sie die **Zahl der Schiedsrichter** in der Schiedsklausel festlegen. Bei einem Dreierschiedsgericht wird der Vorsitzende normalerweise vom Schiedsgerichtshof benannt (Art. 12 Abs. 5 ICC Schiedsgerichtsordnung), es sei denn die Parteien vereinbaren etwas anderes. Empfehlenswerter ist, dass die parteibenannten Schiedsrichter eine begrenzte Zeit versuchen, sich auf einen Vorsitzenden zu einigen. Erst wenn das nicht gelingt, sollte die Benennung durch den Schiedsgerichtshof erfolgen.[191]

b) LCIA

120 Der London Court of International Arbitration wurde – unter anderem Namen – bereits 1892 gegründet.[192] Die aktuelle Schiedsgerichtsordnung ist seit dem 1.10.2020 in Kraft;[193]

---

[188] https://iccwbo.org/dispute-resolution-services/arbitration/costs-and-payments/cost-calculator/.
[189] Art. 30 und Appendix VI.
[190] S. auch 2010 International Arbitration Survey: Choices in International Arbitration, Queen Mary University of London School of International Arbitration, White & Case S. 23, http://www.arbitrationonline.org; Born Forum Selection Agreements S. 48.
[191] Dazu auch unten → Rn. 177.
[192] Zur Historie Lionnet/Lionnet Handbuch S. 511 f.
[193] Dazu Scherer/Howe SchiedsVZ 2020, 299.

sie ist stärker von **common law-Konzepten** geprägt als die ICC Schiedsgerichtsordnung. Der LCIA ist nach der ICC wohl die zweitpopulärste Schiedsgerichtsinstitution mit Sitz in Europa und stellt ebenfalls eine gute Wahl dar – vor allem wenn die zugrunde liegende Transaktion stark vom common law geprägt ist.[194] Der LCIA arbeitet allerdings nicht mit einer Kostentabelle, sondern mit Stundensätzen,[195] so dass die Kosten schwerer vorhersehbar sind.

Normalerweise wird ein **Einzelschiedsrichter** tätig, es sei denn die Parteien hätten etwas anderes vereinbart oder der LCIA Court hält ein Dreierschiedsgericht für angemessener (s. Art. 5.8 LCIA Rules). Ungewöhnlich ist, dass der LCIA Court Schiedsrichter auswählt und ernennt, es sei denn die Parteien vereinbaren etwas anderes. Von daher bietet es sich an, in der Schiedsklausel das übliche Benennungsverfahren vorzusehen, bei dem die beiden Parteien jeweils einen Schiedsrichter benennen und diese dann den Vorsitzenden.[196] Der LCIA Court sollte nur tätig werden, wenn Benennungen nach diesem Mechanismus nicht oder nicht fristgerecht erfolgen (Art. 7.2 LCIA Rules). Das Verfahren mit einem Emergency Arbitrator wird in Art. 9B geregelt. Ein beschleunigtes Schiedsverfahren gibt es nicht, nur eine beschleunigte Bildung (expedited formation) des Schiedsgerichts in Art. 9 A. 121

Der LCIA bietet zudem ein administriertes Mediationsverfahren auf der Basis der LCIA Mediation Rules an.[197] 122

c) American Arbitration Association (AAA/ICDR)

Die American Arbitration Association (AAA) ist die wichtigste Schiedsgerichtsinstitution in den USA. Sie wurde 1926 gegründet und hat ihren Sitz in New York.[198] Sie bietet eine Vielzahl von Schiedsverfahrensordnungen an, die ganz überwiegend für Streitigkeiten in den USA gedacht sind. Für internationale Streitigkeiten gibt es die International Arbitration Rules. Die Einheit innerhalb der AAA, die Verfahren nach den International Arbitration Rules administriert, ist das International Center for Dispute Resolution, abgekürzt ICDR. Die AAA und ihre Verfahrensordnungen sind US-amerikanisch geprägt, doch ist die AAA auch eine empfehlenswerte Institution für internationale Streitbeilegung. Für Parteien aus civil law-Jurisdiktionen ist es nicht ratsam, die stärker US-amerikanisch geprägten Commercial Arbitration Rules zu vereinbaren. 123

Die derzeit aktuelle Version der International Arbitration Rules wurde mit Wirkung zum 1.3.2021 überarbeitet. Sie stellen ein gutes Regelwerk dar, das auch Regelungen zum Emergency Arbitrator (Art. 7 ICDR Rules) und zu International Expedited Procedures enthält. Das beschleunigte Schiedsverfahren kommt bei einem Streitwert von bis zu US$ 500.000 zur Anwendung (insoweit „opt-out"; Art. 1 Abs. 4 International Arbitration Rules). Das Honorar der Schiedsrichter richtet sich nach Zeitaufwand (Art. 38 ICDR Rules); es gibt insoweit keine Kostentabelle; nur die Gebühren der Institution richten sich nach einer Kostentabelle. 124

In der Regel wird ein Einzelschiedsrichter tätig, es sei denn die Parteien vereinbaren ein Dreierschiedsgericht oder der Administrator hält es für angemessen (Art. 12 ICDR Rules). An sich ist es den Parteien überlassen, das Verfahren zur Schiedsrichterbenennung festzulegen (Art. 13 Abs. 1 ICDR Rules). Von daher empfiehlt es sich, auch hier das übliche Verfahren in der Schiedsklausel zu vereinbaren.[199] Falls es nicht zur Benennung von Schiedsrichtern durch die Parteien kommt, greift Art. 13 Abs. 3 ICDR Rules ein. Die AAA ist zudem eine der wenigen Schiedsgerichtsinstitutionen, die für bestimmte Streitigkeiten 125

---

194 Born Forum Selection Agreements S. 49.
195 https://www.lcia.org/Dispute_Resolution_Services/schedule-of-costs.aspx.
196 Dazu auch → Rn. 177.
197 https://www.lcia.org/Dispute_Resolution_Services/lcia_mediation_rules_2020.aspx.
198 Lionnet/Lionnet Handbuch S. 516f.
199 Dazu auch → Rn. 177.

ODR anbietet.[200] Die AAA bietet außerdem die Administrierung etlicher ADR-Verfahren auf der Basis entsprechender Verfahrensordnungen an.

d) Arbitration Institute der Stockholm Chamber of Commerce

126 Das Arbitration Institute der Stockholm Chamber of Commerce („SCC") wurde 1917 gegründet.[201] Es hatte erhebliche Bedeutung im Rahmen der Ost-West-Schiedsgerichtsbarkeit in den 70er und 80er Jahren des 20. Jahrhunderts. Die aktuelle Schiedsgerichtsordnung ist von 2017.[202] Sie ist ein gutes und modernes Regelwerk, zB wird ein Emergency Arbitrator vorgesehen.

127 Die Parteien vereinbaren die Zahl der Schiedsrichter. Erfolgt das nicht, entscheidet das Institut über sie. (Art. 16 SCC Rules). Bei einem Dreierschiedsgericht wird der Vorsitzende vom Institut benannt, es sei denn die Parteien vereinbaren etwas anderes (Art. 17 Abs. 4 SCC Rules), was auch hier zu empfehlen ist.[203]

128 Es gibt auch eine Verfahrensordnung für expedited proceedings. Wenn die Parteien ein Verfahren danach führen wollen, müssen sie es ausdrücklich vereinbaren („opt-in"). Bei kleineren Verfahren ist das sinnvoll – zB bei einem Streitwert von nicht mehr als 1.000.000 EUR. Der Zeitrahmen der Verfahrensordnung für expedited proceedings von drei Monaten gemäß Art. 43 SCC Rules scheint allerdings zu ehrgeizig. Die Verfahrensdauer sollte auf bis zu sechs Monate durch Vereinbarung verlängert werden.

129 Die Kosten des Schiedsgerichts und die Kosten der Institution richten sich nach einer Kostentabelle. Ein Calculator ermöglicht die Schätzung der Verfahrenskosten.[204]

130 Die SCC-Schiedsgerichtsbarkeit hat in Nordeuropa eine beträchtliche Bedeutung; außerdem besteht bei Transaktionen mit russischen oder chinesischen Partnern auch heutzutage noch eine Chance, SCC-Schiedsgerichtsbarkeit zu vereinbaren.

130a Das AI der SCC bietet außerdem administrierte Mediation auf der Basis der SCC Mediation Rules an.[205]

e) Swiss Arbitration Centre (SAC)

131 Traditionell werden viele internationale Schiedsgerichtsverfahren in der Schweiz durchgeführt. Viele bekannte Schiedsrichter haben die Schweizer Staatsangehörigkeit. Zum 1.6.2021 wurde das Swiss Arbitration Centre gegründet, das von der Swiss Arbitration Association und den Industrie- und Handelskammern in Basel, Bern, Zentralschweiz, Genf, Neuchatel, Ticino, Vaud und Zürich getragen wird.[206] Es löst die Swiss Chambers' Arbitration Institution ab. Zum 1.6.2021 trat auch eine leicht modifizierte Fassung der Swiss Rules of International Arbitration in Kraft.[207]

132 Normalerweise wird nach den Swiss Rules ein Einzelschiedsrichter ernannt, es sei denn die Parteien vereinbaren ein Dreierschiedsgericht oder der Court trifft eine solche Entscheidung (Art. 9 Abs. 1 und 2 Swiss Rules). Bei einem Dreierschiedsgericht benennen die Parteien jeweils einen Schiedsrichter und diese dann innerhalb von 30 Tagen den Vorsitzenden (Art. 11 Abs. 2 Swiss Rules). Der Gerichtshof wird nur tätig, falls es innerhalb dieser Zeit keine Einigung gibt.

133 Bemerkenswert ist die Regelung zu beschleunigten Verfahren, die nicht mehr als sechs Monate dauern sollen (Art. 42 Abs. 2e) Swiss Rules). Sie kommt automatisch zur Anwendung, wenn der Streitwert nicht über SFR 1.000.000 liegt (Art. 9 Abs. 4 Swiss Rules).

---

[200] https://www.icdr.org/msodr.
[201] Lionnet/Lionnet Handbuch S. 527.
[202] https://sccinstitute.com/our-services/rules/.
[203] Dazu auch unter → Rn. 177.
[204] https://sccinstitute.com/our-services/calculator/.
[205] https://sccinstitute.com/our-services/rules/.
[206] https://www.swissarbitration.org/centre/.
[207] https://www.swissarbitration.org/centre/arbitration/arbitration-rules/.

Die Vergütung der Schiedsrichter und Gebühren der Institution richten sich nach einer Kostentabelle. Ein Cost Calculator steht zur Verfügung.[208] 134

Die Schweizer Regeln sehen einen Eilschiedsrichter vor (Art. 43 Swiss Rules). 135

Die Regelung zur Verbindung von Verfahren (Consolidation) in Art. 7 Swiss Rules dürfte allerdings zu weitgehend sein, da es auf die Zustimmung aller Parteien nicht ankommen soll, sondern ausreichend ist, dass sie Swiss Rules vereinbart haben und eine entsprechende Entscheidung des Court ergeht. 136

Vor allem für europäische Fälle kommen die Swiss Rules in Betracht; wegen des automatisch zur Anwendung kommenden beschleunigten Verfahrens sind sie insbesondere für kleinere Fälle empfehlenswert. Es wird außerdem ein administriertes Mediationsverfahren auf der Basis der Swiss Rules of Mediation angeboten.[209] 137

f) Vienna International Arbitral Centre (VIAC)

1975 wurde das Ständige Schiedsgericht der Bundeskammer der Gewerblichen Wirtschaft als Institution für **Ost-West-Schiedsverfahren** gegründet. 138

Die aktuelle Schiedsordnung des **VIAC** („Wiener Regeln") trat am 1.7.2021 in Kraft. Steht die Zahl der Schiedsrichter nicht fest, wird sie vom Vorstand festgelegt (Art. 17 Abs. 2 VIAC Schiedsordnung). Wenn ein Dreierschiedsgericht entscheidet, benennen die beiden Parteien jeweils einen Schiedsrichter und diese dann innerhalb von 30 Tagen den Vorsitzenden (Art. 17 Abs. 5 VIAC Schiedsordnung). Nur wenn das nicht geschieht, erfolgt die Benennung durch die benennende Stelle. Honorare der Schiedsrichter und Kosten der Institution richten sich nach einer Kostentabelle. Ein Kostenrechner steht ebenfalls zur Verfügung.[210] Es gibt ein beschleunigtes Verfahren auf Opt-in-Basis (Art. 45 VIAC Schiedsordnung). Ein Emergency Arbitrator wird leider nicht angeboten. Das VIAC bietet auch ein administriertes Mediationsverfahren auf der Basis der Wiener Mediationsregeln an.[211] 139

Es handelt sich um eine durchaus empfehlenswerte Institution; sie kommt bei Verträgen mit Bezug auf Mittel- und Südosteuropa in Betracht. 140

g) Singapore International Arbitration Centre (SIAC)

Das Singapore International Arbitration Centre (SIAC) wurde 1990 gegründet. Die aktuelle Verfahrensordnung ist vom 1.8.2016.[212] Aufgrund des starken Wirtschaftswachstums in vielen Schwellenländern in Asien hat sich das SIAC innerhalb recht kurzer Zeit etabliert. Im Jahr 2020 kamen 1080 neue Fälle zum SIAC, von denen sich 1063 auf die SIAC Rules bezogen.[213] Das SIAC hatte damit erstmals mehr neue Fälle als die ICC. 141

Ein Einzelschiedsrichter entscheidet, es sei denn die Parteien haben ein Dreierschiedsgericht vereinbart oder der registrar legt es fest (Rule 6.1 SIAC Rules). Bei einem Dreierschiedsgericht benennen die beiden Parteien jeweils einen Schiedsrichter (Rule 8.1 SIAC Rules). Der Vorsitzende wird vom chairman des SIAC benannt, es sei denn die Parteien vereinbaren etwas anderes (Rule 8.1 SIAC Rules), was auch hier wieder zu empfehlen ist.[214] Die SIAC Rules sehen einen Emergency Arbitrator (Rule 26 und Schedule 1 SIAC Rules) und ein beschleunigtes Verfahren (Rule 5 SIAC Rules) vor. Ob ein beschleunigtes Verfahren durchgeführt wird, hängt von einer Vereinbarung der Parteien oder einer Entscheidung des Präsidenten von SIAC ab. Als maßgeblichen Schwellenbetrag nennen die 142

[208] https://www.swissarbitration.org/centre/arbitration/cost-calculator-2021/.
[209] https://www.swissarbitration.org/centre/mediation/mediation-rules/.
[210] https://www.viac.eu/de/kostenrechner.
[211] https://www.viac.eu/de/mediation/alle-mediationsregeln.
[212] Die Neuregelungen sollen dabei insbesondere auf die Vereinfachung von Mehrparteienverfahren und die Effizienz des schiedsgerichtlichen Verfahrens abzielen.
[213] https://siac.org.sg/ysiac/about-us/69-siac-news/699-siac-sets-a-new-record-in-2020.
[214] Dazu → Rn. 177.

SIAC Rules einen Betrag von US$ 6.000.000. Das Honorar der Schiedsrichter und die Kosten der Institution richten sich nach einer Kostentabelle. Das SIAC bietet auch einen Calculator zur Kostenschätzung an.[215]

143 Das SIAC kann empfohlen werden und bietet sich insbesondere bei Transaktionen mit Bezug zu **China, Indien und Südostasien** an.

h) Deutsche Institution für Schiedsgerichtsbarkeit (DIS)

144 Die Deutsche Institution für Schiedsgerichtsbarkeit (DIS) entstand 1992 durch den Zusammenschluss des Deutschen Ausschusses für Schiedswesen und des Deutschen Instituts für Schiedsgerichtswesen. Ihr Sitz ist Bonn. Die DIS ist die wichtigste Schiedsgerichtsinstitution in Deutschland.[216] Die aktuelle Schiedsgerichtsordnung ist von 2018.[217] Die DIS hat im Jahr 2019 insgesamt 151 Schiedsverfahren administriert, davon 145 nach DIS Verfahrensordnungen, im Jahr 2020 165, davon 162 nach DIS Verfahrensordnungen.[218]

145 Das Schiedsgericht besteht aus einer ungeraden Zahl von Schiedsrichtern (Art. 10.1 DIS-SchO). Sofern nichts anderes vereinbart oder auf Antrag einer Partei auf Bestellung eines Einzelschiedsrichters entschieden wird, entscheidet ein Dreierschiedsgericht (Art. 10.2 DIS-SchO). Bei einem Dreierschiedsgericht benennen die beiden Parteien jeweils einen Schiedsrichter und diese dann innerhalb von 21 Tagen den Vorsitzenden (Art. 12 DIS SchO); nur wenn das nicht geschieht, kann eine Benennung durch die DIS erfolgen. Ein Eilschiedsrichter ist nicht vorgesehen. Die DIS hat eine Verfahrensordnung für beschleunigte Verfahren, die allerdings nur zur Anwendung kommt, wenn sie ausdrücklich vereinbart wird („opt-in"). Die Honorare der Schiedsrichter und die Kosten der Institution richten sich nach einer Kostentabelle. Ein Gebührenrechner steht zur Verfügung.[219]

146 Auch für internationale Streitigkeiten kann die DIS durchaus empfohlen werden. Allerdings dürfte es schwierig sein, sie außerhalb des deutschsprachigen Raums oder Europas in Verhandlungen durchzusetzen, da sie international nicht sehr bekannt ist. Seit 2010 bietet die DIS auch Verfahrensordnungen für etliche ADR-Verfahren an.

i) World Intellectual Property Organization (WIPO)

147 Die World Intellectual Property Organization (WIPO) ist eine 1883 gegründete völkerrechtliche Organisation. Ihr Sitz ist Genf. Das Arbitration and Mediation Center der World Intellectual Property Organization wurde 1994 – unter einer etwas anderen Bezeichnung – gegründet.[220] Das Center ist auf Streitigkeiten über gewerbliche Schutzrechte spezialisiert. Hervorzuheben ist auch die Tätigkeit auf dem Gebiet der Domain Names.[221] Die aktuelle Schiedsverfahrensordnung ist seit dem 1.7.2021 in Kraft.[222] Die WIPO bietet außerdem Verfahrensordnungen für Schiedsgutachten und Mediation an.

148 Das Schiedsgericht besteht aus einem Einzelschiedsrichter, es sei denn die Parteien hätten ein Dreierschiedsgericht vereinbart oder das Center entscheidet so (Art. 14 b) WIPO Rules). Bei einem Dreierschiedsgericht benennen beide Parteien jeweils einen Schiedsrichter und diese dann innerhalb von 20 Tagen den Vorsitzenden (Art. 17 b) und c) WIPO Rules). Geschieht Letzteres nicht, erfolgt die Benennung durch die Institution. Ein Verfahren mit einem Emergency Arbitrator ist in Art. 49 vorgesehen.

---

[215] https://www.siac.org.sg/component/siaccalculator/?Itemid=448.
[216] Kreindler/Schäfer/Wolff Schiedsgerichtsbarkeit Rn. 288 f.
[217] https://www.disarb.org/werkzeuge-und-tools/dis-regeln; dazu zB Mazza/Menz SchiedsVZ 2018, Beilage zu Heft 1/2018, 39 ff.; Pörnbacher/Lederer BB 2018, 707; Besch/Kreuzeder RIW 2018, 256.
[218] https://www.disarb.org/ueber-uns/unsere-arbeit-in-zahlen.
[219] https://www.disarb.org/werkzeuge-und-tools/gebuehrenrechner/gebuehrenrechner-2018-2021.
[220] Zur Historie Lionnet/Lionnet Handbuch S. 530.
[221] WIPO Uniform Domain Name Dispute Resolution Policy (UDPR), http://www.arbiter.wipo.int.
[222] https://www.wipo.int/amc/en/arbitration/rules/index.html.

Es gibt außerdem eine Verfahrensordnung für beschleunigte Verfahren auf **opt-in-Basis.**[223] Die dort vorgesehene Zeitdauer von drei Monaten (Art. 58a WIPO Rules) für ein Schiedsverfahren erscheint allerdings etwas zu ehrgeizig. Eine Zeitdauer von sechs Monaten für ein beschleunigtes Verfahren erscheint ausreichend; die Verfahrensordnung sollte insoweit vertraglich modifiziert werden. 149

Die Kosten der Institution und die Honorare der Schiedsrichter richten sich nach einer Kostentabelle. Ein Fee Calculator steht ebenfalls zur Verfügung.[224] 150

7. Sonstige Institutionen

Im Grundsatz sollte im Rahmen internationaler Wirtschaftsverträge eine der eben genannten Institutionen vereinbart werden.[225] Neben den zuvor genannten Institutionen gibt es noch eine Vielzahl lokaler oder regionaler Institutionen.[226] Längst nicht alle Institutionen sind aber zu empfehlen – schon gar nicht für internationale Schiedsverfahren. Soll eine andere Institution als eine der zuvor genannten vereinbart werden, empfehlen sich immer folgende Prüfungsschritte: 151

- Entspricht die vorgeschlagene Verfahrensordnung dem **Grundsatz der Fairness?** Werden insbesondere die Grundsätze der **Gleichheit der Parteien** und des **rechtlichen Gehörs** gewahrt? 152
- Gibt es keine nennenswerten Beschränkungen bei der **Auswahl der Schiedsrichter?** Es gibt zB Institutionen, die vorsehen, dass auch parteibenannte Schiedsrichter aus einer Liste der Institution zu wählen sind. Eine derartige Restriktion sollte nicht akzeptiert werden. Beschränkungen können aber auch versteckt sein. Wenn das Honorar für den Schiedsrichter sehr niedrig ist, erscheint das vielleicht zunächst sogar positiv, da das zu einem kostengünstigen Schiedsverfahren führen könnte. Zu bedenken ist aber, dass renommierte Schiedsrichter nicht bereit sein werden, für ein sehr niedriges Honorar tätig zu werden. Wenn das Schiedsrichterhonorar nicht in einer frei konvertierbaren Währung gezahlt wird, kann es ebenfalls schwierig werden, renommierte Schiedsrichter zu finden. 153
- Kann man sicher sein, dass sich die Institution bei einer **Schiedsrichterbenennung neutral** verhält und einen **integren,** sachkundigen **Vorsitzenden** benennt, wenn die Parteien oder die parteibenannten Schiedsrichter sich nicht einigen können? Es stellt einen richtigen Schritt dar, ist aber andererseits nicht ausreichend, wenn in der jeweiligen Verfahrensordnung geregelt ist, dass der Vorsitzende nicht die Staatsangehörigkeit einer der Parteien haben soll, denn alleine dadurch ist seine Neutralität und Integrität noch nicht sichergestellt. Zur Ermittlung der Benennungspraxis der jeweiligen Institution sollte auf die Auskunft von Anwälten zurückgegriffen werden, die entsprechende Erfahrungen haben. 154
- Ist ein Mindestmaß an **Ressourcen für die Administrierung** vorhanden? Gerade bei neuen Institutionen bestehen hier Zweifel und man sollte eine Institution grundsätzlich erst wählen, wenn sie in der Praxis bewiesen hat, dass sie zu einer sachgerechten Administrierung eines Schiedsverfahrens in der Lage ist.[227] 155
- Wie sind die Fallzahlen in Bezug auf internationale Schiedsverfahren? Es kann davon ausgegangen werden, dass eine Institution ausreichend Erfahrung mit internationalen Schiedsverfahren hat und international anerkannt ist, wenn sie entsprechende Fallzahlen vorweisen kann. Veröffentlicht sie sie nicht, dürfte die Vermutung angebracht sein, dass die Fallzahlen bestenfalls gering sind.

---

[223] https://www.wipo.int/amc/en/arbitration/expedited-rules/.
[224] https://www.wipo.int/amc/en/calculator/adr.jsp.
[225] Ähnlich Born Forum Selection Agreements S. 43.
[226] Siehe nur die Liste in Kreindler/Schäfer/Wolff Schiedsgerichtsbarkeit Anhang A S. 363f.
[227] Born Forum Selection Agreements S. 62.

156 Bei Vertragsverhandlungen mit Partnern aus **Schwellenländern** stellt sich häufig die Frage, ob auch eine Schiedsgerichtsinstitution aus dem jeweiligen Schwellenland akzeptabel ist. Hier sollte nach wie vor Zurückhaltung geübt werden, denn es ist meist zweifelhaft, ob die Institution aus dem jeweiligen Schwellenland die zuvor genannten Kriterien erfüllt.[228]

157 Die **Kosten der Institution** sollten dagegen weniger entscheidend sein, denn sie und die Honorare der Schiedsrichter sind nicht in erster Linie die Faktoren, die Schiedsgerichtsbarkeit teuer machen. Das sind – wie dargestellt – vielmehr die Honorare der externen Anwälte, Kosten der Sachverständigen und interne Kosten der Partei; diese fallen aber in einem Schiedsverfahren unabhängig von der gewählten Institution an.

8. Sinnvolle zusätzliche Regelungen

158 In der Regel ist es sinnvoll, sich an der Musterklausel der vereinbarten Institution zu orientieren,[229] da in diese das Know-how und die Erfahrung der jeweiligen Institution eingeflossen ist. Es sollten nur notwendige Punkte ergänzt oder geändert werden.

a) Ort des Schiedsverfahrens

159 Der Ort (place of arbitration, seat of arbitration) des Schiedsverfahrens hat eine besondere Bedeutung.[230] Der Schiedsspruch gilt als am Ort des Schiedsverfahrens erlassen.[231] Die Parteien sollten normalerweise den Ort des Schiedsverfahrens ausdrücklich bestimmen.[232] Sie haben dabei eine weitgehende Freiheit.[233] Der Schiedsort muss zum Beispiel nicht dem Sitz der Schiedsgerichtsinstitution entsprechen. Es muss sich auch nicht um einen Ort handeln, an dem die zugrunde liegende Transaktion in irgendeiner Form abgewickelt wird.

160 Der Ort des Schiedsgerichtsverfahrens ist zum einen von Bedeutung für die Zuständigkeit der Gerichte in Bezug auf ein eventuelles **Aufhebungsverfahren.**[234] Die Aufhebung eines Schiedsspruches richtet sich nach wie vor nach nationalem Recht. Nach den meisten Rechtsordnungen ist sie nur unter engen Voraussetzungen möglich,[235] doch gibt es im Einzelnen international erhebliche Unterschiede und ist die Gerichtspraxis uneinheitlich. Der Ort des Schiedsverfahrens sollte deshalb in einem Land liegen, in dem die Gerichte im Rahmen von Aufhebungsverfahren zurückhaltend vorgehen.

161 Während des Schiedsgerichtsverfahrens richtet sich die Zuständigkeit von Gerichten für **unterstützende und überwachende Maßnahmen** nach dem Ort des Schiedsverfahrens.[236] Ist der Ort des Schiedsgerichtsverfahrens in einem Land, in dem die Gerichte nicht schiedsgerichtsfreundlich eingestellt sind, kann es zu erheblichen Behinderungen des Schiedsverfahrens kommen.

162 Nach dem Ort des Schiedsgerichtsverfahrens richtet sich auch das **auf das Schiedsverfahren anwendbare Verfahrensrecht (Verfahrensstatut).** Das Verfahrensrecht kann durchaus Überraschungen bereithalten. In England ist zB ein appeal zu den staatlichen

---

[228] Skepsis zu DIAC und CIETAC in 2010 International Arbitration Survey: Choices in International Arbitration, Queen Mary University of London School of International Arbitration, White & Case S. 21 f., http://www.arbitrationonline.org.
[229] Guideline 2, IBA Guidelines for Drafting; Born Forum Selection Agreements S. 37.
[230] Born Forum Selection Agreements S. 68 f.; Friedland Arbitration Clauses S. 35; Paulsson/Rawding/Reed Freshfields Guide S. 32; Kreindler/Schäfer/Wolff Schiedsgerichtsbarkeit Rn. 231.
[231] Artikel 20 Abs. 3 UNCITRAL ModellG.
[232] Guideline 4, IBA Guidelines for Drafting.
[233] § 1043 Abs. 1 ZPO; Art. 20 Abs. 1 ModellG; Kreindler/Schäfer/Wolff Schiedsgerichtsbarkeit Rn. 236.
[234] Kreindler/Schäfer/Wolff Schiedsgerichtsbarkeit Rn. 262 f.
[235] So zB Art. 34 Abs. 2 UNCITRAL ModellG.
[236] Kreindler/Schäfer/Wolff Schiedsgerichtsbarkeit Rn. 258 f.

Gerichten in Bezug auf Rechtsfragen möglich,[237] es sei denn er ist abbedungen worden wie zB durch Art. 35 Abs. 6 ICC Schiedsgerichtsordnung oder Art. 29.2 LCIA Rules.[238]

In Spanien – obwohl es sich als UNCITRAL ModellG-Land sieht – gilt für Schiedsverfahren eine Befristung von sechs Monaten.[239] Nach Ablauf dieser Zeit ist das Schiedsgericht nicht mehr zuständig, es sei denn, die Befristung ist abbedungen worden. Wie erwähnt, ist eine derart kurz Zeitdauer für die Mehrzahl der Schiedsgerichtsverfahren unrealistisch. Ist der Ort des Schiedsverfahrens in Spanien, sollte diese Befristung bereits in der Schiedsklausel abbedungen werden. Ähnlich ist die Situation in Brasilien.[240] 163

Es sollte zudem davon abgesehen werden, vertraglich ein anderes Verfahrensrecht zu wählen als das des Ortes des Schiedsverfahrens,[241] da zumindest zweifelhaft ist, ob die zwingende *lex loci arbitri* auf diese Weise abdingbar ist und in praktischer Hinsicht das Problem entsteht, dass unklar ist, welche Gerichte für die Unterstützung und Kontrolle des Schiedsverfahren zuständig sind.[242] Probleme kann es auch bei der Anerkennung und Vollstreckung geben, da das Herkunftsland des Schiedsspruches unklar wäre. 164

Wichtig ist der Ort des Schiedsverfahrens auch für die Bestimmung des auf die **Schiedsvereinbarung anwendbaren Rechts (Schiedsvereinbarungsstatut).**[243] Es ist anerkannt, dass die Schiedsvereinbarung gegenüber den sonstigen Regelungen des Vertrages eine eigenständige Bedeutung hat. In Bezug auf die Schiedsvereinbarung kann – wie sich aus § 1059 Abs. 2 Ziff. 1 a) ZPO und Art. V Abs. 1 (a) UNÜ ergibt – eine eigene Rechtswahl erfolgen, was aber in der Praxis kaum gemacht wird. Erfolgt keine derartige explizite Rechtswahl, wird auf den Parteiwillen bzw. die Interessenlage abgestellt; hilfsweise kommt es auf das Recht des Schiedsverfahrensortes[244] an – was ebenfalls aus § 1059 Abs. 2 Ziff. 1 a) ZPO und Art. V Abs. 1 (a) UNÜ folgt. Ist das Schiedsverfahrensstatut von den Parteien ausdrücklich vereinbart worden, nimmt der BGH an, dass damit auch konkludent das Schiedsvereinbarungsstatut gewählt worden ist.[245] Haben die Parteien das auf den Hauptvertrag anwendbare Recht vereinbart, so soll diese Rechtswahl nach der Rechtsprechung des BGH auch für das Schiedsvereinbarungsstatut maßgeblich sein.[246] Das ist aber nicht überzeugend, da die Parteien in der Regel nicht beabsichtigen, mit der Wahl des auf den Vertrag anwendbaren Rechts auch das Schiedsvereinbarungsstatut zu bestimmen. Im Zweifel richtet es sich gemäß den ausdrücklichen Bestimmungen § 1059 Abs. 2 Ziff. 1 a) ZPO und Art. V Abs. 1 (a) UNÜ nach dem Ort des Schiedsverfahrens und diese Regelungen entsprechen auch normalerweise den Interessen der Parteien.[247] 165

Nach dem auf die Schiedsvereinbarung anwendbaren Recht entscheidet sich unter anderem, ob überhaupt eine **wirksame Schiedsvereinbarung** vorliegt.[248] Es gibt zB Länder, die für Schiedsklauseln in AGB besondere Anforderungen stellen.[249] Wenn man den Ort des Schiedsverfahrens festlegen will, ist man deshalb gut beraten, sich danach zu er- 166

[237] S. 69 Arbitration Act 1996; dazu Blackaby/Partasides International Arbitration Rn. 10.68.
[238] S. zur Frage des appeal und der Abbedingung auch Paulsson/Rawding/Reed Freshfields Guide S. 33.
[239] Art. 37 Abs. 2 Ley de Arbitraje, Boletín Oficial de Estado v. 26.2.2003 geändert durch Ley 11/2011 v. 26.5.2011.
[240] Art. 23 Lei de Arbitragem, Lei No. 9307 v. 23.9.1996 geändert durch Lei No. 13129 v. 26.5.2015.
[241] Skeptisch auch Born Forum Selection Agreements S. 71 f.
[242] Born Forum Selection Agreements S. 71; s. auch Begründung BT-Drs. 13/5274, 31.
[243] Kreindler/Schäfer/Wolff Schiedsgerichtsbarkeit Rn. 119; Lionnet/Lionnet Handbuch S. 170; Friedland Arbitration Clauses S. 68 f.; siehe auch § 1059 Abs. 2 Ziff. 1 a) ZPO, Art. V Abs. 1 lit. a) UNÜ; Art. 34 Abs. 2 (a) (i) und 36 Abs. 2 (a) (i); UNCITRAL ModellG.
[244] S. hierzu im Einzelnen Blackaby/Partasides International Arbitration Rn. 3.12 f.; und Born International Commercial Arbitration S. 414 ff.
[245] BGH NJW 1998, 2452; zustimmend Schmidt-Ahrens/Höttler NJW 2011, 273 f.
[246] BGHZ NJW 1964, 591 (592); siehe dazu auch → § 3 Rn. 142a.
[247] So auch Schmidt-Ahrens/Höttler SchiedsVZ 2011, 267 (274).
[248] Schmidt-Ahrens/Höttler SchiedsVZ 2011, 267 (273).
[249] ZB Brasilien Art. 4 Abs. 2 Lei de Arbitragem, Lei No. 9307 v. 23.9.1996 geändert durch Lei No. 13129 v. 26.5.2015.

kundigen, ob das Recht des in Betracht gezogenen Ortes Besonderheiten enthält, die bei der Formulierung der Schiedsklausel zu berücksichtigen sind.

167 Auch für die Anerkennung und Vollstreckung nach dem New Yorker Übereinkommen kann der Ort des Schiedsverfahrens bedeutsam sein.[250] Die Mehrzahl der Mitgliedsstaaten hat von dem Vorbehalt der Gegenseitigkeit (Art. I Abs. 3) Gebrauch gemacht.[251]

168 Wird kein Schiedsort vereinbart, wird er in der Regel entweder durch die Institution oder das Schiedsgericht festgelegt.[252] Bevor man bei Vertragsverhandlungen einen ungünstigen Ort akzeptiert, kann es einen Kompromiss darstellen, den Ort offenzulassen.

169 Mündliche Verhandlungen werden zwar oft am Ort des Schiedsverfahrens durchgeführt, doch notwendig ist es nicht.[253] Es kann einen Kompromiss bei Verhandlungen über die Schiedsklausel darstellen, dass man dem Schiedsgericht gestattet, mündliche Verhandlungen an einem **anderen Ort** als dem Ort des Schiedsverfahrens stattfinden zu lassen.

170 Man sollte auch darauf achten, dass man nicht einen Ort des Schiedsverfahrens bestimmt, an dem es **Beschränkungen** bei der Vertretung durch externe Anwälte gibt.[254] In Ländern mit sehr rigiden Visabestimmungen und Einreisebeschränkungen sollte der Ort des Schiedsverfahrens deshalb nicht liegen.

171 Die Frage der **Logistik** und der Verkehrsverbindungen spielt auch eine gewisse Rolle bei der Auswahl des Ortes des Schiedsverfahrens, sollte aber nicht der zentrale Gesichtspunkt sein.[255]

172 Der Ort des Schiedsverfahrens ist aus den genannten Gründen neben der benennenden Stelle wohl der wichtigste Punkt bei der Formulierung der Schiedsgerichtsvereinbarung.[256] Der Ort sollte in einem **neutralen Land** sein, in dem die Gerichte unabhängig sind und schiedsgerichtsfreundlich entscheiden;[257] ist der Ort in einem skandinavischen Land, in Deutschland, der Schweiz, Österreich, Frankreich, England, den Benelux-Staaten, den USA, Kanada, Australien, Neuseeland oder Singapur, sollte es keine Probleme geben.[258]

b) Verfahrenssprache

173 Die Parteien können[259] und sollten eine ausdrückliche Regelung zur Verfahrenssprache treffen.[260] Verfahrenssprache sollte in der Regel die **Vertragssprache** sein.[261] Die Verfahrenssprache hat auch Auswirkungen auf die Auswahl der Schiedsrichter, da sie Vertrags- und Verfahrenssprache beherrschen sollten. Ist der Vertrag in zwei Sprachen abgefasst, sollten auch beide Sprachen Verfahrenssprachen sein. Die Zahl der in Frage kommenden Schiedsrichter verringert sich allerdings dadurch. Gelegentlich kommt es vor, dass für eine Transaktion zwei Sprachen gelten, dass aber eine Partei nur eine dieser Sprachen als Verfahrenssprache akzeptieren will. Bevor man in einer solchen Situation eine ungünstige

---

250 Paulsson/Rawding/Reed Freshfields Guide S. 33; Kreindler/Schäfer/Wolff Schiedsgerichtsbarkeit Rn. 255.
251 Paulsson/Rawding/Reed Freshfields Guide S. 35.
252 Kreindler/Schäfer/Wolff Schiedsgerichtsbarkeit Rn. 242 f.
253 § 1043 Abs. 2 ZPO; Art. 20 Abs. 2 ModellG; Born Forum Selection Agreements S. 61; Paulsson/Rawding/Reed Freshfields Guide S. 40 f.
254 Paulsson/Rawding/Reed Freshfields Guide S. 40.
255 Born Forum Selection Agreements S. 61 f.; Kreindler/Schäfer/Wolff Schiedsgerichtsbarkeit Rn. 267 f.
256 Guideline 4, Anm. 21 IBA Guidelines for Drafting.
257 Guideline 4, Anm. 22, IBA Guidelines for Drafting; Born Forum Selection Agreements S. 62 f.; Kreindler/Schäfer/Wolff Schiedsgerichtsbarkeit Rn. 265; Do's and Don'ts, Association Suisse de l'Arbitrage, ASA Special Series No. 31 S. 10 f.
258 Siehe auch 2021 International Arbitration Survey; Adapting arbitration to a changing world des Queen Mary College (University of London) S. 6, https://arbitration.qmul.ac.uk/research/2021-international-arbitration-survey/die GTAI-Umfrage nach Marenkov/Menz SchiedsVZ 2021, 287 f.
259 § 1045 Abs. 1 ZPO, Art. 22 Abs. 1 UNCITRAL ModellG.
260 Guideline 7, IBA Guidelines for Drafting; Born Forum Selection Agreements S. 73; Paulsson/Rawding/Reed Freshfields Guide S. 53 f.; Lionnet/Lionnet Handbuch S. 158; Jäger/Zavodsky SchiedsVZ 2019, 175.
261 Guideline 7, Anm. 39; Born Forum Selection Agreements S. 88 f.; Kreindler/Schäfer/Wolff Schiedsgerichtsbarkeit Rn. 630.

Verfahrenssprache akzeptiert, kann man die Sprache notfalls offenlassen. Die Festlegung der Verfahrenssprache erfolgt durch das Schiedsgericht, wenn die Parteien keine Regelung getroffen haben. Bei dem das Verfahren einleitenden Schriftsatz und der Auswahl der Schiedsrichter stellt sich dann aber die Frage, von welcher Verfahrenssprache in der zuvor genannten Situation auszugehen ist.[262]

c) Zahl der Schiedsrichter und ihre Auswahl

Schiedsgerichte bestehen in aller Regel aus einem oder drei Schiedsrichtern. Davon gehen auch die verbreiteten Verfahrensordnungen aus. Für kleinere Streitigkeiten genügt in der Regel ein Schiedsrichter. Schiedsverfahren mit einem Schiedsrichter sind **kostengünstiger** und in der Regel auch schneller, da die Konstituierung weniger Zeit in Anspruch nimmt und die Terminfestlegung einfacher ist. Für größere, komplexere Streitigkeiten sind meist drei Schiedsrichter besser, da mit mehr Ressourcen gearbeitet werden kann.[263] Ein weiterer Vorteil ist die Kombination verschiedener Rechtskulturen im Schiedsgericht, wenn auch die Parteien aus unterschiedlichen Rechtskulturen kommen. Die parteibenannten Schiedsrichter sollen zudem sicherstellen, dass die Argumente der jeweiligen Partei vom Schiedsgericht zur Kenntnis genommen werden.[264] 174

Die Entscheidung, ob das Schiedsgericht aus einem oder drei Schiedsrichtern bestehen soll, kann der Institution überlassen werden, wie in vielen Schiedsgerichtsordnungen vorgesehen. Es kann aber auch in der Streitbeilegungsklausel ein Schwellenwert festgelegt werden, zB ein Streitwert von 1.000.000 EUR. 175

Bei einem Einzelschiedsrichter sollten die Parteien zu Beginn des Schiedsverfahrens versuchen, sich auf eine Person zu einigen. Ist das innerhalb bestimmter Zeit nicht möglich, sollte jede Partei die Möglichkeit haben, die Auswahl von der Institution vornehmen zu lassen. Die meisten Institutionen sehen – wie zuvor dargestellt – ein derartiges Verfahren vor. In diesen Fällen ist eine Regelung nicht nötig. Bei einigen Institutionen ist das aber nicht der Fall; hier sollte die Schiedsklausel eine entsprechende Regelung enthalten. 176

Bei einem **Dreierschiedsgericht** ist das international wohl gebräuchlichste und in der Mehrzahl der Fälle beste Verfahren, dass **beide Parteien jeweils einen Schiedsrichter** benennen und diese **parteibenannten Schiedsrichter dann den Vorsitzenden.** Üblicherweise stimmt sich jeder parteibenannte Schiedsrichter dazu mit der Partei ab, die ihn benannt hat. Die Institution wird nur tätig, wenn es keine Einigung über den Vorsitzenden innerhalb eines bestimmten Zeitraums gibt. Dieses Verfahren stellt zum einen sicher, dass das Schiedsgericht als Team funktioniert und niemand Vorsitzender wird, der ein schlechtes Verhältnis zu einem der parteibenannten Schiedsrichter hat. Andererseits hat der Vorsitzende auch die Zustimmung beider Parteien.[265] Etliche Verfahrensordnungen sehen – wie zuvor dargestellt – stattdessen vor, dass der Vorsitzende direkt von der Institution benannt wird. Das scheint nicht ideal und die Schiedsvereinbarung sollte in diesen Fällen die Regelung der Verfahrensordnung modifizieren. 177

d) Mehrparteienverfahren

Eine Schwierigkeit der Schiedsgerichtsbarkeit besteht darin, dass sie auf Streitigkeiten zwischen zwei Parteien zugeschnitten ist und es deshalb Probleme gibt, wenn **mehr als zwei Parteien** beteiligt sind.[266] In der Praxis kommt es aber immer wieder vor, dass mehr als zwei Parteien an einem Verfahren beteiligt sind – sei es auf der Klägerseite oder auf der Beklagtenseite. Man kann verschiedene Konstellationen unterscheiden: 178

---

[262] Kreindler/Schäfer/Wolff Schiedsgerichtsbarkeit Rn. 648.
[263] Guideline 5 und Anm. 25 IBA Guidelines for Drafting; Born Forum Selection Agreements S. 81.
[264] Paulsson/Rawding/Reed Freshfields Guide S. 85.
[265] Zu diesen Gesichtspunkten auch Paulsson/Rawding/Reed Freshfields Guide S. 90f.
[266] Friedland Arbitration Clauses S. 12f.

179 – Das Mehrparteienverfahren kann auf einem Vertrag beruhen, der zwischen mehreren Parteien geschlossen worden ist, zB ein Liefervertrag zwischen einem aus zwei Parteien bestehenden Lieferkonsortium und einem Kunden oder ein Konsortialvertrag zwischen drei Parteien.

180 – Dem Mehrparteienverfahren können auch mehrere Verträge zugrunde liegen. Diese Konstellation kann sich insbesondere ergeben, wenn eine Mehrzahl von Verträgen möglichst nahtlos ineinandergreifen soll (Multiparty + Multicontract).

181 – Ein Schiedsverfahren kann von Anfang an ein Mehrparteienverfahren sein; zB ein aus zwei Parteien bestehendes Lieferkonsortium verklagt einen Kunden oder umgekehrt, ein Kunde verklagt ein aus zwei Parteien bestehendes Lieferkonsortium.

182 – Ein Mehrparteienverfahren kann sich auch nachträglich ergeben. Die englischen Begriffe, die hier verwendet werden, sind Joinder und Intervention. Die ICC übersetzt den Begriff Joinder mit „Einbeziehung". Beim Joinder wird – wie bei der Streitverkündung des deutschen Rechts – eine dritte Partei nachträglich durch eine Partei eines Schiedsverfahrens in das Schiedsverfahren gezogen.[267] Es gibt zB ein Schiedsgerichtsverfahren zwischen dem Kunden und dem Generalunternehmer im Rahmen eines Anlagenbauvertrages. Der Generalunternehmer möchte Rückgriff gegen seinen Nachunternehmer nehmen und ist deshalb an einem Joinder des Nachunternehmers interessiert. Die Intervention ist das Gegenstück, bei der die Initiative von der dritten Partei ausgeht;[268] sie entspricht in etwa der Nebenintervention des deutschen Rechts.

183 – Eine andere Möglichkeit, aus der sich nachträglich ein Mehrparteienverfahren ergeben kann, ist die Consolidation of Arbitration Proceedings,[269] also die Verbindung[270] von Verfahren, wenn an den zu verbindenden Verfahren unterschiedliche Parteien beteiligt sind. Ein Beispiel: Der Generalunternehmer im Rahmen eines Bauprojektes leitet gegen den Nachunternehmer ein Schiedsverfahren ein. Anschließend leitet der Kunde gegen den Generalunternehmer wegen desselben Streitgegenstandes ein Schiedsverfahren gegen den Generalunternehmer ein. Hier hat der Generalunternehmer ein Interesse daran, die Verfahren zu verbinden, damit konsistent entschieden wird.

184 Das **Problem** bei **Mehrparteienverfahren** ist, dass **alle Parteien volle Verfahrensrechte** haben sollten. Das gilt auch und insbesondere für die **Auswahl** der **Schiedsrichter** bei einem **Dreierschiedsgericht.** Aufgrund der Dutco-Entscheidung der französischen Cour de Cassation[271] haben die Schiedsgerichtsinstitutionen dafür gesorgt, dass es zumindest bei originären Mehrparteienverfahren kein Ungleichgewicht mehr gibt. Können zwei Parteien, die zusammen Beklagte sind, sich nicht auf einen Schiedsrichter einigen, wird entweder das gesamte Schiedsgericht durch die Institution benannt – so etwa Art. 12 Abs. 8 ICC Schiedsgerichtsordnung und § 20.3 (i) DIS-Schiedsgerichtsordnung – oder die Institution benennt die beiden parteibenannten Schiedsrichter und diese benennen den Vorsitzenden – so § 20.3 (ii) DIS-Schiedsgerichtsordnung.

185 Wenn das Mehrparteienverfahren erst nachträglich zustande kommt – sei es durch Joinder, sei es durch Consolidation, stellt sich die Frage, ob diese Gesichtspunkte auch dann gelten sollten. Das ist zu bejahen. Auch dann sollte sichergestellt werden, dass alle Parteien gleiche Parteirechte haben und insbesondere gleichberechtigt bei der Auswahl der Schiedsrichter mitwirken können.[272] Dh Joinder und Consolidation müssen früh erfolgen – vor dem Abschluss der Konstituierung des Schiedsgerichts. Können sich die Parteien auf einen

[267] Paulsson/Rawding/Reed Freshfields Guide S. 96f.; Anm. 101, IBA Guidelines for Drafting.

[268] Anm. 101 IBA Guidelines for Drafting.

[269] Paulsson/Rawding/Reed Freshfields Guide S. 98f.

[270] So auch die deutsche Übersetzung der ICC; Art. 10 ICC Schiedsgerichtsordnung.

[271] *Siemens AG u. BKMI Industrieanlagen GmbH v. Dutco Construction Co.,* Cour de cassation (1re Chambre Civile), Urt. v. 7.1.1992, 1 Bull. Civ. 1992; J. Droit Int'l. (Clunet) 1992, 707; Ausschnitte in ICCA Yearbook 1993, 140f.

[272] Ebenso Anm. 103 u. 112, IBA Guidelines for Drafting; überzeugend insoweit Art. 7 Abs. 1, Art. 6 Abs. 4 und Art. 12 Abs. 7 und 8 ICC Schiedsgerichtsordnung zu Joinder; Art. 10 ICC Schiedsgerichtsordnung zu Consolidation ist insoweit leider unklar; zu Consolidation siehe auch Art. 7 Swiss Rules.

parteibenannten Schiedsrichter nicht einigen, sollte wieder die Regelung greifen, dass entweder das gesamte Schiedsgericht von der Institution benannt wird oder zumindest die beiden Schiedsrichter, die ansonsten von den Parteien ernannt worden wären.

Dies gilt allerdings nicht, wenn eine Partei vertraglich vorab zugestimmt hat, nachträglich in ein Schiedsverfahren zwischen anderen Parteien hineingezogen zu werden und nicht mehr volle Parteirechte zu haben. Regelungen zu Joinder und Consolidation im Rahmen von Projektfinanzierungen sehen das oft vor. Es ist aber davon abzuraten, eine derartige Zustimmung vorab zu erteilen. Die Partei sollte vielmehr darauf bestehen, dass für Joinder und Consolidation die oben genannten Grundsätze gelten. 186

Bei einer Mehrparteienkonstellation, die auf mehr als einem Vertrag beruht, sollten die anderen Parteien einem einheitlichen Schiedsverfahren nur zustimmen, falls für eine der Parteien divergierende Entscheidungen in einer Mehrzahl von Verfahren unzumutbar sind; das ist nur der Fall, wenn das auf die Verträge anwendbare Recht identisch ist, die vertraglichen Regelungen, um die es geht, identisch und alle Verträge in derselben Sprache abgefasst sind.[273] Liegt eine dieser Voraussetzungen nicht vor, sind divergierende Entscheidungen für keine Partei unzumutbar und es sollte nicht angenommen werden, dass eine Partei ein legitimes Interesse an einem einheitlichen Verfahren hat. 187

Formulierungsvorschläge für Joinder und Consolidation in der Literatur haben meist vorrangig die Interessen der an dem Joinder/der Consolidation interessierten Partei im Blick und vernachlässigen die Interessen der Partei/en, die in ein Verfahren zwischen anderen Parteien hineingezogen werden.[274] 188

e) Beschleunigtes Schiedsverfahren

Einige Verfahrensordnungen sehen beschleunigte Schiedsverfahren vor, ohne dass sie ausdrücklich vereinbart werden müssen. Das ist zB nach den ICC Rules of Arbitration, den Swiss Rules, den International Arbitration Rules der AAA der Fall. Andere Institutionen bieten beschleunigte Verfahren auf opt-in-Basis an, zB die SCC, die DIS, das VIAC und die WIPO. Nach den SIAC-Regeln setzt ein beschleunigtes Schiedsverfahren einen Antrag einer Partei und eine entsprechende Entscheidung des SIAC-Präsidenten voraus. Begründung ist entweder ein Streitwert von nicht mehr als US$ 6.000.000, eine entsprechende Vereinbarung der Parteien oder außergewöhnliche Eilbedüftigkeit (Rule 5.2). Bei kleineren Streitwerten ist ein beschleunigtes Schiedsverfahren – das in der Regel mit einem Einzelschiedsrichter geführt wird – empfehlenswert. Eine Streitwertgrenze könnte zB bei 1.000.000 EUR liegen. Die Zeitdauer des beschleunigten Verfahrens sollte allerdings nicht zu kurz sein; eine Dauer von drei Monaten, wie nach den Verfahrensordnungen für beschleunigte Verfahren von WIPO und SCC vorgesehen, erscheint zu ehrgeizig. Sie sollte vertraglich auf sechs Monate verlängert werden, denn auch in einem beschleunigten Schiedsverfahren ist der Schiedsspruch endgültig und rechtskräftig. 189

f) Wahl des auf den Vertrag anwendbaren Rechts

Die Wahl des auf die Transaktion anwendbaren materiellen Rechts ist eine eigenständige Regelung[275] und nicht Bestandteil der Streitbeilegungsvereinbarung. Die Verfahrensordnungen und die nationalen Schiedsverfahrensrechte geben den Parteien in der Regel eine große Freiheit in Bezug auf die Rechtswahl.[276] Die Parteien sind auch nicht gezwungen, ein nationales Recht zu wählen. Ausdrücklich vorgesehen ist oft in den Verfahrensordnun- 190

[273] Siehe auch Anm. 108, IBA Guidelines for Drafting.

[274] So zB die vorgeschlagene Regelung zu Consolidation in AAA Drafting Dispute Resolution Clauses – A Practical Guide, S. 27; ferner Born Forum Selection Agreements S. 112f. und Newman/Hanessian/Morkin Checklists S. 218.

[275] Zur Rechtswahl allgemein → § 13.

[276] ZB Art. 21 ICC Schiedsgerichtsordnung; Art. 35 UNCITRAL Rules; § 24 DIS-Schiedsgerichtsordnung; § 1051 ZPO; Art. 28 UNCITRAL ModellG.

gen bzw. dem nationalen Schiedsverfahrensrecht, dass das Schiedsgericht nach Billigkeit[277] entscheiden kann, wenn die Parteien damit einverstanden sind. Das sollten die Parteien aber nicht vorsehen, da es sich um einen unklaren Maßstab handelt, eine Vorhersehbarkeit nicht mehr gegeben ist und willkürliche Entscheidungen denkbar sind. Gleiches gilt letztlich auch für die Wahl der *lex mercatoria* bzw. allgemeiner Rechtsgrundsätze.[278]

191 Faktisch hat die Rechtswahl durchaus Bedeutung für die Durchführung eines Schiedsverfahrens. Bei der Wahl der Schiedsrichter orientieren sich die Parteien typischerweise am anwendbaren Recht. Ist Schweizer Recht anwendbar, werden oft Schweizer als Schiedsrichter benannt, ist englisches Recht anwendbar, werden eher Engländer als Schiedsrichter ausgewählt. Es ist in der Regel auch durchaus sinnvoll, dass der Ort des Schiedsverfahrens in dem Land liegt, dessen Recht auf den Vertrag anwendbar ist.[279]

192 Gelegentlich muss man im Rahmen von Vertragsverhandlungen beim anwendbaren Recht allerdings Zugeständnisse machen, zB Staatsunternehmen legen oft Wert darauf, dass ihr nationales Recht zum anwendbaren Recht des Vertrages bestimmt wird. In dieser Situation sollte die Wahl des anwendbaren Rechts nicht bedeuten, dass die andere Partei auch einer Regelung zustimmt, nach der der Ort des Schiedsverfahrens in dem entsprechenden Land liegt.

9. Nicht sinnvolle Regelungspunkte

193 Im Prinzip sollten in der Schiedsklausel Punkte nicht geregelt werden, für die ausreichende Regelungen in der jeweiligen Verfahrensordnung enthalten sind. Regelungen zu einstweiligen Maßnahmen des Schiedsgerichts sind zum Beispiel zumeist entbehrlich, da diese in den meisten Verfahrensordnungen zufriedenstellend geregelt sind.[280]

194 Nicht sinnvoll ist es auch, bereits bei Abschluss der ursprünglichen Transaktion **konkrete Personen** als Schiedsrichter zu bestimmen. Zu diesem Zeitpunkt ist noch nicht klar, welche Art von Streitigkeiten es geben wird; erst wenn eine Streitigkeit vorliegt, kann man am besten bestimmen, welches der ideale Schiedsrichter für die konkrete Streitigkeit ist. Es kann auch durchaus sein, dass die ursprünglich gewählten Personen zum Zeitpunkt der Streitigkeit einen Interessenkonflikt haben oder sonst nicht – zB wegen anderweitiger Verpflichtungen oder gesundheitlicher Gründe – in der Lage sind, als Schiedsrichter tätig zu werden.

195 Häufig findet man Regelungen in Streitbeilegungsklauseln, dass der oder die Schiedsrichter eine bestimmte Erfahrung oder **Qualifikation** mitbringen müssen. Derartige Regelungen sind ebenfalls nicht sinnvoll.[281] Vom Streitwert und der Art der Streitigkeit sollte es abhängen, ob ein erfahrener oder weniger erfahrener Schiedsrichter eingesetzt wird. Für kleine Streitigkeiten wird man oft erfahrene Schiedsrichter nicht begeistern können. Derartige Regelungen verhindern nur die nötige Flexibilität. Außerdem kann es einen Aufhebungsgrund in Bezug auf die „Bildung des Schiedsgerichts" gemäß Art. V Abs. 1 lit. (d), § 1059 Abs. 2 lit. d), Art. 34 Abs. 2 (iv) UNCITRAL ModellG darstellen, wenn Anforderungen an den Schiedsrichter in der Schiedsgerichtsklausel gestellt werden, die dann nicht erfüllt werden.

---

[277] Andere Bezeichnungen *„ex aequo et bono"* u. *„amiable compositeur"*, siehe zB Art. 21 ICC Schiedsgerichtsordnung; Art. 35 UNCITRAL Rules; § 24.4 DIS-Schiedsgerichtsordnung; § 1051 ZPO; Art. 28 UNCITRAL ModellG.

[278] Siehe zur Möglichkeit einer derartigen Rechtswahl Lew/Mistelis/Kröll Commercial Arbitration Rn. 18–44 f.; zu Schiedsverfahren und Möglichkeiten der Rechtswahl auch → § 13 Rn. 73 ff. sowie → § 3 Rn. 49.

[279] Weitergehend Born Forum Selection Agreements S. 72.

[280] Option 1, Anm. 48 IBA Guidelines for Drafting.

[281] Option 5, Anm. 74 IBA Guidelines for Drafting; ähnlich Born Forum Selection Agreements S. 70 f.; Paulsson/Rawding/Reed Freshfields Guide S. 92.

Eine **Befristung des Schiedsverfahrens** bei größeren, komplexeren Streitigkeiten sollte nicht vorgenommen werden, da bei ihnen die angemessene Dauer schwer absehbar ist.[282] 196

Einige Schiedsverfahrensrechte – zB Art. 192 IPRG in der Schweiz, sofern keine Partei den Wohnsitz, den gewöhnlichen Aufenthalt oder eine Niederlassung in der Schweiz hat – geben den Parteien sogar die Möglichkeit, das **gerichtliche Aufhebungsverfahren** vertraglich auszuschließen. Es scheint aber nicht ratsam, davon Gebrauch zu machen, da die Aufhebung gravierende Mängel des Schiedsverfahrens oder des Schiedsspruchs voraussetzt und deshalb als Möglichkeit erhalten bleiben sollte. 197

Im Schrifttum findet man häufig Ausführungen zu bestimmten Formen der Schiedsgerichtsbarkeit, wie etwa Baseball (andere Bezeichnung: Last Offer) oder High Low Arbitration.[283] Bei der **Baseball Arbitration** gibt jede Partei einen Wert als letztes Angebot ab und das Schiedsgericht kann sich nur zwischen diesen beiden Werten entscheiden. Das sollte dazu führen, dass die Parteien keine extremen Positionen einnehmen, wenn sie dem Schiedsgericht den letzten Wert mitteilen. Das Konzept geht auf die Spieltheorie zurück und ist intellektuell durchaus anregend. 198

Bei der **High Low Arbitration** wird von den Parteien ein wertmäßiger Rahmen festgelegt, innerhalb dessen das Schiedsgericht entscheiden kann. Ein solches Vorgehen kann sich anbieten, wenn es Vergleichsverhandlungen gegeben und man sich in gewissem Umfang angenähert hat, ohne eine Einigung zu erzielen. Der Stand der Vergleichsverhandlungen kann so in das Schiedsverfahren übertragen werden und die Parteien können das Risiko extremer Entscheidungen ausschließen. 199

Die praktische Bedeutung dieser Sonderformen der Entscheidungsfindung dürfte allerdings in keinem Verhältnis zu ihrer theoretischen Behandlung stehen; den Verfassern ist jedenfalls in der Praxis diese Form der Schiedsgerichtsbarkeit noch nicht begegnet. Keinesfalls sollte bereits eine entsprechende Festlegung in der Schiedsklausel erfolgen, da in der Regel vorab nicht erkennbar ist, ob die im Rahmen eines Vertrages möglicherweise entstehenden Streitigkeiten überhaupt für diese Sonderformen der Entscheidungsfindung geeignet sind.[284] 200

Teilweise wird für Verträge mit **Staaten** bzw. Staatsunternehmen vorgeschlagen, dass diese einen Verzicht auf die Staatenimmunität erklären.[285] Völkergewohnheitsrechtlich ist anerkannt, dass Staaten wegen der Staatenimmunität nicht der Gerichtsbarkeit anderer Staaten unterliegen.[286] Dies gilt aber nach überwiegender – vor allem in westlichen Staaten vertretener – Ansicht nur in Bezug auf die hoheitliche Tätigkeit von Staaten *(acta iure imperii)*, nicht in Bezug auf die nichthoheitliche Tätigkeit *(acta iure gestionis)*.[287] Beim Abschluss von Wirtschaftsverträgen handeln die Staaten aber in der Regel nicht hoheitlich.[288] Zudem wird überwiegend davon ausgegangen, dass die Vereinbarung einer Schiedsklausel implizit einen Verzicht auf die Staatenimmunität zumindest für das Erkenntnisverfahren darstellt. Das praktische Problem ist auch, dass für den Verzicht auf die Staatenimmunität in der Regel das Außenministerium des jeweiligen Landes zuständig ist und nicht die staatliche Stelle, die einen internationalen Wirtschaftsvertrag abschließen will.[289] Von daher dürfte der Nutzen staatlicher Immunitätsverzichte in Wirtschaftsverträgen begrenzt sein. 201

Gelegentlich wird in Vertragsverhandlungen vorgeschlagen, dass eine Schiedsgerichtsinstitution Schiedsverfahren nach der Verfahrensordnung einer anderen Institution adminis- 202

[282] Option 6, Anm. 78 IBA Guidelines for Drafting.

[283] Siehe Darstellung und Formulierungsvorschläge in AAA Drafting Dispute Resolution Clauses S. 30f. und bei Born Forum Selection Agreements S. 122f.; hierzu auch Risse Wirtschaftsmediation S. 528f.

[284] Skeptisch insoweit auch Born Forum Selection Agreements S. 122f. und Risse Wirtschaftsmediation S. 534 u. S. 538.

[285] Born Forum Selection Agreements S. 137f.; Newman/Hanessian/Morkin Checklists S. 222f.

[286] Hierzu mit Nachweisen Lew/Mistelis/Kröll Commercial Arbitration Rn. 27–35f.

[287] BVerfGE 16, 27, 61f.; 46, 342, 393f.; 64, 1, 40ff.

[288] So auch Lew/Mistelis/Kröll Commercial Arbitration Rn. 27–65f.

[289] Zurückhaltend auch Paulsson/Rawding/Reed Freshfields Guide S. 106f.

triert. Von derartigen Gestaltungen kann nur abgeraten werden, da sie zu einer Vielzahl von Komplikationen führen.[290]

10. Möglicherweise sinnvolle Regelungen

203 In Klauselempfehlungen wird oft noch angeregt, dass das Schiedsgericht auch für Streitigkeiten im Zusammenhang mit einer eventuellen Beendigung und/oder Unwirksamkeit des Vertrages zuständig sein soll. Das erscheint nicht unbedingt nötig zu sein, da vom Prinzip der Unabhängigkeit der Schiedsklausel auszugehen ist,[291] so dass eine Unwirksamkeit oder Beendigung des Hauptvertrages die Schiedsklausel nicht erfasst, diese vielmehr weiter Bestand hat. Aus Gründen der Klarstellung wird dieser Punkt in Schiedsklauseln dennoch häufig erwähnt.

204 Gelegentlich wird auch noch ausdrücklich in der Schiedsklausel erwähnt, dass das Schiedsgericht auch über Streitigkeiten im Zusammenhang mit nachträglichen Folgeverträgen des Hauptvertrages entscheiden soll. Dabei kann es sich zwar auch um Streitigkeiten im Zusammenhang mit dem Hauptvertrag handeln, wenn man diese Regelung weit versteht; es dürfte aber durchaus eine sinnvolle Klarstellung darstellen, denn in Folgeverträge wird oft – bewusst oder unbewusst – von einer Streitbeilegungsregelung abgesehen.

205 Wie oben dargestellt, sind document productions in internationalen Schiedsverfahren – auch solchen ohne common law-Bezug – mittlerweile eher die Regel als die Ausnahme. Es ist möglich, durch entsprechende Regelungen **document productions** zu beschränken.[292] In Betracht kommt zum Beispiel, auf die IBA Rules on the Taking of Evidence in International Commercial Arbitration[293] zu verweisen. Sie sprechen Empfehlungen zur Beweisaufnahme in Schiedsverfahren aus, da die nationalen Schiedsverfahrensrechte und die Schiedsverfahrensordnungen insoweit keine detaillierten Regelungen treffen.[294] Die IBA Rules haben an sich versucht, einen Kompromiss zwischen dem common law-Ansatz und dem civil law Ansatz zu finden. Sie lassen aber gemäß ihrem Artikel 3 noch in einem recht weitgehenden Umfang document productions zu. Außerdem ist eine Tendenz von Schiedsgerichten zu erkennen, diese Regelung weit auszulegen. Zu überlegen ist deshalb auch, eine Regelung aufzunehmen, durch die document productions weitergehend eingeschränkt werden. Eine andere Möglichkeit ist, die Geltung der Prague Rules/Rules on the Efficient Conduct of Proceedings in International Arbitration von 2018[295] zu vereinbaren, die von Juristen aus Civil Law-Jurisdiktionen erarbeitet worden sind und das Ziel haben, Schiedsverfahren stärker nach den in Civil Law-Ländern geltenden Prinzipien ablaufen zu lassen.

206 Wie oben erwähnt, sind Schiedsverfahren nur nicht-öffentlich, nicht aber per se vertraulich. Häufig findet man deshalb Regelungen zur **Vertraulichkeit** in Schiedsgerichtsvereinbarungen. Bei ihrer Formulierung ist Vorsicht angebracht. Zum einen stellt sich die Frage, worauf sich die Vertraulichkeit genau beziehen soll – auf das Schiedsverfahren als solches, auf die Entscheidungen im Rahmen des Schiedsverfahrens, auf Schriftsätze oder auf sonstige Unterlagen und/oder ausgetauschte Informationen? Zu bedenken ist auch, dass eine Vertraulichkeitsregelung ein eventuelles Anerkennungs- bzw. Vollstreckungsverfahren oder ein Aufhebungsverfahren nicht behindern sollte. Zudem haben Unternehmen bestimmten börsenrechtlichen Publizitätspflichten nachzukommen. Außerdem sollte die Vertraulichkeitsverpflichtung nicht so formuliert sein, dass diejenige Partei, die Informatio-

---

[290] So auch Paulsson/Rawding/Reed Freshfields Guide S. 61.
[291] Hierzu Lionnet/Lionnet Handbuch S. 181 ff.
[292] Siehe auch Option 2, IBA Guidelines for Drafting; ferner verschiedene Varianten bei Born Forum Selection Agreements S. 94 f.
[293] http://www.ibanet.org; die aktuelle Fassung ist von 2020.
[294] So zB Kläsener/Dolgorukow SchiedsVZ 2010, 302.
[295] https://praguerules.com/.

nen in das Schiedsverfahren einführt, durch erstere daran gehindert ist, letztere anschließend anderweitig weiterzugeben.

Die Formulierung zur Vertraulichkeit in den IBA Guidelines for Drafting[296] ist misslungen. Eine recht gute Formulierung findet sich bei Born.[297] 207

Soweit Verfahrensordnungen mittlerweile Regelungen zur Vertraulichkeit vorsehen, gehen sie zum Teil zu weit;[298] insoweit ist eine Einschränkung im Rahmen der Schiedsklausel angebracht. 208

Da den Schiedsrichtern *ex-parte*-Kommunikation im Grundsatz untersagt ist, kann sich eine Regelung anbieten, dass die Parteien bei der Benennung des Vorsitzenden jeweils Kontakt zu dem von ihnen benannten Parteischiedsrichter haben dürfen.[299] 209

Viele Verfahrensordnungen enthalten eine Regelung zur Kostenverteilung.[300] In der Regel hat der Verlierer die Kosten des Gewinners zu tragen, soweit sie angemessen sind. Häufiger wird eine Ausnahme zugelassen, wenn der Gewinner das Verfahren unnötig teuer und zeitaufwendig gemacht hat. Ist eine derartige Regelung in einer Verfahrensordnung nicht vorgesehen, kann man sie in die Schiedsklausel aufnehmen. Honorarvereinbarungen mit den Anwälten sind in internationalen Schiedsverfahren üblich und bedeuten nicht automatisch Unangemessenheit. 210

Teilweise wird für sinnvoll gehalten, dass ausdrücklich geregelt wird, ob es Minderheitsvoten (englisch: dissenting opinions) zum Schiedsspruch geben darf oder nicht. Das Konzept des Minderheitsvotums kommt aus dem common law-Rechtskreis. In gewissem Umfang kommen Minderheitsvoten in internationalen Schiedsverfahren vor. Im kontinentaleuropäischen Schrifttum[301] und insbesondere auch in Deutschland wird vertreten, Minderheitsvoten seien ein Verstoß gegen das Beratungsgeheimnis und deshalb unzulässig, sofern nicht die Zustimmung der Parteien vorläge.[302] Festzuhalten ist, dass der deutsche Gesetzgeber anscheinend von der Zulässigkeit von Minderheitsvoten ausging.[303] Die zuvor dargestellte Ansicht übersteigert wohl auch die Bedeutung und den Umfang des Beratungsgeheimnisses,[304] das im Gesetz nicht ausdrücklich geregelt ist. Zudem dürfte eine Anfechtung eines Schiedsspruches aus diesem Grund regelmäßig daran scheitern, dass nicht erkennbar ist, wie sich die Abgabe des Minderheitsvotums gemäß § 1059 Abs. 2 Ziff. 1 d) ZPO auf den Schiedsspruch **ausgewirkt** hat.[305] Wer kein Risiko eingehen möchte, kann allerdings in der Schiedsklausel ausdrücklich regeln, dass Minderheitsvoten zulässig sind.[306] 211

In Frankreich und einigen anderen französischsprachigen Ländern wird die **Group of Companies-Doktrin** vertreten, nach der auch andere Konzernunternehmen unter Umständen durch eine Schiedsklausel gebunden werden können.[307] Eine Regelung, die das verhindert, findet sich bei Raeschke-Kessler/Berger[308] und bei Friedland.[309] 212

---

[296] Option 3, Anm. 64, IBA Guidelines for Drafting; zu weitgehend auch der Vorschlag in AAA Drafting International Dispute Resolution Clauses S. 32.

[297] Born Forum Selection Agreements S. 127.

[298] ZB § 44 DIS-Schiedsgerichtsordnung.

[299] Siehe auch § 12.2 S. 2 DIS-Schiedsgerichtsordnung.

[300] Option 4, IBA Guidelines for Drafting; dazu auch Born Forum Selection Agreements S. 90 f.

[301] Nachweise dazu Born International Commercial Arbitration S. 2467 ff.

[302] Zöller/Geimer ZPO § 1052 Rn. 5; Schütze SchiedsVZ 2008, 13 f., der sogar einen Aufhebungsgrund annimmt; OLG Frankfurt IWRZ 2020, 233; kritisch dazu Sessler/Ruß SchiedsVZ 2020, 201.

[303] BT-Drs. 13/5274, 56.

[304] Ähnlich auch Stein/Jonas/Schlosser ZPO § 1054 Rn. 11.

[305] So auch Stein/Jonas/Schlosser ZPO § 1042 ZPO Rn. 37 im Falle des Verstoßes gegen das Beratungsgeheimnis.

[306] Zum Beispiel mit der Regelung: „*A dissenting opinion shall be admissible.*"

[307] Hierzu im Einzelnen Born International Commercial Arbitration S. 1166 f.

[308] „*Die Schiedsvereinbarung besteht ausschließlich mit (der Tochtergesellschaft). Sie umfasst weder (die Muttergesellschaft) noch sonstige zum Konzernverbund der Muttergesellschaft gehörende rechtlich selbständige Unternehmen.*"; Raeschke-Kessler/Berger Recht und Praxis Rn. 304.

[309] Friedland Arbitration Clauses S. 80.

213 In den USA wird aufgrund der Formulierung einer Regelung des Federal Arbitration Act teilweise vertreten, dass für eine Vollstreckung in den USA eine **entry in judgment clause** erforderlich oder zumindest ratsam sei.[310] Festzustellen ist allerdings, dass sich eine derartige Regelung in den Musterklauseln und den International Arbitration Rules der AAA, der wichtigsten Schiedsgerichtsinstitution in den USA, nicht findet und deshalb anscheinend nicht für erforderlich gehalten wird.

214 Eine Schiedsklausel,[311] mit der die ICC-Schiedsgerichtsbarkeit vereinbart wird, könnte folgendermaßen formuliert werden:

Klauselbeispiel für eine Schiedsgerichtsvereinbarung nach ICC Rules

[•] Arbitration

(1) All disputes arising out of or in connection with the present contract, including any question regarding its validity or termination or any subsequent amendment of it, shall be finally settled in accordance with the Rules of Arbitration („Rules") of the International Chamber of Commerce („ICC") by one or three arbitrators.

(2) If the tribunal consists of one arbitrator, the nomination and appointment shall be effected as set forth in Article 12.3 of the Rules. If the tribunal consists of three arbitrators, each party shall nominate one arbitrator for confirmation by the ICC. Both arbitrators shall agree on the third arbitrator within thirty (30) days after their appointment. Should the two arbitrators fail to reach agreement on the third arbitrator within the thirty-day period, the ICC shall select and appoint the third arbitrator.

(3) The seat of arbitration shall be [Stadt, Staat].[312] The language to be used in the arbitration proceeding shall be English.

IV. Gerichtsstandsvereinbarungen

1. Allgemeines

215 Gerichtsstandsvereinbarungen können je nach Art des betroffenen Rechtsgeschäfts im Einzelfall aus verschiedenen Gründen eine **sinnvolle Alternative** zu Schiedsgerichtsvereinbarungen darstellen. In der Praxis verbreitet sind sie insbesondere in Finanzierungsverträgen mit Banken.[313] Außerdem versuchen Staaten bzw. Staatsunternehmen nicht selten, in ihren Verträgen die Gerichte „ihres" Landes zu vereinbaren. Grundsätzlich ist allerdings zu berücksichtigen, dass international die Anerkennung und Vollstreckung von Schiedssprüchen aufgrund des **New Yorker Übereinkommens** über die Anerkennung und Vollstreckung von Schiedssprüchen (UNÜ) in der Regel deutlich unproblematischer möglich ist als die Anerkennung und Vollstreckung staatlicher Gerichtsurteile. Zwar ist in der EU die Vollstreckung ausländischer Urteile von Gerichten eines anderen EU-Staates vergleichsweise problemlos möglich. Ansonsten ist derzeit aber noch nicht hinreichend gewährleistet, dass ausländische Urteile von Drittstaaten anerkannt und durch deren Organe vollstreckbar sind. Dies gilt auch für verschiedene im internationalen Rechtsverkehr bedeutsame Staaten.[314]

---

[310] ZB Newman/Hanessian/Morkin Checklists S. 222; Debevoise & Plimpton Annotated Model Arbitration Clause S. 12; sowie Friedland Arbitration Clauses S. 75 f. mit folgendem Formulierungsvorschlag: *„Judgment upon any award(s) rendered by the arbitrators may be entered in any court having jurisdiction thereof."*

[311] Klauselempfehlungen auch bei MVH/Schütze IV Form. II.1.–7.; Paulsson/Rawding/Reed Freshfields Guide S. 129 f.; IBA Guidelines for Drafting S. 11 ff., http://www.ibanet.org; Friedland Arbitration Clauses S. 42 f.; Debevoise & Plimpton Annotated Model Arbitration Clause S. 5 f.; AAA Drafting Dispute Resolution Clauses S. 10 ff., Lionnet/Lionnet Handbuch S. 228 f.

[312] ZB Zurich, Geneva, Vienna, Frankfurt, Paris, Stockholm, London, Singapore.

[313] Banken versuchen vielfach, Gerichtsstandsvereinbarungen zugunsten von London oder New York durchzusetzen.

[314] Exemplarisch kann hierfür Russland angeführt werden, das ausländische Urteile nur auf Basis bestehender völkerrechtlicher Verträge anerkennt und vollstreckt; vgl. hierzu Kurzynski-Singer RabelsZ 74 (2010), 493 (517).

Aus diesem Grund ist vor Abschluss von Gerichtsstandsvereinbarungen in internationalen Wirtschaftsverträgen eine genaue Prüfung der **Anerkennung und Vollstreckbarkeit** einer Entscheidung der nach der Gerichtsstandsvereinbarung anzurufenden Gerichte gegenüber der jeweils anderen Vertragspartei geboten. Anderenfalls droht die Durchführung eines zeit- und kostenintensiven Verfahrens auf Grundlage der geschlossenen Gerichtsstandsvereinbarung, dessen Ergebnis am Ende praktisch bedeutungslos sein kann. Dies gilt umso mehr bei der Verwendung ausschließlicher Gerichtsstandsvereinbarungen. Sonst droht die **Unmöglichkeit** der zwangsweisen Durchsetzung begründeter Ansprüche.[315] 216

Für Gerichtsstandsvereinbarungen können im Einzelfall ua folgende Gründe sprechen: 218

- **Verfahrenskosten:**[316] International renommierte Schiedsgerichtsinstitutionen wie die ICC rufen für Verfahren mit geringen und mittleren Streitwerten Verfahrenskosten auf, die die Verfahrenskosten vor staatlichen Gerichten in vielen Staaten **übersteigen,** so dass eine solche Schiedsgerichtsvereinbarung in der Praxis sogar zu einem Abschneiden von Rechtsschutzmöglichkeiten führen kann, wenn die hiermit verbundenen Verfahrenskosten außer Verhältnis zum verfolgten Anspruch stehen. Ob die Rechtsverfolgung vor staatlichen Gerichten zu einer Senkung der Verfahrenskosten führt, ist dabei allerdings in hohem Maße von der gewählten Rechtsordnung und dem jeweiligen Aufwand in der Angelegenheit abhängig.[317] 219
- **Stringentere Anwendung des anwendbaren Rechts:** Die Rechtsanwendung durch staatliche Gerichte folgt bisweilen stringenter dem anwendbaren Rechts als die Rechtsanwendung durch Schiedsgerichte, bei der – möglicherweise unausgesprochen – auch Billigkeitsaspekte und branchenübliche Gepflogenheiten in stärkerem Maße zum Tragen kommen.[318] Allerdings kann man andererseits auch die von der deutschen Rechtsprechung vorgenommene weitgehende Anwendung des AGB-Rechts auf B2B-Wirtschaftsverträge erwähnen,[319] die in großen Teilen des Schrifttums und von betroffenen Wirtschaftskreisen kritisiert wird.[320] 220
- **Keine Rechtsmittel:** Während gegen Entscheidungen staatlicher Gerichte in aller Regel Rechtsmittel bestehen, ist dies bei Schiedsgerichtsverfahren regelmäßig nicht bzw. nur in auf gravierende Verfahrensfehler und die Einhaltung des *ordre public* begrenztem Umfang der Fall.[321] Dieses Umstandes muss man sich bewusst sein, denn er kann – je nach Ausgang des schiedsgerichtlichen Verfahrens – für beide Parteien Vor- und Nachteile mit sich bringen. Zum einen beschleunigt das Fehlen von Rechtsmitteln in Bezug auf die inhaltliche Richtigkeit der Entscheidung das Verfahren. Fehler in der Entscheidung können hingegen **nicht mehr korrigiert** werden. 221

---

[315] Entsprechende Beispiele finden sich bereits in der deutschen höchstrichterlichen Rechtsprechung. Der BGH hat beispielsweise in einer älteren Entscheidung zu der Wirksamkeit einer ausschließlichen Gerichtsstandsvereinbarung ausgeführt, es sei nicht richtig, dass *„die Ausschließung der deutschen internationalen Zuständigkeit dann unwirksam sein müsse, wenn die eine Partei durch eine solche Vereinbarung praktisch jeden Rechtsschutz verliert, wie es etwa der Fall sein kann, wenn aus dem Urteil des als ausschließlich zuständig vereinbarten Gerichts in Deutschland nicht vollstreckt werden kann, der Schuldner aber Vermögen nur in Deutschland hat."*; BGHZ 49, 124 (129).

[316] Die Frage, ob unter Kostengesichtspunkten Schiedsgerichtsverfahren Rechtsstreitigkeiten vor ordentlichen Gerichten vorzuziehen sind, wird im Schrifttum kontrovers diskutiert. Eine allgemeingültige Antwort hierauf kann nicht gegeben werden; vielmehr muss immer der Einzelfall geprüft werden; dazu auch oben → Rn. 98f.

[317] Vgl. hierzu auch → Rn. 98.

[318] Dieser landläufigen These widerspricht allerdings Born Forum Selection Agreements S. 8.

[319] Ein hierzu veröffentlichter Schiedsspruch vom 29.1.2001 eines ICC-Schiedsgerichts (Nr. 10279) würde gemessen an der höchstrichterlichen Rechtsprechung des anwendbaren deutschen Rechts sicher anders ausfallen, vgl. hierzu auch Buscher IBR 2005, 461.

[320] Zuletzt hat auch der Abschlussbericht der Studie „AGB-Recht für Verträge zwischen Unternehmen" von Leuschner im Auftrag des BMJV empirisch belegt, dass auch die strenge AGB-Inhaltskontrolle nach der Rechtsprechung des BGH die schiedsgerichtliche Praxis maßgeblich beeinflusst (http://www.bmjv.de/SharedDocs/Downloads/DE/Fachinformationen/Abschlussbericht-AGB-Forschungsprojekt.pdf?__blob=publicationFile).

[321] Vgl. insoweit ua § 1059 ZPO für das deutsche Recht.

222 – **Mehrparteienverhältnisse:** Viele Verfahrensordnungen bieten prozessuale Möglichkeiten, zB in komplexen Mehrparteienverhältnissen oder in Lieferketten, auch für am Verfahren nicht unmittelbar als Parteien beteiligte Dritte Entscheidungen verbindlich oder jedenfalls in Teilen vorgreiflich auszugestalten. Die Vereinbarung ähnlich effizienter Verfahren in Mehrparteienverhältnissen ist in Schiedsgerichtsverfahren traditionell aufwendig und schwierig.

223 – nicht belegt

224 – **Versicherungsschutz:** Schiedsgerichtsvereinbarungen führen im Rahmen der Betriebshaftpflichtversicherung nach den deutschen AHB iVm den Musterbedingungen des Gesamtverbandes der deutschen Versicherer unter Umständen zu Problemen in der Abwicklung des Versicherungsfalls, da der Versicherer an den Schiedsspruch nicht gebunden ist[322] und die zur Schadensabwehr anfallenden Verfahrenskosten nicht erstattungsfähig sind, wenn das Schiedsgericht bestimmte grundsätzliche Voraussetzungen nicht erfüllt.[323] Hintergrund hierfür ist ua die Verkürzung des Instanzenzugs gegenüber der Anrufung ordentlicher Gerichte von bis zu drei Instanzen auf lediglich eine Instanz. Die Möglichkeit, in besonderen Bedingungen hiervon abzuweichen – auch um dem jeweiligen Versicherungsnehmer die Wahrung seiner Interessen im Rahmen des ordentlichen Geschäftsbetriebes zu ermöglichen – besteht allerdings.

225 Sofern für das jeweilige Vertragsverhältnis keine Schiedsgerichtsvereinbarung geschlossen wird, ist eine Gerichtsstandsvereinbarung zwar grundsätzlich rechtlich nicht erforderlich, in Wirtschaftsverträgen aber ebenso üblich wie sachdienlich. Eine (wirksame) Gerichtsstandsvereinbarung dient der Rechtssicherheit, bestimmt das anzuwendende Verfahrensrecht und hat damit wesentlichen Einfluss auf die Entscheidung von Streitigkeiten. Insgesamt kann Vertragsparteien – außer für höchstmögliche taktische Flexibilität – nicht daran gelegen sein, dass in Bezug auf ein einheitliches Vertragsverhältnis verschiedene international zuständige Foren bestehen. Hiermit sind in aller Regel erhebliche Unwägbarkeiten und Aufwendungen im Streitfall verbunden, die durch eine exklusive Gerichtsstandsvereinbarung (vorbehaltlich ihrer Zulässigkeit in den maßgeblichen Jurisdiktionen) ausgeschlossen werden können.

225a Gerichtsstandsvereinbarungen beinhalten in aller Regel die **Prorogation** der internationalen Zuständigkeit der ordentlichen Gerichte eines Staates sowie – im Fall einer ausschließlichen Gerichtsstandsvereinbarung – auch eine **Derogation** der nach den Regelungen des jeweiligen IZPR etwaig international zuständigen ordentlichen Gerichte eines oder mehrerer Staaten. Zwar sind auch nicht ausschließliche Gerichtsstandsvereinbarungen denkbar, die sich allein auf die Derogation eines oder mehrerer Gerichtsstände beschränken. Sie erfüllen aber das normalerweise vorherrschende Verlangen der Parteien nach einem einzigen, klar zu bestimmenden Gerichtsstand für Ansprüche aus oder im Zusammenhang mit dem Vertrag nicht und sind daher in der Vertragspraxis die Ausnahme. Bei der Vertragsgestaltung und der Prüfung der Zulässigkeit der Gerichtsstandsvereinbarung sind grundsätzlich zwei Prüfungen erforderlich: Die Zulässigkeit der Prorogation nach den gesetzlichen Regelungen des *forum prorogatum* und die Zulässigkeit der Derogation nach den gesetzlichen Regelungen jedes *forum derogatum* im Falle der Vereinbarung eines ausschließlichen Gerichtsstandes. Folge ist eine erhöhte Komplexität der rechtlichen Prüfung bei Verwendung ausschließlicher Gerichtsstandsvereinbarungen, da uU mehrere Rechts-

---

[322] Eine Bindung des Versicherers an gerichtliche Entscheidungen gegen den Versicherten besteht jedenfalls nach deutschem Recht auch nicht grundsätzlich.

[323] Für näheres hierzu ua Prölss/Martin/Lücke VVG Nr. 7.6.6 BetriebsHaftPfl. Rn. 1–3; ausführlich zu Auswirkungen von Schiedsgerichtsvereinbarungen auf den Haftpflichtversicherungsschutz auch Koch SchiedsVZ 2007, 281, der auch ohne besondere Deckung für den Versicherungsnehmer Rechtschutz auch in Schiedsverfahren für gewährleistet hält und Auswirkungen allenfalls auf die Bindung des Versicherers an den Schiedsspruch sieht, die aber nach § 106 VVG ohnehin gewissen Einschränkungen unterliegt, die auch für den Schiedsspruch gelten.

ordnungen aus unterschiedlichen Rechtskreisen einer rechtlichen Prüfung unterzogen werden müssen.

Gerichtsstandsvereinbarungen sollten **bei Vertragsabschluss** getroffen werden. Zwar 226
kann im Grundsatz eine Gerichtsstandsvereinbarung auch erst nach Auftreten der Streitigkeit geschlossen werden. Erfahrungsgemäß verhindern die jeweiligen Interessen der Parteien und etwaige taktische Gesichtspunkte zu diesem Zeitpunkt aber eine einvernehmliche Regelung der internationalen Zuständigkeit.

2. Rechtlicher Rahmen

Ausgehend vom deutschen Recht und der hierzu ergangenen höchstrichterlichen Recht- 227
sprechung bestimmen die prozessualen Regelungen der *lex fori* (siehe auch Art. 25 Abs. 1 S. 1 letzter Halbsatz EuGVVO) die Zulässigkeit von Gerichtsstandsvereinbarungen und deren prozessuale Wirkungen. Dem gegenüber richtet sich das angerufene Gericht für die Frage des Zustandekommens der Gerichtsstandsvereinbarung nach dem anwendbaren materiellen Recht – entweder aufgrund einer getroffenen Rechtswahl, die in der Regel auch die Beurteilung des wirksamen Zustandekommens der Gerichtsstandsvereinbarung umfasst, oder aufgrund des nach dem jeweiligen IPR[324] anwendbaren materiellen Rechts.[325]

a) EuGVVO und Internationale Regelungen

Im internationalen Wirtschaftsverkehr sind insbesondere in der EU und im Europäischen 228
Wirtschaftsraum verschiedene Regelungen internationaler Abkommen bzw. supranationales Recht zu berücksichtigen, die die Zulässigkeit von Gerichtsstandsvereinbarungen, formelle Voraussetzungen ihrer Wirksamkeit und die Anerkennung und Vollstreckbarkeit von Entscheidungen in Zivil- und Handelssachen normieren.[326]

nicht belegt 229

aa) EuGVVO. Die EuGVVO[327] enthält sowohl Regelungen zur **internationalen Zu-** 230
ständigkeit, als auch zur **Anerkennung und Vollstreckung** ausländischer gerichtlicher Entscheidungen. Ihr Anwendungsbereich umfasst sachlich Zivil- und Handelssachen, so dass ihr insbesondere internationale Wirtschaftsverträge unterfallen. Sie gilt gemäß Art. 66 für Gerichtsverfahren, die nach dem 10.1.2015 eingeleitet wurden. Territorial ist sie auf die Mitgliedsstaaten der EU anwendbar, im Verhältnis der Mitgliedsstaaten der EU zu Dänemark durch Staatsvertrag. In ihrem Anwendungsbereich geht sie nationalem Verfahrensrecht der Mitgliedsstaaten vor, soweit sie nicht ausdrücklich auf das nationale Recht verweist.[328] Prorogations- und Derogationsverbote des nationalen Rechts kommen ebenso wenig zur Anwendung wie Erschwerungen, zB in § 38 Abs. 2 ZPO für internationale Gerichtsstandsvereinbarungen

---

[324] S. dazu auch → § 3 Rn. 148f.

[325] Vgl. ua EuGH NJW 2021, 240 Rn. 49; OGH BeckRS 2022, 10137.

[326] Die Regelungen der Rom I-VO finden auf Gerichtsstandsvereinbarungen keine Anwendung. Gerichtsstandsvereinbarungen sind aufgrund der ausdrücklichen Regelung in Art. 1 Abs. 2 lit. e) vom Anwendungsbereich der Rom I-VO ausgenommen. Das auf den Streitgegenstand anwendbare Recht ist vor staatlichen Gerichten nach der Rom I-VO zu ermitteln.

[327] Verordnung (EU) Nr. 1215/2012 des Europäischen Parlaments und des Rates vom 12.12.2012 über die gerichtliche Zuständigkeit und die Anerkennung und Vollstreckung von Entscheidungen in Zivil- und Handelssachen (EuGVVO), ABl. EU 2012 L 351/1. Die neue Fassung der EuGVVO ist am 1.10.2015 nach einem langjährigen Reformprozess in Kraft getreten. Zur Reform im Allgemeinen ua Stadler/Klöpfer ZEuP 2015, 732ff.; Alio NJW 2014, 2395ff.

[328] Ein solcher Verweis ist für internationale Wirtschaftsverträge nicht von Bedeutung, zB in Art. 19 Abs. 3 EuGVVO für Gerichtsstandsvereinbarungen in Verbraucherverträgen vorgesehen, deren Zulässigkeit sich nach den Vorschriften des betreffenden Mitgliedsstaates richtet. Relevant ist der Verweis nunmehr ua insofern, als Art. 25 Abs. 1 EuGVVO nF für die Wirksamkeit der Gerichtsstandsvereinbarung ausdrücklich auf das Recht des prorogierten Mitgliedsstaates *(lex fori prorogati)* verweist.

231 Die EuGVVO enthält in Art. 25 Regelungen zu Gerichtsstandsvereinbarungen. Dabei werden insbesondere formelle Anforderungen an die Wirksamkeit einer Gerichtsstandsvereinbarung gestellt. Es wird außerdem geregelt, dass Gerichtsstandsvereinbarungen im Geltungsbereich der EuGVVO die **ausschließliche Zuständigkeit** der Gerichte des Mitgliedsstaates begründen, sofern die Parteien nichts anderes vereinbaren (Art. 25 Abs. 1 S. 2 EuGVVO).

232 Die Regelung des Art. 25 EuGVVO erfordert, dass die Gerichtsstandsvereinbarung entweder
- schriftlich, wofür die elektronische Übermittlung[329] in zur dauerhaften Aufbewahrung geeigneter Form genügt,
- mündlich mit schriftlicher Bestätigung,
- in einer den zwischen den Parteien entstandenen Gepflogenheiten entsprechenden Form oder
- in einer eventuell bestehenden Handelsbräuchen genügenden Form

abgeschlossen wird.[330]

233 Aus praktischer Sicht ist für die Vertragsgestaltung demnach eine **schriftliche Gerichtsstandsvereinbarung** zu empfehlen, die den Anforderungen des Art. 25 Abs. 1 S. 3 lit. a), Abs. 2 EuGVVO genügt. Hierfür ist eine schriftliche Willenserklärung der Parteien – auch auf getrennten Schriftstücken – ausreichend.[331] Die Unterzeichnung der Gerichtsstandsvereinbarung durch die Parteien auf den jeweiligen Schriftstücken sollte erfolgen, sofern sie nicht durch die besondere Art der Übermittlung in elektronischer Form entbehrlich ist. Nicht erforderlich ist ein objektiver Zusammenhang zwischen Rechtsstreit und für zuständig erklärtem Gericht.[332] Art. 25 EuGVVO ist auch einschlägig, wenn die Parteien ihren Wohnsitz in Drittstaaten haben.[333] Art. 25 Abs. 5 EuGVVO sagt ausdrücklich, dass eine Gerichtsstandsregelung in einem Vertrag unabhängig ist von den übrigen Regelungen.

234 Missbräuchlichen Torpedoklagen vor offensichtlich unzuständigen Gerichten soll entgegengewirkt werden. Ein zuerst angerufenes Gericht setzt für den Fall der Anrufung eines aufgrund ausschließlicher Gerichtsstandsvereinbarung im Sinne des Art. 25 EuGVVO zuständigen Gerichts nach Art. 31 Abs. 2 EuGVVO das Verfahren aus, bis das auf der Grundlage der Gerichtsstandsvereinbarung angerufene Gericht erklärt hat, dass es gemäß der Vereinbarung nicht zuständig ist.

235 **bb) Luganer Übereinkommen.** Das LugÜ[334] übernimmt inhaltlich die Regelungen der EuGVVO aF und erstreckt diese über die EU-Mitgliedsstaaten und Dänemark hinaus auch auf die Schweiz, Norwegen und Island. Die vorgenannten Anforderungen an internationale Gerichtsstandsvereinbarungen nach der EuGVVO gelten entsprechend. Eine Anpassung des LugÜ an die geänderte Fassung der EuGVVO ist bisher nicht erfolgt. Gemäß Art. 64 Abs. 1 LugÜ wenden Gerichte der EU vorrangig die EuGVVO an, jedoch gemäß

---

[329] Vgl. hierzu u.a EuGH NJW 2015, 2171 zu den Anforderungen an eine elektronische Übermittlung im Sinne des Art. 23 Abs. 2 EUGVVO aF für das sog. „click wrapping".

[330] Geimer/Schütze Europäisches Zivilverfahrensrecht Art. 23 EuGVVO Rn. 95–12 mwN.

[331] Als problematisch kann sich die Wahrung der Form bei Schriftstücken, zB bei Bürgschaften oder Garantien erweisen, bei denen im Geschäftsverkehr weder eine von beiden Parteien unterzeichnete Vertragsurkunde noch eine schriftliche Bestätigung erfolgt. Insoweit erfüllt die Übersendung der die Gerichtsstandsvereinbarung beinhaltenden Bürgschafts- bzw. Garantieurkunde lediglich die halbe Schriftform im Sinne des Art. 25 Abs. 1 S. 3 lit. a) EuGVVO. Das Schrifttum behilft sich insoweit mit der Annahme eines Handelsbrauchs im Sinne des Art. 25 Abs. 1 S. 3 lit. c) EuGVVO (oder der Annahme durch schlüssiges Verhalten (so bspw. LG Berlin WM 2000, 1060 (1061) zur insoweit inhaltsgleichen Vorgängervorschrift in Art. 17 Abs. 1 S. 3 EuGVÜ).

[332] Czernich/Geimer/Garber Streitbeilegungsklauseln Teil 2 A I Rn. 24.

[333] Czernich/Geimer/Garber Streitbeilegungsklauseln Teil 2 A I Rn. 14.

[334] Übereinkommen vom 30.10.2007 über die gerichtliche Zuständigkeit und die Anerkennung und Vollstreckung von Entscheidungen in Zivil- und Handelssachen (LugÜ), ABl. EU 2007 L 339/3.

Art. 64 Abs. 2a) LugÜ nicht hinsichtlich der gerichtlichen Zuständigkeit, wenn der Beklagte seinen Wohnsitz nicht in der EU, wohl aber in einem Mitgliedsstaat des LugÜ hat.

cc) Haager Übereinkommen über Gerichtsstandsvereinbarungen. Das Haager Übereinkommen über Gerichtsstandsvereinbarungen aus dem Jahr 2005[335] ist am 1.10.2015 in Kraft getreten. Mittlerweile gibt es 32 Vertragsparteien, bei denen es sich ganz überwiegend um europäische Staaten – inklusive UK – handelt.[336] An außereuropäischen Staaten sind Mexiko und Singapur zu nennen. 236

Zur Vereinheitlichung und Vereinfachung des internationalen Rechtsverkehrs regelt das Haager Übereinkommen zunächst die internationale Zuständigkeit der Gerichte des vereinbarten Vertragsstaates, sofern die Gerichtsstandsvereinbarung nach dem Recht des angerufenen Gerichts wirksam ist, während die Gerichte anderer Vertragsstaaten bei ihnen etwaig anhängige Verfahren aussetzen oder die Klagen als unzulässig abzuweisen haben. Des Weiteren regelt es aber auch, dass die Entscheidungen eines aufgrund einer Gerichtsstandsvereinbarung angerufenen Gerichts eines Vertragsstaates von den übrigen Vertragsstaaten grundsätzlich[337] anerkannt und vollstreckt werden. 237

Das Haager Übereinkommen ist grundsätzlich auf **ausschließliche Gerichtsstandsvereinbarungen**[338] in Zivil- und Handelssachen im internationalen Wirtschaftsverkehr zwischen Unternehmen anwendbar, Art. 1 Abs. 1, Art. 2 Abs. 1 lit. a). Von diesem Grundsatz sieht Art. 2 Abs. 2 allerdings eine Reihe von Ausnahmen vor.[339] Im Verhältnis zur vorgenannten EuGVVO ist zu berücksichtigen, dass gem. deren Art. 26 Abs. 6 die EuGVVO auf Verträge zwischen Unternehmen, die alle ihren Sitz in Mitgliedsstaaten der EU haben, vorrangig anzuwenden ist. Haben eine oder mehrere Parteien ihren Sitz außerhalb der EU, findet das Haager Übereinkommen hingegen vorrangig Anwendung.[340] Umstritten ist, ob das Haager Übereinkommen auch auf asymmetrische Gerichtsstandsvereinbarungen anwendbar ist.[341] 238

In materieller Hinsicht eröffnet das Übereinkommen den Parteien verschiedene Möglichkeiten zur Vereinbarung der international und örtlich zuständigen Gerichte. Es kann allgemein die internationale Zuständigkeit der ordentlichen Gerichte eines Staates vereinbart werden, wobei die örtliche Zuständigkeit sich dann nach den Verfahrensvorschriften des jeweiligen Staates richtet. Es kann aber auch zusätzlich zur internationalen Zuständigkeit eine ausdrückliche Regelung der örtlichen Zuständigkeit zugunsten eines oder mehrerer Gerichte des jeweiligen Staates erfolgen.[342] 239

Das Übereinkommen regelt formelle Anforderungen an Gerichtsstandsvereinbarungen in Art. 3 lit. c) und statuiert hierbei ein Schriftformerfordernis und sieht als Alternative vor *„jedes andere Kommunikationsmittel, das es ermöglicht, auf die Information später wieder zuzugreifen“*. Die vorstehenden Ausführungen zur EuGVVO gelten insoweit ebenfalls entsprechend. 240

Zu beachten ist hierbei allerdings, dass – anders als im Anwendungsbereich der EuGVVO – weder die mündlich geschlossene und schriftlich bestätigte noch die den Gepflogenheiten der Parteien oder Handelsbräuchen entsprechende Form den formellen Anforderungen an Gerichtsvereinbarungen nach Art. 3 lit. c) genügt. Hervorzuheben ist, dass 241

335 Ausführlich hierzu ua Wagner RabelsZ 73 (2009), 100 ff.
336 Zum aktuellen Status: https://www.hcch.net/de/instruments/conventions/status-table/?cid=98.
337 Ausnahmen hiervon regelt Art. 9 des Haager Übereinkommens.
338 Ausführlich hierzu mit Bsp. Talpis/Krnjevic Sw. J.L. & Trade Am. 2006, 1 (9–12).
339 Zu den praktisch bedeutsamsten Ausnahmen in Art. 2 Abs. 2 dürfte in internationalen Wirtschaftsverträgen die Beförderung von Gütern (lit. f) und außervertragliche Ansprüche aus unerlaubter Handlung wegen Sachschäden (lit. k) zählen.
340 Eichel RIW 2009, 289 (293); Geimer/Schütze Europäisches Zivilverfahrensrecht Art. 23 EuGVVO Rn. 68.
341 Gegen eine Anwendung auf asymmetrische Gerichtsstandsvereinbarungen ua BGH ZRI 2021, 628 (634); Eichel RIW 2009, 289 (293) mwN; differenzierter Talpis/Krnjevic Sw. J.L. & Trade Am. 2006, 1 (10 f.).
342 Eichel RIW 2009, 289 (294) mit Beispielen.

Art. 3 lit. b) HÜ Gerichtsstandsvereinbarungen widerleglich als ausschließlich behandelt, es sei denn die Parteien haben ausdrücklich etwas anderes vereinbart.

241a **dd) Haager Convention on the Recognition and Enforcement of Foreign Judgements in Civil and Commercial Matters.** Mittlerweile gibt es noch die Haager Convention on the Recognition and Enforcement of Foreign Judgements in Civil and Commercial Matters vom 2.7.2019.[343] Sie soll die Anerkennung und Vollstreckung ausländischer Gerichtsurteile erleichtern. Sie soll für Gerichtsurteile das Gegenstück zum für Schiedssprüche geltenden UNÜ bilden. Sie ist allerdings bisher nur von drei Staaten unterzeichnet worden und noch nicht in Kraft.[344]

b) Einzelne Rechtsordnungen

242 **aa) Bundesrepublik Deutschland.** Gerichtsstandsvereinbarungen zur internationalen Zuständigkeit sind in nahezu allen relevanten Rechtsordnungen im kaufmännischen Geschäftsverkehr grundsätzlich zulässig, so auch in Deutschland.

243 Die Zulässigkeit der internationalen Gerichtsstandsvereinbarung unterliegt im kaufmännischen Geschäftsverkehr nach überwiegender Auffassung außerhalb des Anwendungsbereichs der EuGVVO und des Haager Übereinkommens über Gerichtsstandsvereinbarungen nur den Anforderungen des § 38 Abs. 1 ZPO, sofern die Vertragsparteien Kaufleute im Sinne des HGB, juristische Personen des öffentlichen Rechts oder öffentlich-rechtliche Sondervermögen sind.[345] Nach deutschem Recht ist sowohl die Prorogation deutscher Gerichte, als auch die Derogation an sich international zuständiger deutscher Gerichte zulässig.[346] Für die vorgenannten Vertragsparteien sind Vereinbarungen über die internationale und über die örtliche Zuständigkeit grundsätzlich formlos möglich. Ungeachtet der Entbehrlichkeit der Schriftform bei Gerichtsstandsvereinbarungen unter Kaufleuten ist die Wahrung der Schriftform und damit auch die Erfüllung des Formerfordernisses des § 38 Abs. 2 S. 1 ZPO in internationalen Wirtschaftsverträgen ohnehin grundsätzlich zu empfehlen.[347] Die Anwendbarkeit Regelungen des § 38 ZPO spielt für internationale Wirtschaftsverträge aufgrund der vorrangigen Anwendbarkeit der EuGVVO keine wesentliche Rolle.

244 Inhaltlich kann eine internationale Gerichtsstandsvereinbarung nach deutschem Recht unwirksam sein, wenn sie gegen die guten Sitten, § 138 BGB, oder den inländischen *ordre public,* § 6 EGBGB, verstößt sowie wenn sie rechtsmissbräuchlich wäre.[348] Jedenfalls im Grundsatz ist bei deutschem Prorogationsstatut auch eine Unwirksamkeit nach § 307 BGB denkbar, sofern die Gerichtsstandsvereinbarung eine AGB darstellt und den Vertragspartner des Verwenders unangemessen benachteiligt. Im Anwendungsbereich von Art. 25 EuGVVO kommt nach herrschender Auffassung im unternehmerischen Geschäftsverkehr allerdings keine Inhaltskontrolle nach nationalem Recht (und daher auch nicht nach deutschem AGB-Recht in Betracht.[349]

245 **bb) England.** Nach englischem Recht begründet eine internationale Gerichtsstandsvereinbarung einen Gerichtsstand der Unterwerfung. Nach common law kann eine Gerichtsstandsvereinbarung dabei grundsätzlich auch stillschweigend erfolgen und ist an keine besonderen Anforderungen gebunden, sofern nicht die Regelungen des Haager Übereinkommens vorrangig Anwendung finden.[350] Englische Gerichte beachten folglich auch

[343] https://www.hcch.net/en/instruments/conventions/full-text/?cid=137.
[344] https://www.hcch.net/en/instruments/conventions/status-table/?cid=137.
[345] Musielak/Heinrich ZPO § 38 Rn. 13; MüKoZPO/Patzina § 38 ZPO Rn. 24; jeweils mwN.
[346] Schack Internationales Zivilverfahrensrecht Rn. 549 ff.
[347] Zöller/Schultzky ZPO § 38 Rn. 25.
[348] Zöller/Schultzky ZPO § 38 Rn. 36 mwN.
[349] Vgl. ua Junker Internationales Zivilprozessrecht § 15 Rn. 17, S. 172; Schack Internationales Zivilverfahrensrecht Rn. 588 mwN.
[350] Geimer/Schütze Internationaler Rechtsverkehr in Zivil- und Handelssachen E.29 Rn. 4 mwN.

regelmäßig internationale Gerichtsstandsvereinbarungen, indem sie die Prorogation annehmen. Ausnahmen von der Akzeptanz der Gerichtsstandsvereinbarung sind im Einzelfall allerdings möglich.[351]

Das Luganer Übereinkommen gilt nicht im Hinblick auf das UK.[352]

Zu berücksichtigen ist im Zusammenhang mit englischem Recht, dass Rule 6.36 Civil Procedure Rules iVm Practice Direction 6B 3.1 (6) lit. c) bei einer Rechtswahl zugunsten englischen Rechts auch einen Gerichtsstand in England begründet, ohne dass dieser ausdrücklich vereinbart werden muss.[353]

cc) Schweiz. Auch nach Schweizer Recht ist eine zuständigkeitsbegründende Gerichts- 246
standsvereinbarung über vermögensrechtliche Ansprüche auch außerhalb des Anwendungsbereichs des LugÜ möglich.[354] Hierbei sind allerdings die Formerfordernisse des Art. 5 IPRG zu wahren, die eine schriftliche Vereinbarung unter Einbeziehung sämtlicher Kommunikationsmittel, die dem urkundlichen Beweis zugänglich sind (insbes. Telefax oder vergleichbare Kommunikationsmittel), fordern. Die Regelung des Art. 5 Abs. 1 S. 3 IPRG sieht, vergleichbar mit Art. 25 Abs. 1 S. 3 EuGVVO, vor, dass Gerichtsstandsvereinbarungen, sofern ihnen nicht ausdrücklich anderes zu entnehmen ist, die ausschließliche Zuständigkeit des prorogierten Gerichts begründen.

Allerdings ist die Prorogation Schweizer Gerichte dahingehend eingeschränkt, dass diese 247
trotz entgegenstehender Vereinbarung ihre internationale Zuständigkeit ablehnen können, wenn keine Partei einen Sitz bzw. eine Niederlassung im Kanton des Gerichts hat und auf den Streitgegenstand nach dem IPRG kein Schweizer Recht anzuwenden ist, Art. 5 Abs. 3 IPRG. Dem Erfordernis der Anwendbarkeit Schweizer Rechts kann allerdings durch eine entsprechende Rechtswahl wirksam entgegengetreten werden, so dass eine internationale Gerichtsstandsvereinbarung auch zugunsten „neutraler" Schweizer Gerichte grundsätzlich zulässig ist.

dd) Weitere Rechtsordnungen. International existieren verschiedene Rechtsordnungen, 248
die eine **Derogation** der internationalen Zuständigkeit ihrer Gerichte als **unzulässig** erachten. Als Beispiele können hierfür wohl China,[355] die Vereinigten Arabischen Emirate[356] und der Irak[357] angeführt werden.

In Bezug auf die USA ist die Frage der Zulässigkeit der Derogation grundsätzlich inter- 249
national zuständiger amerikanischer Gerichte schwieriger zu beantworten. Den amerikanischen Gerichten wird ein Ermessensspielraum bei der Bewertung der Frage eingeräumt, ob das prorogierte ausländische Gericht den Anforderungen der reasonableness doctrine des US Supreme Court gerecht wird und insbesondere nicht unreasonable, unfair, unjust oder unconscionable ist.[358] Kritisch in diesem Zusammenhang können in AGB (adhesion contracts) enthaltene Gerichtsstandsvereinbarungen sein, die aufgrund der übermächtigen Stellung einer Partei vereinbart wurden.[359]

Nach dem Recht von New York reicht wohl nicht allein eine Rechtswahl zugunsten des Rechts von New York für die Annahme einer Gerichtsstandsvereinbarung aus. Aller-

[351] Im Einzelfall kann das vereinbarte Forum als sog. unnatural forum anzusehen sein, wenn es aus Sicht des englischen Gerichts die Kriterien der oppression oder der vexation erfüllt. Grundlegend hierzu ua der Fall *Visha Prabha* (1979) Lloyd's Rep. 286, in dem englische Gerichte diese Kriterien in Bezug auf eine internationale Gerichtsstandsvereinbarung zugunsten indischer Gerichte als erfüllt ansahen.

[352] Siehe auch https://ec.europa.eu/info/sites/default/files/1_de_act_de_0.pdf.

[353] Hartley International Commercial Litigation S. 151.

[354] Frühere kantonale Beschränkungen der Prorogation auf Sachverhalte, die einen Bezug zum gewählten Forum aufweisen, sind ersatzlos entfallen.

[355] Dazu vertiefend Tang ICLQ 2012, 459 (460).

[356] Vgl. hierzu Geimer/Schütze Internationaler Rechtsverkehr Rn. O 1155.4 mwN.

[357] Vgl. hierzu Geimer/Schütze Internationaler Rechtsverkehr Rn. O 1049.4 mwN.

[358] Die sogenannte „reasonableness doctrine" geht auf eine Entscheidung des US Supreme Court zurück; *M/S Bremen and Unterweser Reederei GmbH v. Zapata Off-Shore Co.* 407 U.S. 1 (15) (1972).

[359] Ausführlich hierzu Ochsenfeld RIW 1995, 634 (638).

dings müssen die Gerichte von New York ihre Prorogation durch eine Gerichtsstandsvereinbarung akzeptieren, wenn die Parteien zugleich auch das Recht von New York gewählt haben und der Streitwert 1 Mio. USD überschreitet, § 5–1402 General Obligations Law. Die Anwendung der forum non conveniens Regel erfolgt in diesem Fall ausnahmsweise nicht, die bei sonstigen Gerichtsstandsvereinbarungen eine Prorogation im (wohl seltenen) Einzelfall verhindern kann.

3. Ausschließlicher Gerichtsstand oder Wahlgerichtsstand?

250 Ausgangsfrage für den Entwurf einer Gerichtsstandsvereinbarung ist immer, ob hiermit ein ausschließlicher Gerichtsstand (exclusive jurisdiction) oder lediglich ein Wahlgerichtsstand (non-exclusive jurisdiction) begründet werden soll.

251 Zu berücksichtigen ist, dass sowohl die Vereinbarung eines ausschließlichen Gerichtsstandes, als auch die Vereinbarung eines Wahlgerichtsstands Vor- und Nachteile mit sich bringen, so dass eine entsprechende Entscheidung grundsätzlich je nach Vertragsverhältnis und der diesbezüglichen Gewichtung der unterschiedlichen[360] Kriterien unterschiedliche Ergebnisse hervorbringen kann. Mögliche Nachteile der Vereinbarung eines ausschließlichen Gerichtsstands sind allerdings bei hinreichender vorheriger Prüfung und sachgerechter Vertragsgestaltung vermeidbar, während die Nachteile mehrerer – jedenfalls theoretisch, vielfach aber auch praktisch – international zuständiger Gerichte bei der Vereinbarung eines Wahlgerichtsstandes in der Natur der Sache liegen und daher auch vertraglich nicht auszuschließen sind.

252 Gewichtigstes und auch aus Sicht der Verfasser maßgebliches Argument für die Vereinbarung eines ausschließlichen Gerichtsstandes ist die **Vermeidung von mehreren, möglicherweise parallelen Rechtsstreitigkeiten** vor unterschiedlichen Gerichten verschiedener Foren. Durch die Vereinbarung eines ausschließlichen Gerichtsstands und der hiermit verbundenen Derogation weiterer international zuständiger Gerichte ist sichergestellt, dass jedenfalls sämtliche zwischen den Parteien aus dem jeweiligen Vertragsverhältnis hervorgehenden Rechtsstreite vor den Gerichten desselben Forums auszutragen sind und Entscheidungen in prozessualer wie in materiell-rechtlicher Hinsicht konsistent erfolgen. Damit wird zugleich die Gefahr ausgeschlossen, in unliebsamen und nachteiligen Jurisdiktionen verklagt werden zu können – natürlich mit der Einschränkung, dass diese die Derogation der eigenen internationalen Zuständigkeit auch als wirksam erachten.

253 Dieser Vorteil kann allerdings immer dann zum Nachteil werden, wenn ein Forum gewählt wird, das seine Prorogation nicht annimmt, während nach anderen Rechtsordnungen, die nach dem jeweiligen IZPR grundsätzlich international zuständig wären, die Derogation wirksam ist. Gleiches gilt für den Fall, dass die Prorogation zwar zulässig ist, das Urteil aber im maßgeblichen ausländischen Staat nicht vollstreckt werden kann. Eine solche Situation muss bei der Gestaltung der Gerichtsstandsvereinbarung sicher auszuschließen sein.

254 Insbesondere bei Verträgen mit Bezug zum gewerblichen Rechtsschutz, die vergleichsweise häufig Gegenstand der Inanspruchnahme einstweiligen Rechtsschutzes sind, können ausschließliche Gerichtsstandsvereinbarungen dadurch Nachteile aufweisen, dass sie aus Sicht verschiedener Rechtsordnungen auch der Inanspruchnahme **einstweiligen Rechtschutzes** staatlicher Gerichte in anderen Staaten als dem Forum entgegenstehen. Die Durchsetzung einer im Forumsstaat erwirkten einstweiligen Verfügung in Drittstaaten dürfte gerade bei Eilbedürftigkeit allerdings in der Praxis kaum sachgerecht möglich sein.

[360] Man denke in diesem Zusammenhang zB an Streitigkeiten aus Lizenzverträgen über gewerbliche Schutzrechte, bei denen der Lizenzgeber die vom Gegenstand der Lizenz nicht umfasste Nutzung derselben durch den Lizenznehmer im Wege der einstweiligen Verfügung zu unterbinden sucht; Bsp. nach Born Forum Selection Agreements S. 17 f.

Diesem möglicherweise erheblichen Nachteil einer ausschließlichen Gerichtsstandsvereinbarung kann allerdings durch eine sachgerechte Vertragsgestaltung, die Ausnahmen für Verfahren des einstweiligen Rechtsschutzes statuiert, jedenfalls in den allermeisten Industriestaaten effektiv entgegengetreten werden.

In der internationalen Praxis ist deshalb aus guten Gründen die Vereinbarung eines aus- 255
schließlichen Gerichtsstands in der Mehrzahl der Fälle sinnvoll. Allein durch sie erhalten die beteiligten Unternehmen Rechtssicherheit darüber, wo, unter welchen rechtlichen Rahmenbedingungen und mit welchem Zeit- und Kostenaufwand Streitigkeiten aus dem zugrunde liegenden Vertragsverhältnis zu entscheiden sind.[361] Die Vereinbarung eines ausschließlichen Gerichtsstands sollte im Wortlaut der Klausel hinreichend zum Ausdruck bringen, dass sämtliche weitere Gerichtsstände durch die Vereinbarung ausgeschlossen werden. Gerade im internationalen Vergleich ist festzustellen, dass eine Auslegung von Gerichtsstandsvereinbarungen als ausschließlich in verschiedenen Jurisdiktionen[362] nicht erfolgt, sofern sich für die Ausschließlichkeit im Wortlaut der Klausel keine hinreichenden Anhaltspunkte finden. Lediglich Art. 25 Abs. 1 S. 2 EuGVVO enthält ebenso wie der inhaltsgleiche Art. 23 Abs. 1 S. 2 des LugÜ eine widerlegliche Vermutung der Ausschließlichkeit einer von den Parteien getroffenen Gerichtsstandsvereinbarung, die auch Art. 5 Abs. 1 S. 3 Schweizer IPRG vorsieht. Diesen Anforderungen genügende Klauselvorschläge werden nachfolgend dargestellt.

Rechtlich möglich, aber in der Regel nur schwer durchzusetzen sind einseitig begünsti- 256
gende Regelungen, die nur für eine Vertragspartei einen ausschließlichen Gerichtsstand begründen, der anderen Partei allerdings die Möglichkeit eröffnen, auch jedes andere international zuständige Gericht anzurufen.[363]

4. Sachliche Reichweite der Gerichtsstandsvereinbarung

Bei der Gestaltung von Gerichtsstandsvereinbarungen ist die Frage, welche Ansprüche sie 257
umfassen soll, ein weiterer zentraler Aspekt. Sieht die Gerichtsstandsvereinbarung hier keine klare Regelung vor, kommt im Streitfall zu der inhaltlichen Diskussion über die Begründetheit der jeweiligen Ansprüche noch die Diskussion hinzu, ob im Einzelfall geltend gemachte Ansprüche von der Gerichtsstandsvereinbarung umfasst sind.[364]

Die meisten Rechtsordnungen räumen den Parteien einen vergleichsweise großen 258
Spielraum zur Einbeziehung von Ansprüchen in die Gerichtsstandsvereinbarung ein. So erlauben ua das US-amerikanische und das englische Recht auch die Einbeziehung von Ansprüchen aus tort und statutory law.[365] Gleiches gilt für das Schweizer[366] und das deutsche Recht.

---

[361] Dass durch ausschließliche Gerichtsstandsvereinbarungen (unzulässige) Klagen vor international unzuständigen Gerichten nicht auszuschließen sind, liegt auf der Hand. Im Einzelfall kann hier aber eine Erstattungsfähigkeit der entstehenden Kosten bejaht werden; vgl. hierzu Sandrock RIW 2004, 809.

[362] In Rechtsordnungen des common law, hier insbesondere in den USA, aber auch in Kanada und mit Einschränkungen in England werden Gerichtsstandsvereinbarungen im Zweifel als nicht ausschließlich ausgelegt, was bei der Vertragsgestaltung durch sorgfältige Wortwahl vermieden werden kann; vgl. hierzu ua Born Forum Selection Agreements S. 21; auch in Deutschland geht der BGH in ständiger Rechtsprechung davon aus, dass weder für noch gegen eine Ausschließlichkeit der Gerichtsstandsvereinbarung eine Vermutung bei der Auslegung der Klausel zu berücksichtigen ist BGH NJW 1972, 1671; NJW-RR 1999, 137 (138). Abweichend hiervon sieht Art. 25 Abs. 1 S. 2 EuGVVO eine widerlegliche Vermutung zugunsten der Ausschließlichkeit der Gerichtsstandsvereinbarung vor. Gleiches gilt für Art. 23 Abs. 1 S. 3 LugÜ.

[363] Die Regelung des Art. 17 Abs. 4 EUGVÜ sah bspw. eine solche Möglichkeit noch ausdrücklich vor. Auch wenn die EuGVVO keine Parallelvorschrift mehr beinhaltet, besteht die Möglichkeit entsprechender Vereinbarungen im Rahmen von Art. 25 EuGVVO unverändert fort.

[364] Streitpunkte können bspw. bei Rechtsordnungen des common law die Einbeziehung von Ansprüchen aus „tort" oder aus Gesetzesrecht sein.

[365] Born Forum Selection Agreements S. 24.

259 Gerichte in common law-Staaten wie England und den USA legen bei der Auslegung der Vertragsklauseln der Parteien besonderes Augenmerk auf den **Wortlaut der Klausel** und differenzieren teilweise bspw. zwischen den gebräuchlichen Begriffen „disputes arising under this Agreement" und „disputes related („relating to"? in relation to?) to this Agreement".[367] Sofern – wie grundsätzlich empfehlenswert – eine möglichst breite Reichweite der Gerichtsstandsvereinbarung angestrebt wird, sind die Formulierungen „disputes related to this Agreement" oder „disputes in connection with this Agreement" die sicherste Wahl auch für common law-Staaten, da sie auch nichtvertragliche Ansprüche einschließt.

260 Nur im Einzelfall kann es erforderlich oder jedenfalls überlegenswert sein, einzelne Ansprüche von der Gerichtsstandsvereinbarung **ausdrücklich auszunehmen** und entweder gar nicht (mit der Folge der Anwendbarkeit der gesetzlichen Regelungen zur internationalen Zuständigkeit) oder abweichend zu regeln. Da hierbei eine hinreichend bestimmte Bezeichnung dieser Ansprüche gewährleistet sein muss, um die Bestimmtheit der Gerichtsstandsvereinbarung insgesamt nicht zu gefährden, sollte ein Auseinanderfallen nur bei zwingenden Gründen erwogen werden.

5. Die Auswahl eines geeigneten Forums

a) Allgemeines

261 Vielfach werden Vertragsparteien versuchen, Gerichte des eigenen Landes als Forum zu vereinbaren. Vorteilhaft ist – aus ihrer subjektiven Sicht – der erleichterte Zugang zu „heimischen" Gerichten, deren Verfahren unter Einschaltung vertrauter Berater abgewickelt und von den eigenen Rechtsabteilungen besser begleitet und bewertet werden können.

262 Für die Auswahl eines geeigneten Forums ist zunächst von entscheidender Bedeutung, dass ein rechtsstaatliches Verfahren vor den ordentlichen Gerichten des Forumstaates gewährleistet ist. Die Richter müssen integer sein und ein **faires und unparteiisches Verfahren** mit einer angemessenen Verfahrensdauer muss sichergestellt sein – und zwar auch dann, wenn es sich bei der gegnerischen Partei um den Staat, ein Staatsunternehmen oder ein Großunternehmen aus dem Land des Forums handelt.[368] Hilfreich bei der Beurteilung der Qualität der Gerichtsbarkeit des jeweiligen Landes ist der im Internet verfügbare Rule of Law Index des World Justice Project.[369] Gerichtsverfahren in den USA, Kanada, Nord- und Westeuropa, Australien und Neuseeland sollten deshalb in aller Regel unproblematisch sein.

263 Sofern allerdings die Kräfteverhältnisse zwischen den Parteien nicht eindeutig verteilt sind, ist in der Regel die Durchsetzung der „eigenen" Gerichte gegenüber dem Vertragspartner schwierig. Sofern nicht Schiedsgerichtsbarkeit vereinbart wird, verbleibt dann die Möglichkeit, im Wege der Prorogation die Zuständigkeit der Gerichte eines **„neutralen" Drittstaates** zu vereinbaren. Es sollten allerdings nur Gerichte eines Drittstaates gewählt werden, bei denen sicher ist, dass sie die **Prorogation annehmen.** Es sollte zudem berücksichtigt werden, dass das Auseinanderfallen von anwendbarem Recht und prorogiertem Forum für das Verfahren nachteilig ist. Erfahrungsgemäß entscheiden Gerichte am überzeugendsten, wenn sie ihr eigenes Recht anwenden, nicht wenn sie eine für sie frem-

---

[366] Hier regelt Art. 5 IPRG, dass die Parteien Gerichtsstandsvereinbarungen für einen bestehenden oder für einen zukünftigen Rechtsstreit über vermögensrechtliche Ansprüche aus einem bestimmten Rechtsverhältnis treffen können.

[367] Hierzu im Einzelnen Born Forum Selection Agreements S. 24 f.

[368] Man denke hier zB an Vertragsverhältnisse mit Staaten, öffentlich-rechtlichen Körperschaften oder Staatsunternehmen.

[369] World Justice Project Rule of Law Index: https://worldjusticeproject.org/rule-of-law-index/; siehe außerdem zu Ländern der EU Europäische Kommission, The EU Justice Scoreboard, https://ec.europa.eu/info/files/eu-justice-scoreboard-2021: zu Ländern des Europarats Europarat/Council of Europe, Evaluation of European Judicial Systems, CEPEJ Studies, https://www.coe.int/en/web/cepej/eval-tools; hilfsweise oder ergänzend kann herangezogen werden: Transparency International, Corruption Perceptions Index, https://www.transparency.org/en/cpi/2020/index/nzl.

de Rechtsordnung anwenden müssen. Die Anwendung ausländischen Rechts durch ordentliche Gerichte[370] kann sich zudem auf die Verfahrensdauer negativ auswirken.

Für die Auswahl des Forums ist weiterhin von Bedeutung, dass die anzurufenden ordentlichen Gerichte des Forumsstaates sowohl in fachlicher als auch in zeitlicher Hinsicht in der Lage sind, Streitigkeiten aus dem Vertragsverhältnis der Parteien zu entscheiden.[371] 264
Auch die Verfahrenskosten und die **Kosten** der anwaltlichen Vertretung vor den jeweiligen Gerichten sollten sich in einem angemessenen Rahmen bewegen. Ebenso wie für die Gestaltung von allen übrigen Streitbeilegungsklauseln sollten auch für Gerichtsstandsvereinbarungen verschiedene praktische Erwägungen nicht außer Acht gelassen werden. In internationalen Rechtsstreitigkeiten ist es für gerichtliche Verfahren vor ordentlichen Gerichten ebenso wie vor Schiedsgerichten sinnvoll, eine sachgerechte Zugänglichkeit des Gerichtsstandorts für die Parteien zu berücksichtigen. Grundinformationen über fachliche Spezialisierungen sollten ebenso vorliegen wie Informationen über Verfahrensdauer und Instanzenzug, um eine sachgerechte Beurteilung des anzurufenden Gerichts treffen zu können. In diesem Zusammenhang ist auch die **Verhandlungssprache** der jeweiligen Gerichte ein nicht zu unterschätzendes Kriterium. Die Wahl eines Gerichtes, das in der **Vertragssprache** verhandelt, bietet erhebliche praktische Vorteile, da zum einen die zeit- und kostenaufwendige Übersetzung von Vertragsunterlagen und Korrespondenz unterbleiben kann und zum anderen auch Zeugen, die in aller Regel der Vertragssprache mächtig sein dürften, ohne Übersetzung vernommen werden können.

b) Bedeutung des anwendbaren materiellen Rechts

Die Auswahl des Forums hat mittelbar auch Auswirkungen auf die Bestimmung des anwendbaren materiellen Rechts, da ein staatliches Gericht bei Streitigkeiten aus internationalen Wirtschaftsverträgen das Kollisionsrecht der *lex fori* heranzieht, um den maßgeblichen materiellen Rechtsrahmen zu ermitteln. Eine Rechtswahl der Parteien wird vom IPR weitgehend anerkannt. Für das gemäß Gerichtsstandsvereinbarung gewählte Gericht ist natürlich am einfachsten, wenn die Parteien sein nationales materielles Recht als anwendbar gewählt haben. Unterschiede bei der Rechtsanwendung – etwa mit Blick auf die Berücksichtigung von Eingriffsnormen – kann es selbst dann geben, wenn die Parteien eine Rechtswahl getroffen haben oder das Kollisionsrecht (wie weitgehend innerhalb der EU) zwischen verschiedenen Staaten vereinheitlicht ist.[372] Die Rechtsanwendung durch das zu wählende Forum sollten bei der Gestaltung von Gerichtsstandsvereinbarungen folglich bedacht werden. 265

c) Anerkennung und Vollstreckbarkeit der Entscheidungen

Weiteres Kriterium und weitere Voraussetzung für die Auswahl des Gerichtsstandes sollte aber die Anerkennung und Vollstreckung der Entscheidung an Orten sein, an denen die jeweils andere Partei Vermögen hat, was oft am Sitz der jeweils anderen Partei sein wird. Die Vollstreckung von ausländischen Urteilen ist nach wie vor teilweise mit erheblichen Schwierigkeiten verbunden, während die Vollstreckung von Schiedssprüchen im internationalen Rechtsverkehr in der überwiegenden Anzahl der Fälle erheblich einfacher umzusetzen ist.[373] Von diesem Grundsatz bestehen Ausnahmen, wo die Anerkennung und Voll- 266

[370] So ist in der Regel zur sicheren Ermittlung des ausländischen Rechts aus Sicht des deutschen Zivilprozessrechts im Sinne des § 293 ZPO die Einholung eines Sachverständigengutachtens über Rechtsfragen vielfach unumgänglich; hierzu MüKoZPO/Prütting § 293 Rn. 29 mwN.

[371] Auch an dieser Stelle sei auf die Ausführungen zu aufwendigen document productions in → Rn. 208 verwiesen, die auch in diesem Zusammenhang für die Verfahrensdauer von Bedeutung sind.

[372] S. dazu vertiefend → § 3 Rn. 154.

[373] Born Forum Selection Agreements S. 10, mit dem zutreffenden Hinweis darauf, dass das New Yorker Übereinkommen über die Anerkennung und Vollstreckung ausländischer Schiedssprüche von der großen Mehrheit der Staaten (mit Stand September 2022: 171 Staaten) ratifiziert wurde, während multi- oder

streckbarkeit ausländischer Urteile des gewählten Forumstaates zB durch supranationales Recht oder internationale Übereinkommen gewährleistet ist. Dies ist zunächst innerhalb der EU/EWR (mit Ausnahme von Liechtenstein) aufgrund der EuGVVO und des LugÜ der Fall. In ihrem Anwendungsbereich können ausschließliche Gerichtsstandsvereinbarungen unproblematisch erfolgen, auch ohne vorher eine dezidierte Prüfung der Anerkennung und Vollstreckbarkeit vorzunehmen. Darüber hinaus bestehen zwar im Einzelfall völkerrechtliche Verträge, die eine Anerkennung und Vollstreckbarkeit von ausländischen Urteilen gewährleisten können.[374] Es kann hier nur ausdrücklich betont werden, dass gerade bei der Vereinbarung eines ausschließlichen Gerichtsstandes die sorgfältige Prüfung der Anerkennung und Vollstreckbarkeit der Entscheidungen eines aufgrund der zu schließenden Gerichtsstandsvereinbarung ausschließlich zuständigen Gerichts zwingend erforderlich ist. Diese Prüfung muss sich auch auf die allerdings regelmäßig in internationalen Wirtschaftsverträgen unproblematische Frage erstrecken, ob die Gerichtsstandsvereinbarung nach dem Recht des Anerkennungsstaates zulässig ist, da die Frage im Anerkennungsverfahren ggf. zu prüfen ist.[375] Bestehen Bedenken gegen die Anerkennung und Vollstreckbarkeit der Entscheidung sollte in jedem Fall von einer ausschließlichen Gerichtsstandsvereinbarung Abstand genommen werden, da die Parteien ansonsten Gefahr laufen, in einen negativen Kompetenzkonflikt zu geraten. Verallgemeinernd lässt sich festhalten, dass die Anerkennung und Vollstreckung außerhalb des Geltungsbereichs von EuGVVO (und LugÜ) nur im Forumsstaat problemlos möglich ist. In allen anderen Fällen ist die Anerkennung und Vollstreckung ausländischer Entscheidungen meist vom nationalen Recht abhängig und häufig problematisch.

d) International Commercial Courts

266a In den letzten Jahren haben einige Staaten International Commercial Courts geschaffen,[376] um der internationalen Schiedsgerichtsbarkeit Konkurrenz zu bieten. Sie haben sich dabei am englischen Commercial Court orientiert, der eine Abteilung des High Court darstellt. Der Commercial Court in London genießt hohes Ansehen bei der Entscheidung von Wirtschaftsstreitigkeiten und zu ihm kommen auch oft Fälle, in denen keine der beteiligten Parteien aus England kommt. International Commercial Courts wurden geschaffen in Frankreich, den Niederlanden,[377] Singapur[378] und der VR China (Shenzhen und Xian durch Supreme People's Court, außerdem Suzhou City)[379]. In Belgien wurde ebenfalls die Etablierung eines Brussels International Business Court initiiert. Sie sind für internationale Wirtschaftsstreitigkeiten zuständig und das Verfahren kann auf Englisch geführt werden. In diesem Zusammenhang sind auch Bemühungen deutscher Bundesländer zu nennen, Englisch in bestimmtem Umfang als Verfahrenssprache bei einigen LGs und OLGs zuzulassen (in HH, Hessen, BaWü).[380] Es handelt sich um nationale Gerichte des Landes, das sie etabliert hat und für die die zuvor gemachten Ausführungen gelten.

---

bilaterale Verträge über die Anerkennung und Vollstreckung ausländischer Gerichtsentscheidungen außerhalb der EU die Ausnahme sind.

[374] Eine Übersicht hierzu bieten zB Geimer/Schütze Internationaler Rechtsverkehr in Zivil- und Handelssachen.

[375] BGH RIW 2005, 540.

[376] Dazu Ruckteschler/Stooss Journal of International Arbitration 2019, 431; Loh FS Roderich C. Thümmel S. 501.

[377] https://www.rechtspraak.nl/English/NCC/Pages/default.aspx#:~:text=The%20Netherlands%20Commercial%20Court%20(NCC,effectively%20resolve%20international%20business%20disputes.&text=The%20Netherlands%20Commercial%20Court%20was%20created%20on%201%20January%202019; dazu Henke RIW 2019, 273.

[378] https://www.sicc.gov.sg/.

[379] http://cicc.court.gov.cn/html/1/219/193/195/index.html.

[380] Dazu auch Gerhard Wagner, Rechtsstandort Deutschland im Wettbewerb, 2017; Riehm/Thomas NJW 2022, 1725; Köhler/Hadertz BB 2020, 2179.

e) Weitere Aspekte zur Wahl des Forums

Einen weiteren Aspekt bei Auswahl des Forums kann die Möglichkeit von in common law Staaten gebräuchlichen sog. **antisuit injunctions,** einer gerichtlichen Anordnung zur Unterlassung der Klageerhebung vor ordentlichen Gerichten einer anderen Jurisdiktion oder zur Unterlassung der Fortführung eines vor diesen Gerichten bereits eingeleiteten Verfahrens, bilden. Grundlage hierfür können zum einen außervertragliche Unterlassungsansprüche sein, sofern die Klage vor dem aus Sicht des zum Erlass der antisuit injunction angerufenen Gerichts unzuständigen Gerichts rechtsmissbräuchlich (vexatious and oppressive) ist. Antisuit injunctions kommen aber insbesondere auf Basis vertraglicher Unterlassungsansprüche sowohl in Bezug auf Schiedsgerichtsvereinbarungen, als auch in Bezug auf ausschließliche Gerichtsstandsvereinbarungen in Betracht und dienen aus Sicht englischer und amerikanischer Gerichte der Sanktionierung der Vertragsverletzung, den Vertragspartner trotz entgegenstehender Gerichtsstandsvereinbarung oder Schiedsgerichtsvereinbarung[381] im Ausland zu verklagen.[382] Regelmäßig sollte der Frage, ob das prorogierte Forum antisuit injunctions zulässt, bei der Gestaltung von Gerichtsstandsvereinbarungen allerdings keine Bedeutung zukommen. 267

Der EuGH hat hierzu mit Entscheidung vom 27.4.2004[383] ausgeführt, dass im Anwendungsbereich des EuGVÜ den Gerichten eines Vertragsstaates grundsätzlich die Prüfung der Zuständigkeit eines anderen Vertragsstaates verwehrt ist.[384] Weiter hat der EuGH in einer Entscheidung vom 10.2.2009[385] festgestellt, dass dies auch für Schiedsgerichtsvereinbarungen gilt, die zwar grundsätzlich nicht in den Anwendungsbereich der EuGVVO fallen, deren Ziele aber ebenso wie Gerichtsstandsvereinbarungen beeinträchtigen. Innerhalb des Anwendungsbereichs der EuGVVO sind antisuit injunctions somit nach europäischem Recht nicht zulässig. 268

Weiter bedacht werden kann bei der Wahl des Forums auch, ob die Rechtsverfolgung in dem gewählten Forum Sicherheitsleistungen erfordert. 269

6. Hinweise zur Vertragsgestaltung

In der Gerichtsstandsvereinbarung sollte das als (ausschließlich) zuständig vereinbarte Gericht **möglichst genau** bezeichnet werden. Üblicherweise erfolgt eine Bezeichnung dabei in örtlicher Hinsicht durch die Angabe von Stadt und Staat, für den das jeweilige Gericht örtlich und international zuständig ist. Nicht immer genügt dabei die Bezeichnung der Stadt allein, da verschiedene örtliche Zuständigkeiten gerade in Metropolen nicht selten sind.[386] Darüber hinaus können international teilweise auch verschiedene Gerichte sachlich zuständig sein – zB in Bundessstaaten, in denen sowohl der Bundesstaat als auch die in ihm zusammengeschlossenen Einzelstaaten über eine Gerichtsbarkeit verfügen.[387] Gerade bei der Vereinbarung eines „neutralen" Gerichtsstands ist die Vereinbarung auch der örtli- 270

[381] Zu antisuit injunctions zur Unterstützung von Schiedsgerichtsverfahren vgl. ua Schlosser RIW 2006, 486; Gorskie Arb. Int'l 2012, 295; Phull J. Int'l Arb. 2011, 21.

[382] *Continental Bank v. Aeakos SA* [1994] 1 W.L.R. 588 (598); *The Angelic Grace* [1995] 1 Lloyd's Rep 87 (96); *A/S D/S Svendborg v. Wansa* [1996] 2 Lloyd's Rep 557 (570).

[383] EuGH RIW 2004, 541; ausführlich hierzu Krause RIW 2004, 533.

[384] EuGH RIW 2004, 541; ausführlich hierzu Krause RIW 2004, 533.

[385] EuGH RIW 2009, 236; ausführlich zu den Auswirkungen Noussia J. Int'l Arb. 2009, 311.

[386] Die Bezeichnung zB der für die Stadt New York zuständigen Gerichte reicht in der Regel nicht aus, um das anzurufende Gericht zweifelsfrei bestimmen zu können. Erforderlichenfalls ist das anzurufende Gericht daher näher zu bezeichnen.

[387] Zu nennen sind hier bspw. die USA, in der Bundesgerichte und die jeweiligen Staatengerichte selbständig nebeneinanderstehen und den Parteien jedenfalls teilweise sowohl der Weg zu den Staatengerichten, als auch zu den Bundesgerichten offensteht. Gerade für internationale Streitigkeiten sollte nach USC § 1332 (a), der sog. diversity jurisdiction, regelmäßig auch der Weg zu district courts auf Ebene der Bundesgerichte eröffnet sein. Deren Anrufung erscheint jedenfalls in der Regel bei internationalen Wirtschaftsverträgen auch vorzugswürdig.

chen Zuständigkeit geboten, da ansonsten Anknüpfungspunkte hierfür fehlen. Sofern erforderlich sollte auch das sachlich zuständige Gericht bestimmt werden. Aus einer nicht hinreichend bestimmten Bezeichnung kann die Unwirksamkeit der Gerichtsstandvereinbarung resultieren.

271 In der Praxis zeigen sich gelegentlich Probleme bei der Abwicklung der Verfahren vor ordentlichen Gerichten im Zusammenhang mit der Zustellung. Im Anwendungsbereich der EuGVVO dürfte die Zustellung regelmäßig unproblematisch möglich sein. Außerhalb des Anwendungsbereichs der EuGVVO wirft sie allerdings ebenso regelmäßig tatsächliche und rechtliche Probleme auf und ist vielfach mit erheblichen Kosten verbunden. Es kann daher sinnvoll sein, bei der Vertragsgestaltung in die entsprechende Gerichtsstandsvereinbarung bereits einen **Zustellungsbevollmächtigten** mit Sitz im Forumstaat aufzunehmen, an den etwaige Zustellungen im Streitfall wirksam vorgenommen werden können.[388]

7. Zusammenfassung und Klauselvorschlag

272 – Eine Gerichtsstandsvereinbarung kann in internationalen Wirtschaftsverträgen im Einzelfall eine sinnvolle Alternative zu Schiedsgerichtsklauseln darstellen. Das gilt insbesondere für Vertragsverhältnisse zwischen Parteien aus Mitgliedsstaaten der EU und der EFTA (Ausnahme Liechtenstein), da hier eine Anerkennung und Vollstreckung der Entscheidung durch EuGVVO und LugÜ gewährleistet und eine ausschließliche Gerichtsstandsvereinbarung damit risikolos möglich ist. In allen anderen Fällen sollte ein Forum vereinbart werden, in dem ein **rechtsstaatliches Verfahren garantiert ist.** Insbesondere müssen Integrität, Neutralität und Unparteilichkeit des gewählten Gerichts sichergestellt sein und überlange Verfahrensdauern dürfen nicht zu befürchten sein. Darüber hinaus sollte der Gerichtsstand von der Anerkennung und Vollstreckbarkeit von gerichtlichen Entscheidungen abhängig gemacht werden. In der Regel ist eine **ausschließliche Gerichtsstandsvereinbarung vorzugswürdig.** Sofern eine sorgfältige Prüfung der genannten Voraussetzungen nicht vorgenommen werden kann oder zu unklaren Ergebnissen führt und sofern die Vereinbarung von Schiedsgerichtsbarkeit nicht in Betracht kommt, kommt die **Vereinbarung eines Wahlgerichtsstandes** in Betracht.

273 – Die Gerichtsstandsvereinbarung sollte **schriftlich** erfolgen.

274 – Der **Anwendungsbereich** der Gerichtsstandsvereinbarung sollte möglichst weit gefasst werden, um ein Auseinanderfallen von Streitgegenständen, die der Gerichtsstandsvereinbarung unterfallen und solchen, die nicht hierunter zu fassen sind, zu vermeiden.

275 Eine Klausel über die Vereinbarung eines ausschließlichen internationalen Gerichtsstandes könnte zum Beispiel wie folgt lauten:[389]

Klauselbeispiel für eine detaillierte ausschließliche Gerichtsstandsvereinbarung (international und örtlich)

[•] Exclusive Forum Selection

All disputes, claims, disagreements and controversies arising out of or relating to this Agreement, or the subject matter of this Agreement, including any questions regarding its existence, validity, breach or termination, shall be subject to the exclusive jurisdiction of the competent courts of [Stadt, Staat], and no other. [Optional: Nothing in this clause shall limit or prevent either Party from applying to any court having otherwise competent jurisdiction for provisional or interim measures, including but not limited to any claim for preliminary injunctive relief.]

---

388 Vgl. hierzu nebst Musterklausel Born International Arbitration S. 30.

389 Vgl. für weitere Musterklauseln ua Born International Arbitration S. 22ff.

Klauselbeispiel für eine kurze ausschließliche Gerichtsstandsvereinbarung (international und örtlich)

[•] Exclusive Forum Selection

All disputes relating to this agreement shall be resolved exclusively by the competent courts of [Stadt, Staat], and no others. [Optional: Nothing in this clause shall limit or prevent either Party from applying to any court having otherwise competent jurisdiction for provisional or interim measures, including but not limited to any claim for preliminary injunctive relief.]

Klauselbeispiel für eine detaillierte Wahlgerichtsstandsvereinbarung (international und örtlich)

[•] Non-Exclusive Forum Selection

All disputes, claims, disagreements and controversies arising out of or relating to this Agreement, or the subject matter of this Agreement, including any questions regarding its existence, validity, breach or termination, shall be subject to the non-exclusive jurisdiction of the competent courts of [Stadt, Staat].

Klauselbeispiel für eine kurze Wahlgerichtsstandsvereinbarung (international und örtlich)

[•] Non-Exclusive Forum Selection

All disputes relating to this agreement shall be subject to the non-exclusive jurisdiction of the competent courts of [Stadt, Staat].

D. Zusammenfassende Empfehlungen

- In internationalen Wirtschaftsverträgen sollte im Grundsatz die **internationale Schiedsgerichtsbarkeit** zur Streitbeilegung verwendet werden. Staatliche Gerichtsbarkeit kommt in Betracht, falls sie exklusiv in Bezug auf ein Land mit unabhängiger Justiz vereinbart wird, in dem Verfahren nicht zu lange dauern und realistische Vollstreckungsmöglichkeiten bestehen. 276
- Es sollte möglichst institutionelle Schiedsgerichtsbarkeit gemäß der Verfahrensordnung einer **international anerkannten Institution** vereinbart werden. Die Verfahrensordnung sollte ein faires Verfahren sicherstellen, in dem die Grundsätze der Gleichheit der Parteien und des rechtlichen Gehörs gewahrt sind. Es sollte sich um eine Institution handeln, bei der sicher ist, dass sie als benennende Stelle unparteiisch vorgeht und integre und kompetente Schiedsrichter benennt. 277
- Die Schiedsklausel sollte sich an der **Musterklausel** der gewählten Institution orientieren. 278
- Die **Zahl** der Schiedsrichter sollte **normalerweise drei** betragen, bei weniger komplexen Verträgen und/oder geringen Streitwerten genügt ein Schiedsrichter. 279
- Die Schiedsrichter eines Dreierschiedsgerichts sollten ausgewählt werden, indem jede Partei einen Schiedsrichter benennt und diese innerhalb eines gewissen Zeitraums den Vorsitzenden benennen. Nur wenn das nicht passiert, sollte die Institution die Ernennung vornehmen. Soweit Verfahrensordnungen ein anderes Ernennungsverfahren vorsehen, sollte die zuvor genannte Regelung in die Schiedsklausel aufgenommen werden. 280
- Der **Ort des Schiedsverfahrens** sollte gemäß Schiedsklausel in einem neutralen, schiedsgerichtsfreundlichen Land liegen, das Mitgliedsstaat des UNÜ ist. 281
- Als **Sprache** des Schiedsverfahrens sollte in der Regel die Vertragssprache vereinbart werden. 282

283 – Die Schiedsklausel oder die Gerichtsstandsvereinbarung sollte in den ursprünglichen Vertrag aufgenommen werden.

Abschließendes Klauselbeispiel für eine mehrstufige Streitbeilegungsklausel (Vergleichsverhandlungen, optional ADR und Schiedsgericht nach ICC Rules)

[•] Dispute Resolution (ADR and Arbitration)

(1) If a dispute arises in connection with this contract, the parties shall attempt to settle such dispute; if such a settlement cannot be achieved the parties shall attempt to agree on an appropriate ADR proceeding. Upon request of either party, a senior management representative of each party shall participate in the negotiations. Each party shall be entitled to terminate these negotiations by written notification to the other party at any time.

(2) All disputes and claims arising out of or in connection with this contract which are not settled by the parties pursuant to the preceding paragraph, including any question regarding its validity or termination or any subsequent amendment of it, shall be finally settled by one or three arbitrators in accordance with the Rules of Arbitration („Rules") of the International Chamber of Commerce („ICC").

(3) If the tribunal consists of one arbitrator the nomination and appointment shall be effected as set forth in Article 12.3 of the Rules. If the tribunal consists of three arbitrators each party shall nominate one arbitrator for confirmation by the ICC. Both arbitrators shall agree on the third arbitrator within thirty (30) days after their appointment. Should the two arbitrators fail to reach agreement on the third arbitrator within the thirty-day period, the ICC shall select and appoint the third arbitrator.

(4) The seat of arbitration shall be [Stadt, Staat]. The language to be used in the arbitration proceedings shall be English.

§ 15 Versicherungsklauseln (insurance provisions)

Übersicht

Schrifttum:

Anderson/Stanzler/Masters, Insurance Coverage Litigation, 2. Aufl. 2009 (Supplement 2022); *Anderson/Warner,* A-Z Guide to Boilerplate and Commercial Clauses, 4. Aufl. 2017; *Bähr/Püttgen,* Financial Interest Cover, VW 2008, 1078ff.; *Bock/Zons,* Rechtshandbuch Anlagenbau, 2. Aufl. 2021; *Brennan,* The Construction Contracts Book: How to Find Common Ground in Negotiating the 2007 Industry Form Contract Documents, 2. Aufl. 2008; *Cameron,* A Practitioner's Guide to Construction Law with 2009 Cumulative Supplement, 2010; *Demblin/Mörth,* FIDIC Bau- und Anlagenbauverträge, Ziff. VIII Haftung und Versicherung, S. 256ff., 2. Aufl. 2019; *Ganzer,* Internationale Versicherungsprogramme, 2012; *Habel/Rauch,* Technologieverträge – Maschinen- und Anlagenbau, Logistik, Informationstechnologie, 2005; *Henning,* Grundlagen der Exzedentenversicherung, 2020; *Hök,* Zur Versicherungsdeckung beim Auslandsbau unter Berücksichtigung der FIDIC-Verträge und der Contractor's All Risk Insurance (CAR), VersR 2009, 878ff.; *Jaeger/Hök,* FIDIC – A Guide for Practitioners, 2010; *Joussen,* Der Industrieanlagen-Vertrag, 2. Aufl. 1996; *Katschthaler/Leichsenring,* Neues internationales Versicherungsrecht nach der Rom-I-Verordnung, r+s 2010, 45ff.; *Koch/Werber/Winter,* 100 Jahre Hamburger Seminar für Versicherungswissenschaft und Versicherungswissenschaftlicher Verein in Hamburg e.V., FS 2016; *Korfsmeyer,* Betriebliche Versicherungen in M&A-Transaktionen, 2011; *Leffler,* Compliance internationaler Versicherungslösungen, CCZ 2008, 221ff.; *Mahnke/Rohlfs,* Betriebliches Risikomanagement und Industrieversicherung, 2020; *Malecki/Ligeros/Gibson,* The Additional Insured Book, 6. Aufl. 2011; *Mallmann,* Bau- und Anlagenbauverträge nach den FIDIC-Standardbedingungen, 2002; *Mitterlechner/Wax/Witsch,* D&O-Versicherung, § 12 Internationale Aspekte, 2. Aufl. 2019; *Piltz,* Münchener Anwaltshandbuch Internationales Wirtschaftsrecht, 2017; *Reithmann/Martiny,* Internationales Vertragsrecht, § 36 Versicherungsverträge, S. 2199ff., 9. Aufl. 2021; *Roquette/Schweiger,* Vertragsbuch Privates Baurecht, 3. Aufl. 2020; *Schlöpke,* Interdependenzen zwischen Haftung und Versicherung, 2005; *Smith/Wilson/Bundschuh,* Recent Developments in the Insurability of Force Majeure and (not completely) Unforeseen Condition Risks, ICLR 2001, 83ff.; *Strnad,* Neue Ausgestaltung internationaler Versicherungsprogramme, HAVE/REAS 2007, 345ff.; *Uff,* Construction Law, 13. Aufl. 2021; *Visser/Schulz,* Internationale Haftpflichtversicherungsprogramme und das Gesetz zur Modernisierung des Versicherungssteuerrechts, PHi 2021, 14ff.

A. Gründe für die Verwendung von Versicherungsklauseln in internationalen Wirtschaftsverträgen

I. Risikoabsicherung

1 Internationale Wirtschaftsverträge können (ausführliche) Klauseln mit detaillierten Vorgaben enthalten, welchen Versicherungsschutz der Auftragnehmer für den Auftrag und dessen Durchführung eindecken und über eine bestimmte Laufzeit vorhalten muss.[1] Eine solche Versicherungsklausel kann mehrere Seiten umfassen.[2] Abhängig von der Regelungstechnik des Vertrags wird hierfür auch auf eine gesonderte Anlage zu dem Hauptvertrag verwiesen, welche zusätzlich zu den Vorgaben der Klausel in dem Hauptvertrag gelten soll.[3] Beweggrund und damit regelmäßiger Inhalt einer Versicherungsklausel ist eine möglichst weitgehende Absicherung der betroffenen Interessen hinsichtlich der aus oder im Zusammenhang mit der jeweiligen Auftragsdurchführung auftretenden Risiken durch einen hierfür vorzuhaltenden Versicherungsschutz. Im Schadensfall dient dies der Gewährleistung einer ausreichenden finanziellen Leistungsfähigkeit. Die Einbindung der Expertise der Versicherer kann zudem einer Streitentstehung im Schadensfall vorbeugen oder jedenfalls helfen, im Streitfall eine gerichtliche Eskalation zu vermeiden. Die in der Versicherungsklausel enthaltenen Anforderungen stellen damit eine grundlegende Maßnahme des **Risikomanagements** für beide Vertragspartner dar.[4]

2 Typischerweise finden sich in Versicherungsklauseln Vorgaben zur **Vorhaltung** von folgenden **Versicherungen:**

– Haftpflichtversicherung verschiedenster Ausprägungen, zB Versicherungsschutz für third party liability (oft auch als commercial general liability oder abgekürzt CGL bezeichnet), product liability (oft auch completed operations), environmental liability insurance, professional indemnity, design liability, automobile liability und employer's liability
– Bauwesenversicherung[5] oder Montageversicherung (Construction All Risk[6] Insurance oder Erection All Risk-Insurance, abgekürzt CAR/EAR Insurance, including extended maintenance insurance)
– Vertrauensschaden-Versicherung (fidelity insurance); Cyber-Versicherung (cyber insurance)
– Transportversicherung[7] (marine cargo insurance; transport insurance)
– Arbeitsunfallversicherung (workers compensation insurance)
– Schiffsversicherung (marine hull & machinery insurance, protection & indemnity insurance)
– Betriebsunterbrechungsversicherungen sowie Klauseln zu Wechsel- und Rückwirkungsschäden finden sich (erstaunlicherweise) eher selten. In Zeiten unsicherer werdender Lieferketten können solche Klauseln jedoch durchaus hilfreich sein. Allerdings sind auch hier sowohl die unterschiedlichen Ausprägungen im anglo-amerikanischen Rechtsraum

[1] Allgemein zu vertraglichen Pflichten zur Sicherstellung von Versicherungsschutz, Koch/Werber/Winter/Beckmann FS 100 Jahre Hamburger Seminar Versicherungswissenschaft, 65 ff.
[2] Siehe zB die Versicherungsklausel gemäß Chapter 11 „Insurance" des ICC Model Turnkey Contract for Major Projects – 2020 Revision, ICC Publication No 797 E, 2020.
[3] Siehe zB Ziff. 84.1 des NEC Supply Contract (4th edition 2017): *„The Supplier provides the insurances stated in the Insurance Table except any insurance which the purchaser is to provide as stated in the in the Contract Data".*
[4] Nickel/Nickel-Fiedler ProdHaftpflVersR S. 882 (für den Bereich der Betriebs-Haftpflichtversicherung); Roquette/Schweiger/Decker Privates Baurecht E. III. Rn. 148 (für einen internationalen Konsortialvertrag).
[5] Üblicherweise sollen auch Baugeräte und Baustelleneinrichtungen vom Versicherungsschutz umfasst sein, so dass aus Sicht eines deutschen Auftragnehmers neben der Bauleistungsversicherung auch die erforderlichen Maschinenkasko-Versicherungen eingedeckt sein müssen, vgl. Beckmann/Matusche-Beckmann/v. Rintelen Versicherungsrechts-Handbuch § 36 Rn. 10 und 29.
[6] Teilweise auch als contractors all risk insurance bezeichnet, vgl. etwa Jaeger/Hök FIDIC S. 347; Uff Construction Law S. 253; Roquette/Schweiger/Ritter/Schätzlein Privates Baurecht E. I. Rn. 91.
[7] Vgl. Piltz MAH Int. WirtschaftsR § 18 Rn. 168.

einerseits als auch ein deutsches Verständnis andererseits, aber auch die Möglichkeiten des Risikoträgers zu berücksichtigen (siehe sogleich Rn. 4).

Je nach Regelungsgestaltung enthalten die Versicherungsklauseln konkrete Anforderungen zum Umfang und Inhalt der vorzuhaltenden Versicherungen, namentlich insbesondere zum versicherten Interesse, zum versicherten Personenkreis, zur Dauer des versicherten Zeitraums, zum Deckungsumfang einschließlich erforderlicher Deckungserweiterungen in Gestalt von bestimmten Bedingungsklauseln, zur Höhe der Versicherungssumme und zum maximalen Selbstbehalt. 3

Im Grundsatz ist das Bestreben nach einer möglichst weitgehenden Risikoabsicherung, etwa zur Vermeidung einer Insolvenzsituation, durch Vorhaltung eines entsprechenden Versicherungsschutzes nachvollziehbar.[8] Dies liegt auch im **Eigeninteresse des Risikoträgers.** Allerdings erscheinen die detaillierten Vorgaben jedenfalls aus Sicht des deutschen Vertragsteils zuweilen überzogen. Der vorgeschlagene Klauselwortlaut kann etwa dem allgemeinen Standardvertrag des anderen Vertragsteils entstammen, ohne Zuschnitt auf den konkreten Auftrag, der von seinem Risikopotential keine so detaillierten Versicherungsvorgaben erfordern würde. Auch verlangen die Vorgaben bisweilen eine derart genaue Kenntnis des Inhalts der vom Unternehmen unterhaltenen Versicherungsverträge oder sonstige **spezifische Versicherungskenntnisse** (zB bei der Vorgabe: „additional coverage: multiple insured clause/non-vitiation clause“[9] oder einer loss payee clause[10]), dass die den Auftrag verhandelnden Personen für die Prüfung und Bewertung der Versicherungsklausel ihre Versicherungsabteilung oder ihren Versicherungsmakler zur Unterstützung hinzuziehen müssen. Die Vorgaben der Versicherungsklausel sind ferner häufiger von den im Ausland gebräuchlichen Bedingungswerken als von denjenigen deutscher Versicherer geprägt. Für den deutschen Vertragsteil ist es dann bisweilen schwierig, den Anforderungen zu genügen. Wird beispielsweise Haftpflichtversicherungsschutz für eine vertragliche Haftung (contractual liability) des Auftragnehmers gefordert, ist das aus anglo-amerikanischer Sicht nachvollziehbar, entspricht aber nicht den Deckungskonzepten deutscher Haftpflichtversicherungen, die grundsätzlich nur eine gesetzliche Haftung abdecken.[11] Andererseits werden es deutsche Vertragspartner möglicherweise überraschend finden, wenn ihre anglo-amerikanischen Kollegen für jedes der oben bespielhaft genannten Haftpflicht-Risiken eigene Verträge abschließen, statt alle Haftungsrisiken in einem Vertrag zu bündeln. Solche und ähnliche Unterschiede in der Herangehensweise können die Werthaltigkeit der abgeschlossenen Verträge durchaus gravierend beeinflussen.[12] 4

In den vorgenannten Fällen sollte der deutsche Vertragsteil durch seinen Versicherungsmakler prüfen, ob und inwieweit sein bestehendes Versicherungsprogramm eine Abänderung oder ersatzlose Streichung von einzelnen Vorgaben der Versicherungsklausel notwendig macht. Vorausgesetzt der andere Vertragsteil lässt sich hierauf ein, kann dies aus kommerziellen Gründen, etwa weil die Prämie für die nachzukaufende Versicherung unverhältnismäßig wäre, oder aus versicherungsvertraglichen Gründen, veranlasst sein, etwa 5

[8] Mallmann Anlagenbauverträge S. 278f.: *„fundamentaler Bestandteil großer Bau- und Anlagenverträge“*.

[9] Eine solche Klausel regelt, ob und wie sich versicherungsrelevante Umstände, wie insbesondere das Verhalten eines Versicherten, auf den Versicherungsschutz von Mitversicherten auswirken.

[10] Diese Klausel zB in einer Maschinenversicherung regelt, dass die Versicherungsleistung an einen (benannten) Dritten (zB einen Sicherungsgeber) erfolgt.

[11] In Deutschland kommt es in der Betriebshaftpflichtversicherung für den Eintritt des Versicherungsfalls regelmäßig auf das Schadenereignis an, während die Haftpflichtversicherungssysteme im anglo-amerikanischen Markt teilweise an die Geltendmachung des Anspruchs (*claims-made* Prinzip) anknüpfen, vgl. Korfsmeyer Versicherungen S. 54f. mwN; siehe auch Bock/Zons/Laschet Rechtshandbuch Anlagenbau Teil D Rn. 210 und → Rn. 55.

[12] Mehrfache Verträge bei unterschiedlichen Anbietern können zu sehr widersprüchlichen Ansichten über die Deckung führen, wohingegen die Zusammenfassung vieler Deckungen in einem Vertrag zwar den Vorteil nur eines Ansprechpartners und weltweiter Konformität, aber den Nachteil multipler Ausschlusstatbestände hat.

weil die in der Versicherungsklausel enthaltene Vorgabe am deutschen Versicherungsmarkt realistisch nicht oder nur schwer umsetzbar ist.

6 Eine lückenlose Versicherung aller aus oder im Zusammenhang mit der jeweiligen Auftragsdurchführung auftretenden Risiken ist nicht darstellbar. Das bedeutet insofern immer eine **Limitierung** der mit der Versicherungsklausel verfolgten Risikoabsicherung. Bei der Verhandlung der Versicherungsklausel sollte dies Berücksichtigung finden, indem unbestimmte Anforderungen und offene Formulierungen vermieden werden. Ebenso sollte die Werthaltigkeit der entsprechend den vorgegebenen Klauseln abgeschlossenen Versicherungsverträge jeweils auch im Licht der dem anderen Vertragspartner vertrauten, üblichen rechtlichen Umgebung geprüft werden.

Klauselbeispiele für unbestimmte Anforderungen und offene Formulierungen

- The contractor will ensure that any additional or supplementary insurance cover which in the opinion of the contractor is necessary to cover the potential risks and/or losses shall be in force and effect.
- The contractor shall procure and keep in force all other insurances required by applicable law.
- The buyer shall have the right to review and accept or reject the terms and conditions, insured sums and limits of the insurances to be maintained by the seller.
- Any further exclusions to the insurance coverage to be agreed by the purchaser.

II. Einhaltung lokaler Versicherungspflichten

7 Nationalgesetzliche Regelungen, welche lokale Versicherungspflichten statuieren, können ein weiterer Grund dafür sein, dass nach der Versicherungsklausel Versicherungsschutz für bestimmte Risiken einzudecken ist. So zwingt beispielsweise das britische Recht[13] zur Eindeckung einer Arbeitgeberhaftpflichtversicherung (employer's liability insurance) mit bestimmten Mindestversicherungssummen für alle im Vereinigten Königreich beschäftigten Arbeitnehmer. Vergleichbare lokale Versicherungspflichten bestehen oftmals für den Bereich der Arbeitsunfallversicherung (workers' compensation).[14] Lokale Versicherungspflichten sind insbesondere in so genannten **„non admitted"-Ländern**[15] zu beachten, in denen man aufgrund nationalgesetzlicher Bestimmungen des Versicherungsaufsichtsrechts die in dem betreffenden Land belegenen Risiken vor Ort versichern muss, da der Betrieb des Versicherungsgeschäfts durch einen dort nicht zugelassenen Versicherer verboten ist.[16]

8 Da es im Interesse beider Vertragsteile liegt, die gültigen Gesetze einzuhalten und demgemäß bei der Durchführung des Auftrags den anwendbaren gesetzlichen Anforderungen zu genügen, sind die entsprechenden lokalen Versicherungspflichten zu beachten und entsprechend umzusetzen. Das kann teilweise problematisch sein. Sieht die Versicherungsklausel etwa vor, dass das Haftpflichtrisiko des ausländischen Auftraggebers, welcher seinen Sitz in einem non admitted-Land hat, unter der Haftpflichtversicherung des deutschen Auftragnehmers mitversichert werden soll, würde eine solche **Mitversicherung** gegen die gesetzliche Pflicht verstoßen, das in dem betreffenden Land belegene Risiko bei einem dort niedergelassenen Versicherer zu versichern. Ist der Auftraggeber in diesem Fall nicht bereit, auf die Mitversicherung zu verzichten, müsste der deutsche Vertragsteil eine gesonderte

---

13 Employer's Liability (Compulsory Insurance) Act 1969.

14 So zB in den USA, Kanada oder Australien, wobei Einzelheiten in den einzelnen Bundesstaaten bzw. Provinzen teilweise unterschiedlich geregelt sind.

15 Zum Begriff, siehe Ganzer Versicherungsprogramme S. 174; Korfsmeyer Versicherungen S. 53; Koch VersR 2009, 141 ff.; Langheid/Grote VW 2008, 630; Laupichler/Post VW 2008, 914 ff.; Bähr/Püttgen VW 2008, 1078 f.; Leffler CCZ 2008, 221 (Fn. 2). Auch Staaten der „Roten Liste" oder „Verbotsstaaten" genannt, vgl. Armbrüster SpV 2016, 1.

16 ZB Brasilien, China, Indien, Russland oder die Schweiz, siehe Strnad HAVE/REAS 2007, 345 (347, Fn. 11); Armbrüster SpV 2016, 1.

lokale Haftpflichtpolice in dem betreffenden Land abschließen. Ein solcher isolierter Abschluss eines lokalen Haftpflichtvertrages zugunsten des Auftraggebers erscheint indes wenig sinnvoll und ist zudem unpraktikabel. Er müsste als prämienintensiver Projektvertrag abgeschlossen werden, der wegen abweichender Bedingungen und Versicherungssummen einen Regelungsbedarf zur Einbindung in die bestehende Versicherung auslösen.

Klauselbeispiele für eine Regelung zur Berücksichtigung einer lokalen Versicherungspflicht

- In case legal requirements in the country of destination demand insurance coverage for specific risks by local insurance companies, buyer shall arrange for such insurance coverage on its own account.
- The contractor ensures that all other necessary insurance for this project will be provided on the base of legal requirements.

Das Bestehen einer – einzuhaltenden – gesetzlichen Pflicht zur lokalen Versicherung ist 9 im Einzelfall abzugrenzen von dem bloßen Interesse einer Vertragspartei, Versicherungsschutz bei lokalen Versicherern zu installieren. Derartige Bestrebungen sind mitunter bei staatlichen oder staatsnahen Auftraggebern zu beobachten, um den nationalen Versicherungsstandort zu stärken und im Versicherungsfall ggf. einen besseren Zugriff auf die Versicherungsleistung zu haben. Abhängig von der Verhandlungsposition stellt es eine Einzelfallentscheidung dar, ob man sich hierauf einlassen möchte, wobei etwaige Lücken infolge eines unzureichenden Versicherungsschutzes der Lokalpolice dann durch eine Schutzversicherung[17] oder einer Master Cover-Versicherung im Heimatland kombiniert mit einer Summen- und Konditionen-Differenzdeckung[18] geschlossen werden müssten.[19]

Entsprechendes gilt, wenn sich ein Vertragspartner in der Versicherungsklausel das Recht 9a vorbehält, Versicherungsschutz direkt durch seine **unternehmenseigene Versicherungsgesellschaft** (captive) einzudecken. In diesem Fall drängt sich auf, dass die Verfolgung eines Eigeninteresses im Vordergrund steht und es weniger um die Einhaltung lokaler Versicherungspflichten gehen dürfte. Etwas anderes *könnte* gelten, wenn der **Rückversicherungsschutz** über eine unternehmenseigene captive abgewickelt werden soll. Der mit einer solchen Konstruktion oft verbundene bessere Zugang zum Rückversicherungsmarkt mag sich in einer vorteilhafteren Preis- oder Deckungsgestaltung auswirken, ggf. sogar eine solche Deckung überhaupt erst ermöglichen.

B. Die Gestaltung von Versicherungsklauseln in der internationalen Vertragspraxis

I. Genereller Regelungsbedarf

Eine vertraglich geregelte Verpflichtung zur Vorhaltung von Versicherungsschutz führt mit 10 Blick auf die zur Risikoabsicherung gewünschte Versicherungsleistung zu einem **Mehr-Personen-Verhältnis** zwischen dem Auftraggeber, dem Auftragnehmer und deren jeweiligen Versicherern. Zu unterscheiden ist auf der einen Seite das grenzüberschreitende Auftragsverhältnis und auf der anderen Seite das Versicherungsvertragsverhältnis. Der für die Versicherungsleistung maßgebliche Versicherungsvertrag unterliegt innerhalb der gesetzlichen Schranken der Rechtswahlfreiheit des jeweils anwendbaren internationalen Versiche-

[17] Vgl. Langheid/Grote VW 2008, 630 (633); Martin/Reusch/Schimikowski/Wandt/v. Rintelen Sachversicherung § 8 Rn. 296.

[18] Allerdings ist in diesen Konstruktionen darauf zu achten, dass die Verbotsgesetze vor allem sogenannter „roter Länder" nicht übertreten werden.

[19] Vgl. Roquette/Schweiger/Ritter/Schätzlein Privates Baurecht E. I. Rn. 94; in Veith/Gräfe/Gebert/Segger/Lorscheid Versicherungsprozess § 7 Rn. 37 ff.

rungsprivatrechts[20] dem von den Parteien des Versicherungsvertrags gewählten Recht. Das Versicherungsvertragsstatut kann folglich häufig von dem Statut abweichen, welches die Parteien für den Auftrag gewählt haben oder welches hierfür nach dem anwendbaren Kollisionsrecht maßgeblich ist. Diejenige Partei des Auftrags, die nicht Vertragspartner des Versicherungsvertrags ist, hat zudem regelmäßig **keine nähere Kenntnis von Inhalt und Umfang des Versicherungsschutzes,** den konkret zugrundeliegenden Versicherungsvertragsregelungen und den einschlägigen Versicherungsbedingungen. Es kann klärungsbedürftig sein, dass ein und dasselbe Interesse gegen dieselbe Gefahr nicht durch beide Auftragsteile und damit mehrfach versichert ist. Ferner stellt sich die Frage, ob und inwieweit sich die Eindeckung von Versicherungsschutz auf die **Haftung der Auftragsparteien untereinander auswirkt.** Das aber kann durchaus misslich sein: Schon der normale Versicherungsschutz ist nicht notwendigerweise kongruent zu Risiko und Haftung. Fallen aber die Rechtssysteme für Haftung einerseits und Versicherungsschutz andererseits auseinander, und ist keine eindeutige Folgeklausel vereinbart, kann sich der abzuschließende Versicherungsschutz als nur schwer um- bzw. durchsetzbar erweisen.

11 Die vorgenannte komplexe Situation löst einen entsprechenden Regelungsbedarf bei der **Ausgestaltung der Versicherungsklausel** aus. Diese sollte demgemäß nicht nur regeln, welcher inhaltliche Versicherungsschutz vorzuhalten ist. Es sollte vielmehr auch berücksichtigt werden, welche Partei des Auftrags zur Eindeckung bzw. Vorhaltung der Versicherung auf wessen Kosten verpflichtet sein soll, ob und wie eine Einbeziehung des anderen Auftragsteils in den Versicherungsschutz erfolgen und wie dessen rechtliche Beziehung zu dem Versicherer im Versicherungsfall (ausgestaltet) sein soll. Auch kann die Aufnahme einer Prioritäts- oder Subsidiaritätsregelung zur Vermeidung einer Mehrfachversicherungssituation sinnvoll sein. Es ist ferner zu empfehlen, Bestimmungen zu der Frage der Interdependenz zwischen einer Haftung und der vorzuhaltenden Versicherung aufzunehmen. Schließlich kann es sinnvoll sein zu regeln, welche Rechtsfolgen im Falle des Verstoßes gegen die vertraglichen Pflichten aus der Versicherungsklausel gelten sollen. Eher selten findet sich eine Vorgabe, in welcher **Währung die Versicherungsleistung** zu erbringen sein soll.

Klauselbeispiel

- Each policy insuring against loss or damage shall provide for payments to be made in the currencies required to rectify the loss or damage.

12 Verhandeln die Parteien des Auftrags über den Inhalt der Versicherungsklausel sollte die **Perspektive des Versicherers** nicht außer Betracht bleiben, namentlich der Aspekt, ob die jeweiligen Anforderungen auch für den Versicherer akzeptabel sind.[21] Erfahrungsgemäß sind die Anforderungen nicht immer umsetzbar. Beispielsweise wird eine Vorgabe für die Haftpflichtversicherung *„Jurisdiction: English law to apply"* für einen Versicherungsvertrag mit einem deutschen Haftpflichtversicherer voraussichtlich nicht umzusetzen zu sein. Soweit vorhanden, empfiehlt sich deshalb, den eigenen Versicherungsmakler frühzeitig in die Verhandlung der Versicherungsklausel einzubinden, um etwaige Bedenken des Versicherers rechtzeitig berücksichtigen zu können.

[20] ZB Art. 3 Abs. 3 und 4, Art. 7 Abs. 3 und 4, Art. 9 Rom I-VO; zur kollisionsrechtlichen Bestimmung des Statuts für Versicherungsverträge MüKoVVG/Looschelder Nebengesetze 30. IntVersR Rn. 2 ff.; Reithmann/Martiny/Loacker/Grolimund Internationales Vertragsrecht Rn. 6.2734 ff.

[21] Anderson/Warner A-Z Guide S. 305.

II. Einzelne Elemente der Klauselgestaltung

1. Adressat der Pflicht zur Vorhaltung von Versicherungsschutz

Dem Auftraggeber geht es um eine zusätzliche Absicherung der Risiken im Zusammenhang mit den Lieferungen und Leistungen des Auftragnehmers in Gestalt eines Versicherungsschutzes, welcher dem Auftraggeber durch einen solventen Versicherer[22] zur Verfügung gestellt wird. Insbesondere im Rahmen von Anlagenbauverträgen werden oftmals eigentlich den Bauherrn treffende Risiken auf den Auftragnehmer übertragen.[23] Auch bei Lieferketten im internationalen Bereich finden sich bisweilen vertragliche Vorgaben zur Vorhaltung von Cyber-Versicherungsschutz. Damit einher geht, dass als Adressat der Pflicht zur Vorhaltung des in der Versicherungsklausel bestimmten Versicherungsschutzes **regelmäßig der Auftragnehmer** vorgesehen ist. Zwingend ist dies allerdings nicht.[24] Für den Auftraggeber kann es etwa empfehlenswert sein, selbst eine **Construction All Risk Insurance** für das Projekt einzudecken, wenn ihm dies zu günstigeren Prämien als dem Auftragnehmer möglich ist oder wenn er selbst die unmittelbare Kontrolle über die betreffende Versicherungspolice und den Zugriff auf die Entschädigung im Versicherungsfall haben möchte.[25] Denn im letzteren Fall hat es der Auftraggeber als Vertragspartner des Versicherers selbst in der Hand, falls gewünscht, etwaige zusätzliche Gefahren zu versichern,[26] und den Versicherungsschutz nicht durch vertragswidriges Verhalten (zB Prämienrückstand, Obliegenheitsverletzung) zu gefährden. 13

2. Kostentragung

In Versicherungsklauseln hat in der Regel derjenige Vertragsteil die Kosten der Versicherung zu tragen, den die vertragliche Pflicht zu deren Vorhaltung trifft. Die Kostentragung **folgt** also der **vertraglichen Versicherungspflicht.** Dieser Grundsatz ist sinnvoll. Denn die Partei, welche Vertragspartner des Versicherers ist (und ggf. mitversicherten Unternehmen aus ihrer Gruppe Versicherungsschutz vermittelt), ist nach dem Versicherungsvertrag ohnehin die Schuldnerin der Versicherungsprämie. Oftmals ist es zudem so, dass keine gesonderte Versicherung für den Auftrag eingekauft werden muss, sondern die Vorgaben der Versicherungsklausel von dem bestehenden Versicherungsprogramm des betreffenden Auftragsteils eingehalten werden. Eine trennscharfe Allokation der auf den Auftrag entfallenden Versicherungskosten ist dann problematisch, zumal wenn einzelne Kostenfaktoren der Kalkulation des Auftragspreises nicht offengelegt werden sollen. 14

Die Frage, welche Partei des Auftrags für die Prämienzahlung und sonstige Aufwendungen als Beitragsschuldner rechtlich verantwortlich ist, ist von der **kaufmännischen Kostenverteilung** zu unterscheiden. Auch dem Auftraggeber wird klar sein, dass der Auftragnehmer die anfallenden Versicherungskosten durch entsprechende Berücksichtigung in der Kalkulation des Auftragspreises mittelbar auf ihn überwälzen wird. Sichtbar wird dies, wenn der Auftragnehmer auf Wunsch des Auftraggebers etwa eine gesonderte Deckung oder eine erhöhte Versicherungssumme spezifisch für den Auftrag einkaufen muss (Pro- 15

[22] Bezüglich des Versicherers finden sich manchmal Vorgaben wie „leading European insurer", „international reputed first class insurers", „legally authorised and reputable insurance company", „insurer rated no less than A- by Best's Insurance Reports" oder etwa „insurance company first approved by the employer".

[23] Roquette/Schweiger/Ritter/Schätzlein Privates Baurecht E. I. Rn. 88.

[24] Siehe zB clause 18.1 para. 1 Insurance der FIDIC-Musterverträge und die FIDIC Erläuterungen zu dieser Klausel oder Art. 24.6 des Unido Model Form of turnkey lump sum contract for the construction of a fertilizer plant.

[25] Vgl. zu sogenannten Owner-controlled Insurance Programs auch Smith/Wilson/Bundschuh ICLR 2001, 83 (84). Der grundsätzlichen Empfehlung von Habel/Rauch Technologieverträge S. 108, die für ein Projekt relevanten Versicherungen in einer Hand zu konzentrieren, sollte mit Vorsicht begegnet werden, siehe hierzu auch Joussen Industrieanlagen-Vertrag § 2 Rn. 44 und 58.

[26] Bei der CAR Insurance zB eine Advanced Loss of Profits Deckung für Vermögensschäden infolge von Projektverzögerungen aufgrund eines versicherten CAR-Schadens.

jektdeckung). Denn in diesem Fall wird die anfallende Versicherungsprämie konkret ausgewiesen und dem Auftragspreis entsprechend zugeschlagen.

3. Selbstbehalt/Self-Insured Retention

16 Häufig findet sich in Versicherungsklauseln eine Regelung, wonach diejenige Partei des Auftrags, welche vertraglich zur Vorhaltung bestimmter Versicherungen verpflichtet ist, im Verhältnis zu der anderen Partei die Verantwortung für die in den betreffenden Versicherungsverträgen vereinbarten Selbstbehalte oder vergleichbar wirkende Eigenbeteiligungen trägt.

Klauselbeispiele

- The buyer shall not be responsible or liable for any deductibles, self-insured retentions or similar obligations of the seller's insurance.
- All applicable deductibles or self-insured retentions are the sole responsibility of the supplier.

17 Die Versicherungsleistung kann durch einen Selbstbehalt oder eine vergleichbare Eigenbeteiligung eingeschränkt sein. Maßgeblich dafür, wie eine solche Eigenbeteiligung konkret ausgestaltet ist und wirkt, ist die hierfür einschlägige Regelung in dem Versicherungsvertrag. Unter **Selbstbehalt** (deductible) versteht man üblicherweise einen im Versicherungsvertrag festgelegten Betrag, der bei einem Versicherungsfall zu Lasten des Versicherten als dessen Beteiligung von der zu leistenden Versicherungsentschädigung oder dem Geschädigten gebührenden Schadensersatzanspruch (maßgeblich ist der jeweilige Versicherungsvertrag) abgezogen wird. Im Bereich der Haftpflichtversicherung findet sich aber auch eine Ausgestaltung, wonach der Versicherer gegenüber dem Dritten voll zahlungspflichtig ist und dann in Höhe des deductible beim Versicherten Rückgriff nimmt. Im Fall einer **Self-Insured Retention** (SIR), auch Retained Limit bezeichnet, trägt der Versicherte den vertraglich festgelegten Betrag eines Schadens normalerweise zunächst selbst und der Versicherungsschutz (auch hinsichtlich Abwehrverpflichtung und Abwehrkosten) setzt erst im Anschluss hieran ein.[27] Auch sollte dem Vertragspartner bewusst sein, ob Abwehrkosten und etwaig anfallende Zinsen Teil der Deckungssumme sind und diese mithin verbrauchen (so üblich im anglo-amerikanischen Raum) oder ob der Versicherer sie zusätzlich zu der zur Verfügung stehenden Versicherungssumme trägt (so die Konzeption gemäß § 101 VVG). Eine Regelung in der Versicherungsklausel, welche die Verantwortung und damit das Risiko für hieraus resultierende Deckungseinschränkungen eindeutig dem Auftragsteil zuschreibt, welcher den Versicherungsschutz zu besorgen hat, stellt somit klar, dass insoweit der betreffende Auftragsteil im Risiko bleibt. Dieser wird demgemäß schon im eigenen Interesse dafür sorgen, dass er einen Selbstbehalt oder eine Self-Insured Retention nur in einem für ihn finanziell tragfähigen Ausmaß vereinbart. Möchte sich der andere Auftragsteil insoweit allerdings nicht auf die Eigenvernunft der versicherungspflichtigen Partei verlassen, wird er bestrebt sein, eine Begrenzung der Eigenbeteiligung in die Versicherungsklausel aufzunehmen. Eine solche Vorgabe ist vor dem Hintergrund der mit der Vorhaltung von Versicherungsschutz bezweckten Risikoabsicherung grundsätzlich gerechtfertigt. Es sollte aber jeweils geprüft werden, ob die Vorgabe der Höhe nach angemessen und darstellbar ist.

[27] Eine Self-Insured Retention bzw. ein Retained Limit soll etwa gewährleisten, dass ein Masterversicherungsvertrag oder eine Exzedentenversicherung (Excess-/Umbrella-Insurance) nicht oder nicht zu stark belastet werden. Zur Wirkung der SIR bei der Haftpflichtversicherung vgl. auch Nickel/Nickel-Fiedler AHB S. 217.

Klauselbeispiele

- Für eine Haftpflichtversicherung: Retained Limits: Not to exceed US$ 50,000 in respect of property damage only. US$ 5,000 for death or bodily injury.
- Für eine EAR/CAR-Insurance: The general deductible for each claim caused by erection and construction is EUR 25,000 and for extended maintenance EUR 15,000.

4. Primary and non-contributory Insurance

Die Vorgabe einer Vertragspartei an die andere Vertragspartei, bestimmte Versicherungen 18 für die aus oder im Zusammenhang mit der jeweiligen Auftragsdurchführung auftretenden Risiken vorzuhalten, kann dazu führen, dass ein Interesse gegen dieselbe Gefahr bei mehreren Versicherern versichert ist. Eine solche **Mehrfachversicherung**[28] kann beispielsweise eintreten, wenn ein Auftraggeber (ggf. unbewusst) bereits selbst für das betreffende Risiko versichert ist. Eine Mehrfachversicherung wirft die Frage nach dem Vorrang und der Reichweite der Leistungspflicht der beteiligten Versicherer gegenüber dem Versicherten und eines etwaigen Ausgleichs der Versicherer untereinander auf. Im deutschen Versicherungsrecht beantwortet § 78 VVG die Frage dahingehend, dass jeder Versicherer als Gesamtschuldner auf den von ihm nach dem Vertrag zu leistenden Betrag gegenüber dem Versicherten haftet, der Versicherte aber insgesamt nicht mehr als den Schadensbetrag verlangen kann, und dem leistenden Versicherer dann ggf. ein Ausgleich von dem anderen Versicherer zusteht.[29] Das Versicherungsrecht anderer Länder kann eine andere **Methode der Beteiligung** im Fall einer Mehrfachversicherung vorsehen. In England ist es etwa für die Sachversicherung üblich, dass der Versicherte von den beteiligten Versicherern deren Versicherungsleistung jeweils nur anteilig verlangen kann. Die Berechnung des jeweiligen Beitrags des Versicherers kann dann nach unterschiedlichen Methoden erfolgen und zu unterschiedlichen Beteiligungsquoten führen. Das birgt ein mögliches Streitpotential zu Lasten des Versicherten in sich.

Die vorgenannten – je nach Versicherungsstatut – unterschiedlichen national-gesetzli- 19 chen Regelungsmechanismen im Fall der Mehrfachversicherung sind oftmals durch entsprechende Vereinbarungen, wie etwa **Prioritäts- oder Subsidiaritätsklauseln,** in den betreffenden Versicherungsverträgen abbedungen. Mangels Kenntnis des genauen Inhalts des vom Auftragnehmer vorzuhaltenden Versicherungsvertrags wird der Auftraggeber deshalb regelmäßig nicht abschließend beurteilen können, wie sich seine Situation im Fall einer Mehrfachversicherung gestaltet. Dies gilt erst recht, wenn die beteiligten Versicherungen **wechselseitig Subsidiaritätsabreden** beinhalten, da in diesem Fall zusätzlich problematisch ist, welche Subsidiaritätsklausel Vorrang hat.

Vor diesem Hintergrund ergibt es Sinn, die Frage des Zusammenwirkens der beteiligten 20 Versicherer und deren Beteiligung an dem Schaden für den Fall einer Mehrfachversicherung in der Versicherungsklausel zu regeln. Entsprechend dem Zweck, eine zusätzliche Risikoabsicherung zu erhalten, wird der Auftraggeber dabei daran interessiert sein, Deckungsüberschneidungen und eine (vorrangige) Belastung seiner eigenen Versicherungsverträge durch eine entsprechende Regelung in der Versicherungsklausel möglichst zu vermeiden.

Klauselbeispiele

- The insurances shall be primary to and receive no contribution from any insurance maintained by or on behalf of or providing coverage to the purchaser.

---

[28] Zum Begriff und zu den Abgrenzungen MüKoVVG/Halbach § 77 Rn. 4.

[29] Da auf eine der beteiligten Versicherungen regelmäßig ausländisches Recht anwendbar sein wird, ist für einen solchen Ausgleichsanspruch gemäß § 78 Abs. 2 Satz 2 VVG eine Gegenseitigkeit in dem betreffenden ausländischen Recht erforderlich.

– All such insurance must be primary and non-contributory, i.e. required to pay prior to any other insurance available to the customer without any right of recourse or contribution from such other insurances. Any other coverage available to the customer shall apply on an excess basis.

21 Die Vorgabe einer primary insurance bedeutet, dass die vom Auftragnehmer vorzuhaltende Versicherung **als Grundversicherung** als erstes und vorrangig eintreten soll, und nicht erst nachrangig zu einer anderen Versicherung oder im Sinne einer Exzedentenversicherung (excess-/umbrella-insurance) erst im Anschluss an einen anderen diesbezüglich etwaig verfügbaren Versicherungsschutz anwendbar sein soll. Die Vorgabe einer non-contributory insurance bedeutet, dass der vorrangig eintretende Versicherer auf ein **Rückgriffs- oder Beteiligungsrecht** gegenüber einer anderen, ansonsten eintrittspflichtigen Versicherung vollständig **verzichtet.** Hierdurch soll also eine Leistungsbeteiligung dieser anderen Versicherung ausgeschlossen werden. Im Ergebnis soll die Vorgabe einer auf einer primary and non-contributory Basis gezeichneten Versicherung damit eine Mehrfachversicherung und einen Mehrfachversicherungsausgleich vermeiden. Eine hiervon zu unterscheidende Frage ist, ob eine andere eintrittspflichtige Versicherung im Sinne einer **Exzedentenversicherung**[30] im Anschluss an die vorrangig eintretende Versicherung zur Verfügung stehen soll. Im Kontext des obigen zweiten Beispiels, in welchem klarstellend geregelt ist, dass ein anderer verfügbarer Versicherungsschutz als Exzedent zu dem vom Auftragnehmer vorzuhaltenden Versicherungsschutz eingreifen soll, ist diese Frage zu bejahen.

22 Wegen der damit verbundenen Vorrangigkeit der Eintrittspflicht und des Verzichts auf einen Rückgriff oder Mehrfachversicherungsausgleich sollte der Auftragnehmer über seinen Versicherungsmakler bei seinem Versicherer anfragen, ob dieser die Vorgabe einer Deckung des Auftraggebers auf einer primary and non-contributory Basis überhaupt zusagen will. In jedem Fall ist es empfehlenswert, dass sich die Parteien um eine klarstellende Formulierung der Bedeutung der Vorgabe einer non-contributory insurance in Bezug auf die Frage bemühen, ob eine andere eintrittspflichtige Versicherung im Anschluss zur Verfügung stehen soll, so wie etwa in dem vorstehenden zweiten Beispiel. Eine solche Klarstellung kann im Streitfall in einem anderen als dem gewohnten Versicherungsstatut streitvermeidend wirken.

5. Regressverzicht des Versicherers

23 Die mit der Vorhaltung von Versicherungsschutz bezweckte Risikoabsicherung und Streitvermeidung kann konterkariert werden, wenn dem leistenden Versicherer, nachdem er einen versicherten Schaden entschädigt hat, die Möglichkeit zum Regress gegen den anderen Auftragsteil eröffnet wird. Nach deutschem Versicherungsrecht gehen etwaige Ersatzansprüche des Versicherten unter den Voraussetzungen des § 86 VVG kraft Gesetzes auf den Versicherer über. Soweit ein anderes Versicherungsvertragsstatut anwendbar ist und dieses eine solche cessio legis nicht vorsieht, findet sich eine entsprechende Übergangsklausel **(subrogation clause)** regelmäßig in dem betreffenden Versicherungsvertrag.

24 Versicherungsklauseln enthalten daher regelmäßig zusätzlich zu der vorstehend beschriebenen primary and non-contributory Anforderung eine Vorgabe, wonach die von dem einen Auftragsteil einzudeckenden Versicherungen einen Regressverzicht der Versicherer zugunsten des anderen Auftragsteils beinhalten müssen **(waiver of subrogation).**

Klauselbeispiele

– All of the seller's insurance shall be endorsed to provide that the insurers thereof waive their rights of subrogation against the buyer provided that such waiver of subrogation will not apply for the benefit of the buyer who causes malicious damage.

[30] Zu Grundlagen der Exzedentenversicherung Eley VersR 2021, 1461 ff.

- All insurances shall contain a clause waiving the insurers' rights of subrogation and recovery against the employer.
- Supplier agrees that supplier and the supplier's insurers shall have no claim, right of action or right of subrogation against the customer based on any loss or liability insured against by the foregoing insurance.

Ein solcher **versicherungsvertraglicher Regressverzicht** des Versicherers (waiver of subrogation) spiegelt die intendierte Allokation des Risikos wider, welches im Verhältnis zwischen den Auftragsparteien endgültig bei dem Versicherer verbleiben soll. Dies kann jedenfalls mittelbar auch dem Auftragsteil zugutekommen, welcher den Versicherungsschutz vorgabengemäß eindecken muss. Denn ein Regressverzicht des Versicherers minimiert bei einem versicherten Schaden das Risiko einer zukünftigen Inanspruchnahme und einer diesbezüglichen (schieds-)gerichtlichen Streitigkeit, welche womöglich die weitere Auftragsdurchführung verzögert. Grundsätzlich ist der Regressverzicht im Falle der Versicherung der auftragsbezogenen Interessen beider Auftragsteile unproblematisch, da zB § 86 VVG einen Regress ohnehin lediglich gegen einen Dritten und damit nicht gegen einen Mitversicherten ermöglicht. Der Regressverzicht kann gleichwohl ein sinnvolles **Mittel des Risikomanagements** sein. Ohne einen solchen ausdrücklichen Verzicht des Versicherers besteht andernfalls die Gefahr, dass der Versicherer nach Zahlung der Versicherungsentschädigung diesbezüglich einen Regress gegen den Mitversicherten verfolgt. Denn bei Abwesenheit eines ausdrücklichen Regressverzichts des Versicherers ist es im internationalen Kontext keineswegs zwingend, dass ein Versicherer nicht gegen einen Mitversicherten regressieren darf.[31] Auch im Anwendungsbereich von § 86 VVG, der einen Regress gegen einen Mitversicherten grundsätzlich nicht ermöglicht, da dieser nicht Dritter ist, sind Ausnahmen von diesem Grundsatz anerkannt.[32] Ein versicherungsvertraglich vereinbarter Regressverzicht des Versicherers stellt in diesen Fällen klar, dass der Versicherer das versicherte Risiko endgültig tragen soll, unabhängig von einem etwaigen Verschulden einer Auftragspartei an dem Versicherungsfall. Im Einklang mit dem Rechtsgedanken des § 276 Abs. 3 BGB dürfte allerdings, selbst wenn dies nicht wie in dem vorstehenden ersten Beispiel ausdrücklich geregelt ist, **ein vorsätzliches Handeln die Grenze darstellen,** bei welchem dem Versicherer trotz eines Verzichts der Regress eröffnet bleibt. Entsprechend formulierte Regressverzichtsklauseln sind mitunter bereits Regelungsbestandteil des bereits eingedeckten Versicherungsschutzes. Regressverzichtsklauseln enthalten für den Bereich der Bauleistungsversicherung etwa die Klausel TK A 5340 ABBL, die Klausel TK 5868 ABN und die Klausel TK 6868 ABU. 25

Haben die Auftragsparteien untereinander in ihrem Vertrag einen **haftungsrechtlichen Regressverzicht** vereinbart, folgt hieraus insoweit faktisch ein Regressverzicht des Versicherers. Denn der Versicherer kann nach Leistung der Versicherungsentschädigung nur aus abgeleitetem Recht Rückgriff nehmen und demgemäß nicht mehr fordern als der Versicherte. Ein vor Eintritt des Versicherungsfalls vereinbarter Haftungsverzicht der Auftragsparteien untereinander (pre-loss waiver) dürfte aufgrund der Dispositionsfreiheit des Versicherungsnehmers grundsätzlich möglich sein, auch wenn sich dies zu Lasten der Interessen des Versicherers auswirken kann.[33] Im deutschen Versicherungsvertragsrecht etwa setzen die Obliegenheiten gemäß § 86 Abs. 2 VVG erst mit dem Eintritt des Versicherungsfalls ein. 26

Ist ein versicherungsvertraglicher **Regressverzicht des Versicherers** vereinbart, muss dies nicht zwingend zugleich auch einen haftungsrechtlichen Regressverzicht der Auftrags- 27

---

[31] Vgl. *Tyco Fire & Integrated Solutions Ltd v Rolls-Royce Motor Cars Ltd* [2008] Adj. L.R. 04/12; anders noch *Co-operative Retail Services Ltd v Taylor Young Partnership* [2002] UKHL 17; *Hopewell Project Management Ltd v Ewbank Preece Ltd* [1998] 1 Lloyd's Rep. 448. Um auszudrücken, dass ein Regress zwischen Mitversicherten ausgeschlossen sein soll, findet sich teilweise auch der Begriff co-assured.

[32] Prölss/Martin/Armbrüster VVG§ 86 Rn. 27ff.

[33] Prölss/Martin/Armbrüster VVG § 86 Rn. 71; kritisch Langheid/Rixecker/Langheid VVG § 86 Rn. 51.

parteien untereinander bedeuten. Dies wird zwar oftmals aufgrund der von beiden Auftragsparteien intendierten Allokation des Risikos beim Versicherer der Fall sein. Insoweit das Haftpflichtinteresse des einen Auftragsteils mitversichert ist, dürfte beispielsweise keine diesbezügliche Regressmöglichkeit des anderen Auftragsteils gewollt sein.[34] Ein Regress gegen den einen Auftragsteil kann dem anderen Auftragsteil ausnahmsweise auch dann verwehrt sein, soweit ihm die vorrangige Inanspruchnahme des Versicherers – etwa aufgrund von Besonderheiten im Innenverhältnis zwischen den Auftragsparteien – zumutbar ist.[35] Hier kann ein **Risiko** für den betreffenden Auftragsteil liegen, dass er **über den Versicherungsschutz hinaus** auf eine **Rückgriffsmöglichkeit verzichtet,** nämlich wenn und soweit der Zugriff auf die Versicherungsleistung nicht durchsetzbar (zB wegen Nichtzahlung der Prämien) oder jedenfalls erschwert ist (zB weil der Versicherer die Regulierung verzögert), ihm aber gleichwohl eine Inanspruchnahme des anderen Auftragsteiles wegen eines versicherungsvertraglichen Regressverzichts ausnahmsweise verwehrt ist. Vor diesem Hintergrund empfiehlt es sich, in der Versicherungsklausel klarzustellen, dass der Regressverzicht des Versicherers die Haftung der Auftragsparteien untereinander nur insoweit berührt, als eine Versicherungsleistung durchsetzbar ist.[36]

Klauselbeispiel

- Any amounts not insured or not recovered from the insurer shall be borne by the contractor in accordance with the obligations, liabilities or responsibilities in this contract.

Eine Abrede, welche einen Regressverzicht des einen Auftragsteils gegenüber dem andern ohne eine solche Klarstellung vorsieht, sollte deshalb möglichst vermieden werden. Zudem sollte überlegt werden, ob ein Regressverzicht der Auftragsparteien untereinander **wechselseitig erklärt** wird.

6. Mitversicherung des Auftragspartners und sonstiger Personen

28 Eine Mitversicherung auf der Seite der Versicherer liegt vor, wenn mehrere Versicherer als Versicherungskonsortium mit jeweils zugeordneten prozentualen Risikoanteilen das versicherte Risiko zeichnen, in der Regel verbunden mit einer Führungsklausel. Die Mitversicherung ist aber ebenso geläufig auf Seiten des Versicherungsnehmers, wenn neben seinem Interesse auch – gleiche und fremde – Interessen anderer Personen unter dem Versicherungsvertrag mitversichert sind. Eine solche **fakultative Mitversicherung**[37] bedeutet, dass neben dem Versicherungsnehmer auch der einbezogene Auftragsteil im Rahmen und Umfang der Versicherungsbedingungen aus der Police Deckung beanspruchen kann.[38] Bei den Versicherungsklauseln geht es um die **Mitversicherung auf der versicherungsnehmenden Seite.** Der Versicherungsnehmer muss sich dann zB die Versicherungssumme mit dem Mitversicherten teilen, was von beiden Auftragspartnern im Hinblick auf eine zusätzliche Absicherung der ggf. hieraus entstehenden Versicherungslücke beachtet werden sollte.

29 Beiden Vertragspartnern eines internationalen Wirtschaftsvertrages ist häufig daran gelegen, den anderen Auftragsteil in bestimmter Weise für ein gemeinsames Projekt oder andere geschäftliche Verbindungen mitzuversichern. Will der Auftraggeber bei Bauprojekten die damit verbundenen Sachrisiken nicht selbst versichern, wird er von dem Generalunternehmer verlangen, ihn für das betreffende Bauprojekt unter dessen CAR/EAR-Deckungen mitzuversichern. Oftmals findet sich in letzterem Fall zudem die Anforderung, auch das projektbezogene Interesse der Subunternehmer im Rahmen der CAR/EAR-Police

[34] MüKoVVG/Eckes/Günther Nebengesetze 220. Technische Versicherungen Rn. 316.
[35] Prölss/Martin/Klimke VVG § 43 Rn. 20.
[36] Zur Interdependenz zwischen Haftung und Versicherung siehe auch nachfolgend → Rn. 58f.
[37] Zum Begriff vgl. Späte/Schimikowski/v. Rintelen AHB Ziff. 1 Rn. 22.
[38] Vgl. Anderson/Stanzler/Masters Insurance Coverage I-45f.

des Generalunternehmers mitzuversichern.[39] Zum **Einbezug von Subunternehmern und Sublieferanten** des Auftragsteils, welcher die Versicherung vorhalten muss, siehe auch nachfolgend → Rn. 36f.

Der Auftraggeber kann den Generalunternehmer ferner vertraglich verpflichten, ihn für Schäden Dritter, die im Zusammenhang mit der Arbeit am Bauprojekt geltend gemacht werden, zu entschädigen.[40] Die Mitversicherung eines Vertragspartners unter einer Haftpflichtpolice wird bei derartigen Projekten mitunter gefordert und soll der Absicherung der mitversicherten Partei für den Haftungsfall im Hinblick auf die Gewährleistung ausreichender Liquidität dienen. 30

Klauselbeispiele[41]

- All insurance policies shall be in the joint names of the parties to this agreement, who shall be jointly entitled to receive payment from the insurers, payments being held or allocated between the parties for the sole purpose of rectifying the loss or damage.
- The contractor shall be included as additional insured under the supplier's CGL for liability or loss arising out of any act, error or omission of supplier (with coverage to contractor as broad as that which is provided to supplier and not lessened or avoided by endorsement) on a primary and non-contributory basis.
- All CGL and all risk property insurance policies shall designate contractor, its affiliates and its directors, officers and employees, and subcontractors (of any tier) as additional insured.

Die gebräuchlichen englischen Terminologien einer Vorgabe für eine Mitversicherung sind grundsätzlich nicht vom deutschen Versicherungsrechtsverständnis geprägt, zumal die Begriffe nicht immer einheitlich verwendet werden. Dies birgt Potential für Missverständnisse zwischen den Auftragsparteien. Daher sollte abgeglichen werden, inwiefern die in der Versicherungsklausel vorgegebene Mitversicherung den gewünschten Versicherungsschutz überhaupt bieten und umsetzen kann. Insoweit sollte die Mitversicherungsvorgabe sorgfältig formuliert und idealerweise vorab vom Versicherungsmakler auf Durchführbarkeit überprüft werden. 31

Zu den Begriffen: Es können verschiedene **Arten der Mitversicherung** unterschieden werden. Der Hauptversicherungsnehmer wird als **(first) named insured** bzw. **policyholder** bezeichnet, weil er im Versicherungsvertrag an erster Stelle benannt ist. Für die Bezeichnung einer Mitversicherung beider Auftragspartner unter derselben Police finden sich die Begriffe **in the joint names**[42] bzw. **joint insured**[43] oder auch **co-insured**[44]**.** Die erstgenannten Begriffe sollen ausdrücken, dass beide Teile bei dieser Art der Mitversicherung ein gleiches Interesse an dem versicherten Gegenstand haben und sich diesbezüglich den Versicherungsschutz aus der Police (im Guten wie im Schlechten) teilen. Letztere Begrifflichkeit soll bedeuten, dass das jeweils versicherte Interesse der Mitversicherten unterschiedlich ist und den Mitversicherten hierfür individuell aus der Police Deckung gewährt wird.[45] In Versicherungsklauseln findet sich ferner häufig die Vorgabe, bestimmte Personen 32

[39] Siehe auch McLain/Nelson The Colorado Lawyer November 2007, 45ff.; Stempel Disputes S. 14 A-59f.

[40] Anderson/Stanzler/Masters Insurance Coverage I-46f.

[41] Zu weiteren Beispielen mit Erläuterungen siehe Brennan Construction Contracts S. 193ff.

[42] So lautet zB clause 18.3 para. 3 der FIDIC Conditions of Contract for Plant and Design-Build etwa: „*Unless otherwise stated in the Particular Conditions, the insurances specified in this Sub-Clause:* [...] (b) *shall be in the joint names of the Parties* [...]".

[43] Roquette/Schweiger/Decker Privates Baurecht E. III Rn. 148f. zieht diese Art der Mitversicherung insbesondere für internationale Konsortien in Betracht, bei denen es aus Gründen der Rechtssicherheit sowie der Vereinheitlichung ggf. geboten erscheint, eine gemeinsame Versicherung für das Konsortium abzuschließen.

[44] Teilweise wird auch der Begriff co-assured verwendet, vgl. *Tyco Fire & Integrated Solutions Ltd v Rolls-Royce Motor Cars Ltd* [2008] Adj. L.R. 04/12.

[45] Mit näheren Erläuterungen zu den Unterschieden Jardine Lloyd Thompson Limited, T&L Bulletin, issue 05, December 2009, 1f.

als **additional insured** in die für den Auftrag vorzuhaltenden Versicherungen einzubeziehen,[46] etwa durch einen Nachtrag zu den betreffenden Policen (additional insured policy endorsement[47]), wobei der Umfang des hierdurch begründeten Versicherungsschutzes durch die Formulierung des Nachtrags definiert wird. Der additional insured wird abgegrenzt vom **additional named insured,** der in den Bedingungen der Police ausdrücklich namentlich aufgeführt oder definiert wird. Eine derartige unbeschränkte Einbindung des einen Auftragsteils in eine durchlaufende Versicherung des anderen Auftragsteils dürfte indes bei der Vorgabe einer Mitversicherung von beiden Seiten nicht intendiert sein. Gewollt ist eine **auftragsbezogene Mitversicherung** der Risiken aus oder im Zusammenhang mit dem Auftrag. Eine Klauselformulierung der Mitversicherung als additional named insured dürfte daher in den allermeisten Fällen außerhalb einer Projektversicherung zu weitgehend sein und sollte möglichst vermieden werden. Stattdessen sollte – beschränkt auf die auftragsbezogenen Risiken[48] – auf den Status eines additional insured abgestellt werden.

33 Neben der Beschränkung der Mitversicherung auf auftragsbezogene Risiken sollte bei einer diesbezüglichen Vorgabe auf den **personellen Umfang der Mitversicherung** geachtet werden. Wie das vorstehende dritte Beispiel einer Mitversicherungsklausel zeigt, finden sich hierzu mitunter weitreichende Vorgaben, für **welche Personen Mitversicherungsschutz** zugunsten einer Auftragsseite gewährt werden soll. Der andere Vertragsteil, der all diese Personen in seinem Versicherungsvertrag mitversichern soll, kann kein Interesse daran haben, dass sein Versicherungsschutz durch eine unüberschaubare Vielzahl von ihm grundsätzlich unbekannten Personen ausgehöhlt zu werden droht, wenn er etwa neben seinem Auftragspartner auch noch die Interessen von dessen Arbeitnehmern, Tochtergesellschaften, Subunternehmern und Lieferanten etc. mitversichern soll.

34 Für den **Bereich der Haftpflichtversicherung** dürfte eine Mitversicherung in der durchlaufenden Bestandsversicherung jedenfalls aus Sicht des deutschen Vertragsteils weder gewollt noch umsetzbar sein. Der bloße Umstand, dass ein Auftrag geschlossen wird, rechtfertigt es nicht, dass der eine Auftragsteil für den Haftpflichtversicherungsschutz des anderen Auftragsteils Sorge tragen muss. Die Versicherung von eigenen Haftpflichtrisiken liegt weiterhin hauptsächlich in dessen Interesse. Falls die Haftpflichtpolice des deutschen Auftragsteils dies umfasst, mag bei der Verhandlung über diesen Punkt der Versicherungsklausel der Hinweis an den anderen Auftragsteil weiterhelfen, dass Versicherungsschutz auch für den Fall bestehen kann, dass der deutsche Auftragsteil den anderen Auftragsteil von gesetzlichen Haftpflichtansprüchen Dritter wegen fremder Sach- und Personenschäden freistellt, welche aus Anlass der Lieferung und Leistung gestellt und nicht ausschließlich von dem anderen Auftragsteil oder sonstigen Dritten verursacht worden sind (*hold harmless*-Deckung). Ansonsten ist der **Abschluss einer Projektversicherung** für den Auftrag in Betracht ziehen.

35 Im **Bereich von CAR/EAR-Deckungen** ist die Handhabung der Mitversicherung in der Praxis zum Teil unterschiedlich. Eine Mitversicherung fremder Interessen unter diesen Policen ist teils bereits gegeben oder kann unter Einschluss sämtlicher am Montage-/Bauprojekt Beteiligten vereinbart werden (vgl. etwa Abschn. A1–3.3 ABBL, Abschn. A § 3 Nr. 1 und Nr. 2 ABN; Abschn. A § 4 Nr. 4 ABU iVm Klausel TK 6364 ABU; Abschn. A § 4 Nr. 2 AMoB 2011 iVm Klausel TK 7364 oder TK 7365 AMoB[49]). Es sollte dann allerdings darauf geachtet werden, dass die Mitversicherung auf die auftrags- bzw. projektbezogenen Interessen beschränkt bleibt.

---

[46] Vertiefend hierzu sei auf Malecki/Ligeros/Gibson Additional Insured S. 57 ff. verwiesen.

[47] Beispiele für solche Nachträge finden sich bei McLain/Nelson The Colorado Lawyer November 2007, 5 ff., sowie mit detaillierten Erläuterungen bei Brennan Construction Contracts S. 194 f., Malecki/Ligeros/Gibson Additional Insured S. 155 ff. und Stempel Disputes S. 14 A-60 ff.

[48] Angesichts des nicht immer eindeutigen Verständnisses der Begrifflichkeiten erscheint diese Einschränkung sinnvoll, um einer weitergehenden Auslegung der Mitversicherung vorzubeugen.

[49] Vgl. näher Looschelders/Pohlmann/Stelzner VVG Anhang T Rn. 199.

7. Einbezug von Subunternehmern und Sublieferanten

Versicherungsklauseln enthalten neben der Vorgabe für eine Mitversicherung des einen Auftragsteils und weiterer Personen auf dessen Seite oftmals zugleich eine Vorgabe, dass der andere Auftragsteil, welcher einen bestimmten Versicherungsschutz vorhalten soll, hierbei zusätzlich auch seine **zur Auftragsdurchführung eingeschalteten Subunternehmer und Sublieferanten** einbeziehen soll. 36

Klauselbeispiele

- Supplier shall cause every sub-supplier or sub-contractor employed by supplier to carry insurance of types and amounts necessary to cover risks inherent in the supply of the particular sub-contractors.
- The contractor shall purchase a Contractor's All Risk policy in favour of the owner, the contractor and its subcontractors (in all layers of cover).
- All interests of the contractor, as well as these of contractor's personnel, his subcontractors and all other interests of the companies which are participated within the project execution, shall be insured on an all risk basis under EAR/CAR insurance against damages out of delivery and performance in connection with the operational erection of the plant and which are considered within the total sum insured.

Im erstgenannten Beispiel wird dem Auftragsteil die Pflicht auferlegt, dafür zu sorgen, dass seine Subunternehmer oder Sublieferanten in einem bestimmten Umfang einen eigenen Versicherungsschutz vorhalten. Hier soll die vertraglich geregelte Versicherungsverpflichtung also in der Vertragskette weitergegeben werden. Im vorstehenden zweiten und dritten Beispiel soll der Einbezug hingegen als Mitversicherung des Subunternehmers oder Sublieferanten auf Seiten des die Versicherung besorgenden Auftragsteils ausgestaltet sein. Dessen vertragliche Versicherungsverpflichtung richtet sich dann darauf, selbst Versicherungsschutz für die einzubeziehenden Personen zu beschaffen. 37

In allen drei Beispielsfällen geht es um die **Versicherung von (fremden) Interessen der Subunternehmer/Sublieferanten,** und nicht um die Versicherung von Interessen des Auftragsteils bezüglich des Liefer- und Leistungsanteils seiner Subauftragnehmer.[50] Regelmäßig wird der Subbeauftragende zwar zur Eigenabsicherung daran interessiert sein, dass seine Subunternehmer/Sublieferanten über einen auskömmlichen Versicherungsschutz verfügen und bemüht sein, die Versicherungsbestimmungen in unverändertem Umfang weiterzugeben. Soweit dieser Auftragsteil durch die Vorgaben der Versicherungsklausel bereits auf seiner Ebene entsprechenden Versicherungsschutz vorhalten soll, erscheint der Einbezug der Subbeauftragten aber im Verhältnis der Auftragsparteien untereinander redundant. Ein unmittelbares Interesse des anderen Auftragsteils an einem zusätzlichen Versicherungsschutz für die Subunternehmer/Sublieferanten des betroffenen Auftragsteils ist daher in Frage zu stellen, zumal hierdurch zusätzliches Vertragscontrolling, Zeit- und Kostenaufwand anfallen und im Falle der Mitversicherung der Versicherungsschutz auf der Ebene der Auftragspartei ausgehöhlt werden kann. Hinzu kommt, dass es bei Auftragsabschluss keinesfalls stets abgesehen werden kann, welcher Subauftragnehmer konkret eingeschaltet wird und ob diesem überhaupt die ihn betreffenden Vorgaben zum Versicherungsschutz eins zu eins durchgereicht werden können. Aus Sicht des deutschen Auftragsteils sollte deshalb zumindest die **Übernahme einer Pflicht** gegenüber dem anderen Auftragsteil zur Mitversicherung oder zur Sicherstellung von eigenem Versicherungsschutz für Subunternehmer/Sublieferanten jedenfalls für Haftpflichtrisiken **möglichst abgelehnt**

[50] Bei der Haftpflichtversicherung ist also etwa bezweckt, Versicherungsschutz für eine persönliche Haftung des Subunternehmers/Sublieferanten des Auftragsteils zu besorgen, und nicht Versicherungsschutz für eine Haftpflicht des Auftragsteils für ein Verhalten seiner Subbeauftragten, welches ihm zugerechnet wird.

werden.[51] Anders kann aber zu entscheiden sein, wenn Ziel dieser Vorgabe die Versicherung der Risiken aller beteiligten Personen in Bezug auf ein bestimmtes Projekt im Rahmen einer Projektversicherung sein soll. Insbesondere für den Bereich der Montage- oder Bauleistungsversicherung (EAR/CAR-Deckung)[52] kann eine Mitversicherung der montage-/projektbezogenen Interessen von Subbeauftragen sinnvoll sein (siehe auch vorstehend → Rn. 35), ggf. im Rahmen einer kombinierten Projektdeckung unter Einschluss der Versicherung von deren Haftpflichtrisiken.[53] Um eine Mehrfachversicherung bei den beteiligten Personen zu vermeiden, sollte in diesem Fall die Vorrangigkeit der Projektdeckung vor etwaig durchlaufenden Bestandsversicherungen geregelt werden.

8. Cross liability-Klausel

38 Mit der Mitversicherung des anderen Auftragsteils für Haftpflichtrisiken eng zusammen hängt die cross liability-Klausel, die den Versicherungsschutz für den **Fall der Haftbarhaltung eines Versicherten durch einen anderen unter derselben Police Versicherten** regelt. Die Vorgabe einer solchen Klausel soll sicherstellen, dass der Versicherer dem in Haftung genommenen Auftragsteil auch dann Haftpflichtversicherungsschutz gewähren muss, wenn die Haftbarhaltung durch den unter derselben Police mitversicherten Auftragsteil erfolgt, so als wären beide Auftragsteile unter einer unterschiedlichen Police versichert.[54] Teilweise findet sich hierfür auch die Begrifflichkeit **separation of insureds** bzw. **severability (of interests)-Klausel.**[55]

Klauselbeispiele

- A cross liability clause, or equivalent wording, stating that coverage will apply separately to each additional insured as though separate policies had been issued to each, shall be included in the policies.
- All liability policies shall provide cross liability coverage as would be afforded by the standard ISO (Insurance Services Office, Inc.) separation of insureds provision without any insured versus insured exclusion or limitation.

39 Die Vorgabe einer Mitversicherung von Haftpflichtrisiken des Auftragspartners zusammen mit einer cross liability-Klausel ist unter dem Gesichtspunkt einer möglichst lückenlosen Risikoabsicherung nachvollziehbar. Denn gerade bei der Auftragsdurchführung besteht aufgrund der rechtlichen und tatsächlichen Bindungen eine erhöhte Gefahr eines Haftpflichtfalls unter den Auftragsparteien. Üblicherweise basieren jedoch die Haftpflichtverträge deutscher Versicherer auf den AHB, welche den Haftpflichtversicherungsschutz für Ansprüche des Versicherungsnehmers gegen Mitversicherte oder von Ansprüchen von Mitversicherten untereinander ausschließen, falls im Versicherungsvertrag nicht etwas anderes bestimmt ist.[56] Der Zweck dieser AHB-Regelung liegt in der Verhinderung der Kol-

[51] Die persönliche Haftpflicht eines Subunternehmers ist beispielsweise in deutschen Haftpflichtversicherungsverträgen grundsätzlich nicht versichert. Zum Unfallversicherungsschutz und Arbeitgeberhaftpflichtrisiko bezüglich des Subunternehmers, siehe nachfolgend → Rn. 48 ff.

[52] Einen Abgleich einer deutschen Projektdeckung zu den internationalen Deckungsstandards bietet Martin/Reusch/Schimikowski/Wandt/v.Rintelen Sachversicherung § 8 Rn. 224 ff.; siehe auch Sakrzewa r+s 2016, 603 (605 f.).

[53] Siehe zu Versicherungslösungen für die Bauwesenversicherung und Montageversicherung auch Mahnke/Rohlfs/Torbohm/Schröder Risikomanagement S. 689 ff.

[54] Nicht zu verwechseln mit sogenannten cross liability exclusion-Klauseln, die gerade dazu dienen, den Versicherungsschutz in den Fällen der gegenseitigen Haftbarhaltung von unter derselben Police Versicherten auszuschließen oder zu begrenzen. Vorsicht ist insbesondere dann geboten, wenn eine cross liability exclusion- und eine severability-Klausel zusammentreffen, da letztere erstere nicht automatisch aushebelt (vgl. *Archer Daniels Midland Co. v. Burlington Ins. Co. Group, Inc.*, WL 1196894 (N.D. Ill. 2011).

[55] Malecki/Ligeros/Gibson Additional Insured S. 139 ff.

[56] Siehe Ziff. 7.4 AHB 2016.

lusion.[57] Auch können risiko- und damit prämienkalkulatorische Gründe eine Rolle spielen. Im Rahmen einer deutschen Betriebs-Haftpflichtversicherung ist die cross liability zwar zumeist für Personen- und Sachschäden im Rahmen der Betriebs- und konventionellen Produkthaftpflichtdeckung mitversichert, nicht aber zwingend zugleich auch für Vermögensschäden nach Maßgabe der erweiterten Produkt-Haftpflichtversicherung.[58] Auch wenn eine cross liability-Deckung im Rahmen der Betriebs-Haftpflichtversicherung in Deutschland (ggf. gegen erhöhte Prämie) mittlerweile durchaus marktgängig ist, bleibt aus Sicht des deutschen Auftragsteils die Grundfrage, ob er den anderen Auftragsteil überhaupt unter seiner Haftpflichtpolice mitversichern will und kann. Der **Vorgabe einer co-insurance/cross liability** in der Versicherungsklausel fehlt jedenfalls im Verhältnis der Auftragsparteien untereinander der rechtfertigende Bezug, wenn diese nicht unter demselben Haftpflichtversicherungsvertrag versichert sind.

Vor diesem Hintergrund sollte sich der deutsche Auftragsteil vor Akzeptanz der Mitver- 40
sicherung von Haftpflichtrisiken des Auftragspartners zusammen mit einer cross liability-Klausel bei seinem Makler hinsichtlich der **Umsetzbarkeit dieser Vorgabe** rückversichern. Ggf. kann die Forderung einer von der Mitversicherung des Auftragspartners losgelösten, isolierten cross liability-Klausel akzeptabel sein.

9. Vorgaben zum Nachweis des Versicherungsschutzes

Regelmäßig enthalten Versicherungsklauseln Vorgaben, dass der die Versicherungen vorzu- 41
haltende Auftragsteil dem anderen Teil hierzu Nachweis zu erbringen hat. Das ist aus Sicht eines effektiven Haftungsmanagements ratsam, um überprüfen zu können, dass die auftragsgegenständlichen Lieferungen und Leistungen versichert sind.[59] Vor allem geprägt durch die Gepflogenheiten des anglo-amerikanischen Rechtskreises finden sich zudem teilweise Formulierungen, wonach weder die Einhaltung der Nachweiserfordernisse noch diesbezügliche Nachfrageversäumnisse einen Einfluss auf die Pflichten und Verantwortlichkeiten aus dem Auftrag haben sollen.

Die Vorgaben können hinsichtlich der Art des Nachweises, des Nachweisinhalts und des 42
Nachweiszeitpunkts variieren. Bezüglich der **Art des Nachweises** ist sowohl die Forderung nach der Übermittlung (einer beglaubigten Kopie) der Police (mitunter einschließlich sämtlicher Nachträge) nebst den einschlägigen Versicherungsbedingungen als auch nach der Übermittlung einer Bestätigung des Versicherers (certificate of insurance[60]) anzutreffen. **Nachweisinhalte** sind üblicherweise eine Dokumentation des (Fort-) Bestehens der vorzuhaltenden Versicherungen, teils mit Vorgaben für einen bestimmen Umfang (Bedingungen, Versicherungssummen etc), eine Dokumentation des Einbezugs des Auftragspartners als Mitversicherten in den Versicherungsschutz, der Nachweis der Prämienzahlung sowie ggf. Nachweise im Falle eines renewal und bei Umdeckungen von vorzuhaltenden Versicherungen.[61] Als **Zeitpunkte für die Nachweiserbringung** ist eine Vielfalt von Anknüpfungspunkten anzutreffen, wie etwa der Vertragsschluss, bestimmte Zeiträume (zB 30 Tage nach Vertragsabschluss oder 14 Tage vor/nach einem renewal) oder der Projektbeginn.

---

[57] Prölss/Martin/Lücke, 31. Aufl. 2021, Ziff. 7 AHB Rn. 26; Späte/Schimikowski/Harsdorf-Gebhardt AHB Ziff. 7 Rn. 60.

[58] Nickel/Nickel-Fiedler AHB S. 78; Nickel/Nickel-Fiedler ProdHaftplVersR S. 116.

[59] Nickel/Nickel-Fiedler ProdHaftpflVersR S. 866.

[60] Teilweise finden sich auch synonym verwandte Begriffe wie memorandum of insurance, cover note oder policy digest.

[61] Ein Beispiel für Nachweisinhalte, die ein Auftraggeber hinsichtlich der Haftpflichtversicherung seines Lieferanten fordern sollte, benennen Nickel/Nickel-Fiedler ProdHaftpflVersR S. 1030 f.

Klauselbeispiele

- Prior to commencing the project, the seller shall provide certified copies of each of such policies as required below reflecting the purchaser's status as an additional insured provided, however, that submission of any such copy will not derogate from the seller's obligation in accordance with this agreement.
- Contractor undertakes to furnish the owner, within 10 days from the date hereof and within 10 days of the renewal of any policies detailed in this agreement, with signed copies of certificate of insurance.
- The contractor, either itself or through its insurer, shall upon request by the employer, provide the employer with satisfactory evidence that any policy of the types, in the amounts and with the exclusions stipulated in the appendix is in force and that the premiums have been paid.

43 Vor allem im Fall der Mitversicherung ist es nachvollziehbar, wenn der die Versicherungen vorzuhaltende Auftragsteil sich gegenüber dem anderen Teil verpflichtet, diesen über die konkrete Ausgestaltung des Versicherungsvertrags zu informieren und den Versicherungsschutz möglichst umfassend nachzuweisen.[62] Der andere Auftragsteil, der als „additional insured" in den Versicherungsschutz des diesen vorzuhaltenden Auftragsteils einbezogen werden soll, sollte zudem beachten, dass ein certificate of insurance allein allerdings unter Umständen nicht genügt, um einen Versicherungsschutz nachzuweisen, wenn tatsächlich kein additional insured endorsement zu seinen Gunsten existiert.[63] Aus Sicht desjenigen Vertragspartners, der den Nachweis zu erbringen hat, sollte aber gleichwohl eine **Klauselvorgabe vermieden werden, die zur Herausgabe einer Kopie der gesamten Police** nebst Nachträgen (oder gar eines Originals) verpflichtet. Oftmals sinnvoller und weniger zeitintensiv dürfte es sein, den Nachweis mittels einer Versicherungsbestätigung zu erbringen.[64] Versicherer und Versicherungsmakler sind erfahrungsgemäß bereit, eine solche Zusammenfassung des Versicherungsumfangs (auch in englischer Sprache) auf Anfrage zur Verfügung zu stellen. Hierfür halten die Versicherer entsprechende Vordrucke vor, die sie mit den zu bestätigenden Informationen ausfüllen. Die erteilte Versicherungsbestätigung (cover note) sollte auf Richtigkeit der Angaben geprüft werden, bisweilen enthält sie bestimmte Voraussetzungen (subjectivities) für die Deckung. Zur Nachweiserteilung sollte sich der betroffene Auftragsteil zudem zwecks Ersparnis eines unnötigen Verwaltungsaufwands **vorzugsweise nur auf Anfrage** des anderen Vertragspartners („on prior request") verpflichten.[65] Dies gilt insbesondere auch, sofern ein Nachweis der Prämienzahlung gefordert wird.

10. Hinweispflicht bei Änderungen des Versicherungsschutzes

44 Häufig enthalten Versicherungsklauseln eine Regelung, welche eine – entweder in der Police oder in der Versicherungsbestätigung niedergelegte – Pflicht zur vorherigen Benachrichtigung der in den vorzuhaltenden Versicherungsschutz einbezogenen Auftragspartei für den Fall vorsieht, dass der vorzuhaltende Versicherungsschutz wesentliche Veränderungen erfährt (**notice of cancellation** oder **notice of material change/material alteration**).

Klauselbeispiele

- The contractor's insurance coverage shall include a condition according to which the insurer shall not be entitled to cancel and/or adversely alter the conditions and/or decline to renew such coverage other than if the insurer provides a 60 days prior written notifi-

[62] Brennan Construction Contracts S. 195 f.; Malecki/Ligeros/Gibson Additional Insured S. 363 ff.
[63] Anderson John Liner Review 2008, 87.
[64] Kritisch aber Anderson/Stanzler/Masters Insurance Coverage I-58 f.
[65] Vgl. Anderson/Warner A-Z Guide S. 307.

cation to the owner of its intention to act accordingly and receives owner's written confirmation.
- The insurance certificate shall include a clause obligating the insurance companies to give the employer not less than 30 days prior written notice of any material change in the terms and conditions of the policy and/or its coverage(s), cancellation of, or intent not to renew the insurance.
- If the supplier receives any notice of cancellation or non-renewal from its insurer, the supplier shall provide immediate written notice to the purchaser. Any such cancellation will not relieve the supplier of its continuing obligation to maintain insurance coverage in accordance with this clause.

Vereinzelt ist der **Pflichteninhalt** einer solchen Klausel, wie im vorstehenden ersten 45
Beispiel, sogar weitergehend ausgestaltet, dass nicht lediglich ein rechtzeitiger Hinweis geschuldet ist, sondern der jeweilige Versicherungsvertrag eine Bedingung enthalten soll, wonach die Berechtigung des Versicherers zur wesentlichen Veränderung von der Zustimmung der in den vorzuhaltenden Versicherungsschutz einbezogenen Auftragspartei abhängt. Von einem solchen Zustimmungsvorbehalt der außerhalb des Versicherungsvertrags stehenden Auftragspartei ist abzuraten, da dies zu weitgehend in die vertragliche Dispositionsfreiheit der Versicherungsvertragsparteien eingreift und schon deshalb von dem betroffenen Versicherer abgelehnt werden dürfte. Als **Adressat der Hinweispflicht** kann je nach Klauselvorgabe der Auftragsteil, welcher den Versicherungsschutz vorhalten soll, oder der Versicherer selbst vorgesehen sein. Eine Vorgabe, die gemäß dem obigen zweiten Beispiel den Versicherer als Verpflichteten vorsieht, sollte aus Sicht des deutschen Vertragsteils vermieden werden. Inländische Versicherer, welche eine Hinweispflicht zwar zB in Sicherungsscheinen gegenüber einem Dritten übernehmen, werden eine solche Hinweispflicht in einem Versicherungsnachweis gegenüber einer außerhalb des Versicherungsvertrags stehenden Person in aller Regel nicht übernehmen. Sie müssten sonst überwachen, welche Aufträge ihr Versicherungsnehmer mit derartigen Regelungen vereinbart hat. Aufgrund des damit verbundenen organisatorischen Aufwands sind die Versicherer erfahrungsgemäß weder bereit noch dazu in der Lage, einer solchen Informationspflicht nachzukommen. Anglo-amerikanische Versicherer sind mitunter bereit, in dem certificate of insurance eine Angabe aufzunehmen, eine als certificate holder bezeichnete Person über die Beendigung der Versicherung zu informieren. In der Versicherungsbestätigung wird aber zugleich klargestellt, dass damit kein Recht dieser Person begründet wird.

Auslöser für die Hinweispflicht soll eine **wesentliche Veränderung des vorzuhaltenden Versicherungsschutzes** sein. Hierunter lässt sich unproblematisch die Beendigung oder eine Umdeckung des betreffenden Versicherungsvertrags subsumieren. Entsprechende Tatbestände (zB cancellation, non-renewal, termination, replacement) werden daher häufig explizit in der Klauselvorgabe benannt. Auslegungsunklarheiten können hingegen bestehen, unter welchen Voraussetzungen der unbestimmte Rechtsbegriff eines material change oder einer adversely/detrimentally alteration des Versicherungsschutzes erfüllt ist.[66] Stellt etwa eine nachträgliche Gefahrerhöhung oder der Verbrauch eines Teils der zur Verfügung stehenden Versicherungssumme durch die Regulierung eines anderen Versicherungsfalls einen material change dar und wenn ja, ab welcher Höhe? Es erscheint vor diesem Hintergrund sinnvoll, das Tatbestandsmerkmal an eine wesentliche Veränderung der jeweiligen Versicherungsbedingungen der Police, also an eine wesentliche Änderung der Regelungen des Versicherungsvertrags anzuknüpfen, und nicht allgemein auf eine Veränderung des Versicherungsschutzes abzustellen. 46

Nicht zuletzt weil in der Praxis bisweilen nicht rechtzeitig feststeht, ob bestimmte Versi- 47
cherungen verlängert, inhaltlich verändert oder umgedeckt werden, aber auch um den Verwaltungsaufwand zu vermeiden, dürfte es aus Sicht des deutschen Auftragsteils letztlich

[66] In jedem Fall zu weitgehend dürften Formulierungen sein, die eine Hinweispflicht ohne weitere Einschränkung bereits bei jedweder Reduzierung oder Veränderung des Versicherungsschutzes auferlegen.

vorzugswürdig sein, eine notice of cancellation/material change-Vorgabe möglichst gänzlich zu vermeiden. Ist dies nicht verhandelbar, könnte dem anderen Auftragsteil entsprechend dem vorstehenden dritten Beispiel vermittelnd vorgeschlagen werden, diesen bei entsprechender Information seitens des Versicherers selbst über eine Beendigung oder Nichtverlängerung des Versicherungsvertrags zu informieren.

11. Workers' Compensation und Employer's Liability

48 Geprägt vor allem durch den anglo-amerikanischen Rechtshintergrund und die dortigen gesetzlichen Vorschriften enthalten Versicherungsklauseln regelmäßig die Forderung, wonach sowohl eine workers' compensation-Versicherung[67], die eine Form der Arbeitsunfallversicherung zugunsten der Arbeitnehmer darstellt, als auch eine employer's liability-Versicherung für das Arbeitgeberhaftpflichtrisiko eingedeckt sein müssen.[68] Dem liegt zugrunde, dass der Abschluss einer Arbeitsunfall- und Arbeitgeberhaftpflicht-Versicherung zB in den USA[69] **privatwirtschaftlich geregelt** ist und dort Arbeitsunfälle generell nicht vom Haftpflichtversicherungsschutz erfasst werden.[70]

49 In Deutschland hingegen besteht für Arbeitsunfälle von Mitarbeitern des deutschen Auftragsteils Versicherungsschutz durch die **gesetzliche Unfallversicherung.**[71] Ansprüche der Mitarbeiter sind gegen die Unfallversicherungsträger zu richten. Im gewerblichen Bereich sind dies gemäß § 114 Abs. 1 SGB VII die zuständigen **Berufsgenossenschaften.** Der Unfallversicherungsschutz greift auch für diejenigen Mitarbeiter des deutschen Auftragsteils, welche zur Auftragsdurchführung vorübergehend im Ausland eingesetzt werden.[72] Die Berufsgenossenschaften sind erfahrungsgemäß grundsätzlich dazu bereit, den jeweiligen **Unfallversicherungsschutz in englischer Sprache** zu bestätigen. Allerdings dürften hier keine Gestaltungsmöglichkeiten bestehen, wie etwa die im nachfolgenden ersten Klauselbeispiel geforderte Aufnahme eines Regressverzichts. Anstelle dessen können etwaige Regressansprüche der Berufsgenossenschaften im Rahmen der Haftpflichtversicherung des deutschen Auftragsteils insoweit mitversichert sein, als die Schäden nicht ausschließlich von dem anderen Auftragsteil verursacht worden sind.[73]

50 Auch der Abschluss einer separaten Arbeitgeberhaftpflicht-Versicherung ist für den deutschen Auftragsteil nicht erforderlich. Denn die gesetzliche **Arbeitgeber-Haftpflicht des deutschen Auftragsteils** ist in aller Regel im Rahmen von dessen **Betriebs-Haftpflichtversicherung** bis zur Höhe der für Personen- und/oder Sachschäden vereinbarten Deckungssummen mitversichert.[74] Die Arbeitgeber-Haftpflicht ist in der deutschen Betriebshaftpflichtversicherung insoweit enthalten, als die Deckung gemäß Ziffer 27 AHB 2016 iVm Ziff. 7.1.2.3 und 7.1.2.4 BBR BHV auch für fremde Rechnung der Betriebsangehörigen genommen wird.[75]

51 Aufgrund der geschilderten Unterschiede in den Rechtskreisen **passen die Vorgaben** für eine **workers' compensation-** und **employer's liability-**Versicherung so **nicht** in das Versicherungsprogramm des deutschen Auftragsteils. Der andere Auftragsteil sollte hierauf hingewiesen werden. Eine Klauselforderung wie in dem nachstehenden ersten Bei-

[67] Auch workmen's compensation oder abgekürzt WC genannt.
[68] Nickel/Nickel-Fiedler ProdHaftpflVersR S. 885 f.
[69] Zur Rechtslage in den USA siehe Cameron Construction Law S. 2–30 § 2.04(a).
[70] Auch innerhalb Europas differieren die Regelungen zur workers' compensation und employer's liability.
[71] Zu beachten ist allerdings, dass Mitarbeiter von Subunternehmen des deutschen Auftragsteils vom Unfallversicherungsschutz der Berufsgenossenschaften ausgeschlossen bleiben.
[72] Roquette/Schweiger/Ritter/Schätzlein Privates Baurecht E. I. Rn. 93.
[73] Näheres zum Regress der Berufsgenossenschaft und der Reichweite der versicherungsvertraglichen Arbeitsunfallklausel iSd Ziff. 7.1.2.4 Satz 2 BBR BHV und des Haftungsausschlusses gemäß § 104 SBG VII, Späte/Schimikowski/Schimikowski BBR BHV Rn. 32 ff.
[74] Vom Versicherungsschutz ausgeschlossen bleibt aber wiederum das Arbeitgeber-Haftpflichtrisiko von eingeschalteten Subunternehmern.
[75] Vgl. Nickel/Nickel-Fiedler ProdHaftpflVersR S. 886.

spiel, die zum Abschluss einer workers' compensation- und employer's liability-Versicherung verpflichtet, sollte gestrichen werden.[76] Stattdessen kann etwa eine Klausel gemäß dem nachstehenden zweiten Beispiel vereinbart werden. Da in der Sache der gewünschte Versicherungsschutz beigebracht wird, dürfte der andere Auftragsteil hiermit erfahrungsgemäß kein Problem haben.

Klauselbeispiele

- Supplier shall maintain at its own cost and expense workers' compensation insurance (including a waiver of subrogation in favour of buyer) as prescribed by the law of the state or nation in which the work is performed as well as an employer's liability insurance with limits of at least 1,000,000 Euro for each occurrence.
- Comprehensive Workers' Compensation for employees of the contractor shall be provided by the National Accident Prevention & Insurance Association *(Berufsgenossenschaft).*

12. Ausgewählte Hinweise zu Versicherungsvorgaben für die Haftpflichtversicherung

Da die Vorgaben der Versicherungsklausel von den im Ausland gebräuchlichen Bedin- 52
gungswerken geprägt sind, finden sich in Bezug auf die Haftpflichtversicherung immer wieder Formulierungen, die für den deutschen Auftragsteil problematisch sein können. Denn dessen Haftpflichtversicherungsschutz dürfte auf den Deckungskonzepten deutscher Versicherer beruhen, die auch heute noch oftmals auf den AHB-Bedingungen und den Deckungsbausteinen des (erweiterten) Produkthaftpflichtmodells basieren.[77] Wegen des internationalen Bezugs des Auftrags sollte sichergestellt sein, dass abweichend von Ziffer 7.9 AHB 2016 die gesetzliche Haftpflicht für die im für das Projekt einschlägigen **Ausland vorkommenden Schadenfälle** versichert ist (vgl. etwa Ziffer 7.7 BetrH AT). Das ist in aller Regel in den gewerblichen und industriellen Haftpflichtversicherungen der Fall, ggf. gelten aber bestimmte Einschränkungen für Hochrisikoländer (USA, US-Territorien und Kanada).[78]

Häufig findet sich in Versicherungsklauseln etwa für Personenschäden die Vorgabe, wo- 53
nach der Haftpflichtversicherungsschutz das Risiko einer **personal injury** umfassen muss. Aus Sicht des deutschen Auftragsteils sollte aber stattdessen **vorzugsweise der Begriff bodily injury** benutzt werden. Letztere Begrifflichkeit bildet den Deckungsumfang des deutschen Auftragsteils besser ab. Denn während bodily injury aus Sicht des deutschen Versicherungsvertragsverständnisses Tod, Körperverletzung und Gesundheitsschädigung von Menschen bedeutet,[79] beinhaltet der Begriff personal injury mehr als nur körperliche Schädigungen. Darunter fallen etwa auch gewisse Verletzungen des Persönlichkeits- und des Namensrechts oder Diskriminierungen, zB durch üble Nachrede und falsche Verdächtigung.[80] Immaterielle Beeinträchtigungen, die hieraus resultieren, sind aber nach deutschem Recht als reine Vermögensschäden zu qualifizieren und ohne besondere Vereinba-

[76] So auch die Empfehlung bei Nickel/Nickel-Fiedler ProdHaftpflVersR S. 886.

[77] Thürmann/Kettler Produkthaftpflichtversicherung S. 273 u. S. 281; siehe auch S. 18 ff. zu dem neuen Konzept der durchgeschriebenen AVB BHV (Stand: September 2021) und dem Produkthaftpflichtmodell 2015.

[78] US-Risiken werden üblicherweise in internationalen Programmen mitversichert (Single Tower Solution), um eine einheitliche Schadenbearbeitung zu gewährleisten. Werden die US-Risken separat versichert, spricht man von entsprechenden doppelgleisigen Deckungen (Twin Tower Solution).

[79] MüKoVVG/Büsken Nebengesetze AllgHaftpflV Rn. 24 und zwar einschließlich psychischer Beeinträchtigungen, vgl. auch Späte/Schimikowski/v.Rintelen AHB, Ziff. 1 Rn. 132; Prölss/Martin/Lücke VVG Ziff. 1 AHB Rn. 30.

[80] Teilweise findet sich deshalb auch der Begriff personal and advertising injury. Nicht relevant ist hier die im Bereich der Kfz-Versicherung ebenfalls anzutreffende Unterscheidung zwischen bodily injury und personal injury, welche vor allem im Hinblick darauf eine Rolle spielt, ob medizinische Kosten vom Versicherer übernommen werden müssen.

rung grundsätzlich nicht von einer Haftpflichtversicherungsdeckung umfasst,[81] vgl. auch Ziffer 2.1, Ziffer 7.16 und Ziffer 7.17 AHB 2016.

54 Bei Vorgaben zur Haftpflichtversicherung im Hinblick auf Sachschäden sollte aus Sicht des deutschen Auftragsteils auf **weitergehende Formulierungen wie loss of property** geachtet werden. Hierdurch kann sich der geforderte Versicherungsschutz auch auf das virulente Risiko erstrecken, dass Sachen abhandenkommen. Dieser Fall stellt nach deutschem Versicherungsvertragsverständnis aber keinen versicherten Sachschaden dar. Denn durch ein Abhandenkommen wird ein Gegenstand weder (physisch) beschädigt noch vernichtet,[82] was Voraussetzung für einen Sachschaden wäre.[83] Für das Abhandenkommen von Sachen besteht gemäß Ziffer 2.2 AHB 2016 folglich nur dann Versicherungsschutz, wenn dies gesondert vereinbart wird. Bei der Formulierung der Versicherungsvorgabe sollte der deutsche Auftragsteil, welcher die Versicherung vorzuhalten hat, also anstelle des Begriffs loss of property entweder auf die Formulierung physical property damage hinwirken oder aber für einen entsprechend erweiterten Haftpflichtversicherungsschutz Sorge tragen.

55 In Versicherungsklauseln kann besonders von anglo-amerikanischen Auftragspartnern gefordert werden, dass der andere Auftragsteil eine **Haftpflichtversicherung** für eine **vertragliche Haftung (contractual liability)** vorhalten muss. Ein solcher Versicherungsschutz entspricht aber nicht den Deckungskonzepten deutscher Haftpflichtversicherungen, wonach grundsätzlich nur eine Haftung aufgrund gesetzlicher Bestimmungen[84] (legal liability bzw. statutory liability) versichert ist. Für vertragliche Haftungszusagen oder vertragliche Haftungserweiterungen bzw. -übernahmen wird also gerade keine Deckung gewährt.[85] Hinzu kommt, dass es kein marktgängiges eindeutiges Verständnis zu dem Begriff contractual liability gibt. Der teils schwierigen Abgrenzung der versicherten gesetzlichen Haftung von der nicht versicherten contractual liability wohnt daher ein gewisses Streitpotential inne. Aus Sicht des deutschen Auftragsteils sollte eine Klauselvorgabe, welche von ihm einen Haftpflichtversicherungsschutz (auch) für contractual liability fordert, dahingehend klargestellt werden, dass sich die Vorgabe auf Ansprüche aus dem Vertrag nach Maßgabe seiner gesetzlichen Haftung beschränkt (legal liability). Zumindest ist es ratsam, sich vor Akzeptanz einer weitergehenden Anforderung mit seinem Versicherungsmakler hinsichtlich des Deckungsumfangs einer solchen Klauselvorgabe zu besprechen.

56 Häufig werden in Versicherungsklauseln Deckungsanforderungen für die vorzuhaltende Haftpflichtversicherung gestellt, die auf einen Zeitraum abzielen, welcher der **Auftragsdurchführungszeit,** mitunter zuzüglich einer **Mängelhaftungsperiode** (defects liability period) entspricht. Die Aufrechterhaltung der Haftpflichtdeckung gemäß den Vorgaben der Versicherungsklausel während des Zeitraums der Durchführung des Auftrags und insbesondere auch während eines weiteren Mängelhaftungszeitraums (Nachhaftungszeit) sollte bei dem Renewal einer durchlaufenden Bestandshaftpflichtversicherung oder, falls eine spezifische Projektversicherung für den Auftrag eingekauft wird, bei deren Abschluss beachtet werden. Entscheidend für den **zeitlichen Geltungsbereich der Haftpflichtversicherung** ist dabei die nach den Vertragsbedingungen vereinbarte Definition des einschlägigen Versicherungsfalls unter Berücksichtigung einer Serienschadenklausel.[86]

---

[81] MüKoVVG/Büsken Nebengesetze AllgHaftpflV Rn. 25, 242; Späte/Schimikowski/v.Rintelen AHB, Ziff. 1 Rn. 137; Beckmann/Matusche-Beckmann/Schneider Versicherungsrechts-Handbuch § 24 Rn. 29; Prölss/Martin/Lücke VVG Ziff. 1 AHB Rn. 31 f., der bei reinen Persönlichkeitsrechtsverletzungen bereits keine Beeinträchtigung des Vermögens mit einem Schaden iSd § 1.1 AHB 2016 sieht.

[82] MüKoVVG/Büsken Nebengesetze AllgHaftpflV Rn. 43; Prölss/Martin/Lücke VVG Ziff. 2 AHB Rn. 4.

[83] Ein Überblick zum Begriff des Sachschadens unter Berücksichtigung des Vertragstyps geben Bertsch/Fortmann r+s 2021, 485 (487 ff.).

[84] Teilweise mit der ausdrücklichen Beschränkung auf Haftpflichtbestimmungen privatrechtlichen Inhalts.

[85] Zum fehlenden Versicherungsschutz für vertragliche Erfüllungsansprüche, siehe auch → § 8 Rn. 6.

[86] Prölss/Martin/Lücke VVG § 100 Rn. 27 ff.; Schimikowski r+s 2017, 393 ff.

Klauselbeispiele

- Supplier will take out and maintain the insurances referred to above (i) for the term of any applicable master supply agreement and any individual agreement made, in the case of insurance policies that are on an occurrence basis, or (ii) for the term of any applicable master supply agreement and any individual agreement made and 1 year thereafter, in the case of insurance policies that are on a claims made basis.
- From the beginning of the first site activities until the end of the contractual warranty period, the contractor shall sustain commercial general and environmental liability insurance including product liability.

Gelegentlich wird für die von einem Auftragsteil vorzuhaltende Haftpflichtversicherung eine **bestimmte Mindestdeckungssumme je Schadensereignis ohne Aggregierung** (Höchstersatzleistung für alle Schadensereignisse eines Versicherungsjahrs) gefordert. Eine solche Vorgabe, bei welcher eine Beschränkung auf ein Jahresmaximum fehlt, ist für einen deutschen Verpflichteten nicht umsetzbar und muss entsprechend verhandelt werden. 57

Klauselbeispiel

- Limit of indemnity: EUR 2,0 Mio. any one insured event and in the aggregate of EUR 4,0 Mio. for all insured events per year.

III. Interdependenz zwischen Haftung und Versicherung

Zwischen der Haftung gegenüber einem Vertragspartner und der Versicherung für eine solche Haftbarhaltung können je nach anwendbarem Statut unterschiedlich ausgeprägte Verbindungen bzw. Rückwirkungen angenommen werden. Für die Begründung einer solchen Interdependenz von Haftung und Versicherung wird dabei der Gesichtspunkt der Prävention (die Versicherbarkeit des Haftpflichtrisikos) und der des Ausgleichs des eingetretenen Schadens (indemnification) herangezogen.[87] So kann etwa auf die generelle Möglichkeit zur Versicherung oder auf die Versicherungssumme zur Auslegung des zwischen den Auftragsparteien geschlossenen Vertrags abgestellt werden.[88] Auch kann sowohl dem Fehlen als auch dem Bestehen eines Versicherungsschutzes je nach Fallgestaltung ein **haftungsbeschränkender oder umgekehrt ein haftungsbegründender Einfluss** beigemessen werden.[89] Nicht selten schaffen die Auftragsparteien kraft rechtsgeschäftlicher Gestaltung eine solche Verbindung, indem sie sich im Zuge der Auftragsverhandlungen explizit auf eine Vertragsklausel einigen, wonach die Haftung eines Auftragsteils auf einen für dieses Risiko bestehenden Versicherungsschutz des betreffenden Auftragsteils begrenzt sein soll.[90] Ohne eine solche ausdrückliche Vereinbarung der Auftragsparteien nimmt jedenfalls die deutsche Rechtsprechung einen Einfluss der Versicherung auf die Haftung wegen des im Bereich der Haftpflichtversicherung geltenden Trennungsprinzips allerdings eher restriktiv und nur im Ausnahmefall an.[91] Beispielsweise dürfte ein Haftungsverzicht, der nicht den Schädiger, sondern dessen Versicherung entlastet, in der Regel nicht dem Willen der Parteien entsprechen.[92] 58

---

[87] Schlöpke Interdependenzen S. 8.

[88] Fontaine/De Ly Drafting S. 394ff. mit Erläuterungen und Beispielen hierzu. Die Möglichkeit zur Versicherung kann zB mitentscheidend dafür sein, ob eine vertragliche Haftungsfreizeichnung reasonable im Sinne des englischen Unfair Contract Terms Act 1977 ist, vgl. Anderson/Warner A-Z Guide S. 305 (307f.); Fontaine/De Ly Drafing S. 398f. und Uff Construction Law S. 200.

[89] Zur Frage der Auswirkung eines Regressverzichts des Versicherers auf die Haftung der Auftragsparteien untereinander, siehe vorstehend → Rn. 27.

[90] Zu einem solchen Beispiel Fontaine/DeLy Drafting S. 396.

[91] Einen Rechtsprechungsüberblick gibt Schlöpke Interdependenzen S. 15ff.; siehe auch MüKoVVG/Littbarski vor §§ 100–112 Rn. 121f.

[92] Grüneberg/Grüneberg BGB § 276 Rn. 37.

59 Um eine etwaige Interdependenz zwischen Haftung und Versicherung von vornherein sicher auszuschließen, enthalten Versicherungsklauseln vielfach Regelungen, die festschreiben, dass die **Versicherungsvorgaben und deren Einhaltung die Vertragspflichten und die Haftung des betreffenden Auftragsteils unberührt** lassen. Solche Regelungen finden sich in unterschiedlichen Ausprägungen, wenn etwa ergänzend geregelt wird, dass dies nicht nur für die von der einen zugunsten der anderen Partei vorzuhaltenden Versicherungen, sondern auch für deren eigene Versicherungen gelten soll. Auch sind Formulierungen anzutreffen, wonach der Zustimmung zu einer Versicherung ebenfalls kein Einfluss auf die Vertragspflichten und die Haftung zukommen soll. Gelegentlich wird darüber hinaus sogar geregelt, dass aus den Versicherungsvorgaben keine Haftung des die Vorgaben stellenden Auftragsteils resultieren soll, indem der andere Auftragsteil darauf vertraut, dass bei Einhaltung der Vorgaben seine Haftungsrisiken für den Auftrag angemessen abgesichert sind.

Klauselbeispiele

- The insurance obligations imposed herein are separate and distinct from any indemnification obligations imposed by this agreement. Neither failure to comply nor full compliance with the insurance requirements of this agreement shall be interpreted as relieving supplier of any of its liabilities and obligations under this agreement. Contractor in no way warrants that the minimum limits contained herein are sufficient to protect supplier from liabilities that might arise out of the performance of the work or services under this agreement.
- The existence of any insurance coverage will neither limit nor extend both parties liability stipulated elsewhere in this contract.
- Buyer's right to assert compensation for any losses beyond the sum covered by the insurances taken out by supplier shall remain unaffected.
- Neither the procurement, maintenance nor acceptance of insurance coverage by buyer shall relieve seller of liability for loss or damage in excess of the policy coverage or limits specified herein or shall in any way limit, diminish or release seller of its obligations or liabilities under or arising from this order.

60 Da sich ohne eine die Interdependenz zwischen Haftung und Versicherung ausschließende Regelung in der Versicherungsklausel ein Auslegungsspielraum im Hinblick auf den Haftungsumfang ergeben kann,[93] liegt eine solche Regelung im Interesse des die Versicherung einfordernden Auftragsteils. Für den anderen Auftragsteil dürfte dies gleichwohl regelmäßig akzeptabel sein, weil hierdurch zumeist der nach deutschem Vertragsverständnis ohnehin geltende **Grundsatz, dass die Versicherung der Haftung folgt,** wiedergegeben wird. Haben die Auftragsparteien allerdings in den Haftungsklauseln des Vertrags eine Rückwirkung der Versicherung auf die Haftung vereinbart, indem etwa die Haftung auf einen bestimmten Versicherungsschutz begrenzt wird, sind Regelungen in der Versicherungsklausel, die einer solchen vereinbarten Interdependenz widersprechen würden, entsprechend anzupassen bzw. ggf. zu streichen.

60a Als besonders schwierig erweisen sich im Zusammenhang mit der Frage der Interdependenz zwischen Haftung und Versicherung in letzter Zeit zudem die unterschiedlichen Sanktionen und die Reaktionen darauf: Versicherer schreiben immer häufiger in die Versicherungsverträge einen **Sanktionsvorbehalt** hinein, nach welchem der Versicherungsschutz, jedenfalls die Zahlung einer entsprechenden Entschädigung, davon abhängig sein soll, dass Versicherungsschutz oder Zahlung im Schadenfall nicht gegen eine Sanktionsanordnung verstoßen. Da Sanktionen häufig nicht nur bestimmte Länder, Produkte oder

---

[93] Vgl. etwa *Tyco Fire & Integrated Solutions Ltd v Rolls-Royce Motor Cars Ltd* [2008] Adj. L.R. 04/12, in der grundsätzlich eine Versicherungssumme im Vertrag zwar vorgesehen war, ein Limit aber nicht eingetragen wurde und sich die Frage stellte, ob dies eine Auswirkung auf die Haftung haben konnte. Letztlich verneinte das Gericht dies.

Dienstleistungen, sondern auch individuelle Personen und deren Vermögenswerte betreffen, ist eine sorgfältige Prüfung der am Projekt direkt oder indirekt beteiligten Institutionen und Personen notwendig, bevor sich die Parteien auf die Auskömmlichkeit des abzuschließenden Versicherungsschutzes verlassen sollten.

Klauselbeispiel

- The Insurer shall not be held liable for the coverage of a guarantee of the insurance and shall not be liable to pay any claim or provide any benefit provided for herein to the extent that the provision of such coverage, payment of such claim, and/or provision of such benefit would expose that Insurer to any sanction, prohibition, and/or restriction under United Nations resolutions, trade or economic sanctions, laws or regulations of the European Union, United States of America, or any other applicable law or regulation.

C. Rechtsfolgen bei Verstößen gegen Vorgaben in der Versicherungsklausel

I. Selbsteindeckungsrecht auf Kosten des anderen Auftragsteils

Für den Fall, dass der verpflichtete Auftragsteil die vereinbarten Versicherungen nicht oder 61 nicht in dem vereinbarten Umfang eindeckt oder vorhält, enthalten Versicherungsklauseln nicht selten eine **Rechtsfolgenregelung,** die es dem die Versicherungen fordernden Auftragsteil ermöglicht, eine entsprechende Selbsteindeckung vorzunehmen.[94] Die hieraus entstehenden Kosten für die Prämien sollen dann von dem verpflichteten Auftragsteil als eigenständige Zahlungsschuld getragen werden, welche durch Verrechnung mit dessen Zahlungsgegenansprüchen liquidiert werden kann. Die Aufnahme eines **Selbsteindeckungsrechts auf Kosten des anderen Auftragsteils** ist grundsätzlich sinnvoll, um das mit der Versicherungsklausel verfolgte Ziel der Risikoabsicherung zu erreichen. Falls jeweils beide Auftragspartner Pflichten zur Vorhaltung von bestimmtem Versicherungsschutz übernommen haben, sollte die Rechtsfolgenregelung wechselseitig ausgestaltet sein.

Klauselbeispiele

- If contractor fails to effect or keep in force the insurance coverage provided for hereunder then customer, upon giving prior written notice, at customer's option and without prejudice to any other right or remedy, may effect, reinstate and keep in force any such insurance coverage and pay the premium or premiums as may be necessary for that purpose and from time to time deduct the amount so paid by customer as aforesaid from any monies due or which may become due to contractor or recover them as a debt due from the contractor. Nothing in this clause limits the obligations or liabilities of the contractor under this contract which shall in any case remain unchanged.
- Insofar as supplier does not procure and keep in force insurances required, buyer shall be authorized to procure such insurances itself at supplier's cost.

Der zur Versicherung verpflichtete Auftragsteil sollte allerdings darauf achten, dass **ge-** 62 **wisse Mindestvoraussetzungen** erfüllt sind, bevor eine Selbsteindeckung durch den anderen Auftragsteil statthaft ist: Eine Selbsteindeckung sollte nicht schon dann zulässig sein, wenn der betreffende Auftragsteil nur seiner Verpflichtung zum Nachweis einer entsprechenden Versicherung nicht (rechtzeitig) nachgekommen ist. Es könnten sonst überflüssige Kosten anfallen und die unnötige Situation einer Mehrfachversicherung und den hiermit

[94] Siehe zB Clause 18.1 para. 10 *Insurance* der FIDIC-Musterverträge oder Art. 24.3 des Unido Model Form of turnkey lump sum contract for the construction of a fertilizer plant.

einhergehenden Schwierigkeiten entstehen.[95] Zumindest sollte deshalb eine Regelung aufgenommen werden, wonach der andere Auftragsteil erst dann eine Selbsteindeckung vornehmen darf, wenn dieser seinen Vertragspartner zuvor diesbezüglich schriftlich abgemahnt und ggf. unter Fristsetzung zur Erfüllung der Vorgaben aufgefordert hat. Aufmerksamkeit sollte auch dem Punkt geschenkt werden, ob bereits die **bloße Nichterfüllung einzelner Deckungsanforderungen** (wie zB bei Unterschreitung einer vorgegebenen Versicherungssumme) zur Selbsteindeckung berechtigen soll, selbst wenn die Versicherung im Übrigen ordnungsgemäß vorgehalten wird.

63 Bei Vorliegen der Voraussetzungen ist der durch die Rechtsfolgenregelung begünstigte Auftragsteil üblicherweise nach seiner freien Wahl zur **Selbsteindeckung berechtigt, aber nicht verpflichtet.** Der andere Auftragsteil, welcher die Vorgaben zur Eindeckung von Versicherungsschutz missachtet hat, kann dies also nicht von ihm einfordern. Der andere Auftragsteil kann deshalb auch grundsätzlich keine Sekundäransprüche daraus ableiten, dass der berechtigte Teil sein Selbsteindeckungsrecht nicht, nicht im erforderlichen Umfang oder zu spät wahrgenommen hat.[96] Im Falle eines nicht (vollständig) versicherten Schadeneintritts kann bei schuldhaftem Unterlassen einer vorher noch möglichen Selbsteindeckung unter Umständen aber eine Obliegenheitsverletzung des berechtigten Vertragsteils in Gestalt eines Mitverschuldens bei der Entstehung des Schadens in Betracht kommen. Wenn und soweit in Umsetzung des Selbsteindeckungsrechts ein Versicherungsschutz vorhanden ist, tritt dieser an die Stelle des Versicherungsschutzes, welcher nach den Vereinbarungen der Versicherungsklausel ursprünglich von dem verpflichteten Auftragsteil zu besorgen war. Irgendwelche Folgen, welche im Ergebnis eine Verschiebung der Verantwortlichkeit des verpflichteten Auftragsteils bedeuten würden, dürften sich hieraus aber nicht ergeben.

64 Eine andere Frage ist das **Verhältnis des Selbsteindeckungsrechts zu anderen Rechten,** welche aus dem Verstoß gegen die Vorgaben der Versicherungsklausel resultieren können. Eine reine Beschränkung auf das Selbsteindeckungsrecht unter Ausschluss sämtlicher sonstiger Rechte und Ansprüche dürfte nicht umsetzbar sein. Denn das Selbsteindeckungsrecht würde leerlaufen, wenn der Versicherungsfall bereits eingetreten ist und erst hiernach der fehlende Versicherungsschutz festgestellt wird. Falls verhandelbar, ist es aus Sicht des verpflichteten Auftragsteils ratsam, eine Regelung aufzunehmen, wonach jedenfalls nach Ausübung der Selbsteindeckung auf seine Kosten durch den anderen Auftragsteil keine weitergehenden oder sonstigen Rechte wegen des betreffenden Versäumnisses des verpflichteten Teils bestehen.

II. Zurückweisungsrecht/Zurückbehaltungsrecht

65 Vereinzelt finden sich in Versicherungsklauseln **weitere vorbeugende Rechtsfolgenregelungen** zur Sicherstellung des für die Auftragsdurchführung vorzuhaltenden Versicherungsschutzes.

Klauselbeispiele

- If the said certificate of insurance is not timely furnished, the owner shall be entitled to prevent the contractor from performing the work.
- The contractor shall not be entitled to any performances from the customer before proof of insurance cover has been provided. The customer has the right to make payments dependent on proof of the existence and continuation of the insurance cover. The customer may also make payments dependent on proof of the contractor's proper notification of an insured event to its insurance company.

---

[95] Zur Mehrfachversicherung siehe → Rn. 18.

[96] Eine Ausnahme kann allerdings zB in Betracht gezogen werden, wenn der berechtigte Auftragsteil bei der Selbsteindeckung bewusst unzureichenden Versicherungsschutz auf Kosten des anderen Auftragsteils einkauft.

Nach dem vorstehenden ersten Beispiel besteht etwa ein vertragliches Recht, dass der eine Auftragsteil bis zum Nachweis des vorzuhaltenden Versicherungsschutzes die Lieferungen und Leistungen des hierzu verpflichteten anderen Auftragsteils zurückweisen darf. Ein solches **Zurückweisungsrecht** sollte in seinen Wirkungen nicht unterschätzt werden. Denn hierdurch dürfte nicht nur der (jeweilige) Fälligkeitszeitpunkt von vereinbarten Vergütungszahlungen hinausgezögert werden. Da die Zurückweisung berechtigterweise erfolgen würde, kann der betroffene Auftragsteil zudem mit seinen auftragsgemäß zu erbringenden Lieferungen und Leistungen in Verzug geraten, was wiederum ggf. vereinbarte Pönalen und sonstige Verzugsfolgen auslösen kann. Das vorstehende zweite Beispiel enthält ein **vertraglich vereinbartes Zurückbehaltungsrecht,** welches der eine Auftragsteil dem zur Versicherungseindeckung verpflichteten anderen Auftragsteil bei fehlendem Versicherungsnachweis entgegenhalten darf. Auch ein solches Zurückbehaltungsrecht gibt dem berechtigten Teil eine wirkungsvolle Einrede an die Hand.[97] 66

In jedem Fall zu weitgehend dürfte eine Forderung sein, welche ein nach freiem Ermessen ausübbares **Kontroll- und Zurückweisungsrecht bezüglich des Inhalts des Versicherungsschutzes** regelt.[98] 67

III. Kündigung/Rücktritt/Schadensersatz

Als mögliche Rechtsfolge im Falle der Nichteindeckung oder nicht ordnungsgemäßen Vorhaltung eines nach dem Auftrag zu versichernden Risikos kann ein **Recht zur Kündigung** des Auftrags oder sogar ein **Recht zum Rücktritt** hiervon entstehen. Ferner kann eine pflichtwidrige Verletzung der Versicherungsvorgaben eine **Schadensersatzhaftung** des verpflichteten Auftragsteils begründen. Diese Rechtsfolgen kommen auch dann in Betracht, wenn die Versicherungsklausel insoweit keine ausdrückliche Regelung, wie etwa die nachfolgende Bestimmung, enthält: 68

Klauselbeispiele

- If supplier fails to maintain any of the insurance herein required, supplier shall release, protect, defend, indemnify and hold purchaser harmless from any and all liabilities, claims, judgements, losses, expenses and any costs arising out of or resulting from such breach. However, should supplier fail to secure or fail to maintain the insurance coverage provided for hereunder, purchaser reserves the right to terminate the purchase order.
- If the insuring party fails to effect and keep in force an insurance which is available and which is required to effect and maintain under the contract, and the other party neither approves the omission nor effects insurance coverage relevant to this default, the insuring party shall pay any moneys which should have been recoverable under this insurance.

Das Schadensersatzrisiko kann erheblich sein, wenn man sich etwa das **hohe Schadenspotential** eines Versicherungsfalls vor Augen führt, für den der verpflichtete Auftragsteil versehentlich den vereinbarten Sachversicherungsschutz nicht eingedeckt hat und für den dieser ansonsten nicht haftbar wäre. Wird der verpflichtete Auftragsteil deshalb mit einer derartigen Bestimmung wie in den vorstehenden Beispielen konfrontiert, sollte er zumindest versuchen zu ergänzen, dass die Rechte nur bei schuldhaftem Verhalten und bei Vorliegen sonstiger vertraglicher[99] und gesetzlicher Voraussetzungen entstehen sollen. Ferner sollte er darauf achten, dass auch insoweit etwaig in dem Auftrag vereinbarte Haftungsbegrenzungen Anwendung finden. Mitunter finden sich allerdings Bestimmungen in Versi- 69

[97] Zu den Rechtsfolgen bei Ausübung eines Zurückbehaltungsrechts nach deutschem Recht Grüneberg/Grüneberg BGB § 273 Rn. 19 ff.

[98] Siehe etwa das dritte Klauselbeispiel in → Rn. 6.

[99] Im Falle der Kündigung oder eines Rücktritts zB eine vorherige schriftliche Abmahnung verbunden mit der Aufforderung, die Vorgaben binnen einer bestimmten Frist zu erfüllen.

cherungsklauseln, wonach für den Fall eines Verstoßes gegen die Pflicht zur Vorhaltung des verabredeten Versicherungsschutzes ansonsten anwendbare Haftungsbegrenzungsklauseln gerade nicht (mehr) gelten sollen. Abzuraten ist von der Abgabe einer Garantie hinsichtlich des vorzuhaltenden Versicherungsschutzes, nicht zuletzt auch unter dem Gesichtspunkt der eventuell schwierig zu beurteilenden Wertigkeit des Versicherungsschutzes bei einem anderen Versicherungsstatut.[100] Die **Gewichtigkeit** der Einhaltung der **Pflichten** aus der **Versicherungsklausel** für den gesamten Auftrag wird bisweilen auch dadurch zum Ausdruck gebracht, dass die Pflichten ausdrücklich als **vertragswesentlich (material)** qualifiziert werden.[101]

Klauselbeispiel

- This insurance provision shall be considered a fundamental condition of this agreement and any breach hereof shall constitute a material breach of this order and shall entitle purchaser to exercise its default rights hereunder.

70 Angesichts der **möglichen einschneidenden Folgen** im Falle einer Kündigung oder eines Rücktritts vom Auftrag wegen eines „material breach of contract", ggf. verbunden mit der Begründung einer eigenständigen Schadensersatzhaftung, sollte jeweils genau geprüft werden, bezüglich welcher Versicherungspflichten und inwieweit wirklich eine Vertragswesentlichkeit besteht. Lässt sich der Auftragspartner diesbezüglich nicht auf Klauseländerungen ein, sollte jedenfalls ein besonderes Augenmerk auf den Umfang der übernommenen Versicherungspflichten und deren Umsetzbarkeit gelegt werden. Es ist zu empfehlen, hierzu auch die **Expertise des Versicherungsmaklers** in Anspruch zu nehmen und diesen daher so frühzeitig wie möglich bei den Verhandlungen über die Versicherungsklausel einzuschalten.

71 Dies gilt auch mit Blick auf mögliche andere Rechtsfolgenregelungen, die aus Sicht des verpflichteten Auftragsteils wenn möglich vermieden werden sollten, wie etwa die Vereinbarung der Verwirkung einer **Vertragsstrafe** für den Fall, dass den Pflichten aus der Versicherungsklausel nicht (vollumfänglich) nachgekommen wird. In jedem Fall sollte darauf geachtet werden, dass eine Vertragsstrafe nicht bereits bei geringfügigen und nur bei schuldhaften Verstößen gegen die Vorgaben aus der Versicherungsklausel verwirkt werden kann.

---

[100] Exemplarische Klauseln mit solchen bei Unternehmenskaufverträgen nicht unüblichen Garantien finden sich bei Anderson/Warner A-Z Guide S. 305 f. und S. 308.

[101] Zu einem „material breach of contract" siehe auch → § 18 Rn. 13 (für Lieferverträge) sowie → § 21 Rn. 253 ff. (für Anlagenbauverträge); vgl. auch Furmston Law of Contract S. 691 ff. (zum englischen Recht).

§ 16 Lösungsklauseln (termination clauses)

Übersicht

Schrifttum:

Beltz, Der brutale Abbruch einer bestehenden Handelsbeziehung im französischen Recht, RIW 2010, 209ff.; *Bridge,* Freedom to Exercise Contractual Rights of Termination, in: Gullifer/Vogenauer (Hrsg.), English and European Perspectives on Contract and Commercial Law, 2014, S. 87ff.; *Carter,* Discharge as the basis for termination for breach of contract, L.Q.R. 2012, 283ff.; *Carter/Courtney,* Breach of condition and express termination right: a distinction with a difference, L.Q.R. 2017, 395ff.; *Carter/Goh,* Concurrent and Independent Rights to Terminate for Breach of Contract, J.C.L. 2010, 103ff.; *Dammann/Lehmkuhl,* Unwirksamkeit insolvenzbedingter Lösungsklauseln, NJW 2012, 3069ff.; *De Ly,* Termination clauses in international contracts, Int'l Bus. L.J. 1997, 802ff.; *Foxton,* Termination, in: Day/Worthington, Challenging Private Law: Lord Sumption on the Supreme Court, 2020, S. 49ff.; *Gray,* Termination for Convenience Clauses and Good Faith, JICLT 2012, 260ff.; *Hooley,* Express Termination Clauses, in: Virgo/Worthington (Hrsg.), Commercial Remedies: Resolving Controversies, S. 343ff.; *Huber,* Unwirksamkeit von insolvenzbedingten Lösungsklauseln – Vertragspraxis, was nun?, ZIP 2013, 493ff.; *Kull,* Verbindlichkeit der fristlosen und ungerechtfertigten Kündigung von Dauerschuldverhältnissen nach schweizerischem Recht, ZVertriebsR 2012, 168ff.; *Misu,* Termination for employer's convenience under the FIDIC Yellow Book 1999, Const. L.J. 2013, 138ff.; *O'Sullivan/Elliott/Zakrzewski,* The Law of Rescission, 2. Aufl. 2014; *Pfeiffer,* Die Unwirksamkeit insolvenzbedingter Lösungsklauseln im Internationalen Privat- und Verfahrensrecht, FS Schütze 2015, S. 419ff.; *Randall,* Express termination clauses in contracts, CLJ 2014, 113ff.; *Robin/Niggemann,* Der Abbruch von Geschäftsbeziehungen nach französischem Recht: Möglichkeit einer Vereinbarung über die Folgen einer Kündigung und Ansprüche Dritter nach Kündigung, ZVertriebsR 2015, 214ff.; *Stannard/Capper,*

Termination for Breach of Contract, 2014; *Stürner,* Die Kündigung von Dauerschuldverhältnissen aus wichtigem Grund nach § 314 BGB, Jura 2016, 163ff.; *Whittaker,* Termination Clauses, in: Burrows/Peel (Hrsg.), Contract Terms, 2007, S. 253ff.

A. Hintergründe von Lösungsklauseln

I. Die vorzeitige Beendigung einmaliger Austauschverträge

1 Bei einmaligen Austauschverträgen, insbesondere Liefer- und Werkverträgen, stellt das Recht einer Partei zur vorzeitigen Beendigung des Vertrages (insbesondere) im Fall einer Vertragsverletzung neben der Schadensersatzhaftung wohl das größte **Risiko** für die andere Vertragspartei dar. Denn in diesem Fall verlieren die Parteien nicht nur ihre vertraglichen Erfüllungsansprüche. Sofern die Vertragsbeendigung nach Maßgabe der anwendbaren Rechtsordnung auch eine **Rückabwicklung** (restitution) beinhaltet, müssen bereits empfangene Leistungen zurückgewährt werden. Das ist oft für die Partei besonders nachteilig, die sich zur Erbringung der **Sachleistung** verpflichtet hatte, weil der Zug um Zug mit dem Vertragspreis rückgewährte Vertragsgegenstand meist nicht mehr zu angemessenen Konditionen weitervermarktet werden kann. Hinzu kommt, dass gerade bei internationalen Lieferverträgen erhebliche Kosten für den Rücktransport der Sachleistung anfallen können.[1] Zuletzt lässt die Vertragsbeendigung in vielen Rechtsordnungen (auch) auf das **Erfüllungsinteresse** gerichtete Schadensersatzansprüche unberührt bzw. ist sogar eine Vorbedingung für ihre Geltendmachung.[2]

2 Vor diesem Hintergrund betrachten die meisten Rechtsordnungen die Vertragsauflösung als eine **„remedy of last resort"** und erkennen das Recht einer Vertragspartei zur Vertragsbeendigung regelmäßig erst im Fall einer **gravierenden Vertragsverletzung** der anderen Partei an. Im Anwendungsbereich des UN-Kaufrechts setzt die Vertragsaufhebung etwa gem. Art. 49 Abs. 1 lit. a) und Art. 64 Abs. 1 lit. a) CISG grundsätzlich eine **wesentliche** Vertragsverletzung voraus.[3] Das englische Recht verlangt für eine „termination" entweder die Verletzung besonders bedeutsamer vertraglicher Pflichten (conditions) oder eine Vertragsverletzung, die sich jedenfalls mit Blick auf ihre Auswirkungen im Einzelfall als wesentlich darstellt. Im deutschen (und eingeschränkt auch im Schweizer Recht) kann der Rücktritt erst nach fruchtlosem Ablauf einer dem Schuldner gesetzten **Nachfrist** erklärt werden.

3 Im Rahmen der **Vertragsgestaltung** stellt sich je nach Parteienperspektive daher die Frage, ob die gesetzlich vorgesehenen Lösungsrechte **erweitert** oder (noch) weiter **eingeschränkt** bzw. ausgeschlossen werden sollen. Regelungsbedarf besteht auch mit Blick auf die **Rechtsfolgen** einer Vertragsbeendigung, da das anwendbare Vertragsstatut an dieser Stelle nicht immer zufriedenstellende und berechenbare Lösungen bereithält.

---

[1] Zu dieser ökonomischen Begründung für das grundsätzlich nur im Fall einer wesentlichen Vertragsverletzung zur Verfügung stehende Aufhebungsrecht im CISG (sowie einer kritischen Hinterfragung dieser Argumentation) Bridge ICLQ 2010, 911 (915).

[2] Im deutschen Recht § 325 BGB; im englischen Recht vgl. *Lombard North Central v Butterworth* [1987] QB 527 (535f.) (CA). Im CISG können bestimmte Schadenspositionen (Mehrkosten bzw. Verluste im Fall eines Deckungskaufs oder -verkaufs) sogar nur dann geltend gemacht werden, wenn vorab die Vertragsaufhebung erklärt worden ist, Art. 75 und Art. 76 CISG.

[3] Anderes gilt nur im Fall einer Nichtleistung, bei der ein Aufhebungsrecht unabhängig von der Wesentlichkeit der Vertragsverletzung auch nach Ablauf einer angemessenen Nachfrist besteht, Art. 49 Abs. 1 lit. b) und Art. 64 Abs. 1 lit. b) CISG.

II. Kündigung von Dauerschuldverhältnissen

Bei der Kündigung von **Dauerschuldverhältnissen** droht zwar regelmäßig **keine Rückabwicklung** des Vertrages. Auch die Beendigung mit Wirkung (nur) für die Zukunft kann für die Vertragsparteien aber einschneidende Konsequenzen haben: Die gekündigte Partei verliert durch die Vertragsbeendigung unter Umständen die Grundlagen ihrer wirtschaftlichen Existenz. Das gilt insbesondere dann, wenn sich – wie häufig etwa bei Vertriebsverträgen – vertragsspezifische Investitionen nach einer Vertragsbeendigung nicht mehr amortisieren lassen. 4

Der kündigenden Partei können wiederum **hohe Schadensersatzansprüche** drohen, falls sich die Kündigung als rechtswidrig oder die gewährte Kündigungsfrist als zu kurz erweist. Denkbar ist auch, dass das anwendbare Recht die Kündigung erheblich erschwert oder gar unmöglich macht bzw. der gekündigten Partei als Kompensation für den Vertragsverlust auch im Fall einer zulässigen Kündigung hohe **Ausgleichsansprüche** zubilligt. Ein gefürchtetes Beispiel für hier – gerade auch im unternehmerischen Geschäftsverkehr – bestehende Gefahren ist etwa L 442-1 Abs. 2 des französischen Code de Commerce, der bei Beendigung einer laufenden Geschäftsbeziehung in abrupter Weise[4] Schadensersatzansprüche gewährt, die von den Parteien nicht vertraglich abbedungen werden können.[5] Speziell im Vertriebsrecht sind zwingende Ausgleichsansprüche von Handelsvertretern und anderen Vertriebsmittlern im Fall der Vertragsbeendigung (im deutschen Recht gem. § 89b HGB in direkter oder analoger Anwendung) durch den Prinzipal ein klassisches Problem.[6] 5

III. Unterschiedliche Rechtskonzepte und terminologische Probleme

Mit Blick auf vertragliche Regelungen zur Vertragsaufhebung erschweren unterschiedliche rechtliche Konzeptionen der verschiedenen Rechtsordnungen sowie damit zusammenhängende terminologische Probleme die Vertragsgestaltung. So entspricht etwa der Rücktritt im deutschen Recht weder der nach anglo-amerikanischem Recht ex-nunc wirkenden termination, noch der ex-tunc wirkenden rescission. Da ein dem Rücktritt unmittelbar vergleichbares Rechtsinstitut im common law nicht existiert, fällt eine **adäquate Übersetzung** schon aus diesem Grund schwer. Internationale Übereinkommen bemühen sich auch daher darum, die Verwendung von Rechtsbegriffen einzelner Jurisdiktionen bzw. bestimmter Rechtskreise ganz zu vermeiden. Ein Beispiel dafür ist das als **avoidance** bezeichnete Recht der Vertragsparteien zur Vertragsaufhebung im UN-Kaufrecht, das funktional allerdings weitgehend dem deutschen Rücktrittsrecht entspricht. Soll ein Rücktrittsrecht im Sinne deutschen bzw. Schweizer Rechts vereinbart werden, ist die Anknüpfung an die Terminologie des CISG („avoidance of the contract") daher im Zweifel geeigneter als die Verwendung anglo-amerikanischer Rechtsbegriffe. 6

Darüber hinaus ist die verwendete Terminologie aber auch **innerhalb** nationaler Rechtsordnungen häufig inkonsistent: So wird der Begriff der „rescission" von Teilen der Literatur und der Rechtsprechung im englischen Recht nicht nur für eine ex-tunc wirkende Vertragsaufhebung, sondern auch für die ex-nunc wirkende Vertragsbeendigung (termination) im Fall einer Vertragsverletzung gebraucht.[7] Für die Vertragsgestaltung empfiehlt sich 7

---

[4] Für die Beurteilung der „Angemessenheit" der eingeräumten Beendigungsfrist ist nach französischer Rechtsprechung ua die Dauer und das Ausmaß der wirtschaftlichen Abhängigkeit des Geschäftspartners von der Geschäftsbeziehung, eventuelle Exklusivitätsabreden sowie das Vorliegen wirtschaftlich noch nicht amortisierter Investitionen der betroffenen Partei maßgeblich, Klein RIW 2016, 46 (48).

[5] Eine vergleichsweise Regelung der Parteien über die Höhe des Schadensersatzes ist erst nach Zustellung der Kündigung möglich; zum Ganzen Robin/Niggemann ZVertriebsR 2015, 214 (215).

[6] Dazu → § 19 Rn. 221 ff.

[7] Kritisch dazu Chitty on Contracts General Principles Rn. 27–002.

daher auch aus diesem Grund, die **Rechtsfolgen** eines vertraglich vereinbarten Rechts zur vorzeitigen Beendigung des Vertrages ausdrücklich zu regeln.

B. Rechtlicher Rahmen

I. Anwendbares Recht

1. Das Vertragsstatut

8 Das Vertragsstatut bestimmt unter anderem auch, ob, wie und mit welchen Rechtsfolgen ein Vertrag durch einseitige Rechtsakte **beendet werden** kann. Im Europäischen Kollisionsrecht stellt Art. 12 Abs. 1 lit. d) Rom I-VO ausdrücklich klar, dass die *„verschiedenen Arten des Erlöschens der Verpflichtungen"* in den Anwendungsbereich des Vertragsstatuts fallen. Beruht der Rücktritt, die Kündigung bzw. ein vergleichbares Rechtsinstitut einer ausländischen Rechtsordnung auf einer Vertragsverletzung, ergibt sich dieses Ergebnis vorrangig schon aus Art. 12 Abs. 1 lit. c) Rom I-VO – gleichgültig, ob das Recht zur Lösung vom Vertrag bereits im anwendbaren Vertragsrecht selbst verankert ist oder von den Parteien vertraglich vereinbart wurde.[8] Indirekt einschlägig ist das auf den Vertrag anwendbare Recht auf Grundlage von Art. 12 Abs. 1 Rom II-VO aber auch mit Blick auf Lösungsrechte, die wie im Fall der culpa in contrahendo im deutschen Recht (§§ 280 Abs. 1, 241 Abs. 2, 311 BGB in Verbindung mit den Grundsätzen der Naturalrestitution, § 249 Abs. 1 BGB[9]) bzw. einer misrepresentation im anglo-amerikanischen Recht auf außer- bzw. vorvertraglichen Rechtsgrundlagen beruhen.

2. Die Bedeutung des Insolvenzstatuts

9 Vertragliche Lösungsklauseln, die – wie in vielen internationalen Wirtschaftsverträgen – auch an die (drohende) Insolvenz einer Vertragspartei anknüpfen,[10] können mit insolvenzrechtlichen Vorschriften in Konflikt kommen. Viele nationale Insolvenzordnungen sehen ein **zwingendes Wahlrecht** des Insolvenzverwalters (im deutschen Insolvenzrecht insbes. nach Maßgabe von § 103 InsO) zwischen Beendigung und Fortführung noch nicht vollständig erfüllter gegenseitiger Verträge vor, das durch vertragliche Lösungsklauseln nicht ausgehebelt werden soll. Auf Grundlage von § 119 InsO hat etwa der BGH Klauseln in Verträgen über fortlaufende Lieferungen von Waren und Energie für unwirksam gehalten, die einer Vertragspartei für den Fall der **Insolvenz** der anderen Vertragspartei (bzw. bereits bei **Stellung eines Insolvenzantrages**) ein vertragliches Lösungsrecht eingeräumt hatten.[11] Vor dem Hintergrund von § 17 InsO dürfte für die Anknüpfung der Lösungsklausel an die **Zahlungsunfähigkeit** der anderen Vertragspartei nichts anderes gelten, wenn es sich um eine Kapitalgesellschaft handelt.[12]

10 Bei internationalen Wirtschaftsverträgen stellt sich daher die Frage, ob die insolvenzrechtlich vorgezeichnete Unwirksamkeit einer vertraglichen Lösungsklausel auch dann durchschlägt, wenn ein vom Insolvenzstatut abweichendes Vertragsstatut eine solche Rechtsfolge

[8] Reithmann/Martiny/Martiny Internationales Vertragsrecht Rn. 3.152.

[9] → Rn. 22.

[10] Beispielsweise etwa § 15.2.1 lit. g) FIDIC Conditions of Contract for Plant and Design-Build (Yellow Book, Second Edition 2017); generell De Ly Int'l Bus. L.J. 1997, 802 (821): *„insolvency or bankruptcy clauses are most commonly used."* Im nationalen Recht etwa § 8 Abs. 2 VOB/B, der nach Auffassung des BGH auch weder an § 119 InsO, noch an § 307 BGB scheitert, BGH ZIP 2016, 981 (983ff.); anders noch die Vorinstanz, OLG Frankfurt NZBau 2015, 292 (294).

[11] BGH NJW 2013, 1159 (1160). Zur Übertragbarkeit auf andere Dauerschuldverhältnisse BeckOGK/Zschieschack, 1.6.2022, § 307 BGB Kündigungsklausel Rn. 34.

[12] Pfeiffer FS Schütze S. 421 (422).

nicht vorsieht. Entscheidend dafür ist die **kollisionsrechtliche Qualifikation.**[13] Zum Insolvenzstatut[14] gehört auf Grundlage von Art. 7 Abs. 2 lit. e) EU-InsO zumindest nach Europäischem Kollisionsrecht auch die Frage, *„wie sich das Insolvenzverfahren auf laufende Verträge des Schuldners auswirkt"*. Von dieser Vorschrift werden grundsätzlich sowohl insolvenzrechtliche **Sonderkündigungsrechte,** als auch im Insolvenzrecht vorgesehene **Beschränkungen vertraglicher Lösungsrechte** erfasst.[15] Problematisch sind allenfalls Vorfeldtatbestände wie der Antrag auf Insolvenzeröffnung oder die Zahlungsunfähigkeit, weil zu diesem Zeitpunkt noch kein Insolvenzverfahren läuft.[16] Nicht überzeugen kann daher eine jüngere Entscheidung des OLG Karlsruhe, die eine Bestimmung des französischen Insolvenzrechts in einem deutschen Recht unterliegenden Vertrag dem Vertragsstatut (und nicht dem einschlägigen französischen Insolvenzstatut) zugeordnet und damit **nicht angewendet** hat, weil die Rechtsfolge der Unwirksamkeit in bestehende Vertragsbeziehungen eingreife.[17]

In der Praxis muss daher regelmäßig geprüft werden, ob das einschlägige Insolvenzstatut 11
einem für den Insolvenzfall vorgesehenen Lösungsrecht entgegensteht und bejahendenfalls eine vorzeitige Vertragsbeendigung auf einen anderen Tatbestand gestützt werden kann.

3. Die Rolle von Eingriffsnormen

Insbesondere im Rahmen von Dauerschuldverhältnissen sind Kündigungsmöglichkeiten 12
bzw. -beschränkungen in einzelnen Rechtsordnungen als international zwingende Normen (Eingriffsnormen) ausgestaltet, die **unabhängig** vom ansonsten anwendbaren Vertragsstatut Geltung beanspruchen. Eine solche Qualifizierung wird etwa im Fall von **Art. L 442-1 Abs. 2 Code de Commerce** diskutiert.[18]

Ob sich Eingriffsnormen tatsächlich gegenüber dem Vertragsstatut durchsetzen, ent- 13
scheidet das Kollisionsrecht des Forums. Im Anwendungsbereich des Europäischen Kollisionsrechts dürfte dies zumindest bei wortlautgetreuer Auslegung von Art. 9 Rom I-VO bedeuten, dass aus Sicht des international zuständigen Gerichts **ausländische (Eingriffs-) Normen,** die eine Kündigung ausschließen oder beschränken, nicht angewendet werden können, da die Tatbestandsvoraussetzungen von Art. 9 Abs. 3 Rom I-VO *(„soweit diese Eingriffsnormen die* ***Erfüllung des Vertrags unrechtmäßig*** *werden lassen")* hier nicht vorliegen. Dies dürfte erst recht gelten, wenn die maßgebliche Regelung kollisionsrechtlich unter das Deliktsstatut subsumiert werden muss, da Art. 16 Rom II-VO nur eine Berücksichtigung inländischer Eingriffsnormen anordnet.[19] Anders als bei insolvenzrechtlichen Beschränkungen kann das Risiko einer Anwendung einschlägiger Eingriffsnormen mit Hilfe geeigneter Rechtswahlklauseln und **Gerichtsstands**- bzw. **Schiedsvereinbarungen** daher zumindest minimiert werden.[20]

---

[13] Pfeiffer FS Schütze S. 421 (422).

[14] Zur kollisionsrechtlichen Anknüpfung des Insolvenzstatuts an das Recht des Staates, in dem das Insolvenzverfahren eröffnet wurde → § 3 Rn. 128.

[15] Dammann/Lehmkuhl NJW 2012, 3069 (3071). Die Qualifikation im deutschen Internationalen Insolvenzrecht (§§ 335 ff. InsO) außerhalb des Anwendungsbereichs der EU-InsO geht in dieselbe Richtung, dazu Pfeiffer FS Schütze S. 421 (424).

[16] Pfeiffer FS Schütze S. 421 (425 ff.).

[17] OLG Karlsruhe NJW 2012, 3106 (3107); kritisch dazu Dammann/Lehmkuhl NJW 2012, 3069 ff.

[18] Dazu Robin/Niggemann ZVertriebsR 2015, 214 (218); Kutscher-Puis ZVertriebsR 2012, 161 (167).

[19] Gegen die Möglichkeit einer Anwendung forumsfremder Eingriffsnormen etwa Schulze/Dörner Art. 16 Rom II-VO Rn. 2; Freitag NJW 2018, 430 (432); für eine lediglich materiellrechtliche Berücksichtigung MüKoBGB/Junker Art. 16 Rom II-VO Rn. 28 mwN.

[20] Robin/Niggemann ZVertriebsR 2015, 214 (218); zur abschließenden Wirkung der EuGVVO mit Blick auf die Vereinbarung eines ausländischen Gerichtsstands trotz der daraus resultierenden Gefahr einer (Nicht-) Anwendbarkeit (inländischer) Eingriffsnormen auch Court de cassation ZVertriebsR 2016, 199 (200) mAnm Kutscher-Puis.

II. Möglichkeiten der einseitigen Vertragsbeendigung in einzelnen Rechtsordnungen

1. Deutsches Recht

14 Mit Blick auf einseitige Lösungsmöglichkeiten von einem Vertrag unterscheidet das deutsche Recht zwischen **Dauerschuldverhältnissen** und **einmaligen Austauschverträgen:** Abgesehen von den nur bei bestimmten Verbraucherverträgen bestehenden Widerrufsrechten[21] und der in der Praxis weniger bedeutsamen Möglichkeit einer Anfechtung (§§ 119ff. BGB)[22] können einmalige Austauschverträge grundsätzlich nur durch einen **Rücktritt,** in Vollzug gesetzte Dauerschuldverhältnisse dagegen nur durch eine **Kündigung** (vorzeitig) beendet werden.[23] Während die Kündigung den Vertrag mit Wirkung für die Zukunft beendet, beseitigt der Rücktritt den Vertrag zwar nicht rückwirkend, wandelt ihn aber in ein **Rückgewährschuldverhältnis** um, das beide Parteien nach Maßgabe von §§ 346ff. BGB zur Rückgewähr der jeweils empfangenen Leistung sowie ggf. zu Wert- und Nutzungsersatz berechtigt und verpflichtet. Eine wichtige Ausnahme stellt das Werkvertragsrecht dar, das insbesondere dem Besteller neben Rücktrittsrechten im Fall einer vertraglichen Pflichtverletzung nach Maßgabe von §§ 648, 648a BGB zusätzlich Kündigungsrechte einräumt.

a) Gesetzliche Rücktrittsrechte

15 Praktisch bedeutsam ist insbesondere das in **§ 323 Abs. 1 BGB** geregelte Rücktrittsrecht bei gegenseitigen Verträgen im Fall einer Leistungsverzögerung oder einer Schlechtleistung.[24] Sofern nicht im Einzelfall entbehrlich (§§ 323 Abs. 2, 440, 636 BGB), setzt dieses Recht grundsätzlich den fruchtlosen Ablauf einer vom Gläubiger gesetzten, angemessenen **Nachfrist** voraus. Die Anforderungen an eine wirksame Fristsetzung sind nach jüngerer höchstrichterlicher Rechtsprechung nicht allzu hoch: Der Gläubiger muss lediglich deutlich machen, dass dem Schuldner zur Nach-(Erfüllung) nur ein **begrenzter Zeitraum** zur Verfügung steht. Die Aufforderung, die Leistung sofort, unverzüglich oder umgehend zu erfüllen, soll dafür bereits ausreichen.[25] Ist die gesetzte Frist unangemessen kurz, wird automatisch eine angemessene Frist in Lauf gesetzt.[26] Im Fall einer Schlechtleistung ist ein Rücktritt darüber hinaus ausgeschlossen, wenn die Pflichtverletzung **unerheblich** ist, § 323 Abs. 5 S. 2 BGB. Anders als bei Schadensersatzansprüchen ist dagegen nicht erforderlich, dass der Schuldner die Pflichtverletzung zu **vertreten** hat.

16 Ausgeübt wird das gesetzliche Rücktrittsrecht durch einseitige empfangsbedürftige Willenserklärung (§ 349 BGB). Solange der Rücktritt nicht wegen Verjährung des (Nach-) Erfüllungsanspruchs gem. § 218 BGB unwirksam ist, unterliegt der Rücktrittsberechtigte im Unterschied zu vielen ausländischen Rechtsordnungen grundsätzlich **keinen** weiteren **zeitlichen Restriktionen.**[27] Anders als bei vertraglich vereinbarten Rücktrittsrechten

---

[21] Insbesondere bei zwischen einem Unternehmer und einem Verbraucher außerhalb von Geschäftsräumen geschlossenen Verträgen sowie Fernabsatzverträgen, § 312 g Abs. 1 BGB.

[22] Zuletzt kann auch im Fall der pflichtwidrigen Herbeiführung des Vertragsschlusses ein Anspruch auf Vertragsaufhebung aus §§ 280 Abs. 1, 241 Abs. 2, 311 Abs. 2 BGB gestützt auf den Grundsatz der Naturalrestitution im Schadensersatzrecht (§ 249 Abs. 1 BGB) in Betracht kommen, Staudinger/Feldmann BGB § 311 Rn. 177 mwN zur Rechtsprechung.

[23] Staudinger/Schwarze Vorb. zu §§ 320–326 BGB Rn. 80.

[24] MüKoBGB/Gaier § 346 Rn. 7. Daneben ermöglicht § 324 BGB den Rücktritt bei einem gegenseitigen Vertrag auch im Fall der Verletzung einer Nebenpflicht aus § 241 Abs. 2 BGB, sofern ein Festhalten am Vertrag aus diesem Grund nicht mehr zumutbar ist.

[25] BGH NJW 2015, 2564 (2565).

[26] Staudinger/Schwarze BGB § 323 Rn. B 66.

[27] Allenfalls kann eine Verwirkung in Betracht kommen, Grüneberg/Grüneberg BGB § 242 Rn. 104. Ein allgemeiner Grundsatz, nach dem eine Verwirkung bei Gestaltungsrechten bereits nach kurzem Zeitablauf eintritt, besteht aber nicht, BGH NJW 2002, 669 (670).

(§ 351 BGB) kann die andere Vertragspartei dem Rücktrittsberechtigten auch **keine Frist** setzen, innerhalb derer das Rücktrittsrecht ausgeübt werden muss.

Die Ausübung eines bestehenden Rücktrittsrechts befreit die Parteien von ihren Primärleistungspflichten, verpflichtet sie aber zur Rückgewähr der tatsächlich empfangenen Leistungen und gezogenen Nutzungen, § 346 Abs. 1 BGB. Ist die Rückgewähr nicht möglich, muss **Wertersatz** geleistet werden (§ 346 Abs. 2 BGB). Relevant wird dies etwa bei **Bauleistungen** eines Unternehmers auf einem fremden Grundstück: Da sie ohne Zerstörung nicht zurückgegeben werden können, ist Wertersatz zu zahlen, der sich an der Gegenleistung des Unternehmers orientiert. Da mangelhafte Werkleistungen unter Abzug des Mängelbeseitigungsaufwands oder des Minderwerts in die Wertberechnung einzustellen sind, führt der Rücktritt hier faktisch nicht zu einer Rückabwicklung, sondern einer Minderung des Werklohns.[28] Kein Anspruch auf Wertersatz besteht schließlich, wenn der Schuldner gem. § 346 Abs. 3 BGB privilegiert ist. Problematisch ist das insbesondere mit Blick auf § 346 Abs. 3 Nr. 3 BGB, der dem Rücktrittsgegner die Gefahr eines **zufälligen Untergangs** der Sache beim Rücktrittsberechtigten aufbürdet, wenn dieser zumindest die eigenübliche Sorgfalt beachtet hat.[29] 17

Dem Schuldner steht umgekehrt ein Anspruch auf Ersatz notwendiger Verwendungen zu (§ 347 Abs. 2 BGB). Zuletzt lässt der Rücktritt auch auf das Erfüllungsinteresse gerichtete **Schadensersatzansprüche** unberührt (§ 325 BGB). 18

b) Gesetzliche Kündigungsrechte

Für eine Reihe von Dauerschuldverhältnissen (namentlich Miete, Pacht, Leihe, Darlehen, Dienst- und Reisevertrag, Handelsvertretervertrag etc) regeln BGB und HGB explizit ordentliche und außerordentliche Kündigungsrechte. Für nicht gesetzlich normierte Dauerschuldverhältnisse stellt § 314 BGB im Fall eines wichtigen Grundes ein Recht zur **außerordentlichen Kündigung** bereit, das innerhalb einer angemessenen Frist nach Kenntnis vom Kündigungsgrund ausgeübt werden muss (§ 314 Abs. 3 BGB).[30] Besteht der wichtige Grund in einer Pflichtverletzung, bedarf es regelmäßig einer vorausgegangenen Abmahnung bzw. einer fruchtlos abgelaufenen Nachfrist zur Abhilfe, § 314 Abs. 2 BGB. 19

Eine Regelungslücke besteht für die **ordentliche Kündigung** unbefristeter und gesetzlich nicht geregelter Dauerschuldverhältnisse. Ob und mit welchen Fristen hier eine ordentliche Kündigung möglich ist, muss daher im Wege der Vertragsauslegung ermittelt werden. 20

2. Schweizer Recht

Auch das Schweizer Recht unterscheidet zwischen dem bei einmaligen Austauschverträgen möglichen Rücktritt und der Kündigung von Dauerschuldverhältnissen.[31] Wie im deutschen Recht ersetzt die **Kündigung** bei Dauerschuldverhältnissen das **Rücktrittsrecht** zumindest dann, wenn der Schuldner mit der geschuldeten Dauerleistung bereits begonnen und den Vertrag damit **in Vollzug** gesetzt hat.[32] 21

a) Rücktritt

Der Rücktritt verlangt neben einem vertraglichen oder gesetzlichen Rücktrittsrecht eine (empfangsbedürftige) Rücktrittserklärung. Gesetzliche Rücktrittsrechte bestehen insbesondere dann, wenn sich der Schuldner bei zweiseitigen Verträgen mit seiner **Leistung im** 22

---

[28] OLG Düsseldorf NJW 2011, 1081 (1082); Kniffka/Koeble/Jurgeleit/Sacher/Jurgeleit Kompendium Baurecht 6. Teil Rn. 20.
[29] Dazu vertieft Lorenz NJW 2015, 1725ff.
[30] Zur Bestimmung der Fristlänge für verschiedene Dauerschuldverhältnisse MüKoBGB/Gaier § 314 Rn. 44ff.
[31] Huguenin Obligationenrecht Rn. 789ff.
[32] Gauch/Schluep/Schmid/Emmenegger OR AT II Rn. 2815.

Verzug[33] befindet und die Leistung auch innerhalb einer vom Gläubiger gesetzten angemessenen Nachfrist nicht erbringt (Art. 107 OR). Ist die gesetzte Nachfrist unangemessen kurz, muss der Schuldner ihr nach Auffassung der höchstrichterlichen Rechtsprechung grundsätzlich allerdings **unverzüglich widersprechen,** da ansonsten seine Zustimmung unterstellt wird. Erfolgt der Protest rechtzeitig, kann bis zu einem im Einzelfall angemessenen Termin erfüllt werden.[34] Vergleichbar mit § 323 Abs. 2 BGB ist eine Nachfristsetzung nach Maßgabe von Art. 108 OR entbehrlich, wenn sie sich vor dem Hintergrund des Schuldnerverhaltens als unnütz erweisen würde, die Leistung für den Gläubiger aufgrund des Verzugs nutzlos geworden ist oder ein (relatives) Fixgeschäft vorliegt. **Zwei Besonderheiten** gelten schließlich im Kaufrecht: Gem. Art. 190 Abs. 1 OR wird im kaufmännischen Verkehr im Fall der Vereinbarung eines bestimmten Liefertermins bereits unmittelbar nach Verzugseintritt vermutet, dass der Käufer auf die Lieferung verzichten und stattdessen Schadensersatz wegen Nichterfüllung geltend machen will. Darüber hinaus kann der Verkäufer sofort vom Vertrag zurücktreten, wenn sich der Käufer mit der Kaufpreiszahlung in Verzug befindet und der Kaufpreis nach Maßgabe der vertraglichen Abreden vor oder zumindest Zug um Zug mit Übergabe der Kaufsache zu zahlen war, Art. 214 Abs. 1 OR. Vom deutschen Recht unterscheidet sich schließlich, dass der Gläubiger das Rücktrittsrecht nach Ablauf der Nachfrist **unverzüglich** ausüben muss, Art. 107 Abs. 2 OR.[35] Nach jüngerer Rechtsprechung gilt dies auch dann, wenn die Nachfristsetzung gem. Art. 108 OR entbehrlich ist: In diesem Fall muss das Rücktrittsrecht daher **unmittelbar nach Verzugseintritt** ausgeübt werden.[36]

23 Nach Ausübung des Rücktrittsrechts wandelt sich der Vertrag in ein Rückgewährschuldverhältnis um.[37] Der Gläubiger kann das **Geleistete zurückfordern** (Art. 109 Abs. 1 OR), weitergehenden Schadensersatz anders als im deutschen Recht (§ 325 BGB) aber nur mit Blick auf das **negative Interesse** verlangen (Art. 109 Abs. 2 OR).[38] Auf das Erfüllungsinteresse gerichtete Schadensersatzansprüche stehen daher mit dem Rücktritt in einem **Alternativverhältnis** (Art. 107 Abs. 2 OR).

24 Im Fall einer Schlechtleistung tritt im Kaufrecht das Recht des Käufers zur **Wandlung** des Kaufvertrages (Art. 205 OR) an die Stelle des Rücktritts. Die Wandlung führt ebenfalls zur Aufhebung des Vertrages, setzt aber **keine Nachfristsetzung** voraus und muss anders als der Rücktritt auf Grundlage von Art. 107 Abs. 1 OR auch nicht unverzüglich erklärt werden.[39] Der für die Wandlungsklage zuständige Richter kann den Käufer anstelle der Wandlung aber auf die Minderung verweisen, *„wenn die Umstände es nicht rechtfertigen, den Kauf rückgängig zu machen."* Dabei dürfte es vor allem darauf ankommen, wie schwerwiegend der Mangel ist.[40] Wandelt der Käufer, wird der Kaufvertrag rückabgewickelt, Art. 208 Abs. 1 OR. Anders als im Verzugsfall kann der Käufer in diesem Fall sowohl direkte, als auch mittelbare Schäden (und damit insbesondere auch das Erfüllungsinteresse)

---

[33] Da der Begriff des Verzuges im Schweizer Obligationenrecht gem. Art. 102 Abs. 1 OR anders als gem. § 286 Abs. 4 BGB im deutschen Recht kein Verschulden beinhaltet, ist das Rücktrittsrecht im Schweizer Recht auch im Fall der Leistungsverzögerung verschuldensunabhängig.

[34] BGE 116 II 436 (440); Gauch/Schluep/Schmid/Emmenegger OR AT II Rn. 2736. Ein Protest soll aber entbehrlich sein, wenn die gesetzte Frist offensichtlich zu kurz ist, Koller OR AT Rn. 55.92.

[35] „Unverzüglich" bedeutet grundsätzlich ohne weitere Verzögerung; dem Gläubiger soll aber eine vernünftige Überlegungs- und Entscheidungszeit eingeräumt werden. 14 Tage sind jedenfalls zu lang; zum Ganzen BK/Weber Art. 107 OR Rn. 145.

[36] BG Urt. v. 20.9.2011 – 4 A_232/2011 E 5.3.; Gauch/Schluep/Schmid/Emmenegger OR AT II Rn. 2761 mwN auch zur Gegenauffassung.

[37] BSK/Wiegand OR I Art. 109 Rn. 5 mit Hinweis auf die im Vergleich zum deutschen Recht noch nicht sämtlich geklärten Einzelheiten der Rückabwicklung; BGE 132 III 226 (233).

[38] BSK/Wiegand OR I Art. 109 Rn. 8; BG Urt. v. 18.1.2006 – 4C.286/2005 Rn. E.2.4: *„Angesichts des klaren Gesetzeswortlautes ist somit im Anwendungsbereich von Art. 109 Abs. 2 OR der Ersatz des negativen Vertragsinteresses geschuldet."* Kritisch dazu Atamer/Eggen ZBJV 2017, 731 (755ff.).

[39] BSK/Honsell OR I Art. 205 Rn. 2.

[40] BSK/Honsell OR I Art. 205 Rn. 7.

verlangen, Art. 208 Abs. 2 und 3 OR.[41] Im Werkvertragsrecht gelten ähnliche Grundsätze: Auch hier muss im Fall der Schlechtleistung vor Erklärung der Wandlung keine Nachfrist gesetzt werden.[42] Vorausgesetzt wird aber, dass das Werk an so **erheblichen Mängeln** leidet, dass es für den Besteller unbrauchbar ist oder ihm die Annahme billigerweise nicht mehr zugemutet werden kann, Art. 368 Abs. 1 OR. Im Fall von Gewerken, die auf seinem Grund und Boden errichtet wurden und ihrer Natur nach nur mit unverhältnismäßigen Nachteilen entfernt werden können, ist der Besteller schließlich ganz auf andere Rechtsbehelfe (Minderung, Schadensersatz, Nachbesserung) beschränkt, Art. 368 Abs. 3 OR.

b) Kündigung

Wie im deutschen Recht können Dauerschuldverhältnisse nach Schweizer Recht durch **ordentliche** oder **außerordentliche** Kündigung mit Wirkung *ex nunc* beendet werden. 25 Das Recht zur ordentlichen Kündigung kann sich aus Gesetz oder Vertrag ergeben. Fehlt eine gesetzliche oder vertragliche Regelung über einschlägige Kündigungsfristen, gilt bei Verträgen mit unbestimmter Laufzeit eine nach Maßgabe der **konkreten Verhältnisse angemessene** Kündigungsfrist.[43] Anders als § 314 BGB regelt das Schweizer Obligationenrecht kein allgemeines außerordentliches Kündigungsrecht für Dauerschuldverhältnisse. Es ist aber allgemein anerkannt, dass ein Dauerschuldverhältnis aus **wichtigem Grund** aufgelöst werden kann.[44] Unabhängig von einem wichtigen Grund besteht ein **sofortiges Kündigungsrecht** auch beim Auftrag,[45] Art. 404 Abs. 1 OR. Diese Norm ist nach ständiger Rechtsprechung des Schweizer Bundesgericht **zwingend** und kann daher durch die Parteien nicht abbedungen werden.[46] Eine Besonderheit gilt schließlich bei Handelsvertreterverträgen (Schweizer Terminologie: Agenturverträge): Hier nimmt die Rechtsprechung an, dass auch eine ungerechtfertigte außerordentliche Kündigung zur wirksamen Beendigung des Vertrages führt.[47]

3. Englisches Recht

Trotz nicht immer konsistenter Terminologie unterscheidet das englische Recht grundlegend zwischen der ex-tunc wirkenden **rescission** (ab initio) und einer **termination,** die den Vertrag (genauer: die vertraglichen Leistungspflichten) mit Wirkung nur für die Zukunft beendet.[48] 26

a) Rescission im Fall einer misrepresentation

Eine rescission kommt in erster Linie im Fall einer **unzutreffenden vorvertraglichen Tatsachenbehauptung**[49] (misrepresentation) einer Partei in Betracht, mittels derer die andere Vertragspartei zum Vertragsschluss veranlasst wurde. Funktional ist die auf eine misre- 27

---

[41] Der Anspruch auf direkte Schäden aus Art. 208 Abs. 2 OR ist als Ausnahme zum ansonsten auch im Schweizer Recht geltenden Verschuldensprinzip verschuldensunabhängig (sog. „Kausalhaftung"), BSK/Honsell OR I Art. 208 Rn. 5.

[42] Boog/Stark-Traber RIW 2012, 817 (824).

[43] Huguenin Obligationenrecht Rn. 796 mwN zur Rechtsprechung.

[44] BGE 138 III 304 (319).

[45] Anders als im deutschen Recht ist die Unentgeltlichkeit im Schweizer Recht kein konstitutives Merkmal eines Auftrages. Der Auftrag im Schweizer Recht erfasst daher vor allem Verträge, die im deutschen Recht als Dienstleistungsverträge einzustufen wären, dazu Boog RIW 2015, 245 (246).

[46] Zuletzt BG Urt. v. 13.2.2014 – 4 A_284/2013.

[47] BG Urt. v. 7.10.2010 – 4 A_229/2010 E.5. Für eine Ausweitung dieses Grundsatzes auf andere Dauerschuldverhältnisse Kull ZVertriebsR 2012, 168 ff.

[48] Teilweise äquivalent gebrauchte Begriffe sind etwa „discharge by breach", „cancellation", „repudiation" sowie „rescission"; kritisch zu diesem Begriffswirrwarr Stannard/Capper Termination Rn. 1.07.

[49] Nach jüngerer Rechtsprechung kann auch die falsche Darstellung der Rechtslage eine misrepresentation darstellen, *Pankhania v Hackney* BC [2002] EWHC 2441 (Ch).

presentation gestützte rescission daher mit der bereicherungsrechtlichen Rückabwicklung nach einer Anfechtung wegen arglistiger Täuschung (§ 123 BGB) bzw. einem auf Naturalrestitution (Vertragsaufhebung) gerichteten Schadensersatzanspruch im Fall einer vorvertraglichen (Informations-)Pflichtverletzung (§§ 280 Abs. 1, 241 Abs. 2, 311 Abs. 2 BGB) vergleichbar. Weitergehend als im deutschen Recht besteht ein Recht zur rescission des Vertrages allerdings auch dann, wenn die misrepresentation ohne Verschulden erfolgt ist (innocent misrepresentation).[50] Ebenso wenig wird sie durch die vertragliche (Gewährleistungs-)Haftung verdrängt.[51] Dagegen kennt das englische Recht grundsätzlich keine (vorvertraglichen) Aufklärungspflichten: Eine misrepresentation durch Unterlassen ist daher regelmäßig nicht möglich.[52]

28 Die auf eine misrepresentation gestützte rescission führt zunächst zur **rückwirkenden Aufhebung** des Vertrages. Folgerichtig sind die Parteien zur Rückgewähr bereits empfangener Leistungen verpflichtet (restitution).[53] Daneben kann im Fall einer schuldhaften misrepresentation Ersatz des **Vertrauensschadens** (reliance interest) verlangt werden.[54] Gegenüber den bereits aus common law folgenden deliktischen Ansprüchen im Fall einer negligent misrepresentation hat Art. 2 Misrepresentation Act 1967 zugunsten des Gläubigers weitere Erleichterungen in Form einer Umkehr der Darlegungs- und Beweislast mit Blick auf das Verschulden, dem Verzicht auf eine „special relationship" zwischen Gläubiger und Schuldner sowie einer für den Gläubiger vorteilhafteren Schadenszurechnung geschaffen.[55]

b) Termination rights im Fall von Vertragsverletzungen

29 **aa) Tatbestandsvoraussetzungen.** Im Fall einer Verletzung **von Vertragspflichten** kann die einseitige Beendigung des Vertrages (nur) im Wege der **termination** erfolgen.[56] Eine dem deutschen und dem Schweizer Recht vergleichbare Unterscheidung zwischen Rücktritt und Kündigung kennt das englische Recht nicht: Die termination ist damit sowohl bei einmaligen Austauschverträgen als auch bei Dauerschuldverhältnissen (zwischen

---

[50] Im Fall einer innocent misrepresentation kann das (Schieds-)Gericht unter Berücksichtigung der Schwere der misrepresentation sowie der Folgen einer Rückabwicklung allerdings die Fortgeltung des Vertrages anordnen und dem Gläubiger alternativ sog. „damages in lieu of rescission" zusprechen, s. 2 Abs. 2 Misrepresentation Act 1967.

[51] S. 1 lit. a) Misrepresentation Act 1967; Benjamin's Sale of Goods Rn. 12.121; anders im deutschen Recht, wo die Haftung aus culpa in contrahendo (mit Ausnahme von Arglist) durch die Gewährleistungshaftung verdrängt wird, BGH NJW 2009, 2120 (2122).

[52] Dazu (sowie maßgeblichen Ausnahmetatbeständen) McKendrick Contract Law S. 213 ff. Im Einzelfall kann aber eine misrepresentation durch konkludentes Verhalten in Betracht kommen, *Spice Girls Ltd v Aprilia World Service BV* [2002] EWCA Civ 15 Rn. 51 ff.

[53] Ein Recht auf rescission entfällt allerdings grundsätzlich dann, wenn der Gläubiger selbst nicht zur Rückgewähr der von ihm empfangenen Vertragsleistungen in der Lage ist, McKendrick Contract Law S. 236 f.

[54] Anschaulich zur unterschiedlichen Berechnung von vertraglichen und vorvertraglichen Schadensersatzansprüchen im Fall eines Unternehmenskaufvertrages die Entscheidung des Court of Appeal in der Rechtssache *Karim & Anor v Wemyss* [2016] EWCA Civ 27 Rn. 23: *„The claim was put both as a claim for breach of warranty (i. e. a claim in contract) and also as a claim for misrepresentation (i. e. a claim in tort). The measure of damages differs according to which cause of action is in play. In the case of a claim that there has been a breach of warranty about the quality of an asset that is sold, the measure of damages is the difference between the true value of the asset and its value with the quality as warranted. But in the case of a claim in tort, the measure of damages is the difference between the true value of the asset and the price paid."*

[55] Burrows English Private Law Rn. 8.169.

[56] Denkbar ist aber, dass der betroffene contractual term gleichzeitig eine vorvertragliche misrepresentation darstellt. In diesem Fall kann der Gläubiger zwischen den im Fall einer misrepresentation bzw. alternativ im Fall einer Vertragsverletzung bestehenden Rechtsbehelfen wählen, siehe bereits oben → Fn. 51. Angaben über den Vertragsgegenstand im eigentlichen Vertragsangebot selbst stellen grundsätzlich aber keine representations dar, *SK Shipping Europe Limited v Capital VLCC 3 Corp* [2022] EWCA Civ 231 Rn. 51: *„While these cases illustrate a general principle that, in the absence of words of representation the mere offer of contractual terms will not amount to a representation, there are some circumstances where an offer to contract on certain terms carries with it an implied representation as to the party's honesty in relation to the proposed transaction".*

beiden Vertragstypen wird im englischen Recht ohnehin nicht trennscharf unterschieden) das für eine einseitige Vertragsbeendigung einschlägige Rechtsinstitut.

Die Existenz eines aus dem common law folgenden termination right im Fall einer Vertragsverletzung ist entscheidend davon abhängig, ob es sich bei der verletzten Vertragspflicht um eine sog. **„warranty"** oder eine **„condition"** handelt. Diese Klassifizierung von Vertragspflichten stammt ursprünglich aus dem Kaufrecht,[57] kann auf andere Vertragstypen nach allgemeiner Meinung aber übertragen werden.[58] Während ein breach of condition die andere Vertragspartei zur Terminierung des Vertrages berechtigt, ist der Gläubiger im Fall einer breach of warranty auf die Geltendmachung von Schadensersatzansprüchen beschränkt. Auf die Auswirkungen der Vertragsverletzung im konkreten Einzelfall kommt es in beiden Fällen nicht an. 30

Seit der Leitentscheidung „The Hongkong Fir"[59] erkennt die Rechtsprechung mit den sog. „intermediate terms" bzw. „innominate terms" neben warranties und conditions allerdings eine dritte Kategorie von Vertragspflichten an, die für das Bestehen von Lösungsrechten relevant ist: Wird ein so genannter **intermediate term** verletzt, hängt die Möglichkeit einer termination anders als im Fall der Verletzung von conditions bzw. warranties davon ab, ob sich die Vertragsverletzung im konkreten **Einzelfall** als **wesentlich** darstellt (fundamental breach). Das ermöglicht den Gerichten die Schaffung von mehr Einzelfallgerechtigkeit – wenn auch auf Kosten der Rechtssicherheit.[60] 31

Ein Recht zur Terminierung besteht schließlich auch dann, wenn eine Vertragspartei ausdrücklich oder konkludent zum Ausdruck bringt, den Vertrag gar nicht oder mit Blick auf eine vereinbarte condition bzw. (soweit dies zur Folge hätte, dass der anderen Partei im Wesentlichen entgehen würde, was sie nach dem Vertrag erwarten darf) einen innominate term nicht zu erfüllen (repudiation/renunciation). Das Lösungsrecht besteht in diesem Fall schon **vor Fälligkeit der maßgeblichen Vertragspflicht** (anticipatory breach).[61] 31a

Die für das Bestehen eines Beendigungsrechts zentrale Qualifizierung einer Vertragspflicht ist eine Frage der **Vertragsauslegung.** Aus der Vertragsfreiheit folgt das Recht der Parteien, den Charakter eines contract term als condition selbst ausdrücklich festzulegen. Für eine solche „express stipulation" reicht allein die Bezeichnung als condition allerdings keineswegs zwingend aus.[62] In der Leitentscheidung *„Schuler v Wickman"* hat das House of Lords etwa die in einem Vertriebsvertrag als condition bezeichnete Verpflichtung eines Handelsvertreters zu wöchentlichen Besuchen namentlich benannter Kunden nicht als condition im Rechtssinne ausgelegt, da dieser Begriff im allgemeinen Sprachgebrauch ambivalent sei und ein Beendigungsrecht ansonsten bereits bei einem einzigen unterlassenen Kundenbesuch bestünde, was dem Parteiwillen vernünftiger Weise nicht entsprechen könne.[63] Ebenso wenig führt auch die vertraglich ausdrücklich als Rechtsfolge vereinbarte Möglichkeit der Vertragsbeendigung automatisch zu einer Einstufung der korrespondierenden Vertragspflicht als condition:[64] Bei einer solchen Klausel wird es sich im Zweifel (nur) um eine sog. **express termination clause** handeln, die als eigenständiges vertragliches Beendigungsrecht die Qualifikation der maßgeblichen Vertragspflicht als condition nicht voraussetzt. Lässt sich der Charakter der Vertragspflicht als condition, warranty oder 32

---

[57] S. 11 Abs. 3 SGA 1979: *„Whether a stipulation in a contract of sale is a condition, the breach of which may give rise to a right to treat the contract as repudiated, or a warranty, the breach of which may give rise to a claim for damages but not to a right to reject the goods and treat the contract as repudiated, depends in each case on the construction of the contract; and a stipulation may be a condition, though called a warranty in the contract."*

[58] Stannard/Capper Termination Rn. 1.09; Chitty on Contracts General Principles Rn. 27–015.

[59] *Hongkong Fir Shipping Co Ltd v Kawasaki Kisen Kaisha Limited* [1962] 2 QB 26 (CA).

[60] Burrows English Private Law Rn. 8.375.

[61] Burrows Restatement S. 121.

[62] Pointiert Stannard/Capper Termination Rn. 5.15: *„The most obvious ways of making a term a condition might seem to be either: (1) to call it a ‚condition', or (2) to provide that breach of the term will give rise to a right of termination. However, one of the curious features of the law in this area is that neither of these methods will suffice."*

[63] *Schuler v Wickman Machine Tools Ltd* [1974] AC 235 (251) (HL).

[64] Carter L.Q.R. 2012, 283 (288) mwN.

innominate term nicht klar bestimmen, geht die Rechtsprechung **im Zweifel** von einem **innominate term** aus.[65]

33 Die **Unterscheidung** zwischen einer auf common law auf der einen bzw. eine express termination clause auf der anderen Seite gestützten termination mutet spitzfindig und auf den ersten Blick auch wenig praxisrelevant an, weil eine Vertragsbeendigung in beiden Fällen möglich ist. Im Ergebnis ist sie aber von **zentraler Bedeutung,** weil sich sowohl Voraussetzungen als auch Rechtsfolgen beider Varianten erheblich unterscheiden: So reicht eine **antizipierte Vertragsverletzung** (anticipatory breach) nur bei einer auf common law gestützten Terminierung aus. Sog. loss of bargain damages für das durch die Vertragsbeendigung entgangene Erfüllungsinteresse wiederum können (anders als bei einer common law termination) mangels anderer vertraglicher Abreden nicht geltend gemacht werden, wenn die Beendigung (nur) auf Grundlage einer express termination clause erfolgt.[66]

34 Soll vertraglich eine condition im Rechtssinne vereinbart werden, empfiehlt sich daher, diese Intention **unmissverständlich** in der Vertragsklausel selbst zu verankern. Ausreichend dafür ist beispielsweise die oft verwendete Phrasierung „time is of the essence" mit Blick auf die vereinbarte Fälligkeit von Liefer- und/oder Zahlungspflichten. Der folgende Formulierungsvorschlag ist demgegenüber für alle Vertragspflichten geeignet.

Klauselbeispiel für die ausdrückliche Festlegung einer Vertragspflicht als „condition"

The Parties agree that this contractual obligation is of an essential character *(„condition")* and any breach thereof shall accordingly constitute a repudiation of this contract.

35 Abgesehen von einer expliziten Parteivereinbarung kann sich der Charakter einer Vertragspflicht als condition auch aus dem **mutmaßlichen Parteiwillen** (condition implied in fact) oder entsprechenden **Festlegungen** des statutory bzw. common law (conditions implied in law) ergeben.[67] Letztere finden sich insbesondere im Warenkaufrecht: Der Sale of Goods Act 1979 qualifiziert die gesetzlich implizierten Verpflichtungen des Verkäufers zur rechts- und sachmangelfreien Lieferung des Kaufgegenstandes überwiegend als conditions,[68] die erst nach einer „acceptance" der Ware (s. 35 SGA 1979) durch den Käufer als bloße warranties behandelt werden.[69] Im kaufmännischen Geschäftsverkehr werden (mit Ausnahme von Zahlungspflichten[70]) außerdem die für die Erfüllung vertraglicher Pflichten vereinbarten Fälligkeitstermine (time clauses) von der Rechtsprechung regelmäßig als conditions qualifiziert[71], obwohl es eine allgemeingültige Vermutung dafür nicht geben soll.[72] Aus Sicht der verpflichteten Partei kann sich daher ggf. empfehlen, ausdrücklich vertraglich zu regeln, dass die korrespondierende time clause keine condition darstellen soll.

---

[65] *Ark Shipping Company LLC v Silverburn Shipping (IOM) Ltd* [2019] EWCA Civ 1161 Rn. 81; vorangehend *Star Shipping AS v Grand China Logistics* [2016] EWCA Civ 982 Rn. 92.

[66] Carter/Courtney L.Q.R. 2017, 395 (398 f.) mwN.

[67] Stannard/Capper Termination Rn. 5.21 ff.

[68] Namentlich s. 12 Abs. 1, Abs. 5A (title), s. 13 Abs. 1, Abs. 1A (correspondence with description), s. 14 Abs. 2, Abs. 3 und Abs. 6 SGA 1979 (satisfactory quality and fitness for purpose).

[69] Um ein rechtsmissbräuchliches Verhalten zu verhindert, sieht der im Kaufvertragsrecht neu eingefügte s. 15A SGA 1979 im unternehmerischen Geschäftsverkehr überdies den Wegfall eines Aufhebungsrechts vor, wenn der Mangel so geringfügig ist, dass eine darauf gestützte termination unangemessen wäre.

[70] *Valilas v Januzaj* [2014] EWCA Civ 436 Rn. 29: *„Time of payment is not generally of the essence of a commercial contract unless the parties have agreed (either expressly or by necessary implication) that it should be; and that was not the case here."* Ebenso ausdrücklich für Warenkaufverträge auch s. 10 Abs. 1 SGA 1979: *„Unless a different intention appears from the terms of the contract, stipulations as to time of payment are not of the essence of a contract of sale."*

[71] Grundlegend *Bunge Corp v Tradax Export* [1981] WLR 711 (716) (HL): „[...] *(1) the court will require precise compliance with stipulations as to time wherever the circumstances of the case indicate that this would fulfil the intention of the parties, and (2) that broadly speaking time will be considered of the essence in ‚mercantile' contracts.*"

[72] Chitty on Contracts General Principles Rn. 27–029.

Klauselbeispiel für die Klarstellung, dass eine Vertragspflicht keine „condition" im Rechtssinne darstellen soll

For the avoidance of doubt, compliance with the indicated due dates shall not be of the essence.

Auch wenn die Einhaltung vertraglich vereinbarter Fälligkeitstermine nicht „of the essence" ist, kann die andere Vertragspartei im Fall einer Leistungsverzögerung den Vertrag dann terminieren, wenn sie dies dem Schuldner **nach** Fälligkeit der jeweiligen Vertragspflicht vorab unter Setzung einer angemessenen **Nachfrist** angedroht hat und die gesetzte Frist fruchtlos abgelaufen ist.[73] Nach anderer Auffassung setzt ein Recht zur Terminierung dagegen auch in diesem Fall voraus, dass die Verzögerung mit Fristablauf ein solches Ausmaß angenommen hat, dass dem Käufer im Wesentlichen entgeht, was er nach dem Vertrag erwarten durfte.[74] 36

bb) Zeitliche Grenzen. Besteht ein Recht zur Vertragsaufhebung, kann sich der Gläubiger entscheiden, ob er weiter am Vertrag festhalten (affirmation) oder die Vertragsaufhebung erklären will (election to terminate); eine einmal getroffene Entscheidung kann vergleichbar mit der Rechtswirkung von ausgeübten Gestaltungsrechten im deutschen Recht grundsätzlich nicht mehr widerrufen werden.[75] Eine besondere Form für die Terminierung ist nicht erforderlich. Solange ein entsprechender Wille **hinreichend deutlich** wird, kann die grundsätzlich (wohl) empfangsbedürftige[76] Terminierungserklärung auch konkludent erfolgen.[77] Nicht abschließend geklärt ist dagegen, ob das Recht zur termination zeitlich befristet ist. Jedenfalls bei Kaufverträgen geht es durch eine **acceptance** des Kaufgegenstandes verloren[78], die (auch) dann unterstellt wird, wenn der Käufer einen längeren Zeitraum nach Übergabe verstreichen lässt, ohne den Vertragsgegenstand zurückzuweisen (rejection).[79] Bei anderen Vertragstypen muss die Ausübung eines entstandenen termination right aber wohl ebenfalls innerhalb eines angemessenen Zeitraums erfolgen.[80] 37

cc) Rechtsfolgen. Übt eine Vertragspartei ihr termination right aus, wird der Vertrag mit **ex-nunc Wirkung** beendet. Die gegenseitigen Leistungspflichten (primary obligations) der Parteien entfallen. Darüber hinaus kommen Schadensersatz- und unter Umständen auch Rückgewähransprüche in Betracht.[81] Schadensersatzansprüche der unschuldigen Partei umfassen nicht nur den bereits erlittenen, sondern auch den erst nach Vertragsbeendi- 38

---

[73] Furmston/Carter/Stannard Contract Law Rn. 7.26f. Eine „notice" ist in diesem Fall aber entbehrlich, falls die Abhilfe durch den Schuldner innerhalb einer angemessenen Frist ohnehin nicht möglich gewesen wäre, *Etablissements Chainbaux S.A.R.L. v Harbormaster Ltd* [1955] 1 Lloyd's Rep. 303.

[74] Benjamin's Sale of Goods Rn. 8–026.

[75] *Johnson v Agnew* [1980] AC 367 (374): „There is a long-established line of authority that an election to affirm a contract, once made with knowledge of the relevant facts, is as final and irrevocable as an election to treat the contract as at an end".

[76] Die andere Vertragspartei muss zumindest Kenntnis von der Aufhebung erlangen, *Vito S.A. v Norelf Ltd* [1996] A.C. 800 (810f.): „*An acceptance of a repudiation requires no particular form: a communication does not have to be couched in the language of acceptance. (…) It is sufficient that the fact of the election comes to the repudiating party's attention (…)*".

[77] Stannard/Capper Termination Rn. 4.19 mwN.

[78] Nach der acceptance des Kaufgegenstandes werden conditions im Fall ihrer Verletzung in der Rechtsfolge (nur noch) wie warranties behandelt, s. 11 Abs. 4 SGA 1979: „*Subject to section 35A below, where a contract of sale is not severable, and the seller has accepted the goods, or part of them, the breach of a condition to be fulfilled by the seller can only be treated as a breach of warranty […] unless there is an express or implied term of the contract to that effect*" (Hervorhebung durch Verf.).

[79] S. 35 Abs. 4 SGA 1979.

[80] Dies gilt in jedem Fall für express termination rights, Furmston/Carter/Stannard Contract Law Rn. 7.29.

[81] Nicht geklärt ist dagegen, ob damage claims auch kumulativ mit restitutionary claims geltend gemacht werden können oder beide Ansprüche in einem strengen Alternativverhältnis zueinanderstehen. Die hM scheint wohl eher letzteres anzunehmen; andere Auffassung (mwN zur wohl herrschenden Meinung) soweit es nicht zu einer Überkompensation kommt Furmston/Carter/Stannard Contract Law Rn. 7.48 Fn. 16.

gung anfallenden **Erfüllungsschaden** (loss of bargain damages).[82] Das folgt daraus, dass eine auf das common law gestützte termination anders als bei (ausschließlich) vertraglich vereinbarten Lösungsrechten (express termination rights) zwar zum Wegfall primärer Leistungs-, nicht aber **sekundärer Schadensersatzpflichten** auch mit Wirkung für die Zukunft führt.[83]

39 Anders als beim Rücktritt im deutschen und Schweizer Recht wandelt sich der Vertrag im Fall einer termination **nicht** in ein **Rückgewährschuldverhältnis** um. Dennoch können den Parteien unter bestimmten Voraussetzungen Rückgewähransprüche (restitutionary claims) zustehen. Eine Rückerstattung geleisteter Geldzahlungen im Wege der restitution kommt aber nur in Betracht, wenn die dafür geschuldete **Gegenleistung vollständig ausgeblieben** ist (total failure of consideration).[84] Ob dies der Fall ist, hängt nicht davon ab, ob der Rückgewährgläubiger bereits spezifische Leistungen erhalten hat. Abgestellt wird vielmehr darauf, ob der Rückgewährschuldner vor Vertragsbeendigung Erfüllungshandlungen vorgenommen hat, für die (was im Wege der Vertragsauslegung zu ermitteln ist) ein **eigenständiger Zahlungsanspruch** vorgesehen war.[85] Das führt dazu, dass ein die termination erklärender Käufer zwar bereits geleistete Zahlungsraten im Wege der restitution zurückfordern kann, wenn die Lieferung ausgeblieben ist, im Fall eines Werk- bzw. Werkliefervertrages dagegen keine Erstattungsansprüche bestehen sollen, wenn der Unternehmer bereits mit Herstellungsarbeiten begonnen und für diese, vor Vertragsbeendigung vorgenommenen Arbeiten auf Grundlage der vertraglichen Absprachen Ratenzahlungen erhalten hatte bzw. erhalten sollte.[86]

40 Während bereits geleistete Zahlungen im Fall einer „total failure of consideration" von beiden Parteien zurückgefordert werden können,[87] sind „restitutionary claims" der den Vertrag verletzenden Partei mit Blick auf „non-money benefits" der anderen Partei grundsätzlich **ausgeschlossen.**[88] Wenn also beispielsweise ein Werkunternehmer zum Zeitpunkt der Vertragsbeendigung durch den Besteller wegen Vertragsverletzung bereits werthaltige Werkleistungen erbracht hat, kann er für diese **keine Kompensation** (weder in Form eines vertraglichen Vergütungs-, noch eines bereicherungsrechtlichen Wertersatzanspruchs) verlangen, wenn die gesamte Vergütung erst mit Fertigstellung des Werkes (substantial

---

[82] Grundlegend *Lombard North Central v Butterworth* [1987] QB 527 (CA).

[83] *Schuler v Wickman Machine Tools Ltd* [1974] AC 235 (HL): *„Where such an election is made (a) there is substituted by implication of law for the primary obligations of the party in default which remain unperformed a secondary obligation to pay monetary compensation to the other party for the loss sustained by him in consequence of their non-performance in the future and (b) the unperformed primary obligations of that other party are discharged";* Peel L.Q.R. 2016, 177 (178).

[84] Einen entsprechenden ausdrücklichen Rückgewähranspruch regelt s. 54 SGA 1979 im Kaufvertragsrecht. Er dürfte nach wohl hM im Zweifel nur alternativ zu Schadensersatzansprüchen bestehen, Benjamin's Sale of Goods Rn. 12–069: *„A buyer who justifiably rejects the goods may sue for damages: any award will take into account, and may include, any part of the price paid. He may* ***alternatively*** *recover any money he has paid in restitution as upon total failure of consideration"* (Hervorhebung durch Verf.). Der Verkäufer kann im Fall der termination Rückgabe des Vertragsgegenstandes verlangen, McKendrick Commercial Law Rn. 12.18.

[85] *Stocznia Gdanska SA v. Latvian Shipping Co* [1998] UKHL 9 „[…] *failure of consideration does not depend upon the question whether the promisee has or has not received anything under the contract like, for example, the property in the ships being built* […]. *In truth, the test is not whether the promisee has received a specific benefit, but rather whether the promisor has performed any part of the contractual duties in respect of which the payment is due.*" Auf den Fälligkeitszeitpunkt der betroffenen Raten kommt es dagegen nicht an, Stannard/Capper Termination Rn. 9.09.

[86] *Hyundai Heavy Industries Co. Ltd. v. Papadopoulos* [1980] 1 W.L.R. 1129 (1134ff.) (HL): Folgerichtig können in diesem Fall für vor Vertragsbeendigung erbrachte Leistungen die dafür bestimmten (aber noch nicht geleisteten) Zahlungsraten als „accrued obligations" aus dem Vertrag auch nach Vertragsbeendigung weiter geltend gemacht werden.

[87] Grundlegend (wenn auch noch nicht auf eine total failure of consideration gestützt) *Dies v British and International Mining and Finance Corporation Ltd* [1939] 1KB 724 (743).

[88] Stannard/Capper Termination Rn. 11.51. Anders verhält es sich, wenn nicht eine Vertragsverletzung, sondern eine sog. frustration zur Vertragsbeendigung führt, s. 1 Abs. 3 Law Reform (Frustrated Contracts) Act 1943.

completion) fällig werden sollte.[89] Eine Ausnahme besteht nur mit Blick auf Leistungen, die der Besteller nach Vertragsbeendigung noch aus freien Stücken in Anspruch nimmt, obwohl sie ohne weiteres hätten rückgewährt werden können.[90] Die unschuldige Partei kann dagegen alternativ zu möglichen Schadensersatzansprüchen wegen Vertragsverletzung Ansprüche für bereits erbrachte (Sach-)Leistungen auch als sog. „quantum meruit claim" geltend machen.[91]

Den Parteien bleibt es darüber hinaus unbenommen, zu vereinbaren, dass auch die von 41 der den Vertrag verletzenden Partei bereits geleisteten Zahlungsraten selbst im Fall einer **total failure of consideration nicht erstattet** werden müssen. Wie die Entscheidung des High Court in der Rechtssache *Cadogan Petroleum Holdings Ltd v Global Process Systems LLC* anschaulich belegt, kann eine solche Abrede allerdings zu drastischen Folgen führen. In dem dieser Entscheidung zugrundeliegenden Sachverhalt hatten die Parteien im Zusammenhang mit dem (Rück-)Kauf zweier Gaswerke durch die Beklagte vereinbart, dass das Eigentum der Gaswerke erst mit vollständiger Zahlung des Kaufpreises an die Beklagte übergehen sollte. Gleichzeitig war die Klägerin bei einem Verzug mit einer Kaufpreisrate von mehr als 60 Tagen zur termination berechtigt, wobei die Vertragsbeendigung ausdrücklich bereits entstandene Rechte der Parteien (und damit auch die bereits fällig gewordenen Raten) unberührt lassen sollte. Das hatte zur Folge, dass die Klägerin nach einem entsprechenden Zahlungsverzug der Beklagten nicht nur die Gaswerke behalten, sondern auch sämtliche, zum Zeitpunkt der Vertragsbeendigung bereits fällige Kaufpreisraten in Höhe von rund US$ 20 Mio. beanspruchen konnte.[92] Die mögliche Einstufung dieser Regelung als unzulässige Vertragsstrafe (penalty) bzw. die Gewährung eines im Billigkeitsrecht (equity) verankerten sog. „relief against forfeiture" hat der High Court zwar diskutiert, im Ergebnis aber abgelehnt.[93]

III. Grenzen der Vertragsgestaltung bei der Schaffung neuer bzw. der Einschränkung bestehender Lösungsrechte

1. Deutsches Recht

a) Erweiterung gesetzlicher Rücktrittsrechte

Individualvertraglich können die Parteien grundsätzlich uneingeschränkt Rücktrittsrechte 42 vereinbaren. In AGB ist ein vertragliches Rücktrittsrecht dagegen gem. § 308 Nr. 3 BGB unwirksam, wenn es nicht an einen **sachlich gerechtfertigten** und im **Vertrag angegebenen Grund** geknüpft ist. Auch wenn § 308 Nr. 3 BGB im unternehmerischen Geschäftsverkehr keine Ausstrahlungswirkung entfalten soll und Rücktrittsrechte hier daher in weiterem Umfang zulässig sind,[94] halten vertragliche Rücktrittsrechte der Inhaltskontrolle nach § 307 BGB jedenfalls dann nicht stand, wenn dem Verwender ein vom Vorlie-

---

[89] *Bolton v Mahadeva* [1972] 1 W.L.R. 1009 (1014) (CA). Zu der damit zusammenhängenden „entire obligations rule" McKendrick Contract Law S. 370 ff.

[90] Grundlegend *Sumpter v Hedges* [1898] 1 QB 673: Hier schuldete der kündigende Besteller keine Zahlungen bzw. Wertersatz für bereits vor Vertragsbeendigung erbrachte (aber nicht fertiggestellte) Bauleistungen des Werkunternehmers. Dagegen hatte der Werkunternehmer einen Anspruch auf Zahlung für die auf der Baustelle verbliebenen und vom Besteller für die Fertigstellung des Bauwerks nach Vertragsbeendigung genutzten Baumaterialien, da diese vom Besteller anders als die Bauleistungen ohne weiteres hätten zurückgewährt werden können; dazu Furmston/Carter/Stannard Contract Law Rn. 7.48.

[91] Stannard/Capper Termination Rn. 11.17 ff. mwN.

[92] [2013] EWHC 214 (Comm).

[93] [2013] EWHC 214 (Comm) Rn. 32 ff. sowie Rn. 37 ff. Die Einstufung als „penalty" scheiterte schon daran, dass die (fortbestehende) Pflicht zur Zahlung der Kaufpreisraten unabhängig von einer Vertragsverletzung bestand. Ein „relief against forfeiture" kam dagegen nach Auffassung des Gerichts nicht in Betracht, da der Klägerin ein Weiterverkauf der Gaswerke über einen längeren Zeitraum nicht gelungen war und der Einbehalt der fälligen Kaufpreisraten daher nicht als gänzlich unbillig erschien.

[94] BeckOGK/Weiler, 1.4.2022, § 308 Nr. 3 BGB Rn. 167.

gen eines sachlich angemessenen Grundes gänzlich unabhängiges Rücktrittsrecht eingeräumt wird.[95] Das schließt allerdings nicht Rücktrittsrechte wegen Gründen aus, die aus der Sphäre des Verwenders stammen, sofern er sie nicht zu vertreten hat.[96] Zulässig ist ein vertragliches Rücktrittsrecht etwa dann, wenn der Verwender durch höhere Gewalt an der Leistung gehindert ist bzw. im Fall eines kongruenten Deckungsgeschäfts selbst nicht rechtzeitig beliefert wird.[97]

b) Beschränkung bestehender Rücktrittsrechte

43 Dem Ausschluss oder einer Erschwerung gesetzlicher Rücktrittsrechte bei Kauf- und Werkverträgen in AGB setzen insbesondere[98] § 309 Nr. 8 lit. a) BGB und § 309 Nr. 8 lit. b) bb) BGB enge Grenzen. Beide Bestimmungen strahlen über § 307 BGB auch auf den unternehmerischen Geschäftsverkehr aus.[99] Wie sich zunächst aus § 309 Nr. 8a) BGB ergibt, kann das Rücktrittsrecht im Fall einer vertraglichen Pflichtverletzung, die **keinen Mangel** der Kaufsache oder des Werkes darstellt, grundsätzlich nicht ausgeschlossen oder eingeschränkt, entgegen der gesetzlichen Regelung (§ 323 Abs. 1 BGB) aber zumindest von einem **Verschulden** des Verkäufers bzw. Werkunternehmers abhängig gemacht werden. Relevant ist das vor allem für Fälle der Leistungsverzögerung.

44 Das folgende, aus Verkäuferperspektive abgefasste Klauselbeispiel macht ein Rücktrittsrecht des Käufers daher zusätzlich zu den sonstigen gesetzlichen Voraussetzungen von einem **Verschulden** des Lieferanten abhängig. Um Risiken einer unangemessenen Benachteiligung gem. § 307 BGB zu begegnen, trägt hier allerdings der Lieferant vergleichbar mit § 280 Abs. 1 S. 2 BGB die Darlegungs- und Beweislast dafür, dass die Pflichtverletzung nicht von ihm zu vertreten ist.

Klauselbeispiel für eine Beschränkung des Rücktrittsrechts auf schuldhaft verursachte Lieferverzögerungen (AGB)

Without prejudice to any and all further applicable statutory requirements, the Purchaser is not entitled to declare the avoidance of this contract („Rücktritt") in case of delay with delivery if such delay has not been culpably caused by the Seller.

Im Fall einer **mangelhaften Lieferung** ist eine solche Einschränkung des Rücktrittsrechts nach Maßgabe des auch für den unternehmerischen Geschäftsverkehr relevanten § 309 Nr. 8 lit. b) bb) BGB dagegen nicht möglich.[100]

c) Erweiterung bestehender Kündigungsrechte

45 Eine Ausweitung bestehender außerordentlicher Kündigungsrechte ist zumindest in Allgemeinen Geschäftsbedingungen problematisch.[101] Darüber hinaus können auch ordentliche Kündigungsfristen für den Verwender zu kurz bemessen sein und daher eine unangemessene Benachteiligung (§ 307 BGB) der anderen Vertragspartei darstellen. Relevant ist das etwa mit Blick auf Vertriebsverträge, die hohe Anfangsinvestitionen des Vertriebsmittlers

---

[95] Staudinger/Coester-Waltjen BGB § 308 Nr. 3 Rn. 32; BGH NJW 2009, 575 (576).

[96] BeckOGK/Weiler, 1.4.2022, § 308 Nr. 3 BGB Rn. 168ff.

[97] Ulmer/Brandner/Hensen/Schmidt AGB-Recht § 308 Nr. 3 BGB Rn. 19.

[98] Ergänzt wird der Schutz (mit Überschneidungen im Anwendungsbereich) durch § 308 Nr. 2 BGB, der (auch) im unternehmerischen Geschäftsverkehr ua die Festlegung einer unangemessen langen Nachfrist verbietet, Ulmer/Brandner/Hensen/Schmidt AGB-Recht § 308 Nr. 2 BGB Rn. 10.

[99] BGH NJW 2009, 575 (576) zu § 309 Nr. 8 lit. a) BGB; Staudinger/Coester-Waltjen BGB § 309 Nr. 8 Rn. 67.

[100] Ulmer/Brandner/Hensen/Schmidt AGB-Recht § 309 Nr. 8 BGB Rn. 70; BGH NJW-RR 1993, 560 (561).

[101] BeckOGK/Zschieschack, 1.6.2022, § 307 BGB Kündigungsklausel Rn. 29; BGH NJW 2001, 3480 (3482).

(Händler oder Franchisenehmer) voraussetzen. Teilweise verlangt die Rechtsprechung hier (etwa beim KFZ-Vertrieb) Kündigungsfristen von mindestens einem Jahr.[102]

d) Erschwerung bestehender Kündigungsrechte

Ob der Ausschluss ordentlicher Kündigungsrechte in Dauerschuldverhältnissen angemessen 46
ist, richtet sich nach der **Dauer der Vertragslaufzeit,** für welche die Parteien **fest gebunden** sind.[103] In Individualverträgen kann § 138 BGB bei übermäßig langen Festlaufzeiten, die nicht mehr in einem vertretbaren Verhältnis zu den Investitionen der anderen Vertragspartei stehen, ins Spiel kommen.[104] Unterhalb dieser Schwelle muss über die Wirksamkeit einer Laufzeitklausel in Standardverträgen nach Maßgabe einer anhand des jeweiligen Vertragstyps vorgenommenen konkreten Interessenabwägung entschieden werden, wobei insbesondere wirtschaftliche Kriterien wie das Interesse des Klauselverwenders an einer Amortisation getätigter Investitionen sowie einer langfristigen Stabilität der Vertragsbeziehungen einfließen (§ 307 BGB).[105] Keine Ausstrahlungswirkung auf den unternehmerischen Geschäftsverkehrs hat § 309 Nr. 9 BGB.[106]

Der Ausschluss oder eine Erschwerung des **außerordentlichen Kündigungsrechts** ist 47
unzulässig. Dies gilt auch unabhängig davon, ob der Ausschluss in AGB oder einer Individualvereinbarung[107] enthalten ist. Zulässig ist dagegen die nähere Ausgestaltung, wenn und soweit diese nicht zu einer unzumutbaren Einschränkung des Kündigungsrechts führt.[108]

2. Schweizer Recht

Da das Schweizer Recht bislang **keine offene Inhaltskontrolle** für im unternehmeri- 48
schen Geschäftsverkehr verwendete AGB vorsieht,[109] besteht für die Vereinbarung vertraglicher Rücktritts- und Kündigungsklauseln grundsätzlich ein **weiter Spielraum.**[110] Das Recht zur außerordentlichen Kündigung aus wichtigem Grund in Dauerschuldverhältnissen ist allerdings vertraglich nicht abdingbar.[111] Darüber hinaus ist das sofortige Kündigungsrecht im Auftragsrecht (Art. 404 OR) nach höchstrichterlicher Rechtsprechung zwingend und steht daher nicht zur Disposition der Parteien.[112] Ein Ausschluss ordentlicher Kündigungsmöglichkeiten kann dagegen (nur) dann problematisch werden, wenn die Laufzeit zu einer übermäßigen Einschränkung der wirtschaftlichen Dispositionsfreiheit führt.[113]

3. Englisches Recht

a) Ausschluss der rescission

Um das Risiko einer ex-tunc wirkenden rescission wegen misrepresentation auszuschlie- 49
ßen, verwendet die Vertragspraxis in englischem Recht unterliegenden Verträgen regelmäßig so genannte **„non-reliance clauses“.** Der Regelungsgehalt dieser Klauseln erschöpft

[102] Mesch ZVertriebsR 2015, 8 (9f.).
[103] BeckOGK/Zschieschack, 1.6.2022, § 307 BGB Kündigungsklausel Rn. 9.
[104] Grüneberg/Ellenberger BGB § 138 Rn. 80 (für Automatenaufstellverträge).
[105] Ulmer/Brander/Hensen/Fuchs AGB-Recht § 307 BGB Rn. 187 ff. S. mit Blick auf einen Franchisevertrag etwa OLG Frankfurt ZVertriebsR 2015, 161 (163): „Die Vertragslaufzeit muss mindestens einen Zeitraum abdecken, innerhalb dessen eine Amortisation der Investitionen regelmäßig zu erwarten ist.“
[106] Ulmer/Brander/Hensen/Fuchs AGB-Recht § 309 Nr. 9 BGB Rn. 22 mwN.
[107] Zum zwingenden Charakter von § 314 BGB BeckOGK/Martens § 314 BGB Rn. 24.
[108] BeckOGK/Martens, 1.4.2022, § 314 BGB Rn. 25.
[109] Frei/Jung EuCML 2015, 165 (166).
[110] Zur Abdingbarkeit von Art. 107 OR etwa BSK/Wiegand OR I Art. 107 Rn. 22 unter Verweis auf BG Urt. v. 24.9.2002 – 4C.133/2001 E.2.
[111] BG Urt. v. 8.9.2011 – 4 A_148/2011 E 4.3.1.
[112] Boog/Eschment RIW 2015, 245 (255) mwN zur Rechtsprechung.
[113] BSK/Meise/Huguenin OR I Art. 19/20 Rn. 45.

sich dabei in der Feststellung, dass sich die Parteien bei Vertragsabschluss nicht auf tatsächliche Angaben der jeweils anderen Partei verlassen haben und eine misrepresentation damit schon tatbestandlich nicht in Betracht kommen kann.[114] Das wird von der Rechtsprechung im Grundsatz auch akzeptiert, wenn **keine Arglist** im Spiel war (fraudulent misrepresentation).[115] Allerdings unterfällt eine non-reliance clause als exemption clause gem. s. 3 Misrepresentation Act 1967 in Verbindung mit s. 11 UCTA 1977 grundsätzlich einer Inhaltskontrolle am Maßstab der „reasonableness“.[116] Daher empfiehlt sich eine zurückhaltende Ausgestaltung.[117]

b) Ausschluss bestehender termination rights

50 Den Parteien steht es grundsätzlich frei, das aus common law folgende Recht zur termination vertraglich auszuschließen oder (etwa in zeitlicher Hinsicht) einzuschränken. Da sowohl der Ausschluss, als auch die Beschränkung den restriktiven Auslegungsregeln für exemption clauses unterfallen,[118] muss sich diese gewünschte Rechtsfolge aber klar und eindeutig aus der Klausel ergeben. Darüber hinaus können **Wirksamkeitsgrenzen** aus dem UCTA 1977 folgen, wenn der Ausschluss bzw. Einschränkungen in Allgemeinen Geschäftsbedingungen (standard terms of business) enthalten sind.[119] Da der UCTA 1977 aufgrund seiner Bereichsausnahmen für internationale Lieferverträge (s. 26) sowie sonstige Verträge, die nur aufgrund einer Rechtswahl englischem Recht unterstehen (s. 27 Abs. 1), auf die meisten internationalen Wirtschaftsverträge nicht anwendbar ist, bleibt die Relevanz dieser Inhaltskontrolle an dieser Stelle aber gering.[120]

c) Vereinbarung zusätzlicher Lösungsrechte (express termination clauses)

51 Die weitgespannte Vertragsfreiheit im englischen Recht erlaubt den Vertragsparteien im Ausgangspunkt auch, Lösungsrechte – wie in der Vertragspraxis durchaus üblich – ausdrücklich im Vertrag (sog. express termination clauses) zu vereinbaren.[121] Die Popularität von express termination clauses erklärt sich nicht zuletzt daraus, dass die Existenz von Aufhebungsrechten im Fall einer Vertragsverletzung nach common law mit **erheblichen Rechtsunsicherheiten** verbunden ist[122] und ein Irrtum über ihr (Nicht-)Bestehen schwerwiegende Konsequenzen für die terminierende Vertragspartei haben kann: Da die Ausübung eines in Wirklichkeit nicht bestehenden Lösungsrechts eine sog. repudiation of the contract darstellt, wird in diesem Fall nämlich die andere Vertragspartei ihrerseits zur Aufhebung und Geltendmachung von Schadensersatzansprüchen berechtigt.[123]

52 **aa) Voraussetzungen für die Ausübung eines express termination right nach Auslegung.** Angesichts der gravierenden Rechtsfolgen legt die englische Rechtsprechung express termination clauses eng aus. Prinzipien von Treu und Glauben muss die Ausübung

---

[114] Mason J. Bus L. 2014, 313f.

[115] Dogmatisch stützt sich die Rechtsprechung dabei auf einen sog. „contractual estoppel“; kritisch dazu Loi L.M.C.L.Q. 2015, 346 (366).

[116] Mason J. Bus. L. 2014, 313 (316f.); zum Ganzen auch → § 11 Rn. 23f. Zumindest die in s. 27 Abs. 1 vorgesehene Bereichsausnahme des UCTA 1977 greift nicht für Haftungsbeschränkungen für den Fall einer misrepresentation ein, vgl. *Trident Turboprop (Dublin) Limited v First Flight Couriers Limited* [2009] EWCA Civ 290 Rn. 16f.

[117] Zu Klauselvorschlägen unter Berücksichtigung der aktuellen Rechtsprechung → § 11 Rn. 29ff.

[118] Stannard/Capper Termination Rn. 4.43.

[119] Insbes. s. 3 Abs. 2 UCTA 1977; dazu Stannard/Capper Termination Rn. 4.46ff.

[120] Vertieft zum Anwendungsbereich des UCTA 1977 → § 8 Rn. 51.

[121] Carter Breach of Contract Rn. 3–07. Mittelbar kann dies auch dadurch erfolgen, dass bestimmte Vertragspflichten ausdrücklich als „conditions“ qualifiziert werden und auf diesem Weg ein auf common law rückführbares termination right geschaffen wird.

[122] Randall CLJ 2014, 113 (115).

[123] Carter Breach of Contract Rn. 8–23; Stannard/Capper Termination Rn. 8.01; *Vivergo Fuels Ltd v Redhall Engineering Solutions Ltd* [2013] EWHC 4030 (TCC) Rn. 520.

des vertraglichen Aufhebungsrechts zwar nicht entsprechen.[124] Die von der Klausel geforderten materiellen und formellen Voraussetzungen müssen aber grundsätzlich **strikt eingehalten** werden.[125] Macht die Klausel (wie in Wirtschaftsverträgen häufig) das Recht zu einer termination davon abhängig, dass der anderen Vertragspartei vorab innerhalb einer bestimmten Frist Gelegenheit zur Abhilfe der Vertragsverletzung gegeben worden ist, muss die Vertragsbeendigung angedroht, ausdrücklich die Gelegenheit zur Abhilfe eingeräumt und vor Vertragsaufhebung der fruchtlose Ablauf der Frist abgewartet werden.[126] Anders als bei aus common law folgenden Aufhebungsrechten[127] reicht eine bloß antizipierte Verletzung der maßgeblichen Vertragspflicht selbst dann nicht aus, wenn keinem Zweifel unterliegt, dass es zu einer Verletzung kommen wird.[128] Knüpft die Klausel allgemein an einen breach of contract an, verlangt die Rechtsprechung auf Grundlage einer restriktiven Auslegung regelmäßig eine **erhebliche Vertragsverletzung.**[129] Die Erklärung der auf ein express termination right gestützten Vertragsbeendigung muss schließlich klar und eindeutig sein.[130]

bb) Rechtsfolgen. Ein entscheidender Unterschied gegenüber den aus common law fol- 53
genden Lösungsrechten besteht schließlich auch mit Blick auf die Rechtsfolgen: Stützt der Berechtigte die Vertragsbeendigung (ausschließlich) auf ein **express termination right,** kann er keinen **Ersatz** für den erst nach Vertragsbeendigung entstehenden **Erfüllungsschaden** (loss of bargain damages) verlangen.[131] Das gilt selbst dann, wenn zugleich auch die Voraussetzungen für ein aus common law folgendes Lösungsrecht vorlagen und die termination daher (auch) auf diesen Rechtsgrund hätte gestützt werden können.[132] Dogmatisch wird das unter anderem damit begründet, dass entsprechende Schäden kausal durch die Ausübung des (vertraglichen) Beendigungsrechts entstanden (und damit der vertragsbrüchigen Partei nicht mehr zurechenbar) sind, während die auf common law gestützte termination letztlich wertungsmäßig nur die Bestätigung einer Vertragsaufsage der

---

[124] *Lombard North Central Ltd v European Skyjets Ltd* [2022] EWHC 728 (QB). Grundlegend auch *TAQA Bratani Limited v Rockrose UKCS8 LLC* [2020] EWHC 58 (Comm) Rn. 44ff.: *„In those circumstances, I reject the notion that the availability of a termination provision such as that relied on by the claimants in this case could be constrained by an implied term that qualifies the manner in which it may be exercised".*

[125] Randall CLJ 2014, 113 (116) mwN zur Rechtsprechung.

[126] Randall CLJ 2014, 113 (116f.) mwN zur Rechtsprechung; *Qogt Inc v International Oil and Gas Technology Ltd* [2014] EWHC 1628 (Comm) Rn. 113.

[127] Dazu oben → Fn. 66.

[128] Furmston/Carter/Stannard Contract Law Rn. 7.7 mwN.

[129] *Dominion Corporate Trustees Ltd. v Debenhams Properties Ltd* [2010] EWHC 1193 Rn. 32; Stannard/Capper Termination Rn. 8.11.

[130] *Société Générale, London Branch v Geys* [2012] UKSC 63 Rn. 57: *„Whatever the test to be applied, it seems to me an obviously necessary incident of the employment relationship that the other party is notified in clear and unambigous terms that the right to bring the contract to an end is being exercised, and how and when it is intended to operate. These are general requirements applicable to notices of all kinds (…)".*

[131] Grundlegend *Financings Ltd v Baldock* [1963] 2 QB 104 (113) (CA).

[132] Sehr anschaulich hierzu (mit Blick auf einen daraus resultierenden Verlust möglicher Schadensersatzansprüche in Höhe von rund £ 200 Mio.) *Phones 4U Ltd v EE Ltd* [2018] EWHC 49 Rn. 117: „(…) *The loss of bargain damages claim requires EE to show that the termination of the contract, which created the loss of bargain, resulted from the repudiatory breach or renunciation by Phones 4U that it is presently to be assumed EE might prove at trial. That in turn requires EE to show that the contract was terminated by its exercise of its common law right to terminate for that breach, respectively that renunciation. (…) If, as Phones 4U says, EE's termination letter communicated only a termination under clause 14.1.2 independent of the repudiatory breach or renunciation now alleged, then the contract was not terminated at common law for repudiation. That it could have been so terminated (if EE makes good its allegation of repudiation) cannot be used to re-characterise the facts.*" Die (explizite) kumulative Stützung einer termination sowohl auf eine express termination clause als auch auf ein common law right ist möglich, wenn dies nicht zu inkonsistenten Rechtsfolgen führt, *Newland Shipping and Forwarding Ltd v Toba Trading FZC* [2014] EWHC 661 (Comm) Rn. 54; zum Ganzen auch Hooley Express Termination Clauses, in: Virgo/Worthington Commercial Remedies: Resolving Controversies S. 343 (356ff.) mwN zur Rechtsprechung.

anderen Partei darstellt.[133] Den Parteien steht es aber frei, vertraglich wie im folgenden Klauselbeispiel etwas anderes zu vereinbaren.[134]

Klauselbeispiel für einen Vorbehalt bzgl. der Geltendmachung umfassender Schadensersatzansprüche

If this express termination right is exercised, [•] is not only entitled to damages incurred up to the date of termination of this contract due to the breach, but may also claim loss of bargain damages that would have been avoided in case of proper discharge of the contract.

54 **cc) Verhältnis zu termination rights aus common law.** Sofern sich aus der Vertragsklausel nichts anderes ergibt, besteht grundsätzlich eine Vermutung dafür, dass die aus common law folgenden Lösungsrechte durch express termination clauses **nicht verdrängt** werden, sondern kumulativ neben diesen weiterbestehen.[135] Allerdings hat die Rechtsprechung aus besonderen Tatbestandsvoraussetzungen vertraglich vereinbarter Lösungsrechte mitunter auch abgeleitet, dass ein Aufhebungsrecht aus common law unterhalb dieser Anforderungen nach dem Parteiwillen **nicht (mehr) bestehen** soll.[136] In einer jüngeren Entscheidung ist der englische High Court dagegen wiederum zu dem Ergebnis gelangt, dass die zur Ausübung eines express termination right notwendige vorherige Fristsetzung zur Abhilfe (notice) nicht für ein auf common law gestütztes Recht zur Vertragsbeendigung Geltung beanspruchen könne.[137] Letztlich dürfte es immer eine Frage der Vertragsauslegung im Einzelfall sein, ob express termination clauses die aus dem common law folgenden Lösungsrechte verdrängen bzw. modifizieren sollen oder nicht. Idealerweise sollten die Parteien daher eine ausdrückliche Klarstellung im Vertrag verankern.

C. Klauselgestaltung

55 Die Ausgestaltung von Tatbestand und Rechtsfolgen vertraglicher Lösungsklauseln sollte immer vor dem Hintergrund des einschlägigen Vertragstyps und daraus folgender Regelungsbedürfnisse vorgenommen werden. Die folgenden Klauselvorschläge stellen daher allenfalls ein Gerüst dar, das im konkreten Anwendungsfall ausgebaut bzw. angepasst werden muss.

I. Lösungsklauseln in einmaligen Austauschverträgen

1. Tatbestandsvoraussetzungen

56 Zentraler Bestandteil einer Lösungsklausel ist die Festlegung der tatbestandlichen Voraussetzungen, bei deren Vorliegen ein Recht zur vorzeitigen Vertragsbeendigung bestehen soll. Angesichts der gravierenden Konsequenzen wird (im Einklang mit vielen nationalen und international vereinheitlichten Vertragsrechtsordnungen[138]) häufig eine **wesentliche Vertragsverletzung** und/oder der fruchtlose **Ablauf einer zur Heilung gesetzten**

[133] *Financings Ltd. v Baldock* [1963] 2 QB 104 (112f.) (CA). Kritisch zu diesem und anderen Begründungsansätzen Randall CLJ 2014, 113 (133ff.), der für eine Gleichstellung von vertraglich vereinbarten und aus common law folgenden termination rights plädiert.
[134] *BNP Paribas v Wockhardt EU Operations (Swiss) AG* [2009] EWHC 3116 (Comm) Rn. 32ff.
[135] Furmston/Carter/Stannard Contract Law Rn. 7.7 mwN.
[136] *BSkyB v HP Enterprise* [2010] EWHC 86 (TCC) Rn. 1366.
[137] *Vinergy International (PVT) Ltd v Richmond Mercantile Limited FZC* [2016] EWHC 525 (Comm) Rn. 22ff.
[138] Oben → Fn. 2. Mit Blick auf internationale Regelungswerke vgl. auch Art. 7.3.1. PICC 2016.

Nachfrist verlangt.[139] Die folgende Klausel sieht kumulativ beides vor, sofern der Vertragsverletzung überhaupt noch innerhalb einer Nachfrist abgeholfen werden kann.

Klauselbeispiel für ein Beendigungsrecht im Fall einer wesentlichen Vertragsverletzung nach fruchtlosem Ablauf einer zur Heilung gesetzten Nachfrist

[•] Termination for breach

Either Party may terminate this agreement if the respective other Party (i) is in material breach of this agreement and, unless the breach is not capable of remedy, (ii) has failed to remedy such breach within [•] after remedial measures have been requested by the first Party.

Mehr Rechtssicherheit (dafür weniger Flexibilität) bieten Klauseln, die wie Ziff. 15.2. 57
und Ziff. 16.2 der FIDIC-Mustervertragsbedingungen enumerativ Vertragspflichten auflisten, bei deren Verletzung der anderen Partei ein Recht zur Vertragsaufhebung zustehen soll, und dabei gleichzeitig festlegen, in welchen Fällen vorab die Möglichkeit zur Heilung eingeräumt werden muss. Bei dieser Art der Gestaltung wird insbesondere die mitunter schwierige Prüfung entbehrlich, ob sich die Vertragsverletzung auch im konkreten Einzelfall als wesentlich darstellt bzw. – mit Blick auf die Erforderlichkeit einer Nachfristsetzung – eine Vertragsverletzung überhaupt noch geheilt werden kann.[140]

Klauselbeispiel für ein Beendigungsrecht im Fall näher bezeichneter Vertragsverletzungen[141]

[•] Termination for breach

The Employer may terminate this contract if

(a) the Contractor demonstrates the intention not to continue performance of his obligations; or

(b) (…)

The Employer may in any of the aforementioned events terminate this contract upon giving fourteen (14) days' prior notice to the Contractor (the „Grace Period"), unless the Contractor has remedied such event before the expiration of the Grace Period. However, in the case of sub-paragraphs [•], the Contractor may terminate this contract by notice with immediate effect.

Insbesondere (Anlagen-)Bauverträge enthalten häufig auch das Recht des Bestellers zu 58
einer sog. **freien Kündigung,** die an keine weiteren Voraussetzungen gebunden ist und damit im **freien Ermessen** des Berechtigten ausgeübt werden kann.[142]

Klauselbeispiel für eine termination for convenience

[•] Termination for convenience

The Employer may, at any time and for any or no cause or reason, terminate this agreement.

---

[139] Darüber hinaus kommen grundsätzlich auch Tatbestände außerhalb einer Vertragsverletzung in Betracht; in der Praxis relevant ist insbesondere der Fall der Insolvenz der anderen Partei; zu einem entsprechenden Klauselbeispiel auch unten → Rn. 66. Wie bei Dauerschuldverhältnissen ist die Wirksamkeit eines Lösungsrechts für den Fall der Insolvenz der anderen Partei aber auch bei einmaligen Austauschverträgen gem. §§ 103, 119 InsO zumindest im deutschen Insolvenzrecht zweifelhaft, BGH NJW 2013, 1159 (1160). Generell zu Auswirkungen dieser Entscheidung für die Vertragsgestaltung Huber ZIP 2013, 493 ff. Für die Wirksamkeit in Werkverträgen allerdings jetzt BGH ZIP 2016, 981 (985 f.).

[140] Zu diesem Problem mit Hinweisen zu einschlägiger englischer Rechtsprechung Stannard/Capper Termination Rn. 8.14 ff.

[141] Nachgebildet Ziff. 15.2 FIDIC Yellow Book (1999).

[142] Vertieft dazu → § 21.

Da viele Rechtsordnungen ohnehin ein freies Kündigungsrecht bei Werkverträgen vorsehen (vgl. § 648 BGB; Art. 377 OR), ist häufig nicht die Existenz dieses Rechts als solches, sondern vielmehr die Rechtsfolge der entscheidende Punkt bei der Beantwortung der Frage, ob diese Möglichkeit der Vertragsbeendigung akzeptiert werden kann.

2. Zeitliche Grenzen

59 Sofern das anwendbare Recht nicht ohnehin entsprechende Befristungen[143] vorsieht, wird die Vertragspartei, die eine Terminierung befürchten muss, an einer zeitlichen Beschränkung von Lösungsrechten interessiert sein. Die folgende Klausel ordnet daher ein **Erlöschen** des Rechts zur Vertragsbeendigung an, wenn es vom Berechtigten nicht innerhalb einer definierten **Frist** nach Kenntnis (bzw. Kennenmüssen) von seiner Entstehung ausgeübt wird. Weitergehende Einschränkungen nach dem anwendbaren Recht (etwa mit Blick auf die Anknüpfung des Fristbeginns an einen ausschließlich objektiven Umstand) bleiben nach Maßgabe der folgenden Klausel unberührt. Während die Klausel bei Geltung englischen oder Schweizer Rechts wohl grundsätzlich wirksam ist, dürfte sie bei deutschem Recht als maßgeblichem Vertragsstatut gem. §§ 309 Nr. 8, 307 BGB zumindest an der AGB-Inhaltskontrolle scheitern.[144]

Klauselbeispiel für die zeitliche Befristung eines Lösungsrechts

Without prejudice to any further time limits imposed by the applicable law, the right to terminate this contract must in any event be exercised within [•] after the party who is entitled to that right has become aware or ought to have become aware of the facts giving rise to its existence. If the party in breach is not in receipt of a declaration of termination until the lapse of this period, the termination right is extinguished.

60 Alternativ kommt eine **§ 350 BGB nachgebildete** Regelung in Betracht, die es der anderen Vertragspartei zumindest erlaubt, dem Berechtigten eine angemessene Frist zu setzen, innerhalb derer die Vertragsbeendigung erklärt werden muss.

Klauselbeispiel für die Möglichkeit einer Fristsetzung zur Ausübung des Beendigungsrechts gegenüber der berechtigten Partei

The other party may set a period of time of at least [•] days within which the party entitled to terminate the contract must exercise that right. If the party in breach is not in receipt of a declaration of termination until the lapse of such period of time, the right of termination is extinguished.

61 Die zur Beendigung des Vertrages berechtigte Vertragspartei wird umgekehrt ein Interesse daran haben, die ggf. im anwendbaren Vertragsstatut vorgesehenen Fristen für die Ausübung (wie etwa die Notwendigkeit zur unverzüglichen Erklärung des Rücktritts im Fall des Leistungsverzugs gem. Art. 107 Abs. 2 OR) **abzubedingen** bzw. zu entschärfen.

Klauselbeispiel für die Entschärfung einer gesetzlichen Ausschlussfrist für die Ausübung eines Beendigungsrechts

The right to terminate this contract may be exercised for a period of [•] after it has come into existence. Shorter periods imposed by the governing law, in particular [•], shall not apply.

---

143 Bspw. Art. 107 Abs. 2 OR; zeitliche Schranken für ein Aufhebungsrecht sowohl bei Spät-, als auch Schlechtleistungen bzw. anderweitigen (wesentlichen) Vertragsverletzungen sehen auch Art. 49 Abs. 2 und Art. 64 Abs. 2 CISG vor.

144 Dazu mit Blick auf § 309 Nr. 8 lit. a) BGB Stoffels AGB-Recht Rn. 872f.

II. Kündigungsklauseln bei Dauerschuldverhältnissen

1. Ordentliches Kündigungsrecht

Vertragliche Regelungen ordentlicher Kündigungsrechte der Parteien werden bei Dauerschuldverhältnissen insbesondere im Fall **unbefristeter Vertragslaufzeiten** relevant. Da die meisten Rechtsordnungen nur für ausgewählte Dauerschuldverhältnisse Bestimmungen über einschlägige ordentliche Kündigungsfristen vorhalten, ist eine vertragliche Regelung schon aus Gründen der Rechtssicherheit empfehlenswert. 62

Eine gelungene Kündigungsklausel sollte die Kündigungsfrist sowie ggf. eine Klarstellung darüber enthalten, ob die Kündigung nur zum Ende eines Kalendermonats bzw. Kalenderjahres erfolgen kann.[145] In vielen nationalen Rechtsordnungen bestehen für bestimmte Dauerschuldverhältnisse zudem (halb-)zwingende Regelungen, die bei der Vertragsgestaltung beachtet werden müssen. Im Bereich internationaler Wirtschaftsverträge ist das insbesondere bei Vertriebsverträgen relevant.[146] 63

Klauselbeispiel für die Regelung der Vertragslaufzeit und der Möglichkeit zur ordentlichen Kündigung bei Dauerschuldverhältnissen (unbefristeter Vertrag)

[•] Term and Termination

(1) This contract is concluded for an indefinite period of time.

(2) Either Party may terminate this contract subject to [•] months' prior notice [effective to the end of a calendar month/calendar year].

Auch bei unbefristeten Verträgen können ordentliche Kündigungsmöglichkeiten durch die Einschränkung des ordentlichen Kündigungsrechts während einer definierten **Grundlaufzeit** oder durch die Festlegung längerer Kündigungsfristen beschnitten werden. 64

Klauselbeispiel für ein ordentliches Kündigungsrecht nach Ablauf einer definierten Mindestlaufzeit des Vertrages

[•] Term and Termination

(1) This contract shall remain in force for a fixed initial period of [•] from its effective date. After the lapse of the fixed initial period, either party may terminate the contract at any time by giving the other party three (3) months' prior written notice to that effect.

(2) The right of either party to terminate this contract for cause with immediate effect during or after the initial period remains unaffected.

Nur bedingt empfehlenswert ist die in vielen anglo-amerikanischen Verträgen zu findende Regelung, anstelle einer unbefristeten Laufzeit eine Grundlaufzeit (initial term) bei gleichzeitiger automatischer Verlängerung des Vertrages um jeweils neue definierte Zeiträume (renewal terms) zu vereinbaren. Ist die Klausel nicht hinreichend klar abgefasst, besteht hier zum einen die Gefahr, dass Auslegungszweifel darüber verbleiben, ob eine ordentliche Kündigung nur zum Ende oder auch während der Laufzeit des initial term bzw. eines renewal term möglich ist.[147] Darüber hinaus erfüllt sich regelmäßig auch die Hoffnung nicht, mit Hilfe dieser Regelungstechnik zwingende Mindestkündigungsfristen des Vertragsstatuts (die in vielen Rechtsordnungen mit Dauer der Vertragsbeziehung kontinuierlich ansteigen) umgehen zu können, da die Rechtsprechung vergleichbar mit Ketten- 65

[145] Eine Vermutung dafür besteht vorbehaltlich abweichender vertraglicher Vereinbarungen etwa im deutschen Handelsvertreterrecht, § 89 Abs. 1 S. 3 HGB.

[146] Dazu → § 19 Rn. 147ff.

[147] Zu einer solchen Konstellation in dem berühmten „Million Dollar Comma" Fall → § 2 Rn. 20.

verträgen auch in dieser Konstellation eine Addition der einzelnen Zeitabschnitte vornimmt.[148]

Klauselbeispiel für feste Laufzeit mit automatischer Verlängerung im Fall unterlassener Kündigung

[•] Term and Termination

This agreement shall remain in force for an initial term until [•]. Thereafter, it shall automatically prolong for further renewal terms of each [•] unless it is terminated by either party with [•] months' notice prior to the end of either the initial term or any renewal term.

2. Außerordentliches Kündigungsrecht

66 Ein **Ausschluss** des Kündigungsrechts aus wichtigem Grund ist in den meisten Rechtsordnungen nicht möglich. Umgekehrt ist eine vertragliche **Ausweitung** an dieser Stelle nicht nur bei Anwendbarkeit der deutschen AGB-Inhaltskontrolle, sondern generell bei Geltung zwingender ordentlicher (Mindest-)Kündigungsfristen problematisch, da diese durch niedrigschwellige außerordentliche Kündigungsrechte umgangen werden könnten. Häufig verbleibt damit nur die Möglichkeit, gesetzlich vorgezeichnete Kündigungsgründe unter Berücksichtigung des jeweils vorliegenden Vertragstyps vertraglich zu präzisieren. Unter anderem bei Anwendung deutschen (Insolvenz-)Rechts ist darüber hinaus zweifelhaft, ob die vertragstypübergreifend häufig vereinbarte und nachfolgend wiedergegebene Regelung wirksam ist, nach der die Insolvenz der anderen Vertragspartei einen zulässigen Kündigungsgrund darstellt.[149]

Klauselbeispiel für eine Regelung außerordentlicher Kündigungsgründe

[•] Termination for cause

(1) Either party may terminate this Agreement for good cause with immediate effect.

(2) Good cause shall include, but is not limited, to the following:

a) The other Party becomes subject to bankruptcy, insolvency, liquidation or winding-up proceedings in any jurisdiction, or is otherwise insolvent or unable to pay its debts, or if a receiver is appointed over or steps are taken to enforce any security interest against the whole or a material part of its assets;

b) (…)

III. Formfragen

67 In den meisten Rechtsordnungen unterliegt die Ausübung eines Lösungsrechts zumindest bei Verträgen im unternehmerischen Geschäftsverkehr[150] **keinen** besonderen **Formvorschriften.** Ausnahme ist etwa das belgische Recht, das im Fall der Kündigung von Vertriebsverträgen eine Zustellung des Kündigungsschreibens durch persönliche Aushändigung, eingeschriebenen Brief oder Übergabe durch einen Gerichtsvollzieher verlangt.[151] Im Anwendungsbereich des Europäischen Kollisionsrechts führt die Nichtbeachtung zwingender Formvorschriften des Vertragsstatuts allerdings nicht zwingend zur **Formunwirksamkeit** der Erklärung: Das in Art. 11 Abs. 3 Rom I-VO enthaltene sog. „favor validitatis" Prinzip lässt es auch bei einseitigen Rechtsgeschäften, die sich auf einen geschlossenen

[148] So zumindest im deutschen Recht, Mesch ZVertriebsR 2015, 8 (11); zu Kettenverträgen auch BGH NJW-RR 2003, 98.

[149] Dazu oben → Fn. 139.

[150] Anders etwa im deutschen Recht bei Arbeitsverträgen (§ 623 BGB) und Wohnraummietverträgen (§ 568 Abs. 1 BGB).

[151] Für Handelsvertreterverträge etwa Art. X.16 § 2 Code de droit économique; Van Combruggy IHR 2009, 89 (94).

oder zu schließenden Vertrag beziehen,[152] genügen, wenn alternativ die maßgeblichen Formvorschriften entweder des Rechts des Staates, in dem die Erklärung vorgenommen worden ist oder in dem die Person, die das Rechtsgeschäft vorgenommen hat, zu diesem Zeitpunkt ihren gewöhnlichen Aufenthalt hatte, eingehalten werden.

Davon abgesehen bleibt es den Parteien unbenommen, für die wirksame Ausübung eines Beendigungsrechts **vertraglich** eine besondere Form zu vereinbaren.[153] In diesem Fall sollten die Anforderungen der jeweils gewählten Form möglichst genau festgelegt werden. Beispielsweise ist im deutschen Recht auf Grundlage von § 127 Abs. 2 BGB nicht eindeutig, ob eine vertraglich vereinbarte Schriftform auch eine Kündigung oder Rücktrittserklärung durch einfache E-Mail gestattet.[154] Zumindest in gegenüber Verbrauchern verwendeten AGB, die deutschem Recht unterliegen, ist auch § 309 Nr. 13 lit. b) BGB zu berücksichtigen: In AGB unwirksam sind danach **vertragliche Formerfordernisse** mit Blick auf empfangsbedürftige Anzeigen oder Erklärungen (und damit auch Rücktritts- und Kündigungserklärungen), die dem Verwender oder einem Dritten gegenüber abzugeben sind, sofern eine strengere Form als die **Textform** vorgesehen ist. Auf den unternehmerischen Geschäftsverkehr dürfte § 309 Nr. 13 BGB allerdings keine (über § 307 BGB vermittelte) Ausstrahlungswirkung haben.[155] 68

IV. Rechtsfolgen

1. Schicksal vor Beendigung bereits ausgetauschter bzw. bereits fällig gewordener Leistungen

Auf Rechtsfolgenseite ist in erster Linie klärungsbedürftig, ob und wie bereits ausgetauschte Vertragsleistungen im Fall einer vorzeitigen Vertragsbeendigung **rückabgewickelt** werden müssen. Im Fall von Dauerschuldverhältnissen folgen Rückgewähransprüche zwar weder aus dem anwendbaren Recht,[156] noch dürften sie von den Parteien gewollt sein.[157] Bei einmaligen Austauschverträgen stellt sich dagegen unter anderem die Frage, ob und in welcher Weise bis zur Vertragsbeendigung erbrachte Leistungen vergütet oder bereits geleistete Zahlungen rückerstattet werden müssen. Häufig wird dabei danach differenziert, ob die Vertragsbeendigung auf ein freies Beendigungsrecht oder eine Vertragsverletzung der anderen Partei gestützt wird. In jedem Fall empfiehlt sich zumindest bei einem Vertragsstatut, das (wie insbesondere das englische Recht) keine konsistenten Regelungen für eine Rückabwicklung bereitstellt, eine möglichst umfassende, auf den konkreten Einzelfall und Vertragstyp abgestimmte Klausel. 69

Im Einzelfall kann zunächst die Regelung sinnvoll sein, dass die termination zwar zur Befreiung der Parteien von ihren primären Leistungspflichten mit **Wirkung** für die **Zukunft** führt, bereits entstandene vertragliche Ansprüche aber unberührt bleiben. Interessengerecht ist diese Lösung insbesondere dann, wenn sich die in der Vergangenheit aus- 70

[152] In den Anwendungsbereich von Art. 11 Abs. 3 Rom I-VO fallen daher etwa Anfechtung, Rücktritt und Kündigung eines Vertrages, BeckOGK/Gebauer, 1.6.2022, Art. 11 Rom I-VO Rn. 140.

[153] Dazu mit Klauselbeispielen → § 11 Rn. 55.

[154] So etwa OLG München BeckRS 2012, 03202; MüKoBGB/Einsele § 127 Rn. 10; andere Auffassung mit Blick auf die in § 13 Nr. 5 VOB/B vorgesehene schriftliche Mängelrüge dagegen OLG Jena NJW 2016, 1330 (1331); berechtigte Kritik dazu äußert Schäfer NJW 2016, 1333.

[155] MüKoBGB/Wurmnest § 309 Nr. 13 Rn. 11 mwN.

[156] Im deutschen und Schweizer Recht entsteht durch die (allein mögliche) Kündigung kein Rückgewährschuldverhältnis. Im englischen Recht werden die vor Beendigung zeitabschnittsweise geleisteten Zahlungen für die Erbringung von Leistungen als vertragliche Rechte betrachtet, die bereits „unconditionally acquired" wurden und daher nicht der Rückabwicklung unterliegen, dazu Stannard/Capper Termination Rn. 9.10f.

[157] Allerdings kann sich mit Blick auf die Abwicklung des Vertrages an anderer Stelle Regelungsbedarf ergeben, siehe zB für Vertragshändlerverträge etwa → § 19 Rn. 197ff.

getauschten Leistungen und Gegenleistungen (wie insbesondere bei Dauerschuldverhältnissen) die Waage halten.

Klauselbeispiel für einen weitgehenden Ausschluss der Rückabwicklung

[•] Consequences of Termination

Following a termination of this contract, neither Party has any further obligation to perform under this contract or to make any further payments other than payments due and owing before the termination date.[158]

71 Der mit dieser Klausel der Sache nach verbundene **Ausschluss von Rückgewähransprüchen** ist aber etwa dann problematisch, wenn eine Vertragspartei auf Grundlage der vertraglichen Regelungen mit Geldzahlungen in **Vorleistung** gegangen ist.[159] Alternativ kann für diesen Fall daher bestimmt werden, dass vor Vertragsbeendigung geleistete Zahlungen zurückgefordert werden können. Im englischen Recht kann sich eine solche Klausel gerade aus Perspektive des Käufers/Bestellers empfehlen, wenn Rückgewähransprüche mit Blick auf einzelne Zahlungsraten ansonsten aufgrund einer fehlenden total failure of consideration selbst dann nicht möglich wären, wenn der Käufer/Besteller keine Leistungen erhalten hat.[160]

Klauselbeispiel für einen ausdrücklichen Anspruch auf Rückgewährung bereits geleisteter Zahlungen

[•] Consequences of Termination

Upon termination of this contract by [Party A] in accordance with this clause, [Party B] shall repay to [Party A] all sums previously paid to [Party B] under this contract, together with interest accrued thereon calculated at the rate of [•] until the date of refund.[161]

72 Insbesondere Anlagenbauverträge sehen üblicherweise differenzierte Regelungen vor, die auch im Fall einer Beendigung wegen Vertragsverletzung des Auftragnehmers eine Vergütung in Höhe des Wertes der bislang erbrachten und für den Auftraggeber nutzbaren Leistungen unter Verrechnung mit bereits bezahlten Raten vorsehen. Das entspricht weitgehend der Regelung im deutschen Recht, das einen vergleichbaren Anspruch im Fall nicht in Natur zurück zu gewährender Bauleistungen gestützt auf § 346 Abs. 2 BGB gewährt. Im englischen Recht könnte der Werkunternehmer dagegen im Fall einer auf seiner Vertragsverletzung beruhenden termination des Bestellers ohne eine solche Regelung (mit Ausnahme von Zahlungsraten, die für bereits **vor** der Vertragsbeendigung erbrachte Leistungen als unbedingte vertragliche Ansprüche („accrued obligations") bestimmt waren) **keine (Wertersatz-)Ansprüche** geltend machen.

Klauselbeispiel für eine Verrechnungslösung

[•] Consequences of Termination

(1) In the event of any termination pursuant to [•], the value of the works performed in accordance with the contract and already supplied to the Employer prior to termination (hereinafter the „Value of the Works") shall be set off against any and all payments already made to the Contractor in accordance with the contract (the „Sum Paid").

(2) If the Value of the Works exceeds the Sum Paid, the Employer shall pay the amount of the corresponding difference to the Contractor. If the Sum Paid exceeds the Value of the

[158] Nachgebildet dem Klauselvorschlag bei Stark Drafting S. 352 (im Fall eines Force Majeure event).

[159] Zu einer solchen Rechtsfolge instruktiv *Cadogan Petroleum Holdings Ltd v Global Process Systems LLC* [2013] EWHC 214 (Comm).

[160] Zu dieser insbes. bei Werklieferungsverträgen möglichen Konstellation *Hyundai Heavy Industries Co. Ltd. v. Papadopoulos* [1980] 1 W.L.R. 1129 (1134 ff.) (HL).

[161] Nachgebildet der streitgegenständlichen Klausel in der Rechtssache *Stocznia Gdynia S.A. v Gearbulk Holdings Ltd* [2009] EWCA Civ 75 Rn. 5.

Works, the Contractor shall refund the Employer the amount in excess. Respective payments shall in either case become due within [•] days after the date of termination.

Im Fall einer „termination for convenience" dürfte der Auftragnehmer dagegen regelmäßig ein (berechtigtes) Interesse daran haben, nicht nur für bereits erbrachte Leistungen, sondern auch für entgangene Gewinne eine angemessene Kompensation zu erhalten. Eine § 648 BGB bzw. Art. 377 OR nachgebildete Klausel hat dabei den Vorteil, dass sich der Auftragnehmer nur **ersparte Aufwendungen** anrechnen lassen muss und damit wirtschaftlich nicht schlechter gestellt wird als bei einer vollständigen Durchführung des Vertrages. 73

Klauselbeispiel für § 648 BGB nachgebildete Rechtsfolgen einer „termination for convenience" (aus Sicht der gekündigten Vertragspartei)

In the event of a termination for convenience by the Employer, the Contractor remains entitled to claim the agreed remuneration. However, expenses saved by the Contractor as a result of the termination of the contract or profits that the Contractor has acquired (or has wilfully failed to acquire) from other use of his labour shall be deducted from the agreed remuneration.

Der Auftraggeber wird dagegen ein Interesse daran haben, die Folgekosten im Fall einer freien Kündigung so gering wie möglich zu halten. Einer AGB-Inhaltskontrolle nach deutschem Recht hält diese Rechtsfolge allerdings nicht stand.[162] 74

Klauselbeispiel Rechtsfolgen einer termination for convenience aus Sicht der kündigenden Partei

In the event of a termination for convenience, the Employer's sole liability resulting therefrom shall be the payment of (i) amounts due and payable for the scope of the works that has already been supplied to the Employer in accordance with the Contract prior to the date of termination as well as (ii) any reasonable and unavoidable demobilization as well as work in progress costs of the Contractor. The Contractor will use reasonable efforts to minimize any costs resulting from the termination for which it is entitled to seek reimbursement from the Employer under this clause.

2. Schadensersatzansprüche nach Vertragsbeendigung

Das anwendbare Recht entscheidet auch darüber, ob und in welchem Umfang Schadensersatzansprüche zusätzlich zur Vertragsbeendigung (und daraus ggf. folgenden Rückgewähransprüchen) geltend gemacht werden können. Unabhängig von der gesetzlichen Ausgangslage können die Parteien aber beispielsweise vertraglich vereinbaren, dass auch auf das Erfüllungsinteresse gerichtete Schadensersatzansprüche **zusätzlich** zu (aber unter Anrechnung von) Rückgewähransprüchen geltend gemacht werden können. 75

Klauselbeispiel für einen Vorbehalt weitergehender Schadensersatzansprüche

[•] Consequences of Termination; Damages

In addition to and without prejudice to any other right or remedy of the Purchaser under this contract or otherwise, in particular any restitutionary claims pursuant to [•] above, the Purchaser is entitled to recover from the Contractor any losses, damages, costs and expenses suffered or incurred by the Purchaser (including loss of bargain damages) in excess of available claims in restitution.

---

162 Anders dagegen, wenn die Kündigung auf die Insolvenz oder einen anderen wichtigen Grund gestützt wird; zur Vereinbarkeit des § 8 Abs. 2 Nr. 2 S. 1 VOB/B (2009) mit § 307 BGB in diesem Fall BGH ZIP 2016, 981 (985 f.).

76 Der Schuldner wird umgekehrt ein Interesse haben, dass Haftungsbeschränkungen auch im Fall der Vertragsbeendigung gelten. Eine entsprechende Klarstellung ist insbesondere im Fall von Haftungsbeschränkungen für den Fall nicht rechtzeitiger Lieferungen und/ oder Leistungen zu empfehlen.[163]

3. Weitergeltung einzelner Vertragsbestimmungen

77 Verträge aus dem anglo-amerikanischen Rechtsraum legen häufig ausdrücklich fest, welche Vertragsbestimmungen im Fall einer termination weitergelten sollen. Entsprechende **„survival clauses"** bestimmen etwa, dass Gerichtsstands- bzw. Schiedsvereinbarungen, Rechtswahlklauseln, Vertraulichkeits- und Freistellungspflichten sowie Haftungsbeschränkungen von der Vertragsbeendigung unberührt bleiben sollen. Da sich diese Rechtsfolge (auch) nach der jüngeren Rechtsprechung von Gerichten aus common law Jurisdiktionen meist ohnehin zwangslos aus der Auslegung des Vertrages ergibt, dürften „survival clauses" meist nur eine lediglich **deklaratorische Wirkung** haben.[164]

78 Das folgende Klauselbeispiel sieht zunächst als rein klarstellenden Auffangtatbestand die Weitergeltung aller Klauseln vor, die nach dem mutmaßlichen Parteiwillen auch nach Vertragsbeendigung in Kraft bleiben sollen. Zusätzlich können einzelne Vertragsbestimmungen ausdrücklich genannt werden, die nach dem Willen der Parteien von einer Vertragsbeendigung unberührt bleiben sollen.

Klauselbeispiel für eine survival clause

[•] Survival

The termination of this contract shall not affect any contractual provision which is intended to survive a termination or which is required to give effect to such termination or the consequences thereof. Without limitation of the foregoing, the following contract terms shall in any event survive the termination of this Agreement: [•].

V. Verhältnis zu gesetzlichen Lösungsrechten

79 Angesichts der deutlich divergierenden Tatbestandsvoraussetzungen und Rechtsfolgen empfiehlt sich insbesondere bei Geltung englischen Rechts eine ausdrückliche Regelung, ob mit vertraglich vereinbarten **express termination rights** die nach **common law bestehenden Beendigungsrechte** ganz (oder zumindest im Anwendungsbereich der vertraglichen Klauseln) **ausgeschlossen** oder aber **unberührt** bleiben sollen.[165] Wollen die Vertragsparteien die kumulative Geltung, sollte ebenfalls klargestellt werden, ob die vereinbarten formalen Voraussetzungen für vertragliche Beendigungsrechte (insbes. Nachfristsetzungen etc) auch auf die Ausübung sonstiger termination rights durchschlagen sollen oder nicht.

80 Ein **Ausschluss** von über die vertraglichen Tatbestände hinausgehenden Rechten wird sich insbesondere dann empfehlen, wenn die vertraglichen Bestimmungen zur Vertragsbe-

[163] Dazu mit Klauselvorschlägen → § 8 Rn. 8ff.

[164] Zum englischen Recht mit Blick auf Streitbeilegungs- und Haftungsklauseln, bei denen die Rechtsprechung nicht mehr wie früher von ihrem Erlöschen im Fall einer Vertragsbeendigung ausgeht Stannard/ Capper Termination Rn. 9.20ff.

[165] Auch aus international verbreiteten Bedingungswerken wie bspw. den im Anlagenbau häufig genutzten FIDIC-Mustervertragsbedingungen ergibt sich nicht immer mit hinreichender Klarheit, ob ausdrücklich geregelte Terminierungsmöglichkeiten abschließend sein sollen oder nicht. Insbesondere lässt sich etwa aus Ziff. 15.2 Conditions of Contract for Plant & Design Build (Yellow Book, Second Edition 2017) nicht eindeutig entnehmen, ob mit der hier gewählten Formulierung *(„The Employer's election to terminate the Contract shall not prejudice any other rights of the Employer, under the Contract or otherwise")* gesetzliche Beendigungsrechte ausgeschlossen sind, weil sich der Vorbehalt zugunsten anderer Rechtsbehelfe wohl (nur) auf die Rechtsfolgenseite bezieht und daher im Umkehrschluss als Ausschluss gesetzlicher Beendigungsrechte angesehen werden könnte; dazu Bock/Zons/Cloppenburg Rechtshandbuch Anlagenbau S. 344f.

endigung ein umfassendes und auf die Interessenlage der Parteien abgestimmtes System bereitstellen.

Klauselbeispiel für einen Ausschluss weitergehender, nicht ausdrücklich im Vertrag geregelter Beendigungsrechte

The express termination rights contained in this contract shall be in lieu of and hence exclude [as far as the event giving rise to the termination falls within their general scope of application] any rights to terminate this contract that may arise out of the operation of law.

Dagegen wird die **Aufrechterhaltung** gesetzlicher Lösungsrechte im Fall einer Ver- 81
tragsverletzung häufig gerade aus der Perspektive des Käufers bzw. Bestellers attraktiv sein. Die folgende Klausel sieht daher nicht nur die kumulative Geltung vertraglicher und gesetzlicher Beendigungsrechte vor, sondern stellt auch klar, dass die Anforderungen vertraglich geregelter Lösungsrechte nicht auf mögliche gesetzliche Rechte durchschlagen.

Klauselbeispiel für die ausdrückliche Anordnung der Weitergeltung gesetzlicher Beendigungsrechte

(1) Express termination rights contained in this contract are in addition to and without prejudice to any further rights and remedies provided by this agreement or the governing law, in particular but not limited to any rights to terminate this contract arising by the operation of law.

(2) For the avoidance of doubt, none of the preconditions stipulated in this contract for the exercise of an express termination right shall be deemed to modify or restrict available termination rights arising by the operation of law.

§ 17 Vorfeldvereinbarungen (pre-contractual documents)

Übersicht

Schrifttum:
Assman/Schneider, Wertpapierhandelsgesetz, 7. Aufl. 2019; *Austmann/Frost,* Vorwirkungen von Verschmelzungen, ZHR 2005, 431 ff.; *Bergjan,* Die Haftung aus *culpa in contrahendo* beim Letter of Intent nach neuem Schuldrecht, ZIP 2004, 395 ff.; *Bergjan/Schwarz,* Scheitern von Vertragsverhandlungen bei M&A-Transaktionen: Die Breakup-Fee-Klausel im Letter of Intent, GWR 2013, 4 ff.; *Bischoff,* Vorvertragliche Verhandlungsinstrumente und ihre Wirkungen im deutschen und US-amerikanischen Recht, ZVglRWiss 2004, 190 ff.; *Blaurock,* Der Letter of Intent, ZHR 1983, 344 ff.; *Czernik,* Der (Rechts-)Schutz gegenüber dem Verrat von Vertriebsgeheimnissen, ZVertriebsR 2015, 231 ff.; *Draetta,* Precontractual Documents in Merger or Acquisition Negotiations, Int'l Bus. L.J. 1991, 229 ff.; *Draetta/Lake,* Letters of Intent and Contractual Liability, Int'l Bus. L.J. 1993, 835 ff.; *Ehrecke,* Die Haftung wegen Abbruchs der Vertragsverhandlungen im grenzüberschreitenden Rechtsverkehr, 2006; *Guinomet,* Break fee-Vereinbarungen, 2002; *Hilgard,* Break-up Fees beim Unternehmenskauf, BB 2008, 286 ff.; *Houck,* Funktion und Durchsetzbarkeit eines Letter of Intent, M&A Review 2006, 65 ff.; *Jahn,* Der Letter of Intent, 2000; *Kösters,* Letter of Intent – Erscheinungsformen und Gestaltungshinweise, NZG 1999, 623 ff.; *Jansen/Hofmann,* Auswirkungen des Gesetzes zum Schutz von Geschäftsgeheimnissen auf Vertraulichkeitsvereinbarungen, BB 2020, 259 ff.; *Meyer-Sparenberg/Jäckle,* Beck'sches M&A-Handbuch, 2. Aufl. 2022; *Kurz,* Vertraulichkeitsvereinbarungen und andere Vorfeldverträge, 4. Aufl. 2019; *Lindner-Figura,* Der Letter of Intent im gewerblichen Mietrecht, NZM 2000, 1193 ff.; *Lutter,* Der Letter of Intent, 3. Aufl. 1998; *Ohly,* Der Geheimnisschutz im deutschen Recht: heutiger Stand und Perspektiven, GRUR 2014, 1 ff.; *Roth,* Geheimhaltungsklauseln in IT-Verträgen, ITBR 2011, 115 ff.; *Schöwerling,* Die Geheimhaltungsvereinbarung: (K) ein Auslaufmodell? GRUR-Prax 2015, 52 ff.; *Seibt* (Hrsg.), Beck'sches Formularbuch Mergers & Acquisitions, 3. Aufl. 2018; *Sieger/Hasselbach,* Break Fee-Vereinbarung bei Unternehmenskäufen, BB 2000, 625 ff.; *Stawowy,* Vorfeldvereinbarungen und Vertragsverhandlungen beim Unternehmenskauf, 2001; *von Werder/Kost,* Vertraulichkeitsvereinbarungen in der M&A-Praxis, BB 2010, 2903 ff.; *Martin Wolf,* Die Wirksamkeit von Anstellungs- und Abwerbeverboten in Due-Diligence-Prozessen im Lichte von § 75f HGB, NZG 2004, 366 ff.; *Manfred Wolf,* Rechtsgeschäfte im Vorfeld von Grundstücksübertragungen und ihre eingeschränkte Beurkundungsbedürftigkeit, DNotZ 1995, 179 ff.

A. Überblick

1 Komplexe Transaktionen im nationalen und internationalen Geschäftsverkehr mit einer für die Beteiligten signifikanten wirtschaftlichen Bedeutung zeichnen sich regelmäßig dadurch aus, dass dem Abschluss eines bindenden Hauptvertrages über den Transaktionsgegenstand intensive Verhandlungen sowie ausführliche Prüfungen des Transaktionsgegenstandes (wie etwa mittels einer Due Diligence Prüfung) vorangehen. In dieser **Verhandlungs- und Prüfungsphase** eines Transaktionsprozesses werden häufig bereits Vereinbarungen zwischen den Beteiligten abgeschlossen, die in unterschiedlicher Weise den weiteren „Gang der Dinge" bis zum Abschluss des angestrebten Hauptvertrages vorbereiten sollen. So werden etwa rechtlich unverbindliche Leitlinien für den Ablauf der weiteren Verhandlungen und Prüfungen sowie deren zeitliche Implikationen aufgestellt. Ferner werden in dieser Phase mitunter erste – freilich in der Regel nur vorläufige – Verhandlungsergebnisse festgehalten sowie rechtlich verbindliche Regelungen für bestimmte Aspekte des weiteren Transaktionsprozesses getroffen.

2 Solche Vereinbarungen, die zeitlich vor dem avisierten Hauptvertrag abgeschlossen werden, werden auch unter dem Begriff **„Vorfeldvereinbarungen"** gefasst.[1] Dabei handelt es sich nicht um einen rechtlich determinierten Begriff, sondern lediglich um eine rein äußerliche Bezeichnung für Vereinbarungen, die **„im Vorfeld"** eines **Hauptvertrages** abgeschlossen werden. Über den Inhalt, den Umfang und auch über die rechtliche Verbindlichkeit solcher Vereinbarungen ist damit noch nichts gesagt. Es fällt also auch eine von den Beteiligten als rechtlich unverbindlich angesehene und ausgestaltete Abrede in die Kategorie der Vorfeldvereinbarungen, wenn man allein auf das zeitliche Moment, den Abschluss im Verhandlungs- und Prüfungsstadium, abstellt.[2]

[1] Stawowy Vorfeldvereinbarungen S. 25; Hertel BB 1983, 1824.

[2] Der Versuch einer darüber hinaus gehenden Bestimmung des Terminus „Vorfeldvereinbarungen" etwa anhand der Inhalte solcher Vereinbarungen ist für die Praxis nicht weiterführend. Angesichts der inhaltlichen Vielgestaltigkeit von Vereinbarungen, die im Vorfeld von späteren Hauptverträgen unterschiedlicher Art abgeschlossen werden, dürfte eine weitere begriffliche Schärfung auch schwerfallen.

Zu den in der nationalen und internationalen Wirtschaftspraxis wichtigsten Vorfeldvereinbarungen zählen Vertraulichkeitsvereinbarungen und Absichtserklärungen.[3] Bei **internationalen Sachverhalten** treten Vertraulichkeitsvereinbarungen regelmäßig unter der Bezeichnung „Non-Disclosure Agreement" oder „Confidentiality Agreement" auf. Absichtserklärungen werden in der internationalen Vertragssprache üblicherweise als „Letter of Intent" bezeichnet, finden sich mitunter aber auch unter der Überschrift „Memorandum of Understanding".[4] 3

Auch wenn Vertraulichkeitsvereinbarungen in der Praxis durchaus unterschiedliche inhaltliche Elemente aufweisen, sind sie rechtlich deutlich stärker typisiert als Absichtserklärungen. Diese zeichnet in der Praxis eine erhebliche Disparität aus. Der Inhalt eines als „Absichtserklärung", „Letter of Intent" oder „Memorandum of Understanding" titulierten Dokuments ist deshalb stärker vom jeweiligen Einzelfall geprägt, zumal, wenn es um die Frage der **rechtlichen Bindungswirkung** einzelner Teile einer solchen Vereinbarung geht. Indes unterliegen auch Absichtserklärungen und ihre englischsprachigen Entsprechungen einer gewissen **rechtlichen Typisierung,** die in der vertragsgestaltenden Praxis und demgemäß auch in zahlreichen Erläuterungen zu Absichtserklärungen in Formularhandbüchern zum Ausdruck kommt. 4

Gleichwohl darf nicht übersehen werden, dass die rechtliche und die wirtschaftliche Bedeutung von Vertraulichkeitsvereinbarungen und Absichtserklärungen (sowie anderer Vorfeldvereinbarungen) aus der Sicht der Parteien in aller Regel begrenzt ist – insbesondere verglichen mit den von den Parteien avisierten Hauptverträgen. Ferner ist der Ablauf komplexer Transaktionsprozesse, bei allen Besonderheiten im Einzelfall, häufig in erheblichem Maße standardisiert. Beides führt dazu, dass Vertraulichkeitsvereinbarungen und Absichtserklärungen mitunter lediglich en passant entworfen werden. Davon ist abzuraten, denn eine gründliche Auseinandersetzung mit den im jeweiligen Einzelfall regelungsbedürftigen Punkten sowie eine präzise Formulierung des Vertragstextes sind bei der Gestaltung von Vertraulichkeitsvereinbarungen und Absichtserklärungen ebenso sinnvoll wie bei der Vorbereitung anderer Wirtschaftsverträge. Ferner sind die Parteien in der Regel gut beraten, Vertraulichkeitsvereinbarungen und Absichtserklärungen möglichst **kurz und prägnant** zu fassen. Das kann dazu beitragen, dass etwaige Verhandlungen über deren Inhalt – auch angesichts der relativen Bedeutung dieser Dokumente im gesamten Transaktionsprozess – möglichst zügig abgeschlossen werden können. Hinzu kommt, dass Vertraulichkeitsvereinbarungen und Absichtserklärungen in der Regel nicht besonders umfangreich sein müssen, um die von den Parteien vorgesehenen Wirkungen zu erzielen. Eine zwanzigseitige, im Einzelnen verhandelte Vertraulichkeitsvereinbarung als Abrede im Vorfeld eines späteren Unternehmenskaufvertrages stellt meist das Werk von Beratern dar, die den Schwerpunkt der geplanten Transaktion verkennen. 5

Die folgende Darstellung beschränkt sich auf Vertraulichkeitsvereinbarungen und Absichtserklärungen als in der Praxis wesentliche Vorfeldvereinbarungen. Das schließt nicht aus, dass einzelne Aspekte und Regelungen, die hier im Zusammenhang mit „typischen" Vertraulichkeitsvereinbarungen und Absichtserklärungen erörtert werden, auch für andere Vereinbarungen relevant sein mögen. 6

[3] Andere Beispiele für Vorfeldvereinbarungen sind Punktationen, Heads of Agreements, Letters of Interest, Instructions to Proceed, Gentlemen's Agreements, aber auch (jedenfalls nach deutschem Recht) schärfer konturierte Vertragstypen wie Vorverträge, Optionsvereinbarungen oder Vorkaufsvereinbarungen.

[4] Memoranda of Understanding sind in der Praxis nicht selten ausführlicher ausgestaltet und enthalten im Vergleich zum Letter of Intent häufig mehr detaillierte und rechtlich verbindliche Regelungen (in diesem Sinne auch Beck Formularbuch Bürgerliches, Handels- und Wirtschaftsrecht/Meyer-Sparenberg Form. III. A. 9 Ziffer 1). Auch dies ist freilich kein trennscharfes Unterscheidungsmerkmal, das sich durchgängig bewährt.

B. Vertraulichkeitsvereinbarungen

I. Gründe für den Abschluss einer Vertraulichkeitsvereinbarung; gesetzliche Ausgangslage

7 Vertraulichkeitsvereinbarungen sind Standardinstrumente im internationalen Wirtschaftsleben. Sobald Unternehmen erwägen, eine **wirtschaftliche oder technische Zusammenarbeit** einzugehen, ist es in der Regel erforderlich, dass einer oder mehreren der beteiligten Parteien bereits geraume Zeit vor dem Abschluss des Hauptvertrages als vertraulich angesehene Informationen zur Verfügung gestellt werden. Ohne diese Informationen sind die sorgfältige Beurteilung und die konkrete Planung der avisierten Zusammenarbeit einerseits häufig nicht möglich. Andererseits möchte diejenige Partei, die einem potenziellen zukünftigen Geschäftspartner vertrauliche Informationen zur Verfügung stellt, sich bestmöglich vor dem Missbrauch dieser Informationen durch den Empfänger schützen, insbesondere, wenn es sich bei dem Empfänger um einen Wettbewerber handelt. Bedeutsam ist für den Informationsgeber auch, dass es in dem Zeitpunkt, in dem er dem Empfänger die vertraulichen Informationen zur Verfügung stellt, in der Regel noch nicht absehbar ist, ob es letztlich überhaupt zur Durchführung der geplanten Transaktion, also dem Abschluss des Hauptvertrages kommt. Vertraulichkeitsvereinbarungen werden deshalb im Rahmen eines Transaktionsprozesses üblicherweise bereits zu einem frühen Zeitpunkt abgeschlossen.[5] Nicht selten ist die Vertraulichkeitsvereinbarung sogar die erste Abrede, die die Parteien unterzeichnen.

8 Der Informationsgeber verlässt sich in einer solchen Situation häufig nicht auf den gesetzlichen Schutz vertraulicher Informationen. Dieser gesetzliche Schutz erfolgt nach deutschem Recht seit 2019 im Wesentlichen nach Maßgabe des **Gesetzes zum Schutz von Geschäftsgeheimnissen** (GeschGehG; in anderen EU-Staaten gibt es vergleichbare Gesetze, die, ebenso wie das GeschGehG, auf der EU-Richtlinie (EU) 2016/943 beruhen). Das GeschGehG erfasst gemäß § 2 Abs. 1 Nr. 2b) eine Information nur dann als Geschäftsgeheimnis, wenn eine **„angemessene Geheimhaltungsmaßnahme"** durch ihren rechtmäßigen Inhaber getroffen wurde. Der Informationsgeber wird es dabei nicht immer belassen, sondern eine gesonderte Vertraulichkeitsvereinbarung ggf. auch deshalb abschließen wollen, um dadurch vertrauliche Informationen zu schützen, bei denen es sich möglicherweise noch nicht um Geschäftsgeheimnisse im Sinne des GeschGehG handelt.

9 Richtig ist zwar auch, dass sich aus der Übergabe von vertraulichen Informationen zur Vorbereitung einer Transaktion regelmäßig ein **vorvertragliches Schuldverhältnis** gemäß § 311 Abs. 2 Nr. 1, 2 BGB ergeben dürfte, das die Verpflichtung des Informationsempfängers beinhaltet, die im Rahmen einer Vertragsanbahnung oder sogar einer Aufnahme von Vertragsverhandlungen zur Verfügung gestellten Informationen vertraulich zu behandeln.[6] Gleichwohl wird der Abschluss einer Vertraulichkeitsvereinbarung vor der Weitergabe vertraulicher Informationen zwecks Vorbereitung einer wie auch immer gearteten Zusammenarbeit von der vertragsgestaltenden Praxis empfohlen.[7] Denn mittels einer expliziten Vereinbarung können nicht nur die Pflichten des Informationsempfängers im Hinblick auf das Geheimhaltungsinteresse auf die spezifische Situation der Parteien zugeschnitten werden. Es können in einer solchen Vereinbarung auch andere Rechte und Pflichten geregelt werden, die sich nicht aus einem vorvertraglichen Schuldverhältnis gemäß § 311 Abs. 2 BGB ergeben würden (wie zB das Verbot der Abwerbung von Mitar-

---

[5] Draetta Int'l Bus. L.J. 1991, 229.
[6] MüKoBGB/Bachmann § 241 Rn. 145.
[7] Beck Formularbuch M&A/Seibt Form B. I. 1 Anm. 1; Beck Formularbuch Bürgerliches, Handels- und Wirtschaftsrecht/Meyer-Sparenberg Form. II 7 Anm. 1; von Werder/Kost BB 2010, 2903 (2905); Kurz Vertraulichkeitsvereinbarungen Rn. 620 ff.

beitern des Informationsgebers zulasten des Informationsempfängers[8]). Überdies dürfte auch das GeschGehG selbst ein rechtlicher Grund für den Abschluss einer Vertraulichkeitsvereinbarung sein. Denn der Abschluss einer solchen Vereinbarung vor der Offenlegung der vertraulichen Informationen gegenüber Dritten wird bei sachgerechter Ausgestaltung der Vereinbarung als „angemessene Geheimhaltungsmaßnahme" gemäß § 2 Abs. 1 Nr 2 lit. b) GeschGehG anzusehen sein.[9]

Des Weiteren kann bei der Vorbereitung von Transaktionen, an denen eine börsennotier- 10 te Gesellschaft beteiligt ist, der Abschluss einer Vertraulichkeitsvereinbarung auch deshalb notwendig sein, weil die **börsennotierte Gesellschaft** gemäß Art. 17 Abs. 1 der Verordnung (EU) Nr. 596/2014 des Europäischen Parlaments und des Rates vom 16.4.2014 über Marktmissbrauch (Marktmissbrauchsverordnung, MMVO) verpflichtet ist, Insiderinformationen im Sinne von Art. 7 MMVO unverzüglich zu veröffentlichen oder sich bei Vorliegen der Voraussetzungen des Art. 17 Abs. 4 Unterabsatz 1 MMVO von dieser Veröffentlichungspflicht vorübergehend zu befreien. Diese Befreiung von der Veröffentlichungspflicht setzt voraus, dass die Gesellschaft die Vertraulichkeit der Insiderinformation sicherstellen kann. Zur Sicherstellung der Vertraulichkeit wird die Gesellschaft (auch) den Abschluss einer Vertraulichkeitsvereinbarung erwägen müssen.

Unabhängig von rechtlichen Gründen, die für den Abschluss einer Vertraulichkeitsver- 11 einbarung streiten (hierzu können auch gesellschafts-, kartell- und datenschutzrechtliche Erwägungen zahlen), sollte sich der Informationsgeber nicht darüber hinwegtäuschen, dass der Schutz durch eine Vertraulichkeitsvereinbarung letztlich eingeschränkt ist.[10] Denn das **Risiko des Informationsgebers,** dass es dem Empfänger entweder darauf ankommt, die vertraulichen Informationen zu erlangen, ohne den späteren Abschluss eines Hauptvertrages wirklich zu wollen, oder, dass jedenfalls nach dem Scheitern der Verhandlungen über die Transaktion die vertraulichen Informationen als willkommenes „Beiwerk" vom Informationsempfänger ausgenutzt werden, kann mittels einer Vertraulichkeitsvereinbarung bestenfalls begrenzt, aber **nicht ausgeschlossen** werden. Dennoch mag die Erwartung von Informationsgebern berechtigt sein, der Geschäftspartner und Informationsempfänger werde durch den Abschluss einer Vertraulichkeitsvereinbarung zur Beachtung der Vertraulichkeitsverpflichtung selbst dann angehalten, wenn die Wahrscheinlichkeit nicht gering ist, dass dem Informationsempfänger ein Verstoß gegen die Vertraulichkeitsverpflichtung nicht bewiesen werden kann und damit letztlich ohne Sanktionen bleibt.

II. Typische „Vorfelder" von Vertraulichkeitsvereinbarungen

Vertraulichkeitsvereinbarungen werden in der Anfangsphase verschiedener Transaktionsar- 12 ten abgeschlossen. Im Folgenden wird eine – keineswegs abschließende – Auswahl solcher Transaktionsarten skizziert, in deren Anbahnungsphase typischerweise spezifische Vertraulichkeitsabreden unterzeichnet werden.

In der Anbahnungsphase eines **Unternehmensverkaufes** werden Vertraulichkeitsver- 13 einbarungen regelmäßig abgeschlossen, bevor dem Erwerbsinteressenten erste Informationen, etwa in Gestalt eines Information Memorandum oder im Rahmen eines Datenraumes zur Durchführung einer Due Diligence, zur Verfügung gestellt werden.[11] Sowohl in Fällen, in denen exklusive Verhandlungen mit nur einem Erwerbsinteressenten geführt werden, als auch bei sogenannten Limited Auctions, bei denen mehrere Kaufinteressenten parallel Informationen über das Zielunternehmen erhalten, gehört eine Vertraulichkeits-

[8] Vgl. hierzu im Einzelnen → Rn. 43 ff.
[9] Jansen/Hofmann BB 2020, 259 (262).
[10] In diesem Sinne auch MVH/Chrocziel III Form. I. 2 Anm. 1.
[11] Ausführlich ua zu gesellschaftsrechtlichen, datenschutzrechtlichen und kartellrechtlichen Grenzen der Offenlegung von Informationen im Rahmen einer Due Diligence: Hensel/Dörstling DStR 2021, 170 ff.

vereinbarung zu den Standarddokumenten der Transaktionspraxis.[12] Gleiches gilt in Fällen von geplanten **Unternehmenszusammenschlüssen**[13] sowie im Vorfeld der **Errichtung eines Gemeinschaftsunternehmens,** zumal, wenn das Gemeinschaftsunternehmen (auch) mittels Sachbeiträgen der Joint-Venture-Partner errichtet werden soll.

14 Des Weiteren werden auch vor dem Abschluss von **Lieferverträgen** häufig Vertraulichkeitsvereinbarungen abgeschlossen, entweder, weil bereits die geplante Lieferbeziehung insgesamt oder die im Vorfeld des Hauptvertragsschlusses ausgetauschten Informationen – etwa betreffend das Produkt-Know-how des potenziellen Lieferanten oder die Anwendungsfelder des gewünschten Produktes beim potenziellen Kunden – der Geheimhaltung unterliegen sollen.

15 Auch der Abschluss eines **Lizenzvertrages** über die Nutzung des geheimen Know-hows des potenziellen Lizenzgebers setzt mitunter voraus, dass der potenzielle Lizenznehmer zuvor Gelegenheit hatte zu überprüfen, ob das in Rede stehende Know-how – beispielsweise über eine bestimmte Technologie – für ihn überhaupt wie gewünscht nutzbar ist. Auch in diesem Fall ist der Abschluss einer Vertraulichkeitsvereinbarung angezeigt.[14]

16 Dem Abschluss von Forschungs- und insbesondere von Entwicklungsverträgen gehen üblicherweise zahlreiche fachliche Erörterungen sowie Gespräche und Verhandlungen über den zukünftigen Ablauf eines Forschungs- und Entwicklungsprojektes zwischen den Parteien der späteren **Forschungs- und Entwicklungsvereinbarungen** voraus. Es ist dann unerlässlich, dass die Parteien sich bereits in diesem Stadium über vertrauliche Informationen austauschen. Auch in dieser Situation kommt es zum Abschluss von Vertraulichkeitsvereinbarungen zwischen den zukünftigen Partnern des geplanten Forschungs- oder Entwicklungsprojektes.

III. Formales Zustandekommen der Vertraulichkeitsvereinbarung

17 Vertraulichkeitsvereinbarungen können als eigenständiges **Vertragsdokument** ausgestaltet werden, das von den Parteien der Vereinbarung unterzeichnet wird. Alternativ kann die Vereinbarung auch im Wege eines **Briefwechsels** über die Vertraulichkeitsabreden abgeschlossen werden.[15] Der Briefwechsel hat seinen Ursprung im englischen und anglo-amerikanischen Rechtsraum.[16] Wenn die Vertraulichkeitsvereinbarung – wie regelmäßig – beidseitig verpflichtende Regelungen enthält, ist auch im Fall der Wahl des Briefwechsels eine Bestätigung durch den Empfänger des Briefes mittels Rücksendung einer gegengezeichneten Fassung angezeigt.

IV. Die vertragliche Definition der vertraulichen Informationen

18 Die Definition der vertraulichen Informationen sowie die Bestimmung der Ausnahmen, also der Informationen, die nicht als vertraulich gelten und von der Vertraulichkeitsverpflichtung nicht erfasst werden,[17] sind wesentliche Bestandteile einer Vertraulichkeitsvereinbarung. Sie werden zwischen den Parteien allerdings in der Regel deutlich weniger intensiv erörtert als die **Restriktionen,** denen der Informationsempfänger im Hinblick auf die vertraulichen Informationen unterliegt, und die Rechtsfolgen, die sich aus einem Verstoß gegen diese Restriktionen ergeben. Je nach Transaktionsart und den Erfordernis-

[12] Ausführlich hierzu von Werder/Kost BB 2010, 2903 (2905); Stawowy Vorfeldvereinbarungen S. 296 ff.
[13] Austmann/Frost ZHR 2005, 431 ff.
[14] Ein Beispiel eines kommentierten Musters einer Vertraulichkeitsvereinbarung für diese Situation findet sich bei MVH/Chrocziel III Form. I. 2 Anm. 1.
[15] Vgl. beispielsweise Beck Formularbuch Bürgerliches, Handels- und Wirtschaftsrecht/Meyer-Sparenberg Form. II 6.
[16] Beck Formularbuch M&A/Seibt Form. B. I. 1 Anm. 2.
[17] Vgl. dazu in Einzelnen unter → Rn. 25 ff.

sen des jeweiligen Einzelfalles gibt es in der Praxis mannigfache Möglichkeiten der Bestimmung des Begriffs der vertraulichen Informationen in einer Vertraulichkeitsvereinbarung. Im Folgenden werden deshalb lediglich einige allgemeine Strukturelemente und Aspekte dargestellt, die bei der Bestimmung des Begriffs der vertraulichen Information in einer Vertraulichkeitsvereinbarung zu bedenken sind.

Eine eher restriktive Definition vertraulicher Informationen bezieht nur solche Informationen in den Schutzbereich der Vereinbarung ein, die ausdrücklich **als vertraulich gekennzeichnet** werden. 19

Klauselbeispiel für eine restriktive Definition vertraulicher Informationen

[•] Confidential Information

„Confidential Information" shall mean any information which is disclosed to the Receiving Party and is marked as being confidential or, if unmarked, is confirmed as being confidential in writing by the Disclosing Party to the Receiving Party within [•] days of the disclosure.

Eine solche Bestimmung des Begriffs der vertraulichen Informationen mittels Kenn- 20
zeichnung von Dokumenten[18] schafft ein vergleichsweise hohes Maß an Rechtssicherheit für die Parteien. Streitigkeiten darüber, ob eine Information vertraulich im Sinne der Vertraulichkeitsvereinbarung ist, werden von vornherein reduziert. Denn die Kennzeichnung oder auch die binnen einer bestimmten Frist nachgeholte Mitteilung über die Vertraulichkeit einer zuvor gelieferten Information eröffnet deutlich weniger Auslegungs- und Wertungsmöglichkeiten als Definitionen, die nicht auf rein äußerliche Kennzeichnungen und Merkmale rekurrieren, sondern den Begriff der vertraulichen Informationen allgemeiner fassen. Auf Seiten des Informationsgebers dürfte eine solche Gestaltung der Definition der vertraulichen Informationen häufig auch zur genaueren Überprüfung der herausgegebenen Informationen beitragen. Der **erhebliche Nachteil** der Begriffsbestimmung der vertraulichen Informationen mittels einer Kennzeichnung ist allerdings, dass das Verfahren in zahlreichen Fällen zu **aufwendig** sein wird. Insbesondere, wenn dem Informationsempfänger eine Vielzahl an Dokumenten und sonstigen Informationen zur Verfügung gestellt werden soll – etwa im Rahmen einer Due Diligence zur Vorbereitung des Erwerbs einer Unternehmensgruppe mit zahlreichen Konzerngesellschaften –, dürfte eine Kennzeichnung der Informationen angesichts der schieren Masse der betroffenen Dokumente häufig praktisch nicht umsetzbar sein, zumal, wenn zur Vorbereitung des Datenraums nur wenig Zeit zur Verfügung steht. Auch die nachträgliche Mitteilung nicht gekennzeichneter Informationen ist in diesem Fall kaum durchführbar. Demgemäß finden sich in der Praxis und einer Vielzahl von Gestaltungsvorschlägen der Kautelarjurisprudenz in der Regel Definitionen des Begriffs der vertraulichen Informationen, die nicht äußerliche Kennzeichnungen, sondern generische Beschreibungen zum Inhalt haben.[19]

Die Parteien sollten die vertraulichen Informationen dann jedenfalls so spezifizieren, 21
dass andere Informationen, die zwischen den Parteien ggf. derzeit oder zukünftig in anderen geschäftlichen Zusammenhängen ausgetauscht werden, nicht unter die Vertraulichkeitsvereinbarung fallen.[20] Jedenfalls der **Gegenstand der avisierten Transaktion** (etwa die Gesellschaft, deren Anteile im Zuge eines Unternehmenskaufes verkauft werden sollen; der geplante technische Austausch etc) sollte deshalb in die Definition der vertraulichen Informationen mit aufgenommen werden. Weitere Bestandteile der Definition der vertraulichen Informationen sind zweckmäßigerweise **die Existenz und die**

[18] Zur Definition der vertraulichen Informationen mittels Kennzeichnung vgl. auch die ausführlichen Darlegungen mit Beispielen bei Kurz Vertraulichkeitsvereinbarungen Rn. 97 ff.

[19] Beck Formularbuch M&A/Seibt Form B. I. 1; Beck Formularbuch Bürgerliches, Handels- und Wirtschaftsrecht/Meyer-Sparenberg Form. II 6; Beck Formularbuch Bürgerliches, Handels- und Wirtschaftsrecht/Bartsch Form. III G. 8.

[20] Kurz Vertraulichkeitsvereinbarungen Rn. 98.

Inhalte der Vertraulichkeitsvereinbarung selbst, der Umstand, dass Verhandlungen über die betreffende Transaktion geführt werden sowie **die Inhalte und der Stand dieser Verhandlungen.** Die Geheimhaltung dieser Umstände ist häufig für beide Parteien der Vertraulichkeitsvereinbarung von Interesse – selbst wenn die eine Partei ausschließlich Informationsgeber und die andere nur Informationsempfänger ist, also kein wechselseitiger Informationsfluss vorgesehen ist. Auch der Informationsempfänger wird in dieser Situation die vertrauliche Behandlung der vorgenannten Umstände durch den Informationsgeber in der Vereinbarung absichern wollen.

22 Aus der Sicht des Informationsgebers stellt sich ferner die Frage, ob er auch die vom Informationsempfänger selbst erstellten Unterlagen, die vertrauliche Informationen enthalten, in die Definition der vertraulichen Informationen mit aufgenommen wissen möchte. Zwingend ist dies nicht, wenn die Definition im Übrigen so weit gefasst ist, dass es letztlich nicht darauf ankommt, ob und wo die Informationen verkörpert sind.

Klauselbeispiel für eine Definition vertraulicher Informationen mit Blick auf einen beabsichtigten Unternehmenskauf

[•] Confidential Information

„Confidential Information" shall mean (i) any information relating to the Target Company and its business, (ii) the fact that discussions and negotiations regarding the sale of the Target Company take place as well as the content and the status of such negotiations and (iii) the existence and the content of this Agreement. Such information shall be Confidential Information irrespective of the medium in which the information is embedded and whether the information is disclosed to the Receiving Party orally, in writing or otherwise.

23 Vor dem Hintergrund des seit 2019 geltenden **GeschGehG**[21] wird teilweise angeregt, die vertragliche Definition der vertraulichen Information auf Geschäftsgeheimnisse im Sinne des § 2 Nr. 1 GeschGehG zu erstrecken, auch wenn keine angemessenen Schutzmaßnahmen im Sinn des § 2 Nr. 1 b) GeschGehG ergriffen wurden.[22] Das kann man machen. Alternativ kann man in der Vertraulichkeitsvereinbarung klarstellend vorsehen, dass die gesetzlichen Vorschriften zum Schutz vor Geschäftsgeheimnissen nicht berührt werden und zusätzlich zu den vertraglichen Regelungen gelten.[23]

24 Wenig ratsam ist es, die vertraulichen Informationen (auch) danach bestimmen zu wollen, ob sich die Vertraulichkeit oder das Geheimhaltungsinteresse aus der **„Natur der Information"** ergibt. Dieser Terminus ist unklar und deshalb streitanfällig. Auch der an einer weiten Definition der vertraulichen Informationen interessierte Informationsgeber sollte den Rekurs auf die „Natur" etwaiger Informationen daher vermeiden.

V. Ausnahmeregelungen

25 Neben der Definition der vertraulichen Informationen enthalten Vertraulichkeitsvereinbarungen üblicherweise spezifische Ausnahmenregelungen.[24] Danach werden bestimmte Informationen nicht von der Vertraulichkeitsverpflichtung erfasst. Die Ausnahmeregelungen sind rechtstechnisch in der Regel so ausgestaltet, dass bestimmte Informationen aufgezählt werden, die nicht als vertrauliche Informationen im Sinne der vertraglichen Definition gelten. Notwendig sind die Ausnahmeregelungen nicht nur, um etwa bei Geltung deut-

[21] Vgl. dazu unter → Rn. 8.
[22] Jansen/Hofmann BB 2020, 259 (263).
[23] So der Vorschlag in Beck Formularbuch Bürgerliches, Handels- und Wirtschaftsrecht/Meyer-Sparenberg Form. II 6 Ziffer 13. Vgl. auch → Rn. 46.
[24] Kurz Vertraulichkeitsvereinbarungen Rn. 146ff.; Beck Formularbuch M&A/Seibt Form B. I. 1 § 1.2; Beck Formularbuch Bürgerliches, Handels- und Wirtschaftsrecht/Meyer-Sparenberg Form. II 6 Ziffer 1 letzter Satz; Beck Formularbuch Bürgerliches, Handels- und Wirtschaftsrecht/Bartsch, Form. III G. 8 § 2 Abs. 2; MVH/Chrocziel III Form. I. 2 Artikel 3.6; von Werder/Kost BB 2010, 2903 (2906).

schen Rechts eine **unangemessene Benachteiligung** des Informationsempfängers im Sinne von § 307 BGB zu verhindern. Ihre Aufnahme ist auch **kartellrechtlich geboten,** da insbesondere die Pflicht zur Geheimhaltung offenkundiger bzw. öffentlich bekannter Informationen eine unzulässige Wettbewerbsbeschränkung darstellen kann.[25]

1. Offenkundige/öffentlich bekannte Informationen

Offenkundige oder öffentlich bekannte Informationen werden in Vertraulichkeitsvereinbarungen üblicherweise von der Definition der vertraulichen Informationen ausgenommen. Damit wird indes – bei Anwendung des deutschen Rechts (insbesondere des Kartellrechts) – lediglich die Rechtslage nachgezeichnet. Nach der **Rechtsprechung** des BGH entfallen vertragliche Beschränkungen zur Geheimhaltung einer anvertrauten Information mit dem Offenkundigwerden dieser Information[26] – jedenfalls dann, wenn die Veröffentlichung der Information nicht durch den Informationsempfänger im Wege einer Vertragsverletzung selbst erfolgte.[27] Die Verpflichtung zur Geheimhaltung besteht dann für den Informationsempfänger nicht mehr, unabhängig davon, wie lange die Laufzeit der Vertraulichkeitsvereinbarung noch ist. 26

Auch vom Informationsempfänger selbst und unabhängig entwickelte Informationen sollten aus der Definition der vertraulichen Informationen ausgeklammert werden, da sonst ggf. eine kartellrechtlich unzulässige Wettbewerbsbeschränkung vorliegen kann. 27

Zusätzlich zu den offenkundigen/öffentlich bekannten und vom Informationsempfänger selbst entwickelten Informationen werden regelmäßig auch solche Informationen aus dem Regelungsbereich der Vertraulichkeitsvereinbarung herausgenommen, die **dem Informationsempfänger bekannt sind** oder werden, ohne dass ein Verstoß gegen gesetzliche Bestimmungen oder gegen die Vertraulichkeitsvereinbarung vorliegt. 28

Klauselbeispiel für Ausnahmen von der Definition der vertraulichen Informationen

[•] Exceptions

(1) The term Confidential Information shall not include any information which (i) is or becomes part of the public domain or generally available at the time when or after it is disclosed by the Disclosing Party, (ii) is in the possession of the Receiving Party at the time when it is disclosed by the Disclosing Party, (iii) is received by the Receiving Party from a third party or (iv) is independently developed or ascertained by the Receiving Party, in each case without a violation of law or a breach of this Agreement.

2. Beweislastverteilung

Die Ausnahmeregelungen, die den Umfang der vertraulichen Informationen einschränken, dienen in erster Linie dem Interesse des Informationsempfängers. Teilweise – etwa in dem Fall, dass dem Informationsempfänger die Informationen von dritter Seite bekannt gemacht worden sind – sind ihm die Umstände auch besser bekannt, weil sie seiner **Einflusssphäre** entstammen. Es ist deshalb üblich und angemessen, dass der Informationsempfänger die Beweislast dafür trägt, dass eine Ausnahme von einer vertraulichen Information vorliegt. Die Beweislastverteilung kann ausdrücklich in diesem Sinne geregelt werden.[28] 29

[25] Dazu Roth ITBR 2011, 115 (116).

[26] BGHZ 17, 41 (52) – „Kokillenguß"; BGH GRUR 1958, 346 (349) – „Spitzenmuster"; BGH GRUR 1960, 554 (555) – „Handstrickverfahren"; BGH GRUR 1980, 750 (751) – „Pankreapolex II".

[27] BGH GRUR 1960, 554 (555) – „Handstrickverfahren".

[28] Kurz Vertraulichkeitsvereinbarungen Rn. 179; Beck Formularbuch M&A/Seibt Form. B. I. 1 § 1.2; Beck Formularbuch Bürgerliches, Handels- und Wirtschaftsrecht/Bartsch, Form. III G. 8 § 2 Abs. 2; MVH/Chrocziel III Form. I. 2 Artikel 3.6; von Werder/Kost BB 2010, 2903 (2906).

Klauselbeispiel einer Beweislastregelung (unter Bezugnahme auf den oben genannten Absatz 1)

[•] Exceptions

(2) The Receiving Party shall bear the burden of proof that any of the exceptions pursuant to paragraph (1) applies.

VI. Parteien der Vertraulichkeitsvereinbarung – Einbeziehung von Konzerngesellschaften?

30 Die Festlegung der Vertragsparteien einer Vertraulichkeitsvereinbarung bereitet keine Schwierigkeiten, wenn es ausschließlich um den Informationsfluss zwischen zwei Rechtsträgern geht. Komplizierter kann die Bestimmung der Vertragsparteien in den Fällen sein, in denen der Informationsempfänger eine Konzerngesellschaft ist und er die vertraulichen Informationen zwecks Prüfung der avisierten Transaktion an andere Konzerngesellschaften weitergeben möchte. Einerseits besteht hierfür in bestimmten Fällen ein Bedürfnis. Denn insbesondere in **größeren Unternehmensgruppen** sind schon die fachlichen Kenntnisse zur Beurteilung einer Transaktion häufig nicht in einer rechtlichen Einheit gebündelt. Selbst wo dies der Fall ist – etwa, wenn eine spezielle Beteiligungsgesellschaft innerhalb der Gruppe stets mit der Organisation des Ankaufs von Unternehmen befasst ist[29] –, ist für die Beurteilung bestimmter Sachfragen in der Praxis nicht selten gleichwohl das spezielle Know-how von Mitarbeitern aus anderen insbesondere operativen Einheiten innerhalb der Gruppe erforderlich. Andererseits ist das Verlangen eines Informationsempfängers, sämtliche vertraulichen Informationen an alle verbundenen Unternehmen in einer Unternehmensgruppe weitergeben zu dürfen, angesichts des § 15 AktG sehr weitgehend. Teilweise wird deshalb vorgeschlagen, dass die Zulässigkeit der Weitergabe von vertraulichen Informationen an Konzerngesellschaften von einer gesonderten Zustimmung des Informationsgebers abhängig zu machen sei – ggf. mit der Einschränkung, dass die Erteilung der Zustimmung nicht ohne nachvollziehbaren Grund verweigert werden dürfe.[30]

31 Akzeptiert der Informationsgeber den Wunsch der Gegenseite, dass die vertraulichen Informationen an bestimmte oder sogar an alle Konzerngesellschaften auf Seiten des Informationsempfängers weitergegeben werden dürfen, stellt sich die Frage, ob diese Konzerngesellschaften Partei der Vertraulichkeitsvereinbarung werden sollen. In Fällen, in denen eine Vielzahl an Konzerngesellschaften vereinbarungsgemäß die vertraulichen Informationen erhalten sollen, scheitert die Aufnahme als Vertragspartei in praktischer Hinsicht an dem damit verbundenen, **unverhältnismäßigen Aufwand.** Auch die – in Deutschland freilich seltene – Lösung des Abschlusses einer Vertraulichkeitsvereinbarung durch eine Konzerngesellschaft im eigenen Namen sowie gleichzeitig als Stellvertreter anderer Konzerngesellschaften stößt an die **Grenzen der Praktikabilität,** da diese Variante die Erstellung entsprechender Vollmachten voraussetzt.[31] Eine etwaige Weitergabe vertraulicher Informationen an diverse Konzerngesellschaften wird deshalb in der Vertragsgestaltung zweckmäßigerweise nicht mittels einer Einbindung dieser Gesellschaften als Vertragsparteien der Vertraulichkeitsvereinbarung ermöglicht. Stattdessen kann dem empfangenden Vertragspartner die Weitergabe an (bestimmte) Konzerngesellschaften (ebenso wie an Berater etc) gestattet werden und der Vertragspartner steht dann (in der Regel verschuldensunabhängig) dafür ein, dass die anderen Konzernunternehmen die Beschränkungen der Ver-

[29] von Werder/Kost BB 2010, 2903 (2904) mit weiteren Hinweisen auch zur Situation des Unternehmenskaufes durch Leveraged Buy Out Fonds.

[30] Beck Formularbuch Bürgerliches, Handels- und Wirtschaftsrecht/Bartsch Form. III G. 8 § Abs. 3 und Anm. 7.

[31] Zu Vertragsabschlüssen im Namen mehrerer oder sogar aller Konzerngesellschaften Kurz Vertraulichkeitsvereinbarungen Rn. 38ff.

traulichkeitsvereinbarung einhalten.[32] Der Informationsgeber wird sich bei dieser Gestaltung freilich nicht irgendeine Konzerngesellschaft als Vertragspartner vorsetzen lassen, sondern – wie auch sonst – darauf achten, dass es sich um einen möglichst solventen Vertragsschuldner handelt – im für den Informationsgeber günstigsten Fall wird die Konzernmutter der Vertragspartner.[33]

Auch auf Seiten des Informationsgebers kann das Bedürfnis bestehen, eine weitere 32
Person durch die Vertraulichkeitsvereinbarung vor der missbräuchlichen Verwendung der vertraulichen Informationen durch den Informationsempfänger zu schützen. So wird der Inhaber von zum Verkauf stehender Anteile an einer Gesellschaft im Vorfeld des Unternehmensverkaufes Wert darauf legen, dass auch diese Zielgesellschaft durch die vor Beginn der Due Diligence abzuschließende Vertraulichkeitsvereinbarung geschützt wird. Denn sofern der Erwerbsinteressent und Informationsempfänger gegen die Vertraulichkeitsverpflichtung verstößt, wird in der Regel die Zielgesellschaft selbst, und nicht – jedenfalls nicht unmittelbar – der verkaufswillige Anteilsinhaber geschädigt. Die an den Erwerbsinteressenten übermittelten Informationen betreffen ganz überwiegend die Zielgesellschaft einschließlich ihrer operativen Tätigkeit. Wenn der Informationsempfänger diese vertraulichen Informationen zum Nachteil der Zielgesellschaft in rechtswidriger Weise verwendet (etwa Kundendaten an einen Wettbewerber weiterleitet[34]), sollte (auch) die Zielgesellschaft einen Anspruch gegen den Informationsempfänger haben. Deshalb wird die Zielgesellschaft in solchen Fällen neben dem Anteilsinhaber und zukünftigen Verkäufer der Anteile als Partei in der Vertraulichkeitsvereinbarung vorgesehen, oder die Vertraulichkeitsvereinbarung zwischen dem verkaufswilligen Anteilsinhaber und dem Erwerbsinteressenten wird gemäß § 328 Abs. 1 BGB als **Vertrag zugunsten eines Dritten,** nämlich der Zielgesellschaft, ausgestaltet mit der Maßgabe, dass der Zielgesellschaft eigene Ansprüche aus dem Vertrag gegen den Informationsempfänger zustehen.

Klauselbeispiel für eine Bestimmung, die die Vereinbarung zum Vertrag zugunsten Dritter – hier der Zielgesellschaft im Fall eines avisierten Unternehmenskaufes – ausgestaltet

[•] [Agreement for the Benefit of a Third Party]

The obligations of the Receiving Party under this Agreement are also intended to be for the benefit of the Target Company as third party beneficiary being independently entitled to enforce such obligations (agreement for the benefit of a third party pursuant to section 328 paragraph 1 of the German Civil Code – Vertrag zugunsten Dritter gemäß § 328 Abs. 1 BGB).

VII. Weitergabeklauseln

Üblicherweise bleibt es nicht dabei, dass der Informationsempfänger der einen oder der 33
anderen Konzerngesellschaft die vertraulichen Informationen zur Verfügung stellen möchte. Nicht selten geht es ihm auch darum, Dritten die vertraulichen Informationen weitergeben zu dürfen, etwa dem Zulieferer, der bestimmte Teile eines vom Informationsempfänger für den Informationsgeber herzustellenden Prototyps anfertigen soll,[35] oder dem Rechts- und Steuerberater oder dem Finanzierungspartner des Erwerbsinteressenten, der ein Unternehmen kaufen möchte.[36] Ob und in welchem Umfang der Informationsgeber die Weitergabe vertraulicher Informationen an solche Dritte üblicherweise gestattet, ist ab-

[32] Vgl. → Rn. 33 ff. (Weitergabeklauseln).
[33] Von Werder/Kost BB 2010, 2903 (2904).
[34] Beispiel nach Beck Formularbuch Bürgerliches, Handels- und Wirtschaftsrecht/Meyer-Sparenberg Form. II 6 Anm. 13.
[35] Beispiel nach Kurz Vertraulichkeitsvereinbarungen Rn. 64.
[36] Weitere Beispiele im Fall des Unternehmenskaufs bei von Werder/Kost BB 2010, 2903 (2907).

hängig von den Usancen der jeweiligen Transaktionsart und vom Einzelfall. Besonders **restriktive Klauseln** (sog. „harte Weitergabeklauseln") gestatten nur die Weitergabe an solche Personen, die in der Vertraulichkeitsvereinbarung namentlich benannt sind, und dies auch nur dann, wenn diese Personen zuvor eine inhaltsgleiche Vertraulichkeitsverpflichtung gegenüber dem Informationsgeber abgegeben haben.[37]

Klauselbeispiel für eine „harte Weitergabeklausel"

[•] Disclosure of Confidential Information to Representatives

(1) The Receiving Party may pass any Confidential Information to its Representatives. „Representative" means any person nominated in exhibit [•] to this Agreement.

(2) The Receiving Party shall ensure that, upon request of the Disclosing Party, the Representatives execute a separate confidentiality agreement with the Disclosing Party with terms substantially identical to the terms of this Agreement.[38]

34 Eine solche Klausel wird der Informationsgeber allenfalls in besonders heiklen Fällen durchsetzen können; beispielsweise bei der Überprüfung einer geheimen Technologie,[39] oder wenn die Übernahme einer börsennotierten Gesellschaft ansteht und der Bieter eine Due Diligence mit Blick auf die Zielgesellschaft durchführen möchte. Die Zielgesellschaft unterliegt gemäß Art. 17 Abs. 1 MMVO der Pflicht, sie unmittelbar betreffende **Insiderinformationen** unverzüglich zu veröffentlichen oder sich nach Art. 17 Abs. 4 Unterabsatz 1 MMVO vorläufig hiervon zu befreien. Die Befreiung setzt unter anderem voraus, dass die Zielgesellschaft die Vertraulichkeit der Insiderinformation sicherstellen kann (Art. 17 Abs. 4 Unterabsatz 1 c) MMVO. Die Sicherstellung der Vertraulichkeit setzt wiederum voraus, dass intern und gegenüber Dritten Informationshindernisse herbeigeführt wurden, um den Zugang zu Insiderinformationen durch andere Personen als diejenigen zu verhindern, die sie für die normale Ausübung ihrer Arbeit, ihres Berufs oder ihrer Aufgaben beim Emittenten benötigen.[40] Vor diesem Hintergrund wird teilweise darauf hingewiesen, die Zielgesellschaft könne mittels einer „harten Weitergabeklausel" in einer Vertraulichkeitsvereinbarung auch gegenüber der Bundesanstalt für Finanzdienstleistungsaufsicht besser dokumentieren, dass sie die gesetzlichen Vorgaben der MMVO erfülle.[41] Das ist zutreffend, wenngleich eine „harte Weitergabeklausel" auch in dieser Konstellation rechtlich nicht zwingend ist. Denn eine Vertraulichkeitslücke aus der Sphäre des Emittenten wird man auch dann nicht ohne Weiteres unterstellen können, wenn die Vertraulichkeitsklausel die einzelnen Informationsempfänger auf Seiten des Erwerbsinteressenten nicht in der Weitergabeklausel der Vertraulichkeitsvereinbarung ausdrücklich benennt.

35 Demgegenüber sehen **„weichere" Varianten von Weitergabeklauseln** vor, dass die Weitergabe von vertraulichen Informationen an bestimmte Personengruppen wie Mitarbeiter, externe Berater, Finanzierungspartner zulässig ist. Die Weitergabe an externe Berater wird mitunter noch weiter eingeschränkt, indem verlangt wird, dass diese Berater zusätzlich einer beruflichen oder vertraglichen Verschwiegenheitspflicht unterliegen müssen.

Klauselbeispiel für eine "weiche Weitergabeklausel"

[•] Disclosure of Confidential Information to Representatives

(1) The Receiving Party may pass the Confidential Information to its Representatives to the extent they need to be involved in the evaluation and preparation of [description of the transaction]. „Representative" means (i) the members of the Receiving Party's manage-

[37] Beck Formularbuch M&A/Seibt Form B. I. 1 § 4.1.
[38] Als Alternative zu diesem Absatz 2 kommt die Regelung im zweiten Absatz des unten genannten Beispiels einer „weichen Weitergabeklausel" in Betracht.
[39] So etwa in dem Beispiel bei MVH/Chrocziel III Form. I. 2 Artikel 3.2.
[40] Resch NZG 2016, 1201 (1204).
[41] Beck Formularbuch M&A/Seibt Form B. I. 1 Anm. 9.

ment board[42] and its employees, (ii) the Receiving Party's affiliated companies pursuant to section 15 et seqq. of the German Stock Corporation Act (Aktiengesetz) and the members of their management boards and their employees and (iii) the Receiving Party's advisors if they are bound by a professional or contractual obligation to confidentiality.

(2) The Receiving Party shall procure that the Representatives comply with the terms of this Agreement and it shall be responsible for any breach of this Agreement arising from any act or omission of any of the Representatives.

VIII. Die Vertraulichkeitsverpflichtung

Die wesentliche Pflicht des Informationsempfängers, nämlich die Pflicht zur vertraulichen Behandlung der als geheimhaltungsbedürftig definierten Informationen, setzt sich in der Praxis regelmäßig mindestens aus zwei Beschränkungen zusammen: Zum einen wird dem Informationsempfänger (und seinen etwaigen Repräsentanten) untersagt, die vertraulichen Informationen **nicht empfangsberechtigten Dritten** offenzulegen. Zum anderen werden der Informationsempfänger und seine Repräsentanten verpflichtet, die vertraulichen Informationen ausschließlich zu einem bestimmten **Zweck** zu nutzen – etwa zum Zweck der Entscheidung über einen möglichen Erwerb eines Unternehmens.[43] Jegliche anderen Zwecke, wie zum Beispiel Wettbewerbszwecke, werden dadurch ausgeschlossen. Bei sensiblen Informationen wird dem Informationsempfänger ggf. zusätzlich – als dritte Beschränkung – aufgegeben, dafür zu sorgen, dass die vertraulichen Informationen vor einer unberechtigten Kenntnisnahme durch Dritte geschützt werden.[44] 36

Klauselbeispiel für eine Regelung zur Vertraulichkeitsverpflichtung

[•] Duty of Confidentiality

The Receiving Party and the Representatives shall (i) keep strictly confidential and not disclose to any third party any Confidential Information, (ii) use the Confidential Information only for the purpose of the evaluation and the preparation of [description of the transaction] and (iii) procure that the Confidential Information is protected from any unauthorised access of any third party.

Ferner beinhalten restriktive Vertraulichkeitsvereinbarungen mitunter auch ein Verbot, Kopien und Aufzeichnungen von Unterlagen anzufertigen, die vertrauliche Informationen enthalten. Dabei geht es dem Informationsgeber darum, zu verhindern, dass die Erfüllung einer Pflicht des Informationsempfängers zur Herausgabe der Unterlagen und Kopien (dazu sogleich) nach dem Scheitern eines avisierten Projektes vom Informationsgeber besser kontrolliert werden kann. Indes können auf diese Weise auch nur die ordnungsgemäß gefertigten Kopien oder die gestatteten Aufzeichnungen kontrolliert werden.[45] In der Praxis sind Kopier- und Aufzeichnungsverbote in der Vertraulichkeitsvereinbarung nicht die Regel; sie werden für den Normalfall zu Recht als überzogen angesehen.[46] 37

---

[42] An dieser Stelle sind ggf. andere oder zusätzliche Organe des Informationsempfängers zu benennen. Gleiches gilt für Organe der verbundenen Unternehmen unter (ii).

[43] Beck Formularbuch Bürgerliches, Handels- und Wirtschaftsrecht/Meyer-Sparenberg Form. II 6 Ziffer 2.

[44] Ausführliche Klauselbeispiele bei Walz/Thurn/Ziegenhain, Beck'sches Formularbuch Deutsch – Englisch N 1 § 5; Handels- und Wirtschaftsrecht/Bartsch Form. III G. 8 § 4 Abs. 1.

[45] So auch Beck Formularbuch M&A/Seibt Form. B. I. 1 Anm. 10.

[46] Kurz Vertraulichkeitsvereinbarungen Rn. 237.

IX. Einschränkung der Vertraulichkeitsverpflichtung bei Offenlegungspflichten

38 Die Vertraulichkeitsverpflichtung wird in Vertraulichkeitsvereinbarungen regelmäßig dahingehend eingeschränkt, dass die Offenlegung von vertraulichen Informationen aufgrund **zwingenden Rechts oder gerichtlicher oder behördlicher Entscheidungen oder Anordnungen** nicht als Verletzung der Vertraulichkeitsvereinbarung gilt.[47] Besonders viel Wert wird hierauf in Vertraulichkeitsvereinbarungen gelegt, die Berührungspunkte zu anglo-amerikanischen Rechtsordnungen haben.[48] Der Grund hierfür sind die dort üblichen pre-trial discoveries.[49] Zum Schutz des Informationsgebers kann hierzu wiederum einschränkend vorgesehen werden, dass er vom Informationsempfänger unverzüglich über die Offenlegungspflicht informiert wird und der Informationsempfänger in Abstimmung mit dem Informationsgeber alle notwendigen und zulässigen Maßnahmen ergreifen muss, um die Offenlegung zu verhindern, einzuschränken oder jedenfalls die vertrauliche Behandlung der Informationen bestmöglich sicherzustellen.[50] Diese Beschränkung zugunsten des Informationsgebers ist ebenso sachgerecht wie die weitere Vorgabe, dass der Informationsempfänger sich auch in dieser Situation um eine möglichst vertrauliche Behandlung der in Rede stehenden Informationen bemüht.

Klauselbeispiel für eine die Vertraulichkeitsverpflichtung einschränkende Klausel

[•] Requirement to Disclose

The provisions of [•] (Duty of Confidentiality) shall not apply to the extent that the Receiving Party or any of the Representatives is required by mandatory law or an enforceable decision or order of a court or a public authority to disclose Confidential Information. In such event the Receiving Party shall (i) immediately notify the Disclosing Party in writing of such requirement to disclose and (ii) upon the Disclosing Party's request, take all reasonably necessary measures to ensure that any Confidential Information so disclosed will be treated confidentially.

X. Sonstige typische Verpflichtungen des Informationsempfängers in Vertraulichkeitsvereinbarungen

39 Neben der genuinen Verpflichtung zur Vertraulichkeit werden im Rahmen von Verhandlungen über Vertraulichkeitsvereinbarungen nicht selten auch weitere Regelungen erörtert, die teilweise zum Inhalt einer Vertraulichkeitsvereinbarung gemacht werden. Einige typische Regelungen werden im Folgenden dargestellt:

1. Pflicht zur Herausgabe und Vernichtung von Unterlagen

40 Vertraulichkeitsvereinbarungen erlegen dem Informationsempfänger mitunter die Pflicht auf, Unterlagen und Datenträger, die vertrauliche Informationen enthalten, an den Informationsgeber wieder herauszugeben oder zu vernichten. Hier gibt es in der Praxis mannigfache Gestaltungsmöglichkeiten, die den Informationsgeber mehr oder weniger begünstigen. Gängig ist vor allem eine Pflicht zur Herausgabe oder Vernichtung von Unterlagen für den Fall, dass die Verhandlungen abgebrochen werden. Die **praktische Bedeutung** solcher Herausgabe- und Vernichtungspflichten ist indes begrenzt. Das er-

---

[47] Beck Formularbuch Bürgerliches, Handels- und Wirtschaftsrecht/Meyer-Sparenberg Form. II 6 Ziffer 4.
[48] Wobei diese Ausnahme rechtstechnisch insbesondere bei einem anglo-amerikanischen Hintergrund auch als weitere Einschränkung des Begriffs der vertraulichen Information vorgesehen wird.
[49] Kurz Vertraulichkeitsvereinbarungen Rn. 174 ff.
[50] In diesem Sinne auch Beck Formularbuch Bürgerliches, Handels- und Wirtschaftsrecht/Meyer-Sparenberg Form. II 6 Ziffer 4.

gibt sich schon daraus, dass diese Pflichten nur sehr selten umfassend und ohne Ausnahmen vereinbart werden können.[51] Beispiel: In auch in der Praxis seltenen Fällen drängen Informationsgeber darauf, dass die Pflicht zur Herausgabe oder zur Vernichtung der Dokumente/Datenträger auch für solche Unterlagen gilt, die sich – aufgrund einer vorherigen rechtmäßigen Weitergabe von vertraulichen Informationen – bei den Beratern des Informationsgebers befinden. Sofern eine solche Verpflichtung auch die Herausgabe oder Vernichtung von Dokumenten erfasst, die die Berater selbst erstellt haben (etwa Korrespondenz mit dem Informationsgeber, Gutachten oder sonstige schriftliche Stellungnahmen betreffend die vertraulichen Informationen an den Informationsgeber etc), ist sie für die Berater in der Regel nicht akzeptabel. Denn dadurch kann das Mandats- und Vertrauensverhältnis zum Mandanten/Kunden Schaden nehmen (obwohl der Informationsempfänger einer solchen vertraglichen Gestaltung in der Vertraulichkeitsvereinbarung ursprünglich zugestimmt hat). Deshalb werden jedenfalls sämtliche Dokumente/Datenträger, die von den (insbesondere den zur beruflichen Verschwiegenheit verpflichteten) Beratern für ihren Mandanten/Kunden erstellt werden, regelmäßig von der Pflicht zur Herausgabe oder zur Vernichtung ausgenommen, auch wenn sie vertrauliche Informationen enthalten.[52] Eine solche Ausnahme führt freilich dazu, dass der Informationsempfänger in der Praxis die Möglichkeit behält, auf vertrauliche Informationen zuzugreifen, jedenfalls, soweit sie in Stellungnahmen etc ihrer Berater enthalten sind. Da aber das Verbot der Weitergabe dieser vertraulichen Informationen und das Verbot ihrer weiteren Nutzung in der Regel bestehen bleibt, dürfte dieses Risiko für den Informationsgeber üblicherweise akzeptabel sein.

Eine weitere Ausnahme von der Herausgabe- und Vernichtungspflicht wird von Seiten der Informationsempfänger mitunter eingefordert, wenn etwa konzerninterne Richtlinien Aufbewahrungspflichten vorsehen oder aus technischen Gründen **elektronisch gespeicherte Dokumente** aufgrund systemimmanenter Gründe nur mit erheblichem Aufwand gelöscht werden können.[53] Ebenso wie die oben genannte Einschränkung für die Herausgabe oder Vernichtung von Dokumenten durch Berater des Informationsempfängers, verwässern auch diese Ausnahmen die Herausgabe- und Vernichtungspflicht erheblich. 41

2. Verbot von Insidergeschäften

Wenn eine börsennotierte Gesellschaft[54] vertrauliche Informationen an einen Informationsempfänger weiterzugeben beabsichtigt, ist zu bedenken, dass es sich bei einzelnen dieser vertraulichen Informationen auch um Insiderinformationen im Sinne von Art. 7 MMVO handeln kann.[55] Das ist etwa denkbar, wenn ein Erwerbsinteressent einen bedeutenden Anteil von Aktien einer börsennotierten Gesellschaft kaufen möchte und die Gesellschaft im Rahmen einer bei ihr stattfindenden Due Diligence dem Erwerbsinteressenten möglicherweise auch Insiderinformationen zugänglich macht. Das ist rechtlich zulässig; ein Verstoß gegen das **Verbot von Insidergeschäften gemäß Art. 14 MMVO** durch die Zielgesellschaft liegt nicht vor, und zwar auch dann nicht, wenn der Informationsempfänger keiner besonderen gesetzlichen oder aufgrund einer Vertraulichkeitsvereinbarung 42

---

[51] Ein Beispiel für eine umfassende Herausgabe- und Vernichtungsverpflichtung zulasten des Informationsempfängers und seiner Berater – unter Einbeziehung der Regelung des § 50 BRAO zur Handakte des Rechtsanwalts – findet sich bei Beck Formularbuch M&A/Seibt Form B. I. 1 § 6. Auch dort wird indes – zu Recht – darauf hingewiesen, dass solche umfassenden Verpflichtungen von den Beratern häufig nicht akzeptiert werden (vgl. Anm. 11).

[52] Beck Formularbuch Bürgerliches, Handels- und Wirtschaftsrecht/Meyer-Sparenberg Form. II 6 Ziffer 5.

[53] Beck Formularbuch Bürgerliches, Handels- und Wirtschaftsrecht/Meyer-Sparenberg Form. II 6 Ziffer 5; von Werder/Kost BB 2010, 2903 (2909).

[54] Die börsennotierte Gesellschaft steht hier allein aus Gründen der sprachlichen Vereinfachung exemplarisch für andere „Emittenten“ im Sinne von Art. 3 Abs. 1 Nr. 21 MMVO.

[55] Hiervon zu unterscheiden ist die Frage, ob bzw. ab wann die avisierte Zusammenarbeit, die durch die Informationsübermittlung erst geprüft wird, eine Insiderinformation im Sinne des Art. 7 MMVO darstellt.

vertraglich begründeten Verschwiegenheitspflicht unterliegt. Dennoch wird empfohlen, den Informationsempfänger zur Geheimhaltung zu verpflichten, ihn in der Vertraulichkeitsvereinbarung darauf aufmerksam zu machen, dass er ggf. Insiderinformationen erhält und er dann dem Verbot des Insidergeschäfts gemäß Art. 14 MMVO unterliegt[56] und schließlich, ihn gegenüber dem Informationsgeber zur Beachtung der Beschränkungen des Art. 14 MMVO zu verpflichten.[57] Dadurch entstehe für den Informationsgeber erst die rechtlich verlässliche Möglichkeit, einen Verstoß des Informationsempfängers gegen das Verbot des Insidergeschäfts durchzusetzen oder sich gegen einen bevorstehenden Verstoß zu schützen.[58] Das ist zutreffend. Praktisch bedeutsam dürfte eine solche Regelung gleichwohl regelmäßig nicht sein. Denn ein spezifischer Schaden wird beim Informationsgeber wegen eines Verstoßes gegen das Verbot des Insidergeschäfts durch den Informationsempfänger regelmäßig nicht eintreten. Dass dem Informationsgeber ein bevorstehender Verstoß des Informationsempfängers gegen Art. 14 MMVO bekannt wird, ist ebenfalls nicht wahrscheinlich.

3. Abwerbeverbot

43 Vertraulichkeitsvereinbarungen enthalten teilweise ein Verbot zulasten des Informationsempfängers, Mitarbeiter des Informationsgebers innerhalb eines bestimmten Zeitraums nach Abschluss der Vertraulichkeitsvereinbarung abzuwerben. Insbesondere wenn es zu einem Informationsfluss an einen Wettbewerber kommt (etwa bei einem geplanten Unternehmenskauf durch einen strategischen Investor, der im selben Tätigkeitsgebiet Geschäfte betreibt wie die Zielgesellschaft[59]), sind Abwerbeverbote in Vertraulichkeitsvereinbarungen anzutreffen. Zwar kann die Abwerbung von Mitarbeitern eines Mitbewerbers[60] im Einzelfall auch ohne ein vertragliches Abwerbeverbot rechtswidrig sein – etwa nach § 3 UWG oder § 4 Nr. 4 UWG. Dies ist aber nur dann der Fall, wenn mit der Abwerbung wettbewerbswidrige Zwecke verfolgt, bei der Abwerbung unlautere Methoden und Mittel angewendet werden oder wenn die Gesamtschau aller Umstände des Einzelfalles einer Abwerbung unter Abwägung der Interessen aller Beteiligten und der Allgemeinheit ausnahmsweise das Gepräge der Wettbewerbswidrigkeit verleiht.[61] Ein darüber hinausgehendes vertragliches Abwerbeverbot in einer Vertraulichkeitsvereinbarung kann aus der Sicht des Informationsgebers sinnvoll sein, insbesondere, wenn der Informationsgeber sich von der Regelung einen gewissen **Abschreckungseffekt** verspricht. Mehr als dies wird regelmäßig aber nicht erreicht, zumal bereits die Kontrolle eines Abwerbeverbots nur schwer möglich ist[62] und deshalb auch Verstöße gegen ein solches Verbot selten nachweisbar sind.

44 Nach der Rechtsprechung des BGH unterliegen Abwerbeverbot grundsätzlich der **Regelung des § 75f HGB.**[63] Danach ist eine Vereinbarung, durch die sich ein Prinzipal einem anderen Prinzipal gegenüber verpflichtet, einen Handlungsgehilfen, der bei diesem im Dienst ist oder gewesen ist, nicht oder nur unter bestimmten Voraussetzungen anzustellen, nicht durchsetzbar. Ferner steht beiden Parteien der Rücktritt von einer solchen

[56] Beck Formularbuch M&A/Seibt Form B. I. 1 § 3.
[57] Beck Formularbuch M&A/Seibt Form B. I. 1 § 3.
[58] Beck Formularbuch M&A/Seibt Form B. I. 1 Ziffer 7 für den Fall einer avisierten Übernahme von Aktien einer börsennotierten Gesellschaft durch einen Erwerbsinteressenten.
[59] von Werder/Kost BB 2010, 2903 (2909); Beck Formularbuch M&A/Seibt Form. B. I. 1 § 9; Kurz Vertraulichkeitsvereinbarungen Rn. 400. Sofern es sich bei dem Informationsempfänger und Erwerbsinteressenten indes um einen Finanzinvestor handelt, dessen Tätigkeitsfeld mit dem der Zielgesellschaft bislang nicht identisch ist, dürfte ein Abwerbeverbot in der Regel verzichtbar sein.
[60] Außerhalb eines Wettbewerbsverhältnisses kann sich die Rechtswidrigkeit einer Abwerbung auch aus § 823 Abs. 1 BGB bei einem Verstoß gegen den eingerichteten und ausgeübten Gewerbebetrieb oder gemäß § 826 BGB ergeben. Praktisch bedeutsam ist dies indes nicht.
[61] Harte-Bavendamm/Henning-Bodewig UWG § 4 Rn. 26 mwN.
[62] Kurz Vertraulichkeitsvereinbarungen Rn. 400.
[63] BGH NJW 2014, 3442 (3444).

Vereinbarung frei. Nach § 110 Satz 2 GewO gilt § 75f HGB auch für nicht kaufmännische Arbeitgeber (was auch vor der Einführung des § 110 Satz 2 GewO im Jahr 2003 schon der ständigen Rechtsprechung entsprach[64]). Nur in bestimmten Fällen sind Abwerbeverbote nach dem BGH von dem nach dem Wortlaut weiten Anwendungsbereich des § 75f HGB auszunehmen und als einklagbar zu behandeln.

Nicht in den Anwendungsbereich des § 75f HGB fallen ua solche Vereinbarungen, bei 45
denen das Abwerbeverbot nicht Hauptzweck ist, sondern bei denen es nur eine Nebenbestimmung darstellt, die einem besonderen Vertrauensverhältnis der Parteien oder einer besonderen Schutzbedürftigkeit einer der beiden vertragsschließenden Seiten Rechnung trägt. Dient ein Abwerbeverbot dem Schutz vor illoyaler Ausnutzung von Erkenntnissen, die im Rahmen solcher Vertragsverhältnisse und ihrer Abwicklung gewonnen worden sind, bestehe, so der BGH[65], kein Grund, die gerichtliche Durchsetzbarkeit zu versagen. Zu dieser Fallgruppe zählt der BGH etwa Abwerbeverbote, die bei Risikoprüfungen vor dem Kauf von Unternehmen oder Unternehmensbeteiligungen vereinbart werden (Due Diligence Prüfungen); sie sind vom Anwendungsbereich des § 75f HGB auszunehmen. Eine vergleichbare Situation könne bei einer Abspaltung von Unternehmensanteilen oder Konzerngesellschaften oder bei Vertriebsvereinbarungen zwischen selbständigen Unternehmen bestehen. Auch in diesen Fallkonstellationen könne die gerichtliche Durchsetzbarkeit von Abwerbeverboten für eine reibungslose Vertragsabwicklung notwendig und eine eingeschränkte Auslegung des § 75f HGB geboten sein. Der BGH hat sich für eine zeitlicher Begrenzung der Durchsetzbarkeit von Abwerbeverboten für **maximal zwei Jahre** ausgesprochen.

Klauselbeispiel für ein Abwerbeverbot

[•] Non-solicitation

For a period of two years following the date of this Agreement the Receiving Party shall not solicit for employment any managing director[66] or employee of the Disclosing Party or its affiliated companies pursuant to section 15 et seqq. of the German Stock Corporation Act (Aktiengesetz) to whom the Receiving Party is introduced by the Disclosing Party or its affiliated companies in the context of [description of the transaction].

XI. Verhältnis der Vertraulichkeitsvereinbarung zum GeschGehG; Klarstellung

Eine Regelung in der Vertraulichkeitsvereinbarung, dass weitergehende Rechte im Hin- 46
blick auf die vertraulichen Informationen aufgrund anwendbarer gesetzlicher Vorschriften im GeschGehG durch die Vertraulichkeitsvereinbarung nicht berührt werden, ist rechtlich nicht notwendig. Es spricht aber auch nichts dagegen eine entsprechende Klarstellung in die Vertraulichkeitsvereinbarung aufzunehmen. Gleiches gilt für eine Klarstellung, dass Rechte aus der Vertraulichkeitsvereinbarung durch gesetzliche Bestimmungen wie die Regelungen des GeschGehG nicht eingeschränkt werden.[67]

XII. Dauer der Vertraulichkeitsvereinbarung; Kündigung

Die Frage, ob Vertraulichkeitsvereinbarungen insgesamt einschließlich der spezifischen 47
Geheimhaltungsverpflichtungen auf eine bestimmte Geltungsdauer begrenzt werden soll-

[64] BGHZ 88, 260.
[65] BGH NJW 2014, 3442 (3444).
[66] An dieser Stelle sind ggf. andere oder zusätzliche Organe des Informationsgebers bzw. der mit ihm verbundenen Unternehmen zu benennen.
[67] Beck Formularbuch Bürgerliches, Handels- und Wirtschaftsrecht/Meyer-Sparenberg Form. II 6 mit einem Klauselvorschlag in Ziffer 13.

ten, wird in der Kautelarjurisprudenz unterschiedlich beantwortet. Von der unbegrenzten Dauer der gesamten Vereinbarung[68] über die Begrenzung der Laufzeit der Vereinbarung, verbunden mit der darüber hinaus gehenden Fortgeltung der spezifischen Geheimhaltungspflicht,[69] bis zur zeitlichen Beschränkung der Vertragslaufzeit insgesamt finden sich zahlreiche Gestaltungsvarianten. Auch in der Praxis sind einige dieser **Gestaltungsvarianten** anzutreffen.[70] Sofern ein Abwerbeverbot in der Vertraulichkeitsvereinbarung vorgesehen ist[71], und dafür keine gesonderte Laufzeit vereinbart wurde, ist zu bedenken, dass der BGH ein Abwerbeverbot nur bei einer maximalen Laufzeit von zwei Jahren (und unter weiteren Voraussetzungen) für durchsetzbar erachtet.

48 In rechtlicher Hinsicht wird teilweise die Ansicht vertreten, eine Vertraulichkeitsvereinbarung sollte auch deshalb eine bestimmte Laufzeit aufweisen, weil bei einer unbegrenzten Laufzeit eine ordentliche Kündigung der Vereinbarung jederzeit möglich sei.[72] Das ist insofern zutreffend, als die Vertraulichkeitsvereinbarung mit unbestimmter Laufzeit als Dauerschuldverhältnis anzusehen ist und unbefristete Dauerschuldverhältnisse auch nach der Rechtsprechung ordentlich gekündigt werden können, wenn Vorschriften über das **ordentliche Kündigungsrecht** im Vertrag fehlen und die Parteien die ordentliche Kündigung nicht ausgeschlossen haben;[73] die §§ 624, 723 BGB werden dann entsprechend angewendet.

49 Wenn die Laufzeit der Vertraulichkeitsvereinbarung insgesamt mittels einer Befristung begrenzt wird, die spezifische Vertraulichkeitspflicht für die während der Laufzeit ausgetauschten Informationen aber auch danach fortgelten soll, empfiehlt sich eine ausdrückliche Regelung. In diesem Fall kann sich die dogmatisch schwierige Frage stellen, ob die zeitlich unbeschränkte Fortgeltung allein der Vertraulichkeitspflicht das oben erwähnte ordentliche Kündigungsrecht analog §§ 624, 723 BGB wegen einer unbegrenzten „Laufzeit" der Geheimhaltungspflicht hervorruft. Um dies zu verhindern, kann in diesem Fall vorsichtshalber das ordentliche Kündigungsrecht, insbesondere für die fortdauernde Pflicht zur Vertraulichkeit, ausgeschlossen werden.

Klauselbeispiel für eine Regelung zu einer befristeten Laufzeit der Vertraulichkeitsvereinbarung bei Fortgeltung der spezifischen Vertraulichkeitspflicht

[•] Duration and Termination

Subject to the provision in sentence 2, this Agreement shall expire and cease to have any effect on the earlier of (i) the date of the conclusion of a [main agreement dealing with the transaction] or (ii) the second anniversary of the date hereof. The duty of confidentiality pursuant to § [•] shall survive the expiration of this Agreement and be unlimited in time. The ordinary notice of termination of (i) this Agreement and (ii) the duty of confidentiality in case of an expiration of this Agreement pursuant to sentence 1 is excluded.

50 Der Ausschluss der ordentlichen Kündigung der gesamten Vereinbarung im letzten Satz des Klauselbeispiels hat angesichts der zeitlichen Befristung der Vereinbarung gemäß Satz 1 des Beispiels lediglich deklaratorische Bedeutung. Ferner ist zu bedenken, dass auch ohne ausdrückliche Regelung die fortgeltende Verpflichtung zur vertraulichen Behandlung der in Rede stehenden Informationen endet, sobald sie offenkundig/öffentlich bekannt sind.[74]

---

[68] Beck Formularbuch Bürgerliches, Handels- und Wirtschaftsrecht/Bartsch Form. III G. 8 § 7 (verbunden mit der Einräumung eines Rechts zur ordentlichen Kündigung der Vereinbarung).

[69] MVH/Chrocziel III Form. I. 2 Artikel 9 und 10 sowie Anm. 24 und 25.

[70] Nach Kurz Vertraulichkeitsvereinbarungen Rn. 260, sollen auch für „viele kommerzielle Fälle" Laufzeiten zwischen sechs Monaten und drei Jahren angemessen sein. von Werder/Kost BB 2010, 2903 (2911) halten für die M&A-Praxis Laufzeiten von mehr als zwei Jahren für selten durchsetzbar.

[71] Eingehend dazu → Rn. 43 ff.

[72] Kurz Vertraulichkeitsvereinbarungen Rn. 260; MVH/Chrocziel III Form. 2 Artikel 9 und 10 sowie Anm. 24 und 25.

[73] BGH NJW 1972, 1129 ff.; BGH NJW-RR 1993, 1460 ff.; OLG München NJW-RR 1996, 561; Grüneberg/Grüneberg BGB § 314 Rn. 13.

[74] MVH/Chrocziel III Form. I. 2 Anm. 25.

XIII. Anwendbares Recht; Gerichtsstand

Es ist üblich und ratsam, auch in einer Vertraulichkeitsvereinbarung zwischen zwei Parteien, die ihren Sitz in unterschiedlichen Staaten haben, das anwendbare Recht festzulegen. Nahe liegend ist es, das Heimatrecht einer der Parteien der Vereinbarung vorzusehen. Die mitunter anzutreffende Einigung auf eine „neutrale" Rechtsordnung ist – auch bei als lästig angesehenen Vertraulichkeitsvereinbarungen – nur dann eine sinnvolle Option, wenn den Parteien bewusst ist, welche rechtlichen Folgen sich daraus für die einzelnen Regelungen ihrer Vertraulichkeitsvereinbarung ergeben. Ferner ist zu bedenken und ggf. bereits in diesem Stadium der Geschäftsbeziehungen offen zu erörtern, welchem Recht der spätere **Hauptvertrag** zwischen den Parteien unterliegen soll. 51

Schließlich ist auch die Vereinbarung eines Gerichtsstandes in Vertraulichkeitsvereinbarungen gängig und ebenfalls zu empfehlen. Bei der Geltung deutschen Rechts sollte die Wahl in der Regel auf die ordentliche Gerichtsbarkeit fallen. Alternativ kann eine Schiedsvereinbarung[75] insbesondere dann in Betracht kommen, wenn der Vertragspartner nicht aus der EU/EWR stammt, da die weltweite Anerkennung und Vollstreckung eines Schiedsspruchs – anders als bei staatlichen Gerichtsurteilen weltweit – weitgehend gewährleistet ist.[76] Schiedsverfahren haben zudem gerade im Fall von Streitigkeiten wegen möglicher Verletzungen der Vertraulichkeit den Vorteil, dass sie nicht-öffentlich sind. 52

Sowohl bei ausschließlichen Gerichtsstandsvereinbarungen als auch bei einer Schiedsvereinbarung ist allerdings entscheidend, dass die Möglichkeit **einstweiliger Rechtsschutzmaßnahmen** bei sämtlichen international zuständigen Gerichten ausdrücklich offenbleibt. Anderenfalls berauben sich die Parteien unter Umständen einer entscheidenden Rechtsschutzmöglichkeit – insbesondere, wenn Unterlassungspflichten aus der Vertraulichkeitsvereinbarung effektiv nur am Ort der Verletzungshandlung im Wege einstweiliger Verfügungen durchgesetzt werden können.[77] 53

XIV. Haftung wegen der Verletzung der Vertraulichkeitsvereinbarung

Beim Blick auf die Haftung wegen einer Verletzung der Vertraulichkeitsvereinbarung sind zwei Konstellationen zu unterscheiden: die Haftung des Informationsgebers für die Richtigkeit der übermittelten Informationen und die Haftung des Informationsempfängers ua für die rechtswidrige Offenbarung der vertraulichen Informationen gegenüber Dritten sowie beim Verstoß gegen sonstige Pflichten des Informationsempfängers aus der Vertraulichkeitsvereinbarung, wie etwa das Abwerbeverbot. 54

1. Haftung des Informationsempfängers aus der Vertraulichkeitsvereinbarung (Schadensersatz; Vertragsstrafe)

Die Verletzung der Vertraulichkeitsvereinbarung durch den Informationsempfänger führt nach deutschem Recht zur Schadensersatzpflicht gemäß § 280 Abs. 1 BGB. Die Schadensersatzhaftung setzt voraus, dass der Informationsgeber in der Lage ist, die (objektive) Pflichtverletzung des Informationsempfängers und einen dadurch beim Informationsgeber entstandenen **Schaden** zu quantifizieren und nachzuweisen. Bereits der Nachweis der Pflichtverletzung des Informationsempfängers wird in der Praxis häufig nicht gelingen. Noch schwieriger sind in der Regel die Bemessung und der Nachweis eines daraus resultierenden Schadens des Informationsgebers. 55

[75] Eingehend dazu → § 14 Rn. 86 ff.
[76] Für nicht vorzugswürdig halten Schiedsvereinbarungen aber von Werder/Kost BB 2010, 2903 (2911) – allerdings beschränkt auf Vertraulichkeitsvereinbarungen im Vorfeld von M&A-Transaktionen.
[77] Vgl. auch → § 14 Rn. 254.

56 Die Schwierigkeiten des Informationsgebers, die Pflichtverletzung des Informationsempfängers nachzuweisen, werden in der Praxis regelmäßig vom Informationsgeber hingenommen. Eher selten werden von Seiten der Informationsgeber insoweit **Beweislastregelungen** für Vertraulichkeitsvereinbarungen vorgeschlagen, etwa dergestalt, dass der Informationsempfänger nachweisen muss, keine Pflichtverletzung begangen zu haben, sofern der Informationsgeber nur ernsthafte Anhaltspunkte einer solchen Pflichtverletzung belegen kann.[78] Die Akzeptanz für solche Beweislastregelungen ist bei Informationsempfängern ganz überwiegend nicht gegeben und demgemäß in der Praxis in Vertraulichkeitsvereinbarungen auch selten anzutreffen.

57 Um der Schwierigkeit der Quantifizierung und des Nachweises eines Schadens im Fall einer Pflichtverletzung aus der Vertraulichkeitsvereinbarung durch den Informationsempfänger zu begegnen, werden von Seiten des Informationsgebers mitunter Vertragsstrafenregelungen als Bestandteil der Vertraulichkeitsvereinbarung gefordert – nach den Erfahrungen des Verfassers häufiger als die vorgenannte Beweislastumkehr mit Blick auf die objektive Pflichtverletzung des Informationsempfängers. In der Literatur finden sich demgemäß zahlreiche Beispiele für die Gestaltung solcher **Vertragsstrafen** in Vertraulichkeitsvereinbarungen,[79] die den Schadensnachweis (nicht aber den Nachweis der Pflichtverletzung) entbehrlich machen.[80] In rechtlicher Hinsicht ergeben sich bei der Gestaltung und der Prüfung einer Vertragsstrafe in einer Vertraulichkeitsvereinbarung **keine Besonderheiten** gegenüber Vertragsstrafen in anderen Vereinbarungen und Zusammenhängen.[81] In rechtstatsächlicher Hinsicht ist festzustellen, dass Vertragsstrafenregelungen in Vertraulichkeitsvereinbarungen in unterschiedlicher Häufigkeit auftreten – abhängig von der Art der Zusammenarbeit, die mittels der Vertraulichkeitsvereinbarung vorbereitet und ins Werk gesetzt werden soll. So sind Vertragsstrafenregelungen in Vertraulichkeitsvereinbarungen, die im Vorfeld von M&A-Transaktionen abgeschlossen werden, eher unüblich und deshalb für den Informationsgeber häufig nicht durchsetzbar.[82] Auch in Vertraulichkeitsvereinbarungen, die vor dem Abschluss von Lizenzverträgen unterzeichnet werden, sind Vertragsstrafen in der Praxis selten. Schon häufiger finden sich Vertragsstrafenregelungen in Vertraulichkeitsabreden, die im Vorfeld von Lieferverträgen vereinbart werden.

2. Haftung des Informationsgebers

58 Im Rahmen der Durchführung einer Vertraulichkeitsvereinbarung kommt eine Haftung des Informationsgebers gegenüber dem Informationsempfänger in Betracht, wenn der Informationsempfänger berechtigterweise auf die Richtigkeit der ihm zur Verfügung gestellten Informationen vertraut, er auf dieser Grundlage Investitionsentscheidungen tätigt und die zugrundeliegenden Informationen des Informationsgebers sich als unzutreffend erweisen. Da der Informationsempfänger die vertraulichen Informationen in der Regel ausweislich der Vertraulichkeitsvereinbarung nur zu einem bestimmten Zweck erhält, kann er von vornherein allenfalls Nachteile geltend machen, die er unter Einhaltung dieses Zwecks für sich nutzt. Ferner sind Vertraulichkeitsvereinbarungen regelmäßig nicht so gestaltet, dass der Informationsgeber verpflichtet ist, dem Informationsempfänger vertrauliche Informationen zur Verfügung zu stellen. Denn die Parteien wollen in der Regel **keine einklagbare (Primär-)Pflicht** des Informationsgebers regeln, vertrauliche Informationen zu über-

[78] Beck Formularbuch M&A/Seibt Form B. I. 1 § 13.
[79] MVH/Chrocziel III Form. I. 2 Artikel 3.5.; Beck Formularbuch Bürgerliches, Handels- und Wirtschaftsrecht/Bartsch Form. III G. 8 § 6.
[80] Demgegenüber sind bloße Schadenspauschalierungen in Vertraulichkeitsvereinbarungen, die deutschem Recht unterliegen, kaum hilfreich und demgemäß in der Praxis auch kaum anzutreffen.
[81] Demgemäß wird insoweit auf die Ausführungen in → § 6 verwiesen.
[82] In diesem Sinne auch Beck Formularbuch Bürgerliches, Handels- und Wirtschaftsrecht/Meyer-Sparenberg Form. II 6 Anm. 13; Beck Formularbuch M&A/Seibt Form B. I. 1 Anm. 15 am Ende.

mitteln, sondern sie gehen davon aus, dass die avisierte weitere Zusammenarbeit, die durch die Übermittlung vertraulicher Informationen erst geprüft werden soll, schlicht scheitert, wenn der Informationsempfänger keine oder keine hinreichenden Informationen erhält. Eine Haftung des Informationsgebers gegenüber dem Informationsempfänger wegen einer vertraglichen Pflichtverletzung scheidet damit in der Regel aus.

Sehr wohl denkbar ist aber eine Inanspruchnahme des Informationsgebers auf der 59
Grundlage von **§§ 280, 311 Abs. 2 BGB** insbesondere dann, wenn die avisierte Transaktion scheitert.[83] Eine solche Haftung wegen einer Pflichtverletzung im Rahmen eines vorvertraglichen Vertrauensverhältnisses wird allerdings häufig nicht leicht zu begründen sein. Insbesondere wenn die vertraulichen Informationen zahlreich sind, wird – mangels besonderer vertrauensbildender Umstände – eine berechtigte Erwartung des Informationsempfängers auf die Richtigkeit der Informationen häufig nicht gegeben sein. Um insoweit aber Zweifel auszuschließen, weisen Informationsgeber in Vertraulichkeitsvereinbarungen mitunter darauf hin, dass sie gegenüber dem Informationsempfänger für die Richtigkeit und Vollständigkeit der zur Verfügung gestellten vertraulichen Informationen keinerlei Gewähr übernehmen.[84]

Klauselbeispiel für einen Ausschluss der Richtigkeitsgewähr übermittelter Informationen

[•] No Warranty or Representation

The Parties agree that neither the Disclosing Party nor any of its affiliated companies pursuant to section 15 et seqq. of the German Stock Corporation Act (Aktiengesetz) (i) makes any representation or warranty or assumes any liability as to the accuracy or completeness of any Confidential Information or any other information delivered to the Receiving Party or its Representatives or (ii) has any duty to update or supplement any of such information.

Hierdurch wird nach richtiger Ansicht bereits das Entstehen eines Vertrauenstatbestan- 60
des zugunsten des Informationsempfängers (und einer darauf erst aufsetzenden Haftung des Informationsgebers) verhindert und nicht etwa eine sonst bestehende Haftung ausgeschlossen.[85] Es geht um eine Präzisierung dessen, was gerade nicht Gegenstand der Leistungspflichten des Informationsgebers im Rahmen der Vertraulichkeitsvereinbarung sein soll. Legt man eine solche Klausel im Einzelfall indes als **Haftungsausschluss** aus, sind die auch sonst ggf. geltenden rechtlichen Beschränkungen (etwa §§ 305 ff. BGB bei einer Verwendung der Klausel gegenüber mehreren Informationsempfängern) zu beachten.

C. Absichtserklärungen

I. Gründe für den Abschluss und Wirkungen einer Absichtserklärung

Die ursprünglich aus dem anglo-amerikanischen Raum stammende Absichtserklärung ist – 61
ebenso wie viele moderne Vertragstypen – ein **„Kind der Wirtschaftspraxis"**.[86] Anders als viele moderne Vertragstypen, deren Entstehung ebenfalls wirtschaftliche Notwendigkeiten zugrunde lagen, die aber im Laufe der Zeit einen mehr oder weniger scharf ge-

[83] Kommt die avisierte Transaktion hingegen zustande, sollten Haftungsthemen möglichst umfassend abschließend in dem entsprechenden Hauptvertrag behandelt werden. Bei Unternehmenskaufverträgen entspricht dies einer üblichen Praxis.
[84] Beck Formularbuch M&A/Seibt Form B. I. 1 § 8; Beck Formularbuch Bürgerliches, Handels- und Wirtschaftsrecht/Meyer-Sparenberg Form. II 6 Anm. 13.
[85] Seibt/Reiche DStR 2002, 1135 (1139).
[86] So treffend Lutter Letter of Intent S. 3.

schnittenen, typischen rechtlichen Regelungsgehalt ausgebildet haben,[87] stellt die Absichtserklärung nach verbreiteter Auffassung kein Rechtsinstitut dar.[88] Das liegt vor allem daran, dass die Absichtserklärung im Rahmen von Verhandlungen im Vorfeld einer avisierten Transaktion regelmäßig nicht primär für juristische Funktionen eingesetzt wird, und die Inhalte der Absichtserklärung nicht überwiegend normativer, sondern deskriptiver Natur sind. Das zeigt sich, wenn man sich die typischen Mindestinhalte einer Absichtserklärung vergegenwärtigt: Die Absichtserklärung zeichnet sich regelmäßig dadurch aus, dass in ihr der bislang erreichte Stand der Verhandlungen über eine geplante Transaktion festgehalten und die Absicht bekundet wird, dass auf der Grundlage dieses Verhandlungsstandes und vorbehaltlich der Einigung über weitere Verhandlungspunkte sowie ggf. des Eintritts bestimmter zukünftiger Ereignisse ein Hauptvertrag abgeschlossen werden solle, wobei teilweise zusätzlich die zeitlichen Vorstellungen der Parteien zum weiteren Ablauf der Verhandlungen und der Durchführung der Transaktion festgehalten werden. Da selbst die Absicht zum späteren Hauptvertragsabschluss in der Regel nicht rechtsverbindlich ausgestaltet ist,[89] haben jedenfalls die vorgenannten typischen Mindestinhalte einer Absichtserklärung allesamt **keine genuin juristische Wirkung.**

62 Der **Zweck** und die Wirkung der Absichtserklärung sind denn auch überwiegend auf einer anderen Ebene zu suchen. Die Absichtserklärung dient häufig dazu, bei dem/den Erklärungsempfänger(n) das ernsthafte Interesse an weiteren Verhandlungen und einem späteren Abschluss des Hauptvertrages zu dokumentieren und dadurch bei dem/den Erklärungsempfänger(n) (weiteres) Vertrauen in den Transaktionsprozess zu bilden. Dieser Aspekt ist freilich auch nicht zu überschätzen. Denn es handelt sich nur um eine Momentaufnahme. Bereits kurze Zeit nach der Abgabe oder dem Abschluss der Absichtserklärung entscheidet in erster Linie der weitere Ablauf der Verhandlungen darüber, ob die Parteien auf mehr oder weniger vertrauensvoller Grundlage ihre Verhandlungen fortsetzen.

63 Eine weitere, mitunter intendierte Wirkung der Absichtserklärung kann in einer gewissen **faktischen Bindung** der Parteien an einen in der Absichtserklärung bestimmten weiteren Ablauf der Verhandlungen und der Transaktion bestehen. Auch eine solche faktische Bindungswirkung nutzt sich insbesondere bei komplexen Transaktionen häufig im Laufe der Zeit ab, weil sie nicht selten durch neue Umstände oder Erkenntnisse einer oder beider Parteien überholt wird. Ein günstiger Nebeneffekt etwaiger Diskussionen der Parteien über den Inhalt einer Absichtserklärung kann darin bestehen, dass Missverständnisse und Meinungsverschiedenheiten über die Transaktion bereits in einem recht frühen Stadium erkennbar werden.[90] Das ist vor allem dann der Fall, wenn die Verhandlungen der Parteien vor dem Abschluss einer Absichtserklärung bereits über ein rudimentäres Anfangsstadium hinausgegangen sind. In der Praxis ist dies indes nicht immer anzutreffen; insbesondere, wenn es den Parteien in einem sehr frühen Stadium (und mitunter noch ohne rechtliche Beratung) lediglich darum geht, ein erstes Interesse an einer bestimmten Transaktion zu dokumentieren.

64 Weil die Absichtserklärung nicht zwingend spezifische rechtliche Eckpunkte aufweist, hat auch die Bezeichnung einer Erklärung oder einer Vereinbarung als „Absichtserklärung" allenfalls eine sehr geringe **indizielle Bedeutung.** Erst der konkrete Inhalt der Absichtserklärung erschließt dem Leser den faktischen und ggf. normativen Gehalt der Vereinbarung. Umgekehrt finden sich mitunter die oben skizzierten typischen Mindestinhalte einer Absichtserklärung – oder ihres englischsprachigen Pendants, des Letter of Intent[91] – auch in Vereinbarungen oder Erklärungen mit anderen Bezeichnungen, etwa in Punktationen, Memoranda of Understanding oder Principles/Heads of Agreeement/Understan-

---

[87] Wie etwa Leasing-, Franchise- oder Factoringverträge.
[88] Lutter Letter of Intent S. 3; Kösters NZG 1999, 623.
[89] Vgl. dazu insbesondere unter → Rn. 79.
[90] So auch Houck M&A Review 2006, 65.
[91] Zum Vertragsschluss und Bindungswirkung des Letter of Intent nach anglo-amerikanischem Recht vgl. Jahn Letter of Intent S. 60ff.

ding. Denn auch diese Instrumente der Unternehmenspraxis zeichnen sich nicht durch ein spezifisches, stets wiederkehrendes rechtliches Regelungskorsett aus, sondern durch hohe inhaltliche Variabilität und einen regelmäßigen Schwerpunkt im bloß beschreibenden, nicht-normativen Bereich.[92]

Die dargestellten wesentlichen nicht-normativen Zwecke und Wirkungen der Absichts- 65
erklärung bedeuten gleichwohl nicht, dass eine Absichtserklärung nicht auch rechtliche Wirkungen entfaltet. Der Absichtserklärung können und werden auch **rechtsverbindliche Elemente** hinzugefügt, indem bestimmte Rechtspflichten des Ausstellers/der Parteien begründet werden. Überdies kann die Absichtserklärung ggf. – auch unabhängig von solchen von den Parteien geplanten Rechtswirkungen – rechtliche Folgen haben (etwa Haftungsfolgen nach §§ 241 Abs. 2, 311 Abs. 2 BGB).

II. Typische „Vorfelder" von Absichtserklärungen

Im „Vorfeld" von **Unternehmensverkäufen und -zusammenschlüssen** sowie von 66
Joint-Venture-Projekten ist die Absichtserklärung ein regelmäßig anzutreffendes Dokument.[93] In zeitlicher Hinsicht geht dem Abschluss einer Absichtserklärung bei avisierten M&A-Transaktionen häufig die Unterzeichnung einer Vertraulichkeitsvereinbarung voraus. Sofern dies nicht der Fall ist, wird auch die Vertraulichkeitsverpflichtung mitunter in der Absichtserklärung selbst vereinbart. Im Übrigen divergieren die Inhalte der in der Praxis anzutreffenden und in der Kautelarjurisprudenz als Beispiele ausformulierten Absichtserklärungen – ebenso wie auch in den anderen „Vorfeldern", in denen Absichtserklärungen regelmäßig anzutreffen sind – erheblich.

Die Absichtserklärung hat zunehmend Bedeutung auch im **gewerblichen Mietrecht,** 67
insbesondere im Vorfeld des Abschlusses wirtschaftlich bedeutsamer und komplexer Mietverträge.[94] Hier ist von Bedeutung, dass vor allem der Vermieter bereits im Vorfeld des Abschlusses eines Mietvertrages mitunter erhebliche Investitionen vornimmt, etwa wegen eines vom zukünftigen Mieter gewünschten Umbaus der Mieträume. Dann ist es aus Sicht des Vermieters angezeigt, eine Kostenregelung für den Fall zu treffen, dass der Mietvertrag letztlich doch nicht abgeschlossen wird.[95]

III. Äußere Erscheinungsform der Absichtserklärung

Die Absichtserklärung wird entweder in **Vertragsform** als zwei- oder mehrseitige Verein- 68
barung oder als einseitige Erklärung **in Form eines Briefes** ausgestaltet. Wenn die Absichtserklärung beidseitig verpflichtende Regelungen enthält, ist auch im Fall der Wahl der Briefform eine Bestätigung durch den Empfänger des Briefes mittels Rücksendung einer gegengezeichneten Fassung des Briefes angezeigt.[96]

Spezifische Formvorschriften für die Erstellung einer Absichtserklärung existieren im deutschen Recht nicht, unabhängig davon, ob die Absichtserklärung rechtsverbindliche

[92] Hierin liegt ein wesentlicher Unterschied zum Vorvertrag und zur Option, die sich durch einen spezifischen rechtlichen Regelungsgehalt (Verpflichtung zum Abschluss eines Hauptvertrages; Recht, durch einseitige Erklärung einen Vertragsschluss herbeizuführen) auszeichnen. Gleiches gilt auch für den Side Letter, der sich als Nebenvereinbarung auf einen Hauptvertrag bezieht und typischerweise spezifische, im Hauptvertrag nicht geregelte Aspekte für die Parteien rechtlich verbindlich macht.

[93] Mit Blick auf Unternehmensverkäufe etwa Beck Formularbuch Bürgerliches, Handels- und Wirtschaftsrecht/Meyer-Sparenberg Form. III. A. 9; Beck Formularbuch M&A/Seibt Form B. VIII.; mit Blick auf Joint Venture etwa MVH/Thümmel III Form. I. 1.

[94] Beck Formularbuch Bürgerliches, Handels- und Wirtschaftsrecht/Leonhard Form. III. D. 12.; Lindner-Figura NZM 2000, 1193.

[95] Beispiel Beck Formularbuch Bürgerliches, Handels- und Wirtschaftsrecht/Leonhard Form. III. D. 12 Ziffer 17.

[96] MVH/Thümmel III Form. I. 1. Anm. 3; Beck Formularbuch M&A/Seibt, Form. B. VIII Anm. 1.

Regelungen enthält oder nicht. In Ausnahmefällen kann sich eine Beurkundungsbedürftigkeit der Absichtserklärung ergeben, etwa wenn ein selbstständiges Strafversprechen für den Fall des Abbruchs der in der Absichtserklärung avisierten Transaktion vorgesehen wird, das die Parteien von einem solchen Abbruch abhalten und damit einen mittelbaren Zwang zum Abschluss des Hauptvertrages herbeiführen soll. Hierauf wird an anderer Stelle zurückzukommen sein.[97]

IV. Reichweite der rechtlichen Bindungswirkung

69 Die Bezeichnung eines Dokuments als Absichtserklärung besagt noch nichts über dessen rechtliche Bindungswirkung. Die Bezeichnung kann allenfalls ein erstes – freilich widerlegbares – Indiz dafür sein, dass eine Bindung des Erklärenden oder der Parteien in Bezug auf den Abschluss des Hauptvertrages nicht beabsichtigt ist[98] und deshalb etwa ein Vorvertrag, aus dem auf den Abschluss des Hauptvertrages geklagt werden kann, nicht gewünscht ist. Weitere Hinweise über die **rechtliche Bindungswirkung** wird man in die Bezeichnung „Absichtserklärung" nicht hineinlesen können. Die Frage, ob und in welchem Umfang die Absichtserklärung rechtliche Bindungswirkung entfaltet, richtet sich nach ihrem Inhalt. Demgemäß hat die Rechtsprechung in diversen Fällen bereits bindende Vereinbarungen angenommen, obgleich diese von den Parteien mit der Überschrift „Absichtserklärung" versehen worden waren.[99] Es wird deshalb in der Literatur zu Recht empfohlen, die von dem Erklärenden oder den Parteien gewünschte rechtliche Bindungswirkung oder umgekehrt den fehlenden Rechtsbindungswillen in der Absichtserklärung unmissverständlich klarzustellen.[100]

V. Typische deskriptive und normative Bestandteile einer Absichtserklärung

70 Es ist nicht möglich, hier sämtliche denkbaren Regelungsgegenstände einer Absichtserklärung darzustellen, zumal ihre Inhalte nicht nur von der bevorstehenden Transaktionsart,[101] sondern insbesondere von den konkreten Vorstellungen des Erklärenden oder der Parteien abhängen. Lediglich typische Bestandteile einer Absichtserklärung, und zwar sowohl die deskriptiven als auch die normativen, werden im Folgenden dargestellt:

1. Beschreibung der avisierten Transaktion

71 Ein wesentlicher deskriptiver Bestandteil einer Absichtserklärung ist die Beschreibung der Transaktion, die die Parteien durchzuführen beabsichtigen. Je nach Art der Transaktion und dem Stand der bisherigen Gespräche zwischen den Parteien wird auch die **Art der Durchführung** der Transaktion bereits recht konkret ausbuchstabiert oder – insbesondere bei rechtlich und steuerlich komplexen und komplizierten Vorhaben – die konkrete Umsetzung zunächst offengelassen. In diesem Fall werden in der Absichtserklärung teilweise auch etwaige alternative Durchführungsarten lediglich als zu prüfende und zwischen den Parteien noch zu erörternde Möglichkeiten skizziert.[102]

72 Im Zusammenhang mit der Beschreibung der avisierten Transaktion bringen der Erklärende oder die Parteien in der Absichtserklärung regelmäßig ihr Interesse zum Ausdruck, die avisierte Transaktion durchzuführen. Dieser **Absichts- oder Interessenbekundung**

---

[97] Vgl. unter → Rn. 89ff. sowie die detaillierte Auseinandersetzung mit Formerfordernissen in Break fee-Vereinbarungen von Guinomet.
[98] OLG Köln EWiR 1994, 533; Köster NZG 1999, 623.
[99] Beispielhaft OLGR Frankfurt 1997, 4; OLGR Köln 1994, 61.
[100] Köster NZG 1999, 623; Beck Formularbuch M&A/Seibt Form. B. VII Anm. 4.
[101] Vgl. dazu → Rn. 66ff.
[102] Beispielhaft Beck Formularbuch M&A/Seibt Form B. VIII Ziffer 1 im Fall eines Unternehmenskaufes.

möchten die Parteien in der Regel keine rechtliche Bedeutung geben. Um spätere Missverständnisse und Auslegungsschwierigkeiten zu vermeiden, ist es deshalb zu empfehlen, auch den Text in der Absichtserklärung zur Absichts- und Interessenbekundung im Ergebnis als rechtlich unverbindlich auszugestalten.[103]

2. Stand der Verhandlungen; weiterer Ablauf

Weitere übliche Bestandteile einer Absichtserklärung sind zum einen die Darstellung des 73
zum Zeitpunkt der Unterzeichnung aktuellen Standes der Verhandlungen und zum anderen – und damit zusammenhängend – der weitere Ablauf der Verhandlungen. In diesem Zusammenhang äußern die Parteien häufig ein gemeinsames Verständnis darüber, welche Maßnahmen von welcher Partei als nächstes vorgenommen werden, wie etwa die Durchführung einer Due Diligence der Zielgesellschaft, die der Interessent zu erwerben beabsichtigt, oder die Verabredung von (Fach-)Gesprächen zwischen den Parteien auf Mitarbeiter- oder Managementebene. Auch der mehr oder weniger dezidierte **Zeitplan** für den Abschluss der Transaktion mittels Vertragsunterzeichnung wird häufig von den Parteien in einer Absichtserklärung ausgewiesen. Auch diese Darstellungen in einer Absichtserklärung sollen nach den üblichen Vorstellungen der Parteien keinen normativen Gehalt haben. Es soll sich lediglich um rechtlich nicht verbindliche Darstellungen des von den Parteien (derzeit) gewünschten weiteren Ablaufs der Transaktion handeln. Auch insoweit kann es um der größtmöglichen Klarheit willen angezeigt sein, die rechtliche Unverbindlichkeit dieser Passagen in einer Absichtserklärung klarzustellen.

3. Vertraulichkeit

Sofern der Absichtserklärung nicht der Abschluss einer Vertraulichkeitsvereinbarung vor- 74
ausgegangen ist, wird auch die Verpflichtung, den Inhalt der Absichtserklärung, die bisherigen und zukünftigen Verhandlungen zwischen den Parteien sowie die ausgetauschten Informationen vertraulich zu behandeln, regelmäßig als rechtlich verbindliche Bestimmung in einer Absichtserklärung geregelt.[104]

4. Exklusivität

Insbesondere im Rahmen von bevorstehenden Unternehmenskäufen oder dem geplanten 75
Abschluss von gewerblichen Mietverträgen legen die Kauf-/Mietinteressenten im Zuge der ersten Gespräche Wert darauf, dass der potenzielle Verkäufer/Vermieter für einen gewissen Zeitraum keine Gespräche oder Verhandlungen mit **anderen Interessenten** führt. Wenn die Parteien sich über eine entsprechende Exklusivitätsverpflichtung verständigen können, wird diese regelmäßig in einer Absichtserklärung geregelt.[105] Indes: Der Wunsch nach einer Exklusivitätsverpflichtung der Gegenseite wird längst nicht immer erfüllt, zumal sich ein potenzieller Verkäufer/Vermieter, insbesondere in einem frühen Stadium der Verhandlungen, häufig nicht der Möglichkeit begeben möchte, einen kompetitiven Prozess mit mehreren Interessenten aufzusetzen. Sofern eine Exklusivitätsregelung vergeben wer-

[103] Vgl. → Rn. 79.

[104] Beck Formularbuch Bürgerliches, Handels- und Wirtschaftsrecht/Meyer-Sparenberg Form. III. A. 9 Ziffer 8; MVH/Thümmel III Form. I. 1 § 5; Beck Formularbuch Bürgerliches, Handels- und Wirtschaftsrecht/Leonhard Form. III. D. 12 Ziffer 15; Beck Formularbuch M&A/Seibt Form B. VII Ziffer 7 (mit der Verpflichtung, zulasten des Interessenten am Erwerb eines Unternehmens eine Geheimhaltungsklausel nach Maßgabe der Vorgaben in dem Letter of Intent noch abzuschließen); wurde die Vertraulichkeitsvereinbarung bereits zuvor abgeschlossen, kann hierauf in der Absichtserklärung Bezug genommen werden.

[105] Beck Formularbuch Bürgerliches, Handels- und Wirtschaftsrecht/Meyer-Sparenberg Form. III. A. 9 Ziffer 9; MVH/Thümmel III Form. I. 1 § 6; Beck Formularbuch Bürgerliches, Handels- und Wirtschaftsrecht/Leonhard Form. III. D. 12 Ziffer 14; Beck Formularbuch M&A/Seibt Form B. VIII Ziffer 7; Kösters NZG 1999, 623 (625).

den soll, sind auch die etwaigen Rechtsfolgen zu bedenken und ggf. zu regeln (etwa eine Vertragsstrafe).[106] Eine Exklusivitätsvereinbarung, die einer Partei die Verhandlung mit anderen Interessenten über einen bestimmten Zeitraum verbietet, steht auch nicht in Widerspruch zu einem von den Parteien gewährten, jederzeit möglichen Abbruch der Verhandlungen.[107]

5. Abwerbeverbot

76 Deutlich seltener als eine Exklusivitätsabrede enthält die Absichtserklärung ein Verbot zulasten einer Partei, **Arbeitnehmer** (und ggf. auch freie Mitarbeiter) der anderen Partei innerhalb eines bestimmten Zeitraums abzuwerben. Wenn vor der Absichtserklärung eine Vertraulichkeitsvereinbarung abgeschlossen wurde, wird ein Abwerbeverbot in der Praxis eher dort geregelt. Auf die Ausführungen unter → Rn. 43 ff. zum Abwerbeverbot in Vertraulichkeitsvereinbarungen wird verwiesen.

6. Weitere echte Vertragspflichten in der Absichtserklärung

77 Es ist den Parteien unbenommen, in einer Absichtserklärung auch **weitere Leistungen** der Parteien vorzusehen, die als rechtlich verbindlich ausgestaltet werden. So kann etwa – wenn in der Praxis auch sehr selten – die Offenlegung von Informationen durch eine Partei zwecks Prüfung dieser Informationen, etwa im Rahmen einer Due Diligence im Vorfeld eines Unternehmenskaufes, durch die andere Partei als echte vertragliche Pflicht ausgestaltet sein. Es ist im Einzelfall genau zu prüfen, ob es sinnvoll ist, bestimmte Aspekte, die die Parteien in die Absichtserklärung aufnehmen, als rechtsverbindlich auszugestalten. Ob etwa das Zugänglichmachen von Informationen für die Zwecke einer Due Diligence dazu gehört, ist zu bezweifeln, zumal, wenn die Absichtserklärung so ausgestaltet ist, dass ein Abbruch der zukünftigen Verhandlungen und des sonstigen Bemühens der Parteien, zu einem Abschluss des geplanten Hauptvertrages zu kommen, jederzeit möglich ist.

7. Anwendbares Recht; Gerichtsstand

78 Es ist üblich und empfehlenswert, auch in einer Absichtserklärung das hierauf anwendbare Recht und den Gerichtsstand (bzw. eine Schiedsvereinbarung) für Streitigkeiten der Parteien im Zusammenhang mit der Absichtserklärung festzulegen. Etwas anderes kann allenfalls gelten, wenn die Absichtserklärung **ausschließlich deskriptive Bestandteile enthält** und keinerlei normative Wirkungen entfaltet und dies angesichts des eindeutigen Wortlauts zwischen den Parteien auch kaum streitig werden kann.

8. Umfang der rechtlichen Bindungswirkung

79 Vereinbarungen in einer Absichtserklärung zur Vertraulichkeit,[108] zur Exklusivität,[109] zu einem Abwerbeverbot,[110] aber auch zu allgemeinen Schlussbestimmungen (einschließlich einer etwaigen salvatorischen Klausel), sind nur sinnvoll, wenn sie auch rechtlich verbindlich sind. Gleiches gilt für Vereinbarungen hinsichtlich der Rechtswahl – jedenfalls, wenn die Parteien aus verschiedenen Jurisdiktionen stammen – und in Bezug auf den Gerichtsstand. Diese und etwaige weitere, aus der Sicht der Parteien notwendige **rechtliche Bestimmungen** sollten in einer Absichtserklärung ausdrücklich als verbindlich ausgewiesen werden, wohingegen die übrigen Textbestandteile ebenfalls ausdrücklich als

[106] Beck Formularbuch M&A/Seibt Form. B VIII. §§ 10 und 11.
[107] Vgl. dazu → Rn. 83 ff.
[108] Vgl. → Rn. 74.
[109] Vgl. → Rn. 75.
[110] Vgl. → Rn. 76.

rechtlich unverbindlich dargestellt werden sollten. Insbesondere sollte in diesem Zusammenhang klargestellt werden, dass die Absichtserklärung keinen Anspruch auf Abschluss des Hauptvertrages begründet.

Klauselbeispiel für eine Regelung betreffend den Umfang der Verbindlichkeit der Absichtserklärung

[•] Binding Legal Effect

Except for [•] and [•] this Letter of Intent shall not be legally binding and does in particular not create any obligation upon the Parties to carry out the [the envisaged transaction].

9. Dauer der Absichtserklärung

Regelungen zur Geltungsdauer der Absichtserklärung können insofern sinnvoll sein, als 80
klargestellt wird, dass diejenigen Regelungen, die auch nach dem Abbruch der Verhandlungen durch eine Partei rechtliche Wirkung entfalten sollen, nur für einen **bestimmten Zeitraum** gelten sollen.

Klauselbeispiel für eine Regelung zur Laufzeit

[•] Term

The obligations under this Letter of Intent terminate [•] years after the date hereof.

Alternativ kann eine unbeschränkte Laufzeit der Absichtserklärung vorgesehen werden. 81
Bei einer solchen Gestaltung ist gleichzeitig der Ausschluss des ordentlichen Kündigungsrechts zu empfehlen.[111]

VI. Abbruch der Transaktion nach Abschluss der Absichtserklärung

Werden Vertragsverhandlungen nach dem Abschluss einer Absichtserklärung beendet und 82
ist damit die ursprünglich geplante Transaktion zwischen den Parteien gescheitert, stellt sich die Frage nach den **Rechtsfolgen.** Teilweise werden diese Rechtsfolgen ausdrücklich in der Absichtserklärung geregelt. Dies ist zur Vermeidung von späteren Auseinandersetzungen über die Folgen einer Beendigung des Transaktionsprozesses auch zu empfehlen.

1. Vertraglich erlaubter Abbruch

Die Parteien einer Absichtserklärung wollen diese häufig so ausgestaltet wissen, dass die 83
Parteien jederzeit von der Transaktion Abstand nehmen und die Verhandlungen beenden können. Ein solches Vorverständnis der Parteien sollte im Text der Absichtserklärung berücksichtigt werden. Es ist dabei im Wesentlichen eine Frage der Höflichkeit, ob der Abbruch der Transaktion gegenüber der anderen Seite mit einer **Begründung** versehen werden soll. Rechtlich entscheidend ist es klarzustellen, dass der Grund für den Abbruch nicht ausschlaggebend ist für dessen Rechtmäßigkeit unter der Absichtserklärung. Ferner ist zu regeln, dass die Abstandnahme von der Transaktion und von weiteren Verhandlungen nichts daran ändert, dass bestimmte Regelungen, wie etwa eine Vertraulichkeitsregelung oder auch eine Exklusivitätsabrede in der Absichtserklärung, auch nach dem Abbruch der Verhandlungen (zunächst) ihre Gültigkeit behalten.

[111] Vgl. → Rn. 47 ff.

Klauselbeispiel für eine Regelung betreffend die Möglichkeit der Abstandnahme von der Transaktion nach deutschem Recht

[•] Breaking off from the Transaction

(1) Each Party shall be entitled to break off from [the envisaged transaction] at any time until a [main agreement] is signed, irrespective of the reason for such breaking off. The breaking off shall be notified in writing to the other Party.

(2) In case of a breaking off pursuant to paragraph (1) above, [•] and [•] shall remain binding on the Parties [**optional**: until this Letter of Intent expires pursuant to [•][112]].

2. Kostenerstattung im Fall des Abbruchs der Transaktion

84 Wenn der Abbruch der Vertragsverhandlungen gemäß dem oben genannten Klauselbeispiel ermöglicht wird, stellt sich die Frage, ob mit einem etwaigen erlaubten Abbruch der Verhandlungen eine Kostenerstattung des die Verhandlungen Abbrechenden zugunsten der anderen Partei verbunden sein soll.[113] Einigen sich die Parteien auf den Grundsatz einer gewissen Kostenerstattung für den Fall des Abbruchs der Verhandlungen, kann die Kostenerstattung gegen **Nachweis der Einzelkosten,** ggf. bis zu einem bestimmten Höchstbetrag, erfolgen. Nach einer zutreffenden Rechtsprechung des OLG München[114] begründet die Vereinbarung einer solchen Kostenerstattungspflicht auch keinen faktischen Zwang zum späteren Abschluss eines Hauptgeschäftes und bedarf deshalb auch dann nicht der Beurkundung, wenn das Hauptgeschäft beurkundungspflichtig ist. Ferner kann im Rahmen der Kostenerstattung berücksichtigt werden, dass der Abbruch der Verhandlungen von der Gegenseite durch einen Verstoß gegen eine rechtlich verbindliche Bestimmung der Absichtserklärung verursacht wurde.

Klauselbeispiel für eine Kostenerstattungsregelung zugunsten beider Parteien nach deutschem Recht

[•] Breaking off from the Transaction

(3) If [Party A] breaks off from [the envisaged transaction], it shall pay [Party B]'s cost incurred in connection with [the envisaged transaction] [**optional**: up to a maximum amount of [•] (in words: [•])] provided such costs can be proven. If [Party B] breaks off from [the envisaged transaction], it shall pay [Party A]'s cost incurred in connection with [the envisaged transaction] [**optional**: up to a maximum amount of [•] (in words: [•])] provided such costs can be proven. The respective compensation of costs pursuant to sentence 1 or 2 (as the case may be) shall not be payable by the Party breaking off from [the envisaged transaction] if such breaking off has been caused by a breach of a binding provision of this Letter of Intent by the other Party.

85 Teilweise wird anstelle des Ersatzes der tatsächlich entstandenen Aufwendungen ein **Pauschalbetrag** als Kostenersatz für den Fall vorgesehen, dass die Transaktion von einer der beiden Parteien abgebrochen wird. Die Parteien legen dann die voraussichtlich anfallenden notwendigen Kosten jeder Partei für den weiteren regulären Ablauf der Verhandlungen mittels einer konkreten Schätzung zugrunde. Sofern sich die Parteien bei der Festlegung der Pauschalen an den realistischerweise zu erwartenden tatsächlichen Kosten

---

[112] Vgl. hierzu den Klauselvorschlag unter → Rn. 49 (Dauer).

[113] Die rechtsdogmatische Einordnung solcher Kostenerstattungsregelungen im Fall des Abbruchs einer Transaktion ist nicht abschließend geklärt. In einer beachtlichen Auseinandersetzung mit dem Thema kommt Guinomet zu dem Ergebnis, dass es sich dabei um unentgeltliche Zuwendungen handeln könne (Guinomet Break fee Vereinbarungen S. 166 ff.). Diese Qualifizierung hätte zur Folge, dass es sich um ein formbedürftiges Schenkungsversprechen im Sinne des § 515 Abs. 1 BGB handeln würde und dieses gemäß § 518 Abs. 1 BGB der notariellen Beurkundung bedürfte (so auch Guinomet Break fee Vereinbarungen S. 188 f.).

[114] OLG München GWR 2012, 468.

orientieren, entsteht durch die Regelung – ebenso wenig wie bei dem Ersatz der nachgewiesenen Kosten – keine mittelbare Bindung zum späteren Abschluss des Hauptvertrages. Dies führt wiederum dazu, dass, selbst wenn der Hauptvertrag beurkundungsbedürftig ist, eine Beurkundungspflicht der Absichtserklärung bei deutschem Formstatut nicht besteht (umgekehrt bedarf eine Vereinbarung, die einen auch nur mittelbaren Zwang zum späteren Abschluss eines beurkundungsbedürftigen Rechtsgeschäfts kreiert, der Beurkundung[115]).

Klauselbeispiel einer Kostenpauschale zugunsten beider Parteien nach deutschem Recht

[•] Breaking off from the Transaction

(3) If [Party A] breaks off from [the envisaged transaction], [Party A] shall pay a lump-sum amount of [•] (in words: [•]) to [Party B] as compensation for its necessary cost in connection with [the envisaged transaction]. If [party B] breaks off from [the envisaged transaction], [Party B] shall pay a lump-sum amount of [•] (in words: [•]) to Party A as compensation for its necessary cost in connection with [the envisaged transaction]. The respective lump-sum amount pursuant to sentence 1 or 2 (as the case may be) shall not be payable by the Party breaking off from [the envisaged transaction] if such breaking off has been caused by a breach of a binding provision of this Letter of Intent by the other Party.

Sofern eine Regelung zur Kostenerstattung für den Fall des Abbruchs der Verhandlungen in die Absichtserklärung aufgenommen wird, bietet es sich ferner an, dort auch ausdrücklich zu regeln, dass die Geltendmachung **weitergehender Ansprüche** gegen die die Verhandlung aufsagende Partei auf Ersatz weiterer Schäden der anderen Partei nicht in Betracht kommen soll.[116] 86

Ergänzende Regelung (Absatz 2) zu den oben ausgewiesenen Klauseln betreffend die Kostenerstattung

[•] Breaking off from the Transaction

(4) The claims for compensation pursuant to paragraph (3) shall constitute the sole and exclusive legal remedy triggered by a breaking off from [the envisaged transaction]; any additional rights and claims against the Party because of the breaking off from [the envisaged transaction] are hereby excluded.

Eine andere Möglichkeit besteht darin, weitere Ansprüche gegen die die Transaktion abbrechende Partei, etwa aus culpa in contrahendo, ausdrücklich offenzulassen.[117] Ob eine solche Regelung im Anschluss an die oben genannten Klauselbeispiele zum Kostenersatz sinnvoll ist, ist eine andere Frage. Gerade wenn – wie im Fall der Zulässigkeit des Abbruchs der Transaktion – für die Verletzung eines Vertrauenstatbestandes und eine daran anschließende Haftung wegen culpa in contrahendo wenig Raum ist, erweckt eine solche Regelung eher den unzutreffenden – und widersprüchlichen – Eindruck, dass über die Kostenerstattung hinaus noch Ersatzansprüche bestünden. 87

3. Break Fee

Mitunter werden auch sogenannte „Break-Fee-Vereinbarungen“[118] in eine Absichtserklärung aufgenommen. Vereinbart wird dann die Zahlung einer Entschädigung durch die die 88

[115] Vgl. Wolf DNotZ 1995, 179ff.; Grüneberg/Grüneberg BGB § 311b Rn. 13. Dies gilt jedenfalls dann, wenn das Beurkundungserfordernis auch eine Warnfunktion hat, wie etwa im Fall des § 311b BGB.
[116] Hiervon unberührt bleiben Ansprüche der die Transaktion abbrechenden Partei, falls der Abbruch auf einem Verstoß der anderen Partei gegen eine verbindliche Regelung der Absichtserklärung in Rede steht.
[117] Walz/Thurn/Ziegenhain, Beck'sches Formularbuch Deutsch – Englisch Form. N. 2 § 7 Abs. 3.
[118] Vgl. auch Sieger/Hasselbach BB 2000, 625ff.; Hilgard BB 2008, 286ff. (jeweils in Bezug auf Unternehmenskäufe).

Transaktion abbrechende Partei an die andere Partei.[119] Von dem zuvor dargestellten pauschalierten Kostenerstattungsanspruch unterscheiden sich die Break-Fee-Vereinbarungen insofern, als diese von den Parteien regelmäßig als ein Instrument eingesetzt werden, das die Wahrscheinlichkeit der tatsächlichen **Durchführung der Transaktion** erhöhen soll. Die Partei, die im Fall des Abbruchs der Transaktion zur Zahlung einer Break Fee verpflichtet ist, soll dazu angehalten werden, die Transaktion bis zu ihrem Abschluss zu bringen. Zu diesem Zweck wird der zu zahlende Betrag in der Regel auch unabhängig von und vor allem höher angesetzt als die Summe der zu erwartenden Kosten, die der anderen Partei bis zum Abbruch voraussichtlich entstehen werden. Der Abbruch der Transaktion soll auf diese Weise unattraktiv gemacht werden.

89 Wie eine solche Break Fee im Rahmen einer Absichtserklärung rechtsdogmatisch einzuordnen ist, ist eine Frage der Auslegung im Einzelfall. Die Einordnung ist nicht selten schwierig. Häufig wird man eine Break Fee-Regelung nicht als **Schadenspauschalierung** ansehen können. Denn die Schadenspauschale setzt voraus, dass die Tatbestandsvoraussetzungen eines vertraglichen oder gesetzlichen Schadensersatzanspruchs erfüllt sind.[120] Im Fall eines Abbruchs der Transaktion käme insofern auf den ersten Blick ein gesetzlicher Schadensersatzanspruch wegen culpa in contrahendo in Betracht. Bedeutet der Abbruch der Transaktion jedoch keine Pflichtverletzung, sondern eine von der Absichtserklärung erlaubte Maßnahme, besteht ein solcher Anspruch aus culpa in contrahendo nicht. Es fehlt in diesem Fall sowohl an der berechtigten Erwartung der anderen Partei, dass die Transaktion nicht mehr abgebrochen wird, als auch an der darauf aufsetzenden Pflichtverletzung des Abbruchs ohne triftigen Grund.[121] Da der Break Fee in einer Absichtserklärung in der Regel keine erzwingbare Hauptverbindlichkeit zugrunde liegt – es fehlt an der Pflicht zur Durchführung der Transaktion –, scheidet auch die Annahme einer Vertragsstrafe aus. Die Break Fee kann und wird dann nicht selten als **selbstständiges (uneigentliches) Strafversprechen**[122] einzuordnen sein. Denn es wird für den Fall der Vornahme einer Handlung – des Abbruchs der Transaktion –, zu deren Vornahme die Parteien nicht verpflichtet sind, ein Zahlungsanspruch ausgelöst.[123]

90 Sofern eine solche Einordnung einer Break-Fee-Vereinbarung in einer Absichtserklärung als selbstständiges Strafversprechen angezeigt ist, kann die Break-Fee-Vereinbarung unter Umständen formnichtig sein, wie folgender, vom Landgericht Paderborn[124] entschiedener Fall zeigt: Zur Vorbereitung eines Börsengangs hatten mehrere Gesellschaften und deren Gesellschafter vereinbart, die Gesellschaften auf eine Aktiengesellschaft zu verschmelzen. In einer als „Letter of Intent" bezeichneten privatschriftlichen Vereinbarung war bei einem Scheitern der Verschmelzung eine Break Fee zu zahlen. Darüber hinaus waren von dem Gesellschafterkreis, der den Zusammenschluss verhinderte, den anderen Gesellschafterkreisen die bis dahin entstandenen Kosten zu ersetzen. Das Landgericht Paderborn sah in der Break-Fee-Vereinbarung ein selbstständiges Strafversprechen, zumal die Break Fee neben den tatsächlich entstandenen Kosten entrichtet werden sollte. Im Fall eines selbstständigen Strafversprechens ist insbesondere die **Regelung des § 344 BGB** zu beachten. Nach dem genuinen Anwendungsbereich dieser Vorschrift erstreckt sich die Unwirksamkeit einer Hauptverbindlichkeit auf das akzessorische Strafversprechen. Die Regelung ist indes auch auf das selbstständige Strafversprechen anwendbar, sofern der Zwang zur Erfüllung des Versprechens gegen tragende Prinzipien der Rechtsordnung, etwa gegen

[119] Diverse weitere Bezeichnungen für die Break Fee kursieren in den Verträgen der Praxis, etwa Cancellation Fee oder Termination Fee; vgl. auch Hilgard BB 2008, 286 ff. Fn. 6; Sieger/Hasselbach BB 2000, 625.
[120] Zur Schadenspauschalierung allgemein → § 6.
[121] Zur Haftung aus culpa in contrahendo nach Abschluss einer Absichtserklärung vgl. unter → Rn. 91 ff.
[122] Allgemein zum selbstständigen Strafversprechen Grüneberg/Grüneberg BGB § 339 Rn. 3.
[123] In diesem Sinne auch Geyrhalter/Zirngibl/Strehle DStR 2006, 1559 (1560).
[124] LG Paderborn NZG 2000, 899.

§ 125 BGB, verstoßen würde.[125] Das Landgericht Paderborn hielt die Break-Fee-Vereinbarung demgemäß nach § 344 BGB in Verbindung mit § 125 BGB und § 13 Abs. 3 UmwG für nichtig, da eine Verpflichtung zur Mittragung der Verschmelzungsbeschlüsse nur in der Form einer notariellen Urkunde wirksam wäre und daher die Verpflichtung zur Zahlung des vorgesehenen Break-Fee-Betrages bei Nichtdurchführung der Verschmelzung der gleichen Form unterliege. Die Besonderheit dieses Falles lag zwar darin, dass neben der Break Fee eine zusätzliche Kostenerstattung erfolgen sollte, die den Strafcharakter der Break Fee unterstrich und deshalb auch schwerlich zu vertreten war, dass die Break Fee in der Sache ein pauschalierter Aufwendungsersatzanspruch sein sollte. Auch in anderen Fällen ist die Auslegung einer Break Fee als selbstständiges Strafversprechen indes nicht auszuschließen – jedenfalls, wenn sich die Höhe der Break Fee nicht an den zu erwartenden tatsächlichen Aufwendungen orientiert. Dann ist angesichts der vorgenannten Rechtsprechung das Risiko der Formnichtigkeit zu bedenken, sofern der Hauptvertrag beurkundungsbedürftig ist.

4. Haftung aus culpa in contrahendo wegen des Abbruchs von Vertragsverhandlungen

a) Gesetzliche Vertrauenshaftung gemäß §§ 280 Abs. 1, 311 Abs. 2, 241 Abs. 2 BGB

Der Abbruch von Vertragsverhandlungen ist als eine Fallgruppe der Haftung aus culpa in contrahendo nach deutschem Recht seit langem anerkannt.[126] Als Anspruchsgrundlage für den Schadensersatz gegen die die Verhandlungen abbrechende Partei fungieren seit dem Schuldrechtsmodernisierungsgesetz aus dem Jahr 2001 die §§ 280 Abs. 1, 311 Abs. 2, 241 Abs. 2 BGB. Zu ersetzen ist der Vertrauensschaden. Der Geschädigte ist so zu stellen, als hätten die Verhandlungen nicht stattgefunden. Eine Verpflichtung zum Abschluss des Hauptvertrages kommt nicht in Betracht.[127] Nach der ständigen Rechtsprechung kommt ein solcher Schadensersatzanspruch aus culpa in contrahendo, der wegen des Abbruchs von Vertragsverhandlungen geltend gemacht wird, allerdings erst dann in Frage, wenn ein Verhandlungspartner bei der Gegenseite zurechenbar das **berechtigte Vertrauen** hervorgerufen hat, der Vertrag werde mit Sicherheit zustande kommen, dann aber die Vertragsverhandlungen ohne triftigen Grund abbricht.[128] Denn selbst bei länger andauernden Verhandlungen sollen die Verhandlungspartner vor dem Hintergrund der Privatautonomie das Recht haben, von dem in Aussicht genommenen Vertragsschluss Abstand zu nehmen – und zwar auch dann, wenn die Gegenseite in Erwartung des Vertragsschlusses bereits Aufwendungen gemacht hat. 91

Wie verhält sich nun der Abschluss einer Absichtserklärung als Vereinbarung im Vorfeld eines etwaigen Hauptvertrages zu den zuvor genannten Voraussetzungen, die zu einem Schadensersatzanspruch wegen des Abbruchs von Verhandlungen führen können? Weil die Absichtserklärung in der Rechtspraxis sehr **unterschiedliche Inhalte** aufweist, ist eine generalisierende Antwort zwar nicht möglich. Üblicherweise wird die Absichtserklärung aber entweder den Beginn von Vertragsverhandlungen im Sinne des § 311 Abs. 2 Nr. 1 BGB oder jedenfalls eine Vertragsanbahnung gemäß § 311 Abs. 2 Nr. 2 BGB in Gestalt der Aufnahme von Vorgesprächen, in denen die Aufnahme von Vertragsverhandlungen ausgelotet werden,[129] belegen – entweder, indem die Absichtserklärung den Stand der zuvor begonnenen Vertragsverhandlungen oder Vorgespräche beschreibt, oder dadurch, dass der Abschluss der Absichtserklärung selbst den Zeitpunkt des 92

[125] Grüneberg/Grüneberg BGB § 344 Rn. 1.

[126] MüKoBGB/Emmerich § 311 BGB Rn. 162ff.; Grüneberg/Grüneberg BGB § 311 Rn. 30ff.

[127] Geyrhalter/Zirngibl/Strehle DStR 2006, 1559ff.

[128] Etwa BGH NJW 1970, 1840 (1841); 1975, 1774; 1980, 1683 (1684); BGH NJW-RR 1989, 627; BGH NJW 1996, 1884 (1885); MüKoBGB/Emmerich § 311 Rn. 162ff.; Grüneberg/Grüneberg BGB § 311 Rn. 30ff.

[129] Zum Verhältnis der Tatbestände der Nummern 1 und 2 des § 311 Abs. 2 BGB vgl. MüKoBGB/Emmerich § 311 Rn. 42ff.

Beginns solcher Vertragsverhandlungen oder Vorgespräche markiert.[130] Demgemäß wird der Abschluss einer Absichtserklärung teilweise auch als „untrüglicher Nachweis" dafür angesehen, dass ein vorvertragliches Schuldverhältnis gemäß § 311 Abs. 2 BGB zwischen den Parteien der Absichtserklärung besteht.[131]

93 Damit ist indes noch nicht gesagt, dass in diesen Fällen – wie von der ständigen Rechtsprechung gefordert – bei einer Partei der Absichtserklärung stets auch das berechtigte Vertrauen erweckt wurde, dass der Hauptvertrag mit Sicherheit zustande kommen werde und dass ferner die Vertragsverhandlungen von der anderen Partei ohne einen triftigen Grund abgebrochen werden. Denn erst dadurch wird eine vorvertragliche Pflicht gegenüber der anderen Partei verletzt, die zum Ersatz etwaiger Vertrauensschäden verpflichtet. Es ist eine Frage des Einzelfalles, ob diese beiden Voraussetzungen anlässlich der Unterzeichnung einer Absichtserklärung oder danach jeweils aufgrund von Umständen, die außerhalb der Absichtserklärung liegen, erfüllt werden. In nur sehr seltenen Fällen wird aber die Unterzeichnung der Absichtserklärung – für sich genommen – eine Tatsache sein, die bei einer oder beiden Parteien das berechtigte Vertrauen hervorruft, es werde mit Sicherheit zum Abschluss des Hauptvertrages kommen. Denn die Absichtserklärung wird üblicherweise in **frühen Stadien** gemeinsamer Verhandlungen abgeschlossen, in denen noch eine ganze Reihe zu klärender und zu verhandelnder Punkte offen sind.

94 In einem solchen Stadium wird von den Beteiligten eher selten berechtigterweise ein sicherer Hauptvertragsschluss zu kalkulieren sein. Des Weiteren enthält die Absichtserklärung häufig Regelungen, die der Begründung der Erwartung eines sicheren Vertragsschlusses entgegenstehen. So wird eine Bestimmung in der Absichtserklärung, wonach ein Anspruch auf Abschluss des Hauptvertrages mit der Absichtserklärung nicht verbunden sein soll,[132] bereits ein starkes Indiz dafür sein, dass die Annahme des vorgenannten Vertrauenstatbestandes nicht ohne Weiteres möglich ist. Jedenfalls, wenn die Absichtserklärung den jederzeitigen Abbruch von Vertragsverhandlungen gestattet und sogar eine Begründung für diesen Abbruch als nicht erforderlich statuiert,[133] kann der Abschluss der Absichtserklärung **keinen Vertrauenstatbestand** im Sinne der Rechtsprechung zur Rechtsfigur der culpa in contrahendo begründen. Aber auch aus den weiteren Verhandlungen wird angesichts einer solchen Regelung kaum noch ein berechtigtes Vertrauen auf den sicheren Abschluss des Hauptvertrages entstehen können. Bei solchen Gestaltungen kommt es dann bereits nicht mehr darauf an, ob die die Verhandlungen abbrechende Partei einen triftigen Grund für den Abbruch hat. Ferner ist zu bedenken, dass nach herrschendem Verständnis in Rechtsprechung und Literatur keine hohen Anforderungen an den triftigen Grund zu stellen sind.[134] Auch deshalb ist eine Haftung aus culpa in contrahendo wegen eines Abbruchs von Vertragsverhandlungen nach dem Abschluss einer Absichtserklärung in der deutschen Rechtspraxis nicht die Regel, sondern die seltene Ausnahme.[135]

---

[130] Nach etwas anderer Auffassung (Bergjan ZIP 2004, 395 ff.) soll jedenfalls der Abschluss eines einseitigen „weichen" Letter of Intent, aus dem sich keinerlei Rechte und Pflichten für den Erklärenden ergeben, dessen Inhalte also ausschließlich deskriptiver Natur sind, unter § 311 Abs. 2 Nr. 3 BGB fallen, wohingegen ein „harter" Letter of Intent mit zum Teil rechtlich verbindlichen Regelungen unter § 311 Abs. 2 Nr. 1 BGB zu subsumieren sei.

[131] Rödder/Hötzel/Mueller-Thuns Unternehmenskauf § 3 Rn. 18.

[132] Vgl. das Klauselbeispiel unter V. 8; Beck Formularbuch Bürgerliches, Handels- und Wirtschaftsrecht/Leonhard Form. III. D. 12 Ziffer 16.

[133] Vgl. das Klauselbeispiel unter → Rn. 81.

[134] MüKoBGB/Emmerich § 311 Rn. 162; Grüneberg/Grüneberg BGB § 311 Rn. 30 ff.

[135] Während das deutsche Recht eine Vertrauenshaftung wegen des Abbruchs von Vertragsverhandlungen auf der Grundlage eines vorvertraglichen Schuldverhältnisses jedenfalls in der Regel bejaht – wenn auch die Voraussetzungen einer solcher Haftung in der Praxis häufig nicht einschlägig sind –, werden bereits vorvertragliche Pflichten, insbesondere die Pflicht, in good faith zu verhandeln, im englischen, aber auch im US-amerikanischen Recht weitgehend abgelehnt. Der Abbruch von Vertragsverhandlungen ist in diesen Rechtsordnungen demgemäß kein Haftungstatbestand. Vielmehr ist die Annahme eines Vertragsschlusses Bedingung für die Schadensersatzhaftung der die Verhandlungen abbrechenden Partei. Eine solche Haf-

b) Besonderheiten der Haftung aus *culpa in contrahendo* bei formbedürftigen Hauptverträgen

Ferner ist auch bei der Haftung aus culpa in contrahendo wegen des Abbruchs von Vertragsverhandlungen im Zusammenhang mit dem Abschluss einer Absichtserklärung zu bedenken, dass nach der neueren Rechtsprechung höhere Anforderungen für die Begründung einer Verpflichtung zum Ersatz des Vertrauensschadens bestehen, wenn der spätere **Hauptvertrag beurkundungsbedürftig** ist. Solche höheren Anforderungen hat die Rechtsprechung bislang für nach §§ 311b Abs. 1 BGB (§ 313 Satz 1 BGB aF),[136] § 2 GmbHG[137] und § 13 Abs. 3 UmwG[138] zu beurkundende Hauptverträge/Beschlüsse aus folgenden Erwägungen angenommen: Eine Verpflichtung zum Ersatz des Vertrauensschadens aus culpa in contrahendo bedeutet einen indirekten Zwang zum späteren Abschluss des Hauptvertrages. Ein solcher Zwang läuft dem Zweck der vorgenannten Formvorschriften zuwider, nach denen jegliche Bindung ohne Einhaltung der Form wegen der objektiven Eigenart des Gegenstandes des Hauptvertrages verhindert werden soll. Deshalb, so die Rechtsprechung, löst der Abbruch von Verhandlungen über Verträge, die nach solchen Formvorschriften beurkundungspflichtig sind, auch dann keinen Schadensersatzanspruch aus, wenn der Erfolg der Verhandlungen sicher war und die die Verhandlungen abbrechende Partei keinen triftigen Grund für den Abbruch hatte. 95

Etwas anderes kann nur dann gelten, wenn die Berufung auf den Formmangel zurückzuweisen ist, weil sie nach allgemeinen Grundsätzen mit Treu und Glauben (§ 242 BGB) nicht zu vereinbaren ist. Dies ist etwa der Fall, wenn die Nichtigkeitsfolge eines Verstoßes gegen die Formvorschriften die Existenz des anderen Vertragsteils gefährdet oder ihre Geltendmachung eine **besonders schwerwiegende Treuepflichtverletzung** bedeutet.[139] Letzteres erfordert nach der Rechtsprechung in der Regel eine vorsätzliche Treuepflichtverletzung. Sie kommt in Betracht, wenn eine tatsächlich nicht vorhandene Abschlussbereitschaft vorgespiegelt wird oder wenn ein Verhandlungspartner zwar zunächst eine solche, von ihm geäußerte Abschlussbereitschaft tatsächlich gehabt hat, aber im Laufe der Verhandlungen von ihr abgerückt ist, ohne dies zu offenbaren.[140] Solche Konstellationen nachzuweisen, dürfte häufig schwierig sein. 96

Die dargestellten Beschränkungen der Haftung aus culpa in contrahendo wegen des Abbruchs von Vertragsverhandlungen bei einem avisierten beurkundungsbedürftigen Hauptvertrag (oder Beschluss im Fall des § 13 Abs. 3 UmwG) wurden bislang von der Rechtsprechung nur vor dem Hintergrund solcher Regelungen angenommen – nämlich etwa § 311b Abs. 1 BGB/§ 313 Satz 1 BGB aF, § 2 GmbHG, § 13 Abs. 3 UmwG –, bei denen das Formerfordernis zuerst dazu dient, die Parteien auf die Bedeutung des Rechtsgeschäfts hinzuweisen und vor dem Eingehen übereilter Verpflichtungen oder unüberlegter Bedingungen zu schützen (Warnfunktion).[141] Für andere Formvorschriften, die ebenfalls in erster Linie eine Warnfunktion haben (etwa § 2 UmwG), gilt das Gleiche. Anders liegen die Dinge bei Formvorschriften, die nicht oder jedenfalls nicht im Wesentlichen eine Warnfunktion für die Parteien haben, wie etwa § 15 Abs. 3 und 4 GmbHG, der zum einen bezweckt, den leichten und spekulativen Handel mit Geschäftsanteilen zu verhindern oder 97

---

tung ist nach dem Abschluss eines Letter of Intent auf der Basis dieser Vereinbarung zwar denkbar. Bei einem (weitgehend) unverbindlichen Letter of Intent besteht indes auch insofern größte Zurückhaltung der Gerichte. Vgl. etwa Draetta/Lake Int'l Bus. L.J. 1993, 835 auch mit Ausführungen zur Rechtslage in Frankreich und Italien sowie Bischoff ZVglRWiss 2004, 190 ff.

[136] BGH NJW 1996, 1884; BGH NJW 2001, 2713 (2714); OLG Koblenz NJW-RR 1997, 974; OLG Hamm NJW-RR 1991, 1043; OLG Frankfurt a. M. MDR 1998, 957.

[137] OLG Stuttgart WM 2007, 1743.

[138] LG Paderborn NZG 2000, 899.

[139] BGH NJW 1996, 1884; OLG Stuttgart WM 2007, 1743.

[140] BGH NJW 1996, 1884; OLG Stuttgart WM 2007, 1743; LG Paderborn NZG 2000, 899.

[141] HM; vgl. nur Grüneberg/Grüneberg BGB § 311b Rn. 2 mit Blick auf § 311b Abs. 1 BGB; MünchHdb GesR III/Priester § 15 Rn. 10 für § 2 GmbHG.

jedenfalls zu erschweren und zum anderen der Beweiserleichterung dient.[142] Beim Abbruch der Verhandlungen über den Erwerb von GmbH-Geschäftsanteilen gelten die vorgenannten strengeren Voraussetzungen für die Haftung aus Verschulden bei Vertragsschluss daher nicht.

c) Haftungsbeschränkungsklauseln

98 Auch wenn die Voraussetzungen für eine Haftung aus culpa in contrahendo aus den oben genannten Gründen in vielen Fällen in der Rechtspraxis im Ergebnis nicht einschlägig sein werden, empfiehlt es sich aus Gründen der Rechtsklarheit und -sicherheit, die Rechtsfolgen eines Abbruchs der Verhandlungen in der Absichtserklärung nicht offenzulassen, sondern ausdrücklich zu regeln. Neben der oben skizzierten Möglichkeit, dass die Parteien zu einem solchen Abbruch – unabhängig von den Gründen – berechtigt bleiben sollen, bis der avisierte Hauptvertrag abgeschlossen ist (und dann ggf. ein pauschalierter Kostenersatz zu zahlen ist), gibt es zahlreiche **weitere Regelungsvarianten.** Dazu zählen auch die diversen Möglichkeiten der Beschränkung der Haftung aus §§ 280 Abs. 1, 311 Abs. 2, 241 Abs. 2 BGB. Es gelten insofern im Kern dieselben Grundsätze wie bei Haftungsbeschränkungsklauseln in anderen Verträgen.[143]

---

[142] Zu diesen beiden Zwecken des Beurkundungserfordernisses des § 15 GmbHG BGH NZG 2008, 377 (378); Lutter/Hommelhoff/Bayer GmbH-Gesetz § 15 GmbHG Rn. 1 mwN.

[143] Zu Haftungsklauseln in internationalen Wirtschaftsverträgen → § 8.

§ 18 Lieferverträge (sales contracts)

Übersicht

Schrifttum:

Bomsdorf/Finkelmeier, Allgemeine Geschäftsbedingungen im internationalen Handel, RIW 2021, 350ff.; *Bridge,* The International Sale of Goods, 4. Aufl. 2017; *Ders.,* Avoidance for Fundamental Breach of Contract under the UN Convention on the International Sale of Goods, ICLQ 2010, 911ff.; *Budde/Geks,* Rahmenlieferverträge – Ein Instrument zur Verstetigung von Vertriebsbeziehungen, ZVertriebsR 2012, 37ff.; *Conrads,* AGB-Vertragsaufhebungsklauseln in CISG-Kaufverträgen, IHR 2022, 134ff.; *DiMatteo/Janssen/Magnus/Schulze* (Hrsg.), International Sales Law, 2. Aufl. 2021; *Dokter,* Interpretation of exclusion-clauses of the Vienna Sales Convention, RabelsZ 68 (2004), 430ff.; *Eckardt/Magnus/Piltz,* Art. 79 CISG in der internationalen Rechtsprechung, IHR 2020, 140ff.; *Eggen,* Digitale Inhalte unter dem CISG, IHR 2017, 229ff.; *Ferrari,* Wesentliche Vertragsverletzung nach UN-Kaufrecht – 25 Jahre Artikel 25 CISG, IHR 2005, 1ff.; *Flechtner/Brand/Walter,* Drafting Contracts under the CISG, 2007; *Freiburg,* Die Rügeobliegenheit des Käufers bei grenzüberschreitendem Warenverkehr, IHR 2005, 56ff.; *Huber,* CISG – The Structure of Remedies, RabelsZ 71 (2007), 13ff.; *Ders.,* Für Glücksklee keine Haftung? – Die Tücken der Garantiehaftung im CISG, IHR 2020, 137ff.; *Jansen/Spilker,* The Application of the CISG in the World of International Commercial Arbitration, RabelsZ 77 (2013), 132ff.; *Kieninger,* Security Rights in Movable Property in European Private Law, 2004; *Klotz,* International Sales Agreements, 2. Aufl. 2008; *Koch,* CISG or German Law? Pros and Cons, IHR 2015, 52ff.; *Leisinger,* Some thoughts about Art. 39 (2) CISG, IHR 2006, 76ff.; *Lubbe,* Fundamental breach under the CISG: A source of fundamentally divergent results, RabelsZ 68 (2004), 444ff.; *Lurger,* Die wesentliche Vertragsverletzung nach Art. 25 CISG, IHR 2001, 91ff.; *Magnus,* UN-Kaufrecht und neues Verjährungsrecht des BGB – Wechselwirkungen und Praxisfolgen, RIW 2002, 577ff.; *Ders.,* UN-Kaufrecht, CISG as CISG can, ZEuP 2020, 645ff.; *Magnus/Lüsing,* CISG und INCOTERMS, Leistungsverzug und Fixgeschäft, IHR 2007, 1ff.; *Mahnken,* Anlagenverträge und UN-Kaufrecht, IHR 2020, 237ff.; *Maier-Lohmann,* Buyer's self-repair of non-conforming goods versus seller's right to cure under Article 48 of the CISG, Unif. L Rev. 2019, 58ff.; *Mann/Baisch,* Internationale Lieferbeziehungen und Zulieferernominierung, ZVglRWiss 2021, 235ff.; *Meyer,* Die praktische Bedeutung des UN-Kaufrechts in Deutschland, RabelsZ 85 (2021), 357ff.; *Metzger,* Die Haftung des Verkäufers für Rechtsmängel gemäß Art. 41, 42 CISG, RabelsZ 73 (2009), 842ff.; Oertel, INCOTERMS 2020, RIW 2019, 701ff.; *Ostendorf,* International Sales Terms, 4. Aufl. 2022; *Ders.,* Noch einmal: Führt die Vereinbarung einer CIF-Klausel zum Fixgeschäft?, IHR 2009, 100ff.; *Ostendorf/Neumann/Ventsch,* Möglichkeiten und Grenzen von Haftungsbeschränkungen in internationalen Lieferverträgen zwischen Unternehmern, IHR 2006, 21ff.; *Piltz,* Internationales Kaufrecht, 2. Aufl. 2008; *Ders.,* Praktische Handreichung für die Gestaltung internationaler Kaufverträge, NJW 2012, 3061ff.; *Ders.,* Neue Entwicklungen im UN-Kaufrecht, NJW 2021, 3636ff.; *Piltz/Bredow,* Incoterms, 2016; *Regula/Kannowski,* Nochmals: UN-Kaufrecht oder BGB? Erwägungen zur Rechtswahl aufgrund einer vergleichenden Betrachtung, IHR 2004, 45ff.; *Saidov,* The Law of Damages in International Sales, 2. Aufl. 2021; *Sauthoff,* Die Annäherung der Schadensersatzhaftung für Lieferung mangelhafter Ware an das UN-Kaufrecht, 2007; *Schmidt-Ahrendts,* Der Ersatz „frustrierter Aufwendungen" im Fall der Rückabwicklung gescheiterter Verträge im UN-Kaufrecht, IHR 2006, 67ff.; *Schmidt-Kessel/Meyer,* Allgemeine Geschäftsbedingungen und UN-Kaufrecht, IHR 2008, 177ff.; *Schütze/Vorpeil,* Das Dokumentenakkreditiv im Internationalen Handelsverkehr, 7. Aufl. 2016; *Schwenzer/Hachem/Kee,* Global Sales and Contract Law, 2012; *Steensgaard,* The Battle of forms under the CISG – one or more solutions?, IHR 2015, 89ff.; *Stoffer,* Gegenstand und Normzweck des Art. 50 CISG, IHR 2007, 221ff.; *Ventsch/Kluth,* Die Einbeziehung von Allgemeinen Geschäftsbedingungen im Rahmen des UN-Kaufrechts, IHR 2003, 61ff.; *Wagenblast/Rudisile,* Umsatzsteuerliche Konsequenzen von Export- und Importgeschäften, IHR 2022, 46ff.; *Zeller,* Article 48 CISG – confusion or sound drafting?, IHR 2022, 7ff.

A. Rechtlicher Rahmen

1 Im Unterschied zu den meisten anderen Vertragstypen steht für internationale Lieferverträge über Waren mit dem UN-Kaufrecht (CISG) ein **international vereinheitlichter** Rechtsrahmen zur Verfügung.[1] Weil das CISG seine Abwahl zulässt (Art. 6 CISG), bleibt es den Parteien unbenommen, von diesem Rechtsrahmen keinen Gebrauch zu machen und den Liefervertrag stattdessen einem **unvereinheitlichten nationalen** Rechtsregime zu unterwerfen. Angesichts der einfachen Regelungsstruktur, der großen Flexibilität bei der Vertragsgestaltung sowie der mittlerweile reichhaltigen internationalen Rechtsprechung zum CISG ist diese Option aber nur bedingt empfehlenswert. In der Praxis wird das CISG dementsprechend zunehmend weniger ausgeschlossen.[2] Ein Nachteil des CISG

[1] Dagegen ist die Schaffung des auf EU-Ebene vorgesehenen Gemeinsamen Europäischen Kaufrechts gescheitert; zu den Regelungen des GEKR siehe noch die Erstauflage.

[2] Schwenzer/Hachem/Kee Global Sales Rn. 5.17ff.

sind zwar seine Regelungslücken, die den Rückgriff auf ergänzendes **nationales Recht** notwendig machen. Diese Problematik ist aber hinsichtlich der hiervon betroffenen überschaubaren Rechtsfragen durch die Vertragsgestaltung insbesondere dann gut beherrschbar, wenn die Parteien ausdrücklich ein geeignetes **ergänzendes nationales Vertragsstatut** wählen.

Die folgenden Ausführungen konzentrieren sich vor diesem Hintergrund auf die Rege- 2
lungen des CISG und daraus ableitbare Schlussfolgerungen für die Gestaltung internationaler Lieferverträge sowohl aus Verkäufer- als auch aus Käuferperspektive. Mit Blick auf die angesprochenen Regelungslücken wird dabei – soweit im Einzelfall angezeigt – auch auf **nationale Rechtsordnungen** eingegangen.

I. Das UN-Kaufrecht (CISG)

Das **Übereinkommen der Vereinten Nationen über Verträge über den internatio-** 3
nalen Warenkauf (United Nations Convention on Contracts for the International Sale of Goods – CISG) vom 11.4.1980, auch UN-Kaufrecht genannt, hat wesentlich zur Vereinheitlichung des Rechts über den grenzüberschreitenden Warenverkehr beigetragen und weltweit eine hohe praktische Relevanz erlangt. Derzeit sind 95 Staaten[3] Mitgliedsstaaten des Übereinkommens, darunter (mit Ausnahme des Vereinigten Königreiches,[4] Irland und Malta) beinahe sämtliche europäischen Staaten, die Türkei, die USA, die Russische Föderation, Brasilien, China[5] und Japan. In der Bundesrepublik Deutschland gilt das Übereinkommen seit dem 1.1.1991[6] und stellt von Amts wegen zu beachtendes nationales Recht dar.[7] Die umfangreiche internationale Rechtsprechung zum CISG wird fortlaufend in verschiedenen, kostenlos nutzbaren **Internet-Datenbanken,** wie zB Unilex,[8] Case Law on UNCITRAL Texts (CLOUT),[9] CISG-online,[10] Pace Database,[11] CISG-France[12] sowie CISG Spain and Latin America,[13] veröffentlicht. Hinzu kommen weitere regionale Datenbanken, die sich als Teil eines durch das **Institute of International Commercial Law** der Pace Law School ins Leben gerufenen unabhängigen Netzwerkes von Datenbanken zum CISG verstehen.[14] Daneben gibt UNCITRAL eine Übersicht über die Rechtsprechung zu den einzelnen Vorschriften des CISG heraus.[15] Der CISG Advisory Council pu-

---

[3] Stand Juli 2022. Zuletzt ist Turkmenistan dem Übereinkommen beigetreten. Eine aktuelle Liste der Vertragsstaaten des Übereinkommens und der von einzelnen Staaten abgegebenen Vorbehaltserklärungen ist auf der Homepage der United Nations Commission on International Trade Law (UNCITRAL) abrufbar (www.uncitral.org).

[4] S. dazu O'Callaghan/Hutt IHR 2011, 137, die einen zeitnahen Beitritt für unwahrscheinlich halten, sowie Hayward/Zeller/Andersen ICLQ 2018, 607 ff.

[5] Zur Anwendbarkeit des CISG im Hinblick auf Hongkong, Taiwan und Macao Yang VJ 2011, 345 ff. (361 f.); Piltz IHR 2018, 106 zu Hongkong. Mit Blick auf Hongkong hat die Volksrepublik China am 5.5.2022 die Erklärung abgegeben, dass das CISG in Hongkong anwendbar ist, vgl. Magnus/Piltz IHR 2022, 176.

[6] Gesetz zu dem Übereinkommen der Vereinten Nationen vom 11.4.1980 über Verträge über den internationalen Warenkauf sowie zur Änderung des Gesetzes zum Übereinkommen vom 19.5.1956 über den Beförderungsvertrag im internationalen Straßengüterverkehr, CMR (VertragsG) vom 5.7.1989, BGBl. 1989 II 586.

[7] Piltz NJW 2011, 2261 (2262); OLG Hamm NJW-RR 2010, 708.

[8] www.unilex.info, Datenbank von UNIDROIT.

[9] www.uncitral.org, Datenbank von UNCITRAL.

[10] www.cisg-online.org, Datenbank der Universität Basel.

[11] https://iicl.law.pace.edu, Datenbank des Institute of International Commercial Law der Pace Law School, Pace University.

[12] www.cisg.fr, Datenbank unter Leitung von Claude Witz.

[13] www.cisgspanish.com, Datenbank der Universidad Carlos III de Madrid.

[14] Auf diese weiteren regionalen Datenbanken in zB Brasilien, Kanada, Japan, Portugal, Österreich, Israel und der Türkei wird unter https://iicl.law.pace.edu/cisg/page/autonomous-network-cisg-websites verwiesen.

[15] UNCITRAL Digest of Case Law on the United Nations Convention on the International Sale of Goods, abrufbar unter www.uncitral.org. Die neueste Fassung des Digest stammt aus dem Jahr 2016.

bliziert *opinions* über die Auslegung und Anwendung des CISG.[16] Die Pace Database stellt darüber hinaus eine Vielzahl von wissenschaftlichen Beiträgen zu Einzelfragen des CISG kostenfrei zur Verfügung.

1. Anwendungsvoraussetzungen des CISG

4 **Teil I des Übereinkommens** regelt unter anderem den persönlich-räumlichen und den sachlichen Anwendungsbereich des CISG. Der zeitliche Anwendungsbereich ergibt sich aus Art. 100 CISG. Art. 6 CISG ermöglicht den Parteien als Ausfluss des Grundsatzes der Vertragsfreiheit, die Regelungen des CISG auszuschließen oder von ihnen abzuweichen. Das CISG hat nach herrschender Meinung **Vorrang vor dem Kollisionsrecht.**[17] Bei internationalen Sachverhalten ist dementsprechend – von dem in einem Vertragsstaat tätigen Richter[18] – zunächst zu prüfen, ob der Anwendungsbereich des CISG eröffnet ist.[19] Schiedsgerichte sind dagegen (auch im Fall eines Schiedsortes in einem Mitgliedsstaat) **nicht unmittelbar** an das CISG gebunden.[20] Daher kommt die Prüfung der Anwendungsvoraussetzungen des CISG in Schiedsverfahren letztlich auch erst in Betracht, wenn das einschlägige (Sonder-)Kollisionsrecht für Schiedsgerichte auf das Recht eines Mitgliedsstaates verweist.

a) Anwendungsbereich des CISG

5 Der **persönlich-räumliche Anwendungsbereich** ist in Art. 1 CISG geregelt. Das Übereinkommen ist auf Kaufverträge über Waren zwischen Parteien anzuwenden, die ihre Niederlassung im Zeitpunkt des Vertragsschlusses[21] in verschiedenen Staaten haben, wenn diese Staaten entweder Vertragsstaaten sind (Art. 1 Abs. 1 lit. a) CISG) oder die Regeln des Internationalen Privatrechts des Forums zur Anwendung des Rechts eines Vertragsstaates führen (Art. 1 Abs. 1 lit. b) CISG). Nicht relevant sind gemäß Art. 1 Abs. 3 CISG die Staatsangehörigkeit sowie die Kaufmannseigenschaft der Parteien. Im Falle mehrerer Niederlassungen einer Partei bestimmt sich die maßgebliche **Niederlassung** nach Art. 10 lit. a) CISG. Bei einer natürlichen Person ist deren gewöhnlicher Aufenthalt entscheidend (Art. 10 lit. b) CISG). **Vertragsstaaten** iSd Art. 1 Abs. 1 CISG sind grundsätzlich diejenigen Staaten, in denen das CISG in Kraft getreten ist.[22]

6 Liegen die Voraussetzungen des Art. 1 Abs. 1 lit. a) CISG vor, kommt das CISG unmittelbar ohne eine Zwischenschaltung des Internationalen Privatrechts zur Anwendung.[23] Hat dagegen keine oder nur eine der Vertragsparteien bei Vertragsschluss ihre Niederlassung in einem Vertragsstaat, ist das CISG gemäß Art. 1 Abs. 1 lit. b) CISG anwendbar, wenn der Kaufvertrag gemäß den **Vorschriften des Internationalen Privatrechts des Forumstaates**[24] dem Recht eines Vertragsstaates unterliegt und die übrigen Anwendungsvoraussetzungen vorliegen. Im Rahmen eines Schiedsverfahrens sind die Regeln des Inter-

[16] Abrufbar unter www.cisgac.com.

[17] Piltz NJW 2011, 2261 (2262). Zu den verschiedenen dogmatischen Begründungsansätzen für diesen Vorrang und der streitigen Frage, ob das CISG unter Art. 25 Rom I-VO subsumiert werden kann, → § 3 Rn. 13.

[18] Vgl. Schlechtriem/Schwenzer/Schroeter/Ferrari CISG Art. 1 Rn. 63.

[19] Vgl. UNCITRAL Digest (2016 Edition) Art. 1 Anm. 2.

[20] Gegen eine unmittelbare Bindung der Schiedsgerichte zumindest mit Blick auf Art. 1 Abs. 1 lit. a) CISG etwa Schwenzer/Jaeger IWRZ 2016, 99 (100); Gruber Int'l Bus. L.J. 2009, 15 (23); ebenso Janssen/Spilker RabelsZ 77 (2013), 131 (137); andere Auffassung MüKoHGB/Mankowski Art. 1 CISG Rn. 57 ff.

[21] OLG Dresden 27.12.1999, CISG-online 511; Tribunale di Vigevano 12.7.2000, CISG-online 493.

[22] Tribunale di Vigevano 12.7.2000, CISG-online 493; Schlechtriem/Schwenzer/Schroeter/Ferrari CISG Art. 1 Rn. 64. Zu berücksichtigen ist allerdings, ob der Staat einen Vorbehalt gemäß Art. 92 oder 93 CISG erklärt hat, welcher die Eigenschaft als Vertragsstaat beeinflusst.

[23] BGH NJW-RR 2003, 1582 (1583); Schwenzer/Schlechtriem/Schroeter/Ferrari CISG Art. 1 Rn. 63.

[24] Tribunale di Vigevano 12.7.2000, CISG-online 493; Schlechtriem/Schwenzer/Schroeter/Ferrari CISG Art. 1 Rn. 69.

nationalen Privatrechts des Schiedsortes maßgeblich.[25] In den Mitgliedstaaten der EU[26] ist das auf vertragliche Schuldverhältnisse anzuwendende Recht nach der Rom I-VO zu bestimmen, welche gemäß Art. 28 Rom I-VO für nach dem 17.12.2009 geschlossene Verträge gilt. Da die Parteien das auf einen Vertrag anwendbare Recht gemäß Art. 3 Abs. 1 Rom I-VO grundsätzlich frei wählen können, gelangt das CISG gemäß Art. 1 Abs. 1 lit. b) CISG zur Anwendung, wenn die Parteien das Recht eines Vertragsstaates des CISG gewählt haben. Sofern die Parteien keine Rechtswahl getroffen haben, findet das CISG gemäß Art. 1 Abs. 1 lit. b) CISG iVm Art. 4 Abs. 1 lit. a) Rom I-VO Anwendung, wenn der Verkäufer seinen gewöhnlichen Aufenthalt in einem Vertragsstaat des CISG hat. Vergleichbar folgen auch die Kollisionsrechtsordnungen vieler anderer Staaten dem Grundsatz, wonach bei einer fehlenden Rechtswahl der Parteien das Recht des Staates Anwendung findet, in dem die Partei, welche die für den Vertrag charakteristische Leistung zu erbringen hat, ihren gewöhnlichen Aufenthalt bzw. ihre Niederlassung hat.[27] Dies hat zur Folge, dass das CISG in der Regel in denjenigen Fällen zur Anwendung gelangt, in denen der Verkäufer seinen gewöhnlichen Aufenthalt bzw. seine Niederlassung in einem Vertragsstaat des CISG hat – und zwar auch dann, wenn der Verkäufer die Waren in einen Nichtvertragsstaat exportiert. Zu beachten ist in diesem Zusammenhang jedoch, dass Art. 1 Abs. 1 lit. b) CISG für einige Vertragsstaaten[28] auf Grundlage von nach Maßgabe von Art. 95 CISG erklärten Vorbehalten nicht verbindlich ist.

Der **sachliche Anwendungsbereich** des Übereinkommens ergibt sich aus Art. 1, 2 7
und 3 CISG. Ein **Kaufvertrag** liegt gemäß Art. 30, 53 CISG vor, wenn eine Partei zur Lieferung der Ware, zur Übertragung des Eigentums daran und gegebenenfalls zur Aushändigung von Dokumenten und die andere Partei zur Annahme der Ware und Zahlung des Kaufpreises verpflichtet ist.[29] **Waren** iSd Art. 1 Abs. 1 CISG sind bewegliche körperliche Sachen[30] sowie Tiere.[31] Unkörperliche Sachen sowie Immobilien fallen in der Regel nicht unter den Warenbegriff.[32] Dagegen fällt der Kauf von Software nach überwiegender Meinung auch dann in den Anwendungsbereich des CISG, wenn die Software nicht auf einem Datenträger verkauft, sondern zum Download bereitgestellt wird.[33] Keine Anwendung findet das CISG auf den Kauf von Ware für den persönlichen Gebrauch, es sei denn, dass der Verkäufer vor oder bei Vertragsschluss weder wusste noch wissen musste, dass die Ware für einen solchen Gebrauch gekauft wurde (Art. 2 lit. a) CISG).[34] Das UN-Kaufrecht ist ferner nicht anwendbar auf den Kauf bei Versteigerungen, den Kauf aufgrund

---

[25] Schlechtriem/Schwenzer/Schroeter/Ferrari CISG Art. 1 Rn. 82. Voraussetzung für eine Bindung des Schiedsgerichts an Art. 1 Abs. 1 lit. b) CISG dürfte aber wiederum sein, dass das für Schiedsgerichte maßgebliche Sonderkollisionsrecht vorab auf das Recht eines Mitgliedsstaates verweist.

[26] Mit Ausnahme Dänemarks, vgl. Reithmann/Martiny/Martiny Internationales Vertragsrecht Rn. 1.61. Im Vereinigten Königreich gilt die Rom I-VO als sog. „retained EU law" nach Maßgabe von s. 3 Abs. 1 European Union (Withdrawal) Act 2018 grundsätzlich (mit inhaltlich unerheblichen Anpassungen durch eine Rechtsverordnung, namentlich die The Law Applicable to Contractual Obligations and Non-contractual Obligations (Amendment etc) (EU Brexit) Regulations 2019 (www.legislation.gov.uk/uksi/2019/834/contents/made) auch über den 31.12.2020 hinaus weiter, dazu auch Kampf/Marenkov IHR 2021, 2 (4f.).

[27] ZB Schweiz: Art. 117 Abs. 2 lit. a IPRG; Russische Föderation: Art. 1211 Abs. 2 Russisches ZGB; China: § 41 des Gesetzes der Volksrepublik China zur Anwendung des Rechts auf zivilrechtliche Beziehungen mit Außenberührung vom 28.10.2010, ABl. des Ständigen Ausschusses des Nationalen Volkskongresses 2010, Nr. 7, S. 640ff. Zum Ganzen auch → § 3 Rn. 45.

[28] So zB die USA, China, Singapur und die Slowakische Republik.

[29] OGH 10.11.1994, CISG-online 117; Schlechtriem/Schwenzer/Schroeter/Ferrari CISG Art. 1 Rn. 13.

[30] OGH 10.11.1994, CISG-online 117; Schlechtriem/Schwenzer/Schroeter/Ferrari CISG Art. 1 Rn. 34.

[31] OLG Schleswig 29.10.2002, CISG-online 717; Schlechtriem/Schwenzer/Schroeter/Ferrari CISG Art. 1 Rn. 34.

[32] Schlechtriem/Schwenzer/Schroeter CISG Art. 1 Rn. 35f.

[33] MüKoBGB/Huber Art. 1 CISG Rn. 19ff.; Eggen IHR 2017, 229 (231); Schroeter ZVglRWiss 2016, 270 (289); Piltz NJW 2015, 2548 (2549) jeweils mwN; siehe auch Kröll/Mistelis/Perales Viscasillas/Mistelis CISG Art. 1 Rn. 40; Magnus ZEuP 2017, 140 (148).

[34] Eine Erkundigungspflicht hinsichtlich des Verwendungszwecks trifft den Verkäufer dabei nicht, OLG Hamm NJW-RR 2010, 708 (709).

von Zwangsvollstreckungs- oder anderen gerichtlichen Maßnahmen sowie den Kauf von Wertpapieren, Zahlungsmitteln, Seeschiffen, Binnenschiffen, Luftkissenfahrzeugen, Luftfahrzeugen und elektrischer Energie (Art. 2 lit. b–f) CISG).

8 Gemäß Art. 3 Abs. 1 CISG stehen **Verträge über die Lieferung herzustellender oder zu erzeugender Ware** den Kaufverträgen gleich. Etwas anderes gilt nur, wenn der Besteller einen **wesentlichen Teil** der für die Herstellung oder Erzeugung notwendigen Stoffe selbst zur Verfügung zu stellen hat. Letzteres ist von vornherein zu verneinen, wenn der Besteller aufgrund eines selbständigen Kaufvertrags verpflichtet ist, die Stoffe gegen Entgelt an den Hersteller zu liefern.[35] Ob der Besteller einen wesentlichen Teil der für die Herstellung oder Erzeugung notwendigen Stoffe selbst zur Verfügung zu stellen hat, ist anhand der Umstände des Einzelfalls zu ermitteln,[36] wobei es auf das Gewicht oder Volumen der Materialien nicht ankommt.[37] Überwiegend wird in erster Linie auf einen Vergleich der Werte der Materialien abgestellt, die im Zeitpunkt des Vertragsschlusses[38] von dem Hersteller auf der einen Seite und dem Besteller auf der anderen Seite gestellt werden.[39] Verpackungs- und Transportmaterialien bleiben dabei außer Betracht.[40] Da es gemäß dem Wortlaut des Art. 3 Abs. 1 CISG auf die „Stoffe" („the materials", „des éléments matériels") ankommt, sind sonstige Beiträge der Parteien, etwa der wirtschaftliche Wert der Arbeitsleistung des Herstellers oder des Bestellers (zB in Form der Vorgabe von Spezifikationen), nicht zu berücksichtigen.[41] Nach allgemeiner Ansicht kann ein wesentlicher Teil („a substantial part", „une part essentielle") gemäß Art. 3 Abs. 1 CISG im Gegensatz zu dem von Art. 3 Abs. 2 CISG verlangten überwiegenden Teil („the preponderant part", „la part prépondérante") weniger als die Hälfte sein,[42] wobei Prozentwerte[43] lediglich als Richtwerte dienen können. Neben dem Werteverhältnis der Materialien kann auch deren jeweilige Funktion von Bedeutung sein.[44]

9 Gemäß Art. 3 Abs. 2 ist das CISG zudem nicht auf Verträge anwendbar, bei denen der überwiegende Teil der Pflichten der Partei, welche die Ware liefert, in der Ausführung von Arbeiten oder anderen Dienstleistungen besteht. Art. 3 Abs. 2 CISG setzt zunächst voraus, dass nach dem Willen der Parteien ein einheitlicher **gemischter Vertrag**[45] mit sowohl kaufvertraglichen als auch kauffremden Elementen[46] vorliegt, etwa wenn die zu liefernde Ware auch montiert und in Betrieb genommen werden soll oder sie mit einer Software ausgestattet ist, die regelmäßig gewartet werden soll und mit ihr eine externe

---

[35] MüKoHGB/Mankowski Art. 3 CISG Rn. 11; Piltz Internationales Kaufrecht Rn. 2.33.

[36] Schlechtriem/Schwenzer/Schroeter/Ferrari CISG Art. 3 Rn. 8.

[37] MüKoHGB/Mankowski Art. 3 CISG Rn. 6.

[38] Schlechtriem/Schwenzer/Schroeter/Ferrari CISG Art. 3 Rn. 10; MüKoHGB/Mankowski Art. 3 CISG Rn. 10.

[39] MüKoHGB/Mankowski Art. 3 CISG Rn. 6; Schiedsgericht (Ungarische Industrie- und Handelskammer) NJW-RR 1996, 1145; Perales Viscasillas CISG-AC Opinion No. 4 Comment 2.6.

[40] BeckOK BGB/Saenger, 1.5.2022, Art. 3 CISGRn. 3.

[41] Handelsgericht des Kantons Zürich 10.2.1999, CISG-online 488; Schlechtriem/Schwenzer/Schroeter/Ferrari CISG Art. 3 Rn. 10; anders aber Cour d'Appel de Chambéry 25.5.1993, CISG-online 223; differenzierend Perales Viscasillas CISG-AC Opinion No. 4 Comments 2.11 ff.; kritisch im Hinblick auf Verträge über die Herstellung von digitalen Gütern Eggen IHR 2017, 229 (232).

[42] MüKoHGB/Mankowski Art. 3 CISG Rn. 7; Schlechtriem/Schwenzer/Schroeter/Ferrari CISG Art. 3 Rn. 6.

[43] Zum Teil wird die Wesentlichkeitsgrenze in der Nähe von 50% eingeordnet, BeckOK BGB/Saenger, 1.5.2022, Art. 3 CISG Rn. 4; Staudinger/Magnus BGB Art. 3 CISG Rn. 16. Teilweise wird als Richtwert auch ein Wert von mindestens einem Drittel verlangt, vgl. MüKoHGB/Mankowski Art. 3 CISG Rn. 7. Ein Materialanteil von unter 20% des Gesamtmaterialwerts ist jedenfalls kein wesentlicher Teil mehr, vgl. Schiedsgericht (Ungarische Industrie- und Handelskammer) NJW-RR 1996, 1145.

[44] Vgl. OLG München 3.12.1999, CISG-online 585; MüKoBGB/Huber Art. 3 CISG Rn. 7. Nach Ferrari ist allgemeiner auch die Natur des von dem Besteller zur Verfügung gestellten Stoffes zu berücksichtigen, Schlechtriem/Schwenzer/Schroeter/Ferrari CISG Art. 3 Rn. 8.

[45] Schlechtriem/Schwenzer/Schroeter/Ferrari CISG Art. 3 Rn. 12; MüKoHGB/Mankowski Art. 3 CISG Rn. 16.

[46] Art. 3 Abs. 2 CISG gilt für Kaufverträge mit anderen als den in Art. 3 Abs. 2 CISG genannten Zusatzpflichten, zB mietvertragliche Zusatzpflichten, entsprechend, MüKoHGB/Mankowski Art. 3 CISG Rn. 17.

Datenspeicherung und -verarbeitung verbunden ist.[47] Welcher Teil der Pflichten überwiegt, dh einen Anteil von mehr als 50% ausmacht,[48] richtet sich sodann primär nach deren Werteverhältnis im Zeitpunkt des Vertragsschlusses.[49] Daneben – zB wenn sich der Wert der jeweiligen Leistungsteile bei Vereinbarung eines Pauschalpreises nicht ermitteln lässt oder die Werterelation nicht aussagekräftig ist – ist von Bedeutung, welcher der Leistungsbereiche nach dem Parteiwillen und Parteiinteresse überwiegt und damit die vertragscharakteristische Leistung darstellt.[50] Dabei sind auch die für das Zustandekommen des Vertrags maßgeblichen Umstände zu berücksichtigen.[51] Des weiteren kann die Vertragsgestaltung Hinweise auf den Parteiwillen geben.[52] Vor diesem Hintergrund wird das CISG in der Regel auf Lieferverträge mit zusätzlichen Montage-, Inbetriebnahme-, Wartungs- und Schulungspflichten anwendbar sein, da die kaufvertraglichen Leistungspflichten im Vergleich zu diesen Pflichten regelmäßig überwiegen.[53] Demgegenüber dürften bei Anlagenbauverträgen die kaufvertraglichen Elemente häufig in den Hintergrund treten, so dass das UN-Kaufrecht gemäß Art. 3 Abs. 2 CISG keine Anwendung findet.[54] Freilich ist jedoch stets eine Prüfung des Einzelfalls erforderlich.[55] Unterliegt ein einheitlicher gemischter Vertrag nach Art. 3 Abs. 2 CISG dem Anwendungsbereich des CISG, so ist dieses grundsätzlich[56] auf den gesamten Vertrag anwendbar, mithin auch auf den kauffremden Leistungsteil.[57] Entsprechend diesem Grundsatz sollten solche Rechtsfragen, welche von dem Geltungsbereich des CISG ausgenommen sind (zB die Verjährung), für beide Leistungsteile einheitlich gemäß den kaufvertraglichen Regelungen des subsidiär anwendbaren nationalen Rechts beantwortet werden, auch wenn das nationale Recht selbst vorsehen sollte, dass für jeden Leistungsteil eines gemischten Vertrags die Vorschriften des entsprechenden Vertragstyps heranzuziehen sind.[58] Für im CISG nicht geregelte, spezifische kauffremde Fragen wird – teilweise jedoch erst nach einer versuchten Anpassung des CISG –[59] ein Rückgriff auf das subsidiär anwendbare nationale Recht vorgeschlagen, soweit dieses nicht im Widerspruch zum CISG steht.[60]

---

[47] Zu letzterem Fall Eggen IHR 2017, 229 (234f.).

[48] So die hM, Schlechtriem/Schwenzer/Schroeter/Ferrari CISG Art. 3 Rn. 15; MüKoHGB/Mankowksi Art. CISG 3 Rn. 9. Teilweise wird auch ein Anteil von deutlich über 50% verlangt, Kreisgericht Bern-Laupen 29.1.1999, CISG-online 701. Kritisch zu Prozentzahlen Perales Viscasillas CISG-AC Opinion No. 4 Comment 3.4.

[49] OLG Innsbruck 18.12.2007, CISG-online 1735; Ferrari in Schlechtriem/Schwenzer/Schroeter CISG Art. 3 Rn. 13; Perales Viscasillas CISG-AC Opinion No. 4 Comment 3.3; Magnus ZEuP 2020, 645 (658).

[50] BGH ZfBR 2018, 236 (240); OLG Innsbruck 18.12.2007, CISG-online 1735; Schlechtriem/Schwenzer/Schroeter/Ferrari CISG Art. 3 Rn. 14; Huber IHR 2018, 70 (71); Magnus ZEuP 2020, 645 (658); siehe auch Tribunal Supremo 6.7.2020, CISG-online 5370. Eine im Vorfeld der Herstellung und Lieferung der Ware zu erbringende Ingenieursleistung wird dabei eher ein Teil der Herstellung und Lieferung der Ware als eine eigenständige Leistung sein, LG Mainz 26.11.1998, CISG-online 563. Daraus folgt letztlich auch, dass selbst die Lieferung von individuell für den Kunden programmierter Software unter das CISG fallen kann, zu dieser sehr streitigen Frage umfassend Green/Saidov J. Bus. L. 2007, 161 (170ff.); Eggen IHR 2017, 229, 232f.

[51] LG Mainz 26.11.1998, CISG-online 563.

[52] So Mahnken IHR 2020, 237 (243ff.) zu Anlagenbauverträgen.

[53] BG 16.7.2012, CISG-online 2371 (Lieferpflicht nebst Montageverpflichtung); Obergericht des Kantons Zug IHR 2007, 129 (Lieferpflicht nebst Montageverpflichtung); Schlechtriem/Schwenzer/Schroeter/Ferrari CISG Art. 3 Rn. 17.

[54] Schlechtriem/Schwenzer/Schroeter/Ferrari CISG Art. 3 Rn. 18; BeckOK BGB/Saenger, 1.5.2022, Art. 3 CISG Rn. 8; ausführlich zu Anlagenbauverträgen und differenzierend Mahnken IHR 2020, 237ff.

[55] BeckOK BGB/Saenger, 1.5.2022, Art. 3 CISG Rn. 8.

[56] Eine Ausnahme hiervon stellt Art. 11 CISG dar, welcher nach überwiegender Ansicht auf den kauffremden Teil keine Anwendung findet, BeckOK BGB/Saenger, 1.5.2022, Art. 11 CISG Rn. 6 sowie BGH NJW 2015, 2584 (2589) zu Gerichtsstandsklauseln.

[57] Schlechtriem/Schwenzer/Schroeter/Ferrari CISG Art. 3 Rn. 16; MüKoHGB/Mankowski Art. 3 CISG Rn. 8.

[58] Zum deutschen Recht zB Grüneberg/Grüneberg Überbl. v. § 311 BGB Rn. 25.

[59] BeckOK BGB/Saenger, 1.5.2022, Art. 3 CISG Rn. 7.

[60] Schlechtriem/Schwenzer/Schroeter/Ferrari CISG Art. 3 Rn. 16.

b) Vertraglicher Ausschluss (Art. 6 CISG)

10 Gemäß Art. 6 CISG können die Parteien die Anwendung des CISG vertraglich[61] ausschließen. Wird die Anwendung des CISG nicht explizit ausgeschlossen, setzt ein nach überwiegender Ansicht ebenfalls möglicher **stillschweigender Ausschluss**[62] die Identifizierbarkeit eines eindeutigen und unmissverständlichen Parteiwillens voraus.[63] Allein in dem Verweis auf das nationale Recht eines Vertragsstaates (zB *„Dieser Vertrag unterliegt österreichischem Recht."*) ist ein solcher Ausschluss noch nicht zu sehen, da das UN-Kaufrecht Teil dieses nationalen Rechts ist.[64] Vielmehr sind für einen stillschweigenden Ausschluss des CISG zusätzliche Anhaltspunkte erforderlich, wie etwa die Vereinbarung der Parteien über die Anwendung des unvereinheitlichten Rechts eines Vertragsstaates (zB *„Dieser Vertrag unterliegt dem Bürgerlichen Gesetzbuch."*).[65] Die Vereinbarung von Incoterms ist hingegen kein solcher zusätzlicher Anhaltspunkt, da die Incoterms lediglich einzelne Aspekte des Kaufvertrags regeln und nicht die Anwendung eines bestimmten, vom CISG abweichenden Kaufrechts als Basis voraussetzen.[66] Auch das Verhandeln auf Grundlage eines unvereinheitlichten Rechts in Gerichtsverfahren kann nur dann als stillschweigender Ausschluss des CISG bewertet werden, wenn den Parteien die Anwendbarkeit des CISG zu diesem Zeitpunkt zumindest grundsätzlich bewusst ist.[67]

11 Selbst wenn die Parteien die Anwendung des CISG ausdrücklich ausgeschlossen haben, hat das UN-Kaufrecht insoweit noch eine Bedeutung, als sich das **wirksame Zustandekommen der Ausschlussvereinbarung** nach den Regeln über den Abschluss des Vertrages in Teil II des CISG richtet. Dementsprechend beurteilt sich auch nach dem CISG, ob die Allgemeinen Geschäftsbedingungen einer Partei, welche die Anwendung des CISG ausschließen, wirksamer Bestandteil des Kaufvertrags geworden sind.[68] Der Grund dafür ist, dass das CISG dem nationalen Kollisionsrecht grundsätzlich vorgeht und im Rahmen seines Geltungsbereichs an die Stelle des jeweiligen nationalen unvereinheitlichten Rechts tritt.[69]

2. Zentrale Regelungsprinzipien des CISG

a) Konzept der Vertragsverletzung

12 Das Pflichtenprogramm des Verkäufers ist insbesondere in den Art. 30 ff. CISG, das Pflichtenprogramm des Käufers in den Art. 53 ff. CISG normiert. Einheitlicher **Anknüpfungspunkt** für sämtliche Rechtsbehelfe des Käufers sowie des Verkäufers ist das Zurückbleiben

---

[61] OGH 2.4.2009, CISG-online 1889; BeckOK BGB/Saenger, 1.5.2022, Art. 6 CISG Rn. 2; andere Auffassung Shanghai Higher People's Court 17.5.2007, CISG-online 1976.

[62] OGH 2.4.2009, CISG-online 1889; OLG Hamm NJW-RR 2010, 708 (709); ICC 1.1.2002, CISG-online 1420; BeckOK BGB/Saenger, 1.5.2022, Art. 6 CISG Rn. 4; Schlechtriem/Schwenzer/Schroeter/Ferrari CISG Art. 6 Rn. 18; Ferrari IHR 2013, 181 (184 f.) mwN. US-Gerichte verlangen dagegen überwiegend einen ausdrücklichen Ausschluss der Anwendung des CISG, so zB US District Court, E.D. Michigan 28.9.2007, CISG-online 1601.

[63] OLG Hamm NJW-RR 2010, 708 (709); OGH 22.10.2001, CISG-online 614: *„hinreichend deutlicher Parteiwille";* siehe auch Dokter RabelsZ 68 (2004), 430 (442 f.).

[64] BGH ZfBR 2018, 236 (239); BGH 25.11.1998, CISG-online 353; OGH 2.4.2009, CISG-online 1889; BG IHR 2019, 236 (239 f.); US District Court, E.D. Michigan 28.9.2007, CISG-online 1601; für weitere Beispiele Piltz NJW 2011, 2261 (2262 f.).

[65] OGH 2.4.2009, CISG-online 1889; OLG Linz 23.1.2006, CISG-online 1377.

[66] OGH 22.10.2001, CISG-online 614; hierzu auch Dokter RabelsZ 68 (2004), 430 (440).

[67] Zum Ganzen (und auch der Gegenauffassung in Teilen der internationalen Rechtsprechung) Juhasz IHR 2021, 89 ff.

[68] BGH NJW-RR 2021, 376 (380 f.); BGHZ 149, 113 (116); Handelsgericht St. Gallen IHR 2011, 149 (150); anders aber OLG Düsseldorf 2.7.1993, CISG-online 74.

[69] Eine andere Begründung liefern Schmidt-Kessel/Meyer IHR 2008, 177, nach denen der Ausschluss des CISG keine kollisionsrechtliche Rechtswahl darstellt, deren Wirksamkeit sich vor deutschen Gerichten nach Art. 10 Abs. 1 Rom I-VO richtet. Vielmehr sei das CISG Bestandteil des jeweiligen nationalen Rechts eines Vertragsstaates, so dass mit dessen Ausschluss keine andere Rechtsordnung gewählt werde.

der jeweils anderen Vertragspartei hinter ihrem Pflichtenprogramm, wie die zentralen Normen der Art. 45 Abs. 1, 61 Abs. 1 CISG zeigen. Erfüllt der Verkäufer eine seiner Pflichten nach dem Vertrag oder dem CISG nicht, kann der Käufer gemäß Art. 45 Abs. 1 CISG die in Art. 46–52 CISG vorgesehenen Rechtsbehelfe ausüben. Verletzt demgegenüber der Käufer eine seiner Pflichten nach dem Vertrag oder dem CISG, stehen dem Verkäufer gemäß Art. 61 Abs. 1 CISG die in Art. 62–65 CISG normierten Rechtsbehelfe zur Verfügung. Zudem kann die von der Vertragsverletzung betroffene Partei jeweils Schadensersatz nach Art. 74–77 CISG verlangen. Unerheblich ist, ob es sich bei der nichterfüllten Pflicht um eine vertragliche Haupt- oder Nebenpflicht handelt.[70] Auch auf die Ursache und die Art der Vertragsverletzung kommt es nicht an. Konsequenz dieser einfachen und klaren Regelungsstruktur ist beispielsweise, dass Anspruchsgrundlage für einen Schadensersatzanspruch des Käufers gegen den Verkäufer stets Art. 45 Abs. 1 lit. b) iVm Art. 74ff. CISG ist, gleich ob die Vertragsverletzung zB in einem Lieferverzug oder einer vertragswidrigen Lieferung besteht.

b) Die Bedeutung der wesentlichen Vertragsverletzung

Welche Rechtsbehelfe einer Partei im Fall einer Vertragsverletzung durch die andere Partei 13 konkret zur Verfügung stehen, richtet sich vor allem danach, ob eine wesentliche Vertragsverletzung iSd Art. 25 CISG vorliegt oder nicht.[71] So können die Rechtsbehelfe der (sofortigen) **Vertragsaufhebung** (Art. 49 Abs. 1 lit. a), 51 Abs. 2, 64 Abs. 1 lit. a), 72 Abs. 1, 73 Abs. 1 und 2 CISG) und der **Ersatzlieferung** (Art. 46 Abs. 2 CISG) nur im Fall einer wesentlichen Vertragsverletzung geltend gemacht werden. Grund hierfür ist, dass die Vertragsaufhebung zu einer Vertragsrückabwicklung und die Ersatzlieferung zu einem Austausch von vertragswidriger Ware und Ersatzware führt, welche sich im internationalen Handel schwierig gestalten (zB aufgrund der Distanz oder aufgrund von Zollbestimmungen) und mit hohen Kosten verbunden sein können (zB für den Rücktransport der Ware). Eine Vertragsaufhebung und eine Ersatzlieferung sollen daher nur als „ultima ratio" im Fall einer wesentlichen Vertragsverletzung geltend gemacht werden können, wenn die übrigen Rechtsbehelfe, insbesondere der Schadensersatz, nicht ausreichen, um die von der Vertragsverletzung betroffene Partei angemessen zu befriedigen.[72] Liegt eine wesentliche Vertragsverletzung vor, hat zudem der Gefahrübergang keinen Einfluss auf die dem Käufer wegen einer solchen Verletzung zustehenden Rechtsbehelfe (Art. 70 CISG).

Macht die von der Vertragsverletzung betroffene Partei Schadensersatz geltend, ist auch 14 die Art und Weise der **Schadensberechnung** unmittelbar dadurch beeinflusst, ob eine wesentliche Vertragsverletzung im Sinne des Art. 25 CISG vorliegt oder nicht.[73] Beispielsweise kann die ersatzberechtigte Partei die Mehrkosten eines Deckungsgeschäfts (vgl. Art. 75 CISG) oder subsidiär die Differenz zwischen dem vereinbarten Kaufpreis und dem Marktpreis der Ware (vgl. Art. 76 CISG) nur im Falle einer wirksamen Vertragsaufhebung verlangen.[74] Dadurch wird vermieden, dass die ersatzberechtigte Partei eine wirtschaftliche Rückabwicklung des Vertrags durch die Geltendmachung von Schadensersatz unter Umgehung der Voraussetzung einer wesentlichen Vertragsverletzung erreichen kann. Liegt keine wirksame Vertragsaufhebung vor, kommt nach dem CISG nur eine Schadensberechnung auf Basis der Aufrechterhaltung und Durchführung des Vertrags in Betracht.[75]

Gemäß Art. 25 CISG ist eine von einer Partei begangene Vertragsverletzung wesentlich, 15 wenn sie für die andere Partei einen solchen Nachteil zur Folge hat, dass ihr im **Wesentli-**

---

[70] Schlechtriem/Schwenzer/Schroeter/Müller-Chen CISG Art. 45 Rn. 3; BeckOK BGB/Saenger, 1.5.2022, Art. 45 CISG Rn. 2.
[71] Lurger IHR 2001, 91.
[72] BGH NJW 2015, 867 (869); BG 28.10.1998, CISG-online 413; Sauthoff Schadensersatzhaftung S. 76f.
[73] Hierzu ausführlich Sauthoff Schadensersatzhaftung S. 105ff.; Huber RabelsZ 71 (2007), 13 (29ff.).
[74] Die überwiegende Ansicht macht von diesem Grundsatz unter bestimmten Voraussetzungen jedoch eine Ausnahme, hierzu → Rn. 169.
[75] OGH 14.1.2002, CISG-online 643; Huber RabelsZ 71 (2007), 13 (29ff.).

chen entgeht, was sie **nach dem Vertrag hätte erwarten** dürfen, es sei denn, dass die vertragsbrüchige Partei diese Folge nicht vorausgesehen hat und eine vernünftige Person der gleichen Art diese Folge unter den gleichen Umständen auch nicht vorhergesehen hätte. Der Begriff der wesentlichen Vertragsverletzung ist unter Berücksichtigung des Prinzips der Vermeidung der Vertragsrückabwicklung restriktiv auszulegen.[76] Sowohl die Verletzung einer vertraglichen Hauptpflicht als auch die Verletzung einer vertraglichen Nebenpflicht, wie zB die Verletzung eines vertraglich vereinbarten Reimportverbots oder einer Ausschließlichkeitsabrede, können eine wesentliche Vertragsverletzung darstellen.[77] Ob eine Vertragsverletzung als wesentlich zu qualifizieren ist, richtet sich stets nach den Umständen des Einzelfalls.[78] In der Rechtsprechung haben sich aber insbesondere die nachfolgend skizzierten **Fallgruppen** herausgebildet, welche dem Rechtsanwender eine Orientierungshilfe bieten.[79]

16 Wesentliche **Vertragsverletzungen** des **Verkäufers** sind:

- Im Fall einer Nichtleistung aufgrund von **Unmöglichkeit**[80] oder einer ernsthaften und endgültigen **Erfüllungsverweigerung**[81] des Verkäufers ist eine wesentliche Vertragsverletzung in der Regel zu bejahen.
- Ein **Lieferverzug** ist dann eine wesentliche Vertragsverletzung, wenn die genaue Einhaltung des Liefertermins für den Käufer erkennbar von Interesse ist, dh er lieber gar keine als eine verspätet gelieferte Ware haben will und der Verkäufer dies bei Vertragsabschluss erkennen konnte. Dies ist insbesondere der Fall, wenn die Parteien ausdrücklich ein Fixgeschäft vereinbart haben.[82] Ferner kann dies bei einem Vertrag über die Lieferung von Saisonware der Fall sein. Eine Vereinbarung der Incoterms CIF und FOB dürfte aber – entgegen der Entscheidung eines deutschen Oberlandesgerichts und der herrschenden Literaturauffassung[83] – für sich genommen noch nicht erkennen lassen, dass der Liefertermin für den Käufer eine zentrale Bedeutung hat.[84]
- Eine **vertragswidrige Lieferung**[85] stellt grundsätzlich lediglich dann eine wesentliche Vertragsverletzung dar, wenn ein objektiv schwerwiegender Mangel vorliegt, der entweder nicht behebbar ist (zB bei einem Fixgeschäft), nicht innerhalb angemessener Zeit behoben wird (zB bei einer Verweigerung der Mängelbeseitigung durch den Verkäufer) oder dessen Behebung dem Käufer unzumutbar ist.[86] Demnach liegt keine wesentliche Vertragsverletzung vor, wenn der Käufer den Mangel selbst behebt oder von vornherein plant, den Mangel selbst zu beheben und die Ware anschließend zu verwenden.[87] Unab-

---

[76] BG IHR 2010, 27 (28).
[77] BGH NJW 2015, 867 (868); OLG Koblenz 31.1.1997, CISG-online 256; Piltz NJW 2011, 2261 (2265).
[78] Vgl. BGH NJW 1996, 2364 (2366); Ferrari IHR 2005, 1 (6).
[79] Hierzu auch Lubbe RabelsZ 68 (2004), 444 (449 ff.), der einen ausführlichen Überblick über die Rechtsprechung in „civilian jurisdictions" und in „common law jurisdictions" gibt.
[80] Vgl. ICC 1.3.1999, CISG-online 708.
[81] OLG Frankfurt IHR 2010, 250 (253 f.).
[82] BG 2.4.2015, CISG-online 2592; OLG Hamm 12.11.2001, CISG-online 1430; OLG Köln BeckRS 2014, 03701.
[83] OLG Hamburg 28.2.1997, CISG-online 261; OLG Köln BeckRS 2014, 03701. Vertiefend zu dieser Problematik → Rn. 120 unten.
[84] Magnus/Lüsing IHR 2007, 1 ff.; Ferrari IHR 2005, 1 (8); siehe auch BG 2.4.2015, CISG-online 2592.
[85] Ausführlich zur Lieferung mangelhafter Ware als wesentliche Vertragsverletzung Sauthoff Schadensersatzhaftung S. 77 ff.; Lubbe RabelsZ 68 (2004), 444 (456 ff.).
[86] Eine wesentliche Vertragsverletzung wurde aufgrund der Behebbarkeit des Mangels zB verneint vom Cour d'Appel Grenoble 26.4.1995, CISG-online 154. Nach der deutschen und schweizerischen Rechtsprechung liegt eine wesentliche Vertragsverletzung auch bei einem schwerwiegenden Mangel der Kaufsache dann nicht vor, wenn der Mangel mit zumutbarem Aufwand innerhalb angemessener Frist beseitigt werden kann, BGH NJW 2015, 867 (869); BG IHR 2010, 27 (28); OLG Düsseldorf 9.7.2010, CISG-online 2171; OLG Koblenz IHR 2003, 172 (175); OLG Köln IHR 2003, 15 (16); Handelsgericht des Kantons Aargau IHR 2003, 178 (179 f.). Der OGH berücksichtigt die Möglichkeit einer Nachlieferung oder Nachbesserung innerhalb angemessener Frist, deren Kosten sowie deren Zumutbarkeit für den Käufer im Rahmen der Gesamtschau der Umstände des Einzelfalls, OGH 22.11.2011, CISG-online 2239.
[87] BGH NJW 2015, 867 (869 f.).

hängig von den vorgenannten Grundsätzen[88] verneint zudem vor allem die deutsche, aber auch die schweizerische Rechtsprechung das Vorliegen einer wesentlichen Vertragsverletzung, wenn der Käufer die mangelhafte Ware, wenn auch unter Einschränkungen, noch nutzen kann.[89] Zur Begründung wird angeführt, dass das Erfüllungsinteresse des Käufers in diesem Fall nicht im Wesentlichen entfallen sei.[90] Eine wesentliche Vertragsverletzung ist danach zu verneinen, solange dem Käufer eine anderweitige Verarbeitung oder ein Absatz der Ware im gewöhnlichen Geschäftsverkehr, wenn auch mit einem Preisabschlag, ohne unverhältnismäßigen Aufwand möglich und zumutbar ist.[91] Ist die Ware zum eigenen Gebrauch (zB eine Abfüll- und Verpackungsanlage) oder zur Verarbeitung in der Produktion des Käufers (zB Rohstoffe) bestimmt und handelt der Käufer selbst nicht mit den bezogenen Komponenten oder Materialien, so kann diesem die Verwendung bzw. Veräußerung vertragswidriger Ware in der Regel aber nicht zugemutet werden.[92] Dies dürfte insbesondere dann gelten, wenn die Ware speziell auf die Bedürfnisse des Käufers zugeschnitten ist.[93] Verwendet der Käufer zum Eigengebrauch bestimmte Ware trotz ihrer Mangelhaftigkeit dauerhaft für den vorgesehenen Zweck, spricht dies indes gegen das Vorliegen einer wesentlichen Vertragsverletzung.[94] Liegt der Verwendungszweck in der Weiterveräußerung der Ware, so kann einem Einzelhändler eine Weiterveräußerung minderwertiger Ware nicht in gleicher Weise wie einem Großhändler zugemutet werden.[95] Grundsätzlich sind nach der Rechtsprechung auch Absatzmöglichkeiten im Ausland mit einzubeziehen,[96] was aber nur gelten dürfte, wenn der Käufer auch sonst im gewöhnlichen Geschäftsverkehr Ware im Ausland absetzt. Insgesamt haben deutsche und schweizerische Gerichte damit im Vergleich zu Gerichten in anderen Staaten und zu Schiedsgerichten, welche teilweise ausschließlich das Gewicht des Mangels berücksichtigt haben,[97] strengere Maßstäbe angewandt.[98] Die Parteien haben freilich die Möglichkeit, die für wesentlich gehaltenen Eigenschaften der Ware vertraglich ausdrücklich als solche festzuhalten.[99] Die Wesentlichkeit bestimmter Eigenschaften kann zudem auch dadurch zum Ausdruck kommen, dass der Verkäufer diese Eigenschaften garantiert.[100]

[88] ZB hat das BG trotz des Scheiterns zahlreicher Nachbesserungsversuche und der Nichtbehebung des Mangels durch den Verkäufer innerhalb angemessener Frist noch die Möglichkeit und Zumutbarkeit einer anderweitigen Verwendung der Ware durch den Verkäufer geprüft, BG IHR 2010, 27 (28f.).

[89] BGH NJW 2015, 867 (869); BG 2.4.2015, CISG-online 2592, Rn. 6.2.2; Schwenzer/Beimel IHR 2017, 185 (187).

[90] BGH NJW 2015, 867 (869); Förster NJW 2015, 830 (831f.).

[91] BGH NJW 1996, 2364 (2366); OLG Düsseldorf 9.7.2010, CISG-online 2171; BG 28.10.1998, CISG-online 413; Supreme Court of the People's Republic of China 30.6.2014, CISG-online 2847.

[92] BG IHR 2010, 27 (28f.); Audiencia Provincial de Barcelona 28.4.2004, CISG-online 931; Schwenzer/Beimel IHR 2017, 185 (187); Schwenzer/Beimel CISG-AC Opinion No. 21 Comment 3.20, wonach bei der Frage, ob dem Käufer die Veräußerung vertragswidriger Ware zugemutet werden kann, die Möglichkeiten und Interessen des Verkäufers und Käufers gegeneinander abgewogen werden müssen.

[93] BG IHR 2010, 27 (29).

[94] BGH NJW 2015, 867 (869f.); Witz/Köhler IHR 2014, 89 (98); Schwenzer CISG-AC Opinion No. 5 Comment 4.3.

[95] MüKoHGB/Benicke Art. 25 CISG Rn. 40; Schlechtriem/Schwenzer/Schroeter/Müller-Chen CISG Art. 46 Rn. 25; Schwenzer CISG-AC Opinion No. 5 Comment 4.3.

[96] BGH NJW 1996, 2364 (2366).

[97] So zB US Court of Appeals (2nd Cir.) 6.12.1995, CISG-online 140.

[98] Dies relativierend Lubbe RabelsZ 68 (2004), 444 (456ff., 470), nach dem keine substanzielle Abweichung zwischen der Rechtsprechung der „civil law jurisdictions" und der „common law jurisdictions" in diesem Punkt besteht und allenfalls ein Potential für eine solche Abweichung vorhanden ist. Huber weist darauf hin, dass es unsicher ist, ob sich die deutsche und schweizerische Rechtsprechung in diesem Punkt weltweit durchsetzen wird, Huber RabelsZ 71 (2007), 13 (27).

[99] BGH NJW 1996, 2364 (2366); Koch IHR 2016, 45 (47).

[100] Hof's – Gravenhage IHR 2004, 119; Appellationsgericht Basel-Stadt 22.8.2003, CISG-online 943.

17 Wesentliche **Vertragsverletzungen** des **Käufers:**
- Ein **Zahlungsverzug** sowie eine Verletzung der Abnahmepflicht stellen – ohne das Hinzutreten weiterer Umstände[101] – in der Regel keine wesentliche Vertragsverletzung dar.[102] Ein solcher weiterer Umstand kann im Fall eines Zahlungsverzugs der Fixcharakter der Kaufpreiszahlung sein.[103] Auch ist eine wesentliche Vertragsverletzung bei einer ernsthaften und endgültigen Verweigerung der Zahlung oder Abnahme der Ware durch den Käufer zu bejahen.[104]
- Eine **Insolvenz** des Käufers führt grundsätzlich zu einer wesentlichen Vertragsverletzung.[105]

c) Verschuldensunabhängige Garantiehaftung

18 Das CISG sieht im Gegensatz zu den meisten kontinentaleuropäischen Rechtssystemen[106] eine verschuldensunabhängige **Garantiehaftung** sowohl des Verkäufers gemäß Art. 45 Abs. 1 lit. b) CISG als auch des Käufers gemäß Art. 61 Abs. 1 lit. b) CISG nach dem Vorbild des anglo-amerikanischen[107] und skandinavischen Rechts vor.[108] Dies bedeutet, dass die Schadensersatzverpflichtung allein aufgrund des Leistungsversprechens durch jede objektive Vertragsverletzung seitens einer Partei ausgelöst wird, soweit der anderen Partei hierdurch ein Schaden entsteht.[109] Durch die Garantiehaftung sollte der Begriff des Verschuldens,[110] welcher in den verschiedenen Rechtsordnungen mit unterschiedlichen Konzepten behaftet ist, im CISG vermieden sowie eine höhere Rechtssicherheit geschaffen werden.[111]

19 Die **Befreiungstatbestände** der Art. 79, 80 CISG sehen eine Beschränkung der Garantiehaftung und insoweit ein Korrektiv vor. Gemäß Art. 79 Abs. 1 CISG hat eine Partei für die Nichterfüllung einer ihrer Pflichten nicht einzustehen, wenn sie beweist, dass die Nichterfüllung auf einem außerhalb ihres Einflussbereichs liegenden **Hinderungsgrund** beruht und dass von ihr vernünftigerweise nicht erwartet werden konnte, den Hinderungsgrund bei Vertragsabschluss in Betracht zu ziehen oder seine Folgen zu vermeiden oder zu überwinden.[112] Die Rechtsprechung hat das Vorliegen dieser Voraussetzungen jedoch in nur wenigen Fällen angenommen, so dass die praktische Bedeutung von Art. 79 CISG (sieht man von der allmählich auslaufenden COVID-19-Pandemie einmal ab[113]) letztlich gering ist.[114] Art. 80 CISG sieht eine Haftungsbefreiung für den Fall vor, dass die Nichterfüllung von Pflichten durch eine Partei durch eine Handlung oder Unterlassung der anderen Partei verursacht worden ist. Nach der herrschenden Ansicht, welche sich insbesondere auf den Wortlaut des Art. 80 CISG *(„to the extent that", „dans la mesure où")* stützen kann, ist die Regelung auch bei **beiderseitiger Verursachung** der Nichterfüllung anwendbar.[115] Schadensersatzansprüche sind in diesem Fall gemäß den Verursachungsbei-

---

[101] Hierzu Schlechtriem/Schwenzer/Schroeter/Schroeter CISG Art. 25 Rn. 195, 201 mwN.
[102] OLG Frankfurt IHR 2010, 250 (252) (zum Zahlungsverzug); Tribunal de Grande Instance de Strasbourg 22.12.2006, CISG-online 1629 (zur Verletzung der Abnahmepflicht).
[103] OLG Frankfurt IHR 2010, 250 (252).
[104] Schlechtriem/Schwenzer/Schroeter/Schroeter CISG Art. 25 Rn. 196, 201 mwN.
[105] Federal Court of Australia, South Australian District 28.4.1995, CISG-online 218.
[106] Schwenzer/Hachem/Kee Global Sales Rn. 44.61.
[107] Hierzu ausführlich Sauthoff Schadensersatzhaftung S. 46 ff.
[108] Sauthoff Schadensersatzhaftung S. 48 ff.
[109] Honsell/Schnyder/Straub CISG Art. 45 Rn. 70; Stoll Einheitliches Kaufrecht S. 257.
[110] Riese RabelsZ 29 (1965), 1 (55) zum Haager Kaufrecht von 1964, der Vorgängerregelung des CISG.
[111] Bartels/Motomura RabelsZ 43 (1979), 649 (704).
[112] Zu den Tatbestandsvoraussetzungen im Einzelnen → § 10 Rn. 9 ff.
[113] Zum Umgang der CISG mit der Corona-Kriste Gildeggen/Willburger IHR 2021, 45 ff.
[114] Hierzu MüKoBGB/Huber Art. 79 CISG Rn. 1; zu Beispielen aus der internationalen Rechtsprechung Eckardt/Magnus/Piltz IHR 2020, 140 ff.
[115] BGH NJW 2013, 304 (307); Schlechtriem/Schwenzer/Schroeter/Schwenzer CISG Art. 80 Rn. 7; BeckOK BGB/Saenger, 1.5.2022, Art. 80 CISG Rn. 3; Leible/Müller IHR 2013, 45 (49) jeweils mwN.

trägen zu mindern.[116] Gleiches gilt nach Art. 7 Abs. 2 CISG unter Rückgriff auf die den Art. 77 und 80 CISG zugrunde liegenden allgemeinen Grundsätze in Fallgestaltungen, in denen die Parteien unabhängig voneinander durch jeweils eigenständige Pflichtverletzungen zum entstandenen Schaden beigetragen haben.[117]

Art. 77 CISG statuiert eine **Schadensminderungsobliegenheit** der ersatzberechtigten Partei. Diese hat alle den Umständen nach angemessenen Maßnahmen zur Verringerung des aus der Vertragsverletzung folgenden Verlusts, einschließlich des entgangenen Gewinns, zu treffen. Versäumt sie dies, kann die vertragsbrüchige Partei die Herabsetzung des Schadensersatzes in Höhe des Betrags verlangen, um den der Verlust hätte verringert werden müssen. 20

Durch das in Art. 74 Satz 2 CISG normierte **Vorhersehbarkeitserfordernis** wird der Schadensersatz auf das bei Vertragsschluss erkennbare Haftungsrisiko beschränkt.[118] Nach Art. 74 Satz 2 CISG darf der Schadensersatz nicht den Verlust überschreiten, den die vertragsbrüchige Partei bei Vertragsabschluss als mögliche Folge der Vertragsverletzung vorausgesehen hat oder unter Berücksichtigung der Umstände, die sie kannte oder kennen musste, hätte voraussehen müssen.[119] 21

Die Parteien können schließlich ihre Haftung auch entschärfen, indem sie gemäß **Art. 6 CISG** ein Verschulden als Haftungsvoraussetzung vertraglich vereinbaren. Darüber hinaus können sie ihre Haftung gemäß Art. 6 CISG vertraglich beschränken, wovon in der Praxis in Abhängigkeit von den Verhandlungspositionen der Parteien auch häufig Gebrauch gemacht wird. Aufgrund der Unsicherheiten der Vorhersehbarkeitsregel in Hinblick auf Folgeschäden kann es insbesondere sinnvoll sein, Art und Umfang der ersatzfähigen Schäden vertraglich zu vereinbaren. 22

d) Auslegung des Übereinkommens

Art. 7 Abs. 1 CISG statuiert den Grundsatz, dass das CISG zur Berücksichtigung seines internationalen Charakters **autonom** auszulegen ist. Dies bedeutet, dass das Übereinkommen aus sich selbst heraus zu interpretieren ist und sich ein Rückgriff auf nationales Recht verbietet.[120] Da es sich bei der deutschen Version des CISG lediglich um eine unverbindliche Anwendungshilfe handelt, sind im Rahmen der Auslegung des CISG dessen verbindlichen **Originalfassungen**[121] heranzuziehen, wobei der englischen Fassung in Zweifelsfällen eine besondere Bedeutung zukommt.[122] Das Prinzip der autonomen Auslegung gilt insbesondere auch für diejenigen in den Originalfassungen des CISG verwandten Ausdrücke, hinter denen in einer nationalen Rechtsordnung ein spezifisches juristisches Konzept steht, zB für den in der englischen Fassung verwendeten Begriff „good faith“.[123] 23

[116] BGH NJW 2013, 304 (307); OLG Brandenburg 5.2.2013, CISG-online 2400; Schlechtriem/Schwenzer/Schroeter/Schwenzer CISG Art. 80 Rn. 9; MüKoBGB/Huber Art. 80 CISG Rn. 6; anders MüKoHGB/Mankowski Art. 80 CISG Rn. 8, der Art. 80 CISG nur bei einem überwiegenden Verursachungsbeitrag des Gläubigers anwenden will. Zu Recht weisen Schwenzer und Huber darauf hin, dass die Mindermeinung letztlich über Art. 77 CISG oder die Anwendung allgemeiner Grundsätze zu demselben Ergebnis wie die herrschende Meinung kommt, Schlechtriem/Schwenzer/Schroeter/Schwenzer CISG Art. 80 Rn. 7; MüKoBGB/Huber Art. 80 CISG Rn. 6.

[117] BGH NJW 2013, 304 (307); hierzu Saenger FS Magnus S. 291 (298 ff.); Koch IHR 2013, 13 ff.

[118] Honsell/Schönle/Koller CISG Art. 74 Rn. 25.

[119] Abweichend von der „contemplation rule“ bzw. dem „remoteness test“ im angloamerikanischen Recht genügt gemäß Art. 74 Satz 2 CISG die Vorhersehbarkeit eines Schadens als „mögliche“ Folge der Vertragsverletzung, hierzu ausführlicher Schlechtriem/Schwenzer/Schroeter/Schwenzer CISG Art. 74 Rn. 48.

[120] BGH NJW-RR 2005, 1218 (1219); BG IHR 2019, 236 (237); Schlechtriem/Schwenzer/Schroeter/Ferrari CISG Art. 7 Rn. 9; zu den Auslegungsmethoden ausführlich Ferrari IHR 2013, 181 ff.

[121] Gemäß der Unterzeichnungsklausel des CISG sind die Urschriften in arabischer, chinesischer, englischer, französischer, russischer und spanischer Sprache in ihrem Wortlaut gleichermaßen verbindlich.

[122] BG IHR 2004, 215 (217); Schlechtriem/Schwenzer/Schroeter/Ferrari Vor CISG Art. 1–6 Rn. 26 f.

[123] Sauthoff IHR 2005, 151 (153).

3. Überblick über Vor- und Nachteile des CISG gegenüber dem BGB und HGB

24 Bis zum Inkrafttreten des Schuldrechtsmodernisierungsgesetzes[124] am 1.1.2002 schlossen deutsche Unternehmen das CISG standardmäßig aus.[125] Seit der Schuldrechtsreform sind in der Literatur mehrfach die Vorzüge des CISG gegenüber dem deutschen BGB und HGB herausgestellt worden.[126] Inzwischen ist zu beobachten, dass deutsche Unternehmen im Rahmen internationaler Lieferverträge zunehmend die Anwendung des CISG vereinbaren. Der nachfolgende Überblick über die wesentlichen Vor- und Nachteile des CISG gegenüber dem BGB und HGB soll eine Entscheidungshilfe für die **Vertragsgestaltung** hinsichtlich der Frage bieten, ob den Parteiinteressen im konkreten Einzelfall die Anwendung des UN-Kaufrechts oder die Anwendung des BGB und HGB besser entspricht. Häufig werden hierbei Vorteile aus Sicht des Verkäufers Nachteile aus Sicht des Käufers darstellen und umgekehrt. Die Unterschiede zwischen dem CISG und dem BGB sind insbesondere darauf zurückzuführen, dass das CISG zur Vereinheitlichung des grenzüberschreitenden Warenverkehrs geschaffen worden ist, während die Kaufrechtsreform im BGB auf eine überschießende Umsetzung der europäischen Verbrauchsgüterkaufrichtlinie[127] und damit auf Verbraucherschutzrecht zurückgeht. Letzteres beeinflusst auch die weitere Entwicklung des Kaufrechts im BGB.[128]

a) Sicht beider Vertragsparteien

25 Als allgemeine Gründe für eine Abbedingung des CISG werden in der Literatur[129] und Praxis[130] ein hohes Maß an Rechtsunsicherheit wegen kaum vorhandener Rechtsprechung zum CISG, eine unterschiedliche Anwendung des CISG in den verschiedenen Vertragsstaaten, fehlende Erfahrung nationaler Gerichte und Praktiker mit dem CISG, eine hieraus resultierende überlange Dauer von Verfahren sowie höhere Kosten aufgrund eines höheren Beratungs- und Prüfungsaufwandes und umfangreicherer Vertragsverhandlungen angeführt. Dem kann indes nicht gefolgt werden. Die **Zahl der Entscheidungen** zum CISG ist mit den Jahren beträchtlich gewachsen, wie insbesondere der Umfang der zu Beginn dieses Kapitels genannten Internet-Datenbanken zeigt.[131] Diese Datenbanken ermöglichen sowohl dem Rechtsberater als auch dem Gericht einen **leichten Zugang** zu der Rechtsprechung zum CISG, welche sich zudem – auch ohne Fremdsprachenkenntnisse – mit Hilfe der zahlreichen in deutscher Sprache zur Verfügung stehenden Kommentierungen nachvollziehen lässt.[132] Auch wenn die Gerichte in den verschiedenen Vertragsstaaten teilweise unterschiedliche Anforderungen an bestimmte autonom auszulegende Rechtsbegriffe – wie etwa den Begriff der wesentlichen Vertragsverletzung gemäß Art. 25 CISG[133] – stellen, haben sich doch inzwischen klare Leitlinien entwickelt.[134] Ferner können sich die Parteien im Zweifel an der Rechtsprechung der Gerichte des Staates oder der Staaten orientieren, die im Streitfall zuständig wären. Auch besteht für sie die Möglichkeit, auszulegende Rechtsbegriffe, die sich im Übrigen auch im nationalen Recht finden, vertraglich

[124] BGBl. 2001 I 3183ff.
[125] Koch NJW 2000, 910.
[126] Piltz IHR 2002, 2 (6ff.); Regula/Kannowski IHR 2004, 45 (52ff.); Sauthoff Schadensersatzhaftung S. 400f.
[127] RL 1999/44/EG vom 25.5.1999, ABl. EG 1999 Nr. L 171/12.
[128] Hierzu Koch IHR 2015, 52 (55ff.).
[129] Schillo IHR 2003, 257 (264ff.); Meyer RabelsZ 69 (2005), 457 (474).
[130] Lehnert/Schäfer IHR 2021, 145 (146); Kampf/Marenkov IHR 2021, 2 (3); Meyer RabelsZ 85 (2021), 357 (397).
[131] Meyer RabelsZ 69 (2005), 457 (464f.); Kampf/Marenkov IHR 2021, 2 (5).
[132] Siehe auch Mankowski RIW 2003, 2 (9f.).
[133] Hierzu Lubbe RabelsZ 68 (2004), 444ff., welcher die Entwicklung von Fallgruppen zu Art. 25 CISG als äußerst wichtig für eine einheitliche Entwicklung der Rechtsprechung ansieht.
[134] Freiburg IHR 2005, 56; kritisch aber Meyer RabelsZ 69 (2005), 457 (474f.) sowie Bridge ICLQ 2010, 911 (939).

zu konkretisieren.[135] Hinsichtlich der angeblich fehlenden Erfahrung nationaler Gerichte mit dem CISG[136] ist zu berücksichtigen, dass im Fall der Zuständigkeit eines Gerichts außerhalb der Bundesrepublik Deutschland (zB aufgrund einer entsprechenden Gerichtsstandklausel) dieses Gericht größere Schwierigkeiten mit der Anwendung des deutschen BGB und HGB als mit der Anwendung des CISG haben und insoweit die Einholung eines Rechtsgutachtens durch das Gericht erforderlich werden dürfte.[137] Überdies können die Parteien auch eine Streitbeilegung durch ein internationales Schiedsgericht vereinbaren, welches mit dem CISG vertraut ist.[138] Die Argumentation, dass aufgrund der verhältnismäßig wenigen Regelungen des CISG eine Schaffung ergänzender oder vom CISG abweichender vertraglicher Regelungen erforderlich sei und dies zu einem höheren Beratungs- und Prüfungsaufwand führe,[139] lässt außer Acht, dass die weit reichende **Dispositivität des CISG** gerade ein Vorteil ist[140] und eine interessengerechte Vertragsgestaltung für den spezifischen Verwendungszweck erst ermöglicht.[141] Ferner erfordert eine AGB-feste Gestaltung von Vertragsklauseln unter dem BGB ebenfalls einen hohen Prüfaufwand. Schließlich lässt sich das CISG als ein „neutrales" und für beide Parteien transparentes Recht[142] gegenüber dem ausländischen Vertragspartner **besser durchsetzen** als das BGB und HGB. Dies dürfte zu einer Verkürzung der Vertragsverhandlungen führen, zumal dem ausländischen Vertragspartner in diesem Fall nicht die Regelungen des BGB und HGB im Einzelnen erklärt werden müssen.[143]

b) Sicht des Verkäufers

Aus Sicht des Verkäufers bietet das CISG gegenüber dem BGB und HGB insbesondere die folgenden **Vorteile:** 26

- Haben die Parteien im Rahmen subjektiver Anforderungen (§ 434 Abs. 2 BGB) keine Beschaffenheit vereinbart bzw. sich nicht auf eine bestimmte Verwendung der Sache verständigt, entspricht die Sache gemäß § 434 Abs. 3 Nr. 1 und Nr. 2 BGB nur dann den kumulativ geschuldeten objektiven Anforderungen, wenn sie sich für die gewöhnliche Verwendung eignet und eine Beschaffenheit aufweist, die bei Sachen der gleichen Art üblich ist und die der Käufer unter Berücksichtigung der Art der Sache und öffentlichen Äußerungen des Verkäufers oder eines anderen Glieds der Vertragskette erwarten kann. § 434 Abs. 3 BGB berücksichtigt demnach ausdrücklich den Erwartungshorizont des Käufers. Demgegenüber richtet sich die **Eignung der Ware für den gewöhnlichen Zweck** gemäß Art. 35 Abs. 2 lit. a) CISG nach der Rechtsprechung zum CISG grundsätzlich nach den Standards bzw. den öffentlich-rechtlichen Vorschriften im Land des Verkäufers, nicht nach denjenigen im Land des Käufers.[144]
- Gemäß Art. 39 Abs. 2 CISG verliert der Käufer das Recht, sich auf die Vertragswidrigkeit der Ware zu berufen, wenn er sie nicht spätestens innerhalb von zwei Jahren, nachdem ihm die Ware tatsächlich übergeben worden ist, dem Verkäufer anzeigt – es sei denn, dass diese Frist mit einer vertraglichen Garantiefrist unvereinbar ist.[145] Eine solche

---

[135] Kampf/Marenkov IHR 2021, 2 (5); Piltz ZVertriebR 2017, 138 (142).
[136] Meyer RabelsZ 69 (2005), 457 (475).
[137] Meyer RabelsZ 69 (2005), 457 (480); Ders. RabelsZ 85 (2021), 357 (397).
[138] So Bälz RIW 2003, 416 (418); Meyer RabelsZ 69 (2005), 457 (482).
[139] Vgl. Schillo IHR 2003, 257 (266).
[140] Piltz NJW 2003, 2056 (2059).
[141] Mankowski FS Magnus S. 255 (269 f.); Ders. RIW 2003, 2 (10); Herber IHR 2004, 89 (90).
[142] Bridge FS Magnus, 2014, 161 (175). Zu Recht wird darauf hingewiesen, dass bei der Wahl des CISG anstatt eines anderen „neutralen" Rechts die Summe der Rechtsermittlungskosten weit niedriger ist, Mankowski FS Magnus S. 255 (265), Ders. RIW 2003, 2 (9).
[143] Meyer RabelsZ 69 (2005), 457, 479 ff.
[144] BGHZ 129, 75 (81 ff.); OGH IHR 2001, 117 (120); High Court of New Zealand 30.7.2010, CISG-online 2113; Piltz IHR 2002, 2 (6).
[145] Hierzu ausführlich unten → Rn. 179.

– von der Verjährung zu unterscheidende – von Amts wegen zu beachtende **Ausschlussfrist** kennt das deutsche unvereinheitlichte Recht nicht.
- Während strittig ist, ob § 377 HGB nur für Sachmängel oder auch für Rechtsmängel[146] gilt, sieht Art. 43 Abs. 1 CISG eine Obliegenheit zur **Rüge von Rechtsmängeln** ausdrücklich vor.
- Das CISG will eine aufwendige und kostspielige **Rückabwicklung** des Vertrags nach Möglichkeit **vermeiden.** Im Fall einer vertragswidrigen Lieferung kann der Käufer die Rechtsbehelfe der Ersatzlieferung (Art. 46 Abs. 2 CISG) sowie der (sofortigen) Vertragsaufhebung (Art. 49 Abs. 1 lit. a), 51 Abs. 2, 73 Abs. 1 und 2 CISG) nur bei Vorliegen einer **wesentlichen Vertragsverletzung** gemäß Art. 25 CISG geltend machen, welche der Käufer zu beweisen hat.[147] Demgegenüber kann der Käufer nach § 439 Abs. 1 Alt. 2 BGB unabhängig von der Schwere des Mangels Nachlieferung verlangen. Die Bedeutung des Mangels ist lediglich im Rahmen des § 439 Abs. 4 Satz 2 BGB zu berücksichtigen. Gemäß §§ 437 Nr. 2, 323 Abs. 5 Satz 2, 326 Abs. 5 BGB kann der Käufer im Fall einer nicht vertragsgemäßen Leistung zwar dann nicht vom Vertrag zurücktreten, wenn die Pflichtverletzung unerheblich ist. Die Schwelle der wesentlichen Vertragsverletzung gemäß Art. 25 CISG ist jedoch höher als die der nicht unerheblichen Pflichtverletzung gemäß § 323 Abs. 5 S. 2 BGB.[148] Ferner hat nach dem Wortlaut des § 323 Abs. 5 Satz 2 BGB der Verkäufer die Unerheblichkeit der Pflichtverletzung zu beweisen.[149]
- Im CISG wird die Geltendmachung der Vertragsaufhebung und der Ersatzlieferung zusätzlich dadurch erschwert, dass der Käufer diese Rechtsbehelfe gemäß Art. 82 Abs. 1 CISG im Grundsatz verliert, wenn es ihm unmöglich ist, die **Ware** im Wesentlichen in dem Zustand **zurückzugeben,** in dem er sie erhalten hat. Demgegenüber ist dem Käufer nach dem BGB auch in diesem Fall ein Rücktritt vom Vertrag oder das Verlangen einer Nachlieferung möglich. Der Käufer hat dann gemäß §§ 346 Abs. 2, 439 Abs. 4 BGB grundsätzlich Wertersatz zu leisten.
- Gemäß Art. 46 Abs. 2 und 3, 49 Abs. 2 CISG kann der Käufer die Rechtsbehelfe der Ersatzlieferung, der Nachbesserung sowie der Vertragsaufhebung nur **innerhalb einer angemessenen Frist** geltend machen. Ein solches Erfordernis ist im BGB nicht gesetzlich normiert.[150]
- Das CISG sieht anders als die §§ 445a, 445b BGB und der ab dem 1.1.2022 für Verträge über digitale Produkte[151] geltende § 327u BGB keinen erleichterten **Unternehmerrückgriff** vor. Insoweit ist zu beachten, dass § 445a BGB den Verkäuferregress als ein Grundprinzip des kaufrechtlichen Gewährleistungsrechts im BGB etabliert und dieser somit als Teil des gesetzlichen Leitbildes des kaufrechtlichen Gewährleistungsrechts im deutschen Recht auch Bedeutung im Rahmen der Inhaltskontrolle von Allgemeinen Geschäftsbedingungen haben dürfte.[152]
- **Nationale Verbrauchervorschriften** werden nach überwiegender Meinung durch das CISG verdrängt, soweit sie nicht die Gültigkeit des Vertrags oder einzelner Vertragsbestimmungen betreffen (vgl. Art. 4 lit. a) CISG).[153] So ist beispielsweise § 478 Abs. 2

[146] Für eine Beschränkung auf Sachmängel (wohl hM) MüKoHGB/Grunewald § 377 Rn. 53; Ebenroth/Boujong/Joost/Strohn/Achilles HGB § 377 Rn. 61 ff.; für eine Anwendbarkeit auch auf Rechtsmängel ua Hopt/Leyens HGB § 377 Rn. 12; OLG Düsseldorf BeckRS 2015, 17117.
[147] Vgl. BeckOK BGB/Saenger, 1.5.2022, Art. 25 CISG Rn. 14; Regula/Kannowski IHR 2004, 45 (49).
[148] Ebenso Piltz IHR 2002, 2 (7); Ders. ZVertriebsR 2017, 138 (141); Sauthoff Schadensersatzhaftung S. 258.
[149] MüKoBGB/Ernst § 323 Rn. 254.
[150] Siehe OLG Celle NJW 2005, 2094, nach dem der Gläubiger nicht gehalten ist, zur Vermeidung eines Rechtsverlusts sein mit Fristablauf entstandenes Rücktrittsrecht alsbald auszuüben oder seinen Schadensersatzanspruch geltend zu machen, da der Gesetzgeber die Unsicherheit des Schuldners gesehen, diskutiert und dennoch in Kauf genommen habe. In der Literatur werden allerdings Einschränkungen nach § 242 BGB diskutiert, allgemein Grüneberg/Grüneberg BGB § 242 Rn. 104, § 323 Rn. 33.
[151] → Rn. 7.
[152] BeckOGK/Arnold, 1.4.2022, § 445a BGB Rn. 22, 178.
[153] BeckOK BGB/Saenger, 1.5.2022, Art. 2 CISG Rn. 7; MüKoHGB/Mankowski Art. 2 CISG Rn. 15; Schlechtriem/Schwenzer/Schroeter/Ferrari CISG Art. 2 Rn. 25 f.

BGB keine Norm, welche die Gültigkeit einzelner Vertragsbestimmungen iSd Art. 4 lit. a) CISG betrifft.[154] Gemäß § 478 Abs. 2 BGB sind insbesondere die Vorschriften der §§ 433–435, 437, 439–443, 445a Abs. 1 und 2, 445b BGB unter bestimmten Voraussetzungen nicht abdingbar. Diese Vorschriften werden bei Anwendung des CISG jedoch gerade durch dessen Regelungen weitestgehend (eine Ausnahme dürfte die in § 445b Abs. 2, 3 BGB vorgesehene Ablaufhemmung bilden, die bei Geltung deutschen Rechts als ergänzendem Vertragsstatut anwendbar bleibt, da das CISG die Verjährung nicht regelt)[155] verdrängt. Ferner ordnet § 478 Abs. 2 BGB keine Unwirksamkeit einer abweichenden Vereinbarung des Verkäufers an; dieser kann sich vielmehr auf eine abweichende Vereinbarung *„nicht berufen"*.[156]

- § 477 BGB enthält für den Verbrauchsgüterkauf (§ 474 BGB) eine **Beweislastumkehr** zu Lasten des Verkäufers, welche gemäß § 478 Abs. 1, 3 BGB auch im Rahmen des Unternehmerrückgriffs in der Lieferkette entsprechende Anwendung findet und gemäß § 478 Abs. 2 BGB nicht abbedungen werden kann. Eine entsprechende Beweislastumkehr zu Lasten des Verkäufers sehen zudem die ab dem 1.1.2022 geltenden §§ 327k, 327u Abs. 3 BGB für Verträge über digitale Produkte vor. Im CISG trägt nach der körperlichen Übernahme der Ware grundsätzlich der Käufer die Beweislast für deren Vertragswidrigkeit im Zeitpunkt des Gefahrübergangs, wenn er hierauf gestützt Ansprüche geltend macht und Rechte ausübt.[157] Eine mit § 477 BGB und §§ 327k, 327u Abs. 3 BGB vergleichbare Beweislastumkehr kennt das UN-Kaufrecht nicht.[158]
- Hingegen hat das CISG gegenüber dem BGB und HGB für den Verkäufer insbesondere 27
die folgenden **Nachteile:**
- Die verschuldensunabhängige **Garantiehaftung** wird regelmäßig als Hauptnachteil des CISG gegenüber dem BGB für den Verkäufer angeführt. In der Praxis wirken sich die Unterschiede zwischen der Garantiehaftung im CISG und der Verschuldenshaftung im BGB aber nicht so stark aus, wie es auf den ersten Blick scheint.[159] So trägt der Schuldner gemäß § 280 Abs. 1 Satz 2 BGB die Darlegungs- und Beweislast dafür, dass er die Pflichtverletzung nicht zu vertreten hat,[160] worin eine Abschwächung des Verschuldensprinzips liegt. Für die Schlüssigkeit des Klägervortrags ist dementsprechend die Behauptung einer Pflichtverletzung durch den Beklagten und eines darauf beruhenden, kausalen Schadens hinreichend. Auf materiell-rechtlicher Ebene besteht aufgrund dessen eine widerlegbare Vermutung für das Vertretenmüssen des Schuldners.[161] Im Falle einer mangelhaften Lieferung wird sich der Hersteller regelmäßig schwerer gemäß § 280 Abs. 1 Satz 2 BGB entlasten können als der reine Händler, den nach dem BGB grundsätzlich keine Untersuchungsobliegenheit trifft.[162] Dem Händler können jedoch im Rahmen der Nacherfüllung gesteigerte Sorgfaltspflichten obliegen.[163] Auch kommt bei Gattungsschulden eine verschuldensunabhängige Haftung für das Scheitern der Nacherfüllung aufgrund der Übernahme des Beschaffungsrisikos gemäß § 276 Abs. 1 Satz 1 BGB in

---

154 MüKoBGB/Gruber Art. 35 CISG Rn. 10; Piltz IHR 2002, 2 (4f.) zu § 478 Abs. 4 BGB aF.

155 BeckOK BGB/Saenger, 1.5.2022, Art. 45 CISG Rn. 10.

156 Ausführlich Piltz IHR 2002, 2 (4f.) zu § 478 Abs. 4 BGB aF.

157 BG IHR 2004, 215 (218); Tribunale di Vigevano 12.7.2000, CISG-online 493.

158 Siehe auch Piltz IHR 2002, 2 (6f.); Ders. NJW 2012, 3061 (3062). Allerdings ist teilweise entschieden worden, dass der Verkäufer die Vertragsgemäßheit der Ware im Zeitpunkt des Gefahrübergangs zu beweisen hat, wenn der Käufer die Vertragswidrigkeit bei Untersuchung der Ware innerhalb der Untersuchungsfrist feststellt und rechtzeitig anzeigt, Appellationshof des Kantons Bern IHR 2006, 149 (152); Obergericht des Kantons Luzern SZIER 2004, 104 (105). Dies ablehnend und für eine Beweislastumkehr unter engeren Voraussetzungen Schlechtriem/Schwenzer/Schroeter/Schwenzer CISG Art. 35 Rn. 52.

159 Hierzu auch Huber RabelsZ 71 (2007), 13 (17f.); anders Piltz NJW 2012, 3061 (3062) und ZVertriebsR 2017, 138 (141), der allerdings auf die Perspektive des Käufers abstellt.

160 MüKoBGB/Ernst § 280 Rn. 34.

161 Ausführlich Sauthoff Schadensersatzhaftung S. 219ff., 395f.

162 Zur grundsätzlich nicht bestehenden Untersuchungsobliegenheit des Händlers BGH NJW 2009, 2674 (2675); Grüneberg/Grüneberg BGB § 280 Rn. 19.

163 Schubel/Koch DB 2004, 119 (121).

Betracht.[164] Schließlich lassen sich die Unterschiede zwischen der Garantiehaftung im CISG und der Verschuldenshaftung im BGB auch dadurch beseitigen, dass die Parteien gemäß Art. 6 CISG ein Verschulden als Haftungsvoraussetzung vertraglich ausdrücklich vereinbaren.

– Während sich der Verkäufer ein Verschulden des Herstellers nach § 278 Satz 1 BGB nicht zurechnen lassen muss,[165] hat im UN-Kaufrecht der Verkäufer aufgrund des von ihm zu tragenden allgemeinen Beschaffungsrisikos bei marktbezogenen Gattungsschulden grundsätzlich auch für Mängel einzustehen, die im Bereich seines **Zulieferanten** verursacht worden sind.

c) Sicht des Käufers

28 Aus Sicht des Käufers bietet das CISG gegenüber dem BGB und HGB insbesondere die folgenden **Vorteile:**

– Gemäß Art. 41, 42 CISG hat der Verkäufer Ware zu liefern, die frei von Rechten oder Ansprüchen Dritter ist. Anders als gemäß § 435 Satz 1 BGB[166] ist ein Rechtsmangel bereits dann zu bejahen, wenn ein Dritter einen Anspruch lediglich behauptet.[167] Allerdings setzt die Haftung des Verkäufers wegen einer Belastung der Ware mit Schutzrechten gemäß Art. 42 Abs. 1 CISG voraus, dass dieser die Schutzrechte bei Vertragsabschluss kannte oder über sie nicht in Unkenntnis sein konnte.

– Während der Käufer einen Mangel gemäß § 377 HGB *„unverzüglich"* rügen muss, verlangt Art. 39 Abs. 1 CISG eine Mängelrüge *„innerhalb einer angemessenen Frist"*. Aufgrund der – vor dem Hintergrund der verschiedenen Rechtskreise – teils stark divergierenden Entscheidungen zu der Frage einer *„angemessenen"* Rügefrist wird als Kompromiss teilweise ein Richtwert von etwa einem Monat vorgeschlagen.

– Gemäß § 377 Abs. 5 HGB kann sich der Verkäufer nicht auf § 377 HGB berufen, wenn er den Mangel arglistig verschwiegen hat. Dagegen kann sich der Verkäufer gemäß Art. 40 CISG schon dann nicht mehr auf Art. 38, 39 CISG berufen, wenn die Vertragswidrigkeit auf Tatsachen beruht, die er kannte oder über die er nicht in Unkenntnis sein konnte und die er dem Käufer nicht offenbart hat. Die hiernach erforderliche Kenntnis oder vorwerfbare Unkenntnis bleibt hinter der nach § 377 Abs. 5 HGB erforderlichen Arglist zurück.[168]

– Im Gegensatz zum Ausschluss sämtlicher vertraglichen Rechtsbehelfe im Fall von § 377 HGB kann der Käufer gemäß Art. 44 CISG ungeachtet der Art. 39 Abs. 1, 43 Abs. 1 CISG den Kaufpreis mindern oder Schadensersatz – mit Ausnahme von entgangenem Gewinn – verlangen, wenn er eine vernünftige Entschuldigung dafür hat, dass er die erforderliche Anzeige unterlassen hat. Allerdings sind die Voraussetzungen von Art. 44 CISG in der Rechtsprechung bislang nur selten bejaht worden.[169]

– Stellt die Vertragswidrigkeit der Ware eine wesentliche Vertragsverletzung dar, kann der Käufer vom Verkäufer gemäß Art. 46 Abs. 2 CISG Ersatzlieferung verlangen, ohne dass der Verkäufer dies – wie gemäß § 439 Abs. 4 BGB – aufgrund unverhältnismäßiger Kosten verweigern kann.

---

[164] MüKoBGB/Ernst § 280 Rn. 66. Eine verschuldensunabhängige Haftung für die ursprüngliche mangelhafte Lieferung aufgrund der Übernahme des Beschaffungsrisikos gemäß § 276 Abs. 1 Satz 1 BGB ist hingegen abzulehnen, Grüneberg/Grüneberg BGB § 276 Rn. 32. Andere Auffassung Canaris DB 2001, 1815 (1816).

[165] BGH NJW 2008, 2837 (2840).

[166] Grüneberg/Weidenkaff BGB § 435 Rn. 18.

[167] BeckOK BGB/Saenger, 1.5.2022, Art. 41 CISG Rn. 5, Art. 42 CISG Rn. 6.

[168] Str. ist, ob es sich bei der vorwerfbaren Unkenntnis um mehr als grobe Fahrlässigkeit oder lediglich grobe Fahrlässigkeit handeln muss, OLG Celle IHR 2004, 106 (107); Schlechtriem/Schwenzer/Schroeter/Schwenzer CISG Art. 40 Rn. 4 mwN.

[169] UNCITRAL Digest (2016 Edition) Art. 44 Anm. 5f.

29 Demgegenüber bringt das CISG gegenüber dem BGB und HGB für den Käufer insbesondere einen **Nachteil** mit sich:

– Versäumt der Käufer die Zahlung des Kaufpreises, so hat der Verkäufer ab dem Zeitpunkt der Fälligkeit des Kaufpreises gemäß Art. 78 CISG einen Anspruch auf Zinsen, ohne dass hierfür – im Gegensatz zu §§ 280 Abs. 1, 2, 286, 288 BGB – weitere Voraussetzungen, wie etwa eine Mahnung (vgl. Art. 59 CISG) oder ein Verschulden des Käufers, vorliegen müssen.[170]

4. Verbleibende Bedeutung nationaler Rechtsordnungen bei Anwendbarkeit des CISG

30 Der **sachliche Geltungsbereich** des CISG ergibt sich aus Art. 4 und 5 CISG. Gemäß Art. 4 Satz 1 CISG regelt das Übereinkommen ausschließlich den Abschluss des Kaufvertrags und die aus ihm erwachsenden Rechte und Pflichten der Parteien. Ist danach ein Gegenstand grundsätzlich im CISG geregelt und haben lediglich Einzelfragen keine Regelung im CISG gefunden (so genannte **interne Lücke**), sind diese Fragen gemäß Art. 7 Abs. 2 CISG vorrangig nach den allgemeinen Grundsätzen, welche dem CISG zugrunde liegen, zu entscheiden. In Ermangelung solcher Grundsätze gilt das nach den Regeln des Kollisionsrechts des Forumstaates anwendbare nationale Recht. Auch können interne Lücken durch eine entsprechende Anwendung der Vorschriften des CISG geschlossen werden.[171]

31 Ist der betreffende Gegenstand dagegen überhaupt nicht im CISG geregelt (so genannte **externe Lücke**), kommt Art. 7 Abs. 2 CISG nicht zur Anwendung und ist eine Entscheidung gemäß dem vom Kollisionsrecht des Forumstaates berufenen nationalen Recht zu treffen. Mit Blick auf die Vertragsgestaltung ist den Parteien vor diesem Hintergrund – allein schon zur Vermeidung von Rechtsunsicherheiten – dringend zu empfehlen, eine **Rechtswahl** hinsichtlich **des ergänzenden Vertragsstatuts** zu treffen. Dabei sind zum einen die vom CISG ausgenommenen Regelungsbereiche und zum anderen verschiedene Kriterien für die Auswahl des ergänzenden Vertragsstatuts zu berücksichtigen.

a) Vom CISG ausgenommene Regelungsbereiche

32 Gemäß Art. 4 Satz 2 lit. a) CISG regelt das CISG insbesondere nicht die **Gültigkeit** des Vertrags oder einzelner Vertragsbestimmungen oder die Gültigkeit von Gebräuchen. Von dem Regelungsbereich des CISG nicht erfasst sind daher beispielsweise die Folgen fehlender Rechts- und Geschäftsfähigkeit, die Stellvertretung, die Anfechtung wegen arglistiger Täuschung oder Drohung[172] sowie die Wirkungen eines nationalen gesetzlichen Verbots oder eines Verstoßes gegen die guten Sitten.[173] Auch die **Inhaltskontrolle von Allgemeinen Geschäftsbedingungen** fällt nicht in den Regelungsbereich des CISG. Nach überwiegender Ansicht sind im Rahmen einer solchen Inhaltskontrolle nach nationalem Recht allerdings die Wertungen des UN-Kaufrechts heranzuziehen.[174] Dies bedeutet, dass

170 Vgl. Schlechtriem/Schwenzer/Schroeter/Bacher CISG Art. 78 Rn. 17 mit Hinweisen zur Rechtsprechung.

171 BeckOK BGB/Saenger, 1.5.2022, Art. 7 CISG Rn. 7.

172 Hinsichtlich der Anfechtung ist allerdings insgesamt zu differenzieren: ZB verdrängt das CISG die Anfechtung wegen eines Übermittlungsirrtums. Ob die Anfechtung wegen Irrtums über Eigenschaften der Ware durch das CISG verdrängt wird, ist strittig, zutreffender Weise aber zu bejahen, BG IHR 2019, 236 (242ff.); Schroeter IHR 2019, 231 (232f.); Ders. Unif. L. Rev. 2017, 47 (65f.); Magnus ZEuP 2020, 645 (660). Zur Anfechtung zB Schlechtriem/Schwenzer/Schroeter/Ferrari CISG Art. 4 Rn. 24; BeckOK BGB/Saenger, 1.5.2022, Art. 4 CISG Rn. 25.

173 OGH 22.10.2001, CISG-online 613 (zur Frage der Geschäftsfähigkeit und Vollmacht); BG 16.7.2012, CISG-online 2371 (zur Frage der Verletzung eines nationalen gesetzlichen Verbotes oder eines Verstoßes gegen die guten Sitten); Schlechtriem/Schwenzer/Schroeter/Ferrari CISG Art. 4 Rn. 17f., 25, 34; MüKoBGB/Huber Art. 4 CISG Rn. 17.

174 OGH 7.9.2000, CISG-online 642; OLG Linz IHR 2007, 123 (127); Schlechtriem/Schwenzer/Schroeter/Ferrari CISG Art. 4 Rn. 20; Kornet EBLR 2013, 319 (323); Schroeter Unif. L. Rev. 2017, 47 (68).

insbesondere im Rahmen der Anwendung des § 307 BGB die materiell-rechtlichen Vorschriften des CISG und nicht die des BGB als Leitbild dienen.[175] Dies gilt auch, soweit im Rahmen des § 307 BGB die Grundgedanken der §§ 308, 309 BGB herangezogen werden (vgl. § 310 Abs. 1 Satz 2 BGB).[176] Nach überwiegender Ansicht in der Literatur ist § 444 BGB keine Gültigkeitsnorm iSd Art. 4 Satz 2 lit. a) CISG.[177] Hinsichtlich der **Form** sieht Art. 11 Satz 1 CISG vor, dass der Kaufvertrag nicht schriftlich geschlossen oder nachgewiesen zu werden braucht und auch sonst keinen Formvorschriften unterliegt.[178]

33 Überdies gilt das CISG nicht für **dingliche Fragen** (Art. 4 Satz 2 lit. b) CISG), zB für den Eigentumsvorbehalt[179] und den gutgläubigen Erwerb.[180] Nach dem Wortlaut des Art. 4 Abs. 2 CISG (*„In particular", „En particulier"*) ist die dortige Aufzählung der nicht im CISG geregelten Gegenstände **nicht abschließend.** Nach überwiegender Ansicht sind unter anderem auch die nachfolgenden Regelungsbereiche nicht vom CISG erfasst:

- die **Verjährung,**[181] da sie Gegenstand des Übereinkommens über die Verjährung beim internationalen Warenkauf vom 14.6.1974 ist;[182]
- die **Abtretung;**[183]
- die Zulässigkeit von Vertragsstrafenvereinbarungen und pauschaliertem Schadensersatz;[184]
- die Höhe des **Zinssatzes.**[185]

Die **Aufrechnung** wird von den Regelungen des CISG jedenfalls dann nicht erfasst, wenn sich die gegenüberstehenden Forderungen nicht ausschließlich aus Vertragsverhältnissen ergeben, die dem Übereinkommen unterliegen.[186] Gleiches gilt vorbehaltlich anderslautender Parteivereinbarungen, wenn die Ansprüche zwar jeweils auf dem UN-Kaufrecht beruhen, sie jedoch aus unterschiedlichen Vertragsverhältnissen stammen.[187] Nach deutscher höchstrichterlicher Rechtsprechung richtet sich die Aufrechnung von Geldforderungen hingegen nach dem CISG, wenn die Forderungen jeweils dem UN-Kaufrecht unterliegen und aus einem einheitlichen Vertragsverhältnis resultieren.[188] Indes ist fraglich, ob sich in diesem Fall auch Einzelfragen der Aufrechnung, etwa das Vorliegen eines Auf-

---

175 OGH 7.9.2000, CISG-online 642; Schlechtriem/Schwenzer/Schroeter/Schroeter Vor CISG Art. 14–24 Rn. 34; Ostendorf/Neumann/Ventsch IHR 2006, 21 (23).

176 Hierzu auch Schillo IHR 2003, 257 (258, 261), nach dem die § 308f. BGB keine oder nur eingeschränkte Anwendung finden.

177 MüKoBGB/Gruber Art. 35 CISG Rn. 10; Piltz IHR 2002, 2 (4f.); Regula/Kannowski IHR 2004, 45 (50f.).

178 Zu beachten ist aber die Vorbehaltsmöglichkeit gemäß Art. 12, 96 CISG, von der unter anderem Argentinien, Chile, Paraguay, die Russische Föderation, die Ukraine und Vietnam Gebrauch gemacht haben.

179 Federal Court of Australia (Adelaide, SA) 28.4.1995, CISG-online 218; US District Court, N.D. Illinois 28.3.2002, CISG-online 696; OLG Koblenz 16.1.1992, CISG-online 47.

180 LG Freiburg 22.8.2002, CISG-online 711; Ferrari in Schlechtriem/Schwenzer/Schroeter CISG Art. 4 Rn. 30.

181 OGH 22.10.2001, CISG-online 613; BG IHR 2010, 27 (31); OLG Köln IHR 2006, 145 (146).

182 Dazu ausführlich unten → Rn. 181f.

183 Schlechtriem/Schwenzer/Schroeter/Ferrari CISG Art. 4 Rn. 38 mwN zur Rechtsprechung und Hinweisen zum anwendbaren Recht beim Factoring.

184 Schlechtriem/Schwenzer/Schroeter/Ferrari Art. 4 CISG Rn. 40; MüKoHGB/Mankowski Art. 4 CISG Rn. 32. Andere Auffassung Zeller Pace Int'l L. Rev. 2011, 1ff.

185 Allerdings ist die Bestimmung der Zinshöhe eine der umstrittensten Fragen im CISG. Ebenso wie hier zB OLG Köln 3.4.2006, CISG-online 1218; American Arbitration Association 12.7.2007, CISG-online 1647; MüKoHGB/Ferrari Art. 78 CISG Rn. 13ff.; andere Auffassung aber Schlechtriem/Schwenzer/Schroeter/Bacher CISG Art. 78 Rn. 26ff.; BeckOK BGB/Saenger, 1.5.2022, Art. 78 CISG Rn. 4f.

186 BGH IHR 2010, 217 (221); BGH BeckRS 2014, 11847; OGH IHR 2002, 24 (27); Fountoulakis CISG-AC Opinion No. 18 Comment 1.6.

187 BGH NJW 2015, 867 (871f.); BG 20.12.2006, CISG-online 1426; OLG Hamm BeckRS 2019, 47148; LG Padua IHR 2005, 31 (33); anderer Auffassung Staudinger/Magnus BGB Art. 4 CISG Rn. 47; Fountoulakis CISG-AC Opinion No, 18 Comment 1.8.

188 BGH NJW 2015, 867 (870ff.); ebenso OLG Hamm BeckRS 2019, 47148; OLG Hamburg IHR 2001, 19 (22); AG Duisburg IHR 2001, 114 (115); Handelsgericht des Kantons St. Gallen 14.6.2012, CISG-online 2468; Staudinger/Magnus BGB Art. 4 CISG Rn. 47; BeckOK BGB/Saenger, 1.5.2022, Art. 4 CISG Rn. 21; Schlechtriem/Schwenzer/Schroeter/Fountoulakis CISG Art. 81 Rn. 21; Honsell/Siehr CISG Art. 4 Rn. 24; Piltz NJW 2015, 1548 (2550).

rechnungsverbots, allein unter Rückgriff auf die allgemeinen Grundsätze des Übereinkommens lösen lassen.[189] Es bleibt daher abzuwarten, ob sich die vorgenannte, von der bisher herrschenden Meinung[190] abweichende Rechtsprechung auch international durchsetzen wird.[191]

Gemäß Art. 5 CISG findet das Übereinkommen zudem keine Anwendung auf die deliktische oder vertragliche Haftung des Verkäufers für den durch die Ware verursachten **Tod** oder die **Körperverletzung** einer Person. 34

b) Kriterien für die Auswahl des ergänzenden Vertragsstatuts

Unter Berücksichtigung der vom CISG nicht erfassten Regelungsbereiche spielen für die Auswahl des ergänzenden Vertragsstatuts insbesondere die folgenden **Kriterien** eine Rolle: 35

- Als ergänzendes Vertragsstatut ist in der Regel ein „neutrales" Recht, dh weder das Recht des Verkäuferlandes noch das Recht des Käuferlandes, am leichtesten **durchsetzbar.** Weiter liegt es nahe, ein Recht aus demjenigen Rechtskreis zu wählen, dem auch das Heimatrecht beider oder einer der Parteien angehört. 36
- Um die Kosten und den Aufwand möglichst gering zu halten, sollten die Vertragsparteien einen möglichst **einfachen Zugang** zu den Rechtsquellen des ergänzenden Vertragsstatus sowie der Rechtsprechung und den Kommentierungen hierzu haben. Kodifiziertes Recht, wie zB das Schweizer Obligationenrecht, bietet in dieser Hinsicht – zumindest aus der Sicht eines Juristen aus dem kontinentaleuropäischen Rechtskreis – gegenüber dem *common law* des anglo-amerikanischen Rechtskreises Vorteile. 37
- Bei der Wahl des ergänzenden Vertragsstatuts ist auch dessen **Zusammenspiel** mit dem CISG einschließlich der daraus resultierenden Risiken und Rechtsunsicherheiten zu berücksichtigen. Während zB das Verhältnis zwischen dem UN-Kaufrecht und dem unvereinheitlichten Schweizer Recht in vielen Bereichen bereits durch die Rechtsprechung analysiert und geklärt worden ist, gibt es – vermutlich weil das Vereinigte Königreich kein Vertragsstaat des CISG ist – kaum Entscheidungen, in denen das im internationalen Handel sehr beliebte englische Recht subsidiär zum UN-Kaufrecht angewandt worden ist. 38
- Für die Parteien ist es ferner vorteilhaft, wenn ihnen das ergänzende Vertragsstatut eine möglichst **weitgehende Vertragsfreiheit** gewährt. Das ist insbesondere mit Blick auf die Inhaltskontrolle von Allgemeinen Geschäftsbedingungen relevant, die sich nach dem ergänzenden Vertragsstatut richtet und zur Unwirksamkeit von Haftungsbeschränkungen sowie anderen vorformulierten Klauseln, die vom dispositiven Gesetzesrecht abweichen, führen kann. Im Gegensatz zum BGB und dem Recht anderer europäischer Staaten[192] kennt beispielsweise das Schweizer Recht keine **Inhaltskontrolle** von Allgemeinen Ge- 39

[189] Ebenso MüKoBGB/Huber Art. 4 CISG Rn. 39; MüKoHGB/Mankowski Art. 4 CISG Rn. 21 ff.; Schlechtriem/Schwenzer/Schroeter/Ferrari CISG Art. 4 Rn. 39; Huber IPrax 2017, 268 (271 f.); ähnlich Förster NJW 2015, 830 (832 f.).

[190] Die hM befürwortete bislang, dass sich auch die Aufrechnung von jeweils dem CISG unterliegenden Forderungen aus einem einheitlichen Vertragsverhältnis nach dem vom Kollisionsrecht des Forumstaates berufenen nationalen Recht richtet, OLG Koblenz IHR 2001, 110 (111); OLG Düsseldorf IHR 2005, 29 (30); MüKoBGB/Huber Art. 4 CISG Rn. 39; Schlechtriem/Schwenzer/Schroeter/Ferrari Art. 4 CISG Rn. 39; Förster NJW 2015, 830, (832 f.); Saenger/Sauthoff IHR 2005, 189 (190); im Grundsatz auch MüKoHGB/Mankowski Art. 4 CISG Rn. 21 ff.

[191] Nach dem Handelsgericht des Kantons St. Gallen hat der Rechtsprechung die Aufrechnung konventionsinterner Ansprüche bislang keine Schwierigkeiten bereitet, Handelsgericht des Kantons St. Gallen 14.6.2012, CISG-online 2468; zu den Voraussetzungen der Aufrechnung konventionsinterner Ansprüche auch Fountoulaskis CISG-AC Opinion No. 18.

[192] In der Europäischen Union sind die Kriterien für die Beurteilung der Missbräuchlichkeit von Vertragsklauseln in Verbraucherverträgen teilweise harmonisiert worden, vgl. die Richtlinie 93/13/EWG über missbräuchliche Klauseln in Verbraucherverträgen vom 21.4.1993, ABl. EG L 95/29. Die relevanten Vorschriften gelten zB im deutschen Recht (§§ 307, 310 BGB), im österreichischen Recht (§ 879 Abs. 3 ABGB) sowie im niederländischen Recht (Art. 6:233 BW) ausdrücklich auch im Verkehr zwischen Unternehmern.

schäftsbedingungen im unternehmerischen Geschäftsverkehr.[193] Das ist ein massiver Vorteil, weil die immer strengere AGB-Inhaltskontrolle insbesondere im deutschen Recht die rechtswirksame Gestaltung von vorformulierten Verkaufs- oder Einkaufsverträgen äußerst erschwert. Für die Wahl des **Schweizer Rechts** als ergänzendes Vertragsstatut sprechen aus Sicht deutscher Unternehmen im Übrigen viele Übereinstimmungen mit dem deutschen Recht und daraus folgende vergleichsweise geringe Rechtsermittlungskosten. So entsprechen etwa die Regelungen zur Verrechnung (Art. 120–126 OR) weitestgehend dem deutschen Recht der Aufrechnung.[194] Ähnlich sind auch die Regelungen über die Abtretung von Forderungen (Art. 164f. OR),[195] Vertragsstrafen und pauschaliertem Schadensersatz sowie (seit der Reform des Verjährungsrechts im Jahr 2012 und 2020) die Verjährungsfristen für (Sach-)Mängelhaftungsansprüche.[196]

40 – **Fallstricke** des **unvereinheitlichten Schweizer (Kauf-)Rechts –** wie etwa die problematische Unterscheidung zwischen Aliud- und Schlechtlieferung *(peius),*[197] Anfechtungsmöglichkeiten bei Sachmängeln wegen Grundlagenirrtums (Art. 24 Abs. 1 Ziff. 4 OR), die anders als im deutschen Recht (§ 119 Abs. 2 BGB) auch nach Gefahrübergang nicht von der Gewährleistungshaftung verdrängt werden, die überraschende Regelung zum frühzeitigen Gefahrübergang bei Stückschulden (Art. 185 OR) und die gesetzliche Vermutung eines Verzichts auf Erfüllungsansprüche zugunsten von Schadensersatzansprüchen im Fall eines Lieferverzugs im kaufmännischen Geschäftsverkehr (Art. 190 OR) werden durch die vorrangige Anwendbarkeit des CISG **weitgehend vermieden.**[198]

II. Verbreitete Handelsklauseln und Musterverträge im internationalen Handel

1. Handelsklauseln: Incoterms © 2020

41 Neben dem CISG haben die in internationalen Lieferverträgen weit verbreiteten Handelsklauseln faktisch rechtsvereinheitlichende Wirkungen. Von zentraler Bedeutung sind die von der Internationalen Handelskammer (ICC) herausgegebenen Incoterms. Die Incoterms (gegenwärtig aktueller Stand Incoterms © 2020) stellen im Ergebnis **Vertragsbedingungen** dar, die von den Vertragsparteien in den Liefervertrag einbezogen werden können und in diesem Fall für die von ihnen geregelten materiell-rechtlichen Fragen dispositives Gesetzesrecht verdrängen.

42 Durch die Verwendung einer Incoterms-Klausel unter Bezugnahme auf die Incoterms (Bsp.: „Lieferung erfolgt FOB Hamburg, Incoterms © 2020") beziehen die Vertragspartei-

[193] Hierzu ausführlich Ostendorf International Sales Terms Rn. 85ff.; Müller/Schilling BB 2012, 2319 (2320f.); zu zwingenden Grenzen Schweizer Rechts in Bezug auf Haftungsklauseln auch → § 8 Rn. 41; allgemein zum Schweizer Recht und der AGB-Inhaltskontrolle auch → § 1 Rn. 15.

[194] Unten → Rn. 103.

[195] Allerdings setzt die Verfügung über die Forderung nach Schweizer Recht Schriftform voraus, zum Ganzen → § 12 Rn. 35. Auch ist umstritten, ob bei der Forderungsabtretung wie im deutschen Recht das Abstraktions- oder aber das Kausalitätsprinzip gilt, dazu Walch AJP 2015, 1006ff.

[196] Dazu → § 6 Rn. 34ff. (Pld-Klauseln) sowie → § 9 Rn. 30 (Schweizer Verjährungsrecht).

[197] Die im Einzelfall schwierige Abgrenzung zwischen aliud und peius Lieferung ist mit Blick auf die Rechtsfolgen relevant: Im Fall einer Aliud-Lieferung kommen (nur) die Regelungen zum Schuldnerverzug und nicht zum Sachmängelgewährleistungsrecht (unter Einschluss der hier bestehenden Rüge- und Untersuchungsobliegenheiten einerseits, sowie kürzerer Verjährungsfristen andererseits) zur Anwendung, BGE 121 IIII 453; aus jüngerer Zeit Handelsgericht Zürich Urt. v. 30.8.2021 – HG200162-O Rn. 2.4: *„Liefert der Verkäufer eine Sache, die nicht der vereinbarten Gattung angehört, so handelt es sich nicht um eine Schlechtlieferung, sondern um eine Falschlieferung (aliud). Die Abgrenzung ist von Bedeutung, wenn auf die aliud-Lieferung nicht die Sachmängelvorschriften, sondern Art. 97ff. OR anwendbar sind. Nach herrschender Lehre entfällt beim Kaufvertrag bei Lieferung eines aliud die im Rahmen der Sachgewährleistung geltende Obliegenheit der sofortigen Mängelrüge (Art. 201f. OR), und die kurzen Klagefristen von Art. 210 bzw. 219 Abs. 3 OR sind nicht anwendbar."*

[198] Zum Ganzen Atamer ZBJV 2017, 731ff.; Voser/Boog RIW 2009, 126ff.

en gleichzeitig die von der ICC herausgegebenen offiziellen Regeln zur Interpretation der jeweils verwendeten Klausel in den Vertrag mit ein.[199] Durch diese Technik können mit Hilfe der jeweils lediglich drei Buchstaben umfassenden Handelsklausel umfangreiche Regelungen ua zum Umfang der Lieferpflichten des Verkäufers, der Verteilung der Kostenlast und der Verantwortlichkeiten zwischen den Vertragsparteien für eventuell notwendige Import- oder Exportgenehmigungen und anfallende Aus- und Einfuhrzölle, dem Abschluss von Transportversicherungen sowie dem Zeitpunkt des Gefahrenübergangs getroffen werden. Welche Incoterms-Klausel für einen konkreten Liefervertrag verwendet wird, ist Verhandlungssache und setzt stets die sorgfältige Lektüre der von der ICC herausgegebenen offiziellen Erläuterungen voraus.[200]

2. Musterverträge internationaler Verbände

a) Maßgebliche Beispiele

In der Praxis häufiger genutzte Vertragsmuster für internationale Lieferverträge stammen 43
unter anderem von der ICC (ICC Model International Sale Contract) und der European Engineering Industries Association – ORGALIME (ORGALIME S 2012).[201] Für die besonderen Bedürfnisse des commodity trade sind dagegen die auf Grundlage einer Anwendbarkeit englischen Rechts entwickelten Musterverträge der Federation of Oil, Seeds and Fats Association (FOFSA) sowie der Grain and Feed Trade Association (GAFTA) (unter explizitem Ausschluss des CISG) verbreitet.[202]

Der Model International Sale Contract der ICC (2020) ist auf **hergestellte** und zum 44
Weiterverkauf bestimmte Ware zugeschnitten. Er besteht aus zwei Teilen: Innerhalb der Specific Conditions (Teil A) können die Vertragsparteien auf der Grundlage einer vorformulierten Matrix ua Vertragsgegenstand und -preis, Zahlungs- und Lieferbedingungen sowie die gewünschte Art der Streitbeilegung für die jeweilige Transaktion individuell festlegen. Teil B enthält typische **allgemeine Vertragsbedingungen** in Form von General Conditions (GC). Sie sehen die Geltung des CISG und ergänzend (sofern eine abweichende Rechtswahl unterblieben ist) das Recht am Sitz des Verkäufers vor (Art. 1.2 GC). Konzipiert sind die GC tendenziell eher aus Sicht des Lieferanten, was insbesondere an Haftungsbeschränkungen für den Fall eines Lieferverzugs sowie einer Schlechtleistung festgemacht werden kann. Für den Käufer vorteilhaft sind zwar Ansprüche auf pauschalierten Schadensersatz in Höhe von 5% des Vertragspreises im Fall von Lieferverzug bzw. Verzögerung einer Nacherfüllung (Art. 10.2 und 11.3 GC). Demgegenüber können neben dem Recht auf Vertragsaufhebung nach Erreichung der Kappungsgrenze für den pauschalierten Schadensersatz (Art. 10.3 GC) und der Geltendmachung weiterer allgemeiner Schadensersatzansprüche begrenzt auf den Vertragspreis keine weiteren Ansprüche gegen den Verkäufer mehr geltend gemacht werden (Art. 10.4, 10.5; 11.4 und 11.5 GC). Ähnliche Regelungsinhalte – insbesondere ein zweistufiges System der Haftungsbeschränkung bei Verzug und Schlechtleistung (§§ 13 bis 15 sowie § 37) – enthalten auch die ORGALIME S 2012. Aus Sicht des Käufers bedenklich ist hier allerdings auch die weitgehende Verpflichtung zur Freistellung des Verkäufers für Produkthaftungsansprüche Dritter bei Beschädigung von Sacheigentum durch den Vertragsgegenstand nach Übergabe (§ 40).

---

199 ICC Publikation No. 723 DE, 2019.

200 Zur Verwendung von Incoterms bei der Vertragsgestaltung unten → Rn. 110 ff.

201 ICC Model International Sale Contract (Manufactured Goods), ICC Publication No. 811E, 2020 Edition; General Conditions for the Supply of Mechanical, Electrical and Electronic Products (ORGALIME S 2012).

202 Zu den einschlägigen Musterverträgen der GAFTA und der FOFSA Bridge International Sale of Goods Appendix 1 ff.

b) Vor- und Nachteile

45 Die genannten Musterverträge sind für die Vertragspraxis schon deswegen hilfreich, weil sie als Checkliste für regelungsbedürftige Punkte, aber auch als Formulierungshilfe bei der Gestaltung einzelner Klauseln dienen können. Zu warnen ist allerdings vor einer undifferenzierten Übernahme, die die Umstände des Einzelfalls – insbesondere des anwendbaren Rechts – nicht ausreichend berücksichtigt. So muss etwa ein deutscher Exporteur, der den ICC Model International Sale Contract verwenden will, ohne Vereinbarung einer abweichenden Rechtswahl davon ausgehen, dass eine Vielzahl besonders relevanter Regelungen des Vertragsmusters (insbesondere die Haftungsbeschränkungen) einer AGB-Inhaltskontrolle nicht standhalten werden.[203] In den ORGALIME S 2012 wiederum ist beispielsweise die Formulierung des Folgeschadenausschlusses (§ 45) nicht geeignet, die Haftung für entgangenen Gewinn und Produktionsausfall tatsächlich vollständig auszuschließen, wenn der Vertrag englischem Recht unterliegt.[204]

B. Der Vertragsschluss und die Einbeziehung Allgemeiner Einkaufs- und Verkaufsbedingungen nach dem CISG

46 Die Vorschriften des **Teils II des CISG** regeln den Abschluss des Kaufvertrags. Überdies enthält Art. 8 CISG Regeln über die Auslegung der Erklärungen und des Verhaltens der Parteien. Da Teil II des Übereinkommens abschließend ist und keine speziellen Regelungen über die wirksame Einbeziehung von Allgemeinen Einkaufs- und Verkaufsbedingungen in den Vertrag enthält, beurteilt sich diese ebenfalls nach den Art. 14ff. CISG iVm Art. 8 CISG.[205]

I. Der Vertragsschluss

47 Gemäß Art. 23 CISG ist ein Vertrag in dem Zeitpunkt geschlossen, in dem die Annahme eines Angebots wirksam wird.

1. Das Angebot

48 Das Angebot muss gemäß Art. 14 Abs. 1 CISG hinsichtlich der Ware, der Menge und des Preises[206] hinreichend bestimmt sein und einen Rechtsbindungswillen des Anbietenden zum Ausdruck bringen. Die Verwendung des Begriffs „freibleibend" spricht in der Regel gegen einen solchen Rechtsbindungswillen.[207] Gemäß Art. 15 Abs. 1 CISG wird das Angebot wirksam, sobald es dem Empfänger nach Art. 24 CISG zugeht, dh in seinen Machtbereich gelangt ist.[208] In Hinblick auf den Zugang ist umstritten, ob es dem Empfänger möglich sein muss, von der Willenserklärung Kenntnis zu nehmen. Die überwiegende Ansicht in der Literatur geht davon aus, dass ein Zugang unabhängig von den Geschäftszeiten erfolgt und es jedenfalls insoweit auf die Möglichkeit einer Kenntnisnahme durch

[203] So zu Recht auch Graf von Westphalen BB 2020, 67 (69ff.).
[204] Zu diesen beiden Beispielen Ostendorf International Sales Terms Rn. 3f.
[205] BGH NJW 2002, 370 (371); OLG Linz IHR 2007, 123 (126f.); Schlechtriem/Schwenzer/Schroeter/Schroeter CISG Art. 14 Rn. 33.
[206] Angesichts des Widerspruchs zwischen Art. 14 Abs. 1 Satz 2 CISG und Art. 55 CISG ist sehr streitig, ob ein Vertrag auch ohne einen bestimmten oder bestimmbaren Preis wirksam zustande kommen kann, hierzu Schlechtriem/Schwenzer/Schroeter/Schroeter CISG Art. 14 CISG Rn. 83ff. Einen Vertragsabschluss hat mangels bekannter oder bestimmbarer Preise zB verneint OLG Frankfurt a. M. 4.3.1994, CISG-online 110.
[207] Kantonsgericht Zug IHR 2006, 158 (159).
[208] Schlechtriem/Schwenzer/Schroeter/Schroeter CISG Art. 24 Rn. 27.

den Empfänger nicht ankommt.[209] Das Übereinkommen der Vereinten Nationen über die Verwendung elektronischer Mitteilungen bei internationalen Verträgen (United Nations Convention on the Use of Electronic Communications in International Contracts) vom 23.11.2005[210] sieht in Art. 10 Abs. 2 vor, dass der Zeitpunkt des Empfangs einer elektronischen Mitteilung derjenige Zeitpunkt ist, in dem die Mitteilung durch den Adressaten unter einer von ihm bezeichneten elektronischen Adresse abgerufen werden kann. Das Angebot kann bis zum Zeitpunkt seines Zugangs beim Empfänger zurückgenommen werden (Art. 15 Abs. 2 CISG). Darüber hinaus kann ein Angebot bis zum Abschluss des Vertrags gemäß Art. 16 Abs. 1 CISG widerrufen werden. Die Möglichkeit eines Widerrufes besteht jedoch nicht, wenn das Angebot unwiderruflich ist (Art. 16 Abs. 2 lit. a) CISG) oder der Empfänger vernünftigerweise auf die Unwiderruflichkeit des Angebots vertrauen konnte und im Vertrauen auf das Angebot gehandelt hat (Art. 16 Abs. 2 lit. b) CISG). Der Widerruf muss dem Empfänger gemäß Art. 16 Abs. 1 CISG vor Absendung seiner Annahmeerklärung zugehen.

2. Annahme des Angebots

Voraussetzung für eine wirksame Annahme ist ihr Zugang beim Anbietenden innerhalb 49 der von diesem gesetzten Frist oder – mangels einer solchen Frist – innerhalb einer angemessenen Frist (Art. 18 Abs. 2 Satz 1 CISG). Die von dem Anbietenden gesetzte Frist berechnet sich nach Art. 20 CISG. Im Rahmen der Bestimmung der angemessenen Frist sind die Umstände des Geschäfts einschließlich der vom Anbietenden gewählten Übermittlungsart zu berücksichtigen (Art. 18 Abs. 2 Satz 1 CISG). Sofern sich aus den Umständen nichts anderes ergibt, muss ein mündliches Angebot gemäß Art. 18 Abs. 2 Satz 2 CISG sofort angenommen werden. Ein per E-Mail übermitteltes Angebot ist zeitnah anzunehmen.[211] Eine verspätete Annahme kann dennoch wirksam sein, wenn der Anbietende sie gemäß Art. 21 CISG billigt. Ohne dass es auf einen Zugang der Annahme ankommt, kann eine Annahme gemäß Art. 18 Abs. 3 CISG auch durch die Vornahme einer Handlung (zB durch Absendung der Ware oder die Zahlung des Kaufpreises) erfolgen. Voraussetzung hierfür ist, dass dies dem Angebot entspricht, zwischen den Parteien entsprechende Gepflogenheiten entstanden sind oder entsprechende Gebräuche bestehen. Schweigen oder Untätigkeit allein stellen hingegen keine Annahme dar (Art. 18 Abs. 1 Satz 2 CISG). Sie können lediglich bei Vorliegen weiterer Umstände als Annahme anzusehen sein,[212] wie zB bei einer ausdrücklichen Vereinbarung in einem Rahmenvertrag,[213] einer zwischen den Parteien bestehenden Übung[214] oder bei einem zwischen den Parteien vereinbarten oder vereinbart geltenden Handelsbrauch (Art. 9 Abs. 1, 2 CISG). Ein Schweigen auf ein kaufmännisches Bestätigungsschreiben stellt demnach lediglich dann eine wirksame Annahme dar, wenn die Voraussetzungen des Art. 9 Abs. 1 oder 2 CISG vorliegen.[215] Haben sich die Parteien mit den Grundsätzen über das Schweigen auf ein kaufmännisches Bestätigungsschreiben nicht gemäß Art. 9 Abs. 1 CISG einverstanden er-

---

209 Schlechtriem/Schwenzer/Schroeter/Schroeter CISG Art. 24 Rn. 45 f.; BeckOK BGB/Saenger, 1.5.2022, Art. 24 CISG Rn. 4; andere Auffassung MüKoBGB/Gruber Art. 24 CISG Rn. 17.

210 Vertragsstaaten des Übereinkommens sind derzeit 16 Staaten, ua Aserbaidschan, Bahrain, Kamerun, die Republik Kongo, die Dominikanische Republik, Paraguay, Honduras, Montenegro, die Russische Föderation, Singapur und Sri Lanka (Stand Juli 2022). Eine aktuelle Liste der Vertragsstaaten des Übereinkommens und der von einzelnen Staaten abgegebenen Vorbehaltserklärungen ist auf der Homepage der UNCITRAL abrufbar (www.uncitral.org). Die Gerichte der Vertragsstaaten müssen das Übereinkommen anwenden.

211 Siehe auch OLG Dresden IHR 2011, 142 (145), wonach das per E-Mail übermittelte Angebot jedenfalls innerhalb von 8 Tagen hätte angenommen werden müssen.

212 MüKoHGB/Ferrari Art. 18 CISG Rn. 10; Schlechtriem/Schwenzer/Schroeter/Schroeter CISG Art. 18 CISG Rn. 37 f.

213 MüKoHGB/Ferrari CISG Art. 18 Rn. 10; MüKoBGB/Gruber Art. 18 CISG Rn. 21.

214 BG 5.4.2005, CISG-online 1012.

215 OLG Dresden IHR 2011, 142 (144); Kröll/Mistelis/Perales Viscasillas/Ferrari CISG Art. 18 Rn. 11.

klärt, setzt Art. 9 Abs. 2 CISG nicht nur voraus, dass beide Parteien diese Grundsätze kannten oder kennen mussten.[216] Vielmehr müssen sie auch den Parteien von Verträgen gleicher Art in dem betreffenden Geschäftszweig im internationalen Handel weithin bekannt sein und von ihnen regelmäßig beachtet werden.[217] Gemäß Art. 22 CISG kann eine Annahme bis zu dem Zeitpunkt zurückgenommen werden, in dem sie wirksam geworden wäre.

3. Änderungen des Angebots

50 Enthält die Antwort auf das Angebot Ergänzungen, Einschränkungen oder sonstige Änderungen, stellt sie eine Ablehnung des Angebots und zugleich ein **Gegenangebot** dar (Art. 19 Abs. 1 CISG). Etwas anderes gilt nur dann, wenn die Ergänzungen und Abweichungen die Bedingungen des Angebots nicht wesentlich ändern. In diesem Fall liegt eine Annahme vor, wenn der Anbietende die fehlende Übereinstimmung nicht unverzüglich beanstandet. Unterlässt der Anbietende dies, bilden die Bedingungen des Angebots mit den in der Annahme enthaltenen Änderungen den Vertragsinhalt (Art. 19 Abs. 2 CISG). Die Unterscheidung zwischen unwesentlichen und wesentlichen Änderungen der Bedingungen des Angebots richtet sich nach den Umständen des Einzelfalls. Im Rahmen der Beurteilung spielen insbesondere die Bedeutung der Änderungen für den Vertrag und für die Parteien (zB in Hinblick auf deren Aufwand und Risiko), die Vorverhandlungen zwischen den Parteien, die Parteigepflogenheiten sowie bestehende Bräuche eine Rolle.[218] Gemäß der widerlegbaren Auslegungsregel des Art. 19 Abs. 3 CISG[219] ändern Ergänzungen oder Abweichungen die Bedingungen des Angebots wesentlich, wenn sie sich insbesondere auf den Preis, die Bezahlung,[220] die Qualität und Menge der Ware, den Ort und die Zeit der Lieferung, den Umfang der Haftung oder auf die Beilegung von Streitigkeiten[221] beziehen. Diese Vermutung des Art. 19 Abs. 3 CISG dürfte im Fall von offensichtlich geringfügigen Diskrepanzen widerlegt werden können.[222] Nach überwiegender Ansicht sind zudem für den Anbietenden lediglich vorteilhafte Änderungen des Angebots als unwesentlich zu qualifizieren.[223] Außerhalb der Auslegungsregel des Art. 19 Abs. 3 CISG sieht die herrschende Meinung zB eine von dem Angebot abweichende Rechtswahlklausel als wesentliche Änderung der Bedingungen des Angebots an.[224]

II. Voraussetzungen der Einbeziehung Allgemeiner Geschäftsbedingungen

51 Im internationalen Handel legen die Parteien dem Vertrag in der Regel **standardmäßig** ihre Allgemeinen Geschäftsbedingungen (AGB) zugrunde. Diese enthalten für den Verwender regelmäßig bedeutende Klauseln, wie zB Haftungsbeschränkungen, Rechtswahl-

[216] BG 5.4.2005, CISG-online 1012.
[217] Schlechtriem/Schwenzer/Schroeter/Schroeter Vor CISG Art. 14–24 Rn. 79.
[218] OGH 20.3.1997, CISG-online 269.
[219] So die hM, ua etwa Kröll/Mistelis/Perales Viscasillas/Ferrari CISG Art. 19 Rn. 10 mwN; anderer Auffassung MüKoBGB/Gruber Art. 19 CISG Rn. 7: Unwiderlegbare Vermutung, welche eng auszulegen ist.
[220] Hierzu zB BG 5.4.2005, CISG-online 1012, welches einen in der Einkaufsbestätigung vorgesehenen gemeinsamen Verkauf der Ware mit einer Gewinnbeteiligung des Verkäufers als eine wesentliche Änderung angesehen hat. Ähnlich auch OLG Frankfurt a. M. 4.3.1994, CISG-online 110, welches das Verlangen von Vorkasse bzw. Zahlung durch Akkreditiv als wesentliche Änderung eingestuft hat.
[221] Beispielsweise wird die Ergänzung einer vom ordentlichen Gerichtsstand abweichenden Gerichtsstandsklausel als wesentlich angesehen, Handelsgericht St. Gallen IHR 2011, 149 (150); US District Court, M.D. Alabama, Eastern Division 31.3.2010, CISG-online 2092; US District Court, District of Maryland 8.2.2011, CISG-online 2177.
[222] BG 5.4.2005, CISG-online 1012; BeckOGK/Buchwitz, 1.8.2022, Art. 19 CISG Rn. 14.
[223] OGH 20.3.1997, CISG-online 269; Kröll/Mistelis/Perales Viscasillas/Ferrari CISG Art. 19 Rn. 13.
[224] Kröll/Mistelis/Perales Viscasillas/Ferrari CISG Art. 19 Rn. 11; Schlechtriem/Schwenzer/Schroeter/Schroeter CISG Art. 19 Rn. 44.

und Gerichtsstandsklauseln. Häufig stellt sich in der Praxis im Streitfall jedoch heraus, dass es schon an einer wirksamen Einbeziehung der AGB fehlt. Dies ist unter anderem auch darauf zurückzuführen, dass die Voraussetzungen für eine wirksame Einbeziehung von AGB im CISG und im unvereinheitlichten deutschen Recht teilweise erheblich voneinander **abweichen.** Dementsprechend sollten Unternehmen die Vertragsabschlüsse mit inländischen und ausländischen Kunden unterschiedlich handhaben.

Einigen sich die Parteien ausdrücklich über die Geltung der AGB einer der Parteien, so werden diese Vertragsinhalt.[225] Zu Recht wird jedoch darauf hingewiesen, dass eine solche **ausdrückliche Einigung** in der Praxis nur selten vorkommt.[226] 52

Mangels einer ausdrücklichen Einigung ist im Wege der **Auslegung** gemäß Art. 8 CISG zu ermitteln, ob die AGB einer Partei Vertragsbestandteil geworden sind. Gemäß Art. 8 Abs. 2 CISG sind Erklärungen so auszulegen, wie eine vernünftige Person der gleichen Art wie die andere Partei sie unter den gleichen Umständen aufgefasst hätte. Hierbei sind gemäß Art. 8 Abs. 3 CISG insbesondere die Verhandlungen zwischen den Parteien, die zwischen ihnen entstandenen Gepflogenheiten, die Gebräuche und das spätere Verhalten zu berücksichtigen.[227] 53

1. Allgemeine Geschäftsbedingungen als Bestandteil des Angebots

Damit die AGB des Anbietenden **Bestandteil des Angebots** werden, muss für den Empfänger des Angebots gemäß Art. 8 Abs. 2 CISG erkennbar sein, dass der Anbietende seine AGB in den Vertrag einbeziehen will. Verlangt wird zudem, dass der Empfänger des Angebots die Möglichkeit haben muss, von den AGB des Anbietenden in zumutbarer Weise Kenntnis zu nehmen.[228] Obwohl letztere Voraussetzung in ähnlicher Weise auch in § 305 Abs. 2 Nr. 2 BGB normiert ist, wird ihr im CISG eine andere Bedeutung als im BGB beigemessen.[229] So ist nach dem CSIG anders als im unvereinheitlichten deutschen Recht grundsätzlich erforderlich, dass der Anbietende dem Empfänger des Angebots die AGB übersendet oder anderweitig zugänglich macht.[230] 54

a) Hinweis auf die Allgemeinen Geschäftsbedingungen

Nach vorstehenden Grundsätzen muss das Angebot zunächst einen **deutlichen Hinweis** auf die AGB des Anbietenden enthalten.[231] Sind die AGB auf der Rückseite des Angebots abgedruckt, ohne dass auf der Vorderseite des Angebots auf sie hingewiesen wird, so sind sie aus Sicht einer vernünftigen Person iSd Art. 8 Abs. 2 CISG nicht Bestandteil des Angebots.[232] Die AGB müssen in dem Hinweis ferner eindeutig bezeichnet werden.[233] Vor diesem Hintergrund empfiehlt es sich, sowohl den Titel als auch die Version bzw. den Stand der AGB genau anzugeben. 55

225 OLG Düsseldorf IHR 2005, 24 (26).
226 Ventsch/Kluth IHR 2003, 61 (62).
227 BGH NJW 2002, 370 (371); OGH 6.2.1996, CISG-online 224.
228 OGH IHR 2004, 148 (153); OLG Düsseldorf IHR 2005, 24 (27); OLG Stuttgart BeckRS 2016, 16830; Gerechtshof Den Haag 22.4.2014, CISG-online 2515.
229 Hierzu zB MüKoBGB/Gruber Art. 14 CISG Rn. 29.
230 BGH NJW-RR 2021, 378 (379); BGH NJW 2002, 370 (371); OGH 29.6.2017, CISG-online 2845; OLG Stuttgart BeckRS 2016, 16830.
231 OGH IHR 2004, 148 (153); Schlechtriem/Schwenzer/Schroeter/Schroeter CISG Art. 14 Rn. 121.
232 OLG Düsseldorf IHR 2004, 108 (111); LG Hannover BeckRS 2013, 13723; Schlechtriem/Schwenzer/Schroeter/Schroeter CISG Art. 14 Rn. 123; BeckOGK/Buchwitz, 1.8.2022, Art. 14 CISG Rn. 60.1; anderer Auffassung aber Eiselen CISG-AC Opinion No. 13 Comments 2.9 ff. bei unübersehbaren AGB.
233 LG Coburg IHR 2007, 117 (118); siehe auch Schlechtriem/Schwenzer/Schroeter/Schroeter CISG Art. 14 Rn. 123.

b) Verständlichkeit des Hinweises und der Allgemeinen Geschäftsbedingungen

56 Weiterhin müssen sowohl der Hinweis auf die Geltung der AGB als auch der Text der AGB selbst für den Empfänger des Angebots verständlich sein, dh in der Verhandlungs- bzw. Vertragssprache der Parteien[234] oder in der Heimatsprache des Empfängers[235] verfasst sein.[236] Sind der Hinweis und die AGB hingegen in einer anderen **Sprache** abgefasst, wird der Verwender nachzuweisen haben, dass der Empfänger den Hinweis dennoch verstehen und die AGB in zumutbarer Weise zur Kenntnis nehmen konnte, beispielsweise aufgrund entsprechender, im Zeitpunkt des Vertragsschlusses vorhandener Sprachkenntnisse der verantwortlichen Mitarbeiter.[237] Diesen Nachweis wird der Verwender im Zweifel auch bei Abfassung des Hinweises und der AGB in einer Weltsprache (zB Englisch) erbringen müssen.[238] Die Möglichkeit einer zumutbaren Kenntnisnahme von den AGB wird zudem zu verneinen sein, wenn diese aufgrund ihres Druckbildes (zB zu kleine Schrift) **nicht lesbar** sind.[239]

c) Übersendung der Allgemeinen Geschäftsbedingungen

57 Wie bereits angesprochen, muss der Verwender dem Empfänger die AGB darüber hinaus **übersenden oder anderweitig zugänglich machen.** Dieses Erfordernis wird insbesondere damit begründet, dass der Empfänger aufgrund der in Anbetracht der unterschiedlichen nationalen Rechtsordnungen und Gepflogenheiten bestehenden Unterschiede zwischen den jeweiligen AGB im internationalen Handel ansonsten nicht absehen kann, mit welchem Klauselinhalt er sich im Einzelnen einverstanden erklärt.[240] Hiernach reicht es anders als im unvereinheitlichten deutschen Recht nicht aus, dass sich der Empfänger aufgrund eines Hinweises des Verwenders Kenntnis von dem Inhalt der AGB des Verwenders verschaffen kann, indem der Empfänger den Verwender beispielsweise um Übersendung der AGB bittet. Vielmehr muss der Verwender für eine Kenntnis des Empfängers von dem Inhalt der AGB sorgen.[241] Den Empfänger trifft **keine Erkundigungspflicht.**[242] Sind die AGB auf der Rückseite eines Angebotes abgedruckt, so genügt es demnach nicht, ledig-

---

[234] Die Verhandlungs- und die Vertragssprache werden in den meisten Fällen identisch sein. Sollten Verhandlungs- und Vertragssprache voneinander abweichen, kann jedenfalls dann auch auf die Vertragssprache abgestellt werden, wenn die Bestellung und die Auftragsbestätigung in derselben, den Parteien verständlichen Sprache verfasst sind und lediglich der vorgedruckte Hinweis auf die AGB sowie der Text der AGB selbst in einer anderen Sprache verfasst sind. Für einen generellen Vorrang der Verhandlungssprache hingegen OGH IHR 2017, 70 (71 f.); OGH IHR 2009, 126 (127); Schlechtriem/Schwenzer/Schroeter/Schroeter CISG Art. 14 CISG Rn. 152 ff. Auf die Verhandlungssprache stellen zB ab: Rechtbank Overijssel IHR 2020, 16 (17); LG Memmingen 13.9.2000, CISG-online 820. Auf die Vertragssprache stellen zB ab: OGH IHR 2004, 148 (154); OLG Düsseldorf IHR 2005, 24 (28).

[235] OGH IHR 2004, 148 (153); LG Memmingen 13.9.2000, CISG-online 820.

[236] So auch Eiselen CISG-AC Opinion No. 13 Comment 6.5.

[237] OLG Düsseldorf IHR 2005, 24 (28); Sauthoff IHR 2005, 21 (23); aA U.S. Disctrict Court for the Eastern District of New York 5.8.2014, CISG-online 2950. Das LG Memmingen 13.9.2000, CISG-online 820, sah es hingegen bei nicht in der Vertragssprache abgefassten AGB als nicht ausreichend an, dass der Geschäftsführer diese Sprache noch hinreichend versteht. Nach der österreichischen Rechtsprechung muss sich eine Partei auch die Sprachkenntnisse ihres während der Vertragsverhandlungen für sie aufgetretenen Repräsentanten zurechnen lassen, OGH IHR 2004, 148 (154). Eine andere Ansicht will diese Frage nach den Regeln der Stellvertretung und damit nach dem subsidiär anwendbaren nationalen Recht beurteilen, Schlechtriem/Schwenzer/Schroeter/Schroeter CISG Art. 14 Rn. 153.

[238] Schlechtriem/Schwenzer/Schroeter/Schroeter CISG Art. 14 Rn. 156 f.; Sauthoff IHR 2005, 21 (23); Schmidt-Kessel/Meyer IHR 2008, 177 (179); anders aber OLG Düsseldorf IHR 2004, 108 (112). Die österreichische Rechtsprechung hält es bei internationalen Unternehmen für ausreichend, wenn die AGB in einer Weltsprachenversion übersendet werden, sofern der Vertragspartner dieser Fassung der AGB nicht unverzüglich wegen mangelnder Sprachkenntnis widerspricht. Als Weltsprachen werden Englisch, Französisch und Deutsch genannt, OGH IHR 2004, 148 (154).

[239] Cour d'appel de Colmar 24.10.2000, CISG-online 578; Ventsch/Kluth IHR 2003, 61 (65).

[240] BGH NJW 2002, 370 (371).

[241] Kröll/Mistelis/Perales Viscasillas/Ferrari CISG Art. 14 Rn. 40; siehe auch Piltz IHR 2004, 133 (134 f.) mit einer Einschränkung für sofortige Auftragsaufnahmen unter Anwesenden auf Orderblöcken.

[242] BGH NJW 2002, 370 (372); OLG Thüringen IHR 2011, 79 (81).

lich die Vorderseite des Angebots zu faxen.[243] An einer Übersendung der AGB fehlt es jedoch noch nicht, wenn die AGB allein aufgrund einer – ansonsten ordnungsgemäß erfolgten – Übermittlung per Telefax schwer lesbar sind.[244] Ein Hinweis auf die Einsehbarkeit der AGB auf der Homepage des Verwenders genügt jedenfalls dann nicht, wenn die Bestellung und die Auftragsbestätigung außerhalb des Internets – zB per Telefax – erfolgen.[245] Demgegenüber kann im Fall eines Vertragsabschlusses über das Internet, beispielsweise über ein Bestellformular auf der Homepage des Verwenders, ein Hyperlink ausreichend sein, über den die AGB abgerufen, heruntergeladen und ausgedruckt werden können.[246] Teilweise – insbesondere in der niederländischen Rechtsprechung – wird es auch als ausreichend angesehen, wenn bei einem Vertragsabschluss per E-Mail der Verwender in der E-Mail einen Download-Link angibt.[247] Solange jedoch die Anforderungen an die Bereitstellung von AGB bei einem Vertragsschluss über das Internet im Einzelnen noch nicht abschließend geklärt sind, sollten die AGB bei einem Vertragsabschluss ausschließlich per E-Mail vorsichtshalber als Anhang der E-Mail beigefügt werden.[248]

Sind dem Empfänger die AGB des Anbietenden bereits **bekannt,** so ist es indes nicht 58
erforderlich, dass der Anbietende sie dem Empfänger nochmals übersendet oder anderweitig zugänglich macht.[249] Dies kann beispielsweise der Fall sein, wenn eine **laufende Geschäftsbeziehung** zwischen den Parteien vorliegt und die AGB des Verwenders in derselben Fassung bereits in frühere Kaufverträge wirksam einbezogen worden waren.[250] Maßgeblich sind jedoch immer die Umstände des Einzelfalls, wobei die Dauer der Geschäftsbeziehung, die Anzahl und der zeitliche Abstand der bereits getätigten Geschäfte, die jeweiligen Vertragsrollen der Parteien sowie die Beteiligung unterschiedlicher Organisationseinheiten auf Seiten des Empfängers eine Rolle spielen.[251] Als nicht ausreichend wird bei der erstmaligen Verwendung der AGB ein Hinweis des Verwenders angesehen, wonach die AGB auch für alle zukünftigen Verträge gelten sollen.[252] Da die Kenntnis des

---

243 Schlechtriem/Schwenzer/Schroeter/Schroeter CISG Art. 14 Rn. 131.

244 Dieser Fall wird als ein Zugangsproblem angesehen, welches nach Art. 24 CISG zu lösen sei. Ist das Telefax ordnungsgemäß abgesandt und empfangen worden, gehört hiernach die Lesbarkeit des Ausdrucks des Empfängergeräts zum Risiko des Adressaten, Schlechtriem/Schwenzer/Schroeter/Schroeter CISG Art. 14 Rn. 133. Ähnlich auch OLG Düsseldorf IHR 2004, 24 (27f.), nach dem es dem Empfänger in diesem Fall oblegen habe, auf die schlechte Lesbarkeit hinzuweisen; zustimmend Sauthoff IHR 2005, 21 (22). Hiervon zu unterscheiden ist der Fall, dass die AGB aufgrund ihres Druckbildes (zB zu kleine Schrift) nicht lesbar sind.

245 OLG Celle IHR 2010, 82 (83); LG Hamburg BeckRS 2017, 131552; LG Kleve BeckRS 2014, 12748; Schlechtriem/Schwenzer/Schroeter/Schroeter CISG Art. 14 CISG Rn. 140; Piltz NJW 2013, 2567 (2569f.) mwN; siehe auch US District Court, W.D. of Pennsylvania 10.9.2013, CISG-online 2490; andere Auffassung MüKoBGB/Gruber Art. 14 CISG Rn. 31, wenn der Empfänger auf die Homepage hinreichend klar hingewiesen wird, einen eigenen Internetzugang hat und die entsprechende Homepage hinreichend übersichtlich gestaltet ist; Eiselen CISG-AC Opinion No. 13 Comment 3.4, wenn die Homepage für die andere Partei in zumutbarer Weise zugänglich ist.

246 Hierzu ausführlicher zB Schlechtriem/Schwenzer/Schroeter/Schroeter CISG Art. 14 Rn. 137; BeckOGK/Buchwitz, 1.8.2022, Art. 14 CISG Rn. 77f.; MüKoBGB/Gruber Art. 14 CISG Rn. 30 (auch ohne einen speziellen Hyperlink).

247 Rechtbank Midden-Nederland 16.11.2016, CISG-online 2790; Rechtbank Rotterdam 29.6.2016, CISG-online 2739; Eiselen CISG-AC Opinion No. 13 Comment 3.5; Schlechtriem/Schwenzer/Schroeter/Schroeter CISG Art. 14 Rn. 138; MüKoBGB/Gruber Art. 14 CISG Rn. 30; Bomsdorf/Finkelmeier RIW 2021, 350 (356); zweifelnd BeckOGK/Buchwitz, 1.8.2022, Art. 14 CISG Rn. 76.

248 So auch Ferrari/Mankowski IntVertragsR Vor CISG Art. 14 Rn. 34ff.; siehe hierzu US District Court, E.D. California 21.1.2010, CISG-online 2089, wonach es ausreicht, wenn die AGB der E-Mail als Anhang beigefügt sind.

249 BGH NJW 2002, 370 (372): *„Es widerspräche [...] der allgemeinen Kooperations- und Informationspflicht der Parteien, dem Vertragspartner [...] die Risiken und Nachteile nicht bekannter gegnerischer AGB zu überbürden"*; MüKoBGB/Gruber Art. 14 CISG Rn. 32.

250 KG BeckRS 2016, 115227; Kröll/Mistelis/Perales Viscasillas/Ferrari CISG Art. 14 Rn. 40.

251 Schlechtriem/Schwenzer/Schroeter/Schroeter CISG Art. 14 Rn. 142. Siehe auch Magnus ZEuP 2020, 645 (665), nach dem zwischen der früheren Überlassung und dem derzeitigen Geschäft kein zu langer Zeitraum liegen darf.

252 Schlechtriem/Schwenzer/Schroeter/Schroeter CISG Art. 14 Rn. 141.

Empfängers von den AGB in der Praxis häufig **schwer nachzuweisen** sein wird,[253] sollten Unternehmen ihre AGB im internationalen Handel grundsätzlich zusammen mit dem Angebot übersenden. Dies bietet auch den Vorteil, dass hinsichtlich der verschiedenen ausländischen Kunden des Unternehmens nicht danach differenziert werden muss, ob die AGB bereits in einen früheren Vertrag wirksam einbezogen worden waren und von welcher Art (Dauer, Intensität etc) die Geschäftsbeziehung ist.

d) Gepflogenheiten zwischen den Parteien

59 Zwischen den Parteien entstandene Gepflogenheiten, welche für die Parteien gemäß Art. 9 Abs. 1 CISG verbindlich sind, können die **Anforderungen** an die wirksame Einbeziehung von AGB in den Vertrag **absenken,**[254] sofern die AGB zu Beginn der Geschäftsbeziehung wirksam einbezogen worden waren.[255] Gepflogenheiten sind Verhaltensweisen, die mit einer gewissen Häufigkeit und während eines gewissen Zeitraums von den Parteien angewendet werden und von denen nach Treu und Glauben angenommen werden kann, dass sie in einem gleich gelagerten Fall wieder beachtet würden.[256] Der Rechtsprechung lässt sich allerdings (auch aufgrund der erforderlichen Einzelfallbetrachtung) kein einheitlicher Grundsatz entnehmen, wie häufig ein Verhalten wiederholt werden muss, damit es eine Gepflogenheit darstellt.[257] Sofern der Verwender die Einbeziehung seiner AGB mit einer zwischen den Parteien entstandenen Gepflogenheit begründet, besteht daher eine erhebliche Rechtsunsicherheit.

e) Internationale Handelsbräuche

60 Des weiteren können **international übliche Standardbedingungen** bzw. Branchen-AGB, welche von einer neutralen dritten Seite verfasst worden sind, auch ohne einen Hinweis des Verwenders und/oder ohne eine Übersendung an den Empfänger wirksam in den Vertrag einbezogen werden, wenn ihre Geltung einen internationalen Handelsbrauch iSd Art. 9, 8 Abs. 3 CISG darstellt.[258] Von praktischer Relevanz ist insbesondere, dass die Rechtsprechung teilweise die Incoterms als internationalen Handelsbrauch in Fällen angesehen hat, in denen die Parteien die Abkürzung für eine Incoterms-Klausel verwandt haben, ohne explizit auf die Incoterms Bezug zu nehmen.[259]

---

[253] Beruft sich der Verwender auf eine laufende Geschäftsbeziehung, aufgrund welcher die Einbeziehung der AGB erfolgt oder eine Kenntnisverschaffung entbehrlich gewesen sei, so trifft ihn die Beweislast für das Vorliegen dieser Umstände, Schlechtriem/Schwenzer/Schroeter/Schroeter CISG Art. 14 Rn. 168.

[254] Schlechtriem/Schwenzer/Schroeter/Schroeter CISG Art. 14 Rn. 160 ff.

[255] Schlechtriem/Schwenzer/Schroeter/Schroeter CISG Art. 14 Rn. 162; vgl. auch OGH 29.6.2017, CISG-online 2845.

[256] OGH IHR 2006, 31 (33).

[257] Mehr als eine einmalige Wiederholung hat zB das LG Zwickau 19.3.1993, CISG-online 519, verlangt. Mehr als eine zweimalige Wiederholung hat etwa das Zivilgericht Basel-Stadt 3.12.1997, CISG-online 346, vorausgesetzt. Nach OGH IHR 2006, 31 (33) können Gepflogenheiten iSd Art. 9 CISG auch nicht ausdrücklich vereinbarte Vorstellungen einer Partei sein, welche sich aus den Vorgesprächen ergeben. Dies setze aber voraus, dass dem Vertragspartner aus den Umständen klar sein müsse, dass die andere Partei grundsätzlich nur bereit sei, derartige Geschäfte aufgrund ganz bestimmter Bedingungen abzuschließen. Dies ablehnend Schlechtriem/Schwenzer/Schroeter/Schroeter CISG Art. 14 Rn. 161.

[258] OGH 21.3.2000, CISG-online 641; Schlechtriem/Schwenzer/Schroeter/Schroeter CISG Art. 14 Rn. 164. Teilweise wird bei international üblichen Standardbedingungen ein Verzicht auf das Erfordernis der Übersendung befürwortet, ohne dass weitere Voraussetzungen vorliegen müssten, so Schmidt-Kessel NJW 2002, 3444 (3446); andere Auffassung Ventsch/Kluth IHR 2003, 61 (62 f.); MüKoBGB/Gruber Art. 14 CISG Rn. 32, welche in diesem Fall auf den individuellen Kenntnisstand des Empfängers abstellen.

[259] US Court of Appeals (5th Cir.) 11.6.2003, CISG-online 730; US District Court, S.D. New York IHR 2005, 256 (258); zum Ganzen auch Piltz/Bredow Incoterms § 1 Rn. A-306.

f) Zeitpunkt für das Vorliegen der Einbeziehungsvoraussetzungen

Die Voraussetzungen für eine Einbeziehung der AGB des Verwenders müssen bis zu dem Zeitpunkt vorliegen, in dem der Empfänger die **Vertragsannahme** erklärt.[260] Demnach genügt es nicht, wenn der Hinweis des Verwenders auf seine AGB sowie die AGB selbst erst auf nach Vertragsschluss übersendeten Lieferscheinen oder der Rechnung abgedruckt sind.[261] Dies gilt grundsätzlich auch im Rahmen von laufenden Geschäftsbeziehungen, soweit nicht der Wille des Verwenders erkennbar ist, dass er das Geschäft in jedem Fall auf seine Allgemeinen Geschäftsbedingungen stützen will.[262] 61

2. Annahme des Angebots

Die Annahme des Angebots einschließlich der AGB des Verwenders erfolgt nach den allgemeinen Regeln der Art. 18 ff. CISG. Zu beachten ist, dass eine in den AGB enthaltene **Gerichtsstandsklausel** trotz wirksamer Einbeziehung der AGB in den Vertrag gemäß den vorstehend genannten Grundsätzen beispielsweise wegen der Nichteinhaltung von Formerfordernissen unwirksam sein kann.[263] 62

III. Die Problematik kollidierender Allgemeiner Geschäftsbedingungen

Sind die AGB des Anbietenden Bestandteil des Angebots, legt der Empfänger seiner Annahme aber ebenfalls seine AGB zugrunde, besteht die Problematik kollidierender Allgemeiner Geschäftsbedingungen (battle of forms).[264] Da das CISG keine spezielle Regelung hierfür enthält, ist eine Lösung gemäß den **allgemeinen Regeln** über den Vertragsabschluss zu entwickeln. 63

---

260 Schlechtriem/Schwenzer/Schroeter/Schroeter CISG Art. 14 Rn. 149; Piltz IHR 2004, 133 (134 f.).

261 OLG Köln BeckRS 2012, 18428 zu Lieferscheinen; LG Trier IHR 2004, 115 (116) zur Rechnung; siehe auch Eiselen CISG-AC Opinion No. 13 Comment 4 zur U.S.-amerikanischen Rechtsprechung. Allenfalls kommt in diesem Fall ein Angebot auf Abschluss eines Änderungsvertrags in Betracht, vgl. hierzu US Court of Appeals (9th Cir.) IHR 2003, 295 (296); OLG Köln BeckRS 2012, 18428; Schlechtriem/Schwenzer/Schroeter/Schroeter CISG Art. 14 Rn. 150.

262 Piltz IHR 2007, 121 (122); andere Auffassung LG Coburg IHR 2007, 117 (118 f.); siehe auch OLG Düsseldorf 25.7.2003, CISG-online 919. Nach Schmidt-Kessel/Meyer IHR 2008, 177 (180), kommt es darauf an, ob hinsichtlich der Einbeziehung der AGB zwischen den Parteien eine Gepflogenheit gemäß Art. 9 Abs. 1 CISG entstanden ist.

263 Siehe zB Art. 25 Abs. 1 Satz 3 lit. a) EuGVVO. Nach hM findet Art. 11 CISG auf Gerichtsstandsklauseln keine Anwendung, BGH NJW 2015, 2584 (2589); Kantonsgericht Zug IHR 2005, 119 (120); Schlechtriem/SchwenzerSchroeter/Schmidt-Kessel CISG Art. 11 Rn. 7; Schlechtriem/Schwenzer/Schroeter/Schroeter CISG Vor CISG Art. 14–24 Rn. 58; Magnus ZEuP 2015, 159 (170); Herber IHR 2004, 117 (118). Die „materielle Nichtigkeit" der Gerichtsstandsvereinbarung richtet sich gemäß Art. 25 Abs. 1 Satz 1 EuGVVO nach dem Recht des Mitgliedstaates einschließlich des Kollisionsrechts, dessen Gericht oder Gerichte nach der Vereinbarung entscheiden sollen. Streitig ist indes, ob das Zustandekommen einer Willenseinigung über die Gerichtsstandsvereinbarung – und damit auch die wirksame Einbeziehung einer in AGB enthaltenen Gerichtsstandsklausel – grundsätzlich autonom nach Art. 25 EuGVVO zu beurteilen ist (so Rauscher/Mankowski EUZPR/EuIPR Art. 25 Brüssel Ia-VO Rn. 63 ff., 214 ff.; Magnus FS Martiny S. 785 (791 f.); Nunner-Krautgasser ZZP 2014, 461 (475, 477); Herranz Ballesteros JPIL 2014, 291 (302); wohl auch Bomsdorf/Finkelmeier RIW 2021, 350 (352)) oder insoweit das nach den Vorschriften des Internationalen Privatrechts des Forumsstaates berufene nationale Recht maßgeblich ist (so BeckOGK/Buchwitz, 1.8.2022, Art. 14 CISG Rn. 23 ff.; Schlosser/Hess/Schlosser EuGVVO Art. 25 Rn. 3; Zöller/Geimer ZPO Art. 25 EuGVVO Rn. 21; BeckOK ZPO/Toussaint, 1.9.2022, § 38 ZPO Rn. 15; hierzu auch Schlechtriem/Schwenzer/Schroeter/Schroeter CISG Vor Art. 14–24 Rn. 60 ff.). Die Rechtsprechung prüfte das Zustandekommen der Gerichtsstandsvereinbarung angesichts dieses bereits zu Art. 23 EuGVVO aF bestehenden Meinungsstreits bislang meist sowohl autonom gemäß Art. 23 EuGVVO aF als auch nach dem CISG bzw. dem Recht, welches nach dem Kollisionsrecht des Forumstaates anwendbar ist, so zB BGH BeckRS 2014, 03668; nicht eindeutig BGH NJW 2015, 2584 ff.

264 Zu der Ausgangssituation ausführlich BeckOGK/Buchwitz, 1.8.2022, Art. 19 CISG Rn. 28 ff.

1. Theorie des letzten Wortes

64 Bei einer wortgetreuen Anwendung des Art. 19 Abs. 1 CISG, welche sowohl in der Rechtsprechung[265] als auch in der Literatur[266] vertreten wird, ist die Antwort des Empfängers auf das Angebot im Fall kollidierender AGB in der Regel als Ablehnung und als **Gegenangebot** zu qualifizieren.[267] Eine Bezugnahme des Empfängers auf seine AGB stellt in der Praxis regelmäßig eine wesentliche Abweichung von den Bedingungen des Angebots iSd Art. 19 Abs. 2 CISG dar.[268] Ein Vertrag unter Einbeziehung der AGB des Empfängers kommt sodann zustande, wenn der ursprünglich Anbietende das Gegenangebot des Empfängers – sei es auch durch ein schlüssiges Verhalten[269] – rechtzeitig annimmt. Diese Theorie des letzten Wortes (last shot rule) wird zu Recht deshalb kritisiert, weil sie zu zufälligen Ergebnissen führt und den Bedürfnissen im internationalen Handel nicht gerecht wird. Es ist dem Zufall überlassen, welche Partei zuletzt auf ihre AGB verweist und infolgedessen ein Gegenangebot abgibt, welches durch ein schlüssiges Verhalten der anderen Partei angenommen werden kann. Der Verkäufer ist in dieser Hinsicht insoweit im Vorteil, als er seine AGB auch noch zusammen mit dem Lieferschein übersenden kann.[270] Bei Anwendung der Theorie des letzten Wortes müssen die Parteien zudem auf eine Übersendung der AGB der jeweils anderen Partei stets reagieren und den AGB widersprechen.[271]

2. Restgültigkeitstheorie

65 Nach vorzuziehender und wohl überwiegender Ansicht[272] kommt der **Vertrag** demgegenüber trotz kollidierender Allgemeiner Geschäftsbedingungen bereits aufgrund des ursprünglichen Angebots und dessen Annahme zustande. Die Allgemeinen Geschäftsbedingungen werden nach dieser Ansicht nur insoweit Vertragsbestandteil, als sie sich nicht widersprechen, sondern übereinstimmen. Im Übrigen finden die gesetzlichen Regelungen Anwendung. Diese Restgültigkeitstheorie trägt insbesondere dem Parteiwillen iSd Art. 8 CISG Rechnung.[273] Dogmatisch wird sie meist damit begründet, dass die Parteien aufgrund der Durchführung des Vertrags zu erkennen geben, dass sie die fehlende Übereinstimmung zwischen den beiderseitigen Vertragsbedingungen nicht als wesentlich iSd Art. 19 Abs. 2 CISG angesehen hätten.[274] Mit anderen Worten haben die Parteien Art. 19 CISG in diesen Fällen – spätestens durch die Durchführung des Vertrags – stillschweigend gemäß

[265] Etwa OLG Linz IHR 2007, 123 (125 ff.); Kantonsgericht Zug IHR 2005, 119 (121); U.S. Disctrict Court for the Eastern District of New York 5.8.2014, CISG-online 2950. Einen Überblick über die US-amerikanische Rechtsprechung gibt Steensgard IHR 2015, 89 (92).

[266] Siehe zB Kröll/Mistelis/Perales Viscasillas/Ferrari CISG Art. 19 Rn. 15; Piltz IHR 2004, 133 (137); Ders. IWRZ 2017, 195 (197 ff.); Steensgard IHR 2015, 89 (93 f.).

[267] So bspw. Kantonsgericht Zug IHR 2005, 119 (121), welches eine Ablehnung des Angebots unabhängig davon annimmt, ob die Voraussetzungen für eine wirksame Einbeziehung der AGB des Empfängers vorliegen.

[268] Schlechtriem/Schwenzer/Schroeter/Schroeter CISG Art. 19 Rn. 67; AG Kehl NJW-RR 1996, 565; differenzierend aber zB MüKoHGB/Ferrari Art. 19 CISG Rn. 15; BeckOGK/Buchwitz, 1.8.2022, Art. 19 CISG Rn. 34 ff.

[269] OLG Linz IHR 2007, 123 (126 f.); andere Auffassung BeckOGK/Buchwitz, 1.8.2022, Art. 19 CISG Rn. 37 ff., nach welchem die Theorie des letzten Wortes lediglich in dem Fall einer ausdrücklichen Annahme des Gegenangebots im Einzelfall zu einer sachgerechten Lösung führen kann.

[270] Ventsch/Kluth IHR 2003, 61 (64).

[271] Ähnlich Ferrari/Mankowski IntVertragsR Art. 19 CISG Rn. 42.

[272] So zB OLG Hamm BeckRS 2019, 47148; OLG Düsseldorf 25.7.2003, CISG-online 919; Schlechtriem/Schwenzer/Schroeter/Schroeter CISG Art. 19 Rn. 80 ff.; BeckOK BGB/Saenger, 1.5.2022, Art. 19 CISG Rn. 3; Eiselen CISG-AC Opinion No. 13 Comment 10.6; Bomsdorf/Finkelmeier RIW 2021, 350 (358 f.); im Grundsatz auch BeckOGK/Buchwitz, 1.8.2022, Art. 19 CISG Rn. 43 ff.; wohl auch BGH NJW 2002, 1651 (1652).

[273] Ventsch/Kluth IHR 2003, 61 (64).

[274] BGH NJW 2002, 1651 (1652); OLG Düsseldorf 25.7.2003, CISG-online 919.

Art. 6 CISG abbedungen.[275] Ob ein die Einbeziehung von AGB hindernder Widerspruch zwischen den AGB besteht, kann dabei nur auf Basis einer Gesamtwürdigung aller einschlägigen Regelungen festgestellt werden.[276] Ein solcher Widerspruch dürfte auch in dem Fall vorliegen, in dem die AGB der einen Partei Regelungen über einen Gegenstand enthalten, zu dem die AGB der anderen Partei schweigen.[277] In diesem Fall ist nämlich davon auszugehen, dass die andere Partei zwar die gesetzlichen, jedoch nicht die Bedingungen ihres Vertragspartners gegen sich gelten lassen wollte.[278] Dies gilt erst recht, wenn die AGB der anderen Partei eine Abwehrklausel enthalten.[279]

3. Hinweis für die Praxis

Angesichts der sowohl in der Rechtsprechung als auch in der Literatur noch zahlreich vertretenen Theorie des letzten Wortes und der daraus resultierenden Rechtsunsicherheiten in der Praxis sollten Unternehmen, die ihrem Angebot ihre AGB zugrunde gelegt haben, den in der Auftragsbestätigung des Empfängers in Bezug genommenen AGB ausdrücklich **widersprechen** und dem Empfänger zugleich erneut ihre eigenen AGB mit einem deutlichen Hinweis auf diese übersenden. Ferner empfiehlt sich die Aufnahme einer Abwehrklausel in die eigenen AGB.[280] Regelungspunkte, welche für das konkrete Vertragsverhältnis von besonderer Bedeutung sind, sollten Gegenstand einer einvernehmlichen Regelung zwischen den Parteien im Hauptvertrag sein und nicht lediglich in den AGB behandelt werden.[281] 66

C. Zentrale Regelungsbereiche des CISG und Schlussfolgerungen für die Vertragsgestaltung

I. Kaufpreis und Zahlungsbedingungen

1. Kaufpreis und steuerrechtliche Fragen

a) Regelung im CISG

Das CISG regelt die Verpflichtung zur Zahlung des Kaufpreises als Hauptpflicht des Käufers in Art. 53 CISG. Soweit (aus Praktikersicht allerdings höchst unwahrscheinlich) die Parteien nicht vereinbart haben, in welcher **Währung** der Vertragspreis bezahlt werden muss, ist die maßgebliche Währung nach überwiegender Auffassung auf Grundlage des ergänzenden nationalen Vertragsstatuts zu ermitteln (kollisionsrechtliche Lösung).[282] Regeln die Parteien die Währung dagegen im Vertrag, hat der Käufer nach herrschender Auffassung bei Geltung des CISG anders als in einzelnen nationalen Rechtsordnungen (vgl. etwa § 244 BGB) **keine Ersetzungsbefugnis.**[283] 67

275 AG Kehl NJW-RR 1996, 565 (566); BeckOK BGB/Saenger, 1.5.2022, Art. 19 CISG Rn. 3; MüKoBGB/Gruber Art. 19 CISG Rn. 22; Bomsdorf/Finkelmeier RIW 2021, 350 (358).
276 BGH NJW 2002, 1651 (1652); Bomsdorf/Finkelmeier RIW 2021, 350 (359).
277 Schlechtriem/Schwenzer/Schroeter/Schroeter CISG Art. 19 Rn. 91; andere Auffassung MüKoBGB/Gruber Art. 19 CISG Rn. 20.
278 Ähnlich Schlechtriem/Schwenzer/Schroeter/Schroeter CISG Art. 19 Rn. 91.
279 Schlechtriem/Schwenzer/Schroeter/Schroeter CISG Art. 19 Rn. 91; MüKoBGB/Gruber Art. 19 CISG Rn. 20.
280 BeckOGK/Buchwitz, 1.8.2022, Art. 19 CISG Rn. 45.
281 Ähnlich BeckOGK/Buchwitz, 1.8.2022, Art. 19 CISG Rn. 45.
282 Siehe dazu und abweichenden Auffassungen Honsell/Schnyder/Straub CISG Art. 54 Rn. 26, die allerdings zu Recht darauf hinweisen, dass eine fehlende Vereinbarung der Vertragswährung mangels Bezugsgröße schon die Frage aufwirft, ob der Vertrag mangels Bestimmtheit überhaupt zustande gekommen ist.
283 Kröll/Mistelis/Perales Viscasillas/Butler/Harindranath Art. 54 CISG Rn. 13; Mohs/Chevalley IHR 2021, 244 (245); Schwenzer/Hachem/Kee Global Sales Rn. 36.24 mwN auch zu einzelnen nationalen Rechtsordnungen.

b) Hinweise für die Vertragsgestaltung

68 Sind Liefer- und Leistungspflichten vertraglich eindeutig definiert, reicht die vertragliche Festlegung des geschuldeten Kaufpreises und der Schuldwährung aus. Nicht empfehlenswert ist insbesondere, die Vertragsbestimmung über den Kaufpreis mit der Angabe einer (von den Lieferbedingungen abweichenden) Incoterms-Klausel zu verbinden. In der Praxis geschieht das zwar regelmäßig, um klarzustellen, dass der angegebene Kaufpreis zuzüglich etwaig anfallender Transportkosten zu verstehen ist. Allerdings kann diese Vorgehensweise zu Auslegungsschwierigkeiten über den Umfang der Lieferverpflichtungen führen.

69 Vor diesem Hintergrund ist die nachfolgende Musterklausel entsprechend knapp gehalten. Ihr zweiter Absatz hat angesichts der dargestellten herrschenden Meinung im CISG (keine Ersetzungsbefugnis des Käufers) lediglich eine aus Sicht des Verkäufers wünschenswerte **klarstellende Funktion.** Mögliche zwingende (insbesondere unionsrechtliche) Bestimmungen, die dem Käufer (wie im unten angesprochenen Szenario eines Auseinanderbrechens der Euro-Zone) eine Ersetzungsbefugnis einräumen, können damit im Zweifel allerdings nicht ausgeschaltet werden: Das gilt insbesondere dann, wenn ein **Vorrang von EU-Verordnungen** vor dem CISG vermittelt über Art. 90 CISG angenommen wird.[284]

Klauselbeispiel für die Festlegung des Vertragspreises

[•] Contract Price

(1) The contract price for the scope of supply as per [•] above amounts to [Betrag und Währung].

(2) For the avoidance of doubt, the Buyer is not entitled to pay the contract price in any other currency.

70 Naheliegender Weise ist es für beide Parteien vorteilhaft, die **eigene Währung** als maßgebliche Schuldwährung zu vereinbaren, um die erheblichen Wechselkursrisiken nicht tragen bzw. durch kostenträchtiges hedging absichern zu müssen. Besteht die andere Vertragspartei auf ihrer Währung als maßgeblicher Schuldwährung des Vertrages, kann das Währungsrisiko aber auch durch eine Währungsklausel (currency clause) übergewälzt werden, die Anpassungen des Kaufpreises im Verhältnis der Veränderung der geschuldeten Währung zu einer anderen Referenzwährung vorsieht. Möglich ist im Grundsatz auch, Kaufpreisanpassungen auf Grundlage eines solchen festgelegten Verhältnisses – wie im zweiten Absatz der folgenden Musterklausel – auf Fälle zu beschränken, in denen sich Wechselkursschwankungen zu Lasten (nicht aber zu Gunsten) der von der Klausel begünstigten Partei auswirken.

Klauselbeispiel für eine (einfache) Währungsklausel

[•] Currency Clause[285]

(1) The contract price will be adjusted in proportion to any change in the Benchmark Currency Ratio after the date of contract conclusion. The Benchmark Currency Ratio is [bspw.: EUR 1.00 zu £ 0.78].

(2) In no event shall such adjustment operate to reduce [to increase] the payable contract price as stipulated in [•].

71 Auch aufgrund der wohl noch nicht überwundenen **Eurokrise** stellt sich zuletzt die Frage, ob das Risiko einer Währungsumstellung vertraglich abgebildet werden muss – insbesondere, falls der Zahlungsschuldner in einem Staat ansässig ist, dessen Ausstieg aus der Eurozone bevorstehen könnte oder sich der Erfüllungsort für die vertragliche Verpflich-

---

[284] MüKoBGB/Huber Art. 90 CISG Rn. 2; Witz/Salger/Lorenz CISG Art. 90 Rn. 4 jeweils mwN auch zur Gegenauffassung.

[285] Nachgebildet Levin Int'l Bus. Lawyer 1981, 243; Klotz International Sales S. 75.

tung in einem solchen Staat befindet.[286] Für den Verkäufer besteht das Risiko in diesem Fall konkret darin, dass dem Zahlungsschuldner im Rahmen eines Austritts des betreffenden Mitgliedsstaates aus der Euro-Zone durch nationale oder unionsrechtliche Bestimmungen eine Ersetzungsbefugnis zur Erfüllung der auf Euro lautenden Zahlungsschuld in der neu geschaffenen nationalen Währung (mit dem zu einem Stichtag festgelegten Umrechnungskurs) eingeräumt werden könnte. Insbesondere bei einer längeren Zeitspanne zwischen dem für den Umrechnungskurs maßgeblichen Stichtag und dem Fälligkeitstermin der Zahlung drohen dann für den Verkäufer im Fall einer naheliegenden Abwertung der neuen nationalen Währung gegenüber dem Euro empfindliche Verluste.[287] In der Literatur wird daher die Verwendung von Wertsicherungsklauseln empfohlen, die den Gläubiger für aus der Umstellung erlittene Verluste ganz oder teilweise kompensieren sollen.[288]

c) Steuerrechtliche Fragen

Soweit der Verkäufer im Land des Käufers keine Betriebsstätte zur Vertragsabwicklung unterhält[289] oder dort länger andauernde Montageleistungen erbringt,[290] sind steuerrechtliche Probleme bei internationalen Lieferverträgen (anders als im Anlagenbau) in der Regel überschaubar. Regelungsbedürftig ist in erster Linie die Problematik der **Umsatzsteuer** (value added tax). 72

Lieferungen innerhalb der EU lösen im unternehmerischen Geschäftsverkehr grundsätzlich **keine Umsatzsteuerpflicht** des Verkäufers aus, wenn und soweit dieser nicht aufgrund der vertraglichen Absprachen mit dem Käufer für die Einfuhr im Zielland verantwortlich zeichnet.[291] Nach dem durch Unionsrecht festgelegten, aber auch international verbreiteten **Bestimmungslandprinzip** belastet vielmehr der **Importstaat** die Einfuhr gegenüber dem **Käufer** in gleicher Höhe wie einen binnenstaatlichen Umsatz, siehe Art. 138 Abs. 1 Richtlinie 2006/112/EG.[292] Auch bei Lieferungen in das außereuropäische Ausland (Ausfuhrlieferungen) ist der Verkäufer von der Umsatzsteuerpflicht befreit, Art. 146 Abs. 1 lit. a) Richtlinie 2006/112/EG (im deutschen Umsatzsteuerrecht: §§ 4 Abs. 1 lit. a), 6 UStG). Dies gilt in letzterem Fall auch unabhängig davon, ob der Erwerber im Importstaat umsatzsteuerpflichtig ist oder nicht. 73

Für den Verkäufer bleibt (insbes. im Fall einer Lieferung ab Werk bzw. nach Maßgabe des Incoterm EXW[293]) das Problem, dass er gegenüber den nationalen Steuerbehörden den **Nachweis** darüber führen muss, dass die Voraussetzungen eines umsatzsteuerbefreiten Exportgeschäfts vorliegen. Art. 131 Richtlinie 2006/112/EG erlaubt den EU-Mitgliedsstaaten explizit die Einführung von Maßnahmen, um einen Missbrauch oder eine Umgehung der Vorschriften über die Umsatzsteuerbefreiung zu verhindern. Im deutschen Umsatzsteuerrecht verpflichtet § 6a Abs. 3 UStG (in Verbindung mit den in §§ 17a–17c 74

[286] Zu diesen möglichen Anknüpfungen Ernst ZIP 2012, 49 (50).

[287] Albrecht ZIP 2012, 1059 (1060).

[288] Dazu und zu entsprechenden Klauselvorschlägen zur Risikominimierung Kindler NJW 2012, 1617 (1621) sowie Albrecht ZIP 2012, 1059 (1064 f.), die allerdings einräumen, dass die Wirksamkeit solcher Klauseln nicht zweifelsfrei ist.

[289] Zu dieser Problematik bei umfangreicheren Engineering- und Montagearbeiten im Ausland vor dem Hintergrund des Betriebsstättenbegriffs und der Gefahr von Aufweichungen in den Musterdoppelbesteuerungsabkommen Bendlinger/Görl/Paaßen/Remberg IStR 2004, 145 ff.

[290] Siehe etwa den Sondertatbestand in Art. 5 Abs. 3 OECD-Musterabkommen 2017, dem zu Folge auch Bauausführungen und Montageleistungen eine Betriebsstätte begründen können, wenn ihre Dauer zwölf Monate überschreitet; dazu auch Remberg IStR 2006, 545. Einzelne DBA sehen auch deutlich kürzere Fristen (vielfach sechs Monate) vor, dazu Vogel/Lehner Doppelbesteuerungsabkommen, Art. 5 OECD-MA Rn. 76 ff.

[291] Übernimmt der Verkäufer dagegen wie etwa im Rahmen der DDP-Klausel (Incoterms) die Einfuhr und wird damit als Inhaber der Verfügungsmacht über den Liefergegenstand nach Grenzübertritt zum „importer of record“, schuldet er steuerrechtlich (mit den damit verbundenen Registrierungs- und Deklarationspflichten, regelmäßig die Einfuhrumsatzsteuer, Wagenblast/Rudisile IHR 2022, 46 (47). Auch aus diesem Grund ist aus Sicht des Verkäufers von einer Verwendung des DDP-Incoterm abzuraten.

[292] Im deutschen Umsatzsteuerrecht umgesetzt durch §§ 4 Abs. 1 lit. b), 6a UmStG.

[293] Zu den hier auftretenden Problemen auch Wagenblast/Rudisile IHR 2022, 46 (47).

UStDV enthaltenen Sollvorschriften) den Lieferanten bei Lieferungen innerhalb der EU entsprechend zum Nachweis (Buch- und Belegnachweise) über die Versendung in das übrige Unionsgebiet, die Unternehmereigenschaft der Parteien sowie die Umsatzsteuerpflicht des Erwerbers in einem anderen Mitgliedstaat. Die Ausfuhrbefreiung bei außereuropäischen Lieferungen wiederum verlangt gemäß § 6 Abs. 4 UStG (in Verbindung mit den §§ 8–13 UStDV) den Nachweis, dass entweder der Lieferant den Vertragsgegenstand in ein Drittlandsgebiet geliefert oder ein **ausländischer Käufer** die Ware beim Lieferanten abgeholt hat, § 6 Abs. 1, 3 UStG.[294]

75 Aus diesem Grund sieht der folgende Formulierungsvorschlag die Verpflichtung des Käufers vor, dem Verkäufer die entsprechende **Dokumentation** (insbesondere die schriftliche Bestätigung des Käufers bzw. seines bevollmächtigten Abholers über die Verbringung der Ware in das Ausland[295]) auf Nachfrage zur Verfügung zu stellen. Letzteres ist insbesondere dann von Bedeutung, wenn der Käufer den Transportvorgang organisiert, da der Verkäufer in diesem Fall keinen Zugang zu den maßgeblichen Transportdokumenten hat.

76 Auf Grundlage der nachstehenden Klausel hat der Käufer eine etwaige Umsatzsteuer aber auch dann zu tragen, wenn sie aufgrund der steuerrechtlichen Vorgaben im Einzelfall zunächst vom Verkäufer erhoben werden sollte. Für alle anderen Besteuerungen folgt die Klausel dem in der internationalen Vertragspraxis weit verbreiteten Grundsatz, dass jede Partei die Steuern tragen muss, die in ihrem jeweiligen Heimatland anfallen.

Klauselbeispiel für die Regelung der Umsatzsteuerproblematik [Tragung der Umsatzsteuer durch den Käufer]

[•] Taxes[296]

(1) The contract price is exclusive of VAT. The Buyer shall at Seller's request provide the Seller with the necessary documentation required by the competent tax authorities as evidence of an export tax exemption. The Buyer shall reimburse the Seller for any value added taxes levied on the Seller in the country of dispatch or the country of destination due to either i) the agreed terms of delivery or provision of services, ii) any failure by the Buyer to duly provide the requested documentation referred to above or iii) any other circumstances attributable to the Buyer.

(2) Any taxes, fees, duties and other charges which are levied on the Seller in connection with the performance of the Contract in the country of destination of the Contractual Products (if any) shall be solely borne by the Buyer and the Buyer agrees to pay or reimburse the Seller for any such taxes which the Seller is required to pay.

77 Für den Käufer günstiger sind demgegenüber Klauseln, die auch die Zahlung der Umsatzsteuer diesem generellen Prinzip unterwerfen.

Klauselbeispiel für die Regelung der Umsatzsteuerproblematik [Allgemeine Aufteilung von Steuerlasten nach Herkunftslandsprinzip]

[•] Taxes[297]

All taxes, duties, fees, charges and other costs including but not limited to VAT incurred in Buyer's country shall be for the account of the Buyer. All taxes, duties, fees, charges and other costs including but not limited to VAT incurred in Seller's country shall be for the account of the Seller.

---

[294] Siehe zu den erforderlichen Buch- und Belegnachweisen im Einzelnen Herzing BC 2010, 66 (68f.).
[295] Herzing/Hoheisel BC 2009, 126 (128).
[296] Nachgebildet Ostendorf International Sales Terms S. 84f.
[297] Nachgebildet Ostendorf International Sales Terms S. 84f.

2. Zahlungsbedingungen

a) Fälligkeit

Fällig ist die Zahlung (soweit vertraglich nicht anders vereinbart) gemäß Art. 58 Abs. 1 CISG, sobald der Verkäufer dem Käufer den Vertragsgegenstand oder Dokumente, die zur Verfügung darüber berechtigen (Traditionspapiere), **zur Verfügung** gestellt hat. Eine tatsächliche Übergabe ist dafür nicht notwendig: Vielmehr reicht bereits aus, dass der Verkäufer das seinerseits zur Lieferung Erforderliche getan hat, um dem Käufer die Übernahme der Vertragsware zu ermöglichen.[298] Aufgeschoben wird der Fälligkeitszeitpunkt allerdings, wenn der Käufer von seinem Untersuchungsrecht gemäß Art. 58 Abs. 3 CISG[299] Gebrauch macht, es sei denn, die vereinbarten Lieferungs- oder Zahlungsmodalitäten bieten hierfür keine Gelegenheit. Da der Verkäufer die Übergabe der Ware oder der Dokumente wiederum von der Zahlung abhängig machen kann (Art. 58 Abs. 1 S. 2, Abs. 2 CISG), laufen die gesetzlichen Zahlungsbedingungen im Ergebnis auf eine Zug-um-Zug Verpflichtung zur Zahlung (nur) gegen Lieferung hinaus. 78

Vertraglich können die Parteien abweichende Regelungen treffen. Die Praxis verwendet dafür teilweise Zahlungsklauseln wie **Net cash,** Cash on Delivery **(COD)** oder Cash against Documents **(CAD),** deren Bedeutungsgehalt aus entsprechenden internationalen Handelsbräuchen folgt.[300] Gerade bei hochpreisigen Investitionsgütern kommen auch Ratenzahlungen in Betracht, die etwa eine Anzahlung bei Vertragsschluss (meist 5–15%), eine Hauptrate bei Versendung (meist 60–80%) sowie eine Schlussrate (meist 5–10%) nach Übergabe und Prüfung der Ware durch den Käufer vorsehen. Vorleistungen des Käufers werden häufig durch eine Bankgarantie auf erstes Anfordern abgesichert.[301] Das folgende Klauselbeispiel sieht zugunsten des Verkäufers zusätzlich auch Spätestfristen für die Zahlung der Folgeraten vor, falls sich die die Fälligkeit auslösenden Ereignisse (Lieferung bzw. Inbetriebnahme) aus nicht vom Verkäufer beeinflussbaren Gründen verzögern. 79

Klauselbeispiel Zahlungsbedingungen (Ratenzahlungen)

[•] Payment Terms

The Buyer shall pay the contract price pursuant to the following terms of payment:
- 15 % of the contract price within ten days after signature of the contract upon [presentation of an invoice and bank guarantee in the same amount]
- 80 % of the contract price upon on-board delivery of the Contractual Products at port of shipment against invoice and shipping documents. If shipment is delayed for more than four weeks for reasons beyond Seller's control, payment shall be effected against Seller's written statement to that effect accompanied by an invoice
- 5 % of the contract price upon commissioning [against invoice], however at the latest three months after readiness for delivery if commissioning is delayed for reasons beyond Seller's control against Seller's written statement in this regard.

b) Zahlungsort

Anders als etwa im deutschen unvereinheitlichten Recht[302] befindet sich der Zahlungsort mangels abweichender vertraglicher Vereinbarung gemäß Art. 57 Abs. 1 lit. b) CISG an 80

---

[298] Kröll/Mistelis/Perales Viscasillas/Butler/Harindranath CISG Art. 58 Rn. 10.

[299] Damit ist nicht die Untersuchung nach Art. 38 CISG, sondern lediglich eine erste oberflächliche Untersuchung der Ware gemeint, Schlechtriem/Schwenzer/Schroeter/Mohs CISG Art. 58 Rn. 33.

[300] Kröll/Mistelis/Perales Viscasillas/Butler/Harindranath CISG Art. 53 Rn. 12ff.: „Net cash" bedeutet danach eine Vorleistungspflicht des Verkäufers (open account), COD bzw. CAD ordnen die Zahlungspflicht unmittelbar mit der Lieferung bzw. der Dokumentenübergabe an und bedingen daher im Anwendungsbereich des CISG ua Art. 58 Abs. 3 CISG ab.

[301] Dazu → § 20 Rn. 27ff.

[302] §§ 269 Abs. 1, 270 Abs. 4 BGB; die Regelung in Art. 57 Abs. 1 lit. a) CISG entspricht dagegen der Rechtslage im common law, dazu Kröll/Mistelis/Perales Viscasillas/Butler/Harindranath CISG Art. 57 Rn. 10.

dem Ort, an dem die Ware Zug-um-Zug gegen die Zahlung übergeben werden muss. Im Fall der Vorleistungspflicht einer Partei ist dagegen der **Wohnort des Verkäufers,** also des Gläubigers, maßgeblich, Art. 57 Abs. 1 lit. a) CISG. Dies hat außerhalb des Anwendungsbereichs der EuGVVO (die in Art. 7 Nr. 1 lit. b) EuGVVO einen autonom auszulegenden Erfüllungsort (auch) für Zahlungsansprüche am tatsächlichen Lieferort festlegt) ferner verfahrensrechtliche Konsequenzen, da der **Erfüllungsort** nach dem IZVR vieler Staaten einen internationalen Gerichtsstand begründen kann.

81 Eine abweichende vertragliche Absprache des Erfüllungsorts für die Zahlungsverpflichtung ergibt sich vielfach schon aus einem vereinbarten Zahlungsmodus. Ansonsten kann der Erfüllungsort für die Zahlung selbstverständlich auch ausdrücklich vertraglich vereinbart werden.

3. Zahlungssicherheiten

82 Eng mit den Zahlungsbedingungen verbunden ist die Frage nach der Notwendigkeit von Zahlungssicherheiten, die immer dann relevant wird, wenn der Kaufpreis ganz oder teilweise erst **nach der Lieferung** geleistet werden muss.

a) Eigentumsvorbehalt

83 Naheliegende und kostengünstigste Zahlungssicherheit für den Verkäufer ist der Eigentumsvorbehalt. Seine **dingliche Wirksamkeit,** die aus dem Anwendungsbereich des CISG gemäß Art. 4 lit. b) CISG ausdrücklich ausgeklammert ist, richtet sich allerdings nicht nach dem von den Vertragsparteien (ergänzend) gewählten Recht, sondern nach dem Sachenrecht des Landes, in dem sich die Vertragsgegenstände jeweils befinden.[303] Allgemein lässt sich sagen, dass ein Eigentumsvorbehalt außerhalb von Deutschland häufig allenfalls eingeschränkt oder nur bei Einhaltung besonderer **formaler Voraussetzungen** (wie beispielsweise einer Registrierung in öffentlichen Registern) anerkannt wird.[304] Vielfach im Ausland nicht wirksam sind insbesondere die im deutschen Recht anerkannten Spielarten des **verlängerten** Eigentumsvorbehalts (prolonged retention of title), der Eigentumsrechte an den Surrogaten des gelieferten Vertragsgegenstandes bei Weiterverkauf (proceeds clause) oder -verarbeitung begründen soll, sowie des **erweiterten** Eigentumsvorbehalts, der sich auf sämtliche Forderungen des Verkäufers aus der laufenden Geschäftsbeziehung mit dem Käufer erstreckt (all monies retention of title). Im Ergebnis gilt daher: Eine Eigentumsvorbehaltsklausel im Vertrag schadet nicht, stellt im Fall einer Lieferung des Vertragsgegenstandes ins Ausland häufig aber **keine ausreichende Sicherheit** für den Verkäufer dar.

84 Der nachstehende Formulierungsvorschlag beschränkt sich auf einen einfachen Eigentumsvorbehalt, verpflichtet den Käufer bis zum Eigentumsübergang aber unter anderem zu einem pfleglichen Umgang sowie der Versicherung der Vorbehaltsware. Weiterhin darf der Käufer die Vorbehaltsware nicht anderweitig besichern und muss dem Verkäufer bei der Einräumung einer alternativen dinglichen Sicherheit behilflich sein, wenn der Eigentumsvorbehalt im Belegungsland **nicht anerkannt** wird. Der letzte Absatz der Musterklausel dient der Klarstellung, dass der Aufschub des Eigentumsübergangs keinerlei Einfluss auf den Zeitpunkt des **Gefahrübergangs** hat, da in einzelnen nationalen Rechtsordnungen mangels abweichender vertraglicher Vereinbarung der Eigentumsübergang mit dem Gefahrübergang zusammenfällt.[305]

---

[303] Vertiefend → § 3 Rn. 93.
[304] Zu den Einzelheiten → § 3 Rn. 91.
[305] So etwa im englischen Kaufrecht, s. 20 Abs. 1 SGA 1979; dazu auch Bridge Sale of Goods Rn. 4.08.

Klauselbeispiel für einen einfachen Eigentumsvorbehalt mit ergänzenden Pflichten des Vorbehaltskäufers

[•] Reservation of Title

(1) Title in the Contractual Products shall not pass to the Buyer until the Seller is in receipt of the full contract price. Until receipt of the full contract price by the Seller, the Buyer shall (i) keep the Contractual Products properly stored and protected, complete and in good repair (ii) insure the Contractual Products with a reputable insurer for their full replacement value against all risks and (iii) neither sell, pledge, transfer ownership as a security, lease nor otherwise dispose of the Contractual Products without Seller's prior written approval.

(2) If the applicable property laws do not acknowledge a reservation of title as provided for above or request additional preconditions such as but not limited to a registration etc, the Buyer undertakes to support the Seller at Seller's request in order to fulfil these requirements or to establish a comparable security interest for Seller in relation to the Contractual Products. Reasonable costs thereby incurred shall be for Buyer's account.

(3) For the avoidance of doubt, the transfer of risk as stipulated in this contract remains unaffected by the reservation of title.

b) Zahlungsabwicklung über ein Akkreditiv

aa) Einführung. Die Zahlung des Kaufpreises mittels Dokumentenakkreditiv (documentary letter of credit) ist nicht nur Abwicklungsmethode, sondern bewirkt bei sachgerechter Ausgestaltung zugleich eine Absicherung beider Parteien gegen das Risiko eines Zahlungs- oder Lieferausfalls. Mit dem Akkreditiv gibt eine Geschäftsbank (die Akkreditivbank – issuing bank) im Auftrag des Käufers ein **selbstständiges Zahlungsversprechen** gegenüber dem Verkäufer ab. Dieses eliminiert weitgehend das Risiko des Verkäufers, die Ware aus der Hand geben zu müssen, ohne Gewähr dafür zu haben, den vereinbarten Kaufpreis auch tatsächlich zu erhalten. Gleichzeitig muss der Käufer bei der Vereinbarung geeigneter **Akkreditivdokumente** nicht befürchten, dass die Zahlung des Kaufpreises auf seine Rechnung vor Gewissheit über die tatsächlich erfolgte (und zumindest prima facie vertragskonforme) Lieferung veranlasst wird: Denn die Bank darf den Akkreditivbetrag regelmäßig erst dann an den Verkäufer auskehren, wenn dieser unter anderem Transportdokumente vorlegt, aus denen sich die ordnungsgemäße Lieferung des Vertragsgegenstandes an den Käufer ergibt. Nachteil der Zahlungsabwicklung über ein Akkreditiv sind freilich die höheren Transaktionskosten, die durch die Gebühren der eingeschalteten Akkreditivbank entstehen. In der Praxis wird die Zahlung durch Akkreditiv daher häufig nur zu **Beginn** einer neuen Geschäftsbeziehung vereinbart und bei Folgegeschäften durch andere Abwicklungsmethoden, wie beispielsweise das Dokumenteninkasso, ersetzt. 85

Bei der Zahlungsabwicklung über ein Akkreditiv wird neben den Vertragsparteien und der Akkreditivbank meist noch eine **weitere Bank** im Heimatland des Verkäufers eingeschaltet: Dies kann eine Geschäftsbank sein, die dem Verkäufer die Eröffnung des Akkreditivs zu seinen Gunsten mitteilt (sog. advising bank), als Zahlstelle ohne eigene Haftungsverpflichtung fungiert (nominated bank) oder – im Fall eines bestätigten Akkreditivs – zusätzlich zur Erstbank eine weitere selbstständige Zahlungsverpflichtung übernimmt (confirming bank). Selbstverständlich können die genannten Funktionen auch durch ein und dieselbe Bank wahrgenommen werden.[306] 86

Da das Recht des Akkreditivvertrages nur in wenigen nationalen Rechtsordnungen näher geregelt ist,[307] kommt den von der ICC herausgegebenen **Uniform Customs and** 87

[306] Zahn/Ehrlich/Haas Zahlungssicherung Rn. 2/12ff.

[307] Eine relevante Ausnahme stellt insofern das US-amerikanische Recht dar, das mit den § 5–101ff. UCC Regelungen über Akkreditivverträge aufgestellt hat, die von nahezu allen US-Bundesstaaten in entsprechendes einzelstaatliches Recht überführt worden sind. Zur kollisionsrechtlichen Ermittlung des auf die

Practice for Documentary Credits (UCP 600) eine besondere Rolle zu: Sie werden standardmäßig von fast jedem internationalen Akkreditiv als ergänzendes Regelungswerk in Bezug genommen. Rechtlich handelt es sich bei den UCP 600 nach vorzugswürdiger Auffassung um Allgemeine Geschäftsbedingungen, die allenfalls bezüglich einiger Grundprinzipien zugleich allgemein anerkannte internationale Handelsbräuche darstellen.[308]

88 **bb) Grundprinzipien des Akkreditivs.** Die Zahlungsabwicklung durch ein Dokumentenakkreditiv beruht auf zwei Grundprinzipien, die sich auch in den UCP 600 widerspiegeln:[309] Zum einen ist das Akkreditiv **unabhängig** vom Kaufvertrag (principle of autonomy), Art. 4 lit. a) UCP 600. Daher muss die Bank gegenüber dem Verkäufer den aus dem Akkreditiv folgenden Zahlungsanspruch grundsätzlich unabhängig davon erfüllen, ob sich aus dem zugrundeliegenden Kaufvertrag tatsächlich ein entsprechender Zahlungsanspruch ergibt.[310] Eine Ausnahme wird lediglich für den Fall einer **rechtsmissbräuchlichen Inanspruchnahme** anerkannt.[311] Letztere setzt allerdings in den meisten Rechtsordnungen ein arglistiges Verhalten des Verkäufers voraus[312] und spielt daher in der Praxis nur eine geringe Rolle.[313]

89 Zum zweiten gilt beim Dokumentenakkreditiv das Prinzip der **Dokumentenstrenge** (principle of strict compliance).[314] Zahlungsansprüche aus dem Akkreditiv müssen nach ständiger internationaler Rechtsprechung von der Akkreditivbank grundsätzlich nur dann erfüllt werden, wenn die vom Verkäufer vorgelegten Akkreditivdokumente **vollständig** den Vorgaben des Akkreditivs entsprechen. So hat etwa der englische Court of Appeal die Zahlungsverweigerung einer Akkreditivbank in einem Fall als rechtmäßig angesehen, in der das Akkreditiv die Vorlage einer bill of lading über die Lieferung von „coromandel groundnuts" vorsah, das vorgelegte Seekonnossement stattdessen aber die Verladung von „machine shelled groundnut kernels" auswies – in diesem Fall konnte es dem Verkäufer auch nicht helfen, dass die beiden genannten Begriffsbestimmungen nach einschlägiger Handelspraxis das gleiche Produkt bezeichnen.[315] Ähnlich hat das Schweizer Bundesgericht in einer jüngeren Entscheidung den gegenüber der Akkreditivbank geltend gemachten Zahlungsanspruch aus einem Akkreditiv abgewiesen, weil das vorgelegte Qualitätszertifikat Mineralölprodukte mit der Spezifikation „existent gum washed" anstelle der vom Akkreditiv verlangten (nach einschlägigem Verkehrsverständnis materiell identischen) Spezifikation „gum existent" auswies.[316] Die deutsche Rechtsprechung legt ähnlich strenge Maßstäbe an.[317] Das Prinzip der Dokumentenstrenge bleibt auch in den UCP 600 (Art. 14 lit. a) UCP 600) im Grundsatz weiter maßgeblich.[318]

Akkreditivbeziehungen jeweils anwendbaren nationalen Rechts Schütze/Vorpeil Dokumentenakkreditiv Rn. 667ff.

[308] Einsele Kapitalmarktrecht S. 146; von diesem Rechtsverständnis gehen auch die UCP 600 selbst aus, vgl. Art. 1 UCP 600. Gegen eine Einstufung als AGB (vor dem Hintergrund, dass mangels einseitigen Stellens keiner der Parteien als Verwender anzusehen sei) aber Schütze/Vorpeil Dokumentenakkreditiv Rn. 25ff.

[309] Murray/Holloway/Timson-Hunt Schmitthoff's Export Trade Rn. 11.06ff.

[310] Art. 4 lit. a) UCP 600.

[311] Zu den hier diskutierten Voraussetzungen und Fallgruppen im Einzelnen Schütze/Vorpeil Dokumentenakkreditiv Rn. 585ff.

[312] Siehe etwa *Montrod Ltd v Grundkötter Fleischvertriebs GmbH* [2002] 1 W.L.R 1975 (1986f.) (CA); *Petrosaudi Oil Services (Venezuela) Ltd v Novo Banco S.A. & Others* [2017] EWCA Civ 9. Auch Schweizer Recht und US-amerikanisches Recht setzen grundsätzlich Arglist als Bedingung für einen Rechtsmissbrauchseinwand voraus, BGE 100 II 145 (151) sowie Dolan Letters of Credit § 7.04. Im deutschen Recht ist nach wie vor nicht abschließend geklärt, ob Rechtsmissbrauch intentionales Verhalten voraussetzt oder nicht, BGH WM 1996, 995.

[313] Schütze/Vorpeil Dokumentenakkreditiv Rn. 586: *„Der Einwand einer rechtsmissbräuchlichen Inanspruchnahme ist auf extreme Ausnahmefälle zu beschränken"*.

[314] Zu gewissen Auflockerungen in der Praxis im Sinne einer „substantial compliance" als einzelfallspezifischer Ausnahme vom Prinzip der Dokumentenstrenge allerdings Vorpeil WM 2018, 751ff.

[315] *J H Rayner & Co Ltd v Hambros Bank Ltd* [1943] 1 KB 37 (40f.).

[316] BGE 132 III 620 (622ff.).

[317] Siehe etwa BGH WM 1958, 587; OLG München WM 1996, 2335.

[318] Debattista J. Bus. L 2007, 329 (338).

cc) Maßgebliche Bestimmungen innerhalb des Akkreditivs. Es liegt auf der Hand, dass das Zahlungsversprechen der Bank durch ein Akkreditiv seine Sicherungsfunktion verliert, wenn es von der Bank einseitig widerrufen werden kann. Die UCP 600 unterstellen daher nicht nur die **Unwiderruflichkeit** eines Akkreditivs (Art. 3 UCP 600), sondern nehmen frei widerrufliche Akkreditive ausdrücklich von ihrem Anwendungsbereich aus (siehe Definition des Akkreditivs in Art. 2 UCP 600).[319] Der Vereinbarung der Unwiderruflichkeit innerhalb des Akkreditivs kommt daher letztlich nur eine klarstellende Rolle zu. Obligatorisch ist dagegen die Festlegung, ob das Akkreditiv durch Sichtzahlung, hinausgeschobene Zahlung zu einem späteren Fälligkeitstermin (deferred payment), Akzeptleistung oder sog. Negoziierung benutzbar ist, Art. 6 lit. b) UCP 600. Im Fall einer **Zahlung bei Sicht** (payment by sight) wird der Zahlungsanspruch gegen die Bank unmittelbar bei Vorlage konformer Dokumente fällig. Das ist für den Verkäufer vorzugswürdig und zugleich die weitaus üblichste Zahlungsmodalität. Insbesondere werden bei Vereinbarung der Sichtzahlung auch Probleme vermieden, die sich insbesondere bei einer hinausgeschobenen Zahlung ergeben können, wenn die Bank vor Fälligkeit an den Verkäufer zahlt.[320] 90

Weiterhin muss das Akkreditiv zwingend ein **Verfalldatum** sowie den Ort bezeichnen, an dem die Akkreditivdokumente vorgelegt werden können (Art. 6 lit. d) UCP 600); ein unbefristetes Akkreditiv ist nicht rechtswirksam.[321] Die **Verfallfrist** muss dabei von der Verladefrist[322] sowie von der in Art. 14 lit. c) UCP 600 UCP geregelten (und von der Verfallfrist unabhängigen) Frist[323] für die Vorlage von Transportdokumenten unterschieden werden (sog. **Dokumentenvorlagefrist**): Soweit das Akkreditiv nichts Abweichendes vorsieht, sind Transportdokumente spätestens 21 Tage nach Versand der Ware vorzulegen. 91

Falls der Verkäufer das Recht besitzen soll, das Akkreditiv auf einen Dritten zu übertragen (etwa zum Zweck der Vorfinanzierung), muss dies ausdrücklich im Akkreditiv geregelt werden.[324] Ansonsten bleibt dem Verkäufer nur die Option, sich durch ein sog. Gegenakkreditiv (back to back letter of credit) zu refinanzieren. Weil in diesem Fall ein weiteres Akkreditiv ausgestellt werden muss, ist diese Option aber kostspieliger. 92

Zuletzt kann ein bestätigtes Akkreditiv (confirmed letter of credit) vereinbart werden, bei dem eine weitere Bank (meist im Heimatland des Verkäufers) eine **selbständige Zahlungsverpflichtung** übernimmt und damit zusammen mit der Erstbank gesamtschuldnerisch haftet. Sinnvoll ist ein bestätigtes Akkreditiv vor allem in dem Fall erhöhter Länderrisiken, die Zweifel an der Durchsetzbarkeit der Forderung gegenüber der Erstbank begründen können. Da Geschäftsbanken in manchen Jurisdiktionen nach lokalem Recht nicht berechtigt sind, die von ihnen ausgestellten Akkreditive durch eine Zweitbank bestätigen zu lassen, bleibt dem Verkäufer in einem solchen Fall nur die Option, für das Akkreditiv eine **Ankaufszusage** einer Bank mit Sitz in seinem Heimatstaat einzuholen. Eine Ankaufszusage stellt ebenfalls eine eigenständige und selbstständige Zahlungsverpflichtung dar. Sie befindet sich aber außerhalb des Anwendungsbereichs der UCP 600.[325] 93

[319] Das schließt indes nicht die Möglichkeit aus, ausdrücklich ein widerrufliches Akkreditiv zu vereinbaren, Holzwarth IHR 2007, 136 (140).

[320] Art. 7 lit. c) und 8 lit. c) UCP 600 erlauben ausdrücklich die Zahlung vor Fälligkeit. Allerdings ist die Wirksamkeit dieser Bestimmungen der UCP 600 (insbesondere bei einer Anwendung der deutschrechtlichen AGB-Inhaltskontrolle) nicht zweifelsfrei, Nielsen TransportR 2008, 269 (270).

[321] Zahn/Ehrlich/Haas Zahlungssicherung Rn. 2/70.

[322] Die Verladefrist ergibt sich mittelbar aus den Bestimmungen der UCP 600 über die Aufnahmefähigkeit von Transportdokumenten: Sie müssen ein Verladedatum enthalten, siehe etwa Art. 20 UCP 600.

[323] Schütze/Vorpeil Dokumentenakkreditiv Rn. 182.

[324] Art. 38 lit. b) UCP 600.

[325] Eine Bank, die eine Ankaufszusage erklärt („silent confirmation"), erwirbt daher auch nicht den Status einer bestätigenden Bank (confirming bank), auch wenn sie gegen die Akkreditivbank in ihrer möglichen Rolle als benannter Bank einen Regressanspruch besitzen kann. Zur Problematik einer Ankaufszusage bzw. verdeckten Bestätigung etwa Derleder/Knops/Bamberger Handbuch Bankrecht S. 1865.

94 **dd) Typische Akkreditivdokumente.** Das Herzstück des Akkreditivs ist die Identifizierung der Dokumente, die vom Verkäufer bei einer Inanspruchnahme vorgelegt werden müssen. Die Auswahl steht im freien Ermessen der Parteien. Allerdings wird der Käufer regelmäßig auf Transportdokumenten bestehen, aus denen sich die ordnungsgemäße Verladung und der Versand der Ware an ihn ergibt, da das Akkreditiv ansonsten keine Sicherungsfunktion zu seinen Gunsten wahrnehmen kann. Für den Verkäufer ist wiederum entscheidend, dass die vereinbarten Dokumente **ohne die Mithilfe** des Käufers beschafft werden können, da der Käufer ansonsten effektiv eine Inanspruchnahme aus dem Akkreditiv verhindern kann. Daher stellt beispielsweise ein Abnahmeprotokoll, das von beiden Parteien unterschrieben werden muss, kein geeignetes Akkreditivdokument dar. Für besonders häufig vereinbarte Akkreditivdokumente – insbesondere Transportdokumente – enthalten die UCP 600 Angaben darüber, wie diese Dokumente im Einzelnen beschaffen sein müssen, um aufnahmefähig zu sein. Beispiele sind die Handelsrechnung (commercial invoice), das Seekonnossement (bill of lading) oder ein multimodales Konnossement.[326]

95 **ee) Akkreditivklausel im Kaufvertrag.** Insbesondere aus Sicht des Verkäufers ist es empfehlenswert, die Anforderungen an das Dokumentenakkreditiv in der **Akkreditivklausel** (und damit im Kaufvertrag) so genau wie möglich zu vereinbaren. Eine Bindung der Akkreditivbank ergibt sich dadurch nicht. Freilich kann der Verkäufer ein den vertraglichen Anforderungen nicht entsprechendes Akkreditiv gegenüber dem Käufer zurückweisen und von diesem die Aufmachung eines neuen (vertragsgerechten) Akkreditivs verlangen.

96 Im nachstehenden **Beispiel für eine Akkreditivklausel** wird die Verpflichtung zur Stellung eines bestätigten und übertragbaren Akkreditivs, das auf Sicht zahlbar sein soll, vereinbart. Geregelt werden weiterhin die Fälligkeit der Ausstellung, die Verfallfrist und die maßgeblichen Akkreditivdokumente. Im Übrigen können die Parteien auch von den UCP 600 abweichende Anforderungen an die jeweiligen Dokumente bestimmen oder die Dokumentenvorlagefrist verkürzen oder verlängern. Dabei ist allerdings zu berücksichtigen, dass eine kurz bemessene Dokumentenvorlagefrist für den Käufer von zentraler Bedeutung ist, da er die Transportdokumente regelmäßig für die Empfangnahme der Ware am Zielort benötigen wird.

Klauselbeispiel für eine Akkreditivklausel in einem internationalen Liefervertrag

[•] Payment by Documentary Letter of Credit

(1) Payment of the contract price shall be made by means of a Documentary Letter of Credit.

(2) The Buyer shall within [•] weeks after the conclusion of the contract open an irrevocable and transferable Documentary Letter of Credit in Seller's favour in the amount of the contract price in accordance with and subject to the Uniform Customs and Practice for Documentary Credits (UCP 600). The Letter of Credit shall be confirmed by a European bank with a branch at Seller's place of business and available at sight payment against the following documents: [•].

(3) The Letter of Credit shall provide for an expiry date no earlier than three months from the agreed delivery date. All bank charges and fees shall be for Buyer's account.

c) Staatliche Exportkreditgarantien

97 Eine Absicherung gegen einen Forderungsausfall aus politischen oder wirtschaftlichen Gründen kann der Verkäufer insbesondere bei der Gewährung kurz- oder langfristiger Zahlungsziele gegenüber dem Besteller schließlich auch durch die Gewährung staatlicher

---

[326] Art. 18 UCP 600 (Handelsrechnung), Art. 20 (Seekonnossement) UCP 600.

Exportkreditgarantien, in Deutschland durch die so genannten **Hermes-Deckungen,**[327] erzielen. Staatliche Exportkreditgarantien kommen typischer Weise bei der Lieferung in risikoreichere Länder zum Einsatz, bei denen eine Absicherung durch die Privatwirtschaft zu angemessenen Konditionen in der Regel nicht zu erlangen ist. Für Lieferungen in Mitgliedsstaaten der EU oder Kernstaaten der OECD ist eine Hermes-Deckung daher auch nicht erhältlich, wenn ein Zahlungsziel von weniger als zwei Jahren vereinbart wird, da entsprechende Ausfallrisiken als marktfähig eingestuft werden.[328] Kernprodukte sind die sog. **Lieferantenkreditdeckung** sowie die **Ausfuhr-Pauschal-Gewährleistung** (APG).[329] Für die Absicherung von Ausfallrisiken **vor Lieferung** kann bei Bedarf zusätzlich auch eine Fabrikationsrisikodeckung (FG) abgeschlossen werden. Die vom Deckungsnehmer zu zahlenden Prämien bestimmen sich nach der Bonität des Käufers, der Forderungshöhe sowie den jeweiligen Länderrisiken.

Die Lieferantenkreditdeckung **sichert** gemäß § 3 der Allgemeinen Bedingungen für 98
Lieferantenkreditdeckungen – AB (G) – eine **konkrete Einzelforderung** aus einem Exportgeschäft ab Versand der Ware bis zur vollständigen Forderungserfüllung unter anderem gegen sog. wirtschaftliche Schadenstatbestände (insbes. die Insolvenz des Bestellers oder Zahlungseinstellung bzw. Nichtzahlung der Forderung innerhalb von sechs Monaten nach Fälligkeit (§ 4 Abs. 3 und 4 AB (G)) sowie bestimmte politische Schadenstatbestände (§ 4 Abs. 2 AB (G)) ab.[330] Im Entschädigungsfall ist vom Deckungsnehmer eine **Selbstbeteiligung** in Höhe von 5% bei politischen und 15% bei wirtschaftlichen Schadenstatbeständen zu tragen; das Risiko aus der Selbstbeteiligung darf der Deckungsnehmer dabei nicht anderweitig absichern, § 6 Abs. 1 und 2 AB (G).

Die ebenfalls angebotene Ausfuhr-Pauschal-Gewährleistung (APG) ist eine Sammelde- 99
ckung, die ein Portfolio von Zahlungsforderungen (mit nicht mehr als 12 Monaten Laufzeit) gegenüber mehreren Bestellern abdeckt. Die von der APG abgedeckten Risiken entsprechen im Wesentlichen den Bedingungen der Lieferantenkreditdeckung.

4. Rechtsfolgen eines Zahlungsverzugs

a) Regelung im CISG

Art. 78 CISG begründet im Fall der Nichtzahlung bei Fälligkeit unbeschadet weitergehen- 100
der **Schadensersatzansprüche** einen Anspruch des Verkäufers auf Verzinsung der Kaufsumme. Der Zinsanspruch setzt damit anders als etwa im unvereinheitlichten deutschen Recht (§ 286 BGB) weder ein Verschulden noch eine Mahnung oder anderweitige Zahlungsaufforderung voraus. Auch kann sich der Käufer anders als bei Schadensersatzansprüchen weder auf mangelnde Vorhersehbarkeit (Art. 74 Abs. 1 S. 2 CISG) noch auf einen außerhalb seines Einflussbereichs liegenden Hinderungsgrund gemäß Art. 79 CISG berufen.[331] Allerdings regelt Art. 78 CISG nicht den anwendbaren Zinssatz. Diese Lücke kann

---

[327] Die umgangssprachliche Bezeichnung „Hermes-Deckungen" stammt von der durch die Bundesrepublik Deutschland für die Abwicklung der Exportkreditgarantien mandatierten Bank, der Euler Hermes Deutschland AG.

[328] Siehe Produktinformationen für die Lieferantenkreditdeckung, abrufbar unter www.agaportal.de. Zu den OECD-Kernstaaten gehören die EU-Mitgliedstaaten, Australien, Island, Japan, Kanada, Neuseeland, Norwegen, Schweiz und die USA. Generell absicherungsfähig sind dagegen Geschäfte in den OECD-Ländern Chile, Israel, Mexiko, Südkorea und der Türkei.

[329] Bischoff RIW 2009, 849 (852). Die Einzelheiten und die Allgemeinen Vertragsbedingungen für die Gewährung der jeweiligen Exportkreditgarantie können unter www.agaportal.de abgerufen werden.

[330] Darunter fallen etwa staatliche Maßnahmen bzw. kriegerische Ereignisse, Aufruhr oder Revolution im Ausland, die eine Erfüllung der gedeckten Forderung in jeder bzw. in der vereinbarten Währung verhindern, Beeinträchtigung des zwischenstaatlichen Zahlungsverkehrs, die eine Konvertierung der vereinbarten Währung bzw. den Transfer verhindern, aber etwa auch der Verlust von Ansprüchen oder der Ware (vor Gefahrübergang) infolge Unmöglichkeit der Vertragserfülllung durch gesetzgeberische Maßnahmen bzw. infolge politischer Umstände.

[331] Faust RabelsZ 68 (2004), 511 (513) mwN.

zumindest nach herrschender Meinung auch nicht mit Hilfe allgemeiner Grundsätze (Art. 7 Abs. 2 CISG) geschlossen werden und macht daher einen Rückgriff auf das kollisionsrechtlich zu ermittelnde ergänzende **(nationale) Vertragsstatut** erforderlich.[332]

101 Darüber hinaus kann der Zahlungsverzug zum Recht des Verkäufers auf Vertragsaufhebung führen, wenn er sich entweder (im Ausnahmefall!) als eine wesentliche Vertragsverletzung darstellt oder die Zahlung auch nach Ablauf einer vom Verkäufer gesetzten Nachfrist nicht geleistet wird, Art. 64 Abs. 1 CISG.

b) Vertragsgestaltung

102 Aus Sicht des Verkäufers können sich vertragliche Regelungen über den Zinsanspruch im Ergebnis auf die Regelung der **Zinshöhe** beschränken. Hinsichtlich der Zinshöhe kommt – wie im folgenden Klauselbeispiel – eine Orientierung an der Europäischen Zahlungsverzugsrichtlinie 2011/7/EU[333] in Betracht. Im Übrigen dürften die gesetzlichen Rechtsbehelfe in Art. 64 CISG (Aufhebungsrecht zumindest nach Ablauf einer angemessenen Nachfrist) regelmäßig ausreichen. Wünscht der Käufer ein sofortiges Aufhebungsrecht bei Zahlungsverzögerungen, kann die rechtzeitige Zahlung wie im zweiten Absatz des folgenden Klauselvorschlags als **wesentliche Vertragspflicht** ausgestaltet werden. Allerdings kann sich die pauschale Aufwertung zur wesentlichen Vertragspflicht ohne Rücksicht auf die Besonderheiten des Einzelfalls zumindest bei Anwendbarkeit der deutschen AGB-Inhaltskontrolle als unangemessene Benachteiligung der anderen Vertragspartei darstellen und daher unwirksam sein.[334]

Klauselbeispiel für die Regelung der Rechtsfolgen bei verspäteter Zahlung des Kaufpreises

[•] Delay with Payments

(1) If the Seller does not receive payment from the Buyer when such payment has become due and payable, the Seller is entitled to charge interest at the annual rate of eight (8) percentage points above the rate for main refinancing operations of the European Central Bank (ECB) that is applicable from time to time.

[(2) Timely payment of the Contract Price is of the essence. Accordingly, the Seller may (subject only to § [•] in case of a Force Majeure Event) immediately declare the avoidance of the contract by reason of any delay with payment.]

(3) Any other rights and remedies of the Seller remain unaffected.

5. Regelungen zu Aufrechnungs- und Zurückbehaltungsmöglichkeiten

a) Aufrechnung

103 Das CISG regelt die Aufrechnung allenfalls mit Blick auf Forderungen, die dem UN-Kaufrecht unterliegen und aus einem einheitlichen Vertragsverhältnis resultieren.[335] Zumindest in anderen Fallkonstellationen muss daher auf das ergänzende nationale Vertragsstatut zurückgegriffen werden. Die meisten nationalen Rechtsordnungen erlauben die Aufrechnung (set-off), sofern die Hauptforderung erfüllbar und die Gegenforderung gleichartig und fällig ist. Weitestgehend mit dem deutschen Recht identisch ist etwa das Schweizer Recht, das für die Aufrechnung (nach der Terminologie des Schweizer Rechts: Ver-

---

[332] Siehe oben → Fn. 185 sowie Schwenzer/Hachem/Kee Global Sales Rn. 46.102ff. mwN zur herrschenden sowie abweichenden Meinungen.

[333] Richtlinie 2011/7/EU des Europäischen Parlaments und des Rates vom 16.2.2011 zur Bekämpfung von Zahlungsverzug im Geschäftsverkehr, ABl. EU 2011 L 48/1.

[334] Dazu BeckOK BGB/Saenger, 1.5.2022, Art. 25 CISG Rn. 6.

[335] BGH NJW 2015, 867 (870ff.).

rechnung) neben einer **Verrechnungserklärung** (Art. 124 OR)[336] eine Verrechnungslage verlangt, die (über den engeren Wortlaut des Art. 120 OR hinaus) **Fälligkeit der Gegenforderung** und Erfüllbarkeit einer mit der Gegenforderung **gleichartigen** Hauptforderung genügen lässt.[337] Weitergehend als im deutschen Recht ist lediglich das Verständnis der Gleichartigkeit, da auch in verschiedenen Währungen geschuldete Geldleistungen verrechnet werden können, sofern ein Umrechnungskurs existiert und keine abweichende vertragliche Vereinbarung – insbesondere in Form einer so genannten Effektivklausel – getroffen wurde.[338]

b) Zurückbehaltungsrechte

Ob aus dem CISG über die punktuell geregelten Zurückbehaltungsrechte hinaus ein allgemeines (in vielen nationalen Rechtsordnungen ausdrücklich geregeltes[339]) ungeschriebenes Zurückbehaltungsrecht abgeleitet werden kann, ist streitig.[340] Praxisrelevant ist diese Frage vor allem für die mögliche Zurückhaltung des Kaufpreises im Fall einer mangelhaften Lieferung. Überwiegend wird ein gesetzliches Zurückbehaltungsrecht auch in diesem Fall angenommen, das allerdings nicht bei vertraglich vereinbarter Vorleistungspflicht des Käufers eingreift und im Übrigen unter Gesichtspunkten von Treu und Glauben eingeschränkt werden muss. Angesichts der nicht abschließend geklärten Rechtslage im CISG spricht aber vieles dafür, Existenz und Umfang von Zurückbehaltungsrechten vertraglich ausdrücklich zu regeln. 104

c) Klauselbeispiele

Aus Sicht des Verkäufers ist eine Einschränkung von Aufrechnungsmöglichkeiten interessant, da der Käufer in diesem Fall den Anspruch auf Zahlung des Kaufpreises nicht durch eine Aufrechnung mit Gegenansprüchen (insbesondere etwaigen Gewährleistungsansprüchen) zu Fall bringen kann. 105

Das folgende Klauselbeispiel zugunsten des Verkäufers schließt insbesondere mit Blick auf den Kaufpreisanspruch des Verkäufers sowohl eine Aufrechnung als auch **Zurückbehaltungsrechte** aus, soweit (in Anlehnung an § 309 Nr. 3 BGB) keine unbestrittene oder rechtskräftig festgestellte Gegenforderung vorliegt. 106

Auch die Wirksamkeit von vertraglichen **Aufrechnungsverboten** richtet sich nach dem ergänzend heranzuziehenden nationalen Vertragsstatut. Während mittlerweile selbst die in Allgemeinen Verkaufsbedingungen üblichen eingeschränkten Aufrechnungsverbote (siehe folgendes Klauselbeispiel) einer AGB-Inhaltskontrolle im deutschem Recht nach jüngerer Rechtsprechung nicht mehr standhalten,[341] bestehen etwa bei der Anwendbarkeit 107

[336] Zur Notwendigkeit einer Verrechnungserklärung (Ausübung eines Gestaltungsrechts durch empfangsbedürftige Willenserklärung) BSK/Peter OR I Art. 124 Rn. 1.

[337] BSK/Peter OR I Art. 120 Rn. 4.

[338] BGE 130 III 312 (318). Die Effektivklausel sieht vor, dass die Parteien eine Geldforderung ausschließlich in der vereinbarten Währung erfüllen dürfen.

[339] Vgl. etwa § 320 BGB; Art. 82 Schweizer OR; zu einer rechtsvergleichenden Übersicht Schwenzer/Hachem/Kee Global Sales Rn. 42.03 ff. mwN.

[340] Dazu umfassend Hartmann IHR 2006, 181 (188), der sich im Ergebnis (auch) für den Fall der Lieferung mangelhafter Ware für ein ungeschriebenes Zurückbehaltungsrecht ausspricht, das aber an die im konkreten Fall bestehenden Mängelrechte angepasst werden muss, um ein Unterlaufen der Voraussetzungen für die Geltendmachung dieser Rechte zu verhindern. Für ein generelles Zurückbehaltungsrecht gestützt auf eine Gesamtanalogie von Art. 58 Abs. 1, 71, 85, 86 Abs. 1 CISG Kröll/Mistelis/Perales Viscasillas/Huber CISG Art. 45 Rn. 8.

[341] So (im Fall eines in einem vorformulierten Architektenvertrag enthaltenen Aufrechnungsverbotes) BGH NJW 2011, 1729 (1730): Ein Aufrechnungsverbot wurde in dieser Entscheidung selbst bei Ausklammerung unbestrittener oder rechtskräftig festgestellter Forderung als unwirksam angesehen, weil davon auch *„die in einem engen synallagmatischen Verhältnis zur Werklohnforderung stehenden Ersatzansprüche wegen Mängelbeseitigungskosten und Fertigstellungsmehrkosten erfasst"* würden; zur Übertragbarkeit dieser Erwägungsgründe (auch) auf Lieferverträge Graf v. Westphalen NJW 2012, 2243 (2247) sowie OLG Nürnberg NJOZ 2014, 1882 (1884 f.).

Schweizer Rechts keine gravierenden Bedenken gegen die Wirksamkeit. Hier käme wohl sogar ein uneingeschränktes Aufrechnungsverbot in Betracht, da Art. 126 OR den vertraglichen Ausschluss ausdrücklich gestattet und eine (offene) AGB-Inhaltskontrolle im Schweizer Recht zumindest im unternehmerischen Geschäftsverkehr nicht besteht.

Klauselbeispiel für einen Ausschluss von Aufrechnungsmöglichkeiten und Zurückbehaltungsrechten zugunsten des Verkäufers

[•] Set-off and retention rights

(1) The Buyer may only set off claims in accordance with the applicable law that are owed in the same currency as the main claim and that are either undisputed between the Parties or have been finally adjudicated.

(2) The same restrictions shall apply mutatis mutandis to any right of retention of the Buyer.

108 Der Käufer kann sich umgekehrt Zurückbehaltungsrechte auch und gerade für den Fall einer mangelhaften Lieferung ausdrücklich einräumen lassen. Es versteht sich von selbst, dass diese Option nur in Betracht kommt, wenn der Käufer nicht ohnehin vorleistungspflichtig ist.

Klauselbeispiel für die Regelung vertraglicher Zurückbehaltungsrechte und Aufrechnungsmöglichkeiten in Bezug auf den Kaufpreis

[•] Set-off and retention rights

(1) The payment of the contract price is subject to Seller's due and complete performance of its obligations (including but not limited to the delivery of conforming Contractual Products) in accordance with this contract.

(2) Without prejudice to any other right or remedy of the Buyer, the Buyer may deduct from any sum due or to become due to the Seller in accordance with this contract any sum due from the Seller under this contract or under any other contract concluded between the Parties.

II. Lieferbedingungen

1. Umfang der Lieferpflichten; transport- und versicherungsrechtliche Fragen

a) Ausgangspunkt im CISG

109 Auffangregelungen zu Lieferort und Lieferzeit finden sich in Art. 31 und 33 CISG. In der Praxis spielen diese Bestimmungen allerdings nur eine geringe Rolle, da die Parteien die Lieferbedingungen meist ausdrücklich im Vertrag selbst (insbesondere unter Einbeziehung von Incoterms) regeln.

b) Regelung durch Incoterms

110 Die insgesamt 11 Incoterms (Incoterms © 2020) teilen sich in die vier Gruppen der **E-, F- C- und D-Klauseln** auf:

111 Die einzige **E-Klausel** (EXW) ist aus Sicht des Verkäufers zunächst am vorteilhaftesten: Der Verkäufer muss hier lediglich die Ware am benannten Ort (regelmäßig das Warenlager des Verkäufers) bereithalten. Alles andere (Abholung, Verladung, Beschaffung notwendiger Export-, Transit- und Importgenehmigungen, Verzollung und damit verbundene Kosten etc) obliegt dem Käufer. Auch die **Gefahr** geht bereits mit der **Bereitstellung** der Ware und der Benachrichtigung des Käufers hierüber auf den Käufer über; ein Verlust oder die Beschädigung des Kaufgegenstandes bei der Verladung fallen daher dem Käufer zur Last.

Insbesondere für den Fall, dass **Exportgenehmigungen** beschafft werden müssen, ist EXW für den Käufer regelmäßig nicht akzeptabel.[342]

Bei den **F-Klauseln** (FCA, FOB, FAS) muss die Ware am jeweils bezeichneten Ort an den vom Käufer benannten Haupttransporteur übergeben werden. An diesem Ort werden die Lieferpflichten des Verkäufers erfüllt; auch der Gefahrübergang findet hier statt. Eine bereits mit der Vorgängerversion, den Incoterms 2010, eingeführte Änderung im Rahmen der maritimen FOB-Klausel betrifft dabei den **Zeitpunkt des Gefahrübergangs** (ebenso auch CFR und CIF): Hier ist nicht (mehr) der Zeitpunkt des Überschreitens der Schiffsreling relevant; die Gefahr geht erst mit Verbringung der Ware an Bord auf den Käufer über.[343] Anders als bei EXW ist der Verkäufer bei allen F-Klauseln verpflichtet, die Ware zur Ausfuhr freizumachen, insbesondere also etwa erforderliche Exportgenehmigungen zu beschaffen. 112

Bei den **C-Klauseln** (CIF, CFR, CPF, CIP) handelt es sich dagegen um sog. **„Zwei-Punkt"**-Klauseln: Zwar muss der Verkäufer hier anders als bei den F-Klauseln den Transport der Ware bis zum bezeichneten **Zielort** organisieren und bezahlen. Die **Gefahr** geht allerdings schon am **Versandort** (bei der Klausel CIF etwa im Verschiffungshafen) über. Im Fall der Klauseln CIF und CIP schuldet der Verkäufer daher auch den Abschluss einer **Transportversicherung** zugunsten des Käufers. Während im Fall der CIP-Klausel eine weitergehende (prinzipiell „alle Gefahren" abdeckende) Transportversicherung mit dem Deckungsumfang gemäß den Klauseln (A) der Institute Cargo Clauses (LMA/IUA) geschuldet wird, reicht bei Verwendung der CIF-Klausel (vorbehaltlich abweichender vertraglicher Vereinbarungen) weiterhin der deutlich geringere Versicherungsschutz nach Maßgabe der Klauseln (C) der Institute Cargo Clauses aus.[344] 113

Die Maximalverpflichtung aus Sicht des Verkäufers stellen schließlich die **D-Klauseln** (sogenannte Ankunftsklauseln) dar (DAP, DPU, DDP): Bei Verwendung dieser Klauseln erfüllt der Verkäufer seine Lieferpflicht erst, wenn die Ware (auf seine Kosten) am benannten Zielort eingetroffen ist. Bei der für den Verkäufer nachteiligsten Variante DDP ist der Verkäufer neben der Kosten- und der Gefahrtragung für den Haupttransport auch für die Verzollung im Importland, die Beschaffung eventuell notwendiger Importgenehmigungen und die Zahlung eventuell anfallender Zölle verantwortlich. 114

Die inhaltlichen Änderungen durch die Incoterms © 2020 gegenüber der Vorgängerversion (Incoterms © 2010) halten sich insgesamt in Grenzen:[345] Neben der Umbenennung der ehemaligen Klausel DAT (Delivered at Terminal) in DPU und den schon angesprochenen jetzt verschiedenen Deckungssstufen des Versicherungsschutzes in CIF und CIP umfassen die transportbezogenen Anforderungen der Incoterms nunmehr auch sicherheitsbezogene Pflichten. Darüber hinaus erlauben die Klauseln FCA sowie alle D-Klauseln jetzt ausdrücklich auch die Durchführung des Transportes unmittelbar durch die hierzu verpflichtete Vertragspartei selbst und verlangen damit nicht notwendigerweise die Einschaltung externer Frachtführer. Zuletzt können die Parteien bei Verwendung der FCA-Klausel insbesondere für die Zwecke einer Zahlungsabwicklung per Dokumentenakkreditiv optional vereinbaren, dass der Käufer mit seinem Frachführer die Ausstellung eines Bordkonnossements vereinbaren muss, das im Anschluss an den Verkäufer übergeben wird (und von diesem dann wieder bei der Akkreditivbank vorgelegt werden kann). Hintergrund dafür ist, dass der Verkäufer bei Verwendung der FCA-Klausel ins- 115

342 Das gilt vor allem dann, wenn Exportgenehmigungen nur Personen erteilt werden, die im Exportstaat ansässig sind, Piltz/Bredow Incoterms § 2 Rn. E-121. Zu Problemen führen darüber hinaus die Erfüllung zollrechtlicher Freimachungspflichten durch einen nicht-europäischen Käufer, da das europäische Zollrecht grundsätzlich die Mitwirkung von in der EU ansässigen Beteiligten erfordert, Piltz IWRZ 2020, 157 (164).

343 Dazu und neuen Auslegungsproblemen Ramberg EJLR 2011, 380 (385).

344 Davon werden im Wesentlichen nur enumerierte Elementargefahren erfasst, Oertel RIW 2019, 701 (705). Allerdings kann der Käufer auf seine Kosten vom Verkäufer die Eindeckung zusätzlichen Transportversicherungsschutzes verlangen, CIF A5 Incoterms 2020.

345 Oertel RIW 2019, 701 (704 f.) mit weiteren Einzelheiten.

besondere beim Containertransport der Ware keinen Einfluss auf die vom Frachtführer des Käufers ausgestellten Frachtpapiere hat.[346]

Übersicht über die INCOTERMS © 2020

I. Für alle Transportarten geeignete Klauseln
- EXW (ex works) [benannter Ort]
- FCA (free carrier) [benannter Ort]
- CPT (carriage paid to) [benannter Zielort]
- CIP (carriage and insurance paid to) [benannter Zielort]
- DAP (delivered at place unloaded) [benannter Zielort]
- DPU (delivered at place) [benannter Zielort]
- DDP (delivered duty paid) [benannter Zielort]

II. Nur für den Schiffstransport geeignete Klauseln
- FAS (free alongside ship) [benannter Verschiffungshafen]
- FOB (free on board) [benannter Verschiffungshafen]
- CFR (cost and freight) [benannter Zielhafen]
- CIF (cost, insurance and freight) [benannter Zielhafen]

2. Fallstricke bei der Verwendung von Incoterms

116 Die Verwendung von Incoterms in internationalen Lieferverträgen macht individuell ausformulierte Regelungen unter anderem zum Umfang der Lieferpflichten, der Gefahrtragung, dem Abschluss von Transportversicherungen, den Zuständigkeiten für die Beschaffung notwendiger Ein- und Ausfuhrgenehmigungen und der Tragung von Ein- und Ausfuhrzöllen meist überflüssig und bereitet in der Vertragsgestaltung an und für sich auch keine größeren Schwierigkeiten.

a) Abstimmung mit gewünschter Transportart

117 Um Rechtsunsicherheiten zu vermeiden, sollten sich die Vertragsparteien allerdings immer auf eine Incoterms-Klausel verständigen, die auf die gewünschte **Transportart** abgestimmt ist. Die Erläuterungen der ICC tragen diesem Erfordernis dadurch Rechnung, dass sie die 11 Incoterms ausdrücklich in solche Klauseln unterteilen, die für alle Transportarten verwendet werden können und solche, die sinnvoller Weise nur bei **Schiffstransporten** zur Anwendung kommen sollten. Um Verwechslungen mit anderen Handelsklauseln zu vermeiden, empfiehlt sich im Übrigen eine ausdrückliche vertragliche Bezugnahme auf die jeweils gewünschte Incoterms-Version der ICC.

Klauselbeispiel für die Verwendung von Incoterms in Lieferbedingungen [FOB]

[•] Delivery Terms

The Seller undertakes to deliver the Contractual Products FOB Antwerp Quai 132 (Incoterms © 2020) until 15 December 2022.

b) Vertragliche Abänderungen des regulären Bedeutungsgehalts

118 Aus dem Charakter der Incoterms als Mustervertragsbedingungen folgt, dass die Parteien den von der ICC definierten Regelungsgehalt der jeweils verwendeten Incoterms-Klausel vertraglich abändern können.[347] Davon sollte aber – wenn überhaupt – nur sehr **vorsich-**

[346] Oertel RIW 2019, 701 (704f.). Als Alternative kann sich daher anbieten, dass der Verkäufer im Fall einer FCA-Lieferung nach Maßgabe der Akkreditivbedingungen ein Übernahme- und kein Bordkonnossement vorlegen muss, Piltz IWRZ 2020, 157 (162).

[347] Piltz/Bredow Incoterms § 1 Rn. A-309.

tig Gebrauch gemacht werden, um Rechtsunsicherheiten zu vermeiden. So stellt sich etwa bei der in der Vertragspraxis mitunter verwendeten Variante „EXW Loaded" die Frage, ob damit in Abweichung vom regulären Regelungsgehalt der EXW-Klausel nur eine Pflicht des Verkäufers begründet werden soll, das vom Käufer gestellte Transportmittel zu beladen oder aber zusätzlich auch eine abweichende Regelung des Gefahrübergangs (insbesondere mit Blick auf Beschädigung der Ware beim Beladungsvorgang) gewollt ist.[348] Im Einzelfall ist daher (wie im folgenden Klauselbeispiel) eine ausdrückliche Regelung empfehlenswert.

Klauselbeispiel für Lieferbedingungen unter Verwendung einer modifizierten EXW-Klausel [EXW Loaded]

[•] Delivery

The Seller undertakes to deliver the Contractual Products EXW Loaded (Incoterms © 2020) until 15 December 2012. For the avoidance of doubt, the transfer of risk as provided for by the EXW-term (Incoterms © 2020) remains unaffected.

c) Zwei-Punkt Klauseln und Lieferzeiten

Zu vermeidbaren Missverständnissen mit Blick auf einschlägige Lieferfristen führt häufig die Verwendung von C-Klauseln (sog. Zwei-Punkt Klauseln). Das liegt daran, dass bei den C-Klauseln der **Ankunftsort** (und nicht der Versandort) in der Lieferklausel angegeben wird, weil der Verkäufer bis zu diesem Ort die Organisation und die Kosten des Haupttransports übernehmen muss, gleichzeitig seine Lieferpflichten (Art. 30 CISG) aber schon mit Beladung des Transportmittels am **Versandort** erfüllt hat. Vertraglich vereinbarte Liefertermine beziehen sich daher mangels ausdrücklich abweichender vertraglicher Absprache auf den **Zeitpunkt der Verladung** und nicht auf den Ankunftstermin der Ware am benannten Zielort.[349] Für den Käufer kann die nachstehende Beispielsformulierung im ersten Absatz der Klausel aber den irrtümlichen Anschein erwecken, dass die Ware bis zu dem genannten Liefertermin in New York eintreffen muss. Zur Vermeidung von Missverständnissen kann sich daher eine entsprechende **Klarstellung** wie im zweiten Absatz des folgenden Formulierungsvorschlags empfehlen. 119

Klauselbeispiel Lieferbedingungen unter Verwendung der CIF-Klausel

[•] Delivery

(1) The Seller undertakes to deliver the Contractual Products **CIF New York (Incoterms © 2020)**. Delivery shall be made until 15 December 2022.

(2) For the avoidance of doubt, the delivery date indicated above refers to the date of shipment (loading on board) of the Contractual Products at the place of shipment.

d) Vermutung eines Fixgeschäfts bei Verwendung der Incoterms FOB und CIF?

Insbesondere in der deutschen Kommentarliteratur ist die Auffassung weit verbreitet, dass die Verwendung der Incoterms-Klauseln FOB und CIF die Vermutung für ein (relatives) **Fixgeschäft** begründen und damit selbst bei einer unwesentlichen Lieferverzögerung zu einem Aufhebungsrecht des Käufers führen soll.[350] Vieles spricht dafür, dass diese Ansicht auf einer undifferenzierten Rezeption[351] des englischen Rechts beruht, das im commodity trade (der meist auf Basis einer FOB oder CIF-Lieferung durchgeführt wird) angesichts der für diese Vertragsgegenstände geltenden Besonderheiten ein sofortiges Aufhebungs- 120

[348] Wertenbruch ZGS 2005, 136 (137).
[349] Anschaulich dazu die Entscheidung des OGH Urt. v. 6.6.1986 – 8 Ob 510/86.
[350] Siehe nur Kröll/Mistelis/Perales Viscasillas/Björklund CISG Art. 25 Rn. 35; Schlechtriem/Schwenzer/Schroeter/Schroeter CISG Art. 25 Rn. 149 f.; BeckOGK/Schmidt-Ahrendts, 1.5.2022, Art. 25 CISG Rn. 60.
[351] Magnus/Lüsing IHR 2007, 1 (12); Ostendorf IHR 2009, 100 (102).

recht des Käufers im Fall einer Lieferverzögerung annimmt. Um mögliche Rechtsnachteile zu vermeiden, empfiehlt sich aus Sicht des Verkäufers daher, die von der hM unterstellte Vermutung durch eine vertragliche Klarstellung ausdrücklich zu widerlegen.

Klauselbeispiel zur ergänzenden Klarstellung, dass trotz Verwendung von FOB/CIF-Terms kein Fixgeschäft gewollt ist

For the avoidance of doubt, time of delivery is not of the essence.

121 Alternativ kann auch eine ausdrückliche Regelung des Aufhebungsrechts in der Lieferklausel erfolgen (dazu im Folgenden).

3. Rechtsfolgen eines Lieferverzugs

a) Regelung im CISG

122 Lieferverzögerungen führen zu Schadensersatzansprüchen gemäß Art. 45 Abs. 1 lit. b), 74 Abs. 1 CISG und der Möglichkeit des Käufers, nach fruchtlosem Ablauf einer gesetzten **Nachfrist** Vertragsaufhebung und Rückgewähr bereits geleisteter Zahlungen zu verlangen, Art. 49 Abs. 1 lit. b), Art. 81 Abs. 2 CISG. Vereinbaren die Parteien, dass die Nichteinhaltung des Lieferdatums eine wesentliche Vertragsverletzung darstellen soll (insbesondere im Fall eines relativen Fixgeschäftes), kommt auch eine sofortige Vertragsaufhebung in Betracht, Art. 49 Abs. 1 lit. a) CISG.

b) Hinweise für die Vertragsgestaltung

123 Schadensersatzansprüche wegen Lieferverzögerungen sind für den Verkäufer besonders gefährlich, weil die hier relevanten Schadenspositionen typischerweise **reine Vermögensschäden** darstellen, die von den einschlägigen Betriebshaftpflichtversicherungen regelmäßig nicht abgedeckt werden. Aus Sicht des Verkäufers ist daher eine **Haftungsbeschränkung** empfehlenswert, wie sie auch in der Praxis in einer Vielzahl von Lieferverträgen vereinbart wird.

124 Der nachfolgende Klauselvorschlag macht die Haftung des Verkäufers für Lieferverzug entgegen dem Grundsatz der Garantiehaftung im CISG zunächst von einem Verschulden abhängig und sieht zugleich einen umfassenden Haftungsdeckel vor.[352] Darüber hinaus werden die Voraussetzungen für ein Aufhebungsrecht dadurch präzisiert, dass die Länge der von Art. 49 Abs. 1 lit. b) CISG vorgesehenen „angemessenen Frist" genauer bestimmt und zugleich klargestellt wird, dass eine Lieferverzögerung keine wesentliche Vertragsverletzung darstellt.

Klauselbeispiel für Einschränkungen der gesetzlichen Rechtsfolgen bei Lieferverzögerung aus Verkäuferperspektive

[•] Delay with Delivery

(1) The Seller is in any event of delay with delivery (and subject to any further requirements of the applicable law) only liable for damages if the delay has been culpably caused. Seller's liability for any damages attributable to delay shall furthermore be capped at an amount of 5 % of the Contract Price (net) in the aggregate. Any claim for damages shall also be capped at this maximum amount if the Buyer declares the avoidance of the Contract due to the delay.

(2) The agreed time of delivery shall not be of the essence. Accordingly, but subject to any further requirements of the applicable law, the Buyer may only declare the Contract avoid-

[352] Zu der hier vorgeschlagenen sowie weiteren Varianten von Haftungsbeschränkungen bei Leistungsverzögerungen und Wirksamkeitsbedenken solcher Klauseln insbesondere bei Anwendung der AGB-Inhaltskontrolle → § 8 Rn. 9, 37ff. sowie (mit Blick auf die Verwendung von Pld-Klauseln) → § 6 Rn. 8ff.

ed by reason of any delay if the delay is i) attributable to the Seller, ii) the Buyer has threatened the Seller with avoidance in writing after the date of delivery and iii) a grace period set by the Buyer on or after the delivery date of reasonable length, at least however [•] weeks, has lapsed to no avail.

Der Käufer wird dagegen unter Umständen an einem **sofortigen Aufhebungsrecht** 125
interessiert sein. In diesem Fall kann – wie im nachstehenden Klauselbeispiel – die Rechtzeitigkeit der Lieferung zur wesentlichen Vertragspflicht aufgewertet werden. Zulässigkeitsbedenken bestehen allerdings auch hier,[353] wenn die deutsche AGB-Inhaltskontrolle zur Anwendung kommt und das sofortige Lösungsrecht nicht durch besondere Umstände des Einzelfalls gerechtfertigt werden kann. Im Übrigen stellt die nachstehende Musterklausel klar, dass weitergehende (Schadensersatz-)ansprüche des Käufers unberührt bleiben. Alternativ ist gerade aus Sicht des Käufers die Vereinbarung von im CISG selbst nicht geregelten **Vertragsstrafen** oder **Schadenspauschalen** interessant, deren Gestaltung im Einzelnen in § 6 näher erörtert wird.

Klauselbeispiel für ein sofortiges Aufhebungsrecht im Fall einer Lieferverzögerung aus Käuferperspektive

[•] Delay with Delivery

(1) The time of delivery is of the essence. Accordingly, the Buyer may immediately declare the avoidance of the Contract by reason of any delay with delivery.

(2) For the avoidance of doubt, any other rights and remedies of the Buyer in accordance with the applicable law remain unaffected.

III. Mängel und Mängelhaftung

Gemäß Art. 35 Abs. 1 und 2 CISG hat der Verkäufer vertragsgemäße Ware zu liefern, die 126
zudem nach Art. 41 und Art. 42 CISG frei von Rechten oder Ansprüchen Dritter sein muss. Verletzt der Verkäufer eine dieser Pflichten, stehen dem Käufer die in Art. 45 Abs. 1 CISG genannten Rechtsbehelfe zu, wenn deren jeweiligen zusätzlichen Voraussetzungen vorliegen. Gemäß Art. 39 Abs. 1, Art. 43 Abs. 1 CISG verliert der Käufer jedoch das Recht, sich auf eine Vertragswidrigkeit oder einen Rechtsmangel der Ware zu berufen, wenn er sie dem Verkäufer nicht rechtzeitig anzeigt.

1. Voraussetzungen für das Vorliegen eines Mangels

a) Voraussetzungen für das Vorliegen eines Sachmangels

Art. 35 Abs. 1 CISG stellt die **Beschaffenheitsvereinbarung** der Parteien in den Vorder- 127
grund. Der Verkäufer muss Ware liefern, die in Menge, Qualität und Art sowie hinsichtlich Verpackung oder Behältnis den Anforderungen des Vertrags entspricht. Nach dem Wortlaut des Art. 35 Abs. 1 CISG stellen sowohl die Zuwenig- als auch die Zuviellieferung eine vertragswidrige Lieferung dar,[354] wobei hinsichtlich der Zuweniglieferung die Sonderregelung des Art. 51 CISG und hinsichtlich der Zuviellieferung Art. 52 Abs. 2 CISG zu beachten ist. Die Lieferung eines *aliud* stellt ebenfalls eine nicht vertragsgemäße Leistung dar, da die Ware gemäß Art. 35 Abs. 1 CISG auch der vereinbarten Art („description", „le type") entsprechen muss.[355]

---

[353] Dazu bereits oben → Rn. 102.

[354] Schlechtriem/Schwenzer/Schroeter/Schwenzer CISG Art. 35 Rn. 8; MüKoHGB/Benicke Art. 35 CISG Rn. 4.

[355] Siehe zB BGHZ 132, 290 (296); OGH IHR 2001, 40 (41). Nach anderer Auffassung ist die Lieferung eines krassen *aliud* als Nichtlieferung einzuordnen, Neumayer RIW 1994, 99 (105). Diese Ansicht ist auf-

128 Fehlt es an einer ausdrücklichen oder stillschweigenden Beschaffenheitsvereinbarung der Parteien oder ist diese nicht hinreichend detailliert,[356] bestimmt sich die Vertragsgemäßheit der Ware nach den in Art. 35 Abs. 2 lit. a)–d) CISG aufgestellten **objektiven Standards,** welche insoweit als Teil des Kaufvertrags bzw. als „implied terms" aufgefasst werden. Mangels anderweitiger Vereinbarung muss sich die Ware gemäß Art. 35 lit. b) CISG für einen **bestimmten Zweck** eignen, der dem Verkäufer bei Vertragsabschluss ausdrücklich oder auf andere Weise zur Kenntnis gebracht wurde. Dies gilt allerdings nur, sofern sich nicht aus den Umständen ergibt, dass der Käufer auf die Sachkenntnis und das Urteilsvermögen des Verkäufers nicht vertraute oder vernünftigerweise nicht vertrauen konnte. Art. 35 Abs. 2 lit. b) CISG ermöglicht demnach in gewissen Grenzen eine **einseitige Festlegung** des Vertragsinhalts.[357] Hat der Käufer dem Verkäufer einen besonderen Zweck – was anzuraten ist[358] – ausdrücklich zur Kenntnis gebracht, so muss der Verkäufer einer entsprechenden Verwendungseignung zur Vermeidung seiner Einstandspflicht ausdrücklich widersprechen.[359] Auf andere Weise hat der Käufer dem Verkäufer einen bestimmten Zweck dann zur Kenntnis gebracht, wenn ein vernünftiger Verkäufer ihn aus den Umständen erkennen konnte.[360]

129 Die Ware muss nicht nur für den besonderen Zweck, sondern daneben grundsätzlich auch für den **gewöhnlichen Gebrauchszweck** geeignet sein (Art. 35 Abs. 1 lit. a) CISG).[361] Hat der Käufer dem Verkäufer keinen besonderen Zweck zur Kenntnis gebracht, ist allein der gewöhnliche Gebrauchszweck für die geschuldeten Eigenschaften der Ware maßgeblich.[362] Die Ware muss sich für diejenigen Verwendungsformen eignen, die nach ihrer stofflichen und technischen Auslegung und der hieran anknüpfenden Verkehrserwartung nahe liegen.[363] Die Geeignetheit der Ware für den gewöhnlichen Gebrauchszweck setzt im internationalen Groß- und Zwischenhandel insbesondere auch die **Wiederverkäuflichkeit** der Ware voraus.[364] Nach der Rechtsprechung beurteilt sich die Geeignetheit der Ware für den gewöhnlichen Zweck grundsätzlich nach den Standards bzw. den öffentlich-rechtlichen Vorschriften im **Land des Verkäufers** und nicht nach denjenigen im Land des Käufers, da von dem Verkäufer nicht erwartet werden könne, dass er die besonderen Vorschriften im Käufer- oder Verwendungsstaat kennt.[365] Selbst wenn der Käufer dem Verkäufer das Bestimmungsland der Ware mitgeteilt hat, begründet diese Mitteilung nach der Rechtsprechung für sich genommen noch keine Verpflichtung des Verkäufers, die besonderen Vorschriften im Bestimmungsland einzuhalten.[366] Auf die Standards bzw. öffentlich-rechtlichen Vorschriften im Land des Käufers ist nur dann abzustellen, wenn sie ebenso im Verkäuferstaat gelten, die Parteien sie vereinbart haben, der Käufer sie dem Verkäufer gemäß Art. 35 Abs. 2 lit. b) CISG bei Vertragsabschluss zur Kenntnis

---

grund der Abgrenzungsschwierigkeiten zwischen der Lieferung eines einfachen und eines krassen *aliud* abzulehnen.

[356] Schlechtriem/Schwenzer/Schroeter/Schwenzer CISG Art. 35 Rn. 12.

[357] Staudinger/Magnus BGB Art. 35 CISG Rn. 26.

[358] Staudinger/Magnus BGB Art. 35 CISG Rn. 28.

[359] Schlechtriem/Schwenzer/Schroeter/Schwenzer CISG Art. 35 Rn. 21.

[360] BeckOK BGB/Saenger, 1.5.2022, Art. 35 CISG Rn. 8; Staudinger/Magnus BGB Art. 35 CISG Rn. 28.

[361] Dies gilt jedenfalls insoweit, als sich aus dem besonderen Zweckanliegen des Käufers nichts anderes ergibt, etwa weil sich der besondere und der gewöhnliche Zweck widersprechen, Staudinger/Magnus BGB Art. 35 CISG Rn. 26; BeckOK BGB/Saenger, 1.5.2022, Art. 35 CISG Rn. 7; Koch IHR 2009, 233 (235); siehe aber auch Kröll/Mistelis/Perales Viscasillas/Kröll CISG Art. 35 Rn. 65.

[362] Schlechtriem/Schwenzer/Schroeter/Schwenzer CISG Art. 35 Rn. 13.

[363] BGH NJW 2013, 304 (305).

[364] BGH NJW-RR 2005, 1218 (1219).

[365] BGHZ 129, 75 (81 ff.); OGH IHR 2001, 117 (120); High Court of New Zealand 30.7.2010, CISG-online 2113; Handelsgericht des Kantons St. Gallen 14.6.2012, CISG-online 2468; ebenso MüKoBGB/Gruber CISG Art. 35 Rn. 22 ff.; kritisch hingegen Schlechtriem/Schwenzer/Schroeter/Schwenzer CISG Art. 35 Rn. 17a.

[366] BGHZ 129, 75 (81, 83); High Court of New Zealand 30.7.2010, CISG-online 2113; andere Auffassung Koch IHR 2009, 233 (235 f.).

gebracht hat und dabei auf dessen Sachkunde vertraute oder vertrauen durfte[367] oder sie dem Verkäufer aufgrund besonderer Umstände des Einzelfalls bekannt sind oder sein müssten.[368] Angesichts dieser Rechtsprechung sollte der Käufer diejenigen Anforderungen, welche sich aus den Standards bzw. öffentlich-rechtlichen Vorschriften im Käufer- bzw. Verwendungsstaat ergeben, **möglichst vertraglich** festlegen.[369]

Aufgrund der „implied terms" des Art. 35 Abs. 2 lit. a) und b) CISG ist die Ware man- 130
gels einer **Vereinbarung der Parteien über den Zweck** der Ware selbst dann vertragswidrig, wenn sie zwar die zwischen den Parteien im Übrigen vereinbarte Beschaffenheit aufweist, aber nicht für den bestimmten oder gewöhnlichen Zweck geeignet ist. Etwas anderes gilt nur, wenn die Ware nicht zugleich der Beschaffenheitsvereinbarung entsprechen und für den bestimmten oder gewöhnlichen Zweck geeignet sein kann. In diesem Fall ist die Beschaffenheitsvereinbarung gemäß der Systematik des Art. 35 Abs. 1 und 2 CISG grundsätzlich vorrangig.[370] Haben die Parteien im Rahmen der Beschaffenheitsvereinbarung auch eine Vereinbarung über den Zweck der Ware getroffen, muss die Ware grundsätzlich sowohl die vereinbarte Beschaffenheit aufweisen als auch den vereinbarten Zweck erfüllen. Kann die Ware in diesem Fall nicht zugleich der Beschaffenheitsvereinbarung und der Vereinbarung über den Zweck der Ware entsprechen, ist im Rahmen der Auslegung gemäß Art. 8 CISG zu ermitteln, welche Vereinbarung vorrangig gilt.

Mangels anderweitiger Vereinbarung muss die Ware ferner diejenigen Eigenschaften be- 131
sitzen, die der Käufer dem Verkäufer als **Probe** oder Muster vorgelegt hat (Art. 35 Abs. 2 lit. c) CISG). Darüber hinaus muss die Ware gemäß Art. 35 Abs. 2 lit. d) CISG in der für Ware dieser Art üblichen Weise oder, falls es eine solche Weise nicht gibt, in einer für die Erhaltung und den Schutz der Ware angemessenen Weise **verpackt** sein.

Die Unterscheidung, ob eine Vertragswidrigkeit der Ware gemäß der Beschaffenheits- 132
vereinbarung nach Art. 35 Abs. 1 CISG oder gemäß den objektiven Standards nach Art. 35 Abs. 2 CISG vorliegt, hat Bedeutung in Hinblick auf den **Haftungsausschluss** gemäß Art. 35 Abs. 3 CISG.[371] Danach haftet der Verkäufer nicht für eine Vertragswidrigkeit der Ware gemäß Art. 35 Abs. 2 lit. a) bis d) CISG, wenn der Käufer diese Vertragswidrigkeit bei Vertragsabschluss kannte oder darüber nicht in Unkenntnis sein konnte. Die Formulierung *„nicht in Unkenntnis sein konnte"* wird überwiegend mit **grober Fahrlässigkeit** gleichgesetzt.[372] Für den Fall einer Vertragswidrigkeit gemäß Art. 35 Abs. 1 CISG gilt der Haftungsausschluss nach seinem Wortlaut nicht, und zwar auch nicht analog.[373] Kennt der Käufer im Zeitpunkt des Vertragsabschlusses eine Abweichung der Ware von der vereinbarten Beschaffenheit gemäß Art. 35 Abs. 1 CISG, ist im Einzelfall vielmehr im Wege

---

367 BGHZ 129, 75 (82f.); OGH IHR 2001, 117 (120); High Court of New Zealand 30.7.2010, CISG-online 2113.

368 BGHZ 129, 75 (82f.); High Court of New Zealand 30.7.2010, CISG-online 2113; US District Court, E.D. Lousiana 17.5.1999, CISG-online 387; Handelsgericht des Kantons St. Gallen 14.6.2012, CISG-online 2468. Als mögliche besondere Umstände nennen der BGH und der High Court of New Zealand beispielhaft, dass der Verkäufer in dem Bestimmungsland eine Zweigniederlassung unterhält, er mit dem Käufer schon in längerer Geschäftsverbindung steht, er häufig in das Land des Käufers exportiert oder in diesem für seine Produkte geworben hat. Das OLG Koblenz hat solche besonderen Umstände in einem Fall angenommen, in dem der Verkäufer als Fachunternehmen auf einer Internetseite regelmäßig Angebote für den Markt des Bestimmungslandes veröffentlichte, OLG Koblenz BeckRS 2013, 16570. Zu möglichen relevanten Umständen auch Saidov CISG-AC Opinion No. 19 Comment 4.2ff.

369 Koch IHR 2009, 233 (236).

370 Kröll/Mistelis/Perales Viscasillas/Kröll CISG Art. 35 Rn. 68 mwN.

371 Ferrari/Ferrari IntVertragsR Art. 35 CISG Rn. 12.

372 BeckOK BGB/Saenger, 1.5.2022, Art. 35 CISG Rn. 12; andere Auffassung Schlechtriem/Schwenzer/Schroeter/Schwenzer CISG Art. 35 Rn. 34, welche über eine grobe Fahrlässigkeit hinaus verlangen, dass dem Käufer die Qualitätsabweichung ins Auge springen musste.

373 Str., ebenso wie hier Ferrari/Ferrari IntVertragsR Art. 35 CISG Rn. 12, 27; Schlechtriem/Schwenzer/Schroeter/Schwenzer CISG Art. 35 Rn. 38; De Luca Pace Int'l L. Rev. 2015, 163 (234ff.); differenzierend Staudinger/Magnus BGB Art. 35 CISG Rn. 49ff.

der Auslegung gemäß Art. 8 CISG zu ermitteln, welche Beschaffenheit der Ware die Parteien tatsächlich vereinbart haben.[374]

133 Gemäß Art. 36 Abs. 1 CISG setzt die Haftung des Verkäufers voraus, dass die Vertragswidrigkeit bereits im **Zeitpunkt des Übergangs der Gefahr** auf den Käufer bestanden hat, auch wenn sie erst nach diesem Zeitpunkt offenbar geworden ist. Art. 36 Abs. 1 CISG erfasst damit auch versteckte Mängel, deren Ursache bereits bei Gefahrübergang angelegt war, die jedoch zu diesem Zeitpunkt noch nicht erkennbar waren.[375] Ein solcher versteckter Mangel liegt beispielsweise vor, wenn die Ware – ohne dass dies erkennbar war – bereits im Zeitpunkt des Gefahrübergangs so beschaffen war, dass sie frühzeitig, dh vor Ablauf ihrer normalerweise zu erwartenden Lebensdauer, ausfällt und sie infolgedessen für den bestimmten oder den gewöhnlichen Zweck nicht geeignet ist.[376]

134 Eine weitergehende Haftung trifft den Verkäufer gemäß Art. 36 Abs. 2 CISG, wenn er gegenüber dem Käufer eine so genannte **Haltbarkeitsgarantie** übernommen hat, dh eine Garantie dafür, dass die Ware für eine bestimmte Zeit bestimmte Eigenschaften oder Merkmale behalten und für einen besonderen oder den üblichen Zweck geeignet bleiben wird. In diesem Fall haftet der Verkäufer gemäß Art. 36 Abs. 2 CISG auch für eine erst **nach Gefahrübergang** eingetretene Vertragswidrigkeit, welche auf der Verletzung der Garantie beruht. Im Ergebnis haftet der Verkäufer bei Übernahme einer Haltbarkeitsgarantie für jeden innerhalb der Garantiefrist auftretenden und die Garantie verletzenden Mangel, es sei denn, dass er beweisen kann, dass der Mangel auf einen unsachgemäßen Gebrauch der Ware durch den Käufer oder auf eine andere Ursache außerhalb seiner Risikosphäre zurückzuführen ist.[377]

b) Hinweise für die Vertragsgestaltung

135 Aus Sicht des Verkäufers empfiehlt sich zunächst, im Vertrag die **abschließende Geltung** vertraglich vereinbarter Beschaffenheiten ausdrücklich zu regeln und eine zusätzliche Heranziehung der Qualitätsstandards aus Art. 35 Abs. 2 CISG damit nach Möglichkeit zu verhindern. Das gilt insbesondere für die in Art. 35 Abs. 2 lit. b) CISG verankerte und potentiell haftungsträchtige „fitness for particular purpose." Die Definition des relevanten Zeitpunkts für die Beurteilung der Sachmängelfreiheit („at the time of transfer of risk") im folgenden Klauselbeispiel dient zuletzt der Klarstellung, dass keinesfalls eine Haltbarkeitsgarantie gewährt werden soll. Der Verweis auf die „conformity" der Vertragsgegenstände knüpft an die neutrale Terminologie des CISG an und vermeidet die in der internationalen Vertragspraxis weitverbreitete, aber aus dem anglo-amerikanischen Recht stammende und daher suboptimale Vereinbarung sog. warranties.

Klauselbeispiel für eine (eingeschränkte) Beschaffenheitsvereinbarung aus Sicht des Verkäufers

[•] Conformity of the Contractual Products[378]

(1) The Contractual Products are only non-conforming if they do already at the time of transfer of risk not comply with the Specifications attached to this Contract in Appendix [•] which shall conclusively describe the applicable conformity standard of the Contractual Products.

(2) The application of any further conformity standards implied by law or otherwise shall be explicitly excluded. In particular, the Seller shall not be responsible for the fitness of the

[374] Schlechtriem/Schwenzer/Schroeter/Schwenzer CISG Art. 35 Rn. 38; De Luca Pace Int'l L. Rev. 2015, 163 (236); Staudinger/Magnus BGB Art. 35 CISG Rn. 50ff.
[375] BGH NJW-RR 2005, 1218 (1220); Schlechtriem/Schwenzer/Schroeter/Schwenzer CISG Art. 36 Rn. 4.
[376] Siehe hierzu LG München I IHR 2003, 233 (234f.), Staudinger/Magnus BGB Art. 35 CISG Rn. 23.
[377] Schlechtriem/Schwenzer/Schroeter/Schwenzer CISG Art. 36 Rn. 7.
[378] Nachgebildet Ostendorf International Sales Terms S. 95.

Contractual Products for any particular purpose or compliance of the Contractual Products with any legal requirements existing outside of Seller's country of residence.

136 Aus Sicht des Käufers ist dagegen die Erweiterung der bereits im CISG selbst angelegten **kumulativen Geltung** von ausdrücklichen Beschaffenheitsvereinbarungen und der Eignung für gewöhnliche bzw. besondere Verwendungszwecke erstrebenswert. Mit einer entsprechenden ausdrücklichen vertraglichen Regelung kann die Verwendungseignung zunächst auf die höherrangige Ebene der vertraglich vereinbarten Beschaffenheit (Art. 35 Abs. 1 CISG) gehoben werden, womit sie auch nicht mehr den in Art. 35 Abs. 2 lit. b) CISG normierten Einschränkungen unterliegt. Dabei stellt sich allerdings das Problem möglicher **Widersprüche** zwischen detaillierten vertraglichen technischen Spezifikationen und der allgemeinen Eignung für gewöhnliche und besondere Verwendungszwecke. Vertraglich für den Käufer optimieren lässt sich dieses Spannungsverhältnis durch die Regelung, dass das Erreichen der jeweiligen Verwendungszwecke **Vorrang** vor den detaillierten Spezifikationen genießt. Denn vergleichbar mit dem funktionalen Mangelbegriff im deutschen Werkvertragsrecht verbleibt es dann in der Verantwortung des Verkäufers, ob mit den vereinbarten Spezifikationen der für den Käufer entscheidende übergeordnete Verwendungszweck erreicht werden kann.

137 Zusätzlich kann durch den im Klammerzusatz des folgenden Klauselbeispiels enthaltenen Passus eine Haltbarkeitsgarantie im Sinne von Art. 36 Abs. 2 CISG vereinbart werden.[379]

Klauselbeispiel für eine umfassende Beschaffenheitsvereinbarung aus Sicht des Käufers

[•] Conformity of the Contractual Products

(1) The Contractual Products shall [for a period of [•] months] comply with i) the Specifications attached as Appendix [•] and shall be fit for both ii) the purpose for which goods of the same description would ordinarily be used as well as iii) for any particular purpose expressly or otherwise made known to the Seller at the time of contract conclusion. In particular, the Contractual Products shall be fit for [•].

(2) For the avoidance of doubt, fitness of the Contractual Products for their ordinary use respectively any particular purpose made known to the Seller shall constitute an overriding requirement and hence prevail over the agreed Specifications if and when such purpose cannot be accomplished by means of full compliance with the Specifications.

(3) The Contractual Products shall also comply with any legal requirements existing in [country of use].

c) Voraussetzungen für das Vorliegen eines Rechtsmangels

138 Gemäß Art. 41 und 42 CISG hat der Verkäufer Ware zu liefern, die **frei von Rechten oder Ansprüchen Dritter** ist. Art. 41 Satz 1 CISG statuiert eine allgemeine Rechtsmängelhaftung des Verkäufers, welche insbesondere bei Ansprüchen eines Dritten aus Eigentum oder sonstigen dinglichen Sicherungsrechten greift. Art. 42 CISG stellt demgegenüber eine vorrangige Sonderregelung für Rechte oder Ansprüche eines Dritten dar, die auf gewerblichem oder anderem **geistigen Eigentum** beruhen (Art. 41 Satz 2 CISG).

139 Sowohl nach Art. 41 Satz 1 CISG als auch gemäß Art. 42 Abs. 1 CISG genügt es im Gegensatz zu vielen nationalen Rechtsordnungen[380] für eine Haftung des Verkäufers, dass ein Dritter einen Anspruch lediglich behauptet.[381] Dies bedeutet, dass der Verkäufer gegenüber dem Käufer auch für **unbegründete Ansprüche** und sogar für gänzlich aus der

[379] Zu Haltbarkeitsgarantien umfassend → § 9 Rn. 77 ff.

[380] Für einen Überblick Schlechtriem/Schwenzer/Schroeter/Schwenzer CISG Art. 41 Rn. 9 (Fn. 46).

[381] BGH NJW 2006, 1343 (1344); Schlechtriem/Schwenzer/Schroeter/Schwenzer CISG Art. 41 Rn. 9 ff., Art. 42 CISG Rn. 6; BeckOK BGB/Saenger, 1.5.2022, Art. 41 CISG Rn. 5, Art. 42 CISG Rn. 6.

Luft gegriffene Ansprüche eines Dritten haftet und dem Käufer denjenigen Schaden ersetzen muss, der diesem aufgrund der Abwehr solcher Ansprüche entstanden ist.[382] Da die allgemeine Rechtsmängelhaftung des Verkäufers gemäß Art. 41 Satz 1 CISG nur entfällt, wenn der Käufer eingewilligt hat, die mit einem Rechtsmangel behaftete Ware zu nehmen, begründet Art. 41 Satz 1 CISG insgesamt eine **strengere Haftung** des Verkäufers als in vielen nationalen Rechtsordnungen.

140 Ist die Ware mit **Drittrechten aufgrund gewerblichen oder geistigen Eigentums** belastet, haftet der Verkäufer abweichend von Art. 41 Satz 1 CISG und vielen nationalen Rechtsordnungen dagegen lediglich eingeschränkt (Art. 42 Abs. 1 CISG). Eine Einstandspflicht des Verkäufers besteht hier nur, wenn dieser die Schutzrechte bei Vertragsabschluss kannte oder über sie nicht in Unkenntnis sein konnte, wobei letztere Alternative grobe Fahrlässigkeit meint.[383] Diese Einschränkung wird allerdings dadurch relativiert, dass die überwiegende Ansicht in der Literatur eine **Erkundigungspflicht** des Verkäufers jedenfalls mit Blick auf **registrierte Schutzrechte** annimmt.[384]

141 Darüber hinaus enthält Art. 42 Abs. 1 CISG auch eine **territoriale Beschränkung.** Der Verkäufer hat die Ware gemäß Art. 42 Abs. 1 lit. a) CISG nur von solchen Schutzrechten Dritter freizuhalten, die nach dem Recht des Staates bestehen, in dem die Ware weiterverkauft oder in anderer Weise verwendet wird, sofern die Parteien den Weiterverkauf oder die Verwendung der Ware in diesem Staat bei Vertragsabschluss **in Betracht gezogen** haben. In allen anderen Fällen muss der Verkäufer die Ware nur von solchen Schutzrechten Dritter freihalten, die nach dem Recht des Staates bestehen, in dem der **Käufer seine Niederlassung** hat (Art. 42 Abs. 1 lit. b) CISG). Die Haftung des Verkäufers ist nach Art. 42 Abs. 3 lit. a) CISG zudem ausgeschlossen, wenn der Käufer das maßgebliche Schutzrecht im Zeitpunkt des Vertragsabschlusses kannte oder darüber – im Sinne von grober Fahrlässigkeit[385] – nicht in Unkenntnis sein konnte. Im Gegensatz zu dem Verkäufer trifft den Käufer jedoch grundsätzlich keine Erkundigungspflicht.[386] Die Haftung des Verkäufers ist ferner in solchen Fällen ausgeschlossen, in denen sich das Recht oder der Anspruch daraus ergibt, dass sich der Verkäufer nach Angaben des Käufers (zB technische Zeichnungen) gerichtet hat.

d) Hinweise für die Vertragsgestaltung

142 Für den Verkäufer kommen im Rahmen der Vertragsgestaltung insbesondere noch weitergehende Einschränkungen der Rechtsmängelhaftung in Bezug auf **gewerbliches und geistiges Eigentum** in Betracht. Da für den Verkäufer die Existenz entgegenstehener (auch eingetragener) Schutzrechte im Zielland mitunter nur schwer ermittelbar ist, kann die Einstandspflicht vertraglich etwa auf den Fall beschränkt werden, dass ein mit dem verletzten Schutzrecht identisches Schutzrecht auch im Herkunftsland des Verkäufers eingetragen war. Nicht akzeptabel für den Käufer ist dagegen die Regelung, dass nur die Verletzung eines im Herkunftsland des Verkäufers eingetragenen Schutzrechts Haftungsfolgen auslösen soll: Eine solche Regelung führt im Ergebnis dazu, dass die Rechtsmängelhaftung vor dem Hintergrund des Territorialitätsprinzips vollständig ins Leere liefe.

---

[382] Schlechtriem/Schwenzer/Schroeter/Schwenzer CISG Art. 41 Rn. 10; siehe auch OGH 12.9.2006, CISG-online 1364; andere Auffassung Achilles FS Schwenzer S. 1 (7 f.); in Bezug auf aus der Luft gegriffene Ansprüche offen gelassen von BGH NJW 2006, 1343 (1344).

[383] Staudinger/Magnus BGB Art. 42 CISG Rn. 22.

[384] Schlechtriem/Schwenzer/Schroeter/Schwenzer CISG Art. 42 Rn. 14; Staudinger/Magnus BGB Art. 42 CISG Rn. 22; im Grundsatz auch Bacher FS Schwenzer S. 115 (123 ff.); noch weitergehender (auch für nicht registrierte IP-Rechte) für Verkäufer, die zugleich Hersteller sind und prinzipiell Kapazitäten für eine entsprechende Untersuchung haben Kröll/Mistelis/Perales Viscasillas/Kröll CISG Art. 42 Rn. 31 ff.

[385] BeckOK BGB/Saenger, 1.5.2022, Art. 42 CISG Rn. 13; Staudinger/Magnus BGB Art. 42 CISG Rn. 26.

[386] Schlechtriem/Schwenzer/Schroeter/Schwenzer CISG Art. 42 Rn. 17; Staudinger/Magnus BGB Art. 42 CISG Rn. 26; zu Ausnahmefällen Bacher FS Schwenzer S. 115 (125 f.).

Das folgende Klauselbeispiel beschränkt die Einstandspflicht zusätzlich auch auf tatsächlich durchsetzbare und nicht nur behauptete Ansprüche Dritter. Für eine Einschränkung der Haftung aus Art. 41 CISG dürfte demgegenüber regelmäßig kein Bedarf bestehen, da die Haftungsrisiken für den Verkäufer hier überschaubar sind. 143

Klauselbeispiel für die Regelung der Rechtsmängelgewährleistung aus Verkäuferperspektive

[•] Defects of Title[387]

The Contractual Products shall only have a defect of title if they are not free from enforceable rights of third parties that exist already at the time of transfer of risk. Third parties' enforceable rights founded on intellectual property shall only be deemed to constitute defects of title to the extent that i) the respective intellectual property right is registered in [•] and such right is based on an identical invention disclosed and claimed in a property right registered and made public in Seller's country of residence and ii) the ordinary use as well as iii) any particular use of the Contractual Products as foreseen in the contract by the Buyer is thereby impeded.

Der Käufer hat dagegen ein Interesse, die territoriale Begrenzung aufzuheben. Denkbar ist auch (wie beispielshaft im zweiten Absatz der nachstehenden Musterklausel) die Abbedingung des gesetzlichen Haftungsausschlusses bei Kenntnis oder Kennenmüssen des Käufers von Rechten Dritter gemäß Art. 42 Abs. 2 CISG. Dies dürfte grundsätzlich auch bei positiver Kenntnis des Käufers zulässig sein, da hier keine Haftungsfreizeichnung, sondern eine Haftungserweiterung in Rede steht. Alternativ kann die Abbedingung des Art. 42 Abs. 2 CISG zugunsten des Käufers aber auch auf Fälle seiner grob fahrlässigen Unkenntnis beschränkt werden. 144

Klauselbeispiel für die Rechtsmängelgewährleistung aus Käuferperspektive

[•] Defects of Title

(1) The Seller undertakes that the Contractual Products are free from any right or claim of a third party based on industrial or other intellectual property existing in [•].

(2) This undertaking shall not be affected by [either actual or] constructive knowledge of the Buyer as regards any industrial or other intellectual property rights in relation to the Contractual Products.

2. Rechtsbehelfe im Mangelfall

Liefert der Verkäufer dem Käufer vertragswidrige (Art. 35 CISG) oder mit einem Rechtsmangel behaftete (Art. 41, 42 CISG) Ware, kann der Käufer die in Art. 45 Abs. 1 CISG bezeichneten **Rechtsbehelfe** geltend machen, wenn deren jeweiligen zusätzlichen Voraussetzungen vorliegen. Art. 45 Abs. 1 CISG nennt als einschlägige Rechtsbehelfe die (Nach-) Erfüllung (Art. 46 CISG), die Minderung (Art. 50 CISG), die Vertragsaufhebung (Art. 49 Abs. 1 lit. a) CISG) sowie den Schadensersatz (Art. 45 Abs. 1 lit. b) iVm Art. 74 CISG). Für den Fall, dass der Verkäufer nur einen Teil der Ware liefert oder nur ein Teil der gelieferten Ware vertragsgemäß ist, ist die Sonderregelung des Art. 51 CISG zu beachten. Art. 52 Abs. 2 CISG regelt die Zuviellieferung. 145

Aus Art. 45 Abs. 2 CISG ergibt sich, dass der Käufer einen **Schadensersatzanspruch** grundsätzlich **zusätzlich** zu den übrigen Rechtsbehelfen geltend machen kann. Damit keine Überkompensation des Käufers eintritt, ist im Wege des Schadensersatzes jedoch le- 146

[387] Nachgebildet Ostendorf International Sales Terms S. 95 sowie Kritzer/Vanto/Vanto/Eiselen/Kasper International Contract Manual § 13–14.

diglich derjenige Nachteil auszugleichen, welcher dem Käufer nach Ausübung des anderen Rechtsbehelfs noch verbleibt.[388]

147 Die Rechtsbehelfe der (Nach-)Erfüllung, der Minderung und der Vertragsaufhebung stehen dem Käufer aufgrund ihrer miteinander unvereinbaren Rechtsfolgen dagegen lediglich **alternativ** zur Verfügung.[389] Ein Wechsel zwischen diesen Rechtsbehelfen bleibt jedoch teilweise möglich.[390] Verweigert der Verkäufer im Fall einer wesentlichen Vertragsverletzung beispielsweise die Ersatzlieferung oder lässt er die ihm vom Verkäufer gemäß Art. 47 Abs. 1 CISG für die Ersatzlieferung gesetzte Nachfrist verstreichen, kann der Käufer den Vertrag innerhalb angemessener Frist gemäß Art. 49 Abs. 1 lit. a) CISG aufheben.[391]

a) Nacherfüllungsrecht des Verkäufers

148 Übt der Verkäufer berechtigterweise sein **Nacherfüllungsrecht** gemäß Art. 48 CISG[392] aus, schränkt dies die Ansprüche und Rechte des Käufers und mithin auch dessen Wahlrecht ein.[393] Art. 48 CISG verankert damit ein Recht des Verkäufers zur **zweiten Andienung,** das gegenüber dem aus dem deutschen Recht bekannten Erfordernis einer Nachfristsetzung (§§ 281 Abs. 1, 323 Abs. 1, 441 BGB) allerdings **weniger klar strukturiert** ist. Nach Art. 48 Abs. 1 CISG kann der Verkäufer zunächst auch nach Verstreichen des Liefertermins (nach-)erfüllen, falls dies weder unzumutbare Verzögerungen nach sich zieht, noch dem Käufer unzumutbare Unannehmlichkeiten oder Ungewissheit über die Erstattung von Auslagen durch den Verkäufer verursacht.[394] Die sich aus diesen abstrakten Kriterien ergebenden Rechtsunsicherheiten soll Art. 48 Abs. 2 CISG zugunsten des Verkäufers abfedern: Der Verkäufer kann – was im Sinne einer klaren Kommunikation empfehlenswert ist – den Käufer nämlich auffordern, ihm mitzuteilen, ob er eine Nacherfüllung im Rahmen der vom Verkäufer dafür angesetzten Zeitspanne annehmen will. Äußert sich der Käufer nicht innerhalb angemessener Frist (oder akzeptiert er das Vorhaben des Verkäufers), kann der Verkäufer **unabhängig** vom Vorliegen der in Art. 48 Abs. 1 CISG genannten Voraussetzungen innerhalb der gesetzten Frist nacherfüllen.[395] Vor Fristablauf scheiden entgegenstehende Rechtsbehelfe des Käufers aus, Art. 48 Abs. 2 S. 2 CISG.

149 Einschränkungen für die Ausübung von mit dem Nacherfüllungsrecht unvereinbaren Rechtsbehelfen bestehen aber auch dann, wenn der Käufer die vom Verkäufer angebotene (Nach-)Erfüllung fristgerecht verweigert hat oder bereits keine Aufforderung durch den Verkäufer nach Art. 48 Abs. 2 CISG erfolgt ist: Solange der Verkäufer nach Maßgabe von Art. 48 Abs. 1 CISG noch nacherfüllen darf, sind das Minderungs- und das Aufhebungsrecht beschränkt.[396] Inwieweit in diesem Fall ein Anspruch auf Schadensersatz geltend ge-

---

[388] OGH IHR 2011, 38 (39); Staudinger/Magnus BGB Art. 45 CISG Rn. 21.

[389] Staudinger/Magnus BGB Art. 45 CISG Rn. 16; Schlechtriem/Schwenzer/Schroeter/Müller-Chen CISG Art. 45 Rn. 12.

[390] Siehe hierzu ausführlich zB Schlechtriem/Schwenzer/Schroeter/Müller-Chen CISG Art. 45 Rn. 13ff.

[391] Schlechtriem/Schwenzer/Schroeter/Müller-Chen CISG Art. 46 Rn. 38.

[392] Der Anwendungsbereich von Art. 48 CISG ist zwar nicht auf den Fall einer Nacherfüllung bei Sachmängeln beschränkt; in der Praxis kommt er allerdings hauptsächlich in diesem Fall zur Anwendung, Kröll/Mistelis/Perales Viscasillas/Huber CISG Art. 48 Rn. 4.

[393] Hierzu Staudinger/Magnus BGB Art. 45 CISG Rn. 38.

[394] Nach deutscher höchstrichterlicher Rechtsprechung besteht für den Verkäufer, der von seinem Recht gemäß Art. 48 Abs. 1 CISG Gebrauch machen will, die Obliegenheit, den Käufer über seine Absicht und Bereitschaft, den Mangel in angemessener Zeit auf seine Kosten zu beheben, in Kenntnis zu setzen. Andernfalls soll der Verkäufer sein Nacherfüllungsrecht nach Art. 48 Abs. 1 CISG verlieren; so BGH IHR 2015, 8 (14); ebenso MüKoBGB/Huber Art. 48 CISG Rn. 9; einschränkend BeckOGK/Hartmann, 1.5.2022, Art. 48 CISG Rn. 14; ablehnend Maier-Lohmann Unif. L. Rev. 2019, 58 (70ff.).

[395] Kröll/Mistelis/Perales Viscasillas/Huber CISG Art. 48 Rn. 29.

[396] Für die Minderung vgl. Art. 50 S. 2 CISG. Bzgl. der Vertragsaufhebung sieht Art. 48 CISG zwar ausdrücklich einen Vorbehalt zugunsten des Aufhebungsrechts vor; die Voraussetzungen einer wesentlichen Vertragsverletzung sind nach hM aber regelmäßig faktisch nicht erfüllt, solange das Nachbesserungsrecht

macht werden kann, ist umstritten. Nach vorherrschender Auffassung besteht in diesem Fall kein Anspruch auf Schadensersatz für Maßnahmen, die – wie insbesondere eine Reparatur durch den Käufer oder Dritte – die Nacherfüllung entbehrlich machen.[397] Art. 48 Abs. 1 S. 2 CISG bezieht sich nach dieser Meinung nur auf den Schaden, der durch eine Nacherfüllung ohnehin nicht mehr behoben werden könnte – also solche Schadenspositionen, die nach dem Verständnis des BGB als Schadensersatz neben der Leistung eingeordnet werden müssten.

b) (Nach-)Erfüllung

aa) Sachmängel. Wie sich aus dem Wortlaut der Art. 46 Abs. 2 und 3 CISG ergibt („If the goods do not conform with the contract", „Si les marchandises ne sont pas conformes au contrat"), ist der Erfüllungsanspruch des Käufers bei **Lieferung vertragswidriger Ware** gemäß Art. 46 Abs. 1 CISG insoweit modifiziert, als der Käufer an dessen Stelle nur Ersatzlieferung gemäß Art. 46 Abs. 2 CISG oder Nachbesserung gemäß Art. 46 Abs. 3 CISG verlangen kann.[398] Zu beachten ist die in Art. 46 Abs. 2 und 3 CISG vorgesehene **zeitliche Grenze** für die Ausübung des Anspruchs auf Ersatzlieferung und Nachbesserung: Die Ersatzlieferung und die Nachbesserung müssen entweder zusammen mit einer ordnungsgemäßen Anzeige nach Art. 39 CISG oder innerhalb einer angemessenen Frist danach verlangt werden, wobei letztere Frist eher großzügig unter Berücksichtigung der Umstände des Einzelfalls zu bemessen sein dürfte.[399] 150

Die **Ersatzlieferung** kann der Käufer lediglich fordern, wenn die Vertragswidrigkeit eine **wesentliche Vertragsverletzung** iSd Art. 25 CISG darstellt. Ferner muss der Käufer die Ware im Wesentlichen in dem Zustand zurückgeben können, in dem er sie erhalten hat (Art. 82 Abs. 1 CISG). Dieser Grundsatz der unversehrten Rückgewähr wird jedoch in zweifacher Hinsicht erheblich eingeschränkt. Zum einen enthält Art. 82 Abs. 1 CISG mit der Formulierung *„im Wesentlichen"* eine Bagatellklausel, wonach die Ersatzlieferung nur in Fällen verwirkt ist, in denen der Zustand der Sache derart verändert ist, dass es unangemessen wäre, vom Verkäufer die Rücknahme der Ware zu verlangen. Bei einer Veränderung von langlebigen Waren infolge des gewöhnlichen Gebrauchs ist dies in der Regel zu verneinen.[400] Zum anderen enthält Art. 82 Abs. 2 CISG praktisch relevante Ausnahmen von dem Grundsatz der unversehrten Rückgewähr. Darüber hinaus besteht eine Verpflichtung des Käufers zur Rückgabe der Ware gemäß dem Grundsatz von Treu und Glauben auch dann nicht, wenn die Ware völlig wertlos ist.[401] 151

besteht, siehe nur Berger/Scholl FS Schwenzer S. 159 (162) mwN; Schwenzer/Beimel IHR 2017, 185 (189); Bridge FS Schwenzer S. 221 (232 f.).

397 Schlechtriem/Schwenzer/Schroeter/Müller-Chen CISG Art. 48 Rn. 21; MüKoBGB/Huber Art. 48 CISG Rn. 22 f., Art. 74 CISG Rn. 14; BeckOK BGB/Saenger, 1.5.2022, Art. 74 CISG Rn. 5; Sauthoff Schadensersatzhaftung S. 104 f. mwN; für einen generellen Ausschluss des Schadensersatzes, der an die Stelle der geschuldeten Leistung tritt (und durch hypothetische Nacherfüllung behoben werden könnte) aus systematischen Gründen Berger/Scholl FS Schwenzer S. 159 (163); BGH IHR 2015, 8 (13); OGH 14.1.2002, CISG-online 643; Fountoulakis IHR 2018, 106 (109 f.); andere Auffassung Schwenzer/Beimel CISG-AC Opinion No. 21 Comment 3.69 ff.; Maier-Lohmann Unif. L. Rev. 2019, 58 (65), die insoweit Art. 77 CISG anwenden wollen.

398 Honsell/Schnyder/Straub CISG Art. 45 Rn. 41.

399 Schlechtriem/Schwenzer/Schroeter/Müller-Chen CISG Art. 46 Rn. 33; BeckOK BGB/Saenger, 1.5.2022, Art. 46 CISG Rn. 7; Schwenzer/Beimel CISG-AC Opinion No. 21 Comment 3.16; anders aber MüKoHGB/Benicke Art. 46 CISG Rn. 15: Regelfrist von zwei Wochen, in schwierigen Fällen von vier Wochen; ähnlich Staudinger/Magnus BGB Art. 46 CISG Rn. 43: Regelfrist von zwei Wochen bis zu einem Monat. Vor diesem Hintergrund wird dem Käufer zu einem sehr zügigen Vorgehen geraten, Hachem IHR 2017, 1 (4).

400 BG IHR 2010, 27 (31).

401 Schlechtriem/Schwenzer/Schroeter/Müller-Chen CISG Art. 46 Rn. 34; Schlechtriem/Schwenzer/Schroeter/Fountoulakis CISG Art. 82 Rn. 24; BeckOK BGB/Saenger, 1.5.2022, Art. 46 CISG Rn. 8; Staudinger/Magnus BGB Art. 82 CISG Rn. 27a.

152 Verlangt der Käufer von dem Verkäufer berechtigterweise eine Ersatzlieferung, hat der Verkäufer die Ersatzware innerhalb einer angemessenen Frist[402] bzw. innerhalb der von dem Käufer gesetzten Nachfrist zu liefern und die Kosten für die Ersatzlieferung (dh die Kosten für den Transport der Ersatzware sowie für die Lagerung und den Rücktransport der mangelhaften Ware) zu tragen.[403] Ferner hat der Verkäufer dem Käufer gemäß Art. 45 Abs. 1 lit. b) iVm Art. 74 CISG alle weiteren Nachteile zu ersetzen, welche dem Käufer durch die Vertragswidrigkeit der Ware entstanden sind und durch die Nacherfüllung nicht behoben werden können.[404] Solche im Rahmen des Schadensersatzes auszugleichende Nachteile stellen grundsätzlich auch die Kosten für den Ausbau der defekten Ware und den Einbau der Ersatzlieferung dar.[405] Angesichts dieser verschuldensunabhängigen Schadensersatzhaftung des Verkäufers dürfte sich der Streit, ob die Ersatzlieferung an dem Erfüllungsort (Art. 31 CISG)[406] oder an dem Bestimmungsort[407] der ursprünglichen Lieferung zu erbringen ist, praktisch kaum auswirken.[408] Ist die von dem Verkäufer gelieferte Ersatzware wiederum vertragswidrig, muss der Käufer dies gegenüber dem Verkäufer rügen, um Rechtsbehelfe in Bezug auf die vertragswidrige Ersatzlieferung geltend machen zu können.[409]

153 Zwar steht dem Käufer die **Nachbesserung** auch unterhalb der Schwelle einer wesentlichen Vertragsverletzung zur Verfügung. Die Nachbesserung darf für den Verkäufer jedoch unter Berücksichtigung aller Umstände nicht unzumutbar bzw. nicht unangemessen („unreasonable", „déraisonnable")[410] sein. Zur Beurteilung der Zumutbarkeit ist zwischen dem Interesse des Käufers an der Nachbesserung und den damit verbundenen Vorteilen auf der einen Seite sowie dem Aufwand des Verkäufers auf der anderen Seite abzuwägen.[411] Unwirtschaftlich und damit unzumutbar dürfte die Nachbesserung für den Verkäufer in der Regel dann sein, wenn die **Kosten** für eine **Nachbesserung** diejenigen einer Ersatzbeschaffung **deutlich übersteigen**[412] oder wenn der Käufer den Mangel selbst ohne große Mühe und kostengünstiger als der Verkäufer beheben kann.[413] Auch dürfte eine Unzumutbarkeit der Nachbesserung für den Verkäufer vorliegen, wenn dieser Händler ist und die Beauftragung eines Dritten mit der Reparatur mit einem übermäßigen Aufwand verbunden wäre.[414] Im Falle eines berechtigten Nachbesserungsverlangens des Käufers hat der

---

[402] MüKoBGB/Huber Art. 46 CISG Rn. 44; BeckOK BGB/Saenger, 1.5.2022, Art. 46 CISG Rn. 9a.

[403] Staudinger/Magnus BGB Art. 46 CISG Rn. 50; Schlechtriem/Schwenzer/Schroeter/Müller-Chen CISG Art. 46 Rn. 34, 36.

[404] Schlechtriem/Schwenzer/Schroeter/Müller-Chen CISG Art. 46 Rn. 36.

[405] Staudinger/Magnus BGB Art. 46 CISG Rn. 50; MüKoBGB/Huber Art. 46 CISG Rn. 41, 48; Atamer Unif. L. Rev. 2020, 67 (72 ff.); Schwenzer/Beimel CISG-AC Opinion 21 Comment 3.39. Einen Teil der Nacherfüllung stellen diese Kosten indes dar, wenn der Verkäufer im Rahmen eines gemischten Vertrags auch zum Einbau der Ware verpflichtet war, Staudinger/Magnus BGB Art. 46 CISG Rn. 50; Schwenzer/Beimel CISG-AC Opinion 21 Comment 3.42.

[406] So BeckOK BGB/Saenger, 1.5.2022, Art. 46 CISG Rn. 9a; MüKoBGB/Huber Art. 46 CISG Rn. 43.

[407] So Staudinger/Magnus BGB Art. 46 CISG Rn. 50; Schwenzer/Beimel CISG-AC Opinion No. 21 Comment 3.54; anders Schlechtriem/Schwenzer/Schroeter/Müller-Chen Art. 46 CISG Rn. 33 aE, nach dem die Ersatzlieferung an dem Ort zu erfolgen hat, an dem sich die Kaufsache bei Entdeckung des Mangels befindet.

[408] Ebenso MüKoBGB/Huber Art. 46 CISG Rn. 43.

[409] OLG Koblenz 3.6.2013, CISG-online 2469; Schlechtriem/Schwenzer/Schroeter/Schwenzer CISG Art. 38 Rn. 9; Schwenzer/Beimel CISG-AC Opinion No. 21 Comment 3.51.

[410] Siehe hierzu MüKoHGB/Benicke Art. 46 CISG Rn. 25; Honsell/Schnyder/Straub CISG Art. 46 CISG Rn. 95.

[411] Honsell/Schnyder/Straub CISG Art. 46 Rn. 96; Staudinger/Magnus BGB Art. 46 CISG Rn. 61; Schwenzer/Beimel IHR 2017, 185 (187).

[412] Staudinger/Magnus BGB Art. 46 CISG Rn. 61; Honsell/Schnyder/Straub CISG Art. 46 Rn. 98a; Schwenzer/Beimel IHR 2017, 185 (188).

[413] Staudinger/Magnus BGB Art. 46 CISG Rn. 63; ähnlich MüKoHGB/Benicke Art. 46 CISG Rn. 26.

[414] Ähnlich Honsell/Schnyder/Straub CISG Art. 46 Rn. 98; weniger weitgehend BeckOK BGB/Saenger, 1.5.2022, Art. 46 CISG Rn. 13, der darauf abstellt, ob es dem Verkäufer Schwierigkeiten bereitet, einen Dritten mit der Reparatur zu betrauen. Hingegen wird teilweise eine Unzumutbarkeit der Nachbesserung für den Verkäufer bereits bejaht, wenn er nicht ohne weiteres oder leicht einen Dritten mit der Reparatur

Verkäufer die Ware innerhalb einer angemessen Frist oder der von dem Käufer gesetzten Nachfrist auf seine Kosten zu reparieren.[415] In der Literatur ist umstritten, ob die Reparatur an dem Ort, wo sich die Ware befindet,[416] oder an dem Ort, wo sich die Ware gemäß dem Vertrag befindet,[417] zu erfolgen hat. Kann die Ware nur in einer Werkstatt des Verkäufers oder eines Dritten repariert werden, hat der Verkäufer insoweit die Transportkosten zu tragen.[418] Misslingt die Nachbesserung, hat der Käufer dies gegenüber dem Verkäufer nach überwiegender Ansicht zu rügen, um Rechtsbehelfe in Bezug auf die misslungene Nachbesserung geltend machen zu können.[419]

Gemäß Art. 47 Abs. 1 CISG kann der Käufer dem Verkäufer eine angemessene **Nachfrist** zur Nacherfüllung setzen, an welche er selbst gemäß Art. 47 Abs. 2 CISG gebunden ist. Für den Käufer stellt eine solche Nachfristsetzung nicht nur ein Druckmittel gegenüber dem Verkäufer dar. Im Fall einer wesentlichen Vertragsverletzung kann er durch eine Nachfristsetzung zudem vermeiden, dass er sein Recht zur Vertragsaufhebung gemäß Art. 49 Abs. 2 lit. b) i) CISG verliert (vgl. Art. 49 Abs. 2 lit. b) ii) CISG).[420] 154

bb) Rechtsmängel. Liefert der Verkäufer dem Käufer mit einem **Rechtsmangel** behaftete Ware, kann der Käufer gemäß Art. 46 Abs. 1 CISG Erfüllung, also Beseitigung des Rechtsmangels durch Befreiung von dem Drittrecht oder durch Ersatzlieferung verlangen. Aufgrund ihres Wortlauts („If the goods do not conform with the contract", „Si les marchandises ne sont pas conformes au contrat") erfassen Art. 46 Abs. 2 und 3 CISG nach herrschender Ansicht nur die Fälle des Art. 35 CISG, nicht jedoch die der Art. 41 und 42 CISG.[421] 155

c) Minderung

Mit Blick auf den Wortlaut des Art. 50 Satz 1 CISG („If the goods do not conform with the contract", „En cas de défaut de conformité des marchandises au contrat") steht dem Käufer nach überwiegender Ansicht auch der Rechtsbehelf der Minderung nur im Fall eines **Sachmangels,** nicht aber im Fall eines Rechtsmangels zur Verfügung.[422] Gemäß Art. 50 Satz 1 CISG kann der Käufer den Kaufpreis in dem Verhältnis herabsetzen, in dem der Wert, den die tatsächlich gelieferte Ware im Zeitpunkt der Lieferung hatte, zu dem Wert steht, den die vertragsgemäße Ware zu diesem Zeitpunkt gehabt hätte. Anders als zB 156

betrauen kann, Staudinger/Magnus BGB Art. 46 CISG Rn. 62; Schlechtriem/Schwenzer/Schroeter/Müller-Chen CISG Art. 46 Rn. 40.

415 Schlechtriem/Schwenzer/Schroeter/Müller-Chen CISG Art. 46 Rn. 45; BeckOK BGB/Saenger, 1.5.2022, Art. 46 CISG Rn. 15.

416 MüKoHGB/Benicke Art. 46 CISG Rn. 29; Kröll/Mistelis/Perales Viscasillas/Huber CISG Art. 46 Rn. 52.

417 Schlechtriem/Schwenzer/Schroeter/Müller-Chen CISG Art. 46 Rn. 45; BeckOK BGB/Saenger, 1.5.2022, Art. 46 CISG Rn. 15.

418 Ähnlich Staudinger/Magnus BGB Art. 46 CISG Rn. 66; MüKoHGB/Benicke Art. 46 CISG Rn. 30.

419 OLG Koblenz 3.6.2013, CISG-online 2469 (in entsprechender Anwendung von Art. 39 CISG); LG Oldenburg NJW-RR 1995, 438; BeckOK BGB/Saenger, 1.5.2022, Art. 46 CISG Rn. 15; Schlechtriem/Schwenzer/Schroeter/Schwenzer CISG Art. 38 Rn. 9; Schwenzer/Beimel CISG-AC Opinion No. 21 Comment 3.51; andere Auffassung MüKoBGB/Huber Art. 46 CISG Rn. 68.

420 ZB, indem der Käufer dem Verkäufer innerhalb der angemessenen Frist gemäß Art. 49 Abs. 2 lit. b) i) CISG eine angemessene Nachfrist gemäß Art. 47 Abs. 1 CISG setzt, MüKoBGB/Huber Art. 49 CISG Rn. 66; Honsell/Schnyder/Straub CISG Art. 49 Rn. 85. Umstritten ist hingegen, ob der Käufer, der im Fall einer wesentlichen Vertragsverletzung sein Recht zur Vertragsaufhebung einmal gemäß Art. 49 Abs. 2 lit. b) i) CISG verloren hat, dieses durch eine Nachfristsetzung gemäß Art. 47 Abs. 1 CISG wiedergewinnen kann. Dies bejahend Schlechtriem/Schwenzer/Schroeter/Müller-Chen CISG Art. 47 Rn. 1, abweichend aber in CISG Art. 49 Rn. 36; BeckOK BGB/Saenger, 1.5.2022, Art. 47 CISG Rn. 2; Art. 49 CISG Rn. 21; andere Auffassung MüKoHGB/Benicke Art. 49 CISG Rn. 36f.; Honsell/Schnyder/Straub CISG Art. 49 Rn. 84ff.; Staudinger/Magnus BGB Art. 49 CISG Rn. 42.

421 MüKoHGB/Benicke Art. 46 CISG Rn. 31; Schlechtriem/Schwenzer/Schroeter/Müller-Chen CISG Art. 46 Rn. 22; Staudinger/Magnus BGB Art. 46 CISG Rn. 15; Schwenzer/Beimel IHR 2017, 185 (186); andere Auffassung Schwenzer/Beimel CISG-AC Opinion No. 21 Comment 3.5ff.

422 Honsell/Schnyder/Straub CISG Art. 50 Rn. 11; Stoffer IHR 2007, 221 (223f.); andere Auffassung aber Staudinger/Magnus BGB Art. 50 CISG Rn. 9f.; Jansen J.L. & Com. 2014, 325 (336).

nach unvereinheitlichtem deutschen Recht[423] ist für die Minderung demnach nicht der Zeitpunkt des Vertragsschlusses, sondern der **Zeitpunkt der Lieferung** entscheidend.[424] Dieser Unterschied wirkt sich aus, wenn der Marktpreis vertragsgemäßer Ware nach Vertragsschluss sinkt oder steigt.

157 Im Fall der völligen Wertlosigkeit der Ware lässt die überwiegende Ansicht auch eine Minderung „auf Null" zu, es sei denn, dass die Rückgabe der völlig wertlosen Ware für den Verkäufer ausnahmsweise von Bedeutung ist.[425] Eine Minderung „auf Null" kommt für den Käufer beispielsweise in Betracht, wenn er die Vertragsaufhebung nicht innerhalb einer angemessenen Frist gemäß Art. 49 Abs. 2 lit. b) CISG erklärt hat.[426]

158 Die Minderung setzt eine ernsthafte und eindeutige Erklärung des Käufers voraus.[427] Sie steht dem Käufer auch zur Verfügung, wenn er den Kaufpreis bereits gezahlt hat. In diesem Fall kann der Käufer den zu viel bezahlten Betrag auf Basis des Art. 50 CISG vom Verkäufer zurückfordern.[428] Ausgeschlossen ist die Minderung dagegen, wenn der Verkäufer den Mangel nach Art. 37 oder Art. 48 CISG behebt oder sich der Käufer weigert, eine solche Nacherfüllung durch den Verkäufer anzunehmen (Art. 50 Satz 2 CISG). Vor diesem Hintergrund kann es aus Sicht des Käufers in der Praxis sinnvoll sein, dem Verkäufer gemäß Art. 47 Abs. 1 CISG zunächst eine angemessene Frist zur Nacherfüllung zu setzen und deren fruchtlosen Ablauf abzuwarten.[429] Angesichts der verschuldensunabhängigen Garantiehaftung des Verkäufers gemäß Art. 45 Abs. 1 lit. b) iVm Art. 74 CISG stellt sich zuletzt die Frage nach der praktischen Bedeutung der Minderung.[430] Im Ergebnis bestehen hier Vorteile für den Käufer gegenüber dem Schadensersatzanspruch aber zumindest dann, wenn der Marktpreis vertragsgemäßer Ware nach Vertragsschluss gesunken ist, der Käufer die Ware über Wert gekauft hat, ein Schadensersatzanspruch ausnahmsweise nicht besteht (zB bei einer Entlastung des Verkäufers gemäß Art. 79 CISG) oder der Käufer seinen Schaden im Einzelnen nicht nachweisen kann.[431] Ferner ist Art. 77 CISG, welcher eine Schadensminderungsobliegenheit der ersatzberechtigten Partei vorsieht, auf die Minderung nicht anwendbar.[432]

d) Vertragsaufhebung

159 Ist die gelieferte Ware mit einem Sach- oder Rechtsmangel behaftet, kann der Käufer die Vertragsaufhebung gemäß Art. 49 Abs. 1 lit. a) CISG nur unter der Voraussetzung erklären, dass der Mangel eine **wesentliche Vertragsverletzung** iSd Art. 25 CISG darstellt.[433] Die Möglichkeit einer Vertragsaufhebung nach dem fruchtlosen Ablauf einer dem Verkäufer gemäß Art. 47 Abs. 1 CISG gesetzten angemessenen Nachfrist besteht bei einer mangelhaften Lieferung einschließlich der Falschlieferung nicht, da Art. 49 Abs. 1 lit. b) CISG nach seinem Wortlaut nur im Fall einer „Nichtlieferung" („non-delivery", „défaut de liv-

---

[423] § 441 Abs. 3 Satz 1 BGB.
[424] OGH IHR 2005, 165 (166). Hinsichtlich der Ermittlung des Zeitpunktes der Lieferung und des für die Berechnung maßgeblichen Ortes im Einzelnen Stoffer IHR 2007, 221 (227f.).
[425] OGH IHR 2005, 165 (166f.); OLG Koblenz 22.4.2010, CISG-online 2290; OLG Köln 14.8.2006, CISG-online 1405; Schlechtriem/Schwenzer/Schroeter/Müller-Chen CISG Art. 50 Rn. 13; Jansen J.L. & Com. 2014, 325 (361f.).
[426] So OGH IHR 2005, 165 (166f.); Schlechtriem/Schwenzer/Schroeter/Müller-Chen CISG Art. 50 Rn. 13.
[427] BeckOK BGB/Saenger, 1.5.2022, Art. 50 CISG Rn. 3; Stoffer IHR 2007, 221 (225f.); anders aber Piltz NJW 2009, 2258 (2264).
[428] BeckOK BGB/Saenger, 1.5.2022, Art. 50 CISG Rn. 6; Schlechtriem/Schwenzer/Schroeter/Müller-Chen CISG Art. 50 Rn. 16.
[429] MüKoHGB/Benicke Art. 50 CISG Rn. 6; siehe auch Jansen J.L. & Com. 2014, 325 (341).
[430] Huber RabelsZ 71 (2007), 13 (16).
[431] BeckOK BGB/Saenger, 1.5.2022, Art. 50 CISG Rn. 1; Stoffer IHR 2007, 221 (231).
[432] Staudinger/Magnus BGB Art. 77 CISG Rn. 7.
[433] Zu der Frage, in welchen Fällen eine vertragswidrige Lieferung eine wesentliche Vertragsverletzung darstellt, oben → Rn. 16.

raison") Anwendung findet.[434] Etwas anderes gilt lediglich bei einer Zuweniglieferung. Liefert der Verkäufer nur einen Teil der Ware, kann der Käufer nach dem fruchtlosen Ablauf einer dem Verkäufer gesetzten angemessenen Nachfrist oder nach einer Erfüllungsverweigerung durch den Verkäufer hinsichtlich des nicht gelieferten Teils gemäß Art. 51 Abs. 1 Alt. 1 iVm Art. 49 Abs. 1 lit. b) CISG die Vertragsaufhebung erklären.[435] Die Aufhebung des gesamten Vertrags kann der Käufer gemäß Art. 51 Abs. 2 CISG in diesem Fall hingegen nur dann erklären, wenn die unvollständige Lieferung eine wesentliche Vertragsverletzung iSd Art. 25 CISG darstellt.

Bei erfolgter mangelhafter Lieferung **verliert** der Käufer sein Recht zur Vertragsaufhe- 160
bung, wenn er die Vertragsaufhebung nicht innerhalb einer angemessenen Frist nach den in Art. 49 Abs. 2 lit. b) i-iii) CISG genannten Zeitpunkten erklärt. Die Angemessenheit der Frist, welche länger als die Rügefrist gemäß Art. 39 Abs. 1 CISG zu bemessen ist,[436] beurteilt sich unter Berücksichtigung des Zwecks der konkreten Regelungsvariante des Art. 49 Abs. 2 lit. b) i-iii) CISG nach den Umständen des Einzelfalls.[437] Zu den maßgeblichen Umständen zählen insbesondere die Länge der Rügefrist, die Art der Ware und des Mangels, vertragliche Vereinbarungen sowie das Verhalten des Verkäufers nach der Mängelrüge.[438] Gemäß Art. 49 Abs. 2 lit. b) i) CISG beginnt die angemessene Frist in dem Zeitpunkt zu laufen, in dem der Käufer die Vertragsverletzung kannte oder kennen musste, dh ihm die Vertragsverletzung in fahrlässiger Weise unbekannt war.[439] Sofern sich der Verkäufer auf die Untersuchungsobliegenheit des Käufers gemäß Art. 38 CISG berufen kann,[440] ist von Bedeutung, ob der Käufer den Mangel der Ware im Rahmen einer ordnungsgemäßen Untersuchung gemäß Art. 38 CISG hätte erkennen müssen.[441] Es ist bereits darauf hingewiesen worden, dass der Käufer den Verlust seines Rechts zur Vertragsaufhebung gemäß Art. 49 Abs. 2 lit. b) i) CISG durch eine Nachfristsetzung gegenüber dem Verkäufer vermeiden kann (vgl. Art. 49 Abs. 2 lit. b) ii) CISG).

Art. 73 CISG enthält eine Sonderregelung für die Vertragsaufhebung bei einem **Suk-** 161
zessivlieferungsvertrag, der zumindest zwei[442] zeitlich aufeinander folgende Lieferungen von Ware vorsieht. Art. 51 CISG betrifft demgegenüber den Fall, dass in dem Vertrag eine

---

434 BGH NJW 1996, 2364 (2365); BeckOK BGB/Saenger, 1.5.2022, Art. 49 CISG Rn. 10; Schlechtriem/Schwenzer/Schroeter/Müller-Chen CISG Art. 49 Rn. 15f.; andere Auffassung OLG Düsseldorf NJW-RR 1994, 506. Teilweise wird eine Ausnahme hiervon für den Fall bejaht, dass der Mangel im Fall eines Versendungskaufs oder einer Holschuld bereits vor Abtransport der Ware entdeckt und deshalb vom Käufer zurückgewiesen wird, Schlechtriem/Schwenzer/Schroeter/Müller-Chen CISG Art. 49 Rn. 17; MüKoHGB/Benicke Art. 49 CISG Rn. 7. Dies ablehnend Honsell/Schnyder/Straub CISG Art. 49 Rn. 97d.

435 Honsell/Schnyder/Straub CISG Art. 49 Rn. 97c; MüKoBGB/Huber Art. 49 CISG Rn. 38.

436 Schlechtriem/Schwenzer/Schroeter/Müller-Chen CISG Art. 49 Rn. 32; MüKoBGB/Huber CISG Art. 49 Rn. 53; Staudinger/Magnus BGB Art. 49 CISG Rn. 38; Hachem IHR 2017, 1 (7); andere Auffassung wohl LG Oldenburg NJW-RR 1995, 438; OLG Köln 22.2.1994, CISG-online 127.

437 Honsell/Schnyder/Straub CISG Art. 49 Rn. 46.

438 Schlechtriem/Schwenzer/Schroeter/Müller-Chen CISG Art. 49 Rn. 31f. Teilweise wird für den Fall des Art. 49 Abs. 2 lit. b) i) von einem Richtwert von ein bis zwei Monaten einschließlich Rügefrist ausgegangen, MüKoHGB/Benicke Art. 49 CISG Rn. 31; ähnlich Hachem IHR 2017, 1 (7): sieben Wochen einschließlich Rügefrist. Andere gestehen dem Käufer in den Fällen der Art. 49 Abs. 2 lit. b) ii) und iii) CISG keine besondere Überlegungsfrist zu, BeckOK BGB/Saenger, 1.5.2022, Art. 49 CISG Rn. 22f. Differenzierend Honsell/Schnyder/Straub CISG Art. 49 Rn. 46ff. Zum Teil wird grundsätzlich von einer Parallelität der Fristen von Art. 46 Abs. 2 und 3 CISG und Art. 49 Abs. 2 lit. b) CISG ausgegangen, Schlechtriem/Schwenzer/Schroeter/Müller-Chen CISG Art. 49 Rn. 33; MüKoBGB/Huber Art. 49 CISG Rn. 54; Hachem IHR 2017, 1 (4). Für den Fall, dass eine erfolglose Nachbesserung eine wesentliche Vertragsverletzung erst begründet, Hachem IHR 2017, 1 (6).

439 BeckOK BGB/Saenger, 1.5.2022, Art. 49 CISG Rn. 17; MüKoBGB/Huber Art. 49 CISG Rn. 57.

440 So kann sich der Verkäufer in den Fällen des Art. 40 CISG nicht auf die Untersuchungsobliegenheit berufen, hierzu BeckOK BGB/Saenger, 1.5.2022, Art. 49 CISG Rn. 17; Honsell/Schnyder/Straub CISG Art. 49 Rn. 54.

441 BeckOK BGB/Saenger, 1.5.2022, Art. 49 CISG Rn. 17; Schlechtriem/Schwenzer/Schroeter/Müller-Chen CISG Art. 49 Rn. 34; MüKoBGB/Huber Art. 49 CISG Rn. 57.

442 Schlechtriem/Schwenzer/Schroeter/Fountoulakis CISG Art. 73 Rn. 9; BeckOK BGB/Saenger, 1.5.2022, Art. 73 CISG Rn. 3.

Gesamtleistung sowie ein einheitlicher Liefertermin vereinbart sind, die Leistung demgegenüber jedoch in Teilen erbracht wird.[443] Stellt bei einem Sukzessivlieferungsvertrag eine mangelhafte Teillieferung eine wesentliche Vertragsverletzung iSd Art. 25 CISG dar, so kann der Käufer die Vertragsaufhebung in Bezug auf diese Teillieferung erklären (Art. 73 Abs. 1 CISG). Sieht man Art. 73 Abs. 1 CISG als Verweisung auf die allgemeinen Vorschriften an, so muss der Käufer die Vertragsaufhebung innerhalb angemessener Frist erklären, nachdem er die Vertragsverletzung kannte oder kennen musste.[444] Wenn eine mangelhafte Teillieferung durch den Verkäufer für sich genommen zwar keine wesentliche Vertragsverletzung darstellt,[445] dem Käufer aber triftigen Grund zu der Annahme gibt, dass eine wesentliche Vertragsverletzung in Bezug auf künftige Teillieferungen zu erwarten ist, kann der Käufer zudem innerhalb angemessener Frist die Aufhebung des Vertrags für die Zukunft erklären (Art. 73 Abs. 2 CISG). Schließlich kann der Käufer, der den Vertrag in Bezug auf eine Teillieferung als aufgehoben erklärt, gleichzeitig die Aufhebung in Bezug auf bereits erhaltene Lieferungen und/oder[446] in Bezug auf künftige Teillieferungen erklären, wenn diese Lieferungen wegen des zwischen ihnen bestehenden Zusammenhangs nicht mehr für den Zweck verwendet werden können, den die Parteien im Zeitpunkt des Vertragsabschlusses in Betracht gezogen haben (Art. 73 Abs. 3 CISG).

162 Gemäß Art. 26 CISG muss der Käufer die Vertragsaufhebung gegenüber dem Verkäufer **erklären.** Dies kann auch durch schlüssiges Verhalten geschehen,[447] wenn das Verhalten des Käufers zweifelsfrei erkennen lässt, dass er an dem Vertrag nicht mehr festhalten will. Die **Wirkung** der Vertragsaufhebung ist in den Art. 81 ff. CISG geregelt. Wird der Vertrag nur in Hinblick auf einen fehlenden oder nicht vertragsgemäßen Teil gemäß Art. 51 Abs. 1 CISG oder nur in Hinblick auf bestimmte Teillieferungen gemäß Art. 73 CISG aufgehoben, beschränken sich die Wirkungen der Vertragsaufhebung gemäß Art. 81 ff. CISG auf diesen Teil bzw. diese Teillieferungen.[448] Gemäß Art. 81 Abs. 1 Satz 1 CISG befreit die Aufhebung des Vertrags beide Parteien von ihren Vertragspflichten. Allerdings bleiben etwaige Schadensersatzpflichten der Parteien und die in Art. 81 Abs. 1 Satz 2 CISG genannten Rechte und Pflichten bestehen. Dies zeigt, dass der Vertrag durch die Vertragsaufhebung nicht vollständig rückwirkend entfällt, sondern sich vielmehr in ein Rückabwicklungsverhältnis umwandelt.[449] Hat eine Partei den Vertrag ganz oder teilweise erfüllt, so kann sie Rückgabe des von ihr Geleisteten von der anderen Partei verlangen. Sind beide Parteien zur Rückgabe verpflichtet, sind die Leistungen Zug um Zug zurückzugeben (Art. 81 Abs. 3 CISG). Wird ein Sukzessivlieferungsvertrag gemäß Art. 73 Abs. 2 oder 3 CISG in Bezug auf noch nicht erbrachte Teillieferungen für die Zukunft aufgehoben, erstreckt sich der Rückabwicklungsanspruch gemäß Art. 81 Abs. 2 CISG nur auf etwaige Vorleistungen, welche der Käufer bereits in Bezug auf diese Teilleistungen erbracht hat.[450] Gemäß Art. 82 Abs. 1 CISG verliert der Käufer das Recht, die Vertragsaufhebung zu erklären, wenn es ihm unmöglich ist, die Ware im Wesentlichen in dem Zustand zurückzugeben, in dem er sie erhalten hat. Bei teilbaren Leistungen verliert der Käufer gemäß Art. 82 Abs. 1 CISG das Recht, die Vertragsaufhebung zu erklären, nur betreffend

---

[443] MüKoBGB/Huber Art. 73 CISG Rn. 3; BeckOK BGB/Saenger, 1.5.2022, Art. 73 CISG Rn. 16; Schlechtriem/Schwenzer/Schroeter/Fountoulakis CISG Art. 73 Rn. 42.

[444] So Schlechtriem/Schwenzer/Schroeter/Fountoulakis CISG Art. 73 Rn. 15; Honsell/Brunner/Hurni CISG Art. 73 Rn. 12 (unter Aufgabe der Gegenauffassung in der Vorauflage); andere Auffassung BeckOK BGB/Saenger, 1.5.2022, Art. 73 CISG Rn. 5.

[445] Schlechtriem/Schwenzer/Schroeter/Fountoulakis CISG Art. 73 Rn. 20; BeckOK BGB/Saenger, 1.5.2022, Art. 73 CISG Rn. 8.

[446] Schlechtriem/Schwenzer/Schroeter/Fountoulakis CISG Art. 73 Rn. 37; BeckOK BGB/Saenger, 1.5.2022, Art. 73 CISG Rn. 14.

[447] OGH IHR 2002, 73 (74); OLG Düsseldorf IHR 2005, 29 (30 f.).

[448] Schlechtriem/Schwenzer/Schroeter/Fountoulakis CISG Art. 73 Rn. 17, 25, 29, 37.

[449] So die hM, OGH 29.6.1999, CISG-online 483; Schlechtriem/Schwenzer/Schroeter/Fountoulakis CISG Art. 81 Rn. 6 ff. mwN.

[450] MüKoBGB/Huber Art. 81 CISG Rn. 11.

desjenigen Teils der Lieferung, den er nicht im Wesentlichen in dem Zustand zurückgeben kann, in dem er ihn erhalten hat.[451] Hinsichtlich der Einschränkungen des Grundsatzes der unversehrten Rückgewähr wird auf die Ausführungen zur Ersatzlieferung verwiesen. Gemäß Art. 84 Abs. 2 CISG schuldet der Käufer dem Verkäufer schließlich den Gegenwert aller Vorteile, die er aus der Ware oder einem Teil der Ware gezogen hat.

e) Schadensersatz

Im Fall einer mangelhaften Lieferung haftet der Verkäufer gegenüber dem Käufer aufgrund seines Versprechens, vertragsgemäße Ware frei von Rechten und Ansprüchen Dritter zu liefern, gemäß Art. 45 Abs. 1 lit. b) CISG **verschuldensunabhängig** auf Schadensersatz, soweit dem Käufer durch die mangelhafte Lieferung ein Schaden entstanden ist. 163

Nach Art. 74 Satz 1 CISG hat der Verkäufer dem Käufer den infolge der Vertragsverletzung entstandenen Verlust, einschließlich des entgangenen Gewinns zu ersetzen. Art. 74 Satz 1 CISG setzt damit eine **Kausalität** zwischen der Vertragsverletzung und dem Schaden voraus, welche nach der überwiegenden Ansicht ausschließlich[452] im Sinne der Äquivalenztheorie zu verstehen ist.[453] Danach darf die Vertragsverletzung nicht hinweggedacht werden können, ohne dass der Schaden entfiele (conditio sine qua non). 164

Es gilt der Grundsatz der **Totalreparation.**[454] Vor allem schützt Art. 74 CISG das so genannte Erfüllungsinteresse (expectation/performance interest) des Gläubigers, diejenigen Vorteile zu erhalten, die ihm bei einer ordnungsgemäßen Vertragserfüllung zuflössen. Daneben ist das Interesse des Gläubigers geschützt, aufgrund der Vertragsverletzung keine Einbuße an seinen vorhandenen Gütern zu erleiden (so genanntes Integritätsinteresse, indemnity interest).[455] Vom Geltungsbereich des CISG ausgenommen ist gemäß Art. 5 CISG allerdings die Haftung des Verkäufers für den durch die mangelhafte Ware verursachten **Tod oder die Körperverletzung** einer Person, welche die Zahlung von Schmerzensgeld einschließt.[456] Diese Haftung richtet sich nach dem von den Vorschriften des IPR des Forumstaates berufenen nationalen Recht. Nach überwiegender Ansicht schützt Art. 74 CISG alternativ zum Erfüllungsinteresse[457] grundsätzlich auch das Interesse des Gläubigers daran, dass die durch den Vertrag veranlassten Aufwendungen nicht entwertet werden (so genanntes Vertrauensinteresse, reliance interest).[458] 165

Abweichend von dem im deutschen unvereinheitlichten Recht geltenden Prinzip der **Naturalrestitution** (§ 249 Abs. 1 BGB) sieht Art. 74 Satz 1 CISG **Schadensersatz in Geld** vor, wie sich insbesondere aus der englischen Fassung der Vorschrift ergibt („damages for breach of contract … consist of a sum equal to the loss").[459] Dies hat zur Folge, 166

---

451 OGH IHR 2011, 85 (88).

452 Die Vorhersehbarkeitsregel des Art. 74 Satz 2 CISG lässt nach hM keinen Raum für weitere (normative) Zurechnungstheorien, welche im nationalen unvereinheitlichten Recht neben der Äquivalenztheorie Anwendung finden und etwa die schadensrechtliche Zurechnung auf wahrscheinliche, nicht ganz fernliegende Kausalabläufe beschränken, Schlechtriem/Schwenzer/Schroeter/Schwenzer CISG Art. 74 Rn. 40; BeckOGK/Bach, 1.7.2022, Art. 74 CISG Rn. 13; kritisch MüKoHGB/Mankowski Art. 74 CISG Rn. 25. Dies betrifft zB die im deutschen Recht angewandte Adäquanztheorie und die Theorie des Schutzzwecks der Norm bzw. verletzten Vertragspflicht.

453 Schlechtriem/Schwenzer/Schroeter/Schwenzer CISG Art. 74 Rn. 40; MüKoHGB/Mankowski Art. 74 CISG Rn. 24.

454 BeckOK BGB/Saenger, 1.5.2022, Art. 74 CISG Rn. 1.

455 OGH 14.1.2002, CISG-online 643; Schlechtriem/Schwenzer/Schroeter/Schwenzer CISG Art. 74 Rn. 3.

456 BeckOK BGB/Saenger, 1.5.2022, Art. 74 CISG Rn. 2; Schlechtriem/Schwenzer/Schroeter/Ferrari CISG Art. 5 Rn. 5.

457 Schönle/Koller in Honsell CISG Art. 74 Rn. 18; einschränkend aber Schmidt-Ahrendts IHR 2006, 67 (71 ff.).

458 OGH 14.1.2002, CISG-online 643; Staudinger/Magnus BGB Art. 74 CISG Rn. 53. Zum Ersatz frustrierter Aufwendungen im Fall der Rückabwicklung gescheiterter Verträge im UN-Kaufrecht Schmidt-Ahrendts IHR 2006, 67 ff.

459 MüKoHGB/Mankowski Art. 74 CISG Rn. 18; Schlechtriem/Schwenzer/Schroeter/Schwenzer CISG Art. 74 Rn. 17.

dass die schadensersatzberechtigte Partei anders als im deutschen unvereinheitlichten Recht grundsätzlich nicht die Befreiung von einer Verbindlichkeit verlangen kann, zB wenn die schadensersatzberechtigte Partei selbst gegenüber einem Dritten schadensersatzpflichtig geworden ist oder wenn sie einen Dritten mit der Schadenbeseitigung beauftragt hat.[460] Vielmehr hat der Schuldner in diesem Fall Geldersatz zu leisten.

167 Der Käufer kann Schadensersatz gemäß Art. 45 Abs. 1 lit. b) iVm Art. 74 CISG zum einen als alleinigen Rechtsbehelf und zum anderen in **Kombination** mit einem anderen in Art. 45 Abs. 1 lit. a) CISG genannten Rechtsbehelf verlangen (Art. 45 Abs. 2 CISG). Da im Wege des Schadensersatzes lediglich derjenige Nachteil auszugleichen ist, welcher dem Käufer nach Ausübung des anderen Rechtsbehelfs noch verbleibt, richtet sich der Umfang des Schadensersatzes danach, welchen Rechtsbehelf der Käufer mit seinem Schadensersatzverlangen kombiniert. Auch wird der Schadensersatzanspruch des Käufers beschränkt, wenn der Verkäufer von seinem in Art. 48 CISG geregelten Nacherfüllungsrecht Gebrauch macht.[461] Zu unterscheiden sind grundsätzlich zwei Konstellationen: Verlangt der Käufer Schadensersatz als alleinigen Rechtsbehelf oder in Verbindung mit einer (Nach-)Erfüllung oder Minderung, hat die Schadensberechnung auf Basis der Aufrechterhaltung und Durchführung des Vertrags zu erfolgen. Nur wenn der Käufer einen Schadensersatzanspruch in Verbindung mit einer Vertragsaufhebung geltend macht, ist eine Schadensberechnung auf Basis der Rückabwicklung des Vertrags möglich. Auf diese Weise wird sichergestellt, dass durch die Geltendmachung von Schadensersatz nicht das Prinzip der Vermeidung der Rückabwicklung des Vertrags ausgehebelt wird.

168 Verlangt der Käufer im Fall einer vertragswidrigen Lieferung Ersatzlieferung gemäß Art. 46 Abs. 2 CISG oder Nachbesserung gemäß Art. 46 Abs. 3 CISG oder im Fall eines Rechtsmangels Erfüllung gemäß Art. 46 Abs. 1 CISG, ist im Wege des Schadensersatzes nur der verbleibende Nachteil auszugleichen, welcher durch die **(Nach-)Erfüllung** nicht behoben wird.[462] Kombiniert der Käufer seinen Schadensersatzanspruch mit der **Minderung,** so kann der Käufer nur Ersatz für solche Schäden verlangen, welche über den Mangel bzw. den Minderungsbetrag hinausgehen und nicht bereits durch die Minderung ausgeglichen werden.[463] Meist wird der Käufer allerdings anstelle der Kombination von Schadensersatzanspruch und Minderung von vornherein lediglich einen Schadensersatzanspruch geltend machen.[464] Verlangt der Käufer von dem Verkäufer **Schadensersatz,** ohne zugleich einen anderen Rechtsbehelf geltend zu machen, muss er die mangelhafte Ware behalten und seine Gegenleistung erbringen. Der Käufer kann in diesem Fall Ersatz des Minderwerts der Ware[465] oder, soweit dem Verkäufer nicht noch das Recht zur Nachbesserung nach Art. 48 CISG zusteht, die Kosten für die Mangelbeseitigung[466] geltend machen. Daneben kann er den Ersatz weiterer Schäden verlangen, welche ihm trotz der Durchführung des Vertrags verbleiben.

169 Lediglich im Fall einer wirksamen **Vertragsaufhebung** kann der Käufer die Mehrkosten für einen Deckungskauf (vgl. Art. 75 CISG) oder subsidiär die Differenz zwischen dem vereinbarten Kaufpreis und dem Marktpreis der Ware (vgl. Art. 76 CISG) wie folgt gel-

[460] MüKoBGB/Huber Art. 74 CISG Rn. 19; Schlechtriem/Schwenzer/Schroeter/Schwenzer CISG Art. 74 Rn. 17; siehe aber auch OLG Düsseldorf 2.7.1993, CISG-online 74, welches diese Konsequenz nicht zieht. Eine Ausnahme von dem Grundsatz des Geldersatzes wird für den Fall angenommen, dass die relevante Verbindlichkeit nicht mit einem Geldbetrag gleichgesetzt werden kann, MüKoBGB/Huber Art. 74 CISG Rn. 19.

[461] Zu dem Verhältnis von Art. 48 CISG und Schadensersatz bereits oben → Rn. 149.

[462] Staudinger/Magnus BGB Art. 45 CISG Rn. 21; Sauthoff Schadensersatzhaftung S. 108.

[463] BG 28.10.1998, CISG-online 413; Schlechtriem/Schwenzer/Schroeter/Müller-Chen CISG Art. 45 Rn. 28; Sauthoff Schadensersatzhaftung S. 109; anders aber Stoffer IHR 2007, 221 (229).

[464] Schlechtriem/Schwenzer/Schroeter/Müller-Chen CISG Art. 45 Rn. 28; Sauthoff Schadensersatzhaftung S. 109.

[465] BeckOK BGB/Saenger, 1.5.2022, Art. 74 CISG Rn. 5; MüKoHGB/Mankowski Art. 74 CISG Rn. 36; Staudinger/Magnus BGB Art. 74 CISG Rn. 41.

[466] Zu dem Verhältnis von Art. 48 CISG und Schadensersatz bereits oben → Rn. 149.

tend machen:[467] Gemäß Art. 75 CISG kann der Käufer, der in angemessener Weise und innerhalb eines angemessenen Zeitraums nach der Vertragsaufhebung einen Deckungskauf vorgenommen hat,[468] die Differenz zwischen dem in dem Kaufvertrag vereinbarten Preis und dem Preis des Deckungskaufs verlangen. Hat der Käufer keinen Deckungskauf gemäß Art. 75 CISG vorgenommen, ermöglicht Art. 76 CISG eine abstrakte Schadensberechnung.[469] Wenn die Ware einen Marktpreis hat, kann der Käufer nach Art. 76 CISG die Differenz zwischen dem im Kaufvertrag vereinbarten Preis und dem Marktpreis zur Zeit der Vertragsaufhebung verlangen. Sowohl neben Art. 75 CISG als auch neben Art. 76 CISG kann der Käufer jeden weiteren Schadensersatz gemäß Art. 74 CISG verlangen. Ausnahmsweise kann nach überwiegender Ansicht eine Schadensberechnung gemäß der Art. 75 und 76 CISG nach dem Gebot von Treu und Glauben auch ohne eine wirksame Vertragsaufhebung erfolgen, wenn die Voraussetzungen für eine Vertragsaufhebung vorliegen und aufgrund einer ernsthaften und endgültigen Erfüllungsverweigerung feststeht, dass der Verkäufer keinesfalls mehr erfüllen wird.[470]

Der **Befreiungstatbestand** des Art. 79 CISG ist nach herrschender Ansicht auch auf 170
die Haftung des Verkäufers für eine mangelhafte Lieferung anwendbar.[471] In der Regel wird sich der Verkäufer jedoch im Falle einer mangelhaften Lieferung nicht gemäß Art. 79 CISG entlasten können.[472] Nur in seltenen Fällen wird ein Mangel auf höherer Gewalt (zB außergewöhnliche Witterung während des Transports) oder anderen außerhalb des Einflussbereichs des Verkäufers liegenden Hinderungsgründen (zB Sabotageakt durch Dritte) beruhen.[473] In den meisten Fällen wird der Mangel der Ware hingegen dem Einflussbereich bzw. der Risikosphäre des Verkäufers zuzuordnen sein,[474] was sich primär nach der vertraglichen und subsidiär nach der dem CISG zugrunde liegenden typischen Risikoverteilung richtet.[475] Da die Bereiche der Produktion und Organisation nach der typischen Risikoverteilung zu dem Einflussbereich des Herstellers zählen,[476] haftet dieser gemäß Art. 79 Abs. 1 CISG für Konstruktions-, Fabrikations-, Instruktions-, Organisations- oder Kontrollfehler.[477] Dies gilt auch im Fall so genannter Ausreißer, dh mangelhaft hergestellter Einzelstücke bei ansonsten mangelfreier Konstruktion.[478] Ebenfalls besteht nach vorzu-

---

467 Eine Vertragsaufhebung wird überwiegend generell bei Schadensersatzansprüchen verlangt, die an die Stelle des gesamten Leistungsinteresses treten, siehe mwN etwa Huber RabelsZ 71 (2007), 13 (29).

468 Die Vertragsaufhebung muss dem Deckungsgeschäft nach hM grundsätzlich zeitlich vorangehen, MüKoBGB/Huber Art. 75 CISG Rn. 12; Schlechtriem/Schwenzer/Schroeter/Schwenzer CISG Art. 75 Rn. 5; siehe auch Staudinger/Magnus BGB Art. 75 CISG Rn. 14 und Gotanda CISG-AC Opinion No. 6 Comment 8.1 zu Ausnahmen von diesem Grundsatz; andere Auffassung BeckOGK/Bach, 1.7.2022, Art. 75 CISG Rn. 6 ff.

469 OGH IHR 2001, 206 (208).

470 OLG Frankfurt IHR 2010, 250 (253); OLG Brandenburg 5.2.3013, CISG-online 2400; Schlechtriem/Schwenzer/Schroeter/Schwenzer Art. 75 CISG Rn. 5; Sauthoff IHR 2005, 151 (153 f.); andere Auffassung Piltz NJW 2011, 2261 (2266); Gotanda CISG-AC Opinion No. 8 Comment 2.3.3.

471 BGH IHR 2002, 16 (21); OLG Zweibrücken 31.3.1998, CISG-online 481; MüKoHGB/Mankowski Art. 79 CISG Rn. 19; Schlechtriem/Schwenzer/Schroeter/Schwenzer CISG Art. 79 Rn. 6; BeckOGK/Bach, 1.7.2022, Art. 79 CISG Rn. 3; Sauthoff Schadensersatzhaftung S. 55 f.; hingegen lehnen insbesondere Vertreter aus dem anglo-amerikanischen Rechtskreis eine Anwendung des Art. 79 CISG auf die Haftung des Verkäufers für eine mangelhafte Lieferung in Anlehnung an das englische und US-amerikanische Recht ab, s. zB Nicholas Einheitliches Kaufrecht S. 283 (287).

472 MüKoBGB/Huber Art. 79 CISG Rn. 3, 19; Schlechtriem/Schwenzer/Schroeter/Schwenzer CISG Art. 79 Rn. 6.

473 MüKoBGB/Huber Art. 79 CISG Rn. 19; Sauthoff Schadensersatzhaftung S. 67 f.; Garro, CISG-AC Opinion No. 7 Comments 8, 12 für weitere Beispiele.

474 MüKoBGB/Huber Art. 79 CISG Rn. 3, 19; Schlechtriem/Schwenzer/Schroeter/Schwenzer CISG Art. 79 Rn. 6.

475 OLG Düsseldorf BeckRS 2019, 13349; MüKoBGB/Huber CISG Art. 79 Rn. 7; Sauthoff Schadensersatzhaftung S. 52; s. auch OLG Zweibrücken 31.3.1998, CISG-online 481.

476 BeckOK BGB/Saenger, 1.5.2022, Art. 79 CISG Rn. 5.

477 OLG Zweibrücken 31.3.1998, CISG-online 481; MüKoHGB/Mankowski Art. 79 CISG Rn. 28; Staudinger/Magnus BGB Art. 79 CISG Rn. 25; Schlechtriem/Schwenzer/Schroeter/Schwenzer CISG Art. 79 Rn. 28; Sauthoff Schadensersatzhaftung S. 63.

478 BeckOGK/Bach, 1.7.2022, Art. 79 Rn. 6.4; Sauthoff Schadensersatzhaftung S. 63.

ziehender Ansicht eine Haftung des Herstellers für Entwicklungsfehler,[479] dh für Ware, welche zwar im Zeitpunkt des Vertragsschlusses bzw. der Herstellung dem technischen und wissenschaftlichen Stand entspricht, sich im Nachhinein aber als vertragswidrig herausstellt.[480] Der Hersteller kann eine Haftung für Entwicklungsfehler allerdings vermeiden, indem er eine Beschaffenheit der Ware entsprechend dem gegenwärtigen Stand von Wissenschaft und Technik vereinbart.[481] Der Verkäufer – gleich ob Hersteller oder Zwischenhändler – haftet aufgrund seines Personalrisikos ferner gemäß Art. 79 Abs. 1 CISG für das Verhalten seiner Beschäftigten bzw. seiner eigenen Leute,[482] welche in seine Organisation eingegliedert sind.[483] Überdies trägt er das allgemeine Beschaffungsrisiko und hat infolgedessen beim marktbezogenen Gattungskauf[484] gemäß Art. 79 Abs. 1 CISG[485] auch für Mängel einzustehen, die im Bereich seines Zulieferanten verursacht worden sind.[486] Grund dafür ist, dass der Verkäufer nach dem CISG anders als nach deutschem unvereinheitlichten Recht im Rahmen seines allgemeinen Beschaffungsrisikos sowohl für die pünktliche als auch für die fehlerfreie Belieferung durch den Zulieferer haftet.[487] Die Rechtsprechung hat eine Entlastungsmöglichkeit des Verkäufers lediglich für den Fall offen gelassen, dass die Lieferung vertragswidriger Ware auf ein Risiko zurückgeht, welches weder dem Einflussbereich des Verkäufers noch dem seines Zulieferanten zugerechnet werden kann.[488] Teilweise wird eine Entlastungsmöglichkeit des Verkäufers auch unter den Voraussetzungen bejaht, dass der Verkäufer die Ware von einem zuverlässigen Lieferanten bezogen hat und der Mangel auch bei Anwendung vernünftiger und zumutbarer Untersuchungsmethoden generell nicht erkennbar gewesen ist.[489] Dies ist jedoch abzulehnen, weil durch eine solche Entlastungsmöglichkeit Sorgfalts- und Verschuldenskriterien in das CISG eingeführt werden würden und die aufgrund der Garantiehaftung bestehende Rechtssicherheit erheblich geschwächt werden würde.[490] Unter den Voraussetzungen des Art. 79 Abs. 2 CISG haftet der Verkäufer schließlich für selbständige, nicht in seine Organisation eingegliederte Dritte,

---

[479] So Schlechtriem/Schwenzer/Schroeter/Schwenzer CISG Art. 79 Rn. 28; BeckOGK/Bach, 1.7.2022, Art. 79 CISG Rn. 6.4; MüKoHGB/Mankowski Art. 79 CISG Rn. 26, nach welchem die Grenze allerdings entlang der Vorhersehbarkeit verläuft; Staudinger/Magnus BGB Art. 79 CISG Rn. 25; Sauthoff Schadensersatzhaftung S. 66f.; anders aber OLG Zweibrücken 31.3.1998, CISG-online 481; Rathjen RIW 1999, 561 (562); offen gelassen durch den BGH IHR 2002, 16 (21).

[480] Schlechtriem/Schwenzer/Schroeter/Schwenzer CISG Art. 79 Rn. 28.

[481] Sauthoff Schadensersatzhaftung S. 67.

[482] BeckOK BGB/Saenger, 1.5.2022, Art. 79 CISG Rn. 5; Staudinger/Magnus BGB Art. 79 CISG Rn. 19f.

[483] Zur Abgrenzung zu Art. 79 Abs. 2 CISG zB Schlechtriem/Schwenzer/Schroeter/Schwenzer CISG Art. 79 Rn. 34; Staudinger/Magnus BGB Art. 79 CISG Rn. 37ff.

[484] Für ein Beschaffungsrisiko auch bei Stückschulden entgegen der hM BeckOGK/Bach, 1.7.2022, Art. 79 CISG Rn. 6.3.

[485] Nach hM ist die Haftung für Zulieferanten aufgrund des allgemeinen Beschaffungsrisikos unter Art. 79 Abs. 1 CISG und nicht unter Art. 79 Abs. 2 CISG einzuordnen, MüKoBGB/Huber Art. 79 CISG Rn. 14, 24; BeckOGK/Bach, 1.7.2022, Art. 79 CISG Rn. 13; anders aber ICC 1.1.1995, CISG-online 526; Lurger IHR 2005, 221 (229). Der BGH hat die Frage, ob Zulieferanten unter Art. 79 Abs. 1 oder Abs. 2 CISG einzuordnen sind, offengelassen, BGHZ 141, 129 (134).

[486] BGHZ 141, 129 (133f.); ICC 1.1.1995, CISG-online 526; Honsell/Magnus CISG Art. 79 Rn. 19; Schlechtriem/Schwenzer/Schroeter/Schwenzer CISG Art. 79 Rn. 37; anders aber das Tribunal de Commerce de Besançon 19.1.1998, CISG-online 557, welches eine Entlastung des Verkäufers nach Art. 79 CISG zuließ, da sich die Herstellung des Produkts seiner Kontrolle entziehe und er nicht bösgläubig gehandelt habe. Dies ist bereits deshalb abzulehnen, weil das Gericht hierbei Verschuldenskriterien herangezogen hat.

[487] BGHZ 141, 129 (133f.).

[488] BGHZ 141, 129 (134).

[489] Vgl. BGH IHR 2002, 16 (21); MüKoHGB/Mankowski Art. 79 CISG Rn. 28; Stoll Einheitliches Kaufrecht S. 257, 278; Rathjen RIW 1999, 561 (562f.). Eine solche Entlastungsmöglichkeit ablehnend MüKoBGB/Huber Art. 79 CISG Rn. 20; Ders. IHR 2020, 137 (140); Sauthoff Schadensersatzhaftung S. 61ff.

[490] Sauthoff Schadensersatzhaftung S. 62f.

zB Subunternehmer, welche der Verkäufer im Fall eines Werkliefervertrags mit der eigenverantwortlichen Fertigung eines Teils der Ware beauftragt hat.[491]

Gemäß der **Vorhersehbarkeitsregel** des Art. 74 Satz 2 CISG darf der Schadensersatz nicht den Verlust überschreiten, den die vertragsbrüchige Partei bei Vertragsabschluss als mögliche Folge der Vertragsverletzung vorausgesehen hat oder unter Berücksichtigung der Umstände, die sie kannte oder kennen musste, hätte voraussehen können. Die Voraussehbarkeit iSd Art. 74 CISG beurteilt sich nach einem objektiven Maßstab.[492] Der Schuldner muss mit den Folgen rechnen, die eine verständige Person in seiner Lage (Art. 8 Abs. 2 CISG) angesichts der konkreten Fallumstände vorausgesehen hätte. Die subjektive Risikoeinschätzung des Schuldners erlangt lediglich dann Bedeutung, wenn dieser – etwa aufgrund eines Hinweises des Gläubigers – weiß, dass eine Vertragsverletzung ungewöhnliche oder ungewöhnlich hohe Schäden auslösen würde. In diesem Fall sind dem Schuldner auch diese Folgen zuzurechnen.[493] Da es auf die Voraussehbarkeit der Vertragsverletzung nicht ankommt,[494] kann ein Verkäufer bei Vorliegen eines verdeckten Mangels nicht einwenden, er habe die Vertragsverletzung und den aus ihr resultierenden Schaden nicht voraussehen können.[495] Vielmehr ist entscheidend, ob der Schuldner den Schaden hätte vorhersehen können, wenn er die Vertragsverletzung bei Vertragsschluss als gegeben angesehen hätte.[496] Zur besseren Praktikabilität der Vorhersehbarkeitsregel sind in der Literatur Fallgruppen gebildet worden. Diese zeigen, dass viele Arten von Schäden, welche typischerweise durch eine mangelhafte Lieferung verursacht werden, **regelmäßig vorhersehbar** sind. Der Nichterfüllungsschaden (zB der mangelbedingte Minderwert oder die Mangelbeseitigungskosten) wird als in der Regel vorhersehbar angesehen.[497] Kosten für den Ausbau der vertragswidrigen Ware und den Einbau der nachgelieferten oder reparierten Ware kann der Käufer in dem Umfang ersetzt verlangen, in dem der ursprüngliche Einbau der Ware für den Verkäufer vorhersehbar war.[498] Bei Waren, die üblicherweise eingebaut werden, dürfte die Vorhersehbarkeit dieser Kosten für den Verkäufer regelmäßig zu bejahen sein.[499] Bei einem Verkauf handelbarer Ware an einen Kaufmann ist ein entgangener Gewinn im Rahmen der üblichen Gewinnspanne voraussehbar.[500] Mangelfolgeschäden an anderen Gegenständen des Käufers gelten als in der Regel vorhersehbar, es sei denn, dass sie auf einem bestimmungswidrigen Gebrauch der Sache beruhen.[501] Die Voraussehbarkeit von Haftungsschäden (zB aufgrund von Schadensersatzpflichten des Käufers gegenüber den eigenen Abnehmern) wird bejaht, soweit sie den üblichen Umfang nicht übersteigen.[502] 171

---

[491] Ausführlich zu der strittigen Frage, wer selbständiger Dritter iSd Art. 79 Abs. 2 CISG ist zB Staudinger/Magnus BGB Art. 79 CISG Rn. 37 ff. Selbständige Dritte iSd Art. 79 Abs. 2 CISG sind jedenfalls nicht die Beschäftigten bzw. eigenen Leute des Verkäufers, die in dessen Organisation eingegliedert sind. Auch Zulieferer fallen nach hM nicht unter Art. 79 Abs. 2 CISG.

[492] OGH 14.1.2002, CISG-online 643; Handelsgericht St. Gallen IHR 2003, 181 (185).

[493] OGH 14.1.2002, CISG-online 643; Schlechtriem/Schwenzer/Schroeter/Schwenzer CISG Art. 74 Rn. 49.

[494] OGH 14.1.2002, CISG-online 643.

[495] Stoll Einheitliches Kaufrecht S. 257, 261; Sauthoff Schadensersatzhaftung S. 114.

[496] MüKoHGB/Mankowski Art. 74 CISG Rn. 31; Sauthoff Schadensersatzhaftung S. 114.

[497] OGH 14.1.2002, CISG-online 643; Staudinger/Magnus BGB Art. 74 CISG Rn. 41.

[498] Schwenzer/Beimel CISG-AC Opinion 21 Comment 3.39.

[499] Staudinger/Magnus BGB Art. 74 CISG Rn. 41; Atamer Unif. L. Rev. 2020, 67 (74).

[500] OGH IHR 2001, 206 (208); Handelsgericht St. Gallen IHR 2003, 181 (185); Schlechtriem/Schwenzer/Schroeter/Schwenzer CISG Art. 74 Rn. 55.

[501] Schlechtriem/Schwenzer/Schroeter/Schwenzer CISG Art. 74 Rn. 57; MüKoBGB/Huber Art. 74 CISG Rn. 41; ebenfalls bejahend Staudinger/Magnus BGB Art. 79 CISG Rn. 46 f., wenn kein ganz ungewöhnlicher Kausalverlauf zugrunde liegt und sich ein Risiko verwirklicht, das nach der vertraglichen Risikoverteilung der Verkäufer zu tragen hatte; ähnlich BeckOGK/Bach, 1.7.2022, Art. 74 CISG Rn. 25, der eine Vorhersehbarkeit bereits bei einer völlig unüblichen Verwendung oder bei Berührung mit Rechtsgütern des Käufers mit einem außergewöhnlich hohen Wert verneint; siehe auch OGH 14.1.2002, CISG-online 643, das den Begriff der Mangelfolgeschäden aber offensichtlich in einem weiteren Sinne gebraucht.

[502] OGH 14.1.2002, CISG-online 643; OLG Köln 21.5.1996, CISG-online 254; Staudinger/Magnus BGB Art. 74 CISG Art. 74 Rn. 45; siehe auch BeckOGK/Bach, 1.7.2022, Art. 74 in CISG Rn. 37 ff., der alles Branchenübliche als vorhersehbar einstuft.

Reputationsschäden werden teilweise jedenfalls dann als voraussehbar angesehen, wenn der Käufer erkennbar als Zwischenhändler in einem empfindlichen Markt tätig ist.[503] Die Vorhersehbarkeit von üblichen, dh nicht außergewöhnlich hohen **Betriebsausfallschäden** wird nach überzeugender Ansicht bejaht, wenn die Ware zur Produktion eingesetzt werden sollte.[504]

f) Hinweise für die Vertragsgestaltung

172 **aa) Sicht des Verkäufers.** In der Praxis sind Klauseln nicht unüblich, die im Fall von Sachmängeln eine Nacherfüllung als ausschließlichen Rechtsbehelf unter Abbedingung sämtlicher sonstiger Rechtsbehelfe (exclusive repair or replacement remedy) vorsehen. Eine solche Regelung begegnet allerdings in den allermeisten Rechtsordnungen spätestens dann Wirksamkeitsbedenken, wenn sie keine Ersatzansprüche für den Fall bereithält, dass die geschuldete Nacherfüllung scheitert.[505] Das CISG lässt eine Abbedingung der Rechtsbehelfe zwar grundsätzlich zu (Art. 6 CISG).[506] Da die **Wirksamkeit** einzelner Klauseln aber aus dem Anwendungsbereich des CISG ausgeklammert ist,[507] bleiben die Schranken des kollisionsrechtlich zu ermittelnden ergänzenden nationalen Vertragsstatuts beachtlich. Ist **deutsches Recht** ergänzendes Vertragsstatut, dürften (zumindest in vorformulierten Vertragsbedingungen) etwa der Ausschluss des Aufhebungsrechts unzulässig, die Abbedingung des Minderungsrechts dagegen möglich sein.[508] Darüber hinaus ist vieles ungeklärt.

173 Der folgende Klauselvorschlag zur Regelung der Rechtsfolgen im Fall von Sachmängeln schließt nur den Anspruch auf Ersatzlieferung aus und belässt dem Käufer ansonsten – unter erschwerten Voraussetzungen – die im CISG vorgesehenen Rechtsbehelfe. Das schließt auch das Minderungsrecht mit ein, da dem Käufer (zumindest im Fall eines Ausschlusses von Schadensersatzansprüchen) unterhalb der Schwelle des Aufhebungsrechts ansonsten keine Rechtsbehelfe verbleiben, was unabhängig von der rechtlichen Zulässigkeit wenig ausgewogen erscheint. Verkäuferfreundlich ist das nachstehende Klauselbeispiel insbesondere, weil es Minderung, Vertragsaufhebung und Schadensersatz anstelle des Leistungsinteresses (falls nicht ohnehin im Rahmen der allgemeinen Haftungsklausel gänzlich ausgeschlossen) unabhängig vom Vorliegen der Voraussetzungen der Art. 48 Abs. 1 oder 2 CISG von der erfolglosen Setzung einer angemessenen **Nachfrist** durch den Käufer abhängig macht. Ob die Klausel auch einer deutschrechtlichen AGB-Inhaltskontrolle standhalten könnte, bleibt zweifelhaft.[509]

---

[503] Schlechtriem/Schwenzer/Schroeter/Schwenzer CISG Art. 74 Rn. 56; ebenso BG 28.10.1998, CISG-online 413, das allerdings zusätzlich auf das Fehlen einer Möglichkeit des Käufers abstellt, seine Abnehmer durch eigene Vorkehrungen anderweitig fristgerecht mit mangelfreier Ware zu beliefern. MüKoHGB/Mankowski Art. 74 CISG Rn. 56, sieht die Empfindlichkeit des Marktes, in welchem der Käufer tätig ist, jedenfalls als einen wichtigen Faktor an. Weiter aber Cour d'Appel de Paris 7.10.2009, CISG-online 2034. Gegen eine Ersatzfähigkeit von Reputationsschäden im Grundsatz hingegen MüKoBGB/Huber Art. 74 CISG Rn. 39; Roßmeier RIW 2000, 407 (411).

[504] Staudinger/Magnus BGB Art. 74 CISG Rn. 40; BeckOGK/Bach, 1.7.2022, Art. 74 CISG Rn. 54. Andere sehen Betriebsausfallschäden hingegen nur als ersatzfähig an, wenn der Käufer bei Vertragsschluss auf dieses Risiko hingewiesen hat, Roßmeier RIW 2000, 407 (411); kritisch hierzu MüKoBGB/Huber Art. 74 CISG Rn. 40. BeckOK BGB/Saenger, 1.5.2022, Art. 74 CISG Rn. 12 bejaht die Vorhersehbarkeit von Betriebsausfallschäden darüber hinaus, wenn dem Verkäufer das Risiko konkret erkennbar war.

[505] Dazu bereits → § 8 Rn. 11.

[506] Allerdings dürfte auch das CISG selbst zwingend voraussetzen, dass dem Käufer zumindest ein Kernrechtsbehelf verbleiben muss. Nicht überzeugen kann dagegen die Auffassung, die auch eine Haftungsbeschränkung im Fall von Vorsatz oder grober Fahrlässigkeit schon nach dem CISG selbst als nicht zulässig ansieht, so aber etwa Staudinger/Magnus BGB Art. 45 CISG Rn. 46.

[507] Oben → Rn. 32.

[508] OGH 9.3.2000, CISG-online Nr. 642; Schlechtriem/Schwenzer/Schroeter/Müller-Chen CISG Art. 49 Rn. 49.

[509] Nicht zuletzt, weil eine Einschränkung der Mängelhaftungsrechte (mit der ebenfalls umstrittenen Ausnahme der Minderung) in Allgemeinen Geschäftsbedingungen auch im unternehmerischen Geschäftsverkehr im unvereinheitlichten deutschen Recht kaum noch möglich ist, dazu nur Stoffels AGB-Recht Rn. 956 ff.

Klauselbeispiel für die Regelung der Rechtsbehelfe im Fall von Sachmängeln aus Verkäuferperspektive

[•] Remedies in case of quality defects

(1) In case of delivery of non-conforming Contractual Products, the Seller shall without prejudice to any further requirements pursuant to the applicable law at his option either repair any defect or replace the Contractual Products or any portion thereof that are non-conforming. The Seller shall be given adequate time and opportunity to remedy the defect. For this purpose, the Buyer shall grant the Seller access to the Contractual Products. Additional expenses incurred by the Seller with regard to remedial measures due to the relocation of the Contractual Products to a place other than the original place of destination shall be for Buyer's account.

(2) A right of the Buyer to claim delivery of substitute products is explicitly excluded.

(3) The Buyer is only entitled to a reduction of the contract price pursuant to the applicable law if the Seller has not successfully undertaken remedial measures after receipt of a notice indicating a quality defect and lapse of an additional final respite set by the Buyer of reasonable length, at least however [•] weeks. Subject to any further restrictions and limitations set forth in this contract or the applicable law (in particular, but not limited to the requirement of a fundamental breach of contract), the same preconditions shall also apply for any claim for damages in lieu of performance or an avoidance of the contract.

(4) Subject to applicable preconditions pursuant to this contract or applicable law, the Buyer may however take immediate recourse to the remedies indicated above without prior lapse of a grace period if the defect cannot be cured or the Seller refuses the rectification of the defect in accordance with subparagraph (1) above.

Eine eigenständige vertragliche Regelung über die Rechtsfolgen empfiehlt sich aus Verkäufersicht auch für den Fall von **Rechtsmängeln.** Haftungsträchtig kann für den Verkäufer an dieser Stelle insbesondere der uneingeschränkte (Nach-)Erfüllungsanspruch aus Art. 46 Abs. 1 CISG sein, da die in Art. 46 Abs. 2 und 3 CISG geregelten Einschränkungen im Fall von Rechtsmängeln nicht greifen.[510] Insbesondere kann Art. 46 Abs. 1 CISG den Verkäufer dazu verpflichten, die Nutzung des Vertragsgegenstandes durch möglicherweise kostspielige Lizensierung der erforderlichen Schutzrechte durch den betroffenen Dritten oder (sofern überhaupt möglich) die Lieferung unbelasteter Ware zu ermöglichen,[511] ohne dass insofern ein dem Art. 46 Abs. 3 CISG vergleichbares Korrektiv der Zumutbarkeit zur Verfügung stünde. 174

Die folgende Klausel soll dem Verkäufer daher die Möglichkeit verschaffen, im Fall einer Verletzung gewerblicher Schutzrechte nach seiner Wahl entweder einen neuen unbelasteten Vertragsgegenstand zu liefern, den Vertragsgegenstand so abzuändern, dass insbesondere entgegenstehende gewerbliche Schutzrechte Dritter nicht länger tangiert werden oder aber dem Verkäufer den Vertragspreis zu erstatten, was wirtschaftlich betrachtet auf eine Rückabwicklung des Vertrages hinausläuft. 175

Klauselbeispiel für die Regelung der Rechtsbehelfe im Fall von Rechtsmängeln aus Verkäuferperspektive

§ [•] Remedies in case of defects of title

(1) If the use of the Contractual Product is restricted due to industrial or intellectual property rights of any third party, Seller shall upon Buyer's request at Seller's choice and cost either (a) procure for the Buyer the right to use the Contractual Product, (b) provide the Buyer with a non-infringing replacement product or modify the Contractual Product so

[510] Oben → Rn. 155.

[511] Dazu mwN Metzger RabelsZ 72 (2009), 842 (848), der dem Verkäufer zwischen diesen Alternativen zumindest ein Wahlrecht einräumen will.

that it becomes non-infringing, provided that the replaced respectively the modified product meets substantially the same functional specifications as the Contractual Product or (c) refund the purchase price to the Buyer upon return of the Contractual Product less a reasonable amount of depreciation for any period of use.

(2) If the Seller has not undertaken such remedial measures within a reasonable time after receipt of notice of default by the Buyer, the Buyer may subject to any further requirements and conditions set forth by the applicable law or this contract declare the avoidance and/or (subject to the limitations set forth elsewhere in this contract) claim damages in lieu of performance.

176 Eine Beschränkung der Schadensersatzhaftung (auch) wegen Mängeln kann der Verkäufer im Rahmen allgemeiner Haftungsbeschränkungsklauseln erzielen, die auch in einem Liefervertrag nicht fehlen sollten, siehe dazu im Einzelnen unter → § 8. Aus diesem Grund verweisen die obenstehenden Klauseln zu den Rechtsfolgen der Sach- und Rechtsmängelhaftung auch jeweils auf entsprechende allgemeine vertragliche Haftungsklauseln.

177 **bb) Käuferperspektive.** Aus Sicht des Käufers kommt zunächst ein Wahlrecht bezüglich der Art der gewünschten Nacherfüllung in Betracht. Abbedungen wird im nachstehenden Klauselbeispiel damit insbesondere auch die Notwendigkeit einer wesentlichen Vertragsverletzung im Fall eines Anspruchs auf Ersatzlieferung. Die Möglichkeit einer Selbstvornahme sowie der Vertragsaufhebung für den Fall, dass die Nacherfüllung nicht innerhalb der vereinbarten Frist erfolgreich erbracht wird, soll die durch Art. 48 CISG auch für den Käufer bewirkte Rechtsunsicherheit reduzieren. Zugleich wird dem Käufer (vorbehaltlich des genannten Fristablaufs) die Vertragsaufhebung auch für den Fall ermöglicht, dass kein erheblicher Mangel vorliegt.[512]

Klauselbeispiel für die Regelung der Rechtsbehelfe im Fall von Sachmängeln aus Käuferperspektive

[•] Remedies in case of quality defects

(1) The Seller shall cure any quality defect of the Contractual Product at Buyer's choice either by repair of the defective parts or replacement of the Contractual Product regardless whether the defect amounts to a fundamental breach of contract in the individual case.

(2) If the Seller does not successfully perform the respective remedial work within [•] weeks after receipt of Buyer's request, the Buyer may – regardless whether the defect amounts to a fundamental breach of contract – a) itself undertake or employ a third party to undertake necessary remedial works at Seller's risk and expense or b) declare the avoidance of the contract.

(3) Any further rights and remedies provided by the applicable law remain unaffected.

3. Zeitliche Grenzen der Mängelhaftung

178 Die Mängelhaftung unterliegt in verschiedener Hinsicht zeitlichen Grenzen. Es ist bereits dargelegt worden, dass der Käufer die Rechtsbehelfe der Ersatzlieferung, der Nachbesserung sowie der Vertragsaufhebung jeweils innerhalb einer angemessenen Frist geltend machen muss (vgl. Art. 46 Abs. 2 und 3, 49 Abs. 2 lit. b) CISG). Darüber hinaus sind die Ausschlussfrist des Art. 39 Abs. 2 CISG sowie die Verjährung zu beachten.[513]

[512] Insbesondere auch für Kaufverträge über digitale Güter wird empfohlen, die Voraussetzungen einer Vertragsaufhebung beim Vertragsschluss zu definieren, Eggen IHR 2017, 229 (233).

[513] Zu Hinweisen für die Vertragsgestaltung mit Blick auf den zeitlichen Umfang der Gewährleistungshaftung auch → § 9.

a) Ausschlussfrist des Art. 39 Abs. 2 CISG

Gemäß Art. 39 Abs. 2 CISG verliert der Käufer in jedem Fall das Recht, sich auf die Vertragswidrigkeit der Ware iSd Art. 35 CISG[514] zu berufen, wenn er sie nicht spätestens innerhalb von **zwei Jahren,** nachdem ihm die Ware tatsächlich übergeben worden ist, dem Verkäufer anzeigt, es sei denn, dass diese Frist mit einer vertraglichen Garantiefrist unvereinbar ist. Bei der Frist des Art. 39 Abs. 2 CISG handelt es sich nicht um eine Verjährungsfrist, sondern um eine von Amts wegen zu beachtende Ausschlussfrist,[515] welche weder gehemmt noch unterbrochen werden kann.[516] Auch wenn Art. 39 Abs. 2 CISG **unabhängig** davon gilt, ob ein offener oder verdeckter Mangel vorliegt,[517] erlangt die Vorschrift in erster Linie in Fällen **verdeckter Mängel** Bedeutung. Der Käufer verliert seine Mängelrechte gemäß Art. 39 Abs. 2 CISG selbst dann, wenn er eine unterlassene Mängelanzeige gemäß Art. 44 CISG entschuldigen kann.[518] Im Fall der Bösgläubigkeit des Verkäufers gemäß Art. 40 CISG greift Art. 39 Abs. 2 CISG jedoch nicht.[519] Die Frist des Art. 39 Abs. 2 CISG beginnt mit der tatsächlichen Übergabe der Ware, dh deren physischer Aushändigung an den Käufer oder – im Fall einer Direktlieferung an dessen Abnehmer – an den Abnehmer zu laufen.[520] Bei Sukzessivlieferungen löst jede einzelne Lieferung die Frist nach Art. 39 Abs. 2 CISG aus.[521] Eine vertragliche Garantie, welche mit der zweijährigen Frist des Art. 39 Abs. 2 CISG unvereinbar ist, kann zB eine Haltbarkeitsgarantie sein, deren Garantiefrist über die zweijährige Frist des Art. 39 Abs. 2 CISG hinausgeht.[522] Häufig wird in diesem Zusammenhang im Wege der Auslegung gemäß Art. 8 CISG zu ermitteln sein, ob die Parteien eine Haltbarkeitsgarantie oder lediglich eine Gewährleistungsfrist vereinbart haben. Die zweijährige Frist des Art. 39 Abs. 2 CISG kann durch Parteivereinbarung gemäß Art. 6 CISG ausgeschlossen,[523] verlängert oder verkürzt werden.[524] Eine zwischen den Parteien vereinbarte Garantie mit einer einjährigen Garantiefrist verkürzt für sich genommen die zweijährige Frist des Art. 39 Abs. 2 CISG jedoch noch nicht.[525] 179

b) Verjährung

Im Unterschied zu Art. 39 Abs. 2 CISG bestimmt die Verjährungsfrist, innerhalb welchen Zeitraums ein Rechtsverfahren zur Geltendmachung eines konkreten Anspruchs eingeleitet werden muss.[526] 180

Die Verjährung ist nicht im CISG geregelt. Sie richtet sich nach dem **Übereinkommen über die Verjährung beim internationalen Warenkauf vom 14.6.1974** (VerjÜbk), soweit dessen Anwendungsbereich eröffnet ist, dh die Parteien zur Zeit des Ver- 181

514 Ferrari/Ferrari IntVertragsR Art. 39 CISG Rn. 34.
515 OGH IHR 2008, 106 (108); BeckOK BGB/Saenger, 1.5.2022, Art. 39 CISG Rn. 10; Schlechtriem/Schwenzer/Schroeter/Schwenzer CISG Art. 39 Rn. 23.
516 BeckOK BGB/Saenger, 1.5.2022, Art. 39 CISG Rn. 10; MüKoBGB/Gruber Art. 39 CISG Rn. 40.
517 Dazu OGH IHR 2008, 106 (108). Für den Fall, dass sich der verdeckte Mangel erst nach Ablauf der Ausschlussfrist gemäß Art. 39 Abs. 2 CISG zeigt, wollen Gildeggen und Willburger Art. 39 Abs. 2 CISG nicht anwenden, Gildeggen/Willburger IHR 2019, 45 (51).
518 OLG Linz IHR 2008, 28 (30); Schlechtriem/Schwenzer/Schroeter/Schwenzer CISG Art. 39 Rn. 22.
519 Schlechtriem/Schwenzer/Schroeter/Schwenzer CISG Art. 39 Rn. 22; MüKoBGB/Gruber Art. 39 CISG Rn. 42.
520 Piltz NJW 2011, 2261 (2265); Leisinger IHR 2006, 76 (78).
521 Cour d'appel de Colmar 23.11.2010, CISG-online 2593; Witz/Köhler IHR 2014, 89 (92).
522 Schlechtriem/Schwenzer/Schroeter/Schwenzer CISG Art. 39 Rn. 26; Leisinger IHR 2006, 76 (80).
523 Hierzu sowie zur Vertragsgestaltung im Hinblick auf Art. 39 Abs. 2 CISG Gildeggen/Willburger IHR 2016, 1 (5ff.).
524 OGH IHR 2008, 106 (108). Zu konkreten Beispielen Schlechtriem/Schwenzer/Schroeter/Schwenzer CISG Art. 39 Rn. 26; Ferrari/Ferrari IntVertragsR Art. 39 CISG Rn. 36f.
525 Cour d'Appel de Paris 7.10.2009, CISG-online 2034; Schlechtriem/Schwenzer/Schroeter/Schwenzer CISG Art. 39 Rn. 26; Piltz NJW 2011, 2261 (2265); De Luca Pace Int'l. L. Rev. 2015, 163 (253).
526 Schlechtriem/Schwenzer/Schroeter/Müller-Chen VerjÜbk Art. 1 Rn. 7; siehe auch Leisinger IHR 2006, 76 (77).

tragsabschlusses ihre Niederlassung in Vertragsstaaten des VerjÜbk[527] haben oder nach den Regeln des Internationalen Privatrechts des Forumstaates das Recht eines Vertragsstaates des VerjÜbk anzuwenden ist (Art. 3 Abs. 1 VerjÜbk).[528] Die Verjährungsfrist beträgt gemäß Art. 8 VerjÜbk **vier Jahre** und beginnt im Fall eines Anspruchs aus einer Vertragswidrigkeit der Ware an dem Tag, an dem die Ware dem Käufer tatsächlich übergeben oder ihre Annahme vom Käufer abgelehnt wird (Art. 9 Abs. 1, Art. 10 Abs. 2 VerjÜbk).

182 Findet das VerjÜbK keine Anwendung, gilt das nach den Vorschriften des Internationalen Privatrechts des Forumstaates[529] berufene **unvereinheitlichte nationale Recht.**[530] Die Bundesrepublik Deutschland hat das VerjÜbK nicht ratifiziert. Sofern nach den Vorschriften des Internationalen Privatrechts des Forumstaates deutsches Recht anwendbar ist, gelten die §§ 194 ff., 438, 445b BGB.[531] Im Falle eines Vertrags über digitale Produkte[532] ist ferner der ab dem 1.1.2022 geltende § 327u Abs. 2 BGB zu beachten. Ferner muss **Art. 3 VertragsG** in der Fassung vom 26.11.2001[533] berücksichtigt werden. Danach ist § 438 Abs. 3 BGB auf die Verjährung der dem Käufer nach Art. 45 CISG zustehenden Ansprüche wegen einer Vertragswidrigkeit der Ware iSd Art. 35 CISG[534] nicht nur bei Arglist des Verkäufers, sondern auch dann anzuwenden, wenn die Vertragswidrigkeit auf Tatsachen beruht, die der Verkäufer kannte oder über die er nicht in Unkenntnis sein konnte und die er dem Käufer nicht offenbart hat. Die Formulierung *„nicht in Unkenntnis sein konnte"* meint nach überwiegender Ansicht grobe Fahrlässigkeit.[535]

183 Problematisch war das Verhältnis zwischen **Art. 210 Abs. 1 des schweizerischen Obligationenrechts** (OR) alter Fassung und der zweijährigen Ausschlussfrist des Art. 39 Abs. 2 CISG. Das schweizerische Bundesgericht hatte in der Vergangenheit eine Anwendung des Art. 210 Abs. 1 OR auf die UN-Kaufrecht unterliegenden Verträge jedenfalls insoweit verneint, sofern diese Bestimmung dazu führen würde, dass Ansprüche wegen einer Vertragswidrigkeit der Ware bereits vor Ablauf der zweijährigen Ausschlussfrist des Art. 39 Abs. 2 CISG verjähren. Offen gelassen wurde dabei die Frage, welche Verjährungsfrist stattdessen gelten soll.[536] Mit der Anfang 2013 in Kraft getretenen **Reform** des Schweizer Verjährungsrechts und der dadurch bewirkten Verlängerung der Verjährungsfrist des Art. 210 Abs. 1 OR von **ein auf zwei Jahre**[537] hat sich diese Problematik erledigt.[538]

---

[527] Eine aktuelle Liste der Vertragsstaaten des VerjÜbk ist unter www.uncitral.org abrufbar.

[528] BG IHR 2010, 27 (31).

[529] In den Mitgliedstaaten der Europäischen Union mit Ausnahme Dänemarks umfasst das Vertragsstatut gemäß Art. 12 Abs. 1 lit. d) Rom I-VO auch Fragen der Verjährung.

[530] BG IHR 2010, 27 (31); Schlechtriem/Schwenzer/Schroeter/Schwenzer CISG Art. 39 Rn. 28. Zu den verschiedenen nationalen Verjährungsregimen und die Möglichkeit einer vertraglichen Vereinbarung von Verjährungsfristen ausführlich Hachem IHR 2017, 1 (9 ff.).

[531] Magnus RIW 2002, 577 (580 ff.).

[532] Hierzu oben → Rn. 7.

[533] BGBl. 2001 I 3138.

[534] So die wohl überwiegende Ansicht, welche sich auf den Wortlaut von Art. 3 VertragsG (*„Vertragswidrigkeit der Ware"*) sowie den Gleichlauf zwischen dem Wortlaut des Art. 3 VertragsG und des Art. 40 CISG (im Gegensatz zu Art. 43 Abs. 2 CISG) berufen kann, BeckOK BGB/Saenger, 1.5.2022, Art. 45 CISG Rn. 13; Magnus RIW 2002, 577 (580); andere Auffassung aber Schlechtriem/Schwenzer/Schroeter/Schroeter CISG Art. 3 VertragsG Rn. 6. Teilweise wird von der Ansicht, welche eine Anwendung des Art. 3 VertragsG auf Rechtsmängel verneint, allerdings eine analoge Anwendung des Art. 43 Abs. 2 CISG auf § 438 Abs. 3 BGB befürwortet, BeckOK BGB/Saenger, 1.5.2022, Art. 45 CISG Rn. 13; Magnus RIW 2002, 577 (582); ablehnend hingegen MüKoBGB/Huber Art. 3 VertragsG Rn. 5.

[535] Schlechtriem/Schwenzer/Schroeter/Schroeter CISG Art. 3 VertragsG Rn. 5; Magnus RIW 2002, 577 (580 f.).

[536] BG IHR 2010, 27 (32).

[537] Gauch recht 2012, 124 ff.

[538] So auch in Brunner/Gottlieb/Murmann/Stucki CISG Art. 4 Rn. 23; Hachem IHR 2017, 1 (16); zum Ganzen auch → § 9 Rn. 31. Zu dem Verhältnis von Art. 39 Abs. 2 CISG und kürzeren nationalen Verjährungsfristen Schroeter FS Lookowsky S. 335 ff.; Hachem IHR 2017, 1 (16 f.).

IV. Untersuchungs- und Rügeobliegenheiten

Der Käufer verliert das Recht, sich auf eine Vertragswidrigkeit der Ware gemäß Art. 35 CISG oder einen Rechtsmangel gemäß Art. 41 und 42 CISG zu berufen, wenn er seinen in Art. 39 Abs. 1, 43 Abs. 1 CISG statuierten **Rügeobliegenheiten** nicht nachkommt. Abweichend von der Mehrheit der nationalen Rechtsordnungen[539] sieht das CISG damit eine Obliegenheit des Käufers zur Rüge nicht nur von Sachmängeln (Art. 39 Abs. 1 CISG), sondern auch von Rechtsmängeln (Art. 43 Abs. 1 CISG) vor. 184

Zwar verbleiben dem Käufer gemäß Art. 44 CISG die Rechtsbehelfe der Minderung und – außer für entgangenen Gewinn – des Schadensersatzes, wenn er die gemäß Art. 39 Abs. 1, 43 Abs. 1 CISG erforderliche Mängelanzeige unterlassen[540] und dafür eine **vernünftige Entschuldigung** hat. Art. 44 CISG ist in der Rechtsprechung bislang jedoch nur selten angewandt worden.[541] Der Käufer verliert zudem trotz einer vernünftigen Entschuldigung in jedem Fall das Recht, Ersatzlieferung, Nachbesserung, Vertragsaufhebung oder Schadensersatz für entgangenen Gewinn zu verlangen. 185

1. Untersuchungs- und Rügeobliegenheit beim Sachmangel

Gemäß Art. 39 Abs. 1 CISG verliert der Käufer das Recht, sich auf eine **Vertragswidrigkeit** gemäß Art. 35 CISG der Ware zu berufen, wenn er sie dem Verkäufer nicht innerhalb einer angemessenen Frist nach dem Zeitpunkt, in dem er sie festgestellt hat oder hätte feststellen müssen, anzeigt und dabei die Art der Vertragswidrigkeit genau bezeichnet. Art. 39 Abs. 1 CISG stellt sowohl zeitliche als auch inhaltliche Anforderungen an die Mängelrüge und ist im Zusammenhang mit Art. 38 CISG zu sehen, der eine Untersuchungsobliegenheit[542] des Käufers statuiert, die der Vorbereitung der Mängelrüge dient.[543] 186

a) Untersuchungsobliegenheit

Gemäß Art. 38 Abs. 1 CISG hat der Käufer die Ware innerhalb einer so kurzen Frist zu untersuchen oder untersuchen zu lassen, wie es die Umstände erlauben. 187

Art, Umfang und Intensität der Untersuchung regelt Art. 38 Abs. 1 CISG nicht näher. Die Vorschrift lässt lediglich auch eine Untersuchung durch einen Dritten zu. Maßgeblich für die Modalitäten der Untersuchung sind primär die Vereinbarungen der Parteien (Art. 6 CISG) und subsidiär die zwischen den Parteien entstandenen Gepflogenheiten oder Handelsbräuche (Art. 9 CISG). Fehlen solche, ist eine angemessene, handelsübliche Untersuchung durchzuführen, welche geeignet ist, etwaige Mängel aufzudecken.[544] Die Untersuchung muss in gründlicher und fachmännischer[545] Weise erfolgen.[546] Maßgeblich 188

[539] ZB Schweiz: Art. 201 OR; Russische Föderation: Art. 483 Russisches ZGB; zum deutschen Recht (§ 377 HGB) bereits oben → Rn. 26. Eine ähnliche Regelung wie im UN-Kaufrecht findet sich aber im US-amerikanischen Recht, vgl. § 2–607 Abs. 3 lit. b) UCC. Im Grundsatz überhaupt keine Rüge- und Untersuchungsobliegenheiten (weder für Sach- noch für Rechtsmängel) sieht dagegen das englische Recht vor; hier führt eine acceptance der Ware lediglich zum Verlust des Rechts auf termination, dazu bereits → § 1 Rn. 18.

[540] „Unterlassen" iSd Art. 44 CISG erfasst die Fälle, in denen der Käufer gar nicht, verspätet oder inhaltlich nicht ordnungsgemäß gerügt hat, Ferrari/Ferrari IntVertragsR Art. 44 CISG Rn. 3.

[541] UNCITRAL Digest (2016 Edition) Art. 44 Anm. 5 f.

[542] BGH 25.6.1997, CISG-online 277.

[543] Ferrari/Ferrari IntVertragsR Art. 38 CISG Rn. 3.

[544] OLG Oldenburg 5.12.2000, CISG-online 618; Kantonsgericht Schaffhausen 27.1.2004, CISG-online 960.

[545] Teilweise wurde in der Rechtsprechung die Hinzuziehung von Sachverständigen als zumutbar angesehen, OGH 27.8.1999, CISG-online 485, OLG München IHR 2017, 150 (152); siehe auch Kantonsgericht Schaffhausen 27.1.2004, CISG-online 960.

[546] OGH 27.8.1999, CISG-online 485; OLG München 10.3.1998, CISG-online 310.

hierfür sind die Umstände des Einzelfalls,[547] insbesondere die Art der Ware,[548] ihre Verpackung,[549] die Möglichkeiten eines typischen Käufers[550] sowie die Kosten und der Aufwand für eine Untersuchung.[551] Subjektive Faktoren (zB eine mangelnde Sachkunde des Käufers oder mangelnde Prüfeinrichtungen am Untersuchungsort) sind zu berücksichtigen, soweit sie dem Verkäufer bekannt sind oder sein müssen.[552] Bei Massenwaren genügt die Untersuchung einer repräsentativen Anzahl von Stichproben.[553] Verlangt wird in jedem Fall eine oberflächliche Untersuchung, zB in Form einer Sichtprüfung oder Tastprüfung.[554] Auch muss – etwa durch Zählen – die gelieferte Menge überprüft werden.[555] Darüber hinaus kann abhängig von den Umständen des Einzelfalls im Rahmen des Zumutbaren eine weitergehende Untersuchung erforderlich sein. Kann eine Vertragswidrigkeit nur durch einen Eingriff in die Sachsubstanz festgestellt werden und wird die Ware dadurch unbrauchbar oder unverkäuflich, ist eine solche Untersuchung grundsätzlich stichprobenartig durchzuführen,[556] wobei die Anzahl der Stichproben geringer als im Normalfall ausfallen kann.[557] Eine gründlichere Untersuchung ist auch dann notwendig, wenn besondere Anhaltspunkte für eine Vertragswidrigkeit vorliegen.[558] Dies ist zB der Fall, wenn bereits im Rahmen der oberflächlichen Untersuchung der untypische Zustand der Ware aufgefallen ist[559] oder frühere Lieferungen mangelhaft waren.[560] Eine intensivere Untersuchung durch den Käufer hat auch bei der Gefahr hoher Mangelfolgeschäden zu erfolgen.[561] In der Rechtsprechung ist bei Maschinen und anderen technisch komplizierten Geräten eine Funktionsprüfung, zB durch einen Testlauf, verlangt worden.[562] Bei zur Weiterverarbeitung bestimmter Ware fordert die Rechtsprechung eine stichprobenartige Probeverarbeitung.[563]

---

[547] OGH IHR 2011, 85 (88); OLG Oldenburg 5.12.2000, CISG-online 618; OLG Köln IHR 2007, 200 (205).

[548] OGH IHR 2011, 85 (88); OGH 14.1.2002, CISG-online 643; Kantonsgericht Schaffhausen 27.1.2004, CISG-online 960; OLG Karlsruhe 25.6.1997, CISG-online 263.

[549] OLG Karlsruhe 25.6.1997, CISG-online 263.

[550] Vgl. OLG Karlsruhe 25.6.1997, CISG-online 263.

[551] Vgl. BGH NJW 2004, 3181; OGH 27.8.1999, CISG-online 485; OLG Köln IHR 2007, 200 (205).

[552] Schlechtriem/Schwenzer/Schroeter/Schwenzer CISG Art. 38 Rn. 13; ähnlich MüKoHGB/Benicke Art. 38 CISG Rn. 5; Ferrari/Ferrari IntVertragsR Art. 38 CISG Rn. 10 stellt insoweit nicht auf eine Kenntnis oder ein Kennenmüssen des Verkäufers ab.

[553] OGH 27.8.1999, CISG-online 485; Handelsgericht des Kantons Zürich 30.11.1998, CISG-online 415; Kantonsgericht Schaffhausen 27.1.2004, CISG-online 960; OLG München IHR 2017, 150 (152); OLG Köln 13.11.2000, CISG-online 657; LG Aschaffenburg IHR 2007, 109 (112).

[554] OLG München 11.3.1998, CISG-online 310 (Tastprüfung); Ferrari/Ferrari InVertragsR Art. 38 CISG Rn. 11.

[555] LG Landshut 15.4.1995, CISG-online 193.

[556] OLG Köln IHR 2007, 200 (205); Ferrari/Ferrari IntVertragsR Art. 38 CISG Rn. 12; Schlechtriem/Schwenzer/Schroeter/Schwenzer CISG Art. 3 Rn. 14.

[557] Ferrari/Ferrari IntVertragsR Art. 38 CISG Rn. 12; MüKoBGB/Gruber CISG Art. 38 Rn. 29; vgl. auch Obergericht des Kantons Zug 24.3.1998, CISG-online 897 (Untersuchungen lediglich im Umfang von wenigen Promillen der Gesamtmenge ausreichend); ebenso Schlechtriem/Schwenzer/Schroeter/Schwenzer CISG Art. 3 Rn. 14.

[558] Kantonsgericht Schaffhausen 27.1.2004, CISG-online 960; vgl. auch LG Trier NJW-RR 1996, 564 (565), welches eine Verpflichtung eines Weinkäufers verneint hat, ohne besondere Anhaltspunkte die nicht zu der herkömmlichen chemischen Analyse gehörende Untersuchung auf einen Wasserzusatz durchführen zu lassen.

[559] LG Aschaffenburg IHR 2007, 109 (112).

[560] Kantonsgericht Schaffhausen 27.1.2004, CISG-online 960; Schlechtriem/Schwenzer/Schroeter/Schwenzer CISG Art. 38 Rn. 13; andere Auffassung aber Ferrari/Ferrari IntVertragsR Art. 38 CISG Rn. 10, nach dem es auf eine sich aus einer früheren mangelhaften Lieferung ergebenden Vorwarnung nicht ankommt.

[561] LG Aschaffenburg IHR 2007, 109 (112); Schlechtriem/Schwenzer/Schroeter/Schwenzer Art. 38 CISG Rn. 13; MüKoBGB/Gruber Art. 38 CISG Rn. 26.

[562] OLG Oldenburg 5.12.2000, CISG-online 618. Siehe auch LG Bayreuth 11.12.1997, CISG-online 476, nach dem bei Maschinen, die zur Fertigung anderer Güter bestimmt sind, zunächst eine stichprobenweise Fertigung unter ähnlichen Bedingungen erforderlich ist wie bei der Serienproduktion. In die gleiche Richtung Tribunal Supremo 6.7.2020, CISG-online 5370.

[563] So bei einer Weiterverarbeitung durch den Käufer: OLG Koblenz 11.9.1998, CISG-online 505; LG Berlin 21.3.2003, CISG-online 785 (stichprobenartige Färbung von Stoffen); LG Aschaffenburg IHR 2007,

Art. 38 Abs. 1 CISG sieht eine so **kurze Untersuchungsfrist** vor, wie es die Umstände erlauben. Mangels einer Parteivereinbarung, zwischen den Parteien entstandenen Gepflogenheiten oder Handelsbräuchen ist die Untersuchungsfrist dementsprechend nach den **Umständen des Einzelfalls**[564] zu bestimmen.[565] Zu den relevanten Umständen zählen insbesondere die Art der Ware (zB Verderblichkeit der Ware, ihr Charakter als Saisonware, Komplexität der Ware),[566] der Umfang der Warenlieferung,[567] die Art des Mangels,[568] die Möglichkeiten einer angemessenen Untersuchung[569] (zB die Größe des Unternehmens des Käufers[570]) sowie der Aufwand für eine angemessene Untersuchung.[571] Zwar werden in der Rechtsprechung und Literatur verschiedene Richtwerte als grobe Anhaltspunkte für die Untersuchungsfrist vorgeschlagen.[572] Es ist jedoch bislang nicht ersichtlich, dass sich ein bestimmter Richtwert etabliert hat. Die Untersuchungsfrist beginnt grundsätzlich in dem Zeitpunkt, in dem die Ware am Lieferort zur Verfügung steht.[573] Erfordert der Vertrag eine Beförderung der Ware, kann die Untersuchung bis nach dem Eintreffen der Ware am Bestimmungsort aufgeschoben werden (Art. 38 Abs. 2 CISG). Art. 38 Abs. 3 CISG enthält eine Sondervorschrift über den Beginn der Untersuchungsfrist für den Fall der Umleitung oder Weiterversendung der Ware. Hat der Verkäufer die Ware zu montieren, beginnt die Untersuchungsfrist mit dem Abschluss der Montagearbeiten durch den Verkäufer.[574] 189

b) Zeitliche Anforderungen an eine ordnungsgemäße Mängelrüge

Die *„angemessene Frist"* des Art. 39 Abs. 1 CISG **beginnt** in dem Zeitpunkt, in dem der Käufer die Vertragswidrigkeit festgestellt hat oder hätte feststellen müssen. Es ist stets auf den **früheren** dieser beiden Zeitpunkte abzustellen.[575] Der Zeitpunkt, in dem der Käufer die Vertragswidrigkeit hätte feststellen müssen, ergibt sich aus Art. 38 CISG. Kann eine Vertragswidrigkeit im Rahmen einer ordnungsgemäßen Untersuchung iSd Art. 38 Abs. 1 CISG festgestellt werden, beginnt die Rügefrist in dem Zeitpunkt, in dem die Untersuchungsfrist des Art. 38 CISG abgelaufen ist,[576] sofern der Käufer die Vertragswidrigkeit nicht bereits vor Ablauf dieser Frist festgestellt hat.[577] In diesem Fall setzt sich die dem Käufer insgesamt zur Verfügung stehende Zeit daher aus der kurzen Untersuchungsfrist 190

109 (112). Bei einer Weiterverarbeitung durch den Abnehmer des Käufers: OLG Karlsruhe 25.6.1997, CISG-online 263.

[564] Für einen Überblick über die Dauer der Untersuchungsfrist in den in Betracht kommenden Einzelfällen zB MüKoBGB/Gruber CISG Art. 38 Rn. 59ff.

[565] OLG Oldenburg 5.12.2000, CISG-online 618.

[566] OGH 14.1.2002, CISG-online 643; OLG München IHR 2017, 150 (152); Kantonsgericht Schaffhausen 27.1.2004, CISG-online 960; LG Kleve IHR 2018, 149f.

[567] OGH 14.1.2002, CISG-online 643.

[568] Kantonsgericht Schaffhausen 27.1.2004, CISG-online 960.

[569] Vgl. OLG Oldenburg 5.12.2000, CISG-online 618.

[570] OGH 14.1.2002, CISG-online 643.

[571] OGH 14.1.2002, CISG-online 643; Kantonsgericht Schaffhausen 27.1.2004, CISG-online 960.

[572] Für einen Mittelwert von drei bis vier Arbeitstagen zB OLG Karlsruhe 25.6.1997, CISG-online 263; BeckOK BGB/Saenger, 1.5.2022, Art. 38 CISG Rn. 5; Freiburg IHR 2005, 56 (58). Für einen Mittelwert von einer Woche zB OLG Koblenz 11.9.1998, CISG-online 505 (eine Woche für eine Probeverarbeitung); Kantonsgericht Schaffhausen 27.1.2004, CISG-online 960; Handelsgericht des Kantons Zürich 30.11.1998, CISG-online 415. Für einen Mittelwert von ein bis zwei Wochen bei unverderblicher Ware, sofern eine ordnungsgemäße Untersuchung keinen größeren Aufwand verlangt: Honsell/Magnus CISG Art. 38 Rn. 24; siehe auch Obergericht des Kantons Zug IHR 2007, 129 (130); KG Will IHR 2018, 106 (108); Piltz NJW 2019, 2516 (2520) mwN.

[573] OLG Brandenburg 3.7.2014, CISG-online 2543; MüKoBGB/Gruber Art. 38 CISG Rn. 35; Honsell/Magnus CISG Art. 38 Rn. 21.

[574] Obergericht des Kantons Zug IHR 2007, 129 (130).

[575] Ferrari/Ferrari IntVertragsR Art. 39 CISG Rn. 20.

[576] Vgl. OLG Oldenburg 5.12.2000, CISG-online 618; Freiburg IHR 2005, 56 (58).

[577] Vgl. Ferrari/Ferrari IntVertragsR Art. 39 CISG Rn. 20; BeckOK BGB/Saenger, 1.5.2022, Art. 39 CISG Rn. 9.

des Art. 38 CISG und der angemessen Rügefrist des Art. 39 Abs. 1 CISG zusammen.[578] Hält der Käufer die Untersuchungsfrist des Art. 38 CISG nicht ein, so kann er diese Verzögerung durch eine schnelle Rüge vor Ablauf der Rügefrist des Art. 39 Abs. 1 CISG noch kompensieren.[579] Nach bestrittener Ansicht beginnt allerdings bei einer offenkundigen Vertragswidrigkeit, welche bereits durch bloße Inaugenscheinnahme der Ware ohne jegliche Untersuchung festgestellt werden kann, die Rügefrist des Art. 39 Abs. 1 CISG schon im Zeitpunkt der Aushändigung der Ware zu laufen.[580] Im Fall einer verdeckten Vertragswidrigkeit, welche im Rahmen einer ordnungsgemäßen Untersuchung iSd Art. 38 CISG nicht festgestellt werden kann, läuft die Rügefrist ab dem Zeitpunkt der Entdeckung der Vertragswidrigkeit.[581] Etwas anderes gilt nur, wenn der Käufer einem nach Ablauf der Untersuchungsfrist des Art. 38 Abs. 1 CISG auftretenden, ernsthaften Verdacht der Vertragswidrigkeit (etwa aufgrund von Kundenreklamationen) nicht nachgegangen ist. In diesem Fall beginnt die Rügefrist bereits in dem Zeitpunkt, in dem der Käufer die Vertragswidrigkeit durch eine entsprechende Untersuchung hätte feststellen müssen.[582]

191 Die **Dauer** der *„angemessenen"* Rügefrist richtet sich grundsätzlich nach den Umständen des Einzelfalls.[583] Zu den zu berücksichtigenden Umständen zählen insbesondere die Art der Ware (zB ihre Verderblichkeit,[584] Charakter als Saisonware[585]), der Umfang der Warenlieferung,[586] die betrieblichen und persönlichen Verhältnisse des Käufers[587] sowie die Art[588] des gewählten Rechtsbehelfs.[589] Auch gehören hierzu die zwischen den Parteien entstandenen Gepflogenheiten und Handelsbräuche.[590] Insgesamt ist die **Dauer der Rügefrist** eine der umstrittensten Fragen in der internationalen Rechtsprechung zum CISG, was auf die unterschiedlichen Traditionen in den nationalen Rechtsordnungen zurückzuführen ist. Wenn keine besonderen Umstände für eine Verkürzung oder eine Verlängerung der Rügefrist sprechen, wird als Kompromiss in der deutschen und schweizerischen Rechtspre-

[578] OLG Düsseldorf BeckRS 2016, 7921; Obergericht des Kantons Zug IHR 2007, 129 (130); KG Will IHR 2018, 106 (108); MüKoBGB/Gruber CISG Art. 39 Rn. 27; Freiburg IHR 2005, 56 (57).

[579] Schlechtriem/Schwenzer/Schroeter/Schwenzer CISG Art. 39 Rn. 20; BeckOK BGB/Saenger, 1.5.2022, Art. 39 CISG Rn. 7.

[580] Freiburg IHR 2005, 56 (58); andere Auffassung Honsell/Magnus CISG Art. 39 Rn. 16.

[581] BeckOK BGB/Saenger, 1.5.2022, Art. 39 CISG Rn. 9; Honsell/Magnus CISG Art. 39 Rn. 17. Die Gegenansicht stellt auf die objektive Erkennbarkeit der Vertragswidrigkeit ab, siehe Handelsgericht des Kantons Zürich 30.11.1998, CISG-online 415; Freiburg IHR 2005, 56 (58). Anders Schlechtriem/Schwenzer/Schroeter/Schwenzer CISG Art. 39 Rn. 21, nach der der Käufer verdeckte Mängel innerhalb einer angemessenen Frist anzeigen muss, nachdem er sie tatsächlich festgestellt hat oder hätte feststellen müssen. Offen gelassen von BGH NJW-RR 2000, 1361.

[582] BeckOK BGB/Saenger, 1.5.2022, Art. 39 CISG Rn. 9; Honsell/Magnus CISG Art. 39 Rn. 17; im Ergebnis wohl ebenso Freiburg IHR 2005, 56 (58f.). Anders MüKoBGB/Gruber Art. 39 CISG Rn. 31, nach dem die Frist bei verdeckten Vertragswidrigkeiten erst dann beginnt, wenn der Käufer die Vertragswidrigkeit festgestellt hat oder sich das Vorliegen einer Vertragswidrigkeit derart aufgedrängt hat, dass der Käufer hiervor nach Treu und Glauben die Augen nicht verschließen durfte.

[583] Tribunal Supremo 6.7.2020, CISG-online 5370; OGH IHR 2011, 85 (88); Cour d'appel de Colmar 23.11.2010, CISG-online 2593.

[584] LG München IHR 2010, 150 (151), wonach die Rüge bei verderblichen Waren innerhalb Stunden oder jedenfalls innerhalb weniger Tage erfolgen muss.

[585] OGH 27.8.1999, CISG-online 485; Cour de Cassation 4.11.2014, CISG-online 2563.

[586] Audiencia Provincial de Asturias 29.9.2010, CISG-online 2313; andere Auffassung Ferrari/Ferrari IntVertragsR Art. 39 CISG Rn. 27.

[587] Diese sind jedenfalls insoweit zu berücksichtigen, als sie dem Verkäufer bei Vertragsschluss bekannt waren oder hätten sein müssen, MüKoBGB/Gruber Art. 39 CISG Rn. 37.

[588] Überwiegend wird eine kürzere Frist bejaht, wenn der Käufer Ersatzlieferung oder Vertragsaufhebung geltend machen will, so BeckOK BGB/Saenger, 1.5.2022, Art. 39 CISG Rn. 8; Schlechtriem/Schwenzer/Schroeter/Schwenzer CISG Art. 39 Rn. 16; andere Auffassung aber MüKoBGB/Gruber Art. 39 CISG Rn. 35. Teilweise wird eine längere Frist angenommen, wenn der Käufer Rechtsverfolgungsmaßnahmen im Ausland ergreifen muss, siehe etwa Schlechtriem/Schwenzer/Schroeter/Schwenzer CISG Art. 39 Rn. 16; andere Auffassung Freiburg IHR 2005, 56 (60).

[589] OGH IHR 2011, 85 (88).

[590] Tribunal Supremo 6.7.2020, CISG-online 5370; LG München IHR 2010, 150 (151).

chung sowie Lehre teilweise ein Richtwert von etwa **einem Monat** vorgeschlagen.[591] Zuzüglich der Untersuchungsfrist des Art. 38 CISG kann dem Käufer danach insgesamt ein Zeitraum von über einem Monat für die Untersuchung der Ware und die Anzeige der Vertragswidrigkeit zur Verfügung stehen. Die österreichischen Gerichte sind dagegen erheblich strenger und gehen vorbehaltlich der besonderen Umstände des Einzelfalls von einem Richtwert von 14 Tagen für die Untersuchungsfrist des Art. 38 Abs. 1 CISG und die Rügefrist des Art. 39 Abs. 1 CISG zusammen aus.[592]

c) Inhaltliche Anforderungen an eine ordnungsgemäße Mängelrüge

Gemäß Art. 39 Abs. 1 CISG muss der Käufer die Art der Vertragswidrigkeit in der Mängelanzeige **genau bezeichnen.** Die Mängelanzeige muss einen Beanstandungswillen erkennen lassen[593] und dem Verkäufer ermöglichen, sich ein Bild von dem geltend gemachten Mangel zu machen und angemessen zu reagieren (zB in Form der Einleitung der Mangelbeseitigung). Die Mängelanzeige und das sonstige Verhalten des Käufers sind gemäß Art. 8 Abs. 2 CISG so auszulegen, wie eine vernünftige Person in gleicher Stellung wie die des Verkäufers sie unter den gleichen Umständen aufgefasst hätte.[594] Pauschale Aussagen und allgemein formulierte Beanstandungen genügen für eine Mängelanzeige nicht.[595] Bei mehreren erfolgten Lieferungen muss der Käufer angebe, welche Lieferung er konkret rügt.[596] Im Fall einer Lieferung gleichartiger Waren wird verlangt, dass der Käufer – soweit dies möglich und dem Käufer zumutbar ist – ungefähr angibt, welcher Anteil der Gesamtlieferung beanstandet wird.[597] Hat der Verkäufer unterschiedliche Ware geliefert, sollte der Käufer die beanstandete Ware so bezeichnen, dass der Verkäufer sie identifizieren kann (zB Typ und Nummer bei Maschinen).[598] Die inhaltlichen Anforderungen an eine Mängelrüge dürfen aber nicht überspannt werden,[599] wie sich auch aus dem englischen Wortlaut des Art. 39 Abs. 1 CISG ergibt *(„give notice … specifying the nature of the lack of conformity").*[600] Es genügt daher, wenn der Käufer dem Verkäufer das wesentliche Ergebnis einer ordnungsgemäß durchgeführten Untersuchung mitteilt.[601] Bei Maschinen und technischen Geräten ist demgemäß die Darlegung der Mängelsymptome ausreichend. Die zugrunde liegende Ursache muss nicht angegeben werden.[602] Dem Verkäufer ist zumutbar, 192

[591] BGH NJW-RR 2000, 1361 (1362); OLG Düsseldorf BeckRS 2016, 7921; OLG Hamm NJW-RR 2010, 708 (710); Obergericht des Kantons Zug IHR 2007, 129 (130); KG Will IHR 2018, 106 (108); Schlechtriem/Schwenzer/Schroeter/Schwenzer CISG Art. 39 Rn. 17; MüKoBGB/Gruber CISG Art. 39 Rn. 34; De Luca Pace Int'l. L. Rev. 2015, 163 (245f.); siehe auch Honsell/Magnus CISG Art. 39 Rn. 21f.: 14 Tage bis zu einem Monat als grober Anhaltswert. Auch die belgischen Gerichte gehen grundsätzlich von einer Rügefrist von einem Monat aus, Piltz NJW 2009, 2258 (2262) mwN.

[592] So OGH IHR 2016, 58 (61); zuvor OGH IHR 2011, 85 (88); Handelsgericht Wien 3.5.2007, CISG-online 1783. Ähnlich auch das OLG Brandenburg in einem Fall, in dem bereits bei erster Sichtung ein Mangel bei über 70% der Ware festgestellt wurde, OLG Brandenburg 3.7.2014, CISG-online 2543.

[593] OLG München IHR 2017, 150 (152); OLG Karlsruhe IHR 2006, 106 (108).

[594] BG IHR 2004, 215 (217).

[595] OGH IHR 2011, 85 (88); OLG Hamm NJW-RR 2010, 708 (710), das die Mitteilung, es bestünden *„erhebliche Mängel am Fahrzeug"* und der Motor sei *„nicht fachmännisch"* repariert, nicht hat ausreichen lassen. Für einen Überblick über die nach Auffassung der Rechtsprechung zu pauschalen Mängelrügen Ferrari/Ferrari IntVertragsR Art. 39 CISG Rn. 13.

[596] OLG München IHR 2017, 150 (152); vgl. auch LG Marburg NJW-RR 1996, 760; MüKoBGB/Gruber Art. 39 CISG Rn. 11.

[597] OLG Düsseldorf BeckRS 2016, 7921; Schlechtriem/Schwenzer/Schroeter/Schwenzer CISG Art. 39 Rn. 9; MüKoBGB/Gruber Art. 39 CISG Rn. 13.

[598] Vgl. OLG München IHR 2017, 150 (152); MüKoBGB/Gruber Art. 39 CISG Rn. 11.

[599] OGH IHR 2011, 85 (88); BG IHR 2003, 72 (74).

[600] BG IHR 2004, 215 (217); Schlechtriem/Schwenzer/Schroeter/Schwenzer CISG Art. 39 Rn. 6; MüKoHGB/Benicke Art. 39 CISG Rn. 3; Freiburg IHR 2005, 56 (61); Ferrari IHR 2013, 181 (183).

[601] OGH IHR 2011, 85 (88); siehe auch MüKoBGB/Gruber Art. 39 CISG Rn. 14, nach dem zu dem wesentlichen Ergebnis der Untersuchung richtigerweise nicht die Ursache der Vertragswidrigkeit gehört.

[602] BG IHR 2004, 215 (217); BGH NJW-RR 2000, 1361 (1362); OLG Hamm NJW-RR 2010, 708 (710).

Rückfragen zu stellen, wenn er von dem Käufer genauere Angaben haben möchte.[603] Liegen mehrere Vertragswidrigkeiten vor, muss der Käufer jede von ihnen bezeichnen.[604] Im Fall mehrerer vertragswidriger Teillieferungen ist jede Teillieferung für sich zu rügen.[605] Haftet die Vertragswidrigkeit (zB ein Konstruktionsmangel) allerdings jeder Teillieferung an und sind bereits mehrere Mängelrügen hinsichtlich dieser Vertragswidrigkeit erfolgt, muss der Käufer die Mängelrüge dieser Vertragswidrigkeit nicht bei jeder weiteren mangelhaften Teillieferung wiederholen.[606]

d) Form und Übermittlungsrisiko

193 Die Mängelanzeige gemäß Art. 39 Abs. 1 CISG bedarf mangels anderweitiger Parteivereinbarung keiner bestimmten **Form** und kann daher auch mündlich erfolgen.[607] Da der Käufer allerdings die Beweislast für eine ordnungsgemäße Mängelanzeige trägt,[608] sollte die Mängelanzeige in einer Form erfolgen, mittels welcher der Nachweis einer ordnungsgemäßen Mängelrüge problemlos erbracht werden kann. Alternativ sollte eine (fern)mündliche Mängelrüge zumindest schriftlich bestätigt werden.[609] Hat eine der Parteien ihre Niederlassung in einem Vertragsstaat, welcher einen Vorbehalt nach Art. 96 CISG erklärt hat, ist nach überwiegender Ansicht die Vorbehaltserklärung für die Form der Mängelanzeige nicht relevant.[610] Gemäß Art. 27 CISG trägt der Verkäufer das **Risiko** der Verzögerung oder des Verlusts einer rechtzeitig und ordnungsgemäß abgesendeten Mängelanzeige.[611]

e) Bösgläubigkeit des Verkäufers

194 Gemäß Art. 40 CISG kann sich der Verkäufer nicht auf Art. 38 und 39 CISG berufen, wenn die Vertragswidrigkeit auf Tatsachen beruht, die er **kannte** oder über die er **nicht in Unkenntnis sein konnte** und die er dem Käufer nicht offenbart hat. Bei der vorwerfbaren Unkenntnis muss es sich nach überwiegender Meinung um **grobe Fahrlässigkeit** handeln.[612] Vor dem Hintergrund von Sinn und Zweck der Rügeobliegenheit ist nach vorzuziehender Ansicht für das Vorliegen einer Kenntnis oder vorwerfbaren Unkenntnis des Verkäufers iSd Art. 40 CISG der Zeitpunkt des Ablaufs der Rügefrist maßgebend.[613] Dies spielt dann eine Rolle, wenn der Verkäufer nach Aushändigung der Ware bereits auf

[603] BG IHR 2004, 215 (217). Stellt der Käufer eine entsprechende Rückfrage nicht, wird dies bei einer (fern) mündlichen Mängelrüge oder bei einer Mängelrüge mittels schneller Kommunikationsmittel teilweise als Verzicht auf die Konkretisierung der Rüge angesehen, MüKoBGB/Gruber CISG Art. 39 Rn. 16. Eine generelle Pflicht zur Nachfrage ablehnend OLG Düsseldorf BeckRS 2016, 7921.

[604] BGHZ 129, 75 (86); siehe auch BG IHR 2004, 215 (217).

[605] Schlechtriem/Schwenzer/Schroeter/Schwenzer CISG Art. 39 Rn. 10.

[606] LG München I IHR 2003, 233 (235); Schlechtriem/Schwenzer/Schroeter/Schwenzer CISG Art. 39 Rn. 10.

[607] OGH 15.10.1998, CISG-online 380.

[608] Ferrari/Ferrari IntVertragsR Art. 39 CISG Rn. 39; MüKoHGB/Benicke CISG Art. 39 Rn. 27; Hachem IHR 2017, 1 (3).

[609] Vgl. Schlechtriem/Schwenzer/Schroeter/Schwenzer CISG Art. 39 Rn. 11; MüKoHGB/Benicke Art. 39 CISG Rn. 18.

[610] Staudinger/Magnus BGB Art. 39 CISG Rn. 52; MüKoBGB/Gruber Art. 39 CISG Rn. 21; andere Auffassung Freiburg IHR 2005, 56 (62).

[611] OGH IHR 2005, 249.

[612] BGH NJW 2004, 3181 (3182); OLG Düsseldorf BeckRS 2016, 7921; LG Gera IHR 2020, 60 (65); Brunner/Rey CISG Art. 40 Rn. 2; MüKoBGB/Gruber Art. 40 CISG Rn. 3; Witz/Kuhn IHR 2015, 204 (208) mwN aus der Rechtsprechung; andere Auffassung aber Schlechtriem/Schwenzer/Schroeter/Schwenzer CISG Art. 40 Rn. 4, nach der es sich um mehr als grobe Fahrlässigkeit, dh um eine ins Auge springende Vertragswidrigkeit handeln muss. Kritisch zu dem Begriff der groben Fahrlässigkeit im Kontext des CISG auch Freiburg IHR 2005, 56 (63).

[613] Ebenso BeckOK BGB/Saenger, 1.5.2022, Art. 40 CISG Rn. 3; Schlechtriem/Schwenzer/Schroeter/Schwenzer CISG Art. 40 Rn. 8; Freiburg IHR 2005, 56 (63f.). Auf den Zeitpunkt, in dem die Ware dem Käufer zur Verfügung steht und die Untersuchungsfrist zu laufen beginnt, stellen hingegen Ferrari/Ferrari IntVertragsR Art. 40 CISG Rn. 6 und Honsell/Magnus CISG Art. 40 CISG Rn. 5 ab.

andere Art und Weise als durch den Käufer (zB durch Abnehmer des Käufers[614]) Kenntnis von der Vertragswidrigkeit erlangt hat.

f) Vertragsgestaltung

Die hohe Praxisrelevanz der Rüge- und Untersuchungsobliegenheiten im CISG und die hier noch bestehenden Rechtsunsicherheiten legen ausdrückliche vertragliche Regelungen aus Sicht beider Parteien nahe. 195

aa) Sicht des Verkäufers. Für den Verkäufer kann sich empfehlen, die gesetzlichen Rüge- und Untersuchungsobliegenheiten insbesondere in zeitlicher Hinsicht gegenüber der gesetzlichen Ausgangslage und den hier bestehenden Rechtsunsicherheiten zu präzisieren bzw. zu verschärfen. Für eine zeitliche Bestimmung im Vertrag eignet sich insbesondere die **Länge der Rügefrist,** da die Umstände des Einzelfalls bei dieser Frist weniger entscheidend sein dürften: Sobald und soweit der Käufer einen Sachmangel entdeckt hat bzw. bei ordnungsgemäßer Untersuchung hätte entdecken müssen, ist eine zeitnahe Rüge letztlich unabhängig von der jeweiligen Beschaffenheit des Vertragsgegenstandes möglich. Dagegen ist eine starre vertragliche Festlegung der Untersuchungsfrist problematischer, weil Dauer und Umfang notwendiger Untersuchungen in besonderer Weise von den Umständen des Einzelfalls abhängig sind. Der folgende Klauselvorschlag löst diese Problematik durch Fixierung einer kurzen Rügefrist sowie der Verankerung einer Spätestfrist für die Untersuchung: Letzteres wahrt Flexibilität für den Einzelfall, macht die maximale Dauer der Fristen für den Verkäufer gleichzeitig aber berechenbar. **Gänzlich ausschließen** sollte der Verkäufer schließlich die Möglichkeit einer **Entschuldigung** unterlassener Rügen nach Maßgabe von Art. 44 CISG. 196

Der letzte Absatz der nachstehenden Musterklausel dient der Klarstellung, dass bei Kenntnis oder Kennenmüssen des Verkäufers über den Mangel eine Berufung auf unterlassene Rüge- und Untersuchungsobliegenheiten **nicht in Betracht** kommt. Hintergrund ist, dass eine Abbedingung von Art. 40 CISG überwiegend als (auf Grundlage des ergänzenden nationalen Vertragsstatuts regelmäßig unzulässige) **Haftungsbeschränkung** bewertet wird.[615] Zugunsten des Verkäufers wird aber zumindest der Versuch unternommen, die streitige Frage nach dem für die Kenntnis (Kennenmüssen) relevanten Zeitpunkt dahingehend zu entscheiden, dass es auf die Ablieferung der Vertragsware beim Käufer (und damit nicht auf das Ablaufdatum der Rügefrist) ankommen soll. 197

Klauselbeispiel für eine Verschärfung der im CISG vorgesehenen Rüge- und Untersuchungsobliegenheiten für Sachmängel aus Verkäuferperspektive

[•] Examination and notification of quality defects

(1) Any and all contractual rights and remedies of the Buyer based on any quality defect of the Contractual Products are subject to a prompt notice of the Buyer in this respect, at the latest seven (7) calendar days after the Buyer has discovered or ought to have discovered the respective quality defect in accordance with his duty to examine the Contractual Products. The Buyer shall examine the Contractual Products after handover within as short a period as is practicable in the circumstances whereas the period of time for the examination must in any event not exceed a period of [•] days commencing upon handover.

(2) The Buyer is not entitled to rely on any excuse for its failure to give the required notice. Art. 44 CISG is explicitly excluded.

(3) The Seller is not entitled to rely on this [•] if the lack of conformity relates to facts that the Seller has or ought to have been aware of at the time of handover of the Contractual Products and which were not disclosed to the Buyer on or before this point of time.

---

[614] Schlechtriem/Schwenzer/Schroeter/Schwenzer CISG Art. 40 Rn. 8.
[615] Siehe etwa (mit Blick auf Art. 100 OR) Brunner/Rey CISG Art. 40 Rn. 1.

198 **bb) Sicht des Käufers.** Der Käufer hat dagegen typischerweise ein Interesse daran, gesetzliche **Rüge- und Untersuchungsobliegenheiten,** deren Nichtbeachtung seine Mängelhaftungsansprüche zunichte machen können, weitestgehend abzubedingen. Art. 6 CISG lässt dies grundsätzlich zu. Eine andere Frage ist, ob auch das für die Inhaltskontrolle maßgebliche ergänzende nationale Vertragsstatut eine entsprechende Regelung akzeptiert. Während dies bei Anwendbarkeit der §§ 307 ff. BGB keineswegs zweifelsfrei ist,[616] dürften etwa bei ergänzender Geltung unvereinheitlichten Schweizer Rechts **keine wesentlichen Bedenken** gegen die Wirksamkeit einer weitgehenden Abbedingung der Rüge- und Untersuchungsobliegenheiten bestehen. Die folgende Musterklausel schließt Rüge- und Untersuchungsobliegenheiten aus, soweit keine offensichtlichen Mängel vorliegen. Gänzlich ausgeschlossen wird zudem die in Art. 39 Abs. 2 CISG vorgesehene Ausschlussfrist.[617]

Klauselbeispiel für die weitgehende Abbedingung der im CISG vorgesehenen Rüge- und Untersuchungsobliegenheiten für Sachmängel

[•] Examination and notification of quality defects

(1) The Seller shall examine the Contractual Products carefully before delivery in order to ensure that they are free of quality defects and comply with all quality requirements set forth in this contract. All Contractual Products failing such examination shall not be delivered to the Buyer.

(2) The Contractual Products shall be examined by the Buyer (alternatively in case of direct deliveries to Buyer's customers by the respective customer of the Buyer) only in relation to obvious damages. To that extent, Seller hereby expressly waives any rights in accordance with Arts. 38, 39 CISG.

(3) The cut-off period stipulated in Art. 39 (2) CISG shall not apply.

2. Rügeobliegenheit beim Rechtsmangel

199 Der Käufer kann sich gemäß Art. 43 CISG auf Artikel 41 oder 42 CISG nicht berufen, wenn er dem Verkäufer das **Recht oder den Anspruch des Dritten** nicht innerhalb einer angemessenen Frist nach dem Zeitpunkt, in dem er davon Kenntnis erlangt hat oder hätte erlangen müssen, anzeigt und dabei genau bezeichnet, welcher Art das Recht oder der Anspruch des Dritten ist.

a) Zeitliche Anforderungen an eine ordnungsgemäße Mängelrüge

200 Hinsichtlich des **Beginns der Rügefrist** ist es für eine positive Kenntnis eines von einem Dritten geltend gemachten Rechts oder Anspruchs unerheblich, ob das Recht bzw. der Anspruch tatsächlich besteht.[618] Alternativ beginnt die Rügefrist in dem Zeitpunkt, in dem der Käufer von dem Recht oder dem Anspruch des Dritten hätte Kenntnis erlangen müssen. Dies ist der Zeitpunkt, in dem ein *„durchschnittlich sorgfältiger Käufer"*[619] aufgrund konkreter Anhaltspunkte auf das Bestehen eines solchen Rechts oder Anspruchs geschlossen hätte.[620] Mangels einer dem Art. 38 CISG entsprechenden Vorschrift besteht bei Rechtsmängeln **keine Erkundigungs- oder Nachforschungsobliegenheit** des Käufers.[621]

[616] Bislang ist allerdings selbst für das unvereinheitlichte deutsche Recht noch nicht geklärt, inwiefern eine partielle Abbedingung des § 377 HGB (insbesondere in AGB) zulässig ist, dazu nur Munz Ad Legendum 2010, 91 ff. mwN.

[617] Für die Zulässigkeit eines Ausschlusses auch bei Anwendbarkeit deutschen Rechts und AGB Gildeggen/Willburger IHR 2016, 1 (6).

[618] Honsell/Magnus CISG Art. 43 Rn. 7; Ferrari/Ferrari IntVertragsR Art. 43 CISG Rn. 8.

[619] BeckOK BGB/Saenger, 1.5.2022, Art. 43 CISG Rn. 5; Honsell/Magnus CISG Art. 43 Rn. 8.

[620] MüKoBGB/Gruber Art. 43 CISG Rn. 9; MüKoHGB/Benicke Art. 43 CISG Rn. 4. Vgl. auch BeckOK BGB/Saenger, 1.5.2022, Art. 43 CISG Rn. 5, der verlangt, dass der Käufer solche konkreten Anhaltspunkte in grob fahrlässiger Weise unbeachtet lässt. Ähnlich Schlechtriem/Schwenzer/Schroeter/Schwen-

Für die **Dauer der Rügefrist** sind die Umstände des Einzelfalls maßgeblich. Dem Käufer muss ein gewisser Zeitraum zugebilligt werden, in dem er sich ein ungefähres Bild von der Rechtslage machen kann.[622] Zu berücksichtigende Umstände dürften insbesondere die Art des Rechtsmangels[623] und die von dem Dritten bereits eingeleiteten Maßnahmen sein.[624] 201

b) Inhaltliche Anforderungen an eine ordnungsgemäße Mängelrüge, Form und Übermittlungsrisiko

In **inhaltlicher Hinsicht** muss die Mängelanzeige den Verkäufer in die Lage versetzen, mit dem Dritten in Kontakt zu treten und dessen Recht abzuwehren.[625] Demgemäß muss der Käufer in der Mängelanzeige neben der Art des Rechts oder Anspruchs auch die Person des Dritten angeben und den Verkäufer über die von dem Dritten bereits unternommenen Schritte informieren.[626] Zu der Bezeichnung der Art des Rechts oder Anspruchs gehört bei eingetragenen Rechten auch die Angabe der dem Käufer bekannten Einzelheiten der Eintragung (zB Aktenzeichen).[627] Von einem juristischen Laien können keine juristisch korrekten Bezeichnungen erwartet werden.[628] In Bezug auf die **Form** der Mängelrüge und das **Übermittlungsrisiko** gelten obige Ausführungen zur Rügeobliegenheit beim Sachmangel entsprechend. 202

c) Bösgläubigkeit des Verkäufers

Gemäß Art. 43 Abs. 2 CISG kann sich der Verkäufer nicht auf Art. 43 Abs. 1 CISG berufen, wenn er das Recht oder den Anspruch des Dritten und seine Art kannte. Anders als Art. 40 CISG greift Art. 43 Abs. 2 CISG damit nur bei **positiver Kenntnis** des Verkäufers von dem Drittrecht oder -anspruch sowie dessen Art. 203

d) Hinweise für die Vertragsgestaltung

Nicht zuletzt weil die Rügepflicht mit Blick auf Rechtsmängel in den meisten nationalen Rechtsordnungen unbekannt ist, besteht auf Seiten des Käufers ein Interesse daran, Art. 43 CISG **vollständig abzubedingen.** Durchgreifende Bedenken dagegen dürften sich auch nicht aus der nationalen Inhaltskontrolle ergeben. 204

Klauselbeispiel für den Ausschluss der im CISG vorgesehenen Rügeobliegenheiten bei Rechtsmängeln

[•] Exclusion of notification requirements in relation to rights of third parties

Art. 43 CISG is explicitly excluded. Accordingly, the Buyer remains entitled to any and all contractual remedies or rights due to any third party claims in relation to the Contractual Products (including but not limited to any rights or claims by third parties based on industrial or other intellectual property) regardless whether any such rights have been notified to the Seller.

Dagegen ist eine **Verschärfung der Rügeobliegenheiten** zugunsten des Verkäufers bei Rechtsmängeln regelmäßig nicht von zentraler Bedeutung. In Betracht kommen dürf- 205

zer CISG Art. 43 Rn. 4, nach der der Käufer sich über solche konkreten Anhaltspunkte nicht sorglos hinwegsetzen darf.

[621] BeckOK BGB/Saenger, 1.5.2022, Art. 43 CISG Rn. 5; Piltz Internationales Kaufrecht Rn. 5–145.

[622] BGH NJW 2006, 1343.

[623] BGH NJW 2006, 1343.

[624] BeckOK BGB/Saenger, 1.5.2022, Art. 43 CISG Rn. 5; Schlechtriem/Schwenzer/Schroeter/Schwenzer CISG Art. 43 Rn. 3.

[625] BGH NJW 2006, 1343 (1344).

[626] BGH NJW 2006, 1343 (1344).

[627] MüKoBGB/Gruber Art. 43 CISG Rn. 6; Honsell/Magnus CISG Art. 43 Rn. 5.

[628] Vgl. Honsell/Magnus CISG Art. 43 Rn. 5; MüKoBGB/Gruber Art. 43 CISG Rn. 6.

te eher, die in Art. 39 Abs. 2 CISG vorgesehene Ausschlussfrist für die Anzeige von Sachmängeln auch auf mögliche Rechtsmängel zu erstrecken. Die nachstehende Musterklausel sieht daher eine **einheitliche Ausschlussfrist** für die Anzeige sowohl von Sach- als auch Rechtsmängeln vor. Da diese Klausel in Bezug auf Rechtsmängel (und im Fall einer Verkürzung der zweijährigen Frist des Art. 39 Abs. 2 CISG auch mit Blick auf Sachmängel) eine **zeitliche Haftungsbeschränkung** darstellt,[629] kommen die für gegenständliche Haftungsbeschränkungen geltenden Einschränkungen des ergänzenden Vertragsstatuts zum Tragen. Daher ist zumindest für den Fall von Vorsatz oder grober Fahrlässigkeit eine Rückausnahme vorgesehen.

Klauselbeispiel für die Erstreckung der Ausschlussfrist des Art. 39 Abs. 2 CISG auf Rechtsmängel

[•] Cut-off period[630]

(1) The Buyer loses the right to rely on a quality defect of the Contractual Products or on a defect of title if he does not give the Seller notice thereof at the latest within a period of [•] from the date of handover of the Contractual Products to the Buyer, regardless of whether the defect has been or ought to have been detected by that time.

(2) This provision does not apply if the defect relates to facts that the Seller has been or ought to have been aware of at the time of handover of the Contractual Products and which he did not disclose to the Buyer.

V. Sonstiges

206 Auch internationale Lieferverträge enthalten vielfach die für internationale Wirtschaftsverträge üblichen Standardklauseln (boilerplates) wie Schriftformvereinbarung, Vollständigkeitsklausel und salvatorische Klausel.[631] Speziell für den Haftungsumfang relevant sind zudem Force majeure-Klauseln (die insbesondere den Anwendungsbereich von Art. 79 CISG erweitern können), Haftungsbeschränkungen und Freistellungsverpflichtungen, auf die in den §§ 7, 8 und 10 des vorliegenden Werkes im Einzelnen eingegangen wird.

D. Sonderkonstellation: Internationale Rahmenlieferverträge

207 In der Praxis schließen Parteien, die eine langfristige Lieferbeziehung eingehen, häufig einen Rahmenliefervertrag ab, der wesentliche Punkte (zB Gewährleistung, Haftung, Qualitätssicherung) hinsichtlich der Einzellieferungen regelt. Das ermöglicht eine **einheitliche Abwicklung** der Einzellieferungen und verringert den administrativen Aufwand.[632] Im Folgenden werden besondere Fragestellungen behandelt, die sich im Rahmen der Fallbearbeitung und Vertragsgestaltung bei internationalen Rahmenlieferverträgen regelmäßig ergeben.

I. Anwendbarkeit des CISG auf Rahmenlieferverträge

208 Ein Rahmenliefervertrag im weiteren Sinne fällt in den Anwendungsbereich des CISG, wenn er als Kaufvertrag iSd Art. 1 CISG qualifiziert werden kann und die übrigen Anwendungsvoraussetzungen des CISG vorliegen. Wie bereits ausgeführt, liegt ein Kaufver-

---

[629] So zu Recht auch Brunner/Marti-Schreier CISG Art. 39 Rn. 18.
[630] Nachgebildet Ostendorf International Sales Terms S. 96. Zu Ausschlussfristen auch → § 9 Rn. 75 f.
[631] Dazu vertieft → § 11.
[632] Hoffbauer Rahmenvertrag S. 1.

trag iSd Art. 1 CISG vor, wenn eine Partei zur Lieferung der Ware sowie zur Übertragung des Eigentums daran und die andere Partei zur Annahme der Ware und Zahlung des Kaufpreises verpflichtet ist (vgl. Art. 30, 53 CISG). Vor diesem Hintergrund fallen Rahmenlieferverträge nach überwiegender Ansicht dann in den sachlichen Anwendungsbereich des CISG, wenn sie selbst bereits **Liefer- bzw. Abnahmepflichten**[633] oder eine **Pflicht der Parteien zum Abschluss eines Einzelliefervertrags**[634] begründen. Daher ist die konkrete Ausgestaltung eines Rahmenliefervertrags entscheidend für die Frage, ob das CISG zur Anwendung kommt.

Sieht der Rahmenliefervertrag beispielsweise vor, dass der Verkäufer auf **Lieferabrufe** 209 des Käufers liefern muss, wird ein Kaufvertrag iSd Art. 1 CISG zu Recht bejaht.[635] Denn in diesem Fall ergibt sich die Lieferpflicht des Verkäufers bereits aus dem Rahmenliefervertrag. Der Abschluss des Rahmenliefervertrags richtet sich in diesem Fall daher nach den Art. 14ff. CISG. Hinsichtlich des Bestimmtheitserfordernisses des Art. 14 Abs. 1 Satz 2 CISG wird vertreten, dass diesem nicht im Rahmenliefervertrag selbst genügt werden müsse, sondern die Parteien Menge und Preis auch zu einem späteren Zeitpunkt konkretisieren könnten.[636] Nach der überwiegenden Ansicht in der Literatur reicht ein **einseitiges Leistungsbestimmungsrecht** einer Partei für die Bestimmbarkeit der Menge und damit für die Erfüllung des Bestimmtheitserfordernisses des Art. 14 Abs. 1 Satz 2 CISG aus.[637] Auch wenn man die Bestimmbarkeit der Menge aufgrund eines einseitigen Leistungsbestimmungsrechts einer Partei verneint, können die Parteien Art. 14 Abs. 1 Satz 2 CISG jedenfalls vertraglich beschränken und die Bestimmtheit bzw. Bestimmbarkeit eines Mindestbestandteils gemäß Art. 14 Abs. 1 Satz 2 CISG durch dessen spätere Bestimmung ersetzen.[638] Die Vereinbarung eines einseitigen Leistungsbestimmungsrechts einer Partei kann allerdings nach dem gemäß Art. 4 Satz 2 lit. a) CISG anwendbaren unvereinheitlichten nationalen Recht unwirksam sein.[639]

Anders ist der Fall zu beurteilen, in dem der Rahmenliefervertrag selbst keine Liefer- 210 und Abnahmepflichten enthält, sondern diese erst durch die unter dem Rahmenliefervertrag geschlossenen **Einzellieferverträge** begründet werden, welche regelmäßig durch eine Bestellung des Käufers und eine Auftragsbestätigung des Verkäufers zustande kommen. In diesem Fall eines so genannten „echten" Rahmenliefervertrags[640] wird die Anwendbarkeit des CISG auf den Rahmenliefervertrag **zu Recht bezweifelt.**[641] Für diese Ansicht spricht, dass es sich bei dem Rahmenliefervertrag mangels Liefer- und Abnahmepflichten nicht um einen Kaufvertrag, sondern um einen Vertrag eigener Art handelt, dessen Regelungsgehalt im Wesentlichen erst auflebt, wenn die Parteien Einzellieferverträge unter dem Rahmenliefervertrag schließen.[642] Konsequenz dieser Ansicht ist, dass sich der Rahmenliefervertrag nach dem von den Vorschriften des Internationalen Privatrechts des Forumstaates berufenen nationalen Recht beurteilt.[643] Dies ist nicht nur in Hinblick auf

[633] Schlechtriem/Schwenzer/Schroeter/Schroeter CISG Vor Art. 14–24 Rn. 20, 112; Schwenzer/Mohs IHR 2006, 239f.; ebenso auch Cour de Justice de Genève 20.5.2011, CISG-online 2429.

[634] MüKoBGB/Gruber Vorbem. Art. 14 CISG Rn. 5; Schumacher IHR 2005, 147 (149); MüKoHGB/Mankowski Art. 1 CISG Rn. 12, 22. Zu Rahmenverträgen mit Abschlusspflichten Hoffbauer Rahmenvertrag S. 96ff.

[635] Schlechtriem/Schwenzer/Schroeter/Schroeter CISG Vor Art. 14–24 Rn. 112.

[636] Ferrari/Mankowksi IntVertragsR Vor Art. 14 CISG Rn. 19, Art. 14 CISG Rn. 52.

[637] MüKoBGB/Gruber Art. 14 CISG Rn. 20; Staudinger/Magnus BGB Art. 14 CISG Rn. 19, 22.

[638] Honsell/Dornis CISG Art. 14 Rn. 19.

[639] ZB kommt eine Unwirksamkeit nach § 307 BGB bzw. § 305c Abs. 1 BGB in Betracht, MüKoBGB/Gruber Art. 14 CISG Rn. 21; Schlechtriem/Schwenzer/Schroeter/Schroeter CISG Art. 14 Rn. 75. Auch wird vertreten, dass § 315 Abs. 3 BGB zur Überprüfung der Billigkeit herangezogen werden kann, MüKoBGB/Gruber Art. 14 CISG Rn. 21.

[640] Ferrari/Mankowski IntVertragsR Vor Art. 14 CISG Rn. 18. Hierzu auch Hoffbauer Rahmenvertrag S. 12ff.

[641] Schumacher IHR 2005, 147 (149); Mann/Baisch ZVglRWiss 2021, 235 (254).

[642] OLG München NJOZ 2019, 144 (147); Hoffbauer Rahmenvertrag S. 14ff.

[643] Schlechtriem/Schwenzer/Schroeter/Schroeter CISG Vor Art. 14–24 Rn. 20; andere Auffassung Piltz MAH Int WirtschaftsR § 18 Rn. 7; Ders. NJW 2019, 2516 (2517); wohl auch Ferrari/Mankowski Int-

den **Abschluss des Rahmenliefervertrags,** sondern auch in Bezug auf solche Regelungen des Rahmenliefervertrags relevant, die das Rechtsverhältnis der Parteien generell und unabhängig von dem Abschluss von Einzellieferverträgen regeln (zB Geheimhaltungsvereinbarungen).[644] Die unter dem Rahmenliefervertrag geschlossenen Einzellieferverträge, welche die Liefer- und Abnahmepflichten begründen und in welche die Regelungen des Rahmenliefervertrags einbezogen sind, sind demgegenüber Kaufverträge iSd Art. 1 CISG.[645] In diesem Zusammenhang ist von Bedeutung, dass der Verkäufer im Fall einer Nichtlieferung, einer verzögerten oder einer mangelhaften Lieferung seine Pflichten gemäß dem jeweiligen Einzelliefervertrag verletzt und der jeweilige Einzelliefervertrag dementsprechend die rechtliche Grundlage für die Ansprüche des Käufers wegen einer solchen Vertragsverletzung ist.[646] Aus den Bestimmungen des Rahmenliefervertrags, welche in den Einzelliefervertrag einbezogen worden sind, können sich in diesem Fall freilich zB die **Rechtsfolgen** einer solchen Vertragsverletzung ergeben.[647]

II. Zustandekommen der Einzelverträge

211 Da der Rahmenliefervertrag anders als (echte) Sukzessivlieferungsverträge häufig selbst keine unmittelbaren Liefer- und Zahlungspflichten der Parteien enthält, stellt sich gerade für die Vertragsgestaltung die entscheidende Frage, auf welche **Art und Weise** die einzelnen Ausführungsverträge abgeschlossen werden sollen.

1. Ausgangspunkt: Interessenlage der Parteien

212 Erfahrungsgemäß wird die Frage nach dem Zustandekommen der einzelnen Ausführungsverträge in der Praxis stiefmütterlich behandelt – wohl auch, weil die Parteien zum Zeitpunkt des Vertragsabschlusses ein dauerhaft **gleichlaufendes Interesse** an der Lieferung und der Abnahme von Vertragsprodukten unterstellen und diesen Punkt daher nicht für regelungsbedürftig halten.[648] Häufig finden sich mit Blick auf Bestell- und Lieferpflichten der Vertragsparteien daher nur allgemein gehaltene Absichtserklärungen, deren Rechtswirkung zweifelhaft ist und die dadurch erhebliche **Rechtsunsicherheiten** über den tatsächlichen Pflichtenumfang der Parteien verursachen können.[649]

Negativbeispiel für allgemeine Absichtserklärungen hinsichtlich Bestell- und Lieferpflichten

[•] Subject matter

(1) The purpose of this Framework Agreement is to establish the terms and conditions for the purchase of the Contractual Products by the Buyer from the Seller.

(2) This Framework Agreement aims to ensure sufficient volumes and secure deliveries of the Contractual Products to the Buyer and to create a stable sales volume for the Seller.

VertragsR Vor CISG Art. 14 Rn. 19, nach dem der Vertragsschluss auch beim „echten" Rahmenliefervertrag Art. 14–24 CISG unterfällt und der den Gesamtkomplex aus Rahmen- und Erfüllungsgeschäft betrachten will.

[644] Hoffbauer Rahmenvertrag S. 13.

[645] Vgl. Schlechtriem/Schwenzer/Schroeter/Schroeter Vor CISG Art. 14–24 Rn. 20. Zu der Frage, ob entgegen der hier vertretenen Ansicht das Recht des Einzelliefervertrags dem Statut des Rahmenliefervertrags im Interesse einer einheitlichen Anknüpfung akzessorisch folgen soll, ausführlich Hoffbauer Rahmenvertrag S. 47 f.

[646] Hierzu Hoffbauer Rahmenvertrag S. 114 f.

[647] Hoffbauer Rahmenvertrag S. 114 f.

[648] So zutreffend Budde/Geks ZVertriebsR 2012, 37 (38).

[649] Zu den etwa in der Automobilbranche bestehenden Auslegungsproblemen bei Zuliefererverträgen mit Blick auf das Bestehen bzw. Nichtbestehen eines Abschlusszwangs und den hier typischer Weise abgeschlossenen „Nomination Letters" auch Mann/Baisch ZVglRWiss 2021, 235 (239 ff.).

2. Interessen des Lieferanten

Insbesondere aus Sicht des Lieferanten kann eine ausdrücklich oder konkludent vereinbarte **Kontrahierungspflicht** zu erheblichen **Haftungsrisiken** führen, wenn die unter dem Rahmenliefervertrag bestellten Mengen vor dem Hintergrund von Lieferengpässen oder sonstigen Produktionsschwierigkeiten nicht in der vertraglich vereinbarten Frist geliefert werden können. 213

Aus Sicht des Lieferanten ist daher zunächst die Regelung vorteilhaft, dass Einzelbestellungen zu ihrer Wirksamkeit stets einer **Bestätigung** bedürfen. Auch eine Regelung, dass eine Bestellung als angenommen gilt, wenn ihr der Lieferant nicht binnen weniger Tage widerspricht, ist angesichts der Gefahr, dass die Bestellung nicht zeitnah bearbeitet wird, gefährlich und aus Sicht des Lieferanten daher nach Möglichkeit zu vermeiden. 214

Um darüber hinaus eine aus dem Rahmenliefervertrag folgende Kontrahierungspflicht auch dem Grunde nach rechtssicher zu vermeiden, kann diese Vereinbarung durch die ausdrückliche Regelung ergänzt werden, dass der Rahmenliefervertrag **keinerlei Verpflichtung** zur Annahme von Bestellungen begründet. 215

Klauselbeispiel für die Regelung der Abwicklung einzelner Ausführungsverträge aus der Lieferantenperspektive

[•] Conclusion of individual sales contracts

(1) Subject to orders placed by the Buyer and corresponding order confirmations of the Seller, the Seller shall supply the Contractual Products to the Buyer in accordance with the terms and conditions of this Framework Agreement. Notwithstanding anything to the contrary elsewhere herein, orders placed by the Buyer shall only become binding after their confirmation by the Seller in each individual case.

(2) For the avoidance of doubt, the Seller is for the entire term of this Framework Agreement under no obligation to confirm any order placed by the Buyer.

Umgekehrt kann der Lieferant aber auch ein Interesse daran haben, dass sich der Besteller bereits im Rahmenliefervertrag zu bestimmten **Mindestabnahmemengen** oder zur exklusiven Abnahme der Produkte verpflichtet. Eine solche Regelung bedarf als unmittelbares oder mögliches mittelbares **Wettbewerbsverbot** der kartellrechtlichen Überprüfung.[650] 216

3. Interessen des Bestellers

Dem Besteller ist demgegenüber regelmäßig daran gelegen, dass entweder bereits seine Bestellung im Sinne eines „Abrufs" unmittelbar Lieferpflichten auslöst, zumindest aber ein möglicher Widerspruch des Lieferanten gegen die Bestellung inhaltlich und zeitlich begrenzt wird. Umgekehrt wird der Besteller auch daran interessiert sein, dass der Rahmenliefervertrag **keine verbindlichen Abnahmepflichten** statuiert. Insbesondere in der Automobilzuliefererindustrie sind Regelungen in Rahmenlieferverträgen durchaus üblich, die unmittelbar durch einseitigen Abruf des Bestellers verbindliche Lieferverpflichtungen auslösen. 217

Klauselbeispiel für die Regelung der Abwicklung einzelner Ausführungsverträge aus Bestellerperspektive

[•] Conclusion of individual sales contracts

(1) This Framework Agreement shall for its entire duration constitute a binding offer by the Seller to sell the Contractual Products to the Buyer in accordance with the terms and conditions of this Framework Agreement.

---

[650] Dazu unter → § 5 Rn. 81 ff.

(2) Subject to the terms of this Framework Agreement, acceptance of Seller's offer as stipulated above shall accordingly in each case be deemed to occur and a contract deemed to be formed upon the placing of an order by the Buyer.

218 Zumindest bei (ergänzender) Geltung deutschen Rechts und der Verwendung entsprechender Abreden in vorformulierten Vertragsbedingungen dürften bei einer entsprechend **einseitigen Bestimmung** wie im vorangegangenen Beispiel allerdings erhebliche Zweifel an der Wirksamkeit bestehen.[651]

219 Alternativ besteht aus Sicht des Bestellers die Möglichkeit, Widerspruchsmöglichkeiten des Lieferanten gegen im Grundsatz verbindliche Bestellungen zumindest **inhaltlich** und **zeitlich** zu begrenzen. Dem Lieferanten kann im Gegenzug ein Schutz vor nicht kalkulierbaren Bestellmengen dadurch eingeräumt werden, dass der Widerspruch insbesondere dann zulässig ist, wenn sich die Bestellmengen nicht im Rahmen eines vom Lieferanten übermittelten rolling forecast halten.[652]

Klauselbeispiel für die Abwicklung der Ausführungsverträge (vermittelnde Lösung)

[•] Subject Matter of this Framework Agreement

(1) Pursuant to the terms and conditions contained in this Framework Agreement, the Seller shall deliver to the Buyer the Contractual Products as further specified in the technical specifications in Appendix 1. The Buyer may place orders for individual deliveries of Contractual Products (hereinafter referred to as „Individual Release Orders") pursuant to the following terms and conditions.

(2) Deliveries by the Seller to the Buyer shall be exclusively provided on the basis of this Framework Agreement and the Individual Release Orders. Any other terms and conditions shall not apply even if one Party has not objected to the inclusion of such other conditions submitted by the respective other Party. Individual Release Orders must be accepted or rejected by the Seller in writing within five (5) calendar days after their receipt whereas an acceptance of an Individual Release Order shall not unreasonably be withheld. Any Individual Release Order that has not been rejected by the Seller within five (5) calendar days after its receipt shall be deemed to have been accepted by the Seller.

(3) The specific delivery volumes will be coordinated between the Parties within a forecast as follows: The Buyer will provide the Seller with a rolling six-months forecast that will be updated on a monthly basis. The Seller shall use the target figures for its internal fine adjustment in order to secure compliance with delivery dates. Potential discrepancies or problems regarding the planning shall be mutually solved by the Parties whereas both Parties shall take the current situation of the other Party duly into consideration.

(4) For the avoidance of doubt, however, neither such forecast nor anything else in this Framework Agreement shall be construed to constitute any binding obligations of the Buyer to purchase the Contractual Products from the Seller.

III. Preise und Preisanpassung

220 Ein weiterer wichtiger Regelungspunkt in Rahmenlieferverträgen ist die Preisstellung. Aus Sicht des Bestellers sind feste Preise für die gesamte Dauer des Rahmenliefervertrages erstrebenswert. Das gilt auch und gerade, wenn der Rahmenliefervertrag **Mindestabnahmepflichten** vorsieht.

[651] Budde/Geks ZVertriebsR 2012, 37 (40) unter Verweis auf § 307 BGB und die bislang allerdings fehlende Rechtsprechung; ebenso Mann/Baisch ZVglRWiss 2021, 235 (253).

[652] Für die denkbare Auslegung eines rolling forecast im Sinne einer verbindlichen Bestellung zumindest mit Blick auf das Vormaterial sowie die mögliche Unangemessenheit eines aus Sicht des Abnehmers unverbindlichen forecast bei Geltung deutschen AGB-Rechts Budde/Geks ZVertriebsR 2012, 37 (39f.).

Klauselbeispiel Preisstellung [Fixpreise für die gesamte Vertragslaufzeit]

[•] Contract prices

(1) For any order for the Contractual Products submitted by the Buyer during the term of this Framework Agreement, the contract prices stipulated in Appendix [•] shall apply.

(2) The aforementioned contract prices shall remain fixed and firm for all orders placed during the term of this Framework Agreement.

Für den Lieferanten sind entsprechende Regelungen meist nur akzeptabel, wenn **kein Kontrahierungszwang** besteht oder aber die Laufzeit des Rahmenliefervertrages und die in diesem Zeitraum abrufbaren Mengen überschaubar sind bzw. angemessene Kündigungsmöglichkeiten eingeräumt werden. Denkbar ist auch eine Klausel, die eine fixe Preisstellung nur für eine definierte Preisbindungsperiode und nicht die gesamte mögliche Vertragslaufzeit vorsieht. 221

Klauselbeispiel Preisstellung [Fixpreise für Preisbindungsphase mit anschließender Verhandlungspflicht]

[•] Contract prices

(1) The contract prices set out in Appendix [•] are fixed for a period of [•] upon signature of this Framework Agreement. Thereafter, the parties shall negotiate on new contract prices in good faith whereas the new price level shall be binding for the same duration as the initial pricing period, commencing upon agreement on the new price level.

(2) In the event that the Parties cannot agree on new contract prices within 30 days after the lapse of the initial or any subsequent pricing period, either party may terminate this Agreement by written notice to the other party within a period of three (3) months effective at the end of a calendar month. Until termination, the former price level shall remain in effect.

Möglich sind auch **Preisanpassungsklauseln,** auf die im Folgenden angesichts der Notwendigkeit einer **Anpassung** für den jeweiligen **Einzelfall** nicht näher eingegangen werden soll. In jedem Fall ist zu bedenken, dass eine vorformulierte Preisanpassungsklausel, und zwar sowohl in Form einer Kostenelementeklausel als auch einer Preisvorbehalts- oder Spannungsklausel bei Geltung deutschen Rechts einer AGB-Inhaltskontrolle standhalten muss.[653] 222

Die einfachste Variante einer variablen Preisklausel ist der Verweis auf die zum Zeitpunkt der Bestellung gültige Preisliste des Lieferanten. Hier kann letztlich schon bezweifelt werden, ob überhaupt eine echte Preisanpassungsklausel vorliegt.[654] Zumindest in Abwesenheit von unmittelbaren oder mittelbaren Bezugspflichten dürften auch bei Geltung der deutschen AGB-Inhaltskontrolle keine Wirksamkeitsbedenken bestehen.[655] 223

Klauselbeispiel variable Preisstellung (Preisliste zum Zeitpunkt der Bestellung)

[•] Contract prices

653 Umfassend zu den verschiedenen Varianten und der AGB-rechtlichen Konformität etwa Hilber BB 2011, 2691 ff.; Kessel/Schwedler BB 2010, 585 ff.; Thomas AcP 209 (2009), 84 ff. Großzügiger bei einer Spannungsklausel im unternehmerischen Geschäftsverkehr unter ausdrücklichem Verweis auf die im Handelsverkehr geltenden Gewohnheiten (§ 310 Abs. 2 S. 2 BGB) allerdings BGH NJW 2014, 3508 (3510). Keine Einschränkungen bestehen im Fall internationaler Rahmenlieferverträge auch bei Geltung deutschen Rechts durch das Preisklauselgesetz, vgl. § 6 PrKlG (Zulässigkeit von Preisklauseln in Verträgen mit Gebietsfremden).

654 Zur vergleichbaren Problematik bei Vertriebsverträgen und der hier uneinheitlichen Rechtsprechung → § 19 Rn. 184.

655 So wohl im Grundsatz auch Budde/Geks ZVertriebsR 2012, 37 (42).

(1) For any order for the Contractual Products submitted by the Buyer during the term of this Framework Agreement, Seller's list prices applicable at the conclusion of the respective individual sales contract shall apply.

(2) For the avoidance of doubt, the Seller may change its list prices at any time prior to the conclusion of an individual sales contract.

IV. Einhaltung von Standards zum Schutz der Umwelt und der Menschenrechte

224 In jüngster Zeit mehren sich sowohl auf nationaler als auch auf supranationaler Ebene[656] gesetzliche Regelungen, die für Unternehmen (auch) mit Blick auf ihre **Lieferketten** menschenrechtliche und umweltbezogene Sorgfaltspflichten begründen. In Deutschland gilt ab dem 1.1.2023 das **Gesetz über die unternehmerischen Sorgfaltspflichten in Lieferketten** (Lieferkettensorgfaltspflichtengesetz – LkSG),[657] das alle Unternehmen mit einer Hauptverwaltung, Hauptniederlassung, satzungsgemäßem Sitz oder einer Zweigniederlassung (§ 13d HG) in Deutschland, die im Inland regelmäßig mindestens 3.000 Arbeitnehmer beschäftigen,[658] dazu verpflichtet, in ihren Lieferketten bestimmten menschenrechtlichen oder umweltbezogenen Risiken[659] vorzubeugen bzw. die Verletzung menschenrechtsbezogenener oder umweltbezogener Pflichten zu beenden, § 3 Abs. 1 LkSG. Ausgangspunkt der Sorgfaltspflichten ist die Einrichtung eines angemessenen und wirksamen **Risikomanagements** zur Einhaltung der Sorgfaltspflichten, § 4 Abs. 1 LkSG, in dessen Rahmen eine angemessene Risikoanalyse zur Ermittlung entsprechender Risiken ua auch mit Blick auf unmittelbare Zulieferer durchzuführen ist, § 5 Abs. 1 LkSG.

225 Wird im Rahmen der Risikoanalyse ein Risiko ermittelt, sind **angemessene Präventionsmaßnahmen**[660] zu ergreifen, § 6 Abs. 1 LkSG. Dazu wiederum gehört mit Blick auf **unmittelbare Zulieferer** (§ 1 Abs. 6 LkSG) die Einholung vertraglicher Zusicherungen der Zulieferer, dass diese die von der Geschäftsleitung des Importeurs verlangten menschenrechtsbezogenen und umweltbezogenen Erwartungen einhalten und selbst entlang der Lieferkette (insbes. also gegenüber ihren eigenen Sublieferanten) angemessen adressieren, § 6 Abs. 4 Nr. 2 LkSG.[661] Im Fall bereits eingetretener Menschenrechts- oder Umweltverletzungen verpflichtet § 7 Abs. 1 LkSG zu Abhilfemaßnahmen, wozu mit Blick auf

---

[656] Zum Vorschlag der EU-Kommission für eine europäische Sorgfaltspflichten-Richtlinie im Unternehmensbereich (Corporate Sustainability Due Diligence Directive) etwa Nietsch/Wiedmann CCZ 2022, 125ff. sowie Jung GPR 2022, 109ff.

[657] BGBl. 2021 I 2959.

[658] Zum persönlichen Anwendungsbereich im Einzelnen auch Nietsch/Wiedmann NJW 2022, 1 (2ff.). Ab dem 1.1.2024 wird der für den persönlichen Anwendungsbereich des LkSG maßgebliche Schwellenwert auf 1.000 Arbeitnehmer abgesenkt, § 1 Abs. 1 Nr. 2 aE LkSG.

[659] Menschenrechtliche Risiken sind dabei gem. § 2 Abs. 2 LkSG ua drohende Verstöße gegen die Verbote der Beschäftigung von Kindern unter dem zulässigen Mindestalter, schlimmste Formen der Kinderarbeit für Kinder unter 18 Jahren (ua Zwangsarbeit, Prostitution), Zwangsarbeit, Sklaverei und ähnliche Praktiken, Missachtung der nach dem Recht des Beschäftigungsortes geltenden Arbeitsschutzpflichten sowie der Koalitionsfreiheit, ungerechtfertigte Diskriminierung und Vorenthaltung eines angemessenen Lohns. Unter umweltbezogenen Risiken versteht § 2 Abs. 3 LkSG drohende Verstöße gegen das Verbot zur Herstellung von mit Quecksilber versetzten Produkten, der Verwendung von Quecksilber(-verbindungen) bei Herstellungsprozessen und der Behandlung von Quecksilberabfällen entgegen den Vorgaben des Minamata-Übereinkommens; das Verbot der Produktion und Verwendung von Chemikalien nach den POPs-Übereinkommen und das Verbot der Ausfuhr gefährlicher Abfälle nach dem Basler Übereinkommen.

[660] In der Rechtsfolge führen Verstöße gegen das LkSG nicht zu einer zivilrechtlichen Haftung, sondern zu einer möglichen Verhängung von empfindlichen Geldbußen durch die zuständige Behörde (BAFA), § 24 LkSG.

[661] § 6 Abs. 4 Nr. 4 LkSG verlangt überdies die Vereinbarung angemessener vertraglicher Kontrollmechanismen sowie deren risikobasierte Durchführung, um die Einhaltung der Menschenrechtsstrategie bei dem unmittelbaren Zulieferer zu überprüfen.

einen unmittelbaren Lieferanten als ultima ratio auch der Abbruch der Geschäftsbeziehungen gehören kann, § 7 Abs. 3 LkSG.

Vor diesem Hintergrund kann gerade in Rahmenlieferverträgen ggf. die Aufnahme ei- 226
ner entsprechenden Verpflichtungsklausel notwendig sein, die sich speziell mit der Einhaltung dieser menschenrechtlichen und umweltbezogenen Standards beschäftigt.

Klauselbeispiel Pflicht Lieferant zur Einhaltung allgemeiner Standards

[•] Compliance with basic standards for the protection of the environment and respect for human rights

(1) Seller shall comply with Purchaser's basic requirements as stipulated below and more comprehensively in the attached Purchaser's Code of Conduct with regard to recognised standards for the protection of the environment and respect for human rights. In particular, the Seller shall ensure compliance with

- prohibitions of child, forced or compulsory labour,
- applicable environmental, health and safety regulations,
- equality of opportunity and treatment in respect of employment and occupation without discrimination on grounds of race, colour, sex, religion, political opinion, national extraction or social origin and such other ground as may be recognized under the national law of the country or countries where the performance, in whole or in part, of this Framework Supply Agreement and individual sales contracts concluded hereunder takes place[662],
- freedom of association and the right to engage in collective bargaining pursuant to applicable laws,
- applicable regulations on minimum wages and workers' fundamental rights.

(2) The Seller shall use reasonable efforts to ensure compliance by all of its sub-suppliers for the manufacture of the Contractal Products with the principles stated above.

(3) For a period up to (…) after the termination of this Framework Supply Agreement and to the extent legally permissible and upon reasonable notice, the Seller shall permit Buyer, or a third party reasonably acceptable to the Seller, access to any area of Seller's facilities, personnel, computer systems and books and records relating to Seller's performance under this Framework Supply Agreement in order to determine Sellers's compliance with this clause [•].

[662] Nachgebildet dem UN Supplier Code of Conduct Rev. 06 (December 2017), abrufbar unter https://www.un.org/Depts/ptd/sites/www.un.org.Depts.ptd/files/files/attachment/page/pdf/unscc/conduct_english.pdf.

§ 19 Vertriebsverträge (distribution agreements)

Übersicht

Schrifttum:

Albaric/Dickstein, International Commercial Agency and Distribution Agreements, 2. Aufl. 2017; *Benecke/Henneberger,* Globalisierung der Vertriebswege: Die Vorteile einer deutschen Rechtswahl, ZVertriebsR 2014, 370 ff.; *Christou,* International Agency, Distribution and Licensing Agreements, 6. Aufl. 2011; *Detzer/Ullrich,* Internationale Vertriebsvereinbarungen: Abschluss und Abwicklung von Verträgen mit ausländischen Handelsvertretern und Vertragshändlern, 2014; *Dostal,* Zur internationalen Zuständigkeit für Klagen aus grenzüberschreitenden Vertriebsverträgen, EuZW 2018, 983 ff.; *Emde,* Internationale vertriebsrechtliche Schiedsverfahren, RIW 2016, 104 ff.; *Ders.,* Weichenstellungen beim Entscheid über den Abschluss von Vertriebsverträgen, NJOZ 2018, 441 ff.; *Fabig,* Der Vertragshändlerausgleich in internationalen Verträgen, IHR 2019, 1 ff.; *Fountoulakis,* Zur Kundschaftsentschädigung bei Beendigung eines Alleinvertriebsvertrages, recht 2008, 221 ff.; *Fröhlich,* Die Abdingbarkeit des Handelsvertreterausgleichsanspruchs im internationalen Kontext, RIW 2021, 652 ff.; *Glück,* Besonderheiten des Vertriebsrechts in China, ZVertriebsR 2015, 93 ff.; *Hagemeister,* Die Abdingbarkeit des Ausgleichsanspruchs bei ausländischen Handelsvertretern und Vertragshändlern, RIW 2006, 498 ff.; *Heinicke,* Stolpersteine im grenzüberschreitenden Handelsvertreterrecht, ZVertriebsR 2013, 275 ff.; *Kiene,* Vertriebsrecht in Frankreich, RIW 2007, 287 ff.; *Kocks/Diris,* Schiedsfähigkeit von Streitigkeiten aus einem Alleinvertriebsvertrag in Belgien, ZVertriebsR 2021, 368 ff.; *Krüger,* Probleme des türkischen Handelsvertreter- und Vertragshändlerrechts, RIW 2009, 771 ff.; *Kull/Wildhaber,* Schweizer Vertriebsrecht, 2008; *Lindner/Ramirez,* Beendigungsansprüche des Vertragshändlers aus der Kündigung eines Vertragshändlervertrages nach spanischem Recht, RIW 2006, 418 ff.; *Magnus,* Grenzüberschreitende Vertriebsverträge, IHR 2018, 48 ff.; *Mankowski,* Gerichtsstände für Klagen aus grenzüberschreitenden Vertriebsverträgen unter der Brüssel Ia-VO, IHR 2021, 221 ff.; *Mann,* Die vertriebsrechtliche Aufhebungs- und Vergleichsvereinbarung, ZVertriebsR 2017, 25 ff.; *Martinek/Semler/Flohr,* Handbuch des Vertriebsrechts, 4. Aufl. 2016; *Dies.,* Formularsammlung Vertriebsrecht, 2. Aufl. 2021; *McGee,* Termination of a commercial agency – the agent's rights, J. Bus. L. 2011, 782 ff.; *Meyer,* Agentur- und Vertriebsvertragsbeendigung in der Schweiz, ZVertriebsR 2017, 14 ff.; *Mesch,* Die Gestaltung von Kündigungsklauseln in Vertragshändlerverträgen, ZVertriebsR 2015, 8 ff.; *Meyer,* Agentur- und Vertriebsvertragsbeendigung in der Schweiz, ZVertriebsR 2017, 14 ff.; *Minjauw,* The Relationship between the Belgian 1961 Act on the Termination of Exclusive Distribution Agreements and Arbitration, Int'l Bus. L.J. 2007, 3 ff.; *Moritz,* Beendigungsansprüche eines Vertragshändlers in Österreich – eine Bestandaufnahme, ZVertriebsR 2017, 143 ff.; *Niebling,* Vertriebsrecht als AGB-Recht, ZVertriebsR 2012, 79 ff.; *Oetiker/Weibel/Mata,* Die Kundschaftsentschädigung bei Agentur- und Alleinvertriebsverträgen, IHR 2022, 55 ff.; *Rödl & Partner,* Handbuch internationales Handelsvertreterrecht, 2. Aufl. 2013; *Rothermel/Dahmen,* Unwirksame Klauseln in Vertriebsverträgen – Zweiter Versuch einer Katalogisierung und Übersicht, IHR 2022, 89 ff.; *Rühl,* Extending Ingmar to Jurisdiction and Arbitration Clauses: The End of Party Autonomy in Contracts with Commercial Agents? ERPL 2007, 891 ff.; *Saintier,* Good faith as an overriding requirement in commercial agency contracts: „legal irritant" or successful „transformation"?, ZVertriebsR 2014, 166 ff.; *Schultze/Wauschkuhn/Spenner/Dau/Kübler,* Der Vertragshändlervertrag, 5. Aufl. 2015; *Semler,* Echte und unechte Handelsvertreter – Abgrenzungsfragen und kartellrechtliche Bedeutung, ZVertriebsR 2012, 156 ff.; *Sidkin/McGinn,* Territory Reduction, Repudiation and the Commercial Agents' Regulation, Bus. L. Rev. 2007, 2 ff.; *Singleton,* Commercial Agency Agreements: Law and Practice, 5. Aufl. 2020; *Stade,* Ganz nah und häufig doch so fern: Das französische Handelsvertreter- und Vertragshändlerrecht im Kontrast zur deutschen Rechtslage, IHR 2016, 49 ff.; *Stovall,* Recent Revisions to Commercial Agency Law in the United Arab Emirates, ALQ 2008, 307 ff.; *Teichmann/Wauschkuhn,* Die Anwendung der zwingenden Vorschriften der §§ 84 ff. HGB auf Handelsvertreter und Vertragshändler im internationalen Kontext, ZVertriebsR 2012, 274 ff.; *Thouvenin,* Das Agenturvertragsrecht in der Schweiz, IHR 2007, 191 ff.; *Thume,* Der Provisionsanspruch des Handelsvertreters: Grenzen der Vertragsgestaltung, BB 2012, 975 ff.; *Ders.,* Grenzüberschreitende Vertriebsverträge, IHR 2009, 141 ff.; *Uhlig/Walzel,* Neuentwurf der Vertikal-GVO – Teil 1: Neue Möglichkeiten der Produktsteuerung, ZVertriebsR 2022, 80 ff.; *Dies.,* Neuentwurf der Vertikal-GVO – Teil 2: Dualer Vertrieb – Möglichkeiten und Grenzen der Produktsteuerung, ZVertriebsR 2022, 151 ff.; *Viscasillas,* The Good, the Bad, and the Ugly in Distribution Contracts: Limitation of Party Autonomy in Arbitration?, Penn. St. J.L. & Int'l Aff. 2015, 213 ff.; *Walter,* Die Abdingbarkeit zwingenden Handelsvertreterrechts und die Handelsvertreter-Richtlinie, RIW 2019, 570 ff.; *Wauschkuhn,* Der Vertragshändlervertrag, 3. Aufl. 2009; *Ders.,* Die Berechnung des Ausgleichsanspruches des Handelsvertreters und Vertragshändlers, Status quo und Quo vadis, ZVertriebsR 2022, 32 ff.; *Ders.*, Der Anspruch des Vertragshändlers auf Rücknahme und Rückkauf seines Warenlagers bei Vertragsbeendigung, ZVertriebsR 2019, 148 ff.; *Wauschkuhn/Fröhlich*, Der nachvertragliche Provisionsanspruch des Handelsvertreters, BB 2010, 524 ff.; *Wauschkuhn/Teichmann*, Der Investitionsanspruch des Vertragshändlers im europäischen Vergleich, RIW 2009, 614 ff.; *Winkler von Mohrenfels*, Franchise- und Vertriebsverträge im internationalen Privatrecht, ZVertriebsR 2014, 281 ff.

A. Typische Erscheinungsformen und rechtliche Grundlagen internationaler Vertriebsverträge

Als Alternative zum Direktvertrieb von Produkten und Dienstleistungen bietet sich für Unternehmen gerade auf **internationaler Ebene** der Einsatz von Vertriebsmittlern an, die im jeweiligen ausländischen Vertriebsgebiet über wertvolle Geschäftskontakte sowie Erfahrungen mit den lokalen Gepflogenheiten und damit über das für einen erfolgreichen Absatz erforderliche vertriebliche Know-how verfügen. Alternativlos ist der Einsatz von Vertriebsmittlern schließlich dann, wenn der **Direktvertrieb** im ausländischen Vertriebsgebiet faktisch oder rechtlich nicht möglich ist. 1

In der internationalen Vertriebspraxis werden meist **Handelsvertreter** (commercial agent), **Vertragshändler** (dealer/distributor),[1] **Handelsmakler** (commercial broker/occasional intermediary) oder **Franchisenehmer**[2] (franchisee) als Absatzmittler tätig. Auch **gemischte Verträge,** die dem Vertriebsmittler etwa eine einzelfallabhängige Tätigkeit sowohl als Händler, als auch als Handelsvertreter bzw. -makler ermöglichen, sind trotz der damit verbundenen Gestaltungsprobleme nicht ungewöhnlich. Zu den in der Praxis eingesetzten Vertriebsmodellen im weiteren Sinn gehören schließlich **Lizenzfertigungsverträge** (manufacturing license agreements), durch die der Hersteller dem Absatzmittler gegen Zahlung einer Lizenzgebühr nicht nur die Distribution, sondern auch die Herstellung der Vertragsprodukte unter Nutzung der Marke und etwaiger sonstiger Schutzrechte bzw. Know-how des Herstellers überträgt.[3] 2

Für die Vertragsgestaltung stellen internationale Vertriebsverträge eine Herausforderung dar, weil der für sie einschlägige Rechtsrahmen **tendenziell restriktiver** ist als bei anderen Vertragstypen. Vor allem das **Handelsvertreterrecht** ist in vielen Rechtsordnungen durch **protektionistische Regelungen** zum Schutz des Vertreters gekennzeichnet, die Spielräume für die Vertragsgestaltung zum Teil deutlich verringern. Teilweise wird das Heimatrecht des Vertreters kollisionsrechtlich sogar als international zwingendes Recht qualifiziert, das sich über ein abweichendes (gewähltes) Vertragsstatut und unter Umständen auch eine die Rechtswahl absichernde Schieds- bzw. Gerichtsstandsvereinbarung hinwegsetzen kann. 3

Auch auf **Händlerverträge** wendet die Rechtsprechung in vielen Jurisdiktionen neben allgemeinen Vorschriften des Vertragsrechts zum Teil Vorschriften des Handelsvertreterrechts analog an, weil eigenständige Regelungen für Händlerverträge regelmäßig fehlen. Darüber hinaus differenzieren einzelne außereuropäische Rechtsordnungen nicht immer mit einer dem deutschen Recht vergleichbaren Trennschärfe zwischen verschiedenen Typen von Absatzmittlern.[4] Die Folge ist jeweils, dass die für Handelsvertreterverträge geltenden **(zwingenden) Bestimmungen** im Einzelfall ganz oder teilweise auch auf Händler- 4

[1] Die Bezeichnung als Dealership Agreement deutet dabei zumindest nach US-amerikanischem Verständnis auf eine engere Eingliederung in die Vertriebsorganisation des Herstellers hin als dies typischerweise im Fall eines Distributorship der Fall ist, Church/Bales ZVertriebsR 2012, 26.

[2] Franchise-Verträge werden im Rahmen der vorliegenden Darstellung nicht weiter vertieft behandelt; insofern muss auf die einschlägige Spezialliteratur verwiesen werden.

[3] Zu internationalen Lizenzverträgen umfassend → § 22.

[4] So etwa im Recht der Vereinigten Arabischen Emirate, wo das Bundesgesetz über Handelsvertretungen entgegen seinem Wortlaut vollumfänglich auch auf Händler angewendet wird, Stovall ALQ 2008, 307 (310).

verträge zur Anwendung kommen können. Zusätzlich müssen bei der Gestaltung von Händlerverträgen aber auch die durch das **Vertriebskartellrecht** gesetzten Grenzen im besonderen Maße beachtet werden. Ansonsten droht nicht nur die Unwirksamkeit einzelner Klauseln oder gar des gesamten Vertrages, sondern unter Umständen, insbesondere bei sog. Kernbeschränkungen, die Verhängung **erheblicher Bußgelder** durch die Kartellbehörden.[5]

I. Handelsvertreterverträge

1. Anwendungsbereich und Abgrenzung zu anderen Vertriebsvertragstypen

5 Der Handelsvertreter zeichnet sich in den Legaldefinitionen vieler Rechtsordnungen im Unterschied zu Arbeitnehmern zum einen durch die **rechtliche Unabhängigkeit** und zum anderen (insbesondere in Abgrenzung zu Handelsmaklern) durch die Übernahme einer **ständigen Vertriebspflicht** aus.[6] Im Unterschied zu Händlern, Kommissionären und Franchisenehmern wird der Handelsvertreter wiederum weder im eigenen Namen, noch auf eigene Rechnung tätig: Er vermittelt vielmehr lediglich Verträge zwischen dem Prinzipal und den Endkunden bzw. schließt auf Grundlage einer Vollmacht Verträge im Namen des Prinzipals mit dem Endkunden ab.

6 Die meisten Rechtsordnungen unterscheiden zwischen verschiedenen Typen von Handelsvertretern: Handelsvertreter können etwa hauptberuflich oder nebenberuflich,[7] exklusiv oder auf nicht ausschließlicher Basis tätig sein, Waren oder Dienstleistungen vertreiben und Verträge mit Endkunden als Abschlussvertreter entweder unmittelbar im Namen des Prinzipals abschließen oder (wie es dem Regelfall entspricht) als Vermittlungsvertreter lediglich vermitteln. Aus dem Europäischen Kartellrecht stammt schließlich die Unterscheidung zwischen so genannten echten und unechten Handelsvertretern, die für die Anwendbarkeit des so genannten **Handelsvertreterprivilegs** von zentraler Bedeutung ist und damit darüber entscheidet, ob und in welchem Umfang Europäisches Kartellrecht auch für Handelsvertreterverträge relevant ist.

2. Rechtlicher Rahmen

a) Anwendbares Vertragsstatut

7 Die Ermittlung des auf einen Handelsvertretervertrag anwendbaren Vertragsrechts richtet sich nach dem Kollisionsrecht des international zuständigen Gerichts bzw. (im Fall einer Schiedsvereinbarung) nach ggf. anwendbarem Sonderkollisionsrecht für Schiedsgerichte. Die meisten Kollisionsrechtsordnungen erlauben den Parteien die Wahl des Vertragsstatuts. Grundsätzlich zulässig ist die Rechtswahl gem. Art. 3 Abs. 1 Rom I-VO etwa im **Europäischen Kollisionsrecht.**[8] Eingeschränkt wird sie hier aber durch den gerade für Handelsvertreterverträge relevanten Art. 3 Abs. 4 Rom I-VO für den Fall, dass die Parteien die Rechtsordnung eines nicht zur EU gehörenden Staates gewählt haben, obwohl der Vertrag

[5] Dazu unten → Rn. 32ff. sowie → § 5 Rn. 129ff.

[6] Im deutschen Recht folgt dies aus dem Tatbestandsmerkmal der ständigen Betrauung in § 84 HGB; weniger deutlich Art. 1 Abs. 2 der Europäischen Handelsvertreterrichtlinie (insbesondere in der englischen Fassung) sowie die Umsetzung der Richtlinie in Großbritannien durch die Commercial Agency Regulations 1993 (an der das Vereinigte Königreich auch nach vollzogenem Brexit bislang festgehalten hat); ähnlich dagegen auch das Schweizer Recht, s. Art. 418a Abs. 1 OR.

[7] Im deutschen Recht § 92b HGB; im Schweizer Recht Art. 418a Abs. 2 OR. Im englischen Recht sind die Commercial Agency Regulations 1993 im Fall einer sog. secondary activity des Vertreters gar nicht anwendbar, s. 2 Abs. 3, 4 Commercial Agency Regulations 1993. Bei dem nur nebenberuflich tätigen Vertreter entsteht entweder kein gesetzlicher Ausgleichsanspruch (§ 92b HGB; Art. 2 Abs. 4 Commercial Agency Regulations 1993) oder kann dieser zumindest durch (schriftliche) vertragliche Vereinbarung abbedungen werden (so im Schweizer Recht Art. 418a Abs. 2 OR).

[8] Zum Anwendungsbereich und der Rechtswahl im Europäischen Kollisionsrecht im Einzelnen → § 13.

ausschließlich Bezüge zur EU aufweist: In diesem Fall bleiben zwingende unionsrechtliche Vorschriften in der von dem EU-Mitgliedsstaat des angerufenen Gerichts umgesetzten Form[9] (insbesondere sämtliche zwingende Vorgaben der Handelsvertreterrichtlinie[10]) unabhängig von der Rechtswahl anwendbar.

Nach dem Kollisionsrecht einzelner Staaten ist eine Rechtswahl (auch) im Fall von Handelsvertreterverträgen gar nicht möglich. Das gilt wohl für Saudi-Arabien sowie einzelne südamerikanische Staaten.[11] Soll der Handelsvertreter in diesen Jurisdiktionen tätig werden, besteht damit die Gefahr einer sog. **hinkenden Rechtswahl,** die von staatlichen Gerichten in der EU und Schiedsgerichten zwar akzeptiert, von international zuständigen ausländischen Gerichten am Heimatort des Vertriebsmittlers aber nicht beachtet wird. Dadurch entstehende Risiken können durch eine geeignete Streitbeilegungsklausel zumindest minimiert, wenngleich keineswegs vollständig beseitigt werden.[12] 8

Fehlt eine wirksame Rechtswahl, knüpft das **Europäische Kollisionsrecht** an den gewöhnlichen **Aufenthaltsort** des Handelsvertreters an.[13] Das gilt unabhängig von der streitigen Frage, ob der Handelsvertretervertrag kollisionsrechtlich als Dienstleistungsvertrag gem. Art. 4 Abs. 1 lit. b) Rom I-VO oder als Vertriebsvertrag im Sinne von Art. 4 Abs. 1 lit. f) Rom I-VO qualifiziert wird.[14] Die in Art. 4 Abs. 3 Rom I-VO normierte Ausweichklausel, nach der diese Regelanknüpfung für den Fall verdrängt werden kann, dass sich aus der Gesamtheit der Umstände eine **offensichtlich engere Verbindung** zu einem anderen Staat ergibt, kommt dabei regelmäßig nicht zur Anwendung: Insbesondere liegen „offensichtlich engere Verbindungen" ohne weitere Anhaltspunkte weder zum Tätigkeitsort des Handelsvertreters noch zum Aufenthaltsort des Prinzipals vor.[15] 9

Zu ähnlichen Anknüpfungsergebnissen wie das Europäische Kollisionsrecht gelangen auch andere Kollisionsrechtsordnungen.[16] 10

b) Eingriffsnormen

aa) International zwingende Bestimmungen des Handelsvertretervertragsrechts. 11
Unabhängig von der Möglichkeit der Rechtswahl kann das gewählte oder durch objektive Anknüpfung ermittelte Vertragsstatut von Handelsvertreterverträgen durch sog. **Eingriffsnormen** – insbesondere solchen des Forums – überspielt werden.[17] Im Europäischen Handelsvertreterrecht betrifft das in erster Linie (aber nicht notwendigerweise nur) den zwingenden Ausgleichsanspruch (Art. 17–19 Handelsvertreterrichtlinie), da der EuGH in der **Rechtssache Ingmar** entschieden hat, dass Art. 17 und 18 der Handelsvertreterrichtlinie

[9] Mankowski IHR 2008, 133 (135).

[10] Richtlinie 86/653/EWG des Rates zur Koordinierung der Rechtsvorschriften der Mitgliedstaaten betreffend die selbstständigen Handelsvertreter, ABl. EG 1986 L 382/17.

[11] Zu Saudi-Arabien Martinek/Semler/Flohr/Amereller Handbuch Vertriebsrecht § 73 Rn. 68 (anders wohl in Schiedsverfahren). Zur Unzulässigkeit der Rechtswahl in einigen lateinamerikanischen Jurisdiktionen → § 3 Rn. 43.

[12] Unten → Rn. 46 ff.

[13] Das ist gem. Art. 19 Abs. 1 Rom I-VO entweder der Ort der Hauptniederlassung (natürliche Person) oder der Hauptverwaltung (Handelsvertreter als juristische Person), Roth FS Spellenberg S. 309 (310).

[14] Für die Qualifizierung als Dienstleistungsvertrag spricht, dass der Wortlaut des Art. 4 Abs. 1 lit. f) Rom I-VO (nur) auf Vertriebshändler („distributor"; „distributeur") Bezug nimmt, Winkler von Mohrenfels ZVertriebsR 2014, 281.

[15] Roth FS Spellenberg S. 309 (311), der allerdings eine Ausnahme für den Fall machen möchte, dass sowohl Aufenthaltsort des Prinzipals, als auch Tätigkeitsort in ein und demselben (vom Aufenthaltsort des Handelsvertreters abweichenden) Staat liegen und mit diesem Staat noch weitere Verknüpfungen bestehen.

[16] So auf Grundlage der objektiven Anknüpfung des Agenturvertrages gem. Art. 117 Abs. 2 IPRG auch das Schweizer Kollisionsrecht; dazu auch BGE 100 II 34 (38). Zur international verbreiteten objektiven Anknüpfung an das Recht am Ort derjenigen Vertragspartei, die die vertragstypische Leistung erbringt → § 3 Rn. 45.

[17] Eingeschränkter kommt etwa im Europäischen Kollisionsrecht nach Art. 9 Abs. 3 Rom I-VO auch die Berücksichtigung ausländischer Eingriffsnormen in Betracht; dazu sowie zur Berücksichtigung in- und ausländischer Eingriffsnormen durch Schiedsgerichte → § 3 Rn. 154 ff.

im Fall eines innerhalb der Union tätigen Vertreters[18] auch bei abweichender Rechtswahl und einem Prinzipal, der in einem Drittstaat ansässig ist, anzuwenden sind.[19] Die Qualifizierung des Ausgleichsanspruchs als international zwingende Norm lässt sich zwar mit guten Argumenten bezweifeln.[20] Fragwürdig sind auch die verschiedentlich unternommenen Versuche, die im Ergebnis verfehlte Ingmar-Entscheidung entweder über eine analoge Anwendung von Art. 3 Abs. 4 Rom I-VO auch auf Sachverhalte mit außereuropäischen Bezügen oder aber mit der Annahme zu retten, die Handelsvertreterrichtlinie enthalte verstecktes Kollisionsrecht, das den Bestimmungen der Rom I-VO gem. Art. 23 Rom I-VO als *lex specialis* vorgehe.[21] Solche dogmatischen Bedenken helfen indes nicht darüber hinweg, dass der zwingende **Ausgleichsanspruch** des Handelsvertreters bei einem Vertragsgebiet innerhalb der EU nach der Rechtsprechung auch dann nicht wirksam ausgeschlossen werden kann, wenn der Prinzipal im außereuropäischen Ausland ansässig ist, und zwar selbst dann nicht, wenn die Wahl einer liberaleren (außereuropäischen) Rechtsordnung mit einer Schiedsvereinbarung oder ausschließlichen Gerichtsstandsvereinbarung zugunsten außereuropäischer Gerichte verbunden wird.[22] Davon abgesehen bleibt den EU-Mitgliedsstaaten sogar unbenommen, noch über das Schutzniveau der Handelsvertreterrichtlinie hinausgehende Regelungen zugunsten des in ihrem Staatsgebiet ansässigen Handelsvertreters als Eingriffsnormen zu deklarieren, die das eigentlich anwendbare (richtlinienkonforme) Vertragsstatut eines anderen EU-Mitgliedsstaates überspielen können.[23]

12 International zwingende Vorschriften enthält typischerweise auch das Handelsvertreterrecht in einer Reihe arabischer und lateinamerikanischer Staaten. Neben Ausgleichsansprüchen kann dies gesetzliche Vorgaben über Alleinvertriebsrechte, Einschränkungen bei einer Beendigung des Vertragsverhältnisses oder die Gewährung erfolgsunabhängiger Provisionen betreffen. Häufig steht die Anwendbarkeit dieser Vorschriften allerdings unter dem Vorbehalt, dass der Handelsvertreter nach Maßgabe entsprechender öffentlich-rechtlicher Pflichten auch als solcher im Vertragsgebiet **registriert** ist.

13 **bb) Registrierungserfordernisse.** Manche Jurisdiktionen (typischerweise arabische und lateinamerikanische Rechtsordnungen[24]) verlangen die **staatliche Registrierung** der in dem betreffenden Staat tätigen Handelsvertreter, was meist der **Protektion** des Handelsvertreters dient: So kann die **Registrierungspflicht** ein gesetzlich vorgesehenes Alleinvertriebsrecht des Vertreters absichern, wenn nach einer Registrierung keine weiteren Vertriebsmittler des Prinzipals für das Vertragsgebiet mehr registriert werden dürfen. Weitere mögliche Rechtsfolgen sind Einschränkungen von ordentlichen Kündigungsmöglichkeiten oder zwingende Entschädigungszahlungen nach einer Vertragsbeendigung, da die Regis-

---

[18] Nach einer Auffassung greifen die zwingenden Vorschriften der Handelsvertreterrichtlinie dagegen auch dann ein (und § 92c HGB muss entsprechend teleologisch reduziert werden), wenn der Handelsvertreter unabhängig vom Tätigkeitsgebiet über eine Niederlassung innerhalb der EU/EWR verfügt, Walter RIW 2019, 570 ff.

[19] EuGH EuZW 2001, 50 (51) – „Ingmar". Da Art. 3 Abs. 4 Rom I-VO in dieser Konstellation nicht anwendbar ist, muss die kollisionsrechtliche Umsetzung der Ingmar-Entscheidung nach wohl überwiegender Auffassung auf Art. 9 Rom I-VO gestützt werden, dazu Teichmann/Wauschkuhn ZVertriebsR 2012, 274 (279); Rauscher/Thorn EuZPR/EuIPR Art. 9 Rom I-VO Rn. 52; Kleinheisterkamp RabelsZ 73 (2009), 818 (824); EuGH EuZW 2013, 956 (958) – „Unamar".

[20] Dazu instruktiv MüKoBGB/v Hein Art. 3 EGBGB Rn. 84 ff.

[21] So etwa Roth EWS 2011, 314 (327). Die genannten alternativen Begründungsansätze könnten gegenüber der Qualifizierung des Ausgleichsanspruchs als international zwingende Norm im Sinne von Art. 9 Rom I-VO allerdings dann relevant werden, wenn die Wahl des Rechts eines Drittstaates mit einer Schiedsvereinbarung oder einer ausschließlichen Gerichtsstandsvereinbarung zugunsten der Gerichte eines Drittstaats verknüpft wird, da in diesem Fall die jeweilige Streitbeilegungsklausel zumindest nicht mehr unter Berufung auf einen entgegenstehenden *ordre public* verworfen werden könnte.

[22] Dazu unten → Rn. 48.

[23] So explizit EuGH EuZW 2013, 956 (958) – „Unamar".

[24] Registrierungspflichten bestehen etwa in Ägypten, Bahrein, Jemen, Jordanien, Kuwait, Irak, Oman, Saudi-Arabien, den Vereinigten Arabische Emiraten (vgl. zu diesen Jurisdiktionen Amereller ua Das Recht der Handelsvertreter und Vertragshändler in der MENA-Region 2007) sowie in Brasilien und Kolumbien.

terlöschung häufig den Nachweis einer Ausgleichszahlung bzw. die ausdrückliche Zustimmung des Vertreters gegenüber der maßgeblichen Behörde voraussetzt.[25] Darüber hinaus kann die Registrierung **zwingende Ansprüche** des Vertreters auf eine erfolgsunabhängige Bezirksprovision sowie die ausschließliche Zuständigkeit der im Vertriebsgebiet ansässigen staatlichen Gerichte für Rechtsstreitigkeiten aus oder im Zusammenhang mit dem Handelsvertretervertrag auslösen. Zuletzt kann mit der Registrierungspflicht auch die Umsetzung gesetzlicher Vorgaben kontrolliert werden, nach denen nur Staatsangehörige des jeweiligen Vertriebsgebietes als Handelsvertreter eingesetzt werden dürfen. Die Verpflichtung zur Registrierung mit im Einzelfall möglichen straf- und ordnungswidrigkeitsrechtlichen Konsequenzen im Fall der Nichtbeachtung (die – soweit ersichtlich – in der Praxis aber kaum jemals durchgesetzt werden) trifft dabei regelmäßig nicht den Prinzipal, sondern den Vertreter.

Unterbleibt eine Registrierung, führt dies in der überwiegenden Zahl der Rechtsord- 14
nungen, die eine solche Pflicht vorsehen, auch nicht zur **zivilrechtlichen Unwirksamkeit** des Handelsvertretervertrages, sondern lediglich dazu, dass sich der Vertreter nicht auf die ihn schützenden Vorschriften der maßgeblichen lokalen Handelsvertretergesetze berufen kann.

Aus Sicht eines Prinzipals sollte daher nach sorgfältiger Analyse der Rechtslage im Ein- 15
zelfall erwogen werden, eine Registrierung zumindest dann zu vermeiden, wenn im jeweiligen Vertriebsgebiet rechtlich bzw. faktisch auch nicht registrierte Handelsvertreter operieren können und Geschäftsabschlüsse mit öffentlichen Auftraggebern dadurch nicht unmöglich gemacht oder erheblich erschwert werden. Sollen die nachteiligen Folgen einer Registrierung vermieden werden, muss auch die in vielen Vertriebsverträgen enthaltene Regelung unterbleiben, die dem Handelsvertreter die Verantwortung für die Einhaltung möglicher Registrierungspflichten im Vertragsgebiet überträgt.[26] Vielmehr kommt eine Vertragsklausel in Betracht, die dem Handelsvertreter die Registrierung sogar ausdrücklich untersagt.

Klauselbeispiel für eine Untersagung der Registrierung

[•] No registration

The Parties agree that the Agent shall not possess the status of a registered representative of the Company. Accordingly, the Agent shall not [without the express prior written authorization of the Company] apply for the registration of this agreement with any authority or any other organization entrusted with the registration of commercial agents in the Contractual Territory or elsewhere.

cc) Kartellrecht. Nach dem in den meisten Kartellrechtsordnungen geltenden **Auswir-** 16
kungsprinzip ist das Kartellrecht unabhängig von dem anwendbaren Vertragsstatut anwendbar, wenn sich vertraglich vereinbarte Wettbewerbsbeschränkungen tatsächlich auf die betreffende Jurisdiktion auswirken.[27]

Für die Anwendbarkeit des Europäischen Kartellrechts auf Handelsvertreterverträge 17
stellt sich dabei auf Grundlage der Entscheidungspraxis der Europäischen Kommission zunächst die Frage, ob es sich bei dem Handelsvertreter um einen so genannten **echten** oder **unechten Handelsvertreter** handelt. Für diese Differenzierung ist nach Auffassung der

[25] So wohl etwa in Ägypten und Saudi-Arabien, Martinek/Semler/Flohr/Amereller Handbuch Vertriebsrecht § 58 Rn. 20 ff. (Ägypten) und § 73 Rn. 55 ff. (Saudi-Arabien).

[26] Eine solche Klausel könnte insbesondere als Nachweis der Zustimmung des Prinzipals zur Registrierung betrachtet werden, der nach manchen Rechtsordnungen bei einem Antrag des Mittlers auf Registrierung vorgelegt werden muss; zum Nachweiserfordernis einer Zustimmung des Prinzipals durch ausdrückliche Vertragsbestimmung oder gesondertes Schreiben im Handelsvertretergesetz der Vereinigten Arabischen Emirate etwa Christou International Agency Rn. 21–46.

[27] Zum Auswirkungsprinzip → § 5 Rn. 4 f.

Kommission[28] maßgeblich, ob der Handelsvertreter nach den vertraglichen Absprachen nicht nur unerhebliche **finanzielle** oder wirtschaftliche **Risiken** übernommen hat, die er nach dem gesetzlichen Leitbild (insbesondere der Handelsvertreterrichtlinie) nicht zu tragen braucht.[29] Ist dies nicht der Fall, unterfallen die zwischen den Parteien getroffenen Vereinbarungen (zumindest soweit sie den Markt der Vertragswaren oder -dienstleistungen berühren) nicht dem Kartellverbot des Art. 101 Abs. 1 AEUV (sog. **Handelsvertreterprivileg**).[30]

18 Zuweilen wird aber übersehen, dass die in Handelsvertreterverträgen vorgesehenen Beschränkungen auch im Fall echter Handelsvertreter dann nicht vom Handelsvertreterprivileg profitieren können, wenn sie nicht den Markt für Vertragswaren oder -dienstleistungen (den Produktmarkt), sondern den **Markt** berühren, auf dem die Handelsvertreter ihre **Vermittlungsdienstleistungen** anbieten. Namentlich gilt das für Wettbewerbsverbote und Alleinvertriebsrechte des Handelsvertreters.[31] Ein Verstoß gegen das Kartellverbot setzt hier allerdings eine durch die genannten Beschränkungen bewirkte **Abschottung** des Marktes für Vermittlungsdienstleistungen voraus.[32]

19 Für Beschränkungen auf dem **Produktmarkt** – relevant sind im Wesentlichen Preisbindungen und Gebiets- oder Kundenkreisbeschränkungen des Handelsvertreters – setzt die Anwendbarkeit des Kartellrechts dagegen voraus, dass der Vertriebsmittler als unechter Handelsvertreter anzusehen ist. Allerdings muss der Prinzipal den Preis gegenüber dem Endkunden wohl auch in diesem Fall selbst festlegen dürfen, da (nur) der Prinzipal zivilrechtlich betrachtet Vertragspartei wird. In diesen Fällen dürfte aber ein Verbot der Weitergabe der Provisionen an den Endkunden kartellrechtlich regelmäßig unzulässig sein.[33]

c) Materiell-rechtliche Rechtsvereinheitlichung durch die Handelsvertreterrichtlinie

20 Die Handelsvertreterrichtlinie (HVR) hat zumindest in den Rechtsordnungen der EU-Mitgliedsstaaten das materielle Handelsvertreterrecht für **Warenvertreter**[34] (unter Einschluss des Vertriebs von (auch elektronisch per Download gelieferter Software[35]) weitgehend, wenn auch nicht vollständig vereinheitlicht. Die Handelsvertreterrichtlinie regelt unter anderem die wechselseitigen Vertragspflichten der Parteien und enthält Vorgaben zur

[28] Allerdings hat sich auch der EuGH mittlerweile die Auffassung der Kommission weitestgehend zu Eigen gemacht; insbesondere dürfte die Frage der Eingliederung des Handelsvertreters in das Unternehmen des Prinzipals kein maßgebliches Kriterium für die Anwendbarkeit des Kartellverbots mehr darstellen, Immenga/Mestmäcker/Zimmer Bd. 1 EU/Teil 1 Art. 101 AEUV Rn. 286 unter Berufung auf EuGH EuZW 2008, 668 (670) – „CEPSA II". In den Leitlinien für vertikale Beschränkungen, ABl EU 2022 C 248/1 (Vertikal-LL), verwendet die Kommission nicht ausdrücklich die Terminologie von „echten" bzw. „unechten" Handelsvertretern, dazu → § 5 Rn. 131.

[29] Zu den Einzelheiten auch → § 5 Rn. 131 ff. Die Kommission benennt als maßgebliche Risiken in ihren Vertikal-LL vertragsspezifische Risiken, die unmittelbar mit den vermittelten Verträgen zusammenhängen (insbes. Übernahme von Lagerhaltungskosten und Zahlungsausfallrisiken), b) Risiken, die mit marktspezifischen Investitionen verbunden sind (etwa Kostentragung für markenspezifische Ausrüstung des Vertreters) sowie c) Risiken in Verbindung mit anderen Tätigkeiten auf demselben sachlich relevanten Markt (etwa das Angebot von Service- und Garantiearbeiten durch den Handelsvertreter in Bezug auf die Vertragsgegenstände), soweit der Prinzipal vom Handelsvertreter verlangt, diese nicht seinem Namen, sondern auf eigenes Risiko des Handelsvertreters durchzuführen, Vertikal-LL Rn. 31.

[30] Semler ZVertriebsR 2012, 156.

[31] Immenga/Mestmäcker/Zimmer Bd. 1 EU/Teil 1 Art. 101 Abs. 1 AEUV Rn. 286.

[32] EuGH EuZW 2008, 668 (670) Rn. 41: *„Dagegen können die Ausschließlichkeits- und Wettbewerbsverbotsklauseln, die die Beziehungen zwischen dem Handelsvertreter und dem Geschäftsherrn als unabhängigen Wirtschaftsteilnehmern betreffen, gegen die Wettbewerbsvorschriften verstoßen, soweit sie zu einer Abschottung des betreffenden Marktes führen."*

[33] Zu dieser Differenzierung zu Recht Bechtold/Bosch/Brinker EU-Kartellrecht Art. 101 AEUV Rn. 63.

[34] Ein zugunsten des Handelsvertreters bestehender Verhandlungsspielraum (insbes. hinsichtlich der Preise) mit Blick auf die Konditionen des vermittelten Vertrages ist nicht konstitutiv für den Handelsvertreterbegriff, EuGH ZVertriebsR 2020, 252 ff. (mAnm Kutscher-Puis).

[35] EuGH NJW 2022, 459 (460): *„Darüber hinaus ist klarzustellen, dass ein Programm unabhängig von dem Umstand, ob es auf einem physischen Datenträger oder – wie im vorliegenden Fall – elektronisch per Download geliefert wird, als ‚Ware' eingestuft werden kann."*

Vergütung (Art. 6–12) sowie der Vertragsbeendigung und daraus resultierenden Ausgleichsansprüchen (Art. 15–18).

Zu den Pflichten des Handelsvertreters gehören gem. Art. 3 Abs. 1 und Abs. 2 HVR 21 die Pflicht zur Interessenwahrnehmung, der Übermittlung erforderlicher Informationen, der Befolgung angemessener Weisungen und dem Einsatz für den Vertrieb der Vertragsprodukte. Der Prinzipal wiederum ist verpflichtet, dem Handelsvertreter die zur Ausübung seiner Tätigkeit erforderlichen Unterlagen zur Verfügung zu stellen, Art. 4 HVR. Die gegenseitigen Vertragspflichten sind **zwingender Natur,** Art. 5 HVR.

Mit Blick auf die Vergütung des Handelsvertreters geht die Richtlinie von der Zahlung 22 **erfolgsabhängiger Provisionen** aus, ohne damit andere Vergütungssysteme zu untersagen, Art. 6 Abs. 3 HVR. Der Handelsvertreter erhält danach eine Provision für von ihm vermittelte Geschäfte oder Geschäfte mit Kunden, die er ursprünglich für Geschäfte dieser Art geworben hat (Art. 7 Abs. 1 HVR). Erfolgsunabhängige Ansprüche bestehen, wenn dem Vertreter ein Bezirk oder Kundenkreis übertragen oder ein Alleinvertriebsrecht gewährt wurde, Art. 7 Abs. 2 HVR. Beschränkt sind Provisionsansprüche im Fall von Kundenverträgen, die erst nach Ablauf des Handelsvertretervertrages abgeschlossen werden, Art. 8 HVR. Nach Art. 10 HVR entsteht der Provisionsanspruch, wenn entweder der Kunde oder der Prinzipal das Geschäft ausgeführt hat oder hätte ausführen müssen. Er erlischt ausschließlich in dem Fall, dass das Geschäft nicht ausgeführt wird und der Prinzipal dies nicht zu vertreten hat, Art. 11 HVR. Zur Zahlung fällig wird die Provision spätestens am letzten Tag des Monats, der auf das Quartal folgt, in dem der Anspruch entstanden ist, Art. 12 HVR.

Trotz der Angleichung des Handelsvertreterrechts durch die Handelsvertreterrichtlinie 23 darf nicht übersehen werden, dass durch die verbliebenen Umsetzungsspielräume weiterhin zum Teil **erhebliche Unterschiede** zwischen den einzelnen Rechtsordnungen bestehen. Das gilt insbesondere für die praxisrelevante **Entschädigung** des Handelsvertreters für den geworbenen Kundenstamm im Fall einer Beendigung des Vertrages[36]: Die Richtlinie überlässt den Mitgliedsstaaten hier die Wahl, ob sie dem Handelsvertreter einen zwingenden Anspruch auf Ausgleich (Art. 17 Abs. 2 HVR) oder den Ersatz des durch die Beendigung entstehenden Schadens gewähren wollen (Art. 17 Abs. 3 HVR). Anders als für die Option der Gewährung eines Ausgleichsanspruchs sieht die Richtlinie für den Anspruch auf Schadensersatz dabei keine Höchstgrenze vor.[37] Das führt etwa dazu, dass der gekündigte Handelsvertreter nach französischem Recht, das sich für die Option des Schadensersatzanspruchs entschieden hat, regelmäßig einen Betrag von **zwei Jahresbruttoprovisionen** beanspruchen kann.[38]

3. Typische Probleme in der Praxis

Rechtliche Auseinandersetzungen im Zusammenhang mit der Durchführung von Han- 24 delsvertreterverträgen treten meist dann auf, wenn sich die Zusammenarbeit nicht in der gewünschten Weise entwickelt. In diesem Fall mag der Prinzipal vorbehaltlich der rechtlichen Zulässigkeit ein Interesse daran haben, weitere Vertriebsmittler im Vertragsgebiet einzusetzen, das vorgesehene Vertragsgebiet zu verkleinern oder die Zusammenarbeit mit dem Handelsvertreter ganz zu beenden. Insbesondere eine Vertragsbeendigung löst regelmäßig Rechtsstreitigkeiten zwischen den Parteien darüber aus, ob eine ordentliche oder außerordentliche Kündigung überhaupt wirksam ist und dem Handelsvertreter im Fall einer wirksamen Vertragsbeendigung Ausgleichsansprüche sowie ggf. nachvertragliche Provisionsansprüche zustehen.

[36] Semler ZVertriebsR 2022, 37 (38).
[37] Martinek/Semler/Flohr/Semler Handbuch Vertriebsrecht § 24 Rn. 46.
[38] Rühl RIW 2007, 742 (748).

II. Vertragshändlerverträge

1. Begriff des Vertragshändlers und Abgrenzung zu anderen Vertriebsmittlern

25 Mangels Legaldefinition ist der Begriff des Vertragshändlers schwieriger fassbar. Im Unterschied zum Handelsvertreter vertreibt der Händler die Vertragsprodukte des Herstellers jedenfalls im **eigenen Namen** und auf **eigene Rechnung.** Zusätzlich zum Händlervertrag als Rahmenvertrag schließen die Parteien daher für die Vertragsdurchführung notwendigerweise eine Vielzahl einzelner Kaufverträge über die Vertragsprodukte. Gegenüber einem reinen Rahmenliefervertrag besteht die Besonderheit des Vertragshändlervertrages darin, dass der Händler einer **Vertriebspflicht** unterliegt und darüber hinaus mehr oder weniger stark in die Vertriebsorganisation des Herstellers **eingegliedert** ist. Das Ausmaß der vertraglichen Eingliederung in die Vertriebsorganisation entscheidet in einigen Rechtsordnungen dabei maßgeblich darüber, inwieweit **zwingende Vorschriften** zum Schutz des Händlers (insbesondere durch analoge Heranziehung von Vorschriften aus dem Handelsvertreterrecht) zur Anwendung kommen. Dieser Gesichtspunkt muss bei der Ausgestaltung der einzelnen Vertragspflichten des Händlers daher immer mitbedacht werden.

2. Rechtlicher Rahmen

a) Anwendbares Recht

26 Für den Händlervertrag kann nach den meisten Kollisionsrechtsordnungen das anwendbare Vertragsstatut **frei gewählt** werden. Dabei muss zwischen dem auf den Händlervertrag anwendbaren Recht einerseits und dem für die einzelnen Kaufverträge auf der anderen Seite maßgeblichen Vertragsstatut unterschieden werden, da letzteres gesondert angeknüpft wird.[39] Selbstverständlich bleibt es den Parteien aber unbenommen, sowohl den Händlervertrag als auch die einzelnen Lieferverträge einem **einheitlichen Vertragsstatut** zu unterstellen. Auch kann eine Rechtswahlklausel im Händlervertrag zumindest ein Indiz für eine stillschweigende Rechtswahl hinsichtlich der einzelnen Kaufverträge darstellen.[40]

27 Fehlt es an einer Rechtswahl, unterliegt der Händlervertrag zumindest nach Europäischem Kollisionsrecht dem Recht des Staates, in dem der Händler seinen gewöhnlichen Aufenthalt hat, Art. 4 Abs. 1 lit. f) Rom I-VO.[41] Die einzelnen Lieferverträge unterfallen dagegen vorrangig dem UN-Kaufrecht (CISG), wenn dessen Anwendungsvoraussetzungen erfüllt sind.[42] Ist das nicht der Fall, gilt das Recht am **Sitz des Lieferanten,** Art. 4 Abs. 1 lit. a) Rom I-VO, das im Übrigen auch bei Anwendbarkeit des CISG für die vom CISG nicht geregelten Rechtsfragen herangezogen werden muss.[43] Eine akzessorische Anknüpfung an das Vertragsstatut des Händlervertrages auf Grundlage der Ausweichklausel in Art. 4 Abs. 3 Rom I-VO wird von der hM wegen der anderen Risiko- und Interessenlage dabei abgelehnt.[44]

28 Schon wegen der verbleibenden Rechtsunsicherheiten empfiehlt sich, in der **Rechtswahlklausel** des Händlervertrages **ausdrücklich zu regeln,** ob sie sich auch auf unter dem Händlervertrag geschlossene Kaufverträge erstrecken soll oder nicht. Im Einzelfall kann auch ein Interesse daran bestehen, die einzelnen Kaufverträge einer anderen Rechts-

---

[39] Magnus IHR 2018, 49 (55); v Bar/Mankowski IPR II § 1 Rn. 277.

[40] MüKoBGB/Martiny Art. 4 Rom I-VO Rn. 156; Staudinger/Magnus BGB Art. 4 Rom I-VO Rn. 76. Eine – bei Vorliegen der Anwendungsvoraussetzungen – vorrangige Anwendbarkeit des UN-Kaufrechts (CISG) kann dies aber nur dann verhindern, wenn in diesem Fall ein impliziter Ausschluss gem. Art. 6 CISG vorliegt.

[41] Ebenso auch das Schweizer IPR, das den Vertrieb durch den Händler und nicht die Lieferung durch den Hersteller als vertragstypische Leistung ansieht, BGE 124 III 188 (191).

[42] BeckOGK/Köhler, 1.6.2022, Art. 4 Rom I VO Rn. 121.

[43] Zu einem vergleichbaren Ergebnis kommen neben dem Europäischen Kollisionsrecht auch eine Vielzahl anderer Kollisionsrechtsordnungen, dazu → § 18 Rn. 6.

[44] MüKoBGB/Martiny Art. 4 Rom I-VO Rn. 309 mwN.

ordnung zu unterwerfen. Um mögliche Widersprüche zwischen den Regelungen im Händlervertrag und einzelnen Lieferverträgen auszuschließen, kann es (wie in der zweiten Alternative der folgenden Musterklausel) auch hilfreich sein, für das auf die einzelnen Lieferverträge anwendbare Recht auf gesonderte Allgemeine Lieferbedingungen zu verweisen, die durch den Händlervertrag rahmenvertraglich als Bedingungswerk für die Lieferverträge einbezogen werden.

Klauselbeispiel für eine Rechtswahlklausel mit Erstreckung auf die einzelnen Kaufverträge

[•] Choice of law

This Dealership Agreement and any sales contracts concluded between the Parties hereunder are governed by Swiss law. As regards the individual sales contracts, the UN Convention on Contracts for the International Sale of Goods (CISG)] shall be included [excluded].

Klauselbeispiel für eine Rechtswahlklausel unter ausdrücklicher Ausklammerung der einzelnen Kaufverträge

[•] Choice of law

This Dealership Agreement is governed by the laws of [•]. The individual sales contracts concluded by the Parties under this Dealership Agreement are governed by the laws stipulated in the International Sales Terms attached hereto as Annex [•].

b) Eingriffsnormen

aa) International zwingende Bestimmungen des Händlervertragsrechts. Eingriffsnormen außerhalb des Kartellrechts, die das Vertragsstatut überspielen können, sind im Händlervertragsrecht weniger verbreitet als im Handelsvertreterrecht. Insbesondere können dem EU-Recht (anders als auf Grundlage der Handelsvertreterrichtlinie für den Ausgleichsanspruch des Handelsvertreters) keine international zwingenden Regelungen (=Eingriffsnormen) entnommen werden.[45] 29

Innerhalb der europäischen Rechtsordnungen bildet das **belgische Vertriebsgesetz** von 1961,[46] das 2014 in das allgemeine belgische Handelsgesetzbuch (Code de droit économique)[47] überführt wurde, damit eine Ausnahme, da es Händlern mit Alleinvertriebsrechten ungeachtet einer anderslautenden Rechtswahl einen international zwingenden Ausgleichsanspruch zubilligt und zugleich den belgischen Gerichten die **ausschließliche Zuständigkeit** für korrespondierende Rechtsstreitigkeiten nach Vertragsbeendigung zuweist.[48] Sofern die Parteien eine Rechtswahl treffen, die keinen Ausgleichsanspruch für Händler vorsieht und zugleich die ausschließliche Zuständigkeit eines Gerichts in einem anderen EU-Mitgliedsstaat (außerhalb Belgiens) vereinbart wird, kann die Geltendmachung des Anspruchs auf Grundlage des vorrangigen Art. 25 EuGVVO und der in Art. 9 Abs. 3 Rom I-VO vorgesehenen Einschränkungen für die Berücksichtigung ausländischer Eingriffsnormen[49] mit guten Erfolgsaussichten auch bei einem Vertriebsgebiet in Belgien 30

---

[45] Fabig IHR 2019, 1 (8) möchte aus einer „richtlinienorientierten" Auslegung aber auch der analogen Anwendung von § 89b HGB auf Vertragshändler den Charakter einer Eingriffsnorm zubilligen. Überzeugen kann diese Auffassung letztlich schon deswegen nicht, weil sich ein entsprechender Wille des (nationalen) Gesetzgebers aufgrund der generellen Regelungslücke im Rahmen der Anwendung von § 89b HGB auf andere Vertriebsmittler gerade nicht identifizieren lässt; zum Ganzen auch unten → Fn. 182.

[46] Art. 4 des Gesetzes vom 27.7.1961 betreffend die einseitige Beendigung von exklusiven Vertragshändlerverträgen, abgeändert durch das Gesetz vom 13.4.1971; dazu Minjauw Int'l. Bus. L.J. 2007, 3 (4).

[47] http://economie.fgov.be/fr/modules/publications/general/code_de_droit_economique.jsp.

[48] Art. X.37 und Art. X.39 Code de droit économique. Den international-zwingenden Charakter dieser Vorschriften halten Kocks/Diris ZVertriebsR 2021, 368 mangels Übernahme einer im Vertriebsgesetz von 1961 noch enthaltenen ausdrücklichen Klarstellung allerdings für ungeklärt.

[49] Zu dieser Fallkonstellation auch → § 3 Rn. 156.

verhindert werden. Anders als im Fall von Schiedsvereinbarungen[50] ist der Vorrang der EuGVVO absolut und kann daher auch dann zur Unzuständigkeit nationaler Gerichte führen, wenn dadurch inländische Eingriffsnormen unangewendet bleiben.[51]

31 Auch in außereuropäischen Rechtsordnungen existieren zum Teil international zwingende Rechtssätze zugunsten von Händlern. Das gilt insbesondere mit Blick auf solche Jurisdiktionen, die Handelsvertreterrecht vollumfänglich auch auf Händler anwenden, weil eine Differenzierung zwischen beiden Arten von Absatzmittlern gar nicht praktiziert wird.[52]

32 **bb) Kartellrecht.** Für Händlerverträge ist das EU-Kartellrecht insbesondere bei Vertriebsgebieten innerhalb der EU von maßgeblicher Bedeutung. Anders als bei Handelsvertretern gewährt das EU-Kartellrecht Händlerverträgen keine Privilegierung.[53] Vertragliche Beschränkungen in Form von Alleinvertriebsrechten, unmittelbaren oder mittelbaren Wettbewerbsverboten, Preisvorgaben oder Bestimmungen über Kunden- und Gebietsschutz müssen daher die Vorgaben der nach dem **Auswirkungsprinzip** jeweils einschlägigen Kartellrechtsordnung[54] über vertikale Wettbewerbsbeschränkungen beachten, da andernfalls die zivilrechtliche Unwirksamkeit zumindest der jeweiligen Vertragsbestimmungen und die Verhängung von Bußgeldern durch die Kartellbehörden drohen. Wirken sich Wettbewerbsbeschränkungen auf dem Gebiet der EU aus, kommt der am 1.6.2022 in Kraft getretenen **Freistellungsverordnung (EU) Nr. 2022/720** (Vertikal-GVO)[55] in der Praxis eine maßgebliche Rolle zu. Sind Vertragsklauseln nach der Vertikal-GVO freigestellt, muss die in der Praxis häufig schwierige Frage, ob überhaupt eine spürbare Wettbewerbsbeschränkung im Sinne von Art. 101 Abs. 1 AEUV vorliegt bzw. eine Freistellung auf Basis von Art. 101 Abs. 3 AEUV darstellbar ist, nicht mehr beantwortet werden. Vieles spricht daher dafür, die Vorgaben der Vertikal-GVO bei der Vertragsgestaltung vollumfänglich umzusetzen.

33 Eine Freistellung nach der Vertikal-GVO setzt die Einhaltung einer **doppelten Marktanteilsschwelle** voraus: Gem. Art. 3 Vertikal-GVO darf weder der Anteil des Lieferanten auf dem relevanten Absatzmarkt, auf dem er die Vertragswaren oder -dienstleistungen anbietet, mehr als 30% betragen, noch der Händler diese Schwelle auf dem Bezugsmarkt für die Vertragswaren bzw. ihre Substitute überschreiten.[56] Ist das der Fall, sind **sämtliche Vertriebsbeschränkungen** vom Kartellverbot freigestellt, wenn sie nicht von der Vertikal-GVO als sog. schwarze (Art. 4 Vertikal-GVO) oder graue (Art. 5 Vertikal-GVO) Klauseln ausdrücklich von der Freistellung ausgenommen werden. Das gilt ausdrücklich auch für den Fall des **Dualvertriebs:** Zwar sind Lieferant und Händler in diesem Fall zumindest auf der Handelsstufe Wettbewerber. Die Vertikal-GVO macht aber von dem Grundsatz, dass sie auf Vertikalbeschränkungen zwischen Wettbewerbern nicht anwendbar ist, gem. Art. 2 Abs. 4 lit. a) Vertikal-GVO eine Ausnahme, sofern der Händler keine mit den Vertragswaren im Wettbewerb stehende Ware herstellt.[57] Wenn der Vertriebsvertrag auch

[50] Mit Blick auf Belgien aber Kocks/Diris ZVertriebsR 2021, 368 (370), die auf ein aktuelles Urteil des Berufungsgerichts Antwerpen verweisen, das Streitigkeiten über Ansprüche aus der Beendigung von internationalen Alleinvertriebsverträgen auch bei einem Vertriebsgebiet in Belgien grundsätzlich als schiedsfähig angesehen hat.

[51] Zur Sperrwirkung der EuGVVO gegenüber der Begründung der ausschließlichen Zuständigkeit belgischer Gerichte nach Maßgabe des belgischen Vertriebsgesetzes EuGH EuZW 2014, 181 (182) – „Corman Collins".

[52] So etwa im Recht der Vereinigten Arabischen Emirate; zu den hier (auch für Händler) einschlägigen international zwingenden Regelungen etwa Christou International Agency Rn. 21–32ff.

[53] Emmerich/Lange Kartellrecht § 4 Rn. 77.

[54] Zum Auswirkungsprinzip → § 5 Rn. 4f.

[55] ABl. EU v. 11.5.2022 L 134/4. Für einen Übergangszeitraum bis zum 31.5.2023 können Vereinbarungen noch freigestellt sein, wenn sie (nur) die Voraussetzungen der alten Verordnung (EU) Nr. 330/2010 erfüllen, Art. 10 Vertikal-GVO.

[56] → § 5 Rn. 27ff. zu den Einzelheiten der Marktabgrenzung sowie der Berechnung von Marktanteilen.

[57] Diese Ausnahme greift allerdings nicht mit Blick auf den Informationsaustausch zwischen den Vertragsparteien des Vertriebsvertrages, wenn und soweit dieser weder die Umsetzung der Vertriebsvereinbarung betrifft, noch zur Verbesserung der Produktion oder des Vertriebs der Vertragswaren oder -dienstleistungen erforderlich ist, Art. 2 Abs. 5 Vertikal-GVO; zum Ganzen auch Vertikal-LL Rn. 96ff.

nur eine einzige **schwarze Klausel** enthält, geht die Freistellungswirkung der Vertikal-GVO für den gesamten Vertrag und damit auch für alle anderen wettbewerbsbeschränkenden Klauseln verloren.[58]

Bei Vertragsgebieten außerhalb der EU/EWR kommen Auswirkungen auf die EU wohl nur in Ausnahmefällen in Betracht.[59] Dafür müssen aber Vertriebsbeschränkungen des im Vertriebsgebiet geltenden Kartellrechts beachtet werden. Dabei ist zu beobachten, dass in vielen Jurisdiktionen außerhalb der EU großzügigere Maßstäbe als im EU-Kartellrecht gelten. Deutlich größeren Spielraum eröffnet etwa das **US-amerikanische Kartellrecht,** das mittlerweile bei sämtlichen vertikalen Vertriebsbeschränkungen unter Einschluss der Preisbindung der zweiten Hand (resale price maintenance) eine mögliche Unzulässigkeit von einer Einzelfallanalyse (rule of reason) abhängig macht, was zumindest beim Fehlen signifikanter Marktanteile de facto wohl zu einer weitgehenden Freistellung von Vertikalbeschränkungen führt.[60] 34

c) Rechtsvereinheitlichung

Für das Händlervertragsrecht existieren bislang weder Bestimmungen im EU-Recht, noch einschlägige internationale Staatsverträge. Allerdings werden Umsetzungsbestimmungen der Handelsvertreterrichtlinie, namentlich der Ausgleichsanspruch, in einzelnen Mitgliedsstaaten **analog auf Händlerverträge** angewandt. In diesem Fall stellt sich dann die Folgefrage, ob eine richtlinienkonforme Auslegung auch bei den analog angewendeten Bestimmungen des Handelsvertreterrechts geboten ist.[61] 35

3. Typische Probleme in der Praxis

Ähnlich wie bei Handelsvertreterverträgen ergeben sich auch bei Händlerverträgen die größten Streitpotentiale nach einer **Kündigung** des Vertragsverhältnisses. Hier stellt sich häufig die Frage, ob der Händler neben etwaigen Ausgleichsansprüchen und/oder Schadensersatzansprüchen im Fall einer ungerechtfertigten Kündigung auch Ersatz für getätigte Investitionen oder die Rücknahme bereits gekaufter Vertragsware und Ersatzteile durch den Hersteller verlangen kann. Rechtsstreitigkeiten können sich darüber hinaus mit Blick auf die unter dem Vertriebsvertrag (als Rahmenvertrag) abgeschlossenen **Lieferverträge** ergeben: Das wiederum betrifft vor allem Ansprüche des Händlers im Fall einer verspäteten oder mangelhaften Lieferung der Vertragsware. 36

III. Makler- und Vermittlungsverträge

1. Anwendungsbereich

Wie der Handelsvertreter handelt der Makler im fremden Namen und auf fremde Rechnung, ist dabei allerdings **nicht** mit der **ständigen Vermittlung** von Verträgen betraut.[62] Typischerweise trifft den Makler daher auch weder eine Vertriebspflicht, noch unterliegt er einem Wettbewerbsverbot. Im Gegenzug steht ihm nach einer Vertragsbeendigung allerdings auch kein Ausgleichsanspruch zu. 37

---

[58] Vertikal-LL Rn. 177; Immenga/Mestmäcker/Ellger Bd. 1 EU/Teil 1 Art. 4 Vertikal-GVO Rn. 121.

[59] Bei Händlern mit Vertriebsgebieten außerhalb der EU kommt eine Anwendbarkeit von Art. 101 AEUV etwa bei Importverboten (Verbot des Re-Importes in die EU) im Fall spürbarer Rückwirkungen auf die EU in Betracht, EuGH GRUR Int 1998, 598 – „Javico".

[60] Für einen instruktiven Vergleich zwischen EU- und US-Kartellrecht mit Blick auf vertikale Beschränkungen insbesondere in Vertriebsverträgen Böni WuW 2012, 699 ff. Für einen Vergleich zwischen EU- und US-Kartellrecht mit Blick auf Wettbewerbsbeschränkungen in Franchiseverträgen, der auf Händlerverträge allerdings weitgehend übertragbar sein dürfte, McElroy/Haleen Franchise L.J. 2009, 23 ff.

[61] Dazu für das deutsche Recht etwa Thume BB 2011, 1800 ff.

[62] Zum deutschen Recht OLG Düsseldorf BB 2012, 202.

2. Anwendbares Recht

38 Sofern die Parteien keine abweichende Rechtswahl vereinbart haben, ist auf den Maklervertrag regelmäßig das Recht am **Aufenthaltsort des Maklers** anzuwenden. Im Europäischen Kollisionsrecht ergibt sich das wiederum aus Art. 4 Abs. 1 lit. b) Rom I-VO; in vielen anderen Kollisionsrechtsordnungen folgt es aus dem verbreiteten kollisionsrechtlichen Grundsatz, das bei Fehlen einer Rechtswahl an das Recht des Staates angeknüpft werden muss, in dem die Vertragspartei, die die vertragstypische Leistung erbringt, ihren Sitz hat.[63]

39 **Eingriffsnormen** spielen im Maklerrecht regelmäßig keine zentrale Rolle. Bei einer Tätigkeit eines Handelsmaklers in Deutschland soll allerdings etwa die **bußgeldbewehrte Pflicht** zur Führung eines Tagebuchs (§§ 100, 103 HGB) eine international zwingende Bestimmung darstellen.[64] Nicht auszuschließen ist zudem, dass zwingendes Handelsvertreterrecht in einzelnen Jurisdiktionen auch für Maklerverträge relevant werden kann, wenn das lokale Recht eine dem deutschen und Schweizer Recht bekannte Trennung zwischen Handelsvertretern und Maklern nicht kennt.

3. Typische Probleme in der Praxis

40 Anders als bei Händler- und Handelsvertreterverträgen treten in Ermangelung von Vertriebspflichten, zwingenden gesetzlichen Kündigungsfristen und Ansprüchen auf Ausgleich und Folgeprovisionen regelmäßig keine Probleme im Zusammenhang mit der Vertragsbeendigung auf. Streitigkeiten entzünden sich eher bei der Frage, ob dem Makler aufgrund der geleisteten Vermittlungsdienste im Einzelfall ein Provisionsanspruch zusteht. Sie können im Vorfeld verhindert werden, wenn der Vertrag – was in der Praxis häufig nicht der Fall ist – eine **präzise Vergütungsregelung** enthält.

IV. Franchise-Systeme und Kommissionsverträge

1. Franchiseverträge

41 Unbeschadet der Vielzahl seiner möglichen Erscheinungsformen[65] kann der gesetzlich meist nur rudimentär geregelte Franchisevertrag in den meisten Rechtsordnungen als ein Vertragstypus beschrieben werden, bei dem der Franchisegeber dem Franchisenehmer im Unterschied zu anderen Vertriebsverträgen nicht nur den Vertrieb bestimmter Produkte oder Dienstleistungen überträgt, sondern ihm auch ein umfassendes **Vertriebskonzept** zur Verfügung stellt, das neben spezifischem Know-how meist auch Nutzungsrechte an Immaterialgütern wie Urheber- und Markenrechten sowie verwandten Schutzrechten umfasst.[66] Der Franchisenehmer verpflichtet sich demgegenüber neben der Zahlung einer Franchisegebühr (meist in Form einer Eintrittsgebühr sowie laufender Entgelte) und der Absatzförderung üblicherweise zur Einhaltung zum Teil äußerst detaillierter Vorgaben des Franchisegebers über den Marktauftritt und den Vertrieb.[67]

---

[63] MüKoBGB/Martiny Art. 4 Rom I-VO Rn. 81.

[64] Ebenroth/Boujong/Joost/Strohn/Reiner HGB § 93 Rn. 83.

[65] Unterschieden werden kann etwa zwischen Vertriebs-, Dienstleistungs- und Produktionsfranchising. Eine eigene Kategorie bilden auch sog. Masterfranchisingverträge, die einem Hauptfranchisenehmer das Recht einräumen, seinerseits Franchiseverträge mit Sub-Franchisenehmern abzuschließen, vgl. etwa Art. 1 Abs. 3 lit. c) der mittlerweile aufgehobenen Verordnung (EWG) Nr. 4087/88 der Kommission vom 30.11.1988 über die Anwendung von Artikel 85 Absatz 3 des Vertrags auf Gruppen von Franchisevereinbarungen, ABl. 1988 Nr. L 359/46 (Franchise-GVO). Nach Art der Stellung des Franchisenehmers kann zuletzt zwischen dem sog. Subordinations- und Partnerschafts-Franchising unterschieden werden, dazu Oetker/Busche HGB § 84 Rn. 10.

[66] Siehe beispielweise die Definition von Franchising in Art. 1 Abs. 3 lit. a) und b) Franchise-GVO sowie Art. 2 des Model Franchise Disclosure Law (2002) von Unidroit.

[67] Zu Franchisegebühren detailliert Rohrßen ZVertriebsR 2022, 139 ff.

Viele nationale Rechtsordnungen sowie internationale Initiativen zur Harmonisierung des Franchiserechts normieren zugunsten des Franchisenehmers darüber hinaus ausdrücklich **vorvertragliche** Aufklärungs- und Offenlegungspflichten des Franchisegebers.[68] 42

2. Kommissionsverträge

Kommissionär und Kommissionsagent stehen zwischen Handelsvertreter und Händler: Sie verkaufen die Vertragsgegenstände wie Händler im eigenen Namen, wie Handelsvertreter aber auf fremde Rechnung an Endkunden. Der Kommissionsvertrag ist damit ein Fall der sog. **mittelbaren Stellvertretung.**[69] Neben den im deutschen Recht gesetzlich geregelten Fall des Kommissionärs (§§ 383 ff. HGB) tritt der Kommissionsagent, der wie der Handelsvertreter **ständig** mit der Durchführung von Kommissionsgeschäften betraut ist und damit einer Vertriebspflicht unterliegt.[70] 43

In der Praxis sind Kommissionsverträge zumindest für den **Warenvertrieb** kaum noch von Bedeutung.[71] Sie werden daher im Folgenden auch nicht weiter behandelt. 44

B. Die Rechtswahl in internationalen Vertriebsverträgen

I. Bedeutung der Rechtswahl

Schon wegen der bestehenden Unsicherheiten bei der objektiven Anknüpfung des Vertragsstatuts ist für internationale Vertriebsverträge eine Rechtswahl grundsätzlich sinnvoll. Da die Rechtswahl immer auch sämtliche (einfach) zwingenden Regelungen[72] der gewählten Rechtsordnung mit einschließt, ist das gewählte Vertragsstatut zum einen für die Frage der **Wirksamkeit** einzelner Vertragsbestimmungen von zentraler Bedeutung. Darüber hinaus dient es der Füllung der auch in Vertriebsverträgen häufig verbleibenden Regelungslücken durch dispositives Gesetzesrecht.[73] 45

II. Schieds- und Gerichtsstandsvereinbarungen zur Absicherung der Rechtswahl

Gerichtsstands- bzw. Schiedsvereinbarungen[74] sind für Vertriebsverträge gerade mit Blick auf das anwendbare materielle Recht von Bedeutung: Sie dienen – insbesondere aus Sicht des Prinzipals – unter anderem dazu, eine **Rechtswahl** sowie sonstige Vertragsvereinbarungen gegenüber dem Zugriff zwingenden ausländischen Rechts abzuschirmen. Mit Hilfe von Schiedsvereinbarungen bzw. ausschließlichen Gerichtsstandsvereinbarungen soll daher auch die internationale Zuständigkeit staatlicher Gerichte eines Staates (meist im maßgeblichen Vertriebsgebiet) ausgeschaltet werden, dessen Kollisionsrecht die Rechtswahl gar nicht anerkennt oder aber – trotz grundsätzlicher Akzeptanz – die vorrangige Anwen- 46

[68] Siehe etwa zum deutschen und US-amerikanischen Recht Haibt/Siemens RIW 2000, 597 ff.; zu internationalen Instrumenten insbes. das von Unidroit entwickelte Model Franchise Disclosure Law, abrufbar unter www.unidroit.org.
[69] Hopt/Kumpan HGB § 383 Rn. 1.
[70] Hopt/Kumpan HGB § 383 Rn. 3.
[71] Canaris Handelsrecht § 30 Rn. 10 mit Verweis auf den Kunst-, Antiquitäten- und Gebrauchtwagenhandel, wo Kommissionsgeschäfte genauso wie beim Umsatz von Wertpapieren noch eine wirtschaftlich erhebliche Rolle spielen sollen.
[72] Weitergehend im Fall von Schiedsvereinbarungen (auch) bei deutschem Schiedsort aber Pfeiffer NJW 2012, 1169 (1170).
[73] Zu den verschiedenen Funktionen des Vertragsstatuts → § 3 Rn. 55 ff.; zur Gestaltung von Rechtswahlklauseln → § 13.
[74] Zur Abfassung entsprechender Klauseln → § 14.

dung eigener Eingriffsnormen (wie insbesondere Ausgleichsansprüche des Mittlers bei Vertragsbeendigung) unabhängig von dem ansonsten anwendbaren Vertragsstatut vorsieht.

47 Diese Ziele lassen sich freilich nicht immer erreichen: Mangels völkerrechtlicher Bindungen bleibt es den Staaten generell unbenommen, eine Derogation der internationalen Zuständigkeit ihrer staatlichen Gerichte durch eine Gerichtsstandsvereinbarung auf Grundlage ihres Internationalen Zivilverfahrensrechts nicht anzuerkennen.[75] Schiedsvereinbarungen müssen auf Grundlage des New Yorker Schiedsgerichtsübereinkommens (UNÜ) dagegen zwar grundsätzlich anerkannt werden, wodurch mit einer **Schiedsvereinbarung** auch im Fall von Vertriebsverträgen mit außereuropäischen Vertriebsmittlern tendenziell die Chance steigt, dass die Zuständigkeit staatlicher Gerichte am Heimatort des Vertriebsmittlers wirksam vermieden und die Rechtswahl damit durchgesetzt werden kann.[76] Risiken bleiben aber auch hier bestehen, weil einzelne Staaten auch die **Schiedsfähigkeit** von Streitigkeiten aus Vertriebsverträgen ausgeschlossen haben und den Ausschluss der staatlichen Gerichtsbarkeit durch eine Schiedsvereinbarung daher nicht akzeptieren.[77]

48 Im Übrigen kann auch bei grundsätzlicher Anerkennung der Schiedsfähigkeit eine Schieds- oder Gerichtsstandsvereinbarung daran scheitern, dass sie im Zusammenhang mit der Rechtswahl zu einer Nichtanwendung der im Vertragsgebiet geltenden **Eingriffsnormen** (insbes. Ausgleichsansprüche) führen würde.[78] Dieses Risiko besteht nicht nur in den traditionell protektionistischen arabischen und lateinamerikanischen Jurisdiktionen, sondern mit Blick auf den Ausgleichsanspruch des Handelsvertreters auch **innerhalb der EU:** So hat das OLG München im Jahr 2006 seine internationale Zuständigkeit bejaht und dem gegen einen US-amerikanischen Prinzipal klagenden Handelsvertreter mit Vertragsgebiet in Deutschland einen Ausgleichsanspruch gem. § 89b HGB zugesprochen, obwohl die Parteien vertraglich kalifornisches Recht sowie eine ausschließliche Gerichtsstandsvereinbarung und (!) eine Schiedsvereinbarung zugunsten kalifornischer Gerichte bzw. eines Schiedsgerichts mit Sitz in Kalifornien vereinbart hatten.[79] Diese Rechtsprechung hat das OLG Stuttgart in einem vergleichbaren Sachverhalt bestätigt und einer nach §§ 38, 40 ZPO im Grundsatz zulässigen Derogation deutscher Gerichte zugunsten US-amerikanischer Gerichte die Wirkung versagt, weil diese unzweifelhaft dazu führen würde, dass dem Handelsvertreter sein international zwingender Ausgleichsanspruch entginge.[80] Die englische Rechtsprechung ist zu ähnlichen Ergebnissen gekommen.[81]

49 **Rechtlich wirkungslos** sind Schiedsvereinbarungen und ausschließliche Gerichtsstandsvereinbarungen allerdings auch in diesen Fällen nicht: Immerhin können sie dazu

---

[75] Ein Beispiel ist etwa § 6 des Handelsvertretergesetzes der Vereinigten Arabischen Emirate; abrufbar unter https://www.moec.gov.ae/en/commercial-agency-and-auditors-legislations.

[76] Eine Ausnahme bilden Händlerverträge innerhalb der EU: So kann insbes. die Anwendung der (international) zwingenden Bestimmungen zugunsten des Händlers im belgischen Handelsgesetzbuch durch eine ausschließliche Gerichtsstandsvereinbarung (und der damit verbundenen Derogation belgischer Gerichte) aufgrund von Art. 25 EuGVVO mit größerer Sicherheit verhindert werden als mit einer Schiedsvereinbarung.

[77] Art. II Abs. 1 und V Abs. 2 UNÜ erlaubt den Mitgliedsstaaten insbesondere, sowohl Schiedsvereinbarungen als auch ausländischen Schiedssprüchen die Wirksamkeit bzw. Anerkennung zu versagen, wenn der Streitgegenstand nach dem eigenen nationalen Recht nicht schiedsfähig ist. Zu einzelnen arabischen und lateinamerikanischen Staaten, die eine Schiedsklausel nicht akzeptieren Bälz RIW 2012, 354 (357) sowie Viscasillas Penn. St. J.L. & Int'l Aff. 2015, 213 (220ff.).

[78] Emde RIW 2016, 104 (106).

[79] Das OLG München hat dabei nicht mit der Perplexität der widersprüchlichen Streitbeilegungsklauseln, sondern mit der naheliegenden Gefahr argumentiert, dass (Schieds-)Gerichte in Kalifornien den international zwingenden Ausgleichsanspruch nicht zur Anwendung bringen würden, dazu Rühl ERPL 2007, 891 (894).

[80] OLG Stuttgart IHR 2012, 163 (164f.); bestätigt durch BGH ZVertriebsR 2013, 89. Eine Erörterung der dogmatischen Grundlagen für entsprechende Auswirkungen international zwingender materiell-rechtlicher Normen auf Gerichtsstandsvereinbarungen hält das OLG dabei nicht für notwendig; zu diesem Punkt Rühl IPrax 2007, 294.

[81] Zuletzt etwa *Fern Computer Consultancy Ltd v Intergraph Cadworx & Analysis Solutions Inc* [2014] EWHC 2908 (Ch) Rn. 128.

führen, dass die Anerkennung und Vollstreckung eines Urteils im Heimatland des Prinzipals an der **Anerkennungszuständigkeit** scheitern kann: So sind in Deutschland Urteile aus Zivil- und Handelssachen aus Nicht-EU/EWR Staaten gem. § 328 Abs. 1 Nr. 1 ZPO nicht anerkennungsfähig, wenn die Gerichte des Erlassstaates bei hypothetischer Anwendung der ZPO (Spiegelbildprinzip)[82] international nicht zuständig gewesen wären. Dies ist aber gem. §§ 38, 40 ZPO bzw. § 1032 Abs. 1 ZPO auch dann der Fall, wenn die internationale Zuständigkeit des Gerichts des Erlassstaates durch eine aus Sicht des deutschen Prozessrechts wirksame Gerichtsstands- bzw. Schiedsvereinbarung ausgeschlossen wurde.

III. Vor- und Nachteile einzelner Rechtsordnungen bei Vertriebsverträgen

Auch bei Vertriebsverträgen haben die Parteien mit Blick auf das anwendbare Vertragssta- 50
tut die **Qual der Wahl,** da die meisten (Sonder-)Kollisionsrechtsordnungen **keinen sachlichen Bezug** zwischen dem gewählten Recht und dem Vertragsverhältnis voraussetzen.[83] Wenn sich die Parteien auf eine Schiedsvereinbarung verständigt haben, kommt anders als im Fall einer Zuständigkeit staatlicher Gerichte zusätzlich **auch die kollisionsrechtliche Wahl** der so genannten lex mercatoria oder einer sog. soft law Kodifikation wie die Unidroit Principles of International Commercial Contracts 2010 (PICC) in Betracht. Von einer solchen Rechtswahl ist aber regelmäßig abzuraten: Nicht nur fehlen belastbare Erfahrungen mit der Auslegung dieser Bestimmungen durch die Rechtsprechung. Die genannten Regelungswerke enthalten häufig auch keine gesonderten Regelungen für Vertriebsverträge,[84] was die Füllung von Vertragslücken deutlich erschwert. Die folgende Darstellung beschränkt sich daher auf eine Überblicksdarstellung der maßgeblichen Vorschriften im deutschen, Schweizer und englischen Recht.[85]

1. Deutsches Recht

a) Handelsvertreterrecht

aa) Begriff des Handelsvertreters. Die in § 84 Abs. 1 HGB statuierte Legaldefinition 51
des Handelsvertreters besteht aus zwei wesentlichen Komponenten: Erstes Merkmal ist die **ständige Betrauung** mit der Vermittlung oder dem Abschluss von Geschäften für einen anderen Unternehmer, womit der Handelsvertreter in erster Linie vom Handelsmakler abgegrenzt wird. Unter Betrauung versteht die Rechtsprechung die Beauftragung im Sinn eines Dienstvertrages mit Geschäftsbesorgungscharakter, aus dem sich für den Vertreter (anders als für den Makler) eine **Pflicht zum Tätigwerden** ergibt.[86] Ständig ist die Betrauung dann, wenn sie auf eine unbestimmte Vielzahl von Abschlüssen gerichtet ist.[87]

Zweites konstitutives Merkmal des Handelsvertreters ist seine **Selbstständigkeit:** In 52
Abgrenzung vom Arbeitnehmer kann der Handelsvertreter im Wesentlichen frei seine Tätigkeit gestalten und seine Arbeitszeit bestimmen, § 84 Abs. 1 S. 2 HGB. Dem steht freilich nicht entgegen, dass der Handelsvertreter einem Weisungsrecht des Prinzipals unterliegt und auch wirtschaftlich erheblich von diesem abhängig sein kann. Allerdings muss nach dem Gesamtbild der vertraglichen Gestaltung und der tatsächlichen Handhabung ein

[82] OLG Düsseldorf IPRax 2009, 517.
[83] Dazu → § 3 Rn. 42.
[84] Anders aber etwa der Draft Common Frame of Reference (DCFR), der einen eigenen Abschnitt über Handelsvertreter-, Franchise- und Händlerverträge enthält (Buch IV, Teil E), der zumindest aus Sicht des Prinzipals/Herstellers aber als gegenüber nationalem Recht tendenziell nachteilig angesehen werden muss.
[85] Zur besonderen Bedeutung des Schweizer und englischen Rechts für internationale Wirtschaftsverträge → § 1 Rn. 15.
[86] OLG Düsseldorf BB 2012, 202; zur Herleitung der Vertriebspflicht aus dem Tatbestandsmerkmal der Betrauung in der Handelsvertreterrichtlinie auch Martinek/Semler/Flohr/Semler Handbuch Vertriebsrecht § 24 Rn. 13.
[87] Hopt/Hopt HGB § 84 Rn. 42; Oetker/Busche HGB § 84 Rn. 40.

Kerngehalt rechtlicher Selbstständigkeit verbleiben.[88] Damit vertragen sich beispielsweise keine Vorgaben zum Tätigkeitsort (Innendienst) und der täglichen Arbeitszeit.[89]

53 Die §§ 84ff. HGB gelten anders als im Handelsvertreterrecht vieler ausländischer Rechtsordnungen (und der Handelsvertreterrichtlinie) im Übrigen nicht nur für Warenvertreter, sondern auch für die Vermittlung von Dienstleistungsverträgen.

54 **bb) Pflichten der Parteien.** Gem. § 86 Abs. 4 und § 86a Abs. 3 HGB können die in § 86 Abs. 1 und 2 HGB sowie § 86a Abs. 1 und 2 HGB geregelten Kernpflichten der Parteien grundsätzlich **nicht abbedungen** werden.[90] Für den Handelsvertreter gehören dazu neben der **Bemühens- und Interessenwahrnehmungspflicht** (aus der auch ein Wettbewerbsverbot[91] sowie die Verpflichtung zur Geheimhaltung der Geschäfts- und Betriebsgeheimnisse des Prinzipals[92] abgeleitet wird) Berichtspflichten, die insbesondere Mitteilungen über jede Geschäftsvermittlung bzw. (im Fall von Abschlussvertretern) alle Geschäftsabschlüsse umfassen.

55 Der Prinzipal ist gemäß § 86a Abs. 1 HGB verpflichtet, dem Handelsvertreter die für die Ausübung seiner Tätigkeit erforderlichen Unterlagen – und zwar **kostenfrei** – zur Verfügung zu stellen. Der Begriff der Unterlagen ist weit zu verstehen; die im Gesetz genannten Dokumente und Informationen sind nicht abschließend. Erforderlich sind Unterlagen nach höchstrichterlicher Rechtsprechung aber nur dann, wenn der Handelsvertreter sie spezifisch aus der Sphäre des Prinzipals benötigt, um seine Tätigkeit **überhaupt ausüben** zu können.[93] Weiterhin muss der Prinzipal gemäß § 86a Abs. 2 HGB dem Handelsvertreter die erforderlichen Informationen mitteilen. Dazu gehört insbesondere die Kenntnisgabe über Annahme oder Ablehnung bzw. Nichtausführung eines vermittelten Geschäfts in angemessener Frist.

56 **cc) Vergütung.** Gesetzlicher Ausgangspunkt ist eine **erfolgsabhängige Vergütung** des Handelsvertreters durch Zahlung einer Provision. Soweit die Parteien – wie in der Praxis allerdings selten – die Höhe der Provision nicht vertraglich regeln, ist gem. § 87b Abs. 1 HGB der übliche Satz als vereinbart anzusehen. Berechnungsgrundlage ist dabei gem. § 87b Abs. 2 HGB das Bruttoentgelt, das der Dritte nach dem vom Handelsvertreter vermittelten Vertrag dem Unternehmer zu leisten hat.[94] Im Fall der Vermittlung von Gebrauchsüberlassungs- und Nutzungsverträgen[95] mit unbestimmter Laufzeit erhält der Handelsvertreter zunächst eine Provision auf sämtliche Entgelte, die bis zu dem Zeitpunkt anfallen, zu dem der Dritte den Vertrag erstmals kündigen kann (Erstprovision); wird das Vertragsverhältnis über diesen Zeitpunkt hinaus fortgesetzt, erhält der Handelsvertreter weitere Provisionen auf die bis zum jeweils nächsten Kündigungszeitpunkt zu zahlenden Entgelte, § 87b Abs. 3 S. 2 HGB. Die gesetzliche Regelvergütung in Form einer erfolgs-

[88] Hopt/Hopt HGB § 84 Rn. 38.
[89] MüKoHGB/Ströbl § 84 Rn. 38.
[90] Zur Ausnahme nach § 92c HGB unten → Rn. 62.
[91] Dazu unten → Rn. 128.
[92] § 90 HGB statuiert darüber hinaus auch eine nachvertragliche Pflicht zur Geheimhaltung sowie ein Verwertungsverbot mit Blick auf die für den Unternehmer geworbenen Kunden. Das Verwertungsverbot wird allerdings dadurch entwertet, dass es sich nur auf verschriftlichte Kundenlisten bezieht und die Verwertung von Geschäftskontakten unberührt lässt, die der Handelsvertreter im Gedächtnis behalten hat, Thume IHR 2006, 191 (194); BGH NJW 2009, 1420 (1421).
[93] BGH BB 2011, 1345: Nicht dazu gehören danach etwa Werbeartikel oder Büroausstattung – auch wenn letztere mit dem Logo des Prinzipals versehen ist. Dagegen kann ein Softwareprogramm im Einzelfall erforderlich sein; zum Ganzen auch Kehr/Willich ZVertriebsR 2022, 159 (163): „*(…) produktspezifische Betriebsmittel (…), die aus der Sphäre des Unternehmers alleine vom Unternehmer bereit gestellt werden können.*"
[94] MüKoHGB/Ströbl § 87b Rn. 18.
[95] Darunter fallen jedenfalls sämtliche Schuldverhältnisse, bei denen ein nach festen Zeitabschnitten voraus bezahltes Entgelt geschuldet wird (Miet- und Pachtverträge, Lizenzverträge); streitig ist dagegen, ob auch Dauerverträge mit variablem, ergebnisbezogenem Entgelt (etwa Telekommunikationsverträge) in den Anwendungsbereich der Vorschrift fallen, ablehnend mit mwN auch zur Gegenauffassung MüKoHGB/Ströbl § 87b Rn. 33.

abhängigen Provision schließt freilich nicht aus, dass sich die Parteien (formular-)vertraglich auf eine abweichende Vergütungsform – beispielsweise die Zahlung eines monatlichen Festbetrages (Fixum) einigen.[96]

Gem. § 87 Abs. 1 HGB setzt der Anspruch auf Provision entweder voraus, dass die Tätigkeit des Handelsvertreters zumindest **mitursächlich** für einen erfolgreichen Geschäftsabschluss war oder Geschäftsabschlüsse (Nachbestellungen) mit Kunden zustande kommen, die der Handelsvertreter für Geschäfte der gleichen Art geworben hat (sog. Folgeprovisionen).[97] Ist dem Handelsvertreter ein Bezirk oder Kundenkreis im Sinne von § 87 Abs. 2 HGB zugewiesen, entstehen Provisionsansprüche bei sämtlichen Geschäftsabschlüssen mit Kunden des Vertragsgebiets bzw. Kundenkreises.[98] Deutlich eingeschränkt ist der Provisionsanspruch gem. § 87 Abs. 3 HGB schließlich im Fall von Kundenverträgen, die erst nach Beendigung des Handelsvertretervertrages[99] abgeschlossen werden (nachvertragliche Provisionen): Eine Provision erhält der Vertreter hier nur, wenn entweder der Geschäftsabschluss innerhalb einer angemessenen Frist nach Vertragsbeendigung zustande kommt und vom Vertreter vermittelt[100] oder so eingeleitet und vorbereitet ist, dass der Abschluss **überwiegend** auf die Tätigkeit des Vertreters zurückzuführen ist (Nr. 1) oder das Angebot des Kunden zum Geschäftsabschluss **vor Vertragsbeendigung** zugegangen ist (Nr. 2). Da § 87 Abs. 3 Nr. 2 HGB auf § 87 Abs. 1 S. 1 und Abs. 2 HGB verweist, kommt anders als in der ersten Variante[101] auch eine nachvertragliche Provision in der Gestalt einer Folgeprovision bzw. Bezirksvertreterprovision in Betracht. 57

Allerdings steht der Provisionsanspruch (genauer: die Provisionsanwartschaft) nach der komplizierten gesetzlichen Systematik in diesem Moment noch unter der **aufschiebenden Bedingung** der Geschäftsausführung durch den Prinzipal (§ 87a Abs. 1 HGB) sowie der **auflösenden Bedingung** der Nichtleistung durch den Kunden, § 87a Abs. 2 HGB.[102] Leistet der Kunde, erstarkt die Provisionsanwartschaft unabhängig von der Geschäftsausführung durch den Prinzipal zum unbedingten Vollrecht, § 87a Abs. 1 S. 3 HGB.[103] Ein selbstständiger Provisionsanspruch entsteht vorrangig vor den Bestimmungen in § 87a Abs. 1 und 2 HGB[104] zwingend auch dann, wenn feststeht, dass der Prinzipal das Geschäft ganz oder teilweise nicht oder nicht so ausführt, wie es abgeschlossen worden ist; es sei denn, Nicht- oder Andersausführung sind vom Prinzipal nicht zu vertreten.[105] Zu vertreten hat der Prinzipal dabei über ein Verschulden im Sinne von § 276 BGB hinaus all das, was seiner eigenen Risikosphäre zugeordnet werden muss.[106] Anders als § 87 HGB ist § 87a HGB weitestgehend als zwingende Vorschrift ausgestaltet, vgl. § 87a Abs. 5 HGB.[107] 58

[96] Thume BB 2012, 975 (977) mwN. Für die Zulässigkeit einer abweichenden Bestimmung in AGB (auch vor dem Hintergrund der Kontrollfreiheit reiner Preisabreden, § 307 Abs. 3 BGB) auch Staub/Emde HGB § 87 Rn. 14.

[97] Die Gleichartigkeit des Geschäfts ist nach Verkehrsanschauung zu bestimmen, wobei ein großzügiger Maßstab anzulegen ist, Oetker/Busche HGB § 87 Rn. 20.

[98] Zum Bezirks- und Exklusivvertreter unten → Rn. 118 ff.

[99] Die in § 87 Abs. 3 HGB angesprochenen nachvertraglichen Provisionen sind von den sog. *Überhangprovisionen* zu unterscheiden: Letztere bezeichnen Provisionen für Geschäftsabschlüsse, die noch während der Vertragslaufzeit getätigt, aber erst nach Vertragsbeendigung von den Vertragsparteien ausgeführt werden.

[100] Die Variante der Vermittlung meint in diesem Zusammenhang das abschlussreife Aushandeln des Kundenvertrags in allen Einzelheiten durch den Handelsvertreter, Ebenroth/Boujong/Joost/Strohn/Löwisch HGB § 87 Rn. 45; Oetker/Busche HGB § 87 Rn. 29.

[101] Hopt/Hopt HGB § 87 Rn. 42.

[102] § 87a Abs. 2 HGB ist nur anwendbar, wenn der Prinzipal seinerseits geleistet hat; ansonsten gilt § 87a Abs. 3 HGB; so zutreffend MüKoHGB/Ströbl § 87a Rn. 27 f. Zum Vorrang des § 87a Abs. 3 vor Abs. 2 HGB auch BGH WM 2008, 923.

[103] Ebenroth/Boujong/Joost/Strohn/Löwisch HGB § 87a Rn. 3.

[104] Hopt/Hopt HGB § 87a Rn. 18; BGH WM 2008, 923.

[105] Streitig ist dabei, ob die Rückausnahme des § 87a HGB Abs. 3 S. 2 HGB über den Wortlaut hinaus auch auf die Andersausführung anzuwenden ist; in diese Richtung (entsprechende Anwendung) etwa MüKoHGB/Ströbl § 87a Rn. 53; Ebenroth/Boujong/Joost/Strohn/Löwisch HGB § 87a Rn. 22. Andere Auffassung Hopt/Hopt HGB § 87a Rn. 21; Thume BB 2012, 975 (976).

[106] BGH WM 2008, 923 (925).

59 Zur Zahlung **fällig** wird der Provisionsanspruch gem. § 87a Abs. 4 HGB in Verbindung mit § 87c Abs. 1 HGB mit dem Ende des Monats, für den der Prinzipal über den Anspruch abrechnen muss. Abgerechnet werden muss auf Grundlage von § 87c Abs. 1 S. 2 HGB spätestens bis zum Ende des nächsten Monats, wobei § 87c Abs. 1 HGB eine Verlängerung des Abrechnungszeitraums um bis zu drei Monate zulässt. Zur Kontrolle der Abrechnung stehen dem Handelsvertreter Ansprüche auf **Buchauszug** und ggf. Bucheinsicht zur Verfügung, § 87c Abs. 2 und 4 HGB.[108]

60 **dd) Vertragsbeendigung.** Als Dauerschuldverhältnis endet der Handelsvertretervertrag bei Befristung durch Zeitablauf, ansonsten durch **ordentliche** oder **außerordentliche** Kündigung. Unberührt bleibt die Möglichkeit, den Vertrag jederzeit durch einvernehmliche Aufhebungsvereinbarung zu beenden.[109] Für die ordentliche Kündigung sieht § 89 Abs. 1 HGB mit der Vertragsdauer ansteigende Kündigungsfristen vor, die auch individualvertraglich nicht abgekürzt oder einseitig zugunsten des Prinzipals verlängert werden können, § 89 Abs. 2 HGB. Zwingend ist auch das außerordentliche Kündigungsrecht beider Parteien aus wichtigem Grund, § 89a Abs. 1 S. 2 HGB.

61 Rechtsfolge einer Vertragsbeendigung ist unter anderem die Entstehung eines Ausgleichsanspruchs gem. § 89b HGB, wenn die in § 89b Abs. 3 HGB normierten Ausnahmetatbestände nicht einschlägig sind, der Unternehmer aus der Geschäftsbeziehung mit neuen Kunden, die der Handelsvertreter geworben hat, auch nach Beendigung des Vertragsverhältnisses erhebliche Vorteile hat und der Anspruch der Billigkeit entspricht. Provisionsverluste des Handelsvertreters sind demgegenüber nach der durch die Handelsvertreterrichtlinie gebotenen Neufassung des § 89b HGB[110] keine Tatbestandsvoraussetzung für den Anspruch (mehr); dieser Gesichtspunkt kann aber bei der Frage der Billigkeit herangezogen werden.[111] Maximal beläuft sich der Ausgleichsanspruch auf eine Jahresdurchschnittsprovision, § 89b Abs. 2 HGB; im Voraus ist er von den Parteien nicht abdingbar, § 89b Abs. 4 HGB. Zulässig sind aber abweichende Vereinbarungen, die insbesondere im Rahmen einer Aufhebungsvereinbarung **nach oder zeitgleich** mit Beendigung des Handelsvertretervertrages getroffen werden.

62 **ee) § 92c HGB und Vertragsgebiete außerhalb der EU/EWR.** Bei Vertragsgebieten **außerhalb der EU/EWR** sind sämtliche Vorschriften des Handelsvertreterrechts gem. § 92c HGB dispositiv. Namentlich können die Parteien damit individualvertraglich auch von den zwingenden bzw. halbzwingenden[112] Vorschriften der §§ 85, 86 Abs. 1 und 2, 86a Abs. 1 und 2, 86b Abs. 1 S. 2, 87a Abs. 1, Abs. 2 1. HS, Abs. 3 und Abs. 4, § 87c, 88a, 89 Abs. 1, 89a Abs. 1, 89b und 90a HGB abweichen. Schwieriger ist die für die Vertragsgestaltung äußerst relevante Frage zu beantworten, ob bzw. in welchem Umfang eine Abbedingung der genannten Vorschriften auch durch **Allgemeine Geschäftsbedingungen** zulässig ist. Das wird zum Teil pauschal bejaht,[113] zumal das OLG München in seiner Leitentscheidung zur Zulässigkeit der Abbedingung des Ausgleichsanspruchs (auch) in AGB bei einem Vertragsgebiet außerhalb der EU/EWR § 92c als maßgeblichen Bestandteil des für die Inhaltskontrolle gem. § 307 BGB einschlägigen **gesetzlichen Leitbildes** bewertet

---

[107] Zu den Auswirkungen für die Vertragsgestaltung unten → Rn. 138 f.

[108] § 87c HGB ist (jedenfalls zu Lasten des Handelsvertreters) nicht abdingbar, § 87c Abs. 5 HGB.

[109] Weitere Beendigungstatbestände sind die Insolvenz des Prinzipals (§§ 115, 116 InsO) oder der Tod des Handelsvertreters. Die Insolvenz des Handelsvertreters führt dagegen gem. § 108 InsO nicht zur automatischen Beendigung, Wagner/Wexler-Uhlich BB 2010, 2454 (2455). Ebenso das Schweizer Recht, Art. 418 s Abs. 1 OR.

[110] EuGH EuZW 2009, 304 – „Tamoil".

[111] Dazu Christoph NJW 2010, 647 (648), der eine Neuberechnung des Anspruchs grundsätzlich aber nicht für erforderlich hält.

[112] Bei halbzwingenden Vorschriften ist eine Abweichung zu Lasten des Handelsvertreters nicht gestattet; zu halbzwingenden Vorschriften Staub/Emde Vor § 84 HGB Rn. 530.

[113] Oetker/Busche HGB § 92c Rn. 7; MüKoHGB/Ströbl § 92c Rn. 17; Bälz NJW 2003, 1559 (1561); differenzierend Staub/Emde HGB § 92c Rn. 39 ff.

hat.[114] Zwingend ist diese Logik freilich nicht: In der Tat kann bezweifelt werden, ob dem § 92c HGB, der als Ausnahmebestimmung im Ausgangspunkt lediglich ansonsten zwingende Regelungen auf Ebene der individualvertraglichen Vereinbarung wieder der Parteiendisposition überlässt, tatsächlich ein Leitbildcharakter bei der AGB-Inhaltskontrolle zuerkannt werden kann.[115]

b) Händlerrecht

Gesetzliche Regelungen speziell für Vertragshändlerverträge kennt auch das deutsche 63
Recht nicht. Allerdings besteht weitgehend Einigkeit darüber, dass der Händlervertrag als entgeltlicher **Geschäftsbesorgungsvertrag** gem. §§ 675, 611 ff. BGB[116] qualifiziert werden muss, auf den unter bestimmten Voraussetzungen auch einzelne Vorschriften des Handelsvertreterrechts analog angewendet werden können.[117] Für letzteres gilt das unter der Voraussetzung einer hinreichenden **Eingliederung des Händlers** in die Vertriebsorganisation des Herstellers etwa mit Blick auf §§ 85, 86 Abs. 1, 86a Abs. 2 (eingeschränkt), 89 (str.), 89a, 89b, 90, 90a, 92c HGB, richtigerweise aber nicht für die Bestimmungen der §§ 87 ff. HGB zu Provisionen, sowie die §§ 91, 91a, 92 und 92a HGB, die auf den Händler ersichtlich nicht passen.[118] Streitig, im Ergebnis zu verneinen ist darüber hinaus auch die analoge Anwendung von § 86a Abs. 1 HGB.[119] Für die analoge Anwendung von § 89b HGB verlangt die Rechtsprechung wiederum zusätzlich zu der Eingliederung die vertragliche Pflicht des Händlers zur **Überlassung von Kundendaten** während oder nach dem Ende der Vertragslaufzeit.[120]

Mit Ausnahme des § 89b HGB ist die partielle Anwendung des Handelsvertreterrechts 64
in der Praxis allerdings von geringerer Bedeutung. Anders liegt es mit den gegenseitigen Treuepflichten der Parteien, die von der Rechtsprechung als vertragliche bzw. nachvertragliche Nebenpflichten unmittelbar aus dem Händlervertrag, von der Literatur dagegen überwiegend aus dem Gebot von Treu und Glauben (§ 242 BGB) abgeleitet werden.[121] Sie begründen für den Hersteller unter anderem Verpflichtungen zur Gleichbehandlung mehrerer miteinander im Wettbewerb stehender Händler, der Berücksichtigung angemessener Kündigungsfristen, der Rücknahme von Vertragsprodukten nach Vertragsbeendigung sowie der Unterlassung von Eingriffen in vertraglich eingeräumte Besitzstände des Händlers.[122]

Überragende Bedeutung kommt (trotz Fehlens eindeutiger gesetzlicher Leitbilder) zu- 65
letzt der **AGB-Inhaltskontrolle** zu, weil es sich bei Händlerverträgen schon wegen der gebotenen Gleichbehandlung der Händler, aber auch der Notwendigkeit abgestimmter Regelungen innerhalb eines Vertriebsnetzes in aller Regel um vorformulierte Vertragsbedingungen handelt, die zwischen den Parteien nicht im Einzelnen ausgehandelt werden. Die Gestaltungsfreiheit wird dadurch maßgeblich eingeschränkt.[123] Besonders problematisch sind einseitige Änderungsbefugnisse des Unternehmers mit Blick auf das Vertragsgebiet, die Vertragsprodukte, die Höhe von Handelsspannen oder vertraglich eingeräumte Alleinvertriebsrechte.[124]

---

[114] OLG München NJW-RR 2003, 471 (472).
[115] Kritisch mit guten Argumenten etwa Niebling WRP 2010, 1454 (1458).
[116] Staub/Emde HGB Vor § 84 Rn. 573.
[117] Zum Ganzen MüKoHGB/Ströbl Vorbem. § 84 Rn. 16.
[118] Hopt/Hopt § 84 HGB Rn. 11.
[119] Schultze/Wauschkuhn/Spenner/Dau/Kübler Vertragshändlervertrag Rn. 49.
[120] BGH NJW 2015, 1300 (1301).
[121] Siehe BGH NJW-RR 1993, 682 (683) einerseits und Martinek/Semler/Flohr/Martinek Handbuch Vertriebsrecht § 4 Rn. 10 andererseits.
[122] Martinek/Semler/Flohr/Manderla Handbuch Vertriebsrecht § 25 Rn. 16 f.
[123] Die genauen Auswirkungen werden unten (→ Rn. 157 ff.) bei der Gestaltung einzelner Klauseln im Einzelnen erörtert.
[124] Ulmer/Brandner/Hensen/Schäfer AGB-Recht (55) Vertragshändlerverträge Rn. 7 und 16 ff.

c) Maklerrecht

66 Für gewerbliche Maklerverträge sind vorrangig die §§ 93ff. HGB und ergänzend die Regelungen über den Zivilmakler in den §§ 652ff. BGB einschlägig. Anders als den Handelsvertreter trifft den Handelsmakler regelmäßig **keine Pflicht** zum Tätigwerden, da er gerade nicht ständig mit der Vermittlung von Verträgen betraut ist. Anders liegt es nur beim Alleinauftrag, wo meist auch eine Tätigkeitspflicht des Maklers angenommen werden muss.[125]

67 Im Gegensatz zum Zivilmakler reicht beim Handelsmakler allerdings der Nachweis einer Gelegenheit zum Vertragsschluss für die Entstehung des Provisionsanspruchs nicht aus. Notwendig ist vielmehr eine **Vermittlungsleistung,** mithin die Förderung der Bereitschaft beider Parteien zum Vertragsschluss, wozu die Aufnahme von Verbindungen mit der anderen Vertragspartei und ein kausaler Beitrag zum Vertragsschluss durch Vorklärungen, Terminvereinbarungen und Verhandlungen gehören soll.[126]

2. Schweizer Recht

a) Handelsvertreterrecht

68 Der Handelsvertretervertrag (in der Terminologie des Schweizer Rechts: **Agenturvertrag**) ist in Art. 418a ff. OR geregelt.[127] Agent ist gem. Art. 418a Abs. 1 OR, wer sich verpflichtet, für einen oder mehrere Auftraggeber **dauerhaft** Geschäfte zu vermitteln (Vermittlungsagent) oder abzuschließen (Abschlussagent), ohne zu den Auftraggebern in einem Arbeitsverhältnis zu stehen.[128] Parallel zu § 84 HGB ist der Agent damit in erster Linie von einem Mäkler (der anders als der Agent keiner auf Dauer angelegten Tätigkeits- bzw. Bemühenspflicht unterliegt) sowie einem Arbeitnehmer abzugrenzen.

69 Die wechselseitigen Vertragspflichten ähneln stark den Regelungen der Handelsvertreterrichtlinie.[129] Insbesondere folgen aus Art. 418b, 418c Abs. 1 und 418d Abs. 1 OR Sorgfalts- und Treuepflichten des Agenten, die auch nach Schweizer Rechtsverständnis zwar kein Verbot der Tätigkeit für mehrere Auftraggeber (so auch ausdrücklich Art. 418c Abs. 2 OR), aber ein Verbot der Tätigkeit für **Wettbewerber** des Prinzipals,[130] Pflichten zur Geheimhaltung und Befolgung von Weisungen des Prinzipals beinhalten.[131]

70 Anders als das deutsche Recht differenziert das Schweizer Recht nicht zwischen Bezirksvertretern und Alleinvertretern: Vielmehr führt die Zuweisung eines Gebietes gem. Art. 418f Abs. 3 OR dazu, dass der Agent als sog. Exklusivagent einen Anspruch auf **exklusive Bedienung** der gebietsansässigen Kunden sowie (unabhängig von seiner Mitwirkung) eine Provision für alle mit diesen Kunden abgeschlossenen Geschäfte erhält, Art. 418g Abs. 2 OR.[132] Ansonsten hat der Agent einen Provisionsanspruch nur für alle während der Vertragsdauer von ihm vermittelten oder abgeschlossenen Verträge sowie für Abschlüsse, die (auch ohne seine Mitwirkung im konkreten Fall) mit Kunden zustande

---

[125] Oetker/Kotzian-Marggraf HGB § 93 Rn. 6.

[126] MüKoHGB/Ströbl § 93 Rn. 24f.

[127] Erfasst werden vom Schweizer Agenturvertragsrecht nicht nur die Vermittlung von Waren, sondern auch von Dienstleistungen aller Art, Thouvenin IHR 2007, 191.

[128] Gem. Art. 418e OR besteht eine gesetzliche Vermutung für einen Status als Vermittlungsagent.

[129] Generell BSK/Pärli OR I Vor Art. 418 Rn. 5f.

[130] BSK/Pärli OR I Art. 418c Rn. 4. Ein nachvertragliches Wettbewerbsverbot bedarf der Schriftform und ist nach Ort, Zeit (grs. nicht länger als drei Jahre, Art. 340a Abs. 1 OR) und Gegenstand angemessen zu begrenzen; darüber hinaus führt es gem. Art. 418d Abs. 2 OR zwingend zu einem Anspruch auf Karenzentschädigung, zum Ganzen BSK/Pärli OR I Art. 418d Rn. 4ff. Für übermäßige Konkurrenzklauseln ordnet Art. 340a Abs. 2 OR aber ausdrücklich eine geltungserhaltende Reduktion an.

[131] Thouvenin IHR 2007, 191 (193): Die Geheimhaltungspflicht folgt aus Art. 418d Abs. 1 OR; die Pflicht zur Befolgung von Weisungen ergibt sich über die Verweisung des Art. 418b OR auf Vorschriften des Mäklerrechts (Art. 412 Abs. 2 OR, Art. 425 Abs. 2 OR), die ihrerseits auf das Auftragsrecht verweisen.

[132] Der Direktvertrieb durch den Prinzipal soll auch in diesem Fall zulässig bleiben, führt aber zum Provisionsanspruch des Exklusivagenten, BSK/Pärli OR I Art. 418g Rn. 4.

gekommen sind, die ursprünglich von ihm für Geschäfte dieser Art geworben wurden (Folgeprovisionen), Art. 418g Abs. 1 OR. Anders als im deutschen Recht entsteht der Provisionsanspruch mangels abweichender Vereinbarung bereits mit Vertragsabschluss und nicht erst mit Geschäftsausführung (Art. 418g Abs. 3 OR). Er entfällt gem. Art. 418h Abs. 1 OR aber, wenn und soweit die Ausführung eines abgeschlossenen Geschäfts aus einem vom Auftraggeber nicht zu vertretenden Grund unterbleibt oder aber der Kunde die Gegenleistung für bereits erbrachte Leistungen des Prinzipals nicht erbringt, Art. 418h Abs. 2 OR. Fällig werden Provisionsansprüche grundsätzlich am Ende des Kalenderhalbjahres, in dem das Geschäft abgeschlossen wurde, vgl. Art. 418i OR.

Tendenziell vorteilhafter für den Agenten ist das Schweizer Recht mit Blick auf nach- 71
vertragliche Provisionen: Sie fallen (anders als bei § 87 Abs. 1 HGB) bereits unter den allgemeinen Tatbestand des Art. 418 g Abs. 1 OR, der lediglich auf die Vermittlung, nicht aber den Geschäftsabschluss innerhalb der Vertragslaufzeit abstellt.[133] Lediglich **Folgeprovisionen** sind in diesem Fall ausgeschlossen, sofern die Nachbestellungen nicht vor Vertragsbeendigung eingelaufen sind oder eine anderweitige Vereinbarung oder Übung besteht, Art. 418 t Abs. 1 OR.

Beendet wird der Agenturvertrag durch Zeitablauf, wenn er auf bestimmte Zeit abge- 72
schlossen war (Art. 418p Abs. 1 OR). Für unbefristete Agenturverträge gelten die in Art. 418q OR geregelten Kündigungsfristen, die sich bei einer Vertragslaufzeit von weniger als einem Jahr zum Kündigungszeitpunkt auf einen Monat und ab einem Jahr Vertragslaufzeit auf zwei Monate zum Quartalsende belaufen.[134] Unberührt bleibt die fristlose Kündigung aus wichtigem Grund, Art. 418r OR. Anders als im deutschen Recht führt nach Auffassung der höchstrichterlichen Rechtsprechung allerdings auch eine **unberechtigte fristlose Kündigung** zur Vertragsbeendigung.[135]

Nach Vertragsbeendigung kann der Agent vergleichbar dem § 89b HGB grundsätzlich 73
eine **Kundschaftsentschädigung** geltend machen, wenn er den Kundenkreis des Prinzipals wesentlich erweitert hat und diesem daraus erhebliche Vorteile verbleiben.[136] Für den Prinzipal günstiger als im deutschen Recht ist aber die Deckelung auf einen **Nettojahresverdienst,** und damit unter Abzug aller Kosten, die (wie Reisespesen, Büroaufwand und Gehälter für eingesetztes Hilfspersonal) im Zusammenhang mit der Tätigkeit des Handelsvertreters angefallen[137] sind, Art. 418u Abs. 2 OR.

Anders als im deutschen Handelsvertreterrecht ist das Schweizer Agenturvertragsrecht 74
größtenteils dispositiv. Abweichende Regelungen können damit unter anderem mit Blick auf die Fälligkeit der Provision und die Vertragslaufzeit (soweit für beide Parteien **gleiche Kündigungsfristen** vereinbart werden und die Vertragslaufzeit ein Jahr nicht überschreitet) getroffen werden, Art. 418q OR. Nicht abdingbar sind allerdings die Regelungen über die Karenzentschädigung im Fall eines vereinbarten nachvertraglichen Wettbewerbsverbots,[138] die Kündigung aus wichtigem Grund und der Anspruch auf Kundschaftsentschädigung.[139]

---

[133] BSK/Pärli OR I Art. 418g Rn. 2.

[134] Eine Verkürzung der Kündigungsfrist ist bei überjährigen Agenturverträgen nicht im Voraus zulässig; bei einer Vertragslaufzeit von weniger als einem Jahr bedarf sie der Schriftform, Art. 418q Abs. 1 S. 2 OR.

[135] Das folgt die Rechtsprechung aus Art. 418r Abs. 2 OR in Verbindung mit Art. 337c Abs. 1 OR, BGE 125 III 14 (16). Dazu (mit Verweis auf jüngere Rechtsprechung des BG) sowie zur streitigen Frage der Übertragbarkeit dieser Rechtsprechung auf Händlerverträge auch Kull ZVertriebsR 2012, 168 (170).

[136] Der Anspruch auf Kundschaftsentschädigung besteht allerdings nicht, wenn das Agenturverhältnis aus einem vom Agenten zu vertretenden Grund aufgelöst wurde, Art. 418u Abs. 3 OR. Zu vertreten hat der Agent auch eine Beendigung durch eine ordentliche (nicht vom Prinzipal veranlasste) Kündigung, BSK/Pärli OR I Art. 418u Rn. 3.

[137] Oetiker/Weibel/Mata IHR 2022, 52 (54).

[138] Art. 418d Abs. 2 OR iVm Art. 340 ff. OR; dazu Kull/Wildhaber Schweizer Vertriebsrecht Rn. 725 ff.

[139] Thouvenin IHR 2007, 191 (192).

b) Händlerrecht

75 Der Händlervertrag ist nach Schweizer Rechtsverständnis ein gesetzlich nicht geregelter so genannter gemischter Innominatvertrag.[140] Literatur und Rechtsprechung haben sich mit dem Händlervertrag bislang nahezu ausschließlich in der Form des **Alleinvertriebsvertrages** auseinandergesetzt, der dem Händler das Recht einräumt, die Vertragsgegenstände in einem definierten Vertragsgebiet exklusiv zu vertreiben.[141] Das schließt freilich nicht aus, dass auch nach Schweizer Recht ein nichtexklusiver Händlervertrag abgeschlossen werden kann.

76 Auf den Alleinvertriebsvertrag wendet die Rechtsprechung einzelne Normen aus dem Agenturvertragsrecht sowie dem Gesellschaftsrecht an. Namentlich beträgt die Kündigungsfrist bei einem unbefristeten Händlervertrag während des ersten Jahres der Vertragslaufzeit analog Art. 418q OR einen Monat auf das Ende des folgenden Kalendermonats und danach analog Art. 546 OR sechs Monate.[142] In einer Entscheidung aus dem Jahr 2008 hat das Schweizer Bundesgericht erstmals auch die **analoge Anwendung von Art. 418u OR** (Kundschaftsentschädigung) auf einen Alleinvertriebshändler bejaht, sofern der Händler hinreichend in die Vertriebsorganisation des Unternehmers eingebunden und zugleich zur Überlassung von Kundendaten verpflichtet ist.[143] Seit einer aktuellen Entscheidung des Schweizer Bundesgerichts vom 8.4.2022 ist allerdings geklärt, dass eine analoge Anwendung von Art. 418u OR zusätzlich **zwingend ein vertraglich verankertes Alleinvertriebsrecht des Händlers voraussetzt:** Faktische Exklusivität reicht nicht aus.[144]

76a Liegen die Voraussetzungen für eine analoge Anwendung von Art. 418u OR vor, ist der Anspruch auf Kundschaftsentschädigung auch in Händlerverträgen zwingend: Ein vertraglich vereinbarter Ausschluss des Anspruchs ist folgerichtig unwirksam, wenn er nicht gleichzeitig mit oder nach Beendigung des Händlervertrages erfolgt.[145]

c) Maklerrecht

77 Das Schweizer Obligationenrecht regelt den Mäklervertrag in den Art. 412ff. OR, ohne dabei wie im deutschen Recht zwischen Zivil- und Handelsmaklern zu unterscheiden.

78 In Abgrenzung zum Agenten ist der Mäkler nicht für eine unbestimmte Vielzahl von Geschäften tätig; insbesondere treffen ihn auch keine Bemühenspflichten.[146] Vergleichbar mit dem Zivilmakler im deutschen Recht gem. § 652 BGB ist Vertragsgegenstand vielmehr, dass der Mäkler für den **Nachweis** einer Gelegenheit zum Vertragsabschluss oder

---

[140] Kull/Wildhaber Schweizer Vertriebsrecht Rn. 201.

[141] Martinek/Semler/Flohr/Wille/Somary Handbuch Vertriebsrecht § 71 Rn. 68.

[142] CHK/Jacobs Vorbem. Art. 184ff. OR Rn. 42; Meyer ZVertriebsR 2017, 14 (15); für eine Anwendung (nur) von Art. 546 OR wohl BGE 107 II 216 (220).

[143] BGE 134 III 497ff.

[144] BG, Urt. v. 8.4.2022, Az. 4 A_393/2021, Rn. 6.2.2. Die streitgegenständliche Klausel (in der das Bundesgericht etwas überraschend keine wirklichen Einschränkungen zu Lasten des Prinzipals erkannt hat, weitere Mittler im Vertragsgebiet einzusetzen) lautete hier wie folgt: *„The status of the ‚Distributor‘ is ‚non-exclusive‘. At present he acts as the only distributor in the ‚Territory‘ for the ‚Manufacturer‘ for all ‚Products‘. At the time of entering into this contract, the ‚Manufacturer‘ has no intention to nominate further distributors or agents for the sale of ‚Products‘ in the ‚Territory‘. However, he may do so in the event that the ‚Distributor‘ is not in a position or willing to represent the ‚Manufacturer's‘ interests regarding all the ‚Products' in the ‚Territory‘. The Manufacturer will especially consider such a step if he encounters a risk to lose business or his market position regarding the ‚Products‘ in the ‚Territory‘ (…)“.*

[145] So ausdrücklich Obergericht des Kantons Zürich, Urt. v. 23.11.2017, Geschäfts-Nr. LB170001-O/U, Urteilsumdruck S. 32: *„Der Anspruch auf Kundschaftsentschädigung ist bei Vorliegen der aufgeführten Umstände zwingend, dh er kann nicht vertraglich im voraus wegbedungen werden. Die neue Praxis ist auch auf bereits bestehende Alleinvertriebsverträge anwendbar, dh in den bestehenden Vertriebsverträgen enthaltene Verzichtserklärungen sind ungültig und damit unwirksam.“* Einschränkend (nur bei Schutzbedürftigkeit des Händlers im Einzelfall) noch Vetsch/Caspar von der Crone SZW 2009, 79 (92).

[146] Eine Tätigkeitspflicht wird aber im Fall einer Ausschließlichkeitsabrede angenommen, BSK/Ammann OR I Art. 412 Rn. 13 mit Rechtsprechungsnachweisen.

der Vermittlung eines Vertrages einen Vergütungsanspruch erhält, der vorbehaltlich abweichender vertraglicher Vereinbarungen mit erfolgreichem Abschluss des kausal durch den Nachweis oder die Vermittlung zustande gekommenen Vertrages entsteht, Art. 413 Abs. 1 OR. Die Entstehung des Mäklerlohns kann vertraglich von weiteren Bedingungen – wie insbesondere der Vertragserfüllung durch den Kunden oder dem Geschäftsabschluss innerhalb einer bestimmten Frist – abhängig gemacht werden.[147] Die nachträgliche Aufhebung des Vertrages oder seine Nichterfüllung berührt den Anspruch auf Mäklerlohn vorbehaltlich abweichender vertraglicher Vereinbarungen dagegen nicht.[148] Kein Mäklerlohn ist schließlich für **Folgegeschäfte** geschuldet.[149]

Abweichend von der gesetzlichen Konzeption kann dem Makler Exklusivität und/oder 79
ein Anspruch auf eine sog. Garantieprovision eingeräumt werden, die auch dann fällig wird, wenn das avisierte Geschäft nicht oder zumindest nicht kausal durch die Vermittlung oder den Nachweis des Mäklers zustande kommt. In diesem Fall ist der Mäkler allerdings zum Tätigwerden verpflichtet.[150]

d) Grenzen der Vertragsgestaltung

Das Schweizer Recht kennt im unternehmerischen Geschäftsverkehr keine (offene) In- 80
haltskontrolle vorformulierter Vertragsbedingungen.[151] Zwar erlauben die gewohnheitsrechtlich entwickelten Institute der **Ungewöhnlichkeits-** und der **Unklarheitsregel** bis zu einem gewissen Grad eine verdeckte Inhaltskontrolle von vorformulierten Vertragsbedingungen,[152] wovon die Rechtsprechung (soweit ersichtlich) im Fall von Vertriebsverträgen aber bislang noch kein Gebrauch gemacht hat.

Für die Vertragsgestaltung von Vertriebsverträgen gelten damit letztlich (nur) die allge- 81
meinen Grenzen des Schweizer Obligationenrechts und des Schweizer Zivilgesetzbuchs, zu denen die Unzulässigkeit von Haftungsbegrenzungen im Fall von Vorsatz oder grober Fahrlässigkeit (Art. 100 OR), das Rechtsmissbrauchsverbot (Art. 2 ZGB), der Persönlichkeitsschutz (Art. 27 ZGB) sowie die Nichtigkeitsgründe der Verstöße gegen die öffentliche Ordnung, die guten Sitten oder gesetzliche Verbote (Art. 19, 20 OR) gehören. Für Händlerverträge ist dabei insbesondere der Persönlichkeitsschutz relevant, der nach Auffassung des Schweizer Bundesgerichts ein Kündigungsrecht bei unbefristeten Verträgen unverzichtbar macht.[153] Zuletzt ist auch im Schweizer Recht anerkannt, dass die Ausübung eines vertraglich vereinbarten Änderungsvorbehalts trotz fehlender ausdrücklicher gesetzlicher Regelung vergleichbar mit § 315 BGB einer gerichtlichen Billigkeitsprüfung unterliegt.[154]

e) Bewertung

Mit Blick auf Handelsvertreterverträge besteht aus Sicht des Prinzipals ein zentraler Nach- 82
teil des Schweizer Rechts darin, dass eine **§ 92c HGB** vergleichbare Vorschrift hier **nicht**

[147] BSK/Ammann OR I Art. 413 Rn. 7. Wie im deutschen Recht auch gilt die Bedingung allerdings dann als eingetreten, wenn der Prinzipal ihren Eintritt wider Treu und Glauben verhindert, Art. 156 OR.

[148] BSK/Ammann OR I Art. 413 Rn. 6.

[149] BGE 75 II 54 (55).

[150] BGE 103 II 129 (133).

[151] Mit dem 2012 revidierten § 8 Schweizer UWG hat das Schweizer Recht zwar erstmals eine uneingeschränkte offene Inhaltskontrolle von Allgemeinen Geschäftsbedingungen etabliert, die (entgegen der Vorgängerfassung der Vorschrift) keine Irreführung der Vertragsgegenseite mehr voraussetzt. Der unternehmerische Geschäftsverkehr wurde allerdings ausdrücklich vom Anwendungsbereich des § 8 UWG ausgenommen, Stöckli BR/DC 2011, 184 (185) sowie Wildhaber SJZ 2011, 537 (538).

[152] Klett/Hurni recht 2012, 80 (82f.) mwN.

[153] BGE 107 II 216 (218).

[154] Davon abgesehen kommt bei einem entsprechend weit gefassten vorformulierten Änderungsvorbehalt, auf den der Vertragspartner nicht gezielt hingewiesen wird, neben einer Unwirksamkeit auf Grundlage von Art. 27 Abs. 2 ZGB auch die Anwendung der Ungewöhnlichkeitsregel in Betracht; zum Ganzen ausführlich Rusch/Huguenin SJZ 2008, 37ff.

existiert. Das bedeutet, dass unter anderem der Anspruch des Agenten auf Kundschaftsentschädigung (Art. 418u OR) bei Wahl Schweizer Rechts auch in internationalen Vertriebsverträgen und Vertragsgebieten außerhalb der Schweiz **nicht ausgeschlossen** werden kann. Gleiches gilt für andere zwingende Vorschriften, wie beispielsweise die Karenzentschädigung im Fall eines nachvertraglichen Wettbewerbsverbotes. Bei Vertragsgebieten innerhalb der EU/EWR ist das Schweizer Recht dagegen für den Prinzipal tendenziell günstiger als das deutsche Recht. Angesichts des international zwingenden Charakters des Ausgleichsanspruchs auf Grundlage der Europäischen Handelsvertreterrichtlinie können diese Vorzüge des Schweizer Rechts hier aber im Ergebnis ohnehin nicht ausgespielt werden, wenn sich das **Vertragsgebiet innerhalb der EU/EWR** befindet.[155]

83 Bei der Gestaltung von **Händler-** und **Mäklerverträgen** stellt die fehlende offene AGB-Inhaltskontrolle gegenüber dem deutschen Recht dagegen insbesondere aus Sicht des Prinzipals einen nicht unerheblichen Vorteil dar. Mit der Entscheidung des Schweizer Bundesgerichts, den Ausgleichsanspruch des Agenten (Art. 418u OR) unter bestimmten Voraussetzungen analog auf Händler anzuwenden,[156] hat das Schweizer Recht allerdings zumindest für Händlerverträge auf den ersten Blick an Attraktivität eingebüßt. Hinzu kommt, dass sich auch an dieser Stelle das Fehlen einer dem § 92c HGB vergleichbaren Regelung nachteilig auswirkt, da die Rechtsprechung die analoge Anwendung auf den zwingenden Charakter von Art. 418u OR erstreckt und zugleich nicht auf Vertriebsgebiete innerhalb der Schweiz beschränkt. Da nach der jüngsten Rechtsprechung des Schweizer Bundesgerichts das Bestehen ein Ausgleichsanspruch aber zwingend an die Gewährung eines Alleinvertriebsrechts des Händlers gebunden ist, kann dieses Risiko durch eine Ausgestaltung als nicht exklusiver Vertriebsvertrag vergleichsweise einfach ausgeschaltet werden.[157]

3. Englisches Recht

a) Handelsvertreterrecht

84 Bis zur Umsetzung der Handelsvertreterrichtlinie war das Handelsvertreterrecht im englischen Recht nicht kodifiziert. Zur Anwendung kam damit ausschließlich das allgemeine Vertragsrecht des common law, in dem das Handelsvertreterrecht lediglich einen Teilbereich des allgemein für die Einsetzung von Vertretern maßgeblichen **„law of agency"** darstellt.[158] Für die Vertragsgestaltung ergab sich daraus zugleich eine weitreichende Privatautonomie, da dem englischen Recht traditionell etwa Ausgleichsansprüche des Vertreters nach Vertragsbeendigung völlig fremd sind.[159]

85 Erst 1993 wurde die Handelsvertreterrichtlinie durch die **Commercial Agents (Council Regulations) Regulations 1993** (CAR) umgesetzt, an denen das Vereinigte Königreich auch nach vollzogenem Brexit bislang festhält.[160] Entsprechend der nahe am Wortlaut der Richtlinie erfolgten Umsetzung sind die CAR 1993 **nur auf Warenvertreter** anwendbar, Reg. 2 Abs. 1 CAR 1993.

85a Im Vergleich zur Umsetzung der Handelsvertreterrichtlinie in (anderen) EU-Mitgliedsstaaten ist der **räumliche Anwendungsbereich** der CAR 1993 allerdings eingeschränkt:

---

[155] Dazu kommen die Einschränkungen gem. Art. 3 Abs. 4 Rom I-VO, oben → Rn. 7.

[156] BGE 134 III 497 ff.

[157] BG 8.4.2022 – Az. 4 A_393/2021, Rn. 6.2.2.

[158] Bowstead & Reynolds on Agency Rn. 11–001.

[159] Möglich sind nach allgemeinen Grundsätzen dagegen Schadensersatzansprüche im Fall einer unrechtmäßigen Kündigung des Vertrages, insbesondere im Fall einer Missachtung der einschlägigen Kündigungsfrist, Martinek/Semler/Flohr/Kleinknecht Handbuch Vertriebsrecht § 74 Rn. 20.

[160] The Commercial Agents (Council Directive) Regulations 1993, S.I. 1993 No. 3053; zuletzt geändert durch Commercial Agents (Council Directive) (Amendment) Regulations 1998, S.I. 1998 No. 2868; der Geltungsbereich erstreckt sich über England &Wales hinaus auch auf Schottland und (durch ein weitgehend mit den CAR 1993 vergleichbares Rechtsinstrument) auf Nordirland, Christou International Agency Rn. 3–04.

Die CAR 1993 finden grundsätzlich nur Anwendung, wenn das Vertragsgebiet in Großbritannien belegen ist und die Vertragsparteien nicht das Recht eines anderen Mitgliedsstaates gewählt haben, Reg. 1 Abs. 2, Abs. 3 lit. a) CAR 1993. Bei einem Vertragsgebiet in einem EU/EWR-Mitgliedsstaat[161] bleiben die CAR 1993 ebenfalls anwendbar, wenn die Parteien im Einklang mit den kollisionsrechtlichen Bestimmungen des Vertragsgebietes englisches Recht gewählt haben, Reg. 1 Abs. 3 lit. b) CAR 1993. Weitergehend als etwa gem. § 92c HGB führt eine **Wahl englischen Rechts** bei einem **Vertragsgebiet außerhalb** der **EU/EWR** dagegen **nicht** zur Geltung der **CAR 1993,** wenn und soweit die Parteien ihre Inkorporation nicht (was grundsätzlich möglich ist) vertraglich vereinbaren.[162]

Dass die Handelsvertreterrichtlinie im englischen Rechtsraum als ein letztlich uner- 85b
wünschter Fremdkörper betrachtet wurde, lässt sich an ihrer lieblosen Umsetzung ablesen, die sich in einer Reihe von Ungereimtheiten und Widersprüchen in den CAR 1993 manifestiert.[163] Zu Problemen führt bereits das aus der Handelsvertreterrichtlinie entlehnte Definitionsmerkmal einer „continuing authority to negotiate the sale or purchase of goods on behalf of another person". So verlangt eine „negotiation" nach Auffassung der englischen Rechtsprechung zwar kein echtes Verhandeln des Agenten mit dem Kunden über Preis und sonstige Vertragsbedingungen, wohl aber eine aktive Rolle beim Zustandekommen des Geschäfts.[164] Problematischer ist aber noch, dass sich aus der Tatbestandsvoraussetzung einer „continuing authority" nicht entnehmen lässt, ob – wie im deutschen und Schweizer Recht – eine **Bemühenspflicht** notwendige Voraussetzung für den Status als commercial agent[165] ist, was die Abgrenzung zu anderen Vertriebsmittlern, die auf einer „case to case" Basis tätig werden, als schwierig gestaltet. Auslegungsprobleme ergeben sich auch mit Blick auf sog. „secondary agents", die vom Anwendungsbereich der CAR 1993 gänzlich ausgenommen sind, Reg. Art. 2 Abs. 3 und 4 CAR 1993.[166]

Eng an den Wortlaut der Handelsvertreterrichtlinie lehnen sich im Übrigen auch die 86
Vorschriften über **Provisionsansprüche** an. Sie entstehen bei kausaler Mitwirkung des Handelsvertreters an Vertragsschlüssen sowie bei Folgeaufträgen, die mit ursprünglich vom Handelsvertreter geworbenen Kunden geschlossen werden, Reg. 7 Abs. 1 CAR 1993. Soweit dem Vertreter ein Gebiet oder eine Kundengruppe ausschließlich zugewiesen wurde, hat er unabhängig von einer erfolgreichen Vermittlungstätigkeit im Einzelfall Anspruch auf Provisionen mit allen in diesem Gebiet ansässigen bzw. zu dieser Kundengruppe gehörenden Kunden.[167] Weitestgehend identisch mit deutschem Recht (§ 87 Abs. 3 HGB) sind auch die Regelungen zu nachvertraglichen Provisionen, Reg. 8 CAR 1993.

Kompliziert und unklar gefasst sind schließlich die Regelungen zur **Entschädigung** 87
des Vertreters im Fall der **Vertragsbeendigung,** die auf einer missglückten Umsetzung der Handelsvertreterrichtlinie beruhen. Art. 17 Abs. 2 CAR 1993 ermöglicht den Parteien zunächst die **vertragliche Vereinbarung** einer sog. „indemnity" im Fall einer Vertragsbeendigung, die auf Grundlage der in § 17 Abs. 3 und 4 CAR 1993 näher umschriebenen Berechnungsgrundlagen im Wesentlichen wohl dem deutschen Modell des Ausgleichsan-

---

161 Vgl. die Definition für einen „Member State" in Reg. 2 Abs. 1 CAR 1993.

162 Singleton Commercial Agency Rn. 1.117.

163 Siehe auch Bowstead&Reynolds on Agency Rn. 11–004, die zahlreiche *„obscurities and uncertainties"* vor allem daraus ableiten, dass die CAR 1993 die Handelsvertreterrichtlinie zum Teil fast wörtlich übernommen haben.

164 Aus diesem Grund hat die ältere Rechtsprechung etwa einen Tankstellenpächter nicht als commercial agent eingestuft, *Parks v Esso Petroleum Ltd* [2000] E.C.C. 45; für eine weite Auslegung dagegen *Invicta UK (a partnership) v International Brands Limited* [2013] EWHC 1564 (QB) Rn. 31 sowie *Green Deal Marketing Southern Ltd v Economy Energy Trading Ltd* [2019] EWHC 507 (Ch) Rn. 144.

165 Dagegen wohl *Rossetti Marketing Ltd v Diamond Sofa Co Ltd and another* [2011] EWHC 2482 (QB): *„None of this means that the non-derogable obligations of the commercial agent under article 3 (1) and regulation 3 (1), to look after the interests of the principal, and to act dutifully and in good faith, are to be imported into the definition of a commercial agent* [...]."

166 Dazu auch Christou International Agency Rn. 3–64 ff.

167 Reg. 7 Abs. 2 CAR 1993. Anders als das deutsche Recht differenziert daher auch das englische Handelsvertreterrecht nicht weiter zwischen Exklusivvertreter und Bezirksvertreter.

spruchs aus § 89b HGB entspricht und daher auch maximal auf eine Jahresdurchschnittsprovision gedeckelt ist. Unterlassen die Parteien eine entsprechende Vereinbarung, hat der Handelsvertreter einen zwingenden Anspruch auf eine sog. „compensation", die dem französischen Modell eines Schadensersatzanspruchs nachgebildet ist. Für die nähere Berechnung beider Ansprüche existiert bislang wenig Rechtsprechung. Lediglich mit Blick auf den Anspruch auf compensation hat die Lonsdale-Entscheidung des House of Lords grundlegende Berechnungsmethoden entwickelt, die auf den kommerziellen Wert der Agentur (goodwill) bei unterstellter Weiterführung des Vertrages abstellen.[168] Nicht zulässig ist eine vertragliche Regelung, mit der die Auswahl zwischen indemnity und compensation danach zu treffen sein soll, welcher Anspruch im konkreten Einzelfall niedriger ist.[169]

88 Selbst das Verhältnis der beiden Ansprüche zueinander ist nicht gänzlich eindeutig, auch wenn die Systematik der Vorschriften für ein **Alternativverhältnis** spricht: Zwar sieht Art. 17 Abs. 5 CAR 1993 ausdrücklich vor, dass der Handelsvertreter im Fall einer vertraglich vereinbarten *indemnity* nicht an der Geltendmachung weitergehender Schadensersatzansprüche gehindert ist. Im Zweifel dürften damit aber nur die auf einer **Vertragsverletzung** beruhenden Schäden[170] und nicht die gesetzlich vorgesehene compensation gemeint sein. Aus Sicht des Prinzipals ist die ausdrückliche vertragliche Vereinbarung einer indemnity damit wohl regelmäßig vorteilhafter, weil in diesem Fall zumindest eine vorhersehbare **Obergrenze** für den Ausgleichsanspruch besteht.

b) Händlerrecht

89 Für Händlerverträge existieren im englischen Recht keine gesonderten gesetzlichen Vorgaben (statutory laws); insbesondere werden die Commercial Agents Regulations 1993 von der Rechtsprechung nicht (auch nicht teilweise) analog auf Händlerverträge angewendet.[171] Händlerverträge unterliegen damit lediglich den allgemeinen common law Grundsätzen des Vertragsrechts.

90 Folgerichtig sieht das englische Recht (vorbehaltlich abweichender vertraglicher Vereinbarung) auch **keine Ausgleichs- oder Investitionsersatzansprüche** des Händlers nach einer Vertragsbeendigung vor.[172] Lediglich im Fall einer vertragswidrigen Kündigung kommen nach allgemeinen Grundsätzen des common law Schadensersatzansprüche in Betracht.[173] In einer jüngeren Entscheidung hat ein englisches Gericht allerdings erstmals anerkannt, dass sich aus einem Händlervertrag auch wechselseitige **Treuepflichten** der Parteien ergeben können – auch wenn dieses Ergebnis dogmatisch (nur) im Wege einer ergänzenden Vertragsauslegung erzielt und damit keineswegs als allgemeines Rechtsprinzip etabliert wurde.[174]

90a Laufzeit des Vertrages und einschlägige Kündigungsfristen können die Parteien grundsätzlich frei vereinbaren. Ist **vertraglich keine Kündigungsfrist vereinbart,** kann der Vertrag allerdings nur unter Einhaltung einer angemessenen Frist gekündigt werden.[175] Welche **Frist angemessen** ist, richtet sich dann nach den Umständen des Einzelfalls, insbesondere dem Grad der Förmlichkeit der Vertragsbeziehungen, der bisherigen Vertrags-

[168] *Lonsdale (t/a Lonsdale Agencies) v Howard & Hallam Ltd* [2007] UKHL 32: *„In my opinion, therefore, the courts of the United Kingdom would not be acting inconsistently with the directive if they were to calculate the compensation payable under article 18 (3) by reference to the value of the agency on the assumption that it continued."*

[169] *Shearman (t/a Charles Shearman Agencies) v Hunter Boot Ltd* [2014] EWHC 47 (QB) Rn. 35.

[170] Martinek/Semler/Flohr/Kleinknecht Handbuch Vertriebsrecht § 74 Rn. 23; Christou International Agency Rn. 3–169.

[171] *AMB Imballaggi Plastici Srl v Pacflex* Ltd [1999] 2 All ER (Comm).

[172] Martinek/Semler/Flohr/Kleinknecht Handbuch Vertriebsrecht § 74 Rn. 51; Wauschkuhn/Teichmann RIW 2009, 614 (615).

[173] *Alpha Letting v Neptune* [2003] EWHC 1163.

[174] *Yam Seng PTE Ltd v International Trade Corporation Ltd* [2013] EWHC 111 (QB); zum Ganzen auch Tosato O.J.L.S. 2016, 661 ff.

[175] Martinek/Semler/Flohr/Kleinknecht Handbuch Vertriebsrecht § 70 Rn. 50.

laufzeit, dem Umfang der vom Händler getätigten Investitionen sowie seinem Status als exklusiver bzw. nicht exklusiver Vertreter. Unter Berücksichtigung dieser Maßstäbe hat die Rechtsprechung Fristen zwischen vier und 12 Monaten als angemessen angesehen.[176]

c) Maklerrecht

91 Maklerrecht ist im englischen Recht nicht kodifiziert. Allerdings stellt sich die Frage, ob die unklare Definition des commercial agent in den CAR 1993 im Einzelfall auch Maklerverträge erfassen kann. Sollte das der Fall sein, kommt ggf. die Ausnahme einer secondary activity in Betracht.

d) Grenzen der Vertragsgestaltung

92 Bei der Gestaltung internationaler Vertriebsverträge nach englischem Recht besteht ein zentraler Unterschied gegenüber dem deutschen Recht im Fehlen einer **Inhaltskontrolle** (auch) vorformulierter (Haftungs-)Klauseln. Zwar sieht auch das englische Recht mit dem Unfair Contract Terms Act 1977 (UCTA) eine Inhaltskontrolle von vorformulierten Klauseln (insbes. Haftungsbeschränkungen) im unternehmerischen Geschäftsverkehr vor.[177] Internationale Wirtschaftsverträge sind aber weitgehend aus dem Anwendungsbereich des UCTA 1977 ausgenommen. Zum einen sind s. 2–7 UCTA 1977 generell nicht auf internationale Wirtschaftsverträge anwendbar, wenn englisches Recht nur auf Grundlage einer entsprechenden **Rechtswahl** der Parteien (und nicht bereits durch objektive Anknüpfung) maßgebliches Vertragsstatut ist, s. 27 Abs. 1 UCTA 1977. Das ist aber nach den oben dargelegten Grundsätzen des Europäischen Kollisionsrechts bei Händlerverträgen immer dann der Fall, wenn der Händler seinen Sitz nicht in England hat. Darüber hinaus sind gemäß s. 26 Abs. 1 UCTA 1997 auch „international contracts for the supply of goods" vom Anwendungsbereich des UCTA ausgenommen. Unter diese Bereichsausnahme dürften auch Händlerverträge subsumiert werden können.[178]

e) Bewertung

93 Die wenig geglückte Kodifikation des Handelsvertreterrechts durch die CAR 1993 und der Mangel an belastbarer Rechtsprechung über die Auslegung ihrer einzelnen Bestimmungen macht englisches Recht letztlich aus Sicht beider Parteien nicht zu einer attraktiven Rechtswahloption für Handelsvertreterverträge. Gleiches gilt für Handelsmaklerverträge, weil angesichts der ambivalenten Definition des commercial agent unklar ist, ob die CAR 1993 mit der Folge möglicher Ausgleichsansprüche auch auf Handelsmaklerverträge zur Anwendung kommen können, soweit der Vertrieb von Waren betroffen ist.

94 Anders liegt es, zumindest aus Sicht des Prinzipals, bei der Gestaltung **internationaler Händlerverträge.** Weil hier nur die allgemeinen Regelungen des Vertragsrechts zum Tragen kommen, die der Vertragsfreiheit mit Ausnahme der zwingenden Haftung im Fall von fraud und der Nichtdurchsetzbarkeit von Vertragsstrafen (penalties) kaum Grenzen setzen,[179] besteht bei der Gestaltung auch vorformulierter internationaler Vertriebsverträge ein nahezu **unbegrenzter Spielraum** für die Vertragsgestaltung. Es dürfte daher kein Zu-

[176] *Jackson Distribution Limited v Tum Yeto Inc* [2009] EWHC 982 (QB) Rn. 50 und *Hamsard 3147 Limited Trading v Boots UK Ltd* [2013] EWHC 3251 (Pat) Rn. 69: 9 Monate; *Alpha Lettings Ltd v Neptune Research & Development Inc* [2003] EWCA Civ 704: 4 Monate; *Decro-Wall v Practitioners in Marketing Ltd* [1971] 1 WLR 361: 12 Monate.

[177] Dazu vertieft → § 8 Rn. 49.

[178] So zumindest Christou International Agency Rn. 1–83. Die Bereichsausnahme von s. 26 Abs. 1 UCTA 1977 bezieht auch Beschränkungen der Haftung für eine sog. misrepresentation mit ein, *Trident Turboprop (Dublin) Limited v First Flight Couriers Limited* [2009] EWCA Civ 290 Rn. 22. Zu Haftungsrisiken aus misrepresentation allgemein → § 11 Rn. 19ff.

[179] Unberührt bleiben die möglichen Unwirksamkeitsgründe einer illegality, undue influence or duress und unconscionable bargain, die im unternehmerischen Geschäftsverkehr allerdings nur äußerst selten eingreifen, Anderson/Warner Drafting S. 16.

fall sein, dass insbesondere US-amerikanische Unternehmen bei Verträgen mit kontinentaleuropäischen Vertriebsmittlern häufig englisches Recht als Vertragsstatut vorschlagen, wenn das eigene Heimatrecht nicht durchsetzbar ist. Angesichts der rudimentären Regelungen des common law empfiehlt sich bei der Wahl englischen Rechts auf einen Händlervertrag allerdings in jedem Fall, den Vertrag besonders gründlich und umfassend zu gestalten.

4. Abschließende Erwägungen zur Rechtswahl aus Sicht deutscher Unternehmen

95 Im Gegensatz zu anderen Wirtschaftsverträgen ist die Wahl deutschen Rechts bei Vertragsabschlüssen mit ausländischen **Handelsvertretern** auch aus Sicht deutscher Unternehmen eine tragfähige Option. Denn bei Vertragsgebieten **innerhalb der EU/EWR** kann das zwingende Recht der Handelsvertreterrichtlinie auch durch eine Abwahl deutschen Rechts nicht wirksam abbedungen werden. Bei Vertragsgebieten außerhalb der EU/EWR eröffnet § 92c HGB dagegen (wohl auch bei der Verwendung vorformulierter Vertragsbedingungen)[180] einen großen Spielraum, der in anderen Rechtsordnungen nicht notwendigerweise in gleicher Form existiert. Erheblicher Vorteil des deutschen Handelsvertreterrechts ist auch die größere **Rechtssicherheit** im Fall von Vertragslücken, weil die Auslegung der §§ 84 ff. HGB auf eine lange Rechtsprechungstradition zurückblicken kann, während die durch die Handelsvertreterrichtlinie zum Teil erzwungenen Kodifikationen des Handelsvertreterrechts in anderen EU-Mitgliedsstaaten hier Defizite aufweisen.

96 Anders liegt es bei **Händlerverträgen.** Die massiven Beschränkungen der Gestaltungsfreiheit durch die deutsche **AGB-Inhaltskontrolle** machen die Wahl eines ausländischen Vertragsstatuts aus Sicht des Herstellers attraktiv. Das gilt auch deshalb, weil die rechtlichen Risiken im Zusammenhang mit Händlerverträgen erheblich größer und die von der Rechtsprechung angenommenen (teils AGB-festen) Treuepflichten zugleich deutlich ausgeprägter als im Fall von Handelsvertreterverträgen sind. Hinzu kommt, dass der Ausgleichsanspruch gem. § 89b HGB analog nach jüngster Rechtsprechung des BGH entgegen der wohl bislang herrschenden Lehre bei einem deutschen Recht unterliegenden Händlervertrag nicht ausgeschlossen werden kann, wenn sich das Vertragsgebiet zwar außerhalb Deutschlands, aber **innerhalb der EU/EWR** befindet.[181] Anders als bei Handelsvertreterverträgen ist in dieser Konstellation aber eine Abwahl deutschen Rechts eine sinnvolle Option, weil § 89b HGB in analoger Anwendung zutreffender Weise **nicht als Eingriffsnorm**[182] qualifiziert werden kann.

---

[180] Dazu oben → Rn. 62.

[181] BGH ZVertriebsR 2016, 120 (121); kritisch dazu Ströbl BB 2016, 845 ff.

[182] So zu Recht MüKoHGB/Ströbl § 89b Rn. 253; OLG Frankfurt ZVertriebsR 2017, 244 (250); Flohr/Wauschkuhn/Wauschkuhn Vertriebsrecht § 89b HGB Rn. 390 unter Verweis auf BGH NJW 2016, 1885 (1887): *„Die von der Revisionserwiderung in der mündlichen Verhandlung aufgeworfene Problematik einer möglichen Ungleichbehandlung von schwedischen und deutschen Herstellern oder Lieferanten, die daraus resultiert, dass bei deutschem Recht unterliegenden Vertragshändlerverträgen der Ausgleichsanspruch nicht im Voraus ausgeschlossen werden kann, während das schwedische Recht einen zwingenden Ausgleichsanspruch des Vertragshändlers möglicherweise nicht vorsieht, ist unionsrechtlich unbedenklich, woran kein vernünftiger Zweifel besteht. Denn ein derartiges Rechtsgefälle wird mangels Harmonisierung des Vertragshändlerrechts dadurch legitimiert, dass die Rom I-Verordnung eine Rechtswahl bei Vertragshändlerverträgen zulässt“.* Andere Auffassung Fabig IHR 2019, 1 (8); siehe bereits oben → Fn. 45.

C. Zentrale Bestimmungen in internationalen Vertriebsverträgen

Angesichts der teilweise sehr unterschiedlichen Anforderungen für den Vertrieb sind Musterklauseln, die nicht auf die Besonderheiten der konkret vertriebenen **Vertragsprodukte** abgestimmt sind, nur bedingt verwendbar. Die folgenden Ausführungen beschränken sich daher auf zentrale vertragliche Regelungspunkte, die im Einzelfall modifiziert und um weitere Regelungen ergänzt werden müssen. 97

I. Allgemeine Hinweise zur Vertragsgestaltung

1. Wahl des passenden Vertragstyps

Die Wahl des Vertriebssystems und damit auch des passenden Vertragstyps ist zunächst eine vertriebspolitische und betriebswirtschaftliche Frage.[183] So kann der Aufbau eines Händlernetzes gegenüber dem Einsatz von Handelsvertretern etwa dann vorteilhaft sein, wenn für den Vertrieb der Vertragsprodukte ein lokales Angebot von **After-Sales Services** besonders wichtig ist. Betriebswirtschaftlich günstig ist der Vertrieb über Händler für den Hersteller auch, weil er damit **Absatz- und Lagerrisiken** auf seine Vertriebsmittler überwälzen kann. Umgekehrt können Händler bei besonders kostenintensiven Vertragsprodukten die damit verbundenen Investitionen und Absatzrisiken häufig gar nicht tragen, so dass auf Handelsvertreter oder -makler zurückgegriffen werden muss.[184] 98

Für eine sachgerechte Auswahl sind aber auch die unterschiedlichen rechtlichen Gestaltungsspielräume maßgeblich: Während etwa bei der Einschaltung von Tochterunternehmen (vertikale Vertriebsintegration) ebenso wie beim Einsatz von Handelsvertretern keine oder nur geringe **kartellrechtliche Einschränkungen** bestehen, sind die Spielräume bei Verträgen mit selbstständigen Händlern und Franchisenehmern insbesondere bei Vertragsgebieten innerhalb der EU/EWR deutlich geringer. Das führt beispielsweise dazu, dass der Prinzipal beim Einsatz von Tochterunternehmen oder Handelsvertretern anders als bei Händlern/Franchisenehmern nicht nur die Vertragsprodukte bis zur Übergabe an die Endkunden in seiner Einflusssphäre behalten, sondern auch die Preis- und Vertragsbedingungen mit den Endkunden alleinverantwortlich bestimmen kann.[185] Anders als bei Händlern kann der Hersteller beim Einsatz von Handelsvertretern dadurch etwa auch die deliktische Haftung gegenüber Endkunden besser steuern, da (in den Grenzen zwingender Produkthaftungsvorschriften) im Rahmen der Vertragsgestaltung mit den Endkunden auch deliktische Haftungsansprüche beschränkt werden können. 99

Dagegen muss der Prinzipal beim Einsatz von Handelsvertretern stärker als bei Händlern die Geltendmachung zwingender **Ausgleichsansprüche** nach Vertragsbeendigung befürchten. Insbesondere dieser Nachteil wird beim Einsatz von Handelsmaklern vermieden, mit denen die Vertragsbeziehungen darüber hinaus im Gegensatz zu anderen Absatzmittlern unproblematisch beendet werden können, wenn die Vertriebserwartungen nicht erfüllt werden. Vertriebspolitischer Nachteil von Gelegenheitsvermittlern ist demgegenüber, dass eine systematische Bearbeitung des Vertragsgebietes hier nicht geschuldet ist. 100

Zuletzt sind auch **steuerrechtliche Folgen** mit in die Überlegungen einzubeziehen: So führt etwa nicht nur die Gründung von Tochterunternehmen, sondern auch die Beauftragung abhängiger Vertreter im Vertriebsgebiet (zumindest soweit sie über eine Abschlussvollmacht verfügen) nach den maßgeblichen Bestimmungen der meisten Doppelbesteuerungsabkommen zu einer Betriebsstätte im Ausland, Art. 5 Abs. 5 und 6 OECD-MA, 101

---

[183] Zum Ganzen auch Emde NJOZ 2018, 441 ff.
[184] Christou International Agency Rn. 23–37 f.
[185] Zu diesen Vorteilen auch Christou International Agency Rn. 23–30.

was wiederum eine Doppelbesteuerung der mit Hilfe des Vertriebsmittlers erzielten Gewinne zur Folge haben kann.[186]

2. Getrennte Vertragsmuster für Vertragsgebiete innerhalb und außerhalb der EU/EWR

102 Für die Vertragsgestaltung empfiehlt sich aus Sicht des Prinzipals sowohl bei Händler-, als auch bei Handelsvertreterverträgen die Verwendung von **zwei gesonderten Vertragsmustern** für Vertragsgebiete in der EU/EWR einerseits und außereuropäische Vertragsgebiete andererseits. Hintergrund sind die unterschiedlichen rechtlichen Rahmenbedingungen: Wenn deutsches Recht anwendbar ist, können bei Vertragsgebieten **außerhalb der EU/EWR** auf diese Weise die von § 92c HGB ausdrücklich eingeräumten Spielräume für die Gestaltung von Handelsvertreterverträgen genutzt werden. Bei Händlerverträgen wiederum entfallen in diesem Fall die Restriktionen des Europäischen Kartellrechts, sofern Vertriebsbeschränkungen nicht im Einzelfall zu spürbaren Auswirkungen auf den EU-Markt führen.

II. Musterverträge internationaler Verbände

103 Bekanntere Muster für internationale Vertriebsverträge stammen von der **International Chamber of Commerce** (ICC). Sie hat namentlich Muster für internationale Handelsvertreterverträge (ICC Model Commercial Agency Contract) und Vertragshändlerverträge (ICC Model Contract on Distributorship) konzipiert.[187] Auch internationale Makler- und Franchiseverträge gehören zum Portfolio der ICC.[188]

104 Die ICC-Musterverträge sind ausgewogen und so gut strukturiert, dass **kaum Regelungslücken** verbleiben. Hilfreich ist auch, dass bei vielen wichtigen Regelungspunkten eine Wahl zwischen alternativen Klauseln zur Verfügung steht. Das entbindet freilich auch bei einer Verwendung der Vertragswerke der ICC nicht von der sorgfältigen Prüfung, ob die hier enthaltenen Regelungen bzw. Regelungsalternativen auch die Interessen der Parteien hinreichend widerspiegeln oder ggf. angepasst werden müssen. Nur bedingt zu empfehlen sind zuletzt die in den Vertragswerken vorgeschlagenen **Rechtswahlklauseln:** Sie sehen (zumindest für den Fall einer Schiedsvereinbarung) die Anwendbarkeit von Rechtsprinzipien, deren Geltung für internationale Handelsvertreterverträge international anerkannt ist, gefolgt von maßgeblichen Handelsbräuchen sowie den Unidroit Principles of International Commercial Contracts vor.[189] Ob sich allerdings für Vertriebsverträge international vereinheitlichte (und hinreichend trennscharfe) Rechtsprinzipien überhaupt identifizieren lassen, muss bezweifelt werden.

105 Auch die vorgesehene Berücksichtigung **international zwingender Normen** des Vertragsgebietes, soweit diese universelle Prinzipien widerspiegeln und ihre Anwendung im Kontext des internationalen Handels vernünftig erscheinen würde,[190] führt nicht zu Rechtssicherheit. Die Rechtswahlklausel in den ICC-Mustervertriebsverträgen kann im Übrigen auch nichts daran ändern, dass die Anwendung von Eingriffsnormen nach Maßgabe des jeweils anwendbaren Kollisionsrechts der Parteiautonomie ohnehin entzogen ist.

---

[186] Zur Problematik der DBA-Vertreter-Betriebsstätte Piltz IStR 2004, 181 ff.

[187] ICC Model Contract on Distributorship, ICC Product No. 776E, 2016 Edition; ICC Model Contract Commercial Agency, ICC Product No. 766E, 2015 Edition. Zusätzlich existiert ein eigenes Musterformular für selektive Vertriebssysteme, siehe ICC Model Contract Selective Distributorship, ICC Product No. 773E, 2016 Edition.

[188] ICC Model Contract Occasional Intermediary, ICC Product No. 769E, 2015 Edition; ICC Model International Franchising Contract, ICC Product No. 712E, 2011 Edition.

[189] Art. 24.1 (Variante A) ICC Model Contract Commercial Agency, ICC Product No. 766E, 2015 Edition.

[190] Art. 24.2 (Variante A) ICC Model Contract Commercial Agency, ICC Product No. 766E, 2015 Edition.

III. Handelsvertreterverträge

Grundlegende Regelungen eines Handelsvertretervertrages betreffen neben der Klarstellung des Vertragstyps die Vertragsprodukte, die der Vertreter vertreiben und das Vertriebsgebiet, in dem er tätig sein soll (sachlicher und räumlicher Anwendungsbereich des Vertrages). Mit der Festlegung des Vertriebsgebiets ist auch die Frage verbunden, ob der Vertreter für dieses Gebiet ein Alleinvertriebsrecht erhalten oder lediglich auf nicht exklusiver Basis tätig werden soll. Zentral sind weiter Bestimmungen über die gegenseitigen Pflichten der Parteien bei der Vertragsdurchführung, die Vergütung des Handelsvertreters sowie der Vertragsdauer und Möglichkeiten der Vertragsbeendigung. 106

1. Vertragsgegenstand

Eine Regelung über den Vertragsgegenstand dient in erster Linie der Klarstellung, dass die Parteien (insbesondere in Abgrenzung zu Makler- oder Händlerverträgen) den Abschluss eines Handelsvertretervertrages beabsichtigen. Durch die Bestimmung von Vertragsgebiet, Vertragsprodukten und den Umfang der Vertriebsrechte wird die Festlegung des Vertragsgegenstandes in den nachfolgenden Klauseln weiter verfeinert. 107

Klauselbeispiel für die allgemeine Festlegung des Vertragsgegenstands

[•] Subject Matter

The Company appoints the Agent to act as its commercial agent. Accordingly, the Agent shall procure contracts with customers in the Contractual Territory for the sale of the Contractual Products on behalf and on account of the Company in accordance with the following provisions.

2. Vertragsgebiet und Vertragsprodukte

a) Vertragsgebiet

Das Vertragsgebiet regelt den räumlichen Anwendungsbereich des Handelsvertretervertrages. Es definiert damit nicht nur die **räumlichen Grenzen** von Vertriebspflichten und -rechten, sondern bestimmt meist auch den Umfang von Provisionsansprüchen, die typischerweise auf die Vermittlung solcher Geschäfte begrenzt sind, die mit im Vertragsgebiet ansässigen Kunden zustande kommen. Auch wenn die Vereinbarung eines Vertragsgebiets nicht zwingend ist, dürfte sie in den meisten Fällen schon deswegen sinnvoll sein, um die vertraglich geschuldeten Bemühenspflichten des Vertreters überhaupt hinreichend zu konkretisieren. 108

Die rein **geographische Festlegung** des Vertragsgebiets durch einen Kartenausschnitt in der Vertragsanlage hat dabei den Vorteil, dass keine Rechtsunsicherheiten durch politische oder administrative Änderungen entstehen, wie sie im Fall eines Verweises auf Staats-, Verwaltungs- oder Postzustellungsgebiete auftreten können. 109

Klauselbeispiel für die Bestimmung des Vertragsgebietes

[•] Contractual Territory

The Contractual Territory is the territory as further described and defined in Appendix [•].

Eine **einseitige Änderung** des Vertragsgebiets[191] (insbesondere durch den Prinzipal) ist nur möglich, wenn im Vertrag ein entsprechender **Änderungsvorbehalt** ausdrücklich vorgesehen ist.[192] Bei Geltung der deutschen AGB-Inhaltskontrolle sind die Wirksamkeits- 110

[191] Für eine Änderung der Vertragsprodukte gelten diese Ausführungen in gleicher Weise.

[192] Andernfalls bleibt nur der riskante Weg einer Änderungskündigung, die eine vollständige Kündigung des bisherigen Vertrages unter gleichzeitigem Angebot eines neuen Vertragsabschlusses (mit reduziertem Terri-

voraussetzungen für einen vertraglichen Änderungsvorbehalt, auch wenn er nicht per se unzulässig ist, allerdings nur äußerst schwer zu erfüllen: Die Rechtsprechung macht die Zulässigkeit davon abhängig, dass die einseitige Änderungsmöglichkeit auf benannte schwerwiegende Gründe beschränkt und dem Vertragspartner neben einer Übergangszeit zugleich ein angemessener Ausgleich gewährt wird.[193] Leider enthalten die höchstrichterlichen Entscheidungen dabei keine Fingerzeige für die Kautelarpraxis, was als angemessener Ausgleich für eine Reduktion des Vertragsgebietes angesehen werden kann. Im Übrigen kann die Teilkündigung des Vertrages auch einen Ausgleichsanspruch gem. § 89b HGB in entsprechender Anwendung auslösen.[194]

111 Großzügiger dürfte das Schweizer Recht sein, auch wenn Art. 27 Abs. 2 ZGB und (bei vorformulierten Vertragswerken) die Ungewöhnlichkeitsregel zur Unwirksamkeit der Klausel führen können, wenn der Änderungsvorbehalt gar keinen Einschränkungen unterliegt.[195]

112 Die nachstehende Musterklausel dürfte der deutschen AGB-Inhaltskontrolle vor diesem Hintergrund eindeutig nicht standhalten, wenn die oben skizzierten weiteren Voraussetzungen nicht noch ergänzend aufgenommen werden.[196] Dagegen kommt sie im Fall einer Individualvereinbarung oder eines geeigneten ausländischen Vertragsstatuts auch ohne weitere Einschränkungen in Betracht.

Klauselbeispiel für ein einseitiges Änderungsrecht des Prinzipals mit Blick auf das Vertragsgebiet

The Company is at any time entitled to reduce the size of the Contractual Territory without incurring any liability or obligation to the Agent, whether for a commission or otherwise. The exercise of such right is, however, subject to a [•]'s months prior written notice to the Agent and *[ggf. Festlegung weitergehender Voraussetzungen].*

b) Vertragsprodukte

113 Mit der Definition der Vertragsprodukte legen die Parteien den **sachlichen Anwendungsbereich** des Vertrages fest. Der Prinzipal hat dabei insbesondere die Möglichkeit, nur Teile seiner Produktpalette als Vertragsprodukte des Handelsvertretervertrages zu definieren. Selbst im Fall eines vertraglich vereinbarten oder gesetzlich vorgesehenen (zwingenden) Alleinvertriebsrechts des Vertreters können dann zumindest mit Blick auf die vertraglich nicht erfassten Produkte **weitere Vertriebskanäle** genutzt werden.[197]

114 Unstreitig kann der Prinzipal im Rahmen seiner allgemeinen Unternehmenspolitik auch jederzeit die Produktion der Vertragsprodukte einstellen oder die Vertragsprodukte in technischer Hinsicht abändern. Problematisch ist aber die Ausdünnung der vom Vertreter

---

torium) darstellt. Für den Prinzipal besteht hier die Gefahr, dass der Handelsvertreter den angebotenen neuen Vertrag nicht annimmt und stattdessen einen Ausgleichsanspruch geltend macht.

[193] So zumindest mit Bezug zu einem Händler mit Alleinvertriebsrecht, BGH NJW 2000, 515 (516); auf Handelsvertreterverträge dürften diese Gesichtspunkte übertragbar sein.

[194] Offengelassen von BGH NJW 2000, 515 (518); für einen Ausgleichsanspruch zumindest bei einer wesentlichen Änderung durch die Teilkündigung MüKoHGB/Ströbl § 89b Rn. 57 mwN.

[195] Weitgehende Gestaltungsfreiheit dürfte auch das englische Recht ermöglichen: Insbesondere hat die Rechtsprechung hier im Fall einer vertraglich vorgesehenen einseitigen Änderungsmöglichkeit mit Blick auf das Vertragsgebiet bzw. die Produktpalette einen Ausgleichsanspruch unter dem Gesichtspunkt einer Teilkündigung des Vertrages abgelehnt, s. *Vick v Vogle-Gapes* [2006] EWHC 1579 (QB), siehe auch die schottische Rechtssache *Scottish Power Energy Retail Ltd v Taskforce Contracts Ltd* (2008) CSOH 110. Zu möglichen Grenzen bei der Ausübung von Änderungsvorbehalten vor dem Hintergrund der nun auch im englischen Handelsvertreterrecht geltenden „good faith obligation" allerdings Sidkin/McGinn BLR 2007, 2ff.

[196] Zu (allerdings im Ergebnis ebenfalls nicht zweifelsfrei wirksamen) Formulierungsvorschlägen zur Umsetzung der Vorgaben der AGB-Inhaltskontrolle etwa Wauschkuhn Vertragshändlervertrag S. 33.

[197] So (wohl) bspw. im Handelsvertreterrecht der Vereinigten Arabischen Emirate, das grds. ein zwingendes Alleinvertriebsrecht zugunsten des Vertreters vorsieht, vgl. Stovall ALQ 2006, 308 (311) mit Bezug zu Art. 5 Handelsvertretergesetz.

vertriebenen Produkte durch eine Regelung, nach der Nachfolgeprodukte bzw. technisch geänderte Produkte nicht automatisch Vertragsprodukte werden. Für die einseitige Änderung der **Definition** der Vertragsprodukte durch den Prinzipal, die von der grundsätzlich uneingeschränkt zulässigen Einstellung ihrer Herstellung bzw. technischen Änderungen unterschieden werden muss, gelten bei Anwendbarkeit der deutschen AGB-Inhaltskontrolle im Übrigen die oben skizzierten generellen restriktiven Grundsätze zur Wirksamkeit von Änderungsvorbehalten.

Die folgende Musterklausel verweist bezüglich der genaueren Bestimmung der Vertrags- 115
produkte auf eine Anlage. Nimmt der Prinzipal neue Produkte in sein Portfolio auf, werden diese nur dann Vertragsprodukte im Sinne des Vertrages, wenn sich die Parteien auf einen entsprechenden Nachtrag einigen. Eine Ausnahme gilt angesichts der obenstehenden Erwägungen für **Nachfolgeprodukte,** die ein aus der Produktpalette gestrichenes Vertragsprodukt ersetzen, bzw. ein technisch abgeändertes Produkt.

Klauselbeispiel für die Definition der Vertragsprodukte

[•] Contractual Products

(1) The Contractual Products are the products of the Company as further defined in Annex [•] of this Agreement. Contractual Products, which the Company may in its sole discretion cease to manufacture at any time during the term of this Agreement, are automatically deleted from the scope of the Contractual Products.

(2) Further products added to Company's product portfolio after the conclusion of this Agreement shall not automatically become Contractual Products. However, if a new product is the follow-up product of a Contractual Product withdrawn from Company's product portfolio or a modified version of a Contractual Product, such follow-up or modified product shall automatically become a Contractual Product.[198]

Möglich ist auch die Vereinbarung einer Verpflichtung des Vertreters, **neue Produkte** 116
des Prinzipals in das Vertriebsprogramm aufzunehmen. Zu Schwierigkeiten kann eine solche Regelung allerdings dann führen, wenn das neu hergestellte Produkt mit Produkten anderer Hersteller im Wettbewerb steht, die (zulässigerweise) bereits vom Handelsvertreter vertrieben werden. Daher empfiehlt sich eine Rückausnahme für ein entsprechendes Andienungsrecht des Prinzipals für den Fall, dass dem Vertreter bei dem Vertrieb der neuen Produkte eine **Interessenkollision** droht.[199]

Klauselbeispiel für ein Andienungsrecht des Prinzipals in Bezug auf neu hergestellte Produkte

If the Company puts a new product in the field of [•] on the market, such product shall at the written request of the Company be added to the Contractual Products. The Agent is entitled to reject a corresponding request within fourteen (14) days after its receipt if and when the distribution of the new product in question would trigger a conflict of interest as regards permitted distribution activities of the Agent on behalf of other companies.

Umgekehrt kann sich auch der Handelsvertreter eine Option auf die Vertretung neuer 117
Produkte zusichern lassen.

Klauselbeispiel für eine Andienungspflicht des Prinzipals auf Wunsch des Handelsvertreters

If the Company puts a new product in the field of [•] on the market, the Company shall offer the distribution of such product in addition to the existing scope of Contractual Products to the Agent. Such product may however only be incorporated into this Agreement by a written amendment contract between the Parties.

[198] Nachgebildet der Klausel § 2 in Wauschkuhn Vertragshändlervertrag S. 32.
[199] Dazu Schultze/Wauschkuhn/Spenner/Dau/Kübler Vertragshändlervertrag Rn. 121 ff.

3. Status des Handelsvertreters

a) Exklusivvertreter, Bezirksvertreter, nicht-exklusiver Vertreter

118 Handelsvertreter können als Exklusivvertreter, Bezirksvertreter[200] oder reguläre Handelsvertreter (im deutschen Handelsvertreterrecht im Sinne von § 87 Abs. 1 HGB) eingesetzt werden.[201]

119 Der Exklusivvertreter erhält ein ausschließliches Vertriebsrecht im Vertragsgebiet, dessen Verletzung ua Schadensersatz- und Unterlassungsansprüche auslösen kann. Soll ein vertragliches Alleinvertriebsrecht gewährt werden, sollte immer der **Umfang** möglichst klar beschrieben werden. Fehlt eine solche Präzisierung, wird das Alleinvertriebsrecht zumindest im deutschen Recht in der Regel so ausgelegt werden, dass dem Prinzipal weder der Einsatz weiterer Vertriebsmittler, noch der Direktvertrieb gestattet ist.[202] Die vertragliche Festlegung „exklusiver" Vertriebsgebiete ohne ausdrückliche Vereinbarung eines Alleinvertriebsrechts soll dagegen nach Auffassung der Rechtsprechung lediglich zum Bezirksschutz im Sinne von § 87 Abs. 2 HGB führen.[203] Die folgende Musterklausel stellt daher die Reichweite eines **Alleinvertriebsrechts** zugunsten des Vertreters ausdrücklich klar.

Klauselbeispiel für die Gewährung eines umfassenden Alleinvertriebsrechts

[•] Exclusive Distribution Rights

The Company appoints the Agent as its exclusive representative in the Contractual Territory. Accordingly, the Company shall for the entire term of this Agreement neither sell the Contractual Products directly to customers residing in the Contractual Territory nor appoint another commercial agent, franchisee, distributor or other intermediary therein.

120 Alternativ kann das Alleinvertriebsrecht darauf beschränkt werden, den Einsatz weiterer Vertriebsmittler, nicht aber den Direktvertrieb durch den Prinzipal (ggf. beschränkt auf bestimmte Vertriebskanäle) auszuschließen. Aus Sicht des Prinzipals empfiehlt sich in diesem Fall die Klarstellung, dass der Vertreter im Fall des Direktvertriebs **keinen Anspruch** auf Provisionen bzw. sonstige Kompensationszahlungen erhalten soll.

Klauselbeispiel für die Gewährung eines eingeschränkten Alleinvertriebsrechts

[•] Sole Distribution

The Company appoints the Agent as its sole representative in the Contractual Territory. Accordingly, the Company shall not appoint another dealer, commercial agent, franchisee or any other sales organization in the Contractual Territory with the distribution of the Contractual Products, but expressly reserves the right to sell the Contractual Products directly to customers in the Territory [alternativ: but reserves the right to sell the Contractual Products directly to customers in the Territory via online distribution channels].[204] For the avoidance of doubt, the Agent is not entitled to any commission or other compensation in the event of any permitted direct sales by the Company.

121 Schließlich kann der Handelsvertreter auch auf rein **nicht exklusiver** Basis eingesetzt werden, was – zumindest im deutschen Handelsvertreterrecht – dem gesetzlichen Ausgangspunkt entspricht. Anders als bei Händlerverträgen dürfte im Übrigen nicht nur der

[200] Viele ausländische Rechtsordnungen kennen allerdings nicht den im deutschen Recht geläufigen Unterschied zwischen Exklusiv- und Bezirksvertretern, dazu auch oben → Rn. 57.

[201] Einzelne ausländische Rechtsordnungen sehen bereits von Gesetzes wegen eine dispositive oder sogar zwingende Exklusivität zugunsten des Handelsvertreters vor.

[202] MüKoHGB/Ströbl § 87 Rn. 88 mwN. Anders etwa im Schweizer Recht, wo Direktgeschäfte des Prinzipals im Vertragsgebiet auch bei exklusiven Vertriebsrechten des Agenten weiter zulässig sein sollen, Kull/Wildhaber Schweizer Vertriebsrecht Rn. 233.

[203] OLG Karlsruhe ZVertriebsR 2015, 40 (42).

[204] Alternativ kann der Direktvertrieb auch auf einen bestimmten Vertriebsweg, insbesondere über das Internet beschränkt werden; zur Zulässigkeit eines entsprechenden Vorbehalts BGH WM 2008, 1894.

Einsatz weiterer Vertriebsmittler, sondern auch ein **uneingeschränktes Recht** des Prinzipals zum Direktvertrieb AGB-rechtlich grundsätzlich nicht zu beanstanden sein. Dafür spricht nicht zuletzt, dass der Handelsvertreter typischerweise in deutlich geringerem Umfang als der Händler vertragsspezifische Investitionen, die durch einen Direktvertrieb entwertet werden könnten, tätigen muss.[205]

Klauselbeispiel für ein nicht-exklusives Vertriebsrecht des Handelsvertreters

[•] Subject Matter; Non-exclusive distribution

The Parties agree that Agent's appointment pursuant to this Agreement is on a non-exclusive basis and the Company is accordingly entitled to sell the Contractual Products either directly without the involvement of the agent or through other agents, distributors or sales organizations without incurring any liability or obligation towards the Agent, whether for a commission or otherwise.

122 Bei Geltung deutschen Rechts kann zur Vermeidung einer Bezirksvertreterstellung darüber hinaus noch der Anschein einer „Zuweisung" eines Vertragsgebietes wie in den vorstehenden Beispielen gänzlich vermieden werden. Anders als der Alleinvertreter hat der so genannte **Bezirksvertreter** nach deutschem Recht keinen Anspruch auf Exklusivität. Er erhält aber unabhängig davon, ob er das Geschäft im Einzelfall vermittelt hat, eine Provision für alle Geschäfte, die während der Vertragslaufzeit mit Kunden in seinem Vertragsgebiet abgeschlossen werden. Aus dem Gesetzeswortlaut (§ 87 Abs. 2 HGB) wird allerdings nicht hinreichend klar, was genau eine „Bezirkszuweisung" auslöst. Zwar dürfte allein die Festlegung eines Vertragsgebietes, in dem der Vertreter tätig werden soll, für die Begründung einer Bezirksvertreterstellung nicht ausreichen.[206] Mit der folgenden Musterklausel können verbleibende Zweifel über das Bestehen einer Bezirksvertreterstellung vollständig ausgeräumt werden.

Klauselbeispiel für eine ausdrückliche Klarstellung, dass der Vertreter weder Allein-, noch Bezirksvertreter ist

[•] Subject Matter; Status of Agent

(1) The Agent is appointed on a non-exclusive basis. For the avoidance of doubt, the Agent is also not an „agent entrusted with a specific geographical area" *[Bezirksvertreter]* pursuant to section 87 (2) of the German Commercial Code (HGB).

(2) The Company reserves accordingly the right to sell the Contractual Products directly to customers within the Contractual Territory without involvement of the Agent or to appoint other agents or representatives for the promotion of sales or the procurement of contracts inside the Contractual Territory. The Agent is in neither case entitled to claim a commission or other compensation.

b) Abschlussvertreter; Vermittlungsvertreter

123 Der Handelsvertreter kann als Vermittlungs- oder Abschlussvertreter fungieren. Im letzteren Fall, der auch der gesetzlichen Ausgangslage in den meisten Rechtsordnungen entspricht, besitzt er **keine Vollmacht,** um Verträge im Namen des Prinzipals direkt mit dem jeweiligen Endkunden abzuschließen. Regelmäßig liegt dies auch im Interesse des Prinzipals, der sich dadurch in jedem Einzelfall den Vertragsschluss mit dem Kunden vorbehalten kann. Nicht verhindern kann eine solche Regelung im Vertriebsvertrag natürlich, dass sich Kunden im Einzelfall auf entstandene Rechtsscheinvollmachten berufen können.

---

[205] Einschränkend aber Hopt/Hopt HGB § 89a Rn. 17, der einen Direktvertrieb dann für problematisch hält, wenn der Vertreter in größerem Umfang Investitionen (Kapital und Personal) tätigen muss.

[206] Eine hinreichend klare Benennung, die im Regelfall einen Rückschluss von der vertraglich geregelten Rechtsfolge (Provisionspflicht für alle gebietsansässigen Kunden) auf den Tatbestand (Status als Bezirksvertreter) notwendig macht, verlangt zu Recht etwa Staub/Emde HGB § 87 Rn. 101.

Klauselbeispiel zur Klarstellung, dass der Vertreter weder Abschluss- noch Inkassovollmacht besitzt

(1) The Agent is not authorized to conclude contracts on behalf of the Company or otherwise legally bind the Company. The Agent is also not entitled to collect claims on behalf of the Company.

(2) The Company is under no obligation to accept any order, contract or proposal procured by the Agent.

c) Einsatz von Untervertretern

124 Ist vertraglich nichts anderes vereinbart, darf der Handelsvertreter, wie sich im deutschen Recht mittelbar wohl schon aus § 84 Abs. 3 HGB ergibt, bei der Vertragserfüllung trotz grundsätzlicher Geltung von § 613 S. 2 BGB auch Untervertreter einsetzen.[207] Wird der Untervertreter (wie im Fall des sog. **echten Untervertretervertrages**) auf Grundlage eines zwischen Haupt- und Untervertreter geschlossenen Vertretungsvertrages tätig, ist er **Erfüllungsgehilfe** des Hauptvertreters gem. § 278 BGB. Auch Ansprüche des Untervertreters auf Provision und Ausgleich richten sich in diesem Fall ausschließlich gegen den Hauptvertreter und nicht den Unternehmer.[208] Aus Sicht des Prinzipals kann sich gleichwohl eine Klausel empfehlen, die den Einsatz von Untervertretern grundsätzlich von seiner vorherigen Einwilligung abhängig macht.

Klauselbeispiel für einen Erlaubnisvorbehalt bzgl. des Einsatzes von Untervertretern

[•] Appointment of sub-agents

(1) The Agent is not entitled to appoint sub-agents with regard to the performance of this Agreement without the prior written permission by the Company which shall not unreasonably be withheld.

(2) A written permission as per [•] (1) above shall not relieve the Agent from any responsibility, obligation or liability under this Agreement. Any such appointment will establish contractual relationships solely between the Agent and the respective sub-agent. The Agent must in this case also ensure that any sub-agent appointed by him is bound by obligations identical to those set out in this Agreement.

4. Pflichten der Parteien

a) Pflichten des Handelsvertreters

125 Da die durch die Handelsvertreterrichtlinie vorgegebenen Bemühens- und Interessenwahrnehmungspflichten des Handelsvertreters (und ihre Umsetzung im deutschen Recht durch § 86 Abs. 1 und 2 HGB) zwingender Natur sind, kommen vertraglich abweichende Regelungen zumindest bei einem Vertragsgebiet innerhalb der EU/EWR (vgl. § 92c HGB) grundsätzlich nicht in Betracht. Möglich sind aber vertragliche Präzisierungen der gesetzlich vorgegebenen allgemeinen Bemühens- und Interessenwahrnehmungspflichten. Die folgende Klausel stellt insofern ein Gerüst dar, das von den Parteien auf den Einzelfall angepasst und ggf. noch erheblich erweitert werden muss.

Klauselbeispiel für die Regelung der vom Handelsvertreter geschuldeten Vertriebspflichten

[•] Duties of the Agent

(1) The Agent undertakes to conduct his business in accordance with the highest business standards and in good faith and shall accordingly not perform any act which would or

---

[207] Für das deutsche Recht MüKoHGB/Ströbl § 84 Rn. 121.

[208] Hopt/Hopt § 84 HGB Rn. 31.

might reflect adversely upon the Contractual Products or the business, integrity or goodwill of the Company.

(2) The Agent shall use its best efforts to promote and solicit sales of the Contractual Products to all potential customers residing in the Contractual Territory. Without limiting the generality of the foregoing, the Agent shall in particular
- visit potential customers on a regular basis,
- attend at trade shows,
- comply with reasonable instructions submitted by the Company,
- promptly submit to the Company all enquiries, orders and other prospective business obtained by the Agent for the Contractual Products in sufficiently full and accurate detail in order to enable the Company, with the least possible delay, to deal with the enquiry or order accordingly,
- [•].

b) Informationspflichten

Auch eine Präzisierung der gesetzlichen Informationspflichten des Handelsvertreters 126
kommt in Betracht. Insbesondere kann die Frequenz und der Umfang der vom Handelsvertreter geschuldeten Berichterstattung festgelegt werden. Dabei darf allerdings nicht der **Kernbereich der Selbstständigkeit** des Handelsvertreters verletzt werden.[209]

Klauselbeispiel für eine Präzisierung der gesetzlichen Informationspflichten des Handelsvertreters

[•] Reporting

The Agent shall report to the Company on a monthly basis on his activities and the general market development, in particular regarding the competitive situation as well as, if applicable, any specific circumstances of individual customers and interested parties, in particular their requirements in relation to the Contractual Products and their credit standing.

c) Gebietsbeschränkungen

Anders als Händlern kann auch dem innerhalb der EU/EWR tätigen (echten) Handels- 127
vertreter eine Kundenwerbung außerhalb des Vertragsgebietes **ohne Einschränkungen** untersagt werden. Da diese Beschränkung den Produktmarkt betrifft, kommt das Handelsvertreterprivileg zum Tragen. Sollte der Vertreter trotzdem einen Vertrag mit Kunden außerhalb des Vertragsgebietes erfolgreich vermitteln, dürfte ein Provisionsanspruch in diesem Fall wohl auch nicht aus § 354 HGB folgen, da diese Vorschrift die Berechtigung bzw. Befugnis zum Tätigwerden voraussetzt.[210]

Klauselbeispiel für eine Gebietsbeschränkung des Handelsvertreters

[•] Territorial restrictions

The Agent shall not solicit orders for the Contractual Products from any customers residing outside the Contractual Territory.

---

[209] Unzulässig ist etwa die vertragliche Pflicht zur täglichen Berichterstattung; siehe hierzu für das deutsche Recht mit Rechtsprechungsnachweisen Abrahamczik Handelsvertretervertrag S. 38.

[210] Oetker/Pamp HGB § 354 Rn. 12 mwN. Siehe aber auch OLG Jena BeckRS 2004, 12526: *„Dazu gehört auch der Fall, dass der Handelsvertreter für den Unternehmer Tätigkeiten ausführt, die nicht mehr von seinen vertraglichen Befugnissen gedeckt sind. Daher muss eine Forderungsberechtigung nach § 354 HGB erst recht dann bestehen, wenn der Unternehmer sich die Tätigkeit des Handelsvertreters sogar gefallen lässt und nutzbar macht, obwohl er insoweit vom Fehlen der vertraglichen Grundlage weiß bzw. er die in ihrem Interesse liegende Mitwirkung des Handelsvertreters stillschweigend duldet.“*

5. Wettbewerbsverbot

a) Wettbewerbsverbot während der Vertragslaufzeit

128 Im deutschen und Schweizer Recht ergibt sich ein Wettbewerbsverbot des Handelsvertreters während der Vertragslaufzeit bereits aus der in § 86 Abs. 1 2. HS HGB bzw. Art. 418c Abs. 1 OR verankerten allgemeinen Interessenwahrnehmungspflicht.[211] Eine ausdrückliche vertragliche Regelung ist trotzdem sinnvoll, weil sie den Parteien nicht nur die ohnehin geltende Rechtslage in Erinnerung ruft, sondern auch die schwammigen Konturen des aus dem Gesetz folgenden Wettbewerbsverbots präzisieren kann. So ist in Literatur und Rechtsprechung etwa streitig, ob das aus der Interessenwahrnehmungspflicht folgende Wettbewerbsverbot nur den **Vertrieb von Wettbewerbsprodukten** oder aber generell die Vertretung solcher Unternehmen untersagt, die Produkte oder Dienstleistungen am Markt anbieten, die mit der vom Prinzipal vorgehaltenen Produkt- oder Dienstleistungspalette Überschneidungen aufweisen.[212] Darüber hinaus wird auch der **räumliche Anwendungsbereich** des Wettbewerbsverbots kontrovers diskutiert.[213] Konstitutive Wirkung hat das vertragliche Wettbewerbsverbot schließlich im Fall eines Vertragsstatuts, das ein Wettbewerbsverbot des Handelsvertreters bei Fehlen einer vertraglichen Regelung gar nicht vorsieht.

129 An einem über die konkret vertriebenen Produkte oder Dienstleistungen hinausgehenden Wettbewerbsverbot kann der Prinzipal ein Interesse haben, wenn ansonsten die Gefahr besteht, dass Kunden bedingt durch die Tätigkeit des Handelsvertreters dazu veranlasst werden könnten, anstelle der Waren oder Dienstleistungen des Prinzipals auf diejenigen des Konkurrenten zuzugreifen. Der Handelsvertreter wird dagegen im Zweifel ein Interesse daran haben, das Wettbewerbsverbot auf die konkret vertriebenen Produkte und ggf. auf entsprechende Aktivitäten **im Vertragsgebiet** zu beschränken.

130 Eine vermittelnde Lösung, die keinen kartellrechtlichen oder AGB-rechtlichen Bedenken ausgesetzt sein sollte, könnte wie in der folgenden Musterklausel darin bestehen, dem Handelsvertreter zwar über den Vertrieb von Wettbewerbsprodukten hinaus eine Tätigkeit für Unternehmen zu untersagen, die eine sich mit dem Tätigkeitsfeld des Prinzipals ganz oder teilweise überschneidende Produktpalette anbieten. Gleichzeitig kann dem Prinzipal aber eine Pflicht zur Erteilung einer Ausnahmegenehmigung auferlegt werden, wenn eine Verdrängung des Prinzipals bei potentiellen Kunden durch die intendierte Tätigkeit für Wettbewerber offenkundig nicht besteht.[214]

Klauselbeispiel für ein vertragliches Wettbewerbsverbot

[•] Non-compete obligation

(1) The Agent shall for the entire duration of this Agreement not, except with the prior written consent of the Company, either directly or indirectly promote the sale of products [respectively services] which are competing with the contractual products [respectively services] of this Agreement. This non-compete obligation applies in relation to all customers residing inside [or outside] of the Contractual Territory.

---

[211] Zum deutschen Recht Ebenroth/Boujong/Joost/Strohn/Löwisch HGB § 86 Rn. 23 mwN; zum Schweizer Recht BSK/Pärli OR I Art. 418c Rn. 4. Zur eingeschränkteren Position im englischen Recht *Rossetti Marketing Ltd* [2011] EWHC 2482 (QB).

[212] Gegen dieses weitere Verständnis vom gesetzlichen Wettbewerbsverbot MüKoHGB/Ströbl § 86 Rn. 36; wohl auch Thume IHR 2006, 191 (193). Dafür etwa Hopt/Hopt HGB § 86 Rn. 27. Für eine vermittelnde Lösung Ebenroth/Boujong/Joost/Strohn/Löwisch HGB § 86 Rn. 33.

[213] Für das gesamte Absatzgebiet des Unternehmers etwa BGH MDR 1977, 289; Oetker/Busche HGB § 86 Rn. 25; MüKoHGB/Ströbl § 86 Rn. 38; differenzierend aufgrund Einzelfallbetrachtung Staub/Emde HGB § 86 Rn. 111 f.

[214] Zu einer weitergehenden Klausel, die eine Tätigkeit für andere Unternehmen generell von einer Zustimmung des Prinzipals abhängig macht etwa Albaric/Dickstein/Emde International Agreements S. 446; ähnlich auch Art. 5.3 des ICC Model Contract Commercial Agency, ICC Product No. 766E, 2015 Edition.

(2) The Agent shall for the entire term of this Agreement, except with the prior written consent of the Company, also refrain from representing other companies (or engage in any other distribution activities in that regard) that offer products or services that are competing with Company's overall product range. The Company shall upon prior request of the Agent however permit the representation for such competitor if its interests as regards the sale of the Contractual Products [respectively services] are obviously not affected thereby.

Möglich ist zuletzt eine vertragliche Vereinbarung, die dem Handelsvertreter entgegen der gesetzlichen Ausgangslage ausdrücklich die **Tätigkeit für Wettbewerber** gestattet. Ebenso können Tätigkeiten für bestimmte Unternehmer gezielt vom Anwendungsbereich des Wettbewerbsverbots ausgenommen werden. 131

Klauselbeispiel für eine vollständige oder partielle Abbedingung des Wettbewerbsverbots

[•] Waiver of Non-compete obligation

Alternative 1

The Parties agree that the Agent is permitted to represent other companies and engage in the Contractual Territory either directly or indirectly in any activity or promote the sales of products which are in competition with the Contractual Products.

Alternative 2

For the duration of this Agreement, the Agent shall not, except with the prior written consent of the Company, engage in the Contractual Territory either directly or indirectly in any activity or promote the sales of products which are in competition with the Contractual Products. However, the Parties agree that the following activities of the Agent are expressly excluded from this non-compete obligation: [•].

Zu möglichen Sanktionen bei einer Verletzung des Wettbewerbsverbots kann neben Schadensersatzansprüchen auch eine **außerordentliche Kündigung** des Handelsvertretervertrages gehören. In der Praxis werden häufig auch Vertragsstrafen vereinbart, deren Wirksamkeit in deutschem Recht unterliegenden Formularverträgen mittlerweile allerdings kaum noch sichergestellt werden kann.[215] 132

Bei der Vertragsgestaltung kann sich zuletzt noch die Frage stellen, ob ein Wettbewerbsverbot in Handelsvertreterverträgen bei einem Vertragsgebiet innerhalb der EU/EWR aus kartellrechtlichen Gründen gem. Art. 5 Vertikal-GVO zeitlich auf fünf Jahre befristet werden muss, da das Handelsvertreterprivileg auf diese Beschränkung nicht anwendbar ist. Richtigerweise ist das abzulehnen, sofern nicht das Wettbewerbsverbot im Einzelfall zu einer Marktabschottung führt.[216] 133

b) Nachvertragliches Wettbewerbsverbot

Für ein nachvertragliches Wettbewerbsverbot setzt die Handelsvertreterrichtlinie (sowie die Umsetzung durch § 90a Abs. 1 HGB im deutschen Recht) den Parteien in **räumlicher, sachlicher** und **zeitlicher** Hinsicht zwingende Grenzen, wenn sich das Vertragsgebiet innerhalb der EU/EWR befindet. Ein nachvertragliches Wettbewerbsverbot darf danach maximal für einen Zeitraum von zwei Jahren und nur in Bezug auf die Vertragsgegenstände sowie das Vertragsgebiet vereinbart werden. Darüber hinaus ist bei Anwendbarkeit deutschen Rechts[217] gem. § 90a Abs. 2 HGB zwingend eine angemessene **Karenzent-** 134

[215] Dazu und den kaum noch umsetzbaren Anforderungen der jüngeren Rechtsprechung an die Klauselgestaltung → § 6 Rn. 28.

[216] Dazu → § 5 Rn. 134.

[217] Die Handelsvertreterrichtlinie sieht dagegen keinen zwingenden Anspruch auf Karenzentschädigung vor. Im Schweizer Recht folgt die zwingende Karenzentschädigung aus Art. 418d Abs. 2 OR iVm Art. 340 ff. OR. Maximale Länge des (auch mit Blick auf Ort und Gegenstand angemessen zu begrenzenden) nach-

schädigung zu leisten. Nach zutreffender, allerdings **nicht unbestrittener** Auffassung muss die Karenzentschädigung aber auch in einer vorformulierten Klausel nicht ausdrücklich angesprochen werden, um die Wirksamkeit des nachvertraglichen Wettbewerbsverbots sicherzustellen.[218]

135 Nach überwiegender Auffassung gelten trotz des insoweit unergiebigen Wortlauts der Vorschrift die zwingenden Schranken des § 90a Abs. 2 HGB nicht mehr, wenn das nachvertragliche Wettbewerbsverbot (etwa im Rahmen einer Aufhebungsvereinbarung) gleichzeitig **mit** oder **nach** der **Vertragsbeendigung** vereinbart wird.[219] Allerdings bleiben in diesem Fall – wie auch bei einem Vertragsgebiet außerhalb der EU/EWR – Einschränkungen nach Maßgabe von §§ 138, 242 BGB bzw. § 307 BGB unberührt.

Klauselbeispiel für ein nachvertragliches Wettbewerbsverbot

[•] Post contractual non-compete obligation

The Agent shall with respect to customers residing in the Contractual Territory also for a period of two (2) years after the termination of this Agreement neither directly or indirectly promote the sales of products which are in competition with the Contractual Products.

6. Vergütung

a) Grundtatbestand

136 Die Voraussetzungen für einen Provisionsanspruch hängen maßgeblich vom Status des Handelsvertreters ab. Als Bezirks- bzw. Alleinvertreter hat der Handelsvertreter grundsätzlich für alle Geschäfte mit Kunden im Vertragsgebiet einen Anspruch auf Provision, und zwar unabhängig davon, ob er bei der Vermittlung des Abschlusses beteiligt war oder nicht.

137 Zugunsten des Vertreters kann (wie etwa im Schweizer Agenturvertragsrecht) zusätzlich vereinbart werden, dass der Provisionsanspruch **bereits mit Geschäftsabschluss** vollständig entsteht und erst die feststehende Nichtzahlung des Kunden einen Rückgewähranspruch des Prinzipals auslösen soll.

Klauselbeispiel für eine vorteilhafte Provisionsregelung aus Sicht des Bezirks-/ Alleinvertreters

[•] Payment of Commission

(1) The Agent is entitled to a commission with respect to all contracts falling within the ambit of this Agreement which the Company concludes with customers that are at the time of contract conclusion residing in the Contractual Territory.

(2) The Agent's entitlement to a commission lapses subsequently and paid commissions shall accordingly be refunded to the Company if the execution of the transaction in question is finally prevented for reasons that are not attributable to the Company.

138 Nach dem gesetzlich vorgesehenen Regelfall in vielen Rechtsordnungen ist der Provisionsanspruch des Handelsvertreters dagegen erfolgsabhängig. Darüber hinaus wird die Entstehung von Provisionsansprüchen in internationalen Handelsvertreterverträgen abweichend etwa von § 87a Abs. 1 HGB typischerweise von der **Vertragserfüllung** durch den Kunden abhängig gemacht. Bei einem Vertragsgebiet innerhalb der EU/EWR und Anwendbarkeit deutschen Rechts ist in diesem Fall allerdings die Gewährung eines angemes-

---

vertraglichen Wettbewerbsverbots beträgt hier grundsätzlich drei Jahre, solange keine besonderen Umstände vorliegen, die eine längere Dauer rechtfertigen, Art. 340a Abs. 1 OR.

[218] MüKoHGB/Ströbl § 90a Rn. 38. Andere Auffassung OLG Karlsruhe BeckRS 2015, 20911 Rn. 21.

[219] Oetker/Busche HGB § 90a Rn. 15; BGH NJW 1969, 504 (505); OLG Nürnberg BeckRS 2011, 03953; andere Auffassung OLG Hamburg BeckRS 2012, 09399 unter Berufung auf eine notwendige richtlinienkonforme Auslegung (Art. 20 HVR); ebenso MüKoHGB/Ströbl § 90a Rn. 17.

senen Vorschusses zwingend, § 87a Abs. 1 S. 2 HGB. Auch muss bedacht werden, dass § 87a Abs. 3 HGB einen zwingenden Provisionsanspruch als Vollrecht **unabhängig** von den ggf. vertraglich modifizierten Anspruchsvoraussetzungen des § 87a Abs. 1 HGB anordnet, wenn objektiv feststeht,[220] dass das Geschäft durch den Prinzipal ganz oder teilweise nicht oder nicht so ausgeführt wird, wie es abgeschlossen wurde; es sei denn, die Nichtausführung fällt nicht in den Verantwortungsbereich des Prinzipals. Unterbleiben (wie in der Praxis häufig) entsprechende Rückausnahmen in vorformulierten Handelsvertreterverträgen, droht die Unwirksamkeit der gesamten Provisionsabrede.[221] Bei Geltung deutschen Rechts dürfte angesichts des hohen Gerechtigkeitsgehalts dieser Regelung auch zweifelhaft sein, ob eine Abbedingung von § 87a Abs. 3 HGB in Allgemeinen Geschäftsbedingungen dann zulässig ist, wenn sich das Vertragsgebiet außerhalb der EU/EWR befindet.

Das folgende Klauselbeispiel aus Perspektive des Prinzipals setzt die zwingenden Gren- 139
zen des deutschen Handelsvertreterrechts und der AGB-Inhaltskontrolle bei einem Vertragsgebiet innerhalb der EU/EWR um. Mit den in den Klammern enthaltenen Zusätzen können auch Ansprüche auf Folgeprovisionen ausgeschlossen werden. Die AGB-rechtliche Zulässigkeit einer solchen Abrede ist bislang allerdings nicht geklärt.[222]

Klauselbeispiel für eine Provisionsregelung aus Sicht des Prinzipals

[•] Payment of Commission

(1) The Agent is entitled to a commission with respect to all contracts falling within the ambit of this Agreement which the Company concludes with customers residing in the Contractual Territory at the time of contract conclusion, provided Agent has [in each individual case] directly contributed to the conclusion of the transaction. [For the avoidance of doubt, no commission will be payable solely by reason that the respective customer has initially been procured by the Agent even though the contract actually concluded was not obtained by the Company as a direct result of Agent's procurement activities].

(2) Claims for commission are subject to the Company's receipt of customer's payment of the contract price. The Agent is however entitled to an advance payment amounting to [•] % of the full commission once the Company has executed the transaction. The Agent's entitlement to the commission lapses subject to subparagraph (3) below once it has been determined that the transaction is not performed by the customer; the Agent shall in this event refund any and all advance payments already received for such transactions.

(3) Notwithstanding any of the foregoing provisions, the Agent is also entitled to the full commission once it has been determined that the Company will not or only partially perform or will not perform the contract with the customer in the manner agreed upon. This provision shall, however, not apply if the non-performance is due to reasons that are not attributable to the Company.

b) Berechnungsgrundlage

Üblicherweise vereinbaren die Parteien die Zahlung einer Provision in Höhe eines be- 140
stimmten Prozentsatzes vom Wert des vermittelten Vertrages. Nach der gesetzlichen Regelung in § 87b Abs. 2 HGB sind dabei von dieser Bezugsgröße Nebenkosten nur dann abzusetzen, wenn sie dem Kunden gegenüber gesondert in Rechnung gestellt werden. Für die Umsatzsteuer fingiert die gesetzliche Regelung, dass sie nicht besonders in Rechnung

[220] Die unterbliebene oder nicht vertragsgemäße Ausführung steht etwa dann objektiv fest, wenn der Vertrag mit dem Kunden einvernehmlich aufgehoben, rückabgewickelt oder inhaltlich geändert worden oder die Leistung für den Unternehmer unmöglich geworden ist, Ebenroth/Bojoung/Joost/Strohn/Löwisch HGB § 87a Rn. 19.

[221] Beispiele für unwirksame Klauseln Thume BB 2012, 975 (978).

[222] Dagegen Ebenroth/Bojoung/Joost/Strohn/Löwisch HGB § 87 Rn. 47; eingeschränkt OLG Düsseldorf IHR 2021, 22 (24f.), jedenfalls soweit Provisionsansprüche im Fall der Nichtausführung (verlängerter) Dauerschuldverhältnisse darunter fallen; befürwortend dagegen wohl MüKoHGB/Ströbl § 87 Rn. 71.

gestellt wird.[223] Abweichende Regelungen – wie in der folgenden Musterklausel zugunsten des Prinzipals – sind (auch AGB-rechtlich) grundsätzlich zulässig.[224]

Klauselbeispiel zur Berechnungsgrundlage der Provision

[•] Amount of Commission; Currency

(1) The commission for each contract procured by the Agent in accordance with [•] above shall amount to [•] % of the net ex works price of the customer contract; the aforementioned amount of the commission shall include VAT, if applicable. No commission shall be payable on any amount included in the net ex works price for taxes, customs duties as well as any amounts which must be forwarded to third parties for their independent services in relation to the performance of the respective customer contract.

(2) The Company is entitled to pay the commission in the currency that has been agreed with the customer in the relevant contract.

141 Im Rahmen der zwingenden Grenzen können die Parteien schließlich auch von den gesetzlichen Regelungen zur Fälligkeit der Provisionsansprüche abweichen.

c) Überhangprovisionen

142 Der individualvertragliche Ausschluss von Überhangprovisionen ist auch im deutschen Recht zulässig, soweit die Fallkonstellation des § 87a Abs. 3 HGB unberührt bleibt. Der BGH hat die Frage nach der Zulässigkeit eines Ausschlusses in AGB bislang offengelassen.[225] Unzweifelhaft ist jedenfalls, dass ein Ausschluss vor dem Hintergrund des Verbotes der geltungserhaltenden Reduktion zwingend eine **Rückausnahme** für den Fall des § 87a Abs. 3 HGB vorsehen muss.[226] Bei Vertragsgebieten außerhalb der EU/EWR entfällt zwar gem. § 92c HGB der zwingende Charakter dieser Rückausnahme. Eine vollständige Streichung könnte aber auch hier an § 307 BGB scheitern.

Formulierungsvorschlag für einen Ausschluss von Überhangprovisionen unter Berücksichtigung von § 87a Abs. 3 HGB

No commission shall be payable in respect of any transaction that has been concluded prior to but executed only after the termination of this Agreement. This provision does not apply if and when the execution is delayed due to reasons attributable to the Company pursuant to se 87a (3) of the German Commercial Code (HGB).

d) Nachvertragliche Provisionen

143 Der Anspruch auf nachvertragliche Provisionen kann individualvertraglich ausgeschlossen werden.

Klauselbeispiel für einen vollständigen Ausschluss nachvertraglicher Provisionen

[•] Exclusion of commission claims

No commission shall be payable in respect of any transaction entered into between the Company and the respective customer subsequent to the termination of this Agreement.

[223] Die auf die Berechnungsgrundlage des Vertragswertes eventuell anfallende Umsatzsteuer ist dabei von der Umsatzsteuer zu unterscheiden, die ggf. auf den Provisionsbetrag selbst anfällt.

[224] BGH NJW-RR 2004, 1206 (1207).

[225] BGH NJW 2010, 298 (299). Für Unzulässigkeit grds. Wolf/Lindacher/Pfeiffer/Dammann AGB-Recht Klausel (H) Rn. 122; für Zulässigkeit (jeweils mit Blick auf die Berücksichtigungsfähigkeit im Rahmen eines Ausgleichsanspruchs) dagegen OLG Frankfurt r+s 2012, 207 (208) sowie Ulmer/Brandner/Hensen/Christensen AGB-Recht (23) Handelsvertreterverträge Rn. 4.

[226] Thume BB 2012, 975 (978); BGH NJW 2010, 298 (300).

Dagegen ist durch die Rechtsprechung bislang nicht geklärt, ob eine **vollständige Abbedingung** des § 87 Abs. 3 HGB auch in **AGB** möglich ist.[227] Letztlich dürfte ein Ausschluss von § 87 Abs. 3 Nr. 2 HGB problematischer sein, da dem Prinzipal dadurch die Möglichkeit an die Hand gegeben wird, die Annahme einer Kundenbestellung bewusst zu verzögern. Vor diesem Hintergrund kommt auch eine lediglich partielle Abbedingung nachvertraglicher Provisionsansprüche in Betracht. Die nachstehende Musterklausel beschränkt entsprechende Ansprüche etwa auf die Fallkonstellation, dass ein Angebot des Kunden bis zur Vertragsbeendigung des Handelsvertretervertrages beim Unternehmer vorliegt. 144

Klauselbeispiel für einen teilweisen Ausschluss nachvertraglicher Provisionen

[•] Commission claims with regard to post-contractual transactions

In case of transactions entered into between the Company and the respective customer subsequent to the termination of this Agreement, the Agent is only entitled to a commission if the Company was already before the termination of this Agreement in receipt of customer's offer to enter into the respective transaction.

Soll auch die erste Alternative nicht wegbedungen werden, empfiehlt sich aus Sicht beider Parteien die vertragliche Klarstellung, was unter einem **angemessenen Zeitraum** zu verstehen ist und wann dieser zu laufen beginnt.[228] Aus Gründen der Rechtssicherheit ist ein Fristbeginn zum Ende der Vertragslaufzeit dabei geeigneter als das Abstellen auf die letzte Vermittlungshandlung des Vertreters. 145

Klauselbeispiel für eine Modifizierung der gesetzlichen Regelung über nachvertragliche Provisionen

[•] Commission claims with regard to post-contractual transactions

The Agent is only entitled to a commission in case of transactions entered into between the Company and the respective customer subsequent to the termination of this Agency Agreement, if either a) the Agent has procured the respective order and the transaction has been concluded within [•] days after termination of this Agreement or b) the Company was already before the termination of this Agreement in receipt of customer's offer to enter into the respective transaction.

e) Ausschluss weitergehender Ansprüche auf Aufwendungsersatz

Aus Sicht des Prinzipals ist der Ausschluss von über die Zahlung der Provision hinausgehenden Aufwendungsersatzansprüchen sinnvoll. Ansonsten bleibt der Handelsvertreter bei Geltung deutschen Rechts berechtigt, Ersatz seiner im regelmäßigen Geschäftsbetrieb entstandenen Aufwendungen zumindest bei Handelsüblichkeit zu verlangen, § 87d HGB.[229] 146

Klauselbeispiel für den Ausschluss weitergehender Aufwendungsersatzansprüche

[•] Exclusion of further claims

Any and all costs, expenditures, taxes and/or other charges of any nature incurred by the Agent in performing any activities within the scope of this Agreement shall be deemed fully compensated by the agreed commissions as set forth within [•] above. Accordingly, the Agent is not entitled to any further compensation with regard to any such costs, expenditures, taxes and other charges.

---

[227] Dafür etwa Wauschkuhn/Fröhlich BB 2010, 524 (529); andere Auffassung v. Bodungen/Hesse BB 2010, 533 und wohl auch Thume BB 2012, 975 (981).

[228] Zum Streit über den Fristbeginn nach der gesetzlichen Regelung Wauschkuhn/Fröhlich BB 2010, 524 (526) mwN.

[229] Für nicht im regelmäßigen Geschäftsbetrieb entstandene Aufwendungen kommt unter bestimmten Voraussetzungen ein Ersatzanspruch aus § 670 BGB in Betracht. Ähnlich das Schweizer Recht, Art. 418n Abs. 1 OR.

7. Vertragsbeendigung und Ausgleichsanspruch

a) Vertragslaufzeit und ordentliche Kündigung

147 Als Dauerschuldverhältnisse enthalten Handelsvertreterverträge üblicherweise Regelungen über ihre Laufzeit. Die übersichtlichste Regelung ist die Vereinbarung einer **unbestimmten Laufzeit** nebst einer einheitlichen Kündigungsfrist für beide Parteien. Dabei sind die einschlägigen Mindestkündigungsfristen (im deutschen Recht § 89 HGB) zu beachten.

148 Die folgende Musterklausel sieht anders als die gesetzliche Regelung in § 89 HGB zur Vereinfachung der Vertragsabwicklung eine einheitliche Kündigungsfrist von sechs Monaten unabhängig von der tatsächlichen Vertragslaufzeit zum Kündigungstermin vor. Alternativ kann an der gesetzlichen Regelung ansteigender Fristen festgehalten werden, auf die in der Kautelarpraxis teilweise auch deklaratorisch verwiesen wird.

149 Bei Vertragsgebieten **außerhalb der EU/EWR** kommt (wohl auch in AGB) unabhängig von der Vertragslaufzeit eine Kürzung der gesetzlichen Kündigungsfristen in Betracht.[230]

[•] Term and Termination

(1) This Agreement is concluded for an indefinite period of time.

(2) Either Party may terminate this Agreement at any time upon six (6) months' prior written notice effective at the end of a calendar month.

150 In vielen internationalen Vertriebsverträgen wird alternativ eine **befristete Laufzeit** vereinbart. Nicht unüblich sind auch Klauseln, nach denen sich die Vertragslaufzeit jeweils automatisch um einen neuen definierten Zeitraum verlängert, falls keine Vertragspartei den Vertrag zum Ende der Grundlaufzeit oder eines Verlängerungszeitraums kündigt. Für die Variante der Befristung mit automatischer Verlängerung ist dabei ein wirklicher Mehrwert nicht erkennbar. Vielmehr entstehen durch diese Regelungstechnik häufig Auslegungsprobleme, wenn die Klausel nicht eindeutig zu erkennen gibt, ob eine Kündigung auch innerhalb des initial term oder eines consecutive term möglich ist.[231]

151 Eine echte Befristung wiederum hat aus Sicht des Prinzipals den Nachteil, dass der Vertreter in diesem Fall den Abschluss einer neuen Vereinbarung ablehnen und als Folge Ausgleichsansprüche verlangen kann, wenn diese nicht (wirksam) ausgeschlossen wurden. Rechtsunsicherheiten entstehen aber auch dann, wenn die Parteien die Zusammenarbeit trotz Ablauf der Vertragslaufzeit fortsetzen.[232]

152 Sinnvoll kann die Befristung dagegen dann sein, wenn das anwendbare zwingende Recht ein reguläres Kündigungsrecht im Falle eines unbefristeten Vertrages nicht oder nur eingeschränkt anerkennt.[233] So kann sich der Vertriebsmittler im Fall eines unbefristeten Vertrages nach französischem Recht gem. Artikel L 442-1 Abs. 2 Code de Commerce unter Umständen auf den Tatbestand eines „brutalen Abbruchs" *(rupture brutale)* einer laufenden Geschäftsbeziehung berufen, wenn sich die vertragliche Kündigungsfrist im Einzelfall als unangemessen kurz darstellt. War der Vertrag dagegen von vorneherein befristet, kann

---

[230] So etwa Staub/Emde HGB § 89 Rn. 140.

[231] Dazu → § 2 Rn. 20.

[232] Im deutschen Recht gilt der Vertrag dann als auf unbestimmte Zeit verlängert, § 89 Abs. 3 HGB; eine Fortsetzung im Sinne dieser Vorschrift nimmt die Rechtsprechung schon dann an, wenn der Vertreter seine Tätigkeit fortsetzt und der Prinzipal nicht unverzüglich widerspricht, s. BGH WM 2005, 1041. Im Schweizer Recht verlängert sich der Vertrag in diesem Fall um die ursprünglich vereinbarte Zeitspanne, maximal jedoch um ein Jahr, Art. 418p Abs. 2 OR.

[233] So vormals etwa nach dem Recht der Vereinigten Arabischen Emirate (auch) im Fall registrierter Handelsvertreter, Stovall ALQ 2008, 307 (316). Mit der Verschärfung des Handelsvertretergesetzes der VAE kann allerdings mit einer Befristung ein Ausgleichsanspruch nicht mehr vermieden werden, weil die Verweigerung einer Vertragsverlängerung nunmehr auch einen wichtigen Grund voraussetzt, Christou International Agency Rn. 21–48.

ein entsprechender Vertrauenstatbestand des Vertriebsmittlers auf eine ständige Geschäftsbeziehung gar nicht erst entstehen.[234]

Klauselbeispiel für eine befristete Vertragslaufzeit

[•] Term and Termination

(1) This Agreement is concluded for a period of [•] from the commencement date and shall accordingly automatically expire after that date.

b) Außerordentliche Kündigung

Die Regelung der außerordentlichen Kündigung überlässt die Handelsvertreterrichtlinie (Art. 16 der Richtlinie) den nationalen Rechtsordnungen.[235] Ein außerordentliches Kündigungsrecht für den Fall der Unzumutbarkeit der Vertragsfortführung[236] ergibt sich dabei aus den nationalen Rechtsordnungen bereits von Gesetzes wegen.[237] Vertraglich können zur außerordentlichen Kündigung berechtigende Gründe präzisiert werden. Bei Anwendbarkeit des deutschen Rechts kommt aber weder ein Ausschluss von Kündigungsgründen in Betracht, die gem. § 89a Abs. 1 HGB ansonsten zur Kündigung berechtigen würden, noch können Gründe zu wichtigen Gründen erklärt werden, die sich bei objektiver Betrachtung nicht als erheblich darstellen.[238] Vergleichbare Grenzen für (auch individualvertragliche) Vereinbarungen über Kündigungsgründe bestehen angesichts der zwingenden Ausgestaltung von Art. 418r OR im Schweizer Recht.[239] 153

Klauselbeispiel für eine Regelung außerordentlicher Kündigungsgründe

[•] Termination for cause

(1) Either party may terminate this Agreement for good cause with immediate effect.

(2) Good cause shall include but not be limited to

a) a serious breach of the Agreement by the respective other Party which is not remedied in due course;

b) a change of control, a change of the top management or the financial standing of the Agent if this can in each case reasonably be expected to have detrimental consequences on the distribution activities of the Agent, the relationship with the customers or the relationship between the Parties.

c) [•]

---

[234] Zum Ganzen Kutscher-Puis ZVertriebsR 2012, 161 (162ff.), die allerdings auch davon ausgeht, dass bei Einhaltung der gesetzlichen Kündigungsfristen für Handelsvertreterverträge ein brutaler Abbruch der Geschäftsbeziehung nicht angenommen werden kann; anders dagegen bei Händlerverträgen.

[235] Hopt/Hopt HGB § 89a Rn. 1.

[236] Zu der kaum noch überschaubaren Kasuistik im deutschen Recht etwa Hopt/Hopt HGB § 89a Rn. 16ff.

[237] § 89a HGB; im Schweizer Recht Art. 418r iVm Art. 337 Abs. 2 OR; zum englischen Recht und der sofortigen Terminierungsmöglichkeit im Fall eines sog. „repudiatory breach" Bowstead & Reynolds on Agency Rn. 11–039.

[238] Wolf/Lindacher/Pfeiffer/Dammann AGB-Recht Klauseln (H) Rn. 136a f.; dies gilt nicht nur für AGB (§ 307 BGB), sondern angesichts von § 89a Abs. 1 S. 2 HGB (sowie im Fall einer Erweiterung außerordentlicher Kündigungsgründe gem. § 89 Abs. 2 HGB) auch bei Individualverträgen. Zweifelhaft ist wegen der jüngeren Rechtsprechung des BGH zumindest im Fall einer Anwendbarkeit deutschen Insolvenzrechts auch geworden, ob der Insolvenzfall des Vertriebsmittlers als Kündigungsgrund vereinbart werden darf (§§ 108, 119 InsO), dazu Mesch ZVertriebsR 2015, 8 (13).

[239] BSK/Pärli OR I Art. 418r Rn. 6 sowie BGE 89 II 30 (35f.). Großzügiger ist das englische Recht: Es erlaubt den Parteien zumindest außerhalb des Anwendungsbereichs des Unfair Contract Terms Act 1977 grundsätzlich die privatautonome Festlegung, welche Vertragsverletzungen als wesentlich anzusehen sind. Dazu reicht allerdings die bloße Bezeichnung einer Vertragspflicht als sog. „condition" nicht immer aus; dazu für den Fall eines Handelsvertretervertrages etwa L *Schuler AG v Wickman Machine Tool Sales Ltd* [1974] AC 235 (HL).

c) Ausgleichsanspruch

154 Ein Ausschluss von Ausgleichsansprüchen kommt nur bei Handelsvertreterverträgen mit Vertragsgebieten **außerhalb der EU/EWR** in Betracht. In diesem Fall erlaubt § 92c HGB (bei Geltung deutschen Rechts) ausdrücklich den Ausschluss des ansonsten zwingenden Ausgleichsanspruchs. Nach Auffassung der Rechtsprechung und der herrschenden Literatur gilt dies auch im Fall vorformulierter Vertragsbedingungen und im Übrigen selbst dann, wenn das im Vertragsgebiet geltende Recht einen zwingenden Ausgleichsanspruch vorsieht.[240]

155 Auf einem anderen Blatt steht freilich, dass sich der Vertreter möglicherweise auf international zwingendes Recht am Aufenthaltsort berufen kann, das zumindest von staatlichen Gerichten mit Sitz im Vertragsgebiet ggf. trotz einer abweichenden Rechtswahl bzw. Gerichtsstands- oder Schiedsvereinbarung durchgesetzt wird.

Klauselbeispiel für einen Ausschluss des Ausgleichsanspruchs bei Geltung deutschen Rechts

[•] Exclusion of claim for compensation or indemnity

No compensation or indemnity with respect to the loss of the customer base shall be payable by reason of a termination of this Agreement, irrespective of by which Party and for what reasons the Agreement is terminated. The application of Section 89b of the German Commercial Code *(Handelsgesetzbuch)* is accordingly excluded in accordance with Section 92c of the German Commercial Code.

8. Sonstiges

156 Neben den üblichen „boilerplates“[241] enthalten internationale Handelsvertreterverträge häufig Compliance-Bestimmungen über die Einhaltung in- und ausländischer Gesetzesbestimmungen zur Verhinderung von Korruption.[242] Seltener ist dagegen die Vereinbarung vertraglicher Haftungsbeschränkungen. Das dürfte darauf zurückzuführen sein, dass die Haftungsrisiken der Parteien im Zusammenhang mit Handelsvertreterverträgen grundsätzlich deutlich geringer sind als bei Händlerverträgen.

IV. Vertragshändlerverträge

157 Zu den grundlegenden Vertragsbestimmungen gehören auch bei einem Händlervertrag die Definition von **Vertragsprodukten** und **Vertragsgebiet** sowie Regelungen darüber, ob bzw. in welchem Umfang der Händler auf exklusiver Basis tätig werden soll. Gegenüber der Gestaltung von Handelsvertreterverträgen ergibt sich aber zusätzlicher Regelungsbedarf: Zum einen soll der Händler häufig etwa zur Lagerhaltung, der Durchführung von Kundendienst- und Wartungsarbeiten und anderen Vertriebsaufgaben verpflichtet werden, die dem (echten) Handelsvertreter typischerweise nicht obliegen. Zum anderen müssen sich die Parteien anders als bei Handelsvertreterverträgen über die Abwicklung der einzelnen Lieferverträge und damit verbundene rechtliche Fragen verständigen, die in Ausführung des Händlervertrags geschlossen werden.

---

[240] OLG München NJW-RR 2003, 471 (472); MüKoHGB/Ströbl § 92c Rn. 17 mwN; Teichmann/Wauschkuhn ZVertriebsR 2012, 274 (277) mwN. Für eine teleologische Reduktion des § 92c HGB für den Fall, dass das lokale Recht im Vertragsgebiet einen zwingenden Ausgleichsanspruch vorsieht dagegen Thume IHR 2009, 141 (148).

[241] Dazu unten → Rn. 220.

[242] Dazu unten für alle Vertriebsverträge → Rn. 213 ff.

1. Vertragsgegenstand

Üblicherweise enthalten Vertragshändlerverträge zu Beginn die allgemeine Beschreibung der **Rollenfunktion** des Händlers. Sie besteht in Abgrenzung zu anderen Vertriebsverträgen darin, dass der Händler zum Vertrieb der Vertragsprodukte im Vertragsgebiet gegenüber dem Hersteller zwar verpflichtet ist, dabei aber im eigenen Namen und auf eigene Rechnung handelt. 158

Zweckmäßig ist in diesem Zusammenhang auch die ergänzende Klarstellung, dass der Händler keine Vollmacht besitzt, um den Hersteller im Zusammenhang mit der Vertragsdurchführung rechtsgeschäftlich zu vertreten. 159

Klauselbeispiel für eine allgemeine Beschreibung des Vertragsgegenstandes

[•] Subject Matter

(1) The Manufacturer entrusts the Dealer with the marketing and the sale of the Contractual Products in the Contractual Territory as defined below.

(2) The Dealer will resell the Contractual Products to customers in its own name and on its own account as an independent contractor. Accordingly, the Dealer, or any of its employees, agents or representatives shall, under no circumstances, be deemed employees, agents or representatives of the Manufacturer.

(3) Neither Party has any right to enter into any contract or commitment in the name of, or on behalf of the other, or to bind the other Party in any respect whatsoever.

2. Vertragsgebiet und Vertragsprodukte

Zu vertraglichen Regelungen über das Vertragsgebiet und die Vertragsprodukte kann grundsätzlich auf die **obigen Ausführungen** zu Handelsvertreterverträgen verwiesen werden, da sich für die Gestaltung von Händlerverträgen insofern keine entscheidenden Abweichungen ergeben.[243] Unterliegt der Händlervertrag der deutschen AGB-Inhaltskontrolle, ist aus Sicht des Herstellers allerdings der **anfängliche Zuschnitt** des Vertragsgebiets von besonderer Bedeutung, weil das Recht zum Direktvertrieb des Herstellers innerhalb des definierten Vertragsgebiets auch bei nicht-exklusiven Händlern zumindest dann eingeschränkt ist, wenn der Händler einem Handelsvertreter vergleichbar in die Vertriebsorganisation des Herstellers eingebunden ist.[244] 160

Im Übrigen bleibt der Hersteller auch bei Händlerverträgen frei, die Herstellung der Vertragsprodukte einzustellen oder diese abzuändern. Soweit diese grundlegende unternehmerische Freiheit im Vertrag ausdrücklich geregelt wird, empfiehlt sich aus Klarstellungsgründen der Hinweis, dass bereits abgeschlossene Kaufverträge mit dem Händler davon unberührt bleiben.[245] 161

Klauselbeispiel für die Klarstellung des Rechts des Herstellers auf Einstellung/ Abänderung der Vertragsprodukte mit Ausnahme bereits verkaufter Ware

[•] Discontinuation or modification of Contractual Products

The Manufacturer may at any time discontinue the manufacture of the Contractual Products or make any changes or improvements in relation to specifications, construction or design of the Contractual Products without incurring any obligation or liability to the Deal-

[243] Gleiches gilt für die Regelung, ob der Einsatz von Subdistributoren zulässig sein soll oder nicht, vgl. → Rn. 124.

[244] Dazu unten (bei Anwendbarkeit der deutschen AGB-Inhaltskontrolle) → Rn. 167.

[245] Ein Lösungsrecht mit Blick auf bereits abgeschlossene Lieferverträge wäre bei Geltung deutschen Rechts trotz fehlender Indizwirkung des § 308 Nr. 4 BGB für den unternehmerischen Geschäftsverkehr gem. § 307 BGB grundsätzlich nicht zulässig, Wolf/Lindacher/Pfeiffer/Dammann AGB-Recht § 308 Nr. 4 BGB Rn. 73.

er. Existing delivery obligations of the Manufacturer in accordance with individual sales contracts already concluded between the Parties at that point of time remain unaffected.

3. Alleinvertriebsrecht oder nicht-exklusiver Vertrieb

162 Die Gestaltung **vertraglicher Regelungen** über die Gewährung oder Nichtgewährung von Alleinvertriebsrechten ist nicht unproblematisch, weil sie neben kartellrechtlichen Vorgaben zumindest bei Anwendbarkeit der deutschen AGB-Inhaltskontrolle auch die Grenzen der §§ 307 ff. BGB beachten muss. AGB-rechtliche Restriktionen einerseits und kartellrechtliche Vorgaben andererseits führen hier zu einem gewissen **Spannungsverhältnis:** Während das Kartellrecht den Alleinvertrieb grundsätzlich als (wenn auch meist freistellungsfähige) Wettbewerbsbeschränkung ansieht, verbietet das deutsche AGB-Recht dem Hersteller bei entsprechend weitgehender Eingliederung des Händlers in die Vertriebsorganisation gerade, sich den Direktvertrieb vertraglich uneingeschränkt offenzuhalten.

163 Unabhängig von den rechtlichen Grenzen nach Maßgabe des anwendbaren Rechts gilt auch bei Händlerverträgen zunächst, dass der jeweilige Status des Händlers so **präzise wie möglich** geregelt werden sollte. Das beinhaltet insbesondere die Klarstellung, ob eine vertraglich gewährte Exklusivität nur den Direktvertrieb oder den Vertrieb über weitere Absatzmittler oder aber die Nutzung beider Vertriebskanäle unterbinden will. Fehlt eine entsprechende Präzisierung bei Vereinbarung eines Alleinvertriebsrechts, geht die Rechtsprechung zumindest im deutschen und Schweizer Recht davon aus, dass **sowohl Direktvertrieb** als auch der **Einsatz weiterer Vertriebsmittler** im Vertragsgebiet unterbleiben müssen.[246]

164 Ein Alleinvertriebsrecht ist nach Europäischem Kartellrecht gem. Art. 2 Abs. 1, 3 Abs. 1 Vertikal-GVO **vom Kartellverbot freigestellt,** wenn die Marktanteile beider Parteien auf den maßgeblichen Absatz- bzw. Bezugsmärkten jeweils 30% nicht übersteigen. Eine zeitliche Befristung ist hier nicht erforderlich.[247] Auch in den Kartellrechtsordnungen anderer Jurisdiktionen dürfte ein Alleinvertriebsrecht in diesem Fall regelmäßig keinen entscheidenden Bedenken begegnen.

Klauselbeispiel für ein umfassendes Alleinvertriebsrecht

[•] Exclusive Dealership

The Dealer has an exclusive right of distribution in the Contractual Territory. Accordingly, the Manufacturer shall neither sell the Contractual Products directly to customers nor entrust other sales organizations (distributors, commercial agents, franchisees etc) with the distribution of the Contractual Products in the Contractual Territory. For the avoidance of doubt, the exclusivity granted in accordance with this clause shall also cover sales by the Manufacturer via the internet.[248]

165 Bei einem vertraglich gewährten Alleinvertriebsrecht kann zuletzt zweifelhaft sein, ob damit auch die Verpflichtung des Herstellers verbunden ist, anderen Vertriebsmittlern den **aktiven Verkauf** der Vertragsprodukte an Kunden im Vertragsgebiet vertraglich zu untersagen.[249] Für den Händler ist eine solche Verpflichtung des Herstellers im Sinne einer **echten Gebietsschutzabrede** wünschenswert, weil sein Alleinvertriebsrecht nur dadurch

---

[246] Zum Schweizer Recht CHK/Jacobs Vorb. 184 ff. OR Rn. 24; BSK/Amstutz/Morin OR I Einl. vor Art. 184 ff. Rn. 118.

[247] → § 5 Rn. 101.

[248] Es kann sich die Frage stellen, ob ein Alleinvertriebsrecht auch den Internetvertrieb des Herstellers mit Blick auf Kunden im Vertragsgebiet ausschließen soll. Aus diesem Grund empfiehlt sich auch hier eine ausdrückliche Regelung.

[249] Dagegen etwa BGH NJW 1966, 1117 (1118); s. zum deutschen Recht Staub/Emde HGB Vor § 84 Rn. 587 (echte Gebietsschutzabrede notwendig); zum Schweizer Recht und der hier kontroversen Rechtsprechung CHK/Jacobs Vorb. 184 ff. OR Rn. 24. Ein Verbot des passiven Verkaufs darf aus kartellrechtlichen Gründen dagegen grs. nicht vereinbart werden, unten → Rn. 176.

effektiv abgesichert werden kann. Für den Hersteller ist sie dagegen potentiell haftungsträchtig. Allerdings ist die generelle Absicherung des Händlers in diesem Sinne auch ohne korrespondierende vertragliche Pflicht notwendig, wenn das Gebiet als exklusiv zugewiesenes Gebiet im Sinne von Art. 4 lit. b) i) Vertikal-GVO eingestuft werden soll.[250]

Klauselbeispiel für eine echte Gebietsschutzabrede zur Absicherung des Alleinvertriebsrechts

The Manufacturer shall commit its other distributors to refrain from actively selling the Contractual Products to any customer residing in the Contractual Territory. In addition, the Manufacturer shall use reasonable endeavours to supervise and enforce the compliance of its other distributors with said restrictions.

Im Grundsatz denkbar ist auch die Vereinbarung einer lediglich eingeschränkten Exklu- 166
sivität, bei der sich der Hersteller insbesondere das Recht zum Direktvertrieb vorbehält. Im Sprachgebrauch des englischen Rechts liegt dann eine „sole distributorship" vor.[251]

Klauselbeispiel für ein eingeschränktes Alleinvertriebsrecht

[•] Sole Distributorship

The Manufacturer shall not appoint another dealer or other distributor in the Contractual Territory. However, the Manufacturer expressly reserves the right to sell the Products directly to customers in the Contractual Territory.

Unterliegt der Vertrag der deutschen AGB-Inhaltskontrolle ist ein uneinge- 167
schränktes vertragliches Recht für den Hersteller, die Vertragswaren im Vertragsgebiet auch ohne Einschaltung des Händlers direkt vertreiben zu können, als **Verstoß gegen die Treuepflicht** dagegen zumindest dann unzulässig, wenn der Händler weitreichend in die Vertriebsorganisation des Herstellers eingebunden ist.[252] Hintergrund dafür ist, dass der Hersteller die Vertragsprodukte ohne Aufschlag der Händlermarge anbieten kann und für den Händler damit im Vergleich zu anderen Vertriebsmittlern eine gefährlichere Konkurrenz darstellt. Die einschlägige Rechtsprechung des BGH muss wohl so verstanden werden, dass der Direktvertrieb in diesem Fall auf eine klar definierte Kundengruppe oder bestimmte Vertriebswege beschränkt werden und dem Händler zusätzlich ein Ausgleich für die eingeschränkt zulässigen Direktverkäufe eingeräumt werden muss.[253] Dagegen kann sich der Hersteller auch in vorformulierten Vertragsbedingungen das Recht zum **Einsatz weiterer Absatzmittler** vollumfänglich vorbehalten, wenn von Vertragsbeginn an gerade kein Alleinvertriebsrecht gewährt werden soll.[254]

---

[250] Vertikal-LL Rn. 122: „*Damit das Alleinvertriebssystem unter die Freistellung nach Artikel 2 Absatz 1 der Verordnung (EU) 2022/720 fällt, müssen die benannten Händler vor aktiven Verkäufen durch alle anderen Abnehmer des Anbieters in das exklusiv zugewiesene Gebiet oder an die exklusiv zugewiesene Kundengruppe geschützt werden. Benennt ein Anbieter für ein exklusiv zugewiesenes Gebiet oder eine exklusiv zugewiesene Kundengruppe mehrere Händler, müssen alle diese Händler vor aktiven Verkäufen sämtlicher anderen Abnehmer des Anbieters in dieses Gebiet bzw. an diese Kundengruppe geschützt werden, wobei aktive und passive Verkäufe durch diese Händler innerhalb des exklusiv zugewiesenen Gebiets bzw. innerhalb der exklusiv zugewiesenen Kundengruppe nicht beschränkt werden können.* (...)."

[251] Zum Unterschied zwischen „sole" und „exclusive" im englischen Vertragsrecht etwa Anderson/Warner Drafting S. 212 f.

[252] Martinek/Semler/Flohr/Manderla Handbuch Vertriebsrecht § 25 Rn. 19 mwN zur Rechtsprechung. Die hierfür maßgeblichen Kriterien dürften im Wesentlichen die gleichen sein wie bei der Prüfung der ersten Analogievoraussetzung gem. § 89b HGB.

[253] BGH NJW-RR 2005, 1496 (1498): Zulässig ist aber die vertragliche Vereinbarung eines nicht näher bestimmten „angemessenen Ausgleichs", wenn tatbestandsseitig auf die nachweisliche Beeinträchtigung des Händlers abgestellt wird. Gegen eine Entschädigungspflicht bei (eingeschränktem) Direktvertriebsvorbehalt auch in AGB aber etwa Ströbl Änderungsvorbehalte S. 221.

[254] BGH NJW-RR 1988, 1077 (1080); Wolf/Lindacher/Pfeiffer/Dammann AGB-Recht Vertragshändlervertrag Rn. V 331; eingeschränkter offenbar OLG Düsseldorf GRUR-RR 2009, 109 (110), das auch in diesem Fall die Zulässigkeit wohl vom Grad der Eingliederung abhängig machen möchte.

168 Unterliegt der Vertriebsvertrag englischem oder Schweizer Recht, dürfte im Zweifel auch eine Regelung nach Maßgabe der nachstehenden **zweiten Alternative** zulässig sein, in der sich der Hersteller sowohl den Einsatz weiterer Vertriebsmittler als auch den Direktvertrieb ohne weitere Einschränkungen bzw. der Verpflichtung zu Ausgleichszahlungen offenhält.

Klauselbeispiel für ein nicht exklusives Vertriebsrecht

Alternative 1
[eingeschränkter Direktvertriebsvorbehalt mit Verpflichtung zur Ausgleichszahlung]

[•] Non-exclusive Dealership

The Dealer has a non-exclusive right of distribution. Accordingly, the Manufacturer is for the entire term of this Agreement entitled to entrust other sales organizations with the distribution of the Contractual Products in the Contractual Territory. The Manufacturer may also sell the Products to those customers respectively customer groups as further specified in Annex [•]. The Dealer is however entitled to a commission amounting to [•]% of the respective net contract price generated by a direct sale of the Manufacturer during the term of this Agreement to customers residing in the Contractual Territory. Claims for commission are subject to Manufacturer's receipt of customer's full payment of the respective contract price.

Alternative 2
[uneingeschränktes Recht zum Direktvertrieb und/oder dem Einsatz weiterer Vertriebsmittler]

The Dealer is appointed on a non-exclusive basis. The Manufacturer is accordingly entitled to distribute the Contractual Products to customers in the Contractual Territory directly, via other sales organizations such as distributors, commercial agents or occasional intermediaries, or both. For the avoidance of doubt, the Dealer is not entitled to any form of compensation in relation to any distribution of the Contractual Products in the Contractual Territory via third parties or by means of direct sales by the Manufacturer.

4. Wechselseitige Vertragspflichten der Parteien

a) Pflichten des Händlers

169 Die Festlegung der vertraglichen Pflichten des Händlers ist von den vertriebspolitischen Bedürfnissen im Einzelfall abhängig. Angesichts der rechtlichen Folgen sollte in jedem Fall geprüft werden, welche Pflichten für einen erfolgreichen Vertrieb tatsächlich notwendig sind. Führt der Pflichtenumfang zu einer hinreichend starken Eingliederung des Händlers in die Vertriebsorganisation des Herstellers,[255] kann dies im deutschen und Schweizer Recht nicht nur die erste Analogievoraussetzung für die Geltendmachung eines **Ausgleichsanspruchs** nach Vertragsbeendigung erfüllen, sondern (nach deutschem Recht) zugleich auch zu den bereits diskutierten Einschränkungen für den Hersteller mit Blick auf den Direktvertrieb im Vertragsgebiet führen.

---

[255] Bei der Prüfung, ob eine der Stellung des Handelsvertreters vergleichbare Eingliederung in die Vertriebsorganisation vorliegt, stellt die Rechtsprechung auf eine Vielzahl verschiedener Vertragspflichten ab, die zwar nicht vollständig, aber doch zumindest überwiegend vorliegen müssen; besonders relevant dürften Weisungsbefugnisse, Kontrollrechte und Berichtspflichten sein, dazu Ostendorf MDR 2008, 1377 ff.; Fröhlich ZVertriebsR 2015, 280 (282); siehe aus jüngerer Zeit auch OLG München ZVertriebsR 2020, 72 (76): *„Entscheidend ist, ob der Vertragshändler mit der Übernahme der Vertragspflichten sich eines bedeutenden Teils seiner unternehmerischen Freiheit begeben hat (…)"*.

Klauselbeispiel für die Festlegung der Vertriebspflichten des Händlers

[•] Dealer's obligations

(1) The Dealer undertakes to use its best efforts to develop the potential for sales of the Contractual Products to customers in the Contractual Territory to the fullest possible extent. In particular, but without limitation of the foregoing, the Dealer shall actively promote the sale of the Contractual Products in the Contractual Territory and participate in all relevant industry trade shows, fairs and exhibitions in the Contractual Territory.

(2) The Dealer shall provide its customers with adequate training in the proper use and maintenance of the Contractual Products. The Dealer shall employ an adequate number of trained staff such as, but not limited to [•], operate appropriate premises comprising, without limitation [•], and shall operate facilities for the storage of the Contractual Products and corresponding spare parts. The Dealer shall for the entire duration of this Agreement maintain a stock of Contractual Products and spare parts as further specified in Annex [•].

(3) The Dealer shall operate in accordance with all laws, rules and regulations on fair trading and comply with all laws, rules and regulations applicable to the marketing and sale of the Products. The Dealer shall notify the Manufacturer promptly of any unfair competition and any third-party breach or infringement of any patent or other industrial property or trade mark rights in connection with the Contractual Products the Dealer may become aware of. The Dealer shall use its best efforts to support the Manufacturer in defending its rights and taking action against any such non-compliance, breach, infringement or violation.

(4) Subject to prior notice and during normal business hours, the Manufacturer is entitled to visit and inspect Dealer's places of business in order to verify if Dealer is performing its obligations in accordance with this Agreement.

(5) The Dealer shall keep the Manufacturer advised of general market and other developments that may affect the sale of the Contractual Products in the Contractual Territory, including information on competing products and activities which the Dealer may reasonably become aware of. In addition, the Dealer shall provide Manufacturer with a written quarterly report describing its sales and marketing activities for the preceding quarter and shall provide a forecast and summary of marketing and promotional activities scheduled for the next quarter.

b) Allgemeine Pflichten des Herstellers

Ähnlich wie beim Handelsvertretervertrag verpflichtet sich der Hersteller auch in Händler- 170
verträgen typischerweise zur Bereitstellung von **Verkaufsförderungsunterlagen** sowie der Übermittlung wichtiger Informationen, die für einen erfolgreichen Vertrieb im Vertragsgebiet notwendig sind. Unterliegt der Händlervertrag deutschem Recht, ergeben sich entsprechende Informationspflichten auf Grundlage einer analogen Anwendung von § 86a Abs. 2 HGB (zwingend) bereits aus Gesetz.[256] Die Bereitstellung von Verkaufsförderungsunterlagen kann dagegen nach überwiegender Auffassung zumindest nicht auf eine analoge Anwendung von § 86a Abs. 1 HGB[257], wohl aber auf die allgemeine Treuepflicht des Herstellers gestützt werden.[258]

Zusätzlich verpflichtet sich der Hersteller häufig zur Durchführung von Schulungsver- 171
anstaltungen für die Mitarbeiter des Händlers über die Vertragsprodukte, die Durchführung von Kundendienstleistungen oder Marketingmaßnahmen.[259]

---

[256] BGH BB 1958, 540.

[257] MüKoHGB/Ströbl § 86a Rn. 2 mwN.

[258] Schultze/Wauschkuhn/Spenner/Dau/Kübler Vertragshändlervertrag Rn. 238 f.: Daraus folgt auch, dass dem Händler die Verkaufsförderungsunterlagen anders als beim Handelsvertreter nicht zwingend kostenlos zur Verfügung gestellt werden müssen.

[259] Siehe etwa die Musterformulierung bei Wauschkuhn Vertragshändlervertrag S. 31.

Klauselbeispiel für die Vereinbarung von Pflichten des Herstellers zur Bereitstellung von Verkaufsförderungsunterlagen und Informationen

[•] Manufacturer's obligations

(1) The Manufacturer shall provide the Dealer with catalogues, brochures, sales guidelines and advertising material that are necessary for the marketing and distribution of the Contractual Products. All documents – to the extent not delivered to customers in the ordinary course of Dealer's business – will remain the property of the Manufacturer.

(2) The Manufacturer shall regularly inform the Dealer about new developments with regard to the Contractual Products and other information necessary for the marketing and distribution of the Contractual Products.

5. Vertriebsbeschränkungen

172 Neben einem möglichen Alleinvertriebsrecht des Händlers[260] enthalten Vertragshändlerverträge typischerweise Vertriebsbeschränkungen **zu Lasten des Händlers.** Üblich sind Wettbewerbsverbote (Alleinbezugsverpflichtungen) sowie Einschränkungen des Gebiets oder des Kundenkreises in das bzw. an den der Händler die Produkte **aktiv** verkaufen darf. Diese Beschränkungen sind letztlich die Kehrseite des Alleinvertriebsrechts, weil der Hersteller damit zugleich die in anderen Territorien exklusiv eingesetzten Vertriebsmittler schützt.

a) Wettbewerbsverbote und Direktbezugsverpflichtungen

173 Mit einem Wettbewerbsverbot wird der Händler verpflichtet, die **Vertragsprodukte sowie ihre Substitute ausschließlich** vom Hersteller zu beziehen. Ob ein Wettbewerbsverbot auch ohne ausdrückliche vertragliche Regelung mit Blick auf die bestehende Analogie zu Interessenwahrnehmungspflichten des Handelsvertreters angenommen werden kann, ist insbesondere im deutschen und Schweizer Recht auch vor dem Hintergrund der kartellrechtlichen Restriktionen streitig.[261] Im englischen Recht dürfte mangels entsprechender Anwendung des Handelsvertreterrechts auf Händlerverträge ohne ausdrückliche vertragliche Vereinbarung **kein Wettbewerbsverbot** bestehen.

174 Soweit nach Maßgabe des Auswirkungsprinzips die Anwendbarkeit deutschen oder Europäischen Kartellrechts auf den Händlervertrag nicht ausgeschlossen werden kann, empfiehlt es sich, das Wettbewerbsverbot im Einklang mit Art. 5 Abs. 1 lit. a) Vertikal-GVO auf fünf Jahre zu beschränken, um in den Genuss der Gruppenfreistellung zu gelangen.[262]

Klauselbeispiel für ein vertragliches Wettbewerbsverbot unter Berücksichtigung des EU-Kartellrechts

[•] Non-compete obligation

The Dealer shall until the termination of this Agreement or for a period of five (5) years after its commencement date (whichever arrives earlier) neither directly or indirectly promote the sales of products which are in competition with the Contractual Products.

175 Mit dem Wettbewerbsverbot im Sinne von Art. 1 lit. d) Vertikal-GVO darf nicht das Verbot zu Lasten des Händlers verwechselt werden, die **konkreten Vertragsgegenstände** ausschließlich vom Hersteller zu beziehen. Denn eine solche **Direktbezugsverpflichtung** hindert den Händler nicht daran, Substitute für die Vertragsgegenstände von anderen Lieferanten zu erwerben. Eine Direktbezugsverpflichtung ist daher auch ohne zeitliche Einschränkungen gem. Art. 2 Abs. 1 Vertikal-GVO vom Kartellverbot freigestellt. Etwas

[260] Dazu oben → Rn. 162ff.
[261] Einschränkend zum Schweizer Recht CHK/Jacobs Vorb. Art. 184ff. OR Rn. 29. Im deutschen Recht geht die wohl hM zumindest bei einem Alleinvertriebsrecht von einem Wettbewerbsverbot aus, Martinek/Semler/Flohr/Manderla Handbuch Vertriebsrecht § 25 Rn. 68 mwN.
[262] Näher zur kartellrechtskonformen Gestaltung von vertraglichen Wettbewerbsverboten → § 5 Rn. 82ff.

anderes gilt nur im Fall von **selektiven Vertriebssystemen,** da hier die Querlieferungsfreiheit ausdrücklich gewährleistet bleiben muss.[263]

Klauselbeispiel für eine vertragliche Direktbezugsverpflichtung des Händlers

[•] Exclusive sourcing

The Dealer shall for the entire term of this Agreement purchase or otherwise acquire the Contractual Products solely from the Manufacturer.

b) Gebietsbeschränkungen

Gebietsbeschränkungen gehören zu den kartellrechtlich besonders heiklen Vertragsbestimmungen. Der **absolute Gebietsschutz** stellt eine bußgeldträchtige Kernbeschränkung dar. Zulässig ist es bei Einhaltung der maßgeblichen Marktanteilsschwellen von 30% durch beide Parteien auf den für sie jeweils maßgeblichen Verkaufs- bzw. Einkaufsmärkten dagegen, dem Händler[264] (und seinen Direktkunden) den **aktiven Verkauf**[265] in solche Gebiete zu untersagen, die sich der Hersteller selbst oder **höchstens fünf Alleinvertriebshändlern** exklusiv zugewiesen hat, Art. 4 lit. b) i) Vertikal-GVO. 176

Nicht freistellungsfähig ist gem. Art. 4 lit. e) Vertikal-GVO auch, dem Händler den Vertrieb über das **Internet** unmittelbar oder mittelbar[266] zu **untersagen.** Möglich sind gem. Art. 4 lit. e) Vertikal-GVO aber andere **Beschränkungen des Online-Verkaufs** oder **Beschränkungen der Online-Werbung,** die nicht darauf abzielen, die Nutzung eines ganzen Online-Werbekanals (wie Suchmaschinen oder Preisvergleichsdienste) zu verhindern.[267] Denkbar sind etwa Qualitätsvorgaben für Online-Verkäufe bzw. Vorgaben für die Darstellung der Vertragsprodukte oder -dienstleistungen im Online-Shop, aber auch mittelbare oder unmittelbare Verbote der Nutzung von Online-Marktplätzen[268] sowie die Anforderung gegenüber dem Händler, eine oder mehrere physische Verkaufsstätten oder Ausstellungsräume zu betreiben.[269] 177

Klauselbeispiel für einen (beschränkten) Gebietsschutz

[•] Sales Restrictions

(1) The Dealer shall not actively (in the meaning of Art. 1 (1) lit. l) Commission Regulation (EU) 2022/720) sell the Contractual Products in any territory outside the Contractual Territory or to any customer group that are at this point of time exclusively reserved to the Manufacturer or allocated by the Manufacturer exclusively to a maximum of five other exclusive distributors. For the time being, all territories and customer groups stipulated in Exhibit [•] are exclusively reserved in the sense mentioned above. The Manufacturer will inform the Dealer immediately of any changes with regard to the relevant territories or customer groups.

(2) The right of the Dealer to sell the Contractual Products passively in the meaning of Art. 1 (1) lit. m) Commission Regulation (EU) 2022/720 without any further restrictions shall remain unaffected.

---

[263] Beschränkungen von Querlieferungen sind nach Art. 4 lit. c) ii) Vertikal-GVO im Fall selektiver Vertriebssysteme eine nicht freistellungsfähige Kernbeschränkung. Generell zu den kartellrechtlichen Anforderungen an (hier nicht näher besprochene) selektive Vertriebssysteme → § 5 Rn. 159ff.

[264] Ein entsprechendes Verbot ist auch gegenüber Händlern eines selektiven Vertriebssystems bzw. Händlern, die weder zu einem Alleinvertriebssystem, noch zu einem selektiven Vertriebssystem gehören (freier Vertrieb) freigestellt, vgl. Art. 4 lit. c) i) Nr. 1 Vertikal-GVO sowie Art. 4 lit. d) i) Vertikal-GVO.

[265] Die Begriffe „aktiver" und „passiver" Verkauf werden in der neuen Vertikal-GVO in Art. 1 Abs. 1 lit. l) und lit. m) Vertikal-GVO erstmals legaldefiniert.

[266] Zu Beispielen für mittelbare Verpflichtungen, deren Zweck darin besteht, die wirksame Nutzung des Internets durch den Abnehmer zu verhindern, Vertikal-LL Rn. 206.

[267] Zu den Einzelheiten → § 5 Rn. 140.

[268] Dazu auch EuGH MMR 2018, 77 (79f.) – „Coty".

[269] Vertikal-LL Rn. 208ff.

c) Preisbindungen

178 Die Vorgabe von Mindestverkaufspreisen gegenüber dem Händler stellt im Europäischen Kartellrecht grundsätzlich eine nicht freistellungsfähige Kernbeschränkung dar, Art. 4 lit. a) Vertikal-GVO. Um kartellrechtliche Risiken zu vermeiden, kann sich daher auch die klarstellende Regelung empfehlen, dass der Händler die Endkundenpreise nach seinem freien Ermessen festlegen kann.

Klauselbeispiel für die Klarstellung der Preisfestsetzungsfreiheit des Händlers gegenüber Endkunden

[•] Resale Prices

The Dealer may determine the resale prices of the Contractual Products at its sole discretion.

179 Freistellungsfähig ist dagegen die Vorgabe von **Maximalpreisen** oder **unverbindlichen Preisempfehlungen,** soweit diese nicht faktisch wie Höchstpreisbindungen wirken. Zumindest bei Geltung deutschen Rechts läuft eine Festlegung von Maximalpreisen aber Gefahr, gegen die AGB-Inhaltskontrolle zu verstoßen, da sie im Ergebnis die Handelsmarge des Händlers unangemessen schmälern kann.

180 Bei einem Vertragsgebiet außerhalb der EU/EWR verstoßen Preisbindungen der zweiten Hand nicht gegen EU-Kartellrecht, da eine spürbare Auswirkung auf den EU-Raum hier grundsätzlich nicht in Betracht kommt. Allerdings muss geprüft werden, ob das lokale Kartellrecht eine entsprechende Abrede verbietet. Das ist in einer Vielzahl von Rechtsordnungen der Fall.[270]

6. Abwicklung der Lieferverträge

a) Lieferpflicht

181 Soweit eine Lieferpflicht nicht vertraglich vereinbart ist, wird sie von der Rechtsprechung im deutschen Recht nur dann angenommen, wenn dem Händler eine Mindestabnahmeverpflichtung und ein Wettbewerbsverbot auferlegt sind.[271] Liegen diese Voraussetzungen nicht vor, ist der Hersteller lediglich verpflichtet, Bestellungen des Händlers **nicht willkürlich** abzulehnen. Zulässig ist daher auch eine vorformulierte Klausel, die den Hersteller nur nach Maßgabe seiner Liefermöglichkeiten zur Annahme einer Bestellung des Händlers verpflichtet.[272] Dagegen folgert die Literatur im Schweizer Recht eine Lieferverpflichtung des Herstellers teilweise bereits als Konsequenz aus der allgemeinen Absatzförderungspflicht des Händlers.[273]

182 Der Händler ist regelmäßig an einer Lieferpflicht des Herstellers interessiert. Sie kann ausdrücklich etwa nach Maßgabe des folgenden Klauselbeispiels vereinbart werden.

Klauselbeispiel für eine Lieferverpflichtung des Herstellers

[•] Supply of the Contractual Products

The Manufacturer shall supply the Dealer with Contractual Products ordered by the Dealer subject to the applicable terms and conditions referred to in this Agreement.

---

[270] Großzügiger aber etwa das US-Kartellrecht, seit der U.S. Supreme Court auf die „resale price maintenance" die „rule of reason" anwendet, dazu → § 5 Rn. 130.

[271] BGH BB 1972, 193.

[272] BGH NJW 1994, 1060 (1062).

[273] CHK/Jacobs Vorb. Art. 184 ff. OR Rn. 28; Albaric/Dickstein/Collart International Agreements S. 947. Zu berücksichtigen ist allerdings, dass ein Alleinvertriebsrecht und Mindestabnahmepflichten letztlich zum Leitbild des sog. Alleinvertriebsvertrages im Schweizer Recht gehören und eine Lieferpflicht bei nicht exklusiven Vertriebsvereinbarungen ohne Mindestabnahmepflichten damit wohl nicht ohne weiteres angenommen werden kann.

Für den Hersteller ist eine vertragliche Lieferpflicht grundsätzlich nicht zu empfehlen, weil sie **erhebliche Haftungsrisiken** auslösen kann, wenn Lieferwünsche des Händlers etwa im Fall von Engpässen bei der Produktion nicht oder nicht vollständig erfüllt werden können. Für den Hersteller empfiehlt sich daher eine Regelung, die eine Ablehnung von Bestellungen zumindest dann für zulässig erklärt, wenn dafür ein vernünftiger Grund vorliegt. Ein uneingeschränkter Ausschluss der Lieferpflicht dürfte demgegenüber dem Sinn und Zweck von Vertriebsverträgen nicht mehr gerecht werden – einmal davon abgesehen, dass er in vielen Rechtsordnungen nicht wirksam vereinbart werden kann.[274] 183

Klauselbeispiel für einen Ausschluss genereller Lieferverpflichtungen des Herstellers

[•] Supply of the Contractual Products

The Dealer shall order the Contractual Products from the Manufacturer by means of a written purchase order identifying the Contractual Products ordered, requested delivery date(s) and any other information required to enable the Manufacturer to process the order. All orders for Contractual Products are subject to acceptance by the Manufacturer. For the avoidance of doubt, the Manufacturer shall not be liable to the Dealer with respect to purchase orders which are not accepted; provided, however, that the Manufacturer will not unreasonably reject any purchase order submitted by the Dealer for the Contractual Products.

b) Preisstellung

Vertragliche Vereinbarungen über die für den Verkauf der Vertragsprodukte an den Händler maßgeblichen Preise hängen grundlegend auch mit dem Vergütungsmodell des Händlervertrages zusammen: Verkauft der Hersteller die Vertragsprodukte an den Händler zu den empfohlenen Endkundenpreisen, wird dem Händler üblicherweise ein vertraglich festgelegter Rabatt gewährt.[275] Alternativ kann auf Händlerpreislisten verwiesen werden, bei denen sich der Hersteller zweckmäßigerweise ein **Änderungsrecht** vorbehält. Eine entsprechende Klausel hält grundsätzlich auch der AGB-Inhaltskontrolle stand, sofern Preisänderungen nicht rückwirkend für bereits abgeschlossene Kaufverträge gelten sollen.[276] Da eine jederzeit mögliche Änderung der Listenpreise selbst ohne Rückwirkung auf 184

[274] Im englischen Recht dürfte ein vollständiger Ausschluss einer Lieferpflicht angesichts fehlender AGB-Inhaltskontrolle für internationale Vertriebsverträge zulässig sein, wenn er hinreichend klar und eindeutig formuliert wird; für eine Zulässigkeit (selbst bei Anwendbarkeit des UCTA 1977) etwa Christou International Agency Rn. 4–114.

[275] Ein einseitiges Änderungsrecht für die gewährten Rabatte hält der AGB-Inhaltskontrolle dabei regelmäßig nicht stand, BGH NJW 1994, 1060 (1064); Ulmer/Brandner/Hensen/Schäfer AGB-Recht (55) Vertragshändlerverträge Rn. 19.

[276] So wohl auch OLG München BeckRS 2004, 04533, das in dieser Regelung bereits keinen echten Preisänderungsvorbehalt erblicken will, weil der Preis zum Zeitpunkt des Kaufvertrages feststeht; kritisch dazu Wolf/Lindacher/Pfeiffer/Dammann AGB-Recht Klauseln Rn. V 345. Für Zulässigkeit eines vertraglichen Verweises auf die „jeweils geltende Preisliste" in einem Händlervertrag auch OLG Frankfurt ZVertriebsR 2017, 244 (247): *„Bei der Prüfung eines einseitigen, nicht an festgelegte Kriterien geknüpften Preisänderungsrecht in Vertragshändlerverträgen ist einerseits das bei langfristigen Bezugsverträgen auf der Hand liegende Interesse des Herstellers nach einer Anpassung der Preise und andererseits das Bedürfnis des Kunden des Klauselverwenders nach Schutz vor überhöhten Preisänderungen zu berücksichtigen, zumal wenn er sich zu einer Mindestabnahme und zum nahezu ausschließlichen Bezug beim Klauselverwender verpflichtet hat (BGHZ 93, 252; NJW 1985, 853). Beim Ausgleich dieser Interessen ist freilich zu beachten, dass die Interessen der Parteien bei Vertragshändlerverträgen im Wesentlichen gleich gerichtet sind, nämlich auf den Absatz der Produkte an den Endverbraucher abzielen. Auch der Unternehmer hat ein Interesse daran, seinen Abnehmern nicht durch das Verlangen nicht wettbewerbsgerechter Preise den Absatz an den Letztverbraucher zu erschweren, da er selbst jedenfalls mittelbar an dem Absatzrisiko des Händlers beteiligt ist."* Deutlich strenger (mit Blick auf jeweils beim Verkauf eines Hauses durch den Franchisenehmer anfallende Lizenzgebühren in einem Franchisevertrag, deren Höhe sich aufgrund der streitgegenständlichen Preisklausel nach einer quartalsweise durch den Franchisegeber aktualisierten Anlage bestimmte) OLG Jena ZVertriebsR 2021, 26 Rn. 44 f.: „(…) *Für Preisanpassungsklauseln bedeutet dies, dass sie den Grund und Umfang der Preisfestsetzung erkennen lassen müssen, wenn nicht von Anfang an ein fester Preis vereinbart ist oder dieser nachträglich geändert werden soll. Sie müssen derart gefasst sein, dass der andere Vertragsteil bereits bei Vertragsschluss*

bereits abgeschlossene Kaufverträge allerdings die Interessen des Händlers beeinträchtigen kann, empfiehlt sich zumindest bei Anwendbarkeit deutschen Rechts die Festlegung einer angemessenen Ankündigungsfrist.[277]

Klauselbeispiel für eine Regelung über die für die Abwicklung der einzelnen Lieferverträge geltenden Preise

[•] Prices

(1) The Manufacturer will sell the Contractual Products to the Dealer at Manufacturer's distributor list prices applicable on the date of the respective order. The current distributor list prices are attached as Annex [•].

(2) The Manufacturer may alter its distributor list prices at any time. However, the Manufacturer shall announce any such alteration to the Dealer at least four months before the new distributor list prices come into effect.

c) Sonstige Vertragsbedingungen

185 Mit Blick auf die sonstigen Lieferbedingungen legt der Hersteller regelmäßig seine Allgemeinen Verkaufsbedingungen[278] zu Grunde. Durch diese Regelungstechnik können die geltenden Vertragsbedingungen für die einzelnen Kaufverträge (Liefer- und Zahlungsbedingungen, Regelungen zum Gefahrübergang und Eigentumsvorbehalt, Haftung für Verzug und Schlechtleistung etc) aus dem Händlervertrag ausgelagert werden, was nicht zuletzt auch der Übersichtlichkeit des Händlervertrages dient.[279]

Klauselbeispiel zur rahmenvertraglichen Einbeziehung Allgemeiner Lieferbedingungen des Herstellers

[•] Terms and conditions of individual sales contracts

(1) Any and all sales contracts concluded between the Parties hereunder are subject to Manufacturer's International Sales Terms that are attached to this Agreement as Annex [•]. Any general terms and conditions of the Dealer shall not apply even if the Manufacturer has not objected to the inclusion of such conditions submitted by the Dealer with respect to the conclusion of an individual sales contract.

(2) In the event of any conflict between the terms of this Agreement and the International Sales Terms, this Agreement shall prevail.

7. Umsatz- und Vertriebsziele

186 Häufig werden dem Händler Umsatz- und Vertriebsziele, insbesondere in Form **jährlicher Mindestabnahmepflichten** vorgegeben. Angemessene Mindestabnahmepflichten, die auf die konkreten Rahmenbedingungen im Vertragsgebiet zugeschnitten und daher Ergebnis einer realistischen Prognose sind, können auch bei Anwendbarkeit der deutschen AGB-Inhaltskontrolle im Grundsatz wirksam vereinbart werden.[280] Das erklärt sich wohl nicht zuletzt auch aus den eingeschränkten Rechtsfolgen im Fall ihrer Verfehlung: Aus

erkennen kann, in welchem Umfang Preiserhöhungen auf ihn zukommen können, und dass er die Berechtigung der Erhöhung auch dem Umfang nach in etwa überprüfen kann. Preiserhöhungen nach Belieben und Willkür müssen ausgeschlossen sein. (…) Gemessen an diesen Maßstäben genügt die Klausel des § 16.2 Satz 4 und 5 LV dem Bestimmtheitsgebot nicht, da sie keine Kriterien enthält, nach denen eine Preisanpassung vollzogen werden soll."

[277] In diese Richtung (wenn auch zu einer deutlich weitgehenderen Klausel) BGH NJW-RR 2005, 1496 (1500); gegen die Notwendigkeit weiterer Einschränkungen dagegen Schultze/Wauschkuhn/Spenner/Dau/Kübler Vertragshändlervertrag Rn. 368.

[278] Zur Gestaltung von Lieferbedingungen im internationalen Handel umfassend → § 18.

[279] Zumindest bei Anwendbarkeit der deutschen AGB-Inhaltskontrolle problematisch ist dagegen die Vereinbarung eines Änderungsrechts mit Blick auf die ursprünglich rahmenvertraglich einbezogenen Allgemeinen Lieferbedingungen, so wohl auch Wolf/Lindacher/Pfeiffer/Dammann AGB-Recht Klauseln Rn. V 359.

[280] BGH WRP 2004, 1378.

Mindestabnahmepflichten ergeben sich jedenfalls dann keine unmittelbaren Erfüllungsansprüche mehr, wenn der für sie vereinbarte (im Zweifel jährliche) Abnahmezeitraum abgelaufen ist.[281] Verfehlt der Händler die festgesetzten Zielmengen, kommen damit regelmäßig lediglich Schadensersatzansprüche und ggf. auch eine außerordentliche Kündigung des Händlervertrages durch den Hersteller in Betracht, wobei beide Rechtsbehelfe im deutschen Recht jeweils ein **Verschulden des Händlers** voraussetzen, das insbesondere in vorformulierten Vertragsbedingungen auch nicht abbedungen werden kann.[282] Insbesondere bei Geltung englischen Rechts dürften demgegenüber wohl auch für den Händler deutlich nachteiligere Regelungen vertraglich wirksam vereinbart werden können.

Kartellrechtlich stellen Mindestabnahmemengen gem. Art. 1 Abs. 1 lit. d) Vertikal-GVO 187
ein **mittelbares Wettbewerbsverbot** dar, wenn sich ihr Umfang auf mehr als 80% des gesamten Einkaufswertes für den Kauf der Vertragsprodukte sowie ihrer Substitute (Wettbewerbsprodukte) durch den Händler für das jeweils vorangegangene Kalenderjahr beläuft. Zumindest bei einem Vertragsgebiet innerhalb der EU/EWR empfiehlt sich daher, die Mindestabnahmepflicht nach Ablauf von fünf Jahren auf diesen Höchstwert zu begrenzen, um die Freistellung gem. Art. 5 (1) lit. a) Vertikal-GVO nicht zu gefährden.

Klauselbeispiel für eine Mindestabnahmepflicht des Händlers

[•] Minimum Purchase Amount

(1) The Dealer shall during the term of this Agreement order Contractual Products from the Manufacturer in at least the Minimum Purchase Amount as defined below.

(2) The Minimum Purchase Amount in the first contractual year shall be EUR [•] (net). The Minimum Purchase Amount for any subsequent year shall be agreed by the parties in writing at the end of the preceding year. If the Parties fail to reach an agreement until the end of the preceding year, the Minimum Purchase Amount for the subsequent year shall be 110 % of the Minimum Purchase Amount applicable in the respective preceding year.

(3) Notwithstanding the foregoing, however, the Minimum Purchase Amount shall from the sixth' contractual year onwards be capped at an amount of 80 % of the purchase value of all of the Dealer's purchases of the Contractual Products and any of its substitutes in the relevant market in the preceding calendar year.

8. Service-, Garantie- und Mängelbeseitigungsarbeiten

Für den Hersteller ist es aus Gründen der Kundenbindung regelmäßig wichtig, dem 188
Händler die Erbringung von Kundendienst- und Wartungsleistungen **nach seinen Vorgaben** aufzuerlegen. An der Durchführung dieser Dienstleistungen hat aber auch der Händler ein Interesse, da er hier oft wesentlich höhere Margen als beim Verkauf der Vertragsprodukte erzielen kann.

Darüber hinaus kann der Hersteller den Händler auch verpflichten, Garantie- und 189
Mängelhaftungsarbeiten an den Vertragsprodukten in seinem Auftrag durchzuführen, falls der Hersteller den Endkunden eine **Herstellergarantie** eingeräumt hat oder eine vertrag-

[281] In diesem Fall führt die Nichtabnahme während des vereinbarten Abnahmezeitraums (im Zweifel absolutes Fixgeschäft) regelmäßig zur Unmöglichkeit (§ 275 BGB), Buchwitz/Schütt ZVertriebsR 2022, 90 (97); OLG Hamm BeckRS 2014, 1155.

[282] Eine außerordentliche Kündigung aus wichtigem Grund kann nur dann auf eine Verfehlung der Mindestabnahmemenge gestützt werden, wenn diese vom Händler zu vertreten ist; dazu und zur Unzulässigkeit einer Abbedingung dieser Vorgaben in AGB OLG Koblenz IHR 2010, 255 im Anschluss an BGH MDR 2005, 437; Budde/Gruppe ZVertriebsR 2014, 71 (74ff.). Beim Schadensersatzanspruch folgt dies (allerdings abgeschwächt durch die gesetzlich angeordnete Darlegungs- und Beweislastumkehr) aus § 280 Abs. 1 S. 2 BGB. Zur Unzulässigkeit einer Abbedingung des Verschuldensprinzips bei Schadensersatzansprüchen grundlegend BGH NJW 2006, 47 (50).

liche Haftung für Mängel entlang der gesamten Lieferkette besteht. In diesem Fall hat der Händler Anspruch auf eine angemessene Entschädigung.[283]

190 Soweit Garantie- oder Mängelhaftungsarbeiten durch den Händler gegen entsprechende Vergütung im Auftrag des Herstellers durchgeführt werden, kann der Händler kartellrechtlich grundsätzlich wohl uneingeschränkt einer **Bezugsbindung** für die eingesetzten Ersatzteile unterworfen werden. Problematischer ist eine Bezugsbindung in Bezug auf Kundendienstarbeiten außerhalb von Garantie- oder Gewährleistungsverpflichtungen. Soweit auch die Ersatzteile Vertragsprodukte darstellen, greift (vorbehaltlich der gerade bei Ersatzteilen problematischen Einhaltung der Marktanteilsschwellen) regelmäßig das allgemeine (auf fünf Jahre befristete) Wettbewerbsverbot. Eine weitergehende Bindung begegnet dagegen kartell- und AGB-rechtlichen Bedenken. Zulässig ist es im Grundsatz aber, dem Händler die Pflicht zur Verwendung von Originalersatzteilen oder **qualitativ gleichwertiger Teile** anderer Hersteller aufzuerlegen. Für die qualitative Gleichwertigkeit darf dem Händler zwar nicht die volle Beweislast auferlegt werden; möglich sind aber Verpflichtungen zur Beibringung entsprechender Bescheinigungen der alternativen Lieferanten.[284]

Klauselbeispiel für eine Regelung zur Erbringung von Kundendienst-, Garantie- und Gewährleistungsarbeiten ggü. Kunden

[•] Customer Service

(1) The Dealer shall provide customer services, such as repair and maintenance services, for the Contractual Products in accordance with the guidelines of the Manufacturer attached hereto as Annex [•].

(2) The Dealer shall also duly discharge warranty obligations towards its own customers [and shall perform on behalf of the Manufacturer guarantee obligations arising under a manufacturer's guarantee] towards any customer in accordance with the guidelines attached hereto as Annex [•]. If the performance of such warranty [or guarantee] services has been approved by the Manufacturer upfront, the Dealer is entitled to a compensation as further described in Annex [•] and the provision of necessary spare parts by the Manufacturer free of charge. Manufacturer shall approve the performance of warranty [or guarantee] services on his behalf if the Manufacturer is liable for the corresponding defect towards the Dealer [respectively towards the customer in accordance with the manufacturer's guarantee].

(3) Repair and maintenance services [as well as guarantee work] shall be provided by the Dealer to all users of new or used Contractual Products in the Territory when requested to do so by the respective user, regardless of whether or not those Contractual Products were sold by the Dealer.

9. Haftungs- und Freistellungsklauseln

191 Haftungsrisiken des Herstellers im Zusammenhang mit dem Händlervertrag bestehen gegenüber dem Händler insbesondere im Fall von **Mängeln** der Vertragsgegenstände. Darüber hinaus kommen produkthaftungsrechtliche Ansprüche Dritter gegen den Hersteller in Betracht. Die Haftung für Produktmängel gegenüber dem Händler kann der Hersteller im Rahmen der zwingenden Grenzen des einschlägigen Vertrags- und Deliktstatuts mit Hilfe vertraglicher Haftungsklauseln einschränken.[285]

192 Von der vertraglichen Haftungsbeschränkung gegenüber dem Händler bleiben deliktische Ansprüche (insbesondere) von Endkunden gegenüber dem Hersteller allerdings unberührt. Insbesondere in Händlerverträgen anglo-amerikanischer Hersteller wird daher vom

[283] Zur streitigen Frage, ob der Aufwendungsersatzanspruch gem. § 670 BGB bei Garantiearbeiten auch einen angemessenen kalkulatorischen Gewinn umfassen muss Ströbl BB 2012, 1625 ff.
[284] BGH ZIP 2005, 1785 (1789).
[285] Zur Gestaltung von vertraglichen Haftungsbeschränkungen → § 8.

Händler zuweilen zusätzlich eine Freistellung[286] von Ansprüchen Dritter in dem Umfang verlangt, in dem sich der Hersteller gegenüber dem Händler von seiner Haftung freigezeichnet hat. Im Ergebnis wird damit die Produkthaftung des Herstellers (im Umfang der vertraglichen Freizeichnung und ihren zwingenden Grenzen) **auf den Händler verlagert.** Der deutschen AGB-Inhaltskontrolle dürfte eine solche Klausel mit Sicherheit nicht standhalten. Im Schweizer und englischen Recht ist sie dagegen im Rahmen der zwingenden Grenzen der Freizeichnung wohl möglich,[287] wobei insbesondere bei Anwendbarkeit englischen Rechts eine Freistellungsverpflichtung durch die hier geltenden restriktiven Auslegungsgrundsätze Fälle fahrlässigen Verhaltens des Herstellers nur umfassen dürfte, wenn letzteres in der Klausel eindeutig klargestellt wird.[288]

Klauselbeispiel für eine Freistellungsverpflichtung zugunsten des Herstellers[289]

[•] Dealer's indemnities

To the extent that Manufacturer has excluded or limited its liability for damages in accordance with [•], the Dealer shall indemnify, defend and hold the Manufacturer harmless against all claims by third parties in relation to the Contractual Products supplied by the Manufacturer to the Dealer to the inclusion of such claims based on Manufacturer's negligence.

Für den Händler akzeptabler ist dagegen eine Freistellungsverpflichtung für den Fall einer Haftung des Herstellers gegenüber Dritten, die auf eine nicht autorisierte Modifikation der Produkte, der Verpackung oder etwaiger Warnhinweise des Herstellers durch den Händler zurückzuführen ist. 193

Klauselbeispiel für eine eingeschränkte Freistellungsverpflichtung des Händlers im Fall nicht autorisierter Modifikationen der Vertragsprodukte

Dealer shall indemnify, defend and hold the Manufacturer harmless against all claims by third parties due to any modification or alteration made by or on behalf of the Dealer to a Contractual Product or its packaging, if the Manufacturer has not expressly authorized the same.

Der Händler hat umgekehrt ein berechtigtes Interesse daran, von Mängelhaftungsansprüchen seiner Kunden sowie etwaigen produkthaftungsrechtlichen Ansprüchen Dritter freigestellt zu werden, sofern diese auf einer Lieferung **mangelhafter Vertragsgegenstände** des Herstellers beruhen. Für den Hersteller besteht dann allerdings das Risiko, dass im Fall einer weitgefassten Freistellungsklausel seine Haftungsrisiken über die ggf. bereits bestehende gesetzliche Haftung gegenüber Dritten hinausgehen. In Betracht kommt daher eine (in den Klammerzusätzen der folgenden Musterklausel aufgenommene) Beschränkung auf Fälle von Sach- und Körperverletzungen, für die der betroffene Dritte ohnehin unmittelbare außervertragliche Ansprüche gegenüber dem Hersteller hätte.[290] 194

Klauselbeispiel für eine Freistellungsverpflichtung des Herstellers gegenüber dem Händler

[•] Manufacturer's indemnities

The Manufacturer shall indemnify and hold the Dealer harmless from any third party claims [arising out of property damage, bodily injury or death] caused by a defect in any Contractual Product manufactured or supplied by the Manufacturer pursuant to this Agreement [provided that the Manufacturer would in each individual case also directly be liable towards the respective third party making such claim].

[286] Generell zu Freistellungsklauseln → § 7.
[287] Für eine Zulässigkeit im Schweizer Recht wohl Kull/Wildhaber Schweizer Vertriebsrecht Rn. 505.
[288] Dazu → § 7 Rn. 37.
[289] Angelehnt an den Klauselvorschlag von Döser Vertragsgestaltung S. 72.
[290] Dazu auch → § 7 Rn. 54.

10. Vertragslaufzeit und Vertragsbeendigung

195 Die Festlegung von Vertragslaufzeiten und ordentlichen Kündigungsfristen gehört zu den problematischsten Fragen bei der Vertragsgestaltung von Händlerverträgen. Insbesondere der Hersteller hat ein Interesse an überschaubaren Kündigungsfristen, weil er damit rechnen muss, dass der Händler nach Erhalt einer Kündigungserklärung seine Vertriebsbemühungen für die Vertragsprodukte zurückfahren wird und damit bei langen Kündigungsfristen Umsatzeinbußen drohen. Für den Händler sind wiederum ausreichend lange Kündigungsfristen schon zum Schutz von teilweise **erheblichen Investitionen** (die häufig versunkene Kosten darstellen) von besonderer Bedeutung.

196 Erweist sich die vertragliche Regelung als unklar oder gar unwirksam und wird dem Händler daher in einer unangemessen kurzen Kündigungsfrist gekündigt, drohen dem Hersteller neben im Einzelfall denkbaren Ausgleichs- und Investitionsansprüchen in den meisten Rechtsordnungen auch **Schadensersatzansprüche** für den innerhalb einer angemessenen Kündigungsfrist entgangenen Gewinn. Daher empfiehlt sich dringend die Vereinbarung angemessener Fristen, die auch in internationalen Vertriebsverträgen **sechs Monate** in der Regel nicht unterschreiten sollten. Ebenfalls möglich ist die Vereinbarung einer Grundlaufzeit, innerhalb derer eine ordentliche Kündigung nicht möglich ist.

11. Rechtsfolgen der Vertragsbeendigung

a) Ausgleichsanspruch

197 Kommt auf den Händlervertrag deutsches Recht zur Anwendung, kann der Ausgleichsanspruch des Händlers gem. § 89b HGB analog bei Vorliegen der entsprechenden Analogievoraussetzungen weder individual-, noch formularvertraglich abbedungen werden, wenn sich das Vertragsgebiet in Deutschland befindet, während ein Ausschluss bei einem **außereuropäischen Vertragsgebiet** auf Grundlage einer analogen Anwendung von § 92c HGB nach allgemeiner Meinung auch in vorformulierten Vertragsbedingungen für zulässig gehalten wird.[291] Darüber hinaus wird in der Literatur vertreten, dass eine (auch formularmäßige) Abbedingung des Ausgleichsanspruchs auch dann zulässig ist, wenn sich das Vertragsgebiet im **EU/EWR-Ausland** befindet.[292] Der **BGH** hat dieser Auffassung und damit der **Zulässigkeit** eines (gleich ob formular- oder individualvertraglich vereinbarten) Ausschlusses des Ausgleichsanspruch bei einem Vertragsgebiet innerhalb der EU/EWR allerdings eine **klare Absage** erteilt.[293]

198 Insbesondere bei Vertragsgebieten innerhalb der EU/EWR empfiehlt sich aus Sicht des Herstellers daher auch, den Vertrag so zu gestalten, dass die Analogievoraussetzungen des Ausgleichsanspruchs bereits nicht vorliegen. Vergleichsweise einfach kann das mit Blick auf die zweite Analogievoraussetzung bewerkstelligt werden, wenn eine Verpflichtung des Händlers zur Übermittlung von Kundendaten an den Hersteller ausdrücklich ausgeschlossen wird (und dies auch so gelebt wird), weil in diesem Fall (auch) bei Geltung deutschen oder Schweizer Rechts ein Ausgleichsanspruch grundsätzlich gar nicht erst entstehen kann.[294] Im Schweizer Recht entfällt ein Ausgleichsanspruch im Übrigen nach jüngster

---

[291] Hagemeister RIW 2006, 498 (502); OLG München NJW-RR 2003, 201 (202); Wauschkuhn ZVertriebsR 2016, 79 (84) mwN.

[292] Für eine erweiterte analoge Anwendung von § 92c HGB etwa Thume BB 2011, 1800 (1804); für eine Einschränkung der Analogie von § 89b HGB angesichts des gesetzgeberischen Ziels der Vorschrift Teichmann/Wauschkuhn ZVertriebsR 2012, 274 (280); für die Zulässigkeit des Ausschlusses generell auch Martinek/Semler/Flohr/van der Moolen § 27 Rn. 65.

[293] BGH ZVertriebsR 2016, 120 (121 f.) unter Berufung darauf, dass ein gesetzgeberischer Wille gegen einen Gleichlauf bei der rechtlichen Beurteilung der Ausgleichsansprüche von Handelsvertretern und Vertragshändlern nicht erkennbar sei.

[294] Zuletzt BGH NJW 2015, 1300 (1301 f.): Kein Ausgleichsanspruch daher auch dann, wenn sich Hersteller zur Löschung (und Unterlassung der weiteren Nutzung) überlassener Kundendaten bei Beendigung des Vertrages verpflichtet.

Rechtsprechung des Schweizer Bundesgerichts schon dann, wenn dem Händler **keine vertraglichen Alleinvertriebsrechte** eingeräumt worden sind.[295]

Klauselbeispiel für eine Regelung zur Vermeidung der zweiten Analogievoraussetzung für einen Ausgleichsanspruch

The Dealer is neither during the term of the Agreement nor at any time thereafter obliged to reveal the identity respectively the address of any of its customers towards the Manufacturer.

Im Übrigen kann auch bei Vertragsgebieten **innerhalb** des EU/EWR-Auslands ein Ausgleich durch die Wahl einer Rechtsordnung ausgeschlossen werden, die (wie etwa das englische Recht) keinen Ausgleichsanspruch des Händlers kennt.[296] Einem vertraglichen Ausschluss kommt in diesem Fall (anders als bei Geltung deutschen Rechts und einem Vertragsgebiet außerhalb der EU/EWR) nur klarstellende Wirkung zu. 199

Klauselbeispiel für den vertraglichen Ausschluss eines möglichen Ausgleichsanspruchs des Händlers nach Vertragsbeendigung

[•] Exclusion of claim for compensation or indemnity

The Dealer is not entitled to any indemnity or compensation with respect to the loss of his customer base by reason of a termination of this Agreement.

b) Investitionsersatzanspruch

200 In verschiedenen Rechtsordnungen wird die Möglichkeit eines Investitionsersatzanspruchs des Händlers für zum Zeitpunkt der Vertragsbeendigung noch nicht amortisierte Investitionen diskutiert.[297] Eine ausdrückliche gesetzliche Regelung für einen solchen Anspruch findet sich etwa im österreichischen Recht (Art. 454 UGB). In der Praxis internationaler Vertriebsverträge spielen Investitionsersatzansprüche allerdings nur eine äußerst geringe Rolle. Bestehende Restrisiken lassen sich aus Sicht des Herstellers vor allem durch die Vereinbarung und Einhaltung angemessener Kündigungsfristen bewältigen.

c) Rücknahmepflichten und -rechte

201 Im Fall einer Vertragsbeendigung hat der Händler in der Regel ein Interesse daran, die vom Hersteller während der Vertragslaufzeit bezogenen Vertragsprodukte und/oder Ersatzteile gegen Erstattung des Kaufpreises wieder an den Hersteller zurückzureichen, da mit dem Verlust des Händlerstatus regelmäßig auch schlechtere Verkaufschancen verbunden sind. Nach deutscher Rechtsprechung kann sich eine Rücknahmeverpflichtung des Herstellers auch ohne vertragliche Regelung aus der allgemeinen **nachvertraglichen Treuepflicht** ergeben, wenn und soweit der Händler zu einer **bestimmten Lagerhaltung** verpflichtet ist, der bei Vertragsbeendigung vorliegende Lagerbestand nicht aufgrund von Dispositionsfehlern des Händlers über die vertragliche Lagerhaltungspflicht hinausgeht und der Händler die Vertragsbeendigung auch nicht schuldhaft verursacht hat.[298] Hat dagegen der Hersteller die Vertragsbeendigung zu vertreten, sind Rücknahmeansprüche auch als Schadensersatzansprüche denkbar.[299]

---

[295] BG Urt. v. 8.4.2022 – 4 A_393/2021, Rn. 6.2.2. Dazu auch bereits oben → Rn. 76.

[296] Dazu bereits oben → Fn. 45, 182.

[297] Rechtsvergleichend dazu Wauschkuhn/Teichmann RIW 2009, 614ff. Im deutschen Recht kann ein Investitionsersatzanspruch jedenfalls formularvertraglich nicht ausgeschlossen werden, Martinek/Semler/Habermeier/Flohr/van der Moolen Handbuch Vertriebsrecht § 26 Rn. 85.

[298] Wauschkuhn ZVertriebsR 2019, 148.

[299] Zum Ganzen Staub/Emde HGB Vor § 84 Rn. 608; Wauschkuhn/Teichmann ZVertriebsR 2013, 139 (145ff.) jeweils mwN.

202 Die **AGB-Inhaltskontrolle** des deutschen Rechts belässt nur wenig Spielräume[300] für Einschränkungen der skizzierten Rücknahmepflichten. Auch in vorformulierten Vertragsbedingungen kann die Rücknahmepflicht aber auf unbeschädigte und fabrikneue Vertragsgegenstände beschränkt und zugleich von der fristgebundenen Ausübung einer Rücknahmeoption durch den Händler abhängig gemacht werden.[301] Zulässig dürfte es insbesondere sein, die Ausübung des Rückkaufrechts durch den Händler unter Auflistung der betroffenen Vertragsgegenstände innerhalb von sechs Monaten[302] nach Vertragsbeendigung zu verlangen. Soweit die Vertragsbeendigung nicht auf einem vom Hersteller zu vertretenden Umstand beruht, kann grundsätzlich auch ein angemessener Abzug vom ursprünglichen Kaufpreis als Rücknahmepreis vereinbart werden.

Klauselbeispiel für eine eingeschränkte Rücknahmepflicht des Herstellers

(1) Upon termination of this Agreement, the Manufacturer shall at Dealer's request reacquire from the Dealer all [or, at Dealer's choice, only some of the] unused, undamaged and unsold Contractual Products including spare parts in Dealer's stock at their original cost charged to the Dealer less a discount of [10]%, provided however, that i) Dealer has not culpably caused the termination of the Agreement, ii) the corresponding Contractual Products and spare parts were purchased by the Dealer from the Manufacturer in the ordinary course of business, in particular in accordance with its stock holding obligations and iii) such request, accompanied with a detailed list of the respective Contractual Products and spare parts, has been submitted by the Dealer to the Manufacturer in writing no later than [6] months after the effective date of the termination of this Agreement. Costs and risk of the redelivery of the Contractual Products to the Manufacturer shall be on Dealer's account.

(2) Nothing in this clause shall be construed as to limit any damage claims that the Dealer may have pursuant to the applicable law if the Manufacturer has culpably caused the termination of this Agreement.

203 Mangels vergleichbarer AGB-Inhaltskontrolle dürfte das **Schweizer Recht** wohl auch einen vollständigen Ausschluss einer etwaigen Rücknahmeverpflichtung gestatten.[303] Auch im englischen Recht besteht eine entsprechende Verpflichtung mangels vergleichbarer nachvertraglicher Treuepflichten schon a priori nicht.

Klauselbeispiel für den (deklaratorischen) Ausschluss möglicher Rücknahmepflichten des Herstellers

For the avoidance of doubt, the Manufacturer is in the event of a termination of this Agreement under no obligation to repurchase any Products and related spare parts originally sold to the Dealer in accordance with this Agreement.

204 Im Einzelfall kann allerdings auch der Hersteller nach Beendigung des Vertriebsvertrages ein Interesse an einem Rückkauf der Vertragsgegenstände haben, um zu verhindern, dass der gekündigte Händler die Vertragsware zu Lasten neuer Händler bzw. ohne fortbestehende Verpflichtung zur Einhaltung vorgegebener Vertriebsstandards im Vertragsgebiet weiterveräußert. In Standardverträgen, die deutschem Recht unterliegen, darf sich dieser Rückkaufsvorbehalt allerdings nicht auf Vertragsgegenstände beziehen, die vom Händler zum Zeitpunkt der Ausübung der Rückkaufsoption bereits an **Endkunden weiterverkauft** worden sind.[304] Diese Einschränkung dürfte generell angemessen sein, weil der

---

[300] Umfassend dazu (mit Klauselvorschlägen) Kleinmann/Siegert BB 2006, 785 (786ff.).

[301] Zu weiteren möglichen Einschränkungen Kleinmann/Siegert BB 2006, 785 (787ff.).

[302] Dagegen wurde eine Frist von drei Monaten in AGB von der Rspr. als unzulässig angesehen, BGH BB 1995, 113 (115).

[303] Im Zweifel besteht im Schweizer Recht allerdings schon keine Rücknahmeverpflichtung von Gesetzes wegen, Albaric/Dickstein/Collart International Agreements S. 958.

[304] Staub/Emde HGB Vor § 84 Rn. 617.

Händler ansonsten Gefahr läuft, sich gegenüber seinen Kunden wegen Nichterfüllung schadensersatzpflichtig zu machen.[305]

Klauselbeispiel für ein Rückkaufsrecht des Herstellers

The Manufacturer may (without any obligation to do so) by means of a written request submitted to the Dealer no later than [•] days from the effective date of termination of the Agreement reacquire from the Dealer all or some of unused, undamaged and unsold Products in Dealer's stock at the original price charged from the Dealer.

d) Sonstige Rechtsfolgen der Vertragsbeendigung

Zu den weiteren Rechtsfolgen einer Vertragsbeendigung gehören typischerweise Pflichten 205
des Händlers, nicht verbrauchte Verkaufsförderungsunterlagen an den Hersteller zurückzureichen und sich nicht länger als Händler des Herstellers zu bezeichnen.

Klauselbeispiel für die Vereinbarung weiterer Rechtsfolgen einer Vertragsbeendigung

(1) Upon termination of the Agreement, the Dealer must return to the Manufacturer all documents submitted by the Manufacturer in accordance with [•] above.

(2) Furthermore, upon termination of this Agreement, the Dealer must refrain from calling itself distributor, dealer or the like of the Manufacturer.

V. Maklerverträge

1. Vertragsgegenstand, Abgrenzung zum Handelsvertreter

Anders als der Handelsvertreter ist der Handelsmakler lediglich Gelegenheitsvermittler. In 206
der Praxis entstehen aber immer wieder Probleme bei der mit **erheblichen Rechtsfolgen** verbundenen Auslegungsfrage, ob es sich bei einem Vertriebsvertrag um einen Handelsvertreter- oder aber einen Maklervertrag handelt. Solche Probleme können bei der Vertragsgestaltung vermieden werden, wenn klar herausgestellt wird, dass lediglich eine **Einzelfalltätigkeit** des Vertriebsmittlers auf freiwilliger Basis und damit **ohne** die Übernahme von **Vertriebspflichten** gewollt ist. Bei internationalen Handelsmaklerverträgen ist darüber hinaus auch die Wahl einer Rechtsordnung ratsam, der – wie das deutsche oder Schweizer Recht – die Unterscheidung zwischen Handelsvertretern und Handelsmaklern auch im Fall des Warenvertriebs geläufig ist und die daher dispositive Regelungen für den Fall von Vertragslücken zur Verfügung stellen kann.

Klauselbeispiel für die Definition des Vertragsgegenstandes

[•] Subject Matter

(1) The Occasional Intermediary[306] may on a non-exclusive basis procure contracts for the Contractual Products with customers in the Contractual Territory on a case to case basis in accordance with the provisions of this Agreement.

(2) For the avoidance of doubt, all procurement activities undertaken by the Occasional Intermediary pursuant to this Agreement are solely performed on a voluntary basis. The Occasional Intermediary is accordingly under no obligation to promote the sale of the Contractual Products in the Contractual Territory or to provide any other services on behalf of the Company.

---

305 Anders Kleinmann/Siegert BB 2006, 785 (790), die eine entsprechende Einschränkung nicht für zwingend geboten halten.

306 Der Begriff des „Occasional Intermediary" ist dem Mustervertrag der ICC entlehnt, dazu → Rn. 103.

2. Vergütung

207 Neben der Festlegung des Vertragsgegenstandes ist die Vergütungsregelung das Herzstück des Maklervertrages. Nach gesetzlicher Ausgangslage im deutschen und Schweizer Recht entsteht der Provisionsanspruch grundsätzlich mit dem **Abschluss des Hauptvertrages,** den der Makler **kausal** durch seine Tätigkeit vermittelt haben muss. Das schließt aus Sicht des Prinzipals freilich nicht aus, die Entstehung des Provisionsanspruchs zusätzlich auch von der Ausführung des Vertrages durch ihn oder den Kunden abhängig zu machen. Im Rahmen der Vertragsgestaltung sollte dabei aber eindeutig geregelt werden, ob die Zahlung des Kunden eine aufschiebende **Bedingung** oder lediglich eine **Fälligkeitsvoraussetzung** für den Provisionsanspruch darstellen soll. Denn wird der Vertrag nicht ausgeführt, entfällt nur bei einer echten aufschiebenden Bedingung der Provisionsanspruch,[307] während bei einer reinen Fälligkeitsbestimmung der Umstand, dass es letztlich nicht zum Vollzug des Hauptvertrages kommt, nicht dazu führen soll, dass der Makler überhaupt keine Provision erhält.[308] Die Festlegung des Zahlungseingangs als echte Rechtsbedingung dürfte auch der deutschen AGB-Inhaltskontrolle standhalten.[309]

208 Weiterhin kann die Vergütungsklausel auch eine Präzisierung enthalten, **welche Vermittlungsleistungen** vom Makler im Einzelnen erbracht werden müssen. Der Ausschluss von Folgeprovisionen am Ende der folgenden Musterklausel dient schließlich lediglich der Klarstellung, da ein solcher Anspruch zumindest im deutschen und Schweizer Recht schon von Gesetzes wegen grundsätzlich nicht bestehen dürfte.[310]

Klauselbeispiel für eine Regelung über die Entstehung des Provisionsanspruchs aus Sicht des Prinzipals

[•] Commission

(1) If the Company enters into a binding contract within the scope of this Agreement as a direct result of the services rendered by the Occasional Intermediary, the Occasional Intermediary may, subject to the explicit condition precedent of Company's receipt of customer's payment of the contract price, claim a commission amounting to [•] % of the net contract price. A customer contract shall be deemed to have been entered into as a direct result of the services rendered by the Occasional Intermediary if the Occasional Intermediary has established a direct contact between the Company and the customer with respect to the contract actually concluded and has assisted the Company in the contract negotiation and conclusion.

(3) The Occasional Intermediary is only entitled to a commission with regard to follow up contracts with the same customer if the Occasional Intermediary has in each individual case also procured the follow up contract according to subparagraph (1) above.

209 Möglich ist auch die Vereinbarung einer so genannten **Stichtagsklausel,** nach der ein Anspruch des Maklers auf Provisionszahlung entfällt, wenn der Kundenvertrag nicht bis zu einem definierten Datum abgeschlossen wird. Sinnvoll ist eine solche Regelung dann, wenn der Vertrag mit Blick auf ein bestimmtes Projekt bzw. einen bestimmten Kunden

---

[307] Eine Ausnahme gilt für den Fall, dass der Bedingungseintritt treuwidrig vereitelt wird, § 162 Abs. 1 BGB sowie im Schweizer Recht Art. 156 OR, da in diesem Fall die Bedingung als erfüllt angesehen wird.

[308] In einem solchen Fall wird der Provisionsanspruch nach Auffassung der deutschen Rechtsprechung im Zweifel nach Ablauf der Zeitspanne fällig, innerhalb derer die Ausführung des Hauptvertrages erwartet werden konnte, vgl. BGH NJW 1986, 1035.

[309] Grüneberg/Sprau BGB § 652 Rn. 71.

[310] Zum Schweizer Recht BSK/Ammann OR I Art. 413 Rn. 11; BGE 75 II 53 (56): Folgeprovisionen nur für Geschäfte mit dem ursprünglich geworbenen Kunden, wenn die Folgeschäfte *„als Teile eines von Anfang an in Aussicht genommenen grösseren Geschäftes erscheinen und mit dem ersten Auftrag eine wirtschaftliche Einheit bilden"*.

abgeschlossen wird. Eine Stichtagsklausel dürfte auch der deutschen AGB-Inhaltskontrolle standhalten.[311]

Klauselbeispiel für eine Stichtagsklausel

Any commission claim is subject to the condition subsequent that a customer contract has been concluded by [Date] at the latest.

Der Makler mag umgekehrt daran interessiert sein, für einen potentiellen Kundenauf- 210 trag einen **Alleinauftrag**[312] zu erhalten, der ihm die Provisionszahlung auch für den Fall zusichert, dass es an einer kausalen Vermittlungsleistung für den Abschluss des Hauptvertrages fehlt. Die in der internationalen Praxis häufig vereinbarten so genannten „Projektschutzvereinbarungen" werden von der deutschen Rechtsprechung dabei im Sinne eines erweiterten Alleinauftrages ausgelegt, der einen Anspruch auf Provision auch bei fehlender erfolgsursächlicher Vermittlungsleistung auslösen soll.[313]

3. Sonstiges

Im Gegensatz zu Handelsvertreter- und Händlerverträgen sind Bestimmungen über die 211 Vertragslaufzeit und Kündigungsmöglichkeiten beim Handelsmaklervertrag weniger entscheidend. Das hängt damit zusammen, dass der Makler ohnehin auch während der Vertragslaufzeit keiner Tätigkeitspflicht unterliegt. Gleichzeitig verliert er seinen Provisionsanspruch nicht durch eine Kündigung, sofern nur die Vermittlungsleistung (nicht notwendigerweise der Abschluss des Hauptvertrages) bereits vor diesem Zeitpunkt erbracht worden ist.[314]

Soll gleichwohl eine Regelung über Vertragslaufzeit und Kündigungsfristen in den Ver- 212 trag aufgenommen werden, empfiehlt sich regelmäßig die Festlegung einer unbestimmten Vertragslaufzeit. Mit Blick auf die Kündigungsfristen müssen keine gesetzlichen Mindestfristen beachtet werden.

VI. Übergreifende Bestimmungen

1. Compliance-Bestimmungen

Das Thema Compliance ist bei Vertriebsverträgen insbesondere mit Blick auf öffentlich- 213 rechtliche Bestimmungen zur Korruptionsbekämpfung und der Exportkontrolle relevant.

a) Vorschriften zur Korruptionsbekämpfung

Vertriebsverträge haben in Bezug auf Korruptionsdelikte ein **erhöhtes Risikopotential:** 214 Zum einen werden sie etwa in Gestalt von Beratungs- und Vermittlungsverträgen mitunter als Mittel zur **Verschleierung von Schmiergeldzahlungen** eingesetzt. Zum anderen haben sich die Vorschriften zur Korruptionsbekämpfung in den vergangenen Jahren stetig verschärft, was es für deutsche Exportunternehmen notwendig macht, auch bei regulär eingesetzten ausländischen Handelsvertretern und -maklern laufend die Einhaltung einschlägiger Antikorruptionsvorschriften zu überwachen.

---

[311] Zur Zulässigkeit nach deutschem Recht etwa Dauner-Lieb/Langen/Wichert § 652 BGB Rn. 209a sowie Thüringisches OLG BeckRS 2010, 18593.

[312] Für verschiedene Gestaltungsmöglichkeiten zu Alleinaufträgen vgl. den ICC Model Contract Occasional Intermediary, ICC Product No. 769E, 2015 Edition.

[313] OLG Düsseldorf NJW 1982, 1231 (1232).

[314] Für das deutsche Recht Grüneberg/Sprau BGB § 652 Rn. 46.

215 Für deutsche Exportunternehmen sind dabei nicht nur die §§ 298ff. und §§ 331ff. StGB,[315] sondern häufig auch ausländische Vorschriften, wie insbesondere der US-amerikanische Foreign Corrupt Practices Act (FCPA) und der englische Bribery Act 2010 relevant, die zum Teil **deutlich strengere Anforderungen** als das deutsche Strafrecht normieren. Da der Bribery Act 2010 zum gegenwärtigen Zeitpunkt die wohl strengsten Vorgaben zur Bekämpfung der Korruption enthält, dürfte die Einhaltung seiner Bestimmungen grundsätzlich sicherstellen, dass auch keine Verstöße gegen Antikorruptionsvorschriften anderer Jurisdiktionen vorliegen.

216 Der **Bribery Act 2010** ist gem. s. 7 Abs. 5 lit. a) (auch) auf ausländische und damit deutsche Unternehmen anwendbar, wenn diese – insbesondere durch eine Niederlassung – einer **Geschäftstätigkeit** im Vereinigten Königreich nachgehen,[316] und zwar gem. s. 12 Abs. 5 Bribery Act 2010 selbst dann, wenn diese Geschäftstätigkeit mit der relevanten Korruptionshandlung **in keinem Zusammenhang** steht.[317] Eine Besonderheit des Bribery Act 2010 ist auch, dass er nicht nur die von anderen Regelwerken bekannten Tatbestände der Vorteilsgewährung und der Bestechung unter Strafe stellt: Vielmehr können nach s. 7 Abs. 1 Bribery Act 2010 Unternehmen auch dann mit einer **summenmäßig nicht begrenzten Strafzahlung**[318] belegt werden, wenn mit ihnen verbundene Personen (zu der Definition dieser „associated persons" gehören nach s. 8 Abs. 2 Bribery Act 2010 auch externe Vertriebsmittler[319]) eine in s. 1 oder s. 6 Bribery Act bezeichnete Verbotshandlung[320] begehen und sich das Unternehmen nicht mit der Implementierung geeigneter Compliance-Systeme exkulpieren kann.[321]

217 Der US-amerikanische FCPA wiederum ist auf deutsche Unternehmen dann anwendbar, wenn diese an US-Börsen gelistet[322] sind, es sich um Tochterunternehmen US-amerikanischer Unternehmen handelt oder Handlungen zur Förderung von Korruptionszahlungen auf US-amerikanischem Territorium ausgeführt werden.[323]

218 Eine vertragliche Anti-Compliance Klausel kann insofern einen (wenn auch allein sicherlich nicht hinreichenden) Baustein einer Compliance-Struktur darstellen, die insbesondere für die in s. 7 Bribery Act 2010 geregelte Exkulpationsmöglichkeit relevant ist.

---

315 Zur Verschärfung ua durch die Gleichstellung von inländischen mit ausländischen Richtern und Amtsträgern gem. § 335a StGB im Rahmen der Bestechung und Bestechlichkeit Dann NJW 2016, 203 (206).

316 Eine selbstständige Tochtergesellschaft im Vereinigten Königreich, die unabhängig von der Mutter agiert, begründet dagegen ebenso wenig zwangsläufig eine geschäftliche Tätigkeit der Muttergesellschaft im Vereinigten Königreich wie ihre dortige Börsennotierung; so jedenfalls die vom britischen Justizministerium herausgegebene *„Guidance about procedures which relevant commercial organisations can put into place to prevent persons associated with them from bribing"*; dazu (und der Notwendigkeit einer weiteren Präzisierung des Merkmals der geschäftlichen Tätigkeit auch Deister/Geier/Rew CCZ 2011, 81 (84).

317 S. 7 Abs. 5 Bribery Act 2010: „[...] *In this section „relevant commercial organisation" means* [...] *(b) any other body corporate (wherever incorporated) which carries on a business, or part of a business, in any part of the United Kingdom*". S. 12 Abs. 5 *Bribery Act* 2010: *„An offence is committed under section 7 irrespective of whether the acts or omissions which form part of the offence take place in the United Kingdom or elsewhere."*

318 S. 11 Abs. 3 Bribery Act 2010.

319 S. 8 Abs. 1 Bribery Act 2010: *„For the purposes of section 7, a person (‚A') is associated with C if (disregarding any bribe under consideration) A is a person who performs services for or on behalf of C."*

320 S. 1 Bribery Act 2010 erfasst (im Ausgangspunkt vergleichbar mit § 299 StGB) die Gewährung von Vorteilen (auch) an Privatpersonen zur Ausführung einer unlauteren Handlung; S. 6 die Versprechung oder Gewährung von Vorteilen an ausländische Amtsträger mit Blick auf die Amtsausführung, soweit nach dem jeweils anwendbaren Recht auf diese Zahlung kein Anspruch besteht. Letzteres erfasst insbes. auch sog. „facilitation payments", dazu Teicke/Mohsseni BB 2012, 911 (912ff.).

321 S. 7 Abs. 2 *Bribery Act* 2010: *„But it is a defence for C to prove that C had in place adequate procedures designed to prevent persons associated with C from undertaking such conduct"*; C steht für *„relevant commercial person"*.

322 Daraus ergab sich insbesondere die Anwendbarkeit des FCPA im Rahmen der Siemens-Affäre, die zu Strafzahlungen von Siemens an die maßgebliche US-Behörde wegen diverser Korruptionsfälle außerhalb der USA in einem Gesamtumfang von 800 Mio. USD geführt haben; dazu bereits → § 1 Rn. 3.

323 Der FCPA umfasst grds. aber nur Zahlungen an ausländische Amtsträger, nicht dagegen an Mitarbeiter von Privatunternehmen, Teicke/Mohsseni BB 2012, 911 (912).

Klauselbeispiel für eine vertragliche Compliance-Klausel[324]

[•] Anti-Corruption Compliance

(1) The Distributor confirms that it has not and warrants that it will not, in connection with the performance of this Agreement or in connection with any other business transactions involving the Company, make or promise to make any payment or transfer anything of value, directly or indirectly to any government official, any officer, director, employee or representative of any actual or potential customer of the Manufacturer, any officer, director or employee of the Manufacturer or any of its parents, affiliates or subsidiaries or to any other person or entity, if such payment or transfer would violate any applicable law or regulation, in particular but not limited to the German Criminal Code (Strafgesetzbuch), the Bribery Act 2010 (UK) and the Foreign Corrupt Practices Act (US). Distributor warrants in particular that none of the funds paid under this Agreement will be used for the payment of any bribe, kickback or other illegal or improper payment for any purpose such as but not limited to the influencing of the procurement or award of any contract to the Company or the facilitation of any services of public authorities.

(2) If public authorities should initiate investigations against the Company based on alleged unlawful behaviour (including but not limited to any form of corruption) in connection with the performance of this Agreement, Distributor shall grant the Company access to all documents and data which is available to it, and will support Company in any way in rebutting any charges against the Company.

b) Exportkontrollrecht

Vertriebsverträge enthalten häufig auch die Verpflichtung des Vertriebsmittlers zur Einhaltung der einschlägigen nationalen, unionsrechtlichen und US-amerikanischen Exportkontrollvorschriften.[325] 219

2. Sonstiges

Auch internationale Vertriebsverträge enthalten regelmäßig die in internationalen Wirtschaftsverträgen gebräuchlichen „boilerplates" wie Schriftformklauseln, salvatorische Klauseln und Abtretungsverbote.[326] Üblich sind auch Vertraulichkeitsklauseln.[327] 220

D. Übersicht über (einfach und international) zwingende Ausgleichsansprüche nach Vertragsbeendigung in ausgewählten Rechtsordnungen

Angesichts der besonderen wirtschaftlichen Bedeutung soll die folgende Tabelle eine grobe Orientierung über die Existenz von zwingenden Ausgleichsansprüchen nach Vertragsbeendigung in maßgeblichen ausländischen Rechtsordnungen[328] ermöglichen. Dabei ist zu berücksichtigen, dass die Rechtsprechung in vielen Ländern gerade mit Blick auf Ausgleichs- 221

[324] Für weitergehende Regelungen wie etwa die Durchführung einer erfolgreichen Due-Diligence Prüfung des Vertriebsmittlers als aufschiebende Bedingung der Vertragswirksamkeit oder dem Ausschluss von Vergütungsansprüchen sowie Sonderkündigungsrechten im Fall von Verstößen MVH/Rieder III Form. X.3. Zu Grenzen der Gestaltung durch die AGB-Inhaltskontrolle etwa Gilch/Pelz CCZ 2008, 131 ff.

[325] Im Einzelnen dazu (und möglichen Konsequenzen für die Vertragsgestaltung) → § 4.

[326] Dazu → § 11 und → § 12.

[327] Dazu → § 17.

[328] Die Auswahl orientiert sich an der Rangfolge der wichtigsten Handelspartner Deutschlands im Außenhandel im Jahr 2021 (25 wichtigste Handelspartner); abzurufen unter www.destatis.de.

ansprüche von Vertragshändlern weiterhin im Fluss ist und eine Prüfung der Rechtslage im Einzelfall daher unentbehrlich bleibt.

222 Der Versuch der Qualifizierung als einfache oder **international zwingende Ausgleichsansprüche** ist von Bedeutung, weil sich (nur) international zwingende Normen über eine anderslautende Rechtswahl und unter Umständen auch eine Gerichtsstands- bzw. Schiedsvereinbarung hinwegsetzen können.[329]

223 Für die EU-Mitgliedsstaaten (sowie gegenwärtig noch dem Vereinigten Königreich) ergibt sich der international zwingende Charakter des Ausgleichsanspruchs für Handelsvertreter jeweils bereits aus der Ingmar-Entscheidung des EuGH, wenn und soweit sich das Vertragsgebiet innerhalb der EU/EWR (bzw. im Vereinigten Königreich) befindet.

Übersicht über zwingende Ausgleichsansprüche im Fall einer Vertragsbeendigung		
Jurisdiktion	**Handelsvertreterverträge**	**Händlerverträge**
Belgien[330]	international zwingender Ausgleichsanspruch	international zwingender Ausgleichsanspruch
Brasilien[331]	international zwingender Ausgleichsanspruch	kein Ausgleichsanspruch; möglicherweise Investitionsersatzanspruch
China[332]	kein Ausgleichsanspruch	kein Ausgleichsanspruch
Dänemark[333]	international zwingender Ausgleichsanspruch	unklar
Finnland[334]	international zwingender Ausgleichsanspruch	(wohl) kein Ausgleichsanspruch
Frankreich	(international) zwingender Ausgleichsanspruch[335]	kein Ausgleichsanspruch[336]
Vereinigtes Königreich[337]	international zwingender Ausgleichsanspruch	kein Ausgleichsanspruch
Indien[338]	kein Ausgleichsanspruch	kein Ausgleichsanspruch

[329] Siehe bereits oben → Rn. 48.

[330] Zum Händler Art. X.37 und Art. X.39 Code de droit économique.

[331] Zum brasilianischen Vertriebsrecht Filippozzi ICCLR 1994, 305 (306); der zwingende Ausgleichsanspruch für Handelsvertreter folgt aus Art. 27 Gesetz Nr. 8.420/92 über Handelsvertreter.

[332] Martinek/Semler/Flohr/Glück Handbuch Vertriebsrecht § 60 Rn. 35 (Handelsvertreter) und Rn. 90 (Händler).

[333] Kein Ausgleichsanspruch für Händler nach Auffassung von Albaric/Dickstein/Jussila/Bukowski International Agreements S. 255; Thume IHR 2014, 52 (54). Anders Wauschkuhn ZVertriebsR 2016, 79 (85); Martinek/Semler/Flohr/Rossen Handbuch Vertriebsrecht § 61 Rn. 52 unter Verweis auf einzelne Urteile, die offenbar einen „goodwill" Anspruch des Händlers zum Ausgleich des Wertes der verlorenen Kunden angenommen haben.

[334] Albaric/Dickstein/Jussila/Peltoniemi International Agreements S. 319f.

[335] Siehe aber die Entscheidung des Court d'Appel de Paris, Urt. v. 23.11.2021, Az. N° RG 19/15670 – No Portalis 35L7-V-B7D-CAPQD (SAS Accessoires v Societe Guess Europe SAGL), die eine Einstufung des Ausgleichsanspruchs des Handelsvertreters nach französischem Recht (L. 134-1 ff. Code de Commerce) als Eingriffsnorm abgelehnt hat.

[336] Zum Händlerrecht Wauschkuhn/Teichmann RIW 2009, 614 (615), die aber auf die französische Besonderheit eines Schadensersatzanspruchs bei Kündigung mit kurzer Frist (L. 442-1 Abs. 2 Code de Commerce) hinweisen.

[337] Oben → Rn. 87, 90.

[338] Albaric/Dickstein/Chhabraa/Galpalli International Agreements S. 658 (Handelsvertreter) und S. 665 (Händler); für Handelsvertreter ebenso Rödl&Partner Handbuch S. 137.

Übersicht über zwingende Ausgleichsansprüche im Fall einer Vertragsbeendigung		
Jurisdiktion	**Handelsvertreterverträge**	**Händlerverträge**
Italien	international zwingender Ausgleichsanspruch	kein Ausgleichsanspruch[339]
Japan[340]	kein Ausgleichsanspruch	kein Ausgleichsanspruch
Mexiko[341]	kein Ausgleichsanspruch	kein Ausgleichsanspruch
Niederlande[342]	international zwingender Ausgleichsanspruch	grs. kein Ausgleichsanspruch; uU aber Investitionsersatzanspruch
Österreich[343]	international zwingender Ausgleichsanspruch	(möglicherweise international) zwingender Ausgleichs- und Investitionsersatzanspruch
Polen[344]	international zwingender Ausgleichsanspruch	ungeklärt
Rumänien[345]	international zwingender Ausgleichsanspruch	kein Ausgleichsanspruch
Russische Föderation[346]	kein Ausgleichsanspruch	kein Ausgleichsanspruch
Schweden[347]	international zwingender Ausgleichsanspruch	kein Ausgleichsanspruch
Schweiz[348]	zwingender Ausgleichsanspruch	zwingender Ausgleichsanspruch
Slowakei	international zwingender Ausgleichsanspruch	ungeklärt
Spanien[349]	international zwingender Ausgleichsanspruch	zwingender Ausgleichsanspruch
Südkorea (Repulik Korea)[350]	kein Ausgleichsanspruch	kein Ausgleichsanspruch
Tschech. Republik[351]	international zwingender Ausgleichsanspruch	ungeklärt

[339] Wauschkuhn/Teichmann RIW 2009, 614 (615f.).
[340] Martinek/Semler/Flohr/Tanaka/Tsukamoto Handbuch Vertriebsrecht § 65 Rn. 10 (Handelsvertreter) und Rn. 25 (Händler). Zum Handelsvertreterrecht ebenso Rödl&Partner Handbuch S. 170.
[341] Zum Handelsvertreterrecht Rödl&Partner Handbuch S. 255; zum Händlerrecht Salinas L. & Bus. Rev. Am. 2008, 783 (789).
[342] Wauschkuhn/Teichmann RIW 2009, 614 (616).
[343] Art. 454 UGB (Investitionsersatzanspruch); Art. 24 HVertrG (analoge Anwendung des Ausgleichsanspruchs bei Händlern); dazu auch Wauschkuhn/Teichmann RIW 2009, 614 (616). Zur fehlenden international zwingenden Qualifizierung des Ausgleichsanspruchs bei Händlern noch OGH, Urt. v. 27.1.2010, Az. 7 Ob 255/09i; für eine Einstufung als Eingriffsnorm (auch) bei analoger Anwendung auf Händler dagegen möglicherweise OGH ZVertriebsR 2017, 397 (402) (m. befürwortender Anm. Moritz).
[344] Martinek/Semler/Flohr/Pilich Handbuch Vertriebsrecht § 68 Rn. 28ff., der Ausgleichsansprüche des Händlers zumindest nicht erwähnt.
[345] Wauschkuhn ZVertriebsR 2016, 79 (85).
[346] Christou International Agency Rn. 15–22 (Handelsvertreter) und Rn. 15–42 (Händler).
[347] Thume IHR 2009, 141 (144).
[348] Oben → Rn. 74, 76a.
[349] Zum spanischen Händlerrecht Lindner/Palau RIW 2006, 418 (420) mit Verweis auf einen ggf. zusätzlich bestehenden Investitionsersatzanspruch.
[350] Detzer/Zwernemann Ausländisches Recht S. 243, 245.
[351] Altmann WiRO 2008, 81 (84).

Übersicht über zwingende Ausgleichsansprüche im Fall einer Vertragsbeendigung		
Jurisdiktion	**Handelsvertreterverträge**	**Händlerverträge**
Türkei[352]	international zwingender Ausgleichsanspruch	möglicherweise zwingender Ausgleichsanspruch
Ungarn[353]	international zwingender Ausgleichsanspruch	wohl kein Ausgleichsanspruch
USA[354]	kein Ausgleichsanspruch	kein Ausgleichsanspruch

[352] Bozbel RIW 2011, 125 (129); Art. 122 des neuen türkischen HGB sieht erstmals ausdrücklich einen (wohl international zwingenden) Ausgleichsanspruch vor.

[353] Vom Nichtbestehen eines Ausgleichsanspruchs ausgehend Thume IHR 2009, 141 (144) sowie Albaric/Dickstein/Görgény/Boronkay International Agreements S. 600 (letztere mit Verweis auf einen möglicherweise bestehenden Investitionsanspruch).

[354] Das Recht der Vertriebsmittler ist in den USA nicht Bundesrecht, sondern Recht der einzelnen US-Bundesstaaten, die allerdings allesamt keine allgemeinen Ausgleichsansprüche im Fall einer Vertragsbeendigung statuieren, dazu Martinek/Semler/Flohr/Braun Handbuch Vertriebsrecht § 75 Rn. 8 (Vertreter) und Rn. 24 (Händler) mit Hinweisen zu Schutzvorschriften zugunsten von Händlern in einzelnen Staaten.

§ 20 Instrumente zur Zahlungssicherung

Übersicht

Schrifttum:

Affentranger, Protecting your Projects under Swiss Export Guarantees, Int'l Fin. L. Rev. 2000, 41 ff.; *Barru,* How to Guarantee Contractor Performance on International Construction Projects: Comparing Surety Bonds with Bank Guarantees and Standby Letters of Credit, Geo. Wash. Int'l L. Rev. 2005, 51 ff.; *Bischoff,* Die Exportgarantie des Bundes in Krisenzeiten, RIW 2009, 849 ff.; *Bischoff/Klasen,* Hermesgedeckte Exportfinanzierung, RIW 2014, 765 ff.; *Chhina,* The underlying contract exception: effect on the degree of abstraction of bank guarantees, J. Bus. L. 2022, 1 ff.; *Coendet,* Insolvenzrisikoverteilung bei der Bankgarantie, SZW 2007, 135 ff.; *Deane,* Letters of Comfort, Asia Pac. L. Rev. 1992, 82 ff.; *Funn/Knoll/Dempsey,* Letters of Credit in Construction Projects, Constr. Law. 2009, 33 ff.; *Elland-Goldsmith,* Comfort Letters in English Law and Practice, Int'l Bus. L.J. 1994, 527 ff.; *Ellinger,* Reflections on Letters of Comfort, Sing. J. Legal Stud. 1991, 1 ff.; *Ellinghaus,* Essentials of the Modern Law of Guarantees, Corp. & Bus. L.J. 1989, 144 ff.; *Enonchong,* The law applicable to demand guarantees and counter-guarantees, L.M.C.L.Q. 2015, 194 ff.; *Faul,* Letters of comfort, J.S. Afr. L. 1990, 73 ff.; *Fedotov,* Abuse, Unconscionability and Demand Guarantees: New Exception to Independence, Int'l Trade & Bus. L. Rev. 2008, 49 ff.; *Förster,* Die Fusion von Bürgschaft und Garantie, 2010; *Forte,* Letters of Comfort or Letters of Cold Comfort, J. Mar. L. & Com. 1990, 99 ff.; *Francotte,* International Project Financing: Contractual Guarantees in Favor of the Purchaser, Rutgers Computer & Tech. L.J. 1983–1984, 303 ff.; *Frank-Fahle,* Rechtliche Verteidigungsmöglichkeiten gegen eine Inanspruchnahme aus Patronatserklärungen im internationalen Anlagenbaugeschäft, ZfBR 2018, 107 ff.; *Gorton,* Payments and Financial Security – An Overview, EBLR 2007, 141 ff.; *Häberle,* Handbuch für Kaufrecht, Rechtsdurchsetzung und Zahlungssicherung im Außenhandel, 2002; *Ders.,* Handbuch der Akkreditive, Inkassi, Exportdokumente und Bankgarantien, 2000; *Harnos,* Harte externe Patronatserklärung in der Insolvenz, ZIP 2017, 1149 ff.; *Horn,* Bürgschaften und Garantien zur Zahlung auf erstes Anfordern, NJW 1980, 2153 ff.; *Kleiner,* Bankgarantie, 4. Aufl. 1990; *Koch,* Die Patronatserklärung, 2005; *Kozolchyk,* The Financial Standby Letters of Credit, Int'l Bus. L.J. 1995, 405 ff.; *Kröll,* Der Eilschiedsrichter als Mittel, um die missbräuchliche Inanspruchnahme von Bankgarantien zu verhindern?, ZBB 2016, 271 ff.; *Limesch,* Internationale Bankgarantien und die UN-Konvention über unabhängige Garantie und Standby-Letters of Credit, 1999; *Oepen,* Auf erstes Anfordern versprochene Bürgschaften und Garantien, NJW 2009, 1110 ff.; *Perell,* Lessons about Comfort Letters, Can. Bus. L.J. 2001, 421 ff.; *Reuter,* Die kollisionsrechtliche Anknüpfung von Patronatserklärungen, RIW 2018, 339 ff.; *Richter,* Standby Letter of Credit: Eine systematische Darstellung unter besonderer Berücksichtigung des US-amerikanischen Rechts, 1990; *Scherer,* Guarantees: Limitations of Liability and Dispute Resolution Clauses, Const. L. Int'l 2009, 25 ff.; *Söbbing,* Patronate im unternehmerischen Rechtsverkehr, GWR 2017, 336 ff.; *von Bernstorff,* Bank Payment Obligation, RIW 2014, 34 ff.; *von Westphalen,* Ist das rechtliche Schicksal der „auf erstes Anfordern" zahlbar gestellten Bankgarantie besiegelt?, BB 2003, 116 ff.; *Ders.,* Ausgewählte Fragen zu den „Uniform Rules for Demand Guarantees 758" der ICC unter der Lupe des AGB-Rechts, BB 2022, 579 ff.; *Ders.,* Einheitliche Richtlinien und Gebräuche für Dokumenten-Akkreditive und Einheitliche Bedingungen für Inkassi, IWRZ 2019, 251 ff.; *von Westphalen/Zöchling-Jud* (Hrsg.), Die Bankgarantie im internationalen Handelsverkehr, 4. Aufl. 2013; *Vorpeil,* Die neue ICC-Garantierichtlinie – eine zweite Chance?, RIW 2010, Editorial Heft 6; *Ders.,* Die Dokumentenstrenge beim L/C im Wandel der Praxis – Auf dem Weg zur „Substantial Compliance"?, WM 2018, 751 ff.; *Wittuhn,* Kleinworth Benson Limited v. Malaysian Mining Corporation Berhard – A Comparative Note on Comfort Letters, McGill L.J. 1989–1990, 490 ff.; *Zahn/Ehrlich/Haas,* Zahlung und Zahlungssicherung im Außenhandel, 8. Aufl. 2010; *Zhang,* Documentary letters of credit fraud exception rules: a comparative study of English law and Chinese law, J.I.B.L.R. 2015, 210 ff.

A. Überblick

I. Allgemeines

1 Instrumente zur Zahlungssicherung werden in nahezu allen nationalen und internationalen Wirtschaftsverträgen verwendet – in Unternehmenskaufverträgen ebenso wie etwa in (Anlagen-)bau-, Liefer- und Finanzierungsverträgen. Dies gilt umso mehr in Krisenzeiten wie derzeit aufgrund der COVID-19-Pandemie und dem Krieg in der Ukraine, die die Erfüllung internationaler Wirtschaftsverträge erheblich beeinflussen und die wirtschaftliche Situation von Unternehmen branchenabhängig teils stark belasten.

2 Die Bedeutung, die Zahlungssicherheiten für einen funktionierenden Wirtschaftsverkehr international beigemessen wird, belegt auch die langjährige Befassung **internationaler Organisationen und Verbände** (wie etwa UNCITRAL und der ICC) mit verschiedenen Sicherungsinstrumenten.[1] Auch auf nationaler Ebene wurde die besondere Bedeutung der Zahlungssicherung im internationalen Wirtschaftsverkehr aufgrund der starken Fokussierung der deutschen Wirtschaft auf den Außenhandel erkannt. Zur Unterstützung deutscher Unternehmen im internationalen Wirtschaftsverkehr wurden dabei auch staatlich geförderte Sicherungsinstrumente für den Export installiert.[2] Verdeutlicht wird die Bedeutung von Sicherheiten im unternehmerischen Rechtsverkehr auch dadurch, dass die Volumina der Avalkredite bei Kautionsversicherern jedenfalls in Deutschland jährlich steigen.[3]

3 In den vergangenen Jahrzehnten haben sich durch die sprunghaft angestiegene Internationalisierung des Wirtschaftsverkehrs verschiedene Sicherungsinstrumente herausgebildet, deren Verwendung entweder im Rahmen bestimmter Vertragstypen (wie zB das Doku-

---

[1] Vgl. hierzu → § 3 Rn. 22 ff.

[2] Insbesondere sind diesbezüglich die so genannten Hermesdeckungen von hoher praktischer Bedeutung; zu Einzelheiten hierzu → § 18 Rn. 97 ff.

[3] Zuletzt trotz COVID-19 Pandemie für das Jahr 2021 um 3 % gemäß Hochrechnung des GDV auf Basis der ersten drei Quartale; https://www.gdv.de/resource/blob/73870/ef6430d8d4edf6d9424cc5140c9a3ea8/d-geschaeftsverlauf-kredit-2021-data.pdf.

mentenakkreditiv (letter of credit) für Lieferverträge und in einzelnen Bereichen des Industrieanlagenbaus) gebräuchlich ist oder, wie zB bei der Bankgarantie, für verschiedenste Vertragstypen die Praxis des internationalen Wirtschaftsverkehrs dominieren.[4] Da sich die Anforderungen der Parteien an Sicherungsmittel ebenfalls wandeln, ist die Entwicklung der verfügbaren Sicherungsinstrumente nicht statisch. Verdeutlichen lässt sich dies zB am Hinzutreten der sog. **bank payment obligation.** Von der ICC wird die Bedeutung der bank payment obligation – einem abstrakten Zahlungsversprechen der Käuferbank unter bestimmten Voraussetzungen, deren Erfüllung bzw. Eintritt durch elektronischen Datenabgleich bestätigt wird – für den zukünftigen Außenhandel durch die erstmalige Herausgabe der Uniform Rules for Bank Payment Obligations im Jahr 2013 unterstrichen und bestärkt. Die praktische Bedeutung der bank payment obligation zum gegenwärtigen Zeitpunkt ist allerdings noch gering.[5] Daneben haben viele institutionelle Avalgeber in den letzten Jahren auch digitale Angebote aufgenommen, die das Handling von Sicherheiten in Zeiten der Digitalisierung beschleunigen und erleichtern sollen. Diese Tendenz und die Marktdurchdringung dieser digitalen Angebote werden sich mit Sicherheit in den kommenden Jahren beschleunigen und massiv verstärken.

In diametralem Gegensatz zur praktischen Bedeutung dieser Sicherungsinstrumente für 4
den Außenhandel steht dabei der Mangel an gesetzlichen Kodifizierungen. So sind in den meisten, im internationalen Wirtschaftsverkehr geläufigen Rechtsordnungen wie auch im deutschen Recht Bankgarantie und Dokumentenakkreditiv als praktisch bedeutsamste Sicherungsinstrumente der Bankenpraxis für den internationalen Rechtsverkehr **gesetzlich nicht** oder allenfalls **fragmentarisch und damit unzureichend geregelt.**[6] Die Hintergründe hierfür sind vielfältig und reichen von der vom Gesetzgeber als begrenzt bewerteten Einflussmöglichkeit der nationalen Rechtsordnungen auf den internationalen Rechtsverkehr bis hin zu einer stetigen Weiterentwicklung der jeweiligen Sicherungsinstrumente durch die Kautelarpraxis in den vergangenen Jahrzehnten. Auch wenn dieser Umstand internationale Institutionen wie UNCITRAL[7] und die ICC zu verstärkten Bemühungen um eine internationale Vereinheitlichung rechtlicher Rahmenbedingungen der Sicherungsinstrumente veranlasst hat, haben sich hieraus jedenfalls nicht für alle Sicherungsinstrumente einheitliche Standards entwickelt. Um die Tendenz zu einheitlichen Standards hinsichtlich der URDG 758 zu verstärken, hat die ICC im Mai 2021 die „International Standard Demand Guarantee Practice for URDG 758" veröffentlicht, einen praktischen Leitfaden für den Umgang mit den URDG 758, um deren einheitliche Anwendung und stärkere Verbreitung zu fördern.[8] Gerade für die Bankgarantie ist die Bezugnahme auf internationale Standards bei der Vertragsgestaltung bislang – anders als beim Dokumentenakkreditiv – aber eher die Ausnahme als die Regel. Die Bezugnahme auf internationale Standards nimmt allerdings zu, so dass eine weitere Verbreitung der URDG 758 in der Zukunft wahrscheinlich erscheint.

Aus dem Fehlen einer umfassenden gesetzlichen Kodifikation selbst der geläufigsten Si- 5
cherungsmittel folgen für die Erstellung und Verhandlung der entsprechenden Instrumente erhebliche Anforderungen an die Vertragsparteien. Diesen obliegt es, die mangelnde gesetzliche Kodifikation durch ein **abschließendes vertragliches Regime** zu kompensieren. Unabhängig davon, ob dies durch den Rückgriff auf vereinheitlichte Regelungen,

---

[4] Zur überragenden Bedeutung der Bankgarantie im internationalen Rechtsverkehr vgl. ua von Westphalen/Zöchling-Jud Bankgarantie S. 1; Zahn/Ehrlich/Haas Zahlungssicherung Rn. 9/1, jeweils mwN.

[5] Auf eine ausführliche Darstellung wird aufgrund der aktuell geringen praktischen Bedeutung zunächst verzichtet; vgl. hierzu ua von Bernstorff RIW 2014, 34 ff.; Vorpeil Int'l Bus. L.J. 2014, 41 ff.

[6] Zahn/Ehrlich/Haas Zahlungssicherung Rn. 1 f. mwN.

[7] Die United Nations Convention on Independent Guarantees and Stand-by Letters of Credit der UNCITRAL wurden allerdings letztmals im Jahr 2005 und insgesamt nur von 8 Staaten ratifiziert, darunter mit den USA nur von einem führenden Industrieland.

[8] Eine entsprechende Veröffentlichung für die UCP 600 existiert bereits seit vielen Jahren.

insbesondere der ICC,[9] oder durch umfassende individuelle Regelungen der Vertragsparteien geschieht, sollte der Ausgestaltung der Sicherungsabrede und etwaigen Mustertexten der zu stellenden Sicherungsinstrumente aus Sicht beider Vertragsparteien besondere Aufmerksamkeit gewidmet werden.

6 Ebenso wie die zur Verfügung stehenden Sicherungsinstrumente können auch die Hintergründe für die Forderung an den Vertragspartner, einzelne Vertragspflichten zu besichern, unterschiedlicher Natur sein. Kernaspekt nahezu jeder Besicherung ist zunächst die (jedenfalls teilweise) **Absicherung im Insolvenzfall** des Vertragspartners. Aber auch im Geschäftsverkehr zwischen Unternehmen, deren wirtschaftlicher Bestand nicht ernsthaft bedroht erscheint, werden regelmäßig Sicherheiten verlangt und gestellt. Diese dienen neben der Insolvenzsicherung insbesondere auch der **Aufrechterhaltung der Liquidität** des Begünstigten für den Fall, dass der Vertragspartner Vertragspflichten nicht oder nicht rechtzeitig erfüllen kann oder erfüllen möchte. Die Liquiditätsfunktion von Sicherungsinstrumenten stellt neben der Insolvenzsicherung damit einen zweiten Kernaspekt der Besicherung dar. Ihr kommt gerade im internationalen Wirtschaftsverkehr eine besondere Bedeutung zu, weil die internationale Rechtsverfolgung auch im 21. Jahrhundert – zumindest außerhalb der EU – nach wie vor in aller Regel beschwerlich und häufig langwierig ist. Auch dann, wenn die Aufrechterhaltung der eigenen Liquidität im Sicherungsfall nicht bedroht ist, bieten Sicherungsmittel vielfach ein **Druckmittel**[10] gegenüber dem Vertragspartner und erleichtern direkt oder indirekt die Durchsetzung der besicherten Ansprüche, da eine Inanspruchnahme des Sicherungsgebers aus der Sicherheit aus Sicht des Hauptschuldners vermieden werden soll.[11] Daneben erfüllen einzelne Sicherungsmittel wie zB Dokumentenakkreditive und bank payment obligation auch **Zahlungsfunktionen** bei der Abwicklung des Vertragsverhältnisses. Während der Insolvenzsicherung für sämtliche Sicherheiten erhebliche Bedeutung zukommt, gilt dies für die Liquiditätssicherung und die Druckfunktion nur eingeschränkt. Gerade Sicherungsmittel, die wie die Bankgarantie auch Liquiditätssicherung gewährleisten können, sind in der Vertragsabwicklung durchaus kritisch zu sehen. Denn nach der inhaltlich nahezu ungeprüften Zahlung des Sicherungsgebers erfolgt bei der Bankgarantie auf erstes Anfordern zumeist unverzüglich der Regress beim Schuldner, der der vom Sicherungsgeber geleisteten Zahlung im Fall von materiellrechtlichen Einwendungen oft in langwierigen Prozessen hinterherlaufen muss und dabei das Insolvenzrisiko des Begünstigten trägt.

7 Mit der Forderung nach Sicherheiten aus der Bankenpraxis wie Bankgarantien oder Dokumentenakkreditiven sind zumeist erhebliche Kosten verbunden, die bei der Vertragsgestaltung und -verhandlung zu berücksichtigen sind und in der Regel in die Kalkulation von **Vertragspreisen** einfließen.[12] Die Parteien haben somit neben rechtlichen Beschränkungen ein gemeinsames wirtschaftliches Interesse daran, Vertragspflichten angemessen zu besichern und – jedenfalls bei größeren Projekten – den Zweck der jeweiligen Sicherung nicht aus den Augen zu verlieren. In diesem Zusammenhang kann auch aus Sicht des Begünstigten bei der Besicherung Zurückhaltung durchaus sinnvoll sein, um die Vertragspreise durch ein praktisch entbehrliches Sicherungsverlangen nicht über Gebühr zu verteuern. Gleichfalls ist bei der sachgerechten Auswahl der Sicherungsinstrumente im Rahmen der Vertragsgestaltung und der Vertragsverhandlung zu berücksichtigen, dass Sicherheiten die finanzielle Situation eines Unternehmens beeinflussen. Daher sind Auswirkungen auf die

---

[9] Zu denken ist hier insbesondere an die ERA 600 bei der Verwendung von Dokumentenakkreditiven, die in der internationalen Praxis eine bedeutsame Rolle spielt, und die URDG 758.

[10] Eine solche Druckfunktion kommt in der praktischen Anwendung anschaulich bei der Bauhandwerkersicherheit nach § 650f BGB zum Ausdruck. Neben den Fällen, in denen (nachträglich) erhebliche Zweifel an der Liquidität des Vertragspartners entstehen, wird das Sicherheitsverlangen regelmäßig als Druckmittel zur Durchsetzung von Abschlagszahlungen oder Nachtragsforderungen eingesetzt.

[11] Dies ist insbesondere dann zu beobachten, wenn die Sicherheiten Bestandteil der Unternehmens- oder Projektfinanzierung sind.

[12] Auch bei Verlagerung der Kosten auf den Auftragnehmer spielen diese Kosten aufgrund kalkulatorischer Berücksichtigung bei der Bemessung des Preises eine Rolle.

Kreditlinie des Vertragspartners, auf den Cashflow sowie etwaige zur Erlangung der Sicherungsinstrumente zu gewährende Sicherheiten ebenso zu prüfen wie – je nach Art des Sicherungsinstruments – bilanzielle Auswirkungen der Stellung einer Sicherheit für den Sicherungsgeber. Auch diese Aspekte sollten bereits bei der Vertragsgestaltung und der Vertragsverhandlung berücksichtigt werden, um unliebsame Überraschungen in der Projektabwicklung zu vermeiden. Regelmäßig empfiehlt es sich, hierbei auch andere als die nachfolgend dargestellten praktisch geläufigsten Sicherungsmittel aus der Bankenpraxis in die Überlegungen einzubeziehen. Oftmals lohnt sich die Einbeziehung von weniger geläufigen Sicherungsmitteln in die Überlegungen und Verhandlungen im Vorfeld des Vertragsschlusses, da hiermit zum einen Aufwendungen reduziert werden können und sich zum anderen Risiken des Sicherungsgebers im Einzelfall minimieren lassen.

Die Inanspruchnahme insbesondere von Sicherungsmitteln aus der Bankenpraxis wie 8 Akkreditiven und Bankgarantien unterliegt hohen **formellen Anforderungen** aufgrund des international verbreiteten Grundsatzes der **Dokumentenstrenge.** Auch dies beeinflusst die Vertragsgestaltung der entsprechenden Sicherungsmittel maßgeblich – in der Regel zum Nachteil des Begünstigten. Da zur Inanspruchnahme der Sicherungsmittel im Sicherungsfall die Abgabe von Erklärungen oder die Vorlage von Dokumenten durch teilweise von bereits bei Vertragsschluss konkret vereinbarten Dritten erforderlich ist, die formell exakt den Regelungen der jeweiligen vertraglichen Regelungen entsprechen müssen, ist bei der Vertragsgestaltung die Sicherstellung einer späteren Erfüllbarkeit der vereinbarten Anforderungen unerlässlich.[13]

Zusammenfassend lässt sich festhalten, dass die Vertragsgestaltung geeigneter Sicherhei- 9 ten die Vertragsparteien vor nicht unerhebliche Herausforderungen stellt.

II. Geläufige Instrumente zur Zahlungssicherung

In der internationalen Vertragspraxis haben sich verschiedene Sicherungsinstrumente her- 10 ausgebildet, die besondere Verbreitung und Bedeutung erlangt haben. In den folgenden Abschnitten werden die praktisch bedeutendsten Sicherungsinstrumente jeweils gesondert dargestellt.

[13] Als Beispiel, das die hohen Anforderungen verdeutlicht, kann ein vom Schweizer Bundesgericht entschiedener Fall zum Dokumentenakkreditiv dienen: Die streitgegenständlichen Akkreditivbedingungen sahen die Bestätigung der Warenübernahme durch eine in der Rechtsform einer SpA betriebenen italienischen Gesellschaft vor. Stattdessen legte der Begünstigte der Bank eine Bestätigung der Warenübernahme durch eine namensgleiche, in der Rechtsform der S.R.L. betriebenen italienischen Gesellschaft vor, deren Sitz mit dem Sitz der in den Akkreditivbedingungen genannten Gesellschaft übereinstimmte. Sowohl das Handelsgericht als auch das Bundesgericht sahen die Weigerung der Bank, auf die vorgelegte Bestätigung der Warenübernahme Zahlung aus dem Akkreditiv zu leisten, als berechtigt an; BG Urt. v. 9.11.2006 – 4C.393/2005, E.3.3. ff. Bereits in einer älteren Leitentscheidung aus dem Jahr 1996 hat das BG das Prinzip der Dokumentenstrenge wie folgt beschrieben: *„Si les documents ne sont pas **exactement** conformes, par leur contenu et leur teneur, aux conditions de la clause de garantie, le principe de la rigueur documentaire exige que la banque ne paie pas"*, BGE 122 III 273 (275) E.3 a/aa. Insoweit sind die national teils stark abweichenden Anforderungen zwischen „strict compliane" und „substantial compliance" zu berücksichtigen.

Übersicht über gängige Sicherungsinstrumente

Sicherungsinstrument	Anwendungsformen	Sicherungsgeber
Bankgarantie (bank bond, demand guarantee)	Bietungsgarantie (bid bond/tender bond) Anzahlungsgarantie (advance payment bond) Vertragserfüllungsgarantie (performance bond) Mängelhaftungsgarantie (warranty bond) Zahlungsgarantie (payment bond) Konnossementgarantie Rückgarantie	Banken/Versicherer
Konzerngarantie (parent company guarantee)	siehe Bankgarantie, in der Regel Vertragserfüllungsgarantie	Konzernobergesellschaften
Bankbürgschaft (surety)	siehe Bankgarantie	Banken/Versicherer
Konzernbürgschaft (parent company surety)	siehe Bankgarantie, in der Regel Vertragserfüllungsbürgschaft	Konzernobergesellschaften
Standby-Akkreditiv (stand-by letter of credit)		Banken/Versicherer
Dokumentenakkreditiv (documentary letter of credit)		Banken/Versicherer
Patronatserklärung (letter of comfort)		Konzernobergesellschaften

11 Die vorstehende Aufstellung beschränkt sich auf die geläufigsten Sicherheiten in internationalen Wirtschaftsverträgen und ist nicht als abschließend zu verstehen.[14] Während im nationalen Geschäftsverkehr selbstschuldnerische Bürgschaften von Versicherern und Banken als Sicherungsinstrument klar überwiegen, ist deren Verwendung in internationalen Wirtschaftsverträgen selten anzutreffen. Aufgrund der gegenüber den vorstehenden Sicherungsinstrumenten regelmäßig stärkeren Kodifizierung der Bürgschaft im nationalen Recht und der erschwerten Durchsetzbarkeit von Ansprüchen aus der Bürgschaft, ggf. in einer fremden Rechtsordnung, bestehen gegenüber der Verwendung praktisch erhebliche Vorbehalte. Spielen diese Vorbehalte allerdings ausnahmsweise keine Rolle, sollte die selbstschuldnerische Bürgschaft oder ein vergleichbares Sicherungsmittel der jeweiligen Rechtsordnung als Alternative erwogen werden.[15] Daneben ist eine Besicherung von auf Zahlung gerichteten Ansprüchen etwa auch durch **Realsicherheiten** möglich, die im Folgenden allerdings nicht näher behandelt werden, weil sie in internationalen Wirtschaftsverträgen von geringerer Bedeutung sind.

12 Neben den hier behandelten Instrumenten zur Zahlungssicherung dienen darüber hinaus auch die jeweiligen Zahlungsbedingungen selbst – insbesondere die Vereinbarung von An- oder Abschlagszahlungen – jedenfalls der Besicherung von Kaufpreis- und Vergütungsansprüchen bei Liefer- oder Anlagenbauverträgen.

[14] Neben den hier besprochenen Sicherheiten ist bspw. an das Dokumenteninkasso oder an Risikoüberwälzungen im Rahmen der Projektfinanzierung zu denken.

[15] Der selbstschuldnerischen Bürgschaft im Sinne des deutschen Rechts vergleichbare Sicherungsmittel sehen viele Rechtsordnungen vor. Exemplarisch sei hierzu auf die „caution personnelle et solidaire" im französischen Recht oder die Solidarbürgschaft im Schweizer Recht verwiesen.

III. Typische Sicherungszwecke

13 In der Vertragspraxis haben sich verschiedene Vertragspflichten herausgebildet, die regelmäßig Gegenstand vertraglicher Sicherungsabreden der Vertragsparteien sind. Hierzu zählen insbesondere die nachfolgenden Sicherungszwecke:

- **Vertragserfüllung:** Der wohl geläufigste Sicherungszweck ist die Vertragserfüllung. Sicherheiten zur Besicherung der Vertragserfüllung sind in einer Vielzahl von Vertragsverhältnissen üblich, so zB in Lieferverträgen und (Anlagen-)bauverträgen.
- **Zahlung:** Gleichfalls ein Fall der Vertragserfüllung ist die Besicherung von Vergütungsansprüchen, insbesondere bei Liefer- und (Anlagen-)bauverträgen. Auch bei Finanzierungs- und Kreditverträgen ist die Besicherung des Zahlungsanspruchs üblich.
- **Mängelhaftung:** Die Besicherung von Mängelrechten durch Sicherheiten ist praktisch zB in Liefer-, (Anlagen-)bauverträgen regelmäßig anzutreffen.
- **Vertragsabschluss und pflichtgemäßes Verhalten bei Ausschreibungen:** Bei Ausschreibungen von Lieferungen und Leistungen wird insbesondere von ausländischen Auftraggebern vielfach die Beibringung von Sicherheiten dafür gefordert, dass der Bieter sich im Vergabeverfahren und nach Zuschlagserteilung ausschreibungskonform verhält.

14 Neben diesen häufigsten Sicherungszwecken sind allerdings viele weitere Sicherungszwecke, die stark durch die Besonderheiten der jeweiligen Grundgeschäfte geprägt sind, denkbar.

IV. Allgemeine Hinweise zur Gestaltung von Instrumenten zur Zahlungssicherung

15 Die Vereinbarung von Instrumenten zur Zahlungssicherung setzt in der Vertragspraxis in aller Regel in zweifacher Hinsicht die Befassung mit entsprechenden Regelungsinhalten voraus. Zum einen sind im zu besichernden **Grundgeschäft** ausdrückliche Regelungen zur Stellung von Instrumenten zur Zahlungssicherung durch die Vertragsparteien notwendig, die auch den Sicherungszweck explizit regeln. Hierfür kann auch auf einen als Annex zum Vertrag genommenen, konkret vereinbarten oder allgemeinen **Mustertext**[16] der zu stellenden Sicherheit Bezug genommen werden. Darüber hinaus ist sicherzustellen, dass die tatsächlich gestellten Sicherheiten den vertraglichen Vereinbarungen der Parteien entsprechen. Wurde bei Vertragsschluss kein Mustertext vereinbart, ist eine sorgfältige Prüfung der gestellten Sicherheit aus Sicht des Begünstigten geboten, da in der Praxis vielfach **Diskrepanzen** zwischen vertraglichen Vereinbarungen und den tatsächlichen Sicherheiten festzustellen sind, die je nach konkreter Abweichung beide Parteien benachteiligen können.[17] In diesem Zusammenhang sollte berücksichtigt werden, dass die Akzeptanz eines Sicherungsmittels ebenso wie die Stellung eines Sicherungsmittels durch die beauftragte Bank jedenfalls im Rahmen der Auslegung der getroffenen Sicherungsabrede berücksichtigt werden kann, wenn diese aufgrund nur unzureichender Regelungen eines oder mehrerer Aspekte auslegungsbedürftig ist.[18] Diskrepanzen zwischen Sicherungsabrede und Sicherungsmittel können insbesondere aus einer mangelhaften Instruierung der siche-

[16] So sehen bspw. sämtliche von der FIDIC herausgegebene Vertragsmuster als Annexes der jeweiligen Guidance for the Preparation of Particular Conditions sogenannte Forms of Security vor, die auf die entsprechenden Regelungen in den jeweiligen General Conditions und Particular Conditions zugeschnitten sind.

[17] Praktisch anzutreffen ist bspw. der Fall einer auf erstes Anfordern ausgestalteten Bürgschaft, obwohl die Sicherungsabrede nur die Stellung einer selbstschuldnerischen Bürgschaft vorsah; so zB BGH NJW 2003, 2605.

[18] In dem der Entscheidung des BGH NJW 2003, 2605 vorausgegangenen Berufungsurteil war das OLG Stuttgart als Vorinstanz sogar von einer Vertragsänderung der Sicherungsabrede von einer selbstschuldnerischen Bürgschaft hin zu einer solchen auf erstes Anfordern ausgegangen, nachdem eine dem nachträglich vorgelegten Muster des Begünstigten entsprechende Bürgschaft auf erstes Anfordern abgegeben wurde.

rungsgebenden Bank resultieren, der die vertraglichen Vereinbarungen der Parteien über Form und Inhalt der jeweiligen Sicherungsmittel ausdrücklich mitzuteilen sind.

16 Als praktisch geläufigste Form der vertraglichen Gestaltung von Sicherungsabreden in internationalen Wirtschaftsverträgen dürfte die Erwähnung des Sicherungsinstrumentes im Vertragstext unter Verweis auf einen dem Vertrag als **Annex beigefügten Mustertext** anzusehen sein.[19] Gravierende Unterschiede sind in der Vertragspraxis dabei allerdings in Bezug auf den Detaillierungsgrad der Regelungen im Vertragstext selbst zu beobachten. Grundsätzlich ist ebenso die Aufnahme einer **detaillierten Sicherungsabrede** im Vertragstext selbst möglich, die den Verweis auf eine Anlage entbehrlich macht.

17 Es sprechen – abhängig von der Art der Sicherheit – verschiedene Argumente für die Verwendung von Mustertexten als Anlage. Das gewichtigste Argument ist sicherlich die **Rechtssicherheit.** Der Mustertext ermöglicht den Parteien in der Vertragsabwicklung einen unproblematischen und pragmatischen Abgleich dahingehend, ob die gestellte Sicherheit den **vertraglichen Anforderungen** genügt. In internationalen Wirtschaftsverträgen ist der Rechtssicherheit zumeist höhere Priorität als in rein nationalen Verträgen beizumessen. Vertragspartner aus Staaten unterschiedlich geprägter Rechtsordnungen, die Verträge vielfach nicht in ihrer Muttersprache entwerfen und verhandeln, sollten mögliche Unklarheiten durch detaillierte Regelungen bestmöglich vermeiden. Oftmals ist eine spätere Einigung über das Verständnis der unzureichenden Regelungen unter dem Druck der Vertragsabwicklung schwerer zu erzielen, als dies bei hinreichender Befassung hiermit bei der Vertragsverhandlung der Fall gewesen wäre. Bei Sicherheiten aus der Bankenpraxis empfiehlt es sich darüber hinaus – zum Teil auch zur Kalkulation der Kosten der vom Vertragspartner geforderten Sicherheiten – den genauen Wortlaut der Sicherheiten mit der Bank abzustimmen. Diese Detailabstimmung wird mit Mustertexten deutlich erleichtert. In jedem Fall kann der Verweis auf Mustertexte die Sicherungsabrede nicht vollständig ersetzen. Auch Mustertexte von geläufigen Sicherungsmitteln beschreiben den materiellen Sicherungsfall oftmals nur knapp.[20] Dies sollte daher mit hinreichender Bestimmtheit und unabhängig von einer Bezugnahme auf einen Mustertext in der Sicherungsabrede selbst erfolgen, um zur Not auch eine rechtsmissbräuchliche Inanspruchnahme des Sicherungsmittels unter Verweis auf die hinreichend bestimmte Sicherungsabrede verhindern zu können.

18 Weiter stellt sich für Vertragsparteien bei der Verhandlung über Sicherheiten die Vorüberlegung, ob es für das konkrete Rechtsgeschäft der Erstellung eines **individualisierten Musters** bedarf oder ob alternativ auf ein geläufiges Vertragsmuster zurückgegriffen werden kann. So umfassen etwa verschiedene international übliche Vertragsmuster auch Mustertexte zu Sicherheiten.[21] Für die verschiedenen Sicherheiten existieren darüber hinaus ebenfalls Mustertexte, die für die Verwendung im internationalen Rechtsverkehr bestimmt sind.[22]

19 Die **Rechtswahl** stellt einen weiteren wesentlichen Aspekt für die Gestaltung des Sicherungsmittels dar, auch wenn gerade für Sicherungsmittel der Bankenpraxis die internationale Vereinheitlichung auf praktischer Ebene sehr weit fortgeschritten ist. Wie in Bezug auf die einzelnen Sicherheiten im Detail aufgezeigt werden wird, bestehen auch ohne

---

[19] Das gilt zumindest für Bürgschaften, Garantien und Patronatserklärungen, während insbesondere Dokumentenakkreditive regelmäßig nicht als Muster erstellt und dem Vertrag als Anlage beigefügt werden.

[20] Vgl. hierzu für die Bankgarantie ua die Ausführungen in → § 21 Rn. 95 ff. Für die wirksame Inanspruchnahme der Bankgarantie ist in der Regel bereits der Eintritt des formellen Garantiefalls ausreichend, so dass es für eine detaillierte Beschreibung des materiellen Garantiefalls im Mustertext der Bankgarantie, die im Übrigen noch die Unabhängigkeit der Bankgarantie vom Grundgeschäft gefährden könnte, keine Notwendigkeit gibt.

[21] Zu denken ist hier zB an die FIDIC-Bedingungen, die auch verschiedene Muster für Konzern- und Bankgarantien beinhalten.

[22] So enthalten zB die URDG 758 der ICC neben detaillierten Vertragsklauseln, auf die bei der Vereinbarung von Bankgarantien als Sicherheiten Bezug genommen werden kann, auch Mustertexte für Bankgarantien.

Rechtswahl nach den Regelungen des Kollisionsrechts in der Regel keine Schwierigkeiten bei der Ermittlung des auf das jeweilige Sicherungsmittel anwendbaren Rechts. Gleichwohl ist eine Regelung der Rechtswahl ebenso üblich wie empfehlenswert. Zu prüfen und im Einzelfall zu bewerten ist insbesondere die Frage, ob von den Parteien das Auseinanderfallen des auf den Vertrag und des auf die Sicherheit anwendbaren Rechts akzeptiert oder stattdessen eine einheitliche Rechtsordnung bevorzugt wird. In letzterem Fall ist in der Regel eine Rechtswahl erforderlich. Die Regelungen der meisten Kollisionsrechtsordnungen unterstellen Sicherheiten dem Recht des Landes, in dem der Sicherungsgeber (als derjenigen Partei, welche die vertragstypische Leistung erbringt) seinen Sitz hat.[23] Zu berücksichtigen ist in diesem Zusammenhang auch, dass bei Sicherungsmitteln aus der Bankenpraxis die entsprechende Rechtswahl auch von der Bank akzeptiert und daher mit dieser abgestimmt werden muss.

V. Allgemeine Anforderungen an Instrumente zur Zahlungssicherung aus Sicht des Begünstigten

Aus Sicht des Begünstigten ist in aller Regel Grundvoraussetzung, dass das Sicherungsmittel ihm auch im Insolvenzfall hinreichend gewährleistet, vereinbarte Zahlungen jedenfalls in dem besicherten Umfang zu erhalten. Dieser Anforderung werden sämtliche der hier besprochenen Sicherungsmittel aus der Bankenpraxis gerecht, selbstverständlich mit der Einschränkung, dass – wie die jüngere Vergangenheit lehrt – eine Zahlung aus dem Sicherungsmittel die Leistungsfähigkeit des jeweiligen Sicherungsgebers voraussetzt.[24] 20

Auch bei den Sicherungsinstrumenten abseits der Bankenpraxis, insbesondere also bei Konzerngarantien beziehungsweise -bürgschaften und bei Patronatserklärungen,[25] kann dieser Effekt bei entsprechender Gestaltung erreicht werden. Selbstverständlich bleibt aber zu berücksichtigen, dass die Leistungsfähigkeit von Drittunternehmen für den Begünstigten in der Regel schwieriger zu beurteilen sein dürfte, als dies bei der Leistungsfähigkeit von Geschäftsbanken der Fall ist. Sofern Unsicherheiten hinsichtlich der Leistungsfähigkeit der betreffenden Konzernobergesellschaften bestehen, sollte im Zweifel einem Sicherungsmittel aus der Bankenpraxis der Vorzug gegeben werden. In diesem Zusammenhang sollte auch das in der Konzernobergesellschaft gebundene Vermögen und der Zugriff hierauf im Rahmen von Zwangsvollstreckungsmaßnahmen gesichert sein. 21

Aus Sicht des Begünstigten spielt daneben vielfach die Frage eine gewichtige Rolle, wie Ansprüche aus den jeweiligen Sicherungsmitteln im Streitfall **durchsetzbar** sind. In diesem Punkt bieten Bankgarantien gegenüber Konzerngarantien für den Begünstigten erhebliche Vorteile, da in der Regel (wenn auch in Abhängigkeit von der jeweiligen Ausgestaltung[26]) die Zahlung der Bank bei Eintritt des formellen Garantiefalls im internationalen Wirtschaftsverkehr **schnell und unkompliziert** erfolgt und eine gerichtliche Durchsetzung daher nicht notwendig ist. Dies kann bei der Konzerngarantie anders sein. Streiten Begünstigter und Garantieauftraggeber bereits über die Begründetheit der besicherten Ansprüche, sind Vorbehalte bei der jeweiligen Konzernobergesellschaft als Garant zu befürchten, wenn das eigene Konzernunternehmen die gesicherten Ansprüche als unbegründet 22

[23] Dazu → § 3 Rn. 45.

[24] Im Zweifelsfall kann sich zur Gewährleistung der wirtschaftlichen Leistungsfähigkeit des Sicherungsgebers die Aufnahme eines bestimmten Ratings anbieten, sofern nicht bereits der Sicherungsgeber bei Vertragsschluss bekannt ist, so dass dessen Bonität geprüft werden kann.

[25] So hat der BGH in einer Entscheidung vom 30.1.1992 ausgeführt, dass der Patron aus einer harten Patronatserklärung *„bei Insolvenz des Schuldners, für den die Erklärung abgegeben wurde, neben, nicht nach diesem“* haftet; BGH NJW 1992, 2093 (2094).

[26] Von Bedeutung ist in diesem Zusammenhang insbesondere, welche Einwendungen dem Schuldner der besicherten Vertragspflicht und damit auch dem Sicherungsgeber gegenüber dem Begünstigen zustehen; diesbezüglich beschränkt sich die Frage im Wesentlichen darauf, ob eine Ausgestaltung der Sicherungsmittel „auf erstes Anfordern“ vorgesehen ist.

ansieht und daher zurückweist. Für den Begünstigten kann sich daher eher als bei der Bankgarantie die Notwendigkeit ergeben, Ansprüche aus der Konzerngarantie gerichtlich durchsetzen zu müssen. Auch wenn ein solches Verfahren zB aufgrund weitgehender Einwendungsausschlüsse im Verhältnis zwischen Garant und Begünstigten durch Ausgestaltung der Konzerngarantie auf erstes Anfordern vergleichsweise unproblematisch zum Erfolg führen wird, ist in Abhängigkeit vom jeweiligen Forum aufgrund der Verfahrensdauer und der sich eventuell anschließenden Vollstreckung mit erheblichem Zeitverzug zu rechnen.

23 Sofern eine Besicherung durch Bank- oder Konzerngarantie, aber auch durch eine im internationalen Wirtschaftsverkehr weniger geläufige **Bank- oder Konzernbürgschaft** in Rede steht, bietet gerade im Hinblick auf die Liquiditätsfunktion des Sicherungsmittels eine Ausgestaltung **auf erstes Anfordern** für den Begünstigten erhebliche Vorteile, da damit grundsätzlich sichergestellt ist, dass zunächst eine Zahlung aus dem Sicherungsmittel erfolgt, bevor etwaige streitige Ansprüche notfalls (schieds-)gerichtlich geklärt sind. Insbesondere in komplexen Projekten des Bau- und Anlagenbaus, bei denen die Aufarbeitung von Streitigkeiten tatsächlich, technisch und rechtlich vielfach langwierig und anspruchsvoll und daher die Verfahrensdauer von (schieds-)gerichtlichen Auseinandersetzungen erheblich ist, kann hierüber die Liquidität der betroffenen Vertragspartei erheblich leiden. Das gilt erst recht, wenn neben dem Ausbleiben der Zahlung ein vielfach kostspieliges Verfahren zu führen ist.

24 In Bezug auf sämtliche Sicherungsmittel besteht aus Sicht des Begünstigten weiter ein Interesse an einer möglichst restriktiven Beibringung von Dokumenten und Erklärungen zur Herbeiführung des formellen Sicherungsfalls. Idealerweise sollte hierfür eine **eigene Erklärung** des Begünstigten ausreichen, die notfalls durch Dokumente oder Erklärungen eines neutralen Dritten ersetzt oder ergänzt werden kann. Jedenfalls eignen sich Erklärungen oder Dokumente, die die **Mitwirkung des Vertragspartners** erfordern, aus Sicht des Begünstigten nicht.[27] Dies gilt insbesondere bei befristeten Sicherungsmitteln, bei denen der Begünstigte Gefahr läuft, Ansprüche deshalb nicht durchsetzen zu können, weil ihm die Vorlage der für den Eintritt des formellen Sicherungsfalls notwendigen Dokumente und Erklärungen nicht möglich ist. Im Einzelfall können hingegen Erklärungen neutraler Dritter in Betracht kommen.[28] Neutrale Dritte haben kein eigenes wirtschaftliches Interesse daran, die Ausstellung der Erklärung möglichst lange hinauszuzögern.

VI. Allgemeine Anforderungen an Instrumente zur Zahlungssicherung aus Sicht des Sicherungsauftraggebers

25 Aus Sicht des Auftraggebers der jeweiligen Sicherungsmittel ist von zentraler Bedeutung, deren **unberechtigte Inanspruchnahme** weitestgehend zu vermeiden. Bei den Sicherungsmitteln der Bankenpraxis in ihren geläufigen Gestaltungsformen sind die diesbezüglichen Einflussmöglichkeiten des Sicherungsauftraggebers begrenzt.[29] Dies verdeutlicht, dass

---

[27] Als Beispiel dient hierfür zB das in Maschinenlieferungs- oder Industrieanlagenbauverträgen regelmäßig verwendete mehrstufige Abnahmeprozedere. Sollen die Zahlungsansprüche des Lieferanten durch einen letter of credit besichert bzw. abgewickelt werden, ist es für den Begünstigten nachteilig, wenn die Zahlung aus dem letter of credit nur gegen Vorlage eines von beiden Vertragsparteien unterzeichneten Abnahmeprotokolls erfolgen kann. Gleiches gilt auch, wenn eine Besicherung des Zahlungsanspruchs durch eine Bankgarantie erfolgt ist, die als Voraussetzung für den formellen Garantiefall die Vorlage des von beiden Vertragsparteien unterzeichneten Abnahmeprotokolls vorsieht. In diesem Fall hätte es der Vertragspartner selbst in der Hand, nicht nur den vertraglichen Zahlungsanspruch als unbegründet zurückzuweisen, sondern durch die Verweigerung der erforderlichen Mitwirkung auch die Inanspruchnahme des Sicherungsmittels zu unterbinden.

[28] Hierbei ist zB an schiedsgutachterliche Feststellungen, Entscheidungen eines dispute adjudication board oder Erklärungen des engineer bei Vertragsverhältnissen nach den FIDIC-Bedingungen zu denken.

[29] So ist zB bei der Bankgarantie auf erstes Anfordern in der Regel eine Verhinderung der Zahlung der Bank bei Eintritt des formellen Garantiefalls nur dann möglich, wenn deren Inanspruchnahme rechtsmissbräuch-

aus Sicht des Sicherungsauftraggebers ein Interesse daran besteht, durch entsprechende vertragliche Gestaltung weitgehende Einflussmöglichkeiten auf die Inanspruchnahme des Sicherungsmittels oder auf dessen Bedienung zu ermöglichen. Hierfür bestehen verschiedene Gestaltungsmöglichkeiten, die im Einzelfall bedarfsgerecht eingesetzt werden sollten. Eine zweckentsprechende Gestaltung aus Sicht des Auftraggebers ist dabei sowohl bei der Verwendung von Sicherungsmitteln aus der Bankenpraxis als auch bei sonstigen Sicherungsmitteln wie der Konzerngarantie oder der Patronatserklärung möglich.[30] Es empfiehlt sich auch, nur dort zB auf Bankgarantien anstatt auf selbstschuldnerische Bürgschaften nach deutschem oder nach Schweizer Recht oder auf verwandte akzessorische Sicherheiten nach anderen Rechtsordnungen wie die „guarantee" nach englischen Recht zurückzugreifen, wo dies zwingend erforderlich ist. Will der Begünstigte primär Insolvenzsicherung betreiben, reichen hierfür die vorgenannten akzessorischen Sicherungsmittel aus.

Weitere aus Sicht des Sicherungsauftraggebers zu berücksichtigende Aspekte sind möglichst **kostengünstige Sicherungsmittel.** Auch der Einfluss des Sicherungsmittels auf Bilanz und Kreditlinie sind insofern zu berücksichtigen. 26

B. Die Bankgarantie

I. Allgemeines

Die Bankgarantie ist neben dem Dokumentenakkreditiv das im internationalen Wirtschaftsverkehr mittlerweile **verbreitetste Sicherungsmittel.** Sie findet zur Besicherung von Zahlungsansprüchen in den verschiedensten internationalen Rechtsgeschäften Verwendung. Dagegen nimmt die Bankgarantie im nationalen Rechtsverkehr im Vergleich zur Bürgschaft lediglich eine untergeordnete Bedeutung ein. 27

Die herausragende Stellung der Bankgarantie hat sich in der Zeit nach dem zweiten Weltkrieg entwickelt und in den letzten Jahrzehnten weiter verfestigt. Dies gründet sich jedenfalls auch darauf, dass das Recht der Bankgarantie in den meisten Rechtsordnungen nicht kodifiziert ist. Die Auswirkungen einer starken Partikularisierung der Rechtsordnungen auf die Bankgarantie sind daher gering. Insbesondere für Geschäftsbanken aber auch für die Parteien des Grundverhältnisses eröffnet dieser Umstand die Möglichkeit, die Bankgarantie weitgehend unabhängig von den Einflüssen nationaler Rechtsordnungen auszugestalten, wenn ein Vertragsstatut zur Anwendung kommt, dass den Parteien hinreichenden Gestaltungsspielraum belässt. 28

Nicht zuletzt muss darauf hingewiesen werden, dass die Bankgarantie ein Sicherungsmittel ist, das den Geschäftsbanken ein nahezu risikofreies Geschäftsfeld erschließt. Die Banken haben bei der Inanspruchnahme von Bankgarantien nur einen eng begrenzten Prüfungsumfang, der sich im Wesentlichen auf die formell ordnungsgemäße Inanspruchnahme bezieht. Eine weitergehende Prüfung ist den Banken gerade im internationalen Wirtschaftsverkehr zumeist tatsächlich wie rechtlich auch kaum zuzumuten und würde jedenfalls zu einer Verteuerung des Sicherungsmittels führen. 29

---

lich erfolgt; ist der Eintritt des materiellen Garantiefalls hingegen „lediglich" streitig, ist die garantierende Bank national wie international in aller Regel zur Zahlung auf die Bankgarantie verpflichtet; vgl. hierzu → Rn. 66f.

[30] Praktisch möchte – jedenfalls im Grundsatz – kein Sicherungsauftraggeber in der Situation sein, dass zB die einen letter of credit ausstellende Bank Zahlungen, deren Fälligkeit an technische (Abnahme-)Tests geknüpft sind, allein auf die Erklärung des Begünstigten, diese Tests seien erfolgreich abgeschlossen worden oder – im Falle einer Vertragserfüllungsgarantie, die auch Pönalen wegen technischer Leistungsparameter absichert – die Bank allein auf die Behauptung der Unterschreitung durch den Begünstigten Zahlung leistet. Die vorstehenden Beispiele verdeutlichen, dass – wenn auch unter unterschiedlichen Anknüpfungspunkten – diesbezüglich beide Parteien ein Interesse an einer sachgerechten Regelung haben dürften.

1. Begrifflichkeiten

30 Gerade in internationalen Wirtschaftsverträgen werden für Bankgarantien vielfach **verschiedene englische Begriffe** verwendet. Jedenfalls die Begriffe bond, (demand) guarantee und surety sind in diesem Zusammenhang in internationalen Wirtschaftsverträgen geläufig und werden vielfach ungeprüft oder synonym verwendet. Deshalb sollte die Bezeichnung des Sicherungsmittels die Parteien keinesfalls ohne sorgfältige inhaltliche Prüfung dazu verleiten, das entsprechende Sicherungsmittel als akzeptabel zu bewerten.[31] Die zwischenzeitlich außer Kraft getretenen und durch die URDG 758 ersetzten URDG 458 stellten in Art. 2a) klar, dass unter demand guarantee, dh auf erstes Anfordern zahlbare Bankgarantien, „any guarantee, bond or other payment undertaking, however named or described" zu verstehen ist. Dadurch wird das breite Spektrum geläufiger Begriffe deutlich.

31 Im Grundsatz ist – jedenfalls aus Sicht des für die Verwendung der englischen Begrifflichkeiten prägenden englischen Rechts – unter einer guarantee im Rechtssinne eine **nachrangige Verbindlichkeit** (secondary obligation) zu verstehen, wegen derer die garantierende Bank nur bei Ausfall des Hauptschuldners in Anspruch genommen werden kann.[32] Demgegenüber ist für eine Bankgarantie auf erstes Anfordern eigentlich der Begriff demand guarantee oder der Begriff bond die rechtstechnisch zutreffende Bezeichnung. Der englische Court of Appeal ist aber in verschiedenen Entscheidungen zutreffend und mit überzeugender Begründung davon ausgegangen, dass es auf die Bezeichnung des Sicherungsmittels jedenfalls dann im Rahmen der Auslegung desselben nicht ankommen kann, wenn aus dem Gesamtkontext der betreffenden Regelungen ein von der Bezeichnung abweichender Inhalt eindeutig zu entnehmen ist; auch als guarantee bezeichnete Sicherungsmittel können daher nach englischem Recht eine Bankgarantie auf erstes Anfordern darstellen.[33] Natürlich kann mit derselben Begründung auch eine Entscheidung in die andere Richtung getroffen und ein als bond bezeichnetes Sicherungsmittel als nachrangiges Sicherungsmittel ausgelegt werden.[34] Zur Vermeidung von Auslegungsunsicherheiten empfiehlt sich allerdings die Verwendung des rechtstechnisch zutreffenden Rechtsbegriffs, der bei der Bankgarantie auf erstes Anfordern entweder bond oder demand guarantee und bei akzessorischen Sicherheiten guarantee oder surety lauten sollte.

2. Rechtliche Grundlagen

32 Die Bankgarantie begründet einen **selbstständigen Garantievertrag** zwischen dem Garantiebegünstigten und der garantierenden Bank. Sie stellt eine **abstrakte und von dem zu besichernden Vertragsverhältnis unabhängige Verpflichtung** der Bank dar. Mit dem Garantievertrag verpflichtet sich die Bank, für einen zukünftigen Erfolg oder für einen zukünftigen Schaden einzustehen. Liegen die Anspruchsvoraussetzungen des Garantie-

[31] Der allgemeine Rechtsgrundsatz *falsa demonstratio non nocet* wird in der Rechtsprechung der im internationalen Wirtschaftsverkehr bedeutenden Staaten jedenfalls grundsätzlich angewandt, so dass eine vom Regelungsgehalt abweichende Bezeichnung in der Regel unschädlich ist und von den inhaltlichen Vereinbarungen überlagert wird.

[32] Chitty on Contracts Specific Contracts Rn. 47–008.

[33] In einer Entscheidung aus dem Jahr 2001 hat der Court of Appeal ausgeführt, dass trotz der Bezeichnung als guarantee das Sicherungsmittel als auf erstes Anfordern zahlbare Bankgarantie anstatt als nachrangiges Sicherungsmittel auszulegen ist; *Gold Coast Limited v Caja de Ahorros del Mediterraneo and others* Lloyd's Rep. 2002, 617 (622); siehe aus jüngerer Zeit auch *Shanghai Shipyard v Reignwood International Investment* [2021] EWCA Civ 1147 Rn. 23: *„Security for performance of a payment obligation may also be provided by an undertaking to pay a sum on demand, or within so many days of a demand, irrespective of whether the obligor/debtor is under a liability to make the payment. Such undertakings are also commonly termed guarantees, but their defining characteristic for present purposes is that they are payable on or by reference to an event, namely the demand, and without reference to the obligor's liability."*

[34] In diesem Sinne ua die Entscheidung *Trafalgar House Constructions (Regions) Ltd v General Surety & Guarantee Co. Ltd* des House of Lords aus dem Jahr 1995, in der eine als *bond* bezeichnete Sicherheit lediglich als nachrangig ausgelegt wurde; [1995] 3 All ER 737.

vertrages zwischen dem Garantiebegünstigten und der garantierenden Bank vor, erhält dieser die Leistung. Anders als bei der Bürgschaft nach deutschem Recht handelt es sich bei der Bankgarantie damit um ein **nicht akzessorisches** Sicherungsmittel. Einreden und Einwendungen aus dem durch die Bankgarantie besicherten Vertragsverhältnis selbst finden – jedenfalls, sofern diese entgegen den üblichen Gepflogenheiten nicht bei der Ausgestaltung des Garantievertrages besondere Berücksichtigung gefunden haben – bei der Inanspruchnahme der Bankgarantie keine Anwendung.

Die Bankgarantie ist in aller Regel **auf erstes Anfordern** ausgestaltet, auch wenn diese 33
Gestaltung rechtlich nicht zwingend ist. Dadurch verschafft sie dem Garantiebegünstigten eine sehr starke Rechtsposition. Sie sichert nicht nur unabhängig und losgelöst vom originären Vertragsverhältnis den Garantiebegünstigten davor, mit Ansprüchen aus dem Vertragsverhältnis auszufallen. Sie stellt ihm darüber hinaus ein Instrument zur Seite, mit dem ihm eine – verglichen mit der Durchsetzung der Ansprüche aus dem zwischen Garantieauftraggeber und Garantiebegünstigten bestehenden Vertragsverhältnis – erheblich vereinfachte, jedenfalls vorläufige Realisierung der behaupteten Forderungen ermöglicht wird. Während der Gläubiger aus dem Vertragsverhältnis erst gegen den Vertragspartner klagen und die behaupteten Ansprüche darlegen und beweisen müsste, um eine Zahlung des Vertragspartners zu erlangen, fließt aus der Garantie grundsätzlich zunächst eine Zahlung, über deren Berechtigung die Parteien ggf. danach zu prozessieren haben.[35]

Diese starke Rechtsposition des Garantiebegünstigten birgt **erhebliche Risiken** für den 34
Garantieauftraggeber in sich, derer sich die Parteien jedenfalls bei der vertraglichen Vereinbarung der Stellung von Bankgarantien bewusst sein sollten. In aller Regel wird die Bank bei Vorliegen des formellen Garantiefalls – dh bei Vorliegen der formellen Voraussetzungen zur Ziehung der Garantie – den Garantiebetrag an den Garantiebegünstigten unabhängig vom Vorliegen des materiellen Garantiefalls auszahlen, sofern die Inanspruchnahme der Bankgarantie **nicht rechtsmissbräuchlich** erfolgt.[36] Da sie hierzu grundsätzlich auch verpflichtet ist, kann sie sich wegen ihrer Zahlung unabhängig vom Vorliegen eines materiellen Garantiefalls beim Garantieauftraggeber schadlos halten. Nur in eng begrenzten Ausnahmefällen hat der Garantieauftraggeber somit die Möglichkeit, die Zahlung der garantierenden Bank zu verhindern.

---

[35] von Westphalen spricht in diesem Zusammenhang zu Recht von einer Vertauschung der Parteirollen, indem er den Grundsatz der Bankgarantie mit *„Erst zahlen, dann prozessieren"* beschreibt, was auch die deutsche höchstrichterliche Rechtsprechung prägt, siehe von Westphalen/Zöchling-Jud Bankgarantie S. 3.

[36] Wie bereits dargelegt geht die deutsche höchstrichterliche Rechtsprechung vom Grundsatz *„Erst zahlen, dann Prozessieren"* aus. Von diesem Grundsatz wird nur in engen Grenzen dann abgewichen, wenn die Inanspruchnahme der Bankgarantie durch den Garantieberechtigten eine missbräuchliche Ausnutzung einer formalen Rechtsposition darstellt, die für die garantierende Bank offensichtlich oder liquide beweisbar ist. Nur dann wird die garantierende Bank von der Zahlungsverpflichtung frei; vgl. zuletzt ua BGH NJW 2001, 282 (283) mwN. Entsprechend ist die Rechtslage grundsätzlich auch nach englischem Recht zu bewerten. Eine Entscheidung des Court of Appeal aus dem Jahr 1977 hat die englische Rechtsprechung zu Ausnahmen von diesem Grundsatz mit dem Satz: *„The only exception is when there is a clear fraud of which the bank has notice"* geprägt; siehe *Edward Owen Engineering Ltd v Barclays Bank International Ltd* [1978] QB 159 (CA). Dabei muss die garantierende Bank bereits vor der Zahlung an den Garantiebegünstigten Kenntnis über den fraud haben; *Bolivinter Oil S.A. v Chase Manhattan Bank N.A.* [1984] 1 All ER 351. Daneben sind Einwendungen aus der Bankgarantie selbst gegenüber dem Garantiebegünstigten grundsätzlich denkbar. Zunehmend erkennen Gerichte aus common law Jurisdiktionen mittlerweile allerdings auch Ansprüche des Hauptschuldners auf Unterlassung der Ziehung der Garantie gegenüber dem Begünstigten an, wenn der Hauptvertrag die Berechtigung zur Ziehung ausdrücklich an (im Einzelfall nicht erfüllte) Voraussetzungen knüpft; dazu (insbesondere auch unter Berücksichtigung der australischen Rechtsprechung und verschiedene Fallgruppen) Chhina J. Bus. L. 2022, 1 ff.

3. Anwendungsbereiche

35 Die Anwendungsbereiche der Bankgarantie sind ebenso vielfältig wie ihre Erscheinungsformen. Die geläufigsten und praktisch bedeutsamsten Anwendungsbereiche der Bankgarantie lassen sich wie folgt kategorisieren:[37]

- **Tender Guarantee/Bid Bond (Bietungsgarantie),** die die Ansprüche bei Pflichtverletzungen im Ausschreibungsverfahren bzw. für den Fall, dass der Bieter nach Zuschlagserteilung die Übernahme des Auftrages ablehnt, absichern soll;
- **Advance Payment Guarantee/Down Payment Guarantee (Anzahlungsgarantie),** bei der der Garant den Garantiebegünstigten für den Fall der nicht vertragsgemäßen Verwendung oder nicht erfolgten Rückzahlung von in Vorleistung erbrachter Zahlungen des Garantiebegünstigten absichern will;
- **Performance Guarantee/Performance Bond (Vertragserfüllungsgarantie),** bei der der Garant dem Garantiebegünstigten Zahlung bei Ausbleiben einer vertraglich vereinbarten Lieferung, Leistung und teilweise auch der Gewährleistung verspricht;
- **Performance Guarantee/Warranty Bond (Gewährleistungsgarantie),** bei der der Garant dem Garantiebegünstigten Zahlung im Fall von Mängelrechten verspricht;
- **Payment Guarantee (Zahlungsgarantie),** bei der der Garant dem Garantiebegünstigten Zahlung für den Fall verspricht, dass der Garantieauftraggeber seinen Zahlungsverpflichtungen nicht (rechtzeitig) nachkommt.

36 Die Unterscheidung zwischen den verschiedenen Kategorien ist praktisch zwar nicht von Belang. Sie verdeutlicht allerdings anschaulich die unterschiedlichen **Sicherungszwecke,** die die Vertragsparteien typischerweise mit Bankgarantien verfolgen. In der Praxis ist allerdings festzustellen, dass die Kategorisierung je nach Rechtsordnung gewisse Unterschiede aufweist. Dies ist insbesondere im Zusammenhang mit Vertragserfüllungsgarantie und Gewährleistungsgarantie zu beobachten. Von entscheidender Bedeutung ist daher die Prüfung, ob der in der Garantie genannte Garantiezweck und die Voraussetzungen für die Inanspruchnahme der Garantie mit dem Inhalt der Sicherungsabrede der Parteien übereinstimmen.

37 Neben den durch die unterschiedlichen Anwendungsbereiche geprägten Erscheinungsformen der Bankgarantie haben sich in der Bankenpraxis verschiedene Gestaltungsformen der Bankgarantie – teilweise insbesondere für den internationalen Rechtsverkehr – herausgebildet, die grundsätzlich für jeden der oben dargestellten Anwendungsbereiche der Garantie verwendet werden können:

- die **direkte Garantie,** bei der sich der Garant direkt gegenüber dem Garantiebegünstigten zur Zahlung verpflichtet;
- die **indirekte Garantie,** bei der der vom Garantieauftraggeber beauftragte Garant (in der Regel eine Bank am Sitz des Garantieauftraggebers) eine Garantie gegenüber einer zweiten Stelle (in der Regel eine Garantie am Sitz des Garantiebegünstigten) abgibt, die ihrerseits eine Garantie gegenüber dem Garantiebegünstigten abgibt;
- die **bestätigte Garantie,** bei der der bestätigende (zweite) Garant eine eigene, zusätzliche Garantieverpflichtung gegenüber dem Garantiebegünstigten in gleicher Höhe übernimmt;
- die **Rückgarantie,** mit der sich zB im Fall der Abgabe einer indirekten Garantie die Erstbank für den Fall der Zahlung gegenüber der Zweitbank absichert.

38 Insbesondere in Bezug auf die indirekte Garantie ist in der Gestaltung der jeweiligen Garantien angemessen zu berücksichtigen, dass die verschiedenen Rechtsbeziehungen zwischen den Vertragsparteien, dh Garantieauftraggeber und Erstbank, Erstbank und Zweitbank sowie Zweitbank und Garantiebegünstigten, kollisionsrechtlich jeweils unterschiedlich zu beurteilen sein können.

---

[37] Für eine umfangreiche Darstellung der maßgeblichen Bankgarantien vgl. Häberle Handbuch Kaufrecht S. 835 f.

II. Rechtlicher Rahmen

1. United Nations Convention on Independent Guarantees and Stand-by Letters of Credit

Im internationalen Rechtsverkehr spielt die UN-Konvention über unabhängige Garantien und Stand-by Letters of Credit (United Nations Convention on Independent Guarantees and Stand-by Letters of Credit)[38] eine gewisse Rolle. Allerdings wurde die am 11.12.1995 von der Vollversammlung der UN verabschiedete Konvention bisher nur von wenigen Staaten[39] ratifiziert, so dass eine zukünftige Stärkung ihres Einflusses auf den internationalen Rechtsverkehr kaum noch zu erwarten sein dürfte. 39

Die Konvention findet auf Garantien und stand-by letters of credit Anwendung, die der Definition des undertaking in Art. 2 Abs. 1 entsprechen. Hierunter fallen unabhängige, im internationalen Wirtschaftsverkehr als independent guarantee oder als stand-by letter of credit bezeichnete Verpflichtungen, mit denen sich eine Bank oder eine andere natürliche oder juristische Person wegen der Verletzung bei der Erfüllung einer vertraglichen Pflicht oder einer anderen Vertragsverletzung eines Dritten verpflichtet, an den Begünstigten einen bestimmten Betrag entweder allein auf dessen Aufforderung oder zusätzlich unter Vorlage bestimmter Dokumente zu leisten. Damit entspricht die Konvention dem geläufigen internationalen Verständnis der entsprechenden Sicherungsinstrumente.[40] Diese Verpflichtungen müssen einen internationalen Bezug aufweisen, indem jedenfalls zwei Beteiligte (Begünstigter, Garantieauftraggeber, garantierende Bank) ihren Sitz in unterschiedlichen Staaten haben, Art. 4 Abs. 1. Des Weiteren setzt die Anwendbarkeit der Konvention voraus, dass der Staat, in dem die garantierende Bank ihren Sitz hat, Vertragsstaat der Konvention ist oder nach dem anwendbaren IPR des Forums das Recht eines Vertragsstaates auf die Garantie anwendbar ist, Art. 1 Abs. 1. Diese Anforderungen sind derzeit aufgrund der geringen Anzahl der ratifizierenden Staaten praktisch nur sehr selten erfüllt. 40

Inhaltlich regelt die Konvention verschiedene Aspekte des Rechts der undertakings, so ua Verteidigungsmöglichkeiten gegen die Inanspruchnahme der Bankgarantie, aber auch deren Ablauf uÄ. Aufgrund der geringen Verbreitung der Konvention wird auf eine vertiefte Darstellung an dieser Stelle verzichtet.[41] Da sich die Verbreitung der Konvention in den vergangenen zehn Jahren nicht mehr vergrößert hat, erscheint eine stärkere Bedeutung in der Zukunft unwahrscheinlich.[42] 41

2. Besonderheiten der Bankgarantie im deutschen Recht

a) Rechtliche Einordnung

Die Garantie ist im deutschen Recht gesetzlich nicht kodifiziert. Die herrschende Meinung im Schrifttum bewertet den Garantievertrag daher als **Vertragsverhältnis *sui generis.***[43] Dadurch finden die Vorschriften über die Bürgschaft nach §§ 765 ff. BGB auf die Garantie grundsätzlich keine Anwendung.[44] 42

Die Inanspruchnahme der Bankgarantie ist in der Regel streng formalisiert. Nach dem Grundsatz der **Garantiestrenge** hat der Begünstigte die Zahlungsaufforderung exakt so 43

[38] Abrufbar unter http://www.uncitral.org/uncitral/en/uncitral_texts/payments/1995Convention_guarantees_credit.html.

[39] Stand August 2022 ist die Konvention in den folgenden acht Staaten in Kraft getreten: Weißrussland, Ecuador, El Salvador, Gabun, Kuwait, Liberia, Panama und Tunesien; vgl. http://www.uncitral.org/uncitral/en/uncitral_texts/payments/1995Convention_guarantees_status.html.

[40] Horn RIW 1997, 717 (718).

[41] Vertiefend hierzu ua Horn RIW 1997, 717.

[42] Seit dem Inkrafttreten der Konvention in Liberia und Gabun zum 1.1.2006 wurde diese von keinem weiteren Staat auch nur ratifiziert.

[43] MüKoBGB/Habersack Vorb. zu § 765 Rn. 18.

[44] MüKoBGB/Habersack Vorb. zu § 765 Rn. 21.

abzugeben, wie es die Garantieurkunde vorsieht.[45] Die Garantie auf erstes Anfordern als die Garantieform mit der größten praktischen Bedeutung verlangt dabei vom Begünstigten aber keinen Nachweis mit Blick auf den Eintritt des materiellen Garantiefalls, sondern stellt grundsätzlich sofort einen Zahlungsanspruch zu Verfügung. Der BGH vertritt in ständiger Rechtsprechung zur Garantie auf erstes Anfordern den Grundsatz, dass **Einwendungen** gegen die materielle Berechtigung der Ansprüche des Begünstigten im Hinblick auf die Inanspruchnahme der Garantie **ausgeschlossen** sind und erst nach Zahlung durch Rückzahlungsklage geltend gemacht werden können. Ausschließlich in den Fällen, in denen eine **missbräuchliche Ausnutzung** einer formalen Rechtsstellung offensichtlich oder liquide beweisbar ist, entfällt eine Zahlungspflicht des Garantiegebers. Alle anderen *„Streitfragen tatsächlicher oder rechtlicher Art, deren Beantwortung sich nicht von selbst ergibt"*, sind in einem Rückforderungsprozess zwischen Garantieauftraggeber und Begünstigten auszutragen.[46] Noch strengere Anforderungen an den Einwand des Rechtsmissbrauch ergeben sich bei der indirekten Garantie, die einen „doppelten Rechtsmissbrauch" erfordert; objektiv muss der Begünstige die direkte Garantie der (ausländischen) Zweitbank – offensichtlich oder liquide beweisbar – rechtsmissbräuchlich in Anspruch nehmen und der (ausländischen) Zweitbank deshalb objektiv kein Aufwendungserstattungsanspruch gegen die inländische Erstbank zustehen. Hierum muss die ausländische Zweitbank gewusst haben und wider besseren Wissens die Inanspruchnahme der von ihr gestellten direkten Garantie durch den Begünstigten zugelassen haben.[47]

b) Unwirksamkeit der Sicherungsabrede in AGB

44 Besondere Aufmerksamkeit wurde in den vergangenen Jahren der Frage geschenkt, ob die in Allgemeinen Geschäftsbedingungen des Begünstigten vorgesehene Besicherung von Ansprüchen durch die Stellung einer auf erstes Anfordern zahlbaren Bankgarantie gemäß § 307 Abs. 1 S. 1 BGB auch im Geschäftsverkehr zwischen Unternehmern unwirksam ist, da sie den Vertragspartner des Verwenders entgegen den Geboten von Treu und Glauben unangemessen benachteiligt. Die Frage hat eine hohe praktische Bedeutung: Wäre die für die Bürgschaft auf erstes Anfordern maßgebliche höchstrichterliche Rechtsprechung auch auf die Bankgarantie anwendbar, so wäre eine Sicherungsabrede, mit der sich ein Vertragspartner in dem zu besichernden Vertragsverhältnis zur Stellung einer Garantie auf erstes Anfordern verpflichtet, **insgesamt unwirksam** und eine Vertragspflicht zur Besicherung der jeweiligen Ansprüche durch den Vertragspartner des Begünstigten würde komplett entfallen.[48] Besondere Bedeutung hat die Frage im Schrifttum nicht zuletzt aufgrund der ständigen höchstrichterlichen Rechtsprechung zur formularmäßigen Unwirksamkeit der Bürgschaft auf erstes Anfordern erlangt, die die Garantie als – praktisch selbstverständlich ebenfalls riskante – Alternative zur Bürgschaft diskutiert.

---

[45] BGH WM 1996, 770 (771), wobei die wörtliche Übereinstimmung mit dem Urkundeninhalt nur bei ausdrücklicher Vereinbarung erforderlich ist, während in allen anderen Fällen genügt, die garantievertraglichen Voraussetzungen der Zahlungspflicht für den Garanten unmissverständlich zum Ausdruck zu bringen; wie weit diese Verpflichtung im Einzelfall gehen kann, verdeutlicht anschaulich eine aktuelle Entscheidung des OLG Frankfurt aus dem Jahr 2015, das für die dortige Garantie eine wortgleiche Erklärung des Begünstigten mit dem Garantiewortlaut für deren wirksame Inanspruchnahme forderte, BeckRS 2016, 02625.

[46] BGH NJW 2001, 282ff.; NJW 1999, 570; NJW 1985, 1829; NJW 1984, 2030 (2031).

[47] BGH NJW 2001, 282 (283).

[48] Mit seiner Entscheidung vom 18.4.2002, BGHZ 150, 299, hat der BGH bereits klargestellt, dass eine Vertragserfüllungsbürgschaft in Allgemeinen Geschäftsbedingungen jedenfalls insoweit unwirksam ist, als diese **auf erstes Anfordern** zu stellen ist. In der Folge hat er klargestellt, dass für nach Bekanntwerden der vorgenannten Entscheidung geschlossene Verträge eine ergänzende Vertragsauslegung dergestalt, dass der Vertragspartner anstatt der auf erstes Anfordern zu stellenden Bürgschaft eine unbefristete, selbstschuldnerische Bürgschaft zu stellen hat, nicht mehr in Betracht kommt und die Verpflichtung zur Stellung der Sicherheit damit ersatzlos entfällt, BGHZ 151, 229f.

Zur Unwirksamkeit einer Besicherung von Forderungen durch eine vom Vertragspartner des Klauselverwenders zu stellende Bankgarantie im kaufmännischen Verkehr existiert bisher **keine eindeutige höchstrichterliche Rechtsprechung.**[49] Die Rechtsprechung der Ober- und Instanzgerichte ist uneinheitlich.[50] Den Ausgangspunkt für eine Unwirksamkeit der Sicherungsabrede bilden Entscheidungen des BGH zur Unwirksamkeit einer Verpflichtung zur Besicherung durch eine Bürgschaft auf erstes Anfordern. Hierzu hat der BGH ausgeführt, dass für eine Vertragserfüllungsbürgschaft bei Vereinbarung einer Bürgschaft auf erstes Anfordern die *„Sicherungsrechte des Auftraggebers über sein anerkennenswertes berechtigtes Interesse unangemessen ausgedehnt"* werden, da hiermit dem Begünstigten auch dann die Möglichkeit eingeräumt wird, sich liquide Mittel zu verschaffen, wenn der Sicherungsfall nicht eingetreten ist.[51] Diese Rechtsprechung hat der BGH in nachfolgenden Entscheidungen auch auf die Gewährleistungsbürgschaft erstreckt.[52] 45

Der wesentliche Gesichtspunkt der Rechtsprechung des BGH zur Bürgschaft auf erstes Anfordern kann auf die Bankgarantie auf erstes Anfordern übertragen werden. Auch für die Inanspruchnahme der Bankgarantie auf erstes Anfordern ist die schlüssige Darlegung des Sicherungsfalls regelmäßig entbehrlich, so dass Einwendungen aus dem besicherten Rechtsverhältnis allenfalls bei **offensichtlichem Missbrauch** Berücksichtigung finden. Ebenso ist auch die Bankgarantie auf erstes Anfordern für den Begünstigten nicht nur Sicherungsmittel, sondern zugleich eine Möglichkeit, sich jedenfalls teilweise unabhängig vom tatsächlichen Eintritt des Sicherungsfalls liquide Mittel zu beschaffen.[53] Diesen Parallelen halten Rechtsprechung und Schrifttum teilweise entgegen, die Bankgarantie sei ein von der besicherten Verbindlichkeit unabhängiges, gesetzlich nicht kodifiziertes Sicherungsinstrument, dem das Missbrauchsrisiko aufgrund des weitgehenden Einwendungsausschlusses wesenseigen sei und das daher weder als überraschend noch unangemessen bewertet werden könne. Durch die Sicherungsabrede werde insbesondere auch keine von Rechtsvorschriften abweichende oder diese ergänzende Regelung getroffen, so dass gemäß § 307 Abs. 3 BGB die Regelungen des § 307 Abs. 1, Abs. 2 BGB keine Anwendung finden könnten.[54] Alternativ wird mit im Handelsverkehr geltenden Gewohnheiten und Gebräuchen im Sinne des § 310 Abs. 1 S. 2 Hs. 2 BGB argumentiert.[55] Ob die höchstrichterliche Rechtsprechung dieser Argumentation folgen wird, **darf allerdings bezweifelt** werden. Letztendlich wird zu berücksichtigen sein, dass das Missbrauchsrisiko im Wesentlichen aus der Ausgestaltung der Bankgarantie auf erstes Anfordern und nicht aus der Unabhängigkeit der Bankgarantie vom zu sichernden Grundgeschäft resultiert.[56] 46

[49] Das Urteil des BGH vom 10.9.2002 – XI ZR 305/01, befasst sich zwar mit der Unwirksamkeit einer Klausel zum selbstständigen Garantievertrag auf erstes Anfordern nach § 9 Abs. 1 AGBG, der dem aktuellen § 307 BGB weitestgehend entspricht, betrifft allerdings einen Fall außerhalb des bankgeschäftlichen Verkehrs.

[50] Gegen eine Unwirksamkeit ua OLG Frankfurt WM 2004, 2389; OLG Stuttgart WM 2011, 691; für eine Unwirksamkeit ua OLG Hamburg OLGR Hamburg 2006, 366 ff., zuletzt LG München I Urt. v. 2.3.2011 – 3 O 9706/10 (vgl. hierzu Anmerkungen von Buscher IBR 2011, 1206).

[51] BGHZ 150, 299 (303 f.); 151, 229 (233 f.); BGH NZBau 2004, 212 (213); NZBau 2008, 377.

[52] BGH NJW 1997, 2598; NZBau 2001, 311; NJW-RR 2002, 1311; NJW-RR 2005, 458 (459).

[53] So zur Vertragserfüllungsbürgschaft auf erstes Anfordern BGHZ 150, 299 (303).

[54] So ua von Westphalen/Zöchling-Jud Bankgarantie S. 75; Ebenroth/Boujong/Joost/Strohn/Allstadt-Schmitz HGB BankR IV Rn. IV 367; MüKoBGB/Habersack § 765 Rn. 101.

[55] Ebenroth/Boujong/Joost/Strohn/Füller HGB BankR IV Rn. 353; MünchKommHGB/Samhat Bankvertragsrecht J 173, jeweils mwN; andere Auffassung Oepen NJW 2009, 1110 (1114).

[56] So auch BGH Urt. v. 10.9.2002 – XI ZR 305/01, in dem der BGH ausdrücklich auf die Unterschiede zwischen dem ebenfalls gesetzlich nicht geregelten „normalen selbstständigen Garantievertrag" und der Garantie oder Bürgschaft auf erstes Anfordern abstellt und ausgeführt hat, dass für formularmäßige Garantieversprechen auf erstes Anfordern grundsätzlich nichts anderes als für die Bürgschaft auf erstes Anfordern gilt, der Garantiegeber infolge des Einwendungsausschlusses nicht weniger schutzbedürftig als der Bürge sei und „kein sachlicher Grund (bestehe), bezüglich der Wirksamkeit der Klausel danach zu differenzieren, ob sie Bestandteil eines Bürgschafts- oder selbständigen Garantievertrags ist"; mwN ebenfalls Oepen NJW 2009, 1110 (1113).

47 Ausnahmen von den vorgenannten Grundsätzen werden für Geschäfte in Branchen vertreten, in denen die Stellung von Garantien auf erstes Anfordern üblich ist. Da weder abschließend entschieden ist, ob es hierauf überhaupt ankommen kann,[57] noch eine belastbare Prognose über die Branchenüblichkeit möglich sein dürfte, sollte diese Argumentation im Ergebnis ebenso wenig wie die Ansicht, im **internationalen Geschäftsverkehr** sei eine liberalere Bewertung als im nationalen Geschäftsverkehr angezeigt[58], zu einem leichtfertigen Umgang mit der Bankgarantie in Allgemeinen Geschäftsbedingungen nach deutschem Recht verleiten.

c) Internationales Privatrecht

48 Das auf die Bankgarantie anwendbare Recht richtet sich in Ermangelung einer Rechtswahl der Parteien nach Art. 4 Abs. 1 lit. b) Rom I-VO. Bankgarantien stellen kollisionsrechtlich – anders als aus der Sicht des nationalen materiellen Rechts – wohl Dienstleistungsverträge dar.[59] Im Fall einer indirekten Garantie bestimmt im Verhältnis zwischen (inländischer) Erstbank und (ausländischer) Zweitbank der Sitz der die vertragscharakteristische Leistung erbringenden Zweitbank in Ermangelung einer Rechtswahl das anwendbare Recht.[60]

3. Besonderheiten der Bankgarantie im Schweizer Recht

a) Rechtliche Einordnung

49 Auch im Schweizer Recht ist die Bankgarantie nicht gesetzlich geregelt. Die Rechtsnatur der Bankgarantie ist umstritten. Die verschiedenen Rechtsauffassungen qualifizieren die Bankgarantie entweder ebenso wie das deutsche Recht als Vertrag *sui generis* oder als Anwendungsfall des Vertrages zu Lasten eines Dritten nach Art. 111 OR.[61]

b) Internationales Privatrecht

50 Nach Schweizer IPR richtet sich das Vertragsverhältnis zwischen garantierender Bank und Garantiebegünstigten nach Art. 117 Abs. 1, 2, 3 lit. e) IPRG in Ermangelung einer (üblicherweise allerdings von der garantierenden Bank durchgesetzten) Rechtswahl nach dem **Recht am Niederlassungsort der garantierenden Bank,** die bei der Bankgarantie die vertragscharakteristische Leistung erbringt.

---

[57] Die in dem Zusammenhang zitierte Entscheidung des BGH vom 10.9.2002 – XI ZR 305/01, befasst sich mit der Üblichkeit für den Geschäftsbereich ausschließlich in Bezug auf eine Unklarheit der Klausel, während für die Unwirksamkeit wegen unangemessener Benachteiligung die Üblichkeit im Geschäftsbereich in der Entscheidung keine Rolle spielt.

[58] So aber etwa LG Stuttgart WM 2010, 1499 Rn. 31: *„Doch lässt sich ohne Bruch mit diesen BGH-Entscheidungen, die alle zu nationalen Sachverhalten ergangen sind, argumentieren, dass im internationalen Wirtschaftsverkehr die Verabredung der Besicherung durch Bürgschaft auf erstes Anfordern oder durch Garantie auf erstes Anfordern auch bei formularmäßigem Abschluss als prinzipiell zulässig anzusehen ist. Der Grund dafür liegt in den höheren Schwierigkeiten, denen sich der Gläubiger im Falle einer grenzüberschreitenden Rechtsverfolgung ausgesetzt sieht“;* bestätigt durch OLG Stuttgart WM 2011, 691.

[59] Zweifelnd daran (mangels ausreichendem „Tätigkeitselement“) allerdings MükoBGB/Martiny Art. 4 Rom I-VO Rn. 52; stuft man die Garantie nicht als Dienstleistungsvertrag ein, ändert sich im Ergebnis aber nichts, da Art. 4 Abs. 2 Rom I-VO zum gleichen Ergebnis führt. Die Ausweichklausel gem. Art. 4 Abs. 3 Rom I-VO kommt wiederum auch nicht mit Blick auf das ggf. abweichende, auf den Hauptvertrag anzuwendende Recht zur Anwendung, dazu BGH NJW-RR 2011, 130 (131).

[60] MüKoHGB/Welter Bankvertragsrecht Rn. J 125.

[61] Die wohl herrschende Lehre qualifiziert die Bankgarantie als Vertrag sui generis; das Schweizer Bundesgericht hat in älteren Entscheidungen ebenfalls eine Qualifizierung als Vertrag sui generis vertreten (BGE 119 II 132 E. 4 aa), scheint hiervon allerdings in neueren Entscheidungen abzuweichen.

c) Sonstiges

Bei der Bankgarantie auf erstes Anfordern genügt die einfache Aufforderung des Garantiebegünstigten gegenüber der garantierenden Bank, Zahlung zu leisten, zur Auslösung der Zahlungspflicht.[62] Hierbei ist weder der Garantiebegünstigte verpflichtet, die Inanspruchnahme der Bankgarantie zu begründen, noch muss die Bank weitergehenden Prüfungspflichten genügen. Die Liquiditätsfunktion der Bankgarantie steht damit auch aus Sicht des Schweizer Rechts klar im Vordergrund.[63] Dem kann durch die Verknüpfung des formellen Garantiefalls mit weiteren Anforderungen, zB der Vorlage bestimmter Dokumente, entgegengewirkt werden.[64] 51

Auch nach Schweizer Recht kann die garantierende Bank dem die Bankgarantie in Anspruch nehmenden Dritten jedenfalls im Grundsatz lediglich **Einwendungen aus dem Garantieverhältnis** entgegenhalten.[65] Ebenso wie das deutsche Recht gehen Rechtsprechung und Lehre auch zum Schweizer Recht übereinstimmend davon aus, dass die garantierende Bank eine Zahlung bei Inanspruchnahme der Bankgarantie ansonsten nur verweigern kann, wenn die Inanspruchnahme rechtsmissbräuchlich erfolgt.[66] 52

Darüber hinaus wendet das Schweizer Bundesgericht das Prinzip der Dokumentenstrenge neben Akkreditiven auch auf solche Bankgarantien an, die die Vorlage von Dokumenten als Abrufvoraussetzung vorsehen. Dabei hat das Bundesgericht den Grundsatz der Garantiestrenge geprägt, den es auf sämtliche vertraglich vereinbarte Voraussetzungen für die Inanspruchnahme der Bankgarantie anwendet.[67] 53

4. ICC Uniform Rules for Demand Guarantees – URDG 758

Die ICC gibt mit den Uniform Rules for Demand Guarantees (URDG 758) Vertragsbedingungen für Bankgarantien heraus. Diese stellen im Ergebnis Allgemeine Geschäftsbedingungen dar und sind damit nur dann auf den Garantievertrag anwendbar, wenn dieser die Einbeziehung der URDG 758 in das Vertragsverhältnis ausdrücklich vorsieht. 54

Die URDG 758 sind am 1.7.2010 in Kraft getreten und haben die URDG 458 abgelöst, die im internationalen Wirtschaftsverkehr und in der Bankenpraxis allerdings nur in sehr geringem Umfang verwendet wurden. Ob die URDG 758 dieses Schicksal teilen werden, ist derzeit noch nicht abschließend abzusehen. Auch wenn bislang kaum von einer weiten Verbreitung der URDG 758 gesprochen werden kann, wird zumindest eine **etwas weitere Verbreitung** als bei den URDG 458 beobachtet. Ob sich die Verbreitung durch die Veröffentlichung der „International Standard Demand Guarantee Practice for URDG 758" durch die ICC im Mai 2021 und die damit verbundene Vorhersehbarkeit in der Handhabung weiter verstärkt, bleibt derzeit noch abzuwarten. 55

Die URDG 758 enthalten verschiedene Regelungen zur Abwicklung des Garantieverhältnisses, von der Frist zur Prüfung der Inanspruchnahme der Bankgarantie für die garantierende Bank von fünf Werktagen (Art. 20 URDG 758), über die Übertragbarkeit der Bankgarantie (Art. 33 URDG) bis hin zur Ermittlung des anwendbaren Rechts, Art. 34 URDG. Darüber hinaus sind explizite Regelungen zu „extend or pay" Vereinbarungen in Art. 23 URDG 758 enthalten, nach denen die garantierende Bank berechtigt ist, zum Zweck einer einvernehmlichen Vereinbarung zwischen Garantieauftraggeber und Begünstigten die Zahlung für einen Zeitraum von dreißig Kalendertagen nach deren Inanspruch- 56

---

[62] BGE 119 II 132 E. 5 aa.

[63] Emmenegger Kreditsicherheiten S. 147.

[64] Insofern wird die Bandbreite von Dokumenten im Schweizer Schrifttum weit gefasst; als mögliche Dokumente werden zB Gerichtsurteile oder Schiedssprüche genannt.

[65] Zu denken ist hier zB an Einwendungen hinsichtlich des rechtswirksamen Zustandekommens der Bankgarantie, die formell wirksame Inanspruchnahme derselben (BGE 122 III 321 E. 4 a), Erlöschen oder Verjährung.

[66] Vgl. hierzu ua BGE 122 III 321 (322 f.) E. 4 a; BGE 117 III 76 (82) E. 7 a.

[67] Vgl. hierzu insbesondere BGE 138 III 241 (245).

nahme zurückzuhalten. Einigen sich die Parteien während dieser Zeit nicht oder lehnt die garantierende Bank die Verlängerung ab – ein praktisch wenig relevanter Fall – hat sie Zahlung auf die berechtigte Inanspruchnahme zu leisten. Der Zeitraum von dreißig Kalendertagen ist verglichen mit sonstigen Abwicklungszeiten der Inanspruchnahmen relativ lang. Eine individualvertragliche Abkürzung der Frist ist selbstverständlich möglich.

57 Insgesamt ist bei der Neufassung der URDG 758 das Bemühen erkennbar, zum Zweck der Rechtssicherheit die Regelungen bestimmter zu fassen und im Zweifel weiter zu konkretisieren. Verdeutlichen lässt sich dieses Bemühen zum Beispiel an der **Prüfungsfrist** der garantierenden Bank bei Inanspruchnahme der Bankgarantie. Hieß es hierzu in Art. 10 URDG 458 noch, dass die garantierende Bank innerhalb einer „reasonable time" die Inanspruchnahme zu prüfen und Zahlung zu leisten bzw. die Inanspruchnahme zurückzuweisen habe, sieht Art. 23 URDG 758 nunmehr eine Frist von fünf Werktagen vor.

58 Erhebliche Bedenken, die eine Einbeziehung der URDG 758 in Bankgarantien aus Sicht eines Beteiligten verbieten, sind nicht ersichtlich. Wo man sich bei den URDG 458 vielfach noch ernsthaft die Frage nach dem **praktischen Mehrwert** der Bezugnahme stellen musste, erscheint dieser bei den URDG 758 zumindest eher gegeben zu sein.[68] Zwingend geboten erscheint die Einbeziehung allerdings nach wie vor nicht. Dabei soll nicht verkannt werden, dass verschiedene Musterverträge in den Regelungen zu Sicherheiten die Anwendbarkeit der URDG 758 vorsehen.[69] Dies heißt allerdings nicht, dass die Vertragspraxis dieser Empfehlung folgt.

III. Gestaltung von Bankgarantie und Sicherungsabrede

59 Die vertragliche Gestaltung der Bankgarantien einerseits und der vertraglichen Sicherungsabrede andererseits stellen rechtlich eine Einheit dar. Sowohl der Gestaltung der Bankgarantie als auch der Gestaltung der zugrundeliegenden Sicherungsabrede sollte daher die gebotene Aufmerksamkeit gewidmet werden. In der Praxis ist die Verwendung von Garantiemustern, die als Anlage in das Vertragsverhältnis einbezogen werden, insbesondere bei umfangreichen Verträgen, zB des Industrieanlagenbaus, eine weit verbreitete Gestaltungsform.[70] Im Vertrag selbst wird hinsichtlich der inhaltlichen Ausgestaltung der Garantien im Detail auf die Anlage verwiesen. Die nachfolgend im Einzelnen als regelungsbedürftig ausgewiesenen Punkte sollten – in welcher Gestaltungsform auch immer – vertraglich geregelt werden. Durch eine detaillierte vertragliche Regelung kann sichergestellt werden, dass aus Sicht des Begünstigten die mit der Sicherheit angestrebten Ziele der **Insolvenz- und Liquiditätssicherung** erreicht werden. Aus Sicht der Partei, die sich zur Stellung der Sicherheit verpflichtet, sollte deren **unberechtigte Inanspruchnahme** durch den Begünstigten soweit wie möglich erschwert und eine rechtzeitige Herausgabe derselben sichergestellt werden. Natürlich darf bei allen Abreden der Parteien nicht außer Acht gelassen werden, dass es dem Garantieauftraggeber auf Grundlage der vertraglichen Abreden am Ende auch noch gelingen muss, eine in dieser Form ausgestaltete Garantie einer Bank zu erhalten. Aus diesem Grund empfiehlt es sich, den Inhalt, und bei Verwendung eines Garantiemusters als Vertragsanlage auch dessen Wortlaut, bereits vor Vertragsschluss mit der eigenen Bank abzustimmen. Besondere Forderungen der Bank können dann in die Vertragsverhandlungen einfließen. In der Regel besteht bei Vertragsparteien von internationalen Wirtschaftsverträgen ein gegenseitiges Verständnis dafür, die Forderungen der Banken für den Vertragsabschluss erfüllen zu müssen.

---

[68] Vorpeil RIW 2010 Editorial Heft 6.

[69] So sehen die Empfehlungen für Sicherheiten in den FIDIC Verträgen für Bankgarantien die Einbeziehung der URDG vor.

[70] Auch hierzu wird exemplarisch auf die FIDIC-Verträge verwiesen, die verschiedene Muster zur Verwendung als Anlage für Sicherheiten vorsehen.

Kern einer Bankgarantie ist das Garantieversprechen. Das Garantieversprechen beinhaltet die Zahlung der Garantiesumme im Garantiefall. Dabei ist der Garantiefall stark vom Einzelfall geprägt und an die Besonderheiten des Sicherungszwecks im Allgemeinen und die vertraglichen Regelungen der Parteien im Besonderen anzupassen.[71] Im Allgemeinen besteht das Garantieversprechen aus folgenden Elementen: 60
- **Präambel,** die den Bezug zwischen Garantieversprechen und dem besicherten Grundgeschäft zum Ausdruck bringt;
- **Zahlungsklausel,** in der die Voraussetzungen geregelt werden, unter denen der Garantiebegünstigte Zahlung aus der Bankgarantie verlangen kann;
- **(Höchst-)Betrag** der Bankgarantie, einschließlich Regelungen zu Währung und Ermäßigung des Betrags;
- Inkrafttreten und Erlöschen der Bankgarantie;
- Rückgabe der Garantieurkunde;
- Bezugnahme auf **internationale Regelwerke** (zB URDG 758);
- **Sonstige Bestimmungen,** insbesondere Rechtswahl, Schieds- oder Gerichtsstandsvereinbarung.

Auch wenn die Parteien in der Ausgestaltung frei sind, haben die wirtschaftliche Bedeutung der Bankgarantie und deren Verbreitung in der Wirtschaftspraxis dazu geführt, dass geläufige Gestaltungsformen und Inhalte praktisch sowohl im internationalen Wirtschaftsverkehr als auch in der Bankenpraxis weitestgehend standardisiert wurden. Selbstverständlich steht es den Parteien frei, abweichende oder darüberhinausgehende Regelungen zu treffen. Gerade in Großprojekten wird hiervon vor dem Hintergrund erheblicher finanzieller Belastungen auch regelmäßig Gebrauch gemacht. Dem steht in Bezug auf die weitgehend standardisierten Exportgeschäfte häufig die Bezugnahme auf mit der garantierenden Bank abgestimmte Standardmuster entgegen. Die Verwendung von internationalen Standardgarantiemustern[72] ist praktisch hingegen wenig verbreitet. 61

1. Präambel

Die Präambel der Bankgarantie enthält eine Einleitung, die Hinweise zum Bezug der Bankgarantie zu dem besicherten Grundgeschäft enthält und zumeist kurz den Sicherungszweck der Bankgarantie darstellt. Die Aufnahme einer Präambel in den Garantietext bietet insbesondere den Vorteil, einem Dritten den Zugang zum Garantieversprechen und dessen Hintergrund zu erleichtern. Dies liegt auch im Interesse des Garantieauftraggebers für den Fall, dass er gegen eine **missbräuchliche Inanspruchnahme** der Bankgarantie vorgehen möchte. Aus Sicht des Garantiebegünstigten sollte allerdings bei der Vertragsgestaltung darauf geachtet werden, den Charakter der Bankgarantie als **abstraktes Garantieversprechen** zu betonen. Um dies hinreichend deutlich zu machen, empfiehlt es sich daher, die Präambel auch räumlich von dem Garantieversprechen durch einen Absatz zu trennen.[73] 62

Sofern die Präambel für eine advance payment guarantee gestaltet werden soll, empfiehlt es sich, hierin bereits das Verhältnis zwischen der Vorauszahlung einerseits und der advance payment guarantee andererseits aufzunehmen. Üblicherweise handelt es sich bei Zahlungsverpflichtung und der Verpflichtung zur Stellung der advance payment guarantee um Zug-um-Zug zu erbringende Leistungen. Dieser Umstand spielt ua für das Wirksamwerden der Garantie eine wichtige Rolle, auf die nachstehend noch näher eingegangen werden wird. 63

Die Präambel einer Bankgarantie für die praktisch geläufigsten Sicherungszwecke kann zB wie folgt lauten: 64

[71] An dieser Stelle stehen zunächst allgemeine Erwägungen zur Gestaltung der Garantieerklärung im Vordergrund. Einzelheiten der geläufigsten Garantien werden nachfolgend näher dargestellt.
[72] Mustertexte für Bankgarantien werden zum Beispiel von der ICC angeboten, ebenso aber auch als Teil der Mustervertragswerke der FIDIC oder der ICE.
[73] Zahn/Ehrlich/Haas Zahlungssicherung Rn. 9/18.

Klauselvorschlag Präambel Tender Bond

We have been informed that [•], (hereinafter referred to as the „**Principal**"), responding to your invitation to tender No. [•] dated [•] for the supply of *[Beschreibung Vertragsgegenstand, zB supply of goods and services]*, has submitted to you his tender No. [•] dated [•]. We understand that, according to your tender conditions, tenders must be supported by a tender bond.

Klauselvorschlag Präambel Advance Payment Bond

We have been informed that [•], (hereinafter referred to as the „**Contractor**"), has entered into contract No. [•] dated [•] with your company for the *[Beschreibung Vertragsgegenstand, zB supply of goods and services]*, (hereinafter referred to as the „**Agreement**"). We understand that according to the conditions of the Agreement an advance payment in the sum of [•] is to be made against Contractor's provision of an advance payment bond.

Klauselvorschlag Präambel Performance Bond/Warranty Bond

We have been informed that [•], (hereinafter referred to as the „**Contractor**"), has entered into contract No. [•] dated [•] with your company in relation to *[Beschreibung Vertragsgegenstand, zB supply of goods and services]*, (hereinafter referred to as the „**Agreement**"). We understand that according to the conditions of the Agreement a [performance/warranty] bond is required to be submitted on behalf of the Contractor.

2. Zahlungsklausel

a) Allgemeines

65 Kern jeder Bankgarantie ist die Zahlungsklausel, die die Voraussetzungen des **formellen Garantiefalls** und damit die Voraussetzungen für die Inanspruchnahme der Bankgarantie sowie Höhe und Währung der Zahlung, die der Garantiebegünstigte von der garantierenden Bank beanspruchen kann, regelt. Die Garantieerklärung enthält damit im Kern folgende Inhalte:

- Erklärung, in bzw. bis zu **welcher Höhe** und in welcher Währung sich die garantierende Bank zur Zahlung aus der Bankgarantie verpflichtet;
- Bezeichnung des **Garantiebegünstigten,** dem gegenüber sich die Bank verpflichtet;
- Voraussetzungen für den Eintritt des Garantiefalls und die **Form der Inanspruchnahme** der Garantie (formeller Garantiefall);
- Erklärung, dass auf erstes schriftliches Anfordern („on first written demand") von der garantierenden Bank Zahlung geleistet werden wird.

66 Dabei ist die Erklärung, **auf erstes schriftliches Anfordern** Zahlung zu leisten, als praktisch bedeutsamster Teil der Garantieerklärung anzusehen. Sie stellt klar, dass mit der Garantie eine abstrakte Verpflichtung unabhängig vom Grundgeschäft eingegangen wird und macht aus der bloßen Garantie ein praktisch so wertvolles wie gefährliches Sicherungsmittel: Mit dieser Erklärung werden der garantierenden Bank damit zugleich grundsätzlich sämtliche Einwendungen und Einreden aus dem besicherten Grundgeschäft abgeschnitten.[74]

b) Obligatorische Bestandteile der Zahlungsklausel

67 **aa) Zahlung auf erstes Anfordern.** Die Erklärung der garantierenden Bank, auf erstes Anfordern Zahlung zu leisten, ist eine standardisierte Erklärung, die internationalen Gepflogenheiten entspricht und durch langjährige Verwendung zu einer auch international

[74] Die Formulierung ist bewusst überspitzt, da auch bei der Inanspruchnahme einer Garantie auf erstes Anfordern gewisse Einwendungen erhoben werden können. Hierbei handelt es sich aber – von der formell wirksamen Inanspruchnahme der Garantie abgesehen – in den meisten Rechtsordnungen nur um den Einwand eines Rechtsmissbrauchs.

einheitlichen Bewertung durch nationale Gerichte geführt hat. Auch wenn es in internationalen Wirtschaftsverträgen üblich ist, auf erstes Anfordern zahlbare Garantien zu vereinbaren, ist dies aber keineswegs zwingend. Selbstverständlich haben es die Parteien der Bankgarantie selbst in der Hand, durch die Aufnahme möglichst weitgehender Voraussetzungen in der Zahlungsklausel die Abstraktheit der Bankgarantie einzuschränken und – aus Sicht des Garantieauftraggebers wünschenswert – die Inanspruchnahme der Bankgarantie zu erschweren.

bb) Voraussetzungen des formellen Garantiefalls. Die Voraussetzungen des formellen Garantiefalls bezeichnen präzise, welche nach den Garantiebedingungen zahlungsauslösenden Erklärungen der Garantiebegünstigte abzugeben und ggf. welche Dokumente er vorzulegen hat. Grundsätzlich ist es in Bankgarantien üblich, zumindest eine **schriftliche Erklärung** des Garantiebegünstigten zum Eintritt des materiellen Garantiefalls zu fordern.[75] Bei der Gestaltung des formellen Garantiefalls gehen die Interessen der Parteien des zu besichernden Grundvertrags grundsätzlich auseinander, da dem Garantiebegünstigten in der Regel daran gelegen ist, die Bankgarantie möglichst einfach in Anspruch nehmen zu können und daher auch nur geringe Anforderungen an den formellen Garantiefall zu vereinbaren, während es aus Sicht des Garantieauftraggebers sachdienlich ist, dem Garantiebegünstigten die Inanspruchnahme der Bankgarantie dadurch zu erschweren, dass jedenfalls schriftliche Erklärungen zum Eintritt des materiellen Garantiefalls, darüber hinaus aber ggf. auch weitere Dokumente wie zB Protokolle oder ähnliche Erklärungen beizubringen sind. Grundsätzlich ist es auch denkbar, etwa im Zusammenspiel mit Regelungen über ADR-Verfahren im besicherten Grundvertrag als Voraussetzung des formellen Garantiefalls die Vorlage einer vorläufig verbindlichen **Entscheidung eines neutralen Dritten,** zB eines dispute adjudication board, zu fordern, die den Eintritt des materiellen Garantiefalls feststellt. Praktisch sind solche Gestaltungen allerdings schwer durchsetzbar, auch wenn sie grundsätzlich durchaus eine angemessene Risikoverteilung vorsehen. Je nach Ausgestaltung des ADR-Verfahrens kann der Begünstigte weit schneller Zahlungen aus der Bankgarantie erhalten, als wenn diese als akzessorisches Sicherungsmittel ausgestaltet und damit nicht auf erstes Anfordern zahlbar wäre. Der Garantieauftraggeber wiederum hat durch die summarische Prüfung des materiellen Garantiefalls in einem ADR-Verfahren durch einen neutralen Dritten eine relativ weitgehende Absicherung vor rechtsmissbräuchlicher Inanspruchnahme der Garantie. 68

Im Zusammenhang mit dem formellen Garantiefall ist die **Dokumentenstrenge** der Bankgarantie von erheblicher Bedeutung. Aus ihr folgt, dass der Garantiebegünstigte zur wirksamen Inanspruchnahme der Bankgarantie der garantierenden Bank sämtliche Erklärungen, Nachweise oder sonstigen Dokumente rechtzeitig vorzulegen hat.[76] In diesem Zusammenhang sollte aus Sicht des Garantiebegünstigten äußerste Zurückhaltung in Bezug auf die Vereinbarung von Dokumenten, die von den Parteien nur gemeinschaftlich erstellt werden können oder auf die Vorlage von Dokumenten bestimmt bezeichneter Dritter geübt werden. Hierdurch macht sich der Garantiebegünstigte von dem Garantieauftraggeber oder von Dritten zur Erfüllung der Voraussetzungen des formellen Garantiefalls abhängig. Gerade dann, wenn die rechtzeitige Inanspruchnahme der Bankgarantie erforderlich wird, kann die Beschaffung weiterer Dokumente oder Erklärungen erhebliche Schwierigkeiten bereiten. Zwar wird man je nach Verhandlungssituation die Bezugnahme auf von Dritten abgegebene Erklärungen oder erstellte Unterlagen nicht völlig vermeiden können. Erklärungen oder Dokumente des Garantieauftraggebers sollten aber in jedem 69

[75] Nach deutschem Recht wird das Erfordernis auch durch die Inanspruchnahme per Fax erfüllt, vgl. BGH NJW 2001, 282 (284).

[76] BGH NJW-RR 1999, 697.

Fall nicht beigebracht werden müssen. Ein berechtigtes Interesse des Garantieauftraggebers, an der Inanspruchnahme der Garantie aktiv mitzuwirken, ist nicht ersichtlich.[77]

70 **cc) Betrag und Währung.** Notwendiger Bestandteil der Bankgarantie ist die Bezeichnung des Betrages, mit dem die garantierende Bank gegenüber dem Garantiebegünstigten haftet. Meist wird ein **Höchstbetrag** vereinbart. Hierzu gehört im internationalen Wirtschaftsverkehr auch die Angabe der jeweiligen **Währung,** in der die garantierende Bank Zahlung aus der Bankgarantie leistet. Um Unklarheiten darüber zu vermeiden, ob es sich bei der Bankgarantie um eine Fremdwährungsforderung handelt oder eine Umrechnungsbefugnis zugunsten der Garantiebank eingreift, empfiehlt sich zugunsten der Fremdwährungsverbindlichkeit die Aufnahme einer **Effektivklausel.**

71 Üblich ist es, Betrag und Währung zur Vermeidung von Unklarheiten nicht nur in Ziffern, sondern auch in Worten anzugeben. Um weiteren Unklarheiten bei Inanspruchnahme der Bankgarantie durch eine möglichst eindeutige und klare Gestaltung des Wortlauts zu begegnen, kann darüber hinaus auch durch einen entsprechenden Zusatz klargestellt werden, dass die Bankgarantie bis zum Höchstbetrag durch den Garantiebegünstigten auch in Teilbeträgen in Anspruch genommen werden kann.[78]

72 Zinsen und Kosten im Rahmen der Inanspruchnahme der Bankgarantie spielen praktisch ebenfalls eine gewisse Rolle. Möchte der Garantiebegünstigte Zinsen und Kosten aus der Bankgarantie von der garantierenden Bank verlangen, empfiehlt sich aus seiner Sicht eine eindeutige Regelung in der Garantieklausel.

73 **dd) Formulierungsvorschläge.** Die Garantieerklärung einer Bankgarantie kann beispielsweise wie folgt lauten:

Klauselvorschlag Garantieklausel Tender Bond

Tender Bond

At the request of the Principal, we [•] hereby irrevocably undertake to pay you [*optional: as a primary obligor*[79]] any sum or sums not exceeding in the aggregate an amount of [•] (in words: [•]) (hereinafter referred to as „**Maximum Amount**") upon our receipt of your first demand in writing and your written statement that the Principal is in breach of its obligations under the tender conditions.[80]

Your written demand for payment of any sum under this tender bond must further be accompanied by the following documents: [•].

[77] So ist zB in Annex C der FIDIC Conditions of Contract for Plant and Design-Build, dem Muster einer Performance Security als Bankgarantie auf erstes Anfordern, nur die schriftliche Erklärung des Garantiebegünstigten gegenüber der garantierenden Bank, dass und in welcher Hinsicht der Auftragnehmer Vertragspflichten aus dem zugrunde liegenden Vertragsverhältnis verletzt hat, vorgesehen, obwohl die Conditions of Contract for Plant and Design-Build die Beteiligung eines vom Garantiebegünstigten zu beauftragenden sog. engineer vorsehen, dem verschiedene Aufgaben und Prüfungen im Rahmen der Vertragsabwicklung (zB die Freigabe von Zahlungen etc.) zugewiesen werden. Dieser Umstand verdeutlicht, dass aus Sicht des Garantiebegünstigten Erklärungen Dritter weitgehend vermieden werden sollen.

[78] von Westphalen/Zöchling-Jud Bankgarantie S. 24.

[79] Der entsprechende Zusatz in der Garantieklausel dient der weiteren Verdeutlichung der nicht bestehenden Akzessorietät, ist im Grunde allerdings auch für die Auslegung der Garantieerklärung entbehrlich, da dies dem gängigen Verständnis der Bankgarantie entspricht, weswegen im Zweifel nur eine von den Parteien gewünschte Abweichung von diesem Grundsatz der vertraglichen Klarstellung bedarf.

[80] Hier bietet es sich unter Umständen an, den materiellen Garantiefall konkreter zu fassen, je nachdem, wofür in den Ausschreibungsbedingungen eine Besicherung gefordert wird. Als Muster für eine konkretere Fassung der besicherten Verpflichtungen des Bieters im Rahmen der Ausschreibungsbedingungen kann Annex B der FIDIC Conditions of Contract for Design-Build, Example Form of Tender Security für die Beschreibung des materiellen Garantiefalls herangezogen werden.

Klauselvorschlag Garantieklausel Advance Payment Bond

Advance Payment Bond

At the request of the Contractor, we [•] hereby irrevocably undertake to pay you [as a primary obligor] any sum or sums not exceeding in the aggregate an amount of [•] (in words: [•]) (hereinafter referred to as „**Maximum Amount**") upon our receipt of your first demand in writing and your written statement that the Principal has failed to repay the advance payment in accordance with the terms and conditions of the Agreement.

Your written demand for payment of any sum under this advance payment bond must further be accompanied by the following documents: [•].

Klauselvorschlag Garantieklausel Performance Bond

Performance Bond

At the request of the Contractor, we [•] hereby irrevocably undertake to pay you [as a primary obligor] any sum or sums not exceeding in the aggregate an amount of [•] (in words: [•]) (hereinafter referred to as „**Maximum Amount**") upon our receipt of your first demand in writing and your written statement that the Contractor is in breach of its obligations under the Agreement.

Your written demand for payment of any sum under this performance bond must further be accompanied by the following documents: [•].

3. Verfallsdatum (Befristung)/Herausgabe der Garantieurkunde

Bankgarantien sollten aus Sicht der garantierenden Bank wie auch aus Sicht des Garantieauftraggebers ein **kalendarisch bestimmtes Verfallsdatum** ausweisen. Die Vereinbarung eines kalendarisch bestimmten Verfallsdatums entspricht auch den internationalen Gepflogenheiten:[81] Das belegt nicht zuletzt die Regelung in Art. 25 lit. c) URDG 758, die im Grundsatz von der Vereinbarung eines Verfallsdatums oder Verfallsereignisses ausgeht und ansonsten ein Erlöschen der Bankgarantie **drei Jahre nach ihrer Erstellung vorsieht.**[82] 74

Aufgrund der Abstraktheit der Bankgarantie von dem zu besichernden Vertragsverhältnis empfiehlt sich – anders als bei der Bürgschaft – an dieser Stelle allerdings **keine Bezugnahme** auf dieses Vertragsverhältnis. Ein kalendarisch bestimmtes Verfallsdatum schließt die wirksame Inanspruchnahme durch den Garantiebegünstigten nach Ablauf des Verfallsdatums aus, auch wenn der **materielle Garantiefall** bereits vor Ablauf des Verfallsdatums eingetreten war.[83] Alternativ besteht vertraglich ebenso die Möglichkeit, das Erlöschen der Bankgarantie von deren Inanspruchnahme zu trennen und ein Erlöschen nur daran zu knüpfen, dass der Garantiefall vor dem Verfallsdatum eingetreten ist.[84] In Ermangelung einer solchen ausdrücklichen Vereinbarung ist im Wege der Auslegung der Garantieerklärung der Parteien aber regelmäßig davon auszugehen, dass die **Inanspruchnahme** vor Ablauf des Verfallsdatums erfolgen muss.[85] 75

Da die **Wirksamkeit einer Befristung** der Bankgarantie in verschiedenen Rechtsordnungen **Zweifeln unterliegt,**[86] ist es aus Sicht des Sicherungsauftraggebers besonders bedeutsam, eine Rechtswahl zugunsten einer Rechtsordnung zu treffen, die die Befristung der Bankgarantie zweifelsfrei zulässt. Diese Rechtswahl sollte zudem durch eine ausschließliche Gerichtsstandsvereinbarung bzw. Schiedsvereinbarung ergänzt werden, um insbeson- 76

[81] Zahn/Ehrlich/Haas Zahlungssicherung Rn. 9/32.

[82] In einzelnen Jurisdiktionen ist die Laufzeit bestimmter Sicherungsmittel auch Gegenstand regulatorischer Bestimmungen für den Bankensektor, etwa für Vertragserfüllungsgarantien in Algerien nach Art. 6 Instruction N° 05-94.

[83] So ua OLG Hamburg RIW 1978, 615 (616); OLG Stuttgart WM 1979, 733 (734).

[84] MVH/Schütze IV Form. VII.2 Rn. 9.

[85] von Westphalen/Zöchling-Jud Bankgarantie S. 129 mwN.

[86] Vgl. hierzu ua Pleyer WM Beilage 2/1973, 17 mwN.

dere auch für den Fall, dass die jeweilige ausländische Rechtsordnung die Vorschriften zur Unwirksamkeit einer Befristung der Bankgarantie zum *ordre public* zählen sollte, weitestgehend abgesichert zu sein.[87]

77 Die Vereinbarung eines Verfallsdatums ist (anders als beim Dokumentenakkreditiv) keine Wirksamkeitsvoraussetzung für die Garantieerklärung und damit kein obligatorischer Bestandteil der Garantieerklärung. Fehlt ein vertraglich vereinbartes Verfallsdatum in der Garantieerklärung, bleibt diese damit wirksam. Bei Fehlen eines Verfallsdatums, mit dessen Eintritt die Bankgarantie erlischt, wird sie in zeitlicher Hinsicht allerdings nur durch die gesetzliche Verjährungsfrist begrenzt, was zumindest aus Sicht der garantierenden Bank und des Garantieauftraggebers wenig sachgerecht erscheint, da es die zeitliche Wirksamkeit der Garantie jedenfalls im Regelfall unnötig verlängert und das zeitliche Auseinanderfallen von Erlöschen des Sicherungszwecks und dem Erlöschen der Bankgarantie die **rechtsmissbräuchliche Inanspruchnahme** der Garantie fördert. Allerdings lehrt die internationale Erfahrung, dass in verschiedenen Regionen[88] befristete Bankgarantien schwer durchsetzbar sind, was die Stellung unbefristeter Garantien unausweichlich machen kann.

78 Das Erlöschen der Bankgarantie aufgrund eines vertraglichen Verfallsdatums steht regelmäßig im engen inhaltlichen Zusammenhang mit der **Herausgabe der Garantieurkunde.** Auch diesbezüglich empfiehlt sich eine vertragliche Vereinbarung, dass die Garantieurkunde nach Eintritt des Verfallsdatums vom Garantiebegünstigten an die garantierende Bank oder an den Garantieauftraggeber zurückzureichen ist. Ob eine solche Regelung erforderlich ist, richtet sich im Wesentlichen nach dem anwendbaren Recht. Wird für die Bankgarantie deutsches Recht vereinbart, ist eine entsprechende Regelung nicht zwingend erforderlich.[89] Entscheidend wird die Herausgabe dagegen insbesondere bei ausländischen Rechtsordnungen, in denen die Wirksamkeit einer Befristung nicht zweifelsfrei ist.[90] Zu überlegen ist im Zusammenhang mit der Befristung auch eine ausdrückliche Regelung in der Sicherungsabrede und der Garantieurkunde, dass auch ohne Vorliegen des materiellen Garantiefalls bei Ablauf der Befristung Zahlung aus der Garantie verlangt werden kann, sofern deren Laufzeit nicht verlängert wurde und – zB aufgrund von Verzögerungen bei der Vertragsabwicklung – der materielle Garantiefall weiter eintreten kann.

Klauselvorschlag Verfallklausel/Herausgabe der Garantieurkunde

This [•] bond shall expire on [•] at the latest and shall be returned to us immediately hereafter. Accordingly, any demand for payment under this [•] bond must be received by us on or before that date.

4. Weitere fakultative Bestandteile der Garantieerklärung

79 Neben den vorgenannten wesentlichen Bestandteilen der Bankgarantie sind verschiedene, den Kerngehalt der Bankgarantie ergänzende Klauseln im internationalen Wirtschaftsverkehr üblich. Verschiedene dieser fakultativen Bestandteile der Bankgarantie sind bestimmten Anwendungsbereichen zuzuordnen; andere können ungeachtet des jeweiligen Anwendungsbereichs der Garantie Verwendung finden. Die verschiedenen fakultativen Bestandteile dienen dazu, die Bankgarantie entweder an gewisse tatsächliche Ereignisse anzupassen, deren Eintritt dem Grunde oder dem Zeitpunkt nach bei Stellung der Bankgarantie noch ungewiss sind, oder die Rechtslage einer der Parteien zu verbessern.

---

[87] Zu dieser Problematik allgemein → § 3 Rn. 29f.

[88] So wird zB in Staaten des mittleren Ostens und in nordafrikanischen Staaten bisweilen die rechtliche Wirksamkeit von Befristungen bei Bankgarantien als nicht gegeben bewertet; siehe etwa Zahn/Ehrlich/Haas Zahlungssicherung Rn. 9/34.

[89] von Westphalen/Zöchling-Jud Bankgarantie S. 28.

[90] Die Avalbedingungen der meisten Banken sehen zudem vor, dass eine Ausbuchung des Avals (mit der Folge, dass keine Avalgebühren mehr anfallen) von der Rückgabe der Garantieurkunde abhängig ist, wenn die Garantie ausländischem Recht untersteht, s. etwa Ziff. 6 Besondere Bedingungen der Deutschen Bundesbank für das Avalgeschäft (Avalbedingungen), Stand 1.1.2008.

a) Ermäßigungsklauseln

Ermäßigungsklauseln dienen dazu, den Höchstbetrag einer Bankgarantie sukzessive bei Eintritt gewisser tatsächlicher Voraussetzungen zu vermindern. Anwendungsbereich hierfür kann zB ein Liefervertrag sein, bei dem eine größere Menge von Liefergegenständen über einen längeren Zeitraum sukzessive für den Auftraggeber hergestellt und an diesen ausgeliefert wird. Vereinbaren die Parteien eine Verpflichtung des Lieferanten, die Vertragserfüllung durch einen performance bond zB in Höhe von 10% des Gesamtauftragswertes zu besichern, kann eine **anteilige Reduzierung** nach erfolgten Teillieferungen angemessen sein, wenn hiermit die besicherte Verpflichtung zur vertragsgerechten Erfüllung des Vertragsverhältnisses vom Lieferanten teilweise bereits erfüllt wurde. Würde der ursprüngliche Höchstbetrag des performance bond bis zur letzten Lieferung aufrechterhalten, würde sich die Besicherung der noch ausstehenden Vertragserfüllung mit jeder Lieferung anteilig erhöhen. Gleiches gilt für Anzahlungsgarantien, bei denen sich mit jeder Lieferung des Lieferanten die besicherte Vorleistung des Auftraggebers durch die Anzahlung reduziert, da ihr eine tatsächliche Leistung entgegensteht. Auch bei Zahlungsgarantien ist eine Ermäßigungsklausel denkbar und gebräuchlich. 80

Problematisch kann im Einzelfall der Nachweis des Eintritts der Voraussetzungen für die Ermäßigung des Höchstbetrags der Bankgarantie sein. Für Anzahlungs- und Vertragserfüllungsgarantien bieten sich hier regelmäßig Konnossemente oder andere Lieferdokumente an. Im Bereich des Industrieanlagenbaus wird international zB an Zertifikate oder Abnahmeprotokolle angeknüpft. Hierbei ist aus Sicht des Garantieauftraggebers allerdings Vorsicht angebracht. Für die Ermäßigung des Höchstbetrages der Bankgarantie sollte möglichst auf Dokumente zurückgegriffen werden, die eine **Mitwirkung** des Garantiebegünstigten **nicht erfordern.** Darüber hinaus ist es gerade im Bereich des Industrieanlagenbaus oder im Bereich der Lieferung komplexer Investitionsgüter aus Sicht des Garantieauftraggebers empfehlenswert, **Spätestfristen** für die Ermäßigung des Höchstbetrags vorzusehen. Wird für die Ermäßigung inhaltlich auf mehr als die bloße Lieferung abgestellt, ist der Anlagenbauer oder der Lieferant regelmäßig von verschiedenen Vorleistungen des Auftraggebers abhängig, um die Voraussetzungen für die Ermäßigung des Höchstbetrages zu schaffen. Wird er hieran aufgrund von Verzögerungen aus der Sphäre des Auftraggebers gehindert, kann eine Ermäßigung des Höchstbetrags und damit aus Sicht des Garantieauftraggebers auch ein Freiwerden der eigenen Kreditlinie, die durch die gestellte Bankgarantie belastet wird, erforderlich und angezeigt sein. Aus Sicht des Garantieauftraggebers kann sich daher anstelle der Beibringung von Lieferdokumenten oder Abnahmeprotokollen ein Anknüpfen an die Anzeige der Lieferbereitschaft durch den Garantieauftraggeber anbieten. Wie bei allen anderen einseitigen Erklärungen des Garantieauftraggebers, die für eine Ermäßigung des Höchstbetrags ausreichend sein sollen, ist allerdings auch in dieser Gestaltung aus Sicht des Garantiebegünstigten Vorsicht geboten. 81

Bei der Zahlungsgarantie empfiehlt es sich, eine Vereinbarung dahingehend zu treffen, dass die besicherten Zahlungen auf ein Konto bei der Garantiebank zu leisten sind. In diesem Fall ist die Garantiebank ausnahmsweise in der Lage, das Eintreten der Voraussetzungen für eine Ermäßigung des Höchstbetrages aus eigenem Wissen festzustellen. Eine Ermäßigungsklausel kann etwa wie folgt formuliert werden: 82

Klauselvorschlag Ermäßigungsklausel Advance Payment Bond/Performance Bond

The Maximum Amount will be reduced by an amount of [•] (in words: [•]) [*alternativ:* by [•] percent of the Maximum Amount] upon Principal's presentation of the following documents to the Guarantor: [•].

Klauselvorschlag Ermäßigungsklausel Payment Bond

The Maximum Amount will be reduced by an amount of [•] (in words: [•]) upon validation of an amount of [•] (in words: [•]) to Beneficiary's account [•] held with the Guarantor, provided the record of such remittance indicates its relation to this bond by referring to this guarantee's reference number.

b) In-Kraft-Treten

83 Grundsätzlich wird die Bankgarantie mit Zugang beim Garantiebegünstigten wirksam. Soll eine hiervon abweichende vertragliche Regelung getroffen werden, geschieht dies in aller Regel durch die Vereinbarung **aufschiebender Bedingungen.** Der praktisch geläufigste Anwendungsfall einer solchen Klausel ist die Anzahlungsgarantie. Da die Zahlungsverpflichtung des Garantiebegünstigten und die Verpflichtung des Garantieauftraggebers zur Stellung der Anzahlungsgarantie aus dem besicherten Vertragsverhältnis regelmäßig als **Zug-um-Zug zu erfüllende Verpflichtungen** ausgestaltet werden, praktisch in der Regel aber zunächst zusammen mit der Anzahlungsrechnung die Garantieurkunde an den Garantiebegünstigten herausgegeben wird, sollte die Rechtswirksamkeit der Garantie unter die **aufschiebende Bedingung** der Wertstellung der vereinbarten Anzahlung auf dem Konto des Garantieauftraggebers gestellt werden. Ebenso wie bei Ermäßigungsklauseln empfiehlt es sich auch hier, eine Vereinbarung zur Zahlung auf ein Konto des Garantieauftraggebers bei der Gestaltung der Bankgarantie vorzusehen, um der garantierenden Bank hiermit die unproblematische Prüfung des Bedingungseintritts zu ermöglichen. Eine solche Regelung sehen auch verschiedene internationale Garantiemuster vor.

84 Eine entsprechende Klausel, die eine aufschiebende Bedingung enthält, könnte wie folgt aussehen:

Klauselvorschlag In-Kraft-Treten Advance Payment Bond

This bond shall become effective upon (i) its signature by us and (ii) the validation of the advance payment in the following account of the Principal: [•].

c) Extend or pay-Klauseln

85 Gelegentlich verwendet die Vertragspraxis in Bankgarantien sog. extend or pay Klauseln. Ziel dieser Klauseln ist es, eine Zahlung des Garantiebetrages in Konstellationen zu verhindern, in denen der materielle Garantiefall zwar (noch) nicht eingetreten bzw. der Eintritt zweifelhaft ist, die Sicherheit allerdings insbesondere durch **Zeitablauf** zu verfallen droht. Getragen werden extend or pay-Klauseln von dem Grundsatz, dass eine **Verlängerung** der Bankgarantie für den Garantieauftraggeber im Vergleich mit einer Zahlung der garantierenden Bank günstiger ist. Dieser Grundsatz gilt allerdings sicherlich nicht in jedem Fall.[91]

86 Wie bereits angedeutet, stellt Art. 23 URDG 758 eine umfassende extend or pay-Klausel zur Verfügung. Hierin ist unter anderem eine Frist von 30 Tagen für die Abstimmung zwischen garantierender Bank und Garantieauftraggeber über die Aufforderung des Garantiebegünstigten und zur Frage, ob die Bankgarantie verlängert werden oder Zahlung geleistet werden soll, geregelt. Aus Sicht des Garantieauftraggebers ist zu berücksichtigen, dass insbesondere durch wiederholte extend or pay Verlangen des Garantiebegünstigten die **Befristung der Garantie unterlaufen** werden kann. Dieses Argument gilt freilich nur dort, wo die einfache Erklärung des Begünstigten als Voraussetzung für den Eintritt des formellen Garantiefalls ausreicht. Hat der Begünstigte stattdessen weitere Dokumente oder Erklärungen zum Eintritt des formellen Garantiefalls vorzulegen, ist ein solches Unterlaufen der Befristung sicherlich weniger wahrscheinlich. Denn im Zweifel dürfte es dem Begünstigen in diesem Fall schwerer fallen, die Voraussetzungen des **formellen Garantiefalls** zu erfüllen, wenn der materielle Garantiefall (noch) nicht eingetreten ist. Die Erfüllung der Voraussetzungen des formellen Garantiefalls ist aber nicht nur Voraussetzung für

---

[91] Differenzierend auch von Westphalen/Zöchling-Jud Bankgarantie S. 225 mwN.

den Zahlungsanspruch, sondern auch für das extend or pay Verlangen.[92] Die garantierende Bank kann dem Begünstigten eine etwaige Verfristung wirksam entgegenhalten, wenn die formellen Anforderungen an die Inanspruchnahme nicht eingehalten werden.

d) Rechtswahl

Wie generell für internationale Wirtschaftsverträge empfiehlt sich auch bei Bankgarantien die Aufnahme einer Rechtswahlklausel.[93] Regelmäßig ist der garantierenden Bank daran gelegen, dass die Bankgarantie dem Recht an ihrem Geschäftssitz unterliegt. Dies entspricht auch den gesetzlichen Regelungen des europäischen Kollisionsrechts und der meisten Rechtsordnungen, da die garantierende Bank in dem Vertragsverhältnis zum Garantiebegünstigten die **vertragscharakteristische Leistung** erbringt.[94] Eine Rechtswahl zugunsten des Rechts am Sitz der garantierenden Bank ist allerdings nicht zwingend; gerade bei geläufigen Rechtsordnungen – zB im innereuropäischen Rechtsverkehr – akzeptieren im internationalen Rechtsverkehr tätige Banken auch die Vereinbarung ausländischen Rechts bei direkten Garantien. 87

e) Streitbeilegungsklausel

Schiedsgerichtsvereinbarungen sind in Bankgarantien vergleichsweise selten zu finden. Gleichwohl ist darauf hinzuweisen, dass die ICC mit dem DOCDEX Verfahren ein Streitbeilegungsverfahren speziell für Zahlungssicherheiten[95] zur Verfügung stellt, in dessen Rahmen eine nach Wahl der Parteien entweder bindende oder nicht bindende Entscheidung von drei neutralen Dritten getroffen wird. Im Einzelfall kann dieses Verfahren eine Alternative für eine Streitbeilegungsklausel in der Garantie darstellen. Die DOCDEX-Regeln sind 2015 in einer umfassend überarbeiteten Fassung im Kraft getreten, die ihre praktische Bedeutung steigern sollte. Dass diese Bemühungen, den DOCDEX-Regeln mit der Überarbeitung praktisch zu größerer Verwendung zu verhelfen, bereits nennenswerten Erfolg hatten, kann nicht bestätigt werden. Ein DOCDEX Verfahren, das eine je nach Vereinbarung der Parteien entweder bindende oder nicht bindende Entscheidung innerhalb vergleichsweise kurzer Zeit[96] bietet, mag die oft von den Parteien als unbefriedigend empfundene Wehrlosigkeit bei der Inanspruchnahme einer Bankgarantie auf erstes Anfordern möglicherweise mindern. 88

C. Konzerngarantie

Neben der Bankgarantie werden in internationalen Wirtschaftsverträgen auch Konzerngarantien eingesetzt. Konzerngarantien werden in der Regel von Konzernobergesellschaften für Verbindlichkeiten ihrer Tochtergesellschaften abgegeben. Für die Tochtergesellschaften haben Konzerngarantien den Vorteil, dass sie die bei Banken bestehenden **Kredit- bzw. Avallinien** nicht belasten. Muster für eine Konzerngarantie sehen zB die FIDIC Standardbedingungen vor.[97] 89

---

[92] BGH BB 1996, 501.

[93] Zur Gestaltung geeigneter Rechtswahlklauseln generell → § 13.

[94] Zur internationalen Verbreitung dieses allgemeinen kollisionsrechtlichen Grundsatzes auch → § 3 Rn. 45.

[95] Die DOCDEX-Regeln sind nach Artikel 2 sachlich ua auf Dokumentenakkreditive, standby-letters of credit, Bankgarantien und bank payment obligations anwendbar, so dass die hiesigen Ausführungen auch für die übrigen Sicherheiten gelten.

[96] Die ICC geht von einer Entscheidung der Verfahren innerhalb von ca. 2 Monaten aus.

[97] So enthalten die Guidance for the Preparation of Particular Conditions der Conditions of Contract for Plant and Design-Build der Conditions of Contract for Construction sowie der Conditions of Contract for EPC/Turnkey Projects der FIDIC jeweils als Annex A ein entsprechendes Muster einer Konzerngarantie.

90 Konzerngarantien bieten den Parteien die Möglichkeit, abseits vom Angebot der Geschäftsbanken die weitgehenden Gestaltungsmöglichkeiten einer Garantie auszunutzen und die Konzerngarantie exakt auf das begründete Sicherungsbedürfnis des Begünstigten und die Leistungsfähigkeit der garantierenden Konzernobergesellschaft zuzuschneiden, ohne dass hierdurch die Preisgestaltung erheblich beeinflusst wird.[98] Auf diese Weise kann es auch einfacher sein, höhere Summen adäquat zu besichern, wenn hierfür ansonsten die Kreditlinie des Garantieauftraggebers nicht ausreichen würde. Auch bei der Verwendung von Projektgesellschaften auf Seiten der Vertragsparteien kann hierüber eine adäquate Sicherung des Vertragspartners erfolgen.

91 Grundsätzlich sind bei der Gestaltung einer Konzerngarantie gegenüber Bankgarantien keine erheblichen Besonderheiten zu beachten. Aus Sicht des Begünstigten sollte aber berücksichtigt werden, dass eine **streitige Durchsetzung** von Zahlungsansprüchen aus der Konzerngarantie im Zweifel eher erforderlich werden kann, als dies bei Bankgarantien der Fall ist. Jedenfalls besteht regelmäßig die Besorgnis, dass Konzernobergesellschaften in den Fällen, in denen der Eintritt des materiellen Garantiefalls zwischen den Parteien streitig ist, auch bei einer Ausgestaltung der Konzerngarantie auf erstes Anfordern ihren Zahlungsverpflichtungen bei Eintritt des formellen Garantiefalls jedenfalls nicht fristgerecht nachkommen. Aus Sicht des Begünstigten ist daher zu empfehlen, zum einen kurze Prüfungspflichten – wie beispielsweise in Art. 20 URDG 758 vorgesehen – zu vereinbaren und zum anderen durch eine adäquate Streitbeilegungsklausel ein Verfahren zur Durchsetzung des Zahlungsanspruchs von möglichst kurzer Dauer zu vereinbaren, das auch eine zeitnahe Anerkennung und Vollstreckbarkeit einer Entscheidung gewährleistet.[99]

D. Akkreditiv

I. Überblick

92 Akkreditive finden bereits seit langer Zeit im Wirtschaftsverkehr Verwendung. Ihre ursprüngliche Ausgestaltung, das Barakkreditiv, hat für den internationalen Wirtschaftsverkehr allerdings heutzutage keinerlei Bedeutung mehr. Stattdessen haben sich in den vergangenen Jahrzehnten verschiedenartige Formen des Akkreditivs herausgebildet, deren Bedeutung für internationale Wirtschaftsverträge herausragend ist. An erster Stelle ist das Dokumentenakkreditiv (documentary letter of credit) zu nennen, dass nahezu ausschließlich im internationalen Handel Verwendung findet und daher auch auf dessen Bedürfnisse zugeschnitten ist. Das Dokumentenakkreditiv (teilweise auch als Warenakkreditiv bezeichnet) wird dabei vornehmlich in **internationalen Liefergeschäften,** teilweise auch bei kleineren Industrieanlagenbauverträgen eingesetzt.[100] Das Akkreditiv dient nicht im eigentlichen Sinne als Sicherheit für Zahlungsansprüche des Begünstigten aus dem zugrunde liegenden Vertragsverhältnis. Vielmehr stellt es ein **Zahlungsinstrument** dar, das sowohl zur Besicherung, als auch zur **regulären Abwicklung** des originären Zahlungsanspruchs genutzt wird.[101]

93 Daneben kommt insbesondere im Verhältnis zu US-amerikanischen Vertragspartnern dem Standby-Akkreditiv (standby letter of credit) eine erhebliche Bedeutung zu.

---

[98] Insofern ist schließlich zu konstatieren, dass die besicherten Ansprüche ohnehin gegenüber verbundenen Unternehmen bestehen und die Konzerngarantie in vielen Fällen daher den Konzern nicht erheblich zusätzlich belastet.

[99] Vgl. hierzu auch → § 14.

[100] Aufgrund des Zuschnitts auf internationale Lieferverträge wird auf die Ausführungen in → § 18 verwiesen.

[101] Zahn/Ehrlich/Haas Zahlungssicherung Rn. 2/4 weisen insofern zu Recht darauf hin, dass dem Dokumentenakkreditiv „Zahlungs-, Sicherungs- und Kreditfunktion" zukommt.

II. Stand-by Letter of Credit

1. Allgemeines

In den USA werden als Alternative zur Bankgarantie häufig so genannte stand-by letters of credit eingesetzt. Hintergrund hierfür sind weniger rechtliche als vielmehr praktische Erwägungen. Bis Mitte der 90er Jahre untersagten US-amerikanische Bankengesetze amerikanischen Banken die Übernahme von Garantieverpflichtungen gegenüber Dritten, so dass das Geschäftsfeld der Vergabe von Garantien im Wesentlichen Versicherungen vorbehalten war.[102] Um trotz dieses Verbots ein Bankprodukt für die typischen Anwendungsbereiche von Bankgarantien anbieten zu können, wurde von amerikanischen Banken der stand-by letter of credit als Alternative zur Bankgarantie kreiert. Praktisch spielt der stand-by letter of credit daher auch vornehmlich im Wirtschaftsverkehr mit den USA eine Rolle. Dass die US-amerikanischen Bankengesetze zwischenzeitlich gelockert wurden und nunmehr auch Banken die Stellung von Bankgarantien möglich ist, ändert nichts an der weiten Verbreitung des stand-by letters of credit in den USA aufgrund dieser Tradition. Dem stand-by letter of credit kommt darüber hinaus zur Besicherung vertraglicher Verpflichtungen in einzelnen Branchen eine besondere Bedeutung zu, so beispielsweise im internationalen Ölgeschäft. 94

Aufgrund der beschriebenen Historie sind die Anwendungsbereiche von stand-by letters of credit den Anwendungsbereichen von Bankgarantien und Bürgschaften vergleichbar.[103] Es ist allerdings zu konstatieren, dass diese insbesondere in den USA bedeutend häufiger zur Besicherung von Kapitalmarkttransaktionen und zur Besicherung von Krediten verwendet werden, als dies international bei der Bankgarantie der Fall ist und dadurch weitergehende Anwendungsbereiche haben.[104] Bei dem stand-by letter of credit steht folglich die Sicherheitsfunktion grundsätzlich im Vordergrund, während beim Dokumentenakkreditiv regelmäßig die Bedeutung der Zahlungsfunktion überwiegt.[105] 95

Neben den Anwendungsbereichen beider Sicherungsmittel sind auch die rechtlichen Regelungen ähnlich ausgestaltet und damit vergleichbar, während sich die Sicherungsmittel in der Form voneinander abheben.[106] Der stand-by letter of credit kann grundsätzlich als reines Garantieinstrument ausgestaltet werden. Bei dieser geläufigen Form bedarf die Geltendmachung des Zahlungsanspruchs gegenüber der eröffnenden Bank allein der **schriftlichen Inanspruchnahme** unter Erklärung zB einer Pflichtverletzung. Es kann aber gleichwohl auch die aus Sicht des Auftraggebers günstigere Ausgestaltung mit **dokumentärem Charakter** vereinbart werden, die eine Vorlage entsprechender über die bloße Erklärung hinausgehender Dokumente für eine erfolgreiche Inanspruchnahme erfordert.[107] 96

Der Ähnlichkeit mit Bankgarantien trägt auch der Umstand Rechnung, dass die UN-Konvention[108] einheitliche Regelungen für Bankgarantien und den stand-by letter of credit vorsieht. 97

2. Rechtlicher Rahmen

a) US-Amerikanisches Recht

Rechtliche Grundlagen zum stand-by letter of credit enthält ebenso wie zum Dokumentenakkreditiv Art. 5 des Uniform Commercial Code (UCC), einem Mustergesetz, das von 98

[102] Schütze/Vorpeil Dokumentenakkreditiv Rn. 128 mwN.
[103] So ua Schütze/Vorpeil Dokumentenakkreditiv Rn. 122; MüKoHGB/Welter Bankvertragsrecht Rn. J 214.
[104] Häberle Handbuch Kaufrecht S. 796.
[105] Ellenberger/Bunte/Haas Handbuch § 103 Rn. 24.
[106] Ly Int'l L. 1999, 831 (833).
[107] Wheble Ariz. L. Rev. 1982, 301 (317) hält beispielsweise die Einbeziehung von Erklärungen bzw. Dokumenten Dritter für dringend geboten, was bei der Vertragsgestaltung zu berücksichtigen ist.
[108] Zur UN-Konvention → § 19 Rn. 39ff.

den meisten US-Bundesstaaten in das jeweilige einzelstaatliche Recht übernommen worden ist. Auch hier ist allerdings keine vollständige gesetzliche Kodifizierung erfolgt, gleichwohl aber ein Regelwerk in einer für Sicherheiten international ungewöhnlichen Tiefe.[109]

b) United Nations Convention on Independent Guarantees and Stand-by Letters of Credit

99 Wie bereits erwähnt, umfasst der sachliche Anwendungsbereich der UN-Konvention auch den stand-by letter of credit. Da die UN-Konvention zwischen Bankgarantie und stand-by letter of credit nicht differenziert, kann an dieser Stelle auf die vorstehenden Ausführungen verwiesen werden.[110]

c) Einheitliche Richtlinien und Gebräuche für Dokumenten-Akkreditive (ERA 600)

100 Die ERA 600 der ICC finden neben den Dokumentenakkreditiven auch auf stand-by letters of credit Anwendung. Hierzu heißt es in Art. 1 ERA 600, dass diese auf „any documentary credit („credit") (including, to the extent to which they may be applicable, any standby letter of credit)" Anwendung finden, sofern die vertraglichen Vereinbarungen hierauf Bezug nehmen. Der für die stand-by letters of credit gemachte Zusatz, wonach diese nur in den Anwendungsbereich fallen, sofern die entsprechenden Regelungen nicht sachfremd sind,[111] verdeutlicht bereits, dass die Regelungen auf Dokumentenakkreditive zugeschnitten sind und dadurch für stand-by letters of credit schlicht nicht passen. Diesem Umstand sollte in der Vertragsgestaltung dadurch Rechnung getragen werden, dass der Verweis auf die ERA 600 unterbleibt. Grundsätzlich besteht nach der Einführung der im Jahr 1999 eingeführten ICC Rules for International Standby Practices hierfür auch keinerlei Notwendigkeit, da hiermit ein spezielleres Regelwerk existiert – auch wenn sich die ICC nicht zur Ausklammerung der stand-by letters of credit aus dem sachlichen Anwendungsbereich der ERA 600 durchringen konnte.[112]

d) International Standby Practices (ISP 98)

101 Die International Standby Practices (ISP 98) der ICC sind am 1.1.1999 in Kraft getreten. Die Initiative zur Erstellung der ISP 98 ging von US-amerikanischen Geschäftsbanken aus. Hieraus sowie aus der Historie der stand-by letters of credit ist eine starke Prägung der Regelungen durch das US-amerikanische Recht zu erklären.[113]

E. Patronatserklärung

I. Überblick

102 Die Patronatserklärung dient als **Oberbegriff** für ein Vielzahl verschiedener Erklärungen unterschiedlichen Inhalts,[114] die in der Regel von Konzernobergesellschaften gegenüber

[109] Hierzu ua Mugasha Letters of Credit S. 55.
[110] Siehe hierzu → Rn. 39 ff.
[111] Nielsen Dokumentenakkreditive Art. 1 Rn. 5.
[112] Nielsen Dokumentenakkreditive Art. 1 Rn. 4.
[113] Zahn/Ehrlich/Haas Zahlungssicherung Rn. 1/24, die folglich auch von einer verbreiteten Anwendung der ISP 98 lediglich im US-amerikanischen Markt sprechen.
[114] Während früher Patronatserklärungen vorwiegend zur Besicherungen von Darlehensverbindlichkeiten gegenüber Banken und anderen Kreditgebern abgegeben wurden, finden sie mittlerweile auch in anderen Wirtschaftsverträgen, zB in Miet- und Leasingverträgen, im Immobilienbereich sowie in Lieferverträgen oder im Anlagenbau Verwendung; vgl. ua Kohout Patronatserklärungen S. 8. Hiermit geht auch eine weitere Aufgliederung des Erklärungsinhaltes der Patronatserklärung einher; vgl. ausführlich zu verschiedenen Erklärungstypen Koch Patronatserklärung S. 77 ff. (harte Patronatserklärung), S. 343 ff. (weiche Patronatserklärung).

Vertragspartnern ihrer Tochtergesellschaften abgegeben werden, um deren Leistungsfähigkeit zu verdeutlichen oder deren Kreditwürdigkeit zu stärken. Gemeinsamer Kerngehalt aller Patronatserklärungen ist daher die Ankündigung eines Verhaltens des Patrons, das für den Begünstigten die Aussichten auf eine Erfüllung seiner Ansprüche, zB die Rückzahlung eines Kredites, aber auch die Erfüllung anderer vertraglicher Verpflichtungen verbessern soll. Nachdem Patronatserklärungen früher überwiegend zur Kreditsicherung verwendet wurden, finden sie mittlerweile in **allen Bereichen wirtschaftlicher Verbindlichkeiten** Anwendung.[115] Ihre Bedeutung für den nationalen, wie für den internationalen Wirtschaftsverkehr ist in den vergangenen Jahren deutlich gestiegen.[116] Den Hintergrund für die Entwicklung der Patronatserklärung bildeten ursprünglich bilanzielle Erwägungen. Die Patronatserklärung sollte eine Bilanzierung der Sicherheit vermeiden.[117]

Wie bei anderen Sicherheiten ist auch für die Patronatserklärung zu konstatieren, dass 103 eine **gesetzliche Kodifizierung nicht besteht.**

Patronatserklärungen werden üblicherweise gegenüber externen Dritten abgegeben und 104 erlangen hierdurch – jedenfalls in aller Regel – **Außenwirkung** über den Konzernverbund hinaus. Dass sie gegenüber externen Dritten abgegeben werden, unterscheidet sie von konzerninternen Liquiditäts- und Verlustdeckungszusagen.

Für Patronatserklärungen hat sich eine Untergliederung in sog. **harte Patronatserklärungen** und sog. **weiche Patronatserklärungen** durchgesetzt. Während harte Patronatserklärungen ein echtes Sicherungsmittel darstellen und damit eine **Haftung des Patrons gegenüber dem Begünstigten begründen,** führen weiche Patronatserklärungen nicht zu einer vertraglichen Haftung des Patrons für Verbindlichkeiten des Schuldners gegenüber dem Gläubiger.[118] Die vertragliche Auslegung der Erklärungen bildet demzufolge auch den Kern streitiger Auseinandersetzungen in Bezug auf die Patronatserklärung. Es überrascht nicht, dass über eine Haftung des Patrons aus der Patronatserklärung zur Schadensbegrenzung vielfach erbittert gestritten wird, falls der Hauptschuldner seine Verbindlichkeiten nicht erfüllt. Versäumnisse bei der Vertragsgestaltung lassen sich auf diesem Weg allerdings in aller Regel nicht mehr ausräumen. Die Parteien sollten sich daher zwingend bereits vor Vertragsschluss nicht nur auf die Stellung einer Patronatserklärung, sondern auch über deren genauen Wortlaut verständigen. Eine jedenfalls größere Anzahl ober- und höchstrichterlicher Entscheidungen dürfte für die meisten Rechtsordnungen auch eine jedenfalls relativ rechtssichere Gestaltung als harte oder weiche Patronatserklärung zulassen. 105

Maßgebliches Unterscheidungskriterium für Patronatserklärungen ist, ob hierdurch eine 106 **rechtlich durchsetzbare Einstandspflicht des Patrons** begründet wird. Kann die Einstandspflicht des Patrons rechtlich durchgesetzt werden und haftet er gegenüber dem Dritten im Umfang der von ihm abgegebenen Erklärung, ist von einer harten Patronatserklärung auszugehen.

Zweifelsohne als weiche Patronatserklärung anzusehen sind hingegen **reine Wissenserklärungen** des Patrons in Bezug auf bestimmte Rechtsgeschäfte oder Zustimmungserklärungen zu deren Abschluss und Durchführung. Auch wenn die Abgrenzung von harten und weichen Patronatserklärungen in der Theorie eindeutig erscheint, kann sie dennoch in der Praxis erhebliche Probleme bereiten. Tatsächlich bewegt sich der Regelungsgehalt 107

---

[115] Zu den verschiedenen Einsatzgebieten der Patronatserklärung etwa Ziemons GWR 2009, 411 ff. (Gesellschaftsrecht); Rosenberg/Kruse BB 2003, 641 ff. (M&A); Bomhard/Haase BB 2010, 2651 ff. (Gewerberaummietverträge).

[116] Koch Patronatserklärung S. 64 mwN.

[117] Jedenfalls nach deutschem Recht wird die harte Patronatserklärung diesem Zweck allerdings nicht mehr gerecht, da nach ständiger Rechtsprechung des BFH harte Patronatserklärungen *„vermerkungs- und berichtspflichtig, Verpflichtungen hieraus (…) jedoch erst zu passivieren(sind), wenn die Gefahr einer Inanspruchnahme ernsthaft droht"*; BFH BB 2007, 598. Damit steht die harte Patronatserklärung den übrigen hier besprochenen Sicherheiten gleich.

[118] Im Einzelfall kann aber eine Vertrauenshaftung gegenüber dem Begünstigten durch eine weiche Patronatserklärung in Betracht kommen; vgl. hierzu mwN (eine Vertrauenshaftung allerdings verneinend) MüKo-BGB/Habersack Vorbem. § 765 Rn. 57.

der abgegebenen Erklärungen teilweise – bewusst oder unbewusst – in einer **Grauzone,**[119] die zwischen den klar zuzuordnenden und damit auch eindeutig zu bewertenden Positionen liegen. Gerade in Bezug auf internationale Wirtschaftsverträge dürfte sogar eine erhebliche Anzahl der abgegebenen Erklärungen im Grenzbereich zwischen harter und weicher Patronatserklärung anzusiedeln sein, da bei Rechtsgeschäften auf Augenhöhe hierbei beide Parteien für sich eine Kompromisslösung erzielen können. Dies ist auch der Hintergrund dafür, dass um den Wortlaut der in aller Regel überschaubaren Regelungen zwischen Patron und Erklärungsempfänger verbissen gerungen wird.

108 Betrachtet man die jeweiligen Positionen der Parteien, wird das Spannungsverhältnis in Bezug auf den Erklärungsinhalt der Patronatserklärung schnell offenkundig. Das wirtschaftliche Interesse des Patrons besteht in der Regel darin, mit der Patronatserklärung Geschäftsabschlüsse zB seiner Tochtergesellschaften zu unterstützen, ohne hierfür die Kosten einer Besicherung durch Bankgarantien oder Akkreditive und die hiermit verbundenen Belastungen der Kreditlinie sowie Kosten und Gebühren im Konzernverbund auf sich nehmen zu müssen. Hierbei soll allerdings vermieden werden, mit der Abgabe der Patronatserklärung eine Haftung für Verbindlichkeiten aus dem besicherten Grundgeschäft wie zB bei Abgabe einer Konzerngarantie oder Konzernbürgschaft zu übernehmen. Bei dieser Interessenlage des Patrons kommt grundsätzlich aber nur die Abgabe einer weichen Patronatserklärung in Betracht. Sofern im Einzelfall die Übernahme einer beschränkten Haftung denkbar, sollte die Haftung aus der Patronatserklärung jedenfalls auf bestimmte Beträge oder Teile des Rechtsgeschäfts beschränkt werden.

109 Demgegenüber hat der Begünstigte in der Regel ein erhebliches Interesse daran, mit der Patronatserklärung eine **insolvenzfeste** Besicherung von Forderungen aus dem besicherten Vertragsverhältnis gegenüber dem Patron zu erhalten. Dafür ist für ihn eine harte Patronatserklärung jedenfalls grundsätzlich unverzichtbar. Nur im Einzelfall – zB im Falle einer vertrauensvollen Geschäftsbeziehung, die eine „echte" Sicherheit nicht erfordert – dürfte jedenfalls dem Begünstigten die Stellung einer weichen Patronatserklärung genügen.[120] Weiche Patronatserklärungen resultieren daher im Wesentlichen aus einer Position der Schwäche des Begünstigten, dem die Durchsetzung der Besicherung der jeweiligen Risiken durch andere Sicherungsmittel in den Vertragsverhandlungen nicht gelungen ist;[121] alternativ finden sie lediglich als zusätzliche Sicherheiten oder als Sicherheiten für Risiken von untergeordneter Bedeutung Verwendung.

110 Die vorstehenden Ausführungen verdeutlichen, dass der Begünstigte ein erhebliches Interesse an einer hinreichend bestimmten, harten Patronatserklärung hat. Kann der Patron im Verhandlungsweg keine eindeutig als weiche Patronatserklärung einzustufende Formulierung durchsetzen, ist aus seiner Sicht aber eine ambivalente, auslegungsfähige Erklärung immer noch besser als eine eindeutige, harte Patronatserklärung. Tritt dann der Sicherungsfall ein, ist damit eine streitige Auseinandersetzung um den Erklärungs- und Regelungsgehalt der Patronatserklärung vielfach vorprogrammiert. Die vorstehenden Ausführungen verdeutlichen bereits die Schwierigkeiten bei der Behandlung von Patronatserklärungen in der Vertragspraxis: Wo eigentlich eine **hinreichend präzise Formulierung** der Patronatserklärung geboten wäre, um bei dieser gesetzlich nicht kodifizierten Sicherheit Rechtssicherheit zu erlangen, wird oftmals das Gegenteil gemacht, um beiden Parteien im Streitfall die Berufung auf eine Auslegung gemäß ihren Interessen zu ermöglichen.

---

[119] Bewusst in Kauf genommen wurden entsprechende Ambivalenzen etwa wohl auch in dem Fall des von Etihad als ehemaligem Ankergesellschafter gegenüber der Air Berlin plc abgegebenen letter of comfort, s. zum Wortlaut dieser Erklärung *Etihad Airways PJSC v Flother* [2020] EWCA Civ 1707 Rn. 12.

[120] Exemplarisch kann diese allgemeine Erwartungshaltung des Begünstigten zB an den Empfehlungen der FIDIC Vertragsmuster verdeutlicht werden. Diese sehen als Annex A ein Muster für eine Konzerngarantie als harte Form der Sicherheit im Industrieanlagenbau und gerade kein Muster einer weichen Patronatserklärung vor.

[121] So bspw. OLG Karlsruhe ZIP 1992, 1394 (1396).

II. Die harte Patronatserklärung

1. Rechtlicher Rahmen

Anders als für die zuvor behandelten Sicherheiten existieren für harte Patronatserklärungen **keine internationalen Regelwerke.** Im Gegensatz zur Bankgarantie und Akkreditiven haben bisher offenbar weder UNCITRAL noch die ICC für die harte Patronatserklärung einen entsprechenden Bedarf gesehen. In Ermangelung auch einer gesetzlichen Kodifizierung auf nationaler Ebene ist in den jeweiligen Jurisdiktionen daher eine Prägung der Patronatserklärung durch die Rechtsprechung festzustellen. 111

Kerngehalt der harten Patronatserklärung ist grundsätzlich eine **Kapitalausstattungspflicht des Patrons** gegenüber dem Schuldner in einem Umfang, der den Schuldner zu einer Erfüllung seiner Verbindlichkeiten gegenüber dem Begünstigten in die Lage versetzt. Diese Verpflichtung ist nach deutschem Recht **akzessorisch** und hat **bürgschaftsähnlichen Charakter.** In Ermangelung einer anderweitigen vertraglichen Vereinbarung erwirbt der Begünstigte auch durch die harte Patronatserklärung keinen Direktanspruch auf Zahlung an sich selbst.[122] Ein solcher Direktanspruch besteht allerdings jedenfalls in der Insolvenz des Schuldners, wodurch der Begünstigte einen Anspruch auf Zahlung an sich,[123] der neben den originären Erfüllungsanspruch des Begünstigten gegen den Schuldner tritt,[124] erwirbt. Jedenfalls denkbar sind Ansprüche gegen den Patron auch bereits vor Eintritt des Insolvenzfalls bei Verzug des patronierten Unternehmens mit der Erfüllung der besicherten Verbindlichkeit, praktisch allerdings zumeist schwer durchzusetzen und mit erheblichen Unwägbarkeiten für den Begünstigten, der die Gründe für den Verzug nicht im Detail kennt, verbunden.[125] Von Bedeutung kann im Einzelfall auch sein, dass die Haftung des Patrons aus der Patronatserklärung im Insolvenzfall auch dann besteht, wenn der Schuldner einen Anspruch des Begünstigten erfüllt hat, die geleistete Zahlung aber durch den Insolvenzverwalter später aufgrund insolvenzrechtlicher Vorschriften angefochten wurde.[126] 112

Wesentlicher Bestandteil der nationalen Rechtsprechung wie auch der Rechtsprechung in nahezu allen anderen Jurisdiktionen ist die Auslegung der Erklärung dahingehend, ob sie eine **rechtlich durchsetzbare Haftung** des Patrons begründet. Ebenso wie im deutschen Recht sind auch im englischen Recht diverse Entscheidungen zu Patronatserklärungen ergangen, die sich mit der Frage der Haftung des Patrons gegenüber dem Begünstigten aus einer Patronatserklärung und damit mit der Abgrenzung zwischen harter und weicher Patronatserklärung im Einzelfall befassen. Hierbei ist allerdings grundsätzlich eine gewisse Zurückhaltung in Bezug auf die Annahme, der Patron habe mit der Patronatserklärung eine rechtlich durchsetzbare Haftung in Form einer guarantee im Rechtssinne be- 113

[122] BGH NJW 1992, 2093 (2094); MüKoBGB/Habersack Vorbem. § 765 Rn. 50.

[123] Nach deutschem Recht ist dessen Rechtsnatur streitig, wobei die höchstrichterliche Rechtsprechung und wesentliche Teile des Schrifttums von einem Anspruch auf Schadensersatz wegen Nichterfüllung bzw. nach Inkrafttreten des SMG von einem Anspruch auf Schadensersatz statt der Leistung ausgehen, während Teile des Schrifttums einen vertraglichen Anspruch in ergänzender Auslegung der Patronatserklärung annehmen (vgl. hierzu BGH NJW 1992, 2093 (2094): Die Ausführungen des Berufungsgerichts *„stehen hinsichtlich der Haftung des „Patrons" auf Schadensersatz wegen Nichterfüllung auch mit der ganz herrschenden Rechtsansicht in Deutschland in Einklang";* MüKoBGB/Habersack Vorbem. § 765 Rn. 55 mwN); das Bestehen des Anspruchs als solches entspricht hingegen allgemeiner Auffassung.

[124] So ausdrücklich BGH NJW 1992, 2093 (2095); MüKoBGB/Habersack Vorbem. § 765 Rn. 52.

[125] Die grundsätzlich mögliche Geltendmachung von Schadensersatzansprüchen gegen den Patron vor Eintritt des Insolvenzfalls wird allerdings in der Regel mit erheblichen Unsicherheiten in Bezug auf das Vertretenmüssen des Patrons verbunden sein, sofern dieser jedenfalls in gewissem Umfang seine Kapitalausstattungspflichten erfüllt – eine Haftung des Patrons für bloße Zahlungsunwilligkeit des patronierten Unternehmens besteht nicht; vgl. hierzu ua Maier-Reimer/Etzbach NJW 2011, 1110 (1114); Köhler WM 1978, 1338 (1346).

[126] BGH NJW-RR 2017, 298 (299): Der Patron verletzt seine aus der externen harten Patronatserklärung folgende Pflicht zur Kapitalausstattung des Schuldners auch dann, wenn sich die *„durch eine interne Mittelzufuhr [...] veranlassten Zahlungen als anfechtbar erweisen."*

gründen wollen, festzustellen.[127] Dabei kann sich die Zuordnung in Auswertung des *case law* als durchaus schwierig gestalten.[128] Ein wesentliches Abgrenzungskriterium liegt aber darin, ob die Erklärung lediglich eine (lediglich derzeitige) **Geschäftspolitik** beschreibt, oder tatsächlich verbindliche Wirkung auch für die Zukunft entfalten soll. Ist ihr lediglich eine Beschreibung der derzeitigen Geschäftspolitik zu entnehmen, kann sie in der Regel jedenfalls keine Haftung des Patrons bewirken.

2. Gestaltung der harten Patronatserklärung

114 Die Gestaltung harter wie weicher Patronatserklärungen ist in der Praxis in Abgrenzung zu anderen Sicherungsmitteln vergleichsweise einfach gehalten. In aller Regel beginnt die Patronatserklärung mit einer **Präambel.** In der Präambel wird zunächst das Verhältnis zwischen Patron und Schuldner beschrieben, zB die Gesellschafterstellung des Patrons. Die Präambel der Patronatserklärung enthält weiter in der Regel eine Beschreibung des **Vertragsverhältnisses** zwischen Schuldner und Begünstigen, zu dessen Besicherung die Patronatserklärung abgegeben wird.

115 Kern der harten Patronatserklärung ist sodann die eigentliche Patronatserklärung des Patrons, die deren jeweilige Rechtsfolgen bestimmt. Bei der bewussten Gestaltung einer harten Patronatserklärung sollte aus Sicht des Patrons immer geprüft werden, ob eine Haftung aus der Erklärung **beschränkt werden** sollte. Auch wenn bei Patronatserklärungen in der Praxis vergleichsweise selten Beschränkungen der Haftung vereinbart werden, stehen entsprechenden Regelungen **keine rechtlichen Bedenken** entgegen. Hierfür kommt zum einen die gegenständliche Begrenzung der Haftung in Form einer Höchstbetragsklausel in Betracht. Die Gestaltung der Höchstbetragsklausel kann der Bankgarantie vergleichbar erfolgen. Des Weiteren ist eine zeitliche Beschränkung der Haftung des Patrons möglich. Auch insoweit kann auf gebräuchliche Formulierungen aus Bankgarantien zurückgegriffen werden.

116 Des Weiteren kann aus Sicht des Patrons erwogen werden, einer etwaigen Verpflichtung aus der harten Patronatserklärung dadurch nachzukommen, dass **unmittelbar Zahlung** an den Begünstigten geleistet wird, anstatt die entsprechende Kapitalausstattungspflicht gegenüber dem Schuldner zu erfüllen. Die direkte Zahlung an den Begünstigten bietet insbesondere in dem Fall erhebliche Vorteile für den Patron, wenn aufgrund erheblicher **anderweitiger Verbindlichkeiten** des Schuldners der Zugriff anderer Gläubiger auf die Kapitalausstattung im Fall einer Zahlung an den Schuldner droht.

117 Abgerundet wird die harte Patronatserklärung durch eine **Rechtswahlklausel** und ggf. durch eine Gerichtsstandsvereinbarung.

Formulierungsbeispiel harte Patronatserklärung:[129]

We, [•] represent and undertake to procure that [•] will receive adequate financial funding until the [payment/fulfilment] that [•] will be capable to fulfil its obligations resulting from the *[e. g. loan agreement]* at any time.

---

[127] Vgl. etwa *Associated British Ports v Ferryways NV* [2009] EWCA Civ 189 Rn. 24: *„I regard a comfort letter, properly so called, as one that does not give rise to legal liability."* Ebenso einfach wie nachvollziehbar erscheint hierbei auch das Argument gegen eine Haftung des Patrons, dass der Begünstigte gerade keine formale guarantee des Patrons verlangt habe und insofern auch nicht schutzwürdig sei, so ua Wood Guarantees Rn. 23–008.

[128] Diverse Entscheidungen englischer Gerichte werden ua unter Angabe des Wortlauts der jeweiligen Erklärungen genannt bei Wood Guarantees Rn. 23–008; bedeutsame Entscheidung in diesem Zusammenhang ist ua *Kleinwort Benson Ltd v Malaysian Mining Corpn Bhd* [1989] 1 WLR 379 (CA), wonach die Erklärung des Patrons *„It is our policy to ensure that the business of [our subsidiary] is at all times in a position to meet its liabilities to you."* nicht als haftungsbegründend angesehen wurde.

[129] In Anlehnung an Beck'sches Formularbuch Zivil-, Wirtschafts- und Unternehmensrecht/Schaefer B. II.11.

Alternative ausführlichere Regelung:

In order to secure the fulfilment of the obligations of [•] arising out of the Contract, we herewith undertake to ensure that [•] will be adequately financially supported in order to duly accomplish its contractual obligations arising out of the Contract.

Formulierungsbeispiel für eine Haftungsbeschränkung (gegenständlich und zeitlich) zugunsten des Patrons:

Our overall obligation and liability arising out of or related to this letter of comfort shall in the aggregate be limited to a maximum amount of EUR [•] (in words: [•]). This letter of comfort and any and all claims arising hereunder shall at the latest expire on [•], if you have not claimed on the basis of this letter of comfort in writing on or before this date.

III. Die weiche Patronatserklärung (soft letter of comfort)

Ausführungen zum rechtlichen Rahmen der weichen Patronatserklärung sind dem Grunde nach bereits entbehrlich, da die weiche Patronatserklärung **keinen rechtsgeschäftlichen Charakter** aufweist.[130] Aus diesem Grund dürfte auch eine theoretisch denkbare **Vertrauenshaftung** des Patrons aufgrund der weichen Patronatserklärung regelmäßig ausscheiden. Etwas anderes gilt nur dann, wenn die Erklärungen im Zeitpunkt der Abgabe bereits **sachlich falsch** sind.[131] 118

Wesentliches Kriterium bei der Gestaltung der weichen Patronatserklärung ist daher, einerseits in der Erklärung selbst hinreichend deutlich zum Ausdruck zu bringen, dass ihr kein rechtsgeschäftlicher Charakter beigemessen werden kann, und gleichzeitig sicher zu stellen, dass auch das auf die Erklärung anwendbare Recht ihr diesen Charakter nicht beimisst. Es stellt sich somit bereits bei der Gestaltung der weichen Patronatserklärung die Frage, ob ihr ein nicht rechtsverbindliches Gesamtgepräge etwa auch dadurch gegeben werden soll, dass Rechtswahl- bzw. Streitbeilegungsklauseln, deren Verwendung auf einen rechtsgeschäftlichen Charakter schließen lassen könnten, bewusst unterbleiben. In Ermangelung einer hinreichenden Prüfung der entsprechenden Regelungen des IPR der betroffenen Staaten wird man allerdings vielfach um eine Rechtswahlklausel nicht umhinkommen, um sicherzustellen, dass die gewählte Erklärung den gewünschten Zweck nicht verfehlt. Sofern die Erklärung selbst daher hinreichend deutlich die Ermangelung eines rechtsgeschäftlichen Charakters zum Ausdruck bringt, dürfte hiervon kein Risiko ausgehen. Gleiches gilt auch für Streitbeilegungsklauseln.[132] 119

Klassischer Erklärungsgehalt der weichen Patronatserklärung sind Hinweise auf die derzeitige und zukünftige **Geschäftspolitik** des Patrons, was national[133] wie international[134] als der Annahme einer rechtsverbindlichen Erklärung entgegenstehend angesehen wird. Alternativ werden die Einflussnahme auf die Tochtergesellschaft zur Erfüllung von Ver- 120

---

[130] Hierzu mit weiteren Nachweisen MüKoBGB/Habersack Vorbem. § 765 Rn. 57.

[131] OLG Düsseldorf GmbHR 2003, 178 mit Anmerkungen von *Maxem,* wobei ungeachtet dieser Entscheidung eine Vertrauenshaftung die Ausnahme darstellen dürfte. Das OLG hat hier sachlich falsche und ins Blaue hinein gemachte Angaben zur Solvenz ohne tragfähige Erkenntnisse aufgrund einer erst kurz vorher eingegangenen Beteiligung an der Schuldnerin als ausreichend für eine Vertrauenshaftung angesehen.

[132] Vgl. hierzu auch OLG Frankfurt ZIP 2007, 2316: *„Ob der Wahl des anzuwendenden Rechts – deutsches Recht – hier eine Indizwirkung für eine weiche Patronatserklärung zukommt, wie das LG annimmt, kann dahin gestellt bleiben. Diese Rechtswahl lässt jedenfalls nach den Darlegungen unter 1. keinen Rückschluss auf den Willen zur Abgabe einer rechtsverbindlichen Erklärung durch die Bekl. zu."*

[133] Vgl. OLG Frankfurt ZIP 2007, 2316, das eine als letter of comfort bezeichnete Erklärung mit folgendem Wortlaut zu beurteilen hatte und als weiche Patronatserklärung bewertete: *„Die A … als Mitglied des B-Konzerns und mittelbar verbundenes Unternehmen der C GmbH bestätigt, dass es der Geschäftspolitik der A entspricht, die Kreditwürdigkeit der C GmbH zu aufrechtzuerhalten".*

[134] *Kleinwort Benson Ltd v Malaysian Mining Corpn Bhd* [1989] 1 WLR 379: *„It is our policy to ensure that the business of [our subsidiary] is at all times in a position to meet its liabilities to you."*

bindlichkeiten oder die Billigung und Unterstützung des Vertragsschlusses verwendet. Weiche Patronatserklärungen sind jedenfalls in einer Bilanz nach HGB nicht auszuweisen.[135]

Formulierungsbeispiel weiche Patronatserklärung:

We, [•] herewith confirm our policy to ensure that [•] is in a position to meet its obligations to you resulting from the contract.

[135] MüKoBGB/Habersack Vorbem. § 765 Rn. 54.

§ 21 Industrieanlagenverträge

Übersicht

Schrifttum:

Bell, Will the Silver Book become the World Bank's new Gold Standard? The Interrelationship between the World Bank's Infrastructure Procurement Policies and FIDIC's Construction Contracts, ICLR 2004, 164 ff.; *Bock/Zons* (Hrsg.), Rechtshandbuch Anlagenbau, 2. Aufl. 2021; *Bonke/Stumpf,* Das FIDIC Yellow Book 2017: Neuer Vertragsstandard für den Anlagenbau im Lichte des deutschen AGB-Rechts, NZBau 2018, 449 ff.; *Breyer,* Defects Liability after the Contract has been Terminated by the Contractor, ICLR 2011, 352 ff.; *Chao-Duivis,* Joint and Several Liability in Construction Contract Law, ICLR 2008, 406 ff.; *Delmon/Scriven,* A Contractor's View of BOT Projects and the FIDIC Silver Book, ICLR 2001, 240 ff.; *di Paola,* Back-to-Back Contracts, ICLR 2009, 489 ff.; *Dünnweber,* Vertrag zur Erstellung einer schlüsselfertigen Industrieanlage im internationalen Wirtschaftsverkehr, 1984; *Duncan/Hudson,* Fitness for Purpose Obligations under International Standard Form Contracts, ICLR 2018, 153 ff.; *Fischer,* Die Abnahme beim Anlagengeschäft, DB 1984, 2125 ff.; *Gillion,* Enforcement of DAB Decisions under the 1999 FIDIC Conditions of Contract: A Recent Development: CRW Joint Operation v PT Perusahaan Gas Negara (Persero) TBK, ICLR 2011, 388 ff.; *Ders.,* The Court of Appeal Decision in Persero II: Are we now clear about the Steps to enforce a non-final DAB Decision under FIDIC?, ICLR 2016, 4 ff.; *Gillion/Cottrell,* New FIDIC Yellow Book – A Case of when more (Words) mean less (Clarity)?, ICLR 2017, 349 ff.; *Gillion/Morson/Jackson/de Jager,* The New FIDIC Suite 2017: Significant Developments and Key Changes, ICLR 2018, 384 ff.; *Goedel,* Vertragsgestaltung bei BOT-Projekten, BB 1991, Beilage 20, 19 ff.; *Godwin,* The 2017 FIDIC Contracts, 2020; *Hautkappe,* Unternehmereinsatzformen im Industrieanlagenbau, 1986; *Henchie,* FIDIC Conditions of Contract for EPC Turnkey Projects – The Silver Book Problems in Store?, ICLR 2001, 41 ff.; *Ders.,* The Orgalime Turnkey Contract for Industrial Works – An Alternative to FIDIC's Silver Book?, ICLR 2004, 67 ff.; *Hirst,* Termination for Convenience Clauses – A Shield or a Sword in Times of Economic Downturn?, ICLR 2010, 419 ff.; *Hök,* Handbuch des internationalen und ausländischen Baurechts, 2. Aufl. 2012; *Ders.,* Zum Baugrundrisiko in Deutschland mit einem Blick ins Ausland und auf Internationale Vertragsmuster, ZfBR 2007, 3 ff.; *Ders.,* Dispute Adjudication in Civil Law Countries – Phantom or Effective Dispute Resolution Method?, ICLR 2011, 412 ff.; *Ders.,* Payments and Disputes under FIDIC, in particular under the FIDIC Silver Book – The Sedgman Case, ICLR 2014, 310 ff.; *Ders.,* Der Persero Fall: Zur Vollziehung lediglich bindender DAB Sprüche nach FIDIC (1999), ZfBR 2016, 211 ff.; *Ders.,* Die FIDIC Agreements 2017, ZfBR 2017, 632 ff.; *Ders.,* Preisfortschreibung und -anpassung nach FIDIC 2017: Forderungen (Claims), Leistungsänderungen (Variations) und Streitigkeiten (Disputes), ZfBR 2019, 211 ff.; *Ders.,* Internationale Vertragsstandards im Vergleich – Gegenüberstellung von FIDIC, ENAA und NEC4, ZfBR 2021, 3 ff.; *Ders.,* FIDIC Golden Principles, ZfBR 2021, 219 ff.; *Jacob/Brauns,* Der Industrieanlagen-Konsortialvertrag, 1. Aufl. 2006; *Jaeger/Hök,* FIDIC – A Guide for Practitioners, 2010; *Jones,* Can Prevention be Cured by Time Bars?, ICLR 2009, 57 ff.; *Jørgensen,* International Construction Project Joint Ventures under Swiss Law, ICLR 2006, 394 ff.; *Joussen,* Der Industrieanlagen-Vertrag, 2. Aufl. 1996; *Kennedy,* EIC Contractor's Guide to the FIDIC Conditions of Contract for EPC Turnkey Projects (The Silver Book), ICLR 2000, 504 ff.; *Lotz,* Der Konsortialvertrag des Anlagenbaus im In- und Ausland, ZfBR 1996, 233 ff.; *Ders.,* Haftungsbeschränkungen in Anlagenverträgen, ZfBR 2003, 424 ff.; *Mahnken,* Konsortien im Anlagenbau und das ICC Consortium Agreement 2016, NZBau 2017, 187 ff.; *Ders.,* Nachunternehmerverträge; *Ders.,* Acceptance, Take-Over und Taking-Over in Vertragsmustern des internationalen Baus und Anlagenbaus und die Abnahme nach § 640 BGB, ZfBR 2020,

508 ff.; *Ders.*, Nachunternehmerverträge bei internationalen Bau- und Anlagenbauprojekten, das Gestaltungsprinzip back to back und die FIDIC Conditions of Subcontract for Plant and Design Build 2019, ZfBR 2021, 595 ff.; *Marshall*, Delay, Progress and Programming, ICLR 2010, 137 ff.; *Mosey*, Good Faith in English Construction Law – what does it mean, and does it matter?, ICLR 2015, 392 ff.; *Moss*, Swiss Law vs. English Law on Contract Interpretation: Is Swiss Law better suited to the Realities of International Construction Contracts?, ICLR 2015, 470 ff.; *Nicklisch*, Rechtsprobleme des Konsortialvertrages, BB 1999, 325 ff.; *Ders.*, Rechtsfragen des Subunternehmervertrages bei Bau- und Anlagenobjekten im In- und Auslandsgeschäft, NJW 1985, 2361 ff.; *Nisja*, The Engineer in International Construction: Agent? Mediator? Adjudicator?, ICLR 2004, 230 ff.; *Ostendorf*, Die Ermittlung der gesetzlichen und die abweichende vertragliche Gestaltung von zeitlichen Haftungsgrenzen in internationalen Wirtschaftsverträgen, ZVglRWiss 2011, 109 ff.; *Poole*, Textbook on Contract Law, 2021; *Rayermann*, Der internationale Konsortialvertrag, 2002; *Roquette*, Am Ende des Regenbogens – Die neuen FIDIC Dispute Adjudication/Avoidance Boards, SchiedsVZ 2018, 233 ff.; *Roquette/Schweiger*, Vertragsbuch Privates Baurecht, 3. Aufl. 2020; *Rupa*, Standardisierte Projektverträge FIDIC und NEC im Vergleich, ZfBR 2020, 219 ff.; *Schramke/Yazdani*, International Projects under German Law – Traps for Developers and Investors, ICLR 2002, 438 ff.; *Schuhmann*, Neuere Entwicklungen im Vertragsrecht des Anlagenbaus, BauR 2005, 293 ff.; *Seppala*, International Construction Contract Disputes: Commentary on ICC Awards dealing with the FIDIC International Conditions of Contract, ICC International Court of Arbitration Bulletin Volume 9/No. 2; *Steensma*, Implied Terms as to Prevention and Employer Delay in Construction Contracts, ICLR 2011, 66 ff.; *Stephenson*, Early Completion and its Effect on the Contractor's Right to an Extension of Time, ICLR 2011, 327 ff.; *Sweet*, Standard Construction Contracts in the USA, ICLR 2011, 101 ff.

A. Überblick

Das Recht der Industrieanlagenverträge wird zumindest im deutschsprachigen Raum eher stiefmütterlich behandelt, vor allem im Vergleich zu der ausufernden Literatur zum konventionellen privaten Baurecht. Diese Feststellung steht in kaum nachvollziehbarem Widerspruch zu der immensen **Bedeutung des Anlagengeschäfts** gerade aus Sicht der nationalen deutschen Industrie. Einer der Gründe für dieses Missverhältnis dürfte in der ebenfalls verschwindend geringen Zahl veröffentlichter Entscheidungen deutscher Gerichte zum Recht der Industrieanlagen liegen, die wiederum auf der weit überwiegenden kautelarjuristischen Praxis beruht, Streitigkeiten zwischen den Parteien von Industrieanlagenverträgen der Entscheidung durch zumeist institutionalisierte Schiedsgerichte[1] zu unterwerfen. Die Gründe für diese Praxis sind vielfältig und werden an anderer Stelle noch vertiefend erörtert.[2] Maßgebliche Gesichtspunkte für die Inanspruchnahme internationaler Schiedsgerichte sind vor allem größere Sachkompetenz und Erfahrung bei grenzüberschreitenden Sachverhalten sowie Neutralitäts- und Geschwindigkeitsaspekte, während die zumeist deutlich höheren Kosten der Durchführung eines Schiedsverfahrens angesichts der oftmals sehr hohen Streitwerte eher nachrangig berücksichtigt werden. Der signifikante Mangel an aussagekräftigen Referenzentscheidungen und erläuternder Fachliteratur erschwert dem Berater schon im Bereich des rein nationalen Rechts der Industrieanlagenverträge die praktische Handhabung ungemein. 1

Es liegt auf der Hand, dass diese praktischen **Schwierigkeiten des Rechtsanwenders** sich noch deutlich ausweiten, wenn man über den nationalen Tellerrand hinausblicken muss, weil die Vertragspartner sich auf eine ausländische Rechtsordnung als Vertragsstatut verständigt haben. Die Anwendbarkeit ausländischen Rechts ist in der Praxis des internationalen Industrieanlagengeschäfts aus Sicht der deutschen Industrie dabei durchaus die Regel. Insbesondere für größere Industrieanlagen werden Aufträge kaum noch freihändig vergeben, sondern welt- oder europaweit ausgeschrieben und als anwendbares Recht zumeist das Recht des betreffenden Staates vorgegeben, in dem die Anlage errichtet werden soll. Wer hier darauf hofft, erfolgreich die Geltung des vertrauten deutschen Rechts 2

[1] Zu nennen sind hier für den internationalen Bereich insbesondere Schiedsverfahren nach den Schiedsordnungen der International Chamber of Commerce (ICC) sowie für den nationalen Bereich zunehmend der Deutschen Institution für Schiedsgerichtsbarkeit (DIS).

[2] Vgl. hierzu → § 14 Rn. 89 ff.

durchsetzen zu können, wird zumeist enttäuscht, weil – von Ausnahmefällen monopolistisch geprägter Bieterstrukturen abgesehen – eine Überzeugung des ausländischen Kunden von den Vorteilen der Wahl deutschen Rechts als Vertragsstatut kaum gelingen wird. Als maximaler Verhandlungserfolg lässt sich oftmals die Vereinbarung einer **neutralen Rechtsordnung** als Vertragsstatut erreichen, die international als fair und ausgewogen gilt und beiden Vertragsparteien in sachgerechtem Umfang zugänglich ist. Als solche bietet sich traditionell die Wahl des Schweizer Rechts, des englischen und mit erheblichen Einschränkungen auch des Rechts eines US-amerikanischen Bundesstaates an. Diese Rechtsordnungen sind (wenn auch aus jeweils unterschiedlichen Gründen) international am weitesten verbreitet[3] und verfügen schon aus diesem Grund über eine weitreichende Akzeptanz. Die vorliegende Darstellung soll daher auch die Rechtslage im Falle der Anwendung dieser **international dominierenden Rechtsordnungen** punktuell beleuchten, um dem beratenden Vertragsjuristen auf Seiten der deutschen Anlagenanbieter wesentliche Unterschiede aufzuzeigen und so die rechtlichen Konsequenzen der Rechtswahl transparenter zu machen.

3 Zunehmende Bedeutung in der Vertragsgestaltung haben die auf die Bewältigung grenzüberschreitender Verträge zugeschnittenen **Mustervertragswerke** verschiedener Anbieter, allen voran die Vertragswerke der Fédération Internationale des Ingénieurs Conseils **(FIDIC),** die weltweit von den Vertragspartnern internationaler Industrieanlagenverträge verwendet werden und als solche die **international anerkannten Rechtsgrundsätze** in den vergangenen Jahrzehnten maßgeblich geprägt haben. Je nachdem, welcher nationalen Rechtsordnung der Vertrag unterstellt ist, unterliegen diese einheitlich verwendeten Conditions of Contract jedoch unterschiedlicher Interpretation und bereiten dem Rechtsanwender damit zusätzliche Probleme. Die wesentlichen Grundlagen der FIDIC-Vertragsmuster werden daher im Folgenden entsprechend ihrer internationalen Bedeutung vergleichsweise ausführlich dargestellt.

4 Nach deutschrechtlichem Verständnis handelt es sich nicht nur bei den Mustervertragswerken der FIDIC oder anderer Institutionen,[4] sondern zumeist auch bei den von institutionalisierten Auftraggebern verwendeten Vertragsentwürfen um **vorformulierte Vertragsbedingungen** im Sinne des § 305 Abs. 1 S. 1 BGB, die damit den Restriktionen der Inhaltskontrolle unterworfen sind, soweit sie nicht Gegenstand individueller Verhandlungen der Vertragsparteien waren. Letztlich dürfte dies auch einer der wesentlichen Gründe sein, die aus Sicht international agierender Anlagenbetreiber vehement gegen die **Akzeptanz deutschen Rechts** als Vertragsstatut sprechen, weil die kautelarjuristischen Restriktionen der deutschen AGB-Rechtsprechung in den vergangenen Jahrzehnten immer weiter ausgeweitet wurden.[5]

5 Eine Darstellung des Rechts der internationalen Industrieanlagenverträge muss sich notwendigerweise auf wesentliche Gesichtspunkte beschränken, will sie den vorgegebenen Umfang nicht sprengen. Andere Autoren haben sich Verdienste mit umfassenderen Darstellungen erworben, auf deren Ausführungen in weiterführenden Hinweisen Bezug genommen werden muss. Angesichts der damit notwendigen Beschränkung der behandelten Rechtsfragen hat der Verfasser eine **subjektive Auswahl** derjenigen Aspekte vorgenommen, die sich in der jahrelangen Praxis der Beratung deutscher Industrieanlagenanbieter als besonders bedeutsam und deren Verhandlung sich aufgrund ihrer wirtschaftlichen Auswirkungen als essenziell herausgestellt haben.

---

[3] Dazu → § 1 Rn. 15.

[4] Zu nennen wären etwa der von der ICC zuletzt 2020 in neuer Edition herausgegebene Model Turnkey Contract for Major Projects, der von Orgalime 2003 vorgelegte Entwurf eines Turnkey Contract for Industrial Works oder der NEC4 Engineering and Construction Contract der NEC; auf die jeweiligen Besonderheiten dieser Mustervertragswerke wird nachfolgend unter → Rn. 39 ff. näher einzugehen sein.

[5] Zu dieser Problematik umfassend unter → § 1 Rn. 12; speziell zu Anlagenverträgen auch Bock/Zons/Mahnken/Cloppenburg Rechtshandbuch Anlagenbau Teil A Rn. 140 ff.

I. Gängige Unternehmereinsatzformen bei internationalen Industrieanlagenverträgen

6 Im Vorfeld des erfolgreichen Vertragsabschlusses steht häufig die Entscheidung des Anlagenunternehmers, welcher Unternehmereinsatzform er sich zur erfolgreichen Abwicklung des Projekts bedient. Maßgeblich ist hier zunächst die Frage, ob eine Projektrealisierung im Wesentlichen allein gestaltet werden kann oder die Mitwirkung weiterer Beteiligter erforderlich oder sinnvoll, ggf. auch seitens des Bauherrn vorgegeben ist. Insbesondere bei der Realisierung internationaler Großprojekte bedienen sich auch größere Industrieunternehmen zunehmend des technischen Know-hows und/oder der Finanzkraft weiterer Partner. Häufig stehen dabei Aspekte der **Bündelung technischer Möglichkeiten** und der Verteilung der mit der Projektrealisierung verbundenen immensen wirtschaftlichen Risiken im Vordergrund. Während die deutsche Bauindustrie im Rahmen nationaler Bauprojekte ganz überwiegend auf die Bau-ARGE zurückgreift, stehen für internationale Industrieanlagenprojekte andere Kooperationsformen im Fokus, insbesondere das Joint Venture[6] und das Konsortium (consortium), wobei der Sprachgebrauch nicht einheitlich ausgestaltet ist und zudem unterschiedliche Ausgestaltungen dieser Kooperationsformen letztlich zu einer Verwässerung der Unterschiede führen. Entscheidend ist die konkrete vertragliche Ausgestaltung.

1. Der Anlagenunternehmer in Alleinverantwortung gegenüber dem Kunden

7 Das größte wirtschaftliche Risiko für den Anlagenunternehmer birgt die Übernahme der alleinigen Verantwortung für die Realisierung eines Industrieanlagenprojekts oder hiervon abtrennbaren Teils im Außenverhältnis zu seinem Kunden. Er wird sich hierzu sinnvollerweise nur entschließen, wenn er allein über die Finanzkraft und technischen Fertigkeiten verfügt, die für die erfolgreiche Projektrealisierung benötigt werden. Im Bereich des internationalen Großanlagenbaus verfügen nur wenige Anbieter über diese Voraussetzungen und auch diese sind aus wirtschaftlichen Gründen nur selten bereit, allein das Gesamtrisiko zu übernehmen.

a) Unternehmereinsatzformen zur Übernahme der Alleinverantwortung

8 Der Anlagenunternehmer (contractor) trägt Alleinverantwortung, wenn er im Verhältnis zu seinem Kunden[7] als Generalübernehmer, Generalunternehmer oder als einer von mehreren Hauptunternehmern (Nebenunternehmer) in Erscheinung tritt,[8] während die eigentliche Projektrealisierung auf eine Vielzahl von Projektbeteiligten, zum Teil aus unterschiedlichen Branchen und Fachrichtungen, verteilt wird. Die weiteren Projektbeteiligten übernehmen **innerhalb des Umfangs der Alleinverantwortung** nur im Verhältnis zum Anlagenunternehmer rechtliche Verpflichtungen, nicht aber unmittelbar gegenüber dem Kunden. Auch der Anlagenunternehmer mit Alleinverantwortung greift regelmäßig auf

---

[6] Vgl. hierzu → Rn. 16.

[7] In den überwiegend in englischer Sprache abgefassten Anlagenverträgen wird der Besteller der Anlage vielfach als employer, purchaser, customer oder client bezeichnet, während sich in den Kooperationsverträgen auf Seiten der an der Projektrealisierung beteiligten Unternehmer der Begriff des Kunden bzw. customer durchgesetzt hat; vgl. zur uneinheitlichen Terminologie in internationalen Wirtschaftsverträgen allgemein → § 2.

[8] Der Unterschied des Generalübernehmers zum Generalunternehmer wird zumeist darin gesehen, dass Ersterer ausschließlich Planungs- und Konstruktionsleistungen sowie Leistungen der Koordination der mit der Projektrealisierung als Nachunternehmer beauftragten Unternehmen erbringt, nicht aber selbst mit der unmittelbaren Bauleistung befasst ist, während Letzterer nicht die Planungs- und Konstruktionsleistungen übernimmt, wohl aber die tatsächlichen Bauleistungen ganz oder teilweise erbringt. Demgegenüber erbringt der Hauptunternehmer im Verhältnis zu seinem Kunden lediglich einen Teil der für die Projektrealisierung erforderlichen Leistungen entweder allein oder zum Teil durch den Einsatz von Nachunternehmern.

die technischen und wirtschaftlichen Ressourcen weiterer Unternehmen zurück, die als Nachunternehmer (sub-contractor) und/oder Lieferanten (sub-supplier) tätig werden.

9 Bei größeren Projekten beauftragt der Kunde zumeist auch neben einem umfassend beauftragten Generalübernehmer noch weitere Beteiligte mit der **Gesamtkoordination des Projekts** und/oder der Überwachung der Projektrealisierung. Diese zumeist von größeren Ingenieurgesellschaften ausgeführten Leistungen der **Projektsteuerung** und Bauüberwachung dienen dem originären Kundeninteresse an einer effektiven Kontrolle des beauftragten Generalüber-/unternehmers, vor allem in zeitlicher, qualitativer und finanzieller Hinsicht. Bei großen Projekten werden solche zusätzlichen Kontrollinstanzen oft auch von den projektfinanzierenden Banken oder Bankenkonsortien zur Finanzierungsauflage gemacht oder gar unmittelbar im Namen und für Rechnung der finanzierenden Kreditinstitute beauftragt, um deren eigene Sicherungsinteressen zu wahren und im Falle einer notwendigen unmittelbaren Projektübernahme eine reibungslose Fortsetzung des Projekts ohne zeitintensive Einarbeitung zu ermöglichen.

b) Die Überwälzung von Koordinations- und Überwachungsaufgaben

10 Nicht immer erfolgt die Vergabe der gesamten Projektrealisierung an *einen* Anlagenunternehmer in Alleinverantwortung. Denkbar, wenn auch in der Praxis selten, ist die Vergabe an verschiedene Hauptunternehmer, die ihrerseits jeweils alleinverantwortlich mit der Erbringung eines oder mehrerer Teile der für die Gesamterrichtung erforderlichen Gewerke beauftragt werden. Beim Kunden verbleiben auch in diesem Fall die Planungs-, Koordinierungs- und Überwachungsleistungen, die er auf Grundlage gesonderter Planer- und/oder Projektsteuerungsverträge von weiteren Beteiligten ausführen lässt. Der wesentliche Nachteil aus Sicht des Kunden ist das hiermit verbundene **Schnittstellenrisiko,** welches dadurch entsteht, dass die Leistungspflichten der verschiedenen Nebenunternehmer kaum jemals sicher und trennscharf voneinander abgegrenzt werden können.

11 Aus Sicht des Kunden lässt sich dieses Risiko allerdings durch die ergänzende Vergabe der Koordinierungs- und Überwachungsleistungen an einen der **Nebenunternehmer** zumindest reduzieren. Von einer Übernahme solcher originär der Kundensphäre zuzuordnenden Leistungspflichten kann Nebenunternehmern jedoch im Regelfall nur abgeraten werden, weil der hierdurch generierte Vergütungsanteil oftmals außer Verhältnis zu den damit einhergehenden, deutlich erhöhten Haftungsrisiken steht. Dies gilt vor allem dann, wenn der betreffende Nebenunternehmer bereits aus fachlichen und/oder personellen Gründen nicht in der Lage ist, die Leistungen der anderen Nebenunternehmer sachgerecht zu beurteilen.

c) Vertikale Aufteilung von Leistungspflichten

12 Innerhalb der Konstellationen, in denen ein Anlagenunternehmer im Verhältnis zum Kunden Alleinverantwortung übernimmt, gibt es im Wesentlichen zwei Gestaltungen bezüglich der tatsächlichen Leistungserbringung. Diese kann zum einen *vertikal* dadurch erfolgen, dass durch den Abschluss entsprechender Nachunternehmerverträge bestimmte Teile des eigenen Leistungsumfangs (im Falle des General*über*nehmers sogar der gesamte Leistungsumfang mit Ausnahme der Planungs-, Koordinierungs- und Überwachungsleistungen) an einen oder mehrere Nachunternehmer *unter*vergeben werden. Diese vertikal organisierte Verlagerung einzelner Teile des Leistungsumfangs hat indessen zwangsläufig die **Übernahme des Koordinations- und Schnittstellenrisikos** durch den Anlagenunternehmer bezüglich seines eigenen Gesamtleistungsumfangs im Verhältnis zum Kunden zur Folge und ist überdies mit dem Risiko der Insolvenz der beauftragten Nachunternehmer verbunden.

Hinzu kommt, dass sich die vertraglichen Risiken aus dem Kundenvertrag kaum jemals in vollem Umfang auf den oder die Nachunternehmer abwälzen lassen.[9] Selbst wenn es dem Anlagenunternehmer gelingt, sich mit dem Nachunternehmer auf die Geltung des gleichen Vertragsstatuts zu einigen, das auch dem Vertragsverhältnis im Außenverhältnis zum Kunden zugrunde liegt, verbleiben zumeist erhebliche Differenzen in der rechtlichen Beurteilung beider Verträge und bezüglich der wirtschaftlichen Auswirkungen, die sich etwa im Falle des Verzuges mit der Nachunternehmerleistung, der Schlechtleistung, Kündigung oder Abnahme ergeben. Die sich hieraus ergebenden Risiken gehen in vollem Umfang zu Lasten des Hauptunternehmers, der für die Leistungen der beauftragten Nachunternehmer seinem Kunden gegenüber in gleichem Umfang einzustehen hat wie für selbst ausgeführte Leistungsteile.[10] Auch jenseits des Risikos der fehlenden wirtschaftlichen Leistungsfähigkeit der Nachunternehmer trägt der Hauptunternehmer damit stets auch das Risiko, dass sich eine dem Kunden gegenüber übernommene Haftung nicht in vollem Umfang an den eigentlich verantwortlichen Nachunternehmer durchreichen lässt.[11] 13

d) Horizontale Aufteilung von Leistungspflichten

Eine Alleinverantwortung des Anlagenunternehmers im Außenverhältnis zum Kunden schließt jedoch nicht aus, dass dieser einen Teil seiner übernommenen Leistungspflichten im Innenverhältnis auf einen oder mehrere weitere Unternehmer verlagert und so sein Gesamthaftungsvolumen im Innenverhältnis reduziert. Typischerweise geschieht dies durch die Vereinbarung eines **Innenkonsortiums** (silent oder undisclosed consortium) mit anderen Unternehmen, die zwar nicht im Außenverhältnis dem Kunden gegenüber verpflichtet sind, im Innenverhältnis jedoch einen Teil der vom Hauptunternehmer (bzw. Generalunternehmer oder -übernehmer) zu erbringenden Leistungen übernehmen und in entsprechendem Umfang an den Erträgen oder etwaig entstehenden Verlusten der Projektrealisierung teilhaben. Innenkonsortien bieten gegenüber der Konstellation des Haupt-/Nachunternehmerverhältnisses für den nach außen auftretenden Hauptunternehmer den Vorteil, dass eine Risikozuweisung durch entsprechende Bestimmungen des Konsortialvertrages möglich und üblich ist und hierdurch eine Begrenzung des Schnittstellenrisikos aus Sicht des Hauptunternehmers durch eine partielle Verlagerung auf den oder die weiteren Konsorten erfolgt. Allerdings bleibt es aufgrund der Alleinverantwortlichkeit des Hauptunternehmers dem Kunden gegenüber bei dem Risiko der Insolvenz der Innenkonsorten. Zudem ergeben sich aufgrund der Alleinverantwortlichkeit im Kundenverhältnis weitere Schwierigkeiten dadurch, dass der Hauptunternehmer vom Kunden erfolgreich in Anspruch genommen wird, ohne sich – etwa bei **unzureichender Schnittstellenabgrenzung** im Konsortialverhältnis – bei seinem Konsorten schadlos halten zu können. Insofern ist bei der Vertragsgestaltung des Konsortialvertrages besonderes Gewicht auf klar voneinander abgrenzbare Leistungsanteile und präzise definierte Rechtsfolgen im Falle einer In- 14

[9] Nach Maßgabe deutschen Rechts stehen einer solchen pauschalen Durchstellung zumeist bereits die Restriktionen des AGB-Rechts entgegen, die eine vollständige Verlagerung der sich aus dem Hauptauftrag ergebenden Risiken auf Nachunternehmer ausschließen, vgl. etwa KG Berlin BauR 2006, 386 zur Verlagerung der Nachunternehmerabnahme auf den Zeitpunkt der Bauherrenabnahme, und neuerdings LG Saarbrücken IBR 2012, 132 zu so genannten „pay when paid"-Klauseln in Nachunternehmerverträgen.

[10] Dieser der Haftung für Erfüllungsgehilfen gem. § 278 BGB entsprechende Rechtsgrundsatz ist in anderen Rechtsordnungen anerkannt und wird auch in den einschlägigen Mustervertragswerken durchweg beachtet, vgl. etwa Sub-Clause 4.4 der FIDIC-Vertragswerke und Art. 6.3 des ICC Model Contract for the Turnkey Supply of an Industrial Plant.

[11] Instruktiv zu den Risiken der vertraglichen Durchreichung der Risiken auf den Subunternehmer, insbesondere auch zur Unwirksamkeit verschiedener Arten der Risikoüberwälzung in zahlreichen Rechtsordnungen di Paola ICLR 2009, 489 ff.; insbesondere auch zu den sog. „pay-when-paid-clauses", die nach s. 105 des Housing Grants, Construction and Regeneration Act 1996, aber auch nach US-amerikanischem Recht (*WMR Clarke Corp. v Safeco Ins Co,* 15 Cal 4th 886 (1997)) gegen die public policy verstoßen und daher nichtig sind, di Paola ICLR 2009, 489 (500 ff.); zum deutschen AGB-Recht vgl. etwa LG Saarbrücken IBR 2012, 132; eine Zusammenfassung der Problematik bietet Mahnken ZfBR 2021, 595 ff.

anspruchnahme des Hauptunternehmers durch den Kunden zu legen, vor allem auch für den nicht seltenen Fall späterer Unaufklärbarkeit der Verantwortlichkeiten im Innenverhältnis der Konsorten zueinander.

2. Unternehmereinsatzformen mit Gesamtverantwortung mehrerer Unternehmer gegenüber dem Kunden

15 Die aufgezeigten Risiken für den Anlagenunternehmer in Alleinverantwortung gegenüber dem Kunden legen es insbesondere bei Großprojekten nahe, Kooperationsformen mit sachgerechter Allokation von Risiken und Erträgen zu bevorzugen. In Bezug auf internationale Projekte stehen hier vor allem das Joint Venture und das Konsortium als gängige Kooperationsformen zur Verfügung.

a) Das Contractual Joint Venture als Kooperationsform

16 Als Joint Ventures bezeichnet man üblicherweise die Zusammenarbeit zweier oder mehrerer Unternehmen im Rahmen eines konkreten Vorhabens mit wirtschaftlicher Zielsetzung.[12] Equity Joint Ventures treten in der Rechtsform einer Kapitalgesellschaft auf, deren Gesellschafter sich im Rahmen eines gesonderten Vertrages wechselseitig zur Erbringung bestimmter Leistungen zu Gunsten der Kapitalgesellschaft verpflichten (shareholder agreement). Angesichts der haftungsbeschränkenden Funktion der im Rechtsverkehr allein agierenden Joint Venture-Gesellschaft werden Equity Joint Ventures bei den Kunden großer Industrieanlagenprojekte kaum als Anlagenunternehmer berücksichtigt, sofern sie nicht über ein alle denkbaren Haftungsfälle sicherndes Eigenkapital verfügen oder die Gesellschafter die persönliche Einstandspflicht übernehmen. Diese Bedenken bestehen nicht bei sog. Contractual Joint Ventures, bei denen es sich um den Zusammenschluss zweier oder mehrerer Unternehmen in der Rechtsform einer Gesellschaft bürgerlichen Rechts und damit um echte Gemeinschaftsunternehmen (integrated contractual partnership)[13] handelt, deren Gesellschafter gesamtschuldnerisch und unbeschränkt für die Verpflichtungen der Gesellschaft einstehen. Contractual Joint Ventures sind etwa die bei größeren nationalen Bauvorhaben kaum mehr wegzudenkenden **Bau-Arbeitsgemeinschaften (ARGE).**[14] Kennzeichnend für diese Organisationsform ist die **ideelle Beteiligung der Gesellschafter an den Ergebnissen** der Gesellschaft, dh an den Gewinnen ebenso wie an etwaigen Verlusten.[15] Die Gesellschafter erbringen den von der Gesellschaft dem Kunden gegenüber zu erbringenden Leistungsumfang gemeinsam. Für große Industrieanlagenprojekte kommt das Joint Venture nur selten als Unternehmereinsatzform in Betracht. Insbesondere die ideelle Aufteilung des Gesamtergebnisses anstelle einer präzisen Abgrenzung der Leistungsteile und der entsprechenden unmittelbaren Beteiligung an zurechenbaren Erträgen und Verlusten wird der immensen Komplexität der zu errichtenden Anlagen und den daraus folgenden wirtschaftlichen Risiken nicht gerecht.

b) Das (Außen-)Konsortium: Favorisierte Kooperationsform im internationalen Industrieanlagenbau

17 Die mit großem Abstand beherrschende Unternehmereinsatzform bei internationalen Industrieanlagenprojekten ist das Konsortium in der klassischen Form des Außenkonsortiums.

---

[12] Jacob/Brauns Konsortialvertrag S. 36.

[13] Roquette/Schweiger/Decker Privates Baurecht E. III. Rn. 7.

[14] Andere Auffassung offenbar Jacob/Brauns Konsortialvertrag S. 38, die zwischen dem Contractual Joint Venture und der Bau-ARGE differenzieren; zutreffend Roquette/Schweiger/Decker Privates Baurecht E. III. Rn. 7.

[15] Roquette/Schweiger/Decker Privates Baurecht E. III. Rn. 73; für die Bau-ARGE ebenso Jacob/Brauns Konsortialvertrag S. 36 und Hautkappe Industrieanlagenbau S. 102.

aa) Vorteile der Beauftragung eines Konsortiums aus Kundensicht. Der maßgebliche Vorteil des Außenkonsortiums aus Sicht deutschen Rechts ist die **gesamtschuldnerische Haftung** (§ 427 BGB)[16] der Konsorten gegenüber dem Kunden und die damit einhergehende **Erweiterung der Haftungsmasse** im Vergleich zu Einzelanbietern. Auch in anderen Rechtsordnungen ist dieser Grundsatz kodifiziert oder von der Rechtsprechung anerkannt.[17] Soweit die einschlägigen Mustervertragswerke[18] keine ausdrückliche Regelung einer gesamtschuldnerischen Haftung der Konsorten vorsehen,[19] ergibt sie sich aus den ergänzenden Bestimmungen des jeweiligen Vertragsstatuts.[20] Für den Kunden hat die Erweiterung der Haftungsmasse naturgemäß eine entsprechende Reduzierung des Risikos der Insolvenz des contractor zur Folge – ein Umstand, dem angesichts der immensen wirtschaftlichen Risiken, die im Falle einer Insolvenz des contractor für die Projektrealisierung drohen, erhebliches Gewicht zukommt. 18

Hinzu kommt die berechtigte Erwartung des Kunden, dass die Gemeinschaft mehrerer Unternehmen die oft komplexen Leistungen aufgrund der **Bündelung des technischen Know-hows** und der vermeintlich zur Verfügung stehenden größeren Kapazitäten effektiver und schneller und damit insgesamt reibungsloser bewältigen kann. Weil auch das Schnittstellenrisiko im Falle der Beauftragung der Gesamtleistung an ein Konsortium anstelle der Beauftragung mehrerer Nebenunternehmer nicht beim Kunden verbleibt, sondern aufgrund der Einheitlichkeit des übernommenen Leistungsumfangs vom Konsortium *als Ganzes* übernommen und dort im Innenverhältnis zwischen den Konsorten durch entsprechende Abgrenzungen so weit wie möglich aufgeteilt wird, sprechen aus Sicht des Kunden keine Gründe gegen die Beauftragung eines Konsortiums. Die Personenmehrheit auf Seiten des contractor führt insbesondere auch nicht in eine Rechtsunsicherheit über die Person des zuständigen Ansprechpartners, weil entsprechende vertragliche Gestaltungen grundsätzlich eine Vertretung des Konsortiums gegenüber dem Kunden durch einen Konsortialführer vorsehen.[21] Aus Sicht des Kunden entfällt damit im Unterschied zu der Beauftragung von Nebenunternehmern auch die Koordination der von den einzelnen Konsorten zu erbringenden Leistungen, die allein in den Aufgabenbereich des Konsortiums 19

---

[16] BGHZ 142, 315 (319): *„Diese Annahme widerspricht dem allgemeinen Grundsatz des bürgerlichen Rechts und des Handelsrechts, daß derjenige, der als Einzelperson oder in Gemeinschaft mit anderen Geschäfte betreibt, für die daraus entstehenden Verpflichtungen mit seinem gesamten Vermögen haftet, solange sich aus dem Gesetz nichts anderes ergibt oder mit dem Vertragspartner keine Haftungsbeschränkung vereinbart wird"*.

[17] Vgl. s. 9 *Partnership Act* 1890: *„Every partner in a firm is liable jointly with the other partners, and in Scotland severally also, for all debts and obligations of the firm incurred while he is a partner; and after his death his estate is also severally liable in a due course of administration for such debts and obligations, so far as they remain unsatisfied, but subject in England or Ireland to the prior payment of his separate debts"*; *Hurst v Bryk and Others* [2000] 2 W.L.R. 740: *„The partners are jointly liable for all the debts of the firm. The firm's creditors are not concerned to enquire whose conduct has brought about the dissolution of the firm. However much an individual partner may have been wronged by his fellow partners, he remains jointly liable with them for the debts of the firm. Judgment may be taken against the firm and executed not only against partnership property but also against any individual partner"*.

[18] Mit dem ICC Model Contract Consortium Agreement der International Chamber of Commerce existiert seit 2016 ein Mustervertrag für ein Außenkonsortium im Anlagenbau; ausführlich hierzu Mahnken NZBau 2017, 187.

[19] Vgl. etwa Sub-Clause 1.14 (a) der FIDIC-Vertragswerke: „ *If the Contractor is a Joint Venture: (a) the members of the JV shall be jointly and severally liable to the Employer for the performance of the Contractor's obligations under the Contract; (…)*". Im Gegensatz zur *1st Edition* von 1999 wird das consortium in der 2nd Edition nicht mehr ausdrücklich genannt, ist jedoch gemäß der Definition in Sub-Clause 1.1.46 vom Begriff des Joint Venture umfasst.

[20] Zur rechtlichen Bedeutung der „joint and several liability" im anglo-amerikanischen Rechtskreis und dem Recht der Niederlande Chao-Duivis ICLR 2008, 406ff.; auch im schweizerischen Recht haften die Gesellschafter des contractual joint venture im Außenverhältnis als Gesamtschuldner gegenüber dem Kunden, vgl. Jørgensen ICLR 2006, 394 (398).

[21] Vgl. etwa 1.14 (b) der FIDIC-Vertragswerke: „ *If the Contractor is a Joint Venture: (…) (b) the JV leader shall have authority to bind the Contractor and each member of the JV (…)*". Anders dagegen das ICC Model Contract Consortium Agreement, dessen Art. 4.4.2 General Conditions dem Konsortialführer nur eine schwache Stellung gibt: Ohne entsprechende Vollmacht ist dieser zur Außenvertretung des Konsortiums nicht ermächtigt.

fällt, was für den Kunden ähnlich vorteilhaft ist wie im Falle der Beauftragung eines Generalübernehmers oder -unternehmers.[22]

20 **bb) Vorteile des Konsortiums aus Sicht der Anlagenunternehmer.** Auch für die Konsorten hat die Wahl des Konsortiums als Unternehmereinsatzform durchaus Vorteile im Vergleich zur Übernahme des Auftrags in Alleinverantwortung gegenüber dem Kunden. Die Projektierung von Industrieanlagen und Kraftwerken weist ein derart hohes Maß an technischer Komplexität und logistischen Herausforderungen auf, dass einzelne Industrieunternehmen allein oftmals gar nicht imstande wären, die Anforderungen zu erfüllen. Industrieanlagen setzen sich aus einer Vielzahl unterschiedlicher Komponenten zusammen, deren Herstellung und Integration erhebliche technische Spezialkenntnisse voraussetzen, die nur von unterschiedlich spezialisierten Unternehmen beigesteuert werden können. Die damit zwangsläufig erforderliche Bündelung technischer Fertigkeiten zur Realisierung der Industrieanlage kann deshalb vielfach nur im **Verbund mehrerer Kompetenzträger** erreicht werden, die man durch den Zusammenschluss als Konsortium erzielen kann. Der Zusammenschluss ermöglicht den Konsorten damit erst die Beteiligung an Großprojekten, die allein nicht gestemmt werden könnten. Alternativ müsste sich ein Bieter das technische Know-how und ggf. die erforderlichen Kapazitäten durch Beauftragung von Nachunternehmern aneignen, was aufgrund der dem Kunden gegenüber bestehenden Alleinverantwortung und der damit allein auf dem Hauptunternehmer lastenden Schwierigkeiten der technischen Kontrolle der Nachunternehmergewerke und deren Integration in das Gesamtwerk selten von Vorteil ist.

21 Im Konsortium erfolgt eine **reale Aufteilung** der zur Herstellung der Gesamtleistung erforderlichen Einzelleistungen auf die Konsorten, die diese im Innenverhältnis zueinander eigenverantwortlich zu erbringen haben. Jeder Konsorte ist damit im Innenverhältnis zunächst nur für denjenigen Teil der Gesamtleistung verantwortlich, auf den er technisch spezialisiert ist. An der Koordination der Einzelleistungen und deren Synchronisation zu der im Außenverhältnis geschuldeten Gesamtleistung sind oftmals sämtliche Konsorten beteiligt.

22 Die vollständige reale Aufteilung sämtlicher Einzelleistungen auf die Konsorten und die damit korrespondierende **reale Aufteilung des Ertrags,** die mit dem Abschluss des Konsortialvertrages zwingend bereits vor dem Abschluss des Kundenvertrages zu erfolgen haben,[23] ermöglichen es den Konsorten, die Chancen und Risiken des Engagements vor der finalen Abgabe des Angebotes gegenüber dem Kunden solide abzuwägen und den Ertragsanteil zu kalkulieren.[24] Zahlungen des Kunden werden nach einem definierten Modus entsprechend den real erbrachten Leistungsanteilen unmittelbar den betreffenden Konsorten zugeordnet, denen so bereits bei der Kalkulation des Projektes Cash-flow-Berechnungen in gleicher Weise möglich sind, wie dies im Falle der alleinigen Angebotsabgabe gegenüber dem Kunden erfolgen würde.[25]

23 **cc) Rechtliche Risiken des Konsortiums als Unternehmereinsatzform für die Konsorten.** Obgleich das Konsortium im Vergleich zu anderen Unternehmereinsatzformen durchaus gewichtige Vorteile und Chancen bietet, darf nicht verkannt werden, dass es mit gewichtigen Risiken für die einzelnen Konsorten verbunden ist. Die reale Aufteilung der Leistungspflichten und damit die Übernahme derjenigen Leistungsteile, die ein Konsorte

---

[22] Nicklisch BB 1999, 325 (326); Jacob/Brauns Konsortialvertrag S. 8.

[23] Zutreffend Roquette/Schweiger/Decker Privates Baurecht E. III. Rn. 13.

[24] Lotz ZfBR 1996, 233 (238).

[25] Allerdings wird die Aufteilung des Ertrags teilweise auch entsprechend dem konsortialvertraglichen Beteiligungsverhältnis vereinbart (vgl. Jacob/Brauns Konsortialvertrag S. 9), bei deren entsprechender Implementierung in einen Zahlungsplan ebenfalls eine Cash-flow-Analyse ermöglicht wird. Die quotale Zuordnung sämtlicher Zahlungseingänge entspricht jedoch nicht in gleichem Maße dem Gedanken der realen Aufteilung und birgt insbesondere dann Risiken, wenn der Kunde Teile der Vergütung im Hinblick auf klar zuzuordnende Leistungsteile zurückbehält.

nicht selbst beherrscht, ändert nichts an der grundsätzlichen Problematik der Haftung im Außenverhältnis auch für diese Leistungsteile. Dies hat zur Folge, dass die aus den Leistungsteilen der jeweils anderen Konsorten folgenden **technischen Risiken** oftmals nicht erkannt und kalkuliert werden können. Erbringt ein Konsorte den ihm zugewiesenen Leistungsteil nicht ordnungsgemäß, sind die anderen Konsorten häufig nicht in der Lage, selbst für eine zeitnahe Abhilfe zu sorgen. Zwar werden die Kosten der Selbstvornahme durch Beauftragung eines Dritten oftmals kraft entsprechender vertraglicher Regelungen zu Lasten des betreffenden Konsorten gehen. Durch die damit regelmäßig eintretende Verzögerung der Leistungserbringung gegenüber dem Kunden fallen jedoch zumeist weitere wirtschaftliche Sanktionen, insbesondere pauschalierter Schadensersatz, Vertragsstrafen oder gar tatsächlicher Schadensersatz an, die Abnahme der Gesamtanlage verzögert sich entsprechend oder der Kunde ist zum Rücktritt vom Kundenvertrag berechtigt.

Die Realisierung dieser Risiken könnte im Ergebnis dazu führen, dass ein Konsorte 24
nicht mehr dazu in der Lage ist, seinen Verpflichtungen nachzukommen und unübersehbare Folgen für das Konsortium nach sich ziehen. In diesem Fall verwirklicht sich das im Außenverhältnis **verbleibende Gesamthaftungsrisiko** und nicht selten folgen weitere Konsorten in die Insolvenz. Vertragliche Schnittstellenabgrenzungen und Haftungszuweisungen im Innenverhältnis sind zwar von enormer Bedeutung, solange die wirtschaftliche Leistungsfähigkeit sämtlicher Konsorten außer Frage steht. Sie schützen jedoch nur bedingt vor den möglichen wirtschaftlichen Auswirkungen, denen sich die Parteien des Konsortialvertrages im Vertrauen auf die Leistungsfähigkeit der anderen Konsorten aussetzen. Von einem oftmals kundenseitig gewünschten, teils aber auch ausdrücklich verlangten Zusammenschluss mit anderen Unternehmen ungewisser wirtschaftlicher und technischer Leistungsfähigkeit kann daher nur dringend abgeraten werden, sofern keine liquiden Sicherungsinstrumente verfügbar sind.

Aber auch jenseits des worst case scenario der Insolvenz einer oder mehrerer Konsorten 25
drohen erhebliche Risiken aus dem Konsortialverbund, wenn und soweit einer oder mehrere Konsorten ihren Leistungspflichten unzureichend nachkommen. Anders als im Falle der Dach-ARGE, bei der die einzelnen ARGE-Partner ihre Leistungen aufgrund gesonderter Nachunternehmerverträge mit der ARGE erbringen und die Abnahme ihrer Leistungen daher nicht von der Gesamtabnahme des Kunden gegenüber der ARGE abhängt, hilft es den einzelnen Konsorten wenig, ihren eigenen Leistungsanteil rechtzeitig und mängelfrei erbracht zu haben, wenn die Abnahme bzw. taking over seitens des Kunden aufgrund der mangelhaften oder nicht rechtzeitigen Fertigstellung anderer Leistungsteile nicht erteilt bzw. bescheinigt wird. Unabhängig davon, welcher nationalen Rechtsordnung der Kundenvertrag unterstellt ist,[26] führt dies grundsätzlich zu einer zeitlichen Ausweitung der Mängelhaftung des Konsortiums für die Gesamtanlage bei **fehlender Rückdeckung der Mängelhaftung** im Verhältnis zu Nachunternehmern und Lieferanten. Überdies fallen aufgrund der verspäteten Fertigstellung penalties oder liquidated damages gegenüber dem Kunden an, deren Zurechnung zwar rechtlich eindeutig nach Verursachungsbeiträgen geregelt werden kann, in tatsächlicher Hinsicht aber oft zweifelhaft und damit zwischen den Konsorten streitig ist. Die aus der Gesamthaftung im Außenverhältnis folgenden **innerkonsortialen Streitpotenziale** sind enorm und können auch bei noch so akribischer Vertragsgestaltung nicht in vollem Umfang vermieden werden. Häufig enden tatsächlich für den Kunden erfolgreich realisierte Industrieanlagenprojekte daher für die Konsorten in nicht endenden Rechtsstreitigkeiten und (nicht zuletzt deshalb) in einem wirtschaftlichen Fiasko.

dd) Hinweise zur Vertragsgestaltung von Konsortialverträgen. Die Ausgestaltung ei- 26
nes Konsortialvertrages hängt zunächst von der Frage ab, aus wessen Sicht der Vertrag entworfen wird. Oftmals sind die Beteiligungsverhältnisse sehr unterschiedlich und die Inter-

[26] Vgl. zu den unterschiedlichen Ausgestaltungen der Mängelhaftung in zeitlicher Hinsicht nach schweizerischem, deutschem, US-amerikanischem und englischem Recht Ostendorf ZVglRWiss 2011, 109 ff.

essen der geringfügig beteiligten Konsorten an zentralen Punkten, wie der Beschlussfassung mit Mehrheits- oder Einstimmigkeitserfordernis, des Umfangs der Solidarisierung im Haftungsfalle und der Absicherung etwaiger Ausgleichsansprüche im Innenverhältnis mittels Bankgarantien, durchaus anders gelagert als die Interessen der Konsorten mit größerer Beteiligung oder gar Mehrheitsbeteiligung. Eine Darstellung sachgerechter Vorschläge für die Regelung unterschiedlicher Sachverhalte ist im Rahmen des hier vorgegebenen Umfangs nicht möglich.[27] **Folgende Hinweise** sind gleichwohl angezeigt:

27 Von zentraler Bedeutung für die Funktionsfähigkeit des konsortialen Zusammenschlusses ist die sorgfältige Ausarbeitung einer **präzisen Schnittstellenliste** für die trennscharfe Abgrenzung der jeweiligen Leistungsteile und Verantwortlichkeiten.[28] Die weitaus meisten Streitigkeiten zwischen den Konsorten ergeben sich aus Versäumnissen dieses Teils der Vertragsgestaltung, weil die rechtlichen Berater hier meist nur Blanko-Anlagen zur weiteren Vervollständigung durch die zuständigen Ingenieure ihrer Parteien vorsehen und bei der anschließenden Vervollständigung oft unter Hinweis auf die Eilbedürftigkeit der Finalisierung zu wenig Sorgfalt an den Tag gelegt wird, was sich in mangelhafter Präzision und fehlender Tiefenschärfe der Abgrenzung auswirkt. Vielfach werden auch **kontroverse Schnittstellen bewusst offengelassen,** um atmosphärische Störungen der Konsorten bereits vor dem Vertragsabschluss zu vermeiden. Die eigentliche Problematik wird damit nur aufgeschoben und geht dann letztlich zu Lasten desjenigen Konsorten, der sich eine Verzögerung der Fertigstellung infolge langwieriger Diskussionen zwischen den Konsorten über die Verantwortlichkeit für die betreffende Schnittstelle am wenigsten leisten kann.

28 Herzstück eines jeden Konsortialvertrages ist die **Regelung zur internen Haftungsverteilung** der Konsorten im Falle einer eingetretenen Außenhaftung des Konsortiums gegenüber dem Kunden. Verträge ohne ausdrückliche Bestimmungen laufen Gefahr, dass der Innenausgleich zu gleichen Anteilen erfolgt, §§ 421, 426 BGB *(„soweit nicht ein anderes bestimmt ist")*. Vielfach finden sich in den gängigen Mustern zu Konsortialverträgen Regelungen, die zu einem gewissen Grad **Solidarisierungen etwaiger Haftungsanteile wider das Verursacherprinzip** vorsehen.[29] Hierfür spricht etwa der Umstand, dass eine ausschließliche Haftung des verantwortlichen Minderheitskonsorten im Einzelfall zu einer im Vergleich zu seinem Vergütungsanteil sehr hohen Haftung führen könnte.[30] Entsprechende Solidarregelungen werden im Ergebnis mit Billigkeitserwägungen begründet und begünstigen die geringer beteiligten Konsorten, was sich insbesondere bei Vertragsstrafen auswirken kann, deren Höhe sich zumeist nach dem Gesamtvertragspreis berechnet.

29 Tatsächlich führen Solidarisierungsklauseln zu einer kaum nachvollziehbaren Haftungserweiterung der höher beteiligten Konsortialpartner und sollten weitestgehend vermieden werden, soweit sie dem Verursacherprinzip entgegenstehen.[31] Wenn beispielsweise ein Konsorte mit einem Anteil von 90% beteiligt ist, der andere mit 10%, könnten übliche Solidarisierungsklauseln dazu führen, dass der höher beteiligte Konsorte verwirkte Vertragsstrafen mit einem Anteil von 81% übernehmen muss, obgleich die Ursache für den Anfall der Vertragsstrafe ausschließlich dem Verantwortungsbereich des anderen Konsorten

---

[27] Vgl. hierzu etwa den kommentierten Mustervertrag von Roquette/Schweiger/Decker Privates Baurecht E. III. Rn. 17 ff. und die Gesamtdarstellung von Jacob/Brauns Konsortialvertrag und Rayermann Konsortialvertrag.

[28] Jørgensen ICLR 2006, 394 (401).

[29] Vgl. Musterformulierung bei MVH/Kratzsch II Form. II. 3; siehe ferner Art. 13.1.1 GC des ICC Model Contract Consortium Agreement sowie Art. 22.2 des ORGALIME-Musterkonsortialvertrages; Gegenbeispiele sind etwa der Muster-Konsortialvertrag Bauindustrie (dort Ziffern 12.2.2, 12.2.3) und der Vorschlag von Roquette/Schweiger/Decker Privates Baurecht E. III. Rn. 185. Überblick über gängige Gestaltungen bei Bock/Zons/Kurtze Rechtshandbuch Anlagenbau Teil C Rn. 454.

[30] MVH/Kratzsch II Form. II.3. Anm. 27; Hautkappe Industrieanlagenbau S. 145; Jacob/Brauns Konsortialvertrag S. 101 f.

[31] Zutreffend Bock/Zons/Kurtze Rechtshandbuch Anlagenbau Teil C Rn. 455; andere Auffassung Roquette/Schweiger/Decker Privates Baurecht E. III. Rn. 191.

zuzuordnen ist.[32] Solche Regelungen tragen nicht dazu bei, den unbedingten Willen des Minderheitskonsorten zur Vermeidung von Vertragsstrafen zu fördern. Auf den Mehrheitskonsorten wirken sie ebenfalls **demotivierend,** weil er es ohnehin nicht in der Hand hat, die Vertragsstrafe durch seine eigene pünktliche und funktionstaugliche Leistung zu vermeiden. Wenn eine Solidarisierung im Einzelfall unvermeidbar ist, weil der geringer beteiligte Konsorte anderenfalls nicht zu einer Kooperation in Form des Konsortiums bereit ist, sollten die daraus im Haftungsfall resultierenden Folgen sorgsam abgewogen und andere Faktoren als die Beteiligungshöhe mit in die Überlegungen einbezogen werden, etwa die unterschiedlichen Möglichkeiten der Konsortialpartner zur Eindeckung ausreichender Versicherungen.

Wenn etwa einer der Konsorten für eine ***first of its kind*-Anlage** eine völlig neuartige 30
Komponente entwickelt hat, von deren Funktionstauglichkeit die Gesamtanlage maßgeblich abhängt, mag es Sinn machen, auch die anderen Konsorten in begrenztem Umfang an dem Risiko eines Fehlschlags zu beteiligen, weil sie auch im Falle eines Erfolgs an den Früchten der Neuentwicklung des Konsorten teilhaben. Ebenfalls sollte die **wirtschaftliche Leistungsfähigkeit** der beteiligten Konsorten – ungeachtet der konkreten Beteiligungsverhältnisse an dem Konsortium – in die Überlegungen einbezogen werden. Es ist kaum einzusehen, warum ein mittelständisches Industrieunternehmen mit einem Großkonzern ein Konsortium bilden und dabei aufgrund des größeren Anteils Solidarbeiträge zu Gunsten des leistungsfähigeren Konsorten leisten sollte.

Dagegen sind **Solidarisierungsregelungen sinnvoll** und kaum zu vermeiden, wo sie 31
Lücken der Haftungsverteilung schließen, etwa im Falle der Insolvenz des verantwortlichen Konsorten oder der Unaufklärbarkeit der Verursachungsbeiträge.[33] Letzterer Fall lässt sich auch durch gegenseitige Absicherung der Leistungsfähigkeit mittels Bankgarantien nicht vermeiden, wohl aber in seiner Eintrittswahrscheinlichkeit durch die präzise Vornahme der Schnittstellenabgrenzung reduzieren.

Gegenstand einer ausdrücklichen Regelung sollten auch die Mehrheitserfordernisse bei 32
der Beschlussfassung der Gesellschafterversammlung („consortium board") sein. Insbesondere aus Sicht der Minderheitskonsorten ist hier im Sinne eines wirksamen Minderheitenschutzes auf den **Grundsatz der Einstimmigkeit** in allen zentralen Fragen Wert zu legen, während bei Fragen mit weniger einschneidenden wirtschaftlichen Folgen auch einfache oder **qualifizierte Mehrheiten** ausreichen sollten, um die Handlungsfähigkeit des Konsortiums nicht in Frage zu stellen.[34]

Konsortialverträge sollten zudem detaillierte Regelungen für den (ggf. unerwartet ein- 33
tretenden) Fall der Unterfinanzierung des Contractual Joint Venture vorsehen, um zu vermeiden, dass im Falle unvorhergesehener Schwierigkeiten bei der Projektabwicklung Streitigkeiten über die **Nachschusspflichten der Konsorten** auftreten, die sich mangels ausdrücklicher vertraglicher Bestimmungen nach den gesetzlichen Vorgaben des Vertrags-

[32] Ausgangspunkt dieses Berechnungsbeispiels ist die übliche Klausel, wonach der verantwortliche Konsorte zunächst in Höhe seiner Quote die Haftung allein zu tragen hat (10%), der über die Quote hinausgehende Teil der Haftung dann aber nach dem Verhältnis der Beteiligung der Konsorten (unter Einschluss des verantwortlichen Konsorten) aufgeteilt wird.

[33] BGH NJW 1962, 1863; siehe auch den Vorschlag von Roquette/Schweiger/Decker Privates Baurecht E. III. Rn. 185 Art. 23.3 und 23.4; Rayermann Konsortialvertrag S. 197.

[34] Sinnvoll ist auch der Vorschlag von Roquette/Schweiger/Decker Privates Baurecht E. III. Rn. 58, Art. 5.6 u. 5.7, den Grundsatz der Einstimmigkeit zunächst für alle Fälle vorzusehen, im Falle des Scheiterns der Einstimmigkeit aber im Anschluss an den Durchlauf einer Eskalationsstufe die Mehrheitsentscheidung als Regelfall zuzulassen, hiervon aber wieder Ausnahmen bei besonders zentralen Fragen zu machen, die ausschließlich einstimmig zu entscheiden sind. Eine ähnliche Regelung sieht nunmehr Art. 4.2.2.3 GC des ICC Model Contract Consortium Agreement vor, der allerdings jegliche Blockade zu vermeiden sucht und hierfür (zu weitgehend) sogar dem Konsortialführer ausnahmsweise alleinige Entscheidungsrechte verleiht: „*However, in the event of a deadlock with the potential to severely delay or harm the Project, the Consortium Leader is empowered to make unilateral decisions binding on the other(s) provided that the impact and consequences of such unilateral decisions will be jointly examined by the collegial bodies in due course, and will necessarily be subjected to the agreed dispute resolution process as per Article 16.*"; kritisch Mahnken NZBau 2017, 187 (188).

statuts richten. So sind etwa die Konsorten nach schweizerischem Recht mangels gegenteiliger Regelungen zu gleichen Anteilen verpflichtet, die notwendige Finanzierung der Gesellschaft sicherzustellen (Art. 531 OR),[35] was sich bei sonst ungleicher Verteilung der Leistungsbeiträge und Erlöse als wenig sachgerecht erweisen wird. Überraschungen sollten hier durch sachgerechte Regelungen im Vertrag vermieden werden. Zudem sind vertragliche Bestimmungen zur Sanktionierung von vertraglichen Pflichtverletzungen einzelner Konsorten und insbesondere zu den Voraussetzungen und Rechtsfolgen der *Hinauskündigung* vorzusehen.[36]

34 Sofern sich der Zusammenschluss nicht auf die Beteiligung nationaler Unternehmen für ausländische Industrieanlagenprojekte beschränkt, sondern Unternehmen mit Sitz in unterschiedlichen Staaten betrifft, empfiehlt sich zudem eine Regelung des auf die internen Rechtsverhältnisse der Konsorten anwendbaren Rechts, mithin eine **Rechtswahlklausel des Konsortialvertrages.**[37] Bei den Überlegungen, welchem Recht die Parteien ihre internen Rechtsverhältnisse unterwerfen wollen, sprechen oftmals Gründe der Neutralität für eine allen Konsorten gleichermaßen fremde Rechtsordnung.[38] Denkbar ist aber auch die Vereinbarung des Heimatrechts des Konsortialführers als Vertragsstatut, was insbesondere bei unausgeglichenen Beteiligungsverhältnissen und einem „starken" Konsortialführer sachgerecht sein kann. Eine Anpassung des Konsortialstatuts auf das Vertragsstatut des Kundenvertrages, zumeist also das Recht des Auftraggebersitzes oder des Ortes, an dem die Anlage errichtet wird, ist dagegen nicht zwingend, weil die Rechtswahl des Konsortialvertrages sich ausschließlich auf die innerkonsortialen Rechtsverhältnisse bezieht, die nur wenige Berührungspunkte mit den im Außenverhältnis maßgebenden Rechtsfragen aufweisen. Allerdings dürften die sich aus dem Kundenvertrag ergebenden Rechtsfragen häufig als Vorfragen Relevanz für die innerkonsortialen Konflikte haben, etwa, wenn es um die Frage geht, ob und inwieweit das Konsortium seitens des Kunden zu Recht wegen einer Schlechterfüllung oder eines Verzuges eines der Konsorten in Anspruch genommen wurde. Diese Vorfragen sind unabhängig von dem auf das Konsortium anzuwendenden Recht nach dem für den Kundenvertrag geltenden Recht zu entscheiden und bei der Entscheidung über den innerkonsortialen Konflikt zugrunde zu legen.[39]

---

[35] Jørgensen ICLR 2006, 394 (397).

[36] Jørgensen ICLR 2006, 394 (403).

[37] Mangels einer Rechtswahl wäre ggf. vom Verwaltungssitz des Konsortiums auszugehen, der angesichts der eher schwachen Selbstverwaltung des Konsortiums und des hohen Maßes an eigenverantwortlicher Leistungserbringung der einzelnen Konsorten eher schwierig zu ermitteln ist, oder vom Ort der Realisierung des Anlagenprojekts, vgl. Roquette/Schweiger/Decker Privates Baurecht E. III. Rn. 240 und MüKoBGB/Kindler IntGesR Rn. 296, der abweichend von der nationalen Qualifikation des Konsortiums als GbR von der Anwendbarkeit des auf Schuldverhältnisse anwendbaren Kollisionsrechts ausgeht, was letztlich auf die Geltung der Art. 3 und 4 der Rom- I-VO hinausläuft; angesichts des Umstandes, dass internationale Konsortialverträge ohne Rechtswahlklausel in der Praxis kaum vorkommen, Roquette/Schweiger/Decker Privates Baurecht E. III. Rn. 240, soll dies vorliegend als von eher akademischem Interesse nicht weiter vertieft werden.

[38] Die Vereinbarung schweizerischen Rechts als Vertragsstatut bietet sich insoweit häufig an, weil die gesetzlichen Bestimmungen des Obligationenrechts hier (Art. 539 bis 551 OR) übersichtlich und dem deutschen Recht vergleichbar geregelt sind und zudem aufgrund ihrer dispositiven Ausgestaltung Raum für vertragliche Abweichungen lassen; dies gilt vor allem dann, wenn auch der Hauptvertrag dem schweizerischen Recht unterstellt und zudem von einer Gerichtsstandsabrede zugunsten Schweizer Gerichte flankiert wird, vgl. Jørgensen ICLR 2006, 394 (395).

[39] Vgl. MüKoBGB/v. Hein IPR Einl. Rn. 184; die Vorfrage betrifft den Bestand von Rechten im Verhältnis zwischen dem Konsortium und dem Vertragspartner, deren Ausgestaltung privatautonomer Willensbildung unterliegt; wäre dies anders, würde man zu ungewünschten Ergebnissen gelangen, etwa in dem Fall, dass die Gesellschaft aufgrund des Konsortialstatuts Freistellung durch einen Gesellschafter von einer Schuld der Gesellschaft gegenüber ihrem Kunden verlangen könnte, die aus Sicht des auf den Kundenvertrag anwendbaren Vertragsstatuts nicht besteht. Dagegen richtet sich die Frage der Außenhaftung der einzelnen Gesellschafter für die Verbindlichkeiten der Gesellschaft unabhängig vom Vertragsstatut des Kundenvertrages nach deren Personalstatut, vgl. hierzu MüKoBGB/Kindler IntHandels- u. GesR Rn. 614 mit weiteren Nachweisen aus der Rechtsprechung.

Die Rechtswahl sollte sich nicht im Widerspruch zu einer Gerichtsstandsklausel verhalten. Typischerweise wird sich ein mit der Sache befasstes englisches Gericht schwertun, wenn es zur Entscheidung innerkonsortialer Konflikte nach Maßgabe etwa deutschen oder schweizerischen Rechts berufen wird. Sinnvollerweise sollte deshalb auf eine **Harmonisierung von Rechtswahlklausel und Gerichtsstandsabrede** geachtet werden.[40] Im Fall einer Schiedsvereinbarung besteht dagegen die Möglichkeit, unabhängig vom jeweiligen Schiedsort Schiedsrichter zu bestimmen, die in Bezug auf das maßgebliche Recht entsprechende Sachkunde aufweisen. 35

Schließlich sollten die Parteien eine **angemessene Absicherung** ihrer im Innenverhältnis ggf. entstehenden Ansprüche, insbesondere etwaiger Rückgriffsansprüche aus der gesamtschuldnerischen Außenhaftung, vorsehen, etwa durch die wechselseitige Absicherung mittels Bankbürgschaften (bei ausschließlicher Beteiligung nationaler Konsortialpartner) oder Bankgarantien im Falle multinationaler Beteiligungen. Die Absicherung ist dabei umso wichtiger, je weniger die Konsorten die wirtschaftliche Leistungsfähigkeit ihrer Konsortialpartner einschätzen können. Nicht selten werden seitens der Kunden Konsortialpartner vorgegeben, mit denen bereits im Vorfeld Verhandlungen über den jeweiligen Leistungsumfang und entsprechende Preise erfolgen. Der Kunde profitiert dann von günstigen Preisen des einen Konsortialpartners, während er sich über die gesamtschuldnerische Haftung der anderen, vermeintlich wirtschaftlich leistungsfähigeren Konsorten absichert. Hier sollte in besonderem Maße auf eine angemessene Sicherung der etwaigen Ausgleichsansprüche gegen den kundenseitig vorgegebenen Konsorten geachtet werden. 36

Bei der **Bemessung der angemessenen Höhe** der Sicherungsmittel ist zu berücksichtigen, dass die Sicherung sich unmittelbar nachteilig auf die Liquidität des betreffenden Konsorten auswirkt. Insbesondere verpflichtet sich das Konsortium in aller Regel auch dem Kunden gegenüber, performance bonds herauszulegen, die von den Konsorten entsprechend ihrer Beteiligung unmittelbar zu stellen sind oder von einem Konsorten in voller Höhe der Sicherungsverpflichtung beschafft und durch entsprechende Rücksicherheiten der anderen Konsorten im Verhältnis zur jeweiligen Beteiligung gedeckt werden. Weil hierdurch die Liquidität der Konsorten bereits reduziert wird, sollten ausufernde Sicherheiten vermieden und die Sicherung der innerkonsortialen Ansprüche auf ein vernünftiges Maß begrenzt werden. 37

Bei einem im internationalen Wirtschaftsverkehr üblichen **Austausch wechselseitiger payment bonds** auf erste Anforderung ist überdies für den Fall der Insolvenz eines Konsortialpartners zu berücksichtigen, dass die Sicherheiten wechselseitig zumeist auch ohne umfassende Prüfung der Berechtigung seitens des Insolvenzverwalters in Anspruch genommen werden, was zu **einem sofortigen Liquiditätsabfluss** unabhängig von der Rechtslage führt. 38

II. Bedeutung und Besonderheiten international verwendeter Vertragsmuster im internationalen Industrieanlagengeschäft

1. Funktion und Bedeutung der internationalen Vertragsmuster

Internationale Industrieanlagenverträge werden in der Praxis selten von den Vertragsparteien im Einzelnen projektspezifisch entworfen. Das Ausmaß **typischerweise regelungsbedürftiger Sachverhalte** würde den zeitlichen Rahmen oftmals sprengen, erhebliche Transaktionskosten verursachen[41] und unnötige Verwerfungen zwischen den Beteiligten 39

---

40 Zutreffend MVH/Kratzsch II Form. II.1. Anm. 84, die zu Recht darauf hinweisen, dass die Parteien auch die Zulässigkeit der Rechtswahl nach Maßgabe der *lex fori* des gewählten Gerichts sicherstellen sollten, weil sie sonst mitunter von der Anwendung eines von ihnen nicht berufenen Rechts durch das gewählte Gericht überrascht werden könnten. Generell zu Zusammenhängen zwischen Gerichtsstand bzw. Schiedsort und maßgeblichem Vertragsstatut → § 3 Rn. 26 ff.

41 Sweet ICLR 2011, 101 (101).

noch vor dem Vertragsabschluss erzeugen. Hinzu kommt, dass insbesondere auf Seiten des Kunden finanzierende Banken ebenfalls jede Unsicherheit im Zusammenhang mit der individuellen Vertragsgestaltung zu vermeiden suchen. In der Praxis kommt daher einschlägigen Musterverträgen wesentliche Bedeutung zu, die von diversen international agierenden Institutionen erarbeitet und mit der Zeit weiterentwickelt und den Bedürfnissen der Verwender angepasst wurden. **Nationale Entsprechungen**[42] zu diesen Mustervertragswerken sind etwa die für deutsche Bauprojekte dominierenden Allgemeinen Vertragsbedingungen für die Ausführung von Bauleistungen (VOB/B) oder die diversen Mustervertragsbedingungen des The Joint Contracts Tribunal Limited (JCT),[43] die für nationale englische Bauvorhaben verbreitet sind.[44]

40 Der große Vorteil der für den internationalen Gebrauch entwickelten Vertragsmuster ist deren **Verbreitungsgrad und internationale Anerkennung** als im Wesentlichen ausgewogene, den Interessen beider Vertragspartner Rechnung tragende Regelungen, die unabhängig davon verwendbar sind, welcher Rechtsordnung die Vertragsparteien den Vertrag unterwerfen. Legt ein Kunde seiner Ausschreibung etwa Bedingungen nach Maßgabe der FIDIC-Vertragsmuster zugrunde, wird er davon ausgehen, dass die Bieter die Bedingungen im Wesentlichen als ausgewogene Regelung akzeptieren und langwierige Vertragsverhandlungen insoweit nicht mehr zu befürchten sind. Soweit die Parteien von einzelnen Bestimmungen abweichen wollen, was in unterschiedlichem Umfang bei nahezu allen Industrieanlagenprojekten der Fall ist, geschieht dies im Rahmen von besonderen Vertragsbestimmungen (particular conditions), deren individuelle Vereinbarung von den Mustervertragsbedingungen (general conditions) als selbstverständlich vorausgesetzt wird. Mit diesen besonderen Vertragsbedingungen tragen die Parteien den individuellen Besonderheiten des Vorhabens Rechnung.

2. Gemeinsamkeiten und Besonderheiten der verschiedenen Vertragsmuster

41 Die unterschiedlichen Vertragsmuster weisen neben zahlreichen Gemeinsamkeiten eine Reihe individueller Besonderheiten auf, mit denen sich die Vertragsparteien bei der Wahl des betreffenden Musters vertraut machen sollten. Gemeinsam haben die Vertragswerke auf den ersten Blick **ihren erheblichen Umfang** im Vergleich zu herkömmlichen nationalen Vertragswerken, wie etwa der VOB/B. Hintergrund dafür ist das Bestreben, möglichst sämtliche der im Verlaufe des Bauvorhabens eintretenden Rechtsfragen zu adressieren und sie sachgerechten Lösungen zuzuführen.

42 Ferner haben sämtliche der gebräuchlichen Vertragsmuster gemein, dass sie **in englischer Sprache** abgefasst sind, wenngleich zum Teil mehr oder weniger taugliche Übersetzungen erhältlich sind. Die Verwendung der englischen Sprache geschieht mit Rücksicht auf ihren weltweiten Verbreitungsgrad innerhalb des maßgeblichen Adressatenkreises und birgt für die Rechtsanwender nicht zu unterschätzende Risiken, vor allem für solche Vertragsparteien und deren Berater, die der englischen Sprache nicht in dem für die Vertragsgestaltung erforderlichen Umfang mächtig sind. Muttersprachler haben hier im Grundsatz Vorteile, wenngleich die englische Rechtssprache viele Besonderheiten aufweist, die sich auch dem sprachlich versierten Anwender nicht aus sich heraus erschließen, sondern vertiefte Kenntnisse des Sachzusammenhangs voraussetzen, in den bestimmte Begrifflichkeiten eingebettet sind. Das Problem wird auch nicht dadurch gelöst, dass sich die Parteien auf eine andere Sprache als Vertragssprache verständigen und das Vertragsmuster entsprechend übersetzen lassen, weil solche **Übersetzungen** oftmals den von den Entwurfsverfassern mit einer Regelung verfolgten Sinn und Zweck unzutreffend interpretieren und die Ver-

[42] Jaeger/Hök FIDIC S. 71.
[43] Zu beziehen unter www.jctltd.co.uk.
[44] Für die Schweiz vgl. die diversen Musterverträge des SIA, www.sia.ch; für die USA vgl. insbes. die General Conditions of the Contract for Construction des American Institute of Architects (AIA), A 201–2007.

tragsparteien damit buchstäblich in die Irre führen.[45] Übersetzungen mögen als interne Entscheidungshilfe für die Entscheidungsträger der Parteien nützlich sein.[46] Willensbildungen sollten jedoch nicht allein auf die heimische Übersetzung gestützt werden, sondern grundsätzlich das Ergebnis einer intensiven Befassung mit dem Originalwortlaut des Vertragsmusters, ggf. durch Einbeziehung sprachlich versierter und rechtskundiger Berater, sein.

Letzteres ist umso mehr zu empfehlen, als die international gebräuchlichen Musterver- 43
träge nicht nur in englischer Sprache abgefasst, sondern in ihrer Entstehung maßgeblich von den **Prinzipien des anglo-amerikanischen common law geprägt** sind. Zwar lassen alle Vertragsmuster grundsätzlich eine abweichende Rechtswahl zu.[47] Jedoch setzt die sachgerechte Auslegung der Bestimmungen des Vertragsmusters auch in diesem Fall fundierte Kenntnisse ihrer Entstehungsgeschichte und ihres Sinnzusammenhangs voraus, die sich dem Anwender wiederum erst vor dem Hintergrund des common law erschließen.[48]

3. Übersicht über die gängigsten Vertragsmuster im internationalen Industrieanlagenbau

Bei der Frage, welche der internationalen Vertragsmuster sich in der Praxis am weitesten 44
verbreitet haben, spielen subjektive Einschätzungen notwendig eine erhebliche Rolle, weil es verlässliche Erhebungen zu dieser Frage kaum jemals geben wird. Für die Zwecke der vorliegenden Darstellung muss es daher genügen, sich auf einige wenige, nach Einschätzung des Verfassers in der Praxis häufig verwendete Vertragsmuster zu beschränken.

a) ICC Model Turnkey Contract for Major Projects/ICC Model Contract for the Turnkey Supply of an Industrial Plant

Im Jahre 2003 veröffentlichte die International Chamber of Commerce (ICC) ihren Mo- 45
del Contract for the Turnkey Supply of an Industrial Plant mit dem Ziel, ein ausgewogenes, in sich geschlossenes Regelwerk für die Parteien von Industrieanlagenverträgen bereitzustellen und so die Verhandlungen zu erleichtern.[49] Das Vertragsmuster befasst sich ausdrücklich nur mit den Erfordernissen des Anlagenvertrages und geht folgerichtig davon aus, dass die Gebäudeerrichtungsarbeiten (civil works), wie sie für den Großanlagenbau, etwa im Bereich des Kraftwerkbaus, benötigt werden, kundenseitig erbracht werden. Das Muster ist damit für die Errichtung von Produktionsanlagen oder abgrenzbaren Teilen davon (production units) jeder Größe und Bauweise geeignet.[50] Parallel zu der Ausarbeitung des Vertragsmusters durch die von der ICC eingesetzte Task Force on Turnkey Contracts entwickelte die ICC speziell für Großanlagenprojekte den 2007 veröffentlichten Model Contract for Major Projects, der die schlüsselfertige Vergabe von Großanlagen einschließlich der Gebäude- und ggf. Infrastrukturerrichtung regelt und sich wie das Orgalime-Vertragsmuster als Alternative zum Silver Book der FIDIC versteht. Dieser Vertrag erhielt im Jahr 2020 eine zweite Edition.

Der Model Contract for the Turnkey Supply of an Industrial Plant weist die Besonder- 46
heit auf, dass er ausweislich seiner Zielsetzung **ohne gesonderte Rechtswahl** der Parteien auskommt und auf diese Weise den potenziellen Konflikt bezüglich der Rechtswahl zwischen den Parteien vermeidet. Etwaige Lücken der vertraglichen Bestimmungen werden durch subsidiäre Einbeziehung der „soft law" Kodifikation Unidroit Principles of In-

[45] Zutreffend Jaeger/Hök FIDIC S. 101.
[46] Roquette/Schweiger/Ritter/Schätzlein Privates Baurecht E. II. Rn. 71.
[47] Vgl. etwa die Alternative des Art. 36B des ICC Model Contract for the Turnkey Supply of an Industrial Plant oder die Wahlmöglichkeit in der Contract Data der FIDIC-Bücher, dort zu Sub-Clause 1.4.
[48] Roquette/Schweiger/Ritter/Schätzlein Privates Baurecht E. II. Rn. 71.
[49] Foreword to Model Contract for the Turnkey Supply of an Industrial Plant.
[50] Introduction to ICC Model Contract for the Turnkey Supply of an Industrial Plant S. 10.

ternational Commercial Contracts (PICC) 2010 und des CISG[51] geschlossen, wobei die in den PICC zwingend ausgestalteten Bestimmungen ebenfalls nur subsidiär gelten sollen. Letztlich dürfte es jedoch kaum empfehlenswert sein, von einer zumindest ergänzenden Rechtswahl abzusehen, weil die Parteien sonst Gefahr laufen, sich unfreiwillig den zwingenden Bestimmungen des nach einschlägigem Kollisionsrecht maßgeblichen nationalen Rechts zu unterwerfen.[52] Als Alternative weist das Vertragsmuster daher auf die Möglichkeit der Wahl eines anwendbaren nationalen Rechts durch die Parteien hin (Art. 36B).

47 Demgegenüber sieht der Model Turnkey Contract for Major Projects wiederum eine reguläre Rechtswahlklausel vor (Art. 5.1).[53] und erklärt mangels einer ausdrücklich abweichenden Regelung das Recht des Staates für anwendbar, in dem das Bauvorhaben realisiert wird.[54]

48 Am Markt behauptet hat sich von den beiden Model Turnkey Contracts der ICC allenfalls der später erschienene, kürzlich neu aufgelegte Model Turnkey Contract for Major Projects. Der Model Contract for the Turnkey Supply of an Industrial Plant erwies sich infolge seines geringen Umfangs als für Großprojekte eher ungeeignet.[55] Verschiedene Regelungen gerade des Model Turnkey Contract for Major Projects entsprechen den **Bedürfnissen der Anlagenunternehmer** sicher in größerem Umfang als das FIDIC Silver Book[56]; insbesondere die Bestimmungen bezüglich Haftungsbegrenzung und pauschaliertem Schadensersatz für Verzug und Verfehlung vereinbarter performance criteria sind weitaus differenzierter als die entsprechenden Bestimmungen des FIDIC Silver Book. In der Fassung des Model Turnkey Contract for Major Projects von 2020 fehlen im Unterschied zur Fassung von 2007 allerdings Regelungen, die das Risiko der missbräulichen Inanspruchnahme von Sicherheiten reduzieren.[57] Zudem ist bei verschiedenen Regelungen aus Sicht der Verfasser durchaus zweifelhaft, ob sie auch vor dem Hintergrund einer möglichen **Vereinbarung anglo-amerikanischen Rechts** als Vertragsstatut ihren intendierten Zweck erreichen. Auf Einzelheiten wird im Rahmen der Darstellung der typischen Regelungsinhalte verschiedentlich noch näher einzugehen sein.

b) ORGALIME Turnkey Contract for Industrial Works

49 Der vom Europäischen Verband der mechanischen, elektronischen und Metallartikelindustrie (ORGALIME) herausgegebene Turnkey Contract for Industrial Works wurde als Alternative zu dem von der FIDIC herausgegebenen Silver Book für **industrielle Großbauvorhaben,** wie Kraftwerke oder industrielle Produktionsanlagen, entwickelt und 2003 veröffentlicht.[58] Er besteht aus einem Main Contract einschließlich der besonderen Bedingungen, den General Conditions und einer Check List, mit der typische Anlagenleistungen beider Vertragsparteien ergänzt werden können. Wie das FIDIC Silver Book verzichtet das Vertragsmuster auf die Einschaltung eines engineer als Entscheidungsinstanz und berücksichtigt in größerem Maße die **Interessen des Anlagenunternehmers** als das

[51] Die Unidroit Principles und das CISG sind dem Model Contract for the Turnkey Supply of an Industrial Plant als Appendices II bzw. I beigefügt.

[52] Hierauf weist zu Recht Art. 36.2 des Model Contract for the Turnkey Supply of an Industrial Plant hin.

[53] Bemerkenswert ist insofern, dass für diese Rückkehr zur traditionellen Rechtswahl der Parteien seitens der Verfasser keine Begründung geliefert wird. Es steht zu vermuten, dass die Turnkey Task Force bei der Entwicklung des vier Jahre später vorgelegten Model Turnkey Contract for Major Projects bereits die mangelnde Akzeptanz des Model Contract for the Turnkey Supply of an Industrial Plant berücksichtigt und auf dessen Charakteristikum der rechtlichen Eigenständigkeit zurückgeführt hat.

[54] Vgl. Art. 5.1 Satz 2 mit Verweis auf den definierten Ausdruck Country als des Staates, in dem sich der Ort des Bauvorhabens befindet (Art. 1.1).

[55] Bock/Zons/Becker Rechtshandbuch Anlagenbau Teil A Rn. 108.

[56] Hierzu noch unten → Rn. 50.

[57] Art. 11.1 des Model Turnkey Contract for Major Projects 2007 machte die Inanspruchnahme einer Sicherheit von der vorherigen Entscheidung des Combined Dispute Board (CDB) abhängig. In der erneuerten Fassung von 2020 ist diese Klausel vollständig gestrichen worden.

[58] Introduction to the Orgalime Turnkey Contract for Industrial Works S. 2.

FIDIC Silver Book,[59] was einerseits zu einer weitreichenden Akzeptanz auf Seiten der Unternehmer führt, andererseits aber die Verhandlungen angesichts der erheblichen Mitbestimmungsrechte der projektfinanzierenden Kreditinstitute auf Kundenseite deutlich erschwert.[60] Das Orgalime-Vertragsmuster wird in der Praxis häufig seitens der Anlagenunternehmer vorgeschlagen, jedoch selten mit Erfolg. Projekte der vom Orgalime-Vertragsmuster adressierten Größenordnung werden im Rahmen internationaler Ausschreibungen vergeben, bei denen die Vertragsmuster zumeist kundenseitig vorgegeben werden. Es liegt in der Natur der Sache, dass Kunden sich angesichts der ausdrücklichen Zielsetzung des Orgalime-Vertragsmusters, die Rechte des Anlagenunternehmers zu stärken, tendenziell eher für die FIDIC-Vertragsmuster entscheiden.[61] Allerdings helfen die Orgalime-Bedingungen bei der Erarbeitung von Gegenvorschlägen zu einzelnen Bestimmungen der bei der Ausschreibung zugrunde gelegten Bedingungen des Kunden.[62]

c) FIDIC Rainbow Suite

Die FIDIC befasst sich als internationaler Berufsverband der beratenden Ingenieure seit mehreren Jahrzehnten[63] mit der Erarbeitung und Herausgabe von Standardbedingungen für internationale Bauvorhaben. Aktuell gebräuchlich ist vor allem die im Jahr 1999 als 1st Edition erschienene sog. Rainbow Suite, bestehend aus dem überarbeiteten **Red Book,**[64] **Yellow Book**[65] und einem **Silver Book**[66] sowie einem für kleinere Bauvorhaben entwickelten Short Form of Contract (Green Book). Weiter hat die FIDIC im Jahr 2008 ihr Vertragsmuster-Portfolio um speziell entwickelte Bedingungen für BOT-Verträge[67] (Gold Book)[68] erweitert. 2017 erhielten aus der Rainbow Suite das **Yellow Book,** das **Red Book** und das **Silver Book** eine zweite Auflage; die zweite Auflage des **Green Book** folgte 2021.[69] Die Vertragsmuster der FIDIC weisen den mit Abstand **höchsten Verbreitungsgrad aller internationalen Vertragsmuster** auf. Sie werden öffentlichen Ausschreibungen in vielen Staaten zugrunde gelegt; zum Teil wird ihre Vereinbarung gar zur Voraussetzung für die Vergabe öffentlicher Fördergelder gemacht.[70] 50

Die FIDIC Rainbow Suite erfreut sich bei der Ausschreibung von internationalen Großprojekten der Privatwirtschaft in den vergangenen Jahren weltweit[71] **großer Beliebtheit.** Sie bestehen aus einem Vertragsdokument (Contract Agreement), wechselseitigen Angebots- und Annahmeerklärungen (Letter of Tender, Contract Data (in der 1st Edition: 51

[59] Introduction to the Orgalime Turnkey Contract for Industrial Works S. 2.

[60] Bell ICLR 2004, 164 ff.; Hök Handbuch § 18 Rn. 195 f.

[61] Henchie ICLR 2004, 67 (81 f.).

[62] Henchie ICLR 2004, 67 (82) gibt einen tabellarischen Überblick über die maßgeblichen Regelungen des Orgalime-Musters; in deutscher Übersetzung wiedergegeben von Hök Handbuch § 18 Rn. 196.

[63] Die erste Ausgabe des für Bauverträge mit Planungsverantwortung des Bauherrn entworfenen Red Book datiert zurück auf das Jahr 1957.

[64] Conditions of Contract for Construction for Building and Engineering Works Designed by the Employer.

[65] Conditions of Contract for Plant and Design-Build for Electrical and Mechanical Plant and for Building and Engineering Works Designed by the Contractor.

[66] Conditions of Contract for EPC/Turnkey Projects.

[67] Build, Operate, Transfer, vgl. Delmon/Scriven ICLR 2001, 240 ff.; Goedel BB 1991 Beilage 20, 19 ff.

[68] Conditions of Contract for Design, Build and Operate Projects, 1st edition 2008.

[69] Im Folgenden sind mit „FIDIC-Vertragsmustern" ohne nähere Angabe die Muster der 2nd Edition gemeint.

[70] Bock/Zons/Becker Rechtshandbuch Anlagenbau Teil A Rn. 138 ist skeptisch, inwieweit die „Aufblähung" der FIDIC Rainbow Suite in der 2nd Edition die dominante Marktposition dieser Vertragswerke bedroht. Dies bleibt abzuwarten. Da allerdings, wie er an anderer Stelle richtig ausführt, die Regelungen inhaltlich weitgehend die gleichen sind, dürfte sich der erforderliche Anpassungsaufwand für die Parteien trotz des deutlich höheren Formalisierungsgrades in Grenzen halten.

[71] Die FIDIC bietet Übersetzungen der verschiedenen Vertragsmuster ua in chinesischer, spanischer, französischer, arabischer, polnischer, russischer, ungarischer, litauischer und japanischer Sprache an. Deutsche Übersetzungen sind nicht offiziell erhältlich, eine informelle Übersetzung hat jedoch Hök in der VBI-Schriftenreihe deutschsprachige Übersetzungen des Red, Yellow, Silver und White Books ausgearbeitet (Bände 9 und 12–14).

Appendix to Tender), Letter of Acceptance) und dem eigentlichen Herzstück der FIDIC-Vertragsmuster, den **General Conditions of Contract,** die gemeinsam mit den von den Parteien individuell auszuhandelnden Particular Conditions of Contract die auf den Vertrag anzuwendenden Conditions of Contract bilden.

52 Die FIDIC Vertragsmuster haben in der Vergangenheit in Deutschland – gemessen an ihrer internationalen Bedeutung – nur eine untergeordnete Rolle gespielt, was sich an der auch weiterhin geringen Anzahl deutschsprachiger Veröffentlichungen bemessen lässt. Ihre Bedeutung nimmt jedoch in dem Maße zu, in dem sich deutsche Anlagenunternehmer an **internationalen Ausschreibungen** für Bauvorhaben und Industrieanlagen im Ausland **beteiligen.** Angesichts dieser wachsenden Bedeutung befasst sich die vorliegende Darstellung mit den zentralen Besonderheiten und spezifischen Risiken, die sich aus der Vereinbarung der FIDIC-Vertragsmuster unter Berücksichtigung deutschen, schweizerischen und anglo-amerikanischen Rechts als vereinbartem Vertragsstatut ergeben.

d) NEC-Verträge

52a Wachsende Bedeutung erlangt haben in den vergangenen Jahren die New Engineering Contracts (NEC) der britischen Institution of Civil Engineers, welche seit 2017 in der 4th Edition (NEC4) vorliegen. Die NEC-Verträge sind in Großbritannien mittlerweile das am meisten genutzte Vertragsmuster für Großprojekte.[72] Sie sind besonders durch einfache, verständliche Sprache (plain language) gekennzeichnet und dadurch, dass sie ein **partnerschaftliches Miteinander der Parteien**[73] zu einem Leitmotiv des Vertrages machen.[74] Obwohl nicht spezifisch für den internationalen Anlagenbau konzipiert, lässt sich der NEC Engineering and Construction Contract **individuell an die Erfordernisse des Projekts anpassen.** Dies wird dadurch gewährleistet, dass über **Pflichtklauseln** (core clauses) hinaus **Optionsklauseln** im Vertragsmuster vorgesehen sind. Für die Vertragsart muss zwingend eine Auswahl zwischen mehreren möglichen Klauseln getroffen werden (main option clauses);[75] darüber hinaus können Klauseln optional hinzugewählt werden (secondary options). Die Risikoverteilung zwischen den Parteien hängt zu großen Teilen davon ab, welche der hierfür einschlägigen, optionalen Klauseln die Parteien letztlich auswählen. Die Klauseln entspringen dem **anglo-amerikanischen Rechtskreis** und ähneln daher inhaltlich stark den FIDIC- sowie den JCT-Vertragsmustern. Auf Besonderheiten des NEC Engineering and Construction Contract wird im Folgenden an den entsprechenden Stellen verwiesen.

e) UNIDO

53 Bereits 1983 hat die United Nations Industry Development Organization (UNIDO) ihren Model Form of Turnkey Lump Sum Contract for the Construction of Fertilizer Plant including Guidelines and Technical Annexures vorgelegt. Obgleich das Muster, wie bereits aus der Bezeichnung ersichtlich, im Grundsatz für die Errichtung einer Produktionsanlage

---

[72] Fabich/Khokar/Cowling/Ciufu-Hayward ICLR 2018, 28, die allerdings darauf hinweisen, dass NEC4 dafür international bisher nur wenig Fuß gefasst habe.

[73] Core Clause 10.1: „(...) *shall act in a spirit of mutual trust and co-operation.*" Dazu, dass dieser Passus nicht mehr ist als eine floskelhafte Absichtserklärung Hughes NEC3 S. 24 f.: „*However, the difficulty is that, if a party does not act in a spirit of mutual trust and cooperation, what can another party who may be affected, do? The answer is that the clause is almost unenforceable* (...)." Dies dürfte besonders vor dem Hintergrund der nach wie vor eher zurückhaltenden Anerkennung von „principles of good faith and fair dealing" als implied term durch die englischen Gerichte zutreffen, vgl. hierzu auch Mosey ICLR 2015, 392.

[74] Entsprechende Ansätze finden sich im NEC4 Engineering and Construction Contract etwa darin, dass die Stellung eines (dem engineer der FIDIC-Verträge in seiner Funktion ähnlichen) project manager sowie eines supervisor vorgesehen sind. Weiterhin in dem System der early warnings – welches die FIDIC-Vertragsmuster nun ebenfalls implementiert haben – sowie des compensation event management durch den contract manager (vgl. Clause 60.1); hierzu ausführlich Hök IBR 2006, 1651.

[75] Vgl. die kurze Übersicht der auswählbaren Vertragsdurchführungsoptionen bei Hilgers/Kaminsky Anlagenbau Rn. 1045; weiterführend zur Systematik Uff Construction Law S. 359 ff.

für Düngemittel entwickelt wurde, ist es **in wesentlichen Grundzügen auch für andere Industrieanlagen verwendbar,** sofern die spezifischen Textpassagen durch entsprechende Regelungen für die vertragsgegenständliche Anlage ersetzt werden. Aufgrund der geringen praktischen Bedeutung wird auf eine eingehende Darstellung vorliegend verzichtet.[76]

III. Zweckmäßigkeit der Rechtswahl bei internationalen Industrieanlagenverträgen

Für die Vertragsparteien des Industrieanlagenvertrages sind die Besonderheiten des auf den Vertrag anwendbaren materiellen Rechts in gleichem Umfang bedeutsam wie im Fall anderer Verträge mit Auslandsberührung. Es empfiehlt sich deshalb auch in gleichem Umfang, Einfluss auf die Bestimmungen des anwendbaren Rechts zu nehmen, was durch Rechtswahlklauseln weitestgehend möglich ist. Die Zulässigkeit solcher Parteivereinbarungen ergibt sich für den Bereich des Industrieanlagenbaus (bei Zuständigkeit staatlicher Gerichte innerhalb der EU) aus den Bestimmungen der Rom **I-VO,** die als Teil (auch) des deutschen Internationalen Privatrechts das auf vertragliche Schuldverhältnisse in Zivil- und Handelssachen anwendbare Recht bei Sachverhalten mit Auslandsberührung festlegen.[77] Nach Art. 3 Abs. 1 S. 1 der Rom I-VO unterliegt der Vertrag dem von den Parteien ausdrücklich oder aus den Umständen ersichtlich vereinbarten (materiellen) Recht. Uneingeschränkt gilt dies jedoch nur, soweit der Vertrag einen **genuinen internationalen Bezug** aufweist. Anderenfalls ist die Rechtswahl zwar wirksam, versteht sich jedoch nach Maßgabe von Art. 3 Abs. 3 Rom I-VO vorbehaltlich der zwingenden Bestimmungen des Staates, dessen Recht die Parteien mittels der Rechtswahl abbedungen haben, sofern ausschließlich zu diesem Staat sachverhaltliche Berührungspunkte bestehen.[78] Im Grundsatz sind die Parteien internationaler Industrieanlagenverträge damit in ihrer Rechtswahl weitestgehend frei.[79] 54

1. Bedeutung der Rechtswahl für die Vertragsgestaltung

Eine sachgerechte Rechtswahl ist in vielfacher Hinsicht von erheblicher Bedeutung für die rechtlichen Beziehungen der Vertragsparteien. Das anwendbare Recht entscheidet bereits über die Wirksamkeit des Vertragsschlusses, also eben darüber, ob zwischen den Parteien überhaupt vertragliche Bestimmungen gelten sollen. Das anwendbare Recht entscheidet aber vor allem über die Frage, ob und inwieweit die vertraglichen Bestimmungen wirksam sind und, soweit dies nicht der Fall ist, welche Regelungen anstelle der unwirksamen Bestimmungen gelten sollen. Schließlich ist es maßgeblich für die Auslegung der Vertragsklauseln und die Frage, welche dispositiven oder gar zwingenden gesetzlichen Regelungen darüber hinaus zu beachten sind. Die Parteien verlassen sich oftmals zu sehr auf die vertraglichen Regelungen, die sie sorgsam durchdacht, verhandelt und vereinbart haben. Die dahinterstehende Erwartung, der **Grundsatz der Vertragsfreiheit** gelte unabhängig von der getroffenen Rechtswahl, wird häufig mit fatalen Folgen für die eine oder andere Partei enttäuscht. 55

Wenn sich ein Anlagenunternehmer beispielsweise darauf verlässt, dass die vereinbarten Vertragsstrafen oder pauschalierten Schadensersatzansprüche für einen Leistungsverzug 56

---

[76] Dünnweber, Vertrag zur Erstellung einer schlüsselfertigen Industrieanlage im internationalen Wirtschaftsverkehr, 1984.

[77] Verordnung (EG) Nr. 593/2008 des Europäischen Parlaments und des Rates vom 17.6.2008 über das auf vertragliche Schuldverhältnisse anzuwendende Recht (Rom I), ABl. EU 2008 L 177/6, ber. durch ABl. EU 2009 L 309/87; anwendbar auf seit dem 17.12.2009 geschlossene Verträge.

[78] Dazu im Einzelnen → § 3 Rn. 38.

[79] Zu den Gestaltungsmöglichkeiten der Rechtswahl bei internationalen Wirtschaftsverträgen umfassend → § 13.

oder eine Schlechterfüllung abschließend und weitere Konsequenzen bei fortgesetztem Verzug nicht zu befürchten sind, hätte er wohl nach den meisten Rechtsordnungen schlechte Karten, vor allem, wenn er dann bewusst weitere Verzögerungen verursacht und so erhebliche Schäden auf Seiten des Kunden erzeugt. Indessen wird er dieses Ergebnis nicht mittels Rechtswahl vermeiden können, weil vorsätzliche Vertragsverletzungen in nahezu allen in Betracht kommenden Rechtsordnungen zu einer unbegrenzten Haftung führen. Wenn der Anlagenunternehmer aber bei sonst gleichem Sachverhalt die Termine lediglich leicht fahrlässig oder gar schuldlos nicht hält oder die Anlage nicht die vereinbarte Leistung erbringt, hängt die Frage, ob seine Haftung entsprechend der vertraglichen Regelung tatsächlich auf den vereinbarten pauschalierten Schadensersatz (liquidated damages) oder die vereinbarte Vertragsstrafe (penalty) begrenzt ist, von der rechtlichen Bewertung der zur Entscheidung berufenen Rechtsordnung ab. Diese wird in verschiedenen Rechtsordnungen unterschiedlich ausfallen. Es leuchtet unmittelbar ein, dass Rechtsordnungen, die maßgeblich von der islamischen Sharia geprägt sind, hier einen anderen Standpunkt einnehmen können als etwa kontinentaleuropäische Rechtsordnungen, wie etwa deutsches oder schweizerisches Recht. Echte Vertragsstrafen (penalties) sind im anglo-amerikanischen common law unwirksam, nach deutschem oder schweizerischen Rechtsverständnis dagegen zulässig und Gegenstand gesetzlicher Regelungen. Vereinbaren die Parteien die abschließende Sanktionierung eines Verzuges mit einer ausdrücklichen vertraglichen Bestimmung über die Zahlung von liquidated damages, könnte die Regelung nach Maßgabe des US-Rechts unwirksam sein,[80] während sie nach englischem Recht wirksam ist.[81] Die Unwirksamkeit der vereinbarten abschließenden Rechtsfolge kann sich für den Kunden nachteilig auswirken, wenn er keinen tatsächlichen materiellen Schaden (general damages) hat oder nachweisen kann. Für den Anlagenunternehmer dagegen kann sie sich in einem wirtschaftlichen Fiasko auswirken, wenn sie dazu führt, dass der Kunde nun anstelle des pauschalierten Schadensersatzes seinen gegebenenfalls sehr viel höheren tatsächlichen Schaden geltend machen kann. Für beide Vertragsparteien ist es mithin von zentraler Bedeutung, dass die vertraglichen Bestimmungen, die sie vereinbart haben, wirksam sind, was maßgeblich vom Vertragsstatut abhängt.

2. Relevante Besonderheiten des deutschen, schweizerischen und anglo-amerikanischen Rechts für Industrieanlagenverträge, insbesondere betreffend die Inhaltskontrolle von Allgemeinen Geschäftsbedingungen

57 Ohne Anspruch auf Vollständigkeit sollen im Folgenden einige aus praktischer Sicht besonders relevante Besonderheiten aufgezeigt werden, die bei der Vertragsgestaltung berücksichtigt werden sollten, insbesondere sofern erwogen wird, die betreffende Rechtsordnung als Vertragsstatut zu vereinbaren.

a) Besonderheiten deutschen Rechts

58 Schon lange gehen international erfahrene Vertragsparteien nicht mehr uneingeschränkt davon aus, dass die Vereinbarung deutschen Rechts zu einem erhöhten Grad an Rechtssicherheit bezüglich der wechselseitigen Rechte und Pflichten führt. Grund hierfür ist vor allem die **extensive AGB-Rechtsprechung** der deutschen Gerichte, die erheblichen Einfluss auf die Vertragsgestaltung nimmt. Auf Seiten des Verwenders[82] von Vertragsmus-

[80] ZB deshalb, weil sie rückblickend betrachtet im Vergleich zum tatsächlichen Schaden überhöht ist und deshalb als unwirksame penalty qualifiziert wird, vgl. zu dieser Problematik → § 6 Rn. 55.

[81] Etwa deswegen, weil das englische Recht die Beurteilung der Angemessenheit der Höhe der liquidated damages ex ante vornimmt und auf den Zeitpunkt des Vertragsschlusses abstellt, vgl. hierzu und zur Entwicklung in der jüngeren Rechtsprechung → § 6 Rn. 47.

[82] Auf Vertragsmuster finden die Bestimmungen des AGB-Rechts nach einer Auffassung zumindest auch dann (analog) Anwendung, wenn beide Parteien sie dem Vertrag zugrunde legen wollten, mithin keine der

tern muss nahezu bei allen vertraglichen Bestimmungen, die von der gesetzlichen Rechtslage abweichen, für jede einzelne Bestimmung individuell geklärt werden, ob die konkrete Regelung vor dem Hintergrund der deutschen AGB-Rechtsprechung wirksam ist und welche gesetzlichen Bestimmungen gegebenenfalls an die Stelle einer unwirksamen Bestimmung treten. Insofern ist oftmals weniger mehr, weil sich zusammenfassend konstatieren lässt, dass die AGB-rechtlichen Restriktionen umso öfter zur Unwirksamkeit einer vertraglichen Bestimmung führen, je vorteilhafter die Bestimmung für den Verwender im Vergleich zur gesetzlichen Rechtslage ist. Auf der anderen Seite wird sich der Vertragspartner des Verwenders häufig auf für ihn ungünstige Regelungen einlassen können, sofern von deren Unwirksamkeit aufgrund der AGB-rechtlichen Besonderheiten ausgegangen werden kann. Besondere Schwierigkeiten bereitet hier die oftmals **prognostische Bewertung,** wie die Rechtsprechung einen konkreten Sachverhalt womöglich einschätzen würde, wenn sie im Streitfall darüber zu befinden hätte. Hinzu kommt, dass die in internationalen Industrieanlagenverträgen zumeist enthaltenen Schiedsgerichtsabreden diese Prognose eher schwieriger gestalten, weil Schiedsgerichte oftmals, aber keineswegs grundsätzlich, weniger strenge Maßstäbe an die AGB-rechtliche Inhaltskontrolle anlegen als dies bei staatlichen Gerichten zu erwarten wäre. Darunter leidet in erheblichem Maße das Vertrauen der Vertragsparteien in die Wirksamkeit der vertraglichen Bestimmungen. Verwender von Vertragsmustern sind demnach gehalten, für sie besonders wichtige Bestimmungen, die zum Nachteil des Vertragspartners vom gesetzlichen Leitbild abweichen, zur **Disposition des Vertragspartners** zu stellen und schriftliche Aufzeichnungen über den Gang der Verhandlungen zu dem betreffenden Punkt anzufertigen. Nur auf diesem Weg wird der Nachweis, dass es sich bei der konkreten Regelung ausnahmsweise nicht um eine Formularklausel handelt, sondern um eine **individuell ausgehandelte Vertragsbestimmung,** in der Praxis geführt werden können.

Andererseits sollte der Vertragspartner des Verwenders, bei größeren internationalen In- 59
dustrieanlagenprojekten vorwiegend der Anlagenunternehmer, jeweils sorgfältig darauf achten, dass besonders einschneidende Bestimmungen im Vertragsmuster des Verwenders, die der AGB-rechtlichen Inhaltskontrolle voraussichtlich nicht standhalten, entweder im Verhandlungswege auf ein gerade noch hinnehmbares Maß reduziert werden oder aber ausdrücklich dokumentiert wird (etwa durch Anfertigung von Verhandlungsprotokollen), dass eine Verhandlung über diesen Punkt nicht möglich war, weil der Kunde ihn nicht ernsthaft zur Disposition gestellt hat. Letzteres Vorgehen ist für den Anlagenunternehmer offenkundig mit **erheblichen Rechtsunsicherheiten** verbunden, weil sich die Prognose als falsch herausstellen könnte oder etwa ein Schiedsgericht weniger strenge Maßstäbe an die AGB-rechtliche Inhaltskontrolle anlegt und die betreffende Klausel für wirksam hält.

Die weitestgehend unvorhersehbaren Auswirkungen des deutschen AGB-Rechts auf die 60
vereinbarten Vertragsbestimmungen machen die Wahl des deutschen Rechts als Vertragsstatut damit zu einem erheblichen **Risiko für beide Vertragsparteien.**[83] Deutsches Recht wird daher bei internationalen Industrieanlagenverträgen selten vereinbart, weil beide Vertragsparteien ein valides Interesse daran haben, Rechtssicherheit in größtmöglichem Umfang zu erzielen, was nur möglich ist, wenn der Grundsatz der Vertragsfreiheit weitestgehend im Vordergrund der gewählten Rechtsordnung steht.[84]

Parteien Verwender im Sinne des § 305 Abs. 1 S. 1 BGB ist, vgl. nur Ulmer/Brandner/Hensen/Ulmer/Habersack AGB-Recht § 305 BGB Rn. 30; anders allerdings BGH NJW 2010, 1131.

[83] Eine Prüfung der Konformität zentraler FIDIC-Vertragsklauseln mit deutschem AGB-Recht findet sich bei Bonke/Stumpf NZBau 2018, 449.

[84] Hinzu kommt das nach deutschem AGB-Recht stets zu beachtende Verbot der geltungserhaltenden Reduktion unwirksamer Vertragsklauseln, grundlegend dazu BGHZ 90, 69 (73); BGH NJW 2007, 3421 (3423); zusammenfassend mwN Ulmer/Brandner/Hensen/Schmidt AGB-Recht § 306 BGB Rn. 14ff.

b) Besonderheiten des schweizerischen Rechts

61 Das schweizerische Recht kommt diesen Bedürfnissen in weitem Umfang entgegen. Der in Art. 19 Abs. 1 OR kodifizierte Grundsatz der Vertragsfreiheit wird prinzipiell nur durch zwingendes Gesetzesrecht sowie die öffentliche Ordnung und die guten Sitten eingeschränkt. Verstöße führen anders als nach deutschem Recht (§ 139 BGB) nicht zu einer vollständigen Nichtigkeit des Vertrages, sondern nur zu einer relativen Nichtigkeit in dem Sinne, dass der Vertrag nur insoweit unwirksam ist, als der Schutzzweck der verletzten Norm dies gebietet, im Übrigen aber wirksam bleibt (sog. Teilnichtigkeitsregel).[85] Anstelle der unwirksamen Bestimmung gilt das zwingende Gesetzesrecht, dessen Missachtung zu der Unwirksamkeit der Regelung geführt hat,[86] oder, falls die betreffende gesetzliche Regelung dispositiver Art ist, diejenige Regelung, welche die Parteien nach dem insoweit maßgeblichen hypothetischen Parteiwillen getroffen hätten, wenn sie von der Unwirksamkeit der Regelung ausgegangen wären.[87] Die Anwendbarkeit dieses Grundsatzes auch auf die Rechtsfolgen der Unwirksamkeit einzelner Klauseln führt das schweizerische Recht konsequent in die Zulässigkeit der **geltungserhaltenden Reduktion** des Klauselinhalts auf das gerade noch vertretbare Maß. Dieses Prinzip wird als natürliche Folge von Verstößen gegen zwingendes Recht im Falle der Übermaßreduktion von der Rechtsprechung[88] unabhängig davon angewendet, ob eine derartige Reduktion im konkreten Fall tatsächlich dem hypothetischen Parteiwillen entspricht.[89] Diese Abweichung vom deutschen AGB-Recht spielt gerade für die Reduzierung von Haftungsbegrenzungen auf ihren nach dem Gesetz zulässigen Inhalt eine erhebliche Rolle.[90]

62 Eine **Inhaltskontrolle Allgemeiner Geschäftsbedingungen** ist im schweizerischen Vertragsrecht für den unternehmerischen Geschäftsverkehr nicht kodifiziert. Vielmehr sind sie grundsätzlich nach den gleichen Regeln wie individuell ausgehandelte Klauseln auszulegen.[91] Allerdings besteht auch hier die Besonderheit, dass Unklarheiten vorformulierter Vertragsbedingungen zu Lasten ihres Verwenders auszulegen sind.[92] Sie sind damit wirksam, wenn und soweit sie nicht gegen zwingendes Gesetzesrecht einschließlich der öffentlichen Ordnung und guten Sitten verstoßen. Nicht zuletzt deshalb bietet sich das schweizerische Recht insbesondere aus Sicht von Verwendern mehr oder weniger einseitig ausgestalteter Vertragsmuster an: Nicht selten sind die Allgemeinen Liefer- und Leistungsbedingungen großer deutscher Industrieunternehmen von vornherein mit einer Rechtswahl zugunsten des schweizerischen Rechts als Vertragsstatut ausgestaltet.[93]

63 Allerdings ist die **zukünftige Entwicklung der Rechtslage** zur Inhaltskontrolle von AGB in der Schweiz nicht abschließend geklärt[94] – auch wenn der Gesetzgeber durch die Neufassung von § 8 UWG mit Wirkung zum 1.7.2012 eine Inhaltskontrolle zumindest

---

[85] BGE 123 III 292 (298f.).

[86] Auf den hypothetischen Parteiwillen kommt es in diesem Fall nicht an, vgl. BGE 125 III 358 (359).

[87] BGE 107 II 216 (219f.); BSK/Meise/Huguenin OR I Art. 19/20 Rn. 65.

[88] BGE 123 III 292 (298f.).

[89] BGE 123 III 292 (300): „[...] *Die bloße Teilunwirksamkeit folgt damit unmittelbar aus der Verbotsnorm, und ein entsprechender hypothetischer Parteiwille ist dem Grundsatz der Teilnichtigkeit nicht vorausgesetzt, sondern hat allenfalls für die Bestimmung der angemessenen Rechtsfolge, dh den Inhalt der Ersatzordnung, Bedeutung.*“; zustimmend Gauch recht 1998, 55 (58) und Honsell/Herzog OR Art. 20 Rn. 19; anders BGE 114 II 159 (163) zur Reduktion der Laufzeit eines Bierbezugsvertrages durch Vertragsergänzung aufgrund des hypothetischen Parteiwillens. Ein Verbot der geltungserhaltenden Reduktion hat das Bundesgericht allerdings im Fall eines Verbrauchervertrages erstmalig angenommen, s. BG, Urt. v. 18.12.2008, Az. 4 A 404/2008; für eine generelle Übernahme des Verbots der geltungserhaltenden Reduktion (wohl auch für den unternehmerischen Geschäftsverkehr) offenbar Ehle/Brunschweiler RIW 2012, 262 (269).

[90] Brachert/Dietzel ZGS 2005, 441.

[91] BGE 122 III 118 (121).

[92] Allerdings gilt diese Unklarheitenregelung nur subsidiär, sofern andere Auslegungskriterien, insbesondere die Ermittlung des hypothetischen Parteiwillens nach dem Vertrauensgrundsatz, nicht zum Erfolg, sprich, zur Klarheit des Inhalts der Regelung geführt haben, vgl. BGE 122 III 118 (121).

[93] Brachert/Dietzel ZGS 2005, 441.

[94] BSK/Zellweger-Gutknecht OR I Art. 1 Rn. 55ff.

nach dieser Bestimmung nunmehr ausdrücklich auf **Verbraucherverträge** beschränkt hat.[95] Im schweizerischen Schrifttum mehren sich die Stimmen, die für eine zumindest partielle Inhaltskontrolle vorformulierter Vertragsbedingungen etwa durch Heranziehung des auch im schweizerischen Recht allumfassenden **Grundsatzes von Treu und Glauben**[96] (Art. 2 ZGB) eintreten.[97] Der Kritik an der lediglich verdeckten Inhaltskontrolle bei B2B-Verträgen in der Schweizer Literatur wurde im sogenannten Entwurf „OR 2020" aus dem Jahr 2013[98] dergestalt Rechnung getragen, dass Art. 33 eine offene Inhaltskontrolle für sämtliche Verträge vorsah. Obwohl dieser akademische Reformvorschlag bisher nicht umgesetzt wurde und vermutlich auch zukünftig nicht wird[99], ist daher vermehrt zu umsichtigem Umgang mit Klauseln zu raten, die von zentralen gesetzlichen Bestimmungen in besonders einseitiger Art und Weise zu Gunsten des Verwenders abweichen und damit erhebliche Nachteile auf Seiten des Vertragspartners hervorrufen. Zu beachten ist insofern, dass zwar eine offene *Inhalts*kontrolle gegenwärtig noch nicht von der Rechtsprechung in der Schweiz aufgegriffen, wohl aber eine ***Geltungs*kontrolle** bei besonders ungewöhnlichen Klauseln vorgenommen wird, die an die Einigung der Parteien bezüglich der Einbeziehung einer bestimmten Klausel je höhere Anforderungen stellt, desto unbilliger die betreffende Klausel inhaltlich im Vergleich zur dispositiven Gesetzeslage erscheint.[100] In begrenztem Umfang führt dies letztlich doch zu einer verdeckten Inhaltskontrolle der AGB durch das erkennende Gericht, wenn auch das Ausmaß nicht mit der ausufernden deutschen AGB-Rechtsprechung vergleichbar ist.

Das geringere Risiko der Vertragsparteien im Hinblick auf die Inhaltskontrolle der zwi- 64
schen ihnen vereinbarten Bestimmungen geht jedoch oft einher mit solchen Rechtsunsicherheiten, die sich aus der fehlenden Kenntnis der Parteien bezüglich des vereinbarten Rechts ergeben können. Insofern eignet sich das schweizerische Recht aus Sicht des deutschen Rechtsberaters[101] besonders gut, weil es **der deutschen Rechtslage verwandt** ist und gerade im Bereich des Schuld- und Werkvertragsrechts weitgehend mit der Rechtslage vor dem Inkrafttreten des Schuldrechtsmodernisierungsgesetzes übereinstimmt.[102]

c) Besonderheiten des englischen Rechts

Englisches Recht wird in internationalen Industrieanlagenverträgen sehr häufig als Ver- 65
tragsstatut vereinbart. Vor allem bei Großprojekten, die von internationalen Bankenkonsortien finanziert werden, ist die Wahl des englischen Rechts für den Kunden oftmals obligatorisch, etwa, weil die finanzierenden Institute das Recht des Staates, in dem die Anlage errichtet werden soll, nicht für geeignet halten.[103] Kontinentaleuropäische Anlagenunternehmer dagegen versuchen die Vereinbarung englischen Rechts oft zu vermeiden, weil sie befürchten, dass die Rechtsstellung des Kunden hierdurch im Vergleich zu anderen Rechtsordnungen zu ihrem Nachteil begünstigt wird und die **Besonderheiten des common**

---

[95] Wildhaber SJZ 2011, 537 (538).

[96] Gauch Vertragsrecht S. 33.

[97] Bucher FS Deschenaux S. 249 (267, Fn. 36); BSK/Zellweger-Gutknecht OR I Art. 1 Rn. 64, die danach differenzieren will, ob das betreffende dispositive Recht, von dem die Klausel abweicht, Ausdruck gesetzgeberischen Ordnungswillens sei oder bloß die gesetzgeberische Vermutung zu Gunsten eines bestimmten Parteiwillens abbilde; ferner BSK/Meise/Huguenin Art. 19/20 OR Rn. 28; Gauch Vertragsrecht S. 31, kritisch hierzu Honsell/Herzog OR Art. 19 Rn. 11; umfassender Überblick bei Sommerfeld IWRZ 2022, 64.

[98] Dieser Entwurf für einen neuen Allgemeinen Teil des Schweizer Obligationenrechts stammte von Rechtswissenschaftlern aller Fakultäten des Landes.

[99] Sommerfeld IWRZ 2022, 64 (69).

[100] BSK/Meise/Huguenin OR I Art. 19/20 Rn. 28.

[101] Zu den Vorzügen des schweizerischen Rechts als Statut für Anlagenbauverträge auch gegenüber dem englischen Recht Moss ICLR 2015, 480.

[102] Einen gelungenen Überblick geben Voser/Boog RIW 2009, 126ff. und Boog/Stark-Traber RIW 2012, 817ff.

[103] Steele tce february 2007, 20.

law mit der hier allgegenwärtigen „doctrine of binding precedent“[104] zu Rechtsunsicherheiten führen könnten, die für sie nicht realistisch abschätzbar sind. Diese Befürchtungen sind jedoch nur bedingt berechtigt und basieren letztlich auf den allgemeinen Besonderheiten des common law und nicht auf den spezifischen Besonderheiten des englischen Werkvertragsrechts. Ausgehend von der Anzahl der gerichtlichen Streitigkeiten vor dem mit den deutschen Landgerichten vergleichbaren High Court in London besteht allerdings die Vermutung, dass die Vereinbarung englischen Rechts tatsächlich eher die Entstehung gerichtlicher Streitigkeiten vermeidet als etwa die Vereinbarung deutschen Rechts.[105] Maßgebliche Unterschiede des englischen Werkvertragsrechts sind:

66 **aa) Vorgeschaltetes Adjudikationsverfahren.** Durch den Housing Grants, Construction and Regeneration Act 1996 wurden verbindliche Vorgaben für die zwingende Vereinbarung einer dispute adjudication für Bauvorhaben[106] innerhalb der Grenzen von England, Wales und Schottland eingeführt. Zweck des Gesetzes ist die Sicherstellung einer neutralen beschleunigten Entscheidung, die vorbehaltlich einer gerichtlichen oder schiedsgerichtlichen Klärung[107] alle im Verlaufe eines Bauvorhabens zwischen den Parteien streitigen Fragen verbindlich[108] regeln soll.[109] Die Vertragsmuster der FIDIC trugen diesem Erfordernis erstmals mit Erscheinen der Rainbow Edition 1999 Rechnung, deren Muster einheitlich ein entsprechendes Adjudikationsverfahren vorsahen.[110]

67 **bb) Die Rolle des contract administrator als neutrale Entscheidungsinstanz.** Die englische Vertragspraxis bedient sich bei Bau- und Anlagenbauverträgen regelmäßig der Beteiligung eines fachkundigen Dritten (zumeist Ingenieur oder Architekt), der im Auftrag des Bauherrn bzw. Kunden als contract administrator oder contract manager tätig und von diesem bezahlt wird, aber zugleich häufig Aufgaben einer **vermeintlich neutralen Entscheidungsinstanz** wahrnimmt. Aus Sicht solcher Rechtsordnungen, die in der Tradition des civil law stehen, begegnen die in Verträgen oftmals vorgesehenen Befugnisse des contract administrator zumeist erheblichen Bedenken, weil seine Neutralität angesichts der **vertraglichen Nähe zum Bauherrn** in Frage gestellt wird. Aufgabe des contract admi-

[104] Vgl. hierzu Zweigert/Kötz Rechtsvergleichung S. 259f.

[105] So hatte der High Court in den Jahren 2002 und 2003 gerade einmal 6% der Fälle deutscher Landgerichte im gleichen Zeitraum zu entscheiden; die Zahl der Berufungsverfahren vor dem Court of Appeal liegt sogar noch deutlich darunter (etwa 2% im Vergleich zu den vor deutschen Oberlandesgerichten im gleichen Zeitraum anhängigen Berufungsverfahren); ähnlich fällt der Vergleich zwischen den Entscheidungen des House of Lords (mittlerweile UK Supreme Court) im Vergleich zu den Entscheidungen des Bundesgerichtshofs aus, vgl. Jack Standard Terms S. 130.

[106] Vgl. s. 108 HGCRA 1996.

[107] Instruktiv hierzu die Entscheidung *Quitefield Ltd. V Vascroft Contractors Ltd.* [2006] EWHC 174 (TCC) über die Vollstreckbarkeit der ergangenen Entscheidung des adjudicator, die im konkreten Fall aufgrund offensichtlicher Verstöße gegen die rules of natural justice verneint wurde; bestätigt vom Court of Appeal, [2006] EWCA Civ. 1737.

[108] Große Beachtung fand die Entscheidung *PT Perusahaan Gas Negara (Persero) TBK v CRW Joint Operation* [2015] SGCA 30 („Persero II“) des Singapore Court of Appeal, in welcher das Berufungsgericht (erneut) klarstellte, dass eine Entscheidung des Dispute Adjudication Board auch dann nach Sub-Clause 20.7 FIDIC Red Book 1999 durchsetzbar ist, wenn sie wegen eines Widerspruchs einer Partei (notice of dissatisfaction) nicht final ist. Eine vertragliche Pflicht der widersprechenden Partei zur Befolgung der Entscheidung des DAB ergibt sich unmittelbar aus Sub-Clause 20.4 FIDIC Red Book 1999. Neu an dem Urteil ist lediglich, dass hiernach der Anspruch auf Befolgung des DAB-Spruchs auch selbstständig und abgetrennt von der Hauptsache vor der Schiedsgerichtsbarkeit verhandelt werden kann. Ausführlich und zusammenfassend zu den Persero-Urteilen Hök ZfBR 2016, 212 sowie Gillion ICLR 2016, 4. Zu dispute boards allgemein → § 14 Rn. 66.

[109] Für Bauvorhaben innerhalb des räumlichen Geltungsbereichs (England, Schottland, Wales) gelten die Bestimmungen zum obligatorischen Adjudikationsverfahren auch in dem – eher seltenen – Fall, dass die Parteien das Recht eines anderen Staates als Vertragsstatut wählen; insofern handelt es sich um Eingriffsrecht, das der Parteidisposition entzogen ist, vgl. Part II, s. 104 (7) HGCRA.

[110] Dies waren in der 1st Edition der FIDIC-Vertragsmuster die Dispute Adjudication Agreements gemäß der einheitlichen Sub-Clause 20.2. Vgl. nunmehr in der 2nd Edition die einheitlichen Clauses 21 sowie die in den Annexen enthaltenen Muster für die von den Parteien gesondert zu schließenden Dispute Avoidance/Adjudication Agreements, näher zum Ganzen → § 14 Rn. 59ff.; vgl. Part II, sec. 104 (6) (b) HGCRA.

nistrator ist es aus Sicht englischer Vertragspraxis demgegenüber, die zu entscheidenden Sachverhalte durch sorgsame und neutrale Abwägungen der beiderseitigen berechtigten Interessen fair zu entscheiden.[111] Auch aus Sicht des contract administrator wird diese Vorgabe angesichts wirtschaftlicher Abhängigkeiten nicht immer leicht zu erfüllen sein und auch die englische Rechtsprechung ist sich dieses Umstandes stets bewusst.[112] Bei der Vertragsgestaltung sollte deshalb besonderes Gewicht darauf gelegt werden, die Rolle des contract administrator präzise zu formulieren und seine Befugnisse weitestgehend auf vorläufige, der nachfolgenden Kontrolle durch adjudicator und Gerichte oder Schiedsgerichte unterliegende Entscheidungen zu begrenzen.[113] Die FIDIC-Musterverträge beziehen die Rechtsfigur des contract administrator sowohl im Red Book als auch im Yellow Book jeweils in Clause 3 („The Engineer") ein, während Green Book und Silver Book[114] auf Bestimmungen über den engineer vollständig verzichten. Seit der 1st Rainbow Suite weisen die FIDIC-Musterverträge den engineer nicht mehr als neutrale Entscheidungsinstanz mit unterstellter Unparteilichkeit aus, sondern erkennen dessen Nähe zum Bauherrn an.[115]

cc) Inhaltskontrolle einzelner Vertragsklauseln. Eine dem deutschen AGB-Recht ver- 68
gleichbare Inhaltskontrolle ist dem englischen Recht fremd. Für Haftungsbegrenzungen sieht der **Unfair Contract Terms Act 1977** („UCTA") Restriktionen[116] vor, die je nach der Art der Haftungsbegrenzung zu deren Unwirksamkeit führen oder die Wirksamkeit von einem **requirement of reasonableness** abhängig machen. Allerdings ist der UCTA auf internationale Industrieanlagenverträge regelmäßig nicht anwendbar, weil es sich bei diesen regelmäßig um „international supply contracts" im Sinne der Ausnahmebestimmung der s. 26 UCTA handeln dürfte. Diese schließt neben Verträgen über den Verkauf von Waren auch sonstige Verträge ein, deren Ausführung mit einer Eigentums- oder Besitzübertragung auf den Kunden verbunden ist, sofern die Vertragsparteien ihren Sitz in verschiedenen Staaten haben.[117] Darüber hinaus sind die Bestimmungen des UCTA auch immer dann nicht anwendbar, wenn sich die Anwendbarkeit englischen Rechts ausschließlich aufgrund einer vertraglichen Rechtswahl der Parteien ergibt, wie dies bei internationalen Industrieanlagenverträgen ebenfalls häufig der Fall ist (s. 27 UCTA).[118] Letztlich dürften damit die Restriktionen des UCTA auf die Mehrheit der Industrieanlagenverträge ohnehin nicht anwendbar sein, soweit deutsche Anlagenunternehmer involviert sind. Die Vertragsparteien sind damit nach englischem Recht innerhalb der auch hier zu beachtenden Grenzen zwingenden Rechts **weitestgehend frei in der Vertragsgestaltung,** können sich andererseits aber nicht darauf verlassen, dass einseitige Klauseln in den Vertragsmustern der anderen Vertragspartei (zumeist also solcher des Kunden) dem Unwerturteil eines Gesetzes zum Opfer fallen könnten. Umso sorgfältiger sind die inhaltlichen Regelungen des Vertrages auszugestalten. Dagegen wird dem in anderen Rechtsordnungen alles

[111] *Sutcliffe v Thackrah* [1974] AC 727 (737): „*(…) and it must therefore be implicit in the owner's contract with the Engineer that he shall not only exercise due care and skill but also reach such decision fairly, holding balance between his client and the contractor.*"

[112] Lord Hoffman in *Beaufort Developments (NI) Ltd v Gilbert Ash (NI) Ltd* [1999] 1 A.C. 266: „*(…) Furthermore, the architect is the agent of the employer. He is a professional man but can hardly be called independent.*"

[113] Vgl. dazu nachfolgend unter → Rn. 265.

[114] Das Silver Book sieht in konsequenter Ausgestaltung seiner auftraggeberfreundlichen Konzeption einen Employer's Representative vor, der als Vertreter des Employer mit weitreichenden Befugnissen ausgestattet ist, hierzu Nicklisch/Weick/Jansen/Seibel/Kaminsky VOB/B Übersicht FIDIC Rn. 69 ff.

[115] Booen ICLR 1999, 5 (15).

[116] Insbesondere sind Haftungsbegrenzungen für fahrlässig verursachte Personenschäden unwirksam, vgl. s. 2 Abs. 1 UCTA; andere Haftungsbegrenzungen sind wirksam, wenn sie sich als „reasonable" im Sinne des Gesetzes (s. 11) erweisen, vgl. s. 2 Abs. 2 UCTA.

[117] Vgl. s. 26 UCTA.

[118] Zweck dieser erheblichen Ausnahmeregelungen für internationale Liefer- und Leistungsverträge war vermutlich die Angst der Legislative, die im UCTA vorgesehenen Restriktionen könnten ausländische Unternehmen von der Wahl englischen Rechts abschrecken, was angesichts der traditionell führenden Rolle englischer Gerichte und Schiedsgerichte in diesen Bereichen vermieden werden sollte, vgl. Furmston Law of Contract S. 242 f.

überragenden **Grundsatz von Treu und Glauben** im englischen Recht keine besondere Bedeutung beigemessen. Angesichts der Entwicklung anderer Rechtsordnungen[119] des common law-Rechtskreises in Richtung einer Verpflichtung der Vertragsparteien zur Beachtung des Grundsatzes von „good faith and fair dealing" als jedem Vertrag immanentem implied term scheint auch eine entsprechende Fortentwicklung des englischen Rechts nicht unwahrscheinlich.[120]

69 **dd) Damages als primäre Rechtsfolge von Vertragsverletzungen.** Primäre Rechtsfolge der Nicht- oder Schlechterfüllung des Vertrages (breach of contract) ist nach englischem Rechtsverständnis nicht der durchsetzbare Erfüllungsanspruch, sondern der Anspruch auf Ersatz des hieraus resultierenden Schadens (damages). Hintergrund dieser Rechtslage ist vor allem die Überlegung, dass ein mit der Beurteilung etwaiger Erfüllungsansprüche **(specific performance)** befasstes Gericht letztlich nicht imstande wäre, die Durchsetzung einer etwaigen Verurteilung zur Erfüllung der Primärverpflichtung zu überwachen.[121] Der Besteller ist deshalb auf die Durchsetzung seines materiellen Schadens beschränkt, der allerdings auch in den **Kosten der Selbstvornahme** bestehen kann.[122] In Fällen besonders schwerwiegender Vertragsverstöße gegen fundamentale Vertragspflichten[123] (conditions) kann sich die andere Vertragspartei auf eine **repudiation** mit der Folge berufen, dass die beiderseitigen Vertragspflichten ihr Ende finden und die vertragstreue Partei den ihr aus der Nichterfüllung entstandenen Schaden geltend machen kann. Wichtigster und für den Anlagenunternehmer gefährlichster Anwendungsfall ist die Überschreitung von vereinbarten Fristen für die Herstellung des Werkes, wenn der Vertrag ausdrücklich klargestellt hat, dass Zeit ein ausschlaggebender Faktor ist **(time is of the essence).**[124]

d) Besonderheiten des US-amerikanischen Rechts

70 Das US-amerikanische Recht ist wie das englische Recht im Rechtskreis des common law beheimatet und bezieht seine Rechtsquellen daher neben dem einschlägigen Gesetzesrecht vor allem aus den principles of precedence, bei denen die Gerichte ihre Entscheidungen vornehmlich auf der Grundlage früherer Entscheidungen anderer, vorzugsweise übergeordneter Gerichte zu gleichartigen oder ähnlichen Sachverhalten treffen und begründen. Im Unterschied zur englischen Rechtslage sind gesetzliche Bestimmungen zu zivilrechtlichen Fragen (soweit vorhanden) nicht im Bundesrecht, sondern in den jeweiligen Landesgesetzen geregelt bzw. ergeben sich aus dem common law des betreffenden Bundesstaates, was die Ermittlung der jeweils geltenden Gesetzeslage mitunter erheblich erschwert. Allerdings haben die Bundesstaaten überwiegend die Bestimmungen des vom American Law Institute erarbeiteten **Uniform Commercial Code (UCC)** durch entsprechende Kodifizierungen in ihr jeweiliges Landesrecht übernommen,[125] aus dem sich wichtige Regelungen wie die **obligation of good faith**[126] oder der Grundsatz der Unwirksamkeit sitten-

---

[119] Etwa im US-amerikanischen Recht (dazu sogleich) oder im australischen Recht, vgl. *Renard Constructions (ME) Pty Ltd v Minister of Public Works* (1992) 33 Con LR 72, 112–13.

[120] Colledge ICLR 2000, 175ff., insbesondere zu partnering-Abreden in Bauverträgen.

[121] Uff Construction Law S. 231.

[122] Vgl. etwa Hök Handbuch § 50 Rn. 22.

[123] Uff Construction Law S. 218: „(…) a *serious breach which goes to the root of the contract* (…)"; vgl. auch *Photo Production v Securior Ltd.* [1980] 1 All ER 556 (HL).

[124] Uff Construction Law S. 219; zu beachten ist hier jedoch auch das Recht, durch schlichte Fristsetzung zur Leistung innerhalb einer „angemessenen" („reasonable") Frist mit dem Hinweis „time is of the essence" die Möglichkeit einer repudiation später einseitig herbeizuführen, obgleich dieser Passus im ursprünglichen Vertrag noch nicht vorgesehen war, vgl. *Charles Rickards v Oppenheim* [1950] 1 K.B. 616 und *Shawton Engineering v DGP International* [2006] B.L.R. 1; zum Ganzen Chitty on Contracts General Principles Rn. 27–030.

[125] Einzige Ausnahme ist der Bundesstaat Louisiana, dessen Zivilrecht nicht dem common law folgt, sondern maßgeblich durch das französische Recht, insbesondere den französischen Code Civil, geprägt ist.

[126] § 1–203 UCC.

widriger Verträge oder Vertragsklauseln (unconscionable contract or clause)[127] einschließlich der sich daraus ergebenden Rechtsfolgen ergeben. Der UCC gilt für den Handel mit beweglichen Waren (und andere konkret bezeichnete Geschäfte) und ist damit nicht (zumindest nicht unmittelbar) auf service agreements, zu denen auch Industrieanlagenbauverträge zählen, anwendbar. Seine Bestimmungen werden jedoch über den Umweg der im common law stets zu beachtenden implied terms zum Teil in die Bewertung von Verträgen einbezogen, die nicht unmittelbar dem Anwendungsbereich des UCC unterfallen. Eine speziell auf Allgemeine Geschäftsbedingungen zugeschnittene Inhaltskontrolle findet im Übrigen zumindest im Grundsatz nicht statt.[128] Zur Vermeidung des übermäßigen Einflusses der **implied terms** auf die Auslegung des Vertragsinhalts empfiehlt sich jedoch eine präzisere und ausführlichere **Dokumentation des Parteiwillens** in der Vertragsurkunde, als dies bei kontinentaleuropäischen Verträgen gewöhnlich erforderlich ist. Bauverträge in den USA werden in aller Regel auf Grundlage der hierfür entwickelten standard contracts des American Institute of Architects (AIA) oder des Engineers Joint Contract Documents Committee (EJCDC) abgeschlossen.[129] Diese Musterverträge gelten in der Branche als fair und ausgewogen; ihre starke Verbreitung und ihre vermeintlich neutrale Herkunft haben oftmals maßgeblichen Einfluss auf Entscheidungen des Gesetzgebers und der Gerichte.[130] Sofern sich die Vertragsparteien auf eine im Wesentlichen unveränderte Übernahme dieser Musterverträge verständigen, dürfte kaum die Gefahr bestehen, dass ein US-amerikanisches Gericht einzelne Klauseln als unconscionable qualifiziert und ihre Geltung in Abrede stellt.

Auch nach US-amerikanischem Recht ist der Besteller in allen (für die Zwecke der 71 vorliegenden Darstellung relevanten) Fällen von **breach of contract** auf die sekundären Schadensersatzansprüche verwiesen.[131] Nur ganz ausnahmsweise kann er daneben auch unmittelbare Vertragserfüllung verlangen und gerichtlich durchsetzen, vor allem dann, wenn im Einzelfall eine Abgeltung mittels damages keinen adäquaten Ausgleich gewähren könnte.[132] Wie in der englischen Vertragspraxis ist die Einschaltung eines construction manager, der planerische Aufgaben und solche der Steuerung und Überwachung des Bauvorhabens für Rechnung des Bauherrn ausübt, auch in der US-amerikanischen Bauvertragspraxis verbreitet.[133]

Deutsche Unternehmen haben oftmals Bedenken bezüglich der Wahl US-amerikani- 72 schen Rechts (bzw. des Rechts eines US-Bundesstaates), weil sie die Auswirkungen der in den USA vereinzelt von den Gerichten zugesprochenen **punitive damages** fürchten, de-

---

[127] § 2–302 UCC.

[128] Zu einer generellen Tendenz, nicht verhandelte Standardverträge (sog. contracts of adhesion) inbesondere im Rahmen der Prüfung einer möglichen unconscionability strengeren Maßstäben zu unterwerfen allerdings Perillo Contracts S. 366 ff.; zur Behandlung von adhesion contracts auch Sweet ICLR 2011, 103 („[…] *heavily regulated by statutes, by regulations and the common law*“).

[129] Aktuell (und bereits seit Jahrzehnten) dominiert das Konzept des AIA mit seinen Musterverträgen A101-2017 und A201-2017, von denen es sich bei Ersterem um das von den Parteien zu unterzeichnende eigentliche Vertragsdokument und bei Letzterem um die für den unveränderten Gebrauch vorgesehenen General Conditions of Contract handelt, ähnlich also, wie dies auch bei den FIDIC-Musterverträgen vorgesehen ist.

[130] Sweet ICLR 2011, 101 (111 f.); siehe zu den Mustern des AIA auch Havighurst Private Contract S. 97: „(…) *competent neutral body* […] *making the ‚law' of the building contract a statement of the reasonable expectations of both parties* […]“.

[131] *Fran Realty, Inc. V Thomas,* 430 Md. App. 362, 354 A. 2 d 196 (1976) zum Grundsatz der Ablehnung der Gewährung von specific performance in Bauverträgen; *Northern Deleware Indus. Dev. Corp. v E.W. Bliss Co,* 245 A. 2 d 431 (Del. Ch. 1968); *Jones v. Parker,* 163 Mass. 564, 40 N.E. 1044 (1895).

[132] *Franklin Point, Inc. v Harris Trust & Sav. Bank,* 277, Ill. App. 3 d.491, 660 N.E.2.d 204 (1995) (kein grundsätzliches Gebot, Ansprüche auf Primärerfüllung nicht zuzusprechen); auch *Fran Realty, Inc. V Thomas,* 430 Md. App. 362, 354 A. 2 d 196 (1976) will specific performance zumindest dann als Rechtsfolge zulassen, wenn der Umfang der Verpflichtung vertraglich ausreichend präzise definiert wurde; zum Ganzen Hök Handbuch § 49 Rn. 52 und Cameron Construction Law § 18.02(a)(3): „(…) *Specific Performance is not favorably viewed as remedy for breach of a contract.*“

[133] Vgl. etwa Art. 4 der A201–2017 der AIA sowie weiterführend zu den Aufgaben des construction manager bei US-amerikanisch geprägten Verträgen Cameron Construction Law§ 8.03(d)(2).

ren zum Teil exorbitante Höhe in vereinzelten Fällen internationale Aufmerksamkeit erregt hat. Obgleich diese Art des Schadensersatzes mit Strafcharakter de facto nur selten in Fällen zugesprochen wird, bei denen es um vertragliche Pflichtverletzungen geht, kann das damit verbundene Risiko im Einzelfall doch außerordentlich groß sein. Betroffen dürften hier allerdings nur solche breaches of contract sein, die aus Sicht des erkennenden Gerichts zugleich als tort, einer außervertraglichen Verhaltenspflichtverletzung ähnlich dem deutschen Deliktsrecht, zu qualifizieren ist.[134] In Betracht kommen hier also insbesondere Fälle von fraud[135] und wilful misconduct,[136] also die vorsätzlichen Vertragsbrüche, deren Begehung ohnehin kaum jemals in Kauf genommen wird. Darüber hinaus gibt es in den verschiedenen Bundesstaaten zum Teil sinnvolle Begrenzungen der punitive damages der Höhe nach, etwa nach Maßgabe der wirtschaftlichen Verhältnisse des Schuldners oder gemessen am Umfang der zu ersetzenden tatsächlichen Schäden (actual compensatory damages).[137] Durchgreifende Bedenken gegen die Vereinbarung US-amerikanischen Rechts als Vertragsstatut ergeben sich daher zumindest nicht aus der eher theoretischen Gefahr einer Inanspruchnahme aus dem Rechtsinstitut der punitive damages.

73 Dessen ungeachtet bleibt die Wahl des US-amerikanischen Rechts (bzw. eines US-Bundesstaates) aus deutscher Sicht mit Blick auf die kaum übersehbaren bundesstaatlichen Besonderheiten und die schwer kalkulierbare Rechtsprechung ein Wagnis, das nur nach vorheriger eingehender Befassung mit den im konkreten Fall maßgebenden Besonderheiten des anwendbaren Rechts durch **Einschaltung qualifizierter lokaler Berater** eingegangen werden sollte, sofern es sich (wie bei öffentlich ausgeschriebenen Industrieanlagenprojekten oftmals der Fall) nicht vollständig vermeiden lässt.

3. Mangels Rechtswahl anwendbares Recht

74 Nicht zuletzt aufgrund der Verwendung einschlägiger Vertragsmuster, die regelmäßig eine Rechtswahl der Parteien voraussetzen, wird man es in der Praxis nur äußerst selten mit internationalen Industrieanlagenverträgen ohne Rechtswahlklausel zu tun haben.[138] Aus Sicht des Kunden bietet es sich zumeist an, auf eine Wahl des am Ort der Anlagenerrichtung geltenden Rechts oder, falls dieses im internationalen Rechtsverkehr eher wenig gebräuchlich oder für die Vertragsparteien schwer zugänglich ist, des am Sitz des Kunden geltenden Rechts hinzuwirken. Gelingt dies aufgrund der Verhandlungsstärke des Anlagenunternehmers nicht, vereinbaren die Parteien oftmals ein neutrales Recht, etwa englisches oder schweizerisches Recht. Soweit die Parteien ausnahmsweise von einer vertraglichen Rechtswahl abgesehen haben, wird das Vertragsstatut (bei Zuständigkeit eines staatlichen Gerichts innerhalb der EU) nach den Bestimmungen des Art. 4 Rom I-VO bestimmt.[139] Danach gilt für Kaufverträge über bewegliche Sachen und für Dienstleistungsverträge das jeweilige Recht des Staates, in dem der Verkäufer bzw. Dienstleister seinen

---

[134] Dies könnte etwa dann der Fall sein, wenn sich der Unternehmer bewusst vertragsbrüchig verhält, indem er etwa die Vertragserfüllung zu Gunsten eines anderen Geschäfts mit größerer Renditeerwartung ablehnt; erforderlich ist in der Regel, dass es sich um eine schwerwiegende Vertragsverletzung handelt, die auf einem bewussten Verhalten der vertragsbrüchigen Partei beruht *(„conscious and substantial")*, vgl. etwa *EarthInfo, Inc. V Hydrosphere Resource Consultants Inc.*, 900 P. 2d (*Colorado Supreme Court*, 1995); vgl. auch *Charles Shaid of Pennsylvania, Inc., v George Hymann Constr. Co.*, 947 F. Supp. 844, 849 note 8 (E.D. Pa. 1996) unter Hinweis auf *Western Essex Corp. v Casio, Inc.*, 674 F. Supp 8, 9 (W.D. Pa. 1987): „*(…) punitive damages are ordinarily not recoverable on breach of contract claim. It is only where the defendant's conduct gives rise to an independent tort claim that punitive damages may be available.*".

[135] *Cuddy Mountain Concrete, Inc., v Citadel Constr., Inc.*, 824 P.2 d 151 (Idaho App. 1992).

[136] *Sands v. R.G. McKelvey Bldg. Co.*, 571 S.W.2d 726 (Mo. App. 1978).

[137] Hierzu sowie zu den weiteren Einzelheiten vgl. Cameron Construction Law § 18.02 (c) mwN aus der Rechtsprechung.

[138] Rauscher/Thorn EuZPR/EuIPR Art. 4 Rom I-VO Rn. 44.

[139] Britton ICLR 2008, 347 (372f.).

gewöhnlichen Aufenthalt[140] hat, Art. 4 Abs. 1 lit. a) und lit. b) Rom I-VO. Unabhängig davon, ob man den Industrieanlagenvertrag als Kauf- oder Werkvertrag qualifiziert, ergibt sich damit eine Anwendbarkeit des am Sitz des Anlagenunternehmers anwendbaren Rechts, was aus Sicht des deutschen Anlagenexporteurs zur mitunter ungeliebten Anwendung deutschen Rechts führt.[141]

Auch wenn man den internationalen Industrieanlagenvertrag von vornherein weder als 75 Kauf- noch als Dienstleistungsvertrag im Sinne des Art. 4 Abs. 1 a) oder b) Rom I-VO, sondern als gemischt-typischen Vertrag sui generis qualifiziert, der dem Anwendungsbereich des Art. 4 Abs. 1 Rom I-VO entzogen ist, erbringt der Anlagenunternehmer gleichwohl für gewöhnlich die **vertragstypische Leistung,** was nach Art. 4 Abs. 2 Rom I-VO ebenfalls zur Anwendung des am gewöhnlichen Aufenthaltsort des Anlagenunternehmers geltenden Rechts führen würde.[142]

Nach **abweichender Auffassung** weist der Industrieanlagenvertrag regelmäßig eine 76 engere Verbindung zum Ort der Errichtung der Anlage auf, so dass auf den Vertrag nach Art. 4 Abs. 3 Rom I-VO dessen Recht anwendbar sei.[143] Letztlich führt jedoch allein der vom gewöhnlichen Aufenthaltsort des Anlagenunternehmers abweichende Errichtungsort noch nicht zu einer engeren Verbindung im Sinne der Ausnahmebestimmung des Abs. 3, weil der Industrieanlagenvertrag erheblich mehr **vertragstypische Leistungen des Anlagenunternehmers** erfordert als die reine Anlagenerrichtung. Insbesondere wird die Anlage zumeist bis ins Detail vom Anlagenunternehmer geplant, konstruiert und die einzelnen Komponenten industriell gefertigt. Diese vor der eigentlichen Errichtung zu erbringenden, zeitlich vorgelagerten Leistungen des Anlagenunternehmers sind in besonderer Weise maßgebend für den geschuldeten Gesamterfolg der Anlage und kennzeichnen die Leistungen des Anlagenunternehmers in eher noch größerem Umfang als beim Bauvertrag.[144] Hinzu kommt der Transport der Anlagenkomponenten von der Produktionsstätte zum Errichtungsort, der ebenfalls häufig zum Pflichtenkreis des Anlagenunternehmers gehört. Die für eine Beurteilung des Ausnahmetatbestandes des Art. 4 Abs. 3 Rom I-VO **erforderliche Gesamtabwägung** aller für den Industrieanlagenvertrag relevanten Leistungsbestandteile spricht damit zumindest gegen die pauschale Annahme einer engeren Verbindung des Vertrages zum Errichtungsort, wie dies für die Anwendung des Abs. 3 erforderlich wäre. Allerdings ist nicht auszuschließen, dass sich im Einzelfall eine andere Bewertung ergibt, etwa, wenn auch der Kunde erhebliche Leistungen als Mitwirkungspflichten zu erbringen hat, beispielsweise die Planung selbst übernimmt und Teile der Komponenten anderweitig beschafft.[145] Erbringt der Anlagenunternehmer die vertragstypischen Leistungen nicht überwiegend am Ort seines Hauptsitzes, sondern bedient sich einer **ausländischen Niederlassung** oder einer am Ort der Errichtung ansässigen Tochtergesellschaft, ist deren Sitz maßgeblich für die Bestimmung des im Sinne des Art. 4 Abs. 1 b) Rom I-VO anwendbaren Rechts. Gerade größere Industrieunternehmen wickeln ihre Auslandsgeschäfte häufig in dieser Weise ab, was dann zur Anwendung des am **Errichtungsort der Anlage** geltenden Rechts führt, sofern die betreffende Niederlassung dort ansässig ist, s. Art. 19 Abs. 2 Rom I-VO.

Indessen ist weiter zu beachten, dass sich die Folgen fehlender Rechtswahl nicht zwin- 77 gend nach den dargestellten Bestimmungen der Rom I-VO richten. Diese ist in ihrem **Anwendungsbereich auf die EU-Mitgliedsstaaten begrenzt**[146] und wird daher ver-

[140] Für Gesellschaften, Vereine und juristische Personen ist insofern auf den Sitz ihrer Hauptverwaltung abzustellen, Art. 19 Abs. 1 Rom I-VO.
[141] So die herrschende Meinung, vgl. Messerschmidt/Voit/Hillig Privates Baurecht 1. Teil P. Rn. 29; Rauscher/Thorn EuZPR/EuIPR Art. 4 Rom I-VO Rn. 44; Reithmann/Martiny/Thode Internationales Vertragsrecht Rn. 8.1; BGH NJW 1999, 2442 (2443).
[142] Rauscher/Thorn EuZPR/EuIPR Art. 4 Rom I-VO Rn. 44.
[143] Insbesondere Erman/Hohloch Art. 28 EGBGB Rn. 39.
[144] Zutreffend Reithmann/Martiny/Thode Internationales Vertragsrecht Rn. 8.1.
[145] In diesem Sinne etwa Rauscher/Thorn EuZPR/EuIPR Art. 4 Rom I-VO Rn. 44.
[146] Mit Ausnahme von Dänemark, das aber Mitgliedsstaat des EVÜ ist, dazu → § 13 Rn. 18.

bindlich nur von den staatlichen Gerichten der Mitgliedsstaaten unmittelbar angewendet.[147] Demgegenüber entscheiden die Gerichte außerhalb dieses räumlichen Anwendungsbereichs nach dem für sie **maßgeblichen nationalen Kollisionsrecht,** was im Einzelfall dazu führen kann, dass ein mit der Sache befasstes Gericht eine von der Rechtswahl der Parteien abweichende Rechtsordnung für die Entscheidung heranzieht. Weitestgehend unproblematisch verhält es sich insoweit mit dem in der Schweiz geltenden internationalen Vertragskollisionsrecht, das wie die Rom I-VO die Rechtswahlfreiheit anerkennt[148] und im Übrigen vornehmlich auf die für den Vertrag **charakteristische Leistung als maßgebliches Kriterium** für die Bestimmung des Vertragsstatuts verweist.[149] Größer sind die Unterschiede zwischen der Rom I-VO und den in den USA geltenden bundesstaatlichen internationalen und inter*lokalen* Vertragskollisionsrechten.[150] Bei Industrieanlagenprojekten **mit US-amerikanischem Bezug** kommt daher einer mit der getroffenen Rechtswahl korrespondierenden Gerichtsstands- oder Schiedsvereinbarung besondere Bedeutung zu.[151]

4. Exkurs: Anwendbarkeit und Abbedingung des CISG

a) Anwendbarkeit des CISG auf Industrieanlagenverträge

78 Vergleichsweise selten wird in der einschlägigen Literatur zum internationalen Industrieanlagenvertrag die Anwendbarkeit des Übereinkommens der Vereinten Nationen über Verträge über den internationalen Warenkauf (CISG) diskutiert. Grund hierfür ist die oft unausgesprochene Annahme, dass Industrieanlagenverträge dem **Anwendungsbereich des Werkvertragsrechts** zuzuordnen und damit dem Anwendungsbereich des CISG entzogen seien. In dieser Allgemeinheit ist diese Bewertung allerdings irreführend. Nach § 3 Abs. 1 CISG stehen den Kaufverträgen *„die Verträge über die Lieferung herzustellender oder zu erzeugender Ware gleich, es sei denn, dass der Besteller einen wesentlichen Teil der für die Herstellung oder Erzeugung notwendigen Stoffe selbst zur Verfügung gestellt hat"*. Industrieanlagenverträge erfüllen in aller Regel diese Anforderung, weil der Anlagenunternehmer regelmäßig die für die Anlage benötigten Bauteile, Komponenten und sonstigen Stoffe selbst produziert oder ganz oder teilweise durch entsprechende Zulieferer herstellen lässt und an den Ort der Anlagenerrichtung liefert. Nur selten dürfte die Ausnahme der Gestellung eines wesentlichen Teils der Anlage durch den Kunden eingreifen. Der Anwendungsbereich des CISG auf Industrieanlagenverträge ist damit grundsätzlich eröffnet.

79 Allerdings ist nach § 3 Abs. 2 CISG eine Anwendung ausgeschlossen, sofern der überwiegende Teil der von der liefernden Partei übernommenen Pflichten des Vertrages „(…) *in der Ausführung von Arbeiten oder anderen Dienstleistungen besteht*". Sinn und Zweck dieser **Ausnahmebestimmung** war es, insbesondere die Anlagenlieferverträge vom Geltungsbereich des CISG auszunehmen.[152] Indessen ändert diese Erkenntnis im Grundsatz nichts an dem Erfordernis der positiven Feststellung der Voraussetzungen der Ausnahmebestimmung. Ob bei Anlagenlieferverträgen allerdings der überwiegende Teil der Leistungspflichten des Anlagenunternehmers grundsätzlich in der Ausführung von Arbeiten oder Dienstleistungen besteht, ist vor dem Hintergrund industriell gefertigter Einzelkomponenten durchaus nicht zweifelsfrei. Zwar mag bei **Großanlagenbauprojekten,** bei denen der Anlagenunternehmer als Generalunternehmer neben der Anlagentechnik auch echte Bau-

---

[147] Zu dem für Schiedsgerichte anwendbaren (Sonder-)kollisionsrecht → § 3 Rn. 47.
[148] Vgl. Art. 116 Abs. 1 IPRG.
[149] Vgl. Art. 117 Abs. 1 bis Abs. 3 IPRG; die nach Abs. 1 maßgebliche engste Verbindung des Vertrages wird gemäß Abs. 2 für das Recht des Staates vermutet, in dem die Partei, welche die charakteristische Leistung erbringt, ihren gewöhnlichen Aufenthalt hat; für Werkverträge und ähnliche Dienstleistungsverträge ist dies nach Abs. 3 der Werkunternehmer bzw. Dienstleister; zu den im Detail verbleibenden Unterschieden vgl. Rauscher/von Hein EuZPR/EuIPR Einl. Rom I-VO Rn. 37.
[150] Siehe dazu → § 3 Rn. 42.
[151] Zutreffend der Hinweis von Rauscher/von Hein EuZPR/EuIPR Einl. Rom I-VO Rn. 36.
[152] Schlechtriem/Schwenzer/Schroeter/Ferrari CISG Art. 3 Rn. 18.

werksleistungen (civil works) zu erbringen hat, wie etwa im Kraftwerksbau, eine detaillierte Gegenüberstellung von kaufvertraglichen und anderen Elementen zur Feststellung des Ausnahmetatbestandes entbehrlich sein. Für Verträge über die Lieferung von **Maschinen** wären die Voraussetzungen des Ausnahmetatbestandes dagegen im Regelfall zu verneinen. Irgendwo „dazwischen" lassen sich die Verträge über die Lieferung und Montage **komplexer Produktionsanlagen** nach spezifischen Anforderungen des Kunden einordnen, die einerseits erhebliche Konstruktions-, Montage und Feinabstimmungsleistungen des Anlagenunternehmers erfordern, andererseits aber auch in erheblichem Umfang standardisierte Produktionsverfahren voraussetzen, die als werklieferungsvertragliche Elemente qualifiziert werden können. In einer jüngeren Entscheidung vom 7.12.2017 tendiert der Bundesgerichtshof im Falle einer Produktionsanlage für Kartoffelchips wieder deutlich in Richtung der Anwendung von Werkvertragsrecht und gegen die Anwendbarkeit des CISG. Zur Begründung führt er aus, dass die bloße Aufstellung einer Wertrelation zwischen den gelieferten Teilen und den Arbeiten und sonstigen Dienstleistungen zur Annahme eines „Überwiegens" der Werkleistungen im Sinne des Art. 3 Abs. 2 CISG realitätsfremd sei, wenn die Erfüllung des Vertragszwecks aus Erwerbersicht maßgeblich von den sonstigen Arbeiten der andere Vertragspartei abhängt.[153] Die Abgrenzung dürfte hier im Einzelfall schwierig sein, vor allem, weil sachgerechte Kriterien noch nicht entwickelt wurden.[154]

b) Vertraglicher Ausschluss der Anwendbarkeit des CISG

Den Parteien steht es frei, die Anwendbarkeit des CISG auf den Vertrag durch eine ent- 80
sprechend konkrete Rechtswahl auszuschließen. In der Praxis des internationalen Industrieanlagenbaus geschieht dies ganz überwiegend und ist nach Auffassung der Verf. auch angeraten, um die aufgezeigten Rechtsunsicherheiten bezüglich der Anwendbarkeit des CISG auf Anlagenbauverträge von vornherein auszuschließen.[155] Art. 6 CISG erlaubt den Vertragsparteien durch entsprechende ausdrückliche oder stillschweigende Vereinbarung explizit den vollständigen Ausschluss des CISG oder dessen teilweise Abbedingung oder Modifikation, auch durch Allgemeine Geschäftsbedingungen.[156] Dringend zu empfehlen ist im Falle der Wahl des Rechts eines Mitgliedsstaates des Übereinkommens der ausdrückliche Hinweis, dass sich die Rechtswahl unter Ausschluss der Bestimmungen des CISG versteht.[157]

B. Typische Regelungsinhalte internationaler Industrieanlagenverträge und Besonderheiten einzelner Rechtsordnungen

Bei internationalen Industrieanlagenverträgen handelt es sich um komplexe Vertragsver- 81
hältnisse mit einer Vielzahl wechselseitiger Verpflichtungen, die im Einzelnen zwischen

---

[153] BGH ZfBR 2018, 236 (240): *„Entscheidend ist, dass nach dem Vertragsinhalt die Beschaffung von Material zur Verwirklichung des Hauptzwecks nur nebenbei geschuldet wird".*

[154] So geht das OLG München CISG-online Nr. 585, davon aus, dass die Wertdifferenz zwischen den einzelnen Leistungen im Vordergrund stehe, aber auch weitere Kriterien wie das besondere Interesse des Kunden an bestimmten Leistungen berücksichtigt werden müssen; nach LG Mainz CISG-online Nr. 563, soll es dagegen nicht immer möglich sein, die Wertrelation der einzelnen Leistungen abschließend zu ermitteln, weshalb auch andere Umstände, die für den Vertragsschluss maßgeblich waren, mit hinzugezogen werden müssten; letztlich sind diese Formulierungen wenig griffig und führen in der Praxis zu erheblichen Schwierigkeiten in der Abgrenzung und demzufolge auch zu einer uneinheitlichen Rechtsprechung.

[155] Zu entsprechenden Formulierungsvorschlägen → § 13 Rn. 88.

[156] BGH IHR 2002, 16 (18).

[157] Die Verweisung auf das materielle Recht eines Mitgliedsstaates schließt nach allgemeiner Meinung die vorrangig geltenden Bestimmungen des Übereinkommens ein und wird daher nicht als Ausschluss des CISG gewertet, → § 18 Rn. 10 mwN.

den Vertragsparteien definiert werden müssen. Unabhängig vom Vertragsstatut finden sich mangels Typisierung des Anlagenvertrages in den einschlägigen gesetzlichen Regelwerken selten einschlägige gesetzliche Bestimmungen. Die gebräuchlichen Vertragsmuster, allen voran die FIDIC-Vertragsmuster, weisen jedoch alle mehr oder weniger detaillierte Regelungen auf, die über die Bestimmung der jeweiligen Primärverpflichtungen der Parteien hinausgehen. Besonders **kennzeichnend für den Anlagenvertrag** im Unterschied zum Bauvertrag sind dabei vor allem ausführliche Regelungen zum Testprozedere bezüglich der technischen Leistungsfähigkeit der Anlage und den Rechtsfolgen im Falle der Nichterreichung der vereinbarten Leistungskriterien, Schulungs- und Wartungsverpflichtungen des Anlagenunternehmers, Lizenzvereinbarungen, die dem Kunden die ungehinderte Nutzung der Anlage oft erst ermöglichen, sowie umfassende Vertraulichkeitsregelungen, die vor allem dem Schutz des technischen Know-hows des Anlagenunternehmers dienen. Darüber hinaus erfordert der Anlagenvertrag Regelungen zu allen weiteren, auch für **klassische Bauverträge** typischen Vertragsinhalten, wie etwa Regelungen zu Änderungen des ursprünglichen Leistungsumfangs oder zeitlichen Vorgaben für die Leistungserbringung und deren Auswirkungen auf die Vergütung, Gefahrtragungsregelungen, Mitwirkungs- und Beistellungsverpflichtungen des Kunden, Haftung für Mängel und sonstige Vertragsverstöße (insbesondere Verzug und Nichterfüllung) sowie wechselseitige Kündigungsrechte. Hinzu kommen schließlich die für die meisten internationalen Wirtschaftsverträge unvermeidlichen sog. **boilerplate clauses,** etwa Regelungen zu anwendbarem Recht und zuständigem (Schieds-)Gericht, Haftungsbegrenzungen oder Rechtsfolgen in Fällen höherer Gewalt.

82 Die erstgenannten, typischen Regelungsinhalte für internationale Industrieanlagenverträge stehen im Mittelpunkt der nachfolgenden Darstellung, während die boilerplate language jeweils im Einzelnen Gegenstand gesonderter Erläuterungen in den zuvor dargestellten Kapiteln ist und deshalb im Zusammenhang mit dem Industrieanlagenvertrag lediglich bezüglich der hier geltenden Besonderheiten dargestellt wird. Klassische bauvertragliche Regelungen werden schließlich unter besonderer Berücksichtigung ihrer Bedeutung für den Anlagenvertrag und etwaig sinnvoller Modifikationen erläutert.

I. Leistungsumfang des Anlagenunternehmers und Vergütungspflicht des Kunden

83 Von besonderer Bedeutung für die Vertragsgestaltung bei internationalen Industrieanlagenverträgen sind die Bestimmungen zu den wechselseitig zu erbringenden Primärleistungsverpflichtungen der Parteien, also derjenigen Regelungen, mit denen das Leistungssoll des Anlagenunternehmers auf der einen Seite und die im Gegenzug durch den Kunden zu zahlende Vergütung auf der anderen Seite bestimmt werden. Die Schwierigkeiten bei der Vertragsgestaltung ergeben sich dabei vornehmlich aus der Industrieanlagenverträge **kennzeichnenden technischen Komplexität** der vom Anlagenunternehmer zu erbringenden Leistungen, deren konkrete Ausgestaltung oftmals im Zeitpunkt des Vertragsabschlusses noch nicht feststeht, weil vergleichbare Anlagen noch nicht existieren oder der vom Kunden vorausgesetzte technische Standard der gewünschten Anlage eine Weiterentwicklung des bereits vorhandenen Entwicklungsstandes erfordert.[158]

1. Leistungsumfang des Anlagenunternehmers

84 Der Leistungsumfang des Anlagenunternehmers ist umfangreich und vielfältig. Die Anlagentechnik ist nach den Vorgaben des Kunden zu konstruieren, die erforderlichen Komponenten müssen zugekauft oder selbst hergestellt und ihr Zusammenwirken aufeinander

[158] Zutreffend Schuhmann Handbuch S. 63.

abgestimmt werden. Sämtliche für die Errichtung der Gesamtanlage erforderlichen Materialien, Werkzeuge, Komponenten und Geräte/Fahrzeuge sind zum Errichtungsort zu transportieren, dort zumeist erneut zu montieren und zu justieren. Nach Fertigstellung und Kaltinbetriebnahme ist die Anlage auf ihre Mängelfreiheit, Funktionalität und Leistungsfähigkeit zu testen, das Betriebspersonal des Kunden in die Anlagentechnik einzuweisen und zu schulen, die Inbetriebnahme durchzuführen oder zu begleiten und die Anlagenleistung im Rahmen hierfür vorgesehener Fristen zu optimieren. Zu den aus Sicht des Kunden unverzichtbaren Leistungen des Anlagenunternehmers gehören ferner die Erstellung von Begleitdokumenten, insbesondere Betriebs- und Wartungsanleitungen, Ersatzteillisten und Zuliefererinformationen, in zumeist mehrsprachiger Form. Jede dieser Leistungen bedarf der **vertraglichen Definition** durch Leistungsverzeichnisse (specifications), ergänzende Pläne, Zeichnungen, Skizzen und Materialvorgaben, die dem eigentlichen Vertragsdokument als Anlage beigefügt werden. Demgegenüber sieht der Vertragstext oft nur eine schlagwortartige Beschreibung der Anlage unter Verweis auf die nähere Beschreibung in den beigefügten ergänzenden Unterlagen vor.[159]

a) Leistungsbeschreibungen und ergänzende Dokumente

Aus Sicht des rechtlichen Beraters sind die Vertragsanlagen vor allem dann, wenn sie primär vom Kunden entworfen wurden (etwa im Rahmen von Ausschreibungsverfahren), sorgfältig auf Schlüssigkeit und denkbare Erweiterungen des Leistungsumfangs zu prüfen. Insbesondere müssen die Auswirkungen auf den Umfang der Leistungspflicht bei der Angebotskalkulation berücksichtigt werden. Nicht selten sind in den Leistungsbeschreibungen auch **Regelungen mit rechtlicher Relevanz** enthalten, wie etwa Vertragsstrafen oder pauschalierter Schadensersatz für Überschreitungen der Leistungszeit (delay penalties oder delay damages), die somit kraft der im Vertrag geregelten Einbeziehung der Vertragsanlagen Vertragsbestandteil werden. 85

Angesichts des Umstandes, dass der Kunde oft nicht in der Lage ist, selbst detaillierte Leistungsverzeichnisse zu erstellen, wenn er nicht selbst die Planung, etwa durch hiermit beauftragte Ingenieurgesellschaften, angefertigt hat, werden zumeist **funktionale Leistungsbeschreibungen** verwendet, die lediglich die Leistungsanforderungen der Industrieanlage allgemein beschreiben und dem Anlagenunternehmer dann die Verpflichtung zur detaillierten Konstruktion der Anlagentechnik auferlegen. Hier sollte insbesondere darauf geachtet werden, dass die dort beschriebenen Leistungsanforderungen nicht im Widerspruch zu den gegebenenfalls im Vertrag in allgemeiner Form enthaltenen Leistungskriterien stehen. 86

Zu den Vertragsanlagen gehören zumeist detaillierte time schedules, welche die zeitlichen Vorgaben für die Ausführung enthalten. Diese weisen nicht selten einen erheblichen Differenzierungsgrad auf und sehen neben der Vorgabe für die Fertigstellung der funktionsfähigen Anlage (time for completion) **klar definierte Ausführungszeiten** für die Erstellung der Planungsunterlagen, die Bestellung der wesentlichen Komponenten (procurement of major components), oder den Beginn der Montage an der Errichtungsstätte vor, oft kombiniert mit anfallenden liquidated damages im Falle der Überschreitung der für die Erreichung der milestones vereinbarten Fristen. 87

Aufgrund der Komplexität der vom Anlagenunternehmer zu erbringenden Leistungen ist es kaum zu vermeiden, die Beschreibung der Anforderungen an die Anlage in Nebendokumente auszulagern, weil das eigentliche Vertragswerk allein aufgrund des Umfangs der zumeist benötigten Angaben ansonsten unübersichtlich und kaum noch lesbar wäre. In der Praxis werden die Vertragsverhandlungen deshalb auch auf zwei Gruppen aufgeteilt. 88

[159] Vgl. etwa Sub-Clause 4.1 Red Book 1999: „*The Contractor shall design (to the extent specified in the Contract), execute and complete the Works in accordance with the Contract and with the Engineer's instructions, and shall remedy any defects in the Works.*"; nunmehr noch kürzer Sub-Clause 4.1 Red Book 2017: „*The Contractor shall execute the Works in Accordance with the Contract.*".

Während die technischen Einzelheiten von technischen Spezialisten beider Vertragsparteien im Detail verhandelt werden, konzentrieren sich Kaufleute und Juristen auf die commercial terms, die regelmäßig im Hauptvertragsdokument, mithin in den allgemeinen und besonderen Bestimmungen, geregelt werden. Da die Verträge regelmäßig Bestimmungen zur **Hierarchie der Vertragsdokumente** vorgeben, die den commercial terms vorrangige Geltung vor den schedules einräumen,[160] ist besonders auf Widerspruchsfreiheit bezüglich des Leistungsumfangs zu achten, vor allem dann, wenn die Anforderungen des Kunden in sog. employer's requirements zugrunde gelegt werden, während das Ergebnis der technischen Verhandlungen über den zu liefernden Leistungsumfang in der gemeinsam erstellten Leistungsbeschreibung (specifications) festgestellt wird. Die aus Sicht des Anlagenunternehmers erforderlichen Abweichungen von den ursprünglichen Leistungsanforderungen des Kunden müssen dann eine höhere Priorität in der Hierarchie der Vertragsdokumente aufweisen als die employer's requirements, weil sich der Kunde sonst im Streitfall auf die höherrangige Geltung seiner ursprünglichen technischen Anforderungen berufen kann und wird. Etwaige Widersprüche müssen sich daher zu Gunsten der verhandelten Abweichungen von den ursprünglichen technischen Anforderungen auflösen lassen. Die einfachste Lösung ist die vollständige Ersetzung der ursprünglichen Kundenanforderungen durch die verhandelten specifications. Aus Sicht des Kunden ist dies allerdings mit dem Risiko verbunden, dass die ursprünglichen Anforderungen verwässert werden oder gar verloren gehen, was mit Blick auf die Funktionalität der Industrieanlage von erheblichem Nachteil sein kann. Der Sorge des Kunden, dass mit seinem Einverständnis mit den Vorschlägen des Anlagenunternehmers zur konkreten Spezifikation der Anlagentechnik zugleich ein Verzicht auf seine ursprünglichen Leistungsanforderungen verbunden sein könnte, lässt sich dadurch begegnen, dass sich die ursprünglichen employer's requirements in den specifications wiederfinden und dort ausdrücklich als weiterhin maßgeblich ausgewiesen werden, soweit nicht die specifications ausdrücklich Abweichungen hiervon vorsehen. Alternativ können die employer's requirements in der Hierarchie der Dokumente nachrangig zu den specifications weiter als Vertragsbestandteile aufgeführt werden. Im Vertrag bietet es sich deshalb an, eine entsprechende **klarstellende Bestimmung** an exponierter Stelle der Vertragsbedingungen aufzunehmen.[161]

Klauselbeispiel für die Vorrangigkeit der Funktionalitätsanforderungen

[•] Order of Priority

(1) In case of discrepancies between the agreed Specifications for the design of the Works and the Employer's Requirements as to the required functionality of the Works, the Parties agree that the mutually defined Specifications shall prevail over the Employer's Requirements.

(2) For the sake of clarification it is expressly agreed that the order of priority set forth in subparagraph (1) above shall not release the Contractor from its obligation to meet the functionality requirements (if any) set forth in the Employer's Requirements unless otherwise expressly stipulated in the Specifications.

89 Nach Maßgabe der in den **FIDIC-Musterverträgen** enthaltenen Rangfolge der Vertragsdokumente (Sub-Clause 1.5 der General Conditions of Contract) gehen die Employer's Requirements (Sub-Clause 1.5 (f)) den zumeist als Schedules (Sub-Clause 1.5 (g)) vereinbarten Specifications vor, was allerdings aus Sicht des Contractor wiederum Regelungsbedarf erzeugt, weil davon auch solche Abweichungen erfasst werden, die nicht die

[160] Vgl. etwa Sub-Clause 1.5 FIDIC-Vertragsmuster: „*The documents forming the Contract are to be taken as mutually explanatory of one another. If there is any conflict, ambiguity or discrepancy, the priority of the documents shall be in accordance with the following sequence:* […]".

[161] Vgl. etwa Art. 7 des ICC Model Turnkey Contract for Major Projects, bei denen die Special Conditions (inkl. Appendices) (Art. 7.1 (2)) den Employer's Requirements (Art. 7.1 (4)) in der Geltungsrangfolge vorgehen.

Funktionalität der Anlage als solche betreffen. Dass diese den vereinbarten Specifications vorgehen sollen, ist kaum nachvollziehbar. Wenn etwa in den Employer's Requirements eine Haltbarkeit der Lackierung von 20 Jahren verlangt wird und sich die Parteien im Laufe der Verhandlungen auf eine Haltbarkeit von lediglich 10 Jahren verständigen, ist es unverständlich, warum sich der Kunde später auf die ursprünglich geforderten 20 Jahre berufen können sollte. Eben dies wird aber durch die Vorrangigkeit der Employer's Requirements gegenüber den Specifications bewirkt und sollte **aus Sicht des Anlagenunternehmers** durch einen ergänzenden Hinweis zu Sub-Clause 1.5 der General Conditions of Contract ausdrücklich abweichend geregelt werden.

Klauselbeispiel für die Regelung des Vorrangs der von den Employer's Requirements abweichenden Specifications

[•] Order of Priority

(1) […]

(2) […]

(3) In case of any discrepancies between the agreed Specifications/Schedules for the Works and the Employer's Requirements as to the respective design of the Works, the Parties agree that the mutually defined Specifications/Schedules shall prevail over the respective relevant provisions of the Employer's Requirements provided that the requirements as to the technical functionalities of the Works provided by the Employer's Requirements shall remain unaffected and nothing contained in the Specifications/Schedules shall be construed as releasing the Contractor from its obligation to achieve the required functionalities of the Works, in particular but not limited to the required performance criteria, unless otherwise expressly determined by the Specifications/Schedules.

b) Typische Hauptleistungsverpflichtungen des Anlagenunternehmers

Die inhaltliche Ausgestaltung der Verpflichtung zur schlüsselfertigen Errichtung richtet 90 sich nach den vertraglichen Vereinbarungen, die bei internationalen Industrieanlagenverträgen – ungeachtet der zumeist funktional beschriebenen Anforderungen an die Anlage – typischerweise sehr detailliert den Umfang der Pflichten des Anlagenunternehmers definieren.

Die Errichtung der Anlage setzt zunächst deren **Konstruktionsplanung** (engineering) 91 voraus, mittels derer die Herstellung der einzelnen Komponenten, Schnittstellen zwischen den verschiedenen Komponenten und sonstigen Anlagenteile und deren Zusammenwirken als Gesamtanlage an die im Einzelfall bestehenden Vorgaben des Kunden angepasst werden.[162]

Der **Transport der Anlagenteile** zum vorgesehenen Errichtungsort beim Kunden fällt 92 im Falle der schlüsselfertigen Errichtungsverpflichtung naturgemäß ebenfalls in den Pflichtenkreis des Anlagenunternehmers. Regelungen, die die Art und Weise dieses Transports der Anlagenteile zum Kunden vorsehen, sind deshalb in der Praxis selten, weil es allein Sache des Anlagenunternehmers ist, die für ihn zweckmäßigste Transportvariante zu wählen. Sie beschränken sich zumeist auf **Bestimmungen zur Gefahrtragung** für den Fall der Beschädigung oder des Untergangs der Anlagenteile und Versicherungsklauseln, die dem Anlagenunternehmer die Verpflichtung zur umfassenden **Versicherung des Transportrisikos** auferlegen.

Die speziell angepassten Komponenten und sonstigen Teile werden nach Anlieferung 93 beim Anlagenunternehmer (teilweise auch bereits bei den betreffenden Zulieferern) einzelnen Funktionstests (factory acceptance tests) unterworfen, bevor sie erstmalig noch im Werk des Anlagenunternehmers zur Gesamtanlage verbunden und als solche **umfangreichen Funktionstests** unterzogen werden. Bei Großanlagen erfolgt die erstmalige Zusam-

[162] Dünnweber Industrieanlage S. 38 f.

mensetzung allerdings häufig erst am Ort der Anlagenerrichtung (site), weil der Aufwand für die vorläufige Errichtung vor allem aufgrund der begrenzten räumlichen Kapazitäten vermieden wird. Hier wird die erstmalige **Gesamtmontage der Anlage** also häufig erst beim Kunden vorgenommen, womit das Risiko verbunden ist, dass sich einzelne Komponenten bei der Montage als unpassend erweisen und nach Anpassung erneut zum Errichtungsort transportiert werden müssen. Nach Fertigstellung der Montage und Durchführung etwaiger Funktionstests werden die **Feinabstimmungen der Anlage** justiert und optimiert, bis schließlich die **Inbetriebnahme** erfolgen kann.

94 Üblich sind ferner umfangreiche Regelungen dazu, wer die Verpflichtung oder Obliegenheit zur **Eindeckung der benötigten Versicherungen**[163] übernimmt und welchen Umfang die Versicherungen im Einzelnen aufweisen müssen. Trotz der Verpflichtung des Anlagenunternehmers zur schlüsselfertigen Errichtung hat der Kunde ein valides Interesse an der ordnungsgemäßen Versicherung der bis zum Gefahrübergang auf den Kunden bestehenden Risiken für die Anlage, weil ein Untergang der Anlage gerade bei Großprojekten das Risiko der Insolvenz des Anlagenunternehmers erhöht und damit die Realisierung des Gesamtprojekts gefährdet wird. Im internationalen Großanlagenbau ist es deshalb üblich, die **Wirksamkeit des Vertrages** (teilweise auch die Fälligkeit der ersten oder aller Zahlungen) von dem Nachweis der ordnungsgemäßen Eindeckung des vertraglich vorgesehenen Versicherungsumfangs abhängig zu machen oder aber zumindest **außerordentliche Kündigungsrechte** zu Gunsten des Kunden für den Fall vorzusehen, dass die Eindeckung nicht innerhalb bestimmter Fristen oder jederzeit auf entsprechende Anforderung des Kunden nachgewiesen wird. Typischer Gegenstand der Versicherung ist dabei insbesondere die **Bauleistungsversicherung** und die im internationalen Bereich übliche **Construction All Risk Insurance,** mit der wesentliche Risiken für die Anlage selbst (Beschädigung oder Untergang) und eine ganze Reihe weiterer Risiken abgesichert werden,[164] die Haftpflichtversicherung gegen schuldhaft verursachte Personen- und Sachschäden des Kunden und Dritter sowie die Versicherung gegen Ansprüche der eingesetzten Mitarbeiter aufgrund von Personenschäden im Zusammenhang mit der Anlagenerrichtung. Die einschlägigen Vertragsmuster sehen entsprechende Bestimmungen zum Umfang der vom Unternehmer einzudeckenden und während der gesamten Bauzeit aufrechtzuerhaltenden Versicherungen vor.[165]

95 National wie international üblich sind Verpflichtungen des Anlagenunternehmers zur **Gestellung von Erfüllungssicherheiten,** mit denen die Leistungs- und Zahlungsverpflichtungen des Anlagenunternehmers gegenüber dem Kunden abgesichert werden. Während in nationalen Bauvorhaben Vertragserfüllungsbürgschaften in Höhe von 10% des Auftragswertes und darüber hinaus Mängelhaftungsbürgschaften in Höhe von 5% des Auftragswertes üblich sind, werden in internationalen Industrieanlagenverträgen oftmals in deutlich größerem Umfang **Zahlungssicherheiten durch Bankgarantien** (performance oder warranty bonds oder guarantees) gefordert, welche die Liquidität des Anlagenunternehmers erheblich reduzieren. Auch die im Grundsatz erforderliche Einpreisung der hierdurch anfallenden Avalkosten ist mit dem Problem verbunden, dass die zu leistenden Sicherheiten zumeist an den Auftragswert anknüpfen. Jeder Aufschlag auf den kalkulierten Angebotspreis hat deshalb stets wiederum die Erhöhung der zu stellenden Sicherheiten zur Folge. Im Hinblick auf die Ausgestaltung der Verpflichtungen zur Gestellung von Sicherheiten sollte darauf geachtet werden, dass sich die Sicherheiten nicht überschneiden, etwa weil der Rückgabezeitpunkt für die Erfüllungssicherheit nach den vertraglichen Vereinbarungen dem Gestellungszeitpunkt für die Gewährleistungssicherheit nachfolgt.

---

[163] Hierzu → § 15.

[164] → Rn. 29.

[165] Vgl. etwa Clause 19 des FIDIC Yellow Book und des FIDIC Silver Book, die neben allgemeinen Anforderungen an die Verpflichtung des Contractor zur Eindeckung der Versicherungen (Sub-Clause 19.1) auch bestimmte Arten einzelner Versicherungen definieren (Sub-Clause 19.2.1–19.2.6); vgl. auch Art. 56 des ICC Model Turnkey Contract for Major Projects.

Für Verträge unter dem Regime der **FIDIC-Vertragsmuster** ist zu beachten, dass Regelungen zu warranty bonds nicht vorgesehen sind, weil die Mängelbeseitigung dem englischen Rechtsverständnis folgend als Teil der Erfüllung verstanden und deshalb von den Regelungen zur Gestellung der Performance Security erfasst wird.[166] Die als Zahlungsgarantie oder Zahlungsbürgschaft ausgestaltete Performance Security ist erst 21 Tage nach Ausstellung des Performance Certificate durch den Engineer sowie der Baustellenräumung (Clearance of Site) gemäß Sub-Clause 11.11 an den Contractor zurückzugeben, mithin erst nach Ablauf der letzten Defects Notification Period.[167] Dies bedeutet, dass die Performance Security regelmäßig erst Jahre nach der eigentlichen Herstellung des Werkes an den Anlagenunternehmer zurückzugeben ist, was bei der Einpreisung der erheblich höheren Avalkosten berücksichtigt werden muss. Es empfiehlt sich aus Sicht des Anlagenunternehmers, im Verhandlungsweg darauf hinzuwirken, die Performance Security abweichend von den Bestimmungen von Sub-Clause 4.2 der FIDIC-Vertragsmuster sukzessive zu reduzieren, wenn die erfolgreiche Inbetriebnahme der Anlage erfolgt ist und das Taking-Over Certificate vom Engineer[168] ausgestellt wurde. Eine weitere Reduzierung kann zudem für Fälle verschieden langer Laufzeiten der Defects Notification Period vorgesehen werden, was insbesondere dann angezeigt ist und auch vom Kunden akzeptiert wird, wenn über die allgemeine Defects Notification Period hinaus für bestimmte Anlagenteile deutlich längere Fristen verlangt werden, etwa für den Stahlbau oder die Lackierung, wo 10-jährige Defects Notification Periods üblich sind. Ist in solchen Fällen die Performance Security, wie in Sub-Clause 4.2 der FIDIC-Vertragsmuster vorgesehen, erst mit Ausstellung des Performance Certificate nach Ablauf der letzten Defects Notification Period (etwa für den Stahlbau oder die Lackierung) zurückzugeben, führt dies zu einer ebenso erheblichen wie unnötigen **Übersicherung des Kunden,** die bei unterstellt sachgerechter Angebotskalkulation des Anlagenunternehmers infolge der hierfür veranschlagten Zuschläge zu einer maßgeblichen **Verteuerung des Projekts** führt. Vermeiden lässt sich dies durch Einfügung einer „Main" Defects Notification Period, die auf die Laufzeit der für die Gesamtanlage geltenden Defects Notification Period abstellt und etwaig vereinbarte längere Einzelfristen (etwa für die Lackierung) unberücksichtigt lässt. 96

Klauselbeispiel für ergänzende Definition einer Main Defects Notification Period in den Particular Conditions of Contract

[•] Definitions

[…]

„Main Defects Notification Period" means the Defects Notification Period of 2 (two) years being applicable for the Works in general to the explicit exclusion of any deviating terms defined as Defects Notification Periods being applicable only for [specific parts of the Works for which a longer, or, respectively, shorter term of the Defects Notification Period is required]. For the sake of clarification, where this Contract refers to the Defects Notification Period, such reference shall mean the Main Defects Notification Period unless otherwise expressly specified therein."

Auch außerhalb der FIDIC-Vertragsmuster ist es für Verträge nach englischem Recht üblich, dass diese keine Differenzierung zwischen Vertragserfüllungs- und Mängelhaftungssicherheiten vorsehen, sondern lediglich eine einheitliche performance security, die erst nach dem Ablauf einer warranty period oder einer defects notification period zurückzugewähren ist.[169] Dann empfiehlt sich aus Sicht des Anlagenunternehmers ebenfalls eine angemessene Reduzierung der Sicherheit nach vollständiger Fertigstellung und Übergabe bzw. nach Inbetriebnahme oder dem Beginn des operativen Betriebs der Anlage. Eine Redu- 97

[166] Vgl. Sub-Clause 4.2 Red, Yellow und Silver Book und Sub-Clause 4.4 Green Book.
[167] Hierzu nachfolgend im Einzelnen unter → Rn. 201.
[168] Im Falle des Silver Book: vom Employer, vgl. Sub-Clause 10.1 Silver Book.
[169] Vgl. etwa Clause 37 des JCT Major Projects Construction Contract von 2016.

zierung auf die Hälfte der ursprünglichen Höhe und im Falle differenzierter Ausgestaltung unterschiedlicher defects notification periods auf einen noch geringeren Prozentsatz nach dem Ablauf der für die Gesamtanlage geltenden Frist (main defects notification period) entspricht damit den Interessen beider Vertragsparteien und ist erfahrungsgemäß auch zumeist im Verhandlungsweg durchsetzbar.

Klauselbeispiel für die sukzessive Reduzierung der Performance Security

[•] Amount of Performance Security

The performance security to be obtained from the Contractor by the Employer shall amount to 10 (ten) percent of the Contract Price and shall be automatically reduced by 50 (fifty) percent to 5 (five) percent of the Contract Price upon Taking-Over of the Works and by further 60 (sixty) percent of its remaining value to 2 (two) percent of the Contract Price upon expiry of the Main Defects Notification Period.[170]

98 Über die performance security hinaus hat der Unternehmer nach Sub-Clause 14.2.1 Red, Yellow und Silver Book eine Sicherheit für gegebenenfalls vom Kunden zu leistende Vorauszahlungen zu leisten. Diese **Vorauszahlungssicherheit** (advance payment guarantee) reduziert sich entsprechend dem Baufortschritt[171] und ist damit ebenfalls für die gesamte Dauer der Anlagenerrichtung, wenn auch in sukzessiv reduzierter Höhe, aufrechtzuerhalten. Aus Sicht des Anlagenunternehmers sollte im Verhandlungsweg versucht werden, hiervon abweichend eine vollständige Rückgewähr der Vorauszahlungssicherheit nach Erreichung eines zu definierenden Projektfortschritts durchzusetzen, um die Reduzierung des Gesamtavalvolumens zu einem möglichst frühen Zeitpunkt zu erreichen. Hierfür spricht auch die klarere Abgrenzung zwischen Vorauszahlungssicherheit einerseits und performance security andererseits. Die nur **sukzessive Abschmelzung** der Vorauszahlungssicherheit ist zwar auch für die eingeschalteten Kreditinstitute umsetzbar, weil die Reduzierungen sich anhand der ausgestellten Payment Certificates liquide nachweisen lassen, so dass Zweifel an der jeweiligen Höhe der Sicherheiten nicht bestehen können. Indessen führt sie leicht zu einer Übersicherung des Kunden, wenn nicht sorgfältig darauf geachtet wird, dass die Vorauszahlung, gemessen an den Baufortschrittszahlungen (interim payments) und dem erreichten Projektfortschritt (achievement of milestones), zu jeder Zeit ihre Qualität als echte Vorleistung des Kunden beibehält.

c) Vollständigkeitsklauseln und Risikoverlagerungen

99 Internationale Industrieanlagenverträge sehen in aller Regel die **schlüsselfertige** Erstellung der Anlage durch den Anlagenunternehmer vor, wenn zu dessen Leistungsumfang neben der Errichtung auch das Design der Anlage gehört, wie es bei Design-Built- und EPC-Verträgen (engineering, procurement and construction) regelmäßig der Fall ist. Auch dann, wenn bei Industrieanlagenverträgen ausnahmsweise das Design vom Kunden erstellt wird, treffen den Anlagenunternehmer zumeist umfangreiche **Prüfungs- und Hinweisverpflichtungen** bezüglich der Vollständigkeit und technischen Umsetzbarkeit des kundenseitig vorgegebenen Designs, deren Verletzung entweder zu Schadensersatzverpflichtungen oder einer Erweiterung oder Veränderung des ursprünglichen Leistungsumfangs ohne zusätzliche Vergütungsansprüche führt. Solche Vollständigkeitsklauseln finden sich in

---

[170] Bei einem Vertrag auf Grundlage der FIDIC-Vertragsmuster wäre die Klausel zu modifizieren, weil sich die ursprüngliche Höhe der Performance Security nach Sub-Clause 4.2 aus der entsprechenden Angabe in der *Contract Data* ergibt. Hier wäre also nur die Reduzierung gesondert zu regeln: „*The Performance Security as stated in the Contract Data shall be reduced by 50 (fifty) percent of the Accepted Contract Amount upon issuance of the Taking-Over Certificate by the Engineer [respectively the Employer] and by further 60 (sixty) percent of its remaining value to 2 (two) percent of the Accepted Contract Amount upon expiry of the Main Defects Notification Period.*"

[171] Vgl. Sub-Clause 14.2.1 Red, Yellow und Silver Book: „(…) *but its amount may be progressively reduced by the amount repaid by the Contractor as stated in the Payment Certificates*".

der Praxis in zahllosen Varianten,[172] die hier nicht näher dargestellt werden sollen, weil sie alle zu ähnlichen, für den Anlagenunternehmer einschneidenden Rechtsfolgen mit erheblicher wirtschaftlicher Auswirkung führen, soweit sie nicht ausnahmsweise der Inhaltskontrolle des anwendbaren Rechts zum Opfer fallen.[173] Auf letzteren Gesichtspunkt sollte man sich indessen kaum verlassen, vor allem deshalb nicht, weil derartige **Vollständigkeitsklauseln** im internationalen Industrieanlagenbau weitestgehend zu den vertraglichen Selbstverständlichkeiten gehören und damit selbst im Falle deutschen Rechts[174] als Vertragsstatut zumindest kaum von einer **überraschenden Klausel** die Rede sein kann. Für den typischen turnkey-Industrieanlagenvertrag, bei dem die Planung ohnehin zum Aufgabenbereich des Anlagenunternehmers gehört, versteht sich die Verantwortlichkeit des Anlagenunternehmers für die Vollständigkeit der Planung ohnehin von selbst, weil er alles zu tun (und einzuplanen) hat, was für die schlüsselfertige Errichtung einer den Vorgaben entsprechenden Anlage erforderlich ist. Mängel seiner eigenen Planung einschließlich ihrer erschöpfenden Behandlung sämtlicher für die schlüsselfertige Anlagenerrichtung erforderlichen Leistungen fallen damit ohne weiteres in seinen Verantwortungsbereich und sind von ihm gegebenenfalls kostenneutral zu beheben.[175] Wenn und soweit der Vertrag die generelle Planungsverantwortung ausnahmsweise dem Kunden auferlegt, sollte die Prüfungs- und Hinweispflicht des Anlagenunternehmers sachgerecht begrenzt werden, was vornehmlich dadurch geschieht, dass die Haftung auf Fälle schuldhaft zurechenbarer Verletzungen der Prüfungs- und Hinweispflichten begrenzt wird.

Klauselbeispiel für die Begrenzung der Prüfungs- und Hinweispflichten bezüglich der Planung des Kunden

[•] Review of Employer's Requirements by Contractor

For the sake of clarification, the Parties agree that the Contractor's obligation to review, scrutinize or verify the correctness, practicality and completeness of the Employer's Requirements, any design criteria or any other data or information (within the meaning of this paragraph jointly referred to as „Information") provided to the Contractor by the Employer prior or subsequent to the submission of the tender shall be strictly limited to the application of such degree of care which can reasonably be expected taking into consideration the technical skills and know-how of a professional contractor being specialised in the kind of works and services requisite to perform the Works in accordance with the Contract. Consequently, only failures of the Contractor to apply the aforesaid degree of due care as proven by the Employer shall effect the consequences provided in the preceding paragraph. Moreover, if and to the extent any inaccuracy, incompleteness or errors in the aforementioned Information provided by the Employer which could not have been discovered by the Contractor turns out to adversely affect the time for completion or lead to additional costs in performing the Works, then the Contractor is entitled to a reasonable adjustment of the Contract Price and extension of Time for Completion as well as to com-

[172] Vgl. zu entsprechenden Formulierungsbeispielen etwa Schuhmann Handbuch S. 68.

[173] So werden Komplettheitsklauseln in AGB des Auftraggebers bei Geltung der §§ 305ff. BGB im Falle der Planungsverantwortung des Auftraggebers zu Lasten des Vertragspartners als abweichende unangemessene Benachteiligung angesehen und infolgedessen im Falle des Detail-Pauschalvertrages für unwirksam gehalten, vgl. etwa OLG Düsseldorf BauR 2004, 506 (507); OLG München BauR 1990, 776; zum Global-Pauschalvertrag OLG Koblenz NZBau 2010, 562; kritisch Ulmer/Brandner/Hensen/Christensen AGB-Recht Teil 2 Klauseln (12) Rn. 11, der die Unterscheidung danach, wer die Planung zu erbringen hatte, für zweifelhaft hält; anders wird die Sachlage beim Global-Pauschalvertrag eingeschätzt, bei dem der Auftraggeber die Leistungen nur funktional und global, dh nicht im Detail beschreibt, vgl. ausführlich dazu mit weiteren Nachweisen Kapellmann/Schiffers Bd. 2 Pauschalvertrag Rn. 522ff.

[174] Zur Rechtslage im deutschen Recht vgl. etwa Hilgers/Kaminsky Anlagenbau Rn. 67f.; Bock/Zons/Mahnken/Cloppenburg Rechtshandbuch Anlagenbau Teil A Rn. 196ff.

[175] Vgl. Sub-Clause 4.1 Yellow und Silver Book: *„The Contractor shall execute the Works in accordance with the Contract. When completed, the Works (or Section or major item of Plant, if any) shall be fit for the purpose(s) for which they are intended, as defined and described in the Employer's Requirements or, where no purpose(s) are so defined and described, fit for their ordinary purpose(s).* ".

pensation of any other disadvantages it would not have incurred had the Information by the Employer been correct and complete.

100 Das **FIDIC Silver Book** geht von einer vollständigen Planungsverantwortung des Anlagenunternehmers aus. Aber es geht noch weit darüber hinaus. Das Anlagendesign hängt in erheblichem Maße von den Employer's Requirements des Kunden ab. Insofern haben Fehler oder Ungenauigkeiten jeder Art unmittelbare Auswirkungen auf das Design der Anlage, für die der Anlagenunternehmer verantwortlich ist. Sub-Clause 5.1 des Silver Book verlagert die Verantwortlichkeit für Mängel der Planungsvorgaben des Kunden auf den Anlagenunternehmer und stellt darüber hinaus die **unwiderlegbare Vermutung** zu dessen Lasten auf, er habe sie zu gegebener Zeit vor Angebotsabgabe[176] untersucht und geprüft. Nach der Systematik des Silver Book ist dem Anlagenunternehmer darüber hinaus der Einwand des Mitverschuldens auf Seiten des Kunden verwehrt, weil insoweit ausdrücklich klargestellt wird (Sub-Clause 5.1 Abs. 4), dass der Kunde für die Mängel seiner eigenen Planungsvorgaben nicht haftet, soweit nicht einer der abschließend in Abs. 5 definierten Tatbestände[177] vorliegt. Diese **beachtliche Risikoverlagerung** auf den Anlagenunternehmer, die teils auf erhebliche Kritik gestoßen ist,[178] versteht sich als bewusste Reaktion der FIDIC auf die vielfach beobachtete Vertragspraxis, die deutlich ausgewogenere Risikoverteilung der traditionellen Vertragsmuster (Red und Yellow Book) durch vertragliche Bestimmungen zu Lasten des Unternehmers abzuändern, was maßgeblich auf die **Bedürfnisse der projektfinanzierenden Institute** zurückgeführt wird.[179] Der Anlagenunternehmer sollte sich durch die ausdrückliche Adressierung der vollständigen Übernahme auch unbekannter Risiken besser darüber klar werden, welche einschneidenden Konsequenzen mit der Übernahme des Auftrages verbunden sind.[180] Da es durch diese offene Ausgestaltung der Risikoverteilung kaum noch möglich ist, sich auf insoweit bestehende Irrtümer zu berufen oder nachträglich zu argumentieren, die Klausel sei unangemessen bzw. unreasonable, bleibt dem Anlagenunternehmer letztlich nichts anderes übrig als die möglichst umfassende Prüfung der Employer's Requirements vor der Abgabe des Angebots und die Einpreisung erheblicher Risikozuschläge im Rahmen der Angebotskalkulation, was Großprojekte unter dem Regime des Silver Book in der Praxis maßgeblich verteuert. Auf der anderen Seite empfiehlt es sich nicht, unübersehbare und damit auch **kaum kalkulierbare Risiken** zu übernehmen, weil sich auch ein großzügig kalkulierter Risikozuschlag im Ernstfall schnell als unzureichend erweisen kann. Das Silver Book wird deshalb für Projekte, bei denen aufgrund zeitlicher Vorgaben keine ausreichende Gelegenheit für den Anlagenunternehmer besteht, die bei der Projektrealisierung potenziell anfallenden Risiken sachgerecht und umfassend zu sondieren, kaum zu empfehlen sein.[181]

101 Soweit das Silver Book Grundlage der Ausschreibung und dessen grundsätzliche Verwendung durch den Kunden nicht verhandelbar ist, sollte möglichst umfassend geprüft werden, welche Risiken überschaubar, gerade noch hinnehmbar oder nicht mehr vertretbar sind. Sind Risiken der letztgenannten Art vorhanden, bleibt vor der Entscheidung, von

---

[176] Spätestens bis zum Base Date, der definitionsgemäß 28 Tage vor dem letztmöglichen Termin für die Einreichung des Angebotes liegt, vgl. Sub-Clause 1.1.2 Silver Book.

[177] Zu erwähnen sind insbesondere die im Vertrag als zwingend zu unterstellenden oder ausdrücklich der Verantwortung des Employer zugewiesenen Angaben des Kunden (a) und solche Angaben, deren Überprüfung dem Contractor nicht möglich ist (d).

[178] Kehlenbach ZfBR 1999, 291 (295 f.); Kus/Markus/Steding ICLR 1999, 533 (538); kritisch auch MVH/Kratzsch III Form. VI.1. Anm. 2 (d) und Hök ZfBR 2007, 3 (11) sowie auch Mallmann Anlagenbauverträge S. 175 ff.

[179] Wade ICLR 2000, 5 (11).

[180] Wade ICLR 2000, 5 (12).

[181] Booen ICLR 2000, 24 (26), der als hauptverantwortlicher Entwurfsverfasser der FIDIC Rainbow Edition darauf hinweist, dass das Silver Book unter verschiedenen Aspekten ungeeignet sein kann – vor allem für Projekte, bei denen erhebliche Tiefbauleistungen notwendig sind oder andere für den Contractor nicht prüfbare Verhältnisse vorliegen, welche die vermeintlich wettbewerbsfähige Angebotsabgabe eher als Glücksspiel denn als professionelles Verhalten des Contractor erscheinen lassen.

der Einreichung eines Angebotes abzusehen, die Alternative, das konkrete **Risiko offen anzusprechen** (gegebenenfalls auch in Form eines entsprechend qualifizierten Angebotes (conditional tender)). Oftmals wird man feststellen, dass auch die Wettbewerber nicht bereit sind, unübersehbare Risiken einzugehen, so dass die faktischen Verhältnisse auf Seiten des Kunden unerwartete Verhandlungsbereitschaft erzeugen. Besteht Einvernehmen darüber, dass bestimmte Risiken – ungeachtet etwaiger Risikozuschläge – nicht übernommen werden können, lässt sich eine vom Silver Book abweichende Risikoverteilung durch Einfügung eines entsprechenden Passus in den Particular Conditions vollziehen.[182]

Klauselbeispiel für die von Sub-Clause 5.1 Silver Book abweichende Risikozuweisung in den Particular Conditions of Contract

[•] Amendment to Sub-Sub-Clause 5.1 of the General Conditions of Contract

As distinct from Sub-Clause 5.1 par. 1 and 4 of the General Conditions of Contract, the Parties agree that the following risks shall not fall into the Contractor's responsibility but rather taken solely by the Employer in accordance and within the meaning of Sub-Clause 5.1 par. 5 (a) of the General Conditions of Contract: [respective risks to be precisely defined]. The aforementioned risks shall be deemed to have not been considered by the Contractor when calculating the tender price and thus not been covered by the Accepted Contract Amount. Hence, should any of these risks realise to the effect that additional works and services be required for the proper completion of the Works, such additional works and services shall constitute a Variation and the Contractor is entitled to a reasonable adjustment of the Contract Price and of the Time for Completion in accordance with Clause 13 of the General Conditions of Contract.

Im Vergleich zum Silver Book sieht der **ICC Model Turnkey Contract for Major Projects** eine eher ausgewogene Regelung der Risikoverteilung vor. Beide Vertragsparteien sind im Grundsatz verantwortlich für die jeweils aus ihrer Sphäre stammenden Risiken, so dass es insbesondere bei der Verantwortlichkeit des Kunden für die von ihm vorgegebenen Employer's Requirements bleibt (Art. 32.1). Diesem **Prinzip der ausgewogenen Risikoverteilung** folgend, sah Art. 32.6 des Model Turnkey Contract for Major Projects von 2007 vor, dass die abschließende Planungsverantwortlichkeit von beiden Parteien anteilig getragen wird, wenn der Kunde in seinen Employer's Requirements Planungsanforderungen vorgibt und der Anlagenunternehmer einen Vorschlag unterbreitet, wie diese Planungsvorgaben erfolgreich umgesetzt werden können. Diese Regelung trägt offensichtlich dem Umstand Rechnung, dass Mängel des Anlagendesigns nicht grundsätzlich der Sphäre nur einer der Parteien zuzuordnen sind, sondern auch eine **anteilige Zuweisung von Verursachungsbeiträgen** in Betracht kommt, so dass rechtliche Bewertungen mit deutlich größerer Flexibilität ermöglicht werden. Die damit einhergehenden Rechtsunsicherheiten lassen sich kaum vermeiden. Möglicherweise deshalb ist diese Klausel in der überarbeiteten Fassung des Model Turnkey Contract for Major Projects von 2020 nicht mehr enthalten. 102

d) Zuweisung des Baugrundrisikos durch internationale Vertragsmuster und nach ausländischen Rechtsordnungen

Von besonderer Bedeutung für internationale Projekte des Großanlagenbaus ist die Frage, wer die beachtlichen Risiken im Zusammenhang mit den Unwägbarkeiten des Baugrunds 103

[182] Der Vorschlag von Roquette/Otto/Brück Privates Baurecht F. II. Rn. 129, in den Definitions (Sub-Clause 1.1 der General Conditions of Contract) zu präzisieren, welche Umstände für den Contractor im Sinne von Sub-Clause 5.1 (d) nicht feststellbar sind, geht in die gleiche Richtung; direkter und weniger auslegungsanfällig erscheint aber eine ausdrückliche Zuweisung der Verantwortlichkeit für das betreffende Risiko an den Employer, die Sub-Clause 5.1 (a) ausdrücklich zulässt. Überdies sollte die Abweichung nicht in den Definitions, mithin in den General Conditions of Contract, vollzogen werden, sondern idealerweise in einem höherrangigen Dokument, wofür sich die Particular Conditions of Contract anbieten.

zu tragen hat. Bemerkenswert ist insofern, dass diese Frage vorbehaltlich einer ausdrücklichen Regelung der Vertragsparteien in besonderer Weise von der maßgeblichen Rechtsordnung geprägt wird, weil diese bezüglich des Baugrundrisikos[183] sehr unterschiedliche Bestimmungen vorsehen.[184]

104 Nach deutschem, **schweizerischem und österreichischem Recht** wird das Baugrundrisiko im Grundsatz dem Besteller zugewiesen.[185] Dieser ist damit mangels abweichender vertraglicher Risikozuweisung Adressat der Obliegenheit, den Baugrund umfassend zu untersuchen und auf etwaige Erschwernisse im Zuge der erforderlichen Tiefbauarbeiten zu prüfen. Demgegenüber weist etwa **das englische Recht** das Baugrundrisiko vollständig dem Verantwortungsbereich des Unternehmers zu, dessen Obliegenheit es sei, die örtlichen Verhältnisse der Baustelle einschließlich der Bodenverhältnisse und die Auswirkungen der vorgegebenen Technik umfassend auf ihre Eignung zur Realisierung des Bauvorhabens zu überprüfen.[186] Nach **US-amerikanischem Recht** wird das Baugrundrisiko im Grundsatz ebenfalls dem Unternehmer auferlegt.[187] Diese Grundsatzentscheidung beruht auf dem Gedanken, dass der Unternehmer sich vertraglich verpflichtet hat, das Werk zu erstellen und er es selbst in der Hand hat, seine Verpflichtung unter den Vorbehalt der Garantie des Bauherrn bezüglich eines bestimmten Baugrundes zu stellen und die entsprechenden Rechtsfolgen vertraglich zu regeln.[188] Umgekehrt begründet etwa das **deutsche Recht** seine gegenteilige Risikoverteilung mit der Überlegung, dass der Grund und Boden typischerweise der Sphäre des Kunden zuzuordnen ist, der über bessere Erkenntnisquellen verfügt (etwa durch Beauftragung entsprechender Baugrundgutachter) als der Unternehmer.[189] Die grundsätzliche Zuweisung des Baugrundrisikos in den Verantwortungsbereich des Unternehmers auf Grundlage des common law führt allerdings zu einer entsprechenden **Einpreisung** potenzieller Baugrundrisiken in den Angeboten seriöser Bieter, was eine **Verteuerung aller Bauvorhaben** bewirkt, einschließlich solcher, bei denen sich Baugrundrisiken niemals verwirklichen. Ausgehend von dieser Überlegung weisen die für die öffentlichen Vergaben der

[183] Zur Definition des Baugrundrisikos nach deutschem Verständnis vgl. etwa Englert/Grauvogel/Maurer Handbuch Rn. 910; zusammengefasst handelt es sich um das Risiko, das mit der Abweichung der vertraglich zugrunde gelegten Sollbeschaffenheit des Baugrunds von den tatsächlich vorgefundenen Bodenverhältnissen verbunden ist, wobei zumeist für die Sollbeschaffenheit von einer sorgfältigen Untersuchung des Baugrunds ausgegangen wird, um das Baugrundrisiko von zurechenbaren Obliegenheits- oder Pflichtverletzungen abzugrenzen, vgl. Hök ZfBR 2007, 3 (5).

[184] Eine instruktive Übersicht über die internationale Praxis findet sich bei Fenn ICLR 2000, 439 ff.

[185] MVH/Rosener/Kratzsch III Form. VI.1. Anm. 24; Hök ZfBR 2007, 3 (11); Gauch Werkvertrag Rn. 1096 f. (zur Rechtslage nach schweizerischem Recht).

[186] Hök ZfBR 2007, 3 (11); Bailey ICLR 2007, 394 (396); im Falle *Alexander Thorn v The Mayor Commonalty of London* (1876) 1 App Cas 120 (HL) hatte ein Unternehmer die beschädigte Blackfriars Bridge in London in einer vom öffentlichen Bauherrn vorgegebenen Spezialtiefbautechnik zu erstellen, die, wie sich herausstellte, nicht den gewünschten Erfolg erzielte, so dass der Unternehmer Bauarbeiten nur bei Ebbe ausführen konnte. Die Berechtigung des von ihm eingereichten Nachtrags aufgrund der offensichtlich verlängerten Bauzeit wurde ihm letztlich durch die berühmte Entscheidung des House of Lords abgesprochen. Seiner Argumentation, der Bauherr habe durch die Vorgabe der einzusetzenden Technik auch das Risiko dafür übernommen, diese werde das Gezeitenproblem lösen und einen zügigen Baufortschritt gewährleisten, ist das House of Lords nicht gefolgt. Vielmehr habe der Unternehmer mangels abweichender vertraglicher Regelung das Risiko dafür übernommen, dass die vorgegebene Bauweise auch funktioniere. Aus der Entscheidung wird andererseits auch deutlich, dass diese Risikoverteilung im Einzelfall durch vertragliche Regelungen abweichend vorgenommen werden kann.

[187] Sweet ICLR 2011, 101 (117).

[188] Vgl. *Simpson v United States*, 172 U.S. 372 (1899): „[…] *The contract imposed upon the contractors the obligation to construct the dock according to the specifications, within a designated time, for an agreed price, upon a site to be selected by the United States. We look in vain for any statement or agreement, or even intimation, that any warranty, express or implied, in favor of the contractor was entered into concerning the character of the underlying soil* […]"; allgemein zum Grundsatz, dass der Unternehmer mangels vertraglicher Regelung alles zur Herstellung des versprochenen Werkes ohne Anspruch auf zusätzliche Vergütung leisten muss, siehe auch *Phoenix Bridge Co. v United States*, 211 U.S. 188 (1908).

[189] BGH BauR 1990, 2010 (211): „Bauvertraglicher Risikobereich"; zur Sphärentheorie Grüneberg/Sprau BGB § 645 Rn. 9 und Englert/Grauvogel/Maurer Handbuch Rn. 2155 ff. mwN.

US-Bundesbehörden geltenden Bestimmungen der Federal Acquisition Regulation das Baugrundrisiko dem Bauherrn zu.[190] Dieser Systematik sind auch die in den USA gebräuchlichsten Standardverträge für Bau- und Anlagenbauprojekte gefolgt.[191] Die **Vertragspraxis in den USA** weist damit ganz überwiegend das Baugrundrisiko dem Bauherrn zu und gesteht dem Unternehmer damit Mehrvergütungsansprüche und den Ausgleich anderer Nachteile im Falle der Realisierung dieses Risikos zu.[192]

International gebräuchliche Vertragsmuster orientieren sich regelmäßig an anglo- 105
amerikanischen Vorstellungen, was auch bezüglich der dort zumeist geregelten Risikoverteilung für die vertraglichen Auswirkungen der unknown physical ground conditions gilt. Der Contractor kann nach Maßgabe von Sub-Clause 4.12 des Yellow und Red Book ausnahmsweise eine **Anpassung von Vertragspreis und Ausführungszeit** verlangen, wenn er unforeseeable physical conditions[193] nachweisen kann, die zu Erschwernissen führen.[194] Ebenso verhält sich die entsprechende Regelung im ICC Model Turnkey Contract for Major Projects.[195] Die letztgenannten Regelungen sind damit nicht weit entfernt von der insoweit geltenden deutschen Rechtslage, weil dem Unternehmer zwar die Obliegenheit auferlegt wird, die vom Kunden zur Verfügung gestellten Informationen sorgfältig zu prüfen und dann, wenn vernünftigerweise erforderlich, selbst weitere angemessene Erkundungsmaßnahmen zu veranlassen. Kommt er diesen Obliegenheiten allerdings nach, haben gleichwohl eintretende unvorhersehbare Erschwernisse einen Anspruch auf Erstattung der daraus resultierenden Kosten zur Folge. Demgegenüber vermutet Sub-Clause 4.12 des **Silver Book** zu Lasten des Contractor unwiderlegbar, er habe sämtliche Informationen, die sich auf das Bauvorhaben auswirken könnten, insbesondere bezüglich aller etwaigen Risiken und Unwägbarkeiten, erhalten und weist ihm zudem ausdrücklich die uneingeschränkte Verantwortlichkeit für sämtliche dieser Risiken mit dem Ergebnis zu, dass eine Vertragsanpassung aufgrund der Realisierung solcher Risiken ausgeschlossen ist. Die Regelung korrespondiert mit der allgemeinen Verantwortlichkeit des Contractor für sämtliche Risiken des Bauvorhabens, selbst wenn diese in den vom Employer zur Verfügung gestellten Informationen fehlerhaft beschrieben sind.[196] Sie schießt deshalb über das gebotene Maß hinaus[197] und sollte mittels der frei verhandelbaren Particular Conditions of Contract auf ein sinnvolles Maß zurückgeführt werden, wenn sich die Verwendung des Silver Book nicht vermeiden lässt.[198]

---

190 Vgl. §§ 36.502 und 52.236.2 der Federal Acquisition Regulation, Title 48 des United States Federal Code of Regulations, frei zugänglich unter https://www.acquisition.gov/far/index.html.

191 Sweet ICLR 2011, 101 (118).

192 Vgl. A201–2017, para. 3.7.4 des American Institutes of Architects (AIA) und C-700, para. 4.03 (2018) des Engineer Joint Contract Documents Committee (EJCDC).

193 Der Begriff *unforeseeable* wird im Yellow Book/Red Book (Sub-Clause 1.1.87 bzw. 1.1.85) definiert als „[…] *not reasonably foreseeable by an experienced contractor by the base date*". Beide Vertragsmuster verpflichten zwar den Employer dazu, dem Contractor sämtliche verfügbaren Informationen ua zu den Bodenverhältnissen zur Verfügung zu stellen, vermuten dann aber gleichzeitig unwiderlegbar zu Lasten des Contractor, dass dieser sich in (nach Maßgabe der zur Verfügung stehenden Zeit und Kosten) vernünftigerweise zu erwartendem Umfang über sämtliche Risiken unterrichtet hat, woraus die Obliegenheit zur Anstellung eigener Baugrundaufklärung in angemessenem Umfang folgt, wenn die insoweit zur Verfügung gestellten Unterlagen des Employer vernünftigerweise nicht als ausreichend zur Einschätzung der Bodenverhältnisse bewertet werden können, vgl. Sub-Clause 4.10 Red und Yellow Book: „*[The Contractor] shall be deemed to have obtained all necessary information as to risks, contingencies or other circumstances which may influence or affect the Tender or Works.*"

194 In der 2nd Edition werden die Anforderungen an die Notice gegenüber dem Engineer konkretisiert (Sub-Clause 4.12.1). Zudem regelt Sub-Clause 4.12.2 nun die Zeitschiene für die Untersuchung des Engineer.

195 Vgl. Art. 23.1: „(…) *it [the Contractor] encounters on the Site any artificial or physical conditions or obstructions (whether sub-surface or otherwise) that were not reasonably to be expected prior to submission of the Tender* (…)".

196 Dazu vorstehend unter c).

197 Kritisch auch Roquette/Schweiger/Ritter/Schätzlein Privates Baurecht E. II. Rn. 187.

198 Vgl. die Empfehlung der FIDIC in ihrem Guidance for the Preparation of Particular Conditions (Silver Book), dort zu Sub-Clause 4.12: „(…) *If the Works include tunnelling or other substantial sub-surface construction, it is usually preferable for the risk of unforeseen ground conditions to be allocated to the Employer. Responsible Contractors will be reluctant to take the risks of unknown ground conditions which are difficult or impossible to estimate in*

Klauselbeispiel für eine sachgerechte Modifikation der Risikoverteilung in Sub-Clause 4.12 Silver Book bezüglich des Baugrundes

[•] Amendment to Sub-Clause 4.12 of the General Conditions of Contract

With regard to the provisions on the responsibility of the Contractor for unforeseeable difficulties as contained in Sub-Clause 4.12 of the General Conditions of Contract, the Parties agree that these provisions shall apply only if and to the extent that the Contractor had been given sufficient opportunity to investigate any potential risk and provided that such risk could have been foreseen within the framework of reasonably conducted investigations. Risks to the extent not possibly foreseeable despite the performance of such reasonable investigations shall remain the Employer's responsibility and any additional expenses and/or time required in order to take reasonable and appropriate measures to overcome these difficulties shall be instructed by the Employer accordingly and treated as a Variation in accordance with Clause 13 of the General Conditions of Contract.

106 Alternativ kommt auch eine vollständige Ersetzung von Sub-Clause 4.12 durch die entsprechende Regelung des FIDIC Yellow Book in Betracht:

Klauselbeispiel Ersetzung Sub-Clause 4.12 Silver Book durch Sub-Clause 4.12 Yellow Book

[•] Amendment to Sub-Clause 4.12 of the General Conditions of Contract

The Parties agree that Sub-Clause 4.12 of the General Conditions of Contract shall be deleted and fully replaced by the respective Sub-Clause 4.12 as contained in the „FIDIC Conditions of Contract for Plant and Design-Build for electrical & mechanical Plant, and for Building and Engineering Works, Designed by the Contractor" as published by FIDIC in 2017 and known as the „Yellow Book" provided that any reference to the term „Engineer" made therein shall be deemed as a reference to the Employer.

e) Nebenpflichten des Anlagenunternehmers

107 Über die Verpflichtung zur (zumeist schlüsselfertigen) Planung und Errichtung der Anlage hinaus treffen den Anlagenunternehmer typischerweise eine ganze Reihe von Nebenpflichten, die häufig in den Vertragsanlagen oder dem Vertrag selbst eingehend definiert werden.

108 Eine ganze Reihe solcher Nebenpflichten bezüglich des **Stadiums der Anlagenerrichtung** findet sich in Clause 4 der FIDIC-Vertragsmuster[199], die indessen nicht zwischen Haupt- und Nebenpflichten unterscheidet, so dass die vorgenommene Differenzierung sich eher an der im deutschen Recht vorherrschenden Differenzierung[200] orientiert. Zu nennen wären etwa die Verpflichtung zur Kooperation mit den vom Kunden eingesetzten Mitarbeitern und hinzugezogenen Drittunternehmen und öffentlichen Behörden,[201] zur Beachtung von Gesundheits- und Sicherheitsbestimmungen (health and safety obligations),[202] zur Einrichtung eines Qualitätssicherheitssystems,[203] zur Vermeidung von Beein-

---

advance. The Conditions of Contract for Plant and Design-Build should be used in these circumstances for works designed by (or on behalf of) the Contractor."

[199] Überblick bei Roquette/Schweiger/Ritter/Schätzlein Privates Baurecht E. II. Rn. 182 ff.

[200] Schuhmann Handbuch S. 72.

[201] Im Gegensatz zum Red Book sehen Yellow und Silver Book zudem die Verpflichtung zur Koordination der eigenen Leistungen mit eventuell anfallenden Leistungen anderer Unternehmer vor; hier empfiehlt sich gegebenenfalls eine Klarstellung, dass sich diese Koordinationsverpflichtung als „(...) *subject to the overall responsibility of the Employer relating to the co-ordination of the Contrator's activities with the works and services to be executed by other contractors, suppliers or other persons or entities involved on behalf of the Employer* (...)" versteht. Insbesondere dort, wo das Yellow Book für die Beauftragung einzelner Teile einer Gesamtanlage verwendet wird, besteht keine Veranlassung für eine Übernahme der Koordinationsverantwortung des Employer durch den einzelnen Contractor, der nur als Nebenunternehmer tätig wird.

[202] Sub-Clause 4.8 Red, Yellow und Silver Book.

[203] Sub-Clause 4.9 Red, Yellow und Silver Book.

trächtigungen der Öffentlichkeit oder der frequentierten Zufahrtswege,[204] zur rechtzeitigen Anzeige von Anlieferungen an die Baustelle,[205] zur Gewährleistung ausreichender Versorgung der Baustelle mit ua Strom, Wasser, Gas und Telekommunikation (temporary utilities),[206] soweit für die Anlagenerrichtung erforderlich, zur Sicherung der Baustelle vor unbefugtem Zutritt[207] und zur regelmäßigen Einreichung von Berichten über den Baufortschritt.[208]

Weitere Nebenpflichten des Anlagenunternehmers betreffen solche Leistungen, die den Kunden erst in die Lage versetzen, die Anlage bestimmungsgemäß zu nutzen. Diese Nebenpflichten betreffen den **Betrieb der Anlage.** Soweit dies in den employer's requirements des Kunden verlangt wird, hat der Anlagenunternehmer das Betriebspersonal des Kunden für den Betrieb der Anlage und ihre ordnungsgemäße Wartung umfassend zu schulen und einzuweisen.[209] Sieht der Vertrag darüber hinaus vor, dass diese Schulung vor der Inbetriebnahme zu erfolgen hat, ist deren Vornahme zumeist Voraussetzung für die Erteilung des taking-over certificate. Ganz überwiegend wird von dieser Möglichkeit Gebrauch gemacht, weil die Qualität der Schulung des Personals bei komplexen Anlagen maßgeblichen Anteil an der Erreichung der geforderten Betriebsleistungen der Anlage hat. Dort, wo diese vertragsgemäß im Rahmen von Leistungstests überprüft werden, die auf eine bestimmte Dauer angelegt sind und vom Betriebspersonal des Kunden (zumeist unter der Aufsicht des Anlagenunternehmers) durchgeführt werden, hat der Anlagenunternehmer selbst ein erhebliches Interesse daran, dass die **Einweisung und Schulung** des Betriebspersonals des Kunden erfolgreich verläuft, weil hiervon maßgeblich der Nachweis der von ihm zugesicherten Leistungskriterien (performance criteria) abhängen kann. Empfehlenswert sind deshalb ergänzende Regelungen zugunsten des Anlagenunternehmers, die entsprechende Qualifikationen des vom Kunden eingesetzten Betriebspersonals definieren, soweit die Betriebsleistungen der Anlage oder ein etwa nachzuweisender Erfolg der durchzuführenden Schulungsmaßnahmen von der Qualität des eingesetzten Betriebspersonals abhängen. Solche Verpflichtungen sehen die Vertragsentwürfe des Kunden selten vor, so dass der Anlagenunternehmer auf ihre Einbeziehung im Verhandlungsweg hinwirken sollte, wenn er nicht Gefahr laufen will, seine Rechtsposition infolge des von ihm später nicht mehr zu beeinflussenden Einsatzes unterdurchschnittlich vorqualifizierten Personals des Kunden zu verschlechtern. 109

Klauselbeispiel für die Anforderungen an die Qualifikation des Betriebspersonals

[•] Required Qualification of Employer's Personnel

The obligations of the Contractor under this Contract relating to the instruction and training of the Employer's personnel are subject to a sufficient technical and linguistic qualification of the Employer's personnel made available throughout the entire period of instruction and training.

Weitere für die sachgerechte Nutzung der Anlage unverzichtbare Nebenpflicht des Anlagenunternehmers ist die Anfertigung einer **as-built-Dokumentation** der gesamten Anlage entsprechend dem in den employer's requirements zumeist vorgegebenen Detaillierungsgrad.[210] Diese Unterlagen werden vom Kunden vor allem dann benötigt, wenn er Mängel durch Dritte beseitigen oder die Anlage zu einem späteren Zeitpunkt selbst oder durch Dritte verändern, insbesondere optimieren, oder erweitern möchte und der Anlagenunternehmer hierfür nicht eingesetzt werden kann. Ohne diese Unterlagen wäre der 110

204 Sub-Clause 4.14 Red, Yellow und Silver Book.
205 Diese hat mangels abweichender Regelungen spätestens 21 Tage vor der geplanten Anlieferung zu erfolgen, vgl. Sub-Clause 4.16 Red, Yellow und Silver Book.
206 Sub-Clause 4.19 Red, Yellow und Silver Book.
207 Sub-Clause 4.21 Red, Yellow und Silver Book.
208 Sub-Clause 4.20 Red, Yellow und Silver Book.
209 Vgl. Mallmann Anlagenbauverträge S. 172; Dünnweber Industrieanlage S. 43.
210 Sub-Clause 5.6 Yellow und Silver Book.

Kunde während der gesamten Nutzungsdauer der Anlage hinsichtlich aller Veränderungen auf den Anlagenunternehmer angewiesen.[211] Auf der anderen Seite hat der Anlagenunternehmer vor allem dann, wenn er Anlagen der betreffenden Art nicht nur einmalig, sondern für eine Vielzahl von Kunden international vermarktet, ein gleichermaßen erhebliches wie berechtigtes Interesse daran, dass der Kunde nur solche Baupläne erhält, aus denen ein möglichst geringes Maß an technischem Know-how hervorgeht. **Werkstattzeichnungen** etwa sollte der Anlagenunternehmer nach Möglichkeit nicht herausgeben. Es empfiehlt sich deshalb nicht bloß aus Sicht des Kunden, sondern auch aus Unternehmersicht eine ergänzende Regelung zum Umfang und Detaillierungsgrad der Dokumentationsverpflichtung, zumal auch deren Erfüllung in aller Regel Voraussetzung für die Erteilung des taking-over certificate ist und Streitpotenzial schon deshalb vermieden werden sollte.

111 Typische Nebenpflicht ist ferner die Ausarbeitung und Übergabe einer Bedienungsanleitung, die bei komplexeren Anlagen eher einem umfangreichen Benutzerhandbuch gleichkommt. Diese **operation and maintenance manuals** sollen den Kunden in die Lage versetzen,[212] die Anlage in erster Linie ordnungsgemäß zu betreiben und zu unterhalten, im Bedarfsfall jedoch auch zu demontieren und wieder aufzubauen (insbesondere in dem seltenen Fall, dass die Anlage an anderer Stelle als ihrem ursprünglichen Errichtungsort zum Einsatz kommen soll) und gegebenenfalls zu verändern und zu reparieren.[213] Auch diese Verpflichtung des Anlagenunternehmers ist als Voraussetzung für die Erteilung des taking-over certificate ausgestaltet, weil der Kunde sonst Gefahr liefe, dieses für die uneingeschränkte Nutzbarkeit der Anlage unentbehrliche Dokument nicht oder nicht rechtzeitig zu erhalten, zumal der Aufwand für die Erstellung des Benutzerhandbuchs häufig unterschätzt und während der Projektrealisierung vernachlässigt wird. Davor kann nur eindringlich gewarnt werden, weil die nachträgliche Erstellung des Handbuchs sich zumeist erheblich schwieriger gestaltet als die kontinuierliche Bearbeitung bereits während der Realisierung des Projekts. Die **Bedeutung des Benutzerhandbuchs** für den Kunden wird in der Praxis auch daraus ersichtlich, dass viele kundenseitig gestellte Vertragsmuster für den Fall verspäteter Fertigstellung und Übergabe des Benutzerhandbuchs liquidated damages oder penalties vorsehen. Der geforderte Inhalt und sein Detaillierungsgrad sollten deshalb nicht erst im Zuge der Ausführung mit dem Kunden oder einem engineer abgestimmt, sondern (soweit möglich) bereits bei Vertragsabschluss in einer entsprechenden Anlage zum Vertrag festgehalten werden.

2. Gängige Vergütungsmodelle im internationalen Industrieanlagenvertrag/ Ausgestaltung der Zahlungsverpflichtung

112 Bei Industrieanlagenverträgen national wie international üblich ist die Vereinbarung eines Pauschalpreises (lump sum price) zur Abgeltung sämtlicher Leistungen des Anlagenunternehmers. Andere Vergütungsmodelle, insbesondere der Kostenerstattungsvertrag und Einheitspreismodelle, haben in der Vertragspraxis keine signifikante Bedeutung.

a) Besonderheiten des Pauschalpreises

113 Der Pauschalpreis bietet beiden Vertragsparteien Chancen und Risiken, weil im Zeitpunkt des Vertragsabschlusses oft noch unklar ist, welchen Aufwand die mit der Erstellung der Anlage zu erbringenden vielfältigen Leistungen des Anlagenunternehmers erfordern. In erster Linie hat sich der Pauschalpreis beim Industrieanlagenvertrag mit Rücksicht auf das Interesse des Kunden an einem **Höchstmaß an Preissicherheit** durchgesetzt. Große Industrieanlagenprojekte werden in aller Regel nicht aus eigenen Mitteln des Kunden finan-

[211] Mallmann Anlagenbauverträge S. 173.
[212] Sub-Clause 5.7 Yellow und Silver Book.
[213] Mallmann Anlagenbauverträge S. 173.

ziert, sondern erfordern eine Fremdfinanzierung durch Banken oder (insbesondere bei größeren Projekten) Bankenkonsortien. Diese Finanzierung begegnet erheblichen Schwierigkeiten, wenn sich der Finanzbedarf nachträglich durch unvorhergesehene Mengen- und Massenerhöhungen ändern könnte, weil das Finanzierungsvolumen auf der Annahme einer vertraglich vorausgesetzten Betriebsleistung der Anlage basiert, die sich ihrerseits nicht in Relation zu etwaigen Preiserhöhungen verhält.

Für den Anlagenunternehmer liegen die mit der Pauschalpreisvereinbarung einhergehenden Risiken auf der Hand. 114 Ist der Aufwand vor der Angebotsabgabe nicht ausreichend großzügig kalkuliert, läuft er Gefahr, erhebliche Verluste einzufahren. Insbesondere dort, wo der Vertrag, wie im internationalen Industrieanlagenbau üblich, das Risiko der Vollständigkeit der beschriebenen Leistungen dem Unternehmer zuweist, kann er nicht damit rechnen, infolge **unvorhergesehener Erschwernisse** eine Anpassung der Vergütung zu erreichen. Er wird deshalb bereits bei seiner Angebotskalkulation umfangreiche Zuschläge vornehmen, deren Höhe sich nach dem Ausmaß der Unwägbarkeiten bezüglich des tatsächlichen Leistungsumfangs richtet und die im Bedarfsfall eine Unterdeckung des Angebotspreises vermeiden soll. Die Angebotskalkulation erweist sich damit als eine der schwierigsten Aufgaben des Anlagenunternehmers. Sie setzt in erheblichem Umfang Erfahrungen bei der Ermittlung des im Einzelfall angemessenen Risikozuschlages voraus, weil der Kunde sich typischerweise von mehreren Unternehmern Angebote einholen und den Auftrag häufig dem günstigsten Bieter erteilen wird, dessen Kalkulation im Zweifel geringere Risikozuschläge aufweist. Die Berücksichtigung preislich höherer Angebote ist vor allem bei Sachverhalten denkbar, bei denen der Kunde den Bieter mit dem niedrigeren Preis schon für prinzipiell ungeeignet hält, den Anforderungen des Kunden zu entsprechen.[214] Dass die Höhe der aus Sicht des Anlagenunternehmers vorzunehmenden Risikozuschläge von den **subjektiven Unwägbarkeiten** des konkreten Projekts abhängt, bedeutet vor allem, dass der technisch versierteste Bieter geringere Zuschläge einpreisen muss als solche Bieter, für die bereits die Komplexität der Anlagentechnik als solche eine erhebliche Herausforderung darstellt. Insbesondere bei first-of-its-kind-Anlagen, die neuartige, noch nicht erfolgreich realisierte Anlagentechnik betreffen, ist bereits die Kalkulation der Anlage als solche schwierig und setzt eine sorgfältige Berücksichtigung der aus dem Projekt potenziell folgenden Haftungsrisiken voraus. Der Angebotspreis ist deshalb nicht isoliert zu ermitteln, sondern erfordert neben der Berücksichtigung tatsächlicher, insbesondere technischer, Umstände auch eine eingehende Auseinandersetzung mit den **Auswirkungen rechtlicher Aspekte** des Vertrages. Tatsächliche wie rechtliche Implikationen stehen durchaus nicht unabhängig nebeneinander, sondern in Korrelation zueinander, weshalb sich in der Angebotsphase eine enge Zusammenarbeit rechtlicher, kaufmännischer und technischer Spezialisten dringend empfiehlt. Demgegenüber sind die aus der Pauschalpreisabrede für den Anlagenunternehmer folgenden Risiken deutlich begrenzter, sofern er Anlagen der betreffenden Art bereits mehrfach geplant und errichtet hat und die technische Umsetzbarkeit daher größtenteils einschätzen kann. In solchen Fällen kann sich der Anlagenunternehmer auf etwaige Unwägbarkeiten des konkreten Projekts, etwa der Baustelle, des Baugrundes oder der nationalen Besonderheiten der zu beachtenden öffentlich-rechtlichen Bestimmungen konzentrieren.

Mit der Pauschalpreisabrede ist für den Anlagenunternehmer die Chance verbunden, 115 dass sich die beachtlichen Zuschläge für nicht realisierte Risiken im Ergebnis als Gewinnerhöhungen auswirken. Weiter besteht für ihn die Möglichkeit, durch entsprechende Ein-

[214] Insbesondere ist hier auf die Tendenz chinesischer Anbieter hinzuweisen, mit „Kampfpreisen" in den Markt vorzudringen, die augenscheinlich kaum auskömmlich sind und keinerlei Risikozuschläge beinhalten, weil die Absicherung der häufig staatlichen Unternehmen aus öffentlichen Mitteln erfolgt. Der Kunde wägt die wirtschaftlichen Vorteile einer Beauftragung solcher Bieter jedoch zumeist in der Erwartung ab, dass fehlendes Know-how des in diesem Sinne unschlagbar günstigen Bieters zu einer Gefährdung des gesamten Projektes führen kann, weil die mangelnde Funktionsfähigkeit der Anlage über das betreffende Projekt hinaus zu schwerwiegenden Beeinträchtigungen der Marktstellung des Kunden führen kann.

sparungen beim Aufwand seine Marge zu erhöhen. **Einsparpotenziale** sind hier vor allem bei Materialbestellungen und Zukäufen von Komponenten denkbar. Insgesamt liegen die **Margen im Industrieanlagenbau** deutlich oberhalb der in der Bauwirtschaft durchschnittlich zu verzeichnenden Margen, sofern Projekte ohne besondere Vorkommnisse realisiert werden können, was auch daran liegt, dass die kalkulierten **Zuschläge für Wagnis und Gewinn** sehr viel höher angesetzt werden als bei herkömmlichen Bauvorhaben.

b) Zahlungsmodalitäten beim Pauschalpreis

116 Der Pauschalpreis ist vom Kunden in aller Regel in Zahlungsraten (instalments oder milestone payments) zu leisten, deren Höhe und Fälligkeitszeitpunkte die Parteien bereits bei Vertragsabschluss anhand eines Zahlungsplans (schedule of payments) festlegen. Der Konflikt zwischen dem Interesse des Anlagenunternehmers an einem positiven Cashflow und dem Kundeninteresse an möglichst geringen Zwischenzahlungen vor der erfolgreichen Inbetriebnahme führt in der Praxis dazu, dass die Verhandlungen über den Zahlungsplan häufig besondere Schwierigkeiten aufweisen. Dies vor allem deshalb, weil der Kunde die Zahlungsraten von messbaren Gegenleistungen oder entsprechenden Sicherungsinstrumenten abhängig machen wird, während der Anlagenunternehmer auf die Notwendigkeit erheblicher Investitionen durch Materialeinkauf und die Bestellung der benötigten Komponenten bereits zu einem Zeitpunkt abstellt, in dem noch keine für den Kunden werthaltigen Leistungen ausgeführt werden können. Die Option der vollständigen Absicherung des Kunden durch Gestellung von Banksicherheiten würde hier zu einer beachtlichen Beeinträchtigung von Cashflow und Liquidität führen, weil die finanzierenden Institute ihrerseits einen entsprechenden Gegenwert für die Sicherheiten verlangen, so dass die auf diese Weise gesicherten Zahlungsraten des Kunden nur sehr eingeschränkt zur Aufwandsdeckung zur Verfügung stehen und andererseits erhebliche **Avalkosten** nach sich ziehen. Diese widerstreitenden Interessen der Vertragsparteien müssen bei den Verhandlungen zu einem vernünftigen, für beide Seiten hinnehmbaren Ergebnis geführt werden. Zu diesem Zweck vereinbaren die Parteien zumeist sog. milestone payments, bei denen die Zahlungen jeweils von der **Erreichung konkret definierter Leistungsziele** abhängig gemacht werden, deren Nachweis den Unternehmer zur Abrechnung der vereinbarten Zahlungsrate berechtigt. Für Industrieanlagenverträge unüblich sind dagegen Vereinbarungen, die auf die Zahlung regelmäßiger Abschläge für nachgewiesene Leistungsanteile abstellen.[215] Solche Zahlungsabreden sind für den Kunden kein geeigneter Maßstab, weil er die Angaben des Anlagenunternehmers bezüglich des proportionalen Verhältnisses zwischen Leistungsstand und Pauschalpreis nur schwer überprüfen kann, vor allem dann, wenn er auf die Hinzuziehung externer Berater im Rahmen einer auftraggeberseitigen Projektsteuerung verzichtet (was allerdings bei Großprojekten selten vorkommt). Hinzu kommt, dass beim Anlagenvertrag im Unterschied zu herkömmlichen Bauvorhaben mit zunehmendem Baufortschritt **keine unmittelbare Werterhöhung** des Grundstücks eintritt, sofern die Anlage nicht in einer Weise fest mit dem Grundstück verbunden wird, die einen originären Eigentumserwerb des Bestellers an den eingebrachten Anlagenteilen nach sich zieht. Der Besteller ist hier also nicht in gleicher Weise durch den Erwerb des Eigentums an den Bauleistungen gesichert wie bei konventionellen Bauvorhaben.

c) Vertragspreis und Zahlungsmechanismen der FIDIC-Vertragsmuster

117 Die Vertragsmuster der FIDIC weisen im Hinblick auf die Zahlungsmodalitäten erhebliche Besonderheiten auf, die vom Anlagenunternehmer unbedingt bei den Verhandlungen über den Zahlungsplan berücksichtigt werden sollten. Aufmerksamkeit erfordert insbesondere die Terminologie der FIDIC-Vertragsmuster, deren Verständnis für die Verhandlung der

[215] Vgl. etwa die entsprechenden Regelungen in Clause 14 des Red Book, instruktiv hierzu Roquette/Schweiger/Ritter/Schätzlein Privates Baurecht E. II. Rn. 293ff.; MVH/Kratzsch II Form. II.1. Anm. 67.

Zahlungsbedingungen von erheblicher Bedeutung ist. Im Unterschied zum Red Book, das eher für herkömmliche Bauverträge mit Planungsverantwortung auf Seiten des Kunden konzipiert ist, setzen sowohl das Yellow Book als auch das Silver Book eine Pauschalpreisvereinbarung der Vertragsparteien voraus. Der bei Vertragsabschluss vereinbarte Gesamtpreis wird hier als **Accepted Contract Amount**[216] bezeichnet. Allerdings verschließt sich das Yellow Book nicht der Erkenntnis, dass nach Vertragsabschluss eintretende Umstände zu Veränderungen des Leistungsumfangs in inhaltlicher oder zeitlicher Weise führen können, und bezeichnet deshalb den letzten Endes für die Vergütungspflicht des Employer maßgeblichen Preis als den **Contract Price.**[217] Demgegenüber verzichtet das Silver Book auf die Unterscheidung zwischen beiden Begriffen und verwendet ausschließlich den Begriff des Contract Price, was jedoch kaum damit begründet werden kann, dass von einer Unveränderlichkeit dieses Preises ausgegangen wird. Auch das Silver Book sieht Möglichkeiten der Anpassung des Vertragspreises vor, so dass die unterschiedliche Terminologie kaum auf sachlogische Erwägungen gestützt werden kann.[218]

Schließlich sehen Red, Yellow und Silver Book **Provisional Sums** vor, die der Engi- 118
neer oder, im Falle des Silver Book, der Employer, als vorläufige Zahlungen für im Vertrag noch nicht berücksichtigte Leistungen anordnen darf, sofern sich deren Erforderlichkeit während der Realisierungsphase des Projekts herausstellt. Dieses aus dem englischen Bauvertragsrecht[219] stammende Instrument der flexiblen Gewährung von vorläufigen Zwischenzahlungen für ergänzende Leistungen dient in erster Linie der Einflussnahme des Employer auf das Baugeschehen[220] und der zeitlichen Verlagerung etwaiger Streitigkeiten über die Höhe zusätzlicher Vergütungsansprüche des Contractor auf den Zeitpunkt der Schlussabrechnung. Obgleich Provisional Sums bereits im Vertrag gesondert bestimmt werden müssen, wenn der Employer sich diese Möglichkeit offenhalten will, erhöht sich hierdurch nicht der Accepted Contract Amount, weil sich dieser auf die ursprünglich beauftragten Leistungen bezieht, während der Contract Price die Veränderungen des Leistungsumfangs einbezieht und damit auch etwaig zum Einsatz gelangte Provisional Sums bei der Berechnung des Contract Price berücksichtigt werden müssen.[221]

Zwischenzahlungen des Employer setzen nach dem Mechanismus von Red und Yellow 119
Book grundsätzlich einen Antrag des Contractor auf Ausstellung eines die Zahlung freigebenden **Interim Payment Certificate** voraus, über den der Engineer **innerhalb von 28 Tagen** entscheidet. Bei dem Antrag (statement)[222] handelt es sich um den Entwurf einer Rechnung nebst supporting documents, die eine Beurteilung der Berechtigung des Anspruchs auf die Zwischenzahlung ermöglichen sollen. Stellt der Engineer das Certificate aus, ist die Zahlung der betreffenden Rate innerhalb von 56 Tagen nach Zugang des Zahlungsantrages des Contractor beim Engineer zu leisten, was aus Sicht des Anlagenunternehmers eine erhebliche **Stundung der Zwischenzahlungen** zur Folge hat. Das Gleiche gilt auch im Hinblick auf die Schlusszahlung (final payment), bei der der gleiche Mechanismus einschließlich der Prüfungsfrist des Engineer von 28 Tagen eingesetzt wird, und dem Employer wiederum 56 Tage zur Zahlung eingeräumt werden. Die **Zahlungsfrist**

---

[216] Vgl. Sub-Clause 1.1.1 Yellow Book: *„Accepted Contract Amount means the amount accepted in the Letter of Acceptance for the execution of the Works in accordance with the Contract.“*

[217] Dieser wird in Sub-Clause 1.1.12 FIDIC Yellow Book definiert als „*[...] price defined in Sub-Clause 14.1 [The Contract Price].*“

[218] Zutreffend die Kritik von Roquette/Schweiger/Ritter/Schätzlein Privates Baurecht E. II. Rn. 316; die Unterscheidung zwischen der Auftragssumme und der Schlussrechnungssumme ist auch im deutschen Baurecht geläufig, sie hätte im Silver Book beibehalten werden können. Vermutlich spielt hier die Erwägung eine Rolle, dass die Kriterien, unter denen eine Anpassung des Vertragspreises unter dem Regime des Silver Book erreicht werden kann, im Vergleich zum Yellow Book deutlich verschärft wurden und dies auch terminologisch zum Ausdruck gebracht werden sollte.

[219] Vgl. etwa Clause 58 der ICE Conditions of Contract.

[220] Mallmann Anlagenbauverträge S. 240.

[221] Jaeger/Hök FIDIC S. 179f.

[222] Definiert in Sub-Clause 1.1.45 Red und Yellow Book unter bloßer Rückverweisung auf die Bestimmungen in Clause 14 zu Vertragspreis und Zahlungsmechanismus.

für den Employer im Falle der **Schlusszahlung** (im Unterschied zu den Interim Payments) beginnt erst mit dem Zugang des Final Payment Certificate und nicht bereits mit dem Zugang des Zahlungsantrages beim Engineer. Zusammen mit der Prüffrist des Engineer beläuft sich die Zahlungsfrist für den Employer, gerechnet von der Einreichung des Final Statement durch den Contractor, damit bereits auf 82 Tage, was völlig unabhängig von den Umständen des Einzelfalles gilt, also auch dann, wenn es eigentlich nichts zu prüfen gibt und die Zahlung der Höhe nach für den Employer ebenfalls bereits seit Monaten voraussehbar war.

119a Das Silver Book sieht dagegen einen anderen, den Auftraggeber deutlich bevorteilenden Mechanismus vor. Ein Engineer ist im Silver Book **nicht vorgesehen,** entsprechend ebensowenig die Erstellung eines Interim Payment Certificate. Stattdessen schreibt Sub-Clause 14.6 daher fest, dass der Employer auf den Antrag des Contractor hin diesen innerhalb der auch aus dem Red und Yellow Book bekannten 28-Tage-Frist über jene Forderungen, mit denen er nicht einverstanden ist, via **notice** informieren soll. Ein Verstreichenlassen der Frist bleibt für den Employer jedoch **ohne direkte Konsequenzen.** Zwar soll der Employer fällige Forderungen gemäß Sub-Clause 14.6 nur in den dort beschriebenen Ausnahmefällen zurückhalten können. Jedoch führt das Fristversäumnis weder dazu, dass die im statement eingereichte Forderung des Contractor nun fällig gestellt wird, noch werden dem Employer durch sein Nichthandeln Aufrechnungsmöglichkeiten abgeschnitten.[223]

Hinweise für die Vertragsgestaltung

- Insbesondere in dem Fall, dass die Voraussetzungen der Zwischenzahlungen oder der Schlusszahlung offenkundig vorliegen und der Engineer deshalb bereits wenige Tage nach Antragstellung das entsprechende Certificate ausstellt, ist es kaum sachgerecht, dem Employer fast zwei weitere Monate (im Falle der Schlusszahlung sogar beinahe drei Monate) Zahlungsaufschub zu gewähren. Es empfiehlt sich deshalb aus Sicht des Anlagenunternehmers eine abweichende vertragliche Regelung.
- Aufgrund der Hierarchie der Vertragsdokumente ist darauf zu achten, dass diese vertragliche Regelung nicht unbedacht in den Schedules, etwa in einem „schedule of payments", vorgenommen wird, weil diese nach der in Sub-Clause 1.5 definierten Rangfolge im Vergleich zu Clause 14 der General Conditions of Contract nachrangig gelten. Sicher wäre etwa eine Aufnahme in die Particular Conditions of Contract. Das gleiche Ergebnis lässt sich dadurch erzielen, dass in die Particular Conditions of Contract ein Hinweis aufgenommen wird, der auf die vorrangige Geltung eines bestimmten schedule, abweichend von der Priority of Documents in Sub-Clause 1.5 der General Conditions of Contract, hinweist.

120 Beschränken sich die Vertragsparteien auf die Abänderung nur dieses einzelnen Aspektes (Zahlungsfristen für Interim Payments), bietet sich etwa die folgende, von der FIDIC selbst vorgeschlagene Formulierung für einen Passus in den Particular Conditions of Contract an:[224]

---

[223] So der Supreme Court of Queensland in der Entscheidung *Sedgman South Africa (Pty) Limited & Ors v Discovery Copper Botswana (Pty) Limited* [2013] QSC 105. McMurdo J sah den Zweck einer *notice of disagreement* des *Employer* nach Sub-Clause 14.6 in einer bloßen Information des *Contractor:* *„It [Clause 14.6] does not state that amounts become due by the operation of clause 14.6 itself.* [...] *In my view, the evident purpose of the Employer's notice provision in clause 14.6 is to provide information to the Contractor of the amount (if any) likely to be paid in response to the Statement and the basis (if any) for the Employer's resistance to the payment of the whole of the amount claimed."* Zu dieser Entscheidung näher Hök ICLR 2014, 310.

[224] Der erste Vorschlag stammt (leicht modifiziert) aus der von FIDIC selbst veröffentlichten Guidance for the Preparation of Particular Conditions, die sich im Anhang zu den gedruckten Vertragsausgaben findet, dort zu Sub-Clause 14.7 für das Silver Book 1999.

Klauselvorschlag für Verkürzung von Zahlungsfristen

[•] Amendments to Sub-Clause 14.7 of the General Conditions of Contract

In sub-paragraph (b) of Sub-Clause 14.7 of the General Conditions of Contract, delete „56" and substitute „14".

alternativ

In sub-paragraphs (b) and (c) of Sub-Clause 14.7 of the General Conditions of Contract, delete the respective figures „56" and replace it by the figure „14" in respect of sub-paragraph (b), and, respectively, „21" in respect of sub-paragraph (c).

Dagegen empfiehlt es sich aus Sicht des Anlagenunternehmers eigentlich immer, die 121 **Zahlungsbedingungen der FIDIC** insgesamt auf den Prüfstand zu stellen. Mit der Unterwerfung unter den Zahlungsmechanismus der FIDIC begibt sich der Anlagenunternehmer auf unsicheres Terrain. Die Einschaltung des Engineer im Falle von Red und Yellow Book muss nicht prinzipiell zu beanstanden sein.[225] Jedoch ist nicht ersichtlich, warum der Contractor die aus der Einschaltung des Engineer in erster Linie für den Employer folgenden Annehmlichkeiten seinerseits durch entsprechende Verlängerungen der Zahlungsfristen subventionieren soll.[226] In aller Regel lassen sich diese **Zahlungs- und Prüfungspflichten** auch insgesamt verhandeln, weil es regelmäßig auch dem Kunden und seinen Beratern unmittelbar einleuchtet, dass der Wortlaut der Vertragsmuster nur einen Vorschlag formuliert, nicht aber deshalb per se für jeden individuellen Fall gleichermaßen geeignet sein muss. So ist etwa die Regelung zu den **Verspätungszuschlägen** im Falle verspäteter Zahlungen des Employer (Sub-Clause 14.8 Red und Yellow Book) insofern schwer nachvollziehbar, als sie den Verspätungszuschlag lediglich im Falle des Interim Payment unabhängig vom tatsächlichen Zeitpunkt der Ausstellung des Certificate vorsieht, während es im Falle einer schuldhaft verweigerten Ausstellung des Final Payment Certificate durch den Engineer keine Verspätungszuschläge geben kann. Die in Sub-Clause 14.8 vorgesehene unwiderlegbare Vermutung für den Beginn des Zeitraums, währenddessen der Zuschlag zu zahlen ist, stellt auf den Zeitpunkt der Fälligkeit der Zahlungen im Sinne von Sub-Clause 14.7 ab und die Fälligkeit der Schlusszahlung ist an die Ausstellung des Final Payment Certificate gekoppelt. Dieses Ergebnis lässt sich kaum nachvollziehen, wenn man den Engineer als im Lager des Employer stehenden Beteiligten qualifiziert, dessen Versäumnisse und Fehleinschätzungen nicht zu Lasten des Contractor gehen sollten. Anderenfalls ist nicht auszuschließen, dass der Employer seinen zweifellos vorhandenen **Einfluss auf den Engineer** in einer Weise ausübt, der zu Lasten des Contractor geht, etwa im genannten Beispiel dahingehend, unter Heranziehung eines Vorwandes möglichst lange mit der Ausstellung des Final Payment Certificate zuzuwarten, um die Fälligkeit des Schlusszahlungsanspruchs und damit auch die Beaufschlagung von Verspätungszuschlägen hinauszuzögern. Hier sollte zumindest versucht werden, eine Spätestfrist[227] für die Schlusszahlung durchzusetzen, deren Lauf mit der Einreichung des Final Statement bei dem Engineer beginnt und damit auch unabhängig von der Ausstellung des Final Payment Certificate endet. Solche **Spätestfristen** lassen sich für alle Zahlungsraten gleichermaßen vereinbaren, haben allerdings vor allem in Verbindung mit Zahlungssicherungen durch Dokumenten-Akkreditive Relevanz.

Auch die Höhe des Verspätungszuschlages (3% über dem Diskontsatz der Europäischen 122 Zentralbank) versteht sich lediglich als Vorschlag für den Fall, dass die Parteien keine abweichende Regelung treffen.

---

[225] Vgl. hierzu ausführlich nachfolgend → Rn. 264f.

[226] In der 2nd Edition hat die FIDIC nun auch die Schlusszahlungsfrist im Silver Book von 42 Tagen seit dem Final Statement auf die für das Red und Yellow Book geltenden 56 Tage angehoben, siehe Sub-Clause 14.7 (c) des Silver Book.

[227] Dünnweber Industrieanlage S. 96f.

Klauselvorschlag für den Hinweis auf die vorrangige Geltung des Schedule of Payments

[•] Priority of Schedule of Payments

As distinct from the priority of documents set forth in Sub-Clause 1.5 of the General Conditions of Contract, the Parties agree that the payment conditions provided in the Schedule of Payments shall prevail over the respective provisions on payments contained in the General Conditions of Contract.

d) Regelungen zur Sicherung der Vergütungsansprüche des Anlagenunternehmers

123 Der Vertrag sieht regelmäßig auch Bestimmungen vor, die sich auf die Sicherung der Vergütungsansprüche des Anlagenunternehmers beziehen. Die Modalitäten der Zahlungssicherung können vielfältig sein und reichen von entsprechenden advance payments, advanced progress payments oder milestone payments des Kunden, die so ausgestaltet sind, dass der Anlagenunternehmer letztlich nicht (vollständig) in Vorleistung geht, über direkte oder indirekte payment bonds oder guarantees bis hin zu Patronatserklärungen (comfort letter), Dokumentenakkreditiven (documentary letter of credit) in zahllosen Ausgestaltungen.[228] Diese unverzichtbaren Sicherungsmechanismen sind indessen keine für den Industrieanlagenvertrag zu beachtende Besonderheit, sondern für die meisten internationalen Wirtschaftsverträge gleichermaßen von erheblicher Bedeutung und daher Gegenstand einer eingehenden gesonderten Erörterung.[229] Für den Industrieanlagenvertrag typisch sind jedoch die erstgenannten Sicherungsinstrumente der **Ausgestaltung der Zahlungsmodalitäten,** die vorstehend erörtert wurden. Ob und inwieweit die Zahlungsraten so bemessen werden, dass damit eine Vorleistung des Anlagenunternehmers ganz oder zum Teil vermieden wird, hängt von der Gestaltung im Einzelfall ab. Eine vollständige Zahlungssicherung wird man auf diese Weise nur selten erreichen, etwa durch eine Vorauszahlung des gesamten Vertragspreises, deren Durchsetzung ohnehin kaum jemals gelingen wird, jedenfalls nicht ohne entsprechende Gegensicherung mittels advance payment guarantees des Anlagenunternehmers oder auf andere Weise.[230] Ebenfalls von begrenzter Durchschlagskraft sind Vereinbarungen von **Eigentumsvorbehalten** zugunsten des Anlagenunternehmers,[231] vor allem dann, wenn die Anlage für die speziellen Anforderungen des Kunden konzipiert wurde und daher zumeist kaum anderweitig verwertet werden kann.

124 Eine im internationalen Industrieanlagengeschäft verbreitet genutzte Möglichkeit der Zahlungssicherung stellen die **Hermes Kreditversicherungen** dar,[232] deren Umfang und Voraussetzungen vom betreffenden Ort der Anlagenerrichtung abhängen und vom Anlagenunternehmer von Fall zu Fall geprüft werden sollten. Wie die unterschiedlichen **Instrumente zur Absicherung von Währungsrisiken** bei Auslandsgeschäften stellen sie jedoch ebenfalls keine spezifischen Besonderheiten des Industrieanlagenvertrages dar.[233]

125 Ein typisches Recht des Unternehmers mit mittelbar vergütungssichernder Wirkung ist das **Recht zur Einstellung der Leistungen** im Falle rückständiger Zahlungsverpflichtungen des Kunden. Dieses Recht ist in den meisten Rechtsordnungen vorgesehen, so im deutschen Recht[234] in § 320 BGB,[235] im englischen Recht[236] nach s. 112 HGCRA oder

---

[228] Zur abnehmenden Bedeutung des Akkreditivs für internationale Industrieanlagenverträge vgl. Dünnweber Industrieanlage S. 91 f.; ein Vertragsmuster mit Verwendung eines Akkreditivs findet sich noch bei MVH/Kratzsch II Form. II.1. § 48 Abs. 3.

[229] Vgl. → § 20.

[230] Hierzu im Einzelnen Joussen Industrieanlagen-Vertrag S. 266 ff.

[231] Dazu auch → § 18 Rn. 83.

[232] Ausführlich Graf von Westphalen Exportfinanzierung S. 395 ff.; MüKoHGB/Samhat Bd. 6 Teil 1 J. Rn. 25 ff.

[233] Näher hierzu → § 18 Rn. 97.

[234] Ingenstau/Korbion/Locher VOB § 16 Abs. 5 VOB/B Rn. 47 ff.

[235] Vgl. zur Vertragspraxis auch § 16 Abs. 5 Nr. 5 VOB/B.

[236] Uff Construction Law S. 333; allerdings wiederum nur anwendbar für Bauvorhaben in England, Schottland und Wales, vgl. Part II, s. 104 Abs. 6 (b) HGCRA.

im schweizerischen Recht[237] nach Art. 82 OR. Auch die FIDIC-Vertragsmuster von 1999 sahen in Sub-Clause 16.1 ein Recht zur Arbeitseinstellung für den Fall vor (Contractor's entitlement to suspend works), dass der Employer trotz vorheriger Fristsetzung von mindestens 21 Tagen seinen Verpflichtungen zur Erbringung eines **Finanzierungsnachweises** (Sub-Clause 2.4) oder zur Zahlung (Sub-Clause 14.7) nicht nachkam oder der Engineer (in den Fällen von Red und Yellow Book) das betreffende Payment Certificate (Sub-Clause 14.6) nicht ausstellte. In der 2nd Edition der Rainbow Suite hat der Contractor das Recht zur Arbeitseinstellung auch, wenn der Employer eine Determination bzw. ein Agreement nach Sub-Clause 3.5 oder eine Entscheidung des Dispute Avoidance/Adjucation Board (DAAB) nicht befolgt. Hinsichtlich der gesamten Dauer der berechtigten Arbeitseinstellung erwirbt der Contractor einen Anspruch auf entsprechende Verlängerung der Time for Completion und einen Anspruch auf Erstattung der unterbrechungsbedingten Kosten einschließlich Gewinnzuschlag (Sub-Clause 16.1 Abs. 4), über die der Engineer (bzw. Employer) nach Sub-Clause 3.5 zu entscheiden hat.

Vor einer **unbedachten Arbeitseinstellung** kann jedoch unabhängig von der Wahl 126
des Vertragsstatuts nur eindringlich gewarnt werden, weil sich der Anlagenunternehmer hier stets der Gefahr aussetzt, dass sich die Arbeitseinstellung später als unberechtigt erweist, was zu erheblichen Ansprüchen des Auftraggebers auf Schadensersatz (pauschaliert oder nachweisbar) infolge der eingetretenen Verzögerung führen kann. Überdies ist der Grundsatz der Verhältnismäßigkeit zu beachten, so dass Arbeitseinstellungen aufgrund geringfügigen Zahlungsverzuges jedenfalls vermieden werden sollten.[238] Arbeitseinstellungen sollten allenfalls dann in Betracht gezogen werden, wenn konkreter Anlass zu der Besorgnis besteht, dass der Kunde seinen Zahlungsverpflichtungen mangels ausreichender Bonität nicht nachkommen kann.

Aus Sicht internationaler Vertragspartner ist noch auf die **deutsche Besonderheit** des 127
§ 650f BGB hinzuweisen, wonach dem Unternehmer eines Bauwerks ein Anspruch[239] auf Gestellung einer angemessenen Sicherheit für den vollständigen Vergütungsanspruch zuzüglich Nebenkosten zusteht.[240] Diese Besonderheit, die zumindest für solche Industrieanlagenprojekte zu beachten ist, die auch Bauwerksleistungen zum Gegenstand haben,[241] was insbesondere im Bereich des Großanlagenbaus zumeist der Fall sein dürfte, wäre aus Sicht internationaler Kunden wohl schon für sich betrachtet ausreichend für eine Ablehnung deutschen Rechts als Vertragsstatut.[242]

Das schweizerische Recht sieht mit der Regelung in Art. 837 Abs. 1 Ziffer 3 iVm 128
Art. 839 bis 841 ZGB zumindest eine § 650f BGB vergleichbare Bauhandwerkersicherung durch **Belastung des Baugrundstücks** mit einem Grundpfandrecht vor.[243] Auch die meisten **US-amerikanischen Bundesstaaten** sehen gesetzliche Werkunternehmerpfandrechte (mechanic's liens) an den eingebauten Materialien, dem Gesamtwerk oder sogar dem Baugrundstück vor, deren Ausgestaltung im Einzelnen unterschiedlich ist,[244] die aber grundsätzlich keine vertragliche Beziehung zwischen dem Pfandrechtsgläubiger und dem dinglichen Schuldner voraussetzen und damit auch Subunternehmern und Lieferanten grundsätzlich zugänglich sind.[245] Dagegen ist eine vergleichbare gesetzliche Vergütungssi-

[237] Gauch Werkvertrag Rn. 1280.

[238] Zutreffend Nicklisch/Weick/Jansen/Seibel/Kaminsky VOB/B Übersicht FIDIC Rn. 225.

[239] Vgl. zur ursprünglichen Fassung des § 648a BGB nach Maßgabe des Bauhandwerkersicherungsgesetzes, die lediglich eine Obliegenheit des Bestellers zur Gestellung der Sicherheit vorsah, Klaft Bauhandwerkersicherung.

[240] Staudinger/Peters BGB § 650f Rn. 2ff.

[241] Theurer BauR 2005, 902ff.

[242] Ob die von Schramke/Yasdani ICLR 2002, 438 (443) dargestellten Umgehungsversuche das Problem lösen, ist unserer Einschätzung nach zweifelhaft.

[243] Sog. Bauhandwerkerpfandrecht, vgl. Honsell/Lehmann OR Art. 363 Rn. 15.

[244] Zu Einzelheiten vgl. etwa Cameron Construction Law § 16.

[245] Hök Handbuch § 49 Rn. 90ff.; allein in Florida ist die Inanspruchnahme des mechanic's lien für Nicht-Vertragspartner des Grundbesitzers dann ausgeschlossen, wenn der Wert der Werkleistungen aufgrund des

cherung des Werkunternehmers **im englischen Rechtskreis** nicht vorgesehen. Da jedoch sämtliche dieser gesetzlich vorgesehenen dinglichen Sicherungsmechanismen aus Unternehmersicht schon deshalb unzureichend sind, weil sie erst nachrangig hinter den dinglichen Sicherheiten der projektfinanzierenden Banken geltend gemacht werden können, empfehlen sich angemessene vertragliche Regelungen, insbesondere durch advance oder progress payments in Kombination mit Banksicherheiten.[246]

3. Mitwirkungspflichten des Kunden

129 Industrieanlagenverträge stammen zumeist im Entwurf aus der Feder des Kunden und enthalten schon deshalb selten Regelungen zu Mitwirkungspflichten oder Obliegenheiten des Kunden. Oftmals ist die Planung oder Realisierung von Anlagenprojekten nicht ohne umfangreiche Mitwirkungshandlungen des Kunden möglich. Der Anlagenunternehmer sollte deshalb im Rahmen der Verhandlungen darauf hinwirken, dass unverzichtbare Mitwirkungshandlungen des Kunden nicht lediglich zwischen den Zeilen durch Auslegung zu ermitteln sind, sondern ausdrückliche Aufnahme in den Wortlaut des Vertrages finden. Dies setzt voraus, dass er sich bereits im Vorfeld der Angebotsabgabe intensiv damit auseinandersetzt, von welchen Erwartungen er im Hinblick auf etwaig erforderliche Leistungen des Kunden bei der **Kalkulation seines Angebotspreises** ausgeht. Die schlüsselfertige Planung und Errichtung der Anlage ist etwa von öffentlichen Baugenehmigungen abhängig, der Betrieb von entsprechenden Betriebserlaubnissen und die Einfuhr der Anlagenteile von staatlichen Einfuhrbestimmungen. Weil der Anlagenunternehmer oftmals keinen oder erschwerten Zugang zu den hierfür maßgeblichen Bestimmungen hat, empfiehlt es sich, die entsprechenden Genehmigungsprozesse ausdrücklich in den Zuständigkeitsbereich des Kunden zu verlagern.[247] Auch bei komplexen Anlagenbauprojekten ist es üblich, dem Kunden die **öffentlich-rechtlichen Genehmigungsverfahren** zu überlassen und gegebenenfalls das wirksame Zustandekommen des Vertrages von der Einholung solcher Genehmigungen abhängig zu machen.

130 Aber nicht nur solche Mitwirkungshandlungen des Kunden, von denen offensichtlich die gesamte Projektrealisierung abhängt, sind zu beachten. Vornehmlich die unscheinbaren Mitwirkungshandlungen sind es, die in der Praxis oftmals im Vorfeld des Vertragsschlusses vernachlässigt werden und erst im Laufe der Realisierung zu Schwierigkeiten führen, die den Fortgang der Projektrealisierung behindern. Zu denken ist an etwaige **Beistellungsverpflichtungen**[248] des Kunden bezüglich erforderlicher Verbrauchsstoffe für die Durchführung der Funktionsprüfung der Anlage und die Verwendung im Zuge vereinbarter Optimierungsphasen, die stetige Unterrichtung des Anlagenunternehmers über **relevante nationale Gesetzesänderungen** am Errichtungsort oder auch die rechtzeitige Überlassung der Baustelle, eventuell benötigter Lagerungskapazitäten oder Beherbergungsstätten für das Personal des Anlagenunternehmers während der Errichtungsphase. Sind die Abnahmetests vom Personal des Kunden unter der Aufsicht des Anlagenunternehmers durchzuführen, hat dieser ein maßgebliches Interesse daran, dass die eingesetzten Mitarbeiter ausreichend vorqualifiziert und vorbehaltlich einer sachgerechten Schulung und Einweisung des Anlagenunternehmers in der Lage sind, die Anlage zu bedienen. Hat der Anlagenunternehmer nicht zugleich auch die Gebäudeerrichtung im Auftrag, hat der Kunde nicht nur für eine rechtzeitige und den Anforderungen entsprechende Bauwerkserrichtung Sorge zu tragen, sondern auch die Koordination der nicht selten zeitgleich ausgeführten civil works mit den Aktivitäten des Anlagenunternehmers zu übernehmen sowie etwaige Konflikte zu lösen.

Hauptvertrages einen Betrag in Höhe von US$ 2,500 nicht übersteigt, vgl. Cameron Construction Law § 16.03(b)(1).

[246] Vgl. hierzu eingehend → § 20 Rn. 10ff.

[247] MVH/Kratzsch II Form. II.1. § 10 und Anm. 22.

[248] MVH/Kratzsch II Form. II.1. § 13.

Kommt der Kunde seinen vertraglich definierten Mitwirkungsverpflichtungen nicht 131 oder nicht rechtzeitig nach, sind die Rechtsfolgen oftmals unklar; die rechtliche Behandlung dieser Fälle kann je nach Vertragsstatut unterschiedlich sein. Sinnvoll ist deshalb die vertragliche Regelung auch der Rechtsfolgen. Insofern bietet es sich zunächst an, die **Verletzung von Mitwirkungspflichten** mit entsprechenden Ansprüchen des Anlagenunternehmers auf Erstattung der hierdurch veranlassten Mehrkosten und einer angemessenen Verlängerung etwaiger Ausführungsfristen zu flankieren, die zwar im unmittelbaren Kontext der ausdrücklich definierten Mitwirkungshandlungen geregelt werden, aber auch sonstige Mitwirkungserfordernisse erfassen sollten.

Klauselvorschlag für die Rechtsfolgenregelung bei Verstoß gegen Mitwirkungspflichten des Kunden

[•] Employer's Failure to Co-operate

In any event of the Employer's failure to meet its obligations as defined in the above paragraph or otherwise in this Contract (whether explicit or implied), the Contractor is entitled to reimbursement of all additional costs and expenses directly or indirectly resulting from such failure as well as to a reasonable extension of the Time for Completion corresponding to the time of suspension caused by the Employer's failure to meet its obligations hereunder plus such reasonable time additionally required for preparations to proceed with the works.

Nicht alle Folgen verspäteter oder unterlassener Mitwirkung des Kunden lassen sich 132 durch Klauseln der vorstehend vorgeschlagenen Art wirtschaftlich (ausreichend) kompensieren. Oftmals führen Verzögerungen zu weiteren Nachteilen des Anlagenunternehmers, beispielsweise dann, wenn der Kunde notwendige Mitwirkungshandlungen im Zusammenhang mit den vertraglich vereinbarten Funktions- oder Abnahmetests verweigert. Die hierdurch verursachten Rechtsfolgen sind vielfältig. Insbesondere beginnt im gewählten Beispiel die Verjährungsfrist für Mängelansprüche des Kunden bzw. die defects notification period in aller Regel erst mit der erfolgreichen Durchführung der Abnahme oder, unter dem Regime der FIDIC-Vertragsmuster, der Erteilung des Taking-Over Certificate durch den Engineer bzw. im Falle des Silver Book durch den Employer. Solche für den Anlagenunternehmer mit erheblichen Nachteilen verbundenen Rechtsfolgen werden in reinen Kompensationsregelungen nicht erfasst und bedürfen einer abweichenden Regelung im Vertrag. In der Praxis geschieht dies zumeist durch **Vereinbarung von Spätestfristen,**[249] nach deren Ablauf die begehrte Rechtsfolge unwiderlegbar vermutet wird.[250] In der Praxis spielen in diesem Zusammenhang insbesondere vertraglich vorausgesetzte Zustimmungs-, Annahme- oder Abnahmeerklärungen eine große Rolle. Aus Sicht des Anlagenunternehmers ist die sichere Bestimmung des Beginns der Mängelhaftungsfrist insbesondere auch mit Blick auf die korrespondierenden Mängelhaftungsansprüche gegenüber den beteiligten sub-contractors und sub-suppliers von erheblicher Bedeutung. Eine Absicherung back-to-back wird durch jegliche nicht aus der Sphäre der betreffenden Nachunternehmer und Lieferanten stammenden Unwägbarkeiten bezüglich der zeitlichen Ausweitung der Mängelhaftung wesentlich erschwert.

---

[249] So zB Art. 5.6, 26.6.2 und 26.7 des UNIDO Turnkey Lump Sum Model Form of Contract for the Construction of a Fertilizer Plant, 1983.

[250] Vgl. hierzu Dünnweber Industrieanlage S. 100.

Klauselvorschlag für die unwiderlegbare Vermutung von Zustimmungen des Kunden[251]

[•] Deemed Employer's Approvals

Whenever any approval(s) are required from the Employer under the provisions of this Contract, such approval(s) or reasons for withholding such approval(s) shall be conveyed to the Contractor within (10) Days of receipt of the respective notice from the Contractor by the Employer unless otherwise provided in this Contract. If no reply is received from the Employer by the Contractor within the period specified, such items submitted for approval(s) shall be deemed to be approved.

133 Entsprechende, speziell auf die Abnahmetests bezogene Formulierungsvorschläge und die diesbezüglichen Regelungen unter dem Regime der FIDIC-Vertragsmuster werden im Zusammenhang mit der Abnahme eingehend erörtert.[252]

II. Änderungen des Leistungsumfangs nach Vertragsabschluss und ihre Folgen

134 Bauverträge wie Anlagenbauverträge sind ihrer Natur nach auf zum Teil erhebliche Dauer angelegte Schuldverhältnisse,[253] die nach Vertragsabschluss Veränderungen in vielerlei Hinsicht unterliegen können. Vor allem Änderungen des Leistungsumfangs einschließlich zeitlicher Vorgaben und deren Auswirkungen auf die Vergütungspflicht des Kunden treten sehr regelmäßig auf und bedürfen daher besonderer Sorgfalt bei der Vertragsgestaltung, vor allem aus Sicht des Anlagenunternehmers.

1. Vertragsänderungen aufgrund einvernehmlicher Vereinbarungen der Parteien

135 Möglich sind zunächst Änderungen des Leistungsumfangs durch entsprechende einvernehmliche Vertragsänderungen der Parteien, die diese jederzeit herbeiführen können. Insofern gelten mangels vertraglicher Besonderheiten zumeist die allgemeinen Bestimmungen des zur Anwendung berufenen Vertragsstatuts in gleicher Weise wie für den ursprünglichen Vertragsabschluss. Zu beachten sind jedoch die nahezu in allen Verträgen vorgesehenen **Schriftformklauseln,**[254] die zu Beweiszwecken dienen oder als Wirksamkeitserfordernis ausgestaltet sind. In der Praxis des Industrieanlagenvertrages spielen sie vor allem bei geringfügigen Vertragsänderungen, etwa technischen Modifikationen, die im Zuge von Projektbesprechungen abgestimmt werden, eine Rolle. Wesentliche Änderungen werden in aller Regel ohnehin schriftlich abgefasst. In Eilfällen, bei denen vor Ort spontan die Ausführung etwaiger zusätzlicher Leistungen zwischen Vertretern des Kunden und der örtlichen Projektleitung des Anlagenunternehmers abgestimmt wurde, kann im Einzelfall eine spätere Berufung des Kunden auf das Schriftformerfordernis ausnahmsweise ausgeschlossen sein, weil sie den **Grundsätzen von Treu und Glauben** bzw. den „principles of good faith and fair dealing" widerspricht, etwa, wenn der Kunde in Eil- oder Notfällen aufgrund der konkreten Umstände des Einzelfalls davon ausgehen durfte, dass seine zusätzlichen Leistungen auch ohne besondere schriftliche Abrede vergütet würden.[255] Bei einvernehmlichen Änderungen des Leistungsumfangs sollten die Parteien die

[251] Vgl. Art. 5.6 des UNIDO Turnkey Lump Sum Model Form of Contract for the Construction of a Fertilizer Plant, 1983.
[252] Nachfolgend, → Rn. 237 ff. u. 239 ff.
[253] Ohne im Rechtssinne Dauerschuldverhältnisse zu sein, vgl. etwa OLG München IBR 2011, 10 und Grüneberg/Grüneberg BGB § 314 Rn. 2.
[254] Dazu im Einzelnen → § 11 Rn. 32 ff.
[255] Für das deutsche Recht vgl. Joussen Industrieanlagen-Vertrag S. 110; vgl. auch MVH/Kratzsch II Form. II.1. Anm. 14; zu den „principles of good faith and fair dealing" und deren Berücksichtigung in Bauverträgen nach US-amerikanischem Recht vgl. etwa *Calumet Constr. Corp. v Metropolitan Sanitary Dist. Of*

gleichen Maßstäbe an die sorgfältige Regelung der Rechtsfolgen anlegen wie beim Abschluss des originären Vertrages selbst. Insbesondere ist aus Sicht des Anlagenunternehmers darauf zu achten, dass die **wirtschaftlichen Auswirkungen** ausreichend kalkuliert wurden und etwaige **technische Inkonsistenzen** mit dem fortbestehenden Teil der ursprünglich vereinbarten Leistung vermieden werden. Nicht selten geben Anlagenunternehmer den Änderungswünschen des Kunden allzu schnell nach, ohne die mitunter gravierenden Auswirkungen der Änderung zu berücksichtigen. Zum Teil etwa werden vom Ursprungsvertrag **abweichende Leistungskriterien** der Anlage in der Erwartung zugesagt, diese ließen sich ohne größeren Aufwand umsetzen, was sich später als unmöglich oder zumindest sehr kostenintensiv herausstellt. Sieht man von diesen eher „logistischen“ oder „organisatorischen“ Problemen einvernehmlicher Vertragsänderungen einmal ab, die sich durch ein entsprechendes contract oder claim management ohne weiteres lösen lassen, weist die einvernehmliche Änderung des Leistungsumfangs keine spezifischen Besonderheiten auf.

2. Einseitige Rechte des Kunden zur Anordnung von Änderungen

Schwieriger gestaltet sich die Rechtslage bezüglich einseitiger Rechte des Kunden zur Anordnung von Änderungen gegenüber dem ursprünglichen Leistungsumfang. Internationale Industrieanlagenverträge sehen zumeist Bestimmungen vor, die sich mit dem Recht des Kunden zur einseitigen Anordnung von zusätzlichen oder veränderten Leistungen des Anlagenunternehmers befassen. Zweck dieser Regelungen ist es, dem Kunden vertragliche Instrumente zur Einflussnahme an die Hand zu geben, mit denen er auf veränderte Umstände, insbesondere die Feststellung eines qualitativ oder quantitativ veränderten Bedarfs, reagieren kann. Das Bedürfnis des Kunden, sich Rechte zur nachvertraglichen Änderung des geforderten Leistungsumfangs einräumen zu lassen, steht als solches außer Frage. Schwierigkeiten bereitet indessen der Umfang der einseitigen Anordnungsrechte und die daraus resultierenden **Auswirkungen auf die Höhe des Vergütungsanspruchs,** sofern der Vertrag lediglich pauschale einseitige Änderungsrechte zugunsten des Kunden vorsieht und auch die Rechtsfolgen nicht oder unzureichend regelt, was in nationalen deutschen Anlagenverträgen nicht selten der Fall ist.[256] 136

a) Gesetzliche Regelung mangels vertraglicher Vereinbarung von Änderungsrechten

Haben die Parteien im Vertrag keine Regelung zu einseitigen Änderungsrechten des Kunden vorgesehen, richtet sich die Befugnis des Kunden zur Anordnung von Änderungen des Leistungsumfangs nach den gesetzlichen Vorschriften. 137

Die **deutschen gesetzlichen Vorschriften** über den Werkvertrag (§§ 631 ff. BGB) sehen seit der Einführung des **Bauvertragsrechts** in das BGB mit dem 1.1.2018 jedenfalls für den Bauvertrag als Unterfall des Werkvertrages eine entsprechende Regelung für einseitige Änderungsrechte des Bestellers in §§ 650b BGB vor. Aufgrund der weitreichenden Auslegung des Begriffs des Bauwerks durch die Rechtsprechung[257] ist diese Regelung auch für Industrieanlagenverträge unter Geltung des BGB regelmäßig anwendbar, sofern es 138

Greater Chicago, 222, Ill. App. 3 d 374, 581 N.E.2.d 206, 163 Ill. Dec. 255 (1991): „(…) *Every contract implies good faith and fair dealing between the parties to it, and where an instrument is susceptible of two conflicting constructions, one which imputes bad faith to one of the parties and the other does not, the latter construction should be adopted* (…)“; *Stacy & Witbeck, Inc. v City and County of San Francisco*, 36 Cal. App. 4th 1074, 44 Cal. Rptr. 2 d 472 (195): „(…) *To reiterate, the covenant of good faith and fair dealing applies to all contracts in California. Breach of a specific contractual provision is not necessary to establish breach of the covenant*“; *Munn v Thornton*, 956 P.2d 1213 (Ak 1998); *Metcalf Construction Company v United States* 742 F.3d 984 (Fed. Cir. 2014); *Hutton Contracting Company, Inc. v City of Coffeyville* 487 F.3d 772 (10th Cir. 2007); allgemein Cameron Construction Law § 9.02(e).

256 Schuhmann Handbuch S. 90.

257 BGH NJW 1999, 2434.

nicht um die bloße Lieferung von Anlagen oder Anlagenteilen geht.[258] Gemäß § 650b Abs. 1 BGB kann der Besteller einseitig Vertragsänderungen zunächst „begehren", mit der Folge, dass der Auftragnehmer über die Mehr- oder Mindervergütung der Vertragsänderung ein Angebot zu erstellen hat. Diese Folge trifft den Auftragnehmer ausnahmsweise nur dann nicht, wenn der Auftraggeber eine für den Auftraggeber unzumutbare Änderung des vereinbarten Werkerfolgs[259] verlangt (§ 650b Abs. 1 S. 2 2. HS). In diesem Zumutbarkeitskriterium kommt eine Abwägung zwischen den Interessen des Bestellers und des Auftragnehmers zum Ausdruck. Ähnlich wie bei den Änderungsbefugnissen in § 1 Abs. 3, 4 VOB/B wird mit der Regelung der allgemeine Grundsatz zum Ausdruck gebracht, dass das Bedürfnis zur Anerkennung einseitiger Änderungsrechte gegen das Interesse des Auftragnehmers abzuwägen ist, vor unzumutbaren Änderungen seines Leistungsumfangs durch einseitige Anordnungen geschützt zu werden.[260] Finden die Parteien über die Mehr- oder Mindervergütung der Änderung keine Einigung, kann der Auftraggeber sie einseitig anordnen. § 650c BGB regelt für den Fall der Anordnung die entsprechende Vergütungsanpassung.

139 Das **schweizerische Recht** sieht in seinem kodifizierten Werkvertragsrecht der Art. 363 ff. OR keine einseitigen Änderungsbefugnisse des Bestellers vor. Allerdings erkennt die Rechtsprechung auch hier das im Einzelfall schutzwürdige Interesse des Bestellers an einseitigen Änderungsrechten an. Mit Blick auf den vorherrschenden **Grundsatz von Treu und Glauben** (Art. 2 ZGB) wird ein einseitiges Änderungsrecht des Bestellers angenommen, wenn die Änderung für den Besteller von erheblicher Bedeutung ist und andererseits aus Sicht des Unternehmers keine Zumutbarkeitserwägungen entgegenstehen.[261] Zudem ist das Recht zur einseitigen Anordnung von Änderungen des vertraglichen Leistungsumfangs in **Art. 84 ff. der SIA-Norm 118** geregelt, deren Folgen für die Vergütung sich analog den vereinbarten Preisen für die ursprüngliche Leistung richten. Die Regelungen der SIA-Norm 118 ähneln damit dem Konzept der VOB/B. Die dort geregelten **Preisanpassungsmechanismen** gelten nicht für solche Leistungsänderungen, die nicht auf einseitigen Anordnungen des Bestellers beruhen, sondern vertraglich vereinbart werden.[262] Die Vergütung für diese einvernehmlich geänderten Leistungen richtet sich vielmehr nach Art. 374 OR und wird nach Maßgabe des Wertes der Arbeit und der Aufwendungen des Unternehmers auf Basis der effektiven Selbstkosten errechnet, die ein sorgfältiger Unternehmer für die Erstellung des Werks benötigt hätte,[263] sofern die Parteien nicht ohnehin im Zuge der einvernehmlichen Leistungsänderung eine korrespondierende Vergütungsregelung vereinbaren.

140 Das **englische Recht** sieht grundsätzlich kein Recht des Kunden zur einseitigen Änderung des vertraglichen Leistungsumfangs vor, soweit nicht ein solches Recht vertraglich vereinbart wurde.[264] **Englische Vertragsmuster** regeln deshalb grundsätzlich entsprechende Änderungsrechte ausdrücklich.[265] Auch Anlagenverträge, die dem englischen Recht unterliegen, sollten Bestimmungen dazu vorsehen, wann Änderungen zum Vertrag vorliegen und wie diese zu behandeln sind, insbesondere, ob und unter welchen Bedingungen

---

[258] Dann läge ein Werklieferungs- oder Kaufvertrag vor, auf den § 650a ff. BGB keine Anwendung finden; zur Abgrenzung BGH ZfBR 2018, 236 ff. und nach der sogenannten Schwerpunkttheorie Messerschmidt/Voit/Cramer Privates Baurecht I. Teil C. Rn. 26.

[259] § 650b Abs. 1 Nr. 1 BGB umfasst insoweit „freie" Änderungen, die für den ursprünglich vereinbarten Werkerfolg nicht notwendig sind, vgl. nur Messerschmidt/Voit/Rintelen Privates Baurecht § 650b Rn. 46 ff.

[260] BT-Drs. 18/8486, 54.

[261] Gauch Werkvertrag Rn. 779.

[262] So auch im deutschen Recht für § 2 Abs. 5 VOB/B, vgl. OLG Karlsruhe IBR 2012, 189.

[263] BG, Urt. v. 27.5.2010, 4 A 183/2010, E. 3.2, kritisch zu dieser Unterscheidung Hürlimann/Siegenthaler Jusletter 6.2.2012, S. 9.

[264] Uff Construction Law S. 296.

[265] Etwa die vielfach verwendeten Musterverträge der JCT, Section 5 (bzw. Clause 26 beim Major Project Construction Contract), und ICE, Clause 51.

der Unternehmer zur Ausführung der geänderten Leistungen verpflichtet ist. Fehlen solche Bestimmungen, steht es den Parteien allerdings im Prinzip frei, für bestimmte Leistungen durch vertragliche Vereinbarung eine zusätzliche Vergütung zu bestimmen. Indessen ist hier aus Sicht des Unternehmers im Hinblick auf die anglo-amerikanische Besonderheit der **doctrine of consideration** Vorsicht geboten.[266] Verspricht der Kunde dem Unternehmer im konkreten Fall eine zusätzliche Vergütung für bestimmte Leistungen, die nach Auffassung des Unternehmers nicht ursprünglich geschuldet waren, läuft der Unternehmer Gefahr, diese zusätzliche Vergütung später gleichwohl nicht durchsetzen zu können,[267] wenn das Gericht zu der Erkenntnis gelangt, dass die betreffenden Leistungen bereits von der ursprünglichen Leistungspflicht erfasst waren, weil der zusätzlichen Vergütung dann keine angemessene Gegenleistung gegenübersteht.[268] Will der Unternehmer hier sicher gehen, die versprochene Nachtragsvergütung zu erhalten, dürfte eine entsprechende Vereinbarung under seal unter ausdrücklichem Hinweis „executed as a deed" empfehlenswert sein, weil die doctrine of consideration für diese Art formell aufgesetzter Urkunden keine Anwendung findet.[269]

b) Vertraglich vereinbarte Änderungsrechte des Kunden

Der Rückgriff auf die unzureichenden Bestimmungen der jeweils berufenen Rechtsordnung mit ihrem Rückgriff auf die konkreten Umstände des Einzelfalls und die Grundsätze von Treu und Glauben genügt kaum den Interessen der Vertragsparteien an einer **rechtssicheren Gestaltung** von Industrieanlagenverträgen. Bei internationalen Verträgen gilt dies mit Rücksicht auf die zumeist unzureichende Befassung der Parteien mit den Besonderheiten des Vertragsstatuts in noch größerem Maß. Üblich sind deshalb mehr oder weniger ausführlich gestaltete vertragliche Regelungen zu Voraussetzungen und Rechtsfolgen einseitiger Änderungsanordnungen des Kunden. Der vereinbarte Umfang der Änderungsrechte wird allerdings selten definiert, so dass klare Begrenzungen der Änderungsbefugnisse zumeist fehlen. Grund hierfür ist das regelmäßig bei der Abfassung der Vertragsentwürfe im Vordergrund stehende Interesse des Kunden an möglichst **weitreichenden Änderungsbefugnissen.** Bei der Prüfung und Verhandlung der kundenseitig erstellten Entwürfe im Auftrag des Anlagenunternehmers muss dieses Missverhältnis korrigiert werden, indem der Umfang der Änderungsrechte durch inhaltliche Begrenzung und Einfügung entsprechender Vorbehalte zu Gunsten des Anlagenunternehmers sachgerecht begrenzt wird. 141

Objektive Begrenzungen betreffen das *grundsätzliche* Recht zur Anordnung von Änderungen. Vertragsentwürfe aus der Feder des Kunden sehen oftmals keine oder nur geringe Voraussetzungen für die einseitige Änderungsbefugnis des Kunden vor. Häufig etwa wird lediglich darauf abgestellt, dass eine bestimmte Änderung oder Erweiterung des Auf- 142

---

[266] Zur doctrine of consideration allgemein Furmston Law of Contract S. 100 ff.

[267] Uff Construction Law S. 298 (für den Bauvertrag) und S. 190 f. (allgemein zur doctrine of consideration); im berühmten Fall *Stilk v Myrick* [1809] EWHC KB J58 etwa hat Lord Ellenborough die Klage eines Seemanns auf zugesagte höhere Entlohnung für die Übernahme von Leistungen desertierter Crew-Mitglieder unter Hinweis darauf abgewiesen, dass der Kläger ohnehin bereits mit dem ursprünglichen Vertragsinhalt verpflichtet war, seine gesamte Arbeitskraft bis zur Beendigung der Reise zur Verfügung zu stellen, so dass die Zusage der zusätzlichen Vergütung mittels des Lohns der desertierten Kollegen mangels einer werthaltigen Gegenleistung nicht durchsetzbar sei.

[268] Allerdings mag im konkreten Fall auch die Abwendung der sonst drohenden Insolvenz des Unternehmers oder der zeitlichen Verzögerungen des Projekts infolge des Streits um die zusätzliche Vergütung als *consideration* genügen, so im berühmten Fall *William v Roffey Brothers & Nicholls Contractors Limited* [1989] EWCA Civ. 5, bei dem es um die Wirksamkeit einer Vereinbarung zwischen Generalunternehmer und einem Tischler (Nachunternehmer) betreffend die Erhöhung der von beiden Parteien als unauskömmlich eingeschätzten ursprünglich vereinbarten Vergütung ging (Lord Justice Purchas): „(…) *In these circumstances there were clearly incentives to both parties to make a further arrangement in order to relieve the plaintiff of his financial difficulties and also to ensure that the plaintiff was in a position, or alternatively was willing, to continue with the subcontract works to a reasonable and timely completion* (…)".

[269] Vgl. Chitty on Contracts General Principles Rn. 1–104.

tragsumfangs nach Meinung des Kunden zweckmäßig ist, was letztlich auf ein unbegrenztes Änderungsrecht hinausläuft, weil ohnehin nicht zu erwarten steht, dass der Kunde aus seiner Sicht unzweckmäßige Änderungsanordnungen aussprechen wird.

Klauselbeispiel für unbegrenzte Änderungsbefugnisse des Kunden

[•] Discretionary Variations by Employer

The Employer is in any event entitled to request changes to the Works which may include (but shall not be limited to) any amendments or supplements relating to the agreed Specifications or otherwise and which may in his opinion (which shall be final and binding in this respect) be useful or appropriate.

143 Regelungen dieser Art sollten aus Sicht des Anlagenunternehmers offenkundig vermieden werden. Solche Änderungen, die nach Meinung des Kunden zweckmäßig sind, ohne für die erfolgreiche Herstellung der Anlage technisch erforderlich zu sein, können sehr vielfältig und für den Anlagenunternehmer schwer einzuschätzen sein. Aus seiner Sicht empfiehlt sich daher eine **restriktivere Gestaltung,** die das Änderungsrecht des Kunden auf tatsächlich für die Herstellung des Werkes erforderliche Änderungen begrenzt, was insbesondere für technische Änderungen gilt, deren Erfordernis sich erst nachträglich (etwa auf entsprechenden Hinweis des Anlagenunternehmers) herausstellt. Aber auch aus Sicht des Kunden können vereinbarte Änderungsbefugnisse trügerisch sein. Aus seinem Blickwinkel betrachtet suggerieren vertragliche Änderungsrechte ohne jede ausdrücklich definierte Grenze oft die Annahme, dass Änderungen jeder Art stets verlangt werden könnten, was auf Grundlage der international dominierenden Rechtsordnungen mitnichten der Fall ist. Änderungen, die im ursprünglichen Vertrag schon im Ansatz keinen Ausdruck gefunden haben, die deshalb auch für den Unternehmer nicht vorhersehbar waren, sind trotz etwaiger ausdrücklicher Befugnis des Auftraggebers nicht anordnungsfähig. Sowohl nach deutschem[270] und **schweizerischem**[271] wie auch nach **anglo-amerikanischem**[272] Rechtsverständnis werden auch dem Wortlaut nach unbegrenzte Änderungsrechte gegenständlich dahingehend begrenzt, dass sie keine völlig **vertragsfremden Leistungen** erfassen. Das common law erlaubt zudem in aller Regel nur, Teile des Vertrages einseitig herauszulösen, wenn diese dann auch tatsächlich von niemandem mehr ausgeführt werden.[273] Unter dem Regime deutschen Rechts scheitert die Wirksamkeit solcher unbegrenzten Änderungsbefugnisse zudem am Maßstab der **AGB-Inhaltskontrolle,** sofern sie in Allgemeinen Geschäftsbedingungen des Kunden vorgesehen sind, weil sie den Vertragspartner unangemessen benachteiligen.[274]

Klauselbeispiel für die Begrenzung auf Fälle der Erforderlichkeit

[•] Changes Required to Complete the Work

The Employer is entitled to request changes to the Works in particular comprising but not be limited to amendments or supplements relating to the agreed Specifications or otherwise but, however, strictly limited to the extent that the respective changes to the Works

---

[270] BGH BauR 2002, 618 (619).

[271] Gauch Werkvertrag Rn. 779.

[272] Vgl. *Thorn v London Corporation* (1876) 1 A.C. 20: „*(...) Either the additional or varied work which was thus occasioned is the kind of additional and varied work contemplated by the contract, or it is not. If it is the kind of additional or varied work contemplated by the contract, he [sic: the contractor] must be paid for it, and will be paid for it, according to the prices regulated by the contract. If, on the other hand, it was additional or varied work so peculiar, so unexpected, and so different from what any person reckoned or calculated upon, that it is not within the contract at all; then, it appears to me that one of two courses might have been open to him. He might have said: I entirely refuse to go on with the contract (...). I never intended to construct this work upon this new and unexpected footing. Or he might have said, I will go on with this, but this is not the kind of extra work contemplated by the contract, and if I do it, I must be paid a quantum meruit for it*".

[273] *Abbey Developments Ltd v PP Brickwork Ltd* [2003] EWHC 1987 (TCC).

[274] BGH NJW 1994, 1060 (1063).

are technically [and/or economically] required to properly execute [or commercially use] the Works in accordance with the Contract [and provided that such requirement could not have been foreseen by the time of signing the Contract].

Ferner sollten bereits im Vertrag **subjektive Begrenzungen** der Änderungsbefugnisse berücksichtigt werden. Aus Sicht des deutschen Anlagenunternehmers bietet es sich insofern an, auf die in § 650b Abs. 1 BGB sowie in § 1 Abs. 3 und 4 der VOB/B enthaltenen und von der Rechtsprechung umfangreich konkretisierten Ausnahmeregelungen abzustellen und damit die Rechte des Kunden zur einseitigen Änderung und Erweiterung des Leistungsumfangs unter den **Vorbehalt der Zumutbarkeit** der Änderungsanordnung für den Anlagenunternehmer zu stellen. Angesichts der Farblosigkeit dieses allgemeinen Begriffs und der berechtigten Besorgnis des Kunden, dass damit im praktischen Ergebnis eine weitreichende Aushöhlung seiner Änderungsbefugnis durch faktisches Zustimmungserfordernis erreicht wird, empfehlen sich zudem eine **vertragliche Definition** dieses Begriffs sowie eine nicht abschließende **Benennung von Beispielen,** anhand derer die bei Vertragsschluss von den Parteien zugrunde gelegten Zumutbarkeitserwägungen für die Beurteilung einer Änderung im konkreten Einzelfall nachvollzogen und im Streitfall bei der Entscheidung berücksichtigt werden können. 144

Klauselvorschlag für die Berücksichtigung von Zumutbarkeitserwägungen zu Gunsten des Anlagenunternehmers

[•] Changes to the Work Requested by Employer

1. […]

2. The Employer's right to request changes to the Works as above defined shall be subject to the Contractor's general commercial and operational capability to properly execute such changes and to meet the requirements following therefrom for the performance of the Works. In particular, but not by way of limitation, the Contractor is entitled to refuse the execution of the requested changes if and to the extent that
- the respective changes require additional personnel which the Contractor cannot make available within the time for completion as may be amended in accordance with the requirements of the changes, or
- the Contractor's business is not appropriately equipped for the execution of the changes, or
- the economic impact of the changes is disproportionate in relation to the original scope of engagement and may potentially affect the risks and responsibilities of the Contractor adversely, or
- the execution of the changes must for any other reason be considered as inappropriate taking into account the reasonable interests of the Contractor notwithstanding the well-understood needs and interests of the Employer of having executed the respective changes.

3. Auswirkungen der Leistungsänderungen auf die Vergütung

Der veränderte Leistungsumfang des Anlagenunternehmers muss sich notwendig auf dessen Vergütungsanspruch auswirken, was sich nach deutschrechtlicher Vorstellung aus dem Äquivalenzprinzip, nach anglo-amerikanischem Rechtsverständnis aus der doctrine of consideration[275] herleitet. Sieht der Vertrag eine Regelung zu den tatbestandlichen Voraussetzungen einseitiger Änderungsrechte vor, werden regelmäßig auch die Auswirkungen auf die Vergütung geregelt. Weil die gegebenenfalls erforderlichen Änderungen bei Vertragsabschluss noch nicht bekannt sind, können auch die Rechtsfolgen nur abstrakt durch Beschreibung des Anpassungsmechanismus geregelt werden. Üblicherweise wird in Industrie- 145

[275] Hierzu ausführlich Furmston Law of Contract S. 98ff.; vgl. auch → § 3 Rn. 62.

anlagenverträgen für die Bemessung der vertraglichen Vergütung entweder auf die **marktüblichen Preise** für Leistungen der betreffenden Art abgestellt oder auf eine Ermittlung der geänderten *oder* zusätzlichen Vergütung nach dem **Maßstab des vereinbarten Vertragspreises.** Das Abstellen auf die marktüblichen Preise begegnet vor allem in den Fällen Bedenken, in denen die Art der vertraglichen Leistungen und damit auch etwaiger Leistungsänderungen komplex und einzigartig und daher ein Marktpreis schwer oder gar nicht ermittelbar ist. Zudem wird bei der Berechnung der zusätzlichen Vergütung allein nach diesem Maßstab das im Vertrag zugrunde gelegte Werteverhältnis zwischen Leistung und Gegenleistung außer Acht gelassen, wenn der vereinbarte Vertragspreis gemessen an marktüblichen Preisen im Einzelfall ungewöhnlich hoch oder niedrig bemessen war. Der besonders vorteilhaft kalkulierende Unternehmer läuft hier Gefahr, durch den Rückgriff auf die marktüblichen Preise auf dem Umweg der Leistungsänderungen eine deutliche Reduzierung seiner Marge hinzunehmen, während der straff kalkulierende Unternehmer sich auf diesem Wege gegebenenfalls deutlicher Margenerhöhungen erfreut. Die zweite Variante des Abstellens auf die **Kalkulation des Vertragspreises,** die den Vergütungsregelungen des § 2 Abs. 5 und 6 VOB/B sowie Art. 84 ff. SIA-Norm 118 zugrunde liegt, birgt ebenfalls Risiken für beide Seiten. Zum einen wird der Unternehmer oftmals nur widerwillig seine Urkalkulation offenlegen wollen. Zum anderen läuft der Kunde Gefahr, durch nachträglich manipulierte Kalkulationen mit höher ausgewiesenen Deckungsbeiträgen und Gewinnzuschlägen letztlich deutlich höhere Preise im Vergleich zum ursprünglichen Vertragspreis zu bezahlen. Im Grundsatz ist die Berechnung nach dem Maßstab des kalkulierten Vertragspreises für den Anlagenunternehmer je vorteilhafter, desto auskömmlicher der Vertragspreis kalkuliert war.[276]

Klauselbeispiel für die Bemessung des geänderten oder zusätzlichen Preises

[•] Adjustment of the Contract Price in Case of Changes to the Works

In the event of changes to the Works requested by the Employer in accordance with the provisions of this Contract, the Contract Price shall be adjusted accordingly thereby taking into account the parameters considered when calculating the original Contract Price including any additional, or, as the case may be, reduced costs arising from the respective change to the Works. However, should the calculation parameters used in calculating the original Contract Price not be suitable for the calculation of the respective kind of changes to the Works requested, the Contract Price shall be adjusted in accordance with the market prices in place by the time of the change request or, if such prices be not available or ascertainable by the time the change was requested, then the adjustment shall be determined by taking into account the respective increase or decrease of costs proven to be actually incurred for the implementation of the respective changes requested plus reasonable surcharges for profit and risk coverage.

146 Ein gravierendes Problem im Zusammenhang mit der Kalkulation des veränderten Vertragspreises nach Maßgabe der Urkalkulation entsteht für den Anlagenunternehmer dann, wenn er ohnehin *unauskömmlich* kalkuliert hat, weil sich sein Verlust dann je mehr ausweitet, desto umfangreicher die Änderungen werden, vor allem im Falle zusätzlicher Leistungen oder mit vermehrtem Aufwand verbundener Leistungsänderungen. Auch wenn der Anlagenunternehmer einen unauskömmlichen Vertragspreis kalkuliert und angeboten hat, bedeutet das nicht, dass er auch bereit ist, eine **Ausweitung des Verlusts** durch nachträgliche Leistungsänderungen hinzunehmen, die nicht aus seiner Sphäre stammen. Aus seiner Sicht sollte die Vertragspreiskalkulation daher nur dann und insoweit für die Berechnung

---

[276] Die Fortschreibung der Vertragspreise soll indessen sowohl im Falle der § 2 Abs. 5 und 6 der deutschen VOB/B als auch im Falle der schweizerischen Art. 84 ff. der SIA-Norm 118 nur im Fall der tatsächlich einseitigen Änderungsanordnung gelten, während es für einvernehmliche Leistungsänderungen bei der gesetzlichen Regelung des § 632 Abs. 2 BGB bzw. Art. 374 OR verbleiben soll, vgl. OLG Karlsruhe IBR 2012, 189 einerseits und BG, Urt. v. 27.5.2010, Az. 4 A_183/2010, E. 3.2 andererseits.

der Vergütungsänderung herangezogen werden können, als das Ergebnis nicht zu einem weiteren Verlust führt oder die übliche Vergütung für Leistungen der betreffenden Art unterschreitet.

Klauselbeispiel für die Bemessung des geänderten oder zusätzlichen Preises mit Verlustbegrenzung

[•] Adjustment of Contract Price in Case of Changes to the Works

If the Contractor can validly prove that the adjustment of the Contract Price for the additional or changed works according to the above would lead to a loss to the disadvantage of the Contractor, then the Contractor is entitled to a quantum meruit on the basis of the usual market prices for works of the kind concerned.

4. Auswirkung der Änderungen auf den Terminplan und die Ausführungszeit

Weil Art und Umfang der zu erbringenden Leistungen in Relation zur Ausführungszeit 147 stehen, wirken sich Änderungen des Leistungsumfangs in qualitativer wie quantitativer Hinsicht auch entsprechend auf die Ausführungszeit und etwaige vertraglich vereinbarte Fristen aus. In Ermangelung ausdrücklicher vertraglicher Bestimmungen wird dem Unternehmer ein Anspruch auf angemessene Verlängerung der Ausführungsfristen zuerkannt. Auch die VOB/B sieht insoweit keine spezifischen Regelungen vor, erkennt aber dem Auftragnehmer einen Anspruch auf angemessene **Verlängerung der Ausführungsfristen** in allen Fällen zu, in denen eine Behinderung der Bauausführung auf einem Umstand aus dem Risikobereich des Auftraggebers beruht (§ 6 Abs. 2 Nr. 1 VOB/B). Dieser Anspruch umfasst insbesondere auch den Fall der Anordnung von Änderungen oder Erweiterungen des ursprünglichen Leistungsumfangs[277] und wird als Ausprägung des **Grundsatzes von Treu und Glauben** (§ 242 BGB) auch außerhalb des Anwendungsbereichs der VOB/B zuerkannt.[278] Auch unter dem Regime **englischen[279] und schweizerischen[280] Rechts** wird dem Unternehmer ein Anspruch auf angemessene Verlängerung der Ausführungszeit in Fällen zuerkannt, in denen Umstände aus dem Verantwortungsbereich des Auftraggebers ursächlich für eine Behinderung der Ausführung sind, was insbesondere für Änderungen des Leistungsumfangs gilt. Es empfiehlt sich gleichwohl eine ausdrückliche Regelung dazu, dass und in welchem Umfang Änderungsanordnungen die Ausführungszeit verlängern. Besondere Regelungen empfehlen sich insbesondere bei Anwendung englischen Rechts, wenn (wie zumeist der Fall) die Schadensersatzverpflichtungen des Unternehmers bei Überschreitung der vereinbarten Ausführungszeit auf liquidated damages begrenzt sind. Sehen solche Regelungen nicht zugleich vor, dass die Ausführungszeit im Falle auftraggeberseitig verursachter Verzögerungen entsprechend zu verlängern ist, laufen die entsprechenden vertraglichen Regelungen bezüglich der liquidated damages Gefahr, von Gerichten nicht berücksichtigt zu werden, was sich erheblich zu Lasten des Unternehmers auswirken kann. Die von beiden Parteien vereinbarte abschließende Geltung der liquidated damages wird so unter Umständen ausgehebelt.[281] Allerdings ist auch bei vertraglicher

[277] BGH BauR 1990, 210; OLG Koblenz NJW-RR 1988, 851; Ingenstau/Korbion/Döring VOB § 6 Abs. 2 VOB/B Rn. 7; Vygen BauR 1983, 210 (218); Staudinger/Peters BGB § 642 Rn. 51.

[278] Staudinger/Peters BGB § 642 Rn. 53.

[279] Uff Construction Law S. 326f.

[280] Gauch Werkvertrag Rn. 649.

[281] Vgl. *Peak Construction (Liverpool) Ltd v McKinney Foundations Ltd* (1970) 1 B.L.R. 111: „(…) *The liquidated damages and extension of time clauses in printed forms of contract must be construed strictly contra proferentem. If the employer wishes to recover liquidated damages for failure by the contractors to complete on time in spite of the fact that some of the delay is due to the employers' own fault or breach of contract, then the extension of time clause should provide, expressly or by necessary inference, for an extension on account of such a fault or breach on the part of the employer. I am unable to spell any such provision out of clause 23 of the contract in the present case. In any event, it is clear that, even if clause 23 had provided for an extension of time on account of the delay caused by the contractor, the failure in this case of the architect to extend the time would be fatal to the claim for liquidated damages. There had*

Einräumung eines Anspruchs auf Verlängerung der Ausführungszeit darauf zu achten, dass dieser Anspruch auch als entsprechende Vereinbarung der Parteien oder Weisung des engineer umgesetzt wird, weil anderenfalls ebenfalls die Anwendbarkeit der liquidated damages-Klausel mangels Bestimmung einer neuen Ausführungsfrist scheitern und der Auftraggeber dann wiederum nur seine tatsächlichen Schäden liquidieren könnte.[282] Dies wirksam zu verhindern, setzt die Vereinbarung eines entsprechenden Leistungsverweigerungsrechts des Unternehmers bis zur Bestimmung einer solchen geänderten Leistungszeit voraus.

Klauselbeispiel für die Verlängerung der Ausführungszeit bei Anordnungen zur Leistungsänderung

[•] Adjustment of Time for Completion in Case of Changes to the Works

In any event of changes to the Works contemplated by the Contract as a result of mutual agreements between the Parties or unilateral instructions by the Employer given in accordance with clause [•], the Parties hereby already agree to enter into a mutual agreement with respect to a reasonable extension of the time for completion, and if appropriate, the time schedule, by such additional time reasonably required to perform the additional or changed works and services. The Contractor shall not meet any instructions as to the change of the Works prior to such mutual agreement has been entered into or, as the case may be, decided upon by the dispute adjudication board in accordance with clause [•] hereof.

5. Leistungsänderungen und Rechtsfolgen nach den FIDIC-Vertragsmustern

148 Die Vertragsmuster der FIDIC regeln die Voraussetzungen und Rechtsfolgen einseitiger Rechte des Employer zur Änderung oder Erweiterung des Leistungsumfangs in Clause 13 der General Conditions of Contract. In der Rainbow Suite 2nd Edition haben die Ausführungen zu den entsprechenden Regelungen deutlich an Komplexität und Detailtiefe zugenommen, wobei insbesondere die formellen Anforderungen bei weitgehender Beibehaltung der materiellen Anforderungen massiv zugenommen haben.[283] Hinzugekommen ist für das deutsche Recht im Jahr 2018 zudem ein neues gesetzliches Leitbild für Änderungsanordnungen in Form des BGB-Bauvertragsrechts. Insbesondere, da das Änderungsrecht in Clause 13 den Contractor zum sofortigen Handeln („with due expedition and without delay", vgl. Sub-Clause 13.1 Abs. 3) zwingt, liegt eine deutliche Abweichung von der in § 650b Abs. 2 BGB vorgesehenen 30-Tage-Einigungsfrist vor. Diese dürfte zu einer Unwirksamkeit der Clause 13 nach § 307 Abs. 1 BGB führen.[284]

a) Inhalt und Grenzen des einseitigen Änderungsrechts

149 Die in Sub-Clause 13.1 Yellow und Silver Book enthaltene Befugnis des Engineer (bzw. Employer) zur Anordnung von Änderungen (Variations) kann sich sowohl auf die Vorgaben der Employer's Requirements beziehen als auch auf das zu erstellende Werk einschließlich vorläufiger Teilleistungen, wird aber ansonsten hinsichtlich ihres Umfangs nicht weiter erläutert, wie dies im Red Book (dort Sub-Clause 13.1 Abs. 5 (i) bis (vi) geschieht.[285] Allerdings stellen die Regelungen des Yellow und Silver Book (abweichend

clearly been some delay on the part of the corporation. Accordingly, as the architect has not made ‚by writing under his hand such an extension of time', there is no date under the contract from which the defendants' liability to pay liquidated damages for delay could be measured. And therefore none can be recovered: see Miller v London County Council (…)".

[282] Vgl. aber zu den Auswirkungen des prevention principle und time at large nachfolgend → Rn. 161 ff.

[283] Einen guten Überblick über das unübersichtliche Claims-Prozedere gibt der Aufsatz von Hök ZfBR 2019, 211.

[284] So auch Roquette/Schweiger/Ritter/Schätzlein Privates Baurecht E. II. Rn. 291 f.

[285] Roquette/Schweiger/Ritter/Schätzlein Privates Baurecht E. II. Rn. 287 empfiehlt zutreffend die Aufnahme einer der Regelung im Red Book vergleichbaren Bestimmung mittels ausdrücklicher Regelung in

vom Red Book) in Sub-Clause 13.1 Abs. 2 zu Gunsten des Contractor ausdrücklich klar, dass Änderungsanordnungen nicht dazu verwendet werden dürfen, dem Contractor Teile seines Leistungsumfangs zu entziehen, um sie anderweitig (vermeintlich günstiger) zu vergeben.[286] Überdies berechtigt Clause 13 der FIDIC-Vertragsmuster den Engineer (bzw. Employer) nicht zu einer Anordnung zur Ausführung solcher Leistungen, die ihre Grundlage nicht bereits in dem ursprünglichen Vertrag haben, mithin **vertragsfremde Leistungen** darstellen. Zwar ist diese **Einschränkung des Änderungsrechts** nicht ausdrücklich im Wortlaut der FIDIC-Vertragsmuster enthalten. Sie lässt sich jedoch aus der Verwendung des definierten Begriffs Works herleiten, der Temporary Works und Permanent Works in ihrer Gesamtheit bezeichnet, sich aber letztlich auf die vom Contractor zu erbringenden Leistungen under the Contract bezieht[287] und damit keine vertragsfremden Leistungen umfasst. Zudem sind Änderungsrechte bereits ihrem Wesen nach nur innerhalb des **vom ursprünglichen Vertrag vorgegebenen Umfangs** vorstellbar und werden sowohl von englischen[288] als auch von deutschen Gerichten[289] entsprechend einschränkend ausgelegt.[290] Schließlich zeigt seit der 2nd Edition der Rainbow Suite auch Sub-Clause 13.1 Abs. 3 (a) des Red, Yellow und Silver Book, welcher dem Contractor ein Recht zur Leistungsverweigerung für Leistungen gibt, die unforeseeable gemessen an der Art der Leistung und dem Leistungsumfang sind, dass die Wesensfremdheit der Leistung das Anordnungsrecht des Employer oder Engineer begrenzt.[291]

Im Grundsatz ist der Engineer, oder im Falle des Silver Book, der Employer, jedoch zu jeder Zeit **vor Erteilung des Taking-Over Certificate** berechtigt, alle erdenklichen Arten von Änderungen des Leistungsumfangs anzuordnen, die auszuführen der Contractor verpflichtet ist, sofern er nicht dem Engineer oder Employer gegenüber erklärt, dass die Anordnung gemessen am Vertragsinhalt unforeseeable ist, er die für die Änderung erforderlichen Materialien, Komponenten, Werkzeuge oder Anlagenteile nicht beschaffen kann oder die betreffende Änderung die Sicherheit oder vertraglich vorausgesetzte Eignung der Anlage, deren zugesicherte Leistungskriterien oder die Fähigkeit des Contractor, die Umweltschutzanforderungen von Sub-Clause 4.8 oder die Arbeitsschutzbestimmungen in Sub-Clause 4.18 einzuhalten, beeinträchtigen wird (Sub-Clause 13.1 Abs. 3 Yellow 150

den Particular Conditions of Contract, mit der die zulässigen Arten von Änderungen näher eingegrenzt werden.

[286] Diese Einschränkung dürfte auf der Praxis anglo-amerikanischer Gerichte beruhen, dem eingeschalteten construction manager wie dem engineer die Befugnis zur Teilentziehung des Auftrags zum Zwecke der anderweitigen Vergabe abzusprechen, vgl. hierzu die Entscheidung des High Court of Australia im Fall *Commissioner for Main Roads v Reed & Stuart Pty Ltd* (1974) 131 CLR 378; dazu Uff Construction Law S. 300; insofern ist zumindest im Falle englischen Rechts als Vertragsstatut davon auszugehen, dass diese Begrenzung des Änderungsrechts auch unter dem Regime des Red Book gilt, obgleich dort nicht ausdrücklich vorgesehen; wie hier wohl auch Jaeger/Hök FIDIC S. 269.

[287] Vgl. die Definition des Begriffs Permanent Works in Sub-Clause 1.1.65: „*Permanent Works means the works of a permanent nature to be executed by the Contractor under the Contract*".

[288] Vgl. etwa den mehrfach zitierten Fall *Thorn v London Corporation* (1876), 1 A.C. 120; dazu vorstehend, → Fn. 275 und insbesondere den zu Clause 51 der ICE Conditions of Contract (5th edition) entschiedenen Fall *Blue Circle Industries plc v Holland Dredging Co. (UK) Ltd* (1987) B.L.R. 40, bei dem Auskofferungen entgegen dem ursprünglichen Vertragsinhalt nicht an geeigneter Stelle des Flussbettes entsorgt, sondern stattdessen zu einer neuen Insel aufgeschüttet werden sollten. Die ursprüngliche Entsorgungsmethode scheiterte an öffentlichem Druck, so dass eine anderweitige Entsorgung durchgeführt werden musste, entweder auf offener See oder durch Aufschüttung zu einer neuen Insel. Der mit der Sache schließlich befasste Court of Appeal entschied zu Gunsten des klagenden *contractor:* „(…) *Either of these two solutions was wholly outside the scope of the original dredging contract, and therefore had Holland not been willing, they could not, in my judgement, have been obliged to accept the work as a variation* (…)."

[289] BGH BauR 2002, 618; vgl. auch Kapellmann/Schiffers Bd. 2 Pauschalvertrag Rn. 1023; Schuhmann Handbuch S. 90; Ingenstau/Korbion/Keldungs VOB § 1 Abs. 3 VOB/B Rn. 11.

[290] § 1 Nr. 4 VOB/B spricht daher auch von „nicht vereinbarten Leistungen, die zur Ausführung der vertraglichen Leistungen erforderlich werden", vgl. Jaeger/Hök FIDIC S. 264.

[291] Allerdings führt die Einordnung einer Anordnung als „unforeseeable" lediglich dazu, dass der Employer/Engineer auf entsprechenden Hinweis des Contractor seine Anordnung zu überdenken hat und stellt keine Limitation des Anordnungsrechts dar.

und Silver Book).[292] Die Regelung stellt damit das einseitige Änderungsrecht unter den Vorbehalt der Umsetzbarkeit für den Contractor und ist damit zugleich **subjektive Begrenzung des Änderungsrechts.** Der Engineer (bzw. Employer), entscheidet nach Erhalt eines etwaigen Vorbehalts des Contractor darüber, ob es bei der Änderungsanordnung bleibt oder sie aufgrund der mitgeteilten Einwände modifiziert oder gar zurückgenommen wird. Letztlich wird man diese Entscheidungsbefugnis des Engineer nicht als abschließend auslegen können, sondern als vorläufige Entscheidung, die der Contractor mangels Berücksichtigung seiner kommunizierten Einwände gegen die Änderungsanordnung vor dem Dispute Avoidance/Adjudication Board und gegebenenfalls dem Schiedsgericht zur Überprüfung stellen kann. Insofern ist zweifelhaft, ob der Contractor im Streitfall zur **Unterbrechung seiner Leistungen** berechtigt ist, bis die Verbindlichkeit der Änderungsanordnung abschließend geklärt wurde. Die Regelung in Sub-Clause 13.3.2 Abs. 3 Satz 2 („The Contractor shall not delay any work whilst awaiting a response") gilt offensichtlich nicht für diesen Fall, sondern nur, falls die Berechtigung der Änderungsanordnung als solche unstreitig ist, aber der Engineer noch nicht über den Vorschlag des Contractor bezüglich der Änderungsfolgen für die Leistungsbeschreibung, die Verlängerung der Ausführungszeit und die Vergütungsanpassung entschieden hat. Weil der Contractor zunächst auf eigene Kosten die Änderungswünsche des Engineer in einer entsprechend veränderten Planung umsetzen und die daraus resultierenden Folgen für die Ausführungszeit und die Vergütungsanpassung berechnen muss, ist es je weniger sachgerecht, ihm die Berechtigung zur Einstellung seiner Leistungen bis zur verbindlichen oder zumindest vorläufigen Klärung der Berechtigung des Änderungsverlangens abzusprechen, desto offensichtlicher die Überschreitung der Änderungsbefugnis ist. Der Empfehlung von Brück[293] zur ausdrücklichen **Vereinbarung eines Leistungsverweigerungsrechts** des Contractor in den Particular Conditions of Contract bis zu einer zumindest vorläufigen Entscheidung des Dispute Avoidance/Adjudication Board ist daher beizupflichten, zumal im Einzelfall durchaus zweifelhaft sein kann, ob sich eine Änderungsanordnung noch innerhalb der Grenzen von Clause 13 bewegt (und damit berechtigt ist) oder nicht. Zur Vermeidung etwaiger (pauschalierter oder allgemeiner) Schadensersatzansprüche des Employer aus dem Gesichtspunkt des Verzuges infolge der Leistungseinstellung sollte zudem geregelt werden, dass die Zeit, währenddessen die Leistung berechtigterweise eingestellt war, zu einer entsprechenden Anpassung der vereinbarten Time for Completion und, soweit erforderlich, auch etwaiger Zwischenfristen in dem nach Sub-Clause 8.3 zu vereinbarenden Zeitplan (Programme) führt.

Klauselbeispiel für die Begrenzung des Änderungsrechts von Clause 13 in den Particular Conditions of Contract

[•] Limitation of Employer's Entitlement to Variations

The Engineer's authority [Employer's right] to order Variations according to Sub-Clause 13.1 of the General Conditions of Contract shall be limited to those changes to the Works including supplements thereto or reductions thereof which are necessary to properly execute the Works to the exclusion of any additional works and services to be performed by the Contractor reasonably considered to be outside the original scope of the Contract or beyond the Contractor's principle commercial and operational capability to properly execute such changes and to meet the requirements following therefrom with respect to the performance of the Works. In particular but not limited to, the Contractor is entitled to refuse a Variation if and to the extent that (i) the respective Variation requires additional personnel which the Contractor cannot make available within the Time for Completion as may be amended in accordance with the provisions of Clause 13 of the General Con-

[292] Das Red Book enthält die Alternative bezüglich der Nichteinhaltung von Leistungskriterien nicht, da dieses eher auf Anlagen zugeschnitten ist.
[293] So noch in Roquette/Otto/Brück Privates Baurecht (2. Aufl. 2011) F. II. Rn. 190.

ditions of Contract, or (ii) the economic impact of the Variation is disproportionate compared to the original scope of engagement and may affect the risks and responsibilities of the Contractor adversely, or (iii) the execution of the Variation would be for any other reason inappropriate taking into account the reasonable interests of the Contractor notwithstanding the well-understood needs and interests of the Employer of having executed the respective Variation.

Klauselvorschlag für Vereinbarung eines Leistungsverweigerungsrechts zu Clause 13

[•] Cessation of Performance in Case of Variations

In the event that the Engineer [respectively the Employer] initiates a Variation in accordance with Sub-Clause 13.1 of the General Conditions of Contract, the Contractor is entitled to temporarily refuse performance of the respective Variation if and to the extent that the respective Variation initiated is due to its nature or extent beyond the limits of the Engineer's authorization [respectively the Employer's entitlement] set forth in Sub-Clause 13.1 provided that the Contractor shall give notice to the Employer without undue delay of its intention to have the authorization [respectively entitlement] decided upon by the DAAB in accordance with Sub-Clause 21.1 of the General Conditions of Contract. If and to the extent such authorization [respectively entitlement] has been confirmed, the Contractor shall immediately proceed with the performance of the Works as changed by the Variation. For the avoidance of doubt, the entire time period during which the Contractor was entitled to refuse performance hereunder shall be added to the Time for Completion, and, if appropriate, the Programme, unless a final and binding decision of the DAAB or, respectively, the arbitrator(s) has been made that the Contractor's refusal was not reasonable.

b) Folgen der Leistungsänderung für den Vergütungsanspruch

Auch die Folgen der einseitigen Änderungsanordnungen des Engineer (bzw. Employer) 151
werden in Clause 13 der FIDIC-Vertragsmuster, beschrieben. Gegenüber der 1st Edition beschreibt die 2nd Edition das gesamte Anordnungsprocedere wesentlich detaillierter. Sub-Clause 13.3 unterscheidet nunmehr beispielsweise zwischen einer Variation by Instruction, welche dem Standardfall der 1st Edition entsprach, und einer Variation by Request for Proposal. Die Rechtsfolgen der Variation werden weiterhin nach Sub-Clause 3.7 (die frühere Sub-Clause 3.5) festgelegt (Sub-Clause 13.3.1 3. Absatz). Der Engineer (bzw. Employer) stimmt die Auswirkungen mit den Parteien (bzw. dem Contractor) ab. Er soll dabei den Versuch einer einvernehmlichen Abstimmung durch Vereinbarung der Parteien unternehmen und erst, soweit diese nicht erzielt werden kann, eine eigene faire[294] Entscheidung (determination) unter Berücksichtigung sämtlicher relevanter Umstände des konkreten Falls treffen. Insbesondere sind dabei die Verlängerung der Ausführungsfrist (EOT) sowie die Folgen für die Höhe der Vergütung und damit einhergehende Veränderungen des Zahlungsplans festzulegen. Die 2nd Edition der Rainbow Suite enthält nunmehr konkretere Vorgaben zur Vergütungshöhe. War nach der 1st Edition lediglich ein angemessener Gewinnanteil (reasonable profit) zu berücksichtigen, gibt es nunmehr zwei Möglichkeiten: Haben die Parteien einen Preisspiegel (Schedule of Rates and Prices) dem Vertrag beigefügt, ist dieser für die Ermittlung der Vergütung maßgeblich. Entweder enthält er ausdrücklich Preise für die geänderten Leistungen, oder es kann auf die dortigen Preise für ähnliche Arbeiten (similar work) zurückgegriffen werden. Wo dies nicht möglich ist, wird ein neuer Preis gebildet (new price), welcher aus dem Schedule of Rates and Prices unter Berücksichtigung aller Umstände abgeleitet wird. Erst wo auch dies nicht möglich ist, wird der Preis nach Cost plus Profit bestimmt. Diese Preisbestimmung kommt ebenfalls dann zur Anwendung, wenn von vornherein kein Schedule of Rates and Prices zum Ver-

[294] Vgl. Sub-Clause 3.7.2 (fair determination).

trag existiert. Bei dem neu definierten[295] Begriff Cost plus Profit handelt es sich um eine Fortsetzung des reasonable profit aus der 1st Edition. Das hiermit verbundene Streitpotenzial soll nun dadurch abgemildert werden, dass nach Sub-Clause 1.1.20 der Prozentsatz des Profit entweder in der Contract Data angegeben oder bei 5 Prozent liegend vermutet wird. Ob sich mit dieser Regelung der Bedarf für eine abweichende, konkretisierende Regelung in den Particular Conditions of Contract erledigen wird, bleibt abzuwarten.

c) Auswirkungen auf Time for Completion und Programme

152 Änderungen des Leistungsumfangs, die der Engineer (bzw. Employer) einseitig vorgibt, wirken sich auch in einer den Umständen nach angemessenen Verlängerung der vereinbarten Ausführungszeiten und insbesondere der vereinbarten Fertigstellungszeit (Time for Completion) aus. Dies erkennt die 2nd Edition nun in Sub-Clause 13.3.1 Abs. 3 (i) ausdrücklich an, wenn sie ausführt, dass die Determination auch die extension of time (EOT) einzubeziehen und der Engineer entsprechend darüber zu entscheiden hat. Welche Informationen bei der Entscheidung über die EOT zu berücksichtigen sind, bleibt jedoch auch in der 2nd Edition unklar. Es empfiehlt sich daher, diese Rechtsfolge in den Particular Conditions of Contract ausdrücklich zu regeln.

Klauselbeispiel für die flankierende Änderung von Time for Completion und *Programme*

[•] Adjustment of Time for Completion in Case of Variations

In any event of Variations instructed by the Engineer [respectively the Employer] in accordance with Clause 13 of the General Conditions of Contract, the respective instruction shall comprise detailed information in respect of the consequences regarding the Time for Completion and the Programme following from the respective Variation. Such consequences shall reasonably be determined by the Engineer [respectively the Employer] taking into account the additional time required to meet the requirements of the Variation plus such period of operational adjustment as may be reasonably required in the particular case to re-install or modify the Temporary Works or the general site equipment in order to proceed with the Works.

d) Auswirkungen auf die Dauer der Mängelhaftung

153 Weniger stark im Fokus vertraglicher Bestimmungen steht die ebenfalls mit Änderungen (vor allem Erweiterungen) des Leistungsumfangs einhergehende zeitliche Verzögerung des Beginns der Mängelhaftungsfrist und damit die zeitliche Ausweitung der Mängelhaftung des Anlagenunternehmers, durch die im Verhältnis zur Dauer der Mängelhaftung der eingesetzten Nachunternehmer und Lieferanten Haftungslücken entstehen können. Diese Rechtsfolge wird auch von den FIDIC-Vertragsmustern nicht befriedigend gelöst und sollte deshalb ggf. ergänzend im Vertragstext (im Falle der Vereinbarung eines FIDIC-Vertragsmusters in den Particular Conditions of Contract zu Sub-Clause 13.2 und 13.3 adressiert werden.

Klauselbeispiel für die flankierende Änderung des *Variations Procedure* bzgl. der Dauer der Mängelhaftung

[•] Adjustment of the Defects Notification Period in Case of Variations

Sub-Clause 13.3.1 of the General Conditions of Contract shall be revised as follows: When proceeding in accordance with Sub-Clause 3.7 *[Determinations]*,the Engineer [respectively the Employer] shall agree or determine EOT (if any), adjustments to the Contract Price, the Schedule of Payments and a reasonable compensation of the Contractor with regard to

[295] Sub-Clause 1.1.20.

prolongations of its liability for defects eventually arising from such Variation due to the postponed commencement of the Defects Notification Period.

III. Leistungszeit und Verspätungsfolgen

154 Zeitliche Vorgaben für die Fertigstellung haben bei nationalen wie internationalen Bauvorhaben eine enorme Bedeutung. Die Vertragspraxis sieht deshalb regelmäßig detaillierte Regelungen bezüglich der Erreichung definierter Zwischenziele und des vorgegebenen Fertigstellungstermins vor. Die in allen Rechtsordnungen anzutreffenden Bestimmungen dazu, wann die Leistungen zu erbringen sind, wenn keine Termine oder Fristen vertraglich festgelegt wurden, sind deshalb in der Praxis selten von Relevanz.[296] Im englischen Recht kann der Kunde mangels Vereinbarung eines vertraglichen Termins für die Erbringung der Leistung entweder so lange zuwarten, bis die Verzögerung der Leistung dazu führt, dass die Leistung für ihn seinen Zweck verliert,[297] oder dem Unternehmer eine angemessene (reasonable) Frist für die Leistungserbringung setzen und die Leistungszeit damit nachträglich zu einem wesentlichen Element (time is of the essence) der Vertragserfüllung machen.[298] Im schweizerischen Recht steht dem Unternehmer in solchen Fällen diejenige Zeit für die Vertragserfüllung zu, die ein versierter Fachmann bei zügiger Bearbeitung für die Vollendung des Werkes benötigen würde.[299] Auch im deutschen Recht wird mangels ausdrücklicher vertraglicher Bestimmung eines Fertigstellungszeitpunktes davon ausgegangen, dass der Unternehmer mit den Leistungen alsbald zu beginnen und sie in angemessener Zeit fertig zu stellen hat.[300]

1. Vertragliche Vereinbarung zeitlicher Vorgaben für die Leistungserbringung

155 Vertragliche Vereinbarungen zu zeitlichen Vorgaben für die Leistungserbringung sind Gegenstand jedes Anlagenvertrages. Typischerweise hat der Kunde ein erhebliches Interesse daran, die fertige Leistung so schnell wie möglich nutzen zu können. Je schneller die Anlage in Betrieb gehen kann, desto schneller werden Anfangsverluste, vor allem durch Kreditzinsen, kompensiert. Auch der Anlagenunternehmer hat ein erhebliches Interesse an einer möglichst schnellen Fertigstellung, weil seine Aufwendungen für die Errichtung der Anlage mit zunehmender Bauzeit aufgrund der zeitabhängigen Kosten (insbesondere für Personal und Geräteeinsatz) größer werden und nicht kalkulierte Bauzeitverlängerungen seine Marge reduzieren.[301] Detaillierte Bauzeitenpläne mit verbindlichen **Zwischen- und Fertigstellungsfristen** (oder -Terminen) werden deshalb bei Bau- und Anlagenprojekten jeder Größe bereits bei Vertragsabschluss vereinbart.[302] Alle gängigen Vertragsmuster[303] sehen konsequenterweise Regelungen für die Erstellung von Bauzeitenplänen vor oder setzen diese als selbstverständlich zu vereinbaren voraus. Zumeist sieht der Vertrag zunächst einen Termin für die Gesamtfertigstellung oder die Erreichung definierter milestones vor und statuiert die Verpflichtung des Anlagenunternehmers zur Aufstellung eines **detaillierten Bauzeitenplans.** Wenn der Anlagenunternehmer neben der Errichtung auch die

---

296 Dazu etwa Joussen Industrieanlagen-Vertrag S. 124ff.; Hilgers/Kaminsky Anlagenbau Rn. 222ff.; Ingenstau/Korbion/Döring VOB § 5 VOB/B Rn. 3ff.; zum englischen Recht vgl. Furmston Law of Contract S. 693ff.; zum schweizerischen Recht etwa Gauch Werkvertrag Rn. 649.
297 Chitty on Contracts General Principles Rn. 27–036. Zum Rechtsinstitut der frustration auch → § 10 Rn. 25f.
298 Furmston Law of Contract S. 693ff.
299 BGE 113 II 513 (517); Gauch Werkvertrag Rn. 649 Fn. 64 mwN.
300 BGH NJW-RR 2001, 806.
301 Mallmann Anlagenbauverträge S. 189.
302 Nicklisch/Weick/Jansen/Seibel/Kaminsky VOB/B Übersicht FIDIC Rn. 157; zur englischen Vertragspraxis Uff Construction Law S. 326.
303 Etwa JCT Major Projects Construction Contract 2016, Clause 15; UNIDO, Art. 11; FIDIC, Clause 8; ICC Model Turnkey Contract for Major Projects, Art. 36ff.

vollständige Planung im Auftrag hat, stehen die Einzelheiten der Terminplanung im Zeitpunkt der Auftragsvergabe noch nicht fest und sind innerhalb eines zumeist im Vertrag definierten Zeitraums nach Auftragserteilung zu erarbeiten und dem Kunden zwecks Zustimmung vorzulegen. Aus Sicht des Anlagenunternehmers ist es von erheblicher Bedeutung, bei der Bemessung der zeitlichen Vorgaben neben ausreichender Zeit für die Planung der Anlage als solcher auch die **örtlichen Verhältnisse** am Ort der Anlagenerrichtung zu berücksichtigen. Etwaige Einfuhrbeschränkungen, die Unterbringung des Montagepersonals vor Ort und die Kapazitäten für die Zwischenlagerung von Anlagenteilen sollten auch in ihren zeitlichen Auswirkungen in der Angebotserstellung berücksichtigt werden, weil die Vorgaben des Kunden hinsichtlich der Gesamtfertigstellung der Anlage zumeist bereits in den Ausschreibungsunterlagen enthalten sind und etwaige später erforderliche Beschleunigungsmaßnahmen zur Einhaltung des Termins zu erheblichen Mehrkosten führen. Die Einhaltung des Termins hängt regelmäßig auch von einer Vielzahl von **Mitwirkungshandlungen des Kunden** ab, die ebenfalls maßgeblich den Zeitplan beeinflussen können, so dass auch hierfür entsprechende Vorgaben vereinbart werden sollten. Stellt der Kunde das Grundstück nicht rechtzeitig zur Verfügung, beschafft er nicht die für den Baubeginn benötigten Genehmigungen oder steht bei den Testläufen kein ausreichendes Personal des Kunden zur Verfügung, stellen sich unvermeidlich Verzögerungen des Bauablaufs ein, die nur durch entsprechend strikte zeitliche Vorgaben an die kundenseitigen Mitwirkungshandlungen und entsprechende vertragliche **Sanktionen im Falle der Nichteinhaltung** vermieden bzw. zugunsten des Unternehmers kompensiert werden können. Ob die zeitlichen Vorgaben für die Leistungen des Unternehmers in Form von Fristen oder Terminen erfolgten und welche Rechtsfolgen sich aus etwaigen Überschreitungen ergeben, wird international nicht einheitlich gehandhabt. Letztlich aber sind die daraus resultierenden Unterschiede gering, weil die betreffenden Rechtsfolgen bei Überschreitung der zeitlichen Vorgaben typischerweise abschließend geregelt werden.

2. Fortschreibung und Anpassung des Terminplans

156 Die Realisierung von Großanlagenbauverträgen dauert zumeist viele Jahre und ist deshalb zahlreichen Veränderungen ausgesetzt, die sich erst im Laufe der Ausführung ergeben und die im Zeitpunkt der Erstellung des Bauzeitenplans nicht oder nur unzureichend vorhersehbar waren. Solche Umstände können aus der Sphäre des Kunden stammen, dem Anlagenunternehmer zurechenbar oder gar „neutraler" Art sein, wie etwa in Fällen von force majeure.[304] Unabhängig von der konkreten Ursache für zeitliche Veränderungen sind die Folgen für den Bauablauf jeweils detailliert durch Fortschreibung des Bauzeitenplans zu dokumentieren und in die weitere Planung mit einzubeziehen. Die FIDIC-Vertragsmuster verpflichten den Contractor zu dieser Fortschreibung des Bauzeitenplans (Programme), dessen ursprüngliche Fassung 28 Tage nach Empfang der Aufforderung zum Beginn der Ausführung vom Contractor vorzulegen ist. Änderungen des Programme sind jeweils einschließlich etwaiger Verlängerungen der Ausführungsfristen mit dem Engineer (bzw. dem Employer) abzustimmen. Etwaige Umstände, die sich wahrscheinlich auf die Bauzeit oder den Bauablauf auswirken, haben beide Seiten einander und dem Engineer anzuzeigen (sog. Advance Warning, Sub-Clause 8.4).[305] Stellt der Engineer andererseits im Verlauf des Bauvorhabens fest, dass die Angaben des Programme nicht mit dem tatsächlichen Bauverlauf übereinstimmen, fordert er den Contractor zu einer Anpassung auf. Eine entsprechende Regelung fehlte unverständlicherweise in der 1st Edition des Silver Book, obgleich es auch hier nahelag, dass der Employer bei **Feststellung entsprechenden Anpassungsbe-**

[304] Hierzu nachfolgend → Rn. 259 ff.

[305] Wenn eine solche Advance Warning nicht ergeht, hat dies jedoch keine Folgen für die Vergütung des Contractor, anders dagegen Clause 61.3 NEC4 Engineering and Construction Contract, nach dem Verstreichen einer großzügigen Frist von 8 Wochen.

darfs auf eine Fortschreibung des Programme hinzuwirken hatte. Dieser Missstand wurde in der 2nd Edition des Silver Book von 2017 behoben; nunmehr ist diese Regelung in Sub-Clause 8.7 enthalten. Die Frist für die Vorlage des überarbeiteten Programme beträgt nach der 2nd Edition nun 14 Tage. Weiterhin ist empfehlenswert, die Pflicht des Engineer (resp. Employer) zur Mitteilung im Sinne einer echten Obliegenheit auszugestalten (was auch dem Wortlaut der Clause 8.3 Abs. 6 Red und Yellow Book nicht ohne weiteres zu entnehmen ist[306]). Eine solche Verpflichtung oder Obliegenheit kann ähnlich der Formulierung des Absatzes 6 bzw. 7 für die Verpflichtung des Contractor zur unverzüglichen Mitteilung gestaltet werden, weil nicht einzusehen ist, warum der Engineer (bzw. Employer) sein Wissen nicht mit dem Contractor teilen sollte.

Klauselbeispiel für Verpflichtung des Employers zu Mitteilung von Mängeln des Programme

[•] Notification of Defective Programme by Employer

As distinct from and in supplementing Sub-Clause 8.3 of the General Conditions of Contract, if, at any time, the Engineer [respectively the Employer] gives notice to the Contractor that a programme fails (to the extent stated) to comply with the Contract or to be consistent with actual progress and the Contractor's stated intentions the Engineer [respectively the Employer] shall be obliged to give notice promptly after receiving knowledge of the events or circumstances likely to affect the programme. The Contractor shall submit a revised programme to the Engineer [respectively the Employer] in accordance with this Sub-Clause.

Sinn und Zweck des Programme ist die jederzeitige Aktualisierung des darin beschrie- 157
benen Bauablaufs. Die frühzeitige enge Abstimmung mit dem Engineer (bzw. Employer) führt zu einem hohen Grad an Verlässlichkeit des Programme, das etwaige Verlängerungen der Time for Completion ebenso frühzeitig ausweist wie gegebenenfalls vorzunehmende Beschleunigungsmaßnahmen des Contractor zur Einhaltung der unveränderten Time for Completion, falls sich Verzögerungen einstellen, die dem Contractor keinen Anspruch auf eine Bauzeitverlängerung einräumen (Sub-Clause 8.7).

3. Anspruch auf Verlängerung der Ausführungsfrist

Umstände, die nicht aus der Sphäre des Anlagenunternehmers herrühren und negativen 158
Einfluss auf den Umfang der Leistungspflichten oder die tatsächliche Möglichkeit zur Leistung haben, führen jedenfalls dann zu einem Anspruch auf Verlängerung der vertraglichen Ausführungsfristen bzw. einer Verschiebung der Fertigstellungstermine, wenn sie aus der **Sphäre des Kunden** stammen und für den Anlagenunternehmer nicht vorhersehbar waren. Das deutsche Recht regelt indessen die Voraussetzungen und Rechtsfolgen des Anspruchs auf Bauzeitverlängerung nur unzureichend. Das BGB sieht insofern lediglich den Fall des Annahmeverzuges des Bestellers in §§ 326 Abs. 2 und 644 Abs. 1 Satz 2 BGB vor und statuiert Regelungen zur Gefahrtragung.[307] Bestimmungen zu Ansprüchen auf Verlängerung von Fristen oder Terminen finden sich nicht und müssen aus allgemeinen Rechtsgrundsätzen wie dem Grundsatz von Treu und Glauben hergeleitet werden.[308] Voraussetzung für einen Anspruch auf Verlängerung von Ausführungsfristen oder -terminen ist nicht ein schuldhaftes Verhalten des Bestellers. Vielmehr genügt es, wenn die hindernden **Umstände aus der Sphäre des Bestellers** im Sinne einer sachgerechten Risikozuwei-

[306] Die Formulierung „*If, at any time, the Engineer gives a notice* (…) *the Contractor shall* (…)" lässt sich nicht zwingend dahin auslegen, dass den Employer (durch den Engineer) eine diesbezügliche Obliegenheit trifft, sondern statuiert zumindest ausdrücklich nur die Verpflichtung des Contractor zur Anpassung des Programme, falls der Engineer eine entsprechende Mitteilung macht.

[307] Staudinger/Peters BGB § 642 Rn. 51.

[308] Staudinger/Peters BGB § 642 Rn. 53.

sung stammen, wofür die für den VOB-Vertrag zu § 6 Abs. 1 und 2 entwickelten Grundsätze heranzuziehen sind.[309] Auch das schweizerische Recht[310] und die Rechtsordnungen des common law[311] erkennen Ansprüche des Unternehmers auf Verlängerung der Ausführungsfristen für den Fall von Behinderungen aus der Sphäre des Bestellers an, wenngleich die Voraussetzungen und Rechtsfolgen gerade im Rechtskreis des common law zum Teil deutlich von denen des deutschen Rechts abweichen.[312]

a) Änderungsanordnungen des Kunden

159 Offensichtlich aus der Sphäre des Kunden stammen einseitige Anordnungen bezüglich der Änderung des Leistungsumfangs[313] einschließlich solcher Anordnungen, die sich auf die Beschleunigung der Leistung beziehen oder Behinderungen für die unveränderte Leistungserbringung mit sich bringen. Ob und in welchem Umfang **Beschleunigungsanordnungen** des Kunden ohne entsprechende vertragliche Regelungen überhaupt anerkannt werden, ist nach deutschem Recht umstritten,[314] wird aber zumindest ein erhebliches berechtigtes Interesse voraussetzen, das über das rein wirtschaftliche Interesse an einer früheren Nutzung des Bauwerks bzw. der Anlage hinausgeht. Nach **anglo-amerikanischem Recht** besteht ein Recht des Kunden zur Anordnung von Beschleunigungen nur bei ausdrücklicher vertraglicher Regelung.[315] Indessen wird dem Unternehmer im Falle ausdrücklich oder stillschweigend angeordneter Beschleunigungsmaßnahmen ein Anspruch auf zusätzliche Vergütung zuerkannt (claims for acceleration).[316]

b) Sonstige kundenseitige Behinderungen

160 Kundenseitige Behinderungen sonstiger Art sind vielfältig und führen unabhängig davon, ob sie schuldhaft herbeigeführt wurden, zu einem Anspruch auf Verlängerung der Ausführungsfrist bzw. des Fertigstellungstermins. Häufig sind die nicht rechtzeitige Übergabe des Baugrundstücks und die Beschaffung der erforderlichen öffentlichen Genehmigungen. Letztlich fallen sämtliche **Mitwirkungshandlungen** des Kunden in diese Gruppe, bei deren Unterlassung oder Verspätung die Leistungen des Unternehmers nicht zur vorgesehenen Zeit erbracht werden können.[317]

---

309 Dazu näher Ingenstau/Korbion/Döring VOB § 6 Abs. 2 VOB/B Rn. 7; Staudinger/Peters BGB § 642 Rn. 44 ff.

310 Hat der Unternehmer Anspruch auf Fristerstreckung in diesem Sinne, fällt eine vereinbarte Konventionalstrafe erst dann an, wenn auch die zusätzliche Ausführungszeit, auf die der Unternehmer Anspruch hatte, überschritten wurde, vgl. (zu Art. 98 Abs. 2 SIA-Norm 118) BG, Urt. v. 8.12.2009, Az. 4 A 141/2008, E. 7.1, 7.2, dazu Hürlimann/Siegenthaler Jusletter 6.2.2012, S. 17; allgemein vgl. Gauch Werkvertrag Rn. 674 ff.

311 Uff Construction Law S. 329 ff.

312 Dazu nachfolgend → Rn. 161 ff.

313 Vgl. dazu → Rn. 141 ff.

314 Dagegen Kapellmann/Schiffers Bd. 1 Einheitspreisvertrag Rn. 787; differenzierend Ingenstau/Korbion/Keldungs VOB § 1 Abs. 3 VOB/B Rn. 13 ff.; indessen tendiert der BGH hier eher zu einer weiteren Anordnungsbefugnis des Auftraggebers im Anwendungsbereich der VOB/B, vgl. Kniffka/Koeble/Jurgeleit/Sacher Kompendium Teil 4 Rn. 166 ff. mit ausführlichen Nachweisen aus der Rechtsprechung des BGH zu den Vergütungsfolgen.

315 Etwa Core Clause 36.1 des NEC4 Engineering and Construction Contract, wonach der Contractor auf Anweisung des Project Manager ein Angebot für Beschleunigungsmaßnahmen abzugeben hat, was der Employer wiederum mit entsprechender Begründung ablehnen kann.

316 Was auch in dem Fall gilt, dass der Contractor zur Einhaltung der vertraglichen Ausführungszeit aufgefordert wird, obgleich sich aus veränderten Umständen ein Anspruch auf Verlängerung der time for completion ergeben würde, sog. „constructive" acceleration, vgl. für das US-amerikanische Recht die Entscheidung *Norair Engineering Corporation v United States of America,* 666 F.2 d 546 (Fed. Cir. 1981); zur Rechtslage in Australien *Perini Pacific v Commonweath of Australia* (1969) 12 B.L.R. 82; Fälle aus dem Vereinten Königreich sind bislang nicht bekannt, vgl. Uff Construction Law S. 332.

317 Vgl. etwa Baker/Bremen/Lavers ICLR 2005, 197 ff. (198) mit dem Versuch einer Kategorisierung in verschiedene Untergruppen, je nach Verantwortungsgrad auf Seiten des Kunden: In die erste Gruppe fallen danach vorsätzliche oder moralisch verwerfliche Verstöße, etwa die Weigerung zur Herausgabe benötigter

c) Prevention Principle

Das common law erkennt das Interesse des Unternehmers an Verlängerungen der Ausführungszeit im Falle von auftraggeberseitigen Behinderungen der Leistung an. Der Grundsatz des prevention principle hat in der Rechtsprechung erhebliche Bedeutung. Aus ihm ergibt sich im Mindesten, dass der Auftraggeber keine Ansprüche aus einer Bauverzögerung herleiten kann, die er selbst schuldhaft verursacht hat. In der älteren Entscheidung *Robert v Bury Improvement Commissioners*[318] etwa heisst es hierzu: „(…) *no person can take advantage of the non-fulfilment of a condition the performance of which was hindered by himself* (…) *he cannot sue for a breach occasioned by his own breach of contract.*" Diese Formulierung deutet darauf hin, dass lediglich solche Verzögerungen vom prevention principle umfasst werden, die auf ein **schuldhaftes Verhalten** des Auftraggebers zurückzuführen sind. In anderen Entscheidungen wird dagegen umfassender darauf abgestellt, ob die Verzögerung auf einem (berechtigten oder nicht berechtigten) Verhalten des Auftraggebers beruht. So hat Lord Denning in der Entscheidung *Trollope & Colls Ltd v North West Metropolitan Hospital Board* zu den Grundsätzen des prevention principle ausgeführt: „(…) *It is well settled that in building contracts – and other contracts too – when there is a stipulation for work to be done in a limited time, if one party by his conduct – it may be a legitimate conduct such as ordering extra work – renders it impossible or impracticable for the other party to do his work within the stipulated time, than the one whose conduct caused the trouble can no longer insist upon strict adherence to the time stated.*" Insgesamt lässt sich eine einheitliche Linie in der Rechtsprechung indessen nicht feststellen. Jedenfalls bei schuldhaft verursachten Behinderungen des Auftraggebers entfallen die zumeist vertraglich vorgesehenen Ansprüche des Auftraggebers auf Zahlung der liquidated damages, und zwar mangels ausdrücklicher vertraglicher Regelung unabhängig davon, in welchem Umfang die Verzögerung zum Teil auch auf einem schuldhaften Verhalten des Unternehmers beruht. In der Tendenz ist davon auszugehen, dass die anglo-amerikanische Rechtsprechung dazu neigt, im Sinne der **Sphärentheorie** jede in die Verantwortlichkeit des Auftraggebers fallende Behinderung, die tatsächlich kausal für eine Verzögerung geworden ist, als Anwendungsfall des prevention principle einzuordnen und damit die Ansprüche des Auftraggebers auf liquidated damages abzulehnen.[319] Primär diskutierte Rechtsfolge des prevention principle ist demnach nicht die Verlängerung der Ausführungsfristen, sondern der Entfall der vertraglich für den Fall des Verzuges geregelten Ansprüche auf pauschalierten Schadensersatz. 161

d) Time at large und Rechtsfolgen

Wird der vereinbarte Fertigstellungstermin aus Gründen überschritten, die aus der Sphäre des Kunden stammen, kann der Unternehmer „time at large" einwenden und ist nicht mehr an den Termin gebunden, soweit nicht der Vertrag einen Mechanismus für eine angemessene Verlängerung der Frist vorsieht. Nach älterer Rechtsprechung galt dies selbst dann, wenn die Gründe für die Verzögerung beiden Parteien anzulasten sind, also auch der Unternehmer, gegebenenfalls sogar in deutlich größerem Umfang zu der Verzögerung beigetragen hat.[320] Dies wurde in den vergangenen Jahren von der Rechtsprechung zwar 162

Unterlagen, in die zweite Gruppe klare Versäumnisse wie etwa die verspätete Überlassung der Baustelle, in die dritte Gruppe fällt ursächliches Verhalten ohne Verschulden, etwa die Benennung eines später insolventen Subunternehmers; der vierten Gruppe werden vertragsgemäße Handlungen wie etwa Änderungsanordnungen zugeordnet, während die fünfte Gruppe zurechenbare Pflichtverletzungen Dritter (zB nominated sub-contractor, engineer) betrifft. Letztlich ist die Unterteilung zwar in sich stringent, aber von begrenztem Nutzen, weil die Rechtsprechung keine Unterscheidungen dieser Art vornimmt, wie die Autoren selbst aufzeigen.

[318] (1870) LR 5 CP 310.

[319] Baker/Bremen/Lavers ICLR 2005, 197 (201), instruktiv zur Entwicklung des prevention principle in der Rechtsprechung der Gerichte in England und Australien.

[320] In der Entscheidung *Dodd v Churton* [1897] 1 Q.B. 562 führte *Chitty LJ* in seinem Statement aus, dass „(…) *where performance of a condition has been rendered impossible by the act of the grantee himself, the grantor is*

zunehmend angezweifelt und in Abrede gestellt[321], insgesamt muss die Rechtslage derzeit jedoch als ungeklärt bezeichnet werden.[322] In der Vertragspraxis wird deshalb versucht, möglichst umfassende Regelungen für den Umgang mit Hindernissen aus der Sphäre des Auftraggebers zu treffen. Indessen ist auch hier mit Rücksicht auf die einschneidenden Rechtsfolgen des prevention principle und der time at large-Einwendung des Unternehmers Vorsicht geboten. Sieht der Vertrag etwa zahlreiche Fälle ausdrücklich vor und versäumt es, die später tatsächlich für die Verzögerung ursächlichen Umstände einzubeziehen, dürfte mit Rücksicht auf die weitreichende Orientierung am Vertragswortlaut durch das common law für den Auftraggeber das Risiko hoch sein, dass ein Gericht die Aufzählung als abschließend bewertet und dem Vertrag damit keine Verlängerung der Fertigstellungsfrist entnimmt, was wiederum die **vollständige Entlastung des Unternehmers** aus jeder Fertigstellungsfrist zur Folge hätte, jedenfalls aber jeden Anspruch des Auftraggebers auf Zahlung der vertraglich vorgesehenen liquidated damages zunichte macht. Unklar ist, welche Rechtsfolgen sodann anstelle der liquidated damages treten. Aus Sicht des Unternehmers wäre die Einwendung von „time at large“ und eine Berufung auf das prevention principle zumindest dann risikobehaftet, wenn die Unwirksamkeit der liquidated damages-Abrede dazu führen würde, dass er nunmehr zum Ersatz des tatsächlichen Schadens in unbegrenzter Höhe verpflichtet wäre, soweit dieser nachweisbar ist und im Zusammenhang mit Verzögerungen des Unternehmers steht. Unproblematisch ist dies nicht der Fall, sofern die Überschreitung der Fertigstellungsfrist ausschließlich auf auftraggeberseitigen Behinderungen beruht. Sofern aber prevention principle und time at large-Einwand auch im Falle der **beiderseitigen Verursachung** zu einer Unanwendbarkeit der liquidated damages-Regelung führen, liegt es im Grundsatz nahe, diese Rechtsfolge zumindest insoweit anzunehmen als die Überschreitung des Termins vom Unternehmer mitverursacht oder gar mitverschuldet worden ist. Ob und in welchem Umfang diese Rechtsfolge allerdings für die anglo-amerikanische Rechtsprechung eine Option zur Wahrung der Interessen des Auftraggebers ist, ist fraglich. Teilweise gehen die Gerichte davon aus, dass zumindest keine Verpflichtung des Unternehmers zum Ersatz des nachweisbaren tatsächlichen Schadens anzunehmen ist, soweit dieser über die Höhe der vereinbarten liquidated damages hinausgeht.[323] Allerdings bleibt die weitere **Entwicklung der Rechtsprechung** insoweit abzu-

---

exonerated from performance of it. (…) This principle is applicable not to building contracts only, but to all contracts. If a man agrees to do something by a particular day, or, in default, to pay a sum of money as liquidated damages, the other party to […] the contract must not do anything to prevent him from doing the thing contracted for within the specified time“. Dieser Grundsatz gilt bis heute; vgl. für die US-amerikanische Rechtsprechung etwa *Mosler Safe Co. v Maiden Lane S.D. Co.* 199 N.Y. 479, 37 L.R.A. (N.S.) 363, 93 N.E. 81; *United States Appt. v United Engineering and Constructing Company,* 234 U.S. 236 (34 S.Ct. 843, 58 L. Ed. 1294).

[321] Der englische High Court hat sich in zwei Entscheidungen aus dem Jahr 2011 – allerdings nur in den obiter dicta – ablehnend dazu geäußert, ob das prevention principle in Fällen anwendbar ist, in denen sich Verzögerungen aus dem Risikobereich verschiedener Parteien überschneiden (concurrent causes of delay). Dies betrifft Fälle, in denen der Auftragnehmer aufgrund eigener ihm zuzurechnender Verzögerungen nicht den Kausalitätsnachweis dafür erbringen kann, dass gerade die zeitgleich stattfindende, aus dem Risikobereich des Auftraggebers stammende Behinderung den Grund für die Verzögerung darstellt. In der Entscheidung *Jerram Falkus Construction Ltd v Fenice Investments Inc* [2011] EWHC 1935 (TCC) heißt es (Coulson J): *„I conclude that, for the prevention principle to apply, the contractor must be able to demonstrate that the employer's acts or omissions have prevented the contractor from achieving an earlier completion date and that, if that earlier completion date would not have been achieved anyway, because of concurrent delays caused by the contractor's own default, the prevention principle will not apply.“* Das Gericht stützte sich dabei auf die kurz zuvor ergangene Entscheidung *Adyard Abu Dhabi v SD Marine Services* [2011] EWHC 848 (Comm), in der die Nichtanwendung des prevention principle bei concurrency erstmals behauptet wurde – wohlgemerkt ebenfalls obiter.

[322] Zu einer Anwendung des prevention principle auch bei concurrent delays tendierte 1984 der *Australian* Supreme Court of Victoria in *SMK Cabinets v Hili Modern Electrics* [1984] VR 391, 394.

[323] In der Entscheidung des kanadischen Supreme Court *Elsey et. al. v Collins Insurance Agences Ltd.* (1978) 83 D.L.R. (3d.) ad 1, heißt es etwa *(Dickinson J)*: „[…] *It is now evident that the power to strike down a penalty clause is a blatant interference with freedom of contract and is designed for the sole purpose of providing relief against oppression for the party having to pay the stipulated sum. It has no place where there is no oppression. If the actual loss turns out to exceed the penalty, the normal rules of enforcement of contract should apply to allow recovery of only the*

warten und kann es dem Anlagenunternehmer kaum empfohlen werden, sich auf diesen ihn schützenden Standpunkt zu verlassen.[324] Als Folge dieser Rechtslage ist vor allem im Interesse des Kunden auf eine sehr detaillierte vertragliche Regelung der Gründe für eine prevention und der daraus resultierenden extension of time hinzuwirken, was durch eine **möglichst umfassende Aufzählung** sämtlicher in Betracht kommender Gründe sowie eine **Auffangklausel,** bei der etwa auf vergleichbare Umstände abgestellt und deren Einschätzung der sorgfältigen Abwägung durch einen etwaig involvierten engineer oder sonstigen construction administrator überlassen wird, geschehen kann.

Um aus Auftraggebersicht jegliche Probleme mit **concurrent delays** und dem preven- 162a
tion principle zu vermeiden, dürfte es nach jüngster Rechtsprechung zudem zulässig sein, eine Klausel im Vertrag zu vereinbaren, welche explizit bei concurrent delays dennoch keinen Anspruch des Auftragnehmers auf Fristverlängerung gewährt. In der vielbeachteten Entscheidung *North Midland Building Ltd v Cyden Homes Ltd*[325] stellte der Court of Appeal klar, dass eine vereinbarte Klausel, welche im Falle von concurrent delays die Verantwortung auf den Auftragnehmer abwälzt (mit der Folge, dass es keinen EOT-Anspruch gibt), insoweit wirksam ist, dass allein die Existenz des prevention principle sie nicht unwirksam machen kann.[326] Die scheinbare Herabstufung des prevention principle von einem grundlegenden Rechtsprinzip zu einem implied term ermöglicht wesentlich flexiblere Lösungen bis hin zu einem Ausschluss des prevention principle insgesamt[327], sofern dies ein Auftragnehmer mittragen würde. Allerdings befindet sich die Diskussion in diesem Bereich erst am Anfang.

Durch eine möglichst umfassende Aufzählung der acts of prevention ist das Dilemma 163
des Kunden im Zusammenhang mit dem prevention principle indessen noch nicht gelöst. Auch wenn der Vertrag dem Unternehmer im Falle von allen denkbaren acts of prevention Ansprüche auf angemessene Verlängerung der Ausführungsfristen einräumt, hängt die Durchsetzbarkeit der liquidated damages weiter davon ab, dass die angemessene Verlängerung im konkreten Fall auch tatsächlich gewährt wird, was häufig der Einschätzung des hinzugezogenen engineer zugewiesen wird. Versäumt es der Auftraggeber (bzw. der engineer), **rechtzeitig eine angemessene Verlängerung** mit dem Unternehmer abzustimmen oder vorzugeben, wird hierdurch ebenfalls die Durchsetzung der liquidated damages für den Auftraggeber unmöglich gemacht. Rechtzeitig in diesem Sinne ist der vertraglich hierfür vorgegebene Rahmen. Jedenfalls aber genügt eine nachträglich gewährte Verlängerung nach Ablauf der ursprünglichen Fertigstellungsfrist nicht. Der Unternehmer soll sich darauf einstellen können, welcher zeitliche Rahmen ihm für die Fertigstellung der Leistungen verbleibt, woran er gehindert ist, wenn ihm die Verlängerung nicht frühzeitig mit-

---

agreed sum. The party imposing the penalty should not be able to obtain the benefit of whatever intimidating force the penalty clause may have in inducing performance, and then ignore the clause when it turns out to be to his advantage to do so. A penalty clause should function as a limitation on the damages recoverable, while still being ineffective to increase damages above the actual loss sustained when such loss is less than the stipulated amount. As expressed by Lord Ellenborough in Wilbeam v Ashton (1807), 1 Camp. 78, 170 E.R. 883: […]„beyond the penalty you shall not go; within it, you are to give the party any compensation which he can prove himself entitled to […]". Letzten Endes bestimmt die Höhe der unwirksamen liquidated damages clause nach Auffassung des Supreme Court deshalb die Obergrenze des Anspruchs auf Ersatz des nachweisbaren tatsächlichen Schadens, weil der Auftraggeber sonst besser stünde als im Falle der Wirksamkeit der liquidated damages-Klausel, was nach Auffassung des Gerichts nicht Sinn und Zweck des prevention principle sei.

[324] Brown CLJ 2001, 302 rät deshalb (aus australischer Sicht) zur Vorsicht; ähnlich Baker/Bremen/Lavers ICLR 2005, 197 ff. (20): „[…] *Assuming that the owner is restricted by the upper limit of the liquidated damages clause* […]" und weiter in Fn. 30: „[…] *Note, though, that the position in either jurisdiction [sic Australia and England] is less than clear.*" Vgl. ferner die englische Entscheidung *Steria Ltd v Sigma Wireless Communications Ltd* [2007] EWHC 3454 (TCC) Rn. 114: „[…] *If I had needed to decide the point, I would have inclined to the view that if the liquidated damages provision is held to be penal, then it prevents either party from relying on it, so that the cap also disappears*"; anders wiederum *Eco World – Ballymore Embassy Gardens Company Limited v Dobler UK Limited* [2021] EWHC 2207 (TCC) Rn. 111; vgl. zum Ganzen auch → § 6 Rn. 50.

[325] [2018] EWCA Civ 1744.

[326] Dieses sei nämlich (Coulson J): *„not an overriding rule of public or legal policy".*

[327] Hierzu für FIDIC-Vertragsmuster → Rn. 168.

geteilt wird. Wird diesem Interesse nicht durch rechtzeitige Mitteilung der extension of time Rechnung getragen, läuft der Kunde Gefahr, seine Ansprüche auf Zahlung der vereinbarten liquidated damages vollständig zu verlieren.

164 Eine weitere Frage in diesem Zusammenhang ist die nach der **Auswirkung von time bar clauses** auf die Ansprüche des Unternehmers auf angemessene Verlängerung der vereinbaren Ausführungsfrist. Solche Klauseln werden in internationalen Bau- und Industrieanlagenverträgen regelmäßig vereinbart und verpflichten den Unternehmer – oder beide Parteien[328] – zur Geltendmachung von Ansprüchen auf Verlängerung der Ausführungsfrist und zusätzliche Vergütung aufgrund von Behinderungen innerhalb eines vorgegebenen Zeitrahmens – etwa gem. Clause 20.2.1 der FIDIC-Vertragsmuster spätestens innerhalb von 28 Tagen nach Kenntniserlangung von dem Umstand, der nach Auffassung der jeweiligen Partei die Geltendmachung der Ansprüche rechtfertigt. Macht die Partei ihre Ansprüche entgegen der time bar clause nicht oder nicht rechtzeitig geltend, ist sie aufgrund des Fristablaufs an der späteren Geltendmachung gehindert. Time bar clauses dienen dem Interesse des Kunden daran, rechtzeitig Kenntnis von solchen Umständen zu erlangen, die zu einer angemessenen Verlängerung der Ausführungsfrist oder anderen Ansprüchen des Unternehmers führen.[329] Kommt der Unternehmer dieser Obliegenheit nicht nach, soll er anschließend nicht zu einer für den Kunden unerwarteten Geltendmachung solcher Ansprüche berechtigt sein. Die Folge dieses Ausschlusses kann allerdings unter Beachtung der vorstehenden Grundsätze zum prevention principle für den Kunden von erheblichem Nachteil sein, soweit das Recht, **angemessene Verlängerung der Ausführungsfrist** in Fällen vom Kunden verursachter Behinderungen zu verlangen, ausgeschlossen wird. Obwohl der Unternehmer im Grundsatz berechtigt war, eine angemessene Verlängerung der Ausführungsfrist zu verlangen, werden durch den Verlust dieses Rechts aufgrund der zeitlichen Befristung der time bar clause wieder die Grundsätze des prevention principle relevant, sofern kundenseitig verursachte Verzögerungen zumindest auch zu der Überschreitung der Ausführungsfrist beigetragen haben. Anglo-amerikanische Gerichte deuten den Ausschluss des Verlängerungsanspruchs im Grundsatz nicht anders, als wenn der Vertrag grundsätzlich keinen Anspruch auf Verlängerung der Ausführungsfrist im Falle auftraggeberseitig verursachter Behinderungen eingeräumt hätte, und sprechen folgerichtig dem Auftraggeber das Recht zur Geltendmachung von liquidated damages ab. Die aus Sicht des civil law vergleichsweise **überraschende Rechtsfolge** ist der **Verlust von Ansprüchen** des Auftraggebers infolge der Verletzung von Obliegenheiten des Unternehmers.[330] Die zu Gunsten des Kunden vereinbarte Ausschlussfrist führt damit zu einem rechtlichen Eigentor. Ansprüche auf Verlängerung der Ausführungsfrist bestehen ohnehin nur bei Behinderungen, die aus der Sphäre des Kunden stammen, so dass die Ausschlussfrist gerade diesen Fall im Auge hat. Aufgrund der Auswirkungen des prevention principle kann der Unternehmer sich nun bei Missachtung der ihn treffenden vertraglichen Obliegenheit gerade in diesen Fällen auf die Unwirksamkeit der liquidated damages clause berufen, was dem Gerechtigkeitsempfinden zuwiderläuft. Die diesbezügliche Rechtsprechung stößt deshalb auf Kritik,[331] weil sie im praktischen Ergebnis dazu führen würde, dass der contractor sich im Ergebnis besser stellt, wenn er von der ausdrücklichen vertraglichen Obliegenheit, auf eine Verlängerung der time for completion hinzuwirken, keinen Gebrauch macht, als wenn er sich an den vertraglich vereinbarten Mechanismus gehalten hätte.[332] Indessen sollten diese

[328] In der FIDIC Rainbow Suite 2nd Edition wurde Clause 20 so angepasst, dass sie nunmehr für beide Seiten gilt.

[329] Zu time bar-Klauseln in Bauverträgen ausführlich Lal ICLR 2007, 118 ff.

[330] Wegweisend insoweit die Entscheidung des Supreme Court, Northern Territory of Australia in *Gaymark Investments Pty. Ltd. v Walter Construction Group* [2000] 16 BCL 449.

[331] Ausführlich zum Streitstand in Rechtsprechung und Schrifttum Jones ICLR 2009, 57 ff.

[332] Vgl. vor allem *Multiplex Constructions (UK) Ltd. v Honeywell Control Systems Ltd (No 2): „(…) see considerable force in Professor Wallace's criticism of Gaymark. I also see considerable force in the reasoning of the Australian courts in Turner and in Peninsula and of the reasoning of the inner House in City Inn. Whatever may be the law of the Northern Territory of Australia, I have considerable doubt that Gaymark represents the law of England. Contractual*

kritischen Stimmen, die sämtlich auf obiter dicta beschränkt waren und die behandelte Frage daher nicht mit bindender Wirkung für andere Gerichte zu entscheiden hatten, kaum dazu ermutigen, die in der Gaymark-Entscheidung entwickelten Grundsätze zu ignorieren.[333] Bislang ist, soweit ersichtlich, die Gaymark-Entscheidung die einzige ausdrückliche Entscheidung zu der hier behandelten Frage, so dass die Parteien entsprechende vertragliche Vorkehrungen treffen sollten.[334] In diesem Sinne empfiehlt sich die **Aufnahme eines einseitigen Rechts des Kunden** auf eine angemessene Verlängerung der Ausführungsfrist unabhängig von der vertraglichen Ausschlussfrist. Allerdings ist der Kunde zur Wahrung seiner Interessen dann auch gehalten, von diesem Recht umfassend Gebrauch zu machen, so dass die vertraglichen Ausschlussfristen im Ergebnis erheblich an Bedeutung verlieren.

Eine häufig auftretende Frage, die indessen selten im einschlägigen Schrifttum adressiert 165
wird, ist die nach den Rechtsfolgen einer **vorzeitigen Leistungserbringung** des Unternehmers (early completion). Sieht der Vertrag zwar eine time for completion vor, statuiert aber (wie zumeist) gleichzeitig die Vereinbarung eines Zeitplans nach dem Vertragsabschluss (programme oder time schedule), der eine vorzeitige Ausführung vorsieht, ergeben sich zwei Fragen: Einerseits wird die vorzeitige Fertigstellung vielfach maßgeblich von der Kooperation des Kunden abhängen, weil die Leistungen des Unternehmers selten ohne dessen Mitwirkung, Koordination und Bereitstellung notwendiger Ressourcen, etwa des Baugrundstücks, möglich sein werden. Zum anderen ist fraglich, wie sich die Vorverlagerung der Leistungserbringung gemäß dem Zeitplan im Vergleich zu den bei Vertragsschluss zugrunde gelegten Erwartungen der Vertragsparteien auf mögliche Überschreitungen der vorzeitigen Fertigstellungs- oder etwaiger Zwischenfristen auswirkt. Der Kunde wird nicht ohne weiteres bereit oder in der Lage sein, auch seinen **erforderlichen Mitwirkungshandlungen** vorzeitig nachzukommen, etwa, weil das Grundstück noch nicht zur Verfügung steht, Finanzierungsmittel noch fehlen oder die Leistungen anderer Gewerke nicht vorverlagert werden können. Die Rechtslage ist insoweit mangels ausdrücklicher vertraglicher Regelungen unübersichtlich.[335] Aus einem Recht des Unternehmers alleine, die Leistungen vorzeitig erbringen zu können, folgt nicht notwendigerweise auch eine korrespondierende Pflicht bzw. Obliegenheit des Kunden zur **vorzeitigen Vornahme der Mitwirkungshandlungen.**[336] Anders könnte der Fall indessen liegen, wenn der Unternehmer nicht nur berechtigt, sondern auch verpflichtet ist, die Leistungen vorzeitig zu erbringen. In diesem Fall liegt auch eine Obliegenheit des Kunden zur Mitwirkung näher, weil der Unternehmer seinen Verpflichtungen ohne sie kaum nachkommen kann. Das **englische Recht** erkennt eine Obliegenheit zur vorzeitigen Mitwirkung des Kunden daher nicht ohne weiteres deshalb an, weil sich die Parteien im Rahmen eines programme

terms requiring a contractor to give prompt notice of delay serve a valuable purpose; such notice enables matters to be investigated while they are still current. Furthermore, such notice gives the employer the opportunity to withdraw instructions when financial consequences become apparent. If Gaymark is good law then a contractor could disregard with impunity any provision making proper notice a condition precedent. At his option the contractor could set time at large." In die gleiche Richtung geht die Entscheidung von *Judge Stephen Davies* im Fall *Steria Ltd. v Sigma Wireless Communications* Ltd [2008] B.L.R. 79: „(…) *Although on the facts of that case Jackson J did not, due to the particular wording of the extension of time and liquidated damages clauses employed, need to express a final decision on the point, nonetheless I gratefully adopt his analysis and agree with his preliminary conclusion. Generally one can see the commercial absurdity of an argument which would result in the contractor being better off by deliberately failing to comply with the notice condition than by complying with it.*"; vgl. auch *Hodgson JA* (New South Wales *Court of Appeal*) in *Peninsula Balmain Pty Ltd v Abigroup Contractors Pty Ltd* (2002) 18 BCL 322 und *Turner Corporation Pty Ltd v Austotel Pty Ltd* (1994) 13 BCL 378, auf die bereits in der vorstehend zitierten Entscheidung *Multiplex* Bezug genommen wurde.

333 Insofern ist die Darstellung von Jaeger/Hök FIDIC S. 239f. zumindest mit Vorsicht zu genießen, vgl. etwa Smith ICLR 2002, 397 (403) zum australischen Recht nach der Gaymark-Entscheidung.

334 Jones ICLR 2009, 57ff. (67).

335 Stephenson ICLR 2011, 327ff. zur Rechtslage unter dem Regime englischen Rechts unter Darstellung verschiedener gebräuchlicher Vertragsmuster.

336 *Glenlion Construction Ltd v Guiness Trust* (1987) 39 B.L.R. 89 (103).

auf die vorzeitige Leistungserbringung verständigt haben, sofern nicht gleichzeitig klargestellt wird, dass damit auch eine verbindliche Verpflichtung des Unternehmers zur vorzeitigen Leistung einhergeht.[337] **Nach deutschem Recht** dürfte sich dagegen aus einem beidseitig vereinbarten, nicht aber aus einem einseitig vom Unternehmer aufgestellten Zeitplan mit vorzeitigen Leistungen auch eine **korrespondierende Mitwirkungsobliegenheit** des Kunden ergeben. Die zweite Frage, ob der Unternehmer bei entsprechender Verpflichtung zur vorzeitigen Leistungserbringung im Vergleich zur vertraglich vorgesehenen time for completion ein Recht auf Verlängerung des im Zeitplan vorgesehenen Fertigstellungstermins geltend machen kann und wie sich die vertraglich vereinbarten Sanktionsmechanismen für die Überschreitung der time for completion zu Verzögerungen der Leistungserbringung innerhalb des vorgezogenen Zeitplans verhalten, sollte ausdrücklich vertraglich geregelt werden.

e) Verlängerung der Ausführungsfrist unter dem Regime der FIDIC-Vertragsmuster

166 Die FIDIC-Vertragsmuster sehen in Sub-Clause 8.5 Ansprüche des Contractor auf Verlängerung der Time for Completion in bestimmten, dort näher spezifizierten Fällen vor, namentlich (a) im Falle der Anordnung von Variations durch den Engineer oder Employer, ohne jedoch an die Anforderungen der Sub-Clause 20.2 gebunden zu sein[338] (b) im Falle eines ausdrücklich an anderer Stelle der General Conditions of Contract geregelten Anspruchs auf Verlängerung der Ausführungsfrist für bestimmte Fälle des Verzugs,[339] (c) im Falle außergewöhnlicher klimatischer Verhältnisse[340], (d) im Falle unvorhersehbarer Einschränkung der Verfügbarkeit von Personal oder Material, verursacht durch Epidemien oder Regierungsmaßnahmen, und (e) sonstigen Behinderungen, die dem Employer, seinem Personal oder anderen im Auftrag des Employer tätigen Nebenunternehmern zuzurechnen sind. Wähnt sich der Contractor berechtigt, eine Verlängerung der Ausführungsfrist verlangen zu können, hat er – außer in den Fällen einer Variation nach Buchstabe (a) – nach Sub-Clause 20.2 vorzugehen, mithin innerhalb von **28 Tagen nach Kenntniserlangung** von den anspruchsbegründenden Umständen sein Begehr dem Engineer (bzw. dem Employer) unter Schilderung der Gründe vorzutragen. Der Engineer (bzw. Employer) hat über einen solchen Antrag sodann durch Überprüfung seiner gegebenenfalls bereits nach Sub-Clause 3.7 getroffenen Entscheidung (erneut) zu befinden, wobei eine Verkürzung der gegebenenfalls bereits verlängerten Ausführungsfrist nicht in Betracht kommt, sondern allenfalls eine Verlängerung oder Ablehnung des Begehrs. Des Weiteren steht dem Engineer (bzw. Employer) das Recht zu, die weitere Ausführung der Leistungen zu unterbrechen. Auch in diesem Fall ist der Contractor berechtigt, nach Sub-Clause 20.2 eine Verlängerung der Ausführungszeit zu beantragen. Die Ansprüche des Contractor auf Verlängerung der Ausführungsfristen stehen demnach unter **dem Vorbehalt der rechtzeitigen Anmeldung** der Ansprüche. Diese Systematik der FIDIC-Vertragsmuster entspricht im Grundsatz dem Interesse des Auftraggebers an einer möglichst präzisen Einschätzung der Ausführungszeit. Die Bestimmung der Sub-Clause 8.5 der FIDIC-Vertragsmuster entspricht damit zumindest im Grundsatz den Erfordernissen, die sich aus Sicht anglo-amerikanischen Rechts an die Möglichkeit der Verlängerung der Ausführungsfrist für vertragliche Regelungen stellen. Zwar unternimmt Sub-Clause 8.5 nicht einmal ansatzweise den Versuch einer abschließenden oder vollständigen Beschreibung der möglichen Umstände, bei deren Vorliegen eine Verlängerung der Time for Completion in Be-

[337] Stephenson ICLR 2011, 327 (331).

[338] Darin liegt eine Änderung gegenüber der 1st Edition, da seinerzeit unklar war, worauf sich die Vereinbarung nach Sub-Clause 13.3 beziehen sollte. Der Engineer bzw. Employer traf nämlich hiernach ausdrücklich keine Anordnung über die zeitlichen Konsequenzen einer Variation. Dies wurde nunmehr durch die Änderung dieser Alternative korrigiert, hierzu ausführlich Godwin FIDIC Contracts S. 80 ff.

[339] Hierunter fallen kraft ausdrücklicher Verweisung insbesondere die in Sub-Clause 8.6 genannten Fälle unvorhersehbarer behördlicher Anordnungen, deren Befolgung die Leistungen des Contractor behindert.

[340] Diese werden nunmehr gegenüber der 1st Edition konkretisiert.

tracht kommt. Allerdings ist das Bemühen der Verfasser nicht zu übersehen, durch eine weitreichende Öffnungsklausel (Sub-Clause 8.5 (e)) den Erfordernissen des prevention principle Rechnung zu tragen. Der Engineer (bzw. Employer) wird so in die Lage versetzt, sämtliche Umstände des Falles gegeneinander abzuwägen und dem Contractor eine Verlängerung der Time for Completion zuzugestehen, falls die Gründe für die Verzögerung (zumindest auch) in der Sphäre des Employer zu suchen sind.

Indessen ist angesichts der vorstehend[341] dargestellten Rechtslage unter dem Regime anglo-amerikanischer Rechtsordnungen zweifelhaft, ob die **Ausschlussfrist der Sub-Clause 20.2** den Interessen des Employer im Ergebnis dienlich ist. Obwohl die Problematik in der Rainbow Suite 2nd Edition dadurch entschärft wurde, dass die Ausschlussfrist der Sub-Clause 20.2 auf den Fall der Variation keine Anwendung findet, gilt weiterhin: Versäumt der Contractor die Einhaltung dieser starren Frist, bleibt dem Engineer keine andere Wahl als die Zurückweisung des verspäteten Begehrs, was in Fällen von prevention zu dem unerwünschten Ergebnis führen kann, dass er seine Ansprüche auf liquidated damages trotz der wesentlich vom Unternehmer mitverursachten Überschreitung der Time for Completion verliert. Diese Rechtsfolge gilt es aus Sicht des Kunden unter dem Regime der FIDIC-Vertragsmuster und bei Geltung englischen Rechts zu berücksichtigen, indem kundenseitig veranlasste Umstände, die als prevention zu qualifizieren sind, auch nach Ablauf der Ausschlussfrist der Sub-Clause 20.2 berücksichtigt werden. Es empfiehlt sich ohnehin, es nicht bei der unflexiblen Ausschlussfrist von 28 Tagen zu belassen, sondern stattdessen auf eine den Umständen entsprechend **angemessene Frist zur Geltendmachung** abzustellen und dem Engineer (bzw. Employer) so ein Ermessen bezüglich der Rechtzeitigkeit einzuräumen. Aus Sicht des Anlagenunternehmers dagegen bietet die aktuelle Regelung der FIDIC vermeintlich Vorteile, weil sie im Falle von kundenseitigen Behinderungen nahezu immer erhebliches Argumentationspotenzial im Hinblick auf die Wirksamkeit der vereinbarten delay damages für Überschreitungen der Time for Completion bietet. Indessen wird es häufig auch im **Interesse des Anlagenunternehmers** liegen, Regelungen zu vereinbaren, deren Auswirkungen im Falle eines Rechtsstreits vorhersehbar und damit kalkulierbar sind. Ist anglo-amerikanisches Recht Vertragsstatut, kann eben auch nicht rechtssicher ausgeschlossen werden, dass ein mit der Sache befasstes (Schieds-)Gericht etwa durch Hinzuziehung von implied terms,[342] durch Abwendung von den Rechtsgrundsätzen der Gaymark-Entscheidung[343] oder durch die Berücksichtigung der Umstände des Falles letztlich doch zur Wirksamkeit der liquidated damages clause gelangt. Regelungen, die ausdrücklich die Voraussetzungen und Rechtsfolgen im Falle von prevention unter Beachtung der Maßgaben des Vertragsstatuts bestimmen, sind daher vorzugswürdig und könnten etwa folgenden Inhalt aufweisen:[344] 167

Klauselbeispiel für die Ergänzung der Sub-Clause 8.5 Abs. 3 FIDIC General Conditions of Contract

[•] Discretionary Determination of Extended Time for Completion

In respect of the Contractor's entitlement to extensions of the Time for Completion in accordance with Sub-Clause 8.5 of the General Conditions of Contract, if the Engineer [respectively the Employer] considers the Contractor entitled to an extension of the Time for Completion despite the Contractor not or not timely having given notice in accordance with Sub-Clause 20.2 of the General Conditions of Contract, the Engineer [respectively the Employer] shall notify the Contractor as soon as practicable of the extent as to which the Time for Completion shall be extended in it's reasonable discretion. If and to the extent

[341] Siehe oben → Rn. 161 ff.

[342] Vgl. zur Unterscheidung zwischen terms implied by law und solchen implied by fact und deren Auswirkung auf Fälle von prevention und Verzug des Auftraggebers Steensma ICLR 2011, 66 ff.

[343] (2000) 16 BCL 449, dazu ausführlich vorstehend → Rn. 164.

[344] Tweedale Construction Law International 2006, 27 (30) empfahl deshalb der FIDIC, eine entsprechende Änderung von Sub-Clause 20.1 der FIDIC-Vertragsmuster von 1999 zu erwägen.

that the Contractor agrees to such extension of the Time for Completion, such extended Time for Completion shall substitute and replace the original Time for Completion. Subject to further extensions of the Time for Completion in accordance with Clause 8.5 or the modifications thereto hereby agreed upon, this extended Time for Completion shall be applicable including any consequences possibly arising in accordance with the Contract in case of the Contractor's failure to meet such extended Time for Completion. For the sake of clarification, the Parties agree that any extension of the Time for Completion whether it be mutually agreed upon or determined by the Engineer [respectively the Employer] shall in any event take into account the effects of any act of prevention.

168 Alternativ könnte aus Sicht des Kunden eine Bestimmung helfen, die ausdrücklich klarstellt, dass die time bar clause in Sub-Clause 20.2 der FIDIC-Vertragsmuster auch dann gelten soll, wenn die etwaigen Ansprüche des Contractor auf Verlängerung der Time for Completion auf Umständen beruhen, die auf einen act of prevention des Employer zurückzuführen sind. Die Entscheidung *North Midland Building Ltd v Cyden Homes Ltd*[345], welche das prevention principle nicht mehr als festehenden und stets zu beachtenden Rechtsgrundsatz qualifiziert, hat hierfür eine Türe geöffnet. Indessen ist kaum zu erwarten, dass sich die Mehrheit der Anlagenunternehmer auf eine derart undifferenzierte Regelung mit eindeutig einseitigem Inhalt zu Gunsten des Kunden einlassen wird. Gleiches gilt für Klauseln, welche das prevention principle jedenfalls im Falle von concurrent delays für unwirksam erklären. Sub-Clause 8.5 Abs. 4 ermuntert die Parteien nun an eher unerwarteter Stelle dazu, Regelungen für concurrent delays in den Special Provisions zu treffen, liefert aber ansonsten keinerlei Handreichung für die Lösung des Problems.[346]

4. Vertragsstrafen und pauschalierter Schadensersatz als typische Rechtsfolgen des Verzugs

169 Internationale Industrieanlagenverträge regeln typischerweise detaillierte Rechtsfolgen im Fall der verspäteten Fertigstellung oder verspäteten Erreichung definierter Zwischenfristen. Diese ausdrücklichen Regelungen sind schon deshalb für beide Parteien wichtig, weil die gesetzlichen Rechtsfolgen oftmals einen für eine oder beide Parteien unbekannten oder schwer zugänglichen Inhalt haben oder sich in wirtschaftlich nicht mehr vertretbarem Umfang auf die Haftung des Anlagenunternehmers auswirken. Unbegrenzte Haftungsszenarien sind für den Anlagenunternehmer kaum kalkulierbar. Nach deutschem Recht etwa trifft den Anlagenunternehmer eine **unbegrenzte Haftung** für zurechenbar verursachte Schäden des Kunden, die aus einer schuldhaft verursachten Überschreitung der vertraglich vereinbarten Ausführungsfristen resultieren.[347] Insbesondere unterscheidet die gesetzliche Regelung nicht zwischen unmittelbaren/direkten oder mittelbaren/indirekten Schäden, sondern stellt den Berechtigten so, wie er stehen würde, wenn der Verzug nicht eingetreten wäre.[348] In gleichem Umfang sanktioniert das **schweizerische Recht** den Leistungsverzug des Schuldners.[349] Auch aus Sicht des **englischen Rechts** stehen dem Auftraggeber im Falle der Überschreitung vereinbarter Ausführungsfristen Ansprüche auf **Ersatz des nachweisbaren Schadens** zu.[350] Verzugsschäden sind in aller Regel Vermögensschäden. Weil der Unternehmer typischerweise weder Einfluss darauf hat, noch genau bestimmen kann, welcher Schaden im Falle des Leistungsverzuges auf Seiten des Auftraggebers eintreten wird, sind diese weder sachgerecht kalkulierbar noch versicherbar. Aus Sicht des Kun-

[345] [2018] EWCA Civ 1744.
[346] So zu Recht auch Roquette/Schweiger/Ritter/Schätzlein Privates Baurecht E. II. Rn. 206.
[347] Vgl. zur (insofern unveränderten) Rechtslage vor Inkrafttreten des Schuldrechtsmodernisierungsgesetzes Joussen Industrieanlagen-Vertrag S. 132 ff.
[348] Lotz ZfBR 2003, 424 (424).
[349] Vgl. Art. 107 Abs. 2 OR.
[350] Uff Construction Law S. 326. Siehe aber zu den Grenzen nach Maßgabe der contemplation rule → § 8 Rn. 4 f.

den kommen erhebliche Darlegungs- und Beweisprobleme bezüglich Inhalt und Umfang etwaiger Schadensersatzansprüche bei Terminüberschreitung hinzu. Für beide Parteien ist es deshalb von erheblichem Vorteil, die Sanktionierung von Bauzeitüberscheitungen durch die Bestimmung von Vertragsstrafen oder pauschaliertem Schadensersatz im Vertrag abschließend zu regeln.[351]

a) Ausgestaltung von Pld-Klauseln

Typische Sanktionen im Falle der Überschreitung von Fertigstellungsterminen sind liquidated damages oder penalties. Allerdings ergeben sich insoweit keine spezifischen Besonderheiten im Vergleich zu anderen Arten internationaler Wirtschaftsverträge. Hinsichtlich der inhaltlichen Ausgestaltung und der je nach Vertragsstatut zu beachtenden gesetzlichen Bestimmungen kann deshalb auf die Ausführungen und Formulierungsvorschläge in → § 6 verwiesen werden. 170

b) Pld-Klauseln im Lichte der FIDIC-Vertragsmuster

Hinzuweisen ist für den Bereich Industrieanlagenbau darauf, dass auch die FIDIC-Vertragsmuster in Sub-Clause 8.8 durchgehend Bestimmungen für die Vereinbarung von delay damages im Falle der Überschreitung der Time for Completion vorsehen. Die Muster gehen davon aus, dass die Parteien jeweils im Einzelfall die konkrete Höhe der delay damages in Form von Tagessätzen je Tag der Überschreitung und eines Höchstsatzes, soweit vereinbart („if any"), festlegen und in der Contract Data an der dafür vorgesehenen Stelle eintragen. Die individuelle Vereinbarung ist vor dem Hintergrund der Anforderung englischen Rechts[352] an die liquidated damages als in einem angemessenen Verhältnis zum Vertragserfüllungsinteresse stehend[353] von wesentlicher Bedeutung für die Abgrenzung zu den im anglo-amerikanischen Rechtskreis nicht gerichtlich durchsetzbaren penalties.[354] Ob dies auch für die **Vereinbarung einer Maximalkappung** der delay damages (cap) gilt, ist durchaus zweifelhaft. Auch in der 2nd Edition der Rainbow Suite ist es möglich, einen maximum amount von delay damages zu bestimmen oder darauf zu verzichten. Erst Recht nach der Abschaffung des früheren Kriteriums des reasonable pre-estimate für liquidated damages im Jahr 2015 für das englische Recht zeigt die unveränderte Beibehaltung des Wortlauts, dass die Bestimmung einer Höchstgrenze der delay damages nichts damit zu tun hat, Abgrenzungsanforderungen zwischen liquidated damages und penalties zu genügen. Sie ergibt sich im Regelfall allein aus dem praktischen Bedürfnis des Contractor an einer sachgerechten und kalkulierbaren Begrenzung seiner Verzugshaftung. 171

[351] Schuhmann Handbuch S. 110 ff.; MVH/Kratzsch II Form. II.1. § 43; zum englischen Recht Uff Construction Law S. 327.

[352] Andere Länder unter der Geltung des common law wollten sich der Abschaffung des sogenannten *Dunlop Test* nicht anschließen. Der Singapore Court of Appeals bestätigte ihn in der Entscheidung *Denka Advantech Pte Ltd v Seraya Energy Pte Ltd* [2021] 1 SLR 631 und lehnte die in *Cavendish* getroffene, neue Unterscheidung (s. Fn. 354) explizit ab.

[353] In der aktuellen Doppelentscheidung *Cavendish Square Holdings v Makdessi and ParkingEye Ltd v Beavis* [2015] UKSC 67 hat der englische UK Supreme Court die ein Jahrhundert lang maßgebliche Abgrenzungsformel aus der Entscheidung *Dunlop Pneumatic Tyre Co Ltd v New Garage & Motor Co Ltd* [1915] AC 79 (HL) ersetzt, wonach durchsetzbare liquidated damages nur dann vorlagen, wenn die Höhe des pauschalen Schadensersatzes eine realistische Abbildung des tatsächlich durch diese Vertragsverletzung zu erwartenden Schadens (genuine pre-estimate of loss) war. Stattdessen haben Lord Neuberger und Lord Sumption ausgeführt: *„The true test is whether the impugned provision is a secondary obligation which imposes a detriment on the contract breaker out of all proportion to any legitimate interest of the innocent party in the enforcement of the primary obligation. The innocent party can have no proper interest in simply punishing the defaulter. His interest is in performance or in some appropriate alternative to performance."*

[354] Der UK Supreme Court hielt in *Cavendish Square Holdings v Makdessi and ParkingEye Ltd v Beavis* [2015] UKSC 67 die prinzipielle Abgrenzung von durchsetzbaren liquidated damages zu nicht durchsetzbaren penalties trotz der Abkehr von der bisherigen Abgrenzungsmethodik aufrecht. Vgl. zur Abgrenzung der liquidated damages von den (nicht durchsetzbaren) penalties ausführlich → § 6 Rn. 44 ff.

172 Die Regelung in Sub-Clause 8.8 der FIDIC-Vertragsmuster enthält **kein Verschuldenserfordernis** für die Verwirkung der delay damages. Dies entspricht den anglo-amerikanischen Wurzeln der FIDIC-Vertragsmuster, die sich abweichend vom Verschuldensprinzip des deutschen BGB[355] am Prinzip der strict liability orientieren. Nach deutschem Rechtsverständnis drängt sich damit die Frage auf, ob die Regelung in Sub-Clause 8.8 der FIDIC-Vertragsmuster angesichts des fehlenden Verschuldenserfordernisses gegen wesentliche Grundgedanken der gesetzlichen Regelung verstößt und deshalb **nach § 307 BGB unwirksam** ist.[356] Zweifel lassen sich naturgemäß durch die ergänzende Statuierung des Verschuldensprinzips in den Particular Conditions of Contract zu Sub-Clause 8.8 ausräumen, was aus Sicht des Anlagenunternehmers wünschenswert wäre, aber in der Praxis selten durchsetzbar ist.[357] Allerdings hat der Kunde ein erhebliches Interesse an der Wirksamkeit der delay damages clause, so dass sich bei Zugrundelegung deutschen Rechts als Vertragsstatut immerhin mit den diesbezüglichen Rechtsunsicherheiten des AGB-Rechts argumentieren und auf diesem Wege das Verschuldenserfordernis begründen ließe.

173 Keine Rolle dürften die Restriktionen des AGB-Rechts dagegen bei der Bestimmung der Maximalhöhe der delay damages in den Particular Conditions of Contract spielen. Es versteht sich, dass aus Sicht des Anlagenunternehmers in jedem Falle von der in Sub-Clause 8.8 optional vorgegebenen Möglichkeit der Bestimmung einer **Höchstgrenze** Gebrauch gemacht werden sollte. Üblicherweise wird diese bei **Großanlagenverträgen** zwischen 5 und 10% des Accepted Contract Amount vereinbart, während bei Projekten mit geringerem Gesamtvolumen, etwa bei **kleineren und mittleren Produktionsanlagen,** auch Höchstgrenzen zwischen 10 und 25% des Accepted Contract Amount noch im handelsüblichen Rahmen liegen. Die Höhe der Tagessätze und die Höchstgrenze der delay damages bilden bei der Verhandlung von Industrieanlagenverträgen fast immer einen Schwerpunkt, der von beiden Parteien mit besonderer Aufmerksamkeit bedacht und schon deshalb individuell und kontrovers verhandelt wird. Die selten als solche individuell verhandelte Sub-Clause 8.7 der General Conditions of Contract ist zwar im Grundsatz den Restriktionen des AGB-Rechts preisgegeben, zumindest dann, wenn sie von einer Vertragspartei vorgegeben wurde. Dies gilt jedoch nicht für die von ihr lediglich vorausgesetzte individuelle Vereinbarung der Tagessätze und Höchstgrenze(n) in den Particular Conditions of Contract. Die mittlerweile gefestigte Rechtsprechung[358] der deutschen Gerichte, wonach Vertragsstrafenvereinbarungen für den Fall des Schuldnerverzuges in Allgemeinen Geschäftsbedingungen unwirksam sind, soweit sie eine Höchstgrenze von 5% des Auftragswertes übersteigen, dürfte damit in der Mehrheit der Fälle internationaler Industrieanlagenprojekte unter dem Regime der FIDIC-Vertragsmuster nicht von Relevanz sein.

174 Delay damages werden von den FIDIC-Vertragsmustern als **abschließendes Recht** des Employer auf Schadensersatz verstanden, vorbehaltlich der Kündigung des Vertrages durch den Employer aus wichtigem Grund nach Sub-Clause 15.2: „*These delay damages shall be*

---

[355] Vom deutschen Recht zu sprechen, wäre angesichts des Einzuges der strict liability in das einheitliche UN-Kaufrecht (CISG) heute wohl nicht mehr richtig, vgl. zur Statuierung der verschuldensunabhängigen Haftung des Verkäufers im CISG → § 18 Rn. 18f.

[356] Kus/Markus/Steding ICLR 1999, 533 (542); so auch Roquette/Schweiger/Ritter/Schätzlein Privates Baurecht E. II. Rn. 219.

[357] Vor allem in Fällen, in denen der Kunde dem anglo-amerikanischen oder skandinavischen Rechtskreis zugehörig und deshalb mit dem Prinzip der strict liability vertraut ist, dürfte ein Beharren auf den (in den meisten kontinentaleuropäischen Ländern gesetzlich verankerten) Verschuldensgrundsatz problematisch sein, vgl. Sauthoff Schadensersatzhaftung S. 46ff. Wenig ratsam erscheint es, wie von Bock/Zons/Zons Rechtshandbuch Anlagenbau Teil B Rn. 1218 angedacht, bei der Vereinbarung einer strict liability und deutschem Recht als Vertragsstatut auf die Unerfahrenheit eines deutschen Gerichts in internationalen Vertragsangelegenheiten zu hoffen und darauf, dass das Gericht zum Vorteil des Unternehmers „in seinem deutschrechtlichen Denkmuster verhaftet bleibt". Ein unerfahrener Richter wird sich durch einen in dieser Vertragspraxis bewanderten Rechtsanwalt vermutlich leichter von der Geltung des Prinzips der strict liability überzeugen lassen als von einem Hybrid aus kontinentalem und anglo-amerikanischem Recht.

[358] BGHZ 153, 311.

the only damages due from the Contractor's failure to comply with Sub-Clause 8.2, other than in the event of termination under Sub-Clause 15.2 (...)". Der Hinweis in Sub-Clause 8.8 Abs. 2 Satz 2 der Regelung, wonach die Verwirkung der delay damages den Contractor nicht von seinen sonstigen Vertragspflichten, insbesondere zur Fertigstellung des Werks, entbindet, versteht sich aus Sicht der FIDIC von selbst und hat damit lediglich klarstellende Bedeutung. Die abschließende Wirkung, dh der Ausschluss etwaiger Ansprüche des Employer auf Ersatz von Schäden, deren Höhe über die Höhe der verwirkten delay damages hinausgeht, ist nach **englischem Recht** mangels gegenteiliger Regelung ohnehin die selbstverständliche Rechtsfolge in allen Fällen der Vereinbarung von liquidated damages.[359] Nach **deutschem und schweizerischem Recht**[360] ist diese Rechtsfolge im Unterschied zu Vertragsstrafenregelungen durchaus nicht selbstverständlich, sondern durch Auslegung der betreffenden Schadenspauschalierungsklausel im Einzelfall zu prüfen.[361] Vereinbaren die Parteien jedoch ausdrücklich die abschließende Wirkung der Schadenspauschale, wie dies in Sub-Clause 8.8 Abs. 2 vorgesehen ist, dürften Einwände gegen den damit verbundenen Ausschluss weitergehender Schadensersatzansprüche des Employer nicht bestehen. Nach **US-amerikanischem Recht** wird der tatsächlich eingetretene Schaden zwar bei der Überprüfung der Angemessenheit der liquidated damages-Klausel und damit ihrer Wirksamkeit in Abgrenzung zu den nicht durchsetzbaren penalties als Beurteilungsmaßstab herangezogen. Allerdings würde ein Recht des Begünstigten, über die pauschalierte Schadenssumme hinausgehenden Schaden liquidieren zu können, mindestens von einer entsprechenden ausdrücklichen vertraglichen Regelung abhängen, deren Wirksamkeit überdies zweifelhaft ist.[362]

Die mit der Schadenspauschalierung in Sub-Clause 8.8 der FIDIC-Vertragsmuster auf- 175
grund der abschließenden Wirkung einhergehende **Haftungsbegrenzung zu Gunsten des Contractor** begegnet in ihrer Wirksamkeit keinen durchgreifenden Bedenken. Sie gilt ihrem Wortlaut nach uneingeschränkt, also auch dann, wenn dem Contractor grobe Fahrlässigkeit zur Last fällt. **AGB-rechtliche Bedenken** stellen sich nach deutschem Recht in der Regel nicht, weil die Haftungsbegrenzung sich für gewöhnlich zu Gunsten des Vertragspartners des Verwenders auswirkt. Soweit ausnahmsweise der Contractor als Verwender der FIDIC-Vertragsmuster in Betracht kommen sollte, empfiehlt sich eine den Anforderungen des § 309 Nr. 7 lit. b) BGB entsprechende **Einschränkung der Haftungsbegrenzung.** Nach schweizerischem Obligationenrecht sind Begrenzungen der Haftung einer Vertragspartei für grobe Fahrlässigkeit auch in Individualvereinbarungen unwirksam,[363] so dass bei Anwendung schweizerischen Rechts mit einer entsprechenden **teleologischen Reduktion der Haftungsbegrenzung** in Sub-Clause 8.8 auf Fälle leichter und mittlerer Fahrlässigkeit gerechnet werden sollte.[364]

Eine **Haftung für Vorsatz** kann grundsätzlich weder nach deutschem oder schweizeri- 176
schem noch nach US-amerikanischem Recht wirksam abbedungen werden. Obgleich Sub-Clause 8.8 insoweit keinen ausdrücklichen Vorbehalt aufweist,[365] kann deshalb davon

[359] Vgl. ausführlich → § 6 Rn. 51 f.

[360] Dazu näher → § 6 Rn. 31, 42.

[361] Hinzu kommt, dass sich die jeweilige Haftungsbegrenzung natürlich auch nur auf die Haftung für die dort genannten Pflichtverletzungen bezieht (zB in Sub-Clause 8.8 für Verstöße gegen Sub-Clause 8.2). Bock/Zons/Zons Rechtshandbuch Anlagenbau Teil B Rn. 1255 weist weiterhin zu Recht auf die Gefahr hin, dass sich im Falle der Sub-Clause 8.8 die Haftungsbegrenzung nur auf den Fertigstellungstermin, nicht jedoch auf mögliche Zwischentermine bezieht. Dies gilt allerdings nur für solche Zwischentermine, die nicht gleichzeitig Fertigstellungstermine für eine „section" im Sinne der Sub-Clause 8.2 sind.

[362] Zu dem im US-amerikanischen Schrifttum vorgebrachten „Eat the cake and have it too"-Argument vgl. Anderson SW.L.J. 1987, 1083 (1110) mwN zur US-amerikanischen Rechtsprechung; näher zum Ganzen → § 6 Rn. 57.

[363] Vgl. Art. 100 Abs. 1 OR.

[364] Dazu → § 8 Rn. 41, 46.

[365] Für das englische Recht gilt dies wohl nicht uneingeschränkt; sicher ist jedoch, dass eine Haftung für fraud auch dort nach allgemeinen Grundsätzen des common law nicht ausgeschlossen werden kann, vgl. näher hierzu → § 8 Rn. 51.

ausgegangen werden, dass die Haftung des Contractor bei vorsätzlicher Herbeiführung des Verzuges unberührt bleibt und die Bestimmung entsprechend einschränkend auszulegen ist. Bedeutung gewinnt dieser Fall insbesondere dann, wenn der Contractor im Falle bereits vollständig verwirkter delay damages der irrtümlichen Auffassung ist, dass eine zügige weitere Ausführung seiner Leistungen nun nicht mehr Priorität hat und deshalb die weitere Fertigstellung, etwa zu Gunsten anderer Projekte, zurückstellt. Eine Haftung für sämtliche hierdurch entstehenden Schäden aufgrund vorsätzlichen Verhaltens wäre hier die sichere Folge.

177 Hat der Contractor infolge seines Verzuges delay damages verwirkt, so werden diese **unmittelbar zur Zahlung fällig** und vom Engineer (bzw. Employer) nach Sub-Clause 14.6.2 bzw. Sub-Clause 14.13 bei der Ausstellung der Interim Payment Certificate bzw. des Final Payment Certificate (bzw. bei der Auszahlung des Employer im Falle des Silver Book) in Abzug gebracht. Will der Contractor diese Rechtsfolge vermeiden, muss er auf eine entsprechende ausdrückliche Abweichung im Rahmen der Particular Conditions of Contract hinwirken, die allerdings oftmals nicht durchsetzbar sein wird, weil kein Grund dafür ersichtlich ist, warum der Employer Zahlungen auf die Vergütung leisten sollte, ohne fällige delay damages in Abzug bringen zu können. Dies gilt uneingeschränkt allerdings nur dann, wenn die Verwirkung der delay damages als solche ebenso unstrittig ist wie die Fälligkeit der betreffenden Zahlungsrate oder gerichtlich festgestellt wurde. Deshalb bietet es sich als Kompromiss an, eine Abweichung zumindest von Sub-Clause 14.6 dahingehend zu formulieren, dass Gegenansprüche des Employer im Rahmen des Interim Payment Certificate nur in Abzug gebracht werden dürfen, wenn sie unstrittig sind oder bereits eine bindende Entscheidung des Dispute Avoidance/Adjudication Board oder eines Schiedsgerichts vorliegt. Insofern gilt nichts anderes als für andere Gegenforderungen des Employer.

177a Sowohl im Red Book als auch im Yellow Book ist die Geltendmachung von delay damages durch den Employer in der 2nd Edition nicht mehr an die Einhaltung der formellen Voraussetzungen der Sub-Clause 2.5, sondern an die für beide Seiten geltende Sub-Clause 20.2 geknüpft[366]. Danach hat der Employer für delay damages innerhalb von 28 Tagen nach Kenntnis oder Kennenmüssen des Sachverhalts eine entsprechende notice an den engineer zu verfassen, um den Anspruchs nicht zu verlieren. Vorsicht ist für den Contractor jedoch geboten, wenn ein Verweis auf die Voraussetzungen der Sub-Clause 20.2 nicht mehr gegeben oder nicht mehr eindeutig ist, etwa, weil er durch ergänzende Formulierungen in den Particular Conditions inhaltlich verwässert, modifiziert oder abbedungen wurde. Jedenfalls die englische Rechtsprechung sieht die Befolgung dieser Klausel in diesem Fall konsequent nicht mehr als ansonsten zwingende Voraussetzung für das Zusprechen von Ansprüchen gegenüber dem Employer an, sondern stattdessen die Sub-Clause 8.8 mit ihrem modifizierten Inhalt als spezielleres Vertragsregime explizit für delay damages.[367]

5. Klauseln über die temporäre Aussetzung der Leistungen (Sistierung)

178 Im Laufe der Realisierung von Anlagenprojekten stellen sich häufig Veränderungen ein, die seitens des Kunden eine zeitweise Aussetzung der Anlagenerrichtung erforderlich machen, etwa, weil behördliche Genehmigungen nicht planmäßig erteilt werden oder Vorleistungen anderer Gewerke noch nicht fertig gestellt sind. Aus Sicht des Kunden empfiehlt es sich deshalb, entsprechende vertragliche Vorkehrungen zu treffen, die ihn im Bedarfsfall zu einer zeitweisen Aussetzung der Leistungen des Anlagenunternehmers durch

[366] Die Regelung von Claims beider Parteien in der gleichen Vorschrift der Sub-Clause 20.2 (und damit die Gleichbehandlung) ist eine der wesentlichen Änderungen der 2nd Edition, vgl. Nicklisch/Weick/Jansen/Seibel/Kaminsky VOB/B Übersicht FIDIC Rn. 383.

[367] So jüngst in der Entscheidung *J Murphy & Sons Ltd v Beckton Energy Ltd* [2016] EWHC 607 (TCC).

einseitige Anordnung berechtigen.[368] Wegen der einschneidenden Wirkungen dieser sog. Sistierung auf den Bauablauf und die Organisation des Unternehmers sollten solche suspension clauses nicht nur die Voraussetzungen regeln, unter denen die Anordnung zulässigerweise erfolgen darf, sondern auch angemessene Rechtsfolgen zu Gunsten des Unternehmers vorsehen. Insbesondere muss die Sistierung einen Anspruch des Unternehmers auf entsprechende Verlängerung der Ausführungszeiten einschließlich angemessener Übergangsfristen für die ggf. erneute Einrichtung der Baustelle und des Baustellenpersonals nach sich ziehen. Zusätzlich anfallende Kosten sind ebenfalls zu erstatten. Regelungen, die sich in diesen Grenzen halten und zudem auf eine **höchstzulässige Dauer der Unterbrechung** begrenzt sind, begegnen keinen Bedenken, weil sich der Unternehmer bereits bei Vertragsabschluss auf die Möglichkeit einer etwaigen Unterbrechung einstellen kann.[369]

Wie andere international gebräuchliche Musterverträge[370] sehen auch die FIDIC-Ver- 179
tragsmuster in Sub-Clause 8.9 ein Recht des Engineer (bzw. Employer) auf jederzeitige Anordnung einer (teilweisen oder vollständigen) Aussetzung der Leistungen vor. Im Gegenzug stehen dem Contractor Ansprüche auf Verlängerung der Time for Completion und Erstattung der durch die Unterbrechung entstandenen Mehrkosten zu (Sub-Clause 8.10). Dauert die Unterbrechung länger als 84 Tage und erteilt der Engineer (bzw. Employer) auf Anfrage nicht die Erlaubnis zur Wiederaufnahme der Arbeiten, kann der Contractor nach Sub-Clause 8.12 entweder den betroffenen Leistungsteil als omission im Sinne von Clause 13 behandeln oder, falls die Gesamtleistung betroffen ist, den Vertrag insgesamt nach Sub-Clause 16.2 **außerordentlich kündigen** und Vergütung der bereits erbrachten Leistungen und Erstattung von Kosten und entgangenem Gewinn (Sub-Clause 16.4 (b)) verlangen.[371] Die Regelung erfüllt damit insgesamt die Anforderungen an eine ausgewogene und sachgerechte Bestimmung eines Sistierungsrechts und dürfte sich daher auch für Verträge jenseits des Regimes der FIDIC-Musterverträge empfehlen. Im Interesse des Contractor könnte sich allerdings auch hier eine zumindest allgemein formulierte Klausel zum Ausgleich sonstiger Nachteile des Contractor infolge der Sistierung empfehlen, zu deren Formulierung auf den vorstehenden Vorschlag bezüglich der einseitigen Änderungsrechte des Employer verwiesen werden kann.[372]

IV. Garantien und Beschaffenheitsvereinbarung

Als ein Charakteristikum des Anlagenvertrages im Vergleich zu konventionellen Bauvorha- 180
ben lässt sich die Vereinbarung von **Leistungsparametern** identifizieren. Das herzustellende Werk muss nicht in erster Linie eine bestimmte Größe oder ein definiertes Aussehen aufweisen, sondern klar definierte Leistungen über die eigentliche Funktions*fähigkeit* hinaus erbringen. Dem Kunden kommt es maßgeblich darauf an, dass die Anlage eine bestimmte Verfügbarkeit aufweist und bei ordnungsgemäßem Betrieb die gewünschten Ergebnisse

---

[368] Joussen Industrieanlagen-Vertrag S. 152; Schuhmann Handbuch S. 105.

[369] Joussen Industrieanlagen-Vertrag S. 153; Schuhmann Handbuch S. 105 f. verweist zu Recht auf die Regelung des § 6 VOB/B, die nicht als eigentliches Sistierungsrecht des Auftraggebers ausgestaltet ist, sondern als Regelung von Behinderungsfolgen. Indessen leuchtet es nicht ein, dass sich ein Verstoß gegen § 308 Nr. 1 oder Nr. 4 BGB daran festmachen lassen sollte, in welchem „Gewand" die Regelung daherkommt. Im Gegenteil ist die offene Adressierung der Regelung als Sistierungsrecht vorzugswürdig und transparenter und als solche nicht zu beanstanden, wenn sie sich an die genannten Vorgaben hält und inhaltlich und zeitlich klare Grenzen aufweist; die Bestimmung des § 6 VOB/B gewährt überdies nach herrschender Meinung kein einseitiges Sistierungsrecht des Auftraggebers, vgl. Leinemann/Hilgers/Kaminsky VOB/B Anhang FIDIC Rn. 298 mwN.

[370] Vgl. etwa Clause 40 (1) der ICE Conditions of Contract.

[371] Roquette/Schweiger/Ritter/Schätzlein Privates Baurecht E. II. Rn. 220.

[372] In Betracht kommt hier insbesondere der Umstand, dass – je nach Zeitpunkt der Sistierung innerhalb des Projektverlaufs – die Mängelhaftungsfristen der sub-contractor und sub-supplier keine back-to-back-Absicherung der eigenen Mängelhaftung des Contractor mehr sicherstellen und ggf. bereits lange vorher auslaufen, vgl. → Rn. 151 ff., 153.

produziert, die ihrer Art nach vielfältig sein können und abgesehen vom reinen Durchsatz der Anlage häufig auch Energieverbrauch, Eignung für die Verarbeitung bestimmter Ausgangsmaterialien oder Verschleiß betreffen. Der Kunde und die finanzierenden Institute bauen die **Kalkulation der Investition** auf diesen Leistungsparametern auf und benötigen verlässliche Zusagen des Anlagenunternehmers bezüglich der Erreichung dieser Werte. Anlagenbauverträge sehen deshalb typischerweise klar definierte Vorgaben für die Leistung der Anlage und entsprechende **Sanktionen im Falle der Nichterreichung** vor.

1. Vereinbarung definierter Leistungsparameter

181 Die vom Kunden geforderten Leistungsparameter ergeben sich zumeist bereits aus den bei der Ausschreibung hinterlegten employer's requirements. Die teilnehmenden Anlagenunternehmer haben diese Vorgaben sorgfältig darauf zu prüfen, ob es ihnen möglich ist, die Anforderungen zu erfüllen und ggf. zu welchen Bedingungen und zu welchem Preis. Sind die Vorgaben zu ambitioniert, muss im Rahmen der Ausschreibung darauf hingewirkt werden, die Anforderungen auf ein realistisches Maß zu reduzieren, was nur erfolgreich sein kann, wenn es die wirtschaftlichen Faktoren aus Sicht des Kunden zulassen.

a) Definition der Leistungsparameter

182 Die verbindlich ausgehandelten Leistungsparameter werden zumeist in einer Anlage zum Vertrag festgehalten. Die zentrale Bedeutung der Leistungsparameter für den Erfolg des Projekts legt es nahe, besondere Sorgfalt darauf zu verwenden, dass der Vertrag keine Unklarheiten oder Widersprüche bezüglich der insoweit verbindlichen Kriterien aufweist. Problematisch ist dies insbesondere dann, wenn in verschiedenen Vertragsdokumenten unterschiedliche Angaben bezüglich der Leistungswerte enthalten sind und sich für den Rechtsanwender im Streitfall über die Erreichung der geschuldeten Werte Zweifel an der Maßgeblichkeit der einen oder anderen Definition ergeben. Exemplarisch lässt sich die hieraus nicht selten folgende **Problematik der Widersprüchlichkeit** unterschiedlicher Definitionen der Leistungsparameter anhand der Regelung in Sub-Clause 1.5 der FIDIC-Vertragsmuster illustrieren: Dort werden die Employer's Requirements in der Rangfolge der Vertragsdokumente höher bewertet als die Schedules,[373] obgleich die ausgehandelten und mitunter von den ursprünglichen Anforderungen abweichenden Leistungsparameter zumeist in Spezifikationen festgehalten werden, die dem Vertrag in einem Schedule beigefügt werden. Unter Berücksichtigung der in Sub-Clause 1.5 der FIDIC-Vertragsmuster definierten Rangfolge der Vertragsdokumente könnte sich dies für den Anlagenunternehmer fatal auswirken, wenn sich der Kunde anhand dieser Geltungsreihenfolge auf die Maßgeblichkeit der Anforderungen beruft, wie sie in den vorrangigen Employer's Requirements ausgewiesen sind.

b) Bestimmung der Geltungsrangfolge

183 Um dieses Ergebnis zu vermeiden, kann der Anlagenunternehmer unterschiedlich vorgehen: Entweder finden die verhandelten Abweichungen von den ursprünglichen Vorgaben des Kunden Eingang in die Employer's Requirements, die dann gegenüber der ursprünglichen Fassung entsprechend anzupassen sind. Diese Variante wird häufig beim Kunden auf Widerstand stoßen, weil dieser die ursprünglichen Vorgaben zumeist unverändert lassen möchte, nicht zuletzt, um sie als Vergleichsmaßstab für die Beurteilung der Anlagenleistung heranziehen zu können. Verständlich ist dieser Wunsch in Fällen, bei denen der Kunde es dem Anlagenunternehmer im Grundsatz freistellen möchte etwa die Methode zur

---

[373] Im Silver Book gehen die Employer's Requirements dem Angebot und „any other documents forming part of the Contract" vor, was ebenfalls etwaige Spezifikationen in Schedules oder attachments zum Vertrag einschließt.

Erreichung der Anforderungen selbst zu bestimmen, ohne dabei auf die ursprünglichen Anforderungen als solche zu verzichten. Er erklärt sich dann mit der vom Anlagenunternehmer vorgeschlagenen Methode einverstanden, legt jedoch weiterhin Wert darauf, dass dies an der Verantwortlichkeit des Anlagenunternehmers für den Erfolg der Methode bei der Erreichung der Leistungsparameter nichts ändert. Die Vereinbarung der Methode oder anderer für die Erreichung der Leistungsparameter relevanter Faktoren soll also gerade nichts an den ursprünglichen Vorgaben ändern. Vor allem dann, wenn eine einvernehmliche Veränderung einzelner Leistungsparameter unter dem Vorbehalt der letztlich in den Employer's Requirements fortbestehenden Anforderungen an das Gesamtergebnis stehen soll, hat der Kunde eine nicht ganz unberechtigte Sorge, dass die Modifikation der Employer's Requirements zu einer Verwischung der definierten Gesamtziele führen könnte. Alternativ können die ausgehandelten Abweichungen von den Employer's Requirements in einem Schedule zum Vertrag festgehalten werden, wenn dort ausdrücklich klargestellt wird, welche der dort im Einzelnen manifestierten Abweichungen vorrangig vor welchen Vorgaben der Employer's Requirements gelten sollen. Wegen der weiterhin zu beachtenden Rangfolge der Vertragsdokumente setzt diese Vorgehensweise allerdings voraus, dass in den im Vergleich zu den General Conditions of Contract höherrangigen Particular Conditions of Contract eine Formulierung aufgenommen wird, wonach ausdrücklich als solche bezeichnete Abweichungen der Schedules von den Vorgaben der Employer's Requirements entgegen der allgemein geregelten Geltungsreihenfolge der Sub-Clause 1.5 vorrangig gelten sollen. Die funktional beschriebenen Anforderungen der Employer's Requirements bleiben demnach insoweit maßgeblich, als nicht ausdrücklich eine abweichende Regelung getroffen wird.

Klauselbeispiel für die abweichende Regelung der Geltungsrangfolge im Einzelfall

[•] Exceptional Priority of Schedules

To the extent the Schedules to the Contract expressly and with reference to this paragraph provide for requirements as to the performance criteria that are not in accordance with the requirements set forth in the Employer's Requirements, such expressly addressed deviations shall supersede and replace the respective provisions of the Employer's Requirements which shall though continue to have priority over the Schedules according to the order of priority given in Sub-Clause 1.5 of the General Conditions of Contract with respect to all other requirements.

c) Rechtliche Qualität der Vereinbarung über die Erreichung von Leistungsparametern

Eine häufig diskutierte Frage ist die nach der rechtlichen Qualität der Vereinbarungen bezüglich der Erreichung definierter Leistungsparameter. Aus Sicht des deutschen Rechts kommt hier die Qualifikation der Vereinbarung als selbstständige oder unselbstständige Garantie ebenso in Betracht wie die Einordnung als Beschaffenheitsvereinbarung im Sinne des § 633 Abs. 2 BGB. Die Vertragsparteien kümmern sich nur selten um diese Frage und verwenden Formulierungen wie „guaranteed performance values", „specified performance criteria" oder „agreed performance parameters", ohne diesen Begriffen unterschiedliche Bedeutungen beizumessen. Im Kontext internationaler Industrieanlagenverträge gilt dies umso mehr, weil viele Rechtsordnungen die Begriffe synonym verwenden. Im deutschen Recht unterliegen selbstständige Garantieverträge anderen Rechtsfolgen als unselbstständige Beschaffenheitsgarantien, die im Vergleich zu Beschaffenheitsvereinbarungen wiederum rechtliche Besonderheiten aufweisen. Je nachdem, welcher Kategorie die Vereinbarung über die zu erreichenden Leistungsparameter zuzuordnen ist, bestimmen sich die Ansprüche und Rechte des Kunden bei Nichterreichung der zugesagten Werte nach unterschiedlichen Rechtsgrundlagen. In anderen Rechtsordnungen lässt sich die Abgrenzung zwischen verschiedenen Arten von Zusagen des Anlagenunternehmers in Bezug auf die 184 vereinbarten Leistungsparameter häufig nicht eindeutig bestimmen,[374] was Rechtsunsicherheiten erzeugt, die durch ausdrückliche vertragliche **Regelungen abschließender Rechtsfolgen** vermieden werden, weil sich eine Bewertung des rechtlichen Charakters der Vereinbarung dann zumeist erübrigt.[375]

2. Die abschließende Vereinbarung der Rechtsfolgen der Nichterreichung von Leistungsparametern

185 Typisch für internationale Industrieanlagenverträge ist daher eine ausdrückliche Vereinbarung der Rechtsfolgen, die im Fall der Nichterreichung der zugesagten Werte gelten sollen.

a) Verpflichtung/Berechtigung zur Nachbesserung

186 Für gewöhnlich sehen die Verträge vor, dass dem Anlagenunternehmer im Falle der Nichterreichung der Leistungsparameter innerhalb der dafür vorgesehenen Testprozedere zunächst (einmalig oder wiederholt) Gelegenheit gegeben wird, geeignete Modifikationen und Verbesserungen der Anlagentechnik vorzunehmen, um die zugesagten Leistungswerte doch noch zu erreichen. Die entsprechende Aufforderung des Kunden wird häufig mit dem Erfordernis einer angemessenen **Nachfrist für die Erreichung der Werte** verknüpft, was der **deutschen Rechtslage**[376] für die Beseitigung von Mängeln des Werks oder der Nacherfüllung im Falle sonstiger Nicht- oder Schlechterfüllungen des Schuldners entspricht (vgl. §§ 633 ff. BGB, 281 Abs. 1 S. 1 BGB). Dem **anglo-amerikanischen Recht** sind Nachbesserungsrecht und korrespondierendes Fristsetzungserfordernis im Grundsatz fremd. Der Unternehmer schuldet substantial completion, wozu auch die Beseitigung von wesentlichen Mängeln gehört.[377] Zumeist werden jedoch entsprechende Fristen zur Mängelbeseitigung vertraglich vereinbart, was auch für die Erreichung geschuldeter Leistungsparameter gilt.[378]

b) Pld-Klauseln zur wirtschaftlichen Kompensation

187 Für den Fall, dass es dem Unternehmer trotz entsprechender Nachbesserungen nicht gelingt, die vereinbarten Leistungsparameter zu erreichen, sehen internationale Industrieanlagenverträge typischerweise die Regelung eines wirtschaftlichen Ausgleichs der dem Kunden hierdurch entstehenden Nachteile vor. Angesichts der überragenden Bedeutung der Leistungsparameter für die kommerzielle Nutzung der Anlage sollten die Konsequenzen der Nichterreichung der Leistungsparameter aus Sicht des Kunden verschuldensunabhängig im Sinne einer strict liability ausgestaltet sein, weil es hier nicht primär auf die Sanktionierung eines Fehlverhaltens, sondern vor allem auf die Kompensation von Nachteilen ankommt. Für gewöhnlich vereinbaren die Parteien deshalb Minderungen des Kaufpreises, deren Höhe sich nach dem Umfang der Leistungsverfehlung im Verhältnis zum vereinbar-

---

[374] Michaelis de Vasconcellos Garantieklauseln S. 47 ff. zum Recht in Österreich und der Schweiz, S. 54 ff. (Frankreich), S. 64 ff. (zum anglo-amerikanischen Rechtskreis); zur Sachmängelhaftung in der Schweiz ferner Voser/Boog RIW 2009, 126 ff. (129 ff.) sowie Boog/Stark-Traber RIW 2012, 817 ff.

[375] Zur Rechtslage im deutschen Recht ausführlich Klaft/Runte JahrBBauR 2012, 135 ff.; ferner zur internationalen Rechtslage Michaelis de Vasconcellos Garantieklauseln S. 33 ff.

[376] Vgl. für das schweizerische Recht Art. 366 Abs. 2 OR; zum Nachfristerfordernis im Werkvertragsrecht für Mängel vor Ablieferung des Werkes Honsell/Lehmann OR Art. 366 Rn. 5; Fälle des Ablieferungsverzuges sind dagegen nach den allgemeinen Vorschriften (Art. 102 ff. OR) zu beurteilen, vgl. Gauch Werkvertrag Rn. 659 ff.; Honsell/Lehmann OR Art. 366 Rn. 1; das Bundesgericht hat allerdings vereinzelt Art. 366 OR auch auf Fälle des Verzuges mit der Ablieferung angewendet, vgl. BGE 98 II 113 ff.; zum häufig vereinbarten Nachfristsetzungserfordernis im Kaufrecht Voser/Boog RIW 2009, 126 (130).

[377] Vgl. dazu im Einzelnen → Rn. 195 ff.; ferner Hök Handbuch § 49 Rn. 31 (USA) bzw. § 50 Rn. 14 (England).

[378] Vgl. etwa für die USA Art. 3.5.3 und Art. 12 der A201–2017, zu der Fassung von 2007 Cameron Construction Law § 10.04(c).

ten Vertragspreis richtet. Solche Minderungen werden häufig als **performance damages** entsprechend der anglo-amerikanischen Terminologie bezeichnet, was jedoch nicht zur Annahme eines impliziten Verschuldenserfordernisses verleiten sollte. Der deutsche Rechtsanwender sollte deshalb zurückhaltend mit einer etwaigen Qualifikation des prozentualen Minderungsrechts als Vertragsstrafe oder pauschalierter Schadensersatz und vor allem den daraus nach §§ 307 ff. BGB resultierenden Folgen für die Wirksamkeit der verschuldensunabhängig ausgestalteten Rechtsfolge im Falle der Verwendung von AGB sein. Soweit sie im internationalen Rechtsverkehr eingesetzt werden, handelt es sich bei performance damages um Sanktionen, die nach Maßgabe deutscher Terminologie wohl am ehesten als pauschalierte Minderungsrechte des Kunden qualifiziert werden können. Hinsichtlich der Ausgestaltung solcher Pld-Klauseln für Fälle der Leistungsunterschreitung kann auf den **Formulierungsvorschlag** in → § 6[379] verwiesen werden. Ebenso wie im Falle der Formulierung von sachgerechten liquidated damages-Klauseln im Verzugsfall, ist auch bei der Regelung pauschalierter Minderungsansprüche für Leistungsunterschreitungen aus Sicht des Anlagenunternehmers darauf zu achten, dass sie ausdrücklich und unmissverständlich abschließend ausgestaltet werden.

c) Haftungsbegrenzende Wirkung von Pld-Klauseln zugunsten des Anlagenunternehmers

Pld-Klauseln für Fälle der Leistungsunterschreitung modifizieren die gesetzlichen Sanktio- 188
nen der Pflichtverletzung wie im Falle der delay damages. Werden sie mit abschließender Wirkung vereinbart, haben sie eine entsprechend **haftungsbeschränkende Wirkung** zu Gunsten des Anlagenunternehmers. Voraussetzung hierfür ist allerdings eine sorgfältige Formulierung, die Unklarheiten vermeidet und dem Kunden keine Argumente für die parallele Geltung der gesetzlichen Mängelrechte an die Hand gibt. Werden etwa sonstige „Ansprüche“ des Kunden im Zusammenhang mit der Verfehlung der Leistungsparameter ausgeschlossen, ließe sich zu Gunsten des Kunden weiterhin argumentieren, dass damit keine Rechte des Kunden, etwa zur weiteren Minderung oder zum Rücktritt, gemeint sind, diese vielmehr ergänzend ausgeübt werden können. Die abschließende Wirkung sollte sich daher gleichermaßen auf sonstige Ansprüche wie sonstige Rechte des Kunden infolge der Leistungsverfehlung beziehen.[380] Dies gilt umso mehr, als nach der national wie international angewendeten ***contra proferentem rule*** Klauseln mit haftungsbegrenzendem Inhalt grundsätzlich zu Lasten der durch sie begünstigten Vertragspartei auszulegen sind.[381] Andererseits sind auch die legitimen Interessen des Kunden zu berücksichtigen. Insbesondere in Fällen der sogenannten **Unterleistung,**[382] also dann, wenn die Anlagenleistung den von der Pld-Klausel umfassten Bereich noch unterschreitet, muss auch die abschließende Wirkung der Pld-Klausel enden, weil der Kunde sonst sämtlicher Vorteile des Geschäfts entledigt und buchstäblich rechtlos gestellt wäre. Eine Industrieanlage, deren Betrieb (etwa aufgrund hoher Energiekosten oder eines geringen Durchsatzes) teurer ist als der Erlös der mit ihr produzierten Teile, ist offensichtlich wertlos. Klauseln, die auch in diesem Fall jede weitere Sanktion ausschließen, sind deshalb nicht nur aus Sicht des Kunden zu vermeiden, sondern auch für den Anlagenunternehmer mit dem Risiko behaftet,

---

379 Vorstehend, → § 6 Rn. 13; zu einem Formulierungsvorschlag in deutscher Sprache vgl. Klaft/Runte JahrBBauR 2012, 135 (155).

380 Klaft/Runte JahrBBauR 2012, 135 (148 f.).

381 BGHZ 88, 228 (231); BGH NJW 1960, 1661; *Tam Wing Chuen v Bank of Credit and Commerce Hong Kong Ltd* [1996] 2 BCLC 69 (77) (Lord Mustill): „*(…) the basis of the contra proferentem principle is that the person who puts forward the wording of a proposed agreement may be assumed to have looked after his own interests, so that if words leave room for doubt about whether he is intended to have a particular benefit there is reason to suppose that he is not.*“ Zu den Grenzen der *contra proferentem rule* vgl. *Oxonica Energy Limited v Neuftec Limited* [2008] EWHC 2127 (Pat). Eine Abkehr von der *contra proferentem rule* will Bock/Zons/Fußy Rechtshandbuch Anlagenbau Teil B Rn. 680 allmählich erkennen.

382 Terminologie im Anschluss an Lotz ZfBR 2003, 424 (428) und Fischer DB 1984, 2125 (2129).

im Lichte der zwingenden gesetzlichen Bestimmungen des Vertragsstatuts als unwirksam qualifiziert zu werden. Die Vertragsparteien haben es in der Hand, die damit verbundenen Rechtsunsicherheiten zu vermeiden, indem sie auch diesen Fall ausdrücklich regeln. Empfehlenswert ist insoweit die **Definition eines Toleranzrahmens,** innerhalb dessen die Minderleistung mittels der vereinbarten liquidated damages sanktioniert wird, bei dessen ggf. erheblicher Unterschreitung dem Kunden aber etwa (zusätzlich oder alternativ) ein Recht zum Rücktritt vom Vertrag eingeräumt wird.[383] Dies geschieht beispielsweise dadurch, dass eine Leistungsunterschreitung um insgesamt 5 % mit gestaffelten liquidated damages belegt wird, während Unterleistungen, ggf. nach Berücksichtigung eines weiteren (sanktionslosen) Toleranzrahmens, den Kunden optional zum **Rücktritt vom Vertrag** berechtigen. Die Wirksamkeit solcher Klauseln begegnet aus Sicht des Verfassers keinen durchgreifenden Bedenken, weil sie dem Kunden unmissverständlich aufzeigen, dass ein Rücktritt erst nach Unterschreitung einer weiteren Untergrenze möglich wird. Er hat es demnach selbst in der Hand, diese so zu definieren, dass die Anlage auch im Falle von Unterleistungen, die nicht zum Rücktritt berechtigen, für ihn noch kommerziell nutzbar ist. Aus Sicht des Anlagenunternehmers ist diese Untergrenze andererseits so zu definieren, dass im Zeitpunkt des Vertragsschlusses keine vernünftigen Zweifel daran bestehen, die Anlagenleistung zumindest so herstellen zu können, dass eine Unterschreitung der absoluten Untergrenze vermieden wird.

d) Modalitäten der Feststellung von Leistungsparametern

189 Die Rechtsfolgen der Leistungsverfehlung des Anlagenunternehmers lassen sich nur feststellen, wenn ein Vergleich zwischen den vereinbarten Leistungsparametern und der tatsächlichen Anlagenleistung ermöglicht wird. Dieser Vergleich lässt sich im Regelfall nicht zu einem bestimmten Zeitpunkt vornehmen, sondern setzt eine Verständigung über Art, zeitliche Grenzen und Modalitäten der Leistungsüberprüfung voraus. Diese Details werden von den Vertragsparteien oftmals stiefmütterlich behandelt, während ihre ganze Aufmerksamkeit der Höhe der liquidated damages gilt. Gerade aus Sicht des Kunden ist aber mindestens ebenso bedeutsam, dass die Modalitäten der Feststellung der tatsächlich erreichten Werte der Anlage genauestens geregelt werden. Sie sind erst die Voraussetzung für die tatsächliche Geltendmachung der Minderungsansprüche bzw. liquidated damages im Streitfall. Der Kunde sollte die vertraglichen Vereinbarungen bezüglich dieses Feststellungsverfahrens genau beachten, weil sonst der Verlust seiner Ansprüche droht. Insbesondere kommt es vor, dass der Kunde mit dem kommerziellen Betrieb der Anlage beginnt, bevor das vereinbarte Feststellungsverfahren beendet ist und/oder dem Anlagenunternehmer ausreichende Gelegenheit zur Optimierung der Anlagentechnik gegeben wurde. Der damit einhergehende Entzug der Anlage aus dem Einflussbereich des Anlagenunternehmers hat regelmäßig erhebliche Nachteile für die Geltendmachung der Rechte zur Folge. Hinsichtlich der Einzelheiten zu den vertraglichen Regelungen von Abnahmen und Testverfahren wird auf die gesonderte Darstellung unten unter VII. verwiesen.

e) Vereinbarungen zu Leistungsparametern in den FIDIC-Vertragsmustern

190 Die FIDIC-Vertragsmuster sehen keine einheitliche Regelung bezüglich der Vereinbarung von Leistungsparametern und der Rechtsfolgen im Falle ihrer Unterschreitung vor. Das **Silver Book** sowie das **Yellow Book** in der 2nd Edition nehmen nicht mehr lediglich die Vereinbarung von *Performance* Guarantees zur Kenntnis[384], sondern definieren[385] und regeln nunmehr gleichlaufend sogenannte Performance Damages explizit. Weiterhin adressieren

[383] Vgl. auch den Formulierungsvorschlag in → § 6 Rn. 13.

[384] Vgl. Sub-Clause 1.1.64 der Definitions im Silver Book bzw. Sub-Clause 1.1.54 im Yellow Book *(„Schedule of Performance Guarantees“).*

[385] Vgl. Sub-Clause 1.1.53 der Definitions im Silver Book bzw. Sub-Clause 1.1.63 der *Definitions* im Yellow Book.

Yellow und Silver Book in Clauses 12.4 eine ggf. vereinbarte Summe zur Abgeltung etwaiger Nachteile des Employer aus der Nichterreichung von Leistungsparametern.[386] Im Bereich der Mängelhaftung gibt es in Sub-Clause 11.4 Yellow und Silver Book nunmehr die Möglichkeit für den Employer, die Anlage bei Unterschreitung der Leistungswerte abzunehmen und Performance Damages zu verlangen.[387] Diese Änderung ist als durchaus signifikant zu bezeichnen.[388] Auch weiterhin ist die Regelung zur Unterschreitung vereinbarter Leistungsparameter jedoch lückenhaft und hängt davon ab, dass die Parteien entsprechende Vorgaben in einem Schedule of Performance Guarantees treffen.[389] Dass auch weiterhin keine umfassende Regelung zur Unterschreitung vereinbarter Leistungsparameter vorgegeben wird, ist zumindest überraschend, wenn man bedenkt, dass derartige Regelungen in internationalen Industrieanlagenverträgen an der Tagesordnung sind.[390] Es bleibt jedoch den Vertragsparteien überlassen und ist auch dringend zu empfehlen, hier eine **sachgerechte ergänzende Regelung** in den Particular Conditions vorzusehen, sofern – wie zumeist – Leistungsparameter vertraglich definiert und vom Anlagenunternehmer zugesichert werden.[391] Eine solche Regelung könnte sich etwa an den Bestimmungen des **ICC Model Turnkey Contract for Major Projects** orientieren, die auch eine Regelung zu Gunsten des Contractor bezüglich der Rechtsfolgen im Falle der Übererfüllung durch eine entsprechende Bonusvereinbarung vorsehen. Allerdings empfiehlt sich auch hier eine ergänzende Regelung abschließender Rechtsfolgen für den Fall der Unterschreitung auch der Minimum Performance, die in den Mustern der ICC der gesetzlichen Regelung überlassen bleibt.

V. Mängelhaftung des Anlagenunternehmers

Wie bei allen synallagmatischen Schuldverhältnissen hat die Mängelhaftung auch bei der 191 Vertragsgestaltung internationaler Industrieanlagenverträge und der Realisierung der Anlagenprojekte eine erhebliche Bedeutung, ist sie doch Ausdruck des Äquivalenzprinzips, weil mangelhafte Leistungen des Unternehmers den Wert und/oder die Tauglichkeit des Werkes für den Kunden relativieren oder vollständig in Frage stellen. Regelungen zur Mängelhaftung finden sich in den meisten relevanten Rechtsordnungen sowohl des civil law-Rechtskreises als auch des common law, wobei die Ausgestaltung sehr unterschiedlich ist. Zudem werden die Rechte des Kunden im Falle von Mängeln der Anlage grundsätzlich sehr detailliert zum Gegenstand vertraglicher Regelungen gemacht, die teils auf die gesetzlichen Vorgaben Bezug nehmen und auf ihnen aufbauen, teils aber auch erheblich von ihnen abweichen, soweit dies im Lichte des Vertragsstatuts und seiner zwingenden Regelungen möglich ist.

---

[386] Vgl. Sub-Clause 12.4 Abs. 1 Yellow und Silver Book: „*If (…) applicable Performance Damages are set out in the Schedule of Performance Guarantees (…)*".

[387] Sämtliche vorgenannten Ansprüche des Employer sind der Einhaltung der formellen Anforderungen der zentralen Norm Sub-Clause 20.2 unterworfen.

[388] So auch Godwin FIDIC Contracts S. 96.

[389] Ansonsten bleibt es in den Fällen von Sub-Clause 11.4 bei der bereits aus der *1st Edition* bekannten, für das Red Book weiterhin gültigen „reduction in the Contract Price", vgl. hierzu Godwin FIDIC Contracts S. 95 f.

[390] Der ICC Model Turnkey Contract for Major Projects nimmt dagegen diese Praxis auf und regelt die Rechtsfolgen der Unterschreitung in Art. 46.10; dort findet sich auch die Unterscheidung zwischen Contractual Performance und Minimum Performance. Das Vertragswerk sieht vor, dass bei Erreichung zumindest der Minimum Performance die Ansprüche des Employer auf die Geltendmachung der dort vorausgesetzten liquidated damages begrenzt sind, vgl. Art. 46.13; auch der ICC Model Contract for the Turnkey Supply of an Industrial Plant enthält im Wesentlichen gleichlautende Bestimmungen zur Verfehlung der Guaranteed Perfomance und überlässt die weiteren Rechtsfolgen im Falle der Unterleistung den gesetzlichen Bestimmungen.

[391] So auch Nicklisch/Weick/Jansen/Seibel/Kaminsky VOB/B Übersicht FIDIC Rn. 248.

1. Gesetzliche Regelungen zur Sachmängelhaftung

a) Gesetzliche Mängelhaftung im deutschen und schweizerischen Recht

192 Das deutsche Recht differenziert wie auch das schweizerische Obligationenrecht zwischen Mängelrechten des Käufers und solchen des Bestellers, wenngleich für das deutsche Recht mit dem Inkrafttreten des Schuldrechtsmodernisierungsgesetzes zum 1.1.2002 eine weitestgehende Angleichung erfolgt ist. Unterschiede ergeben sich für den internationalen Rechtsverkehr vor allem aus einer etwaigen Anwendbarkeit des CISG auf die Rechte des *Käufers.*[392] Das **Selbstvornahmerecht des Bestellers** nach §§ 634 Nr. 2, 637 BGB steht dem Käufer nicht zu, während den Käufer im Gegensatz zum Besteller die Untersuchungs- und Rügeobliegenheit des § 377 HGB mit zum Teil erheblichen Rechtsfolgen trifft.[393] Das schweizerische Obligationenrecht orientiert sich prinzipiell an der Rechtslage des BGB vor dem Inkrafttreten des Schuldrechtsmodernisierungsgesetzes und kommt damit dem deutschen Rechtsanwender entgegen.[394] Wie das deutsche Recht sieht auch das Obligationenrecht kein Recht des Käufers, wohl aber des Bestellers zur Selbstvornahme[395] und daraus folgend Erstattungsansprüche hinsichtlich der hierdurch veranlassten Kosten vor.[396] Zwar regelt die für die Mängelrechte des Bestellers *nach* Ablieferung des Werks maßgebliche Bestimmung des Art. 368 OR im Unterschied zur **Gesetzeslage *während* der Ausführung** des Werkes (Art. 366 Abs. 2 OR) kein Recht zur Selbstvornahme und auf Erstattung der Selbstvornahmekosten. Der Anspruch wird dem Besteller jedoch in analoger Anwendung von Art. 366 Abs. 2 OR auch nach Ablieferung zugesprochen, weil ein Grund für eine Vorenthaltung dieses Rechts nur wegen der erfolgten Ablieferung des Werks nicht ersichtlich ist.[397] Umgekehrt wird dem Besteller auch bei Mängeln des Werkes noch während der Ausführung analog Art. 107 Abs. 2 OR ein Recht zum Rücktritt vom Vertrag als alternativer Rechtsbehelf gegenüber der Ersatzvornahme nach Art. 366 Abs. 2 OR eingeräumt.[398]

193 Im Übrigen stehen dem Besteller sowohl im deutschen als auch im schweizerischen Recht verschuldensunabhängig ausgestaltete Ansprüche auf Nachbesserung sowie Rechte auf Minderung und ggf. Rücktritt vom Vertrag (bzw. Wandelung)[399] zu, flankiert von Schadensersatzansprüchen unter der weiteren Voraussetzung[400] des Verschuldens.[401] Wäh-

---

[392] Zum CISG bereits → Rn. 78ff. und ausführlich → Rn. 3ff.

[393] Zu Voraussetzungen und Rechtsfolgen der Anwendbarkeit des § 377 HGB auf Anlagenverträge vgl. Klaft/Runte JahrBBauR 2012, 135 (160ff.).

[394] Ein Mangel des Werkes liegt sowohl nach Art. 166 Abs. 1 und 2 SIA-Norm 118 als auch nach Art. 368 OR dann vor, wenn das Werk nicht die von den Parteien ausdrücklich oder stillschweigend vereinbarten oder solche Eigenschaften aufweist, welche der Besteller nach Treu und Glauben erwarten konnte, vgl. BG, Urt. v. 8.5.2007, Az. 4C.130/2006, E. 3.1 und BG, Urt. v. 4.12.2009, Az. 4 A_460/2009, E. 3.1.1.

[395] Honsell/Lehmann OR Art. 368 Rn. 18.

[396] Zum schweizerischen Kaufrecht vgl. etwa Voser/Boog RIW 2009, 126ff. (130).

[397] Instruktiv BGE 107 II 50 (56): *„Weshalb das Gesetz die Mängelbehebung durch Dritte ohne richterliche Bewilligung zulassen soll, wenn Mängel vor der Erstellung des Werkes zu erwarten sind, nicht aber, wenn sie erst nach der Ablieferung auftreten, leuchtet indes nicht ein. […] Am Bedürfnis des Bestellers, seinen Verbesserungsanspruch allenfalls mittels Ersatzvornahme durchzusetzen, ändert sich mit der Ablieferung des Werkes nichts, so dass ihm in analoger Anwendung von Art. 366 Abs. 2 OR ein entsprechendes Recht einzuräumen ist“;* bestätigt von BGE 116 II 305 (315).

[398] BG, Urt. v. 21.12.2011, Az. 4 A_518/2011, E. 5, kritisch dazu Hürlimann/Siegenthaler Jusletter 6.2.2012, S. 32.

[399] Vgl. Art. 368 Abs. 1 OR, der über seinen Wortlaut hinaus (Verweigerung der Annahme) als *Wandelungs*recht des Bestellers ausgelegt wird, wofür allerdings Voraussetzung ist, dass das Werk mit erheblichen Mängeln behaftet ist, die eine Annahme als unzumutbar erscheinen lassen; was als *unzumutbar* in diesem Sinne anzusehen ist, hat der Richter unter Abwägung der Interessen aufgrund der Umstände des konkreten Falles zu ermitteln, vgl. BGE 98 II 118 (122); *Unzumutbarkeit* ist (beispielsweise) dann anzunehmen, wenn der Unternehmer unwillig oder unfähig zur Mängelbeseitigung ist (BGE, aaO), dem Unternehmer ein grobes Verschulden zur Last gelegt werden kann oder die Mängelbeseitigung nur mit unverhältnismäßigem Aufwand möglich ist, vgl. Honsell/Lehmann OR Art. 368 Rn. 9.

[400] BGE 116 II 305 (308).

[401] Im Gegensatz zur deutschen Rechtslage umfasst der flankierende Schadensersatzanspruch allerdings keine Schäden, die auf die Mangelhaftigkeit des Werkes selbst bezogen sind, weil diese bereits von den drei

rend das deutsche Recht dem Besteller im Grundsatz sämtliche Rechte versagt, wenn er dem Unternehmer nicht zuvor durch **angemessene Fristsetzung** ausreichende Gelegenheit zur Nachbesserung gegeben hat,[402] sieht das schweizerische Werkvertragsrecht ein **Wahlrecht des Bestellers** entsprechend der vor dem 1.1.2002 geltenden deutschen Gesetzesregelung vor, entweder Minderung, Wandelung oder Nachbesserung unter den jeweils geltenden Voraussetzungen zu verlangen. Der Besteller kann sich zwischen diesen Alternativen grundsätzlich frei entscheiden,[403] ist an diese Entscheidung allerdings mit der Folge gebunden, dass sämtliche anderen Rechte damit entfallen. Entscheidet sich der Besteller für den Nachbesserungsanspruch, lebt das Wahlrecht wieder auf, wenn der Unternehmer den Mangel nicht innerhalb der gesetzten angemessenen Frist beseitigt[404] oder es von vornherein ablehnt, den Mangel zu beseitigen.[405] Im Unterschied zum deutschen Recht[406] sieht das schweizerische Obligationenrecht auch für den Werkvertrag eine **Untersuchungs- und Rügeobliegenheit** des Bestellers nach Ablieferung des Werkes vor,[407] bei deren Missachtung das Werk als genehmigt gilt, was den Verlust sämtlicher Rechte des Bestellers im Hinblick auf den betreffenden Mangel zur Folge hat, soweit nicht dem Unternehmer bezüglich des Mangels ein arglistiges Verschweigen zur Last fällt.[408] Unverzüglich in diesem Sinne ist die Rüge dann, wenn sie unmittelbar nach Entdeckung eines Mangels, spätestens aber innerhalb einer angemessenen[409] Rügefrist erklärt wird. Voraussetzung für den Ausschluss der Mängelhaftung ist allerdings weiter, dass das Werk im Sinne des Art. 370 Abs. 1 OR *abgeliefert* ist, was die Vollendung des Werkes, also die **Fertigstellung aller vereinbarten Leistungen** bedingt, nicht aber deren Brauchbarkeit oder Mangelfreiheit.[410]

Die gesetzliche Mängelhaftung des deutschen und auch schweizerischen Rechts ist im weiten Umfang **dispositiv** ausgestaltet, kann also von den Vertragsparteien vertraglich abweichend geregelt werden. Ausnahmen bilden neben der erwähnten Bauhandwerkersicherung des § 650f BGB die Bestimmungen bezüglich des arglistigen Verschweigens von Mängeln und der verschuldensunabhängigen Einstandspflicht für Garantiezusagen. Die erstgenannte Ausnahme hat im deutschen Recht zur Folge, dass eine **Haftung für arglistig verschwiegene Mängel** nicht vertraglich ausgeschlossen werden kann (§ 639 BGB), während im schweizerischen Recht die dort geregelte Ausnahmevorschrift von der **Haf-** 194

eigentlichen Mängelrechten Nachbesserung, Wandelung und Minderung abschließend erfasst werden; der Schadensersatzanspruch bezieht sich daher nur auf Schäden, die auf einem Werkmangel beruhen und als weitere Folge dieses Mangels hinzutreten, vgl. etwa BSK/Zindel/Schott OR I Art. 368 Rn. 69.

402 Vgl. §§ 634ff. BGB, Ingenstau/Korbion/Wirth VOB § 13 VOB/B Rn. 64 (Selbstvornahme), Rn. 69 (Rücktritt), Rn. 93 (Minderung).

403 Wie im deutschen Recht auch, steht dem Unternehmer jedoch der Einwand der Unverhältnismäßigkeit der Nacherfüllung zu, wenn die Nachbesserungskosten in einem Missverhältnis zum Nutzen der Nachbesserung für den Besteller stehen; in diesem Fall beschränken sich die Rechte des Bestellers auf Minderung oder Wandelung, vgl. (für ästhetische Mängel) BG, Urt. v. 14.10.2010, Az. 4 A_307/2010, E.2, dazu Hürlimann/Siegenthaler Jusletter 6.2.2012, S. 18f.

404 BG, Urt. v. 7.10.2005, Az. 4C.106/2005; Gauch Werkvertrag Rn. 1795ff.; Honsell/Lehmann OR Art. 368 Rn. 17.

405 BG, Urt. v. 8.5.2007, Az. 4C.130/2006; Honsell/Lehmann OR Art. 368 Rn. 17; die Nachfristsetzung ist entbehrlich, wenn das Ansetzen einer Nachfrist nutzlos gewesen wäre, weil aus dem Verhalten des Unternehmers hervorgeht, dass er die Nacherfüllung ohnehin nicht leisten will oder kann, vgl. BG, Urt. v. 20.9.2011, Az. 4 A_232/2011, dazu Hürlimann/Siegenthaler Jusletter 6.2.2012, S. 15f.

406 Vgl. aber den Ausschluss der Rechte bei Abnahme in positiver Kenntnis des Mangels in § 640 Abs. 3 BGB.

407 Nach BG, Urt. v. 24.3.2009, Az. 4 A_534/2008, E. 7.4, gilt die Rügeobliegenheit auch im Falle der vertraglichen Vereinbarung von Qualitätssicherungsmaßnahmen des Unternehmers; dazu Hürlimann/Siegenthaler Jusletter 6.2.2012, S. 21.

408 Art. 370 Abs. 1 OR; allerdings gilt dies nur für erkennbare Mängel; später erkannte Mängel müssen indessen ebenfalls unverzüglich nach Entdeckung angezeigt werden, um den Rechtsverlust zu vermeiden, vgl. Abs. 3.

409 BG, Urt. v. 3.5.2004, Az. 4C.82/2004, E.2.3 geht von (im Regelfall) sieben Tagen aus.

410 BGE 119 II 40 (46), bestätigt durch BG, Urt. v. 25.10.2010, Az. 4 A_252/2010, E. 5.3, dazu Hürlimann/Siegenthaler Jusletter 6.2.2012, 2f.

tungsbefreiung des Unternehmers durch Genehmigung des Werkes seitens des Bestellers (Art. 370 Abs. 1, 2. Alt. OR) nach allgemeiner Meinung zwingend ist.[411] Hat der Unternehmer im Wege einer über die gesetzliche Sachmängelhaftung hinausgehenden Garantie die Einstandspflicht für bestimmte Eigenschaften der Anlage übernommen, wird im schweizerischen Recht ausnahmsweise eine Nachbesserungsverpflichtung unabhängig von der Angemessenheit der Höhe der Nachbesserungskosten angenommen.[412] Zudem dürfte die Untersuchungs- und Rügeobliegenheit des Art. 370 OR in diesem Fall ausgeschlossen sein.[413] Die Ansprüche des Bestellers auf Beseitigung von Mängeln an unbeweglichen Bauwerken[414] **verjähren** im deutschen wie schweizerischen Recht fünf Jahre nach der Abnahme (§ 634a Abs. 1 Nr. 2 BGB, Art. 371 Abs. 2 OR).[415]

b) Gesetzliche Mängelhaftung im anglo-amerikanischen Rechtskreis

195 Eine gesonderte Haftung für Sachmängel im eigentlichen Sinne ist dem common law grundsätzlich fremd. Erfüllt der Unternehmer seine Bauerrichtungsverpflichtung nicht oder nicht vollständig, stehen dem Kunden Ansprüche auf Ersatz der für die anderweitige Errichtung entstehenden Mehrkosten zu, die sich in dem Zeitpunkt ergeben, in dem die ersatzweise Fertigstellung vernünftigerweise erfolgen kann.[416] Erfüllung im Sinne einer durchsetzbaren Verpflichtung zur Fertigstellung des Werks (specific performance) kann der Kunde damit im Grundsatz nicht verlangen. Entsprechendes gilt auch für die Beseitigung von Mängeln oder die Herstellung vertraglich zugesagter Beschaffenheiten des Werks. Der Kunde kann nicht deren Beseitigung (bzw. im Falle der Beschaffenheiten deren Herstellung) verlangen, sondern regelmäßig nur die Erstattung der hierfür erforderlichen Kosten, und dies auch nur insoweit, als die Herstellung des vertragsgemäßen Zustands in Ansehung der hierfür aufzuwendenden Kosten reasonable ist.[417] Ist dies nicht der Fall, weil die

---

411 Honsell/Lehmann OR Art. 370 Rn. 13.

412 BGE 93 II 317 (326).

413 BGE 122 II 422 (430), für das kaufrechtliche Pendant des Art. 201 OR; zustimmend Honsell/Honsell OR Art. 197 Rn. 10; ein Grund, warum dies für die werkvertragliche Untersuchungs- und Rügeobliegenheit anders sein sollte, ist nicht ersichtlich.

414 Vgl. zur Unterscheidung zwischen unbeweglichen und beweglichen Bauwerken im schweizerischen Recht BG, Urt. v. 23.7.2008, Az. 4 A_235/2008, E. 5.5, dazu Hürlimann/Siegenthaler Jusletter 6.2.2012, S. 25.

415 Durch Änderung des Art. 371 OR wurde die Verjährungsfrist für Mängelansprüche bei beweglichen Werkleistungen von bislang einem Jahr auf zwei Jahre verlängert. Danach wurde die bislang auf unbewegliche *Bau*werke bezogene fünfjährige Verjährungsfrist auch auf *sonstige* unbewegliche Werke ausgedehnt und die kaufrechtliche Verjährung für Sachen, die bestimmungsgemäß in ein solches unbewegliches Werk eingebaut werden und dort einen Mangel desselben verursachen, auch auf fünf Jahre erweitert, vgl. im Einzelnen (noch zum Gesetzesentwurf) Gauch Werkvertrag Rn. 2311 ff. und Ders. recht 2012, 124 (131).

416 *Dodd Properties (Kent) Ltd v Canterbury City Council* [1981] 1 W.L.R. 433 (451): „(…) *The true rule is that, where there is a material difference between the cost of repair at the date of the wrongful act and the cost of repair when the repair can, having regard to all relevant circumstances, first reasonably be undertaken, it is the latter time by reference to which the cost of repair is to be taken in assessing damages. That rule conforms with the broad and fundamental principle as to damages, as stated in Lord Blackburn's speech in Livingston v Rawyards Coal Co (1880) 5 App Cas. 25, 39, where he said that the measure of damages is that sum of money which will put the party who has been injured, or who has suffered, in the same position as he would have been in if he had not sustained the wrong for which he is now getting his compensation or reparation* (…)".

417 Vgl. *Ruxley Electronics & Construction Ltd v Forsyth* [1995] UKHL 8: Ein zu errichtender Swimmingpool wies nicht die vereinbarte Tiefe auf, war aber tief genug, um gefahrlos Kopfsprünge in den Pool zu ermöglichen. Das House of Lords hob die Entscheidung des Court of Appeal auf und stellte die Entscheidung des Central London County Court wieder her, wonach die geforderten Mängelbeseitigungskosten letztlich deswegen nicht verlangt werden konnten, weil der Zweck der vereinbarten Pooltiefe (Kopfsprünge zu ermöglichen) trotz der geringeren Tiefe erreicht wurde und eine sehr kostenaufwendige Herstellung der geschuldeten Tiefe nach Auffassung des House of Lords ganz und gar unvernünftig gewesen wäre; vgl. zu der Entscheidung auch Uff Construction Law S. 225; die Rechtsprechung anglo-amerikanischer Gerichte zum Umfang des zu ersetzenden Schadens ist im Einzelnen uneinheitlich. Instruktiv mit dem Versuch einer Kategorisierung in value deficiencies einerseits (Unterschied zwischen dem Wert der Leistung mit dem Mangel zu dem Wert ohne Mangel) und performance deficiencies (Kosten der Beseiti-

aufzuwendenden Kosten gänzlich außer Verhältnis zu dem Nutzen des Auftraggebers stehen würden oder der Auftraggeber ohnehin nicht vorhat, die Mängelbeseitigung zu betreiben, wird allenfalls eine pauschale Entschädigung für mitunter **entgangene Annehmlichkeiten** zugesprochen (pleasurable amenity).[418] Im Ergebnis entspricht diese pauschale Entschädigung dem Minderungsrecht deutschen und schweizerischen Rechts, weil über sie letztlich eine Art Wertdifferenz zugesprochen wird,[419] die mangels vorliegender Anhaltspunkte in das **freie Ermessen des Gerichts** gestellt ist.[420]

Angesichts dieser unbefriedigenden Rechtslage, vor allem aufgrund des **fehlenden** 196 **Nachbesserungsanspruchs,** hat die anglo-amerikanische Vertragspraxis sachgerechte Bestimmungen zu den Rechtsfolgen mangelhafter Bauwerksleistungen entwickelt. Im Wesentlichen sehen sämtliche der standardisierten Vertragsmuster die Regelung von Nachbesserungsansprüchen und Selbstvornahmerechten nebst korrespondierender Kostenerstattungsansprüche vor.[421] Nach dem JCT-Standard Building Contract 2016 (Clause 2.38 S. 3) steht es im Ermessen des architect/contract administrator, von der Anordnung einer Mangelbeseitigung abzusehen und stattdessen einen Minderungsbetrag (appropriate deduction) festzusetzen.[422] Auch die US-amerikanische AIA A201–2017 sieht in Section 2.5 ein Selbstvornahmerecht des Bestellers (owner) im Falle der Nichtbeseitigung von Mängeln des Werks sowie einen Anspruch auf Einbehalt der hierdurch veranlassten Kosten einschließlich derer des Architekten vor.[423] Auch innerhalb eines Jahres nach substantial completion hat der contractor Mängel zu beseitigen und stehen dem

gung des Mangels durch Herstellung der vertraglich vereinbarten Beschaffenheit) andererseits, sowie zu weiteren Kriterien (reasonableness, remoteness und deren Zusammenspiel) Chandler ICLR 1996, 255 ff.

418 Hierzu, insbesondere auch zu der Entscheidung in *Ruxley v Forsyth* ausführlich Furmston Law of Contract S. 773 ff.; Hök Handbuch § 39 Rn. 91 ff.

419 Lord Lloyd in der Entscheidung *Ruxley v Forsyth,* aaO: „(…) *he has lost nothing than the difference in value, if any* […]".

420 Zutreffend weist Hök Handbuch § 50 Rn. 96 darauf hin, dass diese englische Sicht der Dinge letztlich auf eine *„Minderungslösung ohne feste Kriterien"* hinausläuft.

421 Vgl. etwa Clause 45.1 NEC Construction and Engineering Contract, Clause 49.4 ICE Conditions of Contract; Clause 2.38 JCT 98 (2005), deren Wortlaut allerdings nicht zwingend auf eine Ersatzvornahmeberechtigung des Bestellers und Erstattungspflicht des Unternehmers hindeutet, aber von der Rechtsprechung entsprechend ausgelegt wird, vgl. Diplock LJ in *P&M Kaye Limited v Hosier & Dickinson Limited* [1972] 1 W.L.R. (HL) 146 (167): „(…) *If he does not so, the employer can recover as damages the cost of remedying defects, even though this cost is greater than the diminuation in value of the works as a result of the unremedied defects.*"

422 Es war lange Zeit völlig unklar, welche Anforderungen an die appropriate deduction zu stellen sind. Die englische Rechtsprechung äußerte sich hierzu erstmals in *Mul v Hutton Construction Ltd* [2014] EWHC 1797 (TCC) und legte die Kalkulationsgrundlagen für den Minderungsbetrag genauer fest. Akenhead J führte aus, *„appropriate deduction means a deduction which is reasonable in all the circumstances and can be calculated by reference to one or more of the following, amongst possibly other factors: a. The Contract rates/priced schedule of works/Specification; or b. The cost to the Contractor of remedying the defect (including the sums to be paid to third party sub-contractors engaged by the Contractor); or c. The reasonable cost to the Employer of engaging another contractor to remedy the defect; or d. The particular factual circumstances and/or expert evidence relating to each defect and/or the proposed remedial works."* Letzten Endes kommen damit also noch immer ganz unterschiedliche Arten von Kosten in Betracht, die je nach Situation als sachgerechte Berechnungskriterien für den Minderungsbetrag herangezogen werden können. Wirklich schärfere Konturen hat der Begriff deshalb auch durch die Hinweise von Akenhead J in der genannten Entscheidung nicht erhalten.

423 Vgl. § 2.5 A201–2017: *„If the Contractor defaults or neglects to carry out the Work in accordance with the Contract Documents and fails within a ten-day period after receipt of notice from the Owner to commence and continue correction of such default or neglect with diligence and promptness, the Owner may, without prejudice to other remedies the Owner may have, correct such default or neglect. Such action by the Owner and amounts charged to the Contractor are both subject to prior approval of the Architect and the Architect may, pursuant to Section 9.5.1, withhold or nullify a Certificate for Payment in whole or in part, to the extent reasonably necessary to reimburse the Owner for the reasonable cost of correcting such deficiencies, including Owner's expenses and compensation for the Architect's additional services made necessary by such default, neglect, or failure."*

Besteller ein Recht zur Selbstvornahme und ein korrespondierender Anspruch auf Kostenerstattung zu, s. 12 A201–2017.[424]

197 Die **defects correction period** in englischen Bauverträgen muss strikt von der **Verjährungsregelung** im deutschen oder schweizerischen Recht unterschieden werden. Es handelt sich bei ihr lediglich um eine Frist, innerhalb derer festgestellte Mängel des Werks zu beseitigen sind. Alternativ hierzu werden häufig auch defects notification periods vereinbart, bei denen der Unternehmer alle innerhalb der Frist angezeigten Mängel zu beseitigen hat.[425] Diese Regelungen tragen dem soeben dargestellten Umstand Rechnung, dass der Besteller nach englischem Recht grundsätzlich keine specific performance, zu der auch die Mangelbeseitigung gehören würde, verlangen kann. Der Besteller soll zumindest bezüglich der Beseitigung von Mängeln einen Anspruch erhalten, weil der Unternehmer zumeist besser als der Besteller oder Dritte in der Lage ist, Mängel zu beseitigen oder restliche Leistungen zu erbringen.[426] Dies bedeutet jedoch keineswegs, dass der Kunde nach dem Ablauf der Frist an der gerichtlichen Durchsetzung der aus einer Verletzung der Mängelbeseitigungsverpflichtung folgenden Schadensersatzansprüche gehindert wäre.[427] Nach englischem Verständnis handelt es sich bei den Verjährungsregelungen des Limitation Act 1980 nicht um materiell-rechtliche Einreden gegen den Anspruch als solchen, sondern um **Prozesshindernisse,** die eine gerichtliche Betreibung von Ansprüchen ausschließen. Einmal entstandene Ansprüche des Kunden aus einem Anlagenvertrag, der einfach privatschriftlich geschlossen wurde, können demnach nicht mehr gerichtlich durchgesetzt werden, wenn seit der Entstehung der Ansprüche sechs Jahre vergangen sind, bevor der Anspruch gerichtlich geltend gemacht wurde (s. 5 Limitation Act 1980). Für den Beginn der limitation period kommt es maßgeblich auf den Zeitpunkt der Verletzung der Vertragspflicht an, also etwa auf den Zeitpunkt des Einbaus des mangelhaften Bauteils.[428] Haben die Parteien den Vertrag dagegen in der Form einer **förmlichen Urkunde (deed)** geschlossen, wofür grundsätzlich die ausdrückliche Bezeichnung („executed as a deed") ausreichend ist, verlängert sich die limitation period gemäß s. 8 LA auf 12 Jahre.[429] Für den Beginn dieser limitation period ist auf den **Zeitpunkt der betreffenden Vertragsverletzung** abzustellen, nicht auf den Eintritt des Schadens. Angesichts des Umstandes, dass der Geschädigte hierdurch im Zeitpunkt des Schadenseintritts bzw. der Erlangung der Kenntnis vom Schadenseintritt ggf. bereits an der gerichtlichen Durchsetzung seiner Ansprüche gehindert sein könnte, weil diese bereits time barred nach Maßgabe des Limitation Act sind, wurde mit dem **Latent Damage Act 1986** ein ergänzender Passus als s. 14A des LA aufgenommen, der in diesen Fällen eine weitere Frist von drei Jahren ab Kenntniserlangung[430] für die Erhebung der Klage eingeführt hat, die allerdings nicht für Ansprüche aufgrund der Verletzung vertraglicher Sorgfaltspflichten gilt[431] und zudem von der Rechtsprechung **auf deliktische Ansprüche begrenzt** wird.[432]

---

424 Die Jahresfrist beginnt jedoch nach Mängelbeseitigung nicht erneut für die Mängelbeseitungsleistungen; wünscht der Besteller hier einen zeitlich gleich langen Schutz, müsste er dies vertraglich ausdrücklich regeln, vgl. Cameron Construction Law § 10.04(d).

425 Vgl. zur rechtlichen Qualifizierung dieser Fristen als cut-off-period bzw. Wartungsfrist → § 9 Rn. 12f.

426 Jaeger/Hök FIDIC S. 305.

427 Vgl. hierzu ausführlich Ostendorf ZVglRWiss 2011, 109ff.

428 Allerdings ist zu beachten, dass auch die Verletzung der Pflicht, vor dem Ablauf einer vereinbarten correction period noch Mängel zu beseitigen, eine Vertragspflichtverletzung darstellt, die einer gesonderten limitation period unterliegen kann, vgl. Uff Construction Law S. 231.

429 Uff Construction Law S. 231.

430 Allerdings aus Sicht des Verpflichteten abgemildert durch eine absolute Spätestfrist (long stop) von 15 Jahren nach der schädigenden Handlung, vgl. → § 9 Rn. 44.

431 *Iron Trade Mutual Insurance Co Ltd v JK Buckenham Ltd* [1990] 1 All ER 808.

432 *Iron and Trade Mutual Insurance Ltd. v JF Buckenham* [1990] 1 All ER 808; wegen der auch im englischen Recht möglichen Anspruchskonkurrenz zwischen vertraglichen und deliktischen Ansprüchen kann die Verlängerung der limitation period durch die Verlagerung ihres Beginns auf den Zeitpunkt der Kenntniserlangung aber auch für den Anlagenunternehmer relevant werden, vgl. → § 9 Rn. 40ff.

Weil für Anlagenverträge nach anglo-amerikanischem Recht grundsätzlich keine Formvorschriften existieren, sollte aus Sicht des Anlagenunternehmers versucht werden, den Vertrag nicht als deed bzw. under seal, sondern als simple contract auszugestalten, etwaig in der Ausschreibung vorhandene Hinweise auf den Vertragsabschluss als deed oder under seal mithin aus dem Vertragsdokument zu entfernen, um der im englischen Recht geltenden 12-jährigen limitation period für Ansprüche aus Verträgen zu entgehen, die under seal abgeschlossen wurden. Sollte dies nicht möglich sein, empfiehlt sich die **vertragliche Verkürzung der limitation period,** die vorbehaltlich der Restriktionen des Unfair Contract Terms Act 1977 im Grundsatz für zulässig gehalten wird.[433] Oftmals sind sich die Parteien allerdings über die rechtlichen Folgen des Abschlusses in der einen oder anderen Form nicht hinreichend bewusst. Dies gilt auch für die Auftraggeberseite, die häufig Formulare nach englischem Vorbild mit der Bezeichnung als deed verwendet, ohne die hiermit verbundenen rechtlichen Implikationen näher zu hinterfragen. So kommt es vor, dass Ausschreibungsunterlagen für ein Projekt in Kontinentaleuropa Begrifflichkeiten enthalten, die sich auf die englische Unterscheidung zwischen deed und simple contract beziehen und nach Maßgabe des vorgesehenen Vertragsstatuts keinerlei Bedeutung haben.[434] Dessen ungeachtet wird der Unternehmer im Falle der Vereinbarung einer Frist, innerhalb derer Mängel des Werkes zu beseitigen sind, nicht per se durch den Ablauf dieser Frist von seiner Verpflichtung zur Beseitigung von Mängeln, die nach dem Ablauf der Frist auftreten, frei. Hierfür bedarf es vielmehr einer ausdrücklichen Vertragsregelung, die klarstellt, dass die Mängelbeseitigungsfrist zugleich eine **Ausschlussfrist für Mängelhaftungsansprüche** sein soll.[435] 198

Klauselbeispiel für die zeitliche Begrenzung der Mängelhaftung

[•] No Defects Liability After Expiry of Warranty Period

The warranty period(s) as defined in this Contract shall be construed as limiting the Contractor's liability for defects in time and shall replace any applicable statutory limitation periods for the Contractor's defects liability. For the sake of clarification, the Parties hereto agree that the Contractor's liability for defects shall cease to apply upon the expiry of the relevant warranty period(s) as agreed hereunder. In any event that a defect has been notified to the Contractor before the expiry of the relevant warranty period, any claims regarding such defects shall be finally time-barred if not raised to the adjudication board [respectively the arbitration tribunal] within 6 months upon the expiry of the relevant warranty period.

2. Die Bestimmungen zur Mängelhaftung in den FIDIC-Vertragsmustern

Die FIDIC-Vertragsmuster sehen in allen drei Conditions of Contract for Major Works umfangreiche Regelungen zur Haftung des Contractor für Mängel des Werks vor (Clause 11 „Defects after Taking Over"). Sie folgen dabei im Prinzip wie das deutsche Mängelhaftungsrecht der §§ 634 ff. BGB dem Grundsatz der strict liability, also einer **verschuldensunabhängigen Einstandspflicht** für die Mangelfreiheit des Werks. 199

a) Die Regelung im Einzelnen

Der Contractor hat sämtliche Mängel des Werks auf seine Kosten zu beseitigen und Restarbeiten fertig zu stellen, die vor dem Ablauf der Defects Notification Period vom Engineer (bzw. Employer) angezeigt werden (Sub-Clause 11.1), sofern nicht der betreffende 200

[433] Vgl. → § 9 Rn. 45.

[434] Zu den unterschiedlichen Ausgestaltungen von limitation periods, time-bar-Klauseln und Verjährungsfristen im Lichte des jeweiligen Vertragsstatuts ausführlich Ostendorf ZVglRWiss 2011, 109 ff.; und → § 9.

[435] Uff Construction Law S. 334: *„Clear words are required to make a maintenance clause operate also as an exclusion clause"*.

Mangel auf einem Umstand beruht, der der Verantwortlichkeit des Employer zuzuordnen ist (Sub-Clause 11.2). Im letzteren Fall hat der Engineer (bzw. der Employer), der vom Contractor entsprechend über die abweichende Ursache des Mangels zu informieren ist, den Sachverhalt als Variation im Sinne von Sub-Clause 13.3 zu behandeln (vgl. Sub-Clause 11.2 Abs. 2). Die für die Mangelbeseitigung oder Fertigstellung erforderliche Zeit verlängert die Defects Notification Period, sofern der Employer infolge des Mangels oder der unterbliebenen Fertigstellung das Werk oder einen Teil davon nicht nutzen kann, jedoch nicht länger als zwei Jahre (Sub-Clause 11.3). Versäumt es der Contractor, einen angezeigten Mangel im Rahmen seiner Verantwortlichkeit innerhalb der hierfür gesetzten angemessenen Frist zu beseitigen, stehen dem Employer optional die in Sub-Clause 11.4 genannten Rechte zu: Danach kann der Employer die **Selbstvornahme betreiben,** den Mangel also selbst beseitigen oder die Restfertigstellung auf Kosten des Contractor durch einen Dritten betreiben (Sub-Clause 11.4 (a), Performance Damages verlangen, sofern diese vorher festgelegt wurden bzw. anderenfalls den Engineer anweisen, einen **angemessenen Minderungsbetrag** zu bestimmen (Sub-Clause 11.4 (b)), den Engineer anweisen, die mangelhaft durchgeführten Teile **als im Wege einer Variation nach Sub-Clause 13.1 entfallen** (omission) **zu behandeln** (Sub-Clause 11.4 (c)), oder mit der Folge der vollständigen oder teilweisen Rückabwicklung den **Vertrag kündigen,** sofern das Interesse des Employer an der Fortführung des Vertrages aufgrund des betreffenden Mangels ganz oder teilweise entfallen ist (Sub-Clause 11.4 (d)).[436] Entscheidet sich der Employer für die Selbstvornahme auf Kosten des Contractor, ist dies mit einem gewissen Risiko verbunden, weil der Contractor hinsichtlich der betreffenden Leistungen von seiner Verantwortlichkeit entbunden wird („[...] but the Contractor shall have no responsibility for this work"). Die Rechtsposition des Anlagenunternehmers ist insoweit günstiger als die entsprechende Regelung des BGB, bei der der Unternehmer im Grundsatz auch für den Erfolg der Selbstvornahme verantwortlich ist, weil er nicht besser gestellt werden soll, als wenn er selbst die erforderliche Mängelbeseitigung durchgeführt hätte.[437] Die weiteren Regelungen der Clause 11 befassen sich mit dem Anspruch auf Räumung der Baustelle von mangelhaften Teilen (Sub-Clause 11.5[438]), der Verpflichtung des Contractor zur Analyse der Mangelursache auf Verlangen des Engineer (bzw. des Employer) nach Sub-Clause 11.8[439] und der Baustellenräumung nach Ausstellung des Performance Certificate (Sub-Clause 11.11). Weil der Contractor bis zur Erteilung des Performance Certificate zur Beseitigung von Mängeln und zur Durchführung von Restarbeiten verpflichtet ist, hat ihm der Employer jederzeit Zugang zur Baustelle zu gewähren (Sub-Clause 11.7). Sub-Clause 11.7 enthält in der 2nd Edition in Abs. 3 zudem einen Anspruch des Contractor für den Fall, dass ihm infolge des Verbots, die Baustelle zu betreten, ein Schaden entsteht. Diesen kann er über Sub-Clause 20.2 vom Engineer bestimmen lassen.

---

[436] Abzustellen ist nicht auf ein subjektives Interesse des Employer, sondern darauf, ob der Employer aufgrund des Mangels seiner durch den Vertrag angestrebten Vorteile bei objektiver Betrachtung verlustig geht: „[...] *If the defect or damage deprives the the Employer of substantially the whole benefit of the Works* [...]". Die in der Rainbow Suite von 1999 noch vorhandene Option „(...) *or any major part of the Works*" genügt für eine Kündigung nun nicht mehr, wohl auch deshalb nicht, weil mit Sub-Clause 11.4 (c) eine neue Zwischenstufe hinzugekommen ist.

[437] Der Besteller kann sich bei erfolgloser Selbstvornahme wieder an den Unternehmer wenden, muss diesem aber ggf. entstandene Mängelhaftungsansprüche gegen den Drittunternehmer abtreten, vgl. Staudinger/Peters BGB § 634 Rn. 95; dieses Recht dürfte dem Employer nach der Regelung in Sub-Clause 11.4 versagt bleiben, wenn er sich einmal für die Option der Selbstvornahme entschieden hat.

[438] In der 2nd Edition hat der Contractor jedoch nunmehr zunächst den Employer zu benachrichtigen und dessen Einverständnis zu suchen.

[439] Sofern sich dabei herausstellt, dass der Mangel nicht aus dem Verantwortungsbereich des Contractor stammt, steht diesem ein Anspruch auf zusätzliche Vergütung für die Mängelanalyse zu, vgl. Sub-Clause 11.8 Satz 2.

b) Voraussetzungen und Wirkungen der Ausstellung des Performance Certificate

Nach dem Ablauf der letzten Defects Notification Period und einer weiteren Frist von 28 Tagen stellt der Engineer (bzw. Employer) das Performance Certificate aus, das mit der **Abnahme** des deutschen Werkvertragsrechts vergleichbar ist.[440] Die Abnahme erfolgt in diesem Sinne mithin nicht im unmittelbaren Anschluss an die Fertigstellung, sondern erst nach Ablauf einer weiteren Frist (Defects Notification Period) innerhalb derer Restarbeiten zu erledigen und Mängel zu beseitigen sind. Besondere Aufmerksamkeit auf Seiten der Verhandlungsführer des Anlagenunternehmers verdient vor allem der Umstand, dass die Erteilung des Performance Certificate vom Ablauf der letzten Defects Notification Period abhängt, sofern **mehrere unterschiedliche Fristen** vereinbart wurden. Häufig vereinbaren die Vertragsparteien neben einer allgemeinen Defects Notification Period, beispielsweise von zwei Jahren,[441] weitere Fristen, beispielsweise für den Stahlbau oder die Lackierung. Diese spezifischen Fristen laufen oftmals erheblich länger, etwa zehn Jahre für Stahlbau oder sechs Jahre für die Lackierung. Bei Kunden beliebt sind auch generalklauselartig beschriebene Verjährungsfristen für die design integrity der Anlage, deren Ablauf an die Lebensdauer der Anlage anknüpft (lifetime warranty). Hier ist aus Sicht des Anlagenunternehmers darauf hinzuwirken, dass zum einen eine sachgerechte Definition des Begriffs design integrity Aufnahme in den Vertrag findet und zum anderen die lifetime der Anlage oder einzelner Anlagenkomponenten sinnvoll begrenzt wird, was in beschreibenden Hinweisen innerhalb der specifications geschehen kann. Es leuchtet unmittelbar ein, dass eine Anlage nur für eine bestimmte Gesamtleistung konzipiert wird, die je nach Einsatz und Auslastung der Anlage früher oder später erreicht wird. Wird eine lifetime warranty für design integrity übernommen, ohne die Begriffe präzise einzugrenzen, läuft der Unternehmer Gefahr, im Ergebnis eine **endlose Mängelhaftung** zu übernehmen. 201

Klauselvorschlag für die eingrenzende Definition einer Life Time Warranty für Design Integrity

[•] Lifetime Warranty for Design Integrity

With respect to the lifetime Defects Notification Period herein relating to the Design Integrity of the Works, the Parties agree that such lifetime warranty shall only mean material defects in the design of the Works which considerably impair the proper use of the Works as contemplated by the specifications attached to this Contract whereas the term „life time" shall be construed in accordance with the definition of life time as provided in the specifications and subject to the conditions set forth therein and in the operation manuals.

Im Falle der Vereinbarung einer Vielzahl unterschiedlicher Defects Notification Periods wird häufig übersehen, dass die eigentliche Abnahme durch Erteilung des Performance Certificate erst nach der letzten Defects Notification Period erteilt wird und sich damit auch die Gesamthaftung in Fällen deutlich längerer Einzelfristen erheblich ausweitet, was angesichts der begrenzten Bedeutung der längeren Fristen **sachlich nicht gerechtfertigt** ist. Gleiches gilt auch für die Bestimmung, wonach die Fälligkeit der Schlusszahlung ebenfalls von der Erteilung des Performance Certificate abhängt (Sub-Clause 14.11). Es empfiehlt sich deshalb aus Sicht des Anlagenunternehmers die Einfügung einer abweichenden Bestimmung in den Particular Conditions, mittels der die Erteilung des Performance Certificate an den Ablauf der für die Gesamtanlage geltenden Hauptfrist geknüpft wird und 202

[440] Jaeger/Hök FIDIC S. 306; Roquette/Schweiger/Ritter/Schätzlein Privates Baurecht E. II. Rn. 227; eine andere Auffassung geht davon aus, dass die mit § 640 BGB vergleichbare Abnahme in der Ausstellung des Taking over Certificate liegt, so etwa Mahnken ZfBR 2020, 508 (513) mwN. Hiergegen spricht, dass vor Ablauf der Defects Notification Period von einer Entgegennahme als im Wesentlichen vertragsgemäß nicht die Rede sein kann.

[441] Sofern die Parteien keine abweichende Defects Notification Period vereinbaren, beträgt diese ein Jahr, vgl. Sub-Clause 1.1.27 Yellow/Red Book bzw. 1.1.24 Silver Book.

damit vereinzelt abweichende Fristen für Einzelkomponenten oder bestimmte Beschaffenheiten, beispielsweise für Software, Stahlbau oder Lackierung, unberücksichtigt bleiben.

Klauselvorschlag für die Definition einer Main Defects Notification Period zu Sub-Clause 11.1

[•] Definition of Main Defects Notification Period

As distinct from Sub-Clause 11.9 of the General Conditions of Contract, the Performance Certificate shall be issued by the Engineer [respectively the Employer] 28 days after the expiration of the Defects Notification Period of [•] being attributable to the plant as a whole („Main Defects Notification Period"). Accordingly, any other Defects Notification Periods being applicable under the Contract shall not affect the issuance of the Performance Certificate and any consequences thereby triggered.

c) Fortbestand unerfüllter Verpflichtungen

203 Auch wenn die Erteilung des Performance Certificate der Abnahme im deutschen Recht vergleichbar ist, bestimmt Sub-Clause 11.10, dass die Vertragsparteien weiter zur Erfüllung sämtlicher bis zu diesem Zeitpunkt noch nicht erfüllter Ansprüche verpflichtet bleiben. Was genau mit dieser Bestimmung gemeint ist, erschließt sich aus dem Wortlaut nicht. Denkbar ist zunächst, dass die FIDIC damit Bezug nimmt auf die Verjährungsfristen, die in den nationalen Rechtsordnungen unterschiedlich ausgestaltet sind.[442] Denkbar wäre aber auch, dass mit Sub-Clause 11.10 lediglich klargestellt werden sollte, was ohnehin offensichtlich ist: Mit der Ausstellung des Performance Certificate enden nicht automatisch sämtliche gegenseitigen Vertragspflichten.[443] So bleibt der Employer etwa zur Schlussrechnungszahlung verpflichtet, der Contractor zur Schlussrechnungslegung und beide Parteien zur Aufrechterhaltung etwaiger Versicherungen. Gegebenenfalls bestehen weiter Schulungsverpflichtungen oder solche zur Lieferung von Ersatzteilen oder zur Wartung.[444] Sämtliche dieser Verpflichtungen sollen von der Erteilung des Performance Certificate unberührt bleiben. Für diese Auslegung von Sub-Clause 11.10 als lediglich grundsätzliche **Bestimmung klarstellender Natur** spricht der Wortlaut der Klausel („(…) *each Party shall remain liable for the fulfilment of any obligation which remains unperformed at that time*"), in der einerseits von „sämtlichen Verpflichtungen" die Rede ist und damit keine Begrenzung auf Mängelrechte vorgenommen wird, und zum anderen ausdrücklich die Verpflichtungen beider Vertragsparteien angesprochen werden, obgleich zweifellos nur den Contractor eine Mängelhaftung treffen könnte. Schließlich ist nicht ersichtlich, warum die Entwurfsverfasser der FIDIC den vermeintlichen Hinweis auf die Mängelhaftungsverjährung oder andere Arten von limitations der nationalen Rechtsordnungen nicht klar zum Ausdruck gebracht haben sollten, sondern in einer derart verklausulierten Form. Naheliegend ist aber, dass die FIDIC keine Regelung in Richtung der nationalen limitation rules statuieren wollte.[445]

204 Neu in der Rainbow Suite von 2017 ist die grundsätzliche Begrenzung der gesetzlichen Mängelhaftung auf einen Zeitraum von zwei Jahren nach Ablauf der Defects Notification Period. Dieser Ausschluss gilt jedenfalls insoweit, wie ihn das anwendbare Recht nicht verbietet, und nicht in Fällen von Betrug, grober Fahrlässigkeit, Rücksichtslosigkeit und Vorsatz. Diese Regelung ist zu begrüßen. Dennoch sollte auch aufgrund der bestehenden

---

[442] So ausdrücklich Roquette/Schweiger/Ritter/Schätzlein Privates Baurecht E. I. Rn. 165 unter Bezugnahme auf die diesbezüglichen Hinweise der FIDIC in ihrer Guidance for the Preparation of Particular Conditions zu Clause 11.10, wo es in der Tat heißt, dass die Auswirkungen von Clause 11.10 mit den Bestimmungen des anwendbaren Statuts zur period of liability abgeglichen werden sollten; in diese Richtung auch Seppala ICLR 2000, 235 (249): „(…) *Therefore the Contractor will remain liable for defects for the period of the relevant statute of limitation unless he can negotiate a limit on his liability in the case of a given contract.*"

[443] In diesem Sinne wohl Mallmann Anlagenbauverträge S. 254.

[444] Zu derartigen Nebenpflichten des Auftragnehmers ausführlich Bock/Zons/Bock Rechtshandbuch Anlagenbau Teil B Rn. 72.

[445] Jaeger/Hök FIDIC S. 313; Mallmann Anlagenbauverträge S. 254.

Restunsicherheiten darauf hingewirkt werden, dass Mängelrechte grundsätzlich mit Ausstellung des Performance Certificate ausgeschlossen werden, wenn diese nicht vor dem Ablauf der einschlägigen Defects Notification Period angezeigt wurden, obgleich dies möglich war, weil sie dem Employer oder Engineer bei Anwendung der erforderlichen Sorgfalt hätten bekannt sein können. Letztlich wird damit eine modifizierte **Untersuchungs- und Rügeobliegenheit** zu Lasten des Employer vereinbart, die im Interesse der Rechtssicherheit sachgerecht ist. Vorbehaltlich verschiedener Ausnahmen, die in der Praxis von Kunden typischerweise gefordert werden,[446] haben Auftraggeber im internationalen Industrieanlagengeschäft zumeist Verständnis für die Forderung, dass erkennbare Mängel rechtzeitig vor dem Ablauf der Defects Notification Period angezeigt werden müssen, anderenfalls ein Ausschluss dieser Ansprüche erfolgt. Aus Sicht des Anlagenunternehmers wäre es freilich noch günstiger, sämtliche Mängelhaftungsverpflichtungen nur für den Zeitraum bis zur Erteilung des Performance Certificate vorzusehen, mithin die Defect Notification Period als **abschließende Mängelhaftungsfrist** auszugestalten. Deutsche Rechtsanwender werden die Regelungen der FIDIC zur Mängelhaftung häufig auch (irrtümlich) so interpretieren, weil sie ausgehend von der deutschen Rechtslage die Erteilung des Taking Over-Certificate in eine Abnahme und den Ablauf der Defect Notification Period in eine Art Verjährung der Mängelhaftung umdeuten, was schlicht falsch ist und sich damit für den Berater zu einer **erheblichen Haftungsfalle** entwickeln könnte.[447] Zwar dürfte es im Grundsatz möglich sein, diese Rechtsfolge in Form der Particular Conditions of Contract ausdrücklich zu vereinbaren, etwa durch eine ergänzende Bestimmung zu Clause 11, wonach etwaige gesetzliche Mängelrechte ebenfalls nur innerhalb der Defect Notification Period geltend gemacht werden können oder durch den schlichten **Ausschluss gesetzlicher Mängelrechte** unter Hinweis auf die in jeder Beziehung abschließende Wirkung der vertraglichen Mängelhaftungsbestimmungen. Kunden aus dem Rechtskreis des civil law haben häufig aus eigener Unkenntnis über die Systematik der Mängelhaftung nach den FIDIC-Musterverträgen keine Einwände gegen eine solche Bestimmung und messen ihr lediglich klarstellende Wirkung bei. Tatsächlich gilt aber das Hauptinteresse des Kunden häufig der klaren Bestimmung einer möglichst ausgedehnten Defect Notification Period. Ist eine solche vereinbart, wird der Kunde zumeist Verständnis dafür haben, dass der Unternehmer es ablehnt, nach dem Ablauf dieser Frist etwaigen gesetzlichen Mängelansprüchen ausgesetzt zu sein. Für den Kunden entscheidend und zumeist ausreichend sind präzise formulierte vertragliche Bestimmungen zur Art und zur Dauer der Mängelhaftung unter Ausschluss etwaiger ergänzender Gesetzesregelungen (sofern dispositiver Art).

Klauselbeispiel zur *abschließenden* Geltung der vertraglichen Mängelrechte

[•] Limitation of Defects Liability and Exclusion of Statutory Defects Liability

The Employer's rights and remedies set forth in Clause 11 of the General Conditions of Contract with regard to the Contractor's liability for defects of the Works shall to the explicit exclusion of any other rights or remedies the Employer may have according to the applicable law regarding the Contractor's liability for defects, be the Employer's sole and exclusive remedy. Upon expiry of the Defects Notification Period, the Contractor's obligation to make good defects of the Works shall finally expire and the Employer hereby waives any right to take legal action in respect thereof unless and only to the extent the respective defect of the Works has been notified in writing to the Contractor prior to expiration of the Defects Notification Period and the Employer has filed the action within six months as from such expiry.

[446] Vgl. → Rn. 205 ff.

[447] Hök Handbuch § 18 Rn. 242 weist zu Recht darauf hin, dass sich die abschließende Wirkung der Erteilung des Performance Certificate nur auf die in der FIDIC vorgesehenen Mängelrechte des Employer bezieht, keinesfalls aber gesetzliche Mängelrechte beschnitten oder gar für sie mit der Defects Notification Period eine Ausschlussfrist statuiert werden sollte.

3. Typische Klauseln zur Mängelhaftung im internationalen Industrieanlagengeschäft

205 Unabhängig davon, ob Industrieanlagenverträge auf individuell erstellten Entwürfen beruhen oder auf Musterverträgen wie den FIDIC-Vertragsmustern, finden sich ganz regelmäßig die nachfolgend näher beschriebenen besonderen Regelungen zur Mängelhaftung, die für die Haftung des Anlagenunternehmers von erheblicher Bedeutung sind, weil sie die Anforderungen an die Mangelfreiheit der Anlage signifikant erhöhen. Die verwendeten Begriffe und deren Auswirkungen sollen deshalb nachfolgend näher beleuchtet werden.

a) Fit for Purpose-Klauseln

206 Häufige Verwendung finden Klauseln, die für die Beschaffenheit der Anlage das Erfordernis der **Tauglichkeit für den vereinbarten Zweck** vorsehen. Beispielhaft bestimmt Sub-Clause 4.1 Abs. 1 Satz 2 im Yellow und Silver Book der FIDIC-Vertragsmuster: „(…) *When completed, the Works (or Section or Part or major item of Plant, if any) shall be fit for the purpose(s) for which they are intended, as defined and described in the Employer's Requirements (or, where no purpose(s) are so defined and described, fit for their ordinary purpose(s)).*“[448] Das Erfordernis der Tauglichkeit des Werks für den vertraglich vorausgesetzten Zweck ergibt sich aus Sicht deutschen Werkvertragsrechts zwanglos bereits aus der **gesetzlichen Definition des Mangelbegriffs.** Nach § 633 Abs. 2 BGB ist das Werk frei von Sachmängeln, wenn es die vereinbarten Beschaffenheiten aufweist und in Ermangelung solcher Vereinbarungen, wenn es sich für die nach dem Vertrag vorausgesetzte, sonst für die übliche Verwendung eignet. Aus der Perspektive **englischen Rechts** ist dies nicht selbstverständlich, sofern die Eignung für einen bestimmten Verwendungszweck nicht ausdrücklich zum Gegenstand des Vertrages gemacht wurde, wie sich aus dem Supply of Goods and Services Act 1982 ergibt.[449] Indessen gilt diese Regelung nicht für das Werk insgesamt, sondern lediglich für die eingesetzten Materialien, und nur, sofern sich der Kunde auf die Sachkunde und Fähigkeiten des Supplier verlässt, was nicht der Fall ist, wenn er selbst die Materialien konkret vorgibt.[450] Für das Gesamtwerk darf sich der Kunde indessen **mangels ausdrücklicher Regelung** nicht auf eine verschuldensunabhängige Einstandspflicht des Contractor für die Tauglichkeit des Gesamtwerks zu einem bestimmten Zweck, sondern nur darauf verlassen, dass der Contractor seine Leistungen unter Beachtung eines vernünftigen Maßes an Sorgfalt und Sachkunde (reasonable care and skill) erbringt.[451] Aus Sicht des Kunden ist es deshalb gerade bei Geltung englischen Rechts als Vertragsstatut besonders wichtig, dass der Unternehmer eine ausdrückliche **vertragliche Einstandspflicht für die Eignung** des vollendeten Werks für den vertraglich vorausgesetzten Verwendungszweck übernimmt, das Werk mithin fit for purpose schuldet. Einschlägige internationale Vertragsmuster sehen deshalb entsprechende ausdrückliche Verpflichtungen vor.[452] Indessen ist aus Sicht des Contractor immer dann Vorsicht geboten, wenn im Vertragstext über diese Anforderung hinaus **zeitliche Vorgaben** für die Tauglichkeit des Werks zu der bestimmungsgemäßen Verwendung vorgesehen sind, was im Falle der Verwendung der FIDIC-Vertragsmuster

---

[448] Ähnlich die Formulierung in Art. 13.2 des ICC Model Turnkey Contract for Major Works Projects: „(…) *When completed, the Works shall be fit for the purposes for which the Works are intended as specifically defined in the Contract.*“

[449] Zu beachten ist allerdings für Kaufverträge der Supply of Goods and Services Act 1982, der für Kaufverträge klarstellt, dass fitness for purpose der verkauften Ware (nur) dann als implied term geschuldet ist, wenn der Käufer ausdrücklich oder stillschweigend auf einen bestimmten Verwendungszweck hingewiesen hat; in diesem Fall muss die Ware selbst dann dem kommunizierten Zweck genügen, wenn dieser für gewöhnlich nicht mit Waren der betreffenden Art verbunden ist, vgl. s. 4 Abs. 5 und Abs. 5 SOGSA.

[450] Vgl. s. 6 des Supply of Goods and Services Act 1982, dazu Hillig Sammelband CIB World Building Congress 2007, 2169 (2174); ausführlich zu der Unterscheidung zwischen implied terms in fact und in law, Hillig Mängelhaftung S. 65 ff. sowie Uff Construction Law S. 184 ff.; Furmston Law of Contract S. 177 ff.

[451] S. 13 Supply of Goods and Services Act 1982.

[452] Vgl. etwa zum Silver Book Henchie ICLR 2001, 41 (47).

oftmals in den Particular Conditions of Contract in Ergänzung zu Clause 4 der General Conditions of Contract geschieht. Typisch sind etwa Klauseln, wonach das Werk *„fit for purpose for a period of not less than (...) years"* sein soll. Zwar lassen sich solche Klauseln zu Gunsten des Contractor dahingehend auslegen, dass sie die grundsätzliche Eignung des Werks im Zeitpunkt der Fertigstellung bzw. der Erteilung des Performance Certificate im Auge haben, so dass lediglich solche Mängel der Tauglichkeit von ihr betroffen sind, die von Anfang an die Tauglichkeit des Werks über die so bestimmte Nutzungsdauer hinaus einschränken oder ausschließen, was vorwiegend bei Mängeln des Anlagendesign denkbar ist. Indessen lässt sich auf der Grundlage einer solchen Bestimmung für den Employer stets argumentieren, dass jeder Mangel, der im konkreten Fall eine Einschränkung der Gebrauchstauglichkeit zur Folge hat, zu einer verschuldensunabhängigen Einstandspflicht des Contractor führt, was im Sinne einer Haltbarkeitsgarantie zu einer erheblichen zeitlichen **Verlängerung der Mängelhaftung** führen könnte.[453] Das Verhältnis der fit for purpose-Klausel zu den vertraglichen Bestimmungen der allgemeinen Mängelhaftung und insbesondere zu den speziell definierten warranty oder notification periods ist deshalb durch eine ergänzende Bestimmung klarzustellen, die eine Berufung des Employer auf die fit for purpose-Klausel im Falle von solchen Mängeln ausschließt, für die der Vertrag ausdrückliche warranty oder notification periods vorsieht.

Klauselbeispiel zur Klärung des Verhältnisses zwischen Fit for Purpose-Klauseln und allgemeiner Mängelhaftung

[•] Scope of Fitness for Purpose Requirement

For the sake of clarification the Parties hereby expressly agree that the liability of the Contractor in relation to the fitness of the Works for the intended purpose in accordance with the Contract shall in no event be interpreted or construed as a prolongation of the Defects Notification Period(s) herein defined or of the Contractor's general obligation to remedy defects hereunder. Any defects possibly arising after expiry of the relevant Defects Notification Period shall hence not constitute a responsibility of the Contractor unless the Employer can furnish evidence that the respective defect could have been foreseen by the time the Contract was executed as having due to its nature adverse impact on the general fitness for the purpose of the Works as a whole.

---

[453] Das zeigt anschaulich die Entscheidung *MT Hojgaard A/S v E.ON Climate and Renewables UK Robin Rigg East Ltd & Ors* [2014] EWHC 1088 (TCC), in welcher der englische High Court die Auffassung vertrat, eine solche Klausel mitsamt Haltbarkeitsgarantie (service life warranty) decke auch das Risiko falscher Planungsvorgaben des Employer ab. Entsprechend hafte der Contractor in diesem Fall trotz fehlerfreier Umsetzung für ein vom Employer spezifiziertes, fehlerhaftes Design. Die Entscheidung wurde in zweiter Instanz zunächst aufgehoben, jedoch nicht wegen eines logischen Fehlers in der Argumentation des Erstgerichts, sondern deshalb, weil der Court of Appeal bereits keine Haltbarkeitsgarantie annahm (*MT Hojgaard A/S v E.ON Climate and Renewables UK Robin Rigg East Limited* [2015] EWCA Civ 407). Der UK Supreme Court war im Gegensatz zum Court of Appeal wiederum der Auffassung, dass das vereinbarte design life von 20 Jahren zwar nicht als Gewährleistungs- bzw. Garantiezeitraum, dafür aber als vorrangige (verschuldensunabhängige) Verpflichtung verstanden werden müsse, das Werk so zu konstruieren, dass eine Lebensdauer von zwanzig Jahren möglich sei. Bei einer gesamthaften Betrachtung des Vertrages bestünden auch keine Widersprüche zwischen dem geforderten *design life* und der Einhaltung der vorgegebenen (fehlerhaften) Spezifikationen, da letztere lediglich Minimalanforderungen begründen würden, *MT Højgaard A/S (Respondent) v E.ON Climate & Renewables UK (Appellants)* [2017] UKSC 59 Rn. 30: *„It appears to me that there is a powerful case for saying that, rather than warranting that the foundations would have a lifetime of 20 years, para 3.2.2.2(ii) amounted to an agreement that the design of the foundations was such that they would have a lifetime of 20 years. In other words, (...) did not guarantee that the foundations would last 20 years without replacement, but that they had been designed to last for 20 years without replacement. (...) Rather than the 20-year warranty being cut off after 24 months, E.ON had 24 months to discover that the foundations were not, in fact, designed to last for 20 years. (...). In those circumstances, in my judgment, where two provisions (...) impose different or inconsistent standards or requirements, rather than concluding that they are inconsistent, the correct analysis (...) is that the more rigorous or demanding of the two standards or requirements must prevail, as the less rigorous can properly be treated as a minimum requirement"*.

207 Aus Sicht des Anlagenunternehmers sollte der Verwendungszweck der Anlage möglichst genau definiert werden. Werden fit for purpose-Klauseln aus bereits vorhandenen Vertragsmustern unreflektiert übernommen, fehlt es oftmals an vertraglichen Definitionen der vorgesehenen Nutzungsdauer der Anlage. Wenn die Anlage gem. Spezifikation für eine Nutzungsdauer von 15 Jahren ausgelegt ist, macht eine Einstandspflicht des Unternehmers für eine Verwendungsdauer von 20 Jahren naturgemäß keinen Sinn. Häufig ist aber die **konstruktionsbedingte Nutzungsdauer** der Anlage nicht nur von zeitlichen Faktoren abhängig, sondern vom Umfang ihrer konkreten Verwendung. So kann die Nutzungsdauer bei ständiger Vollauslastung der Anlage erheblich geringer sein als bei einer durchschnittlichen Auslastung, von der die Vertragsparteien bei Vertragsabschluss ausgegangen sein mögen. Überdies dürfte die konstruktionsbedingte Nutzungsdauer zumeist von der ordnungsgemäßen Wartung der Anlage, insbesondere auch dem regelmäßigen Austausch besonders beanspruchter Komponenten, abhängen. Diese Vorgaben sollten deshalb ausdrücklich im Vertrag (vor allem in den specifications und operation manuals) definiert und deren Auswirkung auf den Inhalt von fitness for purpose-Klauseln klargestellt werden.

Klauselbeispiel für eine Anpassung der Fit for Purpose-Klausel auf die konstruktionsbedingte Nutzungsdauer der Anlage

[•] Definition of Intended Purpose for Use of the Works

To the extent this Contract requires the Works to be fit for any particular purpose, any such requirement shall be deemed to be determined exclusively in accordance with the detailed specifications for the Works as provided in the [•] and in particular taking into account the expected life time of the Works depending on its respective extent of use and the proper operation of the Works in accordance with the operation manuals to be provided by the Contractor.

b) Klauseln zur Behandlung von Generic Defects

208 Viele Industrieanlagenverträge sehen weitere Bestimmungen zur Handhabung sogenannter generic defects (zum Teil auch recurring defects genannt) vor, mit denen besondere Einstandspflichten des Anlagenunternehmers für Serienfehler der Anlage oder einzelner Komponenten oder Anlagenteile geregelt werden. Serienfehler können sich in erheblichem Umfang auf die Ertragskraft einer Anlage und vor allem ihre Verfügbarkeit auswirken, die wiederum für die Kalkulation des Kunden entscheidend sind. Anders als bei herkömmlichen Bauvorhaben führen Serienfehler bei Industrieanlagen mitunter zu erheblichen Produktionsausfällen. Der Kunde hat deshalb ein anerkennenswertes Interesse daran, eine ausdrückliche **Haftung des Anlagenunternehmers für Serienfehler** zu statuieren. Auf der anderen Seite muss aus Sicht des Anlagenunternehmers sichergestellt werden, dass nicht über den Umweg der Serienfehlerklausel die generelle Einstandspflicht des Anlagenunternehmers für Mängel des Werks ausgeweitet wird. Generic defects-Klauseln müssen deshalb in seinem Interesse **sachgerecht begrenzt werden,** weil die in den vorformulierten Vertragsbedingungen des Kunden enthaltenen Klauseln zumeist extensiv ausgestaltet sind, etwa zeitlich unbegrenzt oder ohne konkrete Beschreibung der Anforderungen, die an die Annahme eines Serienfehlers zu stellen sind. Soweit möglich, sollte zunächst die **zeitliche Dauer der Einstandspflicht** an die allgemeine Einstandspflicht für Mängel gekoppelt werden, also nicht darüber hinausgehen. Allerdings wird der Kunde insoweit nicht zu Unrecht argumentieren, dass Serienfehler sich häufig erst nach dem Ablauf der vereinbarten Mängelhaftungsfristen zeigen, weshalb die allgemeine Einstandspflicht für Mängel des Werks nicht ausreichend sei. Gleichwohl scheint die häufig anzutreffende Regelung der Haftung des Anlagenunternehmers während der gesamten voraussichtlichen Nutzungsdauer der Anlage, etwa anhand des für die fitness for purpose-Klauseln entwickelten Maßstabes, keinesfalls sachgerecht. Denkbar wäre etwa eine zeitliche Begrenzung der Haftung auf die voraussichtliche Nutzungsdauer bestimmter Einzelkomponenten. Die Feststellung, ob

im Einzelfall von einem generic defect auszugehen ist, sollte ebenso wie die sich daran anknüpfenden Rechtsfolgen an konkret definierte Voraussetzungen geknüpft werden. Bezüglich der **Voraussetzungen für die Annahme eines Serienfehlers** sollte nicht allein auf den wiederholten Defekt eines bestimmten Einzelteils abgestellt werden, sondern darauf, dass die betreffenden **Grundursachen für den Defekt** nachweislich identisch sind. Um zufällige Erscheinungen auszuschließen, sollte überdies auf die mehrfache (mindestens dreifache) Wiederholung des Defekts abgestellt werden.

Klauselbeispiel für die sachgerechte Definition des Begriffs *Generic Defect* aus Sicht des Anlagenunternehmers

[•] Definition of the Term Generic Defect

„Generic Defect" shall mean any defect of the plant or any part thereof arising at least three times within a period of [•] years after Taking-Over of the Works and in each case clearly being attributable to identical root causes to be proven by the Employer.

Rechtsfolge ist in der Regel der vollständige Austausch des betreffenden Teils der Anlage in sämtlichen Komponenten, in denen das betreffende Teil zum Einsatz kam. Der **Austausch der Komponenten** kann demnach auf Seiten des Anlagenunternehmers zu erheblichen Kosten führen, ganz zu schweigen von dem Fall, dass der Kunde auf Ersatz des durch den Austausch entstehenden Produktionsausfalls bestehen könnte. Letzteres sollte in jedem Falle ausgeschlossen werden, sofern – wie zumeist – auch sonstige Ansprüche des Kunden auf Ersatz von Vermögensschäden ausgeschlossen werden.[454] Eine Ausnahme – bezogen auf die wirtschaftlichen Folgen von Serienfehlern – ist insoweit kaum begründbar und wird auch von Kunden selten mit letzter Konsequenz verlangt. Aber auch der erstgenannte Gesichtspunkt kann für den Anlagenunternehmer mit gravierenden wirtschaftlichen Folgen verbunden sein und überdies zu **unangemessenen Vorteilen für den Kunden** führen. Zu berücksichtigen ist insofern, dass der Austausch defekter Komponenten aufgrund vorhandener Serienfehler ggf. zu einem Zeitpunkt erfolgt, in dem die vertraglich definierte oder sonst betriebsgewöhnliche Nutzungsdauer der betreffenden Komponenten bereits verstrichen ist und der Kunde deshalb bereits erhebliche Vorteile aus der Nutzung der betreffenden Komponente ziehen konnte. Deshalb bietet es sich an, die Verpflichtung des Anlagenunternehmers zum Austausch der mit dem Serienfehler versehenen Anlagenteile mit einer entsprechenden Ausgleichsverpflichtung des Kunden nach dem **Grundsatz „neu für alt"** zu verbinden. Wenn eine Komponente nach vier von fünf Jahren ihres vertraglich vorausgesetzten Lebenszyklus aufgrund der Entdeckung eines Serienfehlers ausgetauscht wird, sollte der Anlagenunternehmer zumindest nicht zum kostenlosen Austausch verpflichtet sein, weil der Kunde sonst erheblich besser stünde, als wenn der Serienfehler nicht aufgetreten wäre. Entsprechend bietet sich eine **proportionale Aufteilung** der mit dem Austausch verbundenen Kosten entsprechend des Verhältnisses zwischen der tatsächlichen Nutzungsdauer der betroffenen Komponente bis zu ihrem Austausch und ihrer spezifikationsgemäßen Nutzungsdauer an. 209

Klauselbeispiel für die Anrechnung von Vorteilen des Kunden aus Generic Defects in den FIDIC Particular Conditions of Contract

[•] Apportionment of Costs Resulting from a Generic Defect

The obligations imposed on the Contractor by sub-paragraph (a) and (b) of Sub-Clause 11.1 of the General Conditions of Contract shall also apply in the event that a Generic Defect has been notified to the Contractor after expiration of the Defects Notification Period provided that the following modifications shall apply: If the Generic Defect occurs in relation to original components within the initial life time as further defined within the Contractor's Operation and Maintenance Manuals, then the total net costs (without profit)

[454] Vgl. hierzu nachfolgend → Rn. 222 ff. sowie ausführlich → § 8 Rn. 64 ff.

proven to be incurred by measures taken in accordance with sub-paragraph (b) of Sub-Clause 11.1 of the General Conditions of Contract shall be shared between the Parties as follows: The Contractor shall be reimbursed by the Employer with an amount equal to a portion of the total net costs pro rata temporis to the period within which the respective component had been used until the Generic Defect was discovered in relation to the potential life time of such component or consumable without the occurrence of the Generic Defect according to the Contractor's Operation and Maintenance Manuals. If for a component no life time is specified within the Contractor's Operation and Maintenance Manuals then the normal life time for components of that specific kind shall apply, respectively, if no normal life time for components of that specific kind can be found, the respective life time as specified for the unit to which the defective component belongs, or respectively, the Works, shall apply, if any. However, if none of the aforementioned criteria for the calculation of the expected life time can be found, then the duration of the Main Defects Notification Period shall be construed as the expected life time.

210 Der Kunde wird gegen die vorstehend vorgeschlagene Formulierung einwenden, dass damit zwar seine möglichen Vorteile, nicht aber auch seine Nachteile ausgeglichen seien, die ihm infolge des Serienfehlers entstehen. Insbesondere ist hier an einen etwaigen Produktionsausfall während der erforderlichen Austauschaktion zu denken, auf dessen Ausgleich er aufgrund der zumeist vereinbarten Haftungsausschlüsse für Vermögensfolgeschäden keinen Anspruch hat. In seinem Interesse könnte deshalb die Anrechnungsklausel erheblich weicher gefasst und zudem sichergestellt werden, dass sich eine Zahlungspflicht des Kunden erst ergibt, wenn nach einem Abzug der entstandenen Nachteile von den Vorteilen noch eine Differenz zu seinen Gunsten besteht.

Klauselbeispiel für die kundenfreundliche Anrechnung von Vorteilen des Kunden aus Generic Defects

[•] Apportionment of Costs Resulting from a Generic Defect

The obligations imposed on the Contractor by sub-paragraph (a) and (b) of Sub-Clause 11.1 of the General Conditions of Contract shall also apply in the event that a Generic Defect has been notified to the Contractor after expiration of the Defects Notification Period as per (i) and (ii) herein above, provided that the following modifications shall apply: If the Generic Defect occurs in relation to original components within the initial life time as further defined within the Contractor's Operation and Maintenance Manuals, and the total net costs incurred by measures taken in accordance with sub-paragraph (b) of Sub-Clause 11.1 of the General Conditions of Contract causes (i) the Contractor to incur material additional costs in relation to those components and (ii) the Employer to benefit from a material cost reduction (whether for operating or for maintenance) in relation to these components, then the Parties shall use reasonable endeavours to negotiate in good faith, in order to agree on a reasonable amount to be reimbursed by the Employer to the Contractor.

211 Die FIDIC-Vertragsmuster sehen keine Bestimmungen zu generic defects vor. Solche Regelungen werden in der Praxis jedoch häufig in den Particular Conditions of Contract vorgesehen und sollten sorgfältig auf etwaigen Änderungsbedarf unter Berücksichtigung der vorstehenden Hinweise überprüft werden.

c) Regelungen zu versteckten Mängeln (latent defects)

212 Viele Industrieanlagenverträge enthalten ferner Regelungen zur Haftung des Unternehmers für versteckte Mängel der Anlage, also solche Mängel, die im Zeitpunkt der Abnahme für den Kunden auch bei Anwendung gehöriger Sorgfalt nicht erkennbar waren (sog. latent defects). Wenige nationale Rechtsordnungen sehen gesonderte Bestimmungen über

die rechtliche Behandlung versteckter Mängel vor.[455] Für solche Regelungen besteht bei sachgerechter Ausgestaltung der allgemeinen Mängelhaftung des Anlagenunternehmers auch kein einleuchtender Grund. Aus Sicht des Unternehmers sollte im Gegenteil darauf hingewirkt werden, dass dem Kunden eine sachgerechte Untersuchungs- und Rügepflicht hinsichtlich **erkennbarer Mängel** auferlegt wird, wobei sich der Maßstab der Erkennbarkeit nach den Kenntnissen und Fähigkeiten des betreffenden Kunden richten muss. Der Verweis auf die Erkennbarkeit für einen durchschnittlichen Kunden wird der grundsätzlichen Einstandspflicht des Unternehmers für Mängel nicht gerecht. Aus Sicht des mit dem Anlagengeschäft unerfahrenen oder der spezifischen Anlagen*technik* nicht vertrauten Kunden werden in diesem Sinne erkennbare Mängel daher selten vorliegen, wenn sie nicht im Einzelfall offensichtlich sind. Für den Kunden nicht erkennbare Mängel sind damit entweder solche Mängel, die im maßgeblichen Zeitpunkt objektiv nicht erkennbar waren, oder solche, die allein für den Unternehmer erkennbar waren. Sofern der Unternehmer jedoch keine positive Kenntnis von einem Mangel hatte und damit nicht arglistig handelte, besteht kein zwingender Anlass für eine Ausweitung seiner Mängelhaftung auf einen längeren, zum Teil sogar unbegrenzten Zeitraum. Ist der Kunde von seiner Forderung bezüglich einer weitergehenden Haftung für latent defects im Einzelfall nicht abzubringen, sollte zumindest versucht werden, die **Haftung in mehrfacher Hinsicht zu beschränken.** Einerseits sollte diese ergänzende Haftung ausschließlich für solche versteckten Mängel akzeptiert werden, die für die Gebrauchstauglichkeit von wesentlicher Bedeutung sind, ggf. mit einer beispielhaften **Aufzählung der betreffenden Fallgruppen.** Zum anderen sollte die Haftung für versteckte Mängel auf einen angemessenen Zeitraum nach Ablauf der allgemeinen Mängelhaftung begrenzt werden, damit der Kunde genau abschätzen kann, wann er nicht mehr mit einer Inanspruchnahme rechnen muss (und damit auch etwaige Rückstellungen auflösen kann). Weitere Einschränkungen, etwa durch Aufnahme eines **Verschuldenserfordernisses** oder eine Begrenzung der Höhe nach, sind denkbar. Hinzuweisen ist darauf, dass weder die FIDIC-Vertragsmuster noch andere gängige internationale Musterverträge gesonderte Bestimmungen zur Behandlung von latent defects vorsehen, was bereits für sich betrachtet dafür spricht, dass ein Bedürfnis für die gesonderte Reglementierung versteckter Mängel überwiegend nicht angenommen wird.

d) Regelungen zum Neubeginn der Mängelhaftungsfrist (revolving warranties)

Weitestgehend üblich sind ferner Bestimmungen, nach denen die Frist für die Einstands- 213
pflicht des Anlagenunternehmers im Falle der Reparatur oder des Austauschs von mangelhaften Teilen der Anlage neu zu laufen beginnt, sobald die betreffende Maßnahme abgeschlossen ist. Im Grundsatz entsprechen solche Regelungen der gesetzlichen Rechtslage im deutschen Recht, wenn man in der Mangelbeseitigung als solcher ein zumindest stillschweigendes Anerkenntnis im Sinne des § 212 Abs. 1 Nr. 1 BGB mit der Folge des Neubeginns der Verjährungsfrist sieht.[456] Aus Sicht des Anlagenunternehmers sollte darauf hingewirkt werden, dass diese Rechtsfolge durch **angemessene Spätestfristen** dahingehend eingeschränkt wird, dass die Verlängerung der Mängelhaftung einen definierten Spätesttermin nicht überschreitet.[457] Die FIDIC-Musterverträge sehen keinen Neubeginn der Def-

[455] Eine prominente Ausnahme bildet die aus dem französischen Rechtskreis stammende *Decennialhaftung,* vgl. dazu nachfolgend unter → Rn. 216, und die (abdingbare) Regelung im niederländischen Recht in Art. 7:761 B.W. Letztere sieht eine zweijährige Verjährungsfrist für versteckte Mängel vor, beginnend mit der Aufforderung zur Beseitigung (bei Fristsetzung mit dem Ablauf der gesetzten Frist und bei vorzeitiger Weigerung zur Beseitigung) und eine Spätestfrist von 20 Jahren für Bauwerke bzw. 10 Jahre für sonstige Werke nach Fertigstellung des Werks, vgl. hierzu van Wassenaer ICLR 2010, 114 (117); es kann bei Zugrundelegung niederländischen Rechts als Vertragsstatut dem Anlagenunternehmer nur dringend empfohlen werden, diese Regelung vertraglich auszuschließen oder auf ein sinnvolles Maß zu begrenzen, was auch regelmäßig seit Einführung der Neuregelung 2003 praktiziert wird.

[456] Staudinger/Peters BGB § 634a Rn. 30.

[457] S. dazu auch → § 9 Rn. 75f.

ects Notification Period infolge der Mangelbeseitigung vor, sondern lediglich die Verlängerung der Frist um den für die Mangelbeseitigung benötigten Zeitraum, sofern die Anlage infolge der Nachbesserung nicht genutzt werden konnte.[458] Weil es sich bei der Defects Notification Period auch nicht um eine Verjährungsregelung im Sinne des § 212 BGB handelt, dürfte auch ein Neubeginn der Frist aufgrund subsidiär geltenden deutschen Gesetzesrechts nicht in Betracht kommen. Allerdings sieht der Kunde häufig eine zu seinen Gunsten abweichende Bestimmung in seinen vorformulierten Particular Conditions of Contract zu Clause 11 vor, was dann wieder Anlass zur Einfügung einer ergänzenden Spätestfrist aus Sicht des Anlagenunternehmers gibt. Der UNIDO-Mustervertrag sieht im Interesse des Kunden zunächst einen Neubeginn der Verjährungsfrist vor, enthält aber auch eine Obergrenze, wonach die verlängerte Mängelhaftungsfrist spätestens 12 Monate nach dem Ablauf der ursprünglichen Frist endet.[459] Diese Regelung ist in sich geschlossen und für beide Parteien sachgerecht, wobei die Dauer der Spätestfrist von geringerer Bedeutung für den Unternehmer ist als vielmehr der Umstand, dass überhaupt eine Spätestfrist vereinbart wird, um die unerwünschte Folge zu vermeiden, dass die Mängelhaftung im Hinblick auf einen bestimmten Anlagenteil sich ständig kurz vor ihrem Ablauf erneuert und so eine *never ending warranty*[460] entsteht.

e) Spätestfristen für Beginn und Ende der Mängelhaftung

214 Bei der Ausgestaltung der Mängelhaftung ist über das Problem der sich verlängernden Mängelhaftung hinaus zu beachten, dass die vereinbarten Fristen für die Mängelhaftung und den Beginn und den Ablauf etwaiger Anzeigefristen mangels ausdrücklich abweichender vertraglicher Regelungen unabhängig von Behinderungen laufen, die dem Verantwortungsbereich des Kunden zuzuordnen sind. Wenn sich etwa aufgrund einer dem Kunden zurechenbaren Behinderung der Zeitpunkt des Taking-Over bei einem Vertrag unter dem Regime der FIDIC-Vertragsmuster erheblich verschiebt, führt dies – ungeachtet etwaiger Ansprüche des Contractor auf Mehrvergütung oder einer extension of Time for Completion – auch zu einer Verzögerung des Beginns der Defects Notification Period und damit zu einer zeitlichen Ausweitung der Mängelhaftung des Contractor. Zur Vermeidung dieser unerwünschten Rechtsfolge empfiehlt es sich aus Sicht des Anlagenunternehmers, auf eine Spätestfrist auch bezüglich des Beginns dieser Fristen hinzuwirken, weil die Ausweitung der Mängelhaftung sich zumeist nicht durch **korrespondierende Regelungen mit den Nachunternehmern** oder Zulieferern von Komponenten back-to-back absichern lässt. Für den Anlagenunternehmer entsteht somit das Risiko der fortbestehenden Mängelhaftung über den Zeitpunkt hinaus, in dem Rückgriffsansprüche gegen den eigentlich verantwortlichen Nachunternehmer oder Zulieferer noch durchsetzbar sind. Solche Spätestfristen sehen den Beginn von Anzeige- oder Mängelhaftungsfristen zu einem festen Termin, etwa spätestens 12 Monate nach dem im Zeitplan vorgesehenen Termin für die Abnahme vor.[461] Es ist jedoch nicht zu übersehen, dass Regelungen dieser Art die Rechtsposition des Kunden erheblich beeinträchtigen, weil sie starre Grenzen ohne Rücksicht auf etwaige Verzögerungen aus der Sphäre des Anlagenunternehmers vorsehen.[462] Das UNIDO-Vertragsmuster sieht hier eine differenziertere Regelung vor, die eine Spätestfrist vorbehaltlich etwaiger Verlängerungen im Falle von Verzögerungen der Abnahme normiert, die dem Unternehmer zurechenbar sind.

---

[458] Sub-Clause 11.3 Abs. 1 der FIDIC-Musterverträge.
[459] Vgl. Art. 28.5 des UNIDO-Vertragsmusters, dazu Dünnweber Industrieanlage S. 137.
[460] Auch „evergreen warranty" genannt, vgl. näher → § 9 Rn. 48 ff.
[461] Dünnweber Industrieanlage S. 137.
[462] Zutreffend Joussen Industrieanlagen-Vertrag S. 217 f.

Art. 28.2 des UNIDO-Vertragsmusters[463]

„The CONTRACTOR's warranty for mechanical capabilities under Article 28.1 shall be for 12 months, commencing from the date of provisional acceptance as defined in Article 18. This period shall not exceed (___) months from the Mechanical Completion of the Plant under this Contract but this (___) period shall be extended for such period that Provisional Acceptance of the Plant cannot take place due to the fault of the CONTRACTOR provided, however, in case of a Force Majeure occurrence as to both Parties this (___) months period shall be extended by the time caused by Force Majeure but not to exceed an additional (___) months."

Joussen empfiehlt dem Kunden, sich auf automatische Verlängerungsregelungen dieser Art angesichts der Vielfalt denkbarer Fallgestaltungen nicht einzulassen, sondern stattdessen die Möglichkeit einer *einvernehmlichen Verlängerung* im Verhandlungswege jeweils für den Einzelfall anzubieten.[464] Dem Anlagenunternehmer ist indessen mit diesem Angebot wenig geholfen, weil eine derartige Regelung die Verlängerung letztlich in das freie Ermessen des Kunden stellt und damit naturgemäß alles andere als die angestrebte Rechtssicherheit erreicht wird. Vorzugswürdig erscheint deshalb die Regelung einer ausdrücklichen **Fiktion oder unwiderlegbaren Vermutung** dahingehend, dass der Beginn der betreffenden Frist sich nach dem Zeitpunkt richtet, in dem der Anlagenunternehmer alles in seiner Macht Stehende getan hat, wenn und soweit sich die Abnahme (bzw. die Erteilung des taking-over certificate) aus Gründen verzögert, die der Sphäre des Kunden zuzuordnen sind. Der Vorschlag des UNIDO-Vertragsmusters bietet hier eine sachgerechte Basis, die nach Verantwortungsbereichen differenziert und damit konsensfähig sein sollte. Im Hinblick auf Verzögerungen, die auf einem force majeure Ereignis beruhen, dürften allerdings Einwände des Kunden zu erwarten sein, weil nicht einzusehen ist, warum die Mängelhaftung des Unternehmers in diesem Fall eingeschränkt werden sollte, zumindest dann, wenn der Kunde die Anlage aufgrund des verzögernden Umstandes noch nicht bestimmungsgemäß nutzen konnte. Wenn und soweit die hindernden Umstände weder der einen noch der anderen Partei zugeordnet werden können, kann im Interesse der Rechtssicherheit ergänzend eine **Spätestfrist** für den Beginn der betreffenden Frist ergänzt werden. 215

Klauselbeispiel für die Bestimmung einer *Spätestfrist* für den Beginn der Mängelhaftung

§ [•] Latest Period for Commencement of Defects Notification Period

The Defects Notification Period [respectively the warranty period/defects correction period] shall in any event in which the Taking-Over Certificate could not be issued [respectively the acceptance of the Works has not occurred] due to circumstances attributable to the Employer, commence at the date at which it would have been issued [respectively would have occurred] if the respective hindering circumstances had not been arisen. However, should it not be possible to attribute the reason for the delay in issuing the Taking-Over Certificate to either Party hereto, the Defects Notification Period [respectively the warranty period/defects correction period] shall in any event commence [•] months after the date at which the Defects Notification Period [respectively the warranty period/defects correction period] would have commenced if the respective hindering circumstances had not arisen, provided, however, such circumstances were not preventing the Employer from the commercial operation of the Works.

---

[463] Abgedruckt bei Dünnweber Industrieanlage S. 245.

[464] Joussen Industrieanlagen-Vertrag S. 218.

4. Exkurs: Die „Decennialhaftung" des französischen Rechtskreises

216 Hinzuweisen ist schließlich noch auf eine Besonderheit, die sich für einige Rechtsordnungen im Zusammenhang mit der sogenannten Decennialhaftung ergibt.[465] Diese besondere Mängelhaftung hat ihren Ursprung im französischen Rechtskreis und ist in einer ganzen Reihe nationaler Rechtsordnungen übernommen worden, unter anderem in Ägypten, Algerien, Qatar und den Vereinigten Arabischen Emiraten.[466] Wie es bereits der Name vermuten lässt, beträgt die **Dauer der Decennialhaftung** in der Regel zehn Jahre, beginnend mit der Abnahme des Werks. Die Haftung ist (international) zwingend ausgestaltet, gilt also für alle Bauvorhaben innerhalb der räumlichen Grenzen des betreffenden Staates unabhängig von der Wahl eines abweichenden Vertragsstatuts. Inhaltlich betrifft die Decennialhaftung lediglich solche Mängel des Werks, die sich auf die Standfestigkeit des Bauwerks oder seine Ausstattung, sofern sie ihrer Art nach fest mit dem Bauwerk verbunden ist, auswirken (Art. 1792-2 Code Civil). Entlasten kann sich der Anlagenunternehmer vor allem dann, wenn ihm der Nachweis gelingt, dass er die Planung des Auftraggebers oder eines von diesem mit der Planung beauftragten Dritten vollständig umgesetzt hat und sich der haftungsbegründende Mangel damit nur als **Folge fehlerhafter Planung** darstellt.[467] Im Übrigen haften ausführende Unternehmer und Planer ggf. gesamtschuldnerisch für die Folgen des Mangels.[468]

217 Der **zwingende Charakter** der Decennialhaftung und die damit verbundene erhebliche zeitliche Ausweitung der Mängelhaftung sind von Anlagenunternehmern bei der Risikobewertung des Projekts zu berücksichtigen, da sie bei der Ausgestaltung der Verträge angesichts ihrer zwingenden Geltung keine Abweichungen zulassen. Besondere Bedeutung erlangt die Decennialhaftung für **versteckte Mängel** des Werks, weil diese typischerweise erst lange nach Vertragsabschluss offenbar werden. Sie gilt aber in gleicher Weise auch für im Grundsatz erkennbare oder sogar vom Kunden erkannte Mängel und steht damit im Widerspruch zu anderen Rechtsordnungen, bei denen **Kenntnis** von einem Mangel bei Abnahme jede Haftung des Unternehmers ausschließt.[469]

5. Die Haftung für Rechtsmängel

218 Der Anlagenunternehmer hat dem Kunden nicht nur eine mangelfreie Anlage zu liefern, sondern diesem auch das Eigentum an der Anlage zu verschaffen und sämtliche zum Betrieb der Anlage erforderlichen IP-Rechte zu übertragen oder zur Nutzung einzuräumen. Die Rechtsmängelhaftung ist in den nationalen gesetzlichen Rechtsordnungen uneinheitlich geregelt. Nach § 633 Abs. 1 BGB hat der Unternehmer dem Besteller das Werk frei von Rechtsmängeln zu verschaffen, was nach Abs. 3 der Regelung dann der Fall ist, wenn Dritte in Bezug auf das Werk keine oder nur die im Vertrag übernommenen Rechte gegen den Besteller geltend machen können. Im Unterschied zur Rechtslage vor dem Inkrafttreten des Schuldrechtsmodernisierungsgesetzes zum 1.1.2002[470] hat der Gesetzgeber die Haftung für Rechtsmängel der Sachmängelhaftung gleichgestellt, so dass dem Besteller das Recht auf Nacherfüllung und die Rechte auf Erstattung von Selbstvornahmekosten, Minderung, Schadensersatz und das Recht zum Rücktritt vom Vertrag zustehen, falls der

---

[465] Hök ZfBR 2008, 741 ff.; Roquette/Schweiger/Ritter/Schätzlein Privates Baurecht E. I. Rn. 42; Jaeger/Hök FIDIC S. 24.

[466] Vgl. hierzu etwa Hanafi ICLR 2008, 220 (226); als weitere Staaten haben Angola, Belgien, Kamerun, Libanon, Luxemburg, Marokko, Philippinen, Ruanda, Rumänien, Tunesien und diverse südamerikanische Staaten die Decennialhaftung in ihren nationalen Rechtsordnungen übernommen, vgl. Roquette/Schweiger/Ritter/Schätzlein Privates Baurecht E I. Rn. 73.

[467] Hanafi ICLR 2008, 220 (226).

[468] Gleiches gilt auch für Mängel der Bauüberwachung des eingesetzten engineer, vgl. Hanafi ICLR 2008, 220 (227).

[469] Vgl. etwa § 640 Abs. 3 BGB u. Art. 370 Abs. 1 OR.

[470] Dazu Joussen Industrieanlagen-Vertrag S. 223 ff.

Rechtsmangel nicht innerhalb einer hierfür gesetzten angemessenen Nachfrist beseitigt wird.[471] Auch nach **schweizerischem Recht** hat der Unternehmer für die Rechtsmängelfreiheit des Werks verschuldensunabhängig einzustehen (Art. 192 OR). Muss der Besteller die Entwehrung durch Zahlung einer Abfindungssumme an den Dritten abwenden oder den Dritten entschädigen, kann der Besteller die Erstattung der hierfür erforderlichen Aufwendungen vom Unternehmer nach dem entsprechend anwendbaren Art. 672 ZGB verlangen.[472] Die **Rechtsordnungen des common law** unterscheiden letztlich nicht zwischen Sach- und Rechtsmängeln, sondern bilden einen einheitlichen Tatbestand des breach of contract, bei dessen Vorliegen dem Kunden grundsätzlich nur Ansprüche auf Schadensersatz zustehen. Indessen können diese auch auf Ersatz der Kosten gerichtet sein, die für die Beseitigung des konkreten Rechtsmangels erforderlich sind. Kann der Kunde die Anlage aufgrund des Rechtsmangels nicht betreiben, liegt überdies die Annahme eines fundamental breach of contract nahe, der dem Kunden mitunter ein Recht zur Terminierung des Vertrages gibt.[473] Vertragliche Regelungen sollten **eigenständige Mechanismen** für die Behandlung von Rechtsmängeln vorsehen. Fälle von Rechtsmängeln treten bei Industrieanlagenverträgen selten bezüglich des Eigentums an verbauten Materialien auf, sondern vor allem im Hinblick auf IP-Rechte, die für die bestimmungsgemäße Verwendung der Anlage benötigt werden. Üblich sind deshalb umfangreiche Regelungen zu den Rechten des Kunden bei Verletzung der Verpflichtung des Unternehmers zur Verschaffung dieser Rechte. Sie zielen insbesondere darauf ab, dass der Anlagenunternehmer den Kunden von jeder Inanspruchnahme Dritter **freistellt** und den Rechtsmangel durch entsprechende Verhandlungen und Vereinbarungen mit dem Rechtsinhaber beseitigt. Ist die Verschaffung der benötigten Rechte nicht möglich, besteht weiter die Möglichkeit, das Design der Anlage zu ändern und die Anlage so umzubauen, dass die Rechte des Dritten nicht mehr für ihre bestimmungsgemäße Verwendung benötigt werden.[474] Indessen dürfte diese Option nur in wenigen Ausnahmefällen bestehen, weil die Anlagentechnik zumeist komplex ist und verschiedene Komponenten ineinandergreifen, die nur in ihrer Gesamtheit zum Erfolg führen. Wird ein Teil geändert, hat dies häufig erhebliche Auswirkungen auf andere Teile und so wäre oftmals ein vollständiges ***re-engineering* der Gesamtanlage** erforderlich, das seinerseits zu Kosten führt, die den Gesamtpreis der Anlage übersteigen.

Die **FIDIC-Vertragsmuster** sehen eine Verpflichtung des Contractor zu einer Freistel- 219
lung des Employer von jeder Inanspruchnahme Dritter wegen IP-Rechtsverletzungen vor, unabhängig davon, ob diese zu Recht oder zu Unrecht geltend gemacht werden (Sub-Clause 17.3).[475]

VI. Haftung und Freistellung

Die Haftung des Anlagenunternehmers und ihre sachgerechte Begrenzung sind häufig we- 220
sentliche Verhandlungspunkte zwischen den Parteien und werden aufgrund der gegensätzlichen Interessenlage und der Bedeutung für beide Seiten zumeist ausgiebig kontrovers diskutiert. Hintergrund ist der Umstand, dass die nationalen Rechtsordnungen durchgehend unbegrenzte Haftungen der Vertragsparteien zumindest bei Schäden, die ihre Ursache in (schuldhaften) Pflichtverletzungen der Parteien haben, vorsehen.[476] Angesichts der denkba-

[471] Staudinger/Peters BGB § 633 Rn. 198.
[472] Gauch Werkvertrag Rn. 1463.
[473] Vgl. dazu näher nachstehend → Rn. 253 ff.; zur streitigen Existenz dieser Rechtsfigur des fundamental breach ausführlich Chitty on Contracts General Principles Rn. 17–023 ff.
[474] Joussen Industrieanlagen-Vertrag S. 237.
[475] Hierzu → Rn. 231; zu Lizenz- und Know-how-Verträgen ausführlich → § 22.
[476] Indessen sind nationale Besonderheiten im Hinblick auf den Umfang des erstattungsfähigen Schadens durchaus denkbar, vor allem dahingehend, dass die gesetzliche Haftung sich nur auf vorhersehbare Schäden bezieht, wie etwa im französischen und belgischen Recht (Art. 1150, 1151 Code Civil); vgl. Hök Handbuch § 18 Rn. 76.

ren Schäden, die dem Kunden infolge der verspäteten oder sonst nicht vertragsgemäßen Erstellung der Anlage drohen, hat der Unternehmer ein offensichtlich existenzielles Interesse an einer sachgerechten Begrenzung seiner Haftung sowohl dem Gegenstand als auch der Höhe nach. Weil **Haftungsbegrenzungsklauseln** keine typische Eigenart von Industrieanlagenverträgen sind, sondern bei fast allen Arten von internationalen Wirtschaftsverträgen eine überragende Bedeutung haben, werden die Voraussetzungen und Rechtsfolgen in einem gesonderten Kapitel dieses Werks dargestellt, auf das hier zu verweisen ist.[477] Nachfolgend sollen deshalb nur die für Anlagenverträge **typischen Regelungsgehalte** und die Besonderheiten unter dem Regime der FIDIC-Vertragsmuster erläutert werden.

1. Typische Regelungsinhalte von Haftungsbegrenzungen in internationalen Industrieanlagenverträgen

221 Die Üblichkeit der vertraglichen Vereinbarung von Haftungsbegrenzungen zu Gunsten des Anlagenunternehmers zeigt sich bereits daran, dass die von Kunden verwendeten Vertragsmuster von vornherein entsprechende Bestimmungen vorsehen.

a) Ausschluss der Haftung für Vermögensschäden

222 Besondere Relevanz haben Haftungsausschlüsse für sog. Folgeschäden (indirect and consequential damages) des Kunden, die sich als Folge des Leistungsverzuges oder sonstiger Pflichtverletzungen des Anlagenunternehmers ergeben können.[478] Der Grund für das Erfordernis des Haftungsausschlusses wird zumeist darin gesehen, dass Vermögensschäden nur in sehr begrenztem Umfang für den Unternehmer versicherbar sind[479] und deshalb **existenzbedrohende Folgen** haben können.[480] Üblich ist deshalb der Ausschluss der Haftung für reine Vermögensschäden, also solcher Schäden, die sich nicht als unmittelbare Folge von Personen- oder Sachschäden ergeben, sondern hiervon unabhängig entstehen, etwa als Folge mängelbedingten Produktionsausfalls. Diese Art von Schäden ist für den Versicherer in der Regel ebenso wenig kalkulierbar wie für den Unternehmer.[481]

223 Schwierigkeiten bereitet bei der Formulierung der Haftungsbegrenzungen insbesondere die **Definition der konkreten Schadensarten,** für welche die Haftungsbegrenzungen gelten sollen. Üblich ist deshalb die Bezeichnung der Schäden als mittelbare oder indirekte Schäden,[482] verbunden mit exemplarischen Aufzählungen besonders typischer Arten von Vermögensschäden.[483] Indessen ist hier sorgfältig auf die Besonderheiten des Vertragsstatuts zu achten, das mitunter erheblichen Einfluss auf die Frage hat, ob ein Schaden als direkter oder indirekter Schaden zu qualifizieren ist. So ist etwa der entgangene Gewinn nicht zwangsläufig als indirekter Schaden zu bewerten, sondern wird nach **englischem Rechtsverständnis** zumeist als direkter Schaden qualifiziert.[484] Insofern reicht es aus Sicht des Anlagenunternehmers nicht aus, die Haftung für indirect and consequential damages auszuschließen; erforderlich ist vielmehr die ausdrückliche Bezugnahme auf loss of profit.[485] Gleiches gilt auch für lost interest, loss of production und overheads, die ebenfalls aus-

---

[477] Vgl. → § 8.
[478] Vgl. etwa Joussen Industrieanlagen-Vertrag S. 203ff.; Lotz ZfBR 2003, 424ff.
[479] Joussen Industrieanlagen-Vertrag S. 82ff., S. 203.
[480] Dünnweber Industrieanlage S. 139; Joussen Industrieanlagen-Vertrag S. 204; Lotz ZfBR 2003, 424 (429).
[481] Einen gesetzlichen Ausschluss solcher consequential damages sieht das indische Recht in s. 73 des Indian Contract Act vor, hierzu Fußy ZfBR 2016, 315, (319).
[482] Allerdings ist die Terminologie unterschiedlich und eine Bezugnahme auf diese Ausdrücke allein daher nicht zu empfehlen, vgl. zu weiteren Unterscheidungen von Schadensarten ausführlich Schuhmann Handbuch S. 204f.
[483] S. ausführlich zur Unterscheidung der Schadensarten und zu entsprechend sachgerechten Formulierungsbeispielen → § 8.
[484] Henchie ICLR 2002, 97 (103).
[485] Ausführlich → § 8 Rn. 69; Steele tce 2007, 20 (21).

drücklich genannt werden sollten.[486] Zum Teil bezieht sich der Haftungsausschluss nicht auf Vermögensschäden bestimmter Art, sondern auf solche Schäden, die nicht vom **Versicherungsumfang** des Unternehmers erfasst werden. Solche Bestimmungen sind aus Sicht des Kunden insofern vorzugswürdig, als sie Raum für Ansprüche auf Ersatz solcher Schäden lassen, die ausnahmsweise vom Versicherungsumfang gedeckt sind. Indessen hat der Kunde typischerweise wenig Einfluss darauf, welche Schäden im Einzelnen gedeckt sind, es sei denn, dies wird im Vertrag ausdrücklich geregelt und entsprechende Kontrollmöglichkeiten werden eingeräumt.

Generell lässt sich jedoch für internationale Industrieanlagenverträge feststellen, dass sich 224 die Frage, ob die Haftung des Anlagenunternehmers für Vermögensschäden begrenzt wird, kaum jemals stellen wird, weil auch dem Kunden das generelle Bedürfnis des Vertragspartners nach einer sachgerechten Haftungsbegrenzung regelmäßig bekannt ist.[487] Schwerpunkt der Verhandlungen ist deshalb zumeist der genaue Inhalt der Ausschlussklausel für Vermögensschäden, namentlich etwaige Rückausnahmen.[488]

b) Begrenzungen der Gesamthaftung des Anlagenunternehmers

Üblich sind weiter Regelungen, die den Umfang der Gesamthaftung des Anlagenunter- 225 nehmers der Höhe nach begrenzen. Solche Gesamthaftungsbegrenzungen sind umso wichtiger, wenn ausnahmsweise keine Haftungsausschlüsse für Vermögensschäden vereinbart werden. Die Höhe der Begrenzung hängt von der Art der Anlage, dem Gesamtvolumen der Investition und von den potenziellen Haftungsrisiken ab. Regelmäßig wird ein **Prozentsatz vom Vertragspreis** als Gesamthaftungsbegrenzung vereinbart. Die Sätze liegen zwischen 10% und 100% des Vertragspreises, wobei der Prozentsatz gewöhnlich mit steigendem Vertragspreis abnimmt. Was genau von der Gesamthaftungsbegrenzung erfasst wird, sollte im Vertrag ausdrücklich geregelt werden, um Interpretationsspielraum zuungunsten des Anlagenunternehmers zu vermeiden, weil Haftungsbegrenzungen in den meisten Rechtsordnungen *contra proferentem,* mithin zu Lasten der durch sie begünstigten Vertragspartei, ausgelegt werden. Es sollte deshalb klargestellt werden, ob und ggf. in welchem Umfang sich Vertragsstrafen oder pauschalierter Schadensersatz für Verzug oder Nichterreichung von Leistungsparametern auf die Höhe der Gesamthaftungsbegrenzung auswirken. Weiter sollten die Folgen einer **Kündigung des Vertrages** und/oder eines Rücktritts des Kunden berücksichtigt werden. Wenn der Anlagenunternehmer bereits in erheblichem Umfang Zahlungen erhalten hat, sind diese im Falle der berechtigten Zurückweisung der Anlage zurückzuerstatten. Kann die demontierte Anlage nicht anderweitig verkauft werden, können die **nutzlosen Investitionen** die wirtschaftliche Leistungsfähigkeit des Anlagenunternehmers in gleicher Weise ruinieren wie etwaige Schadensersatzansprüche. Im ungünstigsten Fall hat er neben der Rückzahlung des Vertragspreises auch noch (ggf. der Höhe nach begrenzte) Schadensersatzleistungen zu erbringen. Aus Sicht des Anlagenunternehmers wäre es damit von Vorteil, die Rückzahlungen ebenfalls in die Gesamthaftungsbegrenzung einzubeziehen.[489]

[486] Henchie ICLR 2002, 97 (104); Lotz ZfBR 2003, 424 (429).

[487] Henchie ICLR 2002, 97 (103: „(…) *Indeed, the principle of limitation of liability itself is not actually the issue, since nearly all owners and their lenders will recognise and accept that some form of limitation is a reasonable requirement of the contractor.*" Ähnlich Lotz ZfBR 2003, 424 (429) und Joussen Industrieanlagen-Vertrag S. 203: *„Im Anlagengeschäft werden derartige Ansprüche* [sic: für Produktionsausfall und entgangenen Gewinn] *weder zugestanden noch von der Praxis honoriert."*

[488] Henchie ICLR 2002, 97 (192); → § 8 Rn. 80ff.

[489] Vgl. hierzu näher → § 8 Rn. 75f. Klauseln dieser Art werden jedoch nur selten akzeptiert, weil der Kunde regelmäßig erwartet, zumindest seine Zahlungen vollständig zurück zu erhalten.

c) Gesetzliche Grenzen wirksamer Haftungsbegrenzungen

226 Abgesehen davon, dass der Vereinbarung von Haftungsbegrenzungen natürliche Grenzen gesetzt sind, weil der Kunde offenkundig gegenteilige Interessen verfolgt, geben die meisten nationalen Rechtsordnungen zwingende Grenzen bezüglich der Wirksamkeit von Haftungsbegrenzungen vor. Während nach deutschem Recht individualvertraglich auch die Haftung für grobe Fahrlässigkeit ausgeschlossen werden kann und nur eine Begrenzung der Haftung für vorsätzlich verursachte Schäden im Voraus unwirksam ist (§ 276 Abs. 3 BGB),[490] sind nach **schweizerischem Obligationenrecht** auch im Vorhinein vereinbarte Begrenzungen der Haftung für grob fahrlässig verursachte Schäden nichtig (Art. 100 Abs. 1 OR). Gleiches gilt auch für das italienische Recht[491] und zahlreiche andere Rechtsordnungen.[492] Auch sehen viele Rechtsordnungen Grenzen bezüglich des Ausschlusses oder der Begrenzung der **Haftung für Personenschäden** vor.[493] Aus US-amerikanischer Sicht sind vertragliche Haftungsbegrenzungen im Grundsatz wirksam und werden von den Gerichten beachtet, sofern sie nicht im Einzelfall als *unconscionable* qualifiziert werden.[494] Aus Sicht der rechtlichen Berater des Anlagenunternehmers sind diese zwingenden Grenzen des jeweiligen Vertragsstatuts sorgfältig zu analysieren und bei der Formulierung der Haftungsbegrenzungen zu berücksichtigen, um nicht die Unwirksamkeit der Klausel zu riskieren.[495] Vor allem sollte es der Anlagenunternehmer vermeiden, seine vermeintlich im Einzelfall bestehende starke Verhandlungsposition zu Gunsten der Vereinbarung von Regelungen zu nutzen, die den Kunden im Ergebnis weitestgehend rechtlos stellen, wie etwa im Falle des gleichzeitigen unbedingten **Ausschlusses des Rücktrittsrechts** und etwaiger Schadensersatzansprüche.

2. Haftungsbegrenzungen unter dem Regime der FIDIC-Vertragsmuster

227 Die FIDIC-Vertragsmuster sehen Bestimmungen zu Haftungsausschlüssen und -begrenzungen in Sub-Clause 17.6 vor.

a) Ausschluss der Ansprüche auf Ersatz von Vermögensschäden

228 Nach Sub-Clause 1.15 Red und Yellow Book bzw. Sub-Clause 1.14 Silver Book sind zunächst wechselseitige Ansprüche der Parteien auf Ersatz von Vermögensschäden im Grundsatz ausgeschlossen. Die Regelung berücksichtigt die Empfehlung, neben einer abstrakten Formulierung der ausgeschlossenen Schadensarten (indirect or consequential loss

---

[490] Gleiches gilt auch für das spanische Recht, vgl. Henchie ICLR 2002, 97 (102).

[491] Art. 1229 des italienischen Codice Civile, nach welchem Haftungsbegrenzungen für *dolo* und *colpa grave* unwirksam sind.

[492] So zum Beispiel auch in Algerien, Ägypten, Qatar und den Vereinigten Arabischen Emiraten, vgl. Hanafi ICLR 2008, 220 (228).

[493] Vgl. § 309 Nr. 7 lit. a) BGB für Allgemeine Geschäftsbedingungen; zum schweizerischen Recht (Unwirksamkeit nach Art. 20 Abs. 1 OR) Honsell/Thier OR Art. 100 Rn. 2 mwN.

[494] S. *Rotorex Co., Inc. v. Kingsbury Corp.*, 42 F Supp. 2d. 563, 577 (D. Md. 1999) zum Recht des Staates New York; *Transport Corp. Of America, Inc. v International Business Machines Corp., Inc.*, 30 F.3 d. 953 (959 f.) (8th Circ. 1994) zum Recht des Staates Minnesota; *Flow Industries, Inc. v Fields Const. Co.*, 683 F. Supp. 527 (531) (D. Md. 1988): „(…) *Flow next contends that the limitation of liability clauses are unconscionable. This contention too is without merit. Because the transactions here involved are commercial ones involving business entities, the clauses are presumptively valid* (…)" zum Recht des Staates Maryland; im gleichen Sinne *Long Island Lighting Co., v Transamerica Delaval,* 646 F. Supp. 1442 (1986): „(…) *Limitations of consequential damages in commercial, as opposed to consumer transactions are rarely considered unconscionable* (…)"; zum Ganzen Cameron Construction Law § 18.02(a)(3).

[495] Henchie ICLR 2002, 97 (103) Fn. 17, sieht als Motivation für einen vollständigen Haftungsausschluss entgegen den zwingenden Grenzen des Vertragsstatuts den Glauben mancher Auftragnehmer, dass die mit dem Recht des Vertragsstatuts nicht so vertrauten Schiedsgerichte am Ende dem Wortlaut der Klausel mehr Bedeutung beimessen könnten als dem zwingenden Recht des Vertragsstatuts; jedenfalls dann, wenn als Vertragsstatut eine grundsätzlich zugängliche Rechtsordnung vereinbart wird, dürfte diese Annahme selten zutreffen.

or damage) auch eine Aufzählung bestimmter Schadenspositionen vorzunehmen und deren Ausschluss unabhängig von der Einordnung des betreffenden Schadens in die eine oder andere abstrakte Kategorie vorzusehen. Ausgeschlossen sind demnach Ansprüche wegen loss of use of any Works, loss of profit und loss of any contract und darüber hinaus Ansprüche auf Ersatz von indirect or consequential loss or damage.[496] Zugleich sieht die Regelung mehrere Ausnahmen von dem Haftungsausschluss vor. Der Katalog wurde in der Rainbow Suite 2nd Edition erweitert. Geblieben ist die Ausnahme(Sub-Clause 16.4), die sich auf die Ansprüche des Contractor auf Ersatz entgangenen Gewinns im Falle der berechtigen außerordentlichen Kündigung des Vertrages durch den Contractor nach Sub-Clause 16.2 bezieht, mithin zu Gunsten des Contractor bestimmt wird. Auch bleibt es bei der aus Sicht des Contractor nachteiligen Ausnahme für Freistellungsansprüche der Parteien bezüglich etwaiger Ansprüche Dritter nach den Sub-Clauses 17.4 und 17.5. Vor allem für den Contractor ist diese Ausnahme problematisch. Möchte der Contractor vermeiden, auf dem Umweg der Ansprüche Dritter letztlich doch für Vermögensschäden in Anspruch genommen zu werden, müsste er, so sollte man meinen, auf eine entsprechende individuelle Bestimmung in den Particular Conditions of Contract hinwirken, welche die Ausnahmebestimmung für Freistellungsansprüche wieder aufhebt.[497] Indessen ist zu berücksichtigen, dass sich die Freistellungsansprüche des Employer nach Sub-Clause 17.4 ebenfalls nicht auf reine Vermögensschäden beziehen, sondern ausschließlich Ansprüche Dritter aufgrund von Personenschäden (Sub-Clause 17.4 (a)) und Sachschäden betreffen (damage to or loss of any property, real or personal (other than the Works), so dass sie Freistellungsansprüche grundsätzlich nur für solche Schäden Dritter gewährt, die innerhalb des gewöhnlich versicherbaren Rahmens liegen. Die Ausnahme ist deshalb auch für den Anlagenunternehmer durchaus hinnehmbar. Ihre Existenz dürfte wiederum auf den Umstand zurückzuführen sein, dass innerhalb der verschiedenen nationalen Rechtsordnungen unterschiedliche Einschätzungen bezüglich der Definition von indirect and consequential loss or damage vorherrschen. Neu hinzugekommene Ausnahmen von den Haftungsausschlüssen in der 2nd Edition betreffen nunmehr insbesondere die delay damages nach Sub-Clause 8.8, die Ansprüche bei freier Kündigung nach Sub-Clause 15.7 und angeordnete Leistungsänderungen (variation by instruction) nach Sub-Clause 13.3.1. Da die Höhe der Tagessätze für delay damages gemäß Sub-Clause 8.8 bereits in der Contract Data festzulegen ist und in diesem Zusammenhang meist auch gedeckelt wird, ist die Relevanz des neuen carve out für delay damages über eine Klarstellungsfunktion hinaus unklar. Im Falle von grober Fahrlässigkeit, Rücksichtslosigkeit und Vorsatz sehen sowohl Sub-Clause 8.8 letzter Absatz als auch Sub-Clause 1.15 Abs. 3 bzw. 1.14 Abs. 3[498] vor, dass die Haftungsbeschränkung für Vermögensschäden nicht gilt, weshalb es auch insoweit der Rückausnahme in Abs. 1 nicht bedurfte.

---

[496] Aufgrund der international (insbesondere bei englischem Vertragsstatut) zum Teil vom deutschen Recht abweichenden Qualifizierung einiger Schäden als *unmittelbare* Schäden sollte bei der Vertragsgestaltung außerhalb der FIDIC-Vertragsmuster die oft anzutreffende Formulierung *„indirect or consequential loss or damages such as but not limited to loss of profit, loss of use, loss of production (…)"* vermieden und statt dessen auf eine exemplarische Aufzählung konkret ausgeschlossener Schadensarten zurückgegriffen werden, um kenntlich zu machen, dass die konkret benannten Schadenstypen unabhängig von ihrer Einordnung als indirect oder consequential nach Maßgabe des jeweils einschlägigen Vertragsstatuts ausgeschlossen sein sollen; im Anschluss an die Formulierung konkreter Schadensbilder empfiehlt sich dann die ergänzende (generalklauselartige) Erwähnung der indirect and consequential damages mit dem Hinweis, dass auch diese generell vom Haftungsausschluss umfasst sein sollen; ausführlich zu diesem Problem und Formulierungsvorschlägen → § 8 Rn. 69.

[497] Seppala ICLR 2000, 235 (239); Mallmann Anlagenbauverträge S. 261; Roquette/Schweiger/Ritter/Schätzlein Privates Baurecht E. II. Rn. 230.

[498] → Rn. 230.

b) Begrenzung der Gesamthaftung des *Contractor*

229 Sub-Clause 1.15 Abs. 2 Red und Yellow Book bzw. Sub-Clause 1.14 Abs. 2 Silver Book sehen schließlich eine Gesamthaftungsbegrenzung zu Gunsten des Contractor vor, die ausdrücklich der individuellen Bestimmung der Parteien überlassen wird. Die Zurückhaltung der FIDIC bei der Vorgabe einer bestimmten Maximalhaftungshöhe beruht auf der Erwägung, dass eine sachgerechte Bemessung nur unter **Berücksichtigung der Besonderheiten** des konkreten Projekts erfolgen kann.[499] Lediglich dann, wenn die Parteien (nach Vorstellung der Entwurfsverfasser ausnahmsweise) keine individuelle Angabe zur Haftungshöchstgrenze vereinbart haben, ist die Gesamthaftung des Contractor auf den Auftragswert (Accepted Contract Amount) begrenzt.[500] Indessen wird der Kreis der **Ausnahmen von der Maximalhaftungsgrenze** deutlich weiter gezogen als im Falle des Ausschlusses der Haftung für Vermögensschäden nach Clause 17.6 Abs. 1: Demnach unbegrenzt haftet der Contractor für die beim Employer bezogene Versorgung mit vorübergehenden Hilfsmitteln wie Strom, Wasser, Elektrizität und Gas (Sub-Clause 4.19) sowie Werkzeugen und Vorrichtungen (Sub-Clause 2.6), und für Freistellungsverpflichtungen aus der Verletzung von intellectual property rights (Sub-Clause 17.3) sowie Sach- und Personenschäden (Sub-Clause 17.4). Auch jenseits der Verwendung der FIDIC-Vertragsmuster sind die letztgenannten Ausnahmen von der Haftungshöchstgrenze durchaus üblich. Der Anlagenunternehmer übernimmt zumeist die **uneingeschränkte Haftung** für die für den Betrieb der Anlage benötigten Schutzrechte. Das Problem, dass sich für den Employer aus einer (berechtigten oder unberechtigten) Inanspruchnahme Dritter wegen der angeblichen Verletzung dieser Rechte ergeben kann, wird damit in vollem Umfang auf den Contractor verlagert. Die Folgen aus der Freistellungsverpflichtung nach Sub-Clause 17.4 sind **regelmäßig versicherbar** und damit für den Anlagenunternehmer überschaubar.[501] Ob eine individuelle Regelung bezüglich der unbegrenzten Haftung für intellectual property rights zu Gunsten des Anlagenunternehmers möglich ist, muss im Einzelfall geprüft werden. Regelmäßig ist sie beim Kunden kaum durchsetzbar und auch schwer argumentierbar, weil bereits der Versuch, eine weitergehende Begrenzung der Haftung durchzusetzen, häufig als Zugeständnis der mangelnden Leistungsfähigkeit des Anlagenunternehmers gedeutet wird und damit zu einem erheblichen Vertrauensverlust auf Seiten des Employer noch vor dem Vertragsabschluss führen kann. Die beiden erstgenannten Ausnahmen dürften aus Sicht des Contractor weniger bedeutsam sein, schon weil sie bei der Kalkulation des Angebotspreises berücksichtigt werden sollten.

c) Unanwendbarkeit der Haftungsbegrenzungen

230 Nach Sub-Clause 1.15 Abs. 3 Red und Yellow Book bzw. 1.14 Abs. 3 Silver Book sind die in Sub-Clause 1.15 bzw. 1.14 vorgesehenen Haftungsausschlüsse und -begrenzungen nicht anwendbar, wenn die betreffenden Schäden auf betrügerischem bzw. arglistigem (fraud) oder ganz allgemein vorsätzlichem (deliberate default) Verhalten beruhen oder auf eine besonders grobe Form von Fahrlässigkeit (reckless misconduct) zurückzuführen sind. Mit dieser Ausnahme wurde dem Umstand Rechnung getragen, dass die ganz überwiegende Mehrheit nationaler Rechtsordnungen Haftungsbegrenzungen in den genannten

---

[499] Seppala ICLR 2000, 235 (239).

[500] Demgegenüber sieht der ICC Model Turnkey Contract for Major Projects in Art. 52.5 eine grundsätzlich geltende Begrenzung der Auftragnehmerhaftung auf 30% des Auftragswertes vor. Die Verfasser merken hierzu in einer Fußnote an, dass die gewählte Höhe niedriger als die durchschnittlich vereinbarte Höhe in Anlagenverträgen sei, aber höher als in Öl- und Gasprojekten üblich; das UNIDO-Vertragsmuster (abgedruckt bei Dünnweber Industrieanlage S. 171 ff.) sieht in Art. 30.3 eine Gesamthaftungsbegrenzung vor, die sich allerdings grundsätzlich nur nach der individuellen Parteivereinbarung richtet. Das hiermit verbundene Problem für den Fall, dass sich die Parteien nicht auf eine bestimmte Höhe einigen können, liegt auf der Hand; der Auftragnehmer wird sich in diesem Fall einer unbegrenzten Haftung ausgesetzt sehen.

[501] Kritischer Bock/Zons/Kallenbach Rechtshandbuch Anlagenbau Teil B Rn. 1195.

Fällen die Wirksamkeit versagt.[502] Entsprechend der deutschen Terminologie wird häufig die Haftung für grobe Fahrlässigkeit (gross negligence) unbegrenzt ausgestaltet, um den Anforderungen des § 309 Nr. 7 lit. b) BGB zu entsprechen. Sofern der Vertrag englischem Recht unterliegt, sollte allerdings beachtet werden, dass der Begriff der gross negligence **nach englischem Verständnis** nicht die Bedeutung der von Sub-Clause 1.15 Abs. 3 bzw. 1.14 Abs. 3 der FIDIC-Vertragsmuster verwendeten Terminologie hat und deshalb von den Gerichten zum Teil als einfache Fahrlässigkeit ausgelegt wird.[503] Vorzugswürdig ist deshalb auch bei Verträgen jenseits des Regimes der FIDIC-Vertragsmuster eine Anlehnung an die dort verwendete Terminologie, die zumindest bezüglich des Begriffs des reckless misconduct einen der groben Fahrlässigkeit vergleichbaren Maßstab anlegt.[504]

3. Freistellungsverpflichtungen (indemnities)

Vertragliche Bestimmungen zu wechselseitigen Freistellungsverpflichtungen sind in vielen internationalen Wirtschaftsverträgen üblich und sollen deshalb in einem gesonderten Kapitel dieses Werkes ausführlich behandelt werden, auf das hier verwiesen werden kann.[505] Typische Formen der Freistellungsverpflichtungen finden sich auch in den **FIDIC-Vertragsmustern** bezüglich Personen- und Sachschäden, die von einer Vertragspartei verursacht wurden und zu Ansprüchen Dritter gegen die andere Vertragspartei führen (Sub-Clause 17.4 und Sub-Clause 17.5). Wechselseitige Freistellungsverpflichtungen finden sich auch bezüglich solcher Ansprüche, die von Dritten[506] wegen der behaupteten **Verletzung von IP-Rechten** geltend gemacht werden (Sub-Clause 17.3). Soweit die behaupteten Ansprüche Dritter sich gegen den Contractor richten, steht diesem ein Freistellungsanspruch gegen den Employer zu, falls die behauptete Rechtsverletzung sich als unvermeidliche Folge der Beachtung von Employer's Requirements oder – neuerdings – als Folge einer variation darstellt (Sub-Clause 17.3 Abs. 3 (a)) oder aus einer vertragswidrigen Verwendung des Werks folgt (Sub-Clause 17.3 Abs. 3 (b)). Beruht die behauptete Rechtsverletzung allerdings auf der Verwendung von Gerätschaften des Contractor oder allgemein auf der Herstellung desWerks und richten sich die Ansprüche gegen den Employer, so stehen ihm entsprechende Freistellungsansprüche gegen den Contractor zu.[507] Rechtsfolge dieser sinnvollen Regelung ist die **Verpflichtung zur Abwehr unberechtigter Ansprüche** oder zur Abwendung berechtigter Ansprüche im Verhandlungswege oder durch aktive Prozessführung, auf die der freigestellte Vertragspartner jeweils keinen aktiven Einfluss nehmen darf. In der 2nd Edition der FIDIC-Musterverträge stellt Sub-Clause 17.3 zudem klar, dass auch legal fees and expenses Gegenstand der Freistellungsverpflichtung sind. Auf Wunsch (und ggf. auf Kosten) der freistellungsverpflichteten Vertragspartei hat die so freigestellte Partei sachgerechte Unterstützungsleistungen zu erbringen (Sub-Clause 17.3 Abs. 5). 231

---

502 Henchie ICLR 2002, 97 (102).

503 *Tradigrain SA v IntertelR Testing Services (ITS) Canada Ltd* [2007] EWCA Civ 154 Rn. 23f.

504 Aus Sicht des Anlagenunternehmers noch vorteilhafter wäre freilich ein noch weitergehender Haftungsausschluss mit einer Rückausnahme (carve out) nur für fraud und Vorsatz, vgl. → § 8 Rn. 83.

505 Vgl. → § 7.

506 Dass es ausschließlich um Ansprüche Dritter (third party claims) geht, ist seit 2017 in Sub-Clause 17.3 auch klarstellend festgehalten.

507 In der 1st Edition der Rainbow Suite war dieser Katalog noch ausführlicher und umfasste zusätzlich die vertragsgemäße Verwendung des Werks sowie explizit dessen Planung und Montage.

VII. Abnahme und Testprozedere

1. Allgemeine Hinweise zur Abnahme

232 Die Abnahme des Werks ist im deutschen Werkvertragsrecht von erheblicher Bedeutung für die wechselseitigen Verpflichtungen der Vertragsparteien.[508] Mit der Abnahme geht die Gefahr des zufälligen Untergangs des Werks oder seiner zufälligen Verschlechterung auf den Besteller über, die Mängelhaftung beginnt, die Vergütung des Unternehmers wird fällig und die Beweislast für die Mängelfreiheit des Werks geht vom Unternehmer auf den Besteller über.[509] Mit der Abnahme verliert der Besteller sämtliche Mängelhaftungsansprüche bezüglich solcher Mängel, die ihm im Zeitpunkt der Abnahme bekannt sind und nicht vorbehalten werden (§ 640 Abs. 3 BGB). Zugleich erlangt der Besteller ein Recht zum Besitz an dem Werk. Mit der Abnahme beginnt schließlich auch die Verjährungsfrist für die Geltendmachung von Mängelrechten. Ob es sich bei der Abnahme nach deutschem Verständnis um eine rechtsgeschäftliche Willenserklärung oder um eine geschäftsähnliche Handlung handelt, ist eine eher akademische Frage, sind doch die Rechtsfolgen der Abnahme gesetzlich definiert.[510] Demgegenüber handelt es sich bei der Abnahme nach **schweizerischem Obligationenrecht** lediglich um die **körperliche Entgegennahme des Werks** durch den Besteller und damit um den Gegenbegriff zur *Ablieferung* des Werks durch den Unternehmer. Die Anerkennung des Werks als im Wesentlichen vertragsgemäß wird hier als **Genehmigung** bezeichnet.[511] Sie ist der Abnahme nach deutschem Recht im Wesentlichen vergleichbar und schließt insbesondere die Geltendmachung von Mängelrechten aus, die nicht ausdrücklich bei der Abnahme im Sinne der Entgegennahme des Werks vorbehalten und dem Unternehmer angezeigt worden sind. Der Grund für die Unterscheidung der Abnahme von der Genehmigung ist die im schweizerischen Recht grundsätzlich bestehende **Untersuchungs- und Rügeobliegenheit** des Bestellers, deren Verletzung die Geltendmachung von Mängelrechten ausschließt, weil die Untersuchung erst nach der Entgegennahme des Werks zu erfolgen hat.[512] Die Zweigleisigkeit zwischen Abnahme und Genehmigung hat zur Folge, dass der Zeitpunkt des Übergangs der Gefahr des zufälligen Untergangs bzw. der zufälligen Verschlechterung sich nach dem Zeitpunkt der Abnahme richtet, also der körperlichen Entgegennahme des Werks. Auch die weiteren Rechtsfolgen, die nach deutschem Verständnis mit der Abnahme des Werks verbunden sind, etwa der Beginn der Verjährungsfrist für Mängelrechte,[513] der Übergang der Beweislast für Mängel des Werks bzw. die Mängelfreiheit[514] und die Fälligkeit der Vergütungspflicht des Bestellers richten sich nach diesem Zeitpunkt.[515] Das **anglo-amerikanische Recht** kennt dagegen keinen der Abnahme vergleichbaren Begriff. Der Grund hierfür ist in der weniger präzisen Abgrenzung der Mängelrechte von den ursprünglichen Erfüllungspflichten des Sachleistungsschuldners zu sehen. Maßgeblicher Anknüpfungspunkt ist die Frage, ob die Leistung des Unternehmers substantial completion herbeigeführt hat, worunter die Fertigstellung der im Wesentlichen gebrauchsfähigen Leistung zu verstehen ist.[516] Die vollständige Fertigstellung des Werks im Sinne einer Mangelfreiheit ist damit nur im Einzelfall dann Voraussetzung für die Vergütungspflicht des Bestellers, wenn sie ausdrück-

---

508 Schuhmann Handbuch S. 125.

509 Joussen Industrieanlagen-Vertrag S. 388 ff.

510 Für die Annahme einer Willenserklärung etwa RGZ 110, 404 (406); BGH NJW 1974, 95; Ingenstau/Korbion/Oppler VOB § 12 VOB/B Rn. 1 mwN; für die Annahme einer geschäftsähnlichen Handlung etwa Joussen Industrieanlagen-Vertrag S. 387; Staudinger/Peters BGB § 640 Rn. 14 mwN.

511 BGE 115 II 456 (459); BSK/Zindel/Schott OR I Art. 370 Rn. 1; Gauch Werkvertrag Rn. 2070.

512 BSK/Zindel/Schott OR I Art. 370 Rn. 3.

513 BGE 113 II 264 (267); BGE 111 II 170 (171); BSK/Zindel/Schott OR I Art. 371 Rn. 12; Honsell/Lehmann OR Art. 371 Rn. 3; Gauch Werkvertrag Rn. 2212.

514 BSK/Zindel/Schott OR I Art. 368 Rn. 90; Gauch Werkvertrag Rn. 1507.

515 BGE 110 II 176 (178); BGE 97 II 150 (153); BGE 94 II 161 (164).

516 Vgl. *Hoenig v Isaacs* [1952] EWCA Civ 6.

lich als condition des Vertrages bestimmt worden ist, was im Regelfall nicht anzunehmen ist.[517] Soweit **substantial performance** in diesem Sinne anzunehmen ist, stehen dem Besteller lediglich Gegenrechte auf Erstattung der Kosten der Mängelbeseitigung oder Fertigstellung zu, jedoch auch nur wenn und soweit diese nach den konkreten Umständen des Falles als reasonable gelten können.[518] Diese Ansprüche kann der Besteller dem Anspruch auf Zahlung der werkvertraglichen Vergütung entgegenhalten bzw. davon in Abzug bringen. Dagegen kann der Besteller im Regelfall nicht die tatsächliche Fertigstellung bzw. Mangelbeseitigung (specific performance) von dem Unternehmer verlangen, soweit ausnahmsweise dem Interesse des Bestellers an der specific performance durch die bloße Kostenerstattung nicht ausreichend Genüge getan ist.[519] Ausgehend von dieser Betrachtungsweise fehlt es an einem Bedürfnis für eine Abnahme oder ähnlichem Akt als **Kriterium für die Abgrenzung** zwischen Primärleistungsansprüchen und Mängelhaftung. Indessen erkennt die englische Vertragspraxis durchaus ein Interesse des employer an einem Anspruch gegen den contractor auf Fertigstellung und Mangelbeseitigung an. Die entsprechenden Musterverträge sehen deshalb diesbezüglich Bestimmungen vor.[520] Typischerweise stellt ein engineer, supervisor oder contract administrator nach Fertigstellung des Werks ein certificate of completion aus, woran sich eine defects correction period anschließt.[521] Die vertragliche Gestaltung anglo-amerikanischer Bauverträge nähert sich damit zumindest in gewisser Hinsicht dem (in den meisten Rechtsordnungen des civil law vorherrschenden) Konzept der Abnahme an.[522] Allerdings sind auch solche speziellen vertraglichen Bestimmungen, mittels derer ausdrückliche Pflichten des Unternehmers zur specific performance statuiert und konkretisiert werden sollen, nicht sicher geeignet, die Ansprüche gerichtlich durchsetzbar zu gestalten. Allenfalls mögen sie ein Indiz für den übereinstimmenden Willen der Vertragsparteien begründen, dass Schadensersatzansprüche alleine dem Interesse des Kunden an der Vertragserfüllung nicht ausreichend entsprechen. Einige Gerichte neigen auch dazu, Verurteilungen des contractor zur specific performance dann auszusprechen, wenn die betreffenden Verplichtungen ausreichend detailliert beschreiben wurden.[523] Eine Verpflichtung des Gerichts, einen Anspruch auf specific perfomance anzuerkennen oder gar die Vollstreckung eines solchen Urteils zu überwachen, kann durch solche Abreden nicht begründet werden.[524]

2. Besonderheiten der Abnahme bei Industrieanlagenverträgen

Abnahmeregelungen in Industrieanlagenverträgen weisen gegenüber konventionellen Bau- 233
vorhaben erhebliche Unterschiede auf, die mit dem Zweck der Anlage im Vergleich zu sonstigen Bauwerken zu tun haben. Die **Leistung der Anlage** steht im Vordergrund und

[517] Furmston Law of Contract S. 676f.

[518] So noch die erste Instanz im Falle *Bolton v Mahadeva* [1972] 1 W.L.R. 1009; der Fall betraf den Einbau einer Heizungsanlage, die leckte und zudem nicht zur ausreichenden Beheizung geeignet war. Das Ausgangsgericht sprach dem Heizungsbauer die Vergütung für den Einbau zu, zog hiervon jedoch die Reparaturkosten ab; der Court of Appeal hob die Entscheidung mit der Begründung auf, dass von einer substantial completion angesichts des völlig verfehlten Zwecks der Heizungsanlage keine Rede sein könne (per Sachs LJ, 1015): „(…) *It is not merely that so very much of the work was shoddy, but it is the general ineffectiveness of it for its primary purpose that leads me to that conclusion*".

[519] Vgl. *Molyneux v Richard* [1906] 1 Ch. 34 (Errichtung von sieben Häusern); *Wolverhampton Corporation v Emmons* [1901] 1 Q.B. 515 (Bauvertrag); *Jeune v Queens Cross Properties Ltd.* [1974] Ch. 97 (Reparaturauftrag).

[520] Vgl. hierzu ausführlich → Rn. 195.

[521] Vgl. etwa Clause 48 der ICE Conditions of Contract. Im NEC4 Engineering and Construction Contract wird dieses Schriftstück als Defects Certificate bezeichnet (Clause 44.3).

[522] Zur US-amerikanischen Vertragspraxis vgl. Art. 12.2 der A201–2017, der zwischen Mängelbeseitigung before und after substantial completion unterscheidet. Die Regelung tritt ausdrücklich neben die warranty-Bestimmungen des Vertrages; der systematische Unterschied bleibt jedoch unklar, vgl. *Cameron* Construction Law § 10.13.

[523] *Fran Realty, Inc. v Thomas,* 430 Md. App. 362, 354 A. 2 d 196 (1976).

[524] *Franklin Point, Inc. v Harris Trust & Sav. Bank,* 277 Ill. App.3 d 491 (498), 660 N.E.2 d 204 (1995).

ihre Erreichung setzt über die mechanische Montage hinaus zumeist erhebliche Justierungs- und Optimierungsleistungen voraus, die erst im Anschluss an die fertige Montage erbracht werden können. Anlagen werden deshalb selten unmittelbar nach ihrer mechanischen Fertigstellung/Montage abgenommen, weil sich ihre Leistungsfähigkeit zu diesem Zeitpunkt noch nicht abschließend feststellen lässt. Die Abnahme im Sinne des deutschen Verständnisses kann erst erfolgen, wenn die vertraglich vereinbarten Kriterien für die Leistungsfähigkeit sachgerecht beurteilt werden können, was die Durchführung unterschiedlicher Testprozedere je nach Art der Industrieanlage voraussetzt.[525]

a) Mehrstufige Abnahmeszenarien als Regelfall

234 Weil die gesetzlichen Bestimmungen die vorgenannten Besonderheiten bei der Überprüfung der Übereinstimmung der Anlage mit den vertraglichen Vorgaben nicht annähernd ausreichend berücksichtigen, sehen Industrieanlagenverträge typischerweise ein detailliertes Prozedere für die Durchführung mehrstufiger Prüfverfahren[526] vor und regeln die entsprechenden Verpflichtungen beider Vertragsparteien zur Mitwirkung. Vor der mechanischen Errichtung der Anlage sind häufig **Simulationen** mittels entsprechender Softwareprogramme vom Anlagenunternehmer zu erstellen, mit denen sich die Erreichung der Leistungskriterien unter Idealbedingungen dokumentieren lässt. Die mechanische Fertigstellung der Anlage ist sodann Gegenstand einer ersten Begehung der Vertragsparteien, deren Ergebnis protokolliert wird, und die sich auf die vertraglich geschuldeten Eigenschaften der Anlage mit Ausnahme ihrer funktionellen Leistungsfähigkeit bezieht. Etwaige Mängel werden festgehalten und entsprechende Fristen zur Beseitigung bestimmt. Sodann erfolgt die **Inbetriebnahme der Anlage (commissioning),** bei der die grundsätzliche Funktionstauglichkeit erstmals unter Beweis gestellt werden muss. Zum Teil wird zwischen kalter und warmer Inbetriebnahme unterschieden, wobei erstere die **mechanische Funktionsprobe** und letztere die Bereitschaft der Anlage zum spezifikationsgerechten Betrieb der Anlage beschreibt.[527] Ist die grundsätzliche Funktionsbereitschaft in diesem Sinne festgestellt, beginnt die Durchführung des eigentlichen Probebetriebes unter der Aufsicht und Leitung des Anlagenunternehmers, deren Dauer und wesentliche Begleitumstände vertraglich geregelt werden. Insbesondere sollten die Parteien im Detail regeln, welche **Mitwirkungspflichten** den Kunden treffen, vor allem bezüglich der Gestellung des Betriebspersonals und des für die Probeläufe benötigten Materials, das hohe Kosten verursachen kann.[528] Darüber hinaus sollten die Vertragsparteien Regelungen dazu treffen, wem die bei den Probeläufen ausgeworfenen Ergebnisse zustehen sollen, weil diese ebenfalls häufig von erheblichem Wert sind, vor allem bei längeren Probeläufen. Das Ergebnis des Probelaufs ist wiederum in einem gemeinsam zu erstellenden und von beiden Parteien zu unterzeichnenden Protokoll festzuhalten. Je nach Ausgang des Probebetriebes ist die Folge entweder

- die vorläufige Übernahme des Kunden (im Falle der erfolgreichen Durchführung des Probebetriebes) oder
- Nachbesserung des Anlagenunternehmers innerhalb einer hierfür zu setzenden Frist.

235 Im letzteren Fall kommt es zu entsprechenden Wiederholungsdurchgängen des Probebetriebs, deren Anzahl vertraglich vereinbart werden sollte. Ungeachtet des Umstandes, dass der Anlagenunternehmer zumeist selbst ein erhebliches Interesse an einem möglichst frühzeitigen Erfolg des Probebetriebs hat, weil damit regelmäßig erhebliche Rechtsfolgen verknüpft sind, etwa die Fälligkeit von milestone payments oder der **Beginn des Laufs der Mängelhaftungsfrist,** sollten die Parteien jedenfalls für eine konkrete Regelung Sorge tragen, welche die rechtlichen und tatsächlichen Konsequenzen abschließend bestimmt.

[525] Schuhmann Handbuch S. 127 f.
[526] Schuhmann Handbuch S. 127.
[527] Schuhmann Handbuch S. 128; allerdings ist die terminologische Unterscheidung letzten Endes eher von akademischem Interesse.
[528] Vgl. hierzu bereits näher → Rn. 129.

In der Praxis werden typischerweise Vertragsstrafen oder pauschalierter Schadenersatz bzw. Minderungen des Vertragspreises vereinbart, je nachdem, ob der erfolgreiche Probebetrieb nur verzögert oder gar nicht erreicht wird. Beide Fälle sollten in jedem Fall von den Vertragsparteien ausdrücklich im Vertrag adressiert werden.

Für den Fall, dass die vereinbarten Probeläufe erfolgreich bestanden werden und damit 236
die **vorläufige Betriebsübernahme** des Kunden stattfindet, sieht der Vertrag typischerweise die Abnahme durch den Kunden vor, die auch als **vorläufige Abnahme** bezeichnet wird. Diese setzt die vereinbarten oder sonst gesetzlich vorgesehenen Fristen für die Mängelhaftung in Gang und lässt die Gefahr des zufälligen Untergangs bzw. der zufälligen Verschlechterung der Anlage auf den Kunden übergehen. Jedoch finden auch im Anschluss an die vorläufige Inbetriebnahme häufig noch **weitergehende Dauertests** statt, die sich auf die Eignung der Anlage im operativen Betrieb des Kunden beziehen und den Energieverbrauch oder andere für den Kunden wesentliche Eigenschaften der Anlage betreffen, die nach dem Vertrag für den dauerhaften Betrieb der Anlage vorgesehen sind. Sofern die Daten der Anlagenleistung mittels hierfür vorgesehener Softwareprogramme automatisch und nicht manipulierbar aufgezeichnet werden, können die Parteien an die Unterschreitung der für den Dauertest vertraglich vereinbarten Werte weitere Rechtsfolgen, wie etwa Minderung des Vertragspreises oder pauschalierten Schadensersatz, knüpfen.[529] Indessen wird dies nur dann sinnvoll sein, wenn die erreichten Werte nicht – wie zumeist – in Abhängigkeit von der ordnungsgemäßen Bedienung und insbesondere der ordnungsgemäßen Verwendung geeigneter Ausgangsstoffe und Materialien stehen. Auch ist dem Anlagenunternehmer in diesen Fällen weiter Zugang zur Anlage zu gewähren, um etwaige Leistungsunterschreitungen während des Dauerbetriebes zu beheben.

b) Vertraglich vereinbarte Abnahmefiktionen

Angesichts der Wechselwirkungen zwischen den Mitwirkungspflichten des Kunden und 237
den Leistungen des Anlagenunternehmers vereinbaren die Parteien häufig auf Veranlassung des Anlagenunternehmers fiktive Ereignisse, bei deren Eintritt die Abnahme der Anlage als erfolgt gelten soll, obgleich die vertraglichen Voraussetzungen noch nicht vorliegen oder die hierfür vorausgesetzten Testprozedere nicht durchgeführt wurden. Insbesondere dann, wenn der Anlagenunternehmer alle für den Beginn der Inbetriebnahme erforderlichen Leistungen erbracht hat und die Inbetriebnahme aus Gründen nicht erfolgen kann, die der **Sphäre des Kunden** zuzuordnen sind, bieten sich solche Abnahmefiktionen im Interesse des Anlagenunternehmers an. Das gilt vor allem in Verbindung mit der Bestimmung von **Spätestfristen** für die Inbetriebnahme, bei deren Ablauf die Inbetriebnahme als erfolgt und damit die Abnahme als erteilt gilt, sofern nicht die Inbetriebnahmeverzögerung aus der Sphäre des Anlagenunternehmers stammt. Typischerweise hat der Anlagenunternehmer die **Eignung der Anlage für die Inbetriebnahme** unverzüglich dem Kunden oder dessen engineer bzw. contract administrator schriftlich anzuzeigen („notice of readiness for commissioning"), worauf die Inbetriebnahme innerhalb einer vertraglich definierten Frist zu beginnen hat. Beginnt sie nicht innerhalb dieser Frist, liegt die Vermutung nahe, dass sie aus Gründen unterbleibt, die der Sphäre des Kunden zuzuordnen sind, so dass es gerechtfertigt erscheint, nach Ablauf einer weiteren Frist die erfolgreiche Inbetriebnahme und damit die Erteilung der Abnahme *unwiderlegbar* zu vermuten.[530]

[529] → Rn. 187.
[530] Zur Spätestfrist für den Beginn der Mängelhaftungsfrist vgl. bereits → Rn. 215.

Klauselbeispiel für die Bestimmung einer Abnahmefiktion nach Notice of Readiness for Commissioning

[•] Deemed Acceptance

The Contractor shall without undue delay give written notice to the Employer of the Works being ready for Commissioning and the Commissioning shall commence not later than two weeks upon receipt of this notice by the Employer. In any event that Commissioning should not be commenced within said period following the Contractor's notice of readiness for Commissioning, the Contractor is entitled to give a further written notice to commence Commissioning of not less than another two weeks as from the expiry date of the period provided in the preceding sentence at the expiry of which the Works shall be deemed to have passed Commissioning successfully and to have been finally accepted by the Employer unless the Employer can prove that the Commissioning could not be carried out due to circumstances being attributable to the Contractor.

238 Gegen die **Wirksamkeit solcher Abnahmefiktionen** lassen sich rechtliche Bedenken kaum vorbringen, selbst wenn die betreffenden Klauseln den Restriktionen der deutschen AGB-Kontrolle bei Verwendung durch den Unternehmer unterliegen. Dies jedenfalls dann nicht, wenn dem Kunden hierdurch nicht der Nachweis abgeschnitten wird, dass die Anlage die Voraussetzungen der erfolgreichen Inbetriebnahme nicht erfüllt. Eine weitere gängige Abnahmefiktion knüpft an den **Beginn der tatsächlichen Inbetriebnahme** oder den **Beginn des operativen Betriebs** der Anlage durch den Kunden an. Wenn der Kunde mit der kommerziellen Nutzung der Anlage beginnt, ohne nennenswerte Einwände gegen die Abnahme zu erheben, kann in diesem Verhalten ohnehin eine **konkludente Abnahme** erkannt werden.[531] In diesem Fall begegnen Klauseln, welche die Abnahme des Werkes trotz fehlender ausdrücklicher Erklärung des Kunden fingieren, keinen durchgreifenden Bedenken. Erklärt er dagegen ausdrücklich die **Ablehnung der Abnahme,** muss die vertragliche Abnahmefiktion ihrem Inhalt nach voraussetzen, dass dem Kunden noch eine ausreichende Frist für den Nachweis verbleibt, dass die Voraussetzungen für die Abnahmereife nicht vorliegen und der **Beginn der kommerziellen Nutzung** der Anlage zur Abwendung sonst drohender erheblicher Nachteile erforderlich war.

Klauselbeispiel für eine fiktive Abnahme nach Commencement of Commercial Operation

[•] Deemed Acceptance upon Commencement of Commercial Operation

Whenever the Employer commences the commercial operation of the Works without the explicit prior written approval by the Contractor before the commissioning of the Works has taken place, the Works shall be deemed finally accepted by the Employer provided that the Contractor has given reasonable notice to carry out the commissioning thereby indicating the legal consequences of the commencement of commercial operation as provided herein and subject to the Employer's remaining entitlement to furnish evidence of the Works not being in accordance with the requirements for acceptance as stipulated in this Contract.

3. Abnahme und Testverfahren nach den FIDIC-Vertragsmustern

a) Tests on Completion

239 Die FIDIC-Vertragsmuster sehen zunächst durchgängig in Clause 9 Tests on Completion vor, die nach Fertigstellung der Arbeiten durchzuführen sind und im Erfolgsfalle die Erteilung des Taking-Over Certificate zur Folge haben (Clause 10). Aufgrund seiner bestimmungsgemäßen Verwendung vorwiegend für konventionelle Bauprojekte unterscheidet

[531] Bock/Zons/Keine Rechtshandbuch Anlagenbau Teil B Rn. 826 ff.

sich die Regelung des Red Book zu Tests on Completion erheblich von der auf Anlagenprojekte zugeschnittenen Regelung in Clause 9 des Yellow und Silver Book. Letztere sehen ein **gestuftes Testverfahren** entsprechend der vorstehenden Darstellung vor, beginnend mit einer Vorinbetriebnahme (pre-commissioning) der Anlage sowie einzelner Komponenten (Sub-Clause 9.1 Abs. 5 (a)), gefolgt von den eigentlichen Inbetriebnahmetests, bei denen die vertraglichen Voraussetzungen für die Abnahmereife und der **sichere Betrieb der Anlage** überprüft werden (Sub-Clause 9.1 Abs. 5 (b)). Schließlich sieht Sub-Clause 9.1 Abs. 5 (c) die Durchführung einer trial operation vor, mittels der die Verlässlichkeit der Anlage im nachhaltigen Betrieb dokumentiert wird. Während der trial operation obliegt es dem Contractor, die Eignung der Anlage zur erfolgreichen Vornahme weiterer Tests, insbesondere zur Prüfung der Leistungsparameter, dem Employer schriftlich anzuzeigen. Indessen überlassen es sowohl Yellow Book als auch Silver Book den Vertragsparteien, die Einzelheiten der Testmodalitäten vertraglich zu regeln, was in der Praxis auch zumeist umfassend geschieht, weil diese Einzelheiten ersichtlich von der konkreten Anlage abhängen. Auch der erfolgreiche Test on Completion in dem aufgezeigten Sinne führt nicht automatisch zur Abnahme der Anlage, was Sub-Clause 9.1 Abs. 7 ausdrücklich klarstellt. Diese erfolgt erst mit **Erteilung des Taking-Over Certificate** durch den Engineer (bzw. Employer), sofern auch die weiteren Voraussetzungen der Abnahmereife vorliegen.

b) Abnahmefiktionen bei auftraggeberseitiger Verzögerung

Können die Tests on Completion länger als 14 Tage aus vom Kunden zu verantwortenden Gründen nicht durchgeführt werden, wird beim Red und Yellow Book Taking-Over seitens des Employer fingiert, was dann vom Engineer durch Ausstellung des Taking-Over Certificate zu bestätigen ist (Sub-Clause 10.3 Abs. 1 (c)). Die Tests on Completion sind dann vom Contractor so schnell wie nach Lage der Dinge möglich (as soon as practicable), und in jedem Fall vor dem Ablauf der Defects Notification Period nachzuholen. Dem Contractor steht in diesem Fall allerdings ein Anspruch auf Verlängerung der Time for Completion und zusätzliche Vergütung zu (Sub-Clause 10.3 Abs. 3), so dass sich die kundenseitig veranlasste Verspätung der Tests on Completion nicht zu seinen Lasten verzugsbegründend oder -erweiternd auswirkt. 240

Demgegenüber ist es kaum überraschend, dass das auftraggeberfreundliche **Silver Book keine entsprechende Fiktionsregelung** vorsieht, sondern lediglich bestimmt, dass der Contractor die Tests so schnell wie möglich nachzuholen hat. Dies hat insbesondere zur Folge, dass die Defects Notification Period nicht zu laufen beginnt, bis die Tests on Completion nachgeholt wurden und in deren Folge das Taking-Over Certificate durch den Employer ausgestellt worden ist. Dem Contractor steht aber auch nach dem Silver Book ein Anspruch auf Verlängerung der Time for Completion und auf zusätzliche Vergütung zu (Sub-Clause 10.3 (b)). 241

c) Teilabnahme und Abnahmefiktion bei Ingebrauchnahme durch den Employer vor Abnahme

Sub-Clause 10.2 des Red und Yellow Book sehen das jederzeitige Recht des Employer zu einer **Abnahme einzelner Teile** des Werks durch entsprechende Erteilung des Taking-Over Certificate für den betreffenden Teil der Leistung vor.[532] Im Falle der **tatsächlichen Ingebrauchnahme** einzelner Teile des Werks durch den Employer vor der Erteilung des Taking-Over Certificate wird die Teilabnahme fingiert und der Engineer (bzw. Employer) hat ein entsprechendes Taking-Over Certificate auszustellen. Damit endet auch die Verantwortlichkeit des Contractor für den betreffenden Teil des Werks (Sub-Clause 10.2 Abs. 2 (a)–(c)). Sind dem Contractor infolge der vorzeitigen Nutzung durch den Employer zusätzliche Kosten entstanden, kann er diese einschließlich eines angemessenen Gewinnzu- 242

[532] Hierzu Roquette/Schweiger/Ritter/Schätzlein Privates Baurecht E. II. Rn. 235 ff.

schlages beim Engineer (bzw. Employer) geltend machen (Sub-Clause 10.2 Abs. 4 Red und Yellow Book). Obgleich die Regelung im Unterschied zur Regelung bei auftraggeberseitig verursachter Verzögerung der Tests on Completion keinen Anspruch des Contractor auf Verlängerung der Time for Completion enthält, bleibt der Contractor auch in diesem Fall zur rechtzeitigen Fertigstellung einschließlich des erfolgreichen Durchlaufens der Tests on Completion verpflichtet. Die Tagessätze vereinbarter delay damages (nicht aber eine etwaige Höchstgrenze) reduzieren sich jedoch proportional zu dem Wert des betreffenden Teils des Werks im Verhältnis zu dem restlichen Teil (Sub-Clause 10.2 Abs. 5 Red und Yellow Book). Die Regelung geht also offenbar davon aus, dass die teilweise Nutzung den Fortgang der Arbeiten, insbesondere die Durchführung der Tests on Completion, nicht insgesamt beeinträchtigt. Sollte dies indessen der Fall sein, ergibt sich der **Anspruch auf Verlängerung der Time for Completion** allerdings zwanglos aus der allgemeinen Regelung von Sub-Clause 10.3, weil auch die vorzeitige Inbetriebnahme des Werkes ein Umstand ist, der zweifellos dem Employer zuzurechnen ist. Auch in der Neuauflage nichtvon der Regelung adressiert ist die Frage, ob die Abnahmefiktion und die sonstigen Rechtsfolgen der Sub-Clause 10.2 Red und Yellow Book auch für den Fall gelten sollen, dass der Employer nicht lediglich einen Teil des Werks ohne vorherige Abnahme durch Erteilung des Taking-Over Certificate nutzt, sondern das gesamte Werk, etwa durch den **Beginn des operativen Betriebes** der Anlage. Obgleich es durchaus nahe liegt, diesen Fall ebenfalls den Bestimmungen der Sub-Clause 10.2 zu unterwerfen und etwa eine **Abnahmefiktion auch für das Gesamtwerk** anzunehmen, empfiehlt sich die Aufnahme einer entsprechenden Regelung in den Particular Conditions of Contract, die ausdrücklich klarstellt, dass das Werk als Ganzes bei vorzeitiger Übernahme zur Nutzung durch den Employer als abgenommen im Sinne von Sub-Clause 10.2 gilt und die Rechtsfolgen entsprechend auch auf diesen Fall anwendbar sein sollen.

Klauselbeispiel für Klarstellung der Anwendbarkeit von Sub-Clause 10.2 auch bei faktischer Übernahme des *Gesamt*werkes

[•] Clarification to Sub-Clause 10.2 of the General Conditions of Contract

For the sake of clarification, the Parties hereto agree that the provisions of Sub-Clause 10.2 of the General Conditions of Contract shall apply accordingly if the Employer uses the entire Works (not only a part of the Works as expressly mentioned in Sub-Clause 10.2 of the General Conditions of Contract) without the prior issuance of a respective Taking-Over Certificate.

243 Das Silver Book sieht auch im Falle der vorzeitigen Inbetriebnahme – und auch in der 2nd Edition – konsequent davon ab, zu Gunsten des Contractor Teilabnahmen oder gar diesbezügliche Abnahmefiktionen zu statuieren.[533] Stattdessen wird lediglich darauf hingewiesen, dass Teilabnahmen oder die Nutzung von Teilen des Werkes vorbehaltlich einer anderslautenden vertraglichen Regelung nicht zulässig sind. Diese Feststellung ist indessen wenig hilfreich. Sie dürfte im Interesse der projektfinanzierenden Institute aufgenommen worden sein und verschließt sich damit dem im Einzelfall anerkennenswerten Interesse des Employer an einer Teilabnahme oder vorzeitigen Nutzung einzelner Teile des Werkes.[534] Es ist im Grundsatz nicht zu beanstanden, dass die Regelung – ausgehend vom turnkey-Gedanken – Teilabnahmen grundsätzlich zu vermeiden sucht.[535] Allerdings können sich im Einzelfall durchaus Situationen ergeben, in denen Teilabnahmen sinnvoll sind. Es empfiehlt sich daher, eine dem Red und Yellow Book entsprechende Regelung mittels **ergänzender Bestimmungen** in den Particular Conditions of Contract aufzunehmen, um für

[533] Roquette/Schweiger/Ritter/Schätzlein Privates Baurecht E. II. Rn. 240.
[534] Zutreffend Kennedy ICLR 2000, 504 (521).
[535] Vgl. die 1st Edition der FIDIC's Guidance for the Preparation of Particular Conditions S. 12: „(…) *unusual under a turnkey contract* […]". In der 2nd Edition fehlt diese Bemerkung nun ausdrücklich, zudem gibt es ein Beispiel für eine Tabelle, welche die einzelnen stages der Teilabnahme definiert, in der Contract Data.

diesen Fall sachgerechte Lösungen bereitzustellen. Vor allem der auch von Sub-Clause 10.2 erfasste Fall der vorzeitigen Nutzung eines Teils des Werks ohne vorherige Abnahme, also die faktische Teilübernahme, dürfte in der Praxis häufig vorkommen und gründet sich selten auf ein Recht zur Teilabnahme, sondern zumeist auf faktische Zwänge. Hier angemessene Lösungen anzubieten, wie im Red und Yellow Book[536] durch die Abnahmefiktion, die Regelung zusätzlicher Vergütungsansprüche oder den Übergang der Verantwortlichkeit auf den Employer in Sub-Clause 10.2 geschehen, erscheint ungeachtet des turnkey-Gedanken sinnvoll.

Klauselbeispiel für die Anwendbarkeit von Sub-Clause 10.2 Yellow Book anstelle von Sub-Clause 10.2 Silver Book

[•] Replacement of Sub-Clause 10.2

Whenever the Employer uses any part of the Works without having issued a respective Taking-Over Certificate with respect thereto, and regardless whether such right of the Employer is stated in the Contract or not, the provisions of Sub-Clause 10.2 of the FIDIC Conditions of Contract for Plant and Design Build for Electrical and Mechanical Plant, and for Building and Engineering Works, Designed by the Contractor (2017) shall in this event apply and thus replace the provision of Sub-Clause 10.2 of the General Conditions of Contract.

d) Rechtsfolgen bei Nichtbestehen der Tests on Completion

Die Rechtsfolgen der erfolglosen Durchführung der Tests on Completion sind wieder bei 244 allen drei FIDIC Conditions of Contracts for Major Works in gleicher Weise geregelt. Die etwaig fingierte Abnahme im Red und Yellow Book ändert nichts an der grundsätzlichen Verpflichtung des Contractor zum Nachweis der Leistungsfähigkeit des Bauwerks bzw. der Anlage durch das erfolgreiche Durchlaufen der Tests on Completion. Das ist nachvollziehbar, weil kein Grund dafür ersichtlich ist, warum die verspätete Durchführung der Tests den Contractor von seinen grundsätzlichen Verpflichtungen zur Erstellung eines vertragsgemäßen Werks befreien sollte. Der vorzeitige Beginn der Defects Notification Period ist als Sanktion für die auftraggeberseitige Verzögerung der Tests on Completion sinnvoll, aber auch ausreichend. Nach Sub-Clause 9.3 hat der Contractor das Recht und im Falle der Aufforderung durch den Engineer (bzw. Employer) auch die Pflicht, die Tests on Completion unter gleichen Bedingungen zu wiederholen; etwaige infolge der Wiederholung dem Employer entstehende Mehrkosten fallen dem Contractor nach Sub-Clause 7.5 Abs. 4 zur Last und können vom Employer nach der nunmehr zentralen Claims-Vorschrift in Sub-Clause 20.2 geltend gemacht werden. Führt auch die wiederholte Durchführung der Tests on Completion nicht zum Erfolg, ist der Engineer (bzw. Employer) berechtigt, alternativ

- die nochmalige Wiederholung des Tests on Completion nach entsprechender Nachbesserung durch den Contractor zu verlangen (Sub-Clause 9.4 Abs. 1 (a)),
- die Anlage (bzw. das Bauwerk) zurückzuweisen und die Rückabwicklung des Vertrages nach Sub-Clause 11.4 (d) zu verlangen (Sub-Clause 9.4 Abs. 1 (b)), wenn und soweit die Anlage (bzw. das Bauwerk) für ihn aufgrund der gescheiterten Tests on Completion keinen angemessenen Gegenwert mehr hat, oder
- sofern lediglich Teile (sections) der Anlage betroffen sind: gemäß Sub-Clause 11.4 (c) diese Teile zurückzuweisen und als nicht ausgeführte Bestandteile der Anlage (omission) zu behandeln (Sub-Clause 9.4 Abs. 1 (c)), sofern die Teile nicht für ihren vertraglich vereinbarten Zweck genutzt werden können
- das Taking-Over Certificate zu erteilen und eine angemessene Minderung des Preises zu verlangen (Sub-Clause 9.4 Abs. 1 (d), Abs. 2).

[536] Kennedy ICLR 2000, 504 (521).

245 Die Rechtsfolgen sind demnach eindeutig und sinnvoll adressiert, jedoch keineswegs abschließend, weil es den Parteien freisteht, über diese Rechtsfolgen hinaus weitere oder **alternative Rechtsfolgen** zu vereinbaren, was in der Praxis insbesondere bezüglich der Nichterreichung garantierter Leistungsparameter geschieht.[537] Auf der anderen Seite werden die Rechte des Kunden zumeist eingeschränkt, etwa dadurch, dass das **Rückweisungsrecht von weiteren Voraussetzungen abhängig** gemacht wird oder die Rechte des Kunden auf die vereinbarte pauschalierte Minderung reduziert werden. Das Recht des Employer zur Zurückweisung der Anlage nach Sub-Clause 9.4 Abs. 1 (b) hat derart einschneidende wirtschaftliche Folgen für den Contractor, dass sich eine **restriktive Definition der Voraussetzungen** empfiehlt, unter denen das Recht geltend gemacht werden kann. Dies gilt auch weiterhin unter der 2nd Edition, welche diese einschneidenden Folgen immerhin dadurch abzumildern versucht, dass bei der Nichtnutzbarkeit einzelner Anlagenteile keine Kündigung mehr möglich ist. Aus Sicht des Contractor ist bereits im Vorfeld des Vertragsschlusses sicherzustellen, dass die Voraussetzungen der Sub-Clause 9.4 Abs. 1 (b) kaum jemals erreicht werden können, etwa weil die für eine Zurückweisung definierte Leistungswertunterschreitung kaum realistisch ist.[538]

e) Regelungen zu Tests after Completion

246 Yellow und Silver Book sehen über die Tests on Completion hinaus Bestimmungen für den Fall vor, dass die Parteien sich auf die ergänzende Durchführung von weiteren Tests nach Übernahme des Werks durch den Employer verständigt haben (Clause 12 Yellow und Silver Book).[539] Die Regelung gilt damit optional und setzt entsprechende Vereinbarungen zu solchen ergänzenden Tests voraus. Der Employer hat die Durchführung solcher Tests mangels abweichender Regelung 21 Tage vor dem geplanten Termin, nach dem die Tests durchgeführt werden sollen, anzukündigen. Die Tests sollen sodann innerhalb von 14 Tagen nach diesem Datum durchgeführt werden. Dem Contractor steht somit das Recht zu, an den Tests after Completion teilzunehmen, die jedoch unter dem Regime des Yellow Book (Sub-Clause 12.1 Abs. 2) im Unterschied zu den Tests on Completion vom Employer selbst durchgeführt werden, während das Silver Book von einer Durchführung auch der Tests after Completion seitens des Contractor ausgeht und den Employer lediglich zur Bereitstellung des erforderlichen Materials, der erforderlichen Versorgung mit Strom, Gerätschaften etc. und des erforderlichen Betriebspersonals verpflichtet (Sub-Clause 12.1 Abs. 3 Silver Book).[540] Erscheint der Contractor zu dem vom Employer hierfür bestimmten Termin nicht, was nach Lage der Dinge nur bei der Regelung im Yellow Book möglich ist, bei der die Tests after Completion vom Employer selbst auszuführen sind, werden die Tests after Completion in seiner Abwesenheit durchgeführt und er muss die Ergebnisse gegen sich gelten lassen (Sub-Clause 12.1 Abs. 4 Yellow Book). **Verzögern sich die Tests after Completion,** stehen dem Contractor Ansprüche auf Ersatz der hierdurch entstandenen Kosten zuzüglich angemessener Gewinnzuschläge zu, die nach Sub-Clause 20.2 rechtzeitig geltend zu machen und vom Engineer (bzw. Employer) festzusetzen sind (Sub-Clause 12.2). Können die Tests after Completion nicht bis spätestens zum Ablauf der Defects Notification Period durchgeführt werden, ohne dass die Verzögerung aus dem Verantwortlichkeitsbereich des Contractor stammt, wird der erfolgreiche Test sowohl beim Yellow Book als auch (gemessen an den sonstigen Regelungen des Silver Book immerhin bemerkenswert) beim Silver Book **als erfolgreich bestanden fingiert** (Sub-Clause 12.2 Abs. 2). Werden die Tests after Completion nicht erfolgreich bestanden, steht

[537] → Rn. 186f.
[538] Vgl. hierzu vorstehend → Rn. 188.
[539] Entsprechende Regelungen finden sich nicht im Red Book, weil sie auf Leistungstests bezogen sind, die bei konventionellen Bauvorhaben selten vereinbart werden; auch die auf konventionelle Bauvorhaben zugeschnittene VOB/B sieht keine entsprechenden Regelungen vor, vgl. Roquette/Schweiger/Ritter/Schätzlein Privates Baurecht E. II. Rn. 258.
[540] Roquette/Schweiger/Ritter/Schätzlein Privates Baurecht E. II. Rn. 255.

jeder Partei das Recht zu, nach Vornahme entsprechender Nachbesserungsleistungen des Contractor eine Wiederholung der Tests zu verlangen; etwaige durch die Wiederholung entstandene Mehrkosten auf Seiten des Employer hat der Contractor zu tragen (Sub-Clause 12.3). Haben die Parteien für den Fall der Nichterreichung bestimmter im Rahmen der Tests after Completion nachzuweisender Leistungsparameter eine pauschale Minderung, Vertragsstrafe oder pauschalierten Schadensersatz vereinbart (Performance Damages), steht es dem Contractor frei, sich durch Zahlung des betreffenden Betrages von seiner Verpflichtung zum erfolgreichen Durchlaufen der Tests after Completion zu befreien. Entscheidet er sich für diese Option, **gelten die Tests after Completion als bestanden.** Schlägt der Contractor dagegen vor, bestimmte Änderungen an der Anlage vorzunehmen, die nach seiner Auffassung der Erreichung der vereinbarten Leistungsparameter förderlich sind, so bleibt er zur Vornahme dieser Änderungen verpflichtet, muss diese aber innerhalb eines vom Employer vorgegebenen Zeitfensters ausführen, um **Störungen des operativen Betriebs** der Anlage auszuschließen. Ist die Vornahme der vom Contractor vorgeschlagenen Modifikationen nicht bis zum Ablauf der Defects Notification Period möglich und verzichtet der Employer deshalb auf die Mitteilung eines entsprechenden Zeitfensters für die Vornahme der Arbeiten, so werden die Tests after Completion wiederum als bestanden fingiert (Sub-Clause 12.4 Abs. 2 (iii)). Darüber hinaus steht dem Contractor ein Anspruch auf Erstattung der ihm aus einer etwaig verzögerten Zugangsgewährung zum Zwecke der Klärung der Mängelursache oder der Vornahme erforderlicher Nachbesserungsleistungen entstandenen Mehrkosten einschließlich angemessener Gewinnzuschläge zu (Sub-Clause 12.4 Abs. 3).

Die Regelungen im Yellow und Silver Book zu den Tests after Completion sind **in sich** 247 **ausgewogen** und sehen **sachgerechte Lösungen** für den Fall vor, dass die Parteien die Durchführung solcher Tests vertraglich vereinbaren. Allerdings setzen sie offensichtlich, wenn auch nicht ausdrücklich, auch eine entsprechende Vereinbarung der Parteien über die pauschale Abgeltung der für den Employer aus dem Nichtbestehen der Tests after Completion entstehenden Nachteile voraus. Anders ist es nicht zu erklären, dass ein ausdrücklicher Rechtsfolgenverweis auf die Regelungen in Sub-Clause 9.4 (Failure to Pass Tests on Completion) bzw. Sub-Clause 11.4 (Failure to Remedy Defects) fehlt. Letztlich wird man aber angesichts des Verweises von Sub-Clause 12.3 (a) auf die Bestimmungen der Sub-Clause 11.1 (Verpflichtung des Contractor zur Beseitigung von Mängeln) davon ausgehen müssen, dass dem Employer mangels anderweitiger vertraglicher Regelungen auch das **Rückweisungsrecht** nach Sub-Clause 11.4 (c) zusteht, sofern der betreffende Mangel, aufgrund dessen die Tests after Completion nicht erfolgreich bestanden wurden, zu einer **substantiellen Minderung des Gebrauchswertes** der Anlage führt. Im Interesse des Anlagenunternehmers sollte deshalb einmal mehr großer Wert darauf gelegt werden, auf eine sachgerechte Minderungsregelung im Falle des Nichtbestehens der vereinbarten Tests after Completion hinzuwirken, die dann ohne Weiteres zu einer Abgeltung der betreffenden Mängel und der Fiktion der bestandenen Tests after Completion führt.

VIII. Die vorzeitige Beendigung des Anlagenvertrages und ihre Rechtsfolgen

Das Recht zur Kündigung des Anlagenvertrages kann sich zum einen aus den zumeist dis- 248 positiven Regelungen der gesetzlichen Bestimmungen des **Vertragsstatuts** und zum anderen aus vertraglichen Regelungen ergeben. Die gesetzlichen Kündigungsregelungen sind für internationale Industrieanlagenverträge zumeist von geringerer Bedeutung, weil die Parteien es vorziehen, die Voraussetzungen und Rechtsfolgen der Vertragskündigung im Einzelnen vertraglich zu definieren. Von der Kündigung zu unterscheiden sind wiederum die **zeitweilige Suspendierung** der Bauleistung (sog. Sistierung) und die **Rückabwicklung des Vertrages,** durch welche der Anlagenunternehmer uU zur Demontage der bereits errichteten Teile der Anlage und zur Rückzahlung der bereits geleisteten Vergütungsteile verpflichtet wird.

249 Kündigungsrechte in Anlagenbauverträgen lassen sich dabei im Wesentlichen in zwei Gruppen einteilen, nämlich einerseits die Kündigung aus wichtigem Grund, die sich auf Vertragsverletzungen der jeweils anderen Partei oder sonstige Umstände stützt, aufgrund derer der kündigenden Partei ein Festhalten am Vertrag nicht mehr zugemutet werden kann, und andererseits die so genannte „freie" Kündigung des Vertrages (termination for convenience oder termination at will), die der kündigenden Partei, und hier zumeist ausschließlich dem Kunden, die Möglichkeit zur Lösung vom Vertrag gewährt, ohne dass wichtige Gründe vorliegen. Terminologisch ist diese Unterscheidung schon deshalb angreifbar, weil auch die freie Kündigung offensichtlich selten ohne gute Gründe erklärt wird. Indessen liegen die Gründe für die Kündigung hier ausschließlich in der subjektiven Sphäre des Kunden oder der ihn finanzierenden Institute und sind dem Einflussbereich des Unternehmers damit vollständig entzogen.

1. Die „freie" Kündigung des Vertrages durch den Kunden (termination for convenience-Klauseln)

250 Die Kündigung des Vertrages aus Gründen, die allein aus der Sphäre des Kunden stammen, ist in verschiedenen Rechtsordnungen gesetzlich vorgesehen. Das deutsche Recht sieht in § 648 BGB die jederzeitige Möglichkeit des Bestellers vor, den Vertrag mit Wirkung für die Zukunft zu beenden, ohne dass ein Grund aus der Sphäre des Unternehmers vorliegt. Das Gesetz erkennt damit ein berechtigtes Interesse des Bestellers an, das Werk nicht mehr fertig stellen zu lassen und damit erhebliche Kosten zu sparen, wenn er ohnehin kein Interesse mehr an dem fertig gestellten Werk hat. Der Unternehmer soll in diesem Fall keinen Nachteil erleiden und deshalb seine **vollständige vertraglich vereinbarte Vergütung** verlangen, muss sich aber Ersparnisse und andere Möglichkeiten der Verwertung seiner Leistungskraft anrechnen lassen. Gleichwohl kann die vorzeitige Vertragsbeendigung für den Unternehmer erhebliche Nachteile mit sich bringen, die vom Gesetz nicht berücksichtigt worden sind.[541] Insbesondere mag sein Hauptinteresse an der Erstellung des Werks gar nicht der Vergütung gegolten haben, sondern dem mit der Errichtung der Anlage erhofften Prestigegewinn. Gegebenenfalls hat der Unternehmer deshalb einen besonders günstigen Preis angeboten, um den Zuschlag für die Anlage zu erhalten und damit die Möglichkeit zu erlangen, eine wegweisende Technik als Erster zu entwickeln und damit eine marktführende Position zu erwerben. Das Gesetz hat diesen Nachteilen mit der Regelung in § 648 BGB keine Bedeutung beigemessen, sondern das Interesse des Unternehmers an der eigenen Vertragserfüllung auf das Vergütungsinteresse reduziert. Das freie Kündigungsrecht des Bestellers ist als zumindest partielle Abweichung vom Grundsatz pacta sunt servanda zwar nicht dem deutschen und **schweizerischen Recht**[542] allein vorbehalten,[543] wohl aber den meisten Rechtsordnungen fremd. Die **anglo-amerikanischen Rechtsordnungen** des common law sehen ein derartiges Recht nicht vor, erkennen aber mitunter das Bedürfnis für eine vertragliche Einräumung eines solchen Rechts zugunsten des Bestellers an.[544] Voraussetzung dürfte aber stets sein, dass die entsprechende Regelung dem Unternehmer eine **angemessene Kompensation** seiner

[541] Staudinger/Peters BGB § 648 Rn. 7; Soergel/Teichmann BGB § 648 Rn. 2; Gauch Werkvertrag Rn. 585 (zu Art. 377 OR).

[542] Art. 377 OR, wonach der Besteller vor der Vollendung des Werks jederzeit gegen Schadloshaltung des Unternehmers vom Vertrag zurücktreten kann, wird nach einhelliger Meinung nicht als Rücktritt im eigentlichen Sinne ausgelegt, sondern als „freie" Kündigung des Vertrages mit Wirkung ex nunc, vgl. BGE 117 II 273 (276); Gauch Werkvertrag Rn. 523 *(„freies Rücktrittsrecht");* Honsell/Lehmann OR Art. 377 Rn. 5.

[543] Vgl. etwa Art. 1794 des französischen und belgischen Code Civile, dazu Fontaine/de Ly Drafting S. 582.

[544] *Abbey Developments Ltd v PP Brickwork Ltd* [2003] EWHC 1987; *Hadley Design Associates Ltd v The Lord Mayor and Citizens of the City of Westminster* [2003] EWHC 1617.

infolge der Kündigung entstandenen Verluste zuspricht. Das Vertragsmuster des NEC4 Engineering and Construction Contract beispielsweise sieht in Core Clause 90.1 ein Recht des Employer zur jederzeitigen Kündigung vor, allerdings hat dieser, sofern keiner der im termination table aufgeführten 20 Kündigungsgründe einschlägig ist, den Contractor für seine Verluste zu entschädigen. Ob der Kunde darüber hinaus an principles of good faith oder implied covenants of fair dealing gebunden ist, wenn er sein vertraglich eingeräumtes „freies" Kündingungsrecht ausübt, wird in der **Praxis der Gerichte** des common law unterschiedlich beurteilt. Während die australischen Gerichte tendenziell von einer Verpflichtung der Vertragsparteien zur Beachtung der principles of good faith and fair dealing durch Einbeziehung als implied term ausgehen,[545] sind englische Gerichte hier eher zurückhaltend[546], selbst da, wo sie das Prinzip im Grundsatz anerkennen.[547] **US-amerikanische Gerichte** wiederum verweigern dem Kunden auch die Berufung auf ausdrücklich vereinbarte termination for convenience-Klauseln, sofern die Kündigung aufgrund der Umstände des Einzelfalles als Verstoß gegen die principles of good faith and fair dealing zu werten ist. Wenn der Besteller den Vertrag nur zu dem Zweck kündigt, einen anderen Unternehmer zu vermeintlich günstigeren Konditionen zu beauftragen, dürfte die Berechtigung zur Kündigung demnach ungeachtet der ausdrücklichen Vertragsregelung kaum Anerkennung finden.[548] Je nachdem, welchem Vertragsstatut der Vertrag unterworfen ist, empfiehlt es sich daher aus Sicht des Kunden, sehr detaillierte Bestimmungen zu den Umständen aufzunehmen, unter denen er zur einseitigen Kündigung berechtigt sein soll. In jedem Falle aber sollte die betreffende Klausel unmissverständlich und klar zum Ausdruck bringen,[549] dass der Kunde berechtigt sein soll, den Vertrag ohne Vorliegen eines wichtigen Grundes und ohne jede Angabe von Gründen einseitig zu beenden.

---

[545] *Kellogg Brown & Root Pty Ltd v Australian Aerospace Ltd* [2007] VSC 200; *GEC Marconi Systems Pty Ltd v BHP Information Technology Pty Ltd* [2003] 128 FCR 1; ferner *Thiess Contractors Pty Ltd v Placer (Granny Smith) Pty Ltd* (2000) 16 BCL 130 (*„obligation to act in good faith is not an obligation to prefer another's interest to your own"*); anders hingegen die neuere Entscheidung *Leighton v Arogen* [2012] NSWSC 1370 („(…)*very hard to see how an entitlement to terminate ‚for convenience', accompanied by the obligation to pay what the parties must be taken to have agreed would be fair compensation for the consequences of such termination, could be conditioned by any obligation of good faith.*").

[546] *Hadley Design Associates Ltd v The Lord Mayor and Citizens of the City of Westminster* [2003] EWHC 1617: „(…) *What might be the defining characteristics of situations in which the principle [of good faith] would be applicable is, for the moment, unclear (…). I am not satisfied that the principle for which Mr. Burr contends exists in English law.*"; zudem *TSG Building Services Plc v South Anglia Housing Ltd* [2013] EWHC 1151 (TCC): *„Even if there was some implied term of good faith, it would not and could not circumscribe or restrict what the parties had expressly agreed in Clause 13.3, which was in effect that either of them for no, good or bad reason could terminate at any time (…)*". Ausführlich zum principle of good faith im englischen (Bau-)recht Mosey ICLR 2015, 392.

[547] In der teilweise als Trendwende angesehenen Entscheidung *Yam Seng PTE Limited v International Trade Corporation Limited* [2013] EWHC 111 (QB) beschäftigte sich Leggatt J ausführlich mit den „principles of good faith and fair dealing" und zog Quervergleiche zwischen englischem Recht und anderen common law-Rechtsordnungen sowie dem civil law. Er kam zu dem Schluss, dass die Einbeziehung des Prinzips in das englische Recht mit dessen Grundsätzen vollumfänglich vereinbar sei (*„I respectfully suggest that the traditional English hostility towards a doctrine of good faith in the performance of contracts, to the extent it still persists, is misplaced."*). Allerdings beschränkte Leggatt J, den Anwendungsbereich eines principle of good faith im englischen Recht zunächst auf „relational contracts", also vor allem langfristige Geschäftsbeziehungen, die ein hohes Maß an Vertrauen und Kommunikation erfordern. Der Court of Appeal widersprach jedoch dieser Entscheidung in *MSC Mediterranean Shipping Company S.A. V Cottonex Anstalt* [2016] EWCA Civ 789 und entschied, dass es im englischen Recht ein allgemeines principle of good faith nicht gebe.

[548] *Klein v United States,* 285 F.2d 778 (1961); *Krysgoski Construction Co v United States,* 94 F.3d 1537 (Fed Cir 1963).

[549] Hirst ICLR 2010, 419 (423).

Klauselbeispiel für Termination at Will-Klausel[550]

[•] Termination at Will by Employer

In addition to Employer's right set forth in article [•], Employer has the right at any time, in its absolute discretion, to terminate the Contract without cause or judicial intervention being required for such termination.

2. Die vertragliche Ausgestaltung der Rechtsfolgen der „freien" Kündigung

251 Besondere Sorgfalt ist aus Sicht beider Vertragsparteien auf die Ausgestaltung der vertraglichen Rechtsfolgen der Ausübung des freien Kündigungsrechts zu verwenden. Aus Sicht des Anlagenunternehmers versteht es sich von selbst, dass Regelungen, die seine Zahlungsansprüche im Falle der freien Kündigung des Kunden einschränken oder gar ausschließen, unbedingt zu vermeiden sind. Regelungen, die nicht zumindest einen vollständigen Ausgleich sämtlicher zum Zwecke der Vertragserfüllung entstandener oder in Zukunft noch entstehender Kosten vorsehen, sind demnach kaum hinnehmbar. Kunden, die solche Regelungen in ihren vorformulierten Vertragsbedingungen vorsehen, sind sich darüber auch zumeist im Klaren und in diesem Punkt erfahrungsgemäß verhandlungsbereit. Je nach Wahl des anwendbaren Rechts ist aber auch der Kunde gut beraten, für eine angemessene Berücksichtigung der Interessen des Anlagenunternehmers Sorge zu tragen, weil er sonst Gefahr läuft, dass die ganze Regelung als unconscionable und damit unenforceable bewertet wird, so dass einer freien Kündigung die Wirksamkeit versagt bleibt. Die hiermit für den Kunden entstehenden Rechtsunsicherheiten sollten vermieden werden, was nur durch eine ausgewogene Berücksichtigung der Interessen des Anlagenunternehmers geschehen kann.[551]

Klauselbeispiel für eine Regelung der Rechtsfolgen aus einer Termination at Will

[•] Consequences in Case of Termination for Convenience

In any event of a termination for convenience undertaken by the Employer in accordance with article [•], the Contractor shall cease the execution of the Works and take all reasonable measures in order to minimize the costs and expenses following from such termination. The Contractor shall in any event of a termination for convenience by the Employer be entitled to the payment of the Contract Price in full minus such savings incurred by the Contractor due to the termination. The Contractor shall upon receipt of a termination for convenience by the Employer immediately (i) cancel or terminate all contracts with subsuppliers or sub-contractors and take all efforts to negotiate the best result possible with regard to the breakage payments becoming due to said sub-suppliers of sub-contractors as a consequence of such cancellation or termination or, at the Employer's choice to be determined in the termination notice, (ii) assign all rights and obligations vis-à-vis sub-suppliers and sub-contractors to the Employer if such transfer is provided for in the respective contracts with the sub-suppliers and sub-contractors.

252 Auch die FIDIC-Vertragsmuster sehen ein Recht des Employer zur jederzeitigen freien Kündigung des Vertrages vor. Nach der Rainbow Suite von 1999 galt dies jedenfalls, sofern nicht die Kündigung dazu dient, das Werk selbst fertig zu stellen oder durch einen Dritten fertig stellen zu lassen[552], was der Contractor wohl in den seltensten Fällen nachweisen konnte. In der 2nd Edition wurde diese Regelung gestrichen und durch eine leichter handhabbare Regelung ersetzt, wonach die freie Kündigung ohne weitere Voraus-

550 Klausel nach Fontaine/de Ly Drafting S. 582.

551 Hirst ICLR 2010, 419 (423).

552 Die Rechtsfolgen eines nachgewiesenen Verstoßes des Employer gegen Sub-Clause 15.5 in der 1st Edition waren unklar. Obwohl der Wortlaut durchaus einen Ausschluss des Kündigungsrechts zuließe, erscheint die Auffassung, die freie Kündigung als wirksam anzusehen und den Employer zum Ersatz des kündigungsbedingten Schadens zu verpflichten, als sachgerechteste Auslegung.

setzungen möglich ist, jedoch der Employer die Leistung erst nach vollständiger Zahlung des an den Contractor zu zahlenden Betrages durch einen Dritten fertigstellen lassen darf. Dieser – durch den Engineer nach Sub-Clause 3.7 zu bestimmende – Betrag umfasst auch den kündigungsbedingten Schadensersatz einschließlich des entgangenen Gewinns (Sub-Clause 15.6 Abs. 1 (b)).[553] Nach Sub-Clause 15.5 wird die freie Kündigung 28 Tage nach Zugang der Kündigung oder Rückgabe der Performance Security an den Contractor wirksam. Der Contractor hat sodann die weiteren Leistungen sofort einzustellen und die Contractor's Documents, bereits vergütete Leistungsteile und Material an den Employer herauszugeben, die Baustelle von sonstigem Material zu räumen, soweit nicht aus Sicherheitsgründen ausnahmsweise davon Abstand genommen werden muss, und die Baustelle zu verlassen (Sub-Clause 15.5 Abs. 2 iVm Sub-Clause 16.3). Dem Contractor steht sodann die vom Engineer (bzw. Employer) durch Ausstellung eines Payment Certificate näher bestimmte Vergütung sämtlicher bereits ausgeführter Leistungen sowie die Erstattung von sonstigen Kosten zu, die zum Zwecke der Vertragserfüllung aufgewendet wurden oder aufgrund eingegangener Abnahmeverpflichtungen noch aufzuwenden sind (Sub-Clause 15.5 Abs. 2 iVm Sub-Clause 15.6 Abs. 1). Ebenfalls besteht nun wie bereits ausgeführt und in Abweichung von der 1st Edition ein Anspruch des Contractors auf Schadensersatz und entgangenen Gewinn.[554] In der 2nd Edition ist zudem nun ausdrücklich festgelegt, dass der Contractor dem Engineer für seine Ansprüche hinreichende Belege (detailed supporting particulars) zur Verfügung zu stellen hat. Unklar ist bei der Regelung der Sub-Clause 15.5 zur freien Kündigung des Employer, ob und ggf. warum der Contractor nach Erhalt der freien Kündigung zunächst deren Wirksamkeit (also häufig 28 Tage) abwarten soll, bevor er die weiteren Leistungen einstellt. Ein Grund hierfür ist nicht ersichtlich, auch wenn die finale Wirksamkeit der Kündigung noch aussteht. Sub-Clause 15.5 verweist auf diese Rechtsfolge in seinem Abs. 3 nur für den Fall, dass die Kündigung erfolgt ist. Ob hierfür die Erklärung der Kündigung ausreicht oder deren Wirksamkeit abzuwarten ist, sagt die Regelung nicht. Indessen ergibt sich aus dem Verweis der Regelung auf die Vergütungsfolgen der Sub-Clause 15.6, dass wohl die Wirksamkeit der Kündigung abgewartet werden muss, bevor die Leistungen eingestellt werden. Sinnvollerweise sollte deshalb in den Particular Conditions of Contract klargestellt werden, dass die in Abs. 3 geregelte Folge der sofortigen Leistungseinstellung bereits nach deren Erklärung eintreten sollte, sofern nicht der Engineer (bzw. Employer) ausdrücklich gegenteilige Instruktionen erteilt.

3. Die Kündigung aus wichtigem Grund, insbesondere wegen Vertragsverletzung (breach of contract)

Vertragliche Kündigungsregelungen sehen zumeist auch für beide Vertragspartner Kündigungsrechte für den Fall vor, dass der jeweils andere Vertragspartner wesentliche Vertragspflichten verletzt. Die Parteien haben es auf diese Weise in der Hand, schon bei Vertragsabschluss selbst Gründe zu vereinbaren, die sie im Falle ihrer Verwirklichung für so schwerwiegend erachten, dass sie in der Kündigung des Vertrages die angemessene Rechtsfolge sehen. Solche Gründe auf Seiten des Anlagenunternehmers sind etwa die finale **Unterschreitung vereinbarter Leistungskriterien** der Anlage oder die wiederholt fehlgeschlagene Beseitigung erheblicher Mängel. Dem Anlagenunternehmer werden andererseits Kündigungsrechte vor allem bei Verletzungen der Zahlungspflicht oder erheblicher Mitwirkungspflichten eingeräumt. Die Gründe sind vielfältig und weisen regelmäßig die Gemeinsamkeit auf, dass ihr Vorliegen es der zur Kündigung berechtigten Partei unzumutbar macht, weiter am Vertrag festzuhalten. Von der Kündigung als In- 253

553 Bock/Zons/Cloppenburg Rechtshandbuch Anlagenbau Teil B Rn. 937. Es stellt sich jedoch auch hier die Frage, was bei Verstößen des Employer gegen diese Bestimmung gilt.

554 Aus diesem Grund erachten etwa Bonke/Stumpf NZBau 2018, 449 (454) die Sub-Clause 15.5 in der Neuauflage nicht mehr für unwirksam wegen Verstoßes gegen § 307 Abs. 1 BGB.

strument zur Beendigung des Vertrages mit Wirkung für die Zukunft (ex nunc) zu unterscheiden ist der **Rücktritt vom Vertrag,** der ebenfalls in Fällen von Vertragsverletzungen der anderen Vertragspartei gesetzlich vorgesehen ist oder vertraglich vereinbart wird. Der Rücktritt wandelt das Vertragsverhältnis in ein Rückgewährschuldverhältnis um; die gegenseitig erbrachten Leistungen werden zurückgewährt. Internationale Verträge verwenden die Begriffe des Rücktritts (withdrawal, rescission) und der Kündigung (termination) selten einheitlich, so dass stets zu hinterfragen ist, welches Instrument zur Vertragsbeendigung die Parteien regeln wollen, wenn von termination rights der Parteien die Rede ist.[555] Selbst bei deutschsprachigen Verträgen kann die Unterscheidung zwischen den verschiedenen Instrumenten der Vertragsbeendigung nicht immer eindeutig anhand des Vertragswortlauts erfolgen; vielmehr sind die jeweilige Regelungssystematik und der Sachzusammenhang der betreffenden Regelung ebenso in die rechtliche Beurteilung einzubeziehen wie die konkrete Ausgestaltung der beabsichtigten Rechtsfolgen.[556] Bestimmen die Vertragsparteien Umstände, bei deren Eintritt eine Partei berechtigt sein soll, sich vom Vertrag einseitig loszusagen (treat the contract as discharged), so wird damit grundsätzlich eine Art Präjudiz für die nachfolgende Beurteilung der Frage geschaffen, ob der maßgebliche Umstand derart schwerwiegend ist, dass er die Rechtsfolge der außerordentlichen Kündigung rechtfertigt. Allerdings ist durchaus fraglich, ob es möglich ist, offensichtlich für die Vertragserfüllung untergeordnete Gründe zu vereinbaren, deren Vorliegen zur Kündigung aus wichtigem Grund berechtigen soll. Zumindest bei Geltung der **Restriktionen des AGB-Rechts** dürfte dies nicht ohne weiteres möglich sein, weil die mit der Kündigung aus wichtigem Grund einhergehenden Rechtsfolgen für den Kündigungsadressaten erheblich sind und sich als unangemessene Rechtsfolge darstellen können. Die Diskussion um die Vereinbarung geringfügiger Vertragsverstöße als Grund für die Kündigung des Vertrages aus wichtigem Grund wird im **englischen Recht** vor allem in Bezug auf Vertragsklauseln geführt, die das außerordentliche Kündigungsrecht für den Fall **geringfügiger Zahlungsverspätungen** einräumen. In *Mardorf Peach & Co Ltd v Attika Sea Carriers Corpn of Liberia, The Laconia* hat das House of Lords[557] die außerordentliche Kündigung eines Chartervertrages durch einen Schiffseigner wegen Zahlungsverzuges für berechtigt gehalten, obgleich lediglich eine einzige Halbmonatszahlung des Charterers nur einen Tag nach dem vereinbarten Fälligkeitstermin, der noch dazu auf einen Sonntag fiel, geleistet wurde. Anlass zu einer einschränkenden Auslegung der entsprechenden Vertragsklausel, die ausdrücklich für jeden Fall verspäteter Zahlungen dem Schiffseigner das außerordentliche Kündigungsrecht einräumte, habe nicht bestanden.[558] Ob die deutschen Gerichte diesem Beispiel folgen würden, ist mehr als zweifelhaft.[559] Selbst wenn der betreffende Kündigungsgrund vertraglich vereinbart wurde, dürfte eine Ausübung dieses Rechts zumindest dann als **unzulässige Rechtsausübung** gewertet werden, wenn der Verstoß gegen die entsprechende Vertragspflicht nur geringfügig war und folgenlos geblieben ist.[560] Letzten Endes ist damit grundsätzlich zu hinterfragen, ob das vereinbarte Kündigungsrecht unter Berücksichtigung der beiderseitigen Interessen angemessen ist; gegebenenfalls wird eine in-

---

[555] Die Bezeichnung der Kündigung mit Wirkung für die Zukunft als „rescission" wäre irreführend, weil damit im Grundsatz der Fall der anfänglichen Nichtigkeit des Vertrages gemeint ist, wie etwa im Falle der Anfechtung des Vertrages wegen Irrtums oder Täuschung, vgl. Furmston Law of Contract S. 683, der deshalb die Bezeichnungen termination oder discharge für Fälle der Vertragsbeendigung ex nunc empfiehlt.

[556] Schuhmann Handbuch S. 182.

[557] [1977] 1 All ER 545; ferner *Awilco, A/S v Vuvia SpA die Navigazione, The Chikuma* [1981] 1 All ER 652; *China National Foreign Trade Transportation Corpn v Eulogia Shipping Co SA of Panama, The Mihalis Xilas* [1979] 2 All ER 1044.

[558] Furmston Law of Contract S. 692.

[559] BGHZ 21, 136.

[560] BGH NJW 2003, 2448; Grüneberg/Grüneberg BGB § 242 Rn. 53.

teressengerechte Auslegung ergeben, dass ein Kündigungsrecht nur nach vorheriger Abmahnung des vertragswidrigen Verhaltens besteht.[561]

Auf der anderen Seite können Umstände, die nicht ausdrücklich im Vertrag geregelt sind, sich aber als schwerwiegende Vertragsverletzung darstellen, welche die Zumutbarkeit der Fortsetzung des Vertrages ausschließen, ebenfalls einen wichtigen Grund zur Kündigung des Vertrages darstellen. Das englische Recht nimmt solche Gründe im Wesentlichen nur in zwei Fällen an. Erstens dann, wenn die andere Vertragspartei selbst die ordnungsgemäße Vertragserfüllung ablehnt **(repudiation)** und zweitens im Falle der Verletzung wesentlicher Vertragspflichten, die den Kernbereich des Vertrages betreffen,[562] etwa, weil ohne sie die weitere Vertragserfüllung unmöglich ist.[563] Diese Fallgruppen führen zu einem **Wahlrecht der vertragstreuen Partei,** entweder weiter die Vertragserfüllung und daneben Ersatz des aus der Nichterfüllung entstandenen Schadens zu verlangen, oder sich vom Vertrag zu lösen und ausschließlich Schadensersatz geltend zu machen. Zulässig ist es auch, zunächst die weitere Vertragserfüllung zu verlangen (etwa mittels Fristsetzung) und anschließend im Falle fortgesetzter Nichterfüllung auf den reinen Schadensersatz umzustellen.[564] Die Entscheidung ist aber in jedem Falle bindend und kann nach Zugang einer entsprechenden Erklärung beim Vertragspartner nicht mehr revidiert werden. Entscheidet sich der Kunde deshalb für die Fortsetzung des Vertragsverhältnisses, verbleibt es bei den gegenseitigen Rechten und Pflichten.[565] 254

Im **US-amerikanischen Recht** sind außerordentliche Kündigungsrechte als spezifische Rechtsfolge nicht vorgesehen. Erhebliche Vertragsverletzungen (material breach of contract) führen ausnahmsweise zu einem **Recht zum Rücktritt vom Vertrag** (rescission), das vornehmlich in Fällen von Arglist oder Betrug (fraud) und mutual mistake zuerkannt wird,[566] vergleichbar dem deutschen Anfechtungsrecht. Den Vertrauensschaden, also vornehmlich die in Erwartung des Fortbestandes des Vertrages getätigten eigenen Aufwendungen kann die vertragstreue Partei alternativ zum eigentlichen Schadensersatzanspruch (Erfüllungsschaden) ersetzt verlangen (restitutionary damages).[567] 255

Die Erklärung der außerordentlichen Kündigung, gleich, ob unter vertraglich definierten Voraussetzungen oder aufgrund sonstiger Umstände, unter denen nach allgemeinen rechtlichen Bestimmungen vermeintlich ein Kündigungsrecht besteht, stellt für die kündigende Vertragspartei ein **erhebliches Risiko** dar, wenn sich herausstellt, dass die Voraussetzungen der Kündigung nicht vorlagen, etwa, weil die Vertragspflichtverletzung nicht erheblich genug war oder zumindest einer vorherigen Abmahnung bedurfte. Die anschließende Verweigerung der Vertragserfüllung stellt sich im Lichte der **Unwirksamkeit der Kündigung** selbst als Erfüllungsverweigerung oder erhebliche Vertragsverletzung bzw. repudiation oder fundamental breach dar und mag damit im Einzelfall ihrerseits die außerordentliche Kündigung der anderen Vertragspartei rechtfertigen. Das Instrument der außerordentlichen Kündigung sollte nicht zuletzt deshalb mit Bedacht und Zurückhaltung gewählt werden. Ist sie einmal wirksam ausgesprochen, tritt die Rechtsfolge der Beendi- 256

[561] BGH NJW 2008, 1303.

[562] *„Breaches which go to the whole roots of the contract"*, vgl. *Davidson v Gwynne* (1810) 12 East 381 (389); Uff Construction Law S. 208; Hök Handbuch § 50 Rn. 20.

[563] *Hong Kong Fir Shipping Co Ltd Kawasaki Kaisen Kaisha Ltd* [1962] 1 All ER 474 (484).

[564] Anders allerdings, wenn die Pflichtverletzung dann nicht mehr zurechenbar ist, weil etwa die Entladung des Schiffs kraft behördlicher Bestimmungen untersagt wurde; hier kann die Wahl der Vertragserfüllung durch die vertragstreue Partei der zunächst vertragsuntreuen Partei zum Vorteil gereichen, wenn die Voraussetzungen des Schadensersatzanspruchs dann im Beurteilungszeitpunkt nicht mehr vorliegen, vgl. *Every v Bowden* [1855] 5 E & B 714, dazu Furmston Law of Contract S. 681.

[565] Furmston Law of Contract S. 684; Uff Construction Law S. 219; Hök Handbuch § 50 Rn. 20.

[566] *Eliker v Chief Indus., Inc.,* 243 Neb. 275, 498 N.W.2d 564 (1993); ferner Cameron Construction Law § 18.03(b).

[567] Cameron Construction Law § 18.03 (b) und Hök Handbuch § 49 Rn. 47.

gung des Vertrages mit bindender Wirkung auch für die kündigende Vertragspartei ein und kann nicht durch eine Rücknahme der Erklärung wieder beseitigt werden.[568]

257 Die **FIDIC-Vertragsmuster** sehen in Sub-Clause 15.2 Rechte des Employer zur außerordentlichen Kündigung des Vertrages in dem vorstehend skizzierten Sinn vor, namentlich (a) bei Nichtbefolgung einer Notice to Correct, einer Anweisung des Engineer oder einer Entscheidung des DAAB, sofern in der jeweiligen Missachtung eine wesentliche Vertragsverletzung liegt, (b) bei Erfüllungsverweigerung des Contractor, (c) wenn der Contractor mit den Arbeiten ohne vernünftigen Grund entgegen Clause 8 nicht beginnt bzw. sie nict wieder aufnimmt oder er – sofern sie vereinbart wurden – die maximale Höhe der delay damages verwirkt hat, (d) bei Nichtbefolgung der Anweisungen des Engineer bezogen auf Mangelbeseitigungspflichten nach Sub-Clauses 7.5 und 7.6 (e) bei Verletzung der Pflicht zur Gestellung der vertraglich vereinbarten Vertragserfüllungssicherheit, (f) vertragswidriger Unterbeauftragung, (g) im Falle der Insolvenz des Contractor und (h) bei Bestechungshandlungen.[569] Die Kündigung setzt in den Fällen (a) bis (e) die **vorherige 14-tägige Fristsetzung** des Employer voraus, wodurch dem Contractor **Gelegenheit zur Abhilfe** gegeben wird.[570] Weil Abhilfe in den Fällen (f), (g) und (h) kaum vorstellbar ist, kann die Fristsetzung hier unterbleiben und die Kündigung fristlos erfolgen (Sub-Clause 15.2 Abs. 3). Die Aufzählung der Kündigungsgründe ist enumerativ,[571] was jedoch keineswegs ausschließt, dass aus den gesetzlichen Bestimmungen des Vertragsstatuts weitere Gründe folgen, die zu Kündigungsrechten des Contractor führen können. Allerdings ist die Regelung derart **weit gefasst,** dass sie die meisten vorstellbaren außerordentlichen Kündigungsgründe abdecken sollte. Indessen gilt auch hier, dass es im Einzelfall – vor allem unter dem Regime einer Rechtsordnung des civil law – durchaus zweifelhaft sein kann, ob die Vertragsverletzung im Einzelfall schwer genug wiegt, um die außerordentliche Kündigung mit ihren einschneidenden Rechtsfolgen für den Contractor zu rechtfertigen.[572] Der Employer sollte sich vor der Kündigung sehr genau mit den Besonderheiten des anwendbaren Rechts und deren Auswirkungen auf die Wirksamkeit einer Kündigung befassen, um die Vorteile gegen die Risiken abwägen zu können. **Rechtsfolge der Kündigung** ist die Beendigung des Vertrages mit Wirkung für die Zukunft, allerdings auch nur insoweit, als nicht die weiteren Abwicklungsregelungen zu beachten sind. Der Con-

[568] Für das englische Recht *Scarf v Jardine* (1882) 7 App Cas 345 (361); die Kündigung muss überdies ohne vermeidbare Verzögerung erklärt werden, *Allen v Robles* [1969] 3 All ER 154; ferner zum Ganzen Furmston Law of Contract S. 684 mwN, zum deutschen Recht etwa BGHZ 133, 331 (336) („Gestaltungserklärung"); Grüneberg/Grüneberg BGB § 314 Rn. 10 mwN.

[569] Die Formulierung in den FIDIC-Vertragsmustern von 1999 war missglückt, da viel zu weitgehend. Zu Recht kritisierte Kennedy ICLR 2000, 504 (528), dass sie auch völlig unbedeutende Geschenke und Bestechungshandlungen jeder Art der sub-contractors erfasste, auf die der Contractor nur begrenzten Einfluss hatte, zustimmend Mallmann Anlagenbauverträge S. 257. Die FIDIC-Vertragsmuster von 2017 fassen den Kündigungsgrund enger und sind sprachlich präziser *(„if the Contractor is found, based on reasonable evidence, to have engaged in corrupt, fraudulent, collusive or coercive practice at any time in relation to the Works or to the Contract").*

[570] Die Regelung entspricht damit im Grundsatz den entsprechenden Kündigungsrechten der VOB/B, bei denen ebenfalls eine vorherige Kündigungsandrohung auszusprechen ist (§ 4 Abs. 7, § 5 Abs. 4, § 8 Abs. 2 VOB/B); Hilgers/Kaminsky Anhang FIDIC Rn. 398.

[571] Roquette/Schweiger/Ritter/Schätzlein Privates Baurecht E. II. Rn. 318.

[572] Entgegen Mallmann Anlagenbauverträge S. 257, dürften nicht nur die zur *fristlosen* Kündigung berechtigenden Tatbestände Insolvenz und Bestechung *restriktiv* auszulegen sein, sondern sämtliche Tatbestände, da diese ihrem Wortlaut nach (mit Ausnahme von (a)) nicht auf Fälle wesentlicher Vertragsverletzungen begrenzt sind und somit theoretisch auch bei geringfügigen Pflichtverstößen eine Lösung des Employer vom Vertrag ermöglichen, was mit den dargestellten Grundsätzen des deutschen Rechts ebenso wenig vereinbar sein dürfte wie mit dem grundsätzlichen Erfordernis eines fundamental breach im anglo-amerikanischen Rechtskreis. Tendenziell gegen eine restriktive Auslegung wendet sich allerdings die neuere Entscheidung *Obrascon Huarte Lain SA v Her Majesty's Attorney General For Gibraltar* [2014] EWHC 1028 (TCC). Das Gericht verwarf darin die Argumentation des Klägers, für die Kündigungsrechte nach Clause 15.2 a) bis c), die an vorherige breaches of contract anknüpfen, sei eine besonders schwerwiegende Vertragsverletzung *(„breach of contract* [that] *must be serious and one which is analogous to a repudiatory breach of contract")* zu fordern. Jedenfalls in dieser Grundsätzlichkeit, so das Gericht, treffe dies nicht zu.

tractor hat vor allem den weiteren Anweisungen des Employer bezüglich der Baustelle Folge zu leisten und Werkzeug, Material und Anlagenteile sowie Contractor's Documents und sonstige Unterlagen an den Engineer (bzw. Employer) herauszugeben (Sub-Clause 15.2.3). Der Employer ist zur Selbstvornahme (in Eigenregie oder durch Dritte) der erforderlichen Fertigstellung des Werkes auf Kosten des Contractor berechtigt (Sub-Clause 15.2.4 Abs. 1). Im Übrigen bleiben **die sonstigen Rechte des Employer** nach dem Vertrag (mit Ausnahme des Erfüllungsanspruches) ungeachtet der Kündigung weiter bestehen (Sub-Clause 15.2 Abs. 1), so dass die Rechtsfolgenregelung der Sub-Clause 15.2 nicht abschließend ist und dem Contractor neben den Kosten der Selbstvornahme insbesondere auch weitere Schadensersatzansprüche drohen (Sub-Clause 15.4 Abs. 2).[573]

Die **außerordentlichen Kündigungsrechte des Contractor** sind in Sub-Clause 16.2 ebenfalls abschließend geregelt. Sie betreffen Verletzungen der Verpflichtungen des Employer (a) zum Nachweis der finanziellen Mittel für das Bauvorhaben, (b) und (c) zur fristgemäßen Ausstellung von Payment Certificates und anschließender Zahlung, (d) zur Befolgung einer Anweisung des Engineer oder einer Entscheidung des DAAB, wobei in der Nichtbefolgung eine wesentliche Vertragsverletzung liegen muss (e) zur Erfüllung sonstiger Vertragspflichtungen, deren Verletzung eine wesentliche Vertragsverletzung darstellt, (f) zur Mitteilung des Starttermins nach Clause 8, (g) zum Abschluss des Contract Agreement oder zur Einvernehmlichkeit einer Abtretung nach Sub-Clause 1.7, (h) den Fall, dass eine verlängerte Unterbrechung (prolonged suspension) das herzustellende Werk des Contractor negativ beeinträchtigt, den Fall (i) der Insolvenz des Employer sowie schließlich den Fall (j) der Bestechung durch den Employer. Die Kündigung ist auch hier mit Ausnahme der Fallgruppen (g ii), (h), (i) und (j) nur mit entsprechender **14-tägiger Nachfristsetzung** zulässig (Sub-Clause 16.2.2)[574] und lässt die weiteren Rechte des Contractor unberührt (Sub-Clause 16.2 Abs. 1). Die **Auffangklausel** in Clause 16.2 Abs. 1 (e) weicht von der korrespondierenden Regelung zur Kündigung bei Pflichtverletzungen des Contractor auch in der Fassung von 2017 insofern ab, als hier nur schwerwiegende Pflichtverletzungen des Employer zum Kündigungsrecht des Contractor führen, während dort dem Wortlaut nach jede Pflichtverletzung des Contractor für die Kündigung des Employer ausreicht. Dieses **Ungleichgewicht**[575] dürfte jedoch durch eine einschränkende Auslegung der Sub-Clause 15.2 Abs. 1 (b) zu korrigieren sein. Die **Rechtsfolge** der außerordentlichen Kündigung des Contractor ist ebenfalls die Beendigung des Vertrages mit Wirkung ex nunc. Der Contractor hat die weiteren Leistungen einzustellen, die Baustelle zu räumen und bezahlte Leistungsteile und Unterlagen herauszugeben (Sub-Clause 16.3). Im Übrigen stehen dem Contractor Ansprüche auf Rückgabe der gewährten Vertragserfüllungssicherheit, auf Zahlung sämtlicher bis zur Vertragsbeendigung erbrachter Leistungen, auf Erstattung zum Zwecke der Vertragserfüllung aufgewendeter Kosten einschließlich eingegangener Verpflichtungen und der Kosten für die Baustellenräumung und Personalrückführung sowie schließlich auf Ersatz sämtlichen durch die Kündigung entstandenen Schadens einschließlich des entgangenen Gewinns[576] zu (Sub-Clause 16.4 iVm Sub-Clause 18.5 und 20.2). 258

[573] Dies ist in der Neuformulierung der 2nd Edition bereits anhand der Überschrift der Sub-Clause 15.4 („*Payment after Termination for Contractor's Default*") klargestellt; vgl. auch Nicklisch/Weick/Jansen/Seibel/Kaminsky VOB/B Übersicht FIDIC Rn. 216 ff.

[574] Kritisch völlig zu Recht Kennedy ICLR 2000, 504 (529); es ist nicht einzusehen, warum der Contractor über die ohnehin vorausgesetzte Zahlungsfrist von 42 Tagen gemäß Sub-Clause 16.2 (c) hinaus noch eine weitere Frist von 14 Tagen einräumen muss, währenddessen aber ungeachtet der massiven Zahlungsverspätung selbst zur Leistung verpflichtet bleibt.

[575] Vgl. Roquette/Otto/Brück Privates Baurecht F. II. Rn. 224.

[576] Der wechselseitige Ausschluss der Haftung für Vermögensschäden in Sub-Clause 1.15 Abs. 1 (c) und (d) sieht eine ausdrückliche Ausnahme zugunsten des Contractor bezüglich des entgangenen Gewinns im Falle der (freien und außerordentlichen) Kündigung vor.

4. Bedeutung und Ausgestaltung von Force Majeure-Klauseln

259 Klauseln über Voraussetzungen und Rechtsfolgen sog. höherer Gewalt (force majeure) finden sich in nahezu allen nationalen[577] wie internationalen Bau- und Industrieanlagenverträgen.[578] Der Grund hierfür dürften Unsicherheiten über die jeweils anwendbaren Rechtsfolgen unter dem einschlägigen Vertragsstatut sein, die von vornherein beseitigt werden sollen, indem Tatbestand und rechtliche Konsequenzen im Falle des Eintritts der definierten Umstände bereits im Vertragstext Berücksichtigung finden. Insbesondere dienen force majeure-Klauseln dazu, die zuweilen unklaren bzw. unflexiblen Folgen der doctrine of frustration des common law-Rechtskreises oder der **Unmöglichkeit nach deutschem Recht** zu vermeiden und sowohl tatbestandlich als auch bezüglich der Rechtsfolgen klarere Konturen zu schaffen. Frustration im Sinne des englischen Rechts liegt etwa regelmäßig nur vor, wenn die Erbringung der vereinbarten Leistung unmöglich geworden ist oder wenn sich der Inhalt der Leistungspflicht vollständig ändert.[579] Rechtsfolge der **doctrine of frustration** ist die Aufhebung der beiderseitigen Leistungspflichten (discharge of contract). Nach deutschem Recht wird der Schuldner bei nachträglich eintretender Unmöglichkeit der Leistung von seiner Verpflichtung zur Leistung frei. Allerdings sind die wechselseitigen Ansprüche der Parteien im Einzelfall davon abhängig, ob es sich um **vorübergehende oder dauerhafte Unmöglichkeit** handelt, was im Zeitpunkt des Eintritts der Störung zu entscheiden ist. Nur die dauerhafte Unmöglichkeit ist gesetzlich geregelt, so dass Fälle vorübergehender Unmöglichkeit von erheblicher Rechtsunsicherheit geprägt sind.[580] Ganz ähnlich gestaltet sich die Rechtslage nach **schweizerischem Obligationenrecht.**[581] Die Parteien suchen deshalb Abgrenzungsschwierigkeiten nach Maßgabe des jeweils anwendbaren Rechts weitestmöglich zu vermeiden und Tatbestand und Rechtsfolgen in force majeure-Fällen selbst zu regeln. Die möglichst ausführliche Beschreibung dessen, was die Parteien unter einem force majeure-Szenario verstehen, ist mit Rücksicht darauf vorzunehmen, dass nicht nur zwischen unterschiedlichen Rechtsordnungen, sondern auch innerhalb einzelner Rechtsordnungen durchaus divergierende Definitionen dazu vorliegen, was genau unter einem force majeure-Szenario zu verstehen ist.[582] Da der Begriff der höheren Gewalt als wohl treffende deutsche Übersetzung[583] zum international gebräuchlichen force majeure-Begriff nicht gesetzlich definiert ist und auch sonst im (deutschen) Gesetz kaum Erwähnung findet,[584] sollten die Parteien dem Rechtsanwender detaillierte Anhaltspunkte dazu zur Verfügung stellen, was sie sich unter einem force majeure-Ereignis vorstellen.[585] Den Voraussetzungen und Rechtsfolgen der force majeure-Fallgruppen im Allgemeinen widmet sich ein eigenständiges Kapitel, auf das hier verwiesen werden kann.[586]

260 Die **FIDIC-Musterverträge** sehen in Clause 18 ausführliche Regelungen zu Tatbestand und Rechtsfolgen von force majeure-Ereignissen vor, welche nunmehr in der 2nd Edition als exceptional events bezeichnet werden.[587] Danach liegt ein exceptional

[577] Schuhmann Handbuch S. 121; Joussen Industrieanlagen-Vertrag S. 130 ff.
[578] Seppala ICLR 2000, 235 (240 f.); Dünnweber Industrieanlage S. 109 ff.; Mallmann Anlagenbauverträge S. 274; zur Auslegung von force majeure-Klauseln im internationalen Kontext van Dunné ICLR 2002, 162 und Berger RIW 2000, 1 (4); ausführlich zu force majeure-Klauseln im Übrigen → § 10.
[579] Uff S. 206; Bock/Zons/Bührmann Rechtshandbuch Anlagenbau Teil B Rn. 1037.
[580] Vgl. etwa Grüneberg/Grüneberg BGB § 275 Rn. 10 ff.
[581] Gauch Werkvertrag Rn. 718 ff.
[582] Zu verschiedenen Definitionsversuchen, auch in Abgrenzung von den frustration-Fällen van Dunné ICLR 2002, 162 (164 ff.).
[583] Schuhmann Handbuch S. 121.
[584] Zu Ausnahmen → § 10 Rn. 14.
[585] Diverse Klauselbeispiele finden sich bei Anderson/Warner Drafting S. 276 ff.
[586] Vgl. → § 10.
[587] Dies geschah, weil in vielen Rechtsordnungen ein Verständnis von force majeure vorherrscht, welches nicht zwingend der Definition der FIDIC entspricht. Die geänderte Terminologie stellt den Versuch dar, einen möglichst unbelasteten Begriff einzuführen, vgl. Nicklisch/Weick/Jansen/Seibel/Kaminsky VOB/B Übersicht FIDIC Rn. 207.

event vor, wenn ein Ereignis jenseits der Kontrolle einer Partei eintritt, auf welches sich die betreffende Partei vor dem Abschluss des Vertrages nicht einstellen konnte, das sie nicht wirksam verhindern konnte und das dieser Partei im Wesentlichen nicht zurechenbar ist (Sub-Clause 18.1 Abs. 1). Abs. 2 der Regelung zählt sodann allgemein anerkannte Fälle eines exceptional event auf, die bei Vorliegen der Voraussetzungen des Abs. 1 typischerweise (aber weder zwingend noch abschließend) als force majeure im Sinne der Regelung gelten sollen (ua Krieg, Terrorismus, Aufstand usw.[588]). Auch der Streik wird danach als exceptional event eingestuft, sofern er nicht ausschließlich das Personal des Contractor oder der eingeschalteten sub-contractor betrifft. Die Ausnahme bezüglich der **Streiks oder Aussperrungen** des eigenen Personals resultiert aus der Überlegung, dass sich diese Fälle regelmäßig nicht dem eigenen Einfluss des Contractor entziehen. Nicht dagegen stellen die FIDIC-Vertragsmuster auf die sonst oft gestellte Frage ab, ob die betreffende Vertragspartei das Ereignis vorhersehen konnte.[589] Dieses Kriterium dürfte jedoch bei der Prüfung heranzuziehen sein, ob sich die betreffende Partei auf das Ereignis hätte einstellen können und redlicherweise einstellen müssen.[590]

Ein exceptional event ist der jeweils anderen Vertragspartei innerhalb von 14 Tagen nach Kenntniserlangung von dem hindernden Umstand mitzuteilen (Sub-Clause 18.2 Abs. 2). Der Contractor hat sodann Anspruch auf **Verlängerung der Time for Completion** und in bestimmten Fällen auch auf Erstattung der durch den exceptional event entstandenen zusätzlichen Kosten (Sub-Clause 18.4 iVm Sub-Clause 20.2). Die Regelung ist insofern nicht konsistent, als nicht zu erkennen ist, warum in manchen Fällen Kostenerstattungsverpflichtungen des Employer vorgesehen sind und in anderen nicht.[591] Letzten Endes aber soll auch nach der FIDIC-Regelung keine der Parteien einen Vorteil aus dem Eintritt des exceptional events ziehen.[592] Beiden Vertragsparteien steht sodann das **Recht zur Kündigung** des Vertrages zu, wenn die Unterbrechung ununterbrochen länger dauert als 84 Tage oder insgesamt einen Umfang von 140 Tagen erreicht. Die **Rechtsfolgen der Kündigung** des Vertrages infolge eines exceptional events ergeben sich aus Sub-Clause 18.5, wonach dem Contractor Ansprüche auf Vergütung des bis zum Eintritt des exceptional events geleisteten Teils sowie auf Erstattung der im Vertrauen auf die Fertigstellung des Werks entstandenen Kosten einschließlich des Wertes bereits eingegangener Verpflichtungen zustehen. Dagegen wird ein Anspruch auf Erstattung des infolge der Kündigung **entgangenen Gewinns** nicht gewährt, was folgerichtig ist, weil auch der Employer die Kündigung in diesem Fall nicht zu vertreten hat. Insgesamt ist die force majeure-Regelung der FIDIC-Vertragsmuster ausgewogen und im Grundsatz geeignet, als Orientierung auch bei Verträgen außerhalb der Muster zu dienen. Die Kostenerstattungspflicht des Employer in ausgesuchten Fällen während des Unterbrechungszeitraums sollte allerdings entfallen. Der Kunde ist durch die Unterbrechung und Verlängerung der Ausführungszeit zumeist schon erheblich belastet und ein einleuchtender Grund für die Besserstellung des Anlagenunternehmers ist nach unserer Einschätzung nicht ersichtlich. 261

5. Die Vereinbarung von Hardship-Klauseln

Von den force majeure-Klauseln zu unterscheiden sind die im internationalen Rechtsverkehr vielfach verwendeten hardship-Klauseln. Mit ihnen regeln die Vertragsparteien die möglichen Rechtsfolgen, die sich aus einem nach Vertragsabschluss entstandenen Un- 262

[588] Eine Pandemie (wie etwa die seit 2020 anhaltende Covid-19-Pandemie) fällt nach der Aufzählung in Clause 19 allenfalls unter den Tatbestand der Generalklausel.
[589] Mallmann Anlagenbauverträge S. 276; Nicklisch/Weick/Jansen/Seibel/Kaminsky VOB/B Übersicht FIDIC Rn. 201.
[590] Mallmann Anlagenbauverträge S. 277.
[591] Kritisch auch Delmon/Scriven ICLR 2001, 240 (258).
[592] Mallmann Anlagenbauverträge S. 276.

gleichgewicht der gegenseitigen Leistungen ergeben können.[593] Solche Ungleichgewichte können sich insbesondere aus erheblichen **Währungsschwankungen** oder **Materialpreiserhöhungen** ergeben, die zwar für sich genommen nicht außergewöhnlich und deshalb von den Parteien auch vorhersehbar sind, die aber andererseits nicht sachgerecht vor Vertragsabschluss kalkulierbar sind. Die Klauseln beschreiben deshalb, unter welchen konkreten Umständen einer Vertragspartei die Fortsetzung des Vertrages zu unveränderten Konditionen nicht mehr zugemutet werden soll und welche Rechtsfolgen sich daraus ergeben. **Wirtschaftliche Unzumutbarkeit** in diesem Sinne liegt allerdings nicht bereits dann vor, wenn sich die wirtschaftlichen Rahmenbedingungen zum Nachteil einer Partei ändern und die Fortsetzung zu einem wirtschaftlich unbefriedigenden Ergebnis, insbesondere zu mangelnder Rentabilität, führt. Gemeinhin wird verlangt, dass die Änderungen der Rahmenbedingungen ein Ausmaß annehmen, bei dem von einer Überschreitung der wirtschaftlichen Opfergrenze einer Partei wegen fundamentaler Veränderung des wirtschaftlichen Gleichgewichts im Vertrag gesprochen werden muss.[594] Den Parteien steht es aber frei, auch Anpassungsregelungen in Fällen vorzusehen, die diese Anforderungen nicht erfüllen, weil sie das wirtschaftliche Gleichgewicht (equilibrium) des Vertrages letztlich über den Grundsatz pacta sunt servanda stellen möchten. Bei Dauerschuldverhältnissen, deren Funktionsfähigkeit maßgeblich von gegenseitigem Vertrauen in die Fairness des Vertragspartners und die Ausgewogenheit der beiderseitigen Leistungen abhängt, sind deshalb entsprechende hardship-Klauseln selbst bei eher unwesentlichen Veränderungen der wirtschaftlichen Parameter zu erwägen. Rechtsfolge dieser Regelungen im Falle der Identifikation einer relevanten Störung des vertraglichen Gleichgewichts ist üblicherweise die **Neuverhandlung** der Parteien über eine **Anpassung des Vertrages** an die veränderten Umstände. Schwierigkeiten bereitet hier zumeist die Frage, was geschieht, wenn sich eine Partei weigert, an den Verhandlungen teilzunehmen, oder zwar teilnimmt, aber nicht wirklich zu einer Anpassung bereit ist. Haben die Parteien hier sachgerechte und den Umständen nach ausreichende **Mechanismen für die Vertragsanpassung** schon im Vertrag festgelegt, können ggf. Schiedsgerichte die Anpassung im Wege gestaltender Vertragsergänzung vornehmen. Empfehlenswert ist allerdings,[595] dies als Rechtsfolge für den Fall des Scheiterns der Verhandlungen auch ausdrücklich vorzusehen, dem Schiedsgericht mithin **eigene Gestaltungskompetenz** innerhalb des vertraglich vorgegebenen Rahmens einzuräumen.[596]

262a Die Vereinbarung von hardship- und auch force-majeure-Klauseln hat durch die wirtschaftlichen Verwerfungen der Covid-19-Pandemie sowie die ebenfalls gravierenden Folgen des Kriegs in der Ukraine zuletzt an Bedeutung gewonnen. In Deutschland fand eine Diskussion über die Anpassung von Dauerschuldverhältnissen, welche im anglo-amerikanischen Rechtskreis dem Term hardship zugehörig wäre, insbesondere im von Ausgangssperren und Kontaktverboten massiv betroffenen Gewerberaummietrecht statt.[597] Für das Indu-

---

[593] Dünnweber Industrieanlage S. 62; van Dunné ICLR 2002, 162 (183); Bock/Zons/Bührmann Rechtshandbuch Anlagenbau Teil B Rn. 1085.

[594] Berger RIW 2000, 1 (4).

[595] Berger RIW 2000, 1 (10).

[596] Vgl. Art. 6.2.3 PICC 2016 (Effects of hardship): „*(1) In case of hardship the disadvantaged party is entitled to request renegotiations. The request shall be made without undue delay and shall indicate the ground on which it is based. (2) The request for renegotiations does not in itself entitle the disadvantaged party to withhold performance. (3) Upon failure to reach agreement within a reasonable time either party may resort to the court. (4) If the court finds hardship it may, if reasonable (a) terminate the contract at a date on terms to be fixed; or (b) adapt the contract with a view to restore its equilibrium*". Ähnlich auch Art. 2.117 Abs. 3 PECL: „[...] *the court may (a) terminate the contract at a date and on terms to be determined by the court; or (b) adapt the contract in order to distribute between the parties in a just and equitable manner the losses and gains resulting from the change of circumstances* (...)"; zu beidem van Dunné ICLR 2000, 162 (185).

[597] Für das Gewerberaummietrecht schaffte der deutsche Gesetzgeber daher den noch bis zum 30.9.2022 geltenden Art. 240 § 7 EGBGB, wonach die schwerwiegende Änderung eines Umstandes, der nach § 313 BGB Vertragsgrundlage geworden ist, vermutet wird. Die Rechtsprechung gewährt dem Mieter im Aus-

strieanlagengeschäft besonders bedeutsam sind – nicht unter force majeure fallende – gestiegene Kosten infolge der Störung von Lieferketten durch rigide Covid-19-Maßnahmen oder durch erheblich gestiegene Material- und Energiekosten infolge der zunehmenden wirtschaftlichen Abkopplung von der Russischen Föderation. Ob bei Verträgen nach dem Beginn der Covid-19-Pandemie oder der Ukraine-Krise überhaupt noch von hardship ausgegangen werden kann, kann teilweise zweifelhaft sein, da gerade die fehlende Vorsehbarkeit der Entwicklung bei Vertragsschluss eine wesentliche Rolle für die Annahme von hardship spielt. In Verträgen, die während der Covid-19- und der Ukraine-Krise geschlossen werden, sollten hardship-Klauseln die Situation und die bekannten Risiken beim Vertragsschluss möglichst präzise beschreiben und die weiterhin dynamische Entwicklung dadurch abbilden, dass den Parteien verschiedene Mechanismen zur Lösung der Erschwernisse an die Hand gegeben werden.[598]

IX. Konfliktlösung

Ein wichtiger Bestandteil internationaler Industrieanlagenverträge sind Regelungen über die Lösung von Konflikten zwischen den Vertragsparteien. Meinungsverschiedenheiten sind bei größeren Projekten an der Tagesordnung und bedürfen sachgerechter Regelungen zur **Vermeidung langwieriger gerichtlicher Auseinandersetzungen.** Vor der Fertigstellung des Bauvorhabens würden sie unvermeidlich zu Verzögerungen und Stillständen führen, die das Projekt lähmen und erhebliche wirtschaftliche Konsequenzen nach sich ziehen, zumal auch ihr Ausgang kaum vorhersehbar ist und der Zeitverlauf dazu führen kann, dass zugesprochene Ansprüche später aus tatsächlichen Gründen nicht mehr realisierbar sind. Derartige Rechtsunsicherheiten gefährden den Erfolg von Projekten und werden daher auch von den finanzierenden Institutionen selten hingenommen. Zur Auswahl stehen neben Regelungen über die vertragliche Bestimmung der ggf. zur Entscheidung berufenen nationalen ordentlichen Gerichte vor allem Schiedsgerichtsabreden, Adjudikationsverfahren und sog. ADR-Verfahren (alternative dispute resolution), insbesondere die Mediation. Diesen Verfahren der Streitbeilegung widmet sich im Rahmen dieses Werkes ein eigenständiges Kapitel.[599] Nachfolgend soll deshalb nur auf die **vertraglichen Einigungsmechanismen** eingegangen werden, auf die sich die Parteien internationaler Industrieanlagenverträge im Vorfeld etwaiger Streitigkeiten verständigen. 263

1. Die Einbeziehung Dritter zur Streitentscheidung

Industrieanlagenverträge sehen häufig die Einschaltung eines Dritten, zumeist eines Architekten, Ingenieurs oder einer Ingenieurgesellschaft, durch den Kunden vor und regeln im Einzelnen dessen Aufgaben und Befugnisse. Hintergrund für diese angelsächsisch geprägte Tradition[600] ist die fehlende eigene Sachkunde des Kunden, vor allem in technischer Hinsicht, und die hierdurch bedingte Auslagerung der Verantwortlichkeit für die **Planung und Überwachung des Bauvorhabens.** Auch wenn die Planung des Bauwerkes oder der Anlage vertragsgemäß zum Leistungsumfang des Anlagenunternehmers gehört, wie etwa bei Projekten unter dem Regime des Yellow Book, werden Ingenieure für die Überwachung der Projektrealisierung und im weiteren Sinne für Zwecke der **Projektsteuerung** eingesetzt. Der Engineer hatte im alten Red Book (1957) neben den vorstehend 264

nahmefall einen Anspruch auf Anpassung der Miete über die Grundsätze der Störung der Geschäftsgrundlage, BGH NZM 2022, 99.

[598] Siehe hierzu die ICC-Klausel von 2020 (https://cms.iccwbo.org/content/uploads/sites/3/2020/09/icc-force-majeure-hardship-clauses-march-2020-german.pdf), welche für den Fall, dass sich die Parteien bei hardship nicht auf alternative Regelungen einigen können, entweder die Anpassung oder die Auflösung des Vertrags als Optionen vorsieht.

[599] Vgl. → § 14.

[600] Vgl. instruktiv zur Entwicklung des Baumanagements durch Dritte Mallmann Anlagenbauverträge S. 95 ff.

skizzierten administrativen Aufgaben auch die **Funktion der Streitentscheidung.**[601] Sämtliche Streitigkeiten waren danach zunächst dem Engineer zur Entscheidung anzutragen und von diesem zu entscheiden, sofern nicht die Parteien einvernehmlich hierauf verzichtet haben.[602] Selbst dann, wenn der Engineer zuvor bereits über einen seitens des Contractor vorgebrachten Anspruch negativ entschieden hatte, war dem Contractor der Weg der unmittelbaren Anrufung des Schiedsgerichts versperrt, was angesichts der Dauer des Entscheidungsverfahrens (84 Tage) eine erhebliche Verzögerung der Anspruchsdurchsetzung zur Folge hatte. Zudem war von einer neutralen Entscheidung durch den Engineer kaum auszugehen, vor allem, aber nicht nur, wenn er über die Richtigkeit seiner eigenen Entscheidung zu befinden hatte, denn der Engineer wurde im Auftrag und gegen Vergütung des Employer tätig.[603]

265 Die meisten **heute gebräuchlichen Vertragsmuster** haben die Funktion der Streitentscheidung von den Aufgaben des Engineer abgekoppelt und weisen ihm nur noch administrative Funktionen und solche der Projektsteuerung zu, sofern überhaupt die Einschaltung eines Engineer vertraglich vorgesehen ist.[604] Sowohl das Red Book als auch das Yellow Book 1999 stellten erstmals ausdrücklich fest, dass der Engineer im Auftrag des Employer tätig wird und seine Entscheidungen ausschließlich dem Employer zuzurechnen sind.[605] Hierbei ist es in der Fassung von 2017 geblieben (Sub-Clause 3.2 Abs. 1), auch wenn nunmehr hinzugefügt wurde, dass der Engineer als „skilled professional" agiert. Ebenfalls neu ist die Formulierung in Sub-Clause 3.7 (Sub-Clause 3.5 in den FIDIC-Mustern von 1999), wonach der Engineer für seine Hauptaufgaben nach den FIDIC-Verträgen ausdrücklich nicht Vertreter des Employer ist, sondern neutral (neutrally) zu entscheiden hat. Eine inhaltliche Änderung dürfte damit nicht verbunden sein[606], da auch in der 1st Edition der Rainbow Suite vom Engineer eine faire Entscheidung (fair determination) für den Fall erwartet wurde, dass die Parteien sich nicht einigen konnten.[607] Dennoch bleibt – im Verhältnis zur Rainbow Suite von 1999 unverändert – die Streitentscheidungsbefugnis beim Dispute Avoidance/Adjudication Board (DAAB)[608], welches als verbindliche Vorinstanz nach Clause 21 die einstweilige (und ggf. auch endgültige) Entscheidung trifft. Der Engineer nimmt regelmäßig keine Aufgaben der Streitschlichtung oder Streitentscheidung mehr wahr.[609] Allerdings finden sich vereinzelt Bestimmungen in den vorformulierten Particular Conditions of Contract der Auftraggeberseite,[610] die einzelne Entscheidungen des Engineer, etwa die determinations nach Sub-Clause 3.7, als final and binding

[601] Clause 67 des Red Book 1957, die bis zur vierten Auflage des Red Book im Wesentlichen unverändert beibehalten wurde, vgl. Mallmann Anlagenbauverträge S. 98 ff.

[602] ICC-Schiedsspruch Nr. 4840/86, ICLR 1985/1986, 277 (281); Seppala ICLR 1985/1986, 315 (323) Fn. 37.

[603] Nicklisch ICLR 1990, 322 (334 ff.); Einbinder ICLR 1994, 175 (177); Mallmann Anlagenbauverträge S. 103 mwN.

[604] Vgl. etwa den ICC Model Turnkey Contract for Major Projects oder das UNIDO Model Form of Turnkey Lump Sum Contract for the Construction of a Fertilizer Plant, der den Engineer lediglich für den Fall erwähnt, dass und insoweit ein solcher vom Kunden mit verschiedenen Aufgaben betraut wird.

[605] Sub-Clause 3.1 Abs. 5 (a) Red und Yellow Book 1999: *„Except as otherwise stated in these Conditions (a) whenever carrying out duties or exercising authority, specified in or implied by the Contract, the Engineer shall be deemed to act for the Employer."* Demgegenüber sah die Fassung des Red Book 1987 noch vor, dass der Engineer jede Entscheidung *„impartially"*, also unparteiisch und unabhängig treffen sollte; zum Ganzen ausführlich und instruktiv Mallmann Anlagenbauverträge S. 111 ff.

[606] Vgl. Hök ZfBR 2019, 211 (222).

[607] Die 2nd Edition konkretisiert in Sub-Clause 3.7.1 die Anforderungen an die Gespräche zum Finden eines agreement weiter; so hat der Engineer die Gespräche zeitnah zu führen und dem anderen Vertragspartner eine Aufzeichnung der separat geführten Gespräche zur Verfügung zu stellen.

[608] Die Änderungen im Bereich des DAAB sind verglichen mit der 1st Edition eher geringer Natur, einen Überblick gibt Hök ZfBR 2019, 211 (222).

[609] Zur heutigen Bedeutung des Engineer in internationalen Bauverträgen Nisja ICLR 2004, 230 ff.

[610] Diese lehnen sich oftmals an den Wortlaut des alten Red Book an, der in vielen Klauseln Fomulierungen wie *„in the opinion of the Engineer"* oder *„to the satisfaction of the Engineer"* enthielt, Beispiele bei Mallmann Anlagenbauverträge S. 114.

ausgestalten. Letzten Endes wird in diesen Fällen versucht, die Nähe des Engineer zum Auftraggeber wieder einseitig nutzbar zu machen, was aus Sicht des Anlagenunternehmers vermieden werden sollte, auch wenn Sub-Clause 3.7 des Red und Yellow Book dem Engineer eine faire Entscheidung abverlangt, die eine sorgfältige **Abwägung aller maßgeblichen Umstände** erfordert und auch, wenn er in seiner Funktion nach Sub-Clause 3.7 ausdrücklich nicht für den Auftraggeber tätig wird.[611] Allenfalls in Einzelfällen mag es zweckmäßig sein, eine abschließende Entscheidung bereits auf der Ebene des Engineer herbeizuführen, etwa dort, wo es für den weiteren Baufortschritt sinnvoll ist, aber die wirtschaftlichen Konsequenzen der Entscheidung überschaubar sind. Es sollte aber aus Sicht des Unternehmers darauf hingewirkt werden, dass nicht der ganze Vertrag durch die systematische Verwendung von Begriffen wie „in the exclusive opinion of the Engineer", „to the full satisfaction of the Engineer" oder „which decision shall be final and binding" wieder auf den Engineer als maßgeblichen Entscheidungsträger umgeschrieben wird. Gerade bei letzterer Formulierung ist zu berücksichtigen, dass sie auch im Sinne eines **Ausschlusses der schiedsgerichtlichen Überprüfung** gewertet werden könnte, was über die in den früheren Fassungen des Red Book enthaltenen Entscheidungsbefugnisse des Engineer sogar noch deutlich hinausgehen würde. In jedem Falle sollte bei fortgesetzter Verwendung dieser Begriffe durch eine ergänzende Bestimmung in den Particular Conditions of Contract dafür Sorge getragen werden, dass die Entscheidungen des Engineer ungeachtet der Titulierung als final and binding unter den Vorbehalt der inhaltlichen Nachprüfung des Dispute Avoidance/Adjudication Board und ggf. des Schiedsgerichts gestellt werden.

Klauselbeispiel zur Klarstellung der Nachprüfbarkeit der Entscheidungen des Engineer am Beispiel der FIDIC-Vertragsmuster

[•] Construction of Engineer's Determinations

In any event that the Engineer shall make determinations or decisions of any kind with respect to any matter referred to in the Conditions of Contract which shall be „final and binding" *or* „in the „exclusive opinion of the Engineer" *or* „to the Engineer's satisfaction" or likewise, such determinations, decisions or opinions shall be subject to a further review and final decision to be made by the Dispute Avoidance/Adjudication Board in accordance with Clause 20.4 of the General Conditions of Contract, or, respectively, the arbitration tribunal in accordance with Clause 20.6 of the General Conditions of Contract.

2. Die Einrichtung eines Steering Board

Bevor bloße Unstimmigkeiten zu Streitigkeiten eskalieren, kann mittels sog. steering 266
boards (auch steering committees genannt) versucht werden, einvernehmliche Lösungen herbeizuführen. Typischerweise entsenden die Parteien jeweils einen oder mehrere Projektverantwortliche zu den Zusammenkünften des steering board, die teils regelmäßig, teils aber auch nur bei Bedarf auf entsprechenden Antrag einer Partei stattfinden und Verhandlungen zum Zwecke der einvernehmlichen Lösung aufgetretener Sach- oder Rechtsfragen zum Gegenstand haben. Die Zweckmäßigkeit solcher vertraglicher Regelungen liegt auf der Hand, weil sie der **vorbeugenden Streitvermeidung** dienen und die Kooperationsbereitschaft der Vertragspartner fördern, bevor sich die Fronten durch Einleitung eines Streitentscheidungsverfahrens verhärten. Durch die formalisierte Verfahrensweise wird im Vergleich zu informellen Projektbesprechungen eine weitere Eskalationsstufe geschaffen, die oftmals besser und schneller sachgerechte Entscheidungen ermöglicht, ohne den Projektablauf mehr als nötig zu beeinträchtigen. Ein wichtiger Anwendungsfall der Entschei-

[611] Sub-Clause 3.7.2 Abs. 1 Satz 2: „*The Engineer shall make a fair determination of the matter or Claim, in accordance with the Contract, taking due regard of all relevant circumstances*".

dung durch ein steering board auf Antrag einer Partei ist die abschließende Prüfung der Entscheidungen eines engineer, insbesondere dann, wenn diese im Vertrag als final and binding bezeichnet werden. Bei Vereinbarung eines steering board lässt sich eine dem vorstehenden Formulierungsvorschlag entsprechende **Zuweisung einer Nachprüfungsbefugnis** des steering board vornehmen. Wird die Entscheidung des engineer durch das steering board bestätigt, erübrigen sich weitere Auseinandersetzungen durch Anrufung des dispute adjudication board oder gar des Schiedsgerichts. Erfolgsversprechend ist die Einrichtung des steering board zur Streitvermeidung indessen nur, wenn dieses paritätisch durch die gleiche Anzahl von Vertretern beider Parteien besetzt ist. **Mehrheitsentscheidungen** des steering board, die einseitig von den Vertretern einer Partei durchgesetzt werden, sind wenig hilfreich, wenn es um die Vermeidung streitiger Auseinandersetzungen geht. Soweit dann immer noch keine Einigung erzielt werden kann, sollte die streitige Entscheidung dem dispute adjudication board und ggf. dem Schiedsgericht vorbehalten bleiben.

Klauselbeispiel für die Einrichtung eines Steering Boards unter dem Regime der FIDIC-Musterverträge

[•] References to the Steering Board

Whenever the Parties disagree with a decision or determination, or, as the case may be, any opinion of the Engineer [respectively the Employer], the Parties shall refer the respective issue to a Steering Board to be duly convened by either Party hereto by written notice to be given to the respective other Party at least five days in advance. The Steering Board shall be constituted by an equal number of representatives of both Parties and shall review and judge upon the respective decision, determination or opinion within seven days or, respectively, such period as the Parties may mutually agree to be appropriate. As distinct from the provisions contained in Clause 21 of the General Conditions of Contract, any application of a dispute to the Dispute Avoidance/Adjudication Board shall be subject to the prior resolution of the Steering Board unless either Party refuses to delegate a representative to the Steering Board or to otherwise take part in the meetings or resolutions of the Steering Board. However, failure of either Party to participate in the proceedings of the Steering Board, shall be deemed to be a substantial breach of Contract entitling the other Party to terminate the Contract for cause in accordance with Sub-Clause 15.2 or, respectively, Sub-Clause 16.2 of the General Conditions of Contract.

267 Die Teilnahme an und die Förderung von Entscheidungen eines steering board kann nicht durch vertragliche Regelungen erzwungen werden. Denkbar sind allenfalls Schadensersatzansprüche der anderen Vertragspartei infolge der Verletzung der Kooperationsverpflichtung, die indessen für gewöhnlich schwer darzulegen sein werden.[612] In den meisten Fällen sind jedoch beide Vertragsparteien an **einvernehmlichen Lösungen von Konflikten** interessiert, insbesondere dann, wenn diese sich noch während der Projektrealisierung ergeben, weil gerichtliche Auseinandersetzungen sich unabhängig von ihrem Ausgang selten positiv auf die erfolgreiche Projektrealisierung auswirken. Zudem wird sich die Verweigerung einer Partei zur Teilnahme und Förderung einvernehmlicher Entscheidungen durch das steering board auch ohne vertragliche Rechtsfolgen selten zu Gunsten der verweigernden Partei auswirken, wenn die Streitigkeit einem dispute adjudication board oder einem Schiedsgericht zur Entscheidung zugewiesen wird. Die vertragliche Vereinbarung eines steering board zur Lösung von Konflikten aller Art während der Bauausführung ist daher ungeachtet der potenziellen Schwierigkeiten bei der Umsetzung zu empfehlen, weil sie in einer Vielzahl von Fällen hilfreich bei der Erzielung sachgerechter Lösungen sein kann und Nachteile kaum zu befürchten sind. Durch den in vorstehendem

[612] Berger RIW 2000, 4 (7 f.).

Formulierungsbeispiel vorgeschlagenen Hinweis auf die Qualifikation der unberechtigten Verweigerung einer Partei zur Teilnahme und Förderung des Verfahrens **als schwerwiegender Vertragsverstoß** mit der möglichen Kündigungsfolge ist zudem ein erhebliches Druckpotenzial in Richtung einer Förderung der Entscheidung des steering boards verbunden.

§ 22 Lizenz- und Know-how-Verträge (licensing agreements)

Übersicht

Schrifttum:

Ann/Loschelder/Grosch, Praxishandbuch Know-how-Schutz, 2010; *Auer-Reinsdorff/Conrad* (Hrsg.), Handbuch IT- und Datenschutzrecht, 3. Aufl. 2019; *Bender,* Unionsmarke, 5. Aufl. 2022; *Beyer,* Patentlizenzverträge und die Rom I-Verordnung, GRUR 2021, 1008 ff.; *Benkard* (Begr.), Patentgesetz, 11. Aufl. 2015; *Blask,* Die Anwendbarkeit der Single-Entity-Theorie im professionellen Fußball, 2005; *Bu,* Volksrepublik China – Maßnahmen über die Eintragung von Markenlizenzverträgen, GRUR Int. 2011, 932 ff.; *Christou,* International Agency, Distribution and Licensing Agreements, 6. Aufl. 2011; *Castendyk,* Lizenzverträge und AGB-Recht, ZUM 2007, 169 ff.; *Czychowski/Winzek,* Rechtliche Struktur und Inhalt von Datennutzungsverträgen, ZD 2022, 81 ff.; *Deister/Meyer-Spasche,* Anwaltsstrategien im Software-Recht, 2010; *Dombrowski,* Auslegung negativer Patentlizenzen, GRUR-Prax 2015, 149 ff.; *Dreier/Schulze,* Urheberrechtsgesetz, 7. Aufl. 2022; *Erdmann/Rojahn/Sosnitza* (Hrsg.), Handbuch des Fachanwalts Gewerblicher Rechtsschutz, 3. Aufl. 2018; *Eshete,* Lizenz- und Technologietransferverträge in Äthiopien, Kenia und Tansania – vergleichende Darstellung mit dem deutschen und europäischen Recht, GRUR Int. 2000, 975 ff.; *Fezer,* Handbuch der Markenpraxis, 3. Aufl. 2016; *Ders.,* Markenrecht, 4. Aufl. 2009; *Freyer,* Sport-Marketing, Modernes Marketing-Management für die Sportwirtschaft, 5. Aufl. 2018; *Fromm/Nordemann,* Urheberrecht, 12. Aufl. 2018; *Goldmann/Redecke,* Gewährleistung bei Softwarelizenzverträgen nach dem Schuldrechtsmodernisierungsgesetz, MMR 2002, 3 ff.; *Graf von Westphalen,* Datenvertragsrecht – disruptive Technik – disruptives Recht, IWRZ 2018, 9 ff.; *Groß,* Der Lizenzvertrag, 12. Aufl. 2020; *Groß,* Handbuch Technologietransfer, 2010; *Groß,* IP-/IT-Mediation, 3. Aufl. 2018; *Hasselblatt* (Hrsg.), Münchener Anwaltshandbuch Gewerblicher Rechtsschutz, 5. Aufl. 2017; *Heath,* Erlangung und Durchsetzung von Patentrechten in Japan, GRUR Int. 1998, 555 ff.; *Heermann,* Ausschließlichkeitsbindungen in Sponsoringverträgen aus kartellrechtlicher Sicht, Causa Sport 2009, 226 ff.; *Heide,* Patent- und Know-how-Lizenzen in internationalen Anlagenprojekten, GRUR Int. 2004, 913 ff.;

Hennemann, Datenlizenzverträge, RDi 2021, 61 ff.; *Hessel/Leffer/Potel,* Datengetriebene Geschäftsmodelle, ZD 2022, 537 ff.; *Jaeger/Metzger,* Open Source Software, 5. Aufl. 2020; *Johannes,* Europäisches Datenrecht – ein Spickzettel, ZD-Aktuell 2022, 01166; *Joliet,* Der Patentlizenzvertrag im belgischen und französischen Zivilrecht, GRUR Int. 1982, 291 ff.; *Kirsch,* Schuldrechtsreform und Unternehmen – Umstellungen bei Langzeitverträgen, NJW 2002, 2520 ff.; *Klawitter,* Fortgeltung der Unterlizenz nach Wegfall der Hauptlizenz, GRUR-Prax 2012, 425 ff.; *Knap,* Der Lizenzvertrag als ein besonderer Vertragstypus, GRUR Int. 1973, 226 ff.; *Kraus,* Datenlizenzverträge, DSRITB 2015, 537 ff.; *Lange* (Hrsg.), International Trade Mark and Signs Protection, 2010; *Ders.* (Hrsg.), Internationales Handbuch des Marken- und Kennzeichenrechts, 2009; *Lehmann,* Lizenzverträge und Immaterialgüterrechte in Schiedsverfahren, DGRI Jahrbuch 2019/2020, 2021, 55 ff.; *Lehmann/Meents,* Handbuch des Fachanwalts, Informationstechnologierecht, 2. Aufl. 2011; *Limper/Musiol,* Handbuch des Fachanwalts Urheber- und Medienrecht, 2. Aufl. 2017; *Marchand/Chappuis/Hirsch,* Recueil de contrats commerciaux, 2013; *McGuire/Tochtermann,* Lizenzverträge im IZVR und IPR, GRUR-Prax 2016, 427 ff.; *Mes,* Patentgesetz Gebrauchsmustergesetz, 5. Aufl. 2020; *Metzger,* Free and Open Source Software (FOSS) and other Alternative License Models, 1. Aufl. 2016; *Moos,* Datenschutz und Datennutzung, 3. Aufl. 2021; *Obergfell/Hauck,* Lizenzvertragsrecht, 2. Aufl. 2020; *Pagenberg/Beier,* Lizenzverträge, 6. Aufl. 2008; *Partikel,* Formularbuch für Sportverträge, 4. Aufl. 2021; *Pattloch,* Die Neuordnung des internationalen Technologietransfers in der VR China, GRUR Int. 2003, 695 ff.; *Pfaff/Osterrieth* (Hrsg.), Lizenzverträge, 4. Aufl. 2018; *Poser/Backes,* Sponsoring-Vertrag, 4. Aufl. 2010; *Riesenhuber,* Der Einfluss der RBÜ auf die Auslegung des deutschen Urheberrechtsgesetzes, ZUM 2003, 333 ff.; *Rosenkranz/Scheufen,* Die Lizenzierung von nicht-personenbezogenen Daten, ZfDR 2022, 159 ff.; *Ruess,* Schiedsgerichtsvereinbarungen im Gewerblichen Rechtsschutz – eine Einführung, SchiedsVZ 2010, 23 ff.; *Schrey/Kugler,* IT Agreements in Germany, 2011; *Schäffler,* Marken-Anmeldestrategie in China – National anmelden oder im Rahmen einer Internationalen Registrierung (IR)?, GRUR-Prax 2022, 38 f.; *Schumskiy,* Staatliche Registrierung von Lizenz- und Franchising-Verträgen in Russland, WiRO 2014, 202 ff.; *Schur,* Datennutzung gestalten – Zur Ausgestaltung von Datenlizenzen zwischen Unternehmen in der Industrie 4.0, ZdiW 2022 162 ff.; *Schur,* Die Lizenzierung von Daten, 2020; *Schur,* Die Lizenzierung von Daten – Der Datenhandel auf Grundlage von vertraglichen Zugangs- und Nutzungsrechten als rechtspolitische Perspektive, GRUR 2020, 1142 ff.; *Stimmel,* Die Beurteilung von Lizenzverträgen unter der ROM I-Verordnung, GRUR Int. 2010, 783 ff.; *Stopper/Lentze* (Hrsg.), Handbuch Fußball-Recht, 2. Aufl. 2018; *Teupen,* „Copyleft" im deutschen Urheberrecht, 2007; *Ullrich/Lejeune,* Der internationale Softwarevertrag, 2. Aufl. 2006; *Ulmer-Eilfort/Schmoll,* Technologietransfer, 2. Aufl. 2016; *von Albrecht/Mutschler-Siebert/Bosch,* Die Murphy-Entscheidung und ihre Auswirkungen auf Sport- und Filmlizenzen im Online-Bereich, ZUM 2012, 93 ff.; *Westermann,* Handbuch Know-how-Schutz, 2007; *Wiedemann* (Hrsg.), Handbuch des Kartellrechts, 4. Aufl. 2020; *Winzer,* Forschungs- und Entwicklungsverträge, 2. Aufl. 2011; *Ders.,* Der Lizenzvertrag, 2014; *Wündisch/Bauer,* Patent-Cross-Lizenzverträge – Terra incognita?; GRUR Int. 2010, 641 ff.; *Wurzer/Kaiser* (Hrsg.), Handbuch Internationaler Know-how-Schutz, 2. Aufl. 2011; *Zhang, Yi,* Der Rechtscharakter der Lizenz im chinesischen Recht, RIW 2015, 477 ff.

A. Überblick

Der schillernde, aus dem Lateinischen *(licere)* abgeleitete **Begriff der „Lizenz"** wird 1
rechtlich auf sehr verschiedene Weise in unterschiedlichen Rechtsbereichen verwendet und besagt, dass etwas erlaubt und eine bestimmte Handlung gestattet wird. Bei einer Lizenz geht es daher stets um eine **Erlaubniserteilung.**[1] Gegenstand der Darstellung sind **Lizenzen im engeren Sinne,** also die **vertragliche Gestattung der Nutzung eines konkreten immaterialgüterrechtlichen Gegenstandes in Form zivilrechtlicher Lizenzvereinbarungen,**[2] nicht Lizenzen im weiteren Sinne, die neben den genannten privatrechtlichen Lizenzen des Immaterialgüterrechts auch den weiten Bereich der öffentlich-rechtlich begründeten Lizenzen, etwa Abgasemissionslizenzen im Umweltrecht, die Lizenz der Europäischen Zentralbank zum Druck von Euronoten und Lizenzen im Telekommunikationsbereich genauso umfasst wie Lizenzen im Sportbereich zur Erlaubnis der Teilnahme an Wettkämpfen oder zur Arbeit als Trainer.[3] Die hier dargestellten zivilrechtlichen Lizenzvereinbarungen können neben immaterialgüterrechtlich geschützten Gegenständen auch andere Gegenstände wie insbesondere **Know-how** zum Gegenstand haben.[4] Know-how und die meisten IP-Rechte, nicht Urheberrechte, können außer im Wege der Lizen-

[1] Schur Lizensierung S. 3; Obergfell/Hauck Lizenzvertragsrecht S. 1 Rn. 1.
[2] Obergfell/Hauck Lizenzvertragsrecht S. 2 Rn. 3.
[3] Obergfell/Hauck Lizenzvertragsrecht S. 1 Rn. 2.
[4] Obergfell/Hauck Lizenzvertragsrecht S. 2 Rn. 3.

zierung auch im Ganzen übertragen werden. Privatrechtliche Lizenzverträge, die gewerbliche Schutzrechte, Urheberrechte, Know-how und vergleichbare Rechte zum Gegenstand haben, werden häufig über Ländergrenzen hinweg geschlossen.[5] Sie stellen einen beachtlichen Anteil der internationalen Wirtschaftsverträge dar. Ihre **wirtschaftliche Bedeutung** ist **enorm**[6] und wächst ständig.

2 **Grenzüberschreitende** Lizenzverträge sind **rechtlich komplex.**[7] Ein wesentlicher Unterschied zwischen Lizenzverträgen in Deutschland und in anderen Rechtsordnungen wie bspw. den USA ist, dass das deutsche Schuldrecht den Vertragstyp des Lizenzvertrages nicht kennt.[8] Auch in den deutschen Spezialgesetzen im Bereich des gewerblichen Rechtsschutzes hat der Lizenzvertrag nur Teilregelungen erfahren.[9] Dies liegt daran, dass sich das Lizenzvertragsrecht weitgehend an den Bedürfnissen der Praxis orientiert hat und **durch Rechtsprechung und Literatur gestaltet** wurde, lange bevor eine gesetzliche Anerkennung erfolgt ist.[10] Dies führt in der Praxis dazu, dass die deutsche Rechtsprechung notgedrungen Regelungen für andere gesetzlich geregelte Vertragstypen wie Kauf-, Miet-, Werk- und Dienstleistungsverträge anwendet.[11] Diesen Ansatz findet man auch in anderen Staaten. So behilft man sich auch im **französischen Recht** mit der Anwendung des Rechts anderer Vertragstypen, insbesondere der Miet- und Pachtverträge[12]; im **Schweizer Recht** werden die allgemeinen Regelungen des Schuldrechts herangezogen.[13] Im **chinesischen Recht** dagegen werden bspw. immerhin Technologietransferverträge (und damit insbes. Patent und Knowhow-Lizenzverträge) im neuen Zivilgesetzbuch von 2020 geregelt.[14] Die steuerrechtliche Komplexität internationaler Lizenzverträge macht es zwingend erforderlich, grenzüberschreitende Lizenzierungen unter **steuerlichen** Gesichtspunkten umfassend zu betrachten.[15] Zu beachten ist außerdem, dass in manchen Staaten gesetzlich vorgegebene **zwingende Mindest-Lizenzvertragsbestandteile** zu regeln sind.

I. Wesentliche Vertragsgegenstände in der internationalen Vertragspraxis

3 Die Qualifizierung eines vertraglichen Schuldverhältnisses als „Lizenzvertrag" sagt indes noch nichts Konkretes über den Vertragsgegenstand aus.[16] Lizenzverträge können nämlich zur Erreichung unterschiedlichster Ziele und damit über unterschiedlichste Gegenstände abgeschlossen werden.[17] Eine zentrale Bedeutung haben dabei allerdings die nachfolgend dargestellten Vertragstypen.

---

[5] Stimmel GRUR Int. 2010, 783; Reithmann/Martiny/Hiestand Internationales Vertragsrecht Rn. 29.1; Obergfell/Hauck/Obergfell Lizenzvertragsrecht S. 142 Rn. 141.

[6] Groß Lizenzvertrag S. 1f. Rn. 1; Reithmann/Martiny/Hiestand Internationales Vertragsrecht Rn. 29.1; Obergfell/Hauck Lizenzvertragsrecht S. 3 Rn. 5.

[7] Baumgärtel/Hoppen/Lehmann DGRI Jahrbuch 2019/2020, Lizenzverträge Rn. 5.

[8] Kirsch NJW 2002, 2520 (2523); Reithmann/Martiny/Hiestand Internationales Vertragsrecht Rn. 29.1; Baumgärtel/Hoppen/Lehmann DGRI Jahrbuch 2019/2020, Lizenzverträge Rn. 4f.; Schur Lizensierung S. 3f.

[9] Obergfell/Hauck Lizenzvertragsrecht S. 78 Rn. 1; Baumgärtel/Hoppen/Lehmann DGRI Jahrbuch 2019/2020, Lizenzverträge Rn. 1ff.; Schur Lizensierung S. 3f.

[10] Schur Lizensierung S. 4.

[11] Castendyk ZUM 2007, 169 (175); Groß Lizenzvertrag S. 23 Rn. 19ff.; Obergfell/Hauck Lizenzvertragsrecht S. 81ff. Rn. 5ff.

[12] Christou International Agency Rn. 13–94; soweit die Lizenz unentgeltlich gewährt wird, können nach frz. Recht sogar die Vorschriften des Darlehensrechts zur Anwendung gelangen, vgl. Christou International Agency Rn. 13–96.

[13] Huguenin Obligationenrecht Rn. 3799ff.; Reithmann/Martiny/Hiestand Internationales Vertragsrecht Rn. 29.20.

[14] Art. 862ff. chin. ZGB; zur alten Rechtslage Zhang RIW 2015, 477.

[15] Pfaff/Osterrieth/Nagel/Wittkowski Lizenzverträge A. VI.2. Rn. 584; Obergfell/Hauck/Faßbender Lizenzvertragsrecht S. 309 Rn. 1; vgl. für eine umfassende Darstellung der steuerrechtlichen Fragen bei internationalen Lizenzverträgen: Obergfell/Hauck/Faßbender Lizenzvertragsrecht S. 319ff. Rn. 37ff.

[16] Pfaff/Osterrieth Lizenzverträge A. I. Rn. 3; Obergfell/Hauck Lizenzvertragsrecht S. 1 Rn. 2.

[17] Groß Lizenzvertrag S. 27 Rn. 25; Obergfell/Hauck Lizenzvertragsrecht S. 10–76.

1. Lizenzverträge für technische Schutzrechte und Know-how (Technologietransfer)

Lizenzverträge, die die Weitergabe von Know-how an einen Dritten zum Gegenstand haben, sind die in der Praxis am weitesten verbreiteten Verträge.[18] Bei Know-how handelt es sich allerdings nicht um ein gewerbliches Schutzrecht im engeren Sinne, weil es in Ermangelung einer umfassenden gesetzlichen Absicherung kein ausschließliches Recht mit Drittwirkung ist. Dies führt dazu, dass Know-how-Lizenzverträge in ihrem Regelungsgehalt **zahlreiche Besonderheiten** aufweisen.[19] Die Verwertung von Know-how kann allerdings vertraglich nicht nur als Lizenzvertrag ausgestaltet sein, sondern auch als Gegenstand eines Veräußerungsvertrages.[20] Die Rechtsnatur von Know-how-Verträgen und Know-how-Lizenzverträgen ist umstritten, im ersteren Fall wird es sich um einen **Kaufvertrag** handeln, im letzteren Fall um einen **(Rechts-)Pachtvertrag.**[21] Außerdem werden Know-how-Lizenzverträge und Know-how-Veräußerungsverträge häufig mit Patentlizenzen bzw. Patentveräußerungen zu Patent- und Know-how-Lizenzverträgen bzw. Patent- und Know-how-Veräußerungsverträgen **kombiniert.** Bei der Gestaltung **internationaler** Know-how-Lizenzverträge und Know-how-Veräußerungsverträge sind **unterschiedliche Schutzregime** zu berücksichtigen.[22] 4

Die andere bedeutende Form des Technologietransfers an Dritte erfolgt in Form der Lizenzierung von technischen Schutzrechten wie Patenten und Gebrauchsmustern. Hierbei wird dem Lizenznehmer ein positives Benutzungsrecht an der dem technischen Schutzrecht zugrundeliegenden Erfindung eingeräumt.[23] Dabei kann der Lizenzgeber dem Lizenznehmer nicht nur eine Lizenz an dem tatsächlich erteilten technischen Schutzrecht einräumen. Vielmehr können auch Erfindungen, die noch nicht einmal angemeldet oder zwar angemeldet, aber noch nicht eingetragen wurden, lizensiert werden.[24] Es ist aber auch möglich, das Lizenzrecht unter die Bedingung der Schutzrechtserteilung zu stellen.[25] Selbstverständlich werden nicht nur an technischen Schutzrechten und dem damit korrespondierenden Know-how Lizenzen eingeräumt. Auch Design- oder Geschmacksmusterrechte werden vertraglich lizenziert. 5

2. Markenlizenzverträge

Einer der häufigsten grenzüberschreitenden Lizenzvertragstypen ist der Markenlizenzvertrag. Die Lizenzierung von Marken ist – neben dem Verkauf und der Übertragung von Marken – die in der Praxis häufigste und wichtigste Form ihrer wirtschaftlichen Verwertung.[26] Dabei werden viele Marken zunächst nur mit Blick auf ihr Herkunftsland geschaffen und bekommen erst im Laufe der Zeit eine globale Bedeutung.[27] Dies kann durchaus eine Lizenzierung über Ländergrenzen hinweg im Einzelfall wenig attraktiv erscheinen lassen, bspw. aufgrund der Aussprache oder Bedeutung der jeweiligen Marke im Ausland. Allerdings muss die nationale Einfärbung oder Herkunft einer Marke für eine Nutzung im Ausland kein Hindernis sein. Häufig nutzt der Markeninhaber gerade hierdurch die nationale Reputation des Ursprungslandes der Marke.[28] Im Übrigen tragen die neben den nationalen Marken existierenden beiden anderen Markensysteme, nämlich das **Unionsmar-** 6

[18] Wurzer/Kaiser Handbuch S. 314; Ann/Loschelder/Grosch/Maaßen Praxishandbuch S. 265 Rn. 1.
[19] Ann/Loschelder/Grosch/Maaßen/Wuttke Praxishandbuch S. 277 Rn. 37.
[20] Ann/Loschelder/Grosch/Maaßen Praxishandbuch S. 265 Rn. 1.
[21] Erdmann/Rojahn/Sosnitza, Handbuch Kap. 9 Rn. 502.
[22] Ann/Loschelder/Grosch/Obergfell Praxishandbuch S. 635 Rn. 1.
[23] Groß Lizenzvertrag S. 12 Rn. 13.
[24] Groß Lizenzvertrag S. 14 Rn. 13.
[25] Groß Lizenzvertrag S. 15 Rn. 13.
[26] Fezer Markenrecht § 30 MarkenG Rn. 6.
[27] Lange/Schmidt International Trade Mark and Signs Protection S. 1251 Rn. 5593.
[28] Lange/Schmidt International Trade Mark and Signs Protection S. 1251 f. Rn. 5593 f., 5598.

kensystem und die **Internationale Registrierung durch die Weltorganisation für Geistiges Eigentum (WIPO),** die Internationalität unabhängig von der Lizenzierung dieser Marken bereits in sich. Das Unionsmarkensystem ist mit dem Markensystem der Internationalen Registrierung durch die Weltorganisation für Geistiges Eigentum (WIPO) durch den Anschluss der Unionsmarke an das Madrider Markensystem ab dem 1.10.2004 verzahnt und ermöglicht es international orientierten Unternehmen und Individuen, mit einer einzigen Anmeldung einen international einheitlichen Schutz in allen Mitgliedstaaten der Europäischen Union zu erlangen.[29] Bei den über die WIPO anzumeldenden IR-Marken ist die Internationalität ebenfalls bereits angelegt. Um das Madrider System nutzen und einen Staat im Rahmen einer IR-Marke benennen zu können, benötigt der Anmelder eine Verbindung mit einem Mitgliedstaat des Madrider Systems („contracting parties"), indem er dort eine tatsächliche und nicht nur zum Schein bestehende gewerbliche oder Handelsniederlassung („a real and effective industrial or commercial establishment") oder seinen Wohnsitz hat oder indem er die Nationalität eines Mitgliedstaates besitzt.[30] Diese Verbindung bestimmt das Ursprungsamt („Office of Origin") des IR-Markenanmelders, weil die IR-Marke über dieses Ursprungsamt eingereicht werden und außerdem der IR-Markenanmelder bereits eine Basismarke, also eine identische Marke bei diesem Ursprungsamt angemeldet oder eingetragen haben muss, wobei der sich aus der IR-Marke ergebende Schutz für einen Zeitraum von fünf Jahren ab dem Datum der IR-Marke (Datum des Eingangs des Antrags auf internationale Registrierung) abhängig von ihrer Basismarke bleibt.[31]

7 Grenzüberschreitende Markenlizenzen sind durchaus nicht nur in reinen Markenlizenzverträgen zu finden. Vielmehr werden Marken auch in vielen anderen Vertragstypen lizenziert wie bspw. in Patent- und Know-how-Lizenzverträgen, Merchandisingverträgen, Franchiseverträgen und Markenleasingverträgen. Angesichts der schnellen Anmeldung und Eintragung sowie der regelmäßig möglichen unbegrenzten Laufzeit und der damit verbundenen großen Zahl von Marken existiert auch eine große Zahl von Markenlizenzverträgen. Im Hinblick auf internationale Markenlizenzverträge ist zu beachten, dass es in manchen Ländern wie zB **China** gewisse Beschränkungen für die Lizenzierung von Markenrechten gibt[32] und dass in anderen Ländern wie **Japan** Besonderheiten im Hinblick auf den Umfang der eingeräumten Nutzungsrechte bestehen, die von den üblichen Lizenzsystemen anderer Länder abweichen.[33]

3. „Urheberrechtslizenzverträge"

8 Genau genommen kennt das Urheberrecht keine „Lizenz",[34] weil es diesen Begriff weder verwendet noch definiert.[35] Das deutsche Urheberrechtsgesetz spricht nur von einer **Rechtseinräumung.**[36] Gleichwohl bezeichnet man in der Praxis Verträge, in denen Nutzungsrechte an Urheberrechten eingeräumt werden, meist urheberrechtlich-dogmatisch unpräzise als „Lizenzverträge"[37] und entlehnt diesen Begriff der patentrechtlichen Terminologie.[38] Teilweise wird der Begriff der „Lizenz" hier aber auch nur bei Nutzungsrechten zweiter Stufe verwendet, während bei Nutzungsrechten auf der ersten Stufe (Ableitung des Nutzungsrechts unmittelbar vom Rechtsinhaber) von **„Nutzungsrecht"** statt von

[29] Bender Unionsmarke, Einführung.
[30] Schäffler GRUR-Prax 2022, 38 (38 f.).
[31] Schäffler GRUR-Prax 2022, 38 (39).
[32] Im Einzelnen hierzu: Lange Internationales Handbuch Rn. 424 ff.
[33] Lange Internationales Handbuch Rn. 2340.
[34] Pagenberg/Beier Lizenzverträge S. 682 Rn. 4; Fromm/Nordemann Urheberrecht § 31 UrhG Rn. 25.
[35] Schricker Verlagsrecht § 28 VerlG Rn. 22.
[36] Schricker Verlagsrecht § 28 VerlG Rn. 22.
[37] Fromm/Nordemann Urheberrecht § 31 UrhG Rn. 25; Dreier/Schulze UrhG § 31 Rn. 4.
[38] Fromm/Nordemann Urheberrecht § 31 UrhG Rn. 25; Schricker/Loewenheim/Ohly Urheberrecht § 29 UrhG Rn. 20.

„Lizenz" gesprochen wird.[39] Angesichts des uneinheitlichen Verständnisses der „Lizenz" im Urhebervertragsrecht sollte dieser Begriff daher nur mit Vorsicht verwendet werden.[40]

Die Gestaltung von grenzüberschreitenden „Urheberrechtslizenzverträgen" weist schon 9 wegen der Tatsache, dass Urheberrechte regelmäßig **keine registrierten** Schutzrechte sind, sondern mit Schaffung eines Werkes entstehen, einige Besonderheiten bei der Vertragsgestaltung auf. Immerhin wird in einigen Staaten wie den **USA, Frankreich** und **China** die Registrierung von Urheberrechten ermöglicht, um die Urheberschaft des Urhebers besser beweisen zu können.[41] Inhaltlich können internationale Urheberrechtslizenzverträge angesichts des weiten Werkbegriffs in einer Vielzahl von Bereichen wie dem Filmrecht, dem Fotorecht, dem Musikrecht, dem Verlagsrecht, dem Recht der bildenden Kunst und der Bühne, dem Äußerungsrecht, dem Rundfunkrecht, dem Telekommunikations- und Telemedienrecht, dem Arbeitsrecht und vielen anderen Bereichen zur Anwendung gelangen.

4. Softwarelizenzverträge

Angesichts der herausragenden internationalen Bedeutung von Software als Wirtschafts- 10 gut[42] zählen Softwarelizenzverträge zu den wohl häufigsten internationalen Lizenzverträgen. Die zunehmende Digitalisierung praktisch aller Lebensbereiche hat diesen Prozess noch verstärkt. Außerdem ergibt sich diese „Entgrenzung" der Softwarelizenzverträge daraus, dass Software nicht nur online bestellt, sondern **auch online geliefert** werden kann, was die Zurverfügungstellung von Software in einem Maße erleichtert, wie dies bei fast keinem anderen Wirtschaftsgut der Fall ist.[43] Ein weiterer Grund für die auffällige erhebliche Internationalisierung von Softwarelizenzverträgen ist darin zu sehen, dass Software mehr als viele andere Produkte international standardisiert ist und häufig – insbesondere bei **Open Source Software** – eine Vielzahl von Unternehmen und Entwicklern aus unterschiedlichsten Ländern Software gemeinsam entwickelt.[44] Gleichzeitig sind die an Computerprogrammen, wie der deutsche Gesetzgeber Software nennt,[45] bestehenden Rechte besonders leicht und massiv verletzbar.[46] Dies führt in der Praxis dazu, dass internationale Softwarelizenzverträge eine **detaillierte Regelung** erfahren sollten.

Der Begriff der Softwarelizenzverträge wird bis heute nicht einheitlich und trennungs- 11 scharf verwendet. Als Lizenzverträge werden Verträge, die die Überlassung von Software zur Nutzung zum Gegenstand haben, Softwareerstellungs- und Softwareentwicklungsverträge, Softwarepflegeverträge, Softwareberatungsverträge, Verträge über sonstige Leistungen und gemischte Verträge bezeichnet.[47] Dabei enthalten Pflegeverträge, gemischte Verträge, Beratungsverträge und Verträge über sonstige Leistungen regelmäßig nur teilweise lizenzvertragliche Regelungen. Erstellungs- und Entwicklungsverträge wiederum verschaffen eine eigentümerähnliche Position und sind insoweit nicht als Lizenzverträge im eigentlichen Sinn zu qualifizieren.[48] Eine besondere Art der Softwarelizenzverträge stellen die an Zahl und Bedeutung rasant zunehmenden **Open Source Lizenzverträge** dar,[49] auf die daher im weiteren Gang der Darstellung der internationalen Softwarelizenzverträge in einem Sonderkapitel ein besonderes Augenmerk gelegt wird.[50] Die Möglichkeiten, Software

[39] Schricker/Loewenheim/Ohly Urheberrecht § 29 UrhG Rn. 49.
[40] Schricker/Loewenheim/Ohly Urheberrecht § 29 UrhG Rn. 49.
[41] Dreier/Schulze UrhG § 2 Rn. 246.
[42] Ullrich/Lejeune/Funk/Zeifang Softwarevertrag S. 48 Rn. 1.
[43] Lehmann/Meents Handbuch S. 65 Rn. 7.
[44] Lehmann/Meents/Fritzemeyer Handbuch S. 41 Rn. 6.
[45] § 69a Abs. 1 UrhG.
[46] Ullrich/Lejeune/Funk/Zeifang Softwarevertrag S. 48 Rn. 1.
[47] Ullrich/Lejeune Softwarevertrag S. 208 Rn. 276f.
[48] Ullrich/Lejeune Softwarevertrag S. 208 Rn. 277.
[49] Jaeger/Metzger Open Source S. 18 Rn. 18ff.; Teupen Copyleft S. 43f.
[50] → § 23.

in einer **Cloud** zur Nutzung bereitzustellen, haben **Software as a Service (SaaS)** Verträgen in den letzten Jahren eine immer größere Bedeutung unter den Softwarelizenzverträgen verschafft.

5. Lizenzverträge im Bereich Sport

12 Lizenzverträge im Bereich des Sports werden in sehr unterschiedlicher Ausprägung abgeschlossen. Zunächst unterscheiden sich solche Verträge schon ganz erheblich nach ihrem jeweiligen Vertragszweck und Vertragsgegenstand. Zu unterscheiden sind insbesondere Sponsoringverträge, Lizenzproduktkooperations- und Merchandisingverträge sowie Medienverträge. Zweck von Sponsoringverträgen ist die Anlehnung des Sponsors an das Image und den Ruf des Gesponserten.[51] Sponsoringverträge unterscheiden sich allerdings auch untereinander inhaltlich ganz erheblich. Typische Formen des Sponsorings sind zB Ausrüsterverträge, Sponsoring eines Vereins oder Verbandes, Sponsoring einer Person (sog. Testimonialverträge), Sponsoring einer Veranstaltung, Namenssponsoring einer Veranstaltungsstätte und Programm- sowie Grafiksponsoring im Rahmen der medialen Verwertung von Veranstaltungen. Bei Lizenzproduktkooperations- und Merchandisingverträgen bezweckt der Erwerber mittels Erwerbs der Lizenz, bestimmte Produkte in direkter Anlehnung zB durch den Aufdruck des Logos einer Liga, eines Verbands oder Clubs zu gestalten und deren Absatz hierdurch zu fördern. Der Erwerber von Medienrechten möchte hingegen in erster Linie das Recht erwerben, über die Wettkämpfe eines Sportveranstalters in bestimmten Medien berichten zu dürfen.[52]

13 Bei Sponsoringverträgen handelt es sich nicht um Lizenzverträge im engeren Sinne. Es handelt sich vielmehr um Verträge eigener Art, die von der Vertragsfreiheit gedeckt und von der Rechtsprechung anerkannt sind.[53] Grundsätzlich können die Vertragsparteien beliebige Leistungspflichten im Rahmen des vertragsrechtlich Zulässigen begründen.[54] Allerdings erfolgen typischerweise bei Sponsoringverträgen Rechteeinräumungen, so dass sie am Leitbild eines Lizenzvertrages angelehnt sind.[55] Beispielsweise sind die Einräumung von Nutzungsrechten an Marken, Namen, Maskottchen, Trikots, offizieller Musik, Bildern sowie Bewegtbildern usw. regelmäßig Leistungsbestandteil solcher Verträge. Darüber hinaus wird die Partnerschaft mit bestimmten entsprechenden Bezeichnungen, wie zB „Premium-Partner", „Sponsor", „Förderer", „Ausrüster", „offizialisiert". Daneben erfolgt durch die unterschiedliche Bezeichnung auch eine notwendige Abgrenzung zu anderen Sponsoren. Auch beinhalten solche Verträge ihrer jeweiligen Form entsprechend weitere Leistungen und Vertragspflichten.[56] So ist es bei einem Ausrüstervertrag regelmäßig die Pflicht des Gesponserten, ausschließlich die Sportgeräte, Kleidung, Schuhe des Sponsors zu tragen und zu nutzen.[57] Bei einem Testimonialvertrag werden dem Sponsor in erster Linie Nutzungs- und Verwertungsrechte an Persönlichkeitsrechten des Testimonials eingeräumt. Zudem ist der Sponsor häufig berechtigt, individuelle Bewegtbild-, Bild- und Audiomaterialien mit dem Testimonial herzustellen, diese sodann im festgelegten Umfang zu verwerten und zB das Testimonial im Rahmen eigener oder dritter Veranstaltungen einzubinden. Bei anderen Formen des Sponsoring werden den Sponsoren zudem Werberechte zB auf Banden, in Medienprodukten, Grafiken etc. eingeräumt. Zudem wird Sponsoren häufig gestattet, bestimmte Werbe- oder Verkaufsaktionen im Stadionbereich durchzuführen. Auch

[51] Zum Sponsoring und der Abgrenzung zu anderen finanziellen Unterstützungen, insbes. zum Mäzenatentum/Spenden: Stopper/Lentze/Lentze Handbuch Kap. 2 Rn. 3f. sowie zum Sponsoring Adolphsen/Nolte/Lehner/Gerlinger/Körber Sportrecht S. 555 Rn. 2279; Poser/Backes Sponsoring-Vertrag S. 5.
[52] BeckForm SportR/Frey Form C I; Stopper/Lentze/Lentze Handbuch Kap. 2 Rn. 5.
[53] Stopper/Lentze/Lentze Handbuch Kap. 2 Rn. 2.
[54] Stopper/Lentze/Lentze Handbuch Kap. 2 Rn. 2.
[55] Adolphsen/Nolte/Lehner/Gerlinger/Körber Sportrecht S. 555 Rn. 2496ff.
[56] Ausführlich zu den typischen Vertragspflichten üblichen Formen von Sponsoringverträgen Stopper/Lentze/Lentze Handbuch Kap. 2 Rn. 7–38.
[57] Partikel Formularbuch Form. D. III. 5. Anm. 1; Stopper/Lentze/Lentze Handbuch Kap. 2, Rn. 7.

wird ihnen eine bestimmte Anzahl von Eintrittskarten teilweise in den Hospitality-Bereichen eingeräumt. Durch die voranschreitende Digitalisierung haben in den vergangenen Jahren Rechte des Sponsors zur Aktivierung des Sponsorings auf seinen eigenen digitalen Plattformen (ua Social Media Plattformen, App, Website) sowie den Plattformen des Gesponserten eine erhebliche Bedeutung gewonnen. Bei Lizenzproduktkooperations- und Merchandisingverträgen werden ebenfalls regelmäßig Nutzungsrechte an Marken, Namen, Logos, Maskottchen etc. eingeräumt, so dass die Produkte unmittelbar mit dem Lizenzgeber in Verbindung gebracht werden. Häufig wird im Rahmen solcher Verträge auch das Recht zur Bezeichnung als „offizielles Lizenzprodukt" eingeräumt.

Die Herleitung der „Medienrechte", die Leistungsgegenstand der Medienverträge sind, 14
ist komplex. Während es in einigen Ländern wie **Frankreich** und **Brasilien** ein gesetzlich verankertes Veranstalterschutzrecht zugunsten der Sportveranstalter gibt,[58] wird in **Deutschland** und vielen anderen Rechtsordnungen[59] der Schutz der audio-[60] und audiovisuellen Verwertung aus urheber-, lauterkeits-, deliktsrechtlichen und insbesondere eigentums- und besitzrechtlichen Befugnissen, dem sog. „Hausrecht", abgeleitet.[61] Neben das „Hausrecht" treten aber zunehmend auch urheberrechtliche Schutzrechte, da in einigen Fällen das sog. Basissignal für die Übertragung von den Sportveranstaltern selbst hergestellt und im Rahmen der Medienverträge den Verwertern zur Verfügung gestellt wird.[62] Zusätzlich werden im Rahmen der Medienverträge auch häufig weitere Neben- und Komplementärrechte, wie zB der Zugang zum Stadioninnenraum und zu Interviewzonen eingeräumt. Medienrechte an Sportveranstaltungen werden typischerweise international, aber räumlich territorial abgegrenzt eingeräumt.[63] Überdies werden die Rechte inhaltlich abgegrenzt. Hierbei tritt durch die zunehmende Konvergenz der Medien die Unterscheidung nach Übertragungswegen, wie zB Terrestrik, Kabel, Satellit, IPTV, WebTV und/oder Mobilfunk jedoch zunehmend in den Hintergrund. Die inhaltliche Differenzierung erfolgt hauptsächlich durch den Zuschnitt unterschiedlicher Rechtepakete, in denen jeweils eine gewisse Anzahl von (unterschiedlichen) Spielen für den betreffenden sportlichen Wettbewerb enthalten sind und entsprechend der Besonderheit des Sports und des Zuschauerinteresses unterschiedliche Übertragungszeitpunkte definiert werden. Hier werden zB Rechte zur Live-, Zeitversetzten-, und Archivverwertung etc. eingeräumt. Überdies wird nach dem Umfang der jeweiligen Übertragung (in voller Länge, in Ausschnitten usw.) unterschieden. Sowohl bei Sponsoring- und Lizenzproduktskooperationsverträgen als auch bei Medienverträgen werden die entsprechenden Rechte häufig auf exklusiver Basis eingeräumt, um dem Interesse der Erwerber an einer Abgrenzung zu anderen Marktteilnehmern Rechnung zu tragen.

Außerdem werden insbesondere bei Medienverträgen sogenannte Ausübungs- bzw. Ver- 15
wertungsverpflichtungen vereinbart, da die Sportveranstalter nicht lediglich ein Interesse an der Vergütung bzgl. der Rechteeinräumung haben, sondern ebenfalls an der tatsächlichen Nutzung, zB der Verbreitung der Spielbilder über verschiedene Übertragungswege, weil diese Ausübung der Rechte wiederum die Werthaltigkeit von anderen Lizenzrechten, insbesondere Sponsoringverträgen, aufgrund der entsprechend großen Reichweite steigert. Zudem sehen die Verträge regelmäßig Rechterückbehalte vor, die es den Sportveranstaltern neben den Erwerbern in einem begrenzten Umfang ermöglichen sollen, selbst über die Veranstaltungen zu berichten. Solche Rückbehalte sollen die eigenen Kanäle und

[58] Hilty/Henning-Bodewig Leistungsschutzrecht S. 52ff.; Stopper/Lentze/Kuhn/Lau Handbuch Kap. 3 Rn. 3.
[59] Zur Rechtssituation in den USA und England Blask Single-Entity-Theorie S. 133ff.
[60] Zur Herleitung der Audiorechte in Deutschland: Stopper/Lentze/ Kuhn/Lau Handbuch Kap. 3 Rn. 11.
[61] Stopper/Lentze/Kuhn/Lau Handbuch Kap. 3 Rn. 3ff.; zum Diskussionstand bzgl. der Einführung eines Sportveranstalterschutzrechtes in Deutschland s. Stopper/Lentze/Paepke/Blask Handbuch Kap. 14 Rn. 52.
[62] Vgl. zur aktuellen Grundlage der Medienrechte an Spielen der Fußballlizenzligen in Deutschland, Stopper/Lentze/Paepke/Blask Handbuch Kap. 14 Rn. 29ff.
[63] Zur Zulässigkeit der territorial begrenzten Rechtevergabe unter Berücksichtigung der aktuellen Rechtsprechung des EuGH siehe Albrecht/Mutschler-Siebert/Bosch ZUM 2012, 93ff.; Stopper/Lentze/Kuhn/Lau Handbuch Kap. 3 Rn. 71ff.

Plattformen des Sportveranstalters aufwerten, ohne die Werthaltigkeit der (exklusiven) Rechte des Erwerbers übermäßig zu beeinträchtigen.

16 Aufgrund der unterschiedlichen Lizenzrechtskategorien und der komplexen Herleitung des Rechts in Lizenzverträgen im Sport ist es erforderlich, in der Regelung über den jeweiligen Vertragsgegenstand die entsprechenden (Verwertungs- und/oder Nutzungs-) Rechte genau darzustellen und den Umfang der Rechteeinräumung eindeutig zu regeln.[64] Das große Interesse an professionellem Sport und die einhergehende Nachfrage nach Sponsoring-, Lizenzkooperations- und Medienrechten unterstreicht die stetig zunehmende Bedeutung von Lizenzverträgen in diesem Bereich.

6. Datenlizenzverträge (Datennutzungsverträge)

17 Der „Newcomer" unter den internationalen Lizenzverträgen ist der Datenlizenzvertrag. Denn auch Datennutzungsverträge sind oft grenzüberschreitend.[65] Dank ihrer zunehmenden Abstraktion sind Daten ein **eigenes, handelbares Wirtschaftsgut** geworden.[66] Verträge, die ihre Nutzung regeln, haben bereits jetzt eine immense und immer noch größer werdende Bedeutung.[67] Im Fokus stehen hier nicht nur die **personenbezogenen Daten,** sondern zunehmend vor allem die **nicht-personenbezogenen Daten.**[68] Im Zuge der zunehmenden Digitalisierung und der steigenden Bedeutung des **Internet of Things** und der **Industrie 4.0** haben auch nicht-personenbezogene Daten einen erheblichen Wert erlangt und sind Gegenstand von Transaktionen.[69] Der Wert von Daten kann, neben den Grundfragen, um welche Datenkategorien es sich handelt und welche Nutzungsrechte an ihnen eingeräumt werden, sehr unterschiedliche Gründe haben, sei es, weil durch ihre Analyse eigene Prozesse optimiert und eigene Produkte verbessert werden können oder weil sie ausgewertet werden, um neue relevante Muster zu erkennen bzw. auf Sekundärmärkten vermarktet werden.[70] Neben Software sind auch Daten durch die **Digitalisierung** und Vernetzung von Leistungen, Produkten, Kunden und Märkten zu einer **Schlüsselressource** geworden.[71] Während in der EU für den Umgang mit **personenbezogenen Daten** die **DS-GVO** wesentliche Vorgaben macht, hat die Nutzung von **nicht-personenbezogene Daten** trotz ihrer großen Bedeutung bisher **keine gesetzliche Regelung** erfahren.[72] Für nicht-personenbezogene Daten betreffende Datenlizenzverträge kann in Deutschland neben den allgemeinen kartell-, lauterkeits- und strafrechtlichen Grenzen bisher nur das AGB-Recht wesentliche Leitplanken bieten.[73] Es ist aber sehr wahrscheinlich, dass es in der **EU** zukünftig viele **regulatorische Vorgaben** geben wird, was die Nutzung von nicht-personenbezogenen Daten und ihre vertragliche Regelung anbelangt, da die Europäische Kommission gleich mehrere europäische Gesetzesvorhaben vorgeschlagen hat, unter anderem einen Data Governance Act, einen Digital Markets Act und einen Digital Services Act und vor allem einen Data Act als zentralen Richtlinien-Entwurf für den Datenhandel.[74] Auch außerhalb der EU existieren noch keine relevanten gesetzlichen Regelungen zu Datenlizenzverträgen.

18 Mit einer Datenlizenz wird ein **schuldrechtlicher Anspruch** des Lizenznehmers **auf Bereitstellung von Daten** und den Zugriff auf diese Daten begründet, die auch beim

[64] Partikel Formularbuch Form. D. II. 12. Anm. 2.
[65] Czychowski/Winzek ZD 2022, 81 (83).
[66] Schur GRUR 2020, 1142 (1142); Kraus DSRITB 2015, 537 (547); Schur Lizensierung S. 1.
[67] Czychowski/Winzek ZD 2022, 81 (81); Hennemann RDi 2021, 61 (61).
[68] Schur ZdiW 2022, 162 (163).
[69] Czychowski/Winzek ZD 2022, 81 (82).
[70] Hennemann RDi 2021, 61 (61).
[71] Rosenkranz/Scheufen ZfDR 2022, 159 (159); Schur Lizensierung S. 1.
[72] Schur ZdiW 2022, 162 (163); Hennemann RDi 2021, 61 (61); Rosenkranz/Scheufen ZfDR 2022, 159 (164).
[73] Hennemann RDi 2021, 61 (70).
[74] Schur ZdiW 2022, 162 (164); Czychowski/Winzek ZD 2022, 81 (82); Johannes ZD-Aktuell 2022, 01166.

Lizenzgeber verbleiben.[75] Gegenstand des Datenlizenzvertrages können viele unterschiedliche Regelungsgegenstände sein. Insbesondere müssen die Vertragsparteien definieren, welche nicht-personenbezogenen Daten einmalig oder fortlaufend in welchem Format bereitzustellen sind, welche Qualität die Daten haben müssen und welche Gegenleistung geschuldet wird (regelmäßig Entgelt).[76] Weitere wesentliche Aspekte sind regelmäßig, aus welchen Ländern die Daten stammen dürfen, Pflichten zur Überprüfung der Daten durch eine oder beide Parteien, wer welche Nutzungsrechte an den Ergebnissen einer Datenanalyse hat, ob die Daten öffentlich gemacht, an Dritte weitergegeben und unterlizenziert werden dürfen, zu welchen Zwecken die Daten analysiert und genutzt werden dürfen, die Gewährleistung des Lizenzgebers und die Haftung der Parteien und was mit den Daten bei Vertragsbeendigung passieren soll.[77] Aktuell wird der Begriff des Datenlizenzvertrages vor allem auf die Nutzung nicht-personenbezogener Daten bezogen.[78] Allerdings kann auch an personenbezogenen Daten ein Nutzungsrecht eingeräumt werden,[79] so dass es auch insoweit Datenlizenzverträge geben kann.[80]

II. Typische Erscheinungsformen von Lizenzverträgen in der internationalen Vertragspraxis

Lizenzverträge weisen – neben den oben dargestellten unterschiedlichen Lizenzgegenständen – in der internationalen Vertragspraxis im Hinblick auf ihre Struktur unterschiedliche Erscheinungsformen auf. Im Prinzip können die unterschiedlichen Erscheinungsformen auch **kombiniert** werden. 19

1. Reine Lizenzverträge

Eine in der internationalen Vertragspraxis auftretende Erscheinungsform von Lizenzverträgen sind reine Lizenzverträge.[81] Dabei handelt es sich um Lizenzverträge, die ausdrücklich und ausschließlich die Einräumung von Rechten durch den Lizenzgeber an den Lizenznehmer vorsehen. Andere Regelungsgegenstände finden sich nicht. 20

2. Gemischte Verträge

Eine weitere Erscheinungsform internationaler Lizenzverträge ist der gemischte Vertrag. Ein solcher Vertrag hat neben der Lizenzierung von Rechten auch noch eigenständige, von der Lizenzierung unabhängige Vertragsgegenstände. Außerdem können unterschiedliche Lizenzgegenstände lizenziert werden, etwa in einem Patent- und Know-how-Lizenzvertrag. 21

3. Cross-Licensing

Ein besonderes, häufig in Kooperations- oder Joint Venture Verträgen verwendetes Konstrukt ist das Cross Licensing, man spricht insoweit auch von einem **Lizenzaustauschvertrag.**[82] Cross Licensing Verträge zeichnen sich dadurch aus, dass die Einräumung von Rechten in beide Richtungen verläuft. Der Lizenznehmer ist also gleichzeitig Lizenzgeber 22

[75] Hennemann RDi 2021, 61 (64).
[76] Hennemann RDi 2021, 61 (64).
[77] Hennemann RDi 2021, 61 (64).
[78] Schur ZdiW 2022, 162 (162f.); Hennemann RDi 2021, 61 (70).
[79] Vgl. beispielhaft zahlreiche Vertragsmuster in: Moos Datenschutz Teile 2, 3, 5 und 7.
[80] Hessel/Leffer/Potel ZD 2022, 537 (541).
[81] Pfaff/Osterrieth/Nagel Lizenzverträge A. I. Rn. 33.
[82] Pfaff/Osterrieth/Nagel Lizenzverträge A. I. Rn. 15; Winzer Lizenzvertrag S. 16 Rn. 42.

und der Lizenzgeber ist seinerseits auch Lizenznehmer.[83] Eine solche Kreuz-Lizenzierung kann sich insbesondere bei mehr oder weniger gleichstarken Unternehmen **zur Abwehr Dritter** empfehlen, indem die Parteien sich gegenseitig Nutzungsrechte an Teilen oder dem gesamten Schutzrechtsportfolio der jeweils anderen Partei einräumen oder in Fällen, in denen mit Kreuz-Lizenzierungen **Konflikte beendet werden** können.[84] Der Fokus beim Cross-Licensing liegt auf der Vermeidung von Schutzrechtsverletzungen, um mit diesem **Nichtangriffspakt** mehr eigene Freiheit bei Forschung und Entwicklung von Innovationen zu erlangen, weshalb Kreuz-Lizenzen vor allem in Industrien mit großer Patentdichte und bei Vorhandensein von Basispatenten eingesetzt werden.[85]

Trotz ihrer durchaus großen praktischen Bedeutung gelten Cross-Lizenzverträge auch heute noch weitestgehend als **„Terra incognita"**, weil sie weder in Rechtsprechung noch Literatur große Aufmerksamkeit erfahren.[86] Bei der Vertragsgestaltung internationaler Cross-Lizenzverträge sind ua auch **kartellrechtliche** Regelungen zu berücksichtigen, namentlich in der **EU,** den **USA** und **Japan.**[87]

4. Intragroup-Lizenzverträge

23 Bei Intragroup-Lizenzverträgen erfolgt die Lizenzierung nicht an einen beliebigen Dritten[88]. Vielmehr sind beide Vertragsparteien Gesellschaften desselben Konzerns. International tätige Konzerne schließen Intragroup-Lizenzverträge ab, damit der jeweilige Lizenzgegenstand (die jeweilige Technologie, Marke etc.) im Konzern überall dort für Fertigung und Vertrieb zur Verfügung steht, wo er nach der jeweiligen Konzernpolitik benötigt wird.[89] Bei diesem Vertragstypus ist in der Praxis die Gefahr besonders groß, dass die Parteien vor dem Hintergrund der Zugehörigkeit zum selben Konzern den Vertrag nicht detailliert und interessengerecht vereinbaren. Dies rächt sich spätestens dann, wenn eine der Vertragsparteien den Konzern später einmal verlässt. Bei Abschluss von internationalen Intragroup-Lizenzverträgen ist insbesondere auch zu beachten, dass viele Staaten auch den Technologietransfer auf Mehrheitsbeteiligungen durch eine exzessive **Besteuerung** der Erträge für die Muttergesellschaft unattraktiv machen.[90]

5. Versteckte und implizite Lizenzverträge, negative Lizenz

24 Eine weitere immer wieder – gerade auch in grenzüberschreitenden Wirtschaftsverträgen – anzutreffende Erscheinungsform sind sogenannte versteckte und implizite Lizenzverträge. Sie lassen sich dadurch charakterisieren, dass die Parteien – bewusst oder unbewusst – den Vertrag nicht ausdrücklich oder wenigstens klar als Lizenzvertrag ausgestalten. Vielmehr ergibt sich die Rechtseinräumung im Wege der Lizenz nur mittelbar.

25 Bei einer negativen Lizenz räumt der Lizenzgeber dem Lizenznehmer kein positives Benutzungsrecht ein, sondern verzichtet nur auf seine gesetzlichen Verbietungsrechte.[91] Diese einfache negative Lizenz oder „freedom-to-operate-Lizenz" zeichnet sich insoweit schuldrechtlich dadurch aus, dass der Lizenzgeber keinerlei Verpflichtungen hinsichtlich der Ver-

[83] Groß Technologietransfer S. 270 Rn. 316f.; Wündisch/Bauer GRUR Int. 2010, 641 (642); Winzer Lizenzvertrag S. 17, Rn. 44; Lendvai/Rebel Gewerbliche Schutzrechte B. Rn. 173; stärker auf die Motivation der Parteien (Nichtgeltendmachung gegenseitiger Verletzungsansprüche) abstellend: Pfaff/Osterrieth/Nagel Lizenzverträge A. I.Rn. 16.
[84] Lendvai/Rebel Gewerbliche Schutzrechte B. Rn. 173; Groß IP-/IT-Mediation Teil C.I.1.b) Rn. 255.
[85] Lendvai/Rebel Gewerbliche Schutzrechte B. Rn. 173; Groß IP-/IT-Mediation Teil C.I.1.b) Rn. 255.
[86] Wündisch/Bauer GRUR Int. 2010, 641 (641).
[87] Groß Technologietransfer S. 270 Rn. 319.
[88] Winzer Lizenzvertrag S. 33 Rn. 108.
[89] Winzer Lizenzvertrag S. 34 Rn. 112.
[90] Winzer Lizenzvertrag S. 33f. Rn. 109.
[91] Mes Patentgesetz § 15 PatG Rn. 44; Osterrieth Patentrecht Rn. 698.

schaffung der tatsächlichen Nutzungsmöglichkeit und der Aufrechterhaltung des lizenzierten Schutzrechts eingeht.[92]

6. Vertikale und horizontale Lizenzverträge

Schließlich können Lizenzverträge vertikal und horizontal ausgestaltet werden.[93] Bei horizontalen Lizenzverträgen sind Lizenzgeber und Lizenznehmer Unternehmen auf derselben Wirtschaftsstufe, während vertikale Lizenzverträge dadurch charakterisiert werden, dass Unternehmen auf unterschiedlichen Produktions- oder Handelsstufen Vertragsparteien des Lizenzvertrages sind.[94] Bei den in der Praxis am häufigsten vorkommenden **vertikalen** Lizenzverträgen erteilt der Lizenzgeber einem Lizenznehmer eine Lizenz an bestimmten Rechten (zB Patente, Software, Urheberrechte, Knowhow, Daten), damit diese unter bestimmten Voraussetzungen von dem Lizenznehmer verwertet werden.[95] Bei den **horizontalen** Verträgen werden typischerweise die Beziehungen von Mitinhabern gemeinschaftlicher Rechte wie bspw. Gemeinschaftserfindungen oder gemeinschaftlicher Urheberrechte geregelt oder es wird das Verhältnis mehrerer Lizenzgeber geregelt, die in einem Patentpool ihre Patente bündeln, um dann als Patentpool interessierten Dritten eine Lizenz an den gepoolten Patenten zu erteilen oder es werden die Cross-Lizenzen vereinbart.[96] 26

B. Rechtlicher Rahmen

Gerade im Immaterialgüterrecht existiert eine große Zahl von internationalen und auf EU-Ebene **sachrechts**vereinheitlichenden Rechtsakten.[97] Dagegen ist ausgerechnet die hier im Vordergrund stehende Frage, **welches Recht** auf internationale **Lizenz- und Know-how-Verträge** anzuwenden ist, die Immaterialgüterrechte zum Gegenstand haben, bis heute auch im europäischen Kollisionsrecht **nicht ausdrücklich geregelt.**[98] 27

I. Anwendbares Recht – Überblick

Das internationale Lizenzvertragsrecht erfasst alle Lizenzverträge, die eine Verbindung zu einem ausländischen Staat aufweisen.[99] Für solche Lizenzverträge über gewerbliche Schutzrechte, Urheberrechte, Know-how und verwandte Rechte, die über Ländergrenzen hinweg geschlossen werden, stellen sich automatisch Fragen des **Internationalen Privatrechts.**[100] 28

Das auf internationale Lizenzverträge anwendbare Recht kann **nicht allgemein** bestimmt werden. Während im Hinblick auf das **Vertragsrecht** das **Vertragsstatut** Anwendung findet, können – je nach einschlägiger rechtlicher Fragestellung – das **Wettbewerbs-, das Delikts- und das Immaterialgüterstatut** im Hinblick auf den **Vertragsgegenstand** einschlägig sein.[101] So wird das Vertragsstatut bzw. die Rechtswahl der Parteien eines internationalen Lizenzvertrages durch das Immaterialgüterprinzip be- 29

[92] LG München I GRUR-RS 2015, 04007; Dombrowski GRUR-Prax 2015, 149 (149).
[93] Groß IP-/IT-Mediation Teil C.I.1.b) Rn. 254.
[94] Winzer Lizenzvertrag S. 2 Rn. 4 u. 6.
[95] Groß IP-/IT-Mediation Teil C.I.1.b) Rn. 256.
[96] Groß IP-/IT-Mediation Teil C.I.1.b) Rn. 255.
[97] Reithmann/Martiny/Hiestand Internationales Vertragsrecht Rn. 29.37; MüKoBGB/Drexl Internationales Immaterialgüterrecht (IntImmGR) Rn. 1 ff.
[98] Reithmann/Martiny/Hiestand Internationales Vertragsrecht Rn. 29.22.
[99] Beier GRUR Int. 1981, 299 (299).
[100] Stimmel GRUR Int. 2010, 783.
[101] Ann/Loschelder/Grosch/Obergfell Praxishandbuch S. 636 Rn. 3; Reithmann/Martiny/Hiestand Internationales Vertragsrecht Rn. 29.34.

grenzt, soweit es in dem Lizenzvertrag um das Bestehen der lizenzierten gewerblichen Schutzrechte, ihre Inhaberschaft, ihren Inhalt und Umfang oder ihre Verletzung geht.[102] Insoweit gilt das **Schutzlandsprinzip** (Land, für dessen Gebiet Schutz beansprucht wird).[103] Dieses auch als Territorialitätsprinzip bezeichnete Prinzip ist gem. Art. 8 Abs. 1 Rom II-VO im europäischen Kollisionsrecht darüber hinaus nicht nur bei der Ermittlung des auf außervertragliche Ansprüche wegen Schutzrechtsverletzungen anwendbaren Rechts einschlägig, sondern kann im Bereich des Immaterialgüterrechtsschutzes als international anerkanntes Prinzip und als Gewohnheitsrecht angesehen werden.[104] Für die Verletzung von Know-how ist nicht das Immaterialgüterstatut anwendbar,[105] sondern das Wettbewerbs- bzw. Deliktsstatut einschlägig.[106] Insoweit wird für Know-how-Lizenzverträge das Vertragsstatut begrenzt.[107]

II. Anwendbares materielles Vertragsrecht

30 Für die Gestaltung oder Prüfung eines internationalen Lizenzvertrages ist vor allem zu klären, welches materielle Vertragsrecht für ihn gilt bzw. gelten soll. Es gibt diverse **Besonderheiten,** die es im Hinblick auf internationale Lizenzverträge beim Thema des anwendbaren Rechts zu beachten gilt.

1. Einführung

31 Soweit kein einheitliches Sachrecht auf einen internationalen Lizenzvertrag Anwendung findet, bestimmt sich nach dem Kollisionsrecht des Forums, welches nationale Recht auf ihn anzuwenden ist. Für alle **ab dem 17.12.2009**[108] geschlossenen internationalen Lizenzverträge findet im Fall der Zuständigkeit staatlicher Gerichte in der EU – mit Ausnahme Dänemarks – die **Rom I-VO**[109] unmittelbare Anwendung.[110] **Kollisionsrechtlich** ist danach zur Bestimmung des auf einen internationalen Lizenzvertrag anwendbaren materiellen Vertragsrechts zunächst die Frage zu klären, ob die Vertragsparteien eine **Rechtswahl** getroffen haben oder nicht (Art. 3 Rom I-VO). Treffen sie eine solche Rechtswahl, bestimmen sie damit – soweit einzelne Regelungsinhalte nicht ihrer Dispositionsbefugnis entzogen sind – das auf den Lizenzvertrag anzuwendende materielle Vertragsrecht.[111] Deshalb spricht man insoweit auch von einer **subjektiven Anknüpfung.**[112] Haben die Parteien keine Rechtswahl getroffen, richtet sich die Frage nach dem anwendbaren Recht nach der **objektiven Anknüpfung** des Lizenzvertrages. Mit objektiver Anknüpfung ist gemeint, dass das anwendbare Recht nach **objektiven Kriterien** zu bestimmen ist.[113] Auch ohne eine Rechtswahl der Parteien gelten die im Falle einer Rechtswahl angespro-

[102] Ann/Loschelder/Grosch/Obergfell Praxishandbuch S. 646 Rn. 27; Reithmann/Martiny/Hiestand Internationales Vertragsrecht Rn. 29.37 f.
[103] BeckOGK/Köhler, 1.6.2022, Rom I-VO Art. 4 Rn. 338, 345; Reithmann/Martiny/Hiestand Internationales Vertragsrecht Rn. 29.35. Zur Schwierigkeit der Abgrenzung zwischen Immaterialgüterstatut und Vertragsstatut im Einzelfall auch Beyer GRUR 2021, 1008.
[104] Fezer Markenrecht H. Rn. 19 mwN.
[105] BeckOGK/Köhler, 1.6.2022, Rom I-VO Art. 4 Rn. 362.
[106] Ann/Loschelder/Grosch/Obergfell Praxishandbuch S. 646 Rn. 28; Reithmann/Martiny/Hiestand Internationales Vertragsrecht Rn. 29.42.
[107] Ann/Loschelder/Grosch/Obergfell Praxishandbuch S. 646 Rn. 28.
[108] Für die vorher geschlossenen internationalen Lizenz- und Know-how-Verträge galt noch das Römische EWG-Übereinkommen über das auf vertragliche Schuldverhältnisse anzuwendende Recht v. 19.6.1980 (EVÜ).
[109] Verordnung (EG) Nr. 593/2008 des Europäischen Parlaments und des Rates vom 17.6.2008 über das auf vertragliche Schuldverhältnisse anzuwendende Recht, ABl. EU 2008 L 177/6.
[110] Stimmel GRUR Int. 2010, 783 (783); Beyer GRUR 2021, 1008 (1009).
[111] Reithmann/Martiny/Hiestand Internationales Vertragsrecht Rn. 29.24, 29.34 ff.
[112] BeckOGK/Köhler, 1.6.2022, Rom I-VO Art. 4 Rn. 1; Ullrich/Lejeune Softwarevertrag S. 314 Rn. 564.
[113] BeckOGK/Köhler, 1.6.2022, Rom I-VO Art. 4 Rn. 1; Ullrich/Lejeune Softwarevertrag S. 311 Rn. 559.

chenen Grenzen des Vertragsstatuts entsprechend. Im Falle des Fehlens einer Rechtswahl der Parteien orientiert sich die erforderliche objektive Anknüpfung an dem Gegenstand des Lizenzvertrages.

2. Vertragliche Regelung des anwendbaren Rechts ist „Pflicht"

32 Die Parteien eines internationalen Lizenzvertrages sind grundsätzlich berechtigt, das auf ihren Vertrag anzuwendende Recht **frei** zu vereinbaren.[114] Es braucht (zumindest nach Europäischem Kollisionsrecht) nicht einmal eine Beziehung der Parteien oder des Vertragsgegenstandes zu dem vereinbarten Recht zu geben.[115] Den Vertragsparteien steht sogar die Möglichkeit offen, die Rechtswahl für den ganzen Vertrag oder nur für einen Teil desselben zu treffen und diese Rechtswahl auch nachträglich ganz oder teilweise abzuändern.[116] Gerade für grenzüberschreitende Lizenzverträge hat die Vereinbarung des auf den Lizenzvertrag anzuwendenden Rechts eine **große Bedeutung.** Viel zu häufig fehlt in der Praxis in internationalen Lizenzverträgen eine Klausel über das anwendbare Recht,[117] weil die Parteien sich über diesen Punkt nicht einigen konnten,[118] sei es aus Prestigedenken oder wegen eines Misstrauens gegenüber dem Vorschlag der Gegenseite, den Vertrag dem Recht eines bestimmten Landes zu unterstellen.[119] Eine Lizenzvereinbarung, die das anzuwendende Recht offen lässt, führt aber zu **Rechtsunsicherheit.** Denn in einem solchen Fall ist häufig nicht sicher vorhersehbar, welches materielle Recht Anwendung finden wird.[120] Die Frage des anzuwendenden Rechts sollte deshalb nie ungeregelt bleiben.[121] Auch wenn eine Rechtswahl konkludent (aber eindeutig) erfolgen kann,[122] sollte die Rechtswahl in grenzüberschreitenden Verträgen in jedem Fall **ausdrücklich** erfolgen.[123] Dies gilt für Lizenzverträge aller Art.

33 Als wesentliches Gestaltungselement dient die sach- und interessengerechte Rechtswahl dazu, den Lizenzvertrag einer bestimmten Rechtsordnung zu unterstellen.[124] Das anwendbare Recht nimmt ua Einfluss auf die Definition und Erfüllung der vertraglichen Pflichten und die Wirksamkeit des Lizenzvertrages.[125] Unklarheiten sind hier zu vermeiden, um Rechtsunsicherheiten hinsichtlich einer möglichen konkludenten Rechtswahl zu verhindern. Bspw. nimmt der BGH an, dass die ausdrückliche Bezugnahme auf Vorschriften einer bestimmten Rechtsordnung für eine stillschweigende Rechtswahl in diese Richtung spricht.[126] Indizien können auch die Verhandlungssprache und die Nationalität der an den Verhandlungen beteiligten Rechtsanwälte sein.[127]

---

[114] Ann/Loschelder/Grosch/Obergfell Praxishandbuch S. 646 Rn. 25; Reithmann/Martiny/Hiestand Internationales Vertragsrecht Rn. 29.24; Ullrich/Lejeune Softwarevertrag S. 315 Rn. 567; Beier GRUR Int. 1981, 299 (300); Pfeiffer EuZW 2008, 622 (624).

[115] Wündisch/Bauer GRUR Int. 2010, 641 (644); Loewenheim/Walter Handbuch § 64 Rn. 226.

[116] OLG Düsseldorf, BeckRS 2011, 20 932; Loewenheim/Walter Handbuch § 64 Rn. 226.

[117] Beier GRUR Int. 1981, 299 (300); Pfaff/Osterrieth/Nagel Lizenzverträge A. II. Rn. 65, 70 („*in nahezu 70% der Vertragsschlüsse*"); anderer Auffassung Stimmel GRUR Int. 2010, 783.

[118] Stimmel GRUR Int. 2010, 783.

[119] Beier GRUR Int. 1981, 299 (300).

[120] Stimmel GRUR Int. 2010, 783 (792); Reithmann/Martiny/Hiestand Internationales Vertragsrecht Rn. 29.24; Groß Lizenzvertrag S. 297 Rn. 442.

[121] Stimmel GRUR Int. 2010, 783 (792); Reithmann/Martiny/Hiestand Internationales Vertragsrecht Rn. 29.24; Erdmann/Rojahn/Sosnitza/Bartenbach/Kunzmann Handbuch Kap. 9 Rn. 101 f.

[122] Ann/Loschelder/Grosch/Obergfell Praxishandbuch S. 645 f.; Benkard/Ullmann/Deichfuß Patentgesetz § 15 Rn. 227, wonach die Vereinbarung eines ausschließlichen Gerichtsstands in einem bestimmten Land als konkludente Wahl des dortigen Ortsrechts gewertet werden kann; Schricker/Loewenheim/Katzenberger/Metzger Urheberrecht Vor §§ 120 ff. UrhG Rn. 156.

[123] Wündisch/Bauer GRUR Int. 2010, 641 (645).

[124] Erdmann/Rojahn/Sosnitza/Bartenbach/Kunzmann Handbuch Kap. 9 Rn. 101.

[125] Pfaff/Osterrieth/Nagel Lizenzverträge A. II. Rn. 65.

[126] BGH NJW-RR 2000, 1002 (1004) mwN.

[127] BGH NJW-RR 2000, 1002 (1004).

3. Auswahl des anzuwendenden Rechts

34 Soweit die Parteien in der Wahl des anzuwendenden Rechts dispositionsbefugt sind, sollten sie sich für diejenige Rechtsordnung entscheiden, die auf den Vertrag am besten passt. Dabei müssen die Parteien im Auge haben, dass die Vereinbarung des anzuwendenden Rechts nicht nur aus inländischer Perspektive, sondern möglichst auch aus der Sicht des ausländischen Kollisionsrechts Bestand hat.[128] Dies setzt eine länderspezifische Prüfung der Rechtslage voraus. Idealerweise sollte das vereinbarte Recht die Regelungen des Lizenzvertrages sachgerecht ergänzen, es sollten möglichst beide Parteien mit den einschlägigen Bestimmungen des gewählten Rechts vertraut sein und dieses Recht sollte eine objektive, den Interessen der Parteien entsprechende Beilegung künftiger Streitigkeiten gewährleisten.[129] In der Regel kommen daher das Recht desjenigen Landes, in dem das lizenzierte Schutzrecht geschützt ist, das Recht des Landes, in dem eine der Vertragsparteien ihren Sitz hat oder das Recht, das am Ort des vereinbarten Gerichtsstandes gilt, in Betracht.[130] Häufig können sich die Parteien eines internationalen Lizenzvertrages – zumindest wenn keine Partei eine deutlich stärkere Position als die andere hat – nicht über das anzuwendende Recht einigen.[131] Als Kompromiss verständigen sie sich dann vielfach auf ein neutrales Recht eines Drittstaates, in dem keine der Parteien beheimatet ist.[132] Im Einzelfall gibt es aber weitere Aspekte, die ein Abweichen von den o. g. sich in der Regel anbietenden Rechtsordnungen angezeigt erscheinen lassen können. In internationalen Lizenzverträgen kann insbesondere auch der **Sprache** eine entscheidende Bedeutung für die Rechtswahl zukommen, etwa weil sich die Parteien auf das Recht eines Landes verständigen, dessen Sprache sie beide ohne größere Schwierigkeiten beherrschen und in der sie deshalb auch den Lizenzvertrag abfassen.[133] Allerdings sollten europäische Unternehmen zurückhaltend sein, vor diesem Hintergrund alle internationalen Lizenzverträge in englischer Sprache und ggf. noch unter Verwendung amerikanischer Vertragsmuster zu gestalten, weil dann mit der Vertragssprache auch die Begriffe, Institutionen und Auslegungsregeln des angloamerikanischen Rechts in ihrer dortigen Ausprägung den Inhalt von Lizenzverträgen in für die Parteien teilweise unerwarteter Weise beeinflussen und bestimmen können.[134]

35 Ein anderer Aspekt für die Rechtswahl kann bspw. die **vorherige Vereinbarung** eines bestimmten Rechts in **vergleichbaren Verträgen**[135] oder in einem zwischen den Parteien geschlossenen Vorläufervertrag sein, das sich bewährt hat. In Betracht kommt auch eine Rechtsordnung, die über ein **bewährtes Lizenzvertragsrecht** verfügt, in der die wesentlichen Streitfragen in Rechtsprechung und Literatur geklärt sind und in der regelmäßig in Lizenzvertragsfragen kompetente Richter entscheiden.[136]

36 Weiterhin ist zu bedenken, dass Vertragsstatut und internationale Zuständigkeit nach Möglichkeit übereinstimmen sollten, da die Gerichte des entsprechenden Landes regelmäßig die beste Kenntnis ihres Rechts besitzen.[137] Schließlich sollten die Parteien auch bedenken, dass Gerichte in bestimmten Ländern frei sind, sich für unzuständig zu erklären, wenn kein Bezug zu dem Vertrag, seinen Parteien oder der Durchführung des Vertrages existiert.[138] Ist das Recht eines anderen Staates vereinbart, so wird dies die Neigung des Gerichts, sich für unzuständig zu erklären oder das vereinbarte Recht nicht anzuwenden,

---

[128] MüKoBGB/Martiny Vorb. Art. 1 Rom I-VO Rn. 12.
[129] Beier GRUR Int. 1981, 299 (300).
[130] Beier GRUR Int. 1981, 299 (301).
[131] Beier GRUR Int. 1981, 299 (300).
[132] Wündisch/Bauer GRUR Int. 2010, 641 (644); Erdmann/Rojahn/Sosnitza/Bartenbach/Kunzmann Handbuch Kap. 9 Rn. 102.
[133] Beier GRUR Int. 1981, 299 (301).
[134] Beier GRUR Int. 1981, 299 (301); Auer-Reinsdorff/Conrad Datenschutzrecht Teil C. § 23 Rn. 28.
[135] Beier GRUR Int. 1981, 299 (301).
[136] Beier GRUR Int. 1981, 299 (301).
[137] Bugg Contracts S. 95.
[138] Hellstadius/Meier-Ewert IIC 2005, 313 (324).

in der Praxis durchaus verstärken.[139] Vor allem aber sollten die Parteien eines grenzüberschreitenden Lizenzvertrages das Recht wählen, mit dem sie und das zuständige Gericht oder Schiedsgericht am besten vertraut sind oder sich im Streitfalle wenigstens kostengünstig vertraut machen können.[140]

4. Folgen des Fehlens einer Rechtswahl

Soweit die Parteien eines internationalen Lizenzvertrages keine Rechtswahl getroffen haben, bestimmt sich das dann anwendbare Recht zumindest aus Sicht international zuständiger Gerichte innerhalb der EU nach Art. 4 Rom I-VO.[141] Die vorrangig zu prüfende Bestimmung des Art. 4 Abs. 1 Rom I-VO ist auf internationale Lizenzverträge in der Regel nicht anzuwenden, weil Lizenzverträge dort nicht erwähnt werden.[142] Nur ganz ausnahmsweise greift Art. 4 Abs. 1 Rom I-VO ein, etwa dann, wenn die Lizenz nur eine Nebenabrede eines Dienstleistungsvertrages ist, wenn es sich bei einer Herstellungslizenz eigentlich um einen Werklieferungsvertrag handelt oder wenn in Franchise- und Vertriebsverträgen die Lizenzen nur eine Nebenbestimmung sind.[143] Gemäß **Art. 4 Abs. 2 Rom I-VO** unterliegt der Lizenzvertrag als Vertrag sui generis in der Regel dem Recht des Staates, in dem die Partei, die die für den Vertrag **charakteristische Leistung** erbringt, ihren gewöhnlichen Aufenthalt hat.[144] **Art. 19 Abs. 1 Rom I-VO** bestimmt, dass der Ort des gewöhnlichen Aufenthaltes im Hinblick auf Gesellschaften und juristische Personen der Sitz ihrer Hauptverwaltung ist, bei in Ausübung ihrer beruflichen Tätigkeit handelnden natürlichen Personen ihre Hauptniederlassung. Charakteristisch ist die Leistung, die dem betreffenden Vertrag seine Eigenheit verleiht und seine Unterscheidung zu anderen Vertragstypen ermöglicht.[145] In internationalen Lizenzverträgen wird die Vergabe der Lizenz gegenüber dem Lizenznehmer und nicht die Geldzahlung des Lizenznehmers als charakteristische Leistung angesehen.[146] Sieht der Lizenzvertrag dagegen eine Ausübungs- oder Verwertungspflicht des Lizenznehmers vor, soll nach hM die Leistung des Lizenznehmers charakteristisch sein.[147] Stehen in der Praxis der Ausübungspflicht des Lizenznehmers wiederum umfangreiche Pflichten des Lizenzgebers gegenüber oder haben sonst beide Parteien (wie etwa beim Cross-Licensing) umfangreiche gegenseitige Pflichten übernommen, so lässt sich die charakteristische Leistung **nicht sicher bestimmen.**[148] In einem solchen Fall, in dem das anzuwendende Recht nicht über Art. 4 Abs. 1 oder 2 Rom I-VO zu bestimmen ist, muss gemäß Art. 4 Abs. 4 Rom I-VO geprüft werden, zu dem Recht welchen Staates der Lizenzvertrag die **engste Verbindung** aufweist.[149] Die engste Verbindung bestimmt sich nach den Besonderheiten des Vertrages und nach den Verhältnissen der Parteien.[150] Eine solche Verbindung wird in der Regel zu dem Recht des Staates bestehen, in dem das lizenzierte Schutzrecht geschützt ist.[151] Werden jedoch Schutzrechte mehrerer Staaten lizenziert, so funktioniert dieser Ansatz nicht und es müssen weitere Kriterien wie die Vertragssprache oder der Schwerpunkt der Rechteverwertung oder das 37

[139] Hellstadius/Meier-Ewert IIC 2005, 313 (324).
[140] Erdmann/Rojahn/Sosnitza/Bartenbach/Kunzmann Handbuch Kap. 9 Rn. 102.
[141] Ann/Loschelder/Grosch/Obergfell Praxishandbuch S. 647 Rn. 30; Grau/Markwardt Verträge S. 4.
[142] Stimmel GRUR Int. 2010, 783 (784).
[143] Stimmel GRUR Int. 2010, 783 (785).
[144] Ann/Loschelder/Grosch/Obergfell Praxishandbuch S. 647 Rn. 30; Erdmann/Rojahn/Sosnitza/Bartenbach/Kunzmann Handbuch Kap. 9 Rn. 103.
[145] Stimmel GRUR Int. 2010, 783 (786).
[146] Beier GRUR Int. 1981, 299 (304); Stimmel GRUR Int. 2010, 783 (786).
[147] Beier GRUR Int. 1981, 299 (304); Stimmel GRUR Int. 2010, 783 (786 f.); kritisch dazu McGuire/Tochtermann GRUR-Prax 2016, 427 (428).
[148] Stimmel GRUR Int. 2010, 783 (787); McGuire/Tochtermann GRUR-Prax 2016, 427 (429).
[149] Reithmann/Martiny/Hiestand Internationales Vertragsrecht Rn. 29.22; Stimmel GRUR Int. 2010, 783 (787).
[150] Stimmel GRUR Int. 2010, 783 (788).
[151] Beier GRUR Int. 1981, 299 (303); Stimmel GRUR Int. 2010, 783 (788).

Recht am vereinbarten Gerichtsstand herangezogen werden.[152] Hat ein internationaler Lizenzvertrag nach den Gesamtumständen ausnahmsweise eine **offensichtlich** engere Verbindung zu einem anderen als nach Art. 4 Abs. 1 oder 2 Rom I-VO ermittelten Staat, so soll ausnahmsweise das Recht des Staates mit der offensichtlich engeren Verbindung anzuwenden sein, es soll also in diesem eng begrenzten Ausnahmefall nicht auf die charakteristische Leistung ankommen (vgl. Art. 4 Abs. 3 Rom I-VO), sondern bspw. auf eine engere Beziehung zu einem anderen Vertrag. Nur der Vollständigkeit halber sei noch erwähnt, dass gemäß Art. 9 Rom I-VO das für den Lizenzvertrag geltende Recht ua dann eingeschränkt sein kann, wenn eine Eingriffsnorm im Sinne dieser Vorschrift existiert. Eine solche Eingriffsnorm ist gemäß Art. 9 Abs. 1 Rom I-VO eine zwingende Vorschrift, deren Einhaltung von einem Staat als so entscheidend für die Wahrung des öffentlichen Interesses, insbesondere seiner politischen, sozialen oder wirtschaftlichen Organisation angesehen wird, dass sie ungeachtet des nach Maßgabe der Rom I-VO auf den Vertrag anzuwendenden Rechts auf alle Sachverhalte anzuwenden ist, die in ihren Anwendungsbereich fallen.[153]

III. Einzelne Vertragstypen

38 Im Rahmen der Prüfung des anwendbaren Rechts im Falle einer fehlenden Rechtswahl der Parteien sind die unterschiedlichen Vertragstypen getrennt nach ihrem Vertragsgegenstand zu bewerten.

1. Lizenzverträge über technische gewerbliche Schutzrechte

39 Innerhalb der EU **(mit Ausnahme Dänemarks)** bestimmt sich das auf den konkreten Lizenzvertrag anwendbare materielle Vertragsrecht nach der Rom I-VO.[154] Anwendbar ist die Rom I-VO aber auch gegenüber Dänemark oder Nicht-EU-Staaten.[155] Die Rom I-VO enthält für schuldrechtliche Verträge, die geistiges Eigentum zum Gegenstand haben, keine spezielle Regelung.[156] Nach der jüngeren Rechtsprechung des EuGH sind Lizenzverträge keine Dienstleistungsverträge im Sinne des Europarechts, weil der Lizenzgeber nur ein Unterlassen im Hinblick auf die Untersagung der Nutzung schuldet.[157] Eine Regelanknüpfung gemäß Art. 4 Abs. 1 Rom I-VO für internationale Lizenzverträge über gewerbliche Schutzrechte scheidet damit aus. Mithin kann in Ermangelung einer Rechtswahl der Vertragsparteien nur über Art. 4 Abs. 2 Rom I-VO auf den **gewöhnlichen Aufenthalt des Erbringers der charakteristischen Vertragsleistung** rekurriert werden.[158] In internationalen Lizenzverträgen, die gewerbliche Schutzrechte zum Gegenstand haben, wird dem Lizenznehmer die Nutzung dieser Rechte gestattet.[159] Auch wenn immer noch umstritten war und ist,[160] welche Partei bei einem Lizenzvertrag die vertragscharakteristische Leistung erbringt, wird man mit der heute hM davon ausgehen dürfen, dass **in der Regel der Li-**

---

[152] Stimmel GRUR Int. 2010, 783 (788).
[153] Stimmel GRUR Int. 2010, 783 (790).
[154] Stimmel GRUR Int. 2010, 783 (783).
[155] Martiny ZEuP 2010, 747 (750).
[156] Reithmann/Martiny/Hiestand Internationales Vertragsrecht Rn. 29.33; anderes etwa im Schweizer Kollisionsrecht, das in Art. 122 IPRG eine eigene Kollisionsnorm für Verträge über Immaterialgüterrechte vorhält.
[157] EuGH EuZW 2009, 510 (511) – Falco Privatstiftung; Stimmel GRUR Int. 2010, 783 (785).
[158] Ferrari/Kieninger/Mankowski/Otte/Saenger/Schulze/Staudinger Internationales Vertragsrecht Art. 4 Rom I-VO Rn. 60.
[159] Ferrari/Kieninger/Mankowski/Otte/Saenger/Schulze/Staudinger Internationales Vertragsrecht Art. 4 Rom I-VO Rn. 149; Reithmann/Martiny/Hiestand Internationales Vertragsrecht Rn. 29.2.
[160] Reithmann/Martiny/Hiestand Internationales Vertragsrecht Rn. 29.25 ff. mwN.

zenzgeber mit der Nutzungsüberlassung diese Leistung erbringt;[161] etwas anderes soll nach teilweise vertretener aber umstrittener Auffassung dann gelten, wenn der Lizenznehmer neben der Pflicht zur Zahlung von Lizenzgebühren eine Hauptpflicht zur Verwertung der lizenzierten Rechte hat[162] oder wenn die Rechtseinräumung in ausschließlicher Form erfolgte.[163] Es ist auch ohne Bedeutung, ob das lizenzierte Recht für ein oder mehrere Länder eingeräumt wird; die Tatsache, dass das lizenzierte Recht nur für ein Land eingeräumt wird, führt noch nicht dazu, dass ein anderes Recht als das am Sitz des Lizenzgebers Anwendung findet.[164] In der Regel wird damit ohne vertragliche Rechtswahlklausel das **Recht des Sitzes des Lizenzgebers** Anwendung finden.[165]

2. Markenlizenzverträge

Die Ausführungen zu den Lizenzverträgen über technische gewerbliche Schutzrechte gelten auch für Markenlizenzverträge. Auch für sie bestimmt sich das auf den konkreten Lizenzvertrag anwendbare materielle Vertragsrecht innerhalb der EU (mit Ausnahme Dänemarks) nach der Rom I-VO. Ist keine Rechtswahl durch die Lizenzvertragsparteien erfolgt, gilt für den internationalen Markenlizenzvertrag das **Recht des Staates, in dem der Lizenzgeber seinen Sitz hat,** sofern nicht ausnahmsweise eine engere Verbindung zu einem anderen Staat besteht, Art. 4 Abs. 2 u. 3 Rom I-VO.[166] 40

3. Lizenzverträge über Urheberrechte

Für Lizenzverträge über Urheberrechte gelten im Ergebnis die oben unter Ziffer I.2. gemachten Ausführungen entsprechend. Also ist das Recht des Sitzes des Lizenzgebers grundsätzlich im Falle des Fehlens einer Rechtswahlklausel anwendbar, soweit nicht im Einzelfall die Hauptpflicht des Lizenznehmers zur Verwertung der lizenzierten Rechte besteht.[167] Insbesondere bei Urheberrechtslizenzverträgen ist streitig, welches Recht auf Verfügungsgeschäfte anwendbar ist. Teilweise wird vertreten, das Verfügungsgeschäft unterliege anders als das Verpflichtungsgeschäft nicht dem Vertragsstatut, sondern dem Schutzlandstatut (Spaltungstheorie). Nach der wohl herrschenden Einheitstheorie ist bei der dinglichen Lizenz dagegen auch für das Verfügungsgeschäft das Vertragsstatut anwendbar. Der Vorzug der Einheitstheorie ist, dass ein einheitlicher Vertrag nicht in diverse anwendbare Rechtsordnungen aufgeteilt werden muss.[168] Für sie spricht insoweit die größere Praxisnähe. 41

4. Lizenzverträge über Know-how, Technologietransferverträge

Die oben zu Lizenzverträgen über gewerbliche Schutzrechte und Urheberrechte entwickelten Grundsätze lassen sich auf Know-how-Lizenzverträge entsprechend anwenden. Denn regelmäßig liegt die vertragscharakteristische Leistung in der Zurverfügungstellung 42

[161] Ferrari/Kieninger/Mankowski/Otte/Saenger/Schulze/Staudinger Internationales Vertragsrecht Art. 4 Rom I-VO Rn. 149; Reithmann/Martiny/Hiestand Internationales Vertragsrecht Rn. 29.29.

[162] MüKoBGB/Martiny Art. 4 Rom I-VO Rn. 274 mwN; andere Auffassung (bloße Hilfsfunktion der Ausübungspflicht für die Geldleistungspflicht) Reithmann/Martiny/Hiestand Internationales Vertragsrecht Rn. 29.30.

[163] MüKoBGB/Martiny Art. 4 Rom I-VO Rn. 274 mwN.

[164] Ferrari/Kieninger/Mankowski/Otte/Saenger/Schulze/Staudinger Internationales Vertragsrecht Art. 4 Rom I-VO Rn. 149.

[165] Ferrari/Kieninger/Mankowski/Otte/Saenger/Schulze/Staudinger Internationales Vertragsrecht Art. 4 Rom I-VO Rn. 149.

[166] Ingerl/Rohnke MarkenG § 30 Rn. 51.

[167] Reithmann/Martiny/Obergfell Internationales Vertragsrecht Rn. 34.57.

[168] Stimmel GRUR Int. 2010, 783 (789 f.); andere Auffassung Reithmann/Martiny/Obergfell Internationales Vertragsrecht Rn. 34.46.

des Know-how inklusive der Einräumung der Rechte zur Nutzung desselben. Also gilt ohne Rechtwahlklausel gemäß Art. 4 Abs. 2 Rom I-VO das Recht am **Sitz des Lizenzgebers,**[169] wenn der Lizenznehmer nicht ausnahmsweise zur Nutzung des Know-how verpflichtet ist oder ein ausschließliches Recht daran erhält.[170] Entsprechendes gilt für Technologietransferverträge.[171] Anders als bei Lizenzverträgen, die gewerbliche Schutzrechte zum Gegenstand haben, gilt im Hinblick auf das Know-how als gegen Entgelt verschafftes technisches, kaufmännisches oder betriebswirtschaftliches Wissen, nicht das Schutzlandsprinzip, weil das Know-how nicht als absolutes Immaterialgüterrecht geschützt ist.[172]

5. Softwarelizenzverträge

43 Im Hinblick auf Softwarelizenzverträge gelten die Ausführungen zu den „Urheberrechtslizenzverträgen" entsprechend. Auch für sie kommen damit die bereits dargestellten allgemeinen Grundsätze des Internationalen Privatrechts und des Urhebervertragsrechts zur Anwendung.[173]

6. Lizenzverträge im Bereich Sport

44 Bei Lizenzverträgen im Sport findet regelmäßig das Recht des Lizenzgebers und/oder des Gesponserten Anwendung.[174]

7. Datenlizenzverträge

45 Auch für grenzüberschreitende Datenlizenzverträge stellt sich die Frage, wie man dann das anwendbare Recht bestimmt, wenn die Parteien keine Rechtswahl getroffen haben. Da bis jetzt in den meisten EU-Mitgliedstaaten keine spezifischen gesetzlichen Bestimmungen für Verträge über Daten existieren, muss das anwendbare Recht auf der Grundlage von Art. 4 Absatz 2 Rom I-VO bestimmt werden.[175] Gemäß Art. 4 Absatz 2 Rom I-VO ist das Recht des Staates anzuwenden, in dem die Partei, die die charakteristische Leistung zu erbringen hat, ihren gewöhnlichen Aufenthalt hat. Die „charakteristische Leistung" als die Leistung, die den Datenlizenzvertrag von anderen Arten von Verträgen unterscheidet, wird die Bereitstellung der Rohdaten und die Einräumung von Nutzungsrechten daran sein. Somit wird regelmäßig das Recht des die Rohdaten zur Verfügung stellenden Lizenzgebers zur Anwendung kommen, wenn keine Rechtswahl getroffen wurde.[176]

IV. Beschränkte Dispositionsbefugnis der Lizenzvertragsparteien

46 Allerdings ist bei der Klauselgestaltung in internationalen Lizenzverträgen zu beachten, dass die Vertragsparteien in Lizenzverträgen, die Schutzrechte zum Gegenstand haben, überhaupt nur beschränkt über das anwendbare Recht verfügen können. Eine Rechtswahlklausel kann **nur** das **materielle Vertragsrecht** betreffen,[177] also das maßgebliche

[169] Ferrari/Kieninger/Mankowski/Otte/Saenger/Schulze/Staudinger Internationales Vertragsrecht Art. 4 Rom I-VO Rn. 143; MüKoBGB/Martiny Art. 4 Rom I-VO Rn. 277.
[170] MüKoBGB/Martiny Art. 4 Rom I-VO Rn. 277.
[171] Ferrari/Kieninger/Mankowski/Otte/Saenger/Schulze/Staudinger Internationales Vertragsrecht Art. 4 Rom I-VO Rn. 143.
[172] MüKoBGB/Martiny Art. 4 Rom I-VO Rn. 277.
[173] Loewenheim/Lehmann Handbuch § 82 Rn. 13.
[174] Ferrari/Kieninger/Mankowski/Otte/Saenger/Schulze/Staudinger Internationales Vertragsrecht Art. 4 Rom I-VO Rn. 164.
[175] Czychowski/Winzek ZD 2022, 81 (83); Graf von Westphalen IWRZ 2018, 9 (17).
[176] Czychowski/Winzek ZD 2022, 81 (83); Graf von Westphalen IWRZ 2018, 9 (17).
[177] Bugg Contracts S. 94; Beier GRUR Int. 1981, 299 (302).

Recht für Entstehung, Inhalt, Durchführung und Beendigung des Vertrags, insbesondere für die Rechte und Pflichten der Vertragsparteien, ihre Erfüllung oder Nichterfüllung und die daran zu knüpfenden Rechtsfolgen.[178] Der Disposition der Parteien von vorneherein **entzogen** sind die zwingenden Vorschriften der vertragsgegenständlichen Schutzrechte, die den Bestand und den Inhalt der Schutzrechte regeln und nach denen sich die Zulässigkeit der Lizenzierung bestimmt.[179] Darüber hinaus sind auch das anwendbare Kartellrecht, das Steuerrecht, das Außenwirtschaftsrecht und das Insolvenzrecht der Rechtswahl durch die Vertragsparteien nicht zugänglich.[180] Der den Vertragsparteien verbleibende Spielraum ist gleichwohl noch sehr groß.

Für den Bestand und Inhalt von Marken, die Gegenstand **internationaler Markenlizenzverträge** sind, ist das Recht des Schutzlandes sowohl im Hinblick auf den Bestand als auch im Hinblick auf den Schutz des Markenrechts maßgeblich.[181] Es gilt also auch hier das Territorialitätsprinzip.[182] Es ist daher zu prüfen, ob nach dem Recht des Staates, für den der Schutz des lizenzierten Markenrechts in Anspruch genommen wird, das Markenrecht besteht und Schutz genießt, weil sich der Bestand oder Nichtbestand des nationalen Markenrechts nur **nach dem Recht desjenigen Staates** bestimmen kann, **der das Markenrecht verliehen** hat. Rechtswahlvereinbarungen der Vertragsparteien sind insoweit ausgeschlossen.[183] 47

In **Europa** sind im Hinblick auf Markenrechtslizenzverträge **drei Schutzrechtsebenen** zu unterscheiden, nämlich das nationale Recht, das Unionsrecht und das internationale Recht.[184] Der Markenschutz kann also national, EU-weit und international in einzelnen Staaten erworben werden. Während der nationale Markenrechtsschutz von den nationalen Markengesetzen bestimmt wird, regelt alle Fragen der Unionsmarke die Unionsmarkenverordnung (UMV). Auf der internationalen Schutzrechtsebene sind bei internationalen Markenlizenzverträgen vor dem Hintergrund der weltweiten Verbreitung und Verwertung von Marken die **internationalen Übereinkommen** zu beachten, weil eine kollisionsrechtliche Bewertung durch das nationale Recht vorgegebene Wertungen, die den internationalen Übereinkommen zu entnehmen sind, zu berücksichtigen hat.[185] Die wesentlichen für internationale Markenlizenzverträge zu beachtenden internationalen Übereinkommen sind die Pariser Verbandsübereinkunft zum Schutze des gewerblichen Eigentums **(PVÜ)** vom 20.3.1883, das Madrider Abkommen über die internationale Registrierung von Marken (MMA), das Protokoll zum Madrider Abkommen über die internationale Registrierung von Marken vom 27.6.1989 **(PMMA)** und das Abkommen über handelsbezogene Aspekte der Rechte des geistigen Eigentums **(TRIPS)** vom 14.4.1994.[186] Die Abkommen sollen international eine gewisse Harmonisierung des Markenrechts zugunsten des Markenrechtsinhabers herbeiführen.[187] Die PVÜ enthält neben Regelungen zu Patenten, Mustern und unlauterem Wettbewerb auch Bestimmungen zum Kennzeichenrecht.[188] Nach der PVÜ sind ausländische Markenrechtsinhaber den inländischen Markenrechtsinhabern gleichzustellen. Außerdem sieht die PVÜ ua vor, dass innerhalb eines Zeitraumes von sechs Monaten ab Erstanmeldung einer Marke in einem PVÜ-Land die Marke in einem anderen PVÜ-Staat 48

[178] Stimmel GRUR Int. 2010, 783 (789); Reithmann/Martiny/Hiestand Internationales Vertragsrecht Rn. 29.38.
[179] Ann/Loschelder/Grosch/Obergfell Handbuch S. 646 Rn. 27; Reithmann/Martiny/Hiestand Internationales Vertragsrecht Rn. 29.37; Ulmer-Eilfort/Schmoll Technologietransfer S. 190.
[180] Pfaff/Osterrieth/Nagel A. II. Rn. 67 ff.; Reithmann/Martiny/Hiestand Internationales Vertragsrecht Rn. 29.43 ff.
[181] Fezer Markenrecht 1. Teil H. III.2 Rn. 17.
[182] Erdmann/Rojahn/Sosnitza/Becker Handbuch Kap. 5 Rn. 30.
[183] Fezer Markenrecht 1. Teil H. III.2 Rn. 18.
[184] Erdmann/Rojahn/Sosnitza/Becker Handbuch Kap. 5 Rn. 18–36; Bender Unionsmarke, Einführung.
[185] Fezer Markenrecht 1. Teil H. II Rn. 6.
[186] Fezer Markenrecht 1. Teil H. II Rn. 6.
[187] Erdmann/Rojahn/Sosnitza/Becker Handbuch Kap. 5 Rn. 30.
[188] Erdmann/Rojahn/Sosnitza/Becker Handbuch Kap. 5 Rn. 31.

angemeldet wird und dabei den Zeitrang der Erstanmeldung erhalten kann.[189] Das TRIPS-Abkommen gewährt den Markeninhabern oder Dritten keine Individualansprüche, legt aber bspw. Mindestanforderungen für die nationalen Rechtssysteme fest.[190] MMA und PMMA erlangen ihre große Bedeutung vor allem dadurch, dass sie es ermöglichen, dass Marken für einen Verbund von Ländern angemeldet und registriert werden können, sei es als Unionsmarken, sei es als internationale Registrierungen bei der World Intellectual Property Organization (WIPO).[191] Voraussetzung für eine solche internationale Registrierung als IR-Marke ist, dass bereits eine nationale oder regionale Markeneintragung als Ursprungsmarke existiert.

49 Auch das Urheberrecht wird mit Ausnahme des Vertragsrechts insgesamt dem Schutzland, also dem Land, für dessen Gebiet Schutz beansprucht wird, unterstellt.[192] Also richten sich in **internationalen „Urheberrechtslizenzverträgen"** die Entstehung, der Inhalt und der Bestand des jeweiligen Urheberrechts,[193] die erste Inhaberschaft und die Übertragbarkeit des Urheberrechts[194] sowie der Akt der Übertragung[195] nach dem **Recht des Schutzlands.** Hierfür spricht der Wortlaut des Art. 5 Abs. 2 S. 2 der Revidierten Berner Übereinkunft (RBÜ). Danach richten sich der Schutzumfang sowie die dem Urheber zur Wahrung seiner Rechte zustehenden Rechtsbehelfe allein nach den Rechtsvorschriften des Landes, für dessen Gebiet der Urheberrechtsschutz beansprucht wird. Nach hM verweist Art. 5 Abs. 2 S. 2 RBÜ nämlich auf das Recht des Schutzlandes und nicht auf das Recht des Gerichtsortes.[196]

50 Der Schutz der Immaterialgüterrechte auf internationaler Ebene ist in großem Umfang durch internationale Übereinkommen der Staaten, insbesondere durch die großen multilateralen Konventionen geregelt worden, die auch Regelungen mit kollisionsrechtlichem Inhalt enthalten.[197] Mehrere **internationale Übereinkommen** im Urheberrecht, die von einer Vielzahl von Staaten unterzeichnet wurden, sichern den Urhebern auch international den Schutz ihres geistigen Eigentums[198] und prägen das Urheberrecht.[199] Die relevantesten internationalen Übereinkommen im Bereich Urheberrecht sind die bereits genannte RBÜ, das Welturheberrechtsabkommen (WUA), die ROM-Konvention, das TRIPS[200]-Übereinkommen, das WIPO[201] Copyright Treaty (WCT) und das WIPO Performances and Phonograms Treaty (WPPT).[202] Die RBÜ ist – soweit der sachliche, persönliche, zeitliche und räumliche Anwendungsbereich gegeben ist[203] – nur auf internationale Sachver-

---

[189] Erdmann/Rojahn/Sosnitza/Becker Handbuch Kap. 5. Rn. 31; es finden sich in der PVÜ auch noch Bestimmungen zum Benutzungszwang und der notorisch bekannten Marke.

[190] Erdmann/Rojahn/Sosnitza/Becker Handbuch Kap. 5 Rn. 32.

[191] Erdmann/Rojahn/Sosnitza/Becker Handbuch Kap. 5 Rn. 34; auf französisch Organisation Mondiale de la Propriété Intellectuelle (OMPI).

[192] BGH WRP 2007, 1219 (1222) Rn. 24 – Wagenfeld-Leuchte; BGH GRUR 2007, 691 (692) – Staatsgeschenk; BGH GRUR 2004, 421 (422) – CD-Export; BGH ZUM 2003, 955 – Hundertwasserhaus; BGH GRUR 2003, 328 (329) – Sender Felsberg; Wandtke/Bullinger/v. Welser UrhR Vorb. zu §§ 120 ff. UrhG Rn. 4; Heide GRUR Int. 2004, 913 (917); von Albrecht/Mutschler-Siebert/Bosch ZUM 2012, 93 (94).

[193] OLG Hamburg GRUR 1979, 235 (237) – ARRIVAL; OLG Karlsruhe GRUR 1984, 521 (522) – Atari-Spielcassetten; LG München ZUM-RD 2002, 21 (24); Wandtke/Bullinger/v. Welser UrhR Vorb. zu §§ 120 ff. UrhG Rn. 4.

[194] BGHZ 136, 380 (387) – Spielbankaffaire; OLG Düsseldorf ZUM-RD 2007, 465 (467) – The three investigators.

[195] BGH GRUR 1988, 296 (298) – GEMA-Vermutung IV; BGH ZUM 2001, 989 (991); Wandtke/Bullinger/v. Welser UrhR Vorb. zu §§ 120 ff. UrhG Rn. 4.

[196] Wandtke/Bullinger/v. Welser UrhR Vorb. zu §§ 120 ff. UrhG Rn. 4.

[197] Walter GRUR Int. 1975, 308.

[198] Hasselblatt/Nordemann/Czychowski MAH Gewerblicher Rechtsschutz § 44 Rn. 12 ff.

[199] Riesenhuber ZUM 2003, 333.

[200] Agreement on Trade Related Aspects of Intellectual Property Rights.

[201] WIPO steht für World Intellectual Property Organisation, also die Weltorganisation für Geistiges Eigentum in Genf.

[202] Hasselblatt/Nordemann/Czychowski MAH Gewerblicher Rechtsschutz § 44 Rn. 12 ff.

[203] Riesenhuber ZUM 2003, 333 (334 f.).

halte anwendbar, sie regelt nicht rein inländische Sachverhalte.[204] Die RBÜ sieht insbesondere den Grundsatz der Inländerbehandlung von Urhebern für konventionsgeschützte Werke und die Festlegung bestimmter Mindestrechte vor.[205] Der Grundsatz der Inländerbehandlung beschreibt eine formelle Gegenseitigkeit des Urheberrechtsschutzes in den Verbandsländern dergestalt, dass sich der Urheber eines Verbandslandes in den anderen Verbandsländern auf deren Inländer-Urheberrecht ebenso berufen kann wie umgekehrt die Urheber jener Länder auf das Inländer-Urheberrecht des ersten Verbandsstaates.[206] Das Prinzip der Inländerbehandlung bedeutet also international-privatrechtlich, dass Entstehung, Wirkung und Erlöschen der Rechte nach dem Recht des Staats zu beurteilen sind, für dessen Gebiet der Schutz in Anspruch genommen wird (Schutzland).[207] Die Mindestrechte, die den Urhebern nach der RBÜ gewährt werden, sind das Recht an der Urheberschaft im Rahmen des Urheberpersönlichkeitsrechts und das Recht an der Integrität ihrer Werke.[208]

Das WUA, das seinerseits den Inländergrundsatz und Mindestrechte der Urheber auf geringerem Niveau als die RBÜ vorsieht, hat nur noch sehr geringe praktische Bedeutung,[209] weil gemäß Art. XVII WUA die RBÜ in den RBÜ-Staaten vorrangig gilt, weshalb die WUA nur noch in den wenigen Staaten, die nicht der RBÜ angehören, Anwendung findet.[210] 51

Das Übereinkommen von Rom sieht den Schutz der ausübenden Künstler vor, wobei nicht die Nationalität des Künstlers entscheidet, sondern die Frage, ob die Darbietung in einem Vertragsstaat des Übereinkommens von Rom erfolgt.[211] Geregelt sind der Inländergrundsatz, Mindestrechte der Urheber und ein Formalitätenverbot.[212] 52

Das TRIPS-Abkommen der WTO enthält Regelungen für quasi alle Arten von geistigen Eigentumsrechten zu allen Aspekten des geistigen Eigentums; es finden sich daher Bestimmungen zum materiellen Recht, Verfahrensrecht und zur Rechtsdurchsetzung.[213] 53

Im Hinblick auf den WCT gilt der persönliche, zeitliche, sachliche und räumliche Anwendungsbereich der RBÜ entsprechend.[214] Im Rahmen des WCT gelten der Inländergrundsatz, bestimmte Mindestrechte der Urheber und ein Formalitätenverbot.[215] Der Anwendungsbereich des WPPT entspricht dem der Rom-Konvention. Inhaltlich sieht das Abkommen den Inländergrundsatz, Mindestrechte der Urheber und ein Formalitätenverbot vor.[216] 54

Auch im Hinblick auf **internationale Patentlizenzverträge** gilt für alle Fragen, die Bestand, Inhalt, Wirkung der Patente und die Zulässigkeit ihrer Übertragung und Lizenzierung betreffen, das jeweils nationale Recht des betreffenden **Schutzlandes.**[217] Entsprechendes gilt für internationale Lizenzverträge, die **Gebrauchsmuster** oder **Geschmacksmuster** zum Gegenstand haben.[218] So kommt es auch bei internationalen Patentlizenzverträgen zu einer Aufspaltung des auf sie anzuwendenden Rechts einerseits nach den einzelnen Schutzländern, in denen das jeweilige nationale Schutzrecht lizenziert wird und andererseits nach dem auf den Vertrag anzuwendenden materiellen Ver- 55

---

[204] Riesenhuber ZUM 2003, 333 (335).
[205] Riesenhuber ZUM 2003, 333; Hasselblatt/Nordemann/Czychowski MAH Gewerblicher Rechtsschutz § 44 Rn. 7 ff.
[206] Riesenhuber ZUM 2003, 333 (334).
[207] Walter GRUR Int. 1975, 308 (308); BeckOK UrhR/Lauber-Rönsberg, 15.7.2022, § 121 UrhG Rn. 20.
[208] Hasselblatt/Nordemann/Czychowski MAH Gewerblicher Rechtsschutz, § 44 Rn. 27 ff.
[209] Loewenheim/v. Lewinski Handbuch § 63 Rn. 42.
[210] Loewenheim/v. Lewinski Handbuch § 63 Rn. 42.
[211] Loewenheim/v. Lewinski Handbuch § 63 Rn. 54 ff.
[212] Loewenheim/v. Lewinski Handbuch § 63 Rn. 58, 59 ff., 67.
[213] Loewenheim/v. Lewinski Handbuch § 63 Rn. 80–92.
[214] Loewenheim/v. Lewinski Handbuch § 63 Rn. 95.
[215] Loewenheim/v. Lewinski Handbuch § 63 Rn. 95 ff.
[216] Loewenheim/v. Lewinski Handbuch § 63 Rn. 106 ff.
[217] Wündisch/Bauer GRUR Int. 2010, 641 (644); Heide GRUR Int. 2004, 913 (917).
[218] Walter GRUR Int. 1975, 308.

tragsrecht. Im Hinblick auf das Patentrecht sind als internationale Übereinkommen insbesondere die bereits erwähnte PVÜ, das Europäische Patentübereinkommen (EPÜ), das ebenfalls bereits genannte TRIPS-Übereinkommen und der PCT-Vertrag[219] relevant. Hinsichtlich der PVÜ gelten die zum Markenrecht gemachten Ausführungen für Patente entsprechend. Das EPÜ hat als Sonderabkommen im Rahmen der PVÜ das Ziel der Vereinheitlichung und der Vereinfachung der Patentanmeldung in den derzeit 38 Mitgliedsstaaten.[220] Das auf der Grundlage des EPÜ eingerichtete Europäische Patentamt erteilt europäische Patente. Anders als bei Unionsmarken handelt es sich dabei aber nicht um von den nationalen Patenten unabhängige Patente. Vielmehr zerfällt das europäische Patent in einzelne nationale Patente der Mitgliedstaaten, die von dem Anmelder des Patents benannt wurden.[221] Es werden in dem EPÜ insbesondere einheitlich materielle Patentierungsvoraussetzungen für europäische Patentanmeldungen geregelt, während sich mit Erteilung des Patents dessen Wirkungen im Wesentlichen nach dem nationalen Recht des benannten Staates bestimmen.[222] Im Hinblick auf das TRIPS-Übereinkommen gelten die zum Markenrecht gemachten Ausführungen entsprechend. Der PCT-Vertrag, dessen Aufgabe es ist, die internationale Patentanmeldeprozedur effektiver zu machen und die nationalen Patentämter zu entlasten, ermöglicht es Patentanmeldern, mit einer einzigen Patentanmeldung Patentschutz in allen Vertragsstaaten zu erlangen.[223]

56 Für **internationale Know-how-Lizenzverträge** gilt das Territorialitätsprinzip des gewerblichen Rechtsschutzes nicht, weil sie gegen Entgelt „nur" technisches, kaufmännisches oder betriebswirtschaftliches Wissen verschaffen, das nicht als absolutes Immaterialgüterrecht geschützt ist.[224] Soweit also die Vertragsparteien das anwendbare Recht nicht ausdrücklich oder stillschweigend bestimmt haben, so findet regelmäßig das Recht am **gewöhnlichen Aufenthaltsort des Know-how-Gebers,** der die vertragstypische Leistung erbringt, Anwendung, wenn es sich nicht ausnahmsweise um einen gemischten Vertrag handelt, in dem der Lizenznehmer zusätzliche Pflichten übernimmt, die den wirtschaftlichen Schwerpunkt des Lizenzvertrages bilden.[225] Die Parteien eines Know-how-Lizenzvertrages müssen insbesondere beachten, dass nationale Rechtsordnungen teilweise gesetzliche Restriktionen für die Lizenzierung von nicht als Schutzrecht geschütztem Know-how vorsehen.[226]

57 Für internationale Lizenzverträge (vor allem Medienrechte) im Bereich **Sport,** ist für die Einräumung von Nutzungsrechten grundsätzlich auch das Territorialitätsprinzip zu beachten, so dass der Lizenznehmer auf die Einräumung territorial beschränkter Lizenzen angewiesen ist und der Nutzer für jedes Land, in dem er eine urheberrechtlich relevante Nutzung beabsichtigt, eines entsprechenden Nutzungsrechts bedarf.[227] Die besondere praktische Schwierigkeit liegt darin zu prüfen, **in welchen Staaten** tatsächlich eine **urheberrechtlich relevante Nutzung** vorgenommen wird.[228] Während insoweit für das Senderecht grundsätzlich der **Bestimmungslandgrundsatz** gilt, wonach ein Eingriff in das Senderecht im Sendeland **und** in den Staaten stattfindet, in denen die Sendung bestimmungsgemäß empfangen werden soll, gilt aufgrund der Satellitenrichtlinie für Satellitensendungen das **Sendelandprinzip,** das die entscheidende Verwertungshandlung so eng

[219] Erdmann/Rojahn/Sosnitza/Osterrieth Handbuch Kap. 1 Rn. 24 ff.
[220] Erdmann/Rojahn/Sosnitza/Osterrieth Handbuch Kap. 1 Rn. 29 f.
[221] Erdmann/Rojahn/Sosnitza/Osterrieth Handbuch Kap. 1 Rn. 31.
[222] Erdmann/Rojahn/Sosnitza/Osterrieth Handbuch Kap. 1 Rn. 32.
[223] Erdmann/Rojahn/Sosnitza/Osterrieth Handbuch Kap. 1 Rn. 42 ff.
[224] MüKoBGB/Martiny Art. 4 Rom I-VO Rn. 277.
[225] MüKoBGB/Martiny Art. 4 Rom I-VO Rn. 277; nach anderer Auffassung findet das Recht am Sitz des Lizenznehmers Anwendung, wenn dem Lizenznehmer eine ausschließliche Nutzungslizenz eingeräumt wird oder er zur ausschließlichen und zwingenden Nutzung des Know-how verpflichtet wird.
[226] Heide GRUR Int. 2004, 913 (916).
[227] von Albrecht/Mutschler-Siebert/Bosch ZUM 2012, 93 (94 f.).
[228] von Albrecht/Mutschler-Siebert/Bosch ZUM 2012, 93 (95).

definiert, dass sie jeweils nur in einem Staat lokalisiert sein kann.[229] Für den Online-Bereich (Internet) gilt auch der **Bestimmungslandgrundsatz.**[230]

V. International zwingendes Recht

Ebenfalls der Rechtswahl der Parteien eines internationalen Lizenzvertrages entzogen ist international zwingendes Recht. Die insoweit der Rechtswahl der Vertragsparteien entzogenen Rechtsbereiche sind vor allem das **Kartellrecht,** das **Außenwirtschaftsrecht,** das **Gewerberecht,** das **Insolvenzrecht** und das **Steuerrecht,** die den Inhalt des Lizenzvertrages beeinflussen, ohne dass die Parteien dies verhindern können.[231] Es würde den Rahmen der Darstellung sprengen, die unterschiedlichsten nationalen und internationalen Regelungen in diesen Rechtsbereichen darzustellen. 58

Aus **europäischer** Sicht ist im Hinblick auf internationale Lizenzverträge das Kartellrecht von besonderer Bedeutung, so dass zumindest hierzu einige Anmerkungen angezeigt sind.[232] Gemäß **Art. 101 Abs. 1 AEUV** sind alle Vereinbarungen zwischen Unternehmen, Beschlüsse von Unternehmensvereinbarungen und aufeinander abgestimmte Verhaltensweisen verboten, die den Handel zwischen Mitgliedsstaaten zu beeinträchtigen geeignet sind und eine Verhinderung, Einschränkung oder Verfälschung des Wettbewerbs innerhalb des Binnenmarktes bezwecken oder bewirken. Auf den Bestand bzw. die Substanz der (lizenzierbaren) Schutzrechte selbst ist Art. 101 AEUV nicht anwendbar, wohl aber auf ihre Verwertung und damit auch auf Lizenzverträge.[233] Auch internationale Lizenzverträge können also gegen das Kartellverbot des Art. 101 AEUV verstoßen, soweit dessen Voraussetzungen vorliegen.[234] Ein solcher Verstoß gegen dieses Verbot kann immerhin zu der Nichtigkeit eines Lizenzvertrages führen.[235] Gewerbliche Schutzrechte gewähren ihren Inhabern Ausschließlichkeitsrechte, so dass Lizenzverträge bspw. konzentrationsfördernde Wirkungen haben und unüberwindbare Marktzutrittsbarrieren sowie Wettbewerbsbeschränkungen begründen oder absichern können.[236] In der Praxis finden sich wettbewerbsbeschränkende Vertragspflichten in internationalen Lizenzverträgen etwa in Form von mengenmäßigen und territorialen Beschränkungen, Wettbewerbsverboten, Bezugs- und Vertriebsbindungen, Preisbindungen, Export- und Reimportverboten, Rückgewähr- und Nichtangriffsklauseln sowie Standardisierungsvereinbarungen und Lizenzvertragssystemen bedeutender Marktteilnehmer.[237] 59

Die Europäische Kommission hat mit der Verordnung (EG) Nr. 316/2014 vom 21.3.2014 auf Gruppen von Technologietransfer-Vereinbarungen Technologietransfer-Vereinbarungen, die die Voraussetzungen dieser Verordnung erfüllen, gemäß Art. 101 Abs. 3 AEUV von dem Kartellverbot im Sinne des Art. 101 Abs. 1 AEUV **gruppenfreigestellt.**[238] Die TT-GVO findet allerdings nicht auf alle Arten von internationalen Lizenzverträgen Anwendung, sondern nur auf Patent-, Know-how-, Gebrauchsmuster-, Geschmacksmuster-, Sortenschutzrechts- und Softwarelizenzvereinbarungen.[239] Lizenzverträge 60

229 von Albrecht/Mutschler-Siebert/Bosch ZUM 2012, 93 (95).
230 von Albrecht/Mutschler-Siebert/Bosch ZUM 2012, 93 (96).
231 Beier GRUR Int. 1981, 299 (306).
232 Zum Einfluss des EU-Kartellrechts auf Lizenzverträge umfassend auch → § 5 Rn. 172 ff.
233 Bechtold/Bosch/Brinker EU-Kartellrecht Art. 101 AEUV Rn. 218.
234 Groß Lizenzvertrag S. 440 ff. Rn. 582.
235 Art. 101 Abs. 2 AEUV.
236 Bechtold/Bosch/Brinker EU-Kartellrecht Art. 101 AEUV Rn. 218.
237 Calliess/Ruffert/Weiß AEUV/AEUV Art. 101 AEUV Rn. 234 f.
238 Osterrieth Patentrecht Rn. 715–721; vgl. die ausführliche Darstellung bei Winzer Lizenzvertrag S. 262 ff. Rn. 43 ff.
239 Verordnung (EU) Nr. 316/2014 der Kommission vom 21.3.2014 über die Anwendung von Artikel 101 Absatz 3 des Vertrages über die Arbeitsweise der Europäischen Union auf Gruppen von Technologietransfer-Vereinbarungen, ABl. EU 2014 L 93/17.

über **Marken- und Urheberrechte** werden **nicht** von der TT-GVO erfasst.[240] Für Markenlizenzverträge und „Urheberrechtslizenzverträge“ ist die Rechtslage deswegen unklar. Mangels Anwendbarkeit der TT-GVO bleibt es bei der Anwendbarkeit der allgemeinen Wettbewerbsregeln, an denen sie zu messen sind.[241] Es ist aber für diese Verträge bis heute keine klare Linie erkennbar.

61 Soweit die TT-GVO auf die Mehrzahl der internationalen Lizenzverträge anwendbar ist, so liegen die Freistellungsvoraussetzungen dann vor, wenn die Voraussetzungen der Art. 2 bis 5 TT-GVO erfüllt sind. Es sind insoweit alle Vereinbarungen von dem Kartellverbot gruppenfreigestellt, die sich innerhalb der in Art. 3 TT-GVO genannten Marktanteilsschwellen befinden und nicht ausdrücklich gemäß Art. 4 und 5 TT-GVO von einer Freistellung ausgeschlossen sind.

VI. Genehmigung oder Registrierung des Abschlusses von Lizenzverträgen

62 Beim Abschluss eines internationalen Lizenzvertrages ist unbedingt zu beachten, dass die staatlichen Regelungen über den Abschluss von grenzüberschreitenden Lizenzverträgen in einzelnen Staaten sehr unterschiedlich sein können. Manche Staaten sehen hierfür **Besonderheiten** vor. Dies muss unbedingt vor Abschluss eines solchen internationalen Lizenzvertrages für das Land des ausländischen Vertragspartners in Erfahrung gebracht werden, um später böse Überraschungen zu vermeiden. Solche Regelungen können je nach Land in Gesetzen, Verordnungen und teilweise sogar nur, wie in **Indien,** in sogenannten „Guidelines“ zu finden sein.[242] Eine solche Besonderheit ist regelmäßig das Erfordernis einer Genehmigung des Abschlusses eines Lizenzvertrages in dem betreffenden Land. Gegenstand der Genehmigung durch den Staat können unterschiedliche Regelungen eines Lizenzvertrages sein, in **Indien** ist dies bspw. die Höhe der zu vereinbarenden Lizenzgebühren, die in der Regel 5 % des Umsatzes nicht übersteigen dürfen, wobei Indien auch noch festlegen kann, was das indische Unternehmen dabei in Abzug bringen darf; **Brasilien** verlangte zeitweise die Exportfreiheit des brasilianischen Lizenznehmers für die von ihm in Lizenz hergestellten Lizenzprodukte.[243] Unklare Regelungen und ein großer Ermessensspielraum staatlicher Behörden führen daher für ein ausländisches Unternehmen häufig zu einer **Rechtsunsicherheit.**[244]

63 Eine weitere **Besonderheit,** die in manchen Staaten von den Vertragsparteien eines Lizenzvertrages unbedingt zu beachten ist, ist **das Erfordernis der Registrierung** von abgeschlossenen **Lizenzverträgen.** So müssen in **Brasilien** Verträge über die Lizenzierung gewerblichen Eigentums, über Technologietransfer, über technische Dienstleistungen und über Franchising beim brasilianischen Instituto Nacional da Propriedade Industrial (INPI) registriert werden.[245] Erfasst davon sind die Lizenzierung von Patenten, Designs und Marken sowie Know-how. Die Eintragung des Vertrags beim INPI ist **unverzichtbar,** damit der Vertrag Dritten gegenüber wirksam ist, die Bezahlung an die ausländische Vertragspartei zulässig ist und der Technologie-/Lizenznehmer vor Ort die an den Technologie-/Lizenzgeber gezahlten und/oder überwiesenen Beträge von der Steuer absetzen kann.[246] Ebenfalls erforderlich ist teilweise die Registrierung von bestimmten Lizenzverträgen, insbesondere Markenlizenzverträgen, teilweise aber auch anderen Lizenzverträgen, in **Algeri-**

---

[240] Loewenheim/Meessen/Riesenkampff/Kersting/Meyer-Lindemann/Nordemann Kartellrecht 3. Teil. Gewerblicher Rechtsschutz und Urheberrecht, Rn. 56, 60 und 90.
[241] Loewenheim/Meessen/Riesenkampff/Kersting/Meyer-Lindemann/Nordemann Kartellrecht 3. Teil. Gewerblicher Rechtsschutz und Urheberrecht Rn. 56 und 79.
[242] Winzer Lizenzvertrag S. 32 Rn. 102.
[243] Winzer Lizenzvertrag S. 32 Rn. 102f.
[244] Winzer Lizenzvertrag S. 32 Rn. 102, 104.
[245] Metzger/Polido/Rosina FOSS S. 79; Hoelscher Trademark Licensing Guide S. 35.
[246] Hoelscher Trademark Licensing Guide S. 35.

en,[247] **Armenien,**[248] **Aserbaidschan,**[249] **Bangladesch,**[250] **Belarus,**[251] in den **Benelux-**Staaten (nicht zur Wirksamkeit, aber zur Durchsetzung gegenüber Dritten),[252] **Bhutan,**[253], **Bosnien und Herzegowina,**[254] **Kambodscha,**[255] **China** (nicht zur Wirksamkeit, aber zur Durchsetzung gegenüber gutgläubigen Dritten),[256] **Costa Rica** (nicht zur Wirksamkeit, aber zur Durchsetzung gegenüber gutgläubigen Dritten),[257] **Zypern,**[258] **Ecuador,**[259] **Äthiopien,**[260] **Finnland** (nicht zur Wirksamkeit, aber zur Durchsetzung gegenüber gutgläubigen Dritten),[261] **Indonesien,**[262] **Iran,**[263] **Israel** (zur Durchsetzung gegenüber Dritten),[264] **Italien** (zur Durchsetzung gegenüber gutgläubigen Dritten),[265] **Japan** (zur Wirksamkeit nur für Exklusivlizenzen und zur Durchsetzung gegenüber gutgläubigen Dritten),[266] **Kasachstan,**[267] **Kenia** (nicht zur Wirksamkeit, aber zur Durchsetzung gegenüber gutgläubigen Dritten),[268] **Kosovo** (nicht zur Wirksamkeit, aber zur Durchsetzung gegenüber gutgläubigen Dritten),[269] **Kirgisistan,**[270] **Lesotho,**[271] **Liechtenstein** (nicht zur Wirksamkeit, aber zur Durchsetzung gegenüber Dritten),[272] **Macau** (nicht zur Wirksamkeit, aber zur Durchsetzung gegenüber Dritten),[273] **Moldawien** (nicht zur Wirksamkeit, aber zur Durchsetzung gegenüber Dritten),[274] **Mongolei,**[275] **Montenegro** (nicht zur Wirksamkeit, aber zur Durchsetzung gegenüber Dritten),[276] **Marokko** (nicht zur Wirksamkeit, aber zur Durchsetzung gegenüber Dritten),[277] **Namibia** (nicht zur Wirksamkeit, aber zur Durchsetzung gegenüber Dritten),[278] **Nepal,**[279] **Philippinen** (nicht zur Wirksamkeit, aber zur Durchsetzung gegenüber Dritten),[280] **Portugal,**[281] **Rumänien** (nicht zur Wirksamkeit, aber zur Durchsetzung gegenüber Dritten),[282] **Russland,**[283] **San Marino**

---

[247] Hoelscher Trademark Licensing Guide S. 14; Art. 25, für Markenlizenzverträge : Ordonnance N° 66–57 du 19 Mars 1966 relative aux marques de fabrique et de commerce ; für Design-Lizenzverträge : Art. 21 Ordonnance n° 66–86 du 28 avril 1966 relative aux dessins et modèles.
[248] Hoelscher Trademark Licensing Guide S. 19.
[249] Hoelscher Trademark Licensing Guide S. 22.
[250] Hoelscher Trademark Licensing Guide S. 26.
[251] Hoelscher Trademark Licensing Guide S. 27.
[252] Hoelscher Trademark Licensing Guide S. 29.
[253] Hoelscher Trademark Licensing Guide S. 32.
[254] Hoelscher Trademark Licensing Guide S. 34.
[255] Hoelscher Trademark Licensing Guide S. 41.
[256] Bu GRUR Int. 2011, 932 (932); Hoelscher Trademark Licensing Guide S. 46.
[257] Hoelscher Trademark Licensing Guide S. 48.
[258] Hoelscher Trademark Licensing Guide S. 51.
[259] Hoelscher Trademark Licensing Guide S. 56.
[260] Hoelscher Trademark Licensing Guide S. 60.
[261] Hoelscher Trademark Licensing Guide S. 61.
[262] Hoelscher Trademark Licensing Guide S. 75.
[263] Hoelscher Trademark Licensing Guide S. 77.
[264] Ziffer 50 der israelischen Markenverordnung; Hoelscher Trademark Licensing Guide S. 80.
[265] Lange Internationales Handbuch Rn. 1855; Hoelscher Trademark Licensing Guide S. 81.
[266] Lange Internationales Handbuch Rn. 2340; Hoelscher Trademark Licensing Guide S. 82.
[267] Hoelscher Trademark Licensing Guide S. 85.
[268] Eshete GRUR Int 2000, 975 (988); Hoelscher Trademark Licensing Guide S. 151.
[269] Hoelscher Trademark Licensing Guide S. 87.
[270] Hoelscher Trademark Licensing Guide S. 90.
[271] Hoelscher Trademark Licensing Guide S. 93.
[272] Hoelscher Trademark Licensing Guide S. 95.
[273] Hoelscher Trademark Licensing Guide S. 98.
[274] Hoelscher Trademark Licensing Guide S. 103.
[275] Hoelscher Trademark Licensing Guide S. 105.
[276] Hoelscher Trademark Licensing Guide S. 106 f.
[277] Hoelscher Trademark Licensing Guide S. 108.
[278] Hoelscher Trademark Licensing Guide S. 110.
[279] Hoelscher Trademark Licensing Guide S. 111.
[280] Hoelscher Trademark Licensing Guide S. 123.
[281] Lange Internationales Handbuch Rn. 3804; Hoelscher Trademark Licensing Guide S. 125.
[282] Hoelscher Trademark Licensing Guide S. 128.
[283] Schumskiy WiRO 2014, 202 (203); Lange Internationales Handbuch Rn. 4392; Hoelscher Trademark Licensing Guide S. 129.

(nicht zur Wirksamkeit, aber zur Durchsetzung gegenüber gutgläubigen Dritten),[284] Saudi Arabien (nicht zur Wirksamkeit, aber zur Durchsetzung gegenüber gutgläubigen Dritten),[285] **Serbien** (nicht zur Wirksamkeit, aber zur Durchsetzung gegenüber gutgläubigen Dritten),[286] **Südkorea** (nicht zur Wirksamkeit, aber zur Durchsetzung gegenüber gutgläubigen Dritten),[287] **Spanien** (nicht zur Wirksamkeit, aber zur Durchsetzung gegenüber gutgläubigen Dritten),[288] **Sudan,**[289] **Taiwan** (nicht zur Wirksamkeit, aber zur Durchsetzung gegenüber gutgläubigen Dritten),[290] **Tadschikistan,**[291] **Tansania** (nicht zur Wirksamkeit, aber zur Durchsetzung gegenüber gutgläubigen Dritten),[292] **Thailand,**[293] **Uganda** (nicht zur Wirksamkeit, aber zur Durchsetzung gegenüber gutgläubigen Dritten),[294] **Vereinigte Arabische Emirate** (nicht zur Wirksamkeit, aber zur Durchsetzung gegenüber gutgläubigen Dritten),[295] **Uruguay** (nicht zur Wirksamkeit, aber zur Durchsetzung gegenüber gutgläubigen Dritten),[296] **Usbekistan,**[297] und **Vietnam** (nicht bei Markenlizenzen, aber bei Patentlizenzen).[298] Auch das **Markensystem der Unionsmarke der EU** kennt die Eintragung von Lizenzen, die Eintragung ist aber **nicht obligatorisch.**[299] Ihre Bedeutung ist sehr reduziert, weil sie wirklich relevante Auswirkungen **nur im Verhältnis zwischen unterschiedlichen Lizenznehmern untereinander** hat und zwar insoweit, als sich der Lizenznehmer erst ab dem Zeitpunkt der Eintragung der Lizenz gegenüber Dritten, die (auch) Rechte an der Marke erworben haben, gemäß Artikel 27 UMV auf die Rechte aus der Lizenz berufen kann,[300] es sei denn der Dritte hat die Rechte an der Marke in Kenntnis der Lizenz erworben.[301] Für die Aktivlegitimation des Lizenznehmers ist die Eintragung der Lizenz aber nicht erforderlich, wenn der Markeninhaber dem Lizenznehmer die Zustimmung zur Durchsetzung der Lizenzrechte erteilt.[302] Existieren miteinander inkompatible Lizenzen, die der Markeninhaber erteilt hat, ist für die Rechtstellung der Lizenznehmer untereinander zunächst der Zeitpunkt von deren Eintragung im Register entscheidend; für den Fall, dass beide Lizenzen in das Register eingetragen sind, wirken sie jeweils ex tunc auf den Zeitpunkt der Lizenzerteilung zurück.[303] War der spätere Lizenznehmer zum Zeitpunkt der eigenen Lizenzerteilung im Hinblick auf das frühere Recht eines anderen Lizenznehmers bereits bösgläubig, so kann er sein Recht gemäß Art. 27 Absatz 1 S. 2 UMV auch bei Eintragung desselben in das Register demjenigen Lizenznehmer nicht entgegenhalten, der zwar noch nicht eingetragen ist, dessen Lizenz jedoch zu einem früheren Zeitpunkt erteilt wurde.[304] Im Übrigen gewährleistet die Eintragung der Lizenz de Lizenznehmer nur die Information über die Absicht des Lizenzgebers (insoweit) auf die

[284] Hoelscher Trademark Licensing Guide S. 132.
[285] Hoelscher Trademark Licensing Guide S. 133.
[286] Hoelscher Trademark Licensing Guide S. 134.
[287] Hoelscher Trademark Licensing Guide S. 140.
[288] Hoelscher Trademark Licensing Guide S. 141.
[289] Hoelscher Trademark Licensing Guide S. 144.
[290] Hoelscher Trademark Licensing Guide S. 149.
[291] Hoelscher Trademark Licensing Guide S. 150.
[292] Eshete GRUR Int 2000, 975 (988); Hoelscher Trademark Licensing Guide S. 86.
[293] Hoelscher Trademark Licensing Guide S. 153.
[294] Hoelscher Trademark Licensing Guide S. 160.
[295] Hoelscher Trademark Licensing Guide S. 163.
[296] Hoelscher Trademark Licensing Guide S. 165.
[297] Hoelscher Trademark Licensing Guide S. 167.
[298] Hoelscher Trademark Licensing Guide S. 170.
[299] BeckOK MarkenR/Taxhet, 1.10.2022, UMV 2017 Art. 25 Rn. 33.
[300] EuGH GRUR 2016, 372 – Hassan/Breiding (ARKTIS); BeckOK MarkenR/Taxhet, 1.10.2022, UMV 2017 Art. 25 Rn. 35.
[301] EUIPO Richtlinien Teil E Abschn. 3 Kap. 2 Nr. 1.6; BeckOK MarkenR/Taxhet, 1.10.2022, UMV 2017 Art. 25 Rn. 35.
[302] EuGH GRUR 2016, 372 – Hassan/Breiding (ARKTIS); BeckOK MarkenR/Taxhet, 1.10. 2022, UMV 2017 Art. 25 Rn. 35.
[303] BeckOK MarkenR/Taxhet, 1.10.2022, UMV 2017 Art. 25 Rn. 35.
[304] BeckOK MarkenR/Taxhet, 1.10.2022, UMV 2017 Art. 25 Rn. 35.

Marke zu verzichten, während dem Lizenznehmer alle sonstigen Rechte aus dem Lizenzvertrag auch ohne Registrierung der Lizenz zustehen.[305]

C. Zentrale Elemente der Klauselgestaltung internationaler Lizenz- und Know-how-Verträge

Im Folgenden werden die einzelnen Elemente dargestellt, die im Sinne einer **Checkliste** bei der Gestaltung eines internationalen Lizenz- bzw. Know-how-Vertrages wenigstens gedanklich durchgegangen werden sollten. Im Einzelnen sind bei der Entscheidung über die Aufnahme in den Vertragsentwurf und bei der konkreten Ausgestaltung oder ihrer Überprüfung etwa im Rahmen einer **Due diligence** insbesondere die bei den einzelnen Themen genannten (Vor-)Prüfungen durchzuführen. 64

Übersicht/Checkliste für die typischen Vertragsbestandteile internationaler Lizenzverträge

I. Contract Heading [Vertragsbezeichnung]
II. Names and Addresses [Namen und Adressen der Parteien]
III. Preamble/Recitals [Präambel, Erwägungsgründe]
IV. Definitions [Definitionskatalog]
V. Subject Matter of the Agreement [Vertragsgegenstand]
VI. Licensed IP-Rights [Vertragsschutzrechte]
VII. Licensed Know-how [Vertrags-Know-how]
VIII. Contract Products [Vertragsprodukte]
IX. License Grant [Einräumung von Lizenzrechten]
X. License Fees [Lizenzgebühren]
XI. Quality Assurance [Qualitätssicherung]
XII. Obligation to exercise the Licensed Rights [Ausübungspflicht (best efforts-Klausel)]
XIII. Warranty [Mängelhaftung]
XIV. Liability [Haftung]
XV. License Notice [Lizenzvermerk]
XVI. Prosecution and Maintenance of the Licensed Rights [Erwerb und Aufrechterhaltung der vertragsgegenständlichen Schutzrechte]
XVII. Third Party Conflicts [Auseinandersetzungen mit Dritten]
XVIII. Right of First Refusal/Option [Vorlizenz-/Vorkaufsrecht/Option]
XIX. New Developments/Improvements [Fortentwicklung des Lizenzgegenstands]
XX. Term and Termination [Vertragslaufzeit und Beendigung des Vertrages]
XXI. Confidentiality [Geheimhaltung]
XXII. Approval or registration of the conclusion of the license agreement [Genehmigung oder Registrierung des Abschlusses des Lizenzvertrages]
XXIII. Governing Law and Dispute Resolution [Anwendbares Recht und Gerichtsstandsvereinbarung]
XXIV. General Provisions [Allgemeine Klauseln]

Wie bei allen anderen internationalen Verträgen ist auch bei grenzüberschreitenden Lizenzverträgen stets zu bedenken, dass sich in den unterschiedlichen Rechtsordnungen die Anforderungen an einen wirksamen **Vertragsschluss** unterscheiden.[306] So kann bspw. das auf den Lizenzvertrag anwendbare Recht andere **Formerfordernisse** im Hinblick auf die 65

305 BeckOK MarkenR/Taxhet, 1.10.2022, UMV 2017 Art. 25 Rn. 35 f.
306 Lehmann/Meents/Fritzemeyer Handbuch S. 45 Rn. 21.

Willenserklärungen der Vertragsparteien vorsehen als das Recht am Aufenthaltsort der einen oder beider Vertragsparteien.[307] In **Frankreich** etwa müssen Patentlizenzverträge schriftlich geschlossen werden, Markenlizenzverträge dagegen – theoretisch – nicht. In der Praxis werden auch Markenlizenzverträge nach französischem Recht regelmäßig schriftlich geschlossen, weil ihre Durchsetzung gegenüber Dritten die Registrierung des Markenlizenzvertrags voraussetzt.[308] Auch in **Russland**[309] wird wie in **Indien**[310] ein schriftlicher Lizenzvertrag verlangt. In **Brasilien** wird dagegen für Lizenzverträge grundsätzlich kein Formerfordernis verlangt, lediglich für Softwarelizenzverträge, allerdings nur für Software ausländischer Herkunft, in denen Vermarktungsrechte für die Software geregelt werden.[311] In **Zypern** gibt es für Lizenzverträge zwar kein allgemeines Schriftformerfordernis, allerdings ist dort die Schriftform zwingend für urheberrechtliche Lizenzverträge, in denen eine exklusive Lizenz eingeräumt wird.[312] Auch in **Tschechien** gibt es kein allgemeines Formerfordernis für Lizenzverträge, sondern nur dann, wenn eine exklusive Lizenz eingeräumt wird.[313] In **Dänemark** gibt es für Lizenzverträge gar keine Formerfordernisse,[314] ebenso wenig in **Finnland.**[315] Neben der Regelung der zentralen Elemente der Klauselgestaltung in internationalen Lizenzverträgen sollten die Vertragsparteien stets alle vertraglichen Nebenpflichten ausdrücklich regeln, weil vielen Rechtsordnungen, deren Recht ggf. auf den jeweiligen Lizenzvertrag anwendbar ist, die gesetzliche Regelung solcher Nebenpflichten anders als im deutschen Recht fremd ist.[316]

66 Generell ist bei der Abfassung von internationalen Lizenzverträgen zu empfehlen, die in der oben dargestellten Checkliste enthaltenen Aspekte, soweit anwendbar, **detailliert** zu regeln. Angesichts unterschiedlicher Vorstellungen und Rechtsordnungen in den Heimatländern der Vertragsparteien und ggf. des Staates, dessen Recht vereinbart wird und wegen der unterschiedlichen Regelungsdichte der Gesetze in den unterschiedlichen Staaten, stellen unpräzise oder gar fehlende Regelungen eines der größten **Risiken** in der Praxis dar. Von dem in der Praxis häufig anzutreffende Begehren von Parteien, den Lizenzvertrag doch einfach auf „ein oder zwei Seiten" zu regeln, ist bei grenzüberschreitenden Lizenzverträgen deshalb **dringend abzuraten.**

I. Vertragsbezeichnung

67 Bei der Bezeichnung von reinen Lizenzverträgen hat sich die Bezeichnung als **„License Agreement"** in der internationalen Vertragspraxis etabliert; sie ist aber keineswegs unumgänglich. Soweit Lizenzen gegenüber dem eigentlichen Vertragsgegenstand in den Hintergrund treten, wird der Vertrag regelmäßig eher im Hinblick auf diesen Regelungsschwerpunkt bezeichnet. Auch wenn zumindest nach deutschem Recht sogar eine Falschbezeichnung des Lizenzvertrages unschädlich ist, entsteht nie Streit, wenn sich die Parteien einfach auf eine neutrale Bezeichnung als „Agreement" einigen.

II. Vertragsrubrum

68 Parteien eines Lizenzvertrages sind der ein Nutzungsrecht einräumende Lizenzgeber und der Lizenznehmer, dem dieses Nutzungsrecht eingeräumt wird. Dabei ist der Lizenzgeber

[307] Lehmann/Meents/Fritzemeyer Handbuch S. 47 Rn. 28; Metzger/Hennigs FOSS S. 16 ff.
[308] Christou International Agency Rn. 13–9.
[309] Christou International Agency Rn. 15–64.
[310] Christou International Agency Rn. 20–71.
[311] Metzger/Polido/Rosina FOSS S. 85 f.
[312] Metzger/Synodinou/Jougleux FOSS S. 132 f.
[313] Metzger/Koukal/Myška/Šavelka FOSS S. 146.
[314] Metzger/Udsen FOSS S. 161.
[315] Metzger/Huttunen/Tanskanen/von Willebrand FOSS S. 175.
[316] Lehmann/Meents/Fritzemeyer Handbuch S. 50 Rn. 36.

entweder der originäre Inhaber der lizenzierten Rechte oder ein zur Unterlizenzierung berechtigter Lizenznehmer.[317] Gerade im Hinblick auf grenzüberschreitende Lizenzverträge müssen die Parteien bei der Erstellung des Vertragsrubrums „sauber" arbeiten.[318] Häufig sind den Parteien die genauen gesellschaftsrechtlichen Bezeichnungen im Heimatland des Vertragspartners nicht geläufig oder die Konzernstrukturen unklar.[319] Es darf aber insbesondere **keine Unklarheiten** darüber geben, **wer Lizenzgeber ist,** damit sichergestellt ist, dass die Rechtseinräumung auch tatsächlich wirksam erfolgt. Auch im Hinblick auf eine ggf. erforderliche gerichtliche Auseinandersetzung mit der anderen ausländischen Lizenzvertragspartei sollte zur Vermeidung von zusätzlichen prozessualen Problemen sichergestellt sein, dass die Vertragsparteien im Vertrag korrekt bezeichnet sind, um eine Falschbezeichnung im Prozess zu vermeiden.[320]

III. Präambel, Erwägungsgründe

Es ergeben sich bei der Ausgestaltung der Präambel und der Erwägungsgründe im Hinblick auf internationale Lizenzverträge keine Besonderheiten gegenüber anderen internationalen Wirtschaftsverträgen. Wie bei vielen internationalen Wirtschaftsverträgen empfiehlt es sich auch bei grenzüberschreitenden Lizenzverträgen, die Interessen der Vertragsparteien und den Vertragszweck in der Präambel festzuhalten. Eine entsprechend ausgestaltete Präambel dient dazu, den Vertrag und seine einzelnen unbestimmten Begriffe und Klauseln auszulegen. Eine solche **Auslegungshilfe** durch die Darstellung der Vertragsgrundlage kann gerade bei internationalen Lizenzverträgen sehr hilfreich sein.[321] 69

IV. Definitionen

Gerade bei Lizenzverträgen hat sich aufgrund ihrer Länge und Komplexität die Verwendung von Definitionen und ihre gesammelte Auflistung am Anfang des Vertrages in der Praxis bewährt.[322] 70

Klauselbeispiel für einen Definitionskatalog

[•] Definitions

Whenever used in this Agreement, the following capitalized terms shall have the following respective meanings:

- **„Intellectual Property Rights"** shall mean patents, utility models, design patents, designs, copyright, trademark whether or not protectable by registration and any other form of statutory protection of any kind and any applications for any of the foregoing rights as well as any trade secrets and know how.
- **„Licensed Software"** shall mean the software designated in **Exhibit 1** including any future Upgrades and Updates to be provided under this Agreement.
- [...]

V. Vertragsgegenstand

Für Lizenzverträge kann man verallgemeinernd sagen, dass Vertragsgegenstand im Prinzip jede schutzfähige Rechtsposition sein kann, die ihrem Inhaber die Möglichkeit verschafft, 71

[317] Erdmann/Rojahn/Sosnitza/Bartenbach/Kunzmann Handbuch Kap. 9 Rn. 62.
[318] Lehmann/Meents/Fritzemeyer Handbuch S. 45 Rn. 20.
[319] Lehmann/Meents/Fritzemeyer Handbuch S. 45 Rn. 20.
[320] Lehmann/Meents/Fritzemeyer Handbuch S. 45 Rn. 20.
[321] Lehmann/Meents/Fritzemeyer Handbuch S. 44 Rn. 18.
[322] Ulmer-Eilfort/Schmoll Technologietransfer S. 55.

Dritte von der Nutzung dieser Rechtsposition **auszuschließen** (= was verboten werden kann, kann auch lizenziert werden).[323] Denkbare Vertragsgegenstände von internationalen Lizenzverträgen sind vor allem gewerbliche Schutzrechte, Urheberrechte, Software und Know-how,[324] aber auch Daten[325]. Soweit Nutzungsrechte an gewerblichen Schutzrechten in dem Lizenzvertrag eingeräumt werden, fällt die Definition des Vertragsgegenstandes leicht. Die Parteien können in diesem Fall bei der Definition des Vertragsgegenstandes auf das gewerbliche Schutzrecht bzw. dessen Anmeldung rekurrieren.[326] Etwas anspruchsvoller gestaltet sich die Bestimmung des Vertragsgegenstandes im Falle der Einräumung von Nutzungsrechten an Urheberrechten, weil diese als nicht registrierte Schutzrechte nicht einfach durch Bezugnahme auf das eingetragene Schutzrecht referenziert werden können. Hier können sich die Parteien aber durch die Bezugnahme auf die entsprechenden Werke behelfen. Handelt es sich dagegen um einen Know-how-Lizenzvertrag, so obliegt die Definition des Vertragsgegenstandes mangels gesetzlicher Regelungen allein den Parteien. Sie müssen also den Vertragsgegenstand selber hinreichend **konkret** in dem Vertragstext definieren.[327] Dies gilt auch für Know-how-Veräußerungsverträge. Die zur Nutzung überlassenen Daten müssen sowohl hinsichtlich ihrer Art und des zu überlassenden Umfangs als auch in Bezug auf die geschuldete Qualität und Aktualität vertraglich konkretisiert werden.[328] Generell gilt, dass gerade in internationalen Verträgen Art und Umfang der Leistung so konkret wie möglich geregelt werden sollten, weil in unterschiedlichen Ländern ein sehr unterschiedliches Verständnis des Leistungsgegenstandes existieren kann.[329] Da gleichzeitig die gesetzlichen Anforderungen an die Regelungsdichte von Lizenzverträgen stark divergieren, ist bei grenzüberschreitenden Sachverhalten ein langer und detaillierter Lizenzvertrag, der gerade den Leistungsgegenstand deutlich regelt, dringend anzuraten.

Klauselbeispiel für eine Regelung zum Vertragsgegenstand

[•] Subject Matter of the Agreement

The aim and subject of this Agreement is to provide a framework and consistent contractual regulations, for the grant of license of [•] by Licensor to Licensee. Licensor intends to [•]. Licensee desires to use the Licensed Rights granted to Licensee pursuant to this Agreement to [•].

VI. Vertragsschutzrechte

72 Besondere Mühe ist bei der Gestaltung internationaler Lizenzverträge auf die genaue Bestimmung des **Lizenzgegenstandes,** also der Schutzrechte zu legen, die Gegenstand der Rechtseinräumung sind. Insoweit darf kein Zweifel bleiben, was Gegenstand der Rechtseinräumung ist. Die entsprechende Bestimmung der lizenzierten Schutzrechte ist weltweit im Hinblick auf registrierte Schutzrechte durch Bezugnahme auf die entsprechenden amtlichen Aktenzeichen leicht umzusetzen. Bei Urheberrechten ist dagegen zu überlegen und darzustellen, was genau an Urheberrechten erfasst sein soll. Spätestens hier ist noch einmal zu prüfen, ob auch **alle** für die vertraglich vorgesehene Nutzung der Rechte notwendigen Schutzrechte vorliegen.

[323] Erdmann/Rojahn/Sosnitza/Bartenbach/Kunzmann Handbuch Kap. 9 Rn. 42.
[324] Reithmann/Martiny/Hiestand Internationales Vertragsrecht Rn. 29.1 ff.
[325] Czychowski/Winzek ZD 2022, 81 (83).
[326] Ann/Loschelder/Grosch/Maaßen/Wuttke Praxishandbuch S. 278 Rn. 42.
[327] Ann/Loschelder/Grosch/Maaßen/Wuttke Praxishandbuch S. 278 Rn. 42.
[328] Czychowski/Winzek ZD 2022, 81 (87).
[329] Lehmann/Meents/Fritzemeyer Handbuch S. 49 Rn. 33.

Klauselbeispiel zur Bestimmung der Vertragsschutzrechte

[•] Definitions

„Licensed Patent Rights" shall mean all patents, patent applications, divisions, continuations, that are owned by Licensor and which are necessary or at least useful to develop, manufacture, market and sell the Licensed Products and which are described in detail in **Exhibit [•]**.

[…]

VII. Vertrags-Know-how

Die **gravierendsten Probleme** im Hinblick auf den Lizenzgegenstand ergeben sich frei- 73
lich bei Lizenz-Know-how-Verträgen (bzw. in Know-how-Veräußerungsverträgen) hinsichtlich des Veräußerungsgegenstandes.

1. Identifizierung des lizenzierten Know-how und Relevanzprüfung

Hier **muss** abschließend und unzweifelhaft definiert werden, **was** zu dem lizenzierten 74
Know-how gehören soll.[330] Diese Pflicht besteht für Know-how-Lizenzverträge innerhalb der EU schon deshalb, weil nach der TT-GVO eine Know-how-Lizenz nur dann freigestellt ist, wenn sich der Gegenstand der Know-how-Lizenz aus dem Lizenzvertrag ergibt.[331] Das Erfordernis der **Identifikation** des Gegenstands der Know-how-Lizenz bzw. des Veräußerungs-Know-how hat aber auch ganz praktische Gründe: Geben sich die Parteien nämlich nicht genügend Mühe, das Know-how detailliert zu definieren, so ist der Wert des Know-how-Lizenzvertrages bzw. des Know-how-Veräußerungsvertrages von vornherein sehr begrenzt bis hin zur Wertlosigkeit. Insbesondere bleibt ansonsten die Hauptleistungspflicht des Lizenzgebers unklar und es können sich daran anschließende Fragen wie die Frage der Geheimhaltung und Wesentlichkeit nicht sinnvoll geprüft werden. Es empfiehlt sich also in jedem Fall, das Know-how nicht nur abstrakt zu beschreiben. Idealerweise wird ein Datenpaket bzw. eine Dokumentation zum Gegenstand des Vertrages gemacht, um Inhalt und Umfang des lizenzierten bzw. veräußerten Know-how festzulegen.[332] Gleichzeitig müssen die Parteien eines Know-how-Lizenzvertrages bzw. Know-how-Veräußerungsvertrages unbedingt das für den Vertragszweck **relevante** Know-how ermitteln.[333] Ansonsten besteht gerade bei Know-how-Lizenzverträgen bzw. Know-how Veräußerungsverträgen die Gefahr, dass das lizenzierte bzw. veräußerte Know-how für den Lizenznehmer bzw. Käufer nicht ausreichend ist.

Klauselbeispiel Lizenziertes Know-how (Definition)

[•] Definitions

[…]

„Licensed Know-How" shall mean Licensor's complete know how related to [•] whether or not protectable under patent, trademark, copyright or other law and owned by Licensor at the Effective Date. The Licensed Know-How is specified in more detail in **Exhibit 1** but shall generally include all technical data, specifications, inventions, discoveries, developments, and all information regarding design, manufacture, production, quality control and other proprietary ideas related to [•].

---

330 Ann/Loschelder/Grosch/Maaßen Praxishandbuch S. 276 Rn. 36.

331 Ulmer-Eilfort/Schmoll Technologietransfer S. 56; Formularbuch Recht und Steuern/Bahns B. 12. Lizenzvertrag (Patente und Know-how) Rn. 31.

332 Ann/Loschelder/Grosch/Maaßen Praxishandbuch S. 276 Rn. 36; Ulmer-Eilfort/Schmoll Technologietransfer S. 56f.; Winzer Lizenzvertrag S. 28 Rn. 86.

333 Ulmer-Eilfort/Schmoll Technologietransfer S. 6.

75 In einem **Know-how-Veräußerungsvertrag** könnte das in dem Klauselbeispiel dargestellte „Lizenzierte Know-How" als Veräußerungsgegenstand entsprechend definiert werden.

2. Inhaberschaft und Lastenfreiheit des Know-how

76 Der Inhaber von Know-how ist regelmäßig nicht leicht zu ermitteln. Dies gilt erst recht in internationalen Know-how-Verträgen. Denn im Ausland lässt sich die Inhaberschaft des Know-how meist nur noch aufwändiger ermitteln als dies ohnehin schon im Inland der Fall ist. Aus Sicht des Lizenznehmers bzw. Käufers ist es deshalb geboten, sich von dem Lizenzgeber bzw. Verkäufer die Inhaberschaft **zusichern** zu lassen.

77 Der Wert des Know-how steht und fällt nicht nur mit seiner allgemeinen Geheimhaltung,[334] sondern auch mit seiner Lastenfreiheit. Wurde das Know-how bereits an einen Dritten lizenziert, so hat das Know-how bereits eine Verbreitung erfahren. Besteht die Lizenz noch, so ist es selbstverständlich auch noch immer rechtlich belastet.

Klauselbeispiel zu der Gewährleistung der Unbelastetheit des lizenzierten Know-how

[•] Warranty

Licensor warrants and represents that it owns and/or controls the entire rights, title and interest in the Licensed Know-How and that it did not disclose and/or transfer and/or license the Licensed Know-How to any third party until the Effective Date.

3. Arbeitnehmer

78 Ein besonderes Augenmerk bei der Klauselgestaltung bzw. ihrer Überprüfung ist auf die mit dem Know-how befassten Arbeitnehmer zu lenken. So müssen aus Sicht des Lizenznehmers bzw. des Käufers die Arbeitnehmer, die das vertragsgegenständliche Know-how besitzen, **identifiziert** und in dem Vertrag festgehalten werden. Gleichzeitig sollte geregelt werden, ob und in welchem Umfang eine **Fluktuation** dieser Arbeitnehmer stattgefunden hat. Denn durch die Fluktuation bei den Know-how-Trägern wird der **Wert des Know-how** gesenkt und **gefährdet.**[335]

Klauselbeispiel für die Identifizierung der Know-how-Träger

[•] Identification of all persons familiar with the Licensed Know-How

Licensor will inform Licensee in writing on the Effective Date about all employees and other persons who are or who were familiar with the Licensed Know-How and about the fact whether or not they are currently employed by Licensor. Additionally, Licensor shall inform Licensee in writing at the Effective Date about the confidentiality obligations of all persons who are not employed by Licensor anymore regarding the Licensed Know-How. Licensor warrants and represents that it did not disclose the Licensed Know-How to any further persons.

4. Know-how-Transfer

79 Weiterhin muss im Hinblick auf Know-how als Lizenzgegenstand auch geregelt sein, **wie** das Know-how tatsächlich auf den Lizenznehmer vollständig transferiert werden soll.[336] Ergänzend sind hier ggf. Regelungen zur Unterstützung, bspw. Schulung, der Know-how-Empfänger vorzusehen, damit das Know-how nicht nur körperlich übergeben wird,

---

334 Ulmer-Eilfort/Schmoll Technologietransfer S. 6.

335 Wurzer/Kaiser Handbuch S. 75.

336 Ann/Loschelder/Grosch/Maaßen/Wuttke Praxishandbuch S. 281 Rn. 53; Ulmer-Eilfort/Schmoll Technologietransfer S. 77.

sondern auch in den Köpfen der neuen Know-how-Träger ankommt. Angesichts des beträchtlichen Aufwandes, der dabei entstehen kann und vor dem Hintergrund der Bedeutung dieser Unterstützung für den Lizenznehmer, sollten die Lizenzvertragsparteien diesen Aspekt **unbedingt regeln.**[337]

Klauselbeispiel für den Know-how-Transfer

[•] Delivery of Know-How

(1) Within ten (10) days after the Effective Date, Licensor shall provide Licensee with a data package including the complete Licensed Know How. In the event that the data package provided by Licensor is incomplete or contains information which is not correct, Licensor shall be obliged to provide Licensee with a correctly amended data package of Licensed Know How within fourteen (14) days after receipt of Licensee's written notice informing Licensor about the incomplete and/or incorrect data package.

(2) Upon Licensee's written request Licensor shall train up to ten (10) employees of Licensee in the operational use of the Licensed Know-How. The training shall be provided by a representative of Licensor who is very familiar with the Licensed Know-How. The time frame of the training is limited to [•] days within a period of time of [•].

5. Besondere Probleme des internationalen Know-how-Transfers

Kommt es trotz der globalisierten Wirtschaft zu dem internationalen Transfer von Know- 80
how, so liegt solchen Sachverhalten meistens die Durchführung sehr großer Investitionsvorhaben zugrunde.[338] Hintergrund ist ua, dass große Märkte, namentlich die von **China, Russland und Brasilien,** für ausländische Unternehmen nur erreichbar sind, wenn dabei **Technologie-Know-how** in diese Staaten **abfließt;** dies geschieht durch mehrere gesetzliche Regelungen dieser Staaten: Zum einen werden die Exporte in diese Länder durch **hohe Zölle** belastet, die dazu führen, dass die Produkte im Zielland zu teuer werden, so dass die ausländischen Unternehmen sich veranlasst sehen, eine Inlandsfertigung im Zielland zu errichten. Nur so können sie sich die attraktiven Märkte sichern. Hinzu kommt, dass die ausländischen Anbieter **nur einen bestimmten Prozentsatz** der Investitionsgüter **in das Zielland einführen** dürfen, während ein anderer Prozentsatz im Zielland selbst gefertigt werden muss. Dabei muss das ausländische Unternehmen je nach Land auch noch den Zielmarkt durch eine eigene Tochtergesellschaft oder sogar ein Joint Venture mit einer **Beteiligung privater oder staatlicher Gesellschaften des Ziellandes** bedienen und ist dabei unterschiedlichen staatlichen Regelungen des Ziellandes unterworfen.[339] Dies alles führt dazu, dass sich ausländische Unternehmen genötigt sehen, ihr wichtiges Know-how in das Zielland zu transferieren und dass sie dabei aufgrund der Joint Venture-Konstruktionen und dortigen rechtlichen Vorgaben nur wenig Einfluss auf dessen Geheimhaltung vor Ort nehmen können, was ein **Risiko** darstellt.[340] Ein anderes Problem des internationalen Know-how-Transfers ist die teilweise sehr kritische wirtschaftspolitische Einstellung oder Devisenknappheit mancher Staaten, die diese Staaten dazu veranlasst, den **Technologieimport** aus anderen Staaten bzw. von ausländischen Unternehmen gesetzlich **stark zu beschränken.**[341]

[337] Ann/Loschelder/Grosch/Maaßen/Wuttke Praxishandbuch S. 281 Rn. 53.
[338] Winzer Lizenzvertrag S. 30 Rn. 95 f.
[339] Zu alldem: Winzer Lizenzvertrag S. 30 Rn. 99.
[340] Winzer Lizenzvertrag S. 30 Rn. 100.
[341] Winzer Lizenzvertrag S. 30 Rn. 101.

VIII. Vertragsprodukte

81 Regelmäßig werden in Lizenzverträgen unabhängig von der Art des der Lizenzierung zugrundeliegenden Schutzrechts oder Know-how Vertragsprodukte definiert, die der Lizenznehmer herstellen und vertreiben darf, wenn er die lizenzierten Schutzrechte oder das lizenzierte Know-how nutzt. Die Definition der Vertragsprodukte ist bei der Gestaltung internationaler Lizenzverträge insbesondere dann wichtig, wenn mit den lizenzierten Rechten unterschiedliche Produkte hergestellt werden können, wenn der Umfang der Leistungspflicht des Lizenzgebers hierdurch konkretisiert wird, wenn die umsatzbezogene Lizenzgebühr hierauf Bezug nimmt und wenn die Definition Ausgangspunkt für die kartellrechtliche Abgrenzung der relevanten Produktmärkte ist.[342] Die unpräzise Definition der Vertragsprodukte oder gar der Verzicht auf ihre Definition führt in der Praxis gerade in den vorgenannten Fällen immer wieder zu Problemen, die es zu vermeiden gilt.

Klauselbeispiel für eine Definition der Vertragsprodukte

[•] Definitions

[...]

The term „**Contract Products**" means the products specified in **Exhibit [•]** which are subject to the use of the Licensed Rights by Licensee.

IX. Rechtseinräumung (Lizenzerteilung)

82 Der **relevanteste Teil** in internationalen Lizenzverträgen ist wie in nationalen Lizenzverträgen die Regelung der Einräumung von Rechten.

1. Arten der Rechtseinräumung

83 Die größte Bedeutung in einem Lizenzvertrag haben in der Praxis die Gestaltung und der Inhalt der Rechtseinräumung. Hier muss zwischen unterschiedlichen Arten der Rechtseinräumung unterschieden werden. Inhaltlich geht es regelmäßig um **Vertriebs-, Herstellungs- und Nutzungslizenzen.** Die umfassendsten Rechte gewährt dem Lizenznehmer eine ausschließliche Lizenz, von der es die einfache und die alleinige Lizenz abzugrenzen gilt. Außerdem existieren negative Lizenzen und freie Lizenzen. Von jeder Lizenz kann grundsätzlich eine Unterlizenz abgeleitet werden.

2. Herstellungs-, Vertriebs- und Nutzungslizenz

84 Inhaltlich werden im Rahmen internationaler Lizenzverträge vor allem Herstellungs-, Vertriebs- und Nutzungsrechte eingeräumt.[343] Dabei umfasst eine Herstellungslizenz die gewerbsmäßige Herstellung des lizenzierten Gegenstands, die Vertriebslizenz bezeichnet das Recht, den lizenzierten Gegenstand zu vertreiben, ihn mithin feilzuhalten und in den Verkehr zu bringen. Die Nutzungslizenz gestattet den Gebrauch des Lizenzgegenstandes.[344] Über die Einräumung oder Nichteinräumung dieser Rechte sollten die Parteien sich in jedem Fall einigen, weil sie maßgeblich bestimmen, was genau dem Lizenznehmer erlaubt sein soll. Solange allerdings in einem Patentlizenzvertrag keine anderweitigen Regelungen getroffen worden sind, wird zumindest nach deutschem Recht angenommen, dass dem Lizenznehmer die Nutzung der lizenzierten Technologie zum Zwecke der Herstellung **und** des Vertriebes gestattet sein soll, so dass eine Beschränkung der Lizenz auf die Her-

[342] Pfaff/Osterrieth Lizenzverträge B. I. Rn. 64–67.
[343] Erdmann/Rojahn/Sosnitza/Bartenbach/Kunzmann Handbuch Kap. 9 Rn. 121 ff.
[344] Erdmann/Rojahn/Sosnitza/Bartenbach/Kunzmann Handbuch Kap. 9 Rn. 122 ff.

stellung oder den Vertrieb ausdrücklich vereinbart werden müsste.[345] Es empfiehlt sich aber gleichwohl stets, die Rechte, die dem Lizenznehmer tatsächlich eingeräumt werden sollen, genau zu beschreiben, um Rechtsunsicherheit je nach relevanter Rechtsordnung zu vermeiden. Gerade in Lizenzverträgen über Urheberrechte ist zudem die Rechtseinräumung so konkret wie möglich zu beschreiben, weil aufgrund der **Zweckübertragungslehre** (alternativ: Übertragungszwecklehre) davon auszugehen ist, dass der Urheber im Zweifel nicht mehr Rechte einräumt, als es der Zweck des Vertrages erfordert.[346] Dieser Grundsatz gilt auch im Patentrecht.[347] Insoweit muss auch klar sein, ob der Lizenznehmer tatsächlich das Recht zur Herstellung, zum Vertrieb und zur Nutzung haben soll.

Klauselbeispiel für eine Herstellungs-, Vertriebs- und Nutzungslizenz

[•] License Grant

Licensor shall grant and hereby grants to Licensee, and Licensee hereby accepts from Licensor a non-exclusive, world-wide, perpetual and irrevocable right and license to manufacture, market, distribute and otherwise use the Contract Products.

3. Ausschließliche Lizenz

Der Lizenzgeber hat die Möglichkeit, dem Lizenznehmer das positive Recht einzuräumen, 85
innerhalb des Umfangs des dem Lizenznehmer eingeräumten Rechts dieses lizenzierte Recht **alleine** auszuüben (ausschließliche Lizenz).[348] Charakteristisch für eine ausschließliche Lizenz ist also, dass weder der Lizenzgeber noch ein Dritter ein Recht zur Nutzung der lizenzierten Rechte haben. Vielmehr ist allein der Lizenznehmer zur Nutzung berechtigt.[349] Allerdings kann die ausschließliche Lizenz auf andere Weise räumlich, zeitlich oder inhaltlich beschränkt sein.[350] Es können also auch mehrere ausschließliche Lizenzen nebeneinander existieren, allerdings nicht für den Bereich, für den die Exklusivität einem anderen gewährt wird.[351]

Klauselbeispiel für eine ausschließliche Lizenz

[•] License Grant

Licensor shall grant and hereby grants to Licensee, and Licensee hereby accepts from Licensor the exclusive right to use the Licensed Patents and the Licensed Know-How for the development, manufacture, marketing, sale and other use of the Contract Products in France and Germany during the term of this Agreement.

Im japanischen Recht ist bei der Vereinbarung einer ausschließlichen Lizenz zu beach- 86
ten, dass der Inhaber einer ausschließlichen Lizenz in **Japan** selbst den Inhaber des Schutzrechts, für das eine ausschließliche Lizenz eingeräumt wurde, an der Ausübung des entsprechenden Schutzrechts hindern kann. Es ist zu empfehlen, diese auf Japanisch als „Senyo-Shiyoken" bezeichnete Form der ausschließlichen Lizenz („Senyo" bedeutet „ausschließlich" und „Shiyoken" bedeutet „Nutzungsrecht") bei dem japanischen Patentamt eintragen zu lassen und sie in dem Lizenzvertrag ausdrücklich als „Senyo-Shiyoken" zu benennen.[352]

---

345 Pfaff/Osterrieth Lizenzverträge B. I. Rn. 75.
346 Schricker/Loewenheim/Ohly Urheberrecht § 31 UrhG Rn. 56; Wandtke/Bullinger/Grunert UrhR § 31 UrhG Rn. 41; Dreier/Schulze UrhG § 31 Rn. 110.
347 Pfaff/Osterrieth Lizenzverträge B. I. Rn. 74.
348 Groß Lizenzvertrag S. 36 Rn. 36; Mes Patentgesetz § 15 PatentG Rn. 41.
349 Ulmer-Eilfort/Schmoll Technologietransfer S. 65; Mes Patentgesetz § 15 PatentG Rn. 41.
350 Ingerl/Rohnke MarkenG § 30 Rn. 16.
351 BGH GRUR 1992, 310 (311) – Taschenbuchlizenz; Ingerl/Rohnke MarkenG § 30 Rn. 16.
352 Lange Internationales Handbuch des Marken- und Kennzeichenrechts Rn. 2340.

4. Einfache Lizenz

87 Im Gegensatz zur ausschließlichen Lizenz gewährt der Lizenzgeber dem Lizenznehmer mit der einfachen bzw. nicht-ausschließlichen Lizenz lediglich ein nicht exklusives Nutzungsrecht.[353] In diesem Falle kann der Lizenzgeber Dritten ebenfalls ein solches Nutzungsrecht einräumen und das lizenzierte Recht auch selber unbegrenzt nutzen.[354] Der nicht ausschließliche Lizenznehmer ist nicht einmal berechtigt, aus dem Lizenzrecht gegen Dritte, die die lizenzierten Rechte verletzen, vorzugehen, soweit dies nicht vertraglich anders geregelt wird bzw. der Lizenzgeber im Einzelfall seine Zustimmung erteilt.[355]

Klauselbeispiel für eine einfache Lizenz

[•] License Grant

Licensor shall grant and hereby grants to Licensee, and Licensee hereby accepts from Licensor a non-exclusive, non-transferable and revocable worldwide right and license to copy the Licensed Software from Master Copies to individual copies for further sublicensing and distribution of copies of the Licensed Software to End Users.

5. Alleinige Lizenz

88 Von der ausschließlichen Lizenz abzugrenzen ist die alleinige Lizenz. Wie bei der ausschließlichen Lizenz ist der Lizenznehmer zwar der einzige Lizenznehmer in dem ihm eingeräumten Umfang des Lizenzrechts; der Lizenzgeber selbst behält jedoch (ggf. gemeinsam mit den mit ihm verbundenen Unternehmen) neben dem Lizenznehmer ebenfalls ein eigenes Nutzungsrecht.[356] Der Lizenzgeber darf aber keinem weiteren Dritten eine Lizenz einräumen.[357] Ist der Lizenzgeber an einem eigenen Nutzungsrecht im Rahmen einer ausschließlichen Lizenz interessiert, so muss dies im Vertrag ausdrücklich vorgesehen werden. Anderenfalls steht dem Lizenzgeber im Falle der Erteilung einer ausschließlichen Lizenz kein eigenes Nutzungsrecht zu, so dass der Lizenznehmer wegen einer nicht vorgesehenen Nutzungshandlung gegen den Lizenzgeber vorgehen könnte.[358]

Klauselbeispiel für eine alleinige Lizenz

[•] License Grant

Licensor hereby grants to Licensee the sole license to use the Licensed Know-How in connection with the development, production and exploitation of the Contract Products in Germany. Licensor will not grant respective licenses to any third party, however, Licensor reserves for itself the right to use the Licensed Rights.

6. Negative Lizenz

89 Verzichtet der Lizenzgeber nur auf die Geltendmachung seiner gesetzlichen Verbietungs- und Schadensersatzansprüche, nennt man dies eine „negative Lizenz“.[359] Die hM.qualifiziert die negative Lizenz als einen **Vertrag sui generis;** nach anderer Auffassung ist die

353 Groß Lizenzvertrag, S. 39 Rn. 39.
354 Ulmer-Eilfort/Schmoll Technologietransfer S. 65; Pfaff/Osterrieth Lizenzverträge B. I. Rn. 89.
355 Ulmer-Eilfort/Schmoll Technologietransfer S. 65; Pfaff/Osterrieth Lizenzverträge B. I. Rn. 90; Mes Patentgesetz § 15 PatentG Rn. 43.
356 Groß Der Lizenzvertrag S. 38f. Rn. 38; Ulmer-Eilfort/Schmoll Technologietransfer S. 65; Ingerl/Rohnke MarkenG § 30 Rn. 17; Pfaff/Osterrieth Lizenzverträge B. I. Rn. 93.
357 Ingerl/Rohnke MarkenG § 30 Rn. 17.
358 BGH GRUR 1980, 784 (785) – Laminiermaschine; Pfaff/Osterrieth Lizenzverträge B. I.12. Rn. 94.
359 BGH GRUR 1967, 378 (382) – Schweißbolzen; BGH GRUR 1982, 411 (412) – Verankerungsteil; Pfaff/Osterrieth B. I.11. Rn. 92; Erdmann/Rojahn/Sosnitza/Bartenbach/Kunzmann Handbuch Kap. 9 Rn. 34; Mes Patentgesetz § 15 PatentG Rn. 44.

negative Lizenz nur als ein Unterfall der einfachen Lizenz zu qualifizieren.[360] Ein typischer Fall für die Vereinbarung einer solchen negativen Lizenz ist ein Lizenzvertrag, der mit dem Verletzer eines Patentrechts geschlossen wird.[361]

Klauselbeispiel für eine negative Lizenz

[•] Waiver

Licensor hereby expressly waives the right to claim damages for the unauthorized use of the Licensed Patents or to take any cease and desist action against Licensee with respect thereto.

7. Unterlizenz

Von einer Unterlizenz spricht man, wenn ein bloß Benutzungsbefugter, der nicht Rechts- 90
inhaber ist, ein Benutzungsrecht erteilt.[362] Es handelt sich also um von der Hauptlizenz **abgeleitete** Lizenzen.[363] Wird dem Lizenznehmer ein ausschließliches Lizenzrecht eingeräumt, so ist ohne gesonderte Regelung der Unterlizenzierungsmöglichkeit nach hM im deutschen Recht und in vielen anderen Rechtsordnungen davon auszugehen, dass dem Lizenznehmer das Recht zur Unterlizenzierung zusteht.[364] Die Frage der Möglichkeit der Vergabe von Unterlizenzen **sollte** aber in einem Lizenzvertrag **stets geregelt werden,** egal ob dem Lizenznehmer eine solche Möglichkeit eingeräumt werden soll oder nicht,[365] damit keine Zweifel über das **Ob und Wie** eines Rechts zur Unterlizenzierung bestehen: Bspw. ist im **chinesischen** Recht ohne ausdrückliche Regelung das Recht zur Unterlizenzierung selbst bei einer ausschließlichen Lizenz ausgeschlossen.[366] Die Lizenzvertragsparteien eines internationalen Lizenzvertrages müssen bei ihrer Entscheidung über das Ob und Wie von Unterlizenzrechten die Vor- und Nachteile der Einräumung eines solchen Rechts an den Lizenznehmer sorgfältig abwägen.[367] Steht für den Lizenzgeber nur die Erlangung von Lizenzgebühren im Vordergrund und nicht die eigene Verwertung, mag es für den Lizenzgeber angezeigt sein, dem Lizenznehmer ein Recht zur Unterlizenzierung zwecks extensiver Nutzung der Lizenz einzuräumen.[368] Soweit der Lizenzgeber dagegen die lizenzierten Rechte auch selbst nutzen möchte, so wird er ggf. ein Interesse daran haben, möglichst wenig Wettbewerber in Form von Unterlizenznehmern zu haben. Auch die große wirtschaftliche Bedeutung oder ein besonderes Interesse des Lizenzgebers an der Geheimhaltung des Lizenzgegenstandes und der Kontrolle seiner Verbreitung können den Lizenzgeber dazu bewegen, das Recht zur Gewährung von Unterlizenzen auszuschließen.[369] Für den Lizenznehmer kann das Recht zur Unterlizenzierung entscheidend sein, wenn er das der Lizenz unterfallende Vertragsprodukt lediglich weiterentwickeln und dann Dritten Unterlizenzen einräumen möchte, um das weiterentwickelte Produkt zu vermarkten.[370] Will der Lizenznehmer dagegen das lizenzierte Produkt selbst herstellen und vermarkten, so kann das Recht zur Unterlizenzierung für ihn sekundär sein.[371]

Das Recht des Lizenznehmers zur Unterlizensierung wird – meist im Hinblick auf der- 91
artige kommerzielle Aspekte – in der Praxis **sehr unterschiedlich** geregelt.[372] Zu regeln

[360] Pfaff/Osterrieth Lizenzverträge B. I. Rn. 92 mwN.
[361] Pagenberg/Beier Lizenzverträge S. 616 Rn. 5.
[362] Schricker Verlagsrecht § 28 VerlG Rn. 22.
[363] Groß Lizenzvertrag, S. 148 Rn. 233.
[364] Groß Lizenzvertrag, S. 149 Rn. 233; Pfaff/Osterrieth Lizenzverträge B. I. Rn. 96.
[365] Pfaff/Osterrieth Lizenzverträge B. I. Rn. 95.
[366] Bu GRUR Int. 2009, 807 (813).
[367] Pfaff/Osterrieth Lizenzverträge B. I.Rn. 95.
[368] Pfaff/Osterrieth Lizenzverträge B. I.Rn. 95.
[369] Pfaff/Osterrieth Lizenzverträge B. I.Rn. 95.
[370] Ulmer-Eilfort/Schmoll Technologietransfer S. 70.
[371] Ulmer-Eilfort/Schmoll Technologietransfer S. 70.
[372] Ulmer-Eilfort/Schmoll Technologietransfer S. 70.

ist zunächst, dass dem Lizenznehmer ein Recht zur Unterlizenzierung entweder eingeräumt wird, oder – gerade im Falle der Einräumung eines ausschließlichen Lizenzrechts an den Lizenznehmer wegen des damit nach hM inkludierten Unterlizenzierungsrechts – dass ein Recht zur Unterlizenzierung ausgeschlossen ist.[373] Ferner ist aus Sicht des Lizenzgebers zu überlegen, ob das Recht, Unterlizenzen einzuräumen, unter den **Zustimmungsvorbehalt** des Lizenzgebers gestellt werden soll, um vor allem zu verhindern, dass das lizenzierte Know-how oder die lizenzierten Schutzrechte in die Hände von Wettbewerbern des Lizenzgebers gelangen.[374] Vor dem Hintergrund, dass in internationalen Lizenzverträgen eine Unterlizenz ohne abweichende vertragliche Regelung ggf. automatisch enden kann, wenn die **Hauptlizenz beendet wird oder unwirksam ist,**[375] sollten die Vertragsparteien entscheiden, ob die Unterlizenzen im Interesse der Unterlizenznehmer in einem solchen Fall bestehen bleiben bzw. von dem Lizenzgeber fortgeführt werden sollen.[376] In Deutschland hat der Bundesgerichtshof gerade entschieden, dass der Wegfall der Hauptlizenz nicht notwendig zum Erlöschen der Unterlizenz führt. Vielmehr soll die Unterlizenz in aller Regel in einem solchen Fall bestehen bleiben.[377] Dies gilt sowohl für Lizenzverträge über Urheberrechte als auch über gewerbliche Schutzrechte.[378] Aus Sicht des Lizenzgebers empfiehlt es sich daher, die Hauptlizenz so zu gestalten, dass die Unterlizenz mit der Hauptlizenz endet.[379] Geregelt werden sollte auch unbedingt die sich anschließende Frage, ob der Unterlizenznehmer seinerseits berechtigt sein soll, eine **Unter-Unterlizenz** zu erteilen, da in vielen Rechtsordnungen ein solches Recht nicht einmal im Falle der ausschließlichen Lizenz vermutet wird und die Parteien daher hier für Klarheit sorgen sollten.[380] Im Interesse des Lizenzgebers kann auch eine Informationspflicht des Lizenznehmers vorgesehen werden, den Abschluss eines Sublizenzvertrages mitzuteilen und ggf. eine Pflicht, dem Lizenzgeber jeden Sublizenzvertrag vorzulegen. Schließlich haben die Vertragsparteien auch die Möglichkeit, weitere Regelungen zu treffen, die auch für die Hauptlizenz vereinbart werden können, soweit dies im Einzelfall sinnvoll erscheint.

Klauselbeispiele für Unterlizenzen

Klauselbeispiel für den Ausschluss von Unterlizenzen

[•] Sublicenses

Licensee is not entitled to grant sublicenses to third parties.

Variante 1: Klauselbeispiel für die Einräumung von Unterlizenzen mit Zustimmungsvorbehalt

Licensee is entitled to grant sublicenses to third parties only upon Licensor's prior express written consent.

Variante 2: Klauselbeispiel für die Einräumung von Unterlizenzen nur an verbundene Unternehmen

Licensee is entitled to grant sublicenses only to its affiliates.

Variante 3: Klauselbeispiel für die Einräumung von Unterlizenzen nur an bestimmten Rechten

Licensor hereby grants to Licensee the right to sublicense the foregoing rights set forth in § [•] of this Agreement to sell, market and distribute the Licensed Products. However, Li-

[373] Groß Der Lizenzvertrag S. 149 Rn. 233.
[374] Ulmer-Eilfort/Schmoll Technologietransfer S. 70.
[375] Groß Der Lizenzvertrag, S. 149 Rn. 233, mwN; Ulmer-Eilfort/Schmoll Technologietransfer S. 71.
[376] Ulmer-Eilfort/Schmoll Technologietransfer S. 71.
[377] BGH GRUR 2012, 914 (915) – Take Five; GRUR 2012, 916 (918) – M2Trade.
[378] Klawitter GRUR-Prax 2012, 425 (425 f.).
[379] Klawitter GRUR-Prax 2012, 425 (427).
[380] Ulmer-Eilfort/Schmoll Technologietransfer S. 71.

censee is not entitled to grant sublicenses with respect to the production of the Licensed Products.

Variante 4: Klauselbeispiel für die vorbehaltlose Einräumung von Unterlizenzen

Licensor hereby grants to Licensee the right to sublicense any and all of the foregoing rights set forth in § [•] of this Agreement.

Klauselbeispiel für die Vereinbarung einer Informations- und Vorlagepflicht für die Gestaltung der Unterlizenz

Licensee shall inform Licensor about the conclusion of a sublicense agreement without undue delay. Additionally, Licensee shall promptly provide Licensor with a copy of any sublicensing agreement after the conclusion of the respective sublicense agreement.

Klauselbeispiel für eine Übergabeverpflichtung der Lizenzbedingungen an den Unterlizenznehmer

Licensee shall impose on the sublicensee the same obligations as set forth in this Agreement with respect to Licensee.

Klauselbeispiel für die Regelung von Unter-Unterlizenzen

Licensee is also entitled to grant to the sublicensees the right to grant sublicenses. All sublicenses which have been properly granted under this Agreement prior to termination shall survive any termination of this License.

8. Übertragung der Lizenz

Es ist bereits im deutschen Rechtsraum **umstritten,** ob der Lizenznehmer auch ohne ent- 92
sprechende vertragliche Regelung berechtigt ist, die ihm eingeräumten Lizenzrechte auf einen Dritten zu übertragen.[381] Im chinesischen Recht ist eine Übertragung ohne entsprechende vertragliche Regelung ausgeschlossen.[382] Im Hinblick auf unterschiedlichste Rechtsordnungen, die für internationale Lizenzverträge relevant sein können, ergibt sich erst recht kein einheitliches Bild. Soweit es sich bei dem Lizenznehmer um eine natürliche Person handelt, wäre die Frage der **Erbfolge** sogar noch gesondert zu regeln.[383] Der Ausschluss der Übertragung der Lizenz begegnet kartellrechtlich keinen Bedenken.[384] Schließen die Vertragsparteien eine Übertragung der Lizenzrechte vertraglich aus, so führt ein im Wege eines Share Deals vorgenommener Gesellschafterwechsel nicht zu einem Verlust der Lizenzrechte auf Seiten des Lizenznehmers; insoweit könnte der Lizenzgeber vertraglich nur ein Kündigungsrecht für einen solchen Fall vorsehen, bspw. wenn ein Wettbewerber Anteile an dem Lizenznehmer erwirbt.[385]

Angesichts der unklaren Rechtslage gerade auch bei grenzüberschreitenden Lizenzver- 93
trägen sollten die Parteien auch die Frage der Übertragbarkeit der Lizenzrechte durch den Lizenznehmer unbedingt **regeln.**[386] Angesichts der häufig großen wirtschaftlichen Bedeutung internationaler Lizenzverträge und im Hinblick auf ihre Ausgestaltung als stark auf Vertrauen basierendem Dauerschuldverhältnis empfiehlt es sich aus Sicht des Lizenzgebers, die Übertragung der Lizenz **wenigstens** von der vorherigen schriftlichen **Zustimmung** des Lizenzgebers abhängig zu machen.[387] Denn die Liquidität[388] und ggf. auch die beson-

[381] Ulmer-Eilfort/Schmoll Technologietransfer S. 170; Groß Lizenzvertrag S. 147 Rn. 228 mwN.
[382] Bu GRUR Int. 2009, 807 (813).
[383] Groß Lizenzvertrag S. 147 Rn. 229.
[384] Pfaff/Osterrieth Lizenzverträge B. I. Rn. 101.
[385] Groß Lizenzvertrag S. 147 f. Rn. 230.
[386] Groß Lizenzvertrag S. 147 Rn. 228.
[387] Pfaff/Osterrieth Lizenzverträge B. I. Rn. 100; Ulmer-Eilfort/Schmoll Technologietransfer S. 170.
[388] Ulmer-Eilfort/Schmoll Technologietransfer S. 169 f.

dere Kompetenz des Lizenznehmers werden für den Lizenzgeber von besonderer Bedeutung sein.

Klauselbeispiel für den Ausschluss der Übertragung von Lizenzrechten

[•] Assignment of Rights

Licensee is not entitled to transfer and assign the foregoing rights set forth in § [•] of this Agreement to third parties.

Variante 1: Klauselbeispiel für eine Gestattung der Übertragung von Lizenzrechten

Licensee is entitled to transfer and assign the foregoing rights set forth in § [•] of this Agreement to third parties.

Variante 2: Klauselbeispiel für eine Übertragung von Lizenzrechten – Einräumung des Rechts mit Zustimmungsvorbehalt

Licensee is entitled to transfer and assign the foregoing rights set forth in § [•] of this Agreement to third parties only upon Licensor's prior written consent.

9. Nutzungsbeschränkung

94 In vielen internationalen Lizenzverträgen werden dem Lizenznehmer nicht nur Nutzungsrechte eingeräumt, sondern gleichzeitig auch Beschränkungen dieser Nutzungsrechte auferlegt. So kann die Nutzung beispielsweise auf bestimmte technische Anwendungsbereiche oder bestimmte Produktmärkte beschränkt werden, wenn dieselbe Technologie für die Herstellung unterschiedlicher Produkte genutzt wird bzw. in Produkte einfließen kann, die zu unterschiedlichen Produktmärkten gehören.[389] Im Hinblick auf die Vereinbarung von Nutzungsbeschränkungen in Lizenzverträgen ist Vorsicht geboten. So können Nutzungsrechte an Urheberrechten an Computerprogrammen in Softwarelizenzverträgen nach dem UrhG nicht unbegrenzt beschränkt werden.[390] Außerdem können Nutzungsbeschränkungen in allen Arten von internationalen Lizenzverträgen aus kartellrechtlichen und AGB-rechtlichen Gründen unzulässig sein.[391]

10. Trias der Rechtseinräumung: zeitlich, räumlich, inhaltlich

95 Bei der Gestaltung der Einräumung eines Nutzungsrechts in Lizenzverträgen kann eine Beschränkung in zeitlicher, räumlicher und inhaltlicher Hinsicht erfolgen.[392] Im Hinblick auf alle Lizenzverträge sollten die Vertragsparteien gedanklich und bei der Gestaltung des Vertrages stets klären, wie die Rechtseinräumung zeitlich, räumlich und inhaltlich erfolgen soll (Trias der Rechtseinräumung).

96 Im Hinblick auf den räumlichen Umfang der Rechtseinräumung (Lizenzgebiet) sind die Parteien eines internationalen Lizenzvertrages frei. So können sie bspw. auch vereinbaren, dass das Lizenzgebiet nur einen Teil des Geltungsbereiches des jeweils lizenzierten Schutzrechts umfassen soll.[393] Allerdings kann sich die Einräumung von Nutzungsrechten dabei nur auf solche Gebiete erstrecken, in denen auch tatsächlich ein Schutzrecht existiert.[394]

---

[389] Europäische Kommission, Leitlinien zur Anwendung von Artikel 101 des Vertrags über die Arbeitsweise der Europäischen Union auf Technologietransfer-Vereinbarungen (2014/C 89/03) Rn. 208.

[390] Siehe im Detail Dreier/Schulze UrhG § 69c Rn. 31; so können bspw. § 69d Abs. 1–3 UrhG und § 69e UrhG nicht beschränkt werden.

[391] Siehe im Detail Dreier/Schulze UrhG § 69c Rn. 32f.: AGB-rechtlich dürften die Nutzungsbeschränkungen weder iSv § 305c BGB überraschend sein, noch eine unangemessene Benachteiligung iSv § 307 BGB darstellen. Kartellrechtlich sind unterschiedlichste Fälle vorstellbar, die sich hier nicht alle darstellen lassen. Diese Grenzen ergeben sich aus dem deutschen bzw. dem EU-Recht, sie müssen keineswegs nach dem Recht anderer Staaten problematisch sein, wenn insoweit das Recht eines anderen Staates anwendbar ist.

[392] Obergfell/Hauck Lizenzvertragsrecht S. 5 Rn. 9.

[393] Pfaff/Osterrieth Lizenzverträge B. I. Rn. 68.

[394] Pfaff/Osterrieth Lizenzverträge B. I. Rn. 68.

Versäumen die Vertragsparteien eines Vertrages, in dem Schutzrechte lizenziert werden, eine ausdrückliche vertragliche Bestimmung des Lizenzgebietes, so kann es je nach Art des Schutzrechts und des anwendbaren Rechts bei der Vertragsauslegung zu sehr unterschiedlichen Ergebnissen im Hinblick auf das Lizenzgebiet kommen. So ist nach deutschem Recht bei Patentlizenzverträgen davon auszugehen, dass das Lizenzgebiet den Schutzbereich der lizenzierten Schutzrechte umfasst,[395] während bspw. bei Filmverleihverträgen angenommen wird, dass das Staatsgebiet, in dem das Verleihunternehmen seinen Sitz hat, das Lizenzgebiet ist.[396] Die Parteien sollten aus Gründen der Rechtssicherheit und Rechtsklarheit und vor dem Hintergrund der unterschiedlichen rechtlichen Bedingungen in den einzelnen Staaten und zu den einzelnen Schutzrechten und Arten der Rechtseinräumung daher in jedem Falle das **Lizenzgebiet klar definieren.**

Auch die Rechtsfolgen einer fehlenden Vereinbarung des zeitlichen Umfangs der Rechts- 97 einräumung werden je nach Staat und Schutzrecht unterschiedlich beurteilt. So wird bspw. in Deutschland nach herrschender, aber umstrittener Auffassung angenommen, dass bei Fehlen einer Vereinbarung über die Dauer der Lizenz ein Patentlizenzvertrag im Zweifel für die **Dauer der Laufzeit** des lizenzierten Patentes abgeschlossen wird.[397] Insoweit ist aber zu bedenken, dass Patentrechte von vorneherein zeitlich begrenzt sind. Marken und Know-how sind dagegen zeitlich erst einmal nicht unbedingt zeitlich beschränkt, so dass dort die Annahme, eine Lizenz sei für die Dauer der Laufzeit der Marken oder der Geheimhaltung des Know-how eingeräumt, wenig überzeugend ist. Die Dauer der Rechteinräumung sollten die Parteien eines internationalen Lizenzvertrages daher ebenfalls in jedem Falle **ausdrücklich vereinbaren.**

Die Art und Zahl inhaltlicher Beschränkungen der Einräumung von Lizenzrechten ist 98 quasi unendlich. Die typische Einteilung in Herstellungs-, Vertriebs und Nutzungsrechte wurde bereits dargestellt. Besonders praxisrelevant sind auch Beschränkungen der Nutzung auf bestimmte technische Bereiche und Mengenbegrenzungen.[398] Da hier, was den Vertragsgegenstand anbelangt, die „Musik spielt", ist eine möglichst konkrete inhaltliche Bestimmung des Umfangs der Rechtseinräumung **unabdingbar.**

X. Lizenzgebühren

Eine wesentliche Leistungspflicht des Lizenznehmers besteht regelmäßig in der Pflicht zur 99 Zahlung von Lizenzgebühren als Gegenleistung für die gewährte Rechtseinräumung.[399] Als *essentialia negotii* kommt der Regelung der Lizenzgebühren eine zentrale Bedeutung in Lizenzverträgen zu. Für die Bemessung der Höhe der Lizenzgebühr kommen unterschiedlichste Bewertungsfaktoren in Betracht. So hängt die Höhe der Lizenzgebühr meist von dem Umfang des lizenzierten Benutzungsrechts, den Produkten, die auf der Grundlage der Lizenz verkauft werden können, der Fertigung dieser Produkte, der Marktsituation, dem technischen Stand der lizenzierten Rechte, den Absatzverhältnissen, dem Lizenznehmer, den Entstehungskosten der Erfindung, der Art der Zusammenarbeit und sonstigen Faktoren ab.[400] Für die vertragliche Ausgestaltung der Lizenzgebühr kommen unterschiedliche Lizenzgebührenmodelle in Betracht, die auch miteinander kombiniert werden können.[401] Die Pflicht zur Zahlung der Lizenzgebühren sollte unbedingt detailliert geregelt

[395] Pfaff/Osterrieth Lizenzverträge B. I. Rn. 68.
[396] Loewenheim/Schwarz/Reber Handbuch § 80 Rn. 242.
[397] Erdmann/Rojahn/Sosnitza/Bartenbach/Kunzmann Handbuch Kap. 9 Rn. 113; Pfaff/Osterrieth Lizenzverträge B. I. Rn. 230 mwN.
[398] Erdmann/Rojahn/Sosnitza/Bartenbach/Kunzmann Handbuch Kap. 9 Rn. 125.
[399] Groß Lizenzvertrag S. 72 Rn. 98.
[400] Siehe hierzu die sehr detaillierte und hilfreiche Aufstellung bei Groß Lizenzvertrag S. 74 ff. Rn. 99.
[401] Im **chinesischen** Recht ist sogar ausdrücklich geregelt, dass es umsatzbezogene und einmalige Lizenzgebühren sowie Kombinationen von beiden gibt; Bu GRUR Int. 2009, 807 (808).

werden.[402] Dies gilt insbesondere dann, wenn in einer Rechtsordnung, wie beispielweise der **chinesischen,** für den Fall, dass die Parteien keine Regelung treffen, eine gesetzliche Auffangregel eingreift, wonach die Höhe nach den Entwicklungskosten, der Fortschrittlichkeit der Technologie, dem Grad der Umsetzung bzw. der Anwendung sowie der wirtschaftlichen Rentabilität zu bestimmen ist.[403]

1. Umsatzlizenzgebühr

100 In der vertraglichen Praxis internationaler Lizenzverträge weit verbreitet sind umsatzabhängige Lizenzgebühren.[404] Entscheidend für die vertragliche Ausgestaltung einer solchen Umsatzlizenz ist nicht nur die Festlegung eines bestimmten Prozentsatzes, sondern vor allem die Bestimmung der Bezugsgröße, also des Umsatzes. Die Vertragsparteien sollten daher unbedingt festlegen, was mit Umsatz im Einzelnen gemeint ist. Klärungsbedürftig ist etwa, ob es um den **Brutto- oder Nettoumsatz** gehen soll und ob nur neutrale Aspekte wie Steuern, Zölle, Fracht- und Versicherungskosten, Verpackungskosten oder auch andere Posten in Abzug zu bringen sind.[405] Der andere wichtige und deshalb vertraglich zu regelnde Punkt ist die Frage, ob bereits die Lieferung des lizenzierten Produktes und die Rechnungsstellung hierzu die Lizenzgebühr auslösen sollen oder erst der tatsächliche Zahlungseingang bei dem Lizenznehmer. Hiernach richtet sich, ob der Lizenzgeber oder der Lizenznehmer das **Ausfallrisiko** und das **Verzugsrisiko** tragen sollen.[406]

Klauselbeispiel für eine Umsatzlizenzgebühr

[•] License Fee

Licensee shall pay on all sales of the Licensed Products two per cent (2 %) of Net Receipts from Licensee's sale of the Licensed Products. **„Net Receipts"** shall mean Licensee's gross receipts actually received by Licensee from exploitation of the Licensed Products in the Territory less the following payment obligations, to the extent paid or incurred by Licensee: Packaging costs, freight, insurance, custom duties, taxes on sale or license of the Licensed Products. Said License Fee shall accrue at the time Licensee received the payment for an invoiced Licensed Product.

2. Stücklizenzgebühr

101 Eine andere Form der Berechnung ist die sogenannte Stücklizenz, bei der der Lizenznehmer verpflichtet ist, für jedes der Lizenz unterfallende Produkt, das er herstellt oder vertreibt, einen zuvor festgelegten Geldbetrag an den Lizenzgeber zu zahlen.[407] Stücklizenzgebühren werden in der Praxis eher selten vereinbart.[408] Der Nachteil der Stücklizenz aus Sicht des Lizenzgebers besteht in der fehlenden Absicherung der Inflation, die nur durch komplizierte Regelungen verhindert werden kann.[409] Für die Stücklizenzgebühr spricht nur der vereinfachte Abrechnungsprozess.[410]

[402] Groß Der Lizenzvertrag S. 72 Rn. 98.
[403] Bu GRUR Int. 2009, 807 (808).
[404] Erdmann/Rojahn/Sosnitza/Bartenbach/Kunzmann Handbuch Kap. 9 Rn. 185.
[405] Erdmann/Rojahn/Sosnitza/Bartenbach/Kunzmann Handbuch Kap. 9 Rn. 198.
[406] Erdmann/Rojahn/Sosnitza/Bartenbach/Kunzmann Handbuch Kap. 9 Rn. 197.
[407] Erdmann/Rojahn/Sosnitza/Bartenbach/Kunzmann Handbuch Kap. 9 Rn. 201.
[408] Pfaff/Osterrieth Lizenzverträge B. I. Rn. 114.
[409] Ulmer-Eilfort/Schmoll Technologietransfer S. 88; Pfaff/Osterrieth/Büchner Lizenzverträge B. VI. Rn. 1175.
[410] Pfaff/Osterrieth/Büchner Lizenzverträge B. VI. Rn. 638.

Klauselbeispiel für eine Stücklizenzgebühr

[•] License Fee

Licensee shall pay a license fee of two (2) Euro per Licensed Product. Said License Fee shall accrue at the time Licensee has manufactured the respective Licensed Product.

3. Pauschallizenzgebühr

Eine andere Form der Lizenzgebühr ist eine Pauschallizenzgebühr, bei der die Vertragspar- 102
teien sich auf einen einmaligen festen Geldbetrag als Lizenzgebühr einigen, wobei auch diese Form der Lizenzgebühr (wie alle anderen hier aufgeführten Lizenzgebührenmodelle) mit anderen Lizenzgebührenmodellen kombiniert werden kann.[411] Im Falle der Vereinbarung einer Pauschallizenzgebühr empfiehlt es sich in der Praxis, das Schicksal der Pauschallizenzgebühr für den Fall der vorzeitigen Beendigung des Lizenzvertrages zu regeln und den von den Vertragsparteien angenommenen Zweck der Pauschalierung festzuhalten.[412]

Klauselbeispiel für eine Pauschallizenzgebühr

[•] License Fee

In consideration for the investments already done by Licensor in connection with the development of the Licensed Know-How and the Licensed Patents, Licensee shall pay to Licensor, a non-refundable and non-creditable lump sum fee in the amount of EUR 100.000,00. Merely for the sake of clarity, the Parties agree that in the event of a termination of this Agreement the aforementioned lump sum remains unaffected hereby. Additionally, Licensee shall pay to Licensor [•].

4. Unentgeltliche Lizenz

Selbstverständlich haben die Vertragsparteien auch die Möglichkeit, von der Zahlung einer 103
Lizenzgebühr ganz abzusehen, wie dies bspw. bei Open Source Software[413] der Fall ist. Regelmäßig werden in solchen Fällen andere Leistungen des Lizenznehmers als Gegenleistung für die Einräumung von Nutzungsrechten verlangt.

5. Mindestlizenzgebühr

Um nicht gänzlich von dem wirtschaftlichen Erfolg des Lizenznehmers abhängig zu sein, 104
vereinbaren Lizenzgeber gerne Mindestlizenzgebühren. Von einer Mindestlizenzgebühr spricht man, wenn der Lizenznehmer unabhängig von dem Umfang der tatsächlich durch den Vertrieb der Lizenzprodukte erwirtschafteten Umsätze und der tatsächlich veräußerten Anzahl von Lizenzprodukten für einen definierten Zeitraum mindestens eine bestimmte Summe als Lizenzgebühr zahlen muss, wobei die Mindestlizenzgebühr auf die ansonsten von dem Lizenznehmer zu zahlenden laufenden Lizenzgebühren anzurechnen ist.[414] Mindestlizenzgebühren können sowohl bei einer Stück- als auch bei einer Umsatzlizenzgebühr vorgesehen werden.[415]

---

[411] Erdmann/Rojahn/Sosnitza/Bartenbach/Kunzmann Handbuch Kap. 9 Rn. 187.
[412] Pagenberg/Beier Lizenzverträge S. 264 Rn. 206f.; Erdmann/Rojahn/Sosnitza/Bartenbach/Kunzmann Handbuch S. 1473 Rn. 205.
[413] Siehe hierzu → § 23 Rn. 2 u. 4.
[414] Erdmann/Rojahn/Sosnitza/Bartenbach/Kunzmann Handbuch Kap. 9 Rn. 211 f.
[415] Pagenberg/Beier Lizenzverträge S. 258 Rn. 192.

Klauselbeispiel für eine Mindestlizenzgebühr

[•] License Fee

For the rights licensed hereunder, Licensee shall pay to Licensor a yearly minimum license fee, to be credited against the license fees to be paid by Licensee on the net receipts from all of Licensee's sales of Licensed Products. The yearly minimum license fee amounts to Euro 100.000,00.

6. Regelung der Abrechnung und Zahlung von Lizenzgebühren

105 Im Hinblick auf die Regelung der Abrechnung und Zahlung der vereinbarten Lizenzgebühren gelten grundsätzlich keine Besonderheiten gegenüber anderen Verträgen, die keine Lizenzrechte zum Gegenstand haben. In internationalen Lizenzverträgen sollte in jedem Fall die **Währung,** in der die Lizenzgebühr berechnet wird und bezahlt werden soll, vereinbart und **steuerliche Fragen** geklärt werden. Bei den internationalen Lizenzverträgen zugrundeliegenden grenzüberschreitenden Lizenzzahlungen ist zu beachten, dass mehrere Staaten ein Recht zur Besteuerung der Lizenzzahlungen für sich beanspruchen können.[416] Die meisten Staaten haben dieses Problem zwischenzeitlich durch den Abschluss von bilateralen Doppelbesteuerungsabkommen, die nur einem der Staaten das Besteuerungsrecht zuweisen, entschärft.[417]

106 Ferner sollten die Vertragsparteien die Fälligkeit und die Folgen eines Zahlungsverzugs regeln. Es ist sicherzustellen, dass auch alle zu vergütenden Tatbestände erfasst sind und dass keine zusätzlichen Lizenzgebühren anfallen. Weitere Themen, die im Hinblick auf die Abrechnung und Zahlung der Lizenzgebühren einer Regelung zugeführt werden können, sind die Möglichkeit der Aufrechnung und Zurückbehaltungs- und Leistungsverweigerungsrechte.

7. Auditregelungen

107 Angesichts der Tatsache, dass der Lizenzgeber – gerade bei grenzüberschreitenden Sachverhalten – die Korrektheit der Angaben des Lizenznehmers zu den erzielten vertraglich definierten Umsätzen oder der Stückzahl der tatsächlich vertriebenen Lizenzprodukte regelmäßig nicht überprüfen kann, sollte der Lizenzgeber eine vertragliche Regelung anstreben, wonach er die Angaben des Lizenznehmers bei diesem kontrollieren kann. Denn der Lizenzgeber hat – zumindest nach deutschem Recht – zwar auch ohne entsprechende Regelung einen Anspruch auf Auskunft und ggf. Rechnungslegung, nicht aber auf Prüfung der entsprechenden Angaben des Lizenznehmers.[418]

Klauselbeispiel für eine Auditregelung

[•] Audit Rights

(1) Licensee shall keep separately from its other books true and correct books of account regarding the license fees accrued, showing in detail as described in **Exhibit [•]** the gross receipts and the deductions from said gross receipts as further defined and agreed in § [•] of this Agreement. The aforementioned books of account shall be kept at Licensee's seat in [•].

---

[416] Siehe im Einzelnen zu dem Problem der Doppelbesteuerung durch unterschiedliche Staaten wegen des Welteinkommensprinzips und wegen des Quellenprinzips als Grundlage der Besteuerung Ulmer-Eilfort/Schmoll Technologietransfer S. 96ff.

[417] Ulmer-Eilfort/Schmoll Technologietransfer S. 96f.; vgl. im Hinblick auf die EU auch noch § 50 g EstG, der auf der Grundlage einer EU-Richtlinie bei rechtlich verbundenen Unternehmen eine vollständige Steuerbefreiung von Lizenzgebühren vorsieht, wenn die Beteiligung an dem verbundenen Unternehmen wenigstens 25% beträgt.

[418] Erdmann/Rojahn/Sosnitza/Bartenbach/Kunzmann Handbuch Kap. 9 Rn. 226; Pagenberg/Beier Lizenzverträge S. 266 Rn. 213f.

(2) Licensor shall be entitled to have the records described above examined and audited at its own cost by a certified public accountant for a period of 15 working days during the business hours of Licensee once a calendar year. Licensor's accountant shall be entitled to make copies of the respective records at its own expense.

(3) Licensee shall pay the reasonable costs of Licensor's auditor if Licensee's records and the auditor's calculation show a difference of three per cent (3 %) or more to the disadvantage of Licensor. Licensee shall pay any such underpayments and the reasonable costs of Licensor's auditor immediately after Licensor's first request.

XI. Anpassung der Lizenzgebühren bei Eintritt bestimmter Ereignisse

Angesichts der vielen Unwägbarkeiten im Hinblick auf die Höhe und die Angemessenheit der Lizenzgebühren, die die Vertragsparteien eines internationalen Lizenzvertrages bei Vertragsschluss nicht alle vorhersehen können, vereinbaren sie gerne Klauseln, die die Möglichkeit der Anpassung der vereinbarten Lizenzgebühren unter bestimmten Voraussetzungen bei bestimmten Ereignissen ermöglichen. Denkbar sind bspw. gleitende Lizenzgebühren, die ein Absinken oder Ansteigen der Lizenzgebühren ermöglichen, sei es, weil höhere Umsätze auch auf die Aktivitäten des Lizenznehmers zurückzuführen sind, sei es, weil der Lizenznehmer zu Anfang gewisse Anlaufkosten hat.[419] Die Vereinbarung ansteigender Lizenzgebühren ist innerhalb der EU kartellrechtlich unzulässig, wenn mit der Steigerung des Absatzes durch den Lizenznehmer die an den Lizenzgeber zu zahlenden Lizenzgebühren unverhältnismäßig ansteigen, weil dies bei großer Marktmacht der Lizenzvertragsparteien zu einer Beschränkung des Absatzes führen kann.[420] Wesentliche Ereignisse, bei deren Eintritt eine Anpassung der Lizenzgebühren geregelt werden sollte, sind das Bekanntwerden von Teilen des geheimen lizenzierten Know-how und das Auslaufen oder die sonstige Beendigung eines Teils der lizenzierten Schutzrechte.[421] Im Falle des Fortfalls aller lizenzierten Schutzrechte oder des Bekanntwerdens des gesamten lizenzierten Know-how endet die Pflicht zur Zahlung der Lizenzgebühr ohnehin.[422] 108

Klauselbeispiel für eine Anpassung der Lizenzgebühr

[•] Reduction of the License Fee

(1) Licensee shall pay the complete license fees set forth in this Agreement as long as the Licensed Products are covered by both Licensed Patents and the complete Licensed Know-How in [•]. If and once a Contract Product is only covered by one of the Licensed Patents in the respective country of the Territory, the license fee for sales of Contract Products in such country is reduced by twenty five per cent (25 %). If and once significant parts of the Licensed Know How become public knowledge, the license fee for sales of Contract Products in the Territory is reduced by twenty five per cent (25 %), unless Licensee is responsible for the Licensed Know How having fallen into the public domain.

(2) If the Licensed Product is no longer covered by any Licensed Patent in the Territory and if the Licensed Know How becomes public knowledge, Licensee shall no longer be required to make any payments for sales of Licensed Products in the Territory. In the event that Licensee is responsible for the fact that the Licensed Know How has fallen into the public domain, Licensee remains obliged to pay fifty per cent (50 %) of the agreed license fees.

---

[419] Erdmann/Rojahn/Sosnitza/Bartenbach/Kunzmann Handbuch Kap. 9 Rn. 219f.
[420] Erdmann/Rojahn/Sosnitza/Bartenbach/Kunzmann Handbuch Kap. 9 Rn. 222.
[421] Erdmann/Rojahn/Sosnitza/Bartenbach/Kunzmann Handbuch Kap. 9 Rn. 238.
[422] Erdmann/Rojahn/Sosnitza/Bartenbach/Kunzmann Handbuch Kap. 9 Rn. 238.

XII. Qualitätssicherung und Kontrolle

109 Gerade bei internationalen Lizenzverträgen hat der Lizenzgeber häufiger Probleme, die Qualität der Herstellung und des Vertriebs der Lizenzprodukte durch ein ausländisches Unternehmen einzuschätzen. Die Gewährleistung der Qualitätssicherung durch den Lizenznehmer und ihre Kontrolle in anderen Staaten, in denen der Lizenzgeber ggf. nicht einmal selbst präsent ist, sind für den Lizenzgeber oft nicht einfach. In jedem Fall empfiehlt es sich für den Lizenzgeber, in einem grenzüberschreitenden Lizenzvertrag Regelungen zur Qualitätssicherung und ihrer Kontrolle vorzusehen, wenn sich aus der Herstellung und dem Vertrieb mangelhafter Lizenzprodukte negative Folgen für den Lizenzgeber ergeben können. So kann der Lizenznehmer vertraglich verpflichtet werden, hinsichtlich der Lizenzprodukte oder der zu ihrer Herstellung zugelieferten Materialien bestimmte Qualitätsanforderungen zu erfüllen.[423] Soweit die Lizenzprodukte die Marke des Lizenzgebers tragen oder sonst ein Hinweis auf den Lizenzgeber gegeben wird, sind solche Qualitätsvorschriften in jedem Falle kartellrechtlich unproblematisch.[424] Als Sanktion bei Nichteinhaltung der Qualitätsanforderungen kann eine Kündigung des Lizenzvertrages nach Ablauf einer angemessenen Frist zur Herbeiführung des vereinbarten Qualitätsstandards vereinbart werden.[425]

Klauselbeispiel für die Vereinbarung einer Qualitätssicherung und deren Kontrolle

[•] Quality Assurance

Licensee shall be responsible for quality assurance of the Licensed Products as set forth in **Exhibit [•]**. Additionally, Licensee represents and warrants that it is certified according to ISO [•] and has implemented such standards for the performance of its obligations hereunder.

Licensor is entitled to examine the conformity of the aforementioned quality requirements. For this purpose Licensor is always entitled to ask Licensee to provide it with Licensed Products from different manufacturing runs and to inspect Licensee's manufacturing facilities once a year. Licensor shall give, however, notice of such inspection to Licensee in advance, unless Licensor has concrete reasons to believe that Licensee does not fulfil the above mentioned quality requirements.

XIII. Ausübungspflicht (best efforts-Klausel)

110 Ist die Lizenzgebühr an den Erfolg des Lizenznehmers beim Vertrieb der lizenzierten Produkte gekoppelt oder hat der Lizenzgeber aus anderen Gründen Interesse an einer möglichst starken Präsenz der lizenzierten Produkte am Markt, so empfiehlt es sich für den Lizenzgeber, in dem Lizenzvertrag eine Ausübungspflicht im Hinblick auf die Lizenzrechte vorzusehen.[426] Im Falle einer ausschließlichen Lizenz wird vor allem bei gleichzeitiger Vereinbarung einer an den Erfolg des Lizenznehmers gekoppelten Lizenzgebühr auch ohne eine ausdrückliche Vereinbarung einer Ausübungspflicht eine konkludente Vereinbarung einer Ausübungspflicht des Lizenznehmers angenommen.[427] Inhaltlich kann eine Klausel zur Ausübungspflicht als best efforts-Klausel ausgestaltet sein. Sie kann aber auch konkrete Vorgaben für den Lizenznehmer machen, bspw. eine bestimmte Produktionszahl von Li-

[423] Erdmann/Rojahn/Sosnitza/Bartenbach/Kunzmann Handbuch Kap. 9 Rn. 255; Obergfell/Hauck Lizenzvertragsrecht S. 122 Rn. 96.
[424] Pagenberg/Beier Lizenzverträge S. 602 Rn. 66.
[425] Pagenberg/Beier Lizenzverträge S. 272 Rn. 225.
[426] Erdmann/Rojahn/Sosnitza/Bartenbach/Kunzmann Handbuch Kap. 9 Rn. 249ff.
[427] Erdmann/Rojahn/Sosnitza/Bartenbach/Kunzmann Handbuch Kap. 9 Rn. 253; während also eine Stück- oder Umsatzlizenzgebühr für eine konkludente Ausübungspflicht spricht, spricht eine Pauschallizenzgebühr dagegen.

zenzprodukten vorsehen oder Art und Umfang von Werbemaßnahmen oder ein konkretes Werbebudget verlangen.[428]

Klauselbeispiel für eine Ausübungspflicht

[•] Marketing and Distribution Efforts

Licensee agrees that it will use commercially reasonable, good faith efforts to market and sell the Licensed Software.

Variante 1: Klauselbeispiel für eine konkretere Ausgestaltung der best efforts-Klausel

Licensee shall use best efforts to market and sell the Licensed Software. The obligation to exploit the License in this way requires the performance of suitable and reasonable marketing measures by Licensee such as advertising in the publications listed in **Exhibit [•]** and the exhibition of the Licensed Software at the software and computer fairs listed in **Exhibit [•]** in the intervals defined in **Exhibit [•]**. Licensee shall be obliged to invest annual expenses of at least EUR [•]. Licensee shall keep separately from its other books true and correct books of account regarding the money spent for the aforementioned marketing measures at its seat in [•]. Licensor shall be entitled to have the records described above examined and audited at its own cost by a certified public accountant for a period of 15 working days during the business hours of Licensee once a calendar year. Licensor's accountant shall be entitled to make copies of the respective records at its own expense.

Variante 2: Klauselbeispiel für eine Ausübungspflicht in Form von konkreten Vorgaben für die Zahl der herzustellenden Produkte

Licensee shall sell the minimum quantities of the Licensed Software defined below during the term of this Agreement:

1st contract year after the Effective Date: [•] units
2nd contract year: [•] units
As of the 3rd Calendar year: [•] units

Licensee shall keep separately from its other books true and correct books of account regarding the units of the Licensed Software sold in the Territory at its seat in [•]. Licensor shall be entitled to have the records described above examined and audited at its own cost by a certified public accountant for a period of 15 working days during the business hours of Licensee once a calendar year. If and once the number of units of the Licensed Software sold by Licensee deviates by more than [•] units of the above agreed minimum quantity in the respective contract year, Licensor is entitled to terminate the Agreement for cause.

XIV. Gewährleistung und Haftung

Lizenzverträge gelten für Lizenzgeber und Lizenznehmer aus mehreren Gründen als risi- 111
kobehaftete Geschäfte: Rechtliche und tatsächliche Unsicherheiten können hinsichtlich der Schutzfähigkeit und des konkreten Schutzumfangs der lizenzierten Schutzrechte und wegen der möglichen Belastung der Schutzrechte mit Rechten Dritter entstehen.[429] Während der Lizenzgeber oft die Leistungsfähigkeit des Lizenznehmers im Ausland in technischer und wirtschaftlicher Hinsicht schwer einschätzen kann, trägt der Lizenznehmer das wirtschaftliche Risiko des Erfolges der Nutzung des lizenzierten Schutzrechts oder des Know-how und muss häufig nicht nur erhebliche Investitionen tätigen, sondern ist dabei auch noch von Produzenten, dem Markt, dem Wettbewerb und technologischen Fortschritten abhängig.[430] Nach **deutschem Recht** sind die Lizenzvertragsparteien insbeson-

[428] Erdmann/Rojahn/Sosnitza/Bartenbach/Kunzmann Handbuch Kap. 9 Rn. 252.
[429] Erdmann/Rojahn/Sosnitza/Bartenbach/Kunzmann Handbuch Kap. 9 Rn. 169f.
[430] Erdmann/Rojahn/Sosnitza/Bartenbach/Kunzmann Handbuch Kap. 9 Rn. 170.

dere durch die Regelungen des AGB-Rechts im BGB in der Reduzierung bzw. dem Ausschluss der Haftung und Gewährleistung beschränkt.[431] Eine getrennte Regelung der Gewährleistung für Sach- und Rechtsmängel ist möglich, aber nicht erforderlich.[432] Typische Regelungsgegenstände einer Haftungsbeschränkung oder eines Haftungsausschlusses sind die Haftung für die Freiheit von Rechten Dritter bei Abschluss des Lizenzvertrages, für die Änderungen im Bestand der lizenzierten Schutzrechtsposition während der Vertragslaufzeit, die Haftung für die technische Ausführbarkeit und Brauchbarkeit und die Haftung für die wirtschaftliche Verwertbarkeit des Lizenzgegenstands.[433] Soweit der Lizenznehmer dies durchsetzen kann, muss der Lizenzgeber bestimmte technische Eigenschaften oder die Rechtsmangelfreiheit zusichern bzw. **garantieren.**[434]

112 Nach **französischem Recht** muss der Lizenzgeber den Lizenzgegenstand „instand halten" und dem Lizenznehmer dessen ungestörten Genuss sichern.[435] Die Sachmängelgewährleistung etwa einer lizenzierten Software erfasst nur versteckte, der lizenzierten Software innewohnende Mängel, die ihren Gebrauch so beeinträchtigen, dass der Kunde den Vertrag bei Kenntnis gar nicht oder nur zu einem niedrigeren Preis abgeschlossen hätte.[436] Für den Fall, dass ein Dritter gegen den Lizenznehmer aus einem dem Lizenzgegenstand entgegenstehenden Schutzrecht vorgeht, das der Lizenznehmer nicht kannte, muss der Lizenzgeber gemäß Art. 1725 Code civil für Rechtsmängel einstehen.[437] Soweit ein Dritter die lizenzierten Rechte verletzt, muss der Lizenzgeber zudem dagegen vorgehen.[438] Eine Beschränkung oder ein Ausschluss der Sachmängelgewährleistung durch die Lizenzvertragsparteien ist zulässig.[439] Beides ist aber nur insoweit möglich, als hierdurch nicht wesentliche Vertragspflichten so eingeschränkt werden, dass das Rechtsgeschäft, also der Lizenzvertrag, in Frage gestellt wird.[440] Nach **englischem** Recht ist ein Haftungs- und Gewährleistungsausschluss bzw. eine Beschränkung der Haftung und der Gewährleistung in Lizenzverträgen möglich, wenn der Ausschluss bzw. die Beschränkung angemessen ist.[441] Im **chinesischen** Recht wird im Hinblick auf die Möglichkeit der Beschränkung bzw. des Ausschlusses der Gewährleistung in Lizenzverträgen danach differenziert, ob es sich um einen inländischen oder einen grenzüberschreitenden Lizenzvertrag handelt. Während bei inländischen Lizenzverträgen nach chinesischem Recht die Gewährleistungsansprüche sogar in Gänze vertraglich ausgeschlossen werden können, wenn der Ausschluss nicht als eine Übervorteilung des Lizenznehmers betrachtet wird, ist bei internationalen Lizenzverträgen die Abbedingung der Haftung des Lizenzgebers für die Verletzung von Drittrechten unzulässig.[442] Das **japanische** Recht der Gewährleistung in Lizenzverträgen lässt abweichende Vereinbarungen in Form der Beschränkung oder des Ausschlusses der Gewährleistung zu.[443] In den **Niederlanden** ist eine Beschränkung der Gewährleistung in internationalen Lizenzverträgen zulässig, wenn sie sich im Rahmen der guten Sitten, der öffentlichen Ordnung des zwingenden Rechts bewegt.[444] Ein völliger Haftungsausschluss wird von den niederländischen Gerichten dagegen nach dem Grundsatz von Treu und Glauben für unwirksam gehalten.[445] Nach **russischem** Recht ist in internationalen Lizenzverträgen eine Regelung zur Beschränkung der Gewährleistung

---

[431] Erdmann/Rojahn/Sosnitza/Bartenbach/Kunzmann Handbuch Kap. 9 Rn. 172.
[432] Goldmann/Redecke MMR 2002, 3 (4).
[433] Erdmann/Rojahn/Sosnitza/Bartenbach/Kunzmann Handbuch Kap. 9 Rn. 173 ff.
[434] Erdmann/Rojahn/Sosnitza/Bartenbach/Kunzmann Handbuch Kap. 9 Rn. 179.
[435] Joliet GRUR Int. 1982, 291 (309).
[436] Ullrich/Lejeune/Hauser Softwarevertrag S. 707 f. Rn. 543 ff., vgl. auch Art. 1719 Abs. 2 u. 3 Code civil.
[437] Joliet GRUR Int. 1982, 291 (311); Christou International Agency Rn. 13–116; Ullrich/Lejeune/Hauser Softwarevertrag S. 713 Rn. 558.
[438] Christou International Agency Rn. 13–117; Ullrich/Lejeune/Hauser Softwarevertrag S. 713 Rn. 558.
[439] Christou International Agency Rn. 13–121.
[440] Ullrich/Lejeune/Hauser Softwarevertrag S. 714 Rn. 559.
[441] Siehe im Einzelnen Ullrich/Lejeune/Adams Softwarevertrag S. 596 ff. Rn. 249 ff.
[442] Bu GRUR Int. 2009, 807 (809).
[443] Ullrich/Lejeune/Pilny Softwarevertrag S. 902 Rn. 985.
[444] Ullrich/Lejeune/Quaedvlieg/Fleury/van Andel Softwarevertrag S. 980 Rn. 1190.
[445] Ullrich/Lejeune/Quaedvlieg/Fleury/van Andel Softwarevertrag S. 980 Rn. 1190.

grundsätzlich ebenfalls zulässig.[446] Im **Schweizer** Recht kann in Lizenzverträgen die Gewährleistungspflicht des Lizenzgebers beschränkt oder ausgeschlossen werden, soweit nicht ein Fall der Arglist oder der absichtlichen Täuschung vorliegt.[447] In den **USA** wird von den Gerichten zwar kein völliger Gewährleistungs- und Haftungsausschluss in Lizenzverträgen anerkannt. Allerdings soll eine Beschränkung der Haftung und Gewährleistung zulässig sein, wenn dem Lizenznehmer wenigstens noch ein limitierter Gewährleistungsanspruch verbleibt.[448]

Es empfiehlt sich aufgrund der in den meisten Ländern fehlenden spezialgesetzlichen Regelung der Gewährleistungspflichten des Lizenzgebers sowie der im Einzelnen doch recht unterschiedlichen Möglichkeiten der Beschränkung bzw. des Ausschlusses der Haftung und Gewährleistung in Lizenzverträgen, diese – zumal bei grenzüberschreitenden Sachverhalten – **vertraglich zu regeln.** Angesichts der im Detail unterschiedlichen Regelungsansätze für einen wirksamen Gewährleistungs- und Haftungsausschluss in internationalen Lizenzverträgen in den einzelnen Rechtsordnungen ist das nachfolgende Klauselbeispiel aus der Praxis nur eine Anregung für eine individualvertragliche Regelung, die im Hinblick auf das jeweils anwendbare Recht überprüft und ggf. angepasst werden müsste.[449] 113

Klauselbeispiel für eine individuelle Haftungsbeschränkungsklausel in einem Softwarelizenz- und IT-Vertrag

[•] Liability

(1) Licensor shall be liable without limitation for damages caused by wilful intent of Licensor, Licensor's employees, its vicarious agents and/or its representatives. Also no limitation of liability shall prevail for actions of Licensor, its employees, its vicarious agents and/or its representatives, which result in death and/or personal injury and in cases required by compulsory law or statute.

(2) With respect to direct damages caused by gross negligence of Licensor, Licensor's employees, its vicarious agents, and/or its representatives, the following shall apply:

Licensor's overall liability shall be limited to 100 % of the gross total contract value as defined in § [•] of this Agreement for the duration of this Agreement irrespective of the number of events which cause liability.

(3) With respect to damages caused by simple negligence that may occur in relation to the following services that are crucial to Licensee's business operations, [•] Licensor's overall maximum liability for one of the above mentioned services shall be limited to 25 % of the total contract value as defined in § [•] of this Agreement irrespective of the number of events which cause liability.

Other direct damages which may occur in relation to other services caused by simple negligence shall be limited as follows:

Licensor's liability for other services shall be limited to 15 % of the total contract value as defined in [•] of this Agreement per event. The overall maximum liability for such events, however, for the duration of this Agreement shall be limited to 25 % of the total annual contract as defined in [•] of this Agreement.

(4) The Parties agree that for the purpose of this Agreement, the following damages shall be regarded as direct damages:

[•]

Damages of Licensee other than those explicitly named in this Agreement – based on contract, tort or any other legal reason, in particular, claims for loss of profits or revenues and

---

[446] Ullrich/Lejeune/Steininger Softwarevertrag S. 1083 Rn. 1392.
[447] Ullrich/Lejeune/Hepp/Müller/Herrmann Softwarevertrag S. 1188 Rn. 1654.
[448] Ullrich/Lejeune/Passavant Softwarevertrag S. 1294 Rn. 1964.
[449] Generell zu Haftungsausschlüssen und -begrenzungen in internationalen Wirtschaftsverträgen auch → § 8.

consequential damage – are excluded, unless mandatory according to statutory law, for example, because of product liability law or in cases of wilful intent or violation of life, injury or health.

(5) Licensor does not assume any liability for [•]

(6) Claims and rights associated with this § [•] expire 24 months after first written assertion of such claims by Licensee, provided however, the cause for such claim lies within the warranty period as set forth above and unless otherwise stipulated under mandatory law.

(7) The contractually agreed liability limitations also apply in favour and to the benefit of any subcontractors appointed by Licensee, provided that liability of said subcontractors is limited identically or even more with regard to Licensor. In the event that the liability of the subcontractor is not or less limited to Licensor, the liability of subcontractor and Licensee for the works and services of subcontractor shall apply accordingly.

(8) The liability regulations as defined under [•] apply mutatis mutandis to Licensee. However, Licensee's liability for simple negligence shall be limited to 15 % of the annual net contract value per event but up to a maximum overall liability of 25 % of the total net contract value.

XV. Lizenzvermerk

114 Zum Teil wird der Lizenznehmer verpflichtet, auf den Lizenzprodukten einen Hinweis auf den Lizenzgeber und dessen lizenzierte Technologie anzubringen.[450] Lizenzvermerke sollen für den Verkehr dokumentieren, dass die lizenzierten Schutzrechte auf der Grundlage einer vertraglichen Vereinbarung von unterschiedlichen Unternehmen genutzt werden.[451] Vorrangig geht es dabei darum, auf den Lizenzgeber hinzuweisen und so Dritte **von Verletzungshandlungen abzuhalten;** gleichzeitig soll der Lizenzvermerk einen **Werbeeffekt** für das entsprechende Lizenzprodukt haben.[452]

Klauselbeispiel für eine Pflicht des Lizenznehmers zur Anbringung eines Lizenzvermerks (am Beispiel einer Markenlizenz)

[•] Notice of License

To the extent technically possible, Licensee shall attach a notice of license to written forms of use of the Licensed Trademarks, particularly on the licensed products or their means of presentation, packaging and advertising. The notice of license shall be made through use of the symbol „TM" or „R" and a footnote explaining that the Licensed Trademarks are registered trademarks of Licensor.

115 Grundsätzlich spricht (EU-)**kartellrechtlich** nichts gegen eine lizenzvertragliche Klausel, die eine Pflicht des Lizenznehmers zur Anbringung eines Lizenzvermerks zum Gegenstand hat.[453] Allerdings kann nach der Rechtsprechung des EuGH eine solche Lizenzvermerksklausel innerhalb der EU **ausnahmsweise wettbewerbsbeschränkend** sein, wenn danach bspw. der Lizenznehmer eines Patentlizenzvertrages verpflichtet ist, einen Lizenzvermerk auch auf solchen Produktteilen anzubringen, die gar nicht Gegenstand der Lizenz sind.[454] Ist bspw. das Lizenzerzeugnis Teil eines komplexeren Gesamtproduktes, so stellt die Erstreckung der Pflicht zur Anbringung des Lizenzvermerks auf dem Gesamterzeugnis eine Wettbewerbsbeschränkung dar. Sie bedarf einer gesonderten Freistellung.[455]

---

450 Obergfell/Hauck Lizenzvertragsrecht S. 123 Rn. 101.
451 Ulmer-Eilfort/Schmoll Technologietransfer S. 125 f.
452 Pfaff/Osterrieth Lizenzverträge B. I. Rn. 163; Ulmer-Eilfort/Schmoll Technologietransfer S. 125 f.
453 Wiedemann/Klawitter Kartellrecht § 14 Rn. 348.
454 EuGH GRUR Int. 1986, 635 – Windsurfing International; zustimmend: Fezer Markenrecht § 30 Rn. 37.
455 Ulmer-Eilfort/Schmoll Technologietransfer S. 126.

XVI. Anmeldung, Aufrechterhaltung und Kostentragung der vertragsgegenständlichen Schutzrechte

Soweit Gegenstand eines internationalen Lizenzvertrages die Lizenzierung von Schutzrechten ist, sollten die Vertragsparteien in jedem Fall regeln, wer zu der Anmeldung, Aufrechterhaltung und vor allem der Kostentragung der lizenzierten Schutzrechte verpflichtet ist. Grundsätzlich ist der **Lizenzgeber** zur Anmeldung bzw. Aufrechterhaltung der lizenzierten Schutzrechte verpflichtet, was auch die Pflicht zur Übernahme der Kosten insbesondere für amtliche Gebühren einschließt.[456] Kommt der Lizenzgeber diesen Pflichten nicht nach, so kann er sich Ansprüchen aus Zahlung von Schadensersatz ausgesetzt sehen. Außerdem kann der Lizenznehmer seine Lizenzgebührenzahlungen einstellen, wenn das Schutzrecht wegen der Nichterfüllung der vorgenannten Pflichten durch den Lizenzgeber entfällt.[457] Allerdings kann der Lizenzgeber versuchen, eine Regelung in den Lizenzvertrag aufzunehmen, wonach dem Lizenznehmer ein Teil der Kosten aufgebürdet wird. Es bedarf insoweit auch einer eindeutigen Regelung, weil ansonsten – wie gesagt – von der Kostentragungspflicht des Lizenznehmers auszugehen ist. 116

Klauselbeispiel für eine Pflicht des Lizenznehmers zur anteiligen Kostentragung

[•] Maintenance of the Licensed Rights

Licensor shall maintain the Licensed Rights. Consequently, Licensor shall particularly be obliged to procure the renewal of the terms of protection for the Licensed Rights. All fees and expenses in connection with the maintenance of the Licensed Rights, shall be borne by Licensor. However, Licensor is entitled to charge Licensee fifty per cent (50 %) of the costs in connection with the maintenance of the Licensed Rights, including but not limited to official renewal fees invoiced by the competent authorities and the fees of trademark attorneys.

XVII. Auseinandersetzungen mit Dritten

Ein wichtiges Regelungsgebiet in internationalen Lizenzverträgen sind Auseinandersetzungen mit Dritten. Hierzu zählen die Verteidigung der lizenzierten Schutzrechte und des lizenzierten Know-how gegen Verletzungen durch Dritte, die Verteidigung gegen Angriffe Dritter gegen den Bestand der lizenzierten Schutzrechte, die Abwehr von Angriffen Dritter gegen die Benutzung der lizenzierten Schutzrechte und des lizenzierten Know-how und Angriffe gegen die Anmeldung und Eintragung jüngerer Schutzrechte. Bei all diesen möglichen Auseinandersetzungen mit Dritten geht es also immer entweder darum, dass ein Dritter die lizenzierten Rechte und ihre Nutzung unter Berufung auf ein angeblich prioritätsälteres Recht angreift oder dass ein Dritter angegriffen werden sollte, weil er durch seine Handlungen die lizenzierte Rechte verletzt und insoweit entwertet. 117

Egal um welchen Fall der Auseinandersetzung mit Dritten es sich handelt, empfiehlt sich die Vereinbarung einer wechselseitigen unverzüglichen **Informationspflicht,** um schnellstmöglich reagieren zu können. Auch eine Pflicht, sich in Auseinandersetzungen mit Dritten gegenseitig zu **unterstützen,** kann Sinn machen. In jedem Fall ist zu klären, wer (Lizenzgeber oder Lizenznehmer) gegen einen Dritten **vorgehen** darf und soll. Außerdem ist zu regeln, wer in welchem Fall welche **Kosten** zu tragen hat. 118

[456] Erdmann/Rojahn/Sosnitza/Bartenbach/Handbuch Kap. 9 Rn. 130 f.
[457] Erdmann/Rojahn/Sosnitza/Bartenbach/Kunzmann Handbuch Kap. 9 Rn. 131.

Klauselbeispiel zu Auseinandersetzungen mit Dritten

[•] Third Party Conflicts

(1) Licensor and Licensee shall mutually inform one another without undue delay of any and all infringements of the proprietary rights by third parties referring to the Licensed Products.

(2) If appropriate, Licensee shall support Licensor in a suitable manner in the defence of the Licensed Rights against any such infringements.

(3) Licensor shall be responsible for taking all actions out of court and in court against third parties infringing the Licensed Rights or parts thereof. Licensee, consequently, shall take no action against any infringing party, without Licensor's prior written consent.

(4) Unless Licensor refuses its consent for good cause, and provided that Licensor is not willing or interested in initiating action against an infringer, Licensee shall be entitled, but not obligated, to enter an action in its own name based on the infringement of the Licensed Rights by any third party.

(5) The costs of conducting infringement litigation against the third party infringing the Licensed Rights shall be borne by the Party asserting the rights of the proprietary rights.

(6) If and when an infringement of a third party proprietary right as set forth in this Agreement is claimed relating to the Licensed Rights, or if such claim is to be expected, Licensor shall – at its own expense – and at Licensees' election either (i) procure for Licensee the right to exercise the rights as granted under this Agreement, (ii) deliver a solution which removes the infringing parts of the Licensed Products without however impairing in any material respect the functionality, performance or interoperability of the Licensed Product and without affecting the Licensed Product integration into or combination with products as set forth in **Exhibit [•]**.

(7) The defence against attacks by third parties against the integrity of the Licensed Rights (requests for cancellation, actions for cancellation) shall be exclusively reserved for Licensor.

XVIII. Vorkaufsrecht/Option

119 In der Praxis versuchen sich Lizenznehmer häufig dagegen abzusichern, dass der Lizenzgeber während der Laufzeit des Lizenzvertrages die lizenzierten Schutzrechte oder sein Know-how auf einen Dritten überträgt, auch wenn der Lizenzvertrag von dem Wechsel des Schutzrechtsinhabers grundsätzlich unberührt bleibt. Um dieses Ziel zu erreichen, können die Parteien des Lizenzvertrages eine Option bzw. ein Vorkaufsrecht zugunsten des Lizenznehmers vereinbaren.[458] In diesem Zusammenhang ist es ratsam, dass die Parteien festlegen, ob sich ein solches Vorkaufsrecht (Option) nur auf das vertragsgegenständliche Schutzrecht beziehen soll oder ob bspw. auch parallele Schutzrechte im Ausland von der Option miterfasst sein sollen.[459] Denkbar ist aber auch eine Option, nicht das Schutzrecht selbst, sondern eine ausschließliche Lizenz (statt der bisher einfachen Lizenz) zu erwerben; dabei kann sich der Lizenzgeber verpflichten, während der Optionslaufzeit eine entsprechende Lizenz keinem Dritten einzuräumen.[460] Soweit die Parteien Letzteres vereinbaren, regeln sie in der Praxis häufig auch, dass der Lizenznehmer während der Optionslaufzeit eine Optionsgebühr an den Lizenzgeber zu zahlen hat.[461]

[458] Pfaff/Osterrieth Lizenzverträge B. I. Rn. 213.
[459] Pfaff/Osterrieth Lizenzverträge B. I. Rn. 213.
[460] Ulmer-Eilfort/Schmoll Technologietransfer S. 73 f.
[461] Ulmer-Eilfort/Schmoll Technologietransfer S. 74.

Klauselbeispiel für ein Optionsrecht

[•] Option

Licensee is hereby granted an exclusive option for a term of four (4) weeks („Option Period") to obtain an exclusive license to use the Licensed Rights and the Licensed Know How („Option Rights") pursuant to § [•] and against payment of the additional license fees set forth in Exhibit [•].

Klauselbeispiel für ein Vorkaufsrecht einer Marke

[•] Right of First Refusal

Licensee is hereby granted the right of first refusal („First Refusal Right") exercisable in connection with the intended sale of the Licensed Trademark by Licensor. In the event that Licensor wishes to enter into a purchase and sale agreement with a third party that provides the sale of the Licensed Trademark to the third party, Licensee shall have the right of first refusal. Consequently, Licensor shall notify Licensee without undue delay and in writing of the content of the purchase and sale agreement entered into with the buyers. Licensee must exercise its right of first refusal within one (1) month of receiving the aforementioned notice of Licensor. Licensee shall exercise its Right of First Refusal to the same extent in which Licensor has sold the Licensed Trademark.

XIX. Fortentwicklung des Lizenzgegenstands

Soweit internationale Lizenzverträge die Lizenzierung von Know-how, technischen Schutzrechten und Urheberrechten an einer Software zum Gegenstand haben, stellt sich je nach Umfang der eingeräumten Rechte häufig für die Vertragsparteien die Frage, wie die Fortentwicklung des Lizenzgegenstandes geregelt werden soll. Die Parteien müssen dann insbesondere regeln, welche Verpflichtungen im Zusammenhang mit der Verbesserung und sonstigen Fortentwicklung der Software, der Erfindungen oder des Know-how entstehen sollen und welche Rechte Lizenzgeber und Lizenznehmer an solchen Fortentwicklungen zustehen sollen.[462] Bei der vertraglichen Gestaltung wird grundsätzlich zwischen Fortentwicklungen des Lizenzgebers und des Lizenznehmers zu unterscheiden sein.[463] Gerade bei grenzüberschreitenden Lizenzverträgen sollten diese Fragen unbedingt geregelt werden, weil Fortentwicklungen des Lizenznehmers in einem anderen Staat regelmäßig schwerer zu kontrollieren sind und immer wieder Fragen im Hinblick auf die Rechtslage hinsichtlich der in dem jeweiligen Staat entstehenden Rechte aufwerfen können. 120

Klauselbeispiel zur Einräumung von Rechten an Verbesserungen des Lizenzgegenstandes an den Lizenznehmer

[•] Improvements

Licensor grants Licensee the right to convert the Contract Products and to make changes to the construction. Furthermore, Licensee is hereby expressly entitled to develop new products within its own product development program, in the way of combining Contract Products or parts thereof with products or parts thereof of the product range of Licensee (hereinafter referred to as „New Products"). Provided that Licensee will develop and/or create New Products and/or improve and/or convert and/or amend and/or otherwise vary Contract Products the Parties agree that only Licensee shall be the owner of all proprietary rights regarding the New Products and the aforementioned improvements, conversions, amendments and variations of the Contract Products. Particularly, Licensor hereby irrevocably assigns, conveys and otherwise transfers to Licensee and its respective successors and assigns all rights, titles and interests worldwide in and to the New Products and in and

[462] Ulmer-Eilfort/Schmoll Technologietransfer S. 79 ff.
[463] Ulmer-Eilfort/Schmoll Technologietransfer S. 80 ff.

to the aforementioned improvements, conversions, amendments and variations of the Contract Products and all proprietary rights therein, including, without limitation, all copyrights, trademarks, patents, design patents, trade secret rights, moral rights and all contract and licensing rights as well as all claims and causes of action of any kind with respect to any of the foregoing whether known now or hereafter. Licensee is particularly entitled to file for application of the aforementioned rights.

Klauselbeispiel für eine Zuordnung der Rechte an Verbesserungen des Lizenzgebers an dem Lizenzgegenstand zum Lizenzgeber

[•] Improvements

The Parties agree and Licensee hereby acknowledges that Licensor shall be the sole owner of all improvements developed by Licensor. Nothing in this Agreement will vest title in Licensee to any property rights including but not limited to copyrights, patents, trade secrets, trade names and trademarks in the improvements developed by or in the name of Licensor.

Klauselbeispiel für eine Informationspflicht des Lizenzgebers betreffend Weiterentwicklungspläne für eine Software

[•] Improvements

Licensor shall inform Licensee in a timely manner and in advance about future development plans for the Licensed Software and shall consider proposals and comments from Licensee with regard to such plans.

Klauselbeispiel für eine Pflicht des Lizenzgebers zu der Weiterentwicklung einer Software

[•] Improvements

Upon Licensee's written request, Licensor shall be obliged to develop and improve the Licensed Software in a way that enables the Licensed Software to interoperate with Licensee's software as defined in **Exhibit [•]** on a time and materials basis at rates not less favourable than the rates set forth in this Agreement. The Parties shall agree upon specifications, milestones, testing and acceptance criteria for such development work in due time.

Klauselbeispiel für eine gegenseitige Pflicht der Parteien zu der Einräumung von Rechten an Weiterentwicklung

[•] Improvements

Each Party hereby grants to the other Party a non-exclusive, royalty-free license to use and sublicense all developments of the Contract Products during the term of this Agreement.

XX. Vertragslaufzeit und Beendigung des Vertrages

121 Hinsichtlich der Regelung der Vertragslaufzeit und der Beendigung sind bei Schutzrechtslizenzverträgen Besonderheiten zu beachten. Dies ist vor allem deswegen der Fall, weil die lizenzierten Schutzrechte ihrerseits auch eine von der Vertragslaufzeit unabhängige Laufzeit haben.

1. Vertragslaufzeit und Schutzdauer lizenzierter Schutzrechte

122 Im Hinblick auf internationale Lizenzverträge ist insoweit ein regelungsbedürftiges **Sonderproblem** zu beachten: Es sollte geregelt werden, wie sich die Laufzeit des in dem Lizenzvertrag im Wege der Lizenz zur Nutzung überlassenen Schutzrechts auf die Dauer des Vertrages auswirkt. Die Vertragslaufzeit darf kürzer, aber nicht länger sein als das vertraglich lizenzierte Schutzrecht; fehlt eine diesbezügliche Regelung in dem Lizenzvertrag,

ist im Wege der Auslegung davon auszugehen, dass die Dauer des Lizenzvertrags (nur) der Schutzdauer der lizenzierten Schutzrechte entspricht.[464]

Klauselbeispiel zum Ende und der Beendigung des Lizenzvertrages am Beispiel eines Patent- und Know-how-Lizenzvertrages

[•] Term and Termination

The Agreement enters into effect on the Effective Date. The Agreement is entered into by the Parties for a period of twenty years from the Effective Date. However, the Agreement shall end earlier in the event that no Licensed Product is covered anymore by a valid patent claim in any country of the Licensed Territory and provided that the Licensed Know How is no more confidential unless the Licensed Know How is disclosed by Licensee in breach of this Agreement. In this case the Agreement ends at the end of the last valid patent claim in any country of the Territory or when the Licensed Know-How is disclosed to any third party whichever term is longer.

2. Rechtsfolgen der Vertragsbeendigung

In internationalen Lizenzverträgen ist unbedingt zu regeln, welche Folgen die Beendigung 123
des Lizenzvertrages im Hinblick auf die lizenzierten Rechte haben soll.[465] Mit der Beendigung des Lizenzvertrages endet das Recht, die lizenzierten Rechte und Gegenstände zu nutzen. Der Lizenznehmer würde sich bei einer gleichwohl erfolgenden Nutzung nach Vertragsbeendigung gegenüber dem Lizenzgeber rechtsverletzend verhalten. Dies ist aber in der Praxis aus Sicht des Lizenznehmers insbesondere bei Marken-, Patent- und Know-how-Lizenzverträgen regelmäßig nicht interessengerecht. Hat der Lizenznehmer nämlich noch Lagerbestände von Lizenzprodukten, die die lizenzierte Marke tragen oder die in den Schutzbereich der lizenzierten Patente oder des lizenzierten Know-how fallen, erleidet er durch das Entfallen seiner Lizenzrechte ggf. einen erheblichen wirtschaftlichen Schaden. Gleichzeitig muss aber auch bedacht werden, dass der Lizenzgeber ein nachvollziehbares Interesse daran hat, dass mit Beendigung des Lizenzvertrages klare Verhältnisse im Hinblick auf die Nutzung der lizenzierten Rechte herrschen. Denn ggf. will der Lizenzgeber die lizenzierten Rechte fortan selber nutzen oder an einen Dritten lizenzieren, so dass es nicht zu einer Verwirrung des Verkehrs über den Berechtigten kommen darf, die für den Lizenzgeber auch wirtschaftlich nachteilig wäre. Die in der Praxis am häufigsten anzutreffende Lösung dieses Interessenkonflikts zwischen Lizenzgeber und Lizenznehmer ist die Vereinbarung eines sogenannten **Auslaufrechts.** Hierbei wird dem Lizenznehmer das Recht eingeräumt, einen eventuellen Lagerbestand innerhalb eines bestimmten Zeitraums noch abzuverkaufen, wobei der Lizenznehmer für die nachvertraglich noch veräußerten Lizenzprodukte die Lizenzgebühren, wie sie während der Vertragslaufzeit vereinbart waren, an den Lizenzgeber abzuführen hat. Ein anderer Lösungsansatz ist die Abbedingung eines Auslaufrechts bei gleichzeitiger Verpflichtung des Lizenzgebers, die Restbestände des Lizenznehmers zu einem bestimmten vorher festgelegten Preis abzukaufen. Um Unbilligkeiten zu vermeiden, kann die Pflicht des Lizenzgebers zum Aufkauf der Lagerbestände für den Fall ausgeschlossen werden, dass der Lizenzgeber den Vertrag außerordentlich gekündigt hat. Alternativ können die Parteien die beiden dargestellten Varianten auch kombinieren, indem sie bspw. dem Lizenzgeber ein Wahlrecht überlassen, ob er die Restbestände des Lizenznehmers zu einem vorher festgelegten Preis aufkauft oder nicht, wobei im Falle des Nichtkaufs dem Lizenznehmer ein Auslaufrecht, wie oben dargestellt, eingeräumt wird.

[464] Ulmer-Eilfort/Schmoll Technologietransfer S. 159.
[465] Ulmer-Eilfort/Schmoll Technologietransfer S. 164 ff.; Groß Lizenzvertrag S. 352 f. Rn. 478.

Klauselbeispiel zu den Rechtsfolgen der Vertragsbeendigung

[•] Consequences of Termination of the Agreement

Upon termination of this Agreement, Licensee is not entitled to use the Licensed Rights anymore. Irrespective of the aforesaid and provided that this Agreement is not terminated by Licensor for cause due to a material breach of the Agreement by Licensee, Licensee remains entitled to market and sell all Licensed Products that are still being produced by or in the name of Licensee within the scope of Licensee's rights granted to Licensee pursuant to this Agreement. This post-termination right ends six (6) months from the Agreement's termination date. Licensee shall pay the license fees agreed by the Parties with respect to Licensed Products sold during the term of the Agreement for all Licensed Products sold by Licensee after termination of the Agreement.

Variante 1: Ausschluss eines Auslaufrechts und die Abnahmepflicht des Lizenzgebers

Upon termination of this Agreement, Licensee is not entitled to use the Licensed Rights anymore. Merely for the sake of clarity, the Parties agree that Licensee does even not have the right to market and sell Licensed Products that are still being produced by or in the name of Licensee within the scope of Licensee's rights granted to Licensee pursuant to this Agreement after its termination. However, Licensor shall purchase any remaining inventories of the Licensed Products which are free of any defects. The purchase price to be paid by Licensor is defined in **Exhibit [•]**.

Variante 2: Kombination des Ausgangsklauselbeispiels und der Variante 1

Upon termination of this Agreement, Licensee is not entitled to use the Licensed Rights anymore. Upon termination of this Agreement and notification to Licensee in writing within a period of four (4) weeks from the termination date of the Agreement, Licensor is entitled to purchase any remaining inventories of the Licensed Products which are free of any defects. The purchase price to be paid by Licensor is defined in **Exhibit [•]**. In the event that Licensee does not purchase the remaining inventories of the Licensed Products and provided that this Agreement is not terminated by Licensor for cause due to a material breach of the Agreement by Licensee, Licensee remains entitled to market and sell all Licensed Products that are still being produced by or in the name of Licensee within the scope of Licensee's rights granted to Licensee pursuant to this Agreement. This post-termination right ends six (6) months from the end of the above mentioned four (4) weeks period after the termination of the Agreement.

XXI. Geheimhaltung

124 Die Bedeutung einer Geheimhaltungsvereinbarung variiert stark mit dem jeweiligen Lizenzvertragstyp. Die **größte Bedeutung** hat eine Geheimhaltungsklausel in internationalen **Know-how-Lizenzverträgen.** Eine Vertraulichkeitsvereinbarung stellt einen zusätzlichen vertraglichen Know-how-**Schutz** dar, der Verletzungshandlungen verhindern und den **Kreis der Mitwisser** (im Hinblick auf das lizenzierte Know-how) **kontrollieren** soll.[466] Vor allem dient die Geheimhaltungsvereinbarung dazu, die wirtschaftliche Entwertung des Know-how zu verhindern. Denn das geheime Know-how stellt für viele Unternehmen die Grundlage für ihren wirtschaftlichen Erfolg und sogar ihre **Existenz** dar.[467] Die Bedeutung der Geheimhaltungsklauseln in Know-how-Lizenzverträgen kann deswegen gar nicht hoch genug eingeschätzt werden. Entsprechendes gilt für Know-how-Veräußerungsverträge. Angesichts des hohen Risikos bei der Weitergabe von Know-how für den Know-how-Inhaber[468] ist der Absicherung der Geheimhaltung in

[466] Westermann Handbuch S. 87 Rn. 28f.
[467] Erdmann/Rojahn/Sosnitza/Bartenbach/Kunzmann Handbuch Kap. 9 Rn. 465.
[468] Erdmann/Rojahn/Sosnitza/Bartenbach/Kunzmann Handbuch Kap. 9 Rn. 465.

einem Know-how-Lizenzvertrag und einem Know-how-Veräußerungsvertrag Priorität einzuräumen. Im Rahmen von Vergabeverfahren und Lizenzverträgen im Sport haben Geheimhaltungsvereinbarungen ebenfalls eine erhebliche Bedeutung. Mittels entsprechender Vertraulichkeitsabreden wird zB sichergestellt, dass Bieter untereinander ihr Verhalten in Vergabeverfahren nicht miteinander abstimmen. In bilateral verhandelten Lizenzverträgen wird sichergestellt, dass Dritte keinen Einblick in die genauen Konditionen des entsprechenden Lizenzvertrages erhalten.[469] Bei Patentlizenzverträgen und Lizenzverträgen, die Nutzungsrechte an Urheberrechten zum Gegenstand haben, kann eine Geheimhaltungsklausel durchaus von Bedeutung sein. In Softwarelizenzverträgen kann das Thema der Geheimhaltung insbesondere im Hinblick auf einen möglicherweise von dem Lizenzgeber zu offenbarenden Source Code Bedeutung erlangen. Wenn, wie in Know-how-Verträgen, die Geheimhaltung eine besonders große Bedeutung hat, sollte angesichts der Schwierigkeit der Darlegung konkreter Schäden und der Kausalität zwischen Geheimhaltungsverletzung und konkretem Schaden durchaus auch eine Vertragsstrafe in einer Geheimhaltungsklausel vorgesehen werden, soweit dies nach dem anwendbaren Recht zulässig ist.[470]

Klauselbeispiel für eine nur den Lizenznehmer bindende Geheimhaltungsvereinbarung

[•] Confidentiality

(1) For the purpose of this clause, „Confidential Information" shall mean all Licensed Know-How and all other know-how, data and information in connection with or related to the Contract Products which Licensee receives from Licensor under this Agreement or otherwise in connection with this Agreement (both prior and subsequent to its execution) and which is either marked as „confidential" or should be treated as confidential according to the nature of the information or of its disclosure to the Licensee. Oral information that is confidential shall be reduced to writing and marked „confidential", and forwarded to Licensee within seven days after its communication to Licensee.

(2) The provisions of this § [•] shall not apply to any information which (i) is required to be disclosed by law or the valid order of a court of competent jurisdiction or the request of any governmental or other regulatory authority or agency in which event Licensee shall so notify Licensor as promptly as practicable (and if possible prior to making any disclosure) and shall use its reasonable endeavours to seek confidential treatment of such information; (ii) is in the public domain other than by breach of this Agreement, or which becomes generally known to the public, other than by default of Licensee; (iii) was known to Licensee or was in the lawful possession of the Licensee without confidentiality obligation prior to the disclosure to Licensee, and was not obtained either directly or indirectly from Licensor; without confidentiality obligation; (iv) is developed independently by or on behalf of Licensee and/or its affiliated companies without reference to Licensor's Confidential Information.

(3) All Confidential Information disclosed or otherwise made available by Licensor to Licensee pursuant to or in connection with this Agreement is provided to Licensee solely to permit Licensee to exercise its rights, and perform its obligations, under this Agreement. Consequently, Licensee undertakes that except as authorized in writing by Licensor, it will neither disclose any Confidential Information to any person, nor use the Confidential Information other than for the purposes of this Agreement.

(4) Licensee shall use its best efforts and shall take every reasonable precaution to protect and maintain the confidentiality of the Confidential Information, which precautions shall be at least equivalent in scope and effect to the measures taken by Licensee to protect its own confidential information.

---

[469] Partikel Formularbuch S. 274.
[470] Dazu → § 6.

(5) Licensee agrees to limit disclosure of Confidential Information to those of its employees, vicarious agents or contractors who require access to the information in the performance of their duties in relation to this Agreement. Notwithstanding the foregoing, Licensee shall be liable to Licensor for the acts and omissions of its employees, vicarious agents or contractors in breach of the provisions of this [•].

(6) For each event, in which Licensee violates its secrecy obligations pursuant to this § [•] and consequently Confidential Information is disclosed to a Third Party, Licensee shall pay to Licensor a penalty in the amount of EUR [•]. Licensor's right to claim further damages remains unaffected hereby.

125 Soweit auch eine Geheimhaltungspflicht des Lizenzgebers in Betracht kommt oder aus vertragstaktischen Gründen angezeigt ist, kann die in dem Klauselbeispiel dargestellte Regelung auch zweiseitig gestaltet werden.

XXII. Genehmigung oder Registrierung des Abschlusses von Lizenzverträgen

126 In manchen Staaten ist die Genehmigung des Abschlusses eines Lizenzvertrages erforderlich, wobei Gegenstand der Genehmigung durch den betreffenden Staat unterschiedliche Regelungen des Lizenzvertrages sein können.[471] Eine weitere, international noch häufiger existierende Besonderheit in manchen Staaten ist das Erfordernis der Registrierung von abgeschlossenen Lizenzverträgen.[472] Um zu vermeiden, dass diese beiden Aspekte übersehen werden, um das Prozedere zu regeln und um eine Unwirksamkeit eines internationalen Lizenzvertrages zu vermeiden, sollten diese beiden Besonderheiten auf jeden Fall bei der Gestaltung eines grenzüberschreitenden Lizenzvertrages geregelt werden.

Klauselbeispiel für eine vom Lizenznehmer vorzunehmende Registrierung der Lizenz bei dem Markenamt

[•] Registration of the License

(1) The Licensee may apply for the registration of this License to the „Licensed Trademarks" at its own expense in the respective trademark registers, to the extent this is legally permissible or even necessary.

(2) The Licensor undertakes to grant the Licensee all declarations, powers of attorney and signatures required for this purpose.

Klauselbeispiel für eine von den Parteien herbeizuführende Genehmigung des Lizenzvertrages

[•] Approval of the License by the Competent Authority

(1) The Parties shall request the competent authority to approve the License Agreement without undue delay after the conclusion of the License Agreement.

(2) The Parties shall ensure that the License Agreement contains all mandatory elements required for this approval of the License Agreement and its effective conclusion. Insofar as the License Agreement must be amended to achieve this purpose, the Parties undertake to amend the License Agreement accordingly by mutual consent, taking into account the economic and legal agreement reached to date.

(3) Either Party undertakes to grant the other Party all declarations, powers of attorney and signatures required for this purpose.

---

[471] Dazu → § 22 Rn. 59.

[472] Dazu → § 22 Rn. 60.

XXIII. Anwendbares Recht und Gerichtsstands- oder Schiedsvereinbarung

Neben der Vereinbarung des anwendbaren Rechts besteht zumindest zwischen Unternehmen regelmäßig die Möglichkeit, auch eine Gerichtsstands- oder Schiedsvereinbarung zu treffen.[473] Auch in internationalen Lizenzverträgen ist das regelmäßig empfehlenswert.[474] Die Vertragsparteien können auf diesem Weg insbesondere verhindern, dass sie im Streitfall an einem sich je nach Lage zufällig ergebenden Gerichtsstand klagen müssen, der unter Kostengesichtspunkten oder wegen fehlender Kenntnis des international zuständigen Gerichts von dem anzuwendenden Recht weniger geeignet erscheint.[475] Je unsicherer die Rechtslage im Hinblick auf einen internationalen Lizenzvertrag erscheint, desto dringlicher ist eine entsprechende Vereinbarung daher anzuraten.[476] Vor allem sollten die Parteien bedenken, dass nationale Gerichte nur äußerst widerwillig das Recht eines anderen Staates zur Anwendung gelangen lassen, weil sie befürchten, dabei Fehler zu machen.[477] 127

1. Gerichtsstandsvereinbarung

Das Europäische Zivilverfahrensrecht erlaubt grundsätzlich sowohl Pro- als auch Derogation der internationalen Zuständigkeit staatlicher Gerichte der EU-Mitgliedsstaaten durch eine schriftliche Gerichtsstandsvereinbarung gem. Art. 25 EuGVVO. Auch in anderen Staaten werden Gerichtsstandsvereinbarungen überwiegend anerkannt. In einer Reihe von Staaten kann die internationale Zuständigkeit der eigenen Gerichte aber nicht mit Hilfe einer Gerichtsstandsvereinbarung derogiert werden.[478] 128

Mit Blick auf internationale Lizenzverträge bleibt allerdings zu beachten, dass die Parteien keine Zuständigkeitsvereinbarung über die Eintragung oder die Frage der Gültigkeit von gewerblichen Schutzrechten vereinbaren können, die zu ihrer Wirksamkeit einer Registrierung bedürfen (bspw. Marken, Patente, Gebrauchs- und Geschmacksmuster).[479] 129

2. Schiedsgerichtsvereinbarung

Die Parteien grenzüberschreitender Verträge können alternativ auch eine Schiedsgerichtsvereinbarung treffen.[480] Dies gilt auch für internationale Lizenzverträge.[481] Beachtliche 80 bis 90% der grenzüberschreitenden Verträge sollen heute bereits eine Schiedsgerichtsvereinbarung enthalten.[482] Damit ist aber noch nichts über die Verbreitung und Sinnhaftigkeit von Schiedsgerichtsvereinbarungen in internationalen Lizenzverträgen gesagt. 130

a) Pro und Contra im Hinblick auf den konkreten Vertrag

In der Praxis der Gestaltung grenzüberschreitender Lizenzverträge ist die am häufigsten gestellte Frage die nach der Sinnhaftigkeit einer Schiedsgerichtsvereinbarung. Sie lässt sich nicht pauschal beantworten. Allerdings sollte bei der vorschnellen Aufnahme einer Schiedsgerichtsvereinbarung in einen internationalen Lizenzvertrag **Zurückhaltung** gewahrt werden. Grundsätzlich gilt: Wirklich sinnvoll ist sie dann, wenn die von dem internationalen 131

[473] Umfassend zur Gestaltung von Schieds- und Gerichtsstandsvereinbarungen in internationalen Wirtschaftsverträgen → § 14.
[474] Groß Lizenzvertrag S. 305 Rn. 452; Pfaff/Osterrieth/Nagel Lizenzverträge A. II. Rn. 75.
[475] Erdmann/Rojahn/Sosnitza/Bartenbach/Kunzmann Handbuch Kap. 9 Rn. 105.
[476] Ullrich/Lejeune Softwarevertrag S. 322 Rn. 588.
[477] Hellstadius/Meier-Ewert IIC 2005, 313 (324).
[478] Dazu → § 3 Rn. 147.
[479] Groß Lizenzvertrag S. 306f. Rn. 452.
[480] Bugg Contracts S. 98.
[481] Groß Lizenzvertrag, S. 307 Rn. 452.
[482] Ruess SchiedsVZ 2010, 23 mwN.

Lizenzvertrag betroffenen Zivilrechtsordnungen wenig berechenbar sind.[483] Ist dagegen die einschlägige Zivilrechtsordnung berechenbar, sollte nicht leichtfertig eine Schiedsvereinbarung getroffen werden. Mit einer Schiedsvereinbarung geben die Vertragsparteien immerhin **Rechtsmittel** und den möglichen Vorteil einer **Vorhersehbarkeit** der Rechtsprechung des international ansonsten zuständigen staatlichen Gerichts auf. Diese Vorzüge staatlicher Gerichte haben Gewicht. Allerdings können Schiedsurteile in vielen Fällen leichter im Ausland vollstreckt werden als Urteile staatlicher Gerichte,[484] was auch ein beachtlicher Vorteil ist. Die Befürworter von Schiedsgerichtsvereinbarungen führen zudem regelmäßig zur Begründung an, dass die Parteien für den jeweiligen Fall kompetente Schiedsrichter auswählen könnten, dass Schiedsgerichtsverfahren nicht öffentlich seien, dass die Schiedsurteile international vollstreckbar seien, dass Schiedsgerichtsverfahren in manchen Jurisdiktionen schneller und kostengünstiger und Schiedssprüche regelmäßig nicht rechtsmittelfähig seien.[485] Diese Argumente sind in der Praxis jedoch nicht so allgemein haltbar und lassen sich auch teilweise sehr gut in ihr Gegenteil verkehren. Die Kosten sind häufig deutlich höher als die staatlicher Gerichte und die Dauer ist keineswegs immer kürzer. Insoweit ist auch eine **länderspezifische Betrachtung** notwendig. Gerade in Deutschland kann im Wege des einstweiligen Rechtsschutzes sehr schnell Rechtsschutz erlangt werden und im Gewerblichen Rechtsschutz ist auch das Kostenargument in der Praxis nicht relevant; in anderen Ländern ist dies selbstverständlich teilweise gänzlich anders.[486] Gerade die fehlende Rechtsmittelmöglichkeit ist auch die große Schwäche der Schiedsgerichtsbarkeit.[487] Durch sie können selbst krasse Fehlurteile nicht korrigiert werden. Der angebliche Vorteil eines aus kompetenten Schiedsrichtern zusammengesetzten Schiedsgerichts kann ebenfalls nicht länderübergreifend bestätigt werden. Ein zufällig und in der Regel einmalig zusammengestelltes, im Vergleich zu staatlichen Gerichten eher wenig erfahrenes und nicht auf einander abgestimmtes Schiedsgericht muss keineswegs kompetenter sein als ein staatliches Gericht. Im Gegenteil: Gerade in Deutschland hat sich eine hohe Spezialisierung von Gerichten im Bereich des Gewerblichen Rechtsschutzes entwickelt; in anderen Ländern wie den USA ist dies dagegen nicht der Fall.[488] Ein nicht-öffentliches Schiedsgerichtsverfahren kann im Hinblick auf Know-how-Lizenzverträge und Schutzrechtslizenzverträge ein Vorteil sein. Denn Probleme mit einem Schutzrecht und geheimes Know-how können geheim gehalten werden.[489] Dies alles zeigt, dass sich die Frage nach der Sinnhaftigkeit nicht pauschal beantworten lässt. Vielmehr müssen die Parteien eines internationalen Lizenzvertrages die vorgenannten Aspekte im Hinblick auf ihre **konkrete** Vertragsbeziehung gewichten und danach in einer Gesamtschau entscheiden. Schlecht beraten ist, wer stets allgemein ohne Ansehung der konkreten Situation pro oder contra Schiedsgerichtsklausel entscheidet.

b) Besonderheiten in Know-how-Lizenzverträgen

132 Im Hinblick auf Know-how-Lizenzverträge ist zudem zu beachten, dass mit Ausnahme des Falles wenig berechenbarer Zivilrechtsordnungen eine Schiedsvereinbarung schon deshalb von Nachteil ist, weil sie im Verletzungsfall zu unerwünschten Verzögerungen führen kann,[490] was gerade bei der Verletzung eines Know-how-Schutzes nicht im Interesse des Lizenzgebers liegt. Im Übrigen gelten für die Frage des Pro und Contra einer Schiedsgerichtsvereinbarung in internationalen Know-how-Lizenzverträgen die oben gemachten Erwägungen entsprechend. Gerade für Know-how-Lizenzverträge ist es vorteilhaft, dass in

---

[483] Westermann Handbuch S. 92 Rn. 49.
[484] Dazu im Einzelnen → § 14 Rn. 89.
[485] Bugg Contracts S. 98 f.; Ruess SchiedsVZ 2010, 23 (24) mwN; Grau/Markwardt Verträge S. 161 f.
[486] Ruess SchiedsVZ 2010, 23 (23 f.).
[487] Grau/Markwardt Verträge S. 161 f.
[488] Ruess SchiedsVZ 2010, 23 (24) mwN.
[489] Ruess SchiedsVZ 2010, 23 (24).
[490] Westermann Handbuch S. 92 Rn. 49.

einem Schiedsgerichtsverfahren ggf. die ungewünschte Öffentlichkeit im Hinblick auf das sensible Know-how verhindert werden kann.[491]

c) Besonderheiten in Lizenzverträgen, die gewerbliche Schutzrechte zum Gegenstand haben

Im Hinblick auf internationale Lizenzverträge, die die Einräumung von Nutzungsrechten an gewerblichen Schutzrechten zum Gegenstand haben, stellt sich die Frage, ob insoweit die **ausschließliche Zuständigkeit staatlicher Organe** bei der Erteilung und Verwerfung gewerblicher Schutzrechte die Möglichkeit der Vertragsparteien, eine Schiedsgerichtsabrede zu vereinbaren, rechtlich **ausschließt.**[492] Voraussetzung für eine Schiedsfähigkeit eines Rechtsstreits ist im deutschen Schiedsverfahrensrecht gemäß §§ 1030, 1025 ZPO, dass der Streit vermögensrechtlicher Natur ist und dass die Parteien berechtigt sind, über den Streitgegenstand eine Vereinbarung zu treffen.[493] Zum Teil wird vertreten, dass eine Schiedsfähigkeit eines Lizenzvertrages, der gewerbliche Schutzrechte zum Gegenstand hat, generell ausgeschlossen sei, weil Schiedssprüche nur zwischen den Vertragsparteien gelten, die Schutzrechte kraft Verwaltungsakt erteilt würden und weil das Gesetz für diese Streitigkeiten besondere Gerichte eingerichtet habe.[494] Es gehe in solchen Lizenzverträgen stets unmittelbar oder mittelbar um die Wirksamkeit eines Schutzrechtes. Über diese Frage aber könne ein Schiedsgericht definitiv nicht entscheiden.[495] Dagegen wird eingewandt, dass es zahlreiche Fragen gebe, in denen die Wirksamkeit des Schutzrechtes zwischen den Vertragsparteien unstreitig sei, so dass der Weg vor das Schiedsgericht möglich sei. Auch könnten die Parteien sich verpflichten, bestimmte Erklärungen abzugeben, die zu einer Eintragung oder Löschung eines Schutzrechtes führen könnten.[496] Mithin sei nur die unmittelbare Frage der Wirksamkeit eines gewerblichen Schutzrechtes nicht schiedsfähig.[497] Letztere Auffassung entspricht zumindest auch der rechtlichen Situation in der Mehrheit der europäischen Staaten.[498] Der BGH hat jedenfalls ein Patentnichtigkeitsverfahren für nicht schiedsfähig erachtet.[499] Ob der BGH diesen Ausschluss der Dispositionsbefugnis der Vertragsparteien generell auf gewerbliche Schutzrechte erstreckt, ist noch offen. Dies bedeutet aber für die Entscheidung der Parteien über das Ob einer Schiedsgerichtsvereinbarung in einem Lizenzvertrag, der gewerbliche Schutzrechte zum Gegenstand hat, dass – bis auf die Frage der Wirksamkeit eines Schutzrechts – in vielen Ländern die Schiedsfähigkeit im Bereich des Gewerblichen Rechtsschutzes anerkannt ist.[500] Allerdings bedeutet dies für die Praxis der internationalen Lizenzverträge, die gewerbliche Schutzrechte zum Gegenstand haben, dass bei der Entscheidung über das Ob einer Schiedsgerichtsbarkeit erst recht zu prüfen ist, ob eine solche Klausel im Hinblick auf den konkreten Fall sinnvoll bzw. zulässig ist. 133

d) Schiedsgerichtsklauseln in Lizenzverträgen im Sport

In Lizenzverträgen im Bereich des Sports werden zunehmend häufiger Schiedsgerichtsklauseln aufgenommen.[501] Hintergrund ist zum einen die Befassung von Schiedsrichtern, 134

---

[491] Ann/Loschelder/Grosch/Obergfell Praxishandbuch S. 662 Rn. 61.
[492] Ruess SchiedsVZ 2010, 23 (24).
[493] Ruess SchiedsVZ 2010, 23 (24).
[494] Ruess SchiedsVZ 2010, 23 (24).
[495] Ruess SchiedsVZ 2010, 23 (24).
[496] Ruess SchiedsVZ 2010, 23 (24) mwN.
[497] Ruess SchiedsVZ 2010, 23 (24 f.); Musielak/Voit ZPO § 1030 Rn. 3.
[498] Ruess SchiedsVZ 2010, 23 (25).
[499] BGH BB 1984, 561.
[500] Ruess SchiedsVZ 2010, 23 (25). Für die generelle Schiedsfähigkeit von Lizenzverträgen mit Blick auf die verschiedenen betroffenen Immaterialgüterrechte auch Lehmann DGRI Jahrbuch 2019 S. 55 ff.
[501] Siehe ausdrücklich zur Beilegung von Streitigkeiten aus dem Bereich des Sports https://www.dis-sportschiedsgericht.de/werkzeuge-und-ressourcen/sportschiedsordnung.

die spezifisches Wissen bzgl. der entsprechenden Sachverhalte haben und zum anderen die Möglichkeit, binnen kurzer Zeit zu abschließenden Entscheidungen zu gelangen. Gerade bei Lizenzverträgen, die aufgrund der kartellrechtlichen Relevanz im Rahmen von Ausschreibungen vergeben werden (müssen),[502] ist eine zeitnahe Beilegung von Streitigkeiten zur Ausräumung von rechtlichen Unsicherheiten zB hinsichtlich des Vergabeverfahrens, der Vergabeentscheidung aber auch inhaltlicher Fragestellungen bzgl. der geschlossenen Verträge bei der Durchführung von besonderer Bedeutung.

XXIV. Allgemeine Klauseln

135 Hier ergeben sich keine Besonderheiten zu anderen internationalen Wirtschaftsverträgen. Gegenstand solcher Klauseln können und sollten auch in internationalen Lizenzverträgen regelmäßig eine salvatorische Klausel und die Vereinbarung der Schriftform sein[503].

[502] Zu den kartellrechtlichen Anforderungen an die Vergabe von Lizenzrechten im Sport siehe Stopper/Lentze/Paepke/Blask Handbuch Kap.11 Rn. 57 ff.
[503] Dazu umfassend → § 11.

§ 23 Open Source Softwarelizenzverträge

Übersicht

Schrifttum:

Arcesati/Meinhardt, China's Open-Source Tech Development – Insights into a growing ecosystem, Mai 2021; *Auer-Reinsdorff,* Handbuch IT- und Datenschutzrecht, 3. Aufl. 2019; *Brandi-Dohrn,* Die Besonderheiten von Haftungsklauseln in IT-Verträgen, CR 2014, 417 ff.; *Bräutigam,* IT-Outsourcing und Cloud-Computing, 4. Aufl. 2019; *Deike,* Open Source Software: IPR-Fragen und Einordnung ins deutsche Rechtssystem, CR 2003, 9 ff.; *Deister/Meyer-Spasche,* Anwaltsstrategien im Software-Recht, 2010; *Dujardin/Lejeune,* Einführung in das französische Softwarevertragsrecht: Urheberrecht, ITRB 2011, 136 ff.; *Eickemeier/Keppeler,* Open Source Klauseln in Softwareentwicklungsverträgen, ITRB 2015, 266 ff.; *Ensthaler/Weidert,* Handbuch Urheberrecht und Internet, 3. Aufl. 2017; *Funk/Zeifang,* Die GNU General Public License, Version 3, CR 2007, 617 ff.; *Gebert/Hemel,* Open Source Lizenz Compliance und Probleme des Supply Chain Managements beim Vertrieb von elektronischen Produkten, InTeR 2014, 20 ff.; *Gerlach,* Praxisprobleme der Open-Source-Lizenzierung, CR 2006, 649 ff.; *Heinzke,* Open-Source-Software in Webapps, CR 2019, 697 ff.; *Heinzke/Burke,* Open-Source-Compliance, CCZ 2017, 56 ff.; *Hemel,* Tooling for Open Source Software License Compliance, CRi 2015, 101 ff.; *Hilber/Reintzsch,* Cloud Computing und Open Source – Wie groß ist die Gefahr des Copyleft bei SaaS?, CR 2014, 697 ff.; *Hoppen/Thalhofer,* Der Einbezug von Open Source-Komponenten bei der Erstellung kommerzieller Software, CR 2010, 275 ff.; *Intveen/Gennen/Karger,* Handbuch des Softwarerechts, 2018; *Jaeger,* Enforcement of the GNU GPL in Germany and Europe, JIPITEC 2010, 34 ff.; *Ders.,* Kommerzielle Applikationen für Open Source Software und deutsches Urheberrecht, http://www.ifross.org/ifross_html/HoffmannLeible_Beitrag%20Jaeger.pdf; *Jaeger/Metzger,* Open Source Software, 5. Aufl. 2020; *Dies.,* Open Content-Lizenzen nach deutschem Recht, MMR 2003, 431 ff.; *Jaeger/Schulz,* Gutachten zu ausgewählten rechtlichen Aspekten der Open Source Software, 2005; *Keppeler,* Wann erstreckt sich die GPLv2 auf eine komplexe Software „as a whole"?, CR 2015, 9 ff.; *Koch,* Urheber- und kartellrechtliche Aspekte der Nutzung von Open-

Source-Software (I), CR 2000, 273 ff.; *Ders.*, Urheber- und kartellrechtliche Aspekte der Nutzung von Open-Source-Software (II), CR 2000, 333 ff.; *Laurent*, Understanding Open Source and Free Software Licensing, 2004; *Lehmann/Meents*, Handbuch des Fachanwalts, Informationstechnologierecht, 2. Aufl. 2011; *Mantz*, Creative Commons-Lizenzen im Spiegel internationaler Gerichtsverfahren, GRUR Int 2008, 20 ff.; *Martens*, Rechtsprobleme der Open Source Software in der Verwaltung, KommJur 2007, 94 ff.; *Merkle*, Outbound-Compliance: Aktive Beteiligung an Open-Source-Projekten, MMR 2022, 251 ff.; Metzger, Free and Open Source Software (FOSS) and other Alternative License Models, 2016; *Metzger/Barudi*, Open Source in der Insolvenz, CR 2009, 557 ff.; *Metzger/Jaeger*, Open Source Software und deutsches Urheberrecht, GRUR Int. 1999, 839 ff.; *Meyer*, Miturheberschaft und Aktivlegitimation bei freier Software, CR 2011, 560 ff.; *Plaß*, Open Contents im deutschen Urheberrecht, GRUR 2002, 670 ff.; *Redeker*, IT-Recht, 7. Aufl. 2020; *Sandl*, „Open Source"-Software: Politische, ökonomische und rechtliche Aspekte, CR 2001, 346 ff.; *Schneider*, Die komplexe Mechanik der neuen Anforderungen im Mängelregime: Warum die Grenzen der Gleichrangigkeit gesetzlicher Leistungsanforderungen für das geschuldete Leistungsprofil so etwas wie „praktische Konkordanz" fordern, CR 2022, 1 ff.; *Schneider*, Handbuch EDV-Recht, 5. Aufl. 2017; *Schöttle*, Nutzung von Open-Source-Software in Form von ASP/SaaS – kompatibel?, MMR 2020, 801 ff.; *Schöttle*, Open Source Compliance bei Embedded Systems, DSRITB 2017, 463 ff.; *Schöttle*, Software als digitales Produkt, MMR 2021, 683 ff.; *Schöttle/Steger*, Managing Open Source Software in the Corporate Environment, CRi 2015, 1 ff.; *Schrey/Kugler*, IT Agreements in Germany, 2011; *Sester*, Open-Source-Software: Vertragsrecht, Haftungsrisiken und IPR-Fragen, CR 2000, 797 ff.; *Spindler*, Rechtsfragen bei Open Source, 2004; *Spindler/Schuster*, Recht der elektronischen Medien, 4. Aufl. 2019; *Spindler/Wiebe*, CR 2003, 873 ff.; *Taeger/Pohle*, Computerrechts-Handbuch Werkstand: 36. EL Februar 2021; *Teupen*, „Copyleft" im deutschen Urheberrecht, 2007; *Ullrich/Lejeune*, Der internationale Softwarevertrag, 2. Aufl. 2006; *Van den Brande/Coughlan/Jaeger*, The International Free and Open Source Software Law Book, 2011; *von Holleben/Menz*, IT-Risikomanagement – Pflichten der Geschäftsleitung, CR 2010, 63 ff.; *Wandtke/Bullinger*, Urheberrecht, 6. Aufl. 2022; *Witzel*, AGB-Recht und Open Source Lizenzmodelle, ITRB 2003, 175 ff.; *Ders.*, Prüfungspflichten des Lizenznehmers bei Beschaffung von Open Source Software, ITRB 2017, 147 ff.; *Ders.*, Vertrieb von Open Source Software in „embedded systems" – Welche besonderen Lizenzpflichten sind einzuhalten und wie können diese praktikabel umgesetzt werden?, ZVertriebsR 2018, 360 ff.; *Wuermeling/Deike*, Open Source Software: Eine juristische Risikoanalyse, CR 2003, 87 ff.; *Zhang*, Grundzüge des chinesischen Lizenzvertragsrechts, ZVglRWiss 2015, 310 ff.; *Zhang*, Der Rechtscharakter der Lizenz im chinesischen Recht, RIW 2015, 477 ff.

A. Überblick

1 Open Source Software und damit auch die ihre Nutzung regelnden Lizenzbedingungen sind die im Bereich der internationalen Softwarelizenzverträge spannendste und **rechtlich besonders anspruchsvolle Entwicklung** der jüngeren Vergangenheit. Es handelt sich um Softwarelizenzverträge, wie es sie vorher noch nie gegeben hat und die in ihrer Ausgestaltung in manchen Punkten völlig **neuartig** und rechtlich komplex sind.[1] Lizenzrechtlich stellt Open Source Software das **Gegenstück** zur ansonsten üblichen proprietären Entwicklungs- und Distributionsstrategie für Software dar.[2] Viele Softwareprodukte enthalten heute Open-Source-Komponenten, weil es den Unternehmen häufig aus wirtschaftlichen Gründen und wegen fehlender personeller Kapazitäten nicht möglich ist, die Produkte von Grund auf neu oder schnell genug zu entwickeln, so dass sie stattdessen hochwertige Open-Source-Komponenten verwenden, auf denen die Produkte dann basieren.[3] Es gibt heute **weltweit** in der Praxis keinen wirtschaftlichen Bereich mehr, in dem keine Open Source Software zum Einsatz kommt, so dass praktisch kein Unternehmen und keine Behörde ihrer Verwendung national und international entgehen kann.[4] Laut einer Studie des Branchenverbands der deutschen Informations- und Telekommunikationsbranche, Bitcom e.V., nutzten 2021 bereits allein in **Deutschland** 87 % der Unternehmen **bewusst** Open Source Software;[5] rechnet man die unbewusste Nutzung hinzu wird

[1] Jocquel Les licences S. 11; Bräutigam/Huppertz IT-Outsourcing B.I.6.a) Rn. 31.
[2] Spindler/Schuster/Wiebe Medien § 69c UrhG Rn. 48; Schneider EDV-Recht G VIII 2.1 Rn. 503; Deike CR 2003, 9 (10).
[3] Hemel CRi 2015, 101 (102); Intveen/Gennen/Karger/Völkel/Kremer Handbuch § 16 Rn. 2.
[4] Europäische Kommission Open Source Software Strategy 2020–2023 C (2020) 7149 final, S. 2; Schöttle/Steger CRi 2015, 1; Bräutigam/Huppertz IT-Outsourcing B.I.6.a) Rn. 31.
[5] Bitkom Open-Source-Monitor 2021, abrufbar unter https://www.bitkom.org/openSourcemonitor.

man wohl weit über 90% Open Source Software nutzende Unternehmen annehmen müssen.[6] In **China** nutzten 2019 bereits 87,4% bewusst Open Source Software, weitere 10,3% planten dies.[7] Die insoweit immer größer werdende Bedeutung von Open Source Software und ihre Besonderheiten rechtfertigen ihre gesonderte Darstellung in diesem Kapitel. Open Source Software wird dabei keineswegs nur als unternehmensinterne Anwendersoftware eingesetzt. Abhängig von der Branche ist ihr Einsatz in Produkten und Dienstleistungen, die auf dem Markt angeboten werden,[8] von besonderer technischer und wirtschaftlicher Relevanz. Ein den Vertrieb und Absatz von Lieferungen und Leistungen sicherndes Risikomanagement ist daher für den Unternehmenserfolg unerlässlich und erklärt die **große rechtliche Relevanz.** Open Source Software in sogenannter **Embedded Software** in Produkten geraten immer mehr in Blickfeld. Dort **müssen Open Source Software-Lizenzbedingungen,** wie in allen anderen Bereichen, in denen Open Source Software (OSS) als Bestandteile eigener Hard- oder Software-Produkte ausgeliefert werden, **einhalten werden.**[9] Es werden daher immer häufiger Gerichte in Open-Source-Streitigkeiten angerufen. Allerdings sind Gerichtsentscheidungen zu Open-Source-Software, verglichen mit ihrer Verbreitung und Bedeutung, trotzdem weiterhin noch eher selten.[10] **Lizenzrechtlich** zeichnen sich Open Source Softwarelizenzen typischerweise dadurch aus, dass sie jedem, der die Lizenzbedingungen akzeptiert, das Recht einräumen, die Software zu bearbeiten, sie in unveränderter oder veränderter Form zu vervielfältigen, die Software zu verbreiten und sie öffentlich zugänglich zu machen, wobei dem Lizenznehmer, um ihm die Bearbeitung auch tatsächlich zu ermöglichen, der Source Code zur Verfügung gestellt wird.[11] Ein Ausschluss von Nutzergruppen oder Anwendungsbereichen findet dabei in den Open Source Software Lizenzbedingungen regelmäßig nicht statt.[12] Der Erfolg des Open Source Software Entwicklungs- und Vertriebsmodells hat dazu geführt, dass sich auch in anderen Medien- und Kulturbereichen vergleichbare Gemeinschaften entwickelt haben.[13] Open Source Software Lizenzen sind *„gekommen um zu bleiben"*.[14]

I. Begriff

Es gibt weder nur eine einzige, für alle Open Source Softwareprodukte gültige Softwarelizenz, noch vereinheitlichte Regelungen für sie. Es gibt auch keine einheitliche gesetzliche oder sonst verbindliche Definition von Open Source Software.[15] Vielmehr spricht man von einer Open Source Software dann, wenn die für sie geltenden Lizenzbedingungen bestimmte Rahmenbedingungen erfüllen, die Voraussetzungen für eine Qualifizierung der Software als Open Source Software sind.[16] In dem am 1.1.2022 in Kraft getretenen, auf **Artikel 3 Absatz 5 lit. f Digitale-Inhalte-RL** der EU basierenden neuen **§ 327 Abs. 6 Nr. 6 BGB,** einer Ausnahme von der Anwendung der Regelungen zu digitalen Produkten der §§ 327ff. BGB, findet sich nur eine viel zu enge Beschreibung von **„freier und quelloffener Software",** die offenlässt, was freie Software ausmacht und gleichzeitig verlangt, dass eine Verpflichtung zur Offenlegung des Source Code besteht *(„Verträge über die Bereitstellung von Software, für die der Verbraucher keinen Preis zahlt und die der Unternehmer im* 2

[6] Schöttle MMR 2020, 801 (801).
[7] Arcesati/Meinhardt China's Open-Source Tech Development S. 6.
[8] Taeger/Pohle/Mantz Computerrechts-Handbuch 1. Abschn. Teil 3 32.6 Rn. 1; Schneider Handbuch EDV-Recht G VIII 1 Rn. 499.
[9] Schöttle DSRITB 2017, 463 (463).
[10] Schöttler/Diekmann jurisPR-ITR 22/2015 Anm. 2. Für ein Beispiel aus jüngerer Zeit siehe OLG Karlsruhe CR 2021, 444ff. zu Grenzen des „Copyleft"-Effektes.
[11] Jaeger/Schulz Gutachten S. 18.
[12] Schneider EDV-Recht G VIII 1 Rn. 497.
[13] Metzger/Hennigs FOSS S. 5.
[14] Van den Brande/Coughlan/Jaeger/Engelfriet Law Book S. 20.
[15] Auer-Reinsdorff/Kast Handbuch IT- und Datenschutzrecht § 9 Rn. 9.
[16] Jaeger/Schulz Gutachten S. 18.

Rahmen einer freien und quelloffenen Lizenz anbietet, sofern die vom Verbraucher bereitgestellten personenbezogenen Daten durch den Unternehmer ausschließlich zur Verbesserung der Sicherheit, der Kompatibilität oder der Interoperabilität der vom Unternehmer angebotenen Software verarbeitet werden"). Damit ist der **Großteil** der existierenden Open Source Software Lizenzen, die keine Verpflichtung zur Offenlegung des Source Code vorsehen, von dieser „Definition" **nicht erfasst.**[17] Das hält manche Literaturstimme – zu Unrecht – nicht davon ab anzunehmen, hier sei jedwede Open Source Software gemeint.[18] Auch wenn es weltweit also **keine einheitliche Definition** von Open Source Software gibt,[19] lässt sie sich doch treffend als eine Software definieren, deren Quellcode frei und allgemein zugänglich ist und die durch Verwendung bestimmter Lizenzvereinbarungen eine weitgehende Übertragung der Verwertungsrechte erlaubt, so dass die Nutzer und Programmierer die Möglichkeit haben, die Software zu kopieren, zu ändern, weiterzuentwickeln und Entwicklungen weiterzuverbreiten.[20] Insoweit wird eine Software als Open Source Software qualifiziert, wenn die für sie geltenden Lizenzbedingungen **mehrere Kriterien kumulativ erfüllen:** (1) Die unentgeltliche und nahezu unbeschränkte Weiterverbreitung der Software wird gestattet. (2) Der Source Code liegt vor und wird zur Verfügung gestellt und es wird das Recht zur Verbreitung der Software in Source Code Form oder in kompilierter Form eingeräumt. (3) Das Recht zur Veränderung und Weiterentwicklung und der Weiterverbreitung der veränderten Software unter den identischen oder eigenen, aber vergleichbaren Lizenzbedingungen wird eingeräumt. Zudem werden – aus unserer Sicht nicht notwendigerweise – weitere Kriterien aufgeführt: (4) Die Weiterverbreitung der veränderten Software ist nur dann verboten, wenn die gesonderte Weitergabe des Source Code mit so genannten „Patchdateien" gestattet wird. (5) Es dürfen nicht bestimmte Personen(-gruppen) von der Nutzung ausgeschlossen werden. Die Nutzung für bestimmte Einsatzbereiche darf nicht beschränkt werden. Die Rechtseinräumung muss für jeden Empfänger der Software gelten, ohne dass weitere Lizenzbedingungen zu beachten sind und ohne dass die Software Gegenstand einer bestimmten Softwaredistribution ist. Die Lizenzbedingungen dürfen keine andere Software, die mit der Software verbreitet wird, inhaltlich beschränken oder sie automatisch zu einer Open Source Software machen.[21]

3 Zur Vermeidung von Verwechslungen ist Open Source Software begrifflich und inhaltlich von Freeware, Public Domain Software, Shareware und Shared Source Software abzugrenzen.[22] Während **Free Software** als frühere Bezeichnung für Open Source Software ein Synonym für Open Source Software darstellt,[23] meint **Freeware** eine proprietäre Software, die kostenlos überlassen wird,[24] die dem Nutzer aber nicht auch notwendigerweise besondere Nutzungsbefugnisse in Sinne der vorgenannten Kriterien einräumt.[25] Unter einer **Public Domain Software** versteht man hingegen eine Lizenz, bei der jedermann ein einfaches Nutzungsrecht eingeräumt wird, das dem Lizenznehmer gestattet, die Software

[17] Schöttle MMR 2021, 683 (685).
[18] Schneider CR 2022, 1 (3).
[19] Sandl CR 2001, 346; die Definition der OSI (= Open Source Initiative), zu finden unter http://opensource.org/docs/osd, wird zwar insbesondere in der Open Source Community verwendet, beinhaltet jedoch keine klar abgrenzbare Definition im juristischen Sinn.
[20] Teupen Copyleft S. 33; ähnlich Deister/Meyer-Spasche Anwaltsstrategien S. 169 Rn. 395; Sandl CR 2001, 346 (346 f.); Sester CR 2000, 797; Koch CR 2000, 273; Redeker IT-Recht Rn. 97.
[21] Jaeger/Metzger Open Source Rn. 2; Laurent Open Source S. 8 ff.; ähnlich Lehmann/Meents/Nordmeyer Handbuch S. 239 Rn. 650 ff.; Sester CR 2000, 797 (797), der sich auf die ersten drei Voraussetzungen beschränkt; ähnlich Koch CR 2000, 273 (273).
[22] Jaeger/Metzger Open Source Rn. 7 ff.; Schneider EDV-Recht G VIII 3 Rn. 509 ff.
[23] Deister/Meyer-Spasche Anwaltsstrategien S. 166 Rn. 386; Lehmann/Meents/Nordmeyer Handbuch S. 239 Rn. 656; Teupen Copyleft S. 34.
[24] LG Hamburg GRUR-RR 2011, 101 (102) – Erkennbarkeit von Kostenhinweisen; Martens KommJur 2007, 94 (95).
[25] Jaeger/Metzger Open Source Rn. 9.

unbeschränkt zu verwerten.[26] **Shareware** bezeichnet eine proprietäre Software, bei der ihrem Nutzer eine kostenlose Testphase ermöglicht wird, nach deren Ablauf die weitere Nutzung aber technisch verhindert wird und ein Freischaltcode für die dauerhafte Nutzung nur gegen Zahlung eines Entgelts zur Verfügung gestellt wird.[27] Die **Shared Source Software** zeichnet aus, dass dem Nutzer zwar der Zugang zu dem Source Code ermöglicht wird. Dieser Zugang wie auch der kommerzielle Weitervertrieb von Produkten, die auch Shared Source Software enthalten, erfolgt jedoch regelmäßig nur gegen ein Entgelt.[28]

II. Bedeutung

Angesichts ihrer **explosionsartig wachsenden Bedeutung**[29] gerade auch in wirtschaftlicher Hinsicht[30] verdienen Open Source Softwarelizenzverträge eine besondere Betrachtung im Rahmen der Softwarelizenzverträge. Die Zahl der international verbreiteten Open Source Softwarelizenzen ist kaum überschaubar.[31] Selbst in weltweit operierenden Konzernen ist die Verwendung von Open Source Software an der Tagesordnung.[32] Die Nutzung hunderter verschiedener Open Source Softwareprodukte ist dort keine Seltenheit. Ihre sofortige Verfügbarkeit und Kostenfreiheit machen Open Source Software für die Unternehmen so attraktiv.[33] Die **Europäische Kommission** hat am 21.10.2021 eine neue Strategie für Open Source Software verabschiedet; danach gibt es einen Aktionsplan, mit dem zahlreiche **Werkzeuge zur Stärkung und Ausweitung der Open-Source-Arbeitskultur** bereitgestellt werden.[34] Dies unterstreicht die **große Bedeutung,** die die EU der Open Source Software beimisst. In **China** fördert der 14. Fünfjahresplan (2021–2025) die Entwicklung von Open Source Algorithmen im Kontext der KI-Innovation, um den Zugang zu ausländischer Technologie zu erhalten und ein heimisches Open-Source-Ökosystem zu schaffen und die Eigenständigkeit im Technologiebereich zu stärken.[35] Open Source Softwarelizenzverträge zeichnen sich gerade dadurch aus, dass sie international – regelmäßig **weltweit** – gelten sollen. Sie werden typischerweise auch nicht im Hinblick auf ein **konkretes nationales Recht** gestaltet.[36] Gleichzeitig wird Open Source Software häufig auch **grenzüberschreitend programmiert.**[37] Ein typischer Open Source Softwarelizenzvertrag stellt damit wie kaum ein anderer Vertragstyp einen **genuin internationalen Wirtschaftsvertrag** dar. 4

III. Arten von Open Source Softwarelizenzverträgen

Gemeinhin werden die unzähligen Open Source Softwarelizenzverträge grob in mehrere Arten eingeteilt.[38] Das Institut für Rechtsfragen der Freien und Open Source Software – kurz **ifross** genannt – teilt Open Source Softwarelizenzen – wie heute allgemein üblich – 5

[26] Wandtke/Bullinger/Grützmacher UrhR § 69c UrhG Rn. 102; Dreier/Schulze UrhG § 69c Rn. 37; Jaeger/Metzger Open Source Rn. 8.
[27] Martens KommJur 2007, 94 (95); Dreier/Schulze UrhG § 69c Rn. 37; Jaeger/Metzger Open Source Rn. 10.
[28] Jaeger/Metzger Open Source Rn. 11.
[29] Taeger/Pohle/Mantz Computerrechts-Handbuch 1. Abschn. Teil 3 32.6 Rn. 1; Ullrich/Lejeune Softwarevertrag S. 82 Rn. 57; Teupen Copyleft S. 43 f.; Deike CR 2003, 9 (9); Sandl CR 2001, 346; Spindler/Wiebe CR 2003, 873 (873).
[30] Wandtke/Bullinger/Grützmacher UrhR § 69c UrhG Rn. 107; Spindler/Wiebe CR 2003, 873 (873).
[31] Gerlach CR 2006, 649; Jaeger/Schulz Gutachten S. 18.
[32] Lehmann/Meents/Nordmeyer Handbuch S. 240 Rn. 659; Spindler Rechtsfragen Rn. 1; Deike CR 2003, 9.
[33] Teupen Copy Left S. 46; Hoppen/Thalhofer CR 2010, 275; Hemel CRi 2015, 101 (102).
[34] Europäische Kommission Open Source Software Strategy 2020–2023 C (2020) 7149 final, S. 15.
[35] Arcesati/Meinhardt China's Open-Source Tech Development S. 4.
[36] Ullrich/Lejeune Softwarevertrag S. 222 Rn. 322.
[37] Merkle MMR 2022, 251 (254); Schöttle MMR 2021, 683 (683); Meyer CR 2011, 560.
[38] Jaeger/Schulz Gutachten S. 20; Dreier/Schulze UrhG § 69c Rn. 39.

in Lizenzen **ohne Copyleft-Effekt,** Lizenzen **mit strengem Copyleft-Effekt** und Lizenzen **mit beschränktem Copyleft-Effekt** ein.[39] Zwei weitere Gruppen sind Lizenzen **mit Wahlmöglichkeiten** und Lizenzen **mit Sonderrechten.**[40] Eine zusätzliche Gruppe von Open Source Softwarelizenzen identifizieren *Jaeger und Metzger* zu Recht unter der Überschrift **Dual Licensing.**[41]

6 Die Zuordnung in eine der drei erstgenannten Gruppen erfolgt nach der in Rechtsprechung und Literatur schwerpunktmäßig diskutierten Besonderheit von Open Source Softwarelizenzen, dem sogenannten Copyleft-Effekt.[42] Zahlreiche Open Source Softwarelizenzverträge erlegen dem Lizenznehmer und Nutzer der Open Source Software die Verpflichtung auf, im Falle des Vertriebs der von ihm bearbeiteten Open Source Software oder einer Software, in die der Lizenznehmer Open Source Software integriert hat, den vollständigen Source Code für jedweden Dritten offenzulegen und diese neu geschaffene Software den gleichen Lizenzbedingungen zu unterwerfen, denen die ursprüngliche und jetzt modifizierte oder integrierte Open Source Software gemäß ihren Lizenzbedingungen unterliegt.[43] Enthält ein Open Source Softwarelizenzvertrag eine solche Regelung in unbeschränkter Form, spricht man von einem **strengen** Copyleft-Effekt, weil ihm **jede** Bearbeitung der Open Source Software unterfallen soll.[44] Viele Open Source Softwarelizenzverträge sehen aber auch „nur" einen **beschränkten** Copyleft-Effekt vor.[45] Davon spricht man, wenn die Lizenzbedingungen in weiterem Umfang die Kombination der Open Source Software mit Erweiterungen unter von den Open Source Softwarelizenzbedingungen abweichenden Lizenzbedingungen gestatten.[46] Schließlich gibt es auch eine große Zahl von Open Source Softwarelizenzverträgen, die **keinen** Copyleft-Effekt vorsehen,[47] so dass der Lizenznehmer frei ist, die Weiterentwicklung der Open Source Software oder die Software, in die er sie integriert hat, unter eigenen von dem Open Source Softwarelizenzvertrag abweichenden Lizenzbedingungen zu vertreiben.[48]

7 Open Source Softwarelizenzen **mit Wahlmöglichkeiten,** die meist unter der Bezeichnung **Artistic**-Lizenzen vertrieben werden, zeichnen sich dadurch aus, dass sie je nach Art der Veränderung verschiedene Rechtsfolgen und besondere Wahlmöglichkeiten für die Nutzung veränderter Versionen der Software vorsehen.[49] Dagegen spricht man von Open Source Softwarelizenzen mit **Sonderrechten,** wenn die Unternehmen, die eine Software entwickelt haben, diese Software zwar unter den Bedingungen von Open Source Softwarelizenzen freigegeben, für sich selbst aber in diesen Lizenzbedingungen Sonderrechte gegenüber Lizenzgebern von Bearbeitungen ihrer Software vorgesehen haben.[50] Von **Dual Licensing** spricht man, wenn eine Software unter verschiedene – vor allem proprietäre

[39] Vgl. die Darstellung unter http://www.ifross.org/lizenz-center; so auch Deister/Meyer-Spasche Anwaltsstrategien S. 169 Rn. 395; Jaeger/Metzger Open Source Rn. 5f.; Jaeger/Schulz Gutachten S. 19; Taeger/Pohle/Mantz Computerrechts-Handbuch 1.Abschn. Teil 3 32.6 Rn. 3ff.

[40] Die Darstellung unter http://www.ifross.org/lizenz-center; so auch Keller-Stoltenhoff/Ehmann/Keller Lexikon S. 226.

[41] Jaeger/Metzger Open Source Rn. 114.

[42] Deister/Meyer-Spasche Anwaltsstrategien S. 168 Rn. 392; Jaeger/Schulz Gutachten S. 19; vgl. im Einzelnen unten → Rn. 14ff.

[43] Schrey/Kugler Agreements S. 173; Teupen Copyleft S. 56.

[44] Keller-Stoltenhoff/Ehmann/Keller Lexikon S. 227; Jaeger/Metzger Open Source Rn. 5; Teupen Copyleft S. 167; Jaeger/Schulz Gutachten S. 19.

[45] Deister/Meyer-Spasche Anwaltsstrategien S. 169 Rn. 395; Gerlach CR 2006, 649 (650); Taeger/Pohle/Mantz Computerrechts-Handbuch 1. Abschn. Teil 3 32.6 Rn. 4.

[46] Keller-Stoltenhoff/Ehmann/Keller Lexikon S. 227; Jaeger/Metzger Open Source Rn. 5; Teupen Copyleft S. 168; Jaeger/Schulz Gutachten S. 19.

[47] Deister/Meyer-Spasche Anwaltsstrategien S. 169 Rn. 395; Teupen Copyleft S. 167.

[48] Keller-Stoltenhoff/Ehmann/Keller Lexikon S. 227; Jaeger/Metzger Open Source Rn. 6; Teupen Copyleft S. 167; Jaeger/Schulz Gutachten S. 19; Taeger/Pohle/Mantz Computerrechts-Handbuch 1. Abschn. Teil 3 32.6 Rn. 4.

[49] Keller-Stoltenhoff/Ehmann/Keller Lexikon S. 227; Jaeger/Metzger Open Source Rn. 138.

[50] Keller-Stoltenhoff/Ehmann/Keller Lexikon S. 228; Jaeger/Metzger Open Source Rn. 143.

und freie – Lizenzen gestellt wird.[51] Letztlich ist der **Nutzen** der Charakterisierung im Sinne dieser sechs Gruppen aber insoweit **begrenzt,** als sie im Wesentlichen nur eine Aussage über die oben genannten Aspekte trifft. Die zahlreichen übrigen Regelungen können dagegen innerhalb der einzelnen Kategorien völlig unterschiedlich sein.

B. Rechtlicher Rahmen

Für Open Source Softwarelizenzverträge als internationale Lizenzverträge gelten die gleichen rechtlichen Regelungen, wie sie bereits ausführlich im Kapitel Lizenz- und Know-how-Verträge dargestellt wurden, so dass darauf verwiesen werden kann.[52] Die Frage nach dem auf internationale Open Source Softwarelizenzverträge anzuwendenden Recht bestimmt sich daher grundsätzlich nach dem **Urheberrechtsstatut** und dem **Vertragsstatut.**[53] Während also für die vertragsrechtlichen Fragen das Vertragsstatut gilt, bestimmen sich die Fragen der Übertragbarkeit des Urheberrechts bzw. des Umfangs der zulässigen Rechtseinräumung daran und Fragen des Urheberpersönlichkeitsrechts nach dem Urheberrechtsstatut.[54] Allerdings sind im Hinblick auf Open Source Softwarelizenzverträge die Implikationen der **Internationalität** und des **internationalen Rechts** angesichts der Tatsache, dass die **Entwicklergruppen** von Open Source Software häufig als **internationaler Basar** organisiert sind, nicht zu unterschätzen.[55] Generell lässt sich sagen, dass die Rechtsfragen im Zusammenhang mit Open Source Softwarelizenzverträgen Rechtsprechung und Literatur stark beschäftigen.[56] International betrachtet fällt allerdings auf, dass in den wirtschaftlich besonders relevanten Staaten regelmäßig keine gesonderten gesetzlichen Regelungen zu Open Source Software Lizenzen existieren, sondern dass die sonstigen dort geltenden Rechtsnormen für Lizenzverträge und Urheber- und Patentrechte Anwendung finden. In den meisten Staaten in der Welt gibt es **keine** speziellen Regelungen zu Open Source Software.[57] So verbreiten sich Open Source Softwarelizenzverträge in **China** sehr schnell, ohne dass es dort gesonderte gesetzliche Regelungen für sie gibt.[58] Auch in **Frankreich** werden Open Source Softwarelizenzverträge an dem Urheber- und Vertragsrecht gemessen, wobei hier im Einzelnen viele Probleme existieren.[59] Die von dem französischen Gesetzgeber in Art. L 122–7–1 des Code de la Propriété Intellectuelle aufgenommene Regelung, die festhält, dass der Urheber frei ist, seine Werke kostenlos der Öffentlichkeit zur Verfügung zu stellen, vorbehaltlich der eventuellen Rechte der Miturheber oder Dritter und der von ihm geschlossenen Vereinbarungen, hat keine praktische sondern nur symbolische Bedeutung, weil der Urheber diese Rechte auch schon vorher hatte,[60] wird aber in den Gerichtsentscheidungen referenziert.[61] Im **indischen** Recht greift man ebenfalls auf das allgemeine Urheber- und Vertragsrecht zurück.[62] Dies ist auch 8

---

[51] Gerlach CR 2006, 649 (651); Jaeger/Metzger Open Source Rn. 114; Schricker/Loewenheim/Spindler Urheberrecht Vor §§ 69a ff. UrhG Rn. 26.

[52] → § 22 Rn. 25 ff., 41.

[53] Jaeger/Metzger Open Source Rn. 449 f.; Lehmann/Meents/Nordmeyer Handbuch S. 251 f. Rn. 703; Deike CR 2003, 9 (18).

[54] Jaeger/Metzger Open Source Rn. 449.; Deike CR 2003, 9 (18); vgl. im Detail → § 22 Rn. 39, 41.

[55] Lehmann/Meents/Nordmeyer Handbuch S. 251 Rn. 703; Deike CR 2003, 9 (18); Merkle MMR 2022, 251 (254); Wandtke/Bullinger/Thum UrhR § 8 UrhG Rn. 182.

[56] Jaeger/Metzger Open Source Rn. 1.

[57] Metzger/Hennigs FOSS S. 7.

[58] Ullrich/Lejeune/Shan/Tang Softwarevertrag S. 532 Rn. 67; Zhang ZVglRWiss 2015, 310 (310 f.); Zhang RIW 2015, 477 (478); Van den Brande/Coughlan/Jaeger/Xia Law Book S. 46.

[59] Cour d'appel de Paris, Urt. v. 16.9.2009, 04/24298 – Société EDU 4 v. AFPA – CRi 2010, 93; Dujardin/Lejeune ITRB 2011, 136 (139); Ullrich/Lejeune/Hauser Softwarevertrag S. 662 Rn. 420.

[60] Metzger/Binctin FOSS S. 186.

[61] Van den Brande/Coughlan/Jaeger/Perbost/Walter Law Book S. 81.

[62] Ullrich/Lejeune/Verma Softwarevertrag S. 777 Rn. 658 f.

in den **USA** der Fall,[63] wo es mit Ausnahme von Software-Beschaffungsvorschriften keine Regelungen betreffend Open Source Software gibt.[64] Auch in **Italien** finden sich nur gesetzliche Regelungen zur Beschaffung von Open Source Software durch die öffentliche Hand, aber es gibt keine Regelungen zur Lizenzierung von Open Source Software.[65] In **Schweden** und **Russland** gibt es schon keine speziellen Vorschriften für Computerprogramme,[66] also auch nicht für Open Source Software. In **Tschechien** hat der Gesetzgeber mit Blick auf Open Source Software, ohne diese ausdrücklich zu nennen, das Urheberrecht dahingehend ergänzt, dass eine urheberrechtliche Lizenz auch einer unbestimmten Vielzahl von Personen eingeräumt werden kann, wenn sich ein entsprechendes Angebot an eine solche unbestimmte Vielzahl von Personen richtet.[67] Vertragstypologisch wird der Open Source Softwarelizenzvertrag in Deutschland im Falle der üblicherweise bestehenden Unentgeltlichkeit der Rechtseinräumung gemäß § 516 BGB als **Schenkung** qualifiziert.[68] Soweit ausnahmsweise die Rechtseinräumung gegen Entgelt erfolgt, wird regelmäßig ein **Kaufvertrag** vorliegen.[69] Spezielle gesetzliche Regelungen für Open Source Software gibt es auch in **Deutschland** nicht, sieht man einmal von §§ 32 Abs. 3 Satz 3, 32a Abs. 3 S. 3 und 32c Abs. 3 S. 2 UrhG ab, wo jeweils nur geregelt ist, dass der Urheber unentgeltlich ein einfaches Nutzungsrecht für jedermann einräumen kann.[70] In der **EU** gibt es nun noch mit Artikel 3 Absatz 5 lit. f Digitale-Inhalte-RL (und in Deutschland mit dem darauf basierenden § 327 Abs. 6 Nr. 6 BGB) eine Ausnahme von der Anwendung der Regelungen zu digitalen Produkten der §§ 327 ff. BGB, wodurch aber auch keine Regelung für Open Source Software in der EU besteht. Trotz der international regelmäßig fehlenden spezialgesetzlichen Regelungen haben die Gerichte die Durchsetzung von Open Source Software Lizenzen ermöglicht. Als erstes US-amerikanisches Gericht bestätigte der U.S. Court of Appeals for the Federal Circuit im Jahr 2008 in der Auseinandersetzung *Jacobsen v. Katzer* die Durchsetzbarkeit einer Open Source Lizenz in den **USA,** nämlich der Artistic License 1.0.[71] Im Jahre 2009 bestätigte dann in **Frankreich** der Cour d'Appel de Paris in der Sache AFPA/Edu4 die Wirksamkeit der GPL im Verhältnis zwischen Unternehmen.[72] In **Deutschland** hatte das LG München I sich bereits im Jahre 2004 mit der Durchsetzbarkeit der GPL auseinanderzusetzen und bejahte in einem einstweiligen Verfügungsverfahren ebenfalls die Durchsetzbarkeit der GPL vor Gericht.[73] Im **Vereinigten Königreich** gibt es – soweit bekannt – bisher zwar noch keine Gerichtsurteile zur Durchsetzbarkeit von Open Source Software Lizenzen,[74] allerdings wird in der Literatur bisher ihre gerichtliche Durchsetzbarkeit angenommen.[75] In den **Niederlanden** sind zwar bisher keine Gerichtsentscheidungen bekannt geworden, die Open Source Software Lizenzen zum Gegenstand hatten, es existiert aber eine Entscheidung der Rechtbank Amsterdam, in der eine Creative Commons Lizenz als wirksamer Lizenzvertrag angesehen wurde, so dass

[63] U.S. Court of Appeals for the Federal Circuit GRUR Int 2008, 1056; Ullrich/Lejeune/Passavant Softwarevertrag S. 1275 Rn. 1911 f.
[64] Metzger/Maggs FOSS S. 478.
[65] Metzger/Ricolfi FOSS S. 253 ff.
[66] Lehmann/Meents/Lejeune Handbuch S. 285 Rn. 853.
[67] Metzger/Koukal/Myška/Šavelka FOSS S. 143, vgl. Art. 46 Abs. 5–6 des tschechischen Urhebergesetzes Nr. 216/2006 Coll.
[68] Metzger/Barudi CR 2009, 557 (560); Deister/Meyer-Spasche Anwaltsstrategien S. 173 Rn. 404; Jaeger/Metzger Open Source Rn. 279; Deike CR 2003, 9 (14).
[69] Deister/Meyer-Spasche Anwaltsstrategien S. 173 Rn. 404.
[70] Metzger/Peukert/König FOSS S. 203.
[71] Jacobsen v. Katzer – 535 F.3d 1373 (Fed. Cir. 2008); Gebert/Hemel InTeR 2014, 20 (21).
[72] CA Paris, 16.9.2009, RG n° 01/24 298 – AFPA/Edu4; Gebert/Hemel InTeR 2014, 20 (22); Jaeger/Metzger Open Source Rn. 463.
[73] LG München I GRUR-RR 2004, 350 (350 f.).
[74] Jaeger/Metzger Open Source Rn. 461.
[75] Jaeger/Metzger Open Source Rn. 461 mwN.

man davon ausgehen kann, dass dies entsprechend auch für Open Source Lizenzen gelten wird.[76]

C. Open Source Software in „normalen" Softwarelizenzverträgen und in Open Source Lizenzverträgen

Das Thema Open Source Software kann in internationalen Lizenzverträgen auf zwei verschiedene Arten Bedeutung erlangen. In „normalen" internationalen Softwarelizenzverträgen empfiehlt es sich aus Sicht des Lizenznehmers unbedingt, sicherzustellen, dass die ihm lizenzierte Software *keine* Open Source Software enthält oder wenigstens keine mit Copyleft-Effekt bzw. wenigstens in Erfahrung zu bringen, welche Open Source Software zu welchen Lizenzbedingungen Teil der ihm lizenzierten Software ist.[77] Der Ansatz, den Einsatz von Open Source Software in Gänze auszuschließen, ist gangbar, verlangt aber eine energische Durchsetzung dieser Strategie im konkreten Einzelfall, weil viele Entwickler auf die Verwendung von Open Source nicht verzichten wollen oder können.[78] In Open Source Lizenzverträgen selbst gelten zwar grundsätzlich die anderen zu internationalen Lizenzverträgen gemachten Ausführungen entsprechend.[79] Allerdings ergeben sich hier zusätzliche für internationale Open Source Softwarelizenzverträge **spezifische** Regelungsfelder. 9

I. Vielzahl von Inhalten von Open Source Softwarelizenzverträgen

Es existiert eine unüberschaubare Vielzahl von Open Source Softwarelizenzverträgen.[80] Für die Urheber von Open Source Software und die Unternehmen, die wie IBM oder Google Open Source Software zu ihrem Geschäftsmodell machen,[81] ergibt sich die Notwendigkeit, entsprechende Lizenzbedingungen für ihre Open Source Software zu entwerfen. 10

II. Wesentliche Aspekte von Open Source Softwarelizenzverträgen und ihre Ausgestaltung

Sowohl bei der Prüfung von Open Source Software Lizenzverträgen als auch bei ihrer Erstellung empfiehlt es sich, die stets wesentlichen Aspekte eines Open Source Softwarelizenzvertrages zu prüfen bzw. zu regeln. Die nachfolgende **Checkliste** zeigt die in der Praxis wichtigsten Aspekte von Open Source Softwarelizenzverträgen auf. 11

---

[76] Rechtbank Amsterdam, 9.3.2006, 334492/KG 06–176 SR – Curry/Audax; Jaeger/Metzger Open Source Rn. 467 mwN.

[77] Schrey/Kugler Agreements S. 173; Deister/Meyer-Spasche Anwaltsstrategien S. 178 Rn. 415; Eickemeier/Keppeler ITRB 2015, 266 (267 ff.).

[78] Eickemeier/Keppeler ITRB 2015, 266 (267).

[79] Vgl. → § 22 Rn. 59 ff.

[80] Lehmann/Meents/Nordmeyer Handbuch S. 242 Rn. 666; Hoppen/Thalhofer CR 2010, 275; Schricker/Loewenheim/Spindler Urheberrecht Vor §§ 69a ff. UrhG Rn. 27; Witzel ITRB 2003, 175 (176); eine Übersicht der wichtigsten Open Source Lizenzverträge hat das Institut für Rechtsfragen der Freien und Open Source Software (ifross) unter http://www.ifross.org/lizenz-center zusammengetragen.

[81] Lehmann/Meents/Nordmeyer Handbuch S. 240 Rn. 659.

Checkliste der wesentlichen Aspekte eines Open Source Softwarelizenzvertrages

1. Welches Recht ist anwendbar?
2. Beinhaltet der Open Source Softwarelizenzvertrag einen Copyleft-Effekt?
   o starker Copyleft-Effekt oder
   o eingeschränkter Copyleft-Effekt
   o kein Copyleft-Effekt
3. Muss der Lizenznehmer im Falle der Bearbeitung der Open Source Software Dritten den Source Code zur Verfügung stellen?
   o Ja/Nein
   o In welcher Form?
4. Ist die kommerzielle Nutzung der Open Source Software gestattet?
   o Ja/Nein
5. Ist die Möglichkeit der Bearbeitung der Open Source Software inhaltlich eingeschränkt?
   o Ja/Nein
6. Bestehen besondere Anforderungen für die Dokumentation von Bearbeitungen der Open Source Software?
   o Ja/Nein
   o In welcher Form?
7. Besteht die Verpflichtung des Lizenznehmers, seinen Kunden die Open Source Softwarelizenzbedingungen mitzuteilen?
   o Ja/Nein
   o Auf welche Weise?
8. Ist der Lizenznehmer verpflichtet, besondere Hinweise oder Anerkenntnisse in der Open Source Software oder der Dokumentation der Open Source Software aufzunehmen?
   o Ja/Nein
   o In welcher Form?
9. Bestehen Pflichten oder Beschränkungen für die Bewerbung der Open Source Software?
   o Ja/Nein
   o In welcher Form?
10. Bestehen besondere Pflichten des Lizenznehmers, den Urheber oder seinen Rechtsnachfolger zu informieren?
   o Ja/Nein
   o In welcher Form?
11. Beinhaltet der Open Source Softwarelizenzvertrag eine explizite oder implizite automatische Einräumung von Lizenzrechten an Patentrechten des Lizenznehmers?
   o Ja/Nein
   o In welchem Umfang?
12. Sieht der OSS-Lizenzvertrag eine Rechtswahlklausel und/oder eine Gerichtsstandsvereinbarung vor?
   o Ja/Nein
   o Welche?
13. Sieht der OSS-Lizenzvertrag besondere Kündigungsgründe vor?
   o Ja/Nein
   o Welche Kündigungsgründe?
   o Soll die Kündigung auch die von dem Lizenznehmer mit seinen Kunden geschlossenen Lizenzverträge beenden?
14. In welchem Umfang sind Haftung und Gewährleistung des Lizenzgebers beschränkt oder ausgeschlossen?

15. In welcher Sprache sind die Lizenzbedingungen verfasst?
16. Gibt es kartellrechtliche Probleme wegen der Pflicht zur Kostenfreiheit und Zurverfügungstellung des Source Code?

1. Anwendbares Recht

Eine der wesentlichen Prüfstationen internationaler Open Source Softwarelizenzverträge 12 ist die Frage des anwendbaren Rechts. Angesichts der Internationalität der Open Source Software Entwickler ist aus deutscher Perspektive festzuhalten, dass sehr oft das Recht eines anderen Staates zur Anwendung kommen wird.[82] Für die Frage, nach welchem Recht sich die Rechtsfragen im Hinblick auf Open Source Software Lizenzverträge beurteilen, kann naturgemäß im Wesentlichen auf die ausführliche Darstellung zu dem auf Lizenzverträge anwendbaren Recht verwiesen werden.[83] Die Frage nach dem auf internationale Open Source Softwarelizenzverträge anzuwendenden Recht bestimmt sich grundsätzlich nach dem **Urheberrechtsstatut** und dem **Vertragsstatut.**[84] Dem Urheberrechtsstatut unterfallen dabei die Aspekte der (Nicht-)Übertragbarkeit des Urheberrechts, des Umfangs der zulässigen Rechtseinräumung und des Urheberpersönlichkeitsrechts, während die vertragsrechtlichen Aspekte dem Vertragsstatut zugeordnet werden.[85] Im Hinblick auf die dem Urheberrechtsstatut unterfallenden Rechtsfragen findet das Recht des jeweiligen Schutzlandes Anwendung.[86] Für die vertragsrechtlichen Fragen ist das gewählte Recht im Falle einer Rechtswahl der Parteien und im Falle des Fehlens einer solchen nach den Regeln über die objektive Anknüpfung zu ermitteln.[87] Soweit die Rechtswahl nicht eingeschränkt ist, ist mithin vorrangig das von den Vertragsparteien vereinbarte Recht anwendbar. Allerdings enthält die Mehrzahl der Open Source Softwarelizenzbedingungen keine Rechtswahlklausel.[88] Im Falle des Fehlens einer Rechtswahlklausel wird regelmäßig das Recht des Landes des **Lizenzgebers** Anwendung finden,[89] weil es bei Open Source Softwarelizenzverträgen primär um die kostenlose Einräumung von Nutzungsrechten geht.[90] Die rechtlich komplizierte – gerade im Hinblick auf Open Source Softwarelizenzverträge häufig anzutreffende – Problematik liegt darin, dass die Lizenzgeber ihren Sitz meist in unterschiedlichen Staaten haben.[91] Die Frage nach dem anwendbaren Recht ist nämlich dann schwierig zu beantworten, wenn die für Open Source Software häufig anzutreffende Konstellation vorliegt, dass mehrere in unterschiedlichen Staaten beheimatete Lizenzgeber – wie bspw. im Falle von Entwicklergemeinschaften oder bei mehreren Bearbeitern der Software – existieren.[92] In solchen Fallkonstellationen greift eine **Aufspaltung des anwendbaren Rechts** ein:[93] Haben mehrere Personen die Software als Miturheber gemeinsam entwickelt und ist die Software also kein gemeinsames Werk, so ist im Hinblick auf jeden Teil des Werkes, also der Software, das Recht des Sitzes bzw. Aufenthaltsortes des

---

[82] Jaeger/Metzger Open Source Rn. 442.
[83] → § 22 Rn. 25 ff.; siehe auch Jaeger/Metzger Open Source Rn. 450 ff.
[84] Jaeger/Metzger Open Source 449; Taeger/Pohle/Mantz Computerrechts-Handbuch 1. Abschn. Teil 3 32.6 Rn. 78 ff.; Deike CR 2003, 9 (11); Jaeger/Schulz Gutachten S. 90; differenzierend Teupen Copyleft S. 126; Gerlach CR 2006, 649 (654).
[85] Jaeger/Metzger Open Source Rn. 449 f.
[86] Vgl. hierzu ausführlich → § 22 Rn. 27, 39.
[87] Jaeger/Metzger Open Source Rn. 450 ff. Dazu im Einzelnen → § 22 Rn. 29.
[88] Laurent Open Source S. 178; Gerlach CR 2006, 649 (654); Schricker/Loewenheim/Spindler Urheberrecht Vor §§ 69a ff. Rn. 35; Hilber/Reintzsch CR 2014, 697 (697).
[89] Deike CR 2003, 9 (11 f.); Vertiefend dazu → § 22 Rn. 35.
[90] Deike CR 2003, 9 (12); Jaeger/Metzger Open Source Rn. 452; Schricker/Loewenheim/Spindler Urheberrecht Vor §§ 69a ff. UrhG Rn. 35.
[91] Jaeger/Metzger Open Source S. 335 f. Rn. 364; Wuermeling/Deike CR 2003, 87 (88); Koch CR 2000, 273 (276).
[92] Jaeger/Schulz Gutachten S. 92.
[93] Wuermeling/Deike CR 2003, 87 (88).

Urhebers dieses Werkteils im Hinblick auf den schuldrechtlichen Teil anwendbar,[94] während hinsichtlich des urheberrechtlichen Teils das Recht des Schutzlandes Anwendung findet, in dessen Bereich der Urheberrechtsschutz geltend gemacht wird.[95] Dies gilt auch in dem Fall, dass eine Software in Miturheberschaft von einer rein virtuell verbundenen und aus verschiedenen Ländern stammenden Entwicklergemeinschaft erstellt wurde, wenn diese Entwicklergemeinschaft keine Gesellschaft mit einem fest bestimmten Sitz gegründet hat.[96] Haben die Entwickler der vorgenannten Entwicklergemeinschaft dagegen eine Gesellschaft in einem bestimmten Land zur Verwertung der Software gegründet und fungiert diese Gesellschaft als Lizenzgeberin, so würde das Recht des Staates, an dem die Gesellschaft ihren Sitz hat, zur Anwendung gelangen.[97] Das folgende Klauselbeispiel kann daher allenfalls das anwendbare Vertragsrecht regeln.

Klauselbeispiel zum anwendbaren Recht

[•] Applicable Law

All disputes arising out of or in connection with the present Agreement, including any question regarding its existence, validity or termination, shall be settled in accordance with the provisions of these License Conditions and all other agreements regarding its performance, otherwise in accordance with German substantive law.

2. Copyleft, Zurverfügungstellung des Source Code, Cloud, Webapps

13 Zahlreiche Open Source Softwarelizenzverträge erlegen dem Lizenznehmer und Nutzer der Open Source Software die Verpflichtung auf, im Falle des Vertriebs der von ihm bearbeiteten Open Source Software oder einer Software, in die der Lizenznehmer Open Source Software integriert hat, den vollständigen Source Code für jedweden Dritten offenzulegen und diese neu geschaffene Software den gleichen Lizenzbedingungen zu unterwerfen, denen die ursprüngliche und jetzt modifizierte oder integrierte Open Source Software gemäß ihren Lizenzbedingungen unterliegt.[98] Zu dieser Verpflichtung kommt es grundsätzlich nicht bei einer rein unternehmensinternen Verwendung, sondern nur im Falle der **Verbreitung** der bearbeiteten Open Source Software, wobei regelmäßig keine Pflicht zur Verbreitung besteht.[99] Eine **konzerninterne Weitergabe** stellt allerdings auch schon eine den **Copyleft-Effekt auslösende Verbreitung** dar, soweit die Lizenzbedingungen nicht im Einzelfall etwas anderes vorsehen.[100]

14 Den Inhalt einer solchen Regelung bezeichnet man als **Copyleft-Effekt.**[101] Es handelt sich insoweit um ein doppelsinniges Wortspiel in englischer Sprache, denn einerseits bedeutet es, dass das Urheberrecht des Lizenznehmers an der modifizierten Open Source Software zurückbleibt bzw. **überlassen** wird („left") und andererseits soll **Copyleft** als Wortschöpfung und Gegenbegriff zu **Copyright** verstanden werden.[102] Humorvoll ist auch von **„Copyleft – all rights reversed"** im Gegensatz zu „All rights reserved" die Rede.[103] Im Hinblick auf den Copyleft-Effekt lassen sich Open Source Softwarelizenzverträge in drei Kategorien einteilen, solche mit strengem Copyleft-Effekt, solche mit einem

[94] Jaeger/Metzger Open Source Rn. 452; Jaeger/Schulz Gutachten S. 92.
[95] Schricker/Loewenheim/Spindler Urheberrecht Vor §§ 69a ff. UrhG Rn. 35.
[96] Jaeger/Schulz Gutachten S. 92; Hoppen/Thalhofer CR 2010, 275 (275).
[97] Jaeger/Schulz Gutachten S. 92f.
[98] Schrey/Kugler Agreements S. 173; Teupen Copyleft S. 56; Schricker/Loewenheim/Spindler Urheberrecht Vor §§ 69a ff. UrhG Rn. 25.
[99] Deister/Meyer-Spasche Anwaltsstrategien S. 176 Rn. 412.
[100] Deister/Meyer-Spasche Anwaltsstrategien S. 176 Rn. 412; Witzel ITRB 2017, 147 (150).
[101] Teupen Copyleft S. 56; Jaeger/Metzger Open Source Rn. 5; Schrey/Kugler Agreements S. 173; Schricker/Loewenheim/Spindler Urheberrecht Vor §§ 69a ff. UrhG Rn. 25.
[102] Deister/Meyer-Spasche Anwaltsstrategien S. 168 Rn. 392.
[103] Jocquel Les licences S. 4; Siewicz Scope S. 2.

beschränkten Copyleft-Effekt und diejenigen ohne Copyleft-Effekt.[104] Enthält ein Open Source Softwarelizenzvertrag eine solche Regelung in unbeschränkter Form, spricht man von einem **strengen** Copyleft-Effekt, weil ihm jede Bearbeitung der Open Source Software unterfallen soll.[105] Viele Open Source Softwarelizenzverträge sehen aber auch „nur“ einen **beschränkten** Copyleft-Effekt vor.[106] Davon spricht man, wenn die Lizenzbedingungen in weiterem Umfang die Kombination der Open Source Software mit Erweiterungen unter von den Open Source Softwarelizenzbedingungen abweichenden Lizenzbedingungen gestatten.[107] Schließlich gibt es auch eine große Zahl von Open Source Softwarelizenzverträgen, die **keinen** Copyleft-Effekt vorsehen,[108] so dass der Lizenznehmer frei ist, die Weiterentwicklung der Open Source Software oder die Software, in die er sie integriert hat, unter eigenen von dem Open Source Softwarelizenzvertrag abweichenden Lizenzbedingungen zu vertreiben.[109] Im Hinblick auf den Copyleft-Effekt spricht man auch von einer **Infektionswirkung** oder einem **viralen Effekt,** weil die verwendete Open Source Software die mit ihr kombinierte andere Software mit dem Copyleft-Effekt „infiziert“.[110] Ob die Infektionswirkung eintritt, ist letztlich immer eine Frage der Umstände des konkreten Einzelfalls.[111] Die insoweit international fehlende klare Rechtsprechung zu der Frage, wann durch Open Source Software eine gesamte andere Software infiziert werden kann, führt in der Praxis auch international zu Klagewellen.[112] Bereits die Nutzung **kleinster Source Code-Bestandteile** der Open Source Software mit strengem Copyleft-Effekt reicht für eine Infektion aus.[113] Am Beispiel der bekanntesten Open Source Software mit strengem Copyleft-Effekt, der **GNU General Public License (GPL)**[114] wird deutlich, was die Infektionswirkung alles bedeuten kann. So ist der Lizenznehmer hier verpflichtet, im Falle der Verbreitung einer Bearbeitung der GPL die bearbeitete Software als Ganzes bereitzustellen und zwar unter den Lizenzbedingungen der GPL, einen deutlichen Hinweis auf Modifizierungen der GPL und deren Daten zu geben, Dritten die bearbeitete GPL unentgeltlich zur Verfügung zu stellen, einen Copyright-Vermerk zugunsten der Urheber der GPL vorzuhalten sowie auf den Ausschluss der Mängelhaftung und die Weiterverarbeitungserlaubnis hinzuweisen.[115] Diese Tatsachen limitieren die sinnvolle kommerzielle Nutzbarkeit von Open Source Software mit strengem Copyleft-Effekt für den Lizenznehmer in erheblichem Umfang.[116] Anders herum gedacht schränkt der Copyleft-Effekt damit auch die Verbreitung und Weiterentwicklung der Open Source Software mit Copyleft-Effekt erheblich ein. Dies hat in der Praxis dazu geführt, dass immer mehr Open Source Softwarelizenzbedingungen nur einen beschränkten oder gar keinen Copyleft-Effekt vorsehen. Allerdings ist auch davon auszugehen, dass **zukünftig** der bestehende Copyleft-Effekt in der Praxis in Deutschland und den übrigen EU-Staaten und voraussichtlich auch in vielen anderen Staaten immer häufiger **gerichtlich durchge-**

104 Teupen Copyleft S. 167 f.
105 Jaeger/Metzger Open Source Rn. 5; Teupen Copyleft S. 167.
106 Deister/Meyer-Spasche Anwaltsstrategien S. 169 Rn. 395; Gerlach CR 2006, 649 (650).
107 Jaeger/Metzger Open Source Rn. 5; Teupen Copyleft S. 168.
108 Deister/Meyer-Spasche Anwaltsstrategien S. 169 Rn. 395; Teupen Copyleft S. 167.
109 Jaeger/Metzger Open Source Rn. 6; Teupen Copyleft S. 167.
110 Deister/Meyer-Spasche Anwaltsstrategien S. 176 Rn. 411 f.; Schricker/Loewenheim/Spindler Urheberrecht Vor §§ 69a ff. UrhG Rn. 47; Redeker IT-Recht Rn. 618; Hoppen/Thalhofer CR 2010, 275 (275); Funk/Zeifang CR 2007, 617 (618).
111 Keppeler CR 2015, 9 (15).
112 Keppeler CR 2015, 9 (10) mit Hinweisen auf Prozesse in den USA und Deutschland.
113 Deister/Meyer-Spasche Anwaltsstrategien S. 176 Rn. 411.
114 Jaeger JIPITEC 2010, 34 (36) Rn. 12; Deister/Meyer-Spasche Anwaltsstrategien S. 176 Rn. 412; Lizenztext abrufbar unter http://www.gnu.org/copyleft/copying-1.0.html.
115 Deister/Meyer-Spasche Anwaltsstrategien S. 175 Rn. 409.
116 Deister/Meyer-Spasche Anwaltsstrategien S. 175 Rn. 410, die sogar von einer Disqualifikation für die Verwendung in kommerzieller Software sprechen.

setzt werden wird.[117] Die internationale Durchsetzbarkeit von Open Source Softwarelizenzen steht im Blickpunkt der rechtlichen Diskussion.[118] International wird der Ruf nach konkreten gesetzlichen Regelungen für die rechtliche Durchsetzung von Ansprüchen von Lizenzgebern und Lizenznehmern aus Open Source Softwarelizenzbedingungen daher lauter. Allerdings bieten international die allgemeinen urheber- und vertragsrechtlichen Regelungen in den meisten Staaten grundsätzlich eine Grundlage für die Durchsetzbarkeit dieser Ansprüche.[119] Es entbehrt schon nicht einer gewissen Ironie, dass ausgerechnet die Open Source Bewegung, die sich ua die allgemeine Verfügbarkeit geistigen Eigentums zum Ziel gesetzt hat, zu dieser rechtlichen Schwächung der geistigen Eigentumsrechte von einem strengen und rechtlich durchsetzbaren System zum Schutz geistiger Eigentumsrechte abhängt.[120] Offen ist allerdings noch, ob insbesondere bei den älteren, derzeit aber noch sehr weit verbreiteten Copyleft-Lizenzen die bloße Nutzungsbereitstellung von Open Source Software über die **Cloud** eine Form der Verbreitung derselben im Sinne dieser Open Source Software Lizenzen darstellt und deshalb unter Umständen zum Eintritt des viel gefürchteten Copyleft-Effekts führen kann.[121] Beim Einsatz von Open Source Software in **Webapps** ist noch nicht klar, wann und inwieweit der Copyleft-Effekt dort eingreift.[122]

Klauselbeispiel für einen strengen Copyleft-Effekt

[•] Grant of Rights

The Licensee shall be granted the right to modify its copy of the Software or any portion thereof and to copy and distribute said modifications under the terms of these License Conditions, provided that Licensee causes any Program, that in whole or in part contains the Software or any part thereof, either modified or not, to be licensed at no charge to all third parties under the terms of these License Conditions.

15 Die Gestaltungsmöglichkeiten eines beschränkten Copyleft-Effekts sind vielfältig.[123] Angelehnt an die typischsten beschränkten Copyleft-Klauseln, die zunächst grundsätzlich einen Copyleft-Effekt wie die Musterklausel zum strengen Copyleft-Effekt vorsehen und dann bestimmte Fälle von ihm ausnehmen, kann eine solche Klausel wie folgt gestaltet werden:

Klauselbeispiel für einen beschränkten Copyleft-Effekt

[•] Grant of Rights

The Licensee shall be granted the right to modify its copy of the Software or any portion thereof and to copy and distribute said modifications under the terms of these License Conditions, provided that Licensee causes any Program, that in whole or in part contains the Software or any part thereof, either modified or not, to be licensed at no charge to all third parties under the terms of these License Conditions. Any modules supplied by Licensee and linked into the Source Code or Executable Files of this Software shall however not be considered to form a part of this Software and will not be subject to the terms of these License Conditions.

16 Sehen die Lizenzbedingungen einen Copyleft-Effekt vor, so wird der Bearbeiter, der die bearbeitete Software verarbeiten möchte, regelmäßig den **Source Code allen Dritten**

---

[117] Jaeger JIPITEC 2010, 34 (36) Rn. 12 mit Hinweisen auf Prozesse in Deutschland, Frankreich und Luxemburg.
[118] Laurent Open Source S. 153.
[119] Laurent Open Source S. 153.
[120] Lee Open Source S. 60.
[121] Hilber/Reintzsch CR 2014, 697 (702); Schöttle MMR 2020, 801 (805); Taeger/Pohle/Mantz Computerrechts-Handbuch 1. Abschn. Teil 3 32.6 Rn. 33.
[122] Heinzke CR 2019, 697 (704).
[123] Schneider EDV-Recht G VIII 5.3 Rn. 531.

zur Verfügung stellen müssen.[124] Typische Regelungen finden sich in „The Open Software License v. 1.0", wo es heißt: *„Licensor hereby agrees to provide a machine-readable copy of the Source Code of the Original Work along with each copy of the Original Work that Licensor distributes"*[125] und in der „GNU General Public License Version 1, Ziffer 3": *„You may copy and distribute the Program (or a portion or derivative of it, under Paragraph 2) in object code or executable form under the terms of Paragraphs 1 and 2 above provided that you also do one of the following: a) accompany it with the complete corresponding machine-readable source code, which must be distributed under the terms of Paragraphs 1 and 2 above"*.[126] Unterschiede ergeben sich bei unterschiedlichen Lizenzbedingungen regelmäßig nur in der Art und Weise der Zurverfügungstellung.

Klauselbeispiel für die Verpflichtung zur Verfügungstellung des Source Code

[•] Copy of the Source Code

Licensor shall provide a machine-readable copy of the Source Code of the Software or derivative works along with each copy of the Software or derivative works that Licensor distributes.

3. Kommerzielle Nutzung

Ein weiterer Prüfungspunkt für jeden Nutzer von Open Source Software ist die Frage, ob die Lizenzbedingungen die kommerzielle Nutzung der Open Source Software bzw. ihrer Bearbeitungen oder die Weiterentwicklung und Bearbeitung zu kommerziellen Zwecken durch Dritte ermöglichen oder diese etwa ausschließen oder beschränken.[127] Ein solcher **Ausschluss** ist in manchen Open Source Softwarelizenzverträgen vorgesehen,[128] in der Praxis aber die **Ausnahme.** Denn Software kann grundsätzlich nicht gleichzeitig kommerziell und frei verwertet werden, sondern nur kommerziell **oder** frei.[129] Auch wenn „Freie Software" nicht mit „kostenloser Software" verwechselt werden darf, weil **„frei"** im Hinblick auf Open Source Software wie in „Freiheit" und nicht wie in „Freibier" zu verstehen ist, wie *Jaeger* ausführt, so ist bei Open Source Software lediglich die Pflicht zur Zahlung von Lizenzgebühren ausgeschlossen, nicht aber das Recht, ein Entgelt für die Miete oder den Kauf von Softwarekopien zu verlangen. Da der Käufer aber selbst Kopien der Software fertigen und vertreiben darf, ist die Möglichkeit, einen hohen Kaufpreis oder Mietzins zu erzielen, naturgemäß faktisch gering.[130] Liegt ein Ausschluss der kommerziellen Nutzung oder eine solche Beschränkung ausnahmsweise vor, so muss das Lizenzmanagement eines Unternehmens die untersagte kommerzielle Nutzung der Software unbedingt verhindern. 17

Klauselbeispiel zum Ausschluss der kommerziellen Nutzung der Open Source Software

[•] Commercial Usage

The publication of this Software or derivative works in whole or in part for commercial purposes is prohibited unless prior permission is obtained from the copyright holder. „Commercial purposes" include any distributing of the Software or derivative works via

[124] Lehmann/Meents/Nordmeyer Handbuch S. 243 Rn. 668; Schneider EDV-Recht G VIII 5.3 Rn. 528; Hoppen/Thalhofer, CR 2010, 275 (275).
[125] The Open Software License v. 1.0, Ziffer 3 in Verbindung mit Ziffern 1 (c) und 5.
[126] GNU General Public License Version 1, Ziffer 3.
[127] Gerlach CR 2006, 649 (652f.), der im Falle der Beschränkung der kommerziellen Nutzung eine Open Source Software nicht mehr als gegeben ansieht; Plaß GRUR 2002, 670 (675); vgl. zum Ausschluss der kommerziellen Nutzung auch Ensthaler/Weidert Handbuch S. 54 Rn. 132f. mit einem Beispiel.
[128] LG Berlin MMR 2011, 763 (763) zu Creative Commons-Lizenzen; Jaeger/Metzger MMR 2003, 431 (431); Ensthaler/Weidert Handbuch S. 54 Rn. 132f.
[129] Metzger/Jaeger GRUR Int. 1999, 839 (843).
[130] Jaeger Applikationen S. 65.

commercial distribution channels, commercial hiring, commercial copying and lending and commercial public performance of the Software and derivative works.

4. Inhaltliche Beschränkung der Rechte des Lizenznehmers

18 In einigen Open Source Softwarelizenzverträgen sind auch die Rechte des Lizenznehmers zu der Bearbeitung der Open Source Software sowie mit Blick auf Vertrieb und Weitergabe der Open Source Software inhaltlich eingeschränkt.[131] Eine derartige Beschränkung hat naturgemäß eine große praktische Bedeutung für die Nutzung einer Open Source Software für den Lizenznehmer und kann in jedweder Hinsicht erfolgen.

Klauselbeispiel für eine Beschränkung der eingeräumten Nutzungsrechte

Licensee's right to use, modify and distribute the Licensed Software is limited as follows: [•].

5. Dokumentation der Bearbeitung der Open Source Software

19 Ein beliebter Regelungsgegenstand vieler Open Source Softwarelizenzverträge ist eine Dokumentationspflicht des Lizenznehmers im Hinblick auf vorgenommene Bearbeitungen der Open Source Software.[132] So sieht bspw. Ziffer 2 a) GPLv2 vor, dass der Lizenznehmer die geänderte Datei mit einem Änderungsvermerk versehen muss, der die Änderung und das Datum der Änderung enthält.[133] Eine typische Regelung findet sich in der Mozilla Public License V 1.0, in der das Folgende ausgeführt wird: *„You must cause all Covered Code to which you contribute to contain a file documenting the changes You made to create that Covered Code and the date of any change"*.[134]

Klauselbeispiel für Dokumentationspflichten bei Bearbeitungen der Open Source Software

[•] Notice of any changes

Licensee is entitled to modify a copy or copies of the Software or any portion thereof and copy and distribute said modifications under the terms of these License Conditions, provided that Licensee causes the modified files to carry prominent notices stating that Licensee changed the files and the date of any change made by Licensee.

6. Verpflichtung des Lizenznehmers zur Mitteilung der Open Source Softwarelizenzbedingungen

20 Eine weitere häufig anzutreffende Vertragspflicht des Lizenznehmers ist die Mitteilung der Open Source Softwarelizenzbedingungen gegenüber seinen Kunden.[135] Typischerweise erhält jeder Lizenznehmer die Nutzungsrechte an der Open Source Software von dem originären Lizenzgeber, während er die Software selbst von einem Dritten, etwa einem kommerziellen Vertreiber erhält. Wegen solcher Fälle sehen Lizenzbestimmungen von Open Source Software wie bspw. der GPLv2 zwingend vor, dass der Lizenznehmer den Text der Open Source Softwarelizenzbedingungen erhält, damit dem Lizenznehmer die entspre-

[131] Hoppen/Thalhofer, CR 2010, 275 (275).
[132] Lehmann/Meents/Nordmeyer Handbuch S. 243 Rn. 669; Taeger/Pohle/Mantz Computerrechts-Handbuch 1. Abschn. Teil 3 32.6 Rn. 19; Schneider EDV-Recht G VIII 5.1 Rn. 521.
[133] Jaeger/Metzger Open Source Rn. 44; Taeger/Pohle/Mantz Computerrechts-Handbuch 1. Abschn. Teil 3 32.6 Rn. 19.
[134] Mozilla Public License V 1.0, Ziffer 3.3.
[135] Taeger/Pohle/Mantz Computerrechts-Handbuch 1. Abschn. Teil 3 32.6 Rn. 18; Lehmann/Meents/Nordmeyer Handbuch S. 243 Rn. 668; Schöttle DSRITB 2017, 463 (466f.); Witzel ZVertriebsR 2018, 360 (361).

chenden Rechte wirksam eingeräumt werden.[136] So heißt es dort *„and give any other recipients of the Program a copy of this License along with the Program"*.[137]

Klauselbeispiel für eine Verpflichtung des Lizenznehmers zur Mitteilung der Open Source Softwarelizenzbedingungen

[•] Obligation to provide License Conditions with every copy of the Source Code

Licensee shall include a copy of these License Conditions with every copy of the Source Code which Licensee distributes.

7. Besondere Hinweis- und Anerkenntnispflichten des Lizenznehmers

Häufig ist der Lizenznehmer verpflichtet, besondere Hinweise oder Anerkenntnisse in der Open Source Software oder ihrer Dokumentation aufzunehmen.[138] So wird bspw. teilweise verlangt, dass in allen Werbematerialien stets ein Hinweis aufzunehmen ist, wer die Software ursprünglich entwickelt hat, wie dies etwa bei der originalen **BSD**-Lizenz[139] und der **Apache** Software License Version 1.0 der Fall ist.[140] Eine Standardregelung enthält die Mozilla Public License 1.0, wo ausgeführt wird *„You must include a prominent statement that the Modification is derived, directly or indirectly, from Original Code provided by the Initial Developer and including the name of the Initial Developer in (a) the Source Code, and (b) in any notice in an Executable version or related documentation in which You describe the origin or ownership of the Covered Code"*.[141] 21

Klauselbeispiel für eine Anerkenntnispflicht im Hinblick auf Open Source Software

[•] Required Notices

Every copy of the Source Code, every copy of its Documentation and all advertising materials mentioning the Software must display the following acknowledgement: This product includes software developed by [Name des Urhebers der Software einfügen].

8. Werbebeschränkungen

Zahlreiche Open Source Softwarelizenzverträge sehen Beschränkungen für die Bewerbung der Open Source Software vor. So wird häufig die Benutzung einer Marke oder bestimmter Begriffe im Rahmen der Werbung verboten.[142] In The Code Project License (CPOL) 1.02 findet sich eine typische Regelung: *„You agree not to advertise or in any way imply that this work is a product of Your own. The name of the Author may not be used to endorse or promote products derived from the Work without the prior written consent of the Author"*.[143] 22

Klauselbeispiel für Beschränkungen der Werbung für Open Source Software

[•] Advertising Materials

Licensee shall neither use the trademarks nor the name of the Author or its Contributors in its advertising materials.

---

[136] Jaeger/Metzger Open Source Rn. 41; Schöttle DSRITB 2017, 463 (466).
[137] Ziffer 1 der GNU General Public License Version 2.0.
[138] Lehmann/Meents/Nordmeyer Handbuch S. 243 Rn. 668; Schneider EDV-Recht G VIII 5.2 Rn. 525; Taeger/Pohle/Mantz Computerrechts-Handbuch 1. Abschn. Teil 3 32.6 Rn. 19.
[139] Jaeger/Metzger Open Source Rn. 126 unter Hinweis auch auf modifizierte Versionen dieser Lizenz, die diese Verpflichtung nicht mehr enthalten.
[140] Jaeger/Metzger Open Source Rn. 130.
[141] Mozilla Public License 1.0, Ziffer 3.3.
[142] Lehmann/Meents/Nordmeyer Handbuch S. 244 Rn. 674; Taeger/Pohle/Mantz Computerrechts-Handbuch 1. Abschn. Teil 3 32.6 Rn. 21; Jaeger/Metzger Open Source Rn. 398.
[143] The Code Project License (CPOL) 1.02, Ziffer 5; der Lizenztext ist abrufbar unter http://www.codeproject.com/info/cpol10.aspx.

9. Besondere Informationspflichten gegenüber dem Urheber der Open Source Software

23 Manche Open Source Softwarelizenzbedingungen verpflichten den Lizenznehmer auch dazu, den Urheber der Software in bestimmten Fällen über bestimmte Aspekte zu informieren. Der in der Praxis wichtigste Fall ist die Pflicht, den **Urheber über die Weitergabe der Software bzw. ihrer Weiterentwicklung zu informieren.** Ein anderer Fall ist die Pflicht des Lizenznehmers, den Urheber der Software um **Erlaubnis** zu fragen, wenn der Lizenznehmer die **Software mit einer anderen freien Software verbinden will,** wie sie die GNU General Public License Version 2.0 vorsieht: *„If you wish to incorporate parts of the Library into other free programs whose distribution conditions are incompatible with these, write to the author for permission“.*[144]

Klauselbeispiel zur Dokumentation von Bearbeitungen der Open Source Software

[•] Information of the Author

Licensee shall provide the Author with each Source Code of the Software modified and distributed by Licensee.

10. Patentrechte

24 Viele Open Source Softwarelizenzverträge sehen vor, dass der Lizenznehmer dem Lizenzgeber und allen Dritten, die die Open Source Software nutzen wollen, Nutzungsrechte an Patenten einräumt, deren Inhaber der Lizenznehmer ist und die für die von ihm modifizierte Open Source Software relevant sein könnten.[145] Es handelt sich bei diesem ***„patent-left“*** insoweit um einen Ausläufer des Copyleft-Effekts.[146] Die **Copyleft-Klausel** muss also in den Lizenzbedingungen auf **Patente** erstreckt werden.[147] In diesem Fall muss sich der Lizenznehmer daher vergegenwärtigen, dass er Nutzungsrechte an Urheberrechten **und** Patentrechten, die Weiterentwicklungen der Open Source Software betreffen, einräumt. Neben einer expliziten Regelung in Lizenzverträgen kann die Auslegung bei manchen Lizenzen auch im Ergebnis zu einer impliziten Einräumung von Nutzungsrechten an Patenten führen. Zudem können weitere Arten von patentbezogenen Regelungen in Lizenzverträgen wie Nichtangriffsverpflichtungen wirtschaftlich vergleichbare Risiken für Unternehmen enthalten.

Klauselbeispiel für die Einräumung von Nutzungsrechten an Patenten für Bearbeitungen der Open Source Software

[•] Patent claims

Each Contributor hereby grants to each Licensee a royalty-free, world-wide, non-exclusive license under Patent Claims infringed by Licensee's modification, use or distribution of the Software.

11. Besondere Beendigungsgründe

25 Die meisten Open Source Softwarelizenzverträge haben auch besondere Kündigungsregelungen zum Gegenstand. So wird regelmäßig ein Vorgehen gegen die Inhaber der Urheberrechte an der Open Source Software bspw. aus Patentrechten als Kündigungsgrund geregelt.[148] Gleiches gilt für den Fall, dass eine Verwertung außerhalb der in den Lizenz-

[144] GNU General Public License Version 2.0, Ziffer 14; der Lizenztext ist abrufbar unter http://www.gnu.org/licenses/old-licenses/gpl-2.0.html.
[145] Funk/Zeifang CR 2007, 617 (623); Jaeger/Metzger Open Source Rn. 305; Schöttle/Steger CRi 2015, 1 (3).
[146] Lehmann/Meents/Nordmeyer Handbuch Rn. 388; Schöttle/Steger CRi 2015, 1 (3).
[147] Jaeger/Metzger Open Source Rn. 388.
[148] Lehmann/Meents/Nordmeyer Handbuch S. 244 Rn. 673.

bedingungen eingeräumten Nutzungsbefugnis erfolgt.[149] Dieses **Damoklesschwert** der möglichen Kündigung ist eines der Druckmittel, um den Lizenznehmer zur Einhaltung der Lizenzbedingungen anzuhalten und die Ziele der Open Source Community durchzusetzen. Häufig ist auch der **automatische** Fort- bzw. Rückfall der Lizenz an den Lizenzgeber vorgesehen.[150]

Klauselbeispiel zur Beendigung des Lizenzvertrages

[•] Termination

This License Agreement and the rights granted hereunder will terminate automatically without notice from Licensor if Licensee commences an action for patent infringement against Licensor.

12. Haftung und Gewährleistung

Praktisch jeder Lizenztext von Open Source Software enthält Regelungen zum Ausschluss oder der Beschränkung der Gewährleistung und Haftung des Lizenzgebers, meistens in Form umfassender **Disclaimer.**[151] Hierbei ist zu beachten, dass es sich bei Open Source Softwarelizenzbedingungen im Regelfall um für eine unbestimmte Vielzahl von Anwendungsfällen vorformulierte Klauseln handelt, die einseitig von dem Lizenzgeber vorgegeben werden, so dass sie nach deutschem Recht als **allgemeine Geschäftsbedingungen** zu qualifizieren sind.[152] Auch **international** werden Open Source Softwarelizenzbedingungen in fast allen Staaten als „standard terms and conditions" qualifiziert.[153] Typischerweise sehen die meisten Open Source Softwarelizenzbedingungen einen **vollständigen Haftungs- und Gewährleistungsausschluss** vor, der bei der Anwendbarkeit deutschen Rechts nach den strengen Voraussetzungen der §§ 307 ff. BGB in allgemeinen Geschäftsbedingungen **unwirksam** ist.[154] Auch in dem Großteil der Europäischen Union und vielen anderen Staaten ist ein vollständiger Haftungs- und Gewährleistungsausschluss unwirksam.[155] Gleichwohl ist der Lizenznehmer einer Open Source Software meist verpflichtet, den Gewährleistungsausschluss wegen seiner Pflicht zur Weitergabe der Lizenzbedingungen bei der Verbreitung der Software an jeden Dritten weiterzugeben.[156] Insoweit ist auch zu bedenken, dass ein solcher Haftungs- und Gewährleistungsausschluss in vielen Ländern durchaus wirksam sein kann.[157] Im Falle der Anwendbarkeit deutschen Rechts finden somit wegen der Unwirksamkeit des Gewährleistungsausschlusses die gesetzlichen Regelungen für Sach- und Rechtsmängel Anwendung, wonach der Lizenzgeber im Rahmen einer unentgeltlich überlassenen Open Source Software wegen deren rechtlicher Qualifizierung als Schenkung gemäß §§ 523, 524 BGB nur für arglistig verschwiegene Mängel haftet;[158] im Falle sonstiger Pflichtverletzungen haftet er bei Vorsatz und grober Fahrlässigkeit.[159] Bei entgeltlicher Überlassung finden die kaufvertraglichen Vorschriften Anwendung, so dass der Lizenznehmer bei Mängeln das Recht auf Rücktritt, Minderung und Aufwendungs- 26

[149] Koch CR 2000, 333 (338).
[150] Lehmann/Meents/Nordmeyer Handbuch S. 243 Rn. 672.
[151] Lehmann/Meents/Nordmeyer Handbuch S. 244 Rn. 675.
[152] Deike CR 2003, 9 (13); Deister/Meyer-Spasche Anwaltsstrategien S. 172 f. Rn. 403.
[153] Metzger/Hennigs FOSS S. 19 mit einer Darstellung für zahlreiche Staaten.
[154] Brandi-Dohrn CR 2014, 417 (426); Martens KommJur 2007, 94 (96); Deister/Meyer-Spasche Anwaltsstrategien S. 173 Rn. 403; Koch CR 2000, 333 (340); Gerlach CR 2006, 649 (654); am Beispiel der GPL: Schricker/Loewenheim/Spindler Urheberrecht Vor §§ 69a ff. UrhG Rn. 54; Deike CR 2003, 9 (14). Letzter weist zu Recht darauf hin, dass ein Vorbehalt wie „unless required by applicable law" die Unwirksamkeit nicht beseitigt.
[155] Metzger/Hennigs FOSS S. 24.
[156] Deister/Meyer-Spasche Anwaltsstrategien S. 172 Rn. 402 f.
[157] Metzger/Hennigs FOSS S. 24 mit einer Darstellung der (Un)Wirksamkeit in vielen Staaten.
[158] Martens KommJur 2007, 94 (96); Deister/Meyer-Spasche Anwaltsstrategien S. 173 Rn. 404; Brandi-Dohrn CR 2014, 417 (426).
[159] Brandi-Dohrn CR 2014, 417 (426).

und Schadensersatz hat.[160] Hierbei ist insbesondere zu bedenken, dass ein solcher **Gewährleistungsausschluss nach ausländischem Recht wirksam** sein kann, an deutsche Nutzer der Software im Falle der Weiterentwicklung der Software aber wegen des deutschen AGB-Rechts aus den eben genannten Gründen **nicht wirksam weitergegeben** werden kann.[161] In solchen Fällen besteht das Risiko, dass der die Open Source Software weiterentwickelnde Lizenznehmer selbst haftet, ohne bei dem ursprüngliche Lizenzgeber Regress verlangen zu können.[162] Wegen der vertraglichen Pflichten zur Weitergabe der Lizenzbedingungen an Dritte und der internationalen Aspekte der Open Source Softwarelizenzen ist jedoch zu empfehlen, den Haftungs- und Gewährleistungsausschluss in den Lizenzbedingungen zu belassen.[163] Der Lizenzgeber erkauft sich mit derartig weitgehenden Haftungs- und Gewährleistungsausschlüssen den Vorteil der Zulässigkeit in einzelnen Staaten mit dem Nachteil der Unzulässigkeit in anderen Staaten.

27 Die Ausführungen zu einem Gewährleistungsausschluss in Open Source Softwarelizenzbedingungen gelten im Hinblick auf den ebenfalls typischerweise in solchen Bedingungen vorgesehenen Haftungsausschluss zugunsten des Lizenzgebers entsprechend. Ein **völliger oder zu weitgehender Haftungsausschluss** ist in Deutschland ebenfalls gemäß §§ 307 ff. BGB teilweise oder vollständig **unwirksam.**[164] Auch insoweit finden dann die gesetzlichen Haftungsbestimmungen Anwendung. Dies bedeutet, dass im Falle der Unentgeltlichkeit der lizenzierten Open Source Software eine Haftung des Lizenzgebers für Vorsatz und grobe Fahrlässigkeit gilt;[165] bei entgeltlicher Überlassung haftet der Lizenzgeber voll.[166] Auch der nach deutschem Recht und dem Recht vieler anderer Staaten innerhalb und außerhalb der EU unwirksame Haftungsausschluss sollte wegen der vertraglichen Verpflichtung des Lizenznehmers und der internationalen Bezüge nicht entfernt werden. Soweit zulässig, sollte der Lizenznehmer, der die Software weitervertreibt, die Open Source Software aber **zusätzlichen** wirksamen haftungsbeschränkenden Bedingungen unterstellen und klare wirksame Regelungen zur Sach- und Rechtsmängelhaftung vorsehen.[167] Soweit manche Open Source Softwarelizenzbedingungen regeln, dass die Haftungs- und Gewährleistungsbeschränkung notfalls nur in dem gemäß dem jeweiligen Landesrecht größtmöglichen Umfang gelten soll,[168] hilft auch dieser Ansatz regelmäßig nicht, um den Haftungs- und Gewährleistungsausschluss wirksam zu gestalten, weil bspw. in Deutschland eine derartige Klausel in allgemeinen Geschäftsbedingungen ebenfalls unwirksam ist.

Klauselbeispiel zur Beschränkung der Haftung

[•] Liability

The liability of Licensor is unlimited in cases of wilful misconduct or gross negligence of Licensor or in case a guarantee has been given by Licensor. For damages to life, body or health, Licensor's liability is also unlimited. Unless Licensor has caused violations of key contractual obligations by gross negligence or wilful misconduct, Licensor's liability is limited to the damage attributable to Licensor and to an amount that is predictably and

[160] Deister/Meyer-Spasche Anwaltsstrategien S. 173 Rn. 404.
[161] Martens KommJur 2007, 94 (96); Deister/Meyer-Spasche Anwaltsstrategien S. 173 Rn. 405; Wuermeling/Deike CR 2003, 87 (91); Brandi-Dohrn CR 2014, 417 (426).
[162] Wuermeling/Deike CR 2003, 87 (91).
[163] Deister/Meyer-Spasche Anwaltsstrategien S. 173 Rn. 405.
[164] Martens KommJur 2007, 94 (96); Deister/Meyer-Spasche Anwaltsstrategien S. 174 Rn. 406.
[165] Martens KommJur 2007, 94 (96).
[166] Deister/Meyer-Spasche Anwaltsstrategien S. 174 Rn. 406.
[167] Deister/Meyer-Spasche Anwaltsstrategien S. 174 Rn. 406.
[168] In Ziffer 6 Abs. 3 AT&T Source Code Agreement Version 1.2 D heißt es bspw. „BECAUSE SOME STATES DO NOT ALLOW THE EXCLUSION OR LIMITATION OF LIABILITY FOR CONSEQUENTIAL OR INCIDENTAL DAMAGES, THE ABOVE LIMITATIONS MAY NOT APPLY TO YOU. IN THE EVENT THAT APPLICABLE LAW DOES NOT ALLOW THE COMPLETE EXCLUSION OR LIMITATION OF LIABILITY OF CLAIMS AND DAMAGES AS SET FORTH IN THIS AGREEMENT, AT&T'S LIABILITY IS LIMITED TO THE GREATEST EXTENT PERMITTED BY LAW."

typically payable for such damage. Key contractual obligation means any obligation whose fulfilment generally enables the proper execution of the contract and the contracting partners may trust in their observance regularly. Any further liability of Licensor regarding compensation shall be excluded. Licensor's liability in accordance with the German Product Liability Act remains unaffected hereby.

13. Sprache

Die Musterklauseln sind entsprechend der gängigen Praxis bei Open Source Softwarelizenzen in **englischer Sprache** gestaltet. Soweit es um die wirksame Einbeziehung der Open Source Softwarelizenzbedingungen in einen Vertrag mit einem **Verbraucher** in **Deutschland** geht, ist aber zu bedenken, dass es sich um **allgemeine Geschäftsbedingungen** handelt und dass sich insoweit das Problem der Möglichkeit der zumutbaren Kenntnisnahme stellt.[169] Es ist nämlich in der Tat fraglich, ob Verbraucher komplizierte juristische Texte in englischer Sprache verstehen. Gegenüber **Unternehmen** ist hingegen der Einbezug der englischsprachigen Lizenzbedingungen unproblematisch möglich.[170] Eine Lösung dieser Problematik bei Verbrauchern ist zum gegenwärtigen Zeitpunkt nicht erkennbar. In der Praxis wird sie bisher ignoriert. Insoweit wäre es zumindest in Deutschland empfehlenswert, die Lizenzbedingungen auch in deutscher Sprache anzubieten. **International** gilt, dass es zwar in vielen Jurisdiktionen akzeptiert wird, dass die Open Source Software Lizenzbedingungen nur in englischer Sprache vorgehalten werden, dass es aber auch einige Staaten gibt, in denen sie grundsätzlich oder zumindest in bestimmten Fällen – bspw. in der **Türkei**[171] – (auch) in der jeweiligen Landessprache vorgehalten werden müssen.[172] 28

14. Kartellrecht

Es wird auch diskutiert, ob in Open Source Softwarelizenzbedingungen innerhalb der EU die Pflicht zur Offenlegung des Source Code und die Pflicht zur kostenfreien Weitergabe der Software kartellrechtswidrig sind.[173] Hierfür könnte im Hinblick auf den Vorwurf der Preisbindung sprechen, dass die beiden genannten Regelungen grundsätzlich eine vertikal wirkende Bindung darstellen, die kartellrechtlich gerechtfertigt sein müsste.[174] Die hM verneint allerdings – mit unterschiedlicher Begründung – zu Recht im Ergebnis eine unzulässige Preisbindung (auf Null). Zum einen lässt sich eine solche bereits deshalb verneinen, weil „lizenzgebührenfrei" nicht „kostenlos" bedeutet und die angebotene Ware oder Dienstleistung nicht unentgeltlich angeboten werden muss; faktisch handelt es sich bei der Pflicht zur Lizenzgebührenfreiheit damit nicht um eine kartellrechtswidrige Preisbindungsklausel, vielmehr wird die freie Preisgestaltung gesichert.[175] Zum anderen wäre eine solche Preisbindung, wenn man sie annehmen will, kartellrechtlich unbedenklich, weil durch die Gestaltung derartiger Open Source Softwarelizenzbedingungen neue Sekundärmärkte geschaffen werden und der Abschottung bestehender Märkte gerade entgegengewirkt wird.[176] Auch die Pflicht zur Source Code-Überlassung wird von der hM kartellrechtlich als unkritisch angesehen, weil der Lizenznehmer die Software nur in der Art und Weise weitergeben muss, in der er sie selbst erhalten hat. Ferner fördere eine solche Regelung 29

169 Schricker/Loewenheim/Spindler Urheberrecht Vor §§ 69a ff. UrhG Rn. 30.
170 Schricker/Loewenheim/Spindler Urheberrecht Vor §§ 69a ff. UrhG Rn. 30.
171 Art. 1 und 2 Law No. 805 on Compulsory Use of the Turkish Language by Economic Enterprises.
172 Metzger/Hennigs FOSS S. 21 mit einer Darstellung der Staaten mit einer Verpflichtung zur Nutzung der heimischen Sprache und Staaten, wo dies nicht der Fall ist.
173 Fromm/Nordemann/Czychowski Nach § 69c UrhG Rn. 21; Schricker/Loewenheim/Spindler Urheberrecht Vor §§ 69a ff. UrhG Rn. 55.
174 Fromm/Nordemann/Czychowski Nach § 69c UrhG Rn. 21 ff.
175 Jaeger/Metzger Open Source Rn. 419.
176 Schricker/Loewenheim/Spindler Urheberrecht Vor §§ 69a ff. UrhG Rn. 55.

wegen der Kenntnis und Offenhaltung des Source Code den Wettbewerb hinsichtlich der Softwareentwicklung und von der Kenntnis abhängige Dienstleistungen wie die Softwarepflege.[177] Im Ergebnis sind daher die Pflicht zur Offenlegung des Source Code und die Vorgabe der Unentgeltlichkeit kartellrechtlich in der EU unbedenklich.[178]

III. Rechtsfolgen der Nichteinhaltung der Bedingungen eines Open Source Softwarelizenzvertrages durch den Nutzer (Lizenznehmer)

30 Es liegt eine Verletzung des Urheberrechts des Rechtsinhabers vor, wenn der Nutzer die Bedingungen des Open Source Softwarelizenzvertrages nicht erfüllt, bspw. die lizenzierte Open Source Software ohne Lizenztext und Quellcode iSv § 69c Nr. 4 UrhG öffentlich zugänglich gemacht hat, wenn dies in den Vertragsbedingungen verlangt wird.[179] In diesem Fall stehen dem Rechtsinhaber gegen den vertragsverletzenden Nutzer der Software neben vertraglichen Ansprüchen die üblichen gesetzlichen Ansprüche auf Unterlassung, Beseitigung und Auskunft zu.[180] Soweit der Nutzer auch schuldhaft gehandelt hat, steht dem Rechtsinhaber gegen den Nutzer auch ein Schadensersatzanspruch zu[181]. Dem steht auch nicht entgegen, dass die Open Source Softwarelizenz unentgeltlich eingeräumt wird.[182] Zwar hat die Rechtsprechung noch nicht geklärt, ob, inwieweit und unter welchen Voraussetzungen der Verwender von Open Source Software seinen Sorgfaltspflichten durch Ein- und Durchführung von Open Source Software Clearing Prozessen genüge tut mit der Folge, dass ein Schadensersatzanspruch des Rechtsinhabers mangels Verschulden ausscheiden muss. Unter Open Source Software Clearing Prozessen ist ein System von Anweisungen, Organisation und Überwachung von Arbeitsabläufen zur Sicherstellung der Identifikation, Bewertung und Einhaltung von Open Source Software Lizenzbedingungen zu verstehen. Im Ergebnis ist es zu bejahen, dass der Verwender von Open Source Software seinen Sorgfaltspflichten durch die Ein- und Durchführung von Open Source Software Clearing Prozessen genüge tut und somit nicht schuldhaft handelt. Die Rechtsprechung hat entschieden, dass eine Pflicht besteht, die nicht lizenzierte Verwendung von Software zu verhindern.[183] Wer fremde Software verwendet, muss sich über das Bestehen von Urheberrechten und seine Nutzungsberechtigung Gewissheit verschaffen. Insoweit stellt die Rechtsprechung strenge Anforderungen auf. Es besteht die Pflicht, im Rahmen des Zumutbaren und Erforderlichen Maßnahmen zu treffen, die eine Gefährdung der Urheberrechte Dritter ausschließen oder doch ernsthaft mindern. Hierzu können von der Geschäftsführung Mitarbeiter beauftragt werden, die sachgerecht auszuwählen, zu instruieren und zu beaufsichtigen sind. Der Rechtsinhaber kann im Fall der Verletzung des Verstoßes gegen die Lizenzbedingungen auch einen Anspruch auf Herausgabe des Verletzergewinns geltend machen, weil es unbillig wäre, dem Verletzer einen Gewinn zu belassen, der auf der unbefugten Nutzung des Ausschließlichkeitsrechts beruht.[184] Auch in anderen Staaten wie bspw. den **USA, Australien, Frankreich, Spanien** und den **Niederlanden** kann der Rechtsinhaber von Open Source Software seine Rechte als Urheber gegen den

[177] Schricker/Loewenheim/Spindler Urheberrecht Vor §§ 69a ff. UrhG Rn. 55.
[178] Andere Auffassung Fromm/Nordemann/Czychowski Nach § 69c UrhG Rn. 21 ff.; Wandtke/Bullinger/Grützmacher UrhR § 69c UrhG Rn. 116 mwN zum Meinungsstand: Kartellrechtlich bedenklich aber freistellungsfähig.
[179] LG Bochum, Urt. v. 3.3.2016, Az. I-8 O 294/15.
[180] LG München I GRUR-RR 2004, 350 (350); LG München I CR 2008, 57; LG Frankfurt am Main ZUM-RD 2006, 525 (529); LG Berlin BeckRS 2007, 16293; LG Bochum MMR 2011, 474.
[181] LG Frankfurt am Main ZUM-RD 2006, 525 (529); LG Bochum MMR 2011, 474, (474).
[182] LG Bochum, Urt. v. 3.3.2016, Az. I-8 O 294/15.
[183] OLG Karlsruhe CR 2009, 217 ff.
[184] LG Köln CR 2014, 704 (706); der Höhe nach einschränkend: Jaeger CR 2014, 706 (707).

Rechtsverletzer geltend machen, der die Lizenzbedingungen nicht einhält.[185] Die häufig in Open Source Software Lizenzbedingungen anzutreffenden Regelungen einer **automatischen** Beendigung der Lizenz in Fällen, in denen der Lizenznehmer die Lizenzbedingungen nicht einhält, sind international zwar in den meisten Rechtsordnungen durchsetzbar, nicht aber in allen,[186] wie bspw. in den **USA,** wo dies zumindest zweifelhaft ist, weil damit auch unverhältnismäßige Beendigungstatbestände erfasst werden könnten und Sachverhalte, in denen es nicht um die Verletzung des Urheberrechts geht[187]. Auch in **Malaysia** kennt man keine automatische Beendigung des Lizenzvertrages, sondern es muss erst die Kündigung erklärt werden.[188]

IV. Open Source Software-Klauseln in Nicht-Open Source Softwarelizenzverträgen

31 Der Siegeszug von Open Source Software ist nicht mehr aufzuhalten. Sie hat selbst in Großkonzernen Einzug gehalten[189] und ist auch dort nicht mehr wegzudenken.

1. Bedeutung

32 Sofortige Verfügbarkeit und regelmäßige Kostenfreiheit von Open Source Software verführen dazu, Open Source Software in eigenen Softwarelösungen und Produkten einzusetzen. Im Hinblick auf internationale Softwarelizenzverträge ist daher dringend zu beachten, dass nicht ausgeschlossen werden kann, dass die lizenzierte Software ggf. Open Source Software enthält.[190] Diese Tatsache birgt jedoch **große Risiken,**[191] die in der Praxis häufig – meist aus schlichter Unkenntnis oder Leichtsinn – völlig **unterschätzt** werden. Für die Unternehmenspraxis bedeutet dies, dass unbedingt ein **Risikomanagement** für den Einsatz von Open Source Software zu etablieren ist.[192] Dies heißt, dass Unternehmen, die Open Source Software nutzen wollen, diese sorgfältig auswählen und die angebotenen Lizenzmodelle prüfen müssen.[193] Unternehmen müssen den Bestand der genutzten Open Source Software erfassen und kontinuierlich auf dem aktuellsten Stand halten, interne Richtlinien betreffend die Nutzung von Open Source Software erlassen (insbesondere eine Genehmigungsinstanz vorsehen) und die Mitarbeiter schulen.[194] Die Einhaltung dieser Regeln ist kontinuierlich zu überwachen.[195] Open Source Software sollte in jedem Falle **getrennt** von sonstiger proprietärer Software vermarktet werden.[196]

2. Regelungsbedarf

33 In Nicht-Open Source Softwarelizenzverträgen empfiehlt es sich daher unbedingt zu regeln, **ob** die lizenzierte Software auch Open Source Software enthält und wenn ja in welchem **Umfang** und zu welchen **Bedingungen** diese an den Lizenzgeber der in dem kon-

[185] U.S. Court of Appeals for the Federal Circuit GRUR Int 2008, 1056 (1058); U.S. Court of Appeals for the Federal Circuit GRUR Int 2008, 1056 (1058); Mantz GRURInt 2008, 20 (21 f.); Cour d'appel de Paris CRi 2010, 93.
[186] Metzger/Hennigs FOSS S. 26 mit einer Darstellung der (Nicht-)Durchsetzbarkeit für viele Staaten.
[187] Metzger/Maggs FOSS S. 486.
[188] Metzger/San/Peng FOSS S. 299.
[189] Lehmann/Meents/Nordmeyer Handbuch S. 240 Rn. 659.
[190] Schrey/Kugler Agreements S. 173.
[191] von Holleben/Menz CR 2010, 63 (68).
[192] von Holleben/Menz CR 2010, 63 (68); Deister/Meyer-Spasche Anwaltsstrategien S. 178 Rn. 415; Mantz CR 2013, 640 (641); Schöttle/Steger CRi 2015, 1 (3).
[193] Deister/Meyer-Spasche Anwaltsstrategien S. 178 Rn. 415; Schöttle/Steger CRi 2015, 1 (3).
[194] Deister/Meyer-Spasche Anwaltsstrategien S. 178 Rn. 415.
[195] Deister/Meyer-Spasche Anwaltsstrategien S. 178 Rn. 415; von Holleben/Menz CR 2010, 63 (68).
[196] Deister/Meyer-Spasche Anwaltsstrategien S. 178 Rn. 415.

kreten Vertrag lizenzierten Software lizenziert wurde. Konkrete Regelungen, die der Lizenznehmer vorsehen kann, sind (1) die Verwendung von **Open Source Komponenten** schlicht zu **verbieten** oder (2) die Verwendung von Open Source nur für den Fall zu gestatten, dass **keine Open Source Komponenten** verwendet werden, **die den Copyleft-Effekt auslösen können** oder (3) dass der Lizenzgeber die **Verwendung bestimmter Open Source Komponenten vom Lizenznehmer genehmigen lassen** muss.[197] Für den Fall, dass der Einsatz von Open Source Software gemäß dem Lizenzvertrag überhaupt erlaubt wird, kann (4) eine **Informationspflicht** des Lizenzgebers über eingesetzte Open Source Komponenten vorgesehen werden; außerdem empfiehlt es sich für den Lizenznehmer, (5) eine **Garantie** im Hinblick auf die vorstehenden Aspekte und (6) eine **Freistellung** von Ansprüchen zu verlangen, die sich aus der Nichteinhaltung der vorstehenden Regelungen ergeben.[198] Der Lizenznehmer sollte die Nutzung von Software mit Copyleft-belasteter Open Source Software allenfalls bei selbständig laufender Standardsoftware in Betracht ziehen, weil in diesem Fall keine unmittelbare Belastung dadurch eintritt, dass in Individualsoftware enthaltene Geschäfts- und Betriebsgeheimnisse unter die jeweils anwendbare Open Source Software Lizenz zu stellen wären, mithin eine Veröffentlichungspflicht der gesamten Software die Folge wäre.[199]

3. Regelungsinhalt

34 Eine entsprechende Regelung muss zunächst eine **Definition** von Open Source Software vornehmen, da es keine allgemein und international gültige Definition von ihr gibt. Die Klausel muss außerdem **grundsätzlich** zum Inhalt haben, dass die Software **keine** Open Source Software enthält. Wenn die lizenzierte Software doch Open Source Software enthält, ist die Regelung dahingehend zu ergänzen, dass die Software **nur** die ausdrücklich in dem Lizenzvertrag genannte Open Source Software enthält und dass diese dem Lizenzgeber zu den Bedingungen der dem Lizenzvertrag als Anlage beizufügenden Lizenzverträge lizenziert wurde.[200] Dabei muss die Klausel unbedingt sicherstellen, dass die **korrekte Version** und die konkret **anwendbaren Lizenzbedingungen** angegeben werden. Schließlich sollte auch geregelt werden, dass die **Open Source Softwarelizenzbedingungen der Rechteeinräumung in dem Lizenzvertrag nicht entgegenstehen** und dass der Lizenzgeber die Lizenzbedingungen der Open Source Software auch **selbst eingehalten** hat.[201] Diese Klauseln haben für den Lizenznehmer eine erhebliche Bedeutung, weil er nicht erkennen kann, ob der Lizenzgeber Open Source Software verwendet[202] und deren Bedingungen eingehalten hat.[203]

Klauselbeispiel für eine Absicherung gegen Open Source Software in einem Lizenzvertrag über nicht Open Source Software

[•] Open Source Software

(1) „Open Source Software" means any software that is licensed under any license terms which require, as a condition of the modification and/or distribution and/or use of the software and/or any other software incorporated into, derived from or distributed with such software („Derivative Software") while the license is royalty-free:

(a) that the source code of the software and/or any Derivative Software is made available to third parties and

[197] Eickemeier/Keppeler ITRB 2015, 266 (267 ff.).
[198] Eickemeier/Keppeler ITRB 2015, 266 (267 ff.).
[199] Intveen/Gennen/Karger/Völkel/Kremer Handbuch § 16 Rn. 36.
[200] Schrey/Kugler Agreements S. 173.
[201] Schrey/Kugler Agreements S. 173.
[202] Deister/Meyer-Spasche Anwaltsstrategien S. 177 Rn. 414.
[203] Schrey/Kugler Agreements S. 173.

(b) that the right to create derivative works of such software and/or any Derivative Software is granted to every third party.

(2) Unless specified otherwise in this Agreement, Licensor herewith represents and warrants that the Licensed Software does not contain any Open Source Software or any part thereof.

(3) Additionally, Licensor represents and warrants that:
(a) the Open Source Software specified in this Agreement is the only Open Source Software contained in or combined with the Licensed Software;
(b) all of the contractual obligations applicable to the Open Source Software listed in this Agreement pursuant to the respective license conditions have been completely fulfilled by Licensor;
(c) Licensor has provided Licensee with all required license terms and all necessary source code, in order to enable Licensee, its distributors and their customers to create an executable version of such Open Source Software.

(4) Licensor shall inform Licensee without undue delay in writing if new or other Open Source Software is deployed and the Parties shall agree on an update of the list of Open Source Software specified in this Agreement. The aforementioned warranties and representations of Licensor shall also apply to any Open Source Software listed in any update of the listed Open Source Software.

(5) If the Licensor is in breach of this [•], Licensor shall indemnify, defend and hold harmless Licensee, its distributors and their customers, from any damage, loss, costs and expenses suffered by Licensee, its distributors or their customers as a result of any such breach.

Im Übrigen gelten für den „normalen" Lizenzvertrag die Klauselvorschläge aus dem 35
Kapitel Lizenz- und Know-how-Verträge entsprechend.[204]

[204] → § 22 Rn. 60 ff.

Stichwortverzeichnis

fette Zahlen = Paragraphen; magere Zahlen = Randnummern